Esta obra colectiva, concebida por iniciativa
y bajo la coordinación de la Editorial,
ha sido realizada por la redacción de
Francis Lefebvre
con la colaboración de:

Coordinador:
Francisco M. ECHEVERRÍA SUMMERS
Doctor en Derecho. Abogado. Socio Bufete Echeverria & Summers Abogados. Profesor de la Universidad de Barcelona y colaborador de la Universidad Internacional de La Rioja. Vocal de la Comisión de Codificación de Cataluña.

Autores que han intervenido en la actualización de esta obra:

Capítulo 1: Francisco M. ECHEVERRÍA SUMMERS

Capítulo 2: Fernando MORILLO GONZÁLEZ
Doctor en Derecho. Abogado. Socio Bufete Bercovitz-Carvajal.

Capítulo 3: Elena RIPOL ESTIVILL
Abogada. Socia Bufete Echeverria & Summers Abogados.

Capítulo 4: Francisco M. ECHEVERRÍA SUMMERS

Capítulos 5 y 6: Rosalía OSORIO TENORIO
Letrada de la Administración de Justicia.

Capítulo 7: Rosalía OSORIO TENORIO
Letrada de la Administración de Justicia.
Francesc Xavier RAFÍ ROIG
Letrado de la Administración de Justicia.

Capítulo 8: Carlos CERRADA LORANCA
Magistrado.

Capítulo 9: Francisco M. ECHEVERRÍA SUMMERS

Capítulo 10: José María NUBIOLA DE PALACIO
Abogado. Socio Moore ACPM.
Juan Carlos HIDALGO ZAMORA
Economista. Actuario de Seguros.

Capítulo 11: Carmen TORIL VELASCO
Inspectora de Trabajo y Seguridad Social de Barcelona.Abogado.

Capítulo 12: Jorge GUTIÉRREZ ROYO
Protección de Datos y Nuevas Tecnologías. Data Protection Officer.

Capítulo 13: Francisco M. ECHEVERRÍA SUMMERS

Anexos: Mireia ESPINET CASAÑAS
Abogada

Colaboraron en ediciones anteriores:
Juan Antonio Andújar Hurtado (Notario).
Alberto del Cerro Cámara (Arquitecto).
Nuria Díez Ontañón (Abogada).
José Carlos Erdozain López (Doctor en Derecho).
Juan Manuel Escutia Abad (Abogado).
Enrique Fernández García (Abogado).
Celia García Moreno (Abogada).
José Manuel Garrido Gómez (Abogado).
Ramón Gaspar de Valenzuela y de Ros (Abogado).
Miguel Ángel Petit Segura (Doctor en Derecho).
Pedro Tuset del Pino (Magistrado-Juez).
Enrique Vendrell Santiveri (Abogado).

LEFEBVRE-EL DERECHO, S.A.
C/ Monasterios de Suso y Yuso, 34. 28049 Madrid
clientes@lefebvre.es
www.efl.es
Precio: 114,40 € (IVA incluido)
ISBN: 978-84-19896-59-9
Depósito legal: M-4835-2024

Impreso en España

¿Qué es ACTUM?

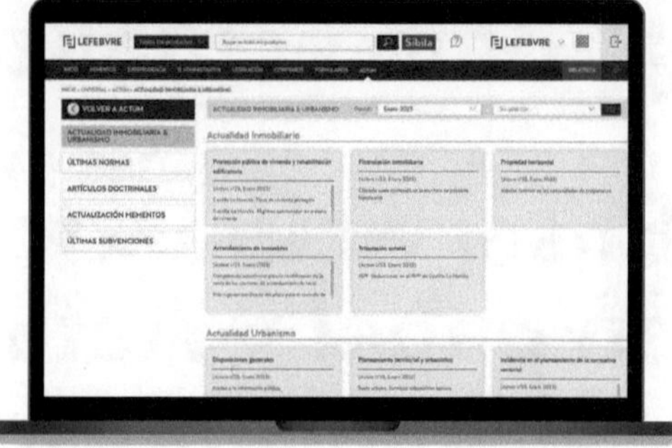

EL SISTEMA DE PUESTA AL DÍA EN MATERIA INMOBILIARIA Y URBANÍSTICA MÁS POTENTE Y EFICAZ DEL MERCADO.

El único sistema que, al igual que los Mementos, permite conocer rápidamente la actualidad y **acceder de forma directa**, sin rodeos, a un análisis práctico y riguroso de aquellas **novedades normativas, doctrinales o jurisprudenciales** que nos interesan.

ACTUM sintetiza la información, la estructura según su importancia y elimina lo accesorio para que vayas **directamente a lo esencial** de la novedad.

¿Qué permite ACTUM?

1 ESTAR INFORMADO DE LA ACTUALIDAD

SISTEMA DE ALERTA VÍA E-MAIL: INMEDIATEZ.
Recibirás periódicamente un e-mail de alerta con los enunciados de las últimas novedades.

CONTENIDOS ON LINE: EXHAUSTIVIDAD.
Desde nuestra web, www.efl.es, o desde los enunciados de las alertas puedes acceder al análisis detallado de las novedades y a los textos de la fuente que las origina.

2 ACTUALIZAR TUS MEMENTOS

BÚSQUEDA ON LINE DE LA NOVEDAD: FACILIDAD
Encontrarás todas las novedades de tus Mementos en la web de ACTUM.

Varios sistemas de búsqueda (por número de párrafo de cada Memento, por texto libre o por sumario) te permitirán acceder de inmediato a los nuevos textos actualizados de todos tus Mementos.

Servicio gratuito de actualización de marginales en Internet

El Memento Propiedad Horizontal 2024-2025 incluye un sistema de **verificación de novedades** que te permitirá tomar decisiones con seguridad de forma permanente.

Con este **sistema gratuito** reservado a los compradores del Memento, podrás acceder a nuestra web, y desde allí **verificar** si **el contenido** de un párrafo del Memento Propiedad Horizontal 2024-2025 ha sido modificado por una novedad normativa, doctrinal o jurisprudencial.

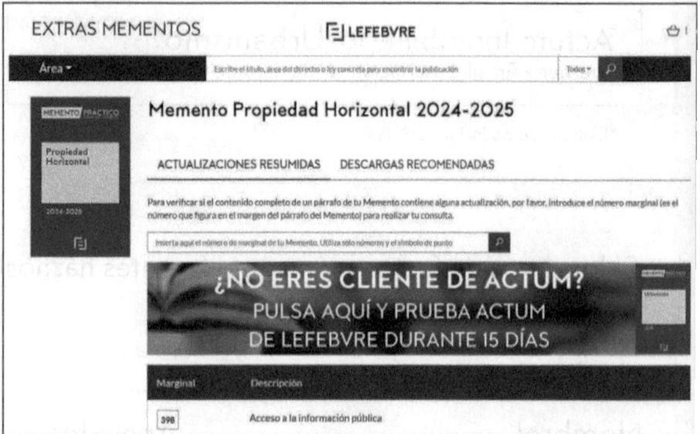

¿Cómo funciona esta puesta al día?

1. Una vez consultado el Memento Propiedad Horizontal 2024-2025, para verificar si el contenido de un párrafo concreto se ha visto afectado por una novedad normativa, doctrinal o jurisprudencial, entra en nuestra página web, www.efl.es.

2. Dentro de la página principal de nuestra web dirígete al apartado “Iniciar sesión”,y después pincha en “Extras Mementos”. Haz clic en el Memento Propiedad Horizontal 2024-2025.

3. Introduce el número marginal que verás en el margen del párrafo del Memento y al instante comprobarás si el párrafo del Memento ha sido modificado. En caso afirmativo, visualizarás de forma inmediata un breve resumen de la información que la sustituye.

Para acceder a un análisis exhaustivo de la novedad de cada marginal, así como a los textos completos de la norma, doctrina o jurisprudencia origen de la novedad, **ponemos a tu disposición ACTUM**. Encontrarás información detallada en las páginas anteriores.

Propiedad Horizontal

2024-2025

Actualizado a 7 de febrero de 2024

Plan general

Número marginal

Abreviaturas

AEAT	Agencia Estatal de Administración Tributaria
AEDP	Agencia Española de Protección de Datos
AJD	Impuesto sobre actos jurídicos documentados
CC	Código Civil
CCC	Código Civil de Cataluña
DGRN	Dirección General de los Registros y del Notariado
DGSJFP	Dirección General de Seguridad Jurídica y Fe Pública
DGT	Dirección General de Tributos
EDJ	El Derecho Jurisprudencia
ET	Estatuto de los Trabajadores (RDLeg 2/2015)
IAE	Impuesto sobre actividades económicas
IBI	Impuesto sobre bienes inmuebles
ICIO	Impuesto sobre construcciones, instalaciones y obras
IGIC	Impuesto general indirecto canario
IIVTNU	Impuesto sobre el incremento de valor de los terrenos de naturaleza urbana
IRNR	Impuesto sobre la renta de los no residentes
IRPF	Impuesto sobre la renta de las personas físicas
IS	Impuesto sobre sociedades
ITP y AJD	Impuesto sobre transmisiones patrimoniales y actos jurídicos documentados
IVA	Impuesto sobre el valor añadido
LAU	Ley de arrendamientos urbanos (L 29/1994)
LCon	Texto refundido de la Ley concursal (RDLeg 1/2020)
LGT	Ley general tributaria (L 58/2003)
LH	Ley hipotecaria (D 8-2-1946)
LHL	Texto refundido de la Ley reguladora de las haciendas locales (RDLeg 2/2004)
LIRPF	Ley del impuesto sobre la renta de las personas físicas (L 35/2006)
LIS	Texto refundido de la Ley del impuesto sobre sociedades (L 27/2014)
LITP	Texto refundido de la Ley del impuesto sobre transmisiones patrimoniales y actos jurídicos documentados (RDLeg 1/1993)
LIVA	Ley del impuesto sobre el valor añadido (L 37/1992)
LN	Ley del notariado (L 28-5-1862)
LOPD	Ley orgánica de protección de datos personales y garantía de los derechos digitales (LO 3/2018)
LPH	Ley de propiedad horizontal (L 49/1960)
LS/15	Texto refundido de la Ley del suelo (RDLeg 7/2015)
NIF	Número de Identificación Fiscal
RD	Real Decreto
RDL	Real Decreto-Ley
RDLeg	Real Decreto Legislativo
RGPD	Reglamento europeo de protección de datos (Rgto (UE) 2016/679)
RIRPF	Reglamento del impuesto sobre la renta de las personas físicas (RD 439/2007)
RITP	Reglamento del impuesto sobre transmisiones patrimoniales (RD 828/1995)
RIVA	Reglamento del impuesto sobre el valor añadido (RD 1624/1992)
RN	Reglamento Notarial (D 2-6-1944)

CAPÍTULO 1

Consideraciones generales

La propiedad horizontal es una institución jurídica que recae sobre los **edificios** divididos por 51
pisos, locales u otras entidades independientes, que pertenecen a **diferentes propietarios**; de modo que, junto a la titularidad privativa que se reconoce sobre determinados elementos que, por sus características arquitectónicas, resultan susceptibles de aprovechamiento independiente (**elementos privativos**), se establece una comunidad necesaria sobre otros elementos, pertenencias o servicios indispensables para el disfrute conjunto del inmueble (**elementos comunes**), sobre los que la Ley realiza una enumeración no taxativa: suelo, vuelo, cimentaciones, cubiertas, terrazas, balcones comunes, instalaciones de aire acondicionado o calefacción, de telecomunicaciones etc., y en general todos los que no sean susceptibles de división (CC art.396).

El régimen de la propiedad horizontal es de **aplicación** a toda edificación que se encuentre dividida por entidades susceptibles de aprovechamiento independiente, por tener salida propia a la vía pública o a un elemento común de aquel, con la única condición de que se atribuya la titularidad separada de los mismos, por cualquiera de los medios admitidos por la legislación civil, a más de un propietario (nº 210).

No obstante, es posible la existencia de un título constitutivo de la propiedad horizontal, incluso existiendo **un único propietario** -normalmente el promotor inicial o un propietario único que ha adquirido todo el inmueble-, aunque el régimen jurídico de la propiedad horizontal despliega su verdadera eficacia solo en el caso de que haya, al menos, dos propietarios de entidades independientes (nº 250).

En realidad, y pese a que una de las críticas que se ha efectuado a la vigente Ley de propiedad 52
horizontal es el hecho de estar pensada para supuestos de edificaciones simples, compuestas de un edificio ya construido, con un solo cuerpo y una sola entrada y elementos comunes básicos, dicha normativa es igualmente aplicable a las **realidades arquitectónicas complejas**, que se presentan cada vez más habitualmente en la práctica, tales como:

1. Edificios en los que algunos de sus elementos privativos constituyen, a su vez, **subcomunidades de propietarios**, normalmente las plantas sótano dedicadas a aparcamiento de vehículos, espacios destinados a trasteros o locales comerciales.

2. Edificios compuestos de diversas escaleras, o **portales separados**, los cuales pueden organizarse de forma separada como subcomunidades integradas en una comunidad general.

3. Edificios independientes construidos sobre una única finca registral, los cuales se encuentran conectados entre sí por el hecho de compartir las zonas ajardinadas, de recreo, piscinas u otros elementos comunes semejantes situados en el resto de solar no ocupado por las construcciones.

Precisiones **1)** La L 8/2013 introdujo dos nuevos apartados en LPH art.2 con el objetivo de contemplar expresamente los supuestos de **propiedades horizontales complejas** en las que existan diferentes subcomunidades dentro de una comunidad general; así como la posibilidad de aplicar el régimen especial de la propiedad horizontal a las entidades urbanísticas de conservación, cuando los estatutos de estas así lo prevean.

2) En **Cataluña** se contempla la posibilidad de aplicación del régimen especial de propiedad horizontal a **otras realidades diferentes** a las meramente edificatorias, como la de los puertos deportivos en relación con los puntos de amarre, o los cementerios respecto de las sepulturas (CCC art.553-2). Además, el régimen catalán contempla expresamente una sección para la propiedad horizontal compleja y otro para la propiedad horizontal por parcelas, este último referente a las mal conocidas como «urbanizaciones privadas». Ver nº 7400 s.

Regulación La propiedad horizontal se rige, en la práctica totalidad del territorio español, 53
por el CC art.396, que define y configura esta propiedad especial, y por la **Ley de propiedad horizontal** (L 49/1960, en adelante LPH).

En **Cataluña**, existe desde 2006 una regulación específica de la propiedad horizontal con sensibles diferencias respecto de la regulación estatal (nº 7400 s.).

La LPH vincula a todas las comunidades de propietarios, situadas en España, a excepción de la ubicadas en Cataluña, cualquiera que sea la fecha de nacimiento material de las mismas y

el contenido de sus estatutos, que no pueden ser aplicados en contradicción con lo establecido en la misma.
Junto a la normativa legal, que define, limita y configura la propiedad horizontal, también hay que referirse al **contenido normativo convencional** o pactado, en cuanto que también vincula a los integrantes de la propiedad horizontal el conjunto de reglas con que se autorregulan para el mejor uso y disfrute del edificio o zona en régimen de propiedad horizontal, a través de los estatutos de propiedad horizontal, y las normas o reglamentos de régimen interior, si bien su existencia es opcional (nº 375 s. y nº 500 s.).

Precisiones Aunque la Ley se refiere los **estatutos y reglamentos de régimen interior** como una especie de cuerpo normativo particular, la realidad es que en numerosas ocasiones las comunidades se encuentran con que no tienen otorgados unos estatutos propiamente dichos, sino que se mencionan una serie de **reglas de funcionamiento** y de reconocimiento de facultades a diversos propietarios, incluidas en el título constitutivo de la propiedad horizontal -escritura pública de división horizontal en la mayoría de los casos-.
En cuanto a los reglamentos de régimen interior, dado que su aprobación y modificación está sujeta al más flexible régimen de la simple mayoría de propietarios y cuotas, los mismos se van implementando con las decisiones que se van adoptando en cuanto al funcionamiento cotidiano de la comunidad en las diferentes juntas de propietarios que se celebran y cuyo reflejo queda en el libro de actas de la comunidad.

54 Al margen de la LPH, existen múltiples normas que regulan aspectos relacionados con la propiedad horizontal, como por ejemplo:
• La L 12/2023, por el **derecho a la vivienda**, entre cuyos objetivos está la regulación de la actuación pública en materia de vivienda, rehabilitación y regeneración urbana, para favorecer la conservación y mejora del parque de viviendas y de los entornos residenciales, así como que los compradores y arrendatarios reciban toda la información básica sobre las condiciones de la vivienda y del edificio en el que se encuentra. Ambos aspectos tienen incidencia directa en el régimen de la propiedad horizontal. Asimismo, regula algunos aspectos de la figura del administrador de fincas.
• Sobre **certificación energética** de los edificios, el RD 390/2021, que establece el procedimiento básico para la certificación de la eficiencia energética de los edificios.
• Sobre **ascensores**, el RD 203/2016, que establece los requisitos esenciales de seguridad para la comercialización de ascensores y componentes de seguridad para ascensores.
• Normas para las **piscinas privadas** (RD 742/2013).
• Instalación de **servicios de telecomunicaciones** (RDL 1/1998). Ver nº 1575.
• La prohibición de instalación de los **pararrayos radiactivos** y la legalización o retirada de los ya instalados (RD 1428/1986).
Además de las anteriores, numerosas disposiciones normativas contienen alguna referencia a cuestiones relacionadas con la propiedad horizontal, por ejemplo, sobre inscripción en el **Registro de la Propiedad** y sobre la hipoteca de los elementos integrantes de la propiedad horizontal (LH art.8.4, 9 y 107.11; RH art.51; RD 1093/1997 art.45 s.).
Por último, además de la normativa especial sobre propiedad horizontal aplicable en razón del objeto, hay que tener en cuenta la normativa reguladora de la vivienda en las **comunidades autónomas**, que puede afectar a ciertos actos o acuerdos sociales, tales como la posibilidad de suprimir o añadir elementos privativos, desvincular elementos comunes, y demás actos comunitarios. El uso que hacen las comunidades autónomas de su competencia normativa en materia de vivienda (Const art.148.1.3ª), incide en el régimen aplicable y en el desarrollo de la vida de una comunidad de propietarios en régimen de propiedad horizontal.
A la vista de este panorama normativo, puede señalarse que el **sistema de fuentes** de la propiedad horizontal se estructura jerárquicamente de la siguiente forma (TS 1-4-09, EDJ 50744; 15-1-09, EDJ 8453; AP Valencia 26-1-16, EDJ 94809; AP Castellón 12-11-15, EDJ 290652):
1. La regulación establecida en el CC art.396 y en los preceptos **imperativos** contenidos en la LPH o en otras normas que resulten de aplicación (nº 55).
2. Lo dispuesto en el **estatuto privativo** de cada edificio, en la medida en que no afecte a las normas imperativas anteriormente señaladas.
3. Las reglas de **régimen interior** adoptadas por los particulares con el objeto de regular los detalles de la convivencia y la adecuada utilización de los servicios comunes.
4. Las normas de la LPH y otras disposiciones aplicables, que sean **de naturaleza dispositiva**.
5. Las demás disposiciones del **Código Civil**, especialmente las referidas a la propiedad y comunidad de bienes, siempre que no sean incompatibles con su finalidad y razón de ser.
6. La **costumbre** del lugar y los **principios generales** del Derecho.

55 **Normas imperativas** La propiedad horizontal surge por la simple existencia de un edificio que reúna los requisitos establecidos en el CC art.396. No es necesario el otorgamiento de un título constitutivo para su nacimiento. A las comunidades de propietarios que **no hayan**

otorgado título constitutivo de propiedad horizontal les resulta de aplicación la LPH, en lo relativo al régimen jurídico de la propiedad, de sus partes privativas y elementos comunes, así como en cuanto a los derechos y obligaciones recíprocas de los comuneros.
Existen determinados **preceptos imperativos** en la LPH que se aplican en todo caso. Según la jurisprudencia son:
• Los relativos a las convocatorias, celebración de **juntas**, y adopción de **acuerdos** (TS 10-1-12, EDJ 17263; 13-11-12, EDJ 258903).
• Los relativos al régimen de la **agrupación y división** de pisos y locales (TS 10-6-08, EDJ 11540; 16-4-12, EDJ 231844).
No obstante, el carácter imperativo de estos preceptos no es absoluto. Así, por ejemplo, el número de propietarios requeridos para solicitar la celebración de **junta extraordinaria** puede modificarse en los estatutos para que sea inferior al exigido por la LPH.
También, por ejemplo, puede hacerse más exigente la forma en que debe quedar acreditada la **representación para asistir a la junta**, no bastando una simple delegación firmada, exigiéndose por ejemplo un poder notarial.
Y es discutible si los estatutos pueden permitir el **derecho de voto** a quien debe alguna cuota de comunidad, siempre que el retraso no sea excesivo y contrario a la buena fe.

Precisiones Se discute si constituye una norma imperativa la que establece que es preciso un consentimiento unánime de todos los propietarios de pisos y locales que integran un edificio sometido a régimen de propiedad horizontal, para la **alteración de un elemento común** -LPH art.7.1 y 17-. El Tribunal Supremo ha establecido, para el caso en el que los estatutos permitían cubrir **terrazas**, alterando la fachada del edificio, que es un principio básico del régimen de la propiedad horizontal la prevalencia del Derecho necesario sobre el dispositivo (TS 7-7-10, EDJ 206774; 16-5-13, EDJ 67727).
Ahora bien, tal doctrina no se aplica de forma rígida en determinadas ocasiones, principalmente cuando esta autorización y la afectación de elementos comunes se lleva a cabo por titulares de **locales comerciales** ubicados en edificios sometidos al régimen de propiedad horizontal. En estos casos, las obras realizadas por el titular de locales comerciales, que afecten a elementos comunes y que estén autorizadas por el título o los estatutos, no se consideran contrarias a Derecho, siempre que no afecten a la seguridad o estabilidad del edificio ni perjudiquen el derecho de otro propietario (TS 30-12-10, EDJ 309181; 2-10-13, EDJ 187264).

Si bien la jurisprudencia solo se ha pronunciado sobre el carácter imperativo de las normas **57**
anteriores, la **doctrina** entiende que también pueden entenderse imperativas las siguientes:
• Que el **cargo de presidente** tenga que recaer sobre uno de los propietarios, así como su condición de representante de la comunidad en juicio y fuera de él que le es atribuido (nº 1820 s.).
• La facultad de los propietarios de ocupar su piso o local, así como facultades de disposición o gravamen sobre los indicados elementos (nº 810 s.).
• La necesidad de que en la propiedad horizontal haya unas partes susceptibles de **aprovechamiento independiente** y otras de **titularidad común**, vinculadas a las anteriores (nº 317).
• El contendido obligatorio del **título constitutivo** (nº 295 s.).
• La existencia de **libros de actas** comunitarios (nº 3120).
• La obligación de contribuir a los **gastos comunes** y la afección real de los diferentes pisos o locales en caso de no contribuir a tales gastos (nº 1150).
• El consentimiento expreso del propietario afectado por toda **innovación o mejora** en el edificio que haga inservible una parte de mismo para él (nº 1094).
• La prohibición de realizar **actividades dañosas** para la finca, molestas, insalubres, nocivas, peligrosas o ilícitas (nº 890 s.).
• La facultad de la junta de propietarios para determinar las **nuevas cuotas de participación** de los pisos que sean objeto de división, segregación, agrupación, o agregación, salvo autorizaciones previas previstas en los estatutos (nº 412).

A. Requisitos

Como se ha comentado, para que exista el régimen de propiedad horizontal es preciso que **60**
concurran diversos **elementos privativos,** susceptibles de aprovechamiento independiente, con salida propia a un elemento común o a la vía pública, con una comunidad sobre ciertos **elementos o servicios comunes**, indispensables para el disfrute conjunto del inmueble.

Elementos privativos Para que exista propiedad horizontal se requiere la existencia de **62**
más de un elemento de propiedad independiente o privativo.
Si no existieran elementos privativos, estaríamos hablando bien de edificaciones o espacios comunes, en el sentido de sujetos a una **comunidad ordinaria**, o bien de zonas comunales bajo la forma de **comunidad germánica** -sin atribución expresa de cuotas-, cuyo uso pertenece en

común a diversos propietarios sin distinción de cuotas, como puede ser el caso de los montes vecinales o comunales (CC art.600), pero no existiría propiedad horizontal.
Si solo existiera un elemento de propiedad independiente, estaríamos hablando de una **edificación independiente**, la cual, al no compartir espacios o zonas comunes con otros propietarios, tampoco sería un supuesto de propiedad horizontal, sin perjuicio de poder llegar a serlo en el futuro, si sus características edificatorias -y las legales- lo permiten.

Precisiones Los elementos privativos se exponen con mayor detalle en los nº 345 s.

64 **Salida a la vía pública** La salida a la vía pública, directa o a través de un elemento común, es un requisito esencial que a veces queda olvidado.
Es importante, porque si una de las propiedades independientes no tuviera este acceso directo a la calle o a zonas comunes -el caso más normal son las escaleras comunes- que permiten dicho acceso, estaríamos hablando de supuestos de **propiedades contiguas o superpuestas**, que compartirán quizás elementos medianeros -paredes, techos o suelos-, y en cuyo caso la propiedad sin acceso a la vía pública lo consigue, o bien por tolerancia del dueño de la otra, o bien a través de una servidumbre de paso, aparente y continua, que se habrá constituido con título documental, o sin dicho título expreso, a través de una consolidación por dicho uso continuo cercana a la prescripción adquisitiva.
Por tanto, si no existe esa salida directa a la vía pública o a través de elementos comunes, no cabe hablar de propiedad horizontal.

Precisiones En tal sentido, por ejemplo, la DGRN no ha entendido posible configurar como elemento independiente una vivienda en una planta alta de un edificio, que no tenía acceso directo a la vía pública ni a través de elementos comunes de su edificio, sino **a través de otra vivienda** del mismo propietario, sobre la cuál este había constituido una servidumbre de paso. Se entendió que el aprovechamiento independiente de la vivienda no queda garantizado de un modo jurídicamente estable y duradero, sino que se supedita a la circunstancia coyuntural de la existencia de la **titularidad común** de ambas viviendas, cuya desaparición podría dar lugar a una amortización de la vivienda cuestionada (DGRN Resol 12-11-97).

65 **Elementos comunes** Es necesario que, al menos, dos elementos de propiedad independiente compartan alguna zona o elemento común. En relación con esta característica de la propiedad horizontal cabe aclarar las siguientes cuestiones:
a) El **uso de zonas comunes** se puede obtener por diversos títulos: a través de un usufructo concedido por el propietario o propietarios de esos espacios, a través de un arrendamiento, de servidumbres de uso, etc., pero para que exista propiedad horizontal es definitorio el hecho de que la comunidad venga determinada por la **propiedad** de los elementos privativos. Por ello, la propiedad horizontal se define como una **comunidad necesaria**, en el sentido de vinculada a la propiedad sobre los elementos independientes (nº 51).
b) La comunidad sobre los elementos comunes no tiene **autonomía propia**, no es una entidad autónoma, sujeto de derecho y obligaciones, con autonomía de los elementos privativos. Por ello, cualquier modificación de dichos espacios, zonas o elementos comunes, o cualquier uso específico, o cambio en los mismos, está sometida a los acuerdos y mayorías necesarios de los propietarios de los elementos independientes que son copropietarios de los mismos.
Distinto es que la comunidad de propietarios, formada por el conjunto de elementos privativos junto a su copropiedad de elementos comunes, en cualquier supuesto de propiedad horizontal que así se configure, pueda tener una cierta **personalidad jurídica**, que ha sido reconocida por la legislación fiscal y la jurisprudencia, a la hora de hacer más ágil su funcionamiento.
Debe tenerse en cuenta la finalidad de cada elemento común dentro de una propiedad horizontal, porque, según cual sea la utilidad, o servicio que presta cada elemento, zona o propiedad común de un complejo sometido a propiedad horizontal, puede condicionar su acceso o permiso al uso, acceso, utilización o por el contrario, la restricción al mismo.

Precisiones Los elementos comunes se exponen con mayor detalle en los nº 317 s.

67 **Propietarios** Por último, y como cierre a los requisitos esenciales y definitorios de la propiedad horizontal, hay que referirse al número de propietarios necesarios para la existencia de la misma.
En principio, habría que entender que han de existir como **mínimo** dos propietarios de elementos independientes, que comparten las zonas o elementos comunes.
Sin embargo, son habituales situaciones donde un régimen «formal» de propiedad horizontal existe, por existir un título constitutivo del mismo, aun habiendo **un solo propietario**. Este es el caso del promotor de un edificio, que otorga por sí solo el título constitutivo de propiedad horizontal, y es el propietario único de todos los elementos independientes.
En este caso, bastante habitual, aunque siempre temporal, hay que entender que la propiedad horizontal está «**en trámite de constitución**» o, por decirlo más exactamente, está constituida

la propiedad horizontal desde el punto de vista formal (otorgamiento del título constitutivo), pero no desde el punto de vista material, pues es definitorio que existan al menos dos propietarios de elementos independientes, para que se pueda entender constituida la propiedad horizontal de manera plena y perfecta. A estas situaciones se refiere la doctrina como prehorizontalidad (nº 215).

Precisiones Especial atención requiere la problemática suscitada en los casos en que el promotor ya ha procedido a la **venta de elementos privativos**, mediante documentos privados, antes de otorgar el título constitutivo de la propiedad horizontal (nº 220).

Cuota de participación La inseparable **conexión entre los elementos privativos y comunes** que confluyen en la propiedad horizontal y que hacen que, cuando se transmita una entidad privativa, se transmita simultáneamente y de forma indefectible la participación que le corresponde sobre los elementos comunes, hace que devenga esencial la atribución a cada entidad de una cuota de participación. Este es un coeficiente expresado en centésimas, que representa la proporción que se le atribuye al titular del elemento privativo sobre los elementos comunes de la propiedad horizontal. 68

Dicha proporción se configura en **contenido obligatorio del título constitutivo** (nº 300).

La cuota de participación **se asigna** por el propietario único del edificio al iniciar la venta por pisos, por acuerdo de todos los propietarios existentes, por laudo o por resolución judicial. Su **determinación** se realiza en función de criterios como la superficie útil de cada elemento privativo en relación con el total del inmueble, su emplazamiento interior o exterior, su situación y el uso que se presume racionalmente que va a efectuarse de los servicios comunes.

La cuota de participación es el criterio que ha de seguirse para la **participación en las cargas y beneficios** de la comunidad, así como para el reparto de gastos, salvo que los estatutos o la junta de propietarios determinen otra cosa (nº 1192).

Ausencia de personalidad jurídica Un aspecto importante en la configuración de la propiedad horizontal en nuestro ordenamiento es el de que no se dota de personalidad jurídica propia a estas realidades, pese a lo cual se establece un régimen de **representación** en la figura del presidente, lo que simplifica la intervención frente a terceros del colectivo de personas que existe en cada propiedad horizontal, ya sea judicial o extrajudicialmente. 69

Además, se reconoce a las comunidades de propietarios **capacidad para ser parte** en un proceso judicial y se les reconoce la facultad de comparecer en juicio a través de su representante (nº 3157 s.).

Paralelamente, algunas normas reconocen a las comunidades de propietarios el derecho a **actuar en el mercado inmobiliario** con plena capacidad jurídica para, entre otras, poder llevar a cabo todas las operaciones, incluidas las crediticias relacionas con el cumplimiento del deber de conservación, rehabilitación y mejora de los edificios. Junto a lo anterior, y aunque se hayan configurado como entes sin personalidad, se les viene reconociendo la **condición de consumidores** en las relaciones mantenidas con terceros empresarios que actúan en el ámbito de su actividad profesional (TS 26-10-22, EDJ 723658; TJUE 2-4-20, asunto C-329/19; AP Alicante 19-9-23, EDJ 740561; AP Sta .Cruz de Tenerife 23-6-23, EDJ 662978).

Precisiones La falta de personalidad jurídica propia de estos colectivos hace que, aunque en la práctica las comunidades de propietarios actúen como demandantes o demandadas a través de su presidente, en virtud de la llamada representación orgánica, en rigor son los **propietarios** el edificio, en cuanto integrantes de la comunidad, los que actúan individualmente a través del presidente. Por dicha razón, los tribunales vienen reconociendo también legitimación para actuar a cada propietario concreto en caso de pasividad de la comunidad (TCo 115/1999; AP Córdoba 11-7-23, EDJ 713444).

B. Delimitación

 70

De acuerdo con los elementos definitorios de la propiedad horizontal (nº 62), podemos distinguir los distintos supuestos que tradicionalmente pueden darse en relación con esta figura jurídica. 71

El supuesto más común es el de un edificio vertical dividido horizontalmente en **pisos y locales**. Aparte de este, también son supuestos clásicos de propiedad horizontal los siguientes:

a. Los edificios destinados exclusivamente a **garaje** construidos en suelo privado o público (estos últimos en régimen de concesión administrativa).

b. Las **galerías comerciales** tradicionales, organizadas en puestos o tiendas con configuración de elementos privativos y que comparten unas zonas comunes de paso, con gastos, por tanto, de mantenimiento y conservación comunes.
c. Los **apartamentos hoteleros** y apartahoteles, cuya única especialidad es su destino turístico.
d. La denominada **propiedad horizontal «tumbada»**, esto es, aquella en la que los elementos independientes están dispuestos en forma horizontal y no vertical -urbanizaciones-, pero comparten igualmente elementos comunes en plano horizontal, normalmente zonas de ocio, recreo, juegos, zonas deportivas, etc.
e. Las **subcomunidades**, esto es, comunidades dentro de otras, y las **supracomunidades**, comunidades que agrupan a otras más reducidas, que no son más que formas organizativas de grupos de fincas susceptibles de configurarse también como propiedad horizontal. La propiedad horizontal está pensada para un edificio dividido en pisos y locales que conlleva una titularidad exclusiva sobre las unidades privativas y una copropiedad sobre los elementos comunes. Pero, además de este supuesto normal y habitual, existen otros **fenómenos similares** a los que se aplica la misma técnica jurídica.

72 Precisiones **1)** La DGSJFP se ha pronunciado sobre las diferencias que existen entre los **complejos inmobiliarios** y la **propiedad horizontal tumbada**. La esencia de la propiedad horizontal tumbada es que mantiene la unidad jurídica y funcional de la finca, al pertenecer el suelo y el vuelo como elementos comunes, sin que haya división o fraccionamiento jurídico del terreno que pueda calificarse como parcelación, no produciéndose alteración de forma, superficie o linderos. Por su parte, el complejo inmobiliario está formado por parcelas independientes, en las que existen edificaciones independientes y que comparten como elementos comunes viales y calles (DGSJFP Resol 20-9-21).
2) El Tribunal Supremo, al analizar la validez de un acuerdo adoptado por una **subcomunidad** de propietarios, de una comunidad dividida en 10 bloques, no cuestiona la validez del acuerdo, pero no en base a reconocer la existencia de una comunidad separada -subcomunidad- con funcionamiento independiente, en el seno de una comunidad en régimen de propiedad horizontal, sino en su existencia, a efectos organizativos, y con dependencia de la comunidad de propietarios para adoptar acuerdos de la naturaleza del litigioso, con cuya autorización funcionó (TS 10-4-19, EDJ 557526).

1. Supuestos especiales

75 Determinados supuestos de propiedad horizontal presentan especialidades por razón de su objeto, lo que implica que, además de su organización y funcionamiento bajo los parámetros de la propiedad horizontal, pueden estar sometidos a límites, normas, o reglas especiales según su naturaleza.

77 **Propiedad superficiaria** En este caso, la especialidad radica en que el que realiza la edificación no es el dueño del suelo sino el titular de un derecho de superficie que, por lo tanto, adquiere una **propiedad temporal** sobre lo edificado, de 99 años como máximo (LS/15 art.53.2).
Por ello, los propietarios de edificaciones, pisos, etc., en régimen superficiario son verdaderos propietarios y, como tales, pueden proceder a declarar y constituir una propiedad horizontal, si bien en régimen de propiedad temporal, ya que transcurrido el plazo de su constitución, pasarán dichas propiedades al dueño del solar.

79 **Propiedad volumétrica** Se trata de **fincas subterráneas** que se segregan de la titularidad de una finca y en las que se va a edificar, normalmente, un garaje en régimen de propiedad o concesión. La única especialidad radica en su configuración como un volumen.
Para proceder a esta segregación se exigen los siguientes **requisitos** (DGRN Resol 24-2-07):
- justa causa para la individualización del expresado volumen, como, por ejemplo, la posibilidad de explotación comercial; y
- el respeto a los principios hipotecarios, fundamentalmente el de especialidad.

Una vez surgida la propiedad volumétrica como **finca independiente** se procede a declarar la obra nueva y a su configuración, bien como propiedad horizontal, bien como complejo inmobiliario.

80 **Edificio turístico** Son edificios constituidos en régimen de propiedad horizontal, en los cuales, todos o algunos de los elementos susceptibles de individualización, bajo la forma de apartamentos, habitaciones, etc., que se han podido transmitir a diferentes propietarios individuales caracterizados por la **cesión de su explotación** a un empresario turístico y la existencia de unos servicios comunes de marcado carácter hotelero.
La única especialidad respecto de la propiedad horizontal ordinaria radica en las características del edificio, por su **destino turístico**, y la mayor importancia de los servicios comunes:
• Los estatutos de la comunidad han de regular minuciosamente el uso de zonas, elementos y servicios comunes, con mayorías reforzadas en aspectos sensibles para mantener la coherencia del sistema de explotación hotelera.

• Hay que diferenciar estos edificios turísticos, que ya se construyen y se comercializan para ser explotados turísticamente, y que se adquieren con esa obligación de destino y explotación, del supuesto cada vez más frecuente de las llamadas viviendas turísticas, viviendas o pisos aislados que son explotados turísticamente por sus propietarios, por días, semanas, meses o temporadas cortas.
Tanto los edificios turísticos como las viviendas turísticas y vacacionales se regulan fundamentalmente por normas de las **comunidades autónomas**.

Centro comercial Son edificios o conjuntos de edificios con oficinas o locales comerciales abiertos al público y, junto a ellos, una serie de **locales complementarios** destinados a aparcamiento y almacén, más una serie de elementos y servicios comunes (pasillos, escaleras, vigilancia y limpieza, etc.) de especial importancia cualitativa y cuantitativa en términos económicos. 82
Pueden ser **explotados** en régimen de propiedad horizontal, propiedad o copropiedad ordinaria, o bien a través de derechos de carácter real (superficie o concesión administrativa) o personal (arrendamiento, contrato de explotación, etc.).
Su explotación en régimen de propiedad horizontal consiste en la comercialización a diversos propietarios de los diferentes locales y la constitución de una comunidad de propietarios encargada de la gestión de los servicios e instalaciones comunes, siendo por ello de importancia la redacción de unos estatutos muy precisos para este tipo de instalaciones.
También cabe su explotación en **régimen mixto**, es decir, un propietario principal y dominante que gestiona la explotación y mantenimiento de los elementos comunes, y que comercializa locales en régimen de propiedad horizontal. Este supuesto lleva a la existencia de una comunidad de propietarios, con un peso decisivo de uno de los propietarios. Es el caso de los hipermercados.

Precisiones Un **estudio detallado** de los centros comerciales puede encontrarse en los nº 11140 s. Memento Inmobiliario 2023-2024.

Lofts Los llamados *lofts*, son espacios susceptibles de ser habitados, situados inicialmente en **fábricas o edificios de oficinas** y caracterizados por carecer prácticamente de distribución interior y por una altura tal que permite construir una entreplanta. 84
Su especialidad o interés desde el punto de vista de la propiedad horizontal es el siguiente:
• Si esos espacios ya están dentro de un edificio de propiedad horizontal, por ejemplo una zona de local destinado a uso industrial, taller, reparación, carpintería, etc., es preciso determinar si su **cambio de uso o destino** puede requerir autorización de la comunidad de propietarios.
• Si no están dentro de un edificio en propiedad horizontal, hay que determinar si cumple con los **requerimientos** para poder constituir el edificio que lo alberga en un régimen de propiedad horizontal. En tal sentido, puede no ser necesario ni posible, por tratarse, por ejemplo, de una nave industrial, donde no cabe constituir más de un elemento independiente; o donde no se van a desarrollar elementos comunes.
Además de lo anterior, es importante desde el punto de vista de la propiedad horizontal tener en cuenta las **limitaciones administrativas** para la constitución de estos edificios industriales con uso habitacional. Así, mientras se concede el cambio de uso por parte de la Administración:
a. No requieren la **licencia de primera ocupación** sino de apertura, lo que puede plantear problemas administrativos para ciertos suministros.
b. Pueden plantear **problemas urbanísticos**, ya que muchos ayuntamientos suelen denegar el destino residencial o mixto para edificios industriales, por estar situados en zonas delimitadas con un determinado uso o destino industrial.

Precisiones Cuestión distinta aunque relacionada de manera general con los lofts, son los **cambios de uso o destino** de elementos privativos de un edificio: de vivienda a local o viceversa, de plaza de garaje a trastero, o de elemento común a elemento procomunal o privativo.
Un **caso intermedio** entre un loft y un supuesto de modificación de un elemento de propiedad horizontal se ha contemplado por la DGRN en un supuesto en que el propietario de un local comercial, aprovechando su altura, procede a su **modificación interior**, creando un altillo que le otorga mayor superficie «habitable». El registrador deniega su inscripción exigiendo acuerdo de la junta de propietarios, al entender que esa modificación puede alterar el título constitutivo dándose la posibilidad de asignación de una mayor cuota de comunidad por esa ampliación de superficie interior del local. La DGRN revoca la calificación del registrador y considera correcta la modificación sin necesidad de acuerdo de la junta de propietarios en base al derecho del propietario a realizar modificaciones dentro de cada entidad, siempre que no altere ni modifique la estructura del edificio o fachada, ni afecte a la superficie ni cuotas del resto de entidades ni a los elementos comunes -LPH art.7- (DGRN Resol 13-1-16).

85 **Puertos deportivos** (L 22/1988 art.4.11 y 66) Al ser bienes de dominio público o demaniales, el título que permite su ocupación y aprovechamiento es la correspondiente concesión administrativa de carácter temporal (30 años).
La **concesión** es el título hábil para inmatricular. Una vez inscrita, y en los términos fijados en la concesión, el concesionario procede a realizar la pertinente declaración de obra nueva y división horizontal, surgiendo como **fincas registrales independientes** los correspondientes puestos o puntos de atraque o amarre.
El adquirente de cada uno de ellos adquiere, junto a un derecho singular y exclusivo sobre su puesto o punto de atraque, un derecho inseparable sobre los **elementos comunes** del puerto (pantalanes, aseos, club social, instalaciones de agua y electricidad, etc.). Se trata de una verdadera propiedad, si bien, temporal por traer causa de un título concesional.

Precisiones En **Cataluña** se permite la constitución de un régimen de propiedad horizontal en los puertos deportivos en relación con los puntos de amarre (nº 7410).

87 **Otros supuestos** También son supuestos de propiedad horizontal con especialidades por razón de su objeto:
a) Los **cementerios** con nichos en columna (DGRN Resol 21-3-01).
b) El derecho de **aprovechamiento por turno de bienes inmuebles**, que puede estar inserto en un edificio en régimen de propiedad horizontal o sin previa declaración de la misma (nº 9760 s. Memento Inmobiliario 2023-2024).
c) La **mancomunidad de edificios o los conjuntos urbanísticos,** que se caracterizan por varios edificios en propiedad horizontal, y una serie de instalaciones y servicios comunes todos ellos: zonas recreativas, deportivas, etc.
Dentro de los conjuntos urbanísticos cabría entender comprendidas las **urbanizaciones privadas**, si bien estas normalmente son propiedades individuales por cada casa o parcela, que comparten zonas comunes (nº 4600 s.); mientras que los conjuntos urbanísticos, hacen referencia a otros supuestos que existen en la realidad, donde se encuentran varios bloques en régimen de propiedad horizontal, que, a su vez, comparten zonas comunes. Supuestos también llamados de propiedad horizontal compleja.

Precisiones En **Cataluña** se prevé expresamente el régimen de propiedad horizontal en relación con las sepulturas de los cementerios (CCC art.553-2.2).

2. Supuestos excluidos

90 Se exponen a continuación ciertos supuestos que no son considerados casos de propiedad horizontal.

91 **Edificio proyectado** En los edificios que están simplemente proyectados no existe la propiedad horizontal de manera perfecta, pero la misma puede llegar a existir. Se admite así la constitución de un régimen de propiedad horizontal sobre una finca en la que su propietario proyecta construir un edificio, designando las partes comunes y privativas, y que declara **inscribible** como edificio o piso proyectado al amparo de LH art.8.4, pero sin que ello implique la existencia de una propiedad horizontal en sentido pleno y perfecto (DGRN Resol 17-7-98). Ver nº 217.

92 **Prehorizontalidad** Tampoco es un supuesto de propiedad horizontal, aunque puede llegar a serlo, la llamada prehorizontalidad, en sentido amplio, esto es, la situación anterior al otorgamiento del título constitutivo formal (nº 215).

Precisiones **1)** Un supuesto muy particular de prehorizontalidad es el constituido por la denominada «**comunidad valenciana**» en la que los comuneros acuerdan proceder, cada uno de ellos en la parte que le corresponde, a construir un edificio que quedará sujeto a la propiedad horizontal, pactando desde un principio cuáles serán las entidades que corresponden a cada uno de ellos y adquiriéndolos directamente a medida que se va realizando la construcción, por accesión (DGRN 18-4-88; 29-11-17).
2) En Cataluña, se contempla también la posibilidad de la constitución de una **comunidad especial para la construcción**, excluyéndose expresamente la acción de división y los derechos de adquisición preferente, determinándose igualmente la adquisición automática sobrevenida de la titularidad exclusiva de cada elemento privativo en cuestión una vez finalizada la construcción y resolviendo los problemas de legitimación para el otorgamiento del título constitutivo de la propiedad horizontal en los casos de compraventa (CCC art.621-53).

94 **Casas empotradas y «casas a caballo»** Son muy frecuentes en el ámbito rural y en los viejos edificios de las ciudades. Se caracterizan por la existencia de **edificaciones contiguas**, cada una con su solar, pero en la que los vuelos interfieren entre sí.

No se trata de supuestos de propiedad horizontal, sino más bien de situaciones de **medianería horizontal** (TS 23-5-1943; 28-4-70).
Caso particular son los denominados «**engalabernos**», muy frecuentes en el ámbito de la propiedad urbana rural. Se trata de porciones de casas empotradas unas en otras. Se trata de comunidades *sui generis*, pero no propiedad horizontal, al no haber elementos comunes, aunque ha de precisarse la cuota de cada finca sobre el conjunto (DGRN Resol 20-7-98).
Estas situaciones **se regulan** (TS 28-4-72, EDJ 85; 28-12-01, EDJ 50601; 14-4-05, EDJ 46963):
- por lo pactado entre las partes;
- por las normas de la medianería vertical, en lo que sea aplicable por analogía; o
- en su defecto, por el uso o costumbre consolidado en la zona de su existencia.
En **Cataluña** podría ser aplicable a estos supuestos el régimen de la propiedad horizontal por parcelas (nº 8018).

Precisiones La particularidad de estos supuestos radica en la **horizontalidad del elemento medianero**, paralelo respecto al suelo, que sirve de techo para una de las edificaciones y de suelo para la otra, y que se configura como el único elemento común de relación entre las fincas, sometido como tal a un particular, y no sencillo, régimen jurídico derivado de su propia naturaleza y esencia.
La medianería horizontal constituye una forma característica de construir de las poblaciones de origen árabe y especialmente se da en los supuestos de edificaciones levantadas aprovechando **distintos niveles del terreno** muy pronunciados.
No obstante, no se trata de meras reminiscencias históricas, sino que es un fenómeno que cuenta con **manifestaciones actuales**, lo que incluso determinó que las intrincadas relaciones jurídicas que origina fueran objeto de atención en el I Simposio sobre propiedad horizontal (Valencia, 1972).
En su tratamiento jurídico, el Tribunal Supremo negó la aplicación en tales casos del régimen jurídico de la comunidad de bienes del Código Civil, así como su identificación con la regulación normativa de la propiedad horizontal, introduciendo el concepto de medianería horizontal (TS 7-6-21, EDJ 595775; AP Almería 27-6-23, EDJ 695504).

Grandes centros comerciales Se excluyen los grandes centros comerciales, que no están configurados bajo régimen de propiedad horizontal, sino que son espacios edificados de propiedad exclusiva de algún **grupo o fondo de inversión**, que solo alquila espacios a otros comercios o empresas de servicios como centros de *fitness*, cines, bancos, etc. 96

3. Otras figuras e instituciones

La propiedad horizontal se configura como una **propiedad especial** (LPH art.1) que resulta de la combinación de una titularidad exclusiva sobre los elementos privativos, unida a una **copropiedad** necesaria e indivisible sobre los elementos comunes del edificio. 100
Es un **derecho real**, y no un derecho personal ni una situación jurídica con vinculaciones obligacionales entre los propietarios de los diferentes pisos o elementos independientes. Como derecho real, tiene los caracteres de estos derechos:
- **inmediatez,** en cuanto que el derecho se ejerce directamente sobre una cosa, en este caso sobre lo edificado, sin precisar para su realización la conducta efectiva de ningún otro sujeto; y
- **eficacia erga omnes**, en cuanto que se opone o se hace efectivo frente a todos, y no solo frente a un sujeto determinado.
La configuración de la propiedad horizontal como un derecho real tiene también **importancia procesal**, pues la acción que tiene la comunidad para impedir un uso indebido de elementos comunes, se considera como acción real y no personal, siendo su plazo de prescripción de 30 años -CC art.1959 y 1963-, y no el plazo de prescripción de 5 años propio de las acciones personales -CC art.1964- (TS 6-2-12, EDJ 37471).
Sin embargo, en lo que respecta a las acciones personales para reclamar por **daños y perjuicios** originados a un copropietario por la falta de conservación de elementos comunes -LPH art.10-, el plazo de prescripción que se aplica es el general de las acciones personales, de 5 años -CC art.1964- y no el anual por responsabilidad civil extracontractual (TS 14-9-18, EDJ 563090).
Dicho lo anterior, podemos señalar adicionalmente las **diferencias con otras instituciones** jurídicas.

Sociedades y asociaciones A diferencia de las sociedades y asociaciones, la propiedad horizontal no tiene **personalidad jurídica** propia, sin perjuicio de que la comunidad de propietarios sí es un ente con **proyección jurídica** propia que puede contratar con terceros y actuar en juicio y fuera de él a través de su representante legal, que es el presidente (LPH art.13.3, TS 14-5-92, EDJ 4758). 102
No obstante, precisamente esta característica, su posibilidad de acción legal y procesal, asemeja las comunidades de propietarios a las personas jurídicas y por ello sus acuerdos también se toman dentro de unas reuniones de propietarios, juntas o reuniones de comunidad,

que funcionan de una manera semejante a las de las sociedades civiles o mercantiles: convocatorias formales, cuórum de constitución, mayorías para la adopción de determinados acuerdos, libros de actas, etc.

104 **Comunidad de bienes ordinaria** La propiedad horizontal se diferencia de la comunidad de bienes ordinaria en:
1. La ausencia de **derecho de adquisición preferente** -definitorio en la propiedad horizontal (CC art.396)-. Cabe, no obstante, su establecimiento para el caso de venta de pisos o locales en propiedad horizontal (nº 105).
2. La exclusión de la **acción de división** de cosa común, esencial en la propiedad horizontal (LPH art.4; CC art.400). Ver nº 107.
3. Una comunidad en régimen de propiedad horizontal tiene reconocida **capacidad procesal y fiscal**; en cambio en la comunidad ordinaria, aunque se admite que un copropietario pueda comparecer en juicio en defensa de la comunidad, en cuyo caso la sentencia favorable aprovecha a todos sin que les perjudique la contraria, la comunidad de bienes ordinaria no puede ser parte actora ni demandante en juicio, habiendo de serlo el conjunto de copropietarios o comuneros (TS 8-2-94, EDJ 1024).

105 **Derecho de adquisición preferente** Sobre la posibilidad de establecer en estatutos el derecho de adquisición preferente en caso de venta de pisos o locales en una propiedad horizontal, entendemos que **no es incompatible** con la propiedad horizontal.
Lo que es definitorio y esencial es su no existencia por el simple hecho de existir una situación de comunidad de propietarios. Pero, partiendo de esa **no existencia por definición**, nada impide que los propietarios, libre y voluntariamente, pacten su existencia, como por otra parte podría pactarse entre propietarios independientes, incluso de edificios separados y sin ninguna vinculación entre ellos, para el caso de venta o transmisión de algún elemento independiente vinculado por tal acuerdo.
Dicha posibilidad venía reconocida en la propia LPH que disponía, con carácter transitorio, que cuando (en el momento de la aprobación de la Ley) los estatutos estableciesen el derecho de tanteo y retracto en favor de los propietarios, los mismos se entenderían modificados en el sentido de quedar sin eficacia tal derecho, salvo que, en nueva junta, y por mayoría que representase, al menos, el 80% de los titulares, se acordase el mantenimiento de los citados derechos de tanteo y retracto en favor de los miembros de la comunidad (LPH disp.trans.2ª).
Por tanto, si era posible que por junta de propietarios se acordase el **mantenimiento de dichos derechos** en aquellas comunidades donde ya existiesen, entendemos que no hay obstáculo legal para entender admisible su existencia en **comunidades donde antes no lo había**. Lo que también entendemos es que, en estos casos, no bastará con un acuerdo favorable del 80% de los titulares, sino que, al tratarse de un aspecto que modifica reglas esenciales del título constitutivo necesitará la **unanimidad** o cuasiunanimidad (LPH art.17.6 y 8).

Precisiones En la redacción del CC art.396 dada por L 26-10-1939, **anterior a la aprobación de la LPH**, existía expresamente este derecho, y cada propietario, en caso de decidir la venta de su piso o elemento privativo, debía comunicarlo al resto de propietarios de elementos privativos del edificio, para que pudiesen adquirirlo con preferencia a extraños.

107 **Acción de división** Se plantea igualmente la posibilidad de introducir la acción de división de la cosa común en el régimen de la propiedad horizontal. Esta opción es dudosa, por cuanto, en el caso de pactarse su existencia, tampoco queda claro cuál sería el resultado:
• Partiendo de la existencia de la propiedad horizontal, el hecho de pactarse una acción de división de la cosa común determinaría que cada propietario tendría derecho a recibir una **parte de la cosa común**, proporcional a la cuota de participación que tiene en tal comunidad.
• Sin embargo lo único común en una propiedad horizontal son precisamente los elementos comunes del edificio o conjunto inmobiliario (pasillos, escaleras, canalizaciones...), que entendemos que son **elementos indivisibles**, por su destino a servir a los elementos privativos. Por tanto, pactar la posibilidad de dividir los elementos comunes -adjudicándolo por ejemplo a un propietario que abona el exceso al resto, o vendiéndolo a un tercero-, llevaría a la necesaria **extinción del régimen** de propiedad horizontal, por cuanto el resto de elementos privativos quedarían privados de los elementos comunes esenciales para su existencia.
• Extinguida la propiedad horizontal como tal, se constituiría sobre el edificio una **comunidad ordinaria**, de la cual solo se podría salir precisamente por su división en propiedad horizontal y adjudicación a los propietarios de los diferentes pisos o elementos independientes, en función o proporción a su cuota en la comunidad ordinaria.
Por tanto, a diferencia de lo que sucede con el derecho de tanteo y retracto, hay que concluir que **no es posible** pactar la posibilidad de una acción de división entre los copropietarios de una propiedad horizontal, salvo riesgo de extinguir la propiedad horizontal.

Conversión de la comunidad ordinaria en propiedad horizontal Las diferencias entre una propiedad horizontal y una comunidad de bienes no obstan a que determinados supuestos de comunidades de bienes puedan llegar a constituir y configurarse como propiedad horizontal. 109
Así sucede con los locales situados en **plantas bajas y sótanos** de edificios, destinados normalmente a garaje y que se distribuyen mediante participaciones indivisas que asignan el derecho de uso exclusivo sobre una determinada **plaza de aparcamiento**. Hasta aquí, lo único que existe es una situación de comunidad, con una asignación de uso de un espacio determinado. Sin embargo, tal situación puede llegar a configurarse como propiedad horizontal, siempre que las plazas de aparcamiento se configuren como fincas independientes con número propio, tal y como exige la Ley (LPH art.5).
Es posible configurar las **zonas comunes** como una comunidad ordinaria constituida por los diversos propietarios de diferentes propiedades privativas que tienen una cuota indivisa sobre los espacios comunes, y que se vinculan *ob rem* a las propiedades privativas. Lo que no es admisible, en tal caso, es la pretensión de representación a través de órganos «comunitarios», debiendo concurrir personalmente o representados todos los propietarios que forman esa comunidad ordinaria sobre las posibles zonas comunes, a fin de otorgar los negocios jurídicos que afecten a su configuración, uso o destino (DGRN Resol 3-1-17).

Precisiones En el régimen de la propiedad horizontal, en muchas ocasiones, las plantas de **aparcamiento** o la planta de **trasteros** se configura como una comunidad de bienes con atribución de derechos de uso exclusivo a favor de los distintos propietarios, respecto de las diferentes plazas o trasteros que lo componen. En estos casos, tanto los tribunales como la DGRN -actual DGSJFP- han considerado que nos encontramos ante comunidades especiales de carácter funcional en las que quedan excluidas la acción de división y los derechos de adquisición preferente. Se trata de comunidades funcionales en las que lo esencial no son las cuotas asignadas a los propietarios, sino la atribución de los derechos de uso exclusivo sobre las plazas de aparcamiento o trasteros. Es una figura jurídica reservada por el RH art.68 a las cuotas indivisas de las fincas registrales destinadas a garaje o estacionamiento de vehículos con asignación de uso exclusivo y que la DGRN extendió a los trasteros (DGRN Resol 16-7-15; 19-7-19; DGSJFP Resol 18-10-21).

Subcomunidades Relacionado con lo anteriormente expuesto, en una misma comunidad de propietarios en régimen de propiedad horizontal pueden existir varias subcomunidades o comunidades restringidas, pero para su existencia -y efectos frente a los demás propietarios- existen dos líneas jurisprudenciales: 110
• La que entiende que es necesario, al menos, el otorgamiento de escritura pública de **modificación de la división horizontal** y, en su caso, su inscripción en el Registro de la Propiedad (AP Córdoba 16-7-02, EDJ 135158; AP Madrid 31-3-15, EDJ 95351; AP Pontevedra 3-9-19, EDJ 690686).
• Otra línea jurisprudencial que entiende, sin embargo, que basta con el **funcionamiento continuado** en el tiempo como tales subcomunidades (AP Granada 19-9-14, EDJ 206215; AP Alicante 26-2-16, EDJ 97664; 23-6-16, EDJ 198720; AP Madrid 16-9-19, EDJ 709554).

Los **problemas prácticos** que plantean las subcomunidades -o su reverso, las supracomunidades-, podemos sintetizarlos en los siguientes puntos: 112
a. Solo puede existir un **presidente** que represente en juicio y fuera de él a la comunidad, formada por todos los propietarios de entidades del edificio complejo.
Esto no impide que cada subcomunidad formada por un edificio, escalera, o grupo de fincas vinculadas por algún elemento o gasto común tenga una **persona que los represente** a efectos internos, e incluso que desempeñe ciertas funciones por delegación del presidente general. Incluso podría llamarse a tal persona «presidente» de su comunidad, aunque ello puede llevar a equívocos.
b. Existe una sola **junta de propietarios**, integrada por la totalidad de los titulares dominicales de las distintas entidades que constituyen la propiedad horizontal compleja. Ello tampoco impide que cada subcomunidad tenga su propia junta para regular los problemas propios de su comunidad restringida, e incluso es conveniente para mayor claridad de acuerdos y temas comunes. Pero sus acuerdos, en cuanto tengan una relevancia que afecte al resto de comunidades restringidas o subcomunidades, quedan supeditados a los acuerdos de la junta general del edificio complejo en su conjunto.
c. Es posible individualizar los **gastos ordinarios** de conservación y mantenimiento necesarios e imputables solamente a las entidades integrantes de una subcomunidad o comunidad restringida, pero lo que no está tan claro es que los **gastos extraordinarios** que afecten a la propiedad, y no solo al uso de un elemento común no general, no deban ser soportados por todos los propietarios integrantes de todo el edificio complejo en su conjunto.
Por ejemplo, si se constituye una comunidad sobre las plazas de aparcamiento del sótano y de esa comunidad forma parte un propietario ajeno a las viviendas del edificio, se plantea si tiene

que contribuir a los gastos de mantenimiento o conservación de la cubierta del edificio, del portal o de la fachada.

Precisiones 1) El Tribunal Supremo viene admitiendo de forma reiterada la posibilidad de **funcionamiento independiente** de las subcomunidades, en el seno de una comunidad en propiedad horizontal, cuando se haya previsto expresamente en el título constitutivo (TS 3-1-07, EDJ 3997). Efectivamente, la LPH no prohíbe la constitución de subcomunidades, aunque tampoco las regule con precisión, por lo que es factible la coexistencia de comunidades independientes, formadas por bloques o edificaciones, integradas, a su vez, en otra comunidad para la administración y gestión de espacios y elementos comunes, si bien, para que así sea, debe constar en el título constitutivo de la finca en régimen de propiedad horizontal o en sus estatutos (AP Cantabria 8-11-23, EDJ 741181).

2) El Tribunal Supremo se ha pronunciado sobre si la **condición de comunero** en una supracomunidad le corresponde a las subcomunidades como tales, o bien a cada uno de los propietarios individuales de todas las comunidades. Pueden darse diversos supuestos, y su resolución depende de las específicas características de cada supuesto y acuerdo a adoptar (TS 24-6-15, EDJ 112298).

114 **Otras formas de gestión de servicios comunes** En ciertas zonas del territorio español y del extranjero, por clara influencia anglosajona, se ha extendido el supuesto de que la compra de una vivienda, piso o apartamento, incorpora los **derechos de uso** de ciertos «servicios comunes» (tales como clubes sociales, de deportes, etc.) integrados dentro de un complejo inmobiliario, pero vinculando la compra del elemento privativo a la compra necesaria de unas **acciones o participaciones** de clubes o sociedades que tienen la titularidad o gestionan dichos servicios.

En estos casos, los servicios comunes no estarían configurados como elementos comunes dentro de un régimen de propiedad horizontal, sino bajo la cobertura de otra forma de gestión de los mismos (sociedades mercantiles, civiles, cooperativas...).

Ahora bien, dicha situación ha de distinguirse de una propiedad horizontal, ya que las **consecuencias legales** de una u otra forma de configuración son netamente distintas. Para ello entendemos útil delimitar una figura de otra.

Es constitutivo de una propiedad horizontal, por muy compleja que esta sea -y es un límite básico irrenunciable-, la existencia de una **propiedad privada**, a la que indisolublemente va unida una **copropiedad** sobre elementos o servicios comunes. Así lo indica tanto el Código Civil, que se refiere a un derecho de copropiedad inherente sobre los elementos comunes del edificio, que son todos los necesarios para su adecuado uso y disfrute (CC art.396), como la LPH, que permite a cada propietario disponer libremente de su derecho, sin poder separar los elementos que lo integran y sin que la transmisión del disfrute afecte a las obligaciones derivadas de este régimen de propiedad (LPH art.3).

Por tanto, cualquier **otra forma de propiedad privativa** cuya vinculación con otras formas de copropiedad no sea a través de la vinculación necesaria como tal, ha de tener un tratamiento diferenciado.

Así, en una propiedad horizontal, por muy compleja que sea:

• No es posible **desvincular** la propiedad sobre elementos comunes de las propiedades individuales sobre elementos privativos, salvo que por unanimidad de los propietarios dejen de ser tales elementos comunes y pasen a ser elementos de otra naturaleza (nuevos elementos privativos, anejos de otras propiedades, etc.).

• Por tanto, no es posible que la **gestión** de esos elementos comunes se lleve a cabo a través de fórmulas de gestión diferenciadas de la propiedad privativa. Y en consecuencia no es posible, por ejemplo, aportar dichos elementos comunes a una sociedad mercantil o civil, para su gestión por parte de sus representantes, ni transmitir dichos elementos o servicios comunes, de una manera diferenciada y autónoma, y ello al no ser posible, repetimos, desvincular las zonas, elementos o servicios comunes, de la propiedad individual.

115 Bajo fórmulas de gestión diferentes, es posible que los mismos **servicios comunes** (deportivos, sociales, etc.) estén gestionados de la mejor manera que sus titulares consideren conveniente, pero ya no cabe hablar de los mismos como elementos comunes, en el sentido que lo utiliza el CC art.396 o la LPH.

Son **servicios o elementos propios**, independientes, con su régimen de adquisición de propiedad especial y distinto, si acaso destinados a un uso común, que se pueden vincular a la tenencia de unas propiedades privativas, pero su régimen de propiedad y gestión no se puede considerar de «propiedad horizontal», en el sentido de la LPH.

Es la autonomía de la voluntad, dentro de los márgenes que permita la propiedad de tales elementos o cosas comunes, tanto desde el punto de vista de la **intención de sus titulares**, como de la **normativa urbanística y sectorial** que le afecte, la que debe determinar en qué condiciones se puede acceder a su uso, gestión, etc.

En conclusión, se plantea si es **incompatible** la propiedad horizontal con esas formas jurídicas de gestionar las zonas comunes: en cuanto pretenda desvincular la propiedad sobre zonas comunes de las propiedades privativas, entendemos que sí, al no ser posible por la propia esencia de la propiedad horizontal. De no ser así podrían admitirse, por ejemplo sociedades formadas por propietarios de elementos privativos que gestionan las zonas comunes, etc. **115** (sigue)

No obstante lo anterior, lo que sí es posible es **arrendar o ceder a terceros** el uso de espacios, zonas o servicios comunes (LPH art.17.3), siempre que se trate de elementos o espacios comunes que no tengan asignado un uso específico en el inmueble. El caso más típico es el de la cesión en régimen de arrendamiento o derecho de uso del antiguo espacio común que constituía la vivienda del portero, pero podrían darse casos tales como la cesión o arrendamiento de patios comunes para ampliar la terraza de un bar o establecimiento abierto al público, o espacios de trasteros comunes que podrían cederse para almacenaje a favor de algún comercio situado en los bajos del edificio o en edificios cercanos.

Lo importante en estos casos es definir las **mayorías necesarias** tanto para concertar los contratos de arrendamiento como para resolverlos, atendiendo a si el espacio común proporciona algún uso o utilidad a los elementos privativos, o si tiene o no un uso específico asignado en el inmueble:

- si no lo tiene, basta la mayoría de tres quintas partes de cuotas y tres quintas partes de propietarios, criterio que parece imponerse en la actualidad (AP Madrid 13-11-15, EDJ 270696; 8-7-16, EDJ 164428; 16-11-17, EDJ 301695; AP Las Palmas 2-12-16, EDJ 283447);
- en cambio, si se trata de ceder el uso de elementos comunes esenciales o con «uso específico asignado», como una zona de vestíbulo, o una zona de acceso y salida de personas o vehículos, se suele exigir la unanimidad de propietarios (AP Alicante 22-2-06, EDJ 37678; 15-3-07, EDJ 81025; AP Málaga 24-3-15, EDJ 81011).

CAPÍTULO 2

Nacimiento y extinción de la propiedad horizontal

200

SECCIÓN 1

Nacimiento de la propiedad horizontal

205

La propiedad horizontal plena y perfecta existe cuando **diversos propietarios** de un inmueble, junto a su propiedad privativa, ostentan la copropiedad de elementos, zonas o servicios comunes -expresada en los porcentajes o coeficientes exigidos por la LPH- y existe además un **título constitutivo** regulador de dicha situación, de sus respectivas relaciones jurídicas y de los derechos y obligaciones de todos los integrantes de dicha comunidad. 207

En otras palabras, la propiedad horizontal existe de manera perfecta cuando concurre:

- una **situación material** o fáctica: existencia de varios propietarios sobre diversas entidades; y

- un **título formal**: el título constitutivo.

Ahora bien, esta situación perfecta y deseable no siempre se da en la realidad. Así:

• ¿Puede estar constituido el régimen de propiedad horizontal, sin la existencia de **diversos propietarios** de elementos privativos independientes?

Si bien es requisito constitutivo de la propiedad horizontal, para entenderla existente de manera plena, la coexistencia de, como mínimo, dos propietarios de elementos independientes, que compartan zonas o elementos comunes (nº 67), también son habituales situaciones donde existe un **régimen «formal»** de propiedad horizontal, por existir un título constitutivo del mismo, aun habiendo un solo propietario.

• Y al contrario, habiendo varios propietarios de elementos independientes, ¿existe propiedad horizontal sin la existencia de un **título formal**, constitutivo de dicho régimen y delimitador del conjunto de derechos y obligaciones de todos los copropietarios?

Con esta cuestión se pretende dar respuesta a una **doble cuestión**:

- cuándo se entiende que existe una propiedad horizontal desde el punto de vista fáctico o material, y, por tanto, desde qué momento se ha de entender aplicable la normativa reguladora de la misma (nº 210); y

- en caso de estar disociados, y ser posible, cuándo y cómo se constituye formalmente la propiedad horizontal (nº 235).

A. Constitución material

La propiedad horizontal nace materialmente por la mera existencia de un **edificio dividido por pisos o locales** susceptibles de aprovechamiento independiente y la titularidad separada sobre alguno de estos elementos en, al menos, dos personas. Mientras no concurran estos dos requisitos materiales o fácticos, no existe propiedad horizontal. 210

Otra cuestión, en cuanto al número de propietarios, es que, habiendo al menos dos propietarios, si no llegan a cuatro, puedan elegir no acogerse al **régimen de administración** de la LPH, y sí al régimen de administración del CC art.398, si expresamente lo establecen los estatutos (LPH art.13.8). Ver nº 1809.

Por tanto, lo determinante para la existencia de propiedad horizontal es la coexistencia de, al menos, **dos propietarios** de elementos independientes, que comparten la titularidad de zonas, elementos, o servicios comunes.
No es constitutivo ni determinante el **elemento formal** -la existencia del título constitutivo-, ya que dicho documento constituye solo la necesaria investidura jurídica formal a aquel presupuesto fáctico (TS 21-1-20, EDJ 505278; 1-2-07, EDJ 3987). De hecho, la LPH es aplicable a las comunidades que reúnan los requisitos establecidos en el CC art.396 y no hubiesen otorgado el título constitutivo de la propiedad horizontal (LPH art.2.b).
Y si no es constitutivo de la propiedad horizontal la existencia de un título formal, tampoco es constitutivo para el nacimiento de la propiedad horizontal la inscripción en el **Registro de la Propiedad** de dicho título (nº 285).
Ahora bien, la posible existencia fáctica o material de diferentes viviendas, locales o elementos independientes y de, al menos, dos propietarios diferentes, pero donde falta el otorgamiento del **título constitutivo** de la propiedad horizontal, da lugar a una situación calificada en nuestra doctrina como de «prehorizontalidad».

Precisiones **1)** El régimen de propiedad horizontal se aplica a las situaciones que reúnan las condiciones objetivas previstas en la Ley, aun cuando no se hayan configurado los **órganos de gobierno** ni celebrado la mal llamada **junta constitutiva** de la comunidad (AP La Rioja 28-7-23, EDJ 700328).
2) El régimen de propiedad horizontal se caracteriza por la inseparabilidad entre el derecho singular y exclusivo de propiedad sobre las partes privativas y la participación en la titularidad de los elementos, pertenencias y servicios comunes del inmueble, no procediendo la **enajenación de los elementos comunes** sino juntamente con la parte privativa de la que son anejo inseparable. Esta situación se produce aunque no se haya otorgado título, bastando con que se dé la situación fáctica de propiedad horizontal (AP Ourense, 13-6-23, EDJ 646479).

B. Prehorizontalidad

215 Se define la prehorizontalidad como aquella situación jurídica que aparece previamente a la plena y perfecta constitución de la propiedad horizontal. Se trata de un estado preparatorio de la propiedad horizontal (TS 11-4-18, EDJ 41913; 21-1-20, EDJ 505278).
Puede que la prehorizontalidad tenga más **importancia práctica** que la propia propiedad horizontal, ya que es la situación en la que se producen mayor número de conflictos:
- bien porque el propietario inicial o promotor del edificio proyectado realiza actuaciones o impone decisiones que quizás ya no puede realizar -en muchos casos sin saberlo-, por haber vendido algunos de ellos a otros propietarios; o
- bien porque la existencia de una «pre-propiedad horizontal» obliga ya a sus integrantes, sometiendo a vicio de anulabilidad ciertas decisiones y actuaciones.

Los condicionamientos para su **existencia** son dos, uno positivo, y otro negativo:
• El **elemento negativo**, consiste, como es obvio, que no se haya llegado todavía a formar una propiedad horizontal plena y perfecta (nº 217).
• El **elemento positivo**, es que exista al menos una declarada voluntad negocial de los propietarios de alcanzar la propiedad horizontal mediante la inequívoca puesta en marcha del proceso constitutivo; o bien que exista «de hecho» la situación de un edificio en el que existen al menos dos propietarios diferentes de elementos privativos independientes que comparten elementos comunes, sin haber otorgado el título constitutivo pertinente (nº 220).

1. Prehorizontalidad propiamente dicha

217 Es la **fase previa** a la situación fáctica material necesaria para el nacimiento de la propiedad horizontal.
En este sentido la DGRN -actual DGSJFP- contempla la **inscripción de la constitución de un régimen de prehorizontalidad** sobre dos fincas, de las que sus propietarios manifiestan su propósito de construir una edificación, expresando los elementos privativos de que dispondrá y asignando a cada condueño en pago de sus cuotas alguno o algunos de los elementos privativos, pudiendo constar los pisos proyectados como términos de referencia en el folio de la finca común, sin constituir propiedad horizontal hasta que no se determinen (DGRN Resol 17-7-98).
El supuesto está previsto en la propia Ley hipotecaria, cuando permite el **acceso al Registro** de los títulos de constitución de edificios cuya construcción está concluida o, por lo menos, comenzada (LH art.8.4).

La cuestión por delimitar en estos casos es **cuándo debe entenderse que existe** propiedad horizontal. Y a tal cuestión se suele responder diciendo que para que tal situación exista es necesario que el edificio esté, al menos, definido, para poder saber sus características y, por tanto, los elementos comunes y las partes privativas de que ha de constar. Este criterio encuentra justificación en el citado LH art.8.4, que exige para la inscripción del título, que la construcción esté concluida, o por lo menos comenzada. **219**

Surge entonces la cuestión del significado de las palabras «**proyectado**» o «**comenzado**». En efecto, la expresión «comenzada» puede referirse al comienzo de la edificación en sentido material o en sentido técnico:

• **Técnicamente**, cabe entender que la construcción ha comenzado una vez que el edificio ha quedado definido por la confección y aprobación administrativa del proyecto correspondiente.

• Por el contrario, si tomamos la acepción puramente **material** o física del concepto, nos encontramos con un callejón sin salida: se plantea la cuestión de si basta que se haya comenzado a excavar el terreno, o será necesario que se haya realizado la cimentación, o si tal comienzo se debe entender en algún otro momento posterior -construcción sobre rasante, etc.-.

En cualquier caso, desde el punto de vista práctico, se puede concluir que un edificio definido y meramente proyectado, equivale jurídicamente a un **edificio comenzado**, por lo que, desde ese momento, siempre que existan al menos dos propietarios, se puede entender existente la situación de prehorizontalidad, y aplicables las normas de la propiedad horizontal, aunque materialmente aún no existan físicamente las entidades independientes ni los elementos comunes.

2. Propiedad horizontal de hecho

El segundo supuesto de prehorizontalidad se da en las situaciones en que ya existe un edificio en el que concurren, al menos, dos propietarios diferentes de elementos privativos independientes que comparten elementos comunes, **sin haber otorgado el título constitutivo** pertinente, situación englobada dentro de la más genérica de «prehorizontalidad», y más gráficamente definida como «propiedad horizontal de hecho». **220**

Se trata del caso, nada infrecuente en la práctica, de la existencia de propiedades horizontales de hecho, que serían aquellas en que se dan todos los **supuestos fácticos** para que la propiedad horizontal surja -edificio construido con partes susceptibles de aprovechamiento independiente, otras zonas comunes de copropiedad necesaria, y pluralidad de propietarios-, pero en las que tampoco se ha otorgado el título constitutivo (TS 21-1-20, EDJ 505278).

Como **ejemplos** claros pueden señalarse los siguientes:

- el edificio perteneciente inicialmente a un propietario único el cual ya ha comenzado a vender a personas distintas todos o alguno de los pisos o locales del inmueble;
- la situación del edificio perteneciente a propietario único fallecido, al que suceden varios herederos o legatarios, con atribución de partes determinadas del inmueble;
- los casos conocidos como «partes de casas», propias de Castilla-La Mancha, cuando existen elementos independientes con salida propia a la calle, o a través de algún elemento común, que lindan unos con otros o comparten algún elemento de medianería, pero que no han regulado su situación de propiedad horizontal.

Precisiones Se ha admitido el otorgamiento de la correspondiente escritura pública de constitución del régimen de propiedad horizontal aun **antes de estar terminada la construcción** (TS 29-4-10, EDJ 71249).

En estos casos, hay que plantearse dos **cuestiones**: **221**

• **Aplicabilidad de la LPH** durante la fase de prehorizontalidad. Esta cuestión está hoy resuelta por LPH art.2.b al decir que dicha Ley es aplicable a las comunidades que reúnan los requisitos establecidos en el CC art.396 y no hubiesen otorgado el título constitutivo de la propiedad horizontal, las cuales se regirán en todo caso por las disposiciones de la propia LPH en lo relativo al régimen jurídico de la propiedad, de sus partes privativas y elementos comunes, así como en cuanto a los derechos y obligaciones recíprocas de los comuneros (TS 7-6-21, EDJ 595775).

• Determinación del hecho de **cuándo puede considerarse constituida** una comunidad de propietarios que queda sujeta a la LPH, aun no habiéndose otorgado todavía el título constitutivo formal (TS 3-3-16, EDJ 15631).

Supuestos más habituales Los supuestos más habituales que dan lugar a una situación de prehorizontalidad de hecho son los siguientes: **222**

- construcción de edificios en comunidad (nº 224);
- compraventa de viviendas o locales sobre plano (nº 225);
- aportación de un solar a cambio de parte de lo edificado (nº 226).

224 **Construcción en comunidad** En momentos de fuerte crecimiento de los precios inmobiliarios o de restricción de crédito, pero también en otras circunstancias -familiares, escasez de suelo, etc.- es frecuente que varias personas, con interés en adquirir la propiedad de un piso o local, se asocien entre sí para comprar un solar y levantar un edificio, que está destinado desde el principio a pertenecerles en régimen de propiedad horizontal. Este sistema de construcción se denomina de «**autopromoción**» o «autoconstrucción».
Existen diversas **formas** de desarrollar estas asociaciones, pero jurídicamente se configuran siempre de dos maneras:
- con una asociación o cooperativa; o
- con una comunidad de propietarios o una sociedad civil.
Sin embargo, junto al fenómeno asociativo, en la práctica suele suceder que existe alguna **persona física o jurídica gestora** del colectivo de interesados, a quienes estos conceden un poder irrevocable -justificado en la necesaria gestión conjunta de intereses y actuaciones para llevar a buen fin la construcción-, y que por tal condición de gestor responde como «promotor» en las relaciones de la promoción con terceros (proveedores, administraciones, vecinos...).
En estos casos, al ser posible que exista propiedad horizontal cuando el edificio está definido (aún más cuando el título constitutivo se otorga *ab initio*, por concurrencia de todos los comuneros), se producen dos **efectos** inmediatos:
• El **solar** deviene elemento común entrando en juego lo dispuesto en LPH art.4, que impide el ejercicio de la acción de división, típica de las comunidades de bienes ordinarias.
• El juego de la **accesión** se va desarrollando, de forma que a medida que la construcción avanza, cada comunero va consolidando los derechos que le corresponden, tanto sobre las partes privativas, como sobre los elementos comunes.

Precisiones **1)** Este supuesto también es conocido como «**comunidad valenciana**», pues fue en aquella región donde comenzó a utilizarse esta fórmula con cierta regularidad.
2) Un **estudio detallado** de la construcción en comunidad puede consultarse en el nº 2340 s. Memento Inmobiliario 2023-2024.

225 **Compra de pisos o locales sobre plano** La cuestión que se plantea en estos casos es hasta qué punto es necesario el concurso de estos compradores de pisos o locales sobre plano, en el otorgamiento del título constitutivo de la propiedad horizontal y, en su caso, en los estatutos de comunidad.
Prescindiendo de discusiones acerca del derecho obligacional o real de estos compradores, lo cierto es que no hay una línea mayoritaria en la doctrina y en la jurisprudencia sobre la necesidad de su concurrencia a tal otorgamiento. Mientras unos entienden que sí ha de producirse, hay otros para los que los compradores en **documento privado** deben quedar vinculados por el título constitutivo otorgado por el promotor, aún después de la venta de algunos elementos, siempre que dicho título no produzca un recorte o agrave su situación jurídica derivada de la compra de los elementos privativos, y, por supuesto, les vincula si no se oponen a los mismos en la primera junta constituyente de comunidad.
Otros, incluso, entienden que el promotor tiene concedido el mismo **apoderamiento** o mandato «irrevocable» de los compradores para poder hacer los actos necesarios de carácter civil y administrativo, para la válida configuración del edificio en propiedad horizontal, siempre que sea de acuerdo con la buena fe y no lesione derechos básicos de los compradores.

Precisiones **1)** Para evitar fraudes, estafas y demás, la Administración ha prestado especial atención a estas compras, regulando la percepción de cantidades anticipadas en la construcción y venta de viviendas (L 38/1999 disp.adic.1ª). También la normativa sobre protección de **consumidores y usuarios** se ha referido a ellas sobre todo en cuanto a la información a suministrar en la compraventa y arrendamiento de viviendas.
2) Respecto a la vinculación sucesiva de los futuros compradores al título constitutivo y estatutos establecidos por el promotor o propietario único del edificio, en **Cataluña** se entiende que «ratifican» el título constitutivo inicialmente otorgado por el promotor, en el momento en que otorgan la escritura de transmisión, si quien les vende ha sido el propietario inicial, y siempre que en el título de adquisición se reseñe el documento público en que consta otorgado el título constitutivo y las normas de comunidad existentes (CCC art.553-8). En este sentido, son nulas las cláusulas incluidas en documentos privados o públicos que impliquen una reserva de la facultad de modificación unilateral del título constitutivo o que le permitan decidir cuestiones reservadas a la junta de propietarios (CCC art.553-10.4).

226 **Cambio de suelo por vuelo** Esta situación (también denominada «aportación de solar» o «permuta de suelo») puede presentar **variadas formas jurídicas**, desde la cesión completa de suelo por sus propietarios a unos promotores, para su construcción, y compensación mediante la entrega futura de pisos o locales terminados; hasta la figura opuesta, como pudiera ser la retención del suelo por el propietario, contratación de la construcción con un promotor, y

posterior entrega de entidades terminadas a este promotor en pago de sus obras. Entre estas dos modalidades extremas, existen otras posibilidades variadas de configuración, cada una con sus peculiaridades, y con su diferente repercusión fiscal, sin que sea posible señalar una modalidad o un contrato tipo único.
No es este el momento de analizar las diversas consecuencias, garantías, etc. que necesita esta figura jurídica. Pero sí destacamos que el problema de esta figura, desde el punto de vista de la propiedad horizontal, al igual que las otras dos anteriores, es que normalmente existe una persona física o jurídica que adopta la posición jurídica de **promotor** a todos los efectos legales, dotado, al igual que en las situaciones anteriores, de un **mandato expreso o tácito** para desarrollar todos los actos necesarios para el buen fin de la construcción del edificio.

Precisiones Un **estudio detallado** de esta materia puede consultarse en el nº 783 s. Memento Inmobiliario 2023-2024.

Reglas de aplicación No cabe duda de que lo ideal, en todos estos casos, sería que el otorgamiento del **título constitutivo** y, en su caso, de los **estatutos** se hiciera, desde el inicio, por quienes conjuntamente serán los propietarios definitivos del edificio construido, ya que desde el inicio se conoce quiénes lo son o serán -sin perjuicio de la incorporación de nuevos propietarios en función de futuras ventas de otros elementos independientes-. Pero no hay que olvidar que, en todos estos casos -con alguna aislada excepción-, los futuros adquirentes de los pisos o locales lo que quieren es recibir su piso o local en las condiciones pactadas o previstas, sin tener que preocuparse por **trámites administrativos**, ni implicarse en los actos necesarios para llevar a cabo la construcción (que, en muchos casos, ni siquiera es deseable, por las consecuencias legales que ello supone en cuanto a las responsabilidades que como promotores asumirían). 228
Por tanto, la realidad es que, en todos estos casos, debe haber algún tipo de equilibrio entre la **autonomía del promotor** o gestor de la edificación para delimitar el edificio (título de propiedad horizontal), y establecer los estatutos de la misma (como reglas comunes para la convivencia entre los propietarios y para el mejor uso de los elementos comunes del edificio), y el indudable **interés de los propietarios** o adquirentes de partes de ese edificio, en toda esta fase de prehorizontalidad o propiedad horizontal de hecho.

Así, dada la variada casuística de cada situación de prehorizontalidad de hecho, ha sido la jurisprudencia la que ha ido marcando algunos **límites** o reglas a la hora de delimitar quién está legitimado en estas situaciones para otorgar el título constitutivo o los estatutos de comunidad y, en su caso, las «líneas rojas» que no se deben franquear. Estas reglas, en resumen, son las siguientes: 229
a) Es perfectamente legal que el **propietario inicial** del terreno -mientras es propietario único- sobre el que se va a construir un edificio pueda otorgar por sí solo el título constitutivo del edificio y los estatutos futuros de la comunidad que se va a establecer sobre el mismo. Incluso se puede decir que está obligado a realizarlo así, a los efectos de un mejor cumplimiento de la normativa que está obligado a observar en la venta de pisos o locales.
b) Sin embargo, a pesar de esa legitimación, su **poder de configuración** no es absoluto, y no puede establecer reglas en el título o en los estatutos en contra de un normal y correcto funcionamiento del edificio y de sus elementos privativos y comunes, estando prohibida, de entrada, cualquier tipo de cláusula contraria a la Ley, la moral o el orden público (CC art.1255).

Precisiones **1)** En ocasiones el propietario inicial se ve obligado a realizar la división horizontal a fin de obtener **financiación** para la construcción del edificio y poder distribuirla entre los distintos departamentos para comercializarlos con financiación asociada, dando una mayor facilidad y transparencia a los compradores de estos. 230
2) Es admisible el **pacto** incluido en los documentos privados de venta de pisos por parte del promotor de un edificio, a otorgar y modificar el título de propiedad horizontal, si bien, dicha posibilidad (TS 4-10-13, EDJ 187262):
- no puede ser ejercitada con abuso de derecho, debiendo quedar sometido el promotor a las normas imperativas de la LPH; y
- aunque se reconoce cierto margen de flexibilidad al promotor para hacer modificaciones en el título constitutivo, no puede realizar modificaciones que supongan cambios esenciales en la configuración del edificio proyectado.
3) El propietario inicial no puede incluir cláusulas que le permitan a el futuro una **reserva genérica** para modificar cualquier cláusula del título o de los estatutos, cuando dicho contenido cae claramente en la competencia de la junta de propietarios. En **Cataluña** estas cláusulas son nulas, tanto en documentos privados como en públicos (CCC art.553-8).
Tampoco caben reservas genéricas de **derechos sobre el edificio**, tales como un derecho de vuelo o de sobreelevación, sin definir en su alcance temporal, extensión volumétrica y consecuencias en la organización de la propiedad horizontal existente. Sería posible establecer este acuerdo o reserva siempre que se otorgue dentro de límites razonables; que se permita a los sucesivos

adquirentes conocer el alcance de ese derecho; y no se deje a la comunidad en una situación de absoluta provisionalidad en aspectos tan sensibles como las cuotas de participación, mantenimiento de servicios o ejercicio de derechos dominicales (TS 4-6-20, EDJ 575512).
Sí se permiten cláusulas de reserva de **carácter concreto** (TS 13-11-23, EDJ 745364).

4) No están permitidas cláusulas de exoneración de contribuir a los **gastos** de comunidad del edificio, de manera ni siquiera temporal, si ello no está justificado con una disminución o supresión en el uso de elementos comunes (escaleras, ascensores, aparcamientos). El hecho de que un elemento no se haya vendido y permanezca desocupado no exime al promotor de contribuir a gastos que también redundan en su beneficio, como limpieza del inmueble, luz general, vados municipales puesto que genera desequilibrios. No obstante, se ha entendido válida una cláusula de **exoneración de gastos comunes** establecida en estatutos a favor de los elementos independientes propiedad del promotor, que le exoneraba de contribuir en un 75% de dichos gastos mientras estuviesen desocupados, si bien contribuiría al 100% si no se cumplían ciertos requisitos, en este caso se entendió que la cláusula era equilibrada y razonable porque no se podía entender radicalmente nula, sin perjuicio de poder ser cambiada mediante acuerdo unánime en junta de propietarios (TS 11-12-09, EDJ 299926; 29-4-10, EDJ 71249).

5) La **validez** de las cláusulas de exoneración está supeditada a su inscripción en el Registro de la Propiedad. Si este requisito no se cumple, los futuros propietarios no están obligados a la observancia de algo en cuya elaboración no han participado y que no figura reflejado en la publicidad registral (TS 26-3-08, EDJ 66899).

6) Se permiten clausulas incluidas por el promotor constituyente de la propiedad horizontal que posibiliten el **cerramiento de plazas de garaje**, cuando además esta situación es mantenida pacíficamente por la comunidad (TS 18-6-20, EDJ 597437).

231 **c)** En el momento de **venta de algún elemento independiente**, entendida esa venta como transmisión de la propiedad (título y modo -este último aunque sea espiritualizado-), se hace necesario el concurso de esos propietarios para el otorgamiento y modificación del título constitutivo y de los estatutos, y se entiende que en general el propietario único inicial ya no está legitimado para otorgar por sí solo el título constitutivo ni los estatutos de propiedad horizontal (así resulta de la LPH art.5.2, a pesar de su deficiente redacción, ya que solo habla del necesario concurso para fijar las cuotas de participación). Dichas actuaciones carecen de validez por falta de legitimación en su otorgamiento, pudiendo los diferentes propietarios impugnar el título o los estatutos irregularmente otorgados (salvo la aparición de posibles adquirentes a título oneroso y de buena fe, por el juego de la publicidad registral en virtud de la LH art.34).

d) Sin embargo, no es posible establecer una prohibición ni una nulidad absolutas del título o los estatutos otorgados unilateralmente por el promotor del edificio -aun existiendo ya algunas ventas realizadas- siempre y cuando:

• Dicho título o estatutos se limiten a recoger la **realidad física o jurídica** del edificio, tal como ha sido vendido en los contratos a los futuros propietarios -que incluso quieren desentenderse de estos trámites-, o siempre que su contenido no entre en conflicto con los objetos jurídicos vendidos. Así se han entendido válidas las cláusulas de apoderamiento, si en uso de estas, el promotor se limita a configurar las cuotas dentro de parámetros coherentes con la realidad del edificio y a las normas básicas para el funcionamiento interno del edificio y no autorizan, en cambio, para reservar o restar a los propietarios facultades dominicales sobre elementos comunes -vuelos, patios, terrazas, etc.- (AP Pontevedra 4-5-92, EDJ 13729).

• Las posibles variaciones en el título o en los estatutos que vengan **impuestas por la autoridad administrativa** a través de condicionantes en las licencias, o bien por exigencias técnicas avaladas por los profesionales que intervienen en el edificio, que no influyan en el normal disfrute y configuración de los elementos privativos vendidos.

232 **e)** Los títulos constitutivos y estatutos otorgados por quien ya no tenía la legitimación necesaria para otorgarlos, pueden quedar «**convalidados**»:

• Por su **ratificación** expresa o tácita (al no ser impugnados) en las sucesivas juntas de propietarios que se vayan realizando.

• Por su **aceptación** por los compradores, al otorgarse las escrituras públicas de venta -formalizando en documento público la adquisición previamente realizada en documentos privados-, a modo de «novación» de aquellos contratos originarios (TS 3-11-82, EDJ 6610). No obstante, no se pueden convalidar, con base en la doctrina de los actos nulos de pleno derecho como puede ser un título constitutivo al que no concurren a su otorgamiento todos los propietarios de todas las entidades que forman parte de dicha comunidad (TS 16-2-16, EDJ 43911).

• Por su **previa autorización** al no considerarse absolutamente prohibidas las cláusulas de apoderamiento o autorización que se incluyen normalmente en los contratos traslativos -bien se trate de comunidades, permutas o ventas sobre plano- para que sea el «promotor» o «gestor-promotor» el que pueda otorgar por sí solo el título así como los primeros estatutos -con los límites antes vistos-, ya que siempre le estará permitido al resto de propietarios modificar

cualquier aspecto de los mismos en sucesivas juntas de propietarios. Incluso se ha defendido que esos mandatos representativos pueden ser «tácitos», derivados de hechos concluyentes, o de los actos propios, al ser conocidas las actuaciones del promotor por parte de los propietarios de los elementos privativos (TS 17-7-87, EDJ 5829; 24-1-94, EDJ 400).
f) Esos apoderamientos o mandatos son **revocables**, siempre que dicha revocación no sea extemporánea y de buena fe, ya que su revocación exigiría el concurso de los propietarios «revocantes», lo que, en caso de oposición o resistencia de estos, podría provocar la paralización del desarrollo normal de la construcción, con perjuicios graves al promotor y al resto de interesados en su conclusión.
g) En ciertos casos esos títulos o estatutos pueden quedar convalidados si el promotor inscribió los mismos en el **Registro de la Propiedad** y luego procede a la venta de pisos o locales, ya que ese título y esos estatutos le resultan oponibles por la publicidad registral (LH art.34).

C. Constitución formal

Basta con la edificación material -iniciada o proyectada- y la existencia de más de un propietario, para que exista la propiedad horizontal, al menos desde el punto de vista material. No obstante, para que dicho régimen alcance **plena eficacia jurídica**, o para que exista de manera plena y perfecta, se requiere de un acto de investidura formal al que se denomina título constitutivo de la propiedad horizontal. **235**
El título constitutivo coincide, en la práctica totalidad de los casos, con la **escritura pública** de división horizontal de la finca, en virtud de la cual, el propietario del solar que ha declarado previa o simultáneamente una obra de edificación, procede a dividir la misma por pisos, locales, plazas de garaje u otros elementos susceptibles de propiedad individual, dotando con ello de independencia y sustancia propia y separada a cada una de las entidades, y resultando del mismo los restantes elementos comunes, bien por deducción -todo lo que no sea elemento privativo-, bien por una definición concreta y pormenorizada de los mismos, o bien por una combinación entre ambas fórmulas.
El **título constitutivo** de la propiedad horizontal se expone en el nº 250 s.

Precisiones La comunidad de propietarios regida por la LPH existe jurídicamente desde que se produce la **situación de hecho** que la propia ley contempla, esto es, la realidad de una situación de copropiedad sobre diversos elementos susceptibles de aprovechamiento independiente y con unos elementos comunes (LPH art.2 y 3), hasta el punto de que no es imprescindible el otorgamiento de título escrito ni su inscripción registral para que sea de aplicación dicha Ley (nº 210).
Ahora bien, una vez que existe ese título, por haberse constituido la comunidad formalmente, y más aún si está inscrito en el Registro de la Propiedad con efectos frente a terceros, es claro que debe estarse al mismo y en términos generales no cabe admitir **alteraciones por la vía de hecho** y al margen de los mecanismos legalmente previstos de adopción de acuerdos y su modificación (AP Cantabria 8-11-23, EDJ 741181).

SECCIÓN 2

Título constitutivo

250

La constitución formal del régimen de propiedad horizontal tiene lugar mediante el otorgamiento del título constitutivo. **252**
Como **documento**, el título constitutivo suele coincidir en la práctica totalidad de los casos con la escritura pública notarial de constitución de la división horizontal. No obstante, también puede ser una resolución judicial o un laudo arbitral si, encontrándose el edificio en régimen de comunidad *proindiviso*, alguno de los comuneros ejercita la acción de división o someten la cuestión a arbitraje (LPH art.5.2). También puede ser una certificación administrativa si se trata de la división horizontal de edificios públicos (LH art.206.5; L 33/2003 art.37).
Como **negocio jurídico** es un negocio en virtud del cual se somete un edificio al régimen de propiedad horizontal, con su consiguiente división en unidades privativas y fijación de los

elementos comunes de las mismas. Por tanto, el momento en que surge la propiedad horizontal, de una manera plena y perfecta, es el momento en el que los diferentes propietarios manifiestan su voluntad de constituir dicha propiedad horizontal, otorgando el título constitutivo.
Este negocio jurídico puede ser **unilateral** si el título constitutivo lo otorga el propietario único, o el promotor inicial del edificio, o **plurilateral** si interviene además del propietario o promotor inicial, algún adquirente adicional, o si lo otorgan los copropietarios del inmueble en cuestión.

254 La **naturaleza** de este negocio jurídico es controvertida. Fundamentalmente se discute:
• Si se trata de un negocio dispositivo que implica una **enajenación**, por lo que no solo será necesaria la capacidad de obrar en el sujeto o sujetos que intervienen en el otorgamiento, sino también el poder de disposición sobre la cosa.
• Si se trata de un acto dispositivo -en cuanto se dispone la configuración de los derechos sobre la propiedad-, pero **no** una **enajenación** y, por tanto, no es necesaria la plena disposición sobre la cosa. Por ello se dice, por ejemplo, que los titulares de la patria potestad no necesitan autorización judicial y que pueden otorgarlo el menor emancipado y el contador-partidor.
La **importancia práctica** de esta cuestión es saber quién está capacitado para otorgar el título constitutivo de una propiedad horizontal, cuestión que se trata con más detalle en el siguiente apartado (nº 255 s.).

Precisiones Al respecto, cabe señalar una importante tendencia doctrinal y jurisprudencial a suavizar los **requisitos de capacidad** exigidos para otorgar el título constitutivo de la propiedad horizontal, separándose de los estrictos requisitos de los actos de disposición. La DGRN lo calificó de acto neutro que solo exige la capacidad general (DGRN Resol 17-4-70). Se permite además que lo otorgue cualquiera de los cónyuges con el consentimiento del otro o con la autorización judicial supletoria (RH art.94.2).

A. Capacidad

255 Salvo los casos en los que es necesario que el título constitutivo sea otorgado por un juez o un árbitro, o por la Administración -en caso de edificios públicos que requieran su división horizontal-, el título constitutivo puede ser otorgado:
• Por el **promotor o propietario único** del edificio destinado a ser vendido por pisos. Es habitual que el título constitutivo de una propiedad horizontal sea otorgado por el promotor del edificio, a quien interesa realizar cuanto antes su otorgamiento, a los efectos -normalmente- de poder distribuir la responsabilidad del préstamo hipotecario solicitado para su construcción entre los diferentes pisos y locales, y su subsiguiente venta individualizada, pudiendo informar de las características individuales de cada entidad independiente (superficie, accesos, servicios), y en su caso de las condiciones de financiación específicas de esa entidad.
• Por el **promotor con los adquirentes** si ya ha vendido alguno de los pisos o locales, aunque hubiera sido en documento privado (como sería deseable y ha declarado cierta jurisprudencia, si bien con ciertas reservas, según las circunstancias de las ventas).
• Por **todos los propietarios** de los distintos pisos o locales (LPH art.5.2). Una modalidad de esta opción es el caso en que el título surge de una división en la que los condueños en copropiedad ordinaria o miembros de una comunidad hereditaria describen los pisos, señalan la cuota de cada uno y se los adjudican.
• Por un **testador**, que constituye el régimen de propiedad horizontal en su testamento, sea distribuyendo la casa entre una pluralidad de herederos o legatarios, sea legando uno de los pisos, lo que obliga a constituir el régimen de propiedad horizontal asignando a los pisos una cuota en elementos comunes, y otra al conjunto de los restantes locales y apartamentos. La DGRN ha admitido el otorgamiento del título por el causante, donante o incluso por el copropietario designado por aquel (DGRN Resol 23-3-95). También puede el testador establecer en el testamento las bases para que lo otorgue el contador partidor.
• Por último, también puede otorgarlo el **nudo propietario**, siempre que no perjudique el derecho de propiedad (CC art.503). En este sentido, el Tribunal Supremo sostiene que el **usufructuario** de una cosa en copropiedad no se ve afectado por la división de la cosa común, en cuanto su derecho real se mantiene subsistente y se concreta o individualiza, por imperativo legal, en la parte que se adjudique al propietario o condueño. En cualquier caso, lo que sí se reconoce al usufructuario es el derecho a oponerse a la división o impugnar la misma en el caso de que se haya efectuado en fraude de los intereses del usufructuario (TS 28-2-91; 20-4-88; 13-12-83).

Precisiones La doctrina y la jurisprudencia no establecen una prohibición absoluta al **otorgamiento unilateral y previo** del título por el promotor o propietario único inicial, pudiendo ser en ciertos casos necesario e incluso deseable que se otorgue, siempre que se observen ciertos límites y no se realicen reservas genéricas de derechos, ni apoderamientos generales injustificados para modificar el título constitutivo (nº 229 s.).

Como hemos comentado, la principal trascendencia práctica de la discusión sobre la naturaleza del título constitutivo (nº 254) se refiere a la capacidad exigible a las personas que pretenden otorgarlo, en casos en que el propietario del terreno sobre el que se declara no es unipersonal, o no tiene capacidad plena de obrar, o está sometido a alguna limitación. Pueden analizarse diversos **supuestos particulares**: 256

Copropietarios En caso de una comunidad o **copropiedad sobre el terreno**: ¿corresponde a todos los propietarios por unanimidad, o basta la mayoría de ellos? 257
En línea con lo que se ha señalado sobre la prehorizontalidad (nº 215), entendemos que el otorgamiento de la propiedad horizontal debe ser realizado por todos los propietarios o copropietarios de los diferentes pisos, locales o elementos independientes, por **unanimidad**, en cuanto que el otorgamiento del título constitutivo sirve para:
- delimitar precisamente su dominio sobre el inmueble, modulando y plasmando su cuota de propiedad sobre un elemento individual (o varios, en función de su cuota);
- configurar cuáles son los elementos comunes sobre los que también proyecta su copropiedad;
- adaptar la regulación legal a las circunstancias de cada comunidad susceptible de ser constituida en propiedad horizontal, a través del título y de los estatutos.

Menores y personas con discapacidad Se plantea si, en caso de menores o personas con discapacidad, es necesaria autorización judicial. 258
Si los menores están sujetos a patria potestad, los **padres** no pueden renunciar a los derechos de que los hijos sean titulares ni enajenar o gravar sus bienes inmuebles, establecimientos mercantiles o industriales, objetos preciosos y valores mobiliarios, salvo el derecho de suscripción preferente de acciones, sino por causas justificadas de utilidad o necesidad y previa la autorización del juez del domicilio, con audiencia del Ministerio Fiscal (CC art.166).
Sin embargo, suele ser unánime la doctrina que entiende que los padres no necesitan autorización judicial para sujetar inmuebles de los hijos al régimen de propiedad horizontal, con el argumento de que realizar un acto de este tipo es un **acto de riguroso dominio**, y no un acto dispositivo que son los que contempla el precepto citado como necesitados de autorización judicial.
En el caso de que el menor, sin estar emancipado, hubiese **cumplido 16 años** y consienta en documento público, el propio Código Civil establece que no es necesaria la autorización judicial (CC art.166 párr 3º).
Sin embargo, en el caso de **tutores**, entendemos que sí es necesaria autorización judicial, por la aplicación supletoria a la figura del tutor de las normas sobre el ejercicio de la tutela (CC art.224), fijándose en estas que, para los casos en que el curador ejerza funciones de representación, es necesaria autorización judicial para llevar a cabo cualquier acto dispositivo que sea susceptible de inscripción (CC art.287.2).
El **menor emancipado** hay que entenderlo capaz para otorgar el título de propiedad horizontal sobre inmuebles de su propiedad, en cuanto que el otorgamiento de la propiedad horizontal no implica la enajenación o gravamen del inmueble afectado por tal régimen (CC art.247).

En el caso de las **personas con discapacidad**, habrá que estar a lo que resulte de la sentencia dictada en el procedimiento de provisión de apoyos (CC art.268). 259
• Si en la sentencia se atribuyen al curador **funciones representativas** de la persona con discapacidad, será aquel quien pueda llevar a cabo el acto en cuestión, con autorización judicial, por tratarse de un acto dispositivo susceptible de inscripción registral (CC art.287).
• Si la sentencia **no atribuye** funciones representativas al curador, habrá que estar al contenido de esta para determinar si la persona con discapacidad puede o no otorgar por sí solo el título constitutivo de la propiedad horizontal.

Cónyuge Si el régimen matrimonial es de **separación de bienes**, el cónyuge propietario del inmueble susceptible de ser sometido a propiedad horizontal puede otorgar el título constitutivo formal por sí solo, sin intervención del otro cónyuge. 260
Incluso si alguno de los pisos en que va a quedar dividido el inmueble fuera la **vivienda habitual** del matrimonio, entendemos que tal declaración no implica un acto de disposición de este en el sentido de enajenación o gravamen del inmueble, que necesite el consentimiento del otro cónyuge (CC art.1320).

261 Ahora bien, si los cónyuges están sujetos al régimen de la **sociedad de gananciales**, se plantea si es necesario el consentimiento de ambos para sujetar el inmueble a propiedad horizontal:

• Si el inmueble que va a ser declarado en propiedad horizontal fue adquirido por **ambos cónyuges**, no hay duda de que se requerirá el consentimiento de ambos en cuanto que la inscripción de actos de administración o de disposición de tales bienes se debe realizar conjuntamente por ambos cónyuges, o por uno de ellos con el consentimiento del otro o con autorización judicial supletoria (RH art.93.2).

• Si el inmueble que va a ser declarado en propiedad horizontal fue adquirido por **uno de los cónyuges** para la sociedad de gananciales, la declaración del régimen de propiedad horizontal puede ser realizado por el cónyuge titular registral (RH art.93.4 y 94.2).

• Ahora bien, se ha discutido si está dentro del régimen del RH art.94.2 el caso en que la propiedad horizontal sobre un edificio se va configurando y consolidando a medida que se va realizando la construcción de este, en un supuesto de **construcción en comunidad** (nº 224). En este caso parece indudable que la constitución del edificio en propiedad horizontal va unida a una adjudicación de los pisos resultantes a cada uno de los integrantes de la comunidad -sin el paso previo por una situación de cotitularidad de cada uno de los pisos o locales-.

Esta operación, la adjudicación de los pisos a sus respectivos titulares, va más allá del acto de riguroso dominio que el RH art.94.2 permite que sea realizado por sí solo por el cónyuge titular registral. Por tanto, necesitará el **concurso de ambos cónyuges**, o de uno de ellos con el consentimiento del otro.

262 Por último, si se trata de **bienes privativos**, la constitución de la propiedad horizontal debe realizarla el cónyuge adquirente. Pero si el inmueble es privativo por confesión del otro, se plantea si deben los herederos forzosos o legitimarios del cónyuge premuerto concurrir con el supérstite para constituir el edificio en régimen de propiedad horizontal.

La cuestión es dudosa, porque el RH art.95, que regula los actos relativos a estos bienes, señala que el cónyuge supérstite necesitará para los actos de disposición realizados después del fallecimiento del cónyuge confesante el consentimiento de los herederos forzosos de este, si los tuviere, salvo que el carácter privativo del bien resulte de la partición de la herencia.

El problema reside en que el RH art.93 y 94 contrapone los actos de **administración** a los de **disposición**, y precisamente parece que el RH art.94.2 considera la constitución del régimen de propiedad horizontal como un acto de administración, por lo que habría que considerar que la constitución de la propiedad horizontal puede ser realizada en este caso por el cónyuge supérstite sin el concurso de los herederos forzosos del cónyuge fallecido.

267 **Intervención de otras personas** Se plantea si aparte de los propietarios del edificio (único o varios), es necesaria la intervención de alguna otra persona en el otorgamiento.

En la práctica, no suele ser normal ni habitual que intervengan más personas en el otorgamiento del título constitutivo de una propiedad horizontal. Sin embargo, sería deseable que en dicho otorgamiento comparecieran las **personas que van a ocupar los cargos** exigidos por la LPH para la comunidad de propietarios constituida.

Sin perjuicio de que su estudio corresponde a otra parte de este trabajo (nº 1805), hay que señalar que, además de la junta de propietarios, consustancial a cualquier propiedad horizontal, el único cargo obligatorio dentro de una propiedad horizontal es el de **presidente**. Facultativamente, pueden existir vicepresidentes, un secretario y un administrador.

a) Si la comunidad solo ha previsto tener el cargo del presidente, en caso de **otorgamiento por todos los copropietarios**, evidentemente, ya no será necesario el concurso de ninguna otra persona en el momento de otorgamiento del título de propiedad horizontal, en cuanto que será uno de los otorgantes el que necesariamente ocupe el cargo de presidente de la comunidad, si bien no suele ser en el momento inicial de otorgamiento del título constitutivo cuando uno de los propietarios asume y acepta el cargo de presidente. En la práctica, dicho nombramiento y aceptación se aplaza a una convocatoria formal de junta, con fijación de tal nombramiento como punto del orden del día, se somete a votación, etc.

Pero no habría ningún problema para que en el momento de otorgamiento del título constitutivo, en el que además estarán todos los propietarios o copropietarios, ya se produzca el nombramiento de presidente de la comunidad. Ello además sería conveniente, no solo para dar cumplimiento a la normativa de propiedad horizontal, que así lo exige, sino porque es precisamente al principio cuando puede ser necesario que exista ya un interlocutor de la comunidad para contratar los distintos servicios necesarios para la puesta en marcha del edificio, tratar con la sociedad promotora en caso de observarse deficiencias de ejecución de zonas comunes, etc.

b) Por su parte, si la comunidad prevé tener presidente, y además otros cargos como **secretario y/o administrador**, con más razón sería necesario su concurso en el acto de otorgamiento

del título constitutivo, máxime cuando se permite que dichos cargos de secretario y administrador puedan recaer en personas ajenas de la comunidad (LPH art.13.6), normalmente personas físicas o jurídicas profesionales de tales trabajos, cuyo nombramiento es competencia de la junta de propietarios (LPH art.14).
No obstante, a pesar de que sería deseable, no suele ser habitual que en el momento del otorgamiento del título de propiedad horizontal, concurran estas personas ni se proceda al nombramiento de tales cargos, que suelen realizarse en una junta formalmente convocada.

B. Forma

En general, el título constitutivo de una propiedad horizontal está sujeto al principio de **libertad de forma** (CC art.1278). Por tanto, en teoría, el título constitutivo de una propiedad horizontal podría constar en un documento privado, y ello sería perfectamente válido y eficaz, si bien, con los efectos limitados entre las partes que lo han firmado, y sin posibilidad de reconocerle efectos en el tráfico jurídico frente a terceros que sí se le reconoce al documento público. **280**
Por ello, se establece la **forma documental pública**, a fin de darle carácter probatorio -no constitutivo, sin embargo-, para todos aquellos actos y contratos que tengan por objeto la creación, transmisión, modificación o extinción de derechos reales sobre bienes inmuebles (CC art.1280).

Documento público En tal sentido, el título constitutivo de la propiedad horizontal, como documento que delimita el contenido, y el estatuto jurídico de los edificios en régimen de propiedad horizontal, tanto en cuanto a los elementos privativos, como a los comunes, entendemos que debería constar en documento público, siendo la **escritura pública** el título habitualmente utilizado para su otorgamiento. **282**
Además, también es necesaria dicha forma documental pública en cuanto que se pretenda su **acceso al Registro** de la Propiedad, a fin de que pueda vincular y ser oponible a terceros (nº 285).
Pero además de la escritura pública notarial, en función de la autoridad que los sanciona o autoriza, también podría ser título o documento público hábil, la **sentencia judicial**, el **laudo arbitral** o la **certificación administrativa** en caso de edificios públicos que sean objeto de propiedad horizontal.
Evidentemente, el otorgamiento del título constitutivo de propiedad horizontal por parte de un juez siempre se producirá como consecuencia de la parte dispositiva de una **sentencia** dictada en un litigio relacionado con el reconocimiento de propiedades o titularidades. En tal sentido, en la mayoría de ocasiones, la sentencia no entrará a determinar todas las declaraciones necesarias para el título constitutivo, por lo que muchas veces será necesaria una **escritura notarial** otorgada en ejecución de dicha sentencia.

Precisiones **1)** No obstante, la DGRN contempló el caso de un **mandamiento judicial** dictado en ejecución de sentencia que reconocía el dominio del actor sobre dos porciones de unas casas colindantes a la suya. El Registro denegó la inscripción por falta de determinación y especialidad de las inscripciones a practicar. Sin embargo, la DGRN rectificó el criterio del registrador y señaló que corresponde al registrador decidir qué asientos son procedentes a la vista del título, y que todos los datos del caso permitían inscribir dicho mandamiento constituyendo las casas colindantes como propiedades independientes, sujetas todas a un régimen de propiedad horizontal, de modo que se conjugase una comunidad sobre el suelo y los restantes elementos, pertenencias y servicios comunes, con el derecho singular y exclusivo de propiedad sobre las diferentes casas. Por tanto, en tal caso la constitución de la propiedad horizontal derivó del título judicial constituido por dicho mandamiento dictado en ejecución de la sentencia correspondiente (DGRN Resol 20-7-98). **284**
2) Otro caso semejante al anterior fue contemplado por la DGRN, que trató de la inscribibilidad de una sentencia que condenaba a la inscripción de la venta de un local sobre el edificio del que formaba parte. El Registro denegó la inscripción al no estar constituido aún el régimen de propiedad horizontal. Sin embargo, la DGRN entendió que, si bien la constitución de un régimen de propiedad horizontal es requisito necesario para que se pueda inscribir la venta de un local de un edificio, tratándose de la **ejecución de una sentencia** por la que se eleva a público un documento privado con intervención del juez, no puede excluirse la inscripción cuando en el documento consta no solo la venta, sino los requisitos necesarios para la constitución del régimen de propiedad horizontal (DGRN Resol 17-3-01).
3) Procede la inscripción en virtud de la ejecución de una resolución judicial que aprueba y homologa una **transacción judicial** alcanzada en un proceso declarativo (DGRN Resol 8-3-19).

C. Inscripción en el Registro

285 La inscripción en el Registro de la Propiedad solo determina su **eficacia frente a terceros**. La propiedad horizontal y cualquier otro derecho real se constituyen y transmiten al margen del Registro de la Propiedad -salvo aquellos casos excepcionales en que la inscripción en el Registro es constitutiva-, porque en nuestro derecho rige la teoría del título y el modo (CC art.609 y 1095), y lo hacen además con carácter absoluto o de eficacia *erga omnes*, ya que esta es inherente al concepto de derecho real.

Ahora bien, la publicidad registral del título constitutivo no es intrascendente para la plena **delimitación de las facultades** y recíprocas restricciones de los derechos dominicales de cada propietario en régimen de propiedad horizontal.

En caso de **haber accedido al Registro**, tal inscripción opera como instrumento de protección frente a terceros extraños a la comunidad, y aún frente a sus propios condóminos, ante los cuales se podrán hacer valer todas sus cláusulas y, correlativamente, se les podrán oponer las previsiones de la misma que restrinjan el ámbito de sus poderes dominicales, bien sea sobre sus concretos elementos privativos, ya sea sobre los elementos comunes.

Por tanto, la **previa consulta** al Registro de la Propiedad sobre la existencia y contenido del título constitutivo del régimen de propiedad horizontal ha de proporcionar al adquirente de una vivienda o local una panorámica completa y bastante exacta de sus facultades, restricciones y cargas como condómino en el régimen de propiedad horizontal al que pretende incorporarse.

286 La **oponibilidad** a partir de la inscripción en el Registro de la Propiedad resulta de los principios generales que rigen la publicidad registral (TS 24-10-11, EDJ 286978; 4-3-13, EDJ 42033; 25-6-13, EDJ 150003).

La limitación estatutaria no inscrita no es oponible al **arrendatario**, si no se acredita su conocimiento por otros medios (TS 31-5-21, EDJ 588189).

Asimismo, de la LPH art.5 cabe deducir que, si los estatutos solo **perjudican a terceros** desde su inscripción en el Registro de la Propiedad, lo mismo cabría señalar del propio título constitutivo o de las modificaciones del mismo (AP Baleares 22-9-20, EDJ 689931). Y ello, finalmente, sin perjuicio de que, en un caso determinado, pueda probarse por cualquier medio admitido en derecho, el conocimiento de determinados acuerdos o reglas estatutarias por cualquiera de los propietarios, aun no constando dichas reglas inscritas en el Registro de la Propiedad.

287 Ahora bien, en caso de **no haber accedido al Registro** el título constitutivo de la propiedad horizontal, o incluso habiendo este accedido, hay que preguntarse si existen **otras limitaciones o delimitaciones** al dominio derivado de la propiedad de un elemento de propiedad horizontal.

En tal sentido, cabría citar:

• Las clásicas **servidumbres** aparentes y legales, las cuales, ya de por sí suponen un límite legal al contenido del dominio.

• Además, hoy tiene gran transcendencia el régimen derivado de la **normativa urbanística**, especialmente la que regula la fase de planeamiento, pues las normas de esta especie vinculan a los adquirentes de inmuebles, o porciones delimitadas de los mismos, aún sin reflejo registral alguno. Por tanto, las limitaciones o previsiones incluidas en dicha normativa, o ciertas previsiones incluidas en las licencias administrativas concedidas, pueden delimitar ya el contenido o el contorno de los derechos dominicales dentro de la propiedad horizontal.

Precisiones 1) No hay obstáculo para que, **sin intervención de los posteriores titulares registrales**, puedan hacerse constar en el Registro las servidumbres que deriven de los compromisos que el constructor, en cumplimiento del correspondiente plan urbanístico, hubiera asumido legalmente con anterioridad a la enajenación de los pisos o locales (DGRN Resol 19-9-94). Por tanto, los nuevos adquirentes se subrogan por Ley en esos compromisos, lo que constituye una manifestación de la fuerza *erga omnes* de la actividad urbanística para la delimitación del contenido ordinario de la propiedad urbana. Los titulares registrales afectados han de **considerarse enterados** del contenido de la normativa urbanística que afecta a la finca de la que forman parte. No es, por tanto, necesario el consentimiento o intervención de los actuales titulares registrales si, por documento público o por certificación administrativa, se acredita que la servidumbre ha sido constituida en los términos exigidos en el correspondiente régimen urbanístico relativo a la construcción del edificio en cuestión.

2) La **inscripción del régimen** de propiedad horizontal se expone con más detalle en nº 520 s.

D. Contenido

(LPH art.5)

En el título constitutivo de la propiedad horizontal ha de hacerse constar: 292
- la **descripción** del inmueble en su conjunto y la de cada piso y local;
- la **cuota** de participación que corresponde a cada piso o local.

Estas menciones constituyen su contenido obligatorio (nº 295).

El título puede contener, además, reglas de **constitución y ejercicio** del derecho y disposiciones no prohibidas por la Ley en orden al uso o destino del edificio, sus diferentes pisos o locales, instalaciones y servicios, gastos, administración y gobierno, seguros, conservación y reparaciones (nº 305).

1. Contenido obligatorio

Descripción del inmueble en su conjunto (LPH art.5) La descripción del inmueble ha de 295
expresar las circunstancias exigidas en la legislación hipotecaria y los **servicios e instalaciones** con que cuente el mismo.

Esta descripción del inmueble en su conjunto se lleva a cabo normalmente con la **escritura de declaración de obra** (nueva, o por antigüedad), a la que luego nos referiremos al hablar de la inscripción del régimen de la propiedad horizontal en el Registro de la Propiedad.

Pero tanto si se hace esa descripción a través de la escritura notarial de declaración de obra, como si se realiza en cualquier otro título formal privado, entendemos que dicha descripción debe ajustarse a lo previsto en la legislación hipotecaria (LH art.9; RH art.51) que, aunque pensada únicamente para los títulos que pretenden acceder al Registro, señala suficientemente cuáles son las menciones que deberían constar en el título constitutivo de la propiedad horizontal.

De acuerdo con lo anterior, en el título constitutivo deberá hacerse constar:
- si la finca tiene **naturaleza rústica o urbana**;
- su **situación**, indicando el término municipal en que se halle, la calle y el número, si lo tiene, e incluso se podrá señalar el nombre del edificio en caso de que se le conozca por alguno determinado;
- los **linderos** del edificio, señalando los mismos por la izquierda entrado, derecha, frente y fondo, salvo que no puedan determinarse así (caso excepcional), en cuyo caso pueden hacerse constar dichos linderos por los cuatro puntos cardinales;
- su **superficie** total conforme al sistema métrico decimal (pudiendo expresarla también en otras medidas habituales del lugar);
- la **referencia catastral** del inmueble o edificio en su conjunto; y
- los servicios, instalaciones o **elementos comunes**.

Precisiones Nada impide que la división horizontal pudiera aplicarse a algún tipo de **propiedad rústica**, ya que lo único exigible para que pueda aplicarse este régimen es que convivan elementos de dominio independientes con zonas, espacios, elementos o servicios comunes. Por tanto, podría pensarse en su aplicación a algún tipo de explotación o construcción agrícola, donde pertenezcan a diferentes propietarios zonas independientes como pudieran ser secaderos, establos, naves de uso agrícola u otros semejantes, y que compartan zonas comunes como pudieran ser zonas de paso y acceso, algún espacio de oficinas, comedores, etc.

Descripción de los pisos y locales (LPH art.5) El título constitutivo debe describir cada 297
uno de los pisos o locales que componen el inmueble, a los que se asignará número correlativo. En este caso, respecto a cada piso o local se han de expresar los siguientes **datos**:
- su extensión (conforme al sistema métrico decimal);
- los linderos,
- la planta en la que se halle; y
- los anejos, tales como garaje, buhardilla o sótano (aunque nada impide que estos, en lugar de anejos, se configuren a su vez como elementos independientes en régimen de propiedad horizontal y, por tanto, desvinculados del piso o local).

Respecto a la **identificación de volúmenes**, no pueden olvidarse los datos definidores relativos a la tercera dimensión (altura). Así, cuando un elemento (p.e. un local), se extiende por dos plantas colindantes verticalmente, su perfecta identificación a efectos registrales exigirá la expresión de la circunstancia de que se extiende a dos plantas, así como la de la superficie y linderos del espacio ocupado en cada una de aquellas, y ello con independencia del modo de aprovechamiento o de la configuración física de cualquiera de ellos (como rampa, hueco, etc.).

Precisiones La división de la planta de un edificio en régimen de propiedad horizontal en **dos plantas superpuestas** no puede ser inscrita como un simple acto de división de uno de los locales integrados en este régimen, sino que es una modificación de la obra nueva declarada e inscrita y sujeta, por tanto, al régimen de acceso de una modificación de obra y del título constitutivo de la propiedad horizontal en el Registro de la Propiedad, exigiendo la licencia urbanística pertinente y la certificación del técnico competente, además del acuerdo unánime de la junta de propietarios (DGRN Resol 14-12-92).

No obstante este criterio, una correcta descripción de la altura de aquella planta inicial, podría haber permitido su división en dos plantas superpuestas -si su altura lo permitía-, sin necesidad de acudir al expediente de declaración de ampliación de obra, sino como simple **acto de división material** de un elemento independiente (LPH art.7) y sujeto únicamente a acuerdo unánime de la junta de propietarios, salvo autorización expresa estatutaria que permitiera llevar a cabo dicha división al propietario por sí solo.

300 **Cuota de participación** (LPH art.3 y 5) En el mismo título se debe fijar la cuota de participación que corresponde a cada piso o local en el conjunto del inmueble y, por tanto, en el resto de elementos comunes del edificio.

La **determinación** de esta cuota puede realizarse:

- por el propietario único del edificio al iniciar su venta por pisos;
- por acuerdo de todos los propietarios existentes;
- por laudo; o
- por resolución judicial.

Para su **fijación** se tomará como base:

- la superficie útil de cada piso o local en relación con el total del inmueble;
- su emplazamiento interior o exterior;
- su situación; y
- el uso que se presuma racionalmente que va a efectuarse de los servicios o elementos comunes.

Dicha cuota de participación lo es con relación al total del valor del inmueble y debe estar expresada en centésimas del mismo. Dicha cuota servirá de módulo para determinar la **participación en las cargas y beneficios** por razón de la comunidad. Las mejoras o menoscabos de cada piso o local no alterarán la cuota atribuida, que solo podrá variarse por acuerdo unánime.

302 Precisiones **1)** Cuando la Ley señala que la cuota de comunidad debe estar **expresada en centésimas**, no quiere decir que deban expresarse solamente con centésimas, de modo que la suma de todas las cuotas dé como resultado la unidad, sino que, como mucho, dichas cuotas tengan decimales hasta las centésimas (evitando así las milésimas, diezmilésimas, etc.).

A este respecto, para la determinación de las cuotas de comunidad, conviene tener cuidado con la utilización de **hojas de cálculo electrónicas** (Excel, etc.), que por defecto redondean los decimales a la décima, centésima, milésima, etc., pero luego provocan (al irse dejando decimales), que la suma manual -no electrónica- de dichas cuotas, no suma cifras enteras referidas a la unidad, o al 100% de propietarios de la comunidad.

2) Es difícil pensar un supuesto de hecho en que las posibles **desigualdades de hecho** entre los diferentes elementos privativos no puedan quedar plasmadas o compensadas con un señalamiento desigual de las cuotas de participación de estos. En este sentido el Tribunal Supremo sí ha reconocido que corresponde al juez *a quo*, en ejecución de una sentencia de división de la cosa común, señalar las cuotas de copropiedad que correspondan a cada elemento privativo, que no necesariamente han de coincidir con la cuota de copropiedad que corresponde a cada comunero sobre la finca inicial, siempre que textualmente «se haga en *pro* todo ello de conseguir la más deseable igualdad» (TS 6-11-89, EDJ 9871).

3) Respecto a si los **criterios legales para su fijación** son orientativos o imperativos, normalmente se considera que son orientativos, ya que la autonomía de la voluntad de la persona o personas que otorgan el título constitutivo y que, por tanto, determinan la cuota de participación, pueden tener en cuenta otros criterios. El **límite de la discrecionalidad** en este sentido será, en cualquier caso, que las cuotas de participación fijadas sean fiel reflejo de la participación de cada entidad independiente en los «beneficios y cargas» del edificio.

4) Por **superficie útil** se entiende la del suelo de la vivienda, cerrada por el perímetro definido por la cara interior de sus cerramientos con el exterior o con otras viviendas o locales de cualquier uso. Asimismo incluye la mitad de la superficie de suelo de los espacios exteriores de uso privativo de la vivienda, tales como terrazas, miradores, tendederos, u otros hasta un máximo del 10% de la superficie útil cerrada.

5) La cuota de participación asignada en el título constitutivo **puede impugnarse** cuando se pruebe que es manifiestamente inequitativa, siendo así que las diferencias de atribución no puedan justificarse en ninguno de los criterios recogidos en LPH art.5 (AP Ourense 24-7-23, EDJ 686943).

La cuota constituye un pacto medular del régimen de propiedad horizontal, pues determina: **303**
• La participación en las **cargas y beneficios** (LPH art.3).
• La participación mediante el voto en las **decisiones** a tomar en las reuniones de la junta de propietarios (LPH art.17).
• La contribución a los **gastos generales** para el adecuado sostenimiento del inmueble, sus servicios cargas y responsabilidades que no sean susceptibles de individualización (LPH art.9.1.e).

No obstante, si los propietarios integrantes de la propiedad horizontal, en junta de propietarios debidamente convocada, deciden que la aportación a los gastos comunes se realice en **proporción distinta** a la cuota de comunidad, ello es perfectamente válido, si bien en cuanto que la cuota es elemento básico y esencial para determinar la contribución a las cargas del edificio, habría que concluir que dicha determinación exigirá la **unanimidad**, expresa o tácita, de todos los propietarios integrantes de la comunidad, y no solo mayorías reforzadas, que podrían perjudicar a algún propietario minoritario.

Aun así, se ha considerado válido un acuerdo de contribución a los gastos diferente al establecido en el título constitutivo adoptado solo por **mayoría** y ausencia de impugnación en plazo, por entender que dicho acuerdo sería solo anulable, y por tanto prescriptible, reservando la nulidad radical y absoluta solo para aquellas vulneraciones de Ley imperativa o prohibitiva que no tienen señalado un efecto distinto para el caso de contravención, o que se han realizado en contra de la moral, orden público, o en fraude de Ley, casos en que el tiempo no los subsanaría (TS 30-4-10, EDJ 53501; 15-6-10, EDJ 113272).

También es perfectamente válido que ese régimen de participación distinto se recoja en los **estatutos de la comunidad** de propietarios (TS 7-6-18, EDJ 96418), siendo esto además lo más usual y que jurídicamente plantea menores problemas, al quedar plasmado en estos últimos el régimen de adopción de los acuerdos en cuestión distinto al general de proporcionalidad.
• La contribución a la dotación del **fondo de reserva** (LPH art.9.1.f).
• La parte a percibir en el supuesto de **extinción de la comunidad**.
• El **cuórum** necesario para la adopción de acuerdos en junta de propietarios, ya que la mayoría no es solo de personas sino que estas han de representar al mismo tiempo la mayoría de las cuotas de participación.

La **variación de la cuota** fijada en el título solo puede llevarse a cabo por acuerdo unánime de los propietarios, sin que se altere por las mejoras o menoscabos de cada piso o local. Ahora bien, hay que tener en cuenta que:

a. Cabe también su modificación como resultado de una **sentencia judicial** impugnando su fijación por el promotor o propietario único, por no haberse acomodado a los criterios de la Ley.

b. Cabe igualmente su modificación como consecuencia de **alteraciones físicas del inmueble** (segregaciones, agrupaciones, etc.) siempre que las fincas resultantes de aquella den en suma una cuota igual al departamento original, y todo ello sin perjuicio de la necesidad de acuerdo de la junta de propietarios cuando estatutariamente no se hubiera previsto esta posibilidad de modificación.

Precisiones **1)** Debe diferenciarse entre la mayoría necesaria para adoptar el acuerdo de realizar unas obras, que puede ser de tres quintas partes de los propietarios con tres quintas partes de las cuotas de comunidad, con la **mayoría exigible** para determinar una contribución a sufragar dichos gastos, diferente a la establecida en el título constitutivo, que requiere la unanimidad o cuasiunanimidad (LPH art.17.6 y 8). **304**

2) Un caso que puede justificar y requerir que la contribución a gastos comunes se realice en proporción distinta a la cuota de comunidad, puede ser, por ejemplo, el supuesto de una entidad independiente, un ático, que tiene atribuido el uso y disfrute exclusivo de la **terraza comunitaria** superior del edificio. La terraza es un elemento común porque sirve de cubierta y da servicio a todo el edificio. Pues bien, si el ático, en función de su superficie útil, tiene una cuota de comunidad reducida, pero la limpieza y reparación ordinaria y extraordinaria de esa terraza comunitaria se quiere que sea a cargo de la comunidad, pues da servicio de cubierta a todo el edificio, es bien lógico que el propietario del ático -que será el único usuario «normal y habitual» de esa terraza-, contribuya a los gastos comunitarios con mayor proporción que lo que representa su cuota de comunidad normal o simple, por lo que podría estar justificado que la contribución a gastos sea en proporción distinta a la cuota normal de comunidad.

3) La jurisprudencia ha establecido la regla de **unanimidad** de propietarios para poder fijar contribuciones a determinados gastos diferentes a la cuota de comunidad ordinaria:
• Se ha permitido una contribución a **gastos de calefacción** diferente, según el número de radiadores de cada piso o vivienda (TS 13-12-06; 7-6-11).

• En el mismo sentido, es ya práctica habitual y extendida que se pueda dispensar en los estatutos a determinados propietarios de sufragar los de **conservación y mantenimiento del ascensor** respecto de los locales de la planta baja, por la falta de utilización de este (TS 3-10-13, EDJ 187261), si bien la exoneración no alcanza a los gastos relativos a los ascensores que se consideren de carácter extraordinario (TS 10-5-21, EDJ 558360). Ver nº 448.
• Cabe eximir a trasteros de contribuir a los gastos del tributo por **vado municipal de acceso a los garajes**, en cuanto que dicho tributo sirve para permitir el uso de las plazas de garaje y no a los trasteros, siempre que dicho acuerdo se adopte por unanimidad de los propietarios. En caso de no constar dicha exoneración en los estatutos, todos los elementos independientes de dicha comunidad, trasteros incluidos, deben contribuir a los gastos comunes imputables, con independencia del uso o utilización que dichos elementos puedan hacer de servicios comunes, como en este caso puede ser el acceso rodado desde la planta de garaje a la calle; y viceversa, los gastos referidos exclusivamente a garajes o trasteros deben ser sufragados por todos los propietarios, si los gastos en cuestión no están individualizados (TS 27-2-20, EDJ 513064).
• El hecho de que la comunidad haya establecido **cuotas lineales** en algunos casos, al margen de lo preceptivamente establecido sobre distribución de gastos según la cuota de participación en elementos comunes, no impide su impugnación por parte de los comuneros afectados, dado que dicha práctica no supone modificación de las reglas estatutarias, debiendo prevalecer frente a la inexistencia de un acuerdo unánime lo previsto en el LPH art.9.1, no pudiendo aceptarse la eficacia de actos propios de la comunidad, al infringir normas imperativas, no pudiendo exigirse que los comuneros disidentes tengan que aceptar las cuotas lineales, en tanto sean más gravosas que la correspondiente siguiendo la aplicación del coeficiente de participación en elementos comunes, referidos a obras de naturaleza extraordinaria que afectan al valor del edificio. La práctica de la Comunidad sobre adopción de cuotas lineales no puede vincular frente a la emisión de cuotas imprevisibles por su gran cuantía y por la naturaleza excepcional de las obras presupuestadas (TS 25-2-20, EDJ 512845).
• No es oponible a terceros el régimen de distribución de gastos **aplicado en la práctica** durante años, distinto al que se prevé en el título constitutivo, siendo necesaria unanimidad para la inscripción del sistema utilizado en la práctica (TS 11-3-20, EDJ 550142).

2. Contenido facultativo

(LPH art.5)

305 El título puede contener, además, los **estatutos de comunidad**, que se pueden definir como las reglas de constitución y ejercicio del derecho; así como de disposiciones no prohibidas por la Ley, en orden al uso o destino del edificio, sus diferentes pisos o locales, instalaciones y servicios, gastos, administración y gobierno, seguros, conservación y reparaciones, formando un estatuto privativo que no perjudicará a terceros si no ha sido inscrito en el Registro de la Propiedad.
Por otro lado, el título constitutivo puede delimitar los **elementos, pertenencias o servicios comunes** del edificio, aunque dicha enumeración no es necesaria, puesto que la regla en este sentido es que constituye elemento común todo aquello que no se configure específicamente como elemento privativo.
Los elementos comunes son, por tanto, una cuestión que puede quedar delimitada:
• Por **deducción**: todo aquello que no haya sido configurado como elemento privativo e independiente es elemento común (nº 322).
• Por **enumeración** en el título constitutivo. La enumeración de estos servicios o elementos comunes en el título estaría justificada para disipar dudas sobre su existencia, y además en aquellos casos en que sus elementos vayan a ser objeto de alguna regulación especial en los estatutos de comunidad. No obstante, debe tenerse en cuenta que esta opción puede genera más confusión, ya que la omisión u olvido de alguno de ellos, pudiera hacer pensar en que tiene otra consideración, no ya como elemento privativo, pero sí quizás como elemento procomunal (nº 360), o como espacio anejo a otro privativo.

Precisiones Por ejemplo, a veces se generan dudas sobre si el espacio de la **terraza o azotea de un edificio** es espacio común, o privativo, o común de uso privativo. En este sentido, una correcta y precisa determinación de tales espacios, resulta verdaderamente útil y necesaria.

E. Elementos de la propiedad horizontal

1. Elementos comunes

La particularidad de esta propiedad especial, que es la propiedad horizontal, reside en que junto a la titularidad exclusiva sobre las unidades privativas existe una **comunidad** con el resto de los propietarios sobre los demás elementos, pertenencias y servicios comunes del edificio. **317**
Los elementos comunes son, por tanto, aquellos que bien por su naturaleza, bien por adscripción expresa de los propietarios en el título constitutivo o bien sencillamente por su no configuración como elementos privativos, son necesarios y útiles para el **adecuado uso y disfrute del edificio** en general, y de cada uno de los elementos privativos en particular.

Caracteres Los elementos comunes se caracterizan por tres notas fundamentales: **319**
• Su **accesoriedad** respecto a las unidades privativas.
• Su **inseparabilidad** respecto de la titularidad privativa, de forma que solo podrán ser enajenados, gravados o embargados juntamente con la parte privativa de la que sean cuerpo inseparable.
• Su **indivisibilidad**, de manera que, a diferencia de lo que se establece para la comunidad de bienes ordinaria (CC art.400), la LPH no concede una acción de división a los propietarios para que puedan hacer cesar la comunidad sobre los elementos comunes.

Enumeración y clasificación (CC art.396) El Código Civil realiza una **enumeración** de elementos comunes: **320**
- suelo, vuelo, cimentaciones y cubiertas;
- elementos estructurales y, entre ellos, los pilares, vigas, forjados y muros de carga;
- fachadas, con los revestimientos exteriores de terrazas, balcones y ventanas, incluyendo su imagen o configuración, los elementos de cierre que las conforman y sus revestimientos exteriores;
- portal, escaleras, porterías, corredores, pasos, muros, fosos, patios, pozos y recintos destinados a ascensores, depósitos, contadores, telefonías o a otros servicios o instalaciones comunes, incluso aquellos que sean de uso privativo;
- ascensores e instalaciones, conducciones y canalizaciones para el desagüe y para el suministro de agua, gas o electricidad, incluso las de aprovechamiento de energía solar;
- instalaciones generales de agua caliente sanitaria, calefacción, aire acondicionado de uso general, ventilación o evacuación de humos;
- instalaciones de detección y prevención de incendios;
- instalaciones de portero electrónico y otras de seguridad del edificio;
- antenas colectivas y demás instalaciones para los servicios audiovisuales o de telecomunicación, todas ellas hasta la entrada al espacio privativo;
- servidumbres y cualesquiera otros elementos materiales o jurídicos que por su naturaleza o destino resulten indivisibles.

Esta enumeración no constituye *numerus clausus*, sino que tiene **carácter meramente enunciativo** (TS 17-1-19, EDJ 500962). El precepto se limita a recoger lo que es normal que sean elementos comunes, pero sin prohibir que estos elementos se configuren como privativos. Por tanto, el título constitutivo debe plasmar específicamente esa cualidad, pues de lo contrario deben considerarse elementos comunes (TS 13-2-93, EDJ 622; 20-12-96, EDJ 9115). **322**
Por otra parte, los elementos comunes pueden ser de dos **clases** (DGRN Resol 1-9-81):
a) Elementos comunes **por naturaleza o esenciales**, que son comunes de una manera objetiva, por exigencias del uso y aprovechamiento del piso o local que se ubica en el edificio (p.e. las escaleras o el portal de acceso general desde la calle o vía pública).
b) Elementos comunes **por destino o no esenciales**, que son aquellos, siendo susceptibles de propiedad privativa, no se expresa así en el título constitutivo de la propiedad horizontal,

estando destinados al servicio común (p.e. una zona de almacén para útiles de limpieza, la vivienda del portero o incluso la terraza o cubierta del edificio).
Los elementos comunes por destino pueden ser **desafectados** y transformados en elementos privativos (nº 325). Y a la inversa, los elementos privativos podrían ser transformados en elementos comunes mediante el obligado acto de afectación (nº 360).
En uno y otro caso, al tratarse de modificaciones del título constitutivo, se necesita el **acuerdo de la junta** de propietarios, con el cuórum necesario para ello, que no es otro que el de la unanimidad (LPH art.17.6) o, al menos, la cuasiunanimidad de LPH art.17.8.

323 Precisiones **1)** Los elementos comunes **por naturaleza** son aquellos inherentes al derecho singular de propiedad sobre cada uno de los espacios limitados susceptibles de aprovechamiento independiente (p.e. el vuelo, suelo, cimentaciones, pasos, muros, fosos, patios, pozos, escaleras, ascensores, corredores, cubiertas, canalizaciones y servidumbres). Los elementos comunes **por destino** son aquellos que, en concepto de anejos, se adscriben al servicio de todos o algunos de los propietarios singulares, sin que ello sea necesario por ley física.
Los elementos comunes por naturaleza no pueden perder esta condición ni siquiera por acuerdo de la comunidad, pues tienen dicha condición en virtud de Derecho necesario. Por el contrario, los elementos comunes por destino pueden adscribirse, en el concepto de anejos, a alguno o algunos de los propietarios singulares y tal adscripción se puede realizar por el promotor antes de proceder a la venta, en el título constitutivo, o por la propia comunidad, mediante acuerdo unánime sobre su desafectación (AP Cantabria 2-11-23, EDJ 741296).
2) Como regla general, las **terrazas** son elementos comunes por destino y, por consiguiente, son susceptibles de ser desafectadas, pero cuando simultáneamente constituyen cubierta y forjado del edificio se reputan elementos comunes por naturaleza, no pudiendo convertirse en elementos de naturaleza privativa (TS 18-6-12, EDJ 735317).
3) La **cubierta del edificio** no puede perder la naturaleza de elemento común debido a la función que cumple. Por ello, no es posible atribuir la propiedad exclusiva de la cubierta a un propietario concreto, por ser un elemento fundamental de la estructura en el que se sitúan las cámaras de aire con el objeto de aislar del frío y el calor (AP Las Palmas 3-7-23, EDJ 751523).
4) Un espacio abierto en el sótano de un edificio, que no consta en la escritura de declaración de obra nueva y división horizontal, tiene que ser considerado **elemento común**, pues la delimitación de un espacio como **privativo** debe ser siempre restrictiva, y obedecer a alguna causa técnica que impida su configuración desde el inicio, o bien a que su omisión sea un error descriptivo y no que se haya no construido de manera clandestina (TS 5-9-11, EDJ 204889; 20-5-16, EDJ 68565).
5) Los **soportales de un inmueble**, aunque no se recojan en el título constitutivo específicamente como elementos comunes, su condición de elementos comunes por destino se puede inferir de la propia interpretación de dicho título constitutivo, que, en la comunidad en cuestión, destina el resto de la parcela a zonas libres de paso y ajardinadas, zonas de recreo, piscinas y zonas de uso común (TS 17-1-19, EDJ 500962).
6) La LPH no exige que en el título constitutivo conste una **descripción de cada uno** de los elementos comunes, a diferencia de lo que ocurre con los elementos privativos. Cualquier espacio físico existente en el edificio que no conste descrito como privativo se presume que es elemento común. Del mismo modo, el elenco de elementos comunes que se recoge en CC art.396 es meramente ejemplificativo, sin que exista un *numerus clausus* de los mismos.
A falta de expresa desafectación en el título constitutivo o por acuerdo unánime de los propietarios, los **trasteros o buhardillas** existentes en las plantas bajo cubiertas ostentan la naturaleza de elementos comunitarios, titularidad de todos los integrantes de la comunidad, en proporción a su cuota (AP Ourense 26-9-23, EDJ 734144).

324 **Delimitación física** Un problema práctico habitual es la delimitación de los elementos comunes, en el sentido de determinar dónde acaba la parte común de estas instalaciones y dónde comienza la parte privativa.
Esta cuestión puede tener repercusiones importantes, por ejemplo, en la cobertura de siniestros en una vivienda, donde es relevante si la avería de una instalación de calefacción, agua, o electricidad, se ha producido en elemento común o en elemento ya privativo de la vivienda, local o elemento independiente.
Para la jurisprudencia mayoritaria, la **naturaleza de las conducciones** cambia de común a privativa en el punto en que penetran en los elementos privativos, con independencia de donde se encuentre el contador particular o la llave de acceso, requiriendo, no obstante que se halle dentro de los límites físicos del espacio privativo; que sirva exclusivamente a ese elemento privativo y que por tanto sea de exclusiva accesibilidad para el propietario de ese elemento (TS 18-6-12, EDJ 201038).
En definitiva, para las conducciones, canalizaciones e instalaciones generales el carácter de elemento común que establece el CC art.396 debe ser matizado pues esos elementos pasan a ser privativos en el punto en que tengan acceso a las viviendas y locales privativos, dando servicio exclusivo al elemento privativo.

Precisiones No se admite la inscripción de una supuesta **modificación descriptiva** de un local, para decir que tenía acceso a través de otra calle lateral a la vía principal de acceso, porque eso supondría una modificación sustancial de una zona de fachada o espacios comunes, que no está autorizada en los estatutos (DGRN Resol 6-6-16).

Desafectación de elementos comunes En relación con las mayorías necesarias para la adopción del acuerdo de la junta, conviene no confundir la **desafectación** de elementos comunes -para convertirlos en privativos-, que requiere siempre unanimidad (TS 30-3-07, EDJ 19752), con la simple «**supresión**» de servicios comunes (LPH art.17.3), para cuya aprobación solo se exige el acuerdo de tres quintas partes del total de propietarios, que a su vez representen al menos tres quintos del total de cuotas de participación (TS 28-10-20, EDJ 705052). 325

La diferencia es fundamental: una cosa es «suprimir» un servicio -p.e. de portería- y otra cosa es que el espacio común del inmueble destinado a albergar dicho servicio o las personas que lo prestan, deje de ser tal espacio o elemento común y se convierta en un elemento privativo. Evidentemente lo segundo comporta una modificación del título constitutivo, cuya aprobación exige la unanimidad de todos los propietarios, en cuanto que añade o suprime espacios que forman parte de sus derechos dominicales.

Contenido y mayoría del acuerdo La desafectación de elementos comunes y su conversión en privativos necesariamente **implica**: 326

• La asignación de nueva cuota de participación al nuevo elemento privativo creado.
• La correlativa redistribución (reducción) de cuotas de participación para el resto de elementos privativos.
• El acuerdo por el que se adopte la alteración de los elementos comunes debe fijar la naturaleza de la modificación, las alteraciones que origine en la descripción de la finca y en la de los pisos o locales, la variación de cuotas, y el titular o titulares de los nuevos pisos o locales (LPH art.10.3 -redacc RDL 8/2023- y 17.6).

La desafectación de los elementos comunes exige **unanimidad** de todos los propietarios de la comunidad, ya sea expresa o «tácita» (LPH art.17.6 y 8), no solo por suponer modificación del título constitutivo, sino porque la desafectación supone disposición sobre dichos elementos, afectando al condominio de cada propietario sobre tales elementos comunes.

No es posible invocar una supuesta «**desafectación tácita**», derivada de hechos o prácticas que vengan a dar una apariencia de propiedad, como la de haberse estado cobrando recibos o derramas sobre tales espacios durante cierto tiempo, si tal situación fue provocada por el propio interesado, no existiendo una «intención manifiesta» de la junta de propietarios para convertir dicho elemento común en privativo (TS 15-6-07, EDJ 70094).

Para defender la conversión de un elemento común en privativo por la vía de la **prescripción adquisitiva**, durante 10 años, con buena fe y justo título, es necesario acreditar dicho título, sin que baste a tal efecto una situación fáctica sostenida por un grupo de propietarios en la «mera tolerancia» de uso de tal elemento por la junta de propietarios, ni el propio título de propiedad horizontal que asigna el uso de tal elemento se puede invocar como título traslativo válido a tal efecto.

Precisiones **1)** La desafección de un elemento común por destino -en ningún caso por naturaleza-, por **usucapión** requeriría un acto de desafectación del elemento común que lo hiciera susceptible de posesión exclusiva, excluyente y en concepto de dueño (AP Pontevedra 25-4-19, EDJ 604005).
2) Siendo el **vuelo** un elemento común, su desafectación exige unanimidad (DGRN Resol 19-7-19).

Asignación de titular o propietario Para todos los casos de desafectación de elementos comunes por destino (no esenciales) en privativos, hay que tener en cuenta además que el acuerdo de desafectación convierte el elemento desafectado en **privativo**, por lo que el acuerdo por el que se adopte la desafectación debe fijar el titular o titulares de los nuevos pisos o locales (LPH art.17.6). 327

La jurisprudencia ha negado que un elemento común desafectado pueda quedar **sin «titular»** específico, o que tal titular sea la propia junta o comunidad de propietarios, pues, como ya se ha dicho, dicha junta -pese a su nombre- no es ningún órgano colegiado con plena personalidad jurídica distinta a la de sus miembros. Por ello, el elemento desafectado pasará a ser propiedad de todos y cada uno de los propietarios individuales del resto de elementos privativos del inmueble, en la nueva proporción en la que resulten ser propietarios del resto de elementos comunes a consecuencia de la redistribución global de cuotas de participación y, en caso que se interese la inscripción del nuevo elemento privativo en el Registro de la Propiedad, dicha inscripción necesitará realizarse a favor de todos los titulares registrales del resto de elementos privativos del inmueble.

329 **Desafectación y venta simultánea** A consecuencia de los costes asociados que conlleva la inscripción a favor de todos los propietarios o titulares registrales de los elementos privativos del inmueble, es por lo que los acuerdos de desafectación de elementos comunes suelen ir siempre **asociados a su venta simultánea** a su propietario final.

Las dudas en este caso se centran en si para disponer del elemento común desafectado y convertido en privativo era necesario que todos los propietarios del resto de pisos o locales firmaran el correspondiente **contrato privado** de venta, y en su caso comparecieran todos ante notario para expresar su voluntad negocial de venta del nuevo elemento privativo.

Es un supuesto que no contempla expresamente la LPH, pero que ya admitió desde hace tiempo la DGRN, autorizando al presidente la venta tras la desafectación previa **autorización de la junta de propietarios**, entendiéndose que el cuórum necesario para ello ha de ser de nuevo la unanimidad o cuasiunanimidad (DGRN Resol 5-5-70; 13-6-98).

330 Un problema común en todos estos actos de desafectación es el hecho de la situación de los **acreedores** que tienen sus garantías inscritas sobre ciertos elementos privativos (p.e. acreedores hipotecarios) y con ello también a su favor la garantía sobre los elementos comunes ahora desafectados y enajenados, ya que ven, reducida dicha garantía.

A tal efecto, la DGRN señaló que se podía realizar la desafectación de elementos comunes **sin necesidad de consentimiento** de los acreedores con garantía hipotecaria constituida sobre un piso o local para la enajenación del elemento común previamente desafectado y objetivado jurídicamente, si bien aquella garantía subsistirá sobre este en cuanto a una cuota equivalente a la que correspondía a dicho piso anteriormente sobre los elementos comunes (DGRN Resol 13-6-98).

Esto, aunque jurídicamente sea posible, siempre genera ciertas dudas, ya que, además de hipotecas, suelen existir en muchas ocasiones **otras cargas** sobre los elementos privativos, tales como servidumbres por procedencia, afecciones legales derivadas de liquidaciones fiscales anteriores, etc. Por ello, aunque sea posible realizar la desafectación sin el consentimiento de los acreedores, es conveniente recabar su **consentimiento** con garantías sobre los diferentes elementos privativos, para que su garantía quede circunscrita al elemento privativo sobre el que específicamente está constituida, aunque sea perdiendo con ella un cierto valor por la reducción o eliminación de un elemento común o parte del mismo.

Además de lo conveniente de recabar el consentimiento de los acreedores, lo cierto es que, **en la práctica** será una exigencia, porque, como se puede comprender, nadie adquirirá el nuevo elemento privativo gravado con innumerables derechos de terceros inscritos como cargas sobre dicho elemento (Ávila Navarro).

332 **Facultades de los propietarios** Los propietarios tienen las facultades de **usar y disfrutar** libremente de los elementos comunes. Uso y disfrute que habrá de ser regulado por los estatutos y/o por las ordenanzas de régimen interior, aplicando en su defecto el régimen de administración del CC art.398.

Al propietario y al ocupante del piso o local no les está permitido desarrollar en él o en el resto del inmueble -esto es, en los elementos comunes- **actividades prohibidas** en los estatutos, que resulten dañosas para la finca o que contravengan las disposiciones generales sobre actividades molestas, insalubres, nocivas, peligrosas o ilícitas (LPH art.7.2).

En cuanto a la **disposición** en sentido jurídico, cada propietario solo puede disponer de su cuota en los elementos comunes junto con su derecho privativo.

En cuanto a la disposición en sentido material (**alteraciones o modificaciones**), el propietario no puede realizar alteración alguna en elementos comunes del inmueble, y si advierte la necesidad de reparaciones urgentes debe comunicarlo sin dilación al administrador (LPH art.7.1).

No obstante lo anterior, en determinados supuestos se han admitido estas actuaciones si concurren tres **requisitos**: que se trate de una reparación o actuación urgente por provocar molestias graves a uno de los vecinos; que se haya hecho una comunicación previa a la comunidad; y que se produzca la pasividad de la comunidad, tras un plazo prudencial para tomar acciones, según la naturaleza de la deficiencia y de la molestia que ella provoca para la habitabilidad de alguno de los pisos o locales (TS 2-2-16, EDJ 4508; AP Cantabria 22-2-18, EDJ 38658; AP Bizkaia 28-6-19, EDJ 674855).

No obstante, respecto de estas **alteraciones** hay que distinguir las necesarias de las no necesarias.

333 **Actuaciones necesarias** (LPH art.10.1) Las actuaciones obligatorias o necesarias no requieren para su ejecución, **acuerdo** de la junta de propietarios, ni siquiera cuando impliquen modificación del título constitutivo o de los estatutos. No obstante, sí que necesita acuerdo de la junta de propietarios la distribución de la derrama pertinente y la determinación de los términos

para su abono, entendiéndose que es suficiente mayoría de propietarios y cuotas existentes en el edificio en primera convocatoria, o de propietarios y cuotas presentes en la junta, si se celebra en segunda convocatoria.
Deben ser **costeadas** por todos los propietarios, a excepción de los actos de división, segregación, agregación, que son costeados por quien los realiza.
Las derramas para el pago de mejoras realizadas o por realizar en el inmueble son a cargo de quien sea propietario en el momento de la exigibilidad de las cantidades afectas al pago de estas.
Los pisos o locales quedan **afectos al pago** de los gastos de estas obras, con afección real y preferencia en el crédito (LPH art.9.1.e).
Estas actuaciones pueden ser impuestas por la Administración, pero también pueden ser solicitadas por cualquier propietario. Si la actuación viene impuesta por la Administración, los propietarios que se opongan o demoren injustificadamente la realización de las obras responden individualmente de las sanciones impuestas en vía administrativa.
En caso de discrepancia sobre la **naturaleza de las obras** a realizar, la junta de propietarios ha de resolver lo que sea procedente, si bien los interesados pueden solicitar arbitraje o dictamen técnico.

Ejemplo Un propietario mayor de 70 años exige una **rampa de acceso** a la zona de ascensor cuyo coste de instalación sube a 15.000 euros. Si el presupuesto anual de la comunidad -cuotas de comunidad conjuntas en cómputo anual- supera esos 15.000 euros, todos los propietarios vienen obligados a costear ese elemento exigido por el propietario mayor de 70 años, si bien por acuerdo de la junta se puede acordar el momento y la forma de cobro de esa derrama extraordinaria.
Si el presupuesto anual de la comunidad fuese de 10.000 euros, los propietarios solo están obligados a costear hasta ese importe, y el resto, es decir, 5.000 euros los tendrá que asumir el propietario que haya requerido esa mejora o elemento de accesibilidad.

Las **actuaciones sobre el medio urbano** son las que tienen por objeto realizar obras de rehabilitación edificatoria, cuando existan situaciones de insuficiencia o degradación de los requisitos básicos de funcionalidad, seguridad y habitabilidad de las edificaciones, y las de regeneración y renovación urbanas cuando afecten, tanto a edificios, como a tejidos urbanos, pudiendo llegar a incluir obras de nueva edificación en sustitución de edificios previamente demolidos. Las actuaciones de regeneración y renovación urbanas tienen carácter integrado, cuando articulen medidas sociales, ambientales y económicas enmarcadas en una estrategia administrativa global y unitaria (LS/15 art.2.1). **334**
En consecuencia, hay que acudir a las normativas autonómicas y locales en materia urbanística para determinar si la actuación concreta que se quiere ejecutar en el seno de la comunidad viene exigida por su integración en un ámbito de actuación de rehabilitación, de regeneración y renovación urbana, en cuyo caso la junta de propietarios, a lo sumo, se limita a aprobar el presupuesto y condiciones de pago, sin que pueda entrar a determinar si se ejecutan o no las obras.
En principio, en los **ámbitos de actuación** cabría incluir:
a) Los trabajos y las obras que resulten necesarias para el adecuado mantenimiento y cumplimiento del **deber de conservación** del inmueble y de sus servicios e instalaciones comunes, incluyendo en todo caso, las necesarias para satisfacer los requisitos básicos de seguridad, habitabilidad y accesibilidad universal, así como las condiciones de ornato y cualesquiera otras derivadas de la imposición, por parte de la Administración, del deber legal de conservación.
b) Las obras y actuaciones que resulten necesarias para garantizar los ajustes razonables en materia de **accesibilidad universal** y, en todo caso, las requeridas a instancia de los propietarios en cuya vivienda o local vivan, trabajen o presten servicios voluntarios, personas con discapacidad, o mayores de 70 años, con el objeto de asegurarles un uso adecuado a sus necesidades de los elementos comunes, así como la instalación de rampas, ascensores u otros dispositivos mecánicos y electrónicos que favorezcan la orientación o su comunicación con el exterior, siempre que el importe repercutido anualmente de las mismas, una vez descontadas las subvenciones o ayudas públicas, no exceda de doce mensualidades ordinarias de gastos comunes.
No elimina el carácter obligatorio de estas obras el hecho de que el resto de su coste, más allá de las citadas mensualidades, sea asumido por quienes las hayan requerido.
c) La **ocupación** de elementos comunes del edificio o del complejo inmobiliario privado durante el tiempo que duren las obras a las que se refieren las letras anteriores. No se entiende muy bien que no sea también obligatoria la ocupación de elementos comunes también para los casos de la letra d), en cuanto que son actos de construcción que pueden resultar preceptivos por determinación administrativa. Es más comprensible que no sea

obligatoria la ocupación para los actos de la letra e), en cuanto que suelen tener un beneficiario particular y la letra e) solo establece su obligatoriedad cuando tales actuaciones «sean posibles».

d) La construcción de nuevas plantas y cualquier otra **alteración de la estructura** o fábrica del edificio o de las cosas comunes, así como la constitución de un complejo inmobiliario, que resulten preceptivos a consecuencia de la inclusión del inmueble en un ámbito de actuación de rehabilitación o de regeneración y renovación urbana (LS/15 art.26).

e) Los actos de **división material** de pisos o locales y sus anejos para formar otros más reducidos e independientes, el aumento de su superficie por agregación de otros colindantes del mismo edificio, o su disminución por segregación de alguna parte, realizados por voluntad y a instancia de sus propietarios, cuando tales actuaciones sean posibles a consecuencia de la inclusión del inmueble en un ámbito de actuación de rehabilitación o de regeneración y renovación urbanas.

335 **Actuaciones no obligatorias** (LPH art.17) Las actuaciones no obligatorias necesitan del correspondiente **acuerdo** de la junta de propietarios, con las mayorías de cuotas y propietarios que exija la naturaleza de la actuación o alteración, pudiendo quedar exonerados de su coste los propietarios que votan en contra.

Salvo en los supuestos expresamente previstos, en los que no se pueda repercutir el coste de los servicios a aquellos propietarios que no hubieran votado expresamente en la junta a favor del acuerdo, o en los casos en los que la modificación o reforma se haga para aprovechamiento privativo, se computan como votos favorables los de aquellos **propietarios ausentes** de la junta, debidamente citados, quienes, una vez informados del acuerdo adoptado por los presentes, no manifiesten su discrepancia mediante comunicación a quien ejerza las funciones de secretario de la comunidad en el plazo de 30 días naturales, por cualquier medio que permita tener constancia de la recepción (LPH art.9.1.h).

En caso de discrepancia sobre la **naturaleza de las obras** a realizar resuelve lo procedente la junta de propietarios, nos obstante los interesados pueden solicitar arbitraje o dictamen técnico en los términos establecidos en la Ley. Las **derramas** para el pago de mejoras realizadas o por realizar en el inmueble son a cargo de quien sea propietario en el momento de la exigibilidad de las cantidades afectas al pago de dichas mejoras.

336 De este tipo son las siguientes **actuaciones**:

a) Instalación de las infraestructuras comunes para dar acceso a **servicios de telecomunicaciones**, la adaptación de los existentes, así como la instalación de sistemas comunes o privativos, de aprovechamiento de **energías renovables**, o bien de las infraestructuras necesarias para acceder a nuevos **suministros energéticos colectivos** (nº 1570 s.).

Pueden ser acordadas, a petición de cualquier propietario, por un tercio de los integrantes de la comunidad que representen, a su vez, un tercio de las cuotas de participación. La comunidad no puede repercutir el coste de la instalación o adaptación de dichas infraestructuras comunes, ni los derivados de su conservación y mantenimiento posterior, sobre aquellos propietarios que no hubieran votado expresamente en la junta a favor del acuerdo. No obstante, si con posterioridad solicitan el acceso a los servicios de telecomunicaciones o a los suministros energéticos, y ello requiere aprovechar las nuevas infraestructuras o las adaptaciones realizadas en las preexistentes, puede autorizárseles siempre que abonen el importe que les hubiera correspondido, debidamente actualizado y aplicando el correspondiente interés legal. Respecto a los gastos de **conservación y mantenimiento**, la nueva infraestructura instalada tiene la consideración de elemento común.

b) La realización de obras o el establecimiento de nuevos servicios comunes que, no teniendo carácter obligatorio o necesario, tengan por finalidad la supresión de **barreras arquitectónicas** que dificulten el acceso o movilidad de personas con discapacidad y, en todo caso, el establecimiento de los servicios de **ascensor**, incluso cuando impliquen la modificación del título constitutivo, o de los estatutos, requiere el voto favorable de la mayoría de los propietarios, que, a su vez, representen la mayoría de las cuotas de participación (nº 1350 s.).

Cuando se adopten válidamente acuerdos para la realización de obras de accesibilidad, la comunidad queda obligada al pago de los **gastos**, aun cuando su importe repercutido anualmente exceda de doce mensualidades ordinarias de gastos comunes.

Precisiones No es lo mismo el acuerdo relativo al establecimiento de un **ascensor**, para cuya adopción bastará que se adopte por mayoría de propietarios y de cuotas, ya que es un acuerdo que trata de garantizar la accesibilidad y mejora del inmueble en su conjunto, que el acuerdo relativo a la adaptación, sustitución y mejora del ascensor, que no tiene la misma finalidad (TS 10-2-14, EDJ 7099).

En el caso de que la instalación del ascensor, aunque se lleve a cabo sobre elementos comunes, provoque **daños en los elementos privativos** -p.e. privación de luces y vistas- el titular de este último debe ser compensado (TS 29-3-23, EDJ 540551).

El establecimiento de una **rampa elevadora** para salvar barreras arquitectónicas tiene el mismo carácter que la instalación de un ascensor, bastando esa mayoría de propietarios que representen mayoría de las cuotas de comunidad.
Aun existiendo una regla estatutaria que exonera a los **locales de negocio** de contribuir a los gastos comunes de mantenimiento del ascensor, sí que resultan obligados a pagar los gastos de instalación de esos servicios comunes del inmueble (TS 23-4-14, EDJ 95234; 10-5-21, EDJ 558360).

c) El establecimiento o supresión de los servicios de **portería, conserjería, vigilancia** u otros servicios comunes de interés general, supongan o no modificación del título constitutivo o de los estatutos, requerirán el voto favorable de las tres quintas partes del total de los propietarios que, a su vez, representen las tres quintas partes de las cuotas de participación (nº 3030). **338**
Idéntico régimen se aplica al **arrendamiento** de elementos comunes que no tengan asignado un uso específico en el inmueble y el establecimiento o supresión de equipos o sistemas no recogidos en la LPH art.17.1, que tengan por finalidad mejorar la eficiencia energética o hídrica del inmueble. En este último caso, los acuerdos válidamente adoptados con arreglo a esta norma obligan a todos los propietarios.
No obstante, si los equipos o sistemas tienen un aprovechamiento privativo, para la adopción del acuerdo bastará el voto favorable de un tercio de los integrantes de la comunidad que representen, a su vez, un tercio de las cuotas de participación, aplicándose, en este caso, el sistema de repercusión de costes establecido en dicho apartado.
d) Otras instalaciones, servicios o mejoras no requeridos para la adecuada conservación, habitabilidad, seguridad y accesibilidad del inmueble. Ningún propietario por sí solo puede exigirlas, salvo que se trate de las obras de carácter obligatorio o necesario de la LPH art.10.1 (nº 3017).
No obstante, cuando con el **voto favorable** de las tres quintas partes del total de los propietarios que, a su vez, representen las tres quintas partes de las cuotas de participación, se adopten válidamente acuerdos, para realizar innovaciones, nuevas instalaciones, servicios o mejoras no requeridos para la adecuada conservación, habitabilidad, seguridad y accesibilidad del inmueble, cuya cuota de instalación exceda del importe de tres mensualidades ordinarias de gastos comunes, el disidente no resulta obligado, ni se modifica su cuota, incluso en el caso de que no pueda privársele de la mejora o ventaja. Si el disidente desea, en cualquier momento, participar de las ventajas de la innovación, debe abonar su cuota en los gastos de realización y mantenimiento, debidamente actualizados mediante la aplicación del correspondiente interés legal.
No pueden realizarse innovaciones que hagan inservible alguna parte del edificio para el uso y disfrute de un propietario, si no consta su consentimiento expreso.
e) La instalación de un punto de recarga de **vehículos eléctricos** para uso privado en el aparcamiento del edificio, siempre que este se ubique en una plaza individual de garaje, solo requiere la comunicación previa a la comunidad (nº 1327.2).
El coste de esta instalación y el consumo de electricidad correspondiente son asumidos íntegramente por los interesados directos en la misma.

Precisiones **1)** Se plantea si la comunidad de propietarios está obligada a permitir la realización de cualquier obra en elementos comunes, por el hecho de que la Administración haya exigido determinada obra para otorgar o mantener una **licencia de uso o actividad**. **340**
Como regla general, una autorización administrativa para instalar un negocio no lleva consigo la facultad de imponer a la comunidad la obligación de permitir realizar determinadas obras. Un acto administrativo singular se concede sin perjuicio de derecho de terceros, por lo que una licencia o una orden administrativa de realizar determinada obra no permite prescindir del correspondiente **acuerdo de la comunidad** que autorice esas obras o instalaciones en elementos comunes. No puede vincular a la comunidad el destino que el propietario haya dado a un determinado local o espacio privativo. Es más bien ese propietario quien, antes de iniciar la actividad que quiere desarrollar, debe cerciorarse de si el local en cuestión cumple los requisitos exigidos por la normativa urbanística o administrativa correspondiente a la actividad que quiere desarrollar en materia de ruidos, riesgos, incendios, etc.
No obstante, también se ha considerado indebida la denegación de autorización por una comunidad, si en los **estatutos** ya constaba la posibilidad de destinar un local a determinados usos o actividades y siempre que la obra que se pretendía llevar a cabo en elementos comunes fuera de escasa relevancia y en nada perjudicaba los derechos de los demás propietarios sobre elementos comunes (TS 22-11-01, EDJ 42626).
2) Es válido el acuerdo por el que la mayoría de los propietarios aprueba un **cerramiento por razones de necesidad**, de modo que se limitan los accesos al inmueble en beneficio general, siempre que no se altere el uso originario previsto en el título constitutivo, no se cause un perjuicio a los dueños de los locales y, en particular, se respete su derecho de modo que esté abierto el acceso durante las horas en que los locales tengan la facultad de permanecer abiertos según las normas legales y reglamentarias que regulen esta materia (TS 6-3-19, EDJ 519267; 10-1-12, EDJ 17263).

3) Se permite la construcción de una **piscina en el patio común del edificio**, sin necesidad de unanimidad, interpretándose la LPH art.17.4 de forma flexible y ponderando todos los intereses en juego. Se da la circunstancia de que, en el caso en cuestión, solo había un **propietario disidente**, la comunidad estaba ubicada en Córdoba, con altas temperaturas durante muchos meses del año, y la construcción de la piscina no evitaba el disfrute por este propietario del resto del patio común, de gran tamaño. No obstante, se exoneró al propietario disidente del pago de la derrama (TS 18-10-18, EDJ 673334).

341 **Obligaciones de los propietarios** (LPH art.9.1) Por otro lado, los propietarios tienen unas obligaciones respecto a los elementos comunes:

a) Contribuir, con arreglo a la cuota de participación fijada en el título o a lo especialmente establecido, a los gastos generales para el **adecuado sostenimiento del inmueble**, sus servicios, cargas, tributos y responsabilidades que no sean susceptibles de individualización. (LPH art.9.2).

Los **créditos** a favor de la comunidad derivados de la obligación de contribuir al sostenimiento de los gastos generales correspondientes a las cuotas imputables a la parte vencida de la anualidad en curso, y los 3 años anteriores tienen la condición de preferentes a efectos del CC art.1923 y preceden, para su satisfacción, a los enumerados en el CC art.1923.3, 4 y 5, sin perjuicio de la preferencia establecida a favor de los créditos salariales en el Estatuto de los trabajadores.

El **adquirente** de una vivienda o local en régimen de propiedad horizontal, incluso con título inscrito en el Registro de la Propiedad, responde con el propio inmueble adquirido de las **cantidades adeudadas** a la comunidad de propietarios para el sostenimiento de los gastos generales por los anteriores titulares hasta el límite de los que resulten imputables a la parte vencida de la anualidad en la cual tenga lugar la adquisición y a los tres inmediatamente anteriores. El piso o local estará legalmente afecto al cumplimiento de esta obligación.

Y en garantía de que el comprador de una vivienda no se encuentre con gastos comunitarios no abonados, de los que finalmente responderá la vivienda o local adquirido, se prevé que, en el instrumento público mediante el que se transmita, por cualquier título, la vivienda o local, el **transmitente** debe declarar hallarse al corriente en el pago de los gastos generales de la comunidad de propietarios o expresar los que adeude.

El transmitente debe aportar en este momento **certificación**, emitida por el secretario con el visto bueno del presidente, en el plazo máximo de 7 días desde su solicitud, sobre el **estado de deudas** con la comunidad, coincidente con su declaración. Sin esta certificación no podrá autorizarse el otorgamiento del documento público, salvo que fuese expresamente exonerado de esta obligación por el adquirente.

El secretario y el presidente responden, en caso de **culpa o negligencia**, de la exactitud de los datos consignados en la certificación y de los perjuicios causados por el retraso en su emisión.

Precisiones Es bastante habitual que los estatutos **exoneren de pago a determinados propietarios** del coste del mantenimiento de servicios que no se utilizan (TS 4-10-17, EDJ 201841), aunque este tipo de cláusulas se deben interpretar de forma restrictiva (TS 13-11-12, EDJ 258903).

Un ejemplo típico es la exoneración de los propietarios de **pisos bajos o locales del mantenimiento del ascensor**. Se cuestiona si dicha exoneración alcanza a las obras de bajada del ascensor a cota cero para superar barreras arquitectónicas, El Tribunal Supremo se ha pronunciado sobre la cuestión en el sentido de no exonerar a los propietarios que estatutariamente no deben contribuir al mantenimiento del ascensor del gasto en cuestión, al considerar que estamos ante un gasto de instalación, que no de conservación o mantenimiento (TS 21-6-18, EDJ 505304; 5-4-19, EDJ 551274; 10-5-21, EDJ 558360).

342 **b)** Contribuir, con arreglo a su respectiva cuota de participación, a la dotación del **fondo de reserva** para atender las obras de conservación y reparación de la finca. El fondo de reserva corresponde a todos los efectos a la comunidad, y en ningún caso podrá ser inferior al 10% de su último presupuesto ordinario.

Con cargo al fondo de reserva la comunidad podrá suscribir un **contrato de seguro** que cubra los daños causados en la finca o bien concluir un contrato de mantenimiento permanente del inmueble y sus instalaciones generales.

c) Observar la **diligencia** debida en el uso del inmueble y en sus relaciones con los demás titulares y responder ante estos de las infracciones cometidas y de los daños causados.

Precisiones Las **obligaciones de los propietarios** con respecto a los elementos comunes se exponen detalladamente en el nº 1115 s.

2. Elementos privativos

Son elementos o partes privativas de un inmueble en régimen de propiedad horizontal, las siguientes (LPH art.3.a y 5; CC art.396): **345**

1) El espacio aéreo del **piso o local** suficientemente delimitado y susceptible de aprovechamiento independiente por tener salida propia a un elemento común del edificio o a la vía pública.

2) Los **elementos arquitectónicos** e instalaciones de todas clases comprendidos dentro de sus límites y que sirvan exclusivamente al propietario.

3) Los **anejos** expresamente señalados en el título, aunque se hallen fuera del espacio delimitado, como por ejemplo garajes, buhardillas o sótanos.

Facultades de los propietarios Cada propietario tiene la facultad de **libre disposición** de su piso o local. Cada unidad privativa puede ser enajenada, embargada, o hipotecada por separado (LH art.107.11), sin que exista derecho alguno de retracto a favor de los otros comuneros. Pero esta disposición tiene el límite de no poder separar los elementos comunes que la integran, dada su indivisibilidad e inseparabilidad de los elementos comunes. **347**

Además, cada piso o local y sus anejos pueden ser objeto de **división material**, para formar otros más reducidos e independientes, y aumentados por agregación de otros colindantes del mismo edificio, o disminuidos por segregación de alguna parte, bien como actuación obligatoria y necesaria, bien mediante acuerdo de la junta de propietarios (LPH art.10). Ver nº 55.

Cada propietario tiene además la facultad de usar y disfrutar libremente de su piso o local. Pero está sujeto a una serie de **limitaciones**: **348**

a) Derivadas de la propia **subsistencia y conservación** del edificio. El propietario de cada piso o local podrá modificar los elementos arquitectónicos, instalaciones o servicios de aquel cuando no menoscabe o altere la seguridad del edificio, su estructura general, su configuración o estado exteriores, o perjudique los derechos de otro propietario, debiendo dar cuenta de tales obras previamente a quien represente a la comunidad (LPH art.7.1).

b) Derivadas de las **relaciones de vecindad**. Al propietario y al ocupante del piso o local no les está permitido desarrollar en él o en el resto del inmueble actividades prohibidas en los estatutos, que resulten dañosas para la finca o que contravengan las disposiciones generales sobre actividades molestas, insalubres, nocivas, peligrosas o ilícitas. La infracción de esta prohibición puede dar lugar la privación judicial del uso del piso o local por tiempo no superior a 3 años (LPH art.7.2).

Precisiones **1)** La comunicación de modificaciones al representante de la comunidad no está sujeta a ninguna **formalidad** especial, ni exige que se verifique por conducto fehaciente. La finalidad de esa comunicación es simplemente que la comunidad pueda tomar las medidas preventivas o de control que estime pertinentes, pero la falta de ella no puede convertir unas obras legales en ilegales (DGRN Resol 5-10-16).

2) La **conservación y mantenimiento ordinario** de una terraza común de uso privativo (p.e. reparación y limpieza de sumideros o daños en el solado) corresponden a quién se beneficia de su uso: los propietarios que las tienen atribuidas como zonas de uso privativo. Sin embargo, si la reparación o mantenimiento se refiere a **aspectos estructurales** (p.e. tela asfáltica, que protege a todos los pisos inferiores) debe correr a cargo de la comunidad de propietarios. Las terrazas son elementos comunes por destino y no esenciales (TS 24-4-13, EDJ 55866).

3) Las **prohibiciones de actividades en los estatutos** deben ser objeto de una interpretación restrictiva, favoreciendo siempre el derecho de propiedad, de forma que no caben presunción de limitación de facultades dominicales (TS 15-6-08, EDJ 103957).

c) Derivadas de las **obligaciones** impuestas por la Ley (LPH art.9.1): **349**

• Respetar las **instalaciones generales** de la comunidad y demás elementos comunes, ya sean de uso general o privativo de cualquiera de los propietarios, estén o no incluidos en su piso o local, haciendo un uso adecuado de los mismos y evitando en todo momento que se causen daños o desperfectos.

• Mantener en buen estado de **conservación** su propio piso o local e instalaciones privativas, en términos que no perjudiquen a la comunidad o a los otros propietarios, resarciendo los daños que ocasione por su descuido o el de las personas por quienes deba responder.

• Consentir en su vivienda o local las **reparaciones** que exija el servicio del inmueble y permitir en el las servidumbres imprescindibles requeridas para la creación de servicios comunes de interés general acordados conforme a lo establecido en LPH art.17, teniendo derecho a que la comunidad le resarza de los daños y perjuicios ocasionados.

• Permitir la **entrada en su piso o local** a los efectos prevenidos en los tres puntos anteriores.

• Comunicar a quien ejerza las funciones de secretario de la comunidad, por cualquier medio que permita tener constancia de su recepción, el **cambio de titularidad** de la vivienda o local.

Quien incumpla esta obligación sigue respondiendo de las deudas con la comunidad devengadas con posterioridad a la transmisión de forma solidaria con el nuevo titular, sin perjuicio del derecho de aquel, a repetir sobre este. Salvo que cualquiera de los órganos de gobierno de la comunidad haya tenido conocimiento del cambio de titularidad de la vivienda o local por cualquier otro medio o por actos concluyentes del nuevo propietario, o bien cuando dicha transmisión resulte notoria.

Precisiones Esta obligación de permitir el acceso a elementos privativos no vulnera del principio de **inviolabilidad del domicilio** (Const art.18.2), por cuanto todo derecho tiene límites, y en este caso las facultades dominicales no son absolutas y debe existir un balance y equilibrio entre la propiedad individual y las actuaciones que necesiten de la convivencia entre vecinos para el adecuado mantenimiento y conservación del inmueble en su conjunto. En caso de negación del derecho a acceder, la única posibilidad es la interposición de una acción contra el propietario y el ocupante -si es distinto al anterior, ya que este debe ser oído procesalmente en caso de que la denegación al acceso proceda del propietario-.

Como contrapeso de la obligación de permitir el acceso, existe el **derecho a ser indemnizado** por los posibles gastos que dicho acceso y reparaciones hayan podido generar, tales como costes de hospedaje en hoteles por no poder utilizar el inmueble, gastos de limpieza extraordinarios, conservación de muebles, etc., y ello aunque la reparación del servicio, instalación o elemento común redunde en beneficio del propietario afectado.

También se entiende que el acceso a la vivienda o local privativo no puede ser intempestiva, pudiendo el propietario establecer unas **horas de acceso** que le permitan en su caso desarrollar su vida y trabajo en la vivienda o local, según las necesidades (TS 13-12-01, EDJ 47979; 28-10-05, EDJ 188341).

3. Anejos

350 La LPH no define los anejos, aunque considera como tales al **garaje, buhardilla o sótano** (LPH art.5). Por tanto, pueden existir además otros distintos.

Se pueden definir como aquellas **dependencias** que están fuera de los límites de un piso o local, que sirven de accesorios de este, que tienen acceso desde un elemento común y que en principio no se puede enajenar de manera separada.

Precisamente una de las cuestiones que se pueden plantear respecto de los anejos es si los mismos, a pesar de su carácter accesorio, pueden ser desvinculados del piso o local al que sirven y ser objeto de **tráfico jurídico independiente**. Al respecto la DGRN se inclinó por la solución afirmativa, admitiendo que, inscritos en el Registro bajo un mismo número una buhardilla y, como anejo de la misma, una plaza de garaje, puede el propietario desvincular la plaza de garaje atribuyéndole la correspondiente cuota y enajenarla a un tercero (DGRN Resol 11-6-86). Pero si no está previamente autorizado por los estatutos para realizar esa operación de división o desvinculación por sí solo, dicha división es una modificación esencial del título constitutivo, que como tal necesitará consentimiento unánime de la junta de propietarios, sin que el propietario por sí solo pueda fijar la nueva cuota correspondiente a los nuevos elementos resultantes (DGRN Resol 25-10-96).

351 **Distinción con la atribución del uso de elementos comunes** Conviene distinguir el concepto de anejos de aquellas otras situaciones en que, dentro de una propiedad horizontal, a un elemento independiente se le asigna, se le atribuye o se le vincula un **determinado uso, servicio, o situación especial**, como el paso por una zona común, el uso privativo de una terraza comunitaria, el uso de los patios interiores a las viviendas de planta baja, la posibilidad de uso exclusivo de una zona de fachada a algún local destinado a comercio, etc., situaciones bastante habituales dentro de las comunidades sujetas a propiedad horizontal.

Estas situaciones son netamente distintas de la existencia de los anejos, pudiendo destacarse las siguientes **diferencias**:

a) Por su propia **entidad y delimitación**:

• Los anejos son siempre **espacios físicos delimitados y precisos**, que bien podrían formar entidades independientes dentro de la propiedad horizontal, pero que por decisión del propietario o conjunto de propietarios de la comunidad se ha decidido que sean elementos anejos y que estén vinculados a determinada entidad privativa. Dicha vinculación a veces viene exigida incluso por la normativa urbanística municipal o supramunicipal (p.e. la necesidad de que cada vivienda tenga asignada, como mínimo, una plaza de aparcamiento dentro de su edificio).

• En cambio, la atribución a determinadas entidades de **usos, servicios o instalaciones** no supone una delimitación de espacios definidos y propios que pudieran constituirse en entidades independientes. Así, por ejemplo, que un local en planta baja tenga atribuido el uso exclusivo o no exclusivo de una zona de paso interior para acceder a los garajes, no supone atribuir a dicha zona común de paso carácter independiente y propio.

b) Por su **vinculación**: 351.1

• La vinculación de los anejos con los elementos privativos es de tipo **legal o jurídica**, sin necesidad de que el anejo esté unido física o materialmente al elemento privativo (pues además no suele estarlo). Los anejos siempre tienen y mantienen su carácter privativo, bien vinculado al elemento privativo, o bien independiente, si se desvincula del mismo. Por eso, su **mantenimiento, gastos, reparaciones y conservación** son a cargo exclusivo de su propietario.

• Sin embargo en el caso de la atribución de uso dicha vinculación es de tipo **físico o material**, en cuanto suele ser un uso o servicio que se concede a un elemento privativo para su mejor o más amplio disfrute y, en la mayoría de los casos, por no decir siempre, es un uso o servicio de un elemento unido física o materialmente (una zona de paso, una terraza contigua, un patio...). Por otro lado, no por atribuirse su uso a algún elemento privativo pierden su carácter de elemento, zona o servicio común. De hecho, se suele establecer que los gastos de **limpieza, conservación y reparación** ordinarios recaigan sobre el propietario que los utiliza y usa en exclusiva, pero en cambio las reparaciones extraordinarias suelen ser a cargo de la comunidad. Así se establece, por ejemplo, en Cataluña (CCC art.553-42).

c) Por el título formal de **constitución**:

• Los anejos se han de constituir en el propio **título constitutivo** de la propiedad horizontal. Por tanto, su modificación posterior (creando otros anejos nuevos, o eliminando los existentes y pasando estos a ser elementos independientes o comunes), requiere la aprobación de la modificación del título constitutivo, con unanimidad (expresa o tácita) de todos los propietarios.

• En cambio, la constitución formal de atribuciones de uso o servicios a entidades privativas no es tan clara. Sin duda que pueden definirse y formularse dentro del título constitutivo de la propiedad horizontal, pero también es viable su formulación vía **estatutos** (aunque estos formen parte del título constitutivo).

A efectos prácticos, no obstante, aunque la diferencia de título formal de constitución pueda existir, lo cierto es que las atribuciones de uso de terrazas, patios interiores, zonas de paso o circulación de personas o vehículos, usos exclusivos de zonas de fachadas, etc. suele realizarse dentro del título constitutivo, para que su existencia, contenido y delimitación se pueda observar y reproducir en posteriores **transmisiones de los elementos privativos**, y evitar que su no reproducción en los títulos traslativos de dichos elementos privativos pueda generar conflictos y responsabilidades por su desconocimiento o ignorancia.

Precisiones En el Código Civil de **Cataluña**, se regulan de manera independiente y nítida los anejos (nº 6830), del supuesto de aprovechamiento de elementos comunes (nº 7895).

Garajes Dentro de los anejos merecen una atención especial los garajes. La falta de una 352
regulación específica permite que los garajes o las plazas que los integran puedan ser configurados de varias formas:

a) Las plazas de garajes como **anejo** de los distintos pisos o locales. En este caso una o varias de las plazas de garaje aparecen vinculadas a un piso o local. Es la situación que contempla la LPH art.5.1. No cabe la **enajenación** de la plaza o plazas de garaje separada del piso o local salvo, repetimos, acuerdo unánime de la junta permitiendo la desvinculación, al ser una modificación del título constitutivo.

b) Las plazas de garaje como **fincas independientes** dentro del edificio, con su descripción individualizada, linderos, cuota y número. En este caso la plaza de garaje tendrá la misma consideración que cualquier piso o local y se transmitirá de forma independiente de los pisos o locales conforme a las reglas generales.

c) Todo el local destinado a garaje como **finca independiente** dentro del edificio con una sola cuota de participación en la comunidad. En este caso el garaje se configura como un local más del edificio, que se disfruta por sus copropietarios en proporción a la cuota indivisa de la que son titulares en el local destinado a garaje. En este supuesto suele pactarse entre los propietarios que la citada cuota da derecho a la utilización exclusiva y excluyente de una plaza determinada.

A esta modalidad se refiere RH art.68, que permite hacer constar la **transmisión de las cuotas** de copropiedad en el garaje en folio independiente, que se abre con el folio de la finca matriz y el correlativo de cada cuota.

Cuando el objeto de la transmisión sea una participación indivisa de finca destinada a garaje que suponga el uso y disfrute exclusivo de una zona determinada, deberá incluirse en el título la **descripción pormenorizada** de la misma con fijación de su número de orden, linderos, dimensiones perimetrales y superficie útil, así como la descripción correspondiente a los elementos comunes (RD 1093/1997 art.53.b).

354 d) El garaje como **espacio delimitado e independiente** de los pisos o locales y con titulares total o parcialmente distintos. Se trata de una manifestación de la llamada «propiedad horizontal compleja» al configurarse el garaje con los subterráneos de varios edificios sujetos a regímenes de propiedad horizontal diferentes, en los que se ha organizado la explotación conjunta de una o varias plantas destinadas a garaje.

En estos casos, la superficie de garaje que corresponde a la proyección vertical de cada edificio levantado sobre ella forma parte integrante de esa propiedad horizontal, pero está además sometida a un **régimen común** con el subterráneo del edificio o los edificios vecinos, para regular las entradas y los pasillos de circulación de los vehículos, entre otras cosas. Este régimen común suele articularse jurídicamente mediante un sistema de **servidumbres de paso**, unilaterales o recíprocas o mediante unos estatutos comunes a todas las comunidades implicadas.

e) El garaje como **finca independiente** del propio edificio con autonomía total de régimen y de titularidad respecto del inmueble existente sobre él (DGRN Resol 13-5-87).

La unidad puede incluso estar constituida con los subterráneos de varios edificios colindantes, sujetos todos ellos al régimen de propiedad horizontal. En estos casos, la propiedad de los edificios construidos en la superficie se extiende por encima y por debajo de la «unidad subterránea» destinada a garaje, pero no afecta a esta, resolviéndose las necesarias relaciones entre todos los inmuebles afectados a través de un sistema de servidumbres prediales (de paso, apoyo de construcción, etc.).

4. Elementos procomunales

360 Se trata de una categoría híbrida o intermedia entre los elementos comunes y privativos.

Se suelen considerar como tales aquellas viviendas, locales o espacios que, siendo susceptibles de **propiedad singular y privativa,** y estando así configurados en el título constitutivo, son destinados a un **servicio común** del inmueble con la intención de obtener un beneficio para la comunidad. Es decir, son elementos privativos que, sin embargo, pertenecen a todos los propietarios del edificio (o a parte de estos).

El beneficio común de este tipo de elementos se obtiene bien mediante el servicio que presta directamente a los copropietarios (sala de juntas, sala social o de juegos) o bien mediante la **cesión** a título oneroso o mediante alquiler a terceros.

Se trata, por tanto, de un elemento privativo que, sin embargo, tiene un destino de elemento común. Suele darse este caso en el espacio común destinado a **vivienda del portero** del edificio; o también el espacio de sótano o local destinado a **garaje** de todo el edificio, común de todos los propietarios de este.

Precisiones La existencia de este tipo de elementos viene **reconocida** de manera implícita, cuando habla de la copropiedad de los restantes elementos, pertenencias, y servicios comunes (LPH art.3.b); así como cuando se rebaja la exigencia de unanimidad a la de tres quintas partes de los propietarios que representen tres quintas partes de cuotas de comunidad para el arrendamiento de elementos comunes que no tengan asignado un uso específico en el inmueble (LPH art.17.3).

362 Se plantean varios **problemas habituales** con este tipo de elementos:

- el cómputo de su **cuota de participación** en las convocatorias de juntas y adopción de acuerdos sociales (nº 364);
- la **propiedad real** de estos elementos (nº 365);
- las mayorías necesarias para **disponer o enajenar** dichos elementos procomunales (nº 367).

364 **Cuota de participación** Estos elementos tienen asignada una cuota de comunidad o propiedad, por lo que hay que tenerlos en cuenta a la hora de computar los **cuórums** de constitución de juntas o las **mayorías** necesarias para la adopción de acuerdos. Las soluciones posibles serían tres:

- es el **presidente**, como representante de la comunidad, quien representa y ejerce los derechos y el voto correspondientes a esa cuota;
- esas cuotas **no computan** a ningún efecto; o
- esas cuotas computan en el **sentido mayoritario** del resto de propietarios, tanto a la hora de computar los cuórums de asistencia como las mayorías necesarias para adoptar acuerdos.

La primera solución no parece justa ya que convertiría al elemento procomunal en un elemento a disposición solo del presidente. La no computación de esa cuota a ningún efecto es una solución posible, y la entendemos válida vía acuerdo en estatutos, pero distorsiona las mayorías adoptadas por los propietarios existentes en el edificio, y complica los cómputos. Por eso entendemos más razonable la tercera opción, que consiste en computar su cuota en el mismo sentido en que hayan votado la mayoría de los propietarios, lo cual es congruente con la pertenencia de tal elemento a todos los propietarios en la misma proporción en que lo son del edificio en su conjunto.

Propiedad real Es cierto que los propietarios tienen su cuota de propiedad en esos elementos -como sucede en los elementos comunes del edificio-. Pero este caso es distinto, ya que tienen una cuota sobre un elemento que, de por sí, es privativo. La implicación práctica de esta cuestión es la siguiente: si cuando se produce la **venta de un elemento privativo** -piso o local-, al que va inseparablemente unida su cuota en elementos comunes, también va unida la venta o disposición de la cuota privativa que tiene en ese otro elemento privativo «procomunal», o por el contrario si puede conservar la cuota que le corresponde en dicho elemento. 365

La respuesta no es fácil y depende de cómo se haya configurado dicho elemento procomunal. Será necesario interpretar el **origen de su existencia**, y si hay algo pactado al respecto en el título o en los estatutos. Como regla general, habría que entender que la venta de un elemento privativo no conlleva la venta de la cuota en otro elemento privativo.

Sin embargo, dada la estrecha vinculación de ese elemento procomunal con el servicio y beneficio del resto de propietarios -recordemos que se trata de elementos en beneficio de la comunidad, por su destino a zona común, o por su cesión de uso oneroso para sufragar otros gastos, por ejemplo- no parece desacertado defender su venta a modo de **elemento vinculado** *propter rem* con el elemento privativo de cada propietario. Así lo establece el Código Civil de Cataluña, que opta por la vinculación de la titularidad de estos elementos con la titularidad de los elementos privativos propiamente dichos (CCC art.553-34).

Precisiones La propia DGRN se pronuncia a favor de la tesis expuesta, pero siempre que, de forma simultánea, se acuerde por unanimidad su **conversión en elemento común** y se inscriba como tal, describiéndose de forma pormenorizada (DGRN Resol 6-2-14).

Por último, tras la reforma de la LPH art.9, la DGRN considera que debe admitirse el **acceso registral** de bienes a favor de la comunidad de propietarios en régimen de propiedad horizontal en los supuestos de **ejecuciones judiciales**, como una consecuencia normal de la ejecución de un embargo por deudas de uno de los propietarios, pues admitiendo el embargo a su favor, debe admitirse la posibilidad de que la ejecución culmine con su adjudicación. Ahora bien, esta inscripción a favor de la comunidad de propietarios debe reputarse como una **situación excepcional y transitoria**, pues no constituye finalidad de las comunidades de propietarios en propiedad horizontal, ser titulares permanentes de bienes, por lo que debe reputarse como una situación de tránsito a su posterior transmisión, a su atribución a copropietarios en proporción a sus cuotas o a su conversión en elemento común (DGRN Resol 12-2-16).

Disposición Por último, nos encontramos con el problema de qué mayorías son necesarias para disponer o enajenar dichos elementos procomunales. 367

No cabe duda de que es necesaria **unanimidad** de todos los propietarios que tengan alguna cuota de propiedad en dicho elemento. Se plantea si es necesaria unanimidad expresa, consentimiento expreso de todos los propietarios, o sería suficiente la unanimidad «tácita» obtenida por unanimidad de todos los asistentes a una junta de propietarios, excluyendo a los que están privados del derecho de voto y, en su caso, no oposición de los no asistentes durante 30 días naturales (LPH art.17.6 y 8).

El rigor con que debe entenderse la realización de cualquier acto de disposición sobre elementos comunes -y mucho más sobre los privativos procomunales-, así como el hecho de que las comunidades de propietarios no gozan de personalidad jurídica (TS 22-5-23, EDJ 577227), debe llevarnos a dar la respuesta de que cualquier acto de disposición sobre estos elementos procomunales exige la unanimidad **expresa** de todos los propietarios. Otra cosa es que esa unanimidad expresa no necesite expresarse en el mismo acto de formalización del acto dispositivo (p.e. ante el notario), pudiendo reflejarse en un acta de junta, y autorizando al presidente para que proceda a su formalización.

SECCIÓN 3

Estatutos

375

377 El título constitutivo podrá contener, además, **reglas de constitución y ejercicio** del derecho y disposiciones no prohibidas por la Ley en orden al uso o destino del edificio, sus diferentes pisos o locales, instalaciones y servicios, gastos, administración y gobierno, seguros, conservación y reparaciones, formando un estatuto privativo que no perjudicará a terceros si no ha sido inscrito en el Registro de la Propiedad (LPH art.5.3).
El **contenido** de los estatutos puede abarcar todas las materias a que se refiere la LPH o solo algunas de ellas, pues su existencia es potestativa. El que otorgue el título constitutivo puede estimar que son suficientes las normas de la LPH o puede incorporar los estatutos al título constitutivo. Cabe incluso que los mismos sean **otorgados posteriormente** por todos los copropietarios. Un argumento a favor de ello es que, cuando el número de propietarios no exceda de cuatro, la Ley permite que se acojan simplemente al régimen de administración del CC art.398 (LPH art.13.8).

A. Naturaleza jurídica

380 Se ha discutido sobre la naturaleza jurídica de los estatutos de propiedad horizontal.
Prescindiendo de polémicas doctrinales, podemos señalar que se trata de un **negocio jurídico** otorgado por el propietario o propietarios del edificio o de los departamentos que lo forman, de naturaleza dispositiva y accesoria respecto al título constitutivo y con efectos normativos dentro del margen que la Ley y el título constitutivo les permite.
Se **diferencia del título constitutivo** en cuanto:
• El título es constitutivo del régimen de propiedad horizontal, desde el punto de vista formal, para que este régimen exista de manera perfecta y plena. En cambio, los estatutos **no son constitutivos**, ni su existencia obligatoria, pues solo completan y desarrollan la regulación legal y el título.
No obstante, hay autores (De la Cámara, Fuentes Lojo) que señalan que ambos documentos comparten naturaleza facultativa, precisamente por los casos estudiados y conocidos como prehorizontalidad -existencia material del supuesto fáctico de la propiedad horizontal, sin título formal- (nº 210), ya que en la práctica existe propiedad horizontal cuando varios departamentos de un edificio pertenecen a diversos propietarios, aunque aún no exista título formal que así lo declare o constituya.
• El **origen** del título constitutivo, como ya se indicó (nº 282), puede proceder de la voluntad del propietario o propietarios del edificio, pero también de una resolución judicial, o un laudo arbitral, o incluso de una certificación administrativa. Sin embargo, la naturaleza negocial de los estatutos hace que estos procedan siempre de la **voluntad unilateral** del propietario del edificio, o bien del **acuerdo de los propietarios** de los diferentes pisos, locales o departamentos independientes. Es discutible, por tanto, el origen judicial o de otras instancias para los estatutos, en cuanto:
- los estatutos siempre tienen un carácter negocial, reservado a la autonomía de la voluntad de las partes; y
- porque, al no ser su existencia obligatoria, se entiende que, si no se llega a un acuerdo sobre su existencia y contenido, existe ya una regulación legal supletoria que regula los detalles de convivencia mínimos para el desarrollo de la comunidad.

382 • El título, al ser constitutivo y esencial, puede **existir sin estatutos**; pero los estatutos no pueden existir sin título constitutivo formal de constitución del régimen de propiedad horizontal.
Ahora bien, se plantea si esto es siempre así o si pueden existir unos estatutos sin título constitutivo de propiedad horizontal.

En general, se entiende que unos estatutos de comunidad de propietarios son inconcebibles en ausencia del título constitutivo, pese a lo cual en el supuesto raro de que se otorgaran **con anterioridad al título constitutivo**, los estatutos quedarían en suspenso y pendientes de la existencia u otorgamiento de este, y pendientes de ratificación por las personas capacitadas para el otorgamiento del mismo título constitutivo.
Sin embargo, a pesar de lo anterior, y de acuerdo con el principio de libertad de pacto de cualquier comunidad de bienes (CC art.392), sería posible pensar que los copropietarios de un edificio, que disfrutan del mismo, tanto en sus elementos independientes, como sobre ciertas zonas o elementos comunes, pero sin haber otorgado el título formal de propiedad horizontal -supuesto ya examinado anteriormente como **prehorizontalidad** (nº 215)- podrían regular sus relaciones con libertad, y en las condiciones que acuerden, estableciendo las normas que crean pertinentes, aunque esos pactos no se sometan a las formalidades de la LPH, sino que se adecuen a las disposiciones más genéricas del Código Civil, pero creando un cuerpo normativo que bien puede considerarse como unos estatutos de la propiedad.

• Desde el punto de vista del **contenido**, el título tiene más bien una finalidad configuradora de **384**
la situación fáctica o material del edificio que reúne los caracteres de dicha situación. Sin embargo, los estatutos están destinados a contener un contenido normativo o disciplinario de las **relaciones de vecindad** entre los diferentes propietarios, el ejercicio de sus derechos como propietarios, y el uso y disfrute de los elementos comunes.
• En relación con lo anterior, y en cuanto al inicio de su **eficacia**, el título puede comenzar sus efectos y vincula desde que el edificio está comenzado, o simplemente proyectado o definido (LH art.8.4). En cambio, los estatutos, sin perjuicio de «existir» desde el mismo momento, en caso de haberse incluido en el título constitutivo, no iniciarán sus efectos, por estar destinados a regular las reglas de convivencia de los propietarios, así como el uso de los elementos comunes, hasta que el edificio pueda ser efectivamente ocupado, y cuente con la preceptiva licencia administrativa de primera ocupación.

B. Redacción

De acuerdo con lo señalado anteriormente, y dado el carácter siempre negocial y voluntario de **390**
los estatutos de propiedad horizontal, estos siempre tendrán su origen en la voluntad del propietario único del edificio, o bien en la voluntad colectiva de los propietarios de los diferentes departamentos, constituidos o no formalmente en junta de propietarios.

Promotor En la práctica lo más habitual es que el **propietario o propietarios iniciales**, pro- **392**
motores o no, otorguen la escritura por la que se declara la obra nueva, se divide horizontalmente el edificio y se aprueban los estatutos rectores de la propiedad horizontal. Por tanto, es normalmente el promotor el que redacta los primeros estatutos de una comunidad, ya que además estos estatutos deben estar a disposición de los posibles adquirentes de departamentos en el inmueble que se promueve (RD 515/1989 art.5.1.2).
El principal problema práctico que se plantea en la redacción de los estatutos por el promotor parte de sus **relaciones con los adquirentes**, con los que contrata por medio de documentos privados, antes del otorgamiento por el promotor de la escritura de constitución de la propiedad horizontal y de los estatutos.
Desde el momento en que los contratos se van firmando, las obligaciones del promotor para con sus adquirentes futuros, antes del otorgamiento de las escrituras de compraventa, plantean **problemas puntuales** en materia de estatutos, bien porque los estatutos se redactan o bien porque se modifican después de haber firmado los documentos privados con los adquirentes de los departamentos.

En este sentido, la jurisprudencia se ha manifestado en múltiples ocasiones incluyendo como **394**
legitimados para intervenir en la redacción y aprobación de los estatutos, a los propietarios que han adquirido sus elementos privativos mediante documentos privados. Pero el consenso acaba aquí, ya que luego se han abierto algunas líneas jurisprudenciales distintas:
• Así, una corriente inicial admitía esa intervención, si dichos contratos han ido seguidos de **algún modo de tradición**, muy especialmente si los adquirentes son a su vez poseedores de las fincas privativas. Y, en consecuencia, priva de tal legitimación para intervenir en la aprobación de estatutos a los que simplemente han celebrado un contrato de arras, una promesa de venta, una venta con pacto de reserva de dominio, e incluso una compraventa en la que no se acredita la tradición (TS 10-11-81, EDJ 1658; 19-10-82, EDJ 6122, en las que no se consideró necesaria la intervención de los adquirentes por documento privado por no haber tenido lugar la tradición o entrega).

• Sin embargo, otras sentencias más recientes sí que consideran preciso el consentimiento de los adquirentes o compradores, **aun no existiendo la tradición**. Así, en el supuesto de una modificación de cuotas que se hace en la etapa que media entre la firma de los documentos privados y el otorgamiento de las escrituras de venta, el promotor recurrente, trae a colación la teoría del título y el modo, para justificar la legalidad de la modificación estatutaria unilateral. El Tribunal Supremo no considera suficiente tal argumentación teniendo en cuenta lo que la corriente doctrinal civilista denomina «espiritualización de la tradición» como modo de adquirir la propiedad que, en razón a poderosas razones socioeconómicas, ha indicado un evidente acercamiento a los sistemas consensualistas de la teoría del título y el modo (TS 18-7-97, EDJ 6829).

395 Por tanto, hay que entender que el otorgamiento de los estatutos, y cualquier modificación posterior, deberá estar **consentida por los adquirentes**. El consentimiento, eso sí, debe ser puntual para una modificación -no consentimientos globales o ilimitados- y puede obtenerse por el documento privado que así lo plasme.

En cuanto a si es posible el consentimiento vía **apoderamiento al promotor**, hay que tener en cuenta que se considera abusiva la reserva a favor del profesional de facultades de interpretación o modificación unilateral del contrato sin motivos válidos especificados en el mismo (L 7/1998 disp.adic.1ª.2º).

Luego, en contra de esta norma, una **autorización por motivos válidos** especificados en el contrato, limitada a facultar al promotor, por ejemplo, para poder realizar reformas de carácter puramente técnico atendiendo a las instrucciones del arquitecto autor del proyecto o director de las obras, o de ubicación de plazas de aparcamiento y trasteros sin modificación de superficies de las preexistentes y con fiel cumplimiento del régimen normativo aplicable podría considerarse válida y podría facilitar la solución de esas frecuentes modificaciones ulteriores de la propiedad horizontal otorgadas en el tiempo intermedio entre la declaración de obra nueva y la modificación final del edificio.

397 **Comunidad de propietarios** Aunque lo habitual es que el promotor apruebe los estatutos al otorgar el título constitutivo, también cabe que los estatutos sean otorgados por todos los propietarios del edificio en un **momento posterior**, normalmente en las primeras juntas de propiedad horizontal convocadas, bien porque el promotor inicial no los otorgó en su momento o bien por tratarse de un supuesto de construcción en régimen de comunidad.

En estos casos, el otorgamiento corresponde a la comunidad de propietarios. La comunidad de propietarios manifiesta su voluntad soberana en los acuerdos adoptados por su junta de propietarios con los requisitos legalmente establecidos, aunque en realidad hay que distinguir dos **supuestos**:

a. Si **comparecen todos los propietarios** para otorgar el título constitutivo, y en su caso los estatutos, por ellos se otorgará el documento que sirva de título constitutivo, estatutos incluidos. Normalmente el título formal es la escritura pública, por lo que estaríamos en el caso de que todos los propietarios, concurriendo el 100% de la propiedad, están ante el notario para firmar la escritura que sirve de título y los estatutos.

b. Si **no comparecen todos** los propietarios para otorgar el título y los estatutos, hay que recordar que es necesaria unanimidad de todos los propietarios para adoptar el acuerdo aprobatorio del título constitutivo o de los estatutos, o de cualquier modificación posterior de los mismos, por lo que el acuerdo habrá de someterse a aprobación, y obtener la unanimidad necesaria, bien inicial, o bien posterior con la comunicación del acuerdo aprobado al resto de propietarios no asistentes a la junta, y por su no oposición (LPH art.17.6 y 8). En este caso, es posible que el título formal de propiedad horizontal y los estatutos sean otorgados **por el presidente** de la comunidad, siempre que acredite el acuerdo adoptado por una certificación del acta de la junta de la que se deduzca la unanimidad imprescindible para la aprobación o modificación del título o de los estatutos. Si el documento formal es la escritura pública, podrá comparecer por sí solo el presidente ante notario, siempre que acredite su cargo por exhibición del libro de actas, o bien por certificación del acta de la que resulte ser el último presidente nombrado y vigente su cargo (y cotejo notarial del libro de actas), acompañando a todo lo anterior la certificación mencionada acreditativa de la unanimidad de propietarios aprobando o modificando el título o los estatutos (o no oponiéndose a dicho acuerdo).

398 Cuando se pretenda elevar a público acuerdos de comunidad de propietarios tomados en **juntas antiguas** que suponen algún tipo de modificación del título constitutivo o alguna regla de estatutos que requiera unanimidad, es importante comprobar si ha habido cambios de titularidades o transmisiones de dominio de algunos elementos privativos entre aquella junta cuyos acuerdos se están documentando, y el momento en que se están elevando a público dichos acuerdos, si se quiere que los mismos sean también oponibles a los adquirentes intermedios.

Así, para el caso de haya habido transmisiones de propiedad intermedias entre la junta que adoptó los acuerdos y su elevación a público, es necesario que esos acuerdos los ratifiquen los **nuevos propietarios** que se incorporaron a la comunidad en el tiempo intermedio, bien por comparecencia directa ante el notario que autoriza dicha escritura de elevación a público de los acuerdos comunitarios, o bien por su ratificación en una junta de propietarios debidamente convocada donde quede constancia de su asistencia y votación a favor de aquella modificación del título constitutivo o estatutos.

Juez Además del otorgamiento de los estatutos de forma voluntaria, bien de manera unilateral o plurilateral, cabría plantearse si es posible que sea un juez el que otorgue esos estatutos, al otorgar el título constitutivo, al amparo del CC art.401, y en el procedimiento derivado del ejercicio de la **acción de división** de cosa común. **399**
Parece muy **dudoso** que sea el juez quien, en un procedimiento dirigido al efecto, resuelva y decida la división horizontal de un edificio en aplicación del CC art.401.2 y, además, pueda dictar o establecer unos estatutos más allá de las disposiciones que resulten necesarias para la división en sí, o que sean obvias a tenor de la propia configuración del edificio o de los elementos privativos, o bien que sean imprescindibles para el correcto funcionamiento de la comunidad.
En tal sentido, y como ya se indicó inicialmente, la propia LPH, en un intento de servir de normativa básica a cualquier situación de comunidad de propietarios, prevé su aplicación a todos aquellos casos en que exista la situación material o fáctica de propiedad horizontal material, y no sean necesarios los estatutos. Ya la propia Exposición de Motivos de la Ley establece el carácter contingente de los estatutos.

C. Contenido

Podemos clasificar las reglas que han de constituir el contenido de los estatutos en cinco grandes grupos (LPH art.5): **400**
- sobre constitución y ejercicio del derecho de propiedad (nº 405);
- relativas al uso o destino del edificio y sus elementos comunes (nº 435);
- relativas al uso o destino de los pisos o locales (nº 437);
- relativas al uso de instalaciones o servicios (nº 445);
- sobre gastos, administración y gobierno (nº 447).

A ellas hay que añadir la posibilidad de prohibir determinadas actividades en los estatutos (nº 460).

1. Constitución y ejercicio del derecho de propiedad

Dentro de estas reglas pueden quedar incluidas las siguientes: **405**
- las relativas al **domicilio de notificaciones** (nº 407);
- las relativas a **departamentos complejos** (nº 409);
- sobre la **división, segregación y agrupación** de departamentos (nº 412).

Domicilio de notificaciones (LPH art.9.1.h) Se establece como **obligación de cada propietario** comunicar a quien ejerza las funciones de secretario de la comunidad, por cualquier medio que permita tener constancia de su recepción, el domicilio en España a efectos de citaciones y notificaciones de toda índole relacionadas con la comunidad. En defecto de esta comunicación se tendrá por domicilio para citaciones y notificaciones el piso o local perteneciente a la comunidad surtiendo plenos efectos jurídicos las entregadas al ocupante de este. **407**
Si, intentada una **citación o notificación** al propietario, fuese imposible practicarla en el lugar designado para ello, se entiende realizada mediante la colocación en el **tablón de anuncios** de la comunidad, o en un lugar visible de uso general habilitado al efecto, con diligencia expresiva de la fecha y motivos por los que se procede a esta forma de notificación, firmada por quien ejerza las funciones de secretario de la comunidad, con el visto bueno del presidente. La notificación practicada de esta forma produce plenos efectos jurídicos en el plazo de 3 días naturales.

Precisiones Nada obsta para que, si los estatutos lo permiten, se pudiese aceptar la realización de convocatorias y comunicaciones a los propietarios a través de una dirección de **correo electrónico** facilitada por ellos, lo que ahorraría costes y tiempo a la comunidad, sin perjuicio de seguir comunicando y convocando por los medios escritos de acuerdo con la LPH art.9.1.h, a aquellos propietarios que por edad u otras razones no faciliten o no utilicen dichas direcciones de correo electrónico. Esta posibilidad de comunicación por medios electrónicos está contemplada en el Proyecto de Ley de modificación de la regulación de la propiedad horizontal en el derecho catalán.

409 **Departamentos complejos** Se pueden incluir reglas sobre los departamentos **en proindiviso** de todos los propietarios del inmueble, sobre los departamentos **procomunales**, o reglas sobre los **anejos**.

Los departamentos en proindiviso (p.e. los destinados a cuartos trasteros o a plazas de aparcamiento, si así se configuran) son en realidad **subcomunidades** que están dentro de la comunidad global del edificio al que pertenecen. Lo deseable es que estas comunidades se autorregulen por medio de una disposición estatuaria completa y específica, aunque el reconocimiento de estas subcomunidades ha llegado a darse aún sin previsión estatuaria concreta.

Precisiones La DGRN, en un edificio donde no estaba previsto en los estatutos la apertura de subcomunidades, obligó al Registro de la Propiedad competente a diligenciar un **libro de actas independiente** para reflejar las actas de acuerdos de todo un local destinado a diversos garajes, constituido como finca registral única, cuando la instancia por la que se solicitaba ese diligenciado del libro de actas evidenciaba la intención de contar con un libro de actas para la comunidad surgida en todo ese espacio de local destinado a plazas de aparcamiento (DGRN Resol 20-4-99).

410 Por otra parte, cuando los **trasteros o plazas de aparcamiento** queden configurados como meras **cuotas indivisas** de un departamento en que todas ellas se integren, deberán recogerse en los estatutos las reglas básicas por las que se excluya la acción de división, se excluya el derecho de retracto y se concrete la delimitación de las plazas o de los trasteros, así como las que limiten su uso para el fin al que se deben destinar.

Sobre la **delimitación física** de las plazas y de los trasteros representados por cuotas indivisas se establece que, cuando el objeto de la transmisión sea una participación indivisa de finca destinada a garajes, que suponga el uso y disfrute exclusivo de una zona determinada, deberá incluirse en el título la descripción pormenorizada de la misma, con fijación de su número de orden, linderos, dimensiones perimetrales y superficie útil, así como la descripción correspondiente a los elementos comunes (RD 1093/1997 art.53.b).

412 **División, segregación y agrupación de departamentos** (LPH art.10.1.d y 17.6) El primer problema que plantean consiste fundamentalmente en que la cuota de participación, que sirve básicamente para determinar la contribución a los gastos comunes y el peso de sus decisiones y votos en acuerdos de la comunidad ha de ser modificada, y para ello se requiere que tales modificaciones sean objeto de aprobación por la junta de propietarios, que ha de fijar las **nuevas cuotas de participación** sin modificar, lógicamente, las cuotas de los restantes propietarios (de tal manera que si, por ejemplo, al piso originario le corresponde una cuota de participación del 8,50%, esta ha de distribuirse entre los dos departamentos resultantes; atribuyéndole a uno, por ejemplo, el 4,30% y a otro el 4,20%).

Respecto a la inclusión en los estatutos de las reglas sobre división, segregación y agrupación de departamentos es preciso tener en cuenta que el **régimen de mayorías** exigido varía en función de que estas actuaciones se realicen o no dentro de los ámbitos de rehabilitación, regeneración y renovación urbanas definidos por las Administraciones competentes:

1. Dentro de ámbitos de **rehabilitación, regeneración y renovación urbanas** (LPH art.10.1.e). En estos casos, esas actuaciones de división material de pisos o locales y sus anejos, segregaciones o agregaciones, para hacer elementos más grandes o pequeños, tienen carácter obligatorio, y no requieren ni siquiera acuerdo de la junta de propietarios, incluso aunque supongan modificación del título constitutivo o de los estatutos.

Estas actuaciones pueden ser impuestas por las Administraciones públicas o solicitadas por cualquier interesado.

Sí se necesita un acuerdo de la junta de propietarios para la distribución de la **derrama** pertinente y el establecimiento de los términos para su abono, entendiéndose que es suficiente mayoría de propietarios y cuotas existentes en el edificio en primera convocatoria, o de propietarios y cuotas presentes en la junta, si se celebra en segunda convocatoria.

2. En cambio, **fuera de dichos ámbitos** de rehabilitación, regeneración y renovación urbanas, son posibles las operaciones de división material de pisos o locales y sus anejos, aumentos de superficie por agregaciones y disminuciones de superficie mediante segregaciones, pero se requiere el acuerdo de la junta de propietarios, por mayoría reforzada de tres quintos de propietarios y cuotas y con consentimiento del propietario afectado (LPH art.10.3 y 17.4 redacc RDL 8/2023).

La junta se reserva la facultad de fijar las **nuevas cuotas de comunidad** a los nuevos elementos, pudiendo fijar igualmente una **indemnización** de daños y perjuicios al propietario afectado por las actuaciones materiales que corresponda hacer.

413 Esta regulación genera cierta confusión, pues para saber si es necesario convocar una junta de propietarios que autorice cualquiera de esas operaciones, es necesario saber primero si el edificio está comprendido en un **ámbito de rehabilitación, regeneración o renovación urbana**, contando, además, con el certificado de la Administración competente, para lo cual hay que

tener conocimiento de la diferente normativa urbanística autonómica y local que regule estos ámbitos. A ello hay que añadir el hecho de que el acuerdo de la junta de propietarios debe ser previo a la solicitud de autorización administrativa para llevar a ejecución dichas actuaciones (LPH art.10.3.b redacc RDL 8/2023).
Por ello, es conveniente que los **estatutos** incluyan en su articulado la posibilidad de que los diferentes pisos, locales, anejos y demás elementos independientes puedan ser objeto de cualquiera de las operaciones hipotecarias citadas -divisiones, segregaciones o agregaciones-, a fin de evitar entrar en discusiones sobre si una de esas operaciones se está desarrollando en edificios incluidos en ámbitos de actuación administrativa especial que, como mínimo, pueden complicar el proceso.

Precisiones **1)** En caso de que los estatutos de una comunidad no incluyan la **autorización genérica** para llevar a cabo esas operaciones hipotecarias, quizás sea más rápido convocar y desarrollar una junta de propietarios que incluya la aprobación de la operación a realizar en su orden del día, que no solicitar a la Administración una certificación para saber si el edificio en cuestión está o no dentro de un ámbito de rehabilitación, regeneración o renovación urbana, que determine si esa actuación puede ser obligatoria o no para la comunidad.
2) La norma puede tener una utilidad concreta en aquellos edificios o ámbitos donde, por diversos motivos -oposición o enemistad entre propietarios, dificultad de convocar juntas por inacción de los órganos de gobierno, etc.-, **no se puede alcanzar la mayoría** prevista para aprobar esas actuaciones. En estos casos limitados, el propietario que quiera realizar alguna de estas actuaciones siempre tendrá la posibilidad de consultar si su edificio está dentro de un ámbito de regeneración o renovación urbana que le permita, sin acuerdo de la junta de propietarios, ejecutar material y jurídicamente estas actuaciones.

Ámbito objetivo (LPH art.10.1.e y 3 -redacc RDL 8/2023-) Los pisos o locales y sus anejos pueden ser **414**
objeto de división material, para formar otros más reducidos e independientes, y aumentados por agregación de otros colindantes del mismo edificio, o disminuidos por segregación de alguna parte.
El precepto restringe su ámbito objetivo a las operaciones materiales que puedan efectuarse entre elementos privativos ubicados dentro de un **mismo edificio**, o que al menos pertenezcan a un mismo régimen de propiedad horizontal.
Esta primera afirmación trae como consecuencia que queden al margen del precepto las actuaciones que afecten a pisos o locales situados en **edificios independientes**. El principal argumento que se esgrime en favor de esta exclusión viene representado por la diferente trascendencia que para la comunidad presenta la unión o agregación de naturaleza estrictamente interna, en comparación con los supuestos en los que estas mismas operaciones tienen carácter externo. En concreto, cuando estas operaciones materiales afectan a elementos entre dos comunidades independientes, deben constituirse diferentes servidumbres prediales de carácter recíproco entre ambos inmuebles, además de afectar a elementos comunes de naturaleza esencial, como son los muros de cerramiento o separación entre ambas modificaciones.
Este último dato supone además que las obras que se efectúen para verificar las indicadas operaciones queden siempre sujetas a un riguroso **régimen de unanimidad**, no pudiendo ampararse en la habilitación que se hace a los propietarios para que modifiquen los elementos arquitectónicos instalaciones o servicios ubicados dentro de su piso, con el único límite de ponerlo en conocimiento del representante de la comunidad (LPH art.7).

Una segunda distinción que puede realizarse, a la vista del tenor de la Ley, es la referente a la **415**
utilización del calificativo «**materiales**» para aludir a las operaciones que se comprenden en el citado precepto. Esta consideración parece incidir en un doble orden de cosas:
- por un lado, la idea de **colindancia o vecindad** que debe existir entre los elementos implicados; y
- por otro, en que quedarán excluidas del mismo aquellas actuaciones cuyo alcance sea **exclusivamente jurídico**, como puede ser el caso de pisos que se dividen o partes de ellos que se segregan, pero sin división real, sino simplemente desde el punto de vista jurídico, con el fin por ejemplo de hipotecarlos, supuestos que al no estar permitidos en la LPH, no es posible llevarlos a efecto ni formalizarlos jurídicamente.
Es necesario, por tanto, que, como consecuencia de estas actuaciones, resulten **nuevos objetos materiales y jurídicos**. Es decir, unos nuevos más grandes, por agregación o unión; o bien otros más pequeños por división o segregación.

Precisiones Una situación intermedia y polémica surgió en los supuestos de división de un elemento privativo al pretender configurar su **anejo como finca independiente**. En este caso la división material ya existía -aparcamiento y vivienda estaban anejos en el título constitutivo, pero evidentemente separados- y el propietario pretendía dividirlos jurídicamente para su venta separada, alegando que no era necesario acuerdo de la comunidad en cuanto que no efectuaba una nueva división material. La DGRN, sin embargo, entendió aplicable el régimen previsto en la redacción original de la LPH art.8, en el sentido de que dicha «división» o «segregación» del anejo, constituía una modificación del título constitutivo, sometida por tanto al régimen de unanimidad de los propietarios, máxime en aquel caso por no estar previamente autorizada la división aislada por los estatutos de la comunidad (DGRN Resol 25-10-96).

417 Para finalizar esta labor delimitadora, debemos hacer referencia a un último grupo de actuaciones que en la actualidad vienen excluyéndose de su ámbito de aplicación. Se trata de los comúnmente conocidos como **actos de mera comunicación material de pisos o locales**, si no dan lugar a nuevos objetos jurídicos. En relación con los mismos, existe una corriente doctrinal y jurisprudencial que sostiene que, pese a que la LPH art.8 (actual LPH art.10.1 y 3) habla de «división material», el verdadero sentido de este precepto no es otro que el de dar carta de naturaleza a nuevos objetos jurídicos y, por tanto, las simples operaciones «materiales», sin que aparezcan nuevos o distintos objetos jurídicos, no estarían incluidas dentro de su ámbito de aplicación.

Así, ha entendido el Tribunal Supremo que, si bien es cierto que se requiere la aprobación de la junta de propietarios para la división material de los pisos o locales, también lo es que ello solo será necesario cuando se atribuyan a los pisos o locales resultantes **nuevas cuotas** fruto de la alteración, pero no cuando ambos locales quedan en manos del mismo propietario y sin fijación de nuevas cuotas (TS 20-12-89, EDJ 11532).

De acuerdo con todo lo anterior, las obras o actos de mera comunicación entre pisos o locales constituyen modificaciones arquitectónicas, que, **en función de su entidad** y de que afecten o no al aspecto exterior del edificio, quedan sujetas al régimen previsto en LPH art.7 y no al acuerdo de la junta, previsto en LPH art.10.3.

419 **Imperatividad** Se plantea si es imperativo el régimen de la LPH art.10.3 en el sentido de ser **necesaria**, siempre y sin excepciones, la autorización de la junta de propietarios o si es **dispensable** por estatutos dicha autorización.

En este punto, y ante la falta de unanimidad, vamos a distinguir el criterio plasmado por las dos instancias que con más detalle han tratado el tema, la DGRN -actual DGSJFP- y el Tribunal Supremo.

420 **a)** La **DGRN** es más permisiva y no da al precepto un carácter absolutamente imperativo. Así, ha declarado inscribible la **cláusula estatutaria de reserva** por el propietario o propietarios del edificio de la facultad de dividir, agrupar, etc. por sí solos los locales en planta baja, sin precisar el consentimiento de la junta siempre que no se alteren las cuotas restantes y se determinen los futuros locales (DGRN Resol 31-8-81).

Se ha admitido la reserva estatutaria tanto referida a **locales** como a **pisos**, al no encontrar ningún elemento o razón legal o de orden público que permita mantener un criterio distinto en locales, que en pisos o viviendas. Se ha entendido además que imponer en todo caso para la modificación de las entidades hipotecarias la aprobación de la junta de propietarios, exigiendo su unanimidad, implica otorgar imperativamente un exagerado derecho de veto que puede prestarse a abusos y además constituir un grave obstáculo para que los edificios sean estructurados jurídicamente del modo más adecuado a su aprovechamiento económico (DGRN Resol 26-2-98).

La resolución no discutía la exigencia de acuerdo unánime, que hoy sería mayoría reforzada de tres quintas partes de propietarios y cuotas (LPH art.17.4 redacc RDL 8/2023), pero al mismo tiempo entendía que, si uno de los propietarios procedía a realizar las divisiones o agrupaciones permitidas en el título constitutivo o en los estatutos, no se tratará de modificar las reglas del título o de los estatutos sino de una simple aplicación de estas, mediante el ejercicio de las facultades en ellas conferidas.

421 Ahora bien, en aquellos casos en los que esta reserva estatutaria de la facultad de segregar o dividir se ha establecido **a favor de la entidad promotora**, dado que la misma supone una restricción a las facultades dominicales de los propietarios, su interpretación ha de ser estricta, exigiendo el acuerdo unánime de los copropietarios reunidos en junta.

Es el caso de una **urbanización privada**, donde sobre el folio general abierto a toda una finca destinada a viales, servicios comunes, club social, etc. el promotor había establecido una reserva en el título constitutivo, para proceder por sí solo a dividir, segregar o agrupar dichos terrenos. Una vez vendidas ciertas viviendas que tenían cotitularidad *ob rem* sobre aquella finca de elementos comunes, el promotor pretendió realizar una segregación de parte de la finca «común», concretamente de una zona destinada a club social e instalaciones deportivas, en base a aquella reserva. La DGRN entendió que aquello no era posible, pues aquella segregación suponía una **alteración de la cosa común** que exigía acuerdo unánime de los propietarios,

y que dicha segregación desbordaba el ámbito de la reserva a la que pretendía acogerse (DGRN Resol 4-11-97).
Viene a decir con ello la DGRN que, si la reserva viene **impuesta por el promotor propietario único** del edificio o de una urbanización, hay que conectarla siempre con el derecho de los copropietarios a decidir sobre el destino, forma, y características de las zonas comunes.
En **conclusión**, para la DGRN, si la dispensa estatutaria ha sido acordada por todos los propietarios o ratificada por ellos, en junta de propietarios, puede entenderse que cada propietario, al firmar su título de adquisición -normalmente su escritura de compraventa- que debe recoger los estatutos o afirmar que los conoce, ya está prestando su consentimiento anticipado a lo previsto en una cláusula estatutaria en tal sentido.

b) En cuanto a la postura del **Tribunal Supremo**, ha ido evolucionando en esta materia desde una interpretación estricta hasta posiciones más favorables a su admisión. **422**
Así, rechazó la validez de la cláusula estatutaria exonerativa por entender que es necesario **acuerdo de la junta**, máxime cuando la división implica modificación del título constitutivo al modificarse la estructura del portal (TS 31-1-87, EDJ 15928).
Sin embargo, actualmente esta doctrina se ha abandonado. La jurisprudencia más reciente es claramente partidaria de la validez de este tipo de cláusulas siempre y cuando con las operaciones de división, agregación o segregación no se alteren las **cuotas de participación** asignadas a los restantes pisos y locales (TS 17-11-11, EDJ 311401; 6-4-06, EDJ 37261).
La cuestión estriba en determinar si dicha jurisprudencia debe mantenerse tras la derogación de la LPH art.8 y la nueva regulación de la materia introducida por la L 8/2013. Si el legislador, con la modificación efectuada, lo que hace es **disminuir el régimen de mayorías** exigido cuando no hay una previsión expresa en los estatutos, que pasa de la unanimidad a las tres quintas partes de propietarios y cuotas, no tiene ningún sentido ni razón de ser que, a partir de dicha reforma, se declare la **nulidad** de las cláusulas típicas que permiten la segregación, agregación y división de los pisos y locales sin necesidad de autorización de la junta de propietarios, que se venían admitiendo, precisamente, cuando el régimen de mayorías exigido para autorizar las mencionadas actuaciones, en defecto de previsión estatutaria, era mucho más exigente que el actual.

Precisiones La previsión estatutaria que admita la **segregación y división de las viviendas o locales** implícitamente supone la autorización de la apertura de una puerta para dar acceso directo e independiente a las unidades resultantes de la división, o segregación, pues de otra forma esta última previsión estatutaria no tendría sentido (TS 25-2-13, EDJ 15629; 15-11-10, EDJ 265166).

En conclusión, las **necesidades del tráfico** (p.e. adecuar la venta de las plantas bajas, generalmente diáfanas, a los deseos del comprador, a quien no le interesa para su instalación sino determinados metros cuadrados) han llevado al Tribunal Supremo, así como a la DGRN, a **admitir la posibilidad** de que por pacto estatutario puedan los propietarios agrupar, segregar o dividir pisos o locales sin consentimiento de la junta de propietarios, siempre que no se alteren las cuotas de los demás, toda vez que: **424**
• No se vulnera la norma imperativa contenida en el segundo párrafo del entonces vigente LPH art.8 (actual LPH art.10.3), ya que hay que entender que cada propietario, al comprar sin reserva alguna su piso o local, presta su **consentimiento anticipado** a tales modificaciones.
• No debe admitirse un **exagerado derecho de veto** a tales operaciones, a través de la exigencia de unanimidad, hoy mayoría de tres quintas partes de propietarios y cuotas, ya que no es un principio básico de la Ley de propiedad horizontal la inalterabilidad física de los pisos o locales.
• Y siempre, claro está, que los **nuevos departamentos** creados en uso de la misma tengan salida propia a la vía pública o a un elemento común del edificio, no se alteren los elementos comunes, ni la seguridad del edificio, su estructura general, su configuración o aspectos exteriores o perjudiquen derechos de otros copropietarios.
• Se admite incluso que esta autorización de división estatutaria lleva implícita la de **modificación de ciertos elementos comunes** (p.e. un muro de cierre), pues sin esta facultad no tienen sentido la autorización que se concede.
El único **límite** que se establece a esta autorización estatutaria es el de aquellos supuestos en que, a consecuencia de las obras, se produce una **alteración de las cuotas de participación** de otros propietarios, obligando a la fijación de otras nuevas, supuestos en los que sí serán necesarios los requisitos de LPH art.10.3.

Precisiones En relación con la previsión estatutaria para dividir locales comerciales y garajes, se ha afirmado que esta facultad permite interpretar que todos los propietarios prestaron en su día el correspondiente **permiso** a la misma, no siendo necesario su renovación (TS 7-5-97, EDJ 4528).

425 **Límites administrativos** Todo lo anterior hay que entenderlo en cuanto al régimen legal y estatutario para proceder a practicar los actos materiales o jurídicos consistentes en la división de pisos o locales, o en su aumento por agregación o agrupación, o bien en la disminución por segregación.
Pero esta cuestión hay que conectarla con **otros requisitos** que puedan ser legalmente exigibles para crear departamentos independientes, bien se trate de normativa general, ordenanzas municipales, o disposiciones sobre viviendas de protección oficial.
Así lo ha establecido la actual LPH art.10.3, al dejar claro que dichas operaciones necesitan autorización administrativa.
De esta forma, prácticamente todas las legislaciones autonómicas con competencia en materia de vivienda exigen una **licencia administrativa** para constituir nuevos elementos independiente en régimen de propiedad horizontal, o para crear dicho régimen en un edificio donde antes no lo había. Por ejemplo, en Cataluña se sujeta a licencia la constitución de un régimen de propiedad horizontal o bien de un complejo inmobiliario privado, o su modificación cuando comporte un incremento del número de viviendas o establecimientos, y también las operaciones que tengan por objeto constituir más elementos susceptibles de aprovechamiento independiente de los que se hayan hecho constar en una declaración de obra nueva precedente; no es precisa la licencia si la licencia de obras ya contiene el número de departamentos individuales susceptibles de aprovechamiento independiente (DL Cataluña 1/2005 art.179.2.r).

Precisiones Es válida la cláusula estatutaria otorgada por los propietarios que, no pudiendo en ese momento segregar un terreno común de acuerdo con la norma urbanística, constituyen una **propiedad horizontal** sobre el mismo, pero **previendo la división** para el caso de que en el futuro lo admita la normativa (TS 12-11-12, EDJ 258898).

427 Desde el **punto de vista formal**, para inscribir los títulos de división horizontal o de modificación del régimen ya inscrito, se aplican las siguientes reglas (RD 1093/1997 art.53):
• No podrán constituirse como elementos susceptibles de aprovechamiento independiente más de los que se hayan hecho constar en la declaración de obra nueva, a menos que se acredite mediante **nueva licencia** concedida de acuerdo con las previsiones del planeamiento urbanístico vigente, que se permite mayor número.
• Esto no se aplica a las superficies destinadas a **locales comerciales** o a **garajes**, salvo que del texto de la licencia resulte que el número de locales comerciales o de plazas de garaje constituye condición esencial de su concesión.
Esta norma obedece al celo de las autoridades administrativas competentes en **controlar el estado de su parque de viviendas** (no así el de locales o garajes) en las distintas zonas de su territorio. Evidentemente no podrán controlar hasta el último extremo el número de personas que viven en cada departamento, pero sí pueden controlarlo de manera indirecta no permitiendo una densidad de viviendas superior por zonas a las que los técnicos hayan podido delimitar.

429 **Conclusiones** Conforme a todo lo indicado anteriormente, podemos concluir lo siguiente:
a. El propietario de cada piso o local puede **modificar su propiedad individual**, siempre que ello no menoscabe o altere la seguridad del edificio, o su configuración estructural, o perjudique los derechos de otros propietarios. Para estas modificaciones no necesita autorización de la junta de propietarios, bastando con su comunicación al presidente de la comunidad.
b. Si la modificación implica una actuación material que da lugar a la aparición de **nuevos objetos materiales y jurídicos** -más pequeños o grandes-, necesita aprobación de la junta de propietarios, con mayoría reforzada de tres quintas partes de propietarios y cuotas; salvo que dichas operaciones se desarrollen en ámbitos urbanísticos de rehabilitación, regeneración o renovación urbanas, delimitados por la Administración, en cuyo caso aquellas actuaciones pueden tener carácter obligatorio y no necesitar ni siquiera acuerdo en junta de propietarios (LPH art.10.1).
c. Esta autorización puede darse de **forma expresa e individualizada** para cada caso, o de manera general, por **dispensa previa** en el título constitutivo o en los estatutos, en cuanto que cada propietario, al aceptar dicha regla en su título de adquisición, está admitiendo su aplicación para lo sucesivo.
d. Parece que esta última posibilidad de dispensa general en estatutos solo cabe si ha sido **acordada o ratificada por la junta** de propietarios, y no cuando constituye una reserva del promotor, al tener un carácter de imposición al resto de propietarios futuros.
e. Además de su aprobación en junta o genérica en estatutos, estas actuaciones exigen una **autorización administrativa previa**, y así lo establece tanto la normativa estatal como la diversa normativa autonómica al respecto, sin perjuicio de que puedan ser necesarias otras, en función de la entidad de las obras a realizar o por otros motivos urbanísticos o sectoriales.

2. Uso o destino del edificio y sus elementos comunes

(LPH art.7.1 párr 2º)

Las reglas que pueden incluirse dentro de este segundo grupo son aquellas que tratan del uso de los elementos comunes del edificio, en términos que puedan ser muy amplios y versar sobre cualquier aspecto de los mismos. 435

El único **límite** a la autonomía de la voluntad de los propietarios es el de que el propietario de cada piso no podrá realizar alteración alguna en el resto del inmueble, y si advierte la necesidad de reparaciones urgentes deberá comunicarlo sin dilación al administrador.

Relacionada con el buen uso del edificio y de los elementos comunes, podría ser la norma estatutaria que obligase a cada propietario a dejar una **copia de las llaves de acceso** a su casa a otro vecino de confianza del inmueble, a los efectos de poder acceder al mismo en caso de una avería urgente y grave que pueda provocar daños en otros pisos, locales, o simplemente en los elementos comunes, poniendo en riesgo el propio edificio o a sus ocupantes. Pensemos en los casos de incendio o inundación de algún piso al que, si no se puede acceder de manera rápida, puede provocar graves deterioros al resto del edificio.

Precisiones **1)** Respecto a la posibilidad de que un propietario actúe por sí solo sobre elementos comunes, ante la desidia o **inacción de los órganos de gobierno** de la comunidad, ver nº 332 s.

2) La previsión en estatutos o en el título constitutivo de que una determinada zona común pueda ser de **uso privativo**, no permite hacer modificaciones que alteren la configuración o estructura de esos elementos o zonas comunes (TS 6-2-12, EDJ 37471). Sobre la distinción entre la atribución de uso privativo de zonas comunes y los anejos, ver nº 351.

3. Uso o destino de los pisos o locales

(LPH art.7)

Dentro de este tercer grupo se encuentran aquellas reglas que delimitan, concretan o excluyen el uso de los departamentos del edificio. Al respecto hay que tener en cuenta que: 437

a. Por una parte, se permite a los propietarios de cada piso o local modificar los **elementos arquitectónicos, instalaciones o servicios** de aquel cuando no menoscaben o alteren la seguridad del edificio, su estructura general, su configuración o estado exteriores, o perjudiquen los derechos de otro propietario, debiendo dar cuenta de tales obras a quien represente a la comunidad.

b. Por otra, se prohíbe al propietario y al ocupante del piso o local desarrollar en él o en el resto del inmueble **actividades prohibidas** en los estatutos, que resulten dañosas para la finca o que contravengan las disposiciones generales sobre actividades molestas, insalubres, nocivas, peligrosas o ilícitas, a las que ahora hay que añadir la cada vez más amplia legislación medioambiental.

Precisiones La adaptación de la normativa sobre propiedad horizontal a las **exigencias medioambientales** es una de las razones que llevó al legislador a afrontar la reforma de la LPH por L 19/2009, de medidas de fomento y agilización procesal del alquiler y de la eficiencia energética de los edificios.

Atribución de uso Respecto a estas reglas que regulan el uso o destino de las unidades privativas se plantea con frecuencia el problema de si la mera atribución de un uso en el título constitutivo supone una **exclusión de uso distinto**. 439

En general, tanto para el Tribunal Supremo como para la DGRN, la simple mención de que los pisos están destinados a unos usos concretos no es suficiente para entender que lleva implícita la prohibición de efectuar otros usos, pues para que ello fuera así sería preciso que se determinase **en términos claros y contundentes** (TS 15-12-20, EDJ 745175; DGRN Resol 12-12-86; 20-2-89; 23-3-98).

Precisiones **1)** Como argumento a favor de que la mera descripción de un uso no excluye los demás, ha de tenerse en cuenta que, en el ámbito registral se exige **licencia administrativa** para operar el cambio de destino de un departamento, por ejemplo, la transformación de una vivienda en local de negocios o a la inversa (RD 1093/1997 art.53.a).

2) Se ha admitido incluso el **uso mixto** de un departamento como vivienda y oficina (AP Zaragoza 16-10-19, EDJ 733403).

3) La DGRN ha considerado, en otra ocasión, que la mera **mención del uso** era vinculante (DGRN Resol 25-9-91).

Reservas exclusivas de uso Especial interés tienen aquellas cláusulas contenidas en los estatutos donde se establecen reservas exclusivas de uso para **determinados departamentos**, impidiendo que en el resto del edificio otros departamentos puedan dedicarse a la misma actividad, salvo autorización expresa y escrita del titular de aquel. 440

Este tipo de cláusulas vienen siendo **admitidas** pacíficamente por los tribunales en el entendimiento de que, en modo alguno, pueden ser consideradas contrarias al libre comercio, pues su inclusión está habilitada por la propia LPH, al reconocer a los propietarios la facultad de adoptar normas relativas al uso y disfrute de los diferentes pisos o locales (TS 31-5-96, EDJ 2719; 30-12-96, EDJ 9161).

442 **Prohibición de determinados usos** Las cláusulas estatutarias prohibitivas de realizar en los departamentos de un edificio **actividades comerciales**, han sido restringidas por la jurisprudencia a aquellos negocios que se encuentran abiertos al público y cuya finalidad sea estrictamente lucrativa.

En el mismo sentido, se ha planteado si vulnera la misma prohibición de realizar actividades comerciales, la dedicación de un piso a su **aprovechamiento por turno de bienes inmuebles**. En tal sentido la DGRN ha señalado que el destino como vivienda de un piso en estatutos, no impide que el propietario pueda repartir el disfrute del mismo por temporadas, siempre que, por los periodos de disfrute, no se convierta en una incomodidad o en una constante fuente de problemas para el edificio en su conjunto (DGRN Resol 4-3-93).

Una cuestión discutida y discutible es el uso de las viviendas de un edificio en régimen de propiedad horizontal como **viviendas turísticas**, cuando existe una prohibición expresa en los estatutos de que se realicen actividades económicas en estas últimas. Los tribunales vienen considerando que una previsión genérica de prohibición de uso de la vivienda para actividades económicas impide el uso en cuestión, pues este arrendamiento no se considera una modalidad de arrendamiento de la LAU, y ello aunque el uso en cuestión no esté relacionado entre las actividades económicas prohibidas que se citen en los estatutos a título de ejemplo, lo cual es bastante habitual dado que la explotación de las viviendas con estos fines es relativamente reciente (AP Gipuzkoa 12-4-19, EDJ 646485; AP Málaga 24-5-19, EDJ 667666; AP Barcelona 6-6-19, EDJ 612400). En cambio, si no existe prohibición estatutaria, no sería posible impedir que las viviendas se dediquen a alquiler turístico (AP Madrid 6-7-22, EDJ 689409).

Precisiones **1)** Se ha permitio, por ejemplo, que unos locales en planta baja se destinen a una «peña» con **finalidad recreativa, cultural y social**, aunque la misma tenga un bar para uso exclusivo de sus socios, y siempre que el mismo no esté abierto con carácter general al público (TS 30-11-90, EDJ 9873).

2) El hecho de que el arrendamiento para uso turístico no esté prohibido por la comunidad de propietarios no es impedimento para calificar la realización de despedidas de soltero y otras **fiestas privadas** en una de esas viviendas como actividad molesta, que debe cesar de forma inmediata (AP La Rioja 17-9-20, EDJ 699335).

3) La problemática relativa a las **viviendas de uso turístico** se expone en el nº 3033.

4) Sobre las **actividades prohibidas** en los estatutos ver también lo que se expone en el nº 460. Ver también los nº 860 s. sobre las **limitaciones a las facultades de uso y disfrute** de los elementos privativos.

4. Uso de instalaciones o servicios

445 La Ley establece como obligaciones de cada propietario el respeto de las instalaciones generales de la comunidad y el **uso adecuado** de las mismas (LPH art.9.1.a).

Las reglas sobre el uso de estas instalaciones o servicios pueden ser incluidas tanto en los **estatutos** como, en su caso, en el **reglamento de régimen interior** de la comunidad (nº 500), cuestión que corresponde a la autonomía de la voluntad de los propietarios.

Las **obligaciones de los propietarios** al respecto se exponen con más detenimiento en el nº 1075 s.

5. Gastos, administración y gobierno

(LPH art.9.1.e y f)

447 Pueden distinguirse los siguientes tipos de reglas:
- relativas a la obligación de cada propietario a contribuir a los **gastos generales**;
- relativas a la constitución del **fondo de reserva**;
- sobre el **gobierno** del edificio.

448 **Contribución a los gastos generales** Es posible incluir reglas estatutarias sobre la **obligación de cada propietario** a contribuir, con arreglo a la cuota de participación fijada en el título o a lo especialmente establecido, a los **gastos generales** para el adecuado sostenimiento del inmueble, sus servicios, cargas y responsabilidades que no sean susceptibles de individualización.

Esta **proporcionalidad** de los gastos generales con respecto a la cuota de participación puede provocar situaciones injustas -p.e. que cada propietario contribuya desigualmente al mantenimiento de ascensor, la portería o la limpieza de la escalera-. Por ello, se admite la posibilidad de establecer un **régimen especial** para el pago de los gastos generales que no se atenga a los módulos que se deriven de las cuotas de participación, siempre que ese régimen especial se base en causa determinada y no en criterios de pura arbitrariedad -LPH art.17- (TS 7-6-18, EDJ 96418).

Nada impide que en los estatutos se fije el **reparto de los gastos** por partes iguales con independencia de la cuota de participación (AP Pontevedra 13-3-19, EDJ 554985; AP Madrid 11-12-13, EDJ 271099) pero, cuando no se establece expresamente, para que se aplique esta regla de reparto es necesaria unanimidad de los propietarios, siendo insuficiente un mero consentimiento tácito de los propietarios a la nueva distribución de gastos (AP Madrid 21-11-19, EDJ 829737).

Suelen ser habituales también en este punto las cláusulas estatutarias que **eximen a ciertos departamentos** de la obligación de contribuir a los gastos comunes de ciertos servicios o instalaciones, dado que no procederán a su uso ni aprovechamiento. Las más habituales suelen ser las cláusulas que eximen a los locales con salida a la calle o vía pública, de contribuir a los gastos de limpieza del portal de acceso del edificio y mantenimiento de ascensores, escaleras, etc.; o la que en el mismo sentido exime a las viviendas de la planta baja de los gastos de mantenimiento del ascensor (salvo que puedan usarlo para su acceso a plantas sótano destinadas a trasteros, garajes, etc.).

No obstante, estas cláusulas de exoneración de contribuir a gastos comunes tienen evidentes **límites**, que ha resumido muy bien la DGRN respecto de una norma estatutaria según la cual el promotor quedaba eximido de abonar los gastos de comunidad de los pisos invendidos durante determinado plazo (DGRN Resol 15-4-10).

Nos remitimos también aquí a lo indicado en el nº 303 en cuanto a la posibilidad de que la contribución a gastos comunes sea en **proporción distinta a la cuota** de participación configurada y establecida en el título constitutivo.

Precisiones **1)** La DGRN se ha pronunciado sobre el supuesto de una sociedad promotora que, siendo propietaria única de un edificio constituido en propiedad horizontal, quiso agregar una nueva norma estatutaria según la cual el promotor quedaba eximido de abonar los gastos de comunidad de los pisos invendidos durante un plazo de 3 años. El registrador estimó que esta regla estatutaria contravenía la norma imperativa que establece como obligación de cada propietario la de contribuir, con arreglo a su cuota de participación, en los gastos generales del edificio -LPH art.9.1.e-. **449**

El interesado recurrió, alegando que se habían vendido 24 de los 34 pisos con una cláusula en la que los compradores aceptaban la modificación. La DGRN reconoció que la autonomía de la voluntad es soberana dentro de una comunidad de propietarios, aceptándose acuerdos en los que los gastos no se abonen en proporción a las cuotas de participación, pero, exigiendo, en todo caso, la existencia de una **causa justa y proporcionada**, que no encuentra en el presente caso, por las siguientes razones (DGRN Resol 15-4-10):

• Es incongruente que la promotora conserve su derecho de voto proporcional a su cuota y su participación en el solar resultante de la demolición o ruina, pero no en los gastos generales del edificio.
• Supone una exclusión de la ley aplicable con evidente perjuicio a tercero, ya que los restantes propietarios deberían sufragar los gastos ocasionados en una proporción muy superior a la que por ley les pudiera corresponder.
• Las excepciones a la regla general de la proporcionalidad han de ser de interpretación restrictiva.
• El inmueble podría ser utilizado por un título distinto de compra (p.e. arrendamiento).
• El registrador ha de calificar conforme al título y el contenido del Registro, por lo que no han de tenerse en cuenta las alegaciones sobre la ratificación por parte de adquirentes de algunos de los pisos.

2) La **modificación de la contribución a los gastos comunes** supone siempre una modificación del título constitutivo, y, por tanto como materia reservada a la modificación del título, o de los estatutos, necesita la misma mayoría que la modificación de tal título o de sus estatutos (TS 30-4-10, EDJ 53501), y no la simple mayoría de propietarios y cuotas que requiere la modificación del reglamento de régimen interior, que solo es una norma necesaria para la administración ordinaria de la comunidad (TS 29-12-15, EDJ 259181). Asimismo, el hecho que de facto se haya llevado a cabo una **distribución de los gastos distinta** a la que se prevé en los estatutos no impide su impugnación por cualquier propietario en un momento posterior (AP Madrid 21-11-19, EDJ 829737; AP Asturias 1-2-18, EDJ 35188).

Constitución del fondo de reserva Son reglas relativas a la constitución de un fondo de reserva proporcional a la cuota de participación para atender a las obras de conservación y reparación del inmueble, cuya dotación será de una cantidad no inferior al 10% del último presupuesto ordinario. **450**

452 **Gobierno de la comunidad** Finalmente, dentro de este grupo de reglas sobre el gobierno del edificio, podemos encontrar la **posibilidad del arbitraje** como medio de resolver las controversias entre los copropietarios del edificio en régimen de propiedad horizontal.

6. Actividades prohibidas en los estatutos

460 Algunas prohibiciones en cuanto a las actividades que se desarrollan en los pisos o locales vienen determinadas por la variada **normativa sectorial** que incide en la propiedad horizontal. Así, en primer lugar, estarán prohibidas, todas aquellas actividades que resulten dañosas para la finca o que contravengan las disposiciones generales sobre **actividades molestas, insalubres, nocivas, peligrosas o ilícitas**, a las que ahora hay que añadir la, cada vez más amplia, legislación **medioambiental**.
Pero, además de las procedentes de la Ley, se plantea si es posible establecer **limitaciones estatutarias** al uso o destino de los pisos, locales o elementos independientes.
La respuesta ha de ser afirmativa. Queda fuera de duda la posibilidad de que los estatutos prohíban al propietario y al ocupante de los pisos o locales desarrollar en él o en el resto del inmueble una serie de actividades, si bien con la característica básica de que las limitaciones establecidas en los estatutos o título constitutivo deben siempre interpretarse restrictivamente en tanto que **limitaciones de dominio** (TCo 28/1999).

Precisiones **1)** La fijación legal o estatutaria de específicas restricciones o límites a los derechos de uso y disfrute de los inmuebles sometidos al régimen de propiedad horizontal se encuentra, sin duda, justificada por la necesidad de compaginar los **derechos e intereses concurrentes** de la pluralidad de propietarios y ocupantes de los pisos o locales (TCo 301/1993).
2) Ver lo que se expone en los nº 860 s. sobre las **limitaciones a las facultades de uso y disfrute** de los elementos privativos. La problemática relativa a las **viviendas de uso turístico** se expone en el nº 3033.

462 Dentro de las limitaciones que se contemplan en el mencionado precepto legal, debe establecerse una nítida separación entre:
- las que se constituyen con carácter específico **en cada concreta comunidad**, al amparo de la habilitación estatutaria; y
- las que vienen configuradas por el legislador como **prohibiciones genéricas** en atención a un interés superior y legítimo como es el interés general.

Sobre la **conexión** existente entre ambas clases de restricciones se ha pronunciado el Tribunal Supremo (TS 20-2-97, EDJ 724). Las principales conclusiones que se extraen de esta sentencia son:
• Que la posibilidad que el legislador **reconoce a los particulares** para que voluntariamente, vía estatutos, restrinjan el uso o destino que pueda realizarse de los elementos privativos, resulta independiente de que el destino proscrito ocasione daños efectivos, o sea realmente inmoral, peligroso, incómodo o insalubre.
• Que, sin embargo, la **actuación de los particulares**, como cualquier otra manifestación de la autonomía de la voluntad, no puede resultar contraria a la ley, la moral o el orden público (CC art.1255).
• Que deberán responder siempre al **interés general**, no resultando válidas las limitaciones que introduce de forma interesada el propietario único con anterioridad al inicio de las ventas, y que responde a un manifiesto interés personal sin que se aprecie beneficio alguno en favor de la comunidad.
• Que las nociones de **inmoralidad** (hoy ilicitud), **incomodidad, peligrosidad** o de carácter dañino o lesivo son cuestiones de hecho que habrá de apreciar el juez en cada caso en atención a las circunstancias concurrentes.

Las cláusulas en cuestión deben constar de **manera expresa** y, a fin de tener eficacia frente a terceros, deben aparecer **inscritas** en el Registro de la Propiedad (TS 5-5-15, EDJ 69361).

D. Aprobación y modificación de los estatutos

470 Para la validez de los acuerdos de aprobación y modificación de los estatutos -y de las reglas contenidas en el título constitutivo- se exige, como regla general, la **unanimidad**.
Además de la unanimidad expresa, en caso de asistencia -presencial o por delegación de voto- de todos los propietarios, se contempla la llamada «**cuasiunanimidad**», en cuanto que el consentimiento de todos los propietarios se habrá producido de manera no expresa, sino «tácito» o «presunto», al tener conocimiento de dichos acuerdos y no oponerse en tiempo y forma (LPH art.17.8). Ver nº 472.

Por tanto, la unanimidad se producirá cuando un determinado acuerdo sea votado favorablemente:
1. Por la **totalidad de los propietarios** que así lo hayan expresado en la junta convocada.
2. Por los que se han **abstenido expresamente** en la junta, pues la doctrina entiende que la abstención expresa en votación en junta, supone votar en el mismo sentido que el acuerdo mayoritario de la misma (favorable o desfavorable).
3. Por los **propietarios ausentes** que no hayan impugnado tales acuerdos en el plazo de 30 días.

Precisiones **1)** El que **se abstiene** en junta, no puede luego oponerse en el plazo de 30 días como sí le está reservado al propietario ausente al que se le notifica con posterioridad, pues supone beneficiarlo respecto al que estando presente en junta y **vota** en un sentido favorable o desfavorable ha tenido que votar de manera inmediata y queda vinculado por su voto (Echeverría Summers).
2) La DGRN denegó la inscripción de una modificación de estatutos consistente en la prohibición de uso de las viviendas del inmueble como **viviendas turísticas** porque el acuerdo se adoptó por 3/5 partes, cuando el mismo requiere unanimidad (DGRN Resol 19-12-19).

Cuasiunanimidad (LPH art.17.8) También denominada «unanimidad presunta» o «unanimidad tácita», es aquel supuesto en que se logra la unanimidad al computar como votos favorables los de aquellos **propietarios ausentes** de la junta, debidamente citados, que, una vez informados del acuerdo adoptado por los presentes, no manifiesten su discrepancia por comunicación a quien ejerza las funciones de secretario de la comunidad en el plazo de 30 días naturales, por cualquier medio que permita tener constancia de la recepción. 472
Analicemos el procedimiento para esta opción:
1) Los acuerdos adoptados deben ser notificados a los **propietarios ausentes**.
La norma no establece un **plazo de notificación** de los acuerdos a los propietarios no asistentes, lo que genera una gran inseguridad a las decisiones de la comunidad, encontrándose los tribunales con casos en que se ven obligados a resolver sobre la impugnación de acuerdos que no fueron notificados, pero cuya aprobación data de varios años de existencia.
En cuanto a la **forma**, se establece que se hará esa comunicación conforme con el procedimiento establecido en LPH art.9, precepto que, en realidad, no establece ningún procedimiento específico, salvo la posibilidad de que en caso de no poderse comunicar por otro medio, se realice mediante la colocación de la comunicación correspondiente en el **tablón de anuncios** de la comunidad, o en lugar visible de uso general habilitado al efecto, con diligencia expresiva de la fecha y motivos por los que se procede a esta forma de notificación, firmada por quien ejerza las funciones de secretario de la comunidad, con el visto bueno del presidente. La notificación practicada de esta forma producirá plenos efectos jurídicos en el plazo de 3 días naturales.
Por tanto, al no establecerse ningún procedimiento específico para las notificaciones, hay que entender que la comunicación o notificación no es necesario que sea **fehaciente** (como sí ocurría en LPH art.16, antes de la reforma de 1999, donde se establecía la obligación de la notificación fehaciente), lo que genera un margen de inseguridad sobre si fue o no realizada.

Precisiones Por la **doctrina de los actos propios**, no cabe que un propietario que nunca se opuso a acuerdos, lo haga extemporáneamente señalando que no recibió la notificación hasta mucho después de los 30 días permitidos, cuando siempre se le ha notificado en el mismo lugar y sitio, sin que las cartas hayan sido devueltas por desconocimiento, o el domicilio que consta al presidente, secretario o administrador está en el mismo inmueble y es notorio que vive allí.
El propietario ausente de la junta, que no haya manifestado su discrepancia con el acuerdo adoptado en el plazo de 30 días siguientes a su notificación, no pierde sin embargo la **acción para impugnar** el acuerdo (TS 15-9-11, EDJ 619911).

2) La **comunicación o notificación** puede hacerla o ir firmada por el presidente, o también por el secretario o administrador. 474
3) Basta con **informar** adecuadamente del acuerdo adoptado, no siendo necesaria la transcripción literal del acta de la junta, aunque ello sea recomendable.
4) El propietario **ausente y notificado** puede:
• Comunicar por escrito su **aprobación expresa** al acuerdo al secretario o presidente (caso excepcional).
• No comunicar su oposición durante el plazo de 30 días naturales, en cuyo caso entiende la Ley prestado su **consentimiento tácito** o presunto.
• Comunicar su **discrepancia** al secretario, en el plazo de esos 30 días naturales, por una comunicación y por un medio de la que quede constancia de la recepción. Entendemos que, salvo que los avances de la técnica permitan otra cosa, deberá realizarse por escrito, y será conveniente que se haga:
- bien presencialmente ante el secretario, que firme por su parte su recepción; o

- bien por algún medio fehaciente que certifique el contenido de esa discrepancia, preferentemente un burofax con certificación de contenido, o una notificación notarial, bajo el riesgo, en caso contrario, de que no haya constancia del contenido notificado.
5) El propietario que **no se opone** en 30 días está votando a favor del acuerdo en cuestión, lo cual conviene tenerlo presente pues no dice que esa «no oposición» suponga votar en el sentido en que votó la mayoría -que pudo votar en contra de una determinada actuación-, sino que supone un voto favorable al acuerdo propuesto, y es posible que sea un sentido distinto al que interpreta ese propietario abstencionista.

475 **Supuestos en que no es necesaria la unanimidad** Respecto a los supuestos expuestos a continuación, en los que no es necesaria la unanimidad hay que tener en cuenta que, salvo en los casos expresamente previstos en los que no se pueda repercutir el coste de los servicios a aquellos propietarios que no hubiesen votado expresamente en la junta a favor del acuerdo, o en los casos en los que la modificación o reforma se haga para aprovechamiento privativo, se computan como **votos favorables** los de aquellos propietarios ausentes de la junta, debidamente citados, que una vez informados del acuerdo adoptado no manifiesten su discrepancia mediante comunicación a quien ejerza las funciones de secretario de la comunidad en el plazo de 30 días naturales, por cualquier medio que permita tener constancia de la recepción (nº 472 s.).

476 **Mayoría reforzada** (LPH art.10.3, 17.3 y 4 redacc RDL 8/2023) La mayoría reforzada supone tres quintas partes de las cuotas de propiedad y tres quintas partes de propietarios. Los supuestos concretos son los siguientes:
a) El establecimiento o supresión de los servicios de portería, conserjería, vigilancia u otros **servicios comunes de interés general**, supongan o no modificación del título constitutivo o de los estatutos.
b) El **arrendamiento** de elementos comunes que no tengan asignado un uso específico en el inmueble y el establecimiento o supresión de equipos o sistemas, que no sean de servicios de telecomunicaciones, energías renovables o para nuevos suministros energéticos colectivos, que tengan por finalidad mejorar la **eficiencia energética o hídrica** del inmueble y sean de acceso común a todo el edificio. No obstante, si los equipos o sistemas tienen un aprovechamiento privativo, para la adopción del acuerdo basta el voto favorable de un tercio de los integrantes de la comunidad que representen, a su vez, un tercio de las cuotas de participación.
c) Otras **instalaciones, servicios o mejoras** no requeridos para la adecuada conservación, habitabilidad, seguridad y accesibilidad del inmueble.
d) La división material de los pisos o locales y sus anejos, para formar otros más reducidos e independientes; el aumento de su superficie por agregación de otros colindantes del mismo edificio o su disminución por segregación de alguna parte; la construcción de nuevas plantas y cualquier otra **alteración de la estructura** o fábrica del edificio, incluyendo el cerramiento de las terrazas y la modificación de la envolvente para mejorar la eficiencia energética, o de las cosas comunes, cuando concurran los requisitos de la LS/15 art.26.

Precisiones Para la alteración de la estructura se requiere el consentimiento de los **titulares afectados** y corresponde a la junta de propietarios, de común acuerdo con aquellos, y por mayoría de tres quintas partes partes del total de los propietarios, la determinación de la indemnización por daños y perjuicios que corresponda.
La fijación de las nuevas cuotas de participación, así como la determinación de la naturaleza de las obras que se vayan a realizar, en caso de discrepancia sobre las mismas, requerirá la adopción del oportuno acuerdo de la junta de propietarios, por idéntica mayoría. A este respecto también pueden los interesados solicitar arbitraje o dictamen técnico.

477 **Mayoría de cuotas y propietarios** (LPH art.17.2 -redacc RDL 8/2023- y 7) La mayoría de los propietarios que, a su vez, representen la mayoría de las cuotas de participación, se requiere en los siguientes supuestos:
a) La realización de obras o el establecimiento de nuevos servicios comunes que, no teniendo carácter obligatorio o necesario conforme a la LPH art.10.1.b, tengan por finalidad la supresión de **barreras arquitectónicas** que dificulten el acceso o movilidad de personas con discapacidad y, en todo caso, el establecimiento de los servicios de **ascensor**, incluso cuando impliquen la modificación del título constitutivo, o de los estatutos.
b) En **segunda convocatoria** de la junta general son válidos los acuerdos adoptados por la mayoría de los asistentes, siempre que esta represente, a su vez, más de la mitad del valor de las cuotas de los presentes. Acuerdos de este tipo podrían ser, por ejemplo:
- establecer otros órganos de gobierno de la comunidad, además de los que prevé la Ley (LPH art.13.1);
- proveer los cargos de secretario y administrador separadamente de la presidencia (LPH art.13.5); o

- aprobar los gastos necesarios para la conservación y mantenimiento del inmueble, a pesar de que ese acuerdo ya no sea preciso conforme a la LPH art.10.1 (TS 28-4-16, EDJ 58096).
c) Cualquier acuerdo de la comunidad que no tengan establecida una **mayoría distinta**.

Mayoría de un tercio de cuotas y propietarios (LPH 17.1) La mayoría de un tercio de los integrantes de la comunidad que representen, a su vez, un tercio de las cuotas de participación se requiere para la instalación de las **infraestructuras comunes** para dar acceso a servicios de telecomunicaciones, la adaptación de los existentes, así como la instalación de sistemas comunes o privativos, de aprovechamiento de energías renovables, o bien de las infraestructuras necesarias para acceder a nuevos suministros energéticos colectivos. **479**

E. Forma

En cuanto a la forma que han de revestir los estatutos, y de acuerdo con la independencia documental que hemos señalado entre estatutos y título constitutivo, debemos manejar dos opciones o **posibilidades**: **480**
1. Que los estatutos sean otorgados *ab initio* y **juntamente con el título constitutivo**, en cuyo caso los estatutos revestirán la misma forma documental que el título constitutivo, en los términos examinados (nº 280).
2. Que los estatutos sean otorgados **con posterioridad**, una vez que la propiedad horizontal está constituida y se ha otorgado el título constitutivo.
En este caso, se plantea si los estatutos deben revestir la misma forma documental prevista para el título constitutivo. En general, así será, pero creemos que, de acuerdo con el principio de independencia documental entre título constitutivo y estatutos, podría defenderse una **mayor libertad de forma** en cuanto a estos últimos. Por tanto, también podrían plasmarse en documentos privados o actas de junta de propietarios. No obstante, si se pretende su inscripción en el Registro de la Propiedad, dicho documento privado deberá elevarse a público (nº 483).

F. Inscripción en el Registro

Los estatutos pueden tener acceso al Registro de la Propiedad, como si fueran un negocio jurídico ordinario relativo a derechos reales sobre bienes inmuebles. **482**
No hay ninguna restricción en cuanto al **contenido** de los estatutos de comunidad que pueden acceder al Registro de la Propiedad.

Precisiones La **inscripción del régimen** de propiedad horizontal se expone más detalladamente en el nº 520 s.

Constancia en documento público Al igual que sucede con el título constitutivo (nº 285), en cuanto que se pretenda su acceso al Registro de la Propiedad, a fin de que pueda perjudicar a terceros, también será necesario que los estatutos consten en **documento público**. **483**
En el caso de que los estatutos no hayan sido aprobados junto con el título constitutivo, sino por **acuerdo posterior** de la junta de propietarios, será preciso elevar a público tal acuerdo. Para ello habrá de seguirse el siguiente procedimiento:
1) Se ha de certificar el acuerdo aprobatorio mediante una **certificación** expedida por quien tenga encomendada dicha función, normalmente el secretario, o el presidente si tiene asumida dicha función.
Si bien el **acta de la junta** debe ser firmada por el secretario y el presidente de la comunidad, entiende la doctrina que no se puede establecer una identidad de funcionamiento entre las comunidades de propietarios y los órganos colegiados de sociedades mercantiles donde estas cuestiones están mejor resueltas (RD 1784/1996 art.108 y 109). Por tanto, se entiende que la certificación del acta de la junta de propietarios basta con que esté **firmada** por quien ostente las funciones de secretario, pero no es necesario que cuente con el visto bueno del presidente -a modo de lo que sucede con los acuerdos de consejo de administración de sociedades mercantiles-, aunque ello sea conveniente a efectos de compartir la responsabilidad de su contenido.

2) Una vez redactada y firmada la certificación, y **legitimada notarialmente la firma** del secretario -o presidente o administrador que asuma sus funciones- para dar credibilidad a la autoría de esta, y para su acceso al Registro, es necesario **elevar a público** dicho acuerdo. Se entiende que el presidente está investido de tal atribución (LPH art.13.3), sin necesidad de previa autorización expresa en la junta, para «acudir a notario y proceder a elevar a público el acuerdo» (como, por cláusula de estilo, suele constar en las certificaciones). **484**
Problema controvertido es el de la **acreditación ante el notario** de los cargos presidente y/o secretario de una comunidad de propietarios, a la hora de controlar la legalidad de la vigencia

y legitimidad de los cargos alegados, al no existir en materia de propiedad horizontal ningún registro público al que acudir para poder comprobar la identidad de los que aparecen como tales.

A tal efecto, la doctrina de la DGRN -actual DGSJFP- ha señalado que bastará con que el notario tenga a la vista el **libro de actas** de la comunidad de propietarios y pueda observar si las personas que comparecen ante él figuran en dicho libro como los últimos investidos de tales cargos (DGRN Resol 27-2-86). Evidentemente, puede que haya habido juntas posteriores no reflejadas en el libro de actas, que modifiquen dichos cargos, o que haya alguna impugnación judicial sobre los acuerdos de nombramiento de cargos anteriores, pero esto no obsta para que baste dicha constatación sobre el libro de actas, lo que unido a la declaración de vigencia de tales cargos debe entenderse suficiente para admitir su otorgamiento.

Lo mismo sucede con cualquier **representación voluntaria** alegada, en el sentido de que no le es posible al notario tener constancia de vicisitudes ajenas a la representación alegada si el representante exhibe su documento o título válido de representación, y complementa el mismo con su propia declaración de vigencia de la representación alegada, y sin perjuicio de que si la declaración de vigencia de tales representaciones es falsa o incorrecta (voluntarias, orgánicas, de la comunidad de propietarios...) dichas actuaciones se puedan impugnar por falta de vigencia del cargo, mala fe, falsedad en documento público, etc., según proceda.

485 **Oponibilidad a terceros** (LPH art.5.3) La mayor particularidad y el interés que suscita la inscripción en el Registro de la Propiedad de los estatutos de las comunidades de propietarios radica en que es actualmente la forma en la que más **situaciones jurídico-personales** u obligaciones *propter rem* acceden a los libros del Registro, al abrirse con su inscripción un sistema de publicidad *erga omnes* de situaciones jurídicas más propio de un registro de personas (al estilo del Registro Mercantil o de otras entidades jurídicas).

Los **terceros** son fundamentalmente los **adquirentes futuros** de pisos o locales de ese edificio y los titulares de derechos reales o personales sobre él, como terceros civiles que no han participado en la redacción de los estatutos pero que le obligan, en principio por su publicidad registral.

Como, en principio, es la **inscripción** de los estatutos lo que determina su oponibilidad a terceros, hay que distinguir entre la oponibilidad de los estatutos inscritos y la de los estatutos no inscritos.

487 **Estatutos inscritos** La **inscripción** de los estatutos es lo que determina su oponibilidad a terceros.

Los estatutos inscritos en el Registro hay que entenderlos **conocidos por los terceros** desde el momento en que constan así inscritos.

De hecho, cuando los notarios solicitan **información registral** de las fincas a transmitir, para conocer su situación de dominio y cargas previas a la transmisión (RN art.175), la información registral incluye una remisión genérica a que la finca a la que pertenece el inmueble está sometida al régimen de propiedad horizontal oportuno, a fin de que los adquirentes puedan acudir a la hoja del Registro correspondiente donde consten inscritos los estatutos, o bien al órgano de la comunidad correspondiente, e informarse mejor de dicho contenido.

489 **Estatutos no inscritos** Los estatutos no inscritos son oponibles al tercer adquirente si **los conocía al adquirir** el inmueble, puesto que la finalidad del precepto es la publicidad frente a terceros del estatuto privativo de la propiedad horizontal y dicha finalidad se cumple suficientemente si por algún otro medio tuvo conocimiento del mismo (p.e. por trascripción de las normas de comunidad en su título adquisitivo, sea privado, o público).

En definitiva, por analogía con la protección del tercero hipotecario (LH art.34), ha de ser un adquirente de buena fe que desconoce la existencia de limitaciones fuera del Registro.

Pero si esto es así ¿qué alcance práctico tiene la inscripción de los estatutos en el Registro de la Propiedad? Básicamente, que en tal caso **no es necesario probar** de ninguna otra manera su conocimiento por los terceros adquirentes, cosa que sí sería necesario en caso de no estar inscritos.

Precisiones **1)** Ante una modificación del título constitutivo de la propiedad horizontal hecha por todos los comuneros, se ha considerado que obligaba también al **comprador posterior** de uno de los pisos (TS 19-12-97, EDJ 21657).

2) No es obstáculo para que los estatutos puedan afectar a tercero la circunstancia de la falta de inscripción registral cuando **se prueba su conocimiento** por el adquirente por otros medios (TS 21-11-68, EDJ 775; AP Madrid 14-06-2011, EDJ 169603).

3) La **oponibilidad** de las cláusulas estatutarias no inscritas queda condicionada a que quede acreditado dicho conocimiento por el arrendatario del inmueble (TS 31-5-21, EDJ 588189).

Y en relación con este conocimiento de los estatutos no inscritos, normalmente, en los **documentos de adquisición**, privados o públicos, suele existir una cláusula de estilo por la cual los adquirentes declaran genéricamente conocer y aceptar las normas de comunidad del edificio del que forma parte el elemento independiente adquirido. Se plantea si una afirmación así es suficiente para entender oponibles los estatutos al adquirente: 490

a) Si el adquirente, normalmente por compraventa, es un **particular**, y el vendedor es una **empresa**, parece que tal cláusula es insuficiente y debe considerarse, por sí sola, nula de pleno derecho, y tenerse por no puesta.

Además, los contratos con consumidores deben ser redactados con el contenido íntegro y **sin remisiones** a textos que no estén incluidos en el mismo contrato, a menos que se faciliten simultáneamente al comprador (RDLeg 1/2007 art.80.1.c).

Las empresas promotoras están obligadas también a tener **a disposición del público** los estatutos y normas de funcionamiento de la comunidad de propietarios, y a entregar al comprador **copia de los estatutos** en el momento de la firma del contrato (RD 515/1989 art.5 y 9).

b) Pero si la transmisión onerosa se realiza **entre dos particulares**, o por cualquier otro título gratuito (p.e. una donación), se plantea si puede ser suficiente la cláusula de estilo de conocer y aceptar las normas de la comunidad.

Es cierto que en muchos casos el adquirente no ha conocido de manera expresa esas normas, pero también hay que reconocer a una cláusula así algún **efecto jurídico**, siempre, como decimos, que se trate de transmisiones entre partes con un equilibrio contractual a la hora de negociar. En tal caso, la existencia de tal cláusula debe provocar al menos una **inversión de la carga de la prueba**, en el sentido de que deberá ser ahora el adquirente no informado, el que tendrá que probar que nunca tuvo a su disposición tales estatutos, o que nunca se le ofreció la posibilidad de conocerlos.

Consideración del arrendatario como tercero frente a las normas estatutarias Aunque hay algún autor que niega al arrendatario la condición de «tercero», en el sentido que aparece nombrado en LPH art.5.3, y entiende que, por tanto, siempre le debe afectar el contenido de los estatutos, como normas configuradoras del dominio de los pisos, locales y demás elementos independientes dentro de la propiedad horizontal, sin embargo la mayoría de autores consideran al arrendatario, al igual que al usufructuario, habitacionista o mero ocupante de un piso o local, como **tercero afectado por los estatutos** comunitarios. 494

El principal problema práctico que se plantea en estos casos es el posible conflicto entre las **condiciones pactadas** entre el arrendatario y su arrendador, reflejadas de manera principal en el contrato de arrendamiento, y el contenido de los estatutos de la comunidad de propietarios al que pertenece el piso, local o elemento independiente arrendado.

Se tratará, sobre todo, de la permisión expresa en el contrato de arrendamiento de ciertas **actividades** que se han de realizar en el piso o local objeto del mismo -autorización en muchos casos de vital importancia para el arrendatario que, de otro modo, quizás no lo habría suscrito-, que, sin embargo, están prohibidas en los estatutos por los que se regula la vida comunitaria en el inmueble.

Ante esta discordancia o posible contradicción, la jurisprudencia suele pronunciarse por la prevalencia de los estatutos inscritos en el Registro de la Propiedad, cuando los contratos son posteriores a la **fecha de la inscripción**, manteniéndose sin embargo lo pactado entre arrendador y arrendatario cuando las reglas comunitarias fueron redactadas con posterioridad a este convenio.

Por tanto, hemos de concluir que el arrendatario es tercero a los efectos de LPH art.5.3, y por tanto se ve afectado y sometido al contenido y cláusulas de los estatutos inscritos en el Registro de la Propiedad cuando se pruebe que **conocía su existencia**, antes de celebrar el contrato. En tal caso, la comunidad podría instar frente al arrendatario la **cesación de la actividad**, condenando incluso a la privación al derecho al uso del piso o local por plazo máximo de 3 años, e incluso ordenando el lanzamiento del arrendatario (LPH art.7.3). 495

En tal caso, queda a salvo el **derecho del arrendatario** para dirigirse contra el propietario-arrendador que incluyó expresamente en el contrato la referencia a la posibilidad de realización de las mencionadas actividades o de atribuir un cierto destino al espacio objeto del mismo, si bien habría que preguntarse igualmente la eventual **responsabilidad** concurrente del arrendatario, en caso de que los estatutos hubiesen estado inscritos con anterioridad en el Registro de la Propiedad, ya que estuvo en condiciones de poder conocer las restricciones relativas al destino que podía darse a la unidad privativa correspondiente.

En este caso de «**concurrencia de culpas**» entre el arrendatario y el arrendador, habría que entender que desaparecen las acciones que el primero pudiese ejercitar frente al segundo, por los perjuicios causados por el cese de la actividad permitida en el contrato, o por la resolución de su contrato, o incluso el lanzamiento del inmueble. Pero quizás habría que pensar también que el arrendatario sí tiene a su disposición el ejercicio de acciones de **anulabilidad** por dolo o error en la celebración del contrato, según las circunstancias; o incluso la acción de **resolución del contrato** (CC art.1124), por incumplimiento de obligaciones contractuales por parte del arrendador, debido a la «perturbación de hecho o de derecho que realice el arrendador en la utilización de la vivienda» (LAU art.27.3), aunque ciertamente las mencionadas perturbaciones no sean directamente obra de este, sino un efecto mediato de su actuación por no haber advertido al arrendatario, antes al contrario, haber autorizado expresamente una actividad que vedaban los estatutos comunitarios.

SECCIÓN 4

Reglamento de régimen interior

(LPH art.6)

500 Además de los estatutos de la propiedad horizontal, para regular los **detalles de la convivencia** y la **adecuada utilización de los servicios** y cosas comunes, dentro de los límites establecidos por la Ley y los estatutos, el conjunto de propietarios puede fijar normas de régimen interior, que obligan también a todo titular, mientras no sean modificadas en la forma prevista para tomar acuerdos sobre la administración.

En muchas ocasiones, los estatutos regulan aspectos que podrían estar regulados por estos reglamentos de régimen interior, y viceversa. Por tanto, el mayor problema práctico en relación con estos reglamentos es su **distinción con los estatutos**, a los efectos de delimitar su alcance y su régimen jurídico.

502 **Diferencia con los estatutos** De la regulación que hace la LPH de los estatutos y las normas de régimen interior pueden observarse diferencias por razón de su contenido, de su publicidad y de las mayorías exigidas por la Ley para su aprobación y modificación.

503 **Contenido** Las normas de régimen interior se limitan a regular la convivencia entre los copropietarios del edificio y la adecuada utilización de los **servicios y elementos comunes** del conjunto.

Por exclusión, las normas de régimen interior no pueden tratar sobre los **elementos privativos**. Si lo hacen deben ser declaradas como contrarias a la Ley (TS 20-3-84, EDJ 7113).

Como regla básica, puede indicarse que los reglamentos de régimen interior podrían regular cualquier aspecto relativo a la utilización de los servicios y elementos comunes, siempre y cuando no contengan **limitaciones de dominio**.

Tampoco pueden contener regulación sobre **aspectos reservados** por la LPH al título constitutivo (p.e. la cuota de participación) o a los estatutos (p.e. actividades prohibidas), ni pueden estar en contradicción con ellos.

Podemos señalar lo que, estadísticamente, son algunos ejemplos concretos del **contenido más habitual** de las normas de régimen interior:

• El uso de los **servicios comunes**: reglas de uso de los ascensores (por menores, por ejemplo), meses de funcionamiento de la calefacción general, horario de apertura y cierre del portal común, meses de apertura y horario de piscina comunitaria.

• Normas de **convivencia**: tenencia de animales, horas para sacar la basura a alguna zona común, animales ruidosos en las viviendas, horas para ruidos de obras, horas de uso de elementos deportivos.

• Normas sobre facultades de los **órganos de la comunidad**: limitaciones a las facultades del presidente, etc.

• Normas sobre el sueldo y funciones de los **empleados de la comunidad**.

• Normas **sancionadoras** para el caso de incumplimiento de las reglas contenidas en el reglamento de régimen interior.

Precisiones El reglamento de régimen interior no puede ir más de la regulación de los detalles de **convivencia y la adecuada utilización de los elementos comunes**, no puede afectar al uso y destino del edificio como explotación turística, titular de una licencia, ni al uso de los diferentes pisos para destinarlos al alquiler y ni el régimen al que deben someterse para el ejercicio de esa actividad y a la forma de distribución de los gastos (AP Baleares 25-10-18, EDJ 670099; AP Madrid 24-1-19, EDJ 545578).

Publicidad Las normas de régimen interior, teóricamente, **no** pueden gozar de **publicidad registral** por no formar parte de los estatutos y, por tanto, solo afectan a los usuarios de los departamentos privativos, mientras que los estatutos tienen acceso al Registro de la Propiedad para afectar a los terceros, obligando, en consecuencia, a los propietarios y demás adquirentes de derechos reales. **505**

No obstante, lo que sucede en la práctica es que algunas normas de régimen interior, al estar **recogidas como normas estatutarias**, logran acceder al Registro, con los efectos que ello supone (nº 485).

La publicidad y **oponibilidad** de los reglamentos de régimen interior se tratan más adelante (nº 509).

Aprobación y modificación (LPH art.6 y 17.6 y 7) El régimen de modificación de las normas de régimen interior es el correspondiente a la adopción de **acuerdos sobre la administración** del edificio, mientras que, para la aprobación o modificación de los estatutos, al formar parte del título constitutivo, se requieren las mayorías previstas para la constitución (nº 470 s.). **507**

De acuerdo con ello, para la aprobación y modificación de las normas de régimen interior, caben tres posibilidades:

- Acuerdo adoptado por la junta en **primera convocatoria**: será preciso el voto de la mayoría del total de los propietarios que, a su vez, representen la mayoría de las cuotas de participación.
- Acuerdo en **segunda convocatoria**: bastará con la aprobación por la mayoría de los asistentes, siempre que representen más de la mitad del valor de las cuotas de los presentes.
- Cuando no se pueda adoptar el acuerdo por falta de las mayorías señaladas, puede solicitarse la intervención de la **autoridad judicial** para que resuelva en equidad.

Publicidad y oponibilidad Las normas de régimen interior no requieren estar inscritas para ser oponibles a los **propietarios** de pisos o locales (LPH art.5.3 y 6). No pueden contener además ninguno de los actos considerados como inscribibles en el Registro de la Propiedad (LH art.2). **509**

Sin embargo, a pesar de esta no inscripción, el **adquirente** de un piso o local se ve sometido a las normas de régimen interior. Esto en general será así, pero, aplicando analógicamente las normas sobre el conocimiento y oponibilidad de los estatutos no inscritos (nº 489), habrá que concluir que, si el adquirente de pisos o locales no tuvo conocimiento de las mismas, ni nadie le avisó sobre su existencia, parecería un abuso de derecho y un fraude de ley que esa misma comunidad impusiera al adquirente las sanciones contenidas en unas disposiciones que ella misma le ha ocultado o no ha sabido dar a conocer.

En la práctica, lo que suele suceder con estas normas de régimen interior es que las mismas no están «codificadas» en un texto único normativo y correctamente articulado, sino que suelen estar dispersas a lo largo de **diversas actas** de las juntas de propietarios en las que han ido siendo aprobadas, a medida que se ha advertido su necesidad. A tal efecto, sería deseable para aquellas comunidades que pretendan llevarse de una manera ordenada, que dichas normas se «codifiquen» en un texto articulado, ordenado, y actualizado.

Precisiones A raíz de los problemas anteriores, algunos autores defienden la posibilidad de inscripción en el Registro de la Propiedad de las normas de régimen interior, por dos argumentos fundamentales:

- Actualmente acceden al Registro normas que están incluidas en los estatutos, que por su contenido realmente deberían o podrían estar dentro de las normas de régimen interior.
- Si el contenido de las normas de régimen interior es regular el uso de elementos comunes, habrá que convenir que otros pactos de tal contenido, como los pactos entre comuneros (CC art.392) o los pactos sobre el uso de las plazas de aparcamiento que se venden por cuotas indivisas, también están accediendo, conforme permite el RH art.68.

SECCIÓN 5

Inscripción de la propiedad horizontal

520

522 En la propiedad horizontal se distingue entre el derecho singular y exclusivo de **propiedad** sobre los pisos y locales y la **copropiedad** anexa e inseparable que sobre los elementos comunes del edificio se tiene con los restantes condueños (LPH art.2).

Pues bien, sobre esta base, la legislación hipotecaria ha desarrollado la forma de tener acceso al Registro de la Propiedad este tipo de propiedad, permitiendo no solo la **inscripción del edificio** en su conjunto, sino también la de los diferentes pisos o locales y de los distintos elementos que la contengan. Es el sistema conocido como sistema de «**doble folio registral**», cuyo objetivo es garantizar una mayor claridad de los asientos, evitando que todo el historial del edificio en su conjunto y de sus diferentes pisos o locales se contemple en un mismo y único folio.

525 El sistema de «doble folio registral» consiste en la apertura de un folio a la **finca en su conjunto**, y otro a **cada uno de los pisos**, locales, o elementos independientes. La legislación hipotecaria establece al respecto que se inscribirán como una sola finca bajo un mismo número (LH art.8):

• Las **fincas urbanas y edificios** en general, aunque pertenezcan a diferentes dueños en dominio pleno o menos pleno.

• Los **edificios** en régimen de propiedad por pisos cuya construcción esté concluida o, por lo menos, comenzada.

En la inscripción se describirán, con las circunstancias prescritas por la Ley, además del inmueble en su conjunto, sus distintos pisos y locales susceptibles de aprovechamiento independiente, asignando a estos un número correlativo escrito en letra y la cuota de participación que a cada uno corresponde en relación con el inmueble. En la inscripción del solar o del edificio en conjunto se harán constar los pisos meramente proyectados.

Se incluirán, además, aquellas reglas contenidas en el título y en los estatutos que configuren el contenido y ejercicio de esta propiedad.

La inscripción se practicará a favor del dueño del inmueble constituyente del régimen o de los titulares de todos y cada uno de sus pisos o locales.

• Los **pisos o locales** de un edificio en régimen de propiedad horizontal, siempre que conste previamente en la inscripción del inmueble la constitución de dicho régimen.

527 Por tanto, todo edificio sujeto a un régimen de propiedad horizontal puede inscribirse de dos maneras:

a) Inscripción del **edificio en su conjunto**, sin distinción ni individualización de sus elementos independientes (LH art.8.3). En este caso, bajo un mismo número de finca y folio, se inscriben todos los pisos, extendiendo a continuación unos de otros los diferentes asientos (inscripciones, anotaciones, cancelaciones y notas marginales), entremezclados por riguroso orden cronológico, e indistintamente los relativos a los diferentes pisos, a medida que se vayan presentando, lo cual es posible, pero falto de claridad, y prácticamente en desuso.

b) Inscripción del **edificio** y, además, sus distintos **pisos y locales** (LH art.8.4). En este caso el edificio se inscribe en su conjunto en un folio registral (nº 535), y en el mismo se hacen constar las circunstancias que afectan al inmueble en su conjunto -dominio, cargas generales, cancelaciones generales relativas a toda la finca-.

Y, aparte, en folios distintos -uno para cada piso o local-, la inscripción de todos los actos y contratos relativos a los diferentes pisos o locales correspondientes, en forma similar a como se practican las segregaciones, con la oportuna nota de referencia a la inscripción separada de aquellos. Modalidad esta que ampara la opción prevista en LH art.8.5.

En estos casos, la apertura de folio distinto para cada uno de los pisos o locales se puede hacer en el mismo momento de inscribir la división horizontal, o en un momento posterior, a medida que se va transmitiendo la propiedad de los diferentes elementos privativos.

Existen dos **supuestos excepcionales** de inscripción: 529
• Las **fincas destinadas a garaje** o estacionamiento. En tal caso, la inscripción de la transmisión de cuotas indivisas de finca destinada a garaje o estacionamiento de vehículos, si lleva adscrita el uso de una o más plazas determinadas, podrá practicarse en folio independiente que se abrirá con el número de la finca matriz, y el correlativo de cada cuota.
• La **propiedad horizontal tumbada**, que puede seguir el mismo sistema de doble folio (DGRN Resol 2-4-80; 20-7-88; 9-4-91), que en muchos casos será de «triple folio», o incluso más allá, según las necesidades del caso. Así, en un supuesto normal, se procederá a:
1. Abrir un folio general para toda la **urbanización** en su conjunto, en donde se detallan los elementos comunes y reglas generales de toda la urbanización contenidas en el título constitutivo y los estatutos.
2. Abrir después un folio separado a cada uno de los **edificios o bloques** construidos en régimen de propiedad horizontal, y relacionados con el folio general de la urbanización.
3. Abrir folio separado a cada uno de los **pisos o locales** que integran cada bloque relacionado en el folio general del propio bloque.
Y todo ello sin necesidad de acudir a operación de división o segregación alguna de terrenos, y sin mengua, a la vez, de la claridad que el principio de especialidad exige.
El derecho del propietario de la **entidad independiente** debe ser una propiedad en pleno dominio, y no solo un supuesto derecho de vuelo por aquello de estar «tumbada» (TS 23-2-15, EDJ 36330).

A. Declaración de obra nueva

El acceso del edificio al Registro de la Propiedad se realiza a través de lo que se denomina declaración de obra nueva (LH art.208; RH art.308). 536

1. Sujetos y capacidad

La declaración de obra sobre una finca presenta unos caracteres ligeramente distintos a los del otorgamiento del título constitutivo de propiedad horizontal. Mientras que la propiedad horizontal es considerada habitualmente como un acto de riguroso dominio, y por tanto necesitado de la capacidad de realizar actos dispositivos, la declaración de obra (nueva o por antigüedad) es considerada normalmente por la doctrina como un simple **acto de administración**, o incluso como un negocio jurídico unilateral (de los propietarios del terreno), por el que los titulares del inmueble prestan un consentimiento formal para la práctica de la inscripción de la nueva construcción. 537
Suele ser común entender que la declaración de obra nueva no supone ninguna modificación patrimonial ni afecta al derecho de propiedad, por lo que no está sujeta a las reglas de capacidad que rigen los negocios sobre inmuebles. Conforme a lo anterior, se aplican las siguientes reglas:

Menores y personas con discapacidad En el caso de menores sometidos a **patria potestad**, los padres pueden declarar las obras nuevas realizadas en dichos inmuebles, sin necesidad de autorización judicial. Y es difícil imaginar una situación en la que en esa actuación pudiera haber algún conflicto de intereses con ellos mismos, que necesitase del nombramiento de un defensor judicial. 539
Incluso algún autor (Carrasco Perera) considera que bastaría que el menor tuviera una capacidad natural para entender el sentido de una declaración de obra, para que pudiera otorgarla él mismo, y por supuesto puede hacerlo el mayor de 16 años (CC art.166).
Los **menores emancipados** pueden otorgar esta declaración por sí mismos, sin necesidad de ningún complemento de capacidad.
Respecto a los **sometidos a tutela o curatela**, se entiende, en línea con lo defendido, que pueden hacerlo los tutores o curadores sin necesidad de autorización judicial. No se considera la declaración de obra como acto dispositivo susceptible de inscripción (CC art.287), sino como simple acto de declaración formal, ni tampoco se puede considerar que con esta declaración esté realizando el tutor «gastos extraordinarios en los bienes», pues esos gastos se habrán

producido con anterioridad (y en su caso habrá necesitado autorización judicial), pero no lo es la simple declaración de la existencia de una obra sobre un inmueble del tutelado.
Ver también lo que se indica en el nº 258 respecto de las **medidas de apoyo** a las personas con discapacidad.

540 **Cónyuges** Tratándose de cónyuges, si el régimen matrimonial es de **separación de bienes**, el cónyuge propietario del inmueble susceptible de ser sometido a propiedad horizontal puede otorgar el título constitutivo formal por sí solo, sin intervención del otro cónyuge.
Incluso si toda la edificación fuese o viniese a ser la vivienda habitual del matrimonio, tal declaración no implica un acto de enajenación o gravamen del inmueble, que necesite el consentimiento del otro cónyuge (CC art.1320).
Para los cónyuges sujetos al régimen económico matrimonial de **gananciales**:
• Si el inmueble sobre el que se va a declarar la obra nueva fue **adquirido por ambos cónyuges**, no hay duda de que en principio se requerirá el consentimiento de ambos por aplicación del RH art.93.2.
No obstante lo anterior, de nuevo en coherencia con la tesis que defiende que la declaración de obra es un acto o simple declaración formal, o la «simple constatación de un hecho», la DGRN ha afirmado que el acto queda al margen del régimen civil sobre los actos de disposición y de administración, permitiendo que uno solo de los cónyuges declarase la obra nueva realizada sobre un inmueble ganancial (DGRN Resol 21-2-95).

542 • Si el inmueble que va a ser declarado en propiedad horizontal fue **adquirido por uno de los cónyuges** para su sociedad de gananciales, o es un bien presuntivamente ganancial, la declaración del régimen de propiedad horizontal puede ser realizada por el cónyuge titular registral (RH art.94.2 por remisión de RH art.93.4).
Pero de nuevo se suele admitir que, incluso en estos casos, la declaración de obra la pueda realizar el otro cónyuge, no titular registral, siempre que en la inscripción del inmueble conste, al menos, el nombre de este, a los efectos de respetar un mínimo de «tracto sucesivo registral».
• En caso de **fallecimiento de uno de los cónyuges**, la declaración de obra debe ser realizada por el supérstite, con el consentimiento de los herederos del premuerto, y ello sin necesidad de una previa partición de la herencia, pues el inmueble continuará en una comunidad hereditaria de tipo germánico -sin atribución especial de cuotas-, sin aplicación del RH art.54, que exige la determinación de las cuotas respectivas en supuestos de comunidad *proindiviso*.
• Si se trata de **bienes privativos**, la constitución de la propiedad horizontal debe realizarla el cónyuge adquirente. Y si el inmueble es privativo por confesión del otro, entendemos que no es necesario el concurso de los herederos forzosos o legitimarios del cónyuge premuerto, pues, como se defiende, la declaración de obra no participa de la naturaleza de actos dispositivos para los que se exige dicho consentimiento (RH art.95.4).

544 **Comunidad de bienes** Finalmente, en situaciones de cotitularidad o comunidad del inmueble o terreno sobre el que se pretende declarar la obra nueva, en línea con lo defendido, se suele entender que bastaría con la **mayoría de los integrantes** de la comunidad para proceder a realizar la declaración de obra, como acto de administración de la cosa común (CC art.398). E incluso algún autor va más allá y al concebir esta declaración como «simple hecho o constatación de una situación» entiende que podría realizarla uno solo de los comuneros.
No obstante, conviene señalar que la consideración de la obra nueva como «un simple hecho o constatación de una situación», encuentra la oposición de ciertos autores, sobre todo en el ámbito del Registro de la Propiedad. Se señala al respecto que la declaración de obra no es solo una constatación de un hecho, sino la **declaración de un derecho**: el derecho a la construcción, que no puede inscribirse sin controlar su legalidad.
Por tanto, no es admisible que se inscriba la declaración de obra realizada por uno solo de los comuneros, ya que, siguiendo la tesis del «simple hecho», ¿por qué no se inscriben las declaraciones de obra realizadas por el arrendatario, o por el titular de cualquier derecho real sobre el inmueble, o incluso por un mandatario verbal?
Conforme a lo anterior, estos autores consideran que, en un supuesto de comunidad, la declaración debe ser hecha por la **totalidad de los comuneros**.

2. Forma

(LPH art.3)

Desde el punto de vista formal, por exigencia del principio de titulación pública para acceder al Registro, el instrumento que se utiliza habitualmente para ello debe ser un **documento público**, pero el título concreto depende de la forma en que se haya constituido la propiedad horizontal. 545

Normalmente será la **escritura de declaración de obra nueva**, pero también puede ser:
- una **resolución judicial** o un laudo arbitral (LPH art.5.2), en estos casos con los problemas prácticos que ello plantea;
- un **testamento** abierto notarial, si es un testador el que ha otorgado el título constitutivo de la propiedad horizontal -del que se pueda deducir las características y datos necesarios para otorgar la declaración de obra-; o
- incluso una **certificación administrativa**, en el caso de edificios públicos.

3. Tiempo

(LH art.8.4º)

En cuanto al momento de la inscripción, también hemos visto que la inscripción de la propiedad horizontal puede realizarse desde que la **construcción** está concluida o por lo menos comenzada, con los problemas que tal declaración suscita. 547

Pero, sea cual sea el momento en que pretenda tener acceso al Registro la descripción del edificio, concluida su construcción, comenzada, o simplemente proyectada, lo cierto es que, para su declaración, hoy es necesario que (LS/15 art.28; RD 1093/1997 art.45 y 46):
- exista un **proyecto técnico** sobre el edificio; y
- se hayan obtenido las **licencias** correspondientes.

4. Contenido

(RD 1093/1997 art.45 s.)

Al respecto hay que distinguir entre las **menciones comunes** y los **requisitos específicos** según se trate de: 550
- obra nueva en construcción (nº 555);
- obra nueva terminada (nº 567);
- obras nuevas antiguas (nº 575).

Menciones comunes (RH art.51; RD 1093/1997 art.45) Por una parte, el título de obra nueva deberá contener las **menciones generales** previstas en RH art.51, que deben hacerse constar en las inscripciones registrales. Por tanto, hemos de entender que el título ha de contener, en cuanto al edificio en su conjunto: 552
- La **naturaleza** urbana (o rústica, si fuera el caso) de la finca.
- Si se aporta cédula, certificación o licencia administrativa que lo acredite se hará constar, además, la **calificación urbanística** de la finca.
- La **situación del edificio**, que se determinará expresando:
- el término municipal y localidad en que se halle;
- el nombre de la calle o sitio; el número, si lo tiene, y los que haya tenido antes;
- el nombre del edificio, si fuera conocido por alguno propio;
- sus linderos por la izquierda (entrando), derecha y fondo;
- la referencia catastral, en los supuestos legalmente exigibles; y
- cualquier otra circunstancia que sirva para distinguir de otra la finca descrita.

Si bien lo anterior no se opone a que las fincas urbanas cuyos linderos no puedan determinarse en la forma expresada se designen por los cuatro puntos cardinales.

- La **medida superficial**, que se expresará en todo caso y con arreglo al sistema métrico decimal, sin perjuicio de que también se haga constar la equivalencia a las medidas del país. 554

La descripción de las fincas rústicas y urbanas será preferentemente perimetral, sobre la base de datos físicos referidos a las fincas colindantes o datos catastrales de las mismas, tomados de plano oficial.

Pero, además, en los **títulos de declaración de obra**, debe constar, al menos (RD 1093/1997 art.45):
- el número de plantas;
- la superficie de parcela ocupada;
- el total de los metros cuadrados edificados; y

- si en el proyecto aprobado se especifica, el número de viviendas, apartamentos, estudios, despachos, oficinas o cualquier otro elemento que sea susceptible de aprovechamiento independiente.

Cabría añadir a lo anterior que también se pueden hacer constar los **pisos meramente proyectados**. Esta constancia es una mera declaración de pisos o entidades proyectadas, sin efectos traslativos hasta que realmente se lleguen a edificar.

• A partir de 1-11-2015, para todos los casos de declaración de obras o edificaciones, tanto de nueva planta como antiguas, que tengan entrada en el Registro de la Propiedad, se debe hacer constar en el documento público o administrativo que la declare, la **ocupación** que esa obra o edificación tiene sobre el suelo o parcela que la contiene, mediante la determinación de las coordenadas georreferenciadas de todos los vértices de esa edificación sobre la parcela o suelo sobre la que se declara (LS/15 art.28; LH art.202).

Precisiones No obstante, no constituye defecto que impida la inscripción la no expresión del **total de metros construidos**, si pueden determinarse mediante una simple suma. Así, cuando se consigna en la escritura, la superficie de la parcela ocupada, el número de plantas de la edificación, la superficie del solar que se ocupa y la superficie construida en la planta segunda, por lo que es indudable que una simple suma arroja el total de metros construidos (DGRN Resol 14-2-04).

555 **Obra nueva en construcción** En el caso de que la obra nueva esté en construcción, existen dos requisitos adicionales para realizar la declaración de obra nueva:

- la obtención de licencia de obras;
- la certificación del técnico competente que acredite que la descripción de la obra se ajusta al proyecto para el que se obtuvo la licencia.

557 **Licencia de obras** (LS/15 art.28; RD 1093/1997 art.46) Se exige la aportación del acto de conformidad, aprobación o autorización administrativa que requiere la obra, según la legislación de ordenación territorial y urbanística.

Cabe hacer al respecto las siguientes precisiones derivadas de la doctrina administrativa y jurisprudencial:

• La licencia es necesaria siempre que sea **legalmente exigible**. No es legalmente exigible en el supuesto de concesión administrativa para la construcción y explotación, por ejemplo, de un aparcamiento público, porque en estos casos la viabilidad técnica y jurídica es contrastada por el propio ayuntamiento antes de la convocatoria del concurso -mediante el estudio del anteproyecto-, después de la adjudicación de la concesión -mediante la aprobación del proyecto de la adjudicataria- y durante le ejecución del mismo -mediante inspecciones de órdenes y modificaciones- (TS 18-4-00, EDJ 5266).

• No es necesario que se aporte **licencia** para la propiedad horizontal, cuando la misma se ajuste a la licencia de obras que autorice la construcción de las edificaciones (DGRN Resol 13-7-15) Tampoco es necesaria la aportación de licencia de la propiedad horizontal cuando la misma no provoque un **incremento de elementos privativos** respecto de los que consten en la previa declaración de la obra nueva (DGRN Resol 3-6-19).

• La licencia de obras no puede ser sustituida por **otro tipo de licencias**. Así, en un supuesto en que, segregado un terreno cuya calificación urbanística no constaba, y construido sobre él un edificio con local y viviendas, se aportaban una licencia previa de alineación y otra posterior de construcción de un aprovechamiento sobre cubierta, se señaló que estas licencias tienen carácter accesorio y no pueden suplir la falta de la básica ni, por tanto, pueden amparar la legalidad de la obra que se declara (DGRN Resol 5-1-95).

• La licencia puede obtenerse por **silencio administrativo positivo**. Puede acreditarse ante el notario y el registrador la concesión de la licencia por silencio administrativo positivo, una vez que se acredite que ha transcurrido el plazo de 3 meses para que la Administración resuelva sobre la solicitud del interesado, admitiéndose, incluso, como forma de acreditación no solo la certificación del silencio positivo por la propia Administración, sino también la resolución administrativa expresa -aunque fuera denegatoria- producida fuera de plazo (DGRN Resol-Circ 26-7-07).

Ahora bien, si la licencia fue denegada, en un primer momento, mediante sentencia firme, no puede obtenerse nuevamente por silencio positivo (DGRN Resol 5-6-02).

La **caducidad de la licencia** por sí sola no puede impedir la inscripción si no se ha incoado y resuelto el correspondiente expediente de caducidad de la misma por el ayuntamiento (DGRN Resol 21-6-19).

559 Precisiones En cuanto al **silencio administrativo**, se prevé, como **regla general**, el silencio positivo -LPAC art.24-, exceptuándose solo cuando una norma con rango de ley o norma comunitaria establezca lo contrario -se exceptúan de la regla general lógicamente los procedimientos de ejercicio del derecho de petición, los de revisión de actos administrativos y disposiciones generales, los iniciados de oficio y los procedimientos de los que pueda derivarse para los solicitantes o

terceros la adquisición de facultades sobre el dominio o servicio público- (DGRN Resol-Circ 26-7-07).
En consecuencia, se suprime la **certificación de actos presuntos** que permitía a la Administración, una vez finalizados los plazos para resolver y antes de expedir la certificación o que transcurriera el plazo para expedirla, dictar un acto administrativo expreso aun cuando resultara contrario a los efectos del silencio ya producido. De acuerdo con ello, el RD 1093/1997 art.48.2 debe interpretarse en concordancia con la LPAC art.24 y, por ello, el silencio administrativo positivo producirá un verdadero acto administrativo eficaz, que la Administración pública solo podrá revisar de acuerdo con los procedimientos de revisión establecidos en la Ley.

Certificación del técnico competente (RD 1093/1997 art.46 s.) El segundo requisito es la certifica- **560**
ción del técnico competente que acredite que la **descripción de la obra** se ajusta al proyecto para el que se obtuvo la licencia.
Ahora bien, no es bastante que se diga que lo construido está conforme con la licencia obtenida, sino que tiene que ser reflejado en el propio título aquello que debe guardar **equivalencia con lo concedido**.

Precisiones **1)** El **contenido de la certificación** no ha de ser exhaustivo. Basta que preste su conformidad a los datos que enumera el RD 1093/1997 art.45, es decir, número de plantas, superficie de la parcela ocupada, el total de los metros cuadrados edificados y, si en el proyecto aprobado se especifica, el número de apartamentos, viviendas, estudios, despachos, oficinas o cualquier otro elemento que sea susceptible de aprovechamiento independiente.
Además, las **discrepancias de escasa relevancia** entre la obra declarada y la licencia municipal hay que entenderlas salvadas por la responsabilidad que asume el técnico al certificar -p.e. licencia municipal en que se detalla minuciosamente la obra en una edificación de dos plantas, sin hacer referencia a las obras de la azotea- (DGRN Resol 22-9-03).
2) El certificado del técnico que no describe la finca no es obstáculo para la inscripción siempre y cuando **no exista duda** entre la identidad de la obra inscrita y aquella a que se refiere la certificación (DGRN Resol 1-6-02; 22-3-03).

A estos efectos, se tendrá por **técnico competente** a (RD 1093/1997 art.50): **562**
1. El que por sí solo o en unión de otros técnicos hubiese firmado el proyecto para el que se concedió la licencia de edificación.
2. El que por sí solo o en unión de otros tuviese encomendada la dirección de la obra.
3. Cualquier otro técnico que, mediante certificación de su colegio profesional respectivo, acredite que tiene facultades suficientes.
4. El técnico municipal del ayuntamiento competente que tenga encomendada dicha función.
Sobre la **forma de su intervención** se establece que la justificación por técnico competente puede hacerse (RD 1093/1997 art.49):
a. Por **comparecencia** del técnico en el mismo acto del otorgamiento de la escritura o autorización del acta que, en cada caso, proceda.
b. Por **incorporación** a la matriz de la escritura o del acta de previa certificación del técnico, con firma legitimada notarialmente, que contenga la descripción de la obra nueva, coincidente con la del propio título en cuanto a los extremos que deben acreditarse.
c. Por la presentación de la certificación del técnico, con el carácter de **documento complementario** del título inscribible. En este caso, la firma del certificado debe ser objeto de legitimación notarial, y en su contenido se deberá hacer expresa referencia a la descripción de la obra en construcción o finalizada que es objeto de la escritura o del acta, así como el nombre del notario autorizante, fecha del documento y número del protocolo.

La **finalidad** de la certificación del técnico competente es la de garantizar mediante asevera- **564**
ción responsable del técnico especializado que la obra nueva que pretende acceder al Registro de la Propiedad se ajusta a las condiciones especificadas en la licencia preceptiva, pues ello, cuando la licencia se ajustó a la ordenación urbanística en vigor, supone la incorporación de dicha obra al patrimonio del propietario respectivo (DGRN Resol 26-2-96).
Partiendo de esta justificación, se ha admitido la **sustitución de la certificación** por cualquier otro documento administrativo que lleve implícita o presuponga esa misma aseveración por técnico, máxime si ese otro documento es expedido por organismo competente en materia urbanística (DGRN Resol 10-4-95). En este sentido, puede cumplir esa finalidad sustitutoria la **licencia de primera ocupación**, pero no la cédula de habitabilidad, ya que la función de esta se centra en acreditar únicamente que la vivienda cumple los requisitos de habitabilidad y solidez que se fijen reglamentariamente y que tiene aptitud para ser destinada a residencia humana; mientras que la finalidad de la licencia de primera ocupación acredita que la vivienda cumple las condiciones impuestas en la licencia, correspondiendo su otorgamiento al propio ayuntamiento.
La certificación del técnico puede ser también sustituida por una **certificación municipal** expedida por el secretario del ayuntamiento con el visto bueno del alcalde, en el que se afirme

que la obra ha sido construida con arreglo a la legalidad urbanística vigente, ajustándose a proyecto técnico y licencia de obras concedidas al efecto (DGRN Resol 26-2-96).

565 A efectos de acceso al Registro de la Propiedad no es necesario que la certificación del técnico venga acompañada del **visado colegial**, porque la finalidad de esta certificación, cual es avalar la correspondencia entre la obra que se pretende inscribir y la que ha sido autorizada en la preceptiva licencia, se confía a la exclusiva responsabilidad del técnico certificante, que tiene plenitud de facultades y atribuciones en el ejercicio de su profesión dentro del ámbito de su respectiva especialidad técnica (DGRN Resol 9-2-94).

Cuando el técnico **no comparece ante notario**, si bien no es necesario el visado colegial, sí que es necesario que la certificación del técnico tenga su firma legitimada notarialmente. Y ello porque la certificación del técnico competente es un mero documento privado y su incorporación a la escritura no lo convierte en público y porque, si bien el carácter profesional del técnico actuante se puede acreditar mediante el visado colegial, la eficacia de este se limita al ámbito competencial que le es propio, por lo que no alcanza a acreditar la autoría de la firma.

567 **Obra nueva terminada** (L 38/1999 art.19; LS/15 art.28) En este caso, además de los requisitos generales ya expuestos (nº 552), se imponen dos **requisitos adicionales**:
- la contratación de un seguro de daños materiales, seguro de caución o garantía financiera para garantizar los posibles daños por vicios o defectos estructurales;
- la acreditación documental del cumplimiento de los requisitos para la entrega del libro del edificio.

569 **Seguro de daños materiales, de caución o garantía financiera** Se exige la contratación de un seguro de daños materiales o seguro de caución para garantizar, durante 10 años, los posibles daños por vicios o defectos estructurales (L 38/1999 art.19.1.c).

Esta garantía **no es exigible** en dos supuestos:

a) En el caso de **autopromotor** de una vivienda individual para uso propio. Al respecto, la DGRN ha realizado las siguientes precisiones (DGRN Resol-Circ 3-12-03; DGRN Resol 20-3-00; 9-7-03):

• Autopromotor individual puede serlo tanto una persona física como una **persona jurídica**. En este sentido se admite que lo sea una sociedad inmobiliaria que construye una vivienda unifamiliar y manifiesta que la destina a uso propio, siendo su objeto la promoción inmobiliaria y siendo domicilio social otro distinto del de la vivienda (DGRN Resol 20-10-04).

• Puede darse también en los casos de **construcción en comunidad** (nº 224), siempre que la edificación lo permita.

• La vivienda ha de ser **unifamiliar** y para **uso propio**, siendo suficiente una manifestación al respecto por el declarante de la obra nueva y que no resulte contradicho por la respectiva licencia.

• Es indiferente que se trate de **primera o segunda vivienda** o de carácter temporal.

Si a pesar de tratarse de un autopromotor de vivienda unifamiliar para uso propio, se produce la **transmisión** *inter vivos* dentro del plazo de los 10 años previstos en la L 38/1999 art.17.1.a), el autopromotor, salvo pacto en contrario, queda obligado a la contratación del seguro durante el tiempo que reste para completar los 10 años. A estos efectos, no se autorizarán ni se inscribirán en el Registro de la Propiedad escrituras públicas de transmisión *inter vivos* sin que se acredite y testimonie la constitución de la referida garantía, salvo que el autopromotor, que deberá acreditar haber utilizado la vivienda, fuese expresamente exonerado por el adquirente de la constitución de la misma.

570 **b)** En supuestos de **rehabilitación de edificios** destinados principalmente a viviendas para cuyos proyectos de nueva construcción se solicitaron las correspondientes licencias de edificación antes de 6-5-2000 (entrada en vigor de la L 38/1999).

Al respecto, se pueden hacer algunas precisiones (DGRN Resol-Circ 3-12-03; DGRN Resol 20-3-00; 9-7-03):

• Es exigible en los edificios destinados a **alquiler** y en régimen de **aprovechamiento por turnos** de bienes inmuebles.

• No es exigible a las **residencias** geriátricas, de estudiantes y otras similares, ni a los edificios de **usos hoteleros** incluidos los apartahoteles.

• En los edificios destinados **solo en parte a vivienda**, el seguro será exigible para los elementos estructurales que afecten al menos a la vivienda.

• No se exige en ningún caso a las licencias de rehabilitación solicitadas antes del 6-5-2000.

• El término **rehabilitación** ha de entenderse en sentido amplio, comprendiendo todo lo relativo a seguridad, funcionalidad y habitabilidad del edificio. Por ello también se excluye la obligatoriedad del seguro en las obras de reforma ampliación o modificación del edificio que se realizan simultáneamente y bajo la misma licencia urbanística.

• A efectos de acceso al Registro de la Propiedad, basta con que la **licencia** indique que se trata de un supuesto de rehabilitación.
• Los **casos de duda** pueden resolverse mediante declaración del arquitecto.
• Cuando, por exigencias de la legislación urbanística, ha de **conservarse la fachada** no significa que estemos ante supuestos de rehabilitación, sino que se trataría de supuestos normales de declaración de obra nueva.

Libro del edificio El segundo requisito para la inscripción de las obras nuevas terminadas es la **acreditación documental** del cumplimiento de todos los requisitos impuestos por la legislación reguladora de la edificación para la entrega de esta a sus usuarios. 572
Tal documentación no es otra que el libro del edificio, en el que se contienen el proyecto, la identificación de los agentes intervinientes, las licencias y demás requisitos exigidos por la legislación autonómica correspondiente (L 38/1999 art.7; DGRN Resol-Circ 26-7-07).
El promotor debe **depositar ante cualquier notario** un ejemplar del libro del edificio, junto con la certificación del arquitecto director de la obra que acredite que ese es el libro correspondiente a la misma y que le ha sido entregado al promotor. El notario emitirá al respecto la correspondiente **acta de depósito** y deberá hacer constar en la escritura correspondiente la existencia del libro y su disponibilidad para cumplir con su obligación de entregar un ejemplar a cada uno de los usuarios del edificio.

Obras nuevas antiguas (RD 1093/1997 art.52) Se permite la inscripción de **obras realizadas sin licencia** y que ya se han incorporado al patrimonio de su titular por haber prescrito la correspondiente acción de disciplina urbanística, siempre que se den tres requisitos: 575
a) Que se pruebe, por certificación del Catastro o del ayuntamiento, por certificación técnica o por acta notarial, la **terminación de la obra** en fecha determinada y su descripción coincidente con el título. La certificación del arquitecto, o arquitecto técnico, por sí sola no es suficiente para hacer constar la antigüedad en la obra, aunque venga acompañada del visado colegial, porque no es documento público ni goza de fehaciencia. Los medios adecuados para ello son la certificación catastral o el acta notarial correspondiente, donde, como elemento de prueba, se pueda incorporar aquella certificación del técnico (DGRN Resol 13-6-02).
b) Que dicha **fecha** sea anterior al plazo previsto por la legislación aplicable para la prescripción de la infracción en que hubiera podido incurrir el certificante.
c) Que no conste del Registro la práctica de **anotación preventiva** por incoación de expediente de disciplina urbanística sobre la finca que haya sido objeto de edificación. Si existe ya un expediente de disciplina urbanística inscrito en el Registro no es posible inscribir la declaración de obra (DGRN Resol 21-10-00).
En cualquier caso, los registradores deben de **dar cuenta a los ayuntamientos** respectivos de las inscripciones realizadas y, si la obra nueva se hubiese inscrito sin certificación del ayuntamiento, este debe dictar una resolución por la que se haga constar, por nota al margen de la inscripción de la declaración de obra nueva, la concreta situación urbanística de la finca, con la delimitación de su contenido e indicación de las limitaciones que imponga al propietario. En caso de omisión de esta resolución, el ayuntamiento es responsable de los perjuicios económicos que se produzcan al adquirente de buena fe (LS/15 art.28).

Precisiones Para inscribir la división horizontal en una obra nueva, que, a su vez, pretende inscribirse por antigüedad, se debe aportar la **licencia**, declaración de innecesariedad de la misma o, en su caso, acreditación de la antigüedad de la división horizontal (DGSJFP Resol 16-12-21).

B. Folio separado de los elementos independientes

El folio separado es el soporte de **historial jurídico particular** de cada unidad privativa. 580
A partir del momento en que se abre el folio particular para cada elemento privativo, las vicisitudes que se produzcan se irán reflejando en el mismo con total **independencia del edificio** (transmisiones, embargos, constitución de hipotecas). La conexión con el edificio en su conjunto consta en el Registro, pero el historial jurídico de una y otra realidad se mantiene por separado.

Contenido (RH art.51) El título de división horizontal ha de contener, en cuanto a cada piso, local, o elemento independiente: 582
• La **naturaleza urbana** (o en casos raros, rústica) de la finca.
• Si se aporta **cédula, certificación o licencia administrativa** que lo acredite se hará constar, además, la calificación urbanística de la finca.
• La **situación** de las fincas urbanas, que se determinará expresando:
- el término municipal y pueblo en que se hallen;
- el nombre de la calle o sitio;

- el número, si lo tienen, y los que hayan tenido antes;
- el nombre del edificio, si fuera conocido por alguno propio;
- sus linderos por la izquierda (entrando), derecha y fondo;
- la referencia catastral, en los supuestos legalmente exigibles;
- cualquier otra circunstancia que sirva para distinguir de otra la finca descrita;
- la medida superficial, que se ha de expresar en todo caso y con arreglo al sistema métrico decimal, sin perjuicio de que también se haga constar la equivalencia a las medidas del país.

Precisiones 1) Al igual que sucede con los edificios, las fincas urbanas cuyos **linderos** no pudieran determinarse en la forma expresada se han de designar por los cuatro puntos cardinales.
2) La descripción de las fincas rústicas y urbanas ha de ser preferentemente **perimetral**, sobre la base de datos físicos referidos a las fincas colindantes o datos catastrales de las mismas, tomados de plano oficial.

584 **Cuotas indivisas** (RD 1093/1997 art.53) Además de los pisos y locales es posible que también se abra folio independiente para cuotas indivisas (como ocurre en el caso de los garajes).
Sin embargo, no pueden constituirse como elementos susceptibles de aprovechamiento independiente más de los que se hayan hecho constar en la **declaración de obra nueva**, a menos que se acredite mediante nueva licencia concedida de acuerdo con las previsiones del planeamiento urbanístico vigente que se permite mayor número. Esto último no se aplicará a las superficies destinadas a locales comerciales o a garajes, salvo que del texto de la licencia resulte que el número de locales comerciales o de plazas de garaje constituye condición esencial de su concesión.
Es preciso señalar, como límite a la descripción de elementos privativos, que no es posible abrir folio para elementos que no tengan titular, sin que pueda serlo la comunidad de propietarios como tal.
En ese sentido, la DGRN señaló que, en los supuestos de **transformación de un elemento privativo en elemento común**, este no se puede configurar como finca independiente dentro del total del edificio, sin cuota de participación alguna y en nombre de un órgano como la junta de propietarios, a la que la Ley no ha llegado a atribuir personalidad jurídica independiente de la de los miembros que la integran, a pesar de todas las facultades que como órgano rector le competen (DGRN Resol 1-9-81), aunque, parece que sí es posible la posibilidad de inscribirlo como elemento procomunal (DGRN Resol 4-10-13).

C. Inscripción del título constitutivo y estatutos

590 Una vez abierto el folio general al edificio, y folios separados para cada uno de los elementos independientes del mismo, se puede considerar inscrito el régimen de propiedad horizontal sobre el mismo.
No obstante, si bien con esa inscripción quedará formalizada y publicada la estructura básica necesaria para la existencia y continuidad de una propiedad horizontal, hay que entender que para que el Registro de la Propiedad publique de manera plena el régimen de una propiedad horizontal, sería necesario la inscripción en el mismo del **título constitutivo** de la propiedad horizontal -en aquellos aspectos no comprendidos ya en la declaración de obra y las descripciones de los elementos independientes- y haciendo constar al menos el cargo del **presidente** de la comunidad (en su caso también el de secretario, si lo desempeña otra persona distinta), y, en su caso, los **estatutos**, a los efectos de que sean oponibles a terceros, en los términos que vimos antes.
En caso de hacer constar los cargos del **presidente y secretario** de la comunidad, tal acreditación puede verificarse por una doble vía (DGRN Resol 23-6-01):
- mediante testimonio notarial del contenido del libro de actas; o
- mediante una certificación expedida por el órgano de la comunidad que tenga atribuida la facultad certificante, normalmente el secretario o el secretario-administrador, con aseveración notarial, con referencia al libro de actas, de que el autor de la certificación se halla en el ejercicio de su cargo.

No obstante, conviene recordar que la inscripción en el Registro de la Propiedad del título constitutivo **no es requisito constitutivo** del mismo y que la existencia misma de los estatutos es **opcional y potestativa**, por lo que no es necesario que tales elementos queden inscritos en el Registro para entender inscrita como tal la propiedad horizontal, para la que basta la descripción del edificio en su conjunto y de cada uno de los elementos independientes que formen parte de este.

Precisiones Sobre la inscripción del **título constitutivo**, ver nº 285 s.; sobre la inscripción de los **estatutos**, ver nº 482 s.

D. Vicisitudes en la inscripción y sucesivas modificaciones

Por su parte, el resto de actos o negocios con trascendencia real de una comunidad de propietarios que sean susceptibles de inscripción en el Registro de la Propiedad exigirán, salvo disposición estatutaria en contrario, un **acuerdo de la junta de propietarios**, que deberá certificarse por el secretario de la comunidad, en los términos que hemos visto anteriormente al hablar del contenido del título constitutivo, de los estatutos -según su diferente contenido-, e incluso de las normas o reglamentos de régimen interior. **595**
Estos actos o negocios pueden ser, por ejemplo, modificaciones de estatutos, desafectación de elementos comunes, desvinculación de anejos, atribuciones de uso exclusivo, división, segregación, unión o agregación de entidades, etc.
Nos remitimos a lo dicho anteriormente desde el punto del contenido a modificar, mayorías necesarias, etc.
Baste destacar aquí, desde el punto de vista formal, en cuanto a la formalización de estas modificaciones, que la DGRN sostiene que debe distinguirse entre (DGRN Resol 29-5-19; 29-3-17):
- los acuerdos que tienen el carácter de **actos colectivos**, que no se imputan a cada propietario singularmente sino a la junta de propietarios, como órgano comunitario, en cuyo caso será suficiente para proceder a la inscripción con que se certifique por el cargo correspondiente que el acuerdo se ha adoptado con la mayoría necesaria y se ha notificado al resto de propietarios; y
- aquellos otros actos que, por afectar al contenido esencial del derecho de dominio, requieren del **consentimiento individualizado** de los propietarios correspondientes, el cual habrá de constar expresamente mediante documento público para su acceso al Registro de la Propiedad, debiendo verificarse el cumplimiento del principio de tracto sucesivo.

Precisiones 1) En los supuestos de **modificación del título constitutivo** de la propiedad horizontal, la misma no puede afectar a los titulares registrales de departamentos que adquirieron con posterioridad al acuerdo de modificación y accedieron al Registro con anterioridad a la pretensión de inscripción de la modificación del título constitutivo y ello con independencia de la formulación de los **consentimientos** en acto colectivo o individualizado (DGRN Resol 1-7-13; 25-4-13). **596**
2) La **transmisión de un inmueble dividido horizontalmente** no procede si en la escritura no se individualiza el valor que se atribuye a cada elemento privativo que forma parte del edificio (DGRN Resol 19-12-19).
3) No procede la **inscripción de la modificación de estatutos** aprobada por 3/5 partes de los que a su vez representen la totalidad de las cuotas de participación (LPH art.17.6). No resulta aplicable la LPH art.17.2, pues la finalidad de la modificación es **reducir la mayoría exigida** para los acuerdos que limiten o condicionen el alquiler turístico, no para el acuerdo que se adoptó en el caso en cuestión que tenía la finalidad contraria: permitir de manera expresa dicha actividad a través de la modificación de los estatutos de la comunidad en cuestión (DGRN Resol 19-12-19).
4) Nada impide, por lo demás, que los estatutos se aprueben e inscriban **con posterioridad** al título constitutivo (TS 31-5-21, EDJ 588189).

E. Realización de obras

Elementos privativos Las obras en elementos privativos, en cuanto se trate de obras materiales, sin contenido jurídico o sin dar lugar a nuevos elementos jurídicos, **no afectan al título constitutivo** y no tendrán reflejo registral. **610**
En teoría podría reflejarse en escritura pública e inscribirse en el Registro, pero no suele hacerse, ni hace falta, hacer constar, por ejemplo, la reforma de un baño o de la cocina, ni siquiera aunque en la reforma se haya tocado o reformado algún elemento común. Entre otras cosas porque el Registro no garantiza frente a terceros la descripción material de la finca, sino solo su titularidad jurídica.
En el extraño caso en que se quisiera hacer constar, entendemos que bastaría con que el propietario de ese elemento privativo comparezca ante notario, y, tras acreditarle su titularidad, este otorgue un **título público modificativo** de la nueva descripción de ese elemento.
No es necesario acreditar al notario el cumplimiento de las **comunicaciones previas** necesarias informando de las obras a realizar, pues no se le exige al notario el cumplimiento de dicho control, y dicha comunicación es previa, solo a efectos informativos, y no a los efectos de solicitar autorización legal.

612 **Elementos comunes** Respecto a las obras en elementos comunes, pueden darse dos casos:
a) Obras materiales que **no afectan a la integridad** de los elementos comunes, respecto de las cuales, sucederá igual que con las obras en elementos privativos sin trascendencia jurídica, en las que no será necesario ni es habitual hacer constar en el Registro esas obras o reformas. Por ejemplo, una reforma integral del vestíbulo de entrada, una reforma de las escaleras comunes o una reforma del ascensor.
b) Obras materiales que sí **afectan a la integridad** y existencia de los elementos comunes. En estos casos, en cuanto modificación del título constitutivo, será necesario que el presidente acuda al notario para otorgar el correspondiente título modificativo de la propiedad horizontal (nº 282 s. y nº 483 s.).

615 **Ampliaciones** En supuestos de ampliaciones de obra, tanto sobre elementos privativos como comunes, hay que señalar que su reflejo registral pasa necesariamente por una **modificación del título constitutivo**, con los requisitos formales ya vistos para su otorgamiento y constancia en documento público y su inscripción registral (nº 282 s. y nº 483 s.).

F. Sobreedificación y subedificación

640

642 Se plantea en este supuesto el caso de que, una vez construido y existente un edificio, con posterioridad a su existencia, sus propietarios (constituidos o no en régimen de propiedad horizontal) proceden a realizar alguna **modificación del edificio**, que supone elevar nuevas plantas, o «edificar» bajo las ya existentes.
Para que se pueda hablar propiamente de este supuesto, entendemos necesario la presencia de un **edificio existente**. Aunque también podría darse el caso de un edificio que simplemente está **proyectado** y que, antes de su conclusión, ya sufre alguna modificación sustancial en el sentido de elevar más plantas sobre las ya existentes o edificar bajo las que ya tiene el edificio.

Precisiones Si **no existe edificio** ni siquiera proyectado, no se puede hablar propiamente de derecho de sobreedificación o subedificación, sino que estaríamos en el caso de una declaración de obra nueva, sujeta a los requisitos vistos con anterioridad (nº 535).

643 La sobreedificación o subedificación sobre un edificio se plantea en unos determinados **supuestos**:
• Antes de estar configurado el edificio en régimen de propiedad horizontal, se realiza o planea realizar una sobreedificación o una subedificación, cuyo resultado puede dar lugar a una propiedad horizontal, o no.
• Ya constituido el edificio en régimen de propiedad horizontal, se realiza o planea realizar una sobreedificación o una subedificación, lo que supondrá siempre una modificación de la propiedad horizontal ya existente.
En ambos casos, el título de este derecho puede derivar:
a. De un **negocio jurídico independiente**, oneroso o gratuito, por el cual el titular del edificio concede a otra persona el derecho a sobreedificar. Este derecho a sobreedificar puede ser concedido con carácter perpetuo y definitivo, en régimen de propiedad plena, adquiriendo su titular el derecho de dominio sobre lo construido (derecho de vuelo o sobreedificación); o bien sometiendo dicho derecho de dominio a un régimen temporal (a través del derecho de superficie).
b. De la **reserva** realizada de tal derecho por el propietario del edificio, antes de transmitir algún derecho sobre el edificio o parte de este.
Con respecto a la **inscripción** de estas modificaciones se plantean los siguientes problemas:
- la **legitimación** para su transmisión o reserva (nº 645);
- la regulación legal y los **requisitos** para la inscripción (nº 647);
- el **resultado** (nº 660).

645 **Legitimación** Cuando la transmisión de estos derechos, o su reserva, se realiza por un propietario único, o varios titulares del edificio, pero sin estar previamente constituidos en régimen de propiedad horizontal, corresponde a todos, por unanimidad, la legitimación para decidir realizar los actos necesarios de sobreedificar o subedificar.

Se debe tener en cuenta lo indicado anteriormente para las declaraciones de obra, en el sentido defendido por la mayoría de la doctrina de que la simple declaración formal de la obra es una acto de consentimiento formal o de simple constatación de hechos, lo que permitiría entender que la declaración de la obra resultante de la sobre o subedificación pudiera estar realizada solo por el propietario o **propietarios que representen la mayoría** y que puedan realizar actos de administración sobre el edificio, sin que sea necesaria la unanimidad de todos los propietarios o comuneros (nº 537 s.).

Otra cosa es que la decisión material de sobre o subedificar corresponda a todos los comuneros, ya que ningún condueño puede realizar alteraciones en la cosa común, sin el consentimiento de los demás, aunque de estas alteraciones puedan derivarse ventajas para todos (CC art.397).

En caso de que el edificio ya esté **constituido en régimen de propiedad horizontal**, la transmisión de un derecho de tal tipo también requerirá la unanimidad expresa de todos los propietarios del edificio, en base a dos argumentos:

• Por una parte, porque disponer de este derecho, supone **disponer de un elemento común**, como es el vuelo de un edificio, o el subsuelo de este, y disponer de un derecho así es algo consustancial al propio dominio que caracteriza el dominio sobre elementos privativos en régimen de propiedad horizontal.

• Por otra, porque al disponer de tal derecho, se está autorizando la **alteración del edificio** en su conjunto, y por supuesto de elementos comunes, por lo que, la construcción de nuevas plantas y cualquier otra alteración de la estructura o fábrica del edificio o de las cosas comunes afectan al título constitutivo y deben someterse al régimen establecido para las modificaciones de este (LPH art.17), siendo tal régimen el que resulta de LPH art.17.6, que exige la unanimidad.

De esta forma, tanto si existe como si no una previa propiedad horizontal, la **unanimidad de los propietarios** para decidir unas obras de este tipo parece lógica, dada la trascendencia de la alteración que introducen, pues no solo añaden nuevos elementos al inmueble, sino que además conllevan la ejecución de obras considerables que afectan a elementos básicos de la estructura arquitectónica, como pilares, cimentaciones, fachada, paredes, etc.

Requisitos para la inscripción Vista la legitimación, hay que decir que la concesión de un derecho de sobreedificar o subedificar, puede configurarse de dos maneras: **647**

- mediante la concesión de un **derecho de vuelo** (llamado también genéricamente de sobreedificación); o
- mediante la concesión de un **derecho de superficie**, que otorgue derecho a sobreelevar plantas, o a construirlas bajo el subsuelo.

Derecho de vuelo (RH art.16.2) El derecho de elevar una o más plantas sobre un edificio o el de realizar construcciones bajo su suelo, haciendo suyas las edificaciones resultantes, que, sin constituir derecho de superficie, se reserve el propietario en caso de enajenación de todo o parte de la finca o transmita a un tercero, es inscribible conforme a las normas de la LH art.8.3. **649**

En la **inscripción** se debe hacer constar:

• Las **cuotas** que hayan de corresponder a las nuevas plantas en los elementos y gastos comunes o las normas para su establecimiento.

• Las normas de **régimen de comunidad**, si se señalasen, para el caso de hacer la construcción.

El precepto exigía hacer constar también el **número máximo de plantas** a construir y la fijación del **plazo máximo de ejercicio** del derecho de vuelo, que no podría exceder de 10 años, pero estas exigencias fueron declaradas nulas por el Tribunal Supremo.

No obstante dicha anulación, lo cierto es que la **práctica** -y así lo vienen exigiendo los registradores de la propiedad- requerirá fijar estas cuestiones, en cuanto que el principio hipotecario de determinación no admite limitaciones del dominio perpetuas, por lo que habrá que fijar un plazo máximo de ejercicio de este derecho, aunque no sea con el plazo máximo de 10 años.

Precisiones **1)** La DGRN no admitió inscribir un **derecho de vuelo perpetuo** reservado en los estatutos de propiedad horizontal hasta lo que en cada momento permitan las ordenanzas municipales, pues entiende que, más que un derecho real limitado de vuelo, se trata de una improcedente sustracción de las facultades dominicales correspondientes a los dueños de ostentar el aprovechamiento urbanístico adicional que en cada momento posibilite el planeamiento (DGRN Resol 29-4-99).

2) Es necesario establecer el **número de plantas** a cuya construcción faculta el derecho de vuelo concedido y el plazo de finalización de la construcción a fin de evitar derechos reales perpetuos e irredimibles, pero en cambio no es necesario establecer un **plazo de duración** del derecho sobre lo construido, pues trae como consecuencia que, realizada la construcción, sobre lo construido

surgen nuevos elementos privativos de la propiedad horizontal, sobre los que recae un derecho de propiedad y copropiedad, que no tiene limitación en el tiempo (DGRN Resol 18-11-02).
3) Se admite que los **titulares del derecho de vuelo** sean los que en cada momento sean los propietarios de los elementos privativos que se indican en los estatutos, sin necesidad de especificar quienes lo sean en el momento de la constitución del régimen de propiedad horizontal o quienes lo sean en el futuro (DGRN Resol 26-6-19).

652 Conviene aclarar que, mientras este derecho de vuelo no tenga un **titular diferente al del resto del edificio** o al del resto de integrantes de la propiedad horizontal, no cabe hablar de auténtico derecho de vuelo, sino que se tratará del derecho de todos los copropietarios de construir nuevas plantas sobre un elemento común del edificio, como es el vuelo.
Por tanto, el derecho de vuelo propiamente dicho se da cuando:
1. Existe un edificio (esté o no ya constituido en propiedad horizontal).
2. Dicho derecho de vuelo se ha transmitido, o bien cuando ha nacido por reserva del propietario o promotor inicial, antes de la venta del resto o parte del edificio a otros propietarios diferentes.

Precisiones Es curiosa la sentencia TS 10-5-99, EDJ 6844, que entiende que el establecimiento de un derecho de vuelo no es correcto en los supuestos de edificios constituidos en régimen de propiedad horizontal, porque el vuelo, al igual que el subsuelo, es un **elemento común y no privativo** (CC art.396) y, por tanto, limita esta sentencia el derecho de vuelo del RH art.16 a edificios no constituidos en régimen de propiedad horizontal, o cuando los titulares de todos los pisos y locales lo otorguen a favor de un beneficiario, pero no cuando el promotor se lo reserva. En esta sentencia no se tiene en cuenta que el vuelo es un elemento común que no es esencial y que, por tanto, permite que sea excluido de tal carácter por la vía voluntaria de los estatutos sociales, atribuyendo su ejercicio a otras personas, tanto en un régimen de propiedad horizontal como en un edificio en propiedad o comunidad ordinaria.

654 La inscripción en el Registro de la Propiedad no suele ser considerada **constitutiva**, aunque la sentencia TS 27-1-00, EDJ 276 empareja el derecho de vuelo o sobreelevación con el derecho de superficie, entendiendo que en ambos casos la inscripción es constitutiva, y no solo en el caso del derecho de superficie, y lo fundamenta en el hecho -nada desacertado- de que existe la misma razón para la configuración de la inscripción del derecho de vuelo como constitutiva, pues carece de exteriorización y de contacto posesorio.
En cuanto a la **forma de la inscripción**, se establece que este derecho será inscribible conforme a las normas de LH art.8.3 y concordantes (RH art.16.2), por lo que se está pensando en un derecho de vuelo constituido sobre un edificio en régimen de propiedad o copropiedad ordinaria, que es posible que como tal esté inscrito.
Pero también cabe constituir el derecho de vuelo sobre un edificio en régimen propiedad horizontal, conforme a LH art.8.4 y 5.
Lo que no cabe es configurar el derecho de vuelo como si fuera una entidad o departamento en la propiedad horizontal, por no poder abrir folio más que el dominio (LH art.7), y no estar prevista su inscripción separada (ni en LH art.8, ni tampoco en la LPH).

655 **Derecho de superficie** (RH art.16.1) Para la constitución eficaz del derecho de superficie debe inscribirse a favor del superficiario el derecho a construir edificios en suelo ajeno y el derecho a levantar nuevas construcciones sobre el vuelo o efectuarlas bajo el suelo de fundos ajenos.
Los títulos públicos en que se establezca dicho derecho de superficie deben reunir, además de los **requisitos** necesarios para la inscripción, los siguientes:
• Mención del **plazo** de duración del derecho de superficie, que no puede exceder de 50 años. Transcurrido el plazo, lo edificado pasará a ser propiedad del dueño del suelo, salvo pacto en contrario.
• La determinación del **canon o precio** que haya de satisfacer el superficiario, si el derecho se constituyere a título oneroso, pudiéndose estipular la reversión del todo o parte de lo edificado a favor del dueño del suelo al expirar el plazo convenido.
• El **plazo señalado para realizar la edificación**, que no puede exceder de 5 años; sus características generales, destino y costo del presupuesto.
• Los pactos relativos a la realización de **actos de disposición** por el superficiario.
• Las **garantías** de trascendencia real con que se asegure el cumplimiento de los pactos del contrato.
No son inscribibles las estipulaciones que sujeten el derecho de superficie a comiso.
En el **ámbito urbanístico**, para que el derecho de superficie quede válidamente constituido se requiere su formalización en escritura pública y la inscripción de esta en el Registro de la Propiedad. En la escritura debe fijarse necesariamente el plazo de duración del derecho de superficie, que no puede exceder de 99 años (LS/15 art.50). Se establece así en este ámbito el **carácter constitutivo** de la inscripción del derecho de superficie y no solo su eficacia frente a

terceros, justificado por la falta de apariencia o invisibilidad, dado que en la fase de «derecho a construir o edificar en suelo ajeno», carece de toda apariencia exterior; y en la fase de construcción o edificación comenzada o terminada, no se diferencia de la situación jurídica de accesión del propietario.

Resultado Fijada la posibilidad y la regulación legal de ambas figuras del derecho de sobreedificación o subedificación, lo importante, desde el punto de la propiedad horizontal, es que el resultado de la sobreelevación o de la subedificación, comporte una **modificación en la cosa común** que es el propio edificio sobre el que se realiza. 660
Ya dijimos que, si **no existe aún edificio**, ni siquiera proyectado, no estaremos ante un supuesto de sobreedificación ni subedificación en sentido estricto, sino ante una declaración de obra -de la construcción que se levante o que se subedifique-, a otorgar por todos los propietarios del inmueble sobre el que se declare dicha situación.
Veamos el resultado tanto si se trata de un edificio previamente constituido en propiedad horizontal, como si no está aún sujeto a dicho régimen:

Edificio no sujeto al régimen de propiedad horizontal Lo primero que hay que decir es que, si el ejercicio del derecho de sobreedificación o subedificación, no da lugar a un régimen de propiedad horizontal, estaremos en el caso de una copropiedad sobre el inmueble, por parte de sus propietarios. Dicho de otro modo, si sobre un edificio se elevan nuevas plantas o se subedifica en el subsuelo, pero sin nacimiento de una propiedad horizontal, estaremos en un resultado de **comunidad ordinaria**, pero no ante el derecho de vuelo propiamente dicho. 662
El ejercicio del derecho de vuelo, propiamente dicho, en su regulación legal presupone que el resultado de dicho derecho es el **nacimiento de una propiedad horizontal**. Por ello, se establece que en la inscripción se debe hacer constar las cuotas de participación de las nuevas plantas en los elementos y gastos comunes y las normas de régimen de comunidad (RH art.16.2).

Edificio sujeto al régimen de propiedad horizontal La sobreedificación o subedificación supondrá necesariamente una **modificación de la propiedad horizontal** ya existente. 664
Este es el caso previsto en LPH art.17, cuando señala que los acuerdos no regulados expresamente en dicho artículo, como es la **construcción de nuevas plantas**, que afecten al título constitutivo, deben someterse al régimen establecido para las modificaciones de este -unanimidad (LPH art.17.6)-.
El acuerdo que se adopte debe fijar la naturaleza de la modificación, las alteraciones que origine en la descripción de la finca y de los pisos o locales, la variación de cuotas y el titular o titulares de los nuevos locales o pisos.
Evidentemente, la norma está pensada para el caso de que se procede a dicha construcción, sobreelevación o subedificación dentro ya de un régimen de propiedad horizontal, pero conviene señalar que los tribunales vienen reconociendo la validez de las cláusulas estatutarias que establecen la **reserva por parte del promotor** de la facultad de construir una o varias plantas en el futuro, en línea con el reconocimiento que de tal reserva de derecho realiza el RH art.16.2, que ya se ha relacionado.

SECCIÓN 6

Extinción de la propiedad horizontal

675

El régimen de propiedad horizontal se extingue (LPH art.23): 677
1. Por la **destrucción del edificio**, salvo pacto en contrario. Se estimará producida aquella cuando el coste de la reconstrucción exceda del 50% del valor de la finca al tiempo de ocurrir el siniestro, a menos que el exceso de dicho coste esté cubierto por un seguro.
2. Por **conversión en propiedad o copropiedad** ordinarias.
Esta enumeración no constituye *numerus clausus*. Cabe también la extinción del régimen por las demás causas de pérdida del dominio en general.

A. Destrucción del edificio

(LPH art.23)

680 **Destrucción total** (LPH art.23.1) Se produce por la **ruina física** del edificio, es decir, cuando materialmente se produce el derrumbamiento del edificio (TS 13-1-10, EDJ 261545).
No constituye destrucción del edificio a estos efectos, los vicios constructivos graves que ocasionen un peligro de derrumbamiento o deterioro progresivo -**ruina potencial**-, ni los vicios constructivos que, por exceder de las imperfecciones corrientes, hacen difícil o penosa la normal utilización y habitabilidad del inmueble conforme a su naturaleza, **ruina funcional**, como por ejemplo, las humedades y las roturas y caídas de placas de pizarra de los dinteles y alfeizares del edificio- (TS 17-7-87, EDJ 5823).
También se produce la destrucción total del edificio y, por consiguiente, la extinción del régimen de propiedad horizontal, si la Administración local competente declara el **estado de ruina** del edificio. Esta declaración administrativa procede:
- en los casos de **ruina técnica**, cuando se haya producido un agotamiento de las estructuras y elementos básicos del edificio que exigen demoliciones generalizadas para construir partes principales;
- en los supuestos de **ruina económica** en los que el coste de la reparación o conservación del edificio excede del 50% de valor del edificio o plantas afectadas sin computar el valor del suelo (TS 24-4-19, EDJ 563440);
- en los supuestos de **ruina urbanística**, cuando hallándose el edificio fuera de ordenación presente, además, un estado de deterioro estructural que exigiría realizar obras que exceden del mantenimiento ordinario.

682 También procede la declaración administrativa de ruina en los casos de **peligro inminente** para personas o cosas por un deterioro de la construcción que exija una acción urgente de la Administración, lo que se conoce como ruina inminente.
En todos estos casos es preciso un **acto administrativo** de ruina lo que exige tramitar un expediente contradictorio conforme a las normas legales y reglamentarias de la comunidad autónoma correspondiente y, supletoriamente, el Reglamento de disciplina urbanística (RD 2187/1978 art.17 a 28).
No obstante, si se trata de **ruina inminente**, la declaración de ruina y consiguiente demolición puede adoptarse simplemente mediante informe de los servicios técnicos municipales, cuando se considere imposible asegurar unas condiciones mínimas de seguridad para las personas y los bienes (RD 2187/1978 art.26).

685 **Destrucción parcial** (LPH art.23.1) Aunque no se haya producido la destrucción total del edificio, también se extingue la propiedad horizontal cuando el **coste de la reconstrucción** exceda del 50% del valor de la finca al tiempo de ocurrir el siniestro.
Por tanto, en este caso, a **diferencia de la ruina económica**, el valor a tener en cuenta es el de la finca, es decir, el suelo y el edificio, en el momento de ocurrir la destrucción.
Si el siniestro estaba cubierto por un **seguro a favor de la comunidad**, la indemnización correspondiente debe descartarse del coste de la reconstrucción para calcular si el valor resultante excede o no del 50% del valor de la finca. Si la cantidad resultante no excede de ese 50%, no se extingue la propiedad horizontal sino que procede la reconstrucción del edificio aplicando íntegramente el importe de la indemnización al pago de la construcción.
El seguro debe ser a favor de la comunidad. Si existen **seguros concertados individualmente** por los propietarios, las indemnizaciones correspondientes serán percibidas directa e individualmente por los respectivos beneficiarios, sin que tengan ninguna importancia a estos efectos.

Precisiones **1)** No se extingue la propiedad horizontal por la realización de obras de **construcción de nuevas plantas** del edificio (TS 7-6-91, EDJ 595775).
2) El régimen de propiedad horizontal se extingue aunque la destrucción no haya afectado a **determinados elementos privativos**. Por la especial vinculación existente, el dueño de un piso intacto pasa a ser condueño del todo por la cuota de participación que le corresponda. Además, el derecho de sobreelevación de nuevas plantas se extingue por la declaración de ruina y posterior demolición del edificio (TS 23-10-07, EDJ 188945).
3) Se cuestiona si lo dispuesto en la LPH art.23 es aplicable a los supuestos en los que los daños existentes en el edificio no provienen de un siniestro si no de su **falta de conservación reiterada** a lo largo de los años. El Tribunal Supremo entiende que lo relevante para la aplicación del precepto, por tanto, es el **coste** relativo de las obras y la edificación, con independencia de las causas o motivos que hayan motivado la necesidad de las obras, sin que sea exigible la producción de un acontecimiento de **fuerza mayor**.
Asimismo, analiza los parámetros a tener en cuenta para calcular si el **coste de la reconstrucción** excede o no del 50% del valor de la finca, considerando que lo correcto para calcular el valor de la

finca al tiempo de ocurrir el siniestro es atender al valor actual de la construcción, tras fijar el valor de reposición bruto calculado con apoyo en coste real de las obras de ejecución y aplicar los coeficientes de depreciación por antigüedad y estado de conservación del inmueble (TS 24-4-19, EDJ 563440).

Pacto en contrario a la extinción (LPH art.23.1) Se permite que los propietarios pacten la no extinción del régimen de propiedad horizontal, aunque se haya producido la destrucción total o parcial del edificio (en este caso, aunque el coste de la reconstrucción exceda del 50% de valor de la finca). 687

El pacto puede haberse acordado al otorgar el **título constitutivo** o adoptarse por **acuerdo unánime** de los propietarios reunidos en junta una vez producida la ruina, de acuerdo con LPH art.17.6 pues impone una modificación del régimen de propiedad horizontal, de manera que, si se opone un solo propietario debe procederse a la extinción y liquidación del régimen.

Según la DGRN, el pacto no tiene por qué ser expreso. Basta que la actuación de todos los propietarios implique una **voluntad inequívoca** de subsistencia del régimen -por ejemplo presentando una licencia de obras para la demolición parcial y posterior reestructuración mayoritaria del inmueble- (DGRN Resol 20-6-05).

Efecto de la extinción En principio, la extinción del régimen de propiedad horizontal da lugar a su **conversión en propiedad o copropiedad** ordinaria. 689

Ahora bien, ello no se produce automáticamente porque a los propietarios pertenecen, en proporción a sus respectivas cuotas de participación, el solar y los materiales resultantes de la destrucción, por lo que será preciso la adopción de un **acuerdo** por la junta al respecto (TS 24-4-99, EDJ 7206); acuerdo que obligará a todos los copropietarios, al igual que sucede con la liquidación de una sociedad (AP Sta. Cruz de Tenerife 6-2-98, EDJ 5975).

Precisiones La extinción de la comunidad sometida al régimen especial de propiedad horizontal provoca que la **hipoteca** que gravaba uno de los departamentos pase a gravar la cuota que sustituya a aquel en la comunidad ordinaria. Si la hipoteca afectaba a la **totalidad de los departamentos** pasará a gravar la totalidad del solar resultante y la distribución antes efectuada recaerá sobre las cuotas correspondientes a los elementos cancelados.

Por otra parte, la posición jurídica del **acreedor hipotecario** en lo que respecta a la configuración de la garantía y su eventual ejecución no se ve alterada por la extinción del régimen, no siendo necesario su **consentimiento** para la inscripción de la extinción en cuestión, siendo solo sería necesario si se pretendiese la liberación de la hipoteca de alguna cuota o finca resultante de las operaciones que se realizan en el documento (DGRN Resol 23-10-19).

Responsabilidades La extinción de la propiedad horizontal por destrucción del edificio da lugar a una serie de responsabilidades según quienes las hubiesen causado. Al respecto, hay que distinguir varios supuestos: 690

a) Los **agentes de la edificación** y el **promotor**, en todo caso, responden cuando por su actuación negligente hubieren provocado vicios constructivos que hayan dado lugar a la ruina del edificio (L 38/1999 art.17). Igualmente responderá quien por su actuar imprudente cause la ruina cuando había asumido contractualmente la realización de obras de mantenimiento o rehabilitación (AP Cantabria 5-12-06, EDJ 468473).

b) Los **propietarios** responden individualmente si la destrucción se debe al incumplimiento de las obligaciones que les imponen la LPH art.9.1.a, c, g y h, es decir:

- No modificar los elementos arquitectónicos, instalaciones o servicios de su **unidad privativa** de modo que menoscabe o altere la seguridad o estructura general del edificio.
- No comunicar al administrador sin dilación la **necesidad de realizar reparaciones** urgentes en los elementos comunes.
- No respetar las instalaciones generales de la comunidad y demás **elementos comunes**, efectuando en ellos alteraciones no autorizadas y no observar la diligencia debida en el uso del inmueble.
- Desarrollar en una unidad privativa o en el resto del inmueble **actividades dañosas** para la finca o que contravengan las disposiciones vigentes sobre actividades insalubres, nocivas o peligrosas.
- No mantener en buen estado de **conservación** su unidad o instalaciones privativas.
- No **consentir la entrada** y realización en su unidad privativa de las reparaciones que exige el servicio del inmueble.

c) La **comunidad** responde si la ruina sobreviene por omitir la realización de las obras necesarias para el adecuado sostenimiento y conservación del inmueble (LPH art.10.1). 692

d) El **administrador** responde si la destrucción se debe a su inacción por no disponer las reparaciones urgentes o no ejecutar diligentemente los acuerdos de la junta en materia de obras (LPH art.20.c y d).

e) Finalmente, la **Administración pública** responde de la ruina o demolición indebida si la misma se debe a su acción o inacción. En este caso se le puede exigir responsabilidad patrimonial.

B. Conversión en propiedad o copropiedad ordinarias

(LPH art.23.2)

695 El régimen de propiedad horizontal se extingue por conversión en propiedad o copropiedad ordinaria. Ello puede tener lugar por la **consolidación** de los derechos de propiedad en una sola persona (conversión en propiedad ordinaria) o por **acuerdo** de los propietarios para la conversión de la propiedad horizontal en una comunidad de bienes o copropiedad.

697 **Extinción por consolidación** El régimen de propiedad horizontal puede extinguirse por la adquisición de todas las unidades privativas por **un único propietario**.
Pero la conversión en propiedad ordinaria no es automática, sino que, como titular de todos los elementos comunes y privativos, es necesario que el propietario único adopte un **acuerdo formal** de finalización del régimen en escritura pública.

699 **Extinción por decisión de los copropietarios** Los copropietarios pueden acordar la extinción del régimen y su **transformación** en un condominio ordinario (LPH art.23.2).
Para unos autores, el acuerdo de transformación debe adoptarse por **unanimidad en la junta** (LPH art.17.6) porque impone una modificación del régimen de propiedad horizontal.
Otros autores, en cambio, entienden que se trata de un acto dispositivo de máxima trascendencia, pues se pasa de ser titular de un piso o local a copropietario de un edificio en régimen de comunidad ordinaria por cuotas, por lo que no basta la unanimidad en junta, sino que se requiere una **unanimidad negocial**, del mismo modo que se requeriría el consentimiento de ambos cónyuges si el piso o local fuera ganancial.
En cualquier caso, es preciso que el edificio pase a utilizarse de modo que no puedan distinguirse **zonas privativas y comunes** pues en tal caso estaríamos ante una propiedad horizontal de hecho (TS 1-2-07, EDJ 3987).

Precisiones El acuerdo de extinción de la propiedad horizontal, aun cuando sea por cesión de los copropietarios es un acuerdo que corresponde **adoptar a la junta**, como órgano colectivo de la comunidad de propietarios, pudiendo fijarse en dicho acuerdo incluso las condiciones que vayan a regir la comunidad ordinaria que se origine.
Ahora bien, teniendo en cuenta las repercusiones que tiene en la titularidad de los copropietarios, pues, aun cuando conserven el dominio, es significativo el cambio en el régimen y condiciones de su ejercicio que supone la **modificación del régimen de copropiedad**, debe contar con el consentimiento individual de los propietarios, sin que conste el mismo en la escritura de extinción no procede la inscripción de la extinción en cuestión (DGRN Resol 26-2-15).

C. Otras causas de extinción

700 Las causas de extinción recogidas en la Ley no constituyen *numerus clausus*. También puede extinguirse el régimen por las demás causas de **pérdida del dominio** en general. Lo que sucede es que, en general, estas causas no son muy probables en la práctica (p.e. que un propietario renuncie al dominio de su unidad privativa, o que un tercero adquiera por usucapión la propiedad de un piso o local o de todo el edificio o, aún más, que los propietarios abandonen el edificio renunciando a sus derechos).
Los casos más verosímiles, en la práctica, pueden ser los siguientes:

702 **Expropiación forzosa** La expropiación forzosa de **todas las fincas del inmueble** en régimen de propiedad horizontal, mediante el correspondiente justiprecio que se fijará en función de la entidad de su unidad privativa y cuota de participación en los elementos comunes.
Si la expropiación es **parcial** continuará el régimen respecto a los demás propietarios. En este segundo caso, sería preciso un acuerdo de modificación del título constitutivo para fijar las nuevas cuotas de participación en los elementos comunes, si se hubiese producido una alteración en la superficie de las unidades privativas o en el uso de los elementos comunes (LPH art.5 párr 2º).
Para que la expropiación y consiguiente extinción del régimen se produzca es necesario un **expediente administrativo** en el que recaiga una declaración o acto administrativo privando a los propietarios de su dominio particular, sin que baste la mera declaración de utilidad pública (TS 22-6-89, EDJ 6366).

A la expropiación forzosa se le aplican por analogía las normas de la compraventa por lo que al título constituido aquí por la declaración de expropiación debe seguir el modo o entrega, es decir, la **ocupación material** del edificio o unidad privativa por la Administración competente (TS 9-5-97, EDJ 2659).

Ejercicio de una acción de revocación de la propiedad Si el régimen se hubiese constituido por un **único propietario** a quien pertenecía el edificio, el ejercicio con éxito de una acción de revocación de la propiedad contra el mismo expone la extinción al régimen y la revocación de las transmisiones efectuadas a los subadquirentes. **704**

Ahora bien, si el régimen de propiedad horizontal y las subsiguientes transmisiones onerosas están **inscritos en el Registro** de la Propiedad, la revocación solo tiene eficacia real frente a los subadquirentes, si deriva de una causa que consta en el Registro (LH art.34 y 37).

Extinción del derecho de superficie En el caso de que exista un titular o titulares de un derecho de superficie sobre lo edificado, extinguido el derecho de superficie por el transcurso de su **plazo de duración** (nº 655), se extingue también la propiedad superficiaria y, con ella, el régimen de propiedad horizontal y las titularidades sobre los elementos, unidades del edificio, cuya titularidad adquirirá el dueño del suelo. **705**

Esta adquisición o reversión de lo construido al dueño del suelo no da derecho a **indemnización** alguna a favor del superficiario, si no se hubiera pactado otra cosa.

CAPÍTULO 3

Derechos y obligaciones de los propietarios

800

802 En el estudio de la propiedad horizontal se distinguen dos tipos de elementos: **privativos** (nº 345 s.) y **comunes** (nº 317 s.). Cada uno de estos elementos tiene unas **características propias** que determinan unos derechos y obligaciones distintos para sus propietarios.
Esto último aconseja un examen por separado de los derechos y obligaciones de los propietarios respecto de cada uno de ellos.
De esta forma, en primer término, se analizan el especial régimen de propiedad que tienen los **propietarios sobre los elementos privativos** de un edificio que les pertenecen de forma individual (nº 810 s.). Estos elementos se caracterizan porque, junto a la propiedad exclusiva, surgen unas **especiales limitaciones** derivadas de la ubicación de dichos elementos dentro de un edificio.
A continuación, se estudian los derechos y obligaciones que cada propietario individual tiene sobre las **zonas o elementos comunes del edificio** (nº 1075), cuyo disfrute deben conciliar con el del resto de los propietarios y a cuyo mantenimiento deben contribuir cada uno de ellos.

SECCIÓN 1

Sobre los elementos privativos

810

812 A la hora de analizar los derechos y obligaciones de los propietarios sobre sus elementos privativos debe partirse de que cada titular tiene un **derecho singular y exclusivo de propiedad** sobre el elemento privativo objeto del mismo (LPH art.3).
Estamos en consecuencia ante un verdadero derecho de propiedad, que, como tal, atribuye a su titular las más **amplias facultades** de aprovechamiento y disposición, si bien, estas facultades están sometidas a unas **limitaciones especiales** (nº 860) que, con carácter general, no sufren aquellos que ostentan un derecho de propiedad sobre un inmueble no sometido al régimen de propiedad horizontal.
Estas limitaciones surgen como consecuencia de la **vecindad**, determinada por el hecho insoslayable de la ubicación del derecho de propiedad en cuestión dentro de un edificio donde existen otros derechos de propiedad de igual clase, de la estrecha relación que existe entre ellos, y de la necesidad de tener que compartir su dominio con una serie de **elementos de propiedad común** que resultan imprescindibles para un uso y disfrute adecuado de cada uno de ellos.

A. Facultad de disposición

1. Consideraciones generales

815 La facultad de disposición es la principal manifestación del derecho de propiedad que ostentan los titulares de los elementos privativos.
El poder de disposición permite que los titulares de los derechos privativos puedan **enajenar o gravar por cualquier título** ya sea inter vivos o mortis causa el objeto de su derecho. De esta

forma los elementos privativos se pueden vender, donar, gravar con una hipoteca, ser arrendados, etc. Los **propietarios de los elementos privativos** gozan de las más amplias facultades dispositivas. Ahora bien, la disposición de los elementos privativos lleva inexorablemente unida la de los elementos comunes que a la misma corresponden. Esto es, la **transmisión** de un elemento privativo -ver **modelo de carta** comunicando el cambio de titularidad en nº 9105- implica necesariamente la transmisión de la parte proporcional que sobre los elementos comunes tiene atribuido ese elemento privativo.

Precisiones **1)** La **copropiedad sobre los elementos comunes** hace que la transmisión de una vivienda en régimen de propiedad horizontal suponga también la transmisión del porcentaje de participación en dichos elementos comunes. Así, si en la escritura de compraventa de una vivienda en régimen de propiedad horizontal se indica que su cuota sobre los elementos comunes es del 2,20%, ello significa que a dicha vivienda le corresponde un 2,20% de los elementos comunes, participación que se transmite junto a esta (AP Málaga 31-10-18, EDJ 743948; AP Bizkaia 19-11-20, EDJ 795349; AP Barcelona 7-6-21, EDJ 669511; AP Valencia 8-6-21, EDJ 699113; TS 25-10-23, EDJ 721401; AP La Rioja 28-7-23, EDJ 700328; AP Sta. Cruz de Tenerife, EDJ 702927; AP Alicante 20-1-23; EDJ 632004).
2) Incluso, si parte de estos elementos comunes estuviera subsumido o **incrustado dentro de un elemento privativo**, seguiría siendo independiente este de aquellos, pudiendo venderse libremente, sin que fuera modificable el derecho de todos los propietarios a acceder a esa parte comunitaria. Ello no daría derecho a adicionar el elemento privativo a la parte de la comunidad (AP León 3-11-23, EDJ 777121).

818 **Transmisión de obligaciones** Cuando se transmite un elemento privativo, se transmiten con él las obligaciones que tienen su origen en el régimen de propiedad horizontal, toda vez que estas últimas son obligaciones de carácter *propter rem*. Esto último significa que las obligaciones en cuestión están **ligadas a cada individuo** en cuanto que ostenta la titularidad del derecho en cuestión. De esta forma, estas obligaciones (nº 1115 s.), corresponden a aquel que tenga en cada momento la **condición de propietario** de un elemento privativo del inmueble y se transmiten con él.

Precisiones Una típica obligación *propter rem* es la que tiene todo propietario de hacer frente a los **gastos de la comunidad** que se transmite junto con esta última y que, en principio, corresponde a quién ostente la titularidad en cada momento.

820 **Inexistencia de derecho de tanteo y retracto** (CC art.396) A diferencia de lo que ocurre en las comunidades de bienes ordinarias, en las **comunidades en régimen de propiedad horizontal** los titulares de los elementos privativos no disponen por ley de un derecho de tanteo y retracto para la adquisición del resto de los que forman la comunidad cuando tenga lugar su transmisión.

822 **Modificación de elementos privativos** (LPH art.7) Los propietarios pueden modificar los elementos **arquitectónicos, instalaciones o servicios** de su piso o local y anejos, así como modificar su **distribución interior**, con el único **límite** de no menoscabar o alterar la seguridad del edificio, su estructura general, su configuración o estado exteriores, ni perjudicar con dicha obra los derechos de otros propietarios.
Como es lógico, se exige que los propietarios que van a llevar a cabo obras en sus elementos privativos se lo **comuniquen al presidente**, con carácter previo a su ejecución. Para un análisis exhaustivo, ver en nº 1305 s., la **regulación de las obras**.

Precisiones Mención aparte requiere la instalación de un punto de recarga para **coche eléctrico** en la plaza de garaje, obra en elemento privativo que no requiere la autorización de la junta de propietarios, siempre que abone su coste quien se va a beneficiar del mismo. Sí requerirá la **previa comunicación** a la comunidad. (LPH art.17.5).

2. Unión, división, segregación o agregación de pisos o locales

825 El hecho de que los elementos privativos se integren dentro de una comunidad incide en algunos aspectos de la facultad de disposición de la que gozan individualmente los propietarios de elementos privativos sobre estos últimos. Un ejemplo de esto último es la **imposibilidad de enajenar de forma separada** los elementos accesorios o anejos adscritos en el titulo constitutivo a cada piso o local privativo (AP Asturias 30-10-18, EDJ 672752; AP Gipuzkoa 27-12-21, EDJ 880752; AP León 3-11-23, EDJ 77721).
Puede consultarse un **modelo de escritura de segregación** de elemento privativo en nº 9025.

Ejemplo El propietario de una vivienda que tiene como **anejo un trastero** (típico ejemplo de elemento accesorio a la propiedad adscrito a una vivienda o local), para poder enajenarlo de forma separada al elemento privativo al que está adscrito, sería necesaria su constitución por escritura pública en una unidad privativa independiente, a la que se le asignaría una nueva cuota de participación sobre los elementos comunes, con la consiguiente modificación del título constitutivo de la propiedad horizontal, para lo cual se necesitaría la aprobación por tres quintas partes del total de los propietarios que, a su vez, representen tres quintas partes de las cuotas de participación, así como la correspondiente autorización administrativa (nº 828).

Aprobación por la junta de propietarios (LPH art.17.4 redacc RDL 8/2023) Para la unión, división, segregación o agregación de pisos o locales y sus anejos, para formar otros más reducidos e independientes; el aumento de su superficie por agregación de otros colindantes del mismo edificio o su disminución por segregación de alguna parte; la construcción de nuevas plantas y cualquier otra alteración de la estructura o fábrica del edificio, incluyendo el cerramiento de las terrazas o la modificación de las cosas comunes, además del **consentimiento** de los titulares afectados, es necesaria la aprobación por tres quintas partes de los propietarios que, a su vez, representen tres quintas partes de las cuotas de participación (TS 5-6-23, EDJ 590074; 20-5-20, EDJ 617265; auto 9-6-21, EDJ 1356; AP Madrid 5-7-21, EDJ 707608; 14-9-23, EDJ 725981). **828**

Al margen de la autorización de la junta, se necesitaría también la correspondiente **autorización administrativa**. La determinación de las nuevas cuotas resultantes requiere idéntica mayoría (LPH art.10.3).

En cambio, tienen **carácter obligatorio y no requieren acuerdo previo** de la junta de propietarios los actos de división material de pisos o locales y sus anejos para formar otros más reducidos e independientes, el aumento de la superficie por agregación de otros colindantes del mismo edificio, o su disminución o segregación de alguna parte, realizados por voluntad y a instancia de sus propietarios, cuando tales actuaciones sean posibles a consecuencia de la inclusión del inmueble en un ámbito de actuación o rehabilitación o de regeneración y renovación urbanas (LPH art.10.1.e).

Precisiones Con la redacción del RDL 8/2023, la LPH art.10.3.b se modifica, en el sentido de **quitar la referencia directa** a la mayoría de tres quintas partes para aprobar el acuerdo, pasando a generalizar en «la mayoría de propietarios que en cada caso proceda de acuerdo con esta Ley».

Ámbito de aplicación Este tipo de operaciones deben hacerse siempre entre elementos privativos situados **dentro de un mismo edificio**. Quedan pues fuera del precepto las obras que se refieren a pisos o locales situados en edificios independientes. **830**

Ejemplo El propietario de **dos viviendas situadas en distintos edificios**, que comparten pared medianera, no podrá hacer uso de la posibilidad de segregar o agrupar pisos o locales.

Precisiones Esta última limitación se justifica porque la unión en cuestión implica el establecimiento de relaciones jurídicas entre dos comunidades distintas, lo que trae consigo el establecimiento de **servidumbres prediales recíprocas** entre ambos inmuebles, además de afectar a elementos comunes de ambos inmuebles como son sus muros (TS 4-4-81, EDJ 1472; AP Valencia 10-12-18, EDJ 729922). Sin embargo, la jurisprudencia sí permite dichas obras entre **edificios diferentes y colindantes**, incluso sin autorización de la comunidad, cuando los estatutos de ambas comunidades lo permitan de forma expresa, siempre que no afecten a la estabilidad y seguridad de los inmuebles (AP Málaga 21-3-19, EDJ 789828), o bien cuando existen **propiedades superpuestas**, es decir, cuando una vivienda o local se haya situada sobre el vuelo de otra vivienda o local que pertenecen a otra comunidad distinta. Ello en base al principio de la autonomía de la voluntad, que será válida siempre que no se oponga a una ley expresa (AP Tarragona 20-6-19, EDJ 655416). Sin embargo sí se permitió a un local de restauración subir una Sin embargo sí se permitió a un local de restauración subir una **chimenea de extracción de humos sujeta a la fachada interior** de la finca colindante, por ser requisito obligatorio por la Administración y no siendo posible hacerlo por otro lado, por lo que una finca debe de permitir esta licencia a un local situado en la contigua (TS 5-6-23, EDJ 590074).

Elementos situados en edificios distintos de una misma comunidad de propietarios Este tipo de operaciones deben hacerse siempre entre elementos privativos situados dentro de un mismo edificio. **835**

No obstante, teniendo en cuenta la propia razón de ser de esta última limitación que viene dada por el hecho de involucrar en la operación a distintas comunidades de propietarios, creemos que debe hacerse una **interpretación correctora** de la misma en el sentido de admitir su aplicación cuando, pese a tratarse de edificios distintos, ambos pertenecen a una misma comunidad de propietarios.

838 **Supuesto en que los nuevos elementos suman el mismo espacio** Una cuestión discutible es si la **mayoría de tres quintas partes** de propietarios y cuotas es necesaria también en el caso de que los nuevos elementos originados por la unión, división, segregación o agregación de los primitivos suman el mismo espacio, supuesto este último que ha sido resuelto por el Tribunal Supremo -estando en vigor LPH art.8 derog L 8/2013-, pero cuya razón de ser está perfectamente vigente.

La cuestión litigiosa se centraba principalmente en la determinación de si cabe o no la división jurídica de **una planta de un edificio en dos pisos independientes** sin acuerdo de la junta de propietarios, cuando, según el título constitutivo, estaba destinada a una sola vivienda. La cuestión se resuelve exigiendo unanimidad -ahora, se entiende, mayoría de tres quintas partes de propietarios y cuotas- igualmente en estos casos, sobre la base de que la división jurídica implica la **desaparición de la cuota de propiedad inicial** y la asignación de otras diferentes, lo cual implica necesariamente una modificación del título constitutivo (TS 25-5-07, EDJ 40210; AP Burgos 14-2-20, EDJ 529762).

Precisiones Más recientemente se ha reafirmado no solo la necesidad de una **autorización** por acuerdo de junta con una mayoría de tres quintas partes, sino que se considera que no existe abuso de derecho por la comunidad al negar la autorización para dividir en dos un mismo inmueble sito en una finca de uno solo por planta, aun no modificando las cuotas, pues representaría doblar servicios como cocinas, baños, salidas de humos, nuevos contadores de agua y luz, portero automático, número de habitantes etc. con la consiguiente sobrecarga y pérdida de confort para el resto de comuneros (TS auto 9-6-21, EDJ 1356).

840 **Unión material de viviendas o locales sin modificación de cuotas** Una tercera cuestión que genera dudas es el supuesto en el que la operación se limita sin más a la mera unión material de dos viviendas o locales, que realiza el **propietario común de ambas** sin modificación de cuotas.

Parece claro que en estos casos sería igualmente exigible la **mayoría** de tres quintas partes y cuotas, al implicar un aumento de superficie. No obstante, la jurisprudencia considera que, si no surgen nuevos objetos jurídicos, como ocurre con la simple unión material de un piso o local, puede realizar dicha operación el propietario común de ambas viviendas o locales **sin autorización** de la junta (TS 20-12-89, EDJ 11532; AP Cáceres 22-11-19, EDJ 799763; AP Madrid 19-2-18, EDJ 30527).

De manera diferente se ha considerado que los linderos entre dos fincas colindantes están perfectamente delimitados y que son elementos comunes, tanto si vienen materializados por elementos físicos como si no. Se considera que siendo muy claros los límites, a pesar de ser los locales colindantes del mismo dueño, el propietario no está autorizado a **comunicar ambos elementos**, al alterar los límites divisorios de la finca y crear, por ende, una servidumbre de paso de uno a otro, por lo que se requeriría el acuerdo de junta pertinente exigido por la Ley (TSJ Cataluña 21-5-20, EDJ 649584).

---

842 Ejemplo El propietario de una **plaza de un local en planta baja**, que se utiliza como garaje, y de la **vivienda** en la planta inmediatamente superior procede a su comunicación instalando un **ascensor específico para personas con discapacidad** ¿Se debe someter dicha obra a la mayoría de tres quintos de propietarios y cuotas que exige laLPH art.17.4 o, por el contrario, ¿las obras realizadas se acomodan a lo dispuesto en LPH art.7 en relación con LPH art.3 en cuanto que el propietario del local ha hecho **uso del derecho singular y exclusivo de propiedad** que le corresponde modificando los elementos arquitectónicos que no han menoscabado ni alterado la seguridad del edificio ni su estructura, ni tampoco su configuración, no perjudicando los derechos de otros propietarios?

En nuestra opinión, la obra que hemos puesto como ejemplo no exige aprobación de la junta, toda vez que no estamos ante un supuesto de modificación del título constitutivo. Tales obras suponen únicamente la **modificación de un elemento arquitectónico**, el techo del local y suelo de la vivienda respectivamente que delimita ambos inmuebles en sentido vertical, logrando una intercomunicación de ambos, que no altera ni la seguridad, ni la estructura ni la configuración del total edificio de la comunidad, ni, finalmente, tampoco, ha alterado el régimen de las cuotas que le corresponde al local y la vivienda, que continúan conservando su cuota como estaba. Simplemente se han visto afectados por una **comunicación interna** que no tenían para mayor comodidad y aprovechamiento de su propietario común, por lo que tal modo de proceder resulta acorde con lo dispuesto en LPH art.3.a en relación con LPH art.7.

---

845 **Cláusulas de autorización a los propietarios sin consentimiento de la junta** Una última cuestión discutible es si son válidas las típicas cláusulas insertas en los **estatutos** de las comunidades de propietarios que autorizan a los propietarios de viviendas y locales para la realización sin consentimiento de la junta de operaciones de unión, división segregación o agregación.

Precisiones 1) La LPH art.10.3.b no establece nada al respecto. Tradicionalmente, la **jurisprudencia** que resolvía la cuestión durante la vigencia de LPH art.8, ahora derogado por la L 8/2013, consideraba que tales cláusulas estatutarias eran nulas, puesto que la realización de tales operaciones sobre los pisos y locales implica siempre la necesaria **modificación de las cuotas**, cuestión que no puede quedar sustraída a la competencia aprobatoria de la junta (TS 19-7-93, EDJ 7313). Esta jurisprudencia ha sido superada en la actualidad, tras TS 17-11-11, EDJ 311401, que fijó como **doctrina jurisprudencial** la validez de las segregaciones o divisiones autorizadas por los estatutos de la comunidad de propietarios, sin necesidad de posterior acuerdo adoptado en junta de propietarios, siempre que las mismas se realicen según la previsión contenida en aquellos y no comporten alteración de las cuotas de participación (AP Málaga 21-3-19, EDJ 789828; AP Madrid 14-9-23, EDJ 725981).
2) El Tribunal Supremo ha fijado como **doctrina jurisprudencial** que, cuando en el título constitutivo se prevea la **posibilidad de segregación de un local comercial**, implícitamente se está autorizando como consecuencia natural de lo anterior la apertura de una salida de la finca matriz si el local carece de ella. La construcción de la salida independiente no puede afectar a la seguridad, estabilidad y estética del edificio, ni puede perjudicar los derechos de terceros. La negativa de la comunidad de propietarios a autorizar la obra, es nula por contravenir lo dispuesto en el título constitutivo y por estar amparada en un ejercicio abusivo del Derecho (TS 15-11-10, EDJ 265166). En este caso, los estatutos permitían la división y segregación de los locales comerciales en unidades más pequeñas. Se lleva a cabo la división y se abre una puerta al rellano de la escalera para que la nueva unidad resultante tenga una salida independiente que, de otra forma, no tendría. El Tribunal Supremo entiende que, en los casos en que una norma estatutaria permita realizar obras de segregación y subdivisión, las facultades estatutarias deben estar anudadas a facilitar el aprovechamiento independiente de los locales que se formen. En caso contrario, no tendría sentido permitir la división de locales que, en la práctica, no podrían ser explotados económicamente como unidades independientes. En la misma línea, TS auto 4-11-15, EDJ 192425.

B. Facultades de uso y disfrute

Cada propietario de un elemento privativo ostenta un **derecho de carácter singular y exclusivo** sobre este, de forma que, como regla general, puede desarrollar en el mismo las actividades que considere oportunas. 855
Ahora bien, dadas las especiales características que presenta la división de inmuebles en régimen de propiedad horizontal, se establecen los **límites** de cada propietario u ocupante del inmueble, en el disfrute del mismo, para conciliarlo con el del resto de los propietarios y así garantizar una **convivencia pacífica** en el seno de los edificios.
De esta forma, no está permitido, ni a los propietarios ni a los ocupantes del inmueble, el desarrollo de **actividades** que se encuentren **prohibidas en los estatutos**, que resulten **dañosas** para la finca, o que contravengan las disposiciones generales sobre **actividades molestas, insalubres, nocivas, peligrosas e ilícitas** (LPH art.7.2).
En nº 9115 puede consultarse un **modelo de carta de requerimiento** a propietario para que cese en el ejercicio de actividades prohibidas y en nº 9150 un formulario de **demanda de cesación** de actividades prohibidas, dañosas molestas, insalubres, nocivas, peligrosas o ilícitas.

Precisiones Como sistema idóneo para garantizar que el ejercicio de cada propietario no entre en contraposición con el ejercicio del resto ni en quebranto del conjunto, nuestro legislador se ha inclinado por disciplinar los derechos de uso y disfrute sobre las propiedades privativas inspirándose en la regulación de las **relaciones de vecindad**.

C. Limitaciones a las facultades de uso y disfrute

Las facultades de uso y disfrute son objeto de limitaciones de naturaleza voluntaria (nº 865) o legal (nº 890). En el primer caso, son los propios **propietarios de común acuerdo** o mediante su aceptación cuando ingresan en la comunidad los que fijan para una mejor convivencia determinadas limitaciones a las facultades inherentes a todo propietario. En el segundo, es la LPH la que expresamente determina qué **tipo de actividades** están prohibidas en todo caso. 860
Por la propia naturaleza de la **prohibición** -realización de una determinada actividad en el seno de una comunidad de propietarios- el **infractor** puede ser tanto el propietario de la vivienda o local como aquel que ostenta su posesión, esto es, el arrendatario, usufructuario o simple poseedor sin título. Ello, claro está, salvo que la limitación haya sido acordada en junta con posterioridad a la posesión del no propietario, y, mientras que aquella no haya sido objeto de inscripción. El infractor será, en todo caso, el que sufra la sanción.
En lo que concierne al **lugar de la infracción**, puede ser tanto la vivienda o local como los elementos comunes de la finca, sean por naturaleza o por destino.

Antes de abordar el análisis de las limitaciones en particular, debemos reseñar que, al margen de las limitaciones que se recogen en nº 865 s., el uso y disfrute de los elementos comunes queda también delimitado por el **uso** que de los mismos puedan hacer el resto de los propietarios.

Precisiones 1) Aunque una comunidad en cuestión no prohíba en los estatutos el **uso del local de la comunidad** por parte de los propietarios y el uso que se haga del mismo no resulte dañoso para la finca o contrario a las disposiciones sobre actividades molestas nocivas, peligrosas o ilícitas, no será admisible si dicho uso impide o dificulta el uso que de dichos elementos pueden efectuar el resto de los propietarios.
2) En cuanto a las **plazas de aparcamiento** hay jurisprudencia en ambos sentidos. Se plantea si la comunidad de propietarios puede limitar su derecho dominical en el sentido de impedir que se coloquen determinados elementos en la plaza atribuida a cada propietario, al estar constituida en sí misma por elementos comunes, pero ser de uso y propiedad exclusiva del propietario. Así, por ejemplo, se permite mantener un **cepo** en el suelo de la plaza (AP Madrid 16-3-16, EDJ 66360), pero se obliga a retirar la **puerta** instalada en garajes abiertos (AP Cantabria 10-6-05, EDJ 196351) u otro tipo de cerramiento instalado sin autorización de la junta, incluso cuando no resulta molesto para el resto de vecinos, no tiene apenas impacto visual y existen otras plazas con un cerramiento similar de origen (AP Barcelona 7-7-09, EDJ 219824; AP Baleares 2-11-21, EDJ 821812).
3) Como **limitación legal** puede citarse la prohibición de que un propietario realice obras o modifique elementos comunes del edificio, sin permiso de la comunidad. Ello da lugar abundante casuística en función de las circunstancias de cada modificación en la que entraría en conflicto el abuso de poder por parte de las comunidades. Como **ejemplos** recurrentes se pueden nombrar los controvertidos cerramientos de terrazas de bajos o áticos, cubrimientos o pérgolas en el jardín, nuevas aperturas en la fachada de la finca o ampliación de las existentes, instalación de aires acondicionados en la cubierta comunitaria, etc. (AP Madrid 15-3-21, EDJ 578808; AP Burgos 30-3-21, EDJ 579973; AP Valencia 5-3-21, EDJ 587492).

1. Limitaciones voluntarias

(LPH art.7.2)

865 Con carácter general, se establece que al propietario y al ocupante del inmueble no le está permitido desarrollar en él o en el resto de la finca **actividades prohibidas en los estatutos**. Esta posibilidad debe conectarse con la de que las comunidades de propietarios establezcan en sus estatutos las normas por las que ha de regirse el uso y destino de los diferentes pisos y locales, instalaciones y servicios que componen aquella (LPH art.5.3º).
De esta forma, los propios propietarios de **común acuerdo o mediante su aceptación** cuando ingresan en la comunidad pueden fijar en los estatutos de cada comunidad, para una mejor convivencia, determinadas limitaciones a las facultades inherentes a todo propietario.
Debe tenerse en cuenta, sin embargo, que dichas cláusulas pueden ser consideradas nulas si prohíben *a priori* cualquier actividad supeditada a la voluntad de la junta, así como que no pueden ser indeterminadas o abiertas a la voluntad de los vecinos (AP Barcelona 30-6-21, EDJ 664066; AP Castellón 16-11-21, EDJ 903894).

Precisiones Un caso curioso es el de la comunidad de propietarios que pacta en los estatutos que no se puede usar la piscina comunitaria con ropa, únicamente practicar el nudismo. Al respecto se consideró que esta cláusula estatutaria no vulneraba ni los derechos fundamentales de los vecinos que querían hacer uso del espacio con ropa, ni su derecho dominical, al haber sido pactada esta limitación con el cuórum necesario y no haber sido impugnada en su día por los propietarios disidentes, pudiendo hacer uso de la piscina, siempre que lo hicieran adaptándose a las normas pactadas (AP Jaén 21-7-21, EDJ 735208).

868 **Normas de régimen interior** (LPH art.6) Aunque la norma alude exclusivamente a los estatutos, se plantea la posibilidad de que estas prohibiciones o limitaciones puedan establecerse también en las normas de régimen interior, cuyo objeto es precisamente regular los detalles de la **convivencia** y la **adecuada utilización** de las cosas y servicios comunes dentro de la ley y los estatutos. Es muy habitual en este sentido que las normas de régimen interior recojan este tipo de prohibiciones.
A la hora de valorar la **validez o no de este tipo de cláusulas** debemos distinguir los supuestos en los que estas últimas afectan a elementos privativos, de los supuestos en los que afectan a los elementos comunes. En el primero de los supuestos no parece que pueda admitirse su validez, toda vez que los **acuerdos restrictivos de los derechos dominicales** de los propietarios deben acordarse por unanimidad, bastando para aprobar las normas de régimen interior el voto de la mayoría simple de los propietarios (TS 29-2-00, EDJ 617; AP Madrid 30-7-18, EDJ 655308; 24-1-19, EDJ 545578; AP Granada 13-12-19, EDJ 802812).
En el segundo de los supuestos, por el contrario, no parece que exista mayor obstáculo para que en las normas de régimen interior fijen determinadas **reglas** de uso de elementos

comunes, que impliquen prohibiciones y limitaciones, siempre y cuando las mismas sean razonables y no impliquen de facto la eliminación del derecho de propiedad que sobre los mismos ostentan los propietarios.
Sin embargo, las reglas de régimen interior deben permanecer siempre dentro de los **límites** de la Ley y de los estatutos. Si fueran en contra de los mismos serían inaplicables y si los estatutos dijeran una cosa y las normas otra, siempre serían de aplicación los primeros (AP A Coruña 21-9-2021, EDJ 748035).
En nº 9045 puede consultarse un **modelo de reglamento** de régimen interior.

Precisiones Se analiza la cuestión con ocasión de la regulación del **uso del jardín y piscina** de una comunidad de propietarios verdaderamente restrictiva que se acordó en un reglamento de régimen interior aprobado por simple mayoría. Se consideró que aquella suponía *de facto* una **privación** para los propietarios del uso de dichos elementos comunes, que atentaba contra su derecho de propiedad y, en consecuencia, declaró su ilicitud (TS 4-11-88, EDJ 8704). Esta interpretación también es aplicable con respecto a una sala comunitaria de la que la comunidad pretendía limitar excesivamente su uso por parte de los vecinos (AP Madrid 18-12-19, EDJ 854690).

Inscripción en el Registro de la Propiedad Este tipo de prohibiciones o limitaciones son verdaderas obligaciones *propter rem*, al venir ligadas a la titularidad del derecho. Dicho carácter se consagra con su inscripción en el Registro de la Propiedad, lo que las convierte en **oponibles frente a terceros adquirentes** (TS 30-12-10). Esta inscripción se consigue a través de la **inscripción de los estatutos** donde se contienen aquellas. **870**
Si la prohibición **no está inscrita** no será oponible al futuro adquirente, salvo que sea conocida por este. Se entiende que el acuerdo debió ser conocido por el adquirente si afecta a un tema cotidiano y notorio como es, por ejemplo, la contribución mensual a los gastos generales de la comunidad (TS 29-12-15, EDJ 259181; AP Madrid 24-1-20, EDJ 532311); o bien si por actos propios se deduce que conocía las normas estatutarias, aun no inscritas en el Registro (AP Madrid 21-10-19, EDJ 748186). En este sentido, son aplicables las reglas de la buena fe.
En el caso de que la prohibición o limitación se acuerde **con posterioridad a la adquisición de la vivienda o local**, será oponible al propietario en cuestión aunque no esté inscrita, toda vez que la misma requerirá el correspondiente acuerdo de la junta de la que forman parte todos los propietarios.
En cuanto al **reglamento de régimen interior**, su obligatoriedad y exigencia no está supeditada a la inscripción en el Registro de la Propiedad, sino a su válida aprobación por el procedimiento y en la forma que establece la LPH; de manera que, una vez aprobado el mismo, es de obligado cumplimiento, en virtud de la fuerza obligatoria que la ley otorga a los acuerdos válidamente adoptados. A partir de ese momento, afecta a todos los integrantes de la comunidad en el momento de aprobarse y a todos aquellos que se incorporen con posterioridad a la misma (AP Madrid 4-7-16, EDJ 151475; 21-10-19, EDJ 748186).

Prohibición de discriminación Las cláusulas que vedan o prohíben determinadas actividades deben ser objeto de **interpretación restringida** y, en ningún caso, pueden suponer ningún género de discriminación. **872**
Son nulas aquellas cláusulas que resulten **contrarias a la ley, la moral o el orden público** -CC art.1255- (TS 2-2-06, EDJ 11922; 18-9-06, EDJ 265926). No son admisibles, en consecuencia, las cláusulas prohibitivas que obedezcan a un simple capricho o resulten arbitrarias.

Precisiones No es posible la prohibición del uso de un elemento común a determinados propietarios por su **condición sexual o raza**, o bien, prohibir a un propietario llevar a cabo una actividad que se les permite hacer a otros de la misma finca (AP Granada 6-6-19, EDJ 783983; AP Málaga 25-5-21, EDJ 721366; AP Madrid 15-3-21, EDJ 578808).
Como excepción puede destacarse el supuesto del arrendamiento de **viviendas para uso turístico** (nº 873).

Limitaciones que afectan a las condiciones esenciales del derecho de propiedad Tampoco son admisibles las que impliquen una limitación del derecho de propiedad que afecte a sus propias condiciones esenciales, como el **derecho a arrendar o a disponer del mismo**, o que impliquen *de facto* la arrogación por parte de la comunidad de facultades dominicales que solo corresponden al propietario (AP Madrid 11-2-15, EDJ 30723, en el caso de plazas de garaje). Sí son admisibles, sin embargo, cuando su objetivo sea moldear estos derechos en atención a la existencia de otros propietarios (AP Barcelona 30-6-21, EDJ 664066). **873**
No obstante, en lo que se refiere a la actividad de **alquiler de viviendas para uso turístico,** la LPH sí permite a la comunidad de propietarios adoptar medidas restrictivas del derecho dominical (nº 3033).

Precisiones 1) Sería **lícita** una cláusula estatutaria donde se prohibiese que en una determinada vivienda habitasen un número de personas que exceda de lo racional, o, la prohibición de realizar **fiestas** en determinado horario y con determinado número de personas, salir o entrar a unas horas concretas, utilizar las zonas comunes e instalaciones o, en general, cualquier prohibición en esta línea que encuentre justificación en el hecho de que la misma pueda implicar una **molestia o daño** para la comunidad no tolerable.

2) Este tipo de actividades, aunque no estén prohibidas expresamente en los estatutos, quedan también vedadas para los propietarios por la genérica prohibición de las actividades que resulten **dañosas para la finca** o que resulten contrarias a las disposiciones generales obre actividades molestas, insalubres, nocivas o peligrosas o ilícitas, cuestión que analizaremos más adelante.

3) La **interpretación de los estatutos** por parte de los tribunales a la hora de restringir derechos dominicales debería ser escrupulosa y estricta, evitando determinar la existencia de derechos arbitrariamente cuando los estatutos no los reflejan de modo inequívoco (AP Madrid 16-6-21, EDJ 690708; 12-7-21, EDJ 724941; en sentido contrario AP Madrid 28-7-21, EDJ 727509).

876 **Obtención de licencia administrativa** El hecho de obtener una determinada licencia administrativa para el desarrollo de una actividad no habilita al propietario para el ejercicio de la misma, si dicha actividad está **prohibida expresamente** por los estatutos.

El supuesto típico es el del propietario de un local que obtiene licencia para instalar en el mismo un **negocio de hostelería**. Si los estatutos prohíben expresamente este tipo de actividades, por más que se obtenga la oportuna licencia, no podrán llevarse a cabo.

También son frecuentes las limitaciones impuestas a los propietarios en los estatutos en cuanto a la **posible división de las parcelas** aunque ello sea posible conforme a la normativa urbanística. El Tribunal Supremo considera que las limitaciones al dominio que se pueden imponer en la esfera civil por las comunidades de propietarios son totalmente compatibles con la planificación urbanística y con las previsiones constitucionales y civiles sobre la regulación de usos de suelo y del derecho a la vivienda.

Precisiones Es perfectamente lícito que los propietarios y ocupantes de las viviendas fijen, de forma legal o estatutaria, específicas restricciones o límites a los derechos de uso y disfrute de los inmuebles por parte de sus respectivos titulares. Se matiza que dichas limitaciones deben ser objeto de una **interpretación restrictiva** al suponer un menoscabo del derecho de propiedad. Por más que la división de la parcela se haya adecuado escrupulosamente a la normativa urbanística y su titular goce por ello de la concreta **licencia administrativa**, ello no implica su acomodación a la normativa civil. Y es que el orden administrativo regula aspectos diferentes del civil, siendo ambos compatibles, de tal manera que pese a contar con la preceptiva licencia obtenida al amparo de las normas urbanísticas, las obras pueden ser **impedidas por los tribunales del orden civil** a instancia de los titulares de un derecho, como el de propiedad, a los que eventualmente puedan afectar; más, si cabe, si existe una prohibición concreta recogida estatutariamente (TS 28-5-09, EDJ 112086, con cita de TCo 301/1993; 8-3-99; AP Madrid 24-10-16, EDJ 208080; TSJ Cataluña auto 19-12-19, EDJ 843277; AP Salamanca 12-12-19, EDJ 842103).

878 **Uso de determinados elementos de la comunidad** El Tribunal Supremo ha puesto también de relieve que las **disposiciones del título** en relación con el uso que haya de darse a determinados elementos de la comunidad no supone de manera necesaria su **adscripción definitiva a dicho uso**, si no viene impuesta de manera clara y precisa.

De esta forma, dicho **destino originario** es susceptible de ser **modificado** por quien ostente facultades para ello sin necesidad de acudir al procedimiento de modificación del título, especialmente cuando dicho uso afecte a las facultades dominicales de los copropietarios sobre los elementos privativos (TS 19-5-06, EDJ 80791; 20-9-07, EDJ 152401; 24-10-11, EDJ 286978; 12-9-13, EDJ 196819; AP Madrid 24-1-20, EDJ 532311; AP Córdoba 2-6-20, EDJ 647839).

880 **Desarrollo de actividades profesionales** La prohibición de una determinada actividad no queda supeditada a que la misma pueda considerarse objetivamente **dañosa, inmoral, peligrosa, incómoda o insalubre**, gozando los propietarios de entera libertad para decidir, siempre que se respeten los límites del nº 873, las actividades en cuestión cuya realización queda vedada en la comunidad de propietarios en cuestión (TS 20-2-97, EDJ 724; 20-4-98, EDJ 41712; AP Barcelona 28-1-20, EDJ 509776; AP Asturias 28-6-19, EDJ 657990; AP Girona 17-12-19, EDJ 803717; TS 29-11-23, EDJ 762220).

Ejemplo Prohibición de desarrollar en la comunidad determinadas actividades profesionales que, en principio y objetivamente no se consideran dañosas, como la instalación de un **estudio de arquitectura** o un **despacho de abogados**.

Precisiones Se planteó la **legalidad o no de una cláusula estatutaria** donde se permitía el desarrollo de actividades profesionales en los locales de la planta baja y en las viviendas de la primera, pero se prohíbe en el resto de las viviendas. El Tribunal Supremo considera perfectamente lícita la limitación sin plantearse siquiera la posible nulidad de la cláusula por un posible carácter discriminatorio (TS 30-9-04, EDJ 143908). Ha de tenerse en cuenta que la **actividad turística** en los edificios puede ser limitada por las comunidades de propietarios (nº 873).

Principio de libertad de empresa (Const art.38) Este tipo de prohibiciones sí pueden colisionar, a nuestro juicio, con el principio de libertad de empresa. En tal caso, corresponde a los tribunales decidir, en cada supuesto concreto, sobre la validez de la limitación en cuestión. 882

Precisiones **1)** Es el caso en que los estatutos de la comunidad de propietarios de una galería comercial establecían expresamente la **prohibición de cambiar de destino comercial** establecido en los estatutos para cada local de negocio, con el objeto de impedir competencias **comerciales desleales** dentro del mismo complejo. Al amparo de dicha cláusula, la propietaria de un determinado local demandó al propietario de otro solicitando la **cesación de su actividad**, al suponer esta un cambio en la fijada inicialmente por los estatutos, vedado por estos últimos.
El Tribunal Supremo, tras considerar perfectamente lícitas este tipo de limitaciones, considera que, si el objeto de la norma es impedir competencias comerciales desleales dentro del mismo complejo, la prohibición solo puede alcanzar a los cambios de destino que impliquen dicha **competencia desleal**, dada la interpretación restrictiva de la que deben ser objeto este tipo de cláusulas. No existiendo dicha competencia en tal caso al no haberse acreditado **concurrencia de actividades**, circunstancia esta última que el Tribunal considera de vital importancia por constituir la finalidad de la norma o razón teleológica del precepto, conjugando en lo posible la libertad de mercado y empresa con el **interés de los consumidores** y usuarios, es decir, el interés general con la limitación, también lógica, de la competencia desleal (TS 31-5-96, EDJ 2719; AP Madrid 2-3-98, EDJ 26133).
2) En un caso en que los estatutos de una galería comercial establecían la **prohibición expresa de cambiar la actividad comercial** de los locales en cuestión dentro de los 3 primeros años desde su implantación, el Tribunal Supremo se pronuncia a favor de la **validez de este tipo de cláusula**, al considerar que la misma no puede conceptuarse como una limitación contraria al derecho de propiedad, que se recoge en el CC art.348 y 349, ni como una vulneración de la LPH art.5, al no considerar dicha prohibición una condición o limitación contraria a la ley, a la moral ni al orden público (TS 10-7-95, EDJ 4670).
3) También en **Cataluña** se considera que debe primar el bienestar común de la comunidad por encima de la libertad de empresa, aunque esta actividad sea permitida (AP Barcelona 30-9-19, EDJ 703046; TSJ Cataluña 24-1-19, EDJ 511004).

2. Limitaciones legales

(LPH art.7)

Junto a las limitaciones voluntarias (nº 865), la LPH recoge expresamente un elenco de limitaciones que se deben respetar en todo caso. 890

a. Actividades dañosas para la finca

Con carácter general, no se pueden desarrollar actividades que resulten dañosas para la finca, entendiendo por tales todas aquellas actividades que ocasionen un **perjuicio material o económico** a la finca. Estamos ante una manifestación concreta del deber general que tiene todo propietario de hacer un uso adecuado del inmueble, evitando en todo momento causarle cualquier tipo de **daño** o **desperfecto** (LPH art.9.1.a, 9.1.b y 9.1.g). 895
En nº 9115 puede consultarse un **modelo de carta de requerimiento** a propietario para que cese en el ejercicio de actividades prohibidas y en nº 9150 un formulario de **demanda de cesación** de actividades prohibidas, dañosas molestas, insalubres, nocivas, peligrosas o ilícitas.

Precisiones **1)** En nº 9115 puede consultarse un **modelo de carta de requerimiento** a propietario para que cese en el ejercicio de actividades prohibidas y en nº 9150 un formulario de **demanda de cesación** de actividades prohibidas, dañosas molestas, insalubres, nocivas, peligrosas o ilícitas.
2) La apreciación de cuando estamos ante una **actividad que puede considerarse dañosa** para la finca corresponde a los tribunales de justicia, siendo muy amplia la casuística de nuestros tribunales en cuanto a los supuestos que pueden considerarse dañosos o molestos. No existe por lo general ninguna regla preestablecida y dependerá de cada **caso particular** y de las **circunstancias** del mismo, de forma que una misma actividad puede considerarse o no como dañosa en función de cómo y dónde se desarrolle. A continuación veremos ejemplos de uno y otro caso, con ocasión del estudio de la prohibición de desarrollar actividades que contravengan las disposiciones generales sobre actividades molestas, insalubres, nocivas o peligrosas.

b. Actividades molestas, insalubres, nocivas y peligrosas

(LPH art.7.2)

Tampoco se pueden desarrollar en el inmueble actividades molestas, insalubres, nocivas, peligrosas, lo cual, a nuestro modo de ver, estaba implícito ya en la **prohibición genérica de no realizar actividades dañosas**, constituyendo, sin más, ejemplos de esto último. 898

En todo caso, al igual que ocurre con las actividades dañosas, la **calificación** de una actividad como molesta, insalubre, nociva o peligrosa no se puede hacer aprioristicamente, sino atendiendo al **modo concreto** en el que dicha actividad se practica o desarrolla. Ahora bien, a la hora de precisar la existencia de aquellas debemos tener presente lo dispuesto en el D 2414/1961 (derogado parcialmente), por el que se aprueba el Reglamento de actividades molestas, insalubres, nocivas y peligrosas.

En nº 9115 puede consultarse un **modelo de carta de requerimiento** a propietario para que cese en el ejercicio de actividades prohibidas y en nº 9150 un formulario de **demanda de cesación** de actividades prohibidas, dañosas molestas, insalubres, nocivas, peligrosas o ilícitas.

Precisiones Téngase en cuenta que el D 2414/1961 solo resulta de **aplicación** en aquellas comunidades autónomas que no tengan normativa aprobada en la materia, en tanto no se dicte dicha normativa (L 34/2007 disp.derog.única).

900 **Definición de las actividades** (D 2414/1961 art.3) El Reglamento de actividades molestas, insalubres, nocivas y peligrosas define cada una de estas actividades, definición que debe tenerse en cuenta por nuestros tribunales a la hora de valorar si la actividad desarrollada en una determinada comunidad de propietarios cuya **cesación** se solicita encaja en alguna de las definiciones de las actividades genéricamente prohibidas.

Deben ser calificadas como:

- **molestas**, las actividades que constituyan una incomodidad por los ruidos o vibraciones que produzcan o por los humos, gases, olores, nieblas, polvos en suspensión o sustancias que eliminen;
- **insalubres**, las que den lugar a desprendimiento o evacuación de productos que puedan resultar directa o indirectamente perjudiciales para la salud humana;
- **nocivas**, las que, por las mismas causas, puedan ocasionar daños a la riqueza agrícola, forestal, pecuaria o piscícola; y
- **peligrosas**, las que tengan por objeto fabricar, manipular, expender o almacenar productos susceptibles de originar riesgos graves por explosiones, combustiones, radiaciones u otros de análoga importancia para las personas o los bienes.

902 **Actividades consideradas molestas, insalubres o peligrosas** La casuística de nuestros tribunales es muy variopinta en lo que concierne a los supuestos que encajan en las **prohibiciones** de la LPH art.7.2. Son ejemplos de estas actividades:

• Comportamiento incívico: carro de la compra en la puerta, no permitir reparación de humedades, acumular basura, excrementos en la escalera, manipular contadores, insultos y agresiones a los vecinos, ruidos nocturnos, intento de ocupación de otras viviendas, etc. (AP Gipuzkoa 30-12-20, EDJ 848186).
• Secadero de jamones (AP Castellón 7-4-04, EDJ 193229).
• Restaurante sin salida de humos (TS 28-9-93, EDJ 8381).
• Local de kebab, por ruidos y fuertes olores (AP Pontevedra 15-1-20, EDJ 524083).
• Golpes, ruidos y gamberradas varias, realizadas por un menor bien en su piso, bien en rellanos y elementos comunes (AP Asturias 8-1-04, EDJ 12697).
• Cafetería pastelería con horno (TS 14-10-04, EDJ 159545; AP Baleares 27-6-08, EDJ 190879).
• Horno de asar y parrilla sin salida de humos (AP Burgos 11-5-04, EDJ 68113; AP Valencia 27-6-03, Rec 1110/02).
• Asno estabulado en vivienda ubicada en el semisótano de la casa (AP Zaragoza 18-2-92, Rec 566/91).
• Trasiego continuo de personas por la vivienda llamando a cualquier hora de la noche al timbre de las demás y acumulación de basura en el portal, olor a marihuana, música alta, gente hablando, etc. (AP Madrid 3-11-09, EDJ 305252; 28-10-13; 15-1-20, EDJ 532641).
• Ganado equino estabulado en sótano de vivienda (TS 19-7-06, EDJ 105564).
• Acumulación de gran cantidad de basuras y desperdicios (AP Madrid 24-6-08, EDJ 146371).
• Vivienda donde se ejercía la prostitución (AP Las Palmas 15-3-93, Rec 362/92; AP Madrid 13-6-03, EDJ 143437; 14-11-16, EDJ 231435; 7-10-21, EDJ 754838; AP Sta. Cruz de Tenerife 23-7-21, EDJ 737668).
• Destino de plaza de garaje a almacenamiento de objetos peligrosos (AP Madrid 7-9-93, EDJ 13177).
• Utilización de la vivienda para el acogimiento de menores en situación de desamparo que realizan acciones incívicas (AP Madrid 23-2-11, EDJ 44251).
• Ruidos que perturban la normal y pacífica convivencia (AP Madrid 7-2-11, EDJ 53472; 12-12-19, EDJ 828894; AP Valencia 20-4-11, EDJ 172074).
• Ruidos y peleas con denuncias (AP Araba 21-4-10, EDJ 246796; AP Badajoz 7-1-14, EDJ 5817).
• Cría de palomas en la terraza (AP Valencia 26-9-11, EDJ 279201).

• Arrendamiento por propietario a estudiantes distintos cada año, que provocaban constante ruido nocturno y molestias (AP Salamanca 12-12-19, EDJ 842103; AP Asturias 17-10-23, EDJ 742190).
• Utilización del patio del edificio como patio de recreo de una escuela infantil (AP A Coruña 21-12-12, EDJ 312364).
• Aparcamiento de dos vehículos en una única plaza de garaje (AP Madrid 4-2-14, EDJ 14486).
• Transformación de locales comerciales en vivienda (AP Murcia 11-9-12, EDJ 207130).

• Suciedad y malos olores derivados de la tenencia de gatos (AP Cádiz 14-7-06, EDJ 383351). 904
• Comportamiento irrespetuoso frente a los vecinos (AP Asturias 14-12-05, EDJ 235527; AP Valladolid 12-9-05, EDJ 197099; AP Madrid 25-1-07, EDJ 50413; AP Asturias 17-10-23, EDJ 742190).
• Ruidos excesivos derivados de actividad de pub (AP Castellón 9-2-07, EDJ 130844; AP Pontevedra 6-11-08, EDJ 330704; AP Madrid 24-10-19, EDJ 840415).
• Arrojar orines y excrementos por la ventana (AP Asturias 12-6-07).
• Vivienda destinada a academia de enseñanza a la que acuden de forma masiva alumnas (AP Madrid 29-11-93, EDJ 14076).
• Explotación de industria hotelera en plantas destinadas a vivienda (AP A Coruña 16-5-96, Rec 1936/95; AP Barcelona 8-10-03, EDJ 138130; 19-5-09, EDJ 206194).
• Utilización en vivienda de aparatos de música a alto volumen (AP Badajoz 7-5-07, EDJ 144325; AP Sta.Cruz de Tenerife 10-9-13, EDJ 217385; AP Madrid 26-6-15, EDJ 144968).
• Ocupación extralimitada de plaza de aparcamiento (AP Barcelona 2-5-03, EDJ 138317).
• Ruidos excesivos por aparatos de televisión, música gritos y peleas (AP Pontevedra 27-7-04, Rec 666/02; AP Asturias 17-10-23, EDJ 742190).
• Fabricación de pan y pasteles (AP Madrid 15-5-06, EDJ 100699; TS 20-3-89, EDJ 3180).
• Actividad de lavandería, con utilización de productos químicos, gases y olores nocivos para la salud (AP Burgos 30-7-21, EDJ 747018).
• Uso de trastero como vivienda (AP Teruel 10-10-06, EDJ 317517).
• Ruido derivado de ladridos de perros (AP Segovia 21-10-06; AP Valencia 16-1-13, EDJ 56703).
• Almacenaje y venta de productos de confección (AP Huelva 9-5-06, EDJ 347410).
• Alimentar palomas de forma reiterada lo que provoca que estas acudan de manera masiva al inmueble (AP Asturias 27-6-06, EDJ 272314).
• Tenencia habitual y continuada de animales con gran cantidad de excrementos productores de malos y fuertes olores (AP Barcelona 3-12-96, Rec 970/95; AP Cantabria 18-10-18, EDJ 646267).
• Actividad de gimnasio (AP Castellón 23-11-00, EDJ 119960).
• Insultos entre los miembros de una pareja (AP Barcelona 2-9-02, EDJ 135258).
• Instalación de placa fotovoltaica (AP Cuenca 23-4-13, EDJ 101603).
• Vivienda utilizada para almacenamiento de material audiovisual (AP Madrid 8-9-16, EDJ 199193).

Actividades no consideradas dañosas Ejemplos de actividades que no se han considerado dañosas por nuestros tribunales: 908
• Clínica dental (AP Madrid 6-7-92, Rec 631/91; AP Granada 8-7-02, EDJ 135166).
• Taller de chapa y pintura (AP Madrid 18-5-00, EDJ 120018).
• Consultorio de psicología (AP Madrid 19-2-07, EDJ 51974).
• Instalación de oficinas en piso (AP León 23-1-95, Rec 509/94).
• Drogadicción del hijo del inquilino (AP Madrid 1-7-98, Rec 79/98).
• Actividad de intercambio de parejas (AP Barcelona 4-6-04, EDJ 283538).
• Instalación de barbacoa (AP Málaga 10-10-03, EDJ 148858).
• Instalación de servicio de catering en los bajos del edificio (AP Barcelona 2-2-04, EDJ 8686).
• Local destinado a comida rápida (AP Madrid 15-3-04, EDJ 123934).
• Instalación de una estación de telefonía móvil (AP Cantabria 28-4-05, EDJ 53880).
• Instalación de antena de radioaficionado (AP Murcia 20-2-06, EDJ 50869).
• Venta al por menor de pizzas (AP Baleares 11-3-05, EDJ 24747).
• Actividad de colocación, búsqueda de trabajo o selección para el mismo (AP Barcelona 16-11-04, EDJ 201479).
• Restaurante de comida rápida (AP Madrid 15-3-04, EDJ 123934).
• Cambio de local a vivienda sin modificaciones arquitectónicas (AP Madrid 12-6-13, EDJ 143824).
• Arrendamiento de local para peña de fútbol (AP Barcelona 28-12-12, EDJ 337905).
• Alquiler turístico de vivienda (AP Barcelona 21-5-15, EDJ 106239).

910 **Desarrollo de actividades por permisividad de los estatutos** Es posible que los estatutos permitan el desarrollo de algún tipo de actividad que en sí misma pueda considerarse molesta, insalubre, nociva o peligrosa. Ello dependerá de la **forma en que se desarrolle la actividad** en cuestión.

En principio la actividad no podrá prohibirse y solo cuando la misma se lleve a **extremos intolerables** podrá ser prohibida pese a la autorización estatutaria, más si cabe, si dicha actividad incumple la correspondiente normativa administrativa que la regule.

Ejemplo Si los estatutos permiten la instalación de un **negocio de hostelería, tipo pub o discoteca**, en los locales del edificio, es evidente que el resto de los propietarios no podrán impedir el desarrollo de dicha actividad. No obstante, si la discoteca en cuestión emite ruidos por encima de lo permitido o causa molestias que superan los límites de lo tolerable, podrá ser prohibida.

c. Actividades ilícitas

(LPH art.7)

915 Se prohíbe también el desarrollo de cualquier actividad ilícita, esto es, que con carácter general sea **contraria a la ley**, prohibición que, aunque no se recogiese expresamente, alcanzaría en todo caso a las comunidades de propietarios. Dentro de esta prohibición, al margen de las típicas actividades ilícitas como la venta de droga, prostitución, tráfico de armas..., etc., queda englobada cualquier actividad para cuyo desarrollo sea **preceptiva la correspondiente licencia** o permiso de la Administración competente para ello, cuando se lleve a cabo sin contar con aquellos. Es importante precisar que la actividad ilícita en cuestión debe **desarrollarse en el inmueble**. La posible actividad ilícita que el propietario o poseedor de la vivienda o local desarrolle fuera de estos no puede dar lugar a las sanciones que se previenen en nº 974 s.

En nº 9115 puede consultarse un **modelo de carta de requerimiento** a propietario para que cese en el ejercicio de actividades prohibidas y en nº 9150 un formulario de **demanda de cesación** de actividades prohibidas, dañosas molestas, insalubres, nocivas, peligrosas o ilícitas.

918 **Actividades sujetas a licencia** En los supuestos de actividades que **no** están **expresamente prohibidas en los estatutos**, pero sí sujetas a licencia o título habilitante por parte de la Administración competente, no se podrá llevar a cabo dicha actividad hasta que se obtenga aquella.

Una vez obtenida la oportuna licencia para que se inicie la actividad, adoptándose **medidas prevenidas legalmente** para evitar daños, no pueden oponerse los propietarios sobre la base de que la misma pueda resultarles dañosa, salvo, que la misma esté prohibida por los estatutos o implique la alteración o modificación de **elementos comunes**.

Precisiones De la jurisprudencia pueden extraerse los siguientes ejemplos:
1. Clínica donde existía un **aparato de rayos X** (TS 17-11-93, EDJ 10381).
2. Desarrollo de **industria panadera**, con la correspondiente licencia municipal, e imposibilidad de adopción de las medidas correctoras necesarias para evitar molestias a los vecinos por la actitud obstruccionista de la comunidad (TS 20-3-89, EDJ 3180).
3. Instalación de una **antena de radioaficionado** en la cubierta del edificio, contando con la correspondiente licencia (AP Burgos 2-9-02, EDJ 54854; AP La Rioja 28-10-03, EDJ 158256).

d. Instalación de aparatos de aire acondicionado

920 Un supuesto verdaderamente controvertido es el de la instalación de aparatos de aire acondicionado. Estamos ante una cuestión muy discutible en el seno de las **relaciones de vecindad**, por las importantes molestias que puede causar al resto de los propietarios del inmueble donde se instale.

Por nuestra parte, nos inclinamos por su **admisión** siempre que se respeten una serie de pautas que vienen señalando nuestros tribunales:
- que su **tamaño** no sea desmedido;
- que su **instalación** no afecte a la fachada principal del inmueble; y
- que el aparato en cuestión no debe causar **daño específico** a alguno o algunos de los convecinos.

Precisiones Hay supuestos en los que **se admite la instalación** sin mayores problemas (AP Guadalajara 24-2-11, EDJ 50853; AP Alicante 4-11-10, EDJ 314396; AP Murcia 18-12-12, EDJ 314062; AP La Rioja 20-10-16, EDJ 254369; AP Navarra, 28-11-19, EDJ 806300; AP Madrid 15-3-21, EDJ 578808) y otros en los que, atendiendo a lo anteriormente expuesto, se llega a la **conclusión contraria** (AP Sta. Cruz de Tenerife 28-1-13, EDJ 59146; AP Madrid 16-11-16, EDJ 231455; AP Valencia 11-11-19, EDJ 827311; 5-3-21, 587492).

Incluso existen supuestos en los que, aunque su instalación está **autorizada por la junta**, se acuerda su retirada, sobre la base de que la aceptación de su instalación no implica la de sus posibles ruidos e inmisiones (AP Madrid 16-6-10, EDJ 165962).
Si su instalación está **prohibida expresamente** por la junta, y pese a ello se acomete, procede su retirada (TS 7-3-13, EDJ 46681).

e. Cambio de vivienda a local de negocio o viceversa

925 Tradicionalmente ha sido objeto de discusión la posibilidad de cambiar de destino de vivienda a local de negocio o del **tipo de actividad** a desarrollar en este.
Los tribunales, con carácter general, han entendido que, si no existe una **prohibición expresa en los estatutos**, nada impide el cambio de destino o actividad de la unidad privativa (AP Girona 17-12-19, EDJ 803717; AP Madrid 24-1-20, EDJ 532311; AP Málaga 15-3-23, EDJ 703133).

Precisiones **1)** Se han permitido:
- el cambio de **local a vivienda** (TS 12-9-13, EDJ 196819; 9-10-13, EDJ 197153; AP Málaga 15-3-23, EDJ 703133);
- el cambio de **cine a discoteca** (TS 6-2-89, EDJ 1067);
- la modificación del destino de una **vivienda a consulta radiológica** (TS 24-7-92, EDJ 8334);
- la **instalación** en un piso para vivienda de una **oficina** (TS 21-4-97, EDJ 1776);
- la que, en similar circunstancia, ha consentido el ejercicio de la profesión de **médico** (TS 29-2-00, EDJ 617); y
- la práctica profesional de **quiromasaje** (TS 30-5-01, EDJ 6164).

2) Caso distinto es cuando lo que se pretende es **transformar un trastero en vivienda**. Al respecto se ha declarado que la transformación de trastero en vivienda, con los servicios e instalaciones que le son propios, constituye una **alteración prohibida**, al tratarse de una innovación que tiene indudable trascendencia en el régimen del inmueble y que exige la **alteración de las cuotas de participación**, considerando por dicha razón necesario el consentimiento de los demás propietarios (TS 15-3-00, EDJ 2162; AP Pontevedra 27-5-13, EDJ 94312; AP Zaragoza 16-10-19, EDJ 733403).

D. Infracción de los límites por el propietario

930 Con el objeto de dar mayor énfasis al cumplimiento de las obligaciones que se recogen en la LPH y facilitar a los propietarios los instrumentos procesales más idóneos con los que hacer frente a los propietarios que tienen un **comportamiento incívico**, se prevé un procedimiento especial para conseguir el **cese** en el desarrollo de actividades prohibidas en los estatutos, dañosas para la finca o que contravengan las disposiciones generales sobre actividades molestas, insalubres, nocivas, peligrosas o ilícitas.
El resultado del mismo puede significar para el propietario infractor la **privación del derecho de uso** de la vivienda o local por tiempo no superior a 3 años; mientras que si el infractor es un **ocupante no propietario**, la comunidad puede declarar definitivamente extinguidos todos sus derechos relativos a la vivienda o local, así como su inmediato lanzamiento (AP Málaga 13-3-20, EDJ 647627).

1. Actuaciones previas al procedimiento judicial

935 Se tratan en este apartado las actuaciones previas a desarrollar cuando se considere que un propietario está infringiendo los límites legales o voluntarios impuestos por la comunidad.
En nº 9115 puede consultarse un **modelo de carta de requerimiento** a propietario para que cese en el ejercicio de actividades prohibidas y en nº 9150 un formulario de **demanda de cesación** de actividades prohibidas, dañosas molestas, insalubres, nocivas, peligrosas o ilícitas.

938 **Persistencia o prolongación en el tiempo** Para poder acudir al procedimiento judicial de cesación (nº 960 s.), es necesario que la actividad dañosa para la finca o que contravenga las disposiciones sobre actividades molestas, insalubres, nocivas, peligrosas o ilícitas presente un cierto **grado** de persistencia o prolongación en el tiempo. De ahí que cuando las mismas se realicen con **carácter esporádico**, la solución adecuada pase por un mero **apercibimiento** al propietario infractor, e incluso por el establecimiento de **sanciones de régimen interior**. Solo cuando el comportamiento incívico se manifieste de forma reiterada, procede el ejercicio de la **acción de cesación** tendente a obtener las sanciones antes reseñadas.

Ejemplo El hecho de que de **manera esporádica** un determinado propietario organice una **fiesta en su vivienda** que genere molestias al resto de los vecinos, por el ruido generado por la misma, pese a tratarse de una clara actividad molesta, no será suficiente para que la comunidad en cuestión pueda hacer uso contra dicho propietario del procedimiento establecido en nº 960 s.

Eso sí, esta actividad, aunque esporádica si podrá dar lugar a la correspondiente **sanción administrativa**, si se han trasgredido los límites máximos de ruidos y vibraciones fijados por la normativa administrativa correspondiente, y, por supuesto, el correspondiente **apercibimiento** por parte del presidente supondrá un precedente de cara al ejercicio de futuras acciones al amparo, ya sí, del procedimiento especial de cesación previsto por la LPH art.7.2, caso de **reiteración** de dicha actividad molesta que el resto de los vecinos no tienen por qué soportar.

942 **Requerimiento previo** Aquel propietario que considere que se ha producido o se está produciendo alguna actividad prohibida, debe ponerlo en **conocimiento del presidente**.
En su condición de representante de la comunidad de propietarios, debe requerir al **propietario u ocupante infractor** para que, o bien cese de forma inmediata en el desarrollo de la actividad prohibida, o, bien adopte las medidas exigibles en atención a la normativa general, dándole un plazo razonable o prudencial para que lleve a cabo estas últimas.
En todo caso, el presidente deberá apercibirle de la posibilidad de que, si persiste en su actuación, se puedan iniciar acciones judiciales contra él.
El requerimiento previo del presidente es un requisito esencial para poder entablar la **acción de cesación**. Sin el mismo la acción no puede prosperar. Como es obvio, dicho requerimiento se debe hacer de forma fehaciente, esto es, de forma que quede constancia de que se efectuado, único modo de poder acreditar procesalmente el cumplimiento de este requisito.
El requerimiento lo puede hacer directamente el presidente **sin necesidad de convocar a la junta** para ello, una vez que cualquier propietario u ocupante lo solicite, si bien lo normal y habitual es que aquel, una vez que se ha puesto en su conocimiento el desarrollo de una actividad dañosa para la finca, molesta, insalubre, nociva, peligrosa o ilícita, convoque a la junta para adoptar las correspondientes decisiones al respecto (nº 890 s.).
En el nº 9115 puede consultarse un **modelo de carta de requerimiento** a propietario para que cese en el ejercicio de actividades prohibidas.

Precisiones El requerimiento efectuado por el **letrado de la comunidad**, **apoderado por el presidente** de la comunidad es perfectamente válido, aunque este, en el momento de presentar la demanda, ya no sea el presidente de la comunidad (AP Pontevedra 6-11-08, EDJ 330704). Se sigue en este punto la ya tradicional jurisprudencia del Tribunal Supremo que establece que los **poderes** otorgados por el presidente de la comunidad resultan válidos aun cuando con posterioridad a su otorgamiento ha cambiado la persona que ostenta dicho cargo (TS 16-7-90, EDJ 7655; 8-1-92, EDJ 99; 9-12-96, EDJ 9122; 18-1-07, EDJ 2661).

944 **Fórmula** La fórmula más económica de efectuar este requerimiento de forma fehaciente es a través de del envío de un **burofax con certificación de texto y acuse de recibo**, que deja constancia del texto que se envía y de la recepción del mismo por su destinatario.
Otra alternativa, más cara, es el tradicional **requerimiento notarial**.
No sirve a estos efectos el envío por **correo certificado** pues, con el mismo, queda constancia de la recepción, que no del contenido de lo remitido. Obviamente, no es necesario que el burofax o requerimiento sea remitido de manera personal por el presidente, si quien lo remite cuenta con el oportuno **apoderamiento** por parte de este último. Es habitual en este sentido, que dicho requerimiento sea enviado por el **letrado** nombrado por la comunidad. Tampoco es necesario que el presidente que envía el requerimiento o que otorga el correspondiente poder para ello se mantenga en su **cargo** en el momento de presentar la demanda.

946 **Negativa del presidente a efectuar el requerimiento** En el caso de que el presidente se niegue a efectuar el requerimiento solicitado, al **propietario** -no el ocupante que no tiene esta facultad- podrá solicitar que en la **próxima convocatoria** de la junta se incluya la cuestión en el orden del día, y caso de que, convocada la junta, no exista un **acuerdo favorable** de la mayoría de los propietarios para llevar a cabo dicho requerimiento, el propietario u ocupante en cuestión podrá acudir al **juicio de equidad** (nº 3875).

948 Precisiones **1)** Aunque la Ley alude expresamente a que sea el **presidente** el que realice el requerimiento, y lo aconsejable para evitar problemas interpretativos es que sea este quien lo haga, consideramos que no debería haber mayor problema en que dicho requerimiento lo haga el **administrador**, con el simple visto bueno de aquel -práctica bastante habitual-.
Dicha posibilidad encuentra su respaldo en las **atribuciones** que le corresponden al administrador (LPH art.20), entre las que se encuentra la de velar por el buen régimen de la casa, sus instalaciones y servicios, y hacer a estos efectos las oportunas **advertencias y apercibimientos** a los titulares. Y es que, siendo la función del requerimiento que el propietario infractor conozca que la **voluntad de la comunidad** es no permitir dicha conducta y la posibilidad de hacer uso de la **acción de cesación** que establece la LPH art.7.2 caso de persistir en esta, no parece razonable una interpretación rígida del precepto que lleve al absurdo de que una simple **cuestión meramente formal**, como la que ahora nos ocupa, lleve a que el infractor pueda continuar con la realización de la actividad prohibida.

2) Esta última cuestión se planteó en un procedimiento donde el argumento esgrimido por parte del demandado fue la **ineficacia del requerimiento de cesación** remitido, al haber sido enviado por el administrador de la comunidad, con el visto bueno del presidente. Se considera, en la línea que hemos expuesto, que no se debe hacer una **interpretación** rígida de dicho requerimiento, pues ello haría perder al mismo su finalidad, que no es otra que la de que el propietario infractor tenga conocimiento de que, de continuar con su conducta, la comunidad podría hacer uso de las acciones que a tales efectos les brinda la LPH (AP Madrid 13-6-03, EDJ 210902).

Junta previa al ejercicio de acciones En el supuesto de que, pese al requerimiento (nº 942), el presunto infractor continúe desarrollando la actividad en cuestión, el presidente deberá convocar de forma inmediata la correspondiente junta, que en principio debe ser de **carácter extraordinario**, toda vez que el precepto alude que la junta debe ser convocada al efecto. 955

Precisiones **1)** No obstante, consideramos que no existe ninguna razón de peso para que dicho acuerdo se adopte en una **junta ordinaria** en cuyo orden del día se haya incluido la adopción de los correspondientes acuerdos respecto de esta cuestión. La junta, goza de soberanía para decidir si es **pertinente acudir o no a los tribunales** de justicia para exigir el cese de la actividad. El acuerdo en cuestión deberá adoptarse por mayoría del total de propietarios y cuotas si la junta se celebra en **primera convocatoria**, y mayoría de los propietarios asistentes que represente la mayor parte de las cuotas presentes, si la junta se celebra en **segunda convocatoria**. Sin el acuerdo de la junta no es posible entablar la correspondiente acción.
2) Se desestima la demanda interpuesta por **falta de acuerdo de la junta** para instar la correspondiente acción de cesación, que no puede ser suplido por el requerimiento previo por parte del presidente al tratarse de **requisitos cumulativos**, no alternativos (AP Burgos 27-6-06, EDJ 258225; en la misma línea, AP Ciudad Real 24-3-95, Rec 110/95; AP Cádiz 4-3-02, EDJ 17076).
3) Tampoco es válido por sí solo el simple acuerdo de la junta de gobierno de una **mancomunidad** (AP Madrid 29-06-16, EDJ 136817).

2. Procedimiento judicial de cesación

Una vez obtenido el acuerdo de la junta para el ejercicio de las correspondientes acciones judiciales, y siempre que el preceptivo requerimiento previo (nº 942) haya sido obviado por el infractor, el presidente, como representante de la comunidad, deberá presentar la correspondiente **demanda judicial**. 960
Sobre los aspectos puramente procesales del procedimiento judicial en cuestión, ver nº 3525 s. Ahora nos limitamos a apuntar algunas cuestiones básicas.
El **procedimiento** a seguir en estos casos es el procedimiento ordinario (LEC art.249.1.8).
La **competencia** para conocer del procedimiento el juzgado de primera instancia del lugar donde se ubique la finca en la que ha tenido lugar la actividad prohibida (LEC art.52.1.8º).

Legitimación activa La **demanda** la debe presentar la comunidad de propietarios que, al carecer de personalidad jurídica, debe actuar a través de su presidente, salvo que este último sea el infractor, en cuyo caso, la comunidad actuará a través de su vicepresidente o la persona especialmente designada al efecto. En estos casos es habitual que, con carácter previo, se proceda al **cese en su cargo del presidente infractor**, nombrando un nuevo presidente, que será quien actúe en representación de la comunidad. 962
Los **propietarios individualmente considerados** carecen de legitimación para el ejercicio de la acción en cuestión (LPH art.7.2), de esta forma, si en la junta no se obtiene la mayoría necesaria, lo que pueden hacer el propietario o propietarios que se consideren agraviados por dicha decisión es acudir al **proceso de equidad** (nº 3875), para que sea el juez quien valore si procede o no dicho ejercicio.
Con todo, pese a que el tenor literal de la norma, no ofrece duda interpretativa alguna nuestros tribunales, atendiendo a las circunstancias del caso en concreto, vienen reconociendo legitimación activa para el ejercicio de la acción al propietario que se considere agraviado, sin respaldo de la junta, sobre todo en supuestos en los que no resulta afectada toda la comunidad sino un **determinado propietario** o un **grupo** de los mismos que no goza de mayoría en la junta y esta última ha mostrado una actitud pasiva.

Precisiones **1)** Se analiza la cuestión con el objeto de la acción de cesación instada por un **vecino agraviado por ruidos excesivos** que soporta de manera individual. Se llega a la conclusión de que el vecino en cuestión goza de legitimación activa, al considerarse que no parece razonable que, cuando se trata de una **afectación directa y personal** de los propietarios de una concreta vivienda por la contaminación acústica dimanante de un local de negocio situado bajo ella -que no consta que afectara al resto de vecinos-, pueda mantenerse que estos hayan de fundamentar la defensa de sus derechos e intereses legítimos en el ejercicio de una acción comunitaria, confiándola al criterio que al respecto puedan mantener sus convecinos. A este argumento lógico, se añaden argumentos jurídicos de peso, como son los distintos títulos en base a los cuáles el propietario 964 agraviado puede demandar a su vecino, no limitado al de la LPH art.7.2, como puede ser, sin más, la **responsabilidad extracontractual** prevista en el CC art.1902 s. (AP Cádiz 6-10-09, EDJ 315896).

2) En contra, pueden citarse otras sentencias que se inclinan por una **interpretación restrictiva**, negando legitimación al vecino agraviado para instar la acción de cesación. En estas últimas, se insiste en que la legitimación para el ejercicio de la acción de cesación corresponde en exclusiva al **presidente** de la comunidad. Para llegar a esa conclusión se basa en el tenor literal de la LPH art.7.2 que es claro en el sentido de que el presidente debe contar con la **autorización de la junta de propietarios**, debidamente convocada al efecto, que decidirá por mayoría el ejercicio de la acción de cesación; y en los propios **requisitos para el ejercicio de la acción** que no están pensados para una acción individual. En este sentido, apunta que toda la iniciativa de su ejercicio se hace descansar en el presidente y en la junta, en el primero para presentar la demanda y para requerir con carácter previo la cesación de la actividad, y en la junta para autorizar el ejercicio de la acción; para añadir finalmente que a los **propietarios individuales** solo se les reconoce la facultad de dirigirse al presidente para que haga el requerimiento (AP Madrid 21-2-08, EDJ 85817; AP Valencia 17-1-01, EDJ 106532; AP Burgos 25-6-03, EDJ 64349).

3) El Tribunal Supremo ha resuelto que si el presidente o la junta de propietarios no toman ninguna iniciativa, el propietario individual que sufre en su persona o familia las actividades ilícitas de un copropietario, tras los requerimientos oportunos, no puede quedar indefenso y privado de la defensa judicial efectiva, por lo que tiene la **acción de cesación** que contempla LPH art.7.2 y, ante la inactividad del presidente o de la junta -o de ambos-, está legitimado para ejercer esta acción **en interés propio** -no en el de la comunidad- y en defensa de su derecho, que no ha ejercido la comunidad (TS 18-5-16, EDJ 68557).

4) En nuestra opinión, la respuesta a la cuestión no debe ser absoluta. Dependerá de que el propietario base su **acción** o no en la LPH art.7.2. En el primero de los casos, en contra de lo resuelto por el Tribunal Supremo en la última sentencia indicada, dado el claro tenor literal de la norma **no** se le puede reconocer **legitimación al propietario**, mientras que si el **título** esgrimido para el ejercicio de la acción no es el de la LPH art.7.2 sino el del CC art.1902, no parece que se le pueda negar legitimación en supuestos en los que quien ejerza la acción sea el directamente agraviado, la actividad prohibida no afecte a la mayoría de los propietarios y la comunidad se haya mostrado pasiva al respecto. Eso sí, en los supuestos en los que la acción la ejercite **directamente el propietario**, el suplico de la demanda debe limitarse a la cesación de la actividad y, en su caso, a la solicitud de la correspondiente indemnización por los daños y perjuicios causados, quedando reservada la posibilidad de **privación del uso** o **extinción de la relación contractual** que une al propietario de la vivienda con el ocupante que lleva a cabo la actividad prohibida a los casos en los que la acción se ejercita al amparo de lo dispuesto en la LPH art.7.2, cumpliéndose con todos los requisitos exigidos por este último para el ejercicio de la acción en cuestión.

970 **Legitimación pasiva** Debe ser **demandado** el propietario u ocupante de la vivienda o local que desarrolla actividades prohibidas por los estatutos, dañosas para la finca o que contravengan la normativa sobre actividades molestas, insalubres, nocivas, peligrosas o ilícitas.

Si aquel que desarrolla la actividad prohibida es el **ocupante no propietario** de la vivienda o local, parece que baste con demandar a este último, no siendo necesario demandar también al propietario de la vivienda, toda vez que la legitimación pasiva en estos casos se atribuye por la LPH al ocupante de la vivienda.

Precisiones **1)** Existen pronunciamientos que consideran que, en estos casos, es suficiente con demandar al **ocupante no propietario** que lleva a cabo la actividad prohibida (TS 27-4-03, EDJ 7086; AP Pontevedra 6-11-08, EDJ 330704).

2) Esta doctrina no es empero unánime, pues nuestros tribunales han estimado en estos casos la excepción de **litisconsorcio pasivo necesario**, obligando al demandante a traer al procedimiento al propietario del inmueble so pena de en caso contrario ver desestimada su acción.

En estos casos, debe demandarse al **propietario**, al poder verse afectado por la sentencia que se dicte que, puede declarar la **resolución del arrendamiento**, cuyos efectos repercuten de forma directa en aquel (AP Alicante 23-11-00, EDJ 71723; AP Madrid 18-3-05, EDJ 44043).

3) En algún caso, se ha considerado que el **propietario no tiene legitimación pasiva**, debiéndose dirigir la demanda exclusivamente contra el ocupante de la vivienda (AP Madrid 26-1-16, EDJ 8851).

972 **Documentación que acompaña a la demanda** Entre la documentación que debe acompañar a la demanda debe encontrarse, tanto el requerimiento previo efectuado por el presidente (nº 942), que debe ser fehaciente, como una **certificación del acta de la junta** donde se acordó el inicio de acciones legales contra el propietario u ocupante que desarrolla actividades prohibidas.

Al tratarse de un juicio ordinario, es preceptiva la intervención de **procurador y abogado** (LEC art.23 y 31).

Junto con estos **documentos**, el demandante debe aportar todos aquellos que acrediten que el demandado está desarrollando la actividad dañosa para la finca o que contravenga la normativa sobre actividades molestas, insalubres, nocivas, peligrosas o ilícitas.

En nº 9150 un formulario de **demanda de cesación** de actividades prohibidas, dañosas molestas, insalubres, nocivas, peligrosas o ilícitas.

Fallo de la sentencia En el caso de **estimación de la demanda**, el fallo de la sentencia ordenará el cese definitivo de la actividad prohibida y la indemnización de los daños y perjuicios que proceda. 974
La indemnización tendrá, en principio, como **destinataria** la propia comunidad de propietarios, salvo que los perjuicios sean individualizables en determinados propietarios que sean quienes hayan sufrido de manera personal o directa el ejercicio de la actividad prohibida.
Aun cuando se estime la existencia de **daño moral**, este es difícilmente reclamable por la comunidad de propietarios, pues el daño moral afecta diferente a cada persona, por lo que debe ser cada propietario quien lo reclame de modo individual (AP Málaga 13-3-20, EDJ 647627).

Privación al propietario infractor del uso de la vivienda o local Junto a ello, atendiendo a la solicitud que, en su caso hubiese hecho el demandante, el juez, teniendo en cuenta la **gravedad** de la infracción cometida, puede también ordenar que se prive al propietario infractor del uso de la vivienda o local por **tiempo** no superior a 3 años. 976
Esta privación no impide, empero, que el propietario pueda disponer de su propiedad. Ahora bien, el **nuevo adquirente** no podrá hacer uso de la vivienda hasta que transcurra el tiempo de privación del uso, que es propiamente una sanción.
Ello, salvo que el adquirente sea un **tercero de buena fe**, que no tenga conocimiento de la privación porque la misma no haya accedido al Registro de la Propiedad (LH art.34) y no haya tenido conocimiento por otra vía. Esta última situación es difícil que se dé, toda vez que, aunque la **sanción no haya sido inscrita**, con carácter previo a que tenga lugar la compraventa, el secretario de la comunidad debe emitir un **certificado** donde conste que el propietario se haya al corriente de las **deudas**, certificado donde nada impide -de hecho es una práctica aconsejable- que se haga constar la sanción impuesta al propietario.
La sanción de privación de uso, como es lógico, tampoco exime al propietario de abonar las correspondientes **cuotas comunitarias**, manteniendo su derecho a asistencia y voto en las juntas.

Precisiones **1)** La posibilidad de que el propietario sea privado del uso de su vivienda ha sido objeto de análisis por el Tribunal Constitucional, que resolvió una cuestión de inconstitucionalidad sobre la privación temporal de un propietario del uso de su vivienda o local recogida en la LPH art.19.1 (actualmente LPH art.7.2.5º). 977
Se confirmó la **constitucionalidad** del precepto en cuestión, sobre la base de que ni la propiedad privada ni los derechos patrimoniales son reductos intangibles frente a **sanciones civiles** previstas en el ordenamiento. A lo que añadió que, en el caso de la propiedad horizontal, los derechos e intereses concurrentes de una pluralidad de propietarios y ocupantes de los pisos justifica la fijación legal o estatutaria de restricciones o límites a los derechos de uso y disfrute de los inmuebles por parte de sus propietarios (TCo 301/1993).
2) Pueden citarse como **ejemplos** distintos supuestos en los que se acuerda la privación del uso de la vivienda:
- ruidos que perturban la normal y pacífica convivencia de los ocupantes del edificio: privación del uso durante 1 año (AP Madrid 7-2-11, EDJ 53472);
- ruidos, peleas, gritos y escándalos: privación del uso y goce de la vivienda por el tiempo de 15 meses, con apercibimiento de lanzamiento (AP Barcelona 19-7-10, EDJ 227960);
- ruidos e incluso agresiones físicas a los vecinos, intervenciones de la policía continuas: privación por 3 meses (AP Araba 21-4-10, EDJ 246797);
- elevado volumen de la música y fiestas a horas intempestivas: privación por 1 mes (AP Madrid 3-6-11, EDJ 168908);
- ruidos, golpes en paredes y suelo, robo del correo, incendio de los buzones: privación durante 3 años (AP Valencia 20-4-11, EDJ 172074);
- situación de conflictividad que impide una convivencia normal por motivos de índole personal dando lugar a actuaciones conjuntas de numerosos vecinos (AP Madrid 8-11-10, EDJ 296610);
- música a todo volumen, gritos, insultos, amenazas e improperios con toda la vecindad (AP Cantabria 7-5-13, EDJ 221974);
- gritos a todas horas, movimiento de muebles nocturnos, malos olores: privación durante 1 año (AP Málaga 13-3-20, EDJ 647627);
- ejercicio de la prostitución, no por la actividad en sí, sino por las molestias ocasionadas por los clientes: privación durante 1 año (AP Madrid 7-10-21, EDJ 754838);
- venta de estupefacientes, con acumulación de basuras y conexión a la luz de modo ilícito: privación durante 1 año (AP Cádiz 10-11-20, EDJ 789380).

Infracción del ocupante no propietario Si el infractor es un ocupante no propietario, la sentencia puede declarar, tanto la **privación del uso** por un periodo máximo 3 años, como la **extinción del derecho** en cuya virtud disfrute de la posesión del piso o local, y su **inmediato lanzamiento**. 978

En el primero de los casos, cuando el ocupante lo hace por título de **arrendamiento**, el propietario tiene derecho al cobro de las rentas durante el periodo de privación del uso, salvo que, en estos casos, opte por la resolución del contrato.

980 **Infracción del ocupante usufructuario** Una cuestión controvertida es si la sanción de extinción del derecho se aplica también cuando el ocupante es un usufructuario. En estos casos, este último ostenta un **derecho real sobre la vivienda** por lo que su tratamiento nos parece que debe asimilarse al del propietario, supuesto en el que la sanción queda limitada a una **privación de uso** por 3 años. Igualmente sería aplicable al usufructuario arrendador (TSJ Cataluña 19-5-16, EDJ 75412).
Téngase en cuenta que la **extinción del usufructo** beneficiaría directamente al nudo propietario que consolidaría su nuda propiedad. En nuestra opinión, caso de entender que, en su condición de ocupante no propietario, procede también la sanción de extinción de su derecho, la privación debe quedar limitada al uso, que no al disfrute de la cosa, de manera que, si bien el usufructuario no podrá ya usar de la cosa, sí podrá disfrutar de ella, por ejemplo, arrendándola a un tercero.

982 **Medida cautelar de cesación de la actividad prohibida** (LPH art.7.2) Se permite también la solicitud como medida cautelar de la cesación de la actividad prohibida. La medida cautelar de cesación se puede solicitar **con la demanda o antes** de la misma, si existen razones de urgencia que justifiquen su presentación por separado.
Por la índole de la medida, estamos más ante una **anticipación del fallo** que ante una medida cautelar propiamente dicha, cuyo objetivo sea asegurar la ejecución del fallo que se dicte. El procedimiento en estos casos es el previsto en la LEC art.721 s. (nº 7500 s. Memento Procesal Civil 2024).

E. Obligaciones de los propietarios con respecto a los elementos privativos

985 Han de tenerse en cuenta las siguientes:
- obligaciones con respecto a sus propios elementos privativos (nº 990);
- consentimiento de reparaciones (nº 1005);
- constitución de servidumbres para la realización de obras, actuaciones o creación de servicios comunes (nº 1030);
- obligación de permitir el acceso a su vivienda o local (nº 1045);
- comunicar el domicilio a efectos de notificaciones (nº 1056).

1. Obligaciones con respecto a sus propios elementos privativos

990 Los propietarios de elementos privativos están obligados a mantener en **buen estado de conservación** su propio piso o local e instalaciones privativas, evitando causar cualquier tipo de perjuicio al resto de los propietarios o a la propia comunidad. Dentro de este genérico deber se incluye tanto el **mantenimiento ordinario** del piso o local y sus anejos para evitar su deterioro, como, en su caso, la realización de las **reparaciones** que sean necesarias, con sustitución de los elementos deteriorados.

Precisiones Constituye un ejemplo de este genérico deber de conservación, la obligación de mantener el inmueble en unas **adecuadas condiciones de salubridad** (AP Barcelona 30-6-04, EDJ 95594).

992 **Responsabilidad del propietario** El propietario responde de los daños que ocasione por su **descuido** o el de las **personas de quienes deba responder** (familiares y demás ocupantes del piso o local), lo cual supone una garantía del cumplimiento de esta obligación.
Si el piso o local está **arrendado**, la obligación corresponde igualmente al propietario, si bien el arrendatario está obligado a poner en conocimiento del propietario la necesidad de llevar cabo las reparaciones oportunas (LAU art.21.3), salvo que se trate de una **reparación urgente** en cuyo caso puede hacerla directamente el arrendatario y repercutírsela con posterioridad al arrendador.
Por el contrario, si el piso está en régimen de **usufructo**, la obligación de llevar a cabo las reparaciones ordinarias corresponde al usufructuario (CC art.500), mientras que las extraordinarias corresponderán al propietario, estando obligado el usufructuario a poner en su conocimiento la necesidad de reparación cuando existiese urgencia (CC art.501). Este mismo régimen es aplicable cuando el ocupante lo es en atención a un **derecho de uso y habitación**, por

la remisión general que se efectúa al régimen jurídico del usufructo en todo aquello que no se oponga a la regulación de aquel (CC art.528)
La responsabilidad del propietario **no** es una **responsabilidad objetiva**, ya que se alude a los daños causados por «descuido» lo que equivale a la necesidad de que en su actuación concurra culpa o negligencia. Eso sí, la tendencia de nuestros tribunales es aplicar en estos casos la **inversión en la carga de la prueba**, de tal manera que producido un daño que tenga su origen en un determinado piso o local o sus instalaciones, se presume que su propietario debe responder, correspondiendo a este último la carga de acreditar que, pese al daño, ha actuado con diligencia en la conservación de su piso, local o instalaciones privativas. Tampoco responderá el propietario en los supuestos en los que acredite que el daño se ha producido por **fuerza mayor** o **caso fortuito**.

Precisiones Una vez acreditado que el **origen de los daños** está en un determinado elemento privativo, corresponde a su propietario acreditar que actuó con la correspondiente diligencia en su conservación (AP Bizkaia 25-10-05, EDJ 212972; AP Barcelona 29-12-17, EDJ 281099; AP Toledo 19-5-21, EDJ 627832).

Reparación en elemento privativo o común El problema fundamental que plantea el precepto que estamos analizando es la **determinación**, no siempre fácil, de si el elemento que debe ser objeto de la oportuna reparación es privativo o común. 994
El problema se plantea fundamentalmente con las **instalaciones** que dan servicio a un determinado propietario o propietario y que transcurren a través de los **elementos comunes de la finca**, como conducciones y canalizaciones para el suministro de agua, gas o electricidad; o las que proporcionan servicios de calefacción, aire acondicionado, ventilación, evacuación de humos o instalaciones para los servicios audiovisuales.
La respuesta la encontramos en el Código Civil, que determina que estas instalaciones, aunque sean para uso privativo, se consideran **elementos comunes hasta su entrada en el espacio privativo** (CC art.396).
Con todo, pese a que, según el tenor literal de este precepto, podría parecer evidente que, aunque las **canalizaciones** den servicio a un determinado propietario, son elementos comunes hasta la entrada en el espacio privativo, por lo que solo cuando la **avería** se localiza ya en este último, el obligado a repararla es este y no la comunidad, no es este el criterio unánime de nuestros tribunales que en muchos casos consideran que, con independencia del **lugar por donde transcurran las instalaciones** en cuestión, si dan servicio a un determinado propietario es este último quien está obligado a afrontar los correspondientes gastos de conservación y reparación. Para llegar a esta conclusión se basan en una interpretación extensiva de la LPH art.3, que atribuye **carácter privativo** a las instalaciones que sirvan exclusivamente al propietario que estén comprendidas dentro de los límites de su espacio privativo (AP Girona 28-2-20, EDJ 521865).

Precisiones Se analiza la cuestión con ocasión de las **filtraciones** producidas en una **canalización privada** pero que transcurre por un elemento común, como es el forjado. Se considera que lo dispuesto en el CC art.396, se debe poner en conexión con la LPH art.3, indicando al respecto que el CC art.396 se refiere a las **conducciones que sirven a todos los propietarios**, mientras que en las viviendas o locales en que las canalizaciones están individualizadas deben considerarse como privadas, y, en caso contrario, determinar a partir del momento en que los desagües pasan a la tubería general. Es decir que según esta sentencia deben distinguirse entre aquellas conducciones -no solo para el desagüe sino también para otros servicios como electricidad, agua y telecomunicaciones- **no individualizadas**, que son las generales y que prestan un servicio común al edificio -integrando sin duda un elemento común-, de las que se encuentran ya **individualizadas** y que prestan un **servicio particular para cada piso**; y sobre esta base, se considera que las canalizaciones para el desagüe que discurren por el suelo de una vivienda son **privativas hasta el empalme** o conexión con el bajante general -que ya presta un servicio común y no exclusivo para el propio piso-, siendo a su propietario a quien corresponde el mantenimiento, reparación y sustitución (AP Sta. Cruz de Tenerife 20-1-03, EDJ 103209; en el mismo sentido, AP Gipuzkoa 12-4-05, EDJ 128244; AP Valencia 13-7-00, EDJ 57184; Juzgado 1ª Instancia Aoiz 11-3-21, EDJ 543736). 996

Frente a esta doctrina, existe una corriente de la llamada jurisprudencia menor que entiende que en estos casos las **canalizaciones son comunes** mientras que transcurran por un elemento común, con independencia de que presten servicio a un solo propietario (interpretación literal del CC art.396). 998

Precisiones **1)** En esta última, se considera que cuando la canalización discurre por el elemento común ha de entenderse, salvo **disposición contraria la de los estatutos**, que es elemento común con independencia de que esa instalación preste servicio exclusivamente a un determinado propietario (AP Zaragoza 7-10-96, EDJ 8428; AP Las Palmas 4-10-06, EDJ 328612; AP Barcelona 19-6-07, EDJ 153562; AP Madrid 25-6-07, EDJ 170225; AP Bizkaia 3-1-01, EDJ 106548; AP Tarragona 9-4-98, EDJ 68502).

2) En este caso la cuestión se plantea en relación con un **sistema de calefacción central**. La discusión se centra en si este constituye un elemento **común en su integridad**, o si debe entenderse que dejan de ser elemento común las **tuberías que discurren por el interior de la vivienda**. Inclinándose por la primera opción con independencia del lugar por donde transcurran las tuberías, toda vez que al tratarse de un circuito estanco con unas dimensiones de trazado invariables, cualquier **modificación** puede afectar al funcionamiento del servicio, lo que lleva al juzgado a considerar como un elemento común en su conjunto, haciendo responsable a la comunidad de su conservación en todo caso (AP Madrid 19-3-08, EDJ 79492; en la misma línea, AP Madrid 17-5-05, EDJ 87010; AP Salamanca 30-7-04, EDJ 132658).

1000 **Uso o destino de los elementos comunes y privativos** El problema también se plantea en relación con las reparaciones a llevar a cabo sobre determinados elementos que pueden ser comunes o privativos en función del uso o destino que se les de cómo los **patios interiores o terrazas**, que pueden ser elementos privativos si así se ha dispuesto en el título constitutivo (TS 23-5-84, EDJ 9791; 31-1-85, EDJ 553).

Obviamente, en estos casos, si en el **título constitutivo** se califican como privativos, su conservación y reparaciones correrán en principio a cargo de sus propietarios.

El problema se plantea cuando manteniendo su calificación como elementos comunes su **uso se atribuye en exclusiva a un solo propietario**. En estos casos las soluciones de los tribunales no son uniformes, aunque se puede decir que, con carácter general, si se trata de **daños generados por el uso** del elemento en cuestión la reparación deberá correr a cargo del propietario y si los daños tienen su **origen en contingencias distintas** de aquel, su reparación deberá correr a cargo de la comunidad de propietarios.

1002 Precisiones **1)** En este caso, se distingue a la hora de determinar quién es el obligado a llevar a sufragar las obras de reparación en una **terraza común de uso privativo**, en función del origen de los daños. De esta forma, en esta última se mantiene que cuando se trate de obras de conservación y reparación, entendidas como aquellas que están encaminadas a mantener el edificio en perfecto estado de uso y aquellas que tiendan a componer o arreglar el menoscabo sufrido, deben ser a cargo de la comunidad, mientras que el propietario de la terraza que tiene atribuido su uso exclusivo estará obligado a reparar solo los daños ocasionados por el uso que hacen de dicha cubierta, tanto los que se producen por el uso ordinario como los que se produzcan por el mal uso o uso indebido, pero no los que son atribuibles a **vicios ruinógenos**, que pueden deberse tanto a la mala ejecución, como al mero paso del tiempo (TS 11-10-93, EDJ 8896; 24-4-13, EDJ 55886; en idéntico sentido, AP Baleares 27-2-14, EDJ 32498).

2) Se considera responsable a la comunidad por los daños producidos por las **filtraciones de agua procedentes de una terraza común de uso exclusivo**, al proceder de la defectuosa impermeabilización por deterioro de la tela asfáltica (AP Albacete 18-2-10, EDJ 62331; AP Madrid 19-1-12, EDJ 29459; TS 30-12-15, EDJ 267876).

3) Se condena a la comunidad a reparar los daños causados en un supuesto de **filtración de agua en vivienda por lluvias**, como consecuencia de la avería en la cubierta del edificio donde se sitúan unas terrazas cuyo uso, mantenimiento y conservación está atribuido en los estatutos a los propietarios de los pisos situados debajo de la cubierta, aunque se trata de un elemento común (AP Madrid 29-4-02, EDJ 62072).

4) Se considera responsable al propietario que tiene atribuido el uso exclusivo de una terraza por los daños causados por **filtraciones debidas al mal estado de los sumideros**, declarando que corresponde a aquel su obligación de conservarla (AP Palencia 20-12-99, EDJ 51359).

5) Se considera responsable a la comunidad, por los daños provocados en vivienda por filtraciones provenientes de la terraza del edificio, de uso exclusivo de un propietario al tener su origen en una **deficiente impermeabilización** (AP Málaga 14-1-09, EDJ 53096).

6) En este caso, pese a que la terraza en cuestión en la que tienen su origen las filtraciones es de carácter privativo se considera que la responsabilidad por los daños causados corresponde a la comunidad al tener su origen en su **capa de aislamiento** que es un elemento común (AP Ávila 28-5-08, EDJ 206340).

7) En este caso **se distribuye la responsabilidad** entre la comunidad (70%) y el propietario que tiene atribuido el uso exclusivo de la terraza (30%), al tener su origen las filtraciones tanto en una falta de mantenimiento por parte del propietario, cuya responsabilidad corresponde a este, como en una deficiente impermeabilización, que correspondería a la comunidad de propietarios (AP Lugo 8-1-07, EDJ 34109).

8) Se discute sobre quién debe ser el **destinatario de la acción** para pedir la reparación de la terraza que tiene filtraciones: la empresa constructora o a la comunidad. Se entiende que la comunidad es responsable de la reparación frente al propietario, con independencia de las acciones que pueda dirigir contra la empresa constructora (AP Burgos 16-12-11, EDJ 302007).

9) Los daños producidos por **fugas de bajantes** se consideran daños continuados, no sujetos en consecuencia a prescripción (AP Madrid 22-12-11, EDJ 327409).

2. Consentimiento de reparaciones

Los propietarios tienen la obligación de consentir que se realicen en su propiedad privativa las reparaciones que exija el **mantenimiento en perfecto estado** de los servicios del inmueble. 1005
Se trata de un **deber** que se impone a una persona en su **condición de titular** de un inmueble sometido a la LPH (obligación *ob rem*). No estamos en consecuencia ante una servidumbre (TS 13-12-01, EDJ 47979).
Para que el precepto que estamos analizando resulte aplicable no es necesario que estemos ante una **obra urgente**, basta con que sea necesaria.

Ejemplo Un ejemplo típico de este tipo de obligaciones es el supuesto en que un propietario debe **permitir el acceso a su vivienda** con el objeto de que tenga lugar la reparación de las bajantes del edificio en el caso de que se hayan producido fugas.

Obligación de resarcir los daños y perjuicios por la comunidad El propietario obligado tampoco puede supeditar su **consentimiento** a que por parte de la comunidad se le garantice la reparación del daño que se le pudiera causar. Es cierto que el propietario tiene derecho a que la comunidad le resarza de los daños y perjuicios ocasionados (LPH art.9.1.c), pero tal derecho, obviamente, surge con **carácter posterior** al cumplimiento por parte del propietario de su obligación de consentir las reparaciones y permitir la entrada en su vivienda a tal efecto. Hasta que no se lleven a cabo las reparaciones es difícil conocer la entidad y alcance de los daños y perjuicios causados al propietario que ha permitido el acceso a su propiedad para la realización de la reparación. 1008
El precepto no autoriza, en modo alguno, que el propietario pueda subordinar el cumplimiento de tal obligación que le impone la LPH a la asunción por parte de la comunidad de propietarios de una **obligación de resarcimiento** de unos daños y perjuicios cuyo real alcance aún se desconoce, máxime cuando ello no entraña **garantía adicional** alguna para el propietario, en la medida en que a la comunidad le viene impuesta legalmente la obligación de resarcir los daños y perjuicios ocasionados a aquel.
El **propietario que haya consentido la reparación** tiene, por consiguiente, derecho a exigir de la comunidad una adecuada compensación económica por los daños y perjuicios que le hubiera podido conllevar el cumplimiento de esta obligación.

Precisiones **1)** Se plantea la cuestión de si la **compensación** que debe recibir el propietario que consiente la reparación debe ser **económica** o basta con que la comunidad le repare los **daños generados en su elemento privativo** por aquella. Se llega a la conclusión de que la deuda generada por el consentimiento de la reparación tiene naturaleza pecuniaria y no de prestación de hacer para reponer las cosas dañadas a su estado primitivo. Ello sobre la base de que la comunidad no está ligada con la propietaria actora por ningún vínculo del que derive una obligación de hacer en los términos del CC art.1098 y 1101 (AP Burgos 15-2-01, EDJ 106435). 1010
2) Se acuerda fijar como **indemnización** para el propietario de un local comercial que ha consentido las obras, el **lucro cesante** derivado de haber tenido que mantener cerrado el comercio de ropa 1 mes por la realización en el edificio obras de consolidación y rehabilitación del edificio en el que aquel estaba ubicado (AP Jaén 23-11-06, EDJ 304673).
3) Se **deniega la indemnización por la falta de prueba** de los daños y perjuicios causados al demandante como consecuencia de permitir el acceso a través de su propiedad para llevar a cabo las obras necesarias para la reparación de los daños existentes (AP Madrid 10-7-00, EDJ 120020).
4) El propietario que debía consentir la reparación condicionó la misma a que por parte de la comunidad se estableciesen una serie de **garantías**. Se considera dicho **condicionamiento improcedente** y se condena al propietario en cuestión a consentir las reparaciones en cuestión, sin perjuicio, claro está, de su derecho a obtener por parte de la comunidad la correspondiente **indemnización** por los daños y perjuicios que se le hubieran causado (AP Cantabria 9-7-04, EDJ 81523; AP Murcia 17-1-06, EDJ 22691).
5) Se desestima la petición del propietario de que la comunidad sufragase directamente el **coste del traslado del mobiliario** que había que sacar de la zona donde se debía llevar a cabo la reparación, sin perjuicio de la posibilidad de que con posterioridad a aquella se le resarzan por la comunidad los daños y perjuicios que se le hubieran podido causar (AP Zaragoza 4-6-07, EDJ 158126).
6) En un supuesto en el que la **vivienda deviene inhabitable** durante el tiempo que duraron las obras, se fija una indemnización de 66 euros por cada día de privación (AP Madrid 25-2-14).

Otros supuestos Los tribunales consideran que este deber también alcanza a otros supuestos no recogidos específicamente en la LPH, pero con los que exista **identidad de razón**. 1012

Precisiones El Tribunal Supremo concluyó que el deber recogido en la LPH art.7.2 debía extenderse a otros supuestos similares, entendiendo por tal el caso enjuiciado donde entendió que el propietario de un ático estaba obligado a permitir el paso por su vivienda para la **colocación de unos andamios en la terraza del edificio**, elemento común de uso privativo al que se accedía a través de su vivienda (TS 28-10-05, EDJ 229524).

1014 **Negativa a prestar el consentimiento** En el caso en el que el propietario u ocupante de la vivienda **no cumpla voluntariamente** con su obligación, es necesario acudir al juez para que sea este último el que resuelva sobre la obligación o no del propietario de consentir la **entrada en su domicilio**. De esta forma, el legislador garantiza la inviolabilidad del domicilio consagrada por la Const art.18.2.

El problema en estos casos es que los procedimientos judiciales no tienen la celeridad necesaria para resolver sobre el acceso a la vivienda o local en **situaciones de urgencia** que no admiten demora, lo que ocasiona no pocos conflictos de muy difícil por no decir imposible solución (AP Madrid 4-3-14, EDJ 36188).

No obstante, en el supuesto en el que el propietario u ocupante de la vivienda o local **niegue o demore de manera injustificada** el acceso al mismo en supuestos en los que sea necesario acceder para efectuar este tipo de reparaciones, debe responder de los daños y perjuicios que su negativa o su demora haya causado a la comunidad, previa acreditación de que por parte del propietario ha existido culpa o negligencia en dicha negativa.

Precisiones Habiendo solicitado por parte de comunidad el **acceso a la vivienda** de los demandados para llevar a cabo las obras consistentes en la **reparación de unas humedades**, así como que este último indemnizase a dicha comunidad por los daños y perjuicios causados a la comunidad, al haber tenido que solicitar dicho acceso judicialmente, se estima que procede que el demandado permita el acceso a su vivienda a los efectos solicitados, si bien se desestima la petición de condena a este último a **indemnizar** a aquella por los daños y perjuicios derivados de su negativa, al apreciar que existían dudas razonables sobre si el origen de las humedades estaba en la vivienda de los demandados (AP Madrid 21-1-98, EDJ 41050).

1016 **Consentimiento del ocupante no propietario** Aunque la obligación se refiere al propietario, entendemos que el ocupante no propietario está también **obligado a consentir la reparación**, pues de otra forma el precepto carecería de virtualidad en muchos supuestos, dándose la circunstancia de que no se podrían ejecutar obras necesarias para la finca en el supuesto en el que aquel no permitiese el acceso a la vivienda o local que ocupa.

En este último caso, la duda surge a la hora de precisar a quién le corresponde la **legitimación activa** para solicitar la indemnización por los daños y perjuicios que la reparación le hubiese podido causar.

Si se trata de un **arrendamiento**, nos inclinamos porque la indemnización en cuestión le corresponda al propietario dado que es este último el que debe afrontar los gastos de conservación de la vivienda (LAU art.21.1), si bien, si la obra dura más de 20 días, el arrendatario tendrá derecho a una disminución de la renta en proporción a la parte de la vivienda de la que el arrendatario se vea privado (LAU art.21.2; CC art.1558).

La solución es distinta si el ocupante lo es por un **derecho de usufructo, uso o habitación**, toda vez que en estos casos, en la medida en que las obras de conservación son de cargo del usufructuario, del usuario y del que tiene derecho de habitación (CC art.500 y 528, este último por remisión), parece razonable y lógico que sea este a quién le corresponda la acción de resarcimiento.

Precisiones Tanto la **acción de la comunidad** para pedir la correspondiente indemnización al propietario que con su negativa a consentir la reparación causó un retraso en la misma, como la **acción del propietario** que la consintió para solicitar la indemnización por los daños y perjuicios causados, consideramos que están sometidas al **plazo de prescripción** de 1 año, al participar de las características de la responsabilidad extracontractual (AP Burgos 15-2-01, EDJ 106435).

3. Constitución de servidumbres para la realización de obras, actuaciones o creación de servicios comunes

(LPH art.9.1.c)

1030 De forma paralela a la obligación a la que se acaba de aludir, los **propietarios de elementos privativos** están obligados a permitir que se establezcan sobre sus viviendas o locales las servidumbres que resulten imprescindibles para la realización de obras, actuaciones o la creación de servicios comunes llevados a cabo o acordados conforme a la LPH (nº 2903 s.).

Precisiones El propietario tiene que soportar no solo las **reparaciones** necesarias para la conservación del inmueble, sino también las **servidumbres** que vengan aparejadas por la ejecución de obras, actuaciones o creación de nuevos servicios comunes al amparo de lo dispuesto en LPH art.10 y 17, entre las que se encuentran las obras necesarias para garantizar los ajustes necesarios en materia de accesibilidad universal, las derivadas de la inclusión en un edificio en un ámbito de actuación de rehabilitación o regeneración y renovación urbana, para cuya ejecución no resulta necesario acuerdo de la junta o, en definitiva, cualquier otra obra acordada con las mayorías que se exigen por los preceptos citados.

Obligación de consentir su establecimiento Estamos ante una verdadera **servidumbre legal**, de forma que todos los propietarios están obligados a consentir su establecimiento si se dan los **requisitos** exigidos para ello: 1032
- que se establezcan para la instalación de **servicios comunes de interés general**;
- que su instalación se acuerde por las **mayorías** que al respecto se fijan por la LPH art.19.1.

De conformidad con lo previsto para las servidumbres con carácter general por el CC art.543, consideramos que la servidumbre debe constituirse de la forma más conveniente para ocasionar la **menor incomodidad posible** al propietario que la sufre.

Precisiones **1)** Se estima la impugnación del acuerdo en virtud del cual se acordó la instalación de un **servicio de calefacción** que implicaba una servidumbre para un propietario, al existir otro proyecto viable que no afectada al trastero del propietario demandante (AP Zaragoza 16-1-01, EDJ 97447).
2) Se falla en contra de la **instalación de un ascensor**, que era igualmente viable sin la necesidad de constituir una servidumbre, no siendo el local del propietario impugnante el lugar menos perjudicial para su instalación (AP Murcia 19-2-01, EDJ 106479). En sentido contrario, se autoriza la instalación del ascensor, según el proyecto de la comunidad de propietarios, aun cuando eliminaba más espacio del local del propietario disidente, por ser la solución más económica para la comunidad (AP Navarra 27-7-21, EDJ 718920).
3) En cuanto al **importe de la compensación,** se considera que el mismo debe venir dado por la depreciación que sufre la vivienda como consecuencia de la implantación de la servidumbre. En el caso, en concreto, de la pérdida de ventilación y luminosidad de la vivienda por la instalación de ascensor en el patio común, se fija en el 20% de su valor de mercado (AP Madrid 29-9-10, EDJ 281911). En otro supuesto, se acordó una indemnización de casi 30.000 euros por el impacto que la instalación del ascensor comunitario implicó en el local del negocio (AP A Coruña 14-11-16, EDJ 223402).
4) No procede la instalación de ascensor cuando la misma implica un **sacrificio excesivamente oneroso** para el propietario que la tiene que soportar (AP Bizkaia 30-10-13, EDJ 243772). Para poder exigir la constitución de la servidumbre sobre un elemento privativo, a fin de bajar el ascensor a cota cero, se requiere que esta sea necesaria e imprescindible para la ejecución de la solución adoptada por la comunidad (AP Cantabria 28-2-22, EDJ 530632).

Servicios comunes (LPH art.17) Dentro de la norma tienen cabida cualquier servicio cuya instalación pueda resultar de **interés general**, como por ejemplo el establecimiento de servicios comunes para la **eliminación de barreras arquitectónicas** o de infraestructuras comunes para el acceso a los servicios de telecomunicación. A este respecto, ha de tenerse en cuenta la regulación del derecho de **ocupación de la propiedad privada**, en este caso de los edificios de viviendas (L 11/2022 art.44 s.). 1034

En todo caso, se establece la posibilidad a favor de todo propietario de **impugnar los acuerdos** que considere que le causan un grave perjuicio, que no tiene la obligación de soportar o que se hayan adoptado con abuso de derecho.

Precisiones **1)** En este caso, se impuso a un determinado propietario una servidumbre de paso para la reparación y conservación de la **antena de telefonía móvil** que la comunidad había decido instalar en la cubierta del edificio. El juzgado estima que dicha instalación no se puede considerar en ningún caso como una **instalación de interés general para la comunidad** que permita el establecimiento de una servidumbre; considerando ilícito el acuerdo adoptado de conformidad con lo establecido en la LPH art.18.1.a, en relación con LPH art.9.1.c, al haberse establecido una **servidumbre en una vivienda privativa**, sin que obedezca a la imprescindible puesta en marcha de servicios comunes de interés general (JPI Bilbao 29-6-01).
2) No es un servicio común de interés general la instalación de un servicio de **calefacción central**, que implica la constitución de una servidumbre (AP Zaragoza 16-1-01, EDJ 97447).
3) Se han considerado servicios de interés general la instalación de **ascensor** (TS 5-10-11, EDJ 270371; AP Bizkaia 28-7-10, EDJ 256808), el **alumbrado, vigilancia, recogida de basuras** y saneamiento (AP Segovia 30-6-10, EDJ 175093), y también el cambio de **césped y zona ajardinada** por hormigón y creación de nuevas plazas de **aparcamiento** (AP Málaga 30-6-16, EDJ 195635).
4) No se considera servicio de interés general una **piscina** (AP Zaragoza 28-6-11, EDJ 152313), ni la adquisición del 50% más una de las **participaciones en la sociedad civil Club de Campo** con posibilidad de disfrutar de sus instalaciones, que suponen incremento de los gastos de mantenimiento (TS 7-6-15, EDJ 128715).
5) En Cataluña, se falla **en contra de la instalación de un ascensor**, a pesar de solicitarlo un vecino de más de 70 años, porque la comunidad votó en contra y porque, para instalarlo, se debía de establecer una servidumbre permanente sobre varias entidades, que no eran anexos, sino los propios elemento privativos, quitándoles un trozo de entidad considerable y se ha tomado la dirección de no permitirla (AP Barcelona 6-11-23, EDJ 772380). A sensu contrario, por no haber **impugnado**, el propietario disidente, los acuerdos de junta en legal forma (AP Barcelona 25-10-23, EDJ 745627).

1036 **Imposibilidad de expropiación del elemento privativo afectado** El establecimiento de la servidumbre, en principio, no puede suponer una expropiación del elemento privativo afectado por la misma, que conculcaría el **derecho a la propiedad privada** (CC art.348) y el que determina que nadie podrá ser privado de sus bienes sino por causa justificada (Const art.33).

Esta previsión constitucional, aunque pensada para supuestos de expropiación, es perfectamente trasladable al régimen de propiedad horizontal como parámetro de interpretación. De este modo, la imposición de la obligación legal de permitir el establecimiento de servidumbres precisas para la realización de obras, actuaciones o la creación de servicios comunes no debe ser interpretado de manera no absoluta.

Su aplicación debe reservarse a los supuestos en los que el establecimiento de aquella sea **absolutamente necesario**, sin que existan alternativas razonables a aquella, o bien cuando sean demasiado gravosas económicamente para la comunidad, que resulten menos gravosas para el propietario afectado por la servidumbre y que tenga una menor incidencia sobre su derecho de propiedad (AP Madrid 28-6-21, EDJ 687546).

En este sentido, consideramos que es necesario que el **derecho de la comunidad** a la instalación del servicio en cuestión se concilie con el **derecho de cada propietario** a ver respetada su propiedad, de forma que esta última se ponga al servicio de la comunidad exclusivamente cuando ello resulte absolutamente necesario y **no existan alternativas** al mismo.

Ello nos lleva a considerar que el establecimiento de la servidumbre no debe llevar en principio a la privación del derecho de propiedad, aunque sea parcial, salvo claro está, que exista **consentimiento expreso** por parte del propietario afectado. Implica que, si las circunstancias cambiasen, y ya no fuera necesario el uso de la servidumbre, debería devolverse el espacio cedido a su propietario legítimo, pues no se le está expropiando estrictamente, sino que está cediendo una parte en concepto de servidumbre (AP Barcelona 25-10-23, EDJ 745627).

1037 Precisiones En el caso de acuerdo de la junta sobre la **instalación de un ascensor**, que constituye sin duda un servicio común de interés general, pero dándose la circunstancia de que para su instalación se **invadió parte de la terraza privativa de un propietario**, se estima que, constituyendo la terraza de referencia, espacio de la sola propiedad de los actores, como titulares de la vivienda de la que la terraza forma parte inseparable, no es posible la privación, unilateral, por esa comunidad, de ese espacio, por mínimo que sea, de naturaleza privativo, sin que se incurra en una auténtica **expoliación o privación** (expropiación forzosa) de parte de la propiedad de los actores, sin su consentimiento y por muy atendibles o justificadas razones que asistan a la comunidad en orden de proceder a la instalación de meritado ascensor, como medio de mejorar la habitabilidad del edificio, eliminar barreras arquitectónicas, favorecer el acceso a sus viviendas a determinados vecinos, algunos de ellos de avanzada edad o en su condición de personas con discapacidad (AP Valladolid 13-1-06, EDJ 286832; en la misma línea, AP Tarragona 11-11-04, EDJ 223468; AP Asturias 12-1-07, EDJ 102775; AP Cantabria 23-5-06, EDJ 82703; AP Barcelona 17-5-06, EDJ 290986; 6-11-23, EDJ 772380). En **Cataluña**, se ha tomado la dirección de no imponer servidumbres permanentes, expropiando parte del elemento privativo, por lo que, únicamente, se puede hacer en los **anexos**, siempre que sea totalmente necesario y se pueda llevar a cabo físicamente. Si no es así, se deniega la instalación del ascensor, siempre que el acuerdo haya sido impugnado en legal forma (AP Barcelona 18-10-23, EDJ 738560).

En contra, se ha pronunciado el Tribunal Supremo, considerando que la instalación de ascensor que implica la privación de parte del espacio privativo procede con la oportuna **indemnización** atendiendo al valor de los metros cuadrados de suelo expropiado (TS 17-10-13, EDJ 201110; AP Barcelona 18-10-23, EDJ 738560).

Esta solución se ha matizado después en el sentido de que el interés de la comunidad en la instalación del ascensor, como servicio de interés general, no puede suponer una privación del derecho de propiedad, hasta el punto de suponer una **pérdida de habitabilidad y funcionalidad** de su espacio privativo (TS 10-3-16, EDJ 20747; AP Barcelona 6-11-23, EDJ 772380).

Por ello el juzgador ha de estudiar cada caso para tratar de decidir qué debe imperar, sopesando el problema en un delicado equilibrio entre los derechos fundamentales de los propietarios y el bienestar de la comunidad. Como **ejemplo** podemos nombrar la disyuntiva de tener que decidir entre autorizar la instalación de un ascensor en una finca antigua, por necesitarlo propietarios ancianos, frente al peligro que podría suponer desestabilizar su estructura.

1040 **Superficie mínima para la instalación del servicio común** Cuando la superficie necesaria para la instalación del servicio común es mínima en relación con la que corresponde a la totalidad del elemento privativo y no ocasiona un menoscabo económico o funcional relevante de los aprovechamientos del departamento privativo, nuestros tribunales vienen admitiendo de manera excepcional la **invasión del elemento privativo** por la instalación en cuestión, teniendo en cuenta que no se trata tanto de una expropiación como de una servidumbre obligatoria.

Precisiones Se ha considerado lícita la invasión de la propiedad privativa de un local para la instalación de un servicio de **ascensor** en un edificio en el que vivían personas con discapacidad, si bien es cierto que en este caso la ocupación de la propiedad privativa fue mínima, 3,07 m² de 264,47 m² (TS 18-12-08, EDJ 234517; en idéntico sentido, AP Cuenca 7-7-09, EDJ 166891; AP Barcelona 3-7-07, EDJ 146472; AP Araba 30-3-06, EDJ 59799; AP Navarra 21-7-21, EDJ 718920). Si la invasión es mucho mayor y en una parte del inmueble, no siendo anexo, la tendencia, en **Cataluña,** es no permitirlo (AP Barcelona 6-11-23, EDJ 772380).

Indemnización a favor del propietario afectado El establecimiento de la servidumbre da lugar igualmente a la correspondiente indemnización a favor del propietario afectado, cuestión sobre la que nos remitimos a lo expuesto en nº 1005 s. en relación con la indemnización que corresponde al propietario que tiene que **consentir las reparaciones** que exija el servicio del inmueble. 1042

4. Obligación de permitir el acceso a su vivienda o local

(LPH art.9.1.d)

Es obligación de cada propietario permitir la entrada en su piso o local para el cumplimiento de las obligaciones relativas a: 1045

- el respeto a las **instalaciones generales** y demás elementos comunes (nº 1118);
- el mantenimiento en buen estado de **conservación** del piso o local o las instalaciones privativas (nº 990);
- consentir las **reparaciones** que exija el servicio del inmueble (nº 994 s.) y permitir el establecimiento de las **servidumbres** precisas para la realización de obras, actuaciones o la creación de servicios comunes (nº 1030 s.).

Sin esta previsión legal, las mencionadas obligaciones, principalmente la de consentir reparaciones y el establecimiento de servidumbres, no serían operativas, pues para que ambas puedan cumplirse es necesario que el propietario permita el acceso a su piso o local.

Al igual que en el caso de la obligación del propietario de consentir las reparaciones necesarias que exija el servicio del inmueble y de permitir el establecimiento de las servidumbres precisas para la **instalación de los servicios comunes de interés general**, estamos ante una obligación *ob rem* ligada a la propiedad (TS 13-12-01, EDJ 47979; AP Madrid 15-3-17, EDJ 65496; 10-1-20, EDJ 532801; AP Cantabria 28-1-20, EDJ 510421; AP Valencia 17-1-20, EDJ 523214; AP Alicante 11-12-19, EDJ 819896; AP Barcelona 25-10-23, EDJ 745627).

Precisiones **1)** La comunidad de propietarios del inmueble del que es comunera la demandada acordó acometer las obras de reparación necesarias de una terraza cuyo **uso y disfrute exclusivo** correspondía a la demandada para solucionar el problema de humedades que sufre el local de negocio ubicado bajo dicha terraza y para ello pretendía el **acceso a través de la vivienda** de la demandada a lo que esta se opuso, discrepando en cuanto alcance y contenido de las obras previstas de ejecución y sobre la necesidad de que su acometimiento deban hacerse a través de su vivienda. 1046

Se considera que el propietario debe **permitir el acceso** a través de su vivienda para llevar a cabo las reparaciones en cuestión, al amparo de lo dispuesto en el de la LPH art.9.1.d, que establece la obligación del propietario de permitir la entrada a su piso o local a fin de practicar las **reparaciones que exijan los elementos comunes**, obligación que califica como de carácter *ob rem*, indicando que esta no puede venir limitada sino en lo necesario para el fin propuesto y que, en el caso, debe pesar sobre la demandada en cuanto que lo conforme con la lógica es que, si la obra de necesaria ejecución consiste en la **impermeabilización de la terraza**, la misma se ejecute accediendo a ella a través de la vivienda a la que está anexa y sin que proceda establecer limitación apriorística a esa obligación de permitir el tránsito ni tiempo concreto para su ejercicio, lo que, a juicio del tribunal, vendrá determinado por el propio desarrollo de la obra. Eso sí, aquel matiza que la comunidad deberá cuidar que la obligación que pesa sobre la propietaria no sea más **gravosa** de lo necesario (AP Asturias 3-7-02, EDJ 136246; AP Las Palmas 27-2-14, EDJ 51062).

2) En el caso enjuiciado, la solución fue permitir el acceso solo al **perito de la compañía aseguradora** y con el objeto de comprobar de forma eficaz el origen de la avería (AP Murcia 16-5-06, EDJ 92949).

3) Se desestimó la solicitud de acceso a la vivienda privativa al poder llevarse a cabo la reparación **a través del parking** de la finca en cuestión (AP Barcelona 2-3-99, EDJ 17774).

4) Se acuerda la obligación del propietario de permitir el acceso a su vivienda para poder dar una capa de **pintura a la fachada del edificio** que se encontraba en mal estado de conservación (AP Sta. Cruz de Tenerife 18-11-09, EDJ 348732).

5) En el caso en cuestión, la comunidad de propietarios, solicitó que se permitiese el acceso a la vivienda de los demandados con el objeto de poder verificar si los **malos olores** existentes en la comunidad provenían de la obra realizada por aquellos en su **conexión con las bajantes**. Por el juzgador se accede a dicha petición al amparo de lo dispuesto en la LPH art.9.1.d), toda vez que la

obligación de la entrada en el piso o vivienda se previene también como garantía del respeto a la obligación prevista la LPH art.9.1.a y b, que impone a los propietarios la obligación de **respetar las instalaciones generales de la comunidad** y de los demás elementos comunes, usando de ellos según su destino, mantener su piso o local e instalaciones privativas en condiciones que no perjudiquen a la comunidad o a otros propietarios; siendo necesario el acceso a la vivienda en cuestión para verificar que el propietario en cuestión había cumplido con estas obligaciones, existiendo indicios de lo contrario (AP Salamanca 15-10-05, EDJ 206753).
6) En este caso se permite el acceso y utilización del **patio privativo** del demandante para la colocación de andamios con la finalidad de instalar la **antena de televisión** y las conducciones de ventilación y gas (AP Barcelona 23-4-03, EDJ 138296).
7) Se acuerda el paso por la vivienda privativa para acceder a la **cubierta del edificio** para la reparación del sistema de calefacción, reparación de humedades y antena (AP Ávila 28-7-11, EDJ 253054).

1048 **Obligación del ocupante no propietario** Aunque la obligación se refiere al propietario, al igual que hemos afirmado con respecto al consentimiento de las reparaciones, consideramos que el ocupante no propietario estará también obligado a permitir el acceso a su vivienda en estos supuestos, pues de otra forma las obligaciones impuestas al propietario para cuya ejecución se necesita acceder a la vivienda por terceros carecerían de virtualidad alguna.
No obstante, no puede olvidarse el derecho fundamental a la **inviolabilidad del domicilio** (Const art.18.2), de forma que el acceso a la vivienda o local solo puede tener lugar con el **consentimiento** de su propietario u ocupante o con la correspondiente **autorización judicial**, que solo se debe conceder en los supuestos en los que el acceso a aquel sea imprescindible para poder llevar a cabo la actuación necesaria para la reparación o conservación de la finca o el establecimiento de la servidumbre precisa para la instalación de servicios comunes de interés general (AP Málaga 9-6-21, EDJ 721257).

1052 **Acceso a la vivienda o local de forma urgente** Determinadas actuaciones requieren de forma urgente el acceso a la vivienda o local en cuestión, que se demorará sobre manera en caso de que el **propietario niegue su consentimiento**. En estos casos, a la junta no le queda más remedio que **solicitar judicialmente dicho acceso** y reclamar al propietario los daños y perjuicios que el **retraso en la ejecución** de la actuación necesaria haya causado a la comunidad.
Con el objeto de agilizar la autorización, en supuestos en los que exista urgencia se podría tratar de solicitar una **medida cautelar** consistente en dicha autorización, pues aunque en la LEC no se recoge de forma específica esta medida, se admite la **solicitud de cualquier otra medida** no indicada expresamente que se estime necesaria para asegurar la tutela judicial que pudiera otorgarse en la sentencia estimatoria que recayese en el juicio (LEC art.727).

1054 **Acceso necesario para otras actuaciones** Aunque el precepto que estamos analizando se refiere únicamente a los supuestos comprendidos dentro de los tres primeros apartados de la LPH art.9.1, a los que antes hemos hecho alusión (nº 1045), parece razonable que el mismo sea extensible a supuestos en los que dicho acceso sea necesario igualmente para otras actuaciones previstas por la LPH, como por ejemplo la **instalación de servicios comunes** -portería, conserjería, vigilancia... (LPH art.17)-, que en muchas ocasiones necesitarán para su instalación el acceso a determinados elementos privativos del inmueble.
También nos parece razonable y lógico que se permita el acceso en supuestos en que los que la actuación de conservación, reparación o instalación propiamente dicha no se va a llevar cabo a través del elemento privativo en cuestión, pero sí es necesaria la utilización de este último para llevar a cabo la obra.

Precisiones En este caso, la cuestión litigiosa se centró principalmente en la determinación de si los propietarios estaban o no obligados a permitir el acceso a su vivienda, sita en el ático de un edificio, al objeto del depósito de materiales y la instalación de andamios colgantes en su terraza privativa para ejecutar unas **obras extraordinarias aprobadas por la comunidad**, consistentes en la reparación de las fachadas del edificio y la sustitución de las barandillas de las viviendas. Se llega a la conclusión de que dicho acceso debe ser permitido.
Se llega a esta conclusión en base a que la obligación que establece la LPH art.9.1.c debe interpretarse no solo en atención al sentido literal de sus palabras, sino también relacionándola con su contexto, espíritu y finalidad (CC art.3.1). Aunque el supuesto de hecho no coincide con el tenor literal del precepto, sí se ajusta al **espíritu y finalidad de la norma**, debiendo entenderse que existe una obligación de los propietarios de consentir que su piso pueda ser utilizado para posibilitar la reparación, al ser este último el medio más idóneo para instalar los sistemas mediante los cuales se va a ejecutar una **obra necesaria en beneficio de toda la comunidad** (TS 28-10-05, EDJ 188341).

5. Comunicar el domicilio a efectos de notificaciones

(LPH art.9.1.h)

Se impone a los propietarios la obligación de comunicar a quien ejerza las funciones de **secretario de la comunidad** un domicilio en España a efectos de poder efectuar en él las comunicaciones y citaciones necesarias en relación con los asuntos que atañen a aquella. Esta obligación está pensada para los supuestos en los que el **propietario no sea la persona que ocupe el piso** o local de su propiedad, pues en caso contrario la notificación se hará en estos sin mayor problema. 1056

La comunicación del domicilio debe efectuarse por **cualquier medio** que deje constancia de su recepción, lo cual es lógico pues si no se acredita esta no se podrá acreditar el cumplimiento de la obligación en cuestión.

El método fehaciente más barato es el **burofax del servicio de correos**, con certificación de texto y acuse de recibo. No obstante, como alternativa a este, la comunicación también se podrá enviar por conducto notarial.

En todo caso, aunque la comunicación no se haga por ninguna de estas vías fehacientes, también será válida en la medida en que el propietario en cuestión pueda acreditar que se ha efectuado, pues la finalidad de la norma es que la comunidad tenga **conocimiento efectivo** de dicho domicilio, imponiendo la comunicación fehaciente simplemente a efectos de que el propietario pueda acreditar la comunicación en cuestión en caso de conflicto.

Ejemplo El **propietario comunica al secretario** de su comunidad su domicilio a efectos de notificaciones y citaciones por una **simple carta** y por parte de este último se le contesta con otra donde acusa recibo de esta, remitiéndola a dicho domicilio; o el envío de un **simple correo electrónico**, que es contestado por el secretario, admitiendo que toma nota del nuevo domicilio; o, sin más, una simple **llamada telefónica**, que igualmente es contestada por un medio escrito donde se reconozca la comunicación de aquel

La obligación que se impone al propietario de comunicar un domicilio a efectos de citaciones y notificaciones constituye una **obligación esencial** para el funcionamiento del régimen de propiedad horizontal, que se articula a través del conocimiento que por parte de los propietarios se tenga de las decisiones adoptadas por la comunidad. 1060

La comunidad debe conocer en todo momento el domicilio de todos y cada uno de los propietarios a efectos de poder cumplir con las obligaciones que impone la LPH en cuanto a **citaciones y notificaciones**.

La comunidad debe notificar a todos los propietarios la **convocatoria de las juntas** (LPH art.16.2), así como los **acuerdos adoptados** (LPH art.18.3).

El cómputo del **plazo de caducidad para la impugnación de acuerdos** comienza a contar para los propietarios ausentes desde la notificación del acuerdo (LPH art.18.3).

La fijación del domicilio es necesaria para la **remisión del acta** de la junta (LPH art.19.3).

En nº 9110 puede consultarse un **modelo de carta** comunicando el domicilio a efectos de notificaciones y requerimientos.

Comunicación al secretario o al administrador (LPH art.9.1.h) La comunicación del domicilio debe hacerse al **secretario** de la comunidad (nº 1056), aunque en la práctica a quién se hace dicha comunicación es al administrador que es quien habitualmente desempeña ese cargo. En el caso de que el administrador no tenga atribuidas las **funciones de secretario**, pese al tenor literal de la norma, consideramos que se debe tener por cumplida dicha obligación si el propietario comunica a aquel un **domicilio en España** a efectos de comunicaciones y notificaciones, toda vez que el objeto de la norma es que la comunidad tenga conocimiento de este último y es obvio que comunicando el domicilio al administrador de la comunidad, esta última conoce cuál es este. 1062

Incumplimiento de la obligación (LPH art.9.1.h) Si el propietario no comunica a la comunidad el domicilio donde quiere que le sean hechas las notificaciones y citaciones, se tendrá por tal el **piso o local de su propiedad**, surtiendo plenos efectos para aquel las citaciones y notificaciones que se efectúen al ocupante del mismo. 1064

El objeto de esta precisión es que el **incumplimiento de la obligación** por parte del propietario no entorpezca el funcionamiento de la comunidad.

Cuando el precepto se refiere al **ocupante** se está refiriendo a aquel que detenta la posesión del piso o local por título distinto al de propiedad: arrendatario, usufructuario o titular de derecho de uso y habitación; pero también a cualquier persona que se encuentre en la vivienda, como por ejemplo una persona del servicio doméstico o alguien que de manera temporal y sin título alguno se encuentre en aquella, como podría ser un familiar o amigo del propietario.

Precisiones 1) No consideramos, sin embargo, que se pueda considerar válida la notificación hecha a través de una **persona que ocupa la vivienda contra la expresa voluntad del propietario**, sin título para ello, pues en este caso es evidente que el objetivo de la norma -que la notificación pueda llegar al propietario- no se cumplirá, y, no es admisible que la responsabilidad sobre aquella se haga recaer sobre alguien que ocupa la vivienda como simple precarista contra la voluntad del propietario.

2) Más dudas suscita la posibilidad de que la notificación, en los supuestos de incumplimiento de la obligación por parte del propietario, pueda hacerse al **portero de la finca**, pues en ningún caso este último ocupa la vivienda y no se puede hacer recaer en aquel la obligación de contactar con el propietario que no reside en la finca, cuyo domicilio no tiene por qué conocer. Caso distinto es aquel en el que el **propietario reside en la finca** y, sin más, **no se encuentra en la misma** en el momento de que se le remita una notificación, supuesto en el que es claramente admisible que aquella se haga a través del portero, entre cuyas obligaciones, habitualmente se encuentra la **entrega del correo** a los vecinos (TS 20-2-88).

1066 **Vivienda desocupada** (LPH art.9.1.h) En el caso de que el propietario incumpla la obligación y no sea posible la notificación a través del ocupante de la vivienda, por encontrarse esta desocupada, se puede llevar a cabo mediante la comunicación correspondiente en el **tablón de anuncios de la comunidad** o en **lugar visible de uso general** habilitado al efecto, con diligencia expresiva de la fecha y motivos por los que se procede a esta forma de notificación, firmada por quién ejerza las funciones de secretario de la comunidad con el visto bueno del presidente.

No obstante, en este caso, la notificación así practicada no surte **efectos** hasta transcurridos 3 días desde que haya tenido lugar.

1068 **Buzoneo de la notificación** Pese a la rigidez del precepto que estamos analizando, en los supuestos en los que el **propietario no ha notificado ningún domicilio** a efectos de notificaciones y citaciones, nuestros tribunales admiten tener notificado a este último en supuestos no comprendidos en el precepto que estamos analizando, pero cuya utilización resulta usual o habitual en la comunidad de propietarios en cuestión.

En este sentido, nuestros tribunales admiten como **válida** la notificación hecha al propietario con el simple buzoneo de la notificación en cuestión, siempre claro está que se pueda acreditar que este último ha tenido lugar.

Precisiones En general, se admite la notificación mediante la introducción de la comunicación en los **buzones de cada vecino**, al ser esta la forma habitual de proceder, admitida por todos los propietarios y ser un medio a través del cual el propietario en cuestión pudo tener perfecto conocimiento de la comunicación, al vivir en la finca (AP Madrid 17-3-04, EDJ 125198; AP Asturias 19-10-98, EDJ 29413; AP Sevilla 2-3-09, EDJ 109767; AP Barcelona 6-2-07, EDJ 70976; AP Las Palmas 12-11-07, EDJ 296676; AP Guadalajara 17-2-20, EDJ 530605).

No obstante, también se establece la **nulidad de la citación** realizada de esta forma, al no existir constancia de la introducción en el buzón del demandante de la comunicación en cuestión (AP Pontevedra 20-12-02, Rec 216/01; 1-12-05, EDJ 236083; AP Ourense 26-10-05, EDJ 249429; AP Madrid 14-3-13, EDJ 106154; AP Rioja 20-2-20, EDJ 530754, caso en el que la comunidad de propietarios no logró probar la comunicación).

SECCIÓN 2

Sobre los elementos comunes

1075

A. Derechos

1080 Respecto de los elementos comunes han de analizarse los siguientes derechos de los propietarios:

- disposición de los bienes (nº 1085);
- uso y disfrute de los mismos (nº 1090);
- solicitud de realización de las obras necesarias para la conservación del inmueble y sus servicios (nº 1105);
- derecho al establecimiento de nuevas instalaciones, servicios o mejoras que resulten necesarias (nº 1110);
- derecho a participar en los órganos de gestión de la comunidad (nº 1112).

1. Disposición

(CC art.396)

Los propietarios no tienen posibilidad de disponer de su **cuota sobre los elementos comunes** 1085
si no es con ocasión de la disposición de los elementos privativos. Cuando se transmiten estos últimos, se transmite con ellos la cuota que a estos les corresponde sobre los elementos comunes de la que constituyen un **anejo inseparable**.

Con todo, en los supuestos en que se trate de **elementos comunes por destino** existe la posibilidad de que se proceda a su conversión en elemento privativo independiente.

La **desafección de un elemento común** para convertirlo en privativo constituye una modificación del título constitutivo. Como tal, requiere su previa aprobación por parte de la **unanimidad** de los propietarios.

Precisiones La **desafección de la vivienda del portero** para convertirla en elemento privativo y poder disponer de ella, es una operación que requiere el consentimiento unánime de todos los propietarios, al implicar una modificación del título constitutivo y no existir una regulación expresa del régimen de mayorías requerido (LPH art.17.6). No ocurre lo mismo si lo que se pretende es, sin más, **establecer o suprimir el servicio de portería**, en cuyo caso será suficiente con que concurra la mayoría de tres quintos de propietarios y cuotas totales (LPH art.17.3).

2. Uso y disfrute

La LPH no recoge en su articulado una regulación sistemática de los derechos de uso y disfru- 1090
te que ostentan los propietarios de los elementos privativos sobre los comunes. Ante la **ausencia de una normativa especial** que regule la materia, nuestros tribunales vienen sosteniendo de manera más o menos unánime, que el uso y disfrute de los elementos comunes se debe regir por lo establecido para las **comunidades ordinarias** con carácter general por el CC art.392 s.

De esta forma, siguiendo lo dispuesto en estos últimos, cada propietario goza con carácter general de un **derecho a servirse de las cosas comunes**, siempre que disponga de ellas conforme a su destino y de manera que no perjudique el interés de la comunidad, ni impida a los demás **copartícipes** utilizarlas según su derecho. En los casos en los que, por la índole del elemento común en cuestión no sea factible que todos los propietarios se sirvan al mismo tiempo del mismo, debe establecerse un **turno o sistema** que garantice el disfrute de todos.

Precisiones Los propietarios de las plazas de aparcamientono están legitimados al uso de la **piscina**, si el edificio la posee, por entender que no obedece a su propia naturaleza (LPH art.17.6 y 7). La piscina, en cuanto elemento común, está al servicio de los propietarios que tengan su residencia en el edificio y no tiene como destino natural **servir de disfrute a los titulares de los aparcamientos**, los cuales los adquieren para estacionar un vehículo y no por las particularidades recreacionales de la edificación. El uso de la piscina es extraño a la propia naturaleza y finalidad de adquisición de un garaje y, por ello, un acuerdo de junta que prohíbe a estos propietarios su uso, no se considera que restrinja derechos y es válido (TS 23-5-22, EDJ 593163).

Regulación por la propia comunidad (LPH art.5.3º) En todo caso, ante la falta de una 1092
regulación específica de carácter imperativo, en este ámbito de actuación rige principalmente la autonomía de la voluntad de los particulares. Dicha autonomía, establece expresamente que en las comunidades de propietarios podrá existir un **estatuto** donde se podrán recogerán las reglas que ordenen el uso y disfrute del edificio, sus instalaciones y servicios.

Aunque, con carácter general, la aprobación o modificación de las reglas estatutarias está sometida a la aprobación por parte de la **unanimidad de los propietarios** (LPH art.17.6), cuando se trata de regular meros detalles de la convivencia cotidiana en el uso y disfrute de los elementos comunes, resulta suficiente con la aprobación por parte de la **mayoría de los propietarios** (LPH art.17.7). Esta es, por lo demás, la mayoría necesaria para la aprobación del **reglamento de régimen interior**, instrumento a través del cual de forma habitual se regulan estos detalles por parte de las comunidades de propietarios.

Los propietarios deben respetar en todo caso lo dispuesto en cuanto al uso y disfrute de los elementos comunes en los estatutos y reglamento de régimen interior de la comunidad, quedando obligados a responder por los **daños y perjuicios** que ocasione aquel propietario que no respete lo dispuesto al respecto en estos últimos.

Precisiones Se declara la validez del **acuerdo adoptado por simple mayoría** consistente en la autorización para que los vecinos con discapacidad estacionen sus vehículos en zona común no autorizada salvo para tránsito de vehículos de bomberos y ambulancias a patio interior del inmueble (TS 28-2-07, EDJ 10524; en la misma línea, AP Asturias 21-3-01, Rec 477/01; AP Murcia 10-7-02, EDJ 135215; AP Las Palmas 23-4-10, EDJ 273552).

1094 **Innovaciones que hagan inservible alguna parte del edificio** (LPH art.17.4) Las innovaciones que hagan inservible alguna parte del edificio para uso y disfrute de un propietario, requiere para su validez el **consentimiento expreso** de este. El objeto de la norma es proteger el **derecho de cada propietario singular** de forma que el interés colectivo no «pase por encima» del particular sin consentimiento de este.

Precisiones En el caso en cuestión, se declaró la **nulidad del acuerdo adoptado por la junta** consistente en la instalación de unos cierres para el acceso a las zonas comunes que si bien no impedía su uso si lo dificultaba para los propietarios de los locales comerciales, al no haber contado con el consentimiento por parte de los propietarios de estos últimos (AP A Coruña 23-7-02, EDJ 64256).

1096 **Privación definitiva del uso** La privación del uso debe ser definitiva. No se aplica el precepto cuando esta sea **temporal**, como por ejemplo para la realización de las obras de instalación de la innovación, reintegrándose el pleno uso una vez finalizadas.
Más discutible es si el precepto en cuestión es aplicable cuando la privación del uso sea solo **parcial**, supuesto en el que, pese a encajar en el tenor literal de la norma, parece excesivo tener que contar con el consentimiento del propietario afectado, si la privación del uso es **de carácter mínimo** y es **necesaria para la innovación**, parece excesivo tener que contar con este.
El **consentimiento expreso** se podrá llevar a cabo en la propia junta donde se adopte el acuerdo en cuestión, como con posterioridad mediante comunicación por escrito al secretario de la comunidad.

1098 **Carácter indispensable del elemento para el uso y disfrute del piso o local**
Cada elemento común, por naturaleza, debe desempeñar siempre aquel de los cometidos que le hace indispensable para el adecuado uso y disfrute de los pisos o locales.
No obstante, si además de dicho destino son susceptibles de proporcionar **otras prestaciones a los propietarios**, podrán estos determinar la ordenación de las mismas.

Precisiones El **patio de luces**, además de cumplir su destino propio de facilitar aire o luz a los pisos superiores, puede desempeñar otras funciones siempre que estén permitidas por los estatutos o sean autorizadas por la junta como ejemplo el estacionamiento de bicicletas o incluso de vehículos de motor. Otro ejemplo es el **estacionamiento de vehículos** de vecinos con **discapacidad física** en zona común no autorizada (TS 28-2-07, EDJ 10524).

1099 **Atribución del uso exclusivo sobre un elemento común** Resulta habitual que, en las comunidades de propietarios, algunos de estos, por la **ubicación de sus elementos privativos** dentro de la comunidad, tengan atribuido en exclusiva por el título constitutivo el uso y disfrute de un determinado elemento común.
Un ejemplo típico en este sentido es la **cubierta de un edificio** de la que se sirven los propietarios de los áticos. No cabe duda de que la cubierta del edificio es un elemento común del inmueble, aun cuando su uso y disfrute corresponda en exclusividad al titular del piso a que pertenezcan, ya que está fuera de duda que sirven, al propio tiempo, de cubierta del edificio, con lo que, en el aspecto estructural, tienden a la **consecución del bien general** o común de los partícipes en la comunidad (TS 17-2-93, EDJ 1505).
Lo mismo ocurre con los **patios con acceso únicamente a una vivienda** (AP Barcelona 28-1-20, EDJ 510227).
En lo que se refiere a la **contribución a los gastos**, lo habitual es que en el título constitutivo o en los estatutos se prevea expresamente que son los propietarios que gozan del uso exclusivo de un elemento común quienes están obligados a soportar los gastos derivados de su conservación y mantenimiento ordinario, así como los necesarios para su reparación por el deterioro (nº 1176).

1100 **Problemas relativos al uso y disfrute de los elementos comunes** El uso de los elementos comunes da lugar a no pocos problemas, existiendo un buen número de sentencias que se ocupan de resolver problemas relativos al uso y disfrute de los elementos comunes.

Precisiones 1) Un supuesto habitual es el de determinar si el **propietario de una plaza de garaje o de un local** puede hacer uso de las instalaciones comunes destinadas, en principio, al uso por parte de los propietarios de las viviendas, como por ejemplo una **piscina**. La cuestión se ha resuelto en sentido negativo, al considerar que el uso de una piscina comunitaria siempre ha de entenderse, por pura lógica, como para el **uso y disfrute de los titulares de las viviendas de la comunidad**; y que el dueño de una plaza de garaje, que no es titular de una vivienda, nunca puede utilizar un elemento común de la comunidad que nada tiene que ver ni sirve para una mejor utilización de una plaza de garaje (TS 2-2-06, EDJ 3962; 17-7-09, EDJ 178818).
Por otro lado, se ha señalado que si las plazas de garaje tienen una **cuota en la comunidad general del edificio**, no es válido el acuerdo de comunidad que les excluye del uso y acceso al portal de

entrada o a los ascensores comunes, en cuanto que también contribuyen con su cuota a su mantenimiento y conservación (TS 17-7-09, EDJ 178818). En cambio, si las plazas de garaje forman una **comunidad de propietarios diferenciada** de la comunidad de las viviendas, en la que las plazas de garaje no contribuyen a los gastos de conservación y mantenimiento del portal de acceso, ascensores u otros elementos comunes de las viviendas, cabe negar el acceso a las plazas de garaje a través de los elementos comunes de las viviendas (TS 3-11-15, EDJ 230551).
En **sentido contrario**, en relación a la potencial posibilidad de uso de zona de aparcamiento y disfrute de zona ajardinada o piscina que se construya en zonas comunes por **propietarios de locales** no reservada en los estatutos a los propietarios de viviendas, AP Málaga 26-5-16, EDJ 220773.
2) Se ha considerado procedente la instalación de una silla-grúa para el acceso a la piscina, solicitada por una **persona con discapacidad**, en base a que la instalación no resultaba perjudicial o de riesgo para el resto de los propietarios (TS 10-10-13, EDJ 214482).
3) La **piscina**, en cuanto elemento común, está al servicio de los propietarios que tengan su residencia en el edificio y no tiene como destino natural servir de disfrute a los **titulares de los aparcamientos**, los cuales los adquieren para estacionar un vehículo. Asimismo, han de quedar exonerados de los gastos que estos elementos generen (TS 23-5-22, EDJ 593163).

3. Solicitud de realización de las obras necesarias de conservación

Cada propietario, ante la **pasividad de la junta**, goza del derecho de exigir judicialmente la realización de las obras necesarias en el inmueble para su adecuado **sostenimiento y conservación**, así como de sus instalaciones y servicios, de modo que reúna en todo momento las debidas condiciones estructurales, de estanqueidad, habitabilidad, accesibilidad y seguridad (AP Ávila 19-10-23, EDJ 769065). **1105**
Sobre esta cuestión, ver lo que se expone respecto al régimen de las **obras** en la propiedad horizontal (nº 1375 s.).

4. Establecimiento de nuevas instalaciones, servicios o mejoras de carácter necesario

(LPH art.17.4)

Cada propietario dispone igualmente del derecho a exigir que se establezcan o creen en el edificio nuevas instalaciones, servicios o mejoras que resulten necesarias en función de la **naturaleza y características** del mismo. La casuística de nuestros tribunales en este sentido es amplia. **1110**
De manera específica, se predica el derecho de todo propietario a exigir a la comunidad la realización de las obras necesarias para la **accesibilidad del edificio**, particularmente cuando se trate de adecuar los elementos comunes para su uso por parte de las **personas con discapacidad** o **mayores de 70 años**. Sobre esta cuestión y en general sobre las **obras** a llevar a cabo para la instalación de las innovaciones exigibles, ver nº 1562.

Precisiones **1)** Entre las mejoras necesarias exigidas para una adecuada seguridad y habitabilidad, se incluyen los **servicios de vigilancia** (AP Sevilla 16-2-95, Rec 2492/94); instalación de valla, mejoras de alumbrado, césped y riego (AP Zaragoza 1-3-02, EDJ 16208) o, en general, las **innovaciones necesarias** encaminadas a conservar el edificio con arreglo a los progresivos adelantos de la **arquitectura y tecnología** de uso más frecuente en casas similares (AP Navarra 14-12-00, EDJ 58954).
2) Cuando la comunidad debe realizar obras necesarias que **inciden sobre elementos privativos**, debe asumir los daños ocasionados, como en el caso de una comunidad de viviendas unifamiliares que requería asentar el terreno de la urbanización poniendo micropilotes en el sótano de todas las viviendas, pero algunos propietarios habían puesto viviendas en dichos sótanos, lo que impedía su instalación. El juez determinó que la comunidad no debía abonar el coste de retirada de dicho mobiliario de las viviendas no autorizadas (AP Zaragoza 11-7-19, EDJ 675494).

5. Participación en los órganos de gestión de la comunidad

Todos los propietarios tienen derecho a participar en la adecuada gestión de los elementos y servicios comunes, a través de su **participación en los órganos de gobierno** de la comunidad y, especialmente, en la junta de propietarios (nº 2500 s.). **1112**

B. Obligaciones

1115 Corresponden a los propietarios las siguientes:
- respeto a las instalaciones generales y resto de elementos comunes (nº 1118);
- diligencia debida en el uso del inmueble y en las relaciones con los demás titulares (nº 1140);
- contribución a los gastos generales de la comunidad (nº 1150);
- notificación de los cambios de titularidad (nº 1210); y
- contribución a la constitución y sostenimiento de un fondo de reserva (nº 1225).

1. Respeto a las instalaciones generales y resto de elementos comunes

(LPH art.9.1)

1118 La primera y más importante obligación que se impone a los propietarios de elementos privativos con respecto a los elementos comunes es la obligación de respetarlos. Todo copropietario debe hacer un **uso adecuado** de los elementos comunes que no dificulte el ejercicio del derecho que tienen los demás. Además, debe evitar en todo momento causar **daños o desperfectos** en los elementos, instalaciones o servicios comunes.

En el caso de que se produzcan daños o deterioros en los elementos comunes por un propietario o por las personas de las que deba responder, aquel debe responder de los mismos, asumiendo el **coste de la reparación** del elemento común, para dejarlo en el mismo estado que tenía con carácter previo al hecho dañoso; lo cual no es más que una concreción del genérico deber de responder por los daños y perjuicios que cada cual cause por sí mismo o por las personas por las que deba responder (CC art.1902 s.).

Al regular este deber, se distingue entre el respeto a las instalaciones generales y el respeto al resto de los elementos comunes. Esta distinción quizá sea redundante, toda vez que las instalaciones generales no dejan de ser elementos comunes (CC art.396). Quizá con la misma lo que el legislador quiere significar es que el respeto alcanza también a aquellos elementos comunes que transcurran por el **interior de los elementos privativos**.

Dentro de estas instalaciones generales que deben ser respetadas se encuentran también aquellas instalaciones que dan **servicio a un determinado propietario**, pero que transcurren por un elemento privativo perteneciente a otro propietario.

Ejemplo Instalación de **calefacción central** del edificio, en el que los tubos que dan servicio al propietario de la planta superior transcurren por **elementos privativos de la planta inferior**, como son muros que no sean maestros o de carga.

Tuberías que transcurren por el interior de las viviendas: la jurisprudencia ha determinado que los propietarios deben hacerse cargo de las reparaciones de los tramos que van por dentro de su propiedad y una vez sale de la vivienda debe hacerse cargo la comunidad.

1122 **Uso adecuado de los elementos comunes** De conformidad con la obligación de respeto, los propietarios deben hacer un uso adecuado de los elementos comunes, de forma que se **evite cualquier daño o menoscabo** de los mismos.

Los propietarios deben hacer un **uso diligente de las instalaciones** generales y resto de los elementos comunes. Este uso debe hacerse de forma que **no impida el uso por el resto de los propietarios**.

Se trata en definitiva de una concreción de la prohibición del **abuso de derecho** que se establece de forma genérica (CC art.7.2).

1124 **Conexión con otras obligaciones respecto a los elementos comunes** La obligación de respeto a las instalaciones generales y resto de elementos comunes (LPH art.9.1.a) se debe poner en conexión con otra serie de obligaciones que se imponen a los propietarios con respecto a los elementos comunes, como son:
- la prohibición a los propietarios la realización de **alteraciones** en el resto del inmueble -zonas comunes- y **actividades que resulten dañosas** para la finca (LPH art.7.1º y 2º);
- la obligación de observar la **diligencia debida en el uso del inmueble** (LPH art.9.1.g: nº 1140 s.).

1126 **Daños causados por un propietario en los elementos comunes** Son múltiples los supuestos en los que, como consecuencia de la actividad desarrollada por un comunero se producen daños en elementos comunes. En estos casos, es el propietario causante de los mismos quien está **obligado a repararlos**.

Precisiones **1)** Con ocasión de la ejecución de **obras en su elemento privativo**, un propietario procedió a la **demolición de un muro medianero**, que dio lugar a la intervención de los bomberos para evitar daños mayores. Se condena al propietario en cuestión al abono del coste de las obras de reparación del muro medianero demolido (AP Madrid 23-11-06, EDJ 427560). Por el contrario, los daños no se han considerado de cargo del propietario del elemento privativo, entre otras razones, porque la obra fue consentida por la comunidad (AP Madrid 15-11-10, EDJ 295121).

2) El propietario de una vivienda en la última planta de un edificio, que tiene atribuido el uso de la azotea (elemento común de uso privativo), procedió al **cambio del suelo de la cubierta** de picón por solado. Se le condena a reponer el suelo a su estado primitivo, pero se le exime del pago de la **indemnización** que se solicitaba frente a él por los daños y perjuicios causados a la comunidad, al no estar acreditados estos últimos. Esto último de conformidad con el principio general vigente en el derecho de daños conforme al cual, quién exija una indemnización por daños y perjuicios debe acreditar la **existencia y cuantía** de los mismos (TS 8-5-08, EDJ 111569).

3) Se impone al propietario que tiene atribuido el **uso exclusivo de la cubierta del edificio**, la obligación de reparar los daños causados por filtraciones debidas al mal estado de los sumideros, ello porque, aunque se trate de un elemento común, el exclusivo usuario de la terraza viene obligado a **conservarla en perfecto estado** (AP Palencia 20-12-99, EDJ 51359; AP A Coruña 10-3-09, EDJ 114323; AP León 23-6-16, EDJ 136423).

En otro caso, el propietario que tenía atribuido el **uso de una terraza** -elemento común de uso privativo-, procedió a **construir en el mismo una piscina**, que provocó el desplome de parte del techo por el excesivo peso. Se condena a responder por los daños y perjuicios causados a la comunidad de forma solidaria a la propietaria y de la inquilina del piso (AP Baleares 28-4-08, EDJ 173530).

4) Se condena al propietario de un ático que procedió al **cerramiento de la terraza**, a abonar las obras de restitución de la terraza a su anterior configuración y a la indemnización a los propietarios afectados por las obras, por los daños causados por las filtraciones que tienen su origen en la obra en cuestión (AP Barcelona 6-7-07, EDJ 146392). Se dan condenas similares por el cerramiento con pérgolas o cerramientos abiertos (AP Burgos 30-3-21, EDJ 579973; AP Sevilla 23-2-21, EDJ 565899).

5) En el caso en cuestión el propietario de un elemento privativo procedió a la **instalación de un aparato de aire acondicionado en fachada** del patio, que afecta a la servidumbre de luces vistas existentes en la pared medianera. Se le condena a la retirar el aparato de aire acondicionado, a restituir la servidumbre de luces a su estado anterior a la realización de las obras, y a indemnizar a la comunidad por los daños causados (AP Madrid 14-3-07, EDJ 86701).

6) Los propietarios de determinados elementos privativos habían **invadido el jardín común** haciendo un uso privativo del mismo para el cual no tenían autorización. Se les condena a reintegrar a la comunidad la posesión del jardín usurpado (TS 29-6-98, EDJ 19095).

7) Se aprobó una derrama para reparar los daños en elementos comunes que fueron causados por un propietario. Se considera procedente la reclamación de los propietarios que pagaron aquella, frente al que causo el daño por **enriquecimiento injusto** (AP Valencia 28-3-13, EDJ 118284).

8) No se puede alterar un elemento común sin aprobación de la junta, ni siquiera teniendo la **licencia administrativa** concedida, hecho que es independiente. Este vecino cambió el destino de local a garaje, pretendiendo abrir una gran obertura en la fachada, sin permiso del resto de la comunidad de vecinos, hecho que no está permitido y por ello se le obliga a la suspensión de las obras (TS 17-10-23, EDJ 714555).

Reparación del daño producido por el ocupante no propietario o tercera persona Una cuestión que puede suscitar alguna duda es la determinación del obligado a sufragar la correspondiente reparación de los daños causados en las instalaciones o elementos comunes e indemnizar en su caso por los daños y perjuicios que haya causado, cuando el **causante directo** de los mismos **no es el propietario**, sino el ocupante no propietario. 1130

Aunque es una cuestión discutible y discutida, nos inclinamos por pensar que el **responsable** frente a la comunidad debe ser, en todo caso, el propietario del inmueble, con independencia de que la actuación dañosa la haya llevado a cabo el ocupante de la vivienda, pues es este y no el tercero que eventualmente utilice aquel, el que, como **sujeto partícipe del especial régimen dominical** vigente, viene obligado a respetar la normativa comunitaria. Ello, claro está, no impedirá al propietario dirigirse contra el ocupante de la vivienda, caso de que sea este último el causante directo del daño y aquel quede obligado a su reparación.

No obstante, cuando se trate de una acción ejercitada al amparo de lo dispuesto en nº 898, puede ser directamente demandado el causante directo de la actividad prohibida.

Aunque la LPH no precisa nada al respecto, también será responsable el propietario por los daños causados por aquellas **personas por las que deba responder** (CC art.1903). Así, por ejemplo, si el hijo de los propietarios, menor de edad, causa un daño en los elementos comunes de una finca, los responsables serán aquellos.

Precisiones Basta con **demandar al propietario** (AP Alicante 20-11-03, EDJ 72579; AP Valencia 14-5-07, EDJ 126449).

Legitimación para demandar Cabe plantearse si en estos casos debe demandar necesariamente la **comunidad de propietarios** o pueden hacerlo directamente los **propietarios**. 1134

La respuesta de nuestra jurisprudencia es clara en el sentido de que cualquier propietario está legitimado para el ejercicio de acciones en el supuesto en el que un propietario no respete las instalaciones generales o elementos comunes.

La legitimación que se otorga en estos casos al **comunero** no lo es por actuar en beneficio de la comunidad, sino en el suyo propio, en su condición de **copropietario de las instalaciones generales** y resto de elementos comunes.

Precisiones Se reconoce la legitimación del comunero para ejercitar las acciones pertinentes para defender, en caso de **pasividad** e incluso en el de **oposición del presidente** y del resto de los partícipes, el interés que ha de estar jurídicamente protegido, de su participación indivisa en los elementos comunes (TS 20-4-91, EDJ 4049; en la misma línea, TS 18-3-92, EDJ 2648; 3-4-93, EDJ 3339; 31-1-95, EDJ 554; AP Cantabria 14-10-13, EDJ 278438; AP Asturias 17-10-23, EDJ 742190). Sin embargo, hay que tener en cuenta que la legitimación debe ir precedida de los **requerimientos previos** oportunos para que sea aceptada la acción (AP Valencia 11-12-19, EDJ 838308).

2. Diligencia en el uso del inmueble y en las relaciones con otros titulares

(LPH art.9.1.g)

1140 Se establece la obligación de que los propietarios observen la diligencia debida en el uso del inmueble y en las relaciones con los demás titulares. Esta obligación está directamente relacionada con la que tienen todos los propietarios de respetar las instalaciones generales y resto de elementos comunes (nº 1118 s.).

Como consecuencia de la conjunción de estas obligaciones, los propietarios **no** pueden realizar **alteración en los elementos comunes** sin la preceptiva autorización de la junta de propietarios.

Ni siquiera cuando alguno de los propietarios observe la necesidad de efectuar **reparaciones urgentes** podrá modificar los elementos comunes, limitándose su obligación a ponerlo sin mayor dilación en **conocimiento del administrador** de la finca, quien deberá adoptar las medidas oportunas para, a renglón seguido, poner en **conocimiento de la comunidad** la necesidad de afrontar las obras. Pese a lo anterior, en algún supuesto, excepcionalmente se ha llegado a la solución contraria.

Precisiones **1)** Se condena al propietario a reparar la **fuga de agua** existente en su vivienda y a indemnizar por los daños y perjuicios causados (AP Zaragoza 29-4-11, EDJ 376221).

2) Se ha admitido que el propietario de una vivienda cuyos **miradores** estaban en mal estado procediese a su sustitución, **sin consentimiento** del resto de los propietarios, amparándose para ello en CC art.1907, que establece la responsabilidad civil del propietario en supuestos de daños causados por la **ruina de elementos de un edificio**, si esta sobreviene por falta de las reparaciones necesarias (TS 9-3-93, EDJ 538).

1142 **Especial régimen de vecindad** Es importante señalar, no obstante, que la **diligencia** exigida se extiende **más allá del uso del inmueble**, toda vez que el precepto establece que se deberá observar también la debida diligencia en las relaciones **con los demás titulares**.

La propiedad horizontal configura un especial régimen de vecindad donde la **convivencia** de los cotitulares es fundamental. El objetivo de nuestro legislador al establecer esta obligación es tratar de garantizar en la medida de los posible que dicha convivencia sea pacífica.

Esta precisión está directamente relacionada con la obligación relativa a las **actividades y comportamientos** que el propietario no puede desarrollar en su vivienda o local y resto el inmueble (nº 898).

1144 **Incumplimiento del deber de diligencia** El incumplimiento de este deber de diligencia determina que el propietario responda ante los demás titulares de las infracciones cometidas y los daños causados. El **responsable** será el propietario en cuestión que ha causado el daño, en ningún caso la comunidad.

No existe una **responsabilidad subsidiaria** de esta en caso de que aquel no haga frente a los mismos (en este sentido, AP Madrid 24-5-02, Rec 1717/98).

Precisiones **1)** Se acuerda -al amparo de LPH art.9.1.g- que procede indemnizar al propietario de un local destinado a panadería por los daños ocasionados en el parqué de la vivienda del piso superior y por disminución de la vida de su frigorífico como consecuencia del calor emanado de la industria de panadería. Se insiste en que el deber de reparar no desaparece por contar con la **licencia administrativa** y se condena asimismo a las demandadas a realizar las obras necesarias para evitar las emanaciones de calor y ruido (AP Pontevedra 23-4-01, EDJ 106501).

2) Obligación del propietario de indemnizar al resto de los propietarios por los daños provocados como consecuencia del **incendio de la vivienda de su propiedad**, aunque estuviese arrendada (AP Ciudad Real 7-11-95, Rec 362/94; AP Bizkaia 26-2-99, EDJ 3012; 30-1-01, EDJ 106549). En contra, se declara que el **responsable** por los daños ocasionados por el incendio es exclusivamente el **arrendatario** (AP Ávila 20-12-97, EDJ 59884).

3. Contribución a los gastos generales de la comunidad

En este apartado se tratan las siguientes cuestiones: 1150
- delimitación de lo que constituyen gastos generales (nº 1152);
- requisitos para que nazca la obligación de contribuir (nº 1154);
- exención en los estatutos de la obligación de contribuir a determinados propietarios de determinados gastos comunes (nº 1160);
- exención a la obligación de la contribuir aprobada por la junta de propietarios (nº 1166);
- uso exclusivo sobre un elemento común (nº 1176);
- contribución a los gastos derivados del litigio el propietario que litiga frente a una comunidad (nº 1186);
- sistema general de reparto de los gastos (nº 1190);
- alternativas al sistema general de reparto de gastos (nº 1194);
- obligado a abonar los gastos (nº 1198);

Delimitación de lo que constituyen gastos generales (LPH art.9.2) Como contrapartida del derecho de los propietarios a usar y disfrutar de los elementos comunes estos tienen la ineludible obligación de contribuir al sostenimiento de los gastos generales necesarios para el correcto **mantenimiento del inmueble**, sus servicios, cargas y responsabilidades. 1152

Tienen la consideración de gastos generales aquellos que **no** sean **imputables a uno o varios propietarios**.

Especialmente obligados quedan con la realización de **innovaciones, nuevas instalaciones, servicios o mejoras** requeridos para la adecuada conservación, habitabilidad, seguridad, accesibilidad y eficiencia energética del inmueble, que requerirá únicamente la mayoría de votos y cuotas (LPH art.17.2 redacc L 10/2022).

El hecho de **no utilizar un determinado servicio** de la comunidad no exime al propietario en cuestión de la contribución a su sostenimiento, afirmación esta última que podría en cierto sentido resultar contradictoria. Si el criterio para determinar cuándo estamos ante un elemento común es el hecho de que no sea imputable a uno o varios propietarios en particular, lo lógico sería que aquel que no disfrutase de un determinado servicio del que si disfrutan el resto de los propietarios no estuviese obligado a contribuir a su mantenimiento. No es esta sin embargo la solución del legislador, que establece la **regla general de contribución**, sin perjuicio de lo que al respecto pudieran determinar los **estatutos**.

Requisitos para que nazca la obligación de contribuir Con carácter general, todo propietario debe contribuir al sostenimiento de los gastos generados por los elementos o servicios comunes, aunque decidan no utilizarlos de manera efectiva. 1154

La junta de propietarios podrá acordar **medidas disuasorias frente a la morosidad** por el tiempo en que se permanezca en dicha situación, tales como el establecimiento de intereses superiores al interés legal o la privación temporal del uso de servicios o instalaciones, siempre que no puedan reputarse abusivas o desproporcionadas o que afecten a la habitabilidad de los inmuebles. Estas medidas no podrán tener, en ningún caso, carácter retroactivo y podrán incluirse en los estatutos de la comunidad. En todo caso, los **créditos a favor de la comunidad** devengarán intereses desde el momento en que deba efectuarse el pago correspondiente y este no se haga efectivo. Para la **reclamación**, existe un procedimiento especial de monitorio (LPH art.21 redacc L 10/2022).

Son múltiples los casos resueltos por nuestros tribunales donde determinados **propietarios que no usan un elemento o servicio común** de la comunidad son condenados a contribuir a su sostenimiento, aunque la propia Ley también establece excepciones a la obligación de contribuir (nº 1156).

Precisiones Pueden citarse los siguientes ejemplos:
- Sistema de **aire acondicionado comunitario**, no utilizado por un propietario (AP Sevilla 11-2-92, EDJ 13202).
- Honorarios de un **guarda jurado** al servicio de la comunidad, cuya vigilancia no alcanza al demandante (AP Córdoba 15-5-92, EDJ 13748).
- Gastos de **calefacción** por un propietario que la mantiene **desconectada** (TS 13-12-06, EDJ 325596).
- Obligación de contribución por parte del propietario de un local a los gastos de mantenimiento de una **escalera que no utiliza** (AP Valladolid 9-1-02, EDJ 6195).
- Abono de los gastos de **portero** por los propietarios de los locales que no utilizan la escalera, por no haberlos abonado nunca (AP Granada 13-7-21, EDJ 737122).

1156 **Excepción a la regla general de contribución** (LPH art.17) Se establecen algunas excepciones a la obligación de contribuir de determinados propietarios. En concreto:

• Se exime de la obligación de pago del coste de instalación y mantenimiento posterior de las infraestructuras comunes para el acceso a los **servicios de telecomunicación**, así como de la instalación de sistemas comunes o privativos de aprovechamiento de energías renovables, o bien de las infraestructuras necesarias para acceder a nuevos suministros energéticos colectivos, a aquellos propietarios que no hubiesen votado expresamente en la junta a favor del acuerdo.

No obstante, si con posterioridad decidiesen acceder a dichos servicios, aprovechando las instalaciones o infraestructuras realizadas, podrán hacerlo siempre que abonen el importe que habrían tenido que abonar debidamente actualizado (LPH art.17.1).

• Otro tanto ocurre en los supuestos en los que se acuerde la realización de **innovaciones, nuevas instalaciones, servicios o mejoras** no requeridos para la adecuada conservación, habitabilidad, seguridad, accesibilidad y eficiencia energética del inmueble no exigibles, supuesto en el que el disidente -entendiendo por tal el propietario que no hubiese votado expresamente en la junta a favor del acuerdo- no resultará obligado ni se modificará su cuota, incluso en el supuesto de que no pueda privársele de la mejora o ventaja (LPH art.17.4).

Para que resulte de aplicación lo dispuesto en este precepto, debe tratarse en todo caso de **obras que no sean necesarias** para el mantenimiento de la finca y además suntuarias, entendiéndose por tales todas aquellas cuyo coste de instalación sobrepase el importe de tres mensualidades ordinarias.

El legislador admite la posibilidad de que el disidente pueda **disfrutar de la innovación o mejora**, si es que resulta posible privarle de la misma en un principio, para lo que tendrá que proceder a abonar los gastos que le hubiesen correspondido en la realización y mantenimiento, debidamente actualizados conforme al interés legal correspondiente.

Esta norma no resulta de aplicación cuando las instalaciones o mejoras no superen el importe de tres mensualidades ordinarias y se acuerde válidamente su ejecución, en cuyo caso vendrán obligados a participar en los gastos que se deriven de la misma todos los propietarios, incluidos los disidentes.

• Al margen de los supuestos en los que la LPH exonera expresamente a determinados propietarios de la contribución a determinados gastos comunes que acabamos de reseñar, los tribunales, en ocasiones, consideran que no han de contribuir a los gastos derivados de elementos o servicios comunes aquellos que **no tienen acceso objetivo al mismo**.

1157 Precisiones Pueden citarse algunos **supuestos** tratados por la jurisprudencia:

• No tiene obligación de contribuir a los gastos de **calefacción comunitaria** el propietario que no la tiene instalada (AP Murcia 1-12-97, EDJ 59910).

• Se considera exento de contribución a los **suministros de agua y electricidad** comunitarios cuando la propiedad privada del propietario en cuestión carece de dichos servicios y la comunidad le ha impedido que los tenga o utilice (AP Madrid 3-2-93, EDJ 23896).

• Gastos derivados de las **bombas de achique** del edificio que solo benefician a los propietarios de los garajes y locales situados en la planta baja, que considera que el resto de los propietarios deben quedar exentos de la contribución al sostenimiento de los mismos (AP Bizkaia 13-6-01, Rec 122/00).

• Se ha declarado la nulidad del acuerdo que obliga a los propietarios de los áticos a contribuir al mantenimiento del **sistema de refrigeración** que no les da servicio (AP Sevilla 14-1-11, EDJ 108006).

1158 **Supuestos dudosos** Se podría decir que la **regla general** observada por nuestros tribunales viene a ser que la obligación de contribución al sostenimiento de un servicio o elemento común viene determinada, no por su utilización efectiva o no, sino porque el propietario, de manera objetiva, pueda acceder a dicho servicio o elemento común o no.

Con todo, no dejan de existir casos verdaderamente dudosos, como el supuesto típico de elemento común al que un determinado propietario tiene acceso en potencia, pero que no le redunda ningún beneficio o utilidad, cual es el supuesto de la obligación de contribuir al sostenimiento del servicio de ascensor de los propietarios de las plantas bajas o locales comerciales del edificio.

Pese a que, a nuestro juicio, la cuestión no es nada clara, la respuesta de los tribunales sí lo es, en el sentido de que, salvo que los **estatutos les exoneren expresamente** de dicha contribución (nº 1160), los propietarios de viviendas de plantas bajas y locales comerciales deben contribuir al sostenimiento de los gastos de ascensor. Son múltiples los ejemplos en este sentido.

Precisiones 1) En general, frente a la negativa a abonar los **gastos de ascensor** por parte del propietario de un local de la planta baja que no utiliza dicho servicio, se establece su obligación de contribuir al mismo pese a su no utilización (AP Madrid 30-3-98, EDJ 68494; AP Jaén 6-6-08, EDJ 236090; AP Zaragoza 18-1-00, EDJ 2499; AP La Rioja 5-3-07, EDJ 112109; AP Gipuzkoa 9-5-06, EDJ 398644; AP Valladolid 21-12-16, EDJ 271097; AP Madrid 18-5-15, EDJ 99603).
No obstante, después de la modificación de la LPH efectuada por L 8/2013, es muy dudoso que se puedan considerar exentos de contribuir a sufragar los gastos de ascensor a los propietarios que no hagan uso del mismo sin que exista una **previsión estatutaria expresa** que les exima de dicho gasto, toda vez que se regula expresamente el régimen de mayoría necesaria para acordar la instalación de ascensor y no se exige expresamente a los propietarios, que hubiesen votado en contra de su contribución a los gastos de instalación y mantenimiento de ascensor (LPH art.17.2), a diferencia de lo que ocurre con la instalación de **infraestructuras comunes** (LPH art.17.1) y con las **innovaciones no necesarias** (LPH art.17.4). Es más, dicha exoneración expresa no alcanzaría a los gastos de instalación de un ascensor que antes no existía (TS 13-11-12, EDJ 258913).
2) En un caso en el que los propietarios de los locales están exentos estatutariamente de contribuir a los gastos del servicio de ascensor, se plantea si dicha exención alcanza a los **propietarios de trasteros** en planta baja que antes eran viviendas, concluyéndose que aquellos deben contribuir a dichos gastos, al no estar exentos estatutariamente (AP Navarra 21-5-01, EDJ 106482).

Exención a la obligación de contribuir contenida en los estatutos La exclusión de la contribución a los gastos de la comunidad de determinados propietarios puede hacerse por vía estatutaria. Es normal que los estatutos de las comunidades de propietarios excluyan de la contribución al mantenimiento de determinados elementos comunes a aquellos **propietarios que no hacen uso de los mismos**. **1160**
No cabe en ningún caso que la exención se incluya en el **reglamento de régimen interior** porque dicho instrumento no puede modificar ni la Ley ni los estatutos, y carece de valor para regular la forma de contribución a los gastos comunes o sus exoneraciones, cuestiones que, fuera del reglamento, solo pueden ser reguladas en los estatutos (TS 3-5-07, EDJ 32752).
En este sentido, es habitual la exención de la contribución al sostenimiento de los gastos de **mantenimiento de ascensor** a los propietarios de locales o de las viviendas situadas en la planta baja del edificio; o la exención por acuerdo de la junta general de la contribución de los propietarios de **plazas de garaje** a determinados gastos comunes (AP Valladolid 15-12-11, EDJ 301590).
Sin embargo, estas **exenciones**, si son contrarias a la obligación general de contribuir por cuota establecida en los estatutos, deben de ser expresas y aprobadas en acuerdos de junta por mayoría cualificada, o pueden ser consideradas nulas (AP Barcelona 25-10-23, EDJ 745605).

Precisiones Se considera abusiva la cláusula estatutaria que exime de la contribución a las plazas de garajes, locales y trasteros que sigan siendo **propiedad de la promotora** y por un plazo de 5 años (AP Sta. Cruz de Tenerife 19-10-12, EDJ 323550).

Mantenimiento o funcionamiento normal u ordinario Este tipo de cláusulas, en la medida que suponen una excepción al régimen general, deben ser objeto de una **interpretación restringida**. En este sentido, nuestros tribunales tenían reiteradamente establecido que la **exoneración de determinados propietarios** de la contribución al mantenimiento de determinados elementos comunes no podía hacerse extensiva a los **gastos** que vayan más allá de dicho mantenimiento o funcionamiento normal u ordinario. Esta situación actualmente ha variado, puesto que la jurisprudencia se inclina ahora por la solución contraria. **1162**

Precisiones Tras una doctrina cambiante y poco clara, el Tribunal Supremo ha resuelto la cuestión en el sentido de que la exención estatutaria de contribución a los **gastos de ascensor** incluye tanto los gastos ordinarios de mantenimiento como los extraordinarios, que implican una modificación o sustitución del servicio. La cuestión ha sido analizada con ocasión de la exoneración en la contribución a los gastos de ascensor. Tradicionalmente el criterio de nuestros tribunales era que estos últimos constituyen una estructura cuya seguridad afecta a la propiedad unidad del edificio, cuyos defectos implican un **riesgo para un elemento común** cuya **responsabilidad** alcanza a todos los propietarios y no solo a aquellos que lo utilizan, de forma que las cláusulas de exoneración solo afectaban a los gastos ordinarios de mantenimiento de estos, pero no a los extraordinarios (AP Bizkaia 2-6-98, EDJ 31050; AP Cantabria 1-2-05, EDJ 28721; AP Madrid 26-5-05, EDJ 28721). **1164**
Esta doctrina, aunque con alguna **excepción** (AP Valencia 7-5-99, núm 42/99) ha sido más o menos pacífica hasta la sentencia TS 18-11-09, EDJ 276003, que da un giro de 180 grados **invirtiendo la tendencia expuesta** hasta ahora. En el caso enjuiciado, el **título constitutivo de la comunidad** en cuestión excluía a las plantas bajas y entresuelos de los gastos de ascensor, con apoyo en su imposibilidad de uso. Pues bien, el Tribunal Supremo, aunque en el título constitutivo se utiliza el **término genérico de «gastos»**, concluye que, dentro de estos, se tienen que incluir tanto a los ordinarios como a los extraordinarios, porque, donde la regla citada no distingue, no existe justificación para interpretar lo contrario (en la misma línea, TS 6-5-13, EDJ 101629; 10-2-14, EDJ 7099; 17-11-16, EDJ 208755; AP Almería 13-2-06, EDJ 433699; AP Gipuzkoa 7-7-10, EDJ 260746). En todo caso, tras dicha sentencia, alguna audiencia provincial mantiene el criterio anterior (AP Las Palmas 22-4-11, EDJ 273050).

1166 **Exención a la obligación de contribuir aprobada por la junta de propietarios**
(LPH art.17.2 y 6) No deja de ser habitual que en las juntas de propietarios se plantee la posibilidad de **excluir a determinados propietarios** de contribuir al sostenimiento del mantenimiento de determinados bienes o servicios de la comunidad que no utilizan. La pregunta es qué **tipo de mayoría** es necesaria para la adopción de este acuerdo.
La cuestión se ha planteado una vez más con respecto al acuerdo de exoneración de la contribución al **sostenimiento de los gastos de mantenimiento de ascensor**, en relación con los propietarios de las viviendas en planta baja y locales.

1168 **Gastos de mantenimiento del ascensor** Para el **establecimiento del servicio** de ascensor se requiere el voto favorable de la mayoría de los propietarios, que, a su vez, representen la mayoría de las cuotas de participación. Una vez adoptado el acuerdo, la comunidad queda obligada al pago de los gastos, aun cuando su importe repercutido anualmente exceda de doce mensualidades ordinarias de gastos comunes.
No obstante, lo que hay que determinar es la mayoría necesaria para exonerar del gasto de mantenimiento de ascensor a los propietarios que no usan o no van a usar ese servicio, esto es, si se precisa **unanimidad** o basta la misma **mayoría** que para acordar su instalación.
En este sentido, el **criterio mayoritario** de las audiencias provinciales es entender que es necesaria unanimidad, al implicar una **modificación del reparto de gastos** establecido en el título constitutivo o estatutos, que, con carácter general, requiere unanimidad para su modificación, al no existir un régimen especial para ello (LPH art.17.6), y con independencia de que la mayoría necesaria para la instalación del servicio en cuestión sea otra.

1170 Precisiones **1)** Es necesaria **unanimidad** para la adopción del acuerdo consistente en exonerar del gasto de mantenimiento de ascensor a los propietarios que no usan o no van a usar ese servicio, por implicar una **modificación del reparto de gastos** establecido en el título constitutivo o estatutos, que, carácter general, requiere unanimidad para su modificación (AP Cádiz 16-6-09, EDJ 185280; AP Asturias 3-11-09, EDJ 285919; TS 8-11-11, EDJ 285678; 7-11-11, EDJ 262928; AP Madrid 7-9-12, EDJ 220544; AP Valencia 29-1-20, EDJ 522827).
2) Pese a la tendencia mayoritaria, existen supuestos en los que nuestros tribunales se han decantado por la solución contraria: Para la exoneración de la contribución a las cuotas del mantenimiento de ascensor es necesaria la **misma mayoría que para su instalación**. Así, se mantiene que el acuerdo de **establecimiento del servicio** común de ascensor y la **contribución a su sostenimiento no pueden separarse**, estando ligados el uno y la otra. Ello sobre la base de que la contribución es la consecuencia necesaria de la instalación, no existiendo razón alguna para que sea más rigurosa la mayoría necesaria para determinar la distribución de los gastos para el mantenimiento del servicio que la instalación en sí del servicio (AP Gipuzkoa 22-1-08, EDJ 68953).
En nuestra opinión, no le falta razón a esta interpretación. Si el legislador excluye de riguroso **régimen de unanimidad** la instalación de determinados servicios, entre los que se encuentra el de ascensor, sustituyéndola por el de simple mayoría de propietarios, que a su vez representen mayoría de las cuotas de participación, incluso cuando este último acuerdo implique la modificación del título constitutivo o de los estatutos, parece razonable y lógico que dentro de esta facultad se entienda englobada la de distribuir los gastos que conlleve la instalación de dicho servicio y su mantenimiento, con arreglo a idéntica mayoría.
Otra solución podría llevar al absurdo de que, existiendo la mayoría necesaria para la instalación del servicio no se alcance el correspondiente acuerdo para el **reparto de gastos del nuevo servicio**, al no darse la mayoría necesaria para ello, debiéndose en consecuencia regirse dichos gastos con arreglo a lo dispuesto con carácter general en el **título constitutivo**; lo cual es muy posible que traiga consigo que, en la mayoría de los casos, los **propietarios de locales y plantas bajas** que no hacen uso del servicio, tengan que hacer frente a dichos gastos, al no estar prevista su exoneración en los estatutos o título constitutivo de la comunidad en cuestión, lo cual no parece ni razonable ni justo.
En el caso de existir excepción de pago de los **gastos de mantenimiento** del ascensor establecida estatutariamente para algunos propietarios, no sería aplicable para los **gastos de instalación** del mismo, a los que sí deben hacer frente (AP Ourense 31-5-18, EDJ 525778).

1174 **Otros gastos de carácter general** Dejando al margen el supuesto de los ascensores, o de otras instalaciones que, aun implicando modificación del título constitutivo o de los estatutos, no requieren unanimidad, cuya solución creemos que debería ser la expuesta con respecto a la exoneración a la contribución de los gastos de ascensor (nº 1168), la exención en la contribución a otros gastos de carácter general requiere en todo caso **unanimidad**, por implicar una modificación del título constitutivo y no existir una regla expresa que determine otro régimen de mayorías (LPH art.17.6).
Un ejemplo habitual en este sentido es el de la exención de la contribución a los gastos generados por la **conservación y mantenimiento de portal y escaleras** a los propietarios de los locales comerciales, siempre y cuando la entrada al local en cuestión se efectúa desde la vía pública y no a través del portal.

Precisiones Como ejemplo, se acuerda la exoneración de gastos por conservación y mantenimiento de escaleras a los **propietarios de locales** a los que no se accede a través del portal (TS 30-5-97, EDJ 3433; 22-7-99, EDJ 18411; 5-7-05, EDJ 127448).

Uso exclusivo sobre un elemento común Es el supuesto en el que un propietario tiene atribuido, en el título constitutivo, el uso y disfrute exclusivo de un elemento común (nº 1099). 1176
En estos casos, lo habitual es que el propio título constitutivo o los estatutos prevean expresamente que los propietarios que gozan del uso exclusivo de un elemento común sean los obligados a hacer frente a los **gastos** que ocasione su conservación y mantenimiento ordinario, así como los gastos necesarios para su **reparación por el deterioro**, siempre y cuando este último tenga su origen en la utilización del mismo por el propietario en cuestión, no así cuando se trate de reparaciones necesarias que no tienen su origen en el uso del elemento común por parte del propietario que disfruta en exclusiva del mismo.
La duda surge cuándo, ni en los estatutos, ni en el título constitutivo, se regula la cuestión. La respuesta de nuestros tribunales es con carácter general la misma (con base en lo dispuesto en la LPH art.9.1.e párr 1º). Se distingue en estos casos entre **gastos ordinarios** de mantenimiento y conservación y **gastos extraordinarios** para concluir que los primeros corresponden al propietario que tiene atribuido el uso y disfrute del elemento común en exclusiva, mientras que de los segundos se debe encargar la comunidad, siendo un ejemplo habitual de estos últimos los gastos de impermeabilización de la cubierta de edificio para evitar filtraciones.

Precisiones En los casos de **uso exclusivo de cubiertas**, se distingue entre los **gastos ordinarios** de mantenimiento y conservación de la cubierta y **gastos extraordinarios**, derivados del propio desgaste de aquella, indicando que los primeros corresponden al propietario que tiene atribuido el uso y disfrute del elemento común en exclusiva, mientras que de los segundos responde la comunidad (AP Sevilla 26-11-03, EDJ 171382; AP Almería 23-7-03, EDJ 96936; AP Bizkaia 20-4-05, EDJ 134795).

Buzones Un supuesto peculiar es de los buzones, al surgir la duda de si estamos ante un **elemento común o privativo** a efectos de imputar sus gastos de conservación y mantenimiento. 1180
Sobre esta cuestión se ha entendido que los buzones son **privativos** de cada propietario y el **panel donde se ubican** común, por lo que las reparaciones de los primeros corresponden a su propietario y las del segundo a la comunidad (AP Zaragoza 13-5-98, EDJ 252).

Contribución a los gastos derivados del litigio de un propietario frente a la comunidad Un supuesto que no deja de ser habitual es el de la contribución a los gastos generados por un litigio frente a uno o varios copropietarios. 1186
Surge la duda de si deben estos últimos atender a los **gastos generados para la comunidad** por el litigio instado frente a ellos mismos.
La LPH no resuelve expresamente esta cuestión, por lo que son nuestros tribunales una vez más los encargados de dar respuesta a este interrogante. Estos se inclinan por entender que el **propietario que litiga frente a la comunidad** no debe contribuir al pago de los gastos generados por el procedimiento en cuestión para la comunidad.

Precisiones No puede imponerse al **comunero disidente** que contribuya a la satisfacción de dichos gastos, concluyendo que los desembolsos derivados de la situación litigiosa no pueden ser calificados de gastos generales (AP Madrid 25-2-95, Rec 758/93; AP Cantabria 14-11-94, Rec 104/94; TS 24-6-11, EDJ 130877). 1188
No obstante, se ha matizado la cuestión, al limitar esta conclusión a los supuestos en los que el propietario que litiga con la comunidad haya resultado **vencedor en el litigio** entablado con la comunidad, no así cuando resulta vencido.
Esta conclusión parece más razonable que la de eximir a los propietarios que litigan con la comunidad en todo caso. No es lo mismo el propietario que litiga frente a la comunidad que ve vencidas sus pretensiones que aquel que las ve estimadas. En este último caso no parece razonable y lógico que aquel propietario que ha litigado con la comunidad y que ha visto **estimadas sus pretensiones** esté obligado asumir gastos que tienen su origen en una posición procesal que ha sido desestimada por los tribunales por no resultar ajustada a Derecho.
Lo contrario supondría hacer recaer sobre estos propietarios las consecuencias económicas de una **reclamación o defensa inadecuada** sobre aquellos cuyo derecho es reconocido. A esto último, debemos añadir que la posición procesal de la comunidad que es desestimada por los tribunales no genera beneficio alguno para esta última, lo cual aleja notablemente este tipo de gastos de la propia esencia del gasto común, como aquel necesario para el adecuado sostenimiento del inmueble (TS 23-5-90, EDJ 5421).
Asimismo, hay que tener en cuenta que si la sentencia estimada para el propietario demandante y contra la comunidad obliga a esta última a realizar algún pago u obra que esta no quisiera realizar y el actor es parte de dicha comunidad, no abonará los **gastos de defensa legal** del procedimiento, pero sí deberá abonar su parte según la cuota de participación que le corresponda como parte de esa misma comunidad.

1190 **Sistema general de reparto de los gastos** (LPH art.9.1.e) La regla básica a la hora de determinar cómo se reparten los gastos generales en las comunidades de propietarios distinguen los mismos en función de que **resulten o no susceptibles de individualización**.
De esta forma, en el caso en que sea posible conocer la **proporción** en que cada propietario individual ha contribuido a la **generación del gasto común**, este último debe contribuir a la misma en dicha proporción.

Ejemplo Un ejemplo habitual de este tipo de gastos es el de **consumo de agua**. Hasta hace relativamente poco tiempo, en muchas comunidades este servicio era contratado directamente por la comunidad, y no por los propietarios de manera individual, aplicándose al reparto de gastos que generaba el criterio del consumo generado por cada propietario en función de su contador. Esto último, aunque de manera más ocasional, ocurría también con los servicios de **suministro eléctrico o de gas**. Esta práctica en todo caso está desapareciendo al tratarse de servicios que actualmente **contratan los propietarios de manera individual** con la empresa que dispensa el servicio en cuestión.

1192 **Reparto en función de la cuota de participación** (LPH art.9.1.e) En el caso de que **no se pueda determinar de manera objetiva** la participación de cada propietario en la generación de los gastos, la regla general es que estos se distribuyan en proporción a las cuotas de participación asignadas a cada piso o local en el título constitutivo; puesto que la cuota de participación tiene como función la de determinar la **participación de cada piso o local** en las cargas y beneficios que se produzcan en la comunidad (LPH art.3).
Este último sistema, reparto en función de la cuota de participación, es el sistema que se aplica para la distribución de la gran mayoría de los gastos comunes que se generan en las comunidades de propietarios, pues la individualización objetiva de los mismos se hace muy difícil por no decir imposible, siendo la solución quizá más equitativa y lógica, aunque no la única (nº 1194), la del reparto conforme a la cuota de participación, por estar ante un parámetro verdaderamente objetivo.

Precisiones Esto es así incluso en supuestos extremos como el del **consumo de agua**, cuando en el inmueble no existen contadores individuales y el titular del servicio es la propia comunidad (AP Madrid 17-12-93, EDJ 13230).

1194 **Alternativas al sistema general de reparto de gastos** El reparto de los gastos conforme a la cuota de participación (nº 1192) puede ser sustituido por otro distinto. No estamos ante una norma imperativa: en el desarrollo de su autonomía privada los particulares pueden pactar el establecimiento de **sistemas especiales** de reparto.
a) No deja de ser relativamente habitual que el reparto de gastos sea por el sistema más simple: **reparto por partes iguales**, conforme al cual todos los propietarios pagan la misma cantidad de manera mensual con independencia de la cuota de participación que tengan sobre los elementos comunes del edificio (AP Madrid 25-9-23, EDJ 729048).
b) Puede ocurrir también que, aunque la regla general de contribución venga determinada por la **cuota de participación**, determinados gastos se paguen **por partes iguales**, lo que suele utilizarse para afrontar el sostenimiento del **servicio de portería**.
c) También suele ser normal que, en una misma comunidad, con **varias escaleras se individualicen los gastos** generados por cada una de estas.
d) Finalmente, no deja de ser habitual la **exención de la contribución** a determinados gastos a aquellos propietarios que objetivamente no utilizan el servicio que genera el mismo, cuestión sobre la que nos remitimos a lo ya expuesto.
El hecho de que, en la práctica exista un determinado sistema de reparto, no implica la validez o eficacia de este último si no se ajusta a lo dispuesto en el **título constitutivo** o **estatutos**.
Ha de tenerse en cuenta que el cambio en el sistema de reparto de gastos requiere la **unanimidad** de los propietarios (AP Madrid 14-6-11, EDJ 169603; AP Murcia 14-6-11, EDJ 150076; AP Cantabria 30-5-16, Rec 599/15).

1196 Precisiones **1)** El hecho de haber hecho una **distribución de gastos de forma igualitaria durante años** pese a que los estatutos establecen una distribución por coeficientes, es una práctica inadecuada que, a lo sumo, impide la impugnación de las cuentas aprobadas durante los años en que tuvo lugar esa práctica, pero que en ningún caso implica una modificación de estatutos, siendo el régimen legal de distribución de gastos de la comunidad en cuestión la **distribución por coeficientes** (TS 16-11-04, EDJ 174135; 3-12-04, EDJ 173293; 6-2-14, EDJ 8616).
2) Se trata de una misma **comunidad con varios portales** que, sin que exista un acuerdo expreso, vienen sufragando por separado sus gastos durante años. Se considera, en la línea anteriormente expuesta, que en este caso, aunque se trate de distintos portales, cuyos gastos se pueden individualizar, el sistema de reparto debe ser el que consta en el título constitutivo, sin que pueda ser modificado sin un acuerdo unánime de los propietarios, en junta convocada al efecto (TS 21-7-99, EDJ 17918).

3) La cuestión suscita qué ocurre cuando tiene lugar la **agrupación de dos viviendas** en supuestos en los que el sistema de repartos es el de partes iguales con independencia de la cuota de participación. El problema se planteó porque un vecino unió dos viviendas y pretendía pagar una sola cuota. Se resuelve que debe abonar dos cuotas, una por cada vivienda, toda vez que la unión de dos viviendas, formando un solo hogar no elimina la individualidad física y jurídica de cada una de las fincas unidas (AP Castellón 15-12-92, Rec 871/91).

Obligado a abonar los gastos El **titular** de cada vivienda o local de negocio es el obligado a contribuir al sostenimiento de los gastos generales devengados constante su titularidad. Ello con independencia de los **pactos** que aquel pudiese alcanzar con el ocupante de la vivienda (arrendatario, usufructuario, etc.), con respecto a que este se haga cargo de dichos gastos; lo que en modo alguno le libera de su **obligación con la comunidad**, frente a la que debe responder siempre el propietario. 1198

Precisiones El responsable del abono de los gastos de la comunidad siempre es el propietario de la misma, **la ocupe o no** (AP Madrid 26-5-92, Rec 753/90; AP Ourense 20-6-94, Rec 64/94; AP Baleares 22-9-94, Rec 699/94).

Pérdida de propiedad por resolución del contrato de compraventa Un supuesto que podría generar dudas es el caso en el que un propietario pierde su titularidad como consecuencia de la resolución del contrato de compraventa en la que esta tiene su origen. En principio, la resolución del contrato implica la **retroacción** a la situación inmediatamente anterior al mismo **con devolución de la cosa objeto del contrato y del precio** con sus intereses; lo cual, en principio podría hacernos pensar que la retroactividad alcanza también a los gastos de la comunidad. 1200

No es esta la solución que dan nuestros tribunales a este problema. Con buen criterio, entienden que los **efectos retroactivos** de la resolución del contrato de compraventa solo alcanzan a las **relaciones internas de las partes contractuales**, pero no a terceros ajenos a esta relación contractual, como es el caso de la comunidad de propietarios, con respecto de las cuotas comunitarias impagadas por servicios que de manera efectiva a quién se han prestado ha sido quien al comprador cuyo contrato se ha resuelto. Y es que de acogerse la tesis contraria, tendríamos que el comprador habría disfrutado del piso y de sus elementos comunes sin contraprestación alguna, lo cual no es ni lógico ni razonable.

Precisiones En los supuestos de resolución del contrato de compraventa, el responsable del abono de las cuotas es aquel que tuvo la **posesión de la vivienda** cuando se devengaron, aunque con posterioridad el contrato de compraventa se resuelva (AP Madrid 30-3-96, Rec 200/96; AP Jaén 14-5-96, Rec 61/96; AP Soria 19-2-97).

Gastos de comunidad en supuestos de separación o divorcio Otro caso controvertido es el determinar quién debe hacer frente a los gastos de comunidad en dos supuestos: 1202

a) Cuando en una separación o divorcio se atribuye el uso y disfrute de la vivienda conyugal al **cónyuge no propietario**. La cuestión genera muchas dudas. Los tribunales, en los casos en los que se han ocupado de la cuestión, llegan a la conclusión de que serán por cuenta de aquel al que atribuya el uso y disfrute de la vivienda conyugal las **cuotas ordinarias** de la comunidad, no así las **extraordinarias** que serán por cuenta del propietario.

La explicación de la solución adoptada se encuentra en el hecho de que las cuotas ordinarias tienen como destino sufragar los gastos correspondientes a elementos o **servicios cuyo disfrute es inmediato y exclusivo** a favor del usuario; mientras que las cuotas o derramas extraordinarias tienen como objeto la **conservación o mejora del inmueble**, repercutiendo directamente en el valor patrimonial del mismo y, como tal, en su propietario, por lo que han de correr por cuenta de este.

b) Si, por el contrario, el cónyuge al que se atribuye la vivienda es **copropietario de la vivienda**, el criterio que parece que prevalece es que deben repartirse todos los gastos, tanto los ordinarios como los extraordinarios, al 50%, entre el cónyuge que disfruta de la vivienda y el que no disfruta de la misma (CC art.393 y 395), salvo que se trate de gastos que no sean necesarios para la conservación y sostenimiento de aquella.

Precisiones **1)** Las **cuotas ordinarias** serán de cargo del cónyuge que disfrute de la vivienda, aunque no sea propietario, debiendo abonar las de **origen extraordinario** este último (AP Asturias 31-1-06, EDJ 7320; 4-11-04, EDJ 177783). 1206

2) Hay que distinguir entre **gastos necesarios** para la conservación y mantenimiento de la cosa, que deben ser sufragados por todos los copropietarios, y los **no necesarios**, que deben ser soportados por quien tiene en disfrute. Deben incluirse en el primer concepto los **gastos generales** para el adecuado sostenimiento del inmueble, sus servicios, tributos, cargas y responsabilidades que **no** sean **susceptibles de individualización**, cuyo pago corresponde a todos los propietarios (LPH art.9). La consideración de tal gasto como necesario la abona en primer lugar, una razón de carácter material: el **impago** provoca el perjuicio de todo el inmueble porque la falta de pago de los copropietarios impide su adecuado mantenimiento; y en segundo lugar, una razón de carácter jurídico: esta obligación corresponde al que tenga la titularidad de los mismos (TS 11-2-98, EDJ 940).

3) En el caso enjuiciado, el demandado fue condenado en la instancia a pagar a su ex esposa, que tenía atribuido el uso de la vivienda familiar, el 50% de determinados gastos que esta última ha tenido que afrontar, considerando que algunos de ellos, concretamente los de la **comunidad de propietarios, IBI y tasa por recogida de basuras**, no le incumben por estar vinculados al uso que él no tiene.

En cuanto al **IBI**, sin más, se considera que debe **pagar el 50% del mismo** en su condición de propietario, por tratarse de un impuesto que recae sobre la propiedad por lo que su pago corresponde a quienes la ostentan. En cuanto a los **gastos comunitarios**, se mantiene el mismo criterio, por considerarlo coherente con el régimen de copropiedad y lo dispuesto en el CC art.393 y 395. Eso sí, se considera que los **gastos no necesarios** deben recaer sobre quien disfruta de la cosa, los de suministros que corresponden o son consecuencia del uso real, en los que sí debe encuadrarse el correspondiente a la **tasa por recogida de basuras**, que aparece, obviamente, vinculado y derivado del uso, que corresponde en exclusiva a la actora (AP Barcelona 17-5-04, EDJ 88300; AP Pontevedra 20-5-99).

4) La jurisprudencia también ha matizado el criterio general. Aunque se trate de una **vivienda ganancial**, se distingue entre los gastos de comunidad correspondientes a **cuotas ordinarias** -referidas a participación en gastos afectos al mantenimiento del inmueble, servicios comunes de interés general y cargas asociadas al normal uso y aprovechamiento del inmueble-, y aquellas **extraordinarias** -afectas a gastos extraordinarios referidos a obras de tal carácter de conservación o para mejora del inmueble, derramas, etc.-, entendiendo que las primeras guardan especial **conexión con el uso y disfrute del inmueble**, y no tanto las segundas, de forma que las primeras corresponde abonarlas a aquel que tiene atribuido su uso y disfrute y el resto deben repartirse por mitad (AP Alicante 10-7-03, EDJ 113165; AP Cantabria 14-6-04, EDJ 62017).

5) Por nuestra parte, nos inclinamos por el criterio sostenido por las últimas sentencias citadas, por las mismas razones por las que entiendo que es la que debe ser aplicada a los supuestos en los que se atribuye el **uso y disfrute de la vivienda al cónyuge no propietario**. Existe obligación de contribuir a los **gastos generales** para el adecuado sostenimiento del inmueble, servicios, cargas y responsabilidades no individualizables (LPH art.9.1.e). El objeto de esta contribución no es otro que es el **sostenimiento y mantenimiento** del inmueble en situación de servir a su fin propio. Parece lógico y razonable que, siendo así, estos gastos sean afrontados por el copropietario al que se ha atribuido el uso del inmueble.

Cuestión distinta son los gastos que se lleven a cabo para **mejorar el inmueble o sus instalaciones** o servicios. Estos últimos repercuten en el valor de la edificación incrementándolo, por lo que resulta adecuado que los cotitulares correspondan a ellos de acuerdo con su porcentaje en la propiedad. Ahora bien, conviene precisar que la diferencia entre gastos ordinarios de mantenimiento y mejoras no siempre encuentra paralelismo con los conceptos de cuotas mensuales de la comunidad y de derramas extraordinarias. Las **cuotas mensuales** pueden tener como objeto la realización de mejoras y es posible, a su vez, que existan **derramas extraordinarias** para el pago de gastos ordinarios de la comunidad.

6) Los **gastos reales**, que son inherentes al derecho de propiedad, como el pago del IBI, deben ser abonados por los propietarios en sus respectivas cuotas (TS 25-9-14, EDJ 175673; AP Madrid 14-3-17, EDJ 51614; 10-3-17, EDJ 50427).

4. Notificación de los cambios de titularidad

(LPH art.9.1.i)

1210 La comunidad de propietarios debe conocer en todo momento quiénes son los **propietarios actuales** de cada una de las viviendas o locales que existen en el edificio. Por ello, se exige que los **propietarios que transmitan su propiedad** comuniquen al secretario de la misma o la persona que ejerza sus funciones cualquier cambio que se produzca en la titularidad de las viviendas o locales.

Esta constituye una **obligación esencial** para el funcionamiento del régimen de propiedad horizontal, pues la comunidad debe conocer en todo momento quiénes son sus comuneros a efectos de poder cumplir con las obligaciones que impone la LPH en cuanto a **citaciones** y **notificaciones** y para poderles exigir el cumplimiento de sus obligaciones.

1212 **Sistemas de comunicación del cambio de titularidad** (LPH art.9.1.i) La comunicación del cambio de titularidad puede efectuarse por cualquier medio que deje **constancia de su recepción**, lo cual es lógico pues, si no se acredita esta, no se podrá acreditar el cumplimiento de la obligación en cuestión.

En relación con la **comunicación del domicilio**, el método fehaciente más barato es el burofax del servicio de correos, con certificación de texto y acuse de recibo. No obstante, como alternativa a este, la comunicación también se podrá enviar por **conducto notarial**. En todo caso, aunque la comunicación no se haga por ninguna de estas vías fehacientes, también será válida

en la medida en que el propietario en cuestión pueda acreditar que se ha efectuado, pues la finalidad de la norma es que la comunidad tenga **conocimiento efectivo del cambio de titular**, imponiendo la comunicación fehaciente simplemente a efectos de que el propietario pueda acreditar la comunicación en cuestión en caso de conflicto.
En nº 9105 puede consultarse un **modelo de carta** comunicando el cambio de titularidad de una entidad privativa.

Ejemplo El propietario comunica al secretario de su comunidad el cambio de titularidad por una simple **carta** y por parte de este último se le contesta con otra donde acusa recibo de esta; o el envío de un simple **correo electrónico**, que es contestado por el secretario, admitiendo que toma nota del nuevo propietario; o, sin más, una simple **llamada telefónica**, que igualmente es contestada por un medio escrito donde se reconozca la comunicación de aquel.

Conocimiento por los órganos de gobierno de la comunidad (LPH art.9.1.i) Incluso, si no tiene lugar la comunicación propiamente dicha, tiene el mismo efecto el hecho de que cualquiera de los órganos de gobierno de la comunidad -junta, presidente, vicepresidente, secretario o administrador- haya tenido conocimiento del cambio de titularidad de la vivienda o local por **cualquier otro medio** o por **actos concluyentes del nuevo propietario** o bien cuando dicha transmisión fuese notoria. 1213

Ejemplo Un supuesto típico y muy habitual en la práctica es que el nuevo propietario acuda a la **junta** inmediatamente posterior a la transmisión de su vivienda y se identifique como tal, aunque en este caso, el antiguo propietario será responsable por las deudas generadas desde la transmisión del inmueble hasta dicha junta. Otro supuesto habitual es que el nuevo adquirente se dirija al **administrador** a efectos de comunicarle su número de cuenta para el cargo de los recibos de la comunidad, etc.

Comunicación del cambio de titularidad al secretario (LPH art.9.1.i) La comunicación del cambio de titularidad debe hacerse al secretario de la comunidad, aunque en la práctica a quién se hace dicha comunicación es al **administrador** que es quien habitualmente desempeña ese cargo. 1215

Precisiones En nuestra opinión, en el caso de que el **administrador no tenga atribuidas las funciones de secretario**, pese al tenor literal de la norma, consideramos que se debe tener por cumplida dicha obligación sí el propietario comunica a aquel dicho cambio, toda vez que el objeto de la norma es que la comunidad tenga conocimiento de esta circunstancia y, es obvio que, comunicando el cambio de titularidad, esta última conoce dicho cambio.

Más dudas despierta la posibilidad de que pueda tenerse a la comunidad por enterada del cambio de titularidad por la simple petición al secretario de la **certificación** donde conste el **estado de las deudas de la comunidad** (LPH art.9.1.e) que se adjunte al instrumento público en virtud del cual tenga lugar la transmisión, toda vez que dicha petición no garantiza dicha transmisión, ni en la misma se tiene por qué indicar quién será el nuevo titular de la vivienda, que, en definitiva es el objetivo que se pretende con la norma en cuestión que estamos analizando. 1216

Responsabilidad solidaria por incumplimiento Para garantizar la efectividad de esta obligación legal, la LPH determina que quien incumpla esta obligación responderá de manera solidaria junto con el **adquirente de la vivienda o local** por las deudas que puedan surgir con la comunidad con posterioridad a la transmisión. 1218
Se trata de una auténtica **sanción** impuesta por el legislador al propietario que incumpla esta obligación, con el fin de garantizar que en todo momento la comunidad conozca quién son los propietarios que forman parte de la misma.
La responsabilidad solidaria alcanza a las **nuevas deudas** que se generen una vez transmitido el piso o local sin haber cumplido esta obligación. El **antiguo propietario** que no comunica la transmisión pasa a ser **sujeto pasivo** de estas junto con el nuevo adquirente, que no queda liberado de su obligación, toda vez que el antiguo propietario tiene derecho a repetir lo pagado frente al nuevo. El antiguo propietario se convierte así en una especie de **fiador** de carácter solidario.

Ejemplo Un comunero vende el piso de su propiedad el 1-9-2009. No comunica dicha transmisión al secretario de la comunidad hasta el 1-9-2010. Se da la circunstancia de que el **nuevo adquirente ha dejado impagadas las cuotas** de la comunidad entre el 1-10-2009 y 1 6-2010. La comunidad podrá dirigirse para reclamar esta deuda tanto frente al antiguo, como al nuevo propietario, o frente a los dos -en esto consiste la solidaridad- ahora bien, si el antiguo propietario paga la totalidad de la deuda, podrá reclamarle al comprador el importe pagado, no así si es el nuevo propietario el que paga (LPH art.9.1.i). Hay que tener en cuenta que, la **acción de reclamación de cuotas**, caducará a los 5 años -CC art.1963.3- (TS 3-6-20, EDJ 575518).

---

5. Contribución a la constitución y sostenimiento de un fondo de reserva

1225 Esta obligación conlleva el tratamiento de las siguientes cuestiones:
- objeto y dotación mínima (nº 1227);
- titularidad (nº 1228);
- funcionamiento (nº 1230);
- seguro con cargo al fondo (nº 1232);
- garantías (nº 1234).

1227 **Objeto y dotación mínima** (LPH art.9.1.f) Con el objeto de que las comunidades de propietarios puedan disponer de fondos con los cuales, llegado el caso, se puedan afrontar las **obras de conservación, reparación y rehabilitación** de los elementos, servicios e instalaciones generales del inmueble, así como las obras de **accesibilidad** recogidas en LPH art.10.1.b (nº 1375 s.), sin necesidad de tener que aprobar una derrama extraordinaria, así como para poder hacer frente a los gastos cuya **urgencia** no permita esta forma de pago, se establece por el legislador la obligación de que en las comunidades de propietarios exista un fondo de reserva, así como la realización de las obras de accesibilidad y eficiencia energética recogidas en LPH art.17.2.
Este fondo de reserva nunca podrá ser inferior al 10% del último presupuesto general ordinario y para su **mantenimiento** deberán contribuir todos los propietarios. A diferencia de lo que ocurre con la contribución a los gastos generales -que admite alternativas- la contribución al fondo de reserva se deberá hacer necesariamente conforme a la **cuota de participación**. El 10% es el **mínimo exigido** por la Ley, que, obviamente puede ser aumentado si así se acuerda por la comunidad, por simple mayoría.

1228 **Titularidad** (LPH art.9.1.f) La titularidad del fondo de reserva corresponde a todos los afectos a la comunidad, expresión que no es demasiado afortunada porque podría generar alguna duda, pero que debemos entender referida, sin más, a los **comuneros** que en cada momento forman parte de la comunidad **en proporción a su cuota de participación**. Pese a ello, el **destino del fondo** de reserva no puede ser otro que la realización de las obras de conservación, reparación, rehabilitación y accesibilidad de LPH art.10.1.b (nº 1375 s.), necesarias para la comunidad.

Precisiones Discrepamos de la opinión de algún autor que considera que en el caso de **venta del piso o local**, cada comunero tiene derecho a que se le reintegre la parte proporcional que le corresponda sobre ese fondo de reserva. Es más, aunque en sede teórica no es absolutamente descartable, en la práctica no es habitual que un comunero reclame a la comunidad la parte que le corresponda del fondo de reserva cuando procede a vender su piso o local, al igual que tampoco se exige al nuevo adquirente que contribuya en dicha proporción al fondo de reserva.
Cuando se produce la venta de un piso o local, el **nuevo adquirente** ocupa, con respecto al fondo de reserva de la comunidad la misma posición que su transmitente. Ello sin perjuicio de la **afección del piso o local al pago de las deudas** que mantenga el anterior propietario con la comunidad por las vencidas de la anualidad en curso y las correspondientes al año natural inmediatamente anterior, cuestión sobre la que me remito a lo expuesto al respecto en otro lugar de esta obra.

1230 **Funcionamiento** (LPH art.9.1.f) Las cantidades que forman parte del fondo de reserva tienen como **destino** el sostenimiento de las obras de conservación, reparación y rehabilitación que se vayan planteando durante la anualidad, que no puedan ser sufragadas con cargo a los fondos generados por las cuotas ordinarias de gastos generales establecidas en función del presupuesto aprobado.
El fondo **no puede utilizarse** para hacer frente a los **gastos generales** de la comunidad como gastos de limpieza, retribución de conserje o portero, agua, luz, electricidad, etc., al quedar fuera de su ámbito de aplicación los supuestos de falta de liquidez de la comunidad para atender a estos gastos generales. Ello no impide que los **acreedores de la comunidad** puedan cobrar sus créditos con cargo a este, pues frente a estos no constituye un fondo separado, respondiendo la comunidad de sus deudas con todos sus bienes presentes y futuros (CC art.1911).
En caso de que se tenga que disponer de las cantidades que forman parte del fondo de reserva para cubrir los gastos anteriormente mencionados, estas deberán ser de nuevo **cubiertas o reintegradas** por los propietarios hasta alcanzar el mínimo exigido por la LPH, cuando se apruebe el presupuesto ordinario para la anualidad siguiente.
La LPH no establece ningún tipo de **control** ni, en consecuencia, **sanción** para las comunidades de propietarios que incumplan con esta obligación.

Seguro con cargo al fondo de reserva (LPH art.9.1.f) La LPH contempla también la posibilidad de que, con cargo al fondo de reserva, la comunidad bien suscriba un **seguro de daños**, o bien concluya un **contrato de mantenimiento** permanente del inmueble. 1232
La comunidad de propietarios es libre de optar por una u otra opción o, sin más, no contemplar ninguna, aunque lo habitual y lógico es que se opte por una de estas opciones, dadas las mayores garantías que ofrece cualquiera de ellas y la **mayor eficacia** a la hora de solventar los problemas que pudieran suscitarse. Como es lógico, las compañías de seguros ofrecen a las comunidades de propietarios **seguros combinados** con una amplia cobertura, que alcanza todas las contingencias para cuya cobertura se constituye el fondo de reserva.

Precisiones Muchas comunidades de propietarios alegan, para impedir la colocación de armarios, estantes o cerramientos de obra en las **plazas privativas de aparcamiento**, que la cobertura de dicho seguro puede verse afectada por estos y obligan a su retirada, lo que implica una limitación en los derechos dominicales de los propietarios.

Garantías del fondo de reserva A efectos de cobro respecto de las aportaciones que los propietarios están obligados a realizar al fondo de reserva, las comunidades gozan de los mismos **privilegios** que el resto de los gastos generales (nº 1160 s.). Aunque no se establece de modo expreso la afección del piso o local al pago de este fondo de reserva, la contribución al mismo constituye, en todo caso, la **contribución a un gasto general** y, como tal, goza de los privilegios para el cobro que por la LPH se reconocen para el cobro de estos últimos. 1234
Se establece, por consiguiente, la **afección del piso o local** para el pago de los gastos derivados de las obras y reparaciones necesarias para el adecuado sostenimiento, conservación y rehabilitación del inmueble, obras cuya ejecución, precisamente, son las que se pretende garantizar con la existencia del fondo de reserva.

SECCIÓN 3

Protección del derecho de crédito de la comunidad

1240

1. Privilegio de los créditos de la comunidad frente a los propietarios morosos

(LPH art.9.1.e párr 2º)

La contribución al sostenimiento de los gastos generales de la comunidad, que es una obligación de todos los propietarios, constituye un verdadero **derecho de crédito** a favor de la comunidad. Su protección resulta básica para garantizar el adecuado funcionamiento de este especial régimen de dominio. 1245
El privilegio alcanza a los **gastos generales**. Estos últimos según el propio tenor literal del precepto son aquellos que sirven para el adecuado sostenimiento del inmueble y no son susceptibles de individualización.

Precisiones **1)** En nuestra opinión, dentro de este concepto se engloban **todos los gastos de la comunidad** tanto los ordinarios, como los extraordinarios que se afrontan con las correspondientes derramas, pues todos ellos son gastos necesarios para el adecuado sostenimiento del inmueble. De tal manera que solo los gastos que son imputables a un determinado vecino o vecinos quedan fuera del privilegio.
2) Dentro del concepto de **gastos generales** se deben incluir tanto los gastos ordinarios, de carácter fijo, como los periódicos cuya cuantía varía en función al consumo y uso (agua, electricidad, calefacción), como los extraordinarios ocasionados por algún acontecimiento que determina su procedencia (reparaciones y similares). Excluyéndose únicamente aquellos gastos imputables a un determinado propietario o propietarios que los asumen directamente (TS 14-3-00, EDJ 2159; en la misma línea, TS 29-5-09, EDJ 112088; AP Murcia 28-6-99, EDJ 86996; AP Madrid 20-12-19, EDJ 839511).

1248 **Conducta diligente de la comunidad** La **efectividad del privilegio** que ostentan dichos créditos se supedita a la existencia de una conducta diligente por parte de las comunidades. De esta forma, el privilegio alcanza única y exclusivamente a los **gastos generales** correspondientes a las **cuotas** imputables a la parte vencida de la anualidad en curso y a los 3 años inmediatamente anteriores.

Más allá de este límite, se entiende que ha existido **negligencia en el cobro** por parte de la comunidad de propietarios y, en consecuencia, el privilegio no se extiende a las **deudas anteriores**.

Precisiones Con **anterioridad a la reforma** efectuada por la L 8/2013, el privilegio solo se extendía a la anualidad en curso y a la anualidad anterior. **Tras la reforma**, se extiende a la anualidad en curso y a las 3 anteriores. Asimismo se extiende también al nuevo adquirente, porque el piso queda afecto de manera real al pago de la deuda por idéntico periodo.

Ejemplo Si un determinado **propietario ha dejado de pagar las cuotas** correspondientes a los años 2010, 2011, 2012, 2013 y las comprendidas entre los meses de enero a junio de 2014, la comunidad gozará de **preferencia para el cobro** con cargo al propio inmueble por el importe correspondiente a los años 2011 a 2013 y las 6 mensualidades no pagadas del año 2014, no así, para el cobro de las correspondientes al año 2010, que podrá cobrar pero no gozará de **privilegio** alguno para cobrar las mismas con cargo al inmueble.

1250 **Día inicial del cómputo del privilegio** Aunque el privilegio se extiende a la parte vencida de la anualidad vigente y a los 3 años naturales inmediatamente anteriores, a efectos prácticos es importante determinar cuál es el momento a partir del cual el privilegio resulta operativo, cuestión que no resuelve el legislador.

En nuestra opinión este momento no debe ser otro que el momento de la **presentación de la demanda**, con lo que el privilegio se extendería a los gastos comunitarios del año precedente y de la parte vencida del presente hasta dicha fecha de presentación de la demanda (AP Castellón 3-7-23, EDJ 723999).

No obstante, con el fin de evitar **gravámenes ocultos** contrarios al principio de publicidad registral y en, aras de la seguridad del tráfico, la DGRN exige la **constancia registral** de las concretas cantidades objeto de cobertura, bien mediante anotación de embargo preventivo, bien, de no obtenerse este del juzgado, mediante anotación de la propia demanda (DGRN Resol 9-2-87; 18-5-87).

En contra de este criterio, se considera que el día inicial del cómputo de la preferencia debe ser en todo caso la de **inscripción en el Registro de la Propiedad** (AP Barcelona 22-3-02, EDJ 44259).

1251 **Privilegio de naturaleza especial** En lo que concierne al privilegio en cuestión, es un privilegio de naturaleza especial, que lo que permite es que la comunidad pueda cobrar su **crédito con carácter preferente** sobre el valor de la vivienda o local del propietario moroso. Se puede considerar que se trata de un **derecho real de garantía** que se podría calificar como una hipoteca legal tácita.

El privilegio es verdaderamente relevante, toda vez que la comunidad, a la hora del cobro de sus créditos goza de **preferencia para el cobro** con cargo al valor de la vivienda o local del propietario en cuestión, sobre los créditos refaccionarios e hipotecarios y los anotados preventivamente en el Registro de la Propiedad (CC art.1923.3º, 4º y 5º), situándose por detrás tan solo del privilegio especial del que gozan los trabajadores por los créditos salariales en las condiciones establecidas por el ET art.32 y del que se concede al Estado para el cobro de los impuestos o a las aseguradoras por los premios y dividendos del seguro.

Ejemplo Si un **propietario deja de pagar el préstamo hipotecario** que tiene concertado con una entidad bancaria y deja de pagar los correspondientes **recibos de su comunidad de propietarios**, llegado el momento del cobro, en un procedimiento de ejecución que finalizase en la **subasta del inmueble**, con lo obtenido en esta primero se pagarían primero las cantidades adeudas por el ejecutado a su comunidad de propietarios por las cuotas imputables a la parte vencida de la anualidad en curso y a los 3 años naturales inmediatamente anteriores, y, solo después de satisfechas estas cobraría el banco por las cantidades que aquel le adeudase por el impago del préstamo hipotecario que gravaba la vivienda. Ello con independencia de la deuda que primero fue impagada y ello con independencia de que la hipoteca se constituyese con anterioridad a las cantidades impagadas reclamadas por la comunidad (AP Málaga 12-12-95, Rec 37/95).

---

2. Responsabilidad por deudas frente a la comunidad en caso de transmisión del inmueble

Como **garantía adicional** del pago de los gastos de comunidad, nuestro legislador ha previsto que el adquirente de una vivienda o local responda por los **gastos no satisfechos por el propietario anterior**. **1255**
Esta responsabilidad alcanza solamente al valor de la vivienda o local adquirido por el nuevo titular y cubre exclusivamente las deudas que resulten imputables a la parte vencida de la anualidad en la que tenga lugar la adquisición y a los 3 años naturales inmediatamente anteriores.
El **plazo** se computa desde la fecha de la adquisición del piso por el titular actual obligado a satisfacerlos.

Trasmisión de la propiedad Lo relevante para que surja la responsabilidad es que la trasmisión de la propiedad se haya producido, con independencia de que la misma no haya tenido **acceso al Registro de la Propiedad**, requisito que no es necesario para que tenga lugar aquella (CC art.609). **1256**

Precisiones 1) El demandado pretende excluir la aplicación de lo dispuesto en la LPH art.9.1.e sobre la base de que su derecho de propiedad no había tenido **acceso al Registro** de la Propiedad. Al respecto se considera que la venta se consumó al escriturarse, ello con base en la **teoría del título y el modo** conforme a la cual los inmuebles se adquieren con la firma del correspondiente contrato y la entrega del objeto del mismo, algo que incardinó al apelado en la obligación real comunitaria que se recoge por el LPH art.9.1.e (AP Murcia 4-6-09, EDJ 168180; AP Madrid 12-2-15, EDJ 32945; AP Navarra 22-11-19, EDJ 805688).
2) En el supuesto de **falta de comunicación** de la transmisión e inscripción en el Registro de la misma, el propietario anterior debe responder de manera solidaria junto con el nuevo propietario por las deudas producidas con posterioridad a la transmisión, sin perjuicio del derecho que le asiste a repetir lo pagado frente al nuevo titular (AP Madrid 31-3-11, EDJ 115805; AP Pontevedra 9-1-15, EDJ 9599).

Gravamen preferente La DGRN tiene reiteradamente establecido que la afección real reconocida en la LPH art.9.1.e es un gravamen preferente. De forma que sobre ella no pueden prevalecer ni los **derechos reales**, ni ningún otro **derecho de crédito**. **1257**
La DGRN entiende que, una vez que tiene lugar la **inscripción del título constitutivo** de una determinada comunidad en el Registro de la Propiedad, la **afección real preferente** goza ya de **publicidad** por ser inherente a dicho régimen. De forma que cualquier **hipoteca o embargo** sobre el piso o local, es posterior a la misma y, en consecuencia, únicamente tendrá eficacia en cuanto no menoscabe la eficacia de la afección real que por Ley es preferente.
No estamos, en consecuencia, ante una simple preferencia de créditos, de la que gozaría el derecho de la comunidad de propietarios sobre cualquier otro crédito concurrente y que habría de hacerse valer por la vía de la tercería o, en su caso, de ejecución colectiva; sino de una **verdadera afección real del piso o local**, en garantía del pago de las cuotas por gastos comunes, que opera con alcance *erga omnes*, esto es, cualquiera que sea el titular del inmueble y las cargas sobre él constituidas (DGRN Resol 9-2-87; 15-1-97).

Responsabilidad (LPH art.9.e.3º) Es importante reseñar que, aunque la Ley declara responsable al **adquirente de la vivienda** en los términos a los que venimos haciendo alusión, dicha responsabilidad no elimina la del **propietario primitivo**. **1258**
En tal caso, la cuestión es si estamos ante un supuesto de **responsabilidad solidaria** entre el propietario que era titular en el momento en el que surgió la deuda y el nuevo propietario por los gastos generales pendientes de pago correspondientes a la parte vencida del año en que tenga lugar la adquisición de la vivienda y los 3 años naturales inmediatamente anteriores.
La norma que impone a cada propietario la obligación de contribuir, con arreglo a la cuota de participación fijada en el título o a lo especialmente establecido, a los gastos generales para el adecuado sostenimiento del inmueble, sus servicios, cargas y responsabilidades que no sean susceptibles de individualización (LPH art.9.1.e).
De esta forma, el **deudor** es el propietario del piso o local en el momento en que se devengue la obligación. Cuando deje de serlo, ya no será deudor por las deudas nacidas con posterioridad al momento en que perdió la titularidad del piso o local, del mismo modo el adquirente del piso o local no asume una obligación personal, salvo pacto expreso, por los gastos devengados con anterioridad a su adquisición.
La **garantía** que establece el legislador, para asegurar el cumplimiento de aquella obligación de pago, no convierte al nuevo adquirente en deudor personal de la obligación. A través de este se contrae una obligación *ob rem*, que supone una **afección real** que viene dada por la propia existencia de la propiedad horizontal sin precisar de una **publicidad registral específica**, pero el deudor personal sigue siendo el titular del piso o local al momento del devengo, sin que la transmisión extinga esa deuda (Resol DGRN 9-2-87; 18-5-87; 1-6-89).

1259 Precisiones 1) En el caso enjuiciado, la **comunidad demandó de forma solidaria** tanto a los propietarios de la vivienda en el momento en el que se generó la deuda como al adquirente posterior. El **propietario actual** se opuso sobre la base de no ser responsable personal de la deuda que se reclama, sin perjuicio de la afección de la vivienda en los límites temporales establecidos legalmente. En primera instancia se condenó a los **propietarios primitivos** al pago de la totalidad de la deuda reclamada y solidariamente con ellos al adquirente posterior por la deuda correspondiente a las cuotas impagadas de la anualidad en que tuvo lugar la adquisición de la vivienda y el año inmediatamente anterior. Este último recurrió, sobre la base de que en ningún caso debe considerársele como responsable personal de dichas deudas. Se estima parcialmente recurso interpuesto declarando que el nuevo deudor no es el responsable de las deudas, si bien si goza de legitimación pasiva en el procedimiento al quedar afectado un bien de su propiedad al pago de la parte de aquellas por la que responde su vivienda de conformidad con la LPH art.9.1.e. De esta forma, si los propietarios primitivos no hacen frente a la deuda, la misma se podrá cobrar con cargo al inmueble hasta el límite fijado legalmente (AP Madrid 7-3-01, EDJ 106474).

2) En el caso enjuiciado, el demandado **adquirió la vivienda en escritura pública** otorgada el 14-2-2003 y en el procedimiento se le reclamaron cuotas de comunidad de junio de 2001 a enero de 2003. En la sentencia de primera instancia se aplica al caso enjuiciado la **afección real del inmueble** -LPH art.9.e-, pero se desestima la demanda al considerar que la obligación de satisfacer el importe de aquellas cuotas no corresponde al titular registral y por ende no se le puede imponer una condena al pago de una cantidad al demandado que no es deudor de ella; el titular registral, por el mero hecho de serlo no se convierte en deudor y obligado al pago del crédito comunitario. La Audiencia considera que no es lo mismo deuda que responsabilidad, y que el adquirente es **responsable y no deudor**, pero matiza que eso no quiere decir que aunque indebidamente demandado como deudor pueda no obstante ser condenado como responsable y hasta el límite legal. Indica en este sentido que esa **responsabilidad no es secundaria**, sobre la base de que no es necesario que el deudor resulte insolvente o que se dirija primero la demanda contra este para que se pueda exigir aquella responsabilidad al adquirente (AP Zaragoza 15-2-05, EDJ 29708).

1260 **Momento para el cómputo del período de la afección del bien** También se duda si el momento a partir del cual debe computarse el período de la afección del bien es, el de la **presentación de la demanda**, o el momento de la **adquisición** del piso o local.

Nos inclinamos por la segunda solución porque, aunque la norma no es clara, en esta se alude expresamente a la **anualidad en que tenga lugar la adquisición**, como aquella cuyas cuotas vencidas quedan cubiertas por la garantía.

Asimismo, si atendemos a la **finalidad** del precepto, la solución es la misma. La finalidad de la norma que estamos analizando es servir de garantía del pago de los gastos generales para el adecuado mantenimiento del inmueble, sus servicios, tributos y responsabilidades de la comunidad por parte de cada propietario. Esta garantía debe de compatibilizarse con el principio de seguridad jurídica y, en este sentido, la **fecha de la transmisión** del piso o local ofrece una mayor seguridad jurídica, toda vez que siguiendo la tesis de la fecha de la transmisión, resulta indiferente que el adquirente ponga no en conocimiento de la comunidad su cualidad de nuevo propietario del piso o local o tardar más o menos en hacérselo saber, pues la afección del piso o local al pago de la deuda tiene una fecha cierta: la fecha de la transmisión.

Finalmente, los **intereses de la comunidad**, que son los que se pretenden salvaguardar con la norma, quedan más garantizados, pues la mayor o menor diligencia de los órganos de la comunidad en reclamar la deuda al nuevo propietario en nada le va a afectar (AP Zamora 23-11-94, Rec 285/94).

3. Obligación de declarar estar al corriente de los gastos de la comunidad

(LPH art.9.1.e párr 4º)

1262 Con el objeto de salvaguardar los intereses de los futuros adquirentes de las viviendas o locales, se establece que todo aquel que transmita su vivienda o local está obligado a declarar en el instrumento público donde conste la transmisión su situación con respecto a los gastos de la comunidad, esto es, si se halla al corriente de su pago, o, por el contrario, no ha satisfecho la totalidad de los mismos, expresando en este último caso los gastos que adeude.

Aunque la norma alude al **instrumento público**, si atendemos a su finalidad, consideramos que, pese a su tenor literal, la obligación es extensible también a los supuestos en los que la transmisión de la propiedad tiene lugar en **documento privado**, puesto que el hecho de que aquella conste en documento privado o público no tiene por qué traer consigo una menor o mayor protección del adquirente.

Junto a esta declaración, el vendedor debe aportar además una **certificación emitida por el secretario** de la comunidad en la que conste el estado de deudas de su piso o local, sin la cual no puede otorgarse el documento público, salvo que el adquirente consienta que no se incorpore dicho certificado, exonerando así al vendedor de dicha carga.

Esta **exoneración** debe ser expresa y lo normal es que se dé en supuestos en los que el comprador conozca que no existen deudas o bien, conociendo su existencia, las asuma como parte del precio. Este último supuesto no es propiamente una asunción de deuda, pues para ello debería contar con el consentimiento de la comunidad (CC art.1159).
La exoneración solo está referida a la **aportación de la certificación**, no a la declaración formal que se debe recoger en el instrumento público relativa a que el acreedor está al corriente o no de las deudas sociales. Es por ello que el vendedor debe hacer la declaración en cuestión en todo caso, aunque el contenido de la misma no esté respaldado por la certificación, si el comprador le exonera expresamente de su aportación.

Solicitud de la certificación Debe ser solicitada por aquel que pretende transmitir su propiedad sobre su vivienda o local al presidente o secretario de la comunidad, y ha de emitirse por este último en un **plazo** máximo de 7 días naturales desde la solicitud. **1263**
La certificación debe ir firmada por el secretario con el visto bueno del presidente.
Estos últimos responden de la **exactitud de los datos** recogidos en dicha certificación, siendo responsables por las inexactitudes que en la misma se pudiesen comprender, respondiendo igualmente por los **daños y perjuicios** que pudiera ocasionar si la certificación se emite con posterioridad al plazo legalmente fijado para ello.
Puede consultarse un **modelo de certificado** de la comunidad sobre el estado de deudas de una entidad privativa en nº 9090.

Transmisión de la propiedad por título distinto a la compraventa La obligación alcanza también a supuestos en los que la transmisión de la propiedad se haga por título distinto a la compraventa, toda vez que el precepto que estamos analizando alude expresamente a la transmisión **por cualquier título**. De esta forma, en el instrumento público en virtud del cual tenga lugar la **donación** de un piso o local se deberá recoger la declaración del transmitente de hallarse al corriente de los gastos de la comunidad o expresar los que adeude, acompañándose igualmente la **certificación** sobre el estado de las deudas con la comunidad. **1264**
Es importante reseñar que el cumplimiento relativo a la **información y acreditación del estado de deudas** con la comunidad afecta solo a la relación interna entre vendedor y adquirente, no siendo oponible frente a la comunidad, quien puede exigir su crédito sin ningún régimen de subsidiariedad (LPH art.21 y 22 redacc L 10/2022).

4. Privación del derecho al voto

(LPH art.15.2º)

Se establecen diversas medidas contra los propietarios morosos, entre las que destaca la privación del derecho al voto en la junta a aquellos propietarios que en el momento de iniciarse no se encuentren **al corriente del pago** de todas las deudas vencidas con la comunidad y no hayan impugnado judicialmente las mismas o consignado judicial o notarialmente la suma adeudada. **1266**
Ha de tenerse en cuenta que sí que se les permite **participar en las deliberaciones** de la junta y que la privación del derecho de voto no supone la privación de la **legitimación para impugnar** acuerdos sociales (AP Alicante 3-11-11, EDJ 305883).
En la práctica, el problema se plantea esencialmente, en aquellos supuestos en los que al propietario no se le permitió ejercer su derecho de voto tempestiva y legítimamente en el mismo acto de la junta por considerar el presidente, o la mayoría de los asistentes, que tenía la **condición de moroso** (nº 1268) en las obligaciones pecuniarias que incumben a todo propietario (LPH art.9.1.e y f -redacc L 10/2022- y 15.2), no siendo cierta tal imputación.
La **privación indebida** del derecho a voto, dada su gravedad y trascendencia, provoca, en todo caso, la nulidad de los acuerdos, como contrarios a la ley y a los estatutos.
Si el deudor asiste a la junta, aunque no pueda votar, resulta conveniente que haga constar en el acta su **posición opositora** al acuerdo si luego, una vez se ponga al corriente, pretende impugnarlo dentro del término conferido en LPH art.18.3.
Para más detalles acerca de este tema, ver lo expuesto al tratar el régimen de **adopción de acuerdos en la junta** (nº 2940 s.).

Precisiones **1)** El caso enjuiciado gira en torno a la conformidad o no de la privación del derecho a voto de un comunero que **no estaba al corriente de los gastos** de la comunidad al comienzo de la junta. El comunero justifica su defensa en los siguientes **argumentos**: **1267**
- que no podía haber sido privado del derecho a voto, toda vez que la deuda que mantenía con la comunidad estaba siendo juzgada, y se trataba por tanto, de un crédito litigioso;
- que la referida deuda no estaba vencida, porque había sido impugnada judicialmente, y tampoco era líquida;

- que la privación del derecho de voto por impago de cuotas comunitarios afecta tan solo a los acuerdos que deban ser tomados con carácter mayoritario, pero no a los que precisen de la regla de la unanimidad;
- actuación abusiva de la parte demandada que aprovechó la situación de impago para tratar la controvertida cuestión, sin esperar a que recayera sentencia firme en el procedimiento.

Se considera que el propietario fue correctamente privado de su derecho al voto, rechazando la argumentación del demandado. Las cuotas que la comunidad declare como adeudadas deben ser liquidadas por los comuneros en el momento correspondiente, y si estos no están conformes con su cuantía, deben proceder a su consignación y acudir a los tribunales para impugnarlas. No puede ampararse en su **carácter litigioso** el propietario que, al no liquidar la deuda obliga a la comunidad a utilizar la vía judicial. Una vez rechazado el primer argumento, la Audiencia entra a analizar si la exigencia de estar al corriente del pago de las cuotas vencidas para poder ejercitar el derecho de voto, debe predicarse no solo respecto de los acuerdos que pueden adoptarse con el concurso mayoritario de los comuneros, sino también respecto de aquellos que precisan del **voto unánime**. Se considera que el argumento tampoco es de recibo, pues la LPH art.15.2 no excluye de la sanción de privación del voto los acuerdos que deban adoptarse por unanimidad (AP Barcelona 1-7-05, EDJ 308874).

2) Pese a todas las garantías que, para el cobro de las deudas de los propietarios con su comunidad, se arbitran en la Ley, la **morosidad** en las comunidades de propietarios alcanza cotas altísimas. Dejar de pagar los gastos de la comunidad es algo absolutamente habitual. Es igualmente habitual que las comunidades tarden en iniciar el correspondiente procedimiento para la **reclamación de las deudas**, acumulándose sumas nada desdeñables.

1268 **Condición de moroso** Cuestión determinante, es la de concretar el **momento** en que se tiene la condición de deudor frente a la comunidad para poder discernir si la privación del derecho de voto resulta correcta o no.

No se tiene la condición de propietario en mora en el mismo acto de junta por la mera razón de constar como tal en la **convocatoria** (LPH art.16.2), pues desde entonces hasta el día de la celebración, el propietario afectado ha podido liquidar íntegramente lo adeudado (LPH art.15.2).

El momento de determinar la situación de *mora solvendi* es al iniciarse la **reunión**, de modo que, el propietario que figure en la convocatoria en situación de mora, no podrá votar, salvo que haya pagado antes, consignado, o acredite haber impugnado judicialmente la relación de débitos que la comunidad le atribuye. En este último caso, la suspensión del derecho de voto queda sin efecto hasta que se resuelva por pronunciamiento judicial firme la existencia o inexistencia de débito.

1269 **Devolución de recibo bancario** Puede que se devuelva un recibo remitido al banco días antes de celebrar la junta, dando lugar a que se permita votar al propietario -por no constar en estado de mora-, y sobrevenga tal estado **tras la celebración de la junta** por la devolución de un recibo en razón a un período anterior a la junta misma. En estos supuestos, -ciertamente posibles, dada la casi uniforme práctica consistente en el abono de los gastos generales comunitarios por el procedimiento de giro de recibos-, cabría entender -con reservas, quizá- que se podría subsanar el contenido del acta y proceder a **anular el voto** del propietario en esta tesitura, con todas las consecuencias.

Probablemente es más razonable jurídicamente, considerar que el momento al que debe remitirse el presupuesto para el voto -estar al corriente en el pago de gastos generales y en la dotación al fondo de reserva- es la **fecha exacta** de la celebración de la junta, y no el día posterior en que se produjo la devolución bancaria. Se entra en estado de mora cuando, llegado el día en que haya de cumplirse la obligación, esta no se ha satisfecho. Así, el propietario será considerado en estado de mora cuando la junta -o los estatutos- han determinado que el pago debe verificarse dentro de unos determinados días del mes, o del trimestre y, llegada la fecha, no se ha hecho.

1270 **Propietario de varios pisos o locales** Si bien la LPH art.18.2, cuando se refiere a las personas legitimadas para impugnar acuerdos, utiliza la locución «**propietarios**», y no «**propiedades**», ello no debe interpretarse en el sentido de que si, por ejemplo, un comunero tiene dos pisos y no está al corriente en los gastos generales más que de uno de ellos, quede privado de ejercer el voto respecto del coeficiente correspondiente a ambos. La privación del derecho de voto, en tales casos, debe limitarse, exclusivamente, al coeficiente correspondiente al piso o local deudor. Lo contrario sería hacer una interpretación extensiva de una norma de carácter sancionador, que no es admisible conforme a Derecho (CC art.4.2).

Obligatoriedad de la privación La junta no puede permitir que voten los propietarios que estén en **situación de mora**, pues la privación del derecho de voto respecto de los mismos tiene carácter imperativo (LPH art.15.2). Si permite el voto, podrá ser anulado mediante la pertinente **impugnación judicial** del propio acuerdo al que ha coadyuvado el voto del propietario en mora, si el mismo es decisivo en su adopción. 1271

Precisiones Se considera **privación indebida del derecho de voto** el supuesto de hecho en el que el tribunal considera que aunque la sentencia absolutoria dictada en juicio verbal resultante de un monitorio de reclamación de deudas frente a la comunidad no había ganado firmeza, la misma genera dudas sobre la realidad de la deuda en cuya virtud se denegó a la actora en la sentencia apelada su legitimación para impugnar el acuerdo de autos y, por ello, debe considerarse a la demandada, como copropietaria que pudo haber sido indebidamente privada de su derecho en la junta y, por ende, legitimada para la impugnación de los acuerdos adoptados en esa junta (AP Madrid 13-9-06, EDJ 373170).

5. Privación de la legitimación para impugnar acuerdos sociales

(LPH art.18)

Como segunda medida para luchar contra la morosidad en las comunidades de propietarios, está la que impide impugnar los acuerdos comunitarios a los propietarios que, por deber **gastos vencidos a la comunidad**, hayan sido privados debidamente de su derecho de voto en las juntas. Si **no se les ha permitido el pago**, sí podrán tener ese derecho (AP Málaga 31-7-23, EDJ 754020). 1273

La constitucionalidad de esta medida ha sido puesta entredicho, ya que puede afectar al derecho a la **tutela judicial efectiva** (Const art.24), al situar al propietario moroso en cierta situación de indefensión, al no poder defender ante los tribunales de justicia su posición en asuntos que le pueden afectar de manera directa, en la medida en que no puede impugnar los acuerdos de la junta que le pudiesen afectar.

Ejemplo Pensemos en que la comunidad acuerda que los propietarios de los bajos hagan frente a los gastos ordinarios de ascensor que en los estatutos están excluidos para estos últimos, pues bien, el **propietario de los bajos que no está al corriente de las cuotas** de comunidad no podrá impugnar el acuerdo en cuestión y se verá directamente perjudicado por el resultado de este, sin poder cuestionar su legalidad ante los tribunales de justicia.

Precisiones Esta cuestión es objeto de estudio al tratar los órganos de la comunidad de propietarios y, en particular, el régimen de **adopción de acuerdos** por la junta de propietarios (nº 2900 s.).

6. Procedimiento especial para el cobro de las deudas

Finalmente, con el objeto de que, al menos, una vez que se presente una reclamación, el **cobro se haga efectivo** en poco tiempo, nuestro legislador ha establecido un proceso pretendidamente ágil y rápido: el denominado **juicio monitorio** (LPH art.21 redacc L 10/2022), caracterizado por su sencillez, sin dejar en ningún momento en una situación de indefensión a aquella persona que no paga. 1275

Su estudio se realiza en nº 3625 s.

Plazo de ejercicio de la acción El plazo del que goza la comunidad para poder reclamar las cuotas impagadas no aparece regulado en la LPH. No existe tampoco una regulación específica de la cuestión en las normas sobre la **prescripción** de acciones del Código Civil (CC art.1961 a 1975). 1278

Esta situación generaba ciertas dudas en cuanto a la fijación de dicho plazo. La duda era determinar si el plazo de prescripción en cuestión debía ser el **plazo general** de 15 años, previsto para aquellas acciones que no tuviesen señalado otro plazo específico (CC art.1964 redacc anterior a L 42/2015), o bien el plazo a aplicar debía ser el de 5 años, previsto para la interposición de acciones para reclamar pagos que deban hacerse por años o en plazos más breves (CC art.1966.3º).

Tras la reforma del CC art.1964 por L 42/2015, la polémica ha sido superada. A partir de la entrada en vigor de dicha norma -7-10-2015- el plazo de **prescripción de las acciones personales** que no tengan fijado un plazo específico es de 5 años, que es el mismo que fija el Código Civil para la interposición de acciones para reclamar pagos que deben hacerse por años o en plazos más breves (TS 3-6-23, EDJ 575518).

1280 Precisiones Aunque la polémica actualmente está superada para las prescripciones iniciadas con posterioridad al 7-10-2015, no es así para las iniciadas con carácter previo a dicha fecha, dado que el tiempo de prescripción de las acciones personales que no tengan señalado término especial de prescripción, nacidas antes de la fecha de su entrada en vigor -7-10-2015-, se rige por lo dispuesto en el CC art.1939 (L 42/2015 disp.trans.quinta). De esta forma, las **prescripciones iniciadas antes del 7-10-2015** se rigen por lo dispuesto con anterioridad a la reforma, restándoles como plazo de prescripción el que les quedase a fecha 7-10-2015 si ese plazo que les restaba era inferior a 5 años; o restándoles 5 años, si el plazo que restaba a dicha fecha era superior a 5 años, por lo que la polémica sigue vigente para las prescripciones iniciadas antes del 7-10-2015. Siendo así, conviene exponer las teorías sobre la aplicación de uno u otro plazo acuñadas por la doctrina con anterioridad a la reforma, que son las siguientes:

a) La jurisprudencia por lo general sostiene que prescripción extintiva debe ser objeto de una **interpretación restrictiva**, por ser una figura que no se asienta en una idea de justicia intrínseca y sí de limitación en el ejercicio de los derechos en aras del principio de seguridad jurídica conectado a una cierta dejación y abandono de aquellos derechos por su titular (TS 12-12-80, EDJ 1031; 26-7-94, EDJ 6208; 26-9-94, EDJ 8052; 26-12-95, EDJ 7730), por lo que parece que, ante la duda, debería ser de aplicación a este tipo de acciones el **plazo de prescripción general** de 5 años (CC art.1964).

b) El plazo de prescripción aplicable es el de **15 años** (CC art.1964 redacc anterior a L 42/2015) y no el de 5 años (CC art.1966.3º), sobre la base de que la obligación proviene de un derecho de propiedad, sin que exista ningún precepto que imponga obligatoriedad de señalar plazos anuales o más breves para abonar la contribución o cuota (AP Valladolid 5-5-97, Rec 186/97; AP Sta. Cruz de Tenerife 21-3-01, Rec 46/01; AP Palencia 18-6-10, EDJ 148469; AP Madrid 23-12-13, EDJ 292561).

c) Frente a estos argumentos, un sector de las audiencias provinciales considera que no es aplicable el plazo general de 15 años (CC art.1963), debiendo aplicarse el plazo de **5 años** previsto para las acciones para exigir el cumplimiento a realizar **pagos que deban hacerse por años** o en plazos más breves (CC art.1966.3º). La razón es que consideran que, aun tratándose de una obligación permanente inherente al derecho de propiedad, con un fin específico, cual es el sostenimiento de los elementos comunes, su **devengo** es por plazos inferiores a 1 año, habitualmente mensuales, estando obligada cada comunidad en cuestión a reunirse al menos una vez al año para aprobar los presupuestos y cuentas, por lo que la determinación de dicha obligación de pago es consecuencia del presupuesto anual teniendo, por tanto, un plazo y, en consecuencia, un reconocimiento periódico como mínimo anual.

d) A favor de la aplicación del plazo de **5 años** (CC art.1966.3º) se han esgrimido también los siguientes argumentos (AP Málaga 25-11-03, EDJ 160604):

• La **reducida cuantía** que suelen tener las reclamaciones.

• Su **carácter periódico** dificulta su exacción de aplicarse el plazo de 15 años.

• El hecho de que la comunidad acreedora lleva una fácil gestión que en todo caso permite la **identificación de los comuneros morosos**, por lo que no precisa de un amplio período para exigir sus créditos.

• La fijación de un amplio plazo de prescripción provocaría **dejadez** en los órganos representativos de la comunidad, y, por ende, los demás comuneros deberían cargar con unas deudas que no habrían generado y en un lapsus de tiempo prolongado.

• Las amplias facilidades que la legislación vigente concede a las comunidades de propietarios para la efectividad del cobro de cuotas impagadas ha de tener como necesaria contrapartida una **mayor diligencia** por parte de la comunidad **en la gestión de tales cobros**.

SECCIÓN 4

Situación del arrendatario de viviendas, locales y plazas de aparcamiento

A. Ámbito objetivo

Perspectiva formal El presente apartado tiene por objeto analizar la situación jurídica del arrendatario de una vivienda o de un local de negocio en el marco o desde la perspectiva de la propiedad horizontal. Por lo tanto, la figura principal a analizar es la del **arrendamiento** de vivienda o para uso distinto del de vivienda (antiguo arrendamiento de local de negocio), siempre y cuando sea aplicable la LPH. 1283

Lógicamente, en sentido contrario, quedan **excluidos** de este análisis los arrendamientos que puedan concluirse al amparo del Código Civil, el que recaiga sobre otros bienes muebles, o el de inmuebles que no estén sujetos a la LPH (los supuestos de aplicación de la LPH se tratan en nº 70 s.).

A la hora de considerar la aplicación del análisis que a continuación sigue, debe determinarse si resulta necesario que el arrendatario de la vivienda o del local de negocio esté, a su vez, **sujeto a la legislación de arrendamientos urbanos**. En otras palabras, además de constatar el hecho de que la vivienda o local arrendados queden constreñidos por los límites de la especial legislación en materia de propiedad horizontal, si es preciso también que el arrendamiento esté constituido al amparo de la LAU. Pensamos que no necesariamente.

A este respecto, la vigente Ley de arrendamientos urbanos (L 29/1994, en adelante LAU) establece el objeto al que se aplica la norma. Así, se considera **arrendamiento de vivienda** aquel arrendamiento que recae sobre una edificación habitable cuyo destino primordial sea satisfacer la necesidad permanente de vivienda del arrendatario (LAU art.2). Por otro lado, se considera **arrendamiento para uso distinto del de vivienda**, aquel arrendamiento que, recayendo sobre una edificación tenga como destino primordial uno distinto del establecido en el artículo anterior, en especial, tienen esta consideración los arrendamientos de fincas urbanas celebrados por temporada, sea esta de verano o cualquier otra, y los celebrados para ejercerse en la finca una actividad industrial, comercial, artesanal, profesional, recreativa, asistencial, cultural o docente, cualesquiera que sean las personas que los celebren (LAU art.3).

Por su parte, de una forma más acentuadamente comercial, poniendo especial énfasis en el carácter esencialmente lucrativo de la actividad desarrollada, la LAU de 1964 (D 4104/1964, en adelante LAU/64) definía el **arrendamiento de local de negocio** como el contratos de arriendo que recaiga sobre aquellas otras edificaciones habitables cuyo destino primordial no sea la vivienda, sino el de ejercerse en ellas, con establecimiento abierto, una actividad de industria, comercio o de enseñanza con fin lucrativo.

Pero no conviene olvidar que pueden existir arrendamientos de fincas urbanas sujetas al régimen de propiedad horizontal que no lo estén al régimen de contratos de arrendamientos delimitado por la LAU o por la LAU/64, en su caso. Nos referimos, por ejemplo, a los **arrendamientos excluidos** de ambas leyes (LAU art.5; LAU/64 art.2, en lo que resulte aplicable a viviendas o fincas urbanas).

Incluso es posible que el **mero ocupante de la vivienda o local** quede sujeto a determinadas obligaciones previstas en la LPH (LPH art.7.2).

Por lo tanto, lo determinante es que el arrendatario se encuentre **ocupando una finca** sometida al régimen de horizontalidad propietaria, y no tanto, o no decisivamente, que el arrendamiento se haya constituido necesariamente al amparo de la LAU.

En lo que al objeto del trabajo se refiere, debe añadirse que el mismo resulta también aplicable a los **subarriendos o cesiones** (LAU art.8; LAU/64 art.10 s.), con independencia de que la vivienda esté amueblada o no.

1284 **Perspectiva material** Desde una perspectiva material, el arrendamiento consiste en la **ocupación posesoria** de la vivienda o local distinto al de vivienda habitual a cambio de un precio y por tiempo determinado. Empleamos la expresión «ocupación» no en un sentido estricto, como modo de adquirir el derecho de propiedad, sino como término lato de establecimiento de la posesión.

La **posesión** se traduce en la tenencia o disposición física de la vivienda o local. No solamente debe haber un señorío de hecho o fáctico desplegado por el ocupante sobre la vivienda o local. Además, este debe tener un *ius possidendi* basado en un título que le faculte para ocupar la finca. Dicho título es el **contrato de arrendamiento**. Téngase en cuenta que solo quien tenga la condición de arrendatario podrá instar o exigir del arrendador, e indirectamente de la comunidad de propietarios, determinadas obras de acondicionamiento de la finca arrendada.

La necesidad de un título que otorgue el derecho a poseer permite excluir de este estudio el fenómeno del **precario**. La mera tenencia u ocupación material de la vivienda o local arrendados no convierte *per se* en arrendatario al ocupante. Puede este incluso justificar un *ius possessionis*, pero si de la situación fáctica del precarista o mero ocupante se desprende algún beneficio de uso del bien poseído, ello no determina automáticamente la aplicación a aquel de las disposiciones relativas al arrendatario.

La perspectiva material del enfoque obliga a no tener en cuenta situaciones jurídicas que, si bien pueden coincidir con el arrendamiento en algunas facultades como el uso de la vivienda o local, no se encuentran asentadas sobre un derecho personal o de crédito, sino que constituyen un **derecho real**.

Nos referimos al **usufructo** y a los derechos de **uso o habitación** (CC art.467 a 529). Estos son derechos reales en cosa ajena, es decir, suponen el reconocimiento a una persona de poderes directos e inmediatos sobre un conjunto de facultades relativas al uso y disfrute de un bien (necesariamente inmueble en el caso de la habitación), cuyo dominio pertenece a otra persona que lo ha de soportar, siendo tales facultades susceptibles de ser opuestas a cualquier tercero. Las facultades de uso y disfrute o de ocupación de una parte de la vivienda o, en su caso, de toda ella, aunque de contenido similar al derecho de arrendamiento, no alcanzan el rango material suficiente para atribuir al usufructuario, al usuario o al titular del derecho de habitación la condición analógica del arrendatario.

Lo expuesto funciona también en sentido inverso. Así, por ejemplo, la norma que permite al usufructuario actuar en la junta de propietarios como **representante del nudo propietario** (LPH art.15.1) no es aplicable analógicamente al supuesto de la vivienda o local arrendado. Como veremos más adelante, nada obsta a que el arrendatario sea investido de la representación del arrendador-propietario en la correspondiente junta si este así lo establece por los cauces establecidos.

B. Ámbito subjetivo

1285 El presente estudio sobre la situación jurídica del arrendamiento en el marco de la propiedad horizontal se refiere única y exclusivamente al **arrendatario**.

El presupuesto necesario para que el sujeto ocupante tenga la condición de arrendatario es que sobre la vivienda o local se haya concluido un **negocio de arrendamiento**. Este puede haber quedado sujeto a la LAU o ser un tipo de arrendamiento excluido de su ámbito de aplicación. El supuesto más habitual será aquel en que la sujeción se produzca, y sobre esta hipótesis se trabajará a continuación.

Según los casos, el negocio de arrendamiento puede haberse concluido, bien al amparo de la vigente LAU (L 29/1994), bien de acuerdo con el D 4104/1964 (LAU/64), bien conforme al RDL 2/1985 (si bien es dudoso que al día de hoy pueda **subsistir algún arrendamiento** suscrito al amparo de dicha norma, a la vista de lo dispuesto sobre tácita reconducción y renovación de arrendamientos en LAU disp.trans.1ª).

La condición subjetiva de arrendatario se le atribuye por la autorización que le sea dada por el arrendador-propietario y por el hecho mismo de usar la vivienda o local. Aunque la LAU no exige la forma escrita como constitutiva del negocio de arrendamiento de finca urbana, lo cierto es que la promueve, puesto que las partes pueden compelerse recíprocamente a la **formalización por escrito** del contrato de arrendamiento, en cuyo caso se debe hacer constar la identidad de los contratantes, la identificación de la finca arrendada, la duración pactada, la renta inicial del contrato y las demás cláusulas que las partes hubieran libremente acordado (LAU art.37).

Aunque la condición subjetiva de arrendatario es estrictamente personal, no tratándose, por lo tanto, de un derecho real, la LAU vincula en algunos supuestos concretos el hecho real o cosificado de la posesión del inmueble destinado a vivienda (no del negocio o local, en cambio) a la persona del ocupante con la consecuencia de que en dichos casos el contrato de arrendamiento continúa desplegando sus efectos. Estaríamos entonces ante una serie de casos de **derecho cuasi real**, en los que se reconoce un cierto grado de vinculación jurídica entre la cosa (vivienda) y el ocupante de la misma no titular del derecho de arrendamiento.
Se trata de supuestos diferentes aunque la norma tiene en todos ellos un carácter tuitivo, de **protección del cónyuge o de la familia** formada por descendientes o hijos del matrimonio.
Analizamos dichos supuestos en los números siguientes, distinguiendo si el contrato está sujeto a la LAU o a la LAU/64.

1. Contratos sujetos a la LAU

Arrendatario con residencia habitual en otra vivienda (LAU art.7) El arrendamiento de vivienda no pierde esta condición aunque el arrendatario no tenga en la finca arrendada su vivienda permanente, siempre que en ella habiten su **cónyuge**, no separado legalmente o de hecho, o sus **hijos** dependientes. 1286
En nuestra opinión, persistiendo jurídicamente el contrato de arrendamiento, en ese caso el cónyuge o los hijos con capacidad de obrar pueden instar los **derechos** de que gozaría el arrendatario titular del contrato, y están sujetos al cumplimiento de las **obligaciones** inherentes al mismo.
El debate puede surgir si dicho matrimonio o convivencia análoga al mismo, entre el arrendatario que no vive en el inmueble y su cónyuge o pareja de hecho, se contrae en **fraude de ley**, sin existir *affectio maritalis* o relación sentimental, con un acuerdo económico dirigido, por ejemplo, a no perder una renta antigua. Convendría entonces debatir si tiene derecho a prórroga forzosa o a continuar con el arrendamiento si fallece el titular del contrato, ejerciendo las acciones de nulidad por simulación con el fin de denunciar dicho fraude.

Desistimiento y vencimiento en caso de matrimonio o convivencia del arrendatario (LAU art.12) Se contemplan ciertos casos de **terminación** (anticipada o no) del contrato de arrendamiento cuando el arrendatario ha contraído matrimonio o presenta una situación de convivencia en relación de afectividad análoga a la del matrimonio. 1286.1
• Si el arrendatario manifiesta su **voluntad de no renovar** el contrato o de desistir de él, sin el consentimiento del cónyuge que conviva con dicho arrendatario, puede el arrendamiento continuar en beneficio de dicho cónyuge.
En estos casos, el arrendador puede **requerir al cónyuge** del arrendatario para que manifieste su voluntad al respecto.
Efectuado el requerimiento, el arrendamiento **se extingue** si el cónyuge del arrendatario no contesta en un plazo de 15 días a contar de aquel.
El cónyuge debe **abonar la renta** correspondiente hasta la extinción del contrato, si la misma no estuviera ya abonada.
• Si el arrendatario **abandona la vivienda** sin manifestación expresa de desistimiento o de no renovación, el arrendamiento puede continuar en beneficio del cónyuge que conviviera con aquel, siempre que en el plazo de 1 mes de dicho abandono, el arrendador reciba notificación escrita del cónyuge manifestando su voluntad de ser arrendatario.
Si el contrato se extingue por falta de notificación, el cónyuge queda obligado al pago de la renta correspondiente a dicho mes.
Lo dispuesto en los puntos anteriores es también de aplicación en favor de la persona que hubiera venido conviviendo con el arrendatario de forma permanente en **análoga relación de afectividad** a la de cónyuge, con independencia de su orientación sexual, durante, al menos, los 2 años anteriores al desistimiento o abandono, salvo que hubieran tenido descendencia en común, en cuyo caso bastará la mera convivencia.
A todas las personas mencionadas, bien sea el cónyuge no arrendatario, bien sea la persona vinculada con el arrendatario por una relación de afectividad similar o análoga a la del matrimonio, se les atribuye el **derecho a seguir en el uso** de la vivienda arrendada y que el contrato de arrendamiento persista con una suerte de subrogación personal en la posición del arrendador en beneficio de aquellas.

1287 **Separación, divorcio o nulidad del matrimonio del arrendatario** (LAU art.15) En los casos de nulidad del matrimonio, separación judicial o divorcio del arrendatario, el **cónyuge no arrendatario** puede continuar en el uso de la vivienda arrendada cuando le sea atribuida de acuerdo con la legislación civil, pasando a ser el titular del contrato de arrendamiento, aunque inicialmente solo lo fuera su cónyuge.

La voluntad del cónyuge de continuar en el uso de la vivienda debe ser **comunicada al arrendador** en el plazo de 2 meses desde que fue notificada la resolución judicial correspondiente, acompañando copia de dicha resolución judicial o de la parte de la misma que afecte al uso de la vivienda.

En el caso de que la vivienda familiar del matrimonio estuviera cedida por un acto de pura **liberalidad del propietario**, de forma gratuita -situación que suele darse cuando los padres de uno de los cónyuges permiten a sus hijos vivir gratuitamente en sus inmuebles con su cónyuge- si tras la nulidad, separación o divorcio la vivienda le es asignada al cónyuge que no es hijo o disfruta del acto de liberalidad y desea desahuciarlo, podrá hacerlo, aunque exista sentencia judicial. Si existía una figura de **precario** no quedará amparada por la existencia de una sentencia judicial y el propietario tendrá derecho a desahuciarlo (TS 26-12-05, EDJ 230433).

Sin embargo, si existe algún tipo de **pago mensual equiparable** al arrendamiento, aún sin contrato, podría lucharse que existe un contrato verbal, con el problema de prueba que ello requiere.

1287.1 **Muerte del arrendatario** (LAU art.16) En caso de fallecimiento del arrendatario pueden subrogarse en el contrato las siguientes personas:

a) El **cónyuge** del arrendatario que al tiempo del fallecimiento conviviera con él.

b) La persona que hubiera venido conviviendo con el arrendatario de forma permanente en **análoga relación de afectividad** a la de cónyuge, con independencia de su orientación sexual, durante, al menos, los 2 años anteriores al tiempo del fallecimiento, salvo que hubieran tenido descendencia en común, en cuyo caso bastará la mera convivencia.

c) Los **descendientes** del arrendatario que en el momento de su fallecimiento estuvieran sujetos a su patria potestad o tutela, o hubiesen convivido habitualmente con él durante los 2 años precedentes.

d) Los **ascendientes** del arrendatario que hubieran convivido habitualmente con él durante los 2 años precedentes a su fallecimiento.

e) Los **hermanos** del arrendatario en quienes concurra la circunstancia prevista en la letra anterior.

f) Las personas distintas de las mencionadas en las letras anteriores que sufran una **discapacidad** igual o superior al 65%, siempre que tengan una relación de parentesco hasta el tercer grado colateral con el arrendatario y hayan convivido con este durante los 2 años anteriores al fallecimiento.

Si no existe ninguna de estas personas en el momento de fallecimiento del arrendatario, el arrendamiento queda extinguido.

Precisiones Ténganse presentes, asimismo, las siguientes disposiciones que particularizan los supuestos arriba descritos:

• Si existen varias de las personas mencionadas, a falta de acuerdo unánime sobre quién de ellos será el beneficiario de la subrogación, rige el **orden de prelación** señalado, salvo que los padres septuagenarios son preferidos a los descendientes.

• Entre los **descendientes** y entre los **ascendientes**, tiene preferencia el más próximo en grado, y entre los **hermanos**, el de doble vínculo sobre el medio hermano.

• Los casos de igualdad se resolverán en favor de quien tuviera una **discapacidad** igual o superior al 65%; en defecto de esta situación, de quien tuviera mayores cargas familiares y, en última instancia, en favor del descendiente de menor edad, el ascendiente de mayor edad o el hermano más joven.

1288 El arrendamiento se extingue si, en el plazo de 3 meses desde la muerte del arrendatario, el arrendador **no recibe notificación** por escrito del hecho del fallecimiento, con certificado registral de defunción, y de la identidad del subrogado, indicando su parentesco con el fallecido y ofreciendo, en su caso, un principio de prueba de que cumple los requisitos legales para subrogarse. Si la extinción se produce, todos los que pudieran suceder al arrendatario salvo los que renuncien a su opción, notificándolo por escrito al arrendador en el plazo del mes siguiente al fallecimiento, quedarán solidariamente obligados al pago de la renta de dichos 3 meses.

Si el arrendador recibe en tiempo y forma **varias notificaciones** cuyos remitentes sostengan su condición de beneficiarios de la subrogación, puede considerarles deudores solidarios de las obligaciones propias del arrendatario, mientras mantengan su pretensión de subrogarse.

En arrendamientos cuya duración inicial sea superior a 3 años, las partes pueden **pactar la exclusión del derecho** de subrogación en caso de fallecimiento del arrendatario, cuando este tenga lugar transcurridos los 3 primeros años de duración del arrendamiento, o que el arrendamiento se extinga a los 3 años, cuando el fallecimiento se hubiera producido con anterioridad.

2. Contratos sujetos a la LAU/64

En lo que respecta a la LAU/64, los supuestos de continuación del contrato de arrendamiento, aun no existiendo el arrendatario, son los siguientes: 1289

Cesión del contrato de inquilinato (LAU/64 art.24) El inquilino que haya celebrado el contrato de arrendamiento puede subrogar en los derechos y obligaciones propios del mismo a su **cónyuge**, así como a sus **ascendientes, descendientes, hermanos** legítimos o naturales e hijos adoptivos menores de 18 años al tiempo de la adopción que con él convivan habitualmente en la vivienda arrendada con 2 años de antelación, o de 5 años cuando se trata de hermanos. La convivencia por estos plazos no se exige cuando el conviviente es el cónyuge. 1289.1

Las **comunidades autónomas** se entienden subrogadas en los contratos de arrendamiento de los bienes inmuebles que se transfieran por la Administración del Estado y de sus organismos autónomos, sin que tal subrogación implique alteración en las condiciones de los mismos. Esta disposición es asimismo aplicable en el supuesto de que se transfiera la titularidad de los contratos de arrendamiento a favor del Estado, así como en aquellos en que la transferencia tenga lugar entre los entes territoriales.

Precisiones Idéntica subrogación procede cuando la transferencia se haya producido, previamente, a favor de los **entes preautonómicos** (en los términos previstos en la L 32/1981 disp.final 4ª).

Traspaso de local de negocio (LAU/64 art.29 s.) Consiste en la cesión mediante precio de los locales sin existencias, efectuada por el arrendatario **a un tercero**, el cual queda subrogado en todos los derechos y obligaciones nacidos del contrato de arrendamiento. 1289.2

Muerte del arrendatario (LAU/64 art.58) Al fallecimiento del arrendatario titular del contrato de arrendamiento, su **cónyuge, descendientes, ascendientes y hermanos**, que con aquel hubiesen convivido habitualmente en la vivienda con 2 años de antelación a la fecha del fallecimiento, pueden subrogarse en los derechos y obligaciones del arrendamiento. 1290

Se trata de una auténtica y absoluta **sustitución en la posición jurídica** que ostentaba el arrendatario. No será necesaria la convivencia de los que estuviesen sometidos a la patria potestad del fallecido y, respecto al cónyuge bastará la mera convivencia sin exigencia en el plazo de antelación.

Si son varios los beneficiarios del derecho de subrogación, solo uno de ellos podrá utilizarlo. A falta de acuerdo entre los mismos, se debe observar el **orden de prelación** establecido en el precepto, con preferencia, dentro de cada grupo, de la proximidad de grado, de la legitimidad y, en su caso, del doble vínculo de la consanguinidad, resolviéndose los casos de igualdad a favor del que tuviere mayor número de cargas familiares.

En el caso de **arrendamiento de local** destinado por el arrendatario al ejercicio de su profesión facultativa y colegiada, al fallecimiento del titular del contrato pueden subrogarse en los derechos y obligaciones del arrendamiento, en primer lugar, su cónyuge, y en su defecto o renuncia, sus hijos, siempre que aquel o estos ejerzan la misma profesión que el arrendatario fallecido y en el propio local.

C. Incidencia del régimen de propiedad horizontal en el arrendatario

1. Asistencia a la junta de propietarios

(LPH art.15)

La condición de propietario de una vivienda o local sujeto al régimen de propiedad horizontal da derecho a asistir a la junta de propietarios. En principio, pues, solamente quien sea **propietario** de la vivienda o local puede asistir con voz y voto a dicha junta. 1291

A contrario, ello significa que el **arrendatario** no ostenta dicho derecho, a pesar de ser el ocupante de la vivienda o local en cuestión, y en principio, ser uno de los interesados en los asuntos debatidos y decididos en la junta de propietarios.

No obstante, aunque el arrendatario carece de cualquier derecho a asistir a la junta, puede ocurrir que el propietario le dé su **representación** conforme al procedimiento establecido al efecto (LPH art.15.1). Se trataría, por tanto, de una representación voluntaria, la cual puede plasmarse en cualquier tipo de documento, como es usual en este tipo de representaciones.
En el caso de que la vivienda o local pertenezca pro indiviso a varias personas en **régimen de comunidad** (LPH art.15.1), el acuerdo de apoderamiento sería de naturaleza de administración, bastando la mayoría de cuotas dentro de la comunidad de bienes. No obstante, si alguno de los puntos del orden del día de la junta versa sobre cuestiones que impliquen el establecimiento de un gravamen sobre la finca o sobre la vivienda arrendada (p.e. LPH art.9.1.c), entendemos que el acuerdo a adoptar podría calificarse de acto de disposición y, consecuentemente, exigir unanimidad de los comuneros a la hora de apoderar al arrendatario en lo que a la asistencia a la junta se refiere.

Precisiones Siendo, por consiguiente, que el arrendatario carece *motu proprio* de cualquier derecho de asistencia, menos aún de voto en la junta, le es ajena completamente la posibilidad de **privación del derecho de voto** por no estar al corriente en el pago de todas las deudas vencidas con la comunidad (LPH art.15.2).

1291.1 Debidamente apoderado, y estando al día en el pago de la contribución a los gastos de la comunidad, el arrendatario dispondría de los derechos de **asistencia, voz y voto por delegación** del propietario.
Respecto de la **impugnación de los acuerdos** de la comunidad, carece el arrendatario de cualquier legitimación activa. El único legitimado es el propietario (LPH art.18). Si el arrendatario cree que tiene motivos para impugnar el acuerdo en cuestión, debe comunicárselo al propietario para que este litigue al efecto. No cabe en este sentido ninguna legitimación extraordinaria (p.e. capacidad procesal para litigar en nombre ajeno sin estar debidamente autorizado por el legitimado activamente), puesto que ni la LPH, ni ninguna otra ley, establecen expresamente tal supuesto.
Ni siquiera recurriendo a la figura de la **parte procesal legítima** (LEC art.10) podría defenderse una suerte de legitimación activa extraordinaria en la persona del arrendatario. La razón estriba en que, aun dando por bueno que el arrendatario fuera el titular de la relación jurídica u objeto litigioso -p.e. posesión de la vivienda a efectos del establecimiento de servidumbres o realización de obras (LPH art.9.1.c)-, la Ley inviste la legitimación activa solo al propietario de la vivienda o local. Contrasta este régimen con la **legitimación pasiva** del arrendatario que se reconoce en determinados supuestos (LPH art.7.2: nº 1297).

Precisiones La LPH se refiere a un supuesto muy particular que consiste en el **usufructo** de la vivienda o local, en cuyo caso la asistencia y el voto corresponde al nudo propietario, pero la Ley establece que sea el usufructuario quien represente al nudo propietario en la junta, salvo que el nudo propietario se manifieste en contra (LPH art.15.1). Estaríamos, en este supuesto, ante una **representación legal**. La única excepción a esta regla se refiere a los acuerdos que requieren unanimidad o aquellos relacionados con obras de mejora o extraordinarias, en cuyo caso la representación no le vendría dada al usufructuario por Ley, sino expresamente de la persona del nudo propietario.
Este precepto no es de aplicación al arrendatario.

2. Obras y mejoras del inmueble

(LAU art.19, 21 y 22; LPH art.10 y 17)

1292 El **arrendador** está obligado a realizar, sin derecho a elevar por ello la renta, todas las reparaciones que sean necesarias para conservar la vivienda en las condiciones de habitabilidad para servir al uso convenido.
A su vez, el **arrendatario** está obligado a soportar la realización por el arrendador de obras de mejora cuya ejecución no pueda razonablemente diferirse hasta la conclusión del arrendamiento.
A la vista de estos dos preceptos, observamos que obras de distinta naturaleza a realizar en la vivienda o local, o incluso en elementos comunes, pueden afectar al contrato de arrendamiento. Se trataría de obras **necesarias** para el adecuado sostenimiento o conservación de la vivienda en condiciones de habitabilidad, y de obras de **mejora** que no se requieren para la adecuada habitabilidad o sostenibilidad de la vivienda o local o del inmueble.

1292.1 **Obras necesarias para el sostenimiento y conservación del inmueble** (LAU art.6 y 21; LPH art.10.1) El arrendatario tiene derecho a exigir que se lleven a cabo dichas obras y cualquier cláusula en el contrato de arrendamiento que pretenda restar eficacia o anular este derecho se debe considerar nula (AP Cantabria 8-2-21, EDJ 538939).

A nuestro juicio, la expresión «vivienda» prevista en la LAU debe interpretarse en un sentido amplio, de forma tal que abarque el **conjunto del inmueble**, en el supuesto de que la realización de aquellas obras -en la vivienda- solo pueda llevarse a cabo si se acometen en elementos comunes del edificio.
Así, el propietario, por razón del vínculo contractual que le une con el arrendatario, quedaría obligado frente a este a instar de la comunidad de propietarios las obras necesarias en **elementos comunes** («del inmueble» -LPH art.10.1-) para que la vivienda arrendada se encuentre en condiciones de habitabilidad, de acuerdo con el uso convenido.

Precisiones No solo ha de considerarse qué obra es necesaria (LPH art.10.1), sino, además, que la misma lo sea **con arreglo a lo convenido** (LAU art.21.1). Nótese que el ámbito de «necesidad» previsto en la LPH es mayor que el definido por la LAU, puesto que, en este caso, la necesidad viene impuesta por el criterio finalista del cumplimiento del contrato de arrendamiento. Denominador común, en cualquier caso, es la preservación del **grado de habitabilidad** de la vivienda arrendada, lo cual será una cuestión de hecho a probar -p.e. graves humedades que ponen en peligro la estabilidad del inmueble- (AP Alicante Secc 9ª 7-5-09; AP Madrid 7-2-00, EDJ 120533). Quedan al margen las reparaciones **inherentes al uso o desgaste** de la vivienda (AP Lleida Secc 2ª 3-2-05).

La **comunicación de las obras** por parte del inquilino se hará directamente al arrendador-propietario (LAU art.21.3), si bien no vemos obstáculo para que, al mismo tiempo, se puedan poner en conocimiento del administrador o presidente de la comunidad, quienes han de atender a la noticia de la reparación por mor de la obligación que se impone a la comunidad (LPH art.10.1). **1292.2**
Si el arrendatario comunicase la necesidad de las reparaciones **directamente al administrador o al presidente**, pero no al arrendador, sería responsable frente a este de los daños y perjuicios que se le pudieran deparar, en su caso, por posibles daños de la propiedad a un tercero (CC art.1563).
El arrendatario no puede tomar la iniciativa **por sí solo** para llevar a cabo las obras necesarias de conservación, ni puede pretender compensar las cantidades debidas con el gasto ocasionado (AP Badajoz 27-1-00, EDJ 120463).
La comunidad puede exigir al propietario, y este al arrendatario, el coste de la obra de conservación y el daño derivado de **culpa o negligencia** del arrendatario (CC art.1563 y 1564; LAU art.21.1).
La obligación de conservación tiene su límite en la **destrucción de la vivienda** por causa no imputable al arrendador-propietario (LAU art.21.1 y 28). Téngase presente que, en el marco de la propiedad horizontal, el régimen de horizontalidad se extingue por la destrucción del edificio salvo pacto en contrario. Se entiende destruida la finca cuando el coste de reconstrucción excede del 50% del valor de la finca al tiempo de ocurrir el siniestro, a menos que el exceso de dicho coste se encuentre cubierto por un seguro (LPH art.23.1º).

Obras de mejora (LAU art.22 y 23; LPH art.17) La vivienda o local, así como el inmueble, pueden sufrir la realización de obras de mejora. Se trataría de **obras no necesarias** para la conservación o habitabilidad, que únicamente contribuyen a aportar una mayor calidad de las prestaciones ofrecidas por la vivienda, local o inmueble o un beneficio (p.e. instalación de antenas parabólicas, ascensor, montacargas, etc.). **1293**

Precisiones **1)** No constituyen obras de mejora aquellas necesarias para la **instalación de un negocio**, las cuales pueden ser denegadas por la comunidad (TS 20-3-89). Las obras que impliquen **demolición o rehabilitación** del edificio tampoco son calificables de obras de mejora (AP Sevilla 14-2-01, EDJ 107509).
2) Hay que tener presente que las normas que regulan la vida interna de la comunidad o los estatutos pueden **prohibir determinadas actividades** (LPH art.5 y 6). Ver nº 1297.

La **iniciativa** de las obras de mejora puede venir del arrendador o del arrendatario: **1293.1**
a) En el primer caso, el **arrendador-propietario** puede llevarlas a cabo, siempre y cuando no puedan diferirse razonablemente hasta la conclusión del arrendamiento (LAU art.22.1). En ese caso, el arrendador debe cumplir con el requisito formal de notificar por escrito al arrendatario la intención de realizar la obra, al menos con 3 meses de antelación (LAU art.22.2), especificando su naturaleza, comienzo, duración y coste previsible.
Durante el plazo de 1 mes desde dicha notificación, el arrendatario puede **desistir del contrato**, salvo que las obras no afecten o afecten de modo irrelevante a la vivienda arrendada. El arrendamiento se extingue en el plazo de 2 meses a contar desde el desistimiento, durante los cuales no pueden comenzar las obras.
El **arrendatario que soporte las obras** tiene derecho a una reducción de la renta en proporción a la parte de la vivienda de la que se vea privado por causa de aquellas, así como a la indemnización de los gastos que las obras le obliguen a efectuar (LAU art.22.3).

b) Si la obra de mejora es adoptada **a iniciativa del arrendatario**, este debe obtener el permiso del arrendador, sujeto todo ello al oportuno acuerdo de la junta de propietarios, cuando sea exigible (LAU art.23.1, en sentido contrario).
Las obras que tengan por objeto el acondicionamiento de la vivienda o del inmueble para permitir el acceso a los mismos a **personas con discapacidad** tienen una regulación diferente (nº 1294.1).
Las innovaciones que hagan **inservible alguna parte del edificio** para el uso y disfrute de un propietario requieren, en todo caso, el consentimiento expreso de este (LPH art.17.4).

1293.2 En lo que se refiere a **obras en los elementos comunes**, el arrendador-propietario no puede exigir ninguna instalación nueva, servicio o mejora que no se requiera para la adecuada conservación, habitabilidad, seguridad y accesibilidad del inmueble, según su naturaleza y características (LPH art.17.4). No obstante, sí puede proponer su acometimiento a la comunidad de propietarios (LPH art.17.4). En ese caso, las **derramas** para el pago de mejoras realizadas o por realizar en el inmueble son a cargo de quien sea propietario en el momento de la exigibilidad de las cantidades afectas al pago de dichas mejoras, teniendo en cuenta que, si los gastos exigidos para llevar adelante la obra exceden del importe de 3 mensualidades ordinarias de gastos comunes, el acuerdo de la junta no obliga al disidente, aun cuando no pueda privársele del disfrute de la mejora o ventaja (LPH art.17.4).
Si las obras de mejora son **requeridas por la normativa administrativa** (p.e. en materia de telecomunicaciones), la realización de las mismas se debe llevar a cabo igualmente. La única diferencia podría estribar en que si se han recibido subvenciones públicas (p.e. por cambio de calefacción de carbón a gas), su cuantía debe tenerse en cuenta a fin de calcular el incremento real de la renta a aplicar al arrendatario (nº 1294).

1294 **Elevación de la renta por mejoras** (LAU art.19) En el caso de que hayan transcurrido 5 o 7 años de duración del contrato (según cual sea el plazo mínimo legal de duración que corresponda según el caso), puede el arrendador, salvo pacto en contrario, elevar la renta por la realización de obras de mejora.
El **incremento** se tendrá en cuenta en la renta anual en la cuantía que resulte de aplicar al capital invertido en la mejora el tipo de interés legal del dinero en el momento de la terminación de las obras incrementado en tres puntos, sin que pueda exceder el aumento del 20% de la renta vigente en aquel momento. Se ha de descontar el importe de las ayudas o subvenciones públicas recibidas.
Cuando la mejora afecte a **varias fincas** de un edificio en régimen de propiedad horizontal, el arrendador debe repartir proporcionalmente entre todas ellas el capital invertido, aplicando, a tal efecto, las cuotas de participación que correspondan a cada una de aquellas.
La elevación de renta se produce **desde el mes siguiente** a aquel en que, ya finalizadas las obras, el arrendador notifique por escrito al arrendatario la cuantía de aquella, detallando los cálculos que conducen a su determinación y aportando copias de los documentos de los que resulte el coste de las obras realizadas.
Asimismo, al ser un contrato bilateral con obligaciones recíprocas, si es el arrendatario el que no puede hacer uso y disfrute de la cosa arrendada total o parcialmente durante un tiempo, por **obras impuestas por el arrendador**, también tendrá derecho a disminuir la renta proporcionalmente durante esos meses (AP Pontevedra 24-2-21, EDJ 533846).

> Precisiones Al margen del régimen y las condiciones señaladas, no puede el arrendador elevar la renta como consecuencia de los gastos soportados para acometer la obra de mejora, salvo que la obra sea consecuencia en un **acto doloso o culpable** del arrendatario (p.e. LAU/64 art.99.4º y 114.7ª).

1294.1 **Obras de acondicionamiento en caso de personas con discapacidad** (LAU art.24.1; LPH art.10 y 17.1) El **arrendatario**, previa notificación escrita al arrendador, puede realizar en la vivienda las obras que sean necesarias para adecuar esta a su condición de persona con discapacidad o a la de su cónyuge o de la persona con quien conviva de forma permanente en análoga relación de afectividad, con independencia de su orientación sexual, o a la de los familiares que con él convivan.
Esta disposición **no se aplica** a los arrendamientos distintos del de vivienda (LAU art.30).
Ello debe ponerse en conexión con lo señalado en la normativa de la propiedad horizontal. De aquí se deduce que:
• Las obras en cuestión se pueden llevar a cabo sin necesidad de **acuerdo de la junta**, aunque impliquen la modificación del título constitutivo y los estatutos.
• El **importe repercutido** anualmente por las obras, una vez descontadas las subvenciones o ayudas públicas, no puede exceder de doce mensualidades ordinarias de gastos comunes, no obstante lo cual, el carácter obligatorio de las obras no se eliminará si su importe es superior, cuando el exceso sea asumido por los instantes de las mismas (LPH art.10.1.b).

• El derecho del arrendatario a exigir estas mejoras se extiende al supuesto de que en la vivienda arrendada **vivan, trabajen o presten sus servicios altruistas o voluntarios** personas con discapacidad o mayores de 70 años. En ese supuesto, la comunidad está obligada a realizar las actuaciones y obras de accesibilidad que sean necesarias para un uso adecuado a su discapacidad de los elementos comunes, o para la instalación de dispositivos mecánicos y electrónicos que favorezcan su comunicación con el exterior, cuyo importe total no exceda de doce mensualidades ordinarias de gastos comunes (LPH art.17.1). Este tipo de obras se debe acometer a instancias del propietario (arrendador).

3. Contribución a los gastos de la comunidad

(LAU art.20.1; LPH art.9.1.e)

La obligación de contribución a los gastos generales para el adecuado sostenimiento del inmueble, sus servicios, cargas y responsabilidades recae sobre el **propietario** de la vivienda o local (LPH art.9.1.e). **1295**

Se reputan **gastos generales** aquellos que no sean imputables a uno o varios pisos o locales, sin que la no utilización de un servicio exima del cumplimiento de las obligaciones correspondientes (LPH art.9.2). Se trata de gastos derivados del establecimiento de servicios o responsabilidades comunes a que esté afecto el inmueble que no puedan ser atribuidos a un número concreto de viviendas o locales.

El pago de estos gastos se debe hacer con arreglo a la **cuota de participación** fijada en el título o a lo especialmente establecido.

En relación con el arrendamiento, se permite que arrendador-propietario y arrendatario pacten que los gastos generales para el adecuado sostenimiento del inmueble, sus servicios, tributos, cargas y responsabilidades que no sean susceptibles de individualización y que correspondan a la vivienda arrendada o a sus accesorios, sean **abonados por el arrendatario** (LAU art.20.1).

El **pacto** debe constar por escrito, especificándose el monto anual a que ascenderán dichos gastos. Durante 3 años, el incremento de estos gastos está limitado al doble de aquel en que pueda incrementarse la renta.

Se plantea en este caso si tiene derecho la comunidad a exigir el pago de esta contribución directamente al arrendatario ¿Alteraría en algún sentido la obligación legal que recae sobre el propietario-arrendador? No lo creemos, por las siguientes razones:

• Primero, porque en atención al principio de jerarquía de normas, no resulta admisible que un **acuerdo particular** prevalezca sobre una obligación legal, salvo que la propia norma lo admita.

• Segundo, porque LAU art.20.1 no se refiere a una subrogación legal del arrendatario en la persona del arrendador a los efectos del pago de la cuota de contribución, sino a que la cuantía material a que esta ascienda con base anual puede ser **diferida al arrendatario**, que es cosa bien distinta.

Por otra parte, en el mismo sentido de que un pacto particular entre arrendador y arrendatario no altera ni modifica el esquema legal de responsabilidad, se establece que el pacto que se refiera a los **tributos** no afecta a la Administración (LAU art.20.1), dando a entender que el obligado al pago sigue siendo el propietario de la vivienda o local arrendado. **1295.1**

No obstante, no existe inconveniente en que, consciente la comunidad del pacto entre arrendador y arrendatario, acuerden estos incluso que aquella pueda dirigirse directamente frente al arrendatario, y ello sea a su vez asumido por la comunidad, mediante el válido y oportuno acuerdo.

En los **contratos sujetos a la LAU/64** se establece que la renta de las viviendas y locales de negocio puede ser objeto de aumento o reducción por acuerdo de las partes (LAU/64 art.98) y que los aumentos por coste de los servicios y suministros pueden ser exigidos por el arrendador a los inquilinos y arrendatarios (LAU/64 art.102). Así pues, también en dicho marco normativo es posible que el propietario-arrendador difiera el coste económico de la cuota de contribución al arrendatario.

En lo que se refiere a los gastos habidos como consecuencia de la utilización de servicios que puedan ser **individualizados mediante aparatos contadores**, corren de cuenta del arrendatario en todo caso (LAU art.20.3).

Por último, cabe plantearse si se aplica LAU art.20.1 a la obligación de contribuir al **fondo de reserva** (LPH art.9.1.f). Ha de entenderse que no, ya que la LAU se refiere exclusivamente al pago de gastos generales para el adecuado sostenimiento del inmueble, sus servicios, tributos, cargas y responsabilidades, expresión esta que viene a coincidir con la prevista en la LPH art.9.1.e). Además, teniendo en cuenta que este fondo se destina a cubrir el coste de las obras de conservación y reparación de la finca, en caso de que estas se produzcan y la cuantía de la renta a pagar por el arrendatario se viese incrementada (nº 1294), resultaría que el arrendatario estaría pagando dos veces por lo mismo.

4. Diligencia en relación con la vivienda y los elementos comunes

(LPH art.9.1.a y g)

1296 Se trata de una obligación que recae sobre el **arrendador-propietario**. Es obligación de cada propietario respetar las instalaciones generales de la comunidad y demás elementos comunes, ya sean de uso general o privativo de cualquiera de los propietarios, estén o no incluidos en su piso o local, haciendo un uso adecuado de los mismos y evitando en todo momento que se causen daños o desperfectos (LPH art.9.1.a).

Igualmente, corresponde a cada propietario observar la diligencia debida en el uso del inmueble y en sus relaciones con los demás titulares y responder ante estos de las infracciones cometidas y de los daños causados (LPH art.9.1.g).

Esta misma obligación resulta aplicable a la figura del **arrendatario** en la medida en que legalmente está obligado a usar de la cosa arrendada como un diligente padre de familia, destinándola al uso pactado, y, en defecto de pacto, al que se infiera de la naturaleza de la cosa arrendada (CC art.1555). Más aún, puesto que el deber de cuidado con las instalaciones comunes puede configurarse incluso como una **obligación legal** de no causar daño a tercero (CC art.1902).

Ha de tenerse en cuenta también que el arrendatario es **responsable del deterioro o pérdida** que tuviere la cosa arrendada, a no ser que pruebe haberse ocasionado sin culpa suya (CC art.1563).

Ha de entenderse que el término «cosa arrendada» engloba no solo la **vivienda** objeto de arrendamiento, sino también las **instalaciones comunes**.

1296.1 El arrendatario es responsable, a su vez, de los daños causados por las **personas de su casa** (CC art.1564). No es necesario que habiten con él, bastando con que el arrendatario les haya permitido el acceso a la vivienda arrendada por cualquier motivo.

En la medida en que el arrendatario pueda haber causado un daño a las instalaciones comunes, la comunidad tiene **acción directa** contra él a través de la vía de la responsabilidad extracontractual (CC art.1902).

No obstante, como el obligado legalmente es el propietario (LPH art.9.1), también este, por el cauce de la responsabilidad legal, queda sometido a la acción directa de la comunidad que no tiene por qué ir primero o únicamente contra el arrendatario. En todo caso, siempre le quedará al propietario-arrendador la posibilidad de **repercutir en el arrendatario** la responsabilidad a la que se haya visto sujeto, pues, en caso de incumplimiento de cualquiera de las partes, arrendador o arrendatario, la otra puede pedir la rescisión del contrato y la indemnización de daños y perjuicios, o solo esta última, dejando el contrato subsistente (CC art.1556).

5. Respeto a los vecinos y abstención de realizar actividades prohibidas

(LPH art.7.2)

1297 Se impone al propietario y al ocupante de la vivienda o local arrendados la prohibición de desarrollar en él o en el resto del inmueble actividades prohibidas en los estatutos, que resulten dañosas para la finca o que contravengan las disposiciones generales sobre actividades molestas, insalubres, nocivas, peligrosas o ilícitas (p.e. producción de malos olores, humos, ruidos, fabricación o distribución de sustancias psicotrópicas, etc.).

Se enmarca esta obligación en la más genérica de **mantenimiento de buenas relaciones** de convivencia con los convecinos (LPH art.6 y 9.1.g).

Nótese que la obligación se extiende no solamente al propietario, sino también al **ocupante del piso o local**. Este término es más amplio que el de arrendatario, pero, a efectos de esta sección, lo cubre suficientemente. Dicho ocupante debe tener título de posesión suficiente, de lo que la Ley extrae el cumplimiento de la obligación de respeto y abstención a que nos estamos refiriendo.

Si tales actividades se llevan a cabo, pese a la obligación legal impuesta, el presidente de la comunidad a iniciativa propia o de cualquiera de los propietarios u ocupantes, debe requerir a quien las realice la **inmediata cesación** de las mismas, bajo apercibimiento de iniciar las acciones judiciales procedentes.

En realidad, la junta de propietarios y/o el presidente de la misma tienen a su disposición los siguientes **medios para impedir la continuación** de estas actividades:

- la facultad de requerir el cese (extrajudicial) de las actividades al ocupante y/o propietario en cuestión;
- la acción de cesación judicial;
- la acción de daños y perjuicios; e

- incluso la privación del derecho al uso de la vivienda o local por tiempo no superior a 3 años, en función de la gravedad de la infracción y de los perjuicios ocasionados a la comunidad.
Si el infractor no es el propietario, la sentencia puede declarar **extinguidos definitivamente todos sus derechos** relativos a la vivienda o local, así como su inmediato lanzamiento.
En caso de que el arrendador-propietario no inicie motu proprio acción alguna contra el arrendatario, la jurisprudencia llega a reconocer a la comunidad la **facultad de subrogarse en las acciones** que corresponderían al propietario. Se habla de subrogación legal de acciones, sin que, aparte del previo requerimiento al propietario, quepa imponer otros deberes u obligaciones al resto de copropietarios o vecinos (TS 18-5-94, EDJ 4521; AP Sevilla Secc 5ª 24-9-04).

Precisiones **1)** Se decreta la resolución del contrato de arrendamiento por las incomodidades causadas a la comunidad por la apertura de una **consulta de traumatología**, previo requerimiento efectuado al propietario (TS 18-6-90, EDJ 6459). **1298**
2) Se rechaza el derecho a resolver de la comunidad, porque esta había denegado el permiso correspondiente para llevar a cabo las obras necesarias de **acondicionamiento de un negocio de panadería** (TS 20-3-89, EDJ 3180).
3) Se considera que no existe facultad de resolver por entender no acreditado suficientemente que las actividades prohibidas se hubiesen llevado a cabo con **reiteración, permanencia, notoriedad y gravedad**, requisitos estos últimos que se deben añadir a los requisitos legalmente establecidos (AP Madrid 8-11-10, EDJ 294421; AP Asturias 28-9-07, EDJ 209215; AP Barcelona Secc 13ª 3-12-96).

CAPÍTULO 4

Régimen de obras

1300

SECCIÓN 1

Obras en elementos privativos

(LPH art.7.1)

El **propietario de cada elemento privativo** puede, como regla general, modificar los elementos arquitectónicos, instalaciones o servicios situados dentro de su piso o local, siempre y cuando no menoscabe o altere la seguridad del edificio, su estructura general, su configuración o estado exteriores, o perjudique los derechos de otro propietario, debiendo dar cuenta de tales obras previamente a quien represente a la comunidad. 1305

Ello implica que el propietario puede alterar la **distribución interior** de su piso o local, modificando, por ejemplo, la tabiquería o realizando una rehabilitación integral del piso, suelos, ventanas, etc., sin necesidad de consentimiento ni aprobación de la comunidad de propietarios, siempre que no se afecten los elementos citados.

Esta libertad se extiende también a las **instalaciones o servicios** que se comprendan en sus propiedades privativas, sean aparentes o no desde el exterior, siempre y cuando sirvan exclusivamente al propietario en cuestión. Por este motivo, la jurisprudencia admite la validez de operaciones u obras interiores consistentes en la instalación o traslado, dentro de las dependencias privativas, de canalizaciones o tuberías particulares, entendiendo por tales aquel tramo de las conducciones que, partiendo de la toma o bajante general, discurre por el interior de cada uno de los pisos, locales y sus anejos, sirviendo exclusivamente a estos.

Precisiones **1)** La habilitación que recoge la LPH para que los propietarios puedan llevar a efecto obras en los elementos privativos debe interpretarse de forma más amplia cuando nos referimos a los **locales comerciales** que, por la finalidad que les es propia, comportan la necesidad de presentar una configuración exterior adecuada a su carácter, y la necesidad de facilitar el conocimiento de su existencia y de publicitar y hacer atractiva su actividad para los clientes. Por consiguiente, deben entenderse como autorizadas e integrantes de la habilitación legal, todas aquellas actuaciones que, aun afectando a los elementos comunes, estén dirigidas a proporcionar al local los suministros que le son propios y necesarios, entre ellos la colocación de elementos comunes de saneamiento, evacuación y demás instalaciones comunitarias. El análisis que corresponde realizar a los tribunales en estos casos no es tanto si se ha producido una alteración o no de un elemento común, sino si la afectación de los elementos comunes se ha realizado en términos tales que los vecinos no tengan la obligación de soportar (TS 15-12-20, EDJ 745175; 8-11-17, EDJ 232873; 25-4-13, EDJ 55868; 30-9-10, EDJ 206775; 11-11-09, EDJ 276014; 16-3-16, EDJ 23778; AP Pontevedra 5-10-20, EDJ 711335; AP A Coruña, 14-10-20, EDJ 710025; AP Navarra 1-4-19, EDJ 732760).

2) Vinculado al régimen de facultades para ejecutar obras en elementos privativos, se encuentra el derecho de cada propietario a cambiar libremente el uso que se le pueda dar a su elemento privativo, a no ser que ese uso esté legalmente prohibido o el cambio se encuentre expresamente prohibido por el título constitutivo o los estatutos. No obstante, dicha libertad de **cambio de destino** del elemento privativo encuentra su límite, al margen de en las preceptivas autorizaciones administrativas, en el hecho de que la ejecución de las obras de adecuación para materializar dicho cambio no afecte a elementos comunes, ya que en dicho caso será necesaria la obtención de la autorización de la junta de propietarios en relación con la ejecución de las obras (AP Girona 9-4-19, EDJ 554678).

3) Se permite la inscripción de una escritura por la que de una finca en régimen de propiedad horizontal se segrega en **dos fincas nuevas** destinadas a vivienda si concurre el consentimiento de la comunidad o figura inscrita en los estatutos la cláusula estatutaria que permita tal posibilidad (DGSJFP Resol 10-1-22).

1308 **Límites** (LPH art.7.1) Se prohíben, en primer lugar, las obras que alteren la **estructura general** del inmueble, entendida como la distribución física o jurídica de los elementos que componen la propiedad horizontal, tal y como se encuentran configurados en el título constitutivo de la propiedad horizontal.
Las **obras estructurales** se exponen en el nº 1535 s.

Precisiones **1)** El **Código Técnico de la Edificación** define la estructura como el conjunto de elementos, conectados entre ellos, cuya misión consiste en resistir las acciones previsibles y proporcionar rigidez (RD 314/2006 Anejo III). El Tribunal Supremo incluye dentro del concepto de estructura del inmueble todo aquello que forma parte de la **armadura de fábrica** del edificio, como los forjados (TS 17-11-11, EDJ 283554).
2) La **consecuencia** derivada de la infracción de los límites previstos en la ley no es otra que la obligación del propietario de demoler lo ejecutado por su cuenta y riesgo y con total indemnidad para la comunidad (AP León 12-12-16, EDJ 246359; AP A Coruña 2-12-16, EDJ 237919).

1308.1 **Unión, división, segregación o agregación de pisos o locales** Esta limitación es la que tradicionalmente se ha utilizado como argumento para impedir cualquier operación de unión, división, segregación o agregación de pisos o locales. De hecho, y en lo que se refiere al aspecto estrictamente jurídico de las operaciones mencionadas, el derogado LPH art.8 contemplaba la necesidad de obtener la previa **autorización de la junta** de propietarios, ya que es a dicho órgano al que le corresponde determinar las cuotas de participación resultantes.
Dicho escenario cambia tras la aprobación de la L 8/2013, ya que se contempla la posibilidad de que dichas operaciones se lleven a efecto sin el consentimiento de la junta de propietarios, siempre que el **edificio** se encuentre comprendido **dentro de un ámbito de rehabilitación, regeneración y renovación urbana** y la normativa administrativa así lo permita (LPH art.10.1.e). En estos casos, al propietario interesado le basta con la **licencia** municipal correspondiente y la acreditación de la inclusión del inmueble en el ámbito de actuación señalado, para poder llevar a cabo el acto u operación jurídica, sin necesidad de aportar autorización alguna de la junta.
En el caso de que el edificio **no** se encuentre **comprendido en un ámbito de actuación de rehabilitación, regeneración o renovación urbana**, los propietarios interesados necesitan del consentimiento de la junta adoptado por la mayoría de propietarios que en cada caso proceda (LPH art.10.3 redacc RDL 8/2023).

Precisiones **1)** Muy importante en los casos de segregaciones de elementos privativos es la interpretación que deba hacerse de las cláusulas estatutarias que posibilitan su ejecución. Es doctrina jurisprudencial que cuando en el título se prevea la posibilidad de **segregación de un local comercial**, implícitamente se está autorizando, como consecuencia natural de lo anterior, la apertura de una salida de la finca matriz si el local carece de ella. La construcción de la **salida independiente** no puede afectar a la seguridad, estabilidad y estética del edificio ni puede perjudicar los derechos de terceros. La negativa de la comunidad a autorizar la obra es nula de pleno Derecho por contravenir lo dispuesto en el título (TS 15-11-10, EDJ 265166). No obstante, ello no implica reconocer a los beneficiarios de este tipo de cláusulas una carta blanca para que puedan hacer en elementos comunes todas las obras que tengan a bien a los efectos no solo de segregar, sino de acondicionar convenientemente los locales resultantes a las actividades que se quieran acometer en los mismos. Las cláusulas en cuestión comprenden las actuaciones necesarias para la segregación, todas las demás quedan sujetas al régimen general (TS 20-1-15, EDJ 8546; AP Madrid 14-3-14, EDJ 63757).
2) Ha de distinguirse entre la **división material**, que no precisa autorización, siempre dentro de la facultad de cada propietario de modificar el elemento privativo de la vivienda o local, sin ninguna alteración de la sustancia jurídica de este (LPH art.7), y la modificación de ese elemento privativo, mediante la división o agregación, con **nuevos elementos privativos** resultantes. En estos casos, la jurisprudencia ha admitido la validez de las previsiones estatutarias que autorizan la segregación, si bien con ciertos matices (TS 17-11-11, EDJ 311401; AP Madrid 19-12-16, EDJ 257727).
3) Además de la aprobación de la junta por las tres quintas partes de los propietarios que, a su vez, representen las tres quintas partes de las cuotas de participación, deberá constar el **consentimiento de los titulares afectados**. La fijación de las nuevas cuotas de participación, así como la determinación de la naturaleza de las obras que se vayan a realizar, en caso de discrepancia sobre las mismas, requerirá la adopción del oportuno acuerdo de la junta de propietarios, por idéntica mayoría. No obstante, esa mayoría cualificada pasa a ser la **unanimidad** cuando la agrupación pasa por la comunicación de entidades en plantas distintas y debe afectarse el forjado que separa las mismas. La obra o actuación constructiva que afecte al **forjado interior del edificio** exige la aprobación unánime de los propietarios, con independencia de que exista autorización administrativa o se cuente con el consentimiento de los propietarios afectados. Dicha autorización no se encuentra condicionada al hecho de que se pruebe la existencia o no de un perjuicio para los propietarios o afecten a la configuración exterior o a la seguridad del edificio.
Respecto al alcance de la modificación introducida por la L 8/2013, algunos tribunales distinguen la operación que afecta a entidades ubicadas en un mismo nivel o planta, de aquellas otras operaciones que implican actuar sobre entidades ubicadas en diferentes plantas, con la consiguiente afectación del forjado del edificio, ya que, en estos últimos casos, se compromete la estructura del inmueble, requiriéndose de la aprobación unánime (AP Cáceres 31-10-19, EDJ 753566).

Comunicación de elementos privativos Una cuestión también controvertida ha sido la de las operaciones materiales de comunicación de elementos privativos, en las que los titulares **no persiguen una modificación jurídica**, sino únicamente un acto de comunicación que les permita disfrutar de forma conjunta las entidades, pero sin alterar jurídicamente su autonomía o independencia. En estos casos, los tribunales han puesto de manifiesto una clara **evolución interpretativa** de la norma: 1308.2

• En un principio consideraron que, como el forjado y los muros o paredes de separación entre entidades son elementos comunes de la finca, cualquier alteración de los mismos, aunque lo fuera para la apertura de pequeñas puertas o huecos, merecían la calificación de modificación de la estructura y, consiguientemente, requerían del consentimiento de la comunidad.

• Con el paso del tiempo dicha postura se ha matizado de forma considerable, entendiendo que solo cuando la alteración del elemento común es considerable debe entenderse la actuación como prohibida.

Precisiones 1) El Tribunal Supremo en algunas sentencias ha puesto de manifiesto que la mera comunicación entre entidades, sin trascendencia jurídica, debe considerarse como una **actuación permitida** siempre y cuando su ejecución no comprometa, ni perjudique la resistencia y estabilidad del edificio, ni de su estructura general (TS 9-12-10, EDJ 290459). Sin embargo, en otras ocasiones y frente a supuestos similares, sostienen que, siempre que las obras ejecutadas afecten o alteren elementos comunes, como pueden ser los forjados que separan las plantas del edificio, se precisará, para la legalidad de las obras, la **autorización** de la comunidad, sin que la permisividad de tales obras se encuentre condicionada a la existencia o no de un perjuicio para los restantes propietarios o intereses comunitarios o la alteración de la seguridad del edificio, su estructura general, configuración o estado exteriores (TS 28-3-12, EDJ 54864; 17-11-11, EDJ 283554; AP Cantabria 13-10-21, EDJ 732453). Por todo ello, y ante el diferente criterio seguido por los tribunales y las serias dudas fácticas, e incluso jurídicas, que se suscitan en esta materia (AP Barcelona 21-9-21, EDJ 745348), lo aconsejable es, en todo caso, cuando se trate de ejecutar obras que afecten a elementos comunes, intentar obtener la previa autorización de la junta de propietarios y solo en el caso de que no se consiga sin razón justificada para ello, tratar de impugnar el acuerdo por abusivo o gravemente perjudicial para el propietario en cuestión, sin que de ello se derive beneficio alguno para la comunidad. 1308.3

2) De este modo se establece una clara distinción entre lo que es división material y división jurídica. Según destacada doctrina científica, a los efectos de la **división material**, no interviene la normativa de la propiedad horizontal y no aparece inconveniente alguno para que el dueño de un piso o local separe materialmente su propiedad, coloque tabiques y distribuya su uso; igualmente, cabe que se vendan partes *pro indiviso*, incluso con coeficiente interno, asignación de la utilización de una zona concreta y destino definido, esto es, con el establecimiento de unas reglas propias no afectantes a la comunidad, y la sola exigencia de no modificar ni dividir la cuota de propiedad precisada en el título, ni que se afecte con obras o servicios a elementos comunes.

La **división jurídica** presenta una cuestión diferente, pues si la pretensión del titular es la de que un piso o local pase a ser dos, tres o más, con desaparición de la cuota de propiedad inicial y asignación de otras diferentes, aunque sea con la suma de lo mismo, se necesita del acuerdo de la junta de propietarios, ya que se considera que existe modificación del título (TS 19-12-08, EDJ 234524; AP Madrid 3-3-14, EDJ 36152).

Excepciones La prohibición impuesta a los propietarios puede, no obstante, ser salvada por la existencia de un **acuerdo** por parte de la junta de propietarios o de una específica disposición estatutaria en sentido contrario. 1308.4

Precisiones En esta línea, el Tribunal Supremo ha destacado en diversas ocasiones que los límites previstos en la LPH art.7 no constituyen una norma de Derecho imperativo, que no permita **disposición estatutaria en contrario** (TS 2-10-13, EDJ 187264; 16-5-13, EDJ 67727). Sobre esta cuestión, nos remitimos a lo indicado en el apartado referente a los estatutos (nº 845 s.).

Seguridad del edificio Lo que sí está prohibido, en cualquier caso, es la ejecución de obras en los pisos o locales que comprometan o menoscaben la seguridad del edificio o que sitúen al mismo en una situación de **riesgo** para el caso de incendios o situación similar. Dicha circunstancia habrá de acreditarse, normalmente a través de prueba pericial, si bien es cierto que el mero hecho de la elaboración de un **proyecto** arquitectónico por un profesional con la cualificación necesaria para ello, unido a la solicitud y obtención de la correspondiente **licencia** de obras, algo que normalmente conlleva un cierto control del proyecto por los arquitectos o técnicos municipales, serán argumentos en contra de la hipotética inseguridad de la obra. No obstante, la existencia de un proyecto y una licencia tampoco son una garantía absoluta de que no se esté comprometiendo la seguridad. En la práctica, ello operará como una especie de inversión de la **carga de la prueba** y será quien defienda la inseguridad quien habrá de demostrar la situación de riesgo real a la que se está exponiendo al edificio a consecuencia de las obras ejecutadas por un propietario singular. 1309

1310 **Configuración o estado exterior del edificio** Las obras tampoco pueden alterar la configuración o estado exterior del edificio. Este es un límite a las **obras particulares** objeto de numerosa controversia porque, aunque las obras se desarrollen puertas hacia dentro de cada piso o local, y estén bien ejecutadas, e incluso cuenten con licencia municipal, lo cierto es que el resultado final puede vulnerar este límite previsto en la Ley.
Es el caso de alteraciones efectuadas en los pisos o locales, pero que afectan a las **fachadas** de los edificios (colocación de letreros, cerramiento de terrazas, colocación de aparatos de aire acondicionado, toldos, antenas, etc.).

Precisiones **1)** La obtención de una **licencia municipal**, en modo alguno, es excusa para evitar cumplir con la obligación de obtener la correspondiente **autorización de la comunidad**, a través del acuerdo de junta procedente, cuando con las obras se alteren o afecten elementos comunes (TS 25-6-13, EDJ 150003; AP Valladolid 3-5-11, EDJ 95217; AP Madrid 25-1-17, EDJ 16225).
2) El **carácter desmontable** de la instalación en nada obsta cuando lo alterado sea la apariencia externa del inmueble, como puede ocurrir en caso de la colocación de pérgolas o toldos, ya que son elementos duraderos y no coyunturales, que afectan claramente a la configuración exterior del edificio (AP Murcia 19-9-16, EDJ 182040). No obstante, cuando dichas actuaciones se encuentren amparadas en disposiciones estatutarias son válidas, ya que no se entiende que este tipo de elementos altere la seguridad del edificio o su estructura general y solo en el caso de que se efectúe un uso manifiestamente abusivo de la facultad estatutaria o contraria a los límites expuestos, la comunidad podrá pretender la retirada de los mismos (TS 5-5-15, EDJ 69361).
3) La colocación de **lucernarios** en la cubierta del edificio, para llevar más luz a las estancias que carecen de ella, es una modificación estructural que requiere del consentimiento unánime de la comunidad (TS 13-5-16, EDJ 86164).
4) El derribo de parte del muro de la fachada, así como la **incorporación de la terraza al salón** de la vivienda constituye una alteración de elemento común que altera el aspecto exterior y requiere de la consiguiente autorización de la junta de propietarios (AP Madrid 14-5-21, EDJ 652500; 11-2-20, EDJ 520851; 22-2-19, EDJ 737203).

1311 La jurisprudencia viene flexibilizando este límite, y ha declarado la posibilidad de que se coloquen **letreros y anuncios**, sin que la comunidad de propietarios pueda oponerse a ello, siempre y cuando se respeten las siguientes premisas (TS 6-4-06, EDJ 48765):
- que no perjudique efectivamente a otro u otros propietarios;
- que no se altere el decoro arquitectónico del edificio; y
- que no exceda del parámetro exterior del local.

En similares términos se ha pronunciado en relación a los aparatos de **aire acondicionado**.
El propio Tribunal Supremo ha destacado que no puede exigirse el mismo rigor en los **locales de negocio** situados en planta baja que en el resto de pisos, con fundamento en que, aunque la fachada es todo lo correspondiente al exterior del inmueble en su completa superficie, la zona relativa a los pisos constituye una situación arquitectónica más rígida, mientras que en las plantas bajas existe una mayor flexibilidad, en atención a la **naturaleza de la actividad a desarrollar** en los locales. De este modo los propietarios de los locales comerciales situados en la planta baja pueden ejecutar obras que supongan la **alteración de la fachada** del edificio, siempre y cuando su realización no menoscabe o altere la seguridad del edificio, su estructura general o perjudique los derechos de otros propietarios, cuando ello sea preciso para el desarrollo de su actividad comercial (TS 14-2-11, EDJ 10603; 11-11-09, EDJ 276014; 30-9-10, EDJ 206775; AP Madrid 27-1-17, EDJ 16030).
El fundamento esencial que permite prescindir de la regla general de las mayorías cualificadas para la realización de obras en la fachada se sustenta en la actividad económica a desarrollar en los locales comerciales, que precisan **escaparates o colocación de rótulos** o cualquier otra actuación similar sobre la fachada para dar a conocer su negocio y permitir el desarrollo de su actividad. No procederá, por consiguiente, cuando se dé al local un uso privado no comercial (TS 18-5-11, EDJ 118325), ni cuando la colocación de los rótulos exceda de la propia fachada (AP Madrid 28-11-12, EDJ 291590).
Por otro lado, la flexibilidad mostrada por los tribunales no debe interpretarse como una carta blanca a los propietarios de los locales situados en las plantas bajas para alterar a su gusto la fachada del edificio, de manera que siempre que se ocasione un **notorio perjuicio** para la comunidad regirán las normas sobre unanimidad (TS 27-6-16, EDJ 104610). La autorización resulta tanto más necesaria cuanto el propietario del local ni siquiera acredita la necesidad de las modificaciones operadas en la fachada para la buena marcha del negocio, ni prueba que las mismas son precisas para la adecuación a la actividad económica desarrollada en el local (TS 29-12-15, EDJ 267873). No obstante, una vez permitido el **cambio de destino de un piso en local comercial**, se debe seguir un criterio flexible al valorar el derecho a realizar obras de adecuación en los locales comerciales para su explotación (TS 15-12-20, EDJ 745175).

Además, se ha apuntado a la posibilidad de que el **consentimiento** que ha de prestar la comunidad pueda ser otorgado **de forma tácita**. No obstante, debe partirse de que el conocimiento no equivale a consentimiento, ni el silencio supone genéricamente una declaración, pues aunque no puede ser indiferente para el derecho, corresponde estar a los hechos concretos para decidir si el silencio puede ser apreciado como consentimiento tácito o manifestación de una determinada voluntad; de este modo, para poder establecer si en un determinado supuesto se ha producido un silencio por parte de la comunidad de propietarios capaz de ser interpretado como un consentimiento tácito, deberán valorarse las relaciones preexistentes entre las partes, la conducta o comportamiento de estas y las circunstancias que preceden y acompañan al silencio susceptible de ser interpretado como asentimiento (TS 14-9-16, EDJ 152102; 6-3-13, EDJ 42032; 29-2-12, EDJ 43906; 5-7-11, EDJ 139865; 26-11-10, EDJ 284944; 16-7-09, EDJ 165895; AP A Coruña 16-10-23, EDJ 743018; AP Baleares 24-7-23, EDJ 687451; AP Madrid 10-7-23, EDJ 682392; AP Baleares, 14-6-23, EDJ 673778). **1311.1**

El consentimiento tácito se deriva de la inactividad de la comunidad de propietarios y de los propios integrantes de la comunidad cuando, conocedores de la realización de obras en el ámbito de la propiedad horizontal, que hubieran precisado de autorización por la junta, pese a ello se han mantenido en silencio, tolerando durante largo tiempo tales obras. El fundamento de este tipo de consentimiento está en razones de seguridad jurídica, la prohibición de ir contra los **actos propios** y la **buena fe** (AP Murcia 3-12-19, EDJ 839464).

Es importante destacar que el consentimiento de la comunidad no se entiende sin más obtenido por la mera ejecución de las obras a vista, ciencia o paciencia de la comunidad, y sin oposición de esta durante su ejecución, sino que habrá de estarse a los hechos concretos de cada caso, ya que el Tribunal Supremo tiene reiteradamente declarado que el **conocimiento no equivale a consentimiento** como exteriorización de una voluntad, ni el silencio supone una declaración genérica en la que se pueda encontrar justificación para no obtener los consentimientos legalmente exigidos (TS 27-7-11, EDJ 155187; auto 22-3-11, EDJ 30452; AP Madrid 28-11-16, EDJ 251200; AP Cádiz 29-11-16, EDJ 251654; AP Burgos 25-11-16, EDJ 239269).

Precisiones **1)** Las comunidades de propietarios que deseen actuar frente a las **infracciones** llevadas a cabo por propietarios singulares de los límites anteriormente expuestos deben tener en consideración que para el **ejercicio de la acción** por parte del presidente de la comunidad es imprescindible: **1311.2**

- que exista un previo acuerdo de la junta de propietarios que así lo autorice, salvo que el presidente actúe, no como tal, sino en su calidad de propietario o los estatutos expresamente dispongan otra cosa (TS 8-1-19, EDJ 500393; 19-2-14, EDJ 30168; 12-12-12, EDJ 277490; 27-3-12, EDJ 52892); y
- que se demuestre por parte de la comunidad que las obras ejecutadas alteran o afectan a elementos comunes del edificio, menoscaban la seguridad, su estructura general o su configuración o estado exteriores, o perjudican los derechos de otros propietarios (TS auto 18-2-14, EDJ 16298).

2) En relación a la posibilidad de que existan **obras anteriores autorizadas** a otros propietarios de características similares, entiende el Tribunal Supremo que ello no es suficiente para que pueda considerarse abusiva o discriminatoria la actuación de la comunidad que reacciona frente a las nuevas alteraciones, ya que solo será abusivo el comportamiento cuando, a la vista de las circunstancias, se aprecia la inexistencia de justa causa o de finalidad que no puede considerarse legítima, sin que la comunidad obtenga beneficio alguno (TS 31-10-13, EDJ 209933).

3) En relación al argumento del **trato discriminatorio**, es importante destacar que un comunero no puede ampararse en una supuesta autorización de la comunidad ni siquiera tácita, por consentimiento de obras o instalaciones anteriores. En estos supuestos, lo que le es exigible al propietario afectado es solicitar la autorización de la junta de propietarios, invocando la existencia de obras o instalaciones iguales a las pretendidas por él y, en caso de no aceptación, puede impugnar el acuerdo en la vía judicial para que se reconozca su derecho de igualdad frente a otros propietarios a los que se les han consentido las obras (AP Murcia 28-6-21, EDJ 670271). Pero lo que no se puede en modo alguno es amparar la ley de la selva en el ámbito de la comunidad de propietarios, de tal forma que la obra realizada sin consentimiento de la comunidad o aprobación judicial ha de reputarse ilícita (AP Madrid 30-9-21, EDJ 753242). Lo mismo cabe decir para instalaciones que afecten a la configuración externa (AP Madrid 19-1-17, EDJ 15953; 14-3-14, EDJ 63757).

4) El **consentimiento tácito** en obras realizadas en el pasado, no equivale a un consentimiento tácito genérico para obras de futuro que afecten a elementos comunes, aunque el elemento común sea el mismo (TSJ Navarra 23-11-15, EDJ 261673).

Actuaciones vinculadas al cambio de uso del elemento privativo Los tribunales de justicia vienen declarando de forma reiterada que existe **plena libertad** por parte de los propietarios a la hora de establecer el uso que pueden dar a su elemento privativo, de manera que no pueden verse privados de la utilización de su derecho como consideren más adecuado, a no ser que el uso en cuestión esté legalmente prohibido o que el cambio de uso aparezca expresamente limitado por el régimen de propiedad horizontal, su título constitutivo o regulación estatutaria. Y si el cambio de uso está **permitido**, no puede impedirse el mismo sobre la base de **1311.3**

actuaciones necesarias vinculadas a dicha variación, cuando las mismas producen escaso impacto visual, no menoscaban ni alteran la seguridad del edificio o su estructura general o no se ha probado que perjudican de alguna forma los intereses de la comunidad o de algún propietario concreto, contando con la preceptiva licencia municipal (TS 15-12-20, EDJ 745175).

1311.4 **Derechos de otros propietarios** El último límite consiste en que las obras privativas no perjudiquen los derechos de otros propietarios (sin que conste su consentimiento, obviamente). Evidentemente el propietario que se entienda perjudicado puede instar la **cesación** de la actividad lesiva **o** la **reposición** del elemento alterado, y así lo viene admitiendo la jurisprudencia. Sería el caso, por ejemplo, del cerramiento de plazas de aparcamiento que restringen las zonas de rodamiento y dificultan las maniobras de los vehículos, impidiendo además el acceso a zonas de tuberías comunitarias que quedan dentro del espacio cerrado; o también el caso del ruido provocado por la instalación de un aire acondicionado que no ha sido correctamente aislado.

Precisiones Una cosa es que las entidades sin personalidad jurídica, a las que la ley reconoce capacidad para ser parte, exclusivamente deban hacerlo por medio de aquella persona a quien la ley le confiere su representación procesal, y otra muy distinta que las **personas integrantes de** esas entidades, en este caso, la **Comunidad de Propietarios**, quienes tienen pleno ejercicio de sus derechos civiles -art.7.1-, con capacidad para ser parte en el proceso de que se trate ante los tribunales civiles, no **puedan comparecer** ante ellos en defensa de los derechos comunes de que son cotitulares en interés y beneficio de la Comunidad, cuando por la razón que fuere permaneciese inactiva o no deseare asumir el coste o el riesgo que entraña el ejercicio de una acción, lo que equivaldría a sumir en la indefensión a quien se cree titular de un derecho tutelable, o incluso pretende defender el derecho propio privativo que pudiera ser perturbado o lesionado por la actuación de otro miembro de la Comunidad que se aprovecha o no respeta los elementos comunes (TCo 115/1999; TS 22-12-21, EDJ 806542; AP Almería 30-5-23, EDJ 712038).

1312 **Obligación de comunicación** (LPH art.7.1) Por último, en cuanto a las obras realizadas en los elementos privativos, señalar la obligación de comunicación del **propietario que pretende realizarlas** al representante de la comunidad.

La notificación ha de ser **previa**, y no ha de entenderse como una petición de autorización de obras a la comunidad, sino de información a los efectos de poder valorar la posible toma de garantías por parte de la comunidad.

Se suele entender que esta comunicación previa solo es necesaria para el caso de **obras de cierta importancia**. No así para alteraciones u obras interiores casi irrelevantes, como puede ser extender un cable de teléfono, colocar un nuevo enchufe, una pequeña instalación fija en la pared para la colocación de aparatos de TV, sonido, etc.

La Ley no prevé ninguna sanción en caso de **inobservancia de esta obligación** de comunicación previa, pero podría incluirse alguna sanción vía estatutos o normas de régimen interior.

SECCIÓN 2

Obras en elementos comunes

(LPH art.10 redacc RDL 8/2023)

1320 En general, toda obra que consista en un cambio en la naturaleza, composición o destino de una instalación, elemento, o servicio común debe ser previamente **autorizada por la junta** de propietarios.

El propietario puede modificar los elementos arquitectónicos, instalaciones o servicios de su **piso o local**, siempre que no menoscabe o altere la seguridad del edificio, su estructura general, configuración o estado exterior, o perjudique los derechos de otros propietarios (nº 1305 s.); pero cuando de lo que se trata es de alterar los **elementos comunes** se precisa siempre, para la legalidad de las obras, la autorización previa de la junta de propietarios, que es el órgano supremo encargado de adoptar las decisiones referentes a este tipo de elementos, salvo las excepciones que se prevén expresamente en la Ley.

No obstante lo anterior, quedan **excluidas de autorización** aquellas intervenciones u obras de escasa relevancia que se han calificado por la jurisprudencia más como formas de uso de los elementos comunes que como obras o alteraciones materiales, propiamente dichas (p.e. la colocación de un tornillo en un muro o pared maestra común, o bien la instalación de un timbre situado junto a la puerta de entrada, siempre que no se afecte la estética o decoro exterior).

Una vez sentada la regla general de la necesidad de autorización previa por parte de la comunidad para la alteración de los elementos comunes, los conflictos pueden venir por la **falta de reacción de la comunidad** ante una obra que afecta a elementos comunes, y hasta qué punto

dicha falta de reacción puede considerarse como un consentimiento tácito por parte de la comunidad.
La jurisprudencia ha declarado que la existencia de un **consentimiento tácito** solo puede existir cuando, además de no haberse exteriorizado una voluntad por escrito o de palabra, existe una tolerancia de una conducta que se acepta en base a los usos sociales y del tráfico. En definitiva, ha de tratarse de hechos concluyentes y como tales inequívocos. Sin embargo, no pueden identificarse, sin más, con el mero conocimiento unido al paso del tiempo, pues el acto receptivo es indispensable para poder entender otorgado ese consentimiento tácito. Ver lo que se expone a este respecto en el nº 1311.1.

Precisiones **1)** Se requiere **autorización unánime de la junta de propietarios** para realizar obras fuera de su superficie interna o para modificar servicios generales, aunque estén dentro de su propiedad privada. En este punto, debe tenerse en cuenta que, dentro de la estructura del inmueble que los propietarios deben respetar, se incluye todo lo que forma parte de la armadura de fábrica del edificio, como, por ejemplo, los **forjados** (AP A Coruña 16-10-23 EDJ 743018). **1321**
2) El hecho de que el propietario solicite y obtenga una **licencia municipal** no le exime en modo alguno de la necesidad de recabar la autorización de la junta, si de lo que se trata es de alterar un elemento común. De hecho, la obtención de la licencia administrativa para las obras sólo es útil a los efectos de verificar que su ejecución se ajusta a las prescripciones administrativas que se exigen por la ordenación urbanísticas, pero en nada exime del cumplimiento de las normas imperativas de la LPH, respecto a la concurrencia de la autorización previa de la junta de propietarios (TS 17-10-23, EDJ 714555; 25-6-13, EDJ 150003).
3) El **consentimiento** que debe ser otorgado para considerar lícitamente realizadas obras que afectan a elementos comunes sometidos al régimen de propiedad horizontal puede ser tácito. No obstante, el **conocimiento** no equivale a consentimiento como exteriorización de una voluntad, ni el **silencio** supone una declaración genérica en la que se pueda encontrar justificación para no obtener los consentimientos legales exigidos. En definitiva, con valor de doctrina jurisprudencial, se ha declarado que ha de estarse a los hechos concretos para decidir si el silencio cabe ser apreciado como consentimiento tácito o como manifestación de una determinada voluntad. De este modo, la resolución del conflicto radica en determinar bajo qué condiciones debe interpretarse el silencio como una tácita manifestación de ese consentimiento. Por ello deben valorarse las relaciones preexistentes entre las partes, la conducta o comportamiento de estas y las circunstancias que preceden y acompañan al silencio susceptible de ser interpretado como asentimiento (TS 23-10-08, EDJ 190091; 5-11-08, EDJ 209696; 26-11-10, EDJ 284944; 29-2-12, EDJ 43906; 14-9-16, EDJ 156102).
4) La jurisprudencia es aún más rigurosa cuando las obras o actuaciones de un propietario suponen una **apropiación de parte de un elemento común**, de los que resulta un claro perjuicio para todos los demás copropietarios, a quienes se despoja ilícitamente de parte de su dominio (TS 30-1-04, EDJ 2097). Y aún más grave si dicha apropiación indebida no va acompañada del correlativo aumento de la cuota de gastos comunes. Por ejemplo, cuando se ocupa el **espacio bajo cubierta**, cuyo único acceso al mismo es mediante una trampilla ubicada en la vivienda, pero que no consta en la inscripción registral ni en la escritura de compraventa de la vivienda, no tiene la consideración de espacio privado, sino que se trata de un elemento común, por lo que cualquier modificación que se realice para la ampliación de la vivienda, requiere, en todo caso, el **consentimiento** de la comunidad, con independencia de que se cumpla o no con la normativa técnica en su ejecución (AP Madrid 1-6-23, EDJ 640758).
5) Por el contrario, cuando es la comunidad la que ejecuta las obras sobre los elementos comunes, los tribunales insisten en que viene obligada a respetar el **derecho de paso hacia los locales de negocio**, para que puedan ser explotados conforme a su naturaleza comercial. La comunidad, en el ejercicio de sus prerrogativas, no puede hacer uso abusivo del derecho a reglamentar sobre elementos comunes en perjuicio de uno de los comuneros (TS 2-7-15, EDJ 116803; 5-3-14, EDJ 37317).
6) En el caso de ejecución de **obras que afecten a elementos comunes** que **no** hayan sido **autorizadas** por la junta de propietarios cualquiera de los restantes propietarios integrantes en la comunidad está legitimado para instar tanto las acciones declarativas correspondientes, como la acción de protección de la posesión tendente a la suspensión de la obra nueva (antiguos interdictos) y con ello lograr la paralización de las obras en unos casos y la restitución a su estado anterior en otros. Este posicionamiento se sitúa en la línea de la doctrina que reconoce la posibilidad de ejercitar acciones posesorias entre propietarios que sean a la vez coposeedores por no haberse pactado entre ellos ningún tipo de uso exclusivo (LEC art.250.1.4 y 447.2) (TS 17-10-23, EDJ 714555).

La obligación de respeto y no alteración de los elementos comunes vincula no solo a quienes ostenten en cada momento la condición de **propietarios** de los diferentes elementos privativos, sino, también, a cualesquiera **otros titulares de derechos reales o personales** sobre la finca, o mero ocupante de elementos privativos. Igualmente, todo propietario está obligado a responder de los daños que ocasione su descuido y el de las personas por quienes deba responder, incidiéndose en la idea de la responsabilidad por las infracciones cometidas y los daños causados (LPH art.9.1.b y g). El Derecho de **Cataluña** es aún más explícito, por cuanto establece que los propietarios, en caso de transmisión a terceros de derechos de uso sobre su **1322**

elemento privativo, son responsables ante la comunidad y terceras personas del cumplimiento de las obligaciones derivadas del régimen de la propiedad horizontal (CCC art.553-37.2).
De este modo, junto al **responsable directo** de las actuaciones u obras que se ejecutan o pretenden ejecutar, se considera al propietario de ese departamento como **responsable mediato**, o «causante jurídico», por consentir la realización de tales obras. Pues, frente a la comunidad de propietarios, es cada propietario individualmente a quien le competen las obligaciones de respeto de los elementos comunes, que tienen la naturaleza de obligaciones *propter rem* y que, por tanto, deben asumir las consecuencias de los actos de las personas que ellos introduzcan en su vivienda o local (ocupantes, familiares o no, arrendatarios...).

Precisiones **1)** El hecho de las **obras inconsentidas** sean realizadas **por** el **inquilino** o por un titular anterior, en nada influye sobre la legitimación pasiva ni la responsabilidad que, como dueño actual de la entidad privativa, tiene el propietario frente a la comunidad de la que forma parte, sin perjuicio de las acciones de repetición, de incumplimiento contractual, de reclamación de daños y perjuicios o de cualquier otra índole que le puedan corresponder frente a la persona responsable de la actuación (AP Madrid 29-9-23, EDJ 731517).
2) El propietario que ejecute una **obra de alteración de elementos comunes sin** la pertinente **autorización** viene obligado a la **reposición** del elemento común **a su estado anterior** a la alteración, sin que por ello tenga derecho a obtener compensación alguna por parte de la comunidad de propietarios. El único caso en el que el propietario en cuestión puede exigir reembolso por parte de la comunidad será cuando haya ejecutado unilateralmente las obras, pero hubiera requerido previamente al Secretario-Administrador o al Presidente, advirtiéndoles de la urgencia y necesidad de aquéllas (TS 16-1-23, EDJ 501156; AP Cantabria 25-9-23, EDJ 701985).

1323 **Obras necesarias** (LPH art.10) La realización de obras en los elementos comunes no solo es un derecho reservado a la comunidad, sino un **deber** cuando de se trata de ejecutar obras necesarias para el adecuado sostenimiento y conservación del inmueble, entendido como tal tanto los elementos constructivos, como sus servicios e instalaciones, de forma que reúna en todo momento las debidas condiciones estructurales, de estanqueidad, habitabilidad, accesibilidad y seguridad.
Al tratarse de obras necesarias de ejecución obligatoria, en caso de **inactividad de la comunidad**, cualquier propietario está legitimado para exigir su realización e, incluso, puede reclamar los daños y perjuicios que se deriven el incumplimiento de la obligación legal.
Las **obras necesarias** son aquellas cuyo fin consiste en:
a) Mantener en **buen estado de conservación** el propio piso o local e instalaciones privativas, en términos que no perjudiquen a la comunidad o a los otros propietarios, resarciendo los daños que ocasione por su descuido o el de las personas por quienes deba responder (LPH art.9.1.b).
b) Realizar las **reparaciones** que exija el servicio del inmueble y permitir en él las servidumbres imprescindibles requeridas para la creación de servicios comunes de interés general.
c) El **adecuado sostenimiento y conservación del inmueble** y de sus servicios, de modo que reúna las debidas condiciones de seguridad, habitabilidad y accesibilidad universal (LPH art.10.1).
d) La **rehabilitación** del edificio, para adaptarlo a las condiciones exigidas por la normativa vigente en cada momento.
e) Favorecer la **accesibilidad universal**, obras que aunque no vengan impuestas por la normativa vigente, merezcan la consideración de «**ajustes razonables**» en atención a las circunstancias concurrentes en cada caso, mereciendo, en cualquier caso, tal consideración las obras que vengan requeridas por propietarios con quienes vivan, trabajen o presten sus servicios voluntarios personas con discapacidad, o mayores de 70 años, y resulten **adecuadas a su discapacidad**, o para la instalación de dispositivos mecánicos y electrónicos que favorezcan su comunicación con el exterior, siempre que su importe total no exceda de 12 mensualidades ordinarias de gastos generales (LPH art.10.1.b; L 15/1995; RDLeg 1/2013).

Precisiones **1)** En materia de propiedad horizontal tienen la condición de **obras necesarias** todas aquellas cuya ejecución se encuentre comprendida o resulte exigible en virtud del deber general de conservación que se impone sobre los propietarios (LS/15 art.15). No obstante, no coinciden en este caso los conceptos de obras necesarias y **obras obligatorias o exigibles**, dado que, además de las estrictamente necesarias en virtud de lo que se acaba de explicar, la LPH contempla como **obligatorias** las obras e innovaciones que incrementen el valor de la finca, van encaminadas a mejorar la accesibilidad y merecen la consideración de «**ajustes razonables**» (LPH art.10.1.b).
2) El carácter necesario de uno obra de conservación no requiere que la misma venga **impuesta por la Administración**, sino que basta con que se demuestre el **mal estado** en el que se encuentran los elementos o instalaciones (TS 27-2-20, EDJ 513064).
En la práctica judicial se presentan muchos casos en los que se discute el carácter de obra necesaria o de mejora de las obras ejecutadas por la comunidad. En este punto, resulta fundamental la consideración que en la adopción del acuerdo establezca la junta como órgano supremo de la

comunidad. Esta consideración sobre la naturaleza de las obras queda sometida al régimen mayoritario general. En el caso de que no existiera pronunciamiento de la junta sobre la naturaleza de las obras, los tribunales entran en el análisis concreto de la actuación, entendiendo que cuando las obras resultan ineludibles por la situación o fallos en los elementos o en las instalaciones comunes tendrán la consideración de necesarias, aunque no puedan considerarse graves, o su envergadura no sea relevante y ello a pesar de que resulte incuestionable que constituyen una mejora a la consistencia, eficiencia y durabilidad del edificio (AP Pontevedra 11-9-19, EDJ 695581).

3) El carácter obligatorio de una **obra** es claro cuando viene **ordenada por la Administración**, siendo así que, por ello, la obra no precisaría de autorización de la junta de propietarios. No obstante, el buen funcionamiento de las comunidades de propietarios y razones de lógica y sentido común determinan que se siga sometiendo a la decisión de la junta de propietarios, en cuanto es el órgano soberano de toda comunidad de propietarios (AP Pontevedra 16-10-23, EDJ 744319; AP Madrid 20-9-23, EDJ 727333).

4) La reparación de un **muro de hormigón del edificio** no corresponde al propietario cuya entidad colinda con el mismo, sino a la comunidad de propietarios, por mucho que las filtraciones tengan incidencia directa en la entidad privativa en cuestión. La reparación de este elemento tiene la consideración de **obra necesaria**, bastándole al propietario interesado con demostrar el carácter común del elemento y el daño producido para demandar a la comunidad de propietarios, la cual sólo podrá eludir su responsabilidad si el daño fuera provocado por otro elemento privativo, pero lo que no puede es repercutir todo el gasto comunitario general en el propietario de la entidad privativa perjudicada (AP Asturias 19-7-23, EDJ 687561).

5) La **obra necesaria** no requiere de acuerdo de aprobación de la misma, por lo que, en caso de demanda por otro copropietario en relación a la ejecución, bastará con justificar el carácter necesario de la obra y que sirvió para el fin pretendido (AP Palencia 27-6-23, EDJ 671545).

Obras de conservación Las obras de conservación forman parte del **deber general** que tanto las normas urbanísticas como la propia LPH impone a los propietarios de los inmuebles de atender al cuidado de los mismos con la diligencia propia de un buen padre de familia, garantizando que los mismos se encuentren en todo momento en las condiciones debidas. En relación con el cumplimiento adecuado de esta obligación tienen especial importancia las prescripciones que, sobre la conservación de los elementos constructivos, instalaciones y servicios se contengan en el libro del edificio (L 38/1999 art.7). **1324**

La **adecuada conservación** del edificio supone (RD 314/2006 art.8.2):

- llevar a cabo todo el plan de mantenimiento que hayan recomendado los técnicos en el libro del edificio, ajustando el uso de los elementos arquitectónicos, instalaciones y servicios a las instrucciones obrantes en la documentación del edificio;
- realizar las revisiones reglamentariamente previstas;
- documentar en el libro del edificio todas las actuaciones, sean de reparación o rehabilitación, que se acometan durante la vida del edificio.

Precisiones 1) La obligación de conservación que se impone a la comunidad supone la realización de **tareas de mantenimiento** para prevenir el deterioro de las instalaciones comunes y, entendiendo el término en sentido funcional, puede considerarse que implica también la obligación de sustituir elementos dañados o que han de cumplir su función. Pero, subsanar deficiencias iniciales, proveer a la edificación de elementos constructivos más modernos, instalar servicios inexistentes, o realizar obras de adecuación funcional, que proporcionen mejores condiciones que las que tenía originalmente, no es una obligación que tenga que asumir incondicionalmente la comunidad, al menos dentro del ámbito de aplicación del LPH art.10 (AP Pontevedra 14-7-23, EDJ 687053).

2) El deber de **respeto de los elementos e instalaciones comunes**, que se impone a los propietarios (LPH art.9), tiene como contrapartida el deber de la comunidad de realizar cuantas obras y actuaciones sean necesarias para el adecuado sostenimiento y conservación del inmueble. De ahí que todo propietario pueda exigir a la comunidad que acometa una actuación de conservación y mantenimiento, e incluso acudir a los tribunales en el caso de que la comunidad no la acometa, se desentienda o permanezca pasiva de forma prolongada en el tiempo (AP León 9-5-16, EDJ 94435; AP Sevilla 29-1-14, EDJ 43221).

No obstante, la **responsabilidad** por parte de la comunidad solo se produce cuando se acredite convenientemente que ha existido culpa o negligencia, lo que no se produce cuando el daño tenga su origen en culpa o negligencia de terceros (AP Pontevedra 22-11-13, EDJ 236162).

Un aspecto muy importante es que cuando se trate de **daños causados por una mala conservación** de un elemento común y se quieran reclamar por un arrendatario, este debe dirigirse por responsabilidad extracontractual contra la comunidad, ya que las irregularidades en los elementos comunes no pueden ser imputadas al arrendador del elemento privativo (TS 29-2-12, EDJ 39380). El arrendador no está obligado a reparar los daños causados en un inmueble arrendado, sometido al régimen de propiedad horizontal, por los defectos existentes en elementos comunes (AP Pontevedra 21-10-13, EDJ 204910; AP Madrid 17-10-13, EDJ 251693).

3) La interpretación del deber de conservación no debe limitarse a la mera conservación de los elementos constructivos, tal y como fueron recibidos en su día por la constructora, sino que comprende la obligación de mantener los elementos comunes del inmueble de forma que no menoscaben el derecho de cada uno de sus miembros al **goce pacífico de los elementos privativos**, llevando a

cabo cuantas reparaciones sean necesarias para que el edificio y sus instalaciones se encuentren en perfecto estado de uso y seguridad de forma que no se causen daños a terceros (AP Cádiz 31-7-13, EDJ 241355). Igualmente, la obligación no puede limitarse a la mera conservación de los elementos comunes cuando presenten **defectos que afecten a la estructura**, estanqueidad, habitabilidad, accesibilidad y seguridad del edificio, como ocurre en el caso de las humedades, sino que comporta la realización de las obras pertinentes para superar los expresados defectos con arreglo a las técnicas constructivas en cada momento vigentes, con independencia de las acciones que pudieran proceder respecto de los agentes de la construcción para exigir responsabilidad por los daños materiales sufridos por el inmueble (AP Pontevedra 16-10-23, EDJ 744319). Con independencia de que las anomalías existentes en los elementos comunes puedan deberse a defectos constructivos y de que la comunidad pueda o no reclamar a los intervinientes en el proceso constructivo, la comunidad debe cumplir sus deberes de conservación para garantizar la habitabilidad del inmueble, de tal suerte que la correcta realización de las obras en el momento de la construcción de los elementos comunes no exime del cumplimiento del deber de conservación en las condiciones adecuadas (AP Málaga 6-7-23, EDJ 712108).

4) No puede imponerse una mayoría reforzada en los estatutos para la aprobación de obras de mantenimiento e **impermeabilización** de elementos comunes, aunque por su cuantía exijan la aprobación de derramas extraordinarias o el recurso a financiación ajena. Estas obras no pierden el carácter de necesarias por el hecho de que su importe resulte elevado, no mereciendo, por consiguiente, el tratamiento de obras suntuarias (TS 28-4-16, EDJ 58096). Ver nº 1668.

5) La comunidad de propietarios no solo tiene la facultad, sino el deber de efectuar cuantas reparaciones y obras sean necesarias, y no solo para la conservación del inmueble, sino a fin de evitar que la existencia de **defectos de funcionalidad** en los elementos comunes impida o menoscabe el derecho que los comuneros o propietarios individuales tienen sobre el goce o disfrute de sus elementos privativos. Por ello, no es algo que quede al arbitrio de la junta, sino que cualquier propietario puede exigirlas sin que sea necesaria la existencia de acuerdo de la junta (AP Asturias 10-11-15, EDJ 228605).

1324.1 **Obras de reparación** En cuanto a las obras de reparación, pueden venir exigidas:

- por el desgaste natural de las cosas derivado de su uso y el paso del tiempo, en cuyo caso se califican como reparaciones **ordinarias**, en cuanto que resultan fácilmente previsibles; o
- por acontecimientos imprevistos, tales como accidentes meteorológicos, o daños ocasionados por un uso inadecuado, en cuyo caso nos encontramos con reparaciones de **carácter extraordinario**.

Esta distinción tiene especial sentido en los casos de atribución de **uso exclusivo de elementos comunes**, ya que los tribunales vienen considerando que las obras de conservación ordinaria deben ser soportadas por el beneficiario de la atribución del uso, mientras que las obras de conservación extraordinaria, en principio y salvo pacto en contrario, habrán de ser soportadas por toda comunidad.

Una segunda clasificación de las obras de reparación es aquella que se establece en función de la urgencia de las mismas, entendiendo por **urgentes** todas aquellas obras que se encaminen a evitar un daño inminente para la finca o cuya demora injustificada pueda generar un gasto desproporcionado para la comunidad. Esta clasificación tiene relevancia para el reconocimiento de legitimación al administrador de la comunidad en la ejecución de actuaciones urgentes, debiendo dar cuenta inmediata de las mismas al presidente, e informado este último a la junta de propietarios en la siguiente reunión que se celebre (LPH 7.1, 14.c y 20.c).

Para que una reparación merezca el calificativo de actuación necesaria y, por consiguiente, sea exigible por cualquier propietario, las **condiciones de reposición** del inmueble deben serlo de calidad y material similar al originalmente existente o, lo que aconseje el avance de la técnica, siendo de igual clase y calidad.

Precisiones **1)** La **responsabilidad por defectos constructivos** exigible a los agentes de la edificación, según la Ley de ordenación de la edificación, ni interfiere, ni excluye, ni limita, el deber de la comunidad de propietarios de mantener los elementos comunes en perfectas condiciones de uso y conservación, según resulta de LPH art.5, 10 -redacc RDL 8/2023-, 13.3 y 18.3, pues uno y otro cuerpo normativo tienen un ámbito de aplicación propio que no resultan incompatibles entre sí. Así, sin perjuicio de que la comunidad o cualquier comunero pueda dirigirse contra los intervinientes en el proceso constructivo, ejercitando las acciones previstas en la Ley para exigirles su responsabilidad por los defectos constructivos, cualquier comunero tiene derecho de instar de la comunidad la realización de las obras necesarias para el adecuado mantenimiento del edificio y asegurar el uso de sus elementos privativos, con independencia del origen de las deficiencias que perturben o menoscaben ese uso (AP Burgos 16-11-16, EDJ 236185).

La **responsabilidad de la comunidad** por el incumplimiento de su obligación de conservación y reparación conforme a lo dispuesto en LPH art.10 -redacc RDL 8/2023- no es de carácter extracontractual (CC art.1902), sino que deriva de las relaciones obligacionales que surgen de la pertenencia a una comunidad regida por la propiedad horizontal. En consecuencia, el plazo de prescripción aplicable será el de 5 años del CC art.1964 (AP A Coruña 27-6-23, EDJ 668197; AP Las Palmas 16-6-23, EDJ 688757). Por otro lado, aun cuando puedan calificarse de daños duraderos o permanentes, el plazo empezará a correr desde el momento en el que pudo ejercitarse la acción, pues es cuando el actor tuvo cabal conocimiento del mismo y no desde el momento en el que hayan desaparecido del todo los efectos dañosos (AP Pontevedra 19-5-16, EDJ 104116; AP Granada 27-11-15, EDJ 266189).

2) Existe una prohibición absoluta de que los propietarios ejecuten obras en elementos comunes. Cuando advierta la necesidad de **reparaciones urgentes en elementos comunes**, el propietario debe comunicarlo a la comunidad, a través del secretario-administrador o el presidente, advirtiéndoles de la urgencia o necesidad de las obras (LPH art.7) y, solo en caso de que, tras la notificación, se observe por la comunidad una postura pasiva puede el propietario llevar a cabo las reparaciones y solicitar a la comunidad el reembolso del gasto. En caso de no mediar dicho **requerimiento** la comunidad quedará exonerada de la obligación de abonar el importe correspondiente a dicha ejecución (TS 2-2-16, EDJ 4508).

Lo contrario supondría permitir que cualquiera de los propietarios pudiera llevar a cabo unilateralmente las obras que estimase oportunas y exigir después el pago al resto, privándoles del preceptivo control y del acuerdo previo, tanto sobre la necesidad o conveniencia de realizarlas, como acerca del modo de llevarlas a cabo (AP Madrid 19-9-19, EDJ 709439). En el caso de que la comunidad de propietarios no se encuentre formalmente constituida, el requerimiento deberá efectuarse mediante comunicación al resto de copropietarios, instando la correspondiente celebración de junta de propietarios (AP Madrid 13-9-19, EDJ 710537).

Ante la pasividad de la comunidad, el propietario puede exigir la inclusión del tema en el orden del día de la junta, a los efectos de obtener una solución al mismo y, en caso negativo, impugnar por gravemente perjudicial la decisión que adopte la comunidad y conseguir la solución judicial al problema de habitabilidad que se le plantea. Lo que no puede hacer es proceder al ejercicio de vías de hecho, y menos si incluye el uso u ocupación de elementos comunes, para lo que es necesario el consentimiento de la comunidad (AP Murcia 9-1-17, EDJ 9594).

En cualquier caso, se ha entendido que las actuaciones referentes a las instalaciones de **electricidad, agua y gas** son servicios necesarios para la explotación de los locales y el uso de las viviendas y, por consiguiente, cuando vengan exigidas por el cumplimiento de la normativa vigente, entran dentro del ámbito de aplicación de LPH art.10 (AP Asturias 12-1-17, EDJ 2716). El objeto de la controversia versará entonces en acreditar que la actuación es efectivamente necesaria y que no se puede llevar a cabo de una forma menos gravosa para la comunidad.

3) Tienen esta consideración las obras para la preceptiva **adecuación del servicio eléctrico** del inmueble tras un incendio (AP Málaga 12-11-08, EDJ 288589).

4) El **arrendatario** de un piso carece de legitimación para reclamar la reparación de los elementos comunes, porque al no ser dueño del piso no forma parte de la comunidad de propietarios. Cuestión distinta es la exigencia de la reparación de los daños interiores que puedan producirse en la vivienda o elemento privativo en cuestión (AP Coruña 28-10-19, EDJ 739220).

5) No existe una **responsabilidad** vicaria de la comunidad de propietarios por los **daños causados por** los **contratistas** encargados de la realización de las obras de reparación o reforma de elementos comunes, ya que, aunque pueda considerarse que la comunidad actúe como promotora de las obras, es obvio que no obtiene un beneficio económico que justifique que se alinee con el contratista en la responsabilidad de éste (AP Pontevedra 15-6-23, EDJ 674157).

Obras de rehabilitación Una mención especial dentro de las obras necesarias deben tener las actuaciones de rehabilitación, las cuales comprenden una actuación general que persigue, bien la **adecuación estructural**, bien la **adecuación funcional** de los edificios, entendida la primera como la ejecución de las obras que garanticen la seguridad de la estructura y las segundas las que proporcionen al edificio las debidas condiciones de accesibilidad, estanqueidad, aislamiento térmico, redes generales de agua, gas, electricidad, telefonía, saneamiento, etc. **1325**

A diferencia de las obras de conservación estrictamente dichas o de las de reparación, las obras de rehabilitación tienden a **modernizar o renovar** el parque de edificios, optimizando las condiciones de habitabilidad de las viviendas individuales y las accesibilidad y seguridad de los edificios en su conjunto. Se trata así de evitar el deterioro y obsolescencia progresiva de los edificios, sus instalaciones y servicios.

Tras la entrada en vigor de la L 8/2013, se parte de la base de que cualquier actuación que suponga adaptar el edificio a la normativa vigente, dotándole de las debidas condiciones de seguridad, habitabilidad y accesibilidad universal, **no precisa acuerdo** alguno de la junta de propietarios, que debe limitarse a aprobar el presupuesto de ejecución, la derrama pertinente y los términos de ejecución (LPH art.10.1 y 2).

Por otro lado, se establece como regla general para el **resto de alteraciones sustanciales** de los elementos comunes el de la mayoría de las tres quintas partes de propietarios y cuotas de participación. Así, se establece para la división material, la segregación o agregación de pisos o locales y sus anejos, la construcción de nuevas plantas y cualquier otra alteración de la estructura o fábrica del edificio, incluyendo el cerramiento de terrazas (LPH art.10.3 redacc RDL 8/2023). También se exige la misma mayoría cualificada para la realizar **innovaciones, nuevas instalaciones, servicios o mejoras** no requeridos para la adecuada conservación, habitabilidad, seguridad y accesibilidad del edificio (LPH art.17.4 redacc RDL 8/2023).

Precisiones 1) La L 8/2013 se aprobó precisamente para **facilitar la rehabilitación** y renovación del parque de edificios residenciales. Reformó de modo sustancial todo lo relativo al régimen de obras en las comunidades de propietarios. Uno de los objetivos primordiales de esta norma es el de eliminar las trabas que, para la ejecución de obras de rehabilitación, regeneración y renovación urbana, se encontraban en muchas normas de nuestro ordenamiento jurídico, entre ellas y muy importante la LPH. De hecho, hasta dicha reforma, existía un precepto extraordinariamente pernicioso -LPH art.12 derog L 8/2013-, según el cual la construcción de nuevas plantas y cualquier otra alteración de la estructura o fábrica del edificio o de las cosas comunes afectaban al título constitutivo y debían sujetarse al régimen previsto para las modificaciones del mismo que no era otro que el de la rigurosa **unanimidad** de los propietarios. Ello representaba que, en principio y salvo interpretación correctora de la ley por parte de los tribunales, las comunidades hubieran de alcanzar un acuerdo unánime para acordar actuaciones de rehabilitación y renovación del inmueble que supusieran la alteración de elementos comunes. En caso de no ser así, la única vía que se les ofrecía a los propietarios interesados era la de acudir al auxilio de los tribunales de justicia.
Sin embargo, esta medida no ha dado los resultados esperados.
2) Mas recientemente, se han establecido una serie de medidas de apoyo a la transformación o rehabilitación de los edificios para la mejora de la **eficiencia energética** de los mismos, mediante la modificación llevada cabo en la LPH y la LIRPF por el RDL 19/2021 con efectos desde 6-10-2021, y, posteriormente por la L 10/2022, que, desde 16-6-2022 asume la reforma llevada a cabo por esta y, también, incluye alguna otra novedad. Esta reforma da cumplimiento al mandato de la Dir 2010/31/UE.
Las medidas van orientadas en una **triple dirección**:
- una serie de medidas de **estímulo fiscal** (LIRPF disp.adic.5ª.4, 13ª.3.g y 50ª);
- otras medidas orientadas a flexibilizar la **adopción de acuerdos** en el seno de las comunidades de propietarios, aplicables a las obras de rehabilitación que contribuyan a la mejora de la eficiencia energética del edificio o a la implantación de fuentes de energía renovable de uso común (LPH art.17.2); y,
- unas medidas tendentes a favorecer la **financiación** de este tipo de actuaciones rehabilitadoras, incluida la creación de una línea de avales para la cobertura parcial por cuenta del estado de la financiación de los costes de rehabilitación (RDL 19/2021 art.4 y disp.adic.única).
El RDL 19/2021 y, posteriormente la L 10/2022, son normas que se plantean dentro del marco del **Plan Nacional Integrado de Energía y Clima** y que pretende alcanzar el ritmo de unas 300.000 rehabilitaciones de vivienda. De esa forma:
- basta con el **voto favorable** de la mayoría simple de los propietarios siempre que, a su vez, represente la mayor parte de las cuotas de participación para la aprobación de la obras o actuaciones que contribuyan a la mejora de la eficiencia energética acreditable a través del certificado de eficiencia energética del edificio o para la implantación de fuentes de energía renovable de uso común, así como para la aprobación de la solicitud de ayudas, subvenciones, préstamos o cualquier tipo de financiación por parte de la comunidad de propietarios para llevar a cabo las mismas; y
- el **único límite** que se pone a la adopción de estos acuerdos es el hecho de que el coste repercutido de los mismos anualmente, una vez descontadas las subvenciones o ayudas públicas y aplicada la financiación obtenida, no supere la cuantía equivalente a 12 mensualidades ordinarias de gastos comunes -9 mensualidades hasta 15-6-2022-.
En tal caso, el acuerdo será obligatorio para todos los propietarios, incluidos, claro está, los disidentes; los cuales deberán contribuir al gasto conforme a la cuota que les corresponda.
Por último, se establece que los **costes de estas obras** tendrán la consideración de gastos generales, a los efectos de la obligación de contribuir de los propietarios (LPH art.9.1.e) y, por consiguiente, tendrán la consideración de créditos preferentes a los efectos del CC art.1923 y a su pago estará afecto en elemento privativo en cuestión de cada uno de los propietarios.

1325.1 Por consiguiente, y para favorecer la rehabilitación de los edificios en lo referente a la ejecución de obras y actuaciones encaminadas a la mejora de la eficiencia energética de los edificios o la instalación de sistemas de energía renovable, se autoriza al Ministerio de Transportes, Movilidad y Agenda Urbana a que, de forma convenida con el Instituto de Crédito Oficial, desarrolle una **línea de avales** que ofrezcan cobertura parcial por parte del Estado, para que las entidades de crédito puedan ofrecer financiación, en forma de préstamo con un plazo de devolución de hasta 15 años. Esta financiación será accesible tanto para las comunidades de propietarios en general, como para los propietarios singularmente considerados, si son estos los que van a acometer las obras en cuestión (L 10/2022 art.4).
Al margen de la mencionada reforma, la práctica totalidad de las **comunidades autónomas** tienen políticas de fomento de la rehabilitación de los edificios con el objeto de mejorar la eficiencia energética e hídrica de los mismos, así como las condiciones de seguridad y accesibilidad de los inmuebles, garantizando el derecho a la igualdad de oportunidades por parte de las personas con discapacidad.
Dicha política de fomento suele configurarse a través de la concesión de una serie de **ayudas públicas** que pueden consistir bien en la contribución de la Administración al sostenimiento del coste de la obra mediante la concesión de subsidios o subvenciones, bien en la concesión

de préstamos cualificados en condiciones favorables a las comunidades de propietarios, o para estos individualmente considerados.
Desde el punto de vista administrativo es abundante la **normativa aplicable** a la rehabilitación de edificios, empezando por los planes estatales de vivienda y rehabilitación, normalmente de duración cuatrienal, y continuando por una prolija normativa autonómica.
Las políticas de fomento de la rehabilitación no se limitan exclusivamente al establecimiento de ayudas o subvenciones, sino que se han plasmado, igualmente, en la obligación de las comunidades de propietarios de emitir un **informe de evaluación del edificio**, cuando así sean requeridas por la Administración competente, en el que se habrá de acreditar una adecuada conservación, el cumplimiento de la normativa vigente sobre accesibilidad universal y el grado de eficiencia energética del inmueble (LS/15 art.29). Como resultado de este informe de evaluación, que es un instrumento de control para la Administración, esta puede imponer a la comunidad la ejecución de obras de adaptación en el edificio para asegurar que el mismo reúne las condiciones mínimas de habitabilidad, accesibilidad, seguridad y estanqueidad exigidas (LS/15 art.24).

Acceso a los elementos privativos (LPH art.9.1.b, c y d) Los propietarios no pueden oponerse a la ejecución de las obras de conservación y mantenimiento que hayan de hacerse, por lo que necesariamente han de permitir el acceso a sus elementos privativos cuantas veces sean necesarias (AP Madrid 22-12-16, EDJ 255468), sin perjuicio de su **derecho a ser resarcidos por** los **daños y perjuicios** ocasionados (AP Ourense 14-6-23, EDJ 665228). **1325.2**
Todos los daños y perjuicios ocasionados a elementos privativos, que traigan causa de la ejecución de obras comunitarias, han de ser objeto de resarcimiento, pues si bien la comunidad está obligada a la ejecución de las mismas para el adecuado sostenimiento y conservación del inmueble y de sus servicios, y los comuneros a consentir en su vivienda o local las reparaciones que exija el servicio del inmueble, permitiendo la entrada en el piso o local a dichos efectos, esta última obligación es correlativa al derecho a ser resarcidos por la comunidad de los daños y perjuicios ocasionados, con independencia de las nociones de culpa o culpabilidad (AP Valencia 22-2-16, EDJ 93043).
Esta cuestión se trata en detalle en el nº 1005 s. y nº 1030 s.

Mayorías necesarias (LPH art.10 y 17 redacc RDL 8/2023) **1326**

En relación con las mayorías necesarias para la aprobación y ejecución de actuaciones u obras en elementos comunes, se distinguen los siguientes supuestos:

Supuestos que no necesitan acuerdo de junta de propietarios En relación con esta cuestión es necesario determinar si la obra viene exigida por la normativa vigente en materia de **seguridad, habitabilidad y accesibilidad universal**, o si la misma resulta exigible por entenderse comprendida dentro del **deber general de conservación** del inmueble (LS/15 art.15). **1327**
Cuando la obra viene **impuesta** por cualquier normativa, su ejecución tiene el carácter de obra necesaria y, consiguientemente, ni siquiera precisa de acuerdo alguno de la junta de propietarios que la apruebe.
De forma análoga a los supuestos anteriores, el legislador estatal exime de la necesidad de acuerdo de la junta a:
a) Las obras y actuaciones que resulten necesarias para garantizar los **ajustes razonables en materia de accesibilidad universal**. Ello comprende aquellas actuaciones que, no siendo exigibles por la normativa aplicable, en atención a las circunstancias del caso, fundamentalmente determinadas por los intereses en juego y el coste de la ejecución material de las mismas, se entienda que constituyen un ajuste razonable que haya de ser soportado por todos los propietarios. En todo caso, se considera como ajuste razonable toda actuación que venga requerida por un propietario en cuyo elemento privativo viva, trabaje o preste sus servicios voluntarios, una persona discapacidad o mayor de 70 años, siempre y cuando el importe repercutido anualmente de las obras, una vez descontadas las subvenciones o ayudas públicas recibidas por la comunidad, no exceda de 12 mensualidades de gastos comunes y, si excede, siempre y cuando el interesado asuma el sobrecoste (LPH art.10.1.b).

Precisiones No existe obstáculo legal para considerar la edad como un factor relevante en la reducción de la movilidad para la superación de las barreras arquitectónicas y, en consecuencia, también se encuentran legitimadas las personas de **edad avanzada**, incluso sin especiales dolencias físicas, para acudir a solicitar el amparo judicial. Parece incontestable que el paso del tiempo produce por sí mismo menguas físicas que dificultan el acceso a los pisos altos por las escaleras, más si, como es usual, se tienen que transportar bultos o paquetes, afectando esta dificultad al disfrute de la vivienda en condiciones de igualdad respecto de quien no sufre tales deterioros. Y, todo ello, en el marco de la función social que ha de cumplir la propiedad para hacer efectivo a las personas con discapacidad -o ancianos o de edad avanzada- el derecho de los españoles a disfrutar de una vivienda digna y adecuada, de conformidad con Const art.47 y 49 (TS 28-9-06, EDJ 275341).

Los tribunales entienden que no puede hacerse una interpretación extensiva de los supuestos previstos en LPH art.10.1, como sería el caso de facilitar el acceso al edificio a los **familiares con discapacidad** que no vivan, trabajen o presten sus servicios en el edificio (AP Madrid 22-4-16, EDJ 148925).

1327.1 b) La **construcción de nuevas plantas** o cualquiera otra **alteración de la estructura** o de los elementos comunes que venga impuesta como consecuencia de la inclusión del inmueble en un ámbito de **rehabilitación o regeneración y renovación urbana** (LPH art.10.1.d). La delimitación de los ámbitos de actuación es algo relacionado con el ámbito urbanístico, cuya ejecución corresponde a las Administraciones locales.

c) La **división material de pisos o locales** y sus anejos, la segregación de los mismos o la agregación de superficie a elementos privativos, siempre que dichas actuaciones vengan permitidas a consecuencia de la inclusión del inmueble en un ámbito de actuación de rehabilitación o regeneración y renovación urbana (LPH art.10.1.e). En estos casos, a diferencia de los indicados en el apartado anterior, basta con que lo permita la normativa urbanística y dicha posibilidad sea consecuencia directa de la inclusión del inmueble en un ámbito de actuación de rehabilitación o regeneración y renovación urbana.

En cualquiera de los casos anteriores no es necesario que la junta acuerde la aprobación de las obras, sino que debe limitarse a aprobar el **presupuesto** y la **derrama** correspondiente, así como los términos de pago de la misma (LPH art.10.2.a). En los supuestos de división material de pisos o locales y sus anejos, así como en los de segregación o agregación de superficie en elementos privativos comprendidos en lo dispuesto en LPH art.10.1.e), ni siquiera es necesario que la junta acuerde el presupuesto, ya que la ejecución de las obras corre por cuenta y cargo exclusivo del o de los propietarios interesados.

1327.2 Junto a los supuestos anteriores, tampoco requiere acuerdo alguno de la junta de propietarios, la instalación de un **punto de recarga de vehículos eléctricos para uso privado** en el aparcamiento, siempre que dicha instalación se ubique en la plaza de aparcamiento de titularidad privativa. Las únicas obligaciones que tiene el propietario interesado son (LPH art.17.5):
- comunicar su intención a la comunidad, se entiende que, en la persona del presidente, como representante legal de la misma;
- soportar el coste íntegro de la instalación propuesta; y
- soportar el importe correspondiente a los consumos de electricidad.

1328 **Supuestos sujetos a mayoría cualificada** Respecto del resto de obras y actuaciones que pueden acometerse en el seno de una comunidad de propietarios en régimen de propiedad horizontal y que afecten a los elementos comunes, la **regla general** es la necesidad de que se obtenga el voto favorable de las tres quintas partes de los propietarios y cuotas de la comunidad de propietarios, esto es, y hablando en términos porcentuales, el 60% de los propietarios, siempre que ostente el 60% de las cuotas de participación existentes en el edificio. Dicha mayoría cualificada sustituye a la rigurosa unanimidad que regía hasta la reforma del año 2013 y se consagra en la norma de forma expresa para los siguientes supuestos:

a) La constitución y modificación de un **complejo inmobiliario** (LPH art.10.3.a).

b) La **división material** de pisos o locales y sus anejos, así como la segregación o agregación de superficie a los mismos cuando el inmueble no esté incluido en un ámbito de actuación de rehabilitación, regeneración o renovación urbana (LPH art.10.3.b).

c) La construcción de **nuevas plantas** y cualquier otra **alteración de la estructura** o fábrica del edificio y de las cosas comunes, incluido el cerramiento de terrazas, cuando no vengan impuestos por estar el inmueble incluido dentro de un ámbito de actuación de rehabilitación, regeneración o renovación urbana (LPH art.10.3.b).

d) La realización de **innovaciones**, nuevas instalaciones, servicios o mejoras no requeridos para la adecuada conservación, habitabilidad, seguridad y accesibilidad universal del inmueble (LPH art.17.4 redacc RDL 8/2023).

A la hora de determinar si se ha alcanzado o no la mayoría necesaria y, por consiguiente, el acuerdo exigido, hay que tener en cuenta lo dispuesto en la LPH art.17.8. Según parece deducirse del citado precepto, cuando la obra o actuación se haga para el **aprovechamiento privativo**, será necesario alcanzar en junta el acuerdo correspondiente; mientras que si lo es para el **aprovechamiento común**, se computarán como favorables al acuerdo los votos de todos aquellos propietarios ausentes en la junta, debidamente citados, cuando debidamente informados de la decisión adoptada en la junta no manifiesten su discrepancia en el plazo de 30 días mediante escrito dirigido a la persona que ejerce el cargo de secretario.

1329 **Otras mayorías** Al margen de los supuestos anteriores, la LPH contempla una serie de obras o actuaciones que afectan a **elementos comunes** y que quedan sujetos a un régimen diferente en cuanto a su adopción.

Basta la mera **mayoría de propietarios y cuotas** de participación para la realización de obras o establecimiento de servicios comunes que tengan por finalidad suprimir barreras arquitectónicas o favorecer la accesibilidad, así como la instalación de un ascensor (LPH art.17.2 redacc RDL 8/2023). Nos estamos refiriendo a las obras de supresión de barreras que no vengan impuestas por la normativa vigente en cada momento y que no merezcan el calificativo de ajustes razonables, ya que en estos casos no sería necesario un acuerdo. En estos acuerdos sí que se aplicará el sistema del voto favorable presunto de los propietarios ausentes, debidamente convocados, que no notifiquen su discrepancia en el plazo de 30 días desde que fueran informados de la decisión adoptada por la junta (LPH art.17.8). Ello porque se trata de actuaciones que merecen la condición de beneficio general (nº 1350 s.).
La misma mayoría de propietarios y cuotas de participación se requiere para la aprobación de obras o actuaciones que contribuyan a la mejora de la **eficiencia energética** acreditable a través del certificado de eficiencia energética del edificio, o para la implantación de fuentes de energía renovable de uso común, incluyendo en su caso la modificación de la envolvente del edificio, siempre que el coste de las mismas repercutido anualmente, descontadas las subvenciones o ayudas y aplicada, en su caso, la financiación, no exceda de 12 mensualidades ordinarias de gastos comunes -9 mensualidades hasta 15-6-2022-. Idénticas mayorías se requieren para acordar la solicitud a entidades públicas o privadas de cualquier tipo de ayudas, subvenciones, préstamos o cualquier tipo de financiación dirigidas a dichas obras o actuaciones (LPH art.17.2 redacc RDL 8/2023).

Precisiones 1) La adopción de acuerdos sobre **obras de alteración relevante de la estructura del edificio** y, que, por su coste, exceden de los límites de los ajustes razonables, requiere de un **juicio de adecuación** que contempla dos aspectos: por un lado, el aspecto técnico, para cumplir la finalidad de superar las barreras arquitectónicas y acceso a los pisos superiores de personas mayores, sobre lo que las partes están de acuerdo; además, concurre el juicio de proporcionalidad que debe realizarse, efectuando un examen ponderado de las circunstancias concurrentes en este caso concreto (AP Madrid 18-11-19, EDJ 840049).
2) La legitimación para la **ocupación de espacios comunes** para la ejecución de **obras de mejora de la eficiencia energética** de la LPH art.10.3 -redacc RDL 8/2023- debe entenderse referida exclusivamente a las del propio edificio y no a los colindantes. Del mismo modo y al imponerse una determinada mayoría para la realización de este tipo de obras, debe entenderse que, a diferencia de lo que sucede con las obras de accesibilidad universal, nos encontramos con obras que no se pueden ejecutar a toda costa, no existiendo, por lo tanto, un derecho absoluto de la comunidad de propietarios a su realización (AP Burgos 5-7-23, EDJ 687209).

Las obras de instalación de infraestructuras comunes para el **acceso a los servicios de telecomunicación**, o para la adaptación de las existentes; o las obras de instalación de nuevos sistemas privativos o comunes de aprovechamiento de energías renovables, o para acceder a **nuevos suministros energéticos colectivos**, quedan sujetas a la aprobación de las mismas en junta, a petición de cualquier propietario, con el voto favorable de un tercio de los propietarios, siempre que representen un tercio de las cuotas de participación existentes (LPH art.17.1). En estos casos no será de aplicación el sistema del consentimiento presunto (LPH art.17.8) y se da la peculiaridad de que, una vez acordadas, la comunidad no puede repercutir el importe de las obras, ni el derivado de la conservación y mantenimiento de la instalación a aquellos propietarios que no hayan votado expresamente a favor de su ejecución. **1329.1**
La norma prevé, también, la posibilidad de que los **propietarios que no participan** de la instalación o servicio puedan incorporarse posteriormente a los beneficios de la misma, para lo cual les bastará con manifestar su intención a los responsables de la comunidad y abonar el importe que les hubiera correspondido de haber participado desde un principio, debidamente actualizado con el interés legal.
Estas obras se exponen en nº 1570 s.

Precisiones 1) Debe tenerse en cuenta que una cosa es la instalación de un sistema privativo de aprovechamiento de energías renovables y otra la ejecución de obras en elementos privativos. Estos sistemas implican la **actuación sobre elementos comunes**, como puede ser la instalación de placas solares. De ahí que se precise el consentimiento de la junta, aunque sea con la simple mayoría de un tercio de los propietarios y cuotas (LPH art.17.1). En consecuencia, los propietarios no pueden ejecutar estos sistemas afectando a los elementos comunes sin la previa autorización de la junta, sin que pueda considerarse abusivo el comportamiento de la comunidad que reacciona contra la actuación de un propietario sin contar con dicha autorización (AP Málaga 11-2-19, EDJ 781671).
2) El **cambio del sistema de caldera de gasóleo por otra de gas natural** no supone la creación de infraestructura común antes inexistente, ni puede calificarse como una innovación, nueva instalación o mejora no requerida para la adecuada habitabilidad del inmueble, por lo que resulta ajustado a Derecho que la adopción del acuerdo se someta al régimen general de mayorías previsto en LPH art.17.7. Se trata de una sustitución de elemento común, sin que exista exoneración de contribución a su gasto, por lo que resulta ajustado a Derecho que su contribución se realice por todos los propietarios en proporción a su cuota de participación (AP Gipuzkoa 21-12-18, EDJ 701781).

1329.2 Un aspecto importante para determinar la inclusión de las obras en una u otra categoría es la atribución de la competencia que se concede sobre este particular a la junta de propietarios en el caso de que existan en el seno de la comunidad **discrepancias en torno a la naturaleza de las obras**. Ello no significa que la comunidad de propietarios pueda resolver discrecionalmente sobre la calificación que se le otorga a una obra, sino que, al tratarse de una voluntad colectiva adecuadamente adoptada, el acuerdo adoptado será vinculante para todos los propietarios y solo podrá anularse previa acreditación por parte del propietario impugnante de que el mismo resulta gravemente lesivo para los intereses de la propia comunidad en beneficio de uno o varios propietarios, o cuando suponga un grave perjuicio para un propietario que no tenga obligación jurídica de soportarlo, o se hayan adoptado con abuso de derecho (LPH art.18.1; AP Málaga 12-2-14, EDJ 67442).

SECCIÓN 3

Ampliaciones de obra

1330 Como en el caso de las realizaciones de obra, ha de distinguirse entre las ampliaciones de obra sobre elementos comunes y aquellas que se realizan sobre elementos privativos.

1332 **Sobre elementos comunes** (LPH art.10 y 17) Por lo que se refiere a la ampliación de obra que pretenda realizarse en un edificio sometido a régimen de propiedad horizontal, hemos de tener en cuenta que la **construcción de nuevas plantas** y cualquier otra **alteración de la estructura** o fábrica del edificio o de los elementos comunes afectan al título constitutivo. No obstante lo cual, no quedan sujetas al régimen general de la unanimidad previsto para las modificaciones del título constitutivo o los estatutos (LPH art.17.6), sino que quedan sujetas, por regla general, al régimen de las tres quintas partes de propietarios y cuotas de participación. Además, si la sobreedificación viene impuesta por estar incluido el edificio en un ámbito de actuación de rehabilitación o regeneración y renovación urbana, ni siquiera será necesaria la aprobación de su ejecución por parte de la junta de propietarios, bastando la obtención de la correspondiente licencia de obras. La junta ha de limitarse a aprobar el presupuesto, las derramas y los términos de pago, todo ello por el régimen de simples mayorías del propietarios y cuotas del edificio, en primera convocatoria, y presentes en la junta, en segunda convocatoria, previsto en LPH art.17.7.

El acuerdo que se adopte, en su caso, fijará la naturaleza de la modificación, las alteraciones que origine en la descripción de la finca y de los pisos o locales y sus anejos, la variación de cuotas y el titular o titulares de los nuevos locales o pisos.

1333 La mayoría cualificada de las tres quintas partes de propietarios y cuotas requiere la prestación de **consentimiento expreso** de los propietarios cuando la construcción de nuevas plantas se realice para el **aprovechamiento particular**; lo que ocurrirá cuando la sobreedificación no tenga la condición de elemento común, sino que sea un derecho real atribuido a uno o varios propietarios, pero no a la totalidad de los mismos. Por el contrario, en el supuesto de que la sobreedificación se afronte por toda la comunidad y en **provecho común**, el acuerdo podrá alcanzarse a través del sistema del voto favorable presunto de los propietarios ausentes que no manifiesten su oposición al secretario en el plazo de 30 días (LPH art.17.8).

Se supera, de este modo, la teoría sustentada por algunos autores y refrendada por diferentes resoluciones de la DGSJFP, conforme a la cual la construcción de nuevas plantas constituía una **modificación sustancial del contenido del derecho de dominio** de cada propietario y no un simple acto colectivo de la junta de propietarios que pudiera salvarse por un acuerdo certificado de los órganos de gobierno de la propiedad horizontal. Todo ello de acuerdo con la distinción que se realiza entre (DGRN Resol 23-5-01; 12-12-02):

- los acuerdos que tienen el carácter de actos colectivos, que no se imputan a cada propietario singularmente sino a la **junta de propietarios**, como órgano comunitario, en cuyo caso será suficiente para proceder a la inscripción con que se certifique por el cargo correspondiente que el acuerdo se ha adoptado con la mayoría necesaria y se ha notificado al resto de propietarios; y
- aquellos otros actos que, por afectar al contenido esencial del derecho de dominio, requieren del **consentimiento individualizado** de los propietarios correspondientes, el cual habrá de constar expresamente mediante documento público para su acceso al Registro de la Propiedad, debiendo verificarse el cumplimiento del principio de tracto sucesivo.

Precisiones Ha de insistirse en que dicha distinción debe descartarse, al menos en lo referente a la construcción de nuevas plantas, por expresa indicación del legislador. En esta línea se sitúa, en **Cataluña**, la reforma del Libro V del CCC introducida por la L Cataluña 5/2015, que pretende superar la inseguridad que genera la aplicación de dicho criterio diferenciador aplicado fundamentalmente por algunos registradores de la propiedad, siendo la voluntad inequívoca del legislador, al menos en la inmensa mayoría de los casos, el reconducir las decisiones adoptadas en este tipo de colectivos a la junta de propietarios, como órgano supremo de la comunidad.

Además, entendemos que una modificación de este tipo no necesita del consentimiento de todos los **titulares de cargas sobre el inmueble** en su conjunto, o sobre los elementos privativos, como podrían ser los titulares de derechos de hipoteca (entidades acreedoras) sobre alguno de los elementos independientes, pues esas ampliaciones de obra, o excesos de cabida, una vez realizados, supondrán seguramente un incremento de valor. **1334**

Otra cosa supondría establecer una traba considerable en la ejecución de este tipo de obras y reconocer la posibilidad de que titulares de derechos reales constituidos por propietarios de elementos privativos pudieran interferir e incluso bloquear el normal funcionamiento del colectivo. La **inseparabilidad** que este especial régimen de dominio establece entre los elementos privativos y comunes, no debe llevar a entender que el titular de un derecho real constituido sobre el elemento privativo pueda bloquear las decisiones y alteraciones que la comunidad pueda acordar, en cada caso, sobre los elementos comunes. Ello, claro está, salvo que dicha alteración suponga privar a los titulares del elemento privativo en cuestión del uso del elemento común alterado.

Sobre elementos privativos En general, la realización de ampliaciones de obra o la declaración de **excesos de cabida** sobre alguno de los elementos privativos supondrá casi siempre la alteración y/o inclusión de ciertos espacios comunes dentro de la descripción de algún elemento privativo del inmueble. **1336**

Es difícil imaginar una situación que no suponga tal «inclusión» o apropiación de zonas comunes, por muy pacífica que esta sea. Incluso si esta inclusión supone la adecuación de la situación formalmente declarada (en el título constitutivo y, en su caso, en el Registro de la Propiedad) a la realidad consolidada del inmueble, ello no dejará de suponer una apropiación de zonas o espacios comunes, que, como decimos, por muy pacífica que esta sea, necesitará que sea **aceptada y autorizada por la comunidad** de propietarios.

Por tanto, la regla general será que ningún propietario puede realizar materialmente, ni modificar su título formal de adquisición (sea el título constitutivo inicial, o su título de adquisición propio donde conste la descripción de su elemento), sin previa autorización de la comunidad de propietarios, por lo que nos remitimos aquí a lo indicado anteriormente en cuanto a la realización de obras en las zonas comunes, cuando estas suponen la ocupación o apropiación por un propietario de zonas o elementos comunes: unanimidad de todos los propietarios, por cuanto se está realizando una alteración de las cosas comunes, que afectan al título constitutivo.

Precisiones En el caso de **ocupación de elementos comunes** por parte de un propietario privativo, el plazo de prescripción aplicable no es el de 5 años previsto para las acciones personales (CC art.1964), sino el de prescripción de las acciones reales de 30 años (CC art.1959 y 1963), en la medida en que la pretensión va encaminada a la recuperación de elementos comunes (TS 14-9-16; AP Alicante 26-9-19, EDJ 824882).

Supuestos excepcionales (LPH art.10.1.e y 17.5) Los propietarios de entidades o elementos privativos pueden proceder a realizar operaciones materiales o a rectificar la superficie de sus entidades **sin necesidad de requerir el previo consentimiento** de la junta para: **1337**

- dividir materialmente sus pisos o locales y anejos; o
- variar la superficie por agregación o segregación;

Cuando dicha actuación se encuentre posibilitada por estar incluido el inmueble en un ámbito de actuación de **rehabilitación o regeneración y renovación urbana**. Es evidente que esta actuación les permite a los propietarios redistribuir la cuota entre las entidades resultantes, pero sin que ello les autorice a alterar las cuotas de las restantes entidades, ya que en este último caso necesitarían el consentimiento expreso de los titulares de las entidades privativas cuya cuota se alterase.

Tampoco necesitarán de aprobación de la junta de propietarios, aquellas actuaciones que se dirijan a instalar un **punto de recarga de vehículos eléctricos** en el aparcamiento de la finca, cuando el propietario interesado lo instale en su plaza y lo comunique a la comunidad de propietarios (LPH art.17.5).

Aunque no se refiere a ellas la LPH, existen otra serie de instalaciones privativas que pueden alterar elementos comunes, cuya ejecución puede llevarse a cabo por los propietarios, sin necesidad de acuerdo previo de la junta de propietarios. Es el caso de la instalación de **antenas de radioaficionado** (L 19/1983).

Precisiones La L 19/1983 es una manifestación de las **limitaciones al derecho de propiedad**, pues elimina el requisito de la autorización de la comunidad, sustrayéndolo de su competencia, sin perjuicio de las facultades de la comunidad para intervenir en la fase de concesión administrativa y, en todo caso, de las establecidas en las leyes civiles sobre la variación del lugar asignado a la servidumbre por otro que resulte menos perjudicial La comunidad de propietarios que no desee la instalación puede intervenir y oponerse en el procedimiento administrativo de concesión de la licencia administrativa, pero no puede oponerse a la instalación de la antena una vez concedida dicha autorización (TSJ Cataluña 17-1-13; AN 11-3-10).
La autorización para la instalación de **antenas de radioaficionado** no puede entenderse en el sentido de que, al amparo de la misma, se pretenda por el propietario en cuestión la colocación de placas solares. Dichas placas en modo alguno deben entenderse elementos accesorios para la mejora de la instalación de radioaficionado, y no resultan indispensables, por cuanto que su única finalidad es dotar de autonomía a dicha instalación para el supuesto de interrupción del suministro eléctrico, y lo que garantiza la ley son elementos que efectivamente resulten necesarios para permitir la emisión y recepción de señales del servicio y las placas solares no forman parte de los mismos. La habilitación para la instalación de radioaficionados debe reconducirse a parámetros de racionalidad y compatibilidad con el aprovechamiento ordinario del elemento común al que afecte, incluso aunque la reducción de la instalación pueda suponer una pérdida de prestaciones de la estación de radioaficionado (AP Asturias 19-5-20, EDJ 584712).

1338 **Otras alteraciones** En cuanto al resto de alteraciones que puedan querer realizar los propietarios y que puedan afectar a los elementos comunes de la comunidad, quedan sujetas a la previa **autorización de la junta**, dependiendo la mayoría necesaria en cada caso de la trascendencia de la alteración introducida y del objetivo de la misma.
Desde el punto de vista de la trascendencia, el legislador considera que las **alteraciones sustanciales**, como son la sobreedificación de nuevas plantas, o la división, segregación o agregación de entidades, cerramientos de terrazas, queda sujeta a la aprobación de las tres quintas partes de los propietarios y cuotas (LPH art.17.4 redacc RDL 8/2023). A este mismo régimen, entendemos que deben quedar sujetas todas las alteraciones sustanciales -aperturas de huecos y puertas, alteración de la fachada y configuración exterior del inmueble-. Por el contrario, las **alteraciones de carácter menor**, en nuestro criterio, quedan subsumidas en el régimen residual de simples mayorías de propietarios y cuotas de la LPH art.17.7.
Además, de la obtención del acuerdo de la comunidad, las alteraciones sustanciales mencionadas anteriormente y otras como la modificación de la envolvente del edificio para mejorar la eficiencia energética, requerirán de la obtención adicional de la **autorización administrativa** correspondiente (LPH art.10.3 b redacc RDL 8/2023).
Debe indicarse que cuando la alteración de los elementos comunes tenga por cometido la instalación de un sistema privativo de **aprovechamiento de energías renovables** o para acceder a nuevos servicios energéticos colectivos, bastará con obtener en la junta el voto favorable expreso de los propietarios que representen un tercio del total de los que existen en el edificio, siempre que representen, a su vez, un tercio de las cuotas de participación (LPH art.17.1).

Precisiones Una vez concedida la autorización para la ejecución de las obras, la comunidad no puede acordar **retirar dicha autorización**, sin que exista una causa justificada, ya que supondría una vulneración de los actos propios (AP Madrid 20-12-16, EDJ 255430).

SECCIÓN 4

Supresión de barreras arquitectónicas

1350

1. Cuestiones previas

1355 En la Constitución se contienen diversos mandatos dirigidos a los poderes públicos que, unas veces de forma genérica y otras de forma explícita y singularizada, establecen como **objetivo prioritario** de su actividad mejorar la calidad de vida de la población, especialmente de las personas con algún tipo de discapacidad o de limitación, como una manifestación del principio de igualdad en el ejercicio de los derechos y en el cumplimiento de las obligaciones.

De esta manera, por un lado, se reconoce que todos los españoles tienen derecho a disfrutar de una **vivienda digna y adecuada**, debiendo los poderes públicos promover las condiciones necesarias y establecer las normas pertinentes para hacer efectivo este derecho (Const art.47); por otro se impone la realización de una **política de integración** de las personas con discapacidad física, sensorial y psíquica, que exige no solo la adopción de medidas de prevención, tratamiento y rehabilitación sino también aquellas otras que garanticen el disfrute de los derechos individuales y colectivos precisos para el desenvolvimiento autónomo de las personas en los distintos medios, vivienda, servicios públicos, entorno urbano y en todos en los que desarrollen sus actividades laborales, sociales, culturales, deportivas, y en general la actividad humana en sus múltiples vertientes (Const art.49).

Se trata, en definitiva, de positivizar el derecho de todos, sin distinción, a disfrutar de un **entorno accesible**, con igualdad de condiciones y sin impedimentos discriminatorios, lo que supone no solo la adaptación del mobiliario urbano y de la edificación, sino, además, llevar a cabo modificaciones técnicas en el transporte, en la comunicación y en la propia configuración de todo el entorno urbano.

Es notorio que una política efectiva tendente a garantizar la accesibilidad plena y la supresión **1357**
de las múltiples barreras existentes, requiere la **movilización y asignación de recursos** ingentes por medio de la aportación por la propia sociedad tanto por vía de los impuestos como a través de las necesarias inversiones de empresas y particulares, lo cual comporta no solo una progresividad en cuanto a los plazos de aplicación sino también, y lo que es más importante, la creación y desarrollo de una cultura profundamente arraigada en el tejido social que posibilite que la realidad social y la jurídica sean coincidentes.

En este contexto, debe tenerse en cuenta que no es un sector concreto y delimitado de la población el **destinatario** y posible **beneficiario** de los derechos y las medidas de fomento, sino que la situación de discapacidad o de movilidad reducida es una situación que, en mayor o menor medida, antes o después, es susceptible de afectar a la práctica totalidad de la población.

Precisiones Según la encuesta de discapacidad, autonomía personal y situaciones de dependencia de 2020 (EDAD-2020), revela que el número de **personas con discapacidad** en España alcanza los 4,32 millones; de los que 1,77 millones son hombres y 2,55 millones mujeres. Ello representa un incremento respecto de la anterior encuesta realizada en el año 2008 del 14% total, siendo así que por aquel entonces la población con algún tipo de discapacidad ya alcanzaba el 8,5% de la población. A lo que hay que añadir el progresivo e imparable proceso de **envejecimiento de la población**, siendo así que los octogenarios ya representan más del 6% de la población en en España, siendo así que el porcentaje se eleva al 20% cuando se analiza el número de personas mayores de 65 años.

Las actuaciones a emprender para hacer efectivo el derecho de la persona con discapacidad **1360**
en poder acceder a una vivienda adaptada deben partir del principio de **accesibilidad para todos** como un derecho de progresiva ampliación, entendido en el sentido de que un entorno cívico y residencial accesible para todos hace referencia a un valor sustancial de las sociedades democráticas avanzadas, el de la pluralidad, en su acepción más amplia de diversidad no solo en lo ideológico, cultural, religioso y étnico, sino también en lo relativo a los distintos grados de aptitud de los ciudadanos para relacionarse con el entorno.

Precisiones Prueba de este interés de la Administración, pero también de las instituciones privadas, por hacer efectivos los derechos de las personas con movilidad reducida son:

a) La **Estrategia Española sobre Discapacidad 2022-2030**, acordada por el Ministerio de Servicios Sociales y Agenda 2030 con el objetivo de programar políticas y acciones públicas que permitan tener una visión y llevar a cabo una acción global en materia de discapacidad en España.

b) Los diferentes **convenios de colaboración** suscritos entre diferentes Ministerios y Administraciones públicas, estatales, autonómicas y locales y la Fundación ONCE para la cooperación e integración social de personas con discapacidad, para desarrollar un programa de accesibilidad global. Todos ellos reseñados en la página web de la Fundación ONCE.

En virtud de dichos convenios, las Administraciones y la Fundación ONCE aúnan sus esfuerzos de carácter técnico y económico, para la realización de un **programa global de accesibilidad** en colaboración con entidades, fundamentalmente Administraciones autonómicas, Administraciones locales, Administración institucional y otras entidades públicas y privadas titulares de hospitales, museos, edificios singulares, auditorios, centros deportivos, culturales, de ocio, etc.

Competencias Con la finalidad de hacer efectivos los derechos de plena integración de las **1362**
personas con discapacidad (Const art.49), los poderes públicos vienen obligados a garantizar y promover el derecho a la **igualdad de oportunidades y de trato**, así como el ejercicio real y efectivo de derechos por parte de las personas con discapacidad en igualdad de condiciones respecto del resto de ciudadanos (RDLeg 1/2013 art.1).

Se trata de obligaciones que recaen sobre todo tipo de **Administraciones públicas**, tanto la Administración central, como la de cada comunidad autónoma e, incluso, sobre las Administraciones locales, en función de las competencias transferidas.
En ese sentido, debe tenerse en cuenta que las comunidades autónomas pueden asumir competencias en materia de **urbanismo y vivienda** (Const art.148.1.3ª). Así, la L 15/1995, sobre límites del dominio sobre inmuebles para eliminar barreras arquitectónicas a las personas con discapacidad, resulta de aplicación en defecto de las normas dictadas por las comunidades autónomas en ejercicio de sus competencias en materia de Derecho civil, foral o especial (L 15/1995 disp.final única).
De esta manera, coexistiendo con la normativa de ámbito estatal, encontramos un disperso conjunto de normas aplicables en el ámbito territorial de cada una de las **comunidades autónomas** (L Aragón 5/2019; L Asturias 5/1995; D Andalucía 293/2009; L Baleares 8/2017; L Canarias 8/1995; L Cantabria 9/2018 redacc L Cantabria 3/2023; L Castilla-La Mancha 1/1994; L Castilla y León 2/2013 y L Castilla y León 3/1998; L Cataluña 13/2014; L C.Valenciana 1/1998; D C.Valenciana 65/2019; L Extremadura 11/2014; L Galicia 10/2014; L La Rioja 1/2023; L Madrid 8/1993 y L Madrid 10/1996; L Murcia 4/2017; LF Navarra 12/2018; L País Vasco 20/1997; D País Vasco 68/2000, a las que habría que añadir un gran número de normas reglamentarias de desarrollo, como, por ejemplo, el D Madrid 13/2007 que regula el Reglamento técnico de desarrollo en material de promoción de la Accesibilidad y Supresión de Barreras Arquitectónicas, y la Orden Madrid 20-1-2020).

Precisiones Para completar esta visión global, no puede olvidarse la importante y destacada función que lleva a cabo el Centro Estatal de Autonomía Personal y Ayudas Técnicas (**CEAPAT**), regulado por la OM 7-4-1989. Este centro tiene como misión contribuir a hacer efectivos los derechos de las personas con discapacidad y personas mayores, a través de la accesibilidad integral, los productos y tecnologías de apoyo y el diseño pensado para todas las personas.
La L 39/2006, de promoción de la autonomía personal y atención a las personas en situación de dependencia, establece la creación de **centros de referencia estatal**, pasando el CEAPAT a formar parte de esta red de centros. Estos centros de referencia son elementos claves para la promoción, intercambio de conocimientos, formación de profesionales y prestación de servicios de una alta cualificación.
Junto a todo lo anterior, en diferentes normativas autonómicas, como la LF Navarra 10/2010, reconocen la posibilidad de que la administración pueda expropiar los servicios, instalaciones o espacios necesarios para hacer efectiva la accesibilidad universal de las personas con discapacidad. En relación con el ejercicio de esta facultad expropietario, ver TSJ Navarra 29-9-21, EDJ 727565.

1364 Asimismo, y como consecuencia de nuestra integración en la **Unión Europea**, se complica aún más el entramado competencial español, lo que obliga a realizar un particular esfuerzo de coordinación entre el Estado y las comunidades autónomas, aunque en ocasiones pueda suponer invasiones de competencias, descoordinación en la ejecución de políticas coherentes y falta de habilitación de los presupuestos necesarios.
La **traslación de la normativa comunitaria** al Derecho interno ha de seguir los criterios constitucionales y estatutarios de reparto de competencias entre el Estado y las comunidades autónomas (TCo 252/1988; 76/1991). La recepción del Derecho de la Unión Europea debe hacerse sin merma de las competencias propias de las distintas comunidades autónomas, respetando para la ejecución del Derecho europeo derivado -reglamentos y directivas- la instancia interna -poder central o poder territorial- competente por razón de la materia (TCo 26/1982; 44/1982; 58/1982).
La evolución normativa expuesta culmina a **nivel internacional** con la Convención Nueva York 3-12-2006, sobre los derechos de las personas con discapacidad y su protocolo facultativo. Ambos tratados han sido ratificados en el ámbito de la Unión Europea y específicamente por el Estado Español (Instr ratif 21-4-2008, con entrada en vigor el 3-5-2009).
La Convención representa una apuesta definitiva por el enfoque del problema de la discapacidad no desde un prisma meramente asistencial o médico, destinado a superar un problema de la persona ocasionado por una enfermedad, accidente o situación de salud, sino a partir de la consideración de las personas con discapacidad como **sujetos titulares de derechos humanos** y en concreto del derecho a gozar de igualdad de oportunidades con respecto al conjunto de los ciudadanos.
La L 26/2011 está destinada a adaptar la normativa española a la mencionada Convención.

1366 **Integración social de las personas con discapacidad** (RDLeg 1/2013 redacc L 3/2023 y RDL 11/2023) Con objeto de hacer efectiva, dentro del ámbito de protección e integración de las personas con discapacidad, la obligación de garantizar el derecho a la igualdad de oportunidades o promover las condiciones más favorables para que su **acceso a la vivienda** resulte no solo digna, sino adecuada a su discapacidad, se aprueba el Texto refundido de la Ley general de derechos de personas con discapacidad y de su inclusión social.

Se define como **persona con discapacidad** a todas aquellas que presentan deficiencias físicas, mentales, intelectuales o sensoriales, previsiblemente permanentes que, al interactuar con diversas barreras, puedan impedir su participación plena y efectiva en la sociedad en igualdad de condiciones con los demás (RDLeg 1/2013 art.4.1 redacc L 3/2023).
En lo que se refiere a la **movilidad** y a las **barreras arquitectónicas**, se establece que las personas con discapacidad tienen derecho a vivir de forma independiente y a participar plenamente en todos los aspectos de la vida. Para ello los poderes públicos han de adoptar las medidas pertinentes para asegurar la accesibilidad universal, en igualdad de condiciones con las demás personas (RDLeg 1/2013 art.22).
Ello supone que las construcciones, ampliaciones y reformas de edificios de propiedad pública o privada, instalaciones, calles, parques y jardines, promoción de viviendas de protección oficial y viviendas sociales, así como las normas técnicas básicas sobre edificación, se deben adaptar a las peculiaridades y necesidades de las personas con discapacidad, facilitando su movilidad, el desenvolvimiento normal de sus actividades motrices y su integración en el núcleo en que habiten. Además, se establece que, en el plazo de 2 años a contar desde la entrada en vigor de la norma, el Gobierno debe realizar los estudios integrales sobre accesibilidad a los **espacios públicos** urbanizados y a las edificaciones, en lo que se considere más importante desde el punto de vista de la no discriminación y de la accesibilidad universal (RDLeg 1/2013 art.25.2).
Para hacer efectivo este derecho, se obliga a las Administraciones públicas competentes a regular las condiciones básicas de accesibilidad y no discriminación que garanticen los mismos niveles de igualdad de oportunidades a todas las personas con discapacidad (RDLeg 1/2013 art.23.1).
Este interés del legislador por poner las bases del posterior y necesario desarrollo reglamentario de la ley, se traduce en obligar a que las normas técnicas básicas sobre edificación incluyan previsiones relativas a las **condiciones mínimas** que deban reunir los edificios de cualquier tipo para permitir la accesibilidad de las personas con discapacidad, y que necesariamente deberán ser recogidas en la fase de redacción de los proyectos básicos y de ejecución, de manera que puedan denegarse los visados oficiales correspondientes, bien de colegios profesionales o de oficinas de supervisión de los distintos departamentos ministeriales, a aquellos que no las cumplan (RDLeg 1/2013 art.26).

Precisiones El **Código Técnico de la Edificación** es el instrumento técnico a través del cual ha de cumplirse esta obligación.

La preocupación, ligada a la accesibilidad, se extiende, igualmente, a las **instalaciones, edificios, calles, parques y jardines existentes**, cuya vida útil sea aún considerable, previéndose que su adaptación sea gradual de acuerdo con el orden de prioridades que se determine reglamentariamente o por medio de las reglas y condiciones previstas en las normas urbanísticas y arquitectónicas básicas. Al mismo tiempo, corresponde a los entes públicos fomentar la adaptación de los inmuebles de titularidad privada, mediante el establecimiento de **ayudas, exenciones y subvenciones**. **1368**
En otro orden de cosas y a los efectos de la obtención de préstamos y subvenciones, se considera **rehabilitación de vivienda**, las reformas que las personas con discapacidad, o las unidades familiares o de convivencia con algún miembro con discapacidad, tengan que realizar en su vivienda habitual y permanente para que esta resulte accesible (RDLeg 1/2013 art.33).
Capítulo aparte merece la **reserva legal** consistente en programar un mínimo del 3% de viviendas de protección oficial y sociales y de proyectos de viviendas de cualquier otro carácter que se construyan, promuevan o subvencionen por las Administraciones públicas y demás entidades dependientes o vinculadas al sector público, con las características constructivas suficientes para garantizar el acceso y desenvolvimiento cómodo y seguro de las personas con discapacidad.

Planes nacionales de accesibilidad El RDLeg 1/2013 ordenó al Gobierno que, en el plazo de 2 años, aprobase la norma reglamentaria en la que se recogiesen las **normas básicas sobre accesibilidad y no discriminación** (RDLeg 1/2013 disp.final 3ª). **1369**
Idéntico plazo al anterior se concedió al Gobierno para proceder a la elaboración de un **plan nacional de accesibilidad** que recogiese las políticas a seguir en un periodo temporal de 9 años.
El 12-9-2014 se aprobó el **Plan de Acción de la Estrategia Española sobre Discapacidad 2014-2020**, entre cuyos objetivos básicos está promover el derecho a la vida independiente en el ámbito de la vivienda mediante:
- la puesta a disposición de las personas con discapacidad y de sus familias de ayudas e incentivos, a través de planes estatales, para la realización de ajustes razonables en materia de accesibilidad en sus viviendas;

- el análisis de la efectividad de las reformas introducidas para mejorar la accesibilidad universal, por la L 8/2013 y la valoración, en su caso, de nuevas propuestas de avance normativo.
Al hilo de este plan estratégico se aprobó el **Plan Estatal de Fomento del Alquiler** de Viviendas, la Rehabilitación Edificatoria y la Regeneración y Renovación Urbanas 2013-2016 (RD 233/2013, prorrogado por una anualidad por RD 637/2016).
A partir de aquí, los diferentes **planes estatales de vivienda** han incluido como objetivo el de facilitar el disfrute de una vivienda digna y adecuada a las personas con discapacidad, mediante el fomento de conjuntos residenciales con instalaciones y servicios adaptados.
El **Plan Estatal para el acceso a la vivienda 2022-2025**, establece el «Programa de mejora de la accesibilidad en y a las viviendas», con una serie de ayudas y subvenciones para actuaciones dirigidas a la mejora de la accesibilidad tanto de viviendas unifamiliares, como de edificios residenciales, ya afecten las mismas a elementos privativos o comunes. La norma regula los requisitos que deben darse para el acceso a las ayudas, tanto desde el punto objetivo de las actuaciones subvencionables, como subjetivos de las personas legitimadas o formales (RD 42/2022 art.110 a 117).

Precisiones Con anterioridad, la Ley de igualdad de oportunidades, no discriminación y accesibilidad universal de las personas con discapacidad facultó al Gobierno para que aprobara un **Plan Nacional de Accesibilidad 2004-2012**, en virtud del cual la Administración General del Estado promoviera, en colaboración con otras Administraciones públicas y con las organizaciones representativas de las personas con discapacidad y sus familias, la **elaboración, desarrollo y ejecución** de planes y programas en materia de accesibilidad y no discriminación, que se desarrollase a través de **fases de actuación trienal** y en cuyo **diseño, ejecución y seguimiento** habrían de participar las asociaciones más representativas de utilidad pública de ámbito estatal de las personas con discapacidad (L 51/2003 disp.final 4ª derog RDLeg 1/2013).
En cumplimiento de dicho mandato, el Consejo de Ministros aprobó el «Plan nacional de accesibilidad 2004-2012: Por un nuevo paradigma, el Diseño para Todos, hacia la plena igualdad de oportunidades» (Consejo de Ministros 25-7-2003).
El 6-6-2023, se aprobó el **II Plan Nacional de Accesibilidad** destinado a dar cumplimiento a mandatos resultantes de la Convención Internacional sobre los Derechos de las Personas con Discapacidad, con el **objetivo** último de diseñar y desarrollar entornos productos, bienes y servicios que puedan ser utilizados por todas las personas de manera segura, autónoma y en igualdad de condiciones. Con ello se pretende contribuir a la inclusión social de las personas con discapacidad, que en nuestro país constituyen más del 8% de la población, promoviéndose medidas que permitan subsanar el problema del acceso -entrada y salida- de las personas mayores o personas con discapacidad en los edificios plurifamiliares en igualdad de condiciones con el resto de vecinos. El Plan prevé la realización de **campañas informativas para** las **comunidades de propietarios** en materia de derechos y obligaciones, así como de ayudas e incentivos para la mejora de las condiciones de accesibilidad universal y realización de ajustes razonables en los edificios sujetos a este especial régimen de propiedad.

1370 **«Diseño para Todos»** Una sociedad que aboga por la inclusión y el respeto a los derechos humanos debe ser aquella que asume las necesidades de todas las personas de forma igualitaria, diseñando en función de su **diversidad** y no de una «normalidad» establecida por la persona media. El «Diseño para Todos», que es la actividad por la que se concibe o proyecta, desde el origen y siempre que ello sea posible, entornos, procesos, bienes, productos, servicios, objetos, instrumentos, dispositivos o herramientas, de tal forma que puedan ser **utilizados por todas las personas**, en la mayor extensión posible, aparece como una vía adecuada para garantizar la igualdad de oportunidades de todos los ciudadanos y su **participación activa en la sociedad**. De esta forma, ambos conceptos, igualdad de oportunidades y «Diseño para Todos», que son las dos grandes ideas que movilizan la lucha por la accesibilidad en los últimos años, aparecen conjuntamente como lema del Plan.
El «Diseño para Todos» significa:
- superar la diferencia con que tradicionalmente se ha tratado a las personas con discapacidad y asumir que sus **condicionantes en relación con el entorno** están en igual plano que otros más comunes y compartidos, tales como la edad, la actividad que se realiza o la limitación temporal de alguna función;
- supone asumir que la **dimensión humana** no está definida por unas capacidades, medidas o prestaciones, sino que debe contemplarse de manera más global;
- una manera en la que la **diversidad** es la norma y no la excepción.

Precisiones Por ello, los valores de este nuevo paradigma fundamentan los objetivos de este plan y conducen la **accesibilidad hacia una nueva cultura** en la que las necesidades vinculadas con la discapacidad -aun siendo la guía y la principal motivación- dejan de ser el centro y razón absoluta de la acción. Todas las personas son susceptibles detener limitaciones o condicionantes en determinados momentos, por ello la idea del «Diseño para Todos» es pensar para aquellos con mayor necesidad y de esta forma, beneficiar a todos.

Continuidad en las políticas de promoción de la accesibilidad El carácter ambicioso y amplio de este nuevo plan puede definir un cauce adecuado para que las políticas de promoción de la accesibilidad tengan continuidad a lo largo del tiempo y superen muchos de los obstáculos que impiden conseguir la igualdad de oportunidades y una **mayor calidad de vida** para todos. 1371

En este sentido, el Plan aspira a poner fin a una tradicional relegación de las políticas de accesibilidad como **políticas de «segunda clase»**, como aspectos de detalle o complementarios, dirigidos a una minoría de población que se beneficiaría de ella a costa de las incomodidades o falta de funcionalidad para el resto. Esta relegación está también vinculada con la tradicional consideración del problema como una **responsabilidad exclusiva de las áreas de servicios sociales**, y con la poca consideración que los temas de accesibilidad merecen a los responsables de distintas Administraciones, a los técnicos y profesionales, o incluso a la propia ciudadanía.

Este Plan se dirige a **toda la sociedad** y en él se implica a las distintas Administraciones, así como a los **agentes privados**, como proveedores de bienes y servicios que han de contemplare incorporar las condiciones de accesibilidad.

Precisiones **1)** Transcurrido este período, y previa evaluación de su impacto y resultados, se aprobó el **Plan de Acción de la Estrategia Española de Discapacidad 2014-2020** que abarca el período restante hasta 2020 en que finaliza el calendario de aplicación de las previsiones contenidas en la Ley de igualdad de oportunidades, no discriminación y accesibilidad universal de las personas con discapacidad. 1372

Destacamos algunas **características generales** de los trabajos realizados y del significado del Plan resultante de todo el proceso:

a) El Plan Nacional de Accesibilidad constituye la **infraestructura** para actuar en la promoción de la accesibilidad con un enfoque de medio y largo plazo.

b) Establece unos **objetivos** y una **metodología transversal** que son adecuados para desarrollar el lema del Plan, que es plenamente coincidente con el espíritu de la Ley: «Por un nuevo paradigma, el Diseño para Todos, hacia la plena la igualdad de oportunidades».

c) Se apoya en la **acción coordinada** de las distintas Administraciones públicas y en la iniciativa del IMSERSO como organización con el mayor potencial y experiencia para desarrollar estrategias generales de accesibilidad en todo el territorio nacional.

d) Busca aglutinar la actuación de los distintos estamentos públicos y dar pautas para incorporar la **acción privada**. Esta debe incrementarse como consecuencia de la aplicación de la Ley y la mayor inserción de la accesibilidad en el mercado.

e) Otorga especial importancia a la **participación de los «usuarios»**, fundamentalmente a través de las organizaciones de personas con discapacidad.

2) En fecha 25-7-2017 se suscribió el convenio entre el Ministerio de Sanidad, Servicios Sociales e Igualdad, el CERMI y la Fundación ONCE, para la realización del **II Plan Nacional de Accesibilidad Universal 2018-2026** (BOE 21-11-17).

3) En fecha 3-5-2022, el Consejo de Ministros aprobó una nueva **Estrategia Española sobre Discapacidad 2022-2030**, concebida con un enfoque interseccional y feminista y que cuenta con la participación de entidades representativas de la discapacidad, las Administraciones Públicas, tanto estatales como autonómicas y locales y demás agentes interesados.

Derechos de las personas con discapacidad (Convención Nueva York 3-12-2006; L 26/2011) El principio de igualdad de oportunidades para las personas con discapacidad se persigue mediante la configuración de un conjunto de derechos encaminados a promover, proteger y asegurar el goce pleno y las condiciones de **igualdad de oportunidades** para todas las personas y, en particular, para todas las personas con discapacidad. 1373

La L 26/2011 contempla una nueva definición de **persona con discapacidad**, entendiendo por tales a todas aquellas personas que presenten deficiencias físicas, mentales, intelectuales o sensoriales a largo plazo que, al interactuar con diversas barreras, puedan impedir su participación plena y efectiva en la sociedad, en igualdad de condiciones con los demás.

En el futuro, toda norma que incida directa o indirectamente en la esfera jurídica de las personas con discapacidad habrá de tomar en consideración dicho aspecto y prever la adopción de cuantas medidas se precisen para garantizar la igualdad de oportunidades.

Desde el punto de vista de la **accesibilidad**, la L 26/2011 define la misma como la adopción de las medidas pertinentes para asegurar el acceso de las personas con discapacidad, en igualdad de condiciones con las demás, al entorno físico, al transporte, la información y las comunicaciones, incluidos los sistemas y las tecnologías de la información y las comunicaciones, y a otros servicios e instalaciones abiertos al público o de uso público, tanto en zonas urbanas como rurales.

En materia de **propiedad horizontal**, todo ello ha representado la modificación de la LPH art.10 y 11, con el objetivo de fomentar la ejecución en los edificios de las obras de supresión de barreras arquitectónicas iniciada por la L 3/1990 y culminada por el RDLeg 1/2013.

2. Realización de las obras por la comunidad

(LPH art.10 y 17.2 redacc RDL 8/2023)

1375 El propietario de **cada piso o local** puede modificar los elementos arquitectónicos, instalaciones o servicios de aquel cuando no menoscabe o altere la seguridad del edificio, su estructura general, su configuración o estado exteriores, o perjudique los derechos de otro propietario, debiendo dar cuenta de tales obras previamente a quien represente a la comunidad (LPH art.7).

En lo que se refiere a los **elementos comunes**, como regla general, es la comunidad de propietarios la obligada a la realización de las obras necesarias para satisfacer los requisitos de seguridad, habitabilidad y accesibilidad universal, así como las condiciones de ornato y cualesquiera otras derivadas de la imposición, por parte de la Administración, del deber legal de conservación.

Esta obligación se extiende, por imperio de la ley, a todas aquellas obras o actuaciones dirigidas a suprimir barreras y a mejorar la accesibilidad que tengan la consideración de ajuste razonable.

Precisiones **1)** El RDL 7/2019 introdujo distintas modificaciones en la LPH destinadas a impulsar la realización de obras de mejora de la accesibilidad, estableciendo la posibilidad de que dichas obras se sufraguen **con cargo al fondo de reserva** obligatorio de la comunidad de propietarios y aumentando la dotación mínima de este fondo del 5% anterior, al **10%** del último presupuesto de la comunidad.

2) Un **modelo de carta** comunicando la ejecución de obras de supresión de barreras arquitectónicas puede consultarse en nº 9120.

1375.1 Por tanto, la comunidad de propietarios no solo está obligada a ejecutar todas y cada una de las obras de **supresión de barreras y accesibilidad universal** que vengan impuestas por la normativa vigente, sino que ha de soportar, igualmente, todas aquellas otras que, sin ser obligatorias, se encuentran encaminadas a suprimir barreras y merezcan la calificación de **ajustes razonables**. En caso de duda, son los tribunales los que han de resolver sobre si una concreta actuación constituye o no un ajuste razonable. No obstante, el legislador señala que, en cualquier caso, tendrán siempre la condición de ajustes razonables las obras y actuaciones en materia de accesibilidad universal que sean requeridas por un propietario en cuya vivienda o local vivan, trabajen o presten sus servicios voluntarios, personas con discapacidad, o mayores de 70 años, siempre que el importe repercutido anualmente de las mismas, una vez descontadas las subvenciones o ayudas públicas, no exceda las 12 mensualidades ordinarias de gastos comunes (LPH art.10.1 b).

Precisiones **1)** Son **ejemplos** de estas actuaciones, siempre que respeten el límite económico indicado: la instalación de rampas, plataformas inclinadas, ascensores y otros dispositivos mecánicos y electrónicos que favorezcan la orientación o su comunicación con el exterior -instalación de sillas o sistemas salva escaleras-, la adaptación de piscinas y otras instalaciones comunitarias para su uso por personas con discapacidad.

2) Es obligatorio realizar las obras necesarias para garantizar los **ajustes razonables**, aunque superen el límite de coste legalmente previsto, cuando las **ayudas públicas** a las que la comunidad pueda tener acceso alcancen el 75% del importe de las mismas (LPH art.10.1.b). Es importante destacar que la reforma habla de «poder tener acceso» y no de que «tenga acceso efectivo», por lo que, en principio, se habla de potencialidad. Todo ello sin perjuicio de la responsabilidad que puedan tener los cargos de la comunidad por el hecho de no haber tramitado en tiempo y forma la solicitud de las ayudas públicas en cuestión.

3) La actuación estará siempre en función del **grado de discapacidad** sufrido por la persona interesada, por lo que en cada caso los jueces deben llevar a cabo dicha valoración. Un ejemplo de ello lo encontramos en el caso de una persona sujeta a un grado de discapacidad del 80%, cuyas dificultades le imposibilitaban salvar los obstáculos que le representaban los dos tramos de escaleras que existían entre el portal y el acceso al ascensor (AP Pontevedra 22-9-23, EDJ 734071).

4) Aun cuando no se pruebe el grado concreto de discapacidad, debe tenerse en cuenta que la LPH art.10 contempla también la **accesibilidad universal** que debe asegurarse a cualquier persona, al objeto de garantizar la igualdad de oportunidades y de trato, siendo la accesibilidad universal la condición que deben reunir los entornos para ser utilizables y practicables por todas las personas en condiciones de seguridad y comunidad y de la forma más autónoma y natural posible, lo que se valorará en función de las circunstancias concurrentes en cada caso (AP Valencia 31-5-23, EDJ 722308).

5) Cuando existan **diferentes alternativas** para superar la barrera arquitectónica, debe estarse a la decisión de la junta de propietarios, salvo que se acredite que la misma es abusiva o manifiestamente perjudicial para la propia comunidad en general o para alguno de sus propietarios en particular (AP Valencia 31-5-23, EDJ 722308).

La obligación de la comunidad existe, igualmente, aunque se supere el **límite económico** reseñado, siempre que el propietario o propietarios interesados se allanen a soportar el sobrecoste de la instalación respecto del citado límite. **1375.2**
Es importante destacar que el hecho de que el legislador haga mención al límite económico de 12 mensualidades no es óbice para que los tribunales, en atención a las circunstancias de un **caso concreto**, puedan entender que actuaciones cuyo coste repercutido anual sea superior al indicado merezcan, no obstante, el calificativo de «ajustes razonables» y, en consecuencia, obras de ejecución necesaria por la comunidad y a cuyo sostenimiento vienen obligados todos los propietarios.

Precisiones En un caso de sustitución del ascensor, aumentando una parada en el nivel superior, con el fin de dotar de accesibilidad a la planta ático, cuando la obra supera el equivalente a **12 mensualidades ordinarias** de gastos comunes, se ha entendido que debe el interesado asumir el sobrecoste por encima del citado límite (AP Salamanca 2-11-16, EDJ 216460).

El carácter obligatorio o necesario del que el legislador inviste a las obras y actuaciones anteriormente reseñadas se ve corroborado por toda una serie de **medidas** que se recogen, fundamentalmente, en la LPH art.10 redacc RDL 8/2023: **1375.3**
• La primera es la no necesidad de obtención de **acuerdo** alguno en la junta de propietarios que apruebe su ejecución. Por ello la junta debe limitarse a aprobar el presupuesto, la derrama vinculada al mismo y los términos de pago.
• La segunda es la obligación de todos los propietarios de la propiedad horizontal o agrupación de comunidades de contribuir al sostenimiento de los **gastos**.
• La tercera es advertir a todo aquel que se oponga o demore injustificadamente su ejecución, que habrá de responder individualmente de las **sanciones** que puedan imponerse administrativamente. Advertencia que se une a la responsabilidad general que por culpa o negligencia se contempla en el CC art.1902. En este punto, cabe indicar que en el caso de que, además de la LPH, se vulneren las normativas estatales o autonómicas sobre accesibilidad, podrá iniciarse un procedimiento sancionador cuya competencia corresponde a la Administración local en cuyo territorio se ubique el edificio.
Por último, se establece la **afección de los pisos y locales al pago** de los gastos derivados de la ejecución de las reseñadas obras, en los mismos términos y condiciones previstos en LPH art.9 para los gastos generales de la comunidad. Ello significa que:
- tendrán la condición de créditos preferentes a efectos del CC art.1923, sólo por detrás de los de Hacienda, las compañías aseguradoras y los trabajadores por los créditos salariales; y
- los pisos y locales quedarán afectos al cumplimiento de dicha obligación (LPH art.10.2, en relación con LPH art.9.1.e).

Las reglas anteriores se refieren a la ejecución de obras de accesibilidad universal o de supresión de barreras que, bien por venir impuestas por la normativa aplicable, bien por venir expresamente reconocidas como exigibles por el legislador, bien por venir impuestas por los tribunales, al considerar que se trata de ajustes razonables merecen la condición de **obligatorias** y, por consiguiente, exigibles (LPH art.10.1.a y b). **1376**
No obstante, se contempla que la comunidad pueda acordar obras o actuaciones dirigidos a suprimir barreras que no se encuentren comprendidas en ninguno de los apartados anteriores, caso en el que bastará con conseguir el voto favorable de la mayoría de los propietarios, siempre que represente la mayor parte de las cuotas de participación (LPH art.17.2 redacc RDL 8/2023). En estos casos, si no se alcanza el **acuerdo** pertinente no se podrá obtener la ejecución de las obras de forma forzosa, al ser una actuación no obligatoria, pero en el caso de que se adopte, todos los propietarios vendrán obligados a contribuir a su sostenimiento.

Beneficiarios (LPH art.10.1.b) La solicitud de su realización debe provenir de los **propietarios** de una vivienda o local, independientemente de que reúnan o no la condición de persona con discapacidad o mayor de 70 años. **1377**
Por **persona con discapacidad**, a los efectos de lo dispuesto en LPH art.10.1.b, se considera a toda aquella persona a quien se le haya reconocido por el organismo competente en la materia, un grado de discapacidad igual o superior al 33%.
De manera asimilada se consideran afectados por una discapacidad en grado igual o superior al 33% los pensionistas de la Seguridad Social que tengan reconocida una pensión de **incapacidad permanente** en el grado de total, absoluta o gran invalidez, y a las **personas pensionistas** de clases pasivas que tengan reconocida una pensión de jubilación o de retiro por incapacidad permanente para el servicio o inutilidad (RDLeg 1/2013 art.4.2 -redacc L 3/2023- y 4.3).
Con respecto a los **mayores de 70 años**, como quiera que el precepto no hace distinción alguna, el **requisito de la edad** parecería operar de manera autónoma a la existencia o no de dificultades físicas o de movilidad en la persona beneficiaria de las obras a realizar, si bien al ser

una norma finalista debe existir la adecuada y justificada relación causal entre una y otra, a fin de evitar obras superfluas, pues ningún propietario puede exigir nuevas instalaciones, servicios o mejoras no requeridos para la adecuada conservación, habitabilidad, seguridad y accesibilidad del inmueble, según su naturaleza y características (LPH art.17.4 redacc L 3/2023).
Los beneficiarios de las obras deben, inexcusablemente, **vivir, trabajar o prestar sus servicios** de manera altruista o voluntaria en la vivienda. No se aplica, en cambio, a los usuarios no habituales del edificio, como pueden ser los clientes de un establecimiento o los pacientes de una clínica (TS 5-10-11, EDJ 270371; AP Navarra 11-12-19, EDJ 815088).
Así pues, el **vínculo** entre el propietario y el beneficiario puede ser en calidad de arrendatario, usufructuario, de naturaleza laboral o de colaboración voluntaria.

Precisiones Sobre la **acreditación** de la discapacidad y de la edad, ver nº 1400.

1380 **Naturaleza de las obras** (LPH art.10.1 y 17.2 -redacc RDL 8/2023-) Las obras de accesibilidad a realizar deben ser necesarias para:
- el uso de los **elementos comunes**, adecuado a la discapacidad de los beneficiarios; o
- la instalación de dispositivos mecánicos y electrónicos que favorezcan su **comunicación con el exterior**.

Precisiones La **accesibilidad universal** se define como la condición que deben cumplir los entornos, procesos, bienes, productos y servicios, así como los objetos o instrumentos, herramientas y dispositivos, para ser comprensibles, utilizables y practicables por todas las personas en condiciones de seguridad y comodidad y de la forma más autónoma y natural posible (RDLeg 1/2013 art.2.k). Ello presupone el denominado diseño universal o diseño para todas las personas, es decir, la actividad por la que se concibe o proyecta, desde el origen, y siempre que ello sea posible, entornos, procesos, bienes, productos, servicios, objetos, instrumentos, dispositivos o herramientas, de tal forma que puedan ser utilizados por todas las personas, en la mayor extensión posible.

1382 Entre tales obras, y a efectos meramente enunciativos, se pueden señalar:
- la instalación de **rampas de acceso**;
- la modificación de la configuración del **portal y escalera**;
- la reforma del **portero automático**;
- la instalación de **ascensores** y elevadores;
- la ubicación de **interfonos** y sistemas de video a una altura determinada;
- la adecuación de la anchura de la entrada de ascensores y elevadores que permita el acceso, rotación y salida de **sillas de ruedas**;
- **sensores** de luz.

En caso de **discrepancia sobre la naturaleza** de las obras a realizar, resolverá lo procedente la junta de propietarios. También pueden los interesados solicitar arbitraje o dictamen técnico en los términos establecidos en la Ley, el cual podrá dilucidarse bien por medio de arbitraje (RDLeg 1/2013 art.74).

Precisiones **1)** La ejecución consistente en la instalación de un **aparato elevador**, al igual que otro tipo de obras, tales como la colocación de una rampa de acceso a la vivienda, eliminan o suprimen la barrera arquitectónica identificada por la presencia de la escalera, medio único de entrada al edificio y desde él a cada una de sus dependencias, en tanto se crea una vía alternativa que favorece la adecuada movilidad dentro del inmueble y permite que las personas con discapacidad entren fácilmente al edificio, salgan sin impedimento de él y puedan desplazarse en su interior en condiciones más favorables; dicha instalación supone una mejora general para los propietarios de la finca, y, lo que también es importante, comporta una acción igualitaria de las condiciones de vida de quienes, por su condición de personas con discapacidad, se hallaban en dificultades para el acceso a la vivienda que habitaban en el inmueble (TS 13-7-94, EDJ 5995).

2) En ningún caso, bajo el paraguas de la realización de obras de accesibilidad en la afectación de elementos comunes, pueden ampararse alteraciones que vayan más allá de lo permitido o de lo razonable. Por ejemplo, ante la existencia de peligro para la estabilidad del edificio, obras que afecten a **elementos estructurales** o que supongan una alteración de la configuración de los diferentes pisos y locales que comprendan la comunidad de propietarios, dado que la función social que ha de cumplir la propiedad conlleva el derecho a disfrutar de una vivienda digna y adecuada, derecho que para hacerse efectivo en los casos de personas con discapacidad obliga a la realización de las obras de adecuación de la finca urbana y de los accesos a la misma que supongan la desaparición de barreras arquitectónicas para que ese derecho a disfrutar de la vivienda efectivamente pueda calificarse como digno y adecuado. Esta supresión de barreras arquitectónicas, cuando se trata de que las mismas concurran en un edificio construido en régimen de propiedad horizontal, se refiere a la desaparición de las barreras en los elementos comunes. No existe, por tanto, el derecho de un usuario o propietario de un piso o local en régimen de propiedad horizontal a modificar la configuración de su piso o local, sino que exclusivamente su pretensión se ha de referir a la modificación de los elementos comunes que constituyen la barrera arquitectónica, solicitando la supresión de la misma (AP Sevilla 8-2-10, EDJ 100174).

Gastos (LPH art.10.2 y 17.2 -redacc RDL 8/2023-) Tanto en el caso de que las obras sean obligatorias o exigibles, como en el caso de que, no siéndolo, sean acordadas por la junta, vendrán **obligados** a contribuir todos y cada uno de los propietarios. 1385

Sin embargo, se contempla un supuesto en el que **no están obligados** a contribuir todos por expresa voluntad de los propietarios interesados en la ejecución de la obra (LPH art.10.1.b). Se trata de las obras o actuaciones que no tengan la consideración de ajustes razonables por resultar su repercusión anual superior al importe de 12 mensualidades de gastos generales, pero el propietario o propietarios interesados se avienen a soportar el sobreprecio respecto del citado importe. En estos casos, el propietario o propietarios interesados podrán imponer a la comunidad la ejecución de las obras sin necesidad de acuerdo, pero, a cambio, habrán de soportar en exclusiva el coste de las obras en el importe que supere el reseñado límite de 12 mensualidades ordinarias de gastos generales.

El **importe total** de 12 mensualidades ordinarias de gastos generales debe venir vinculado al presupuesto de la comunidad, entendiéndose como tales gastos, aquellos que lo sean para el adecuado sostenimiento del inmueble, sus servicios, cargas y responsabilidades que no sean susceptibles de individualización (LPH art.9.1.e).

Para favorecer la ejecución de este tipo de obras se ha ampliado el ámbito objetivo de actuaciones cubiertas por el fondo de reserva, extendiéndolas a las obras de accesibilidad y junto a lo anterior se ha incrementado el importe mínimo de la dotación de este fondo obligatorio, que no podrá ser nunca inferior al 10% del último presupuesto ordinario de la comunidad de propietarios (LPH art.10.1.b).

Precisiones **1)** La dicción de LPH art.10.1.b resuelve la **duda interpretativa**, que se planteaba conforme a la regulación anterior, sobre si las obras de supresión de barreras arquitectónicas podían, igualmente, ser impuestas a la comunidad, aunque el importe de su instalación supere el correspondiente a 12 mensualidades de gastos generales. La respuesta, indudablemente, debe ser positiva, ya que el citado precepto contempla solo una de las posibles hipótesis de ajuste razonable, pero no necesariamente la única. Corresponde a los tribunales de justicia, en caso de conflicto, resolver la controversia sobre si la obra u actuación merece la condición de ajuste razonable. 1386

2) Ha de tenerse en cuenta que el espíritu de la LPH (particularmente LPH art.10 redacc RDL 8/2023), que es tratar de eliminar toda barrera arquitectónica que impida el **acceso universal**, no exige que existan personas con discapacidad para acometer estas medidas correctoras, porque no cabe olvidar que se trata de facilitar el acceso a los propietarios y demás moradores, pero también de los visitantes, que puntualmente acudan a una de las viviendas, o para sortear las dificultades de algún morador que pudieran ser temporales. No podemos dejar de resaltar las especiales dificultades que representa la existencia de menores en las viviendas, singularmente cuando no deambulan independientemente, sino que son necesarios medios de desplazamiento: carritos, que exigen un esfuerzo a los progenitores o a quienes los acompañen para subirlos y bajarlos junto con esos medios de desplazamiento, que cuando se trata de jóvenes no es tan excesivo, pero sí cuando son mayores. En definitiva, estas medidas pretenden facilitar un uso general, de ahí su naturaleza, que tiende a facilitar el acceso universal. Bien es cierto, que esta presencia de menores, con estos medios de desplazamiento es temporal, pero no pueden olvidarse otras etapas de la vida, y esas **necesidades temporales**, y dado que no estamos ante medidas que puedan acometerse inmediatamente y cuyos resultados sean instantáneos para un problema puntual, exigen que se adopten, aun cuando no exista una **necesidad actual** (AP Sevilla 24-9-13, EDJ 252779).

3) La modificación de la configuración del **trazado y trayectoria del ascensor**, prolongándolo a cota cero o intermedia con la finalidad de proceder a la eliminación de barreras arquitectónicas para los usuarios del inmueble, existiendo personas con discapacidad y mayores de 70 años, es una actuación equiparable a la instalación *ex novo* del ascensor y subsumible en las obligaciones contempladas en LPH art.10 redacc RDL 8/2023, exigibles a todos los propietarios, no afectándoles las exenciones estatutarias referentes a los gastos de portal, escalera y ascensores (TS 5-4-19, EDJ 551274; AP Navarra 29-5-23, EDJ 631225; AP Bizkaia 16-9-19, EDJ 757802; AP Salamanca 17-12-19, EDJ 841176).

4) En estos casos y salvo acuerdo adoptado por unanimidad en otro sentido, vienen **obligados a contribuir** todos los propietarios, sin que resulten de aplicación las cláusulas estatutarias de exclusión de los locales de los gastos de consumo, reparación, iluminación, limpieza, uso y mantenimiento de los ascensores, ya que la instalación tiene el concepto de obra de supresión de barrera arquitectónica, indispensable para la habitabilidad y accesibilidad del edificio establecida en beneficio de todos (AP Gipuzkoa 22-7-16, EDJ 184712).

5) Cuando se acuerde la instalación de un ascensor en un edificio que carece del mismo, o incluso cuando se acuerde su bajada a cota cero para suprimir las barreras arquitectónicas, dado que con ello se dota de **mayor habitabilidad al edificio**, facilitando la accesibilidad y movilidad de personas con discapacidad o mayores de 70 años, y se dota de **mayor valor** al inmueble, al que se le proporciona de un servicio del que carecía, todos los propietarios de departamentos en el inmueble deben contribuir a los gasto de la instalación, tanto los que votaron a favor como los que votaron en contra, los propietarios de viviendas a los que da servicio el ascensor, como los propietarios de los locales a los que el ascensor no ofrece servicio, y ello incluso cuando existan normas estatutarias que eximan a los propietarios de locales sin acceso al portal o escaleras de los gastos de tales elementos comunes, pues se debe contribuir a los gastos de instalación del ascensor con independencia de que se use o deje de usar, y el precepto permite acordar su instalación incluso cuando ello conlleve la modificación de los estatutos o título constitutivo de la comunidad, y ello sin perjuicio que los propietarios de los locales, que no puedan usar los servicios del ascensor por no tener acceso al portal o escaleras, puedan quedar exentos por los estatutos de los gastos de mantenimiento y reparación del servicio de ascensor (AP Burgos 22-1-20, EDJ 522476; 27-2-19, EDJ 848128).La adopción de los acuerdos que se hallen directamente asociados con la instalación del ascensor, como puede ser el del reparto del gasto derivado del mismo, se encuentran sujetos al mismo régimen que el de la aprobación de la instalación (TS 23-12-14; 7-11-11; 13-9-10). Todo ello siempre que el acuerdo en cuestión no lesione gravemente a ninguno de los propietarios (AP Córdoba 20-6-23, EDJ 693798).

1387 Luego el **propietario interesado** en la ejecución de una obra de supresión de barreras, que no venga impuesta por la normativa vigente, se encuentra ante sí con diferentes **opciones**:
a) La primera de ellas es **llevar la cuestión a la junta** e intentar que se apruebe su ejecución (LPH art.17.2 redacc RDL 8/2023). En este caso, de obtenerse el acuerdo, todos los propietarios vendrán obligados a contribuir al mismo.
b) La segunda opción es ofrecer a la comunidad soportar el importe que exceda de las **12 mensualidades** de gastos generales, momento a partir del cual la obra pasará a tener, por expresa disposición legal, la condición de ajuste razonable y, consiguientemente adquirirá la naturaleza de obra obligatoria o exigible.
c) La tercera opción, que se da cuando el propietario interesado entienda que no tiene porqué soportar exclusivamente importe alguno, será **demandar a la comunidad** ante los tribunales de justicia, exigiendo la imposición de la obra, todo ello a través del procedimiento ordinario (LEC art.399 a 436 -redacc RDL 6/2023- en relación con LEC art.249.1.8º redacc RDL 6/2023). En este caso, será el tribunal quien, después de valorar las circunstancias concretas del caso, determinará si nos encontramos o no ante un ajuste razonable y si, por consiguiente, procede o no imponer la ejecución de la obra a la comunidad.

3. Realización de las obras por los usuarios

(L 15/1995)

1395 El mandato constitucional de procurar una vivienda digna promoviendo las condiciones necesarias para el desenvolvimiento autónomo de las personas con discapacidad y la previsión de que tanto la construcción como la **ampliación y reforma de los edificios** de propiedad pública o privada, destinadas a un uso que implique la concurrencia de público, así como la planificación y urbanización de las vías públicas, parques y jardines de iguales características, y la adaptación de los inmuebles de titularidad privada se efectúe de forma que resulten accesibles y utilizables a las personas con discapacidad, culmina con la aprobación de la L 15/1995 sobre límites del dominio sobre inmuebles para eliminar barreras arquitectónicas a las personas con discapacidad, ley que pretende dar un paso más, ampliando el ámbito de protección y estableciendo un procedimiento que tiene como **objetivo** que el interesado y el propietario o la comunidad o mancomunidad de propietarios lleguen a un acuerdo sobre la forma de ejecución de las obras de adaptación (L 15/1995 Exp.Motivos).
El objeto de la Ley es el de regular las **obras de adecuación** de fincas urbanas ocupadas por personas con discapacidad que impliquen reformas en su interior, si están destinadas a usos distintos del de la vivienda, o **modificación de elementos comunes** del edificio que sirvan de paso necesario entre la finca urbana y la vía pública. Todo ello con la exclusiva necesidad de salvar las barreras físicas y/o arquitectónicas que impidan una plena autonomía de la persona con discapacidad en todo cuanto afecte a elementos comunes del edificio.

Precisiones Las **obras de adaptación** a personas con discapacidad pueden llevarse a cabo tanto conforme a la L 15/1995, como conforme a lo dispuesto en la LPH (TS 11-10-13, EDJ 227509).

1397 **Beneficiarios** (L 15/1995 art.1 a 3) Para poder llevar a cabo las obras necesarias de adecuación, deben tenerse en cuenta los siguientes aspectos:
• Los **beneficiarios de las obras** son quienes, padeciendo una discapacidad, sean titulares de fincas urbanas en calidad de propietarios, arrendatarios, subarrendatarios o usufructuarios, o bien sean usuarios de las mismas (entendiéndose por tales al cónyuge, a la persona que conviva con el titular de forma permanente en análoga relación de afectividad, con independencia de su orientación sexual, a los familiares que con él convivan o a los trabajadores con discapacidad vinculados por una relación laboral con el titular).
Igualmente, podrán beneficiarse de esta clase de obras los que, aun no siendo personas con discapacidad, sean mayores de 70 años.

• Por **persona con discapacidad** se entiende aquella que tiene mermada su capacidad física o mental con disminución permanente para andar, subir escaleras o salvar barreras arquitectónicas, se precise o no el uso de prótesis o de silla de ruedas, en grado igual o superior al 33% y, en general, aquellas personas con discapacidad a quienes se les haya reconocido un grado de discapacidad igual o superior al 33%.
• También se consideran afectados por una discapacidad en grado igual o superior al 33%, los pensionistas de la Seguridad Social que tengan reconocida una pensión de **incapacidad permanente** en el grado de total, absoluta o gran invalidez, y los pensionistas de clases pasivas que tengan reconocida una pensión de jubilación o de retiro por incapacidad permanente para el servicio o inutilidad.

Acreditación de la discapacidad La discapacidad se ha de acreditar mediante las correspondientes **certificaciones oficiales** del Registro Civil (en caso de existir resolución judicial) o de la Administración competente, estatal o autonómica (para el supuesto de que la discapacidad sea física, psíquica o sensorial). En todo caso, la declaración de discapacidad ha de ser permanente, quedando excluidas todas aquellas situaciones que tan solo representen una situación temporal de incapacidad. 1400

Al respecto, algunas sentencias se han venido pronunciando sobre este requisito, flexibilizando la manera de acreditar la discapacidad del beneficiario, advirtiendo que no puede sostenerse que se refiera solo a quienes administrativamente tengan reconocida la condición de persona con discapacidad. Al contrario, la realidad muestra cómo muchas de las personas con discapacidad no solicitan el reconocimiento administrativo, sin que ello haga cambiar su situación real; o bien, presentan enfermedades que les dificultan enormemente el acceso por escaleras (AP Ciudad Real 6-5-94, Rec 41/94).

Precisiones Con respecto a la **acreditación de la edad**, se ha entendido que el precepto no establece que la única forma de justificar la edad por el usuario sea por medio de la certificación del Registro civil, no solo por la falta de mención a términos adverbiales de modo que impongan esa exclusividad en la forma de acreditación, sino que establece en tal sentido una alternativa u opción dada la conjunción alternativa escrita en su redacción. Así, el **DNI** es un instrumento de carácter oficial, emitido por la Dirección General de la Policía, acreditativo de la personalidad de su titular, que justifica su identidad, mientras no se demuestre lo contrario, y que sirve igualmente para acreditar, entre otros extremos, la fecha de nacimiento y por deducción de esta última, la edad (AP Valencia 29-9-04, EDJ 210764).

Naturaleza de las obras (L 15/1995 art.1.2 y 3.1.b) Las obras deben consistir en la **adecuación de las fincas urbanas** que impliquen reformas en su interior, si están destinadas a usos distintos del de vivienda (p.e. la instalación de ascensores), o en la modificación de elementos comunes del edificio que sirvan de paso necesario entre la finca urbana y la vía pública (sustitución de escaleras por rampas, adecuación de pasillos, portales o cualquier otro elemento arquitectónico, o las necesarias para instalación de dispositivos electrónicos que favorezcan su comunicación con el exterior). 1402

Las obras deben revestir el carácter de **necesarias**, con relación a la naturaleza de la discapacidad o, dicho de otra manera, con la falta de suficiente movilidad o de autonomía del beneficiario, por lo que deben ser rechazadas aquellas otras que sean caprichosas o no vengan suficientemente justificadas por su propia finalidad.

En ningún caso las obras pueden afectar a la **estructura o fábrica del edificio**, ni menoscabar la resistencia de los materiales empleados en la construcción, debiendo ser razonablemente compatibles con las características arquitectónicas e históricas del edificio.

Gastos (L 15/1995 art.7) La ley es explícita al advertir que los gastos originados por las obras de adecuación de la finca urbana o de sus elementos comunes deben correr **a cargo del solicitante** de las mismas, sin perjuicio de las ayudas, exenciones y subvenciones que pueda obtener, quedando en beneficio de la propiedad de la finca urbana, salvo cuando se trate de reformas en el interior, en el que el propietario podrá exigir su reposición al estado anterior. 1404

Procedimiento (L 15/1995 art.4 a 6) El titular o, en su caso, el usuario que esté interesado en promover las obras de adecuación debe seguir el siguiente procedimiento: 1406

1. Notificar por escrito al propietario, a la comunidad o a la mancomunidad de propietarios la **necesidad de ejecutar** las obras por causa de discapacidad, acompañando la certificación que así lo acredite y el proyecto técnico detallado de las obras a realizar.
2. Si el usuario fuera un **trabajador con discapacidad** por cuenta ajena y las obras de que se trate deben realizarse en el interior del centro de trabajo, aquella notificación se realizará, además, al empresario.
3. En un plazo máximo de 60 días, el propietario, la comunidad o la mancomunidad de propietarios y, en su caso, el empresario, deben **comunicar por escrito al solicitante** si consienten o

se oponen a la ejecución de las obras. También se pueden proponer las soluciones **alternativas** que estimasen pertinentes, en cuyo supuesto, el solicitante deberá dar a conocer su conformidad o disconformidad con anterioridad al ejercicio de las acciones legales que pudiera emprender en reconocimiento de su derecho.
4. Si transcurre el plazo máximo de 60 días sin comunicarse al solicitante ninguna decisión, se entenderá **consentida la ejecución** de las obras de adaptación, que podrán iniciarse una vez obtenidas las autorizaciones administrativas precisas.
Consecuentemente, cualquier decisión que fuera notificada al promotor de las obras tras el plazo legalmente establecido, carecería de cualquier efecto por extemporáneo.
5. Si el propietario, la comunidad, la mancomunidad de propietarios o, en su caso, el empresario **se oponen** en plazo a la ejecución de las obras de adaptación o si el solicitante no acepta las soluciones alternativas propuestas, puede este acudir en defensa de su derecho ante los juzgados y tribunales de la jurisdicción correspondiente al domicilio donde se halle sita la finca urbana en cuestión y por los trámites del juicio ordinario o verbal, en función de la cuantía que represente el coste de las obras a realizar (LEC art.251.11ª):
- por los trámites del **juicio ordinario** cuando el coste supere los 15.000 euros (LEC art.249.2 redacc RDL 6/2023); o
- por los trámites del **juicio verbal** si no excede de dicha cantidad (LEC art.250.2 redacc RDL 6/2023).

El juez, en su **sentencia**, puede reconocer el derecho a ejecutar las obras en beneficio de la persona con discapacidad o, bien, declarar procedente alguna o parte de las alternativas propuestas por la parte demandada.
Como una garantía añadida en la protección de los derechos que asisten a las personas con discapacidad beneficiadas por una resolución judicial favorable a la ejecución total o parcial de las obras, los recursos que puedan interponerse frente a dichas sentencias no suspenden su ejecución, pudiéndose llevar a cabo provisionalmente.

4. Obras de adaptación en viviendas arrendadas

(LAU art.24)

1415 La L 15/1995, sobre límites del dominio sobre inmuebles para eliminar barreras arquitectónicas a las personas con discapacidad o movilidad reducida, faculta a estas, ya sea a título de propietario, arrendatario, subarrendatario o usufructuario, a realizar las **obras de adecuación** que fueran precisas en el interior de la finca urbana que ocupen, o bien a modificar los elementos comunes del edificio que sirvan de paso necesario entre la finca urbana y la vía pública.
No obstante, dicha Ley **exceptúa expresamente** de su ámbito de aplicación las obras de adecuación del interior de la vivienda instadas por los arrendatarios de las mismas que tengan la condición de persona con discapacidad o que convivan con personas que ostenten dicha condición en los términos de la LAU art.24, debiéndose regir por esta (L 15/1995 art.2.3).
Así, la LAU establece que el arrendatario podrá realizar en la vivienda las **obras que sean necesarias** para adecuar ésta a su condición de persona con discapacidad o a la de su cónyuge o de la persona con quien conviva de forma permanente en análoga relación de afectividad, con independencia de su orientación sexual, o a la de los familiares que con él convivan.
Pueden también solicitar la realización de las obras de adecuación quienes, aun no teniendo la condición de personas con discapacidad, sean **mayores de 70 años**.
El arrendatario estará obligado, al **término del contrato**, a reponer la vivienda al estado anterior, si así lo exige el arrendador.

1417 **Condiciones** Consecuentemente, para poder realizar las obras de adecuación en el interior de las viviendas ocupadas por personas con discapacidad en régimen de arrendamiento se exige el cumplimiento de las siguientes condiciones:
1. Que las obras se circunscriban al **interior de las viviendas**, limitándose a las precisas en orden a la naturaleza de la discapacidad que en cada caso se trate.
Consecuentemente, las obras deben guardar la **proporcionalidad y justificación** que exija la naturaleza y grado de la discapacidad de la que se encuentre afecto la persona interesada.

Precisiones **1)** No tendrían razón de ser las obras destinadas a ensanchar las puertas de la vivienda o la disposición y/o altura del mobiliario y accesorios de la cocina o de los lavabos, si el usuario no está afectado de movilidad reducida ni se ve obligado a utilizar silla de ruedas.
2) Como **ejemplos** significativos de esta clase de obras pueden citarse los siguientes:
- instalación de accesorios en el baño y aseos;
- montacargas y elevadores paralelos a las escaleras;
- reformas en las alturas de los muebles y accesorios de cocina;
- ampliación de los accesos y salidas por las puertas que permitan la movilidad de sillas de ruedas;

- sustitución del mobiliario por otro más acorde a las limitaciones funcionales del usuario;
- eliminación de obstáculos en los accesos a las plazas de garaje.

2. En ningún caso las obras deben provocar una **disminución en la estabilidad o seguridad** de la vivienda (LAU art.23.1). **1420**
3. Es indispensable que el arrendatario, su cónyuge o la persona en relación de afectividad o familiares con quienes conviva, tengan el **reconocimiento** de su discapacidad y del grado de la misma, de acuerdo con la normativa vigente, por los centros y servicios de las Administraciones públicas competentes -IMSERSO u órganos competentes de las comunidades autónomas- (LAU disp.adic.9ª).
No se exige un **grado de discapacidad** determinado; sí, en todo caso, el mínimo legal situado en el 33%. Tampoco se exige que derive de una concreta discapacidad, por lo que puede ser de naturaleza física, sensorial o psíquica.

Precisiones Entendemos, no obstante, que la declaración de discapacidad no es imprescindible para ejecutar aquellas **obras inaplazables o urgentes**, siempre y cuando posteriormente pueda obtenerse y acreditarse la discapacidad. Incluso, como algún sector de la doctrina ha sostenido, podría bastar a estos efectos una mera certificación expedida por un facultativo o la acreditación a través de la correspondiente prueba pericial, e incluso la propia apreciación de las mermadas facultades deambulatorias llevada a cabo por el juzgado de instancia.

4. La realización de las obras de adecuación es **potestativa para el arrendatario** y **obligatoria para el arrendador**, siempre y cuando quede este notificado con antelación suficiente de las mismas, si bien no se establece el plazo en que deba efectuarse dicha notificación. **1422**
Aunque nada se indique al respecto, debe acompañarse a la notificación preavisando al arrendador de las obras, la certificación que acredite la discapacidad y grado del arrendatario, cónyuge o persona con quien conviva, así como un detalle de las obras a ejecutar avalado, a ser posible, por un proyecto técnico detallado de las mismas.
5. No se exige para la realización de las obras el **consentimiento del arrendador**. Sin embargo, es conveniente recabarlo, puesto que está facultado para resolver de pleno derecho el contrato de arrendamiento por la realización de daños causados dolosamente en la finca o de obras no consentidas por el arrendador cuando el consentimiento de este sea necesario (LAU art.27.2.d).
6. La **negativa infundada o sin justificación** del arrendador para realizar obras en la vivienda destinadas a adecuar su interior en razón de la discapacidad del usuario, faculta al arrendatario bien a exigir mediante demanda judicial la autorización de las mismas o, en su defecto, a promover la resolución del contrato por incumplimiento de las obligaciones que al respecto incumbe al arrendador (LAU art.27.1).

7. Salvo que se haya pactado expresamente, al **finalizar el contrato** de arrendamiento y siempre y cuando lo exigiere el arrendador, el arrendatario vendrá obligado a reponer la vivienda al mismo estado en que se encontraba antes de ser ejecutadas las obras de adaptación. **1423**
Consecuentemente, arrendador y arrendatario deberían prever tal posibilidad en el contrato concretando las obras a llevar a cabo, la obligación de reponer la vivienda al estado anterior o, en su defecto, conservando el arrendador las obras efectuadas con o sin indemnización a favor del arrendatario, y estableciendo en su caso, las garantías económicas precisas ante un eventual incumplimiento de las obligaciones contraídas por las partes.
8. La facultad de adaptación de la vivienda por el arrendatario es de aplicación tanto a los contratos suscritos con anterioridad como con posterioridad al **9-5-1985** (LAU disp.trans.1ª.1 y 2ª.A.2).
9. En caso de conflicto, será **juez competente** el de primera instancia del lugar en que se halle la finca, sin que quepa pactar otra sumisión distinta en contrato (LAU Preámbulo; LEC art.52.1.7º).
El procedimiento a seguir será el del **juicio ordinario**, tanto si se discute la realización de obras necesarias de adecuación, como la reposición de la vivienda a su estado anterior, una vez finalizado el contrato de arrendamiento, o la resolución del contrato por obras inconsentidas o por la negativa del arrendador a su realización (LEC art.249.1.6º).

5. Medidas de accesibilidad en viviendas de protección pública

El acceso de las personas con discapacidad a viviendas de protección oficial y las características que las mismas deben reunir en cuanto a su **reserva, situación y condiciones interiores** es objeto de una regulación legal particular. **1425**
Teniendo en cuenta que las competencias en materia de vivienda están transferidas a las comunidades autónomas, son las distintas **normas autonómicas** las que regulan estas cuestiones, aun cuando la normativa estatal es aplicable de forma supletoria.

Así, con carácter general, en lo que respecta a las particularidades que los promotores de viviendas de protección oficial destinadas a personas afectadas de discapacidad deben observar con carácter necesario, hemos de referirnos a la siguiente **regulación básica**.

1428 **Reserva y situación de las viviendas destinadas a personas con discapacidad** (RD 314/2006 Documento básico SUA Secc 9) Dicha reserva debe atender a la siguiente proporción:

- Cuando la programación abarque entre 5 y 50 alojamientos: 1 alojamiento accesible.
- Cuando se programen entre 51 y 100 alojamientos: 2 alojamientos accesibles.
- Si el proyecto incluye entre 101 y 150 alojamientos: 4 alojamientos accesibles.
- Si el proyecto incluye entre 151 y 200 alojamientos: 6 alojamientos accesibles.
- Si abarca más de 200 viviendas: 8 alojamientos accesibles y uno más cada 50 alojamientos o fracciones adicionales a 250.

Todos estos alojamientos pueden ubicarse en **cualquier planta** del edificio, incluidas las comerciales, exigiéndose que reúnan las condiciones de acceso y movilidad interior que seguidamente se indican.

Todo edificio residencial debe contar con una **plaza de aparcamiento accesible** por cada vivienda accesible que exista en el mismo.

Asimismo, las **piscinas** de edificios con viviendas accesibles dispondrán de alguna entrada al vaso mediante grúa o cualquier mecanismo adaptado.

Precisiones El articulado del **Documento Básico de seguridad, utilización y accesibilidad** fue aprobado por RD 314/2006, el cual ha sido sucesivamente modificado por las siguientes normas: RD 1371/2007, OM VIV/984/2009, RD 173/2010, RD 732/2019 y RD 450/2022.

Sus prescripciones son de aplicación a todos los **edificios de nueva construcción**, así como a aquellas obras de **ampliación, modificación, reforma o rehabilitación** para las que se solicite licencia municipal de obras a partir del 12-9-2010 (RD 173/2010 disp.trans.3ª).

1430 **Condiciones básicas de accesibilidad** (RD 505/2007 art.1 a 8) Se han aprobado numerosas medidas con el objetivo de garantizar la igualdad de oportunidades de las personas con discapacidad. Las que más interesan, desde el punto de vista de la presente obra, son las relativas a las condiciones básicas de accesibilidad y no discriminación.

La normativa parte de la base de que los edificios han de contar con, al menos, un **itinerario accesible** desde el exterior de la finca y hasta el elemento privativo. En este sentido, se establece también la obligación de que todos los edificios que hayan de salvar **más de dos plantas** desde alguna entrada principal accesible al edificio o que tengan **más de 12 viviendas**, han de disponer de ascensor o rampa accesible, que comunique las plantas con la entrada accesible (RD 314/2006 documento básico SUA 9.Apartado 1.1.2).

Por su parte, los **edificios con viviendas accesibles** a usuarios en silla de ruedas, han de disponer de ascensor accesible o rampa que les comunique con las plantas con entrada accesible al edificio, así como a elementos asociados como plazas de aparcamiento, trasteros, elementos comunitarios. Del mismo modo, habrán de comunicarse a través de ascensor o de rampa accesible aquellas plantas de uso común o público, con una superficie con más de 100 m^2.

Aparte, los itinerarios, entradas accesibles, ascensores, plazas reservadas, servicios accesibles, etc. deben encontrarse debidamente señalizados, de forma que resulte sencilla su **localización y uso**.

Los **ascensores accesibles** han de contar con las dimensiones reglamentarias y con botoneras con caracteres en Braille. Las dimensiones se establecen en función de la superficie útil en plantas distintas a las de acceso.

Para que los **accesos** tengan la condición de accesibles, no pueden tener escalones, por lo que cualquier desnivel debe ser salvado por una rampa con las dimensiones reglamentarias. Además, el **vestíbulo de entrada o portal** debe tener un diámetro de giro de 1,5 metros, igual que habrá de suceder en los **pasillos** de más de 10 metros y frente a los ascensores accesibles. La anchura de paso de los pasillos será de 1,20 metros, aunque en algunos casos se permite que sea de 1,10 metros. La anchura de paso de las **puertas**, medida desde el marco, deberá ser de 0,80 metros, con los mecanismos de cierre situados a una altura entre 0,80 y 1,20 maniobrables con una sola mano o automáticas. En cuanto a los **pavimentos**, no deberán contener elementos sueltos, como gravas o arenas y deberán ser resistentes a la deformación. Los **felpudos** deberán encontrarse encastrados o fijados al suelo. La **pendiente** en el sentido de la marcha no puede ser superior al 4% y del 2% en la transversal al sentido de la marcha.

Los **edificios residenciales de vivienda** con aparcamiento propio han de contar con una plaza de aparcamiento accesible por cada vivienda accesible para usuarios de silla de ruedas. 1431
En **edificios** previstos para otros usos que cuenten con aparcamiento propio de más de 100 m2, deben contar:
- si se trata de **uso residencial público**, una plaza por cada alojamiento accesible;
- si son edificios de **uso comercial**, pública concurrencia o aparcamiento de uso público, una plaza por cada 33 plazas de aparcamiento o fracción:
- en cualquier **otro uso**, una plaza accesible por cada 50 plazas de aparcamiento o fracción, hasta 200 plazas y una plaza accesible más por cada 100 plazas adicionales o fracción (RD 314/2006 Documento básico SUA 9.Apartado 1.2.3).
Las **plazas de aparcamiento** reservadas para personas con discapacidad estarán situadas cerca del acceso peatonal, con un espacio anejo de aproximación de anchura mínima de 1,20 metros, si la plaza es en batería y de 3 metros en línea.
En cuanto a los **servicios accesibles**, habrán de contar con barras de apoyo y mecanismos y accesorios diferenciados cromáticamente del entorno; con anchuras de paso de 1,20 metros y con espacios de giro de 1,50 metros. Las **puertas** habrán de ser abatibles.
Los **lavabos, inodoros, duchas y urinarios** deberán ajustarse a alturas y tamaños especificados en la norma. Las barras deberán encontrarse fijadas, ser fáciles de asir y situadas a una altura media de 0,70 metros.

Las **viviendas para usuarios con sillas de ruedas** no deberán tener escalones. La anchura de los **pasillos** debe de ser, al menos, de 1,10 metros. El **vestíbulo** tendrá un espacio de giro, libre de obstáculos, de 1,50 metros. Las **puertas** habrán de tener una anchura mínima de 0,80 metros, con los mecanismos a una altura entre 0,80 y 1,20 metros. El **dormitorio principal** debe tener un espacio de transferencia a lado de la cama y un espacio de paso a los pies de la cama de, al menos, 0,90 metros. La **cocina** debe tener la encimera a 0,85 metros y un espacio libre bajo el fregadero y la cocina de cómo mínimo 0,70 metros de altura, 0,80 metros de anchura y 0,60 metros de profundidad, con zonas de giro de 1,50 metros. Deberá tener como mínimo un **baño** con espacio de diámetro de 1,50 metros y con puertas abatibles o correderas. Los lavabos, inodoros, duchas y griferías deberán ajustarse a las medidas y calidades reglamentariamente establecidas. La **terraza** debe tener un diámetro de giro de 1,20 metros sin obstáculos. El espacio exterior tendrá **itinerarios accesibles** que permitan su utilización por usuarios en sillas de ruedas. 1432

SECCIÓN 5

Obras de mejora

(LPH art.17.4 redacc RDL 8/2023)

Son obras de mejora todas aquellas que no tienen la consideración de necesarias para la adecuada **conservación y mantenimiento** de la comunidad. Dentro de ellas hay que establecer una triple distinción: 1515
a) Las mejoras que tienen la consideración de **exigibles**, que son las necesarias para favorecer la accesibilidad universal (nº 1350 s.). Si no se aprueban en junta, el propietario interesado puede acudir al auxilio judicial y obtener la ejecución forzosa de las mismas (LPH art.10.1.b).
b) Las mejoras que **no resulten exigibles** conforme a lo anteriormente indicado, pero cuyo coste de instalación no supere el importe equivalente a 3 mensualidades ordinarias de gastos comunes. Estas mejoras son las denominadas «**no suntuarias**» y su ejecución requiere de la aprobación del correspondiente acuerdo en junta de propietarios, que solo podrá ser suplido por los tribunales de justicia en el caso de que la comunidad actúe con manifiesto abuso de derecho o exista un grave perjuicio para uno o varios propietarios que los mismos no tengan por qué soportar. La particularidad frente a las «**suntuarias**» es que, una vez aprobadas, son obligatorias para todos los propietarios quienes vienen obligados a contribuir a los gastos derivados de su ejecución.
c) Las mejoras no comprendidas en el apartado a) anterior, cuyo coste de ejecución supere el importe equivalente a 3 mensualidades ordinarias de gastos comunes. Estas mejoras son las denominadas «**suntuarias**» y tienen la particularidad de que no puede obligarse a contribuir al sostenimiento del gasto derivado de su ejecución a los propietarios disidentes, ni se modificará su cuota de participación y ello, aunque dichos propietarios no puedan ser privados de la ventaja o provecho que genere la mejora realizada (LPH art.17.4 redacc RDL 8/2023). Aunque el legislador establece como factor determinante de la calificación de una mejora como «suntuaria» el hecho de que su ejecución supere el importe correspondiente a 3 mensualidades

ordinarias de gastos comunes, quedan **excluidas** de tal consideración la ejecución de obras, instalaciones o servicios dirigidos a suprimir barreras o a favorecer la **accesibilidad** del inmueble, sujetas a lo dispuesto en la LPH art.17.2 redacc RDL 8/2023. Estas últimas, a diferencia de las suntuarias, una vez aprobadas, obligarán a contribuir a todos los propietarios incluidos los disidentes y sea cual sea el importe de su ejecución, sin perjuicio del derecho de los propietarios disidentes a impugnar el acuerdo aprobatorio de las mismas por considerarlo gravemente perjudicial.

1516 En muchas ocasiones no existe una **clara separación** entre lo que es una mera conservación y una actuación de mejora, lo que tiene importancia tanto en lo referente a la adopción del acuerdo aprobatorio, como en lo relativo al ámbito fiscal. Partiendo de este último supuesto, se ha considerado que constituyen reparaciones y conservaciones las actuaciones destinadas a mantener la **vida útil del inmueble y su capacidad** productiva o de uso; mientras serán mejoras las que redunda, bien en un aumento de la **capacidad o habitabilidad del inmueble**, bien en un alargamiento de la vida útil. En relación con las actuaciones de mejora y aunque no aparecen contempladas expresamente en la normativa del IRPF, se ha entendido por mejora el conjunto de actividades mediante las cuales se produce una alteración en un elemento del inmovilizado aumentado su anterior eficiencia productiva (ICAC Resol 1-3-13). No obstante, en diferentes consultas dirigidas a la Dirección General de Tributos se ha considerado que actuaciones como la sustitución del cuadro eléctrico, la sustitución de ventanas o tuberías, o griferías antiguas, incluso la sustitución de alicatado y solado y reparación de puertas constituyen actos de conservación o reparación y no obras de mejora (TSJ Madrid 22-9-21, EDJ 744316).

1. Obras de mejora no suntuarias

(LPH art.17.2. y 17.4 redacc RDL 8/2023)

1518 **Mayoría requerida** Las mejoras que tengan la consideración de **exigibles** no requieren de acuerdo aprobatorio alguno de la junta de propietarios (LPH art.10.1.b).

Respecto a la aprobación de las obras **no suntuarias**, al margen de lo expuesto para la mejora de la eficiencia energética, el criterio que sigue la norma es el de exigir el voto favorable de las tres quintas partes del total de los propietarios, siempre que representen las tres quintas partes de las cuotas de participación existentes en el inmueble (LPH art.17.4 redacc RDL 8/2023).

Si la innovación o mejora es de interés o **aprovechamiento general**, para la consecución de dicha mayoría se tendrán como favorables los votos de todos aquellos propietarios que, debidamente citados a las juntas, no hubieran asistido, siempre y cuando no manifiesten su oposición a la decisión adoptada a la junta en el plazo de 30 días naturales a contar desde que les sea notificada. La oposición habría de comunicarse mediante escrito remitido a la persona que ostente el cargo de secretario de la comunidad (LPH art.17.8).

Si la mejora va dirigida a **suprimir barreras arquitectónicas** y, en cualquier caso, la instalación del **ascensor** requerirá de la simple mayoría del total de los propietarios del edificio, que habrá de representar la mayoría de las cuotas de participación, aplicándose el mismo régimen apuntado anteriormente respecto del consentimiento tácito de los propietarios ausentes (LPH art.17.2 redacc RDL 8/2023).

También quedarán sujetas al régimen de simple mayoría de propietarios y cuotas las mejoras en la **eficiencia energética** del edificio, así como las que consistan en la implantación de fuentes de energía renovable de uso común. En estos casos estarán **obligados a contribuir** todos los propietarios siempre que el coste de las mismas repercutido anualmente, una vez descontadas las subvenciones o ayudas públicas y aplicada en su caso la financiación, no supere la cuantía de 12 mensualidades ordinarias de gastos comunes -9 mensualidades hasta el 15-6-2022- (LPH art.17.2 redacc RDL 8/2023).

Las mejoras consistentes en la instalación de infraestructuras comunes para el acceso a los **servicios de telecomunicación**, así como a la instalación de servicios privativos y comunes de **aprovechamiento de energías renovables**, o para acceder a nuevos suministros energéticos colectivos, podrá ser acordada, a petición de cualquier propietario interesado, por un tercio de los integrantes de la comunidad, siempre que representen un tercio de las cuotas de participación existentes (LPH art.17.1). En estos casos, únicamente estarán obligados a contribuir los propietarios que voten a favor del acuerdo.

1519 **Coste de las obras** (LPH art.10.2, 17.1 y 17.4 -redacc RDL 8/2023-) La regla general respecto de las mejoras «no suntuarias» es la de que, una vez acordadas, todos los propietarios vendrán obligados a soportarlas o costearlas. No debe llevar a equívoco el hecho de que la Ley sea taxativa cuando indica que ningún **propietario** podrá exigir nuevas instalaciones, servicios o mejoras no requeridos para la adecuada conservación, habitabilidad, seguridad y accesibilidad del

inmueble, según su naturaleza y características, ya que la mención que hace el legislador lo es al carácter exigible u obligatorio de las obras, no así a las consecuencias que se deriven si, efectivamente, se acuerda la ejecución de la mejora.
Por tanto, cuando se adopten válidamente **acuerdos para realizar innovaciones no exigibles**, por innecesarias, cuya cuota de instalación no exceda del importe de 3 mensualidades ordinarias de gastos comunes, los **propietarios disidentes** sí resultarán obligados a contribuir al sostenimiento de los gastos derivados de la misma.
En el caso de que la comunidad de propietarios expusiera la necesidad de realizar **obras de accesibilidad en los elementos comunes** sin que exista petición expresa en tal sentido, haya o no personas con discapacidad, asimiladas o mayores de 70 años, previendo, así una situación de futuro, deberá considerarse como una obra de mejora, en cuanto no exceda el coste de su ejecución del legalmente establecido -12 mensualidades de gastos ordinarios- y sea aprobado por la mayoría precisa (LPH art.17.2 redacc RDL 8/2023). Todos los propietarios vendrán obligados a contribuir a los gastos de la instalación o mejora, con independencia del alcance de los mismos.

Los únicos supuestos de **mejoras no exigibles** en los que no se podrá obligar a contribuir a todos los propietarios son: 1520
• Los derivados de la instalación de las infraestructuras comunes para el acceso a los **servicios de telecomunicación** o adaptación de los ya existentes, o en los de instalación de servicios privativos o comunes de aprovechamiento de energías renovables, o para el acceso a nuevos servicios energéticos colectivos. En estos supuestos, solo vendrán obligados a contribuir los propietarios que hubieran votado expresamente a favor del acuerdo. No los ausentes, ni los disidentes, ni siquiera los que se hayan abstenido en la votación, o los que hubieran sido privados del derecho de voto. La particularidad viene dada por el hecho de que si alguna de esas personas desea posteriormente aprovecharse de la mejora incorporada -instalación correspondiente-, habrá de solicitarlo y podrá autorizársele, siempre que abonen el importe que le hubiera correspondido, debidamente actualizado, aplicando el correspondiente interés legal (LPH art.17.1).
• Los derivados de las obras o actuaciones que contribuyan a la mejora acreditable de la **eficiencia energética del edificio o de la implantación de fuentes de energía renovable** de uso común, incluyendo en su caso la modificación de la envolvente del edificio, siempre que el coste de las mismas repercutido anualmente, una vez descontadas las subvenciones o ayudas públicas y aplicada en su caso la financiación, no supere la cuantía de 12 mensualidades ordinarias de gastos comunes (LPH art.17.2 redacc RDL 8/2023).

Precisiones Adoptado por la comunidad de propietarios el acuerdo de realizar una serie de mejoras en relación a la megafonía, así como, al escenario, al chill out y al pool bar del complejo, cuya cuantía no supera el **importe equivalente a 3 mensualidades**, es de aplicación lo dispuesto en LPH art.17.4, debiendo aprobarse por las tres quintas partes del total de los propietarios que, a su vez, representen las tres quintas partes de las cuotas de participación, quedando obligados los **disidentes** a contribuir al gasto, ya que, por su importe, no cabe calificar la mejora como suntuaria (AP Las Palmas 26-10-18, EDJ 728604).

2. Obras de mejora suntuarias

(LPH art.17.4 redacc RDL 8/2023)

Como regla general, en las **viviendas** será mejora toda inversión que realmente se considere que la dota de un **mayor valor**, ya sea: 1525
- porque la mejora estéticamente;
- porque aumenta la comodidad o la accesibilidad de sus usuarios; o
- por la instalación de nuevos servicios o la sustitución de las instalaciones existentes cuando sean obsoletas.

Por ello, es preferible un concepto amplio de mejora que incluya los llamados **gastos suntuarios**, sobre todo teniendo en cuenta que la ley no establece diferencia alguna entre tipos de mejoras.

Precisiones La Exposición de Motivos de la Ley de Bases de 22-12-1955 para la reforma de la LAU afirmaba que se califican como obras de mejora «las de **mera comodidad o conveniencia de las partes**», mientras que la LPH art 17.4 habla de «instalaciones, servicios o mejoras no requeridos para la adecuada conservación, habitabilidad, seguridad y accesibilidad del inmueble, según su naturaleza y características» (Ataz López).
Quizás aquí radique la diferencia respecto de las obras suntuosas, el **destino o finalidad** de las mismas que en cuanto no respondan o atiendan a hacer accesible un servicio o elemento común no puede pretender ser calificada de necesaria, obligatoria o exigible en los términos comentados, superando el **coste de ejecución** el equivalente a 3 mensualidades ordinarias de gastos comunes.

1528 **Accesibilidad como finalidad esencial de las obras** En este sentido, puede afirmarse que la accesibilidad, como finalidad esencial de las obras, entendida en el sentido recogido en RDLeg 1/2013, esto es, como «la condición que deben cumplir los entornos, procesos, bienes, productos y servicios, así como los objetos o instrumentos, herramientas y dispositivos, para ser **comprensibles, utilizables y practicables por todas las personas** en condiciones de seguridad y comodidad y de la forma más autónoma y natural posible, que presupone la estrategia de diseño para todos y se entiende sin perjuicio de los ajustes razonables que deban adoptarse», constituye un **elemento que aporta seguridad y certeza** al momento de calificar dichas obras de necesarias o, en su caso, de suntuarias, lo que no sucede con **obras de distinta naturaleza** donde la discusión se centrará en su necesidad o no, lo que introduce un elemento subjetivo de enorme dificultad interpretativa. No obstante, tras la modificación de la regulación introducida por la L 8/2013, se establece que, cuando se acuerden **obras destinadas a suprimir barreras**, con independencia del importe de las mismas, vendrán obligados a contribuir todos y cada uno de los propietarios, sin que sea de aplicación a estos supuestos el régimen de las innovaciones suntuarias (LPH art.17.4 redacc RDL 8/2023). Por ello, el propietario que se oponga y que considere que por su importe representa un grave perjuicio, habrá de intentar impugnar el acuerdo aprobatorio de la misma a través del procedimiento ordinario (LPH art.18; LEC art.249.1.8ª y 399 a 436 -redacc RDL 6/2023-).

Precisiones El tribunal estima que la **derrama extraordinaria** constituye un gasto necesario para la adecuada habitabilidad del inmueble, el cual debe ser abonado por todos los copropietarios, incluidos los disidentes, al entender que la infraestructura de la TDT en el inmueble tiene un interés general para la comunidad y afecta directamente el concepto de habitabilidad (AP Badajoz 20-3-09, EDJ 63637).

En la sentencia se recoge que, cuando en la LPH art.11.1 -vigente LPH art.17.4 redacc RDL 8/2023- se establece que ningún propietario puede exigir nuevas instalaciones, servicios o mejoras no requeridas para la adecuada conservación, habitabilidad y seguridad del inmueble, según su naturaleza y características, está claro que deben **excluirse** aquellas **obras que supongan una mejora no requerida** para alguna de las finalidades referidas: la conservación, habitabilidad o seguridad del inmueble.

Supuesto ello, entiende este tribunal, en contra de las tesis que sostiene el apelado, que la infraestructura de la TDT en el inmueble tiene un interés general para la comunidad y afecta directamente el **concepto de «habitabilidad»**, por lo que ha de ser considerada como una innovación tecnológica necesaria que mejora la habitabilidad del inmueble ya que el **entorno digital** se está convirtiendo en una condición necesaria de funcionalidad y habitabilidad de los inmuebles, no en algo suntuario o de lo cual se pueda prescindir.

Hay que añadir, así mismo, que entre los **elementos comunes** de la propiedad horizontal se mencionan las antenas colectivas y demás instalaciones para los servicios audiovisuales o de telecomunicación e información (CC art.396).

1530 **Mayoría requerida** (LPH art.17.4 -redacc RDL 8/2023- y 17.8) En relación a las mayorías requeridas para la adopción de los acuerdos, las mejoras suntuarias siguen el mismo régimen que las «no suntuarias» (nº 1518). Ello significa que, por **regla general**, requieren del voto favorable de las tres quintas partes del total de propietarios del edificio, siempre que representen las tres quintas partes de las cuotas de participación.

Para la consecución de dicha mayoría, se aplicará el sistema del **consentimiento tácito** de los propietarios ausentes que no se opongan al acuerdo en el plazo de 30 días naturales, desde que les sea notificado, siempre que dicha mejora lo sea para el aprovechamiento general.

1532 **Coste de las obras** El aspecto más relevante de las mejoras suntuarias es que los **propietarios disidentes** no vendrán obligados a soportar los costes de la misma, ni siquiera, aunque por sus características vayan a aprovecharse o sacar beneficio de ella. Es importante destacar que, a diferencia de lo que ocurre con las infraestructuras comunes para el acceso a los servicios de telecomunicación, a las energías renovables, o a los nuevos servicios energéticos, la exclusión en la contribución se limita a los disidentes, no comprendiéndose en la misma, ni a los **propietarios ausentes** que no se hayan opuesto en el plazo de 30 días naturales desde la comunicación de la decisión, ni a los **propietarios que se abstienen**, ni a los **privados del derecho de voto**.

Precisiones Cuando la obra no sea necesaria para suprimir barreras y tenga el carácter de **mejora**, se puede aprobar con la mayoría cualificada de LPH art.17.4 redacc RDL 8/2023, pero si se acuerda repercutir su coste incluso a los propietarios disidentes, dicho acuerdo puede impugnarse y ser declarado nulo, por cuanto que los disidentes no tienen obligación de soportar el gasto (AP Zaragoza 29-7-16, EDJ 173821).

SECCIÓN 6

Obras estructurales

(LPH art.7, 10 -redacc RDL 8/2023- y 17 -redacc RDL 8/2023-)

La Ley limita las **facultades del propietario** de una vivienda o local sujeta al régimen de la propiedad horizontal. Si bien este usará de su piso o local según le convenga, carece de facultad para alterar cualquier parte del resto del inmueble; distinguiendo entre la **propiedad privada** y los **elementos comunes** del edificio: para la primera, el titular tiene plena libertad de realizar modificaciones, pero no en los **servicios generales de la comunidad**, pues sus derechos dominicales exclusivos terminan allí donde su propia superficie se acaba, pasando el resto a ser competencia de la comunidad -LPH art.3.a- (TS 15-12-08, EDJ 234525). 1535

Por definición las obras estructurales exceden siempre del ámbito de aplicación de LPH art.7. La **estructura del edificio** se define en el Código Técnico de la Edificación como el conjunto de elementos, conectados entre ellos, cuya misión consiste en resistir las acciones previsibles y proporcionar rigidez (RD 314/2006 anejo III). Por ello, los elementos estructurales serán aquellos que forman parte de la estructura, como pueden ser los pilares, las vigas, las losas, las zapatas. A estos efectos, se incluyen también los elementos de cierre y protección del edificio frente a los agentes externos, como son las cubiertas y las fachadas. La conclusión es que todos los elementos estructurales son siempre y por naturaleza elementos comunes.

La **función** esencial que cumple la estructura ha hecho que durante muchos años su alteración se sujetara al rigurosísimo régimen del acuerdo unánime de los propietarios. Esta circunstancia unida al extraordinario volumen que han ido alcanzado estas comunidades, hacían casi una quimera que pudiera aprobarse por las comunidades en propiedad horizontal obra alguna que afectase a dichos elementos, salvo que se tratase de una obra necesaria, impuesta por la Administración o que pusiera en riesgo cierto a la seguridad de las personas. Dicho inconveniente es uno de los que motivó la reforma introducida por la L 8/2013, ya que esta se aprobó para salvar las importantes trabas que se encontraban en la norma anterior para conseguir aprobar las actuaciones de rehabilitación o regeneración y renovación edificatoria.

En cuanto a las alteraciones que afecten a la **envolvente del edificio** (LPH art.10.3), con dicha denominación se alude a los cerramientos del inmueble que separan recintos habitables del ambiente exterior y las particiones interiores que separan los recintos habitables de los no habitables que, a su vez, estén en contacto con el ambiente. En realidad, se comprenden en dicho concepto todas las actuaciones de cerramientos de elementos y de aislamiento térmico de la edificación. Si bien, se contempla de manera expresa únicamente su alteración para la obtención de una mejora energética.

La consecuencia de ello es que de un régimen anterior sustentado sobre la unanimidad como criterio básico para poder aprobar cualquier obra que afecte a la estructura, se ha pasado a un régimen mucho más flexible, pero también algo más complejo para su determinación, por cuanto que: 1536

- hay alteraciones cuya ejecución se autoriza **sin necesidad de consentimiento de la junta** de propietarios, que son aquellas que vengan impuestas por la normativa vigente en cumplimiento del deber de conservación o por estar el edificio incurso en un ámbito de actuación de rehabilitación o regeneración y renovación urbana (LPH art.10.1); y
- otras, que son aquellas que hayan de ejecutarse al objeto de favorecer la eficiencia energética, o la instalación de fuentes de energía renovables, incluyendo en su caso la modificación de la envolvente del edificio, y que se aprueben al amparo de lo dispuesto en la LPH art.17.2 redacc RDL 8/2023, esto es, por el voto favorable de la **mayoría del total de los propietarios**, siempre que representen, a su vez, la mayoría de las cuotas de participación.

Precisiones **1)** Ante el importante **cambio normativo** operado por la L 8/2013, se presentan algunas dudas en relación a la interpretación que puedan hacer los tribunales de la norma. Una de ellas es si los tribunales van a seguir entendiendo que las alteraciones de escasa relevancia que puedan hacerse sobre un elemento estructural, las cuales en modo alguno pueden comprometer la resistencia mecánica o la seguridad del edificio, seguirán considerándose permitidas al albur de su calificación como «no alteración», sino como «forma de uso». Se trataba del recurso que encontraban anteriormente los tribunales para hacer una interpretación correctora de la LPH y tratar de adaptar el rigor de la norma a la realidad de los supuestos de hecho sobre los que tenía que ser aplicada. Ahora, al haberse flexibilizado extraordinariamente el régimen de aprobación de las obras, existen importantes dudas de si tiene sentido mantener dicho criterio, cuando la LPH art.7 restringe, inequívocamente, su ámbito de actuación a las obras ejecutadas en los elementos privativos y la LPH art.9 insiste en la obligación que recae sobre todos y cada uno de los propietarios de respetar los elementos e instalaciones comunes de la finca.

2) La Ley autoriza al propietario a la realización de obras en su piso, siempre que no alteren ni la seguridad, ni la estructura general, ni su configuración o estado exteriores, y si además las **obras** son **de carácter inocuo** respecto a los elementos comunes materiales y elementos comunes estéticos, basta para su realización dar cuenta al presidente de la comunidad (TS 24-7-92, EDJ 8336).

1538 **Obras estructurales que no requieren acuerdo** Las modificaciones estructurales, dado su alcance, se encuentran sujetas a **control administrativo** a través de la concesión de la correspondiente licencia municipal, lo que, a su vez, implica la necesidad de que previamente se elabore un **proyecto** arquitectónico, conforme a las premisas establecidas en el Código Técnico de la Edificación, que habrá de visar el colegio profesional correspondiente y aprobar los técnicos municipales, previa la concesión de la licencia. Todo ello al margen de los oportunos **acuerdos** que, en función de la alteración, serán requeridos en el seno de la comunidad de propietarios.

El ejemplo más representativo de modificación estructural viene representado por la **sobreedificación** de nuevas plantas, lo que ha de hacerse extensivo a la subedificación.

En relación a este tipo de obras, se contempla la posibilidad de que puedan venir impuestas por la autoridad correspondiente, bien porque forman parte del deber de **conservación** (LS/15 art.15.4), bien porque su ejecución resulte obligatoria en virtud de la inclusión del edificio en un ámbito de **rehabilitación o regeneración y renovación urbana**. En estos casos, no es necesaria la existencia de un acuerdo de la junta de propietarios que apruebe su realización (LPH art.10.1). Lo que sí será necesario, en cualquier caso, es la realización de un **proyecto** arquitectónico, debidamente visado por el colegio profesional y aprobado por los técnicos municipales, para, finalmente, contar con la correspondiente **licencia** o autorización municipal. Dado el importante coste económico de estas obras, lo normal es que la junta de propietarios haya de pronunciarse sobre el **presupuesto** de las obras, las **derramas** que habrán de girarse a resultas del mismo y los términos de pago que se aplicarán internamente. Todos estos acuerdos son de mera gestión y quedarán sujetos a la simple mayoría de propietarios y cuotas del total inmueble, si la junta se celebra en primera convocatoria, o a la mayoría de propietarios y cuotas presentes en la junta, si esta se celebra en segunda convocatoria (LPH art.17.7).

Precisiones Una de las **dudas** que presenta el nuevo régimen de obras, que permite afrontar las mismas, en algunos casos, sin necesidad de acuerdo de la junta, es la de quién puede llevar a cabo dichas actuaciones y si un **propietario interesado** en las mismas podría acometerlas por su cuenta y repetir posteriormente contra la comunidad. Las primeras sentencias dictadas sobre el particular se decantan abiertamente por evitar la vía de hecho por parte de los propietarios singulares, debiendo seguir estos los pasos lógicos para que sea la comunidad la que acometa las obras: comunicación a la comunidad; solicitud a esta de la de un informe técnico que determine el alcance de la patología, la solución y la urgencia y solo en caso de pasividad injustificada podría pensarse en la posibilidad de acometer una reparación urgente y necesaria (AP Murcia 14-3-14, EDJ 49721).

1540 **Obras estructurales que requieren acuerdo** Las obras estructurales que no vengan impuestas por la normativa vigente, ni formen parte del deber de conservación o se incluyan entre los conceptos de «ajustes razonables» (LPH art.10.1), habrán de ser aprobadas necesariamente por la junta de propietarios.

Se requiere para ello la **mayoría cualificada** de las tres quintas partes de los propietarios y cuotas de participación -esto es, se ha pasado del casi utópico 100% de los propietarios, a la mayoría reforzada del 60% de los propietarios, siempre que representen el 60% de las cuotas de participación-.

Además, y para todas aquellas alteraciones de interés general, se puede contar como favorables con los votos de todos aquellos propietarios que debidamente convocados a la junta, no hubiesen asistido y no manifiesten su discrepancia en el plazo de 30 días naturales desde que se les notifique la decisión de la junta (LPH art.17.8). El sistema de **voto favorable tácito** de los propietarios ausentes no se aplica en aquellos casos en los que la alteración se efectúe por interés particular, esto es, en ejercicio de un derecho de sobre o sub-edificación constituido a favor de un propietario concreto, o para el cerramiento de terrazas privativas. En estos casos, la mayoría en cuestión habrá de obtenerse con el **consentimiento expreso** de los propietarios.

Precisiones **1)** Aunque el grueso de las obras estructurales se encuentra regulado en la LPH art.10.1 y 10.3 -redacc RDL 8/2023-, es obvio que alguna de las actuaciones reguladas en los diversos apartados de la LPH art.17 puede suponer, igualmente, la alteración de la estructura o fábrica del edificio. Es el caso, por ejemplo, de la instalación del **ascensor**, que en muchas ocasiones obliga a modificar el hueco de la escalera, actuando sobre elementos estructurales de la finca. En estos casos, la dificultad de la obra a ejecutar no hace variar la mayoría exigida en la LPH para la instalación, luego bastará con obtener el voto favorable de la mayor parte de los propietarios del edificio, siempre que represente la mayoría de las cuotas de participación, pudiéndose computar el voto de los propietarios ausentes que no se opongan, por tratarse de una instalación de interés general (LPH art.17.2 redacc RDL 8/2023).

2) No obstante la modificación normativa operada por la L 8/2013, algunas resoluciones judiciales interpretan que las obras estructurales de envergadura harían necesaria la **modificación del título constitutivo** de la propiedad horizontal al variarse la superficie o volumen, lo que conlleva que queden sujetas al régimen de unanimidad (AP Ourense 19-12-16, EDJ 239639).

Afectación de elementos privativos Uno de los principales problemas con los que se encuentran en la actualidad las obras estructurales, al margen del relativo al importante coste económico que suelen representar, es el hecho de que muchas de esas actuaciones tienen una directa incidencia sobre elementos de la finca atribuidos en uso exclusivo o sobre elementos privativos. De hecho, en gran parte de los edificios de antigua construcción la instalación de un ascensor, que se ha convertido en un servicio cuasi imprescindible en los edificios, obliga a realizar actuaciones que, o bien inciden en el **patio interior** que con mucha frecuencia se asigna en uso exclusivo a los propietarios de las plantas bajas, o, incluso, exigirían poder ocupar parte del espacio de elementos privativos tales como **locales en planta baja**, siendo dicha opción la única para llevar a cabo las obras. 1542

Por ello, los jueces y tribunales se encuentran con cierta frecuencia ante la tesitura de tener que realizar un análisis de intereses en juego, para a continuación tomar una decisión en función de aquel interés que se considera objeto de mayor protección. La necesidad de ocupación de parte de un espacio de naturaleza privativa, como es lógico, siempre cuenta con la **oposición del propietario afectado**. La resolución de estos casos se realiza partiendo de la ponderación de los bienes jurídicos que se ven afectados. De un lado, el derecho del propietario a no ver perjudicado su derecho de propiedad y, por otro, el de la comunidad de propietarios a instalar un ascensor, como elemento que garantizará la accesibilidad y habitabilidad del edificio.

Ante estos supuestos, el Tribunal Supremo ha sentado como doctrina jurisprudencial que la instalación de un ascensor en una comunidad de vecinos que carece de este servicio, considerado como de interés general, permite la constitución de servidumbres permanentes con el oportuno **resarcimiento de daños y perjuicios**, incluso cuando suponga la ocupación de parte de un espacio privativo, siempre que concurran las mayorías exigidas legalmente para la adopción de tal acuerdo, sin que resulte preceptivo el consentimiento del propietario directamente afectado, y que el gravamen impuesto no suponga la pérdida o una merma sustancial del aprovechamiento -habitabilidad y funcionalidad- de su espacio privativo (TS 10-3-16, EDJ 20747; 17-10-13, EDJ 201110; 20-7-12, EDJ 197076; 10-10-11, EDJ 242199; 6-9-11, EDJ 222421; 22-2-10, EDJ 298174). Esta jurisprudencia se ha visto aplicada en múltiples resoluciones judiciales de tribunales inferiores (AP A Coruña 6-2-20, EDJ 185675).

Precisiones **1)** La actualización de las edificaciones de uso predominantemente residencial mediante la incorporación de **nuevos servicios e instalaciones para** hacer efectiva la **accesibilidad y movilidad** de los inquilinos, entre ellos, la colocación de un ascensor, es una posibilidad, pero **no**, aun existiendo acuerdo respaldado por la mayoría exigida, un **derecho absoluto** de la comunidad;
- cuando un **propietario se ve afectado** perjudicialmente por dicha incorporación es necesario realizar un juicio de ponderación entre los intereses jurídicos protegidos y que entran en conflicto, el del propietario a no ver alterado o perturbado su derecho de propiedad y el de la comunidad a instalar un ascensor, en el que se tenga en cuenta el alcance de esa afección sobre el elemento privativo;
- si dicha afección va más allá de lo que constituye el verdadero contenido y alcance de la servidumbre como **limitación o gravamen impuesto sobre un inmueble en beneficio de otro** perteneciente a distinto dueño, según el CC art.530, por suponer una pérdida de la habitabilidad o funcionalidad del elemento privativo que conlleva la desaparición, impide o merma de forma significativamente sustancial la posibilidad del aprovechamiento que resulta a su favor conforme a lo establecido por la LPH art.3.a, la instalación no podrá llevarse a cabo sin el consentimiento del afectado;
Fuera de estos casos, el **interés individual del propietario** no puede desplazar el interés general de la comunidad en que la instalación se lleve a cabo, cuando el acuerdo de la junta reúna los presupuestos legales, pero con el oportuno resarcimiento a aquel de los daños y perjuicios ocasionados (TS 29-3-23, EDJ 54055).
2) En cualquier caso, para poder determinar la incidencia concreta de la actuación la comunidad debe contar con un **proyecto técnico de obras de instalación del ascensor**, adaptado al Código Técnico, en el que se refleje si se requiere o no la afectación de elementos privativos y el alcance de la misma (AP Sta. Cruz de Tenerife 21-7-23, EDJ 702291).

Corresponde a la junta de propietarios por acuerdo adoptado por las tres quintas partes de los propietarios, siempre que representen las tres quintas partes de las cuotas de participación, y constando el consentimiento del propietario afectado fijar la **indemnización** por daños y perjuicios que corresponda, así como el alcance de las **obras** a realizar. 1544

Si el propietario o propietarios afectados no prestan su **consentimiento**, la comunidad puede acudir al auxilio judicial para que realice la ponderación de intereses apuntada anteriormente, entendiendo que se trata de un comportamiento gravemente perjudicial para la comunidad. Del mismo modo, si el propietario **no está conforme** con la indemnización fijada por la comunidad en concepto de daños y perjuicios, puede impugnar el acuerdo dentro del plazo de 3 meses por entenderlo gravemente perjudicial para sus intereses (LPH art.18). De hecho, el legislador es consciente de que dicho mecanismo conducirá a una segura conflictividad interna, razón por la cual ofrece a la comunidad la posibilidad de que se recurra al dictamen de peritos o a la solución arbitral que pueda resolver tanto las cuestiones técnicas, como las de determinación de la indemnización correspondiente.

Precisiones **1)** El ejercicio del derecho a suprimir las barreras arquitectónicas debe efectuarse dentro de los límites del orden moral, teleológico y social que impone la concreta situación de la propiedad horizontal. Aspectos que deberán tenerse en cuenta a la hora de determinar la solución técnica a cada situación concreta, evitando la producción de perjuicios desproporcionados cuando existen **soluciones alternativas** (AP Cantabria 28-11-19, EDJ 766410; AP Madrid 12-9-23 EDJ 717388).

2) La indemnización **ha de incluir** el precio de los metros cuadrados ocupados, la depreciación del local como objeto de arrendamiento y los gastos de adaptación al haber perdido algunas dependencias (TS 17-10-13, EDJ 201110). En otros casos, la compensación consiste en la cesión al elemento privativo afectado de parte de la superficie del portal, con el consiguiente estrechamiento de este (AP Burgos 13-12-13, EDJ 257784).

3) La indemnización no sólo **debe referirse** al dato de la superficie afectada, sino, también, a la depreciación del valor como consecuencia de la pérdida de funcionalidad (AP Ourense 13-10-21, EDJ 765976).

4) Cuando la instalación afecta a la funcionalidad de forma esencial, como por ejemplo al inutilizar la cocina de un local comercial, **no podrá imponerse** la actuación al propietario privativo en cuestión (AP Salamanca 23-9-13, EDJ 185675).

5) La **indemnización** que le corresponde al propietario que se vea afectado por la instalación del ascensor se calculará, no en términos de justiprecio expropiatorio, ya que el ámbito administrativo no es extrapolable al civil, sino en la manera determinada por el Tribunal Supremo, que consiste en la determinación del precio de mercado de la parte del local a ocupar más el detrimento experimentado por el local como consecuencia de dicha ocupación, más los daños y perjuicios causados durante la ejecución de las obras y la indemnización que el propietario deberá satisfacer al inquilino que ve como el local arrendado se ve reducido. Dicha indemnización puede ser compensada con el importe que le corresponde al citado propietario aportar respecto de la instalación del ascensor (AP Madrid 20-12-19, EDJ 850654).

1560 **Construcción de nuevas plantas o cualquier otra alteración de la estructura del edificio** (LPH art.10.1 y 3) La construcción de nuevas plantas y cualquier otra alteración de la estructura o fábrica del edificio o de las cosas comunes afectan al **título constitutivo**.

Al margen de lo establecido en los apartados anteriores sobre la necesidad o no de acuerdo de junta y sobre las mayorías necesarias, en su caso, para su aprobación, es lógico que, al constituir una modificación del título constitutivo, la comunidad deba de fijar en el **acuerdo** una serie de aspectos.

En concreto debe fijar:
- la naturaleza de la modificación;
- las alteraciones que origine en la descripción de la finca y de los pisos o locales;
- la variación de cuotas; y
- el titular o titulares de los nuevos pisos o locales.

La aprobación del acuerdo correspondiente supone la de todas aquellas **actuaciones que sean necesarias** para la efectividad del mismo, sea la solicitud de licencias, la declaración de la escritura de obra nueva correspondiente y la posterior modificación del título constitutivo.

En el caso de que la sobre o sub-edificación vengan exigidas por la normativa aplicable, la comunidad habrá de resolver las cuestiones indicadas conforme al consenso unánime, ya que se modifican las **cuotas de participación** y se determinan **titularidades** y, en caso de no alcanzarse el acuerdo, habrá de acudirse al auxilio judicial.

1562 Precisiones No obstante lo anterior, el indudable casuismo que impera en esta suerte de relaciones impuestas por el régimen de la propiedad horizontal impide que se pueda generalizar prescindiendo de la singularidad de cada supuesto fáctico. Ello ha dado lugar, sin duda, a una **valoración de cada caso concreto**, tratando de armonizar el alcance de la exigencia legal que limita las facultades del propietario para ejecutar obras en elementos privados y comunes del edificio, especialmente significativa cuando se trata de facilitar el acceso de los comuneros a determinadas innovaciones, como ocurre con la instalación de aparatos de aire acondicionado, de existencia habitual y normal en viviendas y locales de negocio, en zonas geográficas más calurosas; supuestos que han sido enjuiciados con un cierto margen de flexibilidad para permitir la puesta al día de viviendas que en el momento de su construcción no pudieron adaptarse a las mejoras tecnológicas más beneficiosas para sus ocupantes (TS 15-12-08, EDJ 234525).

SECCIÓN 7

Acceso a servicios de telecomunicación y aprovechamiento de energías renovables

1. Infraestructuras comunes para el acceso a los servicios de telecomunicación

Las denominadas infraestructuras comunes de telecomunicaciones (**ICT**) consisten en las instalaciones necesarias para captar, adaptar y distribuir a las viviendas y locales, las **señales de radio y televisión terrestre y por satélite**, así como el servicio de telefonía básico, RDSI, fibra óptica y de telecomunicación por cable que permita la conexión a las redes de los operadores habilitados. 1575

El **objeto** de las ICT es:

- captar y adaptar las señales analógicas y digitales y distribuirlas hasta puntos de conexión situados en las viviendas o locales de las edificaciones, así como la distribución de las señales hasta los citados puntos de conexión;
- proporcionar acceso al servicio de telefonía disponible al público y a los servicios de telecomunicación de banda ancha, mediante las infraestructuras de telecomunicación que permitan la conexión de las distintas viviendas y locales, así como las instalaciones comunes de redes de los operadores habilitados.

Las ICT en los edificios sujetos al régimen de la propiedad horizontal tienen la consideración de **elementos comunes** (nº 1635).

Precisiones La instalación de las ICT para el acceso a los **servicios de telecomunicación en el interior de los edificios**, supone un importante paso adelante, al facilitar la incorporación a las viviendas, sobre todo las de nueva construcción, de las nuevas tecnologías a través de estas infraestructuras, de forma económica y transparente para los usuarios.

Infraestructura común de acceso a servicios de telecomunicación (RDL 1/1998 art.1.2 y 3; RD 346/2011 art.2) Consiste en los sistemas de telecomunicación y las redes que existan o se instalen en los edificios para cumplir, como mínimo, las siguientes **funciones**: 1578

a) La captación y la adaptación de las señales **de radiodifusión sonora y televisión terrestre** tanto analógica como digital, y su distribución hasta puntos de conexión situados en las distintas viviendas o locales del edificio, y la distribución de las señales de televisión y radiodifusión sonora por satélite hasta los citados puntos de conexión. Las señales de radiodifusión sonora y de televisión terrestre susceptibles de ser captadas, adaptadas y distribuidas, serán las difundidas, dentro del ámbito territorial correspondiente, por las entidades habilitadas.

b) Proporcionar acceso al **servicio telefónico básico** y a los **servicios de telecomunicaciones de banda ancha**, mediante la infraestructura necesaria para permitir la conexión de las distintas viviendas, locales y, en su caso, estancias o instalaciones comunes del edificio a las redes de los operadores habilitados.

c) También tendrá la consideración de infraestructura común de acceso a los servicios de telecomunicación la que, no cumpliendo inicialmente las funciones indicadas en los apartados anteriores, haya sido adaptada para cumplirlas. La **adaptación** podrá llevarse a cabo, en la medida en que resulte indispensable, mediante la construcción de una **infraestructura adicional a la preexistente**.

Normativa aplicable El complejo **marco normativo** de las ICT se contiene en las siguientes disposiciones legales: 1580

- RDL 1/1998, sobre **infraestructuras comunes** en los edificios para el acceso a los servicios de telecomunicación.
- RD 244/2010, que aprueba el Reglamento regulador de la actividad de instalación y mantenimiento de equipos y sistemas de telecomunicación.
- RD 346/2011, que aprueba el Reglamento regulador de las infraestructuras comunes de telecomunicaciones para el acceso a los servicios de telecomunicación en el interior de las edificaciones.

• OM ITC/1077/2006, que estableció el procedimiento a seguir en las **instalaciones colectivas de recepción de televisión** en el proceso de su adecuación para la recepción de la televisión digital terrestre y se modifican determinados aspectos administrativos y técnicos de las infraestructuras comunes de telecomunicación en el interior de los edificios.
• OM ITC/1644/2011, que desarrolla el Reglamento regulador de las infraestructuras comunes de telecomunicaciones para el acceso a los servicios de telecomunicación en el interior de los edificios.
El **ámbito de aplicación** de las normas se extiende a todos los edificios y conjuntos inmobiliarios en los que exista continuidad en la edificación, de uso residencial o no, con independencia de la fecha de construcción, que estén acogidos o deban acogerse al régimen de propiedad horizontal; así como a aquellos otros edificios que hayan sido arrendados en todo o en parte, por plazo superior a 1 año, salvo que alberguen una sola vivienda (RD 346/2011 art.3).

Precisiones **1)** La legislación que las regula, aun tratándose de una legislación de tipo técnico, tiene **sentido social**, ya que afecta a **todo tipo de viviendas** con independencia del poder adquisitivo del comprador, y contribuye de manera decisiva a que disminuyan a corto y medio plazo las desigualdades sociales en lo relativo al **acceso a servicios de telecomunicaciones** tales como: telefonía en sus distintas modalidades, internet, telecomunicaciones por cable, radiodifusión sonora y televisión, digitales, terrestres o por satélite, etc.
Las ventajas de todo orden que ello supone para determinados colectivos, como es el caso de las **personas con discapacidad** son de todo punto evidentes, favoreciendo, fomentando y haciendo accesible el acceso y uso de los nuevos medios de comunicación e información puestos a su alcance para mejorar ostensiblemente su calidad de vida y seguridad.
2) En el ámbito de la propiedad horizontal, las condiciones en que las **juntas de propietarios** pueden acordar la instalación de una ICT, y su consideración como elementos comunes, se establecieron por L 8/1999, de reforma de la LPH.

a. Obligación de implantación

1590 Se obliga a implantar una ICT en las siguientes construcciones (RDL 1/1998 art.2):
• En todos los **edificios** y **conjuntos inmobiliarios** en los que exista **continuidad en la edificación**, de uso residencial o no y sean o no de nueva construcción, que estén acogidos, o deban acogerse, al régimen de propiedad horizontal regulado por la LPH.
• En los **edificios** que, en todo o en parte, hayan sido o sean objeto de **arrendamiento por plazo superior a un año**, salvo los que alberguen una sola vivienda.

1592 **Copropietarios de edificios en régimen de propiedad horizontal** (RDL 1/1998 art.9)
Fuera de los dos supuestos anteriormente contemplados, los copropietarios de un edificio en régimen de propiedad horizontal tienen derecho a acceder a los **servicios de telecomunicaciones distintos** de los indicados en el nº 1578, a través de la instalación común realizada con arreglo a un régimen de previa información y posterior aprobación de la comunidad de propietarios, si técnicamente resultase posible su adaptación, o a través de sistemas individuales.
Los copropietarios en un edificio en régimen de propiedad horizontal tienen derecho a acceder a los servicios de telecomunicación a través de **sistemas individuales de acceso**, cuando no exista ICT, no se instale una nueva o no se adapte la preexistente (RD 346/2011 art.5.5). En estos supuestos, el propietario interesado ha de comunicar su intención a la comunidad de propietarios por escrito, acompañando la documentación suficiente para describir la instalación que se quiere instalar con la que se acredite el cumplimiento de los requisitos legales aplicables y el detalle del uso pretendido de los elementos comunes. Además, debe contener una declaración expresa de exención de toda responsabilidad a la comunidad en el mantenimiento, seguridad y vigilancia de la infraestructura.
La **comunidad**, a la vista de la comunicación recibida, puede optar por (RD 346/2011 art.6.2):
- comunicar la decisión de acometer una ICT o adaptar la preexistente;
- prestar el consentimiento para la instalación individual, así como para la utilización de los elementos comunes necesarios para ello; o
- proponer soluciones alternativas, siempre y cuando sean viables técnica y económicamente.

1594 Precisiones Se establece el derecho de los comunitarios o copropietarios de viviendas a realizar las **obras necesarias** para **acceder a los servicios de telecomunicaciones** que pueden ofrecer las operadoras que se encuentran legalmente habilitadas -que cuenten con licencia de la Administración- (RDL 1/1998 art.9).
En cuanto a las **obras** que pueden realizarse, «cualquier copropietario de un edificio en régimen de propiedad horizontal, o, en su caso, cualquier arrendatario de todo o parte de un edificio tendrán derecho a su costa, y, en caso de que no exista infraestructura común en el mismo, a instalar esta» (LPH art.9.1.2º). Esta «**infraestructura común**» se define como aquella instalación que cumple con la función de «captación y adaptación de las señales de radio-difusión sonora y televisión terrenal y

su distribución hasta puntos de conexión situados en las distintas viviendas, locales del edificio y la distribución de las señales de televisión y radiodifusión sonora por satélite hasta los citados puntos de conexión. Las **señales de radiodifusión sonora** y de **televisión terrenal** susceptibles de ser captadas, adaptadas y distribuidas serán las difundidas, dentro del ámbito territorial correspondiente por las entidades habilitadas» (LPH art.1.2.a).

Dos son, por tanto, las **notas características** de las «infraestructuras comunes»:

- las señales de radiodifusión sonora y televisión terrenal susceptibles de ser captadas, adaptadas y distribuidas serán las difundidas por las **entidades habilitadas**;
- han de servir para permitir la captación, adaptación y distribución de las señales hasta **puntos de conexión** situadas en los distintos pisos o locales del edificio.

En lo que respecta al **régimen jurídico de las obras**, si bien aquella puede afectar tanto a elementos privativos como comunes (LPH art.9.1.3º), la realización de las mismas se sujeta al requisito de **previa comunicación** al presidente de la comunidad o en su caso, al propietario del edificio. Tal comunicación previa ha de contener la **descripción de la obra** a realizar y los **elementos del edificio** a que afectaría de manera que la comunidad o el propietario del edificio pueden, en el plazo de 15 días, **oponerse a la realización de las mismas** (porque menoscaben la infraestructura del edificio o interfieran o modifiquen las señales correspondientes a servicios que previamente hubieran contratado otros usuarios, o porque exista ya infraestructura o se vaya a realizar o adaptar la misma en el plazo de 3 meses desde la comunicación) u **oponerse al concreto tipo de obra** a realizar por suponer un innecesario daño estético al piso o local o al edificio evitable con la realización de la obra a través de elementos o en forma distinta a la proyectada pues, de admitirse, la **producción de daños estéticos innecesarios**, se estaría ante una situación de abuso de derecho (AP Pontevedra 4-11-02, EDJ 71306).

Proyecto de edificación y proyecto de infraestructura común de telecomunicaciones (RDL 1/1998 art.3; RD 346/2011 art.9.1) Para garantizar el cumplimiento de las normativas técnicas y el mejor control de las ICT, la normativa aplicable exige la elaboración de un **proyecto técnico** en el que habrán de describirse de forma detallada todos los **elementos** que componen la instalación, su **ubicación** y **dimensiones**. En dicho proyecto habrá de reflejarse el resultado de las **consultas** que el proyectista ha de realizar con los operadores de redes. El proyecto técnico se compone de memoria, planos, pliego de condiciones y presupuesto. El proyecto debe ser verificado por una entidad que disponga de la independencia necesaria respecto al proceso de construcción de la edificación y de los medios y capacitación técnica para ello. De dicho proyecto han de existir, al menos, dos **ejemplares**: 1596

- uno en poder de la propiedad; y
- el otro para remitirlo al Ministerio de Industria, Turismo y Comercio.

A cada licencia de obras de edificación le corresponde un **proyecto de edificación** y un **proyecto de infraestructura común** de telecomunicaciones. Al respecto y con el fin de posibilitar la **coordinación de actuaciones** entre los autores de los proyectos técnicos arquitectónico y de infraestructura común de telecomunicaciones del edificio o conjunto de edificaciones, se podrá acompasar su elaboración y presentación de los mismos ante las autoridades competentes para la obtención de los correspondientes **permisos y licencias** para la realización de las obras. En consecuencia, será admisible que la **presentación del proyecto de ICT** pueda ser diferida hasta la presentación del proyecto de ejecución arquitectónica de obra al cual deberá acompañar. En ningún caso se podrán **iniciar las obras** en tanto en cuanto no se presente el correspondiente proyecto técnico de infraestructura común de telecomunicaciones del edificio o conjunto de edificaciones.

Precisiones El **organismo nacional de acreditación** es la ENAC (Entidad Nacional de Acreditación), designada por RD 1715/2010. Se trata del organismo encargado de acreditar a las entidades de verificación (RD 346/2011 art.9.5 y 9.6).

Acta de replanteo del proyecto técnico de ICT (OM ITC/1077/2006) En el momento del **inicio de las obras**, el promotor encargará al director de obra de la ICT, si existe, o en caso contrario al ingeniero de telecomunicación o ingeniero técnico de telecomunicación, la redacción de un acta de replanteo del proyecto técnico de ICT, que será **firmada** entre aquel y el titular de la propiedad o su representación legal, donde figure una **declaración expresa de validez** del proyecto original o, si las circunstancias hubiesen variado y fuese necesario la actualización de este, la forma en que se va a acometer dicha **actualización**, bien como modificación del proyecto o bien como anexo al proyecto original si los cambios fuesen de menor entidad. 1598

Es obligatorio trasladar una **copia** del acta de replanteo electrónicamente al Ministerio de Industria, Turismo y Comercio (RD 346/2011 art.10.1).

Precisiones Se designa con el término «**proyectista**» al profesional encargado por el promotor de la edificación para el diseño de la ICT. Esta es la persona que se encarga de consultar a los operadores de redes de telecomunicación, facilitando la información básica sobre la situación y características de la edificación, así como la duración estimada del proceso constructivo. Asimismo, ha de reflejar en el acta de replanteo la respuesta obtenida a su consulta y las consecuencias de la misma sobre el proyecto original de la ICT (RD 346/2011 art.8.2).

1600 **Proyecto arquitectónico de ejecución modificado/reformado** Cuando una edificación en construcción experimente **cambios** que requieran un proyecto arquitectónico de ejecución modificado/reformado, el promotor deberá solicitar del director de obra o del proyectista de la ICT la **modificación** correspondiente del proyecto técnico de la ICT.
Resulta preciso realizar un proyecto técnico modificado de la ICT cuando, **sin que se haya variado el proyecto de ejecución** arquitectónico de la edificación, se produzca alguno de los siguientes **cambios**:
a) Se introduzcan **nuevos servicios de telecomunicación**, no contemplados en el Proyecto Técnico, en la ICT proyectada.
b) El **aumento o la disminución en más del 12%** en el número de puntos de acceso a usuarios.
c) En el caso de las infraestructuras destinadas a soportar los servicios de radiodifusión sonora y televisión procedentes de emisiones tanto terrenales como de satélite, cuando la **incorporación de nuevos canales de televisión** a la infraestructura suponga una ocupación superior al 3% del ancho de banda de cualquiera de los cables de la red de distribución.
d) Cuando se modifique el **número de recintos de instalaciones** de telecomunicación en la ICT proyectada.
Cuando los cambios en el proyecto modificado de ejecución arquitectónica se refieran solo a la **distribución interior de las viviendas o locales** de la edificación o cuando se introduzcan cambios de orden técnico diferentes de los contemplados en los párrafos anteriores de este punto, los cambios en el proyecto técnico de ICT se incorporarán como Anexos al mismo.

1602 **Dirección de obra y certificación por ingeniero de telecomunicación** La dirección de obra y la certificación por un ingeniero o ingeniero técnico de telecomunicación resulta **preceptiva** al menos en los siguientes supuestos:
a) Cuando el proyecto técnico se refiera a la realización de infraestructuras comunes de telecomunicación en edificios o **conjunto de edificaciones de más de 20 viviendas**.
b) Cuando en las infraestructuras comunes de telecomunicación en edificaciones de uso residencial se incluyan **elementos activos en la red de distribución**.
c) Cuando el proyecto técnico se refiera a la realización de infraestructuras comunes de telecomunicación en edificios o conjunto de **edificaciones de uso no residencial**.
Una vez finalizados los trabajos de ejecución de la ICT, la empresa instaladora debe emitir un **boletín de la instalación** que ha de unirse al certificado emitido por del director de obra, cuando exista, en el que se constate que la instalación se ajusta al proyecto técnico. La forma y contenido del boletín y del certificado se establecen en la OM ITC/1644/2011. Un ejemplar de ambos documentos ha de remitirse electrónicamente por la comunidad al Ministerio de Industria, Turismo y Comercio (RD 346/2011 art.10.2).

1604 **Construcciones anteriores al 1-3-1998** (RDL 1/1998 art.6) Si bien la normativa vigente en materia de ICT se proyectó para viviendas de nueva creación, con respecto a las construcciones ya existentes con anterioridad a su puesta en vigor deben **necesariamente disponer de una ICT** cuando concurra alguna de las siguientes circunstancias:
a) Que el **número de antenas instaladas**, individuales o colectivas, para la prestación de servicios incluidos en el RDL 1/1998 art.1.2, sea superior a un tercio del número de viviendas y locales. En este caso, aquellas debían ser sustituidas, dentro de los 6 meses siguientes a la entrada en vigor de este real decreto ley, por una infraestructura común de acceso a servicios de telecomunicaciones. Si **se supera el límite** referido después de la citada entrada en vigor, el plazo de 6 meses se computa desde el día en que se produzca esa circunstancia.
b) Que la Administración competente, de acuerdo con la normativa vigente que resulte aplicable, considere **peligrosa o antiestética** la colocación de antenas individuales en un edificio.
c) No se tendrá que instalar la infraestructura citada en aquellos edificios construidos que **no reúnan condiciones** para soportarla, de acuerdo con el informe emitido al respecto por la Administración competente.

1606 **Construcciones posteriores al 1-3-1998** (RDL 1/1998 art.3) A partir de la fecha de entrada en vigor del real decreto ley, que estableció el marco jurídico de las ICT, no se concederá **autorización** para la construcción o rehabilitación integral de ningún edificio de los referidos en el nº 1590, si al correspondiente proyecto arquitectónico no se une el que prevea la **instalación de una infraestructura común propia**.

1608 **Edificios de nueva construcción no sujetos a la legislación de ICT** (L 38/1999 art.3) Con respecto a los edificios de nueva construcción no sujetos a la legislación de ICT en cuanto a telecomunicaciones y con el fin de garantizar la seguridad de las personas, el bienestar de la sociedad y la protección del medio ambiente, deberán proyectarse, construirse, mantenerse y conservarse de tal forma que se satisfagan los **requisitos básicos** siguientes, debiéndose garantizar mediante un proyecto técnico de telecomunicaciones que acompañe al proyecto arquitectónico al solicitar la **licencia de edificación**:

Funcionalidad Han de satisfacerse los siguientes requisitos: 1610
1. Utilización, de tal forma que la **disposición** y las **dimensiones de los espacios** y la dotación de las instalaciones faciliten la adecuada realización de las funciones previstas en el edificio.
2. Accesibilidad, de tal forma que se permita a las personas con **movilidad y comunicación reducidas** el acceso y la circulación por el edificio en los términos previstos en su normativa específica.
3. Acceso a los servicios de telecomunicación, audiovisuales y de información de acuerdo con lo establecido en su **normativa específica**.
4. Facilitación para el acceso de los **servicios postales**, mediante la dotación de las instalaciones apropiadas para la entrega de los envíos postales, según lo dispuesto en su normativa específica.

Seguridad Debe garantizarse: 1612
1. Seguridad **estructural**, de tal forma que no se produzcan en el edificio, o partes del mismo, daños que tengan su origen o afecten a la cimentación, los soportes, las vigas, los forjados, los muros de carga u otros elementos estructurales, y que comprometan directamente la resistencia mecánica y la estabilidad del edificio.
2. Seguridad **en caso de incendio**, de tal forma que los ocupantes puedan desalojar el edificio en condiciones seguras, se pueda limitar la extensión del incendio dentro del propio edificio y de los colindantes y se permita la actuación de los equipos de extinción y rescate.
3. Seguridad **de utilización**, de tal forma que el uso normal del edificio no suponga riesgo de accidente para las personas.

Habitabilidad Deben cumplirse los siguientes **requisitos**: 1614
1. Higiene, salud y protección del **medio ambiente**, de tal forma que se alcancen condiciones aceptables de salubridad y estanqueidad en el ambiente interior del edificio y que este no deteriore el medio ambiente en su entorno inmediato, garantizando una adecuada gestión de toda clase de residuos.
2. Protección contra el **ruido**, de tal forma que el ruido percibido no ponga en peligro la salud de las personas y les permita realizar satisfactoriamente sus actividades.
3. Ahorro de **energía** y **aislamiento térmico**, de tal forma que se consiga un uso racional de la energía necesaria para la adecuada utilización del edificio.
4. Otros **aspectos funcionales** de los elementos constructivos o de las instalaciones que permitan un uso satisfactorio del edificio.

b. Adopción de acuerdos

(LPH art.17.1)

La instalación de ICT o la adaptación de las existentes se somete al acuerdo adoptado por la **mayoría** de un tercio de los integrantes de la comunidad que representen, a su vez, un tercio de las cuotas de participación. 1625
El acuerdo puede adoptarse a **solicitud** de cualquier propietario.
La comunidad no puede repercutir el **coste de la instalación o adaptación** de dichas infraestructuras comunes, ni los derivados de su conservación y mantenimiento posterior, sobre aquellos propietarios que no hubiesen votado expresamente en la junta a favor del acuerdo.
De igual modo, si con posterioridad solicitasen el **acceso a los servicios** de telecomunicaciones o a los suministros energéticos, y ello requiera aprovechar las nuevas infraestructuras o las adaptaciones realizadas en las preexistentes, podrá autorizárseles, siempre que abonen el importe que les hubiera correspondido, debidamente actualizado, aplicando el correspondiente interés legal.

Precisiones La **instalación de WIFI en el edificio** puede acordarse a instancia de cualquier propietario, siempre que se apruebe por un tercio de los integrantes de la comunidad, que representen un tercio de las cuotas de participación (LPH art.17.1). No obstante, su coste no tendrá que ser sufragado por los propietarios que voten en contra del mismo, aunque si con posterioridad dichos propietarios desean acceder al servicio, deberán abonar el importe que les hubiera correspondido, debidamente actualizado mediante la aplicación del correspondiente interés legal (AP Las Palmas 26-10-18, EDJ 728604).

c. Obligaciones de mantenimiento

1635 La nueva infraestructura instalada tiene la consideración de **elemento común** (RD 346/2011 art.2.3) y, como tal, comporta una serie de **obligaciones**, tanto con respecto a los propietarios, individualmente considerados, como con relación a la comunidad de propietarios.

Precisiones **1)** La naturaleza como elemento común se determina por oposición al de los elementos privativos (AP Burgos 10-2-09, EDJ 44178; Climent Gallart): los elementos privativos se caracterizan porque su utilización está exclusivamente reservada a cada propietario, los elementos comunes están afectos al uso o utilización de los copropietarios; serían aquellos espacios, elementos o servicios que no están atribuidos privativamente.

2) Es necesario mencionar la diferente regulación que había antes y después de la L 8/1999, de reforma de la LPH.

Antes de la reforma, el CC establecía una serie de supuestos considerados como *numerus clausus*, con lo cual solo podían calificarse como comunes los que señalaba el CC. Sin embargo, **tras la reforma** del CC art.396, operada a través de la Ley de propiedad horizontal, se incluyó la cláusula «y cualesquiera otros elementos materiales o jurídicos que por su naturaleza o destino resulten indivisibles». Por tanto, ahora se puede calificar la **enumeración** de **abierta** (TS 6-5-91).

3) Aquella **oposición entre bienes privativos y elementos comunes** se proyecta, de una parte, en LPH art.3 que dispone que corresponde al dueño de cada piso o local «el **derecho singular y exclusivo de propiedad** sobre un espacio suficientemente delimitado y susceptible de aprovechamiento independiente, con los elementos arquitectónicos e instalaciones de todas clases, aparentes o no, que estén comprendidos dentro de sus límites y sirvan exclusivamente al propietario». De igual forma, LPH art.7.1 señala que «el propietario de cada piso o local podrá **modificar los elementos arquitectónicos, instalaciones o servicios** de aquel, cuando no menoscabe o altere la seguridad del edificio, su estructura general, su configuración o estado exteriores, o perjudique los derechos de otro propietario, debiendo dar cuenta de tales obras previamente a quien represente a la comunidad».

1638 **Obligaciones de los propietarios** (LPH art.9) Les incumben a los **propietarios singulares**, en cuanto usuarios de la ICT, las siguientes obligaciones:

1. **Respetar las instalaciones generales** de la comunidad y demás elementos comunes, ya sean de uso general o privativo de cualquiera de los propietarios, estén o no incluidos en su piso o local, haciendo un uso adecuado de los mismos y evitando en todo momento que se causen daños o desperfectos.
2. Consentir en su vivienda o local las **reparaciones** que exija el servicio del inmueble y permitir en las servidumbres imprescindibles requeridas para la creación de servicios comunes de interés general debidamente acordados, teniendo derecho a que la comunidad le resarza de los daños y perjuicios ocasionados.
3. Permitir la **entrada en su piso o local** a los efectos prevenidos en los dos apartados anteriores.
4. Contribuir, con arreglo a la cuota de participación fijada en el título o a lo especialmente establecido, a los **gastos generales** para el adecuado sostenimiento del inmueble, sus servicios, cargas y responsabilidades que no sean susceptibles de individualización.
5. Contribuir, con arreglo a su respectiva cuota de participación, a la **dotación del fondo de reserva** que existirá en la comunidad de propietarios para atender las obras de conservación, reparación y rehabilitación de la finca, así como la realización de obras de accesibilidad recogidas en LPH art.10.1.b).
6. Observar la **diligencia debida en el uso del inmueble** y en sus relaciones con los demás titulares y responder ante estos de las infracciones cometidas y de los daños causados.

En relación con la ICT los propietarios singulares están obligados a transmitir el **manual de usuario** y cualquier otra información actualizada en los casos de enajenación o arrendamiento de la vivienda o local (RD 346/2011 art.10.2).

Además, tanto los propietarios individualmente considerados, como la comunidad de propietarios están obligados a colaborar con la Administración competente en materia de **inspección**, facilitando el acceso a las instalaciones y cuanta información sobre las ICT les sea requerida (RD 346/2011 art.12).

1639 **Obligaciones de la comunidad de propietarios** Le incumbe la realización de las **obras necesarias** para el adecuado sostenimiento y conservación del inmueble y de sus servicios, de modo que reúna las debidas seguridad, habitabilidad y accesibilidad universal. En relación a las ICT, la comunidad es la responsable del **mantenimiento** de la parte de infraestructura común comprendida entre el punto de terminación de red y el punto de acceso del usuario, así como de tomar las medidas necesarias para evitar el acceso no autorizado y la manipulación incorrecta de la infraestructura (RD 346/2011 art.5.2).

Cuando se vaya a proceder a **modificar una ICT ya existente**, la comunidad debe consultar por escrito a los usuarios -propietarios o arrendatarios-, al objeto de garantizar que con la instalación modificada sea posible la recepción de todos los servicios declarados. Dicha **consulta** ha de realizarse en el plazo de los 2 meses anteriores a la ejecución de la sustitución

o modificación. Además, la comunidad ha de tomar las medidas oportunas para asegurar la normal utilización de las instalaciones e infraestructuras existentes, hasta que la nueva ICT se encuentre en perfecto estado de funcionamiento (RD 346/2011 art.7).
La comunidad de propietarios tiene la obligación de recibir, conservar y transmitir un ejemplar del **proyecto técnico** de la ICT efectuada (RD 346/2011 art.9.1).
La comunidad ha de entregar a los usuarios finales de las viviendas y locales comerciales una copia del **manual de usuario** de la ICT, donde se describan, de forma didáctica, las posibilidades y funcionalidades que ofrece la ICT, así como las recomendaciones de uso y funcionamiento (RD 346/2011 art.10.2).

Obligaciones de los operadores (RD 346/2011 art.5) Los operadores de redes han de garantizar la calidad del servicio, el secreto de las comunicaciones y el mantenimiento de la infraestructura. 1640
En el caso de que sea necesaria la instalación de **equipos propiedad de los operadores**, estos estarán obligados a soportar todos los gastos que originen tanto su instalación como mantenimiento, hasta su retirada.
Del mismo modo, los operadores que utilizan **sistemas de cable de fibra óptica o coaxial** están obligados a suministrar a los usuarios finales los equipos de terminación de red que sean necesarios para la recepción del servicio.
También están obligados a la **retirada**, en el plazo máximo de 30 días desde la conclusión del contrato o abono, de todo el cableado y demás elementos de la instalación.

Adaptación de las antenas (RD 391/2019 redacc RD 16/2023) El tema de la adaptación de las antenas de televisión cobró especial relieve con ocasión del **segundo dividendo digital** y la **telefonía 5G**, lo cual obligó a liberar espacio de la TDT y supuso una reantenización para el desarrollo de la tecnología móvil. Dicho proceso obligó a las comunidades de propietarios a requerir los servicios de un antenista y resintonizar los canales de televisión, reorientando las antenas como consecuencia de la reordenación de frecuencias. La tecnología 5G es entre 10 y 100 veces más rápida que el 4G, lo que agilizó extraordinariamente el proceso de descargas. 1641
El régimen de adaptación de la antena, impuesto por la normativa vigente, cabe entender que adquiere la condición de **actuación necesaria** que puede ser acordada por los órganos de gobierno de la comunidad LPH art.10.1. En el extraño caso de no existir antena de televisión comunitaria, la instalación de la misma seguirá el régimen previsto en LPH art.17.1, esto es, podrá acordarse a petición de cualquier propietario, por un tercio de los integrantes de la comunidad que representen, a su vez, un tercio de las cuotas de participación.
Dicho proceso se vió suspendido durante la declaración del **estado de alarma** realizada a partir de la publicación del RD 463/2020, para garantizar que el servicio de TDT no quedase afectado, evitando la necesidad de realizar resintonizaciones en los televisores. A tal efecto el Ministerio de Asuntos Económicos y Transformación Digital informó a la Comisión Europea de la necesidad de aplazar la fecha final del 30-6-2020, para completar la liberación del segundo dividendo digital.
El proceso fue en su día **reactivado** siendo la fecha máxima para la disponibilidad la del 31-10-2020. El estado estableció toda una serie de ayudas destinadas a compensar a las comunidades de propietarios; ayudas que se renovaron en el año 2021 y que alcanzaban un importe de 678 euros para llevar a cabo las actuaciones necesarias para la recepción o el acceso al servicio de comunicación audiovisual televisiva en las edificaciones afectadas por el proceso de liberación del segundo dividendo digital. Dichas subvenciones debían ser solicitadas hasta el plazo máximo del día 31-10-2021.
En febrero de 2024 se produce el **fin de la TDT**, tal y como la conocemos hasta la fecha. Ello supone un nuevo cambio en los canales de definición estándar (SD). De esta manera, para poder seguir viendo los mismos se necesitará una antena adaptada y un equipo compatible con HD.

2. Sistemas de aprovechamiento de energías renovables y mejora de la eficiencia energética

(LPH art.17.1 y 17.2 -redacc RDL 8/2023-)

Uno de los **objetivos** fundamentales de España **en materia de rehabilitación de edificios** es el de la mejora de la eficiencia energética de los mismos, siendo así que en el año 2021 más del 80% del parque de edificios de viviendas se situaba en los niveles más bajos de eficiencia, esto es, en las letras E, F y G tanto en materia de emisiones, como en materia de consumo energético. En los últimos años son diversas las **medidas de apoyo** adoptadas por el gobierno de España en aras a impulsar la modernización y renovación de las edificaciones en este ámbito. 1645

1645 (sigue) Todo ello en cumplimiento del mandato recogido en la Dir UE/31/2010, sustituida posteriormente por el Rgto (UE) 2017/1369. Efectivamente, desde la UE se considera este aspecto fundamental para poder alcanzar la pretendida neutralidad climática en el año 2050 y para ello se han dotado importantes **instrumentos de financiación** que se ponen a disposición de los Estados miembros, como los fondos *Next Generation*. En esta línea se sitúa también Rgto (UE) 2021/241, por el que se establece el mecanismo de Recuperación y Resiliencia.

En España, el 7-10-2020 se aprobó el **Plan de Recuperación, Transformación y Resiliencia**, el cual se ha visto continuada con toda una serie de medidas adoptadas a través de sucesivas normas: RDL 36/2020; el RDL 19/2021; la L 10/2022; el RDL 18/2022 o, recientemente, el RDL 8/2023.

Desde el punto de vista del régimen de la propiedad horizontal, más allá de lo que es el acceso al sistema de **subvenciones** establecidos para fomentar la ejecución de las obras de mejora, lo que ha hecho el legislador en modificar la LPH con el objetivo de flexibilizar el régimen de adopción de acuerdos en lo relativo a este tipo de actuaciones.

Por un lado, la adopción de **sistemas comunes o privativos de aprovechamiento de energías renovables**, así como la instalación de infraestructuras necesarias para acceder a nuevos suministros energéticos colectivos se encuentra sujeta a la **aprobación** por un tercio de los propietarios integrantes de la comunidad que, a su vez, representen un tercio de las cuotas de participación en las que se encuentre dividido el inmueble. El acuerdo puede ser acordado a petición de cualquier propietario.

En estos casos, es importante resaltar que la comunidad no puede repercutir los **gastos** derivados tanto **de** su **instalación**, como de su posterior **conservación y mantenimiento** en los propietarios que no hubiesen votado expresamente a favor del acuerdo. Aun así, de forma sobrevenida, pueden sumarse a los servicios o suministros de la instalación, para lo cual han de hacer frente al importe que les hubiera correspondido tanto en la instalación como mantenimiento, aplicándose los correspondientes intereses legales.

Por otro lado, cuando de lo que se trate sea de aprobar importantes **obras de rehabilitación** que comporten o contribuyan a la eficiencia energética del edificio o a la implantación de fuentes de energía renovables de uso común, el RDL 8/2023 introduce modificaciones en los apartados 2 y 4 del art.17 de la LPH con el objetivo de determinar que los acuerdos para la **aprobación** de este tipo de actuaciones sólo requerirán del voto favorable de la mayoría de los propietarios del edificio, siempre que representen la mayor parte de las cuotas de participación existentes.

Dentro los **acuerdos sujetos** a esta **simple doble mayoría** se encuentran, también, los de la modificación de la envolvente de los edificios, entendiendo por tal, todos los elementos que tienen por función separar el interior del exterior de un edificio, tales como muros, forjados, fachada, cubiertas, cámaras de ventilación, ventanas, etc. Se trata de la parte del edificio que se encuentra en contacto con el aire exterior y la que permite al mismo aislarse de las inclemencias meteorológicas. Por consiguiente y aunque estas actuaciones hayan de afectar a la estructura del edificio, bastará con alcanzar el acuerdo mayoritario expuesto para que se entiendan aprobadas las mismas.

El mismo régimen exigido para la adopción del acuerdo que apruebe las obras es el que prevé el legislador para la solicitud de ayudas, subvenciones, préstamos o cualquier tipo de financiación para las mismas, sea la misma pública o privada, con independencia de las condiciones de las mismas.

Con el objetivo de proteger a los **propietarios más desfavorecidos económicamente**, la LPH establece un límite para este tipo de acuerdos, como es el que el importe repercutido anualmente, una vez descontadas las subvenciones o ayudas públicas y aplicada la financiación, no exceda de 12 mensualidades ordinarias de gastos comunes. Siempre que se respete este límite la obra aprobada será ejecutable y los propietarios disidentes vendrán obligados a contribuir al gasto en cuestión en la proporción que les corresponda, siendo así que las cuotas que se devenguen por estos conceptos tendrán las consideraciones de gastos generales, con lo cual disfrutarán de la condición de créditos preferentes a efectos de CC art.1923 y se verán garantizados por el sistema de la afección real sobre el piso que se contempla en LPH art.9.1.e).

El hecho de que se flexibilice la adopción de estos acuerdos en el seno de la comunidad de propietarios no es óbice para que tenga que obtenerse previamente la correspondiente **autorización administrativa** que proceda (LPH art.10.3 redacc RDL 8/2023).

Del mismo modo, cuando la **ejecución** de estas actuaciones **comporte** un **perjuicio** cierto para uno o varios propietarios concretos, habrá de acordarse con los mismos y por acuerdo adoptado en junta con las mismas mayorías, la indemnización de daños y perjuicios que corresponda. A tal efecto podrá solicitarse un arbitraje o la emisión de un dictamen técnico.

Paralelamente a la previsión legal dirigida a permitir la adaptación a las energías renovables de los edificios antiguos, el Código Técnico de la Edificación prevé que en los edificios de

nueva construcción y rehabilitación en los que exista demanda de agua caliente sanitaria y/o climatización de una piscina cubierta, debe preverse que una parte de las necesidades energéticas térmicas sea cubierta mediante la incorporación de sistemas de captación, almacenamiento y utilización de energía solar de baja temperatura. La determinación del Código Técnico tiene la consideración de mínimos y se establece sin perjuicio de los valores que puedan establecer las administraciones competentes.
Del mismo modo, el Código Técnico de la Edificación prevé una serie de edificios en los que han de instalarse sistemas de **captación y transformación de energía solar** en energía eléctrica por procedimientos fotovoltaicos para uso propio o suministro de la red.
El objetivo de la instalación de estas infraestructuras o sistemas no es otra que la de **mejorar la eficiencia energética** del inmueble, lo que trae consigo un menor consumo y unos índices de emisión más reducidos.

Precisiones En España se han aprobado una serie de **normas** relativas a las energías renovables, al margen de las indicadas anteriormente y, en particular, en relación con la **producción y autoconsumo de energía eléctrica** pueden citarse: **1645.1**
- el RD 1027/2007, de instalaciones térmicas en los edificios, modificado por el RD 178/2021, que establece las exigencias de eficiencia energética y seguridad que deben cumplir las instalaciones térmicas instaladas en los edificios para atender la demanda del bienestar e higiene de las personas, tanto en la fase de diseño, como en la de dimensionado, montaje, uso y mantenimiento;
- el RD 1699/2011, que regula la conexión a red de instalaciones de producción de energía eléctrica de pequeña potencia;
- el RDL 9/2013, que creó el registro administrativo de autoconsumo de energía eléctrica para el adecuado seguimiento de los consumidores acogidos a modalidades de suministro con autoconsumo;
- la L 24/2013, del sector eléctrico, en la que se define el autoconsumo como el consumo de energía eléctrica proveniente de instalaciones de generación conectadas en el interior de una red de un consumidor;
- el RD 390/2021, por el que se aprueba el procedimiento básico para la certificación de la eficiencia energética de los edificios;
- el RD 900/2015, que establece las condiciones administrativas, técnicas y económicas de las modalidades de suministro de energía eléctrica con autoconsumo;
- el RD 56/2016, por el que traspone la Dir 2012/27/UE, relativa a la eficiencia energética, en lo referente a auditorías energéticas, acreditación de proveedores de servicios y auditores energéticos y promoción de la eficiencia del suministro de energía.

En esta última norma, se permite la instalación de sistemas de almacenamiento, lo que permite llevar a cabo una gestión más eficiente de la energía, con las únicas limitaciones derivadas de la normativa de seguridad y calidad industrial.
Se trata pues de avanzar hacia un sistema de generación distribuida mediante mecanismos de venta de excedentes y autoconsumo instantáneo para potenciar la producción individual de energía en instalaciones de pequeña potencia, para el consumo en la misma ubicación, en aquellos casos que sean eficientes para el conjunto del sistema eléctrico.
Por último, debe hacerse mención al **Plan Nacional Integrado de Energía y Clima (PNIEC) 2021-2030**, que persigue un reducción del 23% de emisiones de gases de efecto invernadero.
Junto a las normas reseñadas de ámbito nacional, deben destacarse Dir 2012/27/UE y Dir 2018/2002/UE, relativas a la **eficiencia energética**, que destacan la consideración prioritaria y el carácter esencial de las medidas de eficiencia energética. En concreto, para los edificios de apartamentos o polivalentes se establece la obligación de que se instalen **contadores individuales** que midan el consumo de calefacción, refrigeración o agua caliente sanitaria de cada unidad del edificio cuando sea técnicamente viable o rentable y, en el caso de que no sea técnicamente viable o rentable, la utilización de **repartidores de costes** de calefacción para medir el consumo de cada radiador y, en el caso de que esta última medida tampoco resulte rentable, los Estados establezcan **métodos alternativos de medición** del consumo. Del mismo modo, los Estados miembros deben asegurarse de disponer normas nacionales transparentes y públicas sobre el reparto de los costes de consumo de calefacción, refrigeración y agua caliente sanitaria. Por otro lado, los contadores y repartidores de costes de calefacción instalados después del 25-10-2020 deben ser dispositivos de **lectura remota**. Los instalados antes de esa fecha deben sustituirse por dispositivos de lectura remota no más tarde del 1-1-2027. Estas directivas todavía se encuentran pendientes de ser transpuestas a nuestro ordenamiento.
Al panorama normativo expuesto debe unirse el RD 314/2006 por el que se aprueba el **Código Técnico de la Edificación**, que fue modificado, entre otros, por el RD 732/2019 y por el RD 450/2022 con el objetivo de reforzar la exigencia básica de ahorro de energía para alcanzar y garantizar el uso racional de la energía necesaria para la utilización de los edificios.

1646 **Tipos de instalaciones** Algunas de las instalaciones que pueden incorporarse a los edificios para la **mejora de la eficiencia energética** e incorporación de sistemas de energías renovables son las siguientes:

• Para el **aprovechamiento de la energía eólica**, instalaciones micro-eólicas, con generadores eólicos compactos capaces de generar una potencia eléctrica inferior a 100 Kw, bien aisladas o bien en sistema híbrido junto con la instalación solar fotovoltaica. La gran ventaja que tiene el carácter renovable de la energía generada es que resulta inagotable y no contamina.

• Para el **aprovechamiento de la energía solar térmica** y destinado fundamentalmente para calentar el agua sanitaria y/o de piscinas, o para el sistema de calefacción y refrigeración, se suele instalar un captador, un acumulador (depósito), una caldera de apoyo, una estación solar, el circuito de distribución y los puntos de consumo. Estas instalaciones pueden suponer un ahorro de hasta el 80%, aunque exigen un mantenimiento adecuado y frecuente, además de la variabilidad en la producción en función de las horas de sol. La energía solar térmica es obligatoria en España desde la entrada en vigor del Código Técnico de la Edificación, exigiéndose que un porcentaje mínimo de la demanda total de agua caliente sanitaria se produzca mediante este sistema. El porcentaje exigido varía en función de la zona climática. Estas instalaciones exigen de un mantenimiento continuo para su correcto funcionamiento.

• Para el **aprovechamiento de la energía solar fotovoltaica**, destinada fundamentalmente a la generación de energía eléctrica, se puede instalar un sistema de paneles solares, normalmente en la cubierta de los edificios. La instalación se compone de un captador solar que se adapta a la edificación; un regulador, que permite ordenar el arranque y parada de las bombas de la instalación solar; unas baterías de almacenamiento, que acumulan la energía producida por las placas durante el día para su utilización incluso en las horas en que no haya sol, un inversor que convierte la corriente continua que producen las placas en corriente alterna que pueda utilizarse en la red eléctrica del edificio, si la instalación es común, o de la vivienda, si la instalación es particular y un grupo de bombeo cuya función es el almacenamiento de la energía producida en los captadores y enviada a la batería o depósito de almacenamiento. El rendimiento de estas instalaciones en nuestro país es bastante bueno, llegando a alcanzar una potencia de hasta 1.000 W por m^2 en días despejados. Requieren de un mantenimiento mínimo.

• Para el **aprovechamiento de la energía del aire** exterior, se pueden instalar bombas de calor aire/agua que toman la energía del ambiente exterior. El sistema se compone de una unidad exterior que cuenta con los elementos necesarios para absorber la energía del exterior y una unidad interior con un módulo hidráulico.

• Para el **aprovechamiento de la energía biomasa**, también apta para el servicio de agua caliente sanitaria y calefacción, se puede instalar un servicio compuesto de un acumulador y una caldera. La energía en este caso se genera con residuos de actividades agrícolas, ganaderas o forestales, como pueden ser restos de la poda, cáscaras de almendras o huesos de aceitunas u olivas.

Las instalaciones que se han apuntado no tienen carácter exhaustivo, ofreciéndose cada vez más productos destinados a la mejora de la eficiencia energética de las viviendas y de los edificios en general.

Precisiones El Instituto para la Diversificación y Ahorro de la Energía (IDEA) ofrece una serie de **ayudas y programas de financiación** a empresas, cuya finalidad última es la de que el usuario final no tenga que afrontar el desembolso inicial de la instalación.

Entre las **actuaciones o medidas** planteadas en las comunidades de propietarios para mejorar la eficiencia energética e hídrica del edificio, puede citarse la sustitución de calderas tradicionales por otras de alto rendimiento, como las de condensación, las de biomasa o por bombas de calor aire-agua; la sustitución de los equipos de aire acondicionado formados por *split* interior y unidad exterior, por otros de mayor eficiencia energética como las bombas de calor aire-aire; la incorporación de la iluminación led; la colocación de doble acristalamiento con cámaras de aire; la colocación de paneles de aislante térmico en fachadas, cubiertas y otros elementos comunes; o la incorporación de válvulas termostáticas en radiadores.

1648 **Ejecución y mantenimiento** (RD 1027/2007) Las instalaciones deben ejecutarse conforme al proyecto o memoria técnica redactado por técnico competente, tanto si se refiere a la instalación como a la mera preinstalación. Cualquier **modificación en la instalación** debe ser aprobada por el director de la instalación, para instalaciones mayores de 70kW, o por la empresa instaladora si la potencia es igual o menor a 70kW. El director de la instalación o la empresa instaladora, según sea el caso, deben realizar controles durante la ejecución material de la misma, así como realizar las pruebas finales antes de proceder a la entrega de la instalación. Una vez terminada la instalación, el director de la instalación o el instalador debe verificar las características técnicas de los equipos y materiales empleados, entregando la **documentación** de la instalación, entre la que deben aparecer siempre: los documentos de origen, hoja

de suministro y etiquetado; la copia del certificado de garantía; la documentación relativa a la transposición de las directivas europeas, en especial el marcado CE y los resultados de las pruebas de los equipos, aparatos o subsistemas -fichas técnicas-; el proyecto o memoria técnica de la instalación ejecutada; el manual de uso y mantenimiento; la relación de materiales, equipos y aparatos empleados; y el certificado de la instalación, registrado en el órgano competente de la comunidad autónoma.
En lo referente a las **condiciones de uso y mantenimiento**, se imponen una serie de obligaciones sobre los usuarios de las mismas. Estas obligaciones consisten en encargar el mantenimiento a una empresa mantenedora, realizar las inspecciones obligatorias y conservar toda la documentación de las actuaciones realizadas.
Además, el titular o titulares de la instalación deben entregar a la empresa mantenedora el **manual de uso y mantenimiento** facilitado por la empresa instaladora, el cual debe incorporarse, igualmente, al libro del edificio.
La empresa mantenedora debe llevar un **registro de las actuaciones** acometidas para el mantenimiento y reparación de la instalación. Además, debe suscribir un certificado de mantenimiento, con frecuencia anual.

El RD 1027/2007 se ha visto sensiblemente modificado con la aprobación del RD 178/2021, con el objetivo de transponer a nuestro ordenamiento la Dir 2018/844 relativa a la eficiencia energética: **1649**
• Se determina que se consideran instalaciones térmicas:
- las instalaciones fijas de climatización -calefacción, refrigeración y ventilación-; o
- las instalaciones destinadas a la producción de agua caliente sanitaria y los sistemas de automatización y control.
• Se impone la obligación de que las instalaciones cumplan, entre otras, con las exigencias de seguridad, de bienestar térmico e higiene, así como eficiencia energética y uso de energías renovables y residuales impuestas por la normativa.
Todos los productos deben cumplir los requisitos establecidos en las medidas de ejecución que les resulten de aplicación de acuerdo con lo dispuesto en el RD 187/2011, relativo al establecimiento de **requisitos de diseño ecológico** aplicables a los productos relacionados con la energía, además de cumplir con las obligaciones establecidas por el RD 1390/2011, por el que se regula la indicación del consumo de energía y otros recursos por parte de los productos relacionados con la energía, mediante el etiquetado y una información normalizada, así como con el Rgto (UE) 2017/1369, por el que se establece un marco para el etiquetado energético y se deroga la Dir 2010/30/UE.
• Se establece la prohibición de **suministro de energía** a aquellas instalaciones en las que su titular no haya facilitado previamente a la empresa distribuidora o comercializadora una copia del certificado de la instalación, debidamente registrado.

SECCIÓN 8

Análisis casuístico jurisprudencial

1655

A continuación, se desarrollan una serie de **ejemplos prácticos** sobre los que han tenido oportunidad de pronunciarse los tribunales de justicia en relación a cada una de las tipologías de obras estudiadas en el presente capítulo. **1657**

Precisiones Debe advertirse que el régimen de obras en la propiedad horizontal se modifica sustancialmente por la L 8/2013, lo que significa que todas las **sentencias dictadas antes del 28-6-2013**, deben ser tenidas en cuenta no tanto en cuanto al derecho en sí aplicado, sino en cuanto a los principios o línea de interpretación marcada por los tribunales.

1. Obras necesarias

Nuestros tribunales han venido considerando como necesarias, en primer término, todas y cada una de las obras que hayan de ser **ejecutadas sobre elementos comunes** y que vengan impuestas por la autoridad competente. **1660**
En tal sentido se ha pronunciado el Tribunal Supremo en múltiples pronunciamientos, en los cuales incide, además, en la idea de que el concepto de obra necesaria no debe vincularse

exclusivamente con lo que es conservación y mantenimiento de los elementos, por cuanto que es extensible a todas aquellas actuaciones, sean de **reparación ordinaria o extraordinaria**, o incluso **de sustitución** que se precisen en función de la normativa aplicable a la instalación o servicio en cuestión.

1662 **Instalación del ascensor** Los tribunales han considerado como necesarias las obras de instalación del ascensor cuando quede acreditado que el mismo se encuentra encaminado a **suprimir barreras arquitectónicas** para personas con discapacidad, por residir, trabajar o prestar sus servicios en el edificio alguna persona con discapacidad o mayor de 70 años de edad. Se trata de una instalación de elemental mejora para la adecuada habitabilidad y accesibilidad de los edificios, que no debe considerarse como actuación de mera comodidad o capricho (AP Albacete 9-10-13, EDJ 216823; AP Barcelona 13-10-08; 16-5-06; AP Bizkaia 13-9-07, EDJ 267699; AP Alicante 15-3-07, EDJ 81027; AP Bizkaia 17-9-02, EDJ 60347; AP Asturias 27-11-01). De hecho, el Tribunal Supremo ya había apuntado esta solución antes incluso de la reforma de la LPH operada en el año 1999 (TS 18-12-08, EDJ 234517; 18-12-08, EDJ 234518; 22-9-97, EDJ 5781; 5-7-95, EDJ 4739; 3-2-94, EDJ 868).

Se ha aclarado además que todos los **acuerdos que se encuentren directamente vinculados** con la instalación del ascensor requieren de la misma mayoría prevista para el acuerdo principal. En concreto, se ha sentado como doctrina jurisprudencial que para la adopción de acuerdos que se hallen directamente vinculados a la instalación del ascensor, aunque impliquen modificación del título constitutivo, o de los estatutos, se exige la misma mayoría que la Ley exige para el acuerdo principal de instalación del ascensor (TS 13-9-10, EDJ 206771; 23-12-14, EDJ 269289; AP Madrid 13-2-14, EDJ 27479; AP Valencia 29-1-20, EDJ 522827; AP Zaragoza 22-1-20, EDJ 513121; AP Asturias 20-11-19, EDJ 793300). En tal sentido, se ha considerado que la instalación de **pasarelas entre edificios o bloques** para poder garantizar el acceso al ascensor instalado no es más que una actuación vinculada a la del ascensor, tendente, igualmente, a la supresión de barreras arquitectónica y, consiguientemente, sujeto a idéntica mayoría que la aprobación de aquél (AP Sevilla 24-9-13, EDJ 252779). Tras la reforma introducida por la L 8/2013, esta se ha convertido en la regla a aplicar cuando la instalación del ascensor no responda a una imposición normativa o no entre dentro del concepto de «ajuste razonable» a la vista de las circunstancias del caso (LPH art.17.2 en relación con LPH art.10.1 a y b).

En lo que hace referencia a las **condiciones de la instalación**, se viene declarando de forma reiterada que la instalación de un ascensor en una comunidad de vecinos que carece de este servicio, considerado como de interés general, permite la constitución de una **servidumbre**, con el oportuno resarcimiento de daños y perjuicios, incluso cuando suponga la ocupación de parte de un espacio privativo, siempre que concurran las mayorías exigidas legalmente para la adopción de tal acuerdo, sin que resulte preceptivo el consentimiento del copropietario directamente afectado, y cuando el gravamen impuesto no suponga una pérdida de habitabilidad y funcionalidad del espacio privativo (TS 10-10-11, EDJ 242199; 22-12-10, EDJ 298174).

1663 Precisiones **1)** Esta teoría que podría admitirse respecto de las actuaciones estrictamente necesarias para la ejecución de la obra, esto es, actuaciones sobre elementos comunes, no creemos que sea admisible respecto de actuaciones que, aunque vinculadas, en modo alguno sean necesarias o imprescindibles para la ejecución de la instalación, como es el hecho de que se excluya a determinados propietarios de la **obligación de contribuir a los gastos** de conservación y mantenimiento de la instalación, lo que constituye una auténtica norma estatutaria que debe quedar sujeta al régimen general previsto para este tipo de cláusulas. En otro caso, habrá que determinar cuál será la mayoría necesaria para acordar esas cláusulas cuando la obra o instalación en cuestión no precisa de acuerdo alguno de la junta de propietarios.

2) Un aspecto muy importante en materia de la instalación de ascensores es el relativo a la interpretación que debe hacerse de las **cláusulas de exención de gastos**. La autonomía de la voluntad permite que la voluntad de la comunidad, expresada a través de los estatutos, autorice en determinadas circunstancias exonerar de la obligación de contribuir a determinados gastos a algunas viviendas o locales comerciales (TS 13-11-12, EDJ 258903).

En este sentido, el Tribunal Supremo ha mantenido que la cláusula **no es aplicable** a la construcción *ex novo* del ascensor, ya que, en estos casos, lo que se trata es de garantizar la accesibilidad y la mejora general del edificio que beneficia a todos (TS 20-10-10, EDJ 219301; AP Burgos 27-12-19, EDJ 848128). No obstante, la interpretación restringida que se hace de la cláusula de exención se aplica única y exclusivamente a los casos de **primera instalación** del servicio, ya que cuando se trata de una **sustitución o cambio** de un ascensor ya existente será de aplicación la doctrina del Tribunal Supremo según la cual: las exoneraciones genéricas de gastos que afectan a los locales comerciales en las cláusulas estatutarias, con apoyo en el no uso del servicio, comprenden tanto los gastos ordinarios, para la conservación y funcionamiento, como los extraordinarios para las reformas y sustituciones (TS 10-2-14, EDJ 7099; 18-11-09, EDJ 276003). La misma línea restrictiva en la interpretación de las cláusulas es la que ha llevado a los tribunales a considerar que una cláusula general de exoneración de los gastos de limpieza, uso y mantenimiento del ascensor no resulta aplicable al caso de obras de modificación en el ascensor ejecutadas para evitar barreras, como las derivadas de la necesidad de bajar el mismo a cota cero (AP Burgos 7-10-13, EDJ 214398; 31-7-13, EDJ 168167). Dicha interpretación no obsta que resulte válido el acuerdo que ratifique la exclusión de la contribución a los costes de instalación por parte de los locales sobre la base de la afección que la nueva instalación les representa (AP Zaragoza 22-1-20, EDJ 513121).

3) Los tribunales han tenido la oportunidad de pronunciarse sobre la **innecesaridad del acuerdo de junta** para la instalación de un ascensor, cuando queda acreditado que dicha medida va dirigida a la supresión de barreras arquitectónicas a personas con discapacidad y/o mayores de 70 años, siempre que quede acreditado que entra dentro del concepto legal de ajuste razonable y se acredite que no causa perjuicio al edificio en cuestión (AP Valencia 18-5-18, EDJ 531365).

4) La instalación del ascensor y la **ampliación de su trayectoria «a cota cero»**, ha de reputarse no solo exigible, sino también necesaria y requerida para la habitabilidad y uso total del inmueble, impuesta por la normalización de su disfrute por todos los vecinos, y no como una simple obra innovadora de mejora; accesibilidad que está presente tanto cuando se instala *ex novo* el ascensor, como cuando se modifica de forma relevante para bajarlo a «cota cero», y si obligado está el comunero a contribuir a los gastos de instalación de ascensor , obligado lo estará también, en casos como el enjuiciado, de los destinados a completar la instalación ya existente para la eliminación de barreras arquitectónicas, más propios de una obra nueva que de mantenimiento o adaptación del ascensor (AP León 27-1-21, EDJ 510689).

5) El reconocimiento del **carácter necesario y obligatorio** que tiene la instalación en el edificio comunitario de un servicio de interés general, como es el del ascensor, a fin de suprimir las barreras arquitectónicas existentes que dificulten el acceso o movilidad de las personas en situación de discapacidad, garantizando de este modo la accesibilidad universal y la plena habitabilidad del inmueble, así como las limitaciones de los derechos dominicales afectados por la colocación del ascensor, y las servidumbres que pudiera conllevar la ocupación de espacios privativos, se entienden referidos al ámbito de la comunidad o de los propietarios individuales en cuyo beneficio o interés se realiza la instalación, y operan únicamente en la esfera interna en la que se desenvuelven sus derechos dominicales, sin que puedan limitar o perjudicar derechos reales ajenos pertenecientes a otros titulares o a una comunidad de propietarios distinta (AP A Coruña 19-10-21, EDJ 779638).

6) Todo propietario debe ser justamente indemnizado en los casos en los que la instalación del ascensor implique la **ocupación de un espacio y la pérdida de funcionalidad**, debiéndose analizar dicha compensación en función de las circunstancias concurrentes en cada caso (AP Ourense 13-10-21, EDJ 765976). Sea como fuere, los perjuicios deberán quedar debidamente acreditados (AP Burgos 5-10-21, EDJ 791560).

Reparaciones y sustitución de ascensor Uno de los supuestos prácticos sobre los **1664**
que se ha planteado con mayor frecuencia la polémica de su calificación o no como obras necesarias, es el relativo a las reparaciones del ascensor, incluso a la sustitución del mismo (entre los actuaciones indicadas se comprenden, a modo ejemplificativo, tanto la instalación de **sistemas de emergencia** en los ascensores, la instalación de **puertas interiores** reglamentarias, la instalación de **amortiguadores de contrapesos** adecuados, la sustitución del alumbrado de la cabina, la adecuación a la normativa del acceso al cuarto de poleas, la ampliación del recorrido del ascensor con la finalidad de **eliminar barreras arquitectónicas** que dificulten el acceso y movilidad de las personas con discapacidad). Se llega a la conclusión de que, si las mismas vienen **exigidas por la normativa vigente**, habrán de tener siempre la condición de obras necesarias, con las consecuencias que de ello se derivan (TS 22-9-97, EDJ 5781; 5-7-95, EDJ 4739; 3-2-94, EDJ 868; 30-12-93, EDJ 11955; 28-9-06, EDJ 275341; TSJ Navarra 18-12-08, EDJ 348220; AP Salamanca 22-10-07; AP Navarra 14-9-02, EDJ 41949; AP Asturias 22-1-07, EDJ 35015).

Idéntico carácter de necesario han atribuido nuestros tribunales a las obras por las cuales se procede a la **apertura de una puerta de acceso al ascensor** en una planta en la que no existía (planta entresuelo), por cuanto que se trata de un actuación que no solo se encuentra dirigida a suprimir barreras arquitectónicas, sino que, además, resulta exigida para la adecuada habitabilidad y normalización del disfrute del edificio y sus elementos comunes por los diferentes propietarios (AP Girona 15-7-09, EDJ 254964).

La **ampliación de la trayectoria del ascensor para llegar a cota cero** ha de reputarse una actuación, no solo exigible, sino también necesaria y requerida para la habitabilidad y uso total del inmueble, impuesta por la normalización de su disfrute por parte de todos los vecinos y no como una simple obra innovadora de mejora. Tiene la misma consideración que la instalación del ascensor (AP Burgos 22-1-20, EDJ 522476; 27-2-19, EDJ 848128; AP León 6-11-19, EDJ 789982).

Distintas de las obras de ampliación del ascensor que siguen el régimen de la instalación, son las **obras de reparación**, respecto de las cuales resultan de aplicación las exenciones de contribución previstas en los estatutos (TS 3-10-13, EDJ 187261).

En cuanto a la **sustitución de los ascensores** cuando resulte necesario por su agotamiento, antigüedad, condiciones de seguridad o cumplimiento de normativa, tendrá la consideración de obra necesaria.

Precisiones Sobre la **obligación de contribuir a su sostenimiento**, es de aplicación a estos supuestos la doctrina jurisprudencial según la cual las exenciones genéricas de gastos que afectan a los locales contenidas en las cláusulas estatutarias, con apoyo en el no uso del servicio, comprenden tanto los gastos ordinarios como los extraordinarios y tanto para la conservación y funcionamiento del ascensor, como de los precisos para la reforma o sustitución de este (TS 10-10-19, EDJ 710872; 17-1-16, EDJ 208755).

En este sentido, si existe una **cláusula estatutaria** que exime del pago a los propietarios de locales respecto de los gastos derivados del servicio de ascensor y no se trata de instalación *ex novo* del servicio, sino de una mera sustitución de aparatos, para hacer contribuir a los propietarios de los locales se exigirá una modificación estatutaria aprobada por unanimidad (AP Granada 13-7-21, EDJ 737122).

Sin embargo, no tiene la consideración de **sustitución o reforma,** sino de instalación de ascensor en nueva planta, la bajada del ascensor «a cota 0». Se trata de una obra necesaria y requerida para la habitabilidad y si todo comunero está obligado a contribuir a los gastos de instalación del ascensor, también lo estarán a los destinados a completar la instalación ya existente para la eliminación de barreras arquitectónicas (TS 10-5-21, EDJ 558360).

1666 **Sustitución del sistema de calefacción** El Tribunal Supremo ha calificado como obra necesaria la sustitución de los antiguos elementos de calefacción, así como el sistema mismo de calefacción, cuando el **original sistema incumple la normativa vigente** en un determinado momento. Del mismo modo ha insistido en que el carácter de obra necesaria hace que se encuentre sujeto no al riguroso régimen de la unanimidad, sino al de las mayorías de propietarios y cuotas que se establecen en la LPH art.17.4 -redacc RDL 8/2023- y sin que puedan conceptuarse como actuaciones que impliquen, sin más, una modificación del título constitutivo (TS 23-10-95, EDJ 5217; AP Asturias 22-1-07, EDJ 35015).

El **cambio del sistema de caldera** de gasóleo por otra de gas natural no supone la creación de infraestructura común antes inexistente, ni puede calificarse como una innovación, nueva instalación o mejora no requerida para la adecuada habitabilidad del inmueble, por lo que resulta ajustado a Derecho que la adopción del acuerdo se someta al régimen general de mayorías previsto en LPH art.17.7 (AP Gipuzkoa 21-12-18, EDJ 701781).

El cambio del sistema de calefacción en ocasiones ha sido considerado como una auténtica **obra necesaria** en cuanto que establecía las bases para posibilitar las nuevas instalaciones de calderas de condensación para calefacción y agua caliente sanitaria a que se ven abocados los propietarios, instalaciones que no pueden calificarse de mejoras, sino de elementos esenciales para garantizar la habitabilidad y funcionalidad del edificio (AP Pontevedra 25-2-19, EDJ 519585).

Precisiones Respecto a la interpretación y aplicación de las **cláusulas estatutarias de exención en la contribución al gasto**, se sigue el mismo criterio que el expuesto anteriormente para la sustitución del ascensor (nº 1664; AP Madrid 19-9-07, EDJ 218183).

1668 **Impermeabilización de terrazas y zonas comunitarias** La ejecución de las **obras necesarias** no es solo un derecho de los propietarios, sino también una obligación, ya que las comunidades de propietarios tienen el deber de ejecutar todas cuantas reparaciones y obras sean necesarias, no solo para la adecuada conservación del inmueble, sino también para evitar que la existencia de defectos en los elementos comunes impida o menoscabe el derecho que los comuneros tienen sobre el goce y disfrute de los elementos privativos. La comunidad de propietarios es responsable de los **daños** que se les ocasionen a los propietarios individuales por el incumplimiento de su obligación de ejecutar las obras necesarias.

Aplicando dicha doctrina a estos supuestos, la comunidad es **responsable frente al propietario concreto**, de las humedades que se le ocasionen en su vivienda por el incumplimiento de la obligación de conservarlas adecuadamente o de ejecutar las obras necesarias de impermeabilización (TSJ Navarra 29-6-95, EDJ 12114; TS 17-2-93, EDJ 1505; AP Sta. Cruz de Tenerife 29-4-09, EDJ 125959; AP Barcelona 29-4-08, EDJ 134843; AP Málaga 10-4-08, EDJ 126187; AP Ávila 28-5-07, EDJ 206340; AP Pontevedra 14-2-07, EDJ 117079; AP Bizkaia 12-7-01, EDJ 75774; AP Madrid 24-4-06, EDJ 95536; AP A Coruña 18-5-06, EDJ 72405).

Las terrazas de los edificios constituidos en régimen de propiedad horizontal son **elementos comunes** por destino, lo que permite atribuir el uso privativo de las mismas a uno de los propietarios. Lo que no es posible es atribuir la propiedad exclusiva a favor de algún propietario, ya que la cubierta no puede perder su naturaleza de elemento común debido a la función que cumple en el ámbito de la propiedad horizontal y ello pese a que la terraza de la última planta del edificio se configure como privativa (AP La Rioja 9-1-17, EDJ 2688; AP Cáceres 22-6-16, EDJ 198011; AP Cádiz 11-2-20, EDJ 534902).

La **atribución del uso privado** de los balcones o terrazas no altera o modifica su naturaleza común, de modo que a quien le corresponde su mantenimiento es la comunidad de propietarios. En estos casos, los usuarios tienen la obligación de cuidar y respetar el balcón, así como llevar a cabo el adecuado **mantenimiento y conservación ordinarios** -diario o normal-, pero cuando se trate de **obras de conservación extraordinarias** -como es instalar una nueva tela asfáltica-, corresponde afrontarla a la comunidad, al tratarse de un elemento común que no se desnaturaliza por el hecho de que tenga un uso privativo (AP Sevilla 29-1-14, EDJ 43221).

Precisiones **1)** El hecho de que los daños que se causaron se deban al **mal estado de la tela asfáltica**, que asegura la impermeabilización del edificio, y que está situada bajo el suelo de la terraza que sirve de cubierta, determina su naturaleza común al ser uno de los elementos esenciales de la comunidad de propietarios, por lo que su reparación constituye una obligación propia (AP La Rioja 9-1-17, EDJ 2688; AP Cáceres 22-6-16, EDJ 198011). **1668.1**
2) La **omisión en la ejecución** de las obras de impermeabilización necesarias hace a la comunidad de propietarios responsable de los daños y perjuicios que se generen como consecuencia de las filtraciones originadas debido a su defectuoso estado (AP Pontevedra 12-6-23, EDJ 668985; AP Alicante 30-5-23, EDJ 672815; AP Asturias 28-2-20, EDJ 530037; 29-11-19, EDJ 794670; AP Cantabria 20-1-20, EDJ 510655).
3) La comunidad de propietarios es la responsable de los **daños y perjuicios** que se deriven del defectuoso estado de la terraza como consecuencia de una inadecuada conservación y mantenimiento. En caso de elementos comunes cuyo uso exclusivo esté atribuido a uno o varios propietarios, la obligación que estos tienen de respetar o cuidar el elemento no se extiende, en principio, a la realización de obras de conservación o reparación, salvo que su necesidad provenga de un uso inadecuado o poco diligente de los mismos susceptible de causar daños o desperfectos (AP A Coruña, 20-7-21 EDJ 693270).
4) La atribución del **uso exclusivo** del elemento supone que correspondan al usuario los gastos de limpieza, conservación y mantenimiento ordinarios. Sin embargo, los gastos de reconstrucción del elemento común y de ejecución de obras de impermeabilización de la cubierta exceden del mero mantenimiento y, por lo tanto, son a cargo de la comunidad (TS 13-5-16, EDJ 86164; 30-12-15, EDJ 267876; 24-4-13, EDJ 55866; AP A Coruña 6-7-21, EDJ 670784).
5) La consideración de las **terrazas a nivel** como elemento privativo de los titulares del piso a cuyo nivel se encuentran o desde el cual se accede a las mismas, es criterio predominante el que asigna al **titular de la vivienda** los gastos surgidos de las obras necesarias para su aprovechamiento como tales terrazas y, más concretamente, las que afectan a su superficie o pavimento, y a la **comunidad de propietarios** las precisas para mantenerlas en buen estado como cubiertas, como las de impermeabilización, cambios de desagües, etc. siempre y cuando tales daños no sean causados por la negligencia o dolo del titular del piso a cuyo nivel se encuentran (AP Alicante 8-6-21, EDJ 654089).
6) En relación con el alcance de la presunción del carácter común de las **terrazas que son cubiertas del edificio**, la preeminencia de los estatutos y la posibilidad del establecimiento de reglas de reparto de gastos derivados de estos elementos en las comunidades de propietarios (AP Pontevedra 22-9-23, EDJ 735317).

Una vez acordada una obra de **reimpermeabilización** de una terraza y aprobada su ejecución como obra necesaria al amparo de un **informe técnico**, corresponde a quien impugne el acuerdo demostrar que la obra no resulta necesaria (AP Zaragoza 22-3-07). **1669**
Los propietarios interesados tienen derecho a exigir que se lleve a cabo una **actuación global**, cuando se pruebe que la misma es necesaria -lo que ocurre, por ejemplo, en los casos en los que se han ido afrontando de forma sucesiva e infructuosa diferentes **reparaciones parciales**, que no pueden sino calificarse de parches, insuficientes para la solución definitiva del problema (AP Madrid 17-10-13, EDJ 251693)-. Además, la obligación que tiene la comunidad de sostener y reparar los elementos comunes no puede limitarse a una mera conservación de aquellos cuando presenten defectos que afecten a la estructura, estanqueidad, habitabilidad, accesibilidad y seguridad del edificio, como ocurre en el caso de humedades, sino que comporta la realización de las obras pertinentes para superar los expresados defectos con arreglo a las técnicas constructivas en cada momento vigentes y ello con independencia de las acciones que pudieran corresponder a la comunidad respecto de los agentes de la construcción para exigir responsabilidad por los daños materiales sufridos en el inmueble (AP Las Palmas 7-10-13, EDJ 217211).
En relación a la solución del problema de las terrazas, debe tenerse siempre en cuenta que lo anteriormente indicado es aplicable cuando la terraza se encuentre configurada como elemento común, ya que los tribunales vienen considerando que las **terrazas a nivel** no son un elemento común por esencia o naturaleza, sino por destino; cabe, por consiguiente, su desafección y la atribución de carácter privativo, en cuyo caso, la conservación y mantenimiento de la misma será de cargo exclusivo de su titular (TS 18-6-12; 8-4-11; AP Madrid 2-7-13, EDJ 153021).

1670 **Reparación de balcones y sustitución de barandillas** Del mismo modo que sucede con las terrazas, el Tribunal Supremo ha insistido en la obligación que tienen las comunidades de propietarios de **ejecutar las obras de conservación y reparación necesarias** de los balcones, ya que, aunque se encuentren vinculados a un piso o local de carácter privativo, tienen la consideración de **elementos comunes** (AP Valencia 27-5-19, EDJ 660646).

El **incumplimiento** de la obligación de ejecutar las obras necesarias sobre estos elementos llevará aparejado la imputación de responsabilidad por todos los daños y perjuicios que se puedan ocasionar a terceros -incluyendo en este término a los propios propietarios individuales del edificio- (AP Madrid 27-10-09; AP Girona 11-1-01, EDJ 13058).

En la misma línea, se vienen entendiendo como necesarias las actuaciones de sustitución de las barandillas exteriores que vengan motivadas en el **deteriorado estado** de las anteriores y ello, aunque dicho cambio obligue a utilizar otro tipo de material (AP Tarragona 2-1-09, EDJ 24534; AP Baleares 4-3-19, EDJ 541275).

La comunidad de propietarios está legitimada para exigir la reparación de los balcones a los agentes de la construcción, reconociéndose también la posibilidad de que lo hagan directamente los propietarios, siempre que efectúen expresa mención a que lo hacen en beneficio de la comunidad (AP Baleares 5-7-19, EDJ 657900; AP Asturias 17-12-19, EDJ 842234; AP Barcelona 25-10-18, EDJ 633831).

Precisiones No obstante, el citado deber general de la comunidad, cuando se pruebe que los daños vienen generados por el **defectuoso estado del balcón** a resultas del mal uso y conservación llevada a cabo por el usuario, será este el responsable tanto de la reparación del elemento, como de compensar los daños producidos (AP Guipúzcoa 18-1-21, EDJ 541715).

1672 **Obras de conexión con el alcantarillado general y obras de reparación y conservación de la fosa séptica** Dentro del carácter de obra necesaria el Tribunal Supremo ha incluido, también, las actuaciones necesarias para la adecuada y reglamentaria **conexión** de las canalizaciones y servicios de la comunidad con la red general, ya sea la eléctrica, la de alcantarillado o cualquier otra similar (AP Murcia 17-3-09, EDJ 138750).

La comunidad de propietarios tiene el deber de mantener los elementos comunes en estado de conservación que cumpla las condiciones de **habitabilidad y estanqueidad**, lo cual es extensible a la red de saneamiento (AP Barcelona 21-10-19, EDJ 727110: en este caso, el perito concluyó que había que sustituir toda la red, eliminando la fosa séptica y conectándola a la red municipal al pie de la puerta de salida del edificio).

La regla general será que todos los propietarios deben contribuir al sostenimiento de su **coste** conforme a su cuota de participación (AP Baleares 18-10-19, EDJ 733408).

La **falta de ejecución** de las obras necesarias hará responsable a la comunidad de propietarios de los daños y perjuicios que se generen (AP Bizkaia 17-7-19, EDJ 699369).

1674 **Reparaciones necesarias en techos y paredes exteriores del edificio** Los tribunales reconocen el carácter de necesarias de las actuaciones en **fachadas** y **cubiertas** de los edificios cuando de las pruebas practicadas, especialmente las periciales, resulta acreditada la **necesidad** de dichas obras. En cualquier caso, y habiendo la junta de propietarios adoptado el acuerdo asignando a las obras el carácter de obras necesarias, se requerirá que sea el propietario impugnante quien acredite que efectivamente las obras no tenían dicho carácter, tratándose de meras mejoras (AP Barcelona 25-2-09, EDJ 184876; AP Zamora 29-1-01, EDJ 106550).

La mera **sustitución de materiales** no puede conceptuarse como una alteración de la fachada o aspecto exterior, razón por la cual quedará sometida al régimen de simples mayorías y no al de mayorías cualificadas -ello se da, por ejemplo, en el caso de la sustitución de losas por placas en el material de cubrimiento (AP Valencia 13-12-13, EDJ 306070)-.

Precisiones **1)** La **sustitución integral de la cubierta del edificio**, cuando se encuentre justificada en el deterioro de la misma, no puede conceptuarse como una mejora de las previstas en la LPH art.17.4 -redacc RDL 8/2023-, sino como una obra necesaria de las previstas en la LPH art.10 -redacc RDL 8/2023-, porque obedece al deber de conservación del inmueble y satisface los requisitos básicos de seguridad y estanqueidad (AP Asturias 13-7-23, EDJ 685903).

2) El **cubrimiento de una escalera con un tejadillo**, es una obra necesaria cuando a través de la misma se garantiza la seguridad estructural y sobre todo la seguridad en el uso, protegiendo las condiciones de estanqueidad en el edificio y en las viviendas que lo componen (AP Málaga 12-2-14, EDJ 67442).

3) La fachada es un todo que corresponde al exterior del inmueble en su completa superficie, con independencia de que las **ventanas, terrazas, solariums y balcones** estén al cuidado y mantenimiento del comunero que ostenta la propiedad privativa del elemento privativo adjunto a la misma. El derecho que se atribuye sobre estos elementos se subordina en todo caso a la necesidad de respetar los elementos comunes, en forma tal que nadie tiene capacidad para efectuar cualquier cambio en la fachada que no haya sido previamente autorizado por la junta, extendiéndose estos cambios incluso al cambio de modelo de toldos, color de la fachada en la parte correspondiente a cada terraza, el material de los revestimientos, o la apertura de huecos en la misma (AP Cádiz 30-12-19, EDJ 851060).

Adecuación de las antenas de televisión Los tribunales vienen atribuyendo el carácter de obra necesaria para el sostenimiento del inmueble, sus servicios e instalaciones a las actuaciones de **adaptación o renovación en materia de servicios de telecomunicación**, y en especial para el impulso de la TDT una vez producido el denominado «apagón analógico». No se trata, pues, de obras de lujo o simples mejoras, sino de obras necesarias para garantizar no solo la habitabilidad, sino, en especial, la funcionalidad del edificio, haciendo posible el acceso a los servicios de telecomunicación, audiovisuales y de información (AP Badajoz 20-3-09, EDJ 63637; en contra, AP Pontevedra 4-11-02, EDJ 71306). 1676

Precisiones El **presidente** que se extralimita y adopta unilateralmente la decisión de contratar a una empresa para instalar una antena colectiva de televisión viene obligado a compensar a la comunidad de los daños y perjuicios que se le ocasionan (AP Málaga 3-10-17, EDJ 322170).

Actuaciones de limpieza y desinsectación del edificio Los tribunales consideran como necesaria y sujeta al mero requisito de las **mayorías** previstas en LPH art.17.4 -redacc RDL 8/2023- a las actuaciones de desinsectación y limpieza en los casos de plagas (AP Málaga 7-4-08). 1678

La comunidad de propietarios tendrá derecho a repercutir el **coste** al propietario o propietarios que estén en el origen de la plaga de los insectos (AP Zaragoza, 17-12-15, EDJ 259127). Igualmente, puede ejercer la **acción de cesación** de LPH art.7.2 contra el propietario en cuestión (AP Madrid 24-2-10, EDJ 41167).

Reparación y sustitución de tuberías y canalizaciones comunes Dentro de la obligación y mantenimiento de los elementos comunes que la LPH impone a la comunidad de propietarios se encuentran incluidas todas cuantas actuaciones sean precisas para **mantener en perfecto estado de conservación y limpieza** la canalización, tuberías comunitarias y arquetas destinadas al desagüe de aguas pluviales, incluso su sustitución en los casos en que sea pertinente. La consecuencia del **incumplimiento** de esta obligación será la imputación de responsabilidad a la comunidad por los daños y perjuicios que se puedan ocasionar a propietarios individuales o cualesquiera otros terceros (AP Sevilla 2-6-21, EDJ 735221; AP Navarra 10-12-20, EDJ 836002; AP Pontevedra 6-3-03, EDJ 45680; AP Bizkaia 30-4-01, EDJ 76672). 1680

Los tribunales insisten, además, en la obligación que tienen los propietarios de soportar en sus elementos privativos las **servidumbres** imprescindibles para la adecuada conservación y mantenimiento del inmueble. Ello es frecuente en relación al paso de bajantes y canalizaciones generales de la comunidad que discurren por el interior de pisos y locales. De hecho, la modificación obligada de la ubicación de las bajantes, por imposición legal o por exigencias técnicas, no puede ser considerada, en modo alguno, de alteración del título constitutivo; viniendo la comunidad obligada a su ejecución y el propietario en cuestión a soportar la servidumbre correspondiente en el interior de su piso o local, a salvo las **compensaciones o indemnizaciones** que procedan por los daños que se puedan ocasionar (AP Las Palmas 2-10-13, EDJ 217192).

La junta de propietarios es soberana para decidir el carácter necesario de la **sustitución de la bajante**. Partiendo de esta premisa, si algún propietario desea demostrar que no se trata de una obra necesaria, sino de una mejora, incumbe al mismo la impugnación del acuerdo y la carga de la prueba de dicha circunstancia (AP Burgos 23-1-20, EDJ 522327).

Obras de conexión con bajantes e instalaciones comunitarias Las obras consistentes en conectar una instalación privativa con la red de saneamiento general, así como el resto de las conexiones que hayan de efectuarse entre instalaciones privativas y generales no alteran la seguridad del edificio, ni su estructura general, ni su configuración exterior. Por esta razón, pueden ejecutarse por los propietarios singulares al amparo de la LPH art.7.1, aunque las mismas hayan de afectar, por lógica, a elementos comunes (AP Burgos 17-3-14, EDJ 49353). 1681

Paredes medianeras Señalan nuestros tribunales que las paredes medianeras son **elementos comunes** que resultan fundamentales para la adecuada conservación, habitabilidad y seguridad del edificio. Por dicha razón, su reparación o rehabilitación con **adaptación a las técnicas constructivas actuales** está llamada a redundar en beneficio de todos los propietarios del inmueble, evitando problemas tales como la condensación que suele producirse por la utilización de sistemas de calefacción (AP La Rioja 8-5-06, EDJ 66707). 1682

En relación a la interpretación de las cláusulas de exclusión de **gastos** relativos a actuaciones en las fachadas sin distinción, comprenden tantos los gastos ordinarios como extraordinarios, ya sean de mantenimiento, conservación o rehabilitación, sin que sea justificable pretender excluir los **elementos de cierre** constituidos por las paredes medianeras, ya que no existe ninguna razón para diferenciar unos elementos de cierre de otros (AP Asturias 10-1-19, EDJ 504771).

1684 **Adecentamiento del portal y accesos al edificio** Estas actuaciones vienen consideradas como necesarias en atención a las circunstancias de cada caso. Especialmente se ha considerado incluir en el concepto de obras necesarias o de obras de mejora necesarias o exigibles las actuaciones acometidas en edificios en los que se demuestra que **durante muchos años no se ha ejecutado actuación alguna de conservación** (AP Madrid 28-7-05, EDJ 186108; AP Burgos 14-1-01).

En relación a las obras de adecentamiento del portal ejecutadas en virtud de una **decisión recogida en el apartado ruegos y preguntas** y habiendo quedado demostrada la necesidad de las obras, señalan los tribunales que la normativa de la propiedad horizontal no puede ser utilizada para obstaculizar el normal desenvolvimiento de los fines comunes, por medio de artificios formales que, en justicia, han de fracasar ante acuerdos que devinieron válidos y eficaces por su falta de impugnación dentro del plazo de caducidad de LPH art.18.3, ejecutados sin constancia de objeción alguna, y una vez que redundan en una evidente utilidad para la comunidad de propietarios (AP Granada 29-6-18, EDJ 580993).

1686 **Rehabilitación de fachadas** Los tribunales vienen considerando que la rehabilitación de la fachada, cuando resulta **técnicamente exigible**, es una obra necesaria cuya aprobación queda sujeta a la regla de las mayorías de la LPH art.17.7. Del mismo modo, han considerado necesarias las obras complementarias de aplicación de **pintura impermeabilizante** en las fachadas cuando así se requiera técnicamente (TS 7-4-06, EDJ 53033; AP Barcelona 31-3-09, EDJ 184823).

La obra en la fachada no deja de ser una obra necesaria o requerida para la adecuada conservación y habitabilidad del inmueble. De modo que la LPH art.17.4 redacc RDL 8/2023 -que, precisamente, se refiere a la exoneración del disidente en relación con el abono de la correspondiente cuota, cuando se trate de instalaciones, servicios o mejoras no requeridas para la adecuada conservación o habitabilidad del inmueble- no podrá amparar la declaración de nulidad del acuerdo sobre derrama extraordinaria aplicable a todos los propietarios, ni podría servir de fundamento a la petición del demandante en cuanto a la declaración del **derecho a no abonar derrama** por la obra a efectuar en la fachada. Salvo previsión estatutaria en contrario, o acuerdo debidamente adoptado, el régimen de contribución vendrá determinado por la cuota de participación (TS 25-2-20, EDJ 512845).

La comunidad de propietarios estará obligada a responder de los daños que se ocasionen por el mal estado de conservación de la fachada, ya sea producido a alguno de los propietarios, ya a terceros (AP Burgos 21-5-21, EDJ 622267; AP Asturias 10-11-20, EDJ 778381).

1688 **Adecuación de piscinas y otros elementos e instalaciones a personas con discapacidad** La protección de las personas con discapacidad alcanza a múltiples aspectos de la vida cotidiana, entre los cuales se cuenta el acceso a la instalación de la piscina, no siendo admisible la **oposición de la comunidad** a las obras de adecuación, cuando ni tan siquiera se acredite que las mismas perjudiquen o dañen a otros miembros de la comunidad (TS 10-10-13, EDJ 214482).

La obra de adaptación no será necesaria cuando quede acreditado que la barrera puede salvarse sin necesidad de la misma en condiciones adecuadas, razonables y dignas (AP Madrid 10-10-17, EDJ 522367).

2. Obras de mejora

1690 Los tribunales vienen considerando como mejora toda aquella obra de la comunidad que **no** venga **exigida para la adecuada conservación y habitabilidad** del edificio. En tal sentido han considerado como:

1692 **Mejora no suntuaria** La colocación de una **nueva puerta de entrada**, la instalación de puertas en el cuarto de contadores y de basuras, la colocación de **peldaños de granito** en las escaleras en sustitución de los anteriormente existentes (AP Madrid 11-4-07, EDJ 87703).

La colocación de una **pista deportiva de paddle**, siempre que su ubicación no afecte a la seguridad de la comunidad, ni a algún propietario concreto (AP Madrid 11-5-06).

Mejora suntuaria Los tribunales han calificado como obras suntuarias, entre otras, la colocación de **mármol en los accesos** o la colocación de **granito rosa** en la fachada (AP Madrid 11-4-07, EDJ 87703; en contra, AP Madrid 28-7-05, EDJ 186108). 1694
En relación con la **sustitución de materiales o instalaciones**, aunque no sean iguales que los originales, no necesariamente viene a constituir una mejora. De hecho, los tribunales vienen reconociendo la facultad de las comunidades de introducir **cambios en los materiales de los elementos comunes**, conforme a las prácticas o avances constructivos existentes en cada momento, ya que resulta difícil exigir el mantenimiento de los materiales iniciales cuando los mismos han quedado en desuso u obsoletos. Por dicha razón, el cambio de materiales solo será calificable como mejora de lujo o recreo en los casos en que el **material instalado resulte desproporcionado** en relación a las condiciones del inmueble y a la existencia de otras alternativas menos costosas (AP La Rioja 8-5-06, EDJ 66707).
Como mejora suntuaria se ha calificado, por ejemplo, la instalación de una **piscina en la zona comunitaria**, actuación que en todo caso requiere de la aprobación por unanimidad de los propietarios (AP Castellón 12-12-02).

Innovaciones El Tribunal Supremo ha manejado en ocasiones el término innovación como **sinónimo de mejora**, si bien en ocasiones la innovación puede resultar necesaria para el adecuado uso y disfrute del edificio, supuesto este en el que pasará a estar englobada no entre las obras de mejora, sino entre las obras necesarias. 1696
Señala el alto tribunal que son innovaciones todas aquellas obras que provocan un **cambio en la estructura, sustancia, forma** o destino del edificio, sus elementos o servicios comunes.
Dentro del concepto general de innovaciones cabe establecer una distinción entre:
- las **innovaciones exigibles**, que son aquellas que, alterando, bien de hecho bien de Derecho, la situación preexistente del inmueble, van dirigidas a lograr las adecuadas condiciones de habitabilidad del edificio; y
- las **no exigibles**, que son aquellas que, sin venir exigidas para la adecuada conservación y habitabilidad del inmueble, se encuentran dirigidas a obtener un más cómodo uso y disfrute del mismo por parte de todos los propietarios de usos y locales. Dentro de estas últimas no encontraremos, a su vez, con las **innovaciones o mejoras no suntuarias**, que son aquellas cuyo importe de instalación no supera el importe equivalente a 3 mensualidades de gastos comunes, o, lo que es lo mismo, el 25% del presupuesto anual y las innovaciones o mejoras suntuarias, que son aquellas cuyo importe de instalación supera dicho importe (AP Madrid 30-1-08, EDJ 15748). Dentro de la primera categoría se encontraría, por ejemplo, la construcción de un **aparcamiento en el subsuelo del jardín comunitario** a fin de solucionar el importante problema de la escasez de plazas de aparcamiento que existe en el edificio (TS 14-7-92, EDJ 7832).

Dentro del concepto de innovación o mejora exigible los tribunales han incluido también el supuesto de ejecución de obras de **apertura de puertas y sustitución del cercado** orientadas a facilitar el acceso y movilidad por el edificio, así como la seguridad del mismo (AP Madrid 30-1-08, EDJ 15748). 1697
Como innovación exigible han calificado también nuestros tribunales la instalación de un **portero automático**, al ser una mejora de la comunicación exterior del edificio, especialmente en los casos en los que en el edificio viven personas de elevada edad, ya que, lo que para personas jóvenes puede resultar un puede resultar irrelevante o un mera mejora en términos de comodidad, para las personas mayores constituye un auténtico trastorno tener que desplazarse para abrir la puerta de acceso (AP Gipuzkoa 23-5-06, EDJ 398498).
También como innovación exigible se ha calificado el supuesto de **desvío de las canalizaciones de aguas pluviales** en previsión de evitar problemas de humedades a los propietarios de las fincas colindantes con las terrazas o cubiertas comunitarias, siempre que así se acredite técnicamente (AP Lugo 7-9-05).

La misma solución han aplicado los tribunales a determinadas actuaciones ejecutadas en fachada y cubiertas de los edificios bajo el argumento de que resultan exigibles aquellos servicios o aquellas obras que tengan por misión una **mejora de las condiciones de habitabilidad** del inmueble según su **rango y condición**; es decir, las obras y servicios que supongan una elevación de tales condiciones, haciendo más beneficioso a la comunidad el uso y disfrute de las cosas o elementos comunes (pues por habitabilidad debe entenderse la forma de vivir), y que vengan justificados por el **mantenimiento del rango del inmueble**, lo que supone atenerse a las particulares circunstancias del edificio, con indubitada exclusión de los que sean suntuarios o de lujo (AP Barcelona 6-3-00, EDJ 19862). 1698
Otros ejemplos de mejoras exigibles son los referentes a la **colocación de cierres o vallados exteriores**, incluso de mampostería, con puertas correderas mecanizadas para el acceso y

vehículos y puertas manuales para peatones, con la finalidad de garantizar la seguridad de la finca y evitar el acceso a personas extrañas. Todo ello siempre que no se acredite que ocasiona un perjuicio o quebranto cierto a alguno de los propietarios existentes (TS 19-11-96; 31-3-95; AP Córdoba 7-11-03, EDJ 169859; AP Cantabria 17-1-01; AP Toledo 13-10-98, EDJ 27385; AP Alicante 21-7-97).

1699 Dentro de esta categoría se sitúan igualmente todos los supuestos de **modificación de los sistemas de calefacción** que no vengan exigidos por la normativa vigente, ya que en dicho caso se trataría de obras necesarias, y se ajusten a las circunstancias del edificio en cuestión. Así ha ocurrido, por ejemplo, con el cambio del sistema de calefacción de carbón a gas (AP Madrid 7-11-00).

Exigible es, igualmente, la ejecución de la mejora consistente en la **colocación de aislamiento térmico** cuando anteriormente no existía y el mismo viene aconsejado por la aparición de humedades en el interior de las viviendas (AP Navarra 14-2-01).

Más ejemplos de mejoras o innovaciones exigibles lo encontramos en la **renovación de las redes de abastecimiento y saneamiento**, cuando resulten incuestionables las ventajas que reporta la instalación de un moderno sistema de aguas implica una mejora del servicio de las mismas, incluso aunque solo ello pudiera ser valorado respecto a la proyección de futuro del servicio, atajando los problemas que pudieran devenir, dada la antigüedad del equipo existente y vista la vocación de perpetuidad y utilidad de dichas instalaciones (AP Navarra 14-3-00).

3. Obras estructurales y otras alteraciones de elementos comunes

1705 Los tribunales se han pronunciado en multitud de ocasiones en relación a las obra que **alteran la estructura o fábrica del edificio**, si bien la inmensa mayoría de las resoluciones en cuestión se plantean frente a la ejecución de obras o actuaciones por parte de propietarios individuales y lo hacen para determinar si cabe considerar que dicha actuación ejecutada en interés particular se encuentra o no subsumida dentro del ámbito de actuación que la LPH art.7.1 reconoce a los particulares, o lo que es lo mismo, si puede entenderse que dicha actuación no altera la seguridad del edificio, su estructura general, su configuración o estado exteriores, o perjudican a otro propietario.

A continuación, expondremos la posición generalmente mantenida por nuestros tribunales de justicia en relación a con los supuestos más frecuentes de actuaciones u obras particulares que puedan **afectar a elementos comunes**.

Precisiones Una cuestión extraordinariamente conflictiva a la hora de delimitar los elementos estructurales de naturaleza común en los complejos inmobiliarios y urbanizaciones, es el referente a la delimitación de a quién pertenecen el **vuelo** y el **subsuelo** de las fincas, al propietario privativo de la misma, o a la comunidad general del complejo o urbanización. El Tribunal Supremo parece haberse decantado por esta última solución al indicar que, lo que adquieren los propietarios singulares no es más que un derecho singular y exclusivo de propiedad sobre un espacio suficientemente delimitado y susceptible de aprovechamiento independiente con los elementos arquitectónicos e instalaciones de todas clases, aparentes o no, que estén comprendidos dentro de sus límites y sirvan exclusivamente a su propietario. La construcción de nuevas plantas y cualquier modificación en la fábrica o estructura de los bloques o en las cosas comunes afectan al título constitutivo (TS 18-10-13, EDJ 206246).

1708 **Cerramiento de terrazas** Los tribunales han sostenido de forma reiterada que la obra de cerramiento de terrazas constituye una **alteración permanente de la estructura** del edificio que, como tal, requiere de la previa aprobación de la comunidad de propietarios por unanimidad de los propietarios (TS 3-2-94). Un argumento añadido en pos del carácter de modificación estructural de estas obras es el de que suponen un **aumento de la habitabilidad de la vivienda**. Además, estas actuaciones incuestionablemente alteran la traza o forma del edificio, aun cuando no dañen la estructura o solidez del inmueble, afectando de forma manifiesta a la estética o configuración exterior del mismo (AP Madrid 11-2-11, EDJ 53267; AP Barcelona 17-1-01; AP Valencia 11-5-00, EDJ 120062).

Se justifica la exigencia de **unanimidad** señalando que, las terrazas a nivel, aun en el caso de que sean privativas, constituyen la cubierta del piso inferior y forman parte integrante del revestimiento exterior o fachada del edificio, y en tal sentido son elementos comunes (AP Sevilla 16-2-07, EDJ 103341).

Precisiones Idéntica consideración es la que mantiene el Alto Tribunal en relación a la **construcción de cuerpos terrados en las cubiertas y terrazas**, aun cuando las mismas se encuentren atribuidas en uso exclusivo al propietario o propietarios que realizan la obra sin el consentimiento de la comunidad (TS auto 21-1-14, EDJ 3101).

El **cerramiento parcial de una terraza** y su incorporación a la zona habitada de la vivienda, mediante la instalación de un techo-panel sobre pérgola con frontal de carpintería metálica hacia la fachada, solada con pavimento de madera con agarre en la solería y dividida por tabiquería de ladrillos, necesita del respaldo de los copropietarios por mayoría cualificada (LPH art.10.3 redacc RDL 8/2023), pues, aun cuando no afecte a la estructura del inmueble, implica un cambio de la configuración externa del edificio, con alteración de la volumetría y ampliación de la superficie útil de la vivienda, sin modificación correlativa de las cuotas porcentuales de participación. 1709

Aunque las terrazas a nivel formen un todo con una **entidad privativa** y su **uso exclusivo** esté asignado a la misma, el cerramiento de aquellas constituye una alteración de los elementos comunes que afecta al **título constitutivo**, cambiando la forma y traza del edificio y por tanto la configuración de la fachada y el aspecto externo del edificio y ello aunque no constituyan un menoscabo para la seguridad del edificio (TS 3-7-89, EDJ 6751; AP Guadalajara 13-6-23, EDJ 670020; AP Alicante 9-6-23, EDJ 722836; AP Málaga 17-2-14, EDJ 67448; AP Valencia 18-5-06, EDJ 116344).

La atribución del uso exclusivo de las terrazas no implica la **atribución del derecho de propiedad a la persona beneficiada**, pues simplemente se le concede un uso que complementa el disfrute de su entidad privativa. Por ello, no pueden entenderse comprendida en dicha atribución la facultad de alteración del elemento con obras que afecten a su destino, su estructura o su configuración, entre las que se encuentra la construcción de cerramientos (TS 14-10-91, EDJ 9662; 20-3-84, EDJ 7113; AP Málaga 9-5-07, EDJ 219340). No siendo la terraza sino un elemento común, aunque su uso exclusivo lo tenga atribuido un propietario, el titular de ese uso no podrá proceder a alterarlo construyendo un cerramiento sin autorización de la comunidad (AP Madrid 18-10-19, EDJ 747419).

Precisiones **1)** La instalación en la fachada del inmueble de una **carpa exterior permanente** y de considerables dimensiones, ubicada en una terraza común de la comunidad de propietarios, aunque de uso privativo, es una extralimitación del uso autorizado y, por consiguiente, requiere de la autorización expresa de la junta de propietarios (TS 6-11-13, EDJ 214484; AP Madrid 20-7-23, EDJ 688929).

2) Se ha considerado una alteración del aspecto exterior el **cierre de una terraza con un techo móvil** que se desliza sobre guías de aluminio y un cerramiento lateral con ventanas de aluminio que se repliegan, en cuanto que afecta claramente a la fachada del edificio, así como a la configuración, tanto cuando está cerrada como cuando está abierta (TS auto 29-10-13, EDJ 214512).

3) Idéntico régimen es el que se aplica cuando se trata de colocar **elementos fijos** anclados a la estructura (AP Sevilla 30-6-20, EDJ 668520).

La consecuencia de la ejecución de obras de **cerramiento de terrazas sin la autorización de la comunidad** es la ilicitud de las mismas y la obligación del propietario en cuestión de restaurar la realidad inicial, alterada con la construcción ilícita (AP Valencia 3-4-09, EDJ 132650; AP Madrid 9-4-08, EDJ 79286; 30-12-19, EDJ 840397; AP Tarragona 31-5-05; AP Cádiz 30-12-19). 1710

La ilegalidad de las obras se determina según tengan las mismas **carácter desmontable o no** (AP Castellón 5-3-09).

La exigencia de la **mayoría cualificada de la junta** para la ejecución de los cerramientos se encuentra, no obstante, con algunas salvedades determinadas por el propio comportamiento seguido por la junta de propietarios, bien en el supuesto en cuestión, bien en casos anteriores. En esta línea, algunas sentencias han entendido que es contrario a la buena fe el comportamiento de aquellas comunidades que ante supuestos similares mantienen un diferente criterio respecto de los distintos propietarios, exigiendo que, ante **supuestos similares** deba otorgarse **idéntico trato** (AP Madrid 14-2-00).

En la misma línea y a la hora de **probar el consentimiento preceptivo de la comunidad** para la ejecución de estas actuaciones, los tribunales vienen reconociendo que no es imprescindible el hecho de que se aporte la certificación o el acta de la junta en la que se prestó dicho consentimiento, ya que basta con demostrar el mismo de forma concluyente, admitiéndose la voluntad tácita de los copropietarios, cuando mediante actos inequívocos se llega a esta conclusión, siendo factor determinante para ello, en muchas ocasiones, el transcurso de un importante periodo de tiempo sin que conste queja alguna en relación a la ejecución de la obra (TS 22-12-21, EDJ 806542; 23-7-04, EDJ 82533; 28-4-92, EDJ 4095; 28-4-86, EDJ 2830).

Es obvio que no se precisa **nuevo consentimiento de la junta**, cuando las actuaciones de cerramiento en cuestión se encuentren expresamente autorizadas en los estatutos de la comunidad de propietarios (AP Málaga 8-10-08, EDJ 295030). 1711

Más aún, se ha declarado que, cuando las obras de cerramiento no afectan a la seguridad del edificio y, además, la situación es tal que la **generalidad de los propietarios** ha procedido a cerrar las terrazas, el derribo de uno o alguno de dichos cerramientos contravendría el principio de igualdad (Const art.14), en relación a los otros propietarios. Todo ello sin olvidar que, en tales casos, de **alteración generalizada o sistemática** de la fachada del edificio mediante los cerramientos, no puede sostenerse que la realización por parte de uno o varios de los copropietarios de una obra similar altere la configuración del edificio, sino que, al contrario, va en el sentido de conseguir una mayor uniformidad o estética (TS 5-3-98, EDJ 1242).

Pero incluso admitiendo la posibilidad de que el comportamiento anterior vincule a la comunidad, lo cierto es que el propietario que desee ejecutar un nuevo cerramiento ha de **adaptarse a la estética del resto** de cerramientos existente, no pudiendo imponer un cerramiento que genere nuevos volúmenes y que no se corresponda con los previamente aprobados por la comunidad (TS 27-10-11, EDJ 262930; AP Madrid 3-10-11, EDJ 259830).

Además, la aplicación de esta doctrina pasa por la previa **aprobación de los cerramientos anteriores**, ya que, si los mismos se han ejecutado también de forma temeraria, sin obtener el preceptivo consentimiento de la comunidad, no puede apreciarse, sin más, la doctrina de la mala fe o del abuso del derecho. Dirigir la demanda contra un copropietario y no contra otro no supone ni una renuncia para el actor ni una imposibilidad para que la comunidad de propietarios o un comunero, pueda ejercitar las acciones que la ley ofrece. La apreciación de mala fe o abuso de derecho no puede fundarse en que el actor no hiciera uso de la posibilidad de formalizar su demanda también contra otro copropietario por la realización de hechos similares a los que describe en su demanda, pues su decisión de dirigir su acción contra un copropietario por la realización de actos no amparados por la ley no supone una anormalidad en el ejercicio de la acción que puede ejercitar conforme a lo dispuesto en la LPH (TS 24-10-11, EDJ 253604).

La doctrina del Tribunal Supremo en materia de propiedad horizontal es que el **abuso del derecho** consiste en la utilización de una norma por la comunidad, de mala fe en perjuicio del propietario, sin que pueda considerarse general el beneficio de la comunidad. Se parte así de la idea de que el principio de igualdad y de buena fe impide a la comunidad tratar de forma diferentes con **agravio comparativo** a diferentes propietarios en relación con la autorización de obras de carácter similar, sin que existan criterios objetivos y razonables que lo justifiquen (TS 18-7-12, EDJ 153746). Sin embargo, no cabe estimar la existencia de discriminación o desigualdad de trato cuando de las circunstancias fácticas del caso concreto se desprenda que las actuaciones emprendidas por la comunidad se sustentan en finalidades claramente amparadas por la norma (TS 17-6-15, EDJ 128709; AP Córdoba 11-10-16, EDJ 218132).

Precisiones **1)** El hecho de que una comunidad permita a determinados comuneros la realización de una serie de obras o actuaciones sobre elementos comunes impide a la comunidad oponerse a que otros comuneros realicen obras semejantes, ya que supondría actuar de forma abusiva, con el consiguiente quebranto del principio de igualdad. No obstante, para que así ocurra será necesario acreditar que las obras realizadas por los otros comuneros y que han sido consentidas tienen significación y contenido semejante a aquellas que son objeto del proceso de que se trate. De modo que, no existirá **trato desigual** si las obras ofrecen diferencias en su trascendencia o contenido (AP Madrid 26-11-19, EDJ 829814).

2) No puede apreciarse **actuación abusiva** cuando queda acreditado que la comunidad se funda en una justa causa y una finalidad legítima. En cualquier caso, debe de partirse siempre de que la teoría del abuso de derecho es un remedio extraordinario, al que solo puede acudirse en casos patentes y manifiestos, en los que no resulta provecho alguno para el agente que ejercita su derecho, quien únicamente actúa imbuido por el propósito de causar daño (AP Madrid 11-2-20, EDJ 520851).

3) Sobre la **construcción de un invernadero** en una terraza, se ha ratificado la validez del consentimiento dado por la junta para su construcción, señalando que un invernadero no es una construcción fija, sino desmontable y ligera, que no supone ampliación de la vivienda, ni una alteración de las cuotas de participación, que no consume habitabilidad al ser desmontable, que no supone riesgo para el edificio y que contribuye a mantener la terraza en buen estado (TS 25-2-14, EDJ 21266).

4) La **no reacción** de la comunidad de propietarios **frente a** una **actuación inconsentida anterior** no ha de implicar que la comunidad de propietarios no pueda reaccionar frente a actuaciones posteriores, por mucho que puedan presentar similitud con la anterior, impidiendo así la reiteración en la ejecución de actuaciones inconsentidas y la arbitrariedad en el comportamiento de los propietarios en desconocimiento de su obligación de respetar los elementos comunes (AP Madrid 11-9-23, EDJ 729010).

1711.1 **Cerramientos de vallas** El cerramiento del paso de elementos comunes ha generado problemas, especialmente, cuando en el inmueble existen locales comerciales que puedan verse perjudicados por los mismos. A tal efecto, se ha sentado doctrina jurisprudencial conforme a la cual, para que sea válido un **acuerdo adoptado por mayoría** en la junta de propietarios de la comunidad, consistente en el cierre de elementos comunes que sirven de acceso a locales comerciales ubicados en el interior de una urbanización -aplicable, igualmente, a los complejos inmobiliarios y a edificios sencillos-, mediante puertas o

cancelas, habrá que respetar los derechos que adquirieron los dueños de los **locales de negocio** legalmente establecidos, durante las horas en que estos locales tengan derecho a permanecer abiertos según las normas legales y reglamentarias que regulen esta materia (TS 13-12-11, EDJ 340850; 16-7-09, EDJ 158040).
Adicionalmente, se considera que es abusivo por parte de las comunidades de propietarios, reglamentar el uso de los elementos comunes en **perjuicio de uno de los comuneros**, al que se impide que sus clientes puedan acceder al mismo, sin ofrecerle una alternativa lógica. La comunidad está obligada a respetar la existencia del paso hacia un local de negocio, para poder ser explotado conforme a su propia naturaleza (TS 5-3-14, EDJ 37317).

Precisiones **1)** El cerramiento con vallado de zonas comunitarias produce una modificación, tanto del título constitutivo como de los estatutos, pues implica una **alteración de los elementos comunes**, afectando a los propietarios, y especialmente cuando se restrinja el acceso y afecte a la explotación comercial de elementos privativos, de ahí que para su adopción se requiera de la unanimidad de los propietarios (AP Málaga 14-11-16, EDJ 263616).
2) Algunos propietarios han solicitado de los tribunales **indemnización** por los daños que les ha generado la colocación de cerramientos de vallas por parte de la comunidad o mancomunidad, por entender que con ello se impide el acceso al recinto en perjuicio de su actividad comercial. Para tener derecho a dicha indemnización, debe acreditarse la efectividad del daño, sin que la mera dificultad para el acceso sea justificativa del derecho a una compensación (AP Madrid 17-10-18, EDJ 643715).

Cubrimiento de patios Los patios, deben incluirse, en principio, como **elemento común**, ya que su función es precisamente esa, proporcionar la luz, así como la ventilación a las diversas viviendas que den a la misma, propiedad y uso común que no puede verse afectado por los titulares colindantes con el mismo. Para que los patios interiores tengan el carácter de **privativos** debe expresarse así claramente en el título constitutivo. En dicho caso, las viviendas existentes en plantas superiores con ventanas abiertas sobre el vuelo de los mismos tendrían reconocido un derecho de luces y vistas sobre dichos elementos (AP Cádiz 13-4-11, EDJ 119860). **1712**
Los tribunales aplican a los supuestos del cubrimiento de patios idénticas consideraciones a las expuestas al examinar los cerramientos de terrazas (nº 1708), entendiendo que constituyen, de forma incuestionable, **modificaciones de la configuración, forma y estructura** de los elementos comunes, razón por la cual se exige del consentimiento unánime de la comunidad; **consentimiento**, cuya constancia debe quedar suficientemente acreditada, sea con la aportación del certificado del acuerdo de junta, sea con la demostración concluyente del mismo, admitiendo la voluntad tácita de los copropietarios (TS 23-7-04, EDJ 82533; 16-10-92, EDJ 10110; 28-4-92, EDJ 4095; AP Valencia 12-2-07, EDJ 117661; AP Barcelona 20-7-05; AP Baleares 5-5-05, EDJ 68741; AP Granada 30-5-01).
Además, se ha hecho especial hincapié en el hecho de que, en muchas ocasiones, estos cerramientos causan un **perjuicio cierto** a los propietarios de los pisos inmediatamente superiores, tanto en lo relativo a las molestias del ruido de la lluvia sobre el cerramiento, como a la acumulación de restos en los mismos y a la inseguridad que genera el acceso a sus viviendas a través de estos cubrimientos (AP Madrid 8-3-11, EDJ 72397).

Precisiones **1)** Los patios merecen la calificación de elemento común, pues aun cuando su **uso y disfrute** corresponda en exclusividad al titular de la vivienda a quien se asigna el uso exclusivo, está fuera de duda que su suelo es el forjado sanitario que sirve al propio tiempo, de cubierta de la cámara que acoge los entronques del edificio con la red sanitaria, con lo que, en el aspecto estructural, tiende a la consecución de bien general o común de los partícipes de la comunidad (AP Alicante 15-2-16, EDJ 87639).
2) El patio es común tanto en su superficie como en el espacio aéreo situado por encima y ello aunque su uso exclusivo se encuentre conferido a uno o varios propietarios concretos; por lo que cualquier **construcción permanente** realizada con elementos fijos, que afecte a muros o paredes comunes, pues las utiliza como elementos para su fijación, supone una alteración del elemento común, no solo porque utilice los muros comunes como medio de sujeción de la construcción, sino también porque ocupa con su construcción el espacio aéreo común destinado al patio (AP Zamora 12-5-17, EDJ 112209).

Si bien en alguna ocasión se ha consentido la instalación en los patios de **elementos desmontables** que se encuentren meramente apoyados sobre el suelo, ello no se aplica, en caso alguno, en los supuestos de obras que impliquen una actuación sobre elementos estructurales, más aún cuando cambien el destino propio del elemento (AP Madrid 29-6-11, EDJ 169537). **1713**
Es importante destacar, a este respecto, que la **autorización del cerramiento del patio** en modo alguno puede interpretarse como una atribución de la propiedad o pleno dominio sobre el mismo (AP Barcelona 1-2-02).

Precisiones El Tribunal Supremo ha declarado que se permite que, bien en el originario **título constitutivo** del edificio en régimen de propiedad horizontal, bien por **acuerdo posterior** de la comunidad de propietarios -siempre que dicho acuerdo se adopte por unanimidad- pueda atribuirse **carácter de privativos** (desafectación) a ciertos elementos comunes que, no siéndolo por naturaleza o esenciales, como el suelo, las cimentaciones, los muros, las escaleras, etc., lo sean solo por destino o accesorios, como los patios interiores, las terrazas a nivel o cubiertas de parte del edificio, etc. (TS 31-1-85, EDJ 7128; 15-3-85, EDJ 7235; 27-2-87, EDJ 1610; 5-6-89, EDJ 5664 y 18-7-89). Mientras ello no se produzca -desafectación en el propio título constitutivo o por acuerdo unánime posterior de la comunidad-, ha de mantenerse la calificación legal que, como comunes, les corresponde también a los elementos de la segunda clase expresada (TS 29-7-95).

1714 **Aperturas de huecos, puertas y ventanas y alteración de paredes maestras**

Se trata de otras actuaciones que los tribunales vienen calificando como **alteraciones de la estructura o fábrica del edificio**, que alteran su forma y trazado y que tienen carácter de **permanentes**, razón por la cual quedan subsumidas en el ámbito de aplicación de LPH art.10.3 -redacc RDL 8/2023- en relación con LPH art.17.4-redacc RDL 8/2023- y 17.6, siendo, por consiguiente, equiparables a la modificación del título constitutivo.

Sobre el particular, los **muros** y **paredes exteriores** son elementos comunes por naturaleza porque constituyen elementos de cierre de la edificación configuradores de la estructura externa del inmueble (TS 20-4-93, EDJ 3709; 14-7-92, EDJ 7831).

En el mismo sentido, el Tribunal Supremo sostiene que las **paredes externas del edificio**, aun las que delimitan el piso propio, son elementos comunes del inmueble y, por ende, no se puede abrir en las mismas huecos, puertas o ventanas, ni modificar las dimensiones de los existentes, sin contar con el **preceptivo consentimiento de la comunidad** de propietarios que habrá de prestarse por unanimidad, siendo así, además, que en el caso de que perjudiquen a algún propietario concreto, deberán contar con el consentimiento expreso de este (TS 24-2-96, EDJ 1331; 20-3-93, EDJ 3709; 14-7-92, EDJ 7831; 30-1-91, EDJ 869).

1716 Del mismo carácter de elementos comunes disfrutan las **paredes divisorias entre edificios colindantes**, razón por la cual las aperturas destinadas a comunicar ambos inmuebles deberán contar con el **consentimiento unánime** de las comunidades afectadas y ello aunque la pared no cumpla una función estructural, ni la obra de apertura de huecos afecte en modo alguno a la seguridad ni al aspecto exterior del inmueble (TS 24-1-96, EDJ 264; 13-2-95, EDJ 542; 22-10-93, EDJ 9411; 10-12-84, EDJ 7545; 10-10-80, EDJ 1063).

Se ha de obtener el consentimiento unánime de la junta de propietarios en los actos de **comunicación de los pisos o locales** cuando ello suponga la necesidad de actuar sobre el forjado que separa plantas distintas, cuyo carácter común y estructural resulta incontrovertible y ello, aunque la actuación se realice en las debidas condiciones de seguridad y habiendo obtenido la licencia municipal que corresponda (TS 17-11-11, EDJ 283554).

La necesidad de **autorización de la junta** se requiere tanto para la apertura del hueco, puerta o ventana *ex novo*, como para la transformación posterior del mismo, mediante la ampliación del hueco o, incluso la transformación de la ventana en puerta (AP Ciudad Real 22-1-02, EDJ 17795).

Precisiones La autorización para la apertura de huecos puede venir determinada en los **estatutos** de la comunidad de propietarios, ya sea de forma expresa e inequívoca, ya sea deductiva, como consecuencia lógica de la aplicación de las facultades de segregación de elementos expresamente reconocidas, las cuales carecerían de sentido si no se pudieran abrir los huecos que permitan materializar las mismas (AP Madrid 8-7-20, EDJ 666856).

1717 En relación a este tipo de actuaciones, los tribunales vienen mostrando una mayor flexibilidad cuando las mismas afectan a los **locales comerciales en planta baja**, entendiendo que la fachada de un local comercial está de alguna manera afectada por el destino propio de este, distinto al del conjunto de viviendas que sobre él se levantan, y, por ello, aunque sea un elemento común por naturaleza -CC art.396-, ninguna norma imperativa de la LPH impide que los estatutos puedan autorizar a su propietario llevar a cabo determinadas actuaciones en ella dirigidas a facilitar o posibilitar la explotación comercial conforme al destino potencial del local, siempre que no afecten ni alteren otros elementos comunes como la estructura del edificio (TS 15-10-09, EDJ 234629).

Así, las normas en materia de mayorías deben ser interpretadas de modo flexible cuando se trata de locales comerciales situados en edificios en régimen de propiedad horizontal, porque la finalidad comercial de los locales comporta la necesidad de presentar una configuración exterior adecuada a su carácter, facilitar el conocimiento de su existencia y publicitar y hacer atractiva su actividad para los clientes y dicha modificación debe considerarse implícita en la finalidad comercial de los locales (TS 15-12-20, EDJ 730994; 1-5-15, EDJ 69361).

No obstante, la flexibilidad a la hora de reconocer las posibilidades de actuación de los propietarios de los locales no puede, en modo alguno, interpretarse como un «cheque en blanco» para la ejecución de cualquier tipo de obras, ni que puedan prescindir de acudir a **solicitar el permiso de la comunidad** para la ejecución de las obras que afecten a la fachada (AP Murcia 14-11-16, EDJ 270282) o al forjado (AP Madrid 12-9-23, EDJ 737859). Se trata de un elemento de juicio a utilizar por los tribunales para evitar conductas antisociales o abusivas por parte de la comunidad (AP Badajoz 27-3-14, EDJ 55672; AP Sevilla 28-3-08 -esta sentencia recoge una abundante reseña jurisprudencial sobre el alcance de la cuestión-). Por consiguiente, la doctrina jurisprudencial sobre el criterio flexible a aplicar en relación con **obras en elementos comunes** ejecutadas por locales comerciales estará siempre en función a las circunstancias concurrentes en cada caso (AP Madrid 22-9-23, EDJ 730994). Además, cualquier propuesta de actuación exigirá que el proyecto correspondiente recoja con detalle la incidencia que la misma pueda representar para los elementos comunes, siendo la **imprecisión del proyecto** causa justificada para la denegación de la autorización correspondiente (AP A Coruña 8-9-23, EDJ 722245).

Precisiones El hecho de que exista una autorización en la comunidad para cerrar terrazas no ampara que un propietario, para ello derribe huecos de dos ventanas con vistas a la terraza para **incorporar dicha terraza al interior de la vivienda**, ampliando la zona del salón o estancia principal de la misma (AP Madrid 11-2-20, EDJ 520851).

En relación con las **paredes interiores de las entidades privativas**, los tribunales únicamente establecen limitaciones para la apertura o modificación de los huecos situados en las paredes que desempeñan funciones estructurales de sustentación de la finca, comúnmente denominadas como paredes maestras, las cuales tienen la consideración de **elemento común** por naturaleza (TS 30-1-04, EDJ 2097). **1718**

En cuanto a los **tabiques situados en el interior de las viviendas**, tienen carácter privativo y pueden ser alterados por los propietarios sin necesidad de consentimiento de la junta, bastando con la mera comunicación previa. Ello siempre que no se perjudique la seguridad del edificio (AP Cantabria 15-5-96). Al hilo del límite que constituye la **seguridad del edificio**, resulta de interés hacer una breve mención a aquellas **obras de decoración o redistribución interior** de las viviendas que por sus dimensiones o por su anclaje en los pilares, forjados o paredes maestras de la vivienda son calificadas como obras de alteración de la estructura. El ejemplo típico es el de la **creación de plantas o altillos** en el interior de las viviendas, cuando los mismos implican anclar vigas u otros medios de soporte en los referidos elementos estructurales, incorporando un enorme peso a la estructura (AP Barcelona 12-9-06, EDJ 413860).

Cuando la **apertura de la puerta, ventana o hueco** responde, no a una decisión particular sino, a una **decisión de la comunidad de propietarios**, habrá de examinarse si la misma puede considerarse o no como obra necesaria. A modo de ejemplo, cabe reseñar que los tribunales han considerado como **obras estructurales de carácter no necesario** supuestos tales como la apertura de entradas o accesos al aparcamiento o garaje de la finca, en aquellos casos en los que queda acreditado que no era una actuación necesaria ni viene exigida por la pretensión de suprimir barreras arquitectónicas, por cuanto que la finca ya disponía de accesos, sino que obedece única y exclusivamente a la voluntad la **incomodidad** que podía ocasionar el estado y ubicación inicial en el que se construyeron dichos accesos. La consecuencia de que no se trate de una obra necesaria es que su aprobación requerirá del **consentimiento unánime** de los propietarios, adoptado conforme a lo que dispone LPH art.17.1 (AP Huelva 30-11-07, EDJ 317071). **1719**

Precisiones **1)** La **sustitución de una puerta** de dos hojas en aluminio y cristal por otra de dos hojas de acero y cristal, no supone una modificación que afecte a la configuración del edificio, por lo que no queda sujeta al régimen de las mayorías cualificadas necesarias para la alteración de la estructura y fábrica o de la configuración exterior (AP A Coruña 4-10-13, EDJ 191872).

2) Un supuesto especial que suele ocasionar problemas en algunas comunidades de propietarios es el de la **sustitución de puertas de acceso a los elementos privativos**. Este cambio ha sido expresamente prohibido por los tribunales de justicia en los casos en los que se observa una alteración importante en la estética, ya sea por la calidad y color de los materiales, ya por la alteración de las dimensiones, sin que ello pueda ampararse sin más en estrictas razones de seguridad (AP Madrid 21-9-18, EDJ 642689).

Instalación de chimeneas y salidas de humos La instalación a través de la fachada de conducciones o salidas de humos se ha venido calificando por nuestros tribunales como **obra de alteración de los elementos comunes** que precisa el correspondiente consentimiento previo de la junta de propietarios. Se discute si dicha aprobación debe efectuarse por la mayoría cualificada de las tres quintas partes de propietarios, siempre que representen las tres quintas partes de las cuotas de participación o por unanimidad. Los partidarios de esta **1720**

segunda solución parten de la idea de que se trata de **nuevas instalaciones o servicios,** pero no establecidos en beneficio de la propiedad, sino de un propietario concreto (AP Madrid 27-11-19, EDJ 830322).
Las principales razones que se esgrimen para ello son que estas **canalizaciones** requieren la ejecución de obras de anclaje a lo largo de la fachada del edificio, así como implican la **constitución de una servidumbre** que discurre por toda la altura del edificio y aún rebasa la misma (TS 3-3-86, EDJ 1661; 12-2-86, EDJ 1204; 29-4-85, EDJ 7317; 26-3-85, EDJ 7250; TSJ Cataluña 5-2-09, EDJ 32109; AP Asturias 7-9-09, EDJ 215306; AP Madrid 6-7-09, EDJ 196045; AP Barcelona 2-4-07, EDJ 130368).
En relación a este tema, los tribunales mantienen, igualmente, que los propietarios de pisos o locales en edificios sujetos al régimen de la propiedad horizontal no tienen un **derecho ilimitado de uso** y de capacidad de modificación de los elementos comunes, viniendo sus derechos limitados por los derechos de los demás copropietarios.

1720.1 La controversia respecto a este tipo de obras se da normalmente en relación con los **locales comerciales**. Es evidente que la actuación de la comunidad debe ajustarse a las premisas de la **buena fe** (AP Madrid 23-5-05, EDJ 115519), pero también lo es que los locales comerciales pueden ser destinados a **múltiples actividades o usos** y si alguno de ellos precisa de la ejecución de nuevas instalaciones que impliquen la modificación de elementos comunes, sus propietarios deben someterse a las prescripciones de la LPH (TSJ Cataluña 31-3-08, EDJ 185025).
Son los tribunales los encargados de valorar las circunstancias de cada caso y verificar si, efectivamente, existe un **trato desigualitario** o abusivo por parte de la comunidad de propietarios. Para ello es preciso comparar las situaciones cualitativa y cuantitativamente, de modo que no se da dicho trato desigual cuando las circunstancias no son idénticas.
El TS tiene declarado que la doctrina jurisprudencial sobre la **necesidad de flexibilizar** las exigencias normativas de la LPH en materia de **mayorías** cuando se trata de locales comerciales quedaría inutilizada si se sostuviera que la regla de la unanimidad sigue siendo necesaria siempre que con la obra se altere la configuración exterior del edificio, lo que no tiene ningún sentido, pues se seguiría produciendo lo que se trató de evitar, a saber, que la aplicación rigurosa de la LPH impida a los titulares y arrendatarios de locales de negocio explotar su empresa. En los locales de negocio la posibilidad de realización de las obras debe ser más amplia, bien porque la finalidad comercial de éstos comporte la necesidad de presentar una configuración exterior adecuada a su carácter y a la necesidad de facilitar el conocimiento de su existencia y de publicitar y hacer atractiva su actividad para los clientes, bien porque se acredite que aquellas resultan necesarias o precisas para el desarrollo de la actividad (TS 5-6-23, EDJ 590074).
No obstante, el hecho de que los tribunales flexibilicen el rigor de la norma respecto de los locales comerciales tampoco debe interpretarse como una «carta blanca» a estos para que puedan realizar cualquier tipo de obra en la fachada en beneficio de su elemento privativo (TS auto 18-3-14, EDJ 38782; 21-1-14, EDJ 8660).

Precisiones **1)** Aunque los tribunales se muestren flexibles a la hora de reconocer la posibilidad de ejecutar **obras en los locales comerciales**, siempre que no menoscaben o alteren la seguridad del edificio, su estructura general, su configuración exterior o perjudiquen los derechos de otro propietario, dicha interpretación encuentra ciertos **límites**, como lo son la rotura del forjado para la colocación de canalizaciones de extracción de humo (TS 7-4-16, EDJ 34901; AP Madrid 16-11-16, EDJ 231455), o el caso en que la constitución de una servidumbre sobre un elemento común determina la exclusión de su uso por los restantes propietarios, perjudicándoles claramente en su derecho y las posibilidades de actuación futura (TS 16-3-16, EDJ 23778).
2) El reconocimiento en los estatutos de la posibilidad de un cambio de uso, no implica que el titular pueda llevar a cabo actuaciones que alteran elementos comunes, como la instalación de una salida de humos para montar un negocio de hostelería, a pesar de que dicha instalación resulte **imprescindible para el desarrollo de la actividad** y la obtención de los permisos municipales correspondientes, sin la pertinente autorización previa de la junta de propietarios (AP Navarra 1-4-19, EDJ 732760).
3) En ocasiones, los tribunales han legitimado la instalación de las salidas de humos en atención a las **previsiones estatutarias** y a la existencia de otras instalaciones que por sus mayores dimensiones representan un mayor impacto estético que el de la tubería de extracción de humos (AP Valladolid 17-4-20, EDJ 575082).
4) El simple hecho de la instalación de una salida de humos de una cocina en un patio interior provoca las consiguientes **molestias** derivadas de que los humos se expandan por dicho patio, afectando al resto de vecinos. Es evidente que dicha actuación genera un perjuicio que requiere de la previa autorización de la comunidad, sin que pueda alegarse trato discriminatorio por el hecho de que a otros propietarios se les haya autorizado la colocación en dicho patio de salidas de tubos de agua caliente y luz eléctrica, ya que dichas instalaciones no generan ni las molestias ni las inmisiones derivadas de la salida de humos (AP Madrid 26-11-19, EDJ 829814).

5) Existe un **manifiesto perjuicio** en los casos en los que, además del considerable impacto visual, existan molestias de ruidos y humos que obligan a los vecinos a buscar soluciones para evitar estos inconvenientes (AP Madrid 27-3-14, EDJ 62601). Por consiguiente, no resultará de aplicación el carácter flexible en la interpretación de las restricciones para alteración de elementos cuando se trata de locales comerciales, en los casos en los que quede acreditada la existencia de un perjuicio cierto para el resto de propietarios (AP Málaga 27-7-23, EDJ 713655).
6) La instalación de una **red de tuberías** para dar servicio a un determinado local supone más que un uso ordinario de los elementos comunes, un aprovechamiento o disposición en beneficio propio de una parte sustancial de la fachada en detrimento de otros copropietarios, o de la comunidad, en general, que no podrá disponer en el futuro de dicho espacio (TS 13-6-11, EDJ 120444).
7) La comunidad de propietarios debe adoptar el acuerdo de la **retirada de la autorización** por las siguientes **mayorías** (LPH art.16.I.2ª) (TS 19-5-06; AP Madrid 5-6-23, EDJ 664536):
- cuando el título constitutivo, bien inicialmente, bien por las modificaciones que autoriza la ley mediante **acuerdos adoptados por unanimidad** con arreglo a la LPH art.16, se produce una autorización de un uso privativo de un elemento común con carácter definitivo, se exigirá para su modificación la unanimidad necesaria para la modificación del título constitutivo;
- si se acredita que dicha **autorización** de uso tiene un **carácter precario, provisional o temporal** puede admitirse que la revocación de dicho uso y la reintegración del elemento común al pleno uso por parte de la comunidad con arreglo al régimen general reviste los caracteres un acto de administración y, consecuentemente, exige únicamente, con arreglo al régimen general de acuerdos previsto en la LPH, la mayoría por parte de los comuneros y de las cuotas de participación.

Estas afirmaciones son igualmente aplicables en los casos en los que se aproveche una **sustitución de las canalizaciones** o salidas de humos previamente existentes, para colocar otras nuevas con diferente material y sobre todo con aumento de grosor (TS 12-11-07, EDJ 206004; AP Cuenca 28-6-06, EDJ 258498). **1721**
Al igual que sucede con el resto de obras estructurales comentadas anteriormente, el **consentimiento de la comunidad** puede acreditarse con la aportación del certificado o acta de la junta en la que se concedió expresamente, bien mediante la demostración palpable de que el mismo fue concedido por la comunidad, aunque sea de forma tácita (TS 5-10-07, EDJ 175177; 28-4-92, EDJ 4095; AP A Coruña 3-10-09).
No se precisa de nuevo consentimiento de la junta de propietarios cuando la instalación esté **expresamente autorizada en los estatutos** de la comunidad de propietarios (TS 29-10-01, EDJ 37203; AP Barcelona 17-10-19, EDJ 717374; AP Málaga 12-3-08, EDJ 126141).
Las canalizaciones ejecutadas **sin el preceptivo consentimiento** de la comunidad deben ser retiradas a costa el propietario infractor (AP Cantabria 7-4-05, EDJ 81545).

Precisiones 1) La jurisprudencia viene declarando la imposibilidad de crear unilateralmente una **servidumbre de evacuación de humos** a través de los patios interiores de luces o de ventilación de las edificaciones, pues, al suponer una modificación de los elementos comunes, debe contar con la unanimidad de la comunidad de propietarios por gravar la propiedad de los restantes comuneros. No obstante, cuando de lo que se trata es de permitir la ejecución de **actuaciones exigidas por la normativa urbanística** para que pueda seguir utilizándose para la actividad que venía desarrollándose en el local, la oposición de la comunidad debe conceptuarse como un abuso de derecho cuando la salida de humos o conducción es absolutamente inocua para los distintos comuneros y para el edificio en general (AP Madrid 5-2-16, EDJ 17764; 30-9-16, EDJ 204380).
2) En el caso de existencia de salidas de humos que se vean alteradas por la **ejecución de actuaciones en fachada** por parte de la comunidad de propietarios, esta vendrá obligada a reponer la salida de humo a su estado original, reconduciendo los tubos a la conclusión de la actuación (AP Madrid 21-5-19, EDJ 639318).
3) Frente a los anteriores pronunciamientos, se observa en las sentencias más recientes una tendencia a la **flexibilización de las instalaciones** cuando se encuentren contempladas en los estatutos y se ubiquen mediante simples **anclajes** que no afecten al forjado y se acredite que no producen molestia o perjuicio que sea constatable, al no perjudicar a luces ni a los usos del resto de comuneros. En estos casos no cabe hablar de constitución de servidumbres, ya que no se están examinando los derechos de un copropietario frente a otro de una finca contigua (TS 3-3-21).
4) El TS viene reconociendo que la cuestión de las **chimeneas** en la propiedad horizontal es un tema que suscita gran litigiosidad y del que existe abundante casuística. No obstante, cuando está prevista la actuación en los estatutos no resulta necesaria la obtención de una nueva autorización de la junta de propietarios (TS 13-11-23, EDJ 745364).

Colocación de aparatos de aire acondicionado El Tribunal Supremo viene interpretando con cierta **flexibilidad** la exigencia del consentimiento de la junta de propietarios cuando de lo que se trata es de instalar aparatos de aire acondicionado. **1722**
Especialmente con posterioridad a la reforma de la L 8/2013, la posición general es que la instalación de estos aparatos queda sujeta al simple **acuerdo mayoritario** de propietarios y cuotas, salvo que se trate de aparatos de grandes dimensiones. El consentimiento, en principio, solo puede negarse en el caso de que exista un razonamiento o justificación legítima, lo cual

está plenamente justificado si los aparatos generan unos ruidos o vibraciones excesivas que los propietarios de los pisos altos no tienen por qué soportar (AP Madrid 18-3-14, EDJ 47291; AP A Coruña 21-10-20, EDJ 738450; AP Burgos 13-3-20, EDJ 556584; AP Madrid 30-10-19, EDJ 747749).

La justificación de esta flexibilidad se encuentra en la voluntad de favorecer que las viviendas antiguas puedan adaptarse a las mejoras tecnológicas y mejorar con ellos la habitabilidad del inmueble. Por dicha circunstancia, lejos de poder determinar una solución inequívoca al problema, habrá de estarse a las **circunstancias concurrentes en cada caso** concreto, existiendo un abundantísimo casuismo jurisprudencial sobre la materia (TS 5-12-12, EDJ 269940).

Así, se viene entendiendo que, cuando la instalación de los aparatos de aire acondicionado **no precisa de obras de perforación**, no merecen la consideración de alteración de los elementos comunes, ya que de lo contrario se impediría el uso y disfrute de los adelantos técnicos en todos los edificios no preparados originalmente para dicho particular. Es esta la interpretación sociológica que en virtud del CC art.3, debe hacerse de la materia (TS 15-12-08, EDJ 234525; 5-12-12; 1-7-16, EDJ 102289; AP Madrid 18-7-23, EDJ 689718; AP Sevilla 18-7-23, EDJ 698741;6-7-23, EDJ 697746; AP La Rioja 20-10-16, EDJ 254369).

No obstante, cuando exista una **preinstalación de aire acondicionado**, los propietarios deben limitarse a la puesta en marcha de su sistema sin alterar innecesariamente la fachada principal del edificio (TS 1-7-16, EDJ 102289).

Precisiones **1)** Un ejemplo de aplicación lo encontramos en una sentencia en la que se llegó a la conclusión de que los aparatos de aire acondicionado que estaban situados en la terraza-cubierta del edificio eran **elementos móviles**, sin que su existencia se apreciara desde el exterior, no estando incorporados ni al pavimento ni a las paredes y encontrándose suficientemente aislados para evitar las molestias a otros propietarios, únicamente se apreciaba una mínima perforación para el paso de los tubos adosados a la pared del ático en cuestión, por lo que tal operación ni altera la seguridad del edificio, ni supone alteración de la estructura general del mismo, ni de su configuración o estado exteriores, ni perjudica a otros propietarios (TS 17-4-98, EDJ 2300; en el mismo sentido, AP Huelva 25-2-09, EDJ 105018).

2) Incluso en los casos en los que la instalación conlleve necesariamente la ejecución de una serie de **pequeños orificios en la fachada** o cubierta del edificio, cuando estos no tengan excesiva trascendencia, se ha entendido que la oposición de la comunidad podría estar incursa en abuso de derecho (TS 17-11-11, EDJ 287667).

3) En cuanto a la ubicación de los aparatos, muchas normativas municipales prohíben la instalación de **aparatos en fachada**. En el caso de no existir dicha limitación, la instalación en fachada altera la estética o configura exterior del citado elemento común y, por consiguiente, requiere del preceptivo acuerdo previo de la junta de propietarios (AP Cádiz 13-10-20, EDJ 741900).

1724 El criterio flexible sentado por el Tribunal Supremo no resulta aplicable en los casos en los que la instalación esté **expresamente prohibida en los estatutos** de la comunidad de propietarios, se acredite la necesidad de ejecutar obras de alteración de los elementos comunes -apertura de huecos o ejecución de obras de fábrica-, se perjudique u ocasionen molestias a otros propietarios, o se altere de forma manifiesta la estética del edificio (TS 22-10-08, EDJ 190088; 16-5-08, EDJ 97478; 24-2-96, EDJ 1331; 26-11-90, EDJ 10746; AP Alicante 28-10-16, EDJ 242684; AP Barcelona 24-12-01, EDJ 106427; AP Huesca 12-12-01, EDJ 63141).

Por **regla general**, la instalación de aire acondicionado ya sea en un patio interior de una comunidad de propietarios, como en la fachada del edificio, constituye una modificación de los elementos comunes, por lo que precisa la autorización de la comunidad, en virtud de lo establecido en LPH art.7 -autorización que debe hacerse en junta de comunidad, por unanimidad (LPH art.17.6). Sin embargo y como se viene recogiendo por nuestros tribunales, teniendo en cuenta que las normas deben interpretarse de acuerdo con la realidad social del tiempo en que han de aplicarse (CC art.3.1), en vista de que el aire acondicionado es una instalación generalizada en las viviendas actuales, adaptando los avances técnicos para mejorar las condiciones de habitabilidad de las mismas, la evolución de la jurisprudencia se ha ido decantando hacia una interpretación actualizada de LPH art.7, considerando que el propietario puede llevarla a cabo si el acuerdo se toma por mayoría, e incluso **sin la autorización previa** de la comunidad de propietarios, siempre que no perjudique a ningún propietario (AP Navarra 28-11-19, EDJ 806300).

Precisiones **1)** Un ejemplo de los casos señalados es el de la instalación de cuatro aparatos de aire acondicionado de **gran tamaño en la fachada** del edificio, descansando sobre una estructura de aluminio de gran grosor, anclada en la fachada, siendo así que, además, dichos aparatos **perjudicaban a otros propietarios** latentemente, ya que tapaban la mitad de las ventanas situadas en la planta en cuestión, ello, además, de causar las molestias típicas derivadas de unos aparatos de tales dimensiones. Por todo ello, se califican como obras de alteración de los elementos comunes que, como tales, habrán de contar con el consentimiento unánime de la comunidad de propietarios (AP Valladolid 23-12-08, EDJ 347986).

2) Tampoco han permitido los tribunales la ejecución de obras que alteran manifiestamente los elementos comunes, aunque lo sean para la instalación de aparatos de aire acondicionado, ejecutadas aprovechando un supuesto **acondicionamiento autorizado del piso o local**. Dichas obras de alteración de elementos comunes requieren de una autorización expresa y, si van comprendidas dentro de una autorización general, deben aparecer en la misma de forma indubitada (AP Madrid 16-9-11, EDJ 293885).
3) Igualmente, en los casos en los que estuviese prevista una **preinstalación** y los estatutos fijasen una **ubicación concreta** de los aparatos, debe respetarse la misma, sin que los propietarios puedan, sin acuerdo de la junta de propietarios, modificar dicha ubicación (AP Madrid 10-10-19, EDJ 744638).
4) En cualquier caso, la colocación de los aparatos no legitima la existencia de elevadas inmisiones sonoras que perjudiquen a otros propietarios, en cuyo caso, y una vez probadas las citadas inmisiones, deberá procederse a la retirada de los aparatos o a la adaptación necesaria en los mismos para evitar dichas inmisiones (AP Badajoz 26-11-20, EDJ 777105; AP Zamora 1-9-20, EDJ 678035).

Instalación de marquesinas y carteles En principio los tribunales parten de la idea de **1726**
que la fachada o muro exterior del edificio es un elemento común, por lo que la colocación de carteles, rótulos o marquesinas en la misma implican una **alteración de su fisonomía en uso y beneficio exclusivo del anunciante**, por lo que, por regla general, su instalación requerirá del consentimiento unánime de la comunidad (TS 28-4-97, EDJ 3251; AP Alicante 23-2-06, EDJ 37689).
En relación con la colocación de marquesinas y carteles se observa una clara evolución jurisprudencial tendente a flexibilizar su ejecución en los casos de **locales comerciales situados en planta baja**, siempre y cuando quede acreditado que no perjudican a otros propietarios no alteran, sustancialmente, la estética o aspecto exterior del edificio. En esta línea, se ha requerido del **previo consentimiento unánime de la junta** en los casos en los que la construcción perjudicaba manifiestamente a los propietarios de los pisos superiores, sea por las inmisiones ocasionadas por el ruido, luz o vibración procedente del letrero, sea por el perjuicio en las vistas de dichos pisos (AP Asturias 5-5-97, EDJ 3890).
Algunos pronunciamientos judiciales han entendido que resulta **abusiva la oposición de la comunidad** a la instalación de carteles o signos distintivos dirigidos a captar la clientela, cuando queda acreditado que no suponen una grave alteración de la configuración exterior del edificio (AP Madrid 28-1-98). No debe olvidarse que la instalación de anuncios o carteles es inherente a cualquier actividad negocial y constituye un **uso lícito de los elementos comunes** en cuanto no se perjudiquen los derechos de los demás propietarios ni alteren el decoro arquitectónico del inmueble (TS 17-1-12; AP Castellón 14-3-14, EDJ 83630).
En la misma línea, sostiene el Tribunal Supremo que la **pintura** y la **colocación de carteles** que anuncian la actividad desarrollada en el local no implican modificación de los elementos arquitectónicos (TS 18-9-06, EDJ 265926).

La regla de la **unanimidad** para la colocación de los carteles encuentra como posibles **excep- 1727**
ciones los siguientes casos (AP Castellón 26-9-02, EDJ 59718):
• Cuando los **estatutos** prevén expresamente la facultad de colocar carteles por parte de los titulares de los locales comerciales u otras entidades privativas.
• Cuando exista **autorización ulterior expresa o tácita** de la comunidad de propietarios, entendiéndose por esta última la inferida de la tolerancia sin queja durante un largo período de tiempo.
• Cuando, habida cuenta de las **dimensiones del cartel anunciador** y el **lugar** en que está ubicado, se estime que no altera de forma importante la configuración exterior del edificio y que no perjudica el interés general de la comunidad o el particular de algún comunero, como sucede cuando se obstaculizan las vistas de uno o varios propietarios.
También en estos casos cabe entender, pues, que el **consentimiento de la comunidad** ha sido prestado tácitamente por la toleración de la instalación sin queja durante un plazo prolongado de tiempo (AP Madrid 28-1-98; AP León 28-4-97; AP Cuenca 25-3-95).

La **autorización o no de estas instalaciones** se encuentra en función de los presupuestos fác- **1728**
ticos concurrentes en cada supuesto. De modo que, en los supuestos de **galerías comerciales**, aunque se trate de locales dedicados a actividades comerciales destinadas a atraer la clientela, no puede exigirse a la comunidad que acepte la colocación de carteles anunciadores de todos y cada uno de los puestos que componen la galería, razón por la cual se justifica la oposición a la colocación del cartel solicitado por alguno de los integrantes de la galería, en función al argumento esgrimido digno de protección y ello aunque el cartel no sea de grandes dimensiones ni altere sustancialmente la configuración del inmueble (AP A Coruña 13-10-06, EDJ 307412).

1729 **Cesión de espacios para la colocación de antenas de telefonía móvil** Los contratos que suelen suscribir algunas comunidades de propietarios con compañías de telefonía móvil para la instalación de antenas de repetición de telefonía, en aquellas localidades donde no lo impiden las ordenanzas municipales, requieren la previa aprobación unánime de la junta de propietarios.
No se trata de una simple cesión a cambio de un precio de un espacio comunitario, sino que constituye una **modificación estructural**. Tal efecto en un edificio sometido al régimen de propiedad horizontal, supone que el consentimiento debe ser unánime, sin que pueda aplicarse el régimen de las mayorías, pues la modificación de los estatutos o del título constitutivo solo podrá acordarse por mayoría de tres quintos cuando se trate de establecer o suprimir determinados servicios dentro de los que no se puede incluir la instalación de una estación base de telefonía móvil que liga a la compañía de telefonía y a la comunidad (TS 18-7-11, EDJ 204899).
En estos contratos la compañía de telefonía vendrá obligada a responder de los **daños materiales y corporales** que por su causa se produzcan, tanto a la finca como a terceros, debiendo reparar los mismos y satisfacer la indemnización que proceda en su caso; mientras que la comunidad está obligada a realizar la adecuada **conservación y mantenimiento** de los elementos comunes de la finca (AP Baleares 8-4-14, EDJ 63433).

1730 **Cerramiento de plazas de aparcamiento** El cerramiento de plazas de aparcamiento para su reconversión en locales o trasteros, se ha considerado que son **alteraciones o modificaciones** en la configuración del edificio que precisan de la autorización de la junta, sin que puedan conceptuarse de actuaciones inocuas que no causen perjuicio alguno y respeten los límites de LPH art.7.1 (TS auto 3-12-13, EDJ 246711; AP Málaga 12-4-19, EDJ 670341).
El cerramiento de plazas de aparcamiento requiere el **consentimiento unánime** de la comunidad, ya que, si se incomunica un espacio interior del exterior, se altera el diseño y la configuración de la planta, además impide el acceso directo a las conducciones que discurren por la plaza (AP Madrid 16-1-17, EDJ 17782; AP Las Palmas 13-4-18, EDJ 594664; AP Teruel 19-7-16, EDJ 164839).

SECCIÓN 9

Inspección técnica de edificios

1740

1742 La inspección técnica de los edificios (ITE) es un mecanismo tendente a asegurar la correcta **conservación de los edificios** a la que están obligados sus propietarios. Se trata de la acción que realiza el técnico para recabar información del edificio *in situ*.
Afecta a los **inmuebles** ubicados en edificaciones con tipología residencial de vivienda colectiva, cuyos propietarios pueden ser requeridos por la Administración competente para que acrediten la situación en la que se encuentran dichos inmuebles, al menos en relación con su estado de conservación, con el cumplimiento de la normativa vigente sobre accesibilidad universal, así como sobre el grado de eficiencia energética de los mismos (LS/15 art.29.1).
El resultado de la inspección se plasma en el **informe de inspección técnica** del edificio (IITE) que determina el estado de conservación del inmueble (nº 1752).
La inspección técnica de los edificios y el correspondiente informe tienen su **regulación** en la Ley del suelo (LS/15 art.29 s.) y en la normativa de las comunidades autónomas, así como en ordenanzas municipales, que desarrollan la materia dentro del marco establecido por la normativa estatal y autonómica.

Precisiones Desde un punto de vista práctico es habitual que en los contratos de compraventa se recoja alguna previsión en relación con los importes correspondientes a las **obras pendientes de ejecución** para la obtención del ITE del edificio. El alcance de algunos de estos pactos ha suscitado problemas interpretativos, resueltas aplicando las reglas de interpretación de los contratos previstas en el CC art.1281 s., debiendo acudirse primero al elemento gramatical, cuando los términos sean claros y, en el caso de que no sea así, indagar la voluntad concorde de las partes, teniendo en cuenta los hechos coetáneos y posteriores, acudiendo también al canon de totalidad, esto es, a realizar una interpretación conjunta del contrato, de tal forma que las cláusulas oscuras se interpreten a la luz del resto de las cláusulas contractuales (AP Madrid 24-10-19, EDJ 747938).

Ámbito de aplicación El ámbito de aplicación de la inspección técnica de edificios se focaliza primordialmente en los **edificios de viviendas**, concretamente en los inmuebles ubicados en edificaciones con tipología residencial de vivienda colectiva (LS/15 art.29). De esta forma, afecta principalmente a las edificaciones de propiedad horizontal, que son mayoritarias en el parque edificado de nuestras ciudades. 1744

El informe de inspección debe tener una **periodicidad** mínima de 10 años, pudiendo establecer las comunidades autónomas y los ayuntamientos una periodicidad menor (LS/15 art.29.4).

Debido a la novedad del procedimiento de inspección, respecto a la **edad de los edificios** de las zonas urbanas, como pauta general, la obligación de la inspección se circunscribe a los edificios de más de 50 años.

Las diferentes Administraciones autonómicas o municipales han abordado esta obligatoriedad de diferentes maneras. Dos ejemplos significativos serían el caso de Cataluña y el de la ciudad de Madrid.

a) En **Cataluña** se determina una programación por franjas de antigüedad de los edificios y fechas máximas para pasar la inspección (D Cataluña 67/2015 Anexo 1):

Antigüedad del edificio	Término máximo para pasar la inspección
Anteriores a 1900	Hasta el 31-12-2016
Entre 1901 y 1930	Hasta el 31-12-2017
Entre 1931 y 1950	Hasta el 31-12-2018
Entre 1951 y 1960	Hasta el 31-12-2019
Entre 1961 y 1975	Hasta el 31-12-2020
A partir de 1975	Hasta el 31 de diciembre del año en que el edificio presente una antigüedad de 45 años

b) En el caso de **Madrid**, se establece que cada año será publicado un padrón de bienes inmuebles sujetos a inspección técnica (Ordenanza 30-11-2011, de conservación, rehabilitación y estado ruinoso de las edificaciones, BOCM 26-12-11). Sirva como referencia el programa de inspección previsto para los próximos 4 años:

Edificios sujetos	Año
Edificios construidos en 1986 Edificios construidos entre 1966 y 1969 Edificios públicos con más de 30 años no catalogados ni incluidos en el centro histórico y cascos históricos periféricos y construidos antes de 1975	2017
Edificios construidos en 1987 Edificios construidos entre 1970 y 1974	2018
Edificios construidos en 1988 Edificios construidos entre 1975 y 1978	2019
Edificios construidos en 1989 Edificios construidos en 1979	2020

La finalidad, en todos los casos, sería poder llegar lo antes posible al fin último de la ley: la inspección técnica de los edificios cada 10 años.

Sujetos obligados La obligación de someter los edificios a la inspección técnica corresponde a los **propietarios** y, en el caso de los edificios sometidos a régimen de propiedad horizontal, a las **comunidades de propietarios**. 1747

Para una correcta inspección técnica, los propietarios deben permitir el **acceso a las viviendas** al personal que realiza la inspección. Es recomendable realizar una programación de las inspecciones, sobre todo en los edificios en régimen de propiedad horizontal, para facilitar en lo posible la inspección que se ha de realizar, a ser posible sobre la totalidad de las unidades y en especial sobre aquellas que se sitúan bajo cubierta o en contacto con el terreno.

Los **gastos** derivados de esta inspección corresponden a la propiedad.

Capacitación para llevar a cabo la inspección La inspección técnica del edificio debe ser realizada por un **técnico competente**, habilitado académica y profesionalmente como proyectista, director de obra, director de obras en edificación residencial de vivienda: arquitecto, arquitecto técnico, aparejador o ingeniero de edificación. 1749

Es decir, se exige que el técnico esté en posesión de cualquiera de las **titulaciones académicas y profesionales** habilitantes para la redacción de proyectos o dirección de obras y dirección de ejecución de obras de edificación, según lo establecido en la L 38/1999, de ordenación de la edificación.
El técnico redactor debe tener en vigor el **seguro de responsabilidad civil** correspondiente y no incurrir en ninguna incompatibilidad, prohibición, o inhabilitación para el ejercicio profesional.

1750 **Contenido** El objetivo de la inspección es detectar, identificar y calificar las deficiencias en los **elementos constructivos e instalaciones**, mediante una inspección visual, y determinar las lesiones que puedan afectar a la seguridad constructiva, a la salubridad y a la vida útil del edificio. En ningún caso la finalidad de la inspección pretende detectar los vicios ocultos del edificio.
Se centra sobre aquellos **elementos comunes** del edificio como son: el sistema estructural, los elementos de la envolvente (fachada y cubierta) y los diferentes sistemas de instalaciones. Es decir, aquellas condiciones que tienen que ver con la seguridad y la salubridad del edificio, sin menoscabo de otras como la accesibilidad y el ornato. El informe recoge las diferentes deficiencias encontradas durante la inspección visual y clasifica cada una de ellas en función de su gravedad.
Esta información analítica de la edificación es la base para una planificación de las diferentes **inversiones a realizar** en el edificio, de manera que se dote de sentido a la obligación de conservar los edificios por parte de los propietarios. A partir del informe de inspección técnica se pueden empezar a planificar las diferentes actuaciones, si proceden, para solventar las deficiencias encontradas.
Antes de realizar la inspección se ha de recoger la máxima **información** posible del edificio. Es interesante la información suministrada por el Catastro y los archivos administrativos. La propiedad o su representante legal pueden suministrar aquella información relativa a las actuaciones recientes en el edificio, así como los posibles cambios de uso que se hayan producido en el mismo.
Antes de la inspección conviene avisar y comunicar a la propiedad la **planificación del proceso** de inspección, así como los espacios a los que se ha de permitir el acceso: cuartos de instalaciones, patios, cubiertas, espacios comunitarios.
Es imprescindible acceder a las entidades situadas bajo la cubierta, así como a las de la planta baja y el sótano. En caso de no poder acceder a alguna entidad, en el informe se deben especificar los motivos por los que no se ha podido acceder.

1752 **Informe de inspección técnica** Una vez realizada la inspección técnica del edificio, el técnico responsable de la inspección ha de generar el **documento resultado** de la misma. En función de los territorios, esta inspección puede dar lugar a un informe de inspección técnica conocido como IITE o a otro tipo de documentos que permitan la correspondiente tramitación administrativa.
Con este informe se obtiene **información real** sobre el estado de los edificios para, posteriormente, realizar las actuaciones necesarias que aseguren la calidad y la sostenibilidad de las edificaciones. A esta primera actuación se suma otra, no menos importante, que permite a la Administración, ya sea autonómica o municipal, orientar sus políticas en el ámbito de la rehabilitación y la conservación.
El informe de inspección técnica ha de tener en consideración y ha de contener los siguientes **apartados básicos**.

Precisiones Es preciso distinguir el informe de inspección técnica y el **informe de evaluación** de los edificios que establece la LS/15. Este último se compone de tres apartados: la evaluación del estado de conservación del edificio, la evaluación de las condiciones básicas de accesibilidad y la certificación de la eficiencia energética del edificio. El informe de inspección técnica equivaldría a la evaluación del estado de conservación del edificio, el primero de los tres apartados del informe de evaluación.

1754 **Identificación del expediente** Recoge los datos de localización del edificio: dirección, referencia catastral del edificio, identificación de la propiedad e identificación del técnico responsable de la inspección.

1755 **Descripción básica del edificio** Hace referencia a los **datos** propios del edificio: año de construcción, superficie de la parcela, superficie construida, número de plantas sobre y bajo rasante, altura de la edificación, así como una relación de entidades con especificación de si han sido inspeccionadas.
También se incluye en este apartado la **tipología** del edificio, el número de núcleos de comunicaciones verticales que posee y el número de ascensores.

Se complementa con una **descripción general** del edificio y la incorporación de un croquis donde queden reflejados los diferentes elementos que determinan su envolvente, de manera que se puedan identificar y situar respecto a los datos recogidos en el informe de inspección.

Descripción del sistema envolvente Relación de cada uno de los **elementos** que forman la envolvente del edificio y que determinan los elementos comunes sobre los que se realiza la inspección: fachadas, medianeras, cubiertas, patios, forjado sanitario o solera. 1757
Para cada uno de estos elementos se debe realizar una descripción de sus características, así como la anexión de alguna imagen que pueda ilustrar al respecto.
También se ha de incluir la **orientación** que posee la fachada principal del edificio.

Descripción de los sistemas constructivos a efectos estadísticos Desglosado en: 1759
• La determinación de los sistemas de contención y de cimentación.
• La descripción de la estructura vertical y horizontal de la planta tipo, la planta en contacto con el suelo, la estructura de cubierta y la escalera.
• Los cerramientos verticales y las cubiertas: fachadas principales, medianeras, fachadas de patios, carpintería y vidrios, cubierta plana e inclinada.
• Instalaciones del edificio: saneamiento y evacuación de aguas residuales, suministro de agua, Instalación eléctrica, calefacción, agua caliente sanitaria, gas canalizado para instalaciones domésticas, refrigeración, ventilación y renovación de aire, protección contra incendios, contra rayos, instalaciones de comunicaciones ICT y ascensores.

Deficiencias detectadas Descripción de las deficiencias detectadas, tanto si se refieren a los apartados de estructura, a la envolvente, como a los de instalaciones u otros. Estas descripciones han de determinar el **alcance** de la deficiencia, la descripción técnica, la localización y alguna imagen ilustrativa, así como la calificación de la gravedad. 1760
La relación de las deficiencias del **sistema estructural** se puede ordenar en diferentes apartados: cimentación, estructura vertical, estructura horizontal, estructura de cubierta y estructura de escaleras.
El apartado de **envolvente** puede clasificar las deficiencias encontradas en: cerramientos verticales (fachadas, medianeras y huecos), acabados de fachada, carpintería exterior y vidriería, elementos adosados a fachada, otros elementos de fachada, terrazas y cubiertas planas, cubiertas inclinadas.
Las deficiencias del sistema de **instalaciones** se han de clasificar en función de: instalación de agua, electricidad, saneamiento, gas, ascensor y otras instalaciones.

Relación y calificación de las deficiencias detectadas El informe de la inspección técnica ha de detallar las deficiencias detectadas en los diferentes elementos constructivos y las ha de calificar como: 1762
• Deficiencias **graves**. Las que por su importancia se han de abordar en los términos indicados. En el caso de que puedan suponer un riesgo, se ha de indicar expresamente y adoptar medidas de protección previas a la realización de las obras de reparación.
• Deficiencias **leves**. Las que sin ser graves precisan de la realización de trabajos de mantenimiento para evitar la degradación del elemento o del edificio.

Estado general del edificio Se han de adjuntar las recomendaciones necesarias para un correcto mantenimiento enumerando las acciones y la temporización de las mismas. 1764
Según el tipo, la gravedad y la generalización de las deficiencias, el técnico debe calificar el estado general del edificio como:
• **Muy grave**. Existencia generalizada de deficiencias que pueden afectar gravemente a la estabilidad del edificio y representan un peligro para la seguridad de las personas. Se han de especificar las medidas de seguridad que se han de adoptar de manera inmediata, así como las deficiencias a reparar y los términos en que se han de realizar.
• **Con deficiencias graves**. Existencia de deficiencias que por su importancia se han de reparar. En caso de que supongan un riesgo para las personas, se han de especificar las medidas de seguridad que se han de adoptar de manera inmediata, así como las deficiencias a reparar y los términos en que se han de realizar.
Tienen la consideración de deficiencias graves las siguientes:
- lesiones en balcones, antepechos, escupidores, barandillas o cualquier otro elemento que represente un riesgo para las personas;
- humedades provenientes de la cubierta, terrazas, fachadas, medianeras, patios, etc.;
- lesiones importantes en elementos estructurales, paredes de carga, forjados, pilares, muros, etc.;
- falta de estanqueidad en las instalaciones comunitarias de agua sanitaria o la red de saneamiento; también puede considerarse el riesgo inminente, por su estado de conservación, como susceptible de provocar lesiones;

- falta de estanqueidad en instalaciones privativas que por su estado pueda afectar al sistema estructural u otro elemento comunitario;
- deficiencias en instalaciones de gas, electricidad, ascensor, etc., si el técnico considera que puede representar un riesgo para las personas.

• **Con deficiencias leves**. Deficiencias que sean consecuencia de una falta de mantenimiento. Serian aquellas producidas por la falta de conservación y que requieren la realización de trabajos de mantenimiento para evitar el deterioro del edificio o de una parte de él.

• **Sin deficiencias**. Cuando no se aprecian deficiencias.

En el caso de detectarse deficiencias generalizadas o no, que comporten un **riesgo para las personas**, el técnico/a lo ha de comunicar de manera inmediata a la propiedad del edificio, así como al ayuntamiento.

Cuando los datos obtenidos durante la inspección no sean suficientes para la calificación de las deficiencias, el técnico ha de proponer a la propiedad la realización de una **diagnosis** del elemento o elementos constructivos afectados, así como la realización de las pruebas que se consideren oportunas.

1765 **Condiciones básicas de accesibilidad** Se ha de especificar si el edificio satisface completamente las condiciones de accesibilidad especificadas en la normativa vigente. En caso de no ser así, se ha de especificar en cuál de estos **ámbitos** no cumple: accesibilidad exterior, accesibilidad entre plantas, accesibilidad en las plantas del edificio, accesibilidad en el aparcamiento, accesibilidad en otros espacios comunes.

Se ha de incorporar una **descripción de la problemática** de accesibilidad existente en cada uno de estos apartados.

El apartado se ha de acompañar de alguna **propuesta razonable** para alcanzar la accesibilidad, acompañada de una propuesta de costes.

1767 **Sostenibilidad** Ha de quedar reflejado en el informe la existencia o no del **certificado de eficiencia energética** del edificio.

De la misma manera y en la misma línea se han aportar **recomendaciones técnicas** para la mejora de la sostenibilidad y la ecoeficiencia del edificio.

1769 **Valoración final** La valoración final del informe puede ser «**favorable**» o «**desfavorable**», en función del tipo, la gravedad y la generalización de las deficiencias.

1770 **Regulación autonómica** A continuación, se especifican, de forma resumida, las características de la inspección técnica de edificios en las diferentes comunidades autónomas.

CCAA	Antigüedad del edificio	Periodicidad	Formato de la ITE
Andalucía (L Andalucía 7/2021 art.145)	-	10 años	Informe
Aragón (DLeg Aragón 1/2014 art.260)	50 años	15 años	Informe
Asturias (DLeg Asturias 1/2004 art.143; D Asturias 29/2017)	35 años	5 años	Informe
Baleares (L Baleares 2/2017 art.125)	50 años (30 años, en caso de evaluación del estado de conservación)	10 años	Informe de evaluación
Cantabria (D Cantabria 1/2014)	50 años	15 años	Informe
Castilla y León (D Castilla y León 22/2004 art.315 s.; D Castilla y León 10/2013; D Castilla y León 6/2016)	40 años	10 años	
Castilla-La Mancha (DLeg Castilla-La Mancha 1/2023 art.63 s.; D Castilla-La Mancha 34/2011)	50 años	5 años	Informe
Cataluña (D Cataluña 67/2015)	45 años	10 años	Informe telemático
Extremadura (D Extremadura 73/2017)	50 años	5 años	Informe

CCAA	Antigüedad del edificio	Periodicidad	Formato de la ITE
Galicia (L Galicia 1/2019 art.7 y 8)	50 años	10 años	Informe
La Rioja (L La Rioja 2/2007 art.36 s.; Ordenanzas Ayuntamiento de Logroño 5-12-2013)	30 años	5 años	Informe de evaluación, certificado
Madrid (D Madrid 103/2016)	50 años	10 años	Informe
Murcia (D Murcia 34/2015)	50 años	10 años	Informe de evaluación del edificio
Navarra (D Navarra 108/2014)	50 años	10 años	Informe de evaluación
País Vasco (D País Vasco 117/2018)	50 años	10 años	Informe
C.Valenciana (D C.Valenciana 53/2018)	50 años	10 años	Informe de evaluación

En **Canarias** son los municipios los que regulan la Inspección Técnica de Edificios en diferentes ordenanzas, como la del Ayuntamiento de Las Palmas de Gran Canaria de 17-12-1997, en la que la inspección se establece con carácter voluntario para los edificios de más de 20 años de antigüedad y es obligatoria cuando el ayuntamiento de oficio y por razones justificadas, requiera al propietario que se someta a dicha inspección. Otros municipios como San Cristóbal de la Laguna tienen aprobadas ordenanzas como la de 18-10-2007, que sí establecen la obligatoriedad de la inspección para los edificios de más de 25 años y con una validez del informe de 10 años.

Muchos **municipios** contienen normas particulares que sujetan a inspección edificios de menor antigüedad o establecen una periodicidad menor de la misma. Igualmente, en muchos casos varía el tipo de documento requerido como resultado de inspección.

A título ilustrativo, se exponen de forma resumida las exigencias de la Comunidad de Cataluña y de la ciudad de Madrid respecto a la elaboración del informe de inspección técnica de edificios.

Cataluña (D Cataluña 67/2015 art.8) El informe de inspección técnica se elabora siguiendo el **modelo normalizado** que se recoge en el D Cataluña 67/2015, que se ha formalizado mediante una aplicación telemática de la Agència de l'Habitatge de Catalunya, a la que todos los técnicos se han de remitir. 1772

La gestión del informe con el organismo administrativo se hace **vía telemática**, aunque precisa de la presentación ante la Agència de l'Habitatge de la correspondiente solicitud del certificado de aptitud.

La Agència de l'Habitatge emitirá el **certificado de aptitud** del edificio con una calificación de «apto» o «no apto» en función del informe de inspección técnica.

La **vigencia** de dicho certificado es de 10 años, aunque en función de las deficiencias recogidas en el informe de inspección técnica, puede tener diversas consideraciones como las expuestas a continuación:

Deficiencias del edificio	Certificado de aptitud	Validez	Necesidad de informe de verificación
Sin deficiencias	APTO	10 años	
Leves	APTO	10 años	
Importantes	APTO provisional	6 años	Cada 2 años
Graves o muy graves			
Con medidas cautelares ejecutadas	APTO cautelarmente	3 años	Cada <= 1 año a criterio técnico
Sin medidas cautelares ejecutadas	DENEGACIÓN		

El certificado de «**apto provisional**» o «**apto cautelarmente**» solo acredita que la propiedad cumple con el deber de conservar y rehabilitar, cuando se hayan realizado las obras necesarias que hagan desaparecer las deficiencias calificadas como importantes, graves o muy graves.

Cuando existan **deficiencias importantes, graves o muy graves**, la vigencia del certificado de aptitud está condicionada a que un técnico efectúe las inspecciones visuales periódicas, con la finalidad de examinar las deficiencias recogidas en el informe de inspección técnica. El técnico ha de emitir un **informe de verificación** donde se haga constar el estado de estas deficiencias.

En función del resultado de la inspección visual, el certificado de aptitud mantendrá o no su vigencia.

En cualquier caso, la validez del certificado de aptitud marca la pauta para la realización de las **obras de reparación** o subsanación de deficiencias en el caso de que las hubiera.

1774 **Ayuntamiento de Madrid** En el caso de la ciudad de Madrid, el técnico responsable de la inspección técnica del edificio ha de generar un **acta de inspección técnica** con el contenido obtenido de la inspección técnica relativa a las condiciones mínimas de seguridad, salubridad, accesibilidad, ornato público y decoro.

Se pueden generar dos **tipos** de actas de inspección técnica de edificios: favorable o desfavorable. Cada una de ellas debe incorporar una información diferenciada.

Los modelos de actas, tanto favorables como desfavorables, están recogidos en la Ordenanza 30-11-2011, de conservación, rehabilitación y estado ruinoso de las edificaciones (BOCM 26-12-11) y se pueden descargar desde la web de propio Ayuntamiento.

El resultado es **favorable** si se reúnen las condiciones normativas de seguridad, salubridad, accesibilidad, ornato público y decoro (según Ordenanza 30-11-2011 art.7).

El resultado es **desfavorable** si en el acta de inspección se han recogido deficiencias relativas a las condiciones de seguridad, salubridad, accesibilidad, ornato público y decoro. En este caso:

• La propiedad del edificio puede, en el plazo de 2 meses, solicitar la correspondiente licencia de obras para subsanar las deficiencias reflejadas en las actas de inspección.

• Los servicios municipales competentes propondrán una visita de inspección y la correspondiente orden de ejecución.

• Acabadas las obras de reparación, la propiedad debe acreditar ante la Administración la subsanación de las deficiencias mediante la presentación del correspondiente certificado final de obra visado o el certificado de idoneidad, en el caso de tratarse de obras que no hayan precisado un proyecto técnico.

• Si el resultado de la inspección es favorable, la propiedad ha de presentar una copia de las actas de inspección, dentro del año natural siguiente a aquel en el que el edificio cumpla 30 años de antigüedad. En el caso de que el resultado sea desfavorable, la propiedad ha de presentar dos copias.

En el caso de **inspecciones sucesivas**, las actas de inspección se han de presentar dentro del periodo decenal del edificio.

CAPÍTULO 5

Órganos de gobierno

1800

SECCIÓN 1

Consideraciones generales

La Ley de propiedad horizontal regula una **estructura orgánica** dirigida a gobernar en equilibrio la situación planteada por la concurrencia de una pluralidad copropietarios sobre un mismo edificio o complejo inmobiliario (LPH art.13). 1805

A estos órganos está encomendada la **actividad ordinaria** de la comunidad, asumiendo las competencias de representación, decisión, ejecutivas y de gestión de aquella, que se sustraen del ámbito individual de los copropietarios.

Esta estructura, que no pretende ser exhaustiva, está compuesta por la junta de propietarios, el presidente, y en su caso los vicepresidentes, el administrador y el secretario. De estos, son **órganos imprescindibles** la junta de propietarios y el presidente, dado que este último puede asumir también los cargos y las funciones del administrador y del secretario, en el caso de que así se haya decidido expresamente por la junta de propietarios.

Viabilidad de otros órganos comunitarios Se admite expresamente la posibilidad de que en los **estatutos**, o por **acuerdo mayoritario** ordinario de la junta de propietarios, puedan establecerse otros órganos distintos a los anteriormente indicados, ya no solo la vicepresidencia que la propia norma cita expresamente como órgano sustituto de la presidencia, sino juntas directivas, vocales o comisiones específicas. 1807

Consiguientemente, la junta de propietarios tiene facultades para decidir lo que considere más adecuado para su propia organización, como ocurre frecuentemente en la práctica, por ejemplo, con el nombramiento de **comisiones o delegados** para el estudio o seguimiento de obras, reformas, el establecimiento de una instalación, etc. Dichas comisiones actuarán de acuerdo con las instrucciones recibidas de la propia junta de propietarios y sin asumir ninguna de las competencias atribuidas a esta.

Del mismo modo, es admisible que comunidades de propietarios más complejas hayan previsto **cargos suplementarios** en su organización, para desarrollar determinadas funciones, como el asesoramiento, control o auditoría.

En ningún caso, el nombramiento por la junta de propietarios de otros órganos o cargos distintos a los previstos por la Ley puede **menoscabar las funciones y responsabilidades** que son propias de la misma, del presidente, del vicepresidente, del secretario o del administrador. Por consiguiente, su eficacia se limita al funcionamiento y organización interna de la comunidad de propietarios, en aras a la seguridad jurídica de los propios comuneros, pero especialmente de la de los terceros ajenos a la comunidad.

Régimen de administración de la comunidad ordinaria (LPH art.13.8; CC art.398) Cuando el **número de propietarios** de viviendas o de locales en un mismo edificio no exceda de cuatro, el entramado organizativo puede no ser necesariamente el previsto en la LPH, pudiendo entonces regirse por el régimen de administración del CC art.398, si expresamente lo establecen los estatutos (AP Sta. Cruz de Tenerife 28-7-23, EDJ 702927). No obstante, debe interpretarse que no es imprescindible esa determinación anterior de los estatutos para que pueda acogerse el sistema de administración del Código Civil, aunque sí lo es que exista un **acuerdo expreso y unánime** de los propietarios en el que se acuerde dicho sistema, ya que es esta la voluntad de la norma (Fuentes-Lojo). 1809

En caso contrario, y mientras **no exista una previsión estatutaria** en sentido distinto, ni se haya adoptado un acuerdo unánime contrario en los estatutos, habrán de aplicarse las normas de gobierno establecidas en la LPH con todos sus órganos, ya que todas las comunidades

de propietarios están sometidas al ámbito de aplicación de la LPH, cualquiera que fuese el momento de su creación (LPH disp.trans.1ª).
Según dicho régimen de administración, propio de la comunidad de bienes ordinaria, para la administración y mejor disfrute de la cosa común son obligatorios los acuerdos de la mayoría de los partícipes.

SECCIÓN 2

Presidente

1820

1. Nombramiento

(LPH art.13.2)

1822 El presidente ostenta legalmente la **representación** de la comunidad, en juicio y fuera de él, en todos los asuntos que le afecten (LPH art.13.3), además le corresponde ejercer las **funciones** del secretario y del administrador, salvo que los estatutos o la junta de propietarios por acuerdo mayoritario dispongan la provisión de dichos cargos separadamente de la presidencia (LPH art.13.5).
Corresponde a la **junta de propietarios** el nombramiento del presidente y de los demás órganos y cargos de la comunidad, mediante acuerdo mayoritario de sus componentes (nº 1832) o, subsidiariamente, mediante turno rotatorio o sorteo.

1824 **Requisitos** (LPH art.13.2) Es imprescindible que el presidente nombrado sea **propietario** de la comunidad (LPH art.13.2), siendo anulable el acuerdo de la junta que nombra presidente a quien no ostenta dicha condición (TS 23-3-22, EDJ 517558; 27-1-17, EDJ 2939; 23-9-15, EDJ 167994; AP Sta. Cruz de Tenerife 10-5-19, EDJ 653955; AP Huelva 10-7-13, EDJ 176738).
No obstante, no es necesario que la titularidad haya sido inscrita en el **Registro de la Propiedad**, puesto que la norma no lo exige y las anotaciones registrales son meramente declarativas y no constitutivas (AP Córdoba 14-12-15, EDJ 273464; AP León 21-1-13, EDJ 22119).
Para la anulación de los **acuerdos adoptados** por la junta con vulneración de la norma legal en lo que respecta al nombramiento de presidente, debe procederse a su impugnación judicial en la forma y plazos establecidos en la LPH art.18 (TS 14-10-08, EDJ 185051; AP Alicante 13-6-16, EDJ 198720; AP Navarra 16-1-02, EDJ 5674; AP Sta. Cruz de Tenerife 29-3-04, EDJ 22269). No obstante, previamente se debe solicitar la nulidad del nombramiento: si no se realiza, se debe considerar que, aun siendo cierto que el presidente no era propietario, los acuerdos adoptados son válidos al no haberse impugnado su nombramiento (AP Sta. Cruz de Tenerife 10-5-19, EDJ 653955).

Precisiones 1) Las **audiencias provinciales** han rechazado también la legitimidad del nombramiento y de los actos del presidente no propietario (AP Barcelona 11-2-14, EDJ 152373; AP Madrid 25-2-14, EDJ 37481; 24-6-21, EDJ 687402; AP Albacete 5-7-21, EDJ 668965; AP Araba 21-6-21, EDJ 712915).
2) Al tratarse de un cargo personal, debe entenderse que no cabe que los **menores o incapaces** actúen, ni siquiera por medio de sus representantes legales (Zannón, Martín-Granizo). Sin embargo, cierta doctrina ha admitido la posibilidad de que puedan ser elegidos los **representantes legales** de los mismos, aun reconociendo que no es aconsejable que se realice una designación de tal clase, cuanto menos por las dudas que suscita la legalidad de tal nombramiento y la posibilidad de impugnaciones (Peré).
3) Se ha llegado a admitir que un **familiar del propietario**, como el hijo o el cónyuge, puedan actuar como presidentes (TS 4-5-98, EDJ 3151; AP Gipuzkoa 2-3-07, EDJ 37269; AP Madrid 21-4-08, EDJ 79309; en sentido contrario AP Huelva 10-7-13, EDJ 176738), solución que aunque se deba más bien a razones de justicia material, no puede compartirse con una aplicación seria y rigurosa de la norma (TS 23-9-15, EDJ 167994).

1827 **Personas jurídicas** En los casos en que la propiedad recaiga en entidades jurídicas, se ha admitido también, tanto por la doctrina como por la jurisprudencia, la posibilidad de que el cargo de presidente sobre las personas que ostentan la **representación legal** de las mismas.

Si bien es cierto que el nombramiento debe designarse entre los propietarios, del mismo modo que los copropietarios pueden votar en junta a través de una representación legal o voluntaria, ha de admitirse que el apoderado de la entidad pueda ostentar la presidencia de la comunidad (AP Burgos 27-6-06, EDJ 258225; AP Alicante 16-1-14, EDJ 25652). Sin embargo, este criterio debería ceder en el supuesto de que dicho apoderamiento de la entidad propietaria finalizara durante el período en el que ostenta el cargo de la presidencia.

En nuestra opinión, la presidencia designada no debería recaer, en puridad, sobre quien ostente la representación orgánica de la entidad propietaria, sino **sobre la propia entidad**, aun tratándose de una persona jurídica y a pesar de que sus funciones sean obviamente ejercidas por quien ostente la legal representación de la misma (AP Sta. Cruz de Tenerife 26-3-19, EDJ 623230).

Es dudosa la validez de un acuerdo en que la junta general de propietarios concede las funciones de presidente de la comunidad a una **comisión gestora** (AP Burgos 29-3-19, EDJ 602876).

Usufructuarios Habría que descartar la posibilidad de que el usufructuario pueda ocupar el **1828**
cargo de presidente, puesto que no goza de la **condición de propietario** como exige, sin ningún género de dudas, la propia norma.

No obstante, ha llegado a admitirse que el titular directo del goce y disfrute del piso es una figura idónea para conocer y defender los intereses comunes y por la presunción legal que la Ley reconoce al usufructuario respecto al nudo propietario -LPH art.15.1- (AP Madrid Secc 10ª 25-9-93).

Esta postura debe rechazarse porque dicho precepto solo permite el derecho de voto a favor del usufructuario cuando el nudo propietario no se manifiesta en contrario y además, siempre que no se trate de acuerdos especiales que requieren unanimidad o mayoría cualificada, ni respecto a obras extraordinarias ni de mejora (AP Alicante 7-11-97; AP Bizkaia 4-3-04, EDJ 156406).

Herederos Se ha reconocido la condición de presidente al coheredero de un inmueble que **1829**
forma parte del caudal relicto de una herencia, incluso con carácter previo a que se haya producido la partición y adjudicación del bien en cuestión.

Se trata de un **acto de riguroso dominio** sobre bienes concretos de la herencia, para el cual están facultados los coherederos integrantes de la comunidad hereditaria (AP Araba 21-6-21, EDJ 712915; AP Burgos 11-6-07, EDJ 154254; AP Madrid 28-6-13, EDJ 144439).

Procedimiento (LPH art.13.2) El presidente ha de ser elegido mediante libre elección por **1830**
acuerdo de la junta de propietarios y, subsidiariamente se reconoce expresamente la procedencia del modelo de elección por sorteo o por turno rotatorio (AP Madrid 9-9-21, EDJ 745678; AP Madrid 27-4-21, EDJ 615982; AP Ourense 20-6-23, EDJ 656623).

Si bien en alguna ocasión se ha puesto en duda (AP Madrid 21-4-21, EDJ 615982), la **reiteración** del nombramiento del cargo de presidente en el mismo propietario, no puede considerarse, por lo tanto, improcedente, si así lo decide anualmente la junta de propietarios,

No obstante, no habría inconveniente en que los estatutos, o la propia junta de propietarios, puedan prever la utilización de **otro sistema de elección** distinto al sorteo o turno rotatorio, puesto que la norma tampoco lo prohíbe (Loscertales; Guilarte Zapatero).

También puede acudirse al juzgado cuando, por cualquier causa, para la junta **fuera imposible designar presidente** (LPH art.13.2), en cuyo caso cabe utilizar el procedimiento de equidad (AP Alicante 17-2-21, EDJ 555346; AP Madrid 11-2-20, EDJ 520941). Ver nº 3875.

En todo caso, el sistema de elección utilizado no puede ser discriminatorio ni considerar el establecimiento de **prohibiciones** contrarias a derechos fundamentales, como, por ejemplo, tomar la decisión de que no sean nombrados presidentes los propietarios jubilados (AP Madrid 16-1-97, EDJ 3777), aunque sí se ha admitido la posibilidad que se establezca la prohibición de ser presidente a los propietarios no residentes (AP Málaga 10-3-04, EDJ 15082).

Precisiones Si la comunidad opta por el sistema de elección rotatorio, podrán establecer excepciones para el cargo para el supuesto, por ejemplo, de **avanzada edad o no residencia del propietario**, sin que esto se considere abuso de derecho (AP Cantabria 11-9-18, EDJ 653925).

Cuórum (LPH art.17.7) Para la adopción del acuerdo de nombramiento de presidente por la junta **1832**
de propietarios se requiere el voto favorable de la **mayoría** de los propietarios que, a su vez, representen la mayoría de las cuotas de participación.

No obstante, en **segunda convocatoria**, se requiere la aprobación de la mayoría de los asistentes, siempre que esta represente, a su vez, más de la mitad del valor de las cuotas de los presentes.

En caso de que no sea posible el acuerdo para el nombramiento de presidente, ni siquiera por el procedimiento de designación subsidiario anteriormente aludido, puede acudirse al juez para su nombramiento por el **procedimiento judicial de equidad** (nº 3875).

Precisiones 1) Se ha declarado la **nulidad del acuerdo** de elección de presidente por haber sido tomado sin alcanzarse las cuotas de participación exigidas (AP Las Palmas 26-7-13, EDJ 217198), si bien, no se considera necesario que en el acta se refleje la cuota de participación de cada propietario que asiste (AP Bizkaia 14-5-18, EDJ 537026).
2) En nuestra opinión, **el juez debería designar** preferentemente al que no hubiera sido nunca presidente y, posteriormente, al que considere con capacidad suficiente, tratando de evitar a aquellos propietarios que pudieran invocar una excusa legal para rechazar el cargo.

1834 **Aceptación** (LPH art.13.2) Se establece la **obligatoriedad** de aceptar el cargo de presidente, siendo el acuerdo de nombramiento ejecutivo, aún en el caso de impugnación, salvo que el juez disponga cautelarmente su suspensión, si así se solicita -LPH art.18.4- (AP Madrid 17-12-11, EDJ 334471; AP Sta. Cruz de Tenerife 10-5-19, EDJ 653955; AP Valencia 4-5-23, EDJ 614388).

En caso de **disconformidad** del propietario nombrado, este puede solicitar el auxilio judicial en un juicio de equidad (nº 3875) donde deberá acreditar las razones con base en las cuales considera que no debía haber sido designado para el cargo. El **plazo** previsto para acudir al juez, por parte de quien pretende ser relevado del nombramiento, es el de un mes desde «su acceso al cargo», expresión que permite considerar que para el supuesto de aquellos propietarios que no estén presentes en el momento de la celebración de la junta del acto de nombramiento, el inicio del cómputo puede considerarse desde el momento en que tuvieron conocimiento de la designación, es decir, de la recepción del acta (Magro Servet).

En todo caso, el nombrado debe continuar ostentando el cargo hasta que no se dicte la **resolución judicial firme** correspondiente.

En general, es suficiente para que el juez admita el **relevo en el cargo** cualquier hecho objetivo que impida el desarrollo normal de las funciones propias del presidente, por razones físicas o psíquicas del nombrado (AP Madrid 22-1-15, EDJ 24882) o, por ejemplo, por residir en una localidad lejana a la finca con dificultades o costes de desplazamiento hasta la finca para realizar materialmente tales funciones.

En el supuesto de que la resolución judicial fuera **favorable al nombrado**, la misma resolución debe designar al propietario que lo hubiera de sustituir, teniendo en cuenta el sistema de elección subsidiario que pudiera estar aplicándose por la junta, de turno rotatorio, sorteo o, en su caso, conforme a lo dispuesto en los estatutos, nombramiento que parece habrá de considerarse provisional hasta que se proceda a una nueva designación por la junta de propietarios en el plazo que determine la resolución judicial que, por lógica, no debería exceder de un año.

En caso de que el juez **no admita las alegaciones** de renuncia del designado, por considerar que no hay motivos suficientes para ello, el interesado está obligado a continuar hasta cumplir el período legal, salvo que en otra junta de propietarios posterior se admita su cese o remoción.

Precisiones En la regulación especial de la propiedad horizontal de **Cataluña**, es la junta de propietarios la que debe considerar la procedencia de los motivos de excusa «fundamentados» alegados por el nombrado para eximirle del cargo (CCC art.553-15.5; AP Barcelona 22-7-05, EDJ 318676). Ver nº 7545.

2. Remuneración

1840 La LPH no determina el carácter del cargo de presidente de la comunidad, aunque se presume gratuito por aplicación analógica de las normas del mandato (CC art.1711).

Esto no significa que el presidente nombrado no pueda **excepcionalmente** percibir una contraprestación, o reclamar ciertas compensaciones cuando el ejercicio de su cargo le ocasione gastos o perjuicios concretos. A estos efectos se puede acudir a la aplicación analógica del CC art.1728 y 1729, de hecho, se ha reconocido la validez de la remuneración del cargo de presidente o secretario (AP Madrid 9-9-21, EDJ 745678; AP Almería 6-9-22, EDJ 801012).

Se ha venido admitiendo la **compensación** por los desembolsos que ha tenido que realizar el presidente representando los intereses de la comunidad, sin que por ello se desvirtúe el carácter gratuito del cargo de la presidencia (AP Granada 9-6-06, EDJ 347045; AP Las Palmas 9-1-03, Rec 444/01; AP Alicante 8-2-02, EDJ 9307; AP Badajoz 18-7-13, EDJ 153477; AP Almería 6-9-22, EDJ 801012).

No obstante, se ha reconocido también validez al acuerdo de la junta estableciendo la retribución del presidente cuando desarrolla además las funciones de **administrador o secretario** de la comunidad, justificándolo por razón del servicio continuado que presta y de su complejidad (AP Málaga 13-5-02, EDJ 50537; AP Sta. Cruz de Tenerife 30-10-06, EDJ 329432; AP Baleares 17-3-17, EDJ 67866).

Precisiones En **Cataluña** se establece expresamente el carácter gratuito del cargo, sin perjuicio del derecho a resarcirse de los gastos que ocasione su ejercicio (CCC art.553-15.6).

3. Duración y prórroga

(LPH art.13.7)

Salvo que los estatutos de la comunidad prevean algo distinto, el nombramiento del presidente, igual que el de los demás órganos de la comunidad, con excepción de la junta de propietarios, será por el **plazo** de un año. 1845

No obstante, la norma no limita el número de **nombramientos consecutivos** que pueden recaer en el mismo propietario, por lo que si es esta la voluntad de la mayoría de los propietarios no puede imponerse a dicha mayoría un sistema de nombramiento subsidiario, como es el de turno rotatorio o sorteo, salvo que los estatutos establezcan lo contrario.

El nombramiento por **tiempo indefinido** del presidente o de otro órgano de gobierno no ha de considerarse como un acuerdo nulo de pleno derecho, a pesar de que la LPH art.13.7, establezca el plazo de un año, puesto que en todo caso cualquier copropietario puede solicitar a la junta de propietarios, transcurrido dicho año, el cese de la persona nombrada y la renovación del cargo, decisión que en definitiva corresponderá adoptar a la propia junta (AP Valencia 17-3-06, EDJ 104919; AP Las Palmas 2-6-21, EDJ 712790; AP Madrid 9-7-21, EDJ 707968).

Alcanzada la fecha de la anualidad del nombramiento no se ha de entender **cesado automáticamente** el cargo de presidente, ni tampoco ninguno de los otros cargos anuales, sino **prorrogado** hasta la siguiente junta ordinaria, que en todo caso debe celebrarse cada año. De hecho, es absolutamente corriente que la fecha de celebración de la junta ordinaria anual de propietarios, en la que entre otros acuerdos deben renovarse los cargos de gobierno, no coincida ni sea anterior a la del vencimiento anual, fecha a fecha, pudiendo retrasarse unos días o incluso semanas, situación que puede obedecer a múltiples razones perfectamente justificables o a la organización en el devenir de las comunidades.

Precisiones **1)** No debe considerarse que, por **excederse el período anual** desde el último nombramiento, los cargos, y entre ellos el de presidente, han cesado de forma automática. Esta interpretación, justificada seguramente en el ámbito mercantil (González Carrasco), podría provocar perjuicios manifiestamente desproporcionados para la organización vecinal, no solo porque el presidente (y el vicepresidente si lo hubiera), al que supuestamente le expira el período anual para el que fue nombrado, dejaría de estar legitimado desde aquel instante, para realizar cualquier función que corresponde a su cargo. Además, con arreglo a esta tesis, también el **secretario** y el **administrador** cuyos cargos igualmente son anuales, por el mismo motivo estarían deslegitimados, más allá de la fecha de vencimiento anual, para continuar ejerciendo las funciones propias e imprescindibles en la referida comunidad, aunque sea durante unas semanas o unos pocos días (p.e. para enviar convocatorias, levantar actas, certificar deudas en caso de transmisión de una entidad privativa, cobrar los recibos, realizar pagos como la nómina del portero, la luz, la fuerza del ascensor o la prima del seguro comunitario, atender las reparaciones urgentes, etc.). Tales consecuencias tan poco realistas excederían, a nuestro juicio, de la voluntad teleológica de la norma (AP Madrid 3-4-95, EDJ 10883; AP Alicante 15-10-02; AP Málaga 9-2-05, EDJ 81131; 4-5-06, EDJ 352002). 1847

2) Incluso en el supuesto de que los **estatutos** hubieran previsto que los cargos han de cesar automáticamente al año y transcurrido este no se hicieran nuevos nombramientos, aquellos deben continuar con sus responsabilidades, sin perjuicio de que una cuarta parte de los propietarios o un número de estos que represente el 25% de las cuotas promuevan una junta para la renovación del cargo (Ventura-Traveset).

3) En **Cataluña** se establece que los cargos duran un año y que se entienden prorrogados hasta que se celebre la junta ordinaria siguiente al vencimiento del plazo para el que fueron nombrados (CCC 553-15.4). Esta es la solución que nos parece más realista y apropiada, manteniéndose la obligación legal en todo caso de que la junta ordinaria debe celebrarse una vez al año. Ver nº 7545.

4. Extinción del cargo

(LPH art.13.7)

Sin perjuicio del plazo anual para el que fue nombrado el presidente, este **puede ser removido** del cargo en cualquier momento antes de la expiración del plazo, por acuerdo adoptado en junta extraordinaria de propietarios, siendo suficiente que dicho acuerdo se alcance con arreglo a las mayorías ordinarias, las mismas que bastaron para su designación. 1850

La Ley no requiere que la remoción del presidente se fundamente en **causas determinadas** ni que esté especialmente justificada (AP Gipuzkoa 23-10-20, EDJ 798725).

El **fallecimiento** del presidente pone término al cargo, debiendo la junta adoptar la decisión más conveniente a sus intereses, una vez haya tenido conocimiento del hecho, del que tienen la obligación de informar los herederos -por aplicación analógica del CC art.1729- (AP Asturias 5-7-07, EDJ 226641). En este caso adquiere todo su sentido la figura del vicepresidente (nº 1899).

5. Atribuciones

1855

1857 **Representación de la comunidad** (LPH art.13.3) El presidente, que es un órgano unipersonal, ostenta legalmente la representación de la comunidad de propietarios, tanto **judicial** como **extrajudicialmente**, sin limitación de asuntos, trascendencia económica, procedimientos, ni actuaciones.

Por tanto, su función es esencialmente de **representación orgánica** de la comunidad de propietarios y no simplemente de representación voluntaria (TS 24-6-16, EDJ 93266; AP Pontevedra 6-7-18, EDJ 562703; AP Barcelona 12-5-21, EDJ 892545; AP Alicante 15-4-21, EDJ 643639; AP Madrid 30-11-21, EDJ 845960), debiendo reiterarse que la comunidad de propietarios, al carecer de personalidad jurídica, no tiene otra distinta a la que individualmente tienen los propios copropietarios que forman parte de ella.

No obstante, esto no significa que el presidente esté legitimado para **cualquier actuación** por el mero hecho de ostentar el cargo, ya que no puede suplir o corregir la voluntad de la comunidad expresada en las juntas ordinarias o extraordinarias (TS 20-10-04, EDJ 159615; AP Alicante 15-4-21, EDJ 643639; AP Málaga 22-4-21, EDJ 658381).

1859 **Legitimación activa** Al atribuirse al presidente, por mandato legal, la representación de la comunidad en «todos» los asuntos que afecten a la misma, es cuestión polémica la necesidad del **acuerdo previo** de la junta de propietarios para legitimar sus actuaciones, en juicio y fuera de él. Tal facultad de representación no tiene un contenido en blanco, puesto que es la junta de propietarios la competente para decidir lo conveniente a sus intereses (LPH art.14.e) y el presidente es quien ejecuta, sin que su propia voluntad pueda corregir o suplir a la de la junta.

El presidente es quien representa a la comunidad si bien es esta última la única legitimada activamente para accionar, a través del presidente que actuará en nombre de aquella.

Precisiones En **Cataluña**, los tribunales vienen siendo flexibles con la aplicación de la doctrina por la que se exige la **autorización previa al presidente** por la junta de propietarios para la interposición de cualquier acción judicial, toda vez que entiende que el presidente está legitimado siempre que no se pruebe que actúa en contra de la voluntad de la misma (AP Barcelona 30-9-14, EDJ 187987). El presidente es quien representa a la comunidad si bien es ésta última la única legitimada activamente para accionar -a través del presidente que actuará en nombre de aquella-.

1861 La más reciente doctrina jurisprudencial sostiene la necesidad de un **acuerdo previo de la junta** de propietarios que autorice expresamente al presidente de la comunidad para ejercer acciones judiciales en defensa de esta. Aun admitiendo la representación orgánica del presidente, en aplicación de la LPH art.13.5 es a la junta de propietarios a la que corresponde conocer y decidir en los asuntos de interés general para la comunidad, acordando las medidas necesarias o convenientes para el mejor servicio de la misma (TS 10-10-11, EDJ 251304; 27-3-12, EDJ 52892; AP Alicante 2-2-21, EDJ 593746; AP Pontevedra 22-7-22, EDJ 698686).

Si bien esta resolución resuelve ciertas incertidumbres y polémicas, genera otras dudas acerca de:

- si esta **autorización expresa** debe ser necesariamente previa, o bien si su falta pudiera subsanarse en el curso del procedimiento, especialmente cuando por razones de urgencia o de dificultad material no resulta posible recabar la autorización anticipada de la junta de propietarios; y
- si dicha autorización previa de la junta resulta exigible para que el presidente pueda **oponerse en interés de la comunidad** a una acción judicial formulada contra esta, ya que la esta doctrina judicial se refiere literalmente al supuesto de «ejercitar acciones».

En todo caso, como ya requería la norma legal antes de este pronunciamiento, es clara la exigencia al presidente de autorización previa y expresa de la junta de propietarios para instar judicialmente la **acción de cesación** contra el propietario y los ocupantes que desarrollen en el inmueble actividades prohibidas en los estatutos, dañosas, molestas, insalubres, nocivas, peligrosas o ilícitas (LPH art.7.2).

Respecto a la **reclamación de deudas** a los copropietarios morosos, aunque el acuerdo de autorizar al presidente para proceder judicialmente contra ellos aun siendo habitualmente recomendable, no habrá de ser necesario, entre otras razones porque la aprobación de la liquidación anual de cuentas por parte de la junta conlleva implícitamente la autorización para el ejercicio de la reclamación, máxime cuando la Ley solo requiere la autorización de la junta cuando la acción de reclamación la interpone el administrador de la comunidad y no el presidente -LPH art.21- (TS 8-1-19, EDJ 500393; AP Badajoz 23-1-20, EDJ 508171; AP A Coruña 30-3-22, EDJ 577498).

Precisiones 1) La facultad de representación que ostenta el presidente no es coincidente con la **facultad de decidir el ejercicio de acciones** judiciales, ya que esto último debería venir autorizado por la junta (TS 11-12-00, EDJ 44148; 20-10-04, EDJ 159615; 29-1-08, EDJ 5092; 19-2-14, EDJ 30168, respecto al ejercicio de acciones de responsabilidad por vicios de construcción; y TS auto 22-1-20, EDJ 506183, en relación con las acciones por realización de obras en elementos privativos de un comunero que comporten alteración o afectación de los elementos comunes).
2) Se ha denegado la posibilidad de que el presidente actúe válidamente representando los **intereses particulares de los propietarios** o de sus elementos privativos (TS 20-7-98, EDJ 11982), salvo en ciertos casos, como por ejemplo en los supuestos de reclamación de vicios o defectos de construcción en elementos comunes y elementos privativos, aunque se exige que para ejercer este tipo de acciones, además de haber mediado el acuerdo expreso de la junta de propietarios, exista la conformidad de la representación voluntaria de los propietarios interesados mediante su voto favorable en la adopción de dicho acuerdo (TS 16-3-11, EDJ 78880; AP Cantabria 14-10-13, EDJ 278438; AP Madrid 29-10-13, EDJ 251788; AP Burgos 14-4-16, EDJ 59487).
3) La comunidad de propietarios no solo tiene capacidad procesal sino que también es quien ostenta la legitimación activa y no el presidente -o el comunero, en su caso- que es quien la representa por lo que puede suponer un **defecto de legitimación activa** ejercer la acción judicial en nombre del presidente de la comunidad y no en nombre de la propia comunidad de propietarios. El defecto en la representación de la comunidad es subsanable (TSJ Cataluña 17-1-19, EDJ 507620) el defecto de legitimación activa, no (TS 11-6-20, EDJ 575524; AP A Coruña 30-9-20, EDJ 709500).

Con anterioridad a esta doctrina jurisprudencial, se entendía que, aun cuando la finalidad de esta doctrina no es otra que limitar los poderes del presidente, evitando que pueda actuar sin el consentimiento de la mayoría de propietarios, ya que se trata de un órgano de representación y no de decisión del ente, se venía admitiendo cierta **flexibilidad**, reconociéndose legitimación al presidente para actuar y la posibilidad de una **subsanación posterior** de los defectos de la falta de poder de la junta, siendo en todo caso esencial para la validez de los actos del presidente, como órgano de la comunidad, que el asunto afecte a la propia comunidad y que actúe en defensa de sus intereses (AP Málaga 18-4-13, EDJ 121463; AP Navarra 29-5-23, EDJ 631225). **1862**
Siempre que se actúe en defensa de los **intereses generales de la comunidad** (TS 16-3-11, EDJ 78880) y especialmente en los casos de **necesidad urgente**, venía siendo mayoritaria la opinión que consideraba que no era imprescindible la previa autorización, aunque el presidente debía dar cuenta a la junta para que adoptase las decisiones pertinentes (AP Baleares 11-1-13, EDJ 12394; AP Jaén 15-5-23, EDJ 657645).

Precisiones No obstante, incluso dentro de esta postura doctrinal, se consideraba que cuando pretendiera realizar **actuaciones de trascendencia**, el presidente debía obtener la aprobación de la propia junta de propietarios con el fin de legitimar su actuación *ad causam* (TS 20-10-04, EDJ 159615; 24-6-16, EDJ 93266).

En síntesis, conviene distinguir la **actuación del órgano de la presidencia** en un doble ámbito: frente a terceros ajenos a la propia comunidad de propietarios y en sus actos de índole doméstica o interna respecto a los demás comuneros: **1863**

- **Respecto a terceros ajenos a la comunidad**. Los actos del presidente vinculan a la propia comunidad a la que representa como órgano del ente comunitario, sustituyendo con su voluntad la social común. De manera que en lo actuado por el presidente ha de entenderse como si la propia comunidad fuera la actuante, sin perjuicio, y esto es lo más importante, de las relaciones internas y de la obligación del presidente de responder de su gestión frente a la junta de propietarios si ha procedido sin su autorización, de forma negligente o excediéndose de los límites de aquella, pero sin que ello pueda afectar a los terceros que hubieran contratado con él (AP Madrid 30-9-13, EDJ 253832).
- **En los asuntos internos frente a los demás comuneros**. El presidente no necesita autorización o acuerdo previo de la junta de propietarios que le autorice expresamente para ejercitar acciones judiciales en defensa de la comunidad, incluso cuando actúa en beneficio del interés general, lo cual además resulta aconsejable en aras a su propia seguridad y a la responsabilidad interna frente a la comunidad (TS 10-10-11, EDJ 251304; AP Alicante 14-7-05, EDJ 123544; AP Valencia 8-3-22, EDJ 589132).

Precisiones 1) No cabe duda en cuanto a legitimación procesal del **procurador** que actúa facultado por la escritura de poderes otorgada por el anterior o anteriores presidentes, pues los poderes otorgados por el presidente, como legal representante de la comunidad, son válidos aunque la persona sea sustituida con posterioridad, ya que el cese no deja sin efecto el poder, puesto que este ha sido conferido por la comunidad y no por su presidente, por lo que, en definitiva, continuarán también siendo válidas las actuaciones procesales realizadas aunque durante el procedimiento cambie el presidente (AP Asturias 14-1-00, EDJ 21501; AP Madrid 20-7-99, EDJ 50485; AP Sevilla 9-10-07, EDJ 367886; AP A Coruña 22-12-21, EDJ 853222). En este sentido la LEC art.30.2 señala expresamente que los cambios en la representación de las personas jurídicas o en los entes sin personalidad, no extinguirán el poder del procurador ni darán lugar a nueva personación. Habiendo otorgado el presidente de la comunidad poder general a letrado y procurador para la representación procesal, es válida la designación de **sustituto del procurador** en el procedimiento (AP Alicante 6-7-21, EDJ 687619).

2) Siguen siendo válidos, aunque la persona del presidente que otorgó los poderes hubiera cesado en su cargo, como igualmente lo serán todas las **actuaciones en las que hubiese intervenido**, sin que ello pueda llegar a provocar crisis procesal subjetiva alguna (AP Madrid 25-6-21, EDJ 687402).

3) No debe olvidarse que, en determinados supuestos, se admite la legitimación activa de **cualquier comunero** para ejercitar acciones en defensa de elementos comunes ante la pasividad de la comunidad de propietarios (TCo 115/1999; TS 18-5-16, EDJ 68557; AP Cantabria 15-5-18, EDJ 85215). Sin embargo, esta legitimidad no deja de contemplarse como un supuesto problemático en la práctica forense (TS 22-1-21, EDJ 806542; 21-12-20, EDJ 748598). En algunos supuestos incluso se ha aceptado que dicha legitimación subsidiaria es posible incluso con la oposición de la comunidad (TS 18-5-16, EDJ 68557).

1865 **Legitimación pasiva** El presidente está legitimado pasivamente siempre que el asunto de que se trate afecte a la comunidad. No obstante, la facultad de representar la defensa de los intereses de la comunidad, no implica que la tenga para **disponer del proceso** allanándose a la demanda, ya que para ello precisaría un acuerdo expreso de la junta de propietarios por ser competencia de esta (AP Valencia 18-3-93, Rec 487/91; AP Pontevedra 14-12-15, EDJ 257497; AP Castellón 20-4-23, EDJ 650906; AP Granada 14-4-23, EDJ 620250).

Cuando la comunidad es la demandada, la actora la considera legitimada, y lo hace en la persona del presidente que la representa. La comunidad está compelida por unos plazos perentorios para contestar a la demanda y, en su caso, para recurrir; por lo que convocar el presidente, aunque con urgencia, una junta extraordinaria de propietarios para conseguir autorización para la oportuna defensa de los intereses de la comunidad, acortaría sustancialmente los plazos y, por ende, la defensa. De ahí, que el acento se deba colocar en que la defensa no sea inocua y arbitraria sino razonable, con el fin de velar por los intereses de la comunidad, y congruente con los acuerdos adoptados por ella, objeto de impugnación (TS 8-1-19, EDJ 500393; AP La Rioja 10-5-21, EDJ 639555).

Por lo tanto, dicha legitimación le concierne también extrajudicialmente, ya que es la presidencia la que deberá recibir las **peticiones de terceros** con trascendencia para la comunidad, aun cuando la decisión a tomar no sea de su competencia porque esta corresponde a la junta de propietarios. Ello obliga a precisar que, en el supuesto de que la petición o solicitud viniera realizada por un tercero ajeno a la comunidad de propietarios, la decisión del presidente sustituyendo la voluntad de la junta, podría estar dotada, ante el tercero de buena fe, de una **apariencia de representación**, por lo que este podría verse favorecido por la creación jurisprudencial de dicha apariencia dirigida a proteger la seguridad del tráfico -sin perjuicio de las responsabilidades que le pudieran ser exigidas al presidente por la junta o por los comuneros-. Sin embargo, no sería así si la petición (p.e. para realizar obras que alteran elementos comunes) fuera de un copropietario de la comunidad, ya que este forma parte de la organización comunitaria y no podría invocar la apariencia de representación (TS 8-7-03, EDJ 50801; AP A Coruña 13-4-11, EDJ 90260; AP Valencia 28-10-15, EDJ 510902).

Como ente sin personalidad jurídica, la comunidad tiene capacidad para ser **parte litigante** (LEC art.6.5.1; LPH art.13.3), debiendo **comparecer en juicio** a través de su presidente, pues es la persona a la que la Ley atribuye su representación (LEC art.7.6; LPH art.23.3). Consistiendo la legitimación en ostentar la titularidad de la relación jurídica o del objeto del litigio (LEC art.10), ante el ejercicio por uno de los propietarios de uno de los elementos privativos del edificio, de la acción de impugnación de un acuerdo comunitario, la legitimación pasiva corresponde, siempre y en todo caso y de manera única y exclusiva, a la comunidad de propietarios del edificio en cuya junta de propietarios se hubiera adoptado el acuerdo comunitario que se impugna (AP Madrid 5-7-21, EDJ 727821).

Precisiones Sin perjuicio de lo anterior, existen pronunciamientos jurisprudenciales en los que se entiende que el presidente no requiere **autorización de la junta** para oponerse o allanarse a las demandas si su posición es la adecuada, entendiendo, además, que el presidente actúa como órgano de representación de la misma y la defiende y, en cualquier caso, responde de su gestión con posterioridad (AP Araba 15-10-13, EDJ 311765).

1867 **Otras facultades de representación** En la práctica el presidente tiene otras atribuciones derivadas de dicha facultad de representación:

• **Presidir las juntas de propietarios**, adoptando las decisiones pertinentes durante la celebración de la misma de acuerdo con el objeto de la convocatoria.

• **Convocar las reuniones ordinarias**, por lo menos una vez al año (nº 2650) y también todas las **extraordinarias** que estime conveniente para el interés de la comunidad, cursando al efecto las instrucciones necesarias al secretario de la junta (nº 2745).

Se ha discutido si en caso de **ausencia del presidente** a la junta convocada debidamente procede su suspensión. La respuesta debe ser negativa puesto que podrá asumir la función de presidirla, en su lugar, el vicepresidente, si lo hay, y en caso de que la junta de propietarios no haya designado este cargo, o aun habiéndolo hecho, si resulta que tampoco ha acudido a la reunión, lo razonable sería que fueran los presentes y representados en la junta de propietarios quienes designaran de entre ellos a un propietario para presidirla (AP Valencia 14-12-06, EDJ 466429), lo cual debería producirse mediante votación realizada al comienzo de la junta, con arreglo a las mayorías ordinarias -dependiendo el cuórum si la junta se celebra en primera o en segunda convocatoria-. En el mismo sentido, si el presidente asiste a la junta pero debe ausentarse por motivos personales (AP Madrid 6-5-10, EDJ 142746; AP Córdoba 11-6-19, EDJ 768592).

• **Requerir a los propietarios y ocupantes** que realicen actividades prohibidas en los estatutos, que sean dañosas para la finca o que resulten molestas, insalubres, nocivas, peligrosas, o ilícitas, el inmediato cese de las mismas, advirtiendo incluso del inicio de las acciones judiciales oportunas de cesación contra aquellos, previo el pertinente acuerdo adoptado expresamente por la junta de propietarios. Dicho requerimiento podrá realizarlo, no obstante, el presidente por su propia iniciativa o bien a instancias de cualquier copropietario o incluso ocupante del inmueble (LPH art.7.2 párr 2º).

• También ha sido objeto de polémica la trascendencia del «**conforme**» que puede suscribir el presidente, a continuación de una determinada **solicitud de obras** de cualquier copropietario. Si la cuestión de que se trata entraña la alteración o afectación de elementos comunes, la decisión corresponde a la junta de propietarios por lo que el alcance de dicha conformidad no puede llegar a sustituir la voluntad del órgano competente, y la conformidad solo merece ser interpretada como una autorización a la presentación de la solicitud (TS 13-2-95, EDJ 542; AP Baleares 8-10-12, EDJ 250329; AP Málaga 7-2-18, EDJ 514150).

Del mismo modo, el **visto bueno** del presidente que se incorpora a las actas y a las certificaciones que expide el secretario, tiene una trascendencia meramente de legitimidad formal, siendo su contenido responsabilidad en todo caso del órgano competente, es decir de la secretaría.

Precisiones La solución propuesta para el caso de ausencia del presidente en la junta es expresamente recogida en **Cataluña** (CCC art.553-23.2), que se hace extensiva al supuesto en que la ausencia fuera del secretario.

Asunción de los cargos de secretario y administrador (LPH art.13.5) Si los estatutos o la junta de propietarios, por acuerdo mayoritario, no deciden lo contrario, las funciones de secretario y administrador son ejercidas por el presidente de la comunidad. **1870**

No obstante, debido a la mayor complejidad y número de las diferentes normativas administrativas y legales que deben aplicarse en relación con los inmuebles y especialmente en los sujetos al régimen de propiedad horizontal, así como los cada vez mayores, mejores y más sofisticados servicios de los que están dotados los edificios modernos, lo cual hace muy difícil que ni los conocimientos técnicos ni jurídicos, además de la dedicación que requiere el ejercicio de las funciones de secretario y administrador, puedan ser ejercidos por un propietario que, muy probablemente, no dispone de la preparación ni del tiempo necesarios.

Precisiones Estas funciones suelen ser ejercidas por una persona física ajena a la comunidad de propietarios con cualificación profesional suficiente y legalmente reconocida para ejercer dichas funciones, es decir, un profesional administrador de fincas colegiado. También pueden recaer estas funciones en corporaciones y otras personas jurídicas en los términos legalmente establecidos. Respecto al **contenido y alcance de las funciones** propias del secretario y del administrador, ver nº 1942.

Impugnabilidad de sus decisiones No cabe impugnar las decisiones que pudiera adoptar el órgano de la presidencia, ya que solo contra los acuerdos de la junta cabe acudir a la impugnación judicial (LPH art.18.1). **1875**

No obstante, su actuación debe respetar las directrices que le haya conferido la junta y ante esta ha de responder, pudiendo adoptar esta las medidas oportunas para oponerse a su actuación.

Ante una decisión del presidente que sea contraria a las facultades conferidas o se considere perjudicial, no cabe otra solución que **acudir a la junta** para que adopte la decisión oportuna -LPH art.14.a- (J.V. Fuentes-Lojo). Solo contra la decisión que adopte a este respecto la junta cabría actuar judicialmente para interponer la correspondiente impugnación.

6. Responsabilidad

1877 El presidente, como representante legal, está sujeto a responsabilidad por razón de los actos realizados en el desempeño de sus funciones, cuando de ello se deriven **daños o perjuicios** para los intereses generales, para los propietarios singulares o para terceros.

La **exigencia de responsabilidad** en el ámbito civil, está sujeta al régimen del CC art.1101 s. y 1902, en cuanto a responsabilidad por culpa extracontractual. La responsabilidad puede llegar a ser también penal, si procede.

El presidente no es una autoridad en la comunidad de propietarios, sino su representante, por lo que cualquier **extralimitación en sus funciones** está sujeta a las responsabilidades que de ello se deriven ante la junta. No obstante, si lo actuado en esa extralimitación no se somete a aprobación de la junta, nos hallamos ante un negocio no perfeccionado por faltar la voluntad del *dominus*, y no vincula a la junta hasta que ratifique la actuación del presidente. Si esta no lo hace, conforme al CC art.1714 y 1725 el presidente será responsable frente al tercero (AP Madrid 3-3-16, EDJ 210528; AP Alicante 2-6-20, EDJ 841928).

En la práctica, sobre todo cuando la comunidad de propietarios no cuente con un administrador de fincas profesional o cuando las funciones de dicho cargo las ha asumido el propio presidente, este se puede ver sometido a la necesidad de adoptar decisiones, que pueden resultar **urgentes y necesarias**, sin considerar la autorización de la junta.

Por otro lado, la responsabilidad también puede derivar de la **omisión en sus obligaciones**. Es el caso en el que el presidente no haya adoptado las decisiones que le correspondían, como atender el abono puntual de los seguros sociales del portero o de la prima anual del seguro multirriesgo del edificio de la comunidad.

Tanto en uno como en otro caso, el presidente no está eximido de responsabilidad y de la obligación de reparación por los perjuicios ocasionados, no solo por sus actuaciones dolosas o negligentes al haber adoptado una decisión que simplemente no le correspondía, sino también por omisión de la necesaria diligencia.

Precisiones **1)** La responsabilidad del presidente puede llegar a suponerle el pago, en concepto de **indemnización**, del importe de las obras realizadas con su aprobación sin consentimiento ni autorización de la junta y también la condena por los perjuicios ocasionados, por los recargos, apremios y costes causados a la comunidad, a los propietarios o a terceros, derivados de su falta de diligencia (AP Madrid 27-1-97, EDJ 2270; AP Murcia 15-6-20, EDJ 618342).

2) No es posible por la vía de instar la acción de responsabilidad contra el presidente **impugnar los acuerdos** tomados por la junta de propietarios mientras actuaban como tales el presidente y secretario. Es decir, por la vía de reclamar la responsabilidad a quien ostentaba el cargo de presidente no se admite el examen de las cuentas de la comunidad, cuestionar las convocatorias de junta u otros acuerdos (AP Barcelona 1-2-13, EDJ 149918).

3) Desde el punto de vista procesal, para exigir responsabilidad al presidente, lo primero, es solicitar una **junta general extraordinaria** para reflejar en el orden del día el punto con la propuesta de demanda y que se adopte el acuerdo de emprender acciones judiciales. Solo cabe realizar una **acción individual** por el propietario afectado, si la junta no realiza las correspondientes acciones. Asimismo, corresponderá a la parte actora que pretende la condena del presidente demandado probar la transgresión dolosa o culpable de las obligaciones del cargo, el perjuicio efectivamente producido a la comunidad y la relación de causalidad, como requisitos propios del ejercicio de toda pretensión indemnizatoria (AP Pontevedra 6-7-18, EDJ 562703).

SECCIÓN 3

Vicepresidente

1890 **Nombramiento** (LPH art.13.4) El nombramiento se realizará por la **junta de propietarios** utilizando el mismo procedimiento que para la elección del presidente (nº 1832).

No obstante, si bien con respecto al presidente la Ley requiere expresamente la **condición de propietario** (LPH art.13.2), nada indica en el caso del vicepresidente, lo cual no debe interpretarse como que no deba serlo, por razones de coherencia legal con el resto del precepto y dadas las funciones que tiene legalmente atribuidas. En todo caso, sin perjuicio de lo comentado respecto al presidente (nº 1824), el nombramiento como vicepresidente de la comunidad a quien no es propietario, constituye un acuerdo que debería ser anulado solo si ha sido objeto de la correspondiente impugnación judicial, es decir, no constituye por sí mismo un acto nulo (AP Madrid Secc 13ª 15-12-93).

Precisiones **1)** La figura del vicepresidente de la comunidad se introdujo por la doctrina y la jurisprudencia que ya habían admitido el nombramiento de este órgano en atención al carácter de ***numerus apertus*** de la enumeración de los mismos (TS 29-5-84; AP Madrid 23-11-92, Rec 729/91; 30-6-93, EDJ 6467) y

también ante la constatación de que la realidad hacía conveniente su existencia, en determinadas circunstancias, para el más eficaz **funcionamiento** del ente comunitario. Posteriormente, mediante la L 8/1999, se modificó la LPH art.13 para establecer la previsión legal vigente.
2) Durante mucho tiempo los tribunales han titubeado con la cuestión de la **nulidad o anulabilidad** de los acuerdos contrarios a lo dispuesto en la LPH. Para un sector de la doctrina, debe diferenciarse entre aquellos acuerdos cuya ilegalidad es susceptible de sanación por efecto de la caducidad de la acción -anulabilidad-, a la que pertenecerían todos aquellos acuerdos cuya ilegalidad venga determinada por cualquier infracción de alguno de los preceptos de la LPH (TS 7-4-97, EDJ 2854; AP Barcelona 19-3-10, EDJ 73096); y otro orden de acuerdos cuya ilegalidad conlleva la nulidad radical y absoluta sin convalidación posible.
En los primeros sería necesaria la impugnación del acuerdo en plazo para que se declare su ineficacia, mientras que en los segundos sería nulidad radical. En este orden de cosas, para esta corriente de autores el nombramiento de un no propietario como presidente o vicepresidente es un acuerdo contrario a la LPH y, por consiguiente, meramente anulable, razón por la cual debería ser impugnado para que se declare su ineficacia, ya que, de no hacerse en el plazo de un año, el acuerdo quedaría sanado e inatacable. Sin embargo, esta posición no ha sido la compartida por el Tribunal Supremo en sus últimas resoluciones judicial adoptadas al respecto, en las que opta por indicar que la norma de la LPH que exige que el presidente sea propietario es imperativa y su vulneración supone la nulidad radical del acuerdo y no la simple anulabilidad (TS 23-9-15, EDJ 167994; 27-1-17, EDJ 2939).

Carácter facultativo (LPH art.13.4) La vicepresidencia, a diferencia de la presidencia, es un órgano facultativo, por lo que corresponde a la junta de propietarios decidir la necesidad, o no, de su nombramiento. No obstante es perfectamente admisible que mediante **cláusula estatutaria** se haya establecido su existencia, en cuyo caso el nombramiento vendría impuesto por el propio título constitutivo de la comunidad, aunque no por la Ley, sin que por ello haya de cuestionarse la validez de la estipulación estatutaria (AP Bizkaia 24-9-14, EDJ 221429). **1894**
Es igualmente facultativo el **número de vicepresidentes** que pueden ser nombrados por la junta de propietarios, si bien, en el caso de que se considere por esta la conveniencia de que sean más de uno, habrán de señalarse por su numeración de forma correlativa.

Duración y prórroga (LPH art.13.4) Al igual que el resto de los cargos de la comunidad, el nombramiento tendrá la duración de **un año**, salvo que los estatutos de la comunidad dispongan algo distinto (AP Badajoz 9-3-09, EDJ 63649). **1895**
Alcanzada la fecha de la anualidad del nombramiento, no se ha de entender cesado automáticamente el cargo de vicepresidente, ni tampoco ninguno de los otros cargos anuales, sino que ha de considerarse prorrogado hasta la siguiente junta ordinaria que, en todo caso, habrá de celebrarse cada año, la cual podrá asimismo acordar su prórroga, si lo considerase conveniente (nº 1845). En ningún caso la LPH sanciona con la nulidad la falta de convocatoria de junta ordinaria en el plazo anual para renovar los cargos de presidente y vicepresidente (AP Madrid 25-6-19, EDJ 673872).

Atribuciones (LPH art.13.4) El vicepresidente es un órgano de **sustitución y asistencia** del presidente. **1897**

Precisiones Se admite también que, en circunstancias excepcionales, pueda ejercer las **funciones de secretario** en la celebración de la junta de propietarios (AP Madrid 20-11-12, EDJ 302207), u otras funciones específicas (AP Valencia 4-5-23, EDJ 614388).

Sustitución del presidente Al vicepresidente o, en su caso, a los vicepresidentes, por su orden, le corresponden todas aquellas funciones que tiene atribuidas el presidente por la Ley o que le haya encomendado la junta, a quien podrán sustituir en los casos de **ausencia, vacante o imposibilidad**, sin limitación ni cortapisa alguna. **1899**
Consiguientemente, mientras el presidente esté en pleno ejercicio de sus funciones, el vicepresidente no puede sustituirlo por su propia iniciativa. Sin embargo, se ha admitido que la sustitución del presidente por el vicepresidente sea también posible en los supuestos en los que exista una **contraposición de intereses** entre el presidente y la comunidad, incluso sin necesidad de que esté previsto en los estatutos (AP Madrid 28-9-10, EDJ 295079; AP Granada 19-7-19, EDJ 773301). Ello se produce, por ejemplo, cuando la comunidad precisa otorgar poderes para pleitos para interponer una reclamación judicial contra el propio presidente, que además resulta ser moroso, o para convocar a la junta de propietarios que ha de tratar sobre la separación del presidente en el cargo u otros asuntos ajenos al interés del mismo.
La sustitución del presidente por el vicepresidente no requiere ningún **formalismo** legal concreto, ya que se trata de situaciones que se producen de hecho y que, en su caso, la junta deberá analizar a posteriori (Loscertales). Lo que cabría esperar, salvo que se tratase de un caso notorio o manifiesto en el que la sustitución se produciría automáticamente (p.e.

fallecimiento), es que fuera el propio presidente quien comunicase esta situación al vicepresidente o al secretario, tanto si fuera por ausencia como por cualquier otro tipo de imposibilidad (vacante por traslado, enfermedad, etc.), siendo entonces el vicepresidente, por su orden si fuera el caso, quien asumiría las funciones de representación propias de la presidencia, a todos los efectos, es decir, con las mismas facultades que aquella (AP Granada 4-11-03, EDJ 173441; AP Málaga 30-6-04, EDJ 89954; AP Madrid 19-3-13, EDJ 72861). Si bien debe tenerse en cuenta que una cosa es que el vicepresidente actúe en sustitución del presidente y otra es que este se convierta en presidente (AP Albacete 3-2-15, EDJ 14362).
La conveniencia de que dicha comunicación se realice **por escrito** radica en que, de este modo, el vicepresidente podrá acreditar su representación frente a terceros, bien sea para firmar documentos o para la interposición de acciones judiciales.

1900 Precisiones 1) La sustitución del presidente solo puede asumirla el vicepresidente y no un **vocal** de la junta rectora ni ningún otro propietario (AP Zaragoza 4-11-02, EDJ 136297; AP Asturias 27-5-11, EDJ 150278). No obstante, si la Comunidad no tuviera establecido el cargo de vicepresidente, o en el caso de tenerlo tampoco asistiera a la Junta, los reunidos pueden nombrar entre ellos un **presidente provisional** que ejercerá sus funciones durante esa junta, en concreto: la presidiría, levantaría la sesión al finalizar la misma, y estamparía su firma dando su visto bueno a la redacción del acta (AP León 5-3-20, EDJ 555022).
2) La **convocatoria de una junta** de copropietarios por el vicepresidente de la comunidad y no por el presidente, no es suficiente para la declaración de nulidad del acuerdo adoptado en la misma, aun en el caso de que no estuviera justificada la convocatoria efectuada por el vicepresidente, si no existe oposición o censura por parte de quien era competente para ello, es decir, el presidente, y esto se hace patente, por ejemplo, presidiendo la junta convocada por el vicepresidente (AP Castellón 20-10-16, EDJ 244033; AP Sta. Cruz de Tenerife 14-6-17, EDJ 183442; AP Barcelona 28-3-19, EDJ 542252).
3) En **Cataluña** se admite expresamente que, en caso de inactividad o negativa del presidente, pueda convocar la junta de propietarios el vicepresidente si lo hubiera, si bien no se clarifican las condiciones que deban producirse para determinar cuándo y cómo se habrán de constatar estas circunstancias (CCC art.553-21.1).

1902 **Asistencia al presidente** Le corresponde asimismo al vicepresidente asistir al presidente en el **ejercicio de sus funciones** en los términos que establezca la junta de propietarios.
Esta atribución tiene una voluntad eminentemente práctica, la de ayudar y colaborar en las tareas del presidente, especialmente cuando la envergadura de la comunidad o la complejidad de sus servicios o instalaciones lo hacen conveniente, en cuyo caso la asistencia deberá acomodarse a las **instrucciones** que hubiera señalado la junta de propietarios, sin que el hecho de que no se hubiese acordado ninguna en particular, deba ser interpretado como un impedimento para que el vicepresidente pueda realizar la referida asistencia, si el presidente así se lo requiere.
Es factible, asimismo, que los **estatutos** precisen al respecto las funciones de asistencia que corresponden a la vicepresidencia de la comunidad, en cuyo caso habría necesariamente que respetarlas.

1904 **Responsabilidad** Del mismo modo que el presidente, cuando las atribuciones que a este le corresponden son ejercidas por el vicepresidente, este último responde ante la junta de propietarios por sus actos y por sus omisiones (AP Málaga 30-6-04, EDJ 89954; AP Asturias 23-7-13, EDJ 143959). Ver nº 1877.

SECCIÓN 4

Secretario

1910

1912 Si bien en la norma vigente las funciones del secretario tienen cierta autonomía respecto a las propias del administrador, en la práctica se ha constatado la conveniencia e incluso necesidad de que las funciones de uno y otro estén coordinadas, de ahí que habitualmente vengan siendo

acumuladas y ejercidas en la mayoría de los casos por la misma persona, un profesional **administrador de fincas colegiado** (LPH art.13.6).
Son, por el contrario, totalmente excepcionales los casos en que el **presidente** asume además de las funciones que le son propias, las de la secretaría y administración de la comunidad (nº 1870).
A pesar de lo dicho y de la obligatoriedad del cargo, el legislador no ha considerado oportuno dedicarle a este órgano de la comunidad ningún artículo de forma específica, por lo que las referencias al secretario se contienen puntualmente en diferentes disposiciones del texto legal.
En cuanto a la **naturaleza del cargo**, entendemos que se asemeja al mandato (CC art.1710 s.), aun cuando la secretaría no tenga en realidad facultad alguna de decisión, salvo que se ejerza conjuntamente con la de la administración. Para un sector doctrinal la naturaleza de este órgano es la propia de una relación de servicios (J.V. Fuentes-Lojo).

Precisiones En el caso del **secretario-administrador externo**, tanto la doctrina como la jurisprudencia menor mayoritaria, no sin cierta polémica, se han decantado por calificar la relación contractual como la del mandato, aunque *sui generis*, frente a la posibilidad de considerar la naturaleza de la relación como propia de un arrendamiento de servicios, por lo que serán de aplicación la mayor parte de las normas del CC art.1709 s. (TS 3-3-98, EDJ 1123; AP Asturias 12-12-05, EDJ 290546; AP Madrid 9-9-14, EDJ 211118; AP Málaga 29-10-15, EDJ 262855). Ver nº 2000 s.

1. Nombramiento

(LPH art.13.6)

Como los demás cargos, la elección del secretario corresponde a la **junta de propietarios** (LPH art.14), mediante acuerdo mayoritario de sus componentes, con arreglo al cuórum ordinario. **1915**
A diferencia del cargo de presidente, no se requiere que el secretario deba **pertenecer a la comunidad** (Peré), aunque obviamente puede ejercer el cargo cualquier propietario, si así lo decide la junta. No obstante, cuando en los **estatutos** se establece que el secretario tiene que ser propietario, no puede admitirse como válido el nombramiento que contravenga la imperatividad de la norma estatutaria (AP Sta. Cruz de Tenerife 16-1-85). Ahora bien, aun cuando en los estatutos se establezca esta prohibición, no podrán impugnarse los actos realizados por el secretario, si previamente no advirtieron la **infracción estatutaria** cuando el secretario presentó su candidatura, ni se impugnó el acuerdo de la junta en que fue designado para ostentar tal cargo, designación en virtud de la cual ejerció sus funciones de secretario en la junta en la que se adoptó el acuerdo que se pretende impugnar, ya que estos propietarios-demandantes irían contra sus **propios actos** faltando a la buena fe (AP Sevilla 31-7-19, EDJ 772944).
En el otro supuesto, es decir, cuando el cargo de secretario no se ejerza de forma unificada con el de administrador, **cualquier persona** que no esté incapacitada legalmente puede asumir y ejercer dichas sus funciones, sin que la norma requiera ningún otro requisito, ni siquiera que tenga el carácter unipersonal, como resulta lógico atendidas la naturaleza de las funciones que le corresponden.

Precisiones En **Cataluña** se señala la naturaleza unipersonal de este órgano, al igual que el de la presidencia y el de la administración (CCC art.553-15).

Ejercicio por el presidente (LPH art.13.5) Es posible que las funciones del secretario las asuma el presidente de la comunidad. De hecho, ello se contempla en la Ley como el supuesto general, al establecer que las funciones de secretario (y del administrador) pueden ser ejercidas por el presidente de la comunidad, salvo que los estatutos o la junta de propietarios por acuerdo mayoritario, dispongan la provisión de dichos cargos separadamente de la presidencia (nº 1870). **1917**

Precisiones Teniendo en cuenta las exigencias técnicas y legales de los edificios modernos y de sus servicios, la normal falta de conocimientos especializados que requieren, la trascendencia de las funciones atribuidas a estos órganos, las nuevas responsabilidades que indudablemente se asumen tras la reforma legal y la habitual falta de tiempo útil de dedicación del propietario presidente, en nuestra opinión hubiera resultado **mucho más aconsejable y acertado** que la disposición señalara justamente lo contrario, es decir, que las funciones del secretario-administrador y presidente fueran siempre ejercidas por personas distintas, con excepción de los casos en que los estatutos o la junta, por acuerdo mayoritario, dispusieran que dichos cargos se ejercieran conjuntamente por el propio presidente, siendo pertinente, por la constatación práctica, aconsejar al respecto que las funciones de secretaría y administración sean ejercidas conjuntamente por el mismo cargo en todos los casos en que el secretario nombrado no pertenezca a la comunidad.

Secretario-administrador (LPH art.13.6) Este cargo de secretario y el de administrador pueden ser desempeñados como un **único cargo unificado** en la misma persona, lo que viene siendo habitual y conveniente. En este supuesto, si se atribuye a una persona física ajena a la **1919**

comunidad, el designado debe ostentar la **cualificación profesional** suficiente y legalmente reconocida para ejercer estas funciones -LPH art.13.5- (AP Cantabria 6-2-20, EDJ 510645). Ver nº 2000 s.

Precisiones La justificación de la exigencia es evidente, ya que se dirige a **proteger a los consumidores y usuarios** de la vivienda en el mercado inmobiliario, aplicando criterios de transparencia y atendida la reconocida trascendencia social y responsabilidades de esta función.
En **Cataluña**, la Ley del derecho a la vivienda se refiere expresamente a ello cuando define y regula la actividad del administrador de fincas (L Cataluña 18/2007 art.54) y sanciona su incumplimiento como infracción en materia de protección de los consumidores y usuarios (L Cataluña 18/2007 art.123 redacc L Cataluña 1/2022).

1922 **Persona jurídica** (LPH art.13.6) Se admite que la secretaría y la administración sean ejercidas de forma conjunta por corporaciones y otras personas jurídicas en los términos establecidos en el ordenamiento jurídico.
Puesto que la Ley se remite también a «otras personas jurídicas en los términos establecidos en el ordenamiento jurídico», la duda es manifiesta ya que la remisión al ordenamiento de «otras personas jurídicas», salvo en los casos de las cámaras de la propiedad urbana, no existe hasta la fecha ni una sola disposición que establezca cuáles habrían de ser estas. Por otro lado, tampoco sería justificable, dado que por su naturaleza se trata de una **actividad propia de personas físicas**. La única justificación que permitirá actualmente reconocer la eficacia de la disposición es la de la L 2/2007 de sociedades profesionales, por la que se regula la constitución de sociedades cuyo objeto sea el ejercicio en común de actividades profesionales.

Precisiones Lo cierto es que resulta difícil comprender el objeto de esta disposición, a no ser que el legislador pretendiera no dejar en desamparo legal a las entidades que actúan bajo la figura de las llamadas **cámaras de la propiedad urbana** que algunas comunidades autónomas decidieron mantener como entidades de derecho público con discutible justificación.

1924 **Procedimiento de elección** La Ley no establece, ni sugiere siquiera, **ningún procedimiento específico** de elección, por lo que habrá de estarse a lo que libremente decida la junta o fijen los estatutos al respecto.
Lo procedente es que la cuestión haya sido introducida en el correspondiente **orden del día** de la junta de propietarios, siendo lo habitual que los copropietarios decidan el nombramiento del candidato que estimen más conveniente entre las personas que se propongan en la reunión.
El **cuórum** que se requiere para la adopción del acuerdo de nombramiento de secretario por la junta de propietarios, es el mismo que el señalado para el presidente, es decir, el de doble mayoría del total de propietarios y cuotas, en primera convocatoria, y doble mayoría de los presentes, en segunda (LPH art.17.7), puesto que no se encuentra entre ninguno de los supuestos que requiere una mayoría especial.
Como en el caso de la presidencia, cuando no sea posible el acuerdo para el nombramiento del secretario, ni siquiera por el procedimiento de designación subsidiario anteriormente aludido, puede acudirse al juez para su nombramiento por el **procedimiento de equidad** (nº 3875).

Precisiones **1)** No se ha admitido la impugnación de la elección de secretario que se realizó contraviniendo una **costumbre tradicional organizativa** de la comunidad, por considerar que esta no era vinculante y que podía variarse siempre que no vulnerara el sistema democrático previsto en la LPH (AP Lleida Secc 2ª 16-7-67).
2) No se puede resolver en juicio de equidad la **impugnación de un sistema de elección o renovación de cargos** cuando la propuesta no haya prosperado y se mantenga otro sistema que existía previamente y se hayan designado los cargos conforme a ese sistema. A través del juicio de equidad se solicita al juez que permita suplir el acuerdo de la comunidad con objeto de evitar su parálisis o perjuicio ante la falta de una mayoría. Si lo que se cuestiona es el sistema existente, su disconformidad e impugnación debe articularse mediante una acción y procedimiento diferente (AP Madrid 11-9-18, EDJ 654507).

2. Remuneración

1930 La Ley no hace referencia alguna al carácter retribuido o gratuito del cargo de secretario.
Cuando el cargo sea ejercicio por el **propio presidente**, debe entenderse en principio que el cargo es gratuito (J.V. Fuentes Lojo), sin perjuicio de que este pueda justificadamente percibir una contraprestación o ciertas compensaciones cuando el ejercicio del cargo le ocasione gastos o perjuicios concretos, siempre que así lo apruebe la junta de propietarios.
No obstante, se ha admitido la legalidad del acuerdo de la junta de aprobación de una **retribución periódica** de la secretaría desempeñada por el presidente, cuando se ha acreditado su dedicación y se justifica por su complejidad o por el beneficio para la comunidad que su trabajo

representa (AP Las Palmas 8-4-02, EDJ 135228; AP Málaga 13-5-02, EDJ 50537; AP Sta. Cruz de Tenerife 10-9-01, EDJ 76591).
Cuando el nombramiento de secretario no sea atribuido al presidente ni a ningún otro copropietario, entendemos que el cargo habrá de ser retribuido, ya que en este caso corresponde su ejercicio a un **profesional externo** a la comunidad. No obstante, debe estarse, en todo caso, a lo establecido en los estatutos o en el propio acuerdo de nombramiento adoptado por la junta de propietarios respecto a las condiciones de la contratación.

Precisiones La LPH art.14.b, que atribuye a la junta general de propietarios, única y exclusivamente, la facultad de aprobar el plan de gastos e ingresos previsibles y las cuentas correspondientes, impide considerar que corresponda al presidente fijar unilateralmente una retribución al secretario-tesorero sin conocimiento de la **junta de propietarios** y sin que exista siquiera la constitución formal de un vínculo laboral o de otro tipo que lo justifique (AP Las Palmas 30-1-06, EDJ 18998).

3. Duración y prórroga

(LPH art.13.7)

Salvo que los estatutos de la comunidad establezcan algo distinto, el nombramiento del secretario, como en el caso de los demás órganos, se hará por el plazo de **un año**, sin perjuicio de su reelección transcurrida la referida anualidad, si es esta la voluntad de la mayoría de los propietarios de la junta (AP Murcia 23-12-19, EDJ 838307; AP Las Palmas 2-6-21, EDJ 712790). **1935**
Asimismo, no debe entenderse automáticamente cesado el cargo de secretario alcanzada la fecha del vencimiento anual de su nombramiento, sino que **ha de considerarse prorrogado** hasta la celebración de la siguiente junta ordinaria que, en todo caso, debe de celebrarse cada año, sin que el hecho de que sea retrasada su convocatoria deslegitime las funciones y competencia del secretario, ni a nuestro juicio, la de ninguno de los demás órganos de la comunidad (AP Málaga 9-2-05, EDJ 81131).

Precisiones **1)** De mantenerse la opinión contraria, que además no se sustentaría en ninguna norma específica de propiedad horizontal, podría provocar unas **consecuencias perjudiciales** manifiestamente desproporcionadas para la organización vecinal, dado que supondría la deslegitimación de todas las funciones que pudiera realizar la secretaría desde la fecha del vencimiento anual de su mandato hasta la celebración de la siguiente junta ordinaria en la que habría de producirse la reelección o nuevo nombramiento del cargo, junta que obviamente habría de convocarse formalmente a través de una secretaría supuestamente caducada en sus funciones. Asimismo, no se podrían extender durante este tiempo certificaciones de deudas en caso de transmisión de entidades privativas, ni de acuerdos, ni practicar notificaciones, etc., consecuencias poco realistas que excederían, a nuestro juicio, de las pretendidas por la voluntad del legislador, que obviamente no pretendía imponer las rigideces formales exigibles a las entidades mercantiles también a las organizaciones vecinales. Ver nº 1847.
2) En **Cataluña** se señala al respecto, que los cargos duran un año y que se entienden prorrogados hasta que se celebre la siguiente junta ordinaria transcurrido el plazo para el que fueron nombrados, manteniéndose la obligación legal en todo caso de que la junta ordinaria debe celebrarse una vez al año (CCC art.553-15.4).

4. Remoción

(LPH art.13.7)

La renovación anual del cargo de secretario no impide la remoción del nombramiento con anterioridad a la expiración del plazo para el que resultó nombrado. Así puede acordarlo la **junta de propietarios** convocada al efecto en reunión extraordinaria, siendo suficiente que se alcance con arreglo a las mayorías ordinarias, es decir la misma con la que debió ser nombrado. En todo caso, la **falta de acuerdo** de la junta de la comunidad de propietarios por no existir la doble mayoría necesaria legalmente, puede salvarse judicializando la remoción y nuevo nombramiento (AP Segovia 2-12-03, EDJ 213259). **1940**
Si el cargo de secretario viene siendo ejercido **conjuntamente con el de administrador**, la revocación anticipada del mismo está sujeta a las responsabilidades por daños y perjuicios derivadas del contrato de mandato, para el caso de que se produjera sin causa ni justificación alguna, sin perjuicio también de las responsabilidades civiles y penales que asimismo le pudieran corresponder a la secretaría por los actos y negligencias cometidas en el ejercicio de sus funciones.
El nombramiento de un **nuevo secretario** por la junta de propietarios adoptado con la mayoría legal supone, aun sin acuerdo expreso, la revocación del anterior cargo (AP Sta. Cruz de Tenerife Secc 3ª 29-1-00).

En el supuesto de que la designación del secretario hubiera recaído en una persona física, el **fallecimiento** del mismo pone indudablemente término al cargo, debiendo la junta adoptar la decisión más conveniente a sus intereses, una vez se haya tenido conocimiento del hecho.

5. Atribuciones

1942

1943 Las funciones de la secretaría no vienen especificadas de forma concreta en una disposición, sino que se desprenden de la lectura de distintos preceptos de la regulación legal, con cierto protagonismo y autonomía respecto a las del administrador.

1944 **Redacción de las actas de la junta** (LPH art.19) Corresponde al secretario redactar el acta de la junta de propietarios (nº 3077) y reflejarla en el **libro de actas** de la comunidad.
Ha de hacerlo en el **plazo** de 10 días naturales siguientes a la reunión y debe ir cerrada con su firma, conjuntamente con la del presidente.

Precisiones La **intervención del secretario** en relación con los acuerdos adoptados por la junta de propietarios es la de mero fedatario. Los acuerdos los adopta la junta y no dejan de ser válidos por el mero hecho de que el secretario no los firme. Su intervención no es de carácter constitutivo, sino *ad probationem* de los acuerdos adoptados en la junta, sin que la redacción del acta produzca efecto constitutivo para la validez de los acuerdos adoptados (AP León 13-12-17, EDJ 299289). Asímismo, no se puede exigir al secretario una **formación jurídica** que le haga deudor de una diligencia en el conocimiento de la ley que le permita dilucidar qué concretas cuestiones de entre las muchas que se debaten en el seno de las juntas de propietarios puedan tener un eventual valor impugnatorio para los asistentes (TS 2-10-08, EDJ 178462).

1945 **Certificaciones** El secretario tiene el cometido propio de acreditar los actos de la comunidad con **efectos** frente a los propietarios y frente a terceros. En este sentido, el secretario ha de certificar con el visto bueno del presidente, los siguientes hechos.

1946 **Estado de las deudas** El secretario debe certificar para con la comunidad de propietarios el estado de las deudas, a fin de dar cumplimiento al deber de información a cargo del transmitente de uno de los pisos o locales (LPH art.9.1.e). Esta certificación resulta imprescindible para que el notario autorice el otorgamiento de la escritura pública de transmisión del piso o local, salvo que haya sido expresamente exonerado de esta obligación por el adquirente.
El secretario ha de emitir la certificación en el **plazo** de 7 días desde su solicitud. Respecto al contenido, dada su manifiesta trascendencia económica, la norma impone meridianamente la responsabilidad en caso de **culpa o negligencia** de la exactitud de los datos consignados en la misma y de los perjuicios que pudiera causar el retraso en su emisión.

1947 **Acuerdos adoptados por la junta** Puesto que los acuerdos quedan reflejados en el libro de actas de la comunidad de propietarios, lo contenido en ellas ha de ser acreditado mediante las correspondientes certificaciones extendidas por el secretario, a los efectos que puedan precisarse en cada caso.
En este sentido, las certificaciones se constituyen en **requisito de procedibilidad**, al menos en dos supuestos:

• Para el ejercicio de la **acción de cesación** (LPH art.7.2 párr 4º). El secretario es el órgano encargado de certificar el acuerdo adoptado por la junta para entablar la acción de cesación contra el propietario o el ocupante del piso o local en el que se realicen las actividades prohibidas en los estatutos, que resulten dañosas para la finca o que contravengan las disposiciones generales sobre actividades molestas, insalubres, nocivas, peligrosas o ilícitas.
Dicha certificación se habrá de acompañar necesariamente con la demanda, además de la acreditación del requerimiento fehaciente que habría de haber realizado previamente el presidente.

• Para las **reclamaciones de deudas** a los propietarios morosos (LPH art.21). Se trata de una de las funciones de certificación del secretario más trascendentes. Es la de certificar el acuerdo de la junta aprobatorio de las liquidaciones de las deudas de los propietarios morosos. Dichos acuerdos, que deben contener el visto bueno del presidente y habrán de ser necesariamente notificados a los propietarios afectados (LPH art.21.2), son también requisito imprescindible para que el juez dé curso a la reclamación a través de la petición inicial del procedimiento monitorio (LPH art.21.4) por el importe acreditado en la referida certificación. En una fase posterior del procedimiento judicial, la acumulación al proceso de las cuotas vencidas con posterioridad requerirá nueva certificación de los acuerdos aprobatorios de las liquidaciones siguientes.

Precisiones Sobre el ejercicio de la **acción de cesación**, ver nº 3525; y sobre el **procedimiento monitorio**, el nº 3625.

Recepción de comunicaciones (LPH art.9.1.h e i) El secretario será el receptor de la comunicación fehaciente que habrá de realizar el propietario indicando el **domicilio en España** al que habrán de dirigírsele todas las comunicaciones, citaciones o notificaciones (nº 1056). 1949
También se debe hacer al secretario la comunicación, por cualquier medio que permita tener constancia de su recepción, del **cambio de titularidad** de la vivienda o local (nº 1210).
Igualmente es el secretario el receptor de las notificaciones de los **propietarios ausentes** a la junta que desean manifestar su discrepancia con el acuerdo adoptado en ella en el plazo de 30 días (nº 1952).

Notificaciones (LPH art.9.1.h) Es función del secretario la de realizar a los propietarios las notificaciones y citaciones de toda índole relacionadas con la comunidad. 1950
En cuanto al lugar en el que deben hacerse las notificaciones:
1. Corresponde al secretario intentar la notificación o citación, en primer lugar, en el **domicilio comunicado** por el propietario a estos efectos.
2. De forma subsidiaria, en el **piso o local** propiedad del mismo, mediante entrega al ocupante.
3. En caso de que resulte imposible la forma anterior, el secretario ha de proceder a su colocación en el **tablón de anuncios** de la comunidad o, en su defecto, en un lugar visible de la comunidad de uso general habilitado al efecto, expresando por diligencia en el mismo escrito, con su firma y el visto bueno del presidente, la fecha de la colocación y los motivos por los que se procedió a esta forma de notificación. La notificación en este caso, tendrá plenos efectos jurídicos en el plazo de 3 días naturales desde su exposición.
Cabe señalar que responderá el secretario de cursar las notificaciones y citaciones en tiempo y forma.

Notificación a los ausentes La regulación del régimen de notificaciones a los ausentes en las reuniones de la junta de propietarios, a fin de considerar su voto como favorable a los acuerdos que requieran unanimidad o mayoría reforzada de tres quintas partes del total de propietarios y de cuotas de participación (LPH art.17.8), ha convertido al secretario en protagonista de la legalidad de este tipo de acuerdos. Esto es así pues el voto de los ausentes se entiende favorable al acuerdo siempre que no manifiesten su discrepancia en el plazo de 30 días desde que se les haya comunicado el acuerdo en la forma expuesta anteriormente. 1952
La norma no exige **fehaciencia** en la notificación de los acuerdos adoptados en la junta, por lo que puede realizarse con arreglo a cualquier procedimiento. No obstante, habrá de considerarse la oportunidad de poder acreditar debidamente su realización en función de la trascendencia de aquellos acuerdos, a fin de justificar apropiadamente la concurrencia del voto favorable de los ausentes.
En caso de **discrepancia**, será el secretario el receptor de la notificación de los ausentes a la junta, que debe comunicarse por cualquier medio que permita tener constancia de su recepción por parte del destinatario -secretario- y de la fecha. Es más que aconsejable, por lo tanto, que la oposición se practique de forma fehaciente, siendo suficiente su comunicación por burofax o por telegrama con acuse de recibo.

Convocatoria de la junta de propietarios Formalmente es el presidente el que convoca las reuniones de la junta de propietarios, aunque es el secretario el responsable de cursar la convocatoria (nº 1867). 1954
En el supuesto de que la convocatoria se realice por el porcentaje legal del **25% de los propietarios** o de las cuotas, el secretario ha de colaborar con aquellos a fin de realizar las citaciones en tiempo y forma.
El secretario desempena una función fundamental en cuanto al cumplimiento de las formalidades necesarias a fin de privar legalmente del derecho de voto al propietario que no esté al corriente de sus obligaciones económicas con la comunidad (LPH art.9.1.e). La notificación de la convocatoria cursada por el secretario ha de contener una **lista de los propietarios morosos**, esto es que no estén al corriente en el pago de las deudas vencidas, así como la advertencia de la privación del derecho de voto si estos no hubiesen impugnado judicialmente las mismas o procedido a la consignación judicial o notarial de la suma adeudada (LPH art.15.2). Sin dicho requisito formal, la privación del ejercicio del derecho de voto en la junta resultaría improcedente.
Puede consultarse un **modelo** de convocatoria de una junta ordinaria de comunidad en el nº 9060.

Precisiones 1) Se ha flexibilizado el régimen de **notificaciones** con el fin de dinamizar la vida de la comunidad y evitar que la pasividad de los copropietarios entorpezca su funcionamiento. De este modo se puede considerar acreditado que ha tenido lugar la citación de un comunero a la junta general, aunque no conste la fehaciencia del conducto notarial o del correo certificado con acuse de recibo, siempre que se den determinadas circunstancias y, entre ellas, la de que se trate de un **sistema habitual de comunicación** entre la comunidad y los comuneros sin queja o protesta de sus integrantes (TS 10-7-03, EDJ 50734; 22-3-06, EDJ 29181; AP Burgos 29-1-18, EDJ 20713; AP Araba 1-2-19, EDJ 587869). Lo que no podría es sustituirse la comunicación en el domicilio del propietario u otra formalidad prevista en la Ley, por prácticas o usos no amparados legalmente (AP Asturias 19-1-23, EDJ 544421).
2) Respecto a la no inclusión en la convocatoria de la **lista de morosos** con el apercibimiento previsto en LPH art.16, las audiencias provinciales mantienen criterios dispares. Mientras algunas consideran que tal defecto formal determina inexorablemente la nulidad de la junta (AP Baleares 5-6-20, EDJ 611749), otras entienden que solo puede tener tal virtualidad, es decir causar la nulidad de la junta celebrada, si afecta a la formación de las mayorías, de modo que se haya dejado votar a quienes se les debiera haber impedido por su condición de morosos, siendo sus votos decisivos para la adopción de los acuerdos (TS 2-7-09, EDJ 143734; AP Sevilla 29-7-14, EDJ 188540; 17-5-18, EDJ 582884). Ver nº 2678.

1955 **Custodia de la documentación** (LPH art.19.4) Se impone al secretario el deber de custodiar los **libros de actas** de la comunidad de propietarios, así como la de conservar durante el plazo de 5 años todas las convocatorias, comunicaciones, apoderamientos, contratos y demás documentos relevantes de las reuniones (AP Las Palmas 9-5-16, EDJ 108565; AP Barcelona 5-5-23, EDJ 623279).
Consiguientemente, se atribuye a la secretaría la calificación de la **relevancia de los documentos** que merezcan su custodia durante el plazo mínimo legal. No siempre resulta sencilla esta evaluación, por lo que, en la práctica, se aconseja al profesional la aplicación de un criterio generoso, a fin de salvaguardar posibles responsabilidades (AP Málaga 28-11-18, EDJ 694250).

Precisiones 1) En **Cataluña** se exige al secretario el deber de conservación de los libros de actas de la junta de propietarios durante 30 años mientras exista el régimen de propiedad horizontal, o durante 5 años desde el momento en que se haya extinguido la misma (CCC art.553-28.2).
2) Dada la ingente cantidad de documentación que puede generar habitualmente la secretaría de una comunidad de propietarios, no es intrascendente para los despachos en los que se desarrolla esta **actividad profesional**, la organización y espacio que se precisa para el archivo y conservación de esta documentación, lo cual puede resultar inviable o menos fiable cuando las funciones propias de este órgano se ejercen por un copropietario. Dados los continuos adelantos técnicos y las garantías que merecen, no podemos plantear objeciones a que la custodia de esta documentación pueda realizarse también en **soportes informáticos**.

6. Responsabilidad

1960 La responsabilidad del secretario se justifica por la trascendencia de sus atribuciones y por las consecuencias que pueden derivar de su ejercicio erróneo, negligente o doloso (nº 1942 s.).
Aunque la Ley se refiera específicamente a la imputación de responsabilidades respecto a los perjuicios en caso de **inexactitud de la certificación de deudas** (LPH art.9.1.e), no ha de dudarse que la responsabilidad también alcanzaría en cualquier otro supuesto por el ejercicio de funciones del cargo de forma inadecuada, si con ello se produjeran perjuicios derivados a otros propietarios o a terceros (p.e. certificación de acuerdo inexistente, extravío de documentación esencial de la comunidad, etc.).
Incluso se ha destacado la posible **responsabilidad de orden penal** que puede entrañar la facultad de certificar (Ventura-Traveset), extremo que también ha de ser tenido muy en cuenta por quien ejerza el cargo en caso de falsedad documental.

SECCIÓN 5

Administrador

La dificultad de la **administración y gestión** de la propiedad horizontal ha crecido durante los últimos años de forma exponencial y, si bien en pequeñas comunidades de propietarios, con escasos servicios y elementos comunes, puede constituir un encargo relativamente sencillo, en comunidades de propietarios medianas o grandes, complejos inmobiliarios y urbanizaciones, centros o galerías comerciales o de ocio, de negocios, parques industriales o empresariales, aparcamientos o complejos vacacionales, se ha convertido en una profesión difícil que requiere de una especial y específica cualificación. 2010

Los administradores de fincas se definen como las personas físicas que se dedican de forma habitual y retribuida a prestar servicios de administración y asesoramiento a los titulares de bienes inmuebles y a las comunidades de propietarios de viviendas.

Para ello deben tener la capacitación profesional requerida, cumplir las condiciones legales y reglamentarias que les sean exigibles y, a fin de garantizar los derechos de los consumidores, los administradores de fincas deben suscribir un **seguro de responsabilidad civil** directa o colectivamente (L 12/2023 disp.adic.6ª).

El administrador de inmuebles en régimen de copropiedad no solo constituye un **personaje clave** en el ente colectivo de la comunidad de propietarios, sino que, aunque a primera vista pudiera parecer un sujeto meramente ejecutivo de la voluntad de la junta, resulta constantemente llamado a resolver las más variadas disputas, a actuar de mediador para resolverlas y para evitar los conflictos, a aplicar las medidas y la mesura más idóneas, a impartir las directrices oportunas para una correcta gestión, cuidado y funcionamiento de los bienes, instalaciones y servicios comunes, a buscar una solución equilibrada a todo problema común en razón del interés de todos los propietarios en armónica y serena convivencia en el edificio urbano (Terzago).

Precisiones **1)** La definición legal del administrador olvida incorporar a las **personas jurídicas** que asumen dichos cometidos, así como a los administradores que lo sean de **propiedades horizontales no residenciales**, esto es, destinadas a actividades distintas que las de vivienda.

2) La relación jurídica del **administrador profesional** con la comunidad se apoya en el contrato de mandato y en el de arrendamiento de servicios. La doctrina considera que se trata de un mandato *sui generis* del CC art.1709 s. en razón, principalmente, a la posible sustitución del mandatario y de la similitud del contenido de LPH art.13.7 con CC art.1732 y 1733 (AP Cantabria 6-2-20, EDJ 510645). 2012

3) La administración de una comunidad es siempre una tarea delicada, y sin embargo de ella depende el éxito de la institución (Batlle). Puede afirmarse que, en estos últimos 50 años, desde que fue reconocido el órgano del administrador, hemos asistido a una completa **transformación de la figura del administrador** que no tiene paralelo ni equivalente con el resto de los órganos de gobierno de la comunidad de propietarios (De la Cámara), que ha actuado incluso en detrimento de las funciones encomendadas al presidente y al secretario, las cuales progresivamente se van desdibujando a favor de las del administrador (Flores Rodríguez), como por otro lado resulta lógico dada la mayor preparación y la asunción de nuevas responsabilidades por parte de este profesional.

Por consiguiente, la figura del administrador de fincas ha desbordado ampliamente los límites con los que fue concebido este órgano por la LPH, ya que la **realidad social** no se asemeja hoy a la de aquellas fechas, y porque la evolución de la realidad inmobiliaria ha sido también más que considerable, progresivamente más compleja y exigente en sus condiciones constructivas, de habitabilidad, de accesibilidad, ambientales y de seguridad, lo que ha conducido necesariamente a la exigencia de profesionalidad y especialización, que requieren una **titulación y cualificación legal** de administrador de fincas de quienes están por su dedicación y preparación profesional en las mejores condiciones para desarrollar estas funciones, y ello, como garantía para la mejor y mayor protección de los derechos de los propios usuarios y de las comunidades de vecinos.

2015 **Carácter forzoso o potestativo del cargo** (LPH art.13.5 y 6) Contrariamente a lo que pudiera desprenderse de una lectura superficial de la norma, el cargo de administrador es de carácter **obligatorio** puesto que viene configurado en la Ley como uno de los órganos de gestión y administración imprescindibles para el funcionamiento del régimen de propiedad horizontal, con la única excepción de que los propietarios de los pisos y locales del edificio, siempre que no excedan de cuatro, convengan expresamente el régimen de administración del CC art.398, si expresamente lo establecen los estatutos (nº 1809).

La referida afirmación no puede ponerse en tela de juicio por el hecho de que se permita que el **presidente** pueda actuar simultáneamente como administrador ejerciendo las funciones propias de este cargo (nº 1870), puesto que, como tal, sigue configurándose como uno de los órganos necesarios para la gestión de la propiedad horizontal. Con tal disposición no se está facultando la posible supresión de alguno de los órganos de gestión establecidos en la LPH, sino tan solo se viene a indicar que, para el cometido propio de sus funciones específicas puedan ser desarrolladas por más o menos personas distintas, no debiendo confundirse, por lo tanto, los cargos con las personas que los desempeñan.

Precisiones El carácter forzoso del cargo de administrador ha sido afirmado por el Tribunal Supremo señalando que no puede carecer la comunidad de un órgano tan **imprescindible** como el de asistencia cotidiana para el correcto desenvolvimiento de la actividad en su múltiples facetas y aspectos administrativo, fiscal, doméstico, etc., necesidad que se manifiesta cada vez más creciente del cargo de administrador y de que se ejerza por su complejidad por un profesional administrador de fincas (TS 11-11-88, EDJ 8905; AP Murcia 30-5-03, EDJ 196495; AP Asturias 6-6-16, EDJ 122953).

A. Nombramiento

2025

2027 La norma prevé que las **funciones del administrador** sean ejercidas por el presidente de la comunidad, salvo que los estatutos o la junta de propietarios, por acuerdo mayoritario, disponga la provisión del cargo separadamente de la presidencia (nº 1870).

Precisiones La norma toma como referencia lo que venía siendo práctica habitual en las antiguas comunidades de propietarios antes de la promulgación de la LPH, esto es, una **pequeña comunidad de propietarios**, en la que los cargos de presidente y administrador solían coincidir en una misma persona, convirtiéndolo en regla general y dejando la opción excepcional, la provisión separada del cargo de administrador independientemente del presidente.

Por este motivo y por otros que hacen referencia a la imprescindible **titulación y cualificación profesional** de administrador de fincas colegiado de la figura del administrador, diversos autores han venido reiterando la conveniencia de reforma de la LPH art.13.6 (Loscertales Fuertes; Magro Servet; Flores Rodríguez; González Carrasco).

1. Órgano competente para su designación

2030 No contiene la LPH ningún precepto específico dedicado al nombramiento y remoción de los órganos de la comunidad y, por lo tanto, tampoco del administrador. Sin embargo, a nuestro juicio (coincidiendo con Flores Rodríguez) son tres las **formas** posibles por las que se puede llevar a cabo el nombramiento del administrador de la comunidad:

- la primera y ordinaria, mediante la designación por la **junta de propietarios** a través de un acuerdo adoptado en la correspondiente reunión;
- en segundo lugar, de acuerdo con la posible previsión contenida en los estatutos de la comunidad o en los contratos de compraventa suscritos entre el promotor y los propietarios, en los que se contenga la reserva de la facultad del **promotor** de nombrar al administrador de forma interina o provisional;
- en tercer lugar, es también admisible el **nombramiento judicial** del administrador, por cuanto que excepcionalmente es posible acudir al juez para que sea este el que lo nombre (TSJ Cataluña 23-2-23, EDJ 579814).

2032 **Junta de propietarios** (LPH art.14.a) Es este el órgano competente para la designación general y ordinaria del órgano de administración de la comunidad en propiedad horizontal (AP Madrid 27-3-17, EDJ 97083).

Corresponde a la junta general el nombramiento y remoción de las personas que ejerzan los cargos de gobierno de la comunidad, esto es, presidente, secretario y administrador, así como

resolver las reclamaciones que los titulares de los pisos o locales formulen contra la actuación de aquellos.
Consiguientemente, el nombramiento requiere de un **acto expreso y jurídico** por el cual la junta de propietarios da cumplimiento a un mandato legal obligatorio, por lo que no habría de considerarse valido el acuerdo de la junta de prescindir de dicho órgano ni tampoco un pacto en este sentido contenido en los estatutos, puesto que se trata de un órgano necesario y básico de la propiedad horizontal (Fuentes-Lojo).
Generalmente, de forma ordinaria se distinguen **dos situaciones distintas** para proceder al nombramiento:
• La primera de ellas cuando la junta de propietarios se reúne **por primera vez** en lo que viene a denominarse junta general de constitución de la comunidad y cuyos acuerdos también pueden impugnarse (AP Cantabria 15-5-23, EDJ 603578).
• La segunda, más habitual obviamente, una vez **ya constituida** la comunidad, cuando en junta de propietarios ordinaria o extraordinaria convocada al efecto, se produce la renovación, el cese o remoción del administrador anteriormente nombrado, o cuando se configura el órgano de forma distinta a la situación anterior -es decir, si por ejemplo venían siendo ejercidas sus funciones conjuntamente por el presidente, o por el secretario, y viceversa-.
Al igual que el resto de los cargos de la junta, el **cuórum** que requiere el nombramiento del administrador es, como mínimo, el acuerdo de la mayoría de los propietarios asistentes, que representen asimismo la mayoría de las cuotas de participación (LPH art.17.7), y ello independiente de cuál sea la clase de junta que se celebre, o, incluso aunque en el título constitutivo se contuvieran otros requisitos distintos, como, por ejemplo, la reserva del nombramiento solo por el promotor (nº 2050).

Precisiones **1)** El secretario-administrador, así como el presidente, y, en su caso, los vicepresidentes, son nombrados por la junta de propietarios por el plazo de un año, pero antes del transcurso de ese plazo anual **pueden ser removidos** por acuerdo adoptado en junta general extraordinaria de propietarios, sin mediar incumplimiento de sus obligaciones -recogidas en la LPH art.20-, ni justa causa, y sin que la ausencia de incumplimiento obligaciones o justa causa para la remoción, de lugar a **indemnización** alguna a favor del removido, siempre que se trate de uno de los copropietarios vecinos del inmueble (AP Las Palmas 12-4-19, EDJ 875152). 2033
2) Se ha planteado si el **presidente** puede contratar al administrador profesional, sin embargo, resulta imprescindible el nombramiento por parte de la junta para que su actuación vincule a los propietarios y a la comunidad (LPH art.14.a). Consiguientemente, el presidente no tiene capacidad de proceder a la contratación del administrador (AP Madrid 17-7-17, EDJ 179070); si lo hubiera hecho, dicha contratación no vincularía a la comunidad de propietarios salvo que fuera **aceptada y ratificada** por la junta de propietarios (TS 9-9-20, EDJ 635341; AP Madrid 20-11-12, EDJ 302207).
3) El nombramiento del administrador por el **promotor** antes de la constitución de la comunidad permite a la junta de propietarios revocar el mandato sin ningún tipo de indemnización, pues atenta contra lo dispuesto en la LPH art.14, ya que es competencia de la junta la aprobación del nombramiento, sin ser posible la intervención de terceros en esta designación, ni el promotor ni el propio presidente de la comunidad, pues este cargo tiene carácter de representante de la comunidad y ello no le confiere poder para realizar esta contratación, como tampoco lo tiene, por ejemplo, para todos aquellos actos de los que la ley exige la aprobación de la junta de propietarios, y de ahí que de haberse producido dicha contratación sería un exceso de funciones que no vincularía a la comunidad, debiendo el presidente o el promotor, en su caso, asumir el contrato de forma personal e individual y sin que pueda exigirse a la comunidad los daños y perjuicios del administrador por no haber sido aceptada o ratificada su contratación, precisamente por haberse excedido el presidente en sus funciones (AP Zaragoza 23-5-00, EDJ 22611).

Junta extraordinaria de constitución La primera vez que la comunidad de propietarios se reúne ya le es de plena aplicación el régimen jurídico de la propiedad horizontal, puesto que el régimen existe desde el otorgamiento del título constitutivo o desde la concurrencia en la finca de más de un copropietario. 2034
Esta reunión es la que viene a denominarse junta general de constitución o constitutiva y entre los puntos del **orden del día** de la convocatoria debería constar necesariamente el nombramiento o designación de los cargos de la junta a fin de que los propietarios puedan adoptar libremente los acuerdos esenciales para el gobierno y administración de la comunidad y con arreglo a su voluntad.
Toda vez que no existe todavía presidente, viene siendo lo habitual que el promotor del inmueble asuma la iniciativa de **cursar la convocatoria** de la celebración de esta primera junta, si bien también podrían hacerlo los copropietarios, cuando la solicitud parta de quienes representen, al menos, un 25% de las cuotas de participación, o de la cuarta parte en número de propietarios, debiendo contener la convocatoria los requisitos previstos en la LPH art.16.2.

No obstante, por razones eminentemente de sentido práctico, ha de admitirse el hecho de que **cualquier propietario** pueda llevar a cabo la citación a la junta constitutiva, y así ha sido admitido por la jurisprudencia, dado que en estos primeros momentos de la vida de la comunidad, no ajenos a especiales dificultades y distantes relaciones entre los vecinos y el constructor, es necesaria la **flexibilización de las exigencias** de carácter formal, siendo en todo caso más que conveniente que por estos motivos intervenga un administrador profesional.

Asimismo, sin necesidad de convocatoria alguna, es posible, aunque no habitual en esta primera reunión constitutiva, que la junta se reúna válidamente siempre que concurran la **totalidad de los propietarios** y así lo decidan (LPH art.16.3), celebrándose lo que en el ámbito mercantil se denomina junta universal.

El administrador designado puede comenzar inmediatamente a ejercer sus funciones con efectos desde el mismo día de adopción del acuerdo, al igual que el presidente y el secretario. No obstante, habrá que tener en consideración que, en el caso de tratarse de un tercero no propietario, si este no se halla presente en la junta, debe previamente **aceptar su nombramiento** para asumir las funciones del cargo con arreglo al mandato concertado.

El **acta de la junta** es el documento en el que se debe hacer constar, con plenos efectos jurídicos, el nombramiento del administrador, siéndole aplicables a la misma todos los requisitos de la LPH art.19, siendo extendida y firmada por quien haya sido designado como secretario o secretario-administrador, con el visto bueno del presidente nombrado.

2040 **Junta ordinaria o extraordinaria** El nombramiento del cargo de administrador debe incluirse entre los asuntos que se deben tratar en la **junta ordinaria**, en la medida de que esta tiene que tener lugar al menos una vez al año y de que la duración de los cargos tiene también ese plazo (LPH art.13.7).

Consiguientemente, es imprescindible que, en todas las juntas ordinarias se incorpore, entre los puntos del **orden del día**, el nombramiento, o renovación en su caso por finalización del mandato anual, del cargo de administrador, al igual que del resto de los órganos de la comunidad.

No obstante, de plantearse la necesidad de cesar, remover al administrador anteriormente designado, o incluso de nombrar a uno nuevo por renuncia o cese de este antes de la finalización del mandato anual, el acuerdo habrá de adoptarse en **junta extraordinaria** convocada al efecto a fin de adoptar la decisión oportuna en este sentido y proceder al nombramiento del sustituto correspondiente.

En lo demás, ver lo expuesto en el nº 2034.

2050 **Pacto incluido en los estatutos: administrador provisional** El título constitutivo de la comunidad debe ser redactado y aprobado por la totalidad de los propietarios o por el propietario único, si es que se trata de una promoción inmobiliaria y no se ha procedido a la transmisión de las entidades privativas. En este último caso, puede suceder que los **estatutos redactados por el promotor** incorporen alguna reserva en su favor para decidir por sí solo el nombramiento del administrador, a fin de atender el desenvolvimiento inicial de la comunidad de propietarios durante un tiempo razonable, normalmente el primer ejercicio.

No existe en el ordenamiento prohibición que impida reconocer la legalidad de dicha disposición, aunque hay que convenir que la justificación de la reserva de nombramiento por parte del promotor ha de quedar reducida a aquellos casos mínimos en los que el **número de propietarios** es aún reducido y por la excepcionalidad que supone la situación de puesta en marcha de la comunidad (AP Valencia 5-3-07, EDJ 134201).

En ningún caso puede aceptarse que este pacto pueda establecerse **de forma ilimitada**, pues ello sería contrario a lo dispuesto en el CC art.1256 y a la finalidad y justificación de la cláusula. Si bien la jurisprudencia no se ha manifestado expresamente al respecto, sí lo ha hecho respecto a otras reservas estatutarias a favor del promotor para un momento posterior a la transmisión de las entidades privativas (p.e. no contribución a los gastos generales, a efectuar instalaciones privativas en elementos comunes o a alterar elementos comunes sin autorización de la junta, etc.), declarando que las cláusulas exorbitantes introducidas por el promotor en el título constitutivo son contrarias a las normas imperativas de la LPH, por lo que su contenido debe ser invalidado (TS 31-1-87; 2-3-89; 19-6-93, EDJ 7313; AP Madrid 27-5-02, EDJ 47880; AP Málaga 27-1-15, EDJ 80900).

Correspondería a este administrador provisional la función de llevar a cabo las **gestiones esenciales** pero imprescindibles en el inicio de la vida de la comunidad de propietarios para poderse organizar, desenvolverse y comenzar a actuar de forma inmediata. Entre ellas estaría, por supuesto, la de convocar la llamada junta de constitución, la obtención del CIF, la contratación de los servicios y de los seguros, diligenciado por el Registro de la Propiedad del libro de actas (LPH art.19; RH art.415), etc.

Si el administrador provisional **no es ratificado en su cargo** por la junta de la comunidad de propietarios una vez constituida los honorarios por los servicios prestados deberá abonarlos el promotor (AP Valencia 5-3-07, EDJ 134201).

Precisiones En **Cataluña** se prevé que cuando las personas que ejercen los cargos han sido designadas por los promotores del edificio, los ejercen hasta la primera reunión de la junta de propietarios (CCC art.553-15.3).

Nombramiento judicial El procedimiento de designación judicial del administrador de la comunidad tiene **carácter totalmente subsidiario**, y solo habrá de ser utilizado cuando la junta de propietarios no haya sido capaz de adoptar un acuerdo de nombramiento de la persona que habría de ocupar el cargo o de que las funciones sean asumidas por cualquier otro de los cargos existentes. Siendo que la ausencia de administrador implica la paralización de la comunidad, al hallarse carente del imprescindible órgano ejecutivo y de gestión, el nombramiento judicial resulta en este caso ineludible. 2052

En la LPH se contemplan los siguientes **supuestos** para solicitar la intervención judicial en el nombramiento del administrador:

• Cuando no se alcanza la **doble mayoría** prevista de propietarios y de cuotas (LPH art.17.7). Es el general para todos los supuestos en que ello se produzca. En este caso, el juez, a instancia de parte, deducida en el mes siguiente a la fecha de la junta y oyendo en comparecencia a los contradictores previamente citados, resolverá en equidad (nº 3875) lo que proceda dentro de los 20 días contados desde la petición, haciendo pronunciamiento sobre el pago de las costas. La petición podrá dirigirse entonces al nombramiento por el juez de un administrador profesional legalmente cualificado de entre la lista que proporcione el colegio de administradores de Fincas, o el nombramiento de otro copropietario, si así se solicita y el juez lo considera oportuno.

• Cuando habiendo sido nombrado por la junta el cargo de presidente-administrador, el designado **solicita su relevo** al juez dentro del mes siguiente a su acceso al cargo, que habrá de resolver lo procedente en equidad (LPH art.17.7), designando en la misma resolución al propietario que hubiera de sustituir, en su caso, al presidente en el cargo hasta que proceda la nueva designación en el plazo que se determine en la resolución judicial (LPH art.13.2).

2. Requisitos del cargo

El cargo de administrador puede recaer en **cualquier propietario**, que podría ser o no el presidente, o en **persona ajena** a la comunidad. 2060

Propietario En el caso de que no se nombre a un administrador distinto del presidente, o de que aquel sea uno de los propietarios, no será necesaria otra **habilitación** que el nombramiento por parte de la junta de propietarios, considerándose establecida desde dicho instante una relación de mandato. 2062

Contrariamente a lo que ocurre en el caso del presidente, no se ha previsto la posibilidad de que el propietario nombrado administrador (o secretario-administrador) pueda ser **relevado de su cargo** mediante el voto mayoritario de la junta (LPH art.17.7) y eso resulta paradójico, dado que las funciones que tiene atribuidas este cargo son indudablemente de mayor envergadura, trascendencia y responsabilidad que las de aquel. Sin embargo, ello debe de interpretarse en el sentido de que la norma pretende que el nombramiento de administrador **no sea obligatorio** para el propietario elegido (González Carrasco), quien por lo tanto no tendrá ninguna necesidad de acudir al juez para que le releve del cargo, puesto que no tiene porqué aceptarlo.

Si no se ha dispuesto lo contrario, las **funciones de secretario** recaerán sobre el administrador nombrado.

Tercero ajeno a la comunidad (LPH art.13.6) En el supuesto de que el nombramiento del administrador o secretario-administrador recaiga sobre una persona ajena a la comunidad, se exige **cualificación profesional** suficiente y legalmente reconocida para ejercer estas funciones (LPH art.13.6; AP Castellón 10-12-20, EDJ 779508). 2065

Se distingue así, entre el ejercicio del cargo de administrador por un propietario, en cuyo caso se trata de una relación orgánica donde el marco de responsabilidad exigible está determinado por el modo de cumplir los deberes legales correspondientes al cargo, y la contratación de un profesional ajeno a la comunidad de propietarios, en cuyo caso se añade un plus de diligencia marcada por el contrato de mandato retribuido (AP Madrid 25-10-13, EDJ 254553; AP Málaga 7-3-16, EDJ 129571).

Precisiones 1) La jurisprudencia no es pacífica en relación a la **necesidad de colegiación** del administrador, siguiéndose dos criterios antagónicos entre sí: 2067

Por un lado, el Tribunal Constitucional ha considerado obligatoria la colegiación de los que de forma habitual y constante, con **despacho abierto** al efecto y preparación adecuada, destinan la totalidad o parte de su trabajo a administrar fincas rústicas o urbanas de terceros, en beneficio de estos, con sujeción a las leyes, velando por el interés común y recibiendo un estipendio (TCo 74/1994; TS 30-4-04, EDJ 82823; JP Castellón 30-3-16, EDJ 107889).

Sin embargo, otro sector de la jurisprudencia considera que, en la jurisdicción civil, el hecho de que el administrador no se halle colegiado no conlleva, per se, que carezca de **cualificación adecuada** para desempeñar dicho cargo (AP Bizkaia 30-10-13, EDJ 310606), la LPH art.13.6 exige que el administrador no propietario cuente con una «cualificación suficiente y legalmente reconocida» para ejercer dichas funciones. Como pone de manifiesto la doctrina científica, los términos legales son indudablemente poco claros y precisos, pero es criterio mayoritario que el texto legal buscó precisamente no consagrar la exigencia de colegiación para el ejercicio del cargo (AP Cantabria 14-4-16, EDJ 188720; AP Baleares 17-3-17, EDJ 67866).

2) Como medida de garantía y protección a los derechos de los consumidores, en **Cataluña** se requiere esta misma cualificación, titulación y habilitación colegial, con responsabilidades administrativas económicas exigibles por la autoridad del consumo, en caso de incumplimiento (L Cataluña 18/2007 art.54 y 108 s.).

2068 **Cualificación profesional** Cabe pensar que esta exigencia legal, en definitiva supone la atribución de dichas funciones a un administrador de fincas, ya que la única regulación normativa con cobertura legal adecuada es la referida a los mismos (D 693/1968; L 2/1974 disp.trans.1ª); y no existe ninguna otra disposición legal vigente que autorice más que la de los administradores de fincas: D 693/1968 y RD 1612/1981 (TS 1-12-98, EDJ 28323; 14-10-02; TSJ Madrid 13-6-06, EDJ 437963).

No obstante, también es cierto que la Ley se limita a precisar que la persona ajena a la comunidad que ejerza los puestos de secretario o administrador tenga «cualificación profesional suficiente y legalmente reconocida», pero no indica **el alcance mínimo o la titulación**, ni quien ha de apreciar la suficiencia (AP Asturias 20-5-20, EDJ 577493; AP Cantabria 6-2-20, EDJ 510645; AP Las Palmas 24-9-21, EDJ 775354).

El bien jurídico protegido por la norma en su actual redacción es la **cualificación suficiente y legalmente reconocida** del administrador, cuando es un tercero a la propia comunidad, lo cual resulta absolutamente necesario para asegurar su profesionalidad dado que se trata de proteger la buena administración del inmueble y los intereses económicos de los propietarios en cuanto consumidores y usuarios de los servicios profesionales que reciben.

Es un requisito cuyo cumplimiento corresponde al administrador y no a la comunidad de propietarios, cuyo acuerdo de nombramiento solo se verá afectado por un **vicio de ilegalidad** si el administrador carece de la cualificación profesional suficiente y legalmente reconocida y será por ello impugnable por los propietarios disidentes (LPH art.18), quienes podrán solicitar la declaración de nulidad del acto de nombramiento y la condena a la junta de propietarios de nombrar a un sujeto con cualificación necesaria.

Así, la **falta de colegiación** no es relevante a efectos de la validez del acuerdo de nombramiento del administrador (AP Baleares 17-3-17, EDJ 67866).

Precisiones Las resoluciones más recientes dejan sentado que el acuerdo de nombramiento de un administrador es **impugnable por los propietarios disidentes** (LPH art.18), quienes pueden solicitar su nulidad si aquel no reúne dichos requisitos. A pesar de que debe reconocerse la falta de precisión del precepto (LPH art.13.6), porque no indica el alcance de la titulación, en esta resolución se resuelve la nulidad del nombramiento de un administrador que como cualificación poseía un diploma o **curso de gestión** expedido por un centro universitario, sin que la pertenencia a una asociación de gestores le confiera tampoco reconocimiento legal alguno a aquella titulación no oficial, concluyendo que, en todo caso, sí cumplen estos requisitos los miembros de los colegios profesionales de administradores de fincas -regulados esencialmente en el D 693/1968- (AP Cantabria 6-10-10, EDJ 367535; 14-4-16, EDJ 188720).

2070 **Principios de actuación** (L 12/2023 disp.adic.6ª; Código Deontológico de los Administradores de Fincas Colegiados)
En el desarrollo de sus funciones, se les impone a los administradores la obligación de actuar con eficacia, diligencia, responsabilidad e independencia profesionales, con sujeción a la legalidad vigente y a los códigos éticos del sector y, especialmente, en lo relativo a la protección de los derechos reconocidos en nuestro ordenamiento jurídico a los consumidores y usuarios.

La norma es importante, por cuanto que convierte en obligatorios y, por consiguiente, exigibles legalmente, el cumplimiento de los **deberes deontológicos** aplicables a la actividad, recogidos actualmente en el Código Deontológico de los Administradores de Fincas Colegiados, aprobado por el Consejo General de Colegios de Administradores de Fincas en el año 2017:

• La actuación profesional de los administradores debe ajustarse en todo momento a los principios de buena fe, honestidad, confidencialidad, diligencia, independencia, responsabilidad y transparencia.

• Su comportamiento ha de ajustarse a la *lex artis*, es decir, el administrador debe (Código Deontológico de los Administradores de Fincas Colegiados art.1):

- estar informado de la legislación vigente que pueda afectar a los intereses que le han sido confiados;

- conocer las condiciones del mercado para poder asistir o asesorar convenientemente a su cliente;
- no aceptar encargos que superen su capacidad; y
- estar al día de todos los hechos que afecten al inmueble cuya administración se le ha encomendado, actuando con rigor técnico y honestidad profesional;

• El Código se centra también en garantizar la adecuada relación del administrador con sus clientes, imponiéndole las **obligaciones** de (Código Deontológico de los Administradores de Fincas Colegiados art.2):
- proteger y promover adecuadamente sus intereses;
- proteger al consumidor contra cualesquiera fraudes o engaños;
- respetar rigurosamente el secreto profesional;
- justificar, en su caso, la capacitación profesional necesaria para el ejercicio de la profesión; y
- ejercer su actividad con la debida transparencia y con absoluto respeto a todas las disposiciones vigentes en materia de protección de datos.

• Otro aspecto es las **prácticas que deben evitar** los administradores de fincas y que, de no hacerlo, podrían acarrear la imposición de sanciones disciplinarias:
- adquirir directamente por sí, o a través de su cónyuge o pareja de hecho o parientes más cercanos los bienes cuya administración se les haya encomendado;
- comprometer gastos por cuenta del cliente sin su autorización, salvo que estén debidamente justificados en el cumplimiento de una obligación legal, como puede ser la de disponer las reparaciones y medidas que resulten urgentes en relación con la conservación y entretenimiento de la casa, dando inmediatamente cuenta de ello al presidente o, en su caso, a los propietarios (LPH art.20.1.c);
- percibir cualquier tipo de comisión o beneficio por los gastos comprometidos -contratación de servicios a terceros-;
- actuar con falta de transparencia y lealtad a su cliente en la contratación de proveedores, por lo que debe evitar cualquier situación de conflicto de intereses o contratación de allegados., salvo que informe convenientemente a su cliente y obtenga la aprobación de este;
- realizar gestiones para el alquiler o venta de los inmuebles que no le hayan sido encomendadas.

El Código establece también las obligaciones del administrador en su relación con el resto de administradores y con el Colegio Profesional.

Precisiones Junto al Código Ético nacional debe destacarse la existencia del **Código Deontológico Europeo** para profesionales inmobiliarios aprobado en el año 2007, que sujeta a todo profesional en la medida en la que no la legislación nacional del país y cuyo objetivo último es el de aportar al consumidor las mejores garantías y un servicio de calidad. 2071

El citado código europeo incide en un dato cada vez más patente, cual es del de que la actividad de administración de fincas, al igual que ocurre con los agentes de la propiedad inmobiliaria, exige cada vez más rigor, profesionalidad y amplias conocimientos en materias tan diversas como el derecho, la fiscalidad, los seguros, la economía, la contabilidad, las técnicas de construcción, la sociología, los mecanismos de financiación, la informática, el urbanismo, la administración territorial, etc.

Dicha complejidad obliga a los profesionales a mantener una formación continuada y a actuar con rigor y diligencia.Este otro Código insiste en los mismos principios que el Código nacional, sobre la base de los criterios de la conciencia profesional, la discreción profesional, la probidad y la lealtad que ha de respetar el administrador en el desarrollo de su actividad

Administrador persona jurídica (LPH art.13.6) Junto a la posibilidad de que el cargo de administrador sea ejercicio por una persona física con cualificación profesional suficiente y legalmente reconocida, se admite el ejercicio de este cargo por **corporaciones y otras personas jurídicas** en los términos establecidos en el ordenamiento jurídico. 2073

La adecuación de la actividad de estas personas jurídicas ha de partir de la cualificación profesional suficiente y legalmente reconocida de las personas físicas que ostenten la **titularidad del órgano de administración** dentro de su organización, a fin de evitar que esta fórmula sea utilizada como vía de escape o de fraude legal por sujetos no cualificados profesionalmente.

Por otro lado, en ciertos casos de comunidades especiales de gran envergadura o complejidad, se admite la contratación de empresas o **sociedades de servicios** dedicadas a la administración.

Consiguientemente ha de entenderse limitado el **ámbito de actuación** de estas entidades jurídicas para evitar que a través de las mismas, se trate de modificar el sistema de distribución de competencias entre los órganos de gobierno que la Ley impone de forma imperativa (LPH art.13.1).

Precisiones En **Cataluña** no está prevista la posibilidad de que estas funciones puedan ser ejercidas por personas jurídicas (CCC art.553-15.2). En este sentido, la L Cataluña 18/2007 art.54 se refiere exclusivamente a personas físicas o naturales, en coherencia con el D 693/1968, por lo que deben descartarse las entidades jurídicas como administradoras, salvo que se trate de sociedades profesionales (nº 7579).

B. Naturaleza del cargo

2075 Una cuestión de indudable interés y de enorme polémica en la doctrina y la jurisprudencia es la relativa a la naturaleza jurídica de la **relación contractual** que une a la comunidad de propietarios y al administrador de fincas y las consecuencias derivadas de la ruptura de este vínculo.

La LPH art.13.7, que establece los principios que regulan la relación contractual del administrador de fincas con la comunidad, permite a la junta de propietarios **remover al administrador** de su cargo antes de cumplirse el plazo para el que ha sido nombrado sin que se requiera para ello la concurrencia de una justa causa, sin perjuicio del derecho del administrador a reclamar los daños y perjuicios que se deriven de dicha remoción, en caso de haberse realizado sin mediar justa causa.

Así pues, la respuesta a cuál es la naturaleza de la relación contractual que une al administrador de fincas con la comunidad está estrechamente vinculada a la **facultad rescisoria** que se concede a esta.

Las resoluciones judiciales habidas al respecto van desde calificar dicha relación como propia de un **mandato** a considerarlo como un **arrendamiento de servicios**, pasando por configuraciones de carácter mixto, según el criterio que se destaque como esencial del cargo de administrador (AP Cádiz 1-9-13, EDJ 200774; AP Las Palmas 12-4-19, EDJ 875152; AP Málaga 30-12-21, EDJ 865672):

- el de la **movilidad**, esto, es la posibilidad de que el administrador sea libremente removido por la junta de forma equiparable a la revocación contemplada para el mandato, por lo que lo acercaría a dicha figura; o
- el criterio de la **sustituibilidad**, destacando el carácter indelegable o la imposibilidad de sustituir al administrador en el ejercicio de su cargo lo que lo acercaría a un arrendamiento de servicios.

En los últimos años, las sentencias dictadas por las distintas audiencias provinciales se decantan a favor del **mandato** y en detrimento del arrendamiento de servicios, con base en dos **criterios** (AP Pontevedra 30-10-12, EDJ 255797; AP Málaga 5-6-23, EDJ 693845; AP Valladolid 10-5-23, EDJ 624914; AP Almería 9-5-23, EDJ 693975; AP Granada 14-4-23, EDJ 620250):

- por la propia dicción de LPH art.13.7, donde se emplea la palabra «mandato»; y
- por el criterio de sustituibilidad aplicado por el Tribunal Supremo para distinguir entre ambas figuras.

No obstante, la jurisprudencia mantiene que la resolución de los conflictos que puedan existir entre el administrador y la comunidad de propietarios no pueden resolverse tan solo con base a lo reflejado en el contrato suscrito, sino que debe hacerse contemplando si lo pactado en dicho contrato se ajusta y es compatible con las previsiones que al respecto establece la LPH (AP Madrid 9-7-21, EDJ 707968).

2077 Precisiones Del análisis de las **distintas resoluciones judiciales** que se han pronunciado al respecto, podría decirse que la relación que vincula al administrador de fincas con la comunidad de propietarios ha sido calificada como:

- Un contrato de **mandato**, entendiendo que el administrador es meramente un mandatario sin que exista ni una relación laboral ni un arrendamiento de servicios (AP Zaragoza 16-6-03; AP Madrid 2-6-16, EDJ 135344). Debe entenderse que el contrato de mandato proporciona la disciplina normativa típica de todas las relaciones jurídicas de gestión de los intereses ajenos (AP Pontevedra 20-2-19, EDJ 519903).
- Un contrato de mandato *sui generis*, o un **contrato mixto** de arrendamiento de servicios y de mandato, al señalar que se trata de un contrato *intuitu personae* en el que prima la confianza que inspira las cualidades de la persona con la que se contrata por lo que se confiere a ambas partes contratantes la posibilidad de desistir del contrato antes del cumplimiento del plazo, si bien el desistimiento anticipado concede a la otra parte un derecho a la indemnización de los daños y perjuicios que decae si concurre una justa causa que motive el desistimiento (AP Barcelona Secc 11ª 12-1-00; AP Madrid 26-9-16, EDJ 185206; AP Valencia 13-11-19, EDJ 828628; AP Cantabria 6-2-20, EDJ 510645).
- Un contrato de **arrendamiento de servicios**, en el que basta la pérdida de confianza de los copropietarios o el mero deseo de prescindir de los servicios que presta el administrador para que pueda ser removido de su cargo por la junta (AP Málaga 19-12-19, EDJ 854161); pero, en todo caso, con obligación de indemnizar o de compensar al gestor en la forma prevista por el CC art.1594, en definitiva, indemnizándole salvo que se demuestre que la ineficaz gestión o el incumplimiento fue determinante del desistimiento contractual (TS 9-2-96; AP Zamora 14-2-14, EDJ 33832).
- Un **contrato sinalagmático**, con prestaciones recíprocas, y con un plazo de duración preestablecido; se trataría, por tanto, de un mandato retribuido, al equiparar la facultad que la LPH confiere a la junta de propietarios para remover al administrador de su cargo, antes de la expiración del plazo de su nombramiento, con la revocación regulada en el CC art.1732 y 1733 para el mandato, pero con la obligación del mandante de indemnizar al mandatario de los daños y perjuicios que con la

extemporánea revocación le ocasione si no se demuestra que existe justa causa (TS 3-3-98; AP Madrid 27-9-11, EDJ 234572; 25-1-19, EDJ 515829; AP Valencia 1-2-21, EDJ 632634; AP Almería 9-5-23, EDJ 693975).

La **conclusión** a la que se debe llegar es que es irrelevante la calificación que quiera darse al vínculo contractual que une al administrador de fincas con la comunidad, siendo **características propias** de este vínculo las siguientes (TS 3-3-98, EDJ 1514): **2079**
- se trata de un contrato sinalagmático, con prestaciones recíprocas, y con un plazo de duración preestablecido;
- la facultad de revocar subsiste; y
- si dicha facultad se ejerce antes de la expiración del plazo, sin haberse demostrado concurrencia de justa causa, la comunidad de propietarios debe indemnizar al administrador con los daños y perjuicios que con la extemporánea revocación le ocasione.

El problema que surge es si esta **indemnización** de daños y perjuicios exige que se acrediten de forma oportuna o se extiende a las mensualidades dejadas de percibir por el administrador por su anticipada resolución contractual.
En este sentido, cabe entender que, cuando la jurisprudencia está haciendo referencia a la indemnización de daños y perjuicios, se da por supuesto que, al no existir justa causa, la comunidad de propietarios tiene perfecto derecho a prescindir de los servicios del administrador de fincas de forma anticipada, ya que se trata de un contrato convenido *intuitu personae*, por lo que ello es lo que determina que si se quiebra esta confianza debe existir facultad de la junta para prescindir de los servicios del administrador, pero siempre que se le abonen las **mensualidades dejadas de percibir** y los **daños y perjuicios** que pudiera acreditar.
Tratándose de un administrador profesional, por su necesaria preparación y capacidad de gestión de la vida comunitaria, debe admitirse que el cargo tiene, dentro del pequeño ámbito de la comunidad de propietarios, una **relevancia innegable** derivada del mandato que ostenta por parte de la comunidad, asignado por un sistema indirecto de elección democrática, y de la propia naturaleza de la función, consistente en la gestión, administración y disposición de los fondos que permiten el normal desarrollo de la vida comunitaria. Por tanto, si bien no puede establecerse una identidad plena entre el cargo de administrador y el de **cargo público**, desde el punto de vista del Derecho administrativo, su naturaleza se halla más cercana a este último que al de un ciudadano medio en lo que la protección de su derecho al honor se refiere, dentro, claro está, de los límites legales y jurisprudenciales (TS 11-9-08).

C. Remuneración

En el supuesto de que el cargo de administrador sea ejercido por el presidente o cualquier otro propietario de la comunidad, siempre que no se trate de un profesional de la administración de fincas que haya sido designado por la junta precisamente por esta cualidad, debe entenderse aplicable la **presunción de gratuidad** (CC art.1711), sin perjuicio de la facultad del mandante de resarcir al mandatario de los daños y perjuicios que se le irroguen en el ejercicio del mandato. **2085**
Sin embargo, **la presunción es de remuneración del cargo**, en el caso de que se trate de un tercero, pues quiebra la presunción de gratuidad desde el momento en que las funciones del órgano de administración habrán de ser desempeñadas por un **profesional con cualificación** suficiente y reconocida legalmente, profesionalidad que presupone la habitualidad y la consiguiente retribución debidamente pactada, como requiere cualquier otro profesional al que se contrate por la prestación de sus servicios.

Precisiones **1)** En **Cataluña** se establece que, cuando la secretaria y la administración de la comunidad recaen en una única persona externa a la comunidad con calificación profesional, el cargo es remunerado (CCC art.553-15.6).
2) La comunidad de propietarios debe autorizar al presidente para pactar las condiciones específicas sobre duración del contrato y **honorarios específicos por asistencia a juntas** del administrador. De no ser así, no podrá reclamar a la comunidad estos conceptos (AP Málaga 25-10-18, EDJ 693668).

D. Duración del cargo

(LPH art.13.7)

Al igual que ocurre con los cargos de presidente y de secretario, el nombramiento del cargo del administrador o, en su caso de secretario-administrador, tendrá la duración de **un año**, salvo que en el título constitutivo o en los estatutos se disponga otra cosa (AP Cádiz 1-9-13, EDJ 200774). **2087**

Asimismo, debe convenirse que en ningún caso se entiende **automáticamente cesado** el cargo de administrador alcanzada la fecha del vencimiento anual de su nombramiento, sino que se produce una **prórroga tácita** al menos hasta la celebración de la siguiente junta ordinaria, que en todo caso debe de celebrarse cada año, sin que el hecho de que sea retrasada su convocatoria deslegitime las funciones y competencia del administrador.

De mantenerse la **opinión contraria**, que además no se sustentaría en ninguna norma específica de propiedad horizontal, podría provocar unas consecuencias perjudiciales manifiestamente desproporcionadas para la organización vecinal, ya que quedaría desamparada de su órgano más esencial con efectos imprevisibles para el devenir de la comunidad, para los propietarios y para terceros, a nuestro juicio totalmente ajenos a la voluntad y a los cálculos del legislador, que obviamente no pretendía imponer las exigencias propias de las entidades mercantiles a las organizaciones vecinales.

Sin perjuicio de la admisibilidad legal y jurisprudencial de la prórroga tácita, habrá de entenderse expresamente prorrogado el nombramiento en base al reconocimiento que implica, por la aplicación de la **doctrina de los actos propios**, el consentimiento de la comunidad de la realización de las funciones propias del cargo con posterioridad a la expiración del mandato anual (AP Granada 25-2-04; AP Sta. Cruz de Tenerife 6-10-14, EDJ 282937).

Por otro lado, cabría plantearse si el cargo podría entenderse **renovado tácitamente** si no se somete a votación en la junta de propietarios anual dicha renovación. Aun cuando no sería una actuación acertada de la junta de propietarios, que debe nombrar anualmente al administrador, la interpretación de esta situación de no pronunciamiento en junta debe tener un **efecto presuntivo de no revocación** del cargo y renovación del mismo, por lo que si no existen actos concluyentes que determinen que la voluntad de la junta de propietarios es la de remover a quien ejerce el cargo de administrador del mismo, debe entenderse renovado tácitamente por otro año (AP Murcia 7-7-03, EDJ 118105; AP Granada 25-2-04, EDJ 11271).

2088 Precisiones **1)** La redacción vigente de la LPH art.13.7, no hace referencia a la prórroga tácita por periodos iguales como la anterior. Ahora bien, ello no tiene excesiva trascendencia, ya que nada impide que tenga lugar esa prórroga, que se revela como un **acto de tácito consentimiento**, que, no olvidemos, tiene lugar cuando se realizan ciertos actos llamados concluyentes, que puede serlo incluso el silencio cuando la parte que adopta tal conducta pasiva debió manifestar su voluntad contraria, no importando la forma (expresa o tácita), siempre que sean claros e inequívocos (AP Murcia 7-7-03, EDJ 118105; AP Sta. Cruz de Tenerife 28-5-08, EDJ 130329).

2) Se admite la renovación tácita, por cuanto nada en contra se expuso en la junta ordinaria, por aplicación de la **doctrina de los actos propios** (CC art.7), por lo que, si posteriormente se pretende cesar al administrador en una junta extraordinaria, aduciendo que no fue renovado, deberá incluso indemnizársele por los honorarios dejados de percibir en la anualidad que reste por cumplir (AP Granada 25-2-04, EDJ 11271).

3) Ya nos hallemos ante un contrato de **arrendamiento de servicios**, ya ante un **mandato**, la realidad es que habiéndose prolongado el desempeño de la función más de un año, se produjo una prórroga tácita de la relación jurídica por otro periodo igual, por analogía con los cargos de presidente y secretario, cuyos cargos de un año son tácitamente prorrogables, salvo que los estatutos dispongan otra cosa. Y aunque es cierto que la propia Ley dispone, respecto de los cargos representativos de los órganos de gobierno, que los designados podrán ser removidos de su cargo antes de la expiración del mandato por acuerdo de la junta de propietarios, también lo es que en el caso de que el cargo sea retribuido, como lo es aquí, no le está permitido al poderdante **resolver la relación contractual** unilateral e inmotivadamente, pues la validez y cumplimiento de los contratos no se puede dejar al arbitrio de uno de los contratantes (CC art.1256). Luego, si está acreditado que la remoción se produce, no por cuestiones de capacitación profesional, sino meramente personales, con especial incidencia en las divergencias que pudieran existir entre el administrador y la presidenta, obviamente ha de entrar en liza el CC art.1124, a cuya virtud el actor tiene facultad para reclamarle a la comunidad transgresora del contrato, bien el cumplimiento, bien la resolución de la obligación, con la reclamación aneja del abono de los **daños y perjuicios** e intereses, en su doble vertiente de perjuicios sufridos y ganancias dejadas de obtener (AP Granada 25-2-04, EDJ 11271; AP Cádiz 1-9-13, EDJ 200774; AP Madrid 25-1-19, EDJ 515829).

4) La **ausencia de firmas en las actas** de las juntas de copropietarios en las que se nombra o prorroga en su cargo al administrador -si bien es conveniente que figuren, pues se aporta mayor seguridad a lo que reflejan tales documentos-, no priva de virtualidad a los acuerdos dotados de la necesaria legalidad (TS 20-4-15, EDJ 58386; AP Zaragoza 6-2-15, EDJ 20070; AP Navarra 2-11-22, EDJ 792485; AP Alicante 1-7-22, EDJ 683969). La firma tiene significación formal de representar un elemento confirmatorio de las declaraciones emitidas y recogidas en los documentos que hayan producido las partes obligadas (TS 23-6-83, EDJ 10642), y que puede ser demostrado, a través de otras pruebas, por ejemplo, testificales, que el acuerdo discutido se incluyó en el punto de proposiciones, ruegos y preguntas, fue discutido, votado y finalmente aprobado.

Consecuentemente, la ausencia de la firma del presidente no priva de eficacia a los acuerdos alcanzados por los comuneros, por lo que el contrato del administrador de la comunidad, será válido y quedará en su caso, prorrogado por un año más (AP Alicante 30-4-18, EDJ 686002).

5) En **Cataluña** se señala al respecto que todos los cargos duran un año y que se entienden prorrogados hasta que se celebre la siguiente junta ordinaria transcurrido el plazo para el que fueron nombrados, manteniéndose la obligación legal en todo caso de que la junta ordinaria debe celebrarse una vez al año (CCC art.553-15.4).

E. Extinción

Renuncia El administrador, o el secretario-administrador, en su caso, puede renunciar **en cualquier momento** al mandato de su cargo (CC art.1736 y 1737). **2090**

Para ello deberá poner su renuncia en **conocimiento de los propietarios** y, en el caso de que estos sufran perjuicios, han de serles indemnizados por el administrador, salvo que su renuncia estuviera debidamente justificada por imposibilidad de continuar desempeñando su cargo sin grave detrimento suyo.

Sin embargo, no debe olvidarse que, aunque la renuncia esté justificada con justa causa, el administrador debe **continuar su gestión** hasta que los propietarios, razonablemente, hayan podido tomar las disposiciones necesarias para cubrir el cese, lo que bastaría para ello que el presidente se hiciera cargo de la administración o que aquel ordenara convocar la correspondiente junta extraordinaria para proceder a un nuevo nombramiento.

Del mismo modo, es indudable la aplicación del CC art.1732.3, 1738 y 1739, en el sentido de considerar extinguida la administración por **muerte del administrador**, debiendo sus herederos ponerlo en conocimiento de la junta de propietarios y proveer, entre tanto, a lo que las circunstancias exijan en interés del mandante.

Remoción (LPH art.13.7) Se exige como requisito para la remoción del cargo de administrador la adopción del acuerdo en una **junta extraordinaria** de propietarios convocada al efecto. **2094**

Esta disposición resulta coherente con lo dispuesto en el CC art.1733, por el que se establece que el mandante puede revocar el mandato a su voluntad y compeler al mandatario a la devolución del documento en que conste el mandato, sea gratuito o retribuido. Obviamente debe de adoptarse un acuerdo expreso y el **cuórum** mínimo para la adopción del mismo debe ser el de la doble mayoría de propietarios asistentes que representen a la vez más de la mitad del valor de las cuotas de los presentes (LPH art.17.7).

No obstante, aunque la remoción del cargo (por lo tanto antes de la expiración del plazo para el que fue nombrado), no requiere necesariamente la **concurrencia de alguna causa** que la motive, ello no significa que la comunidad esté exenta de responsabilidad por daños y perjuicios cuando se trata de un administrador profesional si se acredita que la remoción se produce no por cuestiones de capacitación o por desatención de sus obligaciones, sino por razones meramente personales o sin justa causa que la justifique (p.e. meras divergencias de opinión entre el administrador y el presidente). En estos casos, el administrador mandatario tiene la **facultad de reclamar** a la comunidad transgresora del contrato, bien el cumplimiento, bien la resolución de la obligación, con la reclamación aneja del abono de los daños y perjuicios e intereses, en su doble vertiente de perjuicios sufridos y ganancias dejadas de obtener, al menos hasta la finalización de su mandato o la prórroga del mismo -CC art.1124- (TS 9-2-96, EDJ 297; 3-3-98, EDJ 1514; AP Cádiz 1-9-13, EDJ 200774).

Esta facultad de remover al administrador que la LPH otorga a la junta, dada la naturaleza del vínculo contractual que liga a las partes, basado en la confianza, no justifica que la rescisión unilateral sin motivo alguno, no deba ser objeto de **indemnización**, pues el cargo de administrador es esencialmente revocable. La junta no necesita más que el acuerdo de sus componentes para prescindir de él. Sin embargo, esta facultad que la Ley concede al órgano de gobierno de la comunidad de propietarios, debe ser puesta en relación con las normas en materia de arrendamiento de servicios y mandato, pues fundado en la confianza que inspira al principal el cometido que se encarga al otro, puede extinguirse por la decisión unilateral del primero, pero siempre con justa causa acreditada, pues en otro caso, surge la obligación de indemnizar en función del precio pactado y del tiempo invertido (AP Las Palmas 12-4-19, EDJ 875152). La pérdida de tal confianza determina el cese, no la privación de la indemnización pertinente. Si se acreditado que se produjo la revocación unilateral del cargo de administrador, sin causa justificada ninguna duda puede albergarse acerca de la obligación de indemnizar los daños y perjuicios causados al demandante por el cese anticipado e injustificado en la administración de la comunidad (AP Madrid 18-5-11, EDJ 132561; AP Las Palmas 20-1-21, EDJ 690655).

La naturaleza jurídica de la relación concertada entre las comunidades de propietarios y sus administradores suele conceptuarse como mandato *sui generis*, en el que prima la **confianza** que inspiran las cualidades de la persona con la que se contrata, por lo que se confiere a ambas partes la posibilidad de desistir del contrato antes del vencimiento del plazo, pero **2095**

concediendo en estos casos el **desistimiento anticipado** a la otra parte un derecho a la indemnización de los daños y perjuicios, que solo decae si concurre una justa causa que motive aquel (AP Alicante 30-9-14, EDJ 263748).
Esta es la regla general que mantiene la jurisprudencia respecto al reconocimiento del derecho de resarcimiento a favor del administrador, siendo su alcance habitual el equivalente a la pérdida de expectativas económicas del administrador por una cantidad equivalente a los **honorarios que deja de percibir** hasta la expiración del plazo del último nombramiento o prórroga, sin perjuicio de los gastos o anticipos que hubiera acreditado haber hecho por cuenta de la comunidad (AP Málaga 27-2-91; 16-3-04; AP Granada 25-2-04; AP Madrid 18-5-11, EDJ 132561).
Del mismo modo, si el administrador ha realizado su actividad conculcando esa relación de confianza que inspiró su nombramiento, es procedente la revocación del cargo al **concurrir justa causa** y sin que proceda el derecho a la indemnización (AP Valencia 14-5-03; AP Madrid 21-12-18, EDJ 726213). Ahora bien, esta justa causa debe ser probada y compete a la comunidad de propietarios la carga de esta prueba (AP Valencia 26-7-02; AP Madrid 31-10-01; AP Sevilla 5-6-02; AP Málaga 26-3-15, EDJ 162613).

Precisiones La comunidad debería abonar solo los honorarios, en concepto de lucro cesante. No se reclama el precio por unos servicios prestados, sino una indemnización de daños y perjuicios, lo cual supone que **no devenga IVA** (AP Madrid 4-6-19, EDJ 637359).

F. Atribuciones

(LPH art.20)

2100

2101 Sin perjuicio de las funciones que se atribuyen de forma expresa y pormenorizada en la LPH art.20, las competencias del administrador no se reducen a las que señala este precepto -que habrán de considerarse enumeradas, por lo tanto, de manera enunciativa, no exhaustiva-, ya que al tratarse del órgano ejecutivo de la comunidad de propietarios, está supeditado a recibir **instrucciones de la junta** -órgano decisorio y soberano- que pueden suponer una ampliación, o restricción en su caso, de las atribuciones que tiene atribuidas.
Consiguientemente en todos estos casos resulta conveniente que la orden o instrucción de la junta de propietarios resulte suficientemente explicitada entre los **acuerdos** adoptados y recogidos en el acta por el secretario, ya que de este modo se podrá verificar el cumplimiento de sus atribuciones como administrador y, en definitiva, del mandato recibido.
Es asimismo habitual que el administrador o secretario-administrador, reciba **instrucciones del presidente** de la comunidad y, dado que el presidente es el representante de la comunidad, es lo propio que el administrador haya de respetarlas y cumplirlas siempre, obviamente, que las decisiones del presidente se encuentren en el ámbito de lo que son sus propias competencias. También en este caso resulta conveniente que el administrador garantice su actuación ejecutiva solicitando la **concreción escrita** de la orden recibida, dependiendo de la trascendencia de la orden o instrucción del presidente, dado que la actuación del administrador, o secretario-administrador, está siempre sometida a responsabilidad, más si se trata como es en la mayoría de los casos, de un profesional administrador de fincas.
Consiguientemente, el administrador no es un mero gestor, sino que es en realidad el **órgano ejecutivo** de la comunidad e, incluso, en determinadas circunstancias, es quien deberá decidir y adoptar las decisiones oportunas sin tener necesariamente que considerar previamente el criterio de la propia junta de propietarios. Asimismo, cuando el cargo se desempeña por un profesional administrador de fincas actúa también en realidad como el asesor inmobiliario y el auténtico motor de la comunidad. Lo cierto es que desde que se recogió por primera vez esta figura en la LPH de 1960 el administrador, o secretario-administrador, se ha venido transformando en un engranaje imprescindible en el proceso decisorio y de ejecución de los intereses de la comunidad, así como para la coordinación de las relaciones entre los propios copropietarios y los demás órganos.

Precisiones 1) El administrador es algo más que un simple contable, recaudador y pagador, protector de los intereses sometidos a su custodia. Es un auténtico **profesional de la administración inmobiliaria**, con la experiencia técnica, legal y práctica que se requiere para ello, al estar al día y al tanto de las cuestiones diversas y complejas y con sujeción a un código moral, garantizado por un colegio profesional, precisamente porque su relación se basa en la confianza (AP Asturias 14-5-04, EDJ 44477; AP Jaén 19-4-12, EDJ 147894; AP Murcia 31-1-23, EDJ 563050). **2102**

2) Entre las **funciones** asignadas a los administradores se encuentran (LPH art.20; AP Pontevedra 20-2-19, EDJ 519903):
- velar por el buen régimen, instalaciones y servicios de la finca, lo que implica la obligación de supervisar de forma periódica la situación del inmueble, a fin de lograr un correcto funcionamiento, dando las instrucciones correspondientes, comprobando la situación o prestaciones de cada servicio o instalación;
- preparar el plan de gastos previsibles y proponer los medios necesarios para hacer frente a los mismos, lo que implica el presentar las cuentas con la liquidación del ejercicio económico, los gastos reales, la distribución, la propuesta para regularizar saldos, etc. y hacer las propuestas adecuadas para el sostenimiento del inmueble, de forma que los comuneros tengan la oportunidad de conocer las previsiones económicas y tomar las decisiones oportunas, en particular, las relativas a las cuotas necesarias para atender los servicios de la comunidad; y
- ejecutar los acuerdos adoptados por la junta o el presidente y efectuar los pagos y realizar los cobros que sean procedentes, esto es, tanto los ordinarios como los extraordinarios que respondan a las decisiones o instrucciones de la comunidad;
- convocar la Junta de propietarios en nombre del presidente y, en consecuencia, ejecute materialmente la convocatoria acordada por el presidente y sea el quien, en nombre del presidente, suscriba la convocatoria formal a los comuneros y remita las correspondientes citaciones (AP Cantabria 14-7-21, EDJ 643142).

3) Cualquier actuación del administrador requiere el **refrendo de la junta** que es la que tiene que decidir en todos los asuntos referentes a la comunidad mediante junta convocada al efecto (LPH art.14). La **falta de conformidad** respecto de la actuación del administrador debe ventilarse en el seno de la comunidad y las discrepancias respecto de acuerdos, tanto de contenido económico como estatutario, se resuelven mediante la impugnación de los acuerdos de la junta en los plazos establecidos en LPH art.18, acuerdos que son ejecutivos en tanto no se decida su suspensión por los tribunales (AP Alicante 11-11-19, EDJ 789501).

4) Una cosa es el **cargo de administrador,** que puede ser desempeñado por uno de los propietarios, en cuyo caso se tratará de una relación orgánica donde el marco de responsabilidad exigible será determinado por el modo de cumplir los deberes legales correspondientes al cargo, según lo dispuesto en la LPH art.20; y otra la **contratación de un profesional** ajeno a la comunidad de propietarios para desempeñar el cargo, en cuyo caso se añade un plus de diligencia marcada por el contrato de mandato retribuido (AP Madrid 27-2-15, EDJ 40185; AP Málaga 7-3-16, EDJ 129571).

Vigilancia del buen régimen, instalaciones y servicios del inmueble (LPH art.20.a) **2105**

Corresponde al administrador velar por el buen régimen de la casa, sus instalaciones y servicios, y hacer a estos efectos las oportunas advertencias y apercibimientos a los titulares.

Se trata de una atribución lógica y, por supuesto, necesaria en la labor de cualquier administrador. Se pretende con ello que el administrador cumpla y haga cumplir lo prevenido en los estatutos y en los reglamentos internos de la comunidad, así como todos aquellos acuerdos adoptados por la junta respecto al **régimen de uso y conservación** de los elementos y servicios comunes.

El buen funcionamiento de la finca y de sus servicios debe contemplarse desde el **punto de vista operativo**, controlando el cumplimiento de las funciones del portero, las inspecciones de las empresas de mantenimiento del ascensor, la limpieza de la escalera, etc., y aunque pueda resultar aconsejable que visite la finca, no supone que haya de hacerlo de una forma reiterada o continua, sino tan solo cuando resulte preciso, avisado por el presidente, los propietarios o, en su caso, por el conserje, portero o cualquier otro empleado de la comunidad.

Por lo tanto, el administrador deberá disponer las **reparaciones** oportunas y asegurar el funcionamiento de todas las instalaciones y servicios, anticipándose incluso a las contingencias previsibles o habituales y aconsejando a la junta la contratación de un adecuado servicio de mantenimiento de los mismos.

Las **advertencias** que pueda realizar el administrador a los propietarios y también a los ocupantes y vecinos del inmueble se limitarán a una llamada de atención, sin otro objetivo que el de tratar que el infractor rectifique voluntariamente, dada la nula potestad coercitiva ni sancionadora del órgano de administración (AP Bizkaia 26-6-17, EDJ 182503).

Es recomendable que el ejercicio de esta facultad se realice con las necesarias **cautelas**, tratando de obtener el consentimiento de la presidencia o actuando en cumplimiento de las indicaciones que, al respecto, le haya realizado aquel o la propia junta, evitándose así lo que pudiera acabar derivando, indebidamente, en un enfrentamiento personal.

La **interpretación de la norma** solo requiere hacer las observancias que correspondan, a fin de tratar que por los propietarios se respeten las obligaciones que procedan en el ámbito de la

comunidad y en el uso y disfrute de los elementos comunes, aunque las advertencias no sean siempre bien recibidas, como bien saben los profesionales.
Los **incumplimientos o abusos** de los titulares u ocupantes de los que sea conocedor el administrador, sin perjuicio de que es también atribución del administrador adoptar las medidas necesarias en orden al buen uso y disfrute de la finca, deberían ser puestos en conocimiento de la junta de propietarios o, al menos, del presidente, para que estos adopten las decisiones oportunas.

Precisiones Debe entenderse que entra en el ámbito de las facultades del administrador practicar los **apercibimientos** -que encierran la propuesta de envío de carta- al propietario infractor, por lo que, en principio, el mismo estaría facultado por sí para llevar a cabo el envío propuesto sin necesidad de recabar acuerdo -en cuanto a ello se refiere- de la junta, sin perjuicio de que a la misma corresponda conocer y decidir de los asuntos de interés para la comunidad, adoptando las medidas necesarias o convenientes para el mejor servicio común (LPH art.14.e), por lo que la falta de consignación en el acta de la aprobación del repetido acuerdo en cuanto a este extremo no puede conllevar ni la ineficacia de aquella ni la de dicho apercibimiento (AP Castellón 4-12-02, EDJ 98912; AP Baleares 8-10-12, EDJ 250329).

2110 **Preparación del presupuesto de gastos** (LPH art.20.b) Corresponde al administrador preparar con la debida antelación y someter a la junta el plan de gastos previsibles, proponiendo los medios necesarios para hacer frente a los mismos.
Se trata de una **evaluación de los gastos previsibles** del ejercicio que pueda requerir el inmueble, ya sean de conservación ordinaria o extraordinaria de los elementos o instalaciones comunes o de mantenimiento de los servicios con los que cuente la finca. De todo ello se desprende asimismo que deberá contener las **propuestas** que considere convenientes y adecuadas para el sostenimiento del inmueble, si bien su aprobación, y en general de las partidas que pueda contener, habrá de ser acordada por la junta de propietarios.
Es también función del administrador **proponer los medios** por los que habrán de ser atendidos los gastos presupuestados del inmueble, teniendo presente para ello lo que pudiera disponer el título constitutivo y los estatutos de la comunidad respecto a la forma de distribución y asunción del pago por los propietarios. Del mismo modo, el administrador deberá considerar la **rentabilidad** que produzcan o pudieran obtenerse de los **bienes y elementos comunes**, haciendo las propuestas oportunas a la junta de propietarios.
Por consiguiente, de la elaboración del presupuesto en previsión de los ingresos y de los gastos a los que habrá de hacer frente la comunidad durante el siguiente ejercicio resultarán las **aportaciones periódicas**, que deberán realizar los comuneros, en forma de provisiones de fondos, para atender a los gastos previsibles de mantenimiento de la finca, que el administrador deberá prever al inicio del ejercicio.

2112 Normalmente, la ejecución de **actuaciones extraordinarias**, como pudiera ser la rehabilitación de la fachada, o la instalación del ascensor, requiere la preparación de un presupuesto específico o de una partida presupuestaria adicional, y con él además la aprobación de las correspondientes derramas extraordinarias que habrán de asumir los propietarios en la forma y proporción que les corresponda con arreglo a su cuota, o a lo que resulte del título, de los estatutos o de lo que, en su caso, determine la junta.
Como consecuencia de lo anterior y del hecho que requiere la aprobación de la junta (LPH art.14.c), aunque el precepto no lo señale expresamente, hay que considerar incluida en esta atribución la obligación del administrador de **presentar las cuentas** del ejercicio económico, normalmente en cada junta ordinaria anual -en este sentido también Loscertales (AP Tarragona 14-5-20, EDJ 564272). Se trata de la denominada liquidación de cuentas, en la que se habrán de especificar los **ingresos y gastos** producidos durante el período de liquidación, de acuerdo con las previsiones realizadas en el presupuesto. Aunque no hay precepto alguno que determine las formalidades de tan esencial documento de la comunidad, el administrador de fincas profesional habrá de conocer perfectamente cuales habrán de ser las exigencias técnicas de esta, a fin de asegurar la necesaria claridad para el mejor gobierno de la comunidad, sin perjuicio de que la junta de propietarios establezca el sistema o fórmula de liquidación que le convenga y apruebe al efecto, así como la periodicidad con la que se habrán de presentar estas, normalmente cada año, pero sin que tengan que coincidir necesariamente con los años naturales sino con la que aquella estime con arreglo a su propio interés.

Precisiones La jurisprudencia viene manteniendo que la presentación de estos documentos por parte del administrador supone una **rendición de cuentas** por parte de quien tiene legalmente encomendada- en su condición de administrador profesional- la función de ejecutar los acuerdos, efectuar pagos y realizar los cobros que sean procedentes, así como preparar y someter a la junta los gastos previsibles (AP Cantabria 6-2-20, EDJ 510645).

Conservación y mantenimiento de la finca (LPH art.20.c) Corresponde al administrador atender a la conservación y entretenimiento de la casa, disponiendo las **reparaciones y medidas** que resulten urgentes, dando inmediata cuenta de ellas al presidente o, en su caso, a los propietarios. 2115

No se atribuye al administrador llevar a cabo las reparaciones extraordinarias (como hacía la redacción original de la norma), por lo que para ello requeriría en todo caso el acuerdo y la **instrucción de la junta** de propietarios.

Consiguientemente, la administración ordinaria supone la **conservación de la cosa común**, siendo que las reparaciones ordinarias son las que surgen como consecuencia del uso normal del edificio y de sus elementos comunes y que resultan precisas para componer o reponer los daños o menoscabos que se han producido y que impiden su disfrute o utilización ordinaria o hacen que no cumplan con su finalidad o destino.

Con estas puntualizaciones, el administrador debe atender a la conservación y mantenimiento de la finca, buscando las soluciones adecuadas y disponiendo lo conducente para llevarlo a cabo por parte de los industriales o servicios necesarios. La redacción actual del precepto permite interpretar que la actuación del administrador **sin contar con la preceptiva autorización de la junta** se permite exclusivamente respecto a las obras de reparación previstas en el presupuesto de ingresos y gastos, o que no excedan de la correspondiente partida de reparaciones de conservación o mantenimiento habilitada al efecto (AP Madrid 18-10-16, EDJ 230808). De no ser así, la actuación del administrador debería contar al menos con la autorización del presidente, sin perjuicio de que se dé cuenta a la junta, lo que puede suponer en ocasiones un funcionamiento ralentizador para el adecuado mantenimiento del inmueble.

Una **actuación negligente** del administrador, respecto a las atribuciones que le confiere la LPH art.20, conllevaría una responsabilidad que se entiende solidaria (CC art.1101 y 1104), sin que sea de aplicación lo dispuesto sobre el mandato en el CC art.1723 (AP Málaga 18-1-22, EDJ 518026).

Precisiones La jurisprudencia ha contemplado supuestos en los que la inicial extralimitación de las funciones del administrador ha sido posteriormente **ratificada por la comunidad**. Así por ejemplo, en relación con la realización de obras que no pueden calificarse de urgentes ni de operaciones de mantenimiento y conservación, sin perjuicio de su posterior ratificación por parte de la comunidad de propietarios mediante la recepción por parte de la comunidad de las prestaciones realizadas por los contratistas haciendo suyo el resultado de la gestión llevado a cabo por el Administrador (AP Madrid 25-10-13, EDJ 254553; AP Málaga 15-11-21, EDJ 863360).

Reparaciones urgentes La norma atribuye expresamente al administrador la responsabilidad de las reparaciones urgentes, en el ejercicio de su actividad ante la comunidad de propietarios. Se reconoce al cargo la facultad decisoria consistente en la adopción de las medidas urgentes que el órgano considere convenientes y necesarias para la adecuada conservación o reparación de los elementos comunes o servicios del inmueble. 2117

Para tomar por sí mismo el administrador la decisión que se le atribuye, se requiere el cumplimiento de dos **condiciones**:

• Que dichas medidas o reparaciones resulten justificadas por **razones de urgencia** (AP Alicante 21-7-23, EDJ 723558). La urgencia dependerá de cada caso concreto y habrá de ser considerada por el propio administrador en función de la trascendencia de los daños o perjuicios que podrían ocasionarse al edificio, a los propietarios o a terceros, si no se procediera a una intervención inmediata (p.e. la instalación de una malla protectora ante el desprendimiento del revoque de una balconada, avería del ascensor, rotura de la tubería de la cometida de agua, o la reparación de la bajante general que provoca inundación en la portería), sin perjuicio de que es aconsejable que la actuación se realice con el conocimiento de la presidencia.

• Que **se dé cuenta de la decisión** inmediatamente a la presidencia o, en su caso, a los propietarios. La información posterior al presidente, o a los propietarios, deriva de la propia urgencia como circunstancia que legitima al administrador frente a cualquier injerencia ajena, por lo que los gastos que en ejercicio de esta atribución se produzcan en orden a la conservación del inmueble, deberán ser en todo caso asumidos por la comunidad y serles, en su caso, reembolsados al administrador si los hubiera adelantado en dicha gestión, aun cuando no lo hubiera puesto en inmediato conocimiento del presidente, o este no convoque a la junta para que acuerde lo procedente.

Precisiones Sólo procede el **reembolso por al comunero** que haya ejecutado unilateralmente obras en zonas comunes cuando se haya requerido previamente al secretario-administrador o al presidente advirtiéndoles de la urgencia y necesidad de aquellas (TS 2-2-16, EDJ 4508; AP Gipuzkoa 20-6-18, EDJ 591643; AP Alicante 21-7-23, EDJ 723558).

2120 **Ejecución de los acuerdos necesarios sobre obras** (LPH art.20.d) Corresponde al administrador ejecutar los acuerdos adoptados en materia de obras y efectuar los pagos y realizar los cobros que sean procedentes (AP Málaga 7-3-16, EDJ 129571; AP Valencia 20-11-18, EDJ 726385).

La naturaleza ejecutiva del cargo de administrador se constata expresamente en este precepto, que solo menciona la ejecución de determinados acuerdos relativos a obras, pero se trata de una determinación que no debe ser interpretada literalmente dado que habrá asimismo de ejecutar **otras instrucciones o decisiones** de la junta de propietarios.

Obviamente, para la ejecución de acuerdos relativos a obras se requerirá por el administrador la **colaboración o contratación** de los industriales, empresas o técnicos especializados, ya que el cargo de administrador no requiere una capacitación técnica específica para todo tipo de obras o reparaciones que pueda exigir el inmueble, lo que no obsta a que se lleve a cabo el debido seguimiento y vigilancia de la obra de acuerdo con las instrucciones cursadas y también con las necesidades recomendadas en las inspecciones técnicas periódicas del inmueble, que el administrador debe poner de manifiesto a la junta.

La eficacia del órgano quedaría totalmente en entredicho si no tuviera asimismo la competencia que atribuye la norma y, consiguientemente, la responsabilidad, de realizar los **cobros de las cuotas** que corresponde liquidar a los comuneros en la forma en que ha sido determinada por la junta, así como proceder a liquidar los **pagos para atender a los gastos** que se devenguen en el gobierno de la comunidad, para lo cual debería estar siempre habilitado.

En este sentido, el administrador podrá **exigir judicialmente el pago** de las obligaciones económicas a los propietarios (LPH art.21.1), siempre que así le hubiera autorizado la junta de propietarios, lo cual ya venía siendo admitido en todo caso por reiterada jurisprudencia (AP Madrid 26-9-16, EDJ 210727; AP Sevilla 26-2-99, EDJ 8701; AP Málaga 18-5-21, EDJ 723833; AP Badajoz 22-10-14, EDJ 221941; AP Almería 8-11-22, EDJ 881453).

2122 **Actuación como secretario de la junta** (LPH art.20.e) Corresponde al administrador actuar, en su caso, como secretario de la junta y custodiar, a disposición de los titulares, la **documentación** de la comunidad.

Esta atribución supone que debe corresponder siempre al administrador la realización de las **funciones del secretario**, salvo en el caso de que exista un secretario -o se encomienden aquellas al presidente- nombrado al efecto por la junta.

Por lo que respecta a la concreta cuestión de la **entrega de la documentación** que solicite cualquiera de los comuneros, es cierto que esta función aparece encomendada, no a la junta, sino al administrador -LPH art.20.e- (AP Asturias 22-9-21, EDJ 743559).

La práctica confirma insistentemente que en la mayor parte de los casos ambas funciones se desarrollan por la misma persona, dada la íntima **conexión y complementariedad** de sus competencias, lo que, sin duda, proporciona beneficios y eficacia a la gestión de la comunidad.

No es necesario un **acuerdo específico** de la junta en este sentido, ya que en el caso de que no exista el nombramiento de un secretario, la norma atribuye directamente al administrador el ejercicio de estas funciones, por lo que sería el **secretario-administrador** de la comunidad, asumiendo expresamente las atribuciones de la secretaria a las que ya se ha hecho referencia en el apartado correspondiente (nº 1942), entre las que obviamente se encuentran las relativas a la custodia de la documentación, de cualquier clase, de la comunidad durante el plazo de 5 años (LPH art.19.4).

Precisiones Corresponde al administrador la custodia, a disposición de los titulares, de la documentación de la comunidad (LPH art.20.e), pero la Ley no recoge una regulación específica sobre el **derecho de los copropietarios** a examinar individualmente y al margen de la comunidad tal documentación, perspectiva desde la cual un sector doctrinal, del que es exponente AP Murcia 10-12-18, EDJ 689726, niega legitimación activa a un copropietario para exigir individualmente rendición de cuentas al administrador, con la única excepción de que no se hayan celebrado las juntas anuales y de que la propia pasividad de la comunidad en la exigencia de estas rendiciones de cuentas a sus órganos de gobierno impidan a estos propietarios y al conjunto de la comunidad poder efectuar el debido control de las cuentas comunitarias (AP Bizkaia 3-7-19, EDJ 698519).

No obstante lo dicho, de la LPH art. 20.e se desprende un derecho de los titulares de la documentación a examinar la que custodie el administrador, más allá del derecho de información vinculada a la toma de acuerdos por la junta de propietarios, y, en tal sentido, se reconoce el **derecho de información individual** de los comuneros en función de la utilidad que para cada uno de ellos represente (AP Zaragoza 25-2-09, EDJ 54895; AP Alicante 9-12-05, EDJ 284775; AP Málaga 5-11-14, EDJ 284469).

2125 **Otras atribuciones** (LPH art.20.f) El administrador se debe a la junta y a los mandatos que esta le atribuya en ejercicio de las funciones de su cargo, no solamente los que se señalan expresamente, tales como la presentación de reclamaciones, instancias o solicitudes ante organismos, firma de contratos, remisión de cartas o requerimientos, etc., recomendándose

en todo caso la conveniencia de que dichas instrucciones vengan **debidamente explicitadas** en el acta correspondiente, en interés de la seguridad jurídica de las partes, ya que de lo contrario, salvo que se acredite con arreglo a otros medios, no se podrá considerar su existencia.
No obstante, **cualquier acto de administración ordinaria** es subsumible entre las atribuciones naturales del administrador, habiendo sido discutido si entre estas se encuentra la facultad de **comparecer procesalmente en juicio** en nombre de la comunidad. Respecto a esto último la jurisprudencia es favorable a esta representación con el requisito del previo acuerdo de la junta (AP Barcelona 3-12-02; AP A Coruña 22-3-13, EDJ 61272; AP Bizkaia 26-2-16, EDJ 39589), sin perjuicio de que la LEC solo reconoce legitimación al presidente como representante legal de la comunidad de propietarios, por lo que la actuación procesal del administrador, cuando no se trate de la reclamación de deudas a los propietarios morosos, corre el riesgo de ser inadmitida por algunos tribunales. Sobre esta cuestión, ver nº 3167 s.

Precisiones Si se considera que el administrador **se ha excedido en sus funciones**, lo realizado por él puede devenir válido y eficaz si es ratificado de manera expresa o tácita por la junta de propietarios (AP Madrid 16-10-17, EDJ 246947).

G. Responsabilidad

2135

1. Responsabilidad civil

2137 El administrador tiene atribuidas competencias propias y funciones concretas en la gestión y gobierno de la comunidad de propietarios que debe ejecutar con una específica **prudencia, diligencia y atención**, y si falta en su gestión al cumplimiento de estas obligaciones y su actuación no fuera conforme a los deberes de previsibilidad y de evitabilidad del daño, es cuando nace la responsabilidad civil (AP Madrid 15-2-13, EDJ 37500; 23-7-20, EDJ 665901; AP Alicante 16-9-20, EDJ 733945; AP Málaga, 5-6-23, EDJ 693845; AP Granada 14-4-23, EDJ 620250; AP Guadalajara 22-3-23, EDJ 561413).
Esta responsabilidad será más intensa en el caso de que el cargo de administrador sea ejercido por un **administrador de fincas profesional** contratado por la comunidad, por tratarse de un profesional cualificado con una especial y propia capacitación, que en el supuesto de que la gestión comunitaria sea desarrollada por uno de los propietarios de la comunidad (AP Asturias 14-5-04, EDJ 44477; AP Valencia 23-10-14, EDJ 278491; AP Bizkaia 28-2-18, EDJ 105479). Es evidente que no puede darse el mismo trato al miembro de la comunidad que desempeña este cargo careciendo de conocimientos jurídicos, que al profesional que debe ser pleno conocedor de la normativa y que tiene que asesorar al presidente y a los demás comuneros.
Como criterio general cabe señalar que la posible responsabilidad civil del administrador no deriva de una obligación de resultado sino de un **deber de ordenada gestión**, de una correcta llevanza de la contabilidad comunitaria, de la adopción de las debidas cautelas en el ejercicio de sus funciones y de la debida diligencia para evitar cualquier daño a la comunidad (AP Badajoz 24-10-03; AP Cádiz 30-12-15, EDJ 274469; AP Málaga 7-7-17, EDJ 274274; Carreras Maraña).
Con efectos desde 26-5-2023, se impone a los administradores de fincas la obligación suscribir un **seguro de responsabilidad civil**, pudiendo hacerlo directa o colectivamente (L 12/2023 disp.adic.6ª).
Hasta dicha fecha ni los estatutos generales aprobados por el Consejo General de Administradores de Fincas de 28-1-1969, ni en los requisitos de colegiación establecidos, aparecía la obligatoriedad de la suscripción de un seguro de responsabilidad civil. Si bien era sumamente recomendable.
No obstante, aunque se establece la obligatoriedad de la concertación, habrá que esperar al desarrollo de la norma para comprobar cuáles son las coberturas mínimas y demás condiciones que habrán de reunir dichos seguros.

Precisiones **1)** La relación contractual que liga al administrador con la comunidad de propietarios es la propia de un mandato *sui generis* del CC art.1709 s., por lo que su deber primario deberá consistir en llevar a cabo la gestión encomendada, esto es, prestar los servicios o realizar las operaciones que se le han encargado; ahora bien, si se produce por su parte, algún tipo de infracción en el acometimiento de sus obligaciones por **cumplimiento defectuoso o incorrecto**, se puede hablar de una responsabilidad dimanante de una actuación inadecuada e impropia en orden a la ejecución de lo encomendado, lo que haría merecedor al agente del reproche culpabilístico que del mismo se deriva, generándose una responsabilidad por daños, emanada de la probada existencia y realidad de unos determinados perjuicios (AP Badajoz 24-10-03; AP Madrid 2-6-16, EDJ 135344; AP Málaga 5-6-23, EDJ 693845).

2) El éxito de la **pretensión indemnizatoria** que exija la comunidad requiere, pues, la cumplida demostración de la relación contractual existente entre las partes, la negligencia en la prestación de un servicio inserto en la órbita de lo pactado, la producción de un daño y el nexo causal entre el servicio deficiente y el daño según criterios racionales de imputación objetiva (AP Pontevedra 20-2-19, EDJ 519903; AP Valencia 3-11-22, EDJ 845674).

2139 Por consiguiente, pueden diferenciarse dos **tipos de responsabilidad** en que puede incurrir el administrador:

- en primer lugar, la derivada del **incumplimiento total** de los deberes de gestión (CC art.1718); y
- en segundo lugar, la derivada del **cumplimiento defectuoso o incorrecto** de sus obligaciones.

Por lo tanto, el administrador no responde objetivamente por el daño causado, sino solo en caso de actuación negligente en función de cada caso concreto (CC art.1104) y de la información que le es suministrada por la comunidad. En este sentido, se exonera de responsabilidad a un administrador al que pretendía imputarse una conducta negligente o descuidada en relación con la conservación de los elementos comunes porque nadie le había indicado que existía un problema con el estado de las cañerías (TS 5-11-01, EDJ 38482).

Se trata de un deber de actividad y de diligencia en la gestión, con el bien entendido de la facultad de moderación de la responsabilidad -CC art.1726- y la necesidad de acreditar cumplidamente tanto la culpa como la **relación de causalidad** con el daño ocasionado -CC art.1101- (AP Las Palmas 1-9-04, EDJ 178564).

Por lo tanto, si la responsabilidad del administrador nace de su relación profesional con la comunidad, de cuyos órganos de gobierno forma parte, es del **incumplimiento de las obligaciones y deberes** que tiene atribuidos que podría derivarse su responsabilidad civil.

Existen concretamente en la LPH, diversos supuestos en los que se define la responsabilidad profesional del administrador. Los analizamos seguidamente.

2140 **Atención al régimen de la casa, instalaciones y servicios** (LPH art.20.a) El administrador debe estar vigilando de forma periódica la situación del inmueble, a fin de lograr un correcto funcionamiento, dando las instrucciones correspondientes, preocupándose de atender a los propietarios, comprobando la situación y prestación de cada instalación y servicio (Loscertales Fuertes).

Como ejemplo de responsabilidad del administrador por **desatención del gobierno de la casa**, cabe citar un supuesto en el que el administrador, conocedor de los problemas de calefacción existentes en un inmueble y después de haberse convocado una junta en la que debería haberse abordado esta cuestión, que expresamente habían solicitado los vecinos afectados, omitió toda referencia a la misma (AP Asturias 14-5-04, EDJ 44477).

Por el contrario, puede ocurrir que el administrador se exceda o extralimite en sus funciones y que **contrate servicios o suministros** sin estar facultado para ello o sin estar autorizado por la junta. En tales casos, la jurisprudencia ha declarado que la actuación negligente del administrador no ofrece duda alguna cuando actúa fuera de las funciones que por su cargo tiene encomendadas, sin que se trate de una reparación urgente (LPH art.20.c) y sin que su ejecución haya sido acordada (LPH art.20.d) o le haya sido conferido un mandato por parte de la junta (LPH art.20.f). No obstante, en dichos supuestos, y sin perjuicio de las acciones por responsabilidad civil que la comunidad pueda ejercitar contra el administrador, los principios de seguridad jurídica y protección del tercero de buena fe, que ejecutó una obra con fundamento en la apariencia de que la actuación del administrador se basaba en la voluntad comunitaria, exigen que la comunidad de propietarios deba pagar el importe de los trabajos encomendados por el administrador (AP Navarra 9-9-04; 23-11-06, EDJ 396005).

Precisiones La **gestión administrativa de subvenciones** sin tener previamente un encargo para ello, si bien no se refleja de forma expresa en la LPH art.20.1.a a e, puede entenderse incluida en la referencia genérica a «todas las demás atribuciones que se confieran por la Junta» de la LPH art.20.1.f. Tiene que darse por acreditado que hubo un encargo por parte de la comunidad de propietarios que fue aceptado por el administrador. Respecto de la naturaleza jurídica de las subvenciones para la instalación de un ascensor no cabe más que acudir a lo que se mantiene en el contencioso-administrativo por ser el orden jurisdiccional especializado en esa materia: son meras «expectativas». Ahora bien, a la hora de proscribir la indemnización de meras expectativas la jurisprudencia civil no es tan drástica como la contencioso-administrativa. Y así al tratar de la responsabilidad civil de abogados y procuradores se admite la indemnización de expectativas que conllevan una **pérdida de oportunidades** (TS 27-7-06, EDJ 275355; AP Madrid 6-2-18, EDJ 65343; AP Castellón 3-10-22, EDJ 895966).

Confección de los presupuestos de la comunidad (LPH art.20.b) La jurisprudencia ha entendido que concurría responsabilidad del administrador que no había elaborado las **cuentas de la comunidad** de los años anteriores y, por consiguiente, la comunidad no había podido aprobar los ejercicios sucesivos ni las previsiones de ingresos y gastos de los años siguientes, imputándole al administrador el no haber realizado un adecuado **control de los ingresos y gastos** y el no haber propuesto a la comunidad los medios necesarios para hacer frente a tales gastos (AP Asturias 24-10-05). 2142

Por el contrario, exonera de responsabilidad al administrador, por no haber acreditado la comunidad de propietarios la concurrencia de una mala gestión en la **llevanza de la contabilidad** por parte del administrador demandado, considerando que la realización de una auditoría encargada por la comunidad no justifica por sí misma la reclamación, dado que la misma no tuvo su origen en un actuar negligente o descuidado del administrador sino en la mera desconfianza de parte de los propietarios en la gestión económica de aquel (AP Girona 27-5-05; AP Madrid 30-4-10, EDJ 118820).

La posible responsabilidad civil del administrador, efectivamente no deriva de una **obligación de resultado,** sino de un d**eber de ordenada gestión,** de una correcta llevanza de la contabilidad comunitaria, y de la adopción de las debidas cautelas en el ejercicio de sus funciones y de la debida diligencia para evitar cualquier daño a la comunidad (AP Madrid 23-7-20, EDJ 665901; AP Alicante 16-9-20, EDJ 733945; AP Guadalajara 22-3-23, EDJ 561413; AP Granada 14-4-23, EDJ 620250; AP Málaga 5-6-23, EDJ 693845).

Precisiones Se entiende que incurre en negligencia el administrador al **no convocar la junta ordinaria anual**, ya que entre sus obligaciones está preparar con la debida antelación y someter a la junta el plan de gastos previsibles, proponiendo los medios necesarios para hacer frente a los mismos -en el presente caso, a efectos de no continuar con la precaria situación en la que se encontraba la comunidad que administraba- (AP Sta. Cruz de Tenerife 28-2-19, EDJ 618923).

Conservación y mantenimiento de la casa (LPH art.20.c) Supone la realización por parte del administrador de una función que puede calificarse de «propia iniciativa», pues no requiere para ser desempeñada con la autorización previa de la junta, aunque sí su justificación posterior (AP Madrid 16-7-19, EDJ 672449). 2144

Asimismo, conforme a dicha regulación, la responsabilidad del administrador puede concretarse en **tres ámbitos** esenciales:

• En la debida conservación de las **instalaciones y servicios comunes**. En relación con esta obligación, cabe subrayar que el administrador responde de sus propias acciones y omisiones pero en ningún caso responde de las actuaciones de las personas que hubiese contratado la comunidad para realizar las tareas de conservación y mantenimiento de los elementos comunes (AP Barcelona 18-2-04; AP Baleares 8-10-12, EDJ 250329).

• En la ejecución de los **acuerdos de la junta** de propietarios relativos a la conservación y entretenimiento del inmueble.

• En la realización de las **reparaciones urgentes** que no puedan dilatarse en el tiempo.

Con respecto a estas últimas, el problema más importante en orden a determinar una posible responsabilidad del administrador radica en diferenciar las obras urgentes, de carácter inmediato e inaplazable de aquellas de carácter ordinario, periódico o no inminente. 2145

Entre las primeras se encontrarían las que suponen un **riesgo cierto de causación de un daño** a la propia comunidad o a terceras personas, como por ejemplo: las destinadas a evitar un peligro inminente de inundaciones con perjuicios a terceros por rotura de cañerías o de conducciones o por deficiencias en las canalizaciones; las que se acometen en elementos comunes como cornisas, balcones u elementos ornamentales que por su mal estado implican un riesgo de caída con peligro para las personas; las que afectan a la seguridad del edificio con riesgo de robos o actos vandálicos, como en caso de rotura de la puerta del garaje o de acceso al edificio.

Entre las **reparaciones ordinarias**, estarían las propias de mantenimiento y conservación de elementos comunes en mal estado sin que exista un riesgo inminente de causación de un daño. Respecto de estas obras, la responsabilidad del administrador se limita a cumplir con su obligación de **poner en conocimiento de la comunidad** la necesidad de acometer tales reparaciones y de realizar la correspondiente asignación presupuestaria. Por consiguiente, el administrador no puede adoptar decisión alguna, debiendo limitarse a ejecutar los acuerdos que adopte la junta.

Precisiones Se considera que existe responsabilidad civil del administrador por **no informar a la junta de las comunicaciones recibidas**, donde se ponía de relieve la necesidad de aportar la licencia de primera ocupación, ni tampoco informar de la resolución por la que se denegaba la solicitud y se adjuntaba la declaración de baja de la entrada de vehículos, y por ello, de las consecuencias que podía acarrear para la comunidad (AP Málaga 7-7-17, EDJ 274274).

2147 Por el contrario, en caso de **obras que son de carácter urgente**, el administrador debe **decidir por sí solo** sobre su realización, y debe hacerlo con la máxima diligencia, entendida en un doble sentido:

• Por una parte, deberá **comunicar a la comunidad** la necesidad de realizar aquellas obras que no admiten demora, ya sea a través del presidente o de algún vecino, si no es posible contactar con el presidente.

• Por otra parte, deberá también utilizar la máxima diligencia en orden a la **contratación** de la persona o empresa encargada de la reparación.

De este modo, el administrador responderá ante la comunidad tanto por no haber acometido las obras necesarias y urgentes con la debida diligencia como por no haber comunicado a la comunidad la necesidad de realizarlas. Por dicho motivo, en la práctica, lo que resulta relevante es que el administrador pueda probar que realizó dicha **comunicación a la comunidad** y que actuó con la debida diligencia, para el caso de que sea demandado por la comunidad por extralimitación en sus funciones o por falta de comunicación de su actuación, lo que deberá tener en cuenta el administrador a los efectos de preconstituir una prueba y utilizar, por lo tanto, un medio de comunicación que le permita probar que su actuación fue la adecuada (Carreras Maraña; Magro Servet).

Precisiones **1)** Se ha exonerado de responsabilidad al administrador demandado por la comunidad por no haber acometido, por sí mismo, la reparación de la puerta de entrada al garaje, por considerar que no estaba facultado para ello, siendo una decisión que debía adoptar la junta que, habiendo sido **oportunamente informada** por el administrador, acordó precisamente demorar la reparación (AP Pontevedra 1-2-07, EDJ 14625).

2) Incurre en responsabilidad el administrador por los **gastos que exceden de lo acordado** en junta de propietarios, sin acreditarse su justificación, así como de los gastos que, careciendo del carácter de urgentes, son realizados sin contar con el preceptivo acuerdo de la junta de propietarios (AP Madrid 16-7-19, EDJ 672449).

3) Se exige al administrador un **interés activo** en los asuntos de los que puede quedar afectada la comunidad, por lo que cabe apreciar negligencia y declarar su responsabilidad, debiendo indemnizar el daño (CC art.1101), cuando teniendo conocimiento de la existencia de un expediente administrativo en relación con la inspección periódica del garaje, no se ha interesado por su estado (AP Madrid 23-7-20, EDJ 665901).

2150 Ejecución de los acuerdos y realización de los pagos y cobros procedentes

(LPH art.20.d) El administrador es el que lleva la **contabilidad ordinaria** de la comunidad y responde de actuar con la diligencia de un ordenado gestor, debiendo ceñirse estrictamente a los acuerdos de la junta o a sus indicaciones realizadas a través del presidente.

Y es en este ámbito donde se exige una especial diligencia al administrador, tanto en el **cobro de los créditos** existentes a favor de la comunidad, como en la **realización de los pagos**, en particular, de seguros, suministros, tributos y cuotas sociales por los perjuicios que en caso de demora o de impago se pueden derivar para la comunidad.

La jurisprudencia se ha pronunciado responsabilizando al administrador por **desatención o falta de diligencia** en la realización de los pagos, por ejemplo, en los siguientes casos:

- por impago de la prima del seguro que había sido aprobada en los presupuestos de la comunidad por la propia junta (AP Baleares 29-9-05);
- por falta de diligencia en la tramitación del expediente administrativo para rehabilitar la finca e instalar un ascensor, perdiendo por dicho motivo las subvenciones correspondientes (AP Murcia 13-1-05; AP Madrid 6-2-18, EDJ 65343);
- por no realizar las retenciones del IRPF (AP Valencia 23-12-04);
- por impago de los seguros sociales del conserje (AP Granada 5-4-00);
- por hacer uso de una cuenta particular para girar cuotas de la comunidad, sin autorización ni conocimiento de la comunidad, como resulta del hecho de que el nuevo administrador no pudiera acceder a los movimientos de dicha cuenta (AP Alicante 16-9-20, EDJ 733945);
- por la demora en el pago del consumo del agua, lo que supuso a la comunidad tener que abonar intereses y recargos (AP Cáceres 7-6-04, EDJ 68357);
- por la frustración de una acción reclamatoria a terceros, el carácter instrumental que tiene el derecho a la tutela judicial efectiva determina que, en un contexto valorativo, el daño deba calificarse como patrimonial si el objeto de la acción frustrada tiene como finalidad la obtención de una ventaja de contenido económico, cosa que implica, para valorar la procedencia de la acción de responsabilidad, el deber de urdir un cálculo prospectivo de oportunidades del buen éxito de la acción frustrada (AP Valencia 13-11-19, EDJ 828628);

- por la obligación de abonar la tasa anual por el vado de estacionamiento y la tasa por la licencia y el impuesto por las obras de cubierta y fachada, así como de la apertura del expediente sancionador, no adoptando la más mínima medida o cautela para tratar de solucionar las disfunciones relatadas, poniendo en conocimiento del presidente de turno las deudas por tasas e impuestos e instándole para que convocara una junta para tratar estos extremos y buscar una solución, incluyendo en el orden del día de las juntas esta anomalía y las posibles vías para hacer frente a la reclamación, ya fuera incrementando el importe de las cuotas ya reclamando judicialmente las cuotas impagadas (AP Pontevedra 2-2-19, EDJ 519903).

Deber de custodia de la documentación En cuanto a la custodia de la documentación comunitaria (comunicaciones, escritos, recibos, justificantes...), al igual que en la llevanza de la contabilidad antes mencionada, el administrador está obligado a actuar con la diligencia propia de un ordenado contable y de un cuidadoso gestor y debe tener la documentación de la comunidad **a disposición de los comuneros**, en todo momento, sin que pueda obstaculizar el acceso a dicha documentación hasta el punto de que el presidente se vea obligado a acudir a un notario a fin de requerir al administrador su entrega (AP Málaga 9-1-06, EDJ 57418). El comunero puede acceder a los documentos custodiados por el administrador, quien debe exhibírselos, pero este derecho no es equiparable al derecho de información previsto para las sociedades mercantiles de capital (AP Asturias 4-2-13, EDJ 23717). 2152
En este aspecto, es importante destacar, debido a los problemas que se han suscitado en la práctica, que en caso de ser cesado por la junta y, sin perjuicio del derecho que tenga el administrador a obtener la remuneración que le sea debida o la indemnización correspondiente si el cese es anticipado o indebido, el administrador está obligado a **devolver a la comunidad** toda la documentación que obre en su poder para que le sea entregada al nuevo administrador, puesto que el administrador responde ante la comunidad de la custodia de la documentación pero no es el titular de dicha documentación (AP Alicante 16-10-04).

Precisiones Cualquiera que fuesen las supuestas irregularidades de la junta y las circunstancias concurrentes en el administrador designado, el demandado cesado por la junta tenía obligación de **devolver a la comunidad la documentación**, pues como indica la norma citada debe conservarla «a disposición de los titulares», y no puede desconocer el administrador que los acuerdos de la comunidad son ejecutivos, aun en el caso de que sean impugnados, salvo que el juzgado acuerde la suspensión cautelar. El administrador es un profesional encargado por la comunidad de determinadas prestaciones, pero no es titular de ninguna documentación de la finca y en consecuencia cuando es destituido de su cargo debe entregar toda la que obra en su poder tanto la general como la particular (AP Alicante 16-10-04).
No obstante, debe considerarse la posibilidad de que la **liquidación de cuentas** que practique el administrador cesado como cierre de su mandato, arroje un saldo contrario a la comunidad de propietarios, en cuyo caso el administrador estaría legitimado para retener exclusivamente los justificantes originales acreditativos de su **crédito frente a la comunidad**.

Otras atribuciones que le confiera la junta A este respecto cabe señalar que, además de las obligaciones que de forma expresa recoge la LPH, el ámbito de actuación del administrador puede ser ampliado por pacto entre las partes, conforme a la autonomía negocial (CC art.1255). Respecto a estas obligaciones, es decir, las no previstas en la LPH, para eludir las responsabilidades que pudieran derivarse de la actuación del administrador sin la debida cobertura, es conveniente que se recoja siempre por escrito la **asunción de estas obligaciones**, bien sea al iniciarse una actividad o bien sucesivamente en relación con acuerdos o decisiones concretas que atribuyan competencias específicas al administrador (AP Huesca 29-7-13, EDJ 155318). 2155

Precisiones **1)** No se considera que incurre en responsabilidad civil el administrador en el supuesto de que **no se reclamen partidas o cuotas por el cálculo erróneo del coeficiente** de la vivienda al entender que, en aplicación de LPH art.20, las funciones del administrador no implican calcular los coeficientes, ni la reclamación de cuotas perdidas, ya que para reclamar las primas retrasadas hay que acordarlo en junta general ordinaria de propietarios. Por tanto, resulta que de esta actuación del administrador no se deriva perjuicio a la comunidad, sino de la ausencia de mandato claro y expreso por la junta que fue la que no actuó en el ejercicio de su cometido con la diligencia que requerían las circunstancias (AP Málaga 7-3-16, EDJ 129571).
2) La posible responsabilidad civil del administrador no deriva de una **obligación de resultado**, sino de un deber de ordenada gestión, de una correcta llevanza de la contabilidad comunitaria, de la adopción de las debidas cautelas en el ejercicio de sus funciones y de la diligencia necesaria para evitar cualquier daño a la comunidad. Es sustancialmente un deber de actividad y de diligencia en la gestión de la actividad profesional (AP Málaga 5-6-23, EDJ 693845).

2157 **Certificado sobre el estado de deudas** (LPH art.9.1.e) Por último, se regula la indemnización por los daños y perjuicios causados en relación con la emisión del certificado sobre el estado de deudas de un inmueble que es objeto de transmisión por parte de un comunero y que suscribirá el propio administrador cuando ejerza las funciones de secretario de la comunidad. Se establecen dos **supuestos específicos** de responsabilidad derivados, por un lado, de la inexactitud de los datos objeto de certificación y, por otro, del retraso en la emisión del certificado.

Un problema que se plantea al interpretar este artículo, especialmente en el ámbito que nos ocupa de la responsabilidad del administrador, es el alcance de la expresión «estado de deudas».

Cabría distinguir en relación con esta cuestión **dos tipos de deudas** (Carreras Maraña):
- por un lado, las derivadas de recibos emitidos pero no pasados al cobro, que deberían incluirse en el «estado de deudas» así como los recibos ya pasados al cobro y devueltos por cualquier motivo (p.e. por estar el concepto debido en litigio, por un cambio de domiciliación); y
- por otro lado, las cuotas extraordinarias o derramas para gastos extraordinarios que ya se han aprobado por la junta de propietarios.

En cuanto a estas últimas, aun admitiendo que sería discutible que pudieran calificarse como deuda pendiente, pues una deuda no vencida no es exigible y, por tanto, no es una deuda contraída con la comunidad, deberían también certificarse como deudas futuras o pendientes e incluirse por parte del administrador en el «estado de deudas» como un **crédito a favor de la comunidad** para evitar que pudiera considerarse que no concurre «la exactitud» de los datos consignados -que exige LPH art.9.1.e- y para evitar que el nuevo adquirente pudiera invocar desconocimiento sobre su existencia.

2158 **Tablón de anuncios** Sobre la responsabilidad por la colocación del acta o de la relación de morosos en el tablón de anuncios de la finca, la jurisprudencia es clara en orden a exculpar la posible responsabilidad del secretario o administrador por supuesta vulneración del derecho al honor, por la razón de que dicha actuación está así **prevista en la legislación** de la propiedad horizontal para los casos de impago de las cuotas comunitarias por parte de algún copropietario (TS 11-12-08, EDJ 234529; 21-3-14, EDJ 96069; AP Málaga 13-1-23, EDJ 558496).

Del mismo modo, tampoco puede considerarse contrario a la LO 3/2018 la **difusión del contenido del acta**, limitada a los miembros de la comunidad de propietarios, puesto que la difusión del acta no es en sí un acto difamatorio, ya que forma parte del normal proceder del régimen de la propiedad horizontal (TS 2-10-08, EDJ 178462; 3-9-09; AP Alicante 30-9-14, EDJ 266918).

2159 **Responsabilidad frente a terceros** Finalmente, es preciso apuntar que el administrador además de responder frente a la comunidad, según los supuestos anteriormente analizados, también debe responder frente a los terceros que se consideren **directamente perjudicados** por una actuación negligente e imputable directa e individualmente al administrador (en aplicación del CC art.1902).

Debe tratarse, por consiguiente, de un daño directo, no derivado del que haya podido sufrir la comunidad, y causado por una **actuación u omisión negligente** del administrador, como por ejemplo en el caso de un daño causado a un tercero ajeno a la comunidad por no haber atendido una reparación urgente que el administrador debía haber acometido conforme a lo previsto en la LPH art.20.c).

2. Responsabilidad penal

2170 En el desarrollo de su actividad el administrador puede incurrir en una infracción de naturaleza penal, es decir, cometer algún delito del que también debe responder **frente a los perjudicados**:
- la propia comunidad, por ejemplo, en caso de apropiación indebida de fondos de los comuneros (AP Madrid 16-1-13, EDJ 21158; AP Granada 5-2-18, EDJ 105993);
- algún vecino a título individual, en caso de coacciones o de amenazas vertidas por el administrador;
- los empleados de la propia comunidad, en caso de delitos contra los trabajadores; o
- terceros, en caso de estafa a proveedores u otros profesionales que se relacionan con el administrador.

En todos estos supuestos, además de la correspondiente sanción penal, el administrador también debe **resarcir económicamente** a los perjudicados por los daños sufridos -responsabilidad civil- (CC art.1902), en el bien entendido de que dicho resarcimiento solo tendrá lugar cuando el ilícito penal haya causado efectivamente daños y perjuicios (AP Asturias 5-12-05, EDJ 222778).
Con base en la jurisprudencia existente, podría decirse que los **delitos más habituales** en los que puede incurrir el administrador pueden consistir en:
- defraudaciones (nº 2172);
- calumnias e injurias (nº 2174);
- coacciones (nº 2175);
- delitos contra los trabajadores (nº 2177).

Precisiones **1)** El ejercicio sin título de la profesión de gestor administrativo o administrador de fincas no justifica la imposición de una sanción penal por un **delito de intrusismo** (TS penal 18-7-13, EDJ 140110; AP Barcelona auto 31-5-18, EDJ 587708).
2) Los criminalmente responsables de todo delito, son también **civilmente responsables** para reparar e indemnizar los daños y perjuicios que con ellos causan (CP art.116), por lo que en este caso, el acusado -el administrador- debe indemnizar a la comunidad de propietarios querellante en la cantidad de la que se apropió (AP Asturias 5-12-05, EDJ 222778).

Defraudaciones: apropiación indebida, estafa, insolvencia punible y falsedad documental (CP art.248 s., 390 s.) De todos ellos, el tipo más aplicado ha sido el de **apropiación indebida** (CP art.252 s.) -p.e. cuando el administrador ha dispuesto del dinero de la cuenta corriente comunitaria mediante transferencias a su cuenta propia y personal sin autorización alguna de la comunidad de propietarios (TS 19-4-16, EDJ 44933; AP Zaragoza 30-3-16, EDJ 51733; AP Pontevedra 13-6-18, EDJ 576782), cuando el administrador ha distraído de la cuenta de la comunidad una cantidad con la que debía haber pagado unos trabajos que, sin embargo, no fueron satisfechos (AP Cantabria 14-10-09; AP Madrid 14-10-09; AP Sevilla 23-12-08; AP Asturias 26-5-08; AP Badajoz 25-11-15, EDJ 258112), o cuando para la gestión de pagos a empresas suministradoras, en vez de expedir cheques al portador o nominativos para su cobro por el interesado, es el administrador el que comparece en las entidades bancarias para el cobro de los cheques y, tras el saneamiento de las cuentas, se comprueba que los gastos actuales de la comunidad son inferiores a los que se generaban en la época en que estaba el anterior administrador (TS penal 11-2-20, EDJ 510037). **2172**
En menor medida se ha aplicado el delito de **falsedad documental** (CP art.390 s.), por ejemplo, al considerar que la emisión de una factura que no obedecía a ninguna obra realizada constituía un delito de falsedad en documento mercantil (AP Zaragoza 12-2-09, EDJ 49372), siendo reacia la jurisprudencia a apreciar la concurrencia de los otros tipos delictivos en el ámbito que nos ocupa.

Calumnias e injurias (CP art.205 s.) La concurrencia de estos delitos es fácilmente apreciable cuando las declaraciones que dan lugar a su aplicación están **incluidas en el acta** de una junta. Pero se ha considerado que no existe un delito de amenazas cuando las manifestaciones realizadas en la reunión por parte del administrador tenían por objeto trasladar a los copropietarios una situación conflictiva, sin que los comuneros asistentes a la reunión las hicieran suyas, sino que se limitaba a exponer la conducta que se atribuía a uno de los copropietarios (AP Málaga 13-11-06, EDJ 440798). **2174**

Coacciones (CP art.172) El administrador puede incurrir en este delito si, por ejemplo, desconecta unilateralmente a un propietario de un **servicio o suministro** (agua, calefacción...), aun cuando exista una falta de pago, o cuando cierre o impida el acceso a una zona o elemento común. **2175**
No obstante, el hecho de **denegar la entrega de la llave** de la azotea a un vecino para instalar una antena de radioaficionado no se consideró un delito de coacciones por actuar en cumplimiento de un acuerdo de la junta de propietarios (AP Madrid 23-1-04).

Delitos contra los trabajadores (CP art.311 s.) Se trata de aquellos casos en los que el administrador participa en la contratación de empleados para la comunidad y, mediante **engaño o abuso de su situación de necesidad**, impone condiciones laborales que suprimen o restringen los derechos reconocidos por las disposiciones legales o convenios colectivos. **2177**

SECCIÓN 6

Junta de propietarios

2500

A. Cuestiones previas

2502 La junta de propietarios es el órgano supremo de la comunidad. Se encuentra integrada por todos y cada uno de los propietarios del inmueble y tiene los cometidos propios de un órgano rector colectivo. Se trata del órgano a través del que, con sujeción a los requisitos previstos en la Ley, se delibera, forma y declara la **voluntad** de las comunidades de propietarios en régimen de propiedad horizontal. Es el medio de expresión colectiva de la comunidad de propietarios, como colectivo de intereses carente de reconocimiento como persona jurídica.

El **funcionamiento y actuación** de la junta se rige por principios asamblearios, debiendo cumplirse una serie de formalidades previas a la celebración de cada una de las reuniones. Dichas formalidades funcionan como requisitos determinantes de la validez de las juntas y de los acuerdos que en ellas puedan adoptarse.

El **formalismo** en la celebración de las juntas afecta a aspectos tales como:
- la convocatoria y citación de los propietarios en las condiciones legales (nº 2650 s.);
- la determinación precisa y clara de los diversos extremos que constituyen el orden del día de cada una de las reuniones (nº 2673);
- los presupuestos y condiciones necesarios para la asistencia y celebración de las juntas (nº 2780 s.);
- el ejercicio del derecho de voto (nº 2900 s.);
- la determinación del sistema de mayorías para la válida adopción de los distintos tipos de acuerdos (nº 2900 s.); y
- la constancia formal en acta que habrá de incorporarse al libro de actas de la comunidad (nº 3075 s.).

2504 **Composición** La junta se encuentra integrada única y exclusivamente por los propietarios de las entidades privativas de la propiedad horizontal.

No forman parte de la misma, por consiguiente, lo **titulares de otros derechos personales o reales**, quienes solo pueden participar en las juntas en el caso de que alguno de los propietarios decida delegar en ellos su representación para asistir y participar en la reunión.

En los casos en que exista constituido sobre alguna entidad privativa un derecho de **usufructo**, el derecho de asistir, participar y votar en la junta corresponde al nudo propietario, sin perjuicio de que se presuma que este delega tácitamente su representación en el usufructuario. No obstante, se destruye dicha presunción si (LPH art.15):
- el nudo propietario manifiesta expresamente su voluntad en contrario con anterioridad a la celebración de la junta;
- el acuerdo implica la aprobación o modificación del título constitutivo o los estatutos (LPH art.17.6); o
- se trata de aprobar una obra extraordinaria o de mejora.

En estos dos últimos casos el usufructuario necesita de **autorización expresa** del nudo propietario para representarle en la junta (AP Valencia 26-2-18, EDJ 40613; AP Alicante 21-5-21, EDJ 675135).

Precisiones La representación autorizada en virtud de LPH art.15 en favor del usufructuario queda limitada a la asistencia y voto en las juntas, sin que exista mención similar para la actuación de la **facultad de convocar la junta** atribuida en exclusiva a los propietarios cuando lo pidan la cuarta parte de los propietarios o un número que represente al menos el 25% de las cuotas de participación -LPH art.16.1- (AP Cádiz 14-3-18, EDJ 511500).

2505 Los titulares de derechos personales o reales distintos al de propiedad ni siquiera tienen **derecho a estar presentes** durante la celebración de las juntas, aunque el asunto que se vaya a tratar tenga especial relevancia para ellos. En estos casos, su asistencia y participación

requiere la **aprobación previa** de la propia junta antes de iniciarse el tratamiento de las cuestiones que constituyen el orden del día. Aprobación que, al no tener prevista una específica mención en la LPH, queda sujeta a la mayoría del total de propietarios y cuotas, si la junta se celebra en primera convocatoria y a la mayoría de propietarios asistentes a la reunión, siempre que representen la mayor parte de las cuotas de participación presentes, si la junta se celebra en segunda convocatoria (LPH art.17.7).
El criterio que adopta el legislador para el funcionamiento de la junta de propietarios es el de un **único voto por entidad privativa**. Por ello, en el caso de que alguna entidad pertenezca en propiedad a varios comuneros, estos han de nombrar un único y común representante para asistir y votar en la junta (LPH art.15.1). En principio, y por idéntica razón, la asistencia prevista es la de **un representante por entidad**, si bien, sobre este particular se es mucho más flexible, siempre y cuando se respete el criterio de un único voto a la hora de someter a votación los diferentes asuntos que integran el orden del día.
Al igual que sucedía con la asistencia de terceros titulares de derechos personales o reales, distintos al de propiedad, cuando cualquier propietario desee **asistir a la junta acompañado de terceros ajenos** a la comunidad, sean abogados, notarios, familiares, etc., dicha asistencia requiere de la aprobación por parte de la junta con carácter previo al inicio del debate del orden del día y conforme a las mayorías previstas en LPH art.17.7, antes mencionadas. En el caso de **negativa a la asistencia solicitada**, sin necesidad de que la misma tenga que obedecer a causa justificada alguna, al propietario en cuestión solo le quedará como opción la de apoderar o delegar su derecho de asistencia y voto en el abogado o profesional correspondiente para que sea este el que participe y vote en su nombre en la junta de propietarios. En la práctica, no obstante, en un régimen de convivencia y respeto normal entre comuneros, es habitual aplicar **criterios de flexibilidad** en estas situaciones (AP Málaga 7-3-23, EDJ 612465).

Precisiones Se acepta la interpretación que asigna **un voto a cada propietario**, ya sea propietario de un solo piso o apartamento o local individualizado o de varios dentro del mismo inmueble sujeto a la LPH, al margen de la mayor o menor **cuota de participación** de que disponga, bien sea por un piso o local, bien sea como resultado de la suma de los correspondientes pisos o locales, cuota individual o global que se computará en su totalidad en la formación de las mayorías de las cuotas de participación (TS 10-2-95, EDJ 168; AP Madrid 21-1-19, EDJ 519130; AP Barcelona 13-11-19, EDJ 743449; AP Las Palmas 3-3-20, EDJ 624527; AP Valencia 14-9-22, EDJ 826858).
Ya con anterioridad conceptuaba a los copropietarios de cada espacio, apartamento o local, añadiendo que los propietarios de varias fincas integradas en la comunidad constituyen un único elemento personal (TS 13-10-82, EDJ 5935). Sin duda, para llevar a cabo el cómputo de votos hay que tener en cuenta tanto el coeficiente como el número de propietarios, aun cuando estos últimos ostenten la propiedad de varios pisos o locales (AP Madrid 27-2-19, EDJ 549318).

Régimen de comunidad ordinaria de bienes (LPH art.13.8) Cuando el **número de viviendas y locales** que integran una comunidad de propietarios no exceda de cuatro, el legislador ha previsto la posibilidad de que estos opten por administrarse acogiéndose al sistema no asambleario propio de las comunidades de bienes ordinarias, regulado en CC art.398 s. El único **requisito** que se exige para ello, al margen del presupuesto de hecho anteriormente indicado, es que así se establezca en los estatutos de la comunidad. **2507**
La opción prevista por el **sistema de administración** de la comunidad de bienes se vincula a la existencia de, como máximo, cuatro entidades privativas, sean pisos o locales. Ello impide que puedan hacer uso de la misma las comunidades de propietarios integradas por un mayor número de entidades privativas (pisos, locales, plazas de aparcamiento, etc.), aunque se dé la casualidad de que existan menos de cuatro propietarios, porque el promotor sigue ostentando la condición de titular del dominio de la inmensa mayoría de las mismas.
Debe tenerse en consideración que nos encontramos ante una **opción** que prevé la Ley y pone a disposición de los particulares y no ante una norma de aplicación automática. Ello implica que, en ausencia de pacto estatutario sobre el particular, el régimen de administración de la comunidad de propietarios debe ajustarse al previsto en LPH art.14 s., con la correspondiente celebración de juntas, previo cumplimiento de las formalidades oportunas.
La opción puede ejercitarse **originalmente**, esto es, en el momento de la constitución de la propiedad horizontal, normalmente mediante el correspondiente otorgamiento de la escritura pública de división horizontal. Pero puede adoptarse, también, **de forma sobrevenida**, mediante la aprobación de la correspondiente modificación estatutaria, decisión esta que debe ser elevada a público e inscrita en el Registro de la Propiedad para que afecte a los futuros terceros que pasen a formar parte de la comunidad de propietarios (LPH art.5).
En cualquiera de los casos indicados se precisará del **consentimiento unánime** de los propietarios existentes, por cuanto que el legislador dota a este tipo de acuerdo de naturaleza estatutaria, siendo así que para la aprobación y modificación del título constitutivo y de los estatutos se precisa del consentimiento de la unanimidad de los propietarios, con las únicas

excepciones que se contemplan en la LPH art.17 redacc RDL 8/2023, entre las que no se encuentra la decisión que ahora nos ocupa.

Fuera de los **casos excepcionales** de sumisión voluntaria al régimen de administración de la comunidad de bienes, la realidad es que en la inmensa **mayoría de propiedades horizontales** el régimen de formalización y adopción de acuerdos se ajusta al sistema de celebración de juntas, a modo de asamblea general de propietarios y regidas por principios democráticos, previamente convocadas y notificadas conforme a lo previsto en la LPH y en las que las decisiones deben reunir las mayorías previstas, según los casos, en la LPH art.17 redacc RDL 8/2023.

Precisiones La remisión de la LPH art.13.8 a las normas de la comunidad de bienes ha de entenderse en cuanto a los **aspectos instrumentales** sobre la forma de gobierno de la comunidad y no respecto de los **aspectos materiales** sobre la definición de los derechos y deberes de los comuneros -en el caso, responsabilidades y derechos según cuota de participación y carácter obligatorio de las obras-, como deriva de la ubicación sistemática del apartado examinado en el precepto relativo a los órganos de gobierno de la comunidad y de los artículos relativos al régimen jurídico imperativo en situaciones de comunidad horizontal, articulada debidamente o no (AP A Coruña 23-3-18, EDJ 91417).

2509 **Efectos prácticos** En cuanto a los efectos prácticos que conlleva el ejercicio de la opción de acogerse al régimen de la comunidad de bienes, el primero de ellos y el principal, es que se evita el entramado organizativo de la propiedad horizontal, flexibilizándose el proceso de **adopción de acuerdos**. De manera que, todas y cada una de las actuaciones o actos propiamente de administración que hayan de adoptarse en la comunidad de propietarios requerirán del acuerdo mayoritario, entendido por tal el tomado por los partícipes que representen la mayor cantidad de los intereses que constituyen la comunidad (CC art.398). Dicho de otro modo, bastará con que así lo decidan el propietario o propietarios que reúnan la mayoría de las cuotas de participación existentes en el edificio y sin necesidad de que dicha voluntad haya de alcanzarse a través de la celebración de una junta o reunión de propietarios formalmente convocada.

En cuanto a los actos que excedan de la **mera administración**, quedan sujetos a la regla de la unanimidad (CC art.397; LPH art.17.6), con la particularidad de que el consentimiento de los propietarios debe ser siempre expreso, no resultando admisible la unanimidad obtenida por la vía del consentimiento tácito previsto para los acuerdos adoptados en junta en el mencionado precepto de la LPH (AP Madrid 1-6-16, EDJ 181840).

Precisiones **1)** La DGSJFP ha venido sosteniendo la falta de **personalidad jurídica** de las comunidades de propietarios en régimen de propiedad horizontal (DGRN Resol 3-3-08; 3-7-13; 12-2-16; DGSJFP Resol 25-10-23), por lo que no se ha admitido que, a favor de estas comunidades como tales, pueda inscribirse en el Registro de la Propiedad el dominio de bienes inmuebles. No se la puede considerar como una comunidad ordinaria de bienes sino como un ente de proyección jurídica propia que actúa a través de su representante (3-4-18). Es por eso que la jurisprudencia admite ciertas actuaciones de la comunidad de propietarios en el ámbito procesal, arrendaticio y otros, sobre todo dándole capacidad para litigar. Además, en algunos asientos como la anotación preventiva, son materias en las que la comunidad tiene reconocida esa capacidad procesal. No obstante, ello no significa que la comunidad pueda ser **titular registral**, ni es posible que, sin tal personalidad, pueda ser propietaria de un bien y, por ende, titular registral del asiento de inscripción correspondiente. Aun así, la vigente LPH art.9 permite, no sólo practicar anotaciones preventivas de demanda y embargo a favor de las comunidades de propietarios en régimen de propiedad horizontal, sino que admite que también sea titular registral «cuando sea el caso, el patrimonio separado a cuyo favor deba practicarse aquella, cuando este sea susceptible legalmente de ser titular de derechos u obligaciones (AP León 5-11-20, EDJ 812770).

2) Es de reseñar que la opción por el régimen de la comunidad de bienes no ha sido incorporada a la especial regulación de la propiedad horizontal prevista en el ordenamiento jurídico de **Cataluña**.

B. Competencias

(LPH art.14)

2515

2517 Ante un entramado organizativo en el que operan diferentes órganos y cargos de gobierno resulta fundamental determinar cuál es el ámbito de actuación propio de la junta. La relación de competencias atribuidas a la junta contempla una serie de **cometidos específicos** y un último apartado genérico de **atribución residual** de competencias para conocer de todos los demás asuntos de interés general de la comunidad. Por tanto, al margen de las competencias expresamente asignadas por la Ley a la junta, esta última se constituye en el órgano de la comunidad legitimado para intervenir en todas aquellas actuaciones o facultades que no se encuentren especialmente atribuidas -por Ley o por los estatutos- al resto de cargos de gobierno de la comunidad.

1. Nombramiento y remoción de cargos y órganos de gobierno

(LPH art.14.a)

El primero de los cometidos asignados a la junta es el relativo al nombramiento y remoción de los cargos de gobierno de la comunidad, incluyendo dentro de los mismos, tanto los previstos en la LPH como los que, particularmente, y al amparo de la habilitación establecida en LPH art.13.1 último párrafo, se regulen en cada comunidad de propietarios. **2520**

Se trata de una atribución de **competencia de carácter imperativo**, no siendo válido el recurso a sistemas alternativos para el nombramiento y cese de cargos diferentes a la aprobación de la junta (TS 4-2-08, EDJ 6181; AP Asturias 29-4-16, EDJ 70654; AP Madrid 27-4-21, EDJ 615982). Esta afirmación no debe interpretarse como que el único sistema que puede seguirse para el **nombramiento** de cargos es el de la votación en junta, ya que el sistema de designación que puede establecerse para el nombramiento por parte de la junta podría ser el del establecimiento de un turno rotatorio o, incluso, el recurso al sorteo (LPH art.13.2), lo que significa es que la competencia para la **designación** corresponde siempre a la junta, siendo nula cualquier cláusula estatutaria que intente burlar esta atribución.

Mayoría En cuanto a la mayoría que se requiere para la adopción de acuerdos relativos a este primer cometido, la única referencia expresa que contempla la LPH, indica que se pueden crear órganos de gobierno distintos a los previstos en la Ley por **mero acuerdo mayoritario**, sin hacer mayor precisión a si el acuerdo mayoritario precisará de mayoría simple o mayoría reforzada (LPH art.13.1). Ni siquiera indica si es necesario obtener la doble mayoría de propietarios y cuotas. Ante este estado de cosas, se aplica, tanto para el nombramiento, como para la remoción de los cargos de gobierno, la **cláusula residual** que dispone que para todos los acuerdos que no tengan una previsión especial en la LPH, basta con el voto de la mayoría del total de los propietarios que, a su vez, representen la mayoría de las cuotas de participación, en primera convocatoria, y mayoría de propietarios asistentes, que representan la mayoría de las cuotas de participación presentes en la junta, si esta se celebra en segunda convocatoria (LPH art.17.7; AP Castellón 13-9-13, EDJ 219114). **2522**

Esa misma mayoría es la que se necesitará para acordar la **constitución de órganos o cargos** de gobierno distintos a los previstos en la Ley, ya que solo así cabe entender el término «acuerdo mayoritario» al que hace mención LPH art.13.1. Se constituye así en una excepción adicional a la unanimidad que rige la aprobación y modificación de normas o decisiones de índole estatutario.

Precisiones **1)** La LPH exige que la decisión sobre el nombramiento y/o remoción de los cargos de la comunidad esté expresamente prevista en el **orden del día de la junta** (AP A Coruña 4-5-17, EDJ 92167; AP Barcelona 25-10-23, EDJ 745605), con la única excepción que representa el hecho de que la junta se celebre con carácter universal, esto es, sin convocatoria previa y con la presencia de todos y cada uno de los propietarios que integran la comunidad. Este presupuesto ha merecido alguna crítica, por cuanto que, desde un punto de vista estrictamente práctico, la persona que se encarga de elaborar y de implementar el orden del día es la misma que puede verse afectada por la decisión que adopte la junta, por lo que le vale con evitar la inclusión del tema en el orden del día, para impedir la adopción de acuerdos de cese en el cargo. Bien es cierto, que se reconoce en la LPH la posibilidad de que los propios propietarios puedan instar la convocatoria de la junta, siempre que reúnan el 25% de las cuotas de participación, o constituyan más de la cuarta parte de los propietarios que integran la propiedad horizontal (LPH art.16.1), pero es indudable que las dificultades que representa obtener dicho cuórum, unido a la necesidad de recurrir a los cargos de gobierno para que lleven a efecto la convocatoria y citación, hacen que se dificulte su aplicación práctica a los supuestos de remoción de cargos.

2) No resulta **contrario a la buena fe** que la junta acuerde los nombramientos de presidente y vicepresidente, pues a los mismos se refería la elección de junta directiva previamente anunciada. La junta lo acordó dentro de sus competencias (LPH art.13.2) y expresando su voluntad mediante la votación de los copropietarios, lo que era precisamente el contenido de uno de los puntos del orden del día (AP Madrid 27-4-21, EDJ 615982).

Por otro lado, no puede desconocerse que en numerosas ocasiones los propietarios solo alcanzan los elementos de **conocimiento** sobre los que poder censurar la actuación de los cargos de gobierno en el momento de celebración de la junta, viéndose obligados a esperar a **2523** la convocatoria de una nueva reunión para poder adoptar decisiones sobre su cese o la adopción de medidas para exigir las responsabilidades correspondientes. Es por ello, por ejemplo, que en materia de sociedades mercantiles se permite la remoción de los administradores en las juntas generales a pesar de que dicha cuestión no se encuentre comprendida entre los puntos del orden del día de la reunión (RDLeg 1/2010 art.223).

Precisiones En **Cataluña**, con anterioridad a la reforma introducida por L Cataluña 5/2015, el CCC art.553-25 reconocía expresamente la posibilidad de **destituir y/o nombrar a cargos**, aunque no constasen en el orden del día. Sin embargo, la mentada reforma elimina dicha facultad, entrando en consonancia con el ordenamiento jurídico estatal por el que se prevé que el cese y nombramiento de cargos solo puede adoptarse válidamente en junta de propietarios, cuando así esté previsto expresamente en el orden del día de la convocatoria, con la única excepción que representan las juntas universales, al celebrarse sin necesidad de convocatoria previa.

2525 **Personas contratadas ajenas a la comunidad** Una cuestión que suele presentarse en relación a la posible remoción de los cargos, principalmente cuando hablamos de personas contratadas ajenas a la comunidad, es la de si la decisión es libre o puede suponer el incumplimiento de **obligaciones contractuales** asumidas con dichos terceros y, consiguientemente, la obligación de compensar los **daños y perjuicios** ocasionados. En este punto, es importante destacar lo importante que puede resultar suscribir con los **administradores de fincas** compromisos contractuales que incluyan la facultad de desistir del contrato en cualquier momento, siempre que así lo decida la junta y con un preaviso suficiente.

Precisiones **1)** Los tribunales de justicia se han pronunciado sobre este extremo en diferentes ocasiones, llegando a la conclusión de que la relación jurídica entre una comunidad de propietarios en régimen de propiedad horizontal y su **administrador de fincas** (profesional) responde a la naturaleza de un **mandato** sui generis, un mandato de gestión, en el que es determinante la confianza que inspiran las cualidades personales del administrador, por lo que se reconoce a ambas partes la posibilidad de desistir del contrato (CC art.1733), antes del vencimiento del plazo de duración pactado, pero reconociéndose como resultado de dicho desistimiento un derecho indemnizatorio de los daños y perjuicios, salvo que concurra una justa causa acreditada que motive el mismo (TS 3-3-98, EDJ 1123; AP Madrid 21-12-18, EDJ 726213; AP Valladolid 10-5-23, EDJ 624914; AP Barcelona 4-10-23, EDJ 735166). Es indudable que el incumplimiento de las obligaciones propias de su cargo, o el no respeto de las instrucciones que reciba de la comunidad o de los órganos rectores de la misma son causas justificativas de la remoción.
2) La comunidad de propietarios deberá autorizar al presidente para pactar las **condiciones específicas** sobre duración del contrato y honorarios específicos por asistencia a juntas del administrador, ya que si no es así no se podrá reclamar a la comunidad estos conceptos (AP Málaga 25-10-18, EDJ 693668).

2527 **Presidente** Mención especial merece el nombramiento de la persona que haya de ostentar el cargo de presidente de la comunidad, por cuanto que la misma ha de reunir siempre la **condición de propietario**. Así lo ha entendido el Tribunal Supremo al interpretar el art.13.2 LPH, cuando indica que el presidente será nombrado, entre los propietarios, mediante elección o, subsidiariamente, mediante turno rotatorio o sorteo (TS 27-1-17, EDJ 2939; 14-10-08, EDJ 185051; 13-7-06, EDJ 282106; 30-6-05, EDJ 135952; AP La Rioja 28-7-23, EDJ 700328).

2. Aprobación de presupuestos y cuentas

(LPH art.14.b)

2530 En segundo lugar, se encomienda a la junta la aprobación del **plan de ingresos y gastos** para cada ejercicio, así como las **cuentas** correspondientes a cada ejercicio vencido. Esta función entronca con la obligación que se impone al administrador de la comunidad de preparar con la debida antelación y someter a la aprobación de la junta el plan de ingresos y gastos para cada ejercicio -presupuesto-, proponiendo las medidas necesarias para hacer frente a las mismas (LPH art.20). Omite el legislador, no obstante, al referirse a las obligaciones propias del administrador, hacer expresa referencia a uno de los cometidos principales, el de preparar las cuentas correspondientes al cierre de cada ejercicio, que deben encontrarse debidamente justificadas.
En cuanto a la **frecuencia** con la que la junta debe proceder a examinar el presupuesto y aprobar las cuentas, se establece que la junta se reunirá al menos una vez al año para aprobar los presupuestos y cuentas, lo que implica reconocer que el período máximo de cada ejercicio contable será de un año, pudiendo pactarse plazos inferiores al año (LPH art.16). La **aprobación de cuentas** de cada ejercicio y del presupuesto constituye, por consiguiente, el cometido propio de la **junta ordinaria anual** de la comunidad de propietarios (AP Málaga 29-1-21, EDJ 592820).

Al igual que ocurría con el cometido referente al nombramiento y remoción de los cargos y ante la falta de mención especial en la LPH, la aprobación del presupuesto y de las cuentas de cada ejercicio queda sometida a la **mayoría** de propietarios y cuotas de participación existentes en el edificio, si la junta se celebra en primera convocatoria, o a la mayoría de propietarios asistentes a la junta, siempre que representen la mayor parte de las cuotas de participación presentes en la reunión, si esta se celebra en segunda convocatoria (LPH art.17.7; AP Madrid 13-9-19, EDJ 709641; 9-12-22, EDJ 795526).

Sistemas de reparto de gastos Uno de los problemas prácticos que con mayor frecuencia se plantean en relación al ejercicio de la competencia de la junta de propietarios de aprobar las cuentas de gastos e ingresos correspondientes a cada ejercicio es el relativo a la inclusión en las mismas de sistemas de reparto de gastos distintos al **proporcional a las cuotas de participación**, sin que exista acuerdo estatutario que legitime dicha actuación. Ello suele presentarse con la distribución de gastos tales como los de portería, administración de la finca y otros, en los que muchas comunidades aplican el sistema de distribución **por partes iguales**, muchas veces sin que exista un acuerdo estatutario que ampare dicha distribución. 2532

Es evidente, que la distribución de los gastos de la comunidad de propietarios debe efectuarse conforme a la **cuota de participación** que se asigne en el título a cada entidad, salvo disposición especial en otro sentido prevista en los estatutos de la comunidad LPH art.9.1.e, en relación con LPH art.5 y 17. De modo que, las cuentas que distribuyan los gastos de forma diferente al indicado sistema, pueden ser objeto de **impugnación** por cualquier propietario que hubiera salvado su voto en la reunión o por los ausentes, o por los propietarios privados indebidamente de su derecho de voto, aunque se aprueben por la mayoría indicada, pudiéndose esgrimir:

a) La causa de impugnación prevista en LPH art.18.1.a, esto es, ser **acuerdos contrarios a la Ley o a los estatutos**, en cuyo caso el plazo de impugnación caduca al año a contar, para los presentes desde la celebración de la junta y para los ausentes desde que se les comunique el acuerdo (LPH art.9).

b) La causa de impugnación prevista en LPH art.18.1.c, cual es, el tratarse de un acuerdo que supone un **grave perjuicio** para uno o varios propietarios, sin que estos tengan obligación de soportarlo. En este último caso, el plazo de caducidad para el ejercicio de la acción de impugnación es únicamente de 3 meses a contar desde la celebración de la junta, si el impugnante asistió a la misma, o desde que le sea notificado el acuerdo, si quien impugna estuvo ausente en la reunión.

El problema práctico estriba cuando dicha irregularidad se ha **consentido sin queja** por los propietarios en sucesivos ejercicios. Esto es, cuando durante diferentes ejercicios se han venido aprobando las cuentas siguiendo sistemas de reparto diferentes al de las cuotas de participación, sin que ello se encontrase amparado en disposición estatutaria alguna, pero, sin que ningún propietario haya impugnado el correspondiente acuerdo de aprobación de las cuentas. Esta circunstancia puede deberse al mero **desconocimiento** de la norma legal o, incluso, al simple desconocimiento de la justificación o alcance de las cuentas presentadas.

En este estado de cosas, hay que analizar si los propietarios se ven vinculados por su comportamiento mantenido en los ejercicios anteriores y el tiempo transcurrido, en cuyo caso no pueden **impugnar** las cuentas que sucesivamente se presenten, elaboradas en idénticos términos a las aprobadas precedentemente, o si, por el contrario, el hecho de que las **cuentas anteriores** resulten inatacables por caducidad de la acción de impugnación, en modo alguno se constituye en un obstáculo para que puedan impugnarse las **cuentas futuras** irregularmente elaboradas.

Precisiones **1)** Las **cuotas de comunidad** son obligaciones de pago periódico así establecidas al amparo de LPH art.9.1.e y 14.b y CC art.1098 como fuente legal debidamente articulada por los correspondientes estatutos que rigen la comunidad y las pertinentes juntas de propietarios, que fijan tanto los presupuestos anuales ordinario, como los debidos pagos periódicos que consideran procedentes habitualmente mensuales, por obvias razones de operatividad y adecuación a los pagos ordinarios y gastos comunes, en general, sin que quepa actitud discrecional por parte de sus integrantes al pago en diferente momento que el fijado, como expresamente corrobora LPH art.21 (AP Las Palmas 31-7-18, EDJ 685147). 2533

2) Aunque sea la junta de propietarios quien establezca un sistema singular para pagar determinadas partidas por conceptos de gastos o mantenimiento, ello supone una **modificación estatutaria contraria a la ley** susceptible de ser impugnada judicialmente para lograr la anulación del acuerdo, sin que la tolerancia de cuentas o presupuestos en juntas anteriores con un sistema de reparto diferente al que correspondía, en base a lo que especialmente se haya establecido en los estatutos, sea suficiente aceptación de hecho para evitar la impugnación de un acuerdo similar adoptado en una junta posterior (TS 25-2-20, EDJ 512845).

3) Sin perjuicio de que se trate de una cuestión de hecho que ha de valorarse en función de las particularidades que presente cada caso concreto, lo cierto es que los tribunales suelen mostrarse reacios a admitir la aplicación de la doctrina del *venire contra factum propium* o **vinculación de los actos propios**, por entender que normalmente se trata de cuotas pequeñas, no suficientemente detalladas, que se aprueban sin prestar atención a las mismas, razón por la cual no puede entenderse que se ha producido en estos casos una conformidad rotunda y clara a las mismas por mucho que en otros ejercicios anteriores no se hayan impugnado las cuentas. Falta, por consiguiente, la demostración contundente del conocimiento y la voluntad de aprobar el nuevo sistema de distribución de gastos. La consecuencia es que es admisible la impugnación de las **cuentas presentes y futuras**, aunque no ya de las pasadas en los casos en los que haya caducado la acción (TSJ Navarra 26-2-03, EDJ 8903).

La junta de propietarios es soberana para poder modificar de forma sobrevenida los sistemas de distribución de gastos seguidos con anterioridad. Lo que no puede hacer la junta es **modificar el criterio respecto de una actuación** sobre la que se adoptó el correspondiente acuerdo que devino firme y fue ejecutado y agotado en su ejecución (AP Bizkaia 15-3-11, EDJ 179839).

4) En **Cataluña**, la jurisprudencia se pronuncia en el sentido de manifestar que el derecho de información del comunero o copropietario aparece regulado en el Derecho común (LPH art.14.b y c y art.20) y allí en CCC art.553-19.2.d, que atribuye a la junta de propietarios la competencia inalienable de aprobar los presupuestos y cuentas anuales, y más preciso en CCC art.553-21.5 relativo a la convocatoria a las reuniones de la junta de propietarios, en cuanto que refiere que la documentación relativa a los asuntos a tratar debe enviarse a los propietarios junto a la convocatoria, o bien debe indicarse el lugar donde se halla a su disposición y, en concreto, los documentos que se refieren a los conceptos de las cuantía reclamadas (AP Barcelona 22-2-18, EDJ 27046).

2535 **Modificación de cuentas y presupuestos previamente facilitados** Otra de las cuestiones prácticas que suelen plantearse en relación con la aprobación de presupuestos y cuentas es si se permite introducir en la junta modificaciones a las cuentas y presupuestos previamente facilitados o puestos a disposición de los propietarios en el momento de la convocatoria, o, por el contrario, la junta debe limitarse a aprobar o no los documentos elaborados por el administrador a tal efecto, debiendo el administrador, en este último caso, volver a preparar unas cuentas o presupuesto para someterlas a aprobación de la junta en el caso de que le sean rechazadas por esta. En aras a flexibilizar o dinamizar el funcionamiento de estos colectivos, los tribunales se vienen mostrando partidarios de **admitir la introducción de modificaciones** en las cuentas o presupuestos durante la celebración de la junta, por entender que es perfectamente lógico y válido, no causándose indefensión alguna a los ausentes, quienes habrán sido advertidos de que uno de los extremos que constituían el orden del día era la aprobación de las cuentas y presupuesto, siendo así que, además, serán informados del resultado de la reunión, por cuanto que es obligatorio que se les dé traslado del acta en el que se reflejen los acuerdos adoptados, en este caso, con las cuentas corregidas y efectivamente aprobadas (AP Madrid 26-10-05, EDJ 186732).

2537 **Validez de las cuentas aprobadas** Se discute en algunas ocasiones la validez de las cuentas aprobadas por el hecho de que se omita reflejar en las mismas determinadas partidas o ingresos. Uno de los temas más habituales es la **falta de reflejo contable** de la distribución o imputación de las subvenciones obtenidas por la comunidad para coadyuvar a sufragar algunos de los gastos acometidos durante el ejercicio. Señala la jurisprudencia que lo que se reconoce a cada propietario es el **derecho a participar en el reparto** de los beneficios y de las cargas, aspecto este que no debe llevar al equívoco de entender que por ello necesariamente deba incluirse en las cuentas presentadas y su omisión implique automáticamente la nulidad de las mismas, siempre y cuando se justifique su no inclusión y, sobre todo, se repercuta de una manera u otra en el propietario en cuestión la participación que le corresponde en la ayuda recibida. En esta línea, señalan algunas resoluciones judiciales que la **no inclusión de las subvenciones** en las cuentas del ejercicio puede tener su significado en el hecho de que, estando llamadas estas cantidades obtenidas por vía de subvención a ser restituidas a los propietarios que anticiparon el coste de las obras objeto de la ayuda pública, esta última deberá ir dirigida o ser restituida a los propietarios que efectivamente acometieron al pago del gasto, que perfectamente puede no coincidir con las personas que aparecen como titulares de las entidades privativas al final de cada ejercicio económico (AP Guadalajara 16-2-05, EDJ 25439).

3. Aprobación de obras

(LPH art.14.c)

2540 Se atribuye a la junta de propietarios la decisión de aprobar la ejecución de toda obra que no se encuentre comprendida dentro del ámbito de aplicación de LPH art.7.1. Ello comprende la aprobación de las **obras de reparación** de la finca y de los presupuestos para su ejecución, así

como el derecho a ser informada sobre las obras o actuaciones encargadas o acometidas por los órganos de gobierno de la comunidad en los **casos de urgencia**.
Hay que recordar que se reconoce a cada propietario el **derecho a modificar los elementos arquitectónicos, instalaciones y servicios** situados en su entidad privativa, siempre y cuando no menoscabe o altere la seguridad del edificio, su estructura general, su configuración o estado exteriores, o perjudique los derechos de otro propietario.
Fuera de dichas actuaciones, todas las obras que se pretendan ejecutar deben contar con la **previa aprobación de la junta**, ya se pretendan ejecutar en interés del colectivo, o en interés particular de alguno o algunos propietarios.
El alcance efectivo de esta función debe examinarse partiendo del análisis de los diferentes tipos de obras que pueden afrontarse en el seno de una comunidad de propietarios (nº 1300 s.).

Precisiones En relación a un supuesto de ejecución de obras en interés y por cuenta de un determinado propietario y con una pretendida autorización del presidente de la comunidad, se ha manifestado que cuando dichas obras **afectan a elementos comunes** de la finca, no es función del presidente de la comunidad, sino de la junta de propietarios, debidamente convocada, la de autorizar o no tales actuaciones, siempre y cuando no exista previsión expresa en los estatutos que habilite la actuación sin el consentimiento de la junta (TS 13-6-11, EDJ 120444).
Se ha sentado, igualmente, como doctrina jurisprudencial que, dentro de lo que se denomina **estructura del inmueble**, se incluye todo lo que forma parte de la armadura de fábrica de la edificación, como los forjados, y la posibilidad de que cualquier propietario pueda verificar modificaciones en ella es contraria a la LPH, así como al principio básico de copropiedad, por lo que requiere la autorización de la junta de propietarios (TS 17-2-10, EDJ 14196; AP A Coruña 31-7-14, EDJ 135486).

Clasificación de las obras Una clasificación tradicional es la que distingue entre las obras de **conservación** entendidas en sentido amplio y las obras de **mejora**. 2542

Obras de conservación Las obras de conservación comprenderían, a su vez, tanto las obras que son estrictamente de conservación, como las de reparación y rehabilitación. Por obras de conservación en sentido estricto, cabe entender todas aquellas actuaciones que se dirijan a mantener los elementos comunes del edificio, sus instalaciones y servicios en perfecto estado, o a impedir su pérdida o deterioro. 2543
Las **obras de reparación** son las que se encaminan a enmendar, arreglar o corregir los deterioros o menoscabos que, por cualquier razón, hubieran podido sufrir los elementos comunes, instalaciones y servicios de la comunidad.
Por último, las **obras de rehabilitación** son aquellas que tienden a adecuar el edificio a las condiciones estructurales y funcionales exigibles en cada momento, bien por el deterioro sufrido por el paso del tiempo, bien por la obsolescencia de la edificación. Estas obras de rehabilitación **comprenden**, a su vez, tanto las obras destinadas a garantizar la seguridad de la estructura de las edificaciones, como las destinadas a proporcionar al edificio las condiciones suficientes de acceso, estanqueidad, aislamiento térmico, redes generales de agua, gas, electricidad, telefonía, saneamiento, etc.

Precisiones En relación a la categoría de **obras de rehabilitación** es importante destacar que, desde un **punto de vista estrictamente fiscal**, se ofrece un concepto más restringido de las mismas, siendo así que para que unas obras puedan beneficiarse del tipo reducido del 10% de IVA como obras de rehabilitación será necesario que reúnan una serie de **presupuestos fácticos**:
• Que más del 50% del coste total del proyecto de rehabilitación se destine a **obras de consolidación** o tratamiento de elementos estructurales, fachadas o cubiertas o a obras análogas o conexas a las de rehabilitación.
• Que el coste total de las obras a que se refiera el proyecto sea mayor que el **valor de mercado** que tuviera la edificación o parte de la misma en el momento del inicio de las mismas, descontando el precio de adquisición o del valor de mercado de la edificación la parte proporcional correspondiente al suelo, o del 25% del precio de adquisición de la edificación, si esta se hubiese efectuado durante los 2 años inmediatamente anteriores al inicio de las obras de rehabilitación.
Se entiende por **obras análogas** las obras de adecuación estructural que sirvan para garantizar la estabilidad y resistencia mecánica del edificio, las de refuerzo de la cimentación, ampliación de la superficie construida, reconstrucción de fachadas y patios interiores e instalación de elementos elevadores.
Se entiende por **obras conexas**, las obras de albañilería, fontanería y carpintería, las de mejora de cerramientos o instalaciones y las de rehabilitación energética, siempre que su coste sea inferior al de las obras de consolidación o tratamiento de elementos estructurales, fachadas o cubiertas y obras análogas, siempre que estén asociadas a las mismas y no consistan en el mero acabado u ornato del edificio ni en el simple mantenimiento u ornato de la fachada (LIVA art.20).

Obras de mejora Junto a las obras de conservación en sentido amplio, nos encontramos con las obras de mejora, entendidas como aquellas obras que, más allá de conservar, mantener o reparar lo que ya hay, se destinan a introducir **nuevos elementos, instalaciones o servicios** destinados a incrementar el valor del edificio, bien acrecentando la utilidad, posibilidades de 2544

goce y capacidad de rendimiento, bien perfeccionándolo para mejor recreo o comodidad de las personas que desarrollan su vida o actividad en el seno del edificio.
Una vez descritas, de forma sucinta, las diferentes clases de obras que en interés general se pueden afrontar por las comunidades de propietarios y cuya aprobación constituye uno de los cometidos propios de la junta de propietarios, debe examinarse cómo y cuándo se aprueba por la comunidad la **ejecución** de cada una de ellas.

2546 **Ejecución de obras ordinarias de conservación y mantenimiento** Siguiendo el mismo orden expositivo que el descrito en la clasificación, en un primer término estarían las obras de conservación y mantenimiento ordinarios de elementos, instalaciones o servicios comunes. Estas actuaciones por lógica y en atención a lo que sería una buena praxis profesional de los administradores de fincas al preparar los presupuestos de cada ejercicio, deben estar comprendidas en el **presupuesto anual**, puesto que se trata de **gasto previsible**. De esta manera, su aprobación se realiza en la junta general ordinaria que ha de celebrarse al menos una vez al año (LPH art.16.1).
En cuanto a la **mayoría** necesaria para su aprobación, es la misma que para el resto de contenidos del presupuesto, esto es, mayoría de propietarios y cuotas de participación de la total comunidad de propietarios si la junta se celebra en primera convocatoria y mayoría de propietarios asistentes, siempre que representen la mayor parte de las cuotas presentes si la reunión se celebra en segunda convocatoria (LPH art.17.7; AP León 24-3-23, EDJ 561425).
Por lógica, esa misma mayoría será la exigida cuando, por cualquier razón, la obra de conservación ordinaria no se haya previsto en el presupuesto y deba afrontarse la aprobación de su ejecución y coste en una junta extraordinaria especial.
En relación con este tipo de obras, se determina como contenido obligatorio del libro del edificio el establecimiento de un **plan de mantenimiento**, con la planificación de las operaciones programadas para el mantenimiento del edificio y de sus instalaciones, aspecto este que deben tener en cuenta los administradores a la hora de preparar los presupuestos correspondientes a cada ejercicio (RD 314/2006 art.8).

Precisiones Las **actuaciones para poner fin a un grave problema de seguridad** que representa el estado de los balcones para propietarios y terceros deben considerarse obras necesarias y en ningún caso de mejora (AP Baleares 4-3-19, EDJ 541275).

2548 **Ejecución de obras extraordinarias de conservación y mantenimiento y obras de reparación** En cuanto a las obras de **conservación extraordinaria y reparación**, al encontrarse dirigidas a proteger el elemento, instalación o servicio común frente a posibles deterioros no ordinarios o a restituir los mismos a su estado original una vez ya deteriorados, no pueden calificarse como obras de alteración del elemento común, más bien todo lo contrario por cuanto que lo que persiguen es restituirlo a su estado original, razón por la cual quedan sujetas al **mero consenso mayoritario** (en las condiciones previstas en LPH art.17.7), y no al riguroso régimen previsto para la modificación del título constitutivo (LPH art.17.6).
Más aún cuando se trata de dar cumplimiento a un **deber legal de conservación** consagrado en todas las leyes de urbanismo estatales y autonómicas, así como en el Código Técnico de la Edificación. De hecho, la misma existencia del deber legal de conservación determina que si el acuerdo correspondiente no se consiguiera adoptar en la junta de propietarios, con independencia de la razón, cualquier propietario podrá recurrir al auxilio judicial para conseguir su ejecución y, con ello, el cumplimiento de la obligación legal.
Aunque se trate de **obras necesarias y exigibles**, ni el presidente ni el administrador están facultados para aprobar y ejecutar dichas obras a espaldas de la junta. Lo más que la LPH faculta al administrador es a disponer las reparaciones y medidas estrictamente necesarias para evitar daños mayores en **situaciones de urgencia**, dando inmediata cuenta de las mismas al presidente o, en su caso, a los propietarios que integran la comunidad (LPH art.20.c).
Esta habilitación al **administrador** se encuentra limitada a aquellos casos en los que la urgencia de la reparación justifique que no pueda esperarse a la celebración de una junta de propietarios para la reparación del elemento, instalación o servicio común, so pena de representar para la comunidad un coste muy importante, sea por los daños que se pueden producir a propietarios o terceros, sea por el importante deterioro que puede producirse de no ejecutarse inmediatamente la reparación, sea por implicar la demora un mucho mayor coste a la hora de afrontar la reparación.
Tampoco un **propietario** puede proceder a realizar las obras de reparación de forma unilateral sin avisar previamente al administrador sobre la necesidad de llevarlas a cabo y sobre el tipo de obras que es necesario acometer, el modo de ejecución y el precio. Admitir lo contrario conllevaría poner fin al régimen de comunidad, pues cualquier comunero quedaría libremente facultado y bajo un claro régimen de arbitrariedad a decidir unilateralmente sobre todo tipo de obras, y el resto de propietarios, sin haber tenido participación alguna, obligados a abonarlas.

En este sentido, el Tribunal Supremo ha fijado como **doctrina jurisprudencial** que solo procederá el reembolso por la comunidad de propietarios al comunero que haya ejecutado unilateralmente obras en zonas comunes cuando se haya requerido previamente al secretario-administrador o al presidente advirtiéndoles de la urgencia y necesidad de aquellas. En el caso de no mediar dicho requerimiento, la comunidad queda exonerada de la obligación de abonar el importe correspondiente a dicha ejecución. No queda exonerada si la comunidad muestra pasividad en las obras o reparaciones necesarias y urgentes (TS 2-2-16, EDJ 4508; AP Baleares 22-5-17, EDJ 122712).

Se trata de una **facultad extraordinaria** que ha sido utilizada hasta la fecha y debe seguir utilizándose con enorme cautela por los administradores de las comunidades de propietarios, siendo objeto de interpretación restrictiva al tratarse de una excepción a la regla general prevista en LPH art.14 y en atención a la cual es la junta de propietarios el órgano competente para aprobar tanto la ejecución como el coste de las obras en la comunidad que queden fuera del ámbito de aplicación de LPH art.7.1. **2549**

Deben exceptuarse también las **obras de carácter obligatorio o necesario** (LPH art.10.1, si bien no se refieren todas ellas a obras conservación, mantenimiento y reparación), para cuya realización no se requiere acuerdo previo de la junta. Ello no obstante, sí es preciso acuerdo previo de la junta para acordar la derrama pertinente y la determinación de los términos de su abono (LPH 10.2.a).

Al igual que sucede con las obras de conservación ordinarias, las extraordinarias y reparaciones merecen el calificativo de necesarias y exigibles, razón por la cual cualquier propietario puede acudir al **auxilio de los tribunales** para conseguir su ejecución en el caso de demora injustificada o no aprobación por parte de la junta.

Precisiones La **extralimitación por parte del administrador** en el ejercicio de su función, reconocida en la Ley, ha aparejado que en algún caso los tribunales hayan declarado que el administrador no tiene derecho a ser resarcido de las cantidades empleadas en la actuación, o que está obligado a restituir las mismas si se utilizaron para ello fondos comunitarios (AP Murcia 11-1-12, EDJ 3821).

Ejecución de obras de rehabilitación y mejora En cuanto a las obras de rehabilitación y de mejora, al tratarse de actuaciones estructurales, o dirigidas a introducir nuevos elementos o servicios comunes en la comunidad de propietarios, hay que estar a lo dispuesto sobre la **adopción de acuerdos** en la junta de propietarios (LPH art.17). Se contemplan diferentes menciones que resultan relevantes al objeto que nos ocupa: **2550**

1) La instalación de las infraestructuras comunes para el **acceso a los servicios de telecomunicación** (nº 1570 s.), o la adaptación de las existentes, así como la instalación de sistemas comunes o privativos de aprovechamiento de **energías renovables**, o bien de las infraestructuras necesarias para acceder a nuevos suministros energéticos colectivos, puede ser acordada por un tercio de los integrantes de la comunidad que representen, a su vez, un tercio de las cuotas de participación (AP Toledo 24-2-21, EDJ 541706).

La comunidad no puede repercutir el coste de la instalación o adaptación de las infraestructuras comunes, ni las que se deriven de su posterior conservación, sobre aquellos propietarios que no hayan votado expresamente en la junta a favor del acuerdo. Ahora bien, si con carácter posterior solicitan al acceso a dichos servicios y ello implica aprovechar las nuevas infraestructuras o las adaptaciones realizadas en las preexistentes, les debe ser autorizado, siempre y cuando abonen el importe que les hubiera correspondido, debidamente actualizado, aplicando el correspondiente interés legal.

2) El establecimiento o supresión de equipos o sistemas comunes, distintos de los señalados en el número anterior y que tengan por finalidad mejorar la **eficiencia energética o hídrica** del inmueble, requiere del voto favorable de las tres quintas partes de propietarios, siempre que representen las tres quintas partes de las cuotas de participación.

Si los equipos o sistemas para mejorar la eficiencia energética o hídrica son **particulares o privativos**, basta el voto de un tercio de los propietarios que integren la comunidad, siempre que representen, al menos, un tercio de las cuotas de participación existentes, con las peculiaridades, en relación a la repercusión del coste, que se señalan en LPH art.17.1 (AP Málaga 11-2-19, EDJ 781671)

3) La realización de obras o el establecimiento de nuevos servicios comunes que tengan por finalidad la **supresión de barreras arquitectónicas** para personas con discapacidad y, en todo caso, el establecimiento de los servicios de ascensor, incluso cuando impliquen modificación del título constitutivo o de los estatutos, requiere de la mayoría de los propietarios de la comunidad, siempre que representen la mayor parte de las cuotas de participación existentes. Cuando se adopten válidamente este tipo de acuerdos, la comunidad queda obligada al pago de los gastos, aun cuando su importe -repercutido anualmente- exceda de doce mensualidades ordinarias de gastos comunes. Igualmente, se computan como favorables los votos de los propietarios ausentes en la junta siempre que concurran una serie de requisitos -nº 2915- (LPH art.17.8; AP Cantabria 12-9-23, EDJ 693905; AP Huesca 29-7-21, EDJ 736850).

Todo ello ha de entenderse sin perjuicio de lo dispuesto sobre la realización de obras que tienen el carácter de obligatorio y que no requieren acuerdo previo de la junta de propietarios, no en cuanto a la distribución de la derrama pertinente y los términos de abono de la misma (LPH art.10.1.b y 10.2.a).

4) El establecimiento o supresión de los **servicios de portería, conserjería, vigilancia** u otros servicios de interés general, supongan o no la modificación del título constitutivo o de los estatutos, requieren el voto favorable de las tres quintas partes del total de los propietarios que, a su vez, representen las tres quintas partes de las cuotas de participación (AP Alicante 19-5-23, EDJ 674027; AP Málaga 8-5-23, EDJ 696605).

5) Ningún propietario puede exigir **nuevas instalaciones, servicios o mejoras** no requeridos para la adecuada conservación, habitabilidad, seguridad y accesibilidad del inmueble, según su naturaleza y características. Ello no obstante, mediante el voto favorable de las tres quintas partes del total de los propietarios que a su vez representen las tres quintas partes de las cuotas de participación, se pueden adoptar acuerdos para realizar innovaciones, nuevas instalaciones, servicios o mejoras no requeridos para la adecuada conservación, habitabilidad, seguridad y accesibilidad del inmueble no exigibles y cuya cuota de instalación exceda del importe de tres mensualidades ordinarias de gastos comunes. El disidente no resulta obligado ni se modifica su cuota, incluso en el caso de que no pueda privársele de la mejora.

6) La instalación de **puntos de recarga de vehículos eléctricos** para uso privativo no requerirá aprobación de la junta, bastando con la comunicación previa a la comunidad, siempre que este se ubique en una plaza individual de garaje (AP Barcelona 23-2-22, EDJ 548688). nº 3010.

2551 Precisiones 1) Todos los propietarios deben contribuir a los gastos de la instalación, tanto los que votaron a favor como los que votaron en contra, los propietarios de viviendas a los que da servicio el **ascensor**, como los propietarios de los locales a los que el ascensor no ofrece servicio, y ello incluso cuando existan normas estatutarias que eximan a los propietarios de locales sin acceso al portal o escaleras de los gastos de tales elementos comunes, pues se debe contribuir a los gastos de instalación del ascensor con independencia de que se use o deje de usar. La LPH art.17 permite acordar su instalación incluso cuando ello conlleve la modificación de los estatutos o título constitutivo de la comunidad, sin perjuicio de que los propietarios de los locales que no puedan usar los servicios del ascensor por no tener acceso al portal o escaleras puedan quedar exentos por los estatutos de los gastos de mantenimiento y reparación del servicio del mismo (AP Burgos 22-1-20, EDJ 522476).

2) La instalación de **salidas de humos y de aire de climatización en un elemento común** -cubierta del edificio- para uso privativo requiere de acuerdo unánime, aun partiendo de la exigencia de la unanimidad de la junta de propietarios para adoptar acuerdos que impliquen una modificación de los elementos comunes y de la necesidad de matizar esta doctrina con la jurisprudencia del Tribunal Supremo, por considerar que las exigencia normativas en materia de mayorías deben ser interpretadas de modo flexible cuando se trata de locales comerciales situados en edificios en régimen de propiedad horizontal (TS 7-4-16, EDJ 34901) -lo que no ocurre en este caso, que se trata de una vivienda, por lo que en modo alguno se le priva al propietario de alcanzar finalidad comercial alguna, ya que la salida de humos y extracción de aire viene motivada por una decisión privada de readaptación de las distintas dependencias de la vivienda-. Se han fijado como únicos límites a la citada autonomía de la voluntad, los recogidos en LPH art.7.1, esto es, que las obras en los locales genéricamente autorizadas en el título no menoscaben o alteren la seguridad del edificio, su estructura general, su configuración exterior o perjudique los derechos de otro propietario -lo que ocurre en este caso, en el que la alteración de la estructura del edificio es clara, al requerir la rotura de la cubierta para la extracción de los tubos- (AP Madrid 27-11-19, EDJ 830322). Atendiendo a la reserva que contiene el título constitutivo la demandante tiene derecho a instalar una tubería de ventilación y extracción de aire por el patio interior de la comunidad (TS 13-11-23, EDJ 745364).

2552 Una **interpretación conjunta** de las diferentes menciones que realiza la LPH lleva a la conclusión de que cualquier obra que afecte a elementos comunes que no sea de conservación o reparación del mismo, tiene la consideración de **alteración del elemento común** en cuestión y queda sujeta a la aprobación unánime en junta de propietarios, salvo que sea subsumible en alguno de los apartados expuestos, y ello tanto cuando la alteración obedezca a intereses comunitarios, como cuando se solicita en función de intereses estrictamente privativos (TS 17-10-23, EDJ 714555).

Este ha sido el criterio seguido por los tribunales de justicia, salvo para aquellos casos en los que, por la **escasa trascendencia** de la actuación, entienden que no merece siquiera el calificativo de alteración del elemento común, resultando suficiente, en estos casos, con la aprobación mayoritaria (LPH art.17.7).

Precisiones 1) El **consentimiento de la comunidad** a la alteración de elementos comunes debe efectuarse como regla general **de forma expresa** a través de acuerdo adoptado con las mayorías que correspondan en junta de propietarios. Excepcionalmente nuestros tribunales vienen admitiendo la posibilidad de que dicho consentimiento se entienda prestado **de forma tácita** cuando la conducta seguida por la comunidad, unida a las circunstancias que precedan al caso correspondiente, permita interpretar el silencio como un asentimiento (TS 26-11-10, EDJ 284944; 5-11-08, EDJ 209696; AP Alicante 15-10-15, EDJ 288836; AP Baleares 27-2-23, EDJ 565349). No obstante, debe advertirse que el **conocimiento** no equivale, sin más, al **consentimiento** como exteriorización de una voluntad tácita, ni el silencio supone, sin más, una declaración genérica en la que se pueda encontrar justificación para no obtener los consentimientos legalmente exigibles (TS 29-2-12, EDJ 43906; auto 15-7-15, EDJ129486; AP Málaga 31-3-16, EDJ 107494; AP Madrid 10-7-23, EDJ 682392).
2) Sobre **discrepancia** respecto a la naturaleza de las obras a ejecutar, ver nº 2560.
3) Si en los estatutos de la comunidad se establece la posibilidad de desarrollar en los locales toda clase de **actividades comerciales o industriales**, instalando motores o maquinarias sin más limitación de las que resulten de las ordenanzas municipales y que pueden colocarse instalaciones de extracción de humos, aireación, ventilación o insonorización, instalaciones que habrá de sufragar a su costa el dueño del local, no se requerirá acuerdo unánime de la comunidad para la instalación de salida de humos puesto que dichos estatutos mientras no se modifiquen por unanimidad, son la norma que rige la comunidad de los propietarios y a la que deben atenerse todos los comuneros (TS 3-3-21, EDJ 511164; AP Madrid 9-12-22, EDJ 795526).

Sin necesidad de acuerdo de la junta (LPH art.10) Por otro lado, existen una serie de actuacio- **2553**
nes que tienen carácter obligatorio y no requieren de acuerdo previo de la junta de propietarios, impliquen o no modificación del título constitutivo o de los estatutos, y ya vengan impuestas por las Administraciones públicas o solicitadas a instancia de los propietarios. Dichas actuaciones son las siguientes:
a) Trabajos y obras **necesarios para el adecuado mantenimiento** y cumplimiento del deber de conservación del inmueble, sus servicios e instalaciones comunes. Se incluyen las actuaciones necesarias para satisfacer los requisitos básicos de seguridad, habitabilidad y accesibilidad universal, así como las condiciones de ornato y cualesquiera otras derivadas de la imposición, por parte de la Administración, del deber legal de conservación (AP Alicante 21-7-23, EDJ 723558; AP Las Palmas 16-6-23, EDJ 688757).
b) Obras y actuaciones necesarias para garantizar los ajustes razonables en materia de **accesibilidad universal** y, en todo caso, las requeridas a instancia de los propietarios en cuya vivienda o local vivan, trabajen o presten sus servicios voluntarios personas con discapacidad, o mayores de 70 años, con el objeto de asegurarles un uso adecuado a sus necesidades de los elementos comunes, así como la instalación de rampas, ascensores u otros dispositivos mecánicos y electrónicos que favorezcan la orientación o su comunicación con el exterior, siempre que el importe de repercusión anual en los propietarios, una vez descontadas las subvenciones o ayudas públicas, no exceda de doce mensualidades ordinarias de gastos comunes. No obstante, no elimina el carácter de obligatorio o necesario de estas obras el hecho de que el resto de su coste, más allá de las citadas mensualidades, sea asumido por quienes las haya requerido.
c) La **ocupación de elementos comunes** del edificio o del complejo inmobiliario privado durante el tiempo que duren las obras descritas en los apartados a) y b) anteriores.
d) Cuando resulte preceptivo por la inclusión del inmueble en un ámbito de actuación de **rehabilitación o de regeneración y renovación urbana**, la construcción de nuevas plantas y cualquier otra alteración de la estructura o fábrica del edificio o de las cosas comunes, así como la constitución de un complejo inmobiliario.
e) Cuando sean posibles como consecuencia de la inclusión del inmueble en un ámbito de actuación de **rehabilitación o de regeneración y renovación urbanas**, los actos de división material de pisos o locales y sus anejos para formar otros más reducidos e independientes, el aumento de su superficie por agregación de otros colindantes del mismo edificio, o su disminución por segregación de alguna parte. Se entiende que dichos actos comprenden también el de distribuir la cuota de participación entre las entidades resultantes, distribución para la que tampoco se requiere acuerdo de la junta.

Precisiones 1) En los demás casos, cuando un propietario desee unir, agregar, dividir o segregar su **2554**
entidad privativa, o llevar a cabo cualquier otra **alteración en la estructura o fábrica del edificio**, incluido el cerramiento de terrazas, ha de contar con la previa aprobación de la comunidad de propietarios, para lo cual es necesario obtener el voto favorable de las tres quintas partes del total de los propietarios, siempre que representen las tres quintas partes del total de las cuotas de participación.
2) Dichas obras que, como se ha expuesto, pueden llevarse a cabo sin necesidad de obtener acuerdo alguno previo de la junta de propietarios, pueden suscitar algún tipo de discrepancia, ya sea por la propia **calificación del tipo de obra** en cuestión, ya sea por la actuación arbitraria que

puedan llegar a tener los órganos de gobierno de la comunidad, lo que aconseja que se sometan al acuerdo de la junta de propietarios, aún a pesar de no ser preceptivo. A estos efectos debe indicarse que corresponde a la junta decidir sobre la naturaleza o carácter de las obras (nº 2560).

3) Aunque la regla general es que ningún propietario puede realizar **modificación o reparación alguna en los elementos comunes** (LPH art. 7.1 y 12), la jurisprudencia ha admitido excepcionalmente dicha posibilidad en aquellos casos en que la actuación es necesaria o, al menos, reporta una utilidad a la comunidad y no menoscaba los derechos de los demás propietarios, acudiendo a diversas figuras jurídicas, como el concepto de la proscripción del abuso de derecho o de los actos de emulación (CC art.7), la doctrina de los actos propios o del *usus inocui*, entre otras (TS 14-7-91, EDJ 7831; AP Pontevedra 20-7-07, EDJ 198136). El elemento diferenciador es que las modificaciones de esos elementos comunes fueran necesarias (AP Alicante 21-7-23, EDJ 723558; AP Pontevedra 14-7-23, EDJ 687053).

2555 **Consentimiento de los propietarios afectados** (LPH art.17.4 redacc RDL 8/2023) El régimen descrito para la aprobación de las distintas clases de obras que se plantean en la comunidad de propietarios se completa con la necesidad de que se obtenga el **consentimiento expreso** del o de los propietarios afectados en el caso de que la ejecución de una innovación o mejora le o les haga inservible parte del edificio para su uso y disfrute.

De nuevo se trata de una **norma especial** que debe interpretarse de forma restringida. Por ello, **no se aplica** en los casos en los que la privación del uso es meramente temporal como, por ejemplo, mientras se prologue la ejecución de las obras. Tampoco resulta aplicable cuando la privación del uso y disfrute del elemento es parcial, como puede ser el caso de la ampliación del hueco de la escalera, sin que ello suponga merma efectiva para la existencia de la escalera en sí y el desarrollo de la función que desempeña el elemento, instalación o servicio afectado. En idéntico sentido deben resolverse los casos en los que la ocupación de un espacio, como puede ser el patio interior, sea meramente parcial, sin que se vean afectadas sustancialmente las finalidades o funciones que cumple el citado patio. En cualquier caso, se trata de una cuestión de hecho que corresponde apreciar, según los casos y circunstancias, a los tribunales de justicia.

2556 **Auxilio judicial** (LPH art.17.7) En la hipótesis de que la junta de propietarios **no alcance la mayoría** necesaria en cada caso para la aprobación de cada tipo de mejoras, en función de las obras en cuestión, a instancia de parte, puede acudirse al auxilio judicial, en el mes siguiente a la fecha de la segunda junta.

El juez, tras oír a las partes contrapuestas, debe resolver en equidad (nº 3875) que proceda dentro del **plazo** de 20 días, contados desde la petición, haciendo pronunciamiento sobre el pago de las costas.

2558 **Aprobación del presupuesto** (LPH art.17.7) Lo habitual es que, tanto la ejecución, como el presupuesto del industrial correspondiente se aprueben en una **misma junta**. No obstante, si por cualquier causa la junta decidiera aprobar la ejecución de las obras y solicitar una serie de presupuestos a diferentes industriales, la decisión de aprobar el presupuesto quedará sometida al criterio de:

- mayoría de propietarios y cuotas, si la reunión se celebra en **primera convocatoria**; y
- mayoría de propietarios asistentes que represente a su vez más de la mitad del valor de las cuotas de los presentes, si la junta se celebra en **segunda convocatoria**.

En el caso de las obras que pueden realizarse **sin la necesaria aprobación de la junta**, dado su carácter obligatorio, sí que resulta necesario, sin embargo, el correspondiente acuerdo de la junta para aprobar el presupuesto de ejecución de las mismas, industrial que lo tiene que llevar a cabo, distribución de la derrama pertinente y determinación de los términos de su abono, cuya aprobación quedaría sujeta al régimen de dobles mayorías de propietarios y cuotas.

La expresión en el acta de las **cuotas de participación** es relevante puesto que la falta del cómputo de las mismas impide determinar si se alcanzó la mayoría exigida por la LPH art.17.7 (TS 13-9-21, EDJ 691977).

2560 **Solución de discrepancias** (LPH art.17.10) No solo se confiere a la junta de propietarios la función de aprobar la ejecución de todo tipo de obras -salvo las de carácter obligatorio o necesario (nº 2553)- y el presupuesto del industrial correspondiente, sino que se le atribuye, también, al órgano supremo de la comunidad la facultad de resolver las posibles discrepancias que puedan suscitarse entre los propietarios en relación con la determinación de la naturaleza de las obras a realizar, cuestión esta que, a falta de previsión expresa en la LPH, requerirá de las **dobles mayorías** de propietarios y cuotas (LPH art.17.7; AP Toledo 2-3-23, EDJ 580043).

Este aspecto en modo alguno resulta desdeñable, por cuanto que la junta puede, ya en el momento de aprobación de una obra, proceder a calificar si la misma es de conservación o reparación y por consiguiente necesaria, o si se trata de una innovación y mejora.

El hecho de que se atribuya la función decisoria a la junta no empece que en última instancia sean los tribunales de justicia los llamados a resolver la discrepancia en los casos de actuación manifiestamente arbitraria por parte de la mayoría de los propietarios, pero es evidente que, salvo que la determinación de la junta sea absurda o ilógica, debe prevalecer sobre cualquier otra consideración, por cuanto que así lo ha querido expresamente el legislador.

4. Aprobación y modificación de estatutos y reglamento de régimen interior

(LPH art.14.d)

La junta de propietarios es el órgano competente para debatir y aprobar, en su caso, cualesquiera normas que sirvan para regir la normal convivencia de los propietarios y demás ocupantes del inmueble, determinando, entre otras, las reglas que permitan el **uso compartido de los elementos comunes**. **2565**

Ningún otro órgano puede pretender ejercer una facultad exclusiva de la junta de propietarios, como es la de reformar los estatutos (TS 10-10-11, EDJ 242184; AP Málaga 18-4-13, EDJ 121463).

También puede acordar el establecimiento de **cuotas especiales** para la distribución de determinados gastos, o introducir **exclusiones** en la contribución a ciertos gastos por razones objetivas, como puede ser excluir a los propietarios de locales con acceso directo de la calle de la contribución a los gastos de portal, ascensor y escalera (AP Burgos 22-1-20, EDJ 522476).

También puede acordar la atribución del **uso exclusivo de elementos comunes** a una o varias entidades concretas, o regular el **derecho de sobreedificación** de nuevas plantas o transmitir ese derecho (AP A Coruña 29-7-19, EDJ 684449).

Estos acuerdos, así como todas y cada una de las decisiones que hayan de tomarse con naturaleza estatutaria, deben contar con el voto favorable de la unanimidad de los propietarios, debiendo computarse el voto de los propietarios no asistentes a la reunión (LPH art.17.8). Ver nº 2950 s.

Precisiones **1)** La modificación del **sistema de contribución de cuotas** de participación previsto en la LPH supone una modificación estatutaria que exige la unanimidad para su validez (TS 20-2-12, EDJ 19025; 25-2-20, EDJ 512845).

2) Con carácter general se puede decir que los **estatutos** contienen normas que regulan los derechos de cada propietario en relación con su piso y con la propiedad común, mientras que las **normas de régimen interior** se destinan a regular detalles de la convivencia, pero sin que en modo alguno modifiquen ni creen limitaciones a los derechos establecidos (AP Baleares 25-10-18, EDJ 670099).

Inscripción de los acuerdos estatutarios (LPH art.5) La junta de propietarios debe procurar la inscripción de los acuerdos estatutarios en el Registro de la Propiedad, ya que, de lo contrario, los mismos no afectarán ni vincularán a terceros. Para ello, el **presidente** de la comunidad, en cuanto cargo que ostenta la representación de la misma en juicio y fuera de él, debe comparecer ante **notario** y elevar a público los acuerdos adoptados en la junta, para lo que habrá de acompañar un certificado del acta de la junta emitido por el cargo certificante de la comunidad, esto es, el **secretario**, en el que se extracten los acuerdos adoptados, haciendo constar los votos favorables de los asistentes a la junta y la falta de oposición de los no asistentes en el plazo de 30 días a contar desde que se les notificó el acta de la junta. **2567**

Precisiones El título constitutivo no es un elemento sustancial para la **existencia y funcionamiento** de la comunidad, como tampoco lo es la inscripción en el Registro, requisito que igualmente carece de efectos constitutivos, sino simplemente a efectos de **publicidad** y en cuanto a terceros (TS 21-1-20, EDJ 505278).

Reglamento de régimen interior (LPH art.17.7) La junta es también la competente para aprobar las reglas que regulen los **detalles de la convivencia**. Estas reglas se aglutinan en torno a lo que se conoce como reglamento de régimen interior y vinculan a todos los propietarios presentes y futuros. **2569**

En cuanto a su **aprobación**, precisan exclusivamente del voto favorable de la mayoría de propietarios y cuotas de participación del inmueble en primera convocatoria, o de la mayoría de propietarios asistentes que representen más de la mitad de las cuotas de participación presentes en la reunión si esta se celebra en segunda convocatoria.

Puesto que en algunos ámbitos la línea que separa los estatutos de los reglamentos de régimen interior no es ni mucho menos clara, es la junta de propietarios la que determina una u otra naturaleza al aprobar las mismas. Dicha determinación, no obstante, carece de valor cuando el propio alcance y contenido de la regla aprobada revela la naturaleza concreta de la misma. En este sentido, doctrina y jurisprudencia coinciden unánimemente en considerar que las **prohibiciones del desarrollo de actividades concretas** en los pisos o locales, afectan sustancialmente al derecho de dominio de los propietarios y, por consiguiente, constituyen materia propiamente estatutaria, y como tal deben ser aprobadas.

Precisiones En el ámbito de la propiedad horizontal se considera posible y aceptable establecer **limitaciones o prohibiciones** a la propiedad, siempre que atiendan al interés general de la comunidad, pero para su efectividad deben constar de forma expresa y, para poder tener **eficacia frente a terceros**, deben estar inscritas en el Registro de la Propiedad. Estas limitaciones deben ser objeto de interpretación restringida, sin que la mera descripción del inmueble o de cada una de las entidades al otorgar el título constitutivo de la propiedad horizontal pueda interpretarse como una limitación de la propiedad o de las facultades dominicales, ya que la eficacia de estas prohibiciones, insistimos, requiere de una estipulación clara y precisa que así lo establezca (TS 24-10-11, EDJ 286978; 30-12-10, EDJ 309181; AP Alicante 29-4-16, EDJ 101310).

Existen dos clases de normas de muy distinto rango, las contenidas en el **título constitutivo de la propiedad** y en los **estatutos**, que regulan la constitución y el ejercicio del derecho de cada propietario, en orden al uso y destino del edificio; y otras, integradas en el reglamento de régimen interior (AP Málaga 27-7-23, EDJ 686520).

2570 La falta de precisión del legislador a la hora de deslindar el estatuto del reglamento se traduce, en la práctica, en la **impugnación** de numerosos reglamentos o normas específicas de estos por invadir competencias exclusivas de los estatutos, pretendiendo aprobarse por mera mayoría de votos cuando en realidad precisaría la unanimidad. Ello se produce, principalmente, en los casos de normas o reglas que afectan sustancialmente al derecho de propiedad de cada integrante de la comunidad. Como **ejemplos** pueden ponerse las interdicciones de desarrollo de determinadas actividades, la privación encubierta del uso de elementos comunes, etc.

Al margen de la dificultad que presenta la determinación de una materia como propiamente estatutaria o reglamentaria, lo cierto es que la junta de propietarios se encuentra con otras **limitaciones** a la hora de aprobar estatutos y reglamentos de régimen interno, y son las generales de la Ley para todo tipo de pacto o acuerdo, esto es, que la regla o norma en cuestión no contravenga la ley, la moral, ni el orden público (CC art.1255).

Es indudable que será nulo cualquier acuerdo de la junta que encierre **discriminación** de cualquier género, ya se trate de circunstancias étnicas, religiosas, sexuales, políticas, etc.

2572 Las cláusulas estatutarias que mayor duda han suscitado a este respecto, son aquellas en las que los estatutos reservan en exclusiva para uno o varios propietarios el desarrollo de determinadas actividades para evitar que se produzca **competencia o concurrencia dentro del mismo edificio**, o incluso para evitar que pueda hacerse competencia con actividades que, normalmente el promotor, que es el que impone la norma, tiene establecidas en edificios próximos. En este sentido, los tribunales han venido y vienen siendo bastante tolerantes con estas cláusulas, aun cuando muchas de las mismas pueden presentar conflictos con algunos derechos fundamentales, como la libertad individual, la igualdad o la libertad de empresa.

En cualquier caso, y aunque en ocasiones sea salvada la validez de cláusulas estatutarias de legalidad dudosa, lo cierto es que los tribunales han mantenido que debe hacerse una **interpretación muy restringida** de las mismas, por cuanto que afectan a derechos fundamentales. Además, deben estar redactadas de forma inequívoca (TS 20-12-89, EDJ 11532; 21-12-93, EDJ 11808).

5. Conocimiento y decisión de asuntos de interés general

(LPH art.14.e)

2580 Se otorga residualmente a la junta de propietarios el conocimiento y la decisión sobre los demás asuntos de interés general, habilitación que debe entenderse referida a todas aquellas cuestiones que no se encuentren asignadas al resto de órganos y cargos de gobierno de la comunidad de propietarios.

2582 **Interposición de procedimientos o demandas judiciales** Dentro de esta facultad se encuentra comprendida la decisión sobre la interposición de procedimientos o demandas judiciales **contra copropietarios** (AP Salamanca 10-5-22, EDJ 621963), sea por impago de cuotas comunitarias, por incumplimiento de obligaciones comunitarias, por alteración de elementos comunes, etc., o **contra terceros** que incumplan sus obligaciones contractuales para con la comunidad o que generen daños a la misma, como pueden ser los arrendatarios de pisos o locales que dañan los elementos comunes, las empresas contratistas de obras que incumplen los contratos, la exigencia de responsabilidad a los técnicos que dirijan las obras por los defectos acontecidas como consecuencia de la negligencia en el desarrollo de sus funciones, etc.

El gran problema se encuentra en determinar cómo se relaciona la facultad cuasi omnímoda que se le otorga a la **junta de propietarios** para resolver los asuntos de interés general para la comunidad, con la atribución al **presidente** de la comunidad de la función de representar a esta en juicio y fuera de él ¿Quiere ello decir que el presidente debe contar siempre previamente con el pertinente acuerdo de la junta? ¿Deben los terceros que interactúen con la comunidad exigir la acreditación de la autorización previa de la junta?

La principal cuestión que se plantea a este respecto es si el presidente de la comunidad puede **interponer o contestar una demanda** sin contar con la previa aprobación de la junta de propietarios, como órgano competente para debatir y decidir la posición de la comunidad sobre la situación en cuestión. 2583

Inicialmente, durante muchos años, nuestros tribunales han exigido la previa **autorización de la junta** de propietarios como requisito procesal necesario para el inicio de acciones judiciales, o para la contestación de demandas por parte de las comunidades en régimen de propiedad horizontal. No obstante, lo perentorio de los plazos procesales de contestación a la demanda, unido al tiempo que conlleva la convocatoria y celebración de una junta, aunque lo sea con carácter urgente y extraordinario, han venido llevando a los tribunales a reconocer al presidente de la comunidad la facultad de acometer la decisión de defender a la comunidad frente a las demandas que se entablen contra ella. Incluso se ha admitido la interposición de determinadas acciones por parte del presidente por su carácter de representación orgánica sin exigir el previo acuerdo de la junta de propietarios.

Paralelamente, los tribunales han admitido la legitimación del presidente para **interponer demandas** en defensa del *statu quo* de los elementos comunes, alterado unilateral y arbitrariamente por un determinado propietario, entendiendo que se trata de un acto que se encuentra dentro de la esfera de competencias del presidente, como guardián de la legalidad comunitaria y como acto de defensa de la integridad del inmueble (TS 25-3-82) o justificado para la defensa del interés general de la comunidad.

No obstante, la más reciente doctrina jurisprudencial se ha mostrado **contraria al reconocimiento de legitimación** al presidente para interponer demandas en nombre y representación de la comunidad, sin contar con una previa autorización de la junta de propietarios; afirmación que resulta aplicable tanto a aquellos casos en los que el presidente prescinde de solicitar el correspondiente acuerdo de la junta, como en los que, aunque se produce la adopción del correspondiente acuerdo, este acuerdo es declarado nulo con posterioridad (TS 10-10-11, EDJ 251304; 27-3-12, EDJ 52892; auto 22-1-20, EDJ 506183; auto 11-1-23, EDJ 500638). 2584

Esta doctrina se refiere exclusivamente a la representación para interponer demandas en nombre y representación de la comunidad, quedando en duda si dicha doctrina es igualmente aplicable a **otros actos procesales** relevantes, tales como la contestación a la demanda, la solicitud de medidas cautelares, el allanamiento, la transacción o la interposición de recursos. Además, el Tribunal Supremo incide en que la interpretación efectuada la hace siempre para la intervención procesal del presidente como órgano de la comunidad, en nombre de esta. No debe interpretarse, pues, como un pronunciamiento contrario a la legitimación del presidente **en tanto que propietario** integrante de la propiedad horizontal que puede actuar individualmente en defensa de los intereses del colectivo.

En ese sentido, son muchas las sentencias judiciales que han reconocido **legitimación individual a los propietarios** integrantes de la propiedad horizontal para comparecer en juicio, ejercitando en su propio nombre y en el de la comunidad, cualquier pretensión, sin que sea preciso que concurran los demás copropietarios o que se aporte el acuerdo de la junta, toda vez que, tal y como ocurre con la legitimación de los comuneros en la comunidad de bienes, la eficacia de la sentencia queda limitada, respecto de todos aquellos que no hayan formado parte de la demanda, solamente a la parte que les beneficie o favorezca (TS 6-11-75, EDJ 393; AP Barcelona 11-2-04, EDJ 13172). Si ello efectivamente es así, con mayor razón debe admitirse la actuación del presidente sin la previa autorización de la junta. 2585

Si bien la doctrina expuesta resuelve ciertas incertidumbres y polémicas, genera otras nuevas dudas acerca de si esta autorización expresa debe ser **necesariamente previa**, o bien si su falta pudiera subsanarse en el curso del procedimiento, como pudiera ser lo más lógico, especialmente cuando por razones de urgencia o de dificultad material no resulta posible recabar la autorización anticipada de la junta de propietarios.

No obstante, en el supuesto de que no se hubiera obtenido dicha autorización previa, en tanto no se esclarezcan los términos precisos de la nueva doctrina jurisprudencial, es vital que el presidente que prescinde del consentimiento de la junta para llevar a cabo el acto conservativo, o que se ve obligado a llevar a cabo el encargo de los profesionales correspondientes para la contestación a una demanda, proceda con posterioridad a **recabar la opinión de la junta** de propietarios obteniendo la correspondiente **ratificación** del órgano supremo de la comunidad, al objeto de evitar que, en caso de resultado negativo del pleito, el resto de propietarios le esgriman la doctrina jurisprudencial de no poder trasladarles las **consecuencias negativas del pleito**.

Es evidente que, si intentada la ratificación, la junta **se pronuncia en contra** de la pretensión esgrimida por el presidente y este decide seguir adelante con la misma, habría de aplicarse lo establecido en relación con el comunero que actúa individualmente en nombre propio, pero en beneficio de la comunidad.

Precisiones En los supuestos de **reclamación de deudas a los copropietarios morosos** no es necesaria la autorización al presidente para proceder judicialmente contra aquellos, entre otras razones, porque la aprobación de la liquidación anual de cuentas por parte de la junta conlleva implícitamente la autorización para el ejercicio de la reclamación, máxime cuando la Ley solo requiere la autorización de la junta cuando la acción de reclamación la interpone el administrador de la comunidad y no el presidente (LPH art.21; TS 8-1-19, EDJ 500393; AP Badajoz 23-1-20, EDJ 508171).

2586 **Actuaciones comprendidas dentro del presupuesto anual** El presidente se encuentra facultado para llevar a cabo todas las actuaciones comprendidas dentro del presupuesto anual aprobado por la junta de propietarios sin necesidad de nueva autorización alguna, lo cual conlleva la facultad de suscribir **contratos** correspondientes vinculados al cumplimiento del presupuesto aprobado, sean de obra, de servicios, de compraventa de materiales o de cualquier otro tipo. Si el presidente actúa dentro de la esfera de la **administración ordinaria, conservación y entretenimiento** del inmueble y ejecución del presupuesto aprobado por la junta, actúa eficazmente frente a terceros, con independencia del resultado ventajoso de la gestión, siempre que no exista mala fe.

Al hilo de la legitimación previa que otorga la aprobación del presupuesto, se ha venido reconociendo al presidente la facultad de **seleccionar y contratar al personal laboral** a cargo de la comunidad, sea el portero, conserje, el limpiador, el jardinero, el vigilante del garaje, el controlador, o el personal de vigilancia, limpieza y conservación de la piscina, etc., siempre ajustándose a las limitaciones presupuestarias.

Fuera de estos casos, entre los que cabe incluir la **defensa judicial frente a las alteraciones unilaterales** que uno o varios propietarios puedan efectuar sobre los elementos comunes, el presidente debe limitarse siempre a convocar a la junta de propietarios, como órgano competente para debatir y decidir, obligación para la cual se le atribuye el derecho a convocar a la junta tantas veces como sea necesario (LPH art.16.1).

En cualquier caso, la atribución genérica de competencias para debatir y decidir sobre las cuestiones de interés para la comunidad determina que sea la junta la que debe pronunciarse sobre si se arrienda, o no, un determinado espacio, o elemento común -antenas de repetición de telefonía, carteles publicitarios anunciadores, arrendamiento de terrazas, etc.-. Así como es la junta la que debe pronunciarse sobre la extinción o no de la comunidad, especialmente en los casos de transformación de la misma en comunidad ordinaria.

C. Junta constitutiva

2600 Uno de los aspectos olvidados por el legislador es el de prever las circunstancias de **convocatoria y celebración** de la primera de las juntas de cada propiedad horizontal. Se trata de una junta cuya relevancia es incuestionable, por cuanto que todo el funcionamiento corporativo de la propiedad horizontal precisa del previo nombramiento de las personas que habrán de desempeñar los cargos de gobierno de la misma. Además, y desde un punto de vista práctico, la junta constitutiva es necesaria para la obtención del **diligenciamiento del libro de actas**, puesto que para ello los registradores de la propiedad precisan de la aportación de la primera acta de la junta de propietarios con la correspondiente designación de cargos. Esta acta, igualmente, es necesaria para la obtención del número o cifra de **identificación fiscal** que habrá de asignarse a la comunidad.

El vacío legal sobre la junta constitutiva se ha visto conjugado por el interés del promotor de la edificación o edificaciones en que se celebre la misma, con el único objetivo de trasladar a la comunidad el **sostenimiento de los servicios y suministros** de la misma. Es práctica habitual, por tanto, que una vez que se finaliza una construcción y se procede a realizar la entrega material de los pisos, el promotor convoque y cite a todos y cada uno de los nuevos propietarios a la celebración de la junta constituyente.

2602 **Convocatoria** Ante la ausencia de referencia expresa en la LPH, parece que hay que recurrir a las **normas generales** de la misma previstas para la convocatoria y celebración de las juntas (AP Pontevedra 18-2-22, EDJ 525758). Ello implica que, al no existir en esas situaciones

la figura del presidente por no haberse constituido orgánicamente la comunidad, solo puede convocarse cuando así lo promuevan la cuarta parte de los propietarios que existan en ese momento o el o los propietarios que representen, entre todos ellos, el 25% de las cuotas de participación del edificio. Esta es precisamente la razón jurídica que reconoce, en la inmensa mayoría de los casos, **legitimación al promotor** del edificio para convocar por sí solo la celebración de la junta constitutiva de la comunidad.
No obstante, en ocasiones los tribunales han flexibilizado el rigor legal en el reconocimiento de la legitimación para convocar la junta constitutiva, admitiendo la legitimación más amplia posible en atención a la finalidad especialísima que tiene esta junta. Ello ha llevado a reconocer esa legitimación a cualquier propietario con independencia de la cuota de participación que represente (AP Barcelona 11-2-04, EDJ 8470).
La realidad, sin embargo, es que para poder proceder a realizar dicha convocatoria resulta necesario disponer de los **datos personales de los distintos propietarios** de la finca, los cuales obran, en la inmensa mayoría de los casos, únicamente a disposición del promotor, pudiendo este escudarse, cuando le sean requeridos para la convocatoria de la junta, en el hecho de que infringiría la LO 3/2018. Por esa razón, lo cierto es que la celebración de la junta constitutiva seguirá quedando en manos de los promotores de las propiedades horizontales, y quedará garantizada por el hecho de que son estos promotores los primeros interesados en derivar a la comunidad la responsabilidad sobre los consumos e instalaciones del edificio.

Precisiones La falta de concreción de la convocatoria a la junta y la falta de constancia de la votación determina la **nulidad** del título constitutivo, los acuerdos y los estatutos (TS 17-10-13, EDJ 213450).
En alguna ocasión, sin embargo, los tribunales han declarado la nulidad de la junta constituyente por incumplimiento de los requisitos y formalidades legales, pero han mantenido la **validez de acuerdos adoptados** a partir de la misma, en tanto que han venido siendo aceptados y asumidos por la comunidad (AP Valladolid 7-3-13, EDJ 50593; AP Madrid 17-6-20, EDJ 627396).

Plazo En relación al plazo de antelación con el que se debe citar a todos y cada uno de los 2603
propietarios a la celebración de esta clase de juntas, el Tribunal Supremo ha venido a calificar a la junta constitutiva como **junta extraordinaria**, razón por la cual debe notificarse con la antelación suficiente como para que pueda llegar a conocimiento de todos los propietarios, sin que sea necesario garantizar un plazo de antelación alguno (TS 11-9-98).

Lugar de remisión de la citación En relación al lugar donde se debe remitir la citación a la 2604
junta constitutiva, es un aspecto que no se encuentra exento de polémica, ya que de la lectura de LPH art.9.1.h se deduce que la convocatoria se efectuará en el **piso o local sito en la comunidad**, salvo que el propietario, en cuestión, hubiera notificado a la persona que ejerza el cargo de secretario otro domicilio en España a efectos de notificaciones y requerimientos.
El problema reside en que, al no existir todavía secretario de la comunidad, lo cierto es que los propietarios no han podido todavía optar por otro domicilio a efectos de notificaciones, siendo así que, normalmente, y por lo reciente de la adquisición operada del piso o local, tampoco residen todavía en el edificio. Por esta razón, disponiendo el promotor de los datos de **residencia habitual** de los propietarios, con quienes normalmente ha mantenido una continuada relación desde la celebración del contrato privado de compraventa y en aras al cumplimiento de las exigencias mínimas de la buena fe, se recomienda proceder a convocar la junta constitutiva, no solo con la publicación en el lugar habilitado en el edificio para los anuncios o publicaciones, sino también por remisión a los domicilios de los propietarios que le constan al promotor inmobiliario. Es indudable que esa misma exigencia no puede ser trasladada a aquellos supuestos en los que la junta constitutiva no venga instada por el promotor del edificio, sino por diversos adquirentes que ignoran los domicilios del resto de integrantes de la comunidad, más allá de los ubicados en el propio edificio.
En todo caso, la jurisprudencia viene solicitando que la convocatoria se haga **de forma personal**, declarando no válido colgar la convocatoria en la entrada del recinto destinado a la piscina (TS 17-10-13, EDJ 213450).

Precisiones La **ausencia de regulación específica**, unida al carácter necesario que tiene la celebración de la junta constitutiva, han llevado al Tribunal Supremo a interpretar de manera flexible el cumplimiento de las exigencias legales a este tipo de juntas, recurriendo en numerosas ocasiones a la aplicación de principios generales del derecho como la **buena fe**, todo ello en atención a las circunstancias de cada caso. Por ello se ha entendido que el cumplimiento riguroso y formalista de la LPH en estos supuestos sería material y metafísicamente imposible, determinando la validez de la junta por cuanto que se acreditó que era la primera junta constitutiva a la que fue fehacientemente convocado por telegrama el demandante, a quien también se le dio fehaciente traslado del acta de constitución de la junta (TS 28-11-92, EDJ 11765).

Auxilio judicial El carácter necesario que para una comunidad tiene la celebración de la jun- 2606
ta constitutiva hace que cualquier propietario se encuentre legitimado para recurrir al auxilio judicial en el caso de que no consiga aunar las voluntades suficientes para convocar la junta,

esto es, el apoyo de la cuarta parte de los propietarios que existan en el edificio o de aquellos que representen el 25% de las cuotas de participación. Actuación que puede llevar a cabo a través del correspondiente **acto de conciliación**, previo a una demanda judicial.

2608 **Contenido** El contenido propio de la junta constitutiva será, como mínimo, el del **nombramiento o designación de cargos** de la comunidad y la **aprobación de los presupuestos** correspondientes a ese ejercicio, previendo la constitución obligatoria del fondo de reserva, teniendo en cuenta que en el momento de la constitución del fondo debe dotarse, al menos, con una cantidad igual o superior al 2,5% del importe del presupuesto ordinario aprobado, debiendo efectuarse las aportaciones en función a la cuota de participación. En cuanto a la restante cantidad hasta cubrir el mínimo del 10% del presupuesto debe desembolsarse a lo largo del ejercicio, de modo que al aprobarse el presupuesto ordinario del ejercicio siguiente se encuentren íntegramente desembolsadas (LPH disp.adic.1ª).

Precisiones **1)** Respecto a la **autonomía del promotor** a la hora de redactar este título constitutivo, es criterio reiterado el que sostiene que ni los estatutos ni el propio título constitutivo pueden contener previsiones que contradigan las normas imperativas contenidas en la LPH, llegando a decirse que cuando lo pactado implique infracción de tales normas ha de darse prevalencia a las mismas (TS 28-1-94, EDJ 587; AP Girona 27-10-03, EDJ 220009).

2) El otorgamiento o aprobación de los **estatutos** no es un requisito necesario para la constitución y funcionamiento de una comunidad de propietarios, ni los mismos tienen que estar necesariamente contenidos en el título constitutivo (AP Las Palmas 18-12-19, EDJ 846780).

D. Junta universal

2625 De modo análogo a como acontece con las sociedades mercantiles, la LPH reconoce la posibilidad de que puedan celebrarse juntas de propietarios, **sin previa convocatoria y posterior citación**, siempre y cuando se encuentren presentes el inicio de la reunión la totalidad de los propietarios del edificio que representan el 100% de las cuotas de participación y decidan constituirse en junta, determinando, con carácter previo a toda discusión, cuál será el cometido u orden del día de la reunión. Es lo que se conoce comúnmente con «junta universal».

Se trata con ello de agilizar el funcionamiento de aquellas propiedades horizontales en las que, dado el escaso **número de integrantes**, resulta factible que puedan juntarse todos ellos para adoptar diferentes acuerdos relativos a la comunidad sin necesidad de cumplir los presupuestos formales previos. Medida que se une a la ya comentada posibilidad que se ofrece a las propiedades horizontales con menos de 4 entidades de acogerse en los estatutos al sistema de administración de la comunidad de bienes previsto en CC art.398 «junta universal» (LPH art.13.8). Ver nº 2507.

2627 **Requisitos** Dos son los requisitos necesarios para que pueda hablarse de junta universal:

a) Que se encuentren presentes **todos y cada uno de los propietarios** integrantes de la propiedad horizontal, se encuentren o no al corriente de pago de sus obligaciones comunitarias.

b) Que todos ellos, por **unanimidad**, decidan celebrar una junta de propietarios para tratar determinados asuntos que constituirán el orden del día de la reunión universal.

En el caso de que falte cualquiera de los requisitos anteriormente indicados, los acuerdos adoptados en dicha junta pueden ser objeto de **impugnación** por ser contrarios a la ley (LPH art.18.1.a), al carecer de la correspondiente convocatoria y posterior citación (TS 4-12-97; AP Bizkaia 29-5-14, EDJ 148681).

El **plazo de caducidad** para la impugnación de los acuerdos será de un año a contar desde la celebración de la junta, si quien impugna estuvo presente en la misma, o desde la notificación o comunicación del acuerdo conforme a las reglas establecidas en LPH art.9; si se trata de un propietario que no asistió a la junta.

El hecho de que la junta se celebre sin necesidad de convocatoria no exime del deber de cumplimiento del **resto de formalidades** que contempla la LPH, como son, que el secretario elabore o redacte el acta de la junta con el visto bueno del presidente, recogiendo en su encabezamiento los datos personales de los asistentes, el consentimiento unánime en cuanto a la celebración de la junta, la especificación de los asuntos tratados y los acuerdos adoptados.

Es importante destacar que, para el cumplimiento de los requisitos necesarios para la celebración de la junta universal, debe contarse, tanto con la **presencia**, como con el **voto favorable a la celebración** de la junta de los propietarios morosos. La razón de ello es que la sanción que el legislador establece a los mismos es únicamente privarles del derecho de voto en las juntas, no el de asistir y participar, razón por la cual debe contarse con su aprobación respecto de la celebración de una junta que no ha sido debidamente convocada, así como sobre la aprobación de los temas a tratar.

Precisiones En una junta universal todos los propietarios deben unánimemente aceptar no solo reunirse, sino decidir cuáles son los **asuntos a tratar** (AP Tarragona 8-6-23, EDJ 651581), de lo que debe quedar oportuna constancia por escrito en el acta correspondiente (LPH art.19), en el que igualmente debe reflejarse el acuerdo o acuerdos adoptados, cerrándose con la firma del presidente y secretario al terminar la reunión o dentro de los 10 días naturales siguientes, siendo ejecutivos los acuerdos desde su cierre (AP Castellón 30-3-02, EDJ 32633).

Copropiedad de piso o local Otro problema práctico es el de si es posible la celebración de una junta de propietarios con carácter universal cuando algún piso o local que pertenece a **varios copropietarios en régimen de comunidad de bienes** se encuentra representado por uno solo de los comuneros y este vota a favor de la celebración de la junta y del orden del día. De nuevo y aunque, por un lado, en LPH art.15.1 se establezca que cuando un piso o local pertenezca en *pro indiviso* a varios propietarios estos habrán de nombrar un único representante para asistir y votar en las juntas y, por otro, los tribunales hayan flexibilizado la exigencia de la designación de representante, reconociendo la misma tácitamente en aquel de los comuneros que asiste a la junta, lo cierto es que, salvo que los comuneros hayan designado de forma genérica a uno de ellos para que represente a los demás en las juntas de propietarios que se celebren en la comunidad, el carácter extraordinario que debe concederse a las juntas universales, unido al hecho de que la representación que asignen los comuneros a uno de ellos se basa en el conocimiento de los asuntos a tratar, debe entenderse que, si **no están presentes todos** los comuneros y **votan a favor** de la celebración de la junta universal, no se entenderán cumplidos los requisitos previstos para la celebración de este tipo especial de juntas. Dicho de otro modo, la celebración de juntas universales requerirá la presencia de todos los comuneros de la entidad privativa que acepten la celebración de la misma y que, en el mismo acto, designen a uno de ellos para representarles en la votación. Todo ello, insistimos, salvo que exista una **habilitación general a uno** de los comuneros para representar a los demás en todas las juntas que se celebren. 2629

Si se reconoce la **representación de los comuneros en uno único** de ellos, lo es partiendo de la premisa de que se conozca previamente la celebración de la junta y los asuntos a tratar en la misma, ya que solo así podrán, al amparo del CC art.398, o de la normativa autonómica correspondiente en las comunidades autónomas que contengan regulación especial (CCC art.552-7), delegar en la persona que tengan por oportuno.

Piso o local sujeto a usufructo En este supuesto es suficiente con que esté presente el nudo propietario, ya que es a este a quien el art.15.1 LPH reconoce el **derecho de asistencia y votación** en las juntas. Mucho más dudoso es la validez de la celebración de la junta universal cuando la persona presente es el usufructuario, ya que este es designado como representante del nudo propietario en las juntas, salvo manifestación en contrario por parte del nudo propietario. En estos casos, está claro que al nudo propietario no se le da la posibilidad de manifestar nada en contrario en cuanto a la representación, razón por la cual, y al margen de la interpretación flexible de la LPH que han hecho en diferentes ocasiones los tribunales de justicia, lo más acertado parece ser no reconocer legitimación al usufructuario para decidir por sí la celebración de una junta universal y el contenido de la misma, sin conocimiento del nudo propietario como titular del derecho a asistir y votar en las juntas. 2630

Lo que en ningún caso puede admitirse es que se celebre una junta universal **sin presencia y aprobación del nudo propietario** cuando el cometido de la misma sea algún asunto de los establecidos en LPH art.17.6 -otorgamiento o modificación del título constitutivo; establecimiento o supresión de servicios comunes de interés general, arrendamiento de elementos comunes que no tengan atribuidos un uso específico en el título, o ejecución de obras de supresión de barreras arquitectónicas para facilitar el acceso o movilidad de las personas con discapacidad-, o se trate de obras extraordinarias y mejoras, ya que para que el usufructuario pueda representar al nudo propietario en este tipo de asuntos se exige de manifestación expresa del nudo propietario en dicho sentido (LPH art.15.1).

E. Junta ordinaria

2645

Se trata de la junta de propietarios que debe celebrarse con carácter obligatorio, como mínimo **una vez al año**, y cuyo objeto es aprobar las **cuentas** del ejercicio que se cierra y aprobar el **presupuesto** previsto para la anualidad inmediatamente posterior (LPH art.16.1; TS 4-2-08, EDJ 6181; AP Madrid 15-6-23, EDJ 664751). 2647

Junto al contenido propio de la junta ordinaria descrito anteriormente es habitual que se aproveche la celebración de la junta para pronunciarse sobre la posible renovación o, por el contrario, el cese y nombramiento de las nuevas personas que han de ocupar los **cargos de gobierno de la comunidad**, puesto que se prevé como plazo de duración de los cargos el de un año, salvo que los estatutos dispongan otra cosa (LPH art.13 regla 7ª). Hecho, este último, que permite hacer coincidir la celebración de la junta de propietarios ordinaria con el momento de nombramiento y cese de cargos.

Del mismo modo, y siendo la única diferencia entre la junta ordinaria y extraordinaria el plazo de antelación con la que debe procederse a notificar la citación correspondiente, cabe concluir que: en el **orden del día** de la junta ordinaria puede incluirse, además de la aprobación de las cuentas y el presupuesto, cualquier otra cuestión de interés para la comunidad. Lo que en definitiva viene exigiendo la jurisprudencia es que en el orden del día de la convocatoria de la junta de propietarios se fijen con **claridad** los asuntos objeto de debate, a fin de que todos los copropietarios tengan conocimiento de las materias que se van a tratar y exista una plena concordancia entre el contenido del orden del día y los temas que se debatirán (TS 12-1-12, EDJ 37474; AP Madrid 3-2-20, EDJ 520522).

Por consiguiente, es aplicable a la junta ordinaria la facultad que se reconoce a cualquier propietario, de exigir el tratamiento, debate y votación de **cualquier tema de interés** para la comunidad, para lo cual le bastará con remitir un escrito al presidente de la comunidad en el que precise claramente los asuntos a tratar. Esta facultad se constituye en obligación del presidente, siendo responsable de los daños que se puedan derivar de su incumplimiento, si arbitraria, injustificada o interesadamente decide incumplir la misma (LPH art.16.2).

1. Legitimación para convocar

2650 La competencia para realizar la convocatoria corresponde al **presidente** de la comunidad, debiendo entenderse esta atribución no solo como una facultad, sino también como una obligación, por cuanto que la comunidad tiene derecho a que se le rindan anualmente cuentas de los resultados del ejercicio, debiendo simultáneamente presentarse el presupuesto para el ejercicio siguiente.

La facultad de convocar del presidente se extiende a toda aquella persona que, ocasionalmente y con la aquiescencia mayoritaria de la comunidad, asuma u ostente las funciones de **presidente en funciones** de esta, como suele ser el caso de los vicepresidentes ante situaciones de imposibilidad del presidente designado o de renuncia al cargo por parte de aquel (TS 22-7-94, EDJ 6180; AP Málaga 12-4-16, EDJ 150215; AP Las Palmas 20-10-21, EDJ 872895).

La facultad del **vicepresidente** o del presidente en funciones se encuentra solo reconocida para los casos de ausencia o imposibilidad por parte del presidente, no pudiendo desarrollar sus funciones, paralelamente con el presidente designado, en los casos en los que este último de manera voluntaria omita dar cumplimiento a sus obligaciones (AP Sta. Cruz de Tenerife 14-6-17, EDJ 183442).

Puede consultarse un **modelo** de convocatoria de una junta ordinaria de comunidad en nº 9060.

2652 **Preparación del plan de gastos y rendición de cuentas** (LPH art.20.b) Con carácter previo a la convocatoria de la junta ordinaria, el presidente debe haber requerido al **administrador de la comunidad** para que cumpla con la obligación consistente en preparar con la debida antelación el plan de gastos previstos, afirmación que debe hacerse extensiva por mera lógica, a la rendición de cuentas correspondiente al ejercicio que se cierra, y cuya aprobación, o censura, en su caso, constituye uno de los cometidos de la junta ordinaria.

El presidente de la comunidad no puede escudarse en el **incumplimiento** del administrador de preparar las cuentas y el presupuesto para no convocar la junta, debiendo, en ese caso, y después de efectuar el correspondiente **requerimiento formal** al administrador, convocar una junta de propietarios extraordinaria con el objetivo de adoptar las medidas correspondientes en relación al incumplimiento del administrador, como pueden ser:

- remover al administrador designado, con la consiguiente designación de nuevo administrador; y/o
- interponer las correspondientes acciones judiciales para obtener la pertinente rendición de cuentas por parte del gestor de la comunidad.

El hecho de que en la práctica habitual sea un **secretario administrador profesional** quien vela por el funcionamiento ordinario de la comunidad no supone que sea este al que le corresponde determinar cómo y cuándo se celebra la junta ordinaria, puesto que la competencia de convocar es del presidente y si este hace dejación de la misma, habrá de responder de los posibles daños y perjuicios que el retraso en la convocatoria pueda ocasionar.

Precisiones Al hilo del carácter profesional que tiene en muchas ocasiones la administración de la finca, se ha suscitado una cierta polémica en relación a la validez de aquellas juntas cuya **convocatoria** viene **firmada por el secretario administrador** y no por el presidente de la comunidad. Los tribunales se han mostrado partidarios de admitir la validez de dichas reuniones, siempre y cuando en la convocatoria se diga expresamente que se hace por expreso mandato del presidente, que es la persona legitimada por la ley para hacerlo, y no haya manifestación en contrario de este. Se trata, pues, de una actuación meramente instrumental dirigida a ejecutar la voluntad del presidente (AP Madrid 19-3-07, EDJ 52305; 29-11-11, EDJ 319404; 23-12-16, EDJ 280760).

Momento de celebración La LPH se limita a indicar la **frecuencia mínima** con la que ha de celebrarse la junta ordinaria -una vez al año-, pero no precisa el momento o período exacto del año en el que deba procederse a celebrar la reunión. Dicha ausencia de precisión deja abierto el margen de actuación del presidente de la comunidad, si bien, dado que la **duración del cargo** es meramente anual y que la LPH no prevé una prórroga automática del cargo, como en cambio sí sucede en Cataluña (CCC art.553-15.4), debe proceder a convocar la junta ordinaria antes de que caduque la vigencia de su cargo. 2655

Inactividad del presidente Tampoco prevé la LPH la posibilidad de que la inactividad del presidente en la convocatoria de la junta ordinaria pueda ser suplida, sin más, por la convocatoria del vicepresidente o del secretario de la comunidad, aspecto este que si se contempla en Cataluña (CCC art.553-21.1). Por esa razón, la inactividad del presidente solo puede ser suplida por la **convocatoria realizada por los propietarios** que constituyan bien la cuarta parte del total de los propietarios existentes en la propiedad horizontal, bien el 25% de las cuotas de participación (LPH art.16.1), debiendo tenerse en cuenta que: 2658

- si algún piso o local pertenece a **varias personas en comunidad de bienes** se computará como un único propietario; y
- si un **mismo propietario es titular de varias entidades privativas** en una propiedad horizontal se computará, igualmente, como único propietario.

Precisiones **1)** En ocasiones se ha planteado la duda sobre si la legitimidad que se reconoce a los comuneros para solicitar, e incluso convocar, la celebración de juntas cuando reúnan las mayorías antes indicadas, hace referencia solo a las **juntas extraordinarias** o se extiende, también, a las **ordinarias**. Es evidente que si se reconoce la legitimación para convocar la celebración de juntas que no son obligatorias, mayor razón tendrá la extensión de dicha legitimación, cuando de lo que se trata es de convocar una junta cuya celebración es de obligado cumplimiento para la comunidad y dicha facultad se ejerce siempre de forma subsidiaria, para el caso de negativa injustificada del presidente a convocar la misma una vez requerido al efecto (González Carrasco).

2) En relación a la junta ordinaria, la legitimación que la ley reconoce a los propietarios -25% de las cuotas de participación- en las condiciones expuestas para realizar la convocatoria debe interpretarse siempre como **subsidiaria** a la concedida al presidente, lo que implica que los propietarios interesados deben dirigirse siempre previamente al presidente, pudiendo convocarla, solo, ante la **pasividad o negativa injustificada** de este a hacerlo (TS 10-12-90, EDJ 11236; 5-2-92, EDJ 996; 13-12-93, EDJ 11272; AP Cádiz 18-12-12, EDJ 332607; AP Alicante 12-11-19, EDJ 801919).

La convocatoria de la junta por quien no sea presidente de la comunidad, es para el caso de que este no lo haga en alguno de los supuestos en que, por Ley, venga obligado a su convocatoria (LPH art.16.1). Es el **principio de subsidiariedad** (AP Madrid 7-11-22, EDJ 757745).

Existe un **defecto de convocatoria** cuando no conste, de forma expresa y con carácter previo a la misma, la solicitud de los instantes, de forma que la convocatoria se efectúe sin la comprobación de tal solicitud y de las mayorías requeridas en su caso, lo determina la nulidad de la misma (AP Valencia 27-11-19, EDJ 756534; AP Asturias 25-9-18, EDJ 621037).

Ciertamente, la mayor parte de la doctrina se inclina a favor de la subsidiariedad de la legitimación de los propietarios para convocar la junta ordinaria. Sin embargo, cabe reseñar que también existen pronunciamientos a favor de la **tesis minoritaria**, aceptando la legitimación directa y principal de los propietarios convocantes, al amparo de lo dispuesto en LPH art.16, teniendo en cuenta la importancia que tienen las decisiones de la junta para los intereses comunes, sobre todo cuando existe conflicto de intereses con el presidente, por lo que resultaría un contrasentido que, siendo la junta el órgano rector superior, deviniera imposible el ejercicio de sus funciones por falta de convocatoria cuando esta es solicitada por los propietarios y se cumplen los requisitos exigidos por la Ley (AP Alicante 10-6-14, EDJ 122093; AP Madrid 11-6-13, EDJ 143959).

3) La DGSJFP ha considerado que en aquellas comunidades de propietarios que **no llevan libro de actas ni están nombrados cargos**, cualquier propietario puede tomar la iniciativa y convocar a los demás mediante acta notarial, celebrar la reunión ante notario y, finalmente, notificar a los asistentes mediante acta notarial para lograr la unanimidad. Este formalismo en **documento público notarial** reúne las garantías de exactitud y veracidad (DGRN Resol 20-12-16).

En estos casos la convocatoria debe ir acompañada de un **requerimiento al administrador** para que prepare con la antelación necesaria las cuentas del ejercicio y el presupuesto para la anualidad siguiente, incluyéndose en el orden del día la posibilidad de que se incumpla este 2659

requerimiento y, consiguientemente, hayan de adoptarse decisiones sobre el posible cese del presidente y del administrador y la exigencia de responsabilidad a los mismos por la negligencia en el cumplimiento de sus obligaciones.
Del mismo modo habrá de requerirse al administrador y/o al secretario para que faciliten los **domicilios** designados por cada propietario a efectos de notificaciones y requerimientos, así como para que indiquen los **propietarios que no se encuentran al corriente de pago** de los gastos de comunidad, al único objeto de poder implementar la convocatoria, haciendo expresa advertencia de que si en el momento de iniciarse la junta no se hallaran al corriente de pago de todas las deudas vencidas con la comunidad, sin que hayan impugnado judicialmente las mismas y sin que hayan procedido a la consignación judicial o notarial de la suma adeudada, podrán participar en la junta, pero serán privados de su derecho de voto (LPH art.16.2, en relación con LPH art.15.2).

2661 **Proporción de propietarios y cuotas legitimados para convocar** Para la determinación del cumplimiento de la proporción de propietarios y cuotas legitimados para convocar la reunión ha de tomarse también en consideración a los **propietarios morosos**, ya que solo se les sanciona con la pérdida del derecho de voto en las juntas, pero pueden asistir y constituirse en parte integrante de los promotores de la reunión, así como participar en la deliberación (AP Granada 30-10-18, EDJ 739619; AP Madrid 7-11-22, EDJ 757745).

2662 **Auxilio judicial** No puede olvidarse que la convocatoria de la junta ordinaria es una obligación del presidente, razón por la cual cualquier propietario puede, igualmente, exigir la celebración de la misma, acudiendo incluso al auxilio judicial para obtener el cumplimiento de la reseñada obligación. Dicho auxilio judicial puede lograrse:
- intentando primero un **acto de conciliación**, actuación esta en modo alguno obligatoria cuando han existido requerimientos previos; o
- interponiendo la correspondiente **demanda** contra el presidente y administrador de la comunidad para obtener el cumplimiento de su obligación de convocar la reunión y presentar las cuentas y el presupuesto respectivamente.

2. Lugar de celebración

2665 Nada dice la ley sobre el lugar en el que debe convocarse a los propietarios a la celebración de la junta ordinaria, en este punto es un consejo práctico para las comunidades que, bien por disposición estatutaria, bien por acuerdo de régimen interior, determinen el lugar de celebración de las juntas, siendo lo aconsejable que el mismo se encuentre ubicado en el **propio inmueble** objeto de propiedad horizontal.
En numerosas ocasiones, bien porque no lo permite la propia configuración de la comunidad, bien por razones de comodidad, las juntas de propietarios se celebran en las **oficinas del administrador** profesional de fincas al que han encomendado la gestión de la misma. Práctica esta que, en modo alguno, se encuentra prohibida, salvo que se haya acordado internamente en la comunidad -ya sea en el estatuto o en el reglamento de régimen interior- que las reuniones se lleven a efecto en el propio inmueble o en algún lugar específico.
En ausencia de norma interna al respecto, los convocantes pueden determinar el lugar de celebración de la junta de propietarios, si bien han de adoptar esta decisión siguiendo las premisas de la buena fe, para lo cual será factor determinante el análisis de lo que hubiera venido siendo **práctica habitual de la comunidad**, de modo que solo se modifique el lugar de celebración por causas debidamente justificadas.

Precisiones En **Cataluña** se contemplaba que la junta de las comunidades de propietarios debía reunirse en el municipio de la comarca en que se hallase ubicado el inmueble. Sin embargo, dicha limitación ha sido eliminada con la última reforma (L Cataluña 5/2015).

3. Contenido de la convocatoria

2670 **Día, hora y lugar de celebración** En la convocatoria de la junta de propietarios debe indicarse el día, hora y lugar en el que se celebrará la junta. Al igual que sucede con la determinación del lugar, la LPH no contempla precisión alguna sobre el particular, razón por la cual corresponde al presidente o a los promotores determinar las condiciones temporales en las que se celebrará la junta. El único **límite**, en el caso de la junta ordinaria, viene dado por la necesidad de que la convocatoria se notifique a todos los propietarios con al menos 6 días naturales de **antelación** a la fecha prevista para la celebración y para las juntas extraordinarias, con la que sea posible para que pueda llegar a conocimiento de todos los interesados (LPH art.16.3).

En defecto de normativa interna de la comunidad en relación al lugar y hora de celebración de las reuniones, únicamente la fijación de un lugar, día y hora inspirados en una evidente mala fe y abuso de derecho puede legitimar una impugnación ante la autoridad judicial de la junta de propietarios celebrada, por la existencia de una violación de los principios informadores de la buena fe. En cambio, **si existe previsión estatutaria** y/o reglamentaria sobre el particular, los promotores deben dar cumplimiento a la misma, siendo impugnables los acuerdos adoptados en la reunión por contravenir lo dispuesto en los estatutos o reglamentos de régimen interior.

Precisiones Respecto al **cómputo de los 6 días naturales de antelación** que deben mediar entre citación y celebración de la junta ordinaria se estima que cuando los plazos son señalados por días a contar de uno determinado, este ha de quedar excluido del cómputo, el cual habrá de comenzar al día siguiente, por tanto, el día de la citación ha de quedar excluido del cómputo y contarse el plazo a partir del día siguiente a la recepción de la citación, aviso, etc. (AP Pontevedra 27-3-17, EDJ 67284; AP Madrid 20-5-20, EDJ 624170; AP Palencia 21-2-23, EDJ 559337). En todo caso, el Tribunal Supremo en alguna resolución ha atemperado el carácter imperativo de las normas sobre convocatoria de juntas e interpreta de modo flexible el requisito del plazo legal de citación a la junta anual ordinaria de mínimo 6 días (TS auto 14-7-21, EDJ 633345).

Junto a la determinación del día, hora y lugar de la reunión prevista en primera convocatoria, **2671**
se puede incluir la previsión del día, hora y lugar para la celebración de la reunión en **segunda convocatoria**, para el caso de que, por falta de asistencia, no se alcance el cuórum necesario para la celebración de la primera, señalándose como única **limitación** para ello, que, si la segunda convocatoria estuviera prevista para el mismo día que la primera, debe mediar un plazo mínimo de media hora entre la hora fijada para la primera y la segunda convocatoria. Si no se convocara para el mismo día y lugar, será nuevamente convocada, conforme a los requisitos establecidos en LPH art.16.2, dentro de los 8 días naturales siguientes a la junta no celebrada, cursándose en este caso las citaciones con una antelación mínima de 3 días.

Orden del día Además de lo anterior, debe constar de forma detallada la enumeración de **2673**
las cuestiones que van a ser objeto de debate a lo largo de la sesión y que constituyen el orden del día de la misma. En este elenco de cuestiones han de figurar, al menos, y tratándose de la **junta de propietarios ordinaria**:
- la presentación y aprobación de las **cuentas del ejercicio**; y
- la presentación y aprobación del **presupuesto para el ejercicio siguiente**.

Junto a las anteriores, pueden recogerse otros asuntos a tratar, como suele ser el **cese y nombramiento de cargos**, así como cualesquiera **otras cuestiones** que así estime el presidente, los promotores de la reunión y las cuestiones que cualquiera de los propietarios haya solicitado al presidente por escrito con antelación a la convocatoria de la junta (LPH art.16.2; AP Valencia 2-5-13, EDJ 153815).

Precisiones **1)** En la junta de propietarios solo pueden adoptarse **acuerdos** en relación a las cuestio- **2674**
nes que aparecen indicadas en el orden del día, de forma que exista siempre una perfecta armonía entre lo previamente anunciado y lo posteriormente acordado. Se trata de una solución lógica, por cuanto que el propietario que ha sido convocado a la junta toma la **decisión de asistir o no** asistir a la misma, entre otras cuestiones, en función al orden del día que constituye su objeto (TS 26-6-95, EDJ 3616; AP Madrid 12-12-13, EDJ 292428; 21-3-14, EDJ 62569; 24-11-16, EDJ 255477).

2) No permiten los tribunales que las comunidades de propietarios puedan adoptar acuerdos que no estén incluidos en el orden del día, nulidad que abarca a los acuerdos que se adopten bajo la **rúbrica «Ruegos y preguntas»** (TS 12-1-12, EDJ 37474; 2-6-15, EDJ 8539; AP Bizkaia 5-6-13, EDJ 309852; AP Madrid 28-11-16, EDJ 251200; AP Alicante 19-2-19, EDJ 624330). A ello debe añadirse que, para que prospere la impugnación correspondiente, la decisión adoptada debe merecer la consideración de acuerdo, no siendo así cuando la misma recoge una mera **advertencia o consejo** (AP Burgos 15-4-11, EDJ 218228; AP A Coruña 12-7-23, EDJ 686916).

3) La convocatoria para la celebración de las juntas de propietarios exige, para la validez de los acuerdos que se adopten, que se fijen en el orden del día los **asuntos a tratar**, para que pueda llegar a conocimiento de los copropietarios. Dicha fijación debe efectuarse con claridad, de manera que exista plena concordancia entre el contenido del orden del día y los temas que se debatirán. Solo así se cumplirá con el objetivo de que los copropietarios puedan adquirir antes del momento de la celebración de la junta la **suficiente información** para votar respecto a las materias que van a ser discutidas, o bien para decidir si delegan su voto a favor de un tercero, o sí, en su caso, optan por no asistir a su celebración (TS 12-1-12, EDJ 37474; 15-6-10, EDJ 113267; 28-6-07, EDJ 80171; 3-11-20, EDJ 715541; AP Madrid 26-9-16, EDJ 225291).

4) La constancia en la convocatoria del orden del día constituye una prescripción imperativa de la LPH, cuya omisión vicia de **nulidad** los acuerdos que puedan adoptarse, siempre que la misma se haga valer con el ejercicio de la acción de impugnación dentro de los plazos establecidos (AP Valencia 6-5-11, EDJ 174777; AP Madrid 17-2-14, EDJ 27588).

2675 5) El problema en la práctica estriba en la **precisión que se exige** en la exposición del orden del día para determinar, según los casos, si la adopción de un acuerdo ha sobrepasado el marco infranqueable que representa la convocatoria. Sobre este particular, los tribunales vienen manteniendo un **criterio flexible**, por entender que nos encontramos con colectivos de personas no necesariamente dotadas de una preparación técnica especializada:

• Aplicar con excesivo rigor los formalismos legales no es lo más acertado en estos casos, siendo suficiente con una **elemental claridad en la exposición** de los temas a tratar. En general se viene considerando que basta con hacer constar en el orden del día las materias que debían tratarse en la junta, sin que se exija con rigor la exposición previa de todos los datos precisos para la deliberación posterior (TS 28-6-11, EDJ 224282; AP Gipuzkoa 27-2-13, EDJ 311991).

• Si bien el orden del día de la reunión es requisito formal directamente afectante a la regularidad de la posterior junta y, por tanto, insoslayable, no se exige una **descripción detallada**, sino una indicación suficiente como para que el comunero alcance a conocer el contenido de la junta (TS 15-6-10, EDJ 113267; 18-3-10, EDJ 21690; AP Asturias 26-7-11, EDJ 277610; AP La Rioja 13-5-22, EDJ 652753).

No se exige una total precisión al orden del día detallando el contenido exacto del acuerdo luego adoptado, si no que basta con que se informe de la **materia o cuestión a tratar** en la junta y que el acuerdo que se alcance no se aparte significativamente de la misma. Como han señalado algunas resoluciones, no es necesario que la relación de asuntos a tratar sea detallada, minuciosa y exhaustiva, con previsión de todas las posibles derivaciones que puedan surgir al tratar de un tema, debiendo por el contrario entenderse incluidos en el orden del día todos los acuerdos que tengan una **relación directa** con los asuntos indicados en la convocatoria (AP Ciudad Real 5-12-03, EDJ 206053; AP León 7-4-14, EDJ 63627; AP Jaén 24-4-19, EDJ 627808).

• Una muestra del alcance de la laxitud con la que los tribunales admiten la redacción del orden del día, es el hecho de que, dentro de la mención genérica del **estudio de determinadas obras**, como puede ser la impermeabilización de la cubierta, entiende comprendido tanto el debate y adopción del pertinente acuerdo sobre la ejecución y el calendario para ello, como la presentación, votación y aprobación, en su caso, de los presupuestos que pudieran haber solicitado los cargos de gobierno de la comunidad -presidente, administrador o secretario-, o cualquier otro propietario integrante de la comunidad.

• Se ha declarado ajustado a la Ley el acuerdo del **ejercicio de acciones judiciales** derivado de la ilegalidad de unas obras. Así, constando en el orden del día el punto correspondiente a la información de la situación de las obras, se entiende que el acuerdo de junta consistente en el inicio de las correspondientes actuaciones judiciales no es más que la expresión clara y evidente de su derecho a la tutela judicial efectiva ante lo que se considera una actuación contraria a los estatutos por parte de uno de los comuneros (TS 15-3-13, EDJ 27730).

2676 **Listado de propietarios morosos** La convocatoria debe contener, además, una relación de los propietarios que no se encuentren al corriente de pago de las deudas vencidas con la comunidad, con la **advertencia** expresa de que, si el propietario no se pone al día de las indicadas deudas con la comunidad, o procede a consignar judicial o notarialmente dichas cantidades, serán privados del derecho de voto -LPH art.16.2- (AP Pontevedra 9-5-16, EDJ 93432; AP Sta. Cruz de Tenerife 14-6-17, EDJ 183442).

El primer concepto a determinar es qué debe entenderse por **propietario moroso** a estos efectos. No se trata del moroso a los efectos del CC art.1100, que exige la existencia de un requerimiento previo expreso, sino que se trata de todos aquellos propietarios que no estén al corriente de pago de las obligaciones vencidas, líquidas y exigibles que tengan con la comunidad.

Una obligación comunitaria tiene la consideración de **vencida y exigible** desde el momento en el que venza el período fijado por la junta o por los estatutos para que los propietarios cumplan con su obligación de contribuir a los gastos generales (CC art.1125). Si **no existe día cierto** fijado por la junta o los estatutos, se entenderán vencidas en el momento en el que transcurra el último día del período al que se refiere la cuota, si son **mensuales** con el vencimiento del mes, si son **trimestrales** con el vencimiento del trimestre, y si son **anuales** con el vencimiento del año.

En cuanto a la **liquidez**, no es necesario esperar a la aprobación de las cuentas del ejercicio con la distribución definitiva de los gastos para que pueda calificarse a un propietario como moroso, ya que basta con la aprobación del presupuesto anual con la determinación de las cuotas o recibos que periódicamente habrá de abonar cada propietario para que, en cumplimiento de dicha previsión de gastos e ingresos, nos encontremos ante una obligación líquida.

Luego, moroso es tanto el propietario que tiene cantidades pendientes de pago con la comunidad como consecuencia del resultado de la aprobación de las cuentas anuales, como aquel propietario que impaga cualquiera de los **recibos** que se la pasan al cobro y que se corresponden con el presupuesto ordinario aprobado por la comunidad o con **derramas extraordinarias** para gastos, igualmente aprobados por la junta de propietarios.

Precisiones En un primer momento la incorporación del listado de morosos a la convocatoria y, muy especialmente su **publicación en el tablón de anuncios** o lugar habilitado al efecto por la comunidad, suscitó algunas dudas sobre si podía ser improcedente por vulnerar el **derecho constitucional a la intimidad y honor** de las personas. Dicha hipotética vulneración ha sido objeto de rechazo por nuestros tribunales, al entender que la publicación del listado se limita a revelar la intimidad económica de la comunidad, y no puede imputarse a la misma que ocasione desprestigio profesional cuando la noticia, en modo alguno, pone en tela de juicio dicho prestigio profesional, sino que se limita únicamente a declarar, a efectos internos de la comunidad, la situación de impago en la que se encuentran algunos propietarios (TS 21-3-14, EDJ 96069; AP Alicante 14-9-21, EDJ 805795). 2677

La inclusión de la relación de propietarios morosos ha suscitado, también, serias dudas en cuanto a su compatibilidad con la LO 3/2018, de **protección de datos personales y garantía de los derechos digitales**.

La Agencia Española de Protección de Datos se ha pronunciado en diferentes ocasiones sobre el particular (AEPD Informe 26-10-04; 12-9-08). En todos ellos, la reseñada Agencia indica que la inclusión de la relación de propietarios morosos en la convocatoria de la junta es una **exigencia legal** introducida con motivo de la reforma de la LPH operada tras la aprobación de la L 8/1999, y cuya justificación y objetivo se encuentra en que las comunidades de propietarios puedan cobrar lo que les adeudan los copropietarios, advirtiendo a los propietarios morosos de que en el caso de no saldar sus deudas con la comunidad serán privados de derecho de voto en la junta que se celebre. Esta circunstancia lleva implícita la necesidad de revelar la identidad de los propietarios deudores sin necesidad de recabar su consentimiento.

Asimismo, sobre esta cuestión la jurisprudencia es clara en orden a **exculpar las posibles responsabilidades** por estos hechos al secretario y/o administrador, habida cuenta de que esta actuación está así prevista en la legislación de la propiedad horizontal para los casos de impago de las cuotas comunitarias por parte de algún copropietario (TS 11-12-08, EDJ 234529). Del mismo modo, tampoco puede considerarse irregular la **difusión del contenido del acta**, limitada a los miembros de la comunidad de propietarios, puesto que la remisión del acta no puede considerarse en sí misma un acto difamatorio, ya que forma parte del normal proceder del régimen de la propiedad horizontal (TS 2-10-08, EDJ 178462; 3-9-09).

Los datos de carácter personal objeto de tratamiento solo podrán ser objeto de **comunicación a terceros** para el cumplimiento de los fines directamente relacionados con las funciones legítimas del cedente y cesionario, con el previo consentimiento del interesado. El consentimiento será necesario, salvo que la **cesión inconsentida** se fundamente en lo establecido en una norma con rango de ley, como ocurre en el caso que nos ocupa LO 3/2018 (LO 15/1999 art.11.1).

En muchas comunidades lo que se hace, para evitar facilitar más datos de los estrictamente necesarios, evitando o minimizando en lo posible con ello los conflictos entre copropietarios que origina la exposición de este tipo de listado, es recoger en la convocatoria el **importe de la deuda referida a cada entidad privativa** cuyo titular no se encuentra al corriente de pago. De este modo, los propietarios pueden identificar perfectamente las personas morosas sin necesidad de que se identifiquen los nombres de los propietarios morosos. Se trata de un criterio de prudencia admitido por los tribunales, dado que es lo suficientemente especificativo y no es contrario a la exigencia de la LPH art.16.2.

Omisión del listado de morosos en la convocatoria Otra duda que se plantea es si la omisión del listado de propietarios morosos en la convocatoria de la junta es un defecto que invalida los acuerdos que se adopten en la misma o impide que el propietario moroso pueda ser privado del derecho de voto durante la celebración de la junta. Los principales argumentos que se esgrimen en pos de la exigencia rigurosa del requisito legal vienen representados por el hecho de constituir un **mandato expreso e imperativo** del legislador, con dos funciones o finalidades concretas: 2678

- una, la de advertir al propietario moroso que será privado del derecho de voto en el caso de que no se encuentre al corriente de pago de las deudas comunitarias en el momento de celebración de la junta; y
- otra, la de informar sobre el alcance de la deuda, de forma que el propietario que se encuentre en desacuerdo con la realidad de la misma tenga tiempo para, si así lo desea, proceder a consignar las cantidades, judicial o notarialmente, evitando con ello la sanción de la privación del derecho de voto.

Por consiguiente, la **privación del derecho de voto**, sin la previa notificación de la deuda junto a la convocatoria, sería indebida, pudiendo afectar a la validez del acuerdo en el caso de que el voto en cuestión fuera determinante para alcanzar el acuerdo correspondiente (AP Málaga 2-6-03, EDJ 160083; AP Alicante 3-7-23, EDJ 722506; AP León 27-6-23, EDJ 669365).

Conviene destacar este extremo, por cuanto que, si el voto del propietario moroso privado indebidamente del derecho de voto es irrelevante para la formación del acuerdo, la irregularidad producida no resultará suficiente como para determinar la validez del acuerdo adoptado. Así pues, aunque en la convocatoria no aparecieran los propietarios morosos, en el acta se hace constar que, teniendo en cuenta a dichos propietarios, no se alteraría el resultado de los acuerdos adoptados por lo que estos son válidos (AP Madrid 20-11-12, EDJ 302207).

Además de la relevancia del voto, los tribunales vienen exigiendo que el propietario afectado o perjudicado por la omisión del listado de morosos en la convocatoria de la junta **ponga de manifiesto esta irregularidad** durante la celebración de la junta (AP Madrid 7-4-04, EDJ 205241).

4. Citación de los propietarios

2685 La convocatoria elaborada debe ser notificada, por el administrador de la comunidad, a todos y cada uno de los propietarios. Es lo que se conoce comúnmente como «citación».
Se trata del traslado a los propietarios de la convocatoria realizada, que debe ir con la **firma** del presidente o de los promotores de la reunión, según sea el caso (TS 16-7-88). También se admite que la convocatoria vaya firmada por el administrador por delegación del presidente. No obstante, la jurisprudencia ha suavizado tal hecho, no otorgándole el carácter de requisito esencial y, en consecuencia, postula que no se señala entre los posibles requisitos de la convocatoria de una junta de propietarios la firma de los convocantes, sino que debe contener indicación de los asuntos a tratar, el lugar, día y hora en que se celebrará en primera o, en su caso, en segunda convocatoria, así como la relación de los propietarios que no estén al corriente en el pago de las deudas vencidas a la comunidad, advirtiendo de la privación del derecho de voto si se dan los supuestos previstos en LPH art.15.2 (AP Asturias 3-10-19, EDJ 725913).
La citación puede realizarse de **forma**:
- personal (nº 2687); o
- edictal o mediante publicación en tablón de anuncios (nº 2698).

Precisiones **1)** En los supuestos de **copropiedad** es suficiente con que la citación y notificación se realice a uno solo de los copropietarios para considerar realizada la convocatoria conforme a derecho (AP Barcelona 26-9-13, EDJ 248523; AP Alicante 3-7-23, EDJ 722506).

2) No cabe cuestionar la regularidad del **método de comunicación** empleado, en este caso el buzoneo, si, constatada su eficacia anterior, el acuerdo en concreto no interesa, pues de ser así quedaría al arbitrio del interés del impugnante (AP Cantabria 16-6-22, EDJ 613009).

2687 **Citación personal** La citación para la junta ordinaria debe realizarse **por escrito**, de forma personal a cada propietario y con la **antelación mínima** de 6 días naturales a la fecha prevista para la celebración de la junta de propietarios. Dicha antelación debe referirse a la fecha de celebración prevista para la primera de las convocatorias en el caso de que se prevea en la misma convocatoria la posibilidad de celebrarse en primera y en segunda convocatoria. En caso de **incumplimiento** del referido plazo de 6 días entre la citación y su celebración la junta será anulable (AP Madrid 15-3-17, EDJ 63606). Son susceptibles de **impugnación** los acuerdos adoptados en las juntas de propietarios en las que no se haya intentado, al menos, la citación personalizada de todos los propietarios en las condiciones previstas en LPH art.9 (AP Araba 12-11-13, EDJ 270461).
La citación personal se tiene por efectuada en el caso de que la misma se remita a las personas que en los archivos de la comunidad aparecen como propietarias de las entidades privativas en cuestión, sin perjuicio de que estas, con desconocimiento de la comunidad, hubieran podido traspasar a terceros la **titularidad de las entidades**. Esta conclusión se sitúa en línea con la obligación que impone LPH art.9.1.i) de comunicar a quien ejerza las funciones de secretario de la comunidad el **cambio de titularidad** de la vivienda o local. Esto es así, siempre que no se demuestre que ha existido **mala fe** a la hora de practicar la citación, por cuanto que los cargos de la comunidad conocían por cualquier otro medio o acto concluyente, o por notoriedad, el cambio de titularidad de la finca. La **carga de la prueba** del conocimiento corre a cargo del adquirente no citado.
En el supuesto de que exista una **situación de copropiedad**, se tiene por válida la convocatoria realizada por correo a uno de los copropietarios (AP La Rioja 19-6-13, EDJ 130282).
Realizado el requerimiento en el **domicilio designado** por el propietario, el mismo es válido y se entiende por recibido si no se ha comunicado a la comunidad el cambio a efectos de notificaciones (TS 5-7-06, EDJ 98674).

Precisiones **1)** La ausencia de citación personal no queda sanada por el **conocimiento accidental** que el propietario en cuestión pueda tener de la celebración de la junta (AP Valladolid 1-3-11, EDJ 56974).

2) Si el demandado cambia de domicilio debe ponerlo en conocimiento de la administración de la comunidad de propietarios a los efectos de que se le comuniquen las convocatorias a juntas y los acuerdos de las mismas. Si la comunidad no puede acreditar la citación personal, ello no es debido a un incumplimiento de la misma sino a que el copropietario, previamente, no cumplió con su obligación legal, por lo que no ahora no puede sostener la vulneración de derecho alguno (AP Baleares 21-12-20, EDJ 803408).

3) La efectividad de la citación, los mecanismos utilizados para la realización de la misma, así como la acreditación de la comunidad de su cumplimentación, son cuestiones que han generado una gran variedad y diversidad de pronunciamientos judiciales en los que se presta especial atención a la **realidad del caso concreto** y del funcionamiento de cada comunidad de propietarios en cuestión. La dificultad estriba en encontrar el justo equilibrio entre la necesidad de dinamizar la vida de la comunidad y evitar que la pasividad de los copropietarios entorpezca el funcionamiento de la institución y los derechos de los comuneros a no quedar en situación de indefensión con la interpretación flexible de los criterios fijados en la LPH. En todo caso, corresponde a la comunidad la **carga de probar** que el propietario fue debidamente citado (TS 22-3-06, EDJ 29181; 10-7-03, EDJ 50734; AP Madrid 14-3-11, EDJ 115797; AP Murcia 11-2-14, EDJ 33432).

4) Respecto al **cómputo de los 6 días naturales de antelación** que deben mediar entre citación y celebración de la junta ordinaria se estima que cuando los plazos son señalados por días a contar de uno determinado, este ha de quedar excluido del cómputo, que habrá de comenzar al día siguiente. Por tanto, en la convocatoria de la junta de propietarios el día de la citación ha de quedar excluido del cómputo y contarse el plazo a partir del día siguiente a la recepción de la citación, aviso, etc. (AP Pontevedra 27-3-17, EDJ 67284).

Fehaciencia de las notificaciones La citación a la juntas no tiene que ser hecha por medio fehaciente, así lo ha destacado el Tribunal Supremo en diversos pronunciamientos, argumentando que la fehaciencia en las notificaciones, exigible en citaciones procedentes de órganos administrativos y judiciales, no es trasladable a las comunidades de vecinos regidas, por lo general, por particulares, careciendo de los medios necesarios para llevar a cabo los múltiples requerimientos que se precisan en la propiedad horizontal con carácter fehaciente. **2688**

Dicho lo anterior, es recomendable, en cualquier caso, es que se utilice cualquier medio que deje **constancia de su recepción** a fin de evitar conflictos relativos a la remisión de las convocatorias o las actas. Los sistemas tradicionales han sido, la remisión de una carta certificada o no, el telegrama, el burofax, o la entrega en mano en la propia vivienda, ya sea a través del propio administrador, o del portero o conserje de la finca.

También habitual, además de discutido, ha sido el depósito de la convocatoria en el **buzón de la vivienda o local**, a modo de entrega de carta. Sobre esta práctica de las comunidades, los tribunales suelen examinar cuál ha venido siendo el sistema de citación seguido en la comunidad tradicionalmente, presumiendo que la citación se produjo efectivamente siempre que el propietario en cuestión hubiera admitido anteriormente, sin queja alguna, dicho mecanismo de notificación y, además, se acredite que el mismo sistema se siguió con el resto de los propietarios y estos ratifican que sí recibieron la citación. Se trata, simplemente, de un problema de prueba y, en este sentido, cobra relevancia, una vez más, la profesionalidad del secretario administrador colegiado como presunción de la certeza de la realización de la comunicación a su destinatario (AP Málaga 30-9-13, EDJ 241177).

Precisiones 1) Para dinamizar la vida comunitaria y evitar que la pasividad o desidia de algunos comuneros pueda entorpecer el funcionamiento normal de la institución, la jurisprudencia propugna un **criterio flexible** en torno a las convocatorias a las juntas, considerando válidas y admisibles la **entrega manual**, la **carta certificada**, el **buzoneo**, el **burofax**, el **correo electrónico** e, incluso, la fijación en el **tablón de anuncios** de la correspondiente convocatoria, sin citación escrita e individualizada, siempre que exista un sistema habitual de comunicación entre comunidad y comuneros (AP La Rioja 24-5-19, EDJ 654326; AP Madrid 4-2-20, EDJ 521026).

2) Las **normas** que rigen la forma de practicar tales citaciones tienen carácter imperativo, siendo, por lo tanto, de necesario y obligado cumplimiento. Su vulneración es sancionada por la jurisprudencia con la **nulidad radical** de la junta y de los acuerdos en ella adoptados. La entrega de la citación por escrito en el domicilio de cada propietario no puede omitirse o sustituirse por otra formalidad alegando viciosas prácticas o usos que, por contrarias a la ley, no pueden judicialmente aprobarse o hacerse descansar en simples suposiciones de conocimiento. No ofrece duda tampoco que, ante las dificultades que implica el **acreditar un hecho negativo**, cual es el de no haber sido citado un propietario a junta, una distribución racional de la carga de la prueba exige que corresponda la demostración de haberla realizado a quien tiene la obligación de llevarla a efecto, que no es otra que la comunidad de propietarios para la cual constituye un hecho positivo de factible y necesaria demostración (TS 3-11-20, EDJ 715541).

3) Declarado por el presidente, el administrador y otros propietarios la **remisión por correo** de las citaciones, y la exposición en el **tablón de anuncios** de la correspondiente convocatoria, y habiéndose celebrado la junta en periodo vacacional cuando es una urbanización dedicada a este fin, difícilmente se puede considerar que el demandante no tuvo conocimiento de una junta a la que asistieron físicamente 43 vecinos del inmueble. La LHP no exige ninguna forma de fehaciencia en la recepción de la comunicación, aun cuando establece que se haga por cualquier medio de los allí establecidos (LPH art. 9.1.h), debiéndose considerar que si en las citaciones se ha seguido el sistema ordinario que hasta ahora venía siendo utilizado sin quejas de ninguno de los propietarios, este resulte suficiente (AP Murcia 27-6-08, EDJ 187646).

4) Aunque no conste la fehaciencia del **conducto notarial o correo certificado** con acuse de recibo, siempre que se den determinadas circunstancias y entre ellas la de que se trate de un sistema habitual de comunicación entre la comunidad y los comuneros sin queja o protesta de sus integrantes, pese al carácter *ius cogens* de las normas reguladoras de la convocatoria, la jurisprudencia ha venido a flexibilizar el régimen con el fin de «dinamizar la vida de la comunidad y evitar que la pasividad de los copropietarios no entorpezca el funcionamiento de la institución» (TS 3-11-20, EDJ 715541; AP Madrid 21-7-22, EDJ 718443).

2689 Tampoco se encuentra exenta de controversia la incorporación de los sistemas que ofrecen las **nuevas tecnologías** como medios de notificación en las comunidades de propietarios.
Estos sistemas van desde la utilización del **fax**, a la utilización del **correo electrónico** (AP Granada 22-1-16, EDJ 43759), las páginas **web** -cuya validez aún no es del todo pacífica (AP Málaga 20-7-17, EDJ 214752; AP Valladolid 25-4-16, EDJ 123668)-, o los **sms** en telefonía móvil (AP Sta. Cruz de Tenerife 2-12-15, EDJ 280160; AP Asturias 25-5-18, EDJ 562444). No obstante, las **citaciones telefónicas** es necesario probarlas, y esta carga recae sobre la comunidad, porque al tratarse de un hecho negativo, al no poder probarse por un hecho positivo del mismo significado, se produce el efecto de desplazar la carga probatoria a la parte que sostiene que la citación ha tenido lugar, al constituir estos últimos hechos extintivos de su obligación cuya carga le incumbe (LEC art.217), pues lo contrario sería dejar en mano de los órganos de la comunidad el cumplimiento e interpretación de haberse efectuado la citación, la cual es trascendental en defensa de la seguridad jurídica y la tutela de los derechos y deberes de los comuneros, máxime cuando dicha citación no reviste especial complejidad (AP Murcia 11-2-14, EDJ 33432; AP A Coruña 4-7-18, EDJ 585437).
Negar la virtualidad de este tipo de notificación sería desconocer la realidad de los actuales sistemas de comunicación, siendo así que, además, constituyen sistemas que certifican y demuestran el **acceso al conocimiento** del continente y del contenido de la citación. Es aconsejable, no obstante, que cada comunidad establezca o acuerde la utilización y validez de estos sistemas, comprometiéndose los propietarios a facilitar un número de fax, móvil o una dirección de correo electrónico a la que se remitan las notificaciones y requerimientos, constituyendo dichos datos una especie de designación de domicilio a efectos de notificaciones, a los efectos de lo dispuesto en LPH art.9.
En cuanto a la **utilización de páginas web**, viene ofreciéndose como una especie de tablón de anuncios online. Se trata de un mecanismo de comunicación práctico, especialmente para las propiedades horizontales de uso turístico, o ubicadas en zonas costeras, en las que sus propietarios residen la mayor parte del año fuera de la localidad en la que se encuentra ubicada la finca y, en no pocas ocasiones, en el extranjero. Además, algunas de las empresas de mantenimiento de estas páginas web ofrecen paralelamente la posibilidad de remitir «**sms**» a los propietarios de la finca para advertirles de cualquier incidencia. La utilidad de estos sistemas parece pues incuestionable. La designación de las mismas como lugar apto para la publicación de las convocatorias debe acordarse igualmente por la comunidad, quedando sujeto al correspondiente régimen de mayorías y cuotas (LPH art.17.7), si bien, salvo que los estatutos lo impongan, el propietario discrepante puede exigir que su notificación se practique en el domicilio que considere pertinente, ya que la Ley le reconoce este derecho.
Lo importante, en definitiva, y salvo previsión estatuaria o acuerdo comunitario en contrario, no es tanto el medio que se utilice para la citación como acreditar la **efectividad** de la misma, o lo que es lo mismo, que la convocatoria ha llegado a **conocimiento del propietario** en cuestión, o, en caso de que la citación haya resultado infructuosa, que ello se ha debido única y exclusivamente a una causa imputable al propietario interesado.

2690 Precisiones La jurisprudencia más reciente no solo admite, sino que sanciona con la nulidad de lo acordado en junta si, disponiéndose de **correo electrónico** del propietario, no se le ha notificado, al menos por esta vía, la convocatoria a la junta (AP Madrid 22-1-20, EDJ 521798; 4-2-20, EDJ 521026; 16-10-19, EDJ 748955; AP Alicante 27-3-19, EDJ 570445; AP Asturias 13-7-23, EDJ 685903). No obstante, debe **poderse acreditar** que se ha realizado la convocatoria por correo electrónico puesto que si no puede adverarse no será reconocido como medio válido para convocar (AP Tarragona 1-7-21, EDJ 663133; AP Gipuzkoa 14-5-21, EDJ 696398; AP Madrid 20-5-20, EDJ 624170).

2693 **Domicilio de citación** Al margen de lo expuesto sobre las nuevas tecnologías, la citación debe efectuarse en el **domicilio situado en España** que cada propietario haya comunicado al efecto al secretario de la comunidad. En defecto de comunicación, se entiende designado como domicilio para notificaciones el correspondiente al piso, local, u otro tipo de entidad privativa perteneciente el propietario en cuestión y situado en el edificio o complejo de edificios que constituye la propiedad horizontal, surtiendo la notificación plenos efectos si le es entregada a cualquiera de los ocupantes del mismo.

El **obligado a designar el domicilio a efectos de notificaciones** es el propietario o propietarios de cada entidad privativa. En caso de ser varios, deben ponerse de acuerdo para designar un único domicilio a efectos de notificaciones, porque lo que no podrán hacer es designar cada comunero un domicilio particular y que la comunidad se vea obligada a enviar la citación correspondiente a una única entidad privativa a varios domicilios distintos. Al igual que en la asistencia y votación, rige en esta materia el principio de un **único domicilio por entidad privativa**.

A **falta de acuerdo** de los comuneros para la designación de un único domicilio -acuerdo que ha ser tomado por mayoría de intereses o cuotas de la comunidad de bienes (CC art.398)-, se entenderá que el domicilio designado a efectos de notificaciones es el subsidiario previsto en la ley, esto es, el piso o local sito en la finca objeto de propiedad horizontal (LPH art.9.1.h).

En cuanto a la **forma de designación** del domicilio, sirve cualquier medio que pueda acreditar **2694** la recepción. La forma más habitual es mediante fax remitido al secretario-administrador, o **por escrito** con copia de recepción firmada por el secretario-administrador. No obstante, incluso la designación **verbal** o telefónica podría valer, siempre que vaya seguida del reconocimiento por parte de la comunidad al realizar las citaciones y notificaciones inmediatamente posteriores a dicha designación. En cualquier caso, y por motivos de prueba, tanto para la comunidad, como para cada propietario en cuestión, resulta recomendable que se deje constancia por escrito de la designación del domicilio en cuestión.

La designación del domicilio solo tiene una **limitación** y es que el mismo se encuentre situado **2695** **en España**. ¿Quiere ello decir que si algún ciudadano con residencia en el extranjero es propietario de un piso o local en una propiedad horizontal situada en España tiene que admitir que todas las citaciones se le hagan en el piso o local en el que no reside la inmensa mayoría del año? Entendemos que este precepto no tiene carácter imperativo, razón por la cual, la comunidad es libre para, a pesar de la limitación que prevé la ley, aceptar como domicilio de notificaciones o citaciones de alguno de sus propietarios uno situado **en el extranjero**. Es evidente que no puede imponérsele, pero tampoco implica que si admite el mismo carezcan de valor las notificaciones o citaciones remitidas al extranjero. Lo normal, en estos casos, es que la comunidad acepte remitirlo al extranjero, pero siendo todos los **costes** de la misma repercutibles exclusivamente en el propietario interesado.

En el caso de que **no se haya designado** por parte de los propietarios domicilio alguno a efectos de notificaciones, o la comunidad no hubiera aceptado la designación de un domicilio en el extranjero, se prevé que la citación se realice en el piso o local que cada propietario tiene en el edificio o edificios que constituyen la propiedad horizontal en cuestión. Esta previsión se complementa por el legislador, añadiendo que se tendrá por bien efectuada la notificación que se comunique al ocupante de la vivienda -LPH art.9.1.h- (TS 3-11-20, EDJ 715541; AP Gipuzkoa auto 15-11-19, EDJ 822567).

La mención al hecho de que la citación se tendrá por bien efectuada con la simple **comunicación al ocupante** viene a constituirse como una especie de sanción legal al incumplimiento del propietario de su obligación de designar un domicilio concreto a efectos de notificaciones y requerimientos. La LPH se limita a sancionar los efectos de la notificación al ocupante para con la comunidad, sin entrar a prejuzgar la posible responsabilidad del ocupante por no trasladar la citación al propietario.

Precisiones El concepto de **ocupante** comprende tanto a cualquier persona ligada con el propietario por un vínculo contractual o de cualquier otro tipo; cualquier persona que, con relación familiar o sin ella, conviva con el propietario en el piso o local, o sea empleado suyo; y cualquier persona que, con carácter habitual, trabaje o preste sus servicios altruista o remuneradamente en el piso o local.

Citación edictal o por publicación en tablón de anuncios o lugar habilitado al efecto **2698** La LPH no se limita a señalar un **domicilio subsidiario**, válido para los casos en los que los propietarios incumplan su obligación de designar un domicilio a efectos de notificaciones, sino que prevé también la hipótesis de que, intentada la citación personal en el mismo, esta resulte infructuosa o imposible. Se trata de la notificación mediante la publicación de la convocatoria en el tablón de anuncios de la comunidad o en el lugar habilitado al efecto.

Se trata de un mecanismo de notificación que resulta únicamente hábil cuando previamente se ha intentado de forma **infructuosa la notificación personal** en el domicilio designado al efecto por los propietarios o, en su defecto, en la entidad privativa integrada en la propiedad horizontal.

Cuando se utilice esta forma de notificación, debe hacerse constar, a través de diligencia, la **fecha y motivos** por los que se procede a esta forma de notificación. Dicha diligencia debe ser firmada por quien ejerza las funciones de secretario de la comunidad, con el visto bueno del presidente (LPH art.9.1.h).

Es decir que, a tenor de la norma, la comunidad ha de ser cuidadosa con la citación de los propietarios a la junta en que se adoptan los correspondientes acuerdos por los que se ha de regir la vida comunitaria; para ello la Ley determina la forma en la que se ha de llevar a efecto tal citación, indicando tres posibilidades al respecto, a través de un orden jerárquico de necesaria observancia (TS 3-11-20, EDJ 715541):
- primero, si el propietario ha comunicado un domicilio para sus notificaciones, en tal lugar;
- en defecto de una comunicación de tal clase, es válida la practicada en el piso o local integrados en la comunidad accionante, llevada a efecto con quien los ocupara; y,
- ante la imposibilidad de la citación, en los domicilios indicados, a través de notificación en tablón de anuncios.

2699 El carácter supletorio y debidamente justificado con el que debe procederse a utilizar este mecanismo de citación tiene enorme relevancia, no solo para que se tenga por efectivamente realizada la misma, sino también para que no se entienda infringida la **protección de datos de carácter personal** en relación a la incorporación del listado de propietarios morosos.

Precisiones **1)** La Agencia Estatal de Protección de Datos ha declarado que, únicamente en el caso de que la publicación en el tablón de anuncios de la comunidad del listado de propietarios morosos obedezca a la necesidad de citarlos adecuadamente para la celebración de la junta, una vez **intentada sin éxito la citación personal**, la cesión de datos que implica la correspondiente publicación sin el consentimiento de los propietarios afectados, se encontrará legitimada en la LPH, y por consiguiente amparada por lo dispuesto en LO 3/2018, de protección de datos personales y garantía de los derechos digitales -que derogó la LO 15/1999 respecto de cuyo art.11.2.a la AEPD emitió el AEPD Informe núm 548/2009- (TS 11-12-08, EDJ 234529).
Además, habiéndose publicado en el tablón de anuncios todos los años la deuda del comunero demandado, no se tiene por prescrita la misma al haberse notificado la misma al deudor (AP Zaragoza 5-7-22, EDJ 663646).
Consiguientemente, la **corruptela** que se sigue en muchas comunidades de publicar la convocatoria en el tablón de anuncios, sin necesidad de que obedezca a la imposibilidad de la notificación personal intentada, implica un incumplimiento de la norma habilitadora y, en consecuencia, una **cesión ilegítima de datos** susceptible de la correspondiente denuncia y sanción. Si bien, no pueden impugnarse los acuerdos con base en la falta de notificación de la convocatoria cuando la costumbre admitida por los demandantes y toda la comunidad es que se publique la misma en el tablón de anuncios (AP Cantabria, 16-6-22, EDJ 613009).
Concretamente, en cuanto a la divulgación de la deuda o de la titularidad de un copropietario, se confirma que **no ha existido intromisión** del derecho al honor por parte de la comunidad de propietarios. Las menciones a la titularidad aparecen encuadradas en el ámbito de la información que corresponde a la comunidad, sin que reflejen voluntad alguna de desacreditar o injuriar a los propietarios (TS 27-9-21, EDJ 710063).
2) No puede considerarse suficiente por sí mismo si, al menos, no se hubiera intentado previamente una **comunicación personal** (AP Asturias 12-12-13, EDJ 258175; AP Málaga 30-9-15, EDJ 221395). Si bien no se exige un nivel de diligencia y cuidado desmesurado para ello (AP Barcelona 31-5-19, EDJ 603488).

2700 Luego, la publicación de la convocatoria funciona como forma de citación de los propietarios y produce los **efectos** propios cuando, intentada la notificación personal no se hallara a nadie en la vivienda o los ocupantes se negaran a recibir la convocatoria, o cuando, no habiéndose designado un domicilio a efectos de notificaciones, resulte imposible la citación en el local o entidad privativa de la propiedad horizontal, sea porque este consiste en una plaza de aparcamiento o desván, sea porque al entidad privativa es un solar o porción de terreno.

Precisiones **1)** En la determinación del requisito de haber intentado la citación personal deberá tenerse siempre muy presente el **principio de proporcionalidad**, debiéndose atender a las circunstancias de cada caso para valorar si se intentó o no la citación o notificación personal de cada propietario, antes de acudir a la fórmula edictal (Magro Servet).
2) En los casos en que el propietario en cuestión haya **designado un domicilio distinto al piso o local** que tiene en la propiedad horizontal, somos de la opinión de que únicamente es necesario acreditar que se ha intentado la citación en el domicilio designado. No obstante, algún autor entiende que, por analogía a lo que sucede con las notificaciones edictales en materia procesal, y siendo así que deben agotarse previamente todos los mecanismos posibles para conseguir realizar la citación personal, sería necesario también acreditar que, no solo se ha intentado notificar en el domicilio electo, sino también en la entidad privativa que el propietario en cuestión tiene en la propiedad horizontal (Magro Servet). En consecuencia, la comunicación edictal en el tablón de anuncios de la comunidad supone una forma de comunicación subsidiaria (AP Madrid 10-6-20, EDJ 623294).

Publicación en lugar habilitado al efecto (LPH art.9.1.h) En la norma se habla de la publicación en el tablón de anuncios o lugar habilitado al efecto. Este lugar bien puede ser el **portal de acceso** al edificio, el **ascensor** o cualquier **otro espacio de acceso habitual o paso** para todos los propietarios. 2702

La **determinación** de cuál sea este espacio común destinado a la publicación de convocatorias y anuncios queda sometida a la decisión de la junta por acuerdo de la mayoría del total de los propietarios y cuotas, si la junta se celebra en primera convocatoria y a la mayoría de propietarios asistentes, siempre que representen la mayor parte de las cuotas presentes, si la junta se celebra en segunda convocatoria.

A **falta de acuerdo expreso** sobre la determinación de esos espacios comunes aptos para la publicación de los anuncios y convocatorias, los tribunales suelen atender a lo que ha venido siendo práctica habitual y pacíficamente consentida por los propietarios durante los años de funcionamiento de la comunidad, exigiendo, eso sí, que se trate de un lugar de visible y de uso general, que facilite o permita a todos los propietarios el acceso general al mismo y a la información que en el mismo se publique.

Contenido de la publicación En cuanto al contenido que debe recoger la publicación para que sirva como **medio supletorio de citación** de los propietarios, debe incorporar: 2703

- una **copia de la convocatoria**, tal y como ha sido remitida a todos los propietarios; y, además,
- una **diligencia** firmada por el secretario con el visto bueno del presidente de la comunidad, en la que se haga constar la **fecha** en la que se realiza la publicación y las **razones** por las que la misma se efectúa, que básicamente han de ser la infructuosa notificación personal a uno o varios propietarios.

Implícitamente, cabe entender que la diligencia añadida a la publicación de la convocatoria ha de reseñar el **propietario o propietarios a los que se encuentra dirigida** la misma, esto es, aquellos propietarios respecto de los que resultó infructuosa la citación personal. La incorporación de este dato, además, presenta la ventaja de favorecer el que la convocatoria llegue al conocimiento de dicho propietario o propietarios, ya que se entiende que el resto de vecinos le informarán o advertirán de la existencia de la misma.

Efectos La publicación solo produce sus **plenos efectos** jurídicos como citación personal de los propietarios una vez transcurridos 3 días naturales desde la fecha de publicación. Ello supone que la misma debe haber estado publicada al menos durante 3 días naturales consecutivos, aunque se aconseja que lo esté hasta el mismo momento de celebración de la junta. Hay que recordar que los días naturales comprenden tanto los días hábiles como los inhábiles (domingos y festivos). 2705

La determinación del **momento** a partir del cual la citación edictal produce sus plenos efectos jurídicos es importante a la hora de valorar si la junta de propietarios se ha convocado con la antelación necesaria prevista en la LPH. Ello permite enlazar con el tema de la antelación con la que debe procederse a citar a todos los propietarios a la junta ordinaria. Plazo que debe ser de, como mínimo, 6 días naturales con antelación a la fecha prevista para la celebración de la junta en primera convocatoria -LPH art.16.3- (AP Madrid 4-2-20, EDJ 521026).

El **cómputo del plazo mínimo de antelación** comprende tanto los días hábiles como los inhábiles, ya que la ley habla de días naturales. Para verificar el cumplimiento del mismo debe partirse del momento a partir del cual la citación haya llegado al conocimiento del último de los propietarios, siguiendo los mecanismos establecidos en LPH art.9.1.h) y, tratándose de un plazo que se señala por días, el cómputo del plazo debe iniciarse el día siguiente a aquel en el que se produzca la citación, lo que implica que no se computa el día de la citación (TS 26-4-00, EDJ 9276; AP Pontevedra 27-3-17, EDJ 67284).

Precisiones Una citación para una junta **enviada el mismo día de su celebración** no es antelación suficiente como para considerarla ajustada a la legalidad, ya que en tan escaso plazo de tiempo no está garantizado razonablemente que el destinatario haya tenido tiempo de conocer la citación y de organizarse para, bien acudir si le fuera posible, bien conseguir que una tercera persona acudiera en su representación (AP Madrid 22-11-19, EDJ 826994).

Derecho de información de los propietarios El establecimiento de un plazo de antelación en las citaciones se encuentra directamente relacionado con el derecho que tiene todo propietario a informarse sobre los **asuntos a tratar en la junta** y a poder examinar la documentación correspondiente, esto es, los justificantes de gastos de cada ejercicio, comprobar el sistema de distribución de los diferentes gastos en las cuentas presentadas, valorar la bondad o corrección de las previsiones de ingresos y gastos propuestas, analizar el detalle de los presupuestos de obras, así como los informes que puedan existir sobre la necesidad de las mismas, etc. 2708

Sin embargo, la LPH no contiene mención alguna a dicho derecho a la información, más allá del establecimiento genérico de la obligación que tiene el secretario de custodiar y de tener a disposición de los propietarios la **documentación de la comunidad** (LPH art.20.e).
No puede entenderse que exista un auténtico derecho de información a favor de los copropietarios, como ocurre en el ámbito de las sociedades anónimas, bastando con hacer constar las materias a tratar en la junta que se convoca, sin que se exija con rigor la exposición previa de todos los datos o medios de conocimiento precisos para la participación y, en su caso, deliberación de los interesados (TS 28-6-11, EDJ 224282; AP Córdoba 6-7-21, EDJ 735008).
Basta con que consten en el orden del día las materias a tratar en la junta sin que haya la obligación de la comunidad de remitir toda la **información en detalle** de cada punto a tratar (AP Cantabria 5-7-21, EDJ 621191). Sin embargo, el Tribunal Supremo ya ha declarado que, en todo caso, la descripción del tema a tratar en la junta debe tener una relación directa con la descripción que del mismo se realiza en el orden del día. Así anula el acuerdo por el que se deja sin efecto el sistema rotativo de elección de cargos considerando que se cambió el sistema electivo de forma sorpresiva, sin anunciarlo con la suficiente claridad, sorprendiendo con ello la buena fe de los comuneros infringiendo por ello la LPH art.16 (TS 13-1-21, EDJ 500753).

2709 Precisiones **1)** A pesar de la falta de precisión del legislador, los tribunales vienen reconociendo a los propietarios el **derecho a solicitar las aclaraciones e informes pertinentes** del secretario y administrador de la comunidad durante el transcurso del plazo comprendido entre la citación y la fecha de celebración de la junta, siendo así que si se negara injustificadamente el examen de la documentación podría instarse la remoción de los cargos de gobierno de la comunidad por incumplimiento de sus obligaciones. Más dudas plantea, en cambio, la **impugnación de los acuerdos** comunitarios que puedan alcanzarse si se pretende esgrimir como causa de impugnación el ser contrarios a la ley, puesto que, como ha reconocido el Tribunal Supremo en alguna sentencia, y sin perjuicio de que esté justificado y sea explicable que los propietarios puedan recabar toda la información que exista para poder dirimir y deliberar sobre los diferentes puntos que integran el orden del día, ni del espíritu ni de la letra de la LPH puede entenderse que existe un auténtico derecho de información regulado *ad hoc* cuya infracción vicie de nulidad los acuerdos que puedan adoptar (TS 16-4-93, EDJ 3595). Se trata de un «derecho de acceso» a la información que conserva y custodia el administrador de la comunidad, cuya dinámica no necesita que se tenga que acudir a la analogía del derecho de información de los socios de una sociedad de capital, como ya se apuntaba en la TS 16-4-93, EDJ 1993/3595, criterio que es mantenido más recientemente por la TS 28-6-11, EDJ 224282 (AP Madrid 15-10-15, EDJ 208923; AP Alicante 10-11-20, EDJ 842041).
2) En **Cataluña** sí se señala expresamente que la documentación relativa a los asuntos a tratar en la junta puede enviarse a los propietarios o puede optarse por hacer constar en la convocatoria que se encuentra a disposición de todos los propietarios en poder del administrador, o en un lugar donde se halle a la disposición de los propietarios, desde el momento mismo en que se realiza la convocatoria, con lo que expresamente se reconoce el derecho a la información correspondiente (CCC art.553-21.5; AP Barcelona 28-5-21, EDJ 645375). Ver nº 7625.

2710 El **incumplimiento de los demás requisitos** expuestos sobre la convocatoria y citación de las juntas, sean ordinarias o extraordinarias, vician la celebración de la misma y, por consiguiente, los acuerdos adoptados. No obstante, debe advertirse que, para que se declare la **nulidad de los acuerdos** estos deben impugnarse en el **plazo máximo** de un año a contar desde la celebración de la junta si el demandante es un propietario que estuvo presente en la misma, o desde que le sea notificado el acuerdo, si el propietario estuvo ausente en la junta en cuestión (LPH art.18). De no ser impugnados por alguno de los propietarios los acuerdos en el indicado plazo legal, los mismos devendrán válidos e inatacables, quedando sanados cualesquiera vicios de los que hubieran podido adolecer (TS 19-11-96, EDJ 7773).

Precisiones En relación a las consecuencias jurídicas que se derivan de los **defectos en la convocatoria** y celebración de las juntas, se ha considerado que no conllevan la nulidad radical e insubsanable de los acuerdos adoptados en la junta, sino la anulabilidad de los mismos si son impugnados en el plazo legalmente previsto. De acuerdo con esta corriente jurisprudencial son **anulables** los acuerdos que entrañen infracción de algún precepto de la LPH, o de los estatutos de la comunidad, quedando reservada la más grave calificación de **nulidad** radical, absoluta e insubsanable solamente para aquellos otros acuerdos que, por infringir cualquier otra Ley imperativa o prohibitiva que no tenga establecido un efecto distinto para el caso de contravención, por ser contrarios a la moral o al orden público, o por implicar un fraude de ley, hayan de ser conceptuados como nulos de pleno derecho -CC art.6 párr 3º- (TS 5-3-14, EDJ 37317; AP Pontevedra 17-9-18, EDJ 618367; 30-5-16, EDJ 116286; AP León 13-1-12, EDJ 2605; AP Asturias 21-6-23, EDJ 679952; AP Málaga 13-6-23, EDJ 697311).

2712 **Asistencia, votación y aprobación de acuerdos** Los aspectos referentes a la asistencia, votación y adopción de acuerdos se examinan en nº 2670 s. y nº 2900 s., con carácter común para todas las clases de juntas que pueden celebrarse en la propiedad horizontal.

F. Junta extraordinaria

2740

1. Legitimación para convocar

Requisitos (LPH art.16) Junto a la celebración obligatoria, al menos una vez al año, de la junta ordinaria (nº 2645 s.), la LPH prevé que la junta de propietarios pueda celebrarse cuando: 2745
- así lo decida libremente el presidente; o
- lo pidan la cuarta parte de los propietarios o un número de estos que representen, al menos, el 25% de las cuotas de participación existentes en la propiedad horizontal en cuestión.

Basta con que se alcance uno de los dos requisitos -una **cuarta parte de propietarios** o un número de estos suficiente como para representar el **25% de las cuotas** de participación-, para que la LPH reconozca legitimación para instar, primero, y convocar, en su caso, después, la celebración de juntas extraordinarias.

Precisiones **1)** En el supuesto de que converjan paralelamente **dos convocatorias**, si la realizada por el presidente reúne en el orden del día todos los asuntos solicitados, no procede la convocatoria realizada por los propietarios (TS 9-12-93, EDJ 11141), pudiendo el presidente decidir la fecha y hora, así como el lugar de la reunión.

2) A raíz de la reforma introducida por L Cataluña 5/2015, en **Cataluña** ya no se exigen ambos requisitos de forma cumulativa para legitimar a los propietarios que insten la convocatoria, puesto que, actualmente, es suficiente con que lo solicite, como mínimo, una cuarta parte de los propietarios o los que representen una cuarta parte de las cuotas de participación (CCC art.553-20.2).

3) Si los propietarios instantes **no alcanzan alguno de esos dos requisitos** no tienen derecho a exigir la convocatoria de la junta, aunque es perfectamente factible que el presidente, dentro de su facultad reconocida de convocar la junta en cualquier momento, haga suya la solicitud y proceda a convocar la reunión *motu proprio*, sin que ello vicie de nulidad los acuerdos que puedan adoptarse (AP Murcia 19-12-06, EDJ 399978).

4) Supone un **criterio de subsidiariedad**; primero requerir al presidente que convoque la junta y, en su defecto, convocar la junta (AP A Coruña 29-10-15, EDJ 219790; AP Madrid 18-1-18, EDJ 63935). No basta la mera iniciativa de los comuneros, aunque reúnan los porcentajes, si no concurre la negativa previa, del presidente, la cual puede manifestarse de manera expresa, al negarse a convocar la junta, o tácita, cuando sin negativa expresa se aprecie por las circunstancias concurrentes que no procederá a la convocatoria, por lo que no existe una legitimación directa sino subsidiaria (AP León 6-7-20, EDJ 635503; AP Ourense 9-12-20, EDJ 804167).

Requerimiento de los propietarios El requerimiento de los propietarios promotores de la reunión no está sujeto a **forma** alguna, pudiendo efectuarse incluso verbalmente. No obstante, la necesidad de probar la existencia y contenido del mismo aconsejan emplear siempre la forma escrita. El requerimiento pueden efectuarlo: 2747
- directamente **todos los promotores**; o
- **uno solo de ellos**, debidamente autorizado por todos los demás -se entiende que todos los propietarios necesarios para cubrir los requisitos proporcionales exigidos por la LPH-.

Precisiones La **autorización al propietario instante** no viene sujeta a **forma** alguna, valiendo un simple escrito firmado por el propietario autorizante en el que se delegue en el autorizado la realización del requerimiento al presidente de la comunidad para la celebración de la junta (TS 5-2-92, EDJ 996).

Realización de la convocatoria (LPH art.16.2) En principio, el obligado a realizar la convocatoria de la junta extraordinaria es el **presidente** de la comunidad, quien debe hacerlo siempre que él así lo decida o se lo pidan la cuarta parte de los propietarios o un número de tales que represente más del 25% de las cuotas de participación. 2749

Sin embargo, el legislador no ignora que puede darse el caso de que el presidente desatienda voluntaria o involuntariamente la solicitud de los **propietarios** en cuestión, razón por la cual les reconoce a estos la posibilidad de que, en defecto de aquel, puedan realizar directamente la convocatoria de la junta (AP Navarra 11-9-23, EDJ 725554).

Es importante destacar el carácter subsidiario que tiene la convocatoria de los promotores (AP A Coruña 29-10-15, EDJ 219790; AP Ourense 20-6-23, EDJ 656623), ya que si no remiten el requerimiento al presidente y esperan un plazo prudencial para que se proceda a la convocatoria de la junta por parte del mismo, se habrán incumplido los presupuestos que les legitiman para proceder a la convocatoria de la junta, viciando de nulidad la misma y los acuerdos que en ella se adopten. Nulidad que debe hacerse valer en el plazo de un año a contar desde la celebración de la junta para los asistentes y desde la notificación de los acuerdos para los ausentes, por tratarse de una causa de impugnación de los acuerdos por ser contrarios a la ley (LPH art.18).

Lo que es evidente es que, ante la **negativa o pasividad del presidente** a la petición que le ha sido esgrimida por los propietarios que reúnan los requisitos antes indicados, estos propietarios pueden proceder a la convocatoria sin necesidad de un título judicial habilitante que condene al presidente a realizar la convocatoria.

Precisiones Extraordinariamente, los tribunales han reconocido la validez de la convocatoria realizada por los propietarios **sin que se acredite la previa solicitud al presidente**, cuando del análisis de los hechos o circunstancias del supuesto en cuestión se deduce manifiesta o palmariamente la negativa injustificada de este a proceder a la convocatoria, especialmente, cuando en los asuntos a tratar se aprecia un indubitado **conflicto de intereses** entre los de la comunidad y los personales del presidente (AP Barcelona 10-1-06, EDJ 292678; AP Alicante 10-6-14, EDJ 122093). En cualquier caso, se trata de casos excepcionales, recomendándose siempre que se proceda a instar al presidente a que efectúe la convocatoria.

2. Contenido y citación

2755 **Requisitos** (LPH art.16.2) La convocatoria debe reunir los mismos requisitos analizados al hilo de la exposición de la junta ordinaria (nº 2670 s.), siendo así que en la redacción del **orden del día** deben incluirse las cuestiones planteadas por los promotores, y también todas aquellas cuestiones que hayan ido solicitando por escrito los propietarios al amparo de lo dispuesto en LPH art.16.2.

2757 **Citación personal** Aunque la convocatoria la efectúen los promotores de la reunión, las citaciones personales de los propietarios para la celebración de la junta deben correr a cargo del **secretario administrador** de la comunidad. Al hilo de esta obligación, se plantea el problema de si, ante la **negativa del secretario administrador**, pueden los promotores requerir al mismo para que les facilite los datos del resto de propietarios, para proceder a remitir ellos las citaciones y, si en el caso de que el administrador ceda dichos datos, nos encontramos ante una infracción, o no, de la legislación en materia de protección de datos.

Precisiones La Agencia Estatal de Protección de Datos ha manifestado -bajo vigencia de la LO 15/1999- que la finalidad que cumple el hecho de elaborar y mantener el **listado de datos personales** de los propietarios en las comunidades sujetas al régimen de propiedad horizontal es asegurar el ejercicio de los derechos y el cumplimiento de las obligaciones previstas en la LPH. En este estado de cosas, el **responsable del fichero** de datos será la comunidad de propietarios, siendo la misma, a través de la junta, la que resolverá las cuestiones relacionadas con el fichero. El administrador de la finca actúa, respecto de los datos que le son encomendados, como **encargado del tratamiento**, en términos de la ya derogada LO 15/1999 art.3.g como la persona que, solo o conjuntamente con otros, trata datos personales por cuenta del responsable del tratamiento (AEPD Informe 636/2009). Actualmente, el tratamiento de la protección de datos personales se regula en la LO 3/2018, de protección de datos personales y garantía de los derechos digitales.

El encargado del tratamiento debe utilizar los datos limitándose al ámbito de actuaciones que la comunidad le haya conferido. Dicha afirmación ha sido utilizada por la AEPD para reconocer como lícita la **cesión de los datos** que le sean requeridos por el presidente. No obstante, la cuestión resulta más dudosa respecto de la cesión al resto de propietarios, por cuanto que lo que debería hacer el administrador y la función que le ha sido encomendada es la de proceder a realizar las citaciones y notificaciones a los propietarios que resulten pertinentes en el normal funcionamiento de la comunidad. Incumplir dicha obligación y a cambio ceder los datos personales a varios propietarios para que suplan su omisión, despierta serias dudas sobre si podría ampararse dentro de los supuestos que legitiman la cesión de datos.

2758 La citación de la junta de propietarios debe efectuarse en idénticos términos a los examinados al hilo de la exposición de las juntas ordinarias (nº 2685 s.), con la única peculiaridad que representa el hecho de que el **plazo de antelación** con el que llegue a todos y cada uno de los propietarios no es de 6 días naturales, sino el que resulte suficiente para que la convocatoria llegue a **conocimiento** de todos los propietarios (AP Madrid 21-6-13, EDJ 145615; 9-12-20; AP Málaga 23-10-14, EDJ 261871; AP Madrid 20-7-23, EDJ 688658). En todo caso, corresponde a la comunidad la carga de probar que la citación se llevó a cabo correctamente.

Precisiones El cumplimiento del **requisito de «cognoscibilidad»** constituye una cuestión de hecho que corresponde apreciar a los tribunales en cada caso (TS 12-7-94, EDJ 11373).

2759 Esta diferencia de criterio con las juntas ordinarias es compensada en algunas comunidades mediante la inclusión de cláusulas estatutarias que fijan un plazo de antelación concreto con el que debe citarse a todos los propietarios a las juntas extraordinarias, en cuyo caso, la

obligatoriedad de la normativa interna, unido a la **libertad de pacto** sobre este particular, obliga a dar cumplimiento a la misma.
A diferencia de lo que ocurre en las juntas ordinarias, en las extraordinarias, si no se alcanzan las mayorías precisas para promover la celebración de la junta, los propietarios no estarán legitimados para acudir al **juez** y forzar así la celebración de la misma.

Precisiones **1)** Algún autor ha creído ver la **posibilidad de exigir la celebración** de una junta de propietarios con carácter extraordinario en la dicción de LPH art.17.1, al establecer que la instalación de las infraestructuras comunes para el acceso a los servicios de telecomunicación o a los suministros energéticos colectivos será acordada, a petición de cualquier propietario, por un tercio de integrantes de la comunidad que representen un tercio de las cuotas de participación. Entendemos que dicha afirmación debe ubicarse dentro del marco general del derecho que asiste a todo propietario de requerir a los órganos de la comunidad la inclusión de cuestiones en el orden del día que se elabore para la próxima junta de propietarios que se convoque conforme a las prescripciones previstas en la ley (LPH art.16.2).
Diferente es el caso de que, **solicitada la celebración** de la junta por algún propietario **no se convoque** la misma y una norma específica prevea, sea la de infraestructuras comunes para el acceso a los servicios de telecomunicación o cualquier otra, como sanción a la falta de convocatoria y de consiguiente pronunciamiento sobre la solicitud instada, tener por consentida la misma.
2) La **prueba** de haberse citado en forma a todos los propietarios para asistir a la junta, incumbe a la comunidad de propietarios. La consecuencia de que la comunidad no acredite este extremo trae consigo la nulidad de los acuerdos adoptados (AP Baleares 26-1-12, EDJ 16377; AP Almería 13-11-13, EDJ 274334).
3) Habida cuenta carácter extraordinario de la junta y de la urgencia que pudieran tener la adopción de los acuerdos tratados en la misma, la jurisprudencia ha admitido en ocasiones que la convocatoria pueda realizarse **por vía telefónica** -junto a otros medios como es el telefax-, siempre y cuando pueda acreditarse que el propietario tenía conocimiento de la convocatoria de la junta (AP Valencia 13-12-13, EDJ 306070).
4) Es nula la junta extraordinaria celebrada en los supuestos en los que no se hayan respetado los **plazos de convocatoria establecidos en los estatutos** (AP Málaga 23-11-16, EDJ 290099).

G. Requisitos comunes a toda clase de juntas

1. Asistencia

El **derecho** a asistir a las juntas de propietarios corresponde única y exclusivamente a los propietarios de las entidades privativas que forman parte de la propiedad horizontal. Por consiguiente, no tienen *per se* derecho a asistir a las juntas los titulares de derechos meramente personales -p.e. arrendatarios-, ni los titulares de derechos reales distintos al de propiedad. **2780**
Ello no es impedimento para que los propietarios, bien vía contrato o por decisión posterior, decidan **delegar su representación** en la junta para un caso concreto o para las sucesivas juntas que se celebren a favor de alguna de estas personas.
El derecho de asistencia puede ejercitarse de diversas **formas**:
- asistencia **personal**;
- asistencia mediante **representante** legal o voluntario.

Participación o asistencia de terceros En modo alguno se puede exigir a la comunidad que acepte la participación o asistencia en la junta de terceros que no ostenten la condición de propietarios ni representantes de estos. En dichos casos, así como en las situaciones en las que se pretenda que estén presentes en la reunión más de una persona por alguna entidad -la asistencia y votación será siempre única-, será necesaria la **aprobación de la junta** de propietarios con carácter previo al examen del primer punto del orden del día. Para dicha aprobación basta con la obtención de las mayorías de propietarios y cuotas del edificio, si la junta se celebra en primera convocatoria, y la mayoría de propietarios asistentes, siempre que sume la mayor parte de las cuotas presentes, si la junta se celebra en segunda convocatoria. **2787**
En los casos en los que algún propietario desee ir a una reunión acompañado de su abogado, debe entenderse que no estamos ante un tema de asistencia, por cuanto que a efectos de asistencia únicamente se le reconocerá al propietario, sino de admitir la **presencia del letrado** durante la celebración de la junta. Se trata de una cuestión que debe aprobar la junta como cuestión previa a la discusión del primero de los puntos del orden del día, siendo así que el abogado en dichos casos ni tienen derecho a participar en las discusiones, ni tiene derecho de

voto. En el caso de que se desee la **intervención en la junta del abogado** debe concedérsele la representación del propietario (AP Valencia 26-6-20, EDJ 631539).
La asistencia de terceras personas distintas de los comuneros a las reuniones de la comunidad de propietarios no afecta a la validez de los acuerdos en ellas adoptados ni a la constitución de las juntas, si tales personas se limitaron a escuchar a los presentes, y su única intervención activa es, para hacer reconsiderar a los comunitarios un acuerdo que iba a adoptarse, informar que resultaba conforme a la legalidad vigente autorizar una obra (AP Cantabria 29-9-04, EDJ 169681).
Idénticas consideraciones deben efectuarse en los casos en los que cualquiera de los propietarios se presenta en la junta con un **notario**, al efecto de que levante un acta de lo que allí acontezca.

Precisiones Sobre este particular, en **Cataluña** se reconoce el derecho a exigir que el acta de la reunión sea extendida por un notario. Establece la norma catalana que siempre que así lo decida el presidente o lo soliciten, con una antelación mínima de 5 días naturales a la fecha de celebración de la junta, una cuarta parte de los propietarios, o un número de propietarios que representen, al menos, el 25% de las cuotas de participación (nº 7684).

2789 **Aprobación por la junta** La aprobación por parte de la junta de la presencia de cualquier profesional a instancia de los propietarios, en modo alguno implica que el **coste derivado de la intervención** haya de ser soportado por la comunidad, ya que esta se ha limitado a permitir la presencia en la junta, sin realizar encargo alguno. Otra cosa es que sea la comunidad, a través de sus representantes, la que ha tomado la iniciativa de la intervención y realiza el pertinente **encargo** en cuyo caso habrá de cumplir las obligaciones contractuales pertinentes.

2791 **Obligación de comparecencia de los cargos de gobierno** Junto al derecho de asistencia que ejercen libremente los diferentes propietarios que integran la comunidad, la ley prevé la obligación, en determinados casos, de los cargos de gobierno de comparecer ante la junta a **informar** sobre determinados extremos. Es el caso de la obligación del administrador de comparecer a la junta ordinaria para efectuar las aclaraciones oportunas en relación a las **cuentas** presentadas y al presupuesto propuesto, o la de comparecer ante la junta para informar a la misma sobre las **reparaciones urgentes** que se hayan tenido que afrontar (LPH art.20).
La **rendición de cuentas** debe realizarse por los órganos de gobierno en cada una de las juntas anuales a las que se hace referencia en la LPH art.16.1, para aprobar los presupuestos y las cuentas del ejercicio anterior (AP Bizkaia 3-7-19, EDJ 698519).
En todos estos casos, el administrador estará presente en la junta, pero, salvo que ostente a la vez la condición de propietario, en modo alguno tendrá derecho a debatir y participar en las votaciones.

2797 **Asistencia personal** La primera forma de ejercitar el derecho de asistencia y la más recomendable, siempre que resulte posible, es la asistencia personal del propietario, ya que nadie mejor que uno mismo para debatir y votar los asuntos referentes a la comunidad de propietarios en la que se encuentra integrada su propiedad privativa. Esta forma de ejercicio solo se ve afectada por la necesidad de designar un único asistente en los casos en los que el piso o local pertenezca a varias personas.

2799 **Asistencia mediante representante legal** La representación legal para asistir a las juntas opera en todos aquellos casos en los que, por **falta de capacidad de obrar suficiente** el propietario en cuestión, o por tratarse de una **persona jurídica**, la ley asigna a un representante que será quien se encuentre legitimado para participar en las juntas y formular la declaración de voluntad que significa el derecho de voto.
Si los comuneros estuvieron representados en la junta, y quedaron decepcionados por el sentido del voto de su representante, deberán dirigirse contra este (AP Sta. Cruz de Tenerife 10-5-19, EDJ 657134).

2800 **Propietario menor de edad** Cuando la entidad privativa es propiedad de un menor, la representación legal corresponde, por **regla general**, al titular o titulares de la patria potestad (CC art.164). En el caso de que sean los dos padres quienes ejerzan conjuntamente la patria potestad, ambos han de ponerse de acuerdo para que asista y vote uno solo de ellos en nombre y representación del menor (AP Alicante 27-11-15, EDJ 291972).

2801 Como **excepciones** a la regla general anterior, el derecho de asistir y votar en las juntas corresponde a terceros distintos a los padres, en los casos en los que el menor haya adquirido la entidad privativa a título gratuito, y su causante o transmitente haya indicado en el mismo que la administración quedara excluida de la patria potestad, encomendándosela

expresamente un tercero. Es el caso de muchas **transmisiones operadas «mortis causa» por vía testamentaria**, especialmente en caso de padres separados o divorciados, en las que el causante incluye expresamente su voluntad de que los bienes adquiridos por el menor sean administrados por una persona diferente al padre o la madre.
Tampoco corresponderá a los titulares de la patria potestad del menor el derecho de asistencia, cuando el bien lo haya adquirido este último a resultas de una sucesión en la que el o los padres hayan sido justamente desheredados o se hallen incursos en causa de indignidad para suceder. En estos casos, el derecho corresponde a aquel de los padres que no hubiera sido desheredado o se hallara incurso en causa de indignidad y en el extraño caso de que fueran ambos padres, se estará primero a lo dispuesto por el causante y en defecto de designación, se habrá de nombrar un administrador judicial. Se trata de una regla lógica, ya que, si el o los padres guardaban con el causante una relación tal como para resultar justamente desheredados o para ser indignos para heredarle, no tendría mucho sentido que la administración del bien que procede de aquel le sea encomendada al padre o padres como representantes del menor. Lo normal en estos casos es que la **desheredación o indignidad** para suceder concurra en uno solo de los titulares de la patria potestad, en cuyo caso, como se ha indicado, la administración del bien y, por consiguiente, el derecho a asistir y votar en las juntas corresponde al otro titular de la patria potestad.

Por último, el derecho de asistencia corresponderá al propio hijo propietario de la entidad privativa, cuando el mismo tenga **más de 16 años** y haya adquirido la finca en cuestión, con las rentas o frutos, obtenidas por su **propio trabajo o industria**. **2802**
También corresponde el derecho de asistencia al propio menor en el caso de que el mismo se encuentre **emancipado** (CC art.247 redacc L 8/2021), debiendo recordar que el CC art.243 reputa, a todos los efectos, como emancipado al hijo mayor de 16 años que, con el consentimiento de los padres, tenga vida independiente.

Propietario incapacitado judicialmente En los casos en que sobre alguno de los propietarios se hubiera adoptado judicialmente alguna medida de apoyo a las personas con discapacidad en el ejercicio de su capacidad jurídica, la atribución del derecho de asistencia puede venir determinada en la resolución judicial que se adopte en el procedimiento general de provisión de apoyos. **2803**
En defecto de previsión concreta en la sentencia y si se hubiera constituido una **tutela** sobre el incapacitado, los derechos de asistencia y votación corresponderán al tutor, como administrador legal del patrimonio del tutelado (CC art.270).
En el caso de que se hubiera designado una **curatela**, los derechos de asistencia y votación corresponderán al incapacitado, pudiendo, en función del tipo de curatela acordada, ser representado por el curador sí así se dispone en la resolución judicial que acuerde la medida de apoyo (CC art.271 y 272).

Propietario declarado ausente Si alguno de los propietarios se hallara declarado ausente legalmente, el derecho de asistencia y votación se atribuirá a la persona que haya sido designada como representante del ausente (CC art.184). **2804**

Propietario persona jurídica Cuando algún elemento o entidad privativa sea propiedad de una persona jurídica, esta deberá ejercitar los derechos de asistir en las juntas, bien a través del sistema de representación legal que corresponda en función de su naturaleza, estatutos y régimen legal, debiendo recordarse, en todo caso, que siempre habrá de respetarse el requisito de un **único representante por entidad**. Esto determina que, cuando el órgano de administración de la persona jurídica sea colegiado -consejo de administración- o esté integrado por varias personas que no puedan actuar de forma solidaria -administradores mancomunados, patronos de la fundación, etc.-, habrán de acordar la **delegación** en uno solo de sus miembros, o autorizar a un tercero que actúe como **apoderado** del órgano de administración (AP Asturias 3-2-14, EDJ 21662). **2805**

Asistencia mediante representante voluntario (LPH art.15) Además de los supuestos de representación legal, se contempla la posibilidad de que la asistencia y votación se efectúe mediante la designación de un representante voluntario. Para ello, basta con que se presente un **escrito firmado por el propietario**. No obstante, ello no significa que sea el único medio de acreditar la representación voluntaria, ya que los tribunales vienen admitiendo tanto la representación mediante la aportación de un **poder notarial**, como la **representación verbal**, siempre que la misma haya sido aceptada por la junta sin oposición (AP Barcelona 21-9-18, EDJ 601519; AP Araba 30-1-20, EDJ 562083). **2807**

2808 **Acreditación de la representación** Resulta suficiente con la presentación de un **escrito privado** en el que:
- se identifique al representante y al representado -conviene que se añada el número de DNI de ambos-;
- se indique la entidad privativa de su propiedad;
- se exprese claramente el objeto del escrito, esto es, el apoderamiento o delegación en el representante para asistir y votar en la junta en nombre del representado, especificando, en su caso, la junta para la que se confiere la delegación; y
- se cierre el escrito con la firma por parte del representado.

Precisiones **1)** Con el cumplimiento de los **mínimos de identificación** indicados, el presidente estará obligado a reconocer la asistencia al representante, ya que se trata de una cuestión que no puede quedar a la libre discrecionalidad de los órganos de la comunidad, sin perjuicio de las acciones que puedan ejercitarse contra quien se atribuya falsamente la representación de otro y sin perjuicio de la posible ineficacia del acuerdo en cuya adopción hubiese sido relevante la **falsa representación** (AP Murcia 7-2-05, EDJ 27299; AP Barcelona 9-12-21, EDJ 863895).
2) Lo recomendable es que la representación se confiera para una **junta concreta**, debiendo aportarse el escrito al presidente o secretario de la junta antes del comienzo de esta. No obstante, como se indica en AP Málaga 21-6-99, EDJ 87301, no existe inconveniente en que el apoderamiento se confiera **con carácter general e indefinido**, e incluso para juntas extraordinarias, sin perjuicio de la facultad del poderdante de revocar en cualquier tiempo su apoderamiento.
3) La representación voluntaria queda suficientemente justificada con la presentación de un escrito, no sujeto a forma solemne, en que se acredite tal representación. Sin embargo, el hecho de que sea suficiente tal forma de prueba no significa que se imponga como condición necesaria para su validez, pues la norma no impide que la representación voluntaria pueda demostrarse mediante la práctica de cualesquiera **pruebas admitidas en Derecho**. La falta de exigencia de forma pública o de formalidades especiales alcanza, incluso, a la forma escrita, que no resulta compelida sin perjuicio de ser apropiada para lograr la prueba (AP Barcelona 15-9-03, EDJ 164857; AP Madrid 19-10-12, EDJ 255463; 25-7-12, EDJ 184822; AP Pontevedra 21-1-11, EDJ 20857; AP Cantabria 5-11-19, EDJ 735770).
4) Cuando la LPH art.15 establece que la asistencia a la junta de propietarios será personal o por representación legal o voluntaria, bastando para acreditarla un escrito firmado por el propietario, es aplicación a este ámbito del **principio espiritualista** que rige en nuestro Derecho desde el Ordenamiento de Alcalá: El mandato representativo para la asistencia a la junta de propietarios no está sometido, para su perfección, a ningún requisito de forma *ad solemnitatem*, aunque para su acreditación baste un escrito firmado por el propietario -requisito ad probationem-, de lo que se deduce que puede ser demostrado por cualquier otro medio válido en Derecho (AP Baleares 7-11-17, EDJ 265959).
5) El voto puede emitirse en la junta de propietarios por asistencia personal o por representación legal o voluntaria, bastando para acreditar esta un escrito firmado por el propietario. Cosa bien distinta es que para evitar que se haga un **uso indebido** de dicha posibilidad, por vía de los estatutos o del reglamento de régimen interno, las comunidades puedan adoptar un acuerdo contemplando dicha exigencia, lo cual una vez adquiera ejecutividad sería de obligado cumplimiento (AP Las Palmas 24-11-16, EDJ 283192; AP Baleares 15-6-21, EDJ 685182).
6) Se permite que la asistencia a las juntas se haga por representación, pero la LPH art.15 no prevé esta misma representación a los efectos de impugnar los acuerdos (AP Valencia 5-4-23, EDJ 678664).

2809 La **entrega de los escritos de representación** al presidente o al administrador de la comunidad ha de realizarse con anterioridad al inicio de la junta. Dichos escritos deben conservarse con el resto de documentación de la comunidad. Dichos escritos permitirán, en caso de impugnación, acreditar la válida constitución de las juntas y la válida adopción de los acuerdos tomados en ellas, motivo por el cual deben ser conservados durante 5 años (AP Asturias 20-1-17, EDJ 4721). No obstante, en modo alguno es necesario que dichos documentos sean incorporados al acta que se elabore de la reunión o se transcriban en la misma (TS 25-2-88, EDJ 1542). Nuestros tribunales, han aceptado la intervención de representantes en juntas como **mandatarios verbales**.
Aunque no es requisito exigible para la convocatoria, es práctica habitual que el administrador confeccione un **modelo de escrito de delegación** común para todos los propietarios que se les entrega incorporado en la citación con la convocatoria de la junta.
Cosa bien distinta es que para evitar que se haga un **uso indebido** de dicha posibilidad -la de la representación-, por vía de los estatutos o del reglamento de régimen interno, las comunidades puedan adoptar un acuerdo contemplando dicha exigencia, lo cual, una vez adquiera ejecutividad, sería de obligado cumplimiento (AP Las Palmas 24-11-16, EDJ 283192).

El hecho de que pueda acreditarse la representación voluntaria con un mero escrito del propietario, no es óbice para que las juntas admitan y los tribunales reconozcan **otros medios de acreditación** de la representación voluntaria. Se trata de una solución lógica, partiendo de que la delegación por escrito no es una formalidad exigible como requisito para la validez de la representación, sino simplemente como medio de acreditarla, de modo que si a los órganos de gobierno les consta la representación podrán no exigir el escrito, por más que sea conveniente hacerlo siempre (AP Barcelona 15-5-07, EDJ 130259). **2810**

Precisiones Es reiterada jurisprudencia la que sanciona que es válida la **representación verbal** cuando los demás copropietarios no se oponen o manifiestan su oposición (AP Cantabria 4-10-02, EDJ 62285; AP Barcelona 10-10-02, EDJ 66117; AP Bizkaia 7-10-11, EDJ 370106; AP Valencia 3-5-17, EDJ 515562; AP Madrid 17-9-08, EDJ 259110; AP Baleares 7-11-17, EDJ 265959). Máxime cuando esa misma representación ha venido reconociéndose y aceptándose sin queja alguna previamente y de forma reiterada, lo que conlleva que en el seno de la comunidad era admitida dicha representación y no cuestionada (AP Barcelona 19-9-07).
En consecuencia, la representación verbal no está prohibida por la ley, máxime cuando no consta oposición de los interesados (TS 17-6-93, EDJ 5938; 13-12-93; AP Baleares 8-2-05). No obstante, la validez de esta representación verbal pasa siempre por demostrar que el representado conocía de la existencia de la junta y de los acuerdos a tratar (AP Jaén 9-12-03). Incluso en caso de representación del propietario sin este saberlo es posible su **ratificación posterior** que puede ser tácita, pudiendo entenderse que está ratificado tácitamente si el propietario representado no lo impugna después de haber tenido conocimiento del mismo (AP La Rioja 4-11-13, EDJ 272506).
Ello no obstante, en alguna ocasión los tribunales se han pronunciado en el sentido de **no contabilizar el voto** entregado a otro propietario sin que conste el escrito firmado otorgando la representación voluntaria (AP Cádiz 17-5-16, EDJ 131204).
No cabe ninguna duda es que resulta totalmente contrario a la Ley la imposición de que, con carácter previo la celebración de la junta de propietarios, deba justificarse la delegación del voto mediante la presentación del **DNI del propietario representado** (AP Las Palmas 24-11-16, EDJ 283192).

Propietario moroso Los propietarios morosos también pueden conferir representación para la asistencia a la junta, ya que tienen derecho a participar en las deliberaciones, aunque no a emitir el voto correspondiente, por lo que su voto no debe computar en las mayorías necesarias para la adopción de los acuerdos. No obstante, su asistencia será determinante para poder fijar el **cuórum de asistencia** que determine la celebración de la junta en primera o segunda convocatoria. **2811**

Designación del representante La representación se puede delegar en cualquier persona, sea **propietario o ajeno a la comunidad**, incluso se puede delegar en un propietario moroso que por sí no podría emitir su derecho de voto, pero que de serle conferida la representación lo hará en nombre y representación del representado. También cabe delegar la representación en el administrador de la finca o en cualquiera de los cargos de gobierno de la comunidad (AP Barcelona 14-1-04, EDJ 4334). **2812**
Los estatutos pueden limitar esa **libertad de designación** de representantes, de forma que siempre haya de conferirse la representación a otro de los propietarios de la comunidad (AP Málaga 30-6-06).
Es obvio que la **presencia el día de la junta del propietario** que confirió la representación anula la misma, por cuanto que se trata de un acto perfectamente revocable. Esta misma solución es la que se aplica en materia de sociedades mercantiles (RDLeg 1/2010 art.185), que declara el carácter revocable de la representación y que la asistencia personal del accionista a la junta tiene el valor de revocación de la representación.
Los escritos han de aportarse antes del inicio de la junta, por cuanto que son necesarios para determinar si se cumple el cuórum mínimo de asistencia para la celebración de la junta en primera convocatoria. En segunda convocatoria no se precisa cuórum alguno de asistencia.
Corresponde al presidente de la comunidad resolver sobre la **procedencia** o no de las delegaciones y/o representaciones con anterioridad al inicio de la junta, sin que ello pueda entenderse en modo alguno como una extralimitación en sus funciones, teniendo en cuenta que dicho cometido debe resolverse antes del inicio de la propia junta de propietarios (AP Madrid 28-4-05, EDJ 79557).
Si el **representante es a su vez propietario** de la comunidad con derecho a voto, su voto se computará como dos propietarios ya que uno lo emite en nombre propio y otro en nombre del representado.
Ahora bien, lo que no puede hacer un **propietario que tiene varias entidades** es, para conseguir tener mayor influencia en la adopción de los acuerdos, delegar la representación respecto de unas entidades y asistir personalmente respecto de otras. Dicha actuación se ha calificado por nuestros tribunales como **fraude de ley** (AP Zaragoza 18-1-00, EDJ 2499). Y tampoco podrá otorgar una representación por cada entidad para, en el fin, burlar la norma legal. El Tribunal Supremo ha aceptado la interpretación que asigna un voto a cada propietario, sea

propietario de un solo piso o apartamento o local individualizado o de varios dentro del mismo inmueble sujeto a la LPH, al margen de la mayor o menor cuota de participación de que disponga por un piso o local o por la suma de las correspondientes a varios pisos o locales, cuota individual o global que ha de computarse en su totalidad en la formación de las mayorías de las cuotas de participación al igual que si se trata de un matrimonio de cotitulares de un inmueble que también serán computados y considerados ambos como un propietario (TS 10-2-95, EDJ 87). Criterio que es acogido por las audiencias provinciales desde entonces (AP Madrid 21-1-19, EDJ 519130; AP Barcelona 13-11-19, EDJ 743449; AP Valencia 14-9-22, EDJ 826858).

Sin duda, para llevar a cabo el **cómputo de votos** hay que tener en cuenta tanto el coeficiente como el número de propietarios, aun cuando estos últimos ostenten la propiedad de varios pisos o locales (AP Madrid 27-2-19, EDJ 549318). Por tanto, dichas representaciones carecen de validez, puesto que el propietario de varios pisos solo puede otorgar **una representación por todos** ellos.

Nada impide que en el momento de la delegación se indique el **sentido del voto** que se pretende efectuar cuando se trate de sociedades (RDLeg 1/2010 art.186). Si en el escrito de delegación de voto no existe ninguna instrucción en cuanto al sentido que debe darse al derecho de voto, se debe entender que el representante traslada al representado la opción de que vote lo que estime oportuno en cada uno de los puntos del orden del día que se traten en la junta (Magro Servet).

2814 **Pluralidad de propietarios** (LPH art.15.1) Si alguna entidad privativa pertenece a varios propietarios en situación de comunidad, han de **designar a uno solo** de ellos para que sea quien asista y vote en las juntas (AP Granada auto 12-4-19, EDJ 665259; AP Valencia 14-9-22, EDJ 826858).

Este requisito se encuentra en la línea de dar cumplimiento al sistema de votación instaurado por nuestro legislador en materia de propiedad horizontal de un solo voto por entidad. Del mismo modo que esos comuneros han de ponerse de acuerdo en señalar un **único domicilio a efectos de citaciones y notificaciones** y, en caso contrario, se entiende que dicho domicilio es la propia entidad privativa cuya propiedad comparten, ya que, ni la comunidad está obligada a enviar tantas citaciones como comuneros halla, ni todos ellos pueden asistir y votar de forma separada (AP Madrid 7-9-01).

En el caso de que **no se alcance internamente el acuerdo** necesario para la designación del representante común, todos los comuneros serán tenidos como ausentes de la reunión, con las consecuencias que de ello se derivan.

Precisiones **1)** No cabe **designar judicialmente al representante** del bien inmueble en proindiviso en sus relaciones con la comunidad de propietarios, si los condóminos alcanzan un acuerdo al respecto por unanimidad (AP A Coruña 1-12-16, EDJ 246163).

2) El hecho de que la contribución se determine con arreglo a la **cuota de participación** fijada en el título (LPH art.5), impide que se divida cuando son varios los propietarios en tantas partes como estos sean, convirtiendo en divisible la obligación que por su origen y naturaleza es indivisible, sin perjuicio del fraccionamiento que imponga luego en el ámbito interno la relación de condominio a los fines de repercusión de lo pagado por un copropietario a un tercero (AP Burgos 31-3-23, EDJ 594830).

2815 En relación a los supuestos de comunidad, un caso particular, pero que no por ello resulta infrecuente en las propiedades horizontales, es el relativo a los denominados **elementos procomunales**, esto es, los elementos privativos cuya titularidad viene vinculada *ob rem*, en la misma proporción que las cuotas de participación, a las personas que en cada momento sean propietarias de los pisos o locales que forman parte del edificio.

El problema de los elementos procomunales es el relativo al rol que han de desempeñar en el normal funcionamiento de la comunidad, cómo han de asistir y votar en las juntas, y, en su caso, cómo y en qué sentido se emitirá su voto y se computará la cuota de participación que tiene asignada en la división horizontal.

Estos problemas no encuentran debida respuesta en la LPH, la cual omite cualquier referencia a estas situaciones. En buena lógica, y estando presentes en la reunión los comuneros titulares de este elemento, lo lógico sería que el **voto correspondiente a esta entidad** se adhiriese a la decisión que adopte la mayoría de los propietarios, siempre que represente la mayor parte de las cuotas. No debe de olvidarse que la inmensa mayoría de los acuerdos que se adoptan en la junta tienen carácter administrativo y, por consiguiente, se encontrarían, en el ámbito interno de la comunidad, sujetos al régimen de mayoría de intereses que dispone el CC art.398.

Otro de los supuestos de comunidad que suele plantear problemas es la situación de **herencia yacente**, en la que no exista albacea ni se haya nombrado administrador. En estos casos, los diferentes llamados pueden designar a uno solo de ellos para que asista y vote en las juntas, sin que ello implique necesariamente un acto de aceptación tácita de la herencia (CC art.999; AP Las Palmas 14-5-18, EDJ 617078).

En cuanto a los supuestos de **cotitularidad matrimonial del inmueble**, si la entidad privativa constituye un bien ganancial de la sociedad conyugal y a pesar de que el CC art.1375 conceda la administración y gestión de los bienes gananciales a ambos cónyuges, los derechos de asistencia y votación en las juntas deben efectuarse necesariamente por uno solo de ellos. En estos casos, además, se da la circunstancia de que por la notoriedad del matrimonio en el seno de la comunidad y por la especial relación afectiva que implica la existencia del matrimonio, durante la celebración de las juntas se omite la exigencia de una acreditación documental de la representación o autorización escrita del otro cónyuge. **2817**

Si la entidad privativa en cuestión tuviera **carácter ganancial**, aunque estuviera inscrita a nombre de uno solo de los cónyuges, serán válidos los actos de administración, como son asistir y votar la inmensa mayoría de los acuerdos que se adoptan en las propiedades horizontales, que lleve a cabo el titular registral, aún en los casos de ausencia de representación por parte de su consorte (CC art.1384).

En los casos en que la entidad sea de **titularidad privativa** de uno solo de los cónyuges y aunque en ella se encuentre establecido el domicilio conyugal, el cónyuge titular es quien ostenta los derechos de asistencia y votación a las juntas y puede ejercitarlos sin precisar para ello el consentimiento de su consorte.

Precisiones Los tribunales han venido manteniendo que en estos casos al concurrir uno solo de los cónyuges opera una especie de **mandato verbal tácito**, que debe venir corroborado por el comportamiento anterior, coetáneo y posterior del cónyuge representado (AP Gipuzkoa 4-2-75; AP Cádiz 29-12-02, entre otras).

Derechos reales sobre las entidades privativas En cuanto a la configuración de derechos reales sobre las entidades privativas, la LPH solo se ocupa de indicar que, en los casos de constitución de un **derecho de usufructo** sobre alguna entidad privativa, los derechos de asistencia y votación a las juntas corresponden al nudo propietario (LPH art.15; AP Segovia 14-8-20, EDJ 678416). No obstante, el usufructuario se entiende apoderado por el nudo propietario para asistir y votar en las juntas todos aquellos acuerdos que no sean de los previstos en LPH art.17.6 -que requieren manifestación (delegación) expresa del propietario (AP Málaga 28-12-15, EDJ 295977; AP Valencia 26-2-18, EDJ 40613)- o que se refieran a obras extraordinarias o de mejora, salvo que el nudo propietario manifieste su voluntad en contrario. **2818**

Nada dice la ley sobre la forma que tiene que revestir la **manifestación en contrario del nudo propietario** para evitar la representación legal tácita, razón por la cual se entiende que basta con un mero escrito remitido y notificado al presidente, al administrador o al secretario de la comunidad, con anterioridad a la celebración de la junta para dejar sin efecto la posible actuación representativa del usufructuario. Nada impide tampoco que el nudo propietario manifieste su voluntad de no ser representado en la junta por el usufructuario de forma verbal, comunicándolo a los cargos de gobierno, si bien el problema se encontrará al acreditar la existencia de dicha voluntad en caso de negarse por la comunidad.

La manifestación del nudo propietario en contra de la representación por parte del usufructuario puede realizarse **para una junta en particular** o puede remitirse **con carácter general**, para evitar que en ningún caso quede vinculado por lo actuado por el usufructuario, salvo delegación expresa.

Para los **actos en los que no opera la representación legal tácita**, esto es, para la asistencia y votación de los acuerdos relativos a la modificación del título constitutivo o los estatutos, o la constitución o supresión de servicios comunes de interés general, el arrendamiento de elementos comunes o la ejecución de obras de supresión de barreras arquitectónicas para personas con discapacidad, así como para la aprobación de obras extraordinarias o de mejora, basta con la presentación de un escrito en idénticos términos a los examinados para la delegación de la representación en cualquier tercero, bastando incluso con un mandato verbal expreso.

Precisiones La representación autorizada en virtud del LPH art.15 en favor del usufructuario queda limitada a la **asistencia y voto** en las juntas, sin que exista mención similar para la actuación de la facultad de poder **convocar la junta** atribuida en exclusiva a los propietarios cuando lo pidan la cuarta parte de los propietarios o un número de estos que representen al menos el 25% de las cuotas de participación conforme a LPH art.16.1 (AP Cádiz 14-3-18, EDJ 511500).

2. Celebración

Cuórum La LPH establece como cuórum necesario para que la junta se celebre en **primera convocatoria** el de la mayoría de propietarios, siempre que representen la mayor parte de las cuotas de participación. Ello significa que para que el presidente pueda declarar constituida la **2825**

junta e iniciar la celebración de la misma en la primera de las convocatorias previstas en la citación deben encontrarse presentes o representados en las condiciones ya expuestas dichas mayorías de propietarios y cuotas.

En el caso de que no asistan a la reunión un número de propietarios suficientes para alcanzar el cuórum mencionado, no puede celebrarse la misma y ha de esperarse a la fecha y hora prevista para la **segunda convocatoria** (nº 2671), o, si no se previó la celebración de dicha segunda convocatoria, proceder a convocar una nueva reunión con la correspondiente citación a todos los propietarios.

En el extraño caso de que **no se haya previsto la celebración de la segunda convocatoria** junto a la primera y, llegado el día y hora indicados, no se alcanzase el cuórum mínimo de asistencia para poder celebrar la misma, el presidente puede convocar la segunda convocatoria dentro de los 8 días naturales siguientes, cursándose la citación a los propietarios con una antelación mínima de 3 días a la fecha prevista para la celebración (LPH art.16.2).

Precisiones Es de desear, en evitación de conflictos e incomodidades a los vecinos, que futuras reformas de la regulación de la propiedad horizontal supriman el arcaísmo de la ley mercantil que supone la **doble convocatoria** en el ámbito de las comunidades de propietarios.

2826 Los **límites temporales para la citación de la segunda convocatoria** hacen que difícilmente se celebre la misma en los casos en los que no se encuentre expresamente prevista junto a la primera convocatoria, ya que la dificultad que encierra efectuar las notificaciones personales previstas en la ley, unido a la *vacatio* o plazo de 3 días que fija el legislador para que la publicación en el tablón de anuncios pueda completar una citación personal infructuosa, hacen que difícilmente pueda darse cumplimiento a los presupuestos que significan su celebración dentro de los 8 días siguientes a la fecha prevista para la primera convocatoria y cite con, al menos, 3 días de antelación a todos y cada uno de los propietarios.

En cualquier caso, la celebración de la junta en segunda convocatoria **no exige cuórum** de asistencia alguno, pudiendo celebrarse la reunión sean cuantos sean los propietarios asistentes y con independencia de las cuotas de participación que representen.

2830 **Práctica** La práctica de las comunidades de propietarios es que se prevea en toda convocatoria de junta una fecha y hora para la celebración de la primera convocatoria e, igualmente, se prevea una fecha y hora para la celebración de la junta en segunda convocatoria, estableciendo entre ambas, normalmente y como mínimo un **intervalo de media hora**. En esta circunstancia, lo que hacen los propietarios citados es asistir, directamente, en la fecha y hora indicadas para la **segunda convocatoria** y lo hacen, básicamente, por dos **razones**:

a) En la segunda convocatoria **no existe un quórum** o exigencia de asistencia mínima para que pueda procederse a celebrar la junta.

b) La **mayoría** que se exige para la adopción de la inmensa mayoría de los acuerdos es más flexible si la junta se celebra en segunda convocatoria que si se hace en la primera de ellas. En primera convocatoria los acuerdos que no tengan señalada en la ley una mayoría especial, quedan sujetos al voto favorable de la mayoría del total de los propietarios que existan en el edificio, que han de representar, además, la mayor parte de las cuotas de participación; mientras que, en segunda convocatoria, basta con que voten a favor la mayoría de los propietarios asistentes a la junta, siempre que representen la mayor parte de las cuotas presentes en la reunión (LPH art.17.7).

Precisiones **1.** De solo alcanzarse el voto a favor de la mayoría de los propietarios, pero que **no representen la mayor parte de las cuotas presentes** en la reunión el acuerdo no será válido (AP Granada 4-3-13, EDJ 98595).

2. Con carácter provisional, durante la declaración del **estado de alarma** por el Gobierno de España, en **Cataluña** se declaran en suspenso los plazos legales y estatutarios previstos para la celebración de juntas de propietarios (DL Cataluña 10/2020 art.4). Ahora bien, se prevé que las reuniones convocadas antes de la declaración del estado de alarma y a celebrar después de dicha declaración pueden postergarse por quien las haya convocado, mediante la modificación del lugar, medio, día y hora de celebración. También se permite su celebración mediante sistemas de videoconferencia, aunque no se prevea este sistema de celebración en los estatutos de la comunidad de propietarios.

Si se opta por su **aplazamiento** hasta después de finalizar el estado de alarma, será necesaria una nueva convocatoria conforme a los requisitos legales.

En Cataluña se ha recomendado la utilización del sistema de **videoconferencia** o de otros medios de comunicación para la celebración de las juntas durante el estado de alarma.

También se prevé de forma provisional la posibilidad de adoptar **acuerdos sin reunión**, a instancia del presidente de la comunidad, mediante la obtención del voto de los propietarios a través de correspondencia postal, comunicación telemática, o cualquier otro medio, siempre que queden garantizados los derechos de información y de voto, que quede constancia de la recepción del voto y que se garantice su autenticidad. La fecha de dicho acuerdo corresponderá con la de la recepción del último de los votos válidamente emitidos (CCC art.312-7).

Lengua La lengua que se utilice para la celebración de la junta, será la que determinen los **estatutos** y, en su defecto, corresponde a la junta decidir este extremo al **inicio de la reunión** conforme al criterio de las mayorías de propietarios y cuotas de LPH art.17.7. 2832

Puede incluso acordarse que la junta se celebre **en un idioma extranjero**, hecho este que se produce en muchas comunidades de uso turístico en las que la mayor parte de los propietarios son extranjeros.

Precisiones El **derecho de los españoles a usar el castellano** que se consagra en Const art.3, no impide que cuando las circunstancias lo justifiquen, y así lo aconsejen, se pueda utilizar una lengua extranjera en las relaciones jurídico privadas (TS 15-11-02, EDJ 49695; AP Alicante 15-1-13, EDJ 36150).

Desarrollo de la reunión Una vez comprobada la **asistencia** y verificado que se cumple el **cuórum** de asistencia, si la misma se celebra en primera convocatoria, el presidente ha de declarar constituida la junta, pasando a continuación a examinar de forma ordenada los diferentes extremos que constituyen el **orden del día**. 2834

Es el presidente quien asume la función de dirigir la reunión y moderar los **debates**, concediendo el turno de palabra a los distintos propietarios para que puedan expresar cuantas opiniones y pareceres tengan por conveniente, siempre referidos a los temas a debatir.

El presidente puede, si así se lo solicitan los propietarios asistentes a la junta y aconsejan las circunstancias concurrentes, variar el **orden del debate y votación** de las cuestiones que integran el orden del día de la reunión.

CAPÍTULO 6

Adopción y formalización de acuerdos

A. Adopción de acuerdos

(LPH art.17 redacc RDL 8/2023)

La propia LPH establece cuáles son las **mayorías necesarias** para la aprobación de los distintos acuerdos, susceptibles de ser adoptados por los titulares de los pisos y locales integrados en la correspondiente comunidad de propietarios, constituida bajo el régimen de propiedad horizontal. 2904

La importancia o transcendencia de la **decisión a adoptar** en cada caso determina los distintos cuorum exigibles para la aprobación de los acuerdos sometidos a la junta de propietarios. Estos oscilan desde la unanimidad requerida para aquellos que impliquen la aprobación o modificación de las reglas contenidas en el título constitutivo o en los estatutos de la comunidad, hasta la mayoría simple de los propietarios asistentes a la junta, siempre que represente, a su vez, más de la mitad del valor de las cuotas de los presentes (TS 13-9-21, EDJ 691977).

Para los casos en los que no se obtengan las mayorías necesarias para la adopción del acuerdo correspondiente, cualquier propietario podrá recurrir al juez en el plazo de un mes a contar desde la fecha de celebración de la junta, para que el juez, previa audiencia a los contradictores del acuerdo, resuelva **en equidad** lo que proceda en relación con el mismo (nº 3875).

1. Reglas de adopción

(LPH art.17 redacc RDL 8/2023)

a. Sistema de dobles mayorías

Para buscar un justo equilibrio entre los intereses de los distintos propietarios que integran cada propiedad horizontal, se ha optado por establecer un sistema de adopción de acuerdos basado en la obtención de **dobles mayorías**: 2907

- una **numérica o personal** referente a los propietarios que existen en el edificio; y
- otra **económica** relativa a la mayoría de las cuotas de participación que se distribuyen entre las distintas entidades que forman la propiedad horizontal.

Si no se alcanzan ambas mayorías, en la proporción exigida en cada caso y en función del objeto del acuerdo a adoptar, no se podrá entender alcanzado el mismo.

Precisiones Se trata de establecer un sistema democrático que impida el hecho de que un **único propietario** titular de una o varias entidades, que tengan atribuida una considerable proporción de cuota de participación, pueda imponer su voluntad sobre el resto, así como que **varios propietarios** cuyas entidades tienen asignada una minoría de las cuotas de participación puedan imponer su voluntad a otros pocos propietarios que, sin embargo, reúnan la mayoría de las cuotas de participación.

Mayoría personal En el cómputo de la mayoría personal, cada propietario tiene asignado un solo voto, sea propietario de una única entidad privativa o de varias, aunque se sumarán luego las cuotas de participación a efectos de las dobles mayorías (TS 10-2-95, EDJ 168; AP Madrid 1-6-17, EDJ 132400; 27-2-19, EDJ 549318; 12-3-20, EDJ 641569; AP Tarragona 11-11-19, EDJ 735000). Esta es la interpretación jurisprudencial de una cuestión que no aclara la LPH. 2908

Por el contrario, cuando una **misma entidad pertenezca en condominio o comunidad a varios propietarios**, a los efectos de voto serán computados como un único propietario. Dicha solución se alcanza partiendo de la regla de un representante y un voto por entidad que se deduce del espíritu de la LPH y, en particular, de preceptos como LPH art.15.1 (AP Girona 17-7-23, EDJ 671382; AP Barcelona 20-11-23, EDJ 793110).
Puede darse el caso de que una **misma persona sea comunera de distintas entidades privativas** integradas en una misma propiedad horizontal. En este caso, se computarán como un único voto personal en el caso de que las comunidades de bienes constituidas sobre esas entidades tengan una idéntica composición personal, con independencia de las proporciones de las cuotas; mientras que se computarán como distintos votos cuando la composición personal de las comunidades de bienes no sea idéntica (AP Las Palmas 19-1-18, EDJ 582783; AP Segovia 28-6-23, EDJ 687197).

Precisiones **1)** Constituye un **fraude de ley** que el propietario de varias entidades asista a la junta mediante distintas representaciones para ostentar más de un derecho de voto a efectos personales. Es decir, un mismo propietario titular de varias entidades no puede pretender asistir a la reunión personalmente por unas y por medio de representantes por otras, sino que si recurre a la asistencia por representación deberá designar un único e idéntico representante para todas y cada una de las entidades de las que sea propietario.
2) Si alguna de las entidades de las que sea propietario una misma persona no se encuentren **al corriente de pago**, entendemos que el propietario moroso tendrá derecho a voto, tanto personal como económico, respecto de las entidades que sí lo estén al amparo del principio de interpretación restringida que debe hacerse de toda limitación de derechos. No obstante, la jurisprudencia no mantiene un criterio unánime respecto a la privación o no del voto al propietario que sea moroso por alguna de sus entidades. Así, a favor de la privación del voto la AP Madrid 1-6-17, EDJ 132400, AP Huesca 21-5-13, EDJ 95735 y AP La Rioja 8-9-11, EDJ 216698; y en contra de la privación del voto la AP Madrid 30-12-10, EDJ 369498.

2909 **Mayoría económica** La mayoría económica viene representada por la obtención de votos de los propietarios que reúnan la **mayor parte de las cuotas** de participación en las que se encuentra dividida la propiedad horizontal.
La **cuota de participación** es el valor expresado en centésimas que se asigna a cada entidad respecto del valor total del inmueble.
En función de cuál sea el **tipo de acuerdo** ante el que nos encontramos, la mayoría económica exigible se vinculará al total de las cuotas que existen en el edificio o a la mayoría de las cuotas de participación asignadas a las entidades cuyos propietarios asistan, presencialmente o mediante representación, a la junta de propietarios (LPH art.17 redacc RDL 8/2023).
Si una misma persona representa o es propietaria de **varias entidades privativas** su voto se computará como la suma de las cuotas de participación asignadas a las entidades privativas en cuestión.

Precisiones En los supuestos de **subcomunidades**, cuando se trate de adoptar acuerdos que afectan exclusivamente a la estas, la cuota de participación que se computará a efectos de la obtención de las mayorías económicas no es la que se asigna a la entidad privativa en la comunidad general, sino la cuota que se le asigna en la subcomunidad.

b. Régimen de mayorías

2910 Se trata de un sistema complejo que parte de una **regla general**, que acaba en realidad teniendo carácter residual, pues se aplica a todo acuerdo que no tenga establecida en la LPH una **mayoría especial** para su aprobación.

2912 **Regla general** (LPH art.17.7) Los acuerdos sujetos a esta regla se aprueban:
- por la mera mayoría de propietarios existentes en la comunidad, siempre que representen la mayor parte de las cuotas de participación, si la junta se celebra en **primera convocatoria**; y
- por la mayoría de los propietarios asistentes a la junta -bien personalmente o por representación o delegación-, siempre que representen la mayoría de las cuotas de participación de los asistentes a la junta, si la misma se celebra en **segunda convocatoria**.

Se trata del criterio de adopción de acuerdos que se aplicará a la inmensa mayoría de **supuestos** que se plantean en la junta, tales como el nombramiento y remoción de cargos, la aprobación de las cuentas de cada ejercicio y de los presupuestos correspondientes a cada anualidad, la liquidación de deudas de los propietarios morosos previa a la interposición de la correspondiente demanda judicial, la adopción de la decisión de iniciar actuaciones judiciales contra algún copropietario o contra un tercero, la aprobación de presupuestos de obras, la de actuaciones de conservación extraordinaria, etc.

En este tipo de acuerdos solo se tiene en cuenta el voto de los **propietarios presentes en la junta**, sin que sea de aplicación el procedimiento de voto presunto de los ausentes (AP Cáceres 31-10-19, EDJ 753566). Ver nº 2950.
En el cómputo de las mayorías necesarias en cada caso **han de excluirse** tanto el propietario como la cuota perteneciente al piso o local que no se encuentre al corriente de pago de los gastos de comunidad.
En cuanto a las **abstenciones**, entendemos que habrán de sumarse a la decisión que adopte la mayor parte del resto de asistentes a la junta de propietarios, aunque no es un criterio exento de dudas (AP Granada 3-5-16, EDJ 129441).
No obstante, la interpretación que se haga respecto de la posición abstencionista resulta determinante para la adopción de este tipo de acuerdos, ya que en el caso de que se considere que no pueden computarse como votos favorables al acuerdo propuesto, habrá que determinar si, en cambio, sí se computa su **participación** para la determinación de si concurre o no el voto favorable de la mayoría de los asistentes (AP Burgos 7-11-11, EDJ 262258).

El **criterio de adopción** es sumamente más flexible en segunda convocatoria que en primera **2913**
convocatoria, especialmente a la vista de la escasa asistencia a las juntas que se produce en algunas comunidades de propietarios. Por esta razón, se ha convertido en práctica habitual la de incorporar en la convocatoria tanto la hora prevista para la celebración en primera convocatoria, como la hora prevista para la celebración en segunda convocatoria, normalmente media hora más tarde de la primera, siendo así que los propietarios directamente asisten a la segunda convocatoria.
Un aspecto importante es que, respecto de los acuerdos que hayan de adoptarse en **segunda convocatoria**, las mayorías de propietarios y cuotas presentes -respecto de los acuerdos que no requieran de mayorías especiales- lo serán respecto de las personas que se encuentren en la junta en el momento de **celebración de la votación** del acuerdo, que no necesariamente tienen que coincidir con las que constan como asistentes al abrirse la misma, ya que en muchas ocasiones hay propietarios que se ausentan durante la celebración de la reunión (nº 2965). Por lo tanto, estas mayorías deben computarse teniendo en cuenta también aquellos propietarios presentes que se abstengan y sin computar -en cuanto a mayoría de cuotas- como votos a favor los de aquellos propietarios que no acuden a la junta y no se oponen en los 30 días previstos en LPH art.17.8 (AP Valladolid 9-10-19, EDJ 723455).
En cualquier caso, hemos de insistir en la conveniencia de que se deje constancia en el acta de los **propietarios que se ausentan** de la junta y del momento en el que lo hacen, para la perfecta identificación de las personas que participan en cada una de las votaciones efectuadas.
Ningún obstáculo existe para que un **mismo tema** sea tratado en **distintas juntas** de propietarios, pudiéndose, incluso, acordar revocar decisiones adoptadas por la comunidad en la junta anterior, o alcanzar acuerdos que no obtuvieron las mayorías necesarias para su adopción en la junta anterior. Lo que no puede hacerse es celebrar la junta en primera convocatoria y al no obtenerse en la misma las mayorías exigidas, reunirse inmediatamente en segunda convocatoria para alcanzar el acuerdo por el sistema más flexible de mayorías adoptadas en las mismas -razón esta por la que muchas comunidades han optado por reunirse directamente en el lugar y hora previsto para la segunda convocatoria-.

Precisiones **1)** El hecho de que cada voto se compute tanto para la obtención de una mayoría perso- **2915**
nal -por cabezas-, como para la de la mayoría de cuotas o coeficientes de participación impiden utilizar como sistema de votación el denominado «**voto secreto**», ya que no basta con la mera emisión del voto, sino que debe conocerse en cada caso la cuota de participación representada (TS 17-12-01, EDJ 49205; AP Madrid 22-6-04, EDJ 120507; AP Murcia 8-1-19, EDJ 504435).
Para los **demás acuerdos**, los que no requieren de mayorías especiales, en segunda convocatoria serán válidos los acuerdos adoptados por la mayoría de los asistentes, siempre que esté representе, a su vez, más de la mitad de las cuotas de los presentes. En segunda convocatoria la mayoría exigible conforme a la LPH art 17.7 se computa con los votos de los presentes siendo muchísimas las juntas de comunidades de propietarios a las que asisten una mínima parte de los mismos, que ni siquiera llega al 50% y sin embargo es perfectamente posible adoptar acuerdos por mayoría, porque se atiende al número de los presentes no al número total de propietarios (AP Toledo 24-2-21, EDJ 541706).
2) Es de sumo interés que si en la junta se aprueban acuerdos **en segunda convocatoria** se deje constancia en el acta de las concretas cuotas de participación que suponen los votos a favor. Faltando el cómputo de las mismas se impide determinar si se alcanzó la mayoría exigida por la LPH art.17.7 (TS 13-9-21, EDJ 691977).
3) Son **ejemplos** de este tipo de acuerdos la aprobación de obras de conservación y mantenimiento o para solicitar subvenciones en relación con ellas (AP León 24-3-23, EDJ 561425), dar cobijo a los gatos ya que no pasa de ser un acto de administración, no de disposición (AP Asturias 22-3-23, EDJ 568175) o aprobación de la liquidación de una deuda con la comunidad (AP Navarra 9-1-23, EDJ 633770).

2917 **Unanimidad** (LPH art.17.6) En este caso, para alcanzar el acuerdo, se exige el consenso todos y cada uno de los propietarios que integran la propiedad horizontal.
La LPH ha conservado la exigencia de la unanimidad para una serie de cuestiones de mayor trascendencia para la comunidad.

Precisiones La voluntad del comunero no puede ser suplida ni siquiera con **intervención judicial,** pues con ello el tribunal estaría vulnerando lo dispuesto en LPH art.17.6 (TS 16-11-96, EDJ 8339; 22-12-93, EDJ 11802; AP Asturias 11-2-19, EDJ 522308).

2919 **Buena fe** Al margen de la mayor o menor trascendencia de los acuerdos a adoptar, los tribunales vienen exigiendo, en cualquier caso, que el ejercicio del **derecho de veto** que representa la exigencia de la unanimidad se ajuste a la buena fe y no resulte manifiestamente abusivo (TS 13-11-23, EDJ 745364).
A estos efectos, para que se aprecie **abuso de derecho** es necesario que concurran tres elementos esenciales (TS 21-9-21, EDJ 697148):
- un uso del derecho objetivo y externamente legal;
- un daño a un interés no protegido por una determinada prerrogativa jurídica; e
- inmoralidad o antisocialidad del daño, manifestada en forma subjetiva u objetiva.

Precisiones **1)** El abuso del derecho ha sido utilizado, por ejemplo, para evitar que uno o varios propietarios se opongan a la adopción de un acuerdo de ejecución de obras por abrumadora mayoría y quedando demostrado que constituía una **mejora general para toda la finca**, sin que ocasione daño alguno a los propietarios (TS 13-7-94, EDJ 5995). El Tribunal Supremo ahonda en este criterio flexible sugerido, incluso acudiendo a la interpretación sociológica o a la aplicación de la doctrina de los actos de emulación (TS 20-3-89, EDJ 3180; 14-7-92, EDJ 7832), justificada por el rechazo jurídico que merecen las conductas antisociales y abusivas que, sin interés reconocible, causan un perjuicio a los demás (TS 5-5-00, EDJ 12157; AP Las Palmas 11-1-18, EDJ 68348; AP Bizkaia 5-11-18, EDJ 706687).
2) No puede esgrimirse, en cambio, cuando de lo que se trata es de una **actuación arbitraria de un propietario** que, apartándose de las normas reguladoras de la propiedad horizontal, procede, sin más, a alterar los elementos comunes. El único abuso de derecho y ejercicio antisocial del mismo radica en la conducta de un copropietario que sin contar con el beneplácito de los restantes realiza obras de la entidad de las aquí discutidas (TS 27-10-11, EDJ 400853; AP Alicante 13-4-18, EDJ 102968).
3) Se ha considerado como abuso de derecho el **uso de una norma** por parte de la comunidad de propietarios o de un propietario particular, con mala fe, en perjuicio de otro u otros, sin que por ello obtenga un beneficio amparado por una norma (TS 9-1-12, EDJ 5033; 13-11-23, EDJ 745364).

2920 **Actos propios** Otro de los factores a valorar respecto de la actuación de la comunidad de propietarios es el de que no se produzca una **vulneración** de la doctrina de los propios actos, según la cual, debe observarse siempre una conducta coherente en el tráfico jurídico.
Parece lógico que, en un régimen jurídico como la propiedad horizontal, caracterizado por el establecimiento de unas relaciones de vecindad que se prolongan indefinidamente en el tiempo y por la necesidad de compartir el dominio, uso y disfrute de los elementos comunes, se utilicen, como criterio para evaluar el alcance de las disidencias, las pautas de comportamiento que cada partícipe haya venido desarrollando en la comunidad.
La aplicación de la doctrina de los actos propios exige la concurrencia de los siguientes **elementos esenciales** (TS 23-5-00, EDJ 10348; 27-2-01, EDJ 1311; 16-4-01, EDJ 6364; 20-3-12, EDJ 43919; 3-12-13, EDJ 239143):
- que los actos propios sean inequívocos, en el sentido de crear, definir, fijar, modificar, extinguir, o esclarecer sin duda alguna una determinada situación jurídica afectante a su autor; y
- que exista un posterior comportamiento incompatible o contradictorio con el actuar previo.
Los actos propios tienen su fundamento último en la protección de la confianza y en el principio de la buena fe, lo que impone un deber de coherencia y autolimita la libertad de actuación cuando se han creado **expectativas razonables**. Solo pueden merecer esta consideración aquellos que, por su carácter trascendental o por constituir convención, causan estado, definen de forma inalterable la situación jurídica de su autor o aquellos que vayan encaminados a crear, modificar o extinguir algún derecho, lo que no puede predicarse en los supuestos de error, ignorancia, conocimiento equivocado o mera tolerancia (TS 15-6-07, EDJ 70093; AP Madrid 12-12-19, EDJ 842053).
En línea con la buena fe que debe regir el ejercicio de los derechos, los tribunales vienen utilizando, también, como baremo con el que valorar las actuaciones comunitarias, el comportamiento seguido por la comunidad ante **supuestos idénticos o similares planteados anteriormente por otros propietarios**. Lo que se trata es de evitar que en una misma comunidad existan discriminaciones injustificadas de trato entre unos y otros.
Para apreciar tal situación y considerar existe un **consentimiento con eficacia jurídica**, corresponde estar a los hechos concretos para decidir si cabe ser apreciado como

consentimiento tácito, es decir, como manifestación de una determinada voluntad, de manera que el problema no está en decidir si puede ser expresión de consentimiento, sino en determinar bajo qué condiciones debe aquel ser interpretado como tácita manifestación de ese consentimiento (AP Madrid 23-9-19, EDJ 829943; 2-12-19, EDJ 829943).
Sin embargo, en ocasiones, la jurisprudencia ha estimado que **no existen actos propios vinculantes** para la comunidad, aunque de forma tácita esta haya aceptado durante años una situación distinta a la prevista en el título constitutivo (TS 6-2-14, EDJ 8616).

Precisiones 1) Este es el criterio utilizado, por ejemplo, para considerar abusiva la actuación de la comunidad que se opone a la realización de un **cerramiento de terraza**, cuando resulta que en supuestos anteriores ha consentido expresamente esa misma actuación a otros propietarios (TS 15-9-15, EDJ 167993; AP Madrid 15-03-21, EDJ 578808; AP Zaragoza 3-3-98, EDJ 11728; AP Guadalajara 11-10-05, EDJ 216676; AP Sevilla 21-7-16, EDJ 139286; AP Valencia 22-7-19, EDJ 704374). 2921
Ello no obstante y, por lo que se refiere al caso concreto, tras la reforma operada por la L 8/2013, ha quedado suprimido el requisito de la unanimidad en lo que se refiere al acuerdo de junta necesario para el cerramiento de una terraza, siendo necesario obtener el voto favorable de las tres quintas partes del total de los propietarios, siempre que representen las tres quintas partes del total de las cuotas (nº 2993).
2) La aplicación de la doctrina de los propios actos ha servido para que los tribunales desestimen la impugnación de obras ejecutadas a vista, ciencia y paciencia de la comunidad, con un retraso tal como para que pudiera entender que había existido un **consentimiento tácito** a la misma (TS 13-7-95, EDJ 4662).

Mayoría cualificada (LPH art.17.3) Para determinados tipos de acuerdos se establece una mayoría cualificada con el voto de tres quintas partes del total de los propietarios que a su vez representen las tres quintas partes de las cuotas de participación. 2923

Mayoría simple (LPH art.17.2 redacc RDL 8/2023) Los acuerdos para cuya aprobación se establece únicamente mayoría simple son aprobados con el voto favorable de la mitad más uno de la totalidad de los propietarios que a su vez representen la mitad más uno de las cuotas de participación. 2925

Voto de un tercio de propietarios y cuotas (LPH art.17.1) Determinados acuerdos solo requieren para su adopción el voto favorable de un tercio del total de los propietarios que, a su vez representen un tercio de participación de la propiedad horizontal. 2927

2. Procedimiento de votación

Antes de afrontar la adopción de los distintos tipos de acuerdos (nº 3075), deben indicarse una serie de premisas o **principios** que rigen toda votación en materia de propiedad horizontal. 2930

Acuerdos de junta y consentimiento expreso de los propietarios Es preciso diferenciar entre estos dos tipos de acuerdos: 2933
- los que **tienen carácter de acto colectivo** y que, por consiguiente, no se imputan a cada propietario de forma individualizada, sino a la junta de propietarios, como órgano de la comunidad encargado de formar la voluntad conjunta del colectivo; y
- los que, por afectar esencialmente a su derecho dominical, requieren el **consentimiento expreso e individualizado** de los propietarios correspondientes, el cual habría de constar en documento público (TS 12-1-22, EDJ 501032; AP Guadalajara 17-2-22, EDJ 579544).

La **regla general** es la sujeción de los acuerdos comunitarios al régimen asambleario de la junta, conforme al procedimiento de la LPH art.14 s., siendo una excepción los acuerdos que precisan del consentimiento expreso de algunos o todos los propietarios de la comunidad.
Como **ejemplos** de acuerdos que exigirían la existencia del **consentimiento individualizado** de los titulares afectados están:
• La división material de los pisos o locales y sus anejos para formar otros más reducidos e independientes.
• El aumento de su superficie por agregación de otros colindantes del mismo edificio.
• Su disminución por segregación de alguna parte.
• La construcción de nuevas plantas y cualquier otra alteración de la estructura o fábrica del edificio.

También se requiere siempre el consentimiento expreso de los propietarios afectados cuando se trate de ejecutar **nuevas instalaciones** que impliquen que una parte del edificio se haga inservible para el uso y disfrute de los mismos (LPH art.17.4 redacc RDL 8/2023).

2935 Precisiones La distinción entre actos colectivos y actos individualizados solo afecta a la forma de expresión del consentimiento de los titulares, que en los **actos colectivos** basta que se produzca a través de un acuerdo en junta de propietarios; mientras que cuando se trata de **actos individualizados** se exige el consentimiento individual de los propietarios respectivos en aquello en que les afecte singularmente (DGRN Resol 25-4-13; AP Pontevedra 8-1-19, EDJ 502500). En relación a esta distinción, no siempre sencilla:

• Se ha reconocido que la **adopción y modificación de los estatutos** comunitarios tiene el carácter de **acto de la junta** como órgano colectivo (DGRN Resol 1-6-10; 5-7-05; AP Burgos 31-3-05, EDJ 41261). Del mismo modo, se ha considerado como actos de la junta y, por consiguiente, sujetos al sistema de aprobación en junta, la **desafectación y venta de elementos comunes** (DGRN Resol 4-3-04; 23-3-05; 30-11-06); una vez desafectados los mismos, no es preciso para su enajenación la intervención y el consentimiento individualizado de cada propietario (AP Ourense 23-12-22, EDJ 813361).

Sin embargo, se acepta la posibilidad de dividir, segregar, agrupar o agregar elementos privativos sin necesidad de **consentimiento** de la junta de propietarios (DGSJFP Resol 6-10-21).

• Se ha considerado también un **acto individualizado**, sujeto al consentimiento expreso de los propietarios afectados y al principio registral del tracto sucesivo, la **modificación del título constitutivo** para hacer constar la distribución de trasteros entre las entidades privativas que integran la propiedad horizontal, cuando en el título constitutivo original se realizaba una mera mención sin identificar el trastero, su superficie y linderos (DGRN Resol 12-12-02), se trata de actos que afectan al contenido esencial del derecho de dominio (TS 12-1-22, EDJ 2501032); la creación o modificación de un **nuevo elemento común**, en cuanto a su participación indivisa el mismo (AP Alicante 1-3-23, EDJ 636703; AP Almería 8-6-22, EDJ 802018) la modificación de las **cuotas de participación**, la DGSJFP ha entendido que se trata de actos que afectan esencialmente al derecho dominical de cada propietario, exigiendo, por consiguiente, que conste su consentimiento expreso en **documento público** para que pueda acceder la modificación al Registro de la Propiedad (DGRN Resol 19-4-07).

No obstante, ni la LPH, ni la jurisprudencia establecen el requisito de la inscripción de los estatutos para que alcancen validez (AP Soria 10-10-16, EDJ 205625).

2937 **Capacidad en la emisión del voto** El voto constituye una declaración unilateral de voluntad de carácter recepticio que, como tal, exige que su emisor tenga la capacidad necesaria en función del objeto de cada uno de los acuerdos a adoptar. Por consiguiente, los votos pueden ser impugnados en caso de existencia de **vicios de la voluntad**. No obstante, tratándose de acuerdos que se imputan al órgano colectivo de la comunidad, los vicios de voluntad solo afectarán a la eficacia del acuerdo en el caso de que, efectivamente, sea anulado el voto y dicho voto hubiese resultado determinante para la obtención de la mayoría necesaria en cada caso para la existencia del acuerdo.

Tratándose de un acuerdo plurisubjetivo que se imputa al colectivo organizado que integra la comunidad, y no a sus integrantes particularmente considerados, debe entenderse que la posible existencia de vicios de la voluntad a la hora de emitir los votos, queda sujeta a los **plazos de impugnación** (nº 3288). Transcurridos los mismos sin que se hayan impugnado los acuerdos, estos quedarán sanados de cualquier vicio, deviniendo firmes y definitivamente inatacables.

La mayoría de los acuerdos que se adoptan en las comunidades de propietarios tienen naturaleza de **actos de mera administración**, siendo suficiente, para la validez del voto, con que la persona que lo emita tenga la capacidad general para administrar sus bienes. Excepcionalmente, en determinados acuerdos que constituyen **actos de riguroso dominio**, tales como, la modificación del título constitutivo o de los estatutos de la comunidad, se exige la capacidad necesaria para la realización de actos de naturaleza dispositiva.

Precisiones Si en la junta ordinaria, en la que existe un orden del día, un propietario está **representado por terceras personas**, estas no tendrán conferidas facultades para tomar acuerdos sobre los extremos no incluidos en dicho orden del día o suscitados para su consideración por la junta universal de comuneros, no siendo válido el consentimiento que el mandatario presta sin sujetarse a los límites materiales de su encargo (CC art.1714), salvo la ratificación posterior del mandante en los casos de exceso (AP Cádiz 22-5-03, EDJ 64482).

2939 **Conflicto de intereses** Cuando en un asunto exista contraposición entre los intereses de la comunidad y los particulares de un propietario, la LPH no contempla la posibilidad de que este no participe en la **votación** (AP Málaga 31-7-23, EDJ 754020).

Esta circunstancia, unida a la ya de por sí exigente **unanimidad** requerida para la adopción de determinados tipos de acuerdos, ha traído como consecuencia que en ocasiones se consoliden como indefinidas situaciones que pueden ser, incluso, injustas.

Las **injusticias** que genera el hecho de que se reconozca participación y voto al propietario que tiene un manifiesto conflicto de intereses con la comunidad, pueden salvarse a través de distintos mecanismos que concede la propia LPH:

• El recurso al **procedimiento de equidad**, que permite a los propietarios acudir al juez para que sustituya la voluntad de la junta cuando resulte que el acuerdo no ha podido adoptarse, entre otros particulares, por la existencia de intereses contrapuestos con los de la propia comunidad (AP Las Palmas 22-3-06, EDJ 249757; AP Salamanca 28-9-18, EDJ 666852). Este procedimiento es únicamente aplicable a aquellos acuerdos que no tengan establecida una **mayoría cualificada** para su adopción, por tanto, no sería aplicable cuando el acuerdo requiera **unanimidad** (AP Asturias 23-9-03, EDJ 119319; 3-6-04, EDJ 131580; AP Las Palmas auto 29-6-18, EDJ 592694; AP Málaga 22-6-23, EDJ 696940).

• La **impugnación del acuerdo negativo** adoptado, dentro del plazo de 3 meses, por resultar el mismo gravemente perjudicial para la comunidad o haberse adoptado con abuso de derecho al haber sido determinante el voto del propietario con intereses contrapuestos a los de la comunidad (LPH art.18).

• La **ampliación de la legitimación** que los tribunales vienen reconociendo a los propietarios integrantes de estos colectivos para que persigan todo aquello que pueda beneficiar a la comunidad, con el riesgo asumido de que, si actúan en nombre propio, pero en beneficio de la comunidad y finalmente resulta desestimada su pretensión, habrán de soportar el o los propietarios actuantes, a sus exclusivas expensas, las costas derivadas del procedimiento.

Precisiones Para retirar o modificar el otorgamiento del **uso exclusivo de un elemento común** a un propietario se requiere la unanimidad y con ello el consentimiento del beneficiario de la misma que, por lógica y salvo acuerdo con la consiguiente contraprestación, no se dará, por ello, este sistema ha hecho que se conviertan en auténticas atribuciones dominicales que han favorecido durante muchos años el incremento de los precios de las viviendas. Resulta ciertamente llamativo que para adoptar la decisión de **demandar o no a un propietario concreto** por una actuación contraria a los intereses de la comunidad, sea el impago de cantidades, la alteración de elementos comunes, o la producción de cualquier daño que la comunidad no tenga por qué soportar, se deba reconocer voto a ese propietario con la cuota de participación que tenga asignada su piso.

De hecho, si el propietario en cuestión no fuera convocado a la junta en la que ha de adoptarse la decisión de iniciar actuaciones judiciales frente al mismo, dicho acuerdo puede ser impugnado y ser declarado nulo, por no existir precepto alguno en la LPH que permita excluir a cualquier propietario de su derecho a asistir y participar en cada una de las decisiones comunitarias (AP Bizkaia 30-4-02, Rec 139/02).

Propietarios morosos (LPH art.15.2) Se sanciona con la privación del **derecho de voto** a todos aquellos propietarios que en el momento de celebrarse la junta de propietarios no se encuentren al corriente de pago respecto de las deudas con la comunidad que hubieran vencido, con la única salvedad de que hubiesen usado un mecanismo alternativo al pago (nº 2943 s.). **2940**

En la **convocatoria** de la junta habrá de recogerse una relación de los propietarios que no están al corriente de pago de las deudas de la comunidad, con la advertencia de que no podrán votar si no satisfacen la deuda o usan uno de dichos medios alternativos.

Fuera del caso de la **privación legal de voto** a los propietarios morosos, el derecho de voto resulta inescindible de la condición de propietario, siendo nulas las disposiciones estatutarias que prevean la privación del mismo para supuestos distintos, o la exigencia de una cuota de participación mínima o de una mínima representación de propietarios para el reconocimiento del voto.

Precisiones **1)** La información previa que supone hacer constar la deuda en la convocatoria, es el presupuesto necesario para que la **efectividad de la sanción de privación del derecho de voto**, lo contrario supondría una merma de los derechos como propietario, en modo alguno amparada por la ley (AP Málaga 2-6-03, EDJ 160083; AP Bizkaia 9-7-19, EDJ 698649); sin embargo, en **sentido contrario**, se ha entendido que la norma no condiciona la privación del voto al conocimiento de la morosidad (AP Jaén 10-10-13, EDJ 240880; AP Barcelona 20-12-16, EDJ 271259); y, en una **posición intermedia e integradora**, que cuando la convocatoria no contenga una relación de los deudores, se podría considerar que el impago en sí mismo no conlleva directamente la privación del derecho de voto en la junta. No podría privarse del derecho de voto a los deudores que no estén reflejados en la convocatoria, si lo hicieran, tendría el comunero abierta la vía impugnativa (AP Baleares 26-7-10, EDJ 185211).

La convocatoria debe reunir la claridad suficiente para que los propietarios afectados conozcan la eventual situación de morosidad y puedan actuar en consecuencia, pero la claridad exigible no debe valorarse exclusivamente por el contenido de la misma, sino también en relación con la documentación que, en su caso, se aporte. Por tanto, no es necesaria una relación nominal de propietarios si en la liquidación de ingresos y gastos del ejercicio que acompaña a la citación se especifica de forma individualizada quiénes tienen saldo negativo (AP Sta. Cruz de Tenerife 25-7-17, EDJ 315659).

No obstante, la morosidad existente en el momento de la celebración de la junta de propietarios solo priva al comunero deudor del derecho de voto, pero no de la **acción judicial** para impugnar los acuerdos adoptados, si al tiempo de la interposición de la demanda nada adeuda (AP Las Palmas 26-6-13, EDJ 156263; AP Madrid 5-5-23, EDJ 623734), o bien ha procedido a consignar judicial o notarialmente la cantidad adeudada (AP Málaga 14-7-16, EDJ 195654).

2) Respecto a la **validez de los acuerdos** que se alcancen en la junta, en principio, y aunque los tribunales no mantengan una respuesta uniforme a esta cuestión, se plantea que se trata de un mero defecto formal que afecta únicamente a determinados propietarios y que carecerá de relevancia en el caso de que se alcancen las mayorías necesarias para los diferentes tipos de acuerdo con independencia del voto de los propietarios morosos (AP Barcelona 4-3-08, EDJ 42163; 14-7-11, EDJ 209123). En **sentido contrario**, sin embargo, se ha señalado que la inexistencia de una previa declaración de propietario moroso con advertencia de la pérdida de derecho de voto en la convocatoria determina la nulidad de los acuerdos adoptados en esa junta por cuanto se entiende que la convocatoria es defectuosa (AP Pontevedra 9-5-16, EDJ 93432).

Por el contrario, los acuerdos para cuya adopción hayan sido determinantes los votos favorables de uno o varios propietarios que manifiestamente se encuentran en situación de morosidad infringen la dicción legal y, por consiguiente, sí serán **susceptibles de impugnación** por los propietarios que hubieran votado en contra o cualquiera de los ausentes (AP Toledo 25-10-01, EDJ 68678; AP Madrid 12-12-13, EDJ 292428). Pero no resulta nula la junta si ninguno de los acuerdos se ha adoptado gracias al voto de propietarios morosos (AP Asturias 25-10-19, EDJ 791135), ni siquiera el acuerdo concreto respecto del que el comunero privado indebidamente del voto hubiera votado en contra si su voto no hubiera sido determinante para la aprobación del acuerdo (AP Burgos 29-11-22, EDJ 810853).

2943 **Impugnación de la deuda** La única duda que plantea la impugnación de la deuda es la **forma en que debe acreditarse** en la junta. En principio bastaría con exhibir la demanda o parte de esta en la que se observe el correspondiente sello de su presentación en los juzgados, sin que sea necesario que se haya dictado todavía el auto de admisión a trámite de la misma.

A la vista del carácter restringido con el que debe interpretarse toda merma de derechos y que la LPH no se refiere a forma de acreditación alguna, habría de bastar con la mera manifestación del propietario moroso de que efectivamente se ha interpuesto la demanda, para que no pueda ser privado de su derecho de voto. Ello, sin perjuicio, de la ineficacia del mismo en el caso de que hubiera faltado a la verdad.

2944 **Consignación judicial** La consignación judicial, debe efectuarse mediante el **ingreso** de la cantidad correspondiente en la cuenta de depósitos y consignaciones del juzgado, que se encontrará abierta en la entidad que al efecto designe en cada momento el Ministerio de Justicia, acreditando dicho extremo con la presentación de una copia del resguardo de ingreso, pudiendo poner la cantidad a disposición de la comunidad o vincularla al resultado de un procedimiento entablado o por entablar.

Para la consignación judicial debe solicitarse un código correspondiente de 16 dígitos que será facilitado en el juzgado y rellenar un impreso que será facilitado, bien en el juzgado, bien en cualquier oficina de la entidad de crédito designada por el Ministerio de Justicia. El ingreso debe ser efectuado en efectivo metálico en euros o en cualquier divisa convertible en euros, o a través de un cheque bancario o conformado a nombre del juzgado o de la entidad de crédito designada por el Ministerio de Justicia.

No se admiten los cheques al portador, ni los emitidos por entidades de crédito extranjeras, debiendo venir denominados en euros y emitidos por entidades establecidas en España y participantes del sistema nacional de compensación.

También es posible la consignación mediante **transferencia** desde otra entidad de crédito, siempre que se identifique en el campo de observaciones el código de 16 dígitos. La transferencia se realiza a la cuenta genérica que el Ministerio de Justicia tiene asociada a los juzgados y tribunales.

2945 **Consignación notarial** La consignación notarial, debe efectuarse a través del **acta correspondiente**, con el debido cumplimiento de los presupuestos establecidos en la LN 28-5-1862 art.19 y RN art.198 s., bien implicando una puesta inmediata a disposición de la comunidad de las cantidades adeudadas, bien vinculando el efectivo destino del mismo al resultado de un procedimiento judicial iniciado o en vías de iniciarse.

La **acreditación** del otorgamiento suele efectuarse con la presentación en la junta de una copia simple de la misma, si bien, podría acreditarse con la propia presencia del notario (AP Madrid 22-3-05, EDJ 43603), o, incluso y, de acuerdo con lo anteriormente indicado, con la mera manifestación del propietario.

Deuda posterior a la convocatoria Un problema sin solución cierta en la LPH es determinar qué sucede en los casos en los que en el momento en que se efectúa la convocatoria todos los propietarios están al corriente de pago, pero, desde la convocatoria hasta la celebración de la junta, vence una deuda comunitaria insatisfecha por alguno de los propietarios asistentes a la reunión. **2947**

Los propietarios que no se encuentran al corriente de pago de las **deudas vencidas y exigibles en el momento de iniciarse** la junta deben ser privados del derecho de voto, siempre y cuando sea manifiesto el incumplimiento, está justificado que no se hiciera constar la deuda en la convocatoria de la reunión pues su vencimiento es posterior (LPH art.15.2). De este modo, si se adoptan los acuerdos con el voto determinante favorable del propietario moroso, pueden impugnarse los mismos por ser contrarios a la ley. En todo caso, el acta de la junta ha de reflejar los propietarios privados del derecho de voto, cuya persona y cuota de participación en la comunidad no puede ser computada a efectos de alcanzar las mayorías exigidas en la LPH.

Precisiones Esta situación no resulta infrecuente en las **comunidades de uso turístico** en las que las convocatorias se suelen efectuar con mucha antelación a la fecha prevista de celebración de la reunión para con ello asegurar que la citación llegue temporáneamente a conocimiento de todos los propietarios.

Valor de la abstención Uno de los temas que mayor polémica suscita en el funcionamiento de las juntas de propietarios es el del valor que debe darse a las abstenciones que se manifiesten durante las votaciones por parte de uno o varios de sus integrantes. **2949**

Aunque no resulta pacíficamente aceptado, la **opinión mayoritaria** es que el voto de los propietarios que se abstienen durante la celebración de las votaciones en la junta de propietarios debe computarse como **favorable** a la decisión de la mayoría. A favor de esta postura se argumenta:

- Si se entiende que el **propietario ausente** que no muestra su discrepancia con el acuerdo adoptado en plazo consiente el mismo, con mayor razón el propietario que está presente en la junta y no se opone al mismo (AP Barcelona 25-1-05, EDJ 5458; 21-10-10, EDJ 236155).
- El propio espíritu de la ley lleva a interpretar un silencio como positivo, cuando quien lo emplea tendría la **obligación de oponerse al acuerdo con el que no está conforme.** Se trata con ello de evitar que la apatía o desidia de algunos propietarios pueda obstruir o ralentizar el normal funcionamiento de la comunidad (AP Asturias 3-5-07, EDJ 133387; AP Albacete 5-1-07, EDJ 8731).
- La **legitimación para la impugnación de los acuerdos** requiere que se manifieste la disidencia expresa en la junta o se haga salvar el voto (LPH art.18). La abstención no puede identificarse con ninguna de esas dos situaciones. Los propietarios deben plasmar su disidencia con el acuerdo en cuestión para evitar alcanzar las mayorías previstas en la Ley, o dicho de otro modo, si no manifiestan la misma, se entenderán como favorables a la decisión adoptada (AP Albacete 18-7-00, EDJ 51061; AP Alicante 9-12-19, EDJ 807724).

Por otro lado, una **línea intermedia**, que goza también de cierto predicamento entre algunos tribunales de justicia, sostiene que la abstención debe interpretarse como una renuncia voluntaria y puntual al ejercicio de la facultad de voto, razón por la cual no debe ser tenida en cuenta en la votación **ni a favor ni en contra** del acuerdo propuesto (AP Asturias 23-1-07, EDJ 11905; AP Cantabria 14-11-22, EDJ 768257). La renuncia voluntaria al derecho de voto impediría al renunciante pretender luego **impugnar** el acuerdo adoptado.

Precisiones **1)** La **legitimación para impugnar** los acuerdos comunitarios requiere que se manifieste la disidencia expresa en la junta o se haga salvar el voto (AP Madrid 14-1-16, EDJ 16906; AP Badajoz 23-1-20, EDJ 508171). La abstención no puede identificarse con ninguna de esas dos situaciones. Los propietarios deben plasmar su disidencia con el acuerdo en cuestión para evitar alcanzar las mayorías previstas en la Ley, es decir, si no manifiestan la misma, se entenderán como favorables a la decisión adoptada (AP Albacete 18-7-00, EDJ 51061; AP Alicante 9-12-19, EDJ 807724).

2) La LPH art.18.2 no obliga al **comunero que hubiera votado en contra** del acuerdo a manifestar además su voluntad de impugnarlo judicialmente. Esta obligación es solo para el que se abstiene, pues de otra manera se desconoce su postura ante dicho acuerdo (TS 10-5-13, EDJ 101639).

Propietarios ausentes (LPH art.17.8) Se entiende que todo aquel propietario que no haya asistido a la junta, estando debidamente convocado, es **favorable a la decisión adoptada** por los asistentes a la misma, siempre y cuando no manifieste su discrepancia al secretario de la comunidad, por cualquier medio que deje constancia de su recepción, en el plazo de 30 días naturales a contar desde que sean informados del acuerdo adoptado (AP Málaga 13-12-22, EDJ 857019). **2950**

2950 (sigue) Esto es así con independencia del régimen de mayorías que requiera el tipo de acuerdo adoptado, sea unanimidad o no, con **excepción** de:

• Los casos en los que no se puede repercutir el coste de los servicios a aquellos propietarios que no han votado expresamente en la junta a favor del acuerdo.

• Cuando se acuerda realizar una modificación o reforma para aprovechamiento privativo.

Sin embargo, se suscita la duda de su cómputo cuando se trata de acuerdos relativos a actuaciones de carácter obligatorio previstas en LPH art.10.1.a y 10.3 redacc RDL 8/2023, puesto que la regulación del régimen del propietario ausente parece referirse únicamente a los acuerdos contenidos en LPH art.17 redacc RDL 8/2023.

Los supuestos que menos problemas plantean son los acuerdos que precisan de la **unanimidad** de los propietarios. Si en la votación existe un solo propietario que se pronuncia en contra de la decisión propuesta, es imposible alcanzar el acuerdo y de nada valdrán los votos de los propietarios ausentes. Basta con que voten a favor la totalidad de los propietarios asistentes a la junta y que, informados del contenido del acuerdo los propietarios ausentes, ninguno de estos formalice su discrepancia en plazo.

La **ejecutividad del acuerdo** se obtendrá en el momento que transcurran los 30 días naturales desde que le sea notificado el acuerdo al último de los propietarios ausentes de la reunión.

Respecto del **resto de acuerdos** para los que se encuentra previsto el voto favorable presunto de los propietarios ausentes, entendemos que, no pudiéndose hablar de acuerdo hasta que no se recuenten estos votos, la decisión que haya de adoptarse en la junta que habrá de comunicarse a los ausentes solo requerirá de la mayoría de propietarios y cuotas presentes en la reunión. Los votos de quienes se abstengan se computarán en el mismo sentido que decida la mayor parte de los restantes propietarios asistentes a la junta que representen la mayor parte de las restantes cuotas de participación presentes.

Precisiones **1)** La regulación de este sistema de adopción de acuerdos es imprecisa, dejando abiertas numerosas **interrogantes** a las que los tribunales han tenido que dar respuesta al margen de la Ley:

• La redacción de la LPH art.17.8 suscita duda sobre si el silencio del propietario ausente será interpretado como **favorable a la decisión propuesta** en el orden del día **o al acuerdo adoptado** en la junta en relación a la misma, sea este positivo o negativo. Es decir, no aclara si su voto se suma a los emitidos en junta a favor de la decisión propuesta en el orden del día o se suman al acuerdo que se adopte por mayoría. Sin embargo, la jurisprudencia sí parece entender que el voto presunto solo permite añadir votos favorables al acuerdo mayoritario adoptado pero no alterar la voluntad ya expresada en por la Junta (AP Madrid 24-6-21, EDJ 687402). Además, de mostrar su discrepancia dentro del plazo legal no debe interpretarse como una emisión de voto negativo sino como un modo de evitar que su voto se sume a los emitidos en junta.

En el caso de que se opte por la segunda de las soluciones -que los votos de los ausentes se sumen a los votos presentes que han permitido adoptar el acuerdo-, y dado que el acuerdo se adoptará teniendo en cuenta el voto de los ausentes, habría que saber qué **mínimo de votos favorables** se exigirá en la votación de la junta para que pueda hablarse de decisión a favor de la cual se computan como favorables los votos de los ausentes. En este sentido, teniendo en cuenta la dicción literal de la ley que parte de haber sido el acuerdo adoptado por los presentes, es razonable interpretar que los votos de los propietarios ausentes que no se manifestaron en contra del acuerdo únicamente se suman en caso de haberse adoptado el acuerdo por mayoría (AP Málaga 13-12-22, EDJ 857019). Si no concurre la mayoría, por ejemplo, la votación queda empatada no podrá sumarse a ninguna opción el voto del propietario ausente (AP Burgos 30-9-22, EDJ 741901).

• Cómo debe redactarse el **acta de la junta** si el acuerdo no puede computarse y adoptarse definitivamente hasta que transcurran 30 días naturales desde la comunicación del acuerdo (TS 16-12-08, EDJ 262352; 15-09-21, EDJ 691911), pero se suscita dudas respecto a. Podría entenderse que la forma de expresar documentalmente el acuerdo que debe ser informado a los ausentes -debidamente convocados- sería notificándole el borrador del acta pues hasta su cierre no puede reputarse acta de la reunión. Sin embargo, pudiera también cerrarse el acta al terminar la reunión tal como señala el LPH art.19.3, e informarse al ausente de los acuerdos provisionalmente adoptados notificándole una copia literal del acta.

• El propietario que vote a favor del acuerdo por silencio tiene **legitimación para impugnarlo** (TS 16-12-08, EDJ 262352; 15-09-21, EDJ 691911) pero se suscitan dudas respecto a desde cuándo empezarán a correr los plazos de caducidad para la impugnación.

• En todo caso, parece necesario dejar transcurrir el plazo de 30 días naturales establecido por LPH art.17.8, sin que ningún **otro propietario manifestara su discrepancia** para poder computar los votos presuntos y sumarlos a los votos favorables emitidos por los asistentes a la junta para acreditar que se han alcanzado las mayorías necesarias (AP Valencia 17-4-18, EDJ 87285). Sin embargo, la LPH no señala cuál debe ser el trámite posterior al vencimiento del plazo. La solución podría pasar por la constancia escrita del secretario de la comunidad con el visto bueno del presidente como anexo o diligencia añadida al acta. Será solo tras esta diligencia que quedará alcanzado, o no, el cuórum legal para tener por adoptado el acuerdo.

• No siempre juega el voto presunto, pues hay acuerdos que exigen el voto afirmativo y favorable de las tres quintas partes, por ejemplo, en los casos de la LPH art.17.1 y 3 (AP Madrid 18-9-17, EDJ 227895).
2) No sería de aplicación lo dispuesto en LPH art.17.8 en cuanto al voto presunto de los no asistentes si lo solicitado fuera un **aprovechamiento privativo** (AP Cáceres 31-10-19, EDJ 753566; AP Asturias 9-2-21, EDJ 524981).
3) No se pueden computar como votos presuntos los de los propietarios ausentes a la junta por la que se pretendía la **instalación de una piscina comunitaria**, porque su instalación no es necesaria para la conservación, habitabilidad, seguridad o accesibilidad del inmueble (AP Madrid 28-6-18, EDJ 546214).

Notificación del acuerdo Obtenida la decisión mayoritaria en junta, se procederá a informar del acuerdo a los propietarios ausentes. La LPH no dice si dicha notificación tendrá que efectuarse de forma fehaciente, por lo que debe entenderse que valdrá cualquier medio que deje **constancia de la recepción** del acuerdo. Normalmente, el vehículo para trasladar la información del acuerdo será la notificación del acta de la reunión, aunque no se trata del único medio admitido. La carga de la **prueba** de la notificación del acuerdo correrá a cargo de la comunidad. **2957**
En relación a la notificación del acuerdo son aplicables todas las consideraciones efectuadas en su momento en relación a la **citación** de los propietarios para la celebración de las juntas (nº 2685 s.).
No obstante, cuando se trata de notificar a ausentes a las juntas, para conformar las **mayorías cualificadas** legalmente exigibles para su aprobación, con base en el voto presunto a favor de quien no manifiesta su disconformidad en el plazo de 30 días, la exigencia de prueba cumplida de recepción completa y detallada ha de extremarse, precisamente por las limitaciones que en este caso a sus derechos dominicales supone el acuerdo adoptado.
En este sentido, la **comunicación** al copropietario ausente a los efectos de la impugnación de los acuerdos adoptados por la junta (LPH art.18.3) debe verificarse en la forma establecida en la LPH art.9.h y sólo puede presumirse la práctica de la notificación si se demuestra, de acuerdo con las circunstancias, el conocimiento detallado por el copropietario ausente del acuerdo adoptado por la junta (TS 15-6-20).

Precisiones **1)** Para cumplir con el deber de información no es necesario **acreditar la efectiva recepción** de la notificación del acuerdo, basta con que este sea puesto a disposición de los propietarios ausentes en una forma accesible conforme a los usos sociales, siempre que el propietario hubiera podido acceder, de una forma razonable, al contenido del mismo. De ser así, el riesgo del efectivo conocimiento o no del acuerdo deberá correr por cuenta del propietario (CARRASCO PERERA). **2960**
La interpretación jurisprudencial del concepto de **notificación fehaciente** del acuerdo al copropietario ausente, que estableció la LPH art.16 en la redacción de 1990, se ha reflejado en gran medida en la actual regulación de la LPH, por lo cual resulta aplicable la jurisprudencia según la cual para el inicio del cómputo de plazo para la acción de impugnación es necesario que se pruebe el conocimiento detallado del acuerdo y no su mera existencia, pues solamente el primero garantiza el ejercicio de la acción en condiciones de efectividad del derecho a la tutela judicial (AP Asturias 18-1-21, EDJ 516858).
2) Se admite la notificación del acta de la junta como fuera habitual, por ejemplo, en el **tablón de anuncios** de la comunidad (AP Gipuzkoa 3-5-19, EDJ 649023).

Recepción del acuerdo adoptado Una vez recibida la notificación pueden darse las siguientes situaciones: **2963**
• **Discrepancia del propietario ausente**. Si el propietario ausente desea expresar su discrepancia con la decisión adoptada, debe ponerlo en conocimiento de quien ejerza las funciones de secretario de la comunidad en el **plazo** máximo de 30 días naturales a contar desde la fecha de la notificación. El **cómputo** se iniciará el día siguiente a aquel en el que se produzca la notificación efectiva (CC art.5).
La **comunicación de la discrepancia** no exige de forma alguna, por lo que podrá seguirse para ello cualquier medio que deje constancia de la recepción, siendo la carga de la prueba a cargo del propietario disidente.
A efectos del **cómputo** esta discrepancia impide que pueda considerase a este propietario a favor del acuerdo adoptado (AP Cantabria 15-6-23, EDJ 615674; 9-10-23, EDJ 724998), pero no supone que pueda emitir un **voto desfavorable y extemporáneo** en el plazo de 30 días indicado, solo puede impugnar el acuerdo esgrimiendo, en su caso, la inexistencia de las mayorías requeridas legalmente para su válida adopción en la junta convocada y constituida al efecto. No se puede computar como desfavorable un voto que no se ha producido (AP Cantabria 12-9-23, EDJ 693905).
• **Conformidad del propietario ausente**. La LPH solo prevé la opción de la manifestación de la discrepancia, pero nada impide, por supuesto, que dentro del mismo plazo el propietario manifieste expresamente su conformidad con el acuerdo adoptado.

En este caso, la hipotética **impugnación posterior**, más allá de la legitimación que les es reconocida, constituiría un claro ejemplo de actuar contra los propios actos que debería llevar a la desestimación de la pretensión, salvo que se demostrase que había habido fraude, engaño o vicio de la voluntad al manifestar el consentimiento al acuerdo adoptado.

• **Silencio del propietario ausente**. El único efecto que tiene dicho silencio es que su voto se tendrá en cuenta para la formación de la mayoría necesaria y, en su caso, para la obtención del acuerdo comunitario que, como tal, tendrá carácter obligatorio y vinculante frente al mismo (TS 16-12-08, EDJ 262352; 15-9-21, EDJ 691911), manteniendo, no obstante, su legitimación para la impugnación del acuerdo, pues la **no discrepancia** del propietario ausente no puede interpretarse como pérdida de la legitimación para impugnar el acuerdo por cualquier motivo ajeno a la formación de la mayoría -defectuosa convocatoria, ausencia de citación, falta de previsión en el orden del día, etc.- (TS 10-5-13, EDJ 101639). El que un propietario ausente en una junta **no discrepe luego** de un determinado acuerdo en plazo, solo supone que su voto puede favorecer la consolidación de la mayoría exigible pero nunca supone que haya dejado de ser disidente (TS 11-11-20, EDJ 715733; AP Las Palmas 27-4-23, EDJ 637190; AP Madrid 2-3-23, EDJ 542258).

2965 **Asistentes que abandonan la junta antes de su finalización** Si bien es una cuestión sobre la que la LPH no se pronuncia, se trata de una **situación habitual** en el funcionamiento de las comunidades. Ya sea por la excesiva duración de las juntas o, incluso, por falta de interés en las cuestiones pendientes de debate, muchos propietarios deciden marcharse antes de que estas finalicen.

Un criterio que vienen sosteniendo nuestros tribunales es que estos propietarios deben ser considerados a todos los efectos **ausentes** respecto de los acuerdos que se debatan y voten con posterioridad a su marcha de la reunión, mientras que serán considerados **asistentes** respecto de los acuerdos en los que estuvieran presentes en la junta (AP Valencia 29-3-05, EDJ 341997; AP Málaga 16-10-15, EDJ 527; AP Madrid 14-1-16, EDJ 7; AP A Coruña 31-3-16, EDJ 58598). La ausencia sobrevenida supondría que, a partir de ese momento, la mayoría de propietarios asistentes y de cuotas presentes habría de adaptarse, excluyendo al propietario o propietarios que se marchan de la reunión y las cuotas de participación a las que estos representan.

También se consideran ausentes aquellos que asistan a la junta, pero la abandonan **antes de las votaciones** (AP Madrid 23-5-19, EDJ 637016).

En otras ocasiones, la jurisprudencia ha mantenido que no debe concederse el estatus de propietario ausente a aquel que si bien abandona la junta antes de la votación de un determinado punto del orden del día se mantuvo en ella **mientras se discutió** el mismo. En estos casos no se le ha reconocido legitimación para impugnar el acuerdo (AP Málaga 20-3-14, EDJ 92535; AP Málaga 12-6-15, EDJ 165847).

Otra línea jurisprudencial más sensible con la dinámica de las comunidades de propietarios postula que **no tiene la condición de ausente** el propietario que acudió a la junta para, posteriormente, abandonar la misma viendo el asunto que se iba a tratar, si no salvó su voto expresamente; es decir, bajo ningún concepto puede considerarse ausente el propietario que comparece a la junta y luego decide ausentarse.

Lo que no se estima procedente es que en la mención que la LPH art.18.2 de «cualquier causa» para la ausencia, pueda ampararse el abandono voluntario de la junta a fin de impugnar posteriormente los acuerdos en ella adoptados (AP Sta. Cruz Tenerife 3-10-08, EDJ 280653; AP Málaga 20-3-14, EDJ 92535; 28-4-17, EDJ 139104).

Es evidente que por motivos de **prueba** resulta conveniente que se haga constar en el acta de la junta la ausencia sobrevenida con la perfecta identificación del propietario en cuestión.

2967 **Entidades procomunales** La determinación de en qué sentido debe computarse el voto de los elementos procomunales (nº 360), es una cuestión que no resuelve la LPH.

Al tener asignada una cuota de participación y constituir en puridad una entidad privativa, tendrá asignado su **derecho de voto**, pudiendo ser el mismo determinante para la adopción de los distintos acuerdos que se planteen.

La **asistencia y representación** en la junta, al estar previsto en la LPH un sistema de un único representante por entidad, parece que la tendría asignada la persona que ostente el cargo de presidente de la comunidad, en su función de representante de esta en todos los que la afecten (LPH art.13.3).

En cuanto al **sentido del voto**, siendo estos elementos una comunidad de bienes especial, con la circunstancia de que en la propia junta se hayan presentes el resto de comuneros, aunque representando a sus restantes entidades, y resultando la inmensa mayoría de los acuerdos actos de mera administración, como, por ejemplo, el cambio de la cuenta de la comunidad de solidaria a mancomunada (AP Valencia 3-2-21, EDJ 553421) parece que lo lógico sería que el

voto correspondiente a esta entidad se aplicase siempre a favor de la decisión que adopte la mayoría de los propietarios y cuotas, a modo semejante a como ocurre con las abstenciones (nº 2949).
Otra corriente doctrinal entiende que lo más justo sería que el voto correspondiente a los elementos procomunales fuera **excluido de la votación**, tanto en lo referente a la mayoría personal, como a la económica. No obstante, creemos que ello sería imponer una privación del derecho de voto no prevista en modo alguno en la LPH, siendo así que se trata de una comunidad de bienes especial que, como tal, debe ser considerada, con los derechos inherentes a la misma en el normal funcionamiento de la comunidad.

3. Tipos de acuerdos

a. Modificación de las normas que rigen la comunidad

Título constitutivo (LPH art.10 redacc RDL 8/2023) Teniendo en cuenta el **contenido** del título constitutivo (nº 290 s.) los supuestos prácticos de modificación más comunes son los expuestos a continuación. 2970

Descripción general del edificio En relación con la descripción general del edificio, los supuestos de modificación más habituales son las **declaraciones de ampliación de obra**, muchas veces impuestas por los errores que se observan en las escrituras originales de división horizontal. 2973
En estos casos, al tratarse de un acto de ajuste de la realidad registral a la material efectivamente existente, sin que se afecten los derechos dominicales, se viene admitiendo que la escritura pública de obra nueva -antigua- la otorgue el presidente, debidamente autorizado por el correspondiente acuerdo de junta.
Dado que en muchas ocasiones estos casos no constituyen verdaderas modificaciones del título constitutivo, sino mera rectificación de errores materiales fácilmente constatables o meros ajustes de la realidad registral a la realidad material de la comunidad de propietarios, suele flexibilizarse para ellos la obtención de la unanimidad, entendiendo que basta con la mera mayoría para subsanar dichas discordancias. Cuestión distinta es que efectivamente se trate de una modificación por la **declaración de una obra nueva**, en cuyo caso la previa autorización unánime que debe obtenerse para la ejecución de la obra, lleva implícita la autorización para la rectificación de los datos registrales.
Por idéntica razón, basta con el acuerdo de junta, adoptado por el criterio mayoritario, para que el presidente declare el **exceso de cabida** de la finca sobre la que se encuentra construido el edificio, cuando se compruebe que la superficie real de la finca no coincide con la que consta en el Registro de la Propiedad.
Los verdaderos **supuestos de modificación del título constitutivo** vienen representados, a modo ejemplificativo, por:
- la sobreedificación de nuevas plantas;
- los supuestos de modificación de las cuotas de participación asignadas a cada una de las entidades privativas (TS 29-12-15, EDJ 259181; AP Almería 5-11-19, EDJ 811009; AP La Rioja 25-11-20, EDJ 838167);
- la desvinculación de anejos;
- la desafectación de elementos comunes (AP Cantabria 2-11-23, EDJ 741296; AP Madrid 10-7-23, EDJ 682392); y
- la constitución de derechos de uso exclusivo sobre elementos comunes a favor de uno o varios propietarios.

Descripción de las entidades privativas Las modificaciones del título constitutivo relativas a la descripción de las entidades privativas más habituales son las expuestas a continuación: 2975
a) **Unión, división, segregación o agregación de pisos o locales** (LPH art.17.4 redacc RDL 8/2023). Cuando un propietario quiera unir, agregar, dividir o segregar su entidad privativa necesita la aprobación previa de la comunidad de propietarios, para lo que es preciso obtener el voto favorable de las tres quintas partes del total de los propietarios, siempre que representen las tres quintas partes del total de las cuotas de participación, así como el consentimiento del titular afectado por dichas operaciones (TS 20-1-15, EDJ 8546; AP Madrid 27-5-20, EDJ 623960). Las operaciones en concreto son:
- la división material de los pisos o locales y sus anejos;
- el aumento de su superficie por agregación de otros colindantes; o
- su disminución por segregación.

Es la junta de propietarios la competente para fijar las **cuotas correspondientes** a las entidades resultantes, así como para determinar la indemnización de daños y perjuicios que corresponda al titular afectado, si fuera el caso. Todo ello sin perjuicio de obtener, además, la pertinente autorización administrativa (LPH art.10.3 redacc RDL 8/2023; AP Madrid 13-5-22, EDJ 667129).

No obstante, existen supuestos en los que **no es preciso un acuerdo de la junta**:

• Cuando el inmueble en cuestión se encuentre incluido en un ámbito de **actuación de rehabilitación o de regeneración y renovación urbanas** y la normativa administrativa así lo permita, el propietario de una entidad privativa puede, sin necesidad de acuerdo previo de la junta, dividir materialmente su piso o local, así como sus anejos, aumentar su superficie por agregación de otras entidades colindantes situadas en el mismo edificio, o segregar parte del mismo por su sola voluntad. Dicha facultad comprende también la de distribuir la cuota de participación entre las entidades resultantes sin necesidad del acuerdo de la junta y sin que se vean afectadas las cuotas asignadas a las restantes entidades (LPH art.10.1.e).

• Cuando las operaciones de unión, agregación, división o segregación estén autorizadas en los estatutos de la comunidad y no comporten alteración de las cuotas de participación, ni alteración de la seguridad del edificio, su configuración o estado exterior, ni perjudiquen los derechos de otros propietarios (AP Madrid 19-12-16, EDJ 257727).

2976 Precisiones Para modificar el título constitutivo consecuencia de la **segregación** no es necesaria unanimidad, basta la doble mayoría de 3/5 o la existencia de una previa cláusula estatutaria que permita la segregación sin autorización de la comunidad de propietarios (DGRN Resol 15-2-16).

2977 b) **Anejos.** Con mucha frecuencia se presenta también la necesidad de modificar el título constitutivo respecto a la **descripción de los elementos accesorios a anejos vinculados** a los pisos o locales, consistiendo la modificación en especificar o aclarar los datos genéricos e insuficientes que se contenían en los títulos constitutivos antiguos.

Precisiones No son raros los casos en los que la descripción original del título se limitaba a indicar sin más que le corresponde como anejo un trastero en la planta «x» o una plaza de aparcamiento en la planta «x», sin mayor especificación en cuanto a superficie, ubicación y linderos. No se exigía entonces, como ocurre ahora, una **descripción pormenorizada** de estos elementos con su número de orden, dimensiones perimetrales, linderos y superficie útil. Con el objetivo de aclarar o especificar las divisiones horizontales antiguas muchas comunidades se plantean la posibilidad de modificar sus títulos constitutivos para hacer constar las plazas o trasteros concretos que se vinculan a cada entidad. En estos casos y dado que se trata de una actuación que afecta esencialmente al derecho de cada propietario, el criterio seguido por la DGSJFP es el de exigir el **consentimiento expreso** de todos los propietarios afectados, aplicando el principio registral del «tracto sucesivo». Dicho consentimiento debe constar en escritura pública para que pueda tener acceso al registro (DGRN Resol 12-12-02).

2980 c) **Superficie útil construida.** Otra modificación que afecta a la descripción de los elementos privativos es la referente a la variación de la superficie útil o construida de los mismos (AP Bizkaia 2-2-10, EDJ 52146). Cuando dicha variación proceda de la agregación de otra entidad (nº 2975), dependiendo del supuesto en que sea encuadrable y de si se trata de una obra de carácter obligatorio o no, pueden darse dos situaciones:

- que no sea necesario el acuerdo de junta, en cuanto a la realización de la actuación; o
- que se necesite el acuerdo de las tres quintas partes del total de los propietarios, siempre que representen las tres quintas partes del total de las cuotas de participación.

Se trata de modificaciones del título constitutivo que, al margen de requerir, por lógica, el consentimiento expreso del propietario afectado, exigen que se adopte el correspondiente **acuerdo de la junta** de propietarios, salvo en el caso de que la obra derive de una actuación de rehabilitación o de regeneración y renovación urbanas, con el objeto de evitar que los propietarios arbitrariamente se apropien de espacios o elementos comunes.

Requiere tal acuerdo la intervención en el proceso de todos y cada uno de los propietarios de los elementos privativos (TS 5-2-04, EDJ 2122; AP Madrid 20-12-06, EDJ 439563; 14-7-04, EDJ 166179).

d) **Omisión de una entidad privativa**. Menos frecuentes, pero mucho más relevantes económicamente, son los casos en los que el promotor, por error, omitió en la descripción original del título constitutivo hacer constar alguna entidad privativa.

Es el caso, por ejemplo, de aquellas **promociones a ejecutar en un único solar**, pero llamadas a ejecutarse en **varias fases**. El promotor al describir la obra nueva y división horizontal de la primera fase, olvida reservarse como elemento privativo la parte del solar sobre la que habrá de construir la segunda fase de la promoción inmobiliaria. Más allá ahora sobre si dicho elemento pasará a tener o no la condición de elemento común y, por tanto, perteneciente a los propietarios de la primera fase en proporción a sus cuotas de participación, aspecto este sobre el que los tribunales se han pronunciado en diferentes ocasiones y no siempre en el mismo sentido, nos centraremos ahora en lo que es en sí la modificación del título constitutivo si se quisiera hacer constar dicha porción del solar como entidad privativa, con la consiguiente modificación de todos coeficientes de participación de las entidades restantes. Siguiendo las pautas expuestas por la DGSJFP en los supuestos **desafectación y venta de elementos comunes**, parece que bastaría con la adopción del **acuerdo de junta**, como acto colectivo (DGRN Resol 5-5-70; 15-6-73; AP Madrid 24-9-19, EDJ 742221). Sin embargo, el hecho de que se esté disponiendo gratuitamente sobre el posible derecho dominical que cada propietario tiene sobre el supuesto elemento común, así como la consiguiente reasignación de cuotas, parece que lo más acertado será exigir el **consentimiento expreso de todos los propietarios** de la comunidad, por afectarse esencialmente a su derecho, tanto en lo que representa de pérdida del posible elemento común, como en lo relativo a la reasignación de cuotas de participación a la luz de la modificación operada.

Variación de cuotas o coeficientes de participación En lo relativo a las modificaciones del título constitutivo que consistan en variar la cuota o coeficiente de participación atribuida a las entidades privativas, la DGSJFP distingue a la hora de valorar la **exigencia o no de consentimiento individualizado**, entre: **2983**
a) Los supuestos en los que basta con obtener el **acuerdo en junta** que, básicamente son:
- aquellas modificaciones que se encuentren amparadas en preceptos de la LPH que habiliten a la junta para reasignar cuotas de participación, como los casos de **división, segregación, unión, agregación o agrupación de entidades**, siempre que no alteren las cuotas de las restantes entidades, ni resulte de otro modo afectado ningún titular (LPH art.17.4 redacc RDL 8/2023); o
- los casos de reasignación de cuotas por ejercicio del derecho de **sobreedificación** de nuevas plantas (LPH art.17.4 redacc RDL 8/2023); o
- incluso, y por idéntica razón, la **desafectación de elementos comunes**, convirtiéndolos en entidades privativas a las que se asigna su correspondiente cuota de participación sobre el total edificio y obligando, con ello, a reasignar las cuotas de las entidades originales.
b) Los supuestos que, por afectar esencialmente al derecho de dominio de los propietarios integrantes de la comunidad, exigen el **consentimiento expreso e individual de cada uno** de ellos, o, al menos, de los propietarios afectados, y que vienen representados por los demás supuestos no contemplados en el elenco anteriormente expuesto (DGRN Resol 19-4-07).

Estatutos Los estatutos pueden ser objeto de modificación por acuerdo de la junta de propietarios adoptado por la **unanimidad** del total de los propietarios que, a su vez, representen el total de las cuotas de participación (LPH art.17.6), con la salvedad de los supuestos específica y expresamente previstos en LPH art.17.1 a 5. Por otra parte, también pueden modificarse judicialmente cuando no es posible obtener la unanimidad o la mayoría cualificada por la oposición infundada de algún copropietario (TS 13-3-03, EDJ 4250). De hecho, el cauce procesal previsto en la LPH art.17.7 para resolver en equidad no excluye la posibilidad de acudir al declarativo correspondiente (AP Baleares 22-3-21, EDJ 567872; AP Málaga 22-6-23, EDJ 696940). **2985**
La modificación de los estatutos, como la del título constitutivo, tiene que ser inscrita en el Registro de la Propiedad para tener **efectos respecto de terceros** (LPH art.5.3). La falta de inscripción determinará la inoponibilidad del acuerdo a todos aquellos que en la fecha en que se acordó la modificación estatutaria no eran propietarios de pisos o locales en el edificio de que se trate, pero solo a los terceros de buena fe, lo que no concurre en quien tiene conocimiento de los acuerdos de modificación y no los impugna por causas vinculadas al proceso de adopción, pues desde entonces adquiere legitimación para hacerlo (AP Madrid 30-7-18, EDJ 655308).
El problema práctico que suele plantearse es si cabe la **inscripción** de una determinada modificación acordada en junta, conforme al procedimiento de la LPH art.17.6, posteriormente, cuando ya se han operado transmisiones de pisos y locales y, consecuentemente, ha habido **variaciones en la composición de propietarios** existente en el momento de adopción del acuerdo.
El **criterio de la DGSJFP**, en aplicación del principio de que los estatutos no inscritos no perjudicarán a terceros (LPH art.5), así como de LH art.13, 20, 34 y 38, es que es necesario adoptar un nuevo acuerdo comunitario con la unanimidad de los propietarios existentes en el momento de requerirse la inscripción, o al menos contar con el consentimiento de los nuevos propietarios que no lo eran en el momento de la adopción del acuerdo (DGRN Resol 22-9-09; 9-2-08; 23-7-05).

2987 **Normas de régimen interior** La adopción y modificación de las **normas de régimen interior** exigen la mayoría ordinaria de los propietarios, esto es, el voto favorable de la mayoría del total de los propietarios que, a su vez, representen la mayoría de las cuotas de participación, en primera convocatoria, o, en segunda convocatoria, el voto favorable de la mayoría de los asistentes, siempre que esta represente, a su vez, más de la mitad del valor de las cuotas de los presentes (AP Madrid 30-7-18, EDJ 655308).

Precisiones El **estudio detallado** del reglamento de régimen interior se realiza en el nº 500 s.

b. Obras

2990 En relación con las mayorías necesarias para la aprobación y ejecución de actuaciones u obras en elementos comunes, se distinguen:

• **Supuestos que no necesitan acuerdo de junta de propietarios**: En relación con esta cuestión es necesario determinar si la obra viene exigida por la normativa vigente en materia de seguridad, habitabilidad y accesibilidad universal, o si la misma resulta exigible por entenderse comprendida dentro del deber general de conservación del inmueble (LS/15 art.15).

Cuando la obra viene **impuesta** por cualquier normativa, su ejecución tiene el carácter de obra necesaria y, consiguientemente, ni siquiera precisa de acuerdo alguno de la junta de propietarios que la apruebe.

• **Supuestos que necesitan acuerdo de junta de propietarios** Respecto del resto de obras y actuaciones que pueden acometerse en el seno de una comunidad de propietarios en régimen de propiedad horizontal y que afecten a los elementos comunes, la **regla general** es la necesidad de que se obtenga el voto favorable de las tres quintas partes de los propietarios y cuotas de la comunidad de propietarios, esto es, y hablando en términos porcentuales, el 60% de los propietarios, siempre que ostente el 60% de las cuotas de participación existentes en el edificio.

Al margen de los supuestos anteriores, la LPH contempla una serie de obras o actuaciones que afectan a **elementos comunes** y que quedan sujetos a un régimen diferente en cuanto a su adopción.

2993 **Alteración de la estructura o fábrica del edificio o de las cosas comunes** (LPH art.17.4 redacc RDL 8/2023) Para la construcción de **nuevas plantas** y cualquier otra alteración de la estructura o fábrica del edificio, incluyendo el **cerramiento de terrazas**, se requiere que lo aprueben tres quintas partes del total de los propietarios, que reúnan las tres quintas partes de las cuotas de participación y se obtenga, además, la correspondiente licencia o autorización administrativa.

Debe constar, además, el **consentimiento de los titulares afectados**, en el caso de que la ejecución del acuerdo implique privar del uso al mismo en todo o parte de un elemento común.

Como excepción, este tipo de obras pueden hacerse sin acuerdo previo de la junta, modifiquen o no el título constitutivo, cuando tengan carácter obligatorio por la inclusión del inmueble en un ámbito de actuación de rehabilitación o de regeneración y renovación urbana (LPH art.10.1.d).

2995 **Servicios de telecomunicación** (LPH art.17.1) La decisión de adaptar las instalaciones existentes o ejecutar las nuevas infraestructuras comunes necesarias para el acceso a los servicios de telecomunicación corresponde a la **junta** de propietarios y puede ser acordada por un tercio de los integrantes de la comunidad que representen, a su vez, un tercio de las cuotas de participación (LPH art.17.1; RDL 1/1998 art.4.1; AP Las Palmas 23-11-22, EDJ 851331).

El **promotor** de la decisión podrá ser el propio presidente de la comunidad al integrar el orden del día de cada convocatoria, o cualquiera de los propietarios, quienes, podrán dirigirse al presidente para que incorpore en el orden del día de la siguiente reunión este tema, para someterlo a debate en la junta de propietarios (LPH art.16.2.2º).

El **objetivo** que se pretende con esta norma es doble:

- por un lado, **favorecer el acceso** de los propietarios a los servicios de telecomunicación, como son por ejemplo la televisión por satélite, la televisión digital terrestre y la televisión por cable, y el acceso a los nuevos suministros energéticos; mientras que,
- por otro, evitar que exista una **proliferación de cableados individuales** en cada uno de los edificios para la incorporación de estos nuevos servicios, lo cual, además de estar llamado a producir constantes disputas entre los condueños, afectaría de forma negativa a la estética de las edificaciones.

La comunidad no podrá repercutir el **coste de la instalación o adaptación** de dichas infraestructuras comunes, ni los derivados de su conservación y mantenimiento posterior, sobre aquellos propietarios que no hayan votado expresamente en la junta a favor del acuerdo. No obstante, si con posterioridad solicitasen el **acceso** a los servicios de telecomunicaciones y ello requiere aprovechar las nuevas infraestructuras o las adaptaciones realizadas en las preexistentes, podrá autorizárseles siempre que abonen el importe que les hubiera correspondido, debidamente actualizado, aplicando el correspondiente interés legal.

El **acuerdo denegatorio**, de existir, no tiene más virtualidad que legitimar el ejercicio de la acción, acreditando el interés del comunero en accionar. Los acuerdos denegatorios no son ejecutivos por lo que resulta irrelevante que adquieran firmeza por caducidad de la acción de impugnación (AP Ourense 4-10-21, EDJ 746560).

Se consideran **infraestructuras comunes para el acceso a los servicios de telecomunicación**, los sistemas o redes de telecomunicación que existen o se instalen en los edificios para cumplir, como mínimo, las siguientes funciones (RDL 1/1998 art.1.2):

• La captación y adopción de las señales de **radiodifusión sonora y televisión** terrestre tanto analógica como digital, y su distribución hasta puntos de conexión situados en las distintas viviendas o locales del edificio, y la distribución de las señales de televisión y radiodifusión sonora por satélite hasta los citados puntos de conexión.

• Proporcionar el acceso al **servicio telefónico** básico y al servicio de **telecomunicaciones por cable**, mediante la infraestructura necesaria para permitir la conexión de las distintas viviendas, locales o del propio edificio a las redes de los operadores habilitados.

En consecuencia, se trata del acceso a los diferentes servicios de televisión y radiodifusión, sea digital, sea por satélite o por cable, así como a los servicios básicos de telefonía.

Precisiones **1)** De forma implícita por la LPH art.17.1 admite que hay **propietarios ausentes**, no discrepantes, cuyo voto se computa a favor del acuerdo, pero no están obligados a pagar hasta que soliciten el acceso a los nuevos servicios. Razones sistemáticas sustentan la misma conclusión, porque carece de sentido que a los ausentes que no muestran su discrepancia se les presuma a favor para obtener la unanimidad y no para obtener el voto favorable de simplemente un tercio (AP Las Palmas 18-5-15, EDJ 189419). **2997**

2) Suele constar en las actas de la comunidad que aprueban la instalación de la infraestructura común expresiones del tipo «**el nuevo servicio se ejecutará cuando la comunidad tenga fondos para ello**». Aunque es susceptible de varias interpretaciones, como no hace referencia ni a presupuestos, ni a derramas en el futuro, ni a la exclusión en el pago de quienes no votaron a favor, parece que pueda deducirse que se iba a pagar con los fondos ordinarios de la comunidad. En tales casos, la jurisprudencia se ha manifestado entendiendo que tal frase final del acuerdo debió anularse, porque o era contraria a la norma, o se prestaba a interpretaciones contrarias a la LPH art.17.2. Pero ese defecto no se extiende al acuerdo de instalación en sí mismo, válido ya que reúne las mayorías legales, y puede subsistir perfectamente sin la última frase. La aprobación de la nueva instalación es válida. Sus consecuencias económicas exigirán nuevos acuerdos de la comunidad, que siempre deberán tener en cuenta que la comunidad no podrá repercutir el coste de la instalación o adaptación de dichas infraestructuras comunes, ni los derivados de su conservación y mantenimiento posterior, sobre aquellos propietarios que no hubieran votado expresamente en la junta a favor del acuerdo (AP Las Palmas 18-5-15, EDJ 189419).

3) La **adaptación obligatoria a la TDT**, a consecuencia del llamado apagón analógico, constituye un gasto necesario que tendrán que soportar todos los propietarios y no solo quienes voten a favor de la misma (AP Badajoz 20-3-09, EDJ 63637).

4) Otro de los problemas que se han planteado en la práctica en relación a la aprobación de infraestructuras comunes para el acceso a los servicios de telecomunicación es el relativo a la compatibilidad de estos acuerdos con aquellas cláusulas estatutarias que impiden la colocación de antenas parabólicas en el edificio. Los tribunales han considerado estas cláusulas estatutarias derogadas por la entrada en vigor de la L 8/1999 o por entenderlas contrarias al RDL 1/1998 (AP Araba 8-2-01, EDJ 106404). Si un comunero quiere acceder a una nueva tecnología de telecomunicación puede promover la actuación de la comunidad para que esta acuerde, con los requisitos previstos en la LPH art.17.1, la modificación o instalación de una infraestructura común. Si no obtiene el acuerdo correspondiente, tiene la opción de actuar por la vía prevista en la L 11/2022 art.55 y realizar a su costa la instalación privada.

Se prevé un segundo sistema de comunicación, que es que cuando un propietario o un arrendatario quiera establecer un **sistema individual para el acceso** a los servicios de telecomunicación debe notificarlo al presidente de la comunidad con, al menos, 2 meses de antelación a la fecha prevista para la instalación del mismo, acompañando la documentación técnica y descriptiva suficiente de la instalación a ejecutar, el detalle de afección de elementos comunes y el resto de circunstancias que se recogen en el RD 346/2011 art.6. En el plazo de 2 meses la comunidad podrá indicar: **2999**

- si tiene prevista la **instalación de la infraestructura común** para el acceso al indicado servicio, en cuyo caso, el propietario o arrendatario interesado se podrá incorporar a la misma;
- si propone soluciones **alternativas al proyecto** presentado por el propietario o arrendatario en cuestión;

- si acepta la **ejecución de la instalación individual**, siendo esta la valoración que cabe dar a la situación en la que la comunidad guarde silencio y no realice manifestación alguna en el plazo indicado.

Precisiones Lo que no reconoce la Ley a ningún propietario o arrendatario de vivienda es la facultad de que arbitrariamente y sin **previo conocimiento y consentimiento de la comunidad**, aunque sea en los términos que acabamos de exponer, proceda a alterar arbitrariamente los elementos comunes para dotar de servicios de telecomunicación a su vivienda o local. Así lo ha entendido el Tribunal Supremo, por ejemplo, en un caso en el que uno de los propietarios por su cuenta procedió a soterrar en el subsuelo del edificio 6 tubos de 125 mm, cada uno, para dotar de los servicios de telefonía fija, Internet y televisión por cable a su local comercial (TS 28-11-08, EDJ 227735).

3000 **Suministros energéticos** Dependiendo del tipo de actuación que, en este ámbito, se pretenda llevar a cabo, los regímenes de mayorías exigibles para alcanzar el acuerdo en junta son diferentes.

3003 **Energías renovables y nuevos suministros energéticos** (LPH art.17.1) Basta con el voto a favor de un tercio de los propietarios que represente un tercio de las cuotas de participación para adaptar las instalaciones existentes o ejecutar nuevas infraestructuras necesarias para el aprovechamiento de **energías renovables**, principalmente mediante la generación de energía fotovoltaica con la colocación de placas, módulos o paneles solares en las cubiertas de los edificios, o mediante la colocación de colectores solares para acumular el calor para transmitírselo al agua que se utiliza en grifos, duchas o circuitos de calefacción (AP Valencia 7-9-11, EDJ 279168).

El mismo régimen será aplicable a cualquier instalación que represente acceder a los **nuevos suministros energéticos**. Es el caso, por ejemplo, de instalación de un sistema de aprovechamiento colectivo para agua y calefacción mediante la colocación de una caldera de gasóleo (AP Asturias 12-3-03, EDJ 74792; AP Gipuzkoa 15-2-19, EDJ 587975).

Por último, quedarán sujetos al régimen de un tercio de propietarios que represente un tercio de las cuotas de participación la instalación de equipos o sistemas de aprovechamiento privativo que tengan por finalidad mejorar la **eficiencia hídrica o energética de cada vivienda o local** (LPH art.17.3).

Al igual que respecto de las instalaciones de infraestructuras comunes, mientras el comunero no pague los **gastos de la instalación** no podrá utilizar los servicios, pese a que su mantenimiento será considerado como un gasto común (AP Valencia 13-5-16, EDJ 292898).

Precisiones Respecto a la decisión de instalar la infraestructura común para de incorporar el sistema de aprovechamiento energético renovable, o de adaptar los existentes a los nuevos suministros, ver lo dicho en relación con los servicios de telecomunicaciones. El cambio de una caldera vieja y la instalación de una caldera de gas no implica la instalación de una nueva infraestructura, sino la **modernización** de la ya existente, por lo que no es necesario la unanimidad para la aprobación del acuerdo de instalación, bastando la mayoría simple de LPH art.17.3 y no las especiales exigidas para otros supuestos (AP Sevilla 23-12-15, EDJ 278003).

3005 **Mejora de la eficiencia energética o hídrica del edificio** (LPH art.17.3) El establecimiento o supresión de infraestructuras o sistemas que tengan por objeto mejorar la eficiencia energética o hídrica del edificio, requieren una mayoría cualificada con voto favorable de las tres quintas partes de los propietarios del edificio, siempre que representen las tres quintas partes de las cuotas de participación y ello aunque impliquen una modificación del título constitutivo o los estatutos (AP Navarra 26-7-23, EDJ 734937).

De alcanzarse esta mayoría cualificada el acuerdo será **obligatorio para todos** los propietarios, hubieran votado a favor o en contra del mismo y, por consiguiente, y salvo disposición estatutaria o acuerdo de junta en contrario, los **gastos** derivados de su ejecución deberán ser soportados por todos los propietarios en proporción a su cuota de participación.

En los casos en los que la mejora en la eficiencia energética o hídrica no sea colectiva, sino para el **aprovechamiento particular o privativo** de los propietarios, su instalación, aunque implique actuar sobre elementos comunes, requerirá únicamente del voto favorable de un tercio de los propietarios de la comunidad, siempre que represente un tercio de las cuotas de participación, siendo los **gastos** correspondientes de la instalación de los propietarios que hubieran votado a favor del acuerdo (LPH art.17.3). Cualquier propietario podrá posteriormente acceder a los mismos servicios de mejora energética, sin necesidad de nuevo acuerdo, con la única limitación que representa tener que soportar los gastos que le habrían correspondido en la instalación y mantenimiento de la infraestructura en cuestión.

Uno de los aspectos más relacionados con el aprovechamiento energético es la composición de las **fachadas y cubiertas**, ya que el consumo en climatización depende en gran medida del estado de **aislamiento** y de las **infiltraciones** que puedan producirse. Por ello, una modificación en el estado o composición de la fachada que tenga por objeto la mejora energética del edificio, ya no vendrá sujeta a la unanimidad de los propietarios, sino a la obtención de la mayoría cualificada de tres quintas partes de propietarios y cuotas de participación. 3007

La **eficiencia hídrica** puede definirse como la adopción de cualquier medida o el desarrollo de cualquier actividad que tenga por objeto utilizar la mínima cantidad de agua, o **reducir el consumo** de dicho recurso, sin afectar a la calidad de la misma, favoreciendo con ello que haya tasas cada vez menores de necesidad y uso del agua.

Tal acuerdo podrá aplicarse, por ejemplo, para la aprobación del **riego con aguas grises** o la reutilización de las mismas en baños y lavabos de las viviendas.

Precisiones **1)** Respecto a esta particular mejora la jurisprudencia viene aplicando la restricción de LPH art.17.4 y considerando que, a pesar de haberse aprobado válidamente la obra, el **propietario disidente** no está obligado a contribuir al gasto si la cuota de instalación excede del importe de tres mensualidades de ordinarias de gastos comunes (AP Burgos 29-3-19, EDJ 602876).

Lo que no puede aceptarse es la desviación del necesario acuerdo por unanimidad al modificarse el título constitutivo bajo la excusa de tratarse de una determinada mejora de la eficiencia energética del edificio (AP Asturias 31-7-18, EDJ 673063).

2) Configurar el servicio de agua como **servicio común** también requiere, únicamente, una mayoría de tres quintos, que representen a su vez los tres quintos de las cuotas, teniéndose por afirmativos los votos de los ausentes que no impugnen el acuerdo, de tal forma que los acuerdos válidamente adoptados obligan a todos los propietarios (AP Cádiz 15-5-08, EDJ 392778).

Punto de recarga de vehículos eléctricos (LPH art.17.5) Un supuesto extraordinario en el que la LPH autoriza a los propietarios a ejecutar una instalación de disfrute privativo sin necesidad de obtener aprobación alguna por parte la de junta es el caso en el que se pretenda situar en la plaza de aparcamiento un punto de recarga de vehículos eléctricos, bastando con la mera comunicación a la comunidad en la persona de su presidente o secretario (AP Bizkaia 1-10-20, EDJ 794936; AP A Coruña 30-6-20, EDJ 635774; AP Gipuzkoa 17-9-21, EDJ 833317; AP Málaga 8-5-23, EDJ 696605). 3010

Basta, pues, la simple comunicación sin ser necesaria la autorización (AP Málaga 28-11-19, EDJ 855135). Los únicos **límites** que la LPH impone a los propietarios que deseen hacer uso de esta **facultad extraordinaria** es que el punto de recarga quede instalado en la plaza de aparcamiento y que procedan a comunicar a la comunidad su decisión, aunque no indica plazo alguno de antelación para ello, ni un mínimo de requisitos que deba reunir la comunicación -proyecto de instalación, afección de elementos comunes, conexión con la red general y forma de individualización del consumo-. Es de esperar que se promulgue la normativa técnica que habrá de establecer las condiciones y requisitos con las que deberán materializarse la ejecución de estas instalaciones en aparcamientos de edificios privados.

Tampoco prevé la posibilidad de que la comunidad pueda realizar alguna **propuesta alternativa**.

Salvo que la instalación de los puntos de recarga en el aparcamiento se haya acordado por la junta de propietarios como decisión de interés común o general, el **coste de la instalación** del punto de recarga, así como del consumo propio, se soportará exclusivamente por el propietario interesado.

Se trata de una medida ciertamente criticada porque permite la arbitrariedad a la hora de ejecutar estas instalaciones, siendo así que cada uno de los propietarios que integran los aparcamientos pueden decidir, a su voluntad, y sin control, la forma de ejecutarla y el modo en el que accederán a la instalación general eléctrica del inmueble, sin evaluarse en la norma las consecuencias que pueden suponer para los demás servicios e instalaciones comunes preexistentes del inmueble. Otro de los problemas que se atisba es el relativo a la **individualización del consumo** derivado de estos puntos de recarga.

Supresión de barreras arquitectónicas (LPH art.10.1.a y b y 17.2 redacc RDL 8/2023) Respecto a la mayoría exigible para este tipo de obras, se diferencia entre: 3012

- Las **obras obligatorias o exigibles** (LPH art.10.a y b). En estos casos, no se requiere acuerdo alguno de la junta que apruebe la ejecución de la obra, pero sí acuerdo para la aprobación del presupuesto y la derrama correspondientes, así como los términos de pago.

Ese acuerdo es de mera gestión, encontrándose sujeto al régimen residual de la mayoría de los propietarios que represente la mayor parte de las cuotas de participación, si la junta se celebra en primera convocatoria y de la mayoría de asistentes, siempre que representen la mayor parte de las cuotas presentes en la reunión si la junta se celebra en segunda convocatoria (LPH art.17.7).

• El **resto de obras de supresión de barreras arquitectónicas** (LPH art.17.2 redacc RDL 8/2023). Su ejecución queda condicionada a la aprobación en junta de propietarios en las condiciones previstas en LPH art.17.2 redacc L 8/2023. En estos casos, el acuerdo de la junta habrá de obtenerse siempre con la mayoría del total de propietarios de la comunidad, siempre que representen la mayor parte de las cuotas de participación. No obstante, a la hora de determinar el cómputo de los votos necesarios para el mismo, será determinante tener en cuenta si se trata de una innovación de aprovechamiento particular o general.
Si se trata de una obra de **aprovechamiento general**, se computan como votos favorables los de aquellos propietarios ausentes de la junta, debidamente citados, quienes, una vez informados del acuerdo adoptado por los presentes conforme al procedimiento establecido en la LPH art.9, no manifiesten su discrepancia por comunicación a quien ejerza las funciones de secretario de la comunidad en el plazo de 30 días naturales, por cualquier medio que permita tener constancia de la recepción (LPH art.17.8).
En cambio, si la obra o innovación es de **aprovechamiento particular** el consentimiento ha de ser siempre expreso.

3013 En todo caso, los acuerdos válidamente adoptados en este sentido **obligan a todos los propietarios**, incluidos los disidentes y los ausentes debidamente citados, lo que representa la obligación de contribuir de todos y cada uno de los propietarios a los gastos que se deriven de dichas obras, por medio de la cuota de participación especialmente establecida al efecto (LPH art.9.1.e).
El acuerdo de la junta de propietarios denegando la autorización para la ejecución de las obras será **impugnable ante los tribunales** por los cauces del juicio ordinario (LEC art.249.1.8º redacc RDL 6/2023), cuando sea contrario a la ley o a los estatutos de la comunidad de propietarios, o cuando suponga un grave perjuicio para el propietario interesado que no tenga la obligación jurídica de soportarlo (LPH art.18.1), debiéndose fundamentar en la necesidad de las obras y en su adecuado y justo coste, para lo cual es recomendable que en la junta donde se expongan se aporte un proyecto técnico detallado de las obras a realizar y de la necesidad de las mismas puestas en correspondencia con la naturaleza y grado de discapacidad del beneficiario.

3014 Precisiones **1)** No debe confundirse la supresión de barreras arquitectónicas con la ejecución de **obras que hagan más cómodo el paso**. La comodidad, siempre que esté garantizada la transitabilidad de las personas con discapacidad, esto es, siempre que no exista barrera, no es argumento suficiente para esgrimir en pos de la ejecución de una obra de alteración de elementos comunes por simple mayoría (AP Huelva 30-11-07, EDJ 317071).
2) Se ha considerado **supresión de barreras**, la modificación del portal, la supresión de escaleras o peldaños, la construcción de rampas o la instalación de dispositivos o elevadores mecánicos -plataformas salvaescaleras - para permitir el acceso de las personas con discapacidad al ascensor de la finca (AP Valladolid 10-2-03, EDJ 272566). También se incluyen en el ámbito del precepto, la ejecución de las obras de modificación necesarias en los **ascensores** para acomodarlos, en la medida de lo posible, a su uso por personas con discapacidad.
3) Un estudio detallado de este tipo de obras se recoge en el nº 1350 s.

3015 **Instalación de ascensor** (LPH art.17.2 redacc RDL 8/2023) La instalación de ascensor queda sujeta a la simple **mayoría** de votos que representen la mayoría de las cuotas de la comunidad (AP Madrid 21-1-19, EDJ 519130; AP Soria 22-10-18, EDJ 672947; AP Cantabria 12-9-23, EDJ 693905). El acuerdo destinado a la distribución de los gastos de instalación se ha de aprobar con idéntico sistema de mayorías que el acuerdo de instalación del ascensor, es decir, por la mayoría de los propietarios que representen la mayoría de las cuotas de participación (TS 12-4-21, EDJ 533306).
Ahora bien, debe tenerse en cuenta que, bajo determinadas circunstancias, tal instalación puede ser considerada obra necesaria por lo que no se requerirá, para su acometimiento, acuerdo previo de la junta de propietarios (LPH art.10.1.b). Tal es el caso de que la obra sea requerida a instancia del propietario, en cuya vivienda o local viva, trabaje o preste sus servicios, voluntaria o altruistamente, una **persona con discapacidad o mayor de 70 años**, con el objeto de asegurarle un uso adecuado a sus necesidades de los elementos comunes, y su instalación facilite su comunicación con el exterior. Se impone en ese sentido un límite: que el importe repercutido anualmente de las obras, descontadas las subvenciones o ayudas públicas, no exceda de doce mensualidades ordinarias de gastos comunes.
Ello no obstante, sí que se requiere el acuerdo de junta para la **aprobación del presupuesto** de tales obras, así como para la distribución de la derrama pertinente y la determinación de los términos de su abono (nº 1385).

Precisiones 1) Para que la instalación del ascensor pueda ser considerada una obra de **supresión de barreras arquitectónicas** es necesario, siempre, que haya personas con discapacidad o ancianas, que residan, habiten o usen ordinariamente el edificio en cuestión, aspecto que debe ser oportunamente acreditado (TS 5-10-11, EDJ 270371; AP Araba 28-6-23, EDJ 665114).
2) No se exige que precisen el **uso de prótesis** o de **silla de ruedas** (AP Madrid 26-4-16, EDJ 91518) y tampoco puede hacerse extensible el supuesto contenido en la norma a **familiares de los propietarios** (AP Madrid 22-4-16, EDJ 148925).
3) Para la adopción de los **acuerdos directamente asociados al acuerdo de instalación del ascensor**, aunque impliquen la modificación del título constitutivo, o de los estatutos, se exige la misma mayoría que para tal acuerdo. No obstante, la aplicación de esta jurisprudencia, no permite que los acuerdos adoptados en esta materia puedan ser alterados con posterioridad, cuando se vea afectado el título constitutivo o estatutos de la comunidad, por mayoría simple, sino por unanimidad (TS 7-11-11, rec 2207/09; AP Soria 22-10-18, EDJ 672947).

Otras instalaciones, servicios o mejoras (LPH art.17.4 redacc RDL 8/2023) Se sujetan a aprobación por **mayoría cualificada** con voto favorable de las **tres quintas partes** de los propietarios del edificio, siempre que representen las tres quintas partes de las cuotas de participación, el resto de instalaciones, servicios o mejoras que no vengan requeridas para la adecuada conservación, habitabilidad, seguridad y accesibilidad del inmueble y cuya **cuota de instalación** exceda de tres mensualidades. **3017**
En este supuesto, el **propietario disidente** no resulta obligado ni se modifica su cuota, incluso en el supuesto de que no se le pueda privar de la mejora o ventaja. Si, con posterioridad, quiere participar en las ventajas de la innovación, entonces tendrá que abonar su cuota en los gastos de realización y mantenimiento actualizados respecto del momento en que se acometieron, conforme al interés legal. Esta excepción a la obligación del pago se acepta en cuanto que se trata de innovaciones, nuevas instalaciones, servicios o mejoras no requeridos para la adecuada conservación, habitabilidad, seguridad y accesibilidad del inmueble, no exigibles ya que si se trata de modificaciones de instalaciones existentes el comunero disidente sí vendrá obligado al pago de su cuota (AP A Coruña 27-1-21, EDJ 522724; AP Madrid 21-1-21, EDJ 527544).

c. Otros acuerdos

Constitución de nuevas servidumbres Si la ejecución de la obra obliga a constituir nuevas servidumbres sobre **elementos privativos** o sobre **elementos comunes de uso privativo**, la comunidad debe resarcir al propietario concreto de los daños y perjuicios ocasionados (TS 18-12-08, EDJ 234517; AP La Rioja 29-7-16, EDJ 171768; AP Zamora 20-7-16, EDJ 164852; AP Alicante 9-5-23, EDJ 673857; AP Bizkaia 28-11-18, EDJ 721959). **3020**
Para imponer dicha limitación a los particulares los factores a los que atienden los tribunales son (TS 10-3-16, EDJ 20747; AP A Coruña 13-2-15, EDJ 21451):
- la **absoluta necesidad** del servicio; y
- que la afectación del elemento privativo no implique un **menoscabo económico o funcional relevante** de los aprovechamientos del departamento privativo.
En cuanto a la posible **indemnización a los propietarios afectados**, ya sea por la constitución de servidumbres, ya por la ocupación del elemento común de uso privativo, ya por la pérdida de luces y vistas en el patio común, corresponde al propietario que la reclame la **prueba** de su realidad y alcance (AP Araba 30-3-06, EDJ 59799).

Precisiones No es indemnizable el supuesto **uso exclusivo no constituido formalmente** -atribuido en el título constitutivo-, pero que venía dado por la configuración del edificio, al ser el único propietario que tenía acceso al mismo, ya que en estos casos lo que hace la comunidad es recuperar el uso de un elemento común que venía disfrutando únicamente un propietario sin mayor justificación que la dificultad de acceso para los demás (AP Barcelona 9-1-08, EDJ 18124).

Uno de los supuestos más habituales de constitución de servidumbres en las comunidades de propietarios es el que se produce a resultas de la necesidad de instalar el **ascensor** (colocación de la caja, motores y demás componentes de la instalación). Se ha declarado al respecto que la instalación de un ascensor en una comunidad que carece del mismo permite la **constitución de una servidumbre** para tal fin, incluso cuando suponga la ocupación de parte de un espacio privativo, siempre que concurran las mayorías exigidas legalmente para la adopción de tal acuerdo. La ocupación de un espacio privativo, en el que difícilmente concurrirá el consentimiento del vecino afectado, que por tanto no se constituye en presupuesto ineludible, encuentra su **límite** en el supuesto de que la privación del derecho de propiedad se lleve al extremo de suponer una **pérdida de habitabilidad y funcionalidad** del espacio privativo (TS 24-11-11, EDJ 19596; 10-3-16, EDJ 20747; AP A Coruña 23-5-23, EDJ 634552). **3023**

Es importante hacer mención a la doctrina jurisprudencial en relación a los **acuerdos conexos** a otro principal que tenga establecido un régimen de adopción específico. Según la misma, los acuerdos accesorios al principal quedarán sometidos al mismo régimen de aprobación al que queda sujeto aquel. De ahí que, si para colocar un ascensor hay que constituir una determinada servidumbre, el régimen para la aprobación de esta última será idéntico al exigido para la decisión de la instalación del ascensor (TS 7-11-11, EDJ 262928; AP Soria 22-10-18, EDJ 672947).

Es criticable, a nuestro modo de ver, que se haga extensiva dicha doctrina a los supuestos de exención de determinados propietarios a la **contribución a los gastos** derivados de la instalación, conservación y mantenimiento de dicho elemento (TS 7-11-11, EDJ 262928; AP La Rioja 5-7-16, EDJ 154408), ya que, aunque exista relación entre ambos no entendemos que uno sea subsidiario o accesorio del otro y porque ello implica reconocer que se flexibiliza el régimen requerido para aprobar la exención de un propietario a contribuir a un gasto, cuando ese gasto por su régimen jurídico (más flexible), lo es por ser necesario o fundamental para la comunidad.

3025 **Arrendamiento de elementos comunes que no tienen atribuido un destino especial** (LPH art.17.3) Se somete a la mayoría cualificada de las tres quintas partes de propietarios y cuotas de participación la aprobación del arrendamiento de elementos comunes que no tengan atribuido un destino especial en el título constitutivo.

La dicción del precepto ha sido interpretada con carácter flexible por el Tribunal Supremo, ampliándola no solo a los elementos comunes que no tengan señalado un destino específico, sino también al arriendo para **actividades que no resulten incompatibles** con el destino asignado (TS 24-10-12, EDJ 227527; AP Madrid 19-2-18, EDJ 51956; AP Cáceres 21-2-19, EDJ 521006; AP Alicante 19-5-23, EDJ 674027).

Para la validez del arrendamiento de elementos comunes o**tros requisitos** que deben reunirse son (TS 5-5-00, EDJ 12157):

- que no se limite el uso o utilización del elemento común en cuestión, o se prive del beneficio directo o indirecto a uno o varios propietarios; y, por consiguiente,
- que del mismo se deriven beneficios aprovechables para todos y cada uno de los propietarios.

Precisiones Sirva como ejemplo el arrendar parte de un espacio designado como jardín para la instalación de un **minigolf** (TS 3-6-09, EDJ 112085).

3027 **Cubiertas y azoteas** Uno de los ejemplos típicos de arrendamiento de elementos comunes es el de las cubiertas o azoteas de los edificios para la colocación de **anuncios publicitarios**. Actuaciones que en modo alguno desnaturalizan el elemento común en cuestión, ni resultan incompatibles con la función técnica que se le asigna (TS 22-5-07, EDJ 36063; AP Madrid 21-7-10, EDJ 287889).

Mucho más polémico, por la posible repercusión para la salud de las personas, es el tema del arrendamiento de la azotea para la instalación de **antenas de telefonía móvil**. En principio, tratándose del arrendamiento de un elemento común, basta con la obtención de la mayoría de 3/5 partes de propietarios y cuotas de participación del edificio (TS 22-5-07, EDJ 36063; AP Barcelona 23-3-06, EDJ 292795; AP Madrid 13-3-08, EDJ 53146; 8-7-16, EDJ 164428). No obstante, en alguna ocasión la jurisprudencia se ha pronunciado exigiendo unanimidad, por entender que no se trata de una simple cesión de un espacio físico comunitario a cambio de una renta, sino de una importante modificación estructural del edificio en un elemento común y que, además, afecta a terceros (TS 18-7-11, EDJ 204899; AP Málaga 24-3-15, EDJ 81011; AP Cádiz 22-1-19, EDJ 554316).

La mayor parte de las resoluciones judiciales se inclinan por reconocer que nos hallamos ante un campo de investigación muy incipiente en el que no ha quedado demostrado tajantemente que este tipo de instalaciones representen riesgo alguno para la salud. En ausencia de dichos informes que puedan acreditar mínimamente la exposición cierta a un riesgo para la salud, los tribunales entienden que no pueden impedir la instalación de una antena de telefonía, cuando la misma ha sido debidamente aprobada por la comunidad de propietarios y se ha llevado a cabo con la correspondiente obtención de los permisos o licencias pertinentes (AP Cantabria 28-4-05, EDJ 53880; AP Málaga 27-2-04, EDJ 11734; AP Sevilla 8-5-03, EDJ 154770; AP Córdoba 14-10-02, EDJ 59869; AP Huelva 15-4-02, EDJ 30534).

Los tribunales tampoco han admitido el hecho de que los propietarios de las **plantas colindantes con la azotea** tengan que prestar expresamente su consentimiento por verse directamente afectados (AP Las Palmas 13-5-03, EDJ 124443; AP Madrid 8-7-16, EDJ 164428), ello, con la salvedad, claro está, de que no se trate de un elemento común sobre el cual tengan asignado el uso exclusivo, en cuyo caso sí que será necesario dicho consentimiento expreso.

Sin embargo, alguna jurisprudencia sí recalca la necesidad de su consentimiento (AP Alicante 28-2-20, EDJ 630746).

Precisiones Un problema adicional vinculado al arrendamiento de la azotea para la colocación de antenas de repetición es el derivado de la **ejecución de las obras** a efectuar en los elementos comunes del edificio. En atención a las mismas, los tribunales han considerado: 3029
- en unos casos, que se trata de la construcción de una **mera caseta** que constituye una innovación de carácter temporal y de poca entidad que no puede conceptuarse como alteración de la estructura o fábrica del edificio (AP Asturias 23-2-01, EDJ 13171); mientras que,
- en otros, cuando de lo que se trataba es de anclar no una sino tres antenas a la fachada, con la instalación, además, de un **equipo de refrigeración** y demás dependencias necesarias para la instalación, con **supresión de depósitos comunitarios**, han entendido que se trata de una alteración del elemento común, sujeta como tal al requisito de la unanimidad de propietarios (AP Lleida 27-6-02, EDJ 39590; AP Cádiz 12-5-05, EDJ 153959).

Menos problemas suscitan los supuestos de arrendamiento de elementos comunes para la **instalación de sistemas de telecomunicación por cable**, ya que en la actualidad «no existe estudio alguno que determine la posibilidad de riesgos para la salud vinculados a dicha tecnología de telecomunicación» (AP Barcelona 19-6-02, EDJ 64510).

Instalación o supresión de servicios comunes de interés general (LPH art.17.3) Se establece una mayoría cualificada de tres quintas partes de propietarios y cuotas de participación, para los acuerdos que tengan por objeto el establecimiento o supresión de los **servicios de portería, conserjería, vigilancia u otros** servicios comunes de interés general, supongan o no la modificación del título constitutivo (TS 28-10-20, EDJ 705052). 3030

La finalidad es favorecer la adaptación de la comunidad a los nuevos progresos que se van produciendo en el mundo de la técnica, evitando, así, la obsolescencia de las edificaciones. La dificultad estriba en determinar qué haya de conceptuarse como «**interés general**», pues la respuesta a esta interrogante es la que determina el alcance del precepto.

Este tipo de servicios son aquellos que tienen que ver con la **mejor utilidad o servicio** y la **puesta al día** de las comunidades. Además de los expresamente mencionados en la norma, los tribunales han considerado como servicios comunes de interés general los siguientes **supuestos**:
- la contratación de un **servicio de limpieza** para el adecuado mantenimiento de los elementos comunes (AP Madrid 29-6-04, EDJ 106516; AP Alicante 17-10-18, EDJ 643796);
- la contratación de **socorristas** y de los servicios inherentes a una piscina, cuando exista esta, o el establecimiento de un sistema de **riego automático** para las zonas comunes, o de alumbrado de las mismas (AP Zaragoza 1-3-02, EDJ 16208; AP Murcia 5-3-13, EDJ 49186);
- la construcción en la cubierta de una instalación de una **base de telefonía fija inalámbrica** para la prestación del servicio de telefonía vocal básica disponible al público (AP Madrid 27-10-05, EDJ 221622).

No puede utilizarse en cambio para introducir elementos, instalaciones o servicios que solo tienen que ver con el **esparcimiento o recreo**. El ejemplo típico de estos últimos es la construcción de una piscina, instalación que se entiende que es algo excepcional en una comunidad, sin que pueda entenderse englobada dentro de los servicios de interés general a los que se refiere el reseñado precepto, quedando, en consecuencia, sujeta a la aprobación por unanimidad de los propietarios -LPH art.17.6- (TS 9-10-08, EDJ 185053).

Tampoco puede entenderse englobado en este supuesto la integración de la comunidad en un **club social** para disfrutar de servicios no esenciales, ni de interés general, que conllevan además un aumento en las cuotas comunitarias (TS 1-7-15, EDJ 128715).

En relación a los gastos del **servicio de autobús**, al tratarse de un servicio nuevo de interés general, no es preciso acordarlo por unanimidad, sino por la mayoría cualificada de LPH art.17.1.

Precisiones Cuando la instalación del servicio común de interés general haya de **afectar a elementos privativos o comunes de uso privativo** a favor de un propietario concreto, los tribunales vienen exigiendo mayoritariamente que, además de contar con la mayoría cualificada antes indicada, conste el **consentimiento** expreso del propietario afectado (AP Madrid 19-11-07, EDJ 271513; 25-7-12, EDJ 200334; AP Zaragoza 16-10-06, EDJ 318275; AP A Coruña 3-3-06, EDJ 26609; AP Valencia 17-4-18, EDJ 87285; 27-12-18, EDJ 761583).

En otros casos, en cambio, los tribunales entienden que **no es preciso** el consentimiento expreso del propietario en cuestión (AP Huelva 9-1-06, EDJ 110314; AP Jaén 25-5-03, EDJ 54821; AP Asturias 15-4-02, EDJ 26124; AP Zaragoza 21-12-01, EDJ 73558). De igual manera se pronuncia la DGRN Resol 20-3-14; 24-4-14.

3033 **Viviendas de uso turístico** (LPH art.17.12) La Ley sí permite a la comunidad de propietarios adoptar medidas restrictivas para el derecho dominical en lo que se refiere a la actividad de **alquiler de viviendas para uso turístico**, sin necesidad de unanimidad, como sí lo exige la prohibición de esta actividad en los estatutos.

Se establece así que el **acuerdo** por el que se limite o condicione el ejercicio de la actividad de alquiler turístico, suponga o no modificación del título constitutivo o de los estatutos, requiere el voto favorable de las tres quintas partes del total de los propietarios que, a su vez, representen las tres quintas partes de las cuotas de participación. Esta misma mayoría se requiere para el acuerdo por el que se establezcan **cuotas especiales de gastos** o un incremento en la participación de los gastos comunes de la vivienda donde se realice dicha actividad, siempre que estas modificaciones no supongan un incremento superior al 20%.

La norma utiliza el término «restringir», lo que ha dado pie a dos **interpretaciones** doctrinales:

- la que entiende que restringir solo significa regular la forma de ejercicio; y
- la que entiende que se puede prohibir la actividad.

Si bien ello implica que la comunidad de propietarios puede establecer **limitaciones o condiciones** a dicha actividad, sin que ello implique la prohibición absoluta para llevar a cabo dicha actividad por el propietario, pues para prohibir la actividad se requiere hacerlo estatutariamente y con la unanimidad de propietarios y de cuotas.

A día de hoy todavía no existe suficiente práctica jurídica y doctrina jurisprudencial para determinar el sentido de esta expresión, pero el Tribunal Supremo ha determinado que el alquiler de viviendas turísticas puede considerarse una **actividad económica** de carácter comercial, profesional o empresarial y, por ello, prohibirse en aquellas comunidades que no permitan las mismas en sus estatutos. Siendo el acuerdo que se pretende impugnar en este caso concreto anterior a la modificación de la LPH art.17.12 por el RDL 7/2019, que rebaja a tres quintas partes la mayoría necesaria para que una comunidad pueda prohibir el destino de las viviendas que la integran al alquiler turístico, un acuerdo de este tipo, a falta de previsión en los estatutos, hubiera requerido su modificación y, para ello, la unanimidad (TS 29-11-23, EDJ 762220; 27-11-23, EDJ 763920).

No obstante, para que puedan considerarse válidas este tipo de cláusulas, las restricciones deben ser **proporcionales**, limitadas a una **causa justificada** y atender a un **bien común** del total de propietarios. De otro modo, podría entenderse que existe un acuerdo adoptado con un uso abusivo del derecho (LPH art.18.1.c). El criterio para no considerar abusiva una cláusula limitativa o restrictiva de derechos es que obedezcan a la protección del interés general de la comunidad (TS 15-6-18, EDJ 103957).

La **cláusula estatutaria** que limita o condiciona los alquileres turísticos solo puede acordarse por mayoría de tres quintos si se refiere, exclusivamente, a la actividad regulada en la LAU art.5.e y en idénticos términos, y no a otras actividades como hospederías o residencia de estudiantes (DGSJFP Resol 7-11-22).

Si todos los propietarios, por unanimidad, acuerdan restringir o prohibir la actividad turística en la finca, esta restricción sería legítima y aplicable a todos ellos, cuando dicha limitación quede recogida en los estatutos de la comunidad e **inscrita en el Registro de la Propiedad**. Si los estatutos están inscritos, los terceros que adquieran un inmueble en la finca deben respetar dicha norma. El problema surge si el acuerdo se adopta con posterioridad y no se inscribe en el Registro ¿Sería oponible a un tercer adquirente? A nuestro entender habría que probar que el comprador tenía conocimiento del acuerdo adoptado, por el medio que sea.

Si bien la norma regula las mayorías necesarias para la adopción de estas cláusulas, no se regulan las requeridas para la **supresión de esta limitación**, aunque se entiende que se requiere la misma mayoría.

3035 Estos acuerdos no tienen **carácter retroactivo**, por lo que tales restricciones y limitaciones no serían aplicables a aquellos inmuebles que ya estuvieran destinados a esta actividad antes de ser aprobadas por la junta de propietarios (AP Segovia 21-4-20, EDJ 574383).

Se plantea, sin embargo, por algunos autores que no es lo mismo **oponibilidad** que retroactividad. Los acuerdos nunca son retroactivos, pero ello no es óbice para que se les prohíba a todos los propietarios esta actividad desde la adopción del acuerdo, si existiera la unanimidad, aunque realizaran la actividad desde antes de la adopción de dicho acuerdo. De otro modo, se daría la circunstancia de que los propietarios que ya estuvieran ejerciendo la actividad turística, votaran a favor del acuerdo de prohibición que afectaría solo a aquellos propietarios que desearan ejercer dicha actividad a partir del acuerdo, con el fin de evitar la competencia en la propia finca. Por ello, se puede interpretar que, si el acuerdo se aprueba por unanimidad, debe ser oponible a todos los propietarios de la finca, a partir de su adopción.

Los tribunales ya se han pronunciado con respecto a la retroactividad y oponibilidad de estas limitaciones. Así, se ha considerado que no se puede aplicar retroactivamente esta limitación a los **propietarios disidentes** que votaron en contra del acuerdo, siempre que ya se dedicasen a esta actividad -incluso cuando solo hubieran comenzado los trámites para solicitar la licencia a la Administración-, pues al coartar derechos dominicales fundamentales el acuerdo debe ser aplicado como mucha precaución y en un sentido muy restringido (AP Asturias 18-1-21, EDJ 516858; AP Málaga 15-3-23, EDJ 703133).

Precisiones Si las restricciones se encuentran enmarcadas dentro de un régimen de arrendamiento turístico hay que tener en cuenta que podrán ser declaradas válidas si los acuerdos han sido aprobados por la comunidad de propietarios con los votos que regula la norma. Esta modificación a la LPH entró en vigor el **2-3-2019**, por lo que se entiende aplicable únicamente a los contratos de arrendamiento posteriores a esta fecha (RDL 7/2019 disp.trans.1ª). Antes de esta fecha es aplicable el régimen anterior a la reforma. Ello da lugar en la práctica a que una misma restricción sea aplicable sobre algunos inmuebles pero no sobre otros con las mismas características.

B. Formalización de los acuerdos

1. Acta de la junta de propietarios

De cada una de las juntas que se celebren en las comunidades de propietarios en régimen de propiedad horizontal habrá de redactarse un acta en el que, entre otros aspectos, queden perfectamente reflejados los **acuerdos adoptados** en la junta. Dicha acta deberá ser incorporada al **libro de actas** de la comunidad (nº 3120). **3077**

El encargado de la **redacción** del acta será la persona que ostente la condición de secretario de la comunidad, ya que, aunque no lo diga expresamente la ley, se trata de una función que en toda organización colectiva se encuentra encomendada al cargo de secretario.

Si bien suelen confeccionarse por escrito, la **documentación** del acta se puede apoyar en otros sistemas de captación y reproducción de la imagen y el sonido si la propia junta de propietarios así lo decide. Tal acuerdo requeriría únicamente mayoría simple (AP Madrid 26-4-12, EDJ 178748; AP Gipuzkoa 20-2-15, EDJ 42499).

Puede consultarse un **modelo** de acta de junta de propietarios en nº 9065.

Precisiones **1)** Cabe decir que la imprecisión en la redacción de los acuerdos suele provocar con posterioridad múltiples **controversias** entre los comuneros, por lo que resulta vital la función del secretario aconsejándose la profesionalidad del cargo en interés de aquellos.

2) Debe tenerse en cuenta la **legislación COVID** en cuanto a la innovación legal que ha supuesto el RDL 8/2021 art.2 y 3 y que establecía, hasta el 31-12-2021, un régimen especial para la celebración de las juntas de propietarios. A estos efectos, en **Cataluña**, al margen de la pandemia, se permite en general la asistencia a juntas de vecinos por videoconferencia o por otros medios telemáticos de comunicación sincrónica similares (CCC art 553-22.1).

3) Sobre las manifestaciones recogidas en el acta de la junta de propietarios, no se aprecia que haya existido intromisión ilegítima en el **derecho al honor** al entender que la difusión del acta limitada a los miembros de la comunidad no puede ser considerada un acto difamatorio (TS 3-6-09, EDJ 120204).

Contenido mínimo (LPH art.19) Inspirándose en la regulación de las sociedades mercantiles, el contenido mínimo del acta es el que a continuación se expone. No obstante, el defecto en la redacción del acta o la falta de consignación en ella de datos relevantes no es determinante sobre la existencia o no del hecho o acto, ya que sobre el orden del día, pese al tenor de la LPH art.16.2, no se requiere con rigor la exposición previa de todos los datos o medios de conocimiento precisos para la participación y, en su caso, deliberación de los interesados, por lo que no conforma el precepto una exigencia particularizada y detallista de los temas a decidir en la asamblea (TS 14-2-02, EDJ 1673). Lo que se pretende por esta doctrina es **dinamizar** la vida de la comunidad y evitar que la pasividad de los copropietarios no entorpezca el funcionamiento de la institución, propugnando un criterio flexible en esta y en otras cuestiones en armonía con las directrices de la propia Ley, entre ellas el logro de una convivencia normal y pacífica presidida por la idea de justicia y la atención a las necesidades de la colectividad (AP Valencia 3-2-21, EDJ 553421). **3079**

Precisiones Respecto a los **defectos u errores** que pueda contener el acta, ver nº 3105.

Lugar, fecha de celebración y convocatoria En primer lugar, debe hacerse constar el lugar y fecha de la celebración, a lo que hay que añadir la importantísima indicación de si la junta se celebra en primera o segunda convocatoria, hecho este relevante para juzgar la validez de los **3080**

acuerdos adoptados por mayoría, que están sujetos a la aprobación de unas u otras mayorías en función de que la junta se celebre en primera o en segunda convocatoria.
Basta la mención a la **celebración en primera o segunda convocatoria**, sin que la ley exija mayor justificación sobre el particular, ni que se recoja relación alguna de propietarios que estaban presentes cuando se trató, infructuosamente, de celebrar la junta en la primera de las convocatorias previstas.

3081 **Autoría de la convocatoria** Debe indicarse la autoría de la convocatoria, haciendo mención a si la misma se ha efectuado a instancias del **presidente** o a instancias de los **propietarios** que, o bien representan a la cuarta parte de los existentes en el edificio, o bien reúnen la cuarta parte de las cuotas de participación (AP Asturias 29-10-16, EDJ 70654). En el caso de que la iniciativa de la convocatoria no sea del presidente, deberán indicarse las **circunstancias personales de los instantes** con referencia a las entidades privativas a las que representan.

3082 **Carácter ordinario o extraordinario** Se hará constar si la junta de propietarios celebrada tenía carácter ordinario o extraordinario, aspecto este que no tiene mayor trascendencia en materia de propiedad horizontal.

3083 **Listado de asistentes** A continuación, debe recogerse el listado de asistentes, tanto los que lo hagan **personalmente** como los que lo hagan **por representación**, haciendo indicación de cada una de las entidades a las que representan.
Sobre este particular debe insistirse en la obligación de que se hagan constar en el acta las **ausencias** que se vayan produciendo durante la celebración de la misma, aspecto este que tiene gran incidencia para valorar el resultado de las votaciones que puedan producirse a continuación, así como para legitimar a dichos propietarios, que hayan tenido que ausentarse, para impugnar posteriormente los acuerdos adoptados en cuya votación no hayan participado.

Precisiones **1)** No se configura como elemento necesario para la validez del acta la determinación de las personas que intervengan en **ejercicio de representación**. Basta con hacer mención al propietario representado (AP Madrid 24-5-11, EDJ 133079).
2) Basta para acreditar la representación un **escrito firmado por el propietario**. Los escritos permitirán en caso de impugnaciones de acuerdos acreditar la validez de las juntas y adopción de acuerdos. Dichos escritos deben conservarse durante el plazo de 5 años (AP Asturias 20-1-17, EDJ 4721).
3) No podrá ser contabilizado el **voto entregado a otro propietario** sin que conste el escrito otorgando la representación voluntaria (AP Cádiz 17-5-16, EDJ 131204).
4) La falta de consignación de la **identidad de los asistentes** por nombre y apellidos en modo alguno constituye un requisito básico del acta, siendo a este respecto clara la doctrina jurisprudencial que establece que la defectuosidad en la redacción del acta o la falta de consignación en ella de datos relevantes no es determinante sobre la existencia o no del hecho o acto en sí y solo guarda relación con la prueba sobre tal extremo que deberá alcanzarse recurriendo a otros medios reveladores de lo realmente acontecido -por todas, TS 7-10-99, EDJ 32566- (AP Madrid 12-6-19, EDJ 636939).
5) Procede la **nulidad del acuerdo** adoptado por la mancomunidad, al no constar en acta la relación de los votantes a favor o en contra, y desconocerse las cuotas que suponen, ignorando si se reúnen o no las mayorías necesarias que requiere la LPH art.17 (TS 13-9-21, EDJ 691977).

3084 **Orden del día** En el acta deberá transcribirse, también, el orden del día de la reunión, con indicación de los diferentes puntos que constituían el mismo. Dicho orden del día deberá coincidir rigurosamente con el que consta en la **convocatoria** para la que fueron citados todos y cada uno de los propietarios.

3085 **Acuerdos adoptados** Deben recogerse, a continuación, todos los acuerdos adoptados, expresando de forma clara y concreta el **contenido** de los mismos, así como el resultado de cada una de las **votaciones** efectuadas. Han de incluirse los nombres de los propietarios que hubieran votado a favor y en contra, con referencia a las cuotas de participación a las que representan, cuando ello sea relevante para la validez del acuerdo (LPH art.19.f; AP Las Palmas 14-11-13, EDJ 252146).

Precisiones **1)** Para que los acuerdos sean válidos es necesario que previamente hayan quedado fijados en el **orden del día** (AP Alicante 22-2-16, EDJ 91033).
2) Sobre el particular, el Tribunal Supremo ha resuelto que no es preciso que consten específicamente los **datos de las personas que hayan votado a favor** del acuerdo, cuando resulte que, identificándose a los **propietarios disidentes**, así como apareciendo en el encabezamiento los asistentes a la reunión, puede deducirse fácilmente la relación de propietarios que votaron a favor (TS 2-7-09, EDJ 143734).

Más allá del tenor legal, lo cierto es que al hacer constar el resultado de la votación conviene dejar constancia siempre, al menos, de los propietarios que hubieran votado en contra del acuerdo, dado que serán los únicos propietarios, presentes en la reunión, a los que se reconocerá posteriormente **legitimación para la impugnación** del acuerdo (LPH art.18). 3086
Del mismo modo, aunque nada diga LPH art.19 sobre el particular, deberán hacerse constar en el acta los propietarios que, por no encontrarse al corriente de pago de los gastos de comunidad, sean **privados del derecho de voto** en los diferentes acuerdos adoptados, con expresa indicación de la entidad y cuota de participación a la que representan. Se trata, de nuevo, de un factor determinante para verificar el resultado de las votaciones efectuadas.

Precisiones El carácter relevante que tiene la constancia e identificación de los propietarios disidentes con los acuerdos propuestos es la que determina la invalidez de las **votaciones secretas** en las comunidades de propietarios, debiendo, de forma obligatoria, conocerse la cuota de participación del votante (TS 17-12-01, EDJ 49205; AP Jaén 10-7-02, EDJ 47559).

En cuanto al **detalle** con el que deberán describirse los acuerdos adoptados, nada se especifica sobre el particular en LPH, no obstante lo cual, nuestros tribunales vienen exigiendo la constancia de todas las circunstancias relevantes para el perfecto conocimiento del alcance del acuerdo adoptado, evitando cualquier tipo de ocultación, y permitiendo con ello que los ausentes tengan los suficientes elementos de juicio para poder impugnar, en su caso, los acuerdos adoptados. 3087

Precisiones Por poner un ejemplo que permita aprender el rigor exigible al contenido del acta, el Tribunal Supremo ha entendido que la mera mención de que se aprueba la **sustitución de los cristales**, cuando en realidad se trataba de sustituir cristales **transparentes**, que permitían el paso de la luz natural, por cristales **grises**, que disminuían sensiblemente la luminosidad y nada se decía sobre este particular, implica una incorrección en la redacción del acta, una **reserva u ocultación de información esencial** que hace incompleta la expresión del acuerdo del acta (TS 2-7-08, EDJ 111573).

Cierre del acta El acta de la junta deberá cerrarse o bien el **mismo día** de la junta al finalizar esta, o bien dentro de los **10 días naturales siguientes**, bastando para ello con la **firma** del secretario y del presidente. 3089

Precisiones **1)** En ningún caso será requisito para la **validez del acta** el hecho de que aparezca firmada por todos y cada uno de los propietarios que asistieron a la reunión (TS 22-12-09, EDJ 299943).
2) Tampoco es exigible que se redacte el mismo día de celebración de la junta, no causando esta circunstancia **indefensión** alguna a los asistentes, por cuanto que cualquiera de ellos podrá oponerse a su contenido desde el momento mismo en el que le sea notificada la copia del acta conforme a lo dispuesto en LPH art.19.3.2 en relación con LPH art.9 (AP Madrid 23-3-06, EDJ 62042).
3) La **falta de las firmas** de presidente y secretario de la comunidad, pueden ser defectos, pero no producen la nulidad de la junta y de los acuerdos que contienen, y se subsanan cuando en una siguiente junta, se ratifica lo acordado en esta (AP Asturias 30-5-22, EDJ 651978; AP Alicante 1-7-22, EDJ 683969). Es decir, por falta de la diligencia de aquellas, no cabe anular la junta y los acuerdos. No cabe que meros **formalismos** lleven consigo **nulidades** que perjudiquen a toda la comunidad (TS 20-4-15, EDJ 58386; AP Guadalajara 22-2-19, EDJ 713200; AP Asturias 28-11-22, EDJ 782298).

No se prevé en la LPH el mecanismo previo de la **aprobación de la junta al contenido del acta**, a diferencia de lo que ocurre en materia de sociedades mercantiles, ni prevé tampoco, por consiguiente, la designación de interventores en representación de la mayoría y la minoría para la aprobación del acta cuando la misma no es efectuada el mismo día de la celebración de la junta (RDLeg 1/2010 art.202). 3090
De hecho la **ejecutividad de los acuerdos** dependerá única y exclusivamente del cierre del acta con la firma del presidente y del secretario, sin que sea necesaria actuación o acuerdo alguno de la junta aprobando el acta redactada por el secretario y suscrita por este y por el presidente de la comunidad (AP Sta. Cruz de Tenerife 7-7-06, EDJ 329670; AP Navarra 16-12-21, EDJ 839985).
Los acuerdos adoptados en junta, incluso aunque contravengan los estatutos, tienen carácter ejecutivo en tanto no se declare judicialmente la **suspensión**, o bien la **nulidad** tras ejercitarse acciones de impugnación (AP Madrid 20-4-18, EDJ 97512).
El **cómputo de los 10 días naturales** incluye tanto los días hábiles como los inhábiles y tiene su *dies a quo* el día siguiente a aquel en el que se celebra la junta (CC art.5).
No se establece en la LPH cuál será la sanción o responsabilidad del presidente o el secretario de la comunidad en caso de **incumplimiento** de su obligación de cierre del acta en el plazo indicado en la Ley, por lo que se viene convirtiendo en práctica habitual en el funcionamiento de estos colectivos el incumplimiento de la misma. No obstante, debe advertirse que la ley vincula la ejecutividad de los acuerdos con el momento del cierre del

acta, por lo que las personas que tienen encomendado dicho cometido serán responsables de los **daños y perjuicios** que se puedan acarrear para la comunidad por la demora en la ejecución del acuerdo adoptado que encuentre su origen en la falta de redacción y cierre del acta dentro del plazo de 10 días naturales establecido en la Ley.

Precisiones La **legislación catalana** difiere en este particular de la legislación estatal ya que en lo relativo a la ejecutoriedad de los acuerdos (CCC art.553-21.2, 553-27 y 553-29-, se hace referencia al término notificación, a diferencia de lo que acontece en LPH art.16.2 y 19.3, de suerte que en la ley estatal los acuerdos son ejecutivos desde el cierre del acta, mientras que en la catalana lo son, una vez el acta haya sido notificada a los propietarios (AP Lleida 9-6-17, EDJ 223313).

3092 **Ausencia de firmas en el acta** En cuanto al efecto que tendrá la ausencia en el acta de las firmas del presidente o el secretario, nuestros tribunales vienen entendiendo que la exigencia de la firma tiene una mera **significación formal** como elemento confirmatorio de las declaraciones de voluntad emitidas por los diferentes propietarios asistentes a la reunión. Por ello, la ausencia de firmas tendrá como efecto la pérdida de **eficacia del acta como medio de prueba** del acuerdo, sin que ello implique necesariamente la nulidad de los acuerdos adoptados, siempre y cuando se puedan probar oportunamente a través de otros medios o instrumentos de prueba admitidos en Derecho (TS 20-4-15, EDJ 58386; AP Asturias 30-5-22, EDJ 651978; AP Alicante 1-7-22, EDJ 683969; AP Almería 16-5-23, EDJ 694995; AP Madrid 5-7-21, EDJ 739288).

3095 **Redacción del acta por notario** No prevé la LPH la opción contemplada en materia de **sociedades mercantiles**, e incorporada a la regulación de la propiedad horizontal en **Cataluña**, consistente en que, bien el presidente por iniciativa propia o a solicitud de una serie de propietarios por solicitud presentada dentro de un plazo determinado de antelación a la junta, pueda requerir a un notario la redacción del acta de la junta, en cuyo caso el acta no necesitará aprobación y bastará con una mera remisión en el libro de actas a consignar los datos del notario, número de protocolo y fecha del acta (RDLeg 1/2010 art.203; CCC art.553-27.3).

Ello no supone que en las juntas de propietarios no pueda acordarse por mayoría de los mismos la intervención o asistencia de un notario, pero, a falta de previsión legal al respecto, entendemos que, al margen de lo que pueda actuar el notario, la comunidad deberá redactar su propia acta conforme a las prescripciones que determina LPH art.19 y el gasto de los **honorarios** del notario habrá de entenderse imputable a los propietarios que hayan solicitado la asistencia de dicho profesional.

3097 **Redacción de los acuerdos en que ha de tenerse en cuenta el voto de propietarios no asistentes** Otra de las interrogantes que plantea el tema de la redacción del acta es la de cómo deben redactarse los acuerdos para cuya formación hayan de tomarse en consideración los votos de los propietarios que no asistieron a la reunión. Parece que en el acta deberá transcribirse el resultado de la votación efectuada en la junta, haciendo constar que quedan pendientes de computar los votos de los no asistentes, lo cual se hará constar mediante **anexo al acta** a modo de diligencia notarial. En principio, para que no se entienda rechazada *ab initio* la existencia de acuerdo, bastará con que hayan votado a favor del mismo en la junta la mayoría de los propietarios presentes en la reunión, siempre que representen la mayor parte de las cuotas de participación.

De este modo, se notificará a los propietarios el texto del acta, **pendiente del resultado final de la votación** y, posteriormente, se les notificará el anexo en el que se recoja el resultado final de la votación y la existencia o inexistencia del acuerdo, así como las disidencias que se hubieran presentado durante el plazo de 30 días naturales desde la comunicación, con identificación de los propietarios y cuotas de participación correspondientes. El comunero ausente no está legitimado para impugnar los acuerdos si no se opone en el plazo de 30 días al no asistir a la junta y no puede considerarse que exista un error en el acta cuando consta debidamente suscrita y no existe ninguna queja o impugnación en su momento del propietario ausente (AP Barcelona 16-12-20, EDJ 765299).

3099 **Notificación del acta** (LPH art.19) En relación con la notificación del acta, la única previsión es que deberá efectuarse conforme a las prescripciones de LPH art.9, esto es, deberá remitirse, por cualquier medio que deje **constancia de su recepción**, por ejemplo con acuse de recibo (AP Almería 9-5-23, EDJ 695466; 7-3-23, EDJ 598905), al domicilio situado en España que hubiera designado cada uno de los propietarios que integran la propiedad horizontal y, a falta de designación especial, se remitirá al piso o local que el mismo ostente en el edificio, surtiendo plenos efectos las notificaciones entregadas al ocupante del mismo.

Para los casos en que, intentada la notificación, resulte **infructuosa o imposible** la misma por ser el elemento privativo no un piso o local, sino una plaza de aparcamiento o trastero, el acta de la junta se publicará en el **tablón de anuncios o lugar visible** habilitado al efecto en cada comunidad de propietarios, con una diligencia añadida en la que se expongan los motivos de la publicación, dando así la posibilidad de tomar conocimiento del mismo a los propietarios en cuestión.

La notificación del acta suele constituir el factor determinante del conocimiento detallado, por parte de los ausentes a la reunión, de los acuerdos adoptados en la junta, constituyéndose así, para estos, en el *dies a quo* para el cómputo de los plazos de caducidad fijados en LPH art.18 para la **impugnación de los acuerdos** (AP Asturias 28-9-15, EDJ 187405).

En este sentido, la jurisprudencia se muestra partidaria de entender que para el inicio de los plazos de impugnación de los acuerdos no basta con demostrar el **conocimiento**, sin más, de la existencia del acuerdo, sino que se exige demostrar que el conocimiento era detallado, lo cual se garantiza, principalmente, con la remisión del acta de la junta de propietarios. En suma, la notificación del acta en la que se recogen los acuerdos debe notificarse por cualquier medio que permita acreditarla y en el mismo lugar donde se practicó la notificación de la convocatoria (AP Tarragona 14-1-14, EDJ 32078).

No hace mención alguna la LPH, a diferencia de lo que sucede en el ordenamiento catalán (nº 7680), al **plazo** en el que tendrá que notificarse el acta. No obstante, la jurisprudencia viene sancionando los **abusos en el retraso** de la notificación del acta a los ausentes sin esgrimir una causa razonable ya que los acuerdos son ejecutivos desde que se cierra el acta (AP Asturias 28-9-15, EDJ 187405).

Precisiones **1)** El Tribunal Supremo hace un extenso estudio de la evolución jurisprudencial que ha sufrido la interpretación de la **exigencia de notificación fehaciente de los acuerdos a los propietarios ausentes** en TS 22-12-08, EDJ 262353. Para omitir la notificación del acuerdo, es necesario demostrar que el comunero tuvo conocimiento del mismo y que, además, su conocimiento era detallado (AP Badajoz 19-10-20, EDJ 711630). Por lo que, si se trata de un propietario que estuvo presente en la reunión cuando se alcanzó el acuerdo el plazo de impugnación de los acuerdos se inicia no con la notificación del acta sino desde la adopción del acuerdo, pues estuvo presente (AP Almería 7-3-23, EDJ 598905). En la misma línea, se señala que cuando la comunidad quiera oponer como excepción la caducidad de la acción de impugnación ejercitada, deberá correr con la **carga de la prueba** de la fecha en la que se notificó al comunero el acta de la junta celebrada (AP Badajoz 31-5-11, EDJ 144344).

2) No se aviene con los principios de buena fe y de actuación diligente, ni es lógico ni razonable que la notificación se efectúe **más de 3 meses después de celebrarse la junta**, ni se ha dado ni existe explicación alguna para denegar a un propietario la copia del acta, dado el interés legítimo que el mismo tiene para solicitarla. Incluso se ha condenado en costas por mala fe a la comunidad de propietarios por haber negado de forma reiterada y sin motivo alguno la copia del acta a la que todo copropietario tiene derecho (AP Asturias 28-9-15, EDJ 187405).

3) La **unanimidad** debía resultar tanto del voto favorable expreso de los asistentes a la junta, como del voto favorable *ex lege* de los ausentes, lo que requería de esa notificación fehaciente. En definitiva, la falta de tal notificación fehaciente, como exigía la norma vigente al momento de la adopción del acuerdo impide considerar alcanzado el acuerdo unánime por silencio de los ausentes, y por tanto el acuerdo adoptado inicialmente en dicha junta no puede tener eficacia alguna (AP Cantabria 14-7-21, EDJ 643142).

Acta como medio probatorio Aunque en LPH art.19 se exige que los acuerdos adoptados en las comunidades de propietarios en régimen de propiedad horizontal se hagan constar en el acta que habrá de levantarse de cada una de las reuniones, lo cierto es que la jurisprudencia viene señalando que el acta no es más que un instrumento de **prueba del acuerdo**, sin que sea determinante para la existencia del mismo. **3102**

La **obligación de trasladar los acuerdos al acta** de la junta es una obligación que se impone a los cargos rectores de la comunidad en beneficio de la seguridad y buen funcionamiento de esta, pero en modo alguno debe interpretarse como la exigencia de una forma o constatación documental de carácter sustancial para la existencia del acuerdo (TS 2-3-92, EDJ 1985).

El acta de la junta es el instrumento previsto en la Ley para la constatación formal del acuerdo y, por consiguiente, el medio natural para la prueba de la existencia y alcance de cada uno de los acuerdos. Pero ello no significa que no sean admisibles **otros medios de prueba** en Derecho para acreditar la existencia del acuerdo, como puede ser la prueba testifical.

La consecuencia última de esta afirmación es que la **nulidad del acta** de la junta en modo alguno lleva aparejada, sin más, la de los acuerdos adoptados en la junta. Solo traerá como consecuencia la inexistencia del acuerdo en el caso de que la tergiversación del acta afecte al resultado de la votación practicada, declarando como adoptado un acuerdo que no fue tal.

En este sentido, conforme a criterio reiterado por la jurisprudencia, la apreciación de **meros defectos formales** en la constitución de las juntas solo lleva aparejada su nulidad si se constata que el error es determinante para la válida constitución de la junta o de las mayorías de los diversos acuerdos, esto es, que de haberse consignado los coeficientes correctos o computado tan solo las representaciones otorgadas conforme a las previsiones legales, el resultado hubiera sido distinto (AP Alicante 12-12-16, EDJ 825210; AP Málaga 20-2-19, EDJ 589262).

Del mismo modo, en el caso de **inexistencia de acta** o de **extravío del libro de actas** de la comunidad, podrán probarse los acuerdos adoptados por la junta a través del recurso a otros medios de prueba. Será un trabajo mucho más difícil y laborioso que la mera aportación del acta, pero, en definitiva, factible, por cuanto que el acta de la junta no tiene valor constitutivo de los acuerdos (AP Madrid 27-10-05, EDJ 209783; AP Bizkaia 12-6-01; AP A Coruña 15-1-16, EDJ 26975).

3103 Precisiones 1) Nos encontramos ante un **medio de prueba no constitutivo del acuerdo**. Basta la mera declaración de voluntad de cada partícipe emitida en la votación, para que se obtenga el acuerdo colectivo vinculante, limitándose el acta a declarar el contenido del mismo. A esta misma solución conduce la aplicación del principio espiritualista que rige nuestro ordenamiento jurídico (AP Málaga 4-2-08, EDJ 11734; AP Bizkaia 29-2-00, EDJ 112291; AP Ciudad Real 27-1-99; AP A Coruña 15-1-16, EDJ 26975).

2) El **valor del acta** levantada lo es tan solo *ad probationem*, no *ad solemnitatem*, por lo que el acta no es constitutiva de relación jurídica alguna y la inobservancia de los requisitos formales de la misma no conlleva necesariamente la nulidad de los acuerdos alcanzados siempre y cuando resulte acreditada su adopción por cualquier medio probatorio, así como las circunstancias que de la misma resultan (TS 7-10-99, EDJ 32566; AP Alicante 30-6-20, EDJ 841939; AP Madrid 18-6-21, EDJ 706066; AP Navarra 11-9-23, EDJ 725554). Así, lo relevante para la validez del acuerdo es que en el acta se refleje la voluntad de la comunidad, de tal modo que permita la aceptación o la impugnación de su contenido, siendo patente que el demandante apelante ha podido articular válidamente la impugnación a que se contrae el recurso (AP Madrid 12-6-19, EDJ 636939).

3) De forma prácticamente unánime por doctrina y tribunales se viene atribuyendo al acta no un carácter esencial o constitutivo, sino un **valor** ***ad probationem*** para que los propietarios ausentes, los presentes o representados, que votaron en la junta en contra del acuerdo o se abstuvieron, salvando su voto, si luego proceden a su impugnación puedan acreditar el cumplimiento o incumplimiento de los requisitos legales para la adopción de los acuerdos, sin que el mero hecho de **defectos en la redacción** de las actas, por no ajustarse con rigor a los requisitos formales que establece LPH art.19, determine sin más la nulidad de todos los acuerdos de la junta de propietarios, en la redacción de cuya acta se haya incurrido en defectos formales y no se respeten o cumplan todos los requisitos de dicho precepto. Es más la falta de redacción del acuerdo, esto es la **ausencia de acta**, no afecta en absoluto a su existencia y eficacia, sino a la acreditación de la misma en juicio y fuera de él (AP Guadalajara 22-2-19, EDJ 713200). La cuestión ha quedado zanjada por TS 20-4-15, EDJ 58386 y la AP Madrid 9-9-21, EDJ 745678.

3105 **Defectos** El alcance de los defectos de los que puedan adolecer las actas de las juntas de propietarios debe analizarse partiendo del **carácter meramente probatorio** del que se dota al acta de la junta pudiendo cualquiera de los propietarios del edificio sostener que lo verdaderamente acontecido en la Junta de propietarios fue algo distinto de lo que aparece reflejado en el acta, mediante el ejercicio de la acción de rectificación del acta (AP Madrid 19-2-16, EDJ 94622). En atención a ello, el hecho de que en LPH art.19 se hable de un contenido mínimo esencial, cuya ausencia tiene carácter insubsanable significa que, sin dichos presupuestos básicos, el acta dejará de ser instrumento idóneo para la prueba de la existencia y contenido del acuerdo.

Los **aspectos esenciales del contenido del acta** que no pueden faltar en el mismo son:

- la expresión inequívoca de la fecha y lugar de celebración;
- la relación de los propietarios asistentes, sea personalmente o por representación;
- el detalle de los acuerdos adoptados con el resultado de las votaciones;
- el total exacto de las cuotas de participación de los propietarios que votaron a favor (AP Cuenca 19-11-19, EDJ 802437); y
- la firma del presidente y del secretario.

La **ausencia** de alguno de estos presupuestos o la insuficiencia en la cumplimentación del mismo traerá como consecuencia la ineficacia del acta desde el punto de vista de su valor probatorio de los acuerdos.

El **resto de los defectos** de los que pueda adolecer el acta de la junta tendrán el carácter de subsanables, pudiendo rectificarse por el presidente y el secretario, a iniciativa propia o a instancia de otro propietario, en cualquier momento antes de la celebración de la siguiente junta de propietarios, momento en el cual la junta habrá de ratificar las subsanaciones o rectificaciones operadas (LPH art.19.3).

3107 Precisiones 1) El confuso tenor literal de LPH art.19.3 parece dar a entender que los defectos en los que incurra el acta que afecten a alguno de los **presupuestos esenciales** de la misma **no podrán ser subsanados** (AP Madrid 21-5-15, EDJ 114830). No somos de dicha opinión, entendiendo, en cambio, que la notificación del acta con ausencia de los elementos esenciales del mismo no puede ser estimada como información suficiente y adecuada del acuerdo a los propietarios ausentes y, por consiguiente, no se iniciará el cómputo de los plazos de impugnación hasta que, una vez rectificada la misma e integrado adecuadamente su contenido, se dé de nuevo traslado a los propietarios ausentes (TS 2-7-08, EDJ 111573).

2) El acta de la junta tampoco constituye una prueba irrefutable de que lo que en ella se contempla corresponde con lo efectivamente tratado en la junta. Es cierto que la aportación del acta presume la existencia del **acuerdo** y la forma en la que fue aprobado, pero también lo es que no se trata de una presunción *iuris et de iure*, de que lo allí recogido coincide con la **realidad**, por lo que cabe demostrar lo contrario a través de cualesquiera otros medios de prueba (AP Madrid 15-3-05, EDJ 44404).
3) Alguna jurisprudencia se pronuncia en el sentido de que los errores del acta no determinan ni su nulidad ni la de los acuerdos adoptados, porque no tiene carácter constitutivo sino solo probatorio de lo que se acordó y, en la medida que no se adapte a la verdad, cabe su **subsanación** (TS 25-2-88, EDJ 1542; 19-7-93, EDJ 7313; AP Tarragona 14-1-13, EDJ 44682; AP A Coruña 30-9-16, EDJ 195508).
4) Viene siendo postura de los tribunales que no cabe seguir un criterio excesivamente formalista, propiciando la nulidad de un acuerdo por **defectos en la redacción del acta** sin más (AP Tarragona 17-2-22, EDJ 546793). Ahora bien, sí procede la nulidad cuando el defecto afecta a algún aspecto fundamental (AP Cuenca 19-11-19, EDJ 802437).
5) Ante el acta de una reunión de la junta de propietarios con un **defecto o error subsanable**, cualquiera de los propietarios del edificio lo que debe hacer es instar, de la comunidad de propietarios y extrajudicialmente, la subsanación, lo que deberá hacer antes de la siguiente reunión de la junta, en la que debe ratificarse la subsanación (AP Castellón 20-4-23, EDJ 650906; AP Almería 2-5-23, EDJ 694957). Lo que no es admisible, por ser contrario a la naturaleza propia de un defecto subsanable, a la buena fe y al normal funcionamiento de una comunidad de propietarios, es que un propietario deje pasar el plazo legal sin instar la subsanación del defecto extrajudicialmente, para, a continuación, descolgarse, en la vía judicial, con una acción de nulidad del acta y de todos los acuerdos en ella reflejados, basada única y exclusivamente en la concurrencia de un defecto subsanable (AP Madrid 30-1-23, EDJ 519282).
6) Cualquier copropietario que quiera hacer notar el error cometido en la redacción del acta y modificar su contenido en el sentido que proceda, debe hacerlo con anterioridad a la celebración de la siguiente junta para que esta pueda deliberar y resolver sobre las correcciones que se prorrogan. Su **reclamación** ulterior resultaría extemporánea (AP Alicante 4-7-18, EDJ 568420).

2. Libro de actas

El acta de la junta se incorporará al libro de actas de la comunidad de propietarios. A modo semejante de lo que sucede en materia de sociedades mercantiles (RDLeg 1/2010 art.250.1), el legislador prevé que las diferentes actas que recojan los acuerdos adoptados en las juntas de propietarios sean incorporadas a un libro de actas, facilitando así el **seguimiento de la evolución y funcionamiento** de la comunidad. **3120**

Precisiones En aquellas **comunidades de propietarios que no llevan libro de actas** ni están nombrados cargos, cualquier propietario podrá tomar la iniciativa y convocar a los demás mediante acta notarial, celebrar la reunión ante notario y finalmente notificar a los no asistentes mediante acta notarial para lograr la unanimidad. Esta formalización en documento público notarial reúne las garantías de exactitud y veracidad (DGRN Resol 20-12-16).
A diferencia de la necesaria legalización de los libros de actas de las comunidades de propietarios de fincas urbanas en régimen de propiedad horizontal, el Centro Directivo señala que legalizar un libro de actas de una comunidad de propietarios de fincas rústicas -**propiedad horizontal tumbada** -, supondría asimilarla con la comunidad en propiedad horizontal, lo cual no se corresponde ni con la naturaleza rústica de las fincas ni con su finalidad, que no es otra que el aprovechamiento forestal de la finca tras su repoblación así como el aprovechamiento de caza y pastos (DGRN 15-7-15).

Competencia y obtención del libro (RH art.415.2) En la actualidad la competencia para diligenciar los libros de actas de las comunidades de propietarios en régimen de propiedad horizontal corresponde en exclusiva a los registradores de la propiedad, siendo competente el registrador en cuyo distrito se encuentre ubicado el inmueble. **3122**
Para la obtención del libro de actas de la comunidad debidamente diligenciado bastará con presentar una instancia en el Registro de la Propiedad competente, aportando el ejemplar de libro de actas, que habrá sido previamente adquirido en cualquier papelería o estanco.
En la **instancia** deberá identificarse la comunidad de propietarios, aportándose, si se solicita el libro de actas por primera vez, el acta de la junta constitutiva en la que se designan los cargos de la comunidad. La solicitud deberá hacerla el presidente o alguien por encargo de este.
La instancia se hará constar mediante **asiento en el libro diario** del Registro de la Propiedad, haciéndose mención a la fecha y hora de presentación, identificación de la comunidad de propietarios y del instante de la solicitud.
No se podrá diligenciar un **nuevo libro de actas** en tanto en cuanto no se acredite la íntegra utilización del anterior. No obstante, el legislador no es ajeno a la posibilidad de que los libros de actas se extravíen o destruyan, en cuyo caso permite, extraordinariamente, que se pueda diligenciar un nuevo libro sin acreditar la íntegra utilización del anterior, exigiendo para ello que el presidente y secretario declaren bajo su responsabilidad, bien ante notario, bien ante el

propio registrador, que ha sido notificada la **desaparición o destrucción** a los integrantes de la comunidad o que ha sido denunciada la **sustracción** (DGRN Resol 28-7-14; DGSJFP 22-7-21).
El **diligenciamiento** del libro se realizará en el plazo de 5 días a contar desde la presentación de la instancia, salvo que concurra una justa causa para demorar dicho trámite, en cuyo caso podrá prorrogarse el mismo hasta el plazo de 15 días.
En caso de **negativa del registrador** a la solicitud presentada, el instante podrá presentar recurso ante la Dirección General de los Registros y del Notariado en el plazo de 15 días hábiles desde que le sea notificada la negativa.

Precisiones Se ha admitido la legalización de un nuevo libro de actas de una comunidad de propietarios, ante la **negativa por el administrador cesado a su devolución**, acreditada por el secretario con cargo vigente y bajo su responsabilidad la denuncia de la sustracción (DGRN Resol 12-1-15).

3125 **Diligenciado** El registrador hará constar en la **primera página** del libro de actas presentado una diligencia con la fecha, la identificación de la comunidad, el número que corresponda al libro dentro de los diligenciados por el registrador, el señalamiento del **número de hojas** que lo componen con la mención a que todas ellas se encuentran debidamente selladas por el registrador, indicando cuál ha sido el sistema seguido para el **sellado** -sea el de estampillado, perforación mecánica, o cualquier otro que garantice la autenticidad del diligenciado-.
En el caso de que el libro de actas sea diligenciado por causa de **extravío o destrucción** del anterior se hará constar igualmente en el encabezamiento del nuevo libro, advirtiendo de que en el caso de que aparezca el anterior no podrán extenderse actas adicionales algunas en el mismo.
La diligencia se cerrará con la **firma manuscrita del registrador** de la propiedad.
Una vez practicada la diligencia se hará constar la misma en el folio abierto a la finca matriz de la propiedad horizontal o folio abierto al edificio en general, mediante una **nota marginal** en la que se indiquen los datos del número de orden del libro diligenciado con indicación del número de hojas que lo componen y, en su caso, la mención de que se ha diligenciado por pérdida o destrucción del anterior.
Puede consultarse un **modelo de instancia** a presentar en el Registro de la Propiedad para diligenciar un libro de actas en nº 9100 s.

3126 **Constitución e inscripción de la propiedad horizontal** No es necesario que la propiedad horizontal se encuentre debidamente inscrita en el Registro de la Propiedad para que se solicite y obtenga el diligenciamiento de un libro de actas del registrador de la propiedad. En estos casos, se prevé que el diligenciamiento se hará constar en un **libro-fichero** que al efecto se llevará en el Registro de la Propiedad (RH art.415).
Del mismo modo, cabe el diligenciamiento de libros correspondientes a comunidades de propietarios en régimen de propiedad horizontal, aunque **no conste la constitución formal** de la misma en el Registro de la Propiedad. Así lo ha entendido la Dirección General de los Registros y del Notariado en supuestos de solicitud de diligenciamiento de un libro para una comunidad formada por dos edificios y un aparcamiento que en el Registro de la Propiedad aparecían como fincas independientes. Lo que no podrá hacerse en estos casos es anotar la nota marginal en el folio matriz de la propiedad horizontal, al no existir este, debiéndose consignar en el libro-fichero abierto al efecto (DGRN Resol 14-2-00).

3127 **Falta de recogida de los libros** En el caso de que el instante no pase a retirar los libros diligenciados en el **plazo** de 6 meses a contar desde su presentación, el registrador procederá a la destrucción de los mismos, haciendo constar esta circunstancia tanto en el folio matriz del edificio o libro-fichero si no existiera el mismo, como en el libro diario al pie del asiento de presentación (RH art.415).

3128 **Subcomunidades** Cuando en una misma propiedad horizontal coexista la **comunidad general con varias subcomunidades**, como sucede normalmente con la subcomunidad del parking, o en los casos de comunidades formadas por varios bloques de escaleras en las que cada bloque funciona, a su vez, como una subcomunidad separada para los asuntos propios, podrá diligenciarse un libro de actas para la comunidad general y otro para cada una de las subcomunidades.

3130 **Custodia** El libro de actas deberá custodiarse junto con el resto de documentación de la comunidad por la persona que ejerza el cargo de **secretario**, haciéndose entrega del mismo junto al resto de la documentación a la comunidad en el momento de **cese** en el cargo. Además, de la diligente custodia que debe hacer del libro de actas de la comunidad, la ley impone al secretario la obligación de conservar durante 5 años las **convocatorias, comunicaciones, apoderamientos y demás documentos relevantes** para la celebración de las juntas (LPH art.19.4).

Precisiones En **Cataluña**, la custodia del libro de actas se ha de prolongar durante el plazo de 30 años mientras exista el régimen de propiedad horizontal o durante 5 años desde el momento en que se extinga, y, asimismo, durante 10 años las convocatorias, comunicaciones, poderes y demás documentos relevantes de las reuniones (CCC art.553-28.2). Ver nº 7690.

CAPÍTULO 7

Aspectos procesales

3150

SECCIÓN 1

Cuestiones generales

3152

La denominada propiedad horizontal es una institución jurídica de **naturaleza compleja** en la que coexisten: 3153
- de una parte, una titularidad dominical ordinaria sobre los diferentes pisos o locales de un edificio, o las partes de ellos susceptibles de aprovechamiento independiente, por tener salida propia a un elemento común de aquel, o a la vía pública; y
- de otra, un dominio *sui generis* sobre los demás elementos, pertenencias, instalaciones o servicios comunes el edificio, necesarios para su adecuado uso y disfrute.

La comunidad de propietarios nacida del régimen de la propiedad horizontal conforma una relación jurídica compleja de la que nacen, a su vez, **relaciones internas** entre sus componentes, propietarios de pisos y locales, y la propia comunidad, así como **relaciones externas** entre esta última y terceros. De estas relaciones también nacen derechos y obligaciones -legales, contractuales y extracontractuales- cuya efectividad y exigibilidad, en caso de ser preciso, debe deducirse oportunamente en juicio por medio de las pertinentes acciones o excepciones.
La norma sustantiva (LPH) contiene **preceptos de marcado carácter procesal**, desgajados de la Ley de enjuiciamiento civil (LEC) pero imprescindibles, tanto para la fundamentación de las acciones constitutivas, declarativas o de condena que se postulen ante los tribunales para el ejercicio de los derechos reconocidos en esta normativa especial, como para la adecuada sustanciación de los procedimientos que hayan de tramitarse con miras a lograr la concreta tutela judicial suplicada ante aquellos.

Precisiones Un estudio completo del **proceso civil** puede encontrarse en nº 2850 s. Memento Procesal Civil 2024.

A. Aspectos de trascendencia procesal

Son características jurídicas de la regulación del régimen de propiedad horizontal, con trascendencia procesal, las siguientes: 3154

• La fuerza vinculante de los **deberes impuestos a los titulares**, tanto en lo que concierne al disfrute de los elementos privativos, como al abono de los gastos generales y a la provisión al denominado fondo de reserva. En garantía de la satisfacción cuantitativa de los mismos, sobre estos deberes, hasta un cierto límite, recae una afectación real y se impone una solidaridad legal o propia en el lado pasivo de la obligación (LPH art.9 y 21).
• Se establecen unas normas de convivencia presididas por la idea de tolerancia en determinados actos que deben ser consentidos por los propietarios incluso en sus propios inmuebles (LPH art.9, 10 y 21).
• Los derechos de disfrute de cada propietario sobre sus elementos privativos y sobre los comunes, han de estar inspirados en las **relaciones de vecindad**, de forma que el ejercicio de

los derechos individuales no se traduzca en perjuicio de los ajenos ni en menoscabo del conjunto (LPH art.9 y 21).
• El reconocimiento de la posibilidad -inusual en nuestro Derecho- de que, por decisión judicial, rogadamente, pueda decretarse, contra el propietario u ocupante, la privación del **disfrute y uso del elemento privativo** cuando concurran circunstancias taxativamente señaladas, cuya persistencia en el tiempo acuña un perjuicio para la comunidad (LPH art.7).
• La posibilidad de impugnar de **acuerdos comunitarios** adoptados por la junta de propietarios, sujeta a uno u otro plazo de caducidad, en función de que estos infrinjan la ley o los estatutos y sean lesivos o abusivos (LPH art.18).
• La posibilidad que la comunidad acuda al **procedimiento monitorio**, de tramitación mucho más simple, al fin de reclamar las cantidades debidas por los propietarios morosos (LPH art.21; nº 3625).

B. Presupuestos procesales

3155

3156 La comunidad de propietarios formada bajo el régimen jurídico de la propiedad horizontal reúne los presupuestos procesales para poder demandar ante los tribunales solicitudes concretas de tutela judicial, esto es, para formular pretensiones de carácter constitutivo, declarativo o de condena, así como para formular los correspondientes medios de defensa, invocando y oponiendo las excepciones procesales y sustantivas necesarias como hechos impeditivos, extintivos y excluyentes de las pretensiones que contra ella se deducen. Dichos presupuestos son los expuestos a continuación.

1. Capacidad para ser parte

3157 La capacidad para ser parte o personalidad procesal es la aptitud para ser titular de todos los **derechos** y para asumir las **cargas, obligaciones y responsabilidades** inherentes al proceso. En idénticos términos, es la aptitud para pedir la tutela de los tribunales y, correlativamente, resultar obligado y afectado por los pronunciamientos judiciales que finalmente se dicten en resolución de las solicitudes de tutela judicial.
La comunidad de propietarios tiene la consideración de sujeto de derecho sin personalidad jurídica, pero con capacidad para ser parte en la relación jurídico procesal, pues pueden ser parte en los procesos ante los tribunales civiles las entidades sin personalidad jurídica a las que la ley reconozca tal capacidad (LEC art.6.1.5). Esta cualidad le viene atribuida a la comunidad, a través de su presidente (LPH art.13.3 y 21).

Precisiones Acerca de la **legitimación de las subcomunidades**, ver lo expuesto en nº 3183.

2. Capacidad procesal

3158 También llamada capacidad para comparecer en juicio, o capacidad de obrar procesal, es la aptitud para realizar y llevar a cabo válidamente actos en juicio, tales como personarse en el procedimiento, demandar, contestar, proponer prueba o, en general, llevar a término cuantos actos y diligencias permite o impone el ordenamiento jurídico-procesal.
La comunidad de propietarios como tal carece de capacidad procesal, por lo que la **comparecencia en juicio y representación** se llevará a cabo a través de su presidente, que la tiene atribuida por la ley (LEC art.7.6; TS auto 12-2-20, EDJ 510035).

Precisiones **1)** Cuando un propietario ponga en duda la capacidad procesal del presidente tiene la **carga de la prueba** sobre la extinción o resolución de su nombramiento (AP Cádiz 22-6-17, EDJ 169716).
2) La **falta de acreditación** de la capacidad procesal es un defecto subsanable, incluso mediante la mera ratificación de los vecinos otorgando autorización para demandar (AP Albacete 5-7-21, EDJ 668965; AP Alicante 8-11-22, EDJ 822064).

3. Representación de la comunidad

(LPH art.13.3)

Que la comunidad de propietarios sea un ente sin personalidad jurídica, esto es, un sujeto de derecho independiente con capacidad jurídica y de obrar en el plano material o sustantivo -no procesal-, no ha sido óbice para que se constituya un mecanismo legal de **representación orgánica** de aquella, por medio del presidente válida y legítimamente nombrado por la junta de propietarios. 3159

Así, el **presidente** ostenta legalmente la representación de la comunidad, en juicio y fuera de él, en todos los asuntos que la afecten (TS 11-3-20, EDJ 516712; AP Badajoz 23-1-20, EDJ 508171).

Esta facultad le permite deducir acciones entablando las pertinentes **demandas**, sin perjuicio del cumplimiento de las normas procesales generales en materia de dirección jurídica y representación técnica (LEC art.23 a 33), así como formular u oponer los correspondientes medios de defensa (**excepciones**) en los juicios que se promuevan contra la comunidad, que tendrá la condición de parte procesal, representada por su presidente.

No obstante, cualquier **comunero** está legitimado para ejercitar acciones, tanto en la parte del espacio comprensivo de su piso o local sobre los que tiene un derecho singular y exclusivo, como en defensa del interés que le corresponde sobre los elementos comunes (TS 22-12-21, EDJ 806542).

Si el presidente es una **persona jurídica**, esta debe ejercer las funciones del cargo mediante una persona física específicamente designada como legal representante o voluntario (AP Málaga 7-10-16, EDJ 262864).

Precisiones **1)** Una comunidad de propietarios puede actuar legalmente bajo el **estatuto propio de consumidor** en la contratación de un arrendamiento de servicios (TS 14-4-21, EDJ 533262).

2) En la **jurisdicción contencioso-administrativa** el Tribunal Supremo ha fijado como doctrina que a las comunidades de propietarios no les es exigible la acreditación prevista en LJCA art.45.2.d, relativa al documento que acredite la voluntad corporativa para recurrir ante la jurisdicción acompañando al escrito de interposición, pues las comunidades de propietarios no tienen la consideración de personas jurídicas, estando habilitado para ello el presidente de la comunidad de propietarios, que ostenta su representación y que le es suficiente para su legitimación en las acciones emprendidas en este orden, por así exigirlo la interpretación más acorde con el principio de tutela judicial efectiva y para favorecer de mejor forma el mandato constitucional del control de la actividad administrativa por parte de los órganos jurisdiccionales (TS 16-3-23, EDJ 538362).

3) Se considera que se trata de simples errores materiales manifiestos el que se haga constar que la elección de presidente recae sobre la **persona física que representa a la persona jurídica propietaria**, aunque se tenía que haber hecho constar que la designación recaía sobre esta entidad (AP Sta. Cruz de Tenerife 23-09-19, EDJ 623230).

Presidente El presidente ha de tener la condición de propietario de piso o local para deducir acciones legales en defensa de los intereses de la comunidad. Concretamente, se nombra, entre los propietarios, mediante elección o, subsidiariamente, mediante turno rotatorio o sorteo (LPH art.13.2). 3160

Es **nulo** de pleno derecho del nombramiento como presidente de la comunidad de propietarios de quien no es propietario. Es además un nombramiento no susceptible de **subsanación** y convalidación (TS 30-6-05, EDJ 135952; 13-7-06, EDJ 282106; 27-1-17, EDJ 2939).

La **legitimación activa** de una comunidad de propietarios falta en quien actúa como presidente sin ser propietario (LPH art.13). No cabe reconocérsela, aunque haya sido nombrado por **acuerdo expreso** de la comunidad, incluso aunque el acuerdo no haya sido impugnado, ya que el mismo no sana por caducidad sobrevenida de la acción de impugnación (TS 23-09-15, EDJ 167994; AP Cantabria 25-1-23, EDJ 512180). No obstante, reciente jurisprudencia se pronuncia en el sentido de que en un procedimiento si quien actúa como presidente no es propietario, no estaríamos ante un problema de falta de legitimación de la comunidad, dado que está legitimada para ejercitar la acción que corresponda, sino de **acreditación de la representación** del presidente, ya que, al carecer de capacidad procesal, la comunidad ha de ser representada por este. Esta falta de acreditación de la representación es subsanable mediante ratificación de la comunidad, bien a través de un acuerdo adoptado por la junta a tal fin, bien por medio del nuevo presidente, compareciendo en las actuaciones en debida forma en representación de la comunidad (TS 27-1-17, EDJ 2939; 3-10-18, EDJ 589919; AP Albacete 5-7-21, EDJ 668965; AP Barcelona 11-4-22, EDJ 606192; AP Madrid 7-10-22, EDJ 744192).

Precisiones **1)** El nombramiento de un presidente que no reúne la cualidad de copropietario es contrario a la legalidad del Derecho necesario, con la consecuencia de **nulidad radical** del acuerdo (TS 27-1-17, EDJ 2939; 23-9-15, EDJ 167994; 3-10-18, EDJ 589919).

No cabe la **subsanación o convalidación**, porque la norma es exigente en cuanto a la condición de copropietario en el momento de elección para presidente. Se trata de un acto radicalmente nulo, no sometido a plazo de caducidad alguno (TS 30-6-05, EDJ 135952; 13-7-06, EDJ 282106; 2-3-22, EDJ 517558; AP Cantabria 25-1-23, EDJ 512180).

2) No puede apreciarse falta de legitimación activa cuando consta acreditado que la persona que actuó como presidente es propietaria de una vivienda o de un local en el edificio de la comunidad y así lo acredita por medio de **contrato privado** celebrado con sus hijos en fecha muy anterior a su nombramiento, acompañado de la posesión (CC art.609), justificándose de este modo la propiedad (AP Alicante 18-1-12, EDJ 17781).

3161 **Autorización para ejercitar acciones** La autorización expresa al presidente para ejercitar acciones en nombre de la comunidad no es una cuestión pacífica jurisprudencialmente.

La legitimación activa del presidente necesita de un previo **acuerdo de la junta de propietarios** que le autorice expresamente para ejercitar y deducir acciones judiciales en defensa de la comunidad, salvo en los casos en los que los estatutos expresamente prevean lo contrario, o supuestos en los que el presidente ejercite acciones judiciales no en calidad de tal, sino individualmente como copropietario.

Si bien representa a la comunidad, el presidente ha de tener siempre como base la ejecución de los acuerdos de la junta sobre **asuntos de interés general** para aquella, puesto que la representación de la comunidad en juicio o fuera de él del presidente no es una autorización «en blanco» o absoluta, que sirva para legitimarle en cualquiera de sus actuaciones. La junta ha de ser la acuerde lo conveniente a sus intereses, y el presidente ejecutar tales acuerdos, de modo que su voluntad no supla, corrija o anule la de la junta.

En este sentido, y pese a que únicamente se exige de modo expreso el acuerdo previo para que el presidente pueda ejercitar acciones judiciales en defensa de la comunidad de propietarios en los supuestos concretos de acción de cesación de **actividades prohibidas** por los estatutos que resulten dañosas para la finca (LPH art.7.2), y de reclamación de **cuotas impagadas** (LPH art.21), sin embargo, no resulta razonable sostener que la facultad de representación que se atribuye de modo genérico al presidente le permita decidir unilateralmente sobre asuntos incluso de mayor trascendencia para la vida de la comunidad que los indicados anteriormente (TS 27-3-12, EDJ 52892; AP Valencia 8-3-22, EDJ 589132). De este modo, con carácter general, se requiere **previo acuerdo** de la comunidad de propietarios que legitime al presidente para instar acciones judiciales en nombre y defensa de esta, lo que no obsta para que aquel no resulte necesario en los casos en los que los estatutos de la comunidad expresamente prevean lo contrario o en el supuestos en que el presidente ejercite acciones judiciales no en calidad de tal, sino individualmente como copropietario (TS 5-11-15, EDJ 205564; 24-6-16, EDJ 93266; 3-10-18, EDJ 589919).

Este acuerdo puede ser **adoptado posteriormente** ya que se permite que la junta exprese la voluntad de ratificar o confirmar la acción que en su defensa ha acometido por el presidente, dado que se considera que lo que la norma persigue es que, internamente, el presidente no actúe al margen de la comunidad de vecinos (AP Las Palmas 5-9-22, EDJ 743047).

Existía discrepancia entre las audiencias provinciales sobre si esta necesidad de acuerdo previo de la comunidad, lo es únicamente para ejercitar acciones por medio de demanda o de reconvención, o si también es necesario cuando la comunidad de propietarios actúa como **parte demandada**, limitándose a contestar la demanda sin deducir reconvención. Esta cuestión se ha resuelto por el Tribunal Supremo en el sentido de que el presidente también debe contar con un previo acuerdo comunitario que le autorice para personarse en el juicio y presentar escrito de contestación a la demanda en el que se oponga la acción ejercitada (TS 8-1-19, EDJ 500393).

Precisiones En una reclamación de **vicios constructivos** padecidos en el edificio, y ejercitándose dicha reclamación en beneficio de la comunidad, es suficiente con el acuerdo de autorización para el ejercicio de acciones judiciales, sin que resulte además necesario que se acompañe la autorización expresa de los propietarios individualmente perjudicados para la reclamación de los daños ocasionados en los elementos privativos de la comunidad, salvo que exista oposición expresa y formal a la misma (TS 23-4-13, EDJ 55863; 24-10-13, EDJ 201119; 11-4-14, EDJ 67114; AP Guadalajara 26-11-19, EDJ 824382).

3162 La autorización podría ser conferida **con posterioridad** a la interposición de la pertinente demanda, mediante ratificación de la acción deducida (LEC art.418). En el supuesto de que tal autorización le fuera denegada al presidente por acuerdo de la junta, este debe desistir de la concreta solicitud de tutela judicial demandada, o de las concretas acciones a que concierna el acuerdo desautorizante acordado por la junta tras la interposición de la demanda (LPH art.21; LEC art.413), respondiendo, en su caso, de los gastos procesales que a la comunidad hubiera podido ocasionar su actuación unilateral, así como de los eventuales perjuicios ocasionados, con base en la relación interna entre la comunidad y el presidente; todo ello a salvo de que el presidente, aislada o juntamente con otros propietarios, impugne el acuerdo mismo adoptado en la junta en la que se le ha compelido a desistir de las acciones ejercitadas precedentemente.

Esta representación se extiende, en principio, a todas las **fases e instancias proceso** posteriores a la primera instancia, salvo oposición expresa o formal de la comunidad, sin que el posible cambio en la persona designada como presidente durante el procedimiento interfiera en la validez de los poderes otorgados a favor del procurador y de las actuaciones procesales que hayan de seguirse (AP A Coruña 20-12-16, EDJ 246169). 3163

Si bien la jurisprudencia considera que, mientras no se acredite lo contrario, el presidente está autorizado para interponer en nombre de la comunidad un recurso (TS 16-3-11, EDJ 78880; 3-4-13, EDJ 55863), con base en la **presunción de autorización** para actuar en interés y defensa de la comunidad (TS 7-10-15, EDJ 182102), tampoco es esta una cuestión pacífica. A estos efectos debe distinguirse entre (TS 8-1-19, EDJ 500393; AP Valencia 25-1-16, EDJ 94802):

- supuestos en los que el presidente actúa **al margen** de la comunidad; y
- supuestos en los que, aún **sin expresa autorización**, se aprecia que sigue o defiende de manera coherente las decisiones de la comunidad previamente adoptadas, lo que implica dar las instrucciones precisas para formalizar y proseguir los recursos oportunos contra resoluciones que las contravengan.

En todo caso, no siendo la cuestión enteramente pacífica, no constituye exceso de celo que la junta de propietarios provea al presidente de la correspondiente **autorización específica** para formalizar en su nombre el recurso correspondiente contra la sentencia dictada en la instancia.

Otro propietario La representación de la comunidad por el presidente no impide, no obstante, que cualquiera de los propietarios, individualmente, pueda actuar en juicio en beneficio y provecho de la comunidad. Cada propietario, pese a la representación orgánica que ostenta el presidente, está legitimado para actuar en defensa de los derechos de la comunidad en los casos de **pasividad**, o, incluso, de **oposición** de la comunidad, por cuanto la situación de propiedad horizontal no es propiamente una situación de comunidad, sino un régimen jurídico real al que se sujeta la llamada propiedad separada de los diferentes pisos y locales en que se divide el edificio o conjunto inmobiliario al que se aplica y del que se derivan los derechos, cargas, obligaciones y responsabilidades que la ley establece (TCo 115/1999). Por ello cada propietario debe estar facultado, en principio, para el ejercicio y defensa de sus derechos con independencia de los restantes propietarios (TS 30-10-14, EDJ 191944; AP Bizkaia 22-6-21, EDJ 714273; AP Alicante 4-7-23, EDJ 703461). 3164

Precisiones La representación de la comunidad en juicio por el presidente (LPH art.13.3), no impide que cada propietario -y el presidente lo es- pueda ejercitar las acciones pertinentes para defender, en caso de **pasividad u oposición** del presidente y del resto de los partícipes, el interés que ha de estar jurídicamente protegido, de su participación indivisa en los elementos comunes. Si no se concediera acción a cada condueño para impugnar los actos realizados por uno de ellos o por un tercero, sin la previa obtención del consentimiento de los otros, se convertiría en ilusorio el derecho obstativo que a cada uno concede la mencionada norma (TS 20-4-91, EDJ 4049; 7-10-99, EDJ 32566; AP Sta. Cruz de Tenerife 25-03-21, EDJ 667783). Reiterada jurisprudencia ha declarado que para defender los derechos de la comunidad puede actuar aisladamente cualquiera de los comuneros, que puede demandar en interés común de todos (TS 21-10-99, EDJ 29526; AP Málaga 25-11-19, EDJ 854499; AP Valencia 19-2-18, EDJ 35709; AP La Rioja 12-12-17, EDJ 339656). Además, se reconoce a cualquier comunero la facultad de comparecer en asuntos que afecten a la comunidad para defenderlos, ante el **desinterés** del presidente o de la propia junta de propietarios, si de no hacerlo se impidiera el pleno ejercicio de los derechos y facultades que el título de propietario le atribuye (TS 18-5-16, EDJ 68557; AP Alicante 4-7-23, EDJ 703461).

Legitimación Relacionada con la representación, está la cuestión relativa a quién ostenta la legitimación para **demandar o ser demandado**: la comunidad de propietarios o su presidente. 3166

La legitimación activa *ad causam* se visualiza en una perspectiva de relación objetiva, entre el sujeto que demanda y el objeto del proceso; más concretamente entre el derecho o situación jurídica en que se fundamenta la pretensión y el efecto jurídico pretendido. En su versión ordinaria se estructura en la afirmación de la **titularidad de un derecho o situación jurídica** coherente con el resultado jurídico pretendido en el *petitum* de la demanda (TS 27-6-07, EDJ 80198). La legitimación consiste en una posición o condición objetiva puesta en conexión con la relación material objeto del pleito, lo que determina para la comunidad el tener una aptitud para actuar en el mismo como parte, bien sea actora o demandada (TS 19-2-14, EDJ 30168).

Se trata de una cuestión de **orden público** que, si no puede solventarse en la audiencia previa (LEC art.416), o al comienzo del juicio verbal (LEC art.443), ha de resolverse en la sentencia, pues concierne al fondo del asunto. Tampoco constituye óbice para su apreciación el hecho de que se alegue por primera vez en grado de apelación (AP Barcelona 19-6-23, EDJ 653513); si bien, al constituir un **presupuesto del proceso**, debe ser examinado de modo previo al conocimiento del asunto, por cuanto en el caso de estimar la cuestión planteada como excepción procesal, no podrá ser en modo alguno ser estimada la acción, cuando quién la ejercita carece de aquella.

Precisiones **1)** La realidad o **existencia del derecho o situación jurídica** afirmada no forma parte de la legitimación, sino de la cuestión de fondo, respecto de la que aquella es de examen previo (TS 30-3-06, EDJ 31749). Al respecto, se ha establecido que el hecho de demandar **en nombre de la comunidad** y no en el del presidente no es motivo suficiente para estimar la falta de personalidad, manteniendo la conclusión de que cuando se utiliza el nombre de comunidad, sin expresar que está representada por el presidente, no existe tal falta de personalidad, porque bien utilizando aquel nombre, o el del presidente, lo que se está indicando es que están accionando todos y cada uno de los distintos propietarios debidamente organizados, constituyendo la falta de designación del presidente un error o defecto material en el encabezamiento de la demanda sin trascendencia jurídica alguna (AP Madrid 9-10-01, EDJ 70337).

2) El hecho de que en el **encabezamiento de la demanda** se diga solamente que el procurador formula la misma en nombre de la comunidad de propietarios, sin expresar que está se halla representada en juicio por su presidente, no puede, por sí solo, entrañar una falta de personalidad en dicha actora, pues el imprescindible poder para pleitos aparece otorgado única y exclusivamente por el presidente de dicha comunidad, lo que sin género de duda está indicando que el referido ente comunitario interviene en el proceso representado por su presidente (TS 8-1-92, EDJ 99; 12-4-93, EDJ 3503; AP Barcelona 9-4-15, EDJ 96517).

3) Respecto a la **legitimación activa**, el Tribunal Supremo se ha pronunciado indicando que la relación jurídica sobre la que la parte actora plantea el proceso, con independencia de su resultado, es la que determina quiénes están legitimados, activa y pasivamente, para intervenir en el mismo. Ello lleva a estimar que, cuando se trata de determinar la existencia o no de la legitimación activa habrá de atenderse a la pretensión formulada en la demanda, teniendo en cuenta el «suplico» de la misma, en relación con los hechos sustentadores de tal pretensión (TS 14-9-21, EDJ 692029; AP Cantabria 14-10-21, EDJ 718899).

3167 **Representación en juicio por el administrador** (LPH art.20.f) Además de las atribuciones expresamente establecidas en la norma (nº 2100 s.), corresponde al administrador de la comunidad asumir todas las demás **atribuciones que le confiera la junta**. Se plantea si, entre ellas, puede llegar a ostentar la representación de la comunidad en juicio, esto es, en procesos judiciales en los que esta sea parte o haya intervenido adhesivamente, de suerte que contra la misma pueden recaer pronunciamientos declarativos, constitutivos o de condena, o bien resulte preciso oponer medios de defensa impeditivos, extintivos o excluyentes llamados a enervar las acciones ejercitadas contra la propia comunidad.

Tal y como se ha expuesto, la comunidad de propietarios puede comportarse como **parte activa o pasiva** del proceso civil, a pesar de carecer de personalidad jurídica, pues la LEC le atribuye capacidad procesal suficiente en los procesos ante los tribunales civiles al referirse expresamente a las entidades sin personalidad jurídica a las que la ley reconozca capacidad para ser parte (LEC art.6.1.5º).

Aunque corresponde legalmente al presidente la representación judicial de la comunidad, existen situaciones en las que puede tenerla también el administrador, bien por **expreso deseo de la junta** o porque así se encuentra dispuesto en la ley. En este sentido, puede afirmarse que cuando la LEC art.7.6 refiere que las entidades sin personalidad comparecerán en juicio por medio de las personas a quienes la ley, en su caso, atribuya la representación en juicio de dichas entidades, está comprendido **todos los supuestos posibles**, lo que abraza no solamente la hipótesis de la representación por el presidente (LPH art.13.3) sino, en su caso, por el vicepresidente, en ausencia, vacancia o imposibilidad de aquel (LPH art.13.4), o, con las reservas que a continuación se expondrán, por el propio administrador (LPH art.13.6 y LPH art.20.f).

3168 La demanda, la contestación o, en su caso, al comparecer a la vista de juicio verbal, habrán de presentarse los **documentos que acrediten la representación** que el litigante se atribuya (LEC art.264.2). Por lo expuesto, juntamente con el escrito de demanda, y anexado a él, será preciso acompañar un certificado del secretario de la comunidad en el que se acredite el nombramiento electivo que permite la representación de la comunidad.

Sin embargo, no ocurre lo mismo con el administrador, pues, la LPH art.20 exige el requisito de autorización previa de la junta cuando se trata del administrador, y no precisamente del presidente (TS 16-11-01, EDJ 40906).

Hemos de distinguir, en relación a esta materia -admisibilidad de que el administrador de la comunidad ostente la representación de esta en juicio- las siguientes **situaciones** claramente diferenciables.

3169 **Proceso monitorio** (LPH art.21.2) En este supuesto, la comunidad puede, sin perjuicio de la utilización de otros procedimientos judiciales, reclamar del obligado al pago todas las cantidades que le sean debidas en concepto de **gastos comunes**, tanto si son ordinarios como extraordinarios, generales o individualizables, o **fondo de reserva**, mediante el proceso monitorio especial aplicable a las comunidades de propietarios de inmuebles en régimen de propiedad horizontal. El secretario administrador profesional, si así lo acuerda la junta de propietarios, puede exigir judicialmente la obligación del pago de la deuda a través de este procedimiento. El poder de representación de la comunidad a favor del administrador para representar a aquella en el procedimiento monitorio solo exige **acuerdo expreso de la junta** (AP Lleida 15-5-19, EDJ 579193; AP Valencia 7-3-18, EDJ 38812; AP Málaga 2-3-23, EDJ 674133).

Esta opción guarda su justificación en el hecho de permitir que el administrador profesional -del que se presumiría una mayor capacitación técnica en este ámbito, al ser el responsable económico de la comunidad, aunque no se exige que esté colegiado- pueda asumir dicha actividad directamente, previa autorización de la asamblea para actuar al efecto. De esta forma, la junta de propietarios puede autorizar expresamente al administrador para reclamar en representación de la comunidad, por la vía judicial, las cantidades adeudadas por los copropietarios.

Otros procesos judiciales La cuestión resulta controvertida jurisprudencialmente. Es comprensible desde un punto de vista práctico que la junta de propietarios pueda desear conferir 3170
la **representación en juicio** de la comunidad al administrador de esta en cualquier otro tipo de proceso distinto del monitorio para la reclamación de gastos generales y provisión al fondo de reserva. Ello es así por cuanto la corresponde al administrador el llevar a cabo, además de las funciones específicamente tasadas en el propio artículo, **todas las demás atribuciones** que se confieran por la junta (LPH art.20.f).

La práctica diaria demuestra que, con mucha frecuencia, el presidente de la comunidad no está familiarizado con los conflictos judiciales y, en ocasiones, incluso de las incidencias y conflictos que conciernen a la comunidad. El precepto referido, por tanto, en principio, no limita el alcance de las atribuciones que pueden serle conferidas al administrador por la junta, siempre que ellas sean relativas a **asuntos de interés general** de la comunidad. Así, se ha establecido que el administrador, cuyas facultades no están tasadas, puede ejercitar acciones judiciales por acuerdo de la junta, siempre que su poder de representación no sea revocado (AP Málaga 10-2-99, EDJ 4425). Ahora bien, esta cuestión suscita un problema esencial, cual es el relativo a determinar si el **poder de representación** legal de la comunidad de que viene investido el presidente por imperativo de la LPH art.13.3 resulta **transferible o delegable** por acuerdo de la junta en determinadas facetas, cuales son la de representar a la comunidad en juicio distinto del monitorio.

Cuestión distinta y ya pacífica es que debe ser el presidente el que otorgue el poder de **representación procesal al procurador** que, a su vez, le represente en juicio, siendo válidas las actuaciones procesales, aunque durante el proceso cambie (TS 19-11-93, EDJ 10459; 16-7-90, EDJ 7655; AP Toledo 16-9-04, EDJ 133777; AP Sevilla 2-3-2022, EDJ 697127; AP Alicante 27-3-23, EDJ 632982). El poder otorgado que tenía validez al tiempo de interponerse la demanda puede ser utilizado entonces y en el futuro por quien tenga esa calidad. Ningún distingo se debe hacer con los poderes otorgados válidamente por un **presidente anterior**, aunque en el momento de presentar la demanda haya cambiado aquel, en tanto que el nuevo representante legal de la comunidad no haya revocado el anterior poder, siendo este, mientras tanto, plenamente operativo (LEC art.30). No queda el poder, otorgado en representación de la comunidad y no en representación personal del propio presidente, revocado y sin efecto por el solo hecho de cambiar el presidente de la comunidad (AP Valencia 30-6-16, EDJ 294075).

De hecho, la jurisprudencia se ha manifestado vacilante sobre esta cuestión. Así, se ha llegado 3172
a afirmar que la atribución de capacidad procesal al administrador en representación de la comunidad no solo es posible en un **asunto concreto**, sino que, en general, la comunidad puede arrogar, atribuir o conferir expresamente al administrador la facultad de representarla **en cualquier juicio**, no solo en el monitorio. Para ello es suficiente un acuerdo de la junta de propietarios al objeto de que atribuya dicha potestad en términos generales, es decir, facultando al administrador para representarla en cualquier asunto. En soporte de la argumentación expuesta, se afirma que la regla general que rige en nuestro Derecho es la posibilidad de delegar facultades, de apoderar a otro para que haga en su nombre lo que este podría hacer por sí (CC art.1709 a 1712). Solo cabe restringir ese principio cuando la ley lo prohíbe señaladamente, o cuando lo impiden los estatutos o algún acuerdo privado de carácter vinculante (AP Barcelona 25-5-06, EDJ 292629).

En idéntico sentido, se ha establecido que, en principio, queda meridianamente patente que corresponde al presidente, en su condición de tal, conferir el oportuno **poder de representación** a favor de procuradores de los tribunales para que ante juzgados y tribunales actúen en nombre y representación de la comunidad de propietarios, facultades que, inicialmente, no quedan conferidas al administrador y/o secretario, puesto que el primero de ellos ni tan siquiera es necesario que forme parte de la comunidad, al ser un mero mandatario a quien no corresponde sin más la posibilidad de personarse en juicio, ni actuar siempre en nombre de sus mandantes, sino que, como se ha dicho, el representante legal es su presidente, lo que no impide que en determinados casos el administrador de la comunidad pueda ejercitar acciones judiciales, pues no se excluye la posibilidad de que, por acuerdo específico tomado en junta de propietarios, sea el administrador quien accione en nombre y representación de los copropietarios, ya que las facultades que en su favor enumera la Ley no pueden conceptuarse de limitadas o *numerus clausus*, sino con carácter meramente enumerativo o demostrativo (AP Málaga 10-2-99, EDJ 4425).

3173 La facultad de otorgar poder de representación a favor de **procuradores**, para que estos ostenten en juicio la representación procesal (no legal) de la comunidad, corresponde al presidente y no al administrador ni al secretario. Pero, si es el administrador quien, por las circunstancias, termina siendo autorizado a entablar la demanda -o a representar a la comunidad en juicio cuando esta ostente el lado pasivo de la relación procesal-, para acreditar su cargo en el momento del otorgamiento de poder de representación al procurador habrá de **demostrar su condición** mediante certificación del acta del acuerdo de la junta de donde emane la especial autorización para actuar en representación de la comunidad. Es precisa, por tanto, la autorización previa de la junta, aunque la falta de autorización puede ser subsanada posteriormente si las actuaciones del administrador son ratificadas por el presidente y por la junta.

La jurisprudencia, en otras ocasiones, ha preferido partir de unas **posiciones más restrictivas**, considerando que la atribución expresa que realiza la LPH art.13.3 por la que se le atribuye al presidente la representación legal de la comunidad, en juicio y fuera de él, no es susceptible de delegación por poder a favor del administrador.

3174 En **conclusión**, aunque la jurisprudencia haya admitido ocasionalmente la representación judicial de la comunidad por el administrador en procesos diferentes del monitorio, es una facultad que debe quedar sujeta a grandes reservas, por la dificultad que entraña su sustitución en una función de representación legal ante los órganos con potestad jurisdiccional. A estas reservas coadyuva el hecho de que la LPH art.13.3, además, exige que el representante de la comunidad tenga, simultáneamente, la cualidad de propietario, criterio que ha llegado a considerarse como de Derecho imperativo o necesario, y que quedaría vulnerado de nombrarse como representante a un administrador ajeno al círculo de propietarios. De la misma forma, por iguales razones, debería corresponder al presidente, y no al administrador, la asistencia ante cualquier actuación procesal -especialmente ante la práctica de la prueba y, más concretamente el interrogatorio de parte (LEC art.301 s.)- en que resulte precisa la presencia del representante legal de la comunidad de propietarios.

3175 **Ejercicio de acciones por cualquier propietario** Cualquier comunero está legitimado para accionar en **interés o beneficio de la comunidad**. Cualquiera de los comuneros puede comparecer en juicio en asuntos que afectan a la comunidad para defender tales intereses, en cuyo caso la sentencia dictada aprovechará a todos los cotitulares. Esta defensa puede producirse por propia **decisión de los comuneros**, para suplir la desidia del presidente o de los demás comuneros, e incluso cuando sean estos **contrarios al litigio**, a lo que ha de añadirse que, si de los elementos comunes puede disfrutar cada comunero, es lógico que pueda ejercitar acciones contra otro para defenderlos. En caso contrario, algo faltaría para la efectividad de los derechos que su título de propietario le atribuye (TS 18-5-16, EDJ 68557; AP La Rioja 12-12-17, EDJ 339656; AP Valencia 19-2-18 EDJ 35709; AP Málaga 25-11-19, EDJ 854499).

El hecho de que se confiera al presidente de la comunidad la representación de esta en juicio, no es impeditivo para que cada propietario pueda ejercitar las acciones pertinentes para defender, en caso de **pasividad** e incluso en el de **oposición del presidente** y del resto de los partícipes, el interés, que ha de estar judicialmente protegido, de su participación indivisa en los elementos comunes, de modo que, si no se concediera acción a cada condueño para impugnar los actos realizados por uno de ellos, o por un tercero, sin la previa obtención del consentimiento de los otros, se convertiría en ilusorio el derecho obstativo que a cada uno concede la mencionada norma (TS 7-10-99, EDJ 32566; AP Sta. Cruz de Tenerife 25-3-21, EDJ 667783).

3176 Con carácter general, cualquier comunero está facultado para ejercitar acciones en beneficio de la comunidad, compareciendo en juicio en defensa del interés tanto del espacio que comprende su piso o local, sobre los que ostenta un derecho singular y exclusivo, como el que le corresponde sobre los elementos comunes. Existe **legitimación** cuando, aunque no se haya

hecho constar en la demanda de una manera expresa que se actúa en nombre de la comunidad y en interés de la misma, se plantea una pretensión que, de prosperar, ha de redundar en provecho de la misma. No es necesario que, previamente los copropietarios sometan la cuestión a la junta de propietarios, por no existir ningún precepto que así lo establezca, sin que pueda imponérseles dicha limitación, sobre todo cuando no podría apreciarse ningún perjuicio para la comunidad si el litigio se entabla en beneficio de los intereses generales de todos copropietario (TS 30-10-14, EDJ 191944). La legitimación activa del comunero viene determinada por su fundamento en el derecho material ejercitado -**acción en provecho común**- y por el resultado provechoso pretendido, siempre que se demuestre una actuación en beneficio exclusivo del actor. Habrá legitimación activa de cualquier copropietario para actuar judicialmente en beneficio o interés de la comunidad cuando se dé coincidencia de su interés particular con el interés o beneficio de la comunidad, pero no cuando su actuación solo obedece a un **interés propio** careciendo la acción que se ejercite de todo interés o beneficio para la comunidad (TS 30-10-14, EDJ 191944; AP Las Palmas 1-2-17, EDJ 116665).
El Tribunal Constitucional ha considerado que cada propietario, pese a la representación orgánica que ostenta el presidente de la comunidad de propietarios, está legitimado para actuar en **defensa de sus derechos** en los casos de pasividad o incluso de oposición de la comunidad, por cuanto que la situación de propiedad horizontal no es propiamente una situación de comunidad, sino un régimen jurídico real al que se sujeta la llamada propiedad separada de los diferentes pisos o locales en que se divide el edificio o conjunto inmobiliario al que se aplica y del que se derivan los derechos, cargas, obligaciones y responsabilidades que la ley establece. Por ello, cada propietario debe estar facultado, en principio, para el ejercicio y defensa de sus derechos con independencia del resto de los propietarios (TCo 14-6-99, Rec 41/94).
La jurisprudencia reconoce la legitimación activa de uno solo de los propietarios para accionar, incluso cuando actúe **en interés propio** y no en interés de la comunidad (AP Alicante 4-7-23, EDJ 703461).

No cabe duda que puede actuar cualquier comunero en beneficio de la comunidad en aquellos **3177**
supuestos de **infracción por un comunero** de las obligaciones recogidas en la LPH art.9.a, b, c, -d y e-. Igualmente, puede actuar cualquier comunero en provecho, interés y beneficio de la comunidad cuando algún otro propietario hubiera llevado a efecto obras que implicasen **menoscabo o alteración de la seguridad del edificio** comunitario, su estructura general, su configuración o estado exteriores (LPH art.7.1) y ello aun cuando exista consentimiento expreso o tácito de la comunidad para ello, siempre que exista un real, serio y ostensible perjuicio para dicha comunidad por la obra ejecutada, sin que constituya óbice para el ejercicio de la acción por el comunero el hecho de que los demás copropietarios sean contrarios al litigio (TS 4-3-13, EDJ 42033; AP Las Palmas 14-6-13, EDJ 157344), teniendo en cuenta que, como indica determinada jurisprudencia, el **interés comunitario** es un bien jurídico diverso del individual, que no se identifica con el simple agregado de las voluntades individuales de quienes en un determinado momento forman parte de la comunidad. Por la misma razón, en cuanto a la posibilidad del ejercicio de acciones por uno o varios comuneros en nombre, provecho e interés de la comunidad de la que forman parte, resulta aplicable al caso en que se ejercitaran acciones al amparo del CC art.1591 y/o de la Ley de ordenación de la edificación por vicios constructivos que afectasen a elementos comunes. Además, cualquiera de los comuneros puede ejercitar acciones que competan a la comunidad, siempre que actúe en beneficio de la misma, pues su legitimación se extiende para deducir pretensiones, no tan solo aquellas correspondientes al espacio comprensivo de su piso o local sobre el cual ostenta un derecho singular y exclusivo, sino también en defensa del **interés que le corresponde sobre los elementos comunes** (TSJ Cataluña 8-7-19, EDJ 684396; AP Barcelona 31-3-22, EDJ 609331).
Igualmente, cualquier comunero podrá hacer uso de la facultad recogida en la LPH art.13.2.2º, y solicitar de la autoridad judicial, por medio de procedimiento de equidad, la **designación de presidente** cuando fuese imposible para la junta designarlo por cualesquiera circunstancias.
Y también podrá acudir a dicho procedimiento cualquier comunero que hubiera votado a favor del acuerdo que, a la postre, no pudiera alcanzarse por no concurrir alguna de las mayorías exigidas por la Ley (LPH art.17.7.2º).

Excepciones Entre los procesos previstos al amparo de la LPH, hay algunos en los que no **3178**
está claro que cualquier comunero, o un grupo de ellos, pueda, aun en interés de la comunidad, ejercitar la acción que dé inicio a aquellos, ya que la Ley parece exigir determinados **requisitos** para su ejercicio que impide se pueda considerar legitimada a persona distinta de la que en aquella se designe a tal fin.

Sería el supuesto de la **reclamación de cuotas a comuneros morosos** (LPH art.21). En este caso, para iniciar el juicio monitorio se exige aportación de la certificación del **acuerdo de la junta** aprobando la liquidación de la deuda con la comunidad de propietarios, certificación que habrá de ser expedida por quien actúe como secretario, con el visto bueno del presidente. Además, dicho acuerdo debe haberse notificado a los propietarios afectados. Además, se otorga legitimación para ejercitar la acción de reclamación en juicio monitorio al presidente y al secretario administrador profesional que hubiera sido facultado para ello por la junta de propietarios, pero no al resto de propietarios.

Por tanto, en tales casos no parece posible que cualquier comunero pueda entablar acciones por la vía del juicio monitorio en beneficio de la comunidad, no solo porque la LPH art.21 no le faculta para ello, sino porque, además, debería contar con un acuerdo comunitario previo en que se hubiera liquidado la deuda, debidamente notificado al comunero moroso.

Cabe preguntarse qué ocurre en aquellos supuestos en los que se hubieran cumplido los **presupuestos de procedibilidad** para llevar a cabo la reclamación, es decir, se hubiera celebrado la junta de propietarios, liquidado la deuda, y notificado la misma al comunero en mora y, no obstante, ni el presidente ni el secretario administrador profesional facultado para ello hubieran formulado diligentemente la correspondiente petición de juicio monitorio en interés de la comunidad. Debe entenderse que tampoco sería admisible que cualquier comunero, por su cuenta y riesgo, dedujera demanda de juicio monitorio, ya que la Ley no los legitima expresamente para ello, sin perjuicio de que sí pudiera formularse la reclamación por la vía del declarativo correspondiente. A ello debe añadirse la posible responsabilidad pecuniaria en que el presidente -o, en su caso, el administrador expresamente facultado por la junta- pudiera incurrir como consecuencia de su **omisión irresponsable y lesiva** para las arcas de la comunidad.

3179 Lo mismo ocurre en relación con las acciones sobre **cesación de determinadas actividades** nocivas o perjudiciales, resarcimiento de daños y perjuicios por ellas ocasionados, privación del derecho de uso y extinción definitiva de los derechos relativos a la vivienda o local comunitario, todas ellas concernientes, como se ha indicado, a supuestos de desarrollo en la finca por el propietario u ocupante de actividades prohibidas en los estatutos, dañosas para la finca o que contravengan disposiciones generales sobre actividades molestas, insalubres, nocivas, peligrosas o ilícitas.

De un lado, se otorga específica y nominativamente la **legitimación activa** al presidente (LPH art.7.2.1º y 2º).

De otro, se exige un **requerimiento previo**, formulado extrajudicialmente, al comunero infractor, que ha de llevar a cabo el presidente, y no un tercero.

Además, si persistiera en su conducta el propietario u ocupante infractor, resulta preciso para accionar en juicio un **acuerdo comunitario** por el que la junta autorizara la interposición de la demanda. Por tanto, tampoco parece posible que cualquier comunero pudiera ejercitar dichas acciones en beneficio de la comunidad ya que, de una parte, el legitimado únicamente sería quien ostenta la condición de presidente y, de otra, la Ley exige la autorización por parte de la junta para accionar.

No obstante, si un comunero -o varios de ellos- entendiera que concurren motivos y circunstancias como para iniciar los trámites previstos en la LPH art.7.2, y se aprecia pasividad al respecto en el presidente, se puede instar a este a que incluya en el **orden del día de la junta ordinaria** un punto que trate la cuestión (LPH art.16.2 párr 2º); o bien, podrá instarse una **convocatoria específica** si el o los postulantes representaran el 25% de las cuotas de participación (LPH art.16.1). Si, a la postre, el acuerdo no se adoptase, podría impugnarse el acuerdo comunitario denegatorio (LPH art.18).

3180 En cualquier caso, la Ley no ha previsto la **intervención procesal alternativa** de cualquier comunero en aras a defender **activamente** (mediante el ejercicio de las oportunas acciones) o **pasivamente** (mediante la oposición de las correspondientes excepciones procesales) los intereses de la comunidad de la que forma parte aquel, puesto que la representación legal se ha conferido explícita y únicamente al presidente (LPH art.13.3) con carácter general. Por ello, parece aconsejable que la legitimación del comunero para actuar en forma independiente a la comunidad tenga un **carácter subsidiario**, reservado para aquellos supuestos en que los órganos comunitarios se evidencian paralizados, absolutamente inútiles, ausentes, o adoptando una postura inhibicionista y pasiva, pues, de lo contrario, podría desvirtuarse la propia función y cometido que la Ley otorga a aquellos.

Por otra parte, si una comunidad se viera demandada de conformidad con lo prevenido en la LPH art.22 -deduciendo contra ella acciones declarativas, constitutivas o de condena-, cualquier comunero podría intervenir en dicho procedimiento, como **litisconsorte** legítimamente interesado en el resultado del pleito.

Lo expuesto se afirma sin perjuicio de que lo hiciera además en **nombre e interés propio**, en aquellos supuestos en los que la acción deducida fuera dirigida, además, contra él como propietario de elementos privativos.

Acciones respecto a elementos comunes y privativos Las comunidades de propietarios, con la representación conferida legalmente al presidente (LPH art.13.3), gozan de legitimación para demandar la reparación de los daños y exigir los daños y perjuicios causados tanto a los elementos comunes como a los privativos del inmueble sin que el demandado pueda oponer si los distintos elementos objetivos son de **titularidad dominical privada o común**, pues tal cuestión queda reservada a la relación interna entre los integrantes subjetivos de esa comunidad, sin perjuicio, por ello, de las obligaciones del presidente de responder de su gestión (TS 16-6-17, EDJ 106370; AP Sta. Cruz de Tenerife 23-1-23, EDJ 527203). Por tanto, la facultad de representación que se atribuye de modo genérico al presidente no le permite decidir unilateralmente sobre asuntos, si cabe de mayor trascendencia para la vida de la comunidad, como la realización de obras en elementos privativos de un comunero que comporten alteración o afectación de los elementos comunes, y requiere previo acuerdo de la comunidad de propietarios que legitime al presidente para instar acciones judiciales en nombre y defensa de esta (TS 27-3-12, EDJ 52892; AP Valencia 8-3-22, EDJ 589132). 3181

En definitiva, jurisprudencialmente se ha extendido las facultades del presidente a la defensa de los intereses afectantes a los **elementos privativos del inmueble**, cuando los propietarios le autoricen (AP Sevilla 14-12-11, EDJ 339208). Lo anterior deriva de las peculiaridades de que gozan las **facultades de representación** conferidas legalmente al presidente de la comunidad de propietarios.

La LPH, precisamente para evitar cuestiones de legitimación y en aras de una tutela efectiva y de la aplicación eficiente del régimen comunitario con respecto a la propiedad singular y a la colectiva, arbitró la fórmula de otorgar al presidente de las comunidades de propietarios, carentes de personalidad jurídica, la representación de ellas en juicio y fuera de él, lo que lleva implícita la **representación de todos los titulares** (AP Madrid 24-9-19, EDJ 742221). Dicha representación no es la ordinaria que se establece entre representante y representado, sino la orgánica, por cuya virtud, la voluntad del presidente vale, frente al exterior, como voluntad de la comunidad (TS 1-7-89, EDJ 6703; 3-7-89, EDJ 6751; 14-7-89, EDJ 7267; 25-9-89, EDJ 8305; AP Madrid 24-9-19, EDJ 742221; AP León 13-7-23, EDJ 685827).

El presidente de la comunidad de propietarios está legitimado para pedir la reparación de los **defectos constructivos** tanto en los elementos comunes del edificio como en los privativos, incluidas las acciones relativas al cumplimiento del contrato e indemnización de daños y perjuicios (TS 7-10-15, EDJ 182102; AP Salamanca 24-11-21, EDJ 833669), sin que resulte necesario que se acompañe la autorización de los propietarios afectados para la reclamación de los daños padecidos en los elementos privativos, salvo **oposición expresa y formal** de estos (TS 11-4-14, EDJ 67114; AP Ourense 23-6-23, EDJ 656617), por encontrarse investido de un mandato suficiente para defender en juicio y fuera de él los intereses complejos de la comunidad y evitarse con ello procesos múltiples o procesos con multiplicidad de litigantes -LPH art.13.3- (TS 13-12-07, EDJ 260271; AP Bizkaia 23-12-22, EDJ 885947). 3182

No obstante, en estos supuestos en los que el presidente de la comunidad precisa deducir las correspondientes **acciones**, -bien sea para la reparación en forma específica, bien sea para el resarcimiento por el equivalente económico de los daños materiales sufridos tanto en los elementos, pertenencias o servicios comunes como en elementos privativos-, resulta conveniente que en la correspondiente junta de propietarios en la que se autorice expresamente al presidente para el ejercicio de tales acciones, los **comuneros individualmente afectados** también por daños materiales en elementos privativos autoricen igualmente al presidente para que en la misma demanda pueda deducir en su nombre las correspondientes acciones contra los sujetos eventualmente responsables de aquellos (TS 23-4-13, EDJ 55863; AP Las Palmas 21-7-17, EDJ 182165; AP Valencia 8-8-21, EDJ 699113), siendo para ello suficiente aducir que, en el caso de la discutida proyección de ese mandato representativo del presidente sobre intereses particulares ha de tenerse en cuenta el principio general de que con ello se está reportando unos indiscutibles **beneficios a dichos comuneros**, lo cual debe mantenerse, salvo que, en su caso, pudiera existir una oposición expresa o formal, para que en su nombre no pudiese proyectarse la defensa de esos intereses asumidos por dicho presidente a la comunidad (TS 10-5-95, EDJ 3238; 23-4-13, EDJ 55863; AP Sevilla 28-11-18, EDJ 737324; 28-12-22, EDJ 888699).

El Tribunal Supremo entiende que, en el ámbito de la representación y de la legitimación, la amplitud de la facultad atribuida a los presidentes de las comunidades de propietarios varía en función de la **naturaleza de la acción ejercitada** en la demanda que, en la práctica totalidad de los casos, es la prevista en el CC art.1591 y 1902; LOE art.17; y, si bien es cierto que esta legitimación también ha sido reconocida en el ejercicio de la acción de exigencia de responsabilidad contractual, lo ha sido cuando esta acción se ha ejercitado conjuntamente con la acción de **responsabilidad decenal** (donde no resulta deseable ningún tipo de discriminación), pero no cuando se ha deducido de manera única y aislada. De ejercitarse, única y exclusivamente, la acción personal que autoriza el CC art.1101, la legitimación activa corresponde en tal caso, exclusivamente, a cada uno de los propietarios individuales de las viviendas, plazas de garaje y trasteros, que son quienes, en su momento, otorgaron el contrato de compraventa con la entidad vendedora y que es el que habilita el ejercicio de esta acción personal.

3183 **Subcomunidades** La capacidad de las subcomunidades para ser parte en el proceso requiere que estas se hayan constituido formalmente mediante el otorgamiento de **título**, no es suficiente el mero acuerdo de voluntades (AP Madrid 24-9-19, EDJ 742221; AP Pontevedra 7-11-16, EDJ 212334; AP Alicante 13-6-16, EDJ 198720).No obstante, si los estatutos se redactaron antes de la reforma de LPH art.2.d por L 8/2013 y, por tanto, antes de que se pensara legalmente en la posibilidad de la existencia de subcomunidades, y en ellos se hace referencia al uso exclusivo por varios propietarios en régimen de comunidad de determinados elementos comunes dotados de unidad e independencia funcional, siendo un hecho notorio la existencia y funcionamiento de hecho de la subcomunidad, se ha de reconocer capacidad para ser parte aunque no esté constituida en la forma que dispone LPH art.5 (AP Burgos 30-6-21, EDJ 693360).

En los supuestos de complejos inmobiliarios, se ha entendido que la subcomunidad carece de **legitimación activa** para el ejercicio de acciones en nombre de la comunidad general, salvo que los estatutos de esta última así lo autoricen (TS 30-12-09, EDJ 299937). La falta de legitimación activa puede ser apreciada de oficio por el tribunal según reiterada jurisprudencia (TS 20-10-93, EDJ 9336; 1-2-94, EDJ 745; 6-5-97, EDJ 4527; 24-1-98, EDJ 65; 4-12-99, EDJ 37894; AP Barcelona 27-3-23, EDJ 714007). La legitimación activa o *ad causam* puede ser apreciada de oficio, en tanto que atañe al control de si se tiene interés legítimo para solicitar de los órganos jurisdiccionales, una resolución (TS 6-5-98, EDJ 2952; 16-2-01, EDJ 1256).

En los casos en los que una subcomunidad ejercita una acción a la que no estaba autorizada estatutariamente, se ha entendido que la legitimación activa puede ser apreciada de oficio por el tribunal, en tanto que atañe al control de si se tiene interés legítimo para solicitar de los órganos jurisdiccionales una resolución. Debe rechazarse la legitimación activa de la subcomunidad actora cuando no tenga estatutariamente asignada la función de representación que le corresponde a la comunidad general (TS 4-12-99, EDJ 37894).

No cabe estimar en estos supuestos la doctrina legal conforme a la cual, para el ejercicio de la acción judicial en beneficio de la comunidad se encuentra legitimado cualquier propietario cuando actúa con la anuencia o sin la oposición expresa o tácita de aquella.

Respecto a la **legitimación pasiva**, atendiendo a su especial configuración dentro del régimen de propiedad horizontal, la subcomunidad puede ser demandada sin necesidad de traer al proceso a todos y cada uno de los copropietarios, pues esto podría generar dificultades extraordinarias para la actora en supuestos de fincas -sótanos, bajos- que, por su dimensión, albergan un colectivo de copropietarios muy numeroso.

Se ha determinado que, cuando se trata de un edificio en el que concurre la anómala situación de coexistencia o, más bien, de aparente coexistencia, de dos comunidades de propietarios plenamente diferenciadas -lo que evidentemente no es factible, pues solo cabe que exista una única comunidad-, debe aceptarse cierta flexibilidad en orden a permitir la resolución de la controversia surgida con esta ilegítima duplicidad y su nefasta repercusión en la convivencia vecinal. En tales casos, parece razonable que cualquiera de las comunidades de propietarios que se considera la legítima pueda interponer demanda contra la otra, solicitando la nulidad de la convocatoria y, consecuentemente, de sus acuerdos (AP Alicante 27-3-23, EDJ 632982).

De otra parte, debe al mismo tiempo tenerse en cuenta que la propia LEC art.7, admite la **capacidad procesal de entidades sin personalidad**, que pueden comparecer en juicio por medio de las personas a quienes se les atribuya su representación o actúen en su nombre frente a terceros (AP Pontevedra 30-6-06, EDJ 111850; AP Cantabria 22-12-15, EDJ 269554; AP Madrid 23-3-21, EDJ 577521).

No obstante, si los estatutos se redactaron **antes de la reforma** de LHP art.2.d por L 8/2013 y, por tanto, antes de que se pensara legalmente en la posibilidad de la existencia de subcomunidades, y en ellos se hace referencia al uso exclusivo por varios propietarios en régimen de comunidad de determinados elementos comunes dotados de unidad e independencia funcional, siendo un hecho notorio la existencia y funcionamiento de hecho de la subcomunidad, se ha de reconocer capacidad para ser parte, aunque no esté constituida en la forma dispuesta por LPH art.5 (AP Burgos 30-6-21, EDJ 693360).

4. Costas procesales

Cada parte ha de pagar los gastos y costas del proceso causados a su instancia a medida que se vayan produciendo. 3184

Respecto a la comunidad de propietarios, es doctrina reiterada por el Tribunal Supremo que la **comunidad vencida** no puede repercutir al comunero que litiga con ella, como gastos generales, los devengados por la defensa de la comunidad -abogado y procurador- (TS 12-07-18, EDJ 522601; AP Las Palmas 25-11-22, EDJ 851996). Por tanto, cuando la comunidad de propietarios se enfrenta judicialmente contra alguno de sus miembros, los desembolsos impuestos por la situación litigiosa no son gastos generales en relación a este, pero sí respecto del resto de los integrantes de la comunidad de propietarios.

Los gastos procesales derivados de las acciones llevadas a cabo por la **comunidad contra un copropietario** son gastos individualizables, a cuyo pago no puede ser obligado el comunero contra el que se dirige la acción (TS 30-11-11, EDJ 337677); no obstante, si el propietario litigante actúa con **mala fe** o conculcando el ordenamiento jurídico, si se le podrán reclamar estos gastos procesales.

Precisiones Es anulable el **acta** que imputa a un propietario los gastos procesales de un procedimiento en el que es parte, al no ser dichos costes gastos generales (TS 31-5-21, EDJ 588220; AP Madrid 31-3-22, EDJ 616263).

C. Arbitraje

Las controversias que puedan surgir en materia de propiedad horizontal pueden sean resueltas por medio del procedimiento arbitral, excluyendo la intervención jurisdiccional en el conocimiento y resolución de las que, sobre esta materia, se susciten entre propietarios, o entre estos y la comunidad. 3185

Aunque en el pasado hubo cierta **controversia** sobre esta posibilidad, hoy el arbitraje en este ámbito está pacíficamente admitido por la jurisprudencia (TSJ Baleares 22-11-19, EDJ 798080; AP Cáceres 22-11-19, EDJ 799763; AP Madrid 26-6-19, EDJ 726207; AP Bizkaia 5-7-23, EDJ 672671).

Actualmente, se establece que la reclamación de los **gastos de comunidad** y del **fondo de reserva** o cualquier cuestión relacionada con la obligación de contribuir en ellos, también puede ser objeto de mediación-conciliación o arbitraje, conforme a la legislación aplicable (LPH art.21.6).

Requisitos previos Para poder someter una cuestión a arbitraje es precisa la concurrencia de los siguientes requisitos: 3186

a) Bien que el **título constitutivo** haga constar (LPH art.5) una **cláusula arbitral** compromisoria por la que se establezca que las controversias que surjan respecto a las normas de funcionamiento establecidas en los estatutos, y aquellas cuestiones que no conciernan al orden público, puedan ser sometidas a resolución por medio de arbitraje.

b) Bien que la junta de propietarios adopte el **acuerdo** por virtud del cual, se establezca que las controversias que surjan en cualquiera de las materias incluidas en la LPH sean resueltas a través de este procedimiento no jurisdiccional.

En uno u otro caso, el acuerdo ha de reunir los extremos que se establecen en la L 60/2003 de arbitraje.

Resulta posible, consiguientemente, la incorporación originaria de este tipo de cláusulas en los **estatutos de la comunidad**. Su introducción posterior al momento constitutivo requerirá la adopción del acuerdo con los mismos requisitos que los propios de que una reforma estatutaria, por lo que será preciso recabar el voto favorable de la unanimidad (LPH art.5).

Cuestiones que se pueden someter Resulta aplicable a tal cuestión la jurisprudencia del Tribunal Supremo respecto a las sociedades de capital (TS 18-4-98, EDJ 2301; AP Pontevedra 23-6-21, EDJ 669772), que establece que no tienen por qué quedar excluidas del arbitraje y, por tanto, de la posibilidad de sumisión a convenio arbitral, cuestiones tales como la relativa a la nulidad de la junta de accionistas ni la impugnación de acuerdos sociales; ello sin perjuicio de que, si algún extremo queda normativamente **fuera del poder de disposición** de las partes, no puedan los árbitros pronunciarse sobre el mismo, so pena de ver anulado total o parcialmente su laudo. Dicha doctrina se funda en que, si bien la **impugnación de acuerdos sociales** está regida por normas de contenido imperativo, el convenio arbitral no alcanza propiamente a las mismas, sino al cauce o procedimiento de resolverlas, de modo que el carácter imperativo de las normas que regulan la impugnación de acuerdos sociales, no obsta el carácter negocial y, por tanto, dispositivo de los mismos. 3187

Por analogía en la argumentación, es posible la admisión del arbitraje para resolver los conflictos consustanciales y nacidos de las relaciones intersubjetivas formadas en el seno de las comunidades de propietarios, de entre los que destacan las cuestiones concernientes a la **impugnación de acuerdos de junta general**, a salvo de aquellos que conciernen a materias que sean indisponibles (L 60/2003 art.2).
Sí pueden quedar **sujetos a arbitraje** todos aquellos asuntos que, por ejemplo, la Ley somete en equidad al juez de 1ª instancia, como los supuestos de excusas de los cargos de la comunidad.
Son igualmente arbitrables sin ningún género de duda las controversias derivadas de la aplicación de las **normas de régimen interno** de las que se pueda dotar una comunidad (LPH art.6). Se trata de normas de organización interna, formadas por la autonomía de la voluntad y, por ello, no excluidas del arbitraje por su carácter eminentemente dispositivo.
En caso de **discrepancias entre los propietarios** sobre la naturaleza de las obras a realizar en el edificio, resuelve lo procedente en este sentido la junta de propietarios, pudiendo en todo caso los interesados solicitar arbitraje o dictamen técnico en los términos establecidos por la Ley (LPH art.17.10).

Precisiones En esta remisión normativa, debe quedar comprendido, no solamente lo previsto en la L 60/2003, de **arbitraje**, sino también la regulación establecida en el RD 1417/2006, por el que se establece el sistema arbitral para la resolución de quejas y reclamaciones en materia de **igualdad de oportunidades**, **no discriminación** y accesibilidad por razón de **discapacidad**.

3188 Por el contrario, **quedarían excluidos** de arbitraje los siguientes conflictos en materia de propiedad horizontal:
• Las **mayorías** necesarias para la adopción de los distintos tipos y categorías de acuerdos.
• La posibilidad de **privación del uso** de la vivienda o local (LPH art.7).
• La **designación del presidente** de la comunidad (LPH art.13.2).
• Las funciones o atribuciones legalmente conferidas a cada uno de los **órganos de gobierno** de la comunidad.

3189 **Efectos** Una vez que los copropietarios, reunidos en junta, acuerden válidamente (negocio jurídico plurisubjetivo) la sumisión a arbitraje de cuantos conflictos y controversias se susciten entre ellos, así como entre cualquiera o cualesquiera de ellos y la comunidad en el ámbito del régimen jurídico de la propiedad horizontal, se produciría el llamado **efecto negativo del convenio arbitral**, que impediría a los tribunales de justicia conocer de las controversias sometidas a arbitraje (TSJ Baleares 30-1-23, EDJ 519340).
Es válida la designación de árbitro o árbitros a través del colegio de administradores de fincas -en cuanto forma de **arbitraje institucional** (L 60/2003 art.14)-, si bien habría de tenerse en cuenta que si dicho arbitraje lo fuera en Derecho (y por defecto lo será, conforme a la L 60/2003 art.34), el administrador nominado debería contar con titulación precisa para llevar a efecto ese tipo de arbitraje.

D. Procedimientos propios del régimen de propiedad horizontal

3190 La Ley de propiedad horizontal distingue las siguientes categorías de procesos en el ámbito concerniente a las relaciones derivadas del régimen de propiedad horizontal:
1. El proceso de **impugnación de acuerdos** adoptados por la junta de propietarios, con sus respectivas especialidades en materia de legitimación, caducidad, y ejecutividad (LPH art.18). Ver nº 3200.
2. El **proceso de equidad**, para los supuestos en los que los acuerdos que no precisen unanimidad no consigan alcanzar en junta las mayorías precisas para ser adoptados conforme lo prevenido en la LPH art.17.7. Este proceso es el empleado, por expresa disposición legal, para los siguientes supuestos:
- de **excusa en la presidencia** de la comunidad, cuando la persona designada, en atención a las circunstancias, se ve imposibilitada para el ejercicio del cargo y precisa solicitar del juzgador su relevo en el cargo; y
- de imposibilidad de la junta para **designar presidente** de la comunidad.
Ver nº 3875.

3192 3. El proceso dirigido a ejercitar la **acción de cesación** respecto del desarrollo en el inmueble, por parte de un propietario u ocupante, de actividades prohibidas por los estatutos, o que resulten dañosas para la finca, o contraventoras de las disposiciones generales sobre actividades molestas, insalubres, nocivas, peligrosas o ilícitas (LPH art.7; nº 3525).

4. El proceso para reclamar a los **propietarios morosos** las cantidades debidas a la comunidad en concepto de gastos comunes, tanto si son ordinarios como extraordinarios, generales o individualizables, o fondo de reserva, y mediante el proceso monitorio especial (LPH art.21; nº 3625).

No obstante, no son estas cuatro las únicas categorías o clases de acciones -determinantes de otras tantas clases de procesos- susceptibles de darse en el complejo ámbito de las relaciones intersubjetivas y situaciones jurídicas nacidas de la comunidad especial a que da lugar la propiedad horizontal. La LPH ha dispuesto una serie de **especialidades procesales** y procedimentales para tales clases de acciones concretas, lo que no supone que haya limitado el espectro procesal a la solicitud judicial de tutela que aquellas comprenden. **3193**
El **resto de las cuestiones litigiosas** que se susciten en el ámbito sustantivo de la propiedad horizontal, deben ventilarse, resolverse y decidirse por los trámites del procedimiento declarativo ordinario (LEC art.249.1.8º redacc RDL 6/2023), como norma general, con las salvedades pertinentes para aquellos supuestos en los que sea preciso acudir a las normas en materia de jurisdicción voluntaria.

Precisiones Con carácter general se establece que se decidirán por el cauce del **juicio declarativo ordinario** las acciones que la LPH otorga a las juntas de propietarios y a estos, siempre que no versen exclusivamente sobre reclamaciones de cantidad, en cuyo caso se tramitan por el juicio verbal o por el procedimiento especial que corresponda (LEC art.249.1.8º redacc RDL 6/2023). Cuando una comunidad de propietarios tiene que demandar a un tercero que no pertenece a la comunidad, en cuanto no tiene la condición de propietario de piso o local en ella radicado, no actúa en defensa de los elementos comunes contra un comunero, sino contra un tercero, por lo que no son propiamente aplicables las reglas de la LPH, sino las generales de Derecho privado y, en especial las relativas a las relaciones de vecindad. La determinación del procedimiento por razón de la materia (LEC art.249.1.8º) trae su causa en las relaciones endogámicas nacidas de la propiedad horizontal, de las que nacen las acciones no solamente derivadas de la impugnación de acuerdos comunitarios, o las de protección de elementos comunes, sino también las derivadas de la intención de cesar determinadas conductas de propietarios y, en general, cualesquiera que tiendan a resolver las controversias en materia de propiedad horizontal entre comunidad y propietarios. **3194**
Ahora bien, la norma (LEC art.249.1.8º), no afecta a las **relaciones entre comunidad y terceros** ajenos a ella. La comunidad, en el ejercicio de las acciones que deduzca frente a terceros, no actúa en defensa de los elementos comunes contra un comunero, sino contra un tercero. En este sentido no son propiamente aplicables las reglas de la LPH, por cuanto que la relación o situación jurídica de la que nace el litigio no trae su causa del acervo de relaciones reguladas por la referida norma, por lo que la articulación de la demanda que vaya a formular la comunidad de propietarios contra el tercero no tiene apoyo o basamento normativo en esta específica regulación, que es, precisamente, lo que determina la especial sujeción al proceso ordinario.

SECCIÓN 2

Impugnación de acuerdos adoptados por la junta de propietarios

3200

La **junta de propietarios** es el órgano de gobierno de la comunidad de propietarios en régimen de propiedad horizontal (LPH art.13.1.a) que tiene atribuidas las importantes funciones asignadas, como mínimo, en LPH art.14. La junta, compuesta de todos los titulares, tiene los cometidos propios de un órgano rector colectivo -con funciones no meramente deliberantes-, y ha de reunirse una vez al año como mínimo. **3201**
Los **acuerdos** adoptados en sesión de junta de propietarios constituyen un negocio jurídico plurisubjetivo, donde los asistentes -por sí o representados- manifiestan y exteriorizan su voluntad a través del voto favorable, tanto de la mayoría numérica o personal, cuanto de la económica, salvo cuando la trascendencia de la materia requiera la unanimidad, a salvo de que, por la relativa importancia de la materia, y para que la simple pasividad de los propietarios no entorpezca el funcionamiento de la institución, sea suficiente la simple mayoría de los asistentes. La voluntad manifestada en junta de propietarios, se manifiesta y cristaliza aprobando, denegando o resolviendo los puntos de un orden del día previamente establecido.

Los acuerdos adoptados por la junta de propietarios serán impugnables ante los tribunales de conformidad con lo establecido en la legislación procesal general (LPH art.18), remitiéndose de este modo a la Ley de Enjuiciamiento Civil, como norma adjetiva de carácter común o general.

Precisiones El que la junta general de propietarios no adopte un acuerdo por no lograrse la mayoría requerida por la ley, no impide que en las sucesivas se pueda volver a **proponer el mismo acuerdo** y, si en alguna se logra la mayoría requerida por la ley, se adopte. Lo que no cabe es que los propietarios que en la junta han votado a favor de un acuerdo que no ha logrado la mayoría requerida en la ley para ser adoptado, «impugnen» este acuerdo no adoptado, para que el tribunal dé por aprobado y adoptado este acuerdo (AP Madrid 8-3-16, EDJ 47883).

3202 De la regulación que ofrece la LPH art.18 se extraen las siguientes **conclusiones**:

• Se someten a un mismo **régimen procesal** los acuerdos contrarios a la Ley, a los estatutos, así como los lesivos para los intereses de la comunidad y los que supongan un grave perjuicio para algún propietario cuando este no tenga el deber jurídico de soportarlo, o se hayan adoptado en abuso de derecho.

• Todos los acuerdos impugnables (LPH art.18.1.a, b y c) están sometidos a plazo de **caducidad de la acción de impugnación**, sin distinguir entre acuerdos nulos, anulables o irregulares.

• Se condiciona la **impugnación del propietario asistente** -por sí o representado- y **disidente**, a que este haya salvado su voto en la junta que adoptó el acuerdo impugnable; y se impide la impugnación al propietario que no se halle al corriente del pago de **deudas vencidas** con la comunidad (LPH art.9.1.e y f), salvo que antes de impugnar consigne judicialmente su importe, con exclusión de los supuestos en que se trate de acuerdos relativos al establecimiento o alteración de las cuotas de participación en las cargas y beneficios en relación al total del valor del inmueble (LPH art.3).

• Se reconoce expresamente la posibilidad de que el tribunal que conozca del proceso de impugnación, a instancia de la parte actora o impugnante, acuerde la **suspensión del acuerdo impugnado** (LPH art.19.3).

Precisiones En esta materia determinados aspectos normativos y facultades sustanciales sí presentes en sede de impugnación de acuerdos de junta general en las **sociedades de capital**, tales como la no caducidad de las acciones frente a acuerdos contrarios al orden público; la legitimación de terceros para la impugnación de acuerdos nulos que, de una forma u otra, pudieran afectarles a pesar de no tener la condición de socios; o la acumulación forzosa de las diversas demandas de nulidad que tuvieran por objeto un mismo acuerdo.

3203 La **impugnación de la junta de propietarios** misma, como órgano no estable, sino constituido con una periodicidad mínima de una vez al año (LPH art.16.3), es cosa distinta, conceptualmente, de la **impugnación de los acuerdos** que por ella se adopten en el seno de la correctamente convocada y constituida. Los **defectos formales graves** en el modo o procedimiento de convocatoria (LPH art.16), o en la formación del cuórum constitutivo, entre otras cuestiones que conciernen a la junta misma y su constitución, se invocará en su *causa petendi* por la vía de la LPH art.18.1.a en relación con la LPH art.16, de suerte que la declaración constitutiva de la nulidad de la junta, determinará la consiguiente de los acuerdos en ella adoptados (AP Palencia 30-7-21, EDJ 741307).

A. Legitimación

3205

1. Legitimación activa

3207 La legitimación para la **impugnación de los acuerdos** adoptados por la junta de propietarios es un derecho individual, indisociable de la condición de propietario (AP Valencia 4-2-14, EDJ 60106), en cuanto integrante de la comunidad constituida en régimen de propiedad horizontal. El propietario es parte en la relación jurídica compleja de comunidad (LEC art.10) y, por ello, está investido de título legitimatorio para impugnar los acuerdos que, en relación a la misma, se adopten por el órgano colegiado que es la propia junta. No obstante, el propietario carece de legitimación, por ausencia de interés legítimo, cuando el acuerdo no le afecte, en el sentido de que no concierne ni directa ni indirectamente a su piso o local (AP Madrid 28-9-16, EDJ 186382) o bien, se haya abstenido en la votación y se refiera a obras con las que luego manifieste no estar de acuerdo (AP Barcelona 25-5-21, EDJ 660486).

No cabe el **ejercicio extrajudicial** -al margen de un proceso contencioso- del derecho de impugnación. Este derecho -el de impugnación- no es cedible o transmisible independientemente del principal que supone la condición de propietario. No deben deducirse las acciones de impugnación contra aquellos propietarios que, con su voto, coadyuvaron a formar la mayoría con la que se conformó el acuerdo comunitario objeto de impugnación.
La **entidad legitimada pasivamente** para ser término subjetivo de la acción de impugnación de acuerdos de la junta de propietarios es, consiguientemente, la propia comunidad, máxime cuando el acuerdo en concreto se ha adoptado en el seno de uno de sus órganos de gobierno (LPH art.13.1.a). Ello no impide la facultad procesal de que cualquiera de los propietarios que hubieran votado a favor del acuerdo impugnado, puedan intervenir voluntariamente en la *litis* (LEC art.13).

Precisiones En **Cataluña** se confiere legitimación a los propietarios o titulares de un derecho posesorio sobre el elemento privativo en caso de que, ellos mismos o las personas con quienes conviven o trabajan, sufran alguna discapacidad o sean mayores de 70 años, para el supuesto de que no hubieran conseguido que la **comunidad adopte el acuerdo**. Pueden solicitar a la autoridad judicial que obligue a la comunidad a suprimir las barreras arquitectónicas o a hacer las innovaciones exigibles, siempre y cuando sean razonables y proporcionadas, para alcanzar la accesibilidad y transitabilidad del inmueble en atención a la discapacidad que las motiva (CCC art.553-25.5).

a. Personas ajenas a la comunidad

Con carácter general, las personas ajenas a la comunidad no ostentan legitimación para impugnar acuerdos adoptados por la junta de propietarios del edificio o complejo inmobiliario privado (AP Alicante 8-10-13, EDJ 218130), mas sí pueden solicitar judicialmente la **inoponibilidad** de ellos cuando se trate de acuerdos nulos, por contrarios a norma imperativa o prohibitiva, siendo de apreciar la consideración de que el tribunal, a pesar de no habérsele solicitado expresamente, y apreciando la evidente nulidad del eventual acuerdo de la junta, acuerde constitutivamente la nulidad radical del mismo *ex officio iudicis* (AP Barcelona 19-2-09, EDJ 34494). 3209
Frente a terceros, no rige el **plazo de caducidad** de 3 meses o de un año (LPH art.18.3), por cuanto no son titulares de legitimación por derecho propio para impugnar, ni aunque el acuerdo les grave o afecte personalmente. La defensa de su derecho, sin embargo, puede hacerse valer ante los tribunales por medio de la inoponibilidad de los acuerdos adoptados (CC art.1257), o mediante la deducción de una acción declarativa de nulidad sujeta al régimen general.
Carecen de legitimación activa para el ejercicio de tales acciones impugnatorias, como norma general, quienes no ostentaban la condición de propietarios al tiempo de adoptarse los acuerdos cuya impugnación se pretende. Y ello es así por cuanto, si la adquisición del dominio se consuma en nuestro ordenamiento cuando concurre el título y el modo o tradición (CC art.609), no puede arrogarse la demandante el carácter de propietario con anterioridad al otorgamiento de la escritura traditoria, a no ser que pruebe que tenía título -p.e. contrato de compraventa, o testamento- y que fuera acompañado de la posesión del inmueble. No se considera propietario, a **efectos legitimatorios**, al hijo de la titular registral del piso o local, careciendo de trascendencia a tales efectos que el referido hijo acuda a las juntas de propietarios o pague los gastos de comunidad (AP Valencia 4-2-14, EDJ 60106). Por otra parte, la LPH reserva exclusivamente al propietario el derecho a impugnar los acuerdos adoptados por la junta -LPH art.18-, y esa condición habilitante ha de concurrir a la fecha de la celebración de la junta, como claramente se infiere del contexto de dicho precepto (AP Madrid 19-12-11, EDJ 350497).

Terceros especialmente vinculados No obstante el principio general de legitimación reconocido aparentemente de forma exclusiva a los propietarios conforme previene el art.18.1 LPH, cuando por el tipo de norma vulnerada por los acuerdos se vean afectados directamente terceros no propietarios pero especialmente vinculados o ligados a la comunidad, debe apreciarse que se extiende la legitimación a los mismos (AP Madrid 22-12-09, EDJ 369463), por aplicación de lo señalado al efecto por el Tribunal Supremo (TS 16-2-87, EDJ 1244) respecto a un arrendatario, si bien, en este último supuesto, la legitimación se le reconoció al locatario en razón a que el acuerdo impugnado le imponía el cese de una determinada actividad. Carece igualmente de legitimación pasiva la **arrendataria financiera** (AP Madrid 19-10-12, EDJ 255463). En consecuencia, como norma general, el **arrendatario** de piso o local carece de legitimación para la impugnación de acuerdos de junta de propietarios ya que, por razón del nexo jurídico contractual (contrato de arrendamiento) goza de acción para dirigirse contra el arrendador (propietario) y resarcirse de las consecuencias negativas que el acuerdo impugnable le produjera, bien por privarle de una facultad o posibilidad de uso, bien por incrementar 3210 los costes inherentes a la ocupación. Tampoco ostenta legitimación activa el **arrendatario financiero**, aunque ostente un derecho de opción de compra, mientras no lo haya ejercitado (AP Murcia 24-10-16, EDJ 220938).

En el caso del titular de un **usufructo** no nacido de un contrato (p.e. un legado de usufructo), este viene investido de acción, independiente del nudo propietario, para impugnar aquellos acuerdos que restrinjan, graven o limiten el uso sobre elementos comunes, o que establezcan gastos comunitarios en los que concurran algún presupuesto de impugnación (contravención de ley, de estatutos, abusividad o lesividad), ya que, en tales supuestos, el usufructuario no tiene acción nacida de contrato contra el nudo propietario para resarcirse o compensarse de los perjuicios o pérdidas que le ocasione el acuerdo impugnable.

Ostentan legitimación activa para la impugnación de acuerdos adoptados por la junta quienes, no obstante no ser propietarios, se ven afectados por mor de dichos acuerdos en los derechos que tienen reconocidos para la supresión de barreras arquitectónicas las **personas con discapacidad** (L15/1995). La persona con discapacidad, estaría, en principio, legitimada para impugnar el acuerdo de la comunidad de propietarios que le limita los derechos que la ley le reconoce (AP Madrid 22-12-09, EDJ 369463); aunque ello no significa desconocer la **regla general** sobre la legitimación para impugnar los acuerdos adoptados por la comunidad de propietarios, que solo se concede a los propietarios, pues cuando por el tipo de norma vulnerada se vean afectados (TS 16-2-87, EDJ 1244).

3211 **Acuerdos radicalmente nulos** Los acuerdos radicalmente nulos, determinantes de la inexistencia del mismo en razón a su contenido, no quedan sujetos al excluyente ámbito de legitimación subjetiva establecido en la LPH art.18.1, pudiendo impugnarlos un tercero ajeno a la comunidad, no propietario -personas físicas o jurídicas, de Derecho privado o público- con un **mínimo interés legítimo**, sin perjuicio de ser apreciada su nulidad radical de oficio por los tribunales, aunque tal pretensión no hubiera sido objeto de concreta petición de solicitud de tutela (AP Barcelona 19-2-09, EDJ 34494). Entiéndase que concurre el referido interés legítimo de tercero en la impugnación del acuerdo adoptado por la comunidad en aquellos supuestos en los que se vulnera o transgrede un derecho o expectativa seria, efectiva, legítima y tutelable de derecho reconocido contractual o legalmente.

b. Propietario

3212 **Requisitos para impugnar** (LPH art.18.2) Para poder impugnar los acuerdos adoptados por la junta, es preciso que el propietario:
- esté al **corriente de pago**; o
- realice una **consignación judicial** previa.

A salvo, como **excepción**, de los supuestos de impugnación de acuerdos relativos al establecimiento o alteración de las cuotas de participación (LPH art.5), y también los que establezcan un sistema distinto de distribución de gastos, de manera general o para algunos en particular, y ya sea de forma permanente o temporal (TS 22-10-14, EDJ 197471; AP Valencia 12-2-20, EDJ 513511; AP A Coruña 22-3-23, EDJ 593299).

3213 **Estar al corriente de pago** (LPH art.18.2) El derecho a impugnar acuerdos de la junta de propietarios viene sujeto al requisito de que el propietario se encuentre al corriente en sus obligaciones pecuniarias con la comunidad al tiempo de interponer la **demanda**, ya que la legitimación se ha de ostentar cuando se ejercite la acción (AP Madrid 19-12-16, EDJ 247474). En el caso de no estarlo, podrá salvar su derecho consignando judicialmente las cantidades debidas (nº 3217). Tal disposición no es inconstitucional, ni obstáculo para el derecho al proceso, sino la correcta reiteración de mecanismos tendentes a evitar comportamientos reiterados de impago de comuneros y, por tanto, protectores del buen funcionamiento de las comunidades de propietarios (AP Asturias 2-1-02, EDJ 4663).

Es un requisito legal imperativo e indisponible, y también, incluso, **insubsanable**, la exigencia del pago o consignación, previa a la presentación de la demanda, de la totalidad de deudas vencidas con la comunidad, de forma que solo es subsanable su falta de acreditación documental (AP Barcelona 16-7-21, EDJ 689792).

No resulta preciso, ni requisito exigible a la comunidad, la **notificación al propietario** en cuestión la liquidación de la deuda y el correspondiente saldo, pues cualquier propietario ha de ser plenamente consciente de que, en su condición de tal, periódicamente ha de abonar una cuota por gastos comunes y, de que incurre en mora si no verifica puntualmente su pago.

Como **excepción**, la regla general de estar al corriente en las deudas vencidas con la comunidad no es de aplicación para la impugnación de los acuerdos de la junta relativos al establecimiento o alteración de las cuotas de participación de la LPH art.9 entre los propietarios (AP Madrid 12-3-12, EDJ 50335), pues resulta contrario a la lógica jurídica obligar

a pagar o consignar con carácter previo las deudas que están siendo discutidas (AP León 19-6-07, EDJ 168267).
Esta excepción viene por tanto específicamente referida a la impugnación de acuerdos que hayan supuesto el establecimiento o la alteración de las cuotas de participación de LPH art.9.e y f:
- sobre los **gastos generales** precisos para el adecuado sostenimiento del inmueble, sus servicios, cargas y responsabilidades que no sean susceptibles de individualización; o
- sobre la contribución a la **dotación del fondo de reserva** que debe existir en la comunidad de propietarios para atender las obras de conservación de reparación y de rehabilitación de la finca, así como la realización de las obras de accesibilidad recogidas de la LPH art.10.1.b y las de accesibilidad y eficiencia energética establecidas en la LPH art.17.2.
Abarca también los acuerdos que establezcan un **sistema de distribución de gastos**, de manera general o para algunos gastos en particular, tanto de forma permanente como ocasional.
No se incluye en la excepción y, por tanto, debe estarse al corriente de las deudas vencidas, si lo que se pretende es la impugnación de:
- cualquier acuerdo que afecte al pago que los propietarios deban hacer a la comunidad por su correspondiente participación en los gastos de la comunidad, en tanto no se altere el sistema de distribución de estos que se venía aplicando, que puede ser el que correspondía al coeficiente o cuota previsto en el título constitutivo o el especialmente establecido en un acuerdo anterior de la comunidad que no haya sido anulado o suspendido cautelarmente en su eficacia (TS 22-10-13, EDJ 219930; AP Cantabria 14-10-21, EDJ 718899);
- los acuerdos de la comunidad de propietarios que alteran la forma de contribución a los gastos comunes según el coeficiente fijado en el título constitutivo y la manera indicada en los estatutos, sin distinción de los correspondientes a la mancomunidad y los distintos portales (TS 5-11-19, EDJ 725675).

Precisiones **1)** El **fundamento** de la obligación de estar al corriente de pago para impugnar acuerdos se justifica en la necesidad de evitar que los copropietarios que no guardan un mínimo de lealtad en el cumplimento de sus obligaciones comunitarias puedan, en cambio, enfrentarse judicialmente a la comunidad exigiéndole que ajuste sus acuerdos a Derecho, cuando quien lo pretende, precisamente, se halla incurso, él mismo, en flagrante incumplimiento (AP Baleares 16-3-12, EDJ 46563). **3214**
2) En lo que concierne a su **naturaleza jurídica, alcance y finalidad**, la obligación de estar al corriente de pago para poder impugnar un acuerdo de la junta de propietarios ha sido interpretada de distinta forma por las diversas por las audiencias provinciales:
• Para algunas se trata de un **requisito de procedibilidad** que condiciona el derecho de acceso al proceso (TS 22-10-13, EDJ 219930; 5-11-19, EDJ 725675; AP Málaga 29-4-21, EDJ659116; AP A Coruña auto 2-6-21, EDJ 674498; AP Madrid 1-7-22, EDJ 681424). Este requisito no puede ser interpretado de forma excesivamente rigorista cuando la certificación del administrador puede dar lugar a confusión. Si las cuotas presupuestadas y aprobadas en la junta no se reflejaron en la certificación y tampoco la deuda consta en la documentación aportada con la demanda, se puede considerar que se cumple con el requisito de procedibilidad cuando se abona la deuda que figura en la certificación del administrador inmediatamente anterior a la presentación de la demanda (AP Bizkaia 22-6-23, EDJ 624329).
• Otros pronunciamientos precisan que, más que de un requisito de procedibilidad, consiste en una exigencia de fondo que, de este modo, afecta al núcleo de la acción, convirtiéndose en un **presupuesto de la acción**, de tal forma que la impugnación no prosperará, no por razones de índole procesal, sino porque el incumplimiento de las obligaciones en el régimen de propiedad horizontal afecta directamente a la legitimación para ejercitar la acción, entendida esta como el derecho subjetivo a poner en funcionamiento el mecanismo tutelar de los tribunales, y obtener de ellos una respuesta a la pretensión inserta en la acción (AP Málaga 21-6-04, EDJ 89983; AP Madrid 17-5-04, EDJ 120130; AP Gipuzkoa 14-3-01, EDJ 76760; AP Zaragoza 14-3-06, EDJ 277350; AP Bizkaia auto 31-3-08, EDJ 71576; 13-3-14, EDJ 102303).
En cualquier caso, la jurisprudencia considera este requisito **no vulnera** en modo alguno el derecho a la tutela judicial efectiva (Const art.24), pues es una exigencia proporcionada, al no impedirle el acceso a los tribunales y no paralizar de hecho la vida de la comunidad dada por la ejecutividad de los acuerdos pese a su impugnación judicial (LPH art.18.4).

No exige que el propietario impugnante de los acuerdos adoptados por la junta acredite estar al corriente de pago mediante **certificación** extendida al efecto por el secretario de la comunidad, solo que esté al corriente (LPH art.18.2). La demanda, consiguientemente, se admitirá a trámite sin aportar la acreditación de este requisito, incumbiendo a la comunidad oponerlo en el primer trámite procesal como motivo desestimatorio por incumplimiento del presupuesto legal. Así, el **impago** debe ser opuesto por la comunidad como excepción (LEC art.405) al tiempo de contestar la demanda y, en puridad, su contradicción entre la actora impugnante y la comunidad demandada debería dar lugar a la sustanciación de un **incidente de previo pronunciamiento**. La práctica forense demuestra que la falta al requisito de procedibilidad, o del **3215**

presupuesto de la acción (nº 3213), se resuelve en el acto de la audiencia previa (LEC art.418.2), o en sentencia sobre el fondo dictada en primera instancia.
Se plantea la posibilidad de **subsanación**, de acuerdo con la LEC art.231, cuando el impugnante hubiera alegado hallarse al corriente de pago, o bien manifestado su voluntad de consignar las cantidades correspondientes, pero no acreditara documentalmente, a satisfacción del tribunal, el cumplimiento de tales requisitos (AP Barcelona 14-2-03, EDJ 82915). En este sentido cabría la subsanación tan solo de la **acreditación documental**, no el pago o consignación misma (AP La Rioja 25-10-06, EDJ 340965; AP Tarragona 8-6-23, EDJ 683950); la cuestión de hallarse o no al corriente de pago de las deudas atañe al fondo y es un **requisito insubsanable** (AP Barcelona 16-7-21, EDJ 689792; AP Asturias 17-6-03, EDJ 178253; AP Málaga 6-2-23, EDJ 618337).

3216 Precisiones 1) Distingue el **Tribunal Constitucional** entre:
- el **defecto sustantivo** -la falta de pago o consignación-; y
- el **defecto formal** de simple acreditación.

2) Sin embargo, en algún caso se ha considerado que este presupuesto para el ejercicio de la acción de impugnación de acuerdos de la junta de propietarios debe ser considerado como esencialmente **subsanable** a lo largo del procedimiento judicial, pues se trata de un **requisito adicional** en materia de legitimación para la impugnación. (AP Madrid 22-2-05, EDJ 52810; AP Soria 24-7-01, EDJ 107510), En cualquier caso, al margen de este cuerpo de jurisprudencia menor más o menos dúctil o permisiva en relación al cumplimiento el presupuesto, y al margen de la posibilidad que ofrece la LEC art.418.2 para la subsanación de defectos susceptibles de ello, una **posición prudente** para evitar desestimaciones de las acciones impugnatorias al tiempo de dictar sentencia, o de autos acordando el sobreseimiento del procedimiento por falta de cumplimiento del requisito consistente en estar al corriente de las deudas vencidas frente a la comunidad, aconseja el pago o la consignación con carácter previo a la interposición de la demanda.

3) No exime del deber de estar al corriente de la totalidad de las deudas vencidas con la comunidad -o, alternativamente, al deber de proceder a su consignación judicial- el hecho de que, con anterioridad a la celebración de la junta, no se hubiera hecho constar la deuda de cada uno de los comuneros morosos, debido fundamentalmente a determinadas anomalías producidas con relación a las cuentas de la comunidad, habiéndose permitido a todos los propietarios asistentes y representados votar en la junta controvertida, pues pese a la **falta de liquidación** exacta de las deudas que pudieran existir con relación a las cuotas vencidas con anterioridad a la fecha de celebración de la expresada junta, de las certificaciones obrantes en autos, cuyo contenido en cuanto a la condición de deudores de los actores fue corroborado por el presidente y secretario de la comunidad, quedando patente que aquellos no han demostrado, al interponer la demanda, que al menos estuvieran al corriente en el pago de la totalidad de las deudas -cuotas y/o derramas- que fueron venciendo hasta ese momento desde la señalada celebración (AP Sta. Cruz de Tenerife 6-2-09, EDJ 60395).

3217 **Consignación judicial previa** La referencia a la consignación judicial previa ha sido matizada por el principio *pro actione* en aras a reconocer el derecho a la **tutela judicial efectiva**, precisando nuestros tribunales que surte efecto la presentación de **aval bancario** junto con la demanda de impugnación.
Además, la jurisprudencia ha precisado que no basta una consignación como «**depósito**» o *ad cautelam*, sino que es preciso que la consignación se realice para ser ofrecida a la comunidad de propietarios (AP Barcelona 16-7-21, EDJ 689792).

Precisiones Respecto a la **subsanabilidad** del requisito, ver nº 3215.

3225 **Pluralidad de propietarios** a) Si el piso o local se encuentra en **proindiviso** perteneciendo a varias personas, la legitimación no se circunscribe al comunero específicamente nombrado que represente a la comunidad en las juntas de propietarios. No obstante, si aquel votó **a favor** del acuerdo, no podrán el resto de condóminos considerarse disidentes o ausentes a los efectos de la impugnación del acuerdo en cuestión. Si el representante del condominio sobre el piso o local votó **en contra** del acuerdo adoptado por la junta de propietarios, o no asistió ninguno de los comuneros a tal junta, cualquiera de los copartícipes ostenta legitimación para impugnar el acuerdo en cuestión, por cuanto que cualquiera de ellos goza, aisladamente, de legitimación para actuar en beneficio de la comunidad (CC art.392; LPH art.15.1).
b) Si el piso o local es **ganancial**, cualquiera de los cónyuges está legitimado activamente para actuar en defensa y provecho de los bienes del consorcio ganancial, ejercitando las acciones y excepciones oportunas (CC art.1347 y 1385.2º).
c) Si se ha producido una **adquisición del piso o local** posterior a la adopción del acuerdo, el adquirente no está legitimado para la impugnación del acuerdo adoptado en junta celebrada en fecha en que no había adquirido el dominio, por cuanto ni ostentaba la condición de titular, ni, consiguientemente, tenía la condición de disidente del acuerdo o ausente de la junta en cuestión.

Si el transmitente enajenó el piso o local con posterioridad a haber deducido la acción de impugnación de acuerdos de junta, **pendiente la litis** (LEC art.410), podrá el adquirente subentrar en la posición actora de este (LEC art.17).

Oposición al acuerdo en junta Los propietarios opositores al acuerdo, que hubiesen **salvado su voto** en la junta, están legitimados para la impugnación del acuerdo adoptado (LPH art.18.2), debiéndose entender que la norma exige, no solo el voto contrario al acuerdo, sino que el disidente deje expresa **constancia de su oposición** en el acta, a efectos de una eventual impugnación (AP Tarragona 30-6-01, EDJ 107511). **3226**

No obstante establecerse con claridad en la norma que están **legitimados** para la impugnación de los acuerdos enumerados en la LPH art.18.1.a.b y c, los propietarios que «hubiesen salvado su voto en la junta» (LPH art.18.2), el rigor del precepto ha sido sin embargo matizado por el propio el **Tribunal Supremo**, para el que, el mero hecho de votar en contra del acuerdo significa que, sin más expresión de voluntad que la del propio voto disidente, el propietario tiene legitimación para impugnar los acuerdos en la forma que previene la LPH (TS 10-5-13, EDJ 101639; AP Almería 16-5-23, EDJ 694995), teniendo en cuenta la doctrina constitucional en la que no es admisible que se pueda impedir al impugnante del acuerdo el **acceso a la jurisdicción** a través de una interpretación evidentemente exagerada e injustificadamente restrictiva, que represente en último término un obstáculo que, desde una perspectiva constitucional solo podría imponerse si, respetando el contenido del derecho a la tutela judicial efectiva, se dirigiese a preservar otros derechos o intereses constitucionalmente protegidos y guardase la adecuada proporcionalidad con la finalidad perseguida (TCo 149/1996; 89/1998; 100/2002).

Si en el acta, por tanto, figuran únicamente los sufragios obtenidos a favor y en contra de la propuesta de acuerdo contenida en el orden del día, sin más especificaciones, será el propietario opositor el que deberá probar que votó en contra del acuerdo, y que solicitó que su voto contrario al acuerdo constara en acta, lo que, esencialmente, deberá acreditar por medio de la **prueba** testifical en juicio (LEC art.217).

Precisiones La **jurisprudencia menor**, no obstante, no es uniforme acerca del presupuesto de impugnabilidad consistente en «salvar el voto» que el legislador ha impuesto a los propietarios asistentes a la junta en la que se han adoptado los acuerdos impugnables. Así, puede contemplarse un abanico de pronunciamientos sobre el particular tales como los que a continuación se exponen: **3227**

• Por la expresión «salvar el voto» debe entenderse el **dejar constancia de la oposición** al acuerdo reflejada en el acta (AP Cantabria 27-6-06, EDJ 252292); el **voto contrario** al acuerdo no implica por sí solo adquisición de la legitimación para ejercitar una acción de anulabilidad del mismo, sino que la misma nace cuando el propietario disidente expresa su voluntad contraria al acuerdo adoptado, y, además, la manifestación en este sentido sea recogida en el acta de la junta (AP Jaén 24-4-02, EDJ 22226).

• El comunero que acude a la junta y vota en contra del acuerdo adoptado, ya habría con ello salvado el voto y, por ello, no es necesario añadir expresamente que va a impugnar el acuerdo (AP Asturias 2-7-07).

• Basta haber **votado en contra** de un determinado acuerdo para que se pueda considerar salvado el voto y, con ello, poder impugnar (AP Cantabria 14-4-23, EDJ 571792; AP Huesca 5-5-23, EDJ 636476; AP Cádiz 20-7-23, EDJ 721677).

• Tiene legitimación para impugnar acuerdo aquel de quien la **comunidad sabe su oposición** al mismo, aunque no se recogiera en el acta (AP Ávila 5-4-04, EDJ 64781).

• Basta **cualquier forma de mostrar desacuerdo** para entender, con ello, salvado el voto a efectos de legitimación para impugnar acuerdo (AP Madrid 23-3-07, EDJ 63171).

• La **abstención** no puede suponer en modo alguno salvar el voto, por lo que priva de legitimación para impugnar el acuerdo votado y aprobado por la mayoría (AP Barcelona 25-5-21, EDJ 660486; AP León 25-6-04, EDJ 100377). La necesidad de salvar el voto únicamente tiene sentido en aquellos casos en los que los propietarios asisten a la junta sin una **información o conocimiento suficiente** sobre el contenido y alcance de los acuerdos que se van a deliberar, y deciden no comprometer su voto -favorable o en contra-, sino abstenerse de la votación, a la espera de obtenerla y decidir en su vista. A ellos únicamente habrá de exigírseles dicho requisito de salvar el voto, pues en otro caso sí que se desconocería su postura ante dicho acuerdo (TS 10-5-13, EDJ 101639; 24-5-13, EDJ 127294; AP Madrid 5-7-21, EDJ 727821; AP Granada 3-5-16, EDJ 129441).

• Salvar el voto en la junta **significa** manifestar expresamente la intención de impugnarlo (AP Las Palmas 10-2-06, EDJ 41702).

• Se admite la legitimación para impugnar acuerdo de quien vio **rechazada su propuesta** en junta, aunque no conste el voto negativo (AP Madrid 25-4-06, EDJ 95533).

• La dulcificación del requisito, en la mayoría de los supuestos analizados por los tribunales, ha identificado el «salvar el voto» con entender suficiente que el propietario haya solicitado que su voto contrario al acuerdo constase en acta. Así, lo pretendido por la Ley es que, no simplemente se vote en contra, sino que además exista un **plus en cuanto a la oposición al acuerdo** se refiere, lo que tampoco entendemos que deba consistir literalmente en salvar el voto, pues como es lógico, la Ley debe aplicarse teniendo en cuenta la realidad social, siendo lo habitual que los comuneros

carezcan de **conocimientos técnicos y jurídicos** y, por lo tanto, no se les puede exigir que cumplan de manera formal y rigorista con la literalidad de la Ley, sino que debe aplicarse esta de manera más flexible, bastando con que no quede duda sobre que con el acuerdo se discrepa y no se está conforme, debiendo estar a cada caso en concreto para comprobar si se puede entender como salvado el voto (AP Cádiz 21-5-07, EDJ 223660).
• Los comuneros de las **subcomunidades** están legitimados si los presidentes no habían debatido en ellas la alteración de la cuota, por lo que el voto de los presidentes en la junta de presidentes de subcomunidades no compromete a los comuneros, dado que no les vinculaba un acuerdo adoptado sin atender los límites estatutarios (TS 26-1-23, EDJ 540564).

3230 **Ausencia en la junta** (LPH art.17.8) Se computan como votos favorables los de aquellos propietarios ausentes de la junta, debidamente citados, que una vez informados del acuerdo adoptado por los presentes, no manifiesten su **discrepancia**, por cualquier medio que permita tener constancia de la recepción, a quien ejerza las funciones de secretario de la comunidad en el plazo de 30 días naturales.
Debe recalcarse que el **Tribunal Supremo** viene considerando que el copropietario ausente de la junta a quien se comunica el acuerdo y no manifiesta su discrepancia en el plazo de 30 días, no queda privado de su legitimación para impugnarlo con arreglo a los requisitos establecidos en LPH art.18, salvo si la impugnación se funda en no concurrir la mayoría cualificada exigida por la LPH, fundándose en la ausencia de su voto (TS 16-12-08, EDJ 262352; 15-9-21, EDJ 691911; AP Las Palmas 27-4-23, EDJ 637190).
De esta regla general quedan **excluidos** dos clases de acuerdos (LPH art.17.8):
- los supuestos expresamente previstos en los que no se pueda **repercutir el coste** de los servicios a aquellos propietarios que no hubieran votado expresamente en la junta a favor del acuerdo; y
- en los casos en los que la modificación o reforma se haga para **aprovechamiento privativo**.

Precisiones En **Cataluña**, el comunero que no asiste a la junta, no estará legitimado para impugnar los acuerdos, si no se opone a ellos en el plazo de 30 días, y no podrá alegar la existencia de error en la redacción del acta por parte del secretario, si en su momento no realizó estas quejas al respecto (AP Barcelona 16-12-20, EDJ 765299). Además, se considera voto favorable la posición de los propietarios ausentes que, en el plazo de un mes, no se han opuesto al acuerdo mediante un escrito enviado a la secretaría por cualquier medio fehaciente (AP Barcelona 28-6-23, EDJ 663594).

3233 **Privación indebida del derecho de voto** (LPH art.18.2) En la práctica, esta circunstancia se plantea esencialmente, en aquellos supuestos en los que al propietario no se le permitió ejercer su derecho de voto tempestiva y legítimamente en el mismo acto de la junta por considerar el presidente, o la mayoría de los asistentes, que tenía la **condición de moroso** en las obligaciones pecuniarias que incumben a todo propietario (LPH art.9.1.e y f y 15.2), no siendo cierta tal imputación.
La privación indebida del derecho a voto, dada su gravedad y trascendencia, provoca, en todo caso, la nulidad de los acuerdos, como contrarios a la ley y a los estatutos.
Si el deudor asiste a la junta, aunque no pueda votar, resulta conveniente que haga constar en el acta su **posición opositora** al acuerdo si luego, una vez se ponga al corriente, pretende impugnarlo dentro del término conferido en la LPH art.18.3.
Por tanto, es importante tener en cuenta que la morosidad que justifica la privación del derecho de voto en junta es la que exista el día de su celebración (LPH art.15.2), mientras que la que impide la impugnación de los acuerdos adoptados en la junta es la que existe al momento de demandar por el interesado, de manera que quien se ha visto privado de voto debidamente podría impugnar, si pagara o consignara judicialmente antes de presentar la demanda (AP Bizkaia 15-4-21, EDJ 605587).

Precisiones **1)** En estos supuestos en los que el propietario ha sido indebidamente privado de su derecho de voto, no es legítimo, ni oponible por la comunidad aducir que, de haber efectivamente votado el propietario preterido, no se hubiera alterado el **resultado de la votación** (AP Madrid 7-2-12, EDJ 36390; AP Araba, 5-3-10, EDJ 252041), pues, admitir este argumento, llevaría a inadmitir o aceptar irregularidades esenciales simplemente valorando la intrascendencia del voto (AP Barcelona 13-5-08, EDJ 98348; AP Bizkaia 15-3-11, EDJ 179839; AP Madrid 12-7-07, EDJ 197469).
2) Respecto a la **privación del derecho de voto**, ver nº 1266 s.

2. Legitimación pasiva

3235 La demanda de impugnación de acuerdos adoptados por la junta debe ir dirigida **contra la comunidad**, representada por su presidente en el momento en que se forma litispendencia. Si fuera el presidente quien deduce la acción impugnatoria, la representación de la comunidad en el proceso la ostentará el vicepresidente, en razón a la incompatibilidad que asiste al primero para ostentar la representación comunitaria en ese concreto proceso. En defecto de presidente, la junta de propietarios deberá determinar, de entre sus miembros, la persona que la representará en juicio, adoptándose el correspondiente acuerdo, que se extenderá en acta, y merced a cuya certificación se le otorgarán al designado los oportunos poderes.

Precisiones Existe **falta de legitimación pasiva del administrador codemandado**, puesto que el mismo resulta obligado frente a la comunidad con la extensión del LPH art.20, sin que esa relación se entable entre el administrador y cada uno de los propietarios. Los actos impugnados son de la comunidad y las acciones ejercitadas han de ser soportadas exclusivamente por la misma (AP Madrid 20-7-23, EDJ 688658).

Litisconsorcio pasivo necesario Puede ocurrir que el pronunciamiento que haya de recaer en el proceso sobre impugnación de acuerdos sociales sea susceptible especialmente de producir **efectos en la esfera individual o privativa** de alguno de los propietarios o de terceros, en cuyo caso nos encontraríamos ante un litisconsorcio pasivo necesario (LEC art.12.2; AP Madrid 20-12-06, EDJ 439541; AP Valencia 25-10-22, EDJ 764235, en la que se declara la necesidad de ser codemandados la totalidad de los propietarios del edificio; AP Cáceres 17-10-05, EDJ 208408, por la que se determina el litisconsorcio pasivo necesario entre comunidad y propietario en razón a la clase de acuerdo impugnado). 3236

Conforme previene el Tribunal Supremo (TS 23-1-08, EDJ 6185), para la apreciación de la figura del litisconsorcio pasivo necesario (TS 3-1-07, EDJ 3997), desarrollada por la jurisprudencia y actualmente incorporada a la LEC art.12.2 se exige que la resolución que deba dictarse haya de producir **efecto de cosa juzgada respecto de los ausentes** del proceso (TS 2-10-06, EDJ 275314; 22-2-20, EDJ 1058), y requiere la existencia de un nexo común o **comunidad de riesgo procesal entre presentes y ausentes** (TS 20-12-05, EDJ 225506; AP Tarragona 22-1-20, EDJ 508415), determinada por la existencia de vinculaciones subjetivas resultantes de los derechos deducidos en juicio los cuales se integran, por medio de sus titulares, en la relación jurídica de Derecho material que se debate, dado que todos ellos resultan o pueden resultar afectados por la resolución (TS 4-6-99, EDJ 13366; 28-9-99, EDJ 28210; 30-9-99, EDJ 33314; 27-1-06, EDJ 3926; 21-3-06, EDJ 29171; 20-6-06, EDJ 114627), de ahí que, reconocida su importancia y naturaleza de orden público procesal, quepa su **apreciación de oficio**, aunque no fuese denunciada su falta por la parte demandada por ser una cuestión de orden público (TS 22-1-02, EDJ 242; 4-4-02, EDJ 7594; AP Tarragona 22-1-20, EDJ 508415).

El eventual **defecto procesal** de falta al litisconsorcio pasivo necesario resulta **subsanable** una vez opuesto en contestación de demanda (LEC art.405), y apreciado procedente en el acto de la audiencia previa (LEC art.420).

Precisiones Si se fijan nuevas cuotas de participación respecto de un **comunero que no ha sido demandado y no era propietario** antes de iniciado el pleito se debería estimar la excepción de falta de litisconsorcio pasivo necesario (TS 13-7-12, EDJ 154595).

Supuestos excluidos No nos encontramos en estos supuestos de litisconsorcio pasivo necesario, propiamente, cuando el acuerdo impugnado, verbigracia, consiste en la **exención a un propietario de un determinado gasto común**; o cuando por aquel, se confiere al propietario en cuestión ciertos **derechos exclusivos o especiales de uso sobre bienes comunes**, pues tales acuerdos no conciernen propiamente a la esfera privativa del derecho de propiedad, sino a su condición de miembro de la comunidad. 3238

No procederá el litisconsorcio o acumulación subjetiva obligada en el lado pasivo de la relación procesal cuando, fuera de aquellos supuestos reglados y objeto de expresa previsión legal, no es de apreciar tal situación litisconsorcial cuando los posibles **efectos hacia terceros** se producen con carácter reflejo, por una simple o mediata conexión, o porque la relación material sobre la que versa la resolución solo les afecta con carácter prejudicial o indirecto, ya que, en estos casos, su posible intervención en el litigio no es de carácter necesario, sino voluntaria o adhesiva, puesto que los efectos de la cosa juzgada no les alcanzan ni, por ello, su falta de llamada a la litis les causa indefensión, al conservar sus derechos y entre ellos el de tutela (TS 18-1-96, EDJ 120; 30-6-98, EDJ 7894; 22-4-05, EDJ 55125; AP Girona 17-11-10, EDJ 364509); ni, en fin, cuando los obligados demandados están unidos por vínculos de solidaridad o la acción se incardina en el ámbito de la culpa extracontractual (TS 29-5-03, EDJ 17159).

Litisconsorcio pasivo voluntario Los propietarios que hubieren votado a favor del acuerdo impugnado podrán comparecer y personarse en el proceso voluntariamente para coadyuvar a la **defensa de la validez del acuerdo**, adoptando la condición de intervinientes adhesivos litisconsorciales (LEC art.13), formándose en tal caso un litisconsorcio voluntario en el lado pasivo de la relación procesal. 3239

Admitida la intervención específica y separada del propietario, este será considerado parte en el proceso a todos los efectos, y podrá defender las **pretensiones** formuladas por su litisconsorte -la comunidad-, o las que el propio interviniente formule si tuviera oportunidad para ello

-lo que depende del momento procesal en que haya promovido su intervención-, aunque su litisconsorte renuncie, se allane, o se aparte del procedimiento.
El interviniente en el lado pasivo de la relación procesal, podrá así mismo utilizar los **recursos** que procedan contra las resoluciones que estime perjudiciales a su interés, aunque las consienta la comunidad litisconsorte.
Debe precisarse que, para que el **presidente**, en nombre de la comunidad y en el seno el proceso de impugnación de acuerdos sociales ya adoptados, pueda **allanarse, renunciar o llegar a acuerdos transaccionados** judicialmente o extrajudicialmente, con o sin la homologación del tribunal, resultará necesario que goce del acuerdo de la mayoría de la junta que así se lo permita, lo que deberá ser supervisado por el tribunal (LEC art.20 a 22 y 415). Ello es así por cuanto los acuerdos adoptados en junta precedente, no obstante impugnados, gozan de ejecutividad -salvo que la misma haya sido suspendida con carácter cautelar (LPH art.18.4)- y, en todo caso, resultan eficaces, por lo que su contenido solo puede ser dejado sin efecto, o bien por un pronunciamiento declarativo de su nulidad, o bien merced a otro acuerdo posterior. En tales supuestos en los que la comunidad se allane, o renuncie o transaccione acerca del acuerdo con la parte actora -impugnante del mismo-, el propietario litisconsorte que ha intervenido voluntariamente en el proceso sobre impugnación de acuerdos sociales (LEC art.13), en aras a preservar el mantenimiento de las excepciones, deberá a su vez impugnar este último acuerdo de la junta de propietarios por el que se accede a autorizar al presidente al allanamiento, renuncia o la transacción frente al originario impugnante.

B. Acuerdos impugnables

3245

1. Contrarios a la Ley o a los estatutos

(LPH art.18.1.a)

3247 Los acuerdos de las juntas de propietarios serán impugnables ante los tribunales de conformidad con lo establecido en la legislación procesal general, en primer término, cuando resulten contrarios a la Ley o a los estatutos de la comunidad de propietarios.
Conforme a la doctrina legal y científica mayoritaria, el concepto de **Ley** empleado por la norma comprende el conjunto de **normas imperativas**, cualquiera que fuera su rango formal, emanadas de los órganos estatales, autonómicos o locales con potestad para la creación de normas de Derecho positivo. La referencia que realiza el precepto a la Ley, consiguientemente, no debe ser entendida como reserva de ley formal.
Quedan **excluidos** del ámbito de aplicación del precepto la impugnación de acuerdos contrarios a la costumbre no positivizada y a los principios generales del Derecho que no arranquen o tomen cuerpo en tales normas de Derecho positivo.

Precisiones **1)** Los acuerdos adoptados en junta de propietarios que no sean **radicalmente nulos**, y no hayan sido impugnados, son válidos y resultan ejecutables (TS 6-11-13, EDJ 214484; 5-3-14, EDJ 37317; AP Pontevedra 6-6-22, EDJ 669239).
2) Son meramente **anulables** los acuerdos adoptados por la comunidad de propietarios que supongan la infracción de algún precepto de la LPH o de los estatutos de la comunidad de propietarios, y por lo tanto sometidos al plazo de caducidad de un año de la LPH art.18.3 (TS 4-3-13, EDJ 42033).
La calificación de **nulidad radical o absoluta** queda reservada para los acuerdos que, por infringir cualquier otra ley imperativa o prohibitiva no tenga establecido un efecto distinto, por ser contrarios a la moral o el orden público o por implicar un fraude de ley, hayan de ser conceptuados nulos de pleno derecho de acuerdo con el CC art.6, y, por tanto, insubsanables por el transcurso del tiempo (TS 18-4-07, EDJ 21894; 29-10-10, EDJ 233314). Esto supone que, transcurrido el plazo fijado para impugnar los acuerdos anulables, ya no podría ponerse en duda su validez (TS 7-6-18, EDJ 96423; AP Granada 20-9-19, EDJ 783801; AP Navarra 29-5-23, EDJ 631225).

3248 **Orden público o normas imperativas o prohibitivas** Ninguna duda ofrece la cuestión relativa a aquellos acuerdos que resulten contrarios terminantemente a los preceptos en los que se concrete el **orden público** (p.e. los que contravengan derechos fundamentales o libertades públicas reconocidas en Const art.14 a 29) o a la **moral** -reinterpretada en sus máximas conforme exige el CC art.3.1-, resultan radicalmente nulos y, por ende, inexistentes, puesto que es evidente que una norma como la LPH no puede llevar a cabo la reducción de la sanción de los mismos a la simple anulabilidad, con su consiguiente posibilidad de convalidación por el mero transcurso del tiempo, en el supuesto de no ser impugnados en el plazo de un año conforme previene la LPH art.18.3.

Precisiones Sobre esto existe plena coincidencia por parte de la totalidad de la doctrina (Carrasco Perera; Ventura-Traveset; Peña Bernaldo de Quirós; Enjo Mallou). La nulidad radical o absoluta de los acuerdos implicará su inexistencia, **carencia absoluta de efectos** *ex tunc* -esto es, ineficacia retrotraída al tiempo de su adopción-, imposibilidad de convalidación, confirmación o subsanación y, correlativamente, el hecho de que su impugnación no estará sujeta al plazo de **caducidad** de un año prevenido en LPH art.18.3.

Supuestos Dentro de esta categoría pueden quedar comprendidos: **3249**
• Aquellos acuerdos comunitarios que impliquen la **prohibición de arrendar** pisos o locales en el edificio a un determinado colectivo definido de personas.
• Cualquier otro acuerdo que, directa o indirectamente, implique, suponga o conlleve una manifestación discriminatoria por razón de raza, religión, opinión, sexo o creencias, limitando el **uso de zonas, instalaciones, servicios o pertenencias comunitarias** a determinados propietarios en razón a alguno de los motivos apuntados.
• Cualquier acuerdo que suponga una vulneración del derecho fundamental a la **tutela judicial efectiva** reconocido en Const art.24, prohibiendo a todos o parte de los propietarios su derecho a impugnar los acuerdos de la junta, generalizada o particularmente.
• Acuerdos que violen normas de Derecho público que entrañen la protección de intereses generales reconocidos en **normas de Derecho urbanístico** relativas a la edificación, o que impongan límites al derecho de propiedad en materia de salubridad, edificabilidad, altura de la edificación, unidades mínimas de habitabilidad.

• Quedan comprendidos también, como radicalmente nulos, y no sujetos a plazo de caducidad **3250**
alguno -ni, por ello, susceptibles de confirmación (CC art.1311)-, aquellos acuerdos en los que por la promotora del edificio, autora unilateral del título constitutivo (LPH art.5), se contuvo una **estipulación a favor de tercero indiscriminada e intemporal** sobre determinados elementos comunes bajo la siguiente literalidad: «se reserva, durante toda la vida de la sociedad, o sea, con carácter vitalicio, la facultad de instalar en la terraza cubierta del edificio y en el lugar que tenga por conveniente, cualquiera clase de paneles, luminosos o no, que anuncien a la propia compañía o a favor de quien esta ceda sus derechos por cualquier título». En tal estipulación, se confirió una atribución de uso a efectos publicitarios de un elemento común del edificio, derecho que se fija independientemente y autónomo de cualquier elemento privativo del mismo, con carácter vitalicio y trasmisible a tercero. Esta atribución excluye la posibilidad de su fijación en el ámbito del régimen de la propiedad horizontal, por contrariar los principios consustanciales de la misma (CC art.396; LPH art.1, 3, 5, 6 y 14), lo que implica que, en realidad, se estaría constituyendo una especie de derecho real fuera del ámbito del *numerus clausus* (LH art.2); de forma que, para que la reserva antedicha -sobre elemento comunitario- tuviese posibilidad de ser jurídicamente viable, precisaría una concreción de su **extensión en el objeto y limitación en el tiempo**.

Tal y como indica la Dirección General de Seguridad jurídica y Fe Pública (DGRN Resol **3251**
29-4-99; AP Pontevedra 28-11-11, EDJ 290415), pese a la **libertad de creación de derechos reales** que rige en nuestro Derecho (LH art.2; RH art.7), una reserva de esta clase sería inadmisible como tal, pues hecha a su favor por una persona jurídica con **carácter vitalicio y transmisible**, en realidad sería por tiempo ilimitado, lo que pugnaría con los límites y exigencia del estatuto jurídico de los bienes que excluyen la constitución de derechos reales limitados singulares de carácter perpetuo e irredimible (CC art.513, 526, 546, 1608 y 1655), si no corresponde a una **justa causa** que justifique esa perpetuidad, contraviniéndose normas imperativas de la LPH, resultando de aplicación lo prevenido en TS 28-1-94, EDJ 587; 6-2-89, EDJ 1065 (AP Granada 3-2-10, EDJ 86829; AP Alicante 15-10-13, EDJ 218138).
En estos supuestos, no cabe la menor duda que tal tipo de acuerdos adoptados por la junta de propietarios son **inexistentes**, determinantes de la nulidad de pleno Derecho, **impugnable** en todo momento por cualquier persona -no solo por los propietarios legitimados por LPH art.18.2- y **no susceptibles de confirmación, convalidación o subsanación** por el transcurso del tiempo (TS 14-10-08, EDJ 185051), salvo que la norma infringida contenga otra sanción diferente para tal incumplimiento (CC art.6.3).

Ley de propiedad horizontal Mayores dudas surgen en relación al tema relativo a si ha **3252**
de quedar sometida al régimen de anulabilidad la violación por el acuerdo de la junta de los **preceptos de Derecho imperativo** existentes en la propia LPH.
Ha de considerarse que la **mera anulabilidad** de tales acuerdos -que resulta la regla general conforme previene LPH art.18.1.a- no puede sostenerse incontestablemente, de forma inexorable. Es conveniente establecer una serie de distinciones en razón a los preceptos que, en

función de cada acuerdo, hayan sido vulnerados en cada caso, lo que abre las puertas al casuismo y al análisis conciso de cada supuesto sometido a consideración respecto de su **impugnabilidad**.

Precisiones La práctica unanimidad de la **doctrina científica** sostiene la nulidad relativa o anulabilidad -sometida, consiguientemente, a convalidación por el transcurso del plazo de caducidad, si no se ejercita la pertinente acción impugnatoria- de los acuerdos contrarios a cualquier norma de la LPH, atendiendo a que se trata de una norma de generalizada imperatividad (Carrasco Perera, Ventura-Traveset, Peña Bernaldo de Quirós, Luces Gil, Rifá Soler y Echeverría Summers).
Por su parte, la **jurisprudencia** y las resoluciones de las audiencias provinciales dictadas con posterioridad a la L 8/1999, continúan, si cabe de forma más acentuada, la **corriente mayoritaria** que declaró la anulabilidad de los acuerdos contrarios a cualquier precepto de la LPH (TS 5-5-00, EDJ 12157; 5-3-14, EDJ 37317; 17-12-09, EDJ 299923; AP Valencia 28-4-22, EDJ 629716 -referidas a falta de convocatoria a la celebración de junta de propietarios con infracción de LPH art.16.2-; TS 27-2-13, EDJ 19376; AP Valencia 23-1-20, EDJ 513536 -relativas a supuestos de falta al criterio de la unanimidad para la toma de determinados acuerdos que, por razón de la materia, precisaban de tal requisito-).
Finalmente, la doctrina de las **audiencias** que funda específicamente su *ratio decidendi* en la actual LPH art.18.1.a, para conflictos suscitados con posterioridad a la entrada en vigor de la LPH, extiende la sanción de anulabilidad a la totalidad de acuerdos contrarios a la Ley de propiedad horizontal, sin mayores distinciones o precisiones (TS 5-3-14, EDJ 37317; AP Valencia 3-2-21, EDJ 553421).

3253 Consecuentemente, el cuerpo de doctrina más abundante, imperante en la fundamentación de los pronunciamientos que recaen en materia de impugnación de acuerdos de junta de propietarios por infracción de Ley, distingue entre:
- Ley en el sentido del CC art.6.3; y,
- LPH y estatutos de la comunidad.

Se reserva exclusivamente la **nulidad radical, absoluta y terminante** para los supuestos de infracción de la primera.

Precisiones Esta doctrina legal toma refrendo en la jurisprudencia del Tribunal Supremo que estableció que todos los acuerdos adoptados por la junta de propietarios que resultaran contrarios a la LPH, en general, y a los estatutos, en particular, solo podrían ser atacados por la vía y dentro del plazo a que se refería el antiguo art.16.4 LPH -cuyo correlativo actual es la LPH art.18.3-, de forma que, con ello, la **anulabilidad** resultaba ser la **regla general** (TS 5-3-14, EDJ 37317; AP Valencia 3-2-21, EDJ 553421). Paradójicamente, esta doctrina quedó circunstancial y aisladamente desdicha por el propio Tribunal Supremo cuando declaró la **nulidad radical** de un acuerdo adoptado en junta de propietarios convocada bajo un orden del día en el que no se hizo constar como punto a discutir y decidir, el relativo a una reforma estatutaria que, finalmente, se acordó no obstante la ausencia de mención en convocatoria (TS 27-7-93, EDJ 7687; AP Valencia 8-11-11, EDJ 342214). También existe la doctrina que declara que la eficacia del nombramiento de una persona que no ostenta la condición de propietaria de un piso o local en la comunidad como presidente puede considerarse **nulo de pleno derecho** por contravención de la ley, en particular, de LPH art.13.2, que exige que el presidente sea nombrado entre los propietarios (TS 3-10-18, EDJ 589919; AP Cantabria 25-1-23, EDJ 512180).

3254 La doctrina de la **anulabilidad generalizada** resulta ser la predominante. Una consecuencia práctica de ello es que el ámbito de las nulidades radicales se ha reducido sustancialmente, reconduciéndose a la LPH art.18.1ª todo tipo de defectos procedimentales o sustantivos que padezca la convocatoria, la junta misma o los acuerdos en ella adoptados.
No obstante lo anterior, se ha propuesto un criterio de distinción conforme al cual, habría que distinguir (Echeverría Summers):
• De una parte, entre las infracciones de **normas de la LPH estrictamente procedimentales**, de tramitación, requeridas no obstante para la convocatoria de la junta de propietarios, su celebración y constitución, a las que les quedaría reservada la anulabilidad como categoría de ineficacia.
• Y, de otra, la infracción de **normas sustantivas de carácter imperativo**, dentro de cuyo ámbito resultaría de aplicación la nulidad radical de los acuerdos infractores de las mismas, sin sujeción de la acción al plazo de caducidad prevenido en la LPH art.18.3.
No obstante, la infracción de determinadas normas de la LPH, a pesar de tener carácter esencialmente procedimental -como las referidas al régimen de mayorías para la adopción de acuerdos- su infracción debería conllevar la nulidad radical.

3255 **Normas de celebración de la junta** Por lo que se refiere a los acuerdos que infrinjan normas relativas a la celebración de la junta de propietarios debe establecerse, a su vez, una nueva **diferenciación**:
a) De una parte, los acuerdos adoptados en una junta no válida por incumplimiento de los **cuórum de asistencia**, así como los acuerdos tomados sin observancia de la **unanimidad o mayorías exigidas** por la LPH art.17, o sin el consentimiento de determinados propietarios

cuando aquel sea necesario (LPH art.17.1ª), han de considerarse nulos de pleno derecho o, más bien, como señala la doctrina, inexistentes o también denominados «pseudoacuerdos» (Rodrigo Bercovitz), al estar viciados *ab initio* por la ausencia del presupuesto inexcusable para su válida formación, como es el consentimiento. De este modo, dichos acuerdos no quedan sometidos a plazo alguno de caducidad en su impugnación -o destrucción de la apariencia de acuerdo creada- ni, consiguientemente, se convalidan por el paso del tiempo. No obstante, algún pronunciamiento judicial, en sede de apelación, convalidó determinados acuerdos aun cuando vulneraban reconocidamente la Ley y los estatutos, e infringían la regla de la unanimidad, al afectar a obras sobre un elemento común, declarando no haber lugar al recurso por apreciar la **caducidad de la acción impugnatoria** deducida por determinados comuneros (AP La Rioja 2-2-13, EDJ 272491).
Los acuerdos que suponiendo alteración del título constitutivo quebranten la regla de la **unanimidad** (LPH art.5), quedan sometidos al ejercicio de la acción impugnatoria dentro del plazo de caducidad de 3 meses (LPH art.18.3º), salvo que se trate de actos contrarios a la ley o a los estatutos, en cuyo caso la acción caducará al año (AP Valencia 23-1-20, EDJ 513536).

b) De otra parte, la contravención por el acuerdo comunitario de las simples formalidades legales para la toma del mismo (LPH art.16), como pueden ser la falta de **citación** para la junta a algún condueño (AP Madrid 21-4-23, EDJ 625028), o la alteración del **orden del día** fijado, así como la ausencia de **notificación** del acuerdo (LPH art.9.1), no necesariamente deben implicar su nulidad radical, sino la anulabilidad (LPH art.18.1.a). **3256**
Dentro de los defectos concernientes a las formalidades legales se suele incluir el que **el acuerdo no conste en el acta** (LPH art.19). Sin embargo, tal carencia no provoca *per se* su nulidad radical o relativa, sino, simplemente, su falta de ejecutividad.
El acta de la junta carece de **naturaleza constitutiva**, su función es solo la de facilitar la prueba de los acuerdos adoptados por la junta, por lo que su contenido está desprovisto de eficacia y relevancia en cuanto no afecte o se refiera a acuerdos adoptados en el ámbito de la propiedad horizontal, con independencia de que la realidad material de lo acontecido en el desarrollo de la reunión de los copropietarios se refleje en el acta con mayor o menor fidelidad y su redacción sea más o menos extensa (AP Madrid 18-10-16, EDJ 228124).
Los meros defectos formales del acta de la junta de propietarios, siendo un mero instrumento en el que se documenta el desarrollo de la junta y los acuerdos tomados, a efectos probatorios y no constitutivos, siendo en todo caso subsanables y susceptibles de ratificación o corrección en la próxima reunión de la junta, pueden determinar una dificultad probatoria sobre el desarrollo de la junta, o impedir el cierre formal del acta y la ejecutividad transitoria de los acuerdos, pero no conllevan su nulidad, salvo que provoquen una situación de verdadera indefensión para algún comunero (AP A Coruña 20-12-16, EDJ 246169).

Precisiones **1)** No obstante la constatación de determinadas infracciones de la LPH, suelen considerar abusivas las conductas de aquellos propietarios que impugnan acuerdos por defectos no relevantes de convocatoria (LPH art.16.2), o de notificación (LPH art.19.3), cuando el modo de realizarla, una y otra, es el comúnmente practicado en la comunidad y el empleado desde tiempo atrás, frente a cuyas prácticas no se opuso el actor con anterioridad. En estos casos, resulta de aplicación la teoría denominada de los «**actos propios**», contra cuyo significado pretérito no podrá alzarse el actor impugnante de los acuerdos (TS 25-2-20, EDJ 512845; AP Asturias 28-10-20, EDJ 721481). **3257**
2) Para la validez de los acuerdos que se adopten, en la convocatoria se debe fijar el **orden del día** con los asuntos objeto de debate, a fin de que todos los copropietarios tengan conocimiento de las materias que se van a tratar. De esta forma, se cumple con la exigencia de que los comuneros puedan adquirir previo a la junta la suficiente información para votar respecto a las materias que van a ser discutidas, o bien para decidir si delegan su voto a favor de un tercero, o si, en su caso, optan por no asistir a su celebración (TS 28-6-07, EDJ 80171; 10-11-04; 10-11-16, EDJ 230746; 26-4-07, EDJ 87319). No es admisible con carácter general la adopción de acuerdos que no estén en el orden del día, ni tan siquiera bajo el epígrafe de **ruegos y preguntas**, por considerarse sorpresivo para la buena fe de los propietarios (TS 16-12-87, EDJ 9370; 26-6-95, EDJ 3616). No obstante, para que esta impugnación sea de buena fe, el propietario presente, representado o con voto delegado, debe oponerse al tratamiento y decisión de la cuestión no incluida en el orden del día; no cabe **consentir la inclusión** sobrevenida del asunto que no estaba comprendido en el orden del día, tratar la cuestión impugnada en cuanto al fondo y, cuando le resulta desfavorable, impugnarla por el defecto formal de no haber estado incluida (AP A Coruña 26-1-17, EDJ 13018). Esta exigencia ha sido matizada, al establecerse que la LPH no exige que en el orden del día se haga constar el «acuerdo que se someterá a votación», sino que deberá constar el «**asunto a tratar**» y dentro del asunto a tratar se pueden adoptar uno o varios acuerdos que gozarán de la cobertura del orden del día, siempre que se mantengan dentro del asunto a tratar reseñado en el orden del día (TS 15-3-13, EDJ 27730; AP Madrid 16-2-23, EDJ 545002).
3) Si la omisión de la **relación de propietarios morosos** en la convocatoria va unida a la efectiva privación de su derecho al voto, se produce una efectiva vulneración de norma imperativa que

determina inexcusablemente la nulidad absoluta de la convocatoria, y consecuentemente, de todos los acuerdos adoptados; sin embargo también se ha entendido que es una carencia subsanable, que en sí misma no es motivo de nulidad, si se hizo constar al inicio de la junta sin que el afectado mostrara su oposición (AP Gipuzkoa 20-10-16, EDJ 225150).

4) Pese a la **citación defectuosa**, si el propietario asistió a la junta de propietarios, solo puede impugnarla si ha salvado su voto; si no ha asistido, puede alegar el defecto de citación como causa de ausencia, pero, si pese a ello, llegó a conocer la convocatoria, no es admisible su impugnación, por contrariar la buena fe (AP Alicante 26-10-16, EDJ 246001). La **citación edictal** es un remedio subsidiario al incumplimiento por el propietario de su obligación de comunicar al secretario de la comunidad un domicilio en España a efectos de citaciones y notificaciones y ha de reunir determinados requisitos, siendo carga procesal de la comunidad acreditar la citación individualizada al propietario del piso o local, o la práctica de la citación edictal llevada a cabo con los requisitos exigidos en la LPH (AP Ourense 28-01-16, EDJ 46564).

5) Asimismo, es interesante tener presente que un comunero no podrá ejercitar **acciones legales contra otro**, cuando se ha adoptado por la junta de propietarios de la comunidad el acuerdo de no interponer pretensión contra el propietario que ha realizado obras inconsentidas. Y ello por cuanto el comunero accionante debe impugnar el acuerdo de no iniciar acciones legales, pues siendo firme la voluntad de la comunidad de propietarios de no interponer demanda, no puede actuar en su contra y entender que lo hace en beneficio e interés de la comunidad, cuando la misma ha acordado no deducir pretensión (TSJ Cataluña 8-7-19, EDJ 684396; AP Barcelona 26-4-23, EDJ 628468).

3260 **Subsanación** Con cierta fluctuación la jurisprudencia ha venido distinguiendo entre (TS 2-11-04, EDJ 159628):

- acuerdos cuya ilegalidad es **susceptible de sanación** por efecto de la caducidad de la acción de impugnación; y
- acuerdos cuya ilegalidad conlleva la **nulidad radical o absoluta** sin posibilidad alguna de subsanación por el transcurso del plazo de caducidad.

Incardinándose en el primer grupo aquellos acuerdos cuya ilegalidad venga determinada por cualquier infracción de alguno de los preceptos de la LPH o de los estatutos de la comunidad (LPH art.16.4º); mientras que en el segundo habrían de situarse aquellos otros que por infringir cualquier otra Ley imperativa o prohibitiva que no tenga establecido un efecto distinto para el caso de contravención o por ser contrarios a la moral o al orden público o por implicar un fraude de Ley hayan de ser conceptuados como **nulos de pleno Derecho** (CC art.6.3º), y, por tanto, insubsanables por el transcurso del tiempo (TS 5-3-14, EDJ 37317; 3-10-18, EDJ 589919; AP Cantabria 25-1-23, EDJ 512180).

3261 Respecto de los **acuerdos anulables**, se establecen dos **plazos de impugnación**:

- el de un año para los acuerdos que sean contrarios a la Ley, se entiende la de propiedad horizontal, o a los estatutos de la comunidad de propietarios; y
- el de 3 meses para el resto de los acuerdos a los que alude la LPH art.18.1.

Sin embargo, para los acuerdos que son **nulos de pleno derecho** cuando son contrarios a las normas imperativas y prohibitivas, a la moral o al orden público o impliquen fraude de Ley (CC art.6), sin que en este caso quepa ni la prescripción ni la caducidad.

La razón de esta distinción no es otra que el dotar a los acuerdos comunitarios de la necesaria certeza y seguridad, limitando, pese a su ilegalidad, el plazo de impugnación pues, de otro modo, si cualquier acuerdo con vicios formales pudiese ser impugnado por el comunero en el tiempo que quisiera, se crearía una intolerable inseguridad en la vida jurídica de la comunidad (TS 25-3-04, EDJ 12733; AP Sta. Cruz de Tenerife 2-4-14, EDJ 150761).

Es posible la **convalidación** de acuerdos no impugnados cuando ha caducado la acción impugnatoria en supuestos en que los acuerdos afectan estrictamente al régimen de propiedad horizontal, o a los estatutos privativos de la misma, a diferencia de los casos en que se trate de nulidad radical e insubsanable, pues entenderlo de otro modo equivaldría a dejar ocioso el mandato de la LPH (TS 18-6-20, EDJ 597437; 6-11-13, EDJ 214484; AP Guadalajara 3-2-21, EDJ 528065; AP Barcelona 27-5-13, EDJ 146129). Es decir, los acuerdos adoptados en junta de propietarios que no sean radicalmente nulos, y no hayan sido impugnados, son válidos y ejecutables (TS 18-07-11, EDJ 204895; AP Madrid 9-2-18, EDJ 79999; AP Pontevedra 6-6-22, EDJ 669239).

3263 **Estatutos** Son **acuerdos contrarios** a los estatutos de la comunidad los que infrinjan el contenido, sentido, espíritu o fin de los mismos.

Así, por ejemplo, resultan válidas las estipulaciones estatutarias que eximen a determinados pisos o locales - muy comúnmente los locales radicados en los bajos del edificio- del pago de determinados gastos ordinarios o extraordinarios ocasionados con motivo de la instalación, el mantenimiento o la reparación o sustitución de un determinado servicio.

Por ello, los acuerdos contraventores de esta exoneración, que constituye una excepción a la regla contenida en la LPH art.9.1.e, serán anulables, aunque el propietario afectado hubiera aceptado, por no impugnarlas en debido tiempo, las cuentas en las que se determinaba la repercusión de los concretos gastos de mantenimiento por el concreto servicio del que el propietario en cuestión estaba exento de contribuir (AP Madrid15-6-16, EDJ 139268; AP Pontevedra 23-05-16, EDJ 109551; AP Madrid 3-5-16, EDJ 210618).

2. Gravemente lesivos para los intereses de la comunidad

(LPH art.18.1.b)

A través de esta causa o motivo de impugnación se persigue la declaración de nulidad de aquellos acuerdos adoptados por la junta de propietarios que, por su contenido, resulten sustancialmente perjudiciales para el interés de la comunidad y, correlativamente, supongan un provecho para uno o varios propietarios. **3267**

No son **impugnables** por esta vía los rechazos a una propuesta de acuerdo, ya que en estos supuestos no existe acuerdo propiamente -como es el caso en que una propuesta relativa a un punto del orden del día, que exige incondicionalmente un acuerdo de la junta para su adopción, es desestimada por haber obtenido mayoría una propuesta contraria puramente negativa -consistente en un no hacer lo propuesto-, es decir, sin contener una propuesta alternativa. No cabe, consiguientemente, solicitar la tutela judicial declarativa de la nulidad de un no-acuerdo.

Requisitos Conforme a la constante doctrina emanada de los tribunales, la consideración de un acuerdo como gravemente lesivo para el interés de la comunidad exige la concurrencia de las siguientes circunstancias: **3268**

a) Que se trate de un **acuerdo formalmente correcto**, adoptado conforme a lo prevenido en la LPH art.17.

b) Que **objetivamente resulte gravemente lesivo**, perjudicial u opuesto a los intereses de la comunidad, ponderados conforme a las circunstancias del caso y los principios que rezuman de la propia normativa sustantiva, incluyendo la Exposición de Motivos de la LPH.

c) Que la adopción del acuerdo en cuestión, **beneficie exclusiva o prioritariamente a uno o varios propietarios**.

d) Que, entre la lesión del interés de la comunidad producida como consecuencia del acuerdo lesivo y el beneficio o provecho experimentado por uno o varios propietarios, exista una **relación de causalidad** adecuada.

Lesión para la comunidad Debe precisarse que la lesión para la comunidad no necesariamente debe ser **actual, consumada o agotada**, sino que puede ser **potencial**, acreditándose o deduciéndose su posible o probable acaecimiento. **3269**

El daño o perjuicio no tiene por qué ser exclusivamente **económico** o susceptible de valoración patrimonial, pudiendo consistir en una ganancia dejada de obtener o en una **ventaja o regalía injustificada** que produzca un provecho para el propietario o propietarios beneficiarios del acuerdo.

El interés de la comunidad debe entenderse como la **suma de los intereses particulares**, debidamente preordenados y subordinados al interés personificado en la comunidad constituida sobre el edificio o complejo inmobiliario privado.

El perjuicio o la lesión grave para el interés de la comunidad no es preciso que se haya causado con **dolo** deliberado o intención específica de dañar.

Precisiones Como norma general, no se consideran lesivos para los intereses de la comunidad los que vienen presididos por la circunstancia de su **necesidad y urgencia**, y que repercuten en el valor del inmueble (AP Granada 21-2-14, EDJ 42760).

Beneficio de uno o varios propietarios La impugnación requiere un acuerdo de junta y, por tanto, adoptado por una mayoría. Si el acuerdo **beneficia igualitariamente a todos los propietarios**, de forma que todos y cada uno de ellos, en igual medida, obtuvieran un interés privado distinto del común -sacrificado en pos de aquel- no procedería la impugnación, o debería desestimarse, puesto que, en tales casos, se carece por la actora de legitimación sustantiva para impugnar, ya cuanto no se cumple el presupuesto añadido por la norma (LPH art.18.1.b), consistente en proveerse el acuerdo en beneficio de uno o varios propietarios tan solo. **3270**

Ausencia del deber de abstención A diferencia de lo que el ordenamiento tiene establecido respecto de las sociedades de capital, no existe en la LPH ninguna norma específica que prohíba al propietario la emisión de voto cuando se haya de decidir en junta algún asunto en el que sus intereses se hallen potencialmente en contradicción con los del resto de propietarios y la comunidad misma -p.e. acuerdo relativo al perfeccionamiento entre la comunidad, de una parte, y un propietario, de otra, de un arrendamiento para usos distintos de la vivienda, de **3271**

duración indefinida, y con precio de favor, sobre unas dependencias comunitarias tales como la antigua portería- (Ángel Carrasco).
Por otra parte, tampoco la LPH art.9 establece un específico **deber de afección comunitario** análogo a la *affectio societatis*, por cuanto la comunidad de propietarios en propiedad horizontal no nace de un contrato societario, sino que es una comunidad incidental. Por ello, no puede postularse en su seno la existencia de un deber jurídico que obligue a cada propietario a perseguir y procurar el interés común de la finca. Este deber puede solo ser, acaso, meramente moral, sin general obligación jurídico civil perfecta ni acción.
Por ello, como quiera que la mayoría personal y de cuotas no tiene por qué abstenerse en caso de **conflicto de intereses**, podrían aprobarse acuerdos por los que se privilegiasen sistemáticamente sus intereses, postulando y logrando la aprobación de acuerdos por medio de los cuales se celebrasen contratos entre la comunidad, de una parte, y los miembros del grupo mayoritario, de otra, que supusiesen a la postre un perjuicio para la primera, o la pérdida de expectativas, ganancias o beneficios para ella.

3272 Consecuentemente, si bien la LPH no ha establecido el deber de abstención de voto respecto de propietarios que incidan en conflicto de intereses con la materia objeto de la cuestión sometida a acuerdo, en compensación a ello, sí ha erigido como **motivo de anulabilidad** aquellos acuerdos que, resultando gravemente lesivos para el interés de la comunidad, procuren un beneficio a favor de uno o varios propietarios.
No reputamos admisible, por otra parte, que los estatutos (LPH art.5.3º), y menos aún, si cabe, el reglamento de régimen interior, puedan imponer a un eventual propietario la **privación del derecho de voto** cuando se trate de adoptar acuerdos en los que subyazca o se evidencie, no obstante, una situación de conflicto de intereses, ni siquiera estableciendo tasadamente las categorías de acuerdos en los que puede darse este evento, por cuanto una norma de este tipo, privativa de un derecho primario cual es el de voto, afectaría al núcleo esencial imperativo de la propia LPH en una materia tal como la adopción de acuerdos y el ejercicio de derechos sustanciales al régimen complejo de la propiedad horizontal.

3273 **Criterios jurisprudenciales** Acerca de este motivo de impugnación de acuerdos, la jurisprudencia ha señalado lo siguiente:
a) Se reconoce la posibilidad de impugnar los acuerdos de la junta de propietarios cuando resulten gravemente lesivos para los intereses de la propia comunidad en beneficio de uno o varios propietarios. Esta posibilidad prevista en LPH art.18.1.b), exige que el acuerdo impugnado produzca una lesión grave para los intereses generales de la comunidad, y que, además, el perjuicio causado esté ordenado a la obtención de un beneficio particular por algún propietario, aunque no se consiga efectivamente, existiendo una **relación causal** entre la lesión del interés común y el beneficio individual perseguido u obtenido, que puede consistir en cualquier ventaja especial, sea o no económica, de interés particular, siempre que **no favorezca a todos los propietarios** que integran la comunidad, sino solo a algunos de ellos, aunque sean mayoría. Por ello, no cabría impugnar un acuerdo que, siendo lesivo para los intereses de la comunidad, no busque, al mismo tiempo, la satisfacción de un interés personal, ni tampoco un acuerdo que, aún adoptado con el designio de lograr este beneficio particular, no perjudique el interés general de la comunidad. Aun suponiendo que el acuerdo estuviese dirigido al favorecimiento o a la obtención de un beneficio particular para algún propietario, y no a defender el interés común, ello no sería suficiente para su impugnabilidad, a los efectos previstos en LPH art.18.1.b), al no poder decirse, en absoluto, que tal acuerdo sea también lesivo para la comunidad, considerando, según la interpretación de la norma expresada, que no cabe impugnar un acuerdo que, aún adoptado con el designio de lograr la satisfacción de un beneficio personal, no perjudique, a la vez, el interés común. Así, la sentencia pone de manifiesto que a favor del acuerdo en cuestión votó una sustancial mayoría de los propietarios y, el mismo acuerdo de **contratación de las piscinas**, fue adoptado en juntas anteriores, en similares condiciones, sin que el demandante -en el caso concreto- impugnara ninguno de dichos acuerdos precedentes, lo que abunda en el hecho de que no los consideró lesivos.
Por otro lado, si bien la comunidad paga una contraprestación por la concesión del derecho de uso de las piscinas, no tiene que efectuar gastos de mantenimiento, ni ha de cumplir ninguna normativa, ni tiene responsabilidad alguna, la cual recae exclusivamente en el titular propietario de las piscinas que es quien ofrece la prestación de dicha servicio a la comunidad, independientemente de que sea la promotora y, a su vez, la propietaria de varios apartamentos de la urbanización (AP Castellón 23-7-09, EDJ 284802).
Se reputan igualmente lesivos los acuerdos que contravienen una posición procesal previa adoptada por la comunidad y, a la par, entrañan *per se* una afectación de la seguridad de aquella, de modo que el acuerdo impugnado lesiona o puede **lesionar gravemente los intereses de la comunidad** y de todos los comuneros por las consecuencias procesales de toda índole que

tal nuevo acuerdo (incompatible con la postura anterior de la comunidad) puede acarrear en contra de la comunidad en los dos anteriores juicios ordinarios, además de que tal acuerdo impugnado, por su contenido, es en principio contrario a los intereses y seguridad de los habitantes del inmueble, a los que en nada beneficia, mientras que sí lo hace al propietario del local instalado en el bajo, con el añadido de que el acuerdo impugnado suponga un grave perjuicio para la comunera demandante, que no tiene obligación jurídica de soportar (AP A Coruña 27-3-13, EDJ 79860).

b) No puede ser contrario a los intereses de la comunidad de propietarios el **cambio de un sistema de calefacción por otro**, y menos aún por el solo hecho de que el acuerdo se adopte por la mayoría cualificada legalmente prevista. Es obvio que los **acuerdos adoptados por mayoría** satisfacen a quienes forman parte de ella y -normalmente- no satisfacen a quienes están en minoría, pero cuando existe previsión legal al respecto es lógico que prevalezca la voluntad de la mayoría. Por lo tanto, y en atención a lo dispuesto por LPH art.18.1.b), no se pueden considerar gravemente lesivos para los intereses de la comunidad los acuerdos por los que se decide por mayoría la sustitución del sistema de calefacción, y menos aún puede considerarse que este cambio beneficio a uno o varios propietarios en perjuicio de los demás. Es cierto que la mayoría impone a la minoría un sistema de calefacción que quizá no sea de su agrado, pero lo que no puede afirmarse es que el cambio del sistema de calefacción resulte «gravemente lesivo» para la comunidad en beneficio de uno o varios propietarios, puesto que ningún propietario se beneficia más que otro por la instalación de un sistema que es igual para todos. Tampoco puede la demandante arrogarse en el proceso la defensa de otros propietarios que pudieran haber votado en contra de los acuerdos adoptados. Aunque se le hubiera otorgado a la parte actora la potestad de votar en representación de terceros en la junta de propietarios celebrada el día 28-7-05, en la relación jurídico procesal nacida del procedimiento, solo actúa en su propio nombre y representación (AP León 9-6-08, EDJ 186787). **3274**

3. Perjuicio para algún propietario y abuso de derecho

(LPH art.18.1.c)

A través de este concreto motivo, se prevé por el legislador la impugnación de aquellas dos **categorías** de acuerdos que, habiéndose adoptado por la junta de propietarios, supongan por sí mismos o en su ejecución: **3277**
- un grave perjuicio para algún propietario sobre el que no pesa la obligación o deber jurídico de tener que soportar sus efectos personales y patrimoniales; o
- se haya adoptado con evidente abuso de derecho.

No se incluyen dentro del supuesto de hecho de la norma, los casos en los que un propietario o grupo minoritario de propietarios pretenden imponer una determinada conducta o situación jurídica a la comunidad, enfrentándose al voto mayoritario de la misma.

Se traspone con este motivo de impugnación un principio general del Derecho como es el de la **buena fe** (CC art.1 y 7) y, particularmente, una manifestación concreta del mismo, que es la representada por la prohibición del abuso de Derecho o su ejercicio antisocial.

Dentro del motivo, como se ha expuesto, se abrazan dos **submotivos** de impugnación, cuales son:
- que el acuerdo que se haya adoptado produzca un perjuicio grave para algún propietario sobre el que no pesa el deber jurídico de soportarlo; y
- que el acuerdo, asépticamente, suponga en sí mismo un abuso de Derecho.

El Tribunal Supremo ha entendido que el abuso de Derecho (LPH art.18.1.c) consiste en la utilización de la norma por la comunidad con **mala fe** civil en perjuicio de un propietario, sin que pueda considerase general el beneficio de la comunidad y, sin embargo, afecta de manera peyorativa a uno de sus partícipes. En definitiva, la actuación calificada como abusiva no debe fundarse en una justa causa y su finalidad no será legítima (TS 16-7-09, EDJ 158040; 12-1-22, EDJ 501032; AP Cáceres 26-2-21, EDJ 559726).

Precisiones En la práctica ambos motivos se suelen solapar o yuxtaponer, formado un ámbito propio de conjuntos secantes, de modo que con gran frecuencia los acuerdos que se patentizan **insoportablemente perjudiciales** son, además, **abusivos**. Así, por ejemplo, son nulos los acuerdos en los que se imponen unas determinadas **derramas** para la realización de obras, sin aportación de presupuestos, o sin determinación de las concretas obras a ejecutar (AP Las Palmas 28-9-16, EDJ 221488; AP Madrid 9-9-21, EDJ 746334).

Perjuicio de propietarios Este supuesto comprende **situaciones** en las que: **3278**
a) Los propietarios que adoptan el acuerdo por mayoría obtienen con él, incontestablemente, una **ventaja particular**, un provecho propio a costa de dañar, en relación de causa-efecto, el interés de algún propietario sobre el que no pesa un **deber jurídico** de soportar la aflicción en

el ámbito jurídico a que concierne el acuerdo y, no obstante, el acuerdo mismo no entraña, paralelamente, una transgresión del interés común -por lo que no es impugnable por la vía de la LPH art.18.1.b.

b) Los acuerdos adoptados por la mayoría son contestes o congruentes con el interés comunitario, esto es, son objetivamente de **interés y provecho a la comunidad**, y, además, no producen un correlativo provecho exclusivo al interés de uno o varios de aquellos, pero, no obstante, imponen a uno o varios propietarios una situación jurídica o de hecho intolerable jurídicamente en la medida que los afectados no tienen el deber o carga jurídica de soportar esa aflicción.

3279 **Supuestos** No se está obligado a soportar el daño consustancial al acuerdo en aquellos casos en los que:

1) El daño en cuestión se ha producido en razón o con motivo en una **lesión a un derecho subjetivo** de la persona dañada, el que encuentra su acogimiento y merecimiento de tutela por el ordenamiento jurídico.

2) La persona que experimenta el daño carece propiamente de un derecho subjetivo resistente u oponible a la conducta o comportamiento dañoso, más esta conducta se ha producido, se ampara en un **abuso de derecho**.

De ahí que los dos submotivos de impugnación de acuerdos comprendidos en LPH art.18.1.c estén íntimamente entrelazados desde el punto de vista práctico, al implicar normalmente un abuso de derecho los acuerdos adoptados con perjuicio grave para algún propietario.

3280 **Acuerdos abusivos** En términos generales, se produce **abuso de derecho** cuando el titular hace uso de él con la finalidad exclusiva de dañar a un tercero, o con manifiesta anormalidad cuantitativa o cualitativa de su contenido y extensión, o, en forma tal que tal ejercicio le produce tan escasos beneficios, interés o utilidad que, de este modo, resulta absolutamente **desproporcionado** en relación a los daños sustanciales que, correlativamente, impone tal ejercicio a un tercero.

En el régimen de propiedad horizontal resultan abusivos aquellos acuerdos que implican decisiones adoptadas por la junta de propietarios que, si bien, aparentemente se muestran sustentados en un derecho reconocido legal o contractualmente, han tenido como **móvil** exclusivo la causación gratuita de un daño, entrañan un exceso o **anormalidad en el ejercicio** de aquel, con desproporción notoria (AP Asturias 22-7-16, EDJ 155871) o, ante la arrogación de **funciones ajenas a la comunidad** de propietarios al establecer una indemnización por la conducta de un comunero y declarar la culpabilidad de este en la causación de dicho perjuicio, dado que tal función es propia del poder judicial (AP Pontevedra 5-5-22, EDJ 635509).

Se requiere la utilización de la norma con mala fe civil, es decir, en perjuicio del propietario y sin que pueda constatarse el beneficio de la comunidad y, sin embargo, afecta de manera peyorativa a uno o varios de los copropietarios (TS 15-9-15, EDJ 167993; AP Granada 12-12-18, EDJ 740979; AP Málaga 14-3-22, EDJ 642160).

Debe por tanto apreciarse una actuación en la que concurran circunstancias:

- **objetivas**: anormalidad en el ejercicio; y
- **subjetivas**: voluntad de perjudicar o ausencia de interés legítimo.

La doctrina del abuso de derecho, **se sustenta** en la existencia de unos límites de orden moral, teleológico y social que delimitan el ejercicio de los derechos, exigiendo, para ser apreciada, una actuación aparentemente correcta que, no obstante, representa en realidad una extralimitación en el ejercicio del derecho a la que la Ley no ampara ni o concede cobertura alguna; al resultar patente la circunstancia subjetiva de ausencia de finalidad seria y legítima, así como la objetiva desproporción de su ejercicio en perjuicio de cualquier propietario, y sin que por ello se obtenga como contrapartida un beneficio común amparado por el Ordenamiento jurídico (TS 17-6-15, EDJ 128709; AP Madrid 9-2-18, EDJ 79999).

La **impugnación** por este motivo resulta posible tanto en supuestos de acuerdos negativos ante propuestas individuales, como ante supuestos de acuerdos positivos por los que se impone a uno o varios propietarios un daño que no están obligados jurídicamente a soportar.

3281 **Criterios jurisprudenciales** Resulta harto frecuente que los tribunales, en caso de impugnación de acuerdos afirmados abusivos por el actor, resuelvan **a favor del acuerdo mayoritario** en razón al principio consistente en que no abusa de su derecho quien se limita a ejercitar las facultades y prerrogativas que la ley concede, especialmente cuando el acuerdo mayoritario adoptado por la junta consiste en la supresión o eliminación de alteraciones llevadas a cabo por un propietario, o de acuerdos mayoritarios por los que se desestima una petición de instalación de servicios o de realización de obras formulados ante la junta por un propietario.

La apreciación de la existencia o no de abuso, depende también, en ocasiones, de la forma o modo en que el propietario afectado se haya enfrentado a la posición mayoritaria. Así, se valora positivamente por los tribunales la actitud del propietario que, habiendo **solicitado permiso para una conducta** o para consolidar una situación, impugna el acuerdo cuando se le deniega abusivamente la permisión por la junta; por el contrario, los pronunciamientos son más reacios a conceder la tutela judicial en aquellas **actuaciones unilaterales del propietario** que, por propia iniciativa y al margen de la comunidad, realiza la conducta prohibida y, ante la reacción de la junta, reprocha ante los tribunales la existencia de un abuso por parte de esta (AP Gipuzkoa 3-10-08, EDJ 246705; AP Almería 12-7-22, EDJ 801802).

Así, por ejemplo, respecto a la instalación de un toldo por un propietario **sin acuerdo previo** de la comunidad, la Audiencia acaba por no compartir con la juzgadora de instancia que, el perjuicio que ello supone a los demandantes, no es apreciable y relevante jurídicamente, ya que cuando el toldo vertical se halla extendido impide de forma llamativa el campo de visión lateral y oblicuo del que se disfruta en comparación a cuanto el toldo está plegado o cerrado, sin que pueda considerarse que la limitación de vistas vendrá dada en función de la situación en la terraza -más cerca o no del toldo, de pie o sentado-, o que es temporal -limitada a los momentos en que se extienda el toldo, porque es desmontable- por cuanto el análisis que ha de realizarse es sobre el derecho de los demandantes a seguir disfrutando de su terraza en las mismas condiciones que lo hacía antes de la decisión de los demandados de instalar el toldo vertical, que es causa de un perjuicio, y que el posible derecho de los demandados a realizar dicha instalación debiera haber sido autorizado por la comunidad, sin que la parte actora tenga el deber jurídico de soportar esa arbitraria actuación (AP Gipuzkoa 29-9-17, EDJ 245266).

No faltan supuestos en los que los tribunales, para calificar de abusivo un acuerdo, atienden a la **discriminación de trato** que, ante unas mismas circunstancias fácticas, se dispensa a los diferentes propietarios, sin que se aprecie fundamento alguno en la disparidad de criterios, permisivos en unos supuestos, y denegatorios en otros -p.e. denegación por la junta de propietarios de cerramiento de terrazas cuando, con anterioridad, en el edificio se han realizado obras similares con el beneplácito de la comunidad, expreso o tácito (TS 31-10-90, EDJ 9931; AP Alicante 22-10-12, EDJ 277222; AP Valencia 18-11-20, EDJ 785974).

No se considera **abuso de derecho** la negativa para instalar un ascensor, cuando exista riesgo en la obra proyectada. Asimismo, el hecho de que en el acuerdo no se hicieran constar los motivos de la denegación, no quiere decir que estos no existan ni que la actuación de la comunidad haya sido arbitraria, ya que en el acuerdo previo en que se acordó posponer a una ulterior junta la votación correspondiente se hicieron constar precisamente la necesidad de consulta sobre los riesgos de la obra proyectada (AP Burgos 5-3-12, EDJ 43880).

Doctrina de los actos propios En íntima conexión con la impugnación por abusividad de acuerdos adoptados por la junta de propietarios se encuentra la cuestión relativa a la interdicción del *venire contra factum propium*, también conocida como doctrina de los actos propios. Esta teoría constituye una auténtica regla de Derecho derivada del principio general de la buena fe, que sanciona como inadmisible toda pretensión implícitamente lícita, pero objetiva y radicalmente contradictoria con respecto al sentido y modo de ser derivado del propio comportamiento anterior guardado por el mismo sujeto. **3282**

Su **fundamento** radica en la confianza despertada de buena fe en otro sujeto en razón a la primera conducta o sucesión de conductas realizadas anteriormente.

Los **requisitos** que los tribunales exigen para apreciar su concurrencia son los siguientes:

1) Que entre la conducta anterior y la pretensión actual exista una **incompatibilidad** o una **inconsecuencia**, según el sentido que, de buena fe, hubiera de atribuirse a la conducta anterior.

2) Que en la conducta del agente no ha de existir ningún margen de error por haber actuado con **plena conciencia** para producir o modificar el sentido del acto anterior.

3) Que sea **razonable** la generación de la **expectativa** primigenia, considerando todas las razones disponibles. Por ejemplo, del contexto no debe desprenderse que el acto primero sea un acto de mera tolerancia.

4) Que tal expectativa sea **legítima**, es decir, que guarde conformidad con los principios del ordenamiento jurídico.

5) Que se produzca la **frustración** de tal clase de expectativa.

6) Que se provoque un **daño a terceros** con la conducta cambiante; de lo contrario será irrelevante para el Derecho.

Técnicamente, la **consecuencia básica** que produce la aplicación de este principio tiene naturaleza eminentemente procesal (Díez-Picazo), y consistente en la prohibición para el agente que actúa de forma incongruente con su obrar pasado, de poder alegar judicialmente el cambio de su conducta como hecho operativo o pretensivo de algún derecho o potestad propia, **3283** frente a ese tercero confiado (exclusivamente). Es decir, afecta la legitimación procesal activa del agente o la legitimación pasiva procesal respecto de la alegación de un derecho o excepción, calificando de inadmisible la pretensión o la defensa, sin que necesariamente afecte, en general, la existencia de tal derecho o potestad.

La jurisprudencia considera que quien crea en una persona una **confianza en una determinada situación aparente** y la induce por ello a obrar en un determinado sentido, sobre la base en la que ha confiado, no puede pretender que aquella situación era ficticia y que lo que debe prevalecer es la situación real (TS 18-6-20, EDJ 597437).

3284 **Acuerdos calificados de abusivos** Resultan abusivos por contrarios a los actos propios e inequívocos:

a) Pretender súbitamente que se retire una obra de comunicación entre dos **locales colindantes**, cuando la obra en cuestión se llevó a cabo hace más de 10 años, a la vista de los integrantes de la comunidad, sin que, durante todo el período de tiempo indicado, los sucesivos propietarios hubieran mostrado su oposición o contradicción, y sin que, la obra lesione o perjudique el interés comunitario (TS 16-10-92, EDJ 10110; 23-10-08, EDJ 190091). Igualmente, obligar a un propietario al cierre de la terraza supone un ataque al principio de igualdad al haber otros propietarios con **terrazas cerradas** (AP Toledo 30-6-15, EDJ 132666). No obstante, no se acepta la afirmación de que la comunidad no ha reaccionado frente a otras actuaciones que alteran los elementos comunes, dado que la ilegalidad de otros propietarios no justifica la infracción de la LPH; es necesaria la unanimidad para este tipo de obras -cerramiento con un techo del patio de luces-, sin que sea posible su sustitución por un **consentimiento presunto** (TS 17-6-15, EDJ 128709; AP Almería 12-7-22, EDJ 801802). Conforme a esta doctrina jurisprudencial, es preciso que se dé el **consentimiento tácito** de la comunidad plasmado en diversos aspectos y que de ese consentimiento aparezca suficientemente acreditado y concluyente que viene admitiendo la voluntad tácita de los copropietarios, cuando mediante actos inequívocos se llegue a esa conclusión, lo que tiene su explicación en que, el transcurso pacífico de un largo período de tiempo, sin formular reclamación alguna, debe producir el efecto de tener por renunciado el derecho impugnatorio, al ser lo que exige la seguridad de las relaciones contractuales y del tráfico jurídico, la prohibición de ir contra los propios actos y las normas de la buena fe.

b) El acuerdo por el que se impone la **demolición de una habitación** construida hace más de 20 años (TS 16-10-92, EDJ 10110).

c) Los acuerdos contrarios a **acuerdos paraestatutarios** unánimemente adoptados y efectivizados en el tiempo (TS 10-2-92, EDJ 1158).

d) El negar *ad libitum* por la junta el consentimiento para realizar unas determinadas obras en un **elemento comunitario** cuya existencia resultaba intranscendente para la comunidad, pero que, no obstante, resultaban prioritarias y esenciales para la adecuada explotación del negocio de uno de los propietarios de los locales (TS 27-4-94, EDJ 3754; AP Barcelona 19-12-13, EDJ 267383).

e) El acuerdo de realización de obras para cerrar **claraboyas** abiertas, al limitar injustificadamente la luz natural en los locales (AP Asturias 16-12-16, EDJ 246522).

f) Denegar al titular de un local realizar obras de **extracción de humos** a través de un patio comunitario. Pues, si bien es cierto que la jurisprudencia viene declarando la imposibilidad de crear unilateralmente una servidumbre de evacuación de humos, tratándose de un local al que ni los estatutos ni el título constitutivo le prohíben dar un uso determinado, cualquier negativa de la comunidad que lleve a impedir al local en cuestión la ejecución de las obras exigidas por la legislación urbanística para que pueda seguir utilizándolo como tal, incurriría en una situación de abuso de derecho (AP Madrid 5-2-16, EDJ 17768).

g) Requerir el **derribo** de la obra realizada durante la vigencia de una norma estatutaria que facultaba a los titulares de la plaza de aparcamiento a realizar, a su amparo, obras de cerramiento y después de ejecutadas (TS 18-6-20, EDJ 597437).

3285 En términos generales, tal y como se ha expuesto, se califica como abusivo por nuestros tribunales el **modificar sin justificación suficiente un criterio decisorio adoptado** por la junta respecto de una determinada materia o categoría de acuerdos, cuando esta modificación lesiona las expectativas de un propietario a ser tratado en régimen de igualdad respecto de los demás que, precedentemente, fueron beneficiarios de un distinto sentido en los acuerdos sobre la misma cuestión (TS 16-7-09, EDJ 158040). Particularmente, resulta nulo el acuerdo contrario a otro anterior, pero sin dar solución a un problema real de accesibilidad a los inmuebles, por lo que se considera que el **acuerdo** es **perjudicial y abusivo** (AP Albacete 9-10-13, EDJ 216823).

Sin embargo, en el supuesto de que se acuerde la **instalación por primera vez de un ascensor en un edificio** y se exima de pago a los locales del edificio, pero no a los propietarios de piso bajo, se ha resuelto que el acuerdo no es abusivo y que es posible una distribución de gastos que no coincida con la cuota de participación en elementos comunes, pues conforme a LPH art.9, está permitido que se contribuya con arreglo «a lo especialmente establecido», acuerdo que al estar «asociado» al de instalación se aprueba por mayoría, dado que el acuerdo destinado a la distribución de los gastos de instalación se ha de aprobar con idéntico sistema de mayorías que el acuerdo de instalación del ascensor, es decir, por mayoría (AP Madrid 1-2-22, EDJ 545388). Por otro lado, en este caso, **no consta un grave perjuicio** a los demandantes (LPH art.18), al ponderarse en la sentencia recurrida que las obras han provocado la eliminación de barreras arquitectónicas que facilitan el acceso a los bajos, eliminando mediante rampas y rellanos una cota de 1,12 metros, lo que les revaloriza el piso (TS 12-4-21, EDJ 533306).

La conducta de la comunidad que aprueba un determinado acuerdo con el voto mayoritario de sus miembros es abusiva -y el acuerdo nulo por ineficaz- en las siguientes **circunstancias** (AP Gipuzkoa 3-10-08, EDJ 246705): **3286**

1. Por violación del principio de igualdad de trato entre los comuneros, cuando el **tratamiento desigual** carece de justificación objetiva. No obstante, no cabe estimar invariablemente una discriminación o desigualdad de trato cuando de las **circunstancias fácticas** del caso concreto se desprende que (TS 17-6-15, EDJ 128709; AP Toledo 30-6-15, EDJ 132666):
- la acción ejercitada por la comunidad de propietarios contra el propietario viene expresamente amparada por la normativa aplicable;
- el propietario carecía de la autorización expresa de la junta, sin que pueda alegarse que la misma autorizó en el pasado conductas iguales o similares; y
- la junta de propietarios tampoco renunció a las acciones.
2. Por contrariar los propios actos, cuando la conducta de la comunidad generó en el propietario la **confianza legítima** que ahora se pretende defraudar con un ejercicio tardío de las prerrogativas comunitarias.
3. Acuerdo tomado preponderantemente con el **designio de dañar** a uno o varios comuneros.
4. Acuerdo tomado exclusivamente para conseguir el comunero **contraprestaciones** a las que la comunidad no tiene derecho.
5. Acuerdos contrarios a actuaciones individuales del comunero, cuando la **comunidad carece de un interés serio** en la prohibición y aquella actuación satisface una necesidad importante del comunero en el uso o explotación de la cosa.
6. Acuerdos tomados en **contravención de pactos extracomunitarios** convenidos por todos los propietarios.

4. Caducidad de las acciones de impugnación

Plazos (LPH art.18.3) El **criterio general** seguido por el legislador es el de establecer un plazo de caducidad de 3 meses, con carácter general, para el ejercicio de las acciones de impugnación de los acuerdos adoptados por la junta de propietarios, salvo que el contenido de los acuerdos sea **contrario a la ley o a los estatutos**, en cuyo caso la acción caducará al año de su adopción. La caducidad se aprecia de oficio por el órgano judicial. Ningún efecto interruptivo o suspensivo de ella produce la interposición de demanda de diligencias preliminares (LEC art.256). **3288**

Propietarios presentes o representados en junta Para los propietarios presentes o representados en la junta en la que los acuerdos impugnables se adoptaron, el **día de inicio del cómputo** del plazo de caducidad, será aquel en que el acuerdo en cuestión hubiera sido adoptado, esto es, el propio en que se celebró la junta en que el mismo se adoptó (AP Sta. Cruz de Tenerife 9-3-23, EDJ 691122). **3289**

Cuando la junta hubiera durado más de un día, el día de inicio será el correspondiente al último día de la reunión de propietarios constituidos en junta. Ello es así dado que la acción impugnatoria y el plazo para su ejercicio nacen desde el mismo momento en que se adopta el acuerdo, dado que el propietario presente o representado en la misma junta en cuyo seno se ha adoptado el impugnable, conoce ya razonablemente, desde ese mismo momento, las circunstancias y el contenido de aquel, por lo que ya concurren los presupuestos necesarios para que esté en disposición de poder deducir la oportuna acción impugnatoria.

Propietarios ausentes Por contra, para los propietarios ausentes, por disposición específica de la LPH art.18.3, el plazo de caducidad se computará **a partir de la comunicación del acuerdo** conforme al procedimiento establecido en LPH art.9. Para la comunicación del contenido del acta de la junta en la que se ha consignado el acuerdo impugnable, verificable por cualquier medio que permita tener constancia de su recepción por el propietario ausente (AP Bizkaia 6-10-16). Para el caso de que el propietario no hubiera comunicado al secretario un **3290**

domicilio en España a efectos de recibir notificaciones o citaciones relativas a asuntos concernientes a la comunidad, se tendrá por domicilio a tales efectos el propio del piso o local integrado en la comunidad, añadiéndose para mayor explicitación que surtirá plenos **efectos jurídicos recepticios** la entrega que de tal comunicación o citación se hiciera al ocupante de uno u otro (LPH art.9.h).

En cuanto a la **efectividad** de la notificación del acta que documenta los acuerdos, debe considerarse que la pasividad del destinatario de la notificación en ningún caso puede perjudicar el derecho de la comunidad (AP Madrid 30-6-16, EDJ 151302).

No obstante, cabe resaltar que los **acuerdos denegatorios** adoptados por la comunidad de propietarios no son ejecutivos, por lo que resulta irrelevante que adquieran firmeza por caducidad de la acción de impugnación. La impugnación de un acuerdo denegatorio carece de utilidad práctica, no solo por lo que se acaba de exponer, sino porque la eficacia jurídica de la acción de impugnación se agota en la declaración de ineficacia del acuerdo, sin que el órgano judicial pueda, en el ámbito de dicha acción, suplir la voluntad de la junta de propietarios e imponer el acuerdo denegado por la mayoría de los copropietarios. Las resoluciones que condenan a la comunidad de propietarios a ejecutar o a autorizar las obras solicitadas por un comunero, no son consecuencia de la impugnación del acuerdo, sino de un derecho que asiste al comunero y cuya tutela se solicita de los órganos jurisdiccionales (AP Ourense 4-10-21, EDJ 746560).

3292 **Diferencias con la prescripción** El plazo para el decaimiento de la acción y del derecho es, como el propio precepto indica, de caducidad, y no de prescripción.

La **caducidad** se caracteriza por limitar en el tiempo el ejercicio de los derechos y de las acciones, al tratarse de un instituto por el que, con el transcurso de cierto período de tiempo que la ley o los particulares fijan para el ejercicio de un derecho, este se extingue, quedando el interesado impedido para el cumplimiento del acto o del ejercicio de la acción (TS 12-6-97, EDJ 5408; AP Araba 15-12-17, EDJ 315462). El plazo de caducidad opera automáticamente, y con determinación precisa del día en que comienza su computación.

La **prescripción**, por el contrario, admite interrupción y suspensión.

La caducidad de las acciones y derechos es apreciada de oficio por los tribunales, por lo que no requiere ser alegada, mientras que la prescripción, por el contrario, debe ser alegada por la parte a la que beneficia mediante la formulación de la oportuna excepción.

La caducidad responde a un principio de dar seguridad jurídica y certeza al tráfico jurídico.

3293 **Cómputo** El plazo de caducidad para el ejercicio de las acciones de impugnación de acuerdos adoptados en junta de propietarios -establecido legalmente en tres meses, o en un año, según se trate (LPH art.18.3)- es de naturaleza civil, resultando por ello de aplicación lo prevenido en CC art.5, conforme al cual, siempre que no se establezca otra cosa -por convención de las partes, o por expresa determinación de la ley-, en los **plazos señalados por días** a contar desde uno determinado, quedará este excluido del cómputo, el cual deberá comenzar en el día siguiente; y si los plazos estuvieran **fijados por meses o años**, se computarán a fecha. Cuando en el mes del vencimiento no hubiera **día equivalente al inicial** del cómputo, se entenderá que el mismo expira el último día del mes (AP Cantabria 29-1-20, EDJ 510913).

Del cómputo o cálculo del término de caducidad no se excluyen los **días feriados** (festivos a nivel nacional, autonómico o local) ni los **inhábiles**, así como tampoco el mes de **agosto** (TS 26-6-93, EDJ 6303).

Consiguientemente, por lo expuesto, no se tomará en consideración el mismo **día en que se adoptó el acuerdo**, ya que el cómputo, para los propietarios disidentes al acuerdo y que hubieran salvado su voto- hayan estado presentes o representados en la misma junta en la que el acuerdo controvertido se adoptó-, arranca desde el día siguiente a tal fecha, inclusive. Al tratarse de un plazo de naturaleza civil, no rige lo dispuesto en LEC art.132 a 135, particularmente la previsión que, en punto a término de gracia procesal, se estatuye en LEC art.135.1.

3294 Tampoco interrumpe el plazo de caducidad la solicitud de defensa y representación técnica ante los servicios de justicia gratuita, ni la solicitud de diligencias preliminares (LEC art.256), ni la solicitud de prueba anticipada o de aseguramiento de la prueba (LEC art.294 y 297, respectivamente), ni la celebración de un acto de conciliación (AP Bizkaia 26-4-22, EDJ 679613).

El plazo se computa desde el día siguiente (inclusive) a aquel en que se ha adoptado por la junta el acuerdo impugnable, respecto de los **propietarios presentes** en aquella, **disidentes** y que hubieran salvado su voto, así como de los que indebidamente hubieran sido **privados** de él. Si la junta se prorrogó durante 2 o más días, el cómputo se inicia a partir del día siguiente a aquel en que concluyó la junta. Consecuentemente, el *dies a quo* no se computa en función de la fecha en que el acta fue cerrada mediante su firma por el presidente y secretario (LPH art.19.3).

Respecto de los **ausentes**, el plazo de inicio del término de caducidad se inicia desde el momento en que fueron debidamente notificados fehacientemente del contenido de los acuerdos (LPH art.9.1.h; AP A Coruña 29-1-13, EDJ 46128).

La ausencia o presencia del propietario no se proyecta respecto de la totalidad de la junta, sino en relación a cada uno de los puntos sometidos a acuerdo según el orden del día. Si el **asistente en el curso de la junta se ausenta** de ella antes de la toma del acuerdo, se considerará ausente a los efectos de la precisión de ser notificado y, con ello, el cómputo de caducidad respecto del acuerdo tomado en su ausencia principiará a partir del día siguiente a la fecha en que le sea comunicado fehacientemente (LPH art.9.1.h). El acta debe reflejar este extremo relativo al hecho de que el propietario se ausenta de la reunión, ya que en caso contrario se presumirá su asistencia durante la integridad de la junta. La **prueba** de la ausencia corresponde al propietario que marchó de la reunión (LEC art.217). **3295**
Si los estatutos hubieran previsto que la **toma de acuerdos** podrá adoptarse **por escrito**, sin necesidad de presencia, el plazo de impugnación principiará desde el día siguiente a la fecha en que el resultado de la votación haya sido dado a conocer fehacientemente al propietario legitimado para impugnar.

La **demanda** deberá deducirse en forma extensa y ante el tribunal competente (LEC art.399). **3296**
No caducará la acción impugnatoria en el caso de que la demanda padezca algún **defecto subsanable** (LEC art.414, 416, 418 y 421 a 425). El tribunal apreciará la caducidad de oficio, antes de la admisión de la demanda, en el acto de la audiencia previa (LEC art.425).

C. Procedimiento

3315

Los acuerdos de la junta de propietarios serán impugnables ante los tribunales de conformidad con lo establecido en la legislación procesal general (LPH art.18.1). El **derecho a la impugnación** de los acuerdos adoptados por la junta no es más que la obtención del derecho fundamental que asiste a todo justiciable para recabar la tutela de los órganos jurisdiccionales (Const art.24 y 117; LOPJ art.2; LEC art.5). **3316**
La Ley procesal general es, por definición, la Ley de Enjuiciamiento Civil -en adelante, LEC-. La LPH, por su parte, no regula en su articulado, en precepto alguno, una suerte de procedimiento especial a través de cuyos trámites sustanciar las acciones sobre impugnación de acuerdos adoptados en junta de propietarios. Solamente se establecen las **especialidades o particularidades** con trascendencia jurídico-procesal recogidas en LPH art.18.2, 3º y 4º en punto a:

- **Legitimación activa**.
- Necesidad de estar al corriente el actor en el **pago de las deudas vencidas** con la comunidad, o haber procedido a su consignación (AP Madrid 9-12-13, EDJ 292377; nº 3213 s.).
- Establecimientos de **plazos de caducidad** para el ejercicio de las acciones.
- La interdicción de la **suspensión en la ejecutividad** de los acuerdos impugnados, salvo que aquella sea acordada cautelarmente por el tribunal.

Precisiones La exigencia de hallarse el **comunero al corriente de pago** (LPH art.18.2) se refiere al momento de interposición de la demanda y, en el supuesto de consignación, requiere que esta se realice «previamente» a la interposición (AP Bizkaia 10-5-12, EDJ 342917).

La remisión a la norma procesal general permite comprobar que la LEC art.249.1.8 redacc RDL 6/2023 establece que se decidirán en **juicio ordinario**, cualquiera que sea su cuantía, las demandas en que se ejerciten las acciones que se otorgan a las juntas de propietarios y a estos por la LPH, siempre que no versen exclusivamente sobre reclamaciones de cantidad, en cuyo caso se tramitarán por las reglas del **juicio verbal** o por el **procedimiento especial** que corresponda (nº 3625 s.). La literalidad del precepto nos permite afirmar que las acciones que tengan por objeto la impugnación de cualesquiera acuerdos adoptados por la junta de propietarios, así como en razón o con base en cualquiera de los motivos de impugnación prevenidos en LPH art.18.1 a, b y c, deben sustanciarse por los trámites del juicio declarativo ordinario, conforme a la regulación detallada que de él ofrece la LEC art.399 a 433, al que, igualmente, le resultan de aplicación las disposiciones generales contenidas en el Libro I -disposiciones generales relativas a los juicios civiles- en todo aquello que no resulte contradicho o antitético con lo preceptuado en aquellos referidos preceptos especiales reguladores de este tipo de procedimiento. La **especialidad**, por tanto, proviene de la naturaleza de la materia que constituye el objeto de la litis. **3317**

1. Medidas cautelares

3318 **Solicitud** (LPH art.18.4; LEC art.721 a 747) La impugnación de los acuerdos adoptados por la junta de propietarios no suspenderá su ejecución, salvo que el juez así lo disponga con carácter cautelar, a solicitud del demandante, y oída la comunidad de propietarios (LPH art.18).
Por tanto, dicha medida no puede ser acordada de oficio (LEC 721.2) y no cabe adoptarla sin audiencia de la comunidad (LEC art.733.2).

Precisiones En **Cataluña**, los acuerdos adoptados válidamente por la junta de propietarios son ejecutivos desde su adopción, salvo que los estatutos establezcan otra cosa (CCC art.553-29). La ejecutividad de los efectos del acuerdo, por disposición estatutaria, incide como factor enervador de la pretensión cautelar, encaminada a que se suspenda su ejecutividad o efectividad material o sustantiva. La impugnación de un acuerdo social no suspende su ejecutividad, lo que debe entenderse excluyente de los acuerdos cuya ausencia de ejecutividad durante determinados plazos o términos venga prevista estatutariamente (CCC art.553-32.1). La **autoridad judicial** puede adoptar las medidas cautelares que considere convenientes en caso de impugnación de acuerdos sociales, lo que específicamente comprende la posibilidad de decretar provisionalmente la suspensión del acuerdo de la junta de propietarios impugnado. Esta suspensión, según una interpretación rigorista del precepto, podría ser acordada de oficio - a diferencia de lo previsto en la LPH art.18.4-, puesto que la norma no exige explícitamente que se promueva la solicitud cautelar a instancia de parte. La medida tendrá necesariamente tendrá carácter provisorio, lo que en la práctica permite extender temporalmente la suspensión hasta que recaiga sentencia firme en el proceso principal.

3319 La **medida cautelar específica** recogida en el referido precepto resulta ser una aplicación de lo previsto en LEC art.727.11º, con arreglo al cual, podrán acordarse, entre otras, las medidas cautelares que, para la protección de ciertos derechos, prevean expresamente las leyes. La LEC art.727.10º reconoce específicamente, en el elenco de cautelas adoptables por el órgano jurisdiccional, la consistente en la **suspensión de los acuerdos** sociales impugnados en las sociedades -sin especificar la naturaleza de estas-; medida que podrá alcanzarse cuando, además de reunir la solicitud los requisitos y presupuestos exigidos procesalmente (LEC art.721, 723, 726 y 728), la parte actora represente, al menos, el 1% o el 5% del capital social, según que la sociedad demandada hubiera o no emitido valores que, en el momento de la impugnación, estuvieran admitidos a negociación en un mercado secundario oficial. Sin embargo, por lo que concierne a la adopción de la medida cautelar de suspensión en la efectividad de acuerdos adoptados por la junta, ni la norma sustantiva (LPH art.18.3), ni la LEC (LEC art.721) condicionan su adopción a porcentaje alguno de participación en el coeficiente total del edificio por parte del actor peticionante de la medida en cuestión. Ello es así por cuanto la **legitimación** para la formulación de la solicitud de medidas cautelares está condicionada y sujeta a los mismos requisitos que la legitimación para deducir la acción de impugnación de acuerdos de junta por cualquiera de los motivos enumerados en LPH art.18.1, sin que el apartado 2º de este último precepto requiera un determinado porcentaje o cuota de participación al propietario impugnante.

3320 Por tanto, el principio general establece que la mera interposición de la demanda sobre impugnación de acuerdos adoptados por la junta de propietarios, por sí misma, no suspende la ejecución de aquellos (LPH art.19.3). La **suspensión en la ejecutividad** del acuerdo impugnado, por ende, solo podrá tener lugar en caso de que el órgano jurisdiccional que conoce o haya de conocer del procedimiento principal sobre impugnación del concreto acuerdo social así lo determine mediante **resolución motivada** en la correspondiente y separada pieza de medidas cautelares. Dicha pieza se inicia al haberse solicitado por medio de otrosí en la demanda del procedimiento ordinario de impugnación del acuerdo concreto que se pretende suspender, por medio de las medidas cautelares; o, en su caso, antes de presentarse la demanda principal de impugnación, si se alega y acredita por la parte solicitante de la medida cautelar razones de urgencia o necesidad.
Mientras no sea acordada la suspensión judicial de la efectividad y ejecutividad del acuerdo, el titular de piso o local, aun habiendo votado en contra de este e impugnado judicialmente el propio acuerdo, debe dar cumplimiento a las medidas precisas para su efectividad (AP Madrid 22-12-2016, EDJ 255468).

Precisiones Solo cabe desconocer el deber de **abonar las cuantías reclamadas** si se han impugnado los acuerdos que hayan aprobado esas deudas y, además, se ha solicitado y obtenido la medida cautelar de suspensión de dicho acuerdo. De modo que este régimen jurídico conlleva la consecuencia procesal de que, en tanto no impugne judicialmente las juntas y obtenga tal suspensión cautelar (o exista pronunciamiento judicial definitivo), la defensa del comunero carecerá de toda eficacia jurídica (AP Alicante 29-4-16, EDJ 101314; AP Madrid 29-4-16, EDJ 91534; AP Granada 2-3-16, EDJ 107207).

Los presupuestos de concesión de la tutela cautelar son muy distintos a los que determinan el éxito definitivo de la pretensión principal. Para la primera, basta con un principio de **prueba por escrito** -*fumus boni iuris* (LEC art.728.2)- y una justificación meramente indiciaria de la existencia del derecho. En cambio, el examen plenario del fondo del asunto determina que el tribunal no pueda fallar a favor de la parte demandante si alberga dudas sobre la existencia de los hechos constitutivos de la pretensión entablada (LEC art.217.1). De manera que sin prejuzgar el fondo del asunto debe el tribunal extraer un **juicio provisional e indiciario favorable** al fundamento de las pretensiones del demandante, sin que quepa exigir para decidir una prueba plena, ni una certeza o resolución anticipada del litigio, o una valoración fáctica y jurídica completa propia de la sentencia; sino desde un plano indiciario y sin perjuicio de lo que, en su caso, resulte del proceso y lo que sobre el fondo se decida en la sentencia (AP Valencia 21-1-14, EDJ 46156). **3321**

La LPH no contiene propiamente una regulación cautelar, sino la precisión de una **medida concreta** que tiene su acogimiento y refrendo en la remisión que la propia ley procesal efectúa a favor de otras leyes (LEC art.727.11). La precisión que realiza la LPH art.18.3 a la necesidad de que, para la adopción de la medida cautelar de suspensión de la ejecutividad de los acuerdos impugnados o impugnables, resulte previamente oída la comunidad, excluye la posibilidad procesal de su adopción *inaudita parte* (LEC art.733.2), puesto que el derecho a la formulación de oposición contra la medida cautelar ya adoptada inaudita parte que el LEC art.740 reconoce a la parte demandada y afligida por la medida cautelar adoptada sin su intervención alegatoria, no puede equipararse procesalmente a la audiencia previa que exige la propia LPH art.18.3, reconocida en la LEC art.734.2. **3322**

El hecho de que la normativa especial (LPH art.18.3) reconozca expresamente la posibilidad de adopción por los tribunales, **a instancia de parte**, de una medida cautelar cual es la de suspensión de la ejecutividad propia de los **acuerdos sociales impugnados** -por demanda principal ya interpuesta-, o **impugnables** -por demanda principal aún no interpuesta-, no es óbice para que puedan igualmente solicitarse -diversamente o acumuladamente- otra u otras de las específicamente previstas en LEC art.727 -tales como la de anotación preventiva de la demanda en el folio registral correspondiente al edificio obrante en el Registro de la Propiedad (LEC art.727.5º y 6º) o cualquiera otra diversa de las concretamente mentadas en el referido precepto (LEC art.727.1º)-, siempre que resulten exclusivamente conducentes a hacer posible la tutela judicial que pudiera otorgarse a la parte actora en razón a una eventual sentencia estimatoria. **3323**

Momento en que pueden solicitarse (LEC art.730) La medida cautelar se solicitará, de ordinario, **junto con la demanda principal** a través de la cual se ejercite la acción de impugnación de acuerdos adoptados en junta de propietarios. **3325**

Podrá también solicitarse la medida cautelar **antes de la demanda**, si quien en ese momento la pide y alega acredita razones de **urgencia o necesidad**. Tales circunstancias exigidas solo serán apreciables cuando, en razón a los efectos consustanciales al acuerdo, se evidencia que la parte actora no podía, racional y comprensiblemente, esperar a solicitar la medida cautelar junto con la demanda principal, como acontece en el caso en que el acuerdo de junta consiste en la realización de una determinada obra, la aprobación de un presupuesto, y el mandato al presidente de celebrar el correspondiente contrato de forma inmediata. En estos supuestos, la medida que en su caso se hubiera otorgado, quedará sin efecto si la demanda principal no se presenta ante el mismo tribunal que conoció de la solicitud de aquella en los 20 días siguientes a su adopción. El referido plazo se computa conforme a LEC art.133.2.

La interposición de la solicitud de medidas cautelares anteriores a la interposición de la demanda principal no impide que los **plazos de caducidad**, establecidos en LPH art.18.3 para el ejercicio de la acción de impugnación de acuerdos adoptados por la junta de propietarios, sigan discurriendo en perjuicio del eventual propietario legitimado, puesto que la formulación de la solicitud cautelar, a pesar de deducirse judicialmente, no tiene el valor ni el carácter de acción impugnatoria deducida -*actio deducta* -, sino de solicitud de aseguramiento de la eventual sentencia estimatoria que en su momento recaiga.

Con posterioridad a la presentación de la demanda principal o **pendiente recurso**, solo podrá solicitarse la adopción de medidas cautelares cuando la petición se base en hechos o circunstancias que justifiquen su presentación tardía en esos momentos. Ello supone que la medida o medidas cautelares solicitadas con posterioridad a la interposición de la demanda -durante la primera instancia, la segunda o sustanciándose recurso extraordinario- solo podrán alcanzar su fin cuando su invocación postrera al primer acto alegatorio se justifique en razón de **hechos posteriores**, circunstancias o eventos que, de forma directa y ostensible, **3326**

evidencien sobrevenidamente la conveniencia fundada de que tal medida se adopte so pena de que la sentencia estimatoria de la acción deducida que en su momento se dictara pueda resultar inejecutable, al haberse sobrepuesto temporalmente circunstancias o situaciones que seriamente impidan o dificulten la efectividad de la tutela (LEC art.728.1.1º).

3327 **Forma de la solicitud** (LEC art.732) La solicitud de medidas cautelares se formulará con claridad y precisión, justificando cumplidamente la **concurrencia de los presupuestos** legalmente exigidos para su adopción (LEC art.721, 723, 726 y 728). Ver nº 3338.

La solicitud debe revestir forma de **demanda**, enfocada fáctica y jurídicamente a fundar la pretensión cautelar, lo que implica que su redacción puede reproducir o extractar determinados aspectos fácticos contenidos en la demanda principal, más no limitarse a consistir en una versión reductiva de esta, puesto que la finalidad que persigue el procedimiento de medidas cautelares es, precisamente, asegurar interina o provisoriamente la efectividad de la tutela judicial que al actor definitivamente pudiera otorgársele por el tribunal en la sentencia estimatoria que llegara a dictarse. Esta solicitud, cuando se simultanee con el escrito de **demanda principal**, puede verificarse por medio de otrosí, o bien mediante cuerpo de escrito separado, y se sustanciará a través de un **procedimiento especial o pieza separada** del pleito principal, respecto del cual el cautelar es accesorio (LEC art.731).

3328 La solicitud de medidas cautelares, consiguientemente, deberá estar provista de los procedentes **antecedentes de hecho, fundamentos de Derecho y suplico**.

Se acompañará a la solicitud los **documentos** que la apoyen o sustenten, y se ofrecerá la práctica de otros medios de prueba para la acreditación de los presupuestos que autorizan la adopción de las medidas, en el bien entendido que para el actor precluirá la posibilidad de **proponer prueba** con la misma solicitud (LEC art.732.2), de modo que, necesariamente, en el mismo escrito, deberá la actora, mediante otrosí claro y separado, a continuación de la formulación del suplico, determinar los medios de prueba de que intente valerse en el acto de la vista del procedimiento cautelar (LEC art.734; nº 3344).

3329 En el mismo escrito de solicitud de medidas cautelares, deberá expresar específicamente la **parte actora** (LEC art.732.3):

a) El ofrecimiento a la prestación de **caución suficiente** para responder de manera rápida y efectiva de los daños y perjuicios que la adopción de la medida pudiera causar al patrimonio del demandado.

b) La determinación del **tipo o clase de caución** ofrecida -dinero efectivo, aval solidario de duración indefinida y pagadero a primer requerimiento emitido por entidad de crédito o sociedad de garantía recíproca, o por cualquier otro medio, hipoteca o prenda, que a juicio del tribunal garantice la inmediata disponibilidad de la cantidad de que se trate-.

c) La expresión del **importe** que se propone u ofrece caucionar.

3331 **Competencia judicial** Tendrá competencia **objetiva, funcional y territorial** para conocer de las solicitudes sobre medidas cautelares el mismo tribunal que conozca o deba conocer del asunto en primera instancia.

3332 Si la solicitud de medidas cautelares se dedujera **con anterioridad a la interposición de la demanda principal** sobre impugnación de acuerdos adoptados por la junta, será tribunal competente el que deba conocer de esa demanda principal. En tales supuestos, conocerá de la demanda principal el juzgado de primera instancia del partido judicial en el que radique la finca y al que, previamente, por reparto -en el caso de haber varios de ellos en el mismo partido- haya correspondido el conocimiento de la demanda de solicitud de medidas cautelares, salvo que las normas de reparto establecidas para esa demarcación establecieran que la demanda principal que se interpusiera con posterioridad a la solicitud de medidas cautelares debe repartirse de nuevo entre los diversos juzgados de la demarcación judicial.

El juzgado ante el que se soliciten las medidas cautelares con anterioridad a la formulación de la demanda principal, analizará de oficio su propia jurisdicción, competencia objetiva, funcional y territorial. De apreciar el tribunal **falta de competencia territorial** por infracción de lo prevenido en LEC art.52.1.8 -conforme al cual, en los juicios en materia de propiedad horizontal será juez competente para conocer del litigio, en primera instancia, el del lugar en que radique la finca-, tratándose de **fuero imperativo**, previa audiencia de la parte solicitante y del ministerio fiscal -que, como norma general no es parte en los procedimientos en materia de propiedad horizontal-, dictará auto absteniéndose de conocer y remitiendo al solicitante a que use de su derecho ante el órgano jurisdiccional del territorio que corresponda en razón al fuero imperativo.

En tal caso, no obstante considerarse el tribunal territorialmente incompetente para conocer de la solicitud de medidas cautelares, podrá, cuando las circunstancias de **urgencia y necesidad** lo aconsejen, ordenar en prevención aquella o aquellas medidas cautelares que resulten más perentorias -siempre con arreglo a las solicitadas, nunca diversas a lo suplicado por la parte solicitante-, remitiendo posteriormente los autos al tribunal que definitivamente resulte competente territorialmente y ante el cual la parte solicitante hubiera deducido la solicitud de medidas.
Asimismo, si la medida cautelar se solicita con anterioridad a la presentación del procedimiento declarativo que se pretende interponer, no se admitirá en este procedimiento de medidas la declinatoria por falta de competencia territorial (LEC art.725).

Para conocer de las solicitudes relativas a medidas cautelares que se formulen **durante la sustanciación de la segunda instancia** -por virtud de recurso de apelación-, o de recurso de casación, será competente el tribunal que conozca de uno u otro. Debe tenerse presente que, en tales supuestos de solicitud tardía, su formulación debe sustentarse en la existencia sobrevenida de hechos, actos o circunstancias que justifiquen su necesariedad en esos momentos, y que no se encontraban presentes al tiempo de interponer la demanda (LEC art.730.4). **3333**

Características de las medidas cautelares (LEC art.726) Para la adopción de la medida, el órgano jurisdiccional habrá de la valorar que: **3335**
1) La medida suplicada cautelarmente por el actor sea exclusivamente conducente a **hacer posible la tutela judicial** que pudiera definitivamente otorgársele en una eventual sentencia estimatoria, de modo que no pueda verse impedida o dificultada por situaciones producidas durante la pendencia del proceso correspondiente. De esta suerte, la medida ha de ser el único remedio provisorio paralizador de los efectos ejecutivos del acuerdo de la junta impugnado coetáneamente o de próxima e inmediata impugnación.
2) La medida **no sea susceptible de sustitución por otra medida** igualmente eficaz, pero que resulte menos gravosa o perjudicial para la comunidad demandada.

La medida cautelar se concede con carácter provisional, transitorio (LEC art.731.1), siendo susceptible de **modificación y alzamiento** cuando varíen las circunstancias que presidieron su adopción (nº 3359 s.). En ningún caso pueden entrañar una anticipación o adelanto de la concreta solicitud judicial de tutela suplicada en la demanda principal deducida por la actora, pues consisten en una mera garantía o **aseguramiento de la efectividad del pronunciamiento** estimatorio que en su momento pudiera llegar a dictarse, sin entrañar su decisión sobre la adopción o no de aquellas un prejuicio del fondo del asunto. **3336**

Presupuestos (LEC art.728) Los presupuestos para la adopción de las medidas cautelares solicitadas son los siguientes: **3338**
1) Existencia de **peligro de mora procesal**. Solo podrán acordarse medidas cautelares, cualquiera que fuera su clase o naturaleza, si quien las solicita justifica suficientemente al juzgador que, en el caso de que se trate, podrían producirse durante la pendencia del proceso, de no adoptarse la medida o medidas solicitadas -acumulada o eventualmente- situaciones que impidieran o dificultasen la efectividad de la tutela que pudiera otorgarse en una eventual sentencia estimatoria. Este es el presupuesto que se erige en factor esencial de su concesión o denegación por el tribunal y que en la práctica forense se conoce bajo el término latino *periculum in mora*, por el que se atiende a los efectos desvirtuadores de la tutela suplicada que podrían generar actos, acontecimientos y circunstancias en razón al transcurso del tiempo a lo largo del que discurre la sustanciación del procedimiento principal.
Sin embargo, no podrán acordarse medidas cautelares cuando con ellas se pretenda alterar **situaciones de hecho consentidas** por el solicitante durante largo tiempo, salvo que el actor justifique cumplidamente las razones por las cuales dichas medidas no se han solicitado hasta entonces. La prohibición, recogida en LEC art.728.1.2º, guarda su razón en la interdicción del **abuso de derecho** y en la denegación del amparo judicial frente a conductas sostenidas por **actos propios**.

2) Apariencia de buen derecho. El solicitante de la medida cautelar deberá necesariamente presentar con su solicitud los **datos, argumentos y justificaciones documentales** que conduzcan al tribunal a fundar lógica y razonablemente, sin prejuzgar el fondo del asunto, un juicio provisional e indiciario favorable al fundamento de su pretensión. En defecto de justificación documental, el solicitante podrá ofrecer tal justificación procuradora de su pretensión cautelar por **otros medios de prueba** diversos de la documental -pública, privada u oficial-, lo que deberá ofrecer por medio de proposición de prueba obrante en el propio escrito de solicitud de medidas. Esta acreditación justificativa del fundamento acertado, fundado en Derecho y **3339**

correcto de la tutela, está llamado a proveer al juzgador de un principio de apariencia de justo y acreditado derecho provisorio, no tanto a la tutela principal y definitiva solicitada en la demanda principal, sino a la tutela cautelar aseguradora de aquella.
La apariencia de buen derecho -también conocida en lenguaje forense con el brocardo latino *fumus boni iuris*- se facilita por medio de datos, argumentos, justificaciones documentales y otros medios de prueba que, ciertamente, conciernen al fondo del asunto, más su destino de **convicción** no es -ni puede ser- lograr la convicción anticipada del juez sobre la certeza y procedencia de la acción principal, sino sobre su aparente razonabilidad y justicia.

3340 **3) Ofrecimiento de caución.** El solicitante de la medida cautelar deberá prestar caución suficiente para responder, de manera rápida y efectiva, de los daños y perjuicios que la adopción de la medida cautelar pudiera causar al patrimonio del demandado. Esto se traduce en el necesario ofrecimiento de tal caución por la parte solicitante en el mismo escrito de solicitud, expresando una **cantidad** determinada, las razones o **motivos** por los que esta se contrae a tal cantidad, así como la clase de caución -de entre las admitidas en LEC art.529.3.2º- que, específicamente, se ofrece para su aportación en el breve plazo que establecerá el juzgador al dictar, en su caso, auto que acuerda la medida o medidas suplicadas.
La medida cautelar de **suspensión de los acuerdos** adoptados por la junta de propietarios no tiene por qué llevar aparejada una caución de acentuada suma con carácter general, máxime cuando, por lo común, no es previsible que el efecto paralizador de la ejecutividad del acuerdo impugnado, que su suspensión ocasiona, suponga para la comunidad un daño emergente o un lucro cesante ni siquiera especulable.
Ocurre, no obstante, que pueden darse determinados acuerdos de cuya ejecutividad depende el **perfeccionamiento de contratos o relaciones jurídicas** entre la comunidad, de una parte, y terceros ajenos a ella, de otra, y que, tiempo antes de la adopción de aquel, se desarrollaron en fase de negociaciones preliminares; o que incluso se perfeccionaron con sujeción a condición suspensiva o resolutoria consistente en el hecho futuro e incierto de que la comunidad aceptase expresamente los efectos, o el contenido de tales contratos o relaciones jurídicas, de suerte que, su impugnación y complementaria solicitud de medida cautelar, entrañan una indudable puesta en riesgo de los efectos patrimoniales anudados a tales contratos o relaciones -p.e. acuerdos consistentes en la colocación de rótulos publicitarios en elementos comunes-.
A salvo de supuestos muy especiales o extraordinarios, el órgano jurisdiccional no debería imponer al propietario de piso o local impugnante una caución elevada -hasta el punto de convertirla en prácticamente inasumible para una economía doméstica-, cuando la solicitud de medidas cautelares está fundada en argumentos, justificaciones y razones acogibles, coherentes, razonables, de las que rezuma una clara y ostensible apariencia de buen derecho -p.e. impugnación de acuerdos consistentes en celebración de contratos onerosos con compañías mercantiles sobre colocación de antenas y repetidores de telecomunicaciones en zonas comunes susceptibles de producir radiaciones-.

3342 **Admisión a trámite de medidas cautelares** (LEC art.733 y 744) Recibida la solicitud, el letrado de la Administración de Justicia, de oficio, llevará a cabo la verificación o control sobre jurisdicción, competencia objetiva, funcional y territorial (LEC art.723 y 725).
Contrastados estos presupuestos, mediante **diligencia de ordenación**, se acordará conferir **traslado** de la misma y de los documentos a ella acompañados a la parte demandada. En el plazo de 5 días, contados desde la notificación al demandado, se convocará a las partes a una vista oral (nº 3344), que se celebrará en el plazo de 10 días, sin necesidad de seguir el orden de los asuntos pendientes ante la oficina judicial, cuando así lo exija la efectividad de la medida cautelar.
Cuando la solicitud de medidas cautelares se haya deducido juntamente con el escrito de demanda principal -caso más frecuente y, como norma general, más aconsejable- la admisión a trámite de la solicitud de medidas y el señalamiento de la fecha para la celebración de la vista en el procedimiento de medidas cautelares se acordará en la pieza separada cuya apertura se habrá acordado en el propio decreto de admisión a trámite de la demanda principal (LEC art.404.1).
Si bien, la LEC prevé, como norma general, la posibilidad de que el tribunal adopte las medidas cautelares solicitadas, sin audiencia de la **parte contraria**, cuanto acredite la parte actora que concurren razones de urgencia o que la celebración de la vista puede comprometer el buen fin de la medida que se pretende. En el supuesto de medidas cautelares, que dimanan o anteceden a un procedimiento de impugnación de los acuerdos de la junta de propietarios, siempre es necesario que la medida cautelar se adopte previa audiencia de la comunidad de propietarios (LPH art.18.4).

Vista oral (LEC art.734) En la vista, actor y demandado podrán exponer ordenadamente y de forma oral lo que convenga a su derecho. 3344
La vista, en el procedimiento de medidas cautelares, se sujeta a lo específicamente previsto en LEC art.734, y a las normas generales establecidas para las vistas y comparecencias en LEC art.182 a 193. En la práctica forense la comparecencia o vista de las medidas cautelares se ajusta a los siguientes **trámites**:
1) La **parte actora** ha de ratificar su escrito de solicitud, pudiendo exponer de forma sucinta y ordenada los fundamentos fácticos y jurídicos de su pretensión cautelar, ajustándose a los términos de su escrito inicial de solicitud, y añadiendo, en su caso, los extremos o **circunstancias sobrevenidas** en el plazo comprendido entre la interposición de la solicitud y el mismo día de la vista, aduciendo los fundamentos jurídicos que resulten aplicables a estos antecedentes fácticos sobrevenidos. Para la parte actora precluye procesalmente la posibilidad de proponer prueba en momento y lugar diverso del propio escrito de solicitud.
2) La **parte demandada**, a continuación, contestará oralmente al escrito de solicitud, procediendo a ello según lo prevenido modélicamente en LEC art.405. Aducirá, en su caso, las **excepciones procesales** impeditivas de la sustanciación del procedimiento y que no hubieran sido apreciadas de oficio por el tribunal, tales como:
- la **falta de competencia** objetiva o funcional del órgano jurisdiccional -no se puede alegar la falta de competencia territorial (LEC art.725)-;
- la **falta de capacidad** para ser parte o de obrar procesal de la actora, su defecto de representación legal o procesal, su falta de legitimación procesal -p.e. por carecer la actora, al tiempo, de la condición de propietario-; o
- la **falta de ofrecimiento de caución**.

3) Las **alegaciones** que sobre el fondo del proceso cautelar se formulen por las partes se reconducirán exclusivamente al objeto y fin de aquel, esto es, se ajustarán a centrar el objeto del debate en la concurrencia o no de los presupuestos y requisitos precisos para su adopción -peligro de mora procesal, apariencia de buen derecho y ofrecimiento de caución-, cuidando el titular del órgano jurisdiccional de evitar que la vista de medidas cautelares se convierta en un pre-juicio del proceso principal o una anticipación de este. También se podrán formular alegaciones relativas al tipo y cuantía de la caución ofrecida por la parte actora. 3345
4) La parte demandada, tras contestar oralmente al escrito de solicitud y, en su caso, a las nuevas alegaciones de hecho y de derecho que, excepcionalmente, la parte actora hubiera podido aducir en el acto de la vista, propondrá los **medios de prueba** de que intente valerse en el acto.
5) Toda la **actividad probatoria** que propongan las partes estará sujeta en su admisibilidad a la acreditación o refutación de los presupuestos fundamentadores de las medidas cautelares. En el mismo acto de la vista el tribunal resolverá sobra la admisión de las pruebas propuestas.
6) La **práctica de la prueba** se llevará a cabo por el orden y en la específica forma conteste con cada una de ellas, conforme a lo establecido en las reglas generales prevenidas en la LEC, así como con arreglo a las particularmente rectoras de los respectivos medios de prueba. Resultan así mismo de aplicación las **disposiciones generales** contenidas en la LEC sobre el objeto, la necesidad e iniciativa de la prueba (LEC art.281 a 283); sobre proposición y admisión (LEC art.284 a 288), y otras disposiciones generales sobre práctica de la prueba (LEC art.289 a 292).
La defensa legal de la parte actora deberá cuidar de que en el acto de la vista esté **presente la persona física del demandante**, o el representante legal de ella, oportunamente identificado con copia auténtica del título acreditativo de su personalidad y cargo o función en la entidad demandante, al objeto de asegurar la posibilidad del interrogatorio de parte que la demandada pudiera solicitar, conjurando de este modo la eventualidad de una *ficta confessio* (LEC art.304). El **presidente de la comunidad**, en cuanto representante legal de ella, deberá así mismo estar presente cuando el interrogatorio de la parte demandada se hubiera solicitado por la actora y para el supuesto de que se acuerde la pertinencia de su práctica por el órgano judicial.

7) Contra las **resoluciones del tribunal sobre el desarrollo de la comparecencia**, su contenido y la prueba propuesta no cabrá recurso alguno (LEC art.734.3), sin perjuicio de que, previa la oportuna protesta, en su caso, puedan alegarse en el recurso que cupiese contra el auto resolutorio de las medidas cautelares, las infracciones procesales que se hubieran llegado a poder cometer en el acto de la vista, tanto las que fueran determinantes de la nulidad del propio acto, como aquellas otras infracciones no determinantes de tal efecto. Debe tenerse presente que, ante la denegación de un determinado medio de prueba a alguna de las partes en la instancia, puede y debe reproducirse en sede de recurso su proposición, para su práctica en la segunda instancia (LEC art.460.2). 3346

8) La parte demandada contra la que se dirige la pretensión cautelar, podrá solicitar que, en sustitución de esta, acuerde aceptar la **caución sustitutoria** conforme a lo previsto en LEC art.746 (nº 3349).

9) Una vez practicada la prueba, el titular del órgano jurisdiccional concederá la palabra a las partes para que, por medio de sus respectivas defensas jurídicas, formulen conclusiones valorativas de aquella (LEC art.185.4). La negativa del órgano jurisdiccional, no obstante, a conceder este **turno de conclusiones**, no produce indefensión, ni, consiguientemente, es determinante de la nulidad del acto de la vista (AP Barcelona 17-5-05, EDJ 320004; 14-11-07, EDJ 263494).

3347 10) Cuando la comunidad demandada hubiera solicitado como medio de prueba el **reconocimiento judicial sobre extremos relevantes** -p.e. el estado o circunstanciado del edificio o una parte del mismo sobre la que versan los acuerdos impugnados-, y su práctica fuera estimada pertinente por el juzgador, se llevará a cabo en el **plazo** de 5 días. Ha de tenerse presente que, en la práctica forense, los juzgados y tribunales son renuentes a la estimación de tal medio de prueba, por lo que, de ser posible, los efectos que con ella se pretenden pueden lograrse alternativamente por medio de **actas notariales acompañadas de fotografías** o soportes de la imagen a aquellas incorporadas, cuya naturaleza probatoria tendrá el carácter de documental pública (LEC art.317.2).

3349 **Ofrecimiento de caución sustitutoria** (LEC art.746 y 747) La parte demandada contra la que se hubiesen solicitado, -o acordado ya-, medidas cautelares, podrá en el acto de la vista solicitar del tribunal que conozca del procedimiento que acepte, **en sustitución de las medidas**, la prestación por su parte de una caución suficiente, a juicio del tribunal, para asegurar el efectivo cumplimiento de la sentencia estimatoria que eventualmente se dictase acogiendo las pretensiones deducidas por la parte actora en su escrito de demanda principal.

La comunidad demandada, para ofrecer y prestar, en su caso, la caución sustitutoria, precisará adoptar **acuerdo en junta** de propietarios, toda vez que el presidente, no obstante ostentar la representación legal de aquella, carece de autoridad por sí para comprometer cantidades sustanciosas a las resultas definitivas del procedimiento sustanciado, pudiendo responder personalmente, por virtud de la relación orgánica interna entre él y los propietarios, para el caso de que actuase unilateralmente en este particular, por las cantidades que la comunidad definitivamente perdiese en el supuesto de que la caución ofrecida para evitar la medida cautelar fuera ejecutada por la parte actora como consecuencia de la estimación de la demanda impugnatoria y la precisión, tras ello, de resarcir al actor por la inejecutabilidad de los acuerdos impugnados.

3350 La **solicitud** de la prestación de caución sustitutoria, en evitación de la medida cautelar, debe ser formulada por la parte demandada en el mismo acto de la vista (LEC art.747.1 y 734.2).

Para decidir sobre la petición de aceptación de caución sustitutoria, el **tribunal** examinará:

a) El **fundamento y rigor** de la solicitud de medidas cautelares.

b) La **naturaleza y contenido de la pretensión impugnatoria** que la parte actora ha deducido en su demanda principal o pretende deducir posteriormente.

c) La **apariencia jurídica favorable** que pueda presentar la posición de la demandada.

d) Se considerará especialmente, efectuando un juicio en hipótesis, si la medida cautelar restringirá, dificultará, obstaculizará o limitará la **actividad patrimonial, económica o jurídica de la comunidad demandada** de forma sustancial, o de forma grave, o en modo desproporcionado respecto del contrapunto que implica el aseguramiento que aquella medida representaría para el propietario solicitante.

Contra el auto que resuelva aceptar o rechazar la caución sustitutoria no cabrá recurso alguno.

3352 **Auto acordando o denegando las medidas cautelares** (LEC art.735 y 736) Terminada la vista, el tribunal, en el plazo de 5 días, decidirá mediante auto sobre la solicitud de medidas cautelares.

La **estimación** de la adopción de las mismas debe ser congruente con la solicitud y no resulta frecuente que el órgano jurisdiccional acuerde una medida distinta de la suplicada por la parte actora de forma principal o eventual, si se estima que concurren los presupuestos y requisitos para su adopción, pero se considera que las suplicadas son susceptibles de sustitución por otra u otras medidas igualmente eficaces, pero menos gravosas o perjudiciales para la comunidad demandada (LEC art.726.1.2º), y que, no han sido solicitadas en el correspondiente escrito inicial.

La medida cautelar solicitada solo se acordará por el tribunal si estimase que concurren todos los **presupuestos** exigidos, y considerase acreditado, a la vista de las alegaciones y justificaciones de su procedencia, que concurre el **peligro de mora procesal**, atendiendo así

mismo a la apariencia de buen derecho en el solicitante. En la resolución se establecerá con toda claridad la medida o medidas cautelares que se acuerdan, y precisará el régimen a que han de estar sometidas, determinando, en su caso, la forma, cuantía y tiempo en que debe prestarse la caución por el solicitante.
Contra el auto que acuerde la procedencia de la medida o medidas cautelares cabe **recurso de apelación** por la parte demandada, que no producirá efectos suspensivos (LEC art.735).
Contra el auto por el que se deniegue la medida o medidas cautelares cabrá recurso de apelación, igualmente, al que se dará tramitación preferente (LEC art.736).
Aún **denegada la medida cautelar**, la parte actora podrá reproducir su petición si cambian sustancialmente las circunstancias existentes que presidieron y fundaron la decisión denegatoria (LEC art.736.2). Si este cambio de circunstancias motivadoras de la **reproducción de la solicitud** acaeciesen durante la sustanciación de la segunda instancia del proceso principal, o en trámite de recurso de casación, el órgano competente para conocer de la nueva solicitud será el que conozca de uno u otro recurso (LEC art.723.2 redacc RDL 6/2023).
El recurso de apelación contra el auto denegatorio o estimatorio de la medida o medidas solicitadas, se tramitará conforme a lo prevenido en LEC art.455 a 465 redacc RDL 6/2023. Se interpondrá ante la audiencia provincial, órgano que también será competente para su resolución, que adoptará la forma de **auto**, contra la cual no cabe recurso alguno.

Costas procesales (LEC art.736.1 y 394) Las costas procesales se impondrán con arreglo al principio general consagrado en LEC art.394, estas costas se imponen en el supuesto de **auto denegatorio** de la medida o medidas cautelares solicitadas. 3357
Por el contrario, la LEC art.735, respecto al **auto acordando medidas cautelares** no establece ninguna previsión normativa en relación al particular, a diferencia de la expresa previsión normativa contenida en LEC art.736.1.
Ante tal silencio normativo, es de ponderar que la imposición de costas no procede en los supuestos de estimación de la medida cautelar, a diferencia de lo que acontece si se desestiman, toda vez que la parte demandada en el procedimiento de medidas cautelares se ha limitado a comparecer ante el llamamiento jurisdiccional, mostrando su postura razonada por medio de la oportuna oposición, contraria a la concesión de la cautela, aun cuando esta, definitivamente, haya sido adoptada.
La cuestión relativa a la imposición de costas en la pieza de medidas cautelares ha sido interpretada por un sector de la jurisprudencia en el sentido de que el auto de adopción de estas **no debe contener un especial pronunciamiento** sobre ellas; interpretación que resulta además coherente con el hecho de que deba darse audiencia al demandado con carácter general (LEC art.733 y 734; AP Barcelona auto 25-3-09, EDJ 201903); sin embargo, otro sector defiende la aplicación supletoria de lo dispuesto en LEC art.394 al considerar que, si hay una omisión, se ha de acudir a esta regla general (AP Barcelona 6-5-11, EDJ 153745).

Modificación de medidas cautelares (LEC art.743 a 745) Las medidas cautelares adoptadas por el órgano jurisdiccional en el procedimiento cautelar son susceptibles de modificación (LEC art.743 y 726.2). 3359
La modificación no supone el alzamiento, la remoción o la dejación sin efecto de la medida acordada, sino su **sustitución** por otra de contenido distinto y menos gravosa para la parte afectada.
Esta modificación solo resultará posible alegando y probando la parte afligida por aquellas la concurrencia de **hechos y circunstancias** que -por razones temporales, esencialmente- no pudieron ser tenidas en consideración al tiempo de su concesión.
La **solicitud** de modificación de la medida adoptada se sustanciará conforme a lo prevenido en LEC art.734, acordándose la celebración de una **nueva vista**.
La solicitud de modificación de las medidas no impide que el **recurso de apelación** que se sustancie simultáneamente y por el que la parte demandada pretende que se revoque el auto acordando las mismas.

Alzamiento de medidas cautelares ya acordadas (LEC art.745) Si la sentencia recaída en el pleito principal fuera firme y, además, **absolutoria** de la parte demandada -ya sea por razones de fondo o procesales- se procederá de oficio por el letrado de la Administración de Justicia al alzamiento de todas las medidas cautelares adoptadas, y se procederá así mismo a la **liquidación de los daños y perjuicios** padecidos por la parte demandada durante la vigencia de la medida cautelar con arreglo al procedimiento establecido en LEC art.712 s. 3361
En idéntico sentido se procederá en los supuestos de **renuncia a la acción o desistimiento** formulados por la parte actora y determinantes del sobreseimiento del proceso.

3362 Si la sentencia recaída en el pleito principal fuera firme y, además, **estimatoria de la acción** o acciones deducidas por la parte actora -beneficiaria de la medida cautelar durante la sustanciación del proceso principal-, se alzará esta última en razón a su carácter meramente accesorio. El alzamiento de la medida acordada se producirá una vez transcurra el plazo de 20 días previsto en la LEC art.548, desde que la sentencia recaída adquiera firmeza, si la parte actora no solicita la ejecución de la misma (LEC art.731), debido a que la adopción de esta medida tiene como fin único asegurar la efectividad de la tutela judicial que pudiera otorgarse en su momento a la parte actora, y cuya cristalización tiene lugar mediante la sentencia ya dictada, estimatoria de las pretensiones. La medida cautelar, por tanto, no puede justificar su permanencia sin procedimiento alguno al que sobreponerse.
En el supuesto de que se solicite ejecución provisional de una sentencia, se alzarán las medidas cautelares que se hubieren acordado y que guarden relación con dicha ejecución.

3363 Si el demandado resultase absuelto en primera o segunda instancia y, no obstante, la **sentencia no hubiera ganado firmeza** por estar pendiente recurso ordinario o extraordinario, el letrado de la Administración de Justicia del juzgado que las hubiera acordado ordenará de inmediato el alzamiento de la medida o medidas cautelares acordadas -por haber desaparecido, aunque de forma provisional, la apariencia de buen derecho que inicialmente se coligió como presupuesto incontestable para su adopción-, salvo que la parte beneficiaria de las medidas -y recurrente del pronunciamiento principal denegatorio de su pretensión- solicite su **mantenimiento** o bien, alternativamente, la adopción de alguna medida distinta. En este caso, se dará cuenta al tribunal, y este, oída la parte contraria, y con anterioridad a remitir los autos al órgano competente atendidas las circunstancias del caso, resolverá lo procedente mediante auto, acordando el mantenimiento de la medida, o su sustitución (modificación) por otra alternativa y de menor contenido aflictivo para la parte recurrida, o bien resolverá el alzamiento de la medida en cuestión.
Contra el auto que al efecto se dicte cabe **recurso de apelación**, que no tendrá carácter suspensivo.
Si la sentencia fuera estimatoria parcial de la pretensión del actor, el tribunal, sin necesidad de previa petición de parte, con audiencia de la parte contraria, decidirá mediante auto sobre el mantenimiento, alzamiento o modificación de las medidas cautelares acordadas.

2. Procedimiento principal declarativo ordinario

3367

a. Demanda

3368 **Escrito de demanda** Las acciones de impugnación de acuerdos adoptados por la junta de propietarios deberán deducirse adecuadamente mediante **demanda extensa**, en los términos prevenidos en LEC art.399 redacc RDL 6/2023. La demanda es el único instrumento prevenido legalmente para solicitar el ejercicio de todo tipo o clase de acciones. Su adecuada interposición precisa los siguientes **requisitos**:
1) En el **encabezamiento** se consignarán específica y claramente, los datos y circunstancias de identificación del actor y demandado, con expresión de su número de identificación fiscal y domicilio (LEC art.155 redacc RDL 6/2023). Tratándose de impugnación de acuerdos adoptados en junta de propietarios, la parte actora, al deducir la demanda contra la comunidad, deberá designar la persona de su presidente, con expresión del concreto piso o local a efectos del adecuado emplazamiento.
Igualmente, para aquellos supuestos en que legalmente sea necesario realizar **notificaciones, requerimientos o emplazamientos personales** directamente al demandante o cuando este actúe sin procurador, y siempre que se trate de personas obligadas a relacionarse electrónicamente con la Administración de Justicia, o que elijan hacerlo pese a no venir obligadas a ello, se consignarán cualquiera de los medios previstos en LEC art.162.1 o, en su caso, un número de teléfono y una dirección de correo electrónico, haciéndose constar el compromiso del demandante de recibir a través de ellos cualquier comunicación que le dirija

la oficina judicial. Dicho compromiso se extenderá al proceso de ejecución que dé lugar la resolución que ponga fin el juicio.

2) Se expresarán debidamente numerados y ordenados, de forma separada, los **hechos**, exponiéndolos de modo claro y comprensible al objeto de facilitar su admisión o negación por la parte demandada en su escrito de contestación (LEC art.399.3). Con igual orden y claridad se expresarán los **documentos, medios o instrumentos de prueba** que se aporten junto con el escrito de demanda en acreditación de los hechos que fundamenten las pretensiones (LEC art.299). Finalmente, se podrán incorporar **valoraciones o razonamientos jurídicos** en apoyo o sostén de los argumentos de hecho, que deben estar encaminados a exponer con claridad las circunstancias que, de acuerdo con la teoría de los hechos sustanciadores, se integran en el supuesto de hecho de la norma o normas jurídicas cuyas consecuencias se suplican en solicitud de tutela judicial.

3) En los **fundamentos de derecho** se incluirán los que correspondan sobre:
- jurisdicción (Const art.117; LOPJ art.2);
- competencia objetiva (LEC art.45 a 48);
- competencia territorial (LEC art.52.1.8);
- competencia funcional (LEC art.61 y 61);
- capacidad para ser parte y de obrar procesal (LEC art.6.5º y 7.6);
- legitimación (LEC art.10);
- representación procesal y defensa jurídica (LEC art.23 y 30); y
- clase de juicio a través del cual debe sustanciarse la demanda (LEC art.249.1.8 redacc RDL 6/2023); y
- cuantía del procedimiento (LEC art.253).

Junto a este contenido, deberá el demandante alegar las **normas jurídicas** - cualquiera que fuera su rango-, **costumbre, principios generales del Derecho, doctrina legal** emanada del Tribunal Supremo, o **jurisprudencia** menor emanada de las audiencias provinciales sobre cuya base se sustenten las pretensiones que específicamente suplica. En este sentido, debe recordarse que la materia -impugnación de acuerdos sociales en materia mercantil- ha dado lugar a una extraordinaria casuística resuelta por nuestros tribunales, de forma que no debe ser difícil para el actor -de apoyarle la razón- encontrar supuestos de hecho que presenten identidad de razón o igualdad jurídica esencial con el que constituye objeto de la puntual controversia.

4) En la demanda debe fijarse con absoluta claridad y precisión -tras la exposición ordenada y **3369**
separada de los hechos y fundamentos de derecho-, lo que concretamente se pide del tribunal. En materia de impugnación de acuerdos adoptados por la junta, los pronunciamientos que constituyen el **objeto de la suplicación** de tutela judicial serán pretensiones de carácter constitutivo, por las que se suplica que el juzgador declare la nulidad de determinados acuerdos, con base en alguno o algunos de los motivos expresados en LPH art.18.1.a) a c). Cuando sean varios los pronunciamientos judiciales que se pretendan, se expresarán con la debida precisión, correlativamente, de modo que las peticiones que fueran formuladas subsidiariamente (LEC art.399.5 y 71.4), para el caso de que las principales resultaran desestimadas, se harán constar por su orden y separadamente.

5) La demanda de impugnación de acuerdos adoptados en junta de propietarios deberá estar **firmada por letrado y procurador**, quienes ostentarán la dirección jurídica y la representación técnica de la parte actora, respectivamente, siendo indispensable la intervención de tales profesionales, debidamente habilitados para actuar en el partido judicial en el que han de sustanciarse las actuaciones procesales en sus respectivas instancias y, en su caso, el recurso extraordinario de casación (LEC art.23 y 31). Junto a la designación del actor, en el encabezamiento, se hará mención del nombre y apellidos del procurador y del abogado (LEC art.399.2), disponiendo que el primero se encuentra asistido del segundo. Ambos profesionales suscribirán el escrito de demanda estampando su firma original tras el suplico u otrosíes.

Documentos que deben anexarse a la demanda Junto con la demanda la parte actora debe **3370**
acompañar:

1) El **poder notarial** conferido al procurador de los tribunales que ha de ostentar la representación procesal durante el procedimiento, siempre que el apoderamiento no se verifique por medio de apoderamiento *apud acta*, realizado mediante comparecencia personal ante el letrado de la Administración de Justicia o por comparecencia ante la Sede Judicial Electrónica del Ministerio de Justicia (LEC art.24.2).

2) Los **documentos que acrediten la representación** material o sustantiva que el litigante se atribuya.

3) Los **documentos en que la parte fundamente su derecho** a la tutela judicial que pretende.

4) Las **certificaciones y notas** sobre cualesquiera asientos registrales, o sobre el contenido de libros registro, actuaciones o expedientes de cualquier clase.

5) En su caso, los **dictámenes periciales** en que la parte actora apoye sus pretensiones, sin perjuicio de la facultad que le asiste conforme a lo dispuesto en LEC art.337 y 339 (LEC art.264 y 265).

3371 Tratándose de la impugnación de acuerdos adoptados por la junta de propietarios, la parte actora debe acompañar junto con su escrito de demanda, **certificación del acta** en la que se consignen los acuerdos objeto de impugnación (LPH art.19.2), o, en su caso, **copia** de la misma obtenida por medio de la comunicación de ella al propietario realizada en la forma prevenida en LPH art.9, igualmente se debe indicar la fecha que le fue comunicado el acuerdo a la actora a los efectos del control judicial de la caducidad de la acción (LPH art.18.3). En tal caso, se procederá en el mismo escrito de demanda a designar su original obrante en el libro de actas de la comunidad (LPH art.19), custodiado por el secretario, cuyas funciones son normalmente asumidas por el administrador (LPH art.14.6). Esta designación a que se hace referencia resulta prevista y, consiguientemente, admisible (LEC art.265.2). Debe tenerse en consideración, por otra parte, que cualquier propietario de piso o local, en cuanto integrado en la comunidad, tiene derecho a solicitar y obtener certificación del acta de cualquier junta de propietarios, referida a cualquier período de tiempo, sin limitación alguna -en la medida que la Ley no limita, cortapisa o condiciona este derecho en precepto alguno-, de suerte que, formulada la solicitud, el secretario de la comunidad tiene el deber de extender certificación de la misma. Deberá acompañarse, así mismo, **certificación literal o nota simple**, correspondiente al historial de inscripciones del edificio obrante en el folio material abierto al mismo en el Registro de la Propiedad correspondiente, cuando la impugnación se sustente en resultar el **acuerdo controvertido contrario a los estatutos sociales** que deben obrar inscritos.

La parte eventualmente actora, con anterioridad a la interposición de la demanda, puede solicitar judicialmente, a través del procedimiento de **diligencias preliminares** (LEC art.256.1), copia del acta de la junta en cuyo seno se adoptó el acuerdo que se desea impugnar, así como certificación de las **actas de juntas pretéritas** a aquella que, por el contenido de los acuerdos positivos o negativos en aquellas adoptados, de un modo u otro, pueden estar relacionadas con los hechos concretos de cuya impugnación se trata. Estos documentos pueden ser presentados por la comunidad requerida ante el juzgado, para su exhibición, por medios telemáticos o electrónicos, en cuyo caso su examen se realizará en la sede de la oficina judicial, pudiendo obtener la parte solicitante, con los medios que aporte, copia electrónica de los mismos (LEC art.259.2).

Esta pretensión -que no lleva implícita acción judicial alguna- tiene su justificación y razón de ser en aquellos casos en los que al eventual actor no se le hayan facilitado tales **documentos esenciales para preparar su demanda**, lo que puede ocurrir en aquellos supuestos en los que la condición de demandante pueda excepcionalmente no coincidir con la de propietario del piso o local -p.e. el usufructuario, el habitacionista o el arrendatario-.

Debe precisarse, no obstante, que la interposición de la demanda de diligencias preliminares, en los términos indicados, no supone en modo alguno el ejercicio efectivo de la acción judicial de impugnación de acuerdos, por lo que el **plazo de caducidad** establecido en LPH art.18.3 sigue discurriendo, no entendiéndose suspendido, paralizado o interrumpido por mor del procedimiento preliminar solicitado.

3372 Debe así mismo tenerse en consideración la importante cuestión consistente en que los **documentos, medios e instrumentos de prueba** sobre los que cada parte funde sus pretensiones al tiempo de deducirlas mediante demanda o contestación a ella, deben precisamente aportarse junto con tales escritos de alegaciones, ya que habrá precluido la **posibilidad procesal de aportación** en un tiempo o momento posterior (LEC art.269 y 270.2), fuera de los supuestos concretos enumerados en los tres primeros apartados de LEC art.270, a saber:

1) Ser de **fecha claramente posterior** a los escritos de demanda y contestación -y, en su caso, reconvención y contestación a ella-, siempre que no se hubieran podido confeccionar ni obtener con anterioridad a dichos momentos procesales.

2) Tratarse de documentos, medios o instrumentos de prueba que, si bien anteriores a la demanda o contestación, la parte que los aporte justifique no haber tenido antes **conocimiento de su existencia**.

3) **No haber sido posible obtener con anterioridad** los documentos, medios o instrumentos por causas que no fueran imputables a la parte procesal que los aporta, siempre que esta hubiere realizado oportunamente en su escrito de alegaciones la **designación** a que se refiere la LEC art.265.2 -designación específica del archivo, protocolo, registro o expediente en el que obran los documentos, medios o instrumentos de prueba de que la parte intenta valerse y no puede adjuntarlos tempestivamente junto con la demanda o contestación-.

En estos tres últimos supuestos, la presentación de documentos en el curso de actos judiciales o procesales celebrados por **videoconferencia**, en los casos en los que dicha presentación sea posible de conformidad con la LEC, se ajustará a lo establecido por la Ley que regule el uso de las tecnologías en la Administración de Justicia (LEC art.270.3 redacc RDL 6/2023).

La consecuencia que se deriva de lo anterior, es que la **aportación en el acto de la audiencia previa**, por cualquiera de las partes, de un documento que fundamenta su derecho, que bien podía haber adjuntado junto a su escrito alegatorio, será rechazada por el juzgador. La contraparte debe mantenerse alerta sobre esta circunstancia, al fin de realizar la oportuna alegación -pidiendo oportunamente la palabra al finalizar la proposición de prueba-, cuando aprecie que la litigante adversa pretenda introducir en su formulación oral de la proposición un documento que no se encuentra incardinado en alguna de las hipótesis de admisión referidas (LEC art.270.1.1º a 3º). El tribunal deberá rechazar el documento. **3373**

Contra la **resolución denegatoria del concreto medio de prueba**, la parte aportante podrá formular recurso de reposición si desea reiterar su intención de que se incorpore a las actuaciones (LEC art.285), especificando el precepto que reputa infringido y los fundamentos de su reclamación (LEC art.452). El **recurso de reposición** se ofrece tanto contra la resolución que admite como la que deniega un medio de prueba. El juzgador resolverá de palabra en el mismo acto, dando audiencia previa a la parte no recurrente.

Contra la resolución denegatoria de la prueba, la parte que ha visto denegada la admisión del documento deberá formular **protesta** para que conste en acta, al menester de poder reproducir el motivo en **apelación** cuando la sentencia definitiva que en su momento recaiga le sea total o parcialmente perjudicial (LEC art.459 y 460).

Aportación o solicitud de dictámenes periciales (LEC art.337) Se prevé la posibilidad de que las partes, no pudiendo aportar a sus escritos de primeras alegaciones los dictámenes de que intentan valerse en apoyo de sus respectivas pretensiones o excepciones, expresen en tales escritos los concretos dictámenes de que intentarán valerse, con indicación de los hechos o cuestiones sobre los que va a versar la pericial que, en el caso de la parte actora, deben consistir en hechos constitutivos de la pretensión, y, en el caso de la parte demandada, concernir a hechos impeditivos, extintivos o excluyentes, versados, en uno y otro caso, en cuestiones que por su carácter científico, artístico, técnico o práctico resulten precisos para valorar hechos o circunstancias relevantes en el asunto, o para adquirir certeza sobre ellos (LEC art.335). **3374**

En todo caso, el dictamen pericial así **anunciado expresamente en el propio escrito de alegaciones**, deberá aportarse al procedimiento, con traslado a la parte contraria, en cuanto se disponga del mismo y, en todo caso, con al menos 5 días de antelación al inicio del acto procesal de la audiencia previa (LEC art.337.1).

La **presentación del dictamen** se verificará por el procedimiento de traslado de escritos (LEC art.135.1), y la **preclusión de la posibilidad de aportación** se produce a partir del quinto día inmediatamente anterior al de la celebración del acto de la audiencia previa. Para este **cómputo** no rige el término de gracia prevenido en LEC art.135 redacc RDL 6/2023. Cabe entender que, el propio día en que ha de celebrarse el referido acto debe quedar excluido del cómputo, de suerte que los 5 días se calcularán desde el inmediato anterior- inclusive- hacia atrás. **3375**

Lo que no refiere el precepto es que el dictamen pericial haya tenido que llegar **a disposición de la contraparte** -mediante notificación al procurador correspondiente- por el sistema de traslado de escritos, o por el propio juzgado -según haya o no servicio común procesal de traslado de escritos- con una antelación mínima de 5 días.

Los dictámenes habrán de aportarse -para su traslado a la parte contraria-, en todo caso, 5 días antes de iniciarse la audiencia previa al juicio ordinario, o, en 30 días desde la presentación de la demanda o de la contestación en el juicio verbal (LEC art.337.1 redacc RDL 6/2023). Este plazo puede ser prorrogado por el tribunal cuando la naturaleza de la prueba pericial así lo exija y exista una causa justificada. La aportación sujeta al plazo preclusivo que la norma impone, consiguientemente, equivale a presentación en el **servicio común de notificaciones** o, en las circunscripciones en las que este falte, en la propia sede del órgano jurisdiccional que conoce del proceso; por lo que no podrá exigirse que la contraparte haya dispuesto en su poder el dictamen presentado por la adversa con al menos 5 días de antelación al día que debe celebrarse el acto de la audiencia previa.

La **presentación tardía** del informe pericial, incumpliendo el término establecido en LEC art.337.1 redacc RDL 6/2023, determinará su inadmisión por el tribunal como medio de prueba, no obstante ser reiterada su proposición en el acto de la audiencia previa por la parte proponente que ha visto rechazada su admisión por presentación extemporánea (LEC art.429), a pesar de que se interponga el pertinente **recurso de reposición** (LEC art.285.2), contra cuya denegación por el órgano jurisdiccional en el acto de la audiencia previa podrá formularse por **3376** la parte proponente del informe pericial rechazado la oportuna **protesta** para, de este modo, poder hacer valer su derecho en segunda instancia con base en lo prevenido en la LEC art.459.

3377 Por su parte, la LEC art.339.2, previene la posibilidad de que la parte actora -o, en su caso, la demandada-, aunque no fueran titulares del derecho de asistencia jurídica gratuita o solicitantes de tal beneficio, puedan solicitar del juez, en sus respectivos escritos de alegaciones en el procedimiento ordinario (demanda y contestación) que se proceda a la **designación judicial de perito**, si entendiesen conveniente o necesario para sus intereses la emisión de informe pericial. En tal caso, el juzgador procederá a la designación de perito en la forma prevenida en LEC art.341, siempre que considere que, efectivamente, resulta pertinente y útil el dictamen pericial solicitado, dicha designación debe realizarse en el plazo de 5 días desde la presentación de la contestación a la demanda, con independencia de quién haya solicitado dicho nombramiento. Dicho dictamen, así solicitado tempestivamente, será a costa de quien lo haya pedido, teniendo la consideración de gasto del proceso (LEC art.241.4).

3378 Ha de tenerse presente que, tanto en el supuesto de aportación de dictamen junto con la demanda o contestación, como en los supuestos de anuncio de dictamen para su aportación con 5 días de antelación mínima al acto de la audiencia previa, como en los casos de solicitud de designación judicial de perito efectuada necesariamente en el escrito de demanda o contestación (LEC art.339.2), el proponente deberá manifestar si desea que los peritos autores de los dictámenes comparezcan en el acto de juicio, con expresión del **alcance de su intervención** en los términos establecidos en LEC art.347, esto es, indicando si la intervención del perito se proyecta sobre la exposición y explicación del dictamen, respuesta a las preguntas, objeciones o propuestas de rectificación, o que su intervención será la precisa para, de forma útil, entender y valorar el propio dictamen en relación con lo que constituya el objeto del proceso (LEC art.336.1, 337 y 339.2). Estas manifestaciones relativas al alcance de la intervención del perito en el acto de juicio deben realizarse al aportar el dictamen mismo, sin perjuicio de su reiteración en el momento formal de proposición de prueba en el seno del acto de la audiencia previa (LEC art.347 y 429).

b. Contestación a la demanda

(LEC art.405 a 409)

3381 La contestación a la demanda se redactará en la forma prevenida en LEC art.399, es decir, en los mismos términos y con idéntico contenido que la demanda extensa (nº 3368), exponiendo los fundamentos de la oposición a las pretensiones deducidas por la parte actora.
Ha de tenerse presente que la parte contra quien se dirige la demanda, una vez debidamente emplazada al habérsele dado traslado del escrito de demanda y de los documentos anexados a ella, podrá adoptar alguna de las siguientes **actitudes procesales**:
a) **No personarse** en el procedimiento **ni contestar** a la demanda, en cuyo caso será declarada en situación procesal de rebeldía (LEC art.496 a 508).
b) **Personarse** en el procedimiento mediante procurador y letrado, pero **no contestar** a la demanda; actitud procesal que no impedirá la carga procesal que asiste a la parte actora para proponer la debida prueba de los hechos constitutivos en los que fundamenta su pretensión y de la significación o consecuencia jurídica postulada para el supuesto de hecho conforme a lo previsto en la norma invocada como base de la pretensión.
c) **Personarse** en el procedimiento y **contestar** a la demanda en el sentido de oponerse a sus pretensiones, total o parcialmente, solicitando, respecto de aquellos *petitums* en relación a los cuales se suscita oposición, que se dicte sentencia desestimatoria.
d) Personarse en el procedimiento, contestando a la demanda en los términos expuestos anteriormente y, además, formular **demanda reconvencional**, demandando por medio de esta última, a su vez, a la parte actora con base en pretensiones que, a su vez, guarden conexión con las deducidas por la actora.
e) Personarse en el procedimiento y allanarse a la demanda, en cuyo caso el tribunal dictará sentencia condenatoria de acuerdo con lo solicitado por el actor, salvo si el allanamiento se hiciera en fraude de ley o supusiera renuncia contra el interés general o perjuicio de tercero, en cuyo caso de dictará auto rechazando el allanamiento y seguirá el procedimiento por sus trámites (LEC art.21).
Si el allanamiento es parcial, el tribunal, a instancia del demandante, podrá dictar de inmediato auto acogiendo las pretensiones que hayan sido objeto de allanamiento. Para ello será necesario que, por la naturaleza de dichas pretensiones, sea posible un pronunciamiento separado que no prejuzgue las restantes cuestiones no allanadas, respecto de las cuales continuará el proceso. Este auto será ejecutable conforme a lo establecido en la LEC art.517 s.

Escrito de contestación Concretamente, el escrito se desenvolverá en los siguientes términos: 3383
1) Se opondrán, con carácter previo, las **excepciones procesales** y demás **alegaciones** que pongan de relieve cuanto obste a la válida prosecución del proceso y terminación del mismo mediante sentencia sobre el fondo. En este apartado se aducirá, por ejemplo, cuanto afecte a la caducidad de la acción ejercitada, y a excepciones dilatorias de naturaleza procesal que afecten a los presupuestos de la acción o del proceso mismo -litispendencia, cosa juzgada, falta o inadecuada representación legal o técnica, falta de capacidad, falta de presupuestos del procedimiento, defectuosa confección de la demanda por indeterminación de las partes o de las pretensiones, etc.-.
2) Si la parte actora -o la demandante reconvencional- hubiera acumulado subjetiva u objetivamente diversas acciones en una misma demanda, y se considerase improcedente legalmente tal **acumulación de acciones**, en la contestación se expondrá con nitidez las causas o motivos de la **inadmisibilidad** -acciones incompatibles entre sí; falta de todo nexo o conexidad entre los títulos o causas de pedir, etc.-.
3) Se debe **negar o admitir ordenadamente los hechos** constitutivos de sus pretensiones aducidos por la parte actora. El silencio o las respuestas evasivas podrán considerarse por el tribunal en su labor jurisdiccional como un reconocimiento o admisión tácita de los hechos que resulten perjudiciales a la parte que presenta la contestación.
4) Los puntos de la contestación procurarán seguir un **orden correlativo** a los expuestos sistemáticamente en el escrito de demanda.
5) Se expondrán ordenadamente las **excepciones materiales** que constituyan el fundamento y desarrollo de la oposición a las pretensiones de la parte actora, aduciendo los hechos impeditivos, extintivos o excluyentes con fuerza enervadora de los constitutivos.
6) En la contestación a la demanda, deberá expresarse qué **documentos**, de los acompañados por la parte actora a su escrito de demanda, se impugnan en su **autenticidad o genuidad**, con expresión de la causa o motivo de la impugnación.

Reconvención Al contestar a la demanda, la parte demandada podrá, por medio de reconvención, formular a su vez la pretensión o pretensiones que crea que le competen respecto de la parte demandante, incrementando de esta forma el objeto del proceso, por cuanto, en este supuesto, la parte demandada no se limita a comparecer en las actuaciones y contestar a las pretensiones contra ella deducidas por la actora, suplicando se dicte sentencia desestimatoria de las acciones deducidas en su contra, sino que, antes bien, la parte demandada aprovecha el trance de contestación para, a su vez, en el mismo escrito y por medio de una demanda reconvencional (LEC art.406.3), **demandar a la parte actora** (LEC art.399). 3386
Solo se admitirá reconvención si existiese conexión entre sus pretensiones y las que sean objeto de la demanda principal. Entiéndase por **conexión o relación entre las pretensiones** de la demanda y de la propia reconvención las que existieran por razón del título o causa de pedir.
Tanto el escrito de contestación aislada como, en su caso, el de contestación a la demanda con reconvención, deben ir firmados por abogado y procurador encargados de la defensa jurídica y representación procesal, en idénticos términos que los establecidos para el escrito de demanda (nº 3368 s.).

La demanda reconvencional podrá dirigirse no solamente **contra el actor principal**, sino **contra un tercero o sujeto no demandante**, siempre que a este último pueda considerársele litis-consorte voluntario o necesario del actor reconvenido, en razón a su relación con el objeto de la demanda principal. 3388
El **actor reconvenido**, así como los sujetos diversos de este contra los que se hubiera dirigido la reconvención, deberán contestar a la misma en el plazo de 20 días a partir de la notificación de la demanda reconvencional que por el tribunal les fuera realizada a uno y a otro, respectivamente.

c. Preclusión en la alegación de hechos y fundamentos de Derecho

(LEC art.400)

Pesa sobre la parte demandante la carga procesal de aducir oportunamente en su **escrito de demanda** cuantos **hechos, fundamentos o títulos jurídicos** constituyan fundamento de sus pretensiones deducidas y que le resulten conocidos y puedan invocarse al tiempo de la interposición, sin que le sea admisible reservarse su alegación y formulación para un proceso ulterior en el que se deduzcan las mismas pretensiones (LEC art.400). 3392
La carga de la alegación expuesta se entiende sin perjuicio de aquellos otros alegatos circunstanciales que puedan formularse en el acto de la **audiencia previa** (LEC art.426), los que

podrán consistir en **alegaciones aclaratorias y complementarias**, así como basadas en hechos acaecidos o conocidos con posterioridad a los escritos de demanda y contestación; así como por medio de los oportunos escritos sobre hechos de nueva noticia.

Precisiones Lo que la parte actora no podrá aducir en un **pleito posterior** serán los argumentos de hecho o de Derecho que bien podían haber sido utilizados en el precedente, pues se entiende precluido el plazo y el trance de su alegación; mas, esta preclusión, no alcanza a pretensiones deducibles que, al tiempo de interponer el primer proceso, no le pareciera oportuno interponer al demandante de ambos procesos. Queda así **prohibido reiterar una petición desestimada** en un primer proceso, con base en otra causa de pedir o en hechos diferentes, cuando una y otros hubieran podido sustentar también -o sea, además de los utilizados- la petición del **pleito precedente**. No se debe confundir base o sustrato de lo pedido con la petición misma. Así, en definitiva, no podrá deducirse en un segundo pleito la misma pretensión con base a alegaciones de hecho o de Derecho que bien podían haber sido utilizadas en el anterior, en que sí se entiende precluido el plazo para su alegación. Pero la preclusión no alcanza a pretensiones deducibles que en aquel momento no resultaba oportuno o conveniente demandar, pues no hay precepto legal que expresamente establezca la obligación de una persona de deducir contra otra todas las acciones que tuviera en aquel momento frente a esta (AP Zaragoza auto 25-3-04, EDJ 15505; AP La Rioja 29-3-21, EDJ 563470).

d. Competencia territorial

3395 En procesos relativos a impugnación de acuerdos adoptados en junta de propietarios de comunidades integradas bajo el régimen de propiedad horizontal, resultan competentes territorialmente los tribunales demarcados en el **lugar en que radique la finca**, tal y como imperativamente se establece en LEC art.52.8, al establecer que, en los juicios en materia de propiedad horizontal, será competente el tribunal del lugar en que radique la finca. Resulta indudable que aquellas mentadas cuestiones sobre impugnación de acuerdos pertenecen al género de los juicios en materia de propiedad horizontal para cuyo conocimiento se establece una **norma competencial imperativa**.

El fuero o criterio de atribución de la competencia territorial a favor de los tribunales radicados en un determinado lugar -el propio del inmueble- tiene carácter obligatorio, de suerte que:

- en primer lugar, no le son aplicables los fueros o normas generales de atribución de la competencia (LEC art.50 y 51); y,
- en segundo lugar, no es aplicable la previsión en sentido contrario por pacto o acuerdo adoptado en junta o recogido en estatutos, al tratarse la LEC art.52.8 de una norma procesal imperativa.

3396 Ello implica que, consiguientemente, no es posible la **sumisión expresa o tácita** de las partes a los tribunales de una circunscripción diversa de la que corresponde al lugar de radicación del referido inmueble o complejo inmobiliario sobre el que se constituye la comunidad en régimen de propiedad horizontal, tal y como previene la LEC art.54.1. La consecuencia derivada de lo anterior no es otra que la **apreciación de oficio** por el órgano jurisdiccional de su propia competencia territorial que, al venir fijada por ley por virtud de norma imperativa, no es susceptible de sumisión expresa por los interesados o de sumisión tácita por la parte demandada (LEC art.55 y 56).

3398 **Falta de competencia territorial** La apreciación *ex officio iudicis* de la falta de competencia territorial para conocer del proceso en materia de propiedad horizontal, y más concretamente, por lo que nos atañe, en materia de impugnación de acuerdos adoptados por la junta de propietarios, debe determinar la **inadmisión de la demanda** (LEC art.404). Así, el letrado de la Administración de Justicia, una vez examinada la misma tan pronto le sea repartida, apreciando la falta de competencia en razón a no haberse interpuesto aquella ante la clase o grado de tribunales correspondientes al partido judicial en que radique el edificio, y previa audiencia del Ministerio Fiscal y de las partes personadas, dará cuenta al titular del órgano judicial para que sea este el que resuelva, mediante auto, acordando la inadmisión por el referido motivo y la remisión de las actuaciones al tribunal que considere territorialmente competente, previo emplazamiento de las partes personadas para que comparezcan ante él en el plazo de 10 días (LEC art.404.2.1).

Contra este auto cabe directamente **recurso apelación**, pues no resulta aplicable al auto que inadmite a trámite una demanda por apreciar falta de competencia territorial lo establecido en LEC art.67.1 -que rechaza la posibilidad de recurso alguno contra los autos que resuelven una declinatoria por este mismo defecto procesal-.

No cabe **recurso de reposición**, por cuanto el auto inadmisorio de la demanda tiene carácter definitivo (LEC art.451.2 a sensu contrario), en cuanto pone fin al proceso (LEC art.456.2).

El recurso de apelación frente a tal resolución se sustanciará conforme a LEC art.457 a 465.

Efectos de la inadmisión de la demanda El efecto primordial en el plano o esfera sustantiva que puede determinar la inadmisión *a limine* por el tribunal de la demanda de impugnación de acuerdos adoptados en junta de propietarios -no solo por el motivo objeto de estudio (falta de competencia territorial del juzgado para conocer de la demanda), sino por cualquier otro defecto insubsanable por faltar en ella los presupuestos procesales-, será el del posible **transcurso de los plazos de caducidad** para el ejercicio de las acciones impugnatorias establecidos en LPH art.18.3, por cuanto la resolución que acuerda la inadmisión puede recaer y ser notificada al demandante una vez ha transcurrido el referido plazo, máxime considerando que el mismo -cuando resulte alcanzar a no más de 3 meses por versar la impugnación contra acuerdos lesivos o abusivos- es de escasa duración, y la práctica demuestra que las demandas contra acuerdos adoptados por las juntas de propietarios se interponen poco antes de agotarse los plazos de caducidad prevenidos en LPH art.18.3. 3399

Las demandas solo se inadmiten en los casos y por las causas expresamente previstas en la Ley (LEC art.403.1). No se admiten las demandas cuando no se acompañen los documentos que la Ley expresamente exige para su admisión, o no se hayan intentado las conciliaciones, los requerimientos, las reclamaciones o las consignaciones que se exijan en los casos especiales también previstos para cada supuesto en la Ley (LEC art.403.2).

Apreciación de defectos Debe precisarse que, si bien **admitida a trámite** la demanda tras ser interpuesta (LEC art.404.1), pueden ser apreciados en el acto de la audiencia previa -bien sea de oficio, por el juzgador, bien sea por su expresa alegación en el escrito de contestación de la demanda, formulado por la parte demandada (LEC art.405.3)-, **defectos de capacidad o de representación insubsanables** (LEC art.418.2). 3401

En este evento, dada la insubsanabilidad del defecto -no obstante el mandato procesal que tribunales y letrados de la Administración de Justicia reciben directamente del legislador en orden a favorecer el principio *pro accione*, como manifestación del derecho a la tutela judicial efectiva reconocido en Const art.24 (LEC art.231)-, el titular del órgano jurisdiccional se ve precisado de dar por concluido el acto de la audiencia previa y dictar **auto poniendo fin al proceso** (LEC art.418.2), que, por idénticas razones a las expuestas en punto al auto que acuerda la inadmisión a trámite de la demanda, será recurrible en **apelación**.

Este efecto enervante y preclusivo por agotamiento del plazo de caducidad no se producirá en aquellos supuestos en los que el defecto apreciado por el juez resulte **subsanable**, y sea efectivamente subsanado por la parte demandante dentro del término conferido expresamente por la resolución que se lo posibilita (LOPJ art.243; LEC art.231).

Declinatoria (LEC art.63 a 67) Con carácter general, mediante declinatoria, el demandado, así como el actor reconvenido, o quien pueda ser parte legítima en el juicio, podrá **denunciar la falta de jurisdicción** del tribunal ante el que se ha interpuesto la demanda, por corresponder el conocimiento de esta a tribunales extranjeros, a órganos de otro orden jurisdiccional o a árbitros. También puede proponerse la declinatoria para denunciar la **falta de competencia** objetiva, funcional o territorial del juzgado ante el que pende el proceso. Si la declinatoria se fundase en la falta de competencia territorial, habrá de indicarse en el propio escrito el tribunal del partido judicial que se considera competente y al que deberán remitirse las actuaciones, a juicio de la parte postulante de la declinatoria. 3403

En los procesos en materia de **impugnación de acuerdos sociales**, la declinatoria solo resulta factible, desde el punto de vista práctico, en aquellos supuestos en los que por la parte actora se hubiera vulnerado el fuero territorial imperativo que, para este tipo de procesos, por razón a la materia, tiene establecido la LEC art.52.1.8. 3404

La apreciación de la falta de competencia territorial, no obstante, al no resultar admisible la sumisión expresa o tácita a un tribunal distinto del correspondiente al lugar en que radique la finca, debe ser apreciada **de oficio** por los juzgados, aunque no sea denunciada mediante declinatoria oportunamente deducida por la parte actora. Así, en tales casos en los que el actor hubiera deducido la acción de impugnación de acuerdos adoptados en junta ante órgano jurisdiccional radicado en partido judicial diverso a aquel en que radicara la finca, al venir determinada la **competencia territorial por regla imperativa**, el letrado de la Administración de Justicia, al examinar de oficio la misma inmediatamente después de presentada la demanda, y previa audiencia del ministerio fiscal y de las partes personadas, si entiende que el tribunal carece de competencia territorial para conocer del asunto, dará cuenta al juez para que resuelva lo que proceda mediante auto, remitiendo en su caso las actuaciones al tribunal que considere territorialmente competente, previo emplazamiento de las partes personadas para que comparezcan ante él en el plazo de 10 días. Si el defecto de falta o inadecuada competencia territorial no fuera salvado en este momento inicial del proceso, ni por declinatoria que debe ser suscitada por la parte demandada en el término de los 10 primeros días del plazo para contestar la demanda (LEC art.64), en la audiencia previa, el demandado no podrá impugnar la falta de competencia territorial del tribunal, dado que debería haberlo realizado en forma de declinatoria (LEC art.416.2.2º).

e. Acto de audiencia previa

(LEC art.414 a 430)

3407 Una vez contestada la demanda por el único demandado o por todos o algunos de los codemandados -en el caso de litisconsorcio pasivo, voluntario o necesario-, y, en su caso, contestada la reconvención por el actor, o transcurridos en todo caso los plazos procesales otorgados para ello, el letrado de la Administración de Justicia, dentro del tercer día, convocará a las partes a una audiencia, señalando fecha para ello.

Esta audiencia, denominada previa al acto de juicio y separada en el tiempo respecto de este último, se llevará a cabo, esencialmente, al **objeto** de:

1) Intentar un **acuerdo o transacción** entre las partes por medio de la cual se ponga fin al proceso. Si las partes manifiestan haber llegado a un acuerdo con anterioridad o en ese mismo momento, o se muestran dispuestas a concluirlo de inmediato, pueden desistir del proceso o solicitar del juez que homologue lo acordado. Igualmente pueden las partes solicitar la suspensión del proceso (LEC art.415.1 y 19.2 y 4).

2) Examinar y depurar, en su caso, las **excepciones procesales** que pudieran obstar a la prosecución del proceso y su terminación mediante sentencia sobre su objeto.

3) Fijar con claridad y precisión los **hechos controvertidos** objeto del debate en la litis, y los extremos de hecho y de Derecho sobre los que exista controversia entre las partes.

4) Proponer y, en su caso, admitir la **prueba** que propongan cada una de las partes personadas y los intervinientes en el proceso al objeto de su adecuada práctica en el acto de juicio, siempre que por el órgano judicial se estime pertinente y útil en relación a la acreditación de los hechos constitutivos, impeditivos o excluyentes controvertidos (LEC art.416.1).

Las partes y sus representantes procesales deberán comparecer por **videoconferencia** o mediante la utilización de medios electrónicos para la reproducción del sonido y, en su caso, de la imagen, con los requisitos establecidos en LEC art.137 bis redacc RDL 6/2023, cuando el tribunal lo acuerde de oficio o a instancia de alguna de las partes (LEC art.414.2 redacc RDL 6/2023).

3408 **Letrado y procurador** Las partes habrán de comparecer al acto de la audiencia previa asistidas de letrado. Como quiera que uno de los más importantes fines que persigue este acto procesal es el de que las partes lleguen a un acuerdo, o el de homologar judicialmente una **transacción** lograda con anterioridad al acto (LEC art.415) o en el seno del mismo; o como quiera que en el acto de la audiencia puede producirse un **desistimiento** del proceso o una **renuncia al derecho** por la parte actora, o un **allanamiento** total o parcial por la parte demandada (LEC art.19 a 21), resulta preciso que los procuradores de los tribunales de una y otra parte hayan recibido su apoderamiento técnico por escritura pública, por medio de comparecencia *apud acta* bajo fe del letrado de la Administración de Justicia o por comparecencia electrónica, a través de una sede judicial electrónica, en el registro electrónico de apoderamientos judiciales *apud acta* (LEC art.24 redacc RDL 6/2023), incluyendo en él las facultades especiales prevenidas en LEC art.25.2.1, esto es, las que le permitirán llevar a cabo sin la intervención de su cliente la renuncia, la transacción, el desistimiento, el allanamiento, el sometimiento a arbitraje y las manifestaciones que puedan comportar el sobreseimiento del proceso por satisfacción extraprocesal o carencia sobrevenida del objeto (LEC art.22 redacc RDL 6/2023).

Por ello, la LEC art.414.2 establece que, al efecto de intento de arreglo o transacción, cuando las partes no concurriesen personalmente, sino a través de procurador, habrán de otorgar a este poder para renunciar, allanarse o transigir, advirtiendo expresamente la norma que, si no concurriesen personalmente, ni hubieran otorgado aquel poder, se les tendrá por no comparecidos en el acto de la audiencia.

3409 Consecuentemente, para **evitar la presencia física de la parte procesal** al acto de la audiencia previa - sea persona física, persona jurídica o ente sin personalidad (LEC art.6 y 7)-, habrá de concurrir el procurador investido de poder con las facultades especiales previstas en LEC art.25.2.1. Así, para que a una parte procesal se la tenga por comparecida en el acto de la audiencia previa resulta preciso que:

- o bien, asista tan solo su procurador de los tribunales, investido de **poder con facultades especiales** prevenidas en LEC art.25.2.1;
- o bien, asista el procurador investido con **poder general**, sin estas facultades especiales, acompañado presencialmente, en tal caso, de la parte procesal que confiere el poder, debidamente identificado con su documento nacional de identidad y escrituras o títulos auténticos acreditativos de su representación legal.

Ausencia de la parte o de su abogado Si no comparece **ninguna de las partes**, se levantará acta haciéndolo constar, y el tribunal, sin más trámite, dictará auto de sobreseimiento del proceso, ordenando el archivo de las actuaciones, lo que no impedirá a la parte actora deducir de nuevo las acciones mediante sucesiva demanda, siempre que no haya corrido el plazo de caducidad establecido en LPH art.18.3 para el ejercicio de las acciones de impugnación de acuerdos adoptados por la junta, puesto que la caducidad para deducir cualesquiera acciones sujetas a tal instituto no se interrumpe ni suspende merced a la primera demanda que dio lugar al primer procedimiento sobreseído por incomparecencia al acto de la audiencia. 3411

También se sobreseerá el proceso si al acto de la audiencia **solo concurre el demandado** y no alega interés legítimo en que continúe el procedimiento al fin de que se dicte sentencia sobre el fondo. 3412
Puede ocurrir que a la parte demandada no le interese que quede imprejuzgada la cuestión litigiosa que constituye el objeto del proceso introducido por demanda interpuesta por la actora, dando lugar a que esta vuelva a deducir posterior demanda formulando idénticas pretensiones y corrigiendo algunos errores o defectos de planteamiento o jurídicos padecidos en la originariamente formulada. A la parte demandada presente en el acto de la audiencia previa puede interesarle preferentemente que el proceso se sustancie efectivamente hasta el final -con el beneficio que supone la ausencia en el acto de la audiencia previa de la propia parte actora, que no podrá ya efectuar alegaciones, ni en el propio acto, ni posteriormente, ni podrá proponer prueba-, hasta lograr una sentencia con efectos de cosa juzgada formal y material que, considera fundadamente la parte demandada, pueda resultar desestimatoria de las pretensiones deducidas por la actora.

Si fuera la **parte demandada quien no concurre**, la audiencia previa se desenvolverá para con la parte actora exclusivamente, en lo que resultara procedente. 3413
Cuando **falte al acto el abogado de la parte demandante**, se sobreseerá el proceso, salvo que el demandado alegue interés legítimo en la continuación del procedimiento al fin de que, en su momento, se dicte sentencia sobre el fondo de la litis.
Si **falta el abogado de la parte demandada**, la audiencia se seguirá con el actor en lo que resulte procedente (LEC art.414.4).
Estas normas resultan aplicables en sus respectivas precisiones en aquellos casos en los que el objeto del proceso se haya integrado con demanda reconvencional formulada a su vez por la parte demandada, que tendrá la condición de demandante respecto de las acciones reconvencionalmente deducidas.

Cuestiones a resolver En el acto de la audiencia previa, se procederá a resolver sobre los siguientes extremos: 3416
- Defectos de **capacidad o representación** (nº 3417).
- Indebida **acumulación de acciones** (nº 3421).
- Integración voluntaria de la litis en caso de controvertido **litisconsorcio pasivo necesario** (nº 3424).
- Resolución en caso de la parte demandada haya alegado **litispendencia** o **cosa juzgada** en su escrito de contestación a la demanda (nº 3428).
- Resolución en caso de **demanda defectuosa** (nº 3432).
- Resolución de circunstancias procesales análogas a las previstas en LEC art.416 a 425 (nº 3434).

Capacidad o representación Cuando el demandado hubiera alegado en su contestación, o el actor expresase en el mismo acto de la audiencia previa un defecto de capacidad para ser parte o de obrar procesal, o un defecto de representación (sustantiva o procesal) **subsanables o susceptibles de corrección**, se podrán subsanar o corregir en ese mismo acto y, de no ser posible al instante, se concederá para ello un **plazo** no superior a 10 días a la parte procesal que lo padeciera, con suspensión entre tanto del acto de la audiencia. 3417
Entre tales defectos - subsanables- encontramos los de:
- ausencia o defecto en el **poder para pleitos** o en la falta de comparecencia *apud acta* para el otorgamiento de la representación procesal; o
- la falta de **capacidad de obrar procesal del demandante** por necesidad de ser integrada mediante la intervención de un tercero, tal como acaece en los supuestos en que el demandante sea menor o persona que precise de la adopción de medidas de apoyo para el ejercicio de su capacidad jurídica (LEC art.7.2).

Cuando el defecto o la falta **no sean subsanables ni corregibles** por su propia naturaleza, o no se subsanasen o corrigiesen en el plazo conferido, se dará por concluido el acto de la audiencia previa y se dictará auto poniendo fin al proceso. La LEC art.231 -en relación con LOPJ art.234- dispone en este sentido un mandato dirigido al titular del órgano jurisdiccional, así 3418

como al letrado de la Administración de Justicia, disponiendo que uno y otro cuidarán de que puedan ser subsanados los defectos en que incurran los actos procesales de las partes.
Si el defecto no subsanado afectase a la personación en forma del demandado, se le declarará en rebeldía, sin que de las actuaciones que hubiese llevado a cabo deba quedar constancia en autos.

3419 No se considera, por lo que concierne a este apartado, que los defectos -ausencia o imperfección- en la **documentación aportada** junto con los escritos de demanda o contestación -y, en su caso, de reconvención y contestación a ella-, y que puedan afectar al fondo del asunto, tengan relevancia como defectos de capacidad o de representación. Los defectos de una y otra conciernen a presupuestos del proceso, sin los cuales no puede dictarse sentencia sobre el fondo de la litis, en cuanto determina su existencia que la relación jurídico procesal esté mal constituida.

3420 En sede de **impugnación de acuerdos sociales**, tales defectos en materia de capacidad -para ser parte y de obrar procesal-, así como de representación -legal, voluntaria o procesal- afectan no solo a la parte actora -el **propietario** del piso o local, con carácter general; a salvo de las excepciones en las que un tercero ajeno a la comunidad se encuentra en una posición que, conforme al ordenamiento jurídico, le atribuye legitimación para la impugnación de los acuerdos adoptados por la junta de propietarios de una comunidad de la que no es parte integrante, por afectarle aquellos, de forma directa, en sus derechos subjetivos existentes y legítimos-, sino también a la parte demandada -la **comunidad** - y a su representación orgánica, personalizada:
- bien mediante el **presidente** investido en el cargo al tiempo de interponer la demanda, quien, a su vez, como persona física investida en el cargo orgánico, debe tener capacidad jurídica y de obrar, encontrándose en el pleno ejercicio de sus derechos civiles; o, en su caso,
- bien mediante el **vicepresidente**, o el propietario nombrado al efecto por la junta para el caso de que el cargo de presidente estuviera vacante, o se hallara la persona que lo ostenta imposibilitada por cualquier motivo transitorio o indefinido para ejercerlo, o se encontrase en relación a lo que constituye el objeto del proceso en una ostensible contraposición de intereses, o fuera el presidente quien ha deducido demanda sobre impugnación de los acuerdos adoptados en junta de propietarios.

3421 **Acumulación de acciones** (LEC art.71 a 73 y 419) Si en la demanda, la parte actora hubiera acumulado diversas acciones y la parte demandada, en su contestación, se hubiera opuesto motivadamente a esta acumulación, el juzgador, previa audiencia a la parte actora, artífice de la acumulación, resolverá motivadamente sobre la **procedencia y admisibilidad** de la acumulación, lo que verificará oralmente, sin perjuicio de su constancia en acta.
En caso de estimarse **inadecuada** la acumulación deducida, el proceso continuará respecto de aquella o aquellas acciones que, según la resolución judicial, puedan constituir su objeto.
La acumulación de acciones puede revestir la **modalidad** de subjetiva (una acción frente a varios sujetos) u objetiva (pluralidad de acciones frente a un único sujeto) o ambas, acumulación objetiva y subjetiva que se ejercita en el mismo proceso.
No obstante, preverse en LEC art.419 su **depuración** en el acto de la audiencia previa a instancia de lo manifestado por el demandado sobre este particular, habiendo opuesto expresamente la indebida acumulación de acciones en el escrito de contestación, lo cierto es que la materia debe ser apreciada de oficio por el tribunal, puesto que excede de lo disponible por las partes, al tratarse la acumulación de acciones de cuestión concerniente al objeto del proceso, su definición y contornos (LEC art.402). El tribunal no debería permitir que el proceso avance en supuestos en los que las acciones deducidas no son acumulables, bien por ser incompatibles -en el caso de la acumulación objetiva-, bien por ser acciones dirigidas contra varios demandados que no guarden entre ellas conexión por razón del título o causa de pedir -en el caso de la acumulación subjetiva-, bien por motivos estrictamente procesales.

3422 Sobre esta materia -al igual que ocurre respecto de todas las cuestiones concernientes a los presupuestos del proceso o de las acciones deducidas -rige el principio del **control y supervisión de oficio** por los órganos jurisdiccionales; en este sentido, la nueva redacción dada a la LEC art.73.3 por L 13/2009, dispone que, de haberse acumulado varias acciones indebidamente, el letrado de la Administración de Justicia requerirá al actor, **antes de proceder a admitir la demanda**, para que subsane el defecto en el plazo de 5 días, manteniendo las acciones cuya acumulación fuera posible. Transcurrido el término sin que se produzca la subsanación, o si se mantuviese la circunstancia de no acumulabilidad entre las acciones que se pretendieran acumular por la parte actora -o, en su caso, por la demandante reconvencional-, dará cuenta al juzgador para que resuelva sobre la admisión a trámite de la demanda, en su caso, sobre la demanda reconvencional.

Resulta pues ostensible que el **análisis crítico sobre la procedencia** o improcedencia de la acumulación de acciones debe verificarse de oficio -por el letrado de la Administración de Justicia, dando cuenta al tribunal para el caso de apreciar indebida acumulación-, y debe remontarse al momento inicial de la litis, esto es, a la fase de alegaciones -integrada por demanda y reconvención y contestación a esta última-. Su análisis crítico en la audiencia previa no deja de ser solo justificable cuando ha fallado -por error en el análisis o por falta de él- el control jurisdiccional de oficio sobre este particular. 3423

Precisiones La **práctica forense** evidencia que las resoluciones que admiten la demanda, o las resoluciones que proveen la contestación con su reconvención añadida, tiene el carácter de estandarizadas, uniformes, y que, con frecuencia, no detectan defectos de representación, apoderamiento, ausencia de concreción de la cuantía del pleito por la parte actora, defectos insubsanables en el suplico, o indebida acumulación de acciones, entre otros muchos defectos impeditivos de una correcta constitución de la relación jurídico procesal.

Integración voluntaria de la litis en el litisconsorcio pasivo necesario (LEC art.413) Cuando la parte demandada hubiera alegado en la contestación a la demanda -o en su caso, el actor, en su contestación a la reconvención- falta de debido litisconsorcio, podrá el actor, de estimarlo procedente, presentar en el acto de la audiencia previa escrito de demanda dirigida contra el o los sujetos que el demandado considerase que deberían ser sus litisconsortes, de modo que el tribunal, de considerar procedente el litisconsorcio, lo declarará así, ordenando en el acto emplazar a los nuevos demandados (litisconsortes), para que contesten a la novedosa demanda que contra ellos específicamente se dirige, acordándose la **suspensión de la audiencia previa**. 3424

El litisconsorcio pasivo entraña que una pluralidad de sujetos (dos o más) ocupan la parte pasiva de la relación procesal por así establecerlo expresamente una norma (litisconsorcio propio), o la doctrina legal (litisconsorcio impropio).

El supuesto puede darse, en sede de **impugnación de acuerdos de la junta**, cuando la nulidad de los mismos, al amparo de cualquiera de los motivos establecidos en LPH art.18, afecta directamente a derechos de terceros ya nacidos a la vida jurídica, cual es el caso en que se demanda la nulidad de un acuerdo por el que se adoptó la decisión de realizar determinadas obras comunitarias, sobre cuya base el presidente perfeccionó con tercero contratista el correspondiente contrato de ejecución de obras. 3425

El demandante, al dirigir la demanda contra eventuales **terceros litisconsortes** cuya intervención en el proceso fue denunciada mediante la oportuna excepción procesal por la parte demandada, solo podrá añadir a las **alegaciones** de hecho y de derecho integradas en la demanda primigenia, aquellas otras imprescindibles para justificar las pretensiones contra los nuevos demandados, sin alterar sustancialmente la causa de pedir, lo que implica que el actor deberá integrar su demanda originaria, exclusivamente, con el material de hecho y de derecho preciso para fundar la parte de las pretensiones postuladas o deducidas contra el tercero litisconsorte.

En caso de **oposición del actor** -o el demandado reconvencional- a la falta de litisconsorcio pasivo necesario aducida en la contestación a la demanda, o en la contestación a la reconvención, el juzgador oirá a las partes sobre este particular en el acto de la audiencia previa. Cuando la **complejidad** de la cuestión lo aconseje, la cuestión se resolverá mediante **auto** que podrá dictarse en un plazo no superior a 5 días. Dispone la LEC art.420.2 que, en tal trance, la audiencia previa continuará respecto del resto de las cuestiones que constituyen su objeto, si bien, esta solución no es ni la conveniente, ni la que la práctica forense evidencia, en razón a que la eventual y posiblemente necesaria intervención litisconsorcial de un tercero hace aconsejable no adelantar en mayor medida los trámites y actos procesales que, de admitirse y hacerse efectivo el cuestionado litisconsorcio pasivo necesario, habrán de reiterarse posteriormente con la intervención de este. 3426

Si el tribunal entendiera **procedente el litisconsorcio**, no obstante la oposición del actor, concederá a este el **plazo** que estime oportuno para constituirlo, que no podrá ser inferior a 10 días hábiles. 3427

Los **nuevos demandados** por el litisconsorcio necesario apreciado serán debidamente emplazados para que contesten a la demanda en el plazo de 20 días, quedando entre tanto en suspenso el curso de las actuaciones (LEC art.404.1). Transcurrido el plazo otorgado al actor para constituir el litisconsorcio sin haber aportado copias de la demanda y documentos anejos, dirigidas a nuevos demandados, se pondrá fin al proceso por medio de auto y se procederá al archivo definitivo de las actuaciones (LEC art.419.4).

3428 **Alegación de litispendencia o cosa juzgada** (LEC art.421) Para la apreciación de estas excepciones procesales de carácter dilatorio, el tribunal precisará normalmente que la parte demandada -o la actora, respecto de la reconvención presentada contra ella- le ponga de manifiesto uno u otro óbice procesal a la prosecución del procedimiento.

La **litispendencia** supone la pendencia ya de otro proceso ante el mismo o diverso órgano jurisdiccional sustanciado entre idénticas partes, con base en la misma causa de pedir y pretensión (LEC art.410 a 413).

La **cosa juzgada** supone que el objeto de un determinado proceso ha sido ya juzgado y resuelto mediante sentencia firme en otro proceso anterior, suscitado entre las mismas partes procesales, actuando con idéntica cualidad una y otra, con base en la misma causa de pedir y en razón a idénticas pretensiones. La cosa juzgada, como excepción dilatoria, excluirá un ulterior proceso cuyo objeto sea idéntico al del proceso en que aquella se produjo.

3429 Cuando el tribunal, en el acto de la audiencia previa, aprecie la pendencia de otro juicio (litispendencia) o la existencia de resolución firme sobre idéntico objeto (cosa juzgada), dará por finalizado el acto, y dictará, en el plazo de 5 días, **auto de sobreseimiento** del proceso. Para poder resolver sobre una u otra excepción, el órgano jurisdiccional precisará de los escritos de alegaciones evacuados hasta el momento en el otro proceso causante de la litispendencia, así como de la resolución judicial firme recaída en el proceso motivador de la excepción de cosa juzgada. La aportación de tales documentos auténticos corresponde en uno y otro supuesto a la parte que alega las referidas excepciones.

3430 Diverso de la cosa juzgada material son los **efectos reflejos de la cosa juzgada** (LEC art.421.1), al establecer que no se sobreseerá el proceso en el caso de que, conforme a lo dispuesto en LEC art.222.4, el efecto de una sentencia firme anterior haya de ser vinculante para el tribunal que esté conociendo del proceso posterior. No coexisten en estos supuestos las tres identidades perfectas entre uno y otro proceso sucedidos en el tiempo -identidad entre los sujetos, y su cualidad, así como las causas de pedir y las pretensiones-. Se trata, antes bien, de aquellos casos en los que la sentencia recaída en un proceso anterior no produce en el proceso presente, propiamente, el efecto de cosa juzgada -objeto ya resuelto, por identidad en sujetos, causa de pedir y pretensión deducida-, sino el **efecto vinculante**, al aparecerse lo ya resuelto como un antecedente lógico de lo que constituye el objeto del proceso presente. Para ello sí es preciso, no obstante, que sean idénticos -o sucesores o causahabientes de estos- los litigantes en el primer proceso y en el segundo en el que la sentencia recaída en aquel ha de constituir un **antecedente lógico vinculante**. O, en su caso, que los efectos de la cosa juzgada se extiendan a ellos por disposición legal.

Si el tribunal considerase inexistente la litispendencia o la cosa juzgada, lo declarará así, motivadamente, en el acto y decidirá que la audiencia prosiga para sus restantes finalidades.

3431 En materia de propiedad horizontal el efecto reflejo de la cosa juzgada lo podemos encontrar en aquellos supuestos en los que los **acuerdos impugnados en un segundo proceso** son la concreción ejecutiva de los genéricos que ya fueron impugnados en un primer proceso finalizado con sentencia firme, de forma que estos últimos traen mediata o inmediata causa o razón de los primeros.

3432 **Demanda defectuosa** (LEC art.424) Si el demandado alegara en la contestación a la demanda la falta de claridad o precisión de esta en la determinación de las partes, o en las pretensiones deducidas, o si el actor adujera estos mismos defectos en la contestación a la demanda, o en la demanda reconvencional; o si, en todo caso, el juzgador los apreciase de oficio, se admitirán en el acto de la audiencia previa las **aclaraciones o precisiones** correspondientes, siempre que con ello no se cause efectiva indefensión a la contraparte introduciendo elementos, pretensiones, alegaciones o circunstancias harto novedosas que hayan determinado la imposibilidad de ser debidamente tratadas, contraprobadas y respondidas en los respectivos escritos de contestación a la demanda principal o la reconvencional.

3433 El defecto, para que determine el sobreseimiento del proceso, debe acuñar que no fuese en absoluto posible determinar en qué consisten las **pretensiones** del actor o, en su caso, del demandado en la reconvención; o resulte imposible determinar con precisión frente a qué **sujetos jurídicos** se formulan las pretensiones.

En la práctica, esta hipótesis se produce, sin vocación de taxatividad, en aquellos **casos** en los que el actor (principal o reconvencional):

1) Ha redactado de forma tan defectuosa el **suplico** que resulta muy difícil entenderlo, hasta el punto de que el defecto hace imposible, no solamente un pronunciamiento -estimatorio o desestimatorio- sobre el fondo, sino incluso la propia contradicción por la contraparte.

2) Ha redactado el suplico de forma ostensiblemente **sucinta**, remitiéndose indeterminadamente a fundamentos fácticos o jurídicos de la demanda.
3) Ha llevado a cabo en el suplico una **mezcla de acciones** declarativas distintas, constitutivas y de condena en las que unas pretensiones absorben a otras, o se contradicen con la totalidad o parte de otras (pretensiones incompatibles), o se yuxtaponen o solapan entre ellas, o conciernen algunas a terceros no demandados.
4) Ha acumulado de forma **simple** -añadida- acciones que son eventuales respecto de otra u otras principales; en cuyo caso, el tratamiento de este problema, debe abordarse con base en lo prevenido en LEC art.419, de suerte que las meras aclaraciones o puntualizaciones que realice la parte demandante -principal o reconvencional-, pongan orden a la eventualidad de unas acciones respecto de otras (LEC art.71.4).

Resolución de otras circunstancias procesales (LEC art.425) La resolución de otras circunstancias procesales análogas a las previstas en la LEC art.416 a 424 debe hacerse en el acto de la audiencia previa, por cuanto su presencia y mantenimiento puede afectar a la correcta constitución de la relación jurídico procesal, al resultar impeditivas de su válida prosecución mediante sentencia sobre el fondo. **3434**
La resolución tempestiva en el acto de la audiencia previa -o dentro de los 5 días siguientes, por aplicación analógica con lo prevenido en LEC art.420.2 y 421.3-, se refiere a **excepciones procesales** puestas de manifiesto por cualquiera de las partes o apreciadas de oficio por el tribunal.

Entre estos **motivos o circunstancias análogos** a los específicamente regulados en la pormenorizada regulación del acto de la audiencia previa, pueden mencionarse los siguientes, sin vocación de taxatividad: **3435**
1) La **caducidad de la acción**, en los casos en los que la misma esté sujeta a este instituto para su válida y tempestiva deducción ante los tribunales. A pesar de tratarse la caducidad, en sentido estricto, de una cuestión sustantiva o material, su influjo o trasunto procesal enervador por su expiración, determina la conveniencia de que, pudiendo ser apreciada de oficio por el juzgador -a diferencia de la prescripción-, impida la continuación del proceso.
2) La falta de **reclamación administrativa previa**, cuando la norma sustantiva exija este requisito con carácter previo al ejercicio de la acción ante los tribunales.
3) La falta de **legitimación activa**, cuando la norma exige de forma ostensible y expresa que la acción solo pueda ser deducida por quienes ostenten determinada condición -como el caso del propietario de pisos o locales para la impugnación de los acuerdos adoptados por la junta de propietarios con base en LPH art.18.2-.
4) La falta de **presupuestos procesales legitimadores** para deducir la específica acción planteada, como el caso del requerimiento extrajudicial previo de cesación de actividades prohibidas en los estatutos, dañosas para la finca o contraventoras de disposiciones generales sobre actividades molestas, insalubres, nocivas, peligrosas o ilícitas dirigido al infractor y prevenido expresamente en LPH art.7.2; o el consiguiente acuerdo adoptado por la junta de propietarios que autoriza al presidente para entablar la concreta acción de cesación en caso de desatención por el infractor del requerimiento que previamente se le ha cursado.

Objeto del proceso y prueba
En el acto de la audiencia previa, así mismo, se procederá a concretar el objeto del proceso, así como a depurar y precisar la prueba que deberá verificarse en el acto de juicio oral (nº 3465). Para tal menester, se llevarán a cabo las siguientes **actuaciones**: **3437**
- Alegaciones complementarias y aclaratorias y formulación de pretensiones accesorias o complementarias (nº 3438).
- Existencia de hechos relevantes de nueva noticia (nº 3441).
- Pronunciamiento sobre los documentos aportados por la contraparte (nº 3444).
- Solicitud de designación judicial de peritos o proposición de prueba pericial (nº 3445).
- Fijación de hechos controvertidos (nº 3452).
- Proposición y admisión de prueba (nº 3454).

Alegaciones complementarias y aclaratorias y pretensiones accesorias o complementarias (LEC art.426) En el acto de la audiencia, los litigantes, sin alterar sustancialmente sus pretensiones formuladas en demanda, contestación a ella -y, en su caso, reconvención y contestación a la reconvención-, ni los fundamentos fácticos y jurídicos expuestos en aquellas, podrán efectuar alegaciones complementarias y aclaratorias en relación con lo expuesto de contrario. **3438**
Estas alegaciones **no podrán introducir** nuevos argumentos, hechos constitutivos, impeditivos, extintivos o excluyentes, en la medida que ello podría suponer una vulneración del principio de defensa al haber concluido la fase de alegaciones. Las alegaciones complementarias

constituyen, todo lo más, una adición, un abundamiento a las alegaciones de hecho y de derecho formuladas por escrito en los respectivos escritos evacuados en la referida fase de alegaciones. Con frecuencia es el titular del órgano jurisdiccional el que solicita tales **precisiones o aclaraciones** a una u otra parte, conforme le reconoce la LEC art.426.6 -p.e. como cuando pide aclaración a la parte demandada acerca de si en su escrito de contestación, en un determinado apartado, formuló excepción de litisconsorcio pasivo necesario; o cuando pide aclaración sobre algún determinado apartado del suplico de la demanda principal o reconvencional cuya claridad no resulta meridiana-.

3439 También podrán las partes **rectificar extremos secundarios** de sus pretensiones, siempre que lo hagan sin alterar estas ni sus fundamentos. En este particular, el titular del órgano jurisdiccional actuará con esmero, cuidando que lo pretendido por la parte procesal se trate de auténticas rectificaciones (o correcciones), y que nunca, al socaire de la rectificación de extremos secundarios, se incluyan, adicionen o enriquezcan las pretensiones ya formuladas o deducidas.

3440 Si una parte pretendiese añadir alguna **petición accesoria o complementaria** a las formuladas en sus respectivos escritos de demanda, contestación a ella, reconvención y contestación a esta última, se admitirá tal adición únicamente cuando la **parte contraria** se manifieste conforme. Ha de tenerse presente que el añadido afecta a algo esencial, como es alguna o algunas de las pretensiones deducidas en el suplico, por lo que, de un modo u otro, se está variando de una forma secundaria el objeto del proceso, que debía haber quedado perfectamente definido en fase de alegaciones. El añadido solo puede afectar a peticiones accesorias o complementarias, con lo que quedan excluidas de tal posibilidad procesal las acciones principales. Las peticiones complementarias susceptibles de ser añadidas conciernen tanto al actor como al demandado -este último, que suele limitar su suplico a ser absuelto en los pedimentos que contra él se dirigen en demanda, por ejemplo, puede ampliar sus pretensiones a que la absolución conlleve la condena en costas a la parte actora, lo que por otra parte es un pronunciamiento adjetivo, debido y anudado al principal absolutorio sobre el fondo-. Si el demandado -o el actor reconvenido- **se opone a la adición** pretendida por la contraparte, el juzgador decidirá sobre su admisión, que solo acordará cuando entienda que su planteamiento en el momento de la audiencia no impide a la parte contraria ejercitar su derecho de defensa y contradicción en condiciones de igualdad.

3441 **Hechos relevantes de nueva noticia** (LEC art.426.4) Podrán las partes **alegar y acreditar** mediante medios de prueba aportados en el acto mismo de la audiencia previa, la existencia de hechos relevantes de nueva noticia. Ha de tratarse de hechos acaecidos en la realidad histórica **con posterioridad a demanda y contestación**, o de hechos que, si bien ocurridos con anterioridad, han sido conocidos con posterioridad a aquellos actos procesales.
Se ha de tratar de **hechos relevantes**, por lo que han de guardan relación y fundamento con las pretensiones o las excepciones aducidas por demandante o demandado, respectivamente (p.e. el haberse convocado o celebrado una nueva junta de propietarios en la que se complementan, especifican o amplían los acuerdos impugnados).

3442 Ha de tenerse presente que esta alegación de hechos nuevos, o de nueva noticia, completa su regulación con las especificaciones previstas en LEC art.286, por lo que la parte postulante deberá ponerlos de manifiesto no meramente en forma verbal, sino mediante **escrito** -requisito que solo queda excluido cuando su aducción se verifique en el acto del juicio o vista (LEC art.286.1)-.
Lo dispuesto en LEC art.286.2, no resulta de aplicación a la alegación de hechos nuevos o de nueva noticia que cualquiera de las partes personadas formule y presente en el acto de la audiencia previa. En el seno de esta, es el juzgador -supliendo al letrado de la Administración de Justicia- el que ordena que se confiera **traslado** en el mismo acto a las demás partes para que, al instante, aleguen estas lo que a su derecho convenga sobre los hechos novedosos formulados por la postulante de ellos. Debe tenerse presente que la aportación por escrito de hechos de nueva noticia, salvo que el mismo sea notorio, deberá venir acompañada del medio de **prueba** que haga ostensible su acreditación, cuando la obtención de este medio de prueba -normalmente documental- resulte posible con arreglo a una mínima actividad diligente exigible procesalmente (LEC art.217). Si el hecho nuevo o de nueva noticia no fuera reconocido como cierto, se propondrá la prueba pertinente sobre su existencia, inexistencia o modo de ser, para su práctica en el acto de juicio.

Debe así mismo considerarse que el momento de la audiencia previa actúa como **término preclusivo para la aportación y aducción** por cualquiera de las partes de los **hechos nuevos** acontecidos en el ínterin comprendido entre los actos de demanda y contestación -y, en su caso, demanda reconvencional y contestación a ella-, de una parte, y la propia audiencia previa, de otra, por lo que no será posible su aportación como hechos nuevos en el acto de juicio mismo, salvo que se presenten por la parte proponente como **hechos de nueva noticia** -acaecidos en tiempo anterior, pero conocidos ahora-, para lo que deberá tratarse de hechos que, por las circunstancias de su acaecimiento, resulte admisible y razonable que la parte proponente hubiera tenido un conocimiento tardío o posterior a su realización (LEC art.286.4). 3443

Documentos aportados por la contraparte (LEC art.427) En la audiencia previa cada parte se pronunciará sobre los documentos aportados por la contraparte -y por sus litisconsortes, en su caso-, hasta el momento, manifestando si los admite o impugna o reconoce, o si, en su caso, propone **prueba sobre su autenticidad**. 3444

La postura que debe adoptar cada parte respecto de los documentos acompañados por las demás partes procesales es la consistente en admitirlos o impugnarlos. **Si se impugnan**, debe expresarse el **motivo**, que puede ser:

- su falta de autenticidad o genuinidad (p.e. el acta de junta de propietarios presentada por la actora no es conteste con la genuina y definitiva, que refleja los acuerdos adoptados); o
- la unilateral confección del documento por la parte que lo propone.

El primer defecto afecta a la **autenticidad** del documento, el segundo a su **valor probatorio**.

Si el documento impugnado por la parte procesal fuera un **documento público** -esto es, alguno de los taxativamente enumerados en LEC art.317 y 323-, la impugnación del mismo deberá ajustarse al procedimiento previsto en LEC art.320, lo que deberá postular y solicitar la parte impugnante, solicitando al efecto el cotejo y comprobación con su original. En los casos de **documentos públicos electrónicos**, el letrado de la Administración de Justicia comprobará la validez de la firma electrónica, en su caso, mediante su verificación, a través del Código Seguro de Verificación. En todo caso, podrá valerse de la asistencia de un experto que emita informe, de inicio a cargo del impugnante, sin perjuicio de lo que se determine sobre imposición de costas (LEC art.320 redacc RDL 6/2023).

Si el documento impugnado en su autenticidad fuera un **documento privado** (LEC art.326), el que lo haya presentado y le resulte impugnado en su autenticidad por la contraparte podrá pedir el cotejo pericial de letras o proponer cualquier otro medio de prueba que resulte útil o pertinente para la acreditación de su genuinidad y veracidad (p.e. la formación de un cuerpo de escritura para su cotejo con la obrante en el documento debitado por medio de pericial caligráfica).

La **carga de la prueba** sobre tal cualidad incumbe al aportante a los autos del documento.

Designación judicial de peritos o proposición de prueba pericial (LEC art.427.3º y 4º y 339.3º y 4º) 3445

Otra de las actuaciones realizables en la audiencia previa es la solicitud designación judicial de peritos o proposición de prueba pericial para la aportación del correspondiente dictamen, elaborado por perito designado por la parte procesal, antes del acto de juicio.

Se reconoce a cualquiera de las partes la **facultad excepcional** de solicitar la designación judicial de perito o la aportación de prueba pericial a su cargo para su presentación antes del acto de juicio. Ambas facultades son excepcionales por el momento avanzado del proceso en que se formulan, y por el estrecho margen de las causas que motivan la autorización de su acogimiento por el juzgador. No debe esperarse a ese momento, con carácter general, para la proposición de este medio de prueba en circunstancias normales. La pericial solicitada como medio de prueba en el acto de la audiencia previa solo puede tener como **justificación** alguno de los **motivos** prevenidos específicamente en los tres primeros apartados de la LEC art.426. Esa solicitud de pericial, por tanto, solo puede tomar su base o razón en méritos a:

1) Las **alegaciones complementarias** que se hubieran realizado en relación a lo expuesto por las demás partes procesales.

2) Las **aclaraciones** a las alegaciones de hecho o de Derecho que se hubieran formulado en el respectivo escrito de demanda, contestación, reconvención o contestación a la reconvención; o las **rectificaciones** de extremos secundarios de las pretensiones formuladas en aquellos.

3) Las **inclusiones o integraciones de pretensiones accesorias o complementarias** formuladas en sus respectivos escritos de alegaciones.

No es fácil concebir que tales alegaciones complementarias, aclaraciones, rectificaciones o pretensiones accesorias añadidas, den motivo -aisladamente y por sí mismas- a solicitar la designación judicial de perito o a la proposición de prueba pericial para su aportación al proceso por la parte proponente antes del acto de juicio. Ha de tenerse presente, sobre este particular, que tanto la parte demandante como la demandada pueden **solicitar** 3446

tempestivamente la designación judicial de perito en sus respectivos **escritos iniciales** de demanda, contestación, reconvención y contestación a la reconvención cuando entiendan conveniente o necesario para sus respectivos intereses la emisión de informe pericial. En tales casos, el tribunal procederá a la designación de perito, siempre que considere útil y pertinente este medio de prueba, procediendo a ello en el plazo de 5 días desde la presentación de la contestación a la demanda, con independencia de quién haya solicitado dicha designación (LEC art.339.2).
Así mismo, debe también considerarse que, en sus respectivos **escritos de alegaciones**, las partes también han podido anunciar la presentación de dictámenes cuando no han podido aportarlos junto con sus respectivos escritos de demanda, contestación, reconvención o contestación a la reconvención (LEC art.337).
Por tanto, la solicitud de designación judicial de perito en el acto de la audiencia previa, o su proposición como prueba en ese mismo acto -para la aportación ulterior, en este último caso- de dictamen emitido por perito a instancia de la propia parte proponente, son posibilidades probatorias que solo resultan admisibles fuera del momento procesal de alegaciones en los excepcionales supuestos prevenidos por los motivos expuestos en los tres primeros apartados de LEC art.426. Fuera de ellos, la solicitud de designación judicial de perito o la posibilidad de aportación de dictamen antes del juicio habrán precluido.

3447 La **parte procesal legitimada** genuinamente para solicitar del juzgador la designación judicial de perito, o para la proposición de la prueba pericial con compromiso de aportar el dictamen antes del acto de juicio, es aquella que se ve afectada por las alegaciones complementarias, aclaraciones, rectificaciones y pretensiones accesorias o complementarias realizadas por la contraparte -o el litisconsorte de aquella-, en cuanto introducen nuevas precisiones fácticas y jurídicas que precisan conocimientos científicos, artísticos, prácticos o técnicos necesitados de prueba pericial para su acreditación en punto a su existencia, inexistencia o modo de ser (LEC art.335).

3448 Debe destacarse que el dictamen pericial que se antoja necesario o conveniente con base en alguno de los tres motivos expresados respectivamente en los tres primeros apartados de LEC art.426, es distinto del que resulta igualmente preciso o conveniente para la parte demandante a raíz de las alegaciones contenidas por la parte demandada en su escrito de contestación, cuando -como es el caso más frecuente- no se ha deducido demanda reconvencional. A este último caso atiende el primer inciso de LEC art.338.2, al referirse a los dictámenes cuya **necesidad o utilidad** venga suscitada, tan solo, en razón a extremos contenidos en la contestación a la demanda. Lo que ocurre es que el referido precepto mezcla o incluye bajo un mismo tratamiento temporal a aquellos otros dictámenes cuya misma necesidad y utilidad traiga su causa en alguno de los motivos previstos en los tres primeros apartados de la LEC art.426. Una y otra norma o precepto se refieren a un mismo medio de prueba -esto es, el dictamen pericial-, si bien la **causa de proposición** es diversa, pues el primer inciso de la LEC art.338.2 es una norma que otorga una posibilidad procesal -la consistente en proponer como medio de prueba la aportación de dictamen elaborado por perito especialmente designado por la parte proponente- al demandante, a la vista de las alegaciones -medios de defensa- contenidos en el escrito de contestación confeccionado por la contraparte. La LEC art.338.2, consiguientemente, bajo un mismo precepto contiene dos proposiciones de prueba con etiología diferente, como son:
• En primer término, la posibilidad de proposición de prueba pericial que la **parte demandante** puede formular en el acto de la audiencia previa en razón a alegaciones (contra-tesis) puestas de manifiesto que fueron por la parte demandada en su contestación.
• En segundo término, la posibilidad que se confiere a **cualquiera de la partes** -o a todas- para proponer prueba pericial en razón o con motivo en las alegaciones, precisiones, aclaraciones o pretensiones accesorias o complementarias referidas en los tres primeros apartados de LEC art.426.

3450 En los supuestos en los que la pericial se plantea precisa a razón de las **alegaciones, precisiones, aclaraciones o pretensiones adicionales complementarias o accesorias** puestas de manifiesto en el acto mismo de la audiencia previa (LEC art.426.1, 2 y 3), las partes, en relación a tales cuestiones, pueden proponer como diligencia de prueba, la designación judicial de perito (LEC art.427.4º), o la aportación de dictamen elaborado por perito designado por la propia parte proponente (LEC art.427.3º).
Si las alegaciones, aclaraciones o pretensiones a que se refieren los tres primeros apartados de LEC art.426 suscitasen en **todas las partes personadas** la conveniencia o necesidad de solicitar la prueba pericial sobre lo que constituye el objeto de unas u otras, y en razón a ello

solicitasen del juzgador la **designación judicial de perito sobre una misma cuestión**, este procederá a ello, acordándolo, siempre que:
- considere pertinente y verdaderamente útil el dictamen sobre la cuestión o cuestiones que constituyen su objeto, a coincidencia de las partes que proponen la prueba; y
- todas las partes, así mismo, se muestren conformes en el objeto de la pericia -esto es, la materia sobre la que ella ha de versar-, y en aceptar el dictamen del perito que el tribunal nombre (LEC art.339.3).

Si ambas partes proponentes de la prueba pericial por designación judicial estuviesen de **acuerdo** en que el dictamen fuera emitido por una concreta persona o entidad (p.e. una sociedad de tasación; una entidad especializada en control de calidad; una corporación de Derecho público tal como un colegio profesional, etc.,), así lo acordará el tribunal.

Si **no hubiera expreso acuerdo** sobre este particular, el perito será designado judicialmente conforme a LEC art.341.

Si la necesidad de pericial se suscita **por una sola de las partes**, que al efecto propone su designación judicial en el acto de la audiencia previa, el juzgador, una vez analizada su pertinencia y utilidad, resolverá sobre ella conforme a LEC art.335 a 352, según establece LEC art.427.4. La remisión a toda la sección que realiza el indicado precepto resulta excesivamente indeterminada. La resolución relativa a la solicitud de prueba de perito por designación judicial efectuada por una sola parte procesal en el acto de la audiencia previa debe sustanciarse conforme a LEC art.339.2. **3451**

Finalmente, si las alegaciones, aclaraciones, rectificaciones o pretensiones accesorias o complementarias a que se refieren los tres primeros apartados de LEC art.426 suscitasen en todas o en algunas de las partes la necesidad de aportar a su instancia al proceso algún dictamen pericial elaborado por peritos especialmente designados por la propia parte proponente, podrán solicitarlo así en el acto de la audiencia previa. Trátese del supuesto en el que la prueba propuesta es la pericial, pero consistente en dictamen elaborado por **perito especialmente elegido y designado por la parte proponente**, y no por nombramiento judicial. De ser estimado el medio de prueba por el órgano jurisdiccional en razón a su pertinencia y utilidad, la parte o partes proponentes deberán aportar su respectivo dictamen dentro del plazo establecido en LEC art.338.2, por lo que deberán aportarse para su traslado al resto de partes -con copia para cada una de ellas- con al menos 5 días de antelación al día señalado para la celebración del juicio, cuya concreta fecha se establecerá en el acto de la audiencia previa (LEC art.429.2).

Fijación de hechos controvertidos (LEC art.428) Otra de las actuaciones realizables en la audiencia previa es la fijación de hechos controvertidos y posible pronunciamiento posterior a la audiencia previa sin necesidad de juicio oral. Una vez resueltas las posibles cuestiones de naturaleza procesal impeditivas de la prosecución del proceso y terminación de la litis mediante sentencia sobre el fondo, previstas en LEC art.416 a 425, la audiencia continuará al menester de que las partes procesales, mediante sus letrados, fijen los hechos respecto de los que existe **conformidad y disconformidad**. **3452**

No se trata de reformular o reproducir en este momento de la audiencia previa los hechos constitutivos, de una parte, y los impeditivos, extintivos y excluyentes, de otra, expuestos en los respectivos escritos de demanda y contestación, y, en su caso, reconvención y contestación a ella. Se trata de cumplir la carga procesal consistente en fijar los hechos controvertidos en su esencia, de modo sucinto, a modo de guía ordenada que sirva al juzgador para que este, en su sentencia, resuelva cada uno de ellos al menester de dar cumplida satisfacción al deber de emitir un **pronunciamiento exhaustivo y congruente** (LEC art.218), decidiendo de modo claro, preciso y extenso sobre todos y cada uno de los puntos litigiosos que hayan sido objeto del debate integrado en la litis.

La fijación de puntos controvertidos, no obstante la literalidad de la LEC art.428, puede comprender no solamente el *factum* o material de hecho definidor del objeto del proceso, sino también la controversia jurídica. **3453**

Si resultara que las partes se hallasen **conformes en todos los hechos**, y la discrepancia quedase reducida a cuestiones estrictamente jurídicas, el tribunal -previa audiencia de las partes, aunque el precepto no lo menciona- dictará **sentencia** dentro de los 20 días siguientes al de la terminación de la audiencia. Debe recordarse que, en tal supuesto, se evita ciertamente el acto de juicio, pero el acervo documental y pericial obrante en las actuaciones y adjuntado por cada una de las respectivas partes litigantes a sus escritos de alegaciones, deberá ser propuesta como prueba en lo que a cada parte incumbe.

3454 **Proposición y admisión de prueba y señalamiento del juicio** (LEC art.429) Si no hubiera acuerdo de las partes para finalizar el litigio (LEC art.415), ni existiese conformidad sobre los hechos (LEC art.428.3), la audiencia proseguirá para la proposición de la prueba por cada uno de los litigantes y su admisión o inadmisión por el juzgador.

Es obligatorio que cada una de las partes, además de exponer oralmente por su turno la prueba que a su derecho convenga y de que intenten valerse en el acto de juicio, aporten por escrito su **minuta escrita de proposición de prueba**, con copia para las demás partes y un ejemplar para el juzgado (LEC art.429.1), La omisión de la presentación de dicho escrito o minuta de proposición de prueba no da lugar a la inadmisión de la prueba, quedando condicionada esta a que se presente tal escrito en el plazo de los 2 días siguientes.

La prueba propuesta puede completarse durante la audiencia previa, lo que resulta especialmente aplicable a los supuestos sobrevenidos de impugnación de documentos por la contraparte, o en los casos en los que, a la vista de la fijación de hechos controvertidos y no controvertidos, resulte procedente el desistimiento de la proposición de prueba de algún o algunos testigos, o el llamamiento de otros, por ejemplo.

En tales supuestos, en puridad, habiéndose completado la prueba (LEC art.429.1), debe exigirse que el escrito de proposición completado **se rectifique** en su literalidad, de modo que en los 2 días siguientes se presente nueva minuta de prueba ya completada.

La prueba propuesta debe versar sobre los hechos que constituyen el objeto del proceso y revertir alguna utilidad en relación a las pretensiones que cada parte sostiene en preservación de sus respectivos derechos.

La **prueba de presunciones judiciales** requiere la acreditación del hecho-base (LEC art.386) del que ha de traer causa el hecho presunto por existir un enlace preciso y directo entre uno y otro.

3455 Los **medios de prueba** son los enumerados en LEC art.299, resultando expresamente admisible, cualquier otro medio distinto a los enumerados en la LEC art.299.1 y 2 (LEC art.299.3):

1) Interrogatorio de parte.
2) Documentos públicos.
3) Documentos privados.
4) Dictamen de peritos.
5) Reconocimiento judicial.
6) Interrogatorio de testigos.
7) Medios de reproducción de la palabra, el sonido y la imagen en cualquier tipo de soporte; así como los instrumentos que permitan archivar y reproducir palabras, datos, cifras y operaciones matemáticas llevadas a cabo con fines contables o de otra clase.

Precisiones El **medio de prueba** es aquel que persigue ofrecer al juzgador certeza sobre la existencia, inexistencia o modo de ser de un hecho relevante para el proceso, entendiendo por tal aquel sobre el que la parte procesal soporta sus respectivas pretensiones de tutela judicial suplicadas.

El demandante puede presentar en el acto de la audiencia previa al juicio los **documentos, medios e instrumentos**, así como dictámenes e informes que, siendo relativos siempre al fondo del asunto objeto del proceso, su interés y relevancia solo se haya puesto de manifiesto como consecuencia de las alegaciones efectuadas por la parte demandada en su escrito de contestación de demanda (LEC art.265.3).

3456 Las pruebas se practicarán -y, consiguientemente, se propondrán- por el **orden** establecido en LEC art.300.

Las partes deberán indicar qué **testigos y peritos** se comprometen a presentar en juicio y cuáles, por el contrario, solicita que sean citados por el tribunal, en cuyo caso facilitará en la propia minuta de prueba escrita su domicilio o lugar en que puedan ser debidamente citados con antelación suficiente.

También indicará cada parte procesal, respecto de su prueba de **interrogatorio** de testigo y **declaración** de parte, si solicita que se verifique mediante **auxilio judicial** en la sede del tribunal correspondiente al domicilio de estos, si fuera diverso y lejano a aquel en que el litigio se sustancia. El tribunal decidirá lo que proceda al respecto y, en caso de que estime de conformidad, ordenará la práctica de los exhortos pertinentes a los juzgados de destino en que debe llevarse a cabo la prueba, dando a las partes un plazo de 3 días al menester de que presenten **lista de preguntas**.

3457 En la práctica judicial hay una clara propensión a celebrar el **acto de juicio en unidad de acto**, sin escindir o segregar unas pruebas respecto del resto de ellas. El auxilio judicial solo se suele admitir en circunstancias excepcionales, más debidas a circunstancias personales del testigo o la parte procesal que a la distancia. En los procesos sobre impugnación de acuerdos de junta de propietarios, en la medida que el fuero del tribunal es el lugar de radicación del

edificio, no suele resultar preciso recabar el auxilio judicial para la práctica de la prueba testifical o de interrogatorio de parte.
No obstante, las pruebas que no puedan practicarse en el acto del juicio se llevarán a cabo con anterioridad a este.

Cuando alguna de las partes entendiera que en la obtención u origen de alguna prueba propuesta por la contraparte se han vulnerado **derechos fundamentales** constitucionalmente protegidos -tales como el derecho a la intimidad personal o familiar, a la propia imagen, al honor o al secreto de las comunicaciones-, habrá de alegarlo de inmediato, con traslado a las demás partes. Esta cuestión podrá también plantearse de oficio por el tribunal. Debe entenderse que la previsión que realiza la LEC art.287 sobre este particular -remitiendo el planteamiento y la resolución del incidente sobre **licitud o ilicitud** de un determinado medio de prueba, usualmente, los previstos en LEC art.382, al inicio del acto de juicio oral-, debe también puede extenderse al acto de la audiencia previa que es, a la postre, donde se suscita la proposición de la prueba controvertida de ilicitud. **3458**
La prueba consistente en la reproducción ante el tribunal de la palabra, la imagen y el sonido, que tenga por objeto **grabaciones inconsentidas** por la parte a quien perjudican resulta una prueba **lícita** cuando la grabación de una conversación fue realizada por quien efectuó el registro y otra persona (LEC art.382). Quedan **excluidos** los supuestos en los que la conversación grabada fue mantenida por terceros ajenos a quien grabó (TCo 29-11-84, EDJ 114; TS 30-5-95, EDJ 3828; AP Barcelona 4-5-09, EDJ 201608; AP Madrid 6-2-20, EDJ 524713).

Se reconoce una facultad excepcional al **juzgador** al permitirle intervenir directamente en la **fase de proposición de prueba** (LEC art.429.1). Se dispone que, cuando considere que las pruebas propuestas por las partes pudieran resultar insuficientes para el esclarecimiento de los hechos controvertidos, lo pondrá de manifiesto a las partes, indicado el hecho o hechos que, a su juicio, podrían verse afectados por **insuficiencia probatoria**, pudiendo señalar también la prueba cuya práctica consideraría conveniente. En este caso, las partes podrán completar o modificar su proposición de prueba a la vista de lo manifestado por el tribunal. El precepto supone una matización al principio de aportación de parte. En la práctica forense no es empleado, salvo en procesos cuyo objeto no tiene carácter dispositivo. **3459**
Tras ello, y a la vista de lo expuesto por el juzgador, las partes pueden completar o modificar sus proposiciones de prueba oralmente expuestas, así como sus escritos de proposición (LEC art.429.1).

Una vez admitidas las pruebas pertinentes y útiles, se procederá a señalar la **fecha de juicio**, que, según la LEC, deberá celebrarse en el **plazo** de un mes desde la conclusión de la audiencia, plazo que solo será posible respetar en función de la agenda programada de señalamientos y la carga de trabajo que pese sobre la oficina judicial. **3460**

f. Acto de juicio

(LEC art.431 a 433)

El acto de juicio tiene por **objeto** la práctica de todas aquellas pruebas que, habiendo sido propuestas por las partes, hubieran resultado admitidas por el tribunal en el acto de la audiencia previa. La práctica de las mismas debe ajustarse a los principios de oralidad, contradicción y publicidad, así como de inmediación del órgano jurisdiccional (LEC art.289). Una vez practicada la **prueba**, y en el propio acto de juicio, las partes, por medio de sus direcciones jurídicas, formularán oralmente sus **conclusiones** sobre el resultado arrojado por el material probatorio. **3465**

Intervención de las partes (LEC art.432 redacc RDL 6/2023) Las partes comparecerán en el acto de juicio representadas por **procurador** y asistidas por el **letrado** que ostente su dirección jurídica, sin perjuicio de la **intervención personal** del demandante y demandado, cuya presencia resultará imprescindible para el caso de que se hubiera solicitado y admitido la prueba de interrogatorio de parte. **3467**
Las partes y sus representantes procesales deberán comparecer por **videoconferencia** o mediante la utilización de medios electrónicos para la reproducción del sonido y, en su caso, de la imagen, cuando el tribunal lo acordase de oficio o a instancia de alguna de ellas, y se cumplan los requisitos establecidos en LEC art.137 bis redacc RDL 6/2023.
Si **no compareciese ninguna de las partes** en el juicio, se levantará acta haciéndolo constar, y el tribunal, sin más trámites, declarará el pleito visto para sentencia.
Si **solo compareciese alguna de las partes**, se procederá a la celebración de juicio.

3469 **Alegación de hechos nuevos o de nueva noticia** Con carácter **previo a la práctica de la prueba**, si alguna de las partes alegara hechos acaecidos (hechos nuevos) o conocidos (hechos de nueva noticia) con posterioridad al acto procesal de la audiencia previa, y que resulten sustanciales o relevantes para la decisión del pleito, de conformidad con LEC art.286, se pondrán de manifiesto en el propio acto de juicio, alegándolo la parte procesal que los aduzca oralmente, acompañando el pertinente escrito (LEC art.286.2), adjuntando en su caso la **documentación** que refrende unos u otros.

A continuación se procederá a **oír a la contraparte** sobre tal cuestión. Si el hecho nuevo o de nueva noticia no fuera reconocido como cierto por la parte a quien perjudique se propondrá y practicará la prueba pertinente y útil y, de no ser practicable en el acto de juicio, deberá la parte concernida proponer su práctica como diligencia final (LEC art.286.3 y 433.1).

El tribunal rechazará mediante **providencia**, emitida oralmente, la alegación de hecho acaecido con posterioridad al acto de la audiencia previa, si esta circunstancia no se acredita cumplidamente (LEC art.210).

Cuando se alegue un hecho que, habiendo acaecido con anterioridad al referido acto, se conociera por la parte con posterioridad a este, el tribunal podrá acordar, mediante providencia así mismo, la improcedencia de tomarlo en consideración si, a la vista de las circunstancias y de las alegaciones de las demás partes, no apareciera suficientemente **justificado que el hecho no pudo ser conocido y alegado** en el correspondiente escrito de alegaciones o en el acto de la audiencia previa.

3471 **Práctica de la prueba** Las pruebas se practicarán en el acto de juicio sin solución de continuidad, una tras otra, por el orden establecido en LEC art.300, salvo que el órgano jurisdiccional, de oficio o a instancia de parte, acuerde otro distinto, pero si se suscitase la vulneración de derechos fundamentales en la obtención u origen de alguna prueba, se resolverá primero sobre esta cuestión. El **orden de práctica** de los medios de prueba es el siguiente:

1. Interrogatorio de parte.
2. Interrogatorio de testigos.
3. Declaraciones de peritos sobre sus dictámenes o presentación de estos, cuando excepcionalmente se hayan de admitir en ese momento.
4. Reconocimiento judicial, cuando no se haya de llevar a cabo fuera de la sede del tribunal.
5. Reproducción ante el tribunal de palabras, imágenes y sonidos captados mediante instrumentos de filmación, grabación y otros semejantes.

3472 Cuando alguna de las pruebas que resultaron admitidas en el acto de la audiencia previa **no pueda practicarse**, continuará el acto de juicio para la práctica de las restantes, por el orden que proceda.

Cada parte proponente, y el propio órgano jurisdiccional, cuidarán que en el acto de juicio las partes llamadas a sujetarse a interrogatorio y los testigos **no se comuniquen entre sí**, así como de evitar que las partes que han de ser interrogadas presencien el interrogatorio de la adversa, y los testigos que han de deponer presencien el interrogatorio de parte y la testifical de los precedentes.

Resultan de aplicación al acto de juicio las disposiciones generales sobre **vistas** contenidas en LEC art.182 a 193.

3473 Precisiones Ha de realizarse una puntualización respecto de los **documentos públicos, privados u oficiales** que, no obstante no haber sido aportados por las partes en sus escritos de alegaciones (LEC art.264 y 265), por servir al fundamento de sus hechos constitutivos -por lo que concierne a la actora-, o impeditivos, extintivos o excluyentes -por lo que concierne a la demandada-, ni tampoco haberse propuesto y admitido como prueba en el acto de la audiencia previa, cuando ello sea posible - según LEC art.270-, hubieran sido admitidos como medio de prueba en este último acto procesal por ser relevantes para el objeto del proceso. Es frecuente que tales documentos (p.e. expedientes completos o partes de los mismos; escrituras no inscritas en Registro público) no estén a disposición de la parte a la que interesan a los efectos probatorios, por cuanto carece de título de **legitimación** o de posibilidad alguna de obtenerlos. Su **designación** debe, en cualquier caso, haberse realizado en el correspondiente escrito de alegaciones por la parte procesal que intenta valerse de ellos como medio de prueba (LEC art.265.2). Estos documentos pueden obrar exclusivamente en poder de cualquiera de las partes (LEC art.328), o en poder de terceros (LEC art.330) -ya sean personas físicas, jurídicas o entes sin personalidad, de Derecho público o privado-, y puede interesar procesalmente al derecho de cualquiera de las partes su **incorporación a las actuaciones**, no habiéndolos podido aportar por no disponer de ellos o por no tener la posibilidad legal de obtenerlos sin el auxilio que comporta un mandamiento jurisdiccional. En tales supuestos, el órgano jurisdiccional, en el acto de la audiencia previa, una vez ha admitido la concreta diligencia de prueba documental, ordenará a la parte que lo tenga en su poder que lo aporte a las actuaciones, para su **testimoniado** por el letrado de la Administración de Justicia, en el día y hora que se le señale en el mismo acto o en resolución separada (LEC art.289.3); o, en caso de obrar **en poder de tercero**, ordenará que se remita por la oficina judicial el correspondiente oficio o mandamiento al menester de que, para el día señalado como de celebración del acto de juicio, pueda haberse incorporado ya al procedimiento el documento interesado y pueda ya, así mismo, haberse conferido a las partes copia del mismo por medio de sus procuradores personados en el procedimiento.

Conclusiones orales (LEC art.432.2º y 3º) Practicada la prueba, las partes formularán sus conclusiones oralmente por medio de sus respectivos letrados. Las conclusiones orales se referirán a los siguientes extremos: 3474

a) Determinará cada parte, de forma ordenada, clara y concisa, los **hechos controvertidos** que constituyen el objeto del litigio, exponiendo si tales hechos relevantes, a su consideración, han de considerarse probados o inciertos.

b) Se realizará un breve resumen de la **prueba practicada** sobre tales hechos, con remisión a los autos del juicio.

c) Si se entendiese que algún hecho debe considerarse probado no directamente, sino por razón de **presunción legal o jurisprudencial** (LEC art.385 y 386), deberá expresarse así, fundando el criterio que lleva a tal consideración sobre la procedente aplicación de la presunción, o la refutación de la que la contraparte invoca que sea aplicada.

d) Podrán las partes, así mismo, manifestar lo que consideren pertinente sobre las reglas en materia de **carga de la prueba** (LEC art.217), señalando especialmente las que, a su consideración, la adversa hubiere infringido en la acreditación de los hechos que le incumbían en fundamento de sus pretensiones.

e) Expuestas las conclusiones sobre los hechos controvertidos, cada parte informará sobre los **argumentos jurídicos** en que se apoyen sus pretensiones, que no podrán ser alteradas en ese momento (no resulta admisible la mutación de la norma que sustenta la causa de pedir).

Si el tribunal no se considerase suficientemente ilustrado sobre el caso con las conclusiones e informes indicados, podrá conceder a las partes la palabra cuantas veces estime necesario para que informen sobre las cuestiones que les indique.

Terminado el acto de juicio celebrado en una o varias sesiones, el tribunal declarará los **autos vistos para sentencia**, la que deberá dictarse dentro del plazo de 20 días (LEC art.434.1), salvo que, por exceso en la carga de trabajo, u otras circunstancias que aflijan a la oficina judicial (traslados, alardes, etc.), no fuera posible el cumplimiento del referido plazo. 3475

g. Diligencias finales

(LEC art.435 y 436)

El órgano jurisdiccional, mediante auto y a instancia de parte procesal interesada, podrá acordar como diligencias finales la práctica de **medios de prueba** que no hubieran podido llevarse a cabo en el acto de juicio por tratarse de: 3478

1) Diligencias de prueba que, oportunamente propuestas y admitidas, no se hubieran practicado por **causas ajenas** a la parte proponente.

2) Diligencias de prueba que conciernan a la acreditación de la existencia o inexistencia de **hechos relevantes, nuevos o de nueva noticia**, puestos de manifiesto por cualquiera de las partes en el acto de juicio, sobre los que existiera controversia entre los litigantes, y la prueba concerniente a ellos no hubiera podido practicarse en ese momento (LEC art.286 y 433.1).

3) Medios de prueba sobre hechos relevantes cuya práctica no hubiera ofrecido **resultados** a causa de circunstancias que ya hubieran desaparecido, y resultaran ajenas a la voluntad y diligencia de las partes (p.e. prueba referente a respuesta de oficio por parte de una órgano de la Administración, la que, oportunamente propuesta y admitida, fue practicada con resultado infructuoso por circunstancias transitorias, tales como un traslado de su sede, que impedían al órgano administrativo cumplimentar el mismo).

En general, el órgano jurisdiccional admite como diligencias finales aquellas diligencias de prueba que, habiendo sido admitidas en el acto de la audiencia previa, por causas ajenas a la parte proponente, no se han podido practicar. Normalmente, el supuesto se reconduce a **oficios pendientes de recepción** por parte de órganos o entidades administrativas, o de la Agencia Estatal de la Administración Tributaria. 3479

Las diligencias finales que se acuerden, se llevarán a cabo dentro del **plazo** de 20 días, y se practicarán en la forma establecida por la propia LEC para las pruebas de su clase o tipo. Una vez practicadas, las partes podrán, dentro del quinto día, presentar escrito en que valoren o resuman el **resultado** arrojado por aquellas. Una vez presentados tales escritos, o transcurrido el plazo sin que se hubieran presentado, volverá a computarse el plazo para dictar **sentencia** (LEC art.436.2 redacc RDL 6/2023).

h. Sentencia

(LEC art.434, 206.3 y 216 a 222; LOPJ art.245 y 248.3)

3481 Es la **resolución judicial definitiva** que se dicta por el órgano jurisdiccional tras haber concluido el proceso en primera instancia. A través de ella se resolverá lo que constituye el objeto del proceso, satisfaciéndose el derecho del justiciable a obtener un pronunciamiento, independientemente de su contenido estimatorio o desestimatorio de las acciones deducidas.

3482 **Estructura** Las sentencias se formularán expresando, tras un **encabezamiento**, en párrafos debidamente separados y numerados:
- los **antecedentes de hecho** que han conformado el objeto del proceso y los hechos probados en su caso;
- los **fundamentos jurídicos** o de derecho que resultan aplicables a las diversas cuestiones controvertidas; y, por último,
- el **fallo** o pronunciamiento, que contiene la decisión del órgano jurisdiccional o manifestación de su *ius dicere*, donde se condenará o absolverá a la parte demandada, realizando el correspondiente pronunciamiento accesorio en materia de **costas** (LEC art.394).

En la misma se expresará, además, si es o no firme, el **recurso** que proceda contra ella, el órgano ante el que debe interponerse y el **plazo** para ello.

Si la parte demandada hubiera permanecido en **rebeldía** durante la primera instancia, la sentencia le será notificada personalmente. Si el demandado declarado en rebeldía se hallara en paradero desconocido, la notificación se verificará publicando un extracto de la misma en el tablón edictal judicial único (LEC art.497.2 redacc RDL 6/2023 en relación con LEC art.500 redacc RDL 6/2023).

3484 **Requisitos** Las sentencias deberán ser **claras, precisas y congruentes** con las pretensiones de las partes deducidas oportunamente, lo que implica que:

a) Deberán estar **suficientemente motivadas**, expresando los razonamientos fácticos y jurídicos que conducen a la apreciación y valoración de las pruebas, así como a la aplicación e interpretación del Derecho (LEC art.218.1). Es reiterada la doctrina legal conforme a la cual, la motivación no debe ser entendida en el sentido de que pesa sobre el órgano jurisdiccional un deber de pronunciarse exhaustiva, densa y pormenorizadamente sobre toda la variedad minuciosa de aspectos o extremos puestos de manifiesto en el pleito por las partes, sino como un deber de exposición fundada y razonada sobre los hechos relevantes y el derecho aplicable a ellos, acaso de forma sintética, pero siempre fundamentada. La motivación (razonamiento discursivo) debe incidir en los distintos elementos fácticos y jurídicos relevantes para la decisión, considerándolos individualmente y en conjunto, ajustándose siempre a las reglas de la lógica y la razón. Debe añadirse a lo anterior que no se incurre en **incongruencia** por no contestar a todas y cada una de las afirmaciones o razonamientos jurídicos expuestos en los escritos procesales, pues el derecho a la tutela judicial efectiva se satisface cuando se resuelven genéricamente las pretensiones de las partes, aunque no haya pronunciamiento concreto sobre las alegaciones expuestas (TCo 9/1998; TS 19-2-98, EDJ 946; 4-3-00, EDJ 3645; AP Madrid 16-7-18, EDJ 645523; 18-11-21, 861713).

Precisiones Como recuerda la sentencia AT 3-6-99 -que cita TCo 23-4-90; 14-1-91-, desde el punto de vista de la tutela judicial (Const art.24), el **deber de congruencia** consiste en el derecho a obtener una respuesta motivada y fundada en derecho no manifiestamente arbitraria o irrazonable, aunque la fundamentación jurídica pueda resultar discutible o quepa disentir de ella. Y, en fin, no puede olvidarse que las sentencias absolutorias, por regla general, no pueden ser incongruentes, en la medida en que resuelven todas las cuestiones planteadas, salvo en los casos en que la desestimación se funde en una excepción no alegada ni apreciable de oficio o se haya alterado la causa de pedir (TS 28-4-05, EDJ 62555; 22-9-05, EDJ 149428; 6-4-04, entre las más recientes).

3485 **b)** El tribunal, al decidir el litigio por medio de sentencia, no podrá apartarse de la **causa de pedir** en que las partes han fundado sus pretensiones, acudiendo a fundamentos de hecho o de Derecho distintos de los que las partes hayan querido hacer valer en sostén de aquellas (LEC art.218.1). Así, cuando el motivo de impugnación de nulidad del acuerdo hubiera sido, exclusivamente, la nulidad del mismo con base en su contravención de los estatutos de la comunidad, no podrá el pronunciamiento acordar ese mismo efecto -la nulidad del acuerdo- sobre la base de su naturaleza abusiva. De esta suerte, el órgano jurisdiccional, al resolver el proceso en sentencia, no puede variar los fundamentos de las pretensiones o excepciones para llevar al resultado de pronunciamiento suplicado por una u otra parte procesal, pues debe partir de la **inmutabilidad** de las causas de pedir -como elemento esencial de las acciones ejercitadas- para fundar el pronunciamiento. Ello no impide, no obstante, que deba resolver con arreglo a las normas correctamente aplicables al caso -a las que se acogen los supuestos de hecho cuya consecuencia jurídica se postula-, rectificando al cabo las, en su caso, desacertadamente invocadas por las partes en sus escritos de alegaciones o en sus conclusiones orales.

c) El **pronunciamiento judicial** contenido en la sentencia debe ser congruente, en el sentido de decidir sobre los puntos litigiosos que hayan sido objeto de debate (LEC art.218.1). Sobre este presupuesto y requisito esencial que en toda sentencia debe estar presente hay una abundante doctrina jurisprudencial, reiterada por el Tribunal Supremo, y la doctrina constitucional dictada por el Tribunal Constitucional, cuya conclusión es la precisión de una adecuada correspondencia entre el suplico de la demanda y el fallo de la sentencia (TS 2-6-09, EDJ 129354; 1-6-10, EDJ 92246; AP Ourense 29-7-22, EDJ 700122). **3486**

Precisiones **1)** Sobre la vulneración del **principio de congruencia** de las resoluciones judiciales hay una doctrina muy sólida y reiterada de del Tribunal Supremo (TS 18-11-96, EDJ 7503; 29-5-97, EDJ 4506; 28-10-97, EDJ 7497; 5-11-97, EDJ 8182; 11-2-98, EDJ 940; 2-6-09, EDJ 129354; 1-6-10, EDJ 92246) en las que se declara que es doctrina jurisprudencial reiterada la que proclama que para decretar si una sentencia es incongruente o no, ha de atenderse a si concede más de lo pedido (*ultra petita*), o se pronuncia sobre determinados extremos al margen de lo suplicado por las partes (*extra petita*) y también si se dejan incontestadas y sin resolver algunas de las pretensiones sostenidas por las partes (*infra petita*), siempre y cuando el silencio judicial no pueda razonablemente interpretarse como desestimación tácita (AP Madrid 7-5-10, EDJ 118576; AP Valencia 5-3-13, EDJ 60718; AP A Coruña 23-6-22, EDJ 678723).
2) Desde la perspectiva constitucional para que la incongruencia **por exceso** adquiera relevancia constitucional y pueda ser constitutiva de una lesión del derecho la tutela judicial efectiva de Const art.24.1, se requiere que la desviación o el desajuste entre el fallo judicial y los términos en que las partes hayan formulado sus pretensiones, por conceder más de lo pedido (*ultra petitum*) o algo distinto de lo pedido (*extra petitum*), suponga una modificación sustancial del **objeto procesal**, con la consiguiente indefensión y sustracción a las partes del verdadero debate contradictorio, produciéndose un fallo extraño a las respectivas pretensiones de las partes (TCo 9/1998).
3) La doctrina legal se ha ido perfilando en torno al deber de congruencia que pesa sobre las sentencias, el cual conlleva la exigencia derivada de la necesaria **conformidad** que ha de existir entre la sentencia y las pretensiones que constituyen el objeto del proceso, y existe allí donde la relación entre estos dos términos, fallo y pretensiones procesales, no está substancialmente alterada, entendiéndose por pretensiones procesales las deducidas en los suplicos de los escritos fundamentales rectores del proceso, y no en los razonamientos o argumentaciones que se hagan en los mismos (TS 20-3-01, EDJ 12143); no exigiéndose tampoco, desde otro punto de vista, que la mencionada relación responda a una conformidad literal y rígida, sino más bien racional y flexible (TS 31-5-99, EDJ 10305; 20-3-13, EDJ 30531).
4) De este modo, para determinar la incongruencia se ha de acudir necesariamente al examen comparativo de lo postulado en el **suplico** de la demanda -sin atender a sus meros presupuestos (TCo 222/1994; TS 18-7-94, EDJ 10570; 17-2-92, EDJ 1444)- y los términos en que se expresa el **fallo** combatido (TS 22-4-88, EDJ 3292; 23-10-90, EDJ 9623; 14-11-91; 25-1-94), estando autorizado el órgano jurisdiccional para hacer un ajuste razonable y sustancial con los pedimentos de los que litigan, si bien esta permisión tiene como límite el respeto a la causa de pedir, que no puede alterarse, ni cabe la sustitución de unas cuestiones por otras.

d) Cuando las **acciones deducidas** hubieran sido varias, el tribunal hará con la debida separación el **pronunciamiento** correspondiente a cada uno de ellas (LEC art.218.3). **3487**

Efectos La **sentencia estimatoria** de la acción de impugnación es constitutiva de nulidad, y produce el efecto de cosa juzgada respecto de la totalidad de propietarios, aunque no hayan intervenido en el pleito por sí mismos. **3489**
Igualmente, la **declaración de nulidad** del acuerdo o acuerdos impugnados, produce el efecto de cosa juzgada respecto de cualquier otra posible causa de nulidad (*causa paetendi*) o motivo de impugnación (LEC art.222 y 400.2), aunque no se haya deducido y tratado en el concreto proceso de impugnación de acuerdos de junta de propietarios.
La **cosa juzgada** alcanza a las pretensiones de la demanda y la reconvención, en su caso. El **efecto positivo** de cosa juzgada inmanente a las sentencias firmes -sean estimatorias o desestimatorias- excluirá un proceso ulterior cuyo objeto sea idéntico. Consiguientemente, desestimada la acción de nulidad de un determinado acuerdo ejercitada por uno o varios propietarios de pisos o locales, no será consiguientemente posible que esos mismos actores (cualquiera de ellos, algunos o todos) deduzcan otro proceso ulterior sobre nulidad de ese mismo acuerdo con base en otro fundamento diverso, cuando en el segundo pleito concurran las tres identidades características y definitorias de la cosa juzgada (identidad en las personas, en el objeto y en la causa de pedir). Lo resuelto con fuerza de cosa juzgada en sentencia firme que haya puesto fin a un proceso, vinculará positivamente al tribunal de un proceso posterior, cuando en este último aparezca como antecedente lógico de lo que sea su objeto, siempre que los litigantes de ambos procesos sean los mismos, o la cosa juzgada se extienda a ellos por disposición legal (LEC art.222.4).

3490 Si la acción declarativa de nulidad radical e insubsanable de un determinado acuerdo fue deducida por un tercero diverso de los legitimados expresamente en la LPH art.18.2 (p.e. un tercero no propietario de piso o local que poseyera un interés cierto y legítimo en la declaración de nulidad del acuerdo, por afectarle directamente a su esfera personal y patrimonial), la sentencia declarativa de nulidad producirá **efecto para la comunidad de propietarios** (precisamente demandada), así como respecto de todos los propietarios de pisos o locales que la integran (en contra, Carrasco Perera).

La sentencia declarativa de la nulidad de un determinado acuerdo no puede declarar «consecuencialmente» nulos otros acuerdos de ejecución, derivados o anudados al originariamente declarado nulo; como tampoco puede extenderse de oficio la declaración de nulidad de los actos, contratos y negocios jurídicos acaecidos o perfeccionados en desenvolvimiento o ejecución de aquel acuerdo, celebrados con terceros, a no ser que específicamente se hubiera suplicado así al deducir la demanda, y se hubiera demandado así mismo a los **terceros** que hubieran tenido la condición de parte en el negocio jurídico que trae causa o razón del acuerdo impugnado y declarado jurisdiccionalmente nulo. Por ello, la parte actora, impugnante de nulidad de determinados acuerdos, tiene la carga procesal de suplicar la declaración de nulidad de todos aquellos actos, y negocios jurídicos que directamente traigan su fundamento, razón o motivo en el concreto acuerdo impugnado (p.e. El acuerdo de rehabilitación de una fachada adoptado por la junta de propietarios, acordando simultáneamente celebrar el correspondiente contrato de ejecución de la obra con una empresa de titularidad de uno de los propietarios, por un precio notablemente superior al de mercado en relación a idénticas prestaciones ofrecidas por empresas de la competencia. La petición de nulidad del acuerdo por lesividad del mismo -LPH art.18.1.b)- deberá ir acompañada de la petición declarativa de nulidad del contrato perfeccionado).

Como norma general, los terceros ajenos a la comunidad no pueden resultar afectados por la sentencia declarativa de nulidad el acuerdo, de no haber sido oportunamente demandados o traídos al proceso.

La sentencia constitutiva, declarativa de nulidad del acuerdo, no es susceptible de ejecución procesal, de forma que la reintegración a la **situación anterior al acuerdo** requerirá que la parte actora, como acciones derivadas -no principales-, deduzca, acumuladamente, las de condena a la comunidad a restituir cantidades abonadas por los propietarios de pisos o locales, o a hacer determinadas prestaciones a cargo de la comunidad.

i. Apelación

(LEC art.455 a 467 redacc RDL 6/2023)

3492 El **recurso de apelación** es un recurso devolutivo que no produce **efectos** suspensivos del pronunciamiento dictado en primera instancia, aunque su efectividad se debe solicitar su ejecución provisional por medio de la correspondiente demanda ejecutiva.

Son **recurribles** en apelación las sentencias dictadas en toda clase de juicio, los autos definitivos y aquellos otros que la Ley expresamente señale, con excepción de las sentencias dictadas en los juicios verbales por razón de la cuantía, cuando esta no supere los 3.000 euros (LEC art.455.1).

El recurso de apelación se debe **interponer por escrito** ante el tribunal que sea competente para conocer del mismo- audiencia provincial-, dentro del plazo de 20 días hábiles contados desde el día siguiente al de la notificación de la resolución en cuestión.

En el escrito de interposición, la parte apelante debe exponer ordenadamente las **alegaciones** en que se base la impugnación, además de expresar nítidamente la resolución apelada y los pronunciamientos que concretamente impugna, además de acompañar copia de la resolución impugnada (LEC art.458 redacc RDL 6/2023).

En virtud del recurso de apelación podrá perseguirse, con arreglo a los fundamentos de hecho y de derecho de las pretensiones formuladas ante el tribunal de primera instancia, que se revoque un auto o sentencia y que, en su lugar, se dicte otro u otra favorable al recurrente, mediante **nuevo examen de las actuaciones** llevadas a cabo ante el órgano jurisdiccional que conoció del proceso en primera instancia, y conforme a la prueba que, en los casos previstos en esta Ley, se practique ante el tribunal de apelación (AP Madrid 12-1-10, EDJ 24243, que realiza un apreciable excurso en materia de apelación).

3493 Está prohibido en sede de apelación el innovar los hechos históricos con base en los cuales se ha ofrecido la solución jurídica (*ex facto oritur ius*), pues, con ello, se vulneraría la *perpetuatio objectus*.

No pueden traerse a colación en la segunda instancia, **cuestiones fácticas o jurídicas que no fueron debatidas en la instancia**, por cuanto es doctrina constante y reiterada (TS 6-3-84, EDJ 7083; 25-9-99, EDJ 26181; AP Madrid 25-9-13, EDJ 251471 ; 25-3-15, EDJ 46975), que el

recurso de apelación en nuestro ordenamiento jurídico, aunque permite al tribunal de segundo grado examinar en su integridad el proceso, no constituye un nuevo juicio, ni autoriza a aquel a resolver cuestiones o problemas distintos de los planteados en la primera instancia, entendiéndose como pretensión nueva, tanto la que resulta totalmente independiente de la planteada ante el tribunal *a quo*, como la que supone cualquier modo de alteración o complementación de la misma, de acuerdo con el principio general del derecho *pendente apellatione, nihil innovetur*, y el principio procesal de prohibición de la *mutatio libelli*. Por ello, la segunda instancia se puede extender únicamente a aquellos que ha sido objeto de la primera instancia (TS 30-11-00, EDJ 41090; AP Madrid 25-5-22, EDJ 870573), no admitiendo la introducción de cuestiones nuevas (TS 27-9-00, EDJ 27781; 30-1-07, EDJ 4007; AP Badajoz 28-6-22, EDJ 679811).
Esta doctrina expuesta se sintetiza en TS 30-10-08, EDJ 203574 y 18-5-06, EDJ 65237. O, más recientemente, AP Toledo 30-9-20, EDJ 711499; AP Madrid 9-6-22, EDJ 844955.
Este principio general, rector en materia de apelación civil, no obsta sin embargo a la posibilidad de efectuar **nuevas alegaciones** e introducir **elementos fácticos novedosos** (*nova producta*) en las circunstancias previstas en la LEC art.286, en relación con la LEC art.460.1 y 2. Así viene reconocido por el Tribunal Supremo, que resalta el hecho de que tales nuevas alegaciones o nuevos medios de prueba deben integrarse y guardar íntima conexión con la *causa paetendi* de la pretensión principal deducida por el actor o por el demandado reconviniente (TS 7-6-02, EDJ 20088; AP Alicante 21-10-14, EDJ 266948).

SECCIÓN 3

Procedimiento para el ejercicio de la acción de cesación

Las **relaciones de vecindad** se traducen en el imperativo consistente en que el propietario y el ocupante del piso o local no le está permitido desarrollar en él, o en el resto del inmueble, actividades prohibidas en los estatutos, o que resulten dañosas para la finca, o que contravengan las disposiciones generales sobre actividades molestas, insalubres, nocivas, peligrosas o ilícitas conforme a la normativa estatal, autonómica o local. Las denominadas relaciones de vecindad o buena convivencia son las que deben inspirar la conducta de los comuneros en su relación para con el propio inmueble privativo y para con los elementos, pertenencias y servicios comunes. El derecho de propiedad sobre un inmueble en régimen de propiedad horizontal no les confiere un derecho absoluto con potencialidad lesiva sobre los derechos de los demás. 3528
Así, se impone a cada propietario (LPH art.9.1.a, b y g):
a) El deber de respetar las **instalaciones generales de la comunidad** - ya sean de uso general o privativo-, estén o no incluidos en su piso o local haciendo un uso adecuado de los mismos y evitando en todo momento que se causen daños o desperfectos.
b) Mantener en buen estado de conservación su propio **piso o local e instalaciones privativas** de forma que no perjudiquen a la comunidad u otros propietarios, resarciendo los daños que ocasiones por su descuido.
c) Observar la diligencia debida en el **uso del inmueble** y en sus relaciones con los demás titulares, así como responder ante estos de las infracciones cometidas y de los daños causados.
El régimen de **prohibiciones o afectaciones** tiene su campo de actuación, no solo a lo que no puede hacer el comunero en detrimento de los elementos, servicios o pertenencias comunes, sino, también, en su propio inmueble (LPH art.7.2).

Precisiones La LPH art.7.2º, en cuanto sanciona las **actividades molestas**, es una muestra más de lo que se ha dado en llamar relaciones de vecindad. En ellas, pesan mucho las **normas sociales no escritas** de civismo, cordialidad, tolerancia, convivencia, y buena vecindad, cuya inobservancia hace reprobable una determinada conducta que, por otra parte, ha de ser sostenida en el tiempo, y no meramente ocasional o aislada (AP Madrid 22-3-02, EDJ 136216).

3529 **Requisitos para la estimación de la acción de cesación** Se pueden identificar como requisitos y criterios para la estimación de la acción de cesación los siguientes (AP Madrid 15-11-13, EDJ 292923):

a) La actividad ha de darse **dentro del inmueble**, esto es, en cualquier parte del mismo, y no en el exterior.

b) La **calificación** de una actividad como incómoda o molesta no ha de hacerse apriorísticamente, y solo por las características generales o aparentes de la misma, pues ello es competencia exclusiva de la autoridad administrativa correspondiente, sino atendiendo al modo de realizarse en cada caso concreto (TS 16-7-93, EDJ 7224), o el modo de desarrollarse. Y ello con independencia de que se cumplan **formalidades administrativas**, ya que el cumplimiento de las mismas no puede entrañar restricciones a la tutela judicial efectiva (Const art.24). Se debe atender a los principios que rigen las relaciones de vecindad, y a la prohibición del abuso de derecho (CC art.7.2), y a la posición del agente ante las advertencias que le hayan sido hechas.

c) En cuanto a **actividades molestas** (LPH art.7), se comprenden todas aquellas que disminuyen el uso normal y el disfrute de sus respectivos elementos a los demás condueños, los actos de emulación y las inmisiones. Si bien debe estarse al caso concreto (AP Córdoba 16-3-21, EDJ 624218), con la peculiaridad de que la incomodidad, a diferencia de la peligrosidad, deriva no de la actividad en sí sino de la contumacia o **rebeldía del agente** a cuantas advertencias se le han hecho previamente en cuanto a la forma o modo de ejercicio de la actividad. Ha de ser la actividad molesta para terceras personas que habiten o hayan de permanecer en algún lugar del inmueble en el que se desarrolle la actividad, esto es, que exista un **sujeto pasivo determinado** al que la actividad incómoda pueda afectar, las personas que habitan o hayan de permanecer en la misma finca y no personas indeterminadas o inconcretas (AP Madrid 24-10-19, EDJ 840415).

d) La actividad ha de exceder y perturbar el régimen o estado de hecho usual y corriente en las relaciones sociales, de manera notoria, con evidencia y permanencia en la **incomodidad**.

e) Se requiere una **prueba** concluyente, plena y convincente, atendida la gravedad de la sanción prevista en la LPH art.7.2, correspondiendo la carga de la prueba de los hechos constitutivos a la parte actora. Quedan excluidas del ámbito de la acción de cesación las actividades que, siendo molestas, tienen carácter meramente accidental, o las incidencias sin concretar, basadas meramente en testimonios genéricos, referentes a incidentes ocasionales o puntuales (AP Madrid 10-2-17, EDJ 32084).

f) Se requiere la no **rectificación por el denunciado** en un plazo razonable, cesando o modulando las actividades, tras el requerimiento que le sea remitido al efecto, pues la actividad ha de ponerse en relación con el esfuerzo desplegado por el titular de la misma para reducir al mínimo los efectos para la comunidad.

3529.1 g) Muchas actividades, y sus resultados, si bien pueden resultar desagradables al detectarse en algún momento, resultan no obstante insuficientes para integrar la acción por su percepción individual y aislada, aunque se reiteren en diversas ocasiones. Todos ellos se presentan con un efecto acumulativo en soporte de una genérica actividad molesta, dañosa o peligrosa, pero su mera agrupación no debe suponer que, por la suma de unos y otros actos, se modifique sus naturalezas, conceptos y consecuencias individuales (AP Madrid 29-4-16, EDJ 99400). Se tiene que dar cierta **continuidad o permanencia** de la realización de actos singulares, y que la molestia sea notoria y ostensible, esto es, no basta una pequeña dificultad o trastorno, sino que se exige una dosis de gravedad, una afectación de entidad a la pacífica convivencia jurídica lo que obliga a una ponderación de cada caso concreto.

La base de la **notoriedad** está constituida por la «evidencia y permanencia en el peligro o en la incomodidad». En el concepto de actividad notoriamente incómoda debe incluirse aquella actividad cuyo funcionamiento en un orden de convivencia, excede y perturba el régimen de estado de hecho que es usual y corriente en las relaciones sociales (AP Madrid 24-10-19, EDJ 840415).

Son **requisitos** que la jurisprudencia exige para el éxito de la acción de cesación (AP Madrid 12-12-19, EDJ 828894):

- que sé de una actividad, lo que supone cierta continuidad o permanencia de la realización de actos singulares (AP Madrid 15-3-02, EDJ 68728);
- que la actividad sea incómoda, es decir, molesta para terceras personas que habiten o hayan de permanecer en algún lugar del inmueble en el que se desarrolle la actividad, esto es, que exista un sujeto pasivo determinado al que la actividad incómoda pueda afectar; y
- que la molestia sea notoria y ostensible, esto es, no basta una pequeña dificultad o trastorno, sino que se exige una dosis de gravedad, una afectación de entidad a la pacífica convivencia jurídica lo que obliga a una ponderación de cada caso concreto.

Naturaleza de las acciones (LPH art.7.2) El precepto citado contempla una acción especial, denominada de cesación, para conseguir judicialmente un **pronunciamiento de condena** de hacer consiste en ordenar el cese definitivo de tales actividades prohibidas (LPH art.7). Previene también un *petitum* -con su consiguiente pronunciamiento- sobre resarcimiento de los **daños y perjuicios** ocasionados en razón a la realización de la conducta. Se establece igualmente por la norma sustantiva la posibilidad añadida de que el pronunciamiento -cuando así se suplica a instancia de parte pueda llevar aparejado la privación del **derecho de uso** de la vivienda o local por un tiempo no superior a 3 años. Acumuladamente, previene la posibilidad de que, si el **infractor ocupante** no coincidiese con el propietario de la vivienda o local, el pronunciamiento pueda declarar constitutivamente extinguidos definitivamente todos sus derechos- de naturaleza personal o real- sobre la misma, con el consiguiente lanzamiento. 3530

Clases de acciones El precepto enmarca cuatro acciones diferenciadas: 3531

• La **acción principal**, de cesación propiamente, cuya pretensión incorporada se limita a una solicitud concreta de tutela encaminada al cese inmediato por el infractor de la actividad prohibida. Se trata de una acción de condena a un no hacer, esto es, a cesar en la actividad prohibida estatutariamente, o dañosa para la finca, o contraventora de las disposiciones generales -cualquiera que fuere su rango normativo y ámbito territorial- sobre actividades nocivas, molestas, insalubres, peligrosas o ilícitas.

• La de resarcimiento de los **daños y perjuicios** ocasionados en razón a la actividad cuya cesación inmediata se ha acordado; acción condenatoria de naturaleza pecuniaria llamada a resarcir el valor *id quod interest* de los daños producidos o de las eventuales ganancias dejadas de obtener como consecuencia directa de la actividad prohibida.

• La de privación del **derecho de uso del piso o local**; acción condenatoria también de no hacer, cuya duración no puede exceder de 3 años contados desde la firmeza de la sentencia que la acuerde, y cuya concreción temporal hasta el límite pautado ha de venir determinada por la discrecionalidad jurisdiccional, atendiendo a la gravedad de la infracción y los perjuicios ocasionados. El destinatario o sujeto pasivo de esta acción es el propietario, o las personas que con él conviven, o por cualquier circunstancia utilizan el inmueble por razones familiares o coyunturales, de mera tolerancia.

La necesidad de compaginar los derechos e intereses concurrentes de una pluralidad de propietarios y ocupantes de los pisos, justifica la fijación, legal o estatutaria, de restricciones o límites a los derechos de uso y disfrute de los inmuebles por parte de sus respectivos titulares. Asimismo, la LPH art.7.2 no se configura como una **expropiación forzosa** -en el sentido constitucional del concepto-, sino como una específica sanción civil o, más precisamente, una obligación cuyo cumplimiento puede ser exigido por los órganos judiciales -que no ejercen potestad expropiatoria alguna- cuando se constate determinada conculcación del ordenamiento y basta con advertirlo así para concluir en que la regla legal no está afectada por los vicios de inconstitucionalidad que sugiere el Auto de planteamiento (TCo 28/1999).

Esta medida suele instarse solo en **supuestos excepcionales** -p.e. en la AP Gipuzkoa 30-12-19, EDJ 848186- ya que la jurisprudencia viene manteniendo que no debe estimarse si se considera que otras medidas menos gravosas cumplen, igualmente, la misma finalidad (AP Palencia 26-12-19, EDJ 838374).

• La acción constitutiva de extinción definitiva de los **derechos personales o reales** con base en los cuales el ocupante del piso o local responsable de la actividad prohibida ha ostentado la posesión natural y civil sobre ella, con su consiguiente lanzamiento. Esta acción queda restringida a los supuestos en los que el ocupante es un no propietario por virtud de una relación contractual (p.e, un contrato de arrendamiento, o de subarriendo), por resolución judicial (p.e. atribución de uso en procedimientos de nulidad, separación o divorcio), por una relación jurídico-real (p.e. derecho de habitación, o de usufructo -si bien, se discute por la doctrina en este supuesto).

Es decir, si el infractor **no fuese el propietario**, la sentencia puede declarar extinguidos definitivamente todos sus derechos relativos a la vivienda o local, así como su inmediato lanzamiento (AP Pontevedra 15-1-20, EDJ 524083).

La acción de cesación en razón a actividades prohibidas en los estatutos, dañosas para la finca, o contraventoras de las disposiciones generales sobre actividades molestas, insalubres, nocivas, peligrosas o ilícitas, se sustancian por los cauces del **procedimiento declarativo ordinario** (LPH art.7.2; LEC art.249.1.8).

Precisiones 1) Como todas las acciones de cesación, deben ejercitarse ante los tribunales ínterin la actividad cuyo cese se suplica se mantiene persistente en el tiempo. Si la actividad prohibida **ha cesado** de una forma o modo que induce racionalmente a considerar que no retornará o se reproducirá, la acción carece de objeto y de fin, por lo que habrá de desestimarse (AP Pontevedra 19-2-09, EDJ 47878). Consiguientemente, no se suscitan problemas sobre **prescripción** o 3532

caducidad mientras la actividad prohibida persiste, o cesa tan solo de modo transitorio y claramente episódico (p.e. vacaciones de los infractores).

2) Los **requisitos** para la procedencia de la acción de cesación son los siguientes:
- la **prueba** de la realidad de las molestias permanentes;
- que las **incomodidades** producidas a los vecinos sean significativas y superiores a las habituales en las relaciones de vecindad;
- que se haya practicado el requerimiento de **subsanación**; y
- que ello no se haya producido en un **plazo** razonable, unido al necesario **acuerdo** de la junta de propietarios al respecto (AP Valencia 24-1-14, EDJ 50106).

3535 **Acción principal y acciones subordinadas** La acción de **cesación inmediata** en la actividad prohibida tiene el carácter de principal respecto de las demás (LEC art.73.1), que a aquella pueden acumulársele. Cabe la **acumulación eventual** a la principal de cesación de las acciones subordinadas sobre resarcimiento, privación del derecho de uso con carácter temporal y constitutiva de extinción de derechos personales o reales sobre la vivienda o local. Ello es así por cuanto que estas últimas son derivadas de la primera, como se infiere del primer inciso de la LPH art.7.2.5º, al condicionar a una sentencia estimatoria de la acción primaria (sobre cesación), la apreciación de las demás a ella, que se le hubiesen acumulado. La acumulación a la **acción principal de cesación** de alguna o algunas de las restantes prevenidas en la LPH art.7.2, ya expresadas, procede con base en lo prevenido en LEC art.71.1 -para el caso de que la comunidad dirija sus acciones contra **solo un demandado** -, o con base en la LEC art.72, para el caso de pluralidad de **litisconsortes** (como es el caso en que la acción de cesación y las que a ella se acumulen, se dirijan contra el propietario y el arrendatario u ocupante de la vivienda o local). Las **acciones resarcitorias**, de **privación temporal** de uso y de **extinción** de los derechos personales o reales sobre la vivienda o local son compatibles con la principal de cesación, y todas ellas provienen de una misma causa de pedir (*causa paetendi*).

La comunidad puede consiguientemente ejercitar **aisladamente** la acción sobre cesación de actividades proscritas en los estatutos, dañosas para la finca, o contraventoras de las disposiciones generales sobre actividades molestas, nocivas, insalubres, peligrosas o ilícitas. O bien puede **acumular** a ella alguna, algunas o todas las restantes prevenidas en el propio LPH art.7.2.5º. La estimación en el pronunciamiento podrá, consiguientemente, abarcar alguna, algunas o todas las solicitadas por la actora, pero la desestimación de la principal (sobre cesación), impedirá la estimación de cualquiera de las restantes. No resulta improcedente que la comunidad actora, en su demanda, la meramente declarativa de que la conducta llevada a cabo por el demandado resulta comprendida en alguno de los supuestos incluidos en el ámbito de protección de la norma sustantiva (LPH art.7.2).

A. Ámbito subjetivo de las actividades dañosas, molestas, insalubres, nocivas, peligrosas o ilícitas

(LPH art.7.2)

3538 Las acciones de cesación definitiva de las actividades prohibidas o infractoras, así como las de indemnización de daños y perjuicios, privación temporal del derecho de uso de la vivienda o local y extinción de los derechos sobre una u otro quedan circunscritas al ámbito subjetivo limitado a las **personas que ocupan**, por cualquier título o concepto, los **distintos departamentos o elementos del edificio** o del complejo inmobiliario privado dividido en régimen de propiedad horizontal. Quedan **fuera del ámbito subjetivo de aplicación** de aquel precepto los supuestos de actividades insalubres, nocivas, peligrosas, incómodas o ilícitas llevados a cabo en locales o viviendas aledaños que no forman parte de la comunidad que sufre dichas actividades y que, no obstante, puedan seriamente afectar a los principios de ordenación estable y armónica de las relaciones de vecindad. Estas actividades podrán ser paliadas por medio del oportuno ejercicio de **acciones legales** diversas y de los efectos o consecuencias consustanciales a estas últimas.

1. Legitimación activa

(LPH art.13.3 y 7.2)

3540 La legitimación activa para el ejercicio de las acciones prevenidas en el nº 3538 s. corresponde al presidente de la comunidad, y, en todo caso, este ha tenido que ser autorizado expresamente para ello por la junta de propietarios (TS auto 22-1-20, EDJ 506183).

El **propietario de piso o local** no está legitimado, por sí mismo, individualmente, para el ejercicio de las acciones de cesación, pues estas gozan de una especial instrumentación, que requieren actuaciones que están fuera del alcance de aquel, y que son exigidas como

presupuestos de la acción, tales como el requerimiento previo del presidente al propietario u ocupante infractor, la desatención al mismo y el expreso acuerdo comunitario en el sentido de ejercitar actuaciones tendentes a cesar la actividad. Se trata de «un plus para el ejercicio de esta acción, que tiene su justificación en la **gravedad de las consecuencias** que lleva aparejadas, de carácter incluso sancionador, lo que impone un escrupuloso cumplimiento de los mismos (AP Sta. Cruz de Tenerife 7-6-04, EDJ 76511; AP Asturias 29-1-04, EDJ 12578).
Un **copropietario** en estos casos no puede sin más arrogarse la facultad que la Ley reserva a la junta de propietarios, y solo puede ante la inactividad de esta acudir a los mecanismos que la Ley establece y siempre que se cumplan los requisitos legales. Estos mecanismos consisten en interesar la **celebración de una junta** cuyo orden del día sea la discusión del ejercicio de esta acción (LPH art.16), en su caso, impugnar el acuerdo denegatorio a su pretensión, o instar el acuerdo por sustitución del juez (LPH art.17). Así se han pronunciado entre otras muchas: AP Bizkaia 17-3-03, EDJ 40364 y AP Pontevedra 10-3-03, EDJ 45418.

Precisiones En **sentido contrario** se pronuncia la jurisprudencia al disponer que:
- Si el presidente o la junta de propietarios, no toma ninguna **iniciativa**, el propietario individual que sufre en su persona o familia las actividades ilícitas de un copropietario, y tras los requerimientos oportunos, no puede quedar indefenso y privado de la defensa judicial efectiva, por lo cual tiene la acción de cesación que contempla la LPH art.7.2, y, ante la **inactividad del presidente o de la junta**, o de ambos, está legitimado directamente para ejercer esta acción en interés propio, no en el de la comunidad, y en defensa de su derecho, que no ha ejercido la comunidad (TS 18-5-16, EDJ 68557; AP Granada 31-5-21, EDJ 720820; AP Alicante 4-7-23, EDJ 70346; AP La Rioja 28-8-23, EDJ 700328).
- Un **copropietario**, por sí solo, puede ejercer esta acción de cesación que contempla la LPH art.7.2, con base en la doctrina pretérita consistente en que cada propietario, pese a la representación orgánica que ostenta el presidente de la comunidad de propietarios, está legitimado para actuar en defensa de sus derechos en los casos de pasividad o incluso de oposición de la comunidad, por cuanto que la situación de propiedad horizontal no es propiamente una situación de comunidad, sino un régimen jurídico-real al que se sujeta la llamada «**propiedad separada**» de los diferentes pisos o locales en que se divide el edificio o conjunto inmobiliario al que se aplica, y del que derivan los derechos, cargas, obligaciones y responsabilidades que la ley establece (AP Madrid 20-7-16, EDJ 162484).

Actuación en nombre propio por el que sufre el daño Otra cosa distinta es que un perjudicado por una obra o por una actividad molesta, en base a ese **concreto perjuicio o daño** que sufre en su persona o patrimonio actúe en su propio nombre, y con la base del CC art.1902, por cuanto nadie puede ser constreñido a sufrir un daño, si bien esto ya escapa del ámbito de la acción de cesación de la LPH art.7.2, y entra dentro de la **defensa personal** ante las inmisiones dañosas, por cuanto la **ausencia de legitimación individual** para accionar conforme al LPH art.7.2 no impide el ejercicio individual de las acciones previstas en el CC (AP A Coruña 11-9-09, EDJ 235307). **3541**

2. Legitimación pasiva

(LPH art.7.2.4º)

La **demanda** ha de dirigirse contra el propietario y, en su caso, contra el ocupante de la vivienda o local. **3542**
Cuando la actividad contraria a los estatutos, dañosa, o contraventora de las disposiciones generales sobre actividades molestas, nocivas, peligrosas, insalubres o ilícitas se realiza por el **propietario de la vivienda o local**, la acción de cesación debe dirigirse exclusivamente contra este, pues para con él se predican exclusivamente los efectos constitutivos, declarativos y de condena específicamente suplicados. En el caso de que los **propietarios** sean **varios**, todos ellos deben ser demandados, aunque solo alguno o algunos de ellos resulten ser los responsables de las actividades sujetas a reproche, dado que el piso o local pertenece proindiviso a varios (CC art.392).

Precisiones El plazo de suspensión o privación del **uso de la vivienda** se hace depender de la gravedad de la infracción y de los perjuicios causados a la comunidad.
Deben pues tenerse en cuenta estos dos elementos a la hora de fijar si procede privar al propietario del uso de la vivienda, y en su caso para fijar el plazo de esa privación. Corresponde al tribunal, atendiendo y ponderando las circunstancias del caso concreto, y acreditada la concurrencia de ambas dos circunstancias, el determinar proporcionadamente la duración de la privación del uso de la vivienda o local (AP Madrid 8-9-16, EDJ 199193). Esta medida suele instarse solo en **supuestos excepcionales** ya que la jurisprudencia viene manteniendo que no debe estimarse si se considera que otras medidas menos gravosas cumplen, igualmente, la misma finalidad (AP Palencia 26-12-19, EDJ 838374).

3543 **Conviviente con el propietario** En el caso de que el infractor sea una persona que, por cualquier motivo -**parentesco, amistad, acogimiento, dependencia**, etc.- conviva con el propietario, debe demandarse a ambos dos por los siguientes motivos:

1. El tenor literal de la LPH art.7.2 es terminante en el sentido de que, ante la **dualidad titular-infractor**, la parte actora debe demandar a ambos dos, a pesar no obstante de que el propietario o propietarios no sean actores responsables por acción de las actividades prohibidas o infractoras.

En cualquier caso, la obligación de los propietarios de cumplir con las normas legales y estatutarias que regulan la convivencia en propiedad horizontal incluye la responsabilidad de tomar medidas para evitar actividades molestas para los demás vecinos por parte de sus hijos o de las personas que convivan con ellos, la **inacción** en este sentido genera responsabilidad del propietario (AP La Rioja 15-9-23, EDJ 738588).

2. La doctrina legal emanada del Tribunal Supremo y de la jurisprudencia menor resulta indiscutible en relación al hecho de tener que dirigir las acciones contra todas aquellas **personas** que de una forma directa puedan **verse afectados** en su **esfera personal o patrimonial** por los pronunciamientos que eventualmente dicten los tribunales y que a aquellos puedan concernirles.

3. Las acciones concernidas por la LPH art.7.2 versan sobre la **petición de cese** de una actividad prohibida, dañosa o contraventora de determinadas disposiciones generales, lo que concierne y afecta personalmente al infractor, puesto que la **solicitud de tutela de condena** incorporará un mandato conductual de no hacer que directamente incumbe a quien actúa positivamente en el sentido cuyo cese se suplica; más la **acción resarcitoria** puede entrañar una pretensión solidaria impropia tanto contra aquel como contra el titular del piso o local, por lo que a este debe ofrecérsele la **posibilidad de comparecer en juicio** bajo la misma o distinta defensa y representación al menester de alegar y probar lo que a su derecho convenga al fin de enervar con hechos impeditivos, extintivos y excluyentes personales la acción deducida. Así mismo, si se ejercita la acción enderezada a la **privación temporal del derecho de uso** sobre el piso o local, al titular no infractor no le es indiferente en modo alguno, a no ser que la petición de privación de uso se predique exclusivamente respecto del infractor no propietario.

3544 **Menor de edad o persona con discapacidad** (LPH art.7.2) Si el infractor es menor de edad o persona que precise de medidas de apoyo para el ejercicio de su capacidad jurídica, o sujeta a la patria potestad o tutela del propietario no infractor, o sometida a la guarda de este, en tales casos el titular actuará en nombre propio y en representación del infractor.

3545 **Arrendatario** Si el infractor es un arrendatario, la **demanda** debe dirigirse contra este y contra el arrendador -propietario (en contra, Álvarez Olalla). Debe considerarse que la **extensión de la acción de cesación** puede comprender la extinción definitiva (por resolución) del derecho de uso por parte del arrendatario sobre el piso o local arrendado, esto es, la extinción por resolución de un contrato en el que es parte otorgante el titular de uno u otro, lo que precisa necesariamente que contra el interesado se dirija la acción que a tal efecto pretende.

La jurisprudencia se encuentra dividida sobre si se produce o no un litisconsorcio pasivo necesario entre propietario no infractor y arrendatario, pero sí se debe demandar siempre al infractor (AP Asturias 17-10-23, EDJ 742190):

• Parte de ella, la minoritaria, considera que contra quien debe dirigirse la acción de cesación es «el infractor» (LPH art.7.2), pero se produce un **litisconsorcio pasivo necesario**, puesto que es preciso traer al proceso al propietario no infractor, en razón a la repercusión que a este último le puede generar la acción.

Quien proporciona al arrendatario infractor el goce y le mantiene en el piso o local durante todo el tiempo de duración del contrato es el propietario arrendador. De modo que, si se han incumplido por el arrendatario las obligaciones impuestas por la LPH respecto del correcto uso de los elementos comunes o privativos, pueden quedar extinguidos por resolución judicial todos sus derechos relativos a la vivienda, pero además puede privarse temporalmente de su derecho de propiedad al arrendador si consintió la actividad ilícita del arrendatario. Es por ello que debe también dirigirse la demanda contra el propietario, arrendador del piso, en calidad de litisconsorte pasivo necesario por cuanto se reconoce a la comunidad una acción propia de cesación contra el arrendatario infractor (AP Pontevedra 21-7-16, EDJ 155880; AP Málaga 12-12-17, EDJ 514096; AP Sta. Cruz de Tenerife 19-4-17, EDJ 335733).

• No obstante, la jurisprudencia mayoritaria considera que **no existe ningún litisconsorcio pasivo necesario** en el supuesto en un piso vivienda de propiedad horizontal en el que se lleva a cabo un negocio continuado de arrendamiento por cursos a estudiantes de una vivienda, ya que la afectación de los diferentes inquilinos es indirecta o refleja, no directa en tanto en cuanto en la demanda se ejerce la acción de cesación de actividades molestas. De manera que, las pretensiones ejercidas afectan exclusivamente al titular dueño de la vivienda, en orden a que cese en la realización de esas actividades molestas y dañosas, así como también en orden a que cese en el uso de la vivienda, que en su caso se manifiesta mediante el arrendamiento de la vivienda a terceros. Estos terceros de manera refleja e indirecta se ven afectados por el presente juicio, pero, en realidad, son personas sin identificar, puesto que a la fecha de ejecución de la sentencia tales terceros serán los que en tal momento sean inquilinos de dicha vivienda (AP Salamanca 12-12-19, EDJ 842103; AP Málaga 18-5-17, EDJ 190945).

Precisiones Manteniendo la necesidad de ese **litisconsorcio pasivo necesario** entre el ocupante y el propietario: AP Alicante 28-9-05, EDJ 198078; AP Sta. Cruz de Tenerife 27-6-05, EDJ 118473; AP Tarragona 8-10-07, EDJ 259326. Dado que, si bien la condena solo debe alcanzar al ocupante y no al propietario, sí puede a este afectarle la resolución a dictar a virtud del alcance de la pretensión.

Piso o local ganancial En caso de que el piso o local ocupado por el infractor fuese ganancial, la demanda en la que se deduzca la acción de cesación debe dirigirse **contra ambos dos cónyuges**, en la medida que el pronunciamiento afectará directamente a la esfera personal y patrimonial de ambos dos. 3546

B. Presupuestos para ejercer y estimar la acción de cesación

Se imponen dos **requisitos** cuyo cumplimiento debe preceder al ejercicio de la acción de cesación prevenida bajo el ámbito de tutela de tal precepto. Tales dos requisitos se convierten propiamente, más que en presupuestos de procedibilidad (AP Madrid 29-4-16, EDJ 99400), en **presupuestos de la acción**, ya que, sin su cumplimiento adjetivo, la pretensión o pretensiones deducidas sobre el fondo jamás podrán ser atendidas por el órgano jurisdiccional. 3548

Tales presupuestos son los siguientes:

a) El **requerimiento fehaciente y personal**, por escrito, que el presidente de la comunidad debe dirigir a quienes realicen las actividades prohibidas, instándoles a que cesen de forma inmediata en las mismas.

b) El **acuerdo adoptado por la junta de propietarios** concordando tal órgano colegiado el ejercicio de la acción de cesación (LPH art.7.2) para su interposición por medio de demanda deducida por el presidente, al que la junta debe específicamente autorizar (AP Pontevedra 15-1-20, EDJ 524083).

Uno y otro presupuesto concernientes al requerimiento extrajudicial y al acuerdo de junta dirigido al ejercicio consiguiente de la acción de cesación han de ser **sucesivos en el tiempo**, debiéndose llevar a cabo primeramente el requerimiento y, tras él,- y una vez desatendido su intimación por el requerido-, debe procederse a la **convocatoria de la junta** de propietarios, incluyendo en su orden del día la autorización expresa al presidente de la comunidad al menester de que por este se deduzcan las pertinentes acciones de cesación contra el propietario u ocupante del inmueble que resulta ser responsable de las actividades prohibidas.

Precisiones Resultaría igualmente admisible una **alteración no sustancial del orden de los presupuestos** formales para el ejercicio de la acción, de modo que, primeramente, se pudiera convocar la junta de propietarios, incluyendo el asunto en el orden del día, de modo que en ella se acordase conferir al presidente la instrucción de que, en primer término, proceda sin solución de continuidad a **requerir fehacientemente el cese** en la actividad al propietario u ocupante responsable de ella, aunque es necesario precisar que el presidente no requiere de esta autorización previa para practicar el requerimiento, y que, de ser desatendido el requerimiento, pueda aquel, sin necesidad de nueva convocatoria y celebración de reunión de propietarios, **deducir la acción de cesación** consecuente. La literalidad de la norma (LPH art.7.2 párrafos 1º a 3º) no restringe esta solución alternativa.

1. Requerimiento extrajudicial de cesación de actividades prohibidas, dañosas, molestas, insalubres, nocivas, peligrosas o ilícitas

(LPH art.7.2)

El presidente de la comunidad, a iniciativa propia o de cualquiera de los propietarios u ocupantes, requerirá a quien realice las actividades prohibidas por este apartado la inmediata cesación de las mismas, bajo **apercibimiento de iniciar las acciones judiciales** procedentes. 3550

Para que, en su caso, pueda deducirse la acción judicial de cesación, esta precisa el **previo requerimiento fehaciente** al infractor para que cese en las actividades no permitidas, y restablezca con ello la convivencia alterada. El requerimiento puede ser realizado, cursado y remitido por el propio presidente, o por un **tercero** actuando en nombre, por cuenta, encargo e interés de aquel especificándolo de este modo. Así, puede ser remitido por abogado, por sociedad profesional de letrados, o por el administrador de fincas (AP Cuenca 23-4-13, EDJ 101603).

Se trata, consiguientemente, de un **requisito de procedibilidad** (AP Pontevedra 28-4-06, EDJ 69566). La LPH exige que el requerimiento se realice de forma fehaciente; siendo este previo requerimiento un requisito formal necesario de orden público para poder entablar la acción judicial. De otra parte, es necesario que el mismo haya sido **desatendido**. Si la **actividad ha cesado** tras el referido requerimiento, no cabe ejercicio de la acción a que nos referimos. Ello porque se entiende que la virtualidad de dicha acción estriba fundamentalmente en conseguir la cesación, por lo que su procedencia no tiene sentido si ya no se realiza la actividad (AP Cádiz 4-3-02, EDJ 17076).

El requerimiento cobra para el ejercicio de la acción de cesación singular importancia, pues la **finalidad** del mismo es evitar el proceso contencioso, bien porque el requerido se avenga a las exigencias de la comunidad requirente, llevando a cabo las actuaciones precisas que signifiquen la cesación, bien porque, con motivo del requerimiento, las partes lleguen a una solución transaccional. Se trata de un requerimiento presupuestario de la **procedibilidad**, por lo que no es una mera formalidad no sustancial. Ha de extremarse el celo por la comunidad para que sea realmente recibido por su destinatario. Si el requerimiento no es atendido, procede convocar la junta para ejercitar la acción de cesación (AP Madrid 29-4-16, EDJ 99400).

3551 **Tramitación por el presidente de la comunidad** Corresponde al presidente de la comunidad proceder a su tramitación, **sin** necesidad de **previo acuerdo favorable** de la junta de propietarios. Expresamente prevé la LPH que dicho requerimiento lo efectuará el propio presidente, bien sea **a iniciativa propia**, bien sea por la de **cualquier copropietario del inmueble** que le inste a ello, de **forma verbal o escrita**.

Resulta cierto que debe entenderse por cumplido el requerimiento del presidente a pesar de que el **acta notarial** para practicar dicho requerimiento fuera levantada en su momento a instancia del secretario de la comunidad, puesto que la nota mecanografiada que contenía materialmente el requerimiento, y que se remitió por correo por vía notarial, se encontraba suscrita tanto por el presidente (con su visto bueno) como por el secretario; además, en el **acto de conciliación posterior** celebrado, expresamente se requirió a los demandados para el cese de la actividad. Por tanto, y al margen de la **validez del nuevo requerimiento** realizado por el letrado y no por el presidente y de la conveniencia de realizar uno nuevo directamente por este, podría estimarse cumplido el requisito prevenido en la LPH art.7.2 como previo al ejercicio de la acción de cesación (AP Sta. Cruz de Tenerife 7-6-04, EDJ 76511). No obstante, existe jurisprudencia que considera no cumplido este requisito si el requerimiento es **efectuado por un despacho de abogados** que dice actuar en nombre del presidente (AP Madrid 22-9-23, EDJ 730994).

3552 **Destinatario del requerimiento** El destinatario del requerimiento debe ser la persona o personas que realicen las actividades prohibidas, el que no ha de identificarse, **necesariamente**, con **el propietario del piso, local** o zona susceptible de aprovechamiento independiente, pudiendo ser -en su caso- un **arrendatario, subarrendatario, usufructuario**, o cualquier otro ocupante del piso o local, con o sin título, por cualquier concepto. En estos supuestos, en los que el responsable de las actividades prohibidas sean **personas diversas del propietario**, resulta recomendable cursar otro requerimiento separado a este último, manifestándole los hechos motivadores del requerimiento al objeto de dar por cumplido el requisito de la intimación en caso de eventual **litisconsorcio pasivo necesario** y ante la posterior acción acumulada de extinción definitiva de los derechos sobre la vivienda o local. Cierto es que el precepto no lo exige, puesto que se limita a indicar que el requerimiento extrajudicial debe dirigirse «a quien realice las actividades prohibidas», lo que en la práctica puede suponer que **el propietario no tenga conocimiento de estas actividades** llevadas a cabo por su arrendatario, o los subarrendatarios, o por terceros ocupantes sin título- frecuentemente saltuarios e itinerantes-; más un principio garantista, como se ha expuesto, hace aconsejable **informar al propietario** de los hechos contraventores de la convivencia comunitaria, o de las actividades prohibidas que llevan a cabo terceros ocupantes del piso o local de su titularidad, al objeto de que, empleando la potestad que pueda ostentar sobre aquellos, pueda poner cese a la situación antijurídica.

Precisiones En caso de ser **varios propietarios**, por ejemplo, en unidades familiares, basta que el requerimiento se lleve a cabo al cabeza de familia y propietario de la vivienda, sin que sea preciso que se dirija expresamente contra el hijo o hijos sujetos a patria potestad y causantes de las actividades motivadoras del requerimiento (AP Burgos 5-1-16, EDJ 4234).

3553 **Contenido esencial del requerimiento** El requerimiento tiene como contenido esencial la **inmediata cesación** en el desarrollo de las actividades prohibidas, cuya concreción se llevará a cabo en el propio texto, bajo apercibimiento de iniciar las acciones judiciales procedentes. El requerimiento deberá ser **escrito y fehaciente**, esto es, verificado por medio tal que acredite la efectiva y demostrable recepción por su destinatario, siendo aconsejable el empleo

del **burofax** con acuse de recibo y certificación de contenido, mediante la intervención de los servicios de correos y telégrafos, o bien mediante **carta con intervención notarial**.
Se trata de un **acto extraprocesal** de esencia compleja, pues se intima y se apercibe del ejercicio de la acción de cesación.

Precisiones **1)** No basta una **invitación** a que cese en la actividad prohibida o, más enérgicamente, un requerimiento con el mismo fin, sino que ha de hacerse un apercibimiento, comunicación que contiene un requerimiento de cesación de una conducta, unido a la advertencia o amenaza de que, en caso contrario, se actuará judicialmente.
2) El contenido del requerimiento no puede ser otro que el de la inmediata cesación de la actividad bajo apercibimiento de iniciar las acciones judiciales (AP Madrid 9-3-04, EDJ 124408).
3) El contenido del requerimiento debe ser doble:
- de un lado ha de **instar la cesación de la actividad prohibida**; y, de otro,
- ha de advertir de la **inminencia de un proceso judicial** en caso de no atenderse el requerimiento (AP Cádiz 4-3-02, EDJ 17076).
4) El requerimiento tiene dos componentes;
- conminar al requerido para que **cese de inmediato en su actividad**; y
- apercibirle de que si lo desatiende se iniciarán las **acciones judiciales** procedentes de suerte que, en caso de acontecer lo segundo (la desatención del mismo por el requerido), el requerimiento sirve para constatar la resistencia del infractor a cesar en la infracción justificando así el recurso a la vía judicial (AP Asturias 29-1-04, EDJ 12578).

Forma El requerimiento ha de ser **fehaciente**, lo que no debe ser entendido como exigencia de que se practique notarialmente, siendo suficiente con la **utilización de cualquier medio escrito** que permita demostrar que ha sido materialmente verificado (TS 9-12-97, EDJ 9831; AP Valencia 10-12-15, EDJ 293216), esto es, verificado por medio tal que acredite la **efectiva y demostrable recepción** por su destinatario, siendo aconsejable el empleo de **burofax con acuse de recibo** y certificación de contenido, mediante la intervención de los **servicios de correos y telégrafos**, o bien mediante carta con intervención notarial. También es admisible la interposición de demanda de conciliación. **3554**

Precisiones **1)** No resulta cuestionable la **fehaciencia del «burofax»** como sistema para acreditar el requerimiento efectuado, y es pacífica la jurisprudencia que lo admite, pues el «burofax» puede ser un medio apto -y poco costoso- para hacer fehaciente el contenido de la comunicación, al quedar depositada en la correspondiente oficina de correos copia exacta de los documentos enviados y hacer constar el funcionario la fecha de remisión (AP Cantabria 29-9-05, EDJ 169668).
2) El requerimiento se entenderá verificado el **día de entrega del burofax**, coincidente con la fecha de efectivo conocimiento o posibilidad de conocimiento por su destinatario del contenido de la comunicación intimatoria (AP Cáceres 19-4-06, EDJ 49402).
3) El requerimiento **se debe verificar** en la persona y en el domicilio del demandado mediante un medio que acredite que llegó a su destino -p.e. burofax-, quedando en manos de la requerida conocer su contenido, por lo que debe entenderse correctamente realizado el mismo aun cuando por motivos ajenos al requirente no exista constancia de que el requerido tuvo conocimiento efectivo de su contenido al no acudir a recogerlo tras el aviso recibido de correo (AP Gipuzkoa 27-9-19, EDJ 763702).

Plazo para el cese La Ley omite toda referencia al plazo que se marca al infractor para que cese en la actividad por la que se le requiere. El precepto establece que el requerimiento intimará al **cese inmediato** de las actividades prohibidas. En determinados supuestos, atendiendo a las **circunstancias de cada caso**, sí es conveniente conferir al infractor un plazo prudencial al menester de hacer posible que este adopte las medidas precisas encaminadas al cese de las actividades prohibidas, dañosas, nocivas o molestas. Ante esta ausencia, la doctrina considera que corresponde a la junta determinar un **plazo prudencial**. En relación a este plazo prudencial se pronuncia la jurisprudencia al determinar que deberá lógicamente concederse al infractor un plazo prudencial, adecuado a las circunstancias, para que **interrumpa su actividad perturbadora** (AP Cádiz 4-3-02, EDJ 17076). **3555**
El término que se le conceda al infractor para el cese de las actividades perjudiciales y persistentes a la comunidad dependerá, básicamente, de la naturaleza de aquellas. Si tienen **carácter peligroso, ilícito, o provoca graves daños** a la finca, el requerimiento no debe admitir dilación alguna. Si, por el contrario, se trata de una **actividad incómoda**, el plazo será, sin duda, más amplio.

El transcurso de un período largo de tiempo de **tolerancia** de la actividad prohibida o dañosa no causa estado, ni por ello debe aplicarse la doctrina del consentimiento tácito o la doctrina de los actos propios: el transcurso del tiempo de padecimiento paciente de aquellas actividades no implica su permisión ni los legitima, de modo que no queda enervada la acción por el hecho de haber sido tolerados y soportado los comportamientos que constituyen objeto de aquella (TS 14-9-16, EDJ 152102). El conocimiento no equivale a **consentimiento**, ni el silencio **3556**

supone genéricamente una **declaración**, pues aunque el silencio y el conocimiento no pueden ser indiferentes para el Derecho, corresponde estar a los hechos concretos para decidir si cabe ser apreciado como consentimiento tácito de una situación o estado de cosas; es decir, como manifestación de una determinada voluntad, de manera que el problema no está en decidir si puede ser expresión de consentimiento, sino en determinar bajo qué condiciones debe aquel ser interpretado como tácita manifestación de ese consentimiento.
La doctrina de los **actos propios** tiene su fundamento último en la protección de la confianza y en el principio de la buena fe. Ello impone un deber de coherencia y autolimita la libertad de actuación cuando se han creado expectativas razonables. Pero solo pueden merecer esta consideración aquellos actos que, por su carácter trascendental, o por constituir convención, causan **estado**, definen de forma inalterable la situación jurídica de su autor, o aquellos otros que vayan encaminados a crear, modificar o extinguir algún derecho, lo que no puede predicarse en los supuestos de error, ignorancia, conocimiento equivocado o mera tolerancia (TS 27-10-05, EDJ 171676; 15-6-07, EDJ 70093).

2. Acuerdo de junta de propietarios autorizando al presidente a entablar contra el infractor la acción de cesación

(LPH art.7.2.3º)

3557 Si el **infractor persiste en su conducta prohibida** tras haber sido requerido extrajudicialmente de cese inmediato en ella por el presidente, y previa autorización de la junta de propietarios debidamente convocada al efecto, aquel podrá entablar contra el infractor acción de cesación para el restablecimiento del orden comunitario transgredido.
No obstante la referencia que se hace en la literalidad de la norma a la posibilidad de ejercicio de la referida acción que asiste al presidente, una vez autorizado por la junta de propietarios, debe entenderse que lo que la junta procura al cargo orgánico no es simplemente una autorización que permite a este accionar provisto de legitimación específica (exigida por la norma), sino un **mandato de ejercicio de la acción**, que el presidente debe cumplir necesariamente, a menos que el órgano colegiado, específicamente, haya conferido a este un **poder electivo** acerca del ejercicio o no de las acciones legales.

Precisiones **1)** En dicha junta podrá adoptarse el acuerdo de ejercitar acción de cesación. No exige la Ley un **cuórum específico** (AP Baleares 17-11-09, EDJ 307716; AP A Coruña 5-2-15, EDJ 18327).
2) La jurisprudencia, al aplicar el antiguo LPH art.19, que contenía la misma omisión, había entendido que era suficiente con la **mayoría de los presentes** (TS 16-7-93, EDJ 7224).
3) Es necesario un acuerdo previo de la junta de propietarios que autorice expresamente al presidente de la comunidad para ejercitar acciones judiciales en defensa de esta, salvo que el presidente actúe en calidad de copropietario o los estatutos expresamente dispongan lo contrario (TS 5-11-15, EDJ 205564; AP Madrid 24-5-21, EDJ 661694). Lo que la ley no exige es precisar contra **quién en particular** se va a formular (AP Pontevedra 21-7-16, EDJ 155880).
4) La LPH art.7.2, no exige que el acuerdo adoptado sobre autorización al presidente para ejercitar la acción de cesación requiera de **mayoría** alguna, por lo que en su adopción deben seguirse las pautas previstas en LPH art.17 (AP Madrid 20-7-16, EDJ 162484).
5) Se debe de acordar de manera inequívoca el ejercicio de la acción de cesación, si lo que se acuerda es el ejercicio de acciones para reponer los elementos comunes a su estado original, no se considera cumplido el **requisito de procedibilidad**, dado que el término «**acciones**» en plural es de uso común, aunque lo pretendido sea interponer una demanda en ejercicio de una única acción (AP Madrid 22-9-23, EDJ 730994).

3558 **Efectos procesales de la falta de autorización** El acuerdo de la junta debidamente convocada, propiamente, no es tanto un requisito de procedibilidad, sino un **presupuesto de la acción**, que afecta a la legitimación (AP Asturias 29-9-06, EDJ 367995; AP Madrid 24-5-21, EDJ 661694). Su **omisión**, una vez formada litispendencia (LEC art.410) no es un defecto subsanable en el acto de la audiencia previa (LEC art.418.2), con lo que su ausencia, contraviniendo el imperativo legal, debe determinar que el juez dicte **auto poniendo fin al proceso**, pudiendo la actora reproducir su petición mediante **nueva demanda**, cumpliendo pulcramente los dos presupuestos -requerimiento extrajudicial de cese inmediato (nº 3550), y acuerdo de junta al presidente autorizándole para el ejercicio de la acción (nº 3557)- que son debidos para la adecuada formación de la acción deducida (AP Valencia 6-6-13, EDJ 194691; AP Granada 19-2-21, EDJ 635454).
La **falta de alguno de los dos presupuestos** indicados tampoco puede determinar que el procedimiento siga sustanciándose respecto de las acciones que, en su caso, se hubiesen acumulado a la principal de cesación (esto es, las relativas al resarcimiento de daños, privación temporal del derecho de uso y extinción definitiva de los derechos relativos a la vivienda o local). Sí podrá **continuar el procedimiento** respecto de las **otras diversas acciones** que la

comunidad hubiera acumulado frente al propietario infractor en razón a otros diversos títulos o causas de pedir ajenas a lo prevenido en la LPH art.7.2.

Adopción en junta ordinaria o extraordinaria El acuerdo de junta por el que se autoriza al presidente para el ejercicio de la acción de cesación contra el o los infractores (y acaso también contra el propietario del inmueble no infractor) puede ser adoptado en junta extraordinaria convocada al efecto -como parece dar a entender la LPH art.7.2.3º- o aprovechando la junta ordinaria anual (AP Baleares 17-11-09, EDJ 307716). En todo caso, debe constar en el **orden del día**. **3559**

Impugnación del acuerdo que autoriza el ejercicio de la acción de cesación **3560**
Una vez adoptado el acuerdo, y cumplido con ello el presupuesto para la legitimación, el propietario afectado -y, entendemos, el **ocupante infractor** cuyo derecho de uso sobre la vivienda puede verse extinguido- pueden impugnar el acuerdo con base en lo prevenido en la LPH art.18.1.c, especialmente en razón a suponer tal acuerdo autorizante del ejercicio de la acción de cesación un prólogo que, puesto en ejecución mediante el ejercicio de tal referida acción, puede suponer un **grave perjuicio para algún propietario** que no tiene la obligación jurídica de soportar, o ser constitutivo de abuso de derecho (TS 16-2-87, EDJ 1244 respecto a la antigua LPH art.16.4). Esta misma posibilidad impugnatoria debe concederse al **propietario** que **no obtiene la mayoría necesaria** para proveer al presidente de autorización para accionar (AP Madrid 11-3-08, EDJ 69851).

Solicitud de medidas cautelares Es evidente, por tanto, que la autorización acordada en junta para deducir acción de cesación constituye un acuerdo impugnable conforme a lo prevenido en LPH art.18 aptdo.2º y 3º. Debe precisarse que, como quiera que el apartado 4º del mismo precepto dispone que «la impugnación de acuerdos de la junta **no suspenderá su ejecución**, salvo que el juez así lo disponga con carácter cautelar, a solicitud del demandante y oída la comunidad de propietarios», el presidente no deberá esperar a que se resuelva jurisdiccionalmente mediante sentencia firme el proceso relativo a la impugnación del acuerdo de junta que le autorizó para deducir la acción de cesación, sino que deberá, sin solución de continuidad, entablar correctamente la misma, puesto que, como se ha expuesto, el mandato conferido mediante el acuerdo del órgano colegiado de gobierno tiene **poder ejecutivo**, solo **paralizable mediante auto judicial** adoptado en pieza de medidas cautelares sustanciadas antes, coetánea o posteriormente a la interposición de la demanda sobre impugnación del acuerdo de junta. Ello implica que el presidente no puede, ni debe, esperar a que se resuelva el proceso por el que se discute la eficacia del acuerdo que le legitima para deducir la acción de cesación, ya que ello entrañaría una dilación intolerable. Cierto que este pleito ocasiona **prejudicialidad civil** respecto de aquel otro que tiene por objeto el ejercicio de la acción de cesación (LEC art.43), pero este óbice debe solucionarse suplicando la **acumulación de autos o de procesos** -el de impugnación del acuerdo que autoriza para el ejercicio de la acción de cesación y aquel en que se deduce esta última-, de conformidad con lo prevenido en LEC art.74 a 97, por concurrir el motivo contemplado en LEC art.176.1.1 -es decir, proceder la acumulación de procesos, ya que la sentencia que haya de recaer en uno de ellos puede producir efectos prejudiciales en el otro-. **3561**

Debe tenerse presente que el presidente de la comunidad que ejercite la acción de cesación dispone de la posibilidad de solicitar cautelarmente del juzgado -incluso con anterioridad a interponer el escrito de demanda principal- que se acuerde judicialmente con **carácter cautelar la cesación de la actividad prohibida** llevada a cabo por el infractor, con apercibimiento de incurrir en delito de desobediencia en caso de desatención. Correlativamente, el propietario (y en su caso, el infractor, para el caso de que fuesen personalidades diversas) viene asistido para solicitar cautelarmente, así mismo, en el procedimiento sobre impugnación del acuerdo de junta autoritativo del ejercicio de la acción de cesación, la **suspensión de los efectos del acuerdo mismo** (LPH art.18.4). **3562**

Precisiones Resulta difícil admitir que la **petición cautelar de suspensión** de este tipo de acuerdo llegara realmente a concederse, atendiendo a la naturaleza de su contenido, ya que el acuerdo por el que se autoriza al presidente para deducir la acción de cesación con base en la LPH art.7.2 tiene por objeto poner en vigor un **derecho al proceso**, y, por su contenido es bien diferente de aquellos otros acuerdos de contenido material (p.e. ejecución de determinadas obras), donde la medida cautelar de su suspensión a que se refiere la LPH art.18.4 sí que puede verdaderamente tomar cabal sentido y justificación ante lo invariable del estado de cosas que puede ocasionarse a fuerza de la ejecución material del acuerdo discutido. En todo caso, encontrándonos ante **dos procedimientos cautelares** sustanciados ante el mismo o diferentes juzgados, antes o coetáneamente a ser deducida la demanda principal rectora de cada uno de ellos, la **acumulación de autos** determinaría que ambas dos pretensiones cautelares (la suplicante del cese inmediato de la actividad prohibida, y la de suspensión de la ejecutividad del acuerdo de junta de propietarios autoritativo al presidente para el ejercicio de la acción de cesación), determinantes de sendos procesos, deberían sustanciarse y decidirse en un **mismo procedimiento**, y resolverse por un único juzgador (LEC art.74).

3563 **Reconvención por parte de la comunidad** (LEC art.406) Otra posibilidad procesal que se abre como consecuencia de la eventual impugnación que el propietario -o en su caso, el arrendatario u ocupante del piso o local- llevase a cabo respecto del acuerdo de la junta de propietarios autorizando al presidente para el ejercicio de la acción de cesación, consiste en la reconvención por parte de la comunidad ejercitando efectivamente tal referida acción, y sus acumuladas subordinadas (de resarcimiento, privación de uso y extinción de los derechos relativos a la vivienda o local) mediante la oportuna reconvención, al existir **conexión** entre la acción o acciones deducidas reconvencionalmente y la principal de impugnación del acuerdo que constituye el presupuesto de la acción reconvencional (AP Madrid 21-10-19, EDJ 748186; AP Granada 19-7-19, EDJ 773301). Debe considerarse que, tras la clarificación sobre el particular llevada a cabo por la LEC art.407, permite específicamente que la reconvención pueda dirigirse contra **sujetos no demandantes**, siempre que puedan considerarse litisconsortes voluntarios o necesarios del actor reconvenido en razón a su relación con lo que constituye el objeto de la demanda reconvencional. Así, ello permite que la comunidad reconviniente pueda dirigir la acción de cesación con sus acumuladas de **privación de uso y extinción de derechos** sobre la vivienda o local no solamente contra el propietario (actor principal demandante de la impugnación del acuerdo de junta que autoriza el ejercicio de la acción de cesación) sino contra el tercero ocupante por cualquier título (o sin él) de la vivienda o local.

3564 **Contenido del acuerdo por el que se autoriza al presidente para iniciar la acción de cesación** Según la literalidad del precepto, el presidente tan solo precisa para deducir la acción de cesación la expresa **autorización de la junta de propietarios**, para lo que ha resultado necesaria la inclusión del asunto en el orden del día adjuntado a la convocatoria de junta, ordinaria o extraordinaria.

Basta con que la **autorización legitimatoria** se ciña a los términos expresamente previstos en LPH art.7.2.3º, sin necesidad de que realice más pormenor o abundamiento a la autorización expresa para ejercitar las acciones subordinadas de resarcimiento, privación de uso y extinción definitiva de los derechos relativos a la vivienda o local, ya que la expresión puntual relativa a la **acción principal** debe comprender la posibilidad de que, al tiempo de ejercitarla efectivamente ante los tribunales, puedan **deducirse acumuladamente** las acciones consecuentes o derivadas.

No queda acreditado que la comunidad de propietarios haya autorizado en junta de propietarios al presidente para el ejercicio de la acción de cesación por el mero hecho de constar en el poder notarial para pleitos que el notario autorizante examinó el acta de junta de propietarios celebrada en una determinada fecha, manifestando el fedatario, meramente, que en razón a ello estaba facultado el presidente para otorgar los poderes notariales. El juicio de capacidad del notario, llevado a cabo en el instrumento público, no desciende al procedimiento concreto para el que el presidente fue autorizado por la junta de propietarios.

Se impone a la comunidad la **carga de probar** la concreta junta en que se autorizó al presidente el ejercicio de la concreta acción de cesación de conformidad con el principio de facilidad probatoria. La mera manifestación del notario indicando que el presidente se encuentra especialmente facultado, puede referirse a otros procedimientos (AP Málaga 21-11-16, EDJ 265911).

No cabe deducir la existencia de **consentimiento tácito** del hecho de que la comunidad esperase a formular demanda para el cese de la utilización privativa de la zona común de tránsito de la comunidad casi 20 años, pues constan requerimientos expresos en distintas juntas requiriendo el cese en la ocupación o la retribución por su uso, y por tanto se podrá ejercitar la acción de cesación. A falta de prueba sobre el consentimiento tácito y sobre la existencia de actos inequívocos que denoten la aquiescencia de la junta, no puede apreciarse la infracción denunciada. Tampoco puede ampararse el recurrente en el valor probatorio como presunción, del supuesto canon que la comunidad cobraba como contraprestación por consentir la ocupación dado que falta la prueba directa de la existencia del mismo (TS 6-3-13, EDJ 42032).

C. Actividades no permitidas e incluidas en el ámbito de protección legal

(LPH art.7.2)

1. Actividades prohibidas en los estatutos

3568 Los estatutos de la comunidad pueden establecer disposiciones especiales relativas al **uso y destino** del edificio, sus diferentes pisos y locales, instalaciones y servicios (LPH art.5.3). Estas obligaciones modalizadoras del uso y el destino de los elementos comunes y privativos suponen o llevan implícitas **obligaciones de no hacer**. Tales obligaciones toman carácter *propter rem* mediante la **inscripción** de la literalidad estatutaria en el Registro de la Propiedad (Echeverría Summers), siendo lo cierto que la **publicidad formal y material** que la inscripción proporciona a las obligaciones contenidas en los estatutos, les provén de eficacia *erga omnes*, lo que afecta a los sucesivos adquirentes de pisos y locales, así como arrendatarios, usufructuarios, habitacionistas y cualesquiera otros eventuales ocupantes -con o sin título- de los diversos departamentos en que se divide el propio inmueble. El mero **cambio de uso de oficina a vivienda**, permitido en el título constitutivo y que no resulte dañosa para la finca, no puede legitimar para el ejercicio de la acción de cesación (AP Madrid 12-6-13, EDJ 143824).

Sí lo es el convivir en compañía de un número de animales que, para una vivienda en régimen de propiedad horizontal, exceden de lo razonable (AP Pontevedra 21-2-19, EDJ 520160).

La prohibición, a los efectos prevenidos en la LPH art.7.2, esto es, para el **ejercicio de la acción de cesación** de la actividad prohibida -y, en su caso, **acumuladamente**, de sus **acciones derivadas** o consiguientes también prevenidas en el referido precepto, debe contar en los Estatutos, pues así lo exige la norma. **Si existen estatutos**, esa y no otra debe ser la norma privada en la que se establezcan y contengan las prohibiciones, pues a ellos acudirá el adquirente, o el eventual arrendatario, para conceder la extensión de sus deberes y el acervo de sus obligaciones, así como la dimensión de sus facultades (Álvarez Olalla). Más, **en el caso de que no existan estatutos**, habría que admitir la validez de las prohibiciones establecidas alternativamente en el título constitutivo, a pesar de que el mismo no es, *stricto senso*, el título en el que recoger las actividades prohibidas susceptibles de motivar la acción de cesación según la literalidad de la LPH art.7.2, siendo preciso, al menos, que tales prohibiciones consten de forma expresa (TS 20-9-07, EDJ 152401; AP Córdoba 2-6-20, EDJ 647839).

El hecho de que una actividad no esté **prohibida** en los estatutos de la comunidad, -tales como las que puedan llevarse a cabo en locales dedicados a pub, bares o cafetería-, sino **prevista**, no impide el ejercicio y la estimación de la acción de cesación, pues lo que se enjuicia en el proceso en el que se deducen tales acciones es la existencia de una actividad molesta que exceda lo tolerable e incida gravemente en la convivencia de las personas en el plano individual y en comunidad (AP Alicante 14-4-16, EDJ 96840).

Precisiones No cabe ejercitar acción de cesación de una actividad prohibida en los estatutos cuando **no están inscritos** en el Registro de la Propiedad (TS 31-5-21, EDJ 588189).

3569 **Ausencia de estatutos** La remisión que la LPH art.7.2 hace a los estatutos no supone que por su ausencia se vacíe de contenido la norma (AP Las Palmas 31-5-18, EDJ 635752). La **prohibición no es materia propia y exclusiva de los estatutos**, que tienen carácter facultativo y no obligatorio y no son necesarios en la vida de la comunidad (TS 5-3-98, EDJ 1242; 21-7-03, EDJ 50788), por lo que su falta hace viable el **título constitutivo** en el que se pueden establecer disposiciones «en orden al uso o destino del edificio, sus diferentes pisos o locales» (LPH art.5.2.3º), e incluso **imponer prohibiciones expresas** respecto a concretas y específicas actividades no queridas por los copropietarios del edificio. En un sistema en el que la propiedad privada está reconocida constitucionalmente (Const art.33) y en el que los derechos de disfrute tienden a atribuir al titular las máximas posibilidades de utilización sobre su inmueble, las **restricciones a las facultades dominicales** han de interpretarse limitadamente, de tal forma que su titular puede acondicionar su propiedad al uso que tenga por conveniente, siempre y cuando no quebrante alguna prohibición legal, y ello aunque suponga un cambio de destino respecto del previsto en el título constitutivo (TS 20-9-07, EDJ 152401; 10-10-07, EDJ 199762; AP Córdoba 2-6-20, EDJ 647839). Tal conclusión determina que la **mera descripción del uso y destino** del edificio en los estatutos o en el título, no supone por sí misma limitación del uso o de las facultades dominicales, pues para ello es necesaria una cláusula o regla precisa y concreta, con obligación para los comuneros de su cumplimiento, pero la **descripción del edificio y de sus partes contenida en los estatutos** o en el título de propiedad constituye un elemento relevante en la labor interpretativa que debe llevarse a cabo para determinar el alcance de la aplicación a la realidad concreta de un determinado edificio en régimen de comunidad de los conceptos que la ley utiliza para acotar los elementos comunes llamados esenciales (TS 23-2-06, EDJ 11922; 10-10-07, EDJ 199762; AP Barcelona 30-6-21, EDJ 664066; AP Navarra 6-6-22, EDJ 659561).

3570 **Limitaciones a las facultades dominicales** Al propietario o al ocupante del piso o local, no le está permitido desarrollar en aquellos, o en el resto del inmuebles, actividades expresamente prohibidas por los estatutos; de modo que a aquellos les está permitido todo lo no específicamente prohibido (TS 27-11-08, EDJ 227743, declaró que la mera mención en el título constitutivo de que los departamentos deben destinarse a viviendas, no supone por sí misma una limitación al uso o de facultades dominicales, pues para ello resulta preciso una cláusula o regla precisa y concreta).

Precisiones Ha de tenerse en cuenta que, según reiterada doctrina jurisprudencial, las limitaciones a las facultades dominicales han de interpretarse de **modo restrictivo**, no extensivamente, siendo lo excepcional la prohibición o límite al ejercicio de los derechos, salvo que afecte a los elementos comunes (AP Sevilla 27-4-09, EDJ 148225).

3571 **Cláusulas estatutarias prohibitivas** Las cláusulas estatutarias prohibitivas de actividades deben ser interpretadas con cautela estar **redactadas** de modo claro.

La posibilidad de que en los estatutos se limite la facultad de destinar los distintos pisos y locales a determinados usos hay que considerarla restrictivamente, por su limitación del derecho de propiedad y de los derechos individuales. Toda limitación a la propiedad individual, al derecho singular, ha de interpretarse de modo restrictivo, salvo que afecte, en esta especial institución y yuxtaposición de propiedades, a los elementos comunes. Por ello, si bien es cierto que los estatutos de una determinada comunidad constituida en régimen de propiedad horizontal pueden contener cláusulas prohibitivas o limitativas de determinadas actividades, estas deben estar establecidas en atención al interés general de la propia comunidad. En el título constitutivo y en los estatutos se hace constar de ordinario el uso y destino del edificio. Pero esta mera descripción no supone limitación del uso o de las facultades dominicales para unas u otras actividades, pues para ello deviene necesaria una cláusula o regla precisa y concreta, con obligación para los comuneros de su cumplimiento, tanto para los fundadores de la comunidad, como para los titulares posteriores. Y a ninguno de ellos se le puede privar de la utilización de su derecho de propiedad como considere oportuno, siempre que el destino elegido no esté prohibido singularmente en aquellos documentos (TS 23-2-06, EDJ 11922; AP Madrid 12-7-21, EDJ 724941).

No son **admisibles**, ni por ello su conculcación puede dar lugar a la estimación de la acción de cesación de actividades:

a) Aquellas obligaciones que, por su naturaleza y contenido, no sirven en modo alguno al interés legítimo de la tutela del interés comunitario digno de protección, por entrañar **restricciones gratuitas**, contrarias al logro de las máximas posibilidades de aprovechamiento del inmueble por parte de sus propietarios, obedientes únicamente a la mera arbitrariedad.

b) Aquellas que traigan causa o razón en **principios discriminatorios**.

c) Aquellas obligaciones que, de algún modo, **restrinjan facultades** que afecten al **contenido esencial** y normal del derecho de propiedad, o impliquen la ineficacia de alguna o algunas de sus utilidades económicas, tales como del derecho del propietario a arrendar su piso o local, o la prohibición -acaso temporal- de enajenar.

El Tribunal Supremo, como regla general, establece que, si una actividad está prohibida estatutariamente, no es **necesario que**, además, concurra en ella el requisito de que **sea molesta**. Así, ha declarado válidas las prohibiciones estatutarias de actividades propias de bar, restaurantes, salas de fiestas, discotecas o establecimientos similares, así como clínicas o gimnasios, incluso en aquellos supuestos en los que el trasiego de personas o de mercaderías o suministros no ha de pasar por elementos o estancias comunitarias ni emplear ascensores.

Precisiones Más, en puridad, solo deberían ser susceptibles de tutela por medio del ejercicio de la acción de cesación (LPH art.7.2) las **infracciones persistentes o habituales de las normas estatutarias** que, por su naturaleza o insidiosidad, impliquen algún tipo de **molestia o peligro para la comunidad** (p.e, la prohibición expresa de emplear los pisos como casas de huéspedes -AP Zaragoza 28-6-07, EDJ 165888-; o la proscripción del destino como academia de los pisos del inmueble -AP Tarragona 8-10-07, EDJ 259326-), de modo que la comunidad y sus integrantes, de una forma u otra, en mayor o menor medida, se vieran **afectados negativamente** en el correcto funcionamiento y el uso consustancial a los elementos comunes y privativos.

3572 **Valoración** Por ello, a pesar del principio general, en muchas ocasiones, los tribunales, de una forma tangencial, se verán obligado a valorar la **plenitud de la eficacia de la cláusula prohibitiva** establecida en los estatutos, máxime cuando la actividad prohibida estatutariamente -fruto del principio de autonomía de la voluntad (CC art.1.255)-, no siempre implica *per se* u ontológicamente un **auténtico perjuicio real** u ostensible para la comunidad, ni se aprecia en la aplicación práctica y rígida del imperativo estatutario un interés del todo digno de protección. En estos casos, sería recomendable que el interpelado -propietario y/o ocupante- **reconviniese la declaración de nulidad** de la referida cláusula estatutaria por la que se establece la prohibición de actividad cuya infracción a aquel se le reprocha, al fin de que la declaración de su nulidad se integrase en el objeto del proceso iniciado merced al ejercicio de las acciones prevenidas en la LPH art.7.2 por la comunidad -la solicitud de declaración de la nulidad, no obstante, no necesariamente debe suscitarse por la parte demandada mediante reconvención explícita -LEC art.406-, puesto que el LEC art.408.2 del mismo cuerpo legal previene que este medio de defensa sea alegado y aducido sin necesidad de formular **acción petitoria específica y separada** al permitir que en su defensa el demandado pueda alegar hechos determinantes de la nulidad absoluta del negocio en que se funda la pretensión, sin necesidad de formular reconvención. Se trata de supuestos en los que con la actividad prohibida se evidencia un **uso natural**, no invasivo o no lesivo de los intereses comunitarios, tales como aquellos en los que, con oposición a lo expresado en los estatutos, se instala un despacho profesional en una de las viviendas, o una actividad docente, o una actividad comercial en uno de los locales cuando en el resto se llevan a cabo otras de diferente naturaleza, y la prohibición estatutaria implicaba una vulneración al principio de libertad de empresa (TS 31-5-96, EDJ 2719; AP Valencia 12-6-15, EDJ 208150) y libre concurrencia.

Precisiones **1)** La posibilidad que el legislador reconoce a los particulares, **propietarios** de pisos o locales para que voluntariamente, en los estatutos, restrinjan el uso o destino que pueda realizarse o llevarse a cabo en los elementos privativos, resulta independiente de que la actividad proscrita estatutariamente ocasiones daños efectivos, o sea realmente molesta, insalubre, nociva, peligrosa o ilícita (AP Bizkaia 3-5-01, EDJ 76680; 3-3-08, EDJ 71508). 3573

2) Sin embargo, ello no debe significar que la actuación de los particulares no se encuentre sujeta, en el ejercicio del principio de autonomía de la voluntad, a ningún tipo de fiscalización, ya que, como cualquier otra manifestación de lo prevenido en el CC art.1255, no puede resultar **contraria a la ley, a la moral, o al orden público**.

3) En mayor o menor medida, la prohibición estatutaria de actividades en los elementos privativos debe siempre responder a un mínimo de satisfacción de interés general y a la necesidad de preservar las adecuadas **relaciones de vecindad**, no resultando admisibles, por ejemplo, las limitaciones que introduce de forma egoísta el propietario único (promotor) con anterioridad al inicio de las ventas, y que responden a un manifiesto interés personal.

4) Por ello, los tribunales están facultados para analizar en cada caso la prohibición establecida en los estatutos sobre cuya literalidad se funda la acción de cesación, al objeto de apreciar casuísticamente el interés que se cobija en la limitación estatutaria a la actividad, dejándola sin efecto cuando persiga **intereses individuales** exclusivamente, o contraventores de los derechos y libertades constitucionales, o contrarios a normas imperativas o prohibitivas o, en general, resulten obedientes a intereses no dignos de protección (TS Pleno 12-9-13, EDJ 196819; AP Barcelona 22-3-18, EDJ 40301: los copropietarios no pueden verse privados de la utilización de su derecho a la propiedad como consideren más adecuado a no ser que este uso esté legalmente prohibido o que el cambio de destino aparezca expresamente limitado por el régimen de dicha propiedad horizontal, su título constitutivo o su regulación estatutaria).

5) No obstante, el Tribunal Supremo considera que, si la **situación estatutaria creada por el promotor constituyente de la propiedad horizontal y mantenida pacíficamente** por la comunidad permite el cerramiento de la plaza de garaje y no consta la modificación de los estatutos, no puede la junta de propietarios impedir el cerramiento por medio de acuerdos al respecto (TS 18-6-20, EDJ 597437).

Reglamentos de régimen interior La actividad prohibida, para ser susceptible del ejercicio de la acción de cesación, debe estar recogida en los **estatutos**, y no en los denominados «reglamentos de régimen interior» (LPH art.6), puesto que los estatutos constituyen el título constitutivo de la misma, que solo puede ser aprobado, derogado o modificado por unanimidad de todos los propietarios (LPH art.17.6 y 18.1 y 3), mientras que el reglamento de régimen interno es una norma que se dan los propietarios para regular la convivencia, que puede ser instaurada, derogada o modificada por mayoría simple (AP Sta. Cruz de Tenerife 28-12-17, EDJ 336042). No obstante, el contenido habitual de estas reglamentaciones internas es el regular con cierto pormenor el uso de elementos comunes (horarios de piscinas y canchas de tenis o jardines comunitarios; fijar el horario de porterías, etc.). Su contenido, además, tiene **carácter obligatorio** para los propietarios de pisos y locales. Por ello, determinadas actividades, por su naturaleza e incidencia práctica podrán dar lugar a la formulación de la acción recogida en el LPH art.7.2, no tanto por el hecho de estar proscritas específicamente en las normas de régimen interior, sino, antes bien, por resultar objetivamente atentatorias al CC art.394, esto es, a la norma general cuyos principios si están ínsitos en el régimen legal de la comunidad constituida en Régimen de Propiedad Horizontal. Así, en este supuesto, nos encontramos con aquellos casos en los que uno o varios de los propietarios de pisos o locales 3574 realizan un **uso exclusivo y excluyente** de determinados elementos comunitarios -p.e. colocación de sillas y mesas en terraza comunitaria, colocación habitual de bicicletas en la parte trasera del hueco del ascensor, o en el habitáculo de conserjería- o supuestos en que no se admiten actividades de hospedaje -apartamentos turísticos- ya que aunque la limitación al uso se establezca mediante el acuerdo que aprueba el Reglamento y su contenido es indudablemente válido. Dicha norma, complementa por lo demás la norma estatutaria contenida en el título constitutivo (AP Madrid 21-10-19, EDJ 748186).

No resulta admisible, ni, por tanto, eficaz, la previsión recogida en los estatutos o en las normas de régimen interior por las que se reserve una **facultad sancionadora** de la comunidad, arrogándose la posibilidad de privar por la vía de hecho a uno de los comuneros de la utilización de elementos y servicios comunes. Y es que, por más incívica, antisocial que resulte su conducta respecto de los restantes copropietarios, no es la comunidad la facultada para adoptar semejante sanción. Bien entendido que lo expuesto no supone dejar desamparada a la comunidad frente a conductas abusivas o asociales del copropietario, sino que esta puede acudir a la acción de cesación regulada en el LPH art.7.2, o a otro tipo de medidas, pero siempre recabando el **auxilio judicial** para su adopción. Lo que en ningún caso puede la comunidad es incidir en **vías de hecho** como en definitiva se propugna en ese artículo cuya anulación resulta procedente, en cuanto que se prevé una privación del derecho de uso de los servicios y elementos comunes (AP Asturias 19-10-09, EDJ 256573).

3575 La conmixtión de **supuestos de hecho comprendidos bajo la misma acción** no perjudica al accionante al deducir las pretensiones, ya que todos los eventos abrazados bajo el supuesto de hecho de la norma (actividades contrarias a estatutos, dañosas, contraventoras de disposiciones generales sobre actividades molestas, insalubres, nocivas, peligrosas o ilícitas) se encuentran arropadas bajo una misma *causa paetendi*, con lo que el **eventual error en su calificación** fáctica (denominando peligrosa a una actividad rectamente dañosa, por ejemplo), no implica una desviación de la acción que haya de suponer la desestimación de la pretensión suplicada.

Estas actividades dañosas motivadoras de la acción de cesación, así como -normalmente- de la **resarcitoria** a ella acumulada, trae causa o razón del deber especial que incumbe a cada propietario conforme a lo prevenido en los LPH art.9.a.b y g.

La causación de daños en el inmueble da lugar a la posibilidad de deducir, acumuladamente, la **acción de indemnización de daños y perjuicios**. Ahora bien, la acción concretamente reconocida en el LPH art.7.2 no comprende los supuestos de daños ocasionados a fuerza de una puntual y aislada acción u omisión por parte de algún propietario u ocupante de viviendas o locales, sino un supuesto diverso, en el que la **actividad dañosa** tiene **carácter persistente**, continuado (AP Madrid 15-5-06, EDJ 100699).

Cuando los **daños** los ocasione un **arrendatario de local, o de industria**, este deberá ser demandado por la comunidad conforme al LPH art.7.2, puesto que resulta preciso darle la posibilidad procesal de audiencia, defensa y contradicción frente al ejercicio de acciones que incluyen pretensiones que le van a afectar en su esfera patrimonial, y que conciernen a comportamientos o conductas por él perpetradas. El garantismo y tutela de derechos que preside nuestro proceso civil, así como la larga y madurada jurisprudencia de nuestro Tribunal Supremo en materia de **litisconsorcio pasivo necesario** y **legitimación pasiva** así lo refrendan. Así, el arrendatario -o en su caso, el subarrendatario- deberá ser demandado, tanto si la actividad persistente dañosa la ha pergeñado dolosamente como negligentemente.

3578 **Responsabilidad** El **arrendador** será responsable de los daños causados por el arrendatario (AP Gipuzkoa 3-11-16, EDJ 246279). Corresponde al propietario de la vivienda o local, en todo caso, responder de los daños y perjuicios causados por el arrendatario u ocupante cuando, a pesar de haber tenido conocimiento de la existencia de conductas incomodas y perjudiciales para la comunidad llevadas a cabo por uno u otro, no realiza actividad alguna, ni adopta medida alguna, a fin de impedir que dichas conductas continuaran, o en su caso, tendentes reducir los daños a la comunidad, debiendo por lo tanto responder de los daños causados (AP Madrid 8-9-16, EDJ 199193).

Se preserva el **interés comunitario** frente al particular, y para ello se objetiva la responsabilidad del propietario del piso o local donde se desarrolla la actividad prohibida, sea él o no quien de manera directa la realice, incluso con independencia de tener conocimiento de la misma. El propietario, con independencia de utilizar o no por sí mismo la vivienda o local, tiene un vínculo contractual con los demás copropietarios que le obliga a usar o administrar sus bienes sin perjudicar al resto.

Se trata de una responsabilidad **directa** (no subsidiaria) y **solidaria** (en régimen de solidaridad impropia, en cuanto determinada jurisprudencialmente), que se basa o sustenta en la **relación contractual** existente entre el propietario y el arrendatario causante del daño, así como en el beneficio que las rentas pagadas por el segundo procuran al primero, en el **poder de elección** que asiste el arrendador para determinar la persona de su arrendatario y ocupante, así como en el **poder o facultad** -y correspondiente deber-, de supervisión que incumbe al propietario sobre la forma o modo en que actúa el arrendatario en el local o vivienda y en los **elementos comunes** del edificio consustanciales a su participación en el régimen de comunidad. Para que se haga efectiva esta responsabilidad, resulta preciso que la comunidad actora demande no solamente al **infractor no propietario**, sino a este último, a pesar de que no se ejercite en el proceso la **acción acumulada** de extinción definitiva de los derechos sobre la vivienda o local, tal y como establece el último inciso del LPH art.7.2.4º, al disponer que «la demanda habrá de dirigirse contra el propietario y, en su caso, contra el ocupante de la vivienda o local».

2. Actividades molestas, insalubres, nocivas, peligrosas o ilícitas

Se establece como causa de **resolución del contrato de arrendamiento** la realización en el piso destinado a vivienda o en el local destinados a otros usos diversos de aquel, la realización de este tipo de actividades (LPH art.7.2). **3580**

Normativa aplicable La reforma de la L 49/1960 por la L 8/1999, no fue afortunada por lo que a la redacción de LPH art.7.2.1º se refiere, pues, la reseña de «las **disposiciones generales**», no puede entenderse en su sentido literal, so pena de vaciar de contenido práctico el precepto. En consecuencia, debe acudirse al D 2414/1961, por el que se aprueba el Reglamento de Actividades Molestas, Insalubres, Nocivas y Peligrosas, declarado **vigente** por RD 1346/1976 y **derogado** posteriormente, salvo para aquellas comunidades y ciudades autónomas que no dispusieran de normativa aprobada en la materia (L 34/2007 disp.derog.única). **3581**

De ahí que el referido Reglamento no resulte aplicable en el ámbito territorial correspondiente a las siguientes **comunidades autónomas**, donde regirán las normas que a continuación se determinan:

- En Andalucía (L Andalucía 7/2007; D Andalucía 6/2012).
- En Aragón (L Aragón 11/2014).
- En Baleares (L Baleares 7/2013).
- En Canarias (L Canarias 7/2011).
- En Cantabria (L Cantabria 17/2006).
- En Castilla-La Mancha (L Castilla-La Mancha 9/1999).
- En Castilla y León (DL Castilla y León 1/2015).
- En Cataluña (L Cataluña 20/2009).
- En Extremadura (L Extremadura 9/2006).
- En Galicia (L Galicia 9/2013).
- En La Rioja (L La Rioja 6/2017).
- En Madrid (L Madrid 21/2013).
- En Murcia (L Murcia 4/2009)
- En Navarra (LF Navarra 17/2020).
- En Valencia (L C.Valenciana 6/2014).

Precisiones Es constante doctrina legal la que reconoce que: **3582**

1) El hecho de que una determinada **actividad** esté **recogida** sin más en las **disposiciones generales** sobre actividades molestas, nocivas, insalubres, peligrosas o ilícitas no entraña algo diverso de un **indicio** de que la misma tiene tal carácter, ya que los tribunales han de **valorar cada caso en concreto**, y tener presentes las circunstancias puntuales en que la actividad se desarrolla en el ámbito de la comunidad (AP Ourense 30-9-03, EDJ 134320; AP A Coruña 4-4-11, EDJ 70265).

2) Puede considerarse una determinada actividad como molesta, nociva, insalubre, peligrosa o ilícita, a los efectos de la LPH art.7.2.1º, aunque tal actividad no lleve aparejada **contravención de norma administrativa alguna** (AP Madrid 3-11-09, EDJ 305252; AP Bizkaia 21-5-10, EDJ 250316), de modo que, consiguientemente, la obtención o la denegación de licencia o autorización administrativa -cuando para desarrollar la actividad en cuestión sea preceptivo este requisito- no resulta determinante al efecto de evitar o no la aplicación del LPH art.7.2 (TS 14-2-89, EDJ 1511; 16-7-93, EDJ 7224; AP Lugo 11-7-19, EDJ 658469; AP Huesca 10-12-10, EDJ 310137).

3) Si la actividad está sujeta a un **control de la autoridad administrativa**, si esta da la autorización para que se emprenda una vez tomadas las medidas prevenidas legalmente para evitar daños, no se ve como la comunidad puede sentirse perjudicada alegando una nocividad y un peligro que aquellas medidas quieren evitar» (TS 17-11-93, EDJ 10381).

a. Actividades molestas

3585 Equivalen a las denominadas **«incómodas»** de la redacción anterior. Son tales las que comprenden actos ejercidos por un titular dentro de su esfera dominical que proyectan sus **consecuencias en la propiedad ajena**, causando incomodidades, y las que impiden el adecuado uso y disfrute de la propiedad ajena. En particular, son aquellas que entrañen de **modo persistente una incomodidad** por los ruidos o vibraciones que produzcan, o por los humos, gases, olores, nieblas, polvos en suspensión o sustancias que eliminen. Consiguientemente, son esencialmente tres los sentidos que han de verse afectados: vista, olfato y oído (AP Segovia 21-10-05, EDJ 223830; AP Barcelona 6-7-11, EDJ 189767).

La actividad reprochable puede ser únicamente **molesta** o, además, **peligrosa, nociva, insalubre o ilícita**, en cuyo caso nos encontraríamos en un supuesto de hecho en el coexisten diversas modalidades amparadas por la acción del LPH art.7.2. Así han sido consideradas como actividades incómodas o molestas -si bien, siempre dependiendo de las **circunstancias de ejercicio** - la música y ruidos a altas horas, p.e. la instalación de un café-bar (TS 14-2-89, EDJ 1511; AP Sta. Cruz de Tenerife 23-7-21, EDJ 737668). También consideró el **ruido** como actividad molesta (TS 18-5-94, EDJ 4521; AP Murcia 24-5-21, EDJ 633644).

No se califica como tal la derivada del ejercicio profesional de **abogados y economistas**, siendo 50 personas ejercientes de tales profesiones en una superficie de 1.000 metros cuadrados, distribuidos en seis plantas del edificio, puesto que debe rechazarse la acción de cesación cuando la actividad no es molesta ni insalubre, ni existe perjuicio constatado y está permitida por los estatutos o no se encuentra expresa y claramente prohibida (AP Madrid 29-12-15, EDJ 270550).

3586 **Concepto de actividad molesta** La jurisprudencia ha definido la actividad molesta como aquella actividad que constituye una incomodidad por los ruidos o vibraciones que produce, o por los humos, gases, olores, nieblas, polvo en suspensión o substancias que elimine. La actividad debe reunir las características de una cierta **continuidad o permanencia** en la realización de actos singulares y ha de ser **notoria y ostensible** (AP Cáceres 4-7-23, EDJ 685891). Su valoración no ha de hacerse apriorísticamente y solo por las características generales de la misma, sino por el modo de realizarla en el caso concreto y posible posición contumaz del agente ante posibles advertencias. La actividad debe tener una cierta **entidad**, no considerando como tal las inmisiones inocuas o que causen perjuicios no sustanciales. Además, es necesario un cierto grado de **objetividad**, dado que en un régimen de propiedad horizontal deben armonizarse los derechos de cada propietario sobre los elementos de propiedad separada, susceptibles de aprovechamiento independiente (AP Málaga 26-2-21, EDJ 592422).

Se entiende por tales aquellas que suponen unas **molestias notorias**, en cuanto **superiores cuantitativa o cualitativamente** a las que vienen impuestas por la relación de vecindad; es decir, más allá de los límites tolerables y asumibles por la comunidad por ser **contrarios a la buena disposición** de las cosas para el uso normal que ha de hacerse de aquellas; impidiendo a los demás propietarios el adecuado uso de los elementos comunes y de sus derechos (LPH art.7.2). Esto es, con dichas actividades se perturba, en el **orden de convivencia**, el corriente desenvolvimiento de las relaciones sociales, y se **excede lo tolerable** el normal ejercicio de las normas de convivencia dificultándose a los demás comuneros el ejercicio de sus derechos (el correcto uso y disfrute de sus viviendas y del inmueble), protegido por la Ley de Propiedad Horizontal.

La calificación de una actividad como incómoda o molesta no ha de hacerse apriorísticamente, en abstracto, y solo atendiendo a las características generales de la misma, sino revisando concretamente el modo o forma de realizarse en cada caso, o el modo de desarrollarse la situación de hecho derivada del uso de una cosa, y ello, aunque formalmente se cumplan las formalidades administrativas. Se debe enjuiciar la actividad atendiendo a los principios que rigen las relaciones de vecindad y a la prohibición del abuso de derecho. Y se debe apreciar la posición contumaz del agente causante ante las advertencias que le hayan sido hechas; inclusive las objetivamente inocuas (AP Madrid 29-12-15, EDJ 270550).

La jurisprudencia viene definiendo el acto de inmisión definidor de actividad molesta como toda **injerencia en la esfera jurídica ajena**, mediante la propagación de sustancias nocivas o perturbadoras que, consecuencia de actividades que tienen lugar en fundo propio, repercuten negativamente en el ajeno de forma que **lesionan en grado no tolerable** por el hombre normal el disfrute de sus derechos personales y patrimoniales (AP Madrid 24-10-12, EDJ 246479). Concepto que se sustenta en la regla fundamental de que la propiedad no puede llegar más allá de lo que el **respeto al vecino** determina (TS 17-2-68, EDJ 128; 12-12-80, EDJ 1031; AP Madrid 20-6-16, EDJ 139253).

Por tanto, la **protección civil** frente a la actividad clara y ostensiblemente molesta en el seno de la comunidad, ejercida de modo persistente e intolerable, permite al perjudicado ejercitar la pretensión de condena al cese de la actividad, y la consiguiente indemnización de daños y perjuicios irrogados por la misma.

No importa que la perturbación derive de una **actividad plenamente lícita**, «ya que a lo que hay que atender es exclusivamente al dato cierto de la molestia o incomodidad» (AP Badajoz 25-10-04, EDJ 158124); la **cesación de la perturbación acústica** causada por un bar a los habitantes del edificio son independientes de la concesión o no denegación de la licencia de actividad, «pues afectan a las relaciones de **índole estrictamente civil** entre particulares» (AP Córdoba 27-4-04, EDJ 35456; AP Navarra 8-1-01, EDJ 107479; cual sentaba la AP Baleares 27-11-01), «no es misión de esta Sala determinar si la ubicación de una actividad de esta naturaleza es administrativamente correcta», pero sí determinar si ocasiona los ruidos e incomodidades en que se fundaba la demanda interpuesta al amparo de los LPH art.7.3 y 19. A diferencia de otros ordenamientos europeos (italiano, portugués, suizo, austriaco o alemán), el Código Civil español se limita a las medidas de **precaución para construcciones contiguas** del CC art.590 y a lo que el CC art.1908 dispone en sus párrafos segundo y cuarto sobre **humos y olores**; no obstante, estos preceptos admiten una **interpretación** actualizada (CC art.3.1) y analógica (CC art.4.1) que lleve a la subsunción en ellos de los casos de ruidos perjudiciales emitidos por cualquier máquina industrial, instrumento o aparato, por cuanto constituyen «una injerencia o intromisión indirecta sobre el predio vecino» (AP Madrid 24-10-12, EDJ 246479; AP Tarragona 24-6-11, EDJ 214769), con **repercusión** evidente no solo sobre el derecho de propiedad, sino **sobre derechos fundamentales** tales como los relativos a la integridad física y moral, la intimidad personal y familiar y la inviolabilidad del domicilio (TCo 199/1996; 119/2001; TS 2-2-01, EDJ 428; AP Zaragoza 28-1-03, EDJ 7313), siempre que se trate de una injerencia sonora continua, persistente o reiterada (AP Alicante 7-4-03, EDJ 86767), que no resulte tolerable (AP Cuenca 10-5-00, EDJ 25047; AP Guadalajara 4-3-05, EDJ 23054) para la sensibilidad media o la «conciencia social» (AP Barcelona 12-4-00, EDJ 27575), y todo esto con independencia de que se rebasen o no los niveles administrativamente establecidos (TS 17-3-81, EDJ 1417; AP Girona 27-9-05, EDJ 253669). **3587**

Expresión «tolerable» Por tolerable ha de entenderse lo que no exceda ni perturbe el estado de hecho que es usual y corriente en las relaciones sociales, es decir, lo que es «normalmente consentido por la conciencia social», o mejor, lo que venga a respetar «la sensibilidad media en relación con la injerencia; esto es, la sensibilidad a la molestia de una persona normal», en palabras de un autor. Es obvio que lo dañino, nocivo o lesivo ha de reputarse intolerable. **3588**

El **juicio de tolerabilidad** ha de contemplar las consecuencias patrimoniales y personales -físicas y psíquicas- que la actividad enjuiciada produciría en una persona común. Se trata por tanto de un concepto relativo que depende de las condiciones de la propia actividad -de su continuidad, frecuencia e intensidad-, pero también de las características del lugar -zona residencial, industrial o agrícola- y de la franja horaria en que se produce -en horario diurno o nocturno- (AP Pontevedra 21-7-16, EDJ 155880; 21-2-19, EDJ 520160).

Requisitos La actividad, para ser calificada de molesta, ha de reunir los requisitos siguientes (AP Pontevedra 19-2-09, EDJ 47878; AP Barcelona 16-11-04, EDJ 201479): **3589**

a) Ha de producirse **dentro del inmueble** (en cualquier parte del mismo), no en el exterior (a no ser que tenga su origen en el interior).

b) La calificación de una actividad como incómoda o molesta no ha de hacerse apriorísticamente y solo por las características generales de la misma -ello es competencia de la autoridad administrativa correspondiente (L 7/1985)-, sino atendiendo al **modo de realizarse en cada caso concreto** (TS 16-7-93, EDJ 7224; AP A Coruña 4-4-11, EDJ 70265) o el **modo de desarrollarse** -situación de hecho derivada del uso de una cosa, aunque se cumplan formalidades administrativas (porque no pueden entrañar restricciones a la tutela judicial efectiva, -Const art.24-), atendiendo a los principios que rigen las relaciones de vecindad y a la prohibición del abuso de derecho -CC art.7.2- (TS 20-3-89, EDJ 3180; AP Bizkaia 20-6-13, EDJ 310583)- y a la posición contumaz del agente ante las advertencias que le hayan sido hechas.

c) La actividad ha de **exceder y perturbar el régimen o estado de hecho usual** y corriente en las relaciones sociales, de manera notoria -evidencia y permanencia en la incomodidad (AP Madrid 13-6-18, EDJ 526382)-.

d) Se requiere una **prueba concluyente, plena y convincente**, atendida la gravedad de la sanción (TS 13-5-95, EDJ 3234; AP Cuenca 23-4-13, EDJ 101603), de ahí la interpretación restrictiva en orden a seguir la pauta del menor efecto para el ejercicio de la actividad en cuanto sea posible, frente al efecto drástico del cese o de la privación del uso (entre otras razones, porque las limitaciones a las facultades dominicales han de interpretarse restrictivamente). La **carga de la prueba** incumbe a la parte actora que deduce la pretensión (LEC art.217). **3590**

e) **No rectificación por el denunciado**, en un plazo razonable, cesando o modulando la actividad, tras el requerimiento que le sea remitido a tal efecto (pues la actividad ha de ponerse en relación con el esfuerzo desplegado por el titular de la misma para reducir al mínimo los efectos para la comunidad).

3591 **Música y ruido a altas horas** (TCo 16/2004; TS 14-2-89, EDJ 1511; AP Valencia 6-11-08, EDJ 339904; AP Alicante 14-4-16, EDJ 96840; AP La Rioja 17-9-20, EDJ 699355; AP Madrid 29-12-20, EDJ 824495) El ruido puede llegar a representar un **factor psicopatógeno** destacado en el seno de nuestra sociedad, así como una fuente permanente de **perturbación de la calidad de vida** de los ciudadanos. Y así lo acreditan, en particular, las directrices marcadas por la Organización Mundial de la Salud sobre el ruido ambiental. En ellas se ponen de manifiesto las **consecuencias** que la exposición prolongada a un nivel elevado de ruidos tiene sobre la salud de las personas (como por ejemplo deficiencias auditivas, apariciones de dificultades de comprensión oral, perturbación del sueño, neurosis, hipertensión e isquemia), así como sobre su conducta social (en particular, reducción de los comportamientos solidarios e incremento de las tendencias agresivas).

A efectos de la **acción de cesación** (LPH art.7), no basta para la estimación de la acción cualquier clase de ruido, puesto que este debe alcanzar un nivel que permita calificarlos de **persistentes, evitables e insoportables**, y que supongan saturación acústica; es decir, que sean superiores a lo humanamente razonable y soportable dadas las circunstancias de cada caso concreto. Por su parte, el Tribunal Supremo declaró que en un asunto que sí afectaba a España, la sentencia del Tribunal Europeo de Derechos Humanos (TEDH 16-11-04) abordó el caso de una ciudadana de Valencia que se decía asediada por el **ruido de los locales de diversión nocturna** de la zona en que vivía. Dicho Tribunal, - además de insistir en su línea interpretativa del Convenio de Roma art.8.1 sobre la posible vulneración del derecho al respeto al domicilio por ruidos, emisiones, olores y otras injerencias-, estima el recurso por considerar «innegable» el ruido nocturno que venía soportando la demandante durante varios años, sobre todo durante el fin de semana, y razona que exigir a alguien que habita en una **zona acústicamente saturada**, la prueba de algo que ya es conocido y oficial para la autoridad municipal no parece necesario (TS 31-5-07, EDJ 68123). Por su parte, la doctrina jurisprudencial-, con base principalmente en la doctrina del Tribunal Europeo de Derechos Humanos-, encuadra la protección frente al ruido en el ámbito de la **tutela judicial civil de los derechos fundamentales**, sin perjuicio de que también quepa dicha protección al amparo de la legislación civil ordinaria (TS 5-3-12, EDJ 36886; AP Córdoba 20-12-22, EDJ 830400).

En lo que concierne a la acción de cesación por este motivo, debe entenderse que, en el ámbito domiciliario, para la valoración de la actividad molesta a efectos de aplicación al infractor de las consecuencias previstas en la LPH art.7.2 hay que recurrir a los principios de «normalidad en el uso», y de «tolerabilidad de las molestias», al margen en todo caso de si el nivel de ruido producido alcanza o no a superar los límites legales administrativamente permitidos; circunstancia esta, por otra parte, de muy difícil constatación en los casos de ruidos procedentes de viviendas, en atención a su irregularidad temporal (AP Pontevedra 21-7-16, EDJ 155880). El exceso de ruidos que se produce como consecuencia de la actividad desarrollada cuya cesación se pretende, y el resto de los inconvenientes y molestias que se derivan de ese uso, producen graves consecuencias sobre la tranquilidad y salud de las personas y por lo tanto se podría solicitar no solo el cese de la actividad desarrollada en el local, sino también **indemnización** por los perjuicios causados tanto a la comunidad, como a los vecinos considerados individualmente (AP Madrid 24-10-19, EDJ 840415).

3592 Precisiones **1)** El presupuesto de que el ruido tenga su **origen en la actividad humana**, implícito para otras inmisiones dañosas (CC art.1902), aparece explicitado en el ámbito de la propiedad horizontal (LPH art.7.2) cuando, en aras a una armoniosa convivencia vecinal, se prohíbe desarrollar en elementos privativos del inmueble ciertas **actividades contrarias a la Ley y a los estatutos**.

Por otra parte, la tutela civil frente al ruido presupone al propio tiempo su procedencia de una fuente emisora determinada. Tanto los mecanismos resarcitorios como las medidas de cesación y abstención de las inmisiones sonoras meramente molestas o perturbadoras resultan inviables frente a los **ruidos de procedencia difusa y de origen plural**, no susceptible de concreción. Ello no sucederá por la sola acumulación de inmisiones, cuando sus fuentes, aun siendo plurales, resultan identificables y los responsables determinables inmediata o mediatamente, en su condición de propietarios o usuarios del inmueble de que proceden (AP Baleares 11-10-11, EDJ 264846).

2) Sobre esta actividad molesta, deben tenerse en consideración las especificaciones al efecto realizadas por:

- L 37/2003 del ruido.
- RD 1038/2012, por el que se modifica el RD 1367/2007, por el que se desarrolla la L 37/2003, en lo referente a zonificación acústica, objetivos de calidad y emisiones acústicas.
- Orden VIV/984/2009, por la que se modifican determinados documentos básicos del código técnico de la edificación aprobados por el RD 314/2006 y el RD 1371/2007.
- RD 1367/2007, por el que se desarrolla la L 37/2003, en lo referente a zonificación acústica, objetivos de calidad y emisiones acústicas.
- RD 1371/2007, por el que se aprueba el documento básico «DB-HR de protección frente al ruido» del Código Técnico de la Edificación y se modifica el RD 314/2006, por el que se aprueba el código técnico de la edificación.

- RD 524/2006, por el que se modifica el RD 212/2002, por el que se regulan las emisiones sonoras en el entorno debidas a determinadas máquinas de uso al aire libre.
- RD 1513/2005, por el que se desarrolla la L 37/2003, en lo referente a la evaluación y gestión del ruido ambiental.
- Dir 2002/49/CE, sobre evaluación y gestión del ruido ambiental.
- RD 212/2002, por el que se regulan las emisiones sonoras en el entorno debidas a determinadas máquinas de uso al aire libre.

Derecho a la intimidad personal y familiar En este punto conviene recordar, como destaca la actual doctrina, que la TCo 16/2004, siguiendo el criterio ya sentado en la TCo 119/2001, ha considerado que el ruido, cuando se produce en **términos que sobrepasan los niveles normales**, puede afectar al derecho a la integridad física y moral (Const «ex» art.15.1), y que una **exposición prolongada** a unos determinados niveles de ruido, que puedan objetivamente calificarse como **evitables e insoportables**, ha de merecer la protección dispensada al derecho fundamental a la intimidad personal y familiar en el **ámbito domiciliario**, en la medida en que impidan o dificulten gravemente el libre desarrollo de la personalidad, siempre y cuando la lesión o menoscabo provenga de **actos u omisiones de entes públicos** a los que sea imputable la lesión producida. Esta nueva **sensibilidad frente al ruido como elemento psicopatógeno** medioambiental permite al ciudadano disponer de una mejor capacidad de defensa en todos los órdenes jurisdiccionales, frente a la agresión acústica. **3593**

Determinante en este sentido fue la conocida TEDH 9-12-94; que ya consideró responsables a las autoridades españolas, en concreto al Ayuntamiento de Lorca (Murcia), de violar el art.8 del Convenio Europeo de Derechos Humanos -que establece el derecho al respeto a la vida privada y familiar y al domicilio sin que ningún poder público pueda interferir en su ejercicio- al **no ejercitar los poderes de control** conferidos por la legislación vigente en la **instalación de una planta de tratamiento de residuos sólidos y líquidos** a escasos metros del domicilio del denunciante. Doctrina que fue enteramente asumida por los tribunales españoles en aplicación de lo establecido en la Const art.10.2, y a cuyo amparo vienen restableciendo el derecho vulnerado del recurrente y declarando la responsabilidad patrimonial del Ayuntamiento por funcionamiento anormal, condenándole a la indemnización correspondiente (TS 10-4-03, EDJ 9871). **3594**
Esta protección, que trasciende al ámbito patrimonial, se sustenta en el derecho fundamental a la **inviolabilidad del domicilio** (Const art.18.2), definido en la TCo 119/2001 atendiendo a la realidad sociológica de que el ruido ambiental supone un claro factor psicopatógeno y al concepto de domicilio como ámbito de intimidad del sujeto donde se sustrae de los usos y convenciones, que puede ser menoscabado por la contaminación acústica.

Dando entrada a la posible vulneración del **derecho a la integridad física y moral**, al afirmar que «habremos de convenir en que, cuando la exposición continuada a unos niveles intensos de ruido ponga en grave peligro la salud de las personas, esta situación podrá implicar una vulneración del derecho a la integridad física y moral (Const art.15). En efecto, si bien es cierto que no todo supuesto de riesgo o daño para la salud implica una vulneración de la Const art.15, sin embargo, cuando los **niveles de saturación acústica** que deba soportar una persona, a consecuencia de una acción u omisión de los poderes públicos, rebasen el umbral a partir del cual se ponga en **peligro grave e inmediato la salud**, podrá quedar afectado el derecho garantizado en la Const art.15. **3595**

En el **ámbito civil** la protección se fundamenta en el ejercicio de las acciones derivadas de las relaciones de vecindad por inmisiones acústicas (CC art.590), en relación con el ejercicio abusivo del derecho *ex* CC art.7, y de la responsabilidad extracontractual recogida en CC art.1902, 1903 y 1908, con la interpretación actualizadora (CC art.3.1) y analógica (CC art.4.1) que posibilita la subsunción en ellos (CC art.590 y 1908.2º y 4º) de los casos de ruidos perjudiciales emitidos por cualquier máquina industrial, instrumento o aparato. **3596**

Animales (AP Pontevedra 21-2-19, EDJ 520160; AP Bizkaia 16-11-20, EDJ 797883; AP A Coruña 23-6-21, EDJ 683513) **3597**
El hecho de que un propietario tenga un perro que deposite sus **excrementos en la zona de elementos comunes** de la comunidad de forma reiterada se entiende como actividad molesta, o, como en el caso de la AP León 11-1-07, EDJ 5649, en donde se aportaron a autos los informes de la Policía Local, como por los Guardias Civiles miembros del SEPRONA, que visitaron el inmueble, poniendo de manifiesto la estancia de dos perros cachorros de pastor alemán en el **patio interior de la vivienda** de la parte demandada, cuyos excrementos provocan **malos olores** que impiden abrir las ventanas de las viviendas colindantes, así como los constantes ruidos provocados por los **ladridos de los animales**, todo lo cual constituye una actividad prohibida que debe cesar en aplicación de lo establecido en el precepto citado, encontrándonos

en el supuesto de hecho contemplado por la LPH art.7.2, que prevé que el **propietario o inquilino que realice en el interior del piso** actividades molestas insalubres, nocivas o peligrosas será requerido por el presidente de la comunidad para la cesación de las mismas.

Por consiguiente, el hecho que de **forma reiterada** los perros molesten a los vecinos con constantes ladridos o dejando excrementos se tendrá como actividad molesta, ya que, con toda lógica, no es preciso que estas conductas consten como **prohibidas en los estatutos**, pese a esa mención de la sentencia, ya que su óptima ubicación lo es como actividad molesta más que prohibida. Evidentemente, es posible que en estatutos conste que los propietarios no puedan dejar **animales sueltos** o que ensucien los elementos comunes de la forma antes expuesta.

3598 **Animales potencialmente peligrosos** (AP Baleares 18-5-10, EDJ 122952) Debe realizarse una breve mención en relación a la actual costumbre por parte de ciertos propietarios de pisos consistente en **albergar establemente en sus inmuebles** perros considerados como peligrosos. Resulta sobre este particular de aplicación la L 50/1999, sobre el Régimen Jurídico de la Tenencia de Animales Potencialmente Peligrosos, que señala que «También tendrán la calificación de potencialmente peligrosos, los **animales domésticos** o de compañía que reglamentariamente se determine, en particular, los pertenecientes a la **especie canica**, incluidos dentro de una tipología racial, que por su **carácter agresivo, tamaño o potencia de mandíbula** tengan capacidad de causar la muerte o lesiones a las personas o a otros animales y daños a las cosas» (L 50/1999 art.2.2).

Determinados perros, con capacidad para causar daño en el sentido señalado, constituyen instrumentos especialmente **peligrosos para la integridad física** de las personas. La tenencia de cualesquiera animales clasificados como potencialmente peligrosos al amparo de esta Ley requerirá la previa obtención de una **licencia administrativa** que será otorgada por el ayuntamiento del municipio de residencia del solicitante una vez verificado el cumplimiento de, al menos, los siguientes **requisitos** (L 50/1999 art.3.1):

- ser mayor de edad y no estar incapacitado para proporcionar los cuidados necesarios al animal;
- no haber sido condenado por delito de homicidio, lesiones, torturas, contra la libertad o contra la integridad moral, libertad sexual y salud pública, de asociación con banda armada o de narcotráfico, así como ausencia de sanciones por infracciones en materia de tenencia de animales potencialmente peligrosos;
- certificado de aptitud psicológica;
- acreditación de haber formalizado un seguro de responsabilidad civil por daños a terceros que puedan ser causados por animales por la cuantía mínima que reglamentariamente se determine.

Es decir, la tenencia de tales animales requiere licencia y la comisión de algunas de las infracciones que en dicha Ley se establecen puede llevar aparejadas como, **sanciones accesorias**, entre otras, la suspensión temporal o definitiva de la licencia para la tenencia de animales potencialmente peligrosos.

3599 La propia calificación de un animal como instrumento peligroso y susceptible de causar un daño a terceros, legitima a una comunidad a adoptar un acuerdo prohibiendo por el **régimen de mayoría simple** a que en esa comunidad los propietarios u ocupantes tengan en sus inmuebles los perros clasificados en esta modalidad -y ello aunque dispongan de la licencia-, ya que una cosa es el derecho de una persona a tener un animal considerado potencialmente peligroso y otra que el resto de personas que conviven en la comunidad tengan que estar expuestos a cualquier peligro que desee asumir el propietario por su propia voluntad. En estos casos, estas decisiones personales deben conllevar también las propias **limitaciones** de que otros comuneros no quieran asumir el riesgo de encontrarse a un animal considerado peligroso en el ascensor o en otras zonas de elementos comunes, por lo que resulta legítimo y ajustado a derecho un **acuerdo de la comunidad** que limite este derecho con la consecuencia que podría ejercerlo en cualquier inmueble no sujeto al régimen de propiedad horizontal, por ejemplo, un chalet individual que no causa peligro ni molestias a terceros.

3600 **Insultos, vejaciones, amenazas y actitudes contrarias a la convivencia** (TCo 28/1999; AP A Coruña 9-7-19, EDJ 658216; AP Madrid 29-12-20, EDJ 824495) En puridad, no se trata propiamente de actividades contraventoras de «disposiciones de carácter general», si bien no puede quedar su sanción fuera del ámbito de cobertura del LPH art.7.2 en la medida que suponen un **deterioro en la convivencia** que excede de los límites normales y tolerables, siempre que las actividades de esta índole se realicen en el **interior del inmueble**, y por su intensidad y persistencia resulten inasumibles para un orden estándar de convivencia.

Prostitución Para poder ubicar la actividad del ejercicio de la prostitución como actividad molesta hay que recordar que no todas las actividades subjetivamente molestas pueden incluirse en el supuesto previsto en el LPH art.7.2, sino que es necesario un **cierto grado de objetividad**, dado que, en régimen de propiedad horizontal deben armonizarse los derechos de cada propietario sobre los **elementos de propiedad separada**, susceptibles de aprovechamiento independiente, con la ineludible interdependencia objetiva y recíprocas limitaciones derivadas de la unidad física del edificio. Por esta razón hay que concluir que, en primer lugar, el ejercicio de la prostitución en un inmueble no es por sí mismo una **actividad objetivada como molesta** al poder caer dentro de la privacidad de una persona en la esfera de actuaciones que puede realizar en su inmueble y que no estén consideradas dentro del catálogo prohibitivo de los estatutos, por la Ley o incluidas en el elenco anterior. En este sentido, si se quiere utilizar la vía de LPH art.7.2, habrá que **demostrar** que la actividad es molesta para los **vecinos de forma objetiva y con los medios probatorios** que acrediten en qué medida se molesta la convivencia del resto de comuneros. Por ello, para poder aplicar el LPH art.7.2 es preciso **individualizar cada caso** y verificar si puede objetivarse que la forma en que se lleva a cabo la actividad puede calificarse como molesta para la comunidad, teniendo sentado el Tribunal Supremo que la base de la notoriedad está constituida por la **evidencia y permanencia en el peligro o en la incomodidad**, entendiendo asimismo, que en el concepto de actividad notoriamente incómoda debe incluirse aquella actividad cuyo **funcionamiento en un orden de convivencia**, excede y perturbe aquel régimen de estado de hecho que es normal y corriente en las relaciones sociales (TS 22-12-70, EDJ 732; AP Madrid 15-3-02, EDJ 68728). En este sentido, el ejercicio de la prostitución se considerará actividad molesta cuando se pruebe que la actividad desarrollada genera situaciones incompatibles con el normal desenvolvimiento de la convivencia, que implican **molestias superiores** a las que vienen impuestas por la relación de vecindad; esto es, más allá de los límites tolerables y asumibles por la comunidad por ser contrarios a la buena disposición de las cosas para el uso normal que ha de hacerse de aquellas; entendiéndose en suma que son actividades incómodas o molestas proscritas por las ley todas las que impiden a los demás el adecuado uso de una cosa o derecho (AP Madrid 7-10-21, EDJ 754838). En consecuencia, si la comunidad pretende litigar como consecuencia de ejercerse la prostitución en uno de los pisos o locales, queda abierta la vía del LPH art.7.2, pero deberá aportarse al proceso **prueba suficiente para acreditar que la actividad causa molestias** a los vecinos; es decir, no es que se trate de una actividad que la comunidad rechace amparándose en motivos morales o éticos -ya que este aspecto no se cubre en el LPH art.7.2, a diferencia de la redacción anterior que si hacía alusión a las actividades inmorales-, sino que el **acceso de los clientes al inmueble** o su conducta dentro de él sean los tenidos por molestos (AP Sta. Cruz de Tenerife 23-7-21, EDJ 737668). **3601**

Debe precisarse, por otra parte, que la **jurisdicción civil**, en este tipo de actividades relativas a la prostitución en el edificio, es **autónoma** cuando juzga en pleitos en los que se ejercitan acciones. Y su independencia se predica respecto de otros órdenes jurisdiccionales, como el contencioso-administrativo, cuando conocen de procesos en los que pueda converger la materia afectada, en tanto en cuanto que cada orden jurisdiccional ofrece **mecanismos tutelares diferentes**, se somete a normas distintas y examina los hechos desde perspectivas diferentes (AP Valencia 28-6-13, EDJ 201661). **3601.1**

El ejercicio de la prostitución en un local o piso del edificio es incardinable en el supuesto de hecho de la LPH art.7.2, aunque no esté expresamente prohibida en los estatutos. Puede ser nociva y molesta cuando es llevada a cabo en un **inmueble residencial**, donde se esperan comportamientos acordes con este uso por parte de los vecinos, pero no actividades comerciales que, pese a no ser nominalmente ilícitas, pueden potencialmente resultar molestas, ofensivas o muy poco gratas para los residentes, que obviamente no desean sentirse identificados con los practicantes de este tipo de actividad, ni sufrir las incomodidades propias del trasiego de personas, los ruidos, ni el rechazo social implícito que supone el tolerarla (AP Madrid 1-2-19, EDJ 519194; 14-11-16, EDJ 231435). Por su parte, si son **varios pisos** donde se ejerza la prostitución, pero esta se lleva a cabo en un marco estrictamente privado sin incidencia en elementos comunes, no tiene siempre y en todo caso que generar molestias a los vecinos, pero si se facilita que cualquiera pueda acceder y hacer uso de las zonas comunes, en comunicación directa y permanente con la vivienda, además de suponer un empleo impropio de los elementos comunes, resulta objetivamente molesto para quienes habitan el resto del edificio, los cuales no tienen la obligación de soportar en su vida diaria conductas de terceros propias de espacios reservados e íntimos (AP Madrid 10-2-17, EDJ 26562).

Colaboración de terceros Para el caso de que en el ejercicio de la prostitución colaboren terceros que **se lucren con tal actividad**, los hechos, en tal supuesto, revisten caracteres de **delito grave**, ya que en este caso no se trataría de una persona que puede tener la libertad de realizar esta actividad concreta, sino que la intermediación de un tercero en esta actividad tendría la consideración de un **delito relativo a la prostitución**, que sanciona con pena **3602**

privativa de libertad al que se lucre explotando la prostitución de otra persona aun con su consentimiento. En consecuencia, si se detecta la situación de intervención de terceros en el desarrollo de la actividad la vía más ágil sería la de la **comunicación** de esta situación **a las Fuerzas y Cuerpos de Seguridad del Estado** mediante la presentación de una denuncia por el presidente de la comunidad o administrador de fincas al tratarse de un delito perseguible de oficio, con lo que se acordaría el **cese inmediato de la actividad** por la presentación de las Fuerzas y Cuerpos de Seguridad del Estado en el inmueble por orden judicial, a fin de comprobar la ejecución de la actividad, lo que conllevaría la **detención de los partícipes** que promueven el ejercicio de la prostitución de terceras personas, y que en el fondo serán los propietarios o inquilinos del inmueble en cuestión, no las que practican la actividad (AP Madrid 13-6-03, EDJ 143437; AP Barcelona 10-4-06, EDJ 278983; AP A Coruña 1-6-07, EDJ 147137).

3602.1 **Apartamentos turísticos** En este caso, no se trata propiamente de que un local o una vivienda cambien de **destino**, sino de la inserción de una explotación hotelera o de hospedaje turístico en una parte considerable de un edificio, destinado mayoritariamente a un uso residencial privado (TS 27-11-08, EDJ 227743; AP Barcelona 9-10-15, EDJ 246484).

En todo caso, el solo hecho de explotar su titular **varios pisos del edificio** como apartamentos turísticos en un edificio sometido al régimen de propiedad horizontal, y cuyos restantes departamentos son destinados a la estricta función de vivienda (morada habitual de personas físicas), no es algo que, en sí mismo, constituya una actividad molesta a los efectos de la LPH art.7.2, interpretado a la luz de las normas vigentes (AP Alicante 12-3-15, EDJ 64527).

El fundamento de la estimabilidad de la acción se debe sustentar en que para los usos excesivos e intensivos de las instalaciones comunes no están preparadas las fincas destinadas a residencia o morada de personas. Los cambios de destino de local comercial a apartamentos turísticos deben entrañar necesariamente una modificación del título constitutivo de la propiedad horizontal, a fin de reajustar las cuotas de participación en los gastos comunes correspondientes a todos los copropietarios. Este tipo de actividades pueden evitarse ejercitando la acción de cesación cuando entrañan unas molestias presentes y potenciales, que exceden con mucho de las que la convivencia en un régimen de propiedad horizontal obliga a soportar.

Entre estas **molestias no tolerables** destacan las siguientes, de que se ha hecho eco la doctrina legal:

- el uso intensivo del ascensor con carga y descarga de equipajes y constante trasiego de personas;
- la ocupación del portal a diversas horas y de manera muy recurrente, con maletas y otros bultos;
- las frecuentes entradas y salidas de personas, no solamente los residentes en el hospedaje, sino terceras personas ni siquiera hospedadas;
- el aumento de gastos en el consumo de luz, así como por reparaciones del ascensor, al experimentar este elemento un mayor desgaste y aumento de su quebranto, haciéndose necesario intensificar su conservación y sus reparaciones extraordinarias;
- la circunstancia consistente en que la puerta de entrada haya de permanecer constantemente abierta, o que los vecinos hayan de soportar las constantes llamadas a sus interfonos privativos en solicitud de apertura de la puerta principal del edificio.

Precisiones Es constante la jurisprudencia que proclama la procedencia de la **cesación de la actividad** de apartamentos turísticos (AP Madrid 21-10-19, EDJ 748186;5-4-21, EDJ 615953; AP Gipuzkoa 4-6-21, EDJ 715428).

3603 **Otras actividades molestas** Se han calificado como actividades molestas por nuestros tribunales, a los efectos de la acción tuteladora (LPH art.7.2), entre otras, y además de las expuestas anteriormente, las siguientes:

• Actividades que suponen el empleo de **hornos**, o generadoras de **vapores** u **olores** (AP Baleares 27-6-08, EDJ 190879; AP Segovia 27-3-18, EDJ 82004).

• Actividades generadoras de **escándalo**, así como excesiva y **constante afluencia de personas** (AP Sta. Cruz de Tenerife 23-7-21, EDJ 737668). El establecimiento en uno de los pisos de centros docentes, o de oficinas, que daban lugar a un considerable trasiego de personas (AP Tarragona 8-10-07, EDJ 259326).

• La **ocupación** de viviendas por **colectivos abundantes de personas** que notoriamente exceden los márgenes de tolerancia sobre habitabilidad, higiene y salubridad (AP Las Palmas 1-7-03, EDJ 258011).

• **Exposición a humos** ocasionados por uno de los locales ubicados en los bajos del edificio que se encontraba arrendado al titular de un negocio dedicado a restauración y bar - también codemandado-, imponiéndose el deber de retirar los tubos de extracción de humos, así como el deber de llevar a cabo las instalaciones necesarias para evitar las inmisiones perturbadoras, humos y olores, así como a no causar molestias a la comunidad de

propietarios (AP Alicante 8-10-13, EDJ 218130; AP Cantabria 4-7-13, EDJ 222097; AP Ourense 9-7-20, EDJ 642108).
• Han sido consideradas molestas las actividades consistentes en **cantos** acompañándose de **instrumentos musicales**, utilizando aparatos de amplificación de sonido, lo que produce un muy elevado y molesto nivel de ruido, causando inmisiones sónicas inaceptables en las viviendas de las plantas superiores, habiendo podido comprobar la policía local, mediante el correspondiente aparato sonómetro, que el ruido generado excedía el nivel máximo admitido por horario y decibelios -según la correspondiente ordenanza municipal- (AP Zaragoza 14-11-11, EDJ 271062).

Por el contrario, no tiene la consideración de **actividad molesta**, por ejemplo: **3604**
• El establecimiento de una **residencia de estudiantes** en uno de los pisos integrados en el edificio (AP Madrid 16-2-12, EDJ 33910), pues meramente implica un uso del inmueble que debe ser autorizado por la autoridad municipal, pero no por ello puede calificarse de actividad prohibida por la normativa urbanística. El desarrollo de tal actividad **sin licencia**, por otra parte, constituye una mera infracción administrativa y, por tanto, no incardinable dentro de las prohibiciones de la LPH art.7.2.
• Tampoco se considera actividad molesta la de **cocina generadora de olores** que no excedan el límite de lo tolerable o impidan el ejercicio de los derechos del resto de comuneros (AP Ávila 24-6-11, EDJ 253018).
• Por regla general, la instalación de **aire acondicionado**, ya sea en un patio interior, como en la fachada del edificio, constituye una modificación de los elementos comunes, por lo que precisa la autorización de la comunidad por unanimidad. Sin embargo, en vista de que el aire acondicionado es una instalación generalizada en las viviendas actuales, adaptando los avances técnicos para mejorar las condiciones de habitabilidad de las mismas, la evolución de la jurisprudencia se ha ido decantando a considerar que el propietario puede llevarla a cabo si el acuerdo se toma por mayoría e incluso sin la autorización previa de la comunidad de propietarios, siempre que no perjudique a ningún propietario (AP Navarra 28-11-19, EDJ 806300).
• Ni los **problemas de convivencia** de un inmueble entre la familia y sus hijos por más que tal problema desemboque en comportamientos agresivos, gritos e intervenciones policiales, que perturben la paz comunitaria y alteren la normal convivencia (AP Madrid 11-9-23, EDJ 717412).

b. Actividades insalubres

Son aquellas cuyas consecuencias pueden producir **daños** o tener **repercusiones** más o menos graves en la **salud de los vecinos u ocupantes**. Así, por ejemplo, la falta de cuidado y limpieza debida del elemento privativo, que determina que el mismo se halle en condiciones antihigiénicas (AP Madrid 11-4-07, EDJ 278589; AP Lugo 11-7-19, EDJ 658469). **3605**

c. Actividades peligrosas

Son las que entrañan un **riesgo superior** a aquel que normalmente se asume, para satisfacer necesidades de los propietarios u ocupantes, en la mayoría de los inmuebles. El D 2414/1961 -derogado por L 34/2007, mantiene su vigencia en aquellas comunidades y ciudades autónomas que no tengan normativa aprobada en la materia, en tanto no se dicte dicha normativa-, las definía como «las que tengan por objeto fabricar, manipular, expender o almacenar productos susceptibles de originar riesgos graves por explosiones, combustiones, radiaciones u otros de análoga importancia para las personas o los bienes». Al igual que en el resto de las actividades, hay que estar al **caso concreto** y al **momento preciso**. Ahora bien, ello no implica que sea posible la prohibición de toda actividad que entrañe cierto riesgo, siempre que se tomen las **precauciones oportunas** y se trate de actividades que normalmente se realizan o consienten en la mayoría de los inmuebles. **3607**

Precisiones **1)** No basta el **mero resultado** para reputar peligrosa a una industria, pues este resultado puede ser debido a un **caso fortuito** o a una **fuerza mayor** de los que no está libre ninguna industria. No puede confundirse el **riesgo aleatorio** inherente a toda actividad humana, con el peligro que ha de referirse a un **estado permanente de inminencia** que se traduce en una probabilidad constante de que el daño se produzca (AP Lugo 11-7-19, EDJ 658469).
2) Resultan modelos jurisprudenciales de tal tipo o categoría de actividades las que consisten en el trasiego o almacenamiento de sustancias con riesgo de **explosión** o de fácil combustión, tales como el **butano, insecticidas inflamables, petróleo**, gasolina, material de pirotecnia, etc. Sin embargo, la mera utilización de bombonas de butano para el **abastecimiento propio** no puede considerarse actividad peligrosa.

d. Actividades nocivas

3610 Según el D 2414/1961, eran las que dan lugar a **desprendimiento** o **evacuación** de productos que «puedan ocasionar daños a la **riqueza agrícola, forestal, pecuaria** o piscícola».

Precisiones Creemos que es difícil que una actividad así definida pueda desarrollarse dentro de un **inmueble urbano**. Lo más normal es que la actividad de que se trate tenga mejor encaje en el término «insalubre» o «peligrosa».

e. Actividades ilícitas

3612 Tienen un **carácter objetivo**, y no depende de las concepciones sociales, de la comunidad o del órgano jurisdiccional. Se trata, pues, de las **actividades prohibidas por la Ley**, cualquiera que sea su ámbito y naturaleza, ya sea penal, administrativa o civil, cualquiera que fuere el rango normativo de la norma contravenida y el origen de la fuente normativa.

Precisiones **1)** Buena parte de la doctrina científica sostiene que una actividad no puede calificarse de ilícita por el solo hecho de que **no se observen** para su iniciación, ejecución o forma de desenvolvimiento las **formalidades administrativas**. Puede afirmarse que no se encuentran vinculados los tribunales por la conceptuación que merezcan en aplicación de ordenanzas municipales y reglamentos administrativos (AP Madrid 3-11-09, EDJ 305252; AP Bizkaia 21-5-10, EDJ 250316).
2) El cumplimiento de las formalidades administrativas para **instalación de un negocio o industrias** no afecta a las consecuencias del mismo en el orden civil, ni condiciona los derechos de esta índole reconocidos en las leyes.
3) Entre el elenco de actividades que abraza este motivo quedan comprendidas las consistentes en llevar a cabo **tráfico de drogas tóxicas, estupefacientes o sustancias psicotrópicas** en uno de los pisos del edificio (AP Cádiz 10-11-20, EDJ 789380), o el **tráfico de armas**. Las sedes de **organizaciones o asociaciones ilegales** determinan la ilicitud de la actividad consistente en la mera ocupación y uso del piso o local. La **venta de bebidas alcohólicas a menores**, de forma persistente, sin embargo, no fue considerada como actividad ilícita.
4) Resulta ilícita, así mismo, la actividad de **explotación de la prostitución por terceros**, que introducen a las personas prostituidas en el inmueble para llevar a cabo en él tal forma de explotación. La **prostitución voluntaria** por inquilina/o, ocupante o propietaria/o de la vivienda no puede considerarse actividad ilícita en sentido estricto, sino meramente actividad molesta cuando reúna objetivamente los presupuestos o requisitos que exige tal calificación.

D. Medidas cautelares específicas

(LPH art.7.2.4º)

3615 Presentada la correspondiente demanda (nº 3542 s.) -acompañada de la acreditación del requerimiento fehaciente al infractor (nº 3550 s.) y de la certificación del acuerdo adoptado por la junta de propietarios (nº 3557 s.)-, el juez podrá acordar con carácter cautelar la **cesación inmediata** de la actividad prohibida, bajo apercibimiento a este de incurrir en delito de desobediencia; y que, así mismo, podrá adoptar cuantas medidas cautelares fueran precisas para asegurar la efectividad de la orden de cesación. La demanda- precisa el precepto- habrá de dirigirse contra el propietario y, en su caso, contra el ocupante de la vivienda o local.
La previsión normativa del LPH art.7.2 comprende una **medida cautelar principal** (cesación inmediata de la actividad prohibida) y otra u otras **accesorias**, derivadas de la primera («cuantas medidas cautelares sean precisas para asegurar la efectividad de la orden de cesación»). Una y otras deben comprender el aseguramiento del cese de la actividad prohibida en sentido amplio, asegurando cautelarmente su interrupción y desenvolvimiento (así, por ejemplo, sería admisible la solicitud de la medida cautelar subordinada a la de cese de la actividad de prostitución, consistente en solicitar la prohibición de la publicación de anuncios en medios de difusión escrita o telemática a cuyo través se publicita el piso o local como lugar para su ejercicio; o la de retirada de mercancías peligrosas del inmueble, como medida subordinada a la de cese de la actividad en la que se utilizan).
La referencia que hace el primer inciso del LPH art.7.2.4º a la presentación de la demanda, da pie a interpretar gramaticalmente que este tipo de solicitud cautelar sobre cese inmediato de la actividad prohibida no puede suplicarse jurisdiccionalmente con carácter previo a la interposición de la demanda principal (LEC art.730.2), ni aun alegando razones de urgencia y necesidad. No parece, no obstante, que esta excepción a la facultad reconocida en las normas generales sobre medidas cautelares guarde su amparo en razón fundada, ya que bastaría adjuntar a la solicitud de medidas cautelares previas a la demanda principal la acreditación del **requerimiento al infractor**, así como el **acuerdo de junta de propietarios** que autoriza para entablar la acción de cesación, aduciendo y acreditando simultáneamente razones fundadas de urgencia o necesidad para peticionar la adopción inmediata de la orden de cese con

carácter previo incluso a la interposición de la demanda principal, sin perjuicio de poder entablar la misma a los pocos días ante el propio juzgado.

Naturaleza jurídica Tal medida principal -traducida en la cesación de la actividad reprochada-, implica una **anticipación** del contenido de la **eventual tutela judicial solicitada**, más que propiamente un aseguramiento cautelar de ella. Sin embargo, esta clase de medidas (cuya contextura no es nítidamente cautelar) se encuentran reconocidas explícitamente en la LEC art.726.2 y 727.7. Su **fundamento** no se haya tanto en asegurar la efectividad de la tutela suplicada en la demanda principal -y que resulte reconocida en una eventual sentencia estimatoria-, sino en **evitar que la continuidad persistente** de la actividad prohibida por la demandada **cause perjuicios irreparables** o que, bajo el prisma de un primer análisis judicial de la «apariencia de buen derecho», se deduzca que el demandante no debe seguir soportando la actividad prohibida que va a ser objeto de análisis en el procedimiento principal. Por lo expuesto, la parte demandada, en la práctica forense, suele aducir en su **oposición a la solicitud de medidas**, que la continuidad de la actividad reprochada (en muchas ocasiones, generadoras de ruido hasta altas horas de la madrugada, y anudadas a una actividad mercantil lúdica), durante la pendencia del proceso, **no supondrá** en modo alguno un obstáculo que impida, en su momento, la **efectividad de la tutela** que en su momento se concediese a la actora en una eventual sentencia estimatoria. Efectivamente, la actora -y solicitante de la medida cautelar de cese de la actividad-, deberá acompañar como **carga procesal** una justificación acreditativa de que, en el caso de que se trata, podrían producirse durante la pendencia del proceso, de no adoptarse las medidas solicitadas, situaciones que impidieren o dificultaren la efectividad de la tutela que pudiese otorgarse en una eventual sentencia estimatoria (LEC art.728.1); y, ciertamente, el **mantenimiento** durante la **sustanciación del pleito** de una determinada actividad, no debe impedir o dificultar que el cese ordenado en la eventual sentencia que se dictase pueda ser posible. Más, lo que se procura con este tipo de **medidas cautelares anticipatorios de la tutela** suplicada, no es tanto evitar situaciones que impidan o dificulten la efectividad de la tutela, sino el evitar que la lesión al bien jurídico protegido perdure en el tiempo durante plazos previsiblemente largos (*lite pendente*). 3616

Presupuestos para la adopción (LEC art.728) Con carácter general, la jurisprudencia menor viene exigiendo la concurrencia de los presupuestos prevenidos en la LEC art.728 para que proceda la adopción de las medidas cautelares de **cesación provisional** de actividad y sus **subordinadas de aseguramiento** de la orden de cese. Presentada la demanda, acompañada de la acreditación del requerimiento fehaciente al infractor y de la certificación del acuerdo adoptado por la junta de propietarios, el juez puede acordar, con carácter cautelar, la cesación inmediata de la actividad prohibida, bajo apercibimiento de incurrir en delito de desobediencia. Podrá adoptar asimismo cuantas medidas cautelares fueran precisas para asegurar la efectividad de la orden de cesación. La demanda habrá de dirigirse contra el propietario y, en su caso, contra el ocupante de la vivienda o local (AP Gipuzkoa 27-9-19, EDJ 763702). 3618

Tales requisitos son los siguientes.

1. Acreditación de la **«apariencia de buen derecho»** en la pretensión principal de cese de la actividad prohibida. Basta con que la comunidad solicitante de la medida ofrezca una acreditación «prima facie» de la legitimidad y seriedad de su derecho, de modo que con carácter indiciario pueda sostenerse la realización de conductas procedentes del piso o local que, a primera vista, son causantes de numerosas e intolerables molestias a los vecinos conforme a lo prevenido en LPH art.7.2, sin perjuicio de su plena probanza, que debe llevarse a cabo en el seno del juicio ordinario. Cuando el fundamento de la pretensión estribe en la vulneración por la actividad de una **prohibición establecida en los estatutos**, deberán acompañarse los mismos (LEC art.728.2).

2. Acreditación del **«peligro de mora procesal»**, que es, precisamente, la razón esencial de adopción de las medidas cautelares, consistente en el riesgo de que durante la sustanciación del pleito acaezcan circunstancias -ya por la conducta del demandado, ya por el mero transcurso del factor tiempo- que frustren la efectividad de la sentencia estimatoria que eventualmente pudiese dictarse (LEC art.728.1; AP Málaga 29-6-22, EDJ 814655).

3. Prestación de **caución**, exigible a todo solicitante de la medida para responder, de forma rápida y efectiva y suficiente, de los daños y perjuicios que la adopción de la medida cautelar pudiese suponer para el patrimonio del afectado por ella (LEC art.728.3).

La acreditación de tales referidos presupuestos debe ofrecerse no solamente respecto de la **cautela principal** (consistente en la cesación inmediata de la actividad que se reputa prohibida), sino respecto de las **cautelas subordinadas** que se soliciten, y que se afirmen precisas para asegurar la **efectividad de la orden de cesación** (p.e. retirada y depósito de la maquinaria con la que se fabrican en el local los productos o sustancias peligrosas, nocivas o insalubres).

3619 **Concurrencia de requisitos** (LPH art.7.2.4º) Se ha afirmado excepcionalmente (AP Cáceres auto 18-7-05, EDJ 149797, este último reinterpretando el LEC art.728 en el apartado dedicado al peligro de mora procesal) que la medida cautelar que reconoce la LPH art.7.2.4º ostenta una **sustantividad propia y genuina** en relación con las medidas cautelares que, de forma, tanto genérica, como específica, prevé la LEC art.726 y 727.

Ello es así por cuanto aquel precepto (LPH art.7.2), se afirma, exige la concurrencia de unos determinados **requisitos** para su adopción, que son **únicos y exclusivos** para la expresada cautela. Su **concurrencia** excluiría la de aquellos otros presupuestos que, con carácter general, establece la LEC art.728 (esto es, el peligro por la mora procesal, la apariencia de buen derecho y la prestación de caución).

En este sentido y, conforme al LPH art.7.2, la presentación de la demanda con la acreditación del requerimiento fehaciente al infractor y con la certificación del acuerdo adoptado por la junta de propietarios, se perfilan- a juicio de esta posición minoritaria- como los **únicos condicionantes** para que el juez, **potestativamente** (el precepto emplea el término podrá), acuerde con carácter cautelar (o bien rechace) la **cesación inmediata de la actividad prohibida** (AP Granada 19-2-21, EDJ 635454). Esta inmediatez en la adopción de la medida es un añadido del que no gozan otras garantías, como tampoco se prevén en estas últimas el apercibimiento de incurrir en el delito de desobediencia, ni, finalmente, que el órgano jurisdiccional pueda adoptar asimismo cuantas medidas cautelares accesorias o instrumentales que fueran precisas para asegurar la efectividad de la orden de cesación.

3620 Para esta **posición doctrinal y jurisprudencial minoritaria**, lo que justifica la adopción de esta concreta medida cautelar no es, en rigor, el peligro por la mora procesal, sino **asegurar la efectividad de la orden de cesación**, de modo que no solo no puede ser exigible este presupuesto para la adopción de la medida (es decir, el peligro por la mora procesal) sino que, además, tampoco debe exigirse la prestación de caución, al considerar esta posición minoritaria que el LPH art.7.2 no prevé esta exigencia.

Estas consecuencias sobre la **naturaleza jurídico-procesal de la medida cautelar** prevista en el LPH art.7.2 son absolutamente compatibles con el propio tenor del LEC art.727, en la medida en que el número 11 de este precepto se refiere a aquellas otras medidas que, para la protección de ciertos derechos, prevean expresamente las leyes, o que se estimen necesarias para asegurar la efectividad de la tutela judicial que pudiese otorgarse en la sentencia estimatoria que recayese en el juicio. Así, la medida cautelar reconocida en el LPH art.7.2 se incardina más en este último supuesto (porque la medida se encuentra prevista de forma expresa en una Ley -la Ley sobre Propiedad Horizontal-) que en el establecido en el LEC art.727.7, el cual ostenta un carácter más genérico al referirse, junto a otras medidas, a la **orden judicial de cesar provisionalmente en una actividad**, y, por otro, que, si el propio LEC art.727 reconoce el que Leyes distintas de esta última prevean medidas cautelares genuinas del objeto de la norma jurídica que las reconoce, habrá de estarse a los requisitos y presupuestos propios que, para su adopción, tales leyes establezcan.

3621 Consiguientemente, cierto sector de la doctrina considera que la medida cautelar prevista en el LPH art.7.2 requiere para su adopción la **concurrencia de los requisitos** que el indicado precepto establece, no siendo por tanto de aplicación el LEC art.728 (en sentido matizado respecto de lo anterior, AP Baleares auto 11-11-10, EDJ 309545; AP Madrid 14-10-04, EDJ 205381; AP Madrid auto 19-9-11, EDJ 227534). No obstante, otro sector doctrinal considera que la solicitud de medida cautelar debe analizarse a la luz de los requisitos previstos en la LEC y, entre ellos, el de peligro de mora procesal (AP Las Palmas 4-12-20, EDJ 847757).

Para la sustanciación de la solicitud de medidas cautelares previstas en LPH art.7.2 deben observarse los **trámites procedimentales** que, para resolver sobre su adopción o rechazo, prevén -esencialmente- LEC art.733 a 736, si bien acomodando este procedimiento a la específica naturaleza de la expresada medida cautelar, lo que permite y autoriza el que, en el acto de la vista, tanto la parte actora como la parte demandada puedan proponer los **medios de prueba** que a su derecho convengan «si fuesen pertinentes en razón de los presupuestos de la medida cautelar» solicitada -como indica LEC art.734.2-. Adviértase, a este efecto, que LPH art.7.2 deja bajo la **potestad del juez** el que pueda acordar con carácter cautelar la cesación inmediata de la actividad prohibida, de modo que resulta cuando menos razonable el que se permita a las partes la **proposición y práctica de prueba** en defensa de sus respectivos intereses a fin de que la decisión judicial se adopte con el mayor criterio posible.

3622 **Ejecución provisional de la sentencia estimatoria no firme** (LEC art.731.2 y 524) Una vez se haya dictado **sentencia definitiva en la primera instancia**, la medida cautelar de cese de la actividad adoptada en la pieza separada decaerá como consecuencia de la solicitud de ejecución provisional de aquella. Ello es así por cuanto la **finalidad de las medidas** no era otra

diversa que la de asegurar la efectividad de la sentencia estimatoria que pudiere dictarse. Una vez se ha pronunciado en primera instancia el órgano jurisdiccional, e instada la ejecución provisional, las **medidas ejecutivas sustituyen a las cautelares**, quedando aquellas sujetas, en su caso, a la confirmación de la sentencia de primer grado, para el caso de que la parte demandada hubiese formalizado recurso de apelación contra el concreto pronunciamiento que acuerda el cese de la actividad. De ser **confirmada la sentencia de instancia en grado de apelación** o, en su caso, en **recurso extraordinario**, lo ejecutado provisionalmente (el cese) se convertirá en definitivo. Más, si la **sentencia recaída en instancia** llega a **revocarse en apelación** o en recurso extraordinario, habría que reponer el estado de cosas a la situación anterior a la adopción de la medida, que quedaría al cabo sin efecto como consecuencia de la desestimación final de la demanda (AP Valencia auto 6-2-02, EDJ 15713). La **imposibilidad de reponer el estado de cosas** a la situación anterior a la adopción de la medida cautelar de cese dará derecho a la parte afligida por aquella para solicitar el resarcimiento de los daños y perjuicios ocasionados que, en el supuesto de que el cese de la actividad haya consistido en una organización empresarial, podrá dar lugar a notables cantidades.
No obstante, no existe inconveniente alguno en despachar la ejecución provisional de la sentencia dictada en primera instancia y, por ejemplo, acordar en tal ejecución provisional requerir a la ejecutada para que procediera a permitir la entrada en el piso primero a fin de que por el arquitecto de la comunidad de propietarios pudiera examinar las obras realizadas por la demandada en el interior del piso (AP Madrid 13-3-12, EDJ 67311).

Sin embargo, no debe asociarse un **inmediato y directo automatismo** entre la desestimación final de la acción de cese de actividad por medio de un definitivo pronunciamiento judicial firme, de una parte, y el **resarcimiento de daños y perjuicios** derivados del cese de tal actividad ordenada jurisdiccionalmente, por cuanto: **3623**
1. En la **causación del perjuicio** ha intervenido legítimamente un órgano jurisdiccional ejerciendo la potestad soberana de que vienen investidos para juzgar y hacer ejecutar lo juzgado conforme a las normas sobre competencia y procedimiento (Const art.117; LOPJ art.2 y LEC art.5).
2. En la cuestión relativa a la **procedencia** del cese de la actividad subyace una duda de la suficiente entidad como para ocasionar pronunciamientos contradictorios en distintas instancias o recursos.
3. No puede afirmarse que la conducta imputable a la comunidad demandante, consistente en deducir la acción de cesación de la actividad por medio del correspondiente procedimiento, dando satisfacción a su derecho fundamental a recabar la tutela judicial efectiva (Const art.24) sea asimilable a una **acción u omisión dolosa o culposa** de la que nazca responsabilidad resarcitoria.

SECCIÓN 4

Proceso monitorio

(LPH art.21.2 s.)

3625

A. Consideraciones generales

La Ley faculta al presidente o al administrador para que, previo acuerdo de la junta de propietarios, puedan exigir el **cumplimiento de las obligaciones pecuniarias** de los propietarios por medio del procedimiento monitorio (LPH art.21.2); no obstante, la vigente redacción del artículo faculta a la comunidad para la utilización de **otros procedimientos judiciales** con objeto de conseguir esta finalidad, concretamente, el juicio verbal. **3628**
La **regulación general** de este tipo de proceso se encuentra contenida en la LEC art.812 a 818, dentro de los procesos especiales.

No obstante, con efectos desde 16-6-2022, para los casos de impago de los gastos comunes, con carácter **previo a la reclamación judicial** de la deuda (LPH art.21.1 y 6):

• Se da a la comunidad la posibilidad de adoptar una serie de **medidas disuasorias** que puede, incluso, incluir en sus estatutos:

- establecimiento de intereses superiores al interés legal, que se devengará desde el momento en que deba efectuarse el pago correspondiente y este no se haga efectivo (AP Castellón 7-7-23, EDJ 702253); y
- privación temporal del uso de servicios o instalaciones, siempre que no puedan reputarse abusivas o desproporcionadas o que afecten a la habitabilidad de los inmuebles.

No obstante, expresamente se establece que dichas medidas no pueden tener **carácter retroactivo**.

• Se introduce, asimismo, la posibilidad de solicitar una **mediación-conciliación o arbitraje** en relación con los gastos de comunidad y del fondo de reserva o cualquier cuestión relacionada con la obligación de contribuir en ellos.

3629 **Proceso especial para la reclamación de deudas** (LPH art.21) La opción que el legislador ha conferido a las comunidades de propietarios para reclamar las cantidades que le sean debidas en concepto de gastos comunes, ya sean ordinarios o extraordinarios, generales o individualizables (nº1150) o del de fondo de reserva (nº 1225), obedece a razones de política legislativa en orden a proporcionar un procedimiento sucinto, con escasa tramitación y sumario mediante el que proveerse rápidamente de un título ejecutivo.

Para poder utilizar el mismo es necesario cumplir los particulares requisitos exigidos por la ley, que, naturalmente, son más rigurosos que los precisos para promover un juicio verbal. Se trata de impedir el **acceso** a un procedimiento de esta naturaleza, en el que la posición del demandado queda debilitada respecto de procesos de naturaleza puramente declarativa, a quien no cumpla los **requisitos** legalmente exigidos y que suponen una garantía respecto de la existencia, cuantía y exigibilidad de la deuda reclamada (AP Sevilla 28-9-09, EDJ 298208).

Precisiones Hasta el **15-6-2022**, las únicas cantidades que la comunidad podía reclamar a través de este procedimiento monitorio especial eran los gastos generales para el adecuado sostenimiento del inmueble, sus servicios, cargas y responsabilidades que no fueran susceptibles de individualización (LPH art.9.1.e); los correspondientes a las obras de accesibilidad y las cantidades que debían ir al fondo de reserva (LPH art.9.1.f).

3629.1 Particularmente, el procedimiento monitorio para el cobro de gastos de comunidad de propietarios, pretende responder de forma rápida y eficaz a la morosidad en el pago de las cuotas, fortaleciendo la posición acreedora de dichas comunidades frente a los morosos.

Se trata de un procedimiento **privilegiado** y de mayor celeridad que el procedimiento monitorio ordinario.

Es un procedimiento **documental**, que exige que con la solicitud inicial se aporte un principio de prueba que reúna los requisitos específicamente exigidos por el legislador (LPH art.21.3; LEC art.812.2) revestidos normalmente de una serie de solemnidades o requisitos formales específicos.

Se exige un **principio de prueba** sólido para admitir dicho procedimiento, pues la admisión a trámite del mismo motiva la posible adopción a instancia de la comunidad de medidas cautelares sobre el patrimonio del deudor en caso de que este se oponga a la reclamación. Por ello, el monitorio especialmente prevenido en la LEC art.812.2.2 es un procedimiento monitorio de tipo documental (AP Madrid 4-12-16, EDJ 254401).

En caso de impago de la deuda reclamada, el acreedor -la comunidad-, puede solicitar embargo, el cual se acordará por el tribunal sin necesidad de prestar caución y en todo caso, de ser solicitada esta medida (LPH art.21.4).

Por otro lado, cuando en la **solicitud inicial** del proceso monitorio se hayan utilizado los servicios profesionales de abogado y/o procurador para reclamar las cantidades debidas a la comunidad, el demandado debe pagar, con sujeción en todo caso a los límites establecidos en la LEC art.394.3º, los honorarios y derechos que devenguen ambos por su intervención, tanto si aquel verifica el requerimiento de pago como si no lo realiza y no comparece ante el tribunal, incluidos los de ejecución, en su caso.

En los casos en que exista **oposición**, el procedimiento monitorio se resolverá en el juicio verbal y se seguirán las reglas generales en materia de costas, aunque si la comunidad obtuviera una sentencia totalmente favorable a su pretensión, se deben incluir en ellas los honorarios del abogado y los derechos del procurador derivados de su intervención, aunque no hubiera sido preceptiva (LPH art.21.5).

Por tanto, para que proceda seguir el procedimiento monitorio especial para la reclamación de las cantidades previstas en la LPH art.9.e.y f es preciso que se cumplan escrupulosamente los requisitos establecidos por el legislador para la admisión a trámite y consiguiente sustanciación de este tipo de procedimiento.

Precisiones 1) En relación a la regulación establecida en **Cataluña**, ver nº 3676.
2) Cierto sector de la doctrina ha establecido que, para reclamar las cuotas de comunero en una propiedad horizontal, al tener esta naturaleza híbrida (LPH art.9.1), el **plazo de prescripción** sería de 15 años según el CC art 1964.2 y no de 5 años del CC art. 1966, en virtud de la regla de transitoriedad establecida en el CC art 1939 y dado que la reforma de este Código entró en vigor el 7-10-2015, siendo el plazo anterior de 15 años (AP Madrid 26-6-23, EDJ 672542). No obstante, este criterio no es uniforme, dado que siguen aplicando en estos supuestos el plazo de prescripción de 5 años (AP Madrid 29-5-23, EDJ 655247).

Créditos preferentes Respecto a los créditos a favor de la comunidad derivados de la obligación de contribuir al sostenimiento de los gastos generales para el adecuado sostenimiento del inmueble, se ha establecido una **afectación real sobre el piso o local** del que esta dimana, y ha erigido tales créditos -hasta un límite temporal- en preferentes a los efectos prevenidos en el CC art.1923, de forma que estos créditos gozarán de preferencia sobre el piso o local que los ha originado sobre los enumerados en los apartados 3º, 4º y 5º de dicho precepto (CC art.1923), sin perjuicio de la preferencia establecida a favor de los **créditos salariales** conforme a lo prevenido en el Estatuto de los Trabajadores, y hasta el **límite cuantitativo** correspondiente a las cuotas imputables a la parte vencida de la anualidad en curso y los 3 años anteriores. 3630

Libre elección del procedimiento La posibilidad de utilización del procedimiento monitorio no entraña una **contradicción** con el uso del juicio ordinario que establece la LEC art.249.1.8º redacc RDL 6/2023, para las acciones que otorga la LPH a las juntas de propietarios y a estos, siempre que no versen exclusivamente sobre reclamaciones de cantidad, en cuyo caso se tramitarán por las reglas del juicio verbal o por el procedimiento especial que corresponda. 3631
Acudir al proceso monitorio es una **opción** que se le ofrece a la comunidad de propietarios, sin que sea por tanto obligatoria la tramitación de su pretensión pecuniaria por los cauces de este procedimiento especial. Consiguientemente, la comunidad es libre de poder instar judicialmente la tutela de su derecho de crédito a través del **juicio verbal** o de acudir al juicio monitorio prevenido en LPH art.21.

Ámbito de aplicación El juicio monitorio especial resulta aplicable: 3632
• A los **complejos inmobiliarios privados** a que se refiere la LPH art.24.1.1º y 2º; es decir, los que reúnan los requisitos siguientes:
- estar integrados por dos o más edificaciones o parcelas independientes entre sí, cuyo destino principal sea viviendas o locales;
- participar los titulares de estos inmuebles, o de las viviendas o locales en que se encuentren divididos horizontalmente, con carácter inherente a dicho derecho, en una copropiedad indivisible sobre otros elementos inmobiliarios, viales, instalaciones y servicios; y
- haberse constituido tales complejos inmobiliarios privados en una comunidad por cualquiera de los procedimientos establecidos en la LPH art.5.2º, o haberse constituido como una agrupación de comunidades de conformidad con lo prevenido en el LPH art.24.2.b.
• A los **complejos inmobiliarios privados de hecho o atípicos**, es decir, que no se hayan constituido nunca en una comunidad de propietarios ni en una agrupación de comunidades de propietarios (LPH art.24.2), siempre que los propietarios ostenten, con carácter inherente a su derecho privativo, una titularidad compartida sobre otros elementos inmobiliarios, viales, instalaciones o servicios, reuniendo los presupuestos constitutivos para su configuración como complejo inmobiliario privado, exigidos por el LPH art.24.1. En tales supuestos, los complejos inmobiliarios privados quedarán sujetos **supletoriamente**, respecto a los pactos privados que establezcan entre si los copropietarios, a las normas de la LPH -entre las que se encuentra LPH art.21, que regula el procedimiento monitorio especial -LPH art.24.4- (TS 27-10-08, EDJ 217194; 6-7-21, EDJ 624000; AP Valencia 19-2-18, EDJ 35709).

Precisiones Las **entidades administrativas colaboradoras,** tales como las juntas de compensación o las entidades urbanísticas de conservación, a pesar de contar con la posibilidad de la vía de apremio administrativa para reclamar los gastos comunes, pueden optar por acudir a la **jurisdicción civil** para reclamar las cantidades adeudadas por los parcelistas en razón a su cuota de participación en los gastos comunes (TS 31-10-92, EDJ 10688; 24-6-96, EDJ 4783; AP Tarragona 21-3-12, EDJ 10688). Ahora bien, estas entidades colaboradoras no son propiamente complejos inmobiliarios privados ni comunidades de propietarios por parcelas en sentido propio, pues no reúnen los requisitos formales para la constitución de este tipo especial de propiedad horizontal. Ello supone que no les es aplicable extensivamente a ellas la posibilidad de reclamar los gastos comunes de los parcelistas con arreglo al procedimiento monitorio especial sin perjuicio del derecho de tales entidades colaboradoras para la reclamación de su crédito conforme a los trámites generales prevenidos en la LEC para el procedimiento monitorio común, de conformidad con lo establecido en la LEC art.812 s., o, a través del procedimiento declarativo que corresponda según la cuantía. 3634

3637 **Petición inicial de juicio monitorio** (LPH art.21.2) La petición inicial de juicio monitorio puede dirigirse:

• Contra el **obligado al pago** que ha dejado de abonar los gastos devengados constante su condición de propietario.

• Contra el **titular registral** al tiempo de deducirse la petición inicial, cuando este- a pesar de no ser responsable del impago de los gastos devengados, a los efectos de soportar la ejecución sobre el inmueble inscrito a su nombre

Precisiones **1)** Desde **16-6-2022**, la LPH ya no menciona la facultad de repetición entre los obligados -propietario anterior y actual- ni la posibilidad de formular la petición inicial contra cualquiera de ellos o contra todos conjuntamente.

2) Tratándose de una vivienda en **condominio ordinario** no existe la obligación para la parte demandante, en este caso la comunidad de propietarios, de demandar a todos los partícipes, sino que será suficiente con que lo haga a alguno. En consecuencia, acreditada la notificación en el domicilio común de ambos propietarios, en ningún caso podría ser inadmitida a trámite la demanda, pues la notificación se ha verificado en el lugar idóneo y a una de las personas integrantes de ese condominio ordinario lo que sería suficiente para que se despacharse el juicio monitorio (AP Madrid 7-2-20, EDJ 521133).

3640 **Documentación** (LPH art.21.3) Este procedimiento monitorio especial requiere que al escrito de petición inicial (LEC art.814.1 redacc RDL 6/2023), se acompañe:

• Un **certificado del acuerdo de liquidación de la deuda** emitido por quien haga las funciones de secretario de la comunidad con el visto bueno del presidente, en el que conste el importe adeudado y su desglose.

No obstante, cuando se trate de un **secretario-administrador** con cualificación profesional necesaria y legalmente reconocida que no vaya a intervenir profesionalmente en la reclamación judicial de la deuda, no será precisa la firma del presidente.

• Un documento acreditativo en el que conste la **notificación al deudor**, pudiendo también hacerse de forma subsidiaria en el tablón de anuncios o lugar visible de la comunidad durante un plazo de, al menos, 3 días.

3642 **Oposición del deudor a la petición inicial de juicio monitorio** (LEC art.818) Cuando el deudor se oponga a la petición inicial de juicio monitorio, el acreedor podrá solicitar el **embargo preventivo** de bienes suficientes de aquel para hacer frente a la cantidad reclamada, los intereses y costas procesales (LPH art.21.4). La medida será adoptada por el órgano jurisdiccional sin necesidad de que el acreedor preste **caución**, pudiendo el deudor enervarla, prestando las garantías establecidas en la LEC.

B. Acuerdo para exigir judicialmente la deuda

(LPH art.21.3)

3660 El empleo del procedimiento monitorio especial precisa, como requisitos de procedibilidad:

- que se adjunte a la petición inicial de juicio monitorio la **certificación** del acuerdo de junta aprobando la liquidación de la deuda con la comunidad de propietarios en el que conste el importe adeudado y su desglose, emitida por quien actúe como secretario, con el visto bueno del presidente, salvo que el primero sea un secretario-administrador con cualificación profesional necesaria y legalmente reconocida que no vaya a intervenir profesionalmente en la reclamación judicial de la deuda, en cuyo caso no será precisa la firma del presidente (nº 3664) ; y
- que dicho acuerdo haya sido **notificado** a los propietarios (nº 3676).

No obstante, cuando se trate de un **secretario-administrador** con cualificación profesional necesaria y legalmente reconocida que no vaya a intervenir profesionalmente en la reclamación judicial de la deuda, no será precisa la firma del presidente.

La necesidad del acuerdo de junta de propietarios debe comprender la **autorización de este órgano** para proceder judicialmente contra el propietario en situación de mora (AP Castellón 23-5-07, EDJ 120429). El **defecto de convocatoria** al propietario o propietarios en situación de morosidad a la junta de propietarios en la que se debe adoptar el acuerdo de aprobación de la liquidación y el acuerdo de proceder a su reclamación por los trámites del juicio monitorio no obsta a la prosecución de este último procedimiento, siendo así que el deudor debe en todo caso ejercitar la acción de impugnación de tal acuerdo por el defecto correspondiente, esto es, acudiendo a la vía legalmente prevista para la impugnación de acuerdos de junta (AP Pontevedra 10-6-13, EDJ 115484; AP Valencia 28-6-18, EDJ 5988320; AP Málaga 22-1-21, EDJ 723947). Así, el acuerdo de junta conferirá al presidente o, en su caso, específicamente, al administrador, las instrucciones precisas para ello.

En estricta técnica, el acuerdo debe comprender:

• La **autorización** para reclamar judicialmente.

• La precisión de que tal **reclamación** se instrumente por medio del juicio monitorio.
• La precisión de que, en su caso, y para el supuesto específico, pueda deducirla el **administrador** de la comunidad.
La junta debe ponderar en cada caso la conveniencia de acudir a la **vía jurisdiccional** para reclamar el pago, para lo que deberá deliberar, decidir y proceder a votar el asunto incluido previamente en el orden del día.
• La **liquidación de la deuda**, precisando el origen de dicho saldo, así como los recibos o derramas impagadas y su importe (AP Sta. Cruz de Tenerife 17-9-19, EDJ 771076).

Precisiones **1)** Tras la reforma de la LPH del año 1999, en la que suprimió la LPH art.21.11 que permitía las **condenas a futuro** de las cantidades reclamadas por cuotas de la comunidad de propietarios devengadas con posterioridad a la presentación de la demanda, la regla general es la imposibilidad de tales condenas a futuro (AP Toledo 12-4-19, EDJ 601641).
2) El acuerdo de la **certificación de la deuda** debe contener suficientes datos para que el afectado pueda oponerse, o en su caso, impugnar judicialmente si considera que se dan algunas de las circunstancias de la LPH art.18 (AP Zamora 17-6-19, EDJ 643818).
3) La **no incorporación del acuerdo liquidatorio a un libro de actas** debidamente diligenciado por el registrador de la propiedad supone una simple infracción administrativa que, en modo alguno, lleva aparejada la nulidad de los acuerdos adoptados en la junta celebrada al efecto (AP Málaga 18-5-21, EDJ 723833).

Régimen de mayorías Para la **aprobación del acuerdo** bastará el voto de la mayoría del total de los propietarios que, a su vez, representen la mayoría de las cuotas de participación. **3662**
En segunda convocatoria serán válidos los acuerdos adoptados por la mayoría de los asistentes, siempre que esta represente, a su vez, más de la mitad del valor de las cuotas de los presentes (LPH art.17.7).
Si no se alcanza la referida **mayoría** hay que distinguir los siguientes casos:
a) Cuando la propuesta de reclamación judicial contra el **propietario en situación de mora no prospera** por no alcanzarse la mayoría requerida, en tal caso ha de concluirse que no se ha aceptado la propuesta, por lo que solo resta, en su caso, impugnar el acuerdo en cuestión cuando concurra fundamento causal para ejercitar la acción impugnatoria por alguno de los motivos previstos en LPH art.18.1ª.a, b y c.
b) Cuando, no obstante, no se pueda alcanzar el acuerdo cuando el **propietario** en situación de mora posee la **titularidad de más de la mitad de las cuotas de participación**, podrá cualquiera de los copropietarios disidentes -en minoría- acudir al procedimiento prevenido en la LPH art.17.7 último párrafo, en el mes siguiente a la fecha de la segunda junta, con objeto de que el órgano jurisdiccional pueda resolver en equidad lo que proceda, en el sentido de autorizar a los **propietarios minoritarios** y al corriente de sus obligaciones deducir la correspondiente reclamación de cobro contra el mayoritario en mora.

Certificación del acuerdo La certificación del acuerdo aprobatorio de la liquidación del débito constituye **presupuesto de admisibilidad**. **3664**
Puede acudirse al juicio monitorio cuando la deuda se acredite mediante **certificaciones de impago** de cantidades debidas en concepto de gastos comunes de comunidad de propietarios de inmuebles urbanos (LEC art.812.2). El **documento** de la certificación del acuerdo orgánico liquidatorio se ha de **acompañar a la petición inicial de juicio monitorio**, de modo que no es posible su subsanación ulterior mediante la convocatoria y consiguiente celebración de una junta en que se adopte tal acuerdo (AP Badajoz 31-7-06, EDJ 282528).
La certificación debe ser **extendida** por quien ostenta el cargo al tiempo de su emisión. Igual precisión cronológica debe realizarse en relación con la **estampación del visto bueno** del presidente de la comunidad. Debe así considerarse que la **fecha** en la que **se emite la certificación** puede ser posterior al día en que se celebró la junta de propietarios en cuyo seno se aprobó la liquidación de la deuda con la comunidad, y que en la misma reunión de propietarios se hubiese procedido al cambio de presidente o de secretario.

Acompañamiento a la petición inicial La falta de acompañamiento a la petición inicial de juicio monitorio de la certificación liquidatoria de la deuda, consiguientemente, ha de determinar que el letrado de la Administración de Justicia de cuenta al órgano jurisdiccional para que resuelva lo que corresponda sobre su admisión, la que no procederá por faltar el **presupuesto procesal** de admisibilidad (LEC art.403.3, 815.1 y 404), sin que quepa el requerimiento de subsanación del defecto (LEC art.231) por cuanto la certificación no es un mero requisito adjetivo, sino sustancial, que concierne a la debida y exigible acreditación de lo que constituye la pretensión misma, tratándose consiguientemente de un documento fundamental (LEC art.812.2.2 y 265.1.1). **3665**
El examen relativo al acompañamiento de la certificación del secretario de la comunidad del acuerdo de la junta aprobando la liquidación del débito frente a aquella, así como de su

regularidad formal incumbe al letrado de la Administración de Justicia en primer término (LEC art.815.1). La admisión a trámite de la petición inicial de juicio monitorio revestirá la forma de **decreto** (LEC art.206.2.2), dictada por el letrado de la Administración de Justicia, y en la misma resolución se formulará el **requerimiento de pago** al deudor.
En el caso de **faltar la certificación**, la resolución que determine la inadmisión revestirá la forma de auto, y será dictada por el órgano jurisdiccional previa dación de cuenta por el letrado de la Administración de Justicia (LEC art.815.1 y 206.1.2), que ha debido fundamentar o exponer el motivo por el que no ha dictado decreto de admisión. Contra el auto de inadmisión, cabe recurso de apelación, que deberá interponerse en el plazo de 20 días ante la audiencia provincial correspondiente (LEC art.455.1, 456.2 y 458.1 -redacc RDL 6/2023-). Al tratarse de un auto definitivo -en la medida que con él se pone fin al procedimiento intentado, de hecho, no nacido a la vida procesal- no cabe contra aquel recurso de reposición (LEC art.451.2, a sensu contrario). Frente a la resolución con forma de decreto adoptada por el letrado de la Administración de Justicia admitiendo la petición inicial de juicio monitorio cabe recurso de reposición.

3666 Precisiones **1)** Así se viene considerando mayoritariamente por la **jurisprudencia menor** (AP Valencia auto 3-10-17, EDJ 287597; AP Valencia 8-10-07, EDJ 307166; AP Alicante 18-7-07, EDJ 175675; AP Bizkaia 1-2-07, EDJ 31756). En sentido opuesto, AP Araba auto 8-5-19, EDJ 647184).
2) Distinta consideración podría acuñar que la certificación adoleciese de algún **defecto puramente formal o adjetivo**, como la falta de visto bueno del presidente, en cuyo caso, no tratándose propiamente de ausencia del documento (certificación), sino de una irregularidad formal del mismo, **susceptible de subsanación**, resultaría aplicable el principio «pro accione», que converge a la concesión a la parte demandante del beneficio de la subsanación (LEC art.231 y LOPJ art.243). Así lo han entendido las sentencias de la AP Murcia auto 17-4-12, EDJ 93950; AP Barcelona 17-2-00, EDJ 7781; AP Alicante 20-11-03, EDJ 199119; AP Cádiz 22-9-09, EDJ 292487; en sentido contrario, AP Cádiz 30-3-09, EDJ 74346).
3) Si bien es cierto que la certificación del acta de la junta de propietarios aprobando la liquidación de la deuda con el visto bueno del presidente es **requisito necesario para la admisión a trámite** del juicio monitorio, no lo es menos que su **ausencia**, o un **defecto sustancial** en la misma debe determinar que no debía haberse admitido a trámite el juicio monitorio-, por lo que resulta preciso que el demandado- o cualquiera de los demandados- recurran en **reposición** la resolución de admisión, no bastando el limitarse posteriormente a formular oposición a lo que se le reclame, puesto que la oposición limitada a negar la existencia de la deuda o su cuantía, da lugar -conforme dispone el de la LEC art.818- a que el asunto se resuelva definitivamente en el juicio que corresponda, teniendo la sentencia fuerza de cosa juzgada. Este juicio ya plenario (posterior al monitorio) en el que rige la **plenitud de uso de medios probatorios** tanto para la parte actora como para la demandada, sin que la actora se vea obligada a acreditar sus pretensiones con determinados y concretos documentos (tales como los precisamente exigidos en el LPH art.21.2). Así lo han estimado sentencias de diversas audiencias provinciales, como la AP Zamora 22-11-07, EDJ 307797; AP Almería 21-4-05, EDJ 153182; AP Madrid 11-6-04, EDJ 106402; AP Sevilla 6-11-00; AP Asturias 7-6-04, EDJ 90590; AP Valencia 8-9-03, EDJ 155762), y otras posteriores, -lo que revela una continuidad de la doctrina- (AP Málaga 29-1-21, EDJ 592820; AP Pontevedra 4-3-20, EDJ 555498; AP Valencia 12-1-16, EDJ 94770) que los **requisitos formales de la certificación del acuerdo** de la junta de propietarios aprobando la liquidación de la deuda, y su **notificación al propietario afectado**, tienen indudable relevancia formal para la admisión a trámite de la solicitud del juicio monitorio, -de manera que esta no se producirá en tanto no se aporten dichos documentos-, pero no tiene tanta relevancia en el procedimiento contradictorio, donde lo verdaderamente decisivo es si el actor ha **acreditado los hechos constitutivos de la pretensión** o, en su caso, si el demandado justifica la concurrencia de los hechos impeditivos o extintivos que oponga a la prosperabilidad de la pretensión.
4) De donde se infiere que, aun cuando efectivamente **no exista prueba convincente** de que la comunidad de propietarios notificó a los propietarios deudores el acuerdo de aprobación de la liquidación de la deuda por cuotas de gastos comunes de los propietarios con la comunidad, **una vez que se admitió a trámite la demanda** del juicio monitorio y que se ha alcanzado la fase del juicio contradictorio (cuando los demandados se han opuesto a la demanda), ya no tiene relevancia el **cumplimiento de los requisitos formales** precisos para la admisión a trámite de la demanda del proceso monitorio, de forma que en el proceso declarativo plenario que lo verdaderamente relevante es la **resolución sobre la pretensión** y **oposición de fondo del litigio**, es decir, si la demandante prueba la existencia de la deuda que reclama y si los demandados consiguen acreditar la extinción de la deuda. En el mismo sentido se han pronunciado las sentencias como AP A Coruña 22-11-07, EDJ 303186, AP Las Palmas 11-3-08, EDJ 62504 y AP Valencia 26-12-12, EDJ 340752. No obstante, existe jurisprudencia que considera que la notificación a los propietarios afectados del acuerdo de la junta por el que se aprueba la liquidación de la deuda con la comunidad en la forma establecida en LPH art.9, se configura como un **requisito esencial** e insoslayable para la utilización del procedimiento monitorio (AP Castellón 14-11-19, EDJ 858705).

Requisitos La certificación del acuerdo de la junta de propietarios aprobando la liquidación de la deuda ha de comprender los siguientes extremos: 3669

1. Deberá contenerse en un **documento** que específicamente se refiera como de certificación con expresión del secretario que lo expide, identificándose al efecto.

2. La certificación debe **proyectarse concretamente sobre el acuerdo de la junta** (documentado en la correspondiente acta), aprobando la liquidación de la deuda con la comunidad. No es admisible que se acompañe una certificación de un acuerdo de junta por el que se autoriza al secretario, a su vez, a certificar la liquidación de una deuda. No es posible que la junta, meramente, autorice al secretario para que certifique por su cuenta y a su criterio la liquidación. Es preciso que se **apruebe por la junta la liquidación**, de modo que lo que se certifica (su objeto) es el acuerdo de aprobación de esta (AP Sevilla 28-9-09, EDJ 298208; AP Barcelona 22-11-17, EDJ 284632).

3. No es preciso que se trate de una **certificación extensa** que comprenda la **totalidad de los asuntos integrados en el orden del día** que fueron sometidos a tratamiento, o a decisión y deliberación, bastando con que comprenda la certificación, únicamente, el acuerdo de aprobación de la liquidación de la deuda. La **aportación del acta**, con el contenido establecido en el LPH art.19.2, y debidamente firmada en los términos exigidos por el LPH art.19.3- con la firma del presidente y del secretario-, no excluye en modo alguno la precisa aportación a la petición inicial de juicio monitorio de la **certificación del acuerdo de la junta** aprobando la liquidación de la deuda, a pesar de que este mismo acuerdo obre en el acta misma, puesto que el LPH art.21.3 exige el acompañamiento de la referida certificación, y no necesariamente del acta que le sirve de fundamento certificatorio. 3670

Consiguientemente, no basta una mera certificación de una liquidación llevada a cabo por el secretario, el administrador o el presidente sobre la base de una decisión de la junta de reclamar la deuda pendiente por los conceptos prevenidos en los LPH art.9.1.e.f (AP Valencia 9-12-02, EDJ 69859; AP Sta. Cruz de Tenerife 13-4-04, EDJ 39257). La certificación ha de **sustentarse en un acta de junta**, cuyo ejemplar debe obrar, **por original**, en el libro de actas de la comunidad, oportunamente **custodiado por el secretario** (LPH art.19.4) o, en su caso, por el **administrador** (LPH art.20.e), para el caso de que no coincidiesen en la misma persona (LPH art.13.6).

4. En la certificación debe constar con precisión **la fecha en la que se celebró la junta de propietarios** en cuyo seno se acordó la aprobación de la liquidación de la deuda, así como el **edificio** sobre el que se constituye la comunidad en régimen de propiedad horizontal, con indicación de la ciudad, calle, plaza o avenida, y el número de policía, en su caso. La certificación deberá estar **firmada** por el secretario, con el visto bueno del presidente de la comunidad, con cargos vigentes -en uno y otro caso- al tiempo de emitir aquella. 3672

5. Deberá reflejarse de forma clara y detallada la **concreta cantidad debida**, con especificación del concepto por el que se adeuda y el período de tiempo de que se trata, expresando con exactitud el piso o local del que nace la obligación. Debe existir, por tanto, **concordancia** entre el monto de deuda certificada y la reclamación deducida en la petición de juicio monitorio. Resulta insuficiente la certificación del acuerdo de junta aprobatorio de la liquidación de la deuda cuando aquella no expresa la cuantía a que esta asciende (AP Badajoz 31-7-06, EDJ 282528). La certificación debe basarse en un **acuerdo aprobatorio de una liquidación** y solo por ese importe se podrá presentar el procedimiento monitorio (AP Madrid 26-1-18, EDJ 20073). No obstante, y pese a la exigencia legal de que en la certificación se indique el importe adeudado y su desglose, existen algunas resoluciones que admiten el procedimiento monitorio, aunque en la certificación **no conste el desglose**, si la documentación presentada es suficientemente expresiva de la existencia de la deuda (AP Araba 30-5-23, EDJ 728785; 29-6-23, EDJ 738630).

6. La certificación deberá expresar **día, mes y año** en que se expide, debiendo contar con el **visto bueno** del presidente, sin cuyo requisito no será admitido a trámite el monitorio (AP Murcia 21-2-12, EDJ 39874), salvo que el secretario de la comunidad sea un secretario-administrador con cualificación profesional necesaria y legalmente reconocida que no vaya a intervenir profesionalmente en la reclamación judicial de la deuda, en cuyo supuesto no será precisa la firma del presidente.

Precisiones Una **liquidación** implica algo más que el mero reflejo de un saldo, porque si liquidar consiste en hacer el ajuste formal de una cuenta, la liquidación comprende las operaciones que sirven de base a tal actividad, es decir, el **ajuste con las bases sobre las que se asienta**, a través de las cuales se llega al resultado de la misma (al resultado de la liquidación, propiamente). Ello implica la expresión de las bases de las cuentas o cuenta que se liquidan, es decir, los conceptos que la comprenden (cuotas ordinarias de gastos, derramas, etc.), su importe o dimensión cuantitativa, y el periodo de tiempo concreto al que corresponde, cualquiera que sea (mensual, 3674 bimensual, trimestral, etc.), todo ello, además, en función de las **cantidades satisfechas por el interesado en la cuenta**. Que ello es así resulta de una interpretación literal del precepto y del término «liquidación», pero sobre todo y, además, de su finalidad y del privilegio procesal que entraña (LPH art.21.5, actualmente LPH art.21.4). Porque si de lo que se trata es de dar eficacia ejecutiva al acuerdo que aprueba la liquidación, previa su notificación al propietario moroso, es indispensable que este tenga **conocimiento de los conceptos e importe** a los que corresponde el saldo liquidado que se le notifica para que pueda comprobar su realidad; por cuanto, si se le notifica que adeuda una cantidad sin expresión de más circunstancias, puede verse sumido en la más completa incertidumbre a los efectos de comprobar la realidad de la deuda en función de los pagos que haya efectuado para obrar en consecuencia, de manera que en tales circunstancias se le coloca en una **situación de indefensión** al desconocer las bases de la deuda que se le reclama (AP Sta. Cruz de Tenerife 25-3-09, EDJ 88807).

3676 **Notificación del acuerdo** (LPH art.21.3) El **acuerdo** adoptado por la junta de propietarios aprobando la liquidación de la deuda con la comunidad, una vez adoptado, además de ser certificado pertinentemente, debe ser notificado a los propietarios afectados -deudores y responsables solidarios de la deuda ajena- conforme al procedimiento de notificación de acuerdos sociales prevenido en el nº 1056.

Precisiones **1)** Lo que se debe **notificar** al posteriormente demandado, no es el certificado del acta de la junta liquidatoria de la deuda, sino la propia acta de la misma que aprueba la liquidación detallada y desglosada de la deuda. Por tanto, al deudor debe comunicársele la cuantía reclamada y los concretos conceptos a los que responde, de modo que, faltando este requisito, la demanda de juicio monitorio no debe admitirse a trámite (AP Alicante 16-11-16, EDJ 242596).

2) Aunque en nuestro Derecho la notificación que generalmente se exige como requisito previo para poder admitir una reclamación debe ser **recepticia**, ello no quiere decir que tenga que llegar necesariamente a conocimiento del deudor. Así, para que una notificación al deudor del saldo acreedor se entienda practicada, basta con que conste en autos que el acreedor remitió la comunicación por telegrama, burofax, u otro medio idóneo y fehaciente, al domicilio del deudor designado en el contrato o en la Ley, y que ha llegado a la órbita de decisión de su destinatario, de suerte que, si el acreedor hizo cuanto estaba en su mano para comunicar el saldo deudor, la actitud intencional, negligente e incluso olvidadiza del deudor, no puede impedir que se entienda producido el efecto pretendido.(AP Barcelona 30-11-16, EDJ 275391).

3) En **Cataluña** (CCC art.553-47), se regulan de forma muy similar a LPH art.21 los requisitos documentales para iniciar el proceso monitorio establecido en LEC, con una pequeña diferencia, en LPH se exige acreditar haber notificado el acta de la junta, pero no se exige reclamación previa tras el certificado emitido de la deuda, mientras que el CCC, no exige la notificación del acta, dando por supuesto que se ha efectuado, pero sí exige un requerimiento de pago (AP Girona 17-5-21, EDJ 635338).

3677 **Requisito de comunicación** El fundamento del requisito de comunicación impuesto por la norma estriba en el **derecho del deudor** -y de quienes de él responden en materia de gastos generales- a poder **conocer el hecho mismo del acuerdo liquidativo**, su exacta dimensión cuantitativa y desglose por conceptos y períodos, al menester de que, o bien pueda pagar la cantidad en trance ya de poderle ser reclamada por los trámites del procedimiento monitorio especial, o bien pueda impugnar tal acuerdo liquidatorio, bien por no existir el débito, bien por estar defectuosamente calculado, bien por ser la cantidad debida inferior a la liquidada.

Se pretende **evitar** que se promuevan procedimientos monitorios sin que el deudor haya tenido conocimiento del contenido de la junta en la que se liquida la deuda que se supone ha contraído, y que, en consecuencia, no haya tenido ocasión de impugnarla, ni de conocer en su integridad el acuerdo que determina su liquidación y su reclamación judicial.

Si bien cabría plantearse si es precisa dicha notificación cuando el comunero demandado precisamente asistió a la junta en la que se liquida su deuda, pues resulta claro que cuando el comunero no asistió a la junta, será indudablemente necesaria la notificación ya que la acción para impugnar los acuerdos adoptados en junta por el comunero ausente no comienza sino hasta que se le notifica aquel, y, en consecuencia, en tal caso, para que quede válidamente formalizada la demanda de juicio monitorio de reclamación de cuotas comunitarias (LPH art.18 y 21.3) es preciso que conste que se ha notificado al deudor el contenido del acta de la junta, lo que supone poner en conocimiento del comunero lo debatido y lo resuelto en dicha junta, y que le posibilitará su impugnación en vía judicial (LPH art.18; AP Madrid 14-12-16, EDJ 254401).

3678 **Designación de domicilio en España** (LPH art.9.h) Dentro de las obligaciones de cada propietario, se establece la consistente en comunicar a quien ejerza las funciones de secretario de la comunidad, por cualquier **medio** que permita tener constancia de su recepción, el domicilio en España a efectos de citaciones y notificaciones de toda índole relacionadas con la comunidad. En defecto de esta comunicación, se tendrá por domicilio para citaciones y notificaciones el piso o local perteneciente a la comunidad, surtiendo plenos efectos jurídicos las entregadas al ocupante del mismo. Cuando no se pueda llevar a cabo así esta notificación se hará mediante la colocación de la comunicación correspondiente en el tablón de anuncios de la comunidad o en lugar visible de uso general habilitado al efecto con diligencia expresiva de la fecha y motivos por lo que se procede a esta forma de notificación firmada por quien ejerce las funciones de secretario de la comunidad, con el visto bueno del presidente (AP Araba auto 8-5-19, EDJ 647184).

En cuanto a las notificaciones de los acuerdos a los copropietarios (LPH art.9), la ley les impone un deber especial de **diligencia** a los copropietarios de los pisos y locales en orden a que puedan recibir las notificaciones y citaciones de la comunidad de propietarios, hasta el punto de que deben, en virtud de esta diligencia que se le impone, el designar un domicilio en España a efectos de notificaciones, y en el supuesto en que se **incumpla dicha obligación**, y no se pueda llevar a cabo la notificación en la vivienda o local, bastará para que se entienda bien realizada dicha notificación, con la colocación de la comunicación correspondiente en el **tablón de anuncios de la comunidad**, siendo responsabilidad del propietario el que no se lleve a cabo la notificación o citación, al haber omitido la comunicación del domicilio correspondiente, sin que pueda exigirse a la comunidad de propietarios una diligencia especial, a fin de llevar a cabo actos para averiguar su domicilio, bien a través del Registro Mercantil si es una sociedad, o bien a través del padrón de habitantes si es una persona física (TS 1-3-16, EDJ 15196; AP Baleares 11-2-15, EDJ 20367).

Es, consiguientemente, **carga del propietario** el designar el domicilio (en España o en el extranjero) para las citaciones y comunicaciones concernientes a los asuntos de la comunidad de propietarios. De no hacerlo, se tendrá por domicilio a efectos de notificaciones o comunicaciones, el propio del piso o local integrado en la comunidad, de modo que la comunicación practicada para con el ocupante, surtirá plenos efectos jurídicos. Si esta resulta fallida, la ley establece como **medio subsidiario** que la notificación se practique en el tablón de anuncios de la comunidad. Si **no existe** específicamente **tablón de anuncios**, se entenderá cumplido el requisito mediante la colocación de la comunicación en lugar común ostensiblemente visible, p.e. junto a los buzones (AP Bizkaia 9-7-19, EDJ 698649; AP Pontevedra auto 6-7-18, EDJ 604863). **3679**

Por otro lado, mientras no se haya producido **comunicación de cambio** alguno, se ha de presumir que el propietario y su domicilio, a efectos de notificaciones, es aquel del que tenga constancia el secretario de la comunidad (AP Valencia auto 25-11-19, EDJ 754362).

La notificación del acuerdo liquidativo de la deuda por la junta debe preceder **cronológicamente** a la interposición de la petición inicial de juicio monitorio.

Es cierto que el LPH art.21 no exige en puridad, para la admisión a trámite de la petición inicial de juicio monitorio, que por la actora se justifique documentalmente la comunicación del acuerdo de liquidación de la deuda a los propietarios afectados. Y es así mismo cierto que esta misma acreditación no se recoge ni precisa en el LEC art.812.2. Más debe tenerse presente que el de la LPH art.21.3 sí que emplea la locución «deberá aportarse, junto con la petición inicial del proceso monitorio, el documento acreditativo en el que conste haberse notificado al deudor, pudiendo también hacerse de forma subsidiaria en el tablón de anuncios o lugar visible de la comunidad durante un plazo de, al menos, 3 días» en cuanto hecho condicionante y determinante de la reclamación misma efectuada por medio de este procedimiento especial.

Forma de efectuar la comunicación Respecto de los dos primeros procedimientos (comunicación en el domicilio específicamente designado, y, en su defecto, comunicación en el propio piso o local), resulta conveniente a efectos procesales el emplear **medios** de comunicación **que garanticen la acreditación de su recepción** o la falta de ella, tales como el burofax con certificación de contenido y acuse de recibo, por cuanto, a través de él se acredita no solo la recepción del envío, sino también su contenido. En ocasiones, este medio no es válido por tener el propietario deudor su **domicilio en el extranjero**. En este sentido, el burofax remitido al propio local de titularidad de una sociedad extranjera no cumple los presupuestos exigibles para dar por realizada la notificación, al conocer la comunidad que el domicilio social se encontraba fuera de España, que los locales de los que son propietarios se encontraban vacíos y de la existencia de un apoderado, ya que en ocasiones anteriores habían dirigido varias notificaciones a este (AP Sta. Cruz de Tenerife 16-2-04, EDJ 12216). **3680**

Igualmente, se admite la notificación a través de un **tercero de confianza** como son las empresas de transporte o un burofax electrónico que garantiza la autenticidad del contenido del certificado que se le envía al deudor, su identidad y la del remitente, con dirección IP, fecha y hora del comunicado, cuándo se remite y cuándo se recibe. Si la LPH art.9 y 21 permiten la notificación por la vía de edictos, con mucha mayor razón habrán de permitirse estos sistemas que se acomodan a la realidad social y a la L 6/2020 (AP Sevilla auto 30-9-19, EDJ 784521).

3682 • **Carta con acuse de recibo:** la Ley no establece una **forma especial** para la notificación, el único requisito es que se remita al domicilio designado o, en su defecto al de la propia comunidad. En consecuencia, la carta remitida con acuse de recibo es un sistema válido y suficiente para entender que la comunidad cumplió con su obligación. Ha de entenderse eficaz a los efectos pretendidos la carta remitida, correspondiendo al deudor acreditar que su falta de recepción deriva de circunstancias que no le son imputables y ajenos a su voluntad (AP Araba 24-9-19, EDJ 763834).

No obstante, alguna jurisprudencia menor ha declarado que la notificación por medio de simple carta con acuse de recibo no deja constancia del contenido (AP Alicante 18-7-02, EDJ 49880; AP Valencia 14-2-12, EDJ 122896). Solo ha sido considerada suficiente a efectos procesales la carta certificada con acuse de recibo en aquellos supuestos en los que se acompaña con **otros medios probatorios convergentes** o coadyuvantes a demostrar que la concreta comunicación del acuerdo liquidatorio adoptado por la junta se ha realizado en el lugar en que comúnmente se habían invariablemente comunicado acuerdos precedentes al demandado. No faltan pronunciamientos en los que se da por acreditada la comunicación al tener por suficiente y creíble la **declaración contenida en la propia certificación** de la deuda que se acompañe a la demanda, y en la que se exprese que el acuerdo liquidativo ha sido comunicado al deudor (AP Murcia 16-1-07, EDJ 123816). Esta forma de acreditar la existencia de la comunicación del acuerdo liquidativo, entendiendo que está implícito en la certificación, no deja de resultar en cierto modo un incumplimiento del requisito procesal exigido por el LPH art.21.2 -actual LPH art.21.3-, que exige que el acuerdo haya sido **efectivamente notificado a los propietarios afectados**, lo que en puridad no es sustituible por la simple manifestación -por muy certificada que quede- consistente en que, efectivamente, tal comunicación llegó a realizarse, puesto que, como bien apunta la AP Cádiz 27-5-03, EDJ 92047, la manifestación del secretario de la comunidad de que el acuerdo ha sido debidamente notificado es una **simple manifestación de parte**, no contemplada legalmente, realizada por quien no es fedatario público, por lo que no puede afirmarse que garantice efectivamente el cumplimiento del derecho de notificación reconocido legalmente al deudor.

3683 **Tablón de anuncios de la comunidad** (LPH art.9.1.h y 21) Es un **medio subsidiario** de comunicación. Como tal, exige haber intentado aquella en el domicilio específicamente designado, así como en el piso o local del deudor en la comunidad, de forma que se empleará cuando uno y otro hayan fracasado (AP Castellón 14-11-19, EDJ 858705; 1-2-19, EDJ 858716). El hecho de **no recogerse por el destinatario el burofax** que le ha sido remitido, determina que la comunidad, -además de reservarse como medio de prueba la diligencia emitida por correos y telégrafos en acreditación del transcurso del tiempo sin ser recogida la comunicación- pueda ya proceder a la publicación de esta en el tablón de anuncios o lugar habilitado al efecto (AP Alicante 30-9-15, EDJ 207127). Se permite la publicación del acuerdo liquidativo en un **lugar visible de uso general** habilitado al efecto, para el caso de que la comunidad no dispusiera de tablón de anuncios. Esta publicación se debe realizar por un **plazo** de al menos 3 días. En uno u otro lugar, la comunicación deberá contener diligencia expresiva de la **fecha y motivos** por los que se procede a esta forma de comunicación, la que ha de estar firmada por quien ejerza al tiempo las funciones de secretario de la comunidad, con el **visto bueno** del presidente. Cuando se acuda a este procedimiento de notificación por medio de publicación en tablón de anuncios o en otro lugar visible, habrá de especificarse ello en la **certificación que se adjunte junto con la petición inicial** de juicio monitorio (LPH art.21.3). La gran riqueza en medios probatorios que posibilita la LEC (LEC art.299) abre la posibilidad a que, sin precisión de recabar la intervención de **fedatario**, y además a la **prueba testifical**, pueda así mismo acreditarse el hecho cierto de la realidad de la publicación de la comunicación por medio de **fotografías o reportaje** en soporte de la imagen, acompañando su fecha en el soporte mismo, trasladando a la contraparte la carga de su impugnación y contradicción de su certeza en relación al lugar y la fecha misma.

3684 Precisiones 1) Debe tenerse presente en relación a uno y otro requisito de procedibilidad (certificación del acuerdo de liquidación de la deuda y notificación del mismo) que no faltan sentencias en la jurisprudencia menor a través de las cuales se reconoce que la existencia de **posibles defectos formales** en la formulación de la petición inicial de juicio monitorio en punto a los dos **presupuestos documentales** referidos, y que podían haber conducido a que no prosperase esta, dejan de tener relevancia en el **juicio declarativo posterior**, puesto que si bien se inició la reclamación mediante el proceso monitorio, como consecuencia de la oposición del deudor, el litigio se tramitó posteriormente por los tramites del juicio declarativo correspondiente, en el cual la comunidad puede reclamar el importe de las cuotas adeudadas, sin que sea necesaria previamente la liquidación de la deuda como establece el de la LPH art.21; entendiendo algunas resoluciones judiciales que, en estos supuestos, los **defectos** que pudieran existir en orden a acudir al proceso monitorio **deben entenderse subsanados** (AP Madrid 20-11-06, EDJ 385861; AP Málaga 15-4-08, EDJ 126200; AP

Albacete 1-6-21, EDJ 672865; AP León 8-9-23, EDJ 712170; AP Barcelona 6-9-23, EDJ 706157). De forma que, una vez que el **procedimiento deja de ser monitorio**, debido a la oposición formulada por el deudor (LEC art.818.1), para convertirse en verbal (LEC art.818.2), en dicho procedimiento ya no existe el **presupuesto de previa liquidación de las cuotas** adeudadas que se exige para el monitorio en el LPH art.21.

2) En este mismo sentido, se advierte que el procedimiento monitorio es un **mero mecanismo preventivo del proceso**, de manera que si existe **oposición al requerimiento de pago** y aquel desemboca ulteriormente en un procedimiento declarativo, las infracciones procesales en que se haya podido incurrir al incoar aquel, dejan de ser relevantes, ya que solo tendrán incidencia, como en cualquier otro proceso, aquellas **circunstancias que sí sean relevantes** como presupuestos del proceso o, en su caso, como requisitos de la acción, pero no aquellos que pudieron fundar el monitorio (AP Málaga 29-1-21, EDJ 592820).

C. Competencia jurisdiccional

1. Competencia objetiva

(LEC art.45 y 813)

Es **exclusivamente competente** para conocer sobre el juicio monitorio el juzgado de primera instancia, estableciendo a favor de esta clase o grado de tribunales el conocimiento de este tipo de reclamaciones, excepto en los supuestos en los que el propietario moroso se encuentre declarado en concurso en cuyo caso la competencia objetiva para conocer del reconocimiento, graduación y pago de estos créditos a favor de la comunidad corresponde al **juez del concurso**. Tanto si el propietario deudor es una persona natural no empresaria, como si se trata de una sociedad o una persona natural empresaria, ya que tras la reforma operada por L 16/2022, los juzgados mercantiles tienen competencia objetiva exclusiva en materia concursal. **3686**

La LPH no establece en materia de competencia objetiva ninguna especialidad.

Se atribuye a los juzgados de primera instancia el conocimiento de todos los **asuntos civiles** que por disposición legal expresa **no** se hallan **atribuidos a otros tribunales**, sujetándose a lo prevenido en la LOPJ art.85.1.

2. Competencia territorial

(LEC art.813)

El mismo precepto establece en la materia que nos ocupa un fuero imperativo -por lo que **no** cabe la **sumisión expresa o tácita** en sentido diverso (LEC art.56 y 57)- de carácter electivo a favor de la parte actora, al establecer que en los supuestos de reclamación de deuda a que se refiere la LEC art.812.2º.2 (deudas que se acrediten mediante certificación de impago de cantidades debidas en concepto de gastos comunes de comunidades de propietarios de inmuebles urbanos), será juzgado competente territorialmente para conocer y resolver sobre ellas por los trámites del juicio monitorio, **a elección del solicitante**, cualquiera de los siguientes: **3688**

a) El juzgado de primera instancia correspondiente al domicilio o residencia del deudor.

b) Si aquellos no son conocidos por la parte actora, el del lugar en que el deudor pueda ser hallado a efectos de requerimiento de pago (LEC art.815.1).

c) El del lugar en que se halle radicada la finca, de acuerdo con la LPH art.52.1.8.

Reclamación de deuda frente a varias personas (LPH art.21.4) Cuando la comunidad haya de reclamar la deuda frente a varias personas, esto es, cuando haya **varios demandados** -anterior propietario, nuevo propietario y titular registral- y pueda corresponder la **competencia territorial** a los jueces de más de un lugar, la demanda podrá presentarse ante cualquiera de ellos, a elección del demandante (LEC art.53.2). **3689**

Cuando haya **más de un juzgado de primera instancia** en el partido judicial competente territorialmente, el asunto será repartido con arreglo a las normas de reparto preestablecidas (LEC art.68; Reglamento CGPJ 1/2005, de aspectos accesorios de las actuaciones judiciales; LEC disp.adic.5ª).

El letrado de la Administración de Justicia no permitirá que se curse ningún asunto sujeto a reparto si no consta la **diligencia o anotación electrónica correspondiente**; en caso de que no conste la misma, se anulará, a instancia de cualquiera de las partes, cualquier actuación que no consista en ordenar que el asunto pase a reparto (LEC art.68.2 redacc RDL 6/2023, a lo que habría que añadir que el defecto es igualmente depurable de oficio, por afectar al orden público procesal).

3690 **Fueros electivos** (LEC art.813) La fijación, entre los diversos fueros electivos, del correspondiente al lugar en que esté radicada la finca se cohonesta con:
a. La **naturaleza de la deuda reclamada**, que dimana de gastos generales o comunes, así como provisiones al fondo de reserva.
b. El **lugar** llamado a ser el de cumplimiento de la obligación.
c. La **afectación real** que la propia LPH establece sobre el piso o local en garantía o seguridad para el pago de las obligaciones por gastos generales y provisión al fondo de reserva (LPH art.9.e.3º), las que tienen carácter *propter rem*.
d. El propósito del legislador de **reforzar el crédito** y, por tanto, las obligaciones pecuniarias reclamables por los trámites del juicio monitorio (LPH art.9.1.e y f), favoreciendo con ello la reclamación ante el órgano jurisdiccional más próximo a la propia comunidad.

3691 **Imperatividad del fuero electivo** Los fueros electivos atribuidos para asignar la **competencia territorial** indicativa del juzgado de primera instancia llamado a conocer y resolver del proceso monitorio prevenido en el LPH art.21 tienen carácter imperativo, así como, más expresamente, al disponer que, en todo caso, no serán de aplicación las normas sobre **sumisión expresa y tácita** contenidas en la LEC art.50 a 60.
Ello implica que el letrado de la Administración de Justicia examinará **de oficio la competencia territorial** (LEC art.58), a lo que procederá inmediatamente, una vez presentada la demanda y repartida, si el procedimiento se ha presentado ante un órgano judicial que no corresponde con ninguno de los fueros electivos antes mencionados, se dará cuenta al juez, el cual, en su caso, dictará auto dando por terminado el proceso, en el cual se hará constar esta circunstancia y se reservará a la comunidad el derecho a instar de nuevo el proceso ante el juzgado competente (LEC art.813).
Una vez **admitido a trámite** el monitorio, si es el juzgado en el que radica la finca, no se debe archivar el monitorio si el deudor es localizado en otro partido judicial (AP Baleares 6-6-23, EDJ 671178).

D. Partes procesales

1. Legitimación activa

(LPH art.1.1)

3695 La legitimación activa corresponde a la comunidad de propietarios (LEC art.10) por ser la entidad que se encuentra en la posición que, conforme al ordenamiento jurídico, le legitima para obtener la tutela jurisdiccional, en cuanto **parte acreedora** de la cantidad insatisfecha por el propietario en situación de morosidad.
Las **agrupaciones de comunidades** pueden así mismo servirse del procedimiento monitorio prevenido en la LPH art.21. Para ello precia haberse constituido como tal de conformidad con lo prevenido en la LPH art.24.2, pues en caso contrario -aun cuando exista el deber legal de sus integrantes de contribuir a los gastos que la copropiedad de elementos comunes comporte- no podrán disponer de un **acuerdo de liquidación**, ni de una **certificación de la deuda** en los términos formalmente exigidos para la presentación del juicio monitorio (LPH art.812.2.2).
No obstante, el Tribunal Supremo ha establecido la procedencia de este proceso monitorio especial con el **carácter supletorio** que previene en LPH art.24 respecto de los **pactos** que establezcan entre sí los propietarios, a los **complejos inmobiliarios** que no adopten ninguna de las formas jurídicas previstas en el LPH art.24.2, siempre que los propietarios ostenten, con carácter inherente a su derecho privativo, una pluralidad compartida sobre otros elementos inmobiliarios, viales, instalaciones o servicios (TS 27-10-08, EDJ 217194).
En los supuestos de **complejos inmobiliarios** se ha entendido que la subcomunidad carece de legitimación activa para el ejercicio de acciones en nombre de la comunidad general, salvo que los estatutos de esta última así lo autoricen (TS 30-12-09, EDJ 299937).

3696 **Legitimación individual del comunero** Otra cuestión diversa es la relativa a si ostenta un comunero, individualmente considerado, legitimación para dirigir reclamación por los trámites del procedimiento monitorio prevenido en el LPH art.21 **contra un propietario en situación de morosidad** de sus obligaciones pecuniarias frente a la comunidad. Ha de tenerse presente que el LPH art.21.3 parece que reduce la **representación al presidente y al administrador**. Este último requiere el acuerdo previo de la junta para presentar el procedimiento monitorio. De ahí que se condicione la utilización del procedimiento monitorio al **previo acuerdo de la junta de propietarios**. Habría que distinguir diversas situaciones:
a. Cuando el **acuerdo** adoptado en junta de propietarios es **favorable** a la reclamación por medio de proceso monitorio, y existe **certificación del acuerdo** aprobando la liquidación de la

deuda, debería admitirse la iniciativa aislada del comunero interponiendo la petición inicial de juicio monitorio (LEC art.814 redacc RDL 6/2023) al tratarse de una acción deducida en provecho de la comunidad (TS 30-10-14, EDJ 191944; AP Las Palmas 1-2-17, EDJ 116665), siempre y cuando constase una voluntad obstativa, negatoria, remisa u obstaculizadora por parte del presidente o del administrador para la formalización de la referida petición inicial.
No obstante, otro sector de la jurisprudencia considera que la LPH art.21, únicamente permite la utilización del procedimiento monitorio, para la reclamación de las cantidades adeudadas por el propietario moroso, al presidente o al administrador, cuando así lo acuerde la junta de propietarios (AP Sta. Cruz de Tenerife 24-6-13, EDJ 189880). Pero no es obstáculo, que se reclamen estas cantidades por cualquier comunero, siguiendo el criterio establecido por el Tribunal Supremo antes mencionado, a través del juicio verbal.
b. Cuando el acuerdo adoptado por la junta resulte contrario a la **reclamación judicial**, el comunero que se encuentre al corriente de sus obligaciones, haya **votado en contra de aquel** y haya salvado su voto, deberá ejercitar previamente la acción de impugnación de acuerdos sociales, conforme previene el nº 3245 s., puesto que, en tales supuestos, el órgano colectivo en cuyo seno se forja la voluntad comunitaria se ha expresado en sentido contrario a la interposición del correspondiente proceso.
c. Cuando la junta de propietarios no haya tenido la **ocasión de pronunciarse** sobre acuerdo alguno aprobatorio de la reclamación y de la liquidación de la deuda, resulta evidente que el comunero no podrá disponer de certificación alguna (LPH art.21.2), ni, consiguientemente, podrá realizar la notificación del acuerdo que tal referido precepto exige, por lo que faltará con ello el presupuesto documental de procedibilidad que exige el LEC art.812.2.2 (en contra, Herrero Perezagua).

Precisiones Debe precisarse, no obstante, que el comunero singularmente considerado sí ostenta legitimación para poder deducir en nombre de la comunidad la correspondiente **acción de reclamación contra uno de los copropietarios**, en razón a las obligaciones pecuniarias derivadas de su deber de contribuir a los gastos e impensas prevenidas en los LPH art.9.e.f, de conformidad con la doctrina legal emanada de la sala 1ª del TS conforme a la cual cualquiera de los comuneros puede comparecer en juicio en asuntos que conciernen y afectan a la comunidad al objeto de **defender los intereses de esta**, en cuyo caso su intervención «pro accione» beneficiará a todos los comuneros, siendo así que tal iniciativa puede producirse **por propia iniciativa del comunero** singularmente considerado al objeto de paliar la desidia del presidente o la **inoperatividad de los órganos de la comunidad** (TS 22-10-93, EDJ 9411; 23-11-84, EDJ 7504; AP Madrid 4-3-11, EDJ 44645). 3697

Poder de representación de la comunidad En el proceso monitorio la representación de la comunidad corresponde al **presidente** (LPH art.13.3), en cuanto que es quien actúa en su nombre en juicio y fuera de él. 3698

Precisiones **1)** Tampoco puede desconsiderarse que resulta siempre aconsejable que los **presidentes** de comunidades de propietarios reúnan previamente a la junta para consultar a sus miembros sobre la procedencia del planteamiento de una acción judicial, al objeto de que compartan su **responsabilidad** y a fin de evitar la adopción de decisiones unilaterales que no siempre pueden ser prudentes, así como, en otro orden de cosas, si la sentencia fuese desestimatoria, conjurar la posibilidad de que pueda el órgano colegiado exigirle responsabilidades por el resarcimiento de los daños y perjuicios que el proceso hubiese podido suponer para la comunidad (Muñoz González).
2) Por ello, resultaría aconsejable que la junta de propietarios proveyese al presidente, en el acuerdo que adoptase al amparo del LPH art.21.2, de la **expresa autorización** para proceder judicialmente contra aquel, en reclamación de la deuda, por los trámites del juicio monitorio, evitando de esta forma posibles problemas procesales planteados con base en un cuerpo de doctrina por cuya virtud se declara que el **presidente no puede decidir por sí solo** el ejercicio de acciones judiciales en nombre de la comunidad, por cuanto requiere en todo caso el **preceptivo acuerdo de la junta general**, distinguiéndose por tanto entre -de una parte-, lo que es la representación legal que le viene conferida y -de otra- el poder de decisión sobre el ejercicio de acciones judiciales (TS 20-10-04, EDJ 159615; 5-11-15, EDJ 205564; AP A Coruña 4-4-18, EDJ 79747).
3) Una vez obtenida la autorización expresa para presentar el procedimiento monitorio contra el deudor, el presidente de la comunidad de propietarios, sin necesidad de autorización de la junta, puede presentar este procedimiento monitorio dado que ostenta la **representación de la comunidad** (LPH art.13.3). De este modo el presidente o, en su caso, el vicepresidente, ostenta legalmente la representación de la comunidad, de modo que, puesto que las comunidades de propietarios tienen capacidad procesal, esta se ejerce a través de su presidente, pudiendo este a iniciativa propia (LPH art.7.2), sin necesidad de ningún **acuerdo** de la comunidad, ejercer las acciones pertinentes en defensa de los intereses de la comunidad, al igual que tradicionalmente se ha reconocido a cualquier comunero el ejercicio de las acciones en defensa de la comunidad. El presidente es mero ejecutor de los acuerdos de la junta de propietarios, pero en todos los demás asuntos que se refieran a intereses generales de la comunidad y que no estén expresamente reservados a la junta en la LPH art.14 el presidente está facultado para decidir y resolver (TS 8-1-19, EDJ 500393; AP Badajoz 23-1-20, EDJ 508171).

3700 **Representación por el administrador** Junto con el presidente, también ostentará el poder de representación para deducir la petición inicial de proceso monitorio el administrador de la comunidad, cuando se trate de un secretario-administrador con **cualificación** profesional necesaria y legalmente reconocida y no vaya a intervenir profesionalmente en la reclamación judicial de la deuda (LPH art.21.3).

La **autorización para proceder judicialmente** a favor del administrador se atribuye al órgano, y no a favor de la persona física que lo ocupa en cada momento, por lo que tal autorización persistirá, aunque **cambie la persona** que ostente el cargo.

Al poder conferir la representación al administrador -persona que con más intensidad que cualquier comunero conoce el funcionamiento de la comunidad y sus cuentas y gastos- se soluciona el problema que presenta la **posible incompatibilidad o renuncia del presidente** a actuar, o la evitación de la incomodidad de involucrarlo en el pleito, o incluso que la deuda a reclamar corresponde a períodos en los que no ostentó el cargo.

3701 Precisiones **1)** Cabe preguntarse si el **poder de representación** conferido expresamente por la junta de propietarios para el reseñado fin **se extiende** o prolonga a la representación de la comunidad en el proceso declarativo posterior que hubiese de sustanciarse para el caso de que el **copropietario demandado formulase oposición** (LEC art.818.2). Así se reconoce respecto del evento consistente en que la terminación del proceso monitorio trueque la litis en verbal, sosteniendo que la **representación conferida al administrador** para la reclamación a través del proceso monitorio **es válida y suficiente para el verbal ulterior**, puesto lo contrario supondría el archivo de las actuaciones o la necesidad de abrir un trámite previo no previsto normativamente hasta que tenga lugar el cambio de representación procesal, entorpeciendo y dilatándose la litis (AP Sevilla 24-4-07, EDJ 133943).

2) En sentido más amplio, comprendiendo también la posibilidad de mantener la representación a favor del administrador incluso en el evento de precisarse deducir **demanda de juicio verbal**, se manifiesta AP Valencia 22-11-06, EDJ 487565.

3) No puede considerarse, no obstante, que esta línea de jurisprudencia menor esté consolidada lo suficiente como para despejar en términos absolutos las brechas de duda abiertas en punto a la cuestión suscitada. Un posicionamiento prudente aconsejaría que, dictado decreto dando por terminado el juicio monitorio al haberse suscitado oposición (LEC art.818.2), el **presidente con cargo vigente** al tiempo **retomase la representación específica**, en la continuación de la tramitación conforme al juicio verbal (LEC art.442 a 447 redacc RDL 6/2023).

2. Legitimación pasiva

3705 La ostenta el **propietario del piso o local** que haya incumplido las obligaciones pecuniarias que adeuda frente a la comunidad con arreglo a lo prevenido en LPH art.9.1.e.f. Cuando el **propietario anterior** de la vivienda o local debe responder solidariamente del pago de tales deudas (LPH art.9.e y f), puede también dirigirse contra él la petición inicial, sin perjuicio de su derecho a repetir contra el actual propietario. Esta **responsabilidad** extensiva, de naturaleza personal y solidaria, propagada al propietario anterior debe ponerse en relación con la obligación del propietario de piso o local que incumpla su obligación de comunicar por cualquier medio que permita tener constancia de su recepción al secretario de la comunidad el **cambio de titularidad sobre el piso o local**, de seguir respondiendo de las deudas con la comunidad devengadas con posterioridad a la transmisión, resultando solidariamente responsable de tales deudas junto con el nuevo titular, sin perjuicio del derecho de aquel de repetir contra este por lo pagado (LPH art.9.i). Más, tal responsabilidad no es de aplicación cuando cualquiera de los **órganos de gobierno** establecidos en la LPH art.13 haya tenido conocimiento del cambio de titularidad de la vivienda o local por cualquier otro medio, o por actos concluyentes del nuevo propietario, o bien cuando dicha transmisión resulte notoria (AP Madrid 20-9-21, EDJ 744301).

Resulta preciso que en el acuerdo de junta de propietarios aprobando la liquidación y acordando la reclamación por los trámites del juicio monitorio, se determinen las **personas físicas o jurídicas**, o entes sin personalidad a las que corresponda el pago de la deuda (AP Las Palmas 25-6-08, EDJ 158554).

Si el **propietario hubiese fallecido**, y no constase a la comunidad la aceptación de la herencia deferida por testamento o intestadamente, lo procedente resulta consultar en el folio registral correspondiente al piso o local si ha accedido a inscripción la nueva titularidad sucesoria a favor del heredero o legatario, cuya concreción esclarecerá la cuestión atinente a la legitimación pasiva. En caso de que la titularidad dominical continúe obrando a favor del difunto, legitimada pasivamente para ser término subjetivo de la petición inicial de juicio monitorio lo estará la herencia yacente (LEC art.6.1.4).

Al **titular registral** se le podrán reclamar los gastos comunitarios de los que no es deudor cuando, además de ejercitar la acción obligacional contra el que deba responder del pago, se ejercita la real contra el piso o local afecto al mismo. Le reconoce legitimación pasiva a los solos efectos de garantizar la ejecución de la deuda sobre el inmueble inscrito a su nombre (TS 22-4-15, EDJ 58391; AP Barcelona 18-7-19, EDJ 659838; AP Ourense 22-4-22, EDJ 606985).

a. Copropiedad

(CC art.392)

La LPH guarda silencio sobre el carácter mancomunado o solidario de la responsabilidad de los cotitulares de piso o local, pero la **opinión predominante** en las audiencias provinciales es que la obligación es, frente a la comunidad, solidaria por las siguientes razones: 3708

• La prestación es **indivisible** *ex lege*, en cuanto se fija, conforme al título constitutivo, con arreglo a la participación del piso o local en la totalidad del inmueble (LPH art.9.1.e), no pudiendo ser compelido el acreedor, en este caso la comunidad, a recibir por partes la prestación, efecto que se produciría si se tratase como mancomunada (CC art.1138), asumiendo el acreedor la insolvencia de alguno de los copropietarios (CC art.1139).

• Se trata de una **obligación** ***propter rem***, o subjetivamente real, de modo que va ligada en cada momento a quien sea el titular del piso o local, y por la tenencia de ese elemento privativo existe una sola deuda para la comunidad, sin perjuicio de la división interna de la misma entre los diversos titulares de aquel elemento privativo.

• El efecto que se produce es el propio de las obligaciones con **solidaridad implícita** (*in solidum*), reconocido en la jurisprudencia.

• El Tribunal Supremo admite implícitamente la solidaridad cuando afirma: «en las relaciones entre la comunidad de propietarios y los propietarios individuales, los gastos de comunidad corresponden al propietario, y este o estos serán los legitimados pasivamente para soportar las acciones de la comunidad en reclamación de las correspondientes cantidades, sin perjuicio de las acciones de repetición entre los copropietarios, si procediere» (TS 25-9-14, EDJ 175673; AP Madrid 20-3-19, EDJ 558253; AP Ourense 22-04-21, EDJ 603747; 22-4-22, EDJ 606985).

No obstante, existe un **sector minoritario** de la jurisprudencia que considera que debe dirigirse la acción contra **todos los comuneros** (AP Huesca 13-11-93, EDJ 14473) en la medida que **no** existe entre ellos regla de solidaridad **propia o impropia** que permita a la parte acreedora reclamar conforme lo prevenido en el CC art.1137. La previsión normativa contenida en el LPH art.15.1.2º) por la que se dispone que si un piso o local perteneciese proindiviso a diferentes propietario, estos nombrarán un **representante para asistir y votar en las juntas**, no convierte la naturaleza de la obligación pecuniaria de contribuir al sostenimiento de los gastos de mancomunada en solidaria, rigiendo el principio general de la **mancomunidad** (CC art.1138), por tanto son aplicables las reglas sobre el litisconsorcio pasivo necesario (LEC art.12.2).

Deudas El interés jurídico protegido (que es el cumplimiento del crédito que asiste a la comunidad de propietarios) reclama que la **responsabilidad** de los copartícipes de un mismo piso o local, por deudas comunitarias sea solidaria, fundándose no solo en razones de comodidad para el acreedor, -o de evitación de dificultades engorrosas a la hora de cobrar a los diversos copropietarios de un mismo piso-, o de seguridad del crédito; razones que bastarían para justificar el alcance solidario de la deuda; sino que la razón esencial estriba precisamente la **unidad e indivisibilidad del piso** cuya propiedad origina la deuda, de forma que esa unidad impone un tratamiento también unitario de los derechos y obligaciones de los copropietarios, quienes frente a la comunidad no pueden comportarse como sujetos aislados (AP Salamanca 26-11-19, EDJ 799126). 3710

Identidad La **certificación de impago** que se adjunte a la petición inicial de juicio monitorio (LEC art.812.2.2), debería expresar la identidad de los cotitulares del piso o local al que concierne la liquidación. De no ser así, el deudor contra el que se dirija la petición inicial de juicio monitorio deberá **formular esta circunstancia** (de naturaleza procesal) en su **escrito de oposición** (LEC art.818.1). Ello no obstante, la ausencia de invocación, no determina la preclusión de su posibilidad de argüir la **excepción procesal en la contestación a la demanda** que se suscite en el subsiguiente procedimiento verbal (AP Barcelona 12-11-07, EDJ 330162), por cuanto en el procedimiento declarativo posterior al monitorio, la parte demandada, si bien viene vinculada por los términos en que formuló su oposición al juicio monitorio, no viene circunscrita rígidamente a ello, pudiendo realizar **nuevas y diferentes alegaciones** sobre hechos impeditivos, extintivos o excluyentes que no fueron expresamente formulados en aquella oposición sucinta formulada contra la petición inicial de juicio monitorio. 3712

3714 **Sociedad de gananciales** Cuando la vivienda pertenece a un matrimonio en régimen económico matrimonial de sociedad de gananciales o de **cualquier otro régimen de comunidad** la cuestión presenta algunos elementos controvertidos ya que la acción deducida trae causa o razón de unos gastos (LPH art.9.e.f) a que se refiere el CC art.1362.2, tratándose una **acción personal** a cuyo través se reclaman los gastos derivados de la tenencia de un bien ganancial, los que son de cargo y cuenta de la sociedad de gananciales, afirmándose en algunos pronunciamientos (TS 25-1-90, EDJ 584; 24-10-90, EDJ 9673; AP Sevilla 23-6-10, EDJ 224483) que la doctrina legal permite no traer al pleito a **ambos cónyuges** cuando se trate del ejercicio de acciones personales, como la correspondiente al pago de cuotas derivadas de gastos por el régimen de propiedad horizontal, al tratarse de obligaciones de carácter personal que se justifican en las relaciones con la comunidad de propietarios de la que los cónyuges forman parte. Con carácter general se viene declarando por la jurisprudencia que no cabe apreciar esa excepción de falta de litisconsorcio pasivo necesario cuando se reclaman al amparo de la LPH las cuotas correspondientes a un inmueble perteneciente a **ambos cónyuges** con carácter ganancial (TS 9-4-99, EDJ 6383; AP Zamora 5-5-17, EDJ 112201), señalando que, si cualquiera de los cónyuges puede gestionar la cosa común, los litigios que afecten a la gestión podrán dirigirse solamente contra uno de ellos, el gestor, y solo si exceden de esa órbita será necesario demandar a ambos (TS 15-2-99, EDJ 952; AP Bizkaia 26-1-16, EDJ 30252).
Más, debe considerarse que la **ejecución en vía de apremio** se produce cuando se da por terminado el juicio monitorio y es instada por la parte acreedora (LEC art.816) cuando la parte demandada no atendiese el requerimiento de pago (y no formulase oposición), o no compareciese. A ambos dos cónyuges en régimen de ganancialidad -cuando su titularidad así conste inscrita- debe ofrecérseles la **posibilidad procesal** formal **de formular oposición** (la que podrán deducir aunadamente, en un solo escrito, o separadamente, en escritos diversos). Ni lo dispuesto en la LEC art.541 (relativo a la ejecución sobre bienes gananciales), ni en el RH art.144.1 deben interpretarse en el sentido de poder **privar a uno cualesquiera de los consortes** de la oportunidad de formular oposición ante la petición inicial de procedimiento monitorio y, con ello, evitar la expedición de título ejecutivo.

3716 **Otros cotitulares** Si en trámite de oposición se aduce por el demandado la existencia de otros cotitulares contra los que **no se ha dirigido la petición inicial de juicio monitorio**, si el proceso en que se transforma la litis resulta ser el ordinario, podrá la comunidad actora dirigir su demanda contra el resto de condóminos; más, si el **proceso** se convirtiese en **verbal** -atendiendo a la cuantía- (LEC art.818.2), deberá la parte actora desistir de la litis y presentar nueva demanda, puesto que no resulta posible la integración de la litis ampliando la demanda contra el resto de cotitulares frente a los que no se dirigió inicialmente la petición de juicio monitorio (LEC art.401).

b. Separación y divorcio entre los cotitulares del inmueble

3720 Debe tenerse en consideración que la resolución judicial dictada en **medidas provisionales** o en sentencia del procedimiento de separación o divorcio no obsta a que ambos condóminos -a pesar de que solo uno de ellos sea el usuario, con o sin los hijos comunes- resulten ser los obligados al sostenimiento de los gastos a que se refiere la LPH art.9.e. y f, a pesar incluso de que la resolución judicial sobre atribución de uso obre inscrita en el folio registral, y ello sin perjuicio del **derecho de reembolso** de las cantidades satisfechas a la comunidad que la parte privada del uso del inmueble ostenta frente al usuario por haber realizado el abono de las cantidades debidas. Si bien frente a terceros, como la comunidad de propietarios, no se puede alterar quién es el titular de la vivienda obligado al pago de los gastos de la LPH art.9, entre los cónyuges puede la sentencia matrimonial alterar el responsable de su pago en las relaciones internas que surgen entre los titulares del uso y de la propiedad (AP Palencia 21-10-19, EDJ 753359; AP Cádiz 16-9-19, EDJ 758640; AP Madrid 2-12-19, EDJ 843343; 15-6-23, EDJ 664341).

c. Piso o local arrendado

3725 Si bien es cierto que al amparo de la LAU art.20 resultan posibles, válidos y lícitos los pactos entre arrendador y arrendatario (CC art.1255) por los que los contratantes hubiesen convenido que los **gastos generales** que incumban al edificio en razón a la cuota de participación sean abonados por el **arrendatario**, no lo es menos que, aún a pesar de tales pactos, la legitimación pasiva sigue recayendo sobre el **arrendador-propietario** (AP Zamora 17-2-05, EDJ 29459; AP Málaga 19-2-16, EDJ 107419). La razón de ello estriba en que los referidos **acuerdos «inter partes»** no resultan oponibles a terceros (CC art.1257), con base en el principio de relatividad de los contratos.

Publicidad registral La publicidad registral del pacto que impone a la parte arrendataria del piso o local su deber obligacional de abonar las obligaciones pecuniarias referidas en la LPH art.9.e y f, **no vincula sustantiva y procesalmente a la comunidad** a tener que demandar necesariamente a este último en lugar de al propietario, **titular registral del dominio**. 3728
El **folio registral de inscripciones**, publica materialmente títulos relativos a derechos reales, y el contenido obligacional de los contratos no produce efectos de vinculación, sino de **mera publicidad** y presunción de conocimiento «erga omnes». Por su parte, la propia LPH art.21.2, de forma indirecta, refiere la legitimación pasiva procesal en el procedimiento monitorio especial para la reclamación de tales referidas obligaciones dinerarias al propietario de la vivienda o local. Lo expuesto no es obstáculo, sin embargo, al derecho que asiste a la comunidad acreedora para el ejercicio de la **acción subrogatoria** (CC art.1111), así como para solicitar el **embargo preventivo** (LPH art.21.5) de las rentas arrendaticias que la propiedad obtuviese del arrendatario.

d. Piso o local sujeto a usufructo

En los casos en los que el piso o local se encontrase sujeto a derecho real de usufructo debidamente **inscrito en el registro de la Propiedad**, el usufructuario está obligado a hacer las reparaciones ordinarias -las que exijan los deterioros o desperfectos que procedan de uso natural de las cosas y sean indispensables para su conservación-. Asimismo, el pago de las cargas y contribuciones anuales y el de las que se consideran gravámenes de los frutos, son de cuenta del usufructuario durante el tiempo que dure el usufructo (CC art.500 y 504). 3730
Por su parte, las obligaciones a que se refiere la LPH art.9.e y f resultan ser débitos en razón a los gastos generales para el adecuado sostenimiento del inmueble y provisiones legales para atender obras de conservación y reparación de la finca, por lo que entre estos preceptos y la naturaleza de las obligaciones mencionadas existe una vinculación, ya que el **usufructuario** viene **obligado a realizar las reparaciones ordinarias**, concepto integrado en el deber de contribuir al sostenimiento de los gastos generales y de subvenir a la dotación del fondo preordenado, precisamente, a llevar a cabo obras de conservación y reparación ordinarias.
En tales supuestos, la doctrina legal se encuentra dividida al entender que la demanda de reclamación puede dirigirse:
- bien contra el **usufructuario** (AP Madrid 17-12-18, EDJ 717760);
- bien conjuntamente contra el propietario y el usufructuario;
- bien contra el **propietario**, exclusivamente (AP Madrid 2-12-19, EDJ 843343). Mas, a pesar de todo ello, y tratándose de una cuestión jurídico-procesal compleja, debe apreciarse que la LPH art.21.1 no solo refrenda una obligación impuesta por la LPH art.9, sino que, además, establece una regla de legitimación al establecer que «las obligaciones a que se refieren los apartados e) y f) de la LPH deberán cumplirse por el propietario de la vivienda o local en el **tiempo y forma** determinados por la junta. Parece ser que esta norma concerniente a la legitimación pasiva basta a la comunidad acreedora para considerar que la relación jurídico procesal estará adecuadamente constituida con el solo hecho de demandar al nudo propietario (AP Barcelona 14-7-04, EDJ 94298; AP Madrid 13-2-09, EDJ 36966).

e. Transmisión del inmueble

(LPH art.21.2 y 9.i)

Tras la reforma por L 10/2022, desaparece la responsabilidad solidaria del pago de la deuda del propietario anterior de la vivienda o local, frente al que podía dirigirse la petición inicial (de juicio monitorio), sin perjuicio de su **derecho a repetir** contra el propietario actual. Esta previsión, no obstante, se mantiene vigente por la jurisprudencia (TS 22-4-15, EDJ 58391; TSJ Cataluña 26-5-22, EDJ 648167) y debe ponerse en directa relación con LPH art.9.1.i, que dispone que es obligación de cada propietario comunicar al secretario de la comunidad, por cualquier medio que permita tener constancia de su recepción, el **cambio de la titularidad** de la vivienda o local, y con LPH art.9.1.e.3 que establece que el adquirente de una vivienda o local en régimen de propiedad horizontal, incluso con título inscrito en el Registro de la Propiedad, responde con el propio inmueble adquirido de las cantidades adeudadas a la comunidad de propietarios para el sostenimiento de los gastos generales por los anteriores titulares hasta el límite de los que resulten imputables a la parte vencida de la anualidad en la cual tenga lugar la adquisición y a los 3 años naturales anteriores. 3735
Cuando la transmisión resulte ser **mortis causa**, la comunicación corresponde al heredero o al legatario del concreto piso o local, y si la herencia deferida no se hubiese aceptado, a cualquiera de los llamados a ella por testamento o sucesión intestada.

En casos de **transmisión por actos intervivos**, la comunicación corresponde al transmitente que, por cualquier título, transmita al inmueble. Así se infiere del tenor literal prevenido en la LPH art.9.1.i.

Al **incumplimiento** de esta obligación se anuda un efecto por determinación legal, consistente en seguir el transmitente, solidariamente con el adquirente, respondiendo de las deudas con la comunidad devengadas con posterioridad a la transmisión. Esta responsabilidad resulta solidaria, como se ha expuesto, por determinación expresa del precepto (LPH art.9.1.i.2º), y sujeta o vincula tanto al anterior como al nuevo titular, sin perjuicio del **derecho del primero a repetir contra el segundo** las cantidades que, por contribución al sostenimiento de la comunidad, hubiese tenido que abonar en juicio o fuera de él a la comunidad por razón de la extensión de la responsabilidad que previene la norma, cuando el pago realizado por el anterior titular comprendiese cuotas que se hubiesen devengado en períodos de tiempo en que la transmisión con efectos jurídico reales traditorios ya se había producido. Ello no obstante, esta extensión de la responsabilidad de contribución a los gastos generales precisos para atender al sostenimiento del edificio, no será de aplicación cuando cualquiera de los **órganos de gobierno de la comunidad** (LPH art.13) hubiese tenido **conocimiento del cambio de titularidad** de la vivienda o local por cualquier otro medio diverso de la comunicación fehaciente a que se refiere la LPH art.9.1.i.3ºi), o por actos concluyentes del nuevo propietario, o bien cuando la transmisión resultase un hecho notorio.

3738 **Deudas devengadas tras la transmisión** Actualmente, se establece que puede demandarse en cualquier caso al **titular registral**, a efectos de soportar la ejecución sobre el inmueble inscrito a su nombre (LPH art.21.2). Se trata de un supuesto de responsabilidad sin débito en el que la norma especial (LPH art.21.4 y 9.1.i) establece a favor de la comunidad un **vínculo de solidaridad** entre el propietario anterior y el posterior por las deudas comunitarias devengadas tras la transmisión (por cualquier título) no comunicada y no notoria. Al existir solidaridad (CC art.1137), la comunidad acreedora de las obligaciones pecuniarias que permiten acudir al procedimiento monitorio especial (LPH art.9.1.e y f) puede dirigir la **petición inicial contra unos u otros propietarios sucesivos** o contra ambos dos como litisconsortes pasivos voluntarios (no existe el litisconsorcio pasivo necesario en el caso de que dos o más personas se encuentren obligados solidariamente *in obligatione*). Cuando entre el **momento en que se produce la transmisión** (fecha cierta) y el día en que la comunidad ha tenido conocimiento de ella (por alguno de los medios o formas prevenidas en la LPH art.9.1.i, se han devengado cuotas no pagadas, surge la **responsabilidad solidaria** frente a la comunidad de ambos dos propietarios. La comunidad puede dirigirse **indistintamente contra cualquiera de ellos**, o contra los dos. Frente a ello, el propietario anterior demandado debe acreditar que la comunidad tuvo un conocimiento anterior de la transmisión por alguno de los referidos medios o modos prevenidos en la LPH art.9.1.i.2º (AP Segovia 25-6-02, EDJ 136253; AP Sta. Cruz de Tenerife 25-6-13, EDJ 189883). Esta acreditación le corresponderá **verificarla al propietario anterior** demandado en el juicio verbal que se sustancia con posterioridad a la terminación del proceso monitorio en razón a la oposición formulada (LEC art.818).

La LPH art.9.1 impone a cada propietario las obligaciones y la forma de efectuar dicha reclamación. A la luz de los principios inspiradores de la ley de propiedad horizontal, quien viene obligado y está legitimado pasivamente para soportar dicha contribución a los gastos comunes es el propietario en el momento de producirse la obligación de satisfacer el gasto comunitario. En protección de las comunidades de propietarios la LPH art.9.1.e, aun siendo responsable del pago de los gastos comunitarios el propietario de la vivienda que lo era en el momento de producirse la obligación de satisfacerlos, esta responsabilidad se extiende a una serie de personas, sin perjuicio del derecho de repetición de estas contra el obligado al pago (TS 22-4-15, EDJ 58391):

- el propietario actual adquirente del bien por las cantidades adeudadas a la comunidad de propietarios por los anteriores titulares hasta el límite que ya hemos recogido, con afección real del piso o local al cumplimiento de la obligación, aunque el adquirente lo sea con título inscrito en el Registro de la Propiedad; y
- el propietario anterior que omita la comunicación de cambio de titularidad.

3740 **Desconocimiento por la comunidad** Si la comunidad no ha tenido conocimiento de la transmisión por cualquiera de los medios o modos prevenidos en la LPH art.9.1.i (conocimiento por comunicación fehaciente o por notoriedad y evidencia), en tal caso, lo normal es que aquella dirija su **petición inicial de juicio monitorio contra el propietario anterior**. Recae sobre el propietario transmitente del piso o local el deber legal de comunicar a quien ejerza las funciones de secretario de la comunidad, por cualquier medio que permita tener constancia de su recepción, el cambio de titularidad de la vivienda o local (LPH art.9.1.i), por lo que es responsable como consecuencia de haber permitido crear la apariencia ante la comunidad de seguir siendo propietario (AP Barcelona 28-11-13, EDJ 252351; AP Zamora 16-7-13, EDJ 163393). Quien incumpla el antedicho **deber de comunicación** relativo a la transmisión del piso o local a un tercero, sigue respondiendo de las deudas con la comunidad devengadas con posterioridad a la transmisión, procediendo a ello de forma personal y solidaria con el nuevo titular, sin perjuicio de posterior **derecho de repetición** del primero contra el segundo (LPH art.9.1 en relación con LPH art.21.2). Por ello es posible **demandar conjuntamente** al nuevo y al viejo propietario, así como al propietario real y al titular registral, sin perjuicio de la responsabilidad de cada uno (AP Valencia 28-3-13, EDJ 118103). En tal caso, la **oposición del demandado**, y su posterior defensa en el juicio ordinario correspondiente, se sustentará en no ser él el sujeto pasivo de la obligación, y en haber tenido la comunidad conocimiento de la transmisión, es decir, cuando cualquiera de los órganos de gobierno hubiera tenido **conocimiento claro y nítido** del cambio de titularidad de la vivienda o local, o por cualquier otro medio, o por actos concluyentes del nuevo propietario, o bien cuando la transmisión resulte notoria). Entre los casos en los que la transmisión toma la condición de notoria, evidente o inequívocamente cognoscible, se encuentran aquellos en que los recibos objeto de la reclamación se han girado contra el actual propietario (AP Barcelona 26-4-04, EDJ 33238), o cuando la transmisión del dominio sobre el piso o local haya sido objeto de **inscripción** en el folio correspondiente obrante en el Registro de la Propiedad, cuya publicidad material debe producir efectos «erga omnes» (AP Murcia 5-11-04, EDJ 190059), conforme resulta de la LH art.1, 32 y 38.

Debe precisarse que la **exoneración** que el adquirente puede realizar a favor del transmitente respecto de su deber de aportar al tiempo de la transmisión del piso o local el correspondiente certificado expedido por el secretario sobre estado de deudas para con la comunidad, correlativa a su declaración de estar al corriente (LPH art.9.1.e.4º) no exonerará a aquel, en modo alguno, de su **responsabilidad solidaria** respecto de las obligaciones pecuniarias anteriores, o de las sobrevenidas con posterioridad a la transmisión.

Publicidad registral Si el título traslativo se ha inscrito en el correspondiente folio registral, de modo que la publicidad registral refleja al **nuevo adquirente como titular derivativo** (inter vivos o mortis causa) del anterior moroso, la afectación real (LPH art.9.1.e.3º) permite -siempre con sujeción al límite cuantitativo establecido en el propio precepto- el **embargo ejecutivo** del piso o local- perteneciente e inscrito ya a favor de tercero-, con base en lo prevenido en la LEC art.538.2.2, el que prevé expresamente que pueda despacharse ejecución contra quien, sin figurar como deudor en el título ejecutivo, deba responder personalmente del pago de la deuda por disposición legal. **3742**

f. Titular registral

(LPH art.21.2)

El referido precepto establece que la **petición inicial de juicio monitorio** podrá dirigirse contra el titular registral, por lo que no se produce un **litisconsorcio pasivo necesario**, ya que asiste a la comunidad la facultad -no el deber- de dirigir la acción contra este, de forma que, de no hacerlo, no puede afirmarse que se produzca una irregular constitución de la relación jurídico -procesal. **3745**

El traer al proceso al **titular registral** persigue el evitar los problemas que se podrían derivar del rechazo registral a la anotación de embargo (AP Alicante 24-4-03, EDJ 12323). Abriendo la legitimación pasiva al titular registral del piso o local del que dimana la obligación (LPH art.9.1.e y f), consiguientemente, es constante la doctrina legal emanada de la DGRN (DGRN Resol 1-6-89 y 15-1-97), según la cual los principios de legitimación y tracto sucesivo exigen demandar al **titular registral ajeno al deudor obligacional** (esto es, al propietario con título no inscrito bajo cuya propiedad se han devengado las cuotas impagadas), a fin de que la ejecución del piso o local del que dimana la deuda pueda tener los debidos y deseables efectos en el Registro de la Propiedad, evitándose trascendentes trabas en el **proceso de apremio** del bien.

Precisiones Tal previsión, en modo alguno altera el régimen legal de las obligaciones de quien resulta ser propietario en cada momento (LPH art.9.1), ni convierte al **titular registral**, por el mero hecho de serlo -y al margen de que sea o no propietario real del piso o local correspondiente- en deudor de la suma y, correlativamente, **obligado de las prestaciones reclamadas** (AP Zaragoza 11-1-01, EDJ 15722). Así, el derecho que asiste a la comunidad de dirigir la demanda, también, contra el titular registral cuyo título obra inscrito aún -al tiempo de formalizar la reclamación- en el correspondiente folio registral relativo al piso o local del que dimana la deuda para con la comunidad, no confiere al titular registral la **condición de deudor pecuniario** ni, por tanto, de obligado pecuniario frente a la pretensión personal de una sentencia que condene al pago de las cantidades adeudadas, sino que le confiere la condición de **responsable por una afección real** establecida en la LPH, lo que faculta su llamamiento al proceso en el lado pasivo de la relación jurídico -procesal a los efectos de posibilitar la ejecución de la sentencia que en su día recayese, y

para evitar, además, toda posibilidad de indefensión (AP Las Palmas 26-5-06, EDJ 264777 y AP Barcelona 26-4-04, EDJ 84981).
Se admite la posibilidad de incluir **otros demandados** en la demanda posterior al proceso monitorio, concretamente, los nuevos titulares registrales -bien, porque se haya transmitido el bien después de la presentación del monitorio, o bien, porque se haya inscrito después de esa fecha, aunque este se hubiera transmitido con anterioridad-, siendo los iniciales demandados los titulares registrales en el momento de la presentación del monitorio, con objeto de tratar de asegurar el cobro por parte de la comunidad de propietarios, ya que esa nueva titularidad registral excluiría el acceso al Registro de la Propiedad de la anotación de embargo pretendida contra el deudor, antiguo titular registral (AP Córdoba 15-12-20, EDJ 834373).

g. Acumulación subjetiva de acciones

3748 La cuestión no ha sido pacífica, habiendo coexistido dos posiciones contrapuestas tanto en la doctrina científica como en la jurisprudencia menor. La referida cuestión se resume en apreciar si la **comunidad acreedora** por obligaciones de las previstas en la LPH art.9.1.e. y f **frente a dos o más propietarios de pisos o locales** -y, en su caso, sus titulares registrales o propietarios anteriores que pudiesen responder solidariamente de la deuda (LPH art.21.2)- pueden dirigirse **conjuntamente contra todos ellos** por los trámites del proceso monitorio especial reconocido en la LPH art.21. Ha de partirse de la premisa -y de ahí nace, precisamente la controversia-, de que la LEC art.72 dispone que «podrán acumularse, ejercitándose simultáneamente, las acciones que uno tenga contra varios sujetos o varios contra uno, siempre que entre esas **acciones exista un nexo por razón del título** o causa de pedir»; y el mismo precepto, a renglón seguido, dispone que «se entenderá que el título o causa de pedir es idéntico o conexo cuando las acciones se funden en los mismos hechos».
En esta materia de naturaleza eminentemente procesal, puede afirmarse que el **título o causa de pedir es idéntico**, al consistir en la obligación de contribuir a los gastos comunitarios, en proporción a sus cuotas de dominio o la diferente forma de participación que se hubiese convenido entre los integrantes de una misma comunidad. El hecho-base en que se sustenta la petición de juicio monitorio es el mismo respecto de todas las personas frente a las que se dirige la petición, esto es: el **impago de cuotas** y, consiguientemente, el nacimiento de diversas deudas con la comunidad derivado de los mismos gastos de sostenimiento del inmueble y sus servicios, si bien repartidos conforme a la cuota de participación.
Cuando el deudor, de cuotas por gastos de comunidad de propietarios, por obligación propia o por extensión de responsabilidad, no coincida con el **titular registral**, la reclamación frente a este solo será al objeto de soportar la ejecución sobre el inmueble inscrito a su nombre (AP Valencia 11-2-19, EDJ 534769).

3750 a) **Posiciones a favor de la acumulación subjetiva**: la interpretación de este precepto sobre acumulación subjetiva de acciones en el procedimiento monitorio especial ha sido resuelta en sentido favorable por diversos tribunales. Así, cabe citar- por ilustrativa- la AP Bizkaia 29-9-04, EDJ 180253, que recoge otras como AP Zaragoza 14-10-03, EDJ 135830 y AP Huelva auto 24-5-05, EDJ 128314, en la que se determina la posibilidad de que la comunidad de propietarios se dirija, en un mismo proceso, frente a dos o más **copropietarios morosos** en reclamación del cumplimiento de las obligaciones a que se refiere la LPH art.9.e. y f, a pesar de que tal cuestión ha sido puesta seriamente en duda en el terreno doctrinal, con base a la ausencia de previsión sobre la misma en la LPH y en la conveniencia de que las **acciones acumuladas** se fundamentasen en **hechos comunes a todos los demandados**, pues la economía procesal que en principio justifica la acumulación, si se complica a causa de las vicisitudes arrastradas por la presencia de varios demandados, puede hacerle perder interés y eficacia práctica a un proceso que nace inspirado por criterios de simplicidad.
No obstante, la **ausencia de una norma específica** que prevea en el juicio monitorio la acumulación subjetiva de acciones, no parece en modo alguno criterio que permita concluir, sin más, sobre su terminante inviabilidad, pues lo que procede en tal caso es **remitirse a las normas generales**, conforme a las cuales es factible toda acumulación de acciones conexas que no esté expresamente prohibida (LEC art.73.3). Y no puede desconocerse, por otro lado, como criterio interpretativo, que la regulación originaria de la LPH art.21 autorizaba que la **posición demandada pudieran ocuparla varias personas**, e incluso establecía **varias hipótesis de litisconsorcio pasivo necesario**, que en la LEC ha perdido su carácter forzoso, pero no su posibilidad (LPH art.21.2).

Así pues, siendo inexistente la prohibición legal expresa que obste a la acumulación efectuada en la demanda, la misma tiene encaje en la LEC art.72, el que -como se ha expuesto- dispone que «Podrán acumularse, ejercitándose **simultáneamente**, las acciones que uno tenga contra varios sujetos o varios contra uno, siempre que entre esas acciones exista un **nexo por razón del título o causa de pedir**» y que «se entenderá que el título o causa de pedir es idéntico o conexo cuando las **acciones se funden en los mismos hechos**». En estos supuestos, debe entenderse que las deudas de los demandados se podrán determinar en una **misma liquidación**, y provienen de un mismo título -la pertenencia a una misma comunidad por razón de la titularidad de un piso-, por lo que, en definitiva, admisible según lo expuesto la acumulación subjetiva de acciones, es de consiguiente aplicación la LEC art.252.2º a cuyo tenor: «si las acciones acumuladas provienen del mismo título... la **cuantía** vendrá determinada por la suma del valor de todas las acciones» (AP Huelva auto 24-5-05, EDJ 128314). **3752**

b) **Posiciones en contra de la acumulación:** en sentido contrario a esta posición de la jurisprudencia menor que ha sido expuesta, se formula otro en sentido diverso (AP Las Palmas auto 25-5-05; AP Baleares 22-9-03, EDJ 273525; AP Las Palmas auto 1-6-07, EDJ 209929), que considera que el **juicio monitorio no** es el proceso **apto para la acumulación subjetiva** de acciones procedentes de distintas relaciones jurídicas, y únicamente cabe esta acumulación en el caso en que los **deudores lo sean en razón a la misma relación obligatoria** que el acreedor reclama a través de este proceso especial, como por ejemplo: el **prestatario y fiador solidario**, deudores de un mismo contrato de préstamo. Por ello sí es posible que una comunidad de propietarios dirija la solicitud del procedimiento monitorio contra el **titular registral o el propietario anterior** (transmitente), y el propietario actual o con título no inscrito (adquirente) de la misma finca, siempre que esta finca forme parte de la comunidad, reclamándoseles al efecto en **razón a las cuotas o cantidades impagadas** a la comunidad, a las que viene obligado el propietario de esa concreta finca. Pero resulta distorsionador y procesalmente incorrecto que se acumulen en un solo proceso monitorio **reclamaciones de deudas de distintos propietarios** de diferentes pisos o locales, aunque lo sean del mismo edificio y pertenezcan a la misma comunidad. **3754**
Así, se afirma por esta línea de jurisprudencia menor, que el único supuesto de acumulación subjetiva de la **solicitud inicial del monitorio** en el caso de reclamaciones de comunidades de propietarios, es el establecido en la LPH art.21.2.

Siguiendo este último criterio, la comunidad demandante, deberá presentar **tantas solicitudes** de proceso monitorio **como morosos existan en la comunidad**, acompañando a cada una de estas solicitudes la certificación a que hace referencia la LEC art.812.2.2º, y la LPH art.21, de modo que, iniciados tantos procesos monitorios como morosos existan en la comunidad, cada uno de ellos podrá llevar un iter procesal diferenciado, bien terminándose por pago de acuerdo a la LEC art.817; bien transformándose en ejecución en el caso de que el deudor concreto no pague ni se oponga dentro del término del requerimiento LEC art.816.1; o bien, transformándose en el juicio verbal en el caso de oposición del deudor conforme a lo expresado en la LEC art.818, en relación con LEC art.250.1.15 redacc RDL 6/2023. Cada una de las **relaciones** jurídicas **entre la comunidad y el concreto propietario deudor es distinta**, por cuanto nace de la titularidad de un específico piso o local perteneciente a la comunidad con una cuota de participación diferenciada (obligación *propter rem*), y la **liquidación de cada una de las deudas** depende del estado de pagos del copropietario en cuestión, siendo diversos los motivos de oposición que cada uno de ellos pueda invocar, y sin que **entre los distintos deudores exista vínculo** alguno por ser el origen de las deudas diferenciado. Por ello, cada juicio monitorio debe terminar con un auto que puede tener distinto contenido, y, en el específico caso de reclamaciones a copropietarios morosos de cuotas y cantidades debidas a la comunidad, puede conllevar también el **pago de las costas**, en los términos de la LPH art.21.5, según el cual, cuando en la solicitud inicial del proceso monitorio se utilizaran **servicios profesionales** de abogado y/o procurador para reclamar las cantidades debidas a la comunidad, el deudor debe pagar, dentro de los límites establecidos en LEC art.394.3, los honorarios y derechos devengados por ambos por su intervención, tanto si aquel atiende el requerimiento de pago como si no comparece, incluidos los de ejecución, en su caso. En caso de oposición, han de seguirse las reglas generales en materia de costas, aunque si la comunidad obtuviera sentencia totalmente favorable a su pretensión se deben incluir en ellas los honorarios del abogado y los derechos del procurador derivados de su intervención, aunque no fuera preceptiva. **3756**

3758 La jurisprudencia es claramente propensa a admitir la acumulación subjetiva de **acciones contra diversos propietarios** de pisos o locales en el proceso monitorio especial regulado en la LPH art.21.

Ello se sustenta en los siguientes argumentos:

a) Existe ya jurisprudencia del Tribunal Supremo que sostiene que el legislador no ha querido excluir el monitorio de la reclamación de deudas con pluralidad de deudores, y, por tanto, permite que en el procedimiento monitorio pueda dirigirse la reclamación contra varios sujetos, siempre que su **obligación nazca del mismo título o causa de pedir**.

b) Los principales **argumentos** de la antedicha postura son:

1. Que la LEC art.72 permite la acumulación de acciones que uno tenga contra varios sujetos, siempre que entre esas acciones exista un **nexo por razón del título** o causa de pedir, sin que haya ninguna razón para excluir su aplicación en el juicio monitorio, por no estar legalmente prevista su exclusión, estando por el contrario previsto en la LPH art.21.2, que el monitorio se dirija contra varios demandados.

2. Por razones de **economía procesal**, al ser preferible dar una solución conjunta y única a la reclamación derivada de la misma causa de pedir.

3. No ser un obstáculo para la acumulación la distinta postura procesal que puedan adoptar los demandados, por cuanto también en los **procesos declarativos pueden ser distintas las posturas** de los diferentes demandados (TSJ Cataluña auto 19-4-07, EDJ 127506; AP Barcelona auto 6-7-07, EDJ 138895; 19-10-07, EDJ 263534; AP Almería 4-5-04, EDJ 83227; 20-9-04, EDJ 157964; AP La Rioja 7-6-04, EDJ 69404; AP Madrid 10-3-04, EDJ 120565; 7-6-05, EDJ 112579).

3761 Igualmente, el Tribunal Supremo (TS 20-3-07, EDJ 17081; 22-2-07, EDJ 26479; 10-1-08, EDJ 989 y 20-4-07, EDJ 23494) ha ido, fundamentalmente al resolver **cuestiones de competencia**, perfilando una jurisprudencia clara en orden a esta cuestión, que puede sintetizarse de la forma siguiente:

• No hay problema alguno para que en el procedimiento monitorio puedan ser demandados varios sujetos, siempre que su obligación nazca del mismo título o causa de pedir; es decir, utilizando la terminología literal de la LEC art.72, siempre que entre esas **acciones exista un nexo por razón del título o causa de pedir** al fundarse en los mismos hechos. Ello es así para no dividir la causa de pedir y por elementales razones de economía procesal.

• No es en absoluto preciso que todos los deudores demandados **residan** o puedan ser hallados **en el mismo partido judicial**, siendo perfectamente posible que alguno o algunos de ellos residan o hayan pasado a residir en otros partidos judiciales.

• Cuando se demanda a varios sujetos, será **juez competente territorialmente** el del domicilio o residencia de cualquiera de ellos, y en caso de desconocerse, el del lugar en que alguno de los demandados pudiera ser hallado y requerido de pago, siempre a elección del actor, quedando desde este momento fijada la competencia del juzgado, el cual no la puede ya declinar en el futuro. Ello es así al establecerlo la regla general de la LEC art.53.2, aplicable a estos casos, y cuya exclusión solo puede tener lugar cuando exista y se acredite fraude procesal. Así, cuando se pide en el monitorio la condena de varios demandados y **no consta una situación de fraude**, el actor puede elegir el fuero territorial de cualquiera de ellos, sin que el juzgado elegido pueda imponer el de otro, al establecerlo así la LEC art.53.2, que es norma general complementaria de la específica de LEC art.813.

• A los codemandados que residan o fuesen hallados en **lugar distinto al partido judicial del juzgado competente**, este debe hacerles el requerimiento de pago mediante el auxilio judicial correspondiente o exhorto.

• Una vez **iniciado el proceso** y **fijado el fuero de competencia** respecto al menos de uno de los codemandados -lo que determinará ya la competencia territorial del juzgado-, es de aplicación lo dispuesto en la LEC art.411, la «perpetuación de la jurisdicción», en cuanto que las **alteraciones del domicilio de las partes** «no modificarán la jurisdicción y competencia, que se determinarán según lo que se acredite en el momento inicial de la litispendencia». Consecuentemente, habiéndose requerido de pago a uno de los codemandados, no es dable ya al juzgado declinar la competencia por el hecho de que otro u otros tengan su paradero en una circunscripción distinta.

3765 **4.** El hecho de que la LEC art.812 s. se refieran en singular al deudor o acreedor no es motivo para considerar la existencia de impedimento legal para dicha acumulación subjetiva, pues la **utilización del singular** para designar a las partes del proceso es la tónica general seguida por la LEC (AP Barcelona auto 19-9-08, EDJ 362828; AP Zaragoza 16-10-19, EDJ 743189).

5. De igual forma, la eventualidad consistente en que los **deudores demandados sostengan posturas procesales divergentes**, tampoco presenta obstáculo para la admisión de la acumulación, pues la posible complicación del proceso no es motivo bastante para la denegación de la acumulación subjetiva. Igualmente, el parecer alusivo a la posibilidad de que la **oposición de distintos deudores por cuantías diferentes** se sustancie en un supuesto por el juicio verbal y en otro por el juicio ordinario, no confirma la pertinencia de denegar la acumulación subjetiva de acciones, pues tal cuestión queda resuelta en la LEC art.252.2 que determina que la cuantía será la **suma de las acciones acumuladas**. Así, no tendría sentido desglosar la demanda derivada del mismo título y ejercitar tantas demandas, incluso en domicilios diferentes, como deudores hubiera; lo lógico, dada la trascendencia que se ha querido dar al proceso monitorio y su función de medio rápido para la satisfacción del crédito, es que **todas las reclamaciones** que deriven del mismo título **se sustancien en el mismo proceso** y ante el mismo juzgado, el cual dará una respuesta única a la pretensión del demandante que nace de la misma causa de pedir.

E. Procedimiento

(LEC art.812 a 818)

3770

Su regulación adjetiva recogida en la norma procesal general debe integrarse con las precisiones o especialidades establecidas en el nº 3625 s. **3772**

1. Petición inicial

(LEC art.812.2.2 y 814)

El proceso monitorio se inicia necesariamente mediante un **escrito** que la LEC denomina de «petición inicial» formulado por la parte acreedora. Para la presentación de la petición inicial del procedimiento monitorio no es preciso valerse de abogado y procurador (LEC art.814.2 y 31.2.1). **3775**

Contenido del escrito Resulta preciso que en este escrito que especifique, como mínimo (LEC art.814.1 redacc RDL 6/2023): **3777**

1. La **identidad** del deudor o deudores, con expresión de nombre y apellidos -en el caso de personas físicas- o su denominación social -en el caso de personas jurídicas-. Pesa sobre el actor la **carga identificativa** a que se refiere la LEC art.155.3 redacc RDL 6/2023, de modo que deberá indicar como domicilio del demandado, uno o varios de los lugares siguientes: el que aparezca en el padrón municipal o el que conste oficialmente a otros efectos, así como, el que aparezca en registro oficial o en publicaciones de colegios profesionales, cuando se trate, respectivamente, de empresas y otras entidades o de personas que ejerzan profesión para la que deban colegiarse obligatoriamente. También podrá designarse como domicilio a tales efectos el lugar en que se desarrolle actividad profesional o laboral no ocasional.

2. El **domicilio** o domicilios **del acreedor**, lo que reconduce a la expresión de las señas concretas en que radica el inmueble en régimen de propiedad horizontal, sin perjuicio de poder designar, además, el concreto piso o local que corresponde al presidente de la comunidad.

3. El **domicilio del deudor**, o el lugar en que resida, o pueda ser hallado.

Los tres criterios, establecidos para el válido emplazamiento del demandado o demandados, son aplicables de forma sucesiva, lo que no empece para que pese sobre la actora su deber de establecerlos con **claridad y graduarlos por orden**, facilitando el requerimiento a la oficina judicial.

4. Deberá explicitarse el **origen** y **cuantía de la deuda**, acompañándose, como mínimo, el documento a que se refiere la LEC art.812.2.2, esto es, la **certificación de liquidación de la deuda** acreditativa -en principio probatorio- de la certeza y existencia de cantidades debidas en concepto de gastos comunes (LPH art.9.1 e y f) de comunidad de propietarios de inmuebles urbanos.

Concretamente, la petición inicial debe especificar a qué **periodos y conceptos** corresponde la deuda reclamada. Esta exigencia no responde a ningún formalismo, sino a la necesidad de que el demandado conozca exactamente el alcance de la reclamación judicializada, y pueda, en consecuencia, oponer frente a la misma lo que crea oportuno, formando parte del propio derecho a la defensa, que no puede ejercitarse de manera efectiva frente a reclamaciones inconcretas. Así, expresiones tales como la del «certificado de autos» o «saldo anterior» no cumplen esas exigencias y originan indefensión (AP Alicante 17-10-16, EDJ 216017).

El **acuerdo de liquidación de la deuda** que determina el libramiento de la correspondiente certificación liquidatoria de aquella no supone sino una mera declaración de voluntad unilateral de la comunidad de propietarios, que le permite acceder a la reclamación de la pretendida deuda en juicio monitorio, pudiendo el comunero en todo caso, si a su derecho conviene, discutir la existencia y cuantía de la deuda en el juicio plenario subsiguiente en caso de formular oposición, y sin que sea preciso para ello que haya previamente impugnado el acuerdo de liquidación de la deuda (AP Las Palmas 29-11-11, EDJ 347572). No pueden añadirse a la petición inicial de procedimiento monitorio (LEC art.814) las cantidades adeudadas que se hayan devengado y que estén comprendidas entre la celebración de la junta y el momento de interponer la demanda (AP Sevilla 3-12-13, EDJ 303417). Si bien, tras la reforma por L 10/2022, se pueden reclamar las cuotas aprobadas que se devenguen **hasta la notificación** de la deuda (LPH art.21.3).

3778 **5.** Pueden incluirse en la petición inicial de juicio monitorio todos los **gastos y costes que conlleve la reclamación** de la deuda, incluidos los derivados de la intervención del secretario administrador, que serán a cargo del deudor (LPH art.21.3).

6. Cuando la comunidad venga representada procesalmente por medio de procurador de los tribunales, aunque inicialmente no es preceptivo (LEC art.23.2.1 y 814.2), deberá acompañarse el correspondiente **poder para pleitos** con facultades generales o especiales (LEC art.25.2) o, en su caso, a través de apoderamiento *apud acta* de acuerdo con la LEC art.24.

3780 **Designación de domicilio** (LEC art.155.3 y 156 redacc RDL 6/2023) Resulta de aplicación, sobre este particular, lo siguiente:

a) Puede designarse como domicilio el que aparezca en el **padrón municipal** o el que conste oficialmente a otros efectos, así como el que aparezca en registros oficiales o en publicaciones de colegios profesionales, cuando se trate, respectivamente, de empresas y otras entidades o de personas que ejerzan profesión para la que deban colegiarse obligatoriamente. También podrá designarse como domicilio a tales efectos el lugar en que se desarrolle actividad profesional o laboral no ocasional.

b) Si la petición inicial se dirigiese contra **personas jurídicas**, podrá igualmente señalarse el domicilio de cualquiera que aparezca como administrador, gerente o apoderado de la empresa mercantil con cargo vigente al tiempo de interposición de la demanda; se si tratase de **asociaciones o entes sin personalidad**, podrá también establecerse como domicilio de esta el que resultare ser el del presidente, miembro o gestor de la junta de la asociación u organización que apareciese en un registro oficial.

c) En los casos excepcionales en los que la parte demandante manifestase al órgano jurisdiccional que le es **imposible designar un domicilio** o lugar de residencia de la persona o personas contra las que deduce la petición inicial de juicio monitorio a efectos de su personación, se solicitará del letrado de la Administración de Justicia del juzgado donde haya sido repartido el procedimiento monitorio, que emplee los medios oportunos para averiguar esta circunstancia (LEC art.156.1).

d) Debe tenerse presente que, en los procedimientos monitorios para la reclamación de cantidades debidas en concepto de gastos comunes de comunidades de propietarios de inmuebles urbanos (LEC art.812.2.2), la **competencia territorial** del juzgado para conocer sobre la petición inicial puede corresponder, además del domicilio del demandado, al juzgado del lugar en donde se halle la finca, a elección del solicitante, que coincidirá normalmente con el domicilio del propio demandado (LEC art.813.1). Se trata de un «fuero alternativo» que permite a la comunidad actora elegir entre, de una parte, el juzgado de primera instancia correspondiente al domicilio o residencia del deudor (de ser distinto del correspondiente al piso o local), o el del lugar correspondiente a la demarcación judicial en el que el demandado puede ser hallado o, de otra parte, el del lugar en que radique la finca, que será el más frecuente.

e) Si, tras la realización de las correspondientes averiguaciones por el letrado de la Administración de Justicia sobre el domicilio o lugar de residencias del demandado, estas no son fructíferas, o el deudor es **localizado en otro partido judicial**, el juez debe proceder a dictar auto dando por terminado el proceso, y reservando al acreedor el derecho a instar de nuevo el proceso ante el juzgado competente (LEC art.813).

Requerimiento de pago de la parte demandada por impago de cantidades debidas (LEC art.812.2.2) Debe tenerse especialmente presente que la LEC establece un precepto específico en materia de requerimiento de pago de la parte demandada en el procedimiento monitorio especial por el impago de cantidades debidas en concepto de **gastos comunitarios**, disponiendo al efecto que, en las reclamaciones de deuda a que se refiere la LEC art.812.2.2, la notificación deberá efectuarse en el **domicilio previamente designado por el deudor** para las notificaciones y citaciones de toda índole relacionadas con los asuntos de la comunidad de propietarios. Si no se hubiese **designado tal domicilio**, se intentará la comunicación en el piso o local, y si tampoco pudiese hacerse efectiva de este modo, se le notificará conforme a lo dispuesto en LEC art.164 redacc RDL 6/2023, es decir, por medio de edicto a publicar en el tablón edictal judicial único (LEC art.815.2). 3782

La referencia que hace el antedicho precepto al «domicilio previamente designado por el deudor para las **notificaciones y citaciones** de toda índole relacionadas con los asuntos de la comunidad de propietarios», guarda relación con la obligación que la LPH art.9.1.h impone a cada propietario de pisos o locales. El referido precepto establece un **régimen jurídico especial** de comunicaciones y notificaciones de asuntos relacionados con la comunidad, a efectos domésticos o internos entre la comunidad misma y el propietario.

Mas, por lo que se refiere a citaciones, notificaciones y emplazamientos judiciales rige específicamente lo prevenido en el antedicho LEC art.815.2 que, no obstante, sí remite específicamente como primer **lugar para practicar el requerimiento** al designado específicamente por el deudor (LPH art.9.1.h párr.1º).

Lugares designados para el requerimiento de pago El requerimiento de pago al deudor, con la correspondiente cédula, junto con el escrito de petición inicial y documentos anexados (LEC art.815.1) habrá de verificarse, por su orden, en los lugares específicamente designados en LEC art.815.2, esto es: 3784

1. El domicilio específicamente designado (LPH art.9.1.h.1º).

2. El propio piso o local.

3. Subsidiariamente, cualquier otro domicilio, lugar de residencia o lugar en que el deudor pudiera ser hallado a efectos del requerimiento de pago.

La parte actora, en su petición inicial de juicio monitorio, al designar el domicilio del propietario deudor -exclusivo o solidario- debe prudentemente **ajustarse a las especificaciones** prevenidas en la LEC art.815.2, sin perjuicio de que, de conocer la actora que el requerimiento puede llevarse a cabo de forma positiva en otro domicilio, lugar de residencia o punto concreto en el que pudiese ser hallado el propietario del piso o local (diverso del específicamente designado -o en caso de falta de designación-, o del propio piso o local), debe asumir la **carga de especificárselo al juzgado** en el escrito de petición inicial de juicio monitorio o, en su caso, en escrito posterior, si los domicilios designados inicialmente resultasen negativos y ello con objeto de evitar el requerimiento de pago del comunero deudor por medio de edicto (LEC art.814.1 y 155.3 -redacc RDL 6/2023-).

Precisiones La doctrina legal del Tribunal Supremo y del Tribunal Constitucional han insistido en la necesidad de agotar todas las **posibilidades de notificación** que aseguren la efectiva recepción de la comunicación por su destinatario antes de emplear el emplazamiento o requerimiento edictal (TCo 176/2009). 3786

El contenido constitucionalmente protegido del **derecho a la tutela judicial efectiva** se plasma en la exigencia de que no se produzca indefensión, lo que significa que en todo proceso debe respetarse el derecho a la defensa contradictoria de las partes contendientes mediante la oportunidad de alegar y probar lo que a sus derechos e intereses convenga (TCo 4/1982), pues ello es una consecuencia inescindible que se deriva de los principios de contradicción y audiencia bilateral, que son básicas manifestaciones de este derecho (TCo 112/1987). Por tanto, no puede justificarse una resolución judicial dictada inaudita parte más que en el caso de incomparecencia por voluntad expresa o tácita, o por negligencia imputable a la parte que pretende hacer valer este derecho fundamental (TCo 151/1987; AP Valencia auto 1-2-19, EDJ 525984).

No obstante, se admite el requerimiento edictal si se pondera la **diligencia desplegada por ambas partes** y se aprecia que la comunidad se atuvo a las previsiones legales, mientras que el comunero, que había recibido el burofax y razonablemente debía esperar su reclamación judicial, no designó domicilio en el que recibir notificaciones si es que el apartamento lo tenía desocupado y el reside en Alemania y viene poco al mismo. No ha existido irregularidad procesal por la comunidad y, sin embargo, el comunero ha incumplido una obligación esencial para no entorpecer el normal funcionamiento de la comunidad de propietarios (TS 1-3-16, EDJ 15196).

Ejemplo Propietario **deudor de obligaciones** frente a la comunidad (LPH art.9.1 e y f), de **nacionalidad francesa**, con domicilio estable en París, no específicamente designado -LPH art.9.1 h-, hallándose su **piso o local vacío**, pero conociéndose por el administrador de la finca, o por el presidente, las señas concretas correspondientes al antedicho domicilio persona radicado en la capital francesa. Resulta preciso facilitar al juzgado, (LEC art.155.3 redacc RDL 6/2023) las **señas correspondientes al indicado domicilio en Francia**, con objeto de asegurar el requerimiento conforme previene el Rgto UE/2020/1784, sobre notificación y traslado de documentos judiciales en materia civil y mercantil.

3788 **Presentación de la petición mediante formulario** (LEC art.814.1.2 redacc RDL 6/2023) Se prevé expresamente la posibilidad de que la petición inicial de juicio monitorio pueda presentarse mediante formulario estereotipado -obtenido en papel o a través de la sede electrónica- en el que se rellenarán los extremos indicados en el nº 3777.
Se ofrece un **modelo** de este escrito con carácter meramente informativo y a efectos orientativos en el Acuerdo CGPJ 22-12-15. Al formulario estandarizado deberán anexarse los **documentos** a que se refiere la LEC art.812.2.2 y, específicamente, la **certificación** mencionada en el nº 3660.
En el **encabezamiento del escrito** de petición inicial de juicio monitorio deberá especificarse el nombre y cualidad de quien ostenta su representación sustantiva, ya sea el presidente o el administrador (este último, cuando así lo haya acordado la junta de propietarios -LPH art.21.1-), constituyendo su omisión un defecto subsanable (LEC art.231).

2. Admisión de la petición y requerimiento de pago

(LEC art.815)

3790 El letrado de la Administración de Justicia comprobará que con la petición inicial de juicio monitorio se adjunte la **certificación del acta de la junta** por la que se aprueba la liquidación de la deuda (LEC art.812.2.2), en caso contrario dará cuenta al juez para que resuelva lo que corresponda sobre la admisión a trámite de la petición inicial (LEC art.815.1), procediendo tras ello a dictar decreto requiriendo al deudor para que, en el **plazo** de 20 días hábiles -por tanto, excluidos los sábados y domingos, así como festivos en la demarcación judicial del tribunal que conozca de los autos-, pague al peticionario, acreditándolo ante el juzgado, o que, alternativamente, **comparezca ante el propio juzgado** y alegue sucintamente, en escrito denominado de oposición, las razones por las que, a su entender, no debe en todo o en parte la cantidad que se le reclama.
Debe examinarse de oficio por el letrado de la Administración de Justicia que concurran los **requisitos de admisibilidad** de la demanda y, ante la falta de alguno, se dará cuenta al juez para que resuelva lo que corresponda sobre la admisión a trámite de la petición inicial (LEC art.815.1). La falta de alguno de ellos acarrea la inadmisión a trámite de la petición inicial del procedimiento monitorio. Y ello es así, por cuanto, al tratarse de un procedimiento **sumario** que se sigue, en una primera fase, sin ser oído el deudor, el juez debe ejercitar un efectivo control de oficio de la concurrencia de los presupuestos del proceso y, en especial, si el título cumple los requisitos señalados en la ley para que pueda despacharse el requerimiento de pago, y si está debidamente integrado con la notificación al deudor del acuerdo liquidatorio (AP Barcelona 30-11-16, EDJ 275391).
El requerimiento se verificará en la forma prevenida en la LEC art.161 redacc RDL 6/2023, con apercibimiento de que, de no pagar ni comparecer formulando **oposición**, se despachará a continuación ejecución a instancia de la comunidad acreedora, conforme a lo prevenido en la LEC art.816.1.
Si el letrado de la Administración de Justicia aprecia que en la propia petición inicial de juicio monitorio concurre un **defecto procesal** subsanable o, en su caso, insubsanable, dará trámite para subsanación tal y como prevé la LEC art.231, o, en su caso, si el defecto fuera insubsanable, se dará cuenta de ello al titular del órgano jurisdiccional para que resuelva lo que corresponda mediante resolución con forma de auto sobre la admisión a trámite de la petición inicial. Contra dicho **auto** cabe recurso de apelación (LEC art.206.2 y 455.1).

3792 **Incomparecencia o no formulación de oposición** Si el deudor no compareciese, o compareciese pero no formulase oposición, se dará por terminado el proceso monitorio, dictándose decreto por el letrado de la Administración de Justicia, dando traslado de él a la comunidad actora, al objeto de que inste, mediante otro escrito separado, que se despache ejecución, bastando para ello la mera solicitud, sin necesidad de que transcurra el plazo de 20 días previsto en LEC art.548 (LEC art.816.1), a lo que se procederá mediante resolución judicial con forma de auto (LEC art.551 redacc RDL 6/2023). En tales supuestos, se procura ya a la

comunidad actora de un **título ejecutivo** y, a la par, se impide la transformación en un declarativo posterior que tuviera por objeto el mismo que conforma el de la ejecución. Desde que se dicte auto despachando ejecución, la deuda devengará el **interés** legal incrementado en dos puntos. (LEC art.576.1 y 816.2).
Despachada ejecución, continuará esta conforme a lo dispuesto en la LEC para la ejecución de sentencias de **condena dinerarias** (LEC art.548 s.). El deudor podría **formular oposición**, pero limitada a los motivos tasados prevenidos en la LEC art.556 y 559 de, no siendo preciso un nuevo requerimiento de pago (LEC art.580). Esta **oposición** al despacho de la ejecución es, desde el punto de vista cronológico y procesal, sustancialmente diversa de la prevenida en la LEC art.818.1, que se formula en el seno del proceso monitorio. Ahora bien, si el deudor **ha pagado la deuda** en cualquier momento anterior al despacho de la ejecución, (incluso habiéndola abonado antes de la expiración del plazo para formular oposición a la petición inicial de juicio monitorio), debe admitirse el pago como motivo de oposición a la ejecución, ya que la deuda (el quantum) y su etiología o razón son obedientes a un mismo concepto y origen (la deuda para con la comunidad, proveniente de la insatisfacción de las obligaciones prevenidas en la LPH art.9.1.e y f). El hecho de **haber dejado precluir el plazo** para formular oposición a la petición de juicio monitorio, y de que la cantidad reclamada tome refrendo en un auto ejecutivo, no impide que el deudor pueda acreditar el pago y este produzca efectos satisfactivos y liberatorios, no obstante, si este pago se ha producido una vez solicitado el despacho de ejecución, el comunero deudor debe abonar las costas de la ejecución, si las hubiera.

Imposibilidad de reclamación en procedimiento declarativo Habiéndose despachado ejecución, la comunidad actora no podrá pretender ulteriormente en un **procedimiento declarativo** la percepción de la cantidad y por los conceptos (cuotas comunitarias insatisfechas) por la que se hubiese despachado ejecución y, correlativamente, el deudor no podrá aspirar por medio de otro procedimiento declarativo posterior a que se le retornen o reembolsen las cantidades que, en méritos a la ejecución, la comunidad actora hubiese recibido en vía de apremio. Se produce el **efecto negativo de cosa juzgada**. Este efecto descrito no abraza a aquellas cantidades o cuotas que no se hubiesen reclamado por el cauce del juicio monitorio que ha desembocado en el despacho de la ejecución. En otro proceso, pues, -declarativo o monitorio especial- la comunidad podrá reclamar aquello que no reclamó por medio del proceso monitorio especial (p.e. obligaciones pecuniarias pendientes diversas de las estrictamente comprendidas en la LPH art.9.1 e y f; u otras de tal naturaleza pero no reclamadas en el proceso monitorio), puesto que el acreedor puede **reclamar en otro proceso ulterior** aquello que no reclamó en el primero (reclamación de algo diverso), a pesar de que podía haber aprovechado el primer proceso para ello. 3794

3. Pago de la cantidad debida por el demandado

(LEC art.817)

Si el deudor atiende el requerimiento de pago realizado por decreto dictado por el letrado de la Administración de Justicia (LEC art.815.1), tan pronto lo acredite, este mismo funcionario acordará el archivo de las actuaciones (LEC art.817). 3800
El pago debe reunir los **requisitos** establecidos en el CC art.1157 a 1174, y debe comprender el principal y gastos invertidos por la comunidad en razón a los requerimientos previos realizados al deudor al menester de que abonase las cantidades adeudadas si estos han sido reclamados y acreditados al juzgado. El pago debe comprender las cantidades líquidas establecidas en el propio decreto en el que se acuerda la admisión del monitorio y la práctica del requerimiento.
No obstante, en materia de propiedad horizontal no rige de forma absoluta la determinación expresada en la LEC art.817, por cuanto el pago realizado por el deudor o por cualquiera de los codemandados, o por ambos, aunque determina el archivo de las actuaciones, en este decreto se debe imponer las costas al demandado conforme previene la LPH art.21.6 -actual LPH art.21.5-: aunque el deudor atienda el requerimiento de pago, debe abonar las costas del procedimiento (AP Alicante auto 30-5-19, EDJ 613834).
El pago podrá **verificarse** mediante consignación llevada a cabo en la cuenta de depósitos y consignaciones del juzgado que conozca del proceso monitorio, o por cualquier otro medio liberatorio, con acreditación de su efectiva recepción satisfactiva por parte de la comunidad actora. Así, el resguardo de giro postal, o el documento acreditativo de una transferencia, no acreditan por sí mismo el pago, sino que constituyen una presunción de haberlo realizado, pero falta de la declaración recepticia de la parte acreedora. Sí tiene indudable valor el escrito evacuado por la parte actora desistiéndose por satisfacción extraprocesal, solicitando el archivo de las actuaciones.

4. Oposición del deudor

(LEC art.818.1)

3805 El deudor, dentro de los 20 días hábiles siguientes al requerimiento de pago pude formular **oposición escrita** alegando las razones para negarse a él. Para ello el deudor contra el que se dirige la petición inicial de juicio monitorio debe **comparecer en forma**, es decir, con la debida postulación cuando su intervención fuere necesaria por razón de la cuantía y, simultáneamente, alegar de forma fundada y motivada en su escrito de oposición, las razones por las que, a su entender, no debe en todo o en parte la cantidad reclamada (LEC art.815.1). El escrito de oposición debe ir **firmado** por abogado y procurador cuando su intervención resulte procesalmente necesaria por razón de la cuantía que sea reclamada, según las reglas generales (LEC art.818.1, párr.2º en relación con la LEC art.31.2.1 y 23.2.1), sin perjuicio del derecho que le asiste al demandado o demandados para solicitar el **nombramiento de abogado y procurador** por los servicios de asistencia jurídica gratuita (LEC art.33.1, en sentido contrario, L 1/1996 y RD 141/2021). No es preceptiva la intervención de abogado en aquellos supuestos en los que la **reclamación** deducida por la comunidad no supere la cantidad de **2.000 euros** (LEC art.31.2.1). No obstante, en aquellos procedimientos en los que, resultando inferior a esta cantidad la comunidad actora emplease tales profesionales, en los 3 días siguientes a la recepción del requerimiento, el demandado podrá solicitar al tribunal su nombramiento por el turno de oficio, el cual lo podrá acordar si lo considera justificado, por auto motivado, para garantizar la igualdad de las partes en el proceso (LEC art.32.2; L 1/1996 art.6.3.a; RD 141/2021).

3808 **Tramitación conforme al juicio verbal** (LEC art.250.1.15 redacc RDL 6/2023) Se tramitan por el juicio verbal las acciones que otorga a las juntas de propietarios y a estos la LPH, siempre que versen exclusivamente sobre reclamaciones de cantidad, sea cual sea el importe de la cantidad reclamada. Presentado el escrito de oposición, el letrado de la Administración de Justicia dictará decreto dando por terminado el proceso monitorio, y acordando seguir la tramitación conforme a lo prevenido para el juicio verbal (LEC art.440 redacc RDL 6/2023).

Para ello dará **traslado** a la comunidad actora del escrito de oposición formulado contra la petición inicial de juicio monitorio, al efecto de que pueda formular impugnación a la oposición en el **plazo** de 10 días.

Las partes, en sus respectivos escritos de oposición e impugnación a la oposición, podrán solicitar la **celebración de vista** o, en el supuesto de que no estuvieran interesados en su celebración, pronunciarse en este sentido en sus respectivos escritos (LEC art.818.2).

Cabe **ampliar las cantidades** inicialmente solicitadas en el monitorio cuando se presente el procedimiento declarativo ulterior por las cuotas que se hayan impagado con posterioridad a la presentación del aquel. Si bien es cierto que el juicio monitorio y el posterior juicio verbal están vinculados, no lo es menos que cada uno se rige por sus propias normas y que no cabe invocar en el declarativo infracción de la LPH art.21. Por otro lado, la vinculación se produce en cuanto a la causa de pedir, lo que no alcanza a la reclamación de nuevas cuotas vencidas al proceso monitorio, que podría incluso reclamarse al amparo de lo que dispone la LEC art.220 (AP Madrid 27-4-17, EDJ 111558; AP Cádiz 20-6-23, EDJ 695565).

3810 **Escrito de oposición** (LEC art.815.1) La oposición formulada debe ser fundada y motivada.

Otra premisa es que en el escrito de oposición al monitorio se deben alegar todos los **motivos de oposición**, dado que en el juicio verbal posterior no se admitirá la adición de otros nuevos. No cabe introducir nuevas alegaciones omitidas en la oposición a la petición del proceso monitorio, siendo indiferente, al respecto, la modificación legislativa en cuanto a la motivación o no de la oposición, puesto que sea sucinta o motivada, en ambos casos debía haberse alegado (AP Valencia 23-1-18, EDJ 49390).

Precisiones Con anterioridad a la reforma operada por la L 42/2015, la LEC art.815.1, solo exigía una **oposición sucinta**. En la actualidad se requiere que la oposición se verifique de forma fundada y motivada.

3811 **Motivos** Pueden citarse, entre otros, los siguientes:

• La falta de acreditación de la veracidad del contenido del **certificado que emite el secretario de la junta**, ni se concreta cual es el periodo temporal de deuda que se reclama, y cuáles son los conceptos que hacen nacer el global de la cantidad pretendida, lo cual es fundamental en una obligación continua y de tracto sucesivo como la reclamada (AP Las Palmas 12-3-13, EDJ 64142).

• Certificación que no expresa la específica **liquidación de las partidas** debidas por el propietario a quien se refiere aquella, por lo cual, la cuantificación inconcreta e inespecífica de la deuda que allí se incluye, omitiendo el cálculo para la obtención de las cantidades que se le

reclaman, genera un riesgo de falta de transparencia que no debe recaer sobre el comunero (AP Las Palmas 12-3-13, EDJ 64142).
• Alegación opositora consistente en fundamentar la existencia de la supuesta deuda del demandado en **un único documento**, concretamente, en el certificado expedido por el secretario de la comunidad, en el que se refleja una suma, pero al no haberse aportado los presupuestos de la comunidad referidos a los años en cuestión, de tal forma que resulta de todo punto imposible determinar de forma objetiva e independiente la cuantía de la deuda, puesto que solo con los presupuestos a la vista se puede comprobar la veracidad o corrección del certificado expedido por el secretario de la comunidad, que no es un documento público, sino privado (AP Las Palmas 28-9-12, EDJ 247278).

• Alegato opositor consistente en que la certificación no puede ser considerada como prueba plena de la pretensión de la comunidad, por sí sola. La comunidad ha de concretar -incluso en el periodo probatorio- el porqué de su reclamación y la **causa de la deuda que reclama**, aportando el libro de actas de la comunidad, en las que debe reflejarse con nitidez la cuantía de la cuota comunitaria (AP Las Palmas 12-3-13, EDJ 64142). No es posible, en ningún caso, al amparo de la genérica obligación impuesta por LPH art.9.5 exigirse a los copropietarios **cantidades a tanto alzado**, de forma indiscriminada, sin especificación de la deuda de la que proceden (su etiología u origen), o en virtud de qué concepto es exigible, puesto que la concreción de la deuda que se reclama en cuanto hecho constitutivo de la pretensión del actor, es a este a quien corresponde acreditarla. **3811.1**
• Aquellos sustentados en la afirmación de **no ser deudor**, por no existir la obligación, por no haberse liquidado correctamente conforme a los estatutos, por reclamarse y liquidarse cantidades improcedentes, etc., sin necesidad de previa impugnación del acuerdo liquidatorio -por no estar obligado al pago conforme a los estatutos, por ser la liquidación incorrecta y así haberse acreditado...-. Dentro de este apartado encontramos una **pluralidad de supuestos** ofrecidos por la práctica forense, entre los que podemos destacar, por más frecuentes, los siguientes:
- inclusión en la liquidación una reclamación de intereses, así como unos gastos por gestiones de reclamación de deuda, gastos de preparación y recopilación de documentación para reclamación judicial, gastos de presentación del monitorio y solicitud de nota simple (AP Las Palmas Secc. 4ª 8-7-08);
- oposición por reclamación de gastos de formulación de tres requerimientos notariales anteriores a la demanda, admitiéndose finalmente, tan solo, la reclamación de solo uno de ellos (AP Las Palmas Secc. 5ª 12-4-05);
- oposición frente a la reclamación de una liquidación de deuda que incluía conceptos que, conforme a los estatutos, no estaba obligado a abonar el propietario de pisos o locales, entendiéndose al efecto que los estatutos no pueden alterarse por un acuerdo de liquidación de la deuda, por cuanto su modificación requiere unanimidad (AP Madrid Secc. 12ª 16-6-10);
- motivos de oposición sustentados en que la comunidad de propietarios actora inició el juicio monitorio amparada en una liquidación de deuda errónea -incluyendo conceptos y periodos indebidos- (AP Cádiz 12-5-10, EDJ 202244);
- oposición a la reclamación de una comunidad de propietarios, fundada en una liquidación rectificativa de otra anterior, cuyo pago se había efectuado anteriormente en expediente de consignación judicial, y que precisamente se había aceptado por la comunidad actora (AP Madrid 24-3-10, EDJ 97799);
- cuotas de participación utilizadas por la comunidad de propietarios demandante que no se corresponden con la cuantía real de las viviendas (AP León 27-7-21, EDJ 727288).

Precisiones No cabe oponerse pretendiendo atacar las **cuantías de cuotas y derramas** que se devengan cuando le son reclamadas, pretendiendo desconocer los presupuestos de la comunidad de propietarios, o aduciendo la **irregularidad de los acuerdos** adoptados al efecto, toda vez que para ello debe el copropietario impugnar tempestivamente los acuerdos adoptados, por alguna de las causas previstas en la LPH, así como en los plazos y con los requisitos previstos en dicha norma (AP Sta. Cruz de Tenerife 17-9-19, EDJ 771076). **3811.2**
Si en la oposición a la ejecución se pretende alegar **causas de nulidad de las actuaciones causantes de indefensión** ocurridas en el proceso monitorio, se debió utilizar el cauce del incidente extraordinario de nulidad de actuaciones (LEC art.228), que puede promover la parte legítima, siempre que no haya podido denunciarse antes de haber recaído resolución que ponga fin al proceso y siempre que dicha resolución no sea susceptible de recurso ordinario ni extraordinario, incidente del que deberá conocer el órgano judicial que dictó la resolución que adquirió firmeza, lo que debería hacerse en el plazo de 20 días desde la notificación de la resolución o, en todo caso, desde que se tuvo conocimiento del defecto causante de la indefensión, sin que, en este último caso, pueda solicitarse la nulidad de actuaciones después de transcurridos 5 años desde la notificación de la resolución (AP Huelva 7-6-23, EDJ 695611).

3812 **Reconvención** La oposición que pueda formular la parte deudora consistente en la **impugnación del acuerdo de junta** de propietarios por el que se hubiera aprobado la liquidación de la deuda no puede erigirse o asimilarse al ejercicio de una acción de impugnación de acuerdos (LPH art.18.1) por cuanto la formulación de la oposición al juicio monitorio no implica deducir una acción procesal (*actio deducta*), lo que solo es vehiculizable por medio de demanda principal o reconvencional (LEC art.399 y 406; AP Málaga 13-6-23, EDJ 697311).
No obstante, debe considerarse, que, al **transformarse en juicio verbal**, no será posible formalizar por el demandado, la oportuna reconvención postulando al efecto, a su través, la impugnación del acuerdo liquidativo de la deuda (presupuestario de la reclamación de cantidad deducida por juicio monitorio), toda vez que la **reconvención** versada sobre tal objeto, en la medida que supone una nueva acción integradora del objeto de la litis, no podrá sustanciarse por los trámites del juicio verbal (LEC art.438.1 y 249.1.8 redacc RDL 6/2023), en cuanto que tal acción impugnatoria del referido acuerdo deberá necesariamente tramitarse conforme al procedimiento ordinario por razón de la materia (LEC art.438 redacc RDL 6/2023).

3814 **Interposición separada de demanda de juicio declarativo ordinario** Puede ocurrir, no obstante, que el deudor contra el que se ha dirigido la petición inicial de juicio monitorio, además de formular oposición, proceda separadamente a interponer demanda de juicio declarativo ordinario de **impugnación del acuerdo aprobatorio de liquidación de la deuda** que se le reclama, dando lugar a un proceso por el que se deduce esta concreta acción. En tal caso, la petición inicial de juicio monitorio, tras la oposición, desembocará en un **juicio verbal** (LEC art.818.2 primer inciso), por lo que entendemos que, -una vez se haya dictado decreto dando por terminado el juicio monitorio y acordando seguir la tramitación por el juicio verbal-, si cabrá su **acumulación al declarativo ordinario** a cuyo través se impugna el acuerdo liquidativo de la deuda (LEC art.77), al concurrir en los dos procesos los requisitos que establece la LEC art.76.1º.1 y 2 sobre acumulación de autos. Esta **acumulación** no será posible antes de haberse dictado el referido decreto (LEC art.818.2), ya que hasta que el monitorio no se transforme en verbal no resulta admisible su acumulación a un declarativo, al tratarse de procesos de diversa naturaleza (LEC art.77.1). A ello solo cabría objetar en **oposición a la posibilidad de la acumulación de autos** (declarativo ordinario sobre impugnación del acuerdo de junta de propietarios liquidativo de la deuda, de una parte, y verbal de reclamación de tal deuda, de otra), al disponer la LEC que no procederá la acumulación de autos cuando la competencia territorial del tribunal que conozca del proceso más moderno tenga en la Ley carácter inderogable (LEC art.77.3). No obstante, en este supuesto se podría solicitar en el procedimiento declarativo donde se reclaman las cuotas impagadas la suspensión por prejudicialidad civil, dado que para resolver este litigio puede ser necesario resolver previamente sobre la validez del acuerdo adoptado en la junta de propietarios que ha sido impugnado a través del procedimiento ordinario presentado por el comunero moroso (AP Tarragona 13-2-20, EDJ 509389).

3816 **Jurisdicción competente** En el caso que nos ocupa, para uno y otro proceso que se sustancian al tiempo, rigen **fueros de competencia inderogable**, fuero de radicación del edificio, para el declarativo de impugnación de acuerdos -LEC art.52.1.8-, y **fuero electivo escalonado** -LEC art.813-, para el proceso monitorio inicial que se tronca posteriormente en declarativo en razón a la oposición. Si bien, por el contrario, ha de tenerse en consideración que ambos procesos pueden pender (y, de hecho, será el caso más frecuente), ante los tribunales de la misma circunscripción, correspondientes al **lugar donde radica el edificio** (LEC art.52.1.8 y 813), de suerte que, ambos procesos penderán ante el mismo o distintos tribunales de la misma demarcación, lo que significa que la acumulación no transgrediría el fuero competencial por el territorio que nativamente corresponde a cada litis. También ha de considerarse que la **validez o nulidad del acuerdo** de junta por el que se aprobó la liquidación de la deuda que, resulta, se reclama simultáneamente por medio de un proceso monitorio convertido en verbal por oposición, es una **cuestión prejudicial** de lo que constituye el objeto de la reclamación, por lo que se evidencia la necesidad de su **acumulación** o, cuanto menos, de la suspensión del curso de las actuaciones del procedimiento verbal de reclamación de cantidad por prejudicialidad civil en su objeto (LEC art.43).

3818 **Pluspetición** (LEC art.818.1.3º) Si la oposición formulada por el deudor consiste en pluspetición, se procederá en la forma prevenida en la LEC art.21, relativo al **allanamiento**, continuándose la tramitación procedimental por los trámites del juicio declarativo verbal respecto de la cuantía pluspeticionada. Entiéndase que la remisión debe referirse a la LEC art.21.2 para el **allanamiento parcial**, en cuyo caso, a instancia del demandante, se dictará auto acogiendo la parte de la pretensión que haya sido objeto de allanamiento, produciendo dicho auto los **efectos ejecutivos** prevenidos en la LEC art.816.2, pudiendo la comunidad actora promover el despacho de la ejecución. Formulada oposición por el demandado argumentando pluspetición, y dictado auto acogiendo la parte de la pretensión objeto el allanamiento (LPH art.21.2), continuará la **sustanciación procesal** de la litis por los **trámites del juicio verbal** (LEC art.818.2), considerando que el importe discutido es ya inferior que el que conformaba el pretendido en la petición inicial de juicio monitorio, siendo así que será el finalmente aquel el que determine la procedencia del juicio verbal por el que ha de continuarse la litis, dado que todas las reclamaciones de cantidad de las comunidades de propietarios, independientemente cual sea su importe, se sustancian por los trámites del juicio verbal (LEC art.250.1.15 redacc RDL 6/2023).

Petición contra dos codemandados Ha de considerarse que si la petición inicial de juicio monitorio ha sido deducida contra dos codemandados con base en la **solidaridad de la obligación** (LPH art.21.4), y **solo uno de allana, oponiéndose el otro** a la demanda, continuará la sustanciación del proceso conforme previene la LEC art.818.2 mediante juicio verbal, en función de la cuantía, ya que los efectos de la actuación procesal de uno de los codemandados solidarios alcanzan al co-obligado incluso aunque se allana total o parcialmente) por virtud de la fuerza de la solidaridad, que hace absolutamente lógico que la oposición a la condena al pago respecto de uno de los de los obligados solidarios por inexistencia objetiva de la obligación pecuniaria de la que se postula su responsabilidad solidaria, afecte, en igual extensión, a los demás que con él fueron solidariamente demandados, ya que otra cosa iría contra la naturaleza y conexidad del vínculo solidario del CC art.1141 y 1148 (AP Barcelona 3-5-06, EDJ 290978). 3820

Si la demanda inicial de juicio monitorio se deduce por la comunidad actora contra **dos codemandados mancomunados** (p.e. copropietarios del piso o local), en tal caso, el allanamiento total o parcial de uno concierne o afecta a la parte mancomunada de la deuda que a este ocupa, conforme a las reglas generales de la comunidad ordinaria (CC art.392 y 1138).

5. Costas

(LPH art.21.6)

La Ley establece una regla especial en materia de costas procesales que constituye una **excepción** o diversidad regulatoria **respecto del régimen general** prevenido en la LEC art.31.2.1, 23.2.1, 32.5 y 395. 3825

Así, cuando la comunidad actora, en la solicitud inicial de proceso monitorio, emplease los **servicios de letrado y procurador** para la defensa jurídica y la representación técnica (lo que no resulta preciso u obligatorio con carácter general, conforme previene la LEC art.23.2.1 último inciso, así como más concretamente, la LEC art.814.2) al objeto de reclamar las cantidades que le son debidas por obligaciones prevenidas en LPH art.9.1 e) y f) por los trámites del juicio monitorio especial prevenido en LPH art.21, en tales supuestos, el **deudor** deberá pagar -con sujeción a los límites establecidos en LEC art.394-, los **honorarios** de letrado y derechos de procurador que se hayan devengado, tanto si la parte deudora atendiese el requerimiento de pago (hipótesis prevenida en LEC art.817), como si no compareciese ante el tribunal (hipótesis prevista en LEC art.816.1), separándose de la regla general prevista en la LEC art.32.5.

En los casos en los que el **deudor formulase oposición**, se seguirán las reglas generales en materia de costas, pero, si el acreedor obtuviese una **sentencia totalmente favorable a su pretensión**, se deberá incluir en ellas los honorarios de abogado y los derechos de procurador derivados de su intervención en el proceso monitorio expirado por oposición, aunque la intervención de dichos profesionales no sea preceptiva. También se incluirán los honorarios y derechos derivados de la ejecución posterior que se presente, aunque la intervención de estos profesionales no fuera preceptiva (LEC art 539.2).

El fin que inspira la norma especial es hacer cargar al **deudor en situación de morosidad** con todos los gastos que, incluidos en el concepto de costas (LEC art.241), haya tenido que asumir la comunidad reclamante en orden a hacer efectivo el importe que se le adeuda por aquel por medios jurisdiccionales, aún a pesar de que las normas generales procesales no exijan la intervención de los profesionales (abogado y procurador) que han sido a la postre empleados por la demandante.

Las **previsiones estatutarias** en materia de costas, por otra parte, no pueden prevalecer sobre el régimen imperativo legal sobre este particular. El órgano jurisdiccional apreciará la nulidad de pleno derecho, incluso de oficio, de la norma estatutaria que contradiga el principio del vencimiento objetivo de LEC art.394 (TS 26-3-12, EDJ 43922).

Especialidad debida a la naturaleza de la deuda La especialidad de esta regla (LPH art.21.5) está prevenida en materia de costas procesales exigibles a la parte deudora (haya o no pago de la cantidad debida), y es exclusivamente aplicable al ámbito del **procedimiento monitorio especial** (LPH art.21), al tratarse de una regla estrictamente procesal (por razón de la materia) excepcional y especial, predicable en sus efectos positivos exclusivamente en el ámbito del proceso para el que se establece. 3828

3830 **Refuerzo del crédito de la comunidad de propietarios** La especialidad de la regla establecida en la LPH art.21.5 implica una desviación de la general contemplada en la LEC art.32.5, consiguientemente, el **fundamento** de esta diversidad estriba en la necesidad de fortalecer y tutelar el crédito de la comunidad al objeto de dejar a esta indemne de todo gasto judicial que haya tenido que invertir por una **conducta insolidaria del deudor**, atendiendo a que, en numerosas ocasiones, el importe de las reclamaciones realizadas por las comunidades quedarían sustancialmente reducidas si la comunidad acreedora hubiese de cargar con los costes asociados a la defensa jurídica y la representación procesal.

3832 **Deudor obligado al pago de honorarios profesionales** El precepto establece que el deudor es el obligado a pagar los honorarios de abogado y los derechos arancelarios de procurador con cuyos servicios hubiese contado el acreedor al formular la **petición inicial de proceso monitorio**, tanto si aquel atendiese el requerimiento de pago, como si no compareciese en el proceso. Esto significa que la «sanción» consistente en el **deber de asumir** estas partidas de **costas judiciales** no debe incumbir al eventual demandado no deudor -p.e. el adquirente del piso o local que nada debe a la comunidad, pero que responde con el propio inmueble adquirido de las cantidades adeudadas por el anterior titular, dentro de los límites previstos en la LPH art.9.1.e-.

Precisiones Nada dice el precepto respecto de aquellos supuestos en los que la **parte vencedora** en el ulterior declarativo, ordinario o verbal, que prosigue al monitorio en que se formuló oposición, **sea** precisamente **la parte demandada**. El respeto al principio de igualdad parece hacer aconsejable una **interpretación analógica** (basada en la identidad de razón o igualdad jurídica esencial) del precepto a favor del deudor que, vencedor en el declarativo posterior, y absuelto de la pretensión, se haya valido para su defensa y representación de abogado y procurador.

3834 **Terminación del proceso sin pronunciamiento sobre costas** (LEC art.816.1 y 817) Aunque en el decreto por el que se da por terminado el proceso monitorio en razón a la **incomparecencia del deudor**, o con motivo del **pago de la cantidad reclamada**, no se realice manifestación expresa alguna sobre este particular, rigen los efectos imperativos establecidos en la LPH art.21.5 (AP Murcia 16-6-08, EDJ 192731). Ello no obstante, la prudencia hace aconsejable que, ante el supuesto de **omisión en la resolución** del secretario sobre este particular, la comunidad peticionaria solicite **aclaración** para que se adicione este particular sobre expresa imposición de las costas causadas a la parte deudora (LPH art.21.5), ya que es lo común en la práctica forense que la oficina judicial emplee modelos estereotipados en los que no se hace mención alguna a este particular.

Precisiones Si el **pago por el propietario** del piso o local se produce tras la formalización judicial de la petición inicial de juicio monitorio por parte de la comunidad, pero **antes de notificarse al deudor el requerimiento** de pago (LEC art.815.1), debe no obstante imponérsele las **costas al demandado**, ya que la comunidad ha tenido que poner en funcionamiento la actividad procesal por razón de la voluntad renuente al pago del deudor, siendo conocida la deuda (AP Alicante 14-9-05, EDJ 180645; AP Valencia auto 25-7-11, EDJ 260501; AP Tarragona auto 16-7-09, EDJ 227950).

3836 **Costas por honorarios profesionales** (LEC art.394.3) La regla especial contenida en la LPH art.21.5, sin embargo, no quiebra la regla general sobre limitación del importe máximo de la parte de costas procesales relativa a honorarios de abogados establecida en la LEC art.394 (esto es, una cantidad para tal menester que **no exceda tercera parte de la cuantía del proceso**).

3838 **Supuestos en que existe oposición** (LPH art.818.1) En los casos en que exista oposición, se seguirán las reglas generales en materia de costas, aunque si el **acreedor** obtuviera una **sentencia favorable** a su pretensión en el juicio verbal se deberán incluir en ella los honorarios de abogado y los derechos de procurador, aunque por la **cuantía del pleito no sea preceptiva** la intervención de dichos profesionales. Carecería de sentido que la comunidad acreedora se viese tratada en materia de costas en peor forma cuando el deudor formula oposición que en aquellos supuestos en los que no comparece en el proceso monitorio o atendiese el requerimiento de pago (LEC art.816.1). El **deudor opositor** con cuya postura obliga a la comunidad acreedora a tener que acudir a un proceso declarativo posterior donde, tras su sustanciación, se confirma íntegramente las pretensiones originariamente postuladas por la comunidad en la petición de juicio monitorio, debe **asumir los costes judiciales** -por lo que concierne a abogado y procurador- empleados en la sustanciación del proceso monitorio, por lo que el proceso declarativo debería contener en la sentencia en la que se le ponga fin un pronunciamiento expreso en este sentido.

La sujeción al límite cuantitativo previsto en el la LEC art.394 no regirá, como la propia norma prevé, cuando el órgano jurisdiccional declare expresamente la temeridad de la parte condenada. Existe mala fe por el deudor merecedora de que a este se le declare «**temerario**» cuando existe un incumplimiento voluntario y consciente, deliberado en suma, que fuerza al acreedor a acudir a la vía judicial como único medio para lograr la satisfacción de su derecho, lo que en el proceso monitorio se traduce en el hecho de que la conducta del propietario del piso o local conocedor de la existencia de la deuda merece la calificación de temeraria (AP Valencia 11-6-03, EDJ 95241; AP Córdoba auto 19-3-03, EDJ 112742). Este pronunciamiento expreso sobre la temeridad del litigante no puede ser meramente declarativo, sino que debe estar fundado en la propia resolución y predicarse respecto de cada uno de los codemandados en especial, para el caso en que fuesen varios.

6. Medida cautelar de embargo preventivo

(LPH art.21.4)

Cuando el **deudor se oponga** a la **petición inicial de juicio monitorio**, el acreedor podrá solicitar el embargo preventivo de bienes suficientes de aquel para hacer frente a la cantidad reclamada, los intereses y costas. El tribunal acordará, en todo caso, el embargo preventivo **sin** necesidad de que el acreedor preste **caución**. No obstante, el deudor podrá **enervar el embargo** prestando las garantías establecidas en la legislación procesal por la cuantía por la que hubiese sido decretado. 3840

De lo expuesto resulta que:

a) La **solicitud de embargo** preventivo corre de iniciativa de la comunidad actora, y solamente se solicitará cuando el deudor hubiese formulado oposición en los términos de la LEC art.815.1 y 818.1.

b) Se debe entender que el presupuesto procesal de la «**apariencia de buen derecho**» (LEC art.728.2) se cumple implícitamente mediante la aportación de la certificación de la liquidación de la deuda acompañada con la petición inicial (LEC art.812.2.2).

c) El embargo preventivo, como medida cautelar, puede proyectarse sobre **cualesquiera bienes del deudor**, no necesariamente ha de tener por objeto el piso o local del que dimanan las obligaciones (LPH art.9.1.e y f) que constituyen el objeto de la petición inicial de juicio monitorio, y deberá decretarse por medio de auto.

d) El precepto parece desenvolverse como una **cautela especial** (LEC art.727.11) prevista singularmente en la LPH, por lo que no se encuentra sujeta a los requisitos de «peligro de mora procesal» y prestación de caución por la parte solicitante.

e) Solicitado el embargo preventivo por la comunidad actora, el tribunal debe decretarlo en la medida que el precepto dispone que lo adoptará «en todo caso», **excluyendo** consiguientemente toda **actividad valorativa** sobre su procedencia o improcedencia.

Prestación de las garantías establecidas por la legislación procesal El deudor contra quien se haya dirigido la petición inicial de proceso monitorio podrá, no obstante **evitar los efectos del embargo preventivo** prestando las garantías establecidas en la legislación procesal. La precisión normativa se cohonesta con lo prevenido en la LEC art.746, donde se previene la posibilidad de prestar **caución sustitutoria de las medidas cautelares**. 3842

Esta caución puede constituirse en de dos **formas**, en dinero efectivo o mediante aval solidario de duración indefinida y pagadero a primer requerimiento emitido por entidad de crédito o sociedad de garantía recíproca o por cualquier otro medio que, a juicio del tribunal, garantice la inmediata disponibilidad, en su caso, de la cantidad de que se trate (LEC art.529.3.2).

Corresponde al deudor presentar **escrito** solicitando la enervación del embargo y, simultáneamente, adjuntando la documentación que justifique la prestación de la caución, lo que, inexorablemente, debe determinar que proceda el alzamiento del embargo trabado, si a juicio del tribunal queda garantizada la inmediata disponibilidad de la cantidad reclamada.

Características del aval Para el supuesto de que se presente aval bancario debe ser «**suficiente**» en su importe garantizado, para dar cobertura a la cantidad por la que se hubiese decretado el embargo, lo que comprenderá el **quantum líquido** que comprenda el principal, así como los gastos invertidos por la comunidad en razón al requerimiento previo de pago realizados al deudor, así como a la cantidad prudencialmente determinada para intereses y costas, sin perjuicio de su ulterior liquidación y tasación, respectivamente. 3844

El aval no podrá estar **sujeto a término**, ya que, en tal caso, de ser este breve o razonablemente insuficiente atendiendo a la pronosticable pendencia de la litis, puede devenir vacuo en sus efectos por su expiración.

Debe tratarse de **aval indefinido**, **pagadero a primer requerimiento**, expedido al efecto por entidad financiera (LEC art.64.2), y proyectado a dar cobertura o garantía al importe máximo expresado en su literalidad, contingente en la medida que la existencia de la deuda y su cuantía quedan sometidas a las resultas del proceso declarativo ordinario o verbal llamado a sustanciarse a continuación. El examen de la **corrección y requisitos del aval** corresponde al órgano jurisdiccional, lo que no impide la intervención de la comunidad actora para el caso de que apreciase que en el título de garantía se traslucen defectos o anomalías en la forma o en el fondo que pueden obstar a la plenitud de sus efectos.

3846 **Absolución del deudor** Si se produjese la absolución del deudor -por motivos exclusivamente procesales o de fondo- en primera instancia, el letrado de la Administración de Justicia ordenará el **inmediato alzamiento del embargo** preventivo, salvo que la comunidad, además de recurrir la resolución absolutoria, solicite el mantenimiento del embargo preventivo o la adopción de una medida distinta. En este caso, se dará cuenta al tribunal y, oída la parte vencedora en la instancia, atendidas las circunstancias del caso, se resolverá lo procedente sobre la **solicitud de la parte recurrente** (LEC art.744).

3848 **Sentencia condenatoria** Si la sentencia que recayese en la primera instancia fuese condenatoria para el deudor o deudores de la comunidad, y se presentase **recurso por el deudor único o cualquiera de los solidarios**, en tal caso la comunidad acreedora podrá optar, o bien entre el mantenimiento del embargo preventivo, o bien entre convertir este en ejecutivo provisional, alzándose en este último caso la medida cautelar (LEC art.731.2).

7. Limitación del derecho a recurrir

(LEC art.449.4, 5 y 6 -redacc RDL 6/2023-)

3850 En aquellos procesos en los que la comunidad acreedora pretenda la condena al pago de cantidades debidas por un propietario de piso o local, **no** se admitirá al condenado el **recurso de apelación**, o el **extraordinario** de casación si, al interponerlos no acredita tener satisfecha o **consignada la cantidad líquida** a que se contrae la sentencia condenatoria, de acuerdo con las previsiones recogidas en la LEC art.449.4, no obstante, se estará a lo dispuesto en LEC art.231, para que puedan ser subsanados los defectos que hubieran incurrido las partes al interponer el recurso (LEC art. 449.6 redacc RDL 6/2023).

La consignación de la cantidad, no obstante, no impedirá, en su caso, la **ejecución provisional** de la resolución dictada (LEC art.449.4).

Ha de tenerse presente que esta limitación del derecho al recurso (ordinario o extraordinario), que se ha calificado como de «**presupuesto de admisibilidad**» de él, no se refiere propiamente al proceso monitorio (que concluye con la oposición del deudor -LEC art.818.2-), sino a la sentencia que recayese en el declarativo posterior -verbal-, y cuya tramitación procedimental pudo o no venir precedida de un proceso monitorio antecedente, toda vez que, la comunidad acreedora puede reclamar del propietario del piso o local el cumplimiento de las obligaciones pecuniarias a que se refiere LPH art.9.1 e y f por los trámites del referido proceso monitorio (LPH art.21), o alternativamente, hacerlo directamente por el declarativo ordinario que corresponda a la cuantía a reclamar, sin necesidad de presentar previamente procedimiento monitorio.

La razón de ser de esta limitación se sustenta en ser una manifestación más del **reforzamiento del crédito comunitario** en la propiedad horizontal, establecida con la finalidad de evitar que el recurrente emplee en su provecho el beneficio del recurso con finalidad exclusivamente dilatoria.

De esta carga o deber limitativo del derecho a recurrir no queda exonerado el condenado acogido al **beneficio de justicia gratuita**.

3855 **Prohibición de interposición de recursos** Queda vetado al condenado al pago de las cantidades debidas por un propietario a la comunidad la preparación de los recursos de **apelación**, o extraordinario de **casación**, de no acreditar tener satisfechas las cantidades a que se contrae la condena. Se exige la acreditación de tener **satisfecha la cantidad líquida** a que se contrae la sentencia, cuyo importe, en caso de ser varios los codemandados, puede ser abonado de forma mancomunada por uno solo de ellos, no obstante, tras la reforma de la LEC por RDL 6/2023, hay que estar a lo dispuesto en LEC art. 231, para que puedan ser subsanados los defectos que hubieran incurrido las partes al interponer el recurso (LEC art. 449.6 redacc RDL 6/2023).

En el supuesto de **acumulación subjetiva de acciones** frente a diversos propietarios de pisos o locales, la limitación debe ser entendida en la parte de la condena que incumba a cada uno de ellos con base en la concreta deuda que le atañe en razón a su concreto piso o local.

3860 **Interrupción del pago de las cuotas comunitarias** (LEC art.449.4) No se exige al recurrente que, **una vez satisfecha o consignada la cantidad líquida** a que se contrae la sentencia (de primer grado o de apelación, en su caso) se continúen pagando las cuotas comunitarias que se sigan devengando (AP Alicante 29-11-02, EDJ 72584). Debe tenerse presente que las cuotas a que se contrae la condena pueden referirse a **períodos considerablemente anteriores** al tiempo en que se dicta la sentencia de cuyo recurso se trate.

No se exige que el condenado se ponga al corriente para el caso de, con posterioridad al período reclamado, hubiese continuado sin pagar las cuotas sucesivas que no fueron objeto de reclamación en el escrito de demanda. Esta es una nota o extremo que diferencia al caso que nos ocupa del prevenido en la LEC art.449.1º, relativo al supuesto de procesos que lleven aparejado el **lanzamiento**, donde sí se exige al condenado la acreditación de tener por satisfechas las rentas vencidas. Lo que **sí se exige** es que este pago se haga en el momento de interponer el recurso y no posteriormente en el rollo de apelación (AP Asturias 30-11-04, EDJ 223015).

Ejecución provisional de la resolución (LEC art.449.4; LEC art.524 a 537) La **consignación de la cantidad** a que se contrae la condena no impedirá, en su caso, la ejecución provisional de la resolución dictada. 3862

Debe tenerse presente que, en sede de ejecución provisional, el ejecutado no podrá oponerse a la ejecución. Solo existe la posibilidad de **formular oposición** frente a actuaciones ejecutivas concretas (p.e. el embargo de un inmueble), para lo que el opositor deberá aducir y acreditar que la **concreta medida ejecutiva** pretendida por el acreedor ejecutante provisional es susceptible de causar una **situación absolutamente imposible de restaurar** o de compensar económicamente, ofreciendo otras medidas o actuaciones ejecutivas alternativas no generadoras de tal situación y, además, ofreciendo **caución** suficiente para responder de la demora de la ejecución (LEC art.528.3).

Solo la satisfacción a la comunidad acreedora y beneficiaria del pronunciamiento de condena, abonándosele por cualquier medio acreditativo de su recepción el importe a que este ascien-de, o, en su caso, el garantizarle la percepción de esas cantidades por medio de aval bancario, cierra la posibilidad de la ejecución provisional.

Consignación (LEC art.449.4 y 5) En los procesos en los que se pretenda la condena al pago de las cantidades debidas por un propietario a la comunidad de propietarios, no se admitirá al condenado el recurso de apelación o casación si, al interponerlos, no acredita tener consignada o satisfecha la cantidad líquida a que se contrae la sentencia condenatoria, no obstante, tras la reforma de la LEC por RDL 6/2023, se estará a lo dispuesto en LEC art. 231, para que puedan ser subsanados los defectos que hubieran incurrido las partes al interponer el recurso (LEC art.449.6 redacc RDL 6/2023). La consignación de la cantidad no impide, en su caso, la **ejecución provisional** de la resolución dictada. 3864

El depósito o consignación exigidos pueden hacerse en metálico o mediante **aval solidario** de duración indefinida y pagadero a primer requerimiento, emitido por entidad de crédito o sociedad de garantía recíproca, o por cualquier otro medio que, a juicio del tribunal garantice la inmediata disponibilidad, en su caso, de la cantidad consignada o depositada.

La consignación, en la medida que no implica provecho para la comunidad beneficiaria de la condena líquida, no le veta a esta la posibilidad de instar la referida ejecución provisional, por cuanto aquella **no produce el efecto liberatorio del débito** (nacido del título jurisdiccional) ni de la responsabilidad, pues el importe de la consignación no se entrega por el órgano jurisdiccional a la parte actora, si no es a través de la correspondiente ejecución provisional.

Plazos procesales preclusivos La **parte codemandada** (integrada por uno o varios sujetos, obligados mancomunada o solidariamente según lo que al efecto establezca el pronunciamiento) dispone de los **breves plazos** preclusivos que establece la LEC para la interposición del recurso de apelación (LEC art.458.1), o del recurso extraordinario de casación (LEC art.479.1), ante la necesidad de acreditar tener por satisfecha o consignada la cantidad líquida a que se contrae la condena; no obstante, tras la reforma de la LEC operada por RDL 6/2023, se estará a lo dispuesto en la LEC art. 231, para que puedan ser subsanados los defectos que hubieran incurrido las partes al interponer el recurso (LEC art.449.6 redacc RDL 6/2023). 3866

Lo dispuesto en LEC art.449.4, 5 y 6 debe ponerse en relación con LEC art.231. La norma permite que el recurrente interponga el recurso sin haber satisfecho o consignado la cantidad, o haber otorgado el aval a que se refiere la LEC art.449.5, pudiendo de conformidad con el LEC art.231 subsanar los defectos que hubieran incurrido las partes al interponer el recurso.

Denegación del recurso Si el o los condenados no cumplen con el requisito de **consignar o satisfacer el importe** a que se contrae la condena pecuniaria, el órgano que ha dictado la misma dictará auto inadmitiendo el recurso (LEC art.458.4 redacc RDL 6/2023). Contra este auto cabe **recurso de queja** (LEC art.494), que se sustanciará en la forma prevenida en la LEC art.495. 3868

Si la parte recurrente hubiese **faltado a su responsabilidad de consignar o satisfacer el importe** de la condena dentro del término procesal conferido para recurrir en apelación, o en casación, no podrá ya en este nuevo trance de queja subsanar la falta.

Si el **órgano** ante el que debe formalizarse cualquiera de los recursos para los que se requiere la satisfacción o consignación de la cantidad a que se contrae la condena, **no reparase en el defecto** de una u otra, ni en la ausencia de presentación de aval, corresponderá a la comunidad recurrida oponer, bien mediante escrito específico o en el correspondiente escrito de oposición al recurso, el hecho mismo del defecto, de naturaleza procesal e insubsanable. En todo caso, además, el **órgano jurisdiccional llamado a conocer y resolver** del recurso -ya sea la Audiencia Provincial, para el caso del recurso de apelación; ya sea el Tribunal Supremo, para el caso del recurso de casación -debe, *ex officio iudicis*-, verificar el **control sobre el cumplimiento** del requisito exigido en la LEC art.449.4, desestimando ya por el solo motivo de la ausencia de pago, consignación o presentación de aval, el recurso mismo, sin entrar sobre el fondo de sus alegaciones de hecho o de derecho.

SECCIÓN 5

Proceso de equidad

(LPH art.13.2 y 17.7)

3875

A. Consideraciones generales

3880 El procedimiento de equidad está previsto para los supuestos en los que los **acuerdos que no precisen unanimidad** no consigan alcanzar en junta las mayorías precisas para ser adoptados conforme lo prevenido en la LPH art.17.7.

Este procedimiento es el empleado también por el legislador (LPH art.13.2), para los supuestos:

- de **excusa en la presidencia de la comunidad**, cuando la persona designada, en atención a las circunstancias, se ve imposibilitada para el ejercicio del cargo y precisa solicitar del juzgador su relevo en el cargo; y
- de **imposibilidad** para la junta, por cualquier causa, **para designar presidente** de la comunidad.

Se trata de un procedimiento especial dirigido a suplir por medio de **decisión judicial**, aquellos casos o supuestos en los que, al margen de los asuntos que requieran unanimidad, **no** se consigue alcanzar el **consenso preciso en la junta de propietarios**, por lo que se procura sustituir la voluntad colegial por una decisión judicial basada en la equidad (CC art.3.2).

1. Ámbito de aplicación

3885 Lo que, en gran parte se persigue con este proceso de equidad, es solventar aquellos supuestos en los que se hace necesario **suplir** - mediante la intervención del órgano jurisdiccional- **la mayoría que precisa la adopción de un determinado acuerdo**, evitando que, por sumarse diversas cuotas en un solo propietario, -por ejemplo, el mismo promotor del edificio-, el acuerdo en cuestión, para el que se precisa mayoría doble (personal y en cuotas de participación sobre el edificio) no pudiese lograrse (AP Madrid 17-4-08, EDJ 79297).

Puede sostenerse -y así lo hace la mayoría de la doctrina científica- que el juicio de equidad **no** es el **proceso idóneo**, ni para la impugnación de un acuerdo aprobado en la junta de propietarios, ni para la adopción judicial de un acuerdo para el que la LPH exige la unanimidad (AP Asturias 23-9-03, EDJ 119319; AP Alicante 17-2-21, EDJ 555346).

Precisiones No obstante, se ha declarado la procedencia del proceso de equidad para la aprobación de los **estatutos de la comunidad** ante la oposición a la unanimidad de tan solo uno de los propietarios que actuaba con manifiesto abuso de Derecho, resultando por ello admisible la **sustitución** por pronunciamiento judicial del requisito de la unanimidad, aplicando el juicio de equidad (AP Madrid 4-5-10, EDJ 165994). La falta de unanimidad comunal puede ser suplida judicialmente para evitar supuestos de abuso notorio del derecho (TS 19-12-08, EDJ 234524; AP La Rioja 25-11-20, EDJ 838167; AP Málaga 22-6-23, EDJ 696940); la unanimidad comunal puede ser suplida por la autorización judicial, tanto en el llamado procedimiento de equidad, como en un juicio declarativo ordinario, por tanto, cuando la **unanimidad** no se obtenga por la oposición tenaz de algún copropietario movido por razones de acomodo a sus intereses que contradicen los comunes y, en muchos casos, por el simple móvil de causar molestias, incordiar y hostigar a los demás, se podrá acudir a este procedimiento de equidad (TS 13-3-03, EDJ 4250; AP Valencia 9-3-16, EDJ 111221; AP Málaga 22-6-23, EDJ 696940).

El objeto de este procedimiento no es conciliar una multitud de opiniones enfrentadas, sino simplemente dirimir cuál de las dos posturas enfrentadas es la más equitativa. No debemos confundir un juicio de equidad con un **expediente de jurisdicción voluntaria**, que es aquel que requiere "la intervención de un órgano jurisdiccional para la tutela de derechos e intereses en materia de Derecho civil y mercantil, sin que exista controversia que deba sustanciarse en un proceso contencioso", pues en el expediente de jurisdicción voluntaria se exige que no exista contienda lo que, evidentemente, no ocurre en este tipo de procesos, por tanto, se trata de un **proceso declarativo especial** (AP Madrid 12-11-20, EDJ 770463).

Régimen de mayorías necesarias Ciertamente, la jurisprudencia no es unánime respecto a si el denominado procedimiento o demanda de equidad es factible en todos aquellos **casos en que no se obtienen cualquiera de las mayorías** previstas en alguna de las tres normas de la LPH art.17, o si, por el contrario, dicho procedimiento es únicamente posible en el caso de no reunirse las mayorías respectivas y sucesivamente previstas, tan solo, en la norma 3ª del referido artículo; es decir, si esa revisión y decisión judicial en equidad puede afectar a cualquiera de las materias expresamente referidas a lo largo de las normas 1ª, 2ª, 3ª y 4ª de la LPH art.17, diversas de las **categorías de acuerdos que precisan unanimidad** (LPH art.17.1.1º); o si, por el contrario, el procedimiento de equidad a que se refiere la LPH art.17.7.2º, concierne exclusivamente a los acuerdos a que se refiere el apartado 4º, esto es, aquellos que no tienen una expresa, típica e individualizada referencia legal a la materia u objeto al que pueden referirse, y que, en segunda convocatoria, pueden adoptarse con la simple y doble mayoría presencial antes indicada -si bien, debe recordarse que el RDL 8/2023, ha incorporado también en este apartado 4º la necesidad del voto favorable de las tres quintas partes del total de los propietarios que, a su vez, representen las tres quintas partes de las cuotas de participación, la división material de los pisos o locales y sus anejos, para formar otros más reducidos e independientes, el aumento de su superficie por agregación de otros colindantes del mismo edificio o su disminución por segregación de alguna parte, la construcción de nuevas plantas y cualquier otra alteración de la estructura o fábrica del edificio, incluyendo el cerramiento de las terrazas o la modificación de las cosas comunes-. 3888

La interpretación gramatical del precepto da a entender que el referido proceso (LPH art.17.7 párr.2º) está preordenado a los supuestos en los que la **mayoría no se pueda lograr** «por los **procedimientos** establecidos en los **párrafos anteriores**», lo que comprende la LPH art.17.1 a 4, salvo aquellos casos en los que la naturaleza de la materia exija unanimidad (LPH art.17.1), lo que solo será exigible para la validez de aquellos acuerdos que impliquen la **aprobación o modificación** de las reglas contenidas en el **título constitutivo** de la propiedad horizontal o en los estatutos de la comunidad (AP Huelva 9-5-06, EDJ 347485).

En sentido contrario se pronuncia un cuerpo de jurisprudencia menor, que considera que el proceso de equidad no es cauce procedimental adecuado para la obtención de acuerdos que requieran una **mayoría cualificada** diversa de la precisada en la LPH art.17.7.2º para los denominados de **mera administración**. Es decir, esta línea de jurisprudencia menor considera que el referido proceso solo es aplicable a los supuestos en los que no es posible obtener acuerdos en materias de mera administración (AP Zaragoza auto 23-3-04, EDJ 15495; AP Cádiz auto 14-4-03, EDJ 145723).

Convocatoria de junta a través del procedimiento (LPH art.16.1) A través de este proceso de equidad no se puede pretender una convocatoria judicial de junta de propietarios, ni que el órgano jurisdiccional adopte un acuerdo relativo a una **propuesta** que, simple y llanamente, ha sido **desestimada por el órgano colegiado**. Una determinada propuesta ha sido desestimada: 3890

- cuando el **número de votos** positivos a su favor no supere el de los negativos, o
- cuando en el seno de la junta, los **votos positivos** a favor de la propuesta no representen la mayoría de los votos exigidos, aunque el resto sean abstenciones o ausencias. Si ello ocurre, el órgano jurisdiccional, por medio del proceso de equidad, no puede imponer un acuerdo contra la mayoría. Así, el órgano jurisdiccional, por el proceso de equidad, **no** podrá **imponer a la comunidad una determinada propuesta** que ha sido desestimada por no haber obtenido mayoría, sí otra propuesta contraria (diversa a la anterior, o consistente en no hacer lo propuesto) si ha obtenido esa mayoría.

Cosa diversa es:
- que el acuerdo haya sido adoptado por una mayoría que actúa en abuso de derecho;
- o que el acuerdo se adopte en beneficio del único o los varios propietarios que signifiquen esa mayoría;
- o que el acuerdo suponga un grave perjuicio para alguno o algunos propietarios conformadores de la minoría;

Casos todos ellos en los que el cauce adecuado procesalmente para dejar sin efecto el acuerdo que padezca tales circunstancias no es el proceso de equidad, sino el de **impugnación de acuerdos de junta de propietarios** con base en alguno de los motivos expuestos en la LPH art.18.1 a, b o c.

El proceso de equidad tiene cabida y razón de ser en aquellos casos en los el acuerdo no se ha podido obtener por una **situación de bloqueo** (AP Baleares 22-3-21, EDJ 567872), bien sea porque existe un empate de votos, o porque son dos, exclusivamente, los propietarios de la finca, -o, asimiladamente, siendo varios, se encuentran endémicamente posicionados en dos grupos de idéntico peso personal y participacional, sustentando posturas antagónicas- o porque la mayoría de las cuotas y la mayoría personal manifiestan posturas enfrentadas. También, en los supuestos en los que la no adopción de los acuerdos suponga una **grave y manifiesta situación de injusticia**, perjudicando a un importante número de copropietarios o al interés superior de la comunidad (JPI Pamplona/Iruña núm 21-2-23, EDJ 546171).

Se trata de sustituir la **voluntad colegial por una decisión judicial** basada en la equidad.

3892 **Elección y relevo en el cargo del presidente** (LPH art.13) A la par, este mismo procedimiento resulta aplicable, por expresa disposición legal, a los supuestos en los que el nombrado presidente desea el **relevo en el cargo** y en el seno de la junta no se desea proceder en este sentido, nombrando, de entre los propietarios, a otra persona diversa (AP Madrid auto 11-2-20, EDJ 520941).

El propietario designado como presidente puede solicitar su relevo, acudiendo para ello al juez competente objetiva y territorialmente dentro del mes siguiente a su acceso al cargo, invocando las razones que le asistan para solicitar su remoción en el cargo.

En tal supuesto, el juez, resolverá lo procedente, designando al propietario que hubiera de sustituir al presidente en el cargo, siempre que estimase atendible la causa de remoción y, en todo caso, se proceda por la junta de propietarios a nueva designación de presidente en el plazo que se determine en la propia resolución judicial (LPH art.13.2).

Igualmente puede acudirse al juez cuando, por cualquier causa, fuese imposible para la junta **designar presidente** de la comunidad.

2. Naturaleza jurídico-procesal del proceso

(LPH art.17.7.2º)

3895 Cuando la mayoría no se pueda lograr por los procedimientos establecidos en la LPH art.17 apartados 1º a 7º, el juez, a instancia de parte, deducida en el mes siguiente a la fecha de la segunda junta, y oyendo en **comparecencia** a los contradictores previamente citados, **resolverá en equidad** lo que proceda dentro de los 20 días contados desde la petición, haciendo pronunciamiento sobre el **pago de costas**. En puridad, el procedimiento previsto en la LPH art.17.7.2º pertenece a la **jurisdicción contenciosa**, con la sola particularidad de que la cuestión material de fondo controvertida se resuelve con arreglo a la equidad. Evidencia esa naturaleza contenciosa del procedimiento la referencia al **trámite de audiencia de los «contradictores»** en comparecencia, con carácter previo al dictado de la resolución -LPH art.17.7- (AP Navarra 26-7-13, EDJ 280608).

De este modo, cuando no se pudiera lograr la mayoría o unanimidad, el juez, **a instancia de parte**, deducida en el mes siguiente a la fecha de la segunda junta, y oyendo en comparecencia los contradictores previamente citados, debe resolver en equidad lo que proceda dentro de los 20 días, contados desde la petición, haciendo pronunciamiento sobre el pago de costas (AP Madrid 15-12-16, EDJ 245163).

No obstante, el cauce procesal previsto en el precepto transcrito para resolver en equidad no excluye la posibilidad de acudir al declarativo correspondiente, el procedimiento de equidad no es exclusivo ni excluyente, y no impide que la cuestión se decida en **juicio declarativo contradictorio** (TS 13-3-03, EDJ 4250; AP Málaga 22-6-23, EDJ 696940).

3897 Al margen de las diversas posiciones doctrinales a favor y en contra de la naturaleza contenciosa o de jurisdicción voluntaria de este procedimiento, debe apreciarse que:

a) Existe **contradicción entre la parte** o partes instantes y quien o quienes sostienen una **posición contrapuesta a los primeros**.

En los **procedimientos de jurisdicción voluntaria**, si a la solicitud promovida se formula oposición por alguno que tenga interés en el asunto, deberá hacerlo en los 5 días siguientes a su citación, y no se hará contencioso el expediente, ni impedirá que continúe su tramitación hasta que sea resuelto, salvo que la ley expresamente lo prevea (L 15/2015 art.17.3).

b) Que la decisión haya de resolverse en equidad no implica que la naturaleza jurídico-procesal del **proceso** que se resuelve de este modo sea la **de jurisdicción voluntaria**. Juzgar en equidad no es más que resolver la cuestión objeto de la discordia entre dos partes (tesis y antítesis características de todo tipo de proceso contencioso), desde la única perspectiva de la consideración de lo **justo en el caso concreto**, sin tomar en consideración normas jurídicas. A ello debe proceder el titular del órgano jurisdiccional por imperativo expreso de la norma especial (LPH art.17.7.2º) y conforme a lo que reconoce la norma general (CC art.3.2). **3900**
La equidad viene referida, no al procedimiento, sino a la decisión del mismo. La resolución que se dicte habrá de adoptar la forma de sentencia por decidir definitivamente un pleito en una instancia. La expresión «resolverá en equidad», no puede ser entendida como adscripción a un procedimiento de jurisdicción voluntaria sino al derecho sustantivo. La equidad vendría referida, no al procedimiento, sino a la decisión del mismo y el objeto del pronunciamiento que recaiga consistiría en suplir la falta de un acuerdo de los que pueden adoptarse por mayoría (AP Madrid auto 26-7-18, EDJ 648439).

c) La **escasa descripción** que la LPH art.17.7 esboza sobre el procedimiento lo asimilan en su naturaleza al contencioso, al darse **alegaciones** con agotamiento de los principios de audiencia, contradicción y defensa (de parte instante y de parte contradictora), posibilidad de proposición y práctica de prueba, (lo que no viene prohibido por el precepto), bajo el principio de oralidad y contradicción, y decisión en equidad. Coexiste pues en este procedimiento una *plena cognitio*, y no hay limitación de **pruebas ni alegaciones**. Ello avala la afirmación consistente en que el denominado proceso de equidad es un auténtico proceso contencioso, estableciéndose que debe decantarse el proceso de equidad a ser configurado como un proceso de carácter jurisdiccional y contencioso, en cuanto el juzgado debe hacer un pronunciamiento, incluyendo el aspecto de las costas procesales, sobre una contienda concreta suscitada entre dos partes conocidas en el seno de una comunidad de propietarios, lo que le aleja de la jurisdicción voluntaria, añadiendo que, aunque no puede negarse que puede ser complicado revisar el criterio valorativo en equidad del juez de instancia, no existe motivo para no revisar la decisión si la petición se dedujo fuera de plazo por el instante, o si las cuestiones debatidas no se encuadran dentro de las que la ley reserva para el procedimiento de equidad, o si la resolución ha incurrido en incongruencia, o si se han vulnerado normas procesales esenciales del procedimiento (AP Asturias 19-10-09, EDJ 256609). En sentido análogo se pronunció la AP A Coruña 13-11-07, EDJ 294279. **3902**
El fin inmediato del procedimiento de la LPH art.17.7 es que, directa y exclusivamente, se integre un acuerdo que no puede lograrse. Para ello ha de valorarse la **finalidad** del acuerdo y a su examen. En términos equitativos, el juez ha de atender a ellos, como ha de atender igualmente a las razones de la oposición (AP Madrid 31-10-13, EDJ 251706).
Cuando la **voluntad de la comunidad** está clara, el juez no puede sustituirla en su cometido, salvo para revisar sus decisiones cuando se ejerciten en tiempo y forma las acciones de impugnación de acuerdos. Cuando una determinada propuesta no necesaria para el adecuado funcionamiento de la comunidad no se aprueba, aunque sea porque no consigue el respaldo de una mayoría suficiente, hay que entenderla denegada o rechazada, y ese rechazo constituye en sí mismo un acuerdo susceptible de ser impugnado conforme lo prevenido en la LPH art.18 (AP Las Palmas 20-5-15, EDJ 245725).

B. Procedimiento

No existe **remisión** a la LEC por la LPH art.17.7.2º, por lo que el especial proceso de equidad contemplado en tal referido precepto no puede integrarse, acoplarse o nutrirse analógicamente o extensivamente con las normas que regulan, definen y trazan cualquiera de los procedimientos declarativos ordinarios o especiales. Se trata de un procedimiento *sui generis*, especial separado de la regulación procesal general, y que el órgano jurisdiccional integrará en cada caso con arreglo a su recto criterio, cuidando en todo caso de que se cumplan los **principios de proceso y del procedimiento** llamados a garantizar los derechos de audiencia, defensa, contradicción e inmediación. No obstante, debe tenerse presente el carácter supletorio de la LEC, que, en defecto de disposiciones en las leyes que regulan los procesos penales, contenciosos-administrativos, laborales y militares, será de aplicación a todos de ellos (LEC art.14). **3905**

La instancia principiadora del proceso, debe entenderse que debe tomar **forma escrita**, sin necesidad de intervención de abogado y procurador. No existe modelo estereotipado. Deberá contener, cuanto menos, una exposición de la cuestión y la pretensión deducida, sin necesidad de soportarla en fundamentos legales, sino en la equidad. Una pauta sin embargo inductora de su contenido la podemos encontrar en la llamada «**demanda sucinta**» (LEC art.437.1) a cuyo través se puede principiar el procedimiento declarativo ordinario verbal.

3908 **Legitimación** La instancia debe presentarse por el o los interesados, propietarios de pisos o locales que pretendan la adopción del acuerdo para el que no se consiguió la mayoría precisa. Si de lo que se trata es de solicitar ser relevado del **cargo de presidente** (LPH art.13.2), el proceso debe instarse por la persona designada para el cargo, y deberá invocar las razones -personales o profesionales- que le asisten para ello, por edad, salud, ocupaciones, falta de absoluta formación u otras que resulten serias y admisibles.

3910 **Caducidad** Para formular la solicitud debe respetarse el plazo de caducidad, lo que evidencia que la pretensión incorpora una **acción judicial**. Para el caso de que se procure la determinación de un **acuerdo** que **no consiguió alcanzarse en junta de propietarios**, el plazo de caducidad es de un mes siguiente a la fecha de la segunda convocatoria. Para el caso de que, a través de este proceso, se procure por el propietario designado como **presidente** el **ser relevado del cargo**, el plazo es el de un mes siguiente al de la junta que procedió a su nombramiento.

3912 **Audiencia** A continuación, se oirá en comparecencia a los contradictores, que serán los que la parte instante haya mencionado expresamente, aunque el órgano jurisdiccional podrá integrar subjetivamente la *litis*, acordando que el decreto por el que se señale día y hora para el acto de la comparecencia, se **publique** en el tablón de anuncios de la comunidad o el lugar visible de uso general habilitado al efecto (LPH art.9.1 h) al fin de asegurar la posibilidad de conocimiento del proceso y la posibilidad de comparecer y alegar lo que a su derecho convenga a quien pudiera resultar contradictor. Así mismo, el titular del órgano jurisdiccional podrá comprobar -de aportarse junto con la instancia **copia del acta de la junta** en cuyo seno se ha producido la disensión impeditiva de la formación de la mayoría- que sean citadas las concretas personas opositoras de la pretensión deducida mediante la referida instancia, así como quienes no asistieron. No consideramos que como «**contradictores**» deban ser tenidos en consideración quienes, concurriendo a la junta, se abstuvieron, por cuanto tal posición o actitud resulta pasiva, no opositora a la iniciativa de los promotores del proceso. Ello no significa que todos los potenciales contradictores deban personarse en el proceso de suerte que, **no personándose**, vayan a ser declarados en rebeldía. Tampoco debe considerarse que quienes se opongan claramente y no se personen formulan un **tácito allanamiento**. Podrán ser convocados como testigos en el acto de la comparecencia, o podrá el juzgador considerar en su fuero interno que no mantienen un particular interés en el asunto, para el supuesto de que no comparecieran, más no por ello debe inferirse que asienten a la petición formulada por la parte actora. Los contradictores no tienen la **obligación de litigar unidos** bajo una misma representación y defensa, ni existe litisconsorcio pasivo necesario en el lado pasivo de la prelación jurídico procesal.

3914 **Acto de la comparecencia** No debe asimilarse o equipararse al prevenido en la LEC art.414 y s., ni al acto de juicio verbal (LEC art.443). Se trata de un acto que debe surtir los efectos necesarios para que la **parte instante se ratifique en su petición**, y dar posibilidad de **audiencia a los contradictores**, a modo de contestar a la demanda, proponer y practicar las pruebas que se reputen pertinentes y fueren practicables en el acto, y formular conclusiones. Debe entenderse que, atendiendo a la escasa definición legal del acto en sí, los contradictores podrían **adjuntar por escrito su contestación o alegaciones**, al efecto esencial de ilustrar con mayor provecho al órgano jurisdiccional, lo que parece que debería hacerse en el mismo acto de la comparecencia o con anterioridad a la misma.
En los supuestos de **relevo del presidente**, solicitado por este, el juez podrá recabar la información que estime oportuna para poder proceder a la necesaria designación del propietario que haya de asumir el cargo ínterin se proceda a la nueva y definitiva designación en el plazo que se determine en la resolución judicial (LPH art.13.2).

3916 **Resolución en equidad** La decisión debe resolverse en equidad. El órgano jurisdiccional, de oficio, apreciará si se ha respetado por la parte instante los **plazos de caducidad** que establece la LPH art.17.7.2º y 13.2, de un mes, para ambos supuestos. En este sentido, el órgano jurisdiccional, no obstante manifestar el *ius dicere* con base en la equidad, sigue sujeto a dictar un **pronunciamiento congruente**, en los términos prevenidos en la LEC art.218. La decisión debe revestir la forma de **sentencia**.

La **estructura de la decisión** habrá de seguir las pautas de las sentencias (LOPJ art.248.3) en lo que se refiere al encabezamiento, antecedentes de hecho y hechos probados, pasando luego a sustituir los fundamentos de derecho por consideraciones en equidad, para concluir dictándose el fallo. La norma general debe ser la **no imposición de costas**, tal y como razona la AP Madrid 17-4-08, EDJ 79297, al establecer que, en relación a las costas de la instancia, si bien doctrinalmente existen diversos criterios sobre la naturaleza del procedimiento de equidad, -considerando unos que se trata de un acto de jurisdicción voluntaria y otros de un proceso contencioso-, incluso de seguirse esta última tesis (AP Madrid auto 14-5-04, EDJ 106427), tampoco procedería la imposición de las costas ocasionadas el amparo de lo dispuesto en LEC art.394 ya que la cuestión se resuelve en equidad, si bien, tal conclusión no es unánime (AP Sevilla 30-7-21, EDJ 734705).

Recurribilidad en apelación La resolución no es recurrible en apelación (AP Asturias 23-12-03, EDJ 213236; AP Baleares 9-6-06, EDJ 266370), sin perjuicio de que se pueda plantear la cuestión en el juicio declarativo correspondiente. **3920**

En contra de esta afirmación, se manifiesta AP A Coruña 6-10-22, EDJ 734547, analizando detalladamente todas las posiciones doctrinales sobre el particular. No debe desconocerse que la resolución que se dicte en primera instancia en el proceso de equidad viene recogida en forma de **sentencia** y, consiguientemente, de conformidad con lo previsto en LEC art.448.1, que establece el derecho general que asiste a las partes para recurrir aquellas resoluciones judiciales que les afecten desfavorablemente, y con lo dispuesto en LEC art.455.1, que establece que serán apelables las sentencias dictadas en toda clase de juicio, hay que entender que contra las referidas resoluciones cabe apelación.

Las resoluciones que admiten el recurso de apelación contra las sentencias dictadas por el juzgado *a quo* en procesos de equidad seguidos conforme a lo prevenido en la LPH art.17.7.2º y 13.2 establecen que debe seguirse en su **sustanciación** los trámites prevenidos en la LEC art.457 s., adaptándolos a las **especiales circunstancias del caso** por lo que concierne a los fundamentos del recurso y su apelación. Juzgándose en equidad, debe considerarse que los principales y casi esenciales **motivos** en los que puede sustentarse el recurso arrancan de la falta de lógica del fallo, su falta de equidad intrínseca, la incongruencia, la vulneración de derechos fundamentales o libertades constitucionalmente reconocidos, o la infracción de derechos procesales causantes de indefensión o vulneración de cualquier derecho fundamental cobijado bajo el mayor de la tutela judicial efectiva (Const art.24; AP Cantabria 3-3-09, EDJ 60728; AP Asturias 19-10-09, EDJ 256609). Así, la propia naturaleza del juicio de equidad impone que **no pueda entenderse aplicable a este recurso** cuanto enteramente establece la LEC art.456 como ámbito de la apelación, pues en la medida en que **en la instancia no se resuelve en derecho**, no es posible corregir la aplicación que del mismo ha hecho el juez de instancia, y en la medida en que la equidad supone por definición una decisión subjetiva fruto del libre arbitrio en la configuración de la justicia en el caso concreto, es claro que **no puede admitirse su control por un tribunal superior**, como con referencia al arbitraje de equidad declaró TS 17-3-88, EDJ 2248; AP Gipuzkoa 15-7-11, EDJ 395223. Así, en el supuesto de admitirse el recurso de apelación contra la sentencia recaída en el proceso de equidad prevenido en la LPH art.17.7.2º, el **objeto propio del recurso de apelación** está constituido, de una parte, por la **regularidad del proceso** seguido y la **concurrencia de sus presupuestos**, pudiendo así el tribunal de apelación comprobar si concurren o no los presupuestos del juicio impuestos en la LPH art.17, y si el proceso en sí se ha seguido con observancia de las normas que lo regulan y aseguran la tutela judicial efectiva de todas las partes; de otra, y en cuanto al **fondo del asunto**, la apelación no puede permitir revisar la equidad de la decisión, y sí únicamente su adecuación a las normas constitucionales, evitando que por esta vía pudieran alcanzarse decisiones contrarias al orden público (AP A Coruña 6-10-22, EDJ 734547).

La decisión, una vez sea firme, debe producir **efectos de cosa juzgada** (LEC art.222), y, consiguientemente, no debe admitirse la posibilidad de la incoación y sustanciación de un procedimiento plenario posterior para resolver el mismo objeto entre idénticas partes por la misma causa de pedir al objeto de conseguir indirectamente, en otro proceso ulterior, la revocación del pronunciamiento recaída en el proceso de equidad.

Precisiones Siendo susceptible de interponerse recurso de apelación contra la sentencia dictada en este tipo de proceso y, por tanto, en su caso, posterior casación, el Tribunal Supremo ha determinado que, si en un juicio de equidad se ha acordado la **instalación del ascensor**, esto sea de obligado cumplimiento para los comuneros, pero el importe total no puede superar las doce mensualidades ordinarias de gastos comunes para quienes se opusieron al acuerdo (TS 27-9-19, EDJ 633949).

3922 **Recurribilidad en casación** Respecto a la posibilidad de ser recurrida en casación, si admitimos que puede ser recurrida en apelación, el Tribunal Supremo ha declarado que **no es recurrible** en casación por las siguientes razones (TS 15-10-13, EDJ 197205):
a) Porque el juicio de equidad contemplado en LPH art.17, participa de la naturaleza de los **expedientes de jurisdicción voluntaria**, en tanto que solo se menciona un periodo de alegaciones, sin necesidad de prueba, ni de resolución en derecho. Esta Sala ya se ha pronunciado en reiteradas ocasiones sobre la irrecurribilidad de las resoluciones dictadas en procedimientos de jurisdicción voluntaria, lo que lleva a la conclusión de la improcedencia del acceso a la casación, pues el legislador no ha previsto que las resoluciones que ponen fin a los procedimientos de jurisdicción voluntaria sean susceptibles de tal medio de impugnación extraordinario al limitarse la recurribilidad en casación a las **sentencias dictadas en segunda instancia**, cuando la recaída en la primera puso fin a la tramitación ordinaria del proceso de declaración, es decir, a las que se regulan como juicios ordinarios o especiales en la LEC u otras leyes, pero nunca quedan asimiladas a esas sentencias de segunda instancia las resoluciones recaídas en el ámbito de la jurisdicción voluntaria (TS auto 11-1-11, EDJ 2589; 17-5-11, EDJ 78972), de donde se infiere que dado que la L 15/2015 art. 20.2 prevé expresamente el recurso de apelación contra las resoluciones definitivas, ha de concluirse considerando que solo cabe el recurso de apelación (AP Asturias 6-2-22, EDJ 591467).
b) Porque su objeto es un **juicio de equidad**, siendo reiterado por esta Sala, en relación al juicio de equidad contemplado en CC art.1154, que el mismo no es revisable en casación (TS 13-7-84, EDJ 7317; 20-10-88, EDJ 8214; 28-2-01, EDJ 2035; 17-6-04, EDJ 62158; 5-12-03, EDJ 174024; 12-3-12, EDJ 37473).

SECCIÓN 6

Ejecución de sentencias condenatorias contra la comunidad de propietarios

(LPH art.22)

3950

A. Consideraciones generales

3955 La comunidad de propietarios actúa en el tráfico jurídico como una entidad que contrae derechos y obligaciones de **naturaleza contractual, extracontractual o cuasicontractual**, no obstante su consideración de ente sin personalidad jurídica. La comunidad conformada en régimen de propiedad horizontal no es un ente que pueda por sí actuar como lo haría una sociedad mercantil o una asociación (CC art.35), sino que constituye un **instituto intermedio** entre la mera comunidad de bienes (CC art.392 s.) y aquellas (TS 5-7-96).
En el plano o dimensión estrictamente procesal puede ser sujeto para el **ejercicio de acciones** y para la **formulación de excepciones**, toda vez que ostenta capacidad jurídica y de obrar en el proceso (LEC art.6.1.5 y 7.6, así como LPH art.13.3), pudiendo con ello asumir la condición de **parte procesal autónoma**, con independencia de que no sea la comunidad conjuntamente demandada con alguno, algunos o la totalidad de los propietarios de pisos o locales que integran el edificio.
En el plano substantivo o negocial la comunidad de propietarios precisa **suministrarse de bienes o servicios** como cualquier familia, persona o empresa; contrata personal en nombre propio para el mantenimiento de sus instalaciones, pertenencias, servicios y dependencias comunes; contrata la ejecución de obras de conservación o reparación, ordinaria o extraordinaria y, desde el punto de vista extracontractual, puede ser término subjetivo de obligaciones y responsabilidades como consecuencia de **acciones u omisiones generadoras de un daño a tercero**, o incluso se producen daños materiales o personales imputables a acciones u omisiones realizadas por personas respecto de las que la comunidad tiene el deber de responder cuando estos actúan en el servicio de los ramos en que estuviesen empleados o con ocasión del desenvolvimiento de sus funciones (CC art.1902 a 1904). Igualmente, la comunidad de propietarios resulta ser **empleadora de personas** (conserjes, porteros, guardas o mantenedores de instalaciones), derivándose de tal relación jurídico laboral, ordinaria o especial, una serie

de obligaciones y responsabilidades, incluidas las relativas al resarcimiento de los daños que tales personas puedan sufrir (AP Madrid 6-2-07, EDJ 63827).
También en la esfera extracontractual, la comunidad responde de los daños y perjuicios ocasionados a terceros resultantes de la **ruina de elementos comunitarios**, -tales como fachadas, cañerías, voladizos, entre otros- cuando tal ruina sobreviene por causas imputables a la falta de las reparaciones necesarias o de la adecuada conservación (CC art.1907), habiéndose extendido la esfera de la responsabilidad hasta límites cuasiobjetivos mediante una extensa y prolija elaboración jurisprudencial.

Precisiones No son aislados los pronunciamientos en los que **resulta condenada pecuniariamente la comunidad** en razón a relaciones contractuales derivadas de la necesidad de proceder a la **reparación o mejora** de los elementos comunes, o por impagos en contratos de suministro de determinados servicios tales como gas, energía eléctrica o agua; o en razón a elaboración de dictámenes técnicos (arrendamiento de obra) que deben presentarse para la obtención de licencias (normalmente de obras). Tampoco son infrecuentes los pronunciamientos jurisdiccionales en los que la comunidad resulta responsable a raíz de **accidentes con resultado de muerte o lesiones** que tienen lugar en elementos o estancias de la comunidad o como consecuencia de desprendimientos de piezas comunitarias en su naturaleza (p.e. muerte de diversas personas acaecida en ascensor; caída por un patio de luces; responsabilidad por electrocución de un empleado de la comunidad; muerte de una persona al ser atrapada por la puerta del garaje (TS 8-4-96, EDJ 2362; 12-12-02, EDJ 55407; 25-10-01, EDJ 36682; AP Málaga 17-1-17, EDJ 222198). 3958

Responsabilidad del copropietario como copartícipe Ocurre que la comunidad de propietarios es un **ente sin personalidad jurídica**, integrado por las personas de los propietarios de pisos o locales, quienes no están salvaguardados por el principio de responsabilidad limitada que protege a los socios en las sociedades de capital, en la medida que -como se ha expuesto- aquella no es un ente societario, sino una **modalidad especial de propiedad** (CC art.396 y LPH art.1), por ello, con carácter general, se puede afirmar que las deudas que frente a terceros incumban y obliguen a la comunidad, lo son también de sus respectivos copropietarios (titulares de pisos y locales), pero solo a través de aquella, y en tanto sean copartícipes de la comunidad, y en la medida de su **participación en el edificio**. 3960
La comunidad de propietarios responde de sus **deudas frente a terceros** con todos los fondos y créditos a su favor.
Una vez obtenida una **sentencia favorable frente a una comunidad**, el acreedor podrá ejecutarla, embargando no solo los fondos actuales de la misma, incluido el de reserva, sino también -si estos no son suficientes- las cuotas futuras; pues, los propietarios deben contribuir, con arreglo a la cuota de participación fijada en el título, o a lo especialmente establecido, a los gastos generales para el adecuado sostenimiento del inmueble, sus servicios, cargas y responsabilidades que no sean susceptibles de individualización (AP Salamanca 19-12-18, EDJ 720291). Y si dichos fondos no fuesen suficientes para cubrir el total pago de la deuda, ningún obstáculo legal existe para embargar a la comunidad de propietarios las cuotas futuras de los comuneros, solicitando al juzgado que ordene al presidente o al administrador de la comunidad, que las cuotas que se vayan pagando en el futuro deben ser ingresadas en la cuenta de consignaciones del juzgado (AP Salamanca 19-12-18, EDJ 720291). Subsidiariamente, y previo requerimiento de pago al propietario respectivo, el acreedor puede dirigirse **contra cada propietario** que hubiese sido parte en el correspondiente proceso por la cuota que le corresponda en el importe insatisfecho (LPH art.22.1º).
Si bien los propios comuneros, titulares de pisos o locales no se consideran terceros (AP Alicante 5-11-13, EDJ 255154; AP Córdoba 31-3-16, EDJ 61556),en alguna ocasión se ha aplicado la LPH art.22 en el supuesto de reclamación formulada por un copropietario frente a la comunidad y, subsidiariamente, frente a los copropietarios que no habían realizado el pago (AP Salamanca 15-6-15, EDJ 122418), en especial, cuando se trata de sufragar las **costas procesales** de las cuales el propietario ejecutante es el beneficiario (TS 6-3-19, EDJ 519362; AP Navarra 1-9-23, EDJ 725132).

Precisiones **1)** Cuando por obligaciones contraídas se demanda y condena a una comunidad de propietarios tan solo, se demanda y condena realmente, a la par, a los propietarios que la constituyen e integran, puesto que la **comunidad en sí carece de personalidad jurídica**, pero hay que tener en cuenta que la deuda en cuestión solo lo es de los propietarios a través de la comunidad, y únicamente puede **hacerse efectiva sobre ellos** de acuerdo con las peculiares normas que sobre gastos y deudas están contenidas en la LPH. Por ello, en principio, el actor debe **dirigir la acción o reclamación** contra la comunidad de propietarios del edificio, pues la comunidad de propietarios responde de sus deudas frente a terceros con todos los fondos y créditos a su favor (LPH art.22.1) o, caso de que dicha comunidad no esté formalmente organizada -ni cuente con quien la represente-, contra **todas las personas que la integran** como comunidad de hecho (AP Valencia 22-5-20, EDJ 673964). 3961

2) La **responsabilidad por el importe de la condena** corresponde a la comunidad de Propietarios, la cual responde frente a terceros con todos los créditos y fondos a su favor. Subsidiariamente, y **previo requerimiento de pago al propietario** respectivo, el acreedor puede dirigirse contra cada propietario que hubiese sido parte en el correspondiente proceso por la cuota que le corresponda en el importe insatisfecho -LPH art.22.1-(AP A Coruña 15-3-13, EDJ 61261). Una interpretación estricta del precepto (LPH art.22.1),previene la interposición de la correspondiente **reclamación judicial** contra la comunidad de propietarios al objeto de exigir el pago de deudas contraídas por dicha comunidad, y, para que la deuda por la que ha sido condenada la comunidad en sentencia pueda hacerse **efectiva sobre los bienes privativos** de los propietarios en función de su cuota de participación, es preciso que los mismos hayan sido parte en el proceso en el que ha resultado condenada la comunidad (DGRN Resol 1-9-81, 5-9-88; AP A Coruña 21-1-14, EDJ 8605; AP Córdoba 31-3-16, EDJ 61556).

3962 **Relaciones de la comunidad con terceros** El denso régimen de la propiedad horizontal debe analizarse, no solo desde la perspectiva jurídica de sus relaciones internas, domésticas o endogámicas trabadas entre la **comunidad** misma **y los propietarios** de los pisos o locales que la integran en cada momento, sino también en su dimensión de relaciones exteriorizadas con terceros en razón a las relaciones contractuales y extracontractuales, de las que puede resultar una **sentencia condenatoria** contra la comunidad cuya ejecución plantea una serie de problemas de índole sustantiva y procesal, cuya solución ha sido tratada en la LPH art.22, intentando el legislador procurar un equilibrio o **armonización de intereses** entre el derecho legítimo del acreedor a obtener una adecuada satisfacción a su crédito reconocido en pronunciamiento judicial de condena, de una parte, y los no menos legítimos derechos de los deudores comunitarios a responder únicamente con carácter subsidiario, habiendo sido parte en el correspondiente proceso y dentro del límite de su participación. No existe en nuestro Derecho inconveniente legal alguno en **demandar** tanto a la comunidad como a los diversos propietarios, de acuerdo con las reglas generales de la acumulación subjetiva de acciones (LEC art.71 y 72), respetando en todo caso los límites permisivos previstos en la LEC art.72.1 y 73).
Una vez acreditada, en su caso, la insolvencia total o parcial de la comunidad deudora, solo podría la ejecutante hacer efectiva la responsabilidad subsidiaria, reclamando en un nuevo proceso contra todos los propietarios integrantes de la comunidad la parte que corresponda a cada uno de acuerdo con su cuota de participación (TSJ Galicia 14-12-17, EDJ 295498).

Precisiones En este sentido, no conviene olvidar, por ejemplo, la sentencia que afirma, refiriéndose a propiedad horizontal, que se hace imprescindible, aunque carezca de personalidad jurídica, considerarla como un **ente de proyección jurídica propia** que, si bien actualmente no puede operar sino a través de su representante en juicio o fuera de él, como es el presidente, tiene una estructura y función propia y relevante en el futuro que se asemeja considerablemente a las personas jurídicas (TS 14-5-92, EDJ 4758); y así la exposición de motivos de la LPH ya nos indica que pretende un alejamiento del sistema de comunidad de bienes, y que el cargo de **presidente**, que ha de ser elegido del seno de la junta, lleva implícita la **representación de todos los titulares** en juicio y fuera de él, con lo que se resuelve el problema de legitimación que se ha venido produciendo.

B. Embargo de bienes comunitarios y privativos

3965 La cuestión de la que debe partirse pasa por determinar **cómo y contra quién** puede conseguirse procesalmente el **hacer efectivo el cobro** de cantidades adeudadas por una comunidad en régimen de propiedad horizontal frente a terceros y que se encuentran reconocidas en un pronunciamiento judicial condenatorio. En la **reclamación ejecutiva** por parte de los acreedores de sus créditos contra las comunidades de propietarios (LPH art.22):
1. La comunidad de propietarios responderá de sus deudas frente a terceros con **todos los fondos y créditos a su favor**. Subsidiariamente, y previo requerimiento de pago al propietario respectivo, el acreedor podrá dirigirse **contra cada propietario** -que hubiese sido parte en el correspondiente proceso-, por la cuota que le corresponda en el importe insatisfecho.
2. Cualquier propietario podrá **oponerse a la ejecución** si acredita que se encuentra al corriente en el pago de la totalidad de las deudas vencidas con la comunidad en el momento de formularse el requerimiento a que se refiere el apartado anterior.
Si el deudor pagase en el **acto de requerimiento**, serán de su cargo las costas causadas hasta ese momento en la parte proporcional que le corresponda.

3966 La norma ha sido interpretada mayoritariamente en el sentido estricto de la necesidad imprescindible de **demandar personalmente** a los propietarios de pisos o locales, a fin de poder dirigir luego la ejecución contra ellos (AP Alicante 20-10-04, EDJ 213821; AP A Coruña 21-1-14, EDJ 8605), de modo que, en principio, los términos de la LPH art.22 parecen claros en cuanto a la cuestión de la **legitimación pasiva**, ya que en aras a la protección del acreedor, reconocen esta no solo a la comunidad de propietarios, sino también a los comuneros que la

integran (elementos individuales personales), exigiendo además que el actor inste esa reclamación para poder hacer efectiva en ejecución de sentencia su pretensión contra los patrimonios privativos de los copropietarios.
El acreedor no puede embargar directamente **bienes propios de los comuneros**, sin perjuicio de que estos puedan acordar en junta el reparto voluntario de la deuda comunitaria según la cuota que a cada uno corresponda e incluso la posibilidad, como reconoce la doctrina, de que sea instado o apercibido el presidente para que convoque junta de propietarios con el fin de distribuir la deuda entre los comuneros (AP Pontevedra auto 17-12-10, EDJ 312155).
Por otro lado, se ha exigido la necesidad de que el **requerimiento de pago** a cada propietario preceda al ejercicio de la acción contra ellos, sin que dicha exigencia se cumpla meramente por el hecho de demandarlos, pues la intimación previa opera como requisito de procedibilidad frente a los comuneros, debiendo acompañarse con la demanda su acreditación (AP Valencia 24-5-04, EDJ 210338).
La llamada al proceso de los **propietarios** resultaría imprescindible para, en caso de incumplimiento de la condena por la comunidad, pudiera instarse la ejecución subsidiaria frente a los miembros personales de la misma (AP Pontevedra 16-7-02, EDJ 50760).
Por otra parte, la Dirección General de los Registros y del Notariado también venía entendiendo, en síntesis, que cuando la deuda por la que ha sido condenada la comunidad quiere hacerse efectiva sobre los bienes privativos de los propietarios que la integran, titulares de pisos y locales, en función de su cuota de participación, los órganos colectivos de la comunidad no tienen poder directo sobre tales bienes, sino que cada propietario debe ser **personalmente convocado y requerido**, y por eso es correcta la denegación de una anotación de embargo si de los títulos presentados no resulta que el titular registral fuera parte, con carácter personal y directo, en las actuaciones judiciales que dieron lugar finalmente, como consecuencia de una sentencia de condena, al embargo de sus bienes privativos (DGRN Resol 1-9-81; 5-9-88).

Precisiones Cierto sector de la doctrina considera que esta exigencia quedó superada por la reforma operada por la L 8/1999, dado que regula una **responsabilidad subsidiaria del comunero** y se establece que el mismo podrá oponerse en fase de ejecución, de lo que se desprende que no es necesario que sea demandado en fase declarativa (AP Zaragoza 22-3-22, EDJ 628359).

Junto al parecer expuesto anteriormente, concurre otra **interpretación más flexible** del precepto, según la cual se debe entender cumplido el requisito de que los copropietarios hayan sido parte en el procedimiento en que se originó la deuda, en la medida o razón de que la presencia o personación en el anterior juicio de la comunidad de propietarios **en la persona de su presidente** implica de suyo, ínsitamente, que todos y cada uno de los propietarios integrantes de la comunidad han sido también parte en el mismo aunque no hubieran estado personados individualizadamente (AP Barcelona 22-5-02, EDJ 41432). **3967**
Por otra parte, se ha considerado que la exigencia de que cada propietario contra el que se dirija la acción subsidiaria regulada en la LPH art.22.1 haya sido parte en el correspondiente proceso, no puede predicarse con carácter general, indiscriminado y absoluto, en el sentido literal y estricto de la necesidad de la previa demanda dirigida nominalmente frente a cada uno de los propietarios, sino que habrá que analizar cada caso para, en función de la **naturaleza de la representación** legal conferida al presidente, y de la naturaleza y origen de la deuda cuya efectividad se persiga, apreciar si la exclusiva llamada al litigio de la comunidad,-representada por su presidente-, puede reputarse comprensiva o no de la comparecencia individualizada implícita de cada comunero. Y ello es así, por cuanto, con valor de principio general, es sabido que la actuación representativa del presidente de la comunidad lleva, de suyo, implícita la de todos los titulares en juicio y fuera de él (AP Madrid 20-12-05, EDJ 268283). Esta representación, por otra parte, no es la ordinaria que se establece entre representante y representado, sino la orgánica, por cuya virtud la voluntad del presidente, frente al exterior, vale como voluntad de la comunidad (LPH art.13.3 y 14.2), sin perjuicio de las relaciones y de la obligación de aquel de responder de su gestión (TS 15-1-88, EDJ 242; 9-3-88, EDJ 1984).

1. Responsabilidad de la comunidad de propietarios

En **primer lugar**, será la comunidad de propietarios la que deba responder de sus deudas frente a terceros con **todos los fondos y créditos a su favor**, de modo que el acreedor, beneficiario del pronunciamiento de condena pecuniaria contra la comunidad, debe imperativamente perseguir los bienes, derechos y activos de titularidad de la comunidad con **carácter previo a pretender ejecutivamente el embargo** de bienes o derechos privativos de los singulares titulares de pisos o locales. **3970**

La responsabilidad de la comunidad -entendida de forma aislada o singularmente, con independencia de sus integrantes-, se extiende, según la dicción legal, a «**todos los fondos y créditos a su favor**». Ello debe ser interpretado de conformidad con lo prevenido en el CC art.1911 -que consagra el principio de responsabilidad patrimonial universal-, y comprende:

a) Los **saldos bancarios a favor de la comunidad**, dinero, fondos, depósitos, valores de todo tipo y, en general activos monetarios o no monetarios de titularidad de la comunidad que se encuentren depositados, ingresados o custodiados por una entidad financiera.

b) El **dinero metálico** en poder de cualquiera de los órganos unipersonales de gobierno de la comunidad (LPH art.13) por cualquier razón o motivo.

c) El **fondo de reserva** prevenido en la LPH art.9.1.f, el que está prevenido legalmente para subvenir total o parcialmente al coste que signifique la realización de obras de conservación, reparación, rehabilitación y accesibilidad de la finca, y cuya cuantía no puede ser inferior «ipso iure» a la cantidad equivalente al 10% del último presupuesto ordinario.

3974 Precisiones **1)** Se ha planteado doctrinalmente si la naturaleza y la *ratio essendi* del denominado fondo de reserva en las comunidades de propietarios, por mandato de lo prevenido en la LPH art.9.1.f y disp.adic.1ª está sujeto a una suerte de «**afectación legal**» de la cantidad que lo integra, de modo que lo convertiría en inembargable, sujetándolo a interdicción de toda traba pretendida por un tercero contra su importe. A ello debe responderse en sentido negativo, pues el hecho de que el fondo se constituya para su **afectación a un fin**, y que ese fin venga definido y determinado legalmente, no convierte a su activo en **inembargable**, por ausencia de cualquier disposición sustantiva o procesal expresa en ese sentido (LEC art.605 y 606). El principio de **responsabilidad patrimonial universal** a que queda sujeto el patrimonio del deudor primigenio (la comunidad) a que se refiere el CC art.1911 no admite más restricciones o limitaciones que las específicamente establecidas por el ordenamiento jurídico. Ni la LPH ni cualquier otra norma adjetiva como la LEC o la LGT; RD 939/2005 y RD 1558/2012-, previenen o reconocen la **inembargabilidad de este fondo** afecto al fin determinado legalmente.

2) La embargabilidad y efectiva ejecución sobre tal fondo de reserva, supone la correlativa **obligación legal de los comuneros de proveer a su nueva dotación**, naciendo un crédito de la comunidad contra ellos por tal concepto y en la específica medida que suponga la participación de cada propietario de piso o local sobre el total del edificio, a salvo de que la norma estatutaria hubiera definido o estatuido otra medida o dosimetría de contribución (AP Sevilla auto 3-12-03, EDJ 272561).

3976 d) El embargo de las cantidades que los propietarios debieran a la comunidad en concepto de **cuotas por gastos comunes**.

e) El **embargo de los créditos** de los que la comunidad fuese **titular frente a terceros**, ya sean tales terceros personas físicas, jurídicas o entes sin personalidad, de derecho privado o público. El acreedor contra la comunidad tiene pues, derecho a que se le satisfaga el crédito de que es titular, solicitando el embargo de los créditos de que la comunidad fuese titular frente a otros terceros (DGRN Resol 27-6-86).

3978 f) El embargo de los **elementos comunes** que, por serlo por destino, pueden ser **desafectados**. La literalidad de la norma, que solo se refiere estrictamente a la responsabilidad de la comunidad por deudas frente a terceros, proyectada sobre los «fondos y créditos a su favor» no debe amparar una posición refractaria al embargo de tales elementos, pertenencias o activos comunitarios que, debidamente desafectados -por orden jurisdiccional-, pueden constituir activos realizables a favor del **legítimo acreedor** de la comunidad, puesto que si la comunidad, en un orden normal de circunstancias, puede proceder por acuerdo adoptado en junta a desafectar un elemento común (p.e. alguno de los pisos o locales; la portería; alguna plaza de aparcamiento) y proceder tras ello a su **enajenación**, de igual manera, ese elemento ha de quedar sujeto a la responsabilidad derivada de una sentencia en la que se condena a la comunidad al pago de una determinada cantidad (Ortiz Navacerrada, Martín Bernal, Salvador Ullán).

3980 g) El embargo de los **créditos** de que la comunidad fuese acreedora frente a los distintos propietarios de pisos o locales en razón de las obligaciones pecuniarias que a cada uno de ellos, singularmente, le obligan frente a aquella en razón a los conceptos prevenidos en la LPH art.9.1.e, con arreglo a la **cuota de participación** fijada en el propio título constitutivo, o con arreglo a lo especialmente establecido, en orden a contribuir al adecuado sostenimiento del inmueble, sus servicios, cargas y responsabilidades que no sean susceptibles de individualización. No se trata de un embargo indeterminado (LEC art.588), sino el **embargo de unos créditos líquidos**, no vencidos, -sino vencederos-, exigibles periódicamente, pero ya nacidos, en la medida que su **constitución y** su **exigibilidad periódica** nace de la propia titularidad en el seno del especial régimen de propiedad horizontal, de modo que tales créditos son nativos al hecho de hallarse el elemento privativo (piso o local) integrado en el inmueble dividido en tal régimen de propiedad horizontal. Su cabida toma refrendo al amparo de lo prevenido en el LEC art.592.2.9.

Precisiones El **embargo de los bienes, dinero, fondos, activos y derechos** de la comunidad destinados al pago del crédito de tercero favorecido por el pronunciamiento de condena, precisa ajustarse a lo prevenido en el LEC art.592, relativo al orden de prelación en el embargo de bienes. Tratándose la comunidad de una **organización de ingresos y de gastos**, no se considera inaccesible el derecho que asiste al acreedor para solicitar del titular del órgano jurisdiccional la **sujeción de la comunidad** misma **a Administración judicial** (LEC art.630 a 633). No se ha encontrado, sobre este particular, no obstante, resolución jurisdiccional alguna o posicionamiento doctrinal.

2. Responsabilidad personal subsidiaria del propietario

Por expresa definición de la LPH art.22.1, los propietarios de los pisos o locales integrados en el inmueble sujeto al régimen de propiedad horizontal solo responden subsidiariamente. Para que esto tenga lugar, será preciso que concurran los siguientes **presupuestos**: **3985**

Inexistencia de fondos y créditos a favor de la comunidad Que no existan, primeramente, fondos y créditos a favor de la comunidad, o que «todos» los existentes sean **insuficientes** para atender el total de la deuda. Se trata, propiamente, de un supuesto de **excusión previa a favor de los copropietarios**, como pone de manifiesto la AP Navarra 10-10-01, EDJ 71880, al establecer que la precisión legal implica que, legalmente, la condena al pago por parte del copropietario tenga **carácter subsidiario** respecto a la comunidad. **3988**

Condición de parte en un proceso anterior Que dicho propietario haya sido parte procesal en el correspondiente proceso declarativo ordinario que ha preludiado al de ejecución en cuyo seno se pretende la **ejecución singular contra bienes o derechos privativos** de los propietarios de los pisos o locales integrados en la comunidad únicamente condenada en el pleito principal concluido, lo que se traduce no tanto en el hecho de que, efectivamente, se haya **personado una vez emplazado** al dirigirse contra él la correspondiente acción deducida por el actor, acumulada subjetivamente a la dirigida contra la comunidad, sino al hecho de haber tenido la **oportunidad de hacerlo** una vez conocida la existencia del proceso y la efectiva reclamación de la pretensión contra él, por medio de oportuno acto procesal de emplazamiento, invitándosele a personarse, contestar, alegar lo que a su derecho convenga, formular los medios de prueba convenientes a su derecho y, en suma, asumir el rol de parte procesal, al fin último de evitar indefensión. Esto obliga al acreedor que quiera dirigir su crédito contra los bienes privativos de los copropietarios a tener que **demandarlos en el previo procedimiento declarativo**, a fin de que estos sean condenados subsidiariamente en la sentencia que ponga fin al mismo, además, el acreedor puede dirigirse contra cada propietario que hubiese sido parte en el correspondiente proceso por la cuota que le corresponda en el importe insatisfecho en la (LPH art.22.1). **4000**

Precisiones **1)** La norma ha sido interpretada de forma mayoritaria, por nuestros órganos jurisdiccionales, en el sentido estricto de la necesidad imprescindible de **demandar personalmente a los propietarios** a fin de poder dirigirse luego la ejecución contra ellos, pudiendo citarse -como ejemplos concretos en el referido sentido- la AP Alicante 20-10-04, EDJ 213821, establece que los términos del precepto (LPH art.22.1) parecen claros en cuanto a la cuestión de la **legitimación**, ya que en aras a la protección del acreedor, reconocen esta no solo a la comunidad de propietarios, sino también a los comuneros que la integran, exigiendo además que el **actor inste esa reclamación** para poder hacer efectiva, posteriormente, en ejecución de sentencia, su pretensión contra los **singulares patrimonios privativos de los copropietarios**. **4002**
2) Por otra parte, se exige la necesidad de que el **requerimiento de pago** a cada propietario **preceda incluso al ejercicio de la acción declarativa** contra ellos, sin que dicha exigencia se cumpla por el hecho de demandarlos judicialmente en el proceso declarativo correspondiente, pues la intimación previa- indica- opera como requisito de procedibilidad frente a los comuneros, debiendo acompañarse con la demanda su acreditación (AP Valencia 24-5-04, EDJ 210338).
La llamada al proceso de los propietarios resultaría imprescindible para, en caso de **incumplimiento de la condena por las comunidades**, poder instar la ejecución subsidiaria frente a los miembros de la misma (AP Pontevedra 16-7-02, EDJ 50760).
3) A su vez, la Dirección General de los Registros y del Notariado, con anterioridad a la reforma legal de referencia y, en opinión de algunos, con carácter precursor de la misma, también venía entendiendo, en síntesis, que cuando la deuda por la que había sido condenada la comunidad quisiera hacerse efectiva sobre los **bienes privativos de los propietarios en función de su cuota de participación**, los órganos colectivos de la comunidad no tienen en modo alguno poder directo sobre tales bienes, sino que cada **propietario** debe ser **personalmente convocado y requerido**, y por eso es correcta, conforme a LH art.20 y RH art.100, la **denegación de una anotación de embargo** si de los títulos presentados no resulta que el titular registral fuera parte, con carácter personal

y directo, en las actuaciones judiciales que dieron lugar al embargo de sus bienes privativos (DGRN Resol 1-9-81; 5-9-88).

4004 **4)** La llamada al proceso de los propietarios resultaría indispensable para, en caso de **incumplimiento de la condena por las comunidades**, poder instar la **ejecución subsidiaria** frente a los miembros de las mismas. En el mismo sentido, la AP Valencia auto 12-3-01, EDJ 8474, en el que se dispone que la acción que se deriva de la LPH art.22 frente a cada propietario, es una acción de naturaleza subsidiaria, de responsabilidad por deudas de la comunidad frente a terceros, que exige, como presupuesto previo, el **agotamiento de todos los fondos y créditos** que tuviese la comunidad deudora a su favor. Solo tras hallarse agotados tales fondos y créditos, puede el acreedor, previo requerimiento de pago al propietario respectivo, dirigirse contra cada propietario que hubiese sido parte en el correspondiente proceso por la cuota que le corresponda en el importe insatisfecho (AP Pontevedra 16-7-02, EDJ 50760). Así, puede ocurrir que en el procedimiento declarativo en el que haya sido condenada la comunidad, **no se hubiera demandado a cada uno de los propietarios**, y, por tanto, solo se haya condenado a la comunidad, en este supuesto, si en la ejecución posterior resulta que es insolvente la comunidad ejecutada, se tendría que demandar en un proceso ordinario posterior a aquel en que lo ha sido la comunidad a los copropietarios que la integran y exigirles la responsabilidad subsidiaria (LPH art.22), evitando su indefensión, dado que no se puede seguir la ejecución contra los propietarios (AP Valencia 26-9-18, EDJ 621556).

5) Junto al parecer expuesto, concurre otra interpretación más flexible del precepto, cuando se determina que se ha de dar por cumplido el segundo de los requisitos (que los copropietarios hayan sido parte en el procedimiento en que se originó la deuda) cuando la **presencia en el anterior juicio** de la comunidad de propietarios, mediante la persona **de su presidente**, implica *de iure* que todos y cada uno de los propietarios integrantes de la comunidad han ostentado la condición de parte en el mismo (AP Barcelona 22-5-02, EDJ 41432). También se ha interpretado que esta exigencia de demandar a los comuneros se supera por la reforma operada por la L 8/1999, dado que regula una responsabilidad subsidiaria del comunero, estableciendo que el mismo puede oponerse en fase de ejecución (AP Zaragoza 22-3-22, EDJ 628359).

4006 **6)** El Tribunal Constitucional tiene declarado que el **derecho a la tutela judicial efectiva**, del que forma parte integrante el derecho a la ejecución de las resoluciones judiciales, presupone que la actividad judicial de ejecución solo puede actuar válidamente sobre el patrimonio del condenado, ya que si un tribunal se aparta sin causa justificada de lo previsto en el fallo de la sentencia que debe ejecutarse está vulnerando la Const art.24.1 (TCo 85/1991; 92/1998). El mismo Tribunal tiene establecido que el procedimiento de ejecución de las sentencias en la jurisdicción civil, tiene como **destinatarios únicos** y únicos protagonistas a las partes y más concretamente al condenado en la sentencia si contuviese una condena al pago de una cantidad determinada y líquida... o cualquiera que fuese su contenido, ya consistiese en hacer o en abstenerse de algo. De modo que en ningún caso cabe derivar la acción ejecutiva hacia personas distintas» (TCo 314/1994). Ahora bien, el propio TCo 184/2005, en relación a un supuesto de amparo en el que había resultado de aplicación la LPH art.22, en la medida que la ejecución se había dirigido contra **bienes privativos** de los propietarios de pisos o locales, que no habían sido demandados previamente en el proceso declarativo ordinario de reclamación de cantidad suscitado contra la comunidad), establece que la indefensión que proscribe la Const art.24.1 no es la meramente formal, sino la material, es decir, aquella que ha causado al interesado un real y efectivo menoscabo de sus **posibilidades de defensa**, habiéndose reiterado ya que la indefensión que se proscribe e intenta evitar ha de ser consecuencia de una acción u omisión atribuible al órgano judicial. Por ello, cuando la indefensión que se invoque sea imputable al propio interesado, al no actuar deliberadamente, o con la diligencia razonablemente exigible en defensa de sus derechos e intereses, o al adoptar una actitud pasiva con el fin de marginarse voluntariamente del procedimiento, no cabe apreciar la vulneración del derecho a la tutela judicial efectiva (Const art.24.1), ya que no es admisible constitucionalmente una queja de indefensión de quien con su conducta propició o coadyuvó a la misma. En otras palabras, por tanto, corresponde a las partes actuar con la debida diligencia en la defensa de sus derechos e intereses, sin que pueda alegar indefensión quien se ha colocado a sí mismo voluntariamente en tal situación o quien no hubiera quedado indefenso de haber actuado con la diligencia razonablemente exigible (TCo 162/2002; 208/2002; 249/2004).

4008 **Requerimiento de pago** (LPH art.22.1) Que a instancia del **acreedor ejecutante** se requiera de pago al propietario respectivo del piso o local integrado en la comunidad de propietarios obligada genuina y en primer lugar al cumplimiento de la condena. El precepto exige un requerimiento **expreso e individualizado** a cada propietario, verificado en sede de ejecución dineraria (LEC art.571 s.). Este presupuesto no resulta fácil de comprender, máxime cuando dicho «propietario respectivo» ya ha tenido necesariamente que ostentar la **condición de parte en el procedimiento declarativo** que lo ha condenado subsidiariamente y, tratándose de título ejecutorios jurisdiccionales no resulta preciso el requerimiento previo de pago (LEC art.580).

Precisiones 1) La exigencia de este requerimiento de pago previo da la impresión de obedecer a una reminiscencia de la doctrina jurisprudencial existente con anterioridad a la L 8/1999, según la cual el **juez** debía **requerir al presidente de la comunidad** para que le comunicara la parte que correspondía satisfacer en la deuda a que se contrajese la condena a cada propietario, confiriéndole, caso de ser preciso, un plazo prudencial para que convocara la junta de propietarios, y una vez requeridos los comuneros al abono de la parte a que estén obligados, si **no realizan su pago**, cabría trabar **embargo sobre sus bienes privativos** (AP Baleares 11-4-19, EDJ 586376).
2) Ha de tenerse presente que el acreedor de la comunidad no puede beneficiarse de la norma prevista en el LEC art.544 según el cual, en caso de **títulos ejecutivos frente a entidades sin personalidad jurídica** que actúen en el tráfico como sujetos diferenciados, podrá despacharse ejecución frente a los socios, miembros o gestores que hayan actuado en el tráfico jurídico en nombre de la entidad, siempre que se acredite cumplidamente, a juicio del tribunal, la **condición de socio, miembro o gestor** y la actuación ante terceros en nombre de la entidad, por cuanto el propio precepto establece a continuación que lo dispuesto en el párrafo anterior no será de aplicación a las comunidades de propietarios de inmuebles en régimen de propiedad horizontal. Se deduce con ello que:
a) El **presidente de la comunidad** no responderá personalmente de las deudas contraídas por la comunidad, de forma directa, automática o inmediata, solidariamente con la misma comunidad, por el solo hecho de haber encabezado la demanda al actuar en nombre y representación legal de la misma comunidad en juicio y fuera de él (LPH art.13.3).
b) Que esta misma determinación es aplicable a **todos los miembros de la comunidad**, propietarios de pisos o locales, a pesar de que, incluso, hayan actuado como miembros de comisiones gestoras de obras o de servicios en los hechos o relaciones jurídicas de las que dimana la causa de pedir en el procedimiento principal.

Acción contra cada propietario por su cuota El acreedor podrá dirigirse contra cada propietario que hubiese sido parte en el correspondiente y **previo proceso declarativo** y **previo requerimiento de pago** llevado a cabo en la ejecución, exclusivamente, por la cuota que le correspondiese en el importe insatisfecho (LPH art.22.1). **4012**
La responsabilidad personal del **propietario singular** no es solidaria con la comunidad, sino subsidiaria y parciaria, limitada exclusivamente a su cuota participativa en el edificio. Es este un extremo lógico, dado que la condena a la comunidad se convierte en una deuda de la misma, a la que deben hacer frente (subsidiariamente) todos los copropietarios (previamente demandados en el proceso declarativo, como norma general) y en proporción a sus respectivas cuotas.
No es necesario demandar a **todos los propietarios**, se admite dirigir la demanda solo contra alguno o algunos de ellos, si bien estos solo responderán en proporción a su cuota de participación: una cosa es que sea preciso en orden a exigir la responsabilidad subsidiaria de la LPH art.22, para que el acreedor pueda dirigir su crédito contra los bienes privativos de un copropietario, que este sea demandado y otra que el ejercicio de la acción de la LPH art.22 exija que se dirija contra todos y cada uno de los copropietarios (AP Baleares 11-4-19, EDJ 586376).
El acreedor es libre para dirigir su demanda solo contra algunos de los comuneros, eso sí por la cuota correspondiente, sin que en tal caso se pueda entender que exista un litisconsorcio pasivo necesario, en la medida que el acreedor puede ejercitar la acción de reclamación de forma subsidiaria contra todos o alguno de los comuneros, y en especial desistir de alguno de ellos, pero sin que tal conducta del acreedor afecte al resto de los comuneros, puesto que de ser condenados o deber de responder de la deuda de la comunidad, solo deberá de responder de la cuota correspondiente, con independencia de que se haya dirigido la demanda contra todos los comuneros, o solo contra alguno de ellos (AP Madrid 24-6-11, EDJ 324484; AP A Coruña 27-7-09, EDJ 352857).

Precisiones No puede considerarse **equivalente al requerimiento de pago** el conocimiento de la existencia de la deuda de la comunidad, puesto que, ordinariamente, los comuneros conocerán las deudas de la comunidad frente a terceros que hayan dado lugar a una condena judicial por la información recibida en las juntas de propietarios (AP Gipuzkoa 17-12-19, EDJ 843418).

Facultad de oposición del propietario Sin embargo, no siempre el propietario del piso o local tendrá que responder aún a pesar de cumplirse los presupuestos precedentemente relacionados. El LPH art.22.2 le concede una indudable facultad de oposición que se traduce en una **limitación del derecho ejecutivo de acreedor** beneficiario del pronunciamiento de condena. Así, si al tiempo de ser requerido de pago el propietario singular, afirma y acredita ante el órgano jurisdiccional ante el cual se sustancia la ejecución, que se encuentra al **corriente en el pago de la totalidad de las deudas vencidas** con la comunidad al formulársele el requerimiento a que se refiere la LPH art.22.1, se enervará la acción ejecutiva contra él. Ahora bien, bajo la nomenclatura «**deudas vencidas**» empleada por la norma (LPH art.22.2) deben entenderse comprendidas, no solamente las referidas en la LPH art.9.1.e.f, (que incumben al propietario del piso o local como deber interno de contribución al sostenimiento de las cargas, servicios y responsabilidades del inmueble no susceptibles de individualización), sino también **4015**

la propia de la **parte proporcional** que -en razón a la **cuota de participación en el edificio**- incumbe al singular propietario (demandado ahora, condenado subsidiariamente por sentencia, y requerido de pago en la ejecución) en el crédito que ostenta el acreedor ejecutante (AP Asturias 23-3-17, EDJ 533321).

Precisiones **1)** En cualquier caso, si la comunidad hubiese acordado, tras ser notificada en el contenido de la sentencia firme de condena, una **derrama extraordinaria** para hacer frente al pago de lo reclamado y ejecutorio, el copropietario que se encuentra al corriente en el pago de esta cantidad, puede acreditar haber **satisfecho la parte que le corresponde** conforme a su cuota, y **oponerse** consiguientemente a la ejecución en vía de apremio que contra él se pretende. Además -como pone de manifiesto Carmona Blanco-Hortiguera-, el propietario del piso o local concretamente afectado por la ejecución, podrá **oponerse** al menos por otros dos **motivos**, cuales son:
- que el requerimiento excede, en su importe, de la cuota que le corresponda en el importe insatisfecho; y
- como deudor subsidiario, señalando bienes de la comunidad de propietarios sobre los que no se haya realizado la ejecución.

2) La consecuencia de todo lo expuesto estriba en el hecho de que, indudablemente, no resulta fácil articular una **ejecución dineraria** que lleve aparejada la posibilidad de que el **acreedor pueda dirigirse contra bienes privativos** de los propietarios de los pisos o locales. Ello lo evidencia el hecho incontestable de que, en la práctica, las comunidades de propietarios no son términos subjetivos en **pólizas o contratos de préstamo o crédito**, de suerte que las entidades financieras no conceden crédito a las mismas sino es con el concurso de la intervención de los comuneros como firmantes y avalistas personales.

3) Si en la oposición a la ejecución se pretende alegar causas de nulidad de las actuaciones que le hubieran producido **indefensión** ocurridas en el proceso monitorio , se debió utilizar el cauce del incidente extraordinario de nulidad de actuaciones (LEC art. 228), que puede promover la parte legítima, siempre que **no haya podido denunciarse antes** de haber recaído resolución que ponga fin al proceso y siempre que dicha resolución no sea susceptible de recurso ordinario ni extraordinario, incidente del que deberá conocer el órgano judicial que dictó la resolución que adquirió firmeza, lo que debería hacerse en el plazo de 20 días desde la notificación de la resolución o, en todo caso, desde que se tuvo conocimiento del defecto causante de la indefensión, sin que en este último caso, según regula el citado precepto, pueda solicitarse la nulidad de actuaciones después de transcurridos 5 años desde la notificación de la resolución (AP Huelva 7-6-23, EDJ 695611).

SECCIÓN 7

Ejecuciones hipotecarias contra el propietario moroso

4025

A. Consideraciones generales

4028 El proceso de ejecución hipotecaria supone un procedimiento especial que permite al acreedor hipotecario ejecutar su **garantía real sobre el bien afecto** otorgándole, con la realización del bien, la preferencia del cobro del principal de su crédito, los intereses devengados y las costas causadas (LEC art.692.1), sin que lo entregado al acreedor por cada uno de estos conceptos exceda del límite de la respectiva cobertura hipotecaria.

4030 **Privilegio inmobiliario especial a favor de la comunidad** (LPH art.9.1.e) Se establece un privilegio inmobiliario especial a favor de la comunidad configurada en **régimen de propiedad horizontal** que recae sobre el inmueble del propietario que no haya satisfecho las cuotas correspondientes (AP Pontevedra 12-5-03; AP Málaga 8-6-21, EDJ 723091). Este crédito supone el reconocimiento legal de un privilegio inmobiliario que puede operar **al margen del Registro**, es decir, sin la exigencia de su constancia tabular (AP Tarragona secc 3ª 26-11-13; AP Madrid secc 12ª 6-2-14).

Desde que el régimen de propiedad horizontal de un edificio se inscribe en el Registro, existe **publicidad** tanto de que los pisos y locales están sometidos a afección real para el pago de gastos comunes, como de que los créditos comunitarios gozan del privilegio legal (AP Madrid secc 12ª 6-2-14; 4-3-19, EDJ 549092).

Más concretamente, los créditos a favor de la comunidad derivados de la obligación de contribuir al sostenimiento de los gastos generales correspondientes a las **cuotas imputables a la parte vencida** de la anualidad en curso y los 3 años anteriores tienen la condición de preferentes a efectos del CC art.1923 y preceden, para su satisfacción, a los citados en el CC art.1923.3º, 4º y 5º, sin perjuicio de la preferencia establecida a favor de los **créditos salariales** en el Estatuto de los Trabajadores (LPH art.9.1.e párr 2º; AP Pontevedra 18-1-18, EDJ 14856; AP Málaga 9-2-21, EDJ 721677).

Precisiones 1) Dos son las posibilidades de **interpretación** del concepto de anualidad:
- ser concebido como la **anualidad corriente o natural**; o
- identificarse con la **anualidad contable** (relacionada con la aprobación del presupuesto comunitario) ya que es en los presupuestos de la comunidad de propietarios en donde se fijan los gastos (objeto de la preferencia de cobro).

2) El momento determinante en el **cómputo de las cantidades garantizadas** ha de ser el de la presentación de la demanda en el juicio declarativo al propietario moroso y no desde la fecha de interposición de la propia demanda de tercería (AP Madrid 4-3-19, EDJ 549092).

3) En el texto legal gastos generales no equivalen a gastos ordinarios, esto es, **gastos generales** son aquellos que no son susceptibles de individualización y, a su vez, pueden ser ordinarios o extraordinarios, y así lo venía entendiendo la doctrina. Aunque los gastos sean extraordinarios, como la preferencia se atribuye a los créditos a favor de la comunidad derivados de la obligación de contribuir al sostenimiento de los gastos generales, si tales **gastos extraordinarios** lo son para aplicarse al sostenimiento de los gastos generales quedan sujetos a la preferencia el crédito (TS 4-5-22, EDJ 558022; AP Navarra 29-6-22, EDJ 649471).

Preferencia de ciertos créditos sobre determinados bienes inmuebles o derechos reales (CC art.1923.3º, 4º y 5º) Se trata de los créditos hipotecarios y refaccionarios anotados e inscritos en el Registro de la Propiedad, los anotados preventivamente en dicho Registro por mandamiento judicial y los refaccionarios no anotados ni inscritos. **4034**

De la LPH art.9.1.e párrafo 2º se desprende la **preferencia absoluta** -de grado y no de fecha- de este tipo de créditos de la comunidad de propietarios frente a los previstos en el CC art.1923.3º, 4º y 5º, con el límite temporal previsto, viene determinada únicamente por su naturaleza, careciendo de relevancia el momento en que unos y otros accedan al Registro de la Propiedad (DGRN Resol 10-8-06; AP Barcelona 9-3-18, EDJ 30254; AP Madrid 15-1-19, EDJ 542544; 4-3-19, EDJ 549092; AP Valencia 23-11-18, EDJ 691905; AP Málaga 27-2-20, EDJ 743455).

Por tanto el **crédito de la comunidad de propietarios** únicamente deja de ser preferente (siempre sobre el bien inmueble que forma parte de la comunidad) frente a los del Estado y los aseguradores, que aparecen en el CC art.1923.1º y 2º, a los que deben sumarse el crédito privilegiado en materia laboral consistente en que los **créditos salariales** por los últimos 30 días de trabajo y en cuantía que no supere el doble del salario mínimo interprofesional gozarán de preferencia sobre cualquier otro crédito, aunque este se encuentre garantizado por prenda o hipoteca (ET art.32.1; AP Madrid 14-11-22, EDJ 766371).

Precisiones 1) Parece existir un **choque de preferencias** para determinar la prioridad de cobro entre el acreedor hipotecario que es quien ha iniciado el procedimiento de ejecución, generalmente una entidad financiera, y la comunidad de propietarios.

2) En **Cataluña**, se ha reconocido como doctrina legal que «resulta aplicable el privilegio reconocido a las comunidades de propietarios sometidas al régimen de propiedad horizontal en la LPH art.9.1.e párr 2º, en relación con el CC art.1923, con el **límite** establecido en dicha norma» (TSJ Cataluña 21-2-13, EDJ 55288). Es de destacar la ampliación de las cuotas con la **preferencia de cobro por la afección real** u obligación *propter rem* de la finca a la parte vencida del año en curso y a los 4 años inmediatamente anteriores, computados desde el 1 de enero al 31 de diciembre (CCC art.553-5).

B. Alcance de la preferencia de cobro

(LPH art.9.1.e)

Son **obligaciones del propietario** las de contribuir, con arreglo a la cuota de participación fijada en el título o a lo especialmente establecido, a los gastos generales para el adecuado sostenimiento del inmueble, sus servicios, cargas y responsabilidades que no sean susceptibles de individualización. Sin embargo, no todos los créditos nacidos a favor de la comunidad por el **incumplimiento** de esta obligación tienen el carácter de preferente, es decir, tienen el privilegio de poder ser cobrados por la comunidad antes que cualquier otro que pretenda ser cobrado (a excepción de los ya reseñados del CC art.1923 y del ET art.32.1 -nº 4034-) afectando para ello el inmueble propiedad del deudor que forma parte de la comunidad. **4040**

4042 **Preferencia sobre créditos hipotecarios y refaccionarios** (LPH art.9.1.e párr 2º) Solo los créditos a favor de la comunidad de propietarios derivados de la obligación de contribuir al **sostenimiento de los gastos generales** correspondientes a las cuotas imputables a la parte vencida de la anualidad en curso y los 3 años anteriores tienen la condición de preferentes. La **preferencia no es absoluta** ya que siguen siendo preferentes:
- los créditos **a favor del Estado**, sobre los bienes de los contribuyentes, por el importe de la última anualidad, vencida y no pagada, de los impuestos que graviten sobre ellos y;
- los créditos **de los aseguradores**, sobre los bienes asegurados, por los premios del seguro de 2 años; y, si se trata del seguro mutuo, por los dos últimos dividendos que se hubiesen repartido;
- los créditos **salariales** que reconoce el ET art.32.1 (nº 4034).

La norma dispone que estos créditos, dentro del límite temporal ya expuesto, a favor de la comunidad de propietarios son preferentes, es decir, se cobrarán con preferencia a los créditos hipotecarios y los refaccionarios, **anotados e inscritos en el Registro de la Propiedad**, sobre los bienes hipotecados o que hubiesen sido objeto de la refacción y serán preferentes, también, a los **créditos preventivamente anotados** en el Registro de la Propiedad, en virtud de mandamiento judicial, por embargos, secuestros o ejecución de sentencias, sobre los bienes anotados, y solo en cuanto a créditos posteriores.

Por lo tanto, tras los créditos descritos a favor del Estado, los de los aseguradores y el superprivilegio en favor de los salariales, el **crédito de la comunidad de propietarios** gozará de preferencia de cobro y, para su exigibilidad, la finca propiedad del deudor sometida al régimen de propiedad horizontal estará afecta, al pago del crédito con prioridad al del acreedor hipotecario u otros acreedores que hubieran obtenido la anotación en el Registro de la Propiedad, en virtud de mandamiento judicial, por embargos, secuestros o ejecución de sentencias. Todo ello hasta el **límite** de los que resulten imputables a la parte vencida de la anualidad en la cual tenga lugar la adquisición y a los 3 años naturales anteriores (AP Murcia 22-12-16, EDJ 271526).

4044 Precisiones **1)** Lo que supone la anteposición (con limitaciones temporales) del crédito de la comunidad de propietarios al hipotecario de la LPH art.9.1.e párr 2º es la **preferencia de cobro** lo cual implica el reconocimiento de una especial protección jurídica que responde a razones de política legislativa y se materializa en el procedimiento de ejecución singular o colectivo dirigido contra el deudor, donde el órgano judicial ha de proceder al **reparto entre los acreedores** concurrentes del dinero obtenido. Mientras que el párrafo tercero del mismo precepto es el que trata la **afección real del inmueble**, es decir, la responsabilidad de la vivienda o local en régimen de propiedad horizontal al cumplimiento de la obligación del señalado precepto lo que implica que la finca responde de la **deuda por gastos comunes** -con el límite temporal previsto- cualquiera que sea su propietario y tiene como finalidad impedir que como consecuencia de la transmisión que constituye el presupuesto de su aplicación se frustren las expectativas de cobro del crédito que ostenta la comunidad. Son dos **prerrogativas distintas** del crédito de la comunidad de propietarios la preferencia de cobro y la afección real del inmueble. Puede consultarse para conocer la doctrina elaborada sobre las preferencias crediticias y su impacto registral (DGRN Resol 23-6-14).

2) En cuanto a su operatividad, producido el **impago** durante un periodo determinado, e instándose judicialmente la satisfacción de las cantidades debidas, todas las que están comprendidas en el **límite temporal** establecido -3 años y la parte vendida de la anualidad corriente-, a contar desde el momento mismo de la demanda, estarán amparadas por dicha afección (AP Barcelona auto 17-12-08; 26-6-12, EDJ 354162; AP Madrid 11-1-23, EDJ 509912).

3) En cuanto a la determinación de quién es el deudor cuando la finca afecta al pago de la deuda ha sido vendida en pública subasta han existido dos posturas respecto a cuál es el momento en que se produce la **adquisición del dominio**:

• La venta se perfecciona con la aprobación del remate y se produce la tradición con la plasmación de la venta en el testimonio expedido por el letrado de la Administración de Justicia -antes en una escritura notarial-.

Para la transmisión del dominio de los bienes inmuebles objeto de subasta judicial, es imprescindible la expedición del testimonio del decreto de adjudicación. Es decir, hasta la expedición del testimonio del letrado de la Administración de Justicia sigue siendo deudor moroso el antiguo propietario y es a él a quien debe demandarse (TS 4-4-02, EDJ 9490; 4-10-06, EDJ 275332; AP Madrid 17-6-13, EDJ 144369; 17-3-21, EDJ 576312; AP Málaga 30-4-20, EDJ 649069).

• El segundo posicionamiento jurisprudencial, fruto de la evolución doctrinal concluye que el decreto de adjudicación (LEC art.670.8) constituye el «modo» que genera el efecto traslativo del dominio, como tradición simbólica o ficticia, con independencia de que el posterior testimonio de ese decreto (LEC art.673) sea necesario para la inscripción registral (AP Madrid 4-6-19, EDJ 702847; TS 2-12-09, EDJ 283152).

En todo caso, se siga una u otra postura jurisprudencial, ese pago realizado por el nuevo adquirente del inmueble lo será sin perjuicio de su **derecho de repercusión** al verdadero deudor, y ello por el mandato contenido en LPH art.9.1.e párr.tercero: «El adquirente de una vivienda o local en régimen de propiedad horizontal, incluso con título inscrito en el Registro de la Propiedad, responde con el

propio inmueble adquirido de las cantidades adeudadas a la comunidad de propietarios para el sostenimiento de los gastos generales por los anteriores titulares hasta el límite de los que resulten imputables a la parte vencida de la anualidad en la cual tenga lugar la adquisición y a los 3 años naturales anteriores. El piso o local estará legalmente afecto al cumplimiento de esta obligación», a lo que hay que añadir que, en caso de **adquisición en subasta judicial** (CC art.1489), el propietario del inmueble no tiene obligación de cumplir la exigencia establecida en LPH art.9.1.e último párrafo (AP Málaga 30-4-20, EDJ 649069).
4) El **resto de las deudas** nacidas por este tipo de créditos tendrán la preferencia general de cobro (CC art.1921 s.), por lo que, si los créditos están reconocidos por **sentencia o resolución judicial**, tendrán la preferencia que establece el CC art.1923.4, y si no estuvieran anotados en el Registro de la Propiedad, tendrán la preferencia que establece el CC art.1924.3.b (AP Alicante 10-3-16, EDJ 96916; AP Valencia 17-2-17, EDJ 77275).

1. Parte vencida de la anualidad en curso

El derecho al cobro preferente (LPH art.9.1.e), al nacer de un **crédito variable en el tiempo**, exige la referencia precisa y exacta al momento en que podría competir con otros créditos y ello ocurrirá cuando, bien se transmita la finca, bien cuando se proceda a la ejecución de la misma, fechas estas a tener en cuenta para saber el montante de los gastos de los que debe responder el inmueble frente a la comunidad con preferencia a otros créditos: «la parte vencida de la anualidad en curso y los 3 años anteriores»; mientras que si existen **otros débitos a favor de la comunidad** correspondientes a impagos de cuotas no comprendidas en el espacio temporal dicho, esa primacía ya no se aplica y deben concurrir con otros que pudieran existir para determinar el orden en que deben percibirse. **4048**

Precisiones **1)** La delimitación o **acotamiento del crédito preferente** que efectúa la ley, solamente es determinable con relación al momento en que se confronta con el del otro acreedor que ha promovido su ejecución (AP Zaragoza 31-1-12, EDJ 12640); el criterio mayoritario y casi unánime de las audiencias provinciales es entender que la **preferencia del crédito de la comunidad** lo es en relación a las cuotas impagadas correspondientes a la anualidad en que se produce la adjudicación de la finca, es decir respecto de las cuotas adeudadas de la anualidad corriente cuando se produce la ejecución, y de los 3 años inmediatamente anteriores, pero no se extiende esta preferencia más allá de esas cuotas, sin perjuicio que el **resto de las deudas** tenga la preferencia general (CC art.1921 s.). Sin embargo, en las **ejecuciones hipotecarias** la preferencia de cobro de la comunidad de propietarios suele hacerse valer antes de que haya adjudicación alguna por lo que el criterio de la adjudicación del inmueble para señalar el *dies ad quo* (anualidad en curso) no parece muy acertado (AP Madrid 20-3-14, EDJ 52614). **4050**
Si se optase por la tesis de **la fecha de la transmisión** en los supuestos en los que no existiera el cambio de propietario, no sería de aplicación la afección a la que se está haciendo referencia (AP Badajoz 31-10-08, EDJ 323204).
En cuanto a las transmisiones en subasta judicial, la **anualidad corriente** es aquella en la que se dicta el decreto de adjudicación (fecha de transmisión) y no aquella en la que se expide su testimonio -lo que se determina aquí es cúal es la deuda y no cuál es el deudor, que era lo que se verificaba con la entrega del testimonio del decreto de adjudicación (nº 4042)-. Así, el más moderno posicionamiento jurisprudencial fruto de la evolución doctrinal concluye que el decreto de adjudicación (LC art.670.8) constituye el «modo» que genera el efecto traslativo del dominio, como tradición simbólica o ficticia, con independencia de que el posterior testimonio de ese decreto (LEC art.673) sea necesario para la inscripción registral (AP Madrid 4-6-19, EDJ 702847; TS 2-12-09, EDJ 283152).
2) El **momento inicial del periodo al que se extiende el privilegio** de los créditos comunitarios es la fecha en que la que se reclama judicialmente la preferencia de cobro, es decir, el momento en que se solicita el reconocimiento judicial de la naturaleza del crédito y de su carácter preferente (TS 4-5-22, EDJ 558022).

Criterios para determinar la anualidad en curso (LPH art.9.1.e) La **preferencia de las cuotas de cobro** se extiende a las que resulten imputables a la parte vencida de la anualidad en la cual tenga lugar la adquisición y a los 3 años naturales anteriores. **4052**
Dos son los criterios que la jurisprudencia ha hecho suyos para determinar la anualidad en curso:
a) El que postula que había de tenerse en cuenta para tal cómputo el de la **demanda interesada por la comunidad** contra el copropietario moroso.
b) El criterio que establece que la anualidad en curso debe ser la del momento en que el **tercero acreedor**, perjudicado por la preferencia de la comunidad, tiene noticia de la demanda de esta a través de la oportuna anotación tabular.

A estos dos se ha unido un **tercer criterio**. Se resumen de la siguiente manera (AP Asturias 14-12-20, EDJ 802035):
Desde la modificación de la redacción de LPH art.9.5 por L 81/1999, es un debate recurrente en los tribunales la **fijación del *dies a quo*** para el cómputo de las anualidades respecto de las que se declara su carácter preferente, enfrentándose dos posturas que mantienen toda su vigencia y arraigo, a las que se ha sumado la tercera mencionada, que trata de armonizar una y otra.
Una postura es la de que el *dies a quo* es el de la **demanda por la comunidad** interesando la condena al pago de las cuotas devengadas y no satisfechas, porque -en expresión de DGRN Resol 9-2-87; 18-5-87; 1-6-89- en ese momento es cuando la comunidad agota sus posibilidades de satisfacción de la deuda y es conforme con la voluntad del legislador que inspiró la reforma de proteger a la comunidad frente a los comuneros morosos (AP Madrid Secc 14ª 23-5-13; AP Pontevedra Secc 6ª 23-12-19; AP Valencia Secc 6ª 5-10-18; AP Palma de Mallorca Secc 5ª 3-2-15; AP Málaga Secc 5ª 18-10-19), criterio no exento de **variantes**, como que debiera computarse desde la emisión de la certificación del acuerdo a que se refiere LPH art.21 o que es necesaria la anotación de la demanda en el Registro de la Propiedad (AP Barcelona Secc 13ª 18-6-04).
El otro criterio es que el cómputo -hacia atrás- debe de hacerse desde la interposición de la **demanda de tercería de mejor derecho**. Esta opción distingue entre la preferencia y la afección que declara LPH art.9.5.e, el carácter personal de la primera y el marco propio de su juego, que no es otro que el supuesto de que el crédito de la comunidad entre en concurrencia con otros acreedores del mismo deudor -distinción entre preferencia y afección puestos de manifiesto por la DGRN, así como las dificultades doctrinales que desde un punto de vista hipotecario o de rango registral se aprecia para dotarla de naturaleza real (DGRN Resol 12-4-18)- (AP Alicante Secc 6ª 10-3-16; AP Elche Secc 9ª 5-6-18; AP Madrid Secc 25ª 2-10-19; AP Málaga Secc 4ª 11-3-19; 8-11-19; AP Málaga Secc 7ª 2-10-19).
Una tercera vía aportada por la práctica es la que pretende dar eficacia de reipersecutoriedad a la **declaración de condena dineraria** instada por la comunidad frente al deudor, llamando al proceso a quienes disfruten de garantías reales sobre la vivienda o local inscritos en el Registro en fecha antecedente a la promoción de la demanda, acumulando a la declaración de condena dineraria la de preferencia de su crédito respecto del titular de la garantía real llamado a comparecer al proceso, vía por unos aceptada y por otros rechazada.

4053 Precisiones **1)** La jurisprudencia parece haberse inclinado por entender que la absoluta preferencia que, frente a los créditos hipotecarios, consagra la LPH art.9.1.e párr 2º, opera en relación a las deudas no satisfechas correspondientes a los **3 años anteriores y a la parte vencida de la anualidad** en que, mediante la interposición de la consiguiente demanda de tercería, ejercita la comunidad de propietarios la acción dirigida a obtener su cobro, momento en que el acreedor «agota todas las posibilidades legales a su alcance para obtener la satisfacción de su crédito» (TS 4-5-22, EDJ 558022; AP Barcelona 26-6-12, EDJ 354162 confirmada por TSJ Cataluña 21-2-13, EDJ 55288; AP Madrid 4-3-19, EDJ 549092; AP Asturias 2-10-19, EDJ 795565; DGRN Resol 9-2-87; 18-5-87; 1-6-89). La parte vencida de la anualidad en curso debe entenderse, pues, referida a la **fecha en la que la comunidad interpone la demanda de tercería**, reclamando su crédito dado que es en ese momento cuando lo ejercita, agotando las posibilidades legales de las que dispone para hacerlo efectivo (AP Tarragona 26-11-13, EDJ 285661; AP Baleares 4-5-00, EDJ 23146; AP Barcelona 26-6-12, EDJ 354162; AP Girona 4-12-19, EDJ 750318; AP Cantabria 14-9-21, EDJ 700440; DGSJFP Resol 16-6-21).
2) Otras sentencias más recientes son todavía más explicitas al considerar que el *dies a quo*, a partir del que se inicia el límite temporal de la LPH art.9.1.e) debe identificarse con el momento en que se solicita por la comunidad de propietarios la preferencia de su crédito por cuotas impagadas que será mediante la **tercería de mejor derecho frente al acreedor ejecutante**, momento en que se discute la naturaleza y efectos del crédito (AP Madrid 11-1-23, EDJ 509912; AP Las Palmas 26-1-23, EDJ 750506; AP Málaga 20-2-23, EDJ 621017; AP Castellón 3-7-23, EDJ 723999).
3) En cuanto a la **naturaleza de la deuda** en caso de ser varios los titulares del inmueble afecto a su pago, la obligación cuyo cumplimiento se reclama se fija con arreglo a la participación del piso o local en la totalidad del inmueble y tiene frente a la comunidad el carácter de única sin ser susceptible de división, no pudiendo ser compelido el acreedor a recibir por partes la prestación, como si se tratase de una obligación mancomunada (CC art.1138), asumiendo el acreedor la insolvencia de alguno de los deudores -CC art.1139- (AP Salamanca 26-11-19, EDJ 799126).

2. Nuevas cuotas impagadas

No parece encontrar sustento la posibilidad de ampliar el privilegio de cobro, una vez formulada la **demanda de tercería de mejor derecho** a nuevas cuotas impagadas, ya que la deuda habrá quedado certificada por la comunidad de propietarios. Ello no obsta para exigir su cobro, pero, esta vez, no por los trámites procesales del tercerista que pretende la preferencia de cobro, sino por la **exigencia de pago al nuevo adquirente** accionando la afección real (LPH art.9.1.e párr 3º). **4055**
El **momento inicial** del periodo al que se extiende el privilegio de los créditos comunitarios es la fecha en que la que se reclama judicialmente la preferencia de cobro, es decir, el momento en que se solicita el reconocimiento judicial de la naturaleza del crédito y de su carácter preferente (TS 4-5-22, EDJ 558022; AP Castellón 3-7-23, EDJ 723999).
El legislador ha pretendido un **equilibrio** entre una preferencia de las deudas comunitarias y la lucha contra la morosidad y una limitación a la extensión de privilegios crediticios. Dado que no es posible alterar el rango hipotecario, la preferencia del título de crédito privilegiado de la comunidad y la preferencia sobre la hipoteca, solo se contrae a la anualidad corriente y 3 años anteriores. La preferencia no es sobre **todo lo debido**, ya se haya reclamado en una demando o en varias, sino sobre la deuda corriente y la de 3 años antes; y, por ello, se habla de «preferencia». A la comunidad no se duda de que se le puedan deber muchos años, pero la «preferencia» es de la **deuda corriente y 3 años** según la contabilidad comunitaria y el resto no tiene preferencia alguna y se ejecutará por su orden del CC art.1921 (AP Palencia 2-6-21, EDJ 683617).

C. Tercería de mejor derecho

(LPH art.9.1.e)

En el presente apartado se estudian los pasos que debe seguir la comunidad de propietarios para reclamar los créditos nacidos a su favor por el incumplimiento de las obligaciones pecuniarias recogidas en la LPH art.9.e cuando, frente al propietario moroso, se ha instado una **ejecución hipotecaria por otro acreedor**. **4060**
La reclamación del cumplimiento de las obligaciones pecuniarias recogidas en la LPH art.9.e y f por medio del **procedimiento monitorio** se ha analizado en el nº 3625 s.
Una vez admitida a trámite la ejecución hipotecaria contra el deudor-propietario, que además es moroso de la comunidad de propietarios, quedarán configuradas las **partes procesales** de la ejecución con un sujeto activo (el acreedor hipotecario) y uno o varios sujetos pasivos (el deudor y, en su caso, frente al hipotecante no deudor o frente al tercer poseedor de los bienes hipotecados, siempre que este último haya acreditado al acreedor la adquisición de dichos bienes -LEC art.685.1-). La **comunidad de propietarios** no es parte en el procedimiento de ejecución hipotecaria, si bien sí lo será de la tercería de mejor derecho si la insta.

Precisiones **1)** Si la comunidad de propietarios pretende hacer valer su **preferencia de cobro** por los créditos nacidos a su favor (con las limitaciones temporales ya descritos) puede instar, en el seno del procedimiento de ejecución hipotecaria una demanda de tercería de mejor derecho (LPH art.9.1.e). Debe resolverse la cuestión suscitada en la tercería, que no es otra que la declaración de la preferencia del derecho de la reclamante a ser satisfecha de su crédito respecto del derecho de la ejecutante en la Ejecución Hipotecaria entablada por ella (AP Madrid 3-7-19, EDJ 669808; AP Las Palmas 26-1-23, EDJ 750506). **4061**
El efecto natural de la preferencia del crédito que prevé la LPH art.9.1.e es el de que su titular puede hacerla valer a través de una tercería de mejor derecho con motivo de la **ejecución del derecho de cualquier titular del asiento anterior** para obtener el cobro con preferencia a él en la ejecución (DGRN Resol 22-1-13; 10-7-17; AP Madrid 30-10-19, EDJ 791563).
2) La tercería de mejor derecho no es el único medio de hacer valer la preferencia del crédito en cuestión; por ello, no se excluye la posibilidad del ejercicio de una **acción meramente declarativa**, de suerte que el acreedor que estime que su crédito es preferente a otro pueda, antes de cualquier ejecución, y, por tanto, sin dependencia incidental respecto de una vía de apremio, deducir pretensión meramente declarativa mediante la que obtenga declaración por sentencia firme de la preferencia de su derecho respecto de otro u otros créditos (AP Pontevedra15-2-00, EDJ 8424; AP Valencia 17-2-17, EDJ 77275; AP Málaga 20-2-23, EDJ 612125; 14-7-23, EDJ 712856; AP Baleares 27-2-23, EDJ 567330).
En estos supuestos, en los que el ejercicio de la acción es **meramente declarativa**, de suerte que el acreedor que estime que su crédito es preferente a otro pueda, sin dependencia incidental respecto de una vía de apremio, obtener una declaración por sentencia firme de la preferencia de su derecho respecto de otro u otros créditos, debe advertirse que podría tener interés **demandar a la entidad titular de la carga hipotecaria** a los efectos de ser notificada de la resolución que pueda dictarse por serle perjudicial. Si esta fuera la opción acogida por la actora, también deberá tener en cuenta

que la acumulación de acciones de este tipo -una de cuantía determinada y la otra indeterminada- no tienen cabida en el procedimiento declarativo verbal.

3) Es en esta tercería y no en los procesos declarativos instados por la comunidad contra el propietario moroso donde se ventila la naturaleza y el carácter de los créditos en conflicto y donde se ha de decidir, por tanto, si gozan los comunitarios de la alegada **preferencia sobre el hipotecario** (AP Barcelona 30-7-14; AP Girona 4-12-19, EDJ 750318; AP Málaga 10-6-19, EDJ 756017; AP Madrid 15-1-19, EDJ 542544). La cuestión sobre si es posible interponer una **tercería de mejor derecho** en un **proceso de ejecución hipotecario** resulta controvertido. No obstante, la jurisprudencia parece decidida a inclinarse por su admisión (TS 10-7-89, EDJ 7025; 15-10-90, EDJ 9325; 20-5-94, EDJ 4584; 8-2-07, EDJ 7285; 4-5-22, EDJ 558022; AP A Coruña auto 7-5-21, EDJ 637617).

4) El **momento inicial del periodo al que se extiende el privilegio** de los créditos comunitarios es la fecha en que la que se reclama judicialmente la preferencia de cobro, es decir, el momento en que se solicita el reconocimiento judicial de la naturaleza del crédito y de su carácter preferente (TS 4-5-22, EDJ 558022).

1. Consideraciones previas

4063 **Naturaleza jurídica** En los procedimientos de tercería de mejor derecho, la cuestión fundamental a resolver es la **preferencia del título de crédito** invocado por el tercerista frente al utilizado por el ejecutante, a efectos de aplicación del importe que se obtenga con la venta de lo embargado al pago de uno de los créditos en pugna; es decir, con la finalidad de **anteponerse en el cobro** a otros titulares de derechos de crédito que concurran con el crédito comunitario (TS 4-5-22, EDJ 558022). Desde un punto de vista procesal, la tercería de mejor derecho se regula, precisamente, con la finalidad de evitar que se tengan que presentar **dos ejecuciones sobre un mismo bien** (TS 23-7-90, EDJ 7969).

Precisiones En este procedimiento solo puede y debe ser objeto de debate la preferencia de uno sobre el otro de los **dos títulos jurídicos del crédito enfrentados**, para con su determinación hacer efectivo el que resulte preferente sobre los bienes del deudor, del que es característica esencial que este intervenga en los dos títulos, es decir, el deudor ha de ser común del ejecutante y del tercerista (TS 18-5-95, EDJ 3236; AP Málaga 23-5-17, EDJ 187695). La tercería de mejor derecho, tiene por objeto la determinación de la preferencia del crédito invocado por el tercerista frente al utilizado por el ejecutante, a efectos de la **aplicación del importe que se obtenga con la venta** de lo embargado al pago preferente de uno de los créditos en pugna (TS 26-3-07, EDJ 17964).

No deben confundirse las dos facetas del contenido de LPH art. 9.1.e -afección y privilegio-:

• La **afección real** solo entra en juego cuando la propiedad del inmueble se transmite y entonces cumple la función de vincular al nuevo propietario al abono de una parte de la deuda que pueda dejar insatisfecha el titular anterior y que, por ello mismo, no es su deuda personal.

• En cambio, el **privilegio o preferencia** -que es lo que propiamente se solicita en la demanda sea declarado- es, por esencia y por definición, una cualidad de algunos derechos de crédito que únicamente resulta ejercitable por su titular frente a los titulares de otros derechos que carecen de ella y que, por tal motivo, han de ver postergadas sus legítimas expectativas de cobro (AP Alicante 2-12-22, EDJ 861052).

La acción ejercitada es meramente **declarativa y no de condena**. La cuestión suscitada en la tercería no es otra que la **declaración de la preferencia del derecho** de la reclamante a ser satisfecha de su crédito respecto del derecho de la ejecutante en la ejecución hipotecaria entablada por ella (AP Madrid 3-7-19, EDJ 669808), sin que sean oponibles al tercero ejecutante demandas o peticiones iniciales de proceso monitorio que hayan originado pronunciamientos en **procedimientos en los que no ha sido parte** (AP Málaga 3-5-23, EDJ 620199). Mientras que, si lo que se ejercita es la acción a través del **procedimiento declarativo ordinario**, va acumulada a una acción de condena, pero frente a unos demandados se pretende el cobro y frente a otros el reconocimiento de la preferencia crediticia (AP A Coruña 23-11-22, EDJ 772101).

4065 **Ejercicio del derecho por la comunidad de propietarios** En lo que respecta al ejercicio de este derecho por la comunidad de propietarios en el incidente de tercería de mejor derecho, no es necesario que el crédito venga reconocido en una sentencia o título ejecutivo, por lo que la **copia del acuerdo de la comunidad aprobando la liquidación de la deuda** por las cuotas reclamadas sirven como principio de prueba de la existencia del crédito. Y como en cualquier proceso declarativo, corresponde al tercerista demandante acreditar la existencia, vencimiento y preferencia de dicho crédito (AP Madrid 18-10-13, EDJ 251698).

La interposición de una tercería de mejor derecho en el seno de una ejecución hipotecaria no se fundamenta en la **afección real del inmueble** con la que responde el nuevo adquirente, es decir, quien no era propietario cuando se devengaron las cuotas, sino en la **preferencia** que la Ley otorga a esos créditos comunitarios para su satisfacción incluso con anterioridad al crédito hipotecario, es decir, que tal acreedora, la comunidad de propietarios, ha de percibir con

preferencia al ejecutante hipotecario y con el producto de esa ejecución la suma que se determine.
La preferencia de créditos, de configuración exclusivamente legal, se desenvuelve solo en el ámbito de la ejecución de los mismos, no fuera de él. Lo que no es posible es la declaración de **preferencia al margen del proceso de ejecución**, porque es la propia LEC la que establece el cauce para ello. La tercería de mejor derecho procede desde que se ha embargado el bien a que se refiere la preferencia, si es especial o desde que se despacha ejecución, si es general (LEC art.615). Y la sentencia dictada en la tercería de mejor derecho ha de resolver sobre la existencia del privilegio y el orden en que los créditos deben ser satisfechos en la ejecución en que aquella sentencia recaiga, pero sin prejuzgar otras acciones que a cada uno pudiera corresponder, especialmente, las de enriquecimiento (LEC art.620.1; AP Pontevedra 9-4-21, EDJ 580964).
No hay que mezclar la afección real que vincula al adquirente con la preferencia crediticia que afecta a terceros acreedores concurrentes, de manera que, actualmente, en lo que atañe a la cuestión de la preferencia del crédito de la comunidad de propietarios respecto a otros créditos ya no se alude a ninguna afección, sino que solo se habla de preferencia. Es determinante la **presencia procesal** de los acreedores concurrentes con la comunidad de propietarios para hacer valer el privilegio especial que contempla el CC art.1923.

Dicha comunidad de propietarios tiene dos **opciones para hacer valer la preferencia** crediticia, porque: **4066**
a) Puede promover el correspondiente **juicio declarativo en reclamación de las cuotas**, acumulando la pretensión de que se declare su preferencia, en cuyo caso tendrá que llamar al mismo a todos los acreedores interesados, de suerte que la sentencia que recaiga fijará el momento desde el que retrotraer la preferencia, concretándolo únicamente en la parte vencida de la anualidad en curso más las que se deban de los 3 últimos años inmediatamente anteriores a la propia demanda (AP Madrid 26-9-22, EDJ 753673; AP A Coruña 23-11-22, EDJ 772101; AP Málaga 14-7-23, EDJ 712856).
b) La segunda opción es la de promover la **tercería de mejor derecho**, que tiene carácter incidental en la ejecución hipotecaria del caso, y entonces la referencia temporal de la sentencia no podrá ser otra, siguiendo la misma lógica, que la de la demanda de tercería, puesto que no son oponibles al tercero ejecutante demandas o peticiones iniciales de proceso monitorio que han originado pronunciamientos en procedimientos en los que no ha sido parte (AP Málaga 25-3-21, EDJ 723615; AP A Coruña auto 7-5-21, EDJ 637617).
Por último, también justifica la jurisprudencia la utilización paralela de la **doble vía procedimental**. Así, producido el impago durante un período determinado e instándose judicialmente satisfacción de las cantidades debidas, todas las que están comprendidas en el límite temporal establecido -3 años y la parte vencida de la anualidad corriente-, a contar desde el momento mismo de la demanda, estarán amparadas por dicha afección, precisando que el momento determinante en el cómputo de las cantidades garantizadas por la Ley de propiedad horizontal ha de ser el de la presentación de la demanda en el juicio declarativo, pues en tal instante el acreedor -comunidad de propietarios- agota todas las posibilidades legales a su alcance para obtener la satisfacción de su crédito, cabiendo la posibilidad de la existencia de dos demandas, una de la comunidad **frente al deudor moroso** que acabe por sentencia firme, fijando la condena a una suma determinada, y otra demanda **frente a la entidad financiera prestamista y el moroso deudor hipotecario**, a fin de fijar el mejor derecho a cobrar de la ejecución hipotecaria instada, problema sobre el que la Ley de propiedad horizontal no contiene previsión alguna, lo que en la jurisprudencia menor ha provocado resoluciones contradictorias. Así, se presenta:
- una línea doctrinal que no señala limitación alguna (AP Madrid 18-6-12, EDJ 164418; AP Baleares 28-10-21, EDJ 814962, postulando que, tratándose de gastos comunes referidos a distintos períodos, **no existe impedimento legal** alguno para que la comunidad actora pueda formular nueva demanda referida a gastos que no se habían devengado y que resultaron impagados con posterioridad al inicio del anterior proceso, con la consiguiente declaración de preferencia en el nuevo crédito); y
- una tendencia más restrictiva (AP Salamanca 30-1-12, EDJ 61037), que expone que la preferencia que reconoce la ley es claramente referida a un **único momento**, el de las cuotas imputables a la parte vencida de la anualidad en curso y a los 3 años naturales inmediatamente anterior, de manera que el momento a partir del cual debe concretarse el año en curso será el de la presentación de la demanda, en este caso demanda de tercería, sin que permita dicho precepto que si se presentan varias demandas se tengan en cuenta varias anualidades en curso y varios años naturales inmediatamente anteriores, puesto que la preferencia es la que específica y especialmente se reconoce por la ley, que señala que el adquirente de una vivienda en propiedad horizontal, incluso con título inscrito en el Registro, responde con el propio

inmueble de las cantidades adeudadas a la comunidad por gastos generales por los anteriores titulares hasta el límite de los que resulten imputables a la parte vencida de la anualidad en la cual tenga lugar la adquisición y el año natural inmediatamente anterior -3 anteriores tras la L 8/2013-, es decir, se sujeta el piso o local al cumplimiento de la obligación de pago de los gastos generales circunscrita al mismo período de tiempo, el año en curso al tiempo de la adquisición y el año natural inmediatamente anterior, de forma que, fuera de ese período concreto, no existe preferencia, ni puede pretenderse, la duplicidad de dichos períodos de preferencia por haberse interpuesto otras demandas.

4067 Por su parte, AP Baleares Secc 3ª 24-5-02, EDJ 40482 recuerda que nos hallamos en la faceta de una preferencia de crédito y no ante la afección real que afecta a un adquirente, entendiendo que la Ley de propiedad horizontal no regula expresamente dicha situación, con lo que procede deducir la inexistencia de impedimento legal alguno para la aplicación de este **privilegio en una segunda demanda por períodos distintos y posteriores** a los reconocidos en la primera, por lo que el plazo fijado en la norma vigente en la fecha de la sentencia de instancia de la anualidad vigente y la inmediata anterior, debe computarse atendiendo a la fecha de presentación de cada una de las demandas. Esta interpretación es más acorde con la finalidad de la reforma operada por la L 8/1999, que incide en el mismo objetivo de reforzar en todo lo posible la fuerza vinculante de los deberes impuestos a los titulares, especialmente el referente al abono de los gastos comunitarios, cuyo incumplimiento trae repercusiones perturbadoras para grupos extensos de personas y dificulta el funcionamiento del régimen de propiedad horizontal, y por eso asegura la contribución a los gastos comunes con una afección real del piso o local al pago de este crédito considerado preferente. Por tanto, dicha preferencia se refiere al importe de los 3 años anteriores a cada demanda y a la parte de la corriente de la fecha de cada una de ellas, y a esos efectos es indiferente que la demanda fuera o no anotada preventivamente, pues desde el momento que el régimen de propiedad horizontal de un edificio está inscrito en el Registro, ya existe publicidad de que los pisos y locales están sometidos a la afección real para el pago de gastos comunes comprendidos en el período temporal indicado, de manera que ese privilegio se puede ir acumulando de forma sucesiva, siempre que haya existido una reclamación judicial por parte de la comunidad de propietarios, sin que en modo alguno se deba limitar el privilegio de los créditos a los 3 años anteriores al que se inicie la ejecución, y a la del año que tenga lugar la ejecución, o a la fecha de la demanda de tercería tan solo, teniendo declarado la Dirección General de Registros y Notariado, que (DGRN Resol 15-1-97; 10-8-06):
- **inscrito el régimen de propiedad horizontal** consta ya suficientemente, aunque con cierta indeterminación, la carga de tal afección real preferente, que forma parte del contorno ordinario del ámbito de poder en que consiste el dominio de cada piso y que no se trata de una mera preferencia creditual, de la que gozaría el derecho de la comunidad de propietarios sobre cualquier crédito concurrente y que habría de hacerse valer por la vía de la tercería o, en su caso, de ejecución colectiva, sino de una verdadera afección real del piso o local, en garantía del pago de las cuotas por gastos comunes, que opera con alcance *erga omnes*, esto es, cualquiera que sea el titular del inmueble y las cargas sobre él constituidas; y
- no existiendo duda de que la legislación otorga al **crédito reconocido por sentencia en favor de la comunidad** de propietarios la naturaleza de afección real, implica no solo la posibilidad de repetir contra la finca para su cobro cualquiera que sea el titular de la misma, sino también el de anteponer la garantía de que goza a cualquier otra carga inscrita o anotada sobre el mismo inmueble inscrito el régimen de propiedad horizontal, de modo que, cualquier hipoteca o embargo sobre ellos han de entenderse subordinados en su eficacia a la afección real y preferencia aneja que por ley se reconoce a los créditos que ampara.

Todo ello lleva a entender que si la comunidad de propietarios quiere hacer efectivo su derecho real de preferencia frente a **acreedores ordinarios que le hayan precedido** en la inscripción en el Registro de la Propiedad de sus derechos, debe, antes o después de que estos acreedores culminen la ejecución de su crédito con el percibo del precio obtenido en la subasta o adjudicación del bien embargado al propio ejecutante, formular su demanda de tercería, haciendo prevalecer el derecho de afección real y preferencia que le otorga LPH art.9.1.e (AP Málaga 18-10-19, EDJ 854455).

Precisiones La **deuda** con la comunidad es **líquida y exigible** desde el momento en que no se impugnó por el propietario que discrepara de la misma el acuerdo de liquidación, integrando al efecto los condicionantes legalmente exigidos por LPH art.18 (AP Madrid 9-4-12; 3-1-14).

Principio de prueba (LEC art.614.1) Este principio puede integrarse mediante el **testimonio de una sentencia firme** que reconozca el crédito, pero también parece incuestionable la posibilidad de que la **certificación de la junta de propietarios** (LPH art.21) permitan sustentar la demanda de tercería (AP Málaga 23-5-17, EDJ 187695; AP Madrid 6-2-14, EDJ 52674; AP Barcelona 8-1-21, EDJ 502261; AP Las Palmas 26-1-23, EDJ 750506). **4068**

2. Demanda y documentos

La tercería de mejor derecho se presenta **por escrito** en forma de demanda ante el tribunal competente (LEC art.399). Los **requisitos** de la demanda y los documentos que han de acompañarla son los descritos en el nº 3368 s. **4070**
Sin embargo, no se admite la demanda de tercería de mejor derecho si no se acompaña el **principio de prueba del crédito** que se afirma preferente (LEC art.614).

Precisiones **1)** La jurisprudencia viene aceptando que la copia del acuerdo de la comunidad **aprobando la liquidación de la deuda** por las cuotas reclamadas sirve como principio de prueba de la existencia del crédito (AP Madrid 18-10-13, EDJ 251698; 20-11-15, EDJ 238421; AP Málaga 11-12-20, EDJ 849729). Aunque no es imprescindible su tenencia, para el supuesto en que el tercerista de mejor derecho disponga de un **título ejecutivo** en que conste su crédito, deberá este ser igualmente aportado a la demanda. En atención a los efectos de la tercería, se viene exigiendo que el título del tercerista represente un crédito vencido, líquido y exigible, es decir una indiscutible realidad crediticia (AP Málaga 23-5-17, EDJ 187695).
2) Respecto al **aseguramiento cautelar de lo reclamado**, no procede la inscripción registral de la preferencia de crédito de la comunidad sobre las cuotas del local que venzan con posterioridad a la interposición de la demanda, pero sí la anotación preventiva de las cantidades reclamadas en aquella (DGSJFP 16-6-21).
No obstante, la jurisprudencia de los tribunales viene sosteniendo que ese tipo de medidas cautelares solicitadas en el juicio declarativo cuando se tiene conocimiento de la existencia de una ejecución hipotecaria en la que la vivienda va a salir a subasta no procede, ya que la comunidad siempre tendrá un derecho de cobro preferente respecto a los acreedores hipotecarios, refaccionarios anotados e inscritos en el Registro de la Propiedad (CC art.1923.3), los créditos preventivamente anotados en el Registro de la Propiedad en virtud de mandamientos judiciales y supuestos asimilados (CC art.1923.4), y los refaccionarios no anotados ni inscritos, respecto los inmuebles objeto de la refacción (CC art.1923.5). En definitiva, la comunidad actora tiene preferencia al cobro de su crédito respecto de los acreedores citados, garantía universal que es suficiente, sin necesidad de que se le deba conceder una medida cautelar no prevista respecto los derechos ejercitados (AP Barcelona auto 26-6-19, EDJ 628883).

3. Partes

La parte instante del procedimiento de tercería de mejor derecho es la **comunidad de propietarios**, cuya legitimación procesal ya ha sido tratada en el nº 3155 s., que es quien afirma que le corresponde un derecho a que su crédito sea satisfecho con preferencia al del acreedor ejecutante (LEC art.614.1). **4072**
A estos efectos, el **acuerdo** de la junta de propietarios en el que se liquida la deuda de la ejecutada y se autoriza al presidente para la interposición de procedimiento judicial para la reclamación de las cantidades adeudas, ha de considerarse suficiente a efectos de legitimación activa de la referida comunidad, puesto que se entiende que incluye todas las acciones judiciales que se consideren precisas o pertinentes para la efectividad de su derecho, sin que sea exigible que la junta las designe específicamente, puesto que, lo contrario supondría exigir adiciones superfluas que no aportarían nada esencial a la expresión de la voluntad de la junta de autorizar al presidente para el ejercicio de todas aquellas acciones judiciales que puedan resultar útiles o necesarias para obtener el cobro de lo debido, entre las que, evidentemente, se cuenta la de la tercería de mejor derecho (TS 24-6-16, EDJ 93266; AP Málaga 23-5-17, EDJ 187695).
La tercería de mejor derecho se dirigirá siempre frente al **acreedor ejecutante** -quien inste la ejecución hipotecaria-. Sin embargo, si el crédito cuya preferencia alegue el tercerista **no consta en un título ejecutivo** también habrá de ser demandado el **ejecutado** (LEC art.617.1 y 2), lo que resulta lógico, dado que, además de declararse la preferencia, deberá declararse la existencia del crédito y, por ello, tiene interés el ejecutado en dicho procedimiento, en el que se va a discutir y, posteriormente, declarar, la validez, nulidad o alcance del referido título (AP Asturias 21-11-11, EDJ 290357; AP Alicante 2-12-22, EDJ 861052, AP Salamanca 14-4-23, EDJ 697490).
En los supuestos en que el **ejecutado** (propietario deudor) **no deba ser demandado**, por ejemplo, porque el crédito conste reconocido en título ejecutivo, también se le notificará en todo caso la admisión a trámite de la demanda, a fin de que pueda realizar la intervención que a su derecho convenga (LEC art.617.3).

4. Momento preclusivo para la interposición de la demanda

4075 La demanda de tercería de mejor derecho no se admite después de haberse entregado al ejecutante la **suma obtenida mediante la ejecución forzosa** o, en caso de adjudicación de los bienes embargados al ejecutante, después de que este adquiera la **titularidad de dichos bienes** conforme a lo dispuesto en la legislación civil (LEC art.615.2; AP Cádiz 3-5-23, EDJ 694724). En conclusión, existe un **momento inicial** (despacho de la ejecución) y uno **final** para ejercer la preferencia de cobro mediante una tercería de mejor derecho en la ejecución hipotecaria. Sin embargo, el hecho de **no ejercitar la preferencia de cobro** no implica que la comunidad de propietarios no pueda activar la afección real que se configura frente al nuevo adquirente (LPH art.9.1.e párr 3º).

Para el supuesto en que el **ejecutante ceda el remate**, la tercería de mejor derecho podrá interponerse hasta el momento en que el acreedor ceda el remate al tercero (LEC art.647.3).

La posibilidad de ceder el remate no queda obstaculizada por la tramitación previa o simultánea de una tercería de mejor derecho, pero el **pago de la cesión del remate** deberá quedar consignada en la oficina judicial y no ser entregada al ejecutante ni judicial ni extrajudicialmente hasta tanto no se resuelva definitivamente la preferencia de cobro.

4076 Se discute si, en los supuestos de cesión de remate a un tercero, el **decreto de adjudicación** transmite la propiedad y cierra la posibilidad de interponer la demanda de tercería de dominio, o si, por el contrario, dicha transmisión no se produce hasta la cesión del remate. De la redacción de la LEC art.615 se infiere que es la consumación del proceso de ejecución, en relación con el bien sobre el que se plantea la tercería, el que marca el final de la posibilidad de su ejercicio. En los supuestos en que se actúa en la subasta con la calidad de ceder el remate a tercero (LEC art.647.3.2º) no se consuma la adquisición de la propiedad del inmueble a favor de la ejecutante, ya que mediante la cesión se transmite únicamente el derecho personal, el derecho a que le sea entregada la cosa, pero no el derecho real que surge de la conjunción de ese derecho y de la tradición, y esta ya se ha de ejecutar a favor del cesionario. Por ello, desde el **punto de vista procesal y material** y, por tanto, frente a terceros, el dominio derivado de la enajenación forzosa no se origina en el cedente sino directamente en el cesionario (AP Barcelona 20-4-16, EDJ 150928). Si la comparecencia para la cesión del remate se celebra después de haberse presentado la demanda de tercería de mejor derecho, esta debe tramitarse ya que ni la ejecutante ni la cesionaria habían adquirido aún la propiedad del bien embargado.

4077 Precisiones **1)** Para que la consignación produzca sus **efectos liberatorios** es necesario que el acreedor la acepte (CC art.180.2), lo que en el caso que nos ocupa supone, no solo que el ejecutante reciba el mandamiento de pago expedido por el letrado de la Administración de Justicia de la oficina judicial, sino que lo cobre. Por lo que, la tercería de mejor derecho se podrá interponer hasta tanto aquel **mandamiento de pago** se haya presentado al cobro (TS 22-11-04, EDJ 183460; 14-3-06, EDJ 24779).

2) Para el supuesto en que el bien objeto de la ejecución hipotecaria frente al propietario moroso se lo haya adjudicado el ejecutante, la tercería de mejor derecho podrá instarse hasta la **entrega del bien**. En estos casos, un primer posicionamiento jurisprudencial ha entendido tradicionalmente que la *traditio* se producirá por medio de la expedición por parte del letrado de la Administración de Justicia del **testimonio del decreto de adjudicación** al ejecutante pues, hasta tal momento, no se entiende que ha habido transmisión del bien y, por lo tanto, hasta tal momento puede interponerse la tercería de mejor derecho (AP Cantabria auto 21-4-04, EDJ 28932; TS 10-7-02, EDJ 27758; 29-4-02, EDJ 12096; 16-3-07, EDJ 16958; AP Valencia 5-11-19, EDJ 859180). No obstante, otro posicionamiento jurisprudencial concluye que es el decreto de adjudicación (LEC art.670.8) el que constituye el «modo» que genera el efecto traslativo del dominio, como tradición simbólica o ficticia, con independencia de que el posterior testimonio de ese decreto (LEC art.673) sea necesario para la inscripción registral (AP Madrid 4-6-19, EDJ 702847; TS 2-12-09, EDJ 283152).

5. Competencia

(LEC art.614 a 620)

4080 El procedimiento de tercería de mejor derecho se tramita por el mismo juzgado que tramita el **juicio ejecutivo** (AP Cantabria auto 4-5-15, EDJ 198046).

6. Efectos de la admisión a trámite

4082 Interpuesta tercería de mejor derecho, la ejecución hipotecaria continuará sin suspenderse por este motivo hasta **realizar los bienes embargados**, es decir, subastar la finca, depositándose lo que se recaude en la **cuenta de depósitos y consignaciones** de la oficina judicial para

reintegrar al ejecutante en las costas de la ejecución y hacer pago a los acreedores por el orden de preferencia que se determine al resolver la tercería.
Previamente al pago del crédito del tercerista, deberá satisfacerse al ejecutante las **3/5 partes de las costas** causadas en la ejecución hipotecaria hasta el momento en que recaiga aquella sentencia en el procedimiento de tercería de mejor derecho (LEC art.620.2).

7. Procedimiento

La tercería de mejor derecho se sustancia por los trámites del **juicio verbal** (LEC art.617.1) aunque con las siguientes especialidades: **4084**

Falta de contestación a la demanda por los demandados Si los demandados no contestan a la demanda, se entiende que admiten los hechos alegados en ella. No se regulan expresamente las consecuencias de una parte ejecutante que se limita a **personarse en el procedimiento**, sin contestar a la demanda ni allanarse (LEC art.618), pero se estima que la ausencia de contestación implica una **admisión tácita** de los hechos (AP Baleares 11-3-05, EDJ 34077; AP Cádiz 1-3-17, EDJ 96802; AP Málaga 11-12-20, EDJ 849729; AP Barcelona 8-1-21, EDJ 502261). En sentido contrario, es decir, que la falta de contestación del demandado a la tercería de mejor derecho no permite **admitir los hechos de la demanda**, esa falta de contestación a la demanda debe entenderse como un reconocimiento de los presupuestos fácticos en que la parte actora sustenta su demanda, pero no implica la **admisión de la pretensión** ejercitada en la litis, que solo será posible si la misma es procedente de acuerdo con las disposiciones legales aplicables al supuesto enjuiciado (AP Madrid 19-10-16, EDJ 245175). **4085**

Allanamiento del ejecutante Pueden darse dos situaciones (LEC art.619): **4087**
a) Cuando el ejecutante se allane a la tercería de mejor derecho, si el **crédito del tercerista consta en título ejecutivo** debe dictarse auto ordenando seguir adelante la ejecución para satisfacer primero al tercerista, sin embargo, este **no cobra cantidad alguna** hasta que se haya abonado al ejecutante las 3/5 partes de las costas y gastos originados por las actuaciones llevadas a cabo a su instancia hasta la notificación de la demanda de tercería (LEC art.619.1).
b) Cuando el ejecutante se allane, pero el **crédito del tercerista no conste en título ejecutivo**, el ejecutado personado en la tercería debe mostrar su **conformidad o disconformidad** con el allanamiento del ejecutante dentro de los 5 días siguientes a aquel en que se le hubiera dado traslado del escrito de allanamiento. Si el ejecutado se conforma o deja transcurrir el plazo sin mostrar su disconformidad se dicta auto ordenando seguir adelante la ejecución para satisfacer primero al tercerista, pero, al igual que en el supuesto anterior, el **tercerista no cobra cantidad alguna** hasta que se haya abonado al ejecutante las 3/5 partes de las costas y gastos originados por las actuaciones llevadas a cabo a su instancia hasta la notificación de la demanda de tercería. Si, por el contrario, el **ejecutado se opone al allanamiento** se dicta auto teniendo por allanado al ejecutante y mandando seguir la tercería con el ejecutado (LEC art.619.1 párrafo 2º).

Precisiones No debe confundirse que deba abonarse **antes que a la comunidad de propietarios**, al que se le ha estimado la tercería, al ejecutante las tres quintas partes de las costas causadas en la ejecución hasta el momento en que recaiga aquella sentencia con la posibilidad de condenar al propio ejecutante en las **costas** del incidente de la tercería de mejor derecho, aún en el supuesto de haberse allanado, si la comunidad de propietarios le formuló la reclamación previa (AP Valencia 9-5-18, EDJ 506793; nº 4092).

Desistimiento del ejecutante de la ejecución Cuando el ejecutante desista de la ejecución, una vez notificada la demanda de tercería de mejor derecho si el **crédito del tercerista consta en título ejecutivo** el letrado de la Administración de Justicia dictará decreto ordenando seguir adelante la ejecución para satisfacer en primer término al tercerista. Pero si el **crédito del tercerista no consta en título ejecutivo** dictará decreto de desistimiento del proceso de ejecución, y dará por finalizada esta, salvo que el ejecutado se muestra de acuerdo en que prosiga para satisfacer el crédito del tercerista (LEC art.619.2). **4088**

8. Sentencia

(LEC art.620.1)

La resolución que pone fin a la tercería de mejor derecho debe adoptar la forma de sentencia, produciendo **efectos de cosa juzgada** sobre la cuestión decidida y susceptible de ser **recurrida** en apelación y casación por el cauce de la LEC art.477.2.3º. **4090**

La sentencia que se dicte en la tercería de mejor derecho resolverá sobre la **existencia del privilegio** y el **orden** en que los créditos deben ser satisfechos en la ejecución en que aquella sentencia recaiga, pero sin prejuzgar otras acciones que a cada uno pudiera corresponder, especialmente las de enriquecimiento.

9. Costas

4092 Si la sentencia **desestima la tercería** de mejor derecho condenará en todas las costas de esta al tercerista. Si, por el contrario, se **estima la tercería** de mejor derecho, las costas se impondrán al ejecutante que hubiera contestado a la demanda y, si el ejecutado hubiera intervenido, oponiéndose también a la tercería, las impondrá a este, por mitad con el ejecutante, salvo cuando, por haberse allanado el ejecutante, la tercería se hubiera sustanciado solo con el ejecutado, en cuyo caso las costas se impondrán a este en su totalidad.

Para el caso de estimación de la tercería, la LEC art.620.1 solo permite la **imposición de costas** al ejecutante (demandado en tercería) si este ha planteado contestación, luego si la estimación de la tercería se produce con ausencia de contestación a la demanda, no se le puede imponer las costas procesales (AP Cáceres 5-10-18, EDJ 631172; AP Murcia 4-12-18, EDJ 671880; AP Barcelona 11-11-19, EDJ 733270). Ahora bien, en algún supuesto, se le ha condenado aún tras haberse allanado, si se le había dirigido una **reclamación previa** (AP Valencia 9-5-18, EDJ 506793).

Siempre que la sentencia estime la tercería de mejor derecho, no se entregará al tercerista cantidad alguna procedente de la ejecución, mientras no se haya satisfecho al ejecutante las **3/5 partes de las costas** causadas en esta hasta el momento en que recaiga aquella sentencia (LEC art.620.2).

Precisiones **1)** Respecto de la condena en costas a la **comunidad de propietarios**, cuando la comunidad litiga contra uno de sus miembros, los gastos que genera el proceso no son gastos generales respecto de tal litigante, pero sí respecto del resto de miembros de la comunidad (TS 24-6-11, EDJ 130877; 30-11-11).

2) Cuando el ejecutado es llamado al procedimiento de tercería de mejor derecho por la comunidad de propietarios disponiendo esta de un **título ejecutivo que avale su crédito** y, aquel ejecutado llamado por el tercerista, no se opone a la tercería, sino que únicamente formula **alegaciones** respecto a su legitimación para estar en el proceso, no se le impondrán las costas (AP Jaén 15-1-04, EDJ 6276).

D. Exigibilidad del cobro tras la ejecución hipotecaria

(LPH art.9.1.e)

4095 La Ley concede dos **garantías** a la comunidad de propietarios **diferentes y acumulables** que tienen presupuestos distintos para su operatividad.

a) Un derecho de preferencia sobre los créditos que concurran con el de la comunidad en supuestos de **ejecución de la finca** sometida al régimen de propiedad horizontal.

b) La **extensión de la responsabilidad del adquirente** de la finca a determinadas deudas comunitarias contraídas por los anteriores titulares, responsabilidad a la que queda, asimismo, afecto el piso o local (TS 22-4-15, EDJ 58391; AP Valladolid 30-10-19, EDJ 787836; AP Salamanca 26-11-19, EDJ 799126; AP Barcelona 18-7-19, EDJ 659838; AP Las Palmas 26-1-23, EDJ 750506).

La jurisprudencia ha mantenido de forma pacífica que **no es necesario otorgar escritura pública** y, si bien consideraba transmitida la propiedad del bien subastado con la entrega del testimonio del decreto de adjudicación al mejor postor -o ejecutante, en su caso- (TS 20-10-92; 10-6-94; AP Madrid 17-10-97, EDJ 18478; 3-7-19, EDJ 669808), de alguna resolución se desprende que la propiedad debe entenderse transmitida con el dictado del decreto de adjudicación y no con la expedición de su testimonio (TS 21-1-14, EDJ 37321; TS auto 28-2-18, EDJ 13634).

Si bien es cierto que, para poder fijar la responsabilidad del adquirente del piso, es necesario que se produzca la **enajenación del bien en subasta** ya que es el momento en que se va a computar el año corriente y las tres anualidades anteriores de cuyas cuotas deberá responder el nuevo propietario.

4097 **Nuevo adquirente** El crédito nacido a favor de la comunidad de propietarios (LPH art.9.1.e y f) también puede ser exigido al nuevo adquirente a través del **proceso monitorio** -LPH art.21- (AP Valencia 22-5-19, EDJ 647705; AP Toledo 25-4-18, EDJ 515255).

Precisiones **1)** Los créditos en favor de la comunidad de propietarios suponen, para el **nuevo adquirente**, una obligación *propter rem* (TS 9-6-10, EDJ 145105; JM Madrid núm 6 23-2-16, EDJ 11892; AP Valencia auto 23-9-19, EDJ 715289; AP Barcelona 3-9-19, EDJ 687543; AP Valencia 2-11-22, EDJ 824396; AP Castellón 3-7-23, EDJ 723999).

2) En lo que respecta a la exigibilidad del cobro tras la ejecución hipotecaria, dicha exigibilidad de la deuda al nuevo adquirente se trata como **alternativa a la formulación de la tercería de dominio** en el seno de una ejecución hipotecaria. Es decir, la exigibilidad con base a la afección real que mantiene la finca sobre las deudas generadas. Sin embargo, sigue perfectamente habilitada la posibilidad de **exigir al anterior propietario** este tipo de deudas ya que, siendo la deuda solidaria entre el nuevo y el anterior propietario, a aquel le alcanza la acción real y a este la personal.

Afección de la vivienda A diferencia del contenido o alcance de la preferencia de cobro en cuanto a los créditos nacidos a favor de la comunidad de propietarios, la afección (LPH art.9.1.e) alcanza a la deuda que se genera por el **impago de los gastos generales del inmueble**, entendiéndose por tales los del párrafo inicial de este apartado e), quedando también los pisos y locales afectos al pago de los gastos derivados de la **realización de dichas obras o actuaciones** en los mismos términos y condiciones que los establecidos para los gastos generales (LPH art.10.2.c; AP Valencia 15-10-18, EDJ 650991). **4098**

Crédito por gastos provenientes de obras (LPH art.10) Puede sostenerse que el crédito por los gastos que puedan generarse por las obras no solo permite la afección de la vivienda o local a su pago sino pueden incluir también la **preferencia de cobro** en los términos de la LPH art.9.1.e párr 2º (AP Salamanca 10-7-14, EDJ 140432). Ver nº 4060 s. **4100**
No obstante, debe tenerse presente la interpretación restrictiva sobre el carácter de **privilegio** que merece cualquier crédito ya que tal consideración, la de privilegiado, rompe el sistema de *par conditio creditorum*.

«Dies a quo» para determinar el cómputo de las cuotas El *dies a quo* para determinar el cómputo de las cuotas que integran el crédito privilegiado acepta menos interpretaciones de la norma que en el ejercicio de la preferencia de cobro antes analizada. En el presente supuesto, la **anualidad en curso** es la anualidad en la cual tenga lugar la adquisición de la finca por quien en el procedimiento de ejecución hipotecaria se la haya adjudicado (AP Madrid 15-1-19, EDJ 542544). **4102**

Reclamación a través de procedimiento declarativo A diferencia de lo que sucede al interponer una tercería de mejor derecho (nº 4060 s.), en la que lo que se pretende es hacer valer la preferencia de cobro en el seno de un procedimiento de ejecución hipotecario en trámite, esta reclamación **posterior al procedimiento de ejecución hipotecaria** y, en consecuencia, a la adjudicación del inmueble al nuevo propietario, debe despacharse por el procedimiento declarativo oportuno según la cuantía de la deuda que se reclame y la resolución judicial que ponga fin al mismo únicamente producirá una declaración de responsabilidad de dicho adquirente -cuya inscripción de dominio ya conste en el Registro de la Propiedad-, con el límite de la afección analizada y permitiendo la realización de la finca objeto de la afección para el cobro de la deuda. Es decir, no implica la responsabilidad universal del nuevo adquirente. **4104**
No obstante, no existe duda de la posibilidad de la comunidad de propietarios de poder instar un procedimiento declarativo ordinario frente al adquirente **independientemente de la existencia de una ejecución hipotecaria**. De no reconocerse este derecho a la comunidad en el procedimiento declarativo que nos ocupa, quedaría huérfana de toda posibilidad de cobro frente al deudor que solo sea titular de un inmueble hipotecado cuando la entidad hipotecaria no interponga procedimiento de ejecución hipotecaria, ya sea porque se paguen las cuotas o por cualquier otro motivo (AP Málaga 27-2-20, EDJ 743455).

Precisiones **1)** Aunque la afección de las cantidades adeudadas a la comunidad de propietarios opera como carga tácita, incluso en **perjuicio de posteriores propietarios**, para hacer efectiva dicha afección es preciso que la demanda se dirija contra el titular registral, por lo que al no haberse hecho así no puede practicarse anotación de embargo por dichas cantidades estando la finca inscrita a nombre del titular registral posterior a aquel contra el que se dirige el embargo (DGRN Resol 3-4-01 y 7-4-01).
2) Si bien en los casos de las declaraciones judiciales de preferencia con efectos reales del crédito de la LPH art.9.1.e, se altera el **rango registral** en favor de la comunidad de propietarios, esta posibilidad se sujeta al requisito de que en el procedimiento judicial hayan sido demandados todos los interesados, es decir, todos los titulares de derechos que, por ser pospuestos en su rango registral, puedan resultar perjudicados. No obstante, no hay necesidad de llamar al procedimiento a aquellos titulares de cargas intermedias que no resulten afectados por la posposición (DGRN Resol 23-11-16; 10-7-17; 2-11-18).
3) Se viene excluyendo la posibilidad general de aplicar la **condena de futuro** en el ámbito de las deudas comunitarias, limitando en cualquier caso dicha posibilidad a la reclamación de las cuotas de comunidad que, siendo líquidas, por corresponder al mismo ejercicio anual, venzan con posterioridad a la interposición de la demanda, siempre que en la misma medie expresa solicitud en tal sentido. Se remite a la comunidad de propietarios a deducir reclamación por las restantes deudas vencidas con posterioridad a la interposición de la demanda mediante el cauce del juicio monitorio o directamente a través del correspondiente proceso declarativo (AP Barcelona 2-12-19, EDJ 768701).

E. Situación del arrendatario tras la pérdida de la vivienda en una ejecución hipotecaria por el propietario moroso

(LAU art.29)

4110 El adquirente de la finca arrendada quedará subrogado en los derechos y obligaciones del arrendador, salvo que en él concurran los requisitos de LH art.34.
No obstante, para aquellos supuestos en los que el **arrendamiento no consta inscrito** en el Registro de la Propiedad, debe darse una solución en caso de resolución del derecho del arrendador por su enajenación forzosa en una ejecución hipotecaria. El régimen del CC art.1549 y 1571 respecto de la eficacia frente a terceros de los arrendamientos no inscritos no difiere radicalmente de la regulación de LAU art.29 (TS 15-11-21, EDJ 738547; AP Almería 22-11-22, EDJ 801032). Las diferencias radican, por un lado, en los requisitos de protección del tercero ajeno al arrendamiento -adquirente de la finca-, de forma que el CC art.1549 no exige la concurrencia de todos los requisitos de LH art.34 para dejar al adjudicatario inmune al arrendamiento -se apoya en el principio de inoponibilidad de CC art.606 y LH art.32-; y, por otro lado, la redacción del CC art.1571 atribuye al adquirente la facultad de decidir u optar entre la subsistencia del contrato -con la novación subjetiva que supone su subrogación como arrendador- o su extinción -tiene derecho a que termine el arriendo-. En este segundo caso, ello comportaría la extinción del contrato de arrendamiento por **pérdida de la cosa arrendada** por parte del arrendador ejecutado. Dicho de otro modo, los arrendamientos de inmuebles para uso distinto al de vivienda no inscritos, o los inscritos con posterioridad a la hipoteca ejecutada, carecen de eficacia frente al adjudicatario, de forma que la transmisión de la finca provoca, en este caso, la extinción del arrendamiento a instancia de aquel. Se trata de un supuesto de resolución de la relación arrendaticia ejercitable facultativamente por el adjudicatario del inmueble y solo en caso de no ejercitarse da lugar a su subrogación en la posición del anterior propietario o arrendador, dando así continuidad al contrato de arrendamiento.
Debe tenerse en cuenta la posibilidad del arrendatario de ejercer, en determinadas situaciones, su **derecho de adquisición preferente**. Para su ejercicio es conveniente revisar el momento en el que la jurisprudencia admite tal posibilidad (AP Alicante 14-2-20, EDJ 630976; en situaciones concursales, AP Gipuzkoa 29-3-21, EDJ 613467).

SECCIÓN 8

Créditos de la comunidad de propietarios frente al deudor concursado

4125

4127 Cuando el propietario de una finca sometida al régimen de propiedad horizontal se encuentra en estado de **insolvencia**, entendida esta como el estado en que se encuentra el deudor que no puede cumplir regularmente sus obligaciones exigibles, tiene el deber, en el plazo de 2 meses, de presentar la solicitud para ser declarado en concurso de acreedores -o solicitar la apertura de un procedimiento especial para microempresas si el deudor cumple los requisitos establecidos en LCon art.685 redacc L 16/2022-.
La **declaración de concurso** de acreedores -o procedimiento especial para microempresas- del propietario de la finca afectará al pago de los créditos que la comunidad de propietarios ostente sobre ella, tanto si previamente ya se ha iniciado una demanda para reclamarlos, como si aún no se hubieran reclamado (LPH art.9.1.e). Estos créditos reciben un distinto tratamiento en función de si han vencido y son exigibles antes de la fecha de la declaración del concurso o lo han hecho después.

A continuación se analiza el estatuto jurídico, es decir, el tratamiento concursal, del **crédito a favor de la comunidad de propietarios** generado a raíz de la preferencia u obligación *propter rem* de una vivienda o local que forma parte de una comunidad para responder de los gastos comunes durante la anualidad corriente y las 3 anteriores.

Precisiones **1)** La insolvencia podrá ser actual o inminente. Se encuentra en estado de **insolvencia actual** el deudor que no puede cumplir regularmente sus obligaciones exigibles; e **insolvencia inminente** el deudor que prevea que, dentro de los 3 meses siguientes, no podrá cumplir regular y puntualmente sus obligaciones (LCon art.2.3). La reforma de la Ley concursal por la L 16/2022, introduce también el estado de **probabilidad de insolvencia**, que se define como la situación en la que se encuentra el deudor cuando sea objetivamente previsible que, de no alcanzarse un plan de reestructuración, el deudor no podrá cumplir regularmente sus obligaciones que venzan en los próximos 2 años (LCon art.584.2). 4128

2) En el caso que el deudor pretenda homologar un **plan de reestructuración**, también podrá instar, previamente, el trámite regulado en la LCon art.583 a 684, sin necesidad de solicitar, en un principio, su procedimiento de insolvencia.

3) Los créditos a favor de la comunidad derivados de la obligación de contribuir al sostenimiento de los **gastos generales** correspondientes a las cuotas imputables a la parte vencida de la anualidad en curso y los 3 años anteriores tienen la **condición de preferentes** a efectos del CC art.1923 (LPH art.9.1.e). Consecuentemente con ello, el **adquirente** de una vivienda o local en régimen de propiedad horizontal, incluso con título inscrito en el Registro de la Propiedad, responde con el propio inmueble adquirido de las cantidades adeudadas a la comunidad de propietarios para el sostenimiento de los gastos generales por los **anteriores titulares** hasta el límite de los que resulten imputables a la parte vencida de la anualidad en la cual tenga lugar la adquisición y a los 3 años naturales anteriores. El piso o local estará legalmente afecto al cumplimiento de esta obligación, pero ello no ha venido reconociéndose pacíficamente por la jurisprudencia concursal automáticamente como un crédito que debería clasificarse, dentro del concurso, como **privilegiado especial** a efectos concursales.

Nada obsta a que sea la propia comunidad de propietarios la que inste el concurso necesario del deudor moroso si frente a él se sigue una ejecución, esta resulta infructuosa y se da el requisito objetivo de la existencia de pluralidad de acreedores (JM Madrid núm 7 14-18, EDJ 655884; AP Barcelona 4-2-20, EDJ 510753; JM Barcelona núm 3 1-7-22, EDJ 620626).

A. Trascendencia del concurso sobre las acciones procesales iniciadas por la comunidad de propietarios

4130

1. Nuevas acciones

Nuevos juicios declarativos (LCon art.32, 52, 136 y 255) Desde que se declara un concurso de acreedores, el juez del juzgado en donde se tramita el concurso es el único competente, con **jurisdicción exclusiva y excluyente**, sobre las acciones civiles con trascendencia patrimonial que se dirijan contra el patrimonio del concursado, con **excepción** de las que se ejerciten en los procesos sobre adopción medidas judiciales de apoyo a personas con discapacidad, filiación, matrimonio y menores a las que se refiere LEC art.748 s. (LCon art.52.1). 4133

A su vez, los jueces del **orden civil** y del **orden social**, no admitirán a trámite las demandas que se presenten en las que se ejerciten acciones que sean competencia del juez del concurso, previniendo a las partes que usen de su derecho ante este último. De admitirse a trámite las demandas, se ordenará el archivo de todo lo actuado, previa declaración de nulidad de las actuaciones que se hubieran practicado (LCon art.136).

El «uso del derecho» a reclamar el crédito de la comunidad en el concurso (LCon art.136) implica la comunicación del mismo a la administración concursal por el trámite de la LCon art.255, por escrito firmado por el acreedor, por cualquier otro interesado en el crédito o por quien acredite representación suficiente de ellos, y se dirigirá a la administración concursal. La comunicación podrá presentarse en el domicilio designado al efecto por el administrador concursal, remitirse a dicho domicilio o efectuarse por medios electrónicos.

Por tanto, una vez declarado el concurso del propietario deudor, no podrán iniciarse acciones civiles contra su patrimonio y, de iniciarse las mismas, la sanción inmediata que prevé la ley es el **archivo de todo lo actuado** sin efecto alguno.

4134 Precisiones La problemática puede aparecer cuando la reclamación se ha **presentado en el juzgado antes de declararse el concurso** del propietario deudor, pero la admisión a trámite de la demanda se efectúa con posterioridad a esta declaración. La jurisprudencia ya se ha pronunciado, en el sentido de entender no aplicable al concurso de acreedores lo dispuesto en LEC art.410 respecto a la existencia de **litispendencia civil**, al existir en la propia normativa concursal un precepto específico (LCon art.32), que regula la litispendencia, disponiendo que el **auto de declaración de concurso** producirá sus efectos de inmediato y será ejecutivo aunque no sea firme (TS 11-12-13, EDJ 246704; AP Madrid 28-5-14, EDJ 154462; AP Madrid 6-6-18, EDJ 551757). En conclusión, no podrá admitirse a trámite una demanda de reclamación de estos créditos presentada por la comunidad de propietarios si ya ha sido dictado el auto de declaración de concurso del deudor.

2. Procedimientos en trámite

4137 Los **juicios declarativos** iniciados por la comunidad de propietarios antes de la declaración de concurso frente al propietario deudor continuarán sustanciándose ante el mismo tribunal que estuviera conociendo de ellos hasta la firmeza de la sentencia, salvo aquellos que, por disposición de la LCon, se acumulen al concurso o aquellos cuya tramitación quede suspendida (JM Palma de Mallorca núm 1 28-10-19, EDJ 813944).

Asimismo, los procedimientos de **mediación y arbitraje** en tramitación a la fecha de la declaración del concurso continuarán hasta la terminación de la mediación o hasta la firmeza del laudo arbitral.

Las sentencias y los laudos firmes dictados antes o después de la declaración de concurso son **vinculantes** para el juez de este, que dará a las resoluciones pronunciadas el tratamiento concursal que corresponda.

Cuando el **propietario moroso** se encuentra en fase de cumplimiento del convenio concursal aprobado, aun cuando no ha concluido el concurso, han cesado los efectos del mismo, por lo que la jurisprudencia viene reconociendo que en tales circunstancias pueden iniciarse reclamaciones judiciales por deudas no concursales frente al deudor no siendo competentes para su tramitación los jueces del concurso. Es decir, recuperándose la competencia por los juzgados civiles (TS auto 24-1-12; TS 14-5-12; 3-5-17, EDJ 57003; TS auto 25-9-17, EDJ 196714).

4138 Particular atención merece el **juicio monitorio**, por ser uno de los cauces más utilizados por la comunidad de propietarios para reclamar las deudas del propietario deudor. En este supuesto, si la presentación de la petición monitoria en el decanato es **posterior a la declaración de concurso**, el juzgado civil se abstendrá de conocer la pretensión (LCon art.136.1.1º). Si la declaración de concurso se produce **durante el plazo en el que el deudor es requerido de pago**, aunque finalice el juicio monitorio con el dictado del decreto por el letrado de la Administración de Justicia dando por terminado el juicio, no será posible solicitar el despacho de ejecución (AP Madrid auto 18-719, EDJ 740039). Si, por último, se declara el **concurso después de que el deudor se haya opuesto** al requerimiento de pago, los tribunales vienen entendiendo que el procedimiento declarativo posterior debe ser tratado como una unidad procedimental, de manera que la fase contradictoria en la que se entra no deja de formar parte del procedimiento inicial (AP A Coruña 11-5-12, EDJ 137158; AP Barcelona auto 23-3-17, EDJ 79903).

3. Ejecuciones judiciales

4141 **Nuevas ejecuciones** (LCon art.142) Desde la declaración de concurso, no podrán iniciarse ejecuciones singulares, judiciales o extrajudiciales, ni tampoco apremios administrativos, incluidos los tributarios, contra los bienes o derechos de la masa activa. En consecuencia, no se dictará auto autorizando y despachando la ejecución, cuando conste al tribunal que el demandado se halla en situación de concurso (LEC art.568.1). El auto que deniegue el despacho de la ejecución será directamente apelable, sustanciándose la **apelación** solo con el acreedor. También podrá el acreedor, a su elección, intentar recurso de **reposición** previo al de apelación.

Precisiones La **declaración de concurso** debe ser publicada, y puede ser consultada, en el Boletín Oficial del Estado y en el Registro Público Concursal por **edictos** (LCon art.35). La publicación de edictos se ha de realizar desde 1-6-2021 a través del **tablón edictal judicial único**, concentrando en un solo medio la publicidad y los actos de comunicación realizados por medio de edictos. El tablón edictal judicial único constituye el medio para la publicación de resoluciones y comunicaciones que por disposición legal deban fijarse en el tablón de anuncios, así como para la publicación de los actos de comunicación procesal que deban ser objeto de inserción en el Boletín Oficial del Estado, en el de la comunidad autónoma o en el de la provincia respectiva, en sustitución de estos medios citados, siendo de aplicación a todos los órdenes jurisdiccionales (Secretario General Administración de Justicia Instr 2/2021, relativa a la publicación de edictos en el tablón edictal judicial único y a la protección de los datos personales).

Ejecuciones en trámite (LCon art.143) Las ejecuciones judiciales o extrajudiciales en tramitación quedan en suspenso desde la fecha de **declaración de concurso**, sin perjuicio del tratamiento concursal que corresponda dar a los respectivos créditos. Serán nulas cuantas actuaciones se hubieran realizado desde ese momento. 4143

El letrado de la Administración de Justicia decretará la suspensión de la ejecución en el estado en que se halle en cuanto conste en el procedimiento la declaración del concurso (LEC art.568.2).

Respecto a los **embargos ya trabados** frente al concursado en el seno del procedimiento de ejecución en trámite, cuando las actuaciones de ejecución hayan quedado en suspenso, el juez del concurso, a petición de la administración concursal y previa audiencia de los acreedores afectados -en este caso, la comunidad de propietarios ejecutante-, podrá acordar el levantamiento y cancelación, cuando el mantenimiento de los mismos dificultara gravemente la continuidad de la actividad profesional o empresarial del concursado.

La existencia de una **suma embargada y consignada** ya en la cuenta de depósitos y consignaciones del juzgado acordada en una ejecución ordinaria en favor de la comunidad de propietarios (ejecutante) no comporta, si ha sido declarado el concurso antes de percibir las cantidades embargadas, ninguna preferencia de cobro para la comunidad respecto a esa cantidad que deberá integrarse a la masa activa del concurso y ser repartida entre los acreedores concursales por el orden establecido en LCon art.429 a 440.

Ejecución de garantías reales (LCon art.141 a 151) Cuando la comunidad de propietarios pretenda ejecutar la afección que supone la obligación *propter rem* de una vivienda o local que forma parte de una comunidad para responder de los gastos comunes durante la anualidad corriente y las 3 anteriores debe tener en cuenta que, si el inmueble resulta ser un bien necesario para la **continuidad de la actividad** profesional o empresarial del deudor no podrán iniciar la ejecución o realización forzosa de la garantía, sino desde la fecha de eficacia de un convenio que no impida el ejercicio del derecho de ejecución separada sobre esos bienes o derechos, o desde que hubiera transcurrido 1 año a contar de la fecha de declaración de concurso sin que hubiera tenido lugar la apertura de la liquidación en el procedimiento concursal. 4145

En caso de que la comunidad de propietarios entienda que el bien no tiene por qué tener esa consideración de necesario para la continuidad de la actividad profesional o empresarial del deudor, deberá obtener del juez del concurso la declaración, mediante auto, de **no ser un bien necesario**. Con el testimonio de tal resolución sí podrá iniciar su ejecución separada si esta se solicita antes del límite temporal que se establece la LCon art.149. Abierta la fase de liquidación, los acreedores que antes de la declaración de concurso no hubieran ejercitado estas acciones perderán el derecho de hacerlo en procedimiento separado. Sin embargo, recuperarán el derecho de ejecución o realización forzosa cuando transcurra un año desde la apertura de la liquidación sin que se haya enajenado el bien o derecho afecto (LCon art.149).

Por su parte, las **ejecuciones de garantía real ya iniciadas** se suspenderán, si no hubiesen sido suspendidas en virtud de LCon art.590, desde que la declaración del concurso, sea o no firme, conste en el correspondiente procedimiento de ejecución, aunque ya estuvieran publicados los anuncios de subasta del inmueble. Solo se alzará la suspensión de la ejecución y se ordenará que continúe, cuando se incorpore al procedimiento de ejecución testimonio de la resolución del juez del concurso que declare que el **inmueble no es necesario para la continuidad de la actividad** profesional o empresarial del deudor. Por tanto, será la comunidad de propietarios interesada en que se alce la suspensión de la ejecución de la garantía real la que deberá comparecer en el procedimiento concursal a los efectos de solicitar, del juez del concurso, la declaración de que el inmueble afecto al pago de las cuotas no resulta ser un bien necesario para la continuidad de la actividad profesional o empresarial del deudor.

Aunque la subasta ya se hubiera iniciado, cuando le conste al letrado de la Administración de Justicia la declaración de concurso del deudor, la suspenderá. En este caso se reanudará la subasta cuando se acredite, mediante testimonio de la resolución del juez del concurso, que los bienes o derechos no son necesarios para la continuidad de la actividad profesional o empresarial del deudor (LEC art.691.5).

Iniciadas o reanudadas las ejecuciones de garantía real, no podrán ser suspendidas por razón de vicisitudes propias del concurso.

Abierta la **fase de liquidación** en el procedimiento concursal, si la comunidad de propietarios antes de la declaración de concurso del propietario deudor no hubiera ejercitado estas acciones, perderá el derecho de hacerlo en **procedimiento separado** (LCon art.149), con la **excepción** ya mencionada de que transcurriera un año desde la apertura de la liquidación sin que se hubiera enajenado el bien o derecho afecto.

B. Efectos del concurso en los créditos de la comunidad de propietarios

4150 **Prohibición de compensación de créditos** (LCon art.153) La compensación es una institución jurídica que extingue las obligaciones entre las partes de forma automática. Los **presupuestos** de la compensación de deudas son:

a) **Reciprocidad**, es decir, que acreedor y deudor lo sean recíprocamente.

b) **Homogeneidad**, esto es, que ambas obligaciones sean de entrega de dinero o de bienes fungibles de una misma especie.

c) **Vencimiento, liquidez y exigibilidad** de ambas obligaciones.

d) **No exista contienda** promovida por terceras personas.

Una vez **declarado el concurso de acreedores** del propietario deudor la compensación de deudas de este con la comunidad de propietarios ya no es posible, dado que ello fracturaría el principio de *par conditio creditorum* en la que se asienta todo el proceso concursal. Por esta razón, se prohíbe la compensación de los créditos y deudas del concursado, salvo que los requisitos de la compensación hubieran existido **con anterioridad a la declaración** de concurso lo que significaría, en puridad, que la compensación ha operado entre los créditos antes que una de las partes hubiera sido declarada en concurso -LCon art.153- (AP Burgos 26-10-16, EDJ 214638; JM Palma de Mallorca núm 1 22-11-19, EDJ 810005).

4151 Sin perjuicio de lo previsto en la LCon art.721 para supuestos de aplicación al proceso concursal de normas de **Derecho internacional privado**, declarado el concurso, no procederá la compensación de los créditos y deudas del concursado, pero producirá sus efectos la compensación cuyos **requisitos hubieran existido con anterioridad** a la declaración, aunque la resolución judicial o acto administrativo que la declare se haya dictado con posterioridad a ella.

Debe distinguirse entre la **compensación de créditos** -dos deudas recíprocas dimanantes de diferentes relaciones crediticias se extinguen en la parte concurrente-, prohibida por LCon art.153.2, salvo que sus requisitos concurran antes de la declaración, de la **liquidación de las relaciones recíprocas** en un único contrato bilateral -una única relación contractual sinalagmática de la que han surgido obligaciones para una y otra parte-. Así, se excluye del **régimen de prohibición** de compensación los casos en que la compensación se produce como consecuencia de la liquidación de una misma relación contractual, de la cual han podido surgir obligaciones para una y otra parte, aunque la determinación del importe de una de estas obligaciones se declare en un procedimiento judicial posterior a la declaración de concurso de una de las partes (TS auto 25-9-19, EDJ 695296; TS 21-3-19, EDJ 536537).

Si ha sido preciso acudir al juzgado que conoce del concurso por existir **controversia** sobre la realidad y cuantía de los créditos entre las partes, para su determinación y exigibilidad, necesitando para ello del **procedimiento incidental** tramitado en el seno del concurso y, en consecuencia, después de haber sido declarado el concurso, opera la prohibición de compensación (LCon art.153.2).

4152 Precisiones **1) Se prohíbe**, después de la declaración de concurso, la compensación de créditos y deudas del concursado que no se hubieran podido compensar antes de la declaración de concurso, por no reunir los requisitos legales o no haber sido pactado; y, al mismo tiempo, **se admite** la compensación de créditos y deudas cuya compensación se hubiera podido hacer valer por las partes antes de la declaración de concurso, cuando se hace uso de esta facultad después (TS 18-2-13, EDJ 24016; 24-7-14, EDJ 165053; 30-6-23, EDJ 611800; AP Córdoba auto 26-6-19, EDJ 765132).

2) La ruptura de esa **igualdad de los acreedores** que supone la compensación es el verdadero fundamento de la prohibición contenida en LCon art.153.2, de ahí que la excepción venga determinada por la existencia de **créditos anteriores al concurso** en los que ambas partes sean recíprocamente acreedores y deudores, pues al tener dicho carácter anterior no se altera la igualdad entre los acreedores, ya que si se hubiesen pagado previamente no se incluiría el importe del crédito del concursado en el activo y el importe del pasivo a favor del acreedor se vería reducido en idéntica cantidad, generando una situación de igualdad entre los acreedores en relación a la parte del crédito no compensada. La extinción de la obligación por compensación no supone pago alguno a un acreedor frente al resto de los acreedores concursales, no se genera alteración de la igualdad de los acreedores concursales (AP Murcia 15-3-11, EDJ 54384; AP Barcelona 6-5-19, EDJ 576984).

3) La **excepción de compensación** puede ser opuesta por el acreedor del concursado en cualquier momento que le sea reclamado el pago por el concursado, con el único condicionante de que sus requisitos existan con anterioridad a la declaración de concurso (AP Sevilla 16-11-11, EDJ 340209).

4) El **régimen de compensación de créditos** es distinto:

• Solo los créditos contra la masa pueden compensarse con créditos del concursado, y pagarse con los intereses que se devenguen. No existe prohibición de compensación de créditos entre concursado y su acreedor si se trata de compensar créditos contra la masa (TS 17-7-19, EDJ 651208).

• En la compensación tras ser aprobado el convenio concursal, se viene permitiendo la compensación de las cantidades novadas -por aplicación de la quita- y vencidas -sin que ello afecte a la *par conditio creditorum*- (TS 8-4-16; AP Baleares 11-10-19, EDJ 762523).

5) Si cuando se interpuso la demanda ya se había **aprobado el convenio concursal** y estaba en fase de cumplimiento, no opera la prohibición de compensación (LCon art.58; AP Bizkaia 16-11-22, EDJ 900802).

Suspensión del devengo de intereses La **regla general** en materia de devengo de intereses de las deudas concursales es que desde la declaración de concurso se suspende el devengo de los intereses legales o convencionales (LCon art.152.1). **4154**

Se pretende así, evitar la continua movilidad de las cifras de la masa pasiva en un contexto regido por el principio concursal de *par conditio creditorum*.

La **excepción**, aunque parcial, a esa suspensión del devengo de intereses, se da respecto a los remuneratorios (AP Huelva auto 16-5-19, EDJ 628746) los correspondientes a los créditos con garantía real, que serán exigibles hasta donde alcance la respectiva garantía. En cuanto a la determinación, cálculo y alcance de estos intereses son muy relevantes los pronunciamientos, ver TS 20-2-19, EDJ 513288; 11-4-19, EDJ 555164.

Precisiones La expresión «**hasta donde alcance la respectiva garantía**» puede hacer dudar sobre si la norma concursal se refiere al límite previsto en LH art.114, es decir, intereses de los 2 últimos años transcurridos y la parte vencida de la anualidad corriente. El precepto hipotecario comienza señalando «salvo pacto en contrario», por lo que habrá que verificar si hay una previsión expresa de interés que, además, no supere el límite temporal de 5 años al que alude LH art.114. No obstante, hay para un sector de la jurisprudencia que entiende que no puede superarse el límite que señala tal precepto (JM núm 1 Bilbao 13-3-07, EDJ 31913).

No obstante, cuando en el concurso se llegue a una solución de **convenio que no implique quita**, podrá pactarse el cobro, total o parcial, de los intereses cuyo devengo hubiese resultado suspendido, calculados al tipo legal o al convencional si fuera menor. En caso de liquidación, si resultara **remanente** después del pago de la totalidad de los créditos concursales, se satisfarán los referidos intereses calculados al tipo convencional. **4155**

Es importante destacar que tales previsiones lo son respecto a los **créditos concursales**. Así, los créditos de la comunidad de propietarios que sean calificados como **créditos contra la masa** devengan intereses desde que vencen y no les alcanza esta suspensión (TS 26-11-12, EDJ 294517; 22-7-13, EDJ 149992; 26-7-13, EDJ 173371; 2-6-14, EDJ 123824; 14-5-14, EDJ 123834; 11-4-13, EDJ 55345; 21-5-14, EDJ 99470; 1-7-15, EDJ 128719; 4-11-15, EDJ 198521; JM Oviedo núm 1 12-9-16, EDJ 173023; AP Navarra 2-9-22, EDJ 732214).

Interrupción de la prescripción Desde que se declara el concurso y hasta la terminación de este, el acreedor no puede iniciar acciones de reclamación de cantidad por créditos concursales contra el deudor. En consecuencia, dado que no puede iniciar tales acciones **se interrumpe** automáticamente el cómputo del plazo de prescripción de las acciones contra el deudor (TSJ Cataluña social 18-12-08, EDJ 335332). **4157**

La interrupción del plazo de prescripción para iniciar las acciones de reclamación de cantidad por los créditos concursales contra el deudor no alcanza también a interrumpir el plazo de prescripción de los créditos contra el deudor que sean considerados créditos contra la masa respecto de los cuales no es de aplicación la interrupción que promulga la LCon art.155 (JM Donostia/San Sebastián núm 1 18-1-17, EDJ 27520).

La interrupción de la prescripción no producirá efectos frente a los **deudores solidarios**, así como tampoco frente a los **fiadores y avalistas** (LCon art.155.2).

El cómputo del plazo para la prescripción **se inicia nuevamente**, en su caso, a la fecha de la conclusión del concurso.

En consecuencia, los **requisitos** principales que deben tener las acciones a ejercitar para que opere la interrupción de la prescripción por la declaración del concurso del deudor son:
- que se trate de una acción con trascendencia patrimonial;
- que tenga su origen en créditos anteriores a la declaración de concurso; y
- que se trate de acciones que se dirijan contra el concursado -y no por el concursado-.

C. Reconocimiento y clasificación de los créditos de la comunidad de propietarios

Comunicación de créditos al administrador concursal Todo acreedor tiene la **carga procesal** de comunicar el crédito concursal que tiene frente al deudor directamente al administrador concursal a los fines de que, en su caso, sea reconocido y clasificado según los postulados de la ley concursal. La **inobservancia** de esta carga conlleva importantes efectos, **4165**

como la calificación del mismo en la última de las categorías con preferencia de cobros que es la de los créditos subordinados si, por ejemplo, no se ha comunicado el crédito dentro del plazo legal (LCon art.281.1.1º).

4166 **Plazo** Se pueden distinguir tres momentos distintos en la comunicación de créditos que, a su vez, conllevan tres valoraciones diferentes desde el punto de vista concursal:

1) La comunicación del crédito **dentro de plazo**, en cuyo caso el administrador concursal deberá examinarlo a los fines de ser, en su caso, reconocido y clasificado en su categoría dentro de la lista de acreedores.

2) La comunicación del crédito **fuera del plazo** que se hubiera señalado en el auto de declaración del concurso al que se refiere la LCon art.255, implica otorgar al crédito la consideración de comunicado tardíamente y puede determinar la inclusión, en su caso, en la categoría de créditos subordinados.

3) La comunicación del crédito no solo fuera del plazo del mes al que se refiere la LCon art.28.1.5º, sino incluso **tras la presentación de los textos definitivos** por el administrador concursal, lo que supondría la no consideración del crédito, salvo que se tratara de uno de los supuestos que permite activar el trámite de modificación de la lista de acreedores -LCon art.308- (AP Sevilla 24-7-18, EDJ 511804).

La comunicación del crédito que ostente la comunidad de propietarios frente al propietario deudor concursado deberá realizarse dentro del plazo que se señale en el **auto de declaración de concurso**.

No están exentos de atender a este llamamiento dentro del plazo del mes tampoco los acreedores que ostenten los denominados **créditos contingentes**. Los créditos sometidos a condición suspensiva y los litigiosos serán reconocidos en el concurso como créditos contingentes sin cuantía propia e, igualmente, los créditos que no puedan ser hechos efectivos contra el concursado sin la previa excusión del patrimonio del deudor principal serán reconocidos como créditos contingentes mientras el acreedor no justifique cumplidamente a la administración concursal haber agotado la excusión, confirmándose, en tal caso, el reconocimiento del crédito en el concurso por el saldo subsistente (LCon art.261 s.).

4167 Precisiones 1) El **plazo señalado por meses** se computa de fecha a fecha. Cuando en el mes del vencimiento no haya día equivalente al inicial del cómputo, se entiende que el plazo expira el último del mes (LEC art.133).

2) Para que un **crédito comunicado tardíamente** no se sancione con la clasificación de subordinado deben concurrir las siguientes circunstancias (TS 22-5-19, EDJ 592324; AP Málaga 25-1-22, EDJ 517308):

- que su existencia conste en la documentación del deudor;
- que esté pendiente de pago y resulte exigible;
- que su existencia y exigibilidad resulte indubitada; y
- que no pueda pasar inadvertido a la administración concursal al elaborar la lista de acreedores en atención a las circunstancias del caso.

3) Bajo vigencia de la LCon/03, en donde el **plazo para comunicar los créditos** era de un mes, la jurisprudencia mantenía que el régimen de comunicación al administrador concursal de los créditos concursales difería del de los créditos contra la masa que no venían sujetos al plazo perentorio de un mes desde la publicación en el BOE del auto de declaración de concurso. Así, por su propia naturaleza, los créditos contra la masa iban generándose durante la tramitación del concurso. Por tanto, no integraban la lista de acreedores que debía unirse al informe provisional de la administración concursal, ni tampoco integraban los textos definitivos de la lista de acreedores. No estaban sujetos al trámite de impugnación de la lista de acreedores previsto en LCon/03 y, actualmente, en LCon art.297, sin perjuicio de que pudieran ser objeto del incidente concursal de reconocimiento y pago de créditos contra la masa, no sujeto a plazo alguno.

Tampoco estos créditos contra la masa pueden ser objeto de la **modificación de la lista de acreedores** a que se refiere la LCon art.311, para pretender su reconocimiento. En consecuencia, tampoco los créditos contra la masa han de ser objeto de la comunicación de créditos prevista en el vigente LCon art.255, ni sujeta al plazo indicado en el mismo (AP Málaga 30-6-17, EDJ 322684).

4168 **Presentación** La comunicación debe realizarse directamente al administrador concursal y no al juzgado y se formulará por **escrito** firmado por el acreedor, por cualquier otro interesado en el crédito o por quien acredite representación suficiente de ellos. Fuera de los supuestos relacionados en la excepción contemplada en la LCon art.281.1.1º, ningún derecho de crédito podrá acceder a la lista de acreedores del concurso por un cauce distinto del mecanismo de comunicación de créditos conforme el régimen legal previsto. Así por ejemplo se acordaba respecto a ello en AP Oviedo 12-5-14, EDJ 91446.

No obstante, la falta de comunicación no tiene por qué comportar la **falta de reconocimiento** de un crédito, si este resulta de los libros y documentos del deudor o si, por cualquiera otra razón, constase de algún modo en el concurso, en cuyo caso la administración concursal

estaría obligada a incluirlo, conforme a lo dispuesto en LCon art.259 y 260 (AP Sevilla 24-7-18, EDJ 611804; AP Alicante 7-11-22, EDJ 799273).
La comunicación podrá presentarse en el **domicilio** designado al efecto por el administrador concursal, remitirse a dicho domicilio o efectuarse por medios electrónicos. El domicilio y la dirección electrónica señalados a efectos de comunicaciones serán únicos y deberán ser puestos en conocimiento del juzgado por el administrador concursal al tiempo de la aceptación del cargo.
En caso de **concursos simultáneos de deudores solidarios** -p.e. en el supuesto de concurso de ambos cónyuges copropietarios del inmueble-, el acreedor o el interesado podrán comunicar la existencia de los créditos a la administración concursal de cada uno de los concursos. El escrito presentado en cada concurso expresará si se ha efectuado o se va a efectuar la comunicación en los demás, acompañándose, en su caso, copia del escrito o de los escritos presentados y de los que se hubieran recibido.

Contenido El escrito presentado, o remitido por medios telemáticos, directamente al administrador concursal expresará nombre, domicilio y demás datos de **identidad del acreedor**, así como los relativos al **crédito**, su concepto, cuantía, fechas de adquisición y vencimiento, características y **clasificación** que se pretenda. **4169**
Si se invocara un **privilegio especial** -p.e. una hipoteca legal tácita-, se indicarán, además, los bienes o derechos a que afecte y, en su caso, los datos registrales.
También en la comunicación, el acreedor señalará una dirección postal o una dirección electrónica para que la administración concursal realice cuantas comunicaciones resulten necesarias o convenientes. Las comunicaciones de la administración concursal a la dirección señalada por el acreedor producirán plenos efectos A la comunicación **se acompañará** copia del título o de los documentos relativos al crédito. En el caso de que el acreedor opte por realizar la comunicación del crédito por medio electrónico, la copia se remitirá por el mismo medio.
Salvo que los títulos o documentos figuren inscritos en un registro público, la administración concursal podrá solicitar los originales o copias autorizadas de los títulos o documentos aportados, así como cualquier otra justificación que considere necesaria para el reconocimiento del crédito (LCon art.256).

Efectos El efecto de la **comunicación en tiempo y forma** del crédito a la administración concursal supone el examen del mismo y la posibilidad de su inclusión en la lista de acreedores del concursado. La comunicación en sí misma no supone el reconocimiento automático del crédito. **4170**

Reconocimiento de los créditos por el administrador concursal Si la comunicación de créditos al administrador concursal supone una carga procesal del acreedor, el reconocimiento de los créditos supone el examen de los mismos por el administrador concursal con la finalidad de ser incluidos, en su caso, en la lista de acreedores que forma parte del contenido del **informe provisional** que presenta ante el juez del concurso. En el señalado informe deberá el administrador concursal tanto recoger los créditos que ha **incluido** en la lista de acreedores, como justificar los motivos por los que ha rechazado a los que ha **excluido** de tal lista. **4172**
La fijación por parte del administrador concursal de la **lista de acreedores**, es decir, el reconocimiento de los créditos insinuados, supone la determinación de la **masa pasiva** del concurso. Es obligación de la administración concursal proceder al reconocimiento de los créditos, tanto de los que se haya comunicado expresamente, como de los que resulten de los libros y documentos del deudor o por cualquier razón consten en el concurso, ya sea por ser propiamente la aportada por el deudor, la obtenida por decisión judicial, o la remitida por los acreedores (LCon art.259).

Precisiones Por disposición legal, se determina la existencia de determinados créditos cuya **comunicación al administrador concursal** no es necesaria ya que gozan de un **reconocimiento imperativo** en la lista de acreedores, como aquellos que hayan sido reconocidos por laudo o por resolución procesal, aunque no fueran firmes, los que consten en documento con fuerza ejecutiva, los reconocidos por certificación administrativa, los asegurados con garantía real inscrita en registro público, y los créditos de los trabajadores cuya existencia y cuantía resulten de los libros y documentos del deudor o por cualquier otra razón consten en el concurso.

Corrección de errores materiales La administración concursal está facultada para corregir **de oficio** el importe de un crédito incluido en la lista de acreedores cuando se trate de meros errores materiales constatables con la documentación obrante en su poder (AP Pontevedra 28-2-13, EDJ 46319). No obstante, al distinguir la regulación vigente entre el trámite de corrección de errores (LCon art.289.2) y la impugnación de la lista de acreedores **4173**

(LCon 297 s.), resulta aconsejable que, en caso de apreciar un error material, la comunidad de propietarios solicite a la administración concursal, igualmente por medios electrónicos, hasta 3 días antes de la presentación del informe de la administración concursal al juez, que se rectifique cualquier error o que complemente los datos comunicados (TS auto 23-10-19, EDJ 15736).

Precisiones 1) Es **error material**, aquel cuya corrección no implica un juicio valorativo, ni exige operaciones de calificación jurídica o nuevas y distintas apreciaciones de prueba, ni supone resolver cuestiones discutibles u opinables por evidenciarse el error directamente al deducirse, con toda certeza, del propio texto de la sentencia, sin necesidad de hipótesis, deducciones o interpretaciones (TCo 231/1991; AP Pontevedra 28-2-13, EDJ 46319).

2) La administración concursal, salvo errores materiales manifiestos, está vinculada por el reconocimiento y la clasificación efectuados en la lista de acreedores, no pudiendo modificarla sin una previa impugnación (LCon art.300). La administración concursal no puede modificar dicha lista porque haya cambiado de criterio respecto de la clasificación de un crédito, en este sentido está sometida a la inmutabilidad de dicha lista que establece la LCon art.299 (AP Barcelona 21-6-16, EDJ 148353).

4175 **Clasificación de los créditos concursales incluidos en la lista de acreedores**

Una vez comunicados los créditos y reconocidos como tales deben clasificarse por **orden de preferencia**. Esta clasificación supone la graduación de los créditos reconocidos y su inclusión en alguna de las **categorías** que señala la Ley concursal.

Los créditos concursales incluidos en la lista de acreedores se clasificarán, a efectos del concurso, en privilegiados, ordinarios y subordinados.

Los **créditos privilegiados** se clasificarán, a su vez, en créditos con **privilegio especial**, si afectan a determinados bienes o derechos (LCon art.270), y créditos con **privilegio general**, si afectan a la totalidad del patrimonio del deudor (LCon art.280). No se admitirá en el concurso ningún privilegio o preferencia que no esté reconocido en la Ley concursal (LCon art.269.2).

Los créditos subordinados son los que constan en la LCon art.281. No obstante, distintas sanciones pueden conllevar la subordinación del crédito.

Se entenderán clasificados como **créditos ordinarios** aquellos que no se encuentren legalmente calificados como privilegiados ni como subordinados (LCon art.269.3).

4176 Si esta clasificación de créditos se pone en relación al crédito que la comunidad de propietarios ostenta **frente a terceros contratistas**, en general, al no estar garantizado el cumplimiento de la deuda del tercero -p.e. un arrendatario de un inmueble propiedad de la propia comunidad- con ningún derecho real -p.e. hipoteca o prenda-, tal crédito debería ser clasificado en el concurso del tercero como un crédito ordinario en favor de la comunidad.

Por otra parte, como ya se ha comentado, la LPH art.9.1.e) dispone que los créditos a favor de la comunidad derivados de la obligación del propietario de contribuir al sostenimiento de los gastos generales correspondientes a las cuotas imputables a la parte vencida de la anualidad en curso y los 3 años anteriores tienen la condición de **preferentes** a efectos del CC art.1923.

Y, conforme a LPH art.9.3, las **fincas afectadas** quedan gravadas, con carácter real y por imperativo legal, al pago de estos créditos en favor de la comunidad de propietarios con la peculiaridad de no precisar **constancia registral**. Tales condiciones propias del crédito de la comunidad de propietarios -preferencia de cobro y afección del bien afectado, por encima de cualquier otro derecho inscrito con anterioridad-, en principio, podría entenderse que supone una **hipoteca legal tácita** a efectos del reconocimiento del privilegio especial -LCon art.270.1- (AP Granada 10-5-18, EDJ 610291; AP Barcelona 11-6-19, EDJ 624677; AP León 4-3-22, EDJ 579805; AP Valencia 6-7-21, EDJ 774503) y, como se ha dicho, sin necesidad de constancia registral, pues para que pueda ser clasificada con tal carácter, la respectiva garantía debe constituirse con los requisitos y formalidades previstos en su legislación específica para su oponibilidad a terceros, salvo que se trate de hipoteca legal tácita o de los refaccionarios de los trabajadores (LCon art.271.1).

Precisiones El **privilegio especial** solo alcanzaría en tal caso la parte del crédito que **no exceda** del valor de la respectiva garantía que conste en la lista de acreedores, calculada de acuerdo con lo dispuesto en LCon art.275. El importe del crédito que **exceda del reconocido** como privilegiado especial será calificado según su naturaleza (LCon art.272.2).

4177 Sin embargo, la jurisprudencia mayoritaria mantenía que, declarado el concurso de acreedores, las **comunidades de propietarios pierden su preferencia crediticia** (AP Alicante 12-5-11, EDJ 181842; AP Murcia 26-04-12, EDJ 135825; AP Pontevedra 19-2-14, EDJ 20404; AP Madrid 22-5-15, EDJ 100334) y suscitaba dudas incluso la posibilidad del reconocimiento de la existencia de un crédito contra la masa, en aquellos créditos de vencimiento posterior a la declaración el concurso, o, bien su inclusión dentro de los créditos con privilegio especial establecidos en LCon art.270.1º al poder considerarse una hipoteca legal tácita (JM núm 1 Murcia

9-11-15, EDJ 233812). También se ha señalado que la LPH art.9.1.e solo atribuye una determinada preferencia a los **créditos derivados del impago de las cuotas adeudadas** a la comunidad de propietarios de forma que, con relación al inmueble de que se trate van inmediatamente detrás de los créditos a favor del Estado y los créditos de los aseguradores. Ahora bien, el CC art.1921 precisa que, en caso de concurso, la clasificación y graduación de los créditos se regirá por lo establecido en la Ley concursal (AP Pontevedra secc 1ª 19-2-14, EDJ 24404).
De esta manera, y dado que la preferencia de cobro contemplada en LPH art.9.1.e en relación con CC art.1923 no está incluida en ninguno de los supuestos previstos en la LCon art.270 a 280, debe concluirse, para quienes mantienen este criterio jurisprudencial, que **no tiene efecto** alguno en los supuestos en que el concurso de acreedores del deudor ha sido declarado, de manera que, cuando el inmueble pertenezca a un deudor en situación de concurso de acreedores declarado, la comunidad de propietarios concurrirá **con el resto de acreedores sin privilegio** alguno (JM Pontevedra núm 2 16-10-18, EDJ 644277).

Precisiones 1) Evidentemente si el crédito de la comunidad de propietarios, tras el oportuno procedimiento declarativo ha sido anotado **en el Registro de la Propiedad con declaración de prioridad** respecto a las garantías reales que pudieran estar inscritas, no cabría duda alguna de la calificación de tal crédito como privilegiado especial. Sin embargo, aun siendo ello aconsejable, no suele ser la práctica habitual para asegurar el cobro de las deudas del propietario moroso por los costes que supone el proceso declarativo y la consiguiente inscripción en el Registro en relación al montante de la deuda real existente. De ser considerable la deuda, ya aparece esta alternativa como más atractiva a los fines de garantizar, en un posible concurso del deudor, el cobro con preferencia del crédito de la comunidad de propietarios. **4177.1**
2) La AP Pontevedra secc 1ª 19-2-14, EDJ 24404 matiza, que ello no implica que lo dispuesto en LPH art.9.1.e) quede vacío de contenido, sino que su aplicación se restringe a los casos de **ejecuciones singulares** y será en esa ejecución singular en la que la preferencia de cobro de LPH art.9.1.e) estará llamada a desplegar todos sus efectos. Esta es la doctrina jurisprudencial sentada, ya desde mucho antes de la entrada en vigor de la LCon/03, en juicios de tercería de mejor derecho y que vienen a distinguir entre la ejecución colectiva de créditos que ostentan distintos acreedores contra un mismo deudor y la existencia de dos **ejecuciones simultáneas** o singulares contra un mismo deudor y unos mismos bienes (TS 21-2-75, EDJ 109).

No obstante, como se ha dicho, sí existe una incipiente jurisprudencia que postula el **criterio contrario**. Es decir, que estos créditos en favor de la comunidad de propietarios merecen la clasificación concursal de créditos privilegiados especiales al tratarse de una verdadera hipoteca legal tácita y, en consecuencia, que la comunidad de propietarios vería satisfecho su crédito con preferencia a otros créditos concursales y sobre el montante percibido directamente por la liquidación del inmueble (AP Granada 10-5-18, EDJ 610291; AP Barcelona 11-6-19, EDJ 624677; AP León 4-3-22, EDJ 579805; AP Valencia 6-7-21, EDJ 774503). Si bien es cierto que el CC art.1921 establece que, en caso de concurso, la clasificación y graduación de los créditos ha de regirse por lo establecido en la LCon, en coherencia con lo dispuesto en la LCon art.269.2 por la que no se admite en el concurso ningún privilegio o preferencia que no esté reconocido por la propia Ley, también lo es que ni en la LPH ni en la LCon se han previsto expresamente los privilegios y preferencias de los créditos por gastos comunes en concurso. Ello, no obstante, no debe impedir considerarlo como una hipoteca legal tácita y, en consecuencia, reconocerlo como un crédito con privilegio especial dentro del concurso (AP Barcelona 11-6-19, EDJ 624677). **4178**
Asimismo, es muy relevante un **segundo argumento** que refuerza, para quienes defienden esta línea jurisprudencial, la necesaria consideración de este tipo de créditos de la comunidad de propietarios como privilegiados especiales. Se parte de la base de que, conforme a la LCon art.255, en el auto de aprobación del remate o de la transmisión de los bienes o derechos realizados ya sea de forma separada, por lotes o formando parte de una empresa o unidad productiva, el juez acordará la cancelación de todas las cargas anteriores al concurso constituidas a favor de créditos concursales, salvo las que gocen de privilegio especial conforme a la LCon art.270 y se hayan transmitido al adquirente con subsistencia del gravamen. Partiendo de que deberán cancelarse todas las cargas llega a la conclusión -contraria a la que hasta ahora resultaba mayoritaria- de que el gravamen que garantiza el pago de los créditos a favor de la comunidad debería purgarse con la transmisión del inmueble y que solo su clasificación como especialmente privilegiado permite su adecuada protección ya que, de no clasificarse así, el nuevo adquirente no resultaría obligado al pago de tales créditos, por haber sido cancelada la garantía real.

Dicho esto, lo cierto es que aún resulta mayoritaria la jurisprudencia que considera -de acuerdo con Muñoz Paredes- que si en el curso de la liquidación se enajena el inmueble a un tercero, nacerá la **afección real** a favor de la comunidad, pero ello no altera la clasificación de su crédito -ordinario-, por lo que la administración concursal no podrá destinar el dinero **4179** obtenido en la realización del bien al pago de la deuda, debiendo ser el eventual comprador quien la asuma para adquirir el inmueble libre de esa carga. Así, al tenor de la LPH art.9.1.e, nacen **dos relaciones distintas** (JM Pontevedra núm 2 16-10-18, EDJ 644277):

• La existente entre la comunidad y el deudor, que da lugar a una preferencia de crédito del CC art.1923, extraña al concurso de acreedores, en que solo se reconoce un mero crédito ordinario.

• La relación entre la comunidad y el adquirente del inmueble del deudor, que da lugar a la afección real, que surge si en el momento de la transmisión no se abonan las cuotas pendientes.

4179.1 Precisiones **1)** Sobre el concepto de **hipoteca legal tácita** de la LPH art.9.1.e y la afección del bien inmueble respecto al adquirente de un piso o local y la preferencia del crédito de la comunidad respecto a otros créditos sobre el mismo inmueble, ver DGRN Resol 22-1-13.

2) La preferencia de cobro prevista en LPH art.9.1.e deviene **inoperativa** en el ámbito concursal, toda vez que la misma se establece a efectos del CC art.1923, este precepto no rige en dicho marco y, según lo dispuesto en LCon art.269.2, no cabe admitir en el concurso ningún privilegio o preferencia que no esté reconocido en la ley. En definitiva, lo que se pone en duda es la propia configuración de la **preferencia de cobro en hipoteca legal tácita a efectos concursales**, ya que ningún precepto ampara esa naturaleza, máxime cuando la LH art.158 establece que solo serán hipotecas legales las admitidas expresamente por las leyes con tal carácter. Y en la enumeración de hipotecas legales (LH art.168), no aparece ninguna por razón de créditos preferentes de la comunidad de propietarios, ni la LPH art.9.1.e hace referencia a tal carácter, sino que solo lo caracteriza como crédito preferente a efectos del CC art.1923 y preceden, para su satisfacción, a los citados en los números 3º, 4º y 5º de dicho precepto, sin perjuicio de la preferencia establecida a favor de los créditos salariales en el Estatuto de los Trabajadores (AP Madrid 22-5-15, EDJ 100334).

4180 En **conclusión**, y aunque aparentemente pueda postularse la calificación del crédito que ostenta la comunidad de propietarios en virtud de LPH art.9.1.e como privilegiado especial, lo cierto es que se trata de una cuestión discutida ya que no faltan resoluciones que mantienen que tal precepto legal no da lugar a la calificación de los créditos amparados por ella como privilegiados en la LCon, debiendo ser clasificados, a efectos del concurso, como ordinarios, conforme a LCon art.269.3 (TS 4-5-22, EDJ 558022; AP Pontevedra 19-2-14, EDJ 20404;AP Madrid 22-5-15, EDJ 100334; JM núm 1 Murcia 9-11-15, EDJ 233812; JM Barcelona núm 11 20-11-23).

Sin embargo, como ya se ha avanzado, parece estar cambiándose ese criterio jurisprudencial por una **nueva interpretación** que sí admite el carácter de privilegio especial de este tipo de créditos, reconociéndolo como hipoteca legal tácita también en el seno del procedimiento de insolvencia (AP Barcelona 11-6-19, EDJ 624677; AP León 4-3-22, EDJ 579805; AP Valencia 6-7-21, EDJ 774503; 30-11-21, EDJ 861816; JM Barcelona núm 10 18-9-23, EDJ 729747; JM Barcelona núm 3 21-7-23, EDJ 722058).

Precisiones Distinto tratamiento concursal reciben los créditos que ostenta la comunidad de propietarios en virtud de LPH art.9.1.e, pero que se han **devengado con posterioridad a la declaración del concurso** del propietario deudor. No tendrán la clasificación de créditos concursales, sino de créditos contra la masa.

D. Impugnación de la lista de acreedores

4185 La simple **comunicación** a la administración concursal del crédito que la comunidad de propietarios tiene a su favor **no vincula** a aquella a reconocer la existencia del referido crédito. Por ello, la Ley concursal articula un trámite que permite al acreedor que ha sido rechazado impugnar el informe presentado por la administración concursal al juez del concurso.

No obstante, deben distinguirse las **impugnaciones** a la lista de acreedores (LCon art.297) de las **comunicaciones posteriores** de nuevos créditos, que permiten su inclusión en la lista de acreedores de los textos definitivos (LCon art.268) de, finalmente, las **solicitudes posteriores** de modificación del texto definitivo de la lista de acreedores.

Precisiones La administración concursal, con una antelación mínima de 10 días al de la presentación del informe al juez, dirigirá **comunicación electrónica** al concursado y a aquellos de cuya dirección electrónica tenga constancia que hubiesen comunicado sus créditos, remitiéndoles el proyecto de inventario y de la lista de acreedores, estén o no incluidos en la misma. En la comunicación se expresará el día en que tendrá lugar la presentación del informe. La misma comunicación, y documentos, se publicarán en el Registro Público Concursal.

Hasta 3 días antes de la presentación del informe al juez, el concursado y los acreedores podrán solicitar a la administración concursal, igualmente por medios electrónicos, que rectifique cualquier **error** o que complemente los datos comunicados.

La administración concursal dirigirá al concursado y a los acreedores, igualmente por medios electrónicos, una relación de las **solicitudes de rectificación o complemento** recibidas, que será también publicada en el Registro Público Concursal.
No obstante, aunque la LCon art.289 recoge un deber para la administración concursal, como es notificar el proyecto de informe a los acreedores personados por vía electrónica, no se tipifica en dicho precepto ningún **deber correlativo de los acreedores** de oponerse a lo recogido en el proyecto de informe, a fin de conservar sus derechos de impugnación, de la LCon art.297, por lo que, no se condiciona en absoluto la posibilidad de impugnación del informe de LCon art.292 a la existencia de aquella expresión del acreedor (AP Madrid 15-1-16, EDJ 9124).

Notificación de la lista de acreedores La presentación al juez del informe de la administración concursal y de la documentación complementaria se notificará a quienes se hayan personado en el concurso en el domicilio señalado a efectos de notificaciones y se publicará en el **Registro Público Concursal** y en el **tablón de anuncios** del juzgado. Además, la administración concursal remitirá telemáticamente copia del informe y de los documentos complementarios a aquellos que hubiesen comunicado sus créditos de cuya dirección electrónica tenga constancia, estén o no incluidos en la lista de acreedores. **4187**
En cuanto a la publicación en el tablón de anuncios del juzgado debemos recordar que el **tablón edictal judicial único** constituye el medio para la publicación de resoluciones y comunicaciones que por disposición legal deban fijarse en el tablón de anuncios, así como para la publicación de los actos de comunicación procesal que deban ser objeto de inserción en el Boletín Oficial del Estado, en el de la comunidad autónoma o en el de la provincia respectiva, en sustitución de estos medios citados, siendo de aplicación a todos los órdenes jurisdiccionales (Secretario General Administración de Justicia Instr 2/2021, relativa a la publicación de edictos en el tablón edictal judicial único y a la protección de los datos personales).
En la práctica forense, la notificación del informe del administrador concursal a los personados no suele hacerse en el domicilio, sino a través de la representación procesal del acreedor (procurador de los tribunales), reservándose la notificación directamente en el domicilio señalado a efectos de notificaciones a los organismos públicos personados a los que no se les exige representación procesal.

Plazo de impugnación Dentro del plazo de 10 días las partes personadas en el concurso de acreedores podrán impugnar el inventario y la lista de acreedores. El plazo se computa desde la inserción de esos documentos en el Registro público concursal. **4189**

Contenido La **impugnación del inventario** puede consistir en la solicitud de la inclusión o de la exclusión de bienes o derechos, o del aumento o disminución del avalúo de los incluidos. La impugnación de la lista de acreedores podrá referirse a la inclusión o a la exclusión de créditos concursales, así como a la cuantía o a la clasificación de los reconocidos. **4191**
Contestada la demanda o transcurrido el plazo para ello, el proceso continúa por los trámites del incidente concursal (LCon art.532).
Si hubiera **más de una impugnación**, pueden acumularse, de modo que se celebre, de ser preciso, una sola vista y se resuelvan en la misma sentencia.

Precisiones **1)** La **no impugnación** de la lista de acreedores impide a los titulares de supuestos créditos la posibilidad de pedir posteriormente la inclusión de estos créditos (AP Zaragoza 26-11-14, EDJ 273350; JPI Toledo núm 1 15-11-19, EDJ 798713). Se trata, por tanto, de un crédito que para el concurso resulta inexistente y no puede producir efecto alguno. La LCon art.299 no establece que el crédito se extinga por no figurar incluido en el texto definitivo, pero sí dice que, si no figura en él y no se impugnó la lista de acreedores, el titular de dicho crédito no podrá plantear pretensiones de modificación del contenido de estos documentos (AP León 5-9-14, EDJ 181514).
2) No se puede utilizar el trámite de impugnación del informe provisional como cauce para efectuar una **segunda comunicación** -extemporánea- de créditos.

Comunicación de nuevos créditos concluido el plazo de impugnación y hasta la presentación de la lista definitiva de acreedores (LCon art.268) La LCon art.268 relativiza la eficacia preclusiva que la norma concursal establece respecto de la **insinuación de créditos**, al ampliar el plazo para permitir la entrada al concurso a acreedores más allá inclusive del plazo de impugnación de la lista de acreedores -que es de 10 días desde la presentación del informe por la administración concursal-, prolongándolo hasta la presentación de la lista definitiva de acreedores. **4195**
Hay que entender que estas **nuevas comunicaciones** deben dirigirse a la administración concursal y en la forma prevista en LCon art.255 s.; y la administración concursal se pronunciará sobre ellas en la lista de acreedores definitiva, presentando como un **anexo** de la misma relación de esas comunicaciones y las modificaciones introducidas.
Tras esta labor de valoración y examen por parte de la administración concursal los créditos serán reconocidos conforme a reglas generales y en su **clasificación** se tendrá presente la

posibilidad de subordinación del crédito, salvo que el acreedor justifique no haber tenido noticia antes de su existencia, en cuyo caso se clasificarán según su naturaleza. Es decir, se reconocerán según los criterios generales y se calificarán como subordinados, pero cuando el acreedor justifique no haber tenido noticia de la existencia de los mismos antes de la conclusión del plazo de impugnación, estos créditos serán clasificados según la naturaleza que les corresponda.

4198 **Solicitudes posteriores de modificación de la lista definitiva de acreedores**

(LCon art.308) Distinto al trámite de la impugnación de la lista de acreedores, se regula la existencia de unos supuestos de hecho que permiten a los acreedores instar la modificación de la lista definitiva de acreedores, generalmente, con el objetivo de quedar incluido en la lista un nuevo crédito concursal.

Los **supuestos de hecho** que permiten esta solicitud de modificación de la lista definitiva de acreedores son los señalados en LCon art.308. De ellos, los **aptos** como supuestos en los que la comunidad de propietarios puede pretender la modificación de los textos definitivos son los siguientes:

- cuando se resuelva la **impugnación de las modificaciones**, derivadas de la comunicación extemporánea de créditos;
- cuando después de presentado el informe inicial a que se refiere LCon art.290 o el texto definitivo de la lista de acreedores, se inicie un **proceso penal o laboral** que pueda suponer el reconocimiento de un crédito concursal; y/o
- cuando después de presentados los textos definitivos, se hubiera cumplido la condición o contingencia prevista o los créditos hubieran sido reconocidos o confirmados por **acto administrativo**, por **laudo** o por **resolución procesal firme** o susceptible de ejecución provisional con arreglo a su naturaleza o cuantía (AP Gipuzkoa 5-4-19, EDJ 663154).

Caso de resultar reconocidos estos créditos en la lista de acreedores, tendrán la **clasificación** que les corresponda con arreglo a su naturaleza.

4200 **Procedimiento de modificación de la lista de acreedores** **El límite temporal** para solicitar la modificación de la lista definitiva de acreedores varía según se esté en fase de cumplimiento del convenio o de liquidación.

En caso de **convenio**, el momento preclusivo es la aprobación judicial de este. Pasado este momento, los créditos no comunicados son ya entendidos como créditos no concurrentes a la masa del concurso. Como no aparecen reconocidos en la lista de acreedores no pueden ser reclamados durante la fase de cumplimiento del convenio, y solo después de la declaración del cumplimiento puede dirigirse la reclamación frente al deudor concursada. Es en este caso cuando la ley aclara que, de reconocerse su existencia, vigencia y exigibilidad, su importe se verá afectado por las quitas consensuadas e impuestas a los acreedores concursales ordinarios y subordinados que sí habían sido reconocidos. El crédito no se ha extinguido, y el acreedor podría reclamar el pago con posterioridad a la conclusión del concurso, tanto en el caso de liquidación, como en el de convenio, tras su cumplimiento. Se trata de créditos que pese a haberse generado antes de la declaración de concurso, no son susceptibles de ser reconocidos y satisfechos en el concurso por no haberse comunicado y, por tanto, son concursales, pero no concurrentes (TS 7-10-16, EDJ 171355; 4-11-16, EDJ 196181).

En el caso de la **liquidación**, el momento preclusivo será el informe justificativo de las operaciones realizadas, una vez concluida la liquidación de la masa activa (LCon art.468), o bien la comunicación de insuficiencia de la masa activa para el pago de los créditos contra la masa de la LCon art.474 (TS 4-11-16, EDJ 196180).

4201 Si la comunidad de propietarios pretende, en este escenario de **modificación de la lista definitiva de acreedores**, la inclusión de su crédito en la lista de acreedores, dirigirá a la administración concursal una solicitud con justificación de la modificación pretendida, así como de la concurrencia de las circunstancias previstas en la LCon art.311. La administración concursal en el plazo de 5 días informará por escrito al juez sobre la solicitud:

• Si el informe fuera **contrario a la modificación pretendida**, el solicitante podrá promover incidente, dentro del plazo de 10 días, para que se reconozca el crédito. Incoado el incidente, se estará a lo que se decida en el mismo. Si no lo promoviera en el plazo indicado, el juez rechazará la solicitud.

• Si el informe fuera **favorable** a la modificación pretendida, se dará traslado del mismo, por término de 10 días, a las partes personadas. Si no se efectuaran alegaciones o no fueran contrarias a la pretensión formulada, el juez acordará la modificación por medio de auto sin ulterior recurso. En otro caso, el juez resolverá, igualmente por medio de auto contra el que cabe interponer recurso de apelación.

Efectos de la modificación de la lista de acreedores (LCon art.312) La tramitación de la solicitud no impide la **continuación** de la fase de convenio o liquidación. A petición de la comunidad de propietarios, el juez del concurso, cuando estime probable el reconocimiento, puede adoptar las **medidas cautelares** que considere oportunas en cada caso para asegurar su efectividad. 4202

La modificación acordada no afecta a la validez del convenio que se haya podido alcanzar o de las operaciones de liquidación o pago realizadas antes de la presentación de la solicitud o tras ella hasta su reconocimiento por resolución firme. No obstante, a petición de parte, el juez puede acordar la **ejecución provisional** de la resolución a fin de que:

• Se admita provisionalmente la modificación pretendida, en todo o en parte, a los efectos del ejercicio de los derechos de adhesión y voto y para el cálculo de las mayorías necesarias para la aceptación de la propuesta de convenio.

• Los pagos a realizar tengan en cuenta las modificaciones pretendidas, quedando, no obstante, las cantidades correspondientes en la masa activa hasta que sea firme la resolución que decida sobre la modificación pretendida, salvo que garantice su devolución por aval o fianza suficiente. Es decir, salvo que la comunidad de propietarios pueda avalar o prestar fianza suficiente al juzgado para garantizar la devolución del cobro de su crédito en caso de ser revocado el reconocimiento del mismo, no se abonará el crédito detrayendo de la masa activa la cantidad necesaria, pero, eso sí, tales sumas quedarán depositadas y no podrán utilizarse para abonar otros créditos hasta que sea firme la resolución que decida sobre la modificación pretendida.

En conclusión, si comunicado en plazo el crédito por la comunidad de propietarios el administrador concursal **no lo incluye** en la lista de acreedores -o lo incluye con una **incorrecta clasificación** - debe impugnarse el informe que dicho profesional presenta al juzgado y en el que se incluye la referida lista. Si en el plazo que media desde que finaliza la posibilidad de impugnar la lista de acreedores y hasta la presentación de la lista definitiva, la comunidad de propietarios conoce de la existencia de un **crédito nuevo** o justifica no haber tenido noticia antes de su existencia, puede pretender su reconocimiento según las reglas generales. 4203

Por último, si **presentada la lista definitiva de acreedores** por la administración concursal, la comunidad de propietarios fuera titular de un crédito de los subsumibles en los supuestos de LCon art.308, puede instar la **modificación** de tal lista conforme al procedimiento y con los efectos señalados en LCon art.311.

E. Efectos del convenio concursal sobre los créditos de la comunidad de propietarios

4210

1. Constitución de la junta de acreedores

La solución normal, aunque en la práctica sea bastante excepcional, legalmente prevista para el procedimiento concursal es la aprobación de una **propuesta de convenio** presentada por la propia concursada o por alguno de sus acreedores. El convenio, así entendido, supone un negocio jurídico que extingue las relaciones jurídicas a las que alcanza, creando otras nuevas entre las mismas partes. 4213

En el seno del concurso de acreedores toda la **tramitación procesal** de la propuesta de convenio se articula en una sección propia, la quinta, en la que se acumulan diferentes fases.

Apertura de la fase de convenio La primera fase supone la presentación de la **propuesta de convenio** que puede ser, tanto junto con la solicitud de declaración de concurso, como en cualquier momento posterior, siempre que no hayan transcurrido 15 días a contar desde la presentación del informe de la administración concursal. Si en tal plazo no se hubiera presentado la propuesta de convenio se abrirá la fase de liquidación. 4215

De abrirse la fase de convenio, el letrado de la Administración de Justicia dará **traslado** de la propuesta o propuestas presentadas a las partes personadas en el procedimiento.

4217 **Presentación de la propuesta de convenio** (LCon art.338) Esta es, propiamente, la primera fase, es decir, la **propuesta de pago** que el concursado presenta a sus acreedores para que estos la voten a favor, que puede realizarse junto con la solicitud de declaración de concurso o en cualquier momento posterior, siempre que no hayan transcurrido 15 días a contar desde la presentación del informe de la administración concursal. Si en tal plazo no se hubiera presentado la propuesta de convenio se abrirá la fase de liquidación

4219 **Admisión** Presentada la propuesta de convenio en tiempo, forma y con el contenido autorizado por la Ley concursal, el juez ha de resolver sobre su admisión a trámite en el mismo **auto** de declaración de concurso -cuando la propuesta de convenio se hubiera presentado con la solicitud de concurso voluntario-, o, si la propuesta de convenio se hubiera presentado después de la declaración de concurso, mediante el auto que dictará dentro de los 3 días siguientes al de la presentación.

En el mismo auto de admisión a trámite se acordará dar **traslado** de la propuesta de convenio a la administración concursal para que, en el plazo improrrogable de 10 días, emita **escrito de evaluación** sobre su contenido, en relación con el plan de pagos y, en su caso, con el plan de viabilidad que la acompañe. La administración concursal comunicará de forma telemática la evaluación a los acreedores de cuya dirección electrónica tenga conocimiento.

La **omisión**, por error del órgano judicial, de traslado en forma a algún acreedor personado de la propuesta de convenio presentada por el concursado no conlleva automáticamente la nulidad de lo actuado si tal acreedor ha tenido conocimiento de que se iba a someterse a los acreedores la propuesta de convenio por un medio distinto al formal traslado pero que permite su conocimiento -correo electrónico de la administración concursal o consulta al Registro Público Concursal- (AP Navarra 5-6-19, EDJ 733821).

Desde que quede de manifiesto en la oficina judicial el correspondiente escrito de evaluación los acreedores pueden adherirse u oponerse a la propuesta de convenio. La **adhesión u oposición** a la propuesta de convenio ha de efectuarse por escrito con firma ológrafa o electrónica basada en un certificado cualificado que se entregará o remitirá a la administración concursal con acreditación de la identidad del firmante y, en su caso, de las facultades representativas que tenga.

Precisiones La **adhesión**, que supone dar conformidad por el acreedor a la propuesta de convenio presentada, será **pura y simple**, sin introducir modificación ni condicionamiento alguno. En otro caso, se tendrá al acreedor por no adherido. La adhesión expresará la cuantía del crédito o de los créditos de que fuera titular el acreedor, así como su clase.

4221 **Plazo de adhesión** (LCon art.358) Los acreedores pueden adherirse u oponerse a la propuesta o propuestas de convenio durante los 2 meses siguientes a contar desde la fecha de la admisión a trámite de cada una de ellas.

Si el **término final vence después del plazo legal para la presentación de la lista provisional de acreedores** por la administración concursal, el plazo para la adhesión o la oposición se prorroga automáticamente hasta los 15 días siguientes a la fecha de presentación de la lista provisional.

Si las adhesiones presentadas fueran **suficientes para considerar aceptada la propuesta** de convenio presentada por el concursado, este puede dar por finalizado en cualquier momento el periodo de adhesiones mediante simple comunicación al juzgado, aunque no hubiera finalizado el plazo de adhesión de otra u otras que hubieran presentado los acreedores.

Siempre que exista causa justificada y conste suficientemente acreditada, el juez del concurso puede conceder, a instancias del deudor, una **prórroga** del plazo para recoger adhesiones a la propuesta de convenio que, en ningún caso, puede exceder del plazo de 2 meses a contar desde la finalización del plazo de adhesiones inicial.

El concursado puede **aceptar la propuesta** o propuestas de convenio presentadas por los acreedores dentro del plazo para las adhesiones. La aceptación no supone revocación de la que el concursado hubiera presentado.

Al siguiente día hábil al del **vencimiento del plazo de revocación**, la administración concursal presentará al juzgado escrito haciendo constar el resultado de las adhesiones, acompañado de una relación de los créditos ordinarios o privilegiados adheridos, con expresión del importe total que representen, y de una relación de los que se hubieran opuesto, con expresión del importe total que representen, acompañadas de copia de los **escritos de adhesión y de oposición**. El escrito en el que conste el resultado y las dos relaciones adjuntas se remitirán por el administrador concursal al concursado y a los acreedores de cuya dirección electrónica tenga conocimiento. Estos documentos y las copias de los escritos de adhesión y de oposición quedarán de manifiesto en la oficina judicial donde podrán ser examinados por quienes estén personados en el procedimiento

2. Mayorías necesarias para la aceptación de la propuesta de convenio

(LCon art.376 a 378)

Cuando la propuesta de convenio consista en el **pago íntegro** de los créditos ordinarios en plazo no superior a 3 años o en el **pago inmediato** de los créditos ordinarios vencidos con quita inferior al 20 % y el resto a su respectivo vencimiento, será necesario que el pasivo que representen los acreedores adheridos a la propuesta sea superior al pasivo de los acreedores que hubieran manifestado su oposición a la misma. **4224**

Cuando la propuesta de convenio contenga **quitas iguales o inferiores a la mitad del importe del crédito o esperas**, ya sean de principal, de intereses o de cualquier otra cantidad adeudada, con un plazo no superior a 5 años, será necesario que el pasivo que representen los acreedores adheridos a la propuesta sea superior al 50% del pasivo ordinario.

Cuando la propuesta de convenio o alguna de las alternativas que contenga tuviera cualquier **otro contenido**, será necesario el 75% del pasivo ordinario.

A partir de estas mayorías, se establecen unas **reglas especiales de cómputo del pasivo ordinario** y la posibilidad de otorgar un trato especial a determinados acreedores.

En todo caso, de alcanzarse esas mayorías -o de finalizar el plazo para obtenerlas- ha de informarse por la administración concursal al juzgado y el letrado de la Administración de Justicia proclamará el **resultado** mediante decreto que dictará dentro de los 3 días siguientes a aquel en que hubiera finalizado el plazo de adhesiones, con advertencia a los legitimados del derecho a oponerse a la aprobación judicial del convenio.

No debe confundirse la **aceptación** de la propuesta de convenio por la junta de acreedores con la **aprobación judicial** del convenio. Estas circunstancias se dan en dos momentos procesales distintos.

3. Oposición a la aprobación del convenio

(LCon art.382 a 387)

Incluso **tras la aceptación** de la propuesta de convenio y la proclamación del resultado, es posible que la comunidad de propietarios que tenga reconocido en el concurso de acreedores un crédito se oponga a que, finalmente, aquella propuesta sea aprobada y, por tanto, pueda afectarle la quita o la espera propuesta en la deuda existente. **4230**

Legitimación Están activamente legitimados para formular oposición a la propuesta de convenio sometida al juez para su aprobación: **4232**
- la **administración** concursal;
- los **acreedores** que no se hubieran adherido a la propuesta.

Plazo La oposición a la aprobación judicial del convenio debe presentarse en el plazo de 10 días contados desde el siguiente a la fecha de proclamación del resultado por el letrado de la Administración de Justicia. Se realiza en la misma junta. **4234**

El plazo para formular la oposición no es un plazo de caducidad ni de prescripción, sino un **plazo procesal** y como tal debe computarse, de modo que lo que produce su transcurso es la **preclusión**, es decir, la pérdida de la oportunidad de realizar el acto de que se trate (LEC art.136; AP Alicante 22-1-09, EDJ 43231).

Causas (LCon art.383) La oposición solo puede fundarse en la infracción de las normas que regulan el contenido del convenio, la forma y el contenido de las adhesiones, en el **error** en la proclamación del resultado de las adhesiones, en caso de propuesta de convenio presentada por acreedores, en la **falta de aceptación** de esa propuesta por el deudor o en caso de que quien formule oposición podría obtener en la liquidación de la masa activa una cuota de satisfacción en cualquiera de los créditos de que fuera titular superior a la que obtendría con el cumplimiento del convenio. **4236**

Además, se prevé también una última causa de oposición para la administración concursal y los acreedores antes mencionados que, individualmente o agrupados, sean titulares, al menos, del 5% de los créditos ordinarios. Estos pueden oponerse a la aprobación judicial del convenio cuando entiendan que el cumplimiento de este es **objetivamente inviable** (AP Murcia 4-4-19, EDJ 585151). No obstante, si no es a instancia de parte, el juez no puede rechazar de oficio su aprobación por considerar el convenio aceptado inviable pues su función es la de vigilar activamente que se han respetado los límites formales y sustantivos, pero no valorar la viabilidad del convenio (AP Murcia 25-6-15, EDJ 154929).

4238 **Tramitación** La oposición se ventila por los cauces del **incidente concursal** y se resuelve mediante **sentencia** que aprueba o rechaza el convenio aceptado, sin que, en ningún caso, pueda modificarlo, aunque sí fijar su correcta interpretación cuando sea necesario para resolver sobre la oposición formulada. En todo caso, el juez podrá subsanar **errores materiales o de cálculo**.
Transcurrido el plazo de oposición sin que se haya formulado ninguna, el juez dicta sentencia aprobando el convenio aceptado por la junta, salvo que aprecie que se ha infringido alguna de las normas sobre el contenido del convenio, sobre la forma y el contenido de las adhesiones o sobre la tramitación escrita o la constitución de la junta y su celebración (AP Murcia 28-4-16, EDJ 94631; AP Madrid 14-6-13, EDJ 146809). La jurisprudencia se ha manifestado a favor de la posibilidad de que un **acreedor que no se ha opuesto al convenio**, pueda apelar luego el auto de aprobación del convenio, aduciendo que el juez no ha realizado el **filtro de legalidad** sobre el contenido del mismo que se dispone en LCon art.392 (AP Madrid 10-9-09, EDJ 262164).

4. Eficacia y extensión del convenio

(LCon art.393 a 399)

4241 El convenio adquiere eficacia desde la **fecha de la sentencia** que lo aprueba, salvo que el juez, por razón del contenido del convenio, acuerde, de oficio o a instancia de parte, retrasar esa eficacia a la fecha en que la aprobación alcance **firmeza**. Desde la eficacia del convenio cesan todos los efectos de la declaración de concurso, quedando sustituidos por los que, en su caso, se establezcan en el propio convenio, salvo los deberes de colaboración e información establecidos en LCon art.135.1, que subsistirán hasta la conclusión del procedimiento.

Precisiones **1)** El juez del concurso carece de competencia objetiva para conocer de cualquier pretensión relativa al **reconocimiento de un crédito contra la masa con posterioridad** a la fecha de la sentencia aprobatoria del convenio (JM núm 1 Girona 4-7-16).
2) Se ha declarado la imposibilidad de **ejecución provisional** de una sentencia que reconocía un crédito una vez aprobado el convenio (JM núm 2 Zaragoza auto 21-11-12).
3) Aprobado el convenio en el proceso concursal, todas las deudas que se formulen contra la deudora declarada en concurso, han de ser reclamadas ante la **jurisdicción civil**. Resulta factible reclamar en un procedimiento civil las cantidades adeudadas que no fueron incluidas en el convenio y que derivan de la obligación de la propietaria del inmueble de contribuir a los gastos de comunidad de acuerdo con la LPH art.9 (AP Madrid 28-2-18, EDJ 63853).

4242 El contenido del convenio vincula al deudor y a los acreedores ordinarios y subordinados, respecto de los **créditos anteriores a la declaración de concurso**, aunque, por cualquier causa, no hayan sido reconocidos. Por lo que, cualquier crédito ordinario y subordinado en favor de la comunidad de propietarios generado conforme a LPH art.9.1.e) que no haya sido comunicado o que, comunicado, no se haya reconocido por la administración concursal, queda, igualmente, afecto por el convenio aprobado -quitas y/o esperas-. Los **acreedores subordinados** quedan afectados por las mismas quitas y esperas establecidas en el convenio para los ordinarios, pero cada uno de los plazos anuales de espera establecidos para los créditos ordinarios se computan como plazos trimestrales de espera para los créditos subordinados desde el íntegro cumplimiento del convenio respecto de los primeros sin que la **totalidad de la espera** desde el comienzo del cumplimiento del convenio pueda ser superior a 10 años para todos los acreedores.
Respecto a los límites subjetivos del convenio aprobado, los **acreedores que no votaron a favor** del convenio no quedan vinculados por este en cuanto a la subsistencia plena de sus derechos frente a los obligados solidariamente con el concursado y frente a sus fiadores o avalistas, quienes no pueden invocar ni la aprobación ni los efectos del convenio en perjuicio de aquellos.

F. Pago de los créditos a la comunidad de propietarios tras la liquidación concursal del patrimonio del deudor

4245 Si no se ha presentado **ninguna propuesta de convenio**, se abre la liquidación del patrimonio del deudor.

Precisiones El **porcentaje de procedimientos concursales en liquidación** -ya sea por liquidación directa, por no ser aceptada una propuesta de convenio, o por liquidación tras incumplimiento de convenio- se sitúa entre el 91% y el 94%, según datos del Anuario Concursal del Colegio de Registradores. Desde 2020 los porcentajes no han sido inferiores al 90%.

La **sección de liquidación** tiene una tramitación procesal específica en el procedimiento concursal y, dentro del mes siguiente a la conclusión de la liquidación de la masa activa -sea por venta directa de bienes y derechos del concursado o por subasta judicial electrónica o por cualquier otra vía de enajenación por la que el administrador concursal haya optado- y, si estuviera en tramitación la sección sexta -la que calificará el concurso como culpable o fortuito-, dentro del mes siguiente a la notificación de la sentencia de calificación, la administración concursal presentará al juez del concurso un **informe final** justificativo de las operaciones realizadas y razonará inexcusablemente que no existen acciones viables de reintegración de la masa activa, ni de responsabilidad de terceros pendientes de ser ejercitadas, ni otros bienes o derechos del concursado. También incluirá una completa rendición de cuentas y adjuntará dicho informe mediante **comunicación telemática a los acreedores** de cuya dirección electrónica se tenga conocimiento. **4246**

En la **rendición de cuentas** presentada por la administración concursal se informará del resultado y saldo final de las operaciones realizadas, solicitando la aprobación de las mismas. **4247**
La rendición de cuentas debe contener una referencia expresa a lo obtenido con la realización de los bienes y los pagos efectuados a los acreedores, así como a la clasificación de sus créditos. Asimismo, debe incluirse un listado en el que se indiquen los créditos contra la masa devengados y abonados, fechas de sus respectivos vencimiento e indicación del orden legal de prelación seguido para su pago. Por último, también se incluye información sobre los honorarios de la administración concursal que han sido satisfechos con cargo a la masa (JM Pontevedra núm 2 14-11-19, EDJ 786967).

No obstante, tanto el deudor como los acreedores pueden formular **oposición** razonada a la aprobación de las cuentas en el plazo de 15 días. Si no se formula oposición, el juez, en el auto de conclusión del concurso, declarará las cuentas presentadas aprobadas. Si hay oposición, se sustancia por los trámites del incidente concursal y se resuelve con carácter previo en la sentencia, que también resolverá sobre la conclusión del concurso. Si hay oposición a la aprobación de las cuentas y también a la conclusión del concurso, ambas se sustancian en el mismo incidente y se resuelven en la misma sentencia, sin perjuicio de llevar testimonio de esta a la sección segunda.

En **conclusión**, es la administración concursal quien viene obligada a abonar los créditos de aquellos acreedores que hubieran sido reconocidos en el concurso, personados o no en el procedimiento, con la suma de dinero obtenida tras la liquidación de los activos del patrimonio del concursado o, en caso de solicitar la conclusión del concurso sin abonar todos los créditos, justificar suficientemente la razón por lo que no lo ha hecho. Como se ha visto, esta explicación es susceptible de ser impugnada (oposición) por el propio concursado o por cualquier acreedor.

Precisiones La **rendición de cuentas final** es un documento independiente, completo y resumen de determinados datos esenciales y de interés para el concurso, que deben presentarse en plazo y forma, para poder ser objeto de discusión en los términos que el legislador ofrece. Por tanto, no cabe presentar un documento que suponga una remisión a otro u otros del concurso, que solo gozan de efecto meramente informativo (JM núm 1 Palma de Mallorca 17-5-16).

Tras la **reforma** de la Ley concursal por la L 16/2022, si se dan los supuestos de LCon art.37 bis, el procedimiento de insolvencia conocido como **concurso sin masa** puede concluir sin apertura de la sección de liquidación, por lo que no se presentará rendición de cuentas al no nombrarse administrador concursal.

Si el crédito de la comunidad de propietarios ha sido clasificado como **privilegiado especial** su pago se hace con cargo a los bienes y derechos afectos, ya sean objeto de ejecución separada o colectiva. **4248**

Si ha sido clasificado el crédito como **privilegio general** -p.e. cuando se trata de un crédito por responsabilidad civil extracontractual o cuando ha sido la propia comunidad de propietarios quien ha solicitado el concurso necesario del deudor en cuyo caso se privilegia su crédito, sin perjuicio de que parte de la jurisprudencia entiende ya que tal crédito puede ser clasificado directamente como de privilegiado especial, al considerarse una hipoteca legal tácita, una vez deducidos de la masa activa los bienes y derechos necesarios para satisfacer los créditos contra la masa y con cargo a los bienes no afectos a privilegio especial o al remanente que de ellos quede una vez pagados estos créditos, se atenderá a su pago y a prorrata dentro de cada ordinal de LCon art.280.

El pago de los **créditos ordinarios** se efectuará una vez satisfechos los créditos contra la masa y los privilegiados. El juez, a solicitud de la administración concursal, en **casos excepcionales** podrá motivadamente autorizar la realización de pagos de créditos ordinarios con antelación, cuando estime suficientemente cubierto el pago de los créditos contra la masa y de los privilegiados. Los créditos ordinarios serán satisfechos a prorrata, conjuntamente con los créditos

con privilegio especial en la parte en que estos no hubieran sido satisfechos con cargo a los bienes y derechos afectos. La administración concursal atenderá al pago de estos créditos en función de la liquidez de la masa activa y podrá disponer de entregas de cuotas cuyo importe no sea inferior al 5% del nominal de cada crédito.
El pago de los **créditos subordinados** -p.e. créditos por intereses devengados-, no se realizará hasta que hayan quedado íntegramente satisfechos los créditos ordinarios.

G. Consideración de los créditos de la comunidad como créditos contra la masa y ejecución en el propio procedimiento concursal

4255

1. Reconocimiento como crédito contra la masa

4258 Los créditos contra la masa, como **regla general**, son los nacidos de la actividad del concursado tras la declaración de concurso -aunque el legislador ha incluido en tal categoría, por razones de política legislativa, una casuística mucho más amplia (LCon art.242)-.

Precisiones Por lo que respecta a los créditos que nazcan a favor de la comunidad de propietarios de forma periódica tras ser declarado en concurso el propietario moroso, se ha señalado -no específicamente en relación con los créditos de una comunidad de propietarios, pero sí respecto de otros referidos a las condenas de futuro al pago de **prestaciones periódicas** - que el crédito sobre las mismas [las prestaciones periódicas futuras] no nace con la sentencia, sino cuando se devenguen en cada caso. De ahí que los cánones trimestrales devengados antes del concurso sean concursales, pero los posteriores no, gozando, por tanto, de la consideración de créditos contra la masa (AP Barcelona 6-11-06, EDJ 460650; AP Madrid 19-9-19, EDJ 710479; JM Palma de Mallorca núm 1 28-10-19, EDJ 813944). En este particular, debe tenerse presente el novedoso criterio jurisprudencial por el que los créditos por **gastos comunes** impagados en favor de la comunidad de propietarios vencidas y exigibles antes de la declaración de concurso se consideran créditos con privilegio especial y, los créditos por gastos comunes nacidos después de la declaración de concurso como créditos contra la masa (AP Barcelona 11-6-19, EDJ 624677).

4259 Las **cuotas o derramas devengadas a partir de la declaración de concurso** tendrán la consideración de créditos contra la masa (LCon art.242.13º), al tratarse de una obligación nacida de la ley (LPH art.9.1.e). Es el nacimiento de la obligación el que ha de ser posterior a la declaración de concurso, y no su exigibilidad o documentación (JPI Ciudad Real núm 4 20-4-18, EDJ 527328; AP Barcelona 11-6-19, EDJ 624677).
Estos créditos no se sujetan a las mismas **reglas de reconocimiento y de pago** que los concursales. No se someten al principio de la *par conditio creditorum*, pues han de satisfacerse, salvo en casos especiales, según sus fechas de respectivo vencimiento, y, además, tienen previsto un cauce procesal específico, que permite a sus titulares exigir directamente su pago y hacerlos así efectivos (LCon art.245 a 248).
Este tipo de créditos no forma parte de la masa pasiva del concurso y reciben un tratamiento especial que implica su no sometimiento a los **efectos del concurso** y, por lo tanto, no estará prohibida su **compensación**, habrán de pagarse sus intereses y no les afectará la normativa sobre interrupción de la **prescripción**.

4260 Ese carácter de **créditos preferentes** sobre los créditos concursales se observa por estar legalmente contemplado el **carácter prededucible** de los créditos contra la masa -salvo con respecto a los beneficiados por privilegio especial-, por lo que el legislador ha previsto que la administración concursal, bajo su responsabilidad, ha de efectuar las deducciones oportunas para poder cubrir su importe antes de proceder al pago de los créditos concursales (AP Madrid 14-3-14, EDJ 47352)-.
Si bien la relación de créditos contra la masa que contiene LCon art.242 no tiene carácter exclusivo, pues el número 19º del precepto establece que tienen la consideración de crédito contra la masa «cualesquiera otros créditos a los que esta ley atribuya expresamente tal consideración», puede afirmarse que los créditos contra la masa están sometidos al **principio de tipicidad legal**, o lo que es lo mismo, que únicamente merecen la consideración de créditos contra la masa aquellos a los que la ley atribuye expresamente tal condición, que son los relacionados en los números 1 a 18 y aquellos otros a los que se refiere el número que son a los

que la ley atribuye tal condición (AP Bizkaia 30-7-10). La vigente LCon art.242 marca un principio de **exhaustividad y tipicidad legal** de los créditos contra la masa y por tanto no merecen tal consideración otros distintos de los previstos expresamente en la ley.
En conclusión, se sugiere la aplicación de un claro criterio interpretativo: la exclusión como crédito contra la masa de cualquiera que no esté reconocido legalmente, por encima de la consideración que a efectos doctrinales merezca (JPI Logroño núm 6 27-1-16, EDJ 172726).

Comunicación Una vez declarado el concurso es el administrador concursal quien, en cumplimiento de sus obligaciones, debe reconocer y calificar el crédito contra la masa. No obstante, es aconsejable su comunicación por la comunidad de propietarios. **4262**
Tras la comunicación, debe ser el administrador concursal quien lo examine y, en su caso, lo reconozca como tal y lo refleje en el **informe** de la administración concursal conforme a LCon art.288, que debe actualizarse tras las impugnaciones o en los diferentes informes de liquidación (LCon art.424).

2. Pago de los créditos contra la masa

Antes de proceder al pago de los créditos concursales, la administración concursal debe deducir de la masa activa los bienes y derechos necesarios para satisfacer los créditos contra esta (LCon art.429). **4265**
Las **deducciones** para atender al pago de los créditos contra la masa se harán con cargo a los bienes y derechos no afectos al pago de créditos con privilegio especial.
Por tanto, este tipo de créditos se pagan con antelación a los créditos privilegiados ordinarios y subordinados.
No obstante, la Ley permite a la administración concursal flexibilizar la regla de pago al vencimiento del crédito contra la masa cuando lo considere conveniente para el **interés del concurso** y siempre que presuma que la masa activa resulta suficiente para la satisfacción de todos los créditos contra la masa. Esta postergación **no puede afectar** a los créditos de los trabajadores, a los créditos alimenticios, ni a los créditos tributarios y de la Seguridad Social (LCon art.245.3).
Si bien estas reglas marcan el régimen general del pago de los créditos contra la masa, un altísimo porcentaje de procedimientos concursales concluyen antes de finalizar la liquidación, dado que en el patrimonio del concursado se observa una insuficiencia de masa activa ni siquiera para abonar este tipo de créditos. Se produce el fenómeno que la doctrina alemana ha definido como el «**concurso del concurso**». En tales supuestos, para resolver el orden de pago de los créditos contra la masa, no se atiende al principio del vencimiento del crédito, sino a una norma específica recogida en LCon art.250.

3. Ejecución del crédito contra la masa

(LCon art.247 y 248)

Si la comunidad de propietarios entiende que la administración concursal no ha calificado o pagado un crédito nacido a su favor que considera calificable como crédito contra la masa y no concursal puede impugnar tal calificación o bien la falta de su pago. Las acciones relativas a la calificación o al pago de los créditos contra la masa se ejercitan ante el juez del concurso por los trámites del **incidente concursal**, pero no pueden iniciarse ejecuciones judiciales o administrativas para hacerlos efectivos sino a partir de la fecha de eficacia del convenio. La prohibición de iniciar ejecuciones no impedirá el devengo de los intereses, recargos y demás obligaciones por razón de la falta de pago a su vencimiento del crédito contra la masa. **4270**
De quedar afectada la comunidad de propietarios, puede recurrir al incidente concursal, en cuyo caso debe demandar, además de a la concursada y a la administración concursal, a aquel acreedor o a aquellos acreedores frente a los cuales invoque un mejor derecho.
También puede **impugnar la rendición de cuentas** (LCon art.478 a 480). La prohibición de iniciar ejecuciones no impedirá el devengo de los intereses, recargos y demás obligaciones por razón de la falta de pago a su vencimiento del crédito contra la masa.
En este incidente **puede intervenir** cualquier interesado y, en concreto, aquellos acreedores contra la masa cuyos créditos hayan sido satisfechos. No es necesario, sin embargo, que la demanda se dirija inicialmente contra todos ellos, dado que la legitimación pasiva principal corresponde a la administración concursal.

4271 Precisiones 1) Nada impide que la oposición a la rendición de cuentas pueda basarse en la **omisión del reconocimiento y pago de un crédito contra la masa** (AP Barcelona 8-7-09, EDJ 47352).

2) En caso de desaprobarse el **cambio del orden de prelación de pagos** de créditos contra la masa, aunque fuera realizado en interés del concurso, procede reordenar el pago que ha sido preterido y, para ello, que se ejerciten las acciones necesarias para reintegrar a la masa los créditos abonados indebidamente al objeto de satisfacer el crédito contra la masa de vencimiento anterior (AP Bizkaia 23-7-10, EDJ 256752).

3) Si bien los créditos contra la masa pueden impugnarse por los trámites del incidente concursal sin sujeción a un **plazo** determinado, es también cierto, que esa ausencia de plazo concreto ha de integrarse en aras a garantizar la seguridad jurídica en el desarrollo del proceso concursal. Ello exige, por tanto, la interposición de la demanda incidental sin dilación alguna (AP Murcia 7-3-14, EDJ 40289).

4273 **Tramitación del incidente concursal** (LCon art.532 a 543) El incidente concursal instado por la comunidad de propietarios se inicia con la presentación de una **demanda**, siendo la postulación por abogado y la representación por procurador preceptiva, en la forma prevista en LEC art.399. Si el juez estima que la cuestión planteada es impertinente o carece de entidad necesaria para tramitarla por la vía incidental, ha de resolver mediante auto su **inadmisión** y acordar que se dé a la cuestión planteada la tramitación que corresponda. Contra este auto cabe **recurso** de apelación.

En caso de **admitir a trámite** el incidente, ha de dictar providencia acordando el **emplazamiento** de las demás partes personadas, con entrega de copia de la demanda o demandas, para que en el plazo común de 10 días contesten en la forma prevenida en LEC art.405.

Solo se cita a las partes para la **vista** cuando se haya presentado escrito de contestación a la demanda, exista discusión sobre los hechos y estos sean relevantes a juicio del juez, y se hayan propuesto en los escritos de alegaciones medios de prueba, previa la declaración de su pertinencia y utilidad. Esta vista se desarrolla en la forma prevista en LEC art.443 para el juicio verbal. En otro caso, el juez dictará **sentencia** sin más trámites. Lo mismo hará cuando la única prueba que resulte admitida sea la de documentos, y estos ya se hubieran aportado al proceso sin resultar impugnados, o cuando solo se hayan aportado informes periciales, y ni las partes ni el juez soliciten la presencia de los peritos en el juicio para la ratificación de su informe.

Si en el escrito de contestación se plantearan **cuestiones procesales** o se suscitaran por el demandante a la vista de este escrito en el plazo de 5 días desde que se le dio traslado del mismo, el juez las resolverá dictando la resolución que proceda conforme a lo dispuesto en la LEC para la resolución escrita de este tipo de cuestiones en la audiencia previa del juicio ordinario. Si la decisión fuera la de continuar el proceso, dictará sentencia en el plazo de 10 días.

4274 Una vez declarado en sentencia el crédito contra la masa, y de no ser pagados directamente por la administración concursal, puede iniciarse la **ejecución judicial** para hacerlos efectivos, si ya ha sido aprobado un convenio, se ha abierto la liquidación o ha transcurrido 1 año desde la declaración de concurso sin que se haya producido ninguno de estos actos.

Para poder ejecutar el crédito contra la masa conforme a LCon art.248 es necesario el **reconocimiento de los créditos** antes de su calificación y ejecución. El reconocimiento corresponde a la administración concursal, convirtiéndose por ello el citado requerimiento al administrador para su reconocimiento en requisito de procedibilidad (LCon art.246 y 247; JM núm 1 Granada auto 23-5-14).

H. Beneficio de exoneración del pasivo insatisfecho al propietario moroso

(LCon art.486 a 502)

4280 Se trata de un procedimiento específico -también conocido como «**segunda oportunidad**»- para beneficiar a las personas físicas que cumplan ciertos requisitos con la exoneración de determinadas deudas pendientes. Las **personas físicas** que tenían la condición de empresarias ya disponían con anterioridad de una regulación que les permitía, en supuestos muy concretos, quedar exoneradas de algunas deudas, pero debido a los excesivos obstáculos que comportaba en la práctica cumplir con los requisitos legales para su concesión resultó de escasa utilización.

Este mecanismo se recoge y sistematiza en LCon art.486 a 502, si bien, la reforma operada por la L 16/2022, supone un **cambio de paradigma** respecto al escenario definido por el RDLeg 1/2020 en su redacción original.

Su regulación vigente es muy selectiva respecto a los **créditos que se pueden exonerar**. Ni todas las deudas quedarán exoneradas, ni todos los concursados tienen la facultad de poder

beneficiarse de la condonación de la deuda. Se parte de la base de que al deudor que sea de **buena fe** se le podrán exonerar todas sus deudas; ahora bien, tras este principio general, se prevén una serie de **excepciones**, de modo que, si el deudor con su comportamiento ha incurrido en alguna de ellas se le denegará el acceso a la exoneración (LCon art.487). Si el deudor es de buena fe podrá beneficiarse de la exoneración de sus deudas, excepto las originadas por:
- **responsabilidad civil extracontractual**, por muerte o daños personales, así como por indemnizaciones derivadas de accidente de trabajo y enfermedad profesional, cualquiera que sea la fecha de la resolución que los declare;
- **responsabilidad civil derivada de delito**;
- **alimentos**;
- **salarios** correspondientes a los últimos 60 días de trabajo efectivo realizado antes de la declaración de concurso en cuantía que no supere el triple del salario mínimo interprofesional, así como los que se hubieran devengado durante el procedimiento, siempre que su pago no hubiera sido asumido por el Fondo de Garantía Salarial;
- **créditos de Derecho público** -con alguna excepción-;
- **multas** a que hubiera sido condenado en procesos penales y por sanciones administrativas muy graves;
- **costas** y gastos judiciales derivados de la tramitación de la solicitud de exoneración; o
- **deudas con garantía real**, sean por principal, intereses o cualquier otro concepto debido, dentro del límite del privilegio especial, calculado conforme a lo establecido en la Ley concursal.

Evidentemente, la clasificación de las deudas para con la comunidad de propietarios como **crédito privilegiado especial** -hipoteca legal tácita- o no es determinante a la hora de saber si al deudor se le van a exonerar o no estas deudas. La orientación jurisprudencial más actual tiende a ello por lo que, en aplicación de la misma, las deudas que se mantienen con la comunidad de propietarios nacidas ex LPH art.9.1.e, podrían ser deudas encajables en el apartado 8º y, en consecuencia, no serían deudas exonerables.

Se pueden distinguir dos **supuestos** por los que la persona física puede obtener la exoneración del pasivo insatisfecho: **4281**

a) Cuando el concursado persona física evita la liquidación de sus bienes presentando un **plan de pagos** de las deudas exonerables (LCon art.495). En este caso, lograría la exoneración de la parte de las deudas exonerables que no pudiera satisfacer con el cumplimiento del plan de pagos, que ha de incluir un calendario de pago de la parte de las deudas exonerables que en el plazo de 3 años -excepcionalmente, 5- el deudor pudiera abonar. Si el crédito de la comunidad de propietarios ha sido clasificado como crédito con garantía real -hipoteca legal tácita- no queda afectado por este plan de pagos ya que no tendría la **consideración de deuda exonerable** y, de hecho, al tratarse de un acreedor por créditos no exonerables mantendrá sus acciones contra el deudor y podrá promover la ejecución judicial o extrajudicial de dichos créditos aunque, y esto es realmente importante, deberá ejercitar sus acciones ante el juez del concurso, no ante un juzgado de primera instancia (LCon art.499.2).

Si, por el contrario, en el procedimiento concursal la deuda no se ha considerado como una hipoteca legal tácita, tendría la naturaleza de deuda exonerable y, por tanto, se incluiría su pago, total o parcial en función de las posibilidades del deudor, en el plan de pagos propuesto por el deudor y que debe ser aprobado por el juez. En tal caso, la comunidad de propietarios sería acreedora de créditos exonerables y, en consecuencia, no podría ejercer ningún tipo de acción frente el deudor para su cobro, salvo la de solicitar la revocación de la exoneración (LCon art. 490).

b) Cuando se lleva a cabo la **previa liquidación del patrimonio** (LCon art.501). En este caso, y tratándose de un deudor de buena fe y no incurrir en alguna de las excepciones, el deudor podrá tras habérsele liquidado todo su patrimonio y hacerse pago con su producto de las deudas por el orden establecido en la Ley concursal, solicitar la exoneración de las deudas que hayan quedado insatisfechas. Al igual que en la modalidad de exoneración mediante plan de pagos, las deudas serán o no exoneradas en función de su naturaleza -si pueden catalogarse dentro de LCon art.489 ordinales 1º a 8º.

En función de si la deuda de la comunidad de propietarios ha sido clasificada en el concurso como un **crédito con garantía real** o no, quedará exonerada o no. En caso de no quedar exonerada, la comunidad de propietarios mantendrá sus acciones contra el deudor y podrá promover la ejecución judicial o extrajudicial de aquellos, pero, a diferencia de lo que se decía en la modalidad de exoneración anterior, en este caso el juzgado competente no es el del concurso, sino que debe acudirse a las normas procesales generales que determinan la competencia objetiva y territorial.

Precisiones Existe un intenso debate doctrinal sobre si, en el perfil de **concurso sin masa**, en el que no se nombra un administrador concursal y, por tanto, no existe una clasificación oficial de los créditos como privilegiados, ordinarios y subordinados, tiene posibilidad el deudor de quedar exonerado de la parte de la deuda que exceda del montante que hubiera sido clasificado como privilegio especial al que se refiere la LCon art.489.1.8º. La cuestión no es baladí, puesto que puede afectar a una parte de la deuda que la comunidad de propietarios mantenga frente al propietario moroso y que haya nacido con base en LPH art. 9.1.e.

4282 En **conclusión**, de alcanzar el propietario concursado persona física el beneficio de exoneración del pasivo insatisfecho, la comunidad de propietarios puede ver frustradas -en todo o en parte- sus aspiraciones de cobrar sus créditos que hayan sido reconocidos en el concurso como ordinarios o subordinados -es decir, sin garantía real-.

CAPÍTULO 8

Contratación, responsabilidad y seguro

4300

A. Contratación de la comunidad de propietarios

4305

Para poder actuar en el mundo jurídico, la comunidad de propietarios tiene que mantener **relaciones contractuales** con determinadas personas. 4306

Los **contratos más frecuentes** son los relativos a mantenimiento, suministros, obras y reparaciones, así como la contratación laboral del personal a su servicio (que se expone en otro capítulo: nº 5700).

En todas sus relaciones contractuales, las comunidades de propietarios actúan con sometimiento pleno a la legislación general de obligaciones y contratos y a la laboral, en su caso. El incumplimiento por parte de la comunidad de las obligaciones contractuales que le incumban, determina su **responsabilidad contractual** (nº 4355).

Los contratos que realice la comunidad con un tercero se regulan por la **normativa específica del contrato** en cuestión. Además, ha de aplicarse la **normativa general** sobre obligaciones y contratos contenida en el Código Civil. Aparte de ello, se ha de estar a los reglamentos y ordenanzas municipales, en cuanto a los requisitos de los servicios y su funcionamiento.

Representación de la comunidad La ausencia de personalidad jurídica de las comunidades de propietarios obliga a que esta ausencia de subjetividad sea suplida por la actuación de su **presidente**, único autorizado por la LPH para representar a la comunidad. Tal representación lo es en el ámbito de dicha ley, al funcionar como órgano de gestión y representación que no supone una procura general, sino específica y concreta a favor del ente comunitario, al que de esta manera se personifica en sus relaciones externas, aportando y sustituyendo la auténtica voluntad social por una concreta individual. 4307

Esta **actuación** se sitúa entre la representación orgánica y la meramente voluntaria, llevando implícita las de todos los titulares, tanto en juicio como fuera de él, al actuar como órgano del ente comunitario, de tal manera, que lo realmente realizado por el presidente ha de entenderse como si fuera de la propia comunidad, sin perjuicio de las relaciones internas y de la obligación de aquél de responder de su gestión.

En materia urbanística, el RDL 7/2015 reconoce a las comunidades de propietarios el derecho a actuar en el **mercado inmobiliario** con plena capacidad jurídica para, entre otras, poder llevar a cabo todas las operaciones, incluidas las crediticias, relacionas con el cumplimiento del deber de conservación, rehabilitación y mejora de los edificios. Dichas actuaciones las debe llevar a cabo a través de su representante legal, el presidente de la comunidad de propietarios.

La junta, para realizar la **contratación de servicios** para el mantenimiento y adecuada conservación del edificio común, debe adoptar un acuerdo al respecto, o bien ha de facultar al presidente para que obre como tenga por conveniente en este punto. La falta de tal facultad trae consigo la no legitimación del presidente para actuar como representante de la comunidad en materia de contratación (AP Palencia 3-5-99, EDJ 19835).

No obstante, es frecuente en la práctica que la gestión sobre los asuntos de la comunidad estén encomendados al **administrador**, a quien corresponde entre otras funciones atender a la conservación y entretenimiento de la casa, disponiendo las reparaciones y medidas que resulten urgentes, para lo que necesita una autorización del presidente (LPH art.20.c).

Precisiones Para el conocimiento en detalle del alcance de las funciones representativas y de las responsabilidades del presidente de la comunidad ver nº 1857 s.

4308 **Condición de consumidora** (RDLeg 1/2007 art.3) A los efectos de la protección que otorga la legislación de personas consumidoras y usuarias, se considera como tales a las **personas jurídicas** y a las **entidades sin personalidad jurídica** que actúan sin ánimo de lucro en un ámbito ajeno a una actividad comercial o empresarial, lo que incluye a las comunidades de propietarios, en la medida en que actúen en el tráfico dentro del ámbito de las funciones que legalmente le corresponden, como destinatario final de los bienes o servicios contratados, funciones que, en sí mismas, son ajenas a cualquier actividad empresarial o comercial (TS 13-4-21, EDJ 533262).

Precisiones El **Tribunal Supremo** ya había venido reconociendo la extensión del ámbito subjetivo de la norma a las **comunidades de propietarios**, en relación con los contratos propios de su tráfico jurídico, respecto de diversas cláusulas contractuales, como las relativas a la sumisión a tribunales, duración de contratos de mantenimiento de ascensores, penalizaciones derivadas de su incumplimiento, etc. (TS 11-3-14, EDJ 61022; 17-9-19, EDJ 688671; 26-10-22, EDJ 723658).
Esta normativa nacional es plenamente compatible con la normativa de la **Unión Europea**, que permite que los Estados miembros puedan mantener o adoptar medidas de protección de los consumidores más estrictas que las contenidas en el Derecho europeo, siempre que sean compatibles con los tratados (TJUE 2-4-20, asunto C-329/19).

1. Venta o arrendamiento de elementos comunes

4310 Los copropietarios de un edificio en régimen de propiedad horizontal pueden **desafectar elementos comunes** del edificio y proceder a su enajenación. Dicho acuerdo exige la voluntad unánime de todos los propietarios.
También puede la comunidad proceder al arrendamiento de determinados elementos comunes. En este caso, si se trata de elementos comunes que no tengan asignado un uso específico en el inmueble, se requiere el voto favorable de las tres quintas partes del total de los propietarios que, a su vez, representen las tres quintas partes de las cuotas de participación, así como el consentimiento del propietario directamente afectado, si lo hay (LPH art.17.3; AP Alicante 16-7-02, EDJ 46057).
El arrendamiento es un acto de administración y no de disposición, y basta, por tanto, la mayoría, sin que sea necesaria la unanimidad que es exigible para disponer de zonas comunes (AP Valencia 31-5-01, EDJ 13918).
Como **supuestos más frecuentes** podemos citar:
- la venta o arrendamiento del piso de la portería;
- el arrendamiento de la cubierta, para instalación de antenas de telefonía;
- el arrendamiento de la fachada o cubierta para publicidad.

Precisiones La **desafección** de elementos comunes se trata en los nº 324 s.

2. Contrato de obra

4312 Es frecuente que, para la realización de los diferentes trabajos de **reparación, mantenimiento**, e incluso para la realización de **innovaciones constructivas**, la comunidad de propietarios recurra al arrendamiento de obra (contrato de obra) o de servicios (prestación de servicios) con los diferentes profesionales del sector: albañiles, pintores, electricistas, fontaneros, etc.
Estos contratos se rigen por lo pactado entre las partes, por las **normas generales** sobre el contrato de obra (CC art.1588 a 1600), así como por las **especiales** contenidas en la L 38/1999, de ordenación de la edificación y en la normativa urbanística, fundamentalmente de carácter municipal, en cuanto a requisitos necesarios para comenzar la obra y forma de realizarla.
Hay que tener en cuenta también la existencia de determinados **usos o costumbres** en este tipo de contratación según el lugar o la entidad de la obra.
En caso de **defectos** que puedan derivarse de la ejecución de estas obras, el riesgo implícito en la actividad empresarial del constructor desplaza sobre este la carga de la prueba de haber actuado con la debida diligencia, sin que pueda servirle de excusa el hecho de haberse limitado a ejecutar la obra ateniéndose a las instrucciones recibidas. El hacer constructivo no se presenta como una función automática ni de subordinación plena y ciega, ya que cuenta con el margen de no efectuar aquello que resulte incorrecto y plantear la proyección más adecuada y conveniente, empleando los procedimientos adecuados a las normas habituales de la buena construcción (AP Ourense 6-9-23, EDJ 723200).
Cuando no pueda individualizarse la responsabilidad de los intervinientes en el proceso constructivo, surge la **responsabilidad solidaria** de todos ellos (L 38/1999 art.17.3).

La responsabilidad se puede imputar al **arquitecto**, por falta de previsiones adecuadas en el proyecto, al **contratista**, por mala ejecución de la obra, y al **aparejador**, por mala supervisión de la misma (TS 22-3-91, EDJ 3128). 4313

La acción para reclamar responsabilidad al contratista o al arquitecto puede ejercitarse en el **plazo** de 10 años, desde la finalización de la obra. Este plazo se amplía hasta los 15 años en caso de incumplimiento de las condiciones del contrato por parte del contratista (CC art.1591).

En el caso de que la reparación de los defectos afecte tanto a elementos comunes como a **elementos privativos**, se acepta la legitimación del presidente para actuar en representación de todos ellos, sin que hayan de concurrir específicamente los titulares de los elementos privativos afectados (TS 13-4-12, EDJ 89295; 24-4-13, EDJ 55866).

Ante la realización defectuosa de una obra y la reclamación de pago por parte del contratista, la comunidad puede oponer la **excepción de obra defectuosa** y solicitar una rebaja del precio (AP Zaragoza 12-1-00, EDJ 2505).

3. Prestación de servicios

Los contratos -o contratas- de mantenimiento y limpieza, así como los de seguridad, son normalmente contratos de arrendamiento o prestación de servicios y **se rigen** por lo establecido entre las partes y por las normas generales del Código Civil (CC art.1583 a 1587), salvo cuando se establece una relación laboral entre el trabajador y la comunidad de propietarios, que se rige por el Derecho laboral (nº 5700). 4314

Puede distinguirse entre:
- contratos de limpieza;
- contratos de seguridad;
- contratos de mantenimiento de ascensores.

Además de estos, es habitual que la comunidad de propietarios celebre un contrato de prestación de servicios con el **administrador**, cuando es un profesional ajeno a la comunidad (nº 2075 s.); así como con otros profesionales, como un **abogado** para la prestación de servicios jurídicos -p.e. asesoramiento legal o representación en juicio-.

Contratos de limpieza Las tareas de limpieza de la comunidad son siempre servicios necesarios para la adecuada conservación y habitabilidad del edificio. 4315

La comunidad puede recurrir a la **contratación laboral** para la prestación de este servicio, en cuyo caso estaríamos ante una relación laboral sometida a dicha legislación (nº 5700).

En otro caso, se da una relación contractual arrendaticia de **prestación de servicios** de limpieza y mantenimiento de los elementos comunes de un edificio.

Constituye una **relación jurídica** bilateral, consensual, no formal, conmutativa y onerosa, cuya estructura jurídica está constituida precisamente por la prestación de un servicio y la contraprestación del precio (AP Alicante 7-6-01, EDJ 26658). Puede suscribirse tanto con personas individuales como con empresas cuyo objeto social es la prestación de este tipo de servicios.

Cuando el contrato se suscribe con **personas individuales**, el prestador debe ser un trabajador autónomo, que debe estar afiliado al régimen especial de trabajadores autónomos de la Seguridad Social. En muchos casos, resulta difícil determinar cuándo se está ante una relación de carácter laboral y cuando se trata de un contrato de carácter civil. Generalmente, la jurisprudencia valora especialmente circunstancias como: la relación de dependencia, quién aporta los materiales, los horarios, la posibilidad de sustitución de la persona que presta los servicios por otra, etc.

Se trata de un contrato *intuitu personae*, en el que se permite el **desistimiento unilateral** pero, en el caso de que no estuviese justificado, debe indemnizarse a la otra parte por los beneficios o utilidades dejados de obtener, cuando el pacto tuviera una duración o terminación prevista.

Se aplican, en todo caso, las previsiones del Código Civil sobre la **resolución del contrato** (CC art.1124). El éxito de la acción resolutoria requiere que quien la ejercite no haya incumplido previamente las obligaciones que le concernían, salvo que ello fuera consecuencia del incumplimiento anterior de la otra parte, pues la conducta de éste, es la que motiva el derecho de resolución de su adversario y le libera de su compromiso.

La resolución del contrato por parte de la comunidad de propietarios requiere, en principio, **mayoría** simple, siempre que no se pretenda con ello la supresión del servicio, que requerirá la mayoría cualificada de tres quintos, al tratarse de servicios comunes de interés general (LPH art.17.3).

4316 **Subrogación del personal en caso de sucesión de contratas** Una cuestión compleja que se produce con los contratos de limpieza es el **derecho de subrogación** que se contempla en el Convenio colectivo sectorial de limpieza de edificios y locales (DG Empleo Resol 8-5-13 art.17).
Establece que, en el sector de limpieza de edificios y locales opera la subrogación del personal cuando tenga lugar un **cambio de contratista o de subcontratista**, en una concreta actividad, en cualquier tipo de cliente, ya sea público o privado.
En todos los supuestos de **finalización, pérdida, rescisión, cesión o rescate** de una contrata, así como respecto de cualquier otra figura o modalidad que suponga el cambio en el adjudicatario del servicio que lleven a cabo la actividad de que se trate, los **trabajadores de la empresa saliente** pasan a estar adscritos a la nueva titular de la contrata que vaya a realizar el servicio, que debe respetar los derechos y obligaciones que disfruten en la empresa saliente del servicio.
Se produce esta subrogación de personal en los siguientes **supuestos**:
• Trabajadores **en activo** que realicen su trabajo en la contrata con una antigüedad mínima de los 4 últimos meses anteriores a la finalización efectiva del servicio, sea cual fuere la modalidad de su contrato de trabajo, con independencia de que, con anterioridad al citado período de cuatro meses, hubieran trabajado en otra contrata.
• Trabajadores con derecho a **reserva de puesto de trabajo** que, en el momento de la finalización efectiva de la contrata, tengan una antigüedad mínima de 4 meses en la misma y/o que se encuentren en situación de incapacidad temporal, excedencia que dé lugar a reserva del mismo puesto de trabajo, vacaciones, permisos, maternidad, incapacidad permanente sujeta a revisión durante los 2 años siguientes o situaciones análogas, siempre que cumplan el requisito mencionado de antigüedad mínima.
• Trabajadores con **contrato de interinidad** que sustituyan a alguno de los trabajadores mencionados en el apartado anterior, con independencia de su antigüedad y mientras dure su contrato.
• Trabajadores de **nuevo ingreso** que, por ampliación del contrato con el cliente, se hayan incorporado a la contrata como consecuencia de una ampliación de plantilla en los 4 meses anteriores a la finalización de aquella .
• Trabajadores de nuevo ingreso que han ocupado puestos fijos con motivo de las **vacantes** que de forma definitiva se hayan producido en los 4 meses anteriores a la finalización de la contrata, siempre y cuando se acredite su incorporación simultánea al centro y a la empresa.
• Trabajadores de una primera **contrata de servicio continuado**, excluyendo, en todo caso, los servicios de carácter eventual y los de acondicionamiento o mantenimiento provisional para la puesta en marcha de unos locales nuevos o reformados, o primeras limpiezas, cuando la contrata de referencia no haya tenido una duración mínima de 4 meses.
El convenio regula también la **acreditación documental** de los supuestos indicados, así como la liquidación de **retribuciones, vacaciones y descansos** de los trabajadores.

4317 En caso de que un cliente rescinda el contrato de adjudicación del servicio de limpieza con una empresa, por cualquier causa, con la **idea de realizarlo con su propio personal**, y posteriormente contrata con otra de nuevo el servicio, en el plazo de un año desde la rescisión de la contrata, la nueva adjudicataria debe incorporar a su plantilla al personal afectado de la anterior empresa de limpieza, siempre y cuando se den los requisitos establecidos en el presente artículo.
En el caso de que el propósito del cliente, al rescindir el contrato de adjudicación del servicio de limpieza, por cualquier causa, fuera el de realizarlo con personal propio pero de **nueva contratación**, queda obligado a incorporar a su plantilla a los trabajadores afectados de la empresa de limpieza hasta el momento prestadora de dicho servicio.
A estos efectos no tienen la consideración de trabajadores y, por tanto, no serán objeto de subrogación por la nueva adjudicataria los **trabajadores autónomos**, aun cuando vinieran prestando servicios directa y personalmente en el centro o contrata en el que se produjese el cambio de contratista.
Respecto a las **condiciones del personal** que se subroga, la nueva empresa adjudicataria del servicio, que tiene obligación de subrogarse en los trabajadores de la anterior empresa por mandato del convenio colectivo, lo debe hacer con los requisitos y límites que el mismo establece, de manera especial, sin responder de las deudas contraídas por la empresa adjudicataria anterior con sus trabajadores antes de la asunción de la contrata por la nueva empresa (TS 7-4-16, EDJ 52199).

Precisiones **1)** En las contratas sucesivas de servicio como el de limpieza, en las que lo que se transmite no es una empresa ni una unidad productiva con autonomía funcional, sino un servicio carente de tales características, no opera, por ese solo hecho, la **sucesión de empresas** regulada en el Estatuto de los Trabajadores, sino que la misma se produce de conformidad con lo que establezca el convenio colectivo de aplicación (TS 23-5-05, EDJ 103640; 20-9-06, EDJ 288903).

2) La asunción de los trabajadores de la empresa anterior no responde al supuesto de **sucesión en la plantilla** derivado del hecho de que la nueva contratista se haga cargo voluntariamente de la mayoría de los trabajadores que prestaban servicios en la contrata; al contrario, es el resultado del cumplimiento de las disposiciones establecidas en el convenio aplicable (TS 7-4-16, EDJ 52199).

Contratos de seguridad Para la contratación de un servicio de vigilancia por la comunidad es necesario el **voto favorable** de las tres quintas partes del total de los propietarios que, a su vez, representen las tres quintas partes de las cuotas de participación (LPH art.17.3). **4318**

La relación que liga a la comunidad con una contrata de seguridad no es más que un **arrendamiento de servicios**.

Además de la **regulación** general de este tipo de contratos contenida en el Código Civil (CC art.1583 a 1587), es aplicable por razón de la materia la L 5/2014, de seguridad privada, así como, en el ámbito laboral, los convenios colectivos que resulten de aplicación.

Hay que destacar que, como ocurre respecto de las contratas de limpieza, el convenio colectivo (Convenio Colectivo Estatal de Empresas de Seguridad 2023-2026) establece la **subrogación de personal** cuando una empresa sustituye de forma total o parcial a otra en la prestación de los servicios contratados por un cliente, público o privado (DG Trabajo Resol 30-11-22). Ver nº 4316.

Contrato de mantenimiento de ascensores El contrato de mantenimiento de ascensores es otro ejemplo de contrato de **arrendamiento de servicios**. **4319**

La conservación de los ascensores y su instalación se tiene que realizar por personal o **empresas especializadas**, con las que las comunidades de propietarios deben suscribir un contrato de mantenimiento, que tenga por objeto llevar a cabo las revisiones periódicas, el engrase de la instalación, su puesta a punto, la atención a las averías y el repuesto de las piezas necesarias para las reparaciones.

Generalmente, los contratos de mantenimiento de ascensores son **contratos de adhesión** a unas condiciones generales, en el que la empresa de mantenimiento presenta a la comunidad una serie de cláusulas impresas y uniformes, que se muestran como un reglamento normativo y que han sido elaboradas de forma unilateral por la empresa.

Por estas peculiares características cobra especial importancia en estos contratos la cuestión de las **cláusulas abusivas**, que son aquellas estipulaciones que imponen obstáculos onerosos o desproporcionados para el ejercicio de los derechos reconocidos al consumidor y usuario en el contrato.

En particular, en los contratos de mantenimiento de ascensores han suscitado especial problemática las **cláusulas** relativas a plazos de duración excesiva y a la obligación de indemnización por resolución de la comunidad, que en determinadas circunstancias pueden ser abusivas (RDLeg 1/2007 art.62.3 y 87.6).

Precisiones Otro ejemplo de cláusula abusiva es la que impone a la comunidad de propietarios un **fuero concreto para litigar** distinto del de la comunidad. Genera un desequilibrio para los usuarios del servicio de mantenimiento de los ascensores, distribuidos por toda España, obligarles a defenderse y litigar en Madrid, con la consiguiente dificultad en cuanto a su representación procesal, práctica de prueba, desplazamientos, etc., existiendo además, un correlativo beneficio para la empresa (TS 12-5-97, EDJ 3576).

Cláusulas sobre la duración de los contratos Respecto de las cláusulas relativas a la duración de los contratos, la jurisprudencia ha entendido que resulta razonable que el empresario de mantenimiento de ascensores exija un **tiempo mínimo de duración** del contrato que le permita, de una parte, organizar los elementos materiales y humanos necesarios para la prestación del servicio y, de otra, recuperar, mediante la percepción de ingresos durante un periodo de tiempo, el gasto que le supone el desembolso que en un momento determinado tenga que realizar para afrontar una reparación de envergadura que le exija reponer piezas costosas. Esta duración mínima del contrato le permite, legítimamente, hacer frente a las consecuencias negativas que para el desarrollo de su actividad supone que los clientes se den de baja en un periodo muy breve desde el inicio de la contratación. **4320**

Para decidir cuándo el contrato tiene una **duración excesiva** deben tomarse en consideración diversos factores. En especial, cuál es la naturaleza de los servicios prestados, lo que depende del sector de actividad en el que se encuadren tales servicios, y cuáles son las obligaciones que para el prestador de los servicios resulten del contrato concertado. Otros factores a tener en cuenta son la interrelación de la cláusula de duración con otras cláusulas, como las que establecen la prórroga tácita del contrato, la revisión de precios, las consecuencias del desistimiento, etc. (TS 17-9-19, EDJ 688671).

Precisiones Una contratación de servicio de mantenimiento de ascensores vinculando la comunidad de propietarios por **5 años** se considera abusiva, pues las expectativas de negocio y mantenimiento de un determinado contrato en función de la infraestructura necesaria para ello se justifica con no más de 2 años, y además, siempre le cabrá la posibilidad a la empresa de dedicar los recursos humanos y técnicos presuntamente previstos para aquel contrato, bien a mejorar la atención a otros clientes, o para asumir nuevos compromisos, por lo que la pérdida negocial no puede justificar la imposición de dicho plazo de vigencia del contrato (AP Alicante 26-6-12, EDJ 206317).

4321 **Cláusulas sobre resolución unilateral** Es práctica habitual en los **contratos de adhesión** de mantenimiento de ascensores la inclusión de una cláusula penal que establece la obligación de la comunidad de propietarios de indemnizar en caso de rescisión anticipada del contrato.
Sobre los **efectos y naturaleza** que deben otorgarse a tal cláusula ha surgido una gran disparidad de criterios que abarcan desde posturas que entienden que este tipo de cláusulas son perfectamente válidas hasta aquellos que en el otro extremo defienden la nulidad de las mismas por abusivas, si bien la doctrina mayoritaria adopta la posición de considerar abusiva la cláusula de establecimiento de una indemnización por desistimiento de la comunidad.
La declaración de **abusividad** de las cláusulas predispuestas bajo condiciones generales, que expresamente prevean una pena convencional para el caso del desistimiento unilateral de las partes, no permite la facultad judicial de moderación equitativa de la pena convencionalmente predispuesta, sino que determina la nulidad de la propia cláusula (TS 11-3-14, EDJ 61022).

Precisiones **1)** La cláusula penal de abono de daños y perjuicios, pactada expresa e individualmente, no puede calificarse como abusiva, pues la liquidación anticipada de los **posibles perjuicios que sufra la empresa de mantenimiento** de ascensores, así como la ordenada previsión de gastos de material y personal ligados a dicho mantenimiento, han de considerarse lícitas y exigibles, fundadas en la autonomía de la voluntad (TSJ Navarra 26-3-03, EDJ 13412).
2) Las comunidades de propietarios quedan convencionalmente vinculadas, sin poder obtener o negociar nuevos precios o ventajas en vista de la evolución del mercado en dicho sector industrial, lo que supone un **desequilibrio en las prestaciones** de las partes, que la Ley no puede amparar, privándole de un derecho potestativo de desistimiento en contratos de tracto sucesivo, que no pueden mantenerse con carácter indefinido o con extensión temporal tan amplia como la convención de litis (AP Asturias 12-2-04, EDJ 7413).
3) La fijación de una indemnización por desistimiento debe ser tachada de **abusiva y desequilibradora** de la posición de igualdad que han de mantener los contratantes como soporte de la libertad contractual. Estas cláusulas pugnan con la flexibilidad del mercado, con el desarrollo económico y con la libre competencia, principios informadores de la economía, toda vez que la evolución tecnológica continua contribuye a abaratar los costes de los materiales y de los productos finales. Establecer periodos contractuales superiores a 5 años, sin que pueda negociarse ese periodo temporal de vigencia del contrato, resulta, hoy en día, abusivo (AP Cantabria 20-1-03, EDJ 12559).
4) Aunque lo habitual es que los contratos de mantenimiento de ascensores sean contratos de adhesión, también cabe la posibilidad de que el contrato haya sido **negociado entre las partes**. Pues bien, en estos casos, cuando expresamente se prevea una pena convencional para el caso del desistimiento unilateral de las partes, la valoración o alcance patrimonial de la pena establecida tampoco puede ser objeto de la facultad judicial de moderación, pues se trataría de una cuestión que pertenece al principio de autonomía de la voluntad de las partes (TS 10-3-14, EDJ 30166).

B. Responsabilidad de la comunidad de propietarios

4335

4337 La comunidad de propietarios, como **propietaria de los elementos comunes** del inmueble, es responsable de los daños y perjuicios que sus actos u omisiones produzcan a terceros (CC art.1902). Esta responsabilidad se hace extensible, tanto a sus propios órganos de gobierno y representación o gestión -presidente, secretario o administrador-, como a cada uno de sus **comuneros** en la cuota de participación que les corresponda.
La responsabilidad abarca tanto los daños y perjuicios causados a **terceros ajenos** a la propia finca, como aquellos que pueda causar a sus propios comuneros.
El plazo de **prescripción** de esta responsabilidad es de 5 años (CC art.1968; TS 14-9-18, EDJ 563090).

1. Responsabilidad del presidente de la comunidad y la junta de propietarios

El presidente, como máximo responsable, responde ante la **propia comunidad** y frente a los **propietarios** que la componen, por el ejercicio de sus funciones (incumplimiento de obligaciones inherentes a su cargo) así como por los daños y perjuicios que cause a la comunidad como consecuencia de las actuaciones ejecutadas por aquel. Responde frente a esta tanto de los daños y perjuicios que irrogue **por su culpa o negligencia**, como por aquellos que haga asumir a la comunidad como consecuencia de los **actos que haya suscrito en nombre de esta** sin la debida autorización o extralimitándose de sus funciones. 4340

El presidente es quien ejecuta las decisiones adoptadas por la junta. Sus funciones se asimilan a las propias de la figura del **mandato**, ya que, por ley, y/o por acuerdo de la junta está obligado a realizar una determinada prestación, por cuenta de la comunidad o conjunto de propietarios (CC art.1709).

Las **funciones** del presidente son coincidentes con las otorgadas por la LPH al administrador, salvo que los estatutos o la junta de propietarios por acuerdo mayoritario, dispongan la provisión de este último cargo separadamente de la presidencia (LPH art.20 en relación con art.13.5). Asimismo, el presidente ostenta la **representación** de la comunidad frente a terceros (LPH art.13.3), lo cual equivale a representar al conjunto de propietarios integrantes de la comunidad. En ese sentido, se ha de precisar que la figura del presidente viene constituida como un auténtico **órgano del ente comunitario**, siendo un puro instrumento físico por medio del cual actúa la comunidad, sin que la misma ostente, propiamente, personalidad jurídica.

El presidente responde de los daños y perjuicios que cause por sus **actos u omisiones**, ya sea por actos ejecutados sin autorización o bien por la extralimitación de las funciones que le fueron encargadas por la junta. Como quiera que no existe regulación expresa en la LPH relativa a la responsabilidad del presidente, son de aplicación las normas previstas en el Código Civil que regulan el régimen de responsabilidad aplicable al **mandatario** (CC art.1718).

Precisiones **1)** Las **actuaciones del presidente** se valoran sin acuerdo expreso de la junta y por su propia iniciativa, dependiendo en cada caso concreto del resultado de su actuación, de la urgencia y necesidad de su adopción, la temeridad empleada y la propia actitud -pasividad- de la junta y del resto de copropietarios en dicha actuación concreta (TS 16-5-85, EDJ 7356; 7-3-11, EDJ 13861; 19-2-14, EDJ 30168; AP Madrid 27-6-18, EDJ 561855). 4341

Se estima que la **naturaleza de la representación** del presidente es especial, con carácter mixto entre la representación voluntaria y la orgánica (TS 14-7-89, EDJ 7267).

2) La pauta de **diligencia** exigible al presidente es aquella que, por analogía, es exigible al mandatario (TS 1-3-80; AP Valencia; 5-11-19, EDJ 768351), pero hay que ponderar circunstancias como el carácter obligatorio del cargo, su gratuidad y la singularidad de sus funciones, a la hora de valorar la responsabilidad (AP Pontevedra 24-11-11, EDJ 286208).

3) El Tribunal Supremo ha precisado que, el hecho de que la LPH confiera al presidente de la comunidad la representación de esta en juicio, no es impeditivo para que cada **propietario** pueda ejercitar las acciones que estime pertinentes en caso de **pasividad** e incluso en el de **oposición** del presidente y el resto de los partícipes, ya que el interés que ha de estar jurídicamente protegido es su participación indivisa en los elementos comunes (TS 23-4-70, EDJ 266; 30-10-14, EDJ 191994; AP Valencia 11-12-17, EDJ 336341; TCo 14-6-99).

4) La comunidad no debe responder de aquellas actuaciones llevadas a cabo por el presidente, cuando este se hubiera **extralimitado en sus funciones** o bien **no** contara con la **autorización** de la junta (AP Ciudad Real 28-2-07, EDJ 111434; AP Madrid 30-9-13, EDJ 253832; 28-12-17, EDJ 321929).

5) El presidente solo puede actuar y representar a la comunidad cuando es **propietario** (TS 13-7-06, EDJ 282106).

Responsabilidad de la comunidad frente a terceros por actos del presidente 4342

A la hora de examinar la responsabilidad del presidente **en el ejercicio de su cargo**, también es necesario valorar la propia responsabilidad en que incurre la comunidad frente a terceros, precisamente, por los actos que haya realizado el presidente de dicha comunidad, debido a la representación orgánica que desempeña.

Si el daño o perjuicio se ha producido al tercero por el mero hecho de que, siguiendo las **instrucciones** y el **mandato de la junta**, el presidente ha realizado cualquier acto (u omisión), de tal suerte que el reproche es solo imputable a la **ejecución directa del acuerdo**, será responsable la propia junta de propietarios si el acuerdo se adoptó por unanimidad.

El **tercero afectado por el daño** deberá accionar contra la comunidad de propietarios por incumplimiento contractual o por la culpa de la misma en el daño sufrido, pero solo podrá **accionar conjuntamente o subsidiariamente** contra el presidente si este se hubiese excedido en el encargo.

Si la culpa reside exclusivamente en el **exceso**, la comunidad no incurrirá en responsabilidad.

4343 **Responsabilidad frente a los propietarios considerados individualmente** El presidente es también responsable ante la propia comunidad y frente a los propietarios considerados individualmente, ya sea por responsabilidad **contractual** o **extracontractual**. Dicho de otra forma, responderá por aquellas actuaciones causantes de un daño que tengan su origen en la extralimitación de sus funciones, o respecto de la cuales carecía de autorización, así como las que residan en la culpa o negligencia, por acción u omisión del que proviene el daño, en el ejercicio de sus funciones.
En todo caso, el presidente **se libera de responsabilidad** si prueba que su actuación se ha producido en la estricta ejecución de los acuerdos alcanzados en el seno de la junta de copropietarios, y ello al margen de que tales acuerdos adolecieran o no de nulidad (AP Sta. Cruz de Tenerife 30-9-13, EDJ 93266).
Por todo ello, el presidente no es más que un **representante del conjunto de propietarios** y, por ende, de la junta integrada por los propietarios, por lo que la **legitimación activa** para demandar por un daño o perjuicio sufrido corresponde a la comunidad, representada por su presidente, y previo acuerdo de la junta (AP Valencia 28-3-18, EDJ 93734).

Precisiones **1)** El **previo acuerdo de la junta**, que autorice expresamente al presidente de la comunidad para ejercitar acciones judiciales en defensa de esta, es presupuesto necesario para demandar, salvo que los estatutos expresamente dispongan lo contrario o el presidente actúe en calidad de copropietario (TS 10-10-11, EDJ 251304; 24-6-16, EDJ 93266).
2) A la hora de revisar la conducta del presidente, los tribunales tienen en cuenta y valoran todas las **circunstancias** como que el desempeño del cargo puede ser obligatorio, es gratuito y la singularidad de sus funciones deben tenerse en cuenta siempre a la hora de delimitar el ámbito de la responsabilidad del presidente (AP Pontevedra 24-11-11, EDJ 286208; AP Málaga 23-6-08, EDJ 386173).
3) Para cuando se trata de **responsabilidad contractual**, se aplica el plazo de prescripción de 5 años -CC art.1964- (AP Madrid 16-7-19, EDJ 672449).
4) Debe existir un **nexo causal** entre el daño y la acción del presidente y quien ejercite la acción de responsabilidad debe probar la extralimitación en la función, como el daño causado y el nexo causal (AP Alicante 20-5-14, EDJ 118386; AP Madrid 28-12-17, EDJ 321929).

4344 **Exigencia de responsabilidad al presidente por copropietario** Si uno (o algunos) de los copropietarios pretende exigir algún tipo de responsabilidad al presidente por un **daño o perjuicio causado a la comunidad**, deberá solicitar la **convocatoria de la junta** al objeto de adoptar el acuerdo correspondiente en orden a exigir la responsabilidad del presidente, pero no podrá ejercitarla individualmente en nombre de la comunidad. Para poder ejercitar la acción de responsabilidad de forma individual por el propietario afectado, se requiere que este haya sufrido directamente el daño con causa a la actuación del presidente. Asimismo, en la convocatoria de la junta, puede pedir la remoción del presidente (LPH art.14).
Por tanto, la junta se erige como órgano decisorio para resolver como **cuestión previa** y con **competencia exclusiva**, la eventual reclamación de cualquier copropietario contra la actuación del presidente o frente a cualesquiera otros órganos de la comunidad.

Precisiones El **órgano competente** es la junta de copropietarios, como un auténtico requisito previo de procedibilidad (TS 7-10-65).

2. Responsabilidad del administrador de la comunidad

4345 El cargo de administrador y, en su caso, el de secretario-administrador puede ser ejercido por **cualquier propietario**, así como por personas físicas con cualificación profesional suficiente y legalmente reconocida para ejercer dichas funciones. También puede recaer en corporaciones y otras personas jurídicas (LPH art.13.6).
Cuando se recurre a un **profesional externo** para el ejercicio del cargo de administrador, existen dos opiniones doctrinales sobre la **naturaleza jurídica** de la relación que media entre este y la comunidad:
a) Por un lado, la corriente que entiende que la relación existente es la de un **contrato de mandato** representativo regulado por las normas relativas al mandato (CC art.1709 s.; LPH art.13).
b) Para otros, el administrador está vinculado a la comunidad en virtud de una relación de **prestación de servicios profesionales** (arrendamiento de servicios), por precio cierto previamente pactado, quien ejerce su actividad en su condición de profesional colegiado, específicamente dedicado a esa tarea.
La corriente comúnmente admitida por nuestros tribunales y por la doctrina mayoritaria es la que sostiene que se trata de un mandato *sui generis* (CC art.1709 s.) en razón, principalmente, de la similitud de que el mandato se acaba por su **revocación** (CC art.1732) y que el mandante puede revocar el mandato a su voluntad y compeler al mandatario a la devolución de los documentos en que consiste el mandato (CC art.1733).La tesis mayoritaria aboga por el mandato

sui generis (AP Cádiz 10-6-16, EDJ 176924; AP Córdoba 29-3-16, EDJ 61548; AP Alicante 19-12-12, EDJ 323117; AP Baleares 18-4-12, EDJ 92966).

Precisiones **1)** Si se considera que la **relación mercantil** es un mandato *sui generis*, tiene una especial importancia en la valoración judicial la confianza de las cualidades de la persona contratada (AP Asturias 7-4-08, EDJ 176899).
2) La **figura del administrador** se trata más detalladamente en los nº 2000 s.

Responsabilidad por incumplimiento Sabiendo que la responsabilidad del administrador es la propia de un mandato *sui generis*, su deber principal consiste en realizar las **gestiones** y **prestar los servicios** encomendados por la comunidad, ya sea a través de su presidente o por la propia junta de propietarios. **4349**

Si se produce, por su parte, algún tipo de infracción en el ejercicio de sus obligaciones por **cumplimiento defectuoso o incorrecto** se puede hablar de una responsabilidad dimanante del incumplimiento de sus obligaciones, generándose una responsabilidad por daños, emanada de la probada existencia y realidad de unos determinados perjuicios.

En este ámbito de responsabilidad se pueden diferenciar dos tipos:

- la derivada del incumplimiento de los **deberes de gestión**, la cual se puede incardinar en la responsabilidad por inejecución de funciones (CC art.1718); o
- aquella que proviene de un **cumplimiento defectuoso** de sus funciones, es decir, se ejecuta defectuosamente el encargo recibido.

En todo caso, cabe decir que el administrador no responde objetivamente por el daño causado; lo exigible es una **actuación diligente y adecuada** en función de cada caso concreto (CC art.1104), y de la información que le sea suministrada por la comunidad y por sus vecinos. Es sustancialmente un deber de actividad y de diligencia en la gestión de la actividad profesional (AP Badajoz 24-10-03, EDJ 216084; AP Asturias 7-4-08, EDJ 176899; AP Valencia 10-7-09, EDJ 238648; AP Jaén 19-4-12, EDJ 147894).

Precisiones **1)** El administrador profesional es algo más que un simple contable, recaudador, pagador o protector de los intereses sometidos a su custodia. Es un auténtico **profesional de la administración inmobiliaria**, con la experiencia práctica que se requiere para ello, al estar al corriente de cuestiones diversas y complejas -conocimiento de Derecho civil, laboral, fiscal, contabilidad, etc.- y con sujeción a un código moral, garantizado por un colegio profesional, precisamente porque su actuación se basa en la **confianza**. No puede darse el mismo trato al miembro de la comunidad de propietarios que desempeña este cargo, careciendo de conocimientos jurídicos, que al profesional que debe ser **pleno conocedor de la normativa** y tiene que asesorar al presidente de la comunidad y demás comuneros (AP Asturias 14-5-04, EDJ 44477; AP Barcelona 18-2-04, EDJ 8826).
2) A las **empresas de administración** de bienes inmuebles les son de aplicación las normas de responsabilidad solidaria de la propia sociedad profesional, junto con los socios profesionales que la integran, de conformidad con la Ley de sociedades profesionales (L 2/2007).

Atribuciones del administrador (LPH art.20.d y f) Una de las cuestiones que más litigiosidad suscita el cumplimiento del administrador viene dada por la **amplitud de actos y gestiones** que le pueden ser encomendadas por la junta. En ese sentido, el administrador debe ejecutar **cualquier acuerdo de la junta** que implique un arrendamiento de servicio propio de su profesión, ejecutando las «**demás atribuciones**» inherentes a las funciones propias de su cargo y categoría profesional, conferidas por la junta. **4350**

En cuanto a la **contratación de empresas para actuaciones urgentes**, los tribunales valoran su diligencia para solucionar el problema, no siendo responsable del resultado final por la intervención del tercero contratado (AP Barcelona 18-2-04, EDJ 8826), salvo que se pruebe que existió una patente culpa *in eligiendo*, por haber actuado manifiestamente al margen de los intereses de la comunidad. El comportamiento que se puede reprochar al administrador es aquel consistente en no realizar las actuaciones urgentes de manera diligente, o no ponerlas en conocimiento de la presidencia.

Por otro lado, el administrador no puede **resolver contratos** celebrados por la comunidad, salvo autorización expresa de esta (AP Sevilla 11-10-11, EDJ 332990).

Con respecto a los **pagos realizados por el administrador**, este debe acreditar que las cantidades se destinaron a la satisfacción de gastos de la propia comunidad, teniendo la carga de la prueba (AP Barcelona 27-5-08, EDJ 135555).

Tiene el administrador la obligación de **custodiar la documentación** de la comunidad, cuando desempeña la función de secretario. Dicha obligación le impone la llevanza del libro de actas, redactar y firmar las actas, certificar los acuerdos y guardar toda la documentación en los plazos legales. Si incumple, deberá asumir su responsabilidad por los daños causados (AP Valencia 23-1-12, EDJ 87804).

Entre otras muchas funciones, el administrador es la persona a la que la junta le encomienda el **asesoramiento**, la **gestión** y la **tramitación de las ayudas públicas** (corporaciones locales y autonómicas) para la obtención de subvenciones por obras de reparación, rehabilitación y mantenimiento de la edificación. Si en la ejecución de ese encargo se produce un **error u omisión**, tales como el no realizar la tramitación (solicitud, presentación de documentos e informes técnicos, o informes complementarios) en tiempo y forma, se provoca la pérdida de oportunidad de la comunidad de obtener dicha subvención provocando ello un perjuicio económico constatable cuya directa responsabilidad derivaría de la negligente actuación del administrador.

4351 Precisiones 1) Se ha condenado a un administrador debido a la apreciación de un **cumplimiento deficiente** de sus funciones, haciéndole responder del perjuicio derivado para la comunidad por la pérdida de una subvención solicitada al ayuntamiento. Se habla de **pérdida de oportunidad** puesto que la comunidad no es titular en sentido propio de obtener dicha subvención, sino sencillamente un candidato a obtenerla si se cumplen una serie de requisitos establecidos previamente en la regulación de dicha convocatoria.
Así, cuando por **culpa del administrador** -acción u omisión- se pierde ese derecho, lo que se está perdiendo es la «oportunidad» en la obtención de esa «ayuda o compensación». La subvención no es un derecho subjetivo del solicitante, más cuando se piensa que la comunidad pudiera cumplir con todos los requisitos establecidos reglamentariamente para solicitar dicha subvención, pues su concesión se rige por principios objetivos de selección y, por supuesto, de suficiencia presupuestaria (AP Burgos 11-1-12, EDJ 3621).
2) A la hora de fijar la **indemnización por la pérdida de oportunidad**, los tribunales siguen el mismo criterio que el seguido respecto de la responsabilidad de abogados y procuradores (TS 27-7-06, EDJ 275355). De este modo, aunque se trate de una mera expectativa que conlleva la pérdida de oportunidad de acceder a la subvención, se estará a la razonabilidad de la segura estimación de la pretensión. Dicho de otro modo, la responsabilidad exigirá demostrar que el perjudicado estaba en situación fáctica y jurídica idónea para obtener la subvención; mientras que, por el contrario, el administrador deberá centrarse en demostrar la existencia de obstáculos imposibles de salvar y en consecuencia nunca hubiera podido prosperar en condiciones normales la solicitud de subvención (AP Madrid 6-2-18, EDJ 30761).

3. Responsabilidad de la comunidad y de los propietarios por deudas frente a terceros

(LPH art.22)

4355 Se establece la responsabilidad de la comunidad de propietarios por las deudas frente a terceros (con todos sus fondos y créditos), así como la responsabilidad subsidiaria de cada uno de los propietarios integrantes de la comunidad, respecto a los cual deberá mediar **previo requerimiento de pago** (LPH art.22.1).
La Ley protege al acreedor de la comunidad ofreciéndole el ejercicio de la **acción subrogatoria y subsidiaria** para el caso de una falta de provisión o de pago de cuotas por parte de los copropietarios. En todo caso, el propietario requerido puede **oponerse a la ejecución** acreditando que está al corriente de pago de las deudas vencidas (LPH art.22.2), es decir se trata de una responsabilidad subsidiaria.
Se establece una **responsabilidad del comunero** hasta el importe máximo de su cuota de participación, ello sin perjuicio de la exención de responsabilidad que se le permite, bastando acreditar que **está al corriente de pago** (LPH art.22.1).

Precisiones Algún sector de la doctrina se refiere a la **acción subrogatoria** (CC art.1111), pero este precepto de la LPH actúa de manera diferente. La acción subrogatoria del Código Civil **permite dirigirse contra los deudores del deudor** una vez perseguido este, es decir, el acreedor lo que en realidad hace es reconstituir o integrar el patrimonio de su deudor, y de este modo hacer efectivo el cobro de la deuda. Sin embargo, la LPH art.22 funciona de forma diferente, ya que lo que se cobra directamente del comunero deudor frente a la comunidad **no** pasa a formar **parte del fondo de esta** (no se reconstituye su patrimonio), no hay paso previo a su pago al acreedor, sino que **directamente pasa al acreedor de la comunidad**.

4357 **Responsabilidad subsidiaria de los propietarios** Sobre la responsabilidad subsidiaria de los propietarios de los pisos o locales respecto de la comunidad y frente a cualquier tercero (LPH art.22), se duda sobre si el **ejercicio de dicha acción** -carácter subsidiario- requiere que el **acreedor demande conjuntamente** a la comunidad y a cada uno de los comuneros, o bien puede **ejecutar la sentencia** dictada en contra de la comunidad procediendo a instar ejecución sobre el **patrimonio de los comuneros** que la integran, y hasta el límite de su correspondiente cuota de participación en dicha comunidad.
Se prevé la ejecución de sentencias contra **entidades sin personalidad jurídica**, cuyo precepto permite dirigir la acción ejecutiva contra los socios, miembros o gestores que hayan actuado en nombre de una entidad sin haber participado en el proceso declarativo, pero que, a su vez,

excluye a las comunidades de propietarios en régimen de propiedad horizontal (LEC art.544). Por tanto, no resulta admisible demandar a la comunidad y, a falta de fondos de esta, instar **demanda de ejecución contra los comuneros de forma individual**, ya que para que ello sea posible debería de haberse demandado individualmente a los copropietarios junto con la comunidad.

Como quiera que la responsabilidad es de carácter subsidiario, con carácter previo a ejecutar la deuda contra los **deudores subsidiarios**, esto es los copropietarios, es necesario que se cumplan una serie de requisitos:

- La **falta de fondos** o inexistencia de bienes por parte de la comunidad.
- Que haya mediado **requerimiento de pago** a los copropietarios por la parte de la deuda correspondiente a su cuota de participación.
- Que el **copropietario** haya sido **demandado** en el proceso judicial junto con la comunidad.

Precisiones Son varias las resoluciones judiciales que se han pronunciado sobre esta cuestión, las cuales declaran la necesidad de que los **copropietarios** sean **demandados en el proceso** como requisito necesario para, posteriormente y en su caso, poder instar ejecución contra el patrimonio privativo de los comuneros (AP Alicante 20-10-04, EDJ 185424; AP Pontevedra 16-7-02, EDJ 50760). Además, se exige que el **crédito sea reclamado por un tercero**, existiendo resoluciones judiciales que abogan por el criterio de que la ley no ampara al comunero que sea acreedor (AP Alicante 5-11-13, EDJ 255154; AP Córdoba 31-3-16, EDJ 61556) y otras que aplican este precepto en el supuesto de reclamación efectuada por un copropietario frente a la comunidad y, subsidiariamente, frente a los copropietarios que no han realizado el pago (AP Salamanca 15-6-15, EDJ 122418).

Ausencia de personalidad jurídica de la comunidad de propietarios La comunidad de propietarios no tiene personalidad jurídica propia (TS 22-5-93, EDJ 4846; 3-5-12, EDJ 78196; 8-1-19 EDJ 500393; DGRN Resol 3-3-08; 16-1-17). En consecuencia, es preciso **interponer la demanda** y traer al proceso de forma personal a los propietarios de todos los pisos y/o locales, ya que solo de este modo, una vez dictada sentencia, se puede instar la correspondiente ejecución contra ellos (TS 13-2-01, EDJ 446). 4358

No obstante, debe hacerse mención a una novedad en el criterio jurisprudencial sobre la personalidad jurídica de las comunidades de propietarios en el supuesto de ejecución judicial, facilitando la **inscripción a su favor de bienes embargados** por deudas de uno de los propietarios, siendo una situación excepcional y temporal, para su inmediata atribución a los demás propietarios en proporción a sus cuotas (DGRN Resol 12-2-16).

Precisiones **1)** Para que la deuda por la que ha sido condenada la comunidad pueda hacerse efectiva sobre los **bienes privativos de los propietarios** -según su cuota de participación-, cada propietario debe ser personalmente convocado y requerido, y por eso es correcta la denegación de una anotación de embargo si de los títulos presentados no resulta que el titular registral fuera parte, con carácter personal y directo, en las actuaciones judiciales que dieron lugar al embargo de sus bienes privativos (LH art.20; RH art.100).

2) No se puede **ejecutar una sentencia contra la comunidad** en el patrimonio privativo de cada comunero, ya que no ha sido parte en el proceso, por más que la comunidad de bienes fuera debidamente emplazada y la litis fuera integrada con el encargo expreso de la junta a favor del presidente (TS 13-2-01, EDJ 446)

No cabe, por tanto, que, ganada la sentencia contra la comunidad por el impago de una deuda y acreditada la insolvencia de la comunidad, baste con acreditar un **previo requerimiento a cada uno de los copropietarios** para lograr que, en ejecución de dicha sentencia de la comunidad, se les embargue sus bienes privativos, aún con la posibilidad de cada comunero de enervar dicha ejecución al amparo de lo dispuesto en LPH art.22.2.

3) Cabe la reclamación de indemnización por la comunidad de propietarios por **daños morales**, siempre que dichos actos dañosos generen algún tipo de menoscabo en el prestigio y estima moral o concepto público que se tuviera de la comunidad (TS 20-2-02, EDJ 1693; AP Cantabria 25-9-23, EDJ 701985).

4. Afección real

Uno de los objetivos fundamentales de la LPH es el de asegurar la fuerza vinculante de los deberes impuestos a sus titulares, especialmente en lo relativo al **abono de los gastos** de sostenimiento, reparación y conservación de la comunidad (LPH Exp.Motivos). 4360

Así, partiendo de que la mera aplicación de las normas generales en materia de **incumplimiento de las obligaciones** y la correspondiente acción dirigida a exigir judicialmente su cumplimiento pueden no resultar suficientemente eficaces, prevé la posibilidad de la privación judicial del disfrute del piso o local cuando concurran circunstancias taxativamente señaladas, y, por otra parte, se asegura la **contribución a los gastos comunes** con una afectación real del piso o local al pago de este crédito que la ley eleva a la categoría de preferente.

4361 **Garantías de cumplimiento de las obligaciones de los propietarios** Entre las obligaciones de los copropietarios (nº 1115 s.) está la de **contribuir a los gastos generales** para el adecuado sostenimiento del inmueble (LPH art.9.e).

Para garantizar el cumplimiento de este deber, la ley establece las siguientes garantías:

1. El crédito que ostenta la comunidad de propietarios frente al copropietario para el sostenimiento de dichos gastos comunes, tendrá el carácter de **crédito preferente**, en las condiciones establecidas en la ley.
2. La **obligación de contribuir** a dichos gastos es **exigible**, no solo al titular del piso o departamento en el momento de su devengo, sino incluso al posterior adquirente de dicha vivienda o local respecto de las cuotas vencidas e impagadas por el anterior propietario, responsabilidad esta que alcanza hasta el límite que resulte imputable a la parte vencida de la anualidad en la cual tenga lugar la adquisición y a los 3 años anteriores.
3. El **piso o local** estará legalmente **afecto** al cumplimiento de esta obligación.
4. Se establece la obligación por parte del vendedor del inmueble de estar al **corriente de pago** de sus obligaciones económicas frente a la comunidad, lo cual deberá acreditar en el momento de la transmisión de la propiedad por cualquier título. El transmitente debe aportar, en el momento de la transmisión, el **certificado sobre el estado de deudas** con la comunidad, sin lo cual no puede autorizarse la transmisión mediante documento notarial, salvo que fuese expresamente exonerado de dicha obligación por parte del adquirente.

4362 **Carácter preferente del crédito de la comunidad** El carácter preferente que se otorga al crédito de la comunidad se refiere al pago de los **gastos generales** correspondientes a las cuotas imputables a la parte vencida de la anualidad en curso y a los 3 años anteriores. Dicho carácter preferente se establece a los efectos del CC art.1923 y se sitúa de forma precedente a los enumerados en el CC art.1923.3º a 6º, esto es frente a:

- los **créditos hipotecarios** y los **refaccionarios**, anotados e inscritos en el Registro de la Propiedad, sobre los bienes hipotecados o que hubiesen sido objeto de la refacción;
- los **créditos preventivamente anotados** en el Registro de la Propiedad en virtud de mandamiento judicial, por embargos, o ejecución de sentencias;
- los **refaccionarios no anotados ni inscritos**, sobre los inmuebles a que la refacción se refiera;
- los créditos a favor de los **tenedores de bonos garantizados**, respecto de los préstamos y créditos hipotecarios, y otros activos que los garanticen, integrados en el conjunto de cobertura, conforme al RDL 24/2021.

4363 Precisiones **1)** A **efectos registrales**, se entiende que la configuración de la **preferencia como hipoteca legal tácita** requeriría de un precepto legal que lo estableciera así, o bien una resolución judicial en la que, siendo parte todos los interesados en esa configuración, la estableciera expresamente o el carácter real de la preferencia y su **constancia registral de modo expreso y claro**, lo cual no sucede.

Por tanto, el efecto de la declaración de preferencia del crédito en los términos del LPH art.9.1.e, sin más aditamentos y sin el consentimiento de titulares registrales de créditos anteriores o de su intervención como parte en el juicio, solo permitiría alegar dicha preferencia a su titular a través de una **tercería de mejor derecho** con motivo de la ejecución del derecho de cualquier titular del asiento anterior, pero no para adelantarse en el rango, sino para obtener el cobro con preferencia a él en la ejecución; o bien para ejercitar la declaración de preferencia en cualquier otra vía, pero sin la modificación de rango de derechos inscritos con anterioridad (DGRN Resol 23-6-14; 22-1-13).

2) El **inicio del cómputo de las cuotas de gastos impagadas** por el copropietario que van a ser objeto de cobertura por dicho privilegio, se entenderá que es desde el momento en que la reclamación conste en el Registro (DGRN Resol 9-2-87 y 18-5-87). Transcurrido dicho plazo de duración del privilegio (entendiéndose como plazo de caducidad) este finaliza y ya no es posible ejercitarlo como tal.

3) Para la aplicación de las reglas previstas en la LPH art.9.1, se considerarán **generales** los gastos que no sean imputables a uno o varios pisos o locales, sin que la no utilización de un servicio exima al propietario del pago (LPH art.9.2).

4) La preferencia viene determinada por su **naturaleza**, con independencia del momento en que los créditos accedan al Registro de la Propiedad (AP Madrid 19-10-16, EDJ 245175).

4364 **Colisión del crédito de la comunidad con los créditos hipotecarios** En principio, el privilegio se mantiene incluso en los casos de **ejecución hipotecaria previa**, cuando el piso ya ha sido adjudicado y es propiedad del rematante. El **nuevo propietario** debe satisfacer los gastos de comunidad anteriores pues el privilegio de la comunidad subsiste.

Sin embargo, en los supuestos de que la **anotación preventiva** sea **posterior a la hipoteca**, ocurre que el piso con cuotas adeudadas ya está en manos del nuevo adquirente como resultado de una ejecución hipotecaria y la **carga o limitación del dominio**, para que tenga efecto frente a terceros, deberá constar en la inscripción de la finca (LH art.13).

Como consecuencia de la ejecución hipotecaria, se **cancelan las cargas posteriores al crédito** del ejecutante y, por tanto, la propia anotación donde figuraba dicha afección de la LPH (LEC art.674.2). Sin embargo, ante la posibilidad de que la ejecución hipotecaria no sea sobre la totalidad del bien inmueble, sino de una parte, esta regla no afectaría a **anotaciones posteriores** al crédito del ejecutante al no ser incompatibles.
Todo este sistema deja desprotegida a la comunidad en los supuestos de **ejecución de hipoteca previa**, cuando la ejecución es sobre el pleno dominio del inmueble.

Precisiones La preferencia del crédito de la comunidad es un privilegio **limitado por marcos temporales legales**, en concreto, a las cuotas imputables a la parte vencida de la anualidad en curso y los 3 años anteriores, afectando también a créditos comunitarios reconocidos en sentencia declarativa de deuda y de condena al pago, si no se obtuvo una declaración judicial de preferencia de esos créditos y se demandó a los acreedores anteriores (TS 4-5-22, EDJ 558022).

Hipotecas previas no ejecutadas Otra de las cuestiones que se suscitan es qué ocurre 4365
respecto de las hipotecas previas que sencillamente no se ejecutan.
Si el banco decide no ejecutar por el momento la hipoteca y la **comunidad decide reclamar el crédito comunitario** y finalmente se adjudica el inmueble, se produce la desaparición de la carga hipotecaria anterior.
Así, se establece la cancelación de las cargas pospuestas a aquella que, siendo preferente, ha sido objeto de ejecución (RH art.233).

Precisiones 1) En situaciones de crisis económica, se produce una **infravaloración de los bienes** 4366
inmuebles, de tal manera que el valor real del inmueble del que deriva la deuda termina siendo menor que el importe de la hipoteca pendiente de amortizar. Ante tal tesitura, decrece el interés por adjudicárselo en subasta, lo que supondría subrogarse en una hipoteca que supera el valor real del piso o local.
2) La **afección real** (LPH art.9.1.e) es un **gravamen preferente**; sobre ella no pueden prevalecer ni los derechos reales, ni ningún otro derecho de crédito. Inscrito el régimen de propiedad horizontal, consta ya suficientemente, aunque con cierta indeterminación, la carga de tal afección real preferente, que forma parte del contorno ordinario del ámbito de poder, en que consiste el dominio de cada piso.
Cualquier **hipoteca o embargo sobre el piso o local** ha de entenderse, por tanto, que únicamente tendrá operativa en cuanto no menoscabe la eficacia de la afección real que por Ley es preferente. No se trata de una mera preferencia crediticia, de la que gozaría el derecho de la comunidad de propietarios sobre cualquier otro crédito concurrente y que habría de hacerse valer, sino de una **verdadera afección real del piso o local**, en garantía del pago de las cuotas por gastos comunes, que opera con alcance erga omnes, esto es, cualquiera que sea el titular del inmueble y las cargas sobre él constituidas (DGRN Resol 15-1-97).

Ejercicio de la preferencia mediante tercería de mejor derecho En estos casos, 4367
la comunidad puede ejercitar su preferencia mediante la correspondiente tercería de mejor derecho, acompañándola de la prueba del crédito que se afirma preferente (LEC art.614 s.).
Tras el análisis de distintas resoluciones de la DGRN -actual DGSJFP-, se puede concluir que, llegado el caso de ejecutar por dicho crédito comunitario preferente, la **adjudicación en subasta del inmueble** supondría la purga de la carga hipotecaria anterior.

Preferencia respecto de los créditos refaccionarios En cuanto a la preferencia 4368
respecto de los créditos refaccionarios anotados o inscritos en el Registro, sería necesario, obviamente, la **anotación preventiva de la reclamación** por parte de la comunidad. Del mismo modo, el crédito comunitario será preferido frente a cualquier crédito anotado preventivamente de embargo.
Esta extraordinaria preferencia del derecho de crédito de la comunidad se encuentra parcialmente compensada con sus condiciones de ejercicio y **plazo de caducidad** -de 5 años (CC art.1964)-.
Finalmente, respecto de los **créditos refaccionarios no anotados o inscritos**, sobre los bienes inmuebles a los que la refacción se refiera ocurrirá lo mismo, es decir, que la preferencia solo será aplicable si la comunidad reclama el crédito y lo hace constar en el Registro.

Preferencia de los créditos salariales (LPH art.9.1.e párr 1º) El precepto de referencia 4369
establece y exceptúa la preferencia de los créditos salariales establecidos en el Estatuto de los Trabajadores. Estos créditos se **anteponen** siempre **al de la comunidad**.

Precisiones Se refiere al **privilegio especial** (ET art.32.1) que antepone el crédito de los trabajadores para cobrar el salario de los últimos 30 días de trabajo y en cuantía que no supere el doble del salario mínimo interprofesional, gozando de preferencia frente a cualquier otro crédito, aunque se encuentre garantizado con prenda o hipoteca. Se deben reclamar en el plazo de un año, a contar desde el momento en que debió percibirse el salario, transcurrido el cual prescribirán.

4370 **Responsabilidad del adquirente frente a titulares anteriores** El adquirente de un piso o local en una edificación en régimen de propiedad horizontal es responsable per se -la obligación que soporta el adquirente es por razón de la **propia titularidad de la cosa**- de cualquier cantidad que adeuden los titulares anteriores -siempre hasta el mentado límite de la parte vencida de la anualidad en curso (fecha de adquisición) y de los 3 años naturales anteriores-, y su finca estará afectada con una **hipoteca tácita** a favor de la comunidad -que disfrutará de la prelación del crédito a la que hemos hecho referencia-.

El adquirente asume una **obligación de pago**, pero no se convierte en deudor personal por las cantidades adeudadas por el anterior propietario, es decir, no responde con sus demás bienes (AP Madrid 5-6-15, EDJ 118674).

En el supuesto de **dación en pago**, si se entrega la vivienda libre de cargas, asumiéndolas el nuevo propietario, debe constar expresamente en la escritura de compraventa. En caso contrario, no hay obstáculo para reclamárselas al anterior propietario (AP Valencia 30-9-19, EDJ 765860).

Ello implica, en la práctica, la necesidad de que por parte del administrador de la comunidad -o el secretario con visto bueno del presidente, si es que no existe administración externa- se proceda a emitir la correspondiente **certificación sobre el estado de deudas** con la comunidad, en el plazo de 7 días naturales desde su solicitud, pudiendo exigirse responsabilidad por la inexactitud de los datos o por el retraso en su emisión (LPH art.9.1.e). La inexactitud de los datos no exime al nuevo propietario de la obligación legal de abonar la deuda (AP Barcelona 13-1-12, EDJ 24448).

4371 **Responsabilidad después de la transmisión del bien** Cabe preguntarse si el anterior titular de la finca, bajo cuyo dominio se ha producido la deuda asumida *ex lege* por el nuevo propietario, queda liberado o no por la propia transmisión.

En realidad, el **verdadero titular de la obligación** de pago adeudada es el antiguo titular de la finca. Él es el que ha incumplido sus obligaciones de contribución a los gastos comunitarios y a él le incumbiría *ab initium* la **legitimación pasiva** frente a la reclamación de la comunidad, si no existiera esta extensión de responsabilidad para el nuevo adquirente. Por tanto, el nuevo *accipiens* se convierte en **garante** del cumplimiento de la obligación del *tradens* frente a la comunidad.

Es una **obligación «propter rem»**, inherente a la titularidad, sea quien sea el titular. La responsabilidad del nuevo adquirente es cumulativa con el anterior; la comunidad podría reclamar a ambos y en el caso de que el pago fuera realizado por el nuevo adquirente, este podría repetir contra el anterior -bajo cuyo dominio se ha producido la deuda-. Así, el **transmitente** responde con carácter personal de la deuda generada y el adquirente responde con el piso o local (AP Baleares 29-6-00, EDJ 63771; AP Granada 13-2-02, EDJ 10399).

No es preciso que el anterior propietario aparezca en la **liquidación** última practicada por la junta, a efectos de reclamarle los importes adeudados y tampoco es preciso el previo requerimiento al anterior titular antes de presentar la demanda (AP Madrid 28-1-19, EDJ 543632).

Cuando el **deudor** de cuotas por gastos de comunidad de propietarios, por obligación propia o por extensión de responsabilidad, **no coincida con el titular registral**, la reclamación frente a este solo será al objeto de soportar la ejecución sobre el inmueble inscrito a su nombre (TS 22-4-15, EDJ 58391).

A diferencia de lo que ocurre con las deudas por cuotas ordinarias de la comunidad, en el supuesto de **derramas** para el pago de mejoras, realizadas o por realizar, responde quien sea el propietario cuando se exijan a su pago (AP Burgos 4-4-16, EDJ 59501).

4372 **Momento para la cuantificación del importe de las cuotas impagadas** El concreto momento para proceder a la cuantificación del importe de las cuotas impagadas de las que va a responder el nuevo titular es el de la adquisición, y es ahí donde se **aplica retroactivamente** la anualidad corriente y la de los 3 años inmediatamente anteriores. Ello tiene especial importancia cuando el conflicto surge entre la comunidad y el nuevo adquirente, pues ello habrá de servir para determinar el específico importe reclamado. La **afección del piso o local del nuevo adquirente** se produce en el momento en que se otorga la escritura de compraventa, ello con independencia de que se inscriba o no en el Registro de la Propiedad.

En el ámbito de un **conflicto entre el crédito de la comunidad con otros acreedores**, el plazo, sin embargo, se computará desde la demanda de aquella. En estos supuestos, será exigible la acreditación de la reclamación judicial de la comunidad y la constancia en el Registro (anotación) de esta demanda para que no opere la caducidad correlativa de las cuotas correspondientes.

Una cosa es la afección real del piso o local entre el propietario nuevo adquirente y la comunidad, y otra es la preferencia de dicho crédito frente a otros acreedores.

Sin embargo, en lo que se refiere exclusivamente a la **relación entre la comunidad y el nuevo adquirente**, la cuestión se reduce a un mero supuesto de prescripción, donde la presentación o no de la demanda no es sustancial, y siempre podrá reclamar la anualidad en curso y las tres anteriores, sin perjuicio de los plazos prescriptivos que puedan ser de aplicación en relación al ejercicio de la acción. En ese sentido, la doctrina mayoritaria entiende que el **plazo de prescripción** para la reclamación de deudas comunitarias es el general de 5 años (CC art.1964).

Constancia registral de la afección Otra de las cuestiones a tratar es la forma en que se materializará la constancia registral de dicha afección real. Las resoluciones de la DGRN -actual DGSJFP- tienen un alto grado de indeterminación, ya que en ningún caso exigen la constancia de la afección concreta y de la cuantía de la misma, por lo que la única posibilidad de dicha constancia es que, en el momento de interponer la demanda, la comunidad solicite como medida cautelar la **anotación preventiva de embargo** en el Registro de la Propiedad. **4373**

Precisiones Con la **inscripción del régimen de propiedad horizontal**, ya se supone que consta suficientemente clara la afección real preferente de la LPH (DGRN Resol 9-2-87; 1-6-89; 15-1-97). En todo caso, la preferencia de los créditos comunitarios no viene determinada por su **inscripción** en el Registro de la Propiedad, ya que de dicho requisito no depende la preferencia del crédito, como así ocurre con los créditos ordinarios (CC art.1923.4), sino que dicha preferencia viene establecida únicamente por la propia Ley, para un ámbito temporal determinado, que es la anualidad en curso, y los tres inmediatamente anteriores.

Certificación acreditativa del estado de deudas de la comunidad (LPH art.9.1.e párr 4º) **4374**
Es una obligación impuesta al transmitente de un piso o local sometido al régimen de propiedad horizontal que deba acreditar en el **momento de la transmisión** (otorgamiento de escritura pública de compraventa) la correspondiente certificación del estado de deudas con respecto a la comunidad o la inexistencia de deuda alguna.
El notario **no** podrá **autorizar la compraventa** sin que obre la mencionada certificación, salvo que el adquirente exonere expresamente de ello al vendedor. La exoneración del adquirente en ningún caso obstará ni perjudicará el derecho de crédito de la comunidad.
En cuanto a la **vigencia temporal** de dicha certificación, la propia ley establece que deberá ser emitida en el plazo máximo de 7 días naturales desde su solicitud.
Su **emisión** corresponde al administrador o a quién ejerza las funciones de secretario, con el visto bueno del presidente. Ambos sujetos responden, tanto de la exactitud de su contenido, como del retraso en su emisión.
Esta certificación debe ir acompañada de la **declaración del propio transmitente** en la escritura pública de estar al corriente de pago de los gastos comunitarios o en su caso de expresar aquellos que adeude.
Esta declaración debe producirse en **todo tipo de transmisión** por cualquier título, incluso en el caso de donaciones (CC art.633).

Obligación de contribución al fondo de reserva (LPH art.9.1.f) La preferencia del crédito de la comunidad y esta afección real es aplicable, tanto a la obligación de cada comunero de satisfacer los gastos ordinarios de conservación (nº 4361), como a la de contribuir a dotar un fondo de reserva para atender las obras de conservación, reparación, rehabilitación y de accesibilidad y eficiencia energética. **4375**
Si la ley impone a cada uno de los copropietarios la obligación de contribuir a los gastos generales para el sostenimiento de la finca y para ello establece unos **mecanismos de garantía**, carecería de sentido que a la hora de obligar a cada comunero a participar en la obligación de dotar un fondo de reserva no se impusiera dicha obligación. Es más, para ello bastaría con considerar que las dotaciones del fondo para conservar la finca no son más que **contribuciones a gastos generales y necesarios** para el sostenimiento del inmueble (AP Barcelona 23-11-16, EDJ 287024).
El sostenimiento del inmueble implica la necesidad de su conservación y, por ende, de atender a los gastos necesarios para acometer las **obras de reparación y mantenimiento**.
Así lo establece la Ley en cuanto al «adecuado sostenimiento y conservación del inmueble y de sus servicios» imponiendo la obligación de realizar las **obras necesarias** para ello (LPH art.10.1). Son las **obras imprescindibles** y necesarias para conservar íntegramente las condiciones estructurales, de estanqueidad, habitabilidad (elementos constructivos), accesibilidad y seguridad, propias y características del inmueble en cuestión. Estas actuaciones tienen **carácter obligatorio** y no requerirán de acuerdo previo de la junta de propietarios, impliquen o no modificación del título constitutivo o de los estatutos.

Precisiones Las **obras ejecutadas unilateralmente por un comunero** en zonas comunes serán reembolsadas por la comunidad de propietarios, cuando se haya requerido previamente al secretario-administrador o al presidente advirtiéndoles de su **urgencia y necesidad**, o cuando la comunidad muestre **pasividad en las obras o reparaciones** necesarias y urgentes. Por el contrario, de **no mediar dicho requerimiento**, la comunidad quedará exonerada de la obligación de abonar el importe correspondiente a dicha ejecución en caso no de mediar el mencionado requerimiento (TS 2-2-16, EDJ 4508).

C. Aseguramiento de la comunidad de propietarios

4380

1. Cuestiones generales

4382 El contrato de seguro es aquel por el que el asegurador asume la obligación, a cambio de una **prima**, de indemnizar, dentro de los límites pactados, el daño producido o el pago de un capital -o cualquier otra prestación convenida- para el caso de que se produzca un evento cuyo riesgo es objeto de cobertura (L 50/1980 art.1).

El **asegurador** debe ser una entidad autorizada, como requisito indispensable para la validez del contrato, declarándose nulo de pleno derecho -nulidad radical- el contrato de seguro efectuado por entidad no autorizada (L 20/2015 art.5.2).

El elemento esencial de todo contrato de seguro es la cobertura de un **riesgo** previamente determinado, y por ello la prestación del asegurador depende de que se produzca el evento cubierto por el mencionado riesgo. Así, se sanciona también con la nulidad de pleno derecho el hecho de que, en el momento de la conclusión del contrato, el riesgo ya no exista, o bien ya se haya producido el siniestro (L 50/1980 art.4). Es decir, existe **siniestro** cuando el contrato nace con la producción del evento que es objeto de cobertura (inundación, tormenta, acto de vandalismo, etc.) y, por tanto, no con la incertidumbre de ocurrencia, que es el riesgo en sentido propio.

Sin perjuicio de un estudio pormenorizado de cada modalidad del contrato de seguro dentro del seguro, en el ámbito de los **seguros de edificaciones y urbanizaciones privadas** -el más extendido en el ámbito de la comunidad de propietarios en régimen de propiedad horizontal-, se producen las particularidades que a continuación se exponen.

4384 **Contratantes** El **asegurado** es la persona, física o jurídica, titular del interés objeto de cobertura por virtud del seguro y que, en defecto del tomador, asume las obligaciones y derechos del contrato de seguro.

El asegurado es, a su vez, el titular del derecho a la indemnización o prestación del **asegurador**, salvo que se haya hecho cesión de ese derecho a un tercero, que se denomina **beneficiario** (p.e. respecto de la póliza sobre edificaciones hipotecadas, en el seguro de daños sobre el edificio, el titular de la indemnización no es la comunidad de propietarios, sino la entidad bancaria prestamista, que es la beneficiaria hasta el límite del capital prestado garantizado por la hipoteca).

El **tomador**, cuando difiere del asegurado, es quien asume las obligaciones del contrato. El tomador del seguro está obligado al pago de la prima en las condiciones estipuladas en la póliza, debiéndose realizar en el domicilio del tomador del seguro, si no se ha especificado el lugar para el pago (L 50/1980 art.14 y 15). La **prima** multirriesgo debe ser satisfecha por la comunidad de propietarios.

El **contrato** es anual y su prórroga es denunciable por la comunidad de propietarios, con un preaviso de, al menos, 2 meses de antelación a la fecha de expiración del contrato.

Objeto y riesgo asegurables Sin perjuicio de lo que se expone en relación con las diferentes modalidades de seguro y de los seguros multirriesgo de comunidades de propietarios que circulan habitualmente en el mercado, a la hora de hablar de qué objetos, cosas, derechos o intereses pueden ser objeto de seguro en el ámbito de la comunidad de propietarios, debe partirse de la base de que en el **seguro de daños** puede ser objeto de seguro todo aquello en que el asegurado tenga un interés legítimo (L 50/1980 art.25 s.). **4386**

En realidad, en el seguro de daños o seguro de cosas lo realmente importante no solo es la cosa en sí, sino el interés concreto del asegurado sobre esa cosa. Es cierto que se exige que el contenido de la póliza detalle la designación de los **objetos asegurados** y su situación (L 50/1980 art.8.4), pero la actividad aseguradora -cobertura económica del riesgo- recae sobre el interés específico y no sobre la cosa en sí. Sobre una misma cosa pueden concurrir diferentes intereses, por ello, no solo es necesario definir la cosa, sino también el **interés asegurado**. Por supuesto, y como consecuencia de ello, resulta también necesario indicar quién es el titular de dicho interés sobre la cosa, es decir, el asegurado. Se declara la nulidad si el interés del asegurado no existe al celebrarse el contrato (L 50/1980 art.25).

La concurrencia de diferentes intereses sobre una misma cosa tiene su transcendencia con la **concurrencia de seguros diversos** -seguro doble concurrente o coaseguro-, debiéndose comunicar la existencia a los distintos aseguradores pues, en caso contrario, si se produce el siniestro, no están obligados a pagar la indemnización (L 50/1980 art.32 y 33). También hay que evitar que la suma asegurada sobrepase el valor del interés asegurable en beneficio del asegurado, generando un enriquecimiento injusto (TS 20-9-21, EDJ 697252; AP Madrid 5-10-12, EDJ 236656).

Por todo ello, las cosas e intereses sobre las mismas que pueden ser objeto de un seguro por parte de la comunidad de propietarios serán aquellas que sean de su titularidad y que son el **inmueble o edificación en su conjunto**, a **excepción** de cada uno de los pisos o locales que pertenezcan a cada comunero, o como establece LPH art.3, sobre los que recae ese derecho singular y exclusivo de propiedad (LPH art.5 en relación a CC art.396).

Elementos asegurables por la comunidad Los elementos asegurables por la comunidad son: **4387**

1) La propia **edificación, elementos estructurales** y sus **anexos**. La descripción del edificio en la escritura pública debe acomodarse a las especificaciones contenidas en la legislación hipotecaria (LH art.9; RH art.5). Deben indicarse el número de pisos y locales del edificio que pertenezcan a cada comunero y, por supuesto, aquellos locales que aun siendo susceptibles de enajenación y aprovechamiento individualizado pertenezcan a la propia comunidad. Respecto a los inmuebles anejos (trasteros, buhardillas, garajes, portería, etc.), en la póliza basta con las indicaciones que sean necesarias para su adecuada individualización.

Este apartado dedicado al edificio contiene los cimientos de la edificación, sus estructuras, paredes, tabiques, suelos, techos, escaleras, chimeneas, trasteros, garajes, puertas, ventanas de fachada y cualquier tipo de cerramiento, toldos, cristales de terrazas, balcones, patios de luces, cristales y espejos de zonas comunitarias, y todo aquello incorporado de forma fija y en origen al inmueble.

2) Las **instalaciones comunitarias** y los **servicios** con los que cuente. Las instalaciones y conducciones de todo tipo de agua, de gas, contadores, limitadores de potencia, de seguridad, válvulas, conducciones de alta tensión, cables de electricidad, de energía solar, sanitarias, de evacuación de humos, de imagen y sonido, portero electrónico, de prevención, detección de humos y extinción de incendios, pararrayos y, por supuesto, ascensores y montacargas (AP Murcia 26-1-23, EDJ 563484).

3) Revestimientos. Mármoles, granitos, falsos techos, moquetas, entelados y papeles pintados adheridos, estucados, maderas incorporadas y cualquier material de recubrimiento adherido al suelo, paredes, techos, armarios empotrados o de cocina que sean elementos de obra. También pueden asegurarse los rótulos, letreros, espejos y todo aquello incorporado que sea de uso comunitario.

4) Servidumbres exteriores. Farolas, muros, vallas de cerramiento, muros de contención de tierras, pavimentaciones exteriores, cercas, ventanas, aceras, pasos y calles privadas del edificio. **4388**

5) Jardines e instalaciones deportivas. Jardines y sus árboles, piscinas, estanques, pozos y sus respectivos equipos, estatuas, fuentes, surtidores, barbacoas de obra, y cualquier elemento fijo situado en jardines. Pistas de tenis o pádel, frontones y demás instalaciones de uso exclusivo de los miembros de la comunidad.

Las pólizas suelen incluir que las reformas o cambios -**elementos incorporados**- realizados por los comuneros en elementos comunes se entienden incluidos, así como, si la propiedad del edificio lleva aparejada la coparticipación con otros edificios o personas, de zonas

ajardinadas, construcciones deportivas o garajes, se consideran incluidos en el objeto asegurado, pero solo por el coeficiente de copropiedad del asegurado -la comunidad-.
6) **Mobiliario**. Comprende los muebles y enseres que, perteneciendo a la comunidad -no tienen carácter privativo- se hallen colocados en las zonas comunes del edificio.
Suelen excluirse en este apartado todo tipo de títulos, valores, planos, objetos artísticos y/o de valor histórico, animales y, por supuesto, vehículos.
Resulta imprescindible que la póliza contenga la **descripción detallada** de dichos objetos -designación de los bienes asegurados y de su situación- (L 50/1980 art.8) y el tomador del seguro, una vez recibida la póliza y dentro del plazo de un mes, puede solicitar la **subsanación** de cualquier divergencia -entre la solicitud efectuada y la póliza definitivamente recibida-.

Precisiones **1)** Siendo la comunidad la tomadora del seguro, los **elementos asegurables** son los que pertenezcan a la comunidad, esto es, los elementos comunes que la integran, y no los que pertenezcan a los propietarios individualmente considerados (AP A Coruña 23-2-07, EDJ 40857; AP Sta. Cruz de Tenerife 21-4-06, EDJ 96749).
2) Es fundamental establecer y entender la **extensión de las garantías** sobre los elementos internos y externos de la comunidad y su firma (AP Baleares 2-11-99, EDJ 49718; AP Madrid 22-10-15, EDJ 208940).

4389 Ello enlaza con las siguientes instituciones del seguro:
a) **Deber de declaración del riesgo** (L 50/1980 art.10). El tomador del seguro tiene la obligación de declarar al asegurador todas las circunstancias conocidas por él para la correcta valoración del riesgo, según el **cuestionario** al que le someta el asegurador. El incumplimiento de este deber por parte del tomador otorga la facultad al asegurador de rescindir el contrato y, si ha existido siniestro, de reducir la indemnización proporcionalmente a la inexactitud -es decir, a la misma proporción entre la prima cobrada y la que hubiera debido cobrar- (AP Madrid 5-3-15, EDJ 77996). Es de suma importancia para que el asegurador pueda conocer con precisión el riesgo objeto de cobertura y la carga de la prueba de haber presentado el cuestionario corresponde a la aseguradora (AP Murcia 18-12-17, EDJ 299468).
Se trata de un **deber de contestación** por parte del posible y futuro contratante -asegurado- a un cuestionario que le exige el asegurador -el deber ha de referirse solo a la obligación de contestar el cuestionario-. Es un deber de colaboración. La **insuficiencia en la información** facilitada por el asegurado no le es oponible, salvo que haya sido expresamente requerido para ello por parte del asegurador y no lo haya hecho. En caso de que haya existido **error** en la información facilitada por el asegurado, no será relevante si no es constitutiva para la valoración (aceptación) del riesgo o decisiva a la hora de fijar las condiciones del contrato. Queda exonerado de este deber, si el asegurador no le somete a cuestionario.
La **aseguradora** debe solicitar a la comunidad tomadora la información que estime importante para la fijación del riesgo (AP Palencia 8-9-09, EDJ 236333).
b) **Agravación del riesgo** (L 50/1980 art.11). Se impone también la obligación al tomador del seguro o asegurado de comunicar al asegurador, mientras está vigente el contrato, todas las circunstancias que agraven el riesgo y que sean relevantes, es decir, de tal naturaleza que, si hubieran sido conocidas por el asegurador en el momento de celebrar el contrato, no lo hubiese hecho o lo hubiera realizado en condiciones más gravosas.
Se trata de comunicar **circunstancias nuevas** que supongan dicha agravación, pero exclusivamente sobre aquellos aspectos que el asegurador considera relevantes a la hora de valorar el riesgo, que no son otros que aquellos a los que se refería el cuestionario -p.e. la edificación tiene un sistema de videovigilancia y alarma conectada a la policía que se tuvo en cuenta a la hora de calcular la prima del seguro de robo de la comunidad y, posteriormente, se suprime por razones presupuestarias-.
c) Comunicada la agravación del riesgo, el asegurador puede proponer una **modificación del contrato** que, de no ser aceptada por el asegurado, otorga la facultad de rescindir el contrato. Asimismo, el **asegurador**, una vez tenga conocimiento de la agravación, también podrá rescindir el contrato comunicándolo por escrito a la comunidad. La facultad de **denuncia** del contrato se regula en L 50/1980 art.12.

4391 **Siniestro** El acaecimiento del siniestro consiste en la producción del hecho -o hechos- del que se va a derivar la obligación de pago del asegurador. Es decir, el propio acaecimiento del **evento cuyo riesgo está cubierto** por el seguro, con independencia de que haya ocasionado o no **daño**. Basta con que sea susceptible de ocasionarlo y, por ende, que pueda hacer nacer la prestación del asegurador cuyo objeto es el pago de la indemnización correspondiente.
La jurisprudencia considera el **conocimiento del siniestro** -obligación de comunicarlo-, como la noticia del acaecimiento, es decir, que hayan recibido noticia de la producción del hecho que puede motivar la prestación del asegurador.

El contrato de seguro está basado en la mutua confianza entre las partes. Sin embargo, en este punto, el tomador del contrato, el asegurado o el beneficiario deben comunicar la producción del hecho al asegurador una vez han tenido conocimiento del mismo, y se impone la **obligación de comunicarlo** al asegurador en el **plazo** de 7 días de haberlo conocido, salvo plazo pactado más amplio.
El **incumplimiento** de este deber no enerva la obligación del asegurador, pero le permite reclamar los daños o perjuicios producidos por la falta o retraso en dicha comunicación al responsable del mismo, salvo que se pruebe que el asegurador ya tuvo conocimiento directo por otros medios (L 50/1980 art.16). Ahora bien, la falta de notificación al asegurador del siniestro impide la indemnización por mora -L 50/1980 art.20- (AP Madrid 29-3-07, EDJ 113326).

Deber de comunicación inmediata El deber de comunicación inmediata del siniestro enlaza con otras instituciones propias del contrato de seguro, tales como, la adopción de medidas por parte del asegurador para liquidar el siniestro e indemnizarlo -pagar la indemnización que pueda deber- a la mayor premura, el deber de investigar y peritar, o los intereses moratorios por no pagar puntualmente la indemnización. 4392
Los **sujetos** de dicha obligación son:
- por un lado, el tomador del seguro, el asegurado o el beneficiario, si son distintos; y
- por otro, el receptor de la misma que es la entidad aseguradora.

El **cumplimento** de dicha obligación por parte de cualquiera de ellos libera al resto. Dado que el asegurado es el titular del interés asegurado, la propia comunidad de propietarios, a él es al que incumbe, en primer lugar, y por su propio interés patrimonial, el cumplimento puntual de dicha obligación (AP Palencia 14-7-10, EDJ 194083; AP Bizkaia 4-2-11, EDJ 179493).
La **comunicación efectuada por el corredor** en nombre del propio tomador surte pleno efecto, como si la hubiera efectuado el mencionado tomador, salvo indicación en contrario expresa del tomador (L 50/1980 art.21).

Deber de salvamento (L 50/1980 art.17) Del mismo modo, se impone al asegurado -o tomador- el deber de salvamento, es decir, el deber de emplear todos los medios a su alcance para **aminorar las consecuencias** del siniestro, lo cual conlleva lo siguiente: 4393
a) Si el incumplimiento produce un **perjuicio al asegurador** se reducirá su prestación -pago de la indemnización-, proporcionalmente, según la importancia de los daños y el grado de culpa del propio asegurado (AP A Coruña 19-12-05, EDJ 331981).
b) A su vez, si el incumplimiento del deber de aminoración de las consecuencias lesivas ha sido **intencionado** por parte del asegurado, pierde su derecho a ser indemnizado. El asegurador queda liberado (L 50/1980 art.17.2).
Dicha sanción de la intencionalidad -dolo- del asegurado, en este caso, circunscrita al ámbito del deber de salvamento, no es más que una concreción de la **inasegurabilidad del dolo** (L 50/1980 art.19). Por ejemplo: comunidad de propietarios que retrasa la comunicación de una fuga de agua en el subsuelo de la finca para que provoque más daños y así dar cobertura a un defecto estructural o disfrazar una falta de conservación-.
Obviamente, la imposición de dicha obligación al asegurado no puede sobrepasar el ámbito de **diligencia** impuesto por el CC art.1889 (AP Barcelona 29-11-04, EDJ 199968) y el aprovechamiento de dicha obligación del asegurado incumbe y beneficia al asegurador, de ahí que se imponga al asegurador la obligación de reembolsar al asegurado los gastos que le haya originado el cumplimiento de dicho deber, incluso, si tales gastos no han tenido resultados efectivos o positivos (L 50/1980 art.17.3).

Sujetos obligados Dentro del régimen jurídico de la propiedad horizontal, los deberes anteriores incumbirán, dentro de la estructura jurídica de la comunidad, esencialmente a la figura de la **junta** de la comunidad y a su **presidente** (LPH art.10 y 13 s.; CCC art.553-16), aunque si existe la figura del **administrador** -potestativa en virtud de LPH art.13.5-, es a él al que primordialmente le corresponderá dicho deber de comunicación, así como la adopción de las medidas urgentes para paliar los efectos del siniestro (deber de salvamento), de acuerdo con las obligaciones y funciones que le impone la LPH art.20 (nº 4350). 4394

Cuestión a destacar sería la **obligación de cada comunero** de colaborar en dicho deber impuesto por la ley y el contrato de seguro, cuando el daño -evento dañoso que conforma el riesgo asegurado- **se origina en un elemento comunitario**, pero que se encuentra exclusivamente ubicado en su departamento, piso o local (p.e. bajante comunitaria que pasa por su patio y solo se evidencia el escape en su casa o piso, vigueta estructural que se haya ubicada en su techo y que flexa por culpa de una inundación causada por elemento comunitario, etc.), ya que, se obliga a cada comunero a respetar las instalaciones comunitarias, a conservar adecuadamente su propio piso o local, en términos que no 4395

perjudique a la comunidad, y a observar en todo momento la diligencia debida en el uso del inmueble y en sus relaciones con el resto de comuneros (LPH art.9).
La infracción del **deber de comunicación** por uno de los miembros de la comunidad no debe perjudicar a esta en su relación con la entidad aseguradora, salvo concurrencia de culpa del presidente y/o administrador.
La compañía, una vez pagada la indemnización, de conformidad con L 50/1980 art.43 -subrogación-, podría **accionar contra el comunero negligente** por daños y perjuicios.

4397 **Riesgos y exclusiones** La **póliza** de seguro debe contener las indicaciones contenidas en el nº 4388 (L 50/1980 art.8) y, entre ellas, tanto la naturaleza del **riesgo** cubierto, como la concreta designación de los **objetos asegurados**. Está formada por las condiciones generales y las condiciones particulares (y/o especiales).
Las **condiciones generales** determinan las condiciones contractuales aplicables a la póliza de seguro (contrato de adhesión). Se exige su claridad y precisión, además de prohibir las cláusulas lesivas.
Las **cláusulas limitativas de los derechos del asegurado** deben estar específicamente aceptadas por escrito (L 50/1980 art.3). Aquí es donde se produce la diatriba entre las cláusulas que se limitan a identificar lo que está cubierto por el seguro -definitorias de riesgo- y las que, una vez identificada la cobertura de un riesgo -responsabilidad civil de la comunidad por daños por agua-, establecen los **supuestos excluidos** de dicha cobertura -excluyen lo inicialmente cubierto, por ejemplo, filtraciones de agua o inundaciones por la realización de trabajos de reparación de cañerías y bajantes en la comunidad- y merecen un examen concreto, pues según su grado de exclusión deben ser consideradas como limitativas de los derechos del asegurado.
Las **condiciones particulares** suponen la concreción al asegurado y en el contrato o póliza específica de las garantías o coberturas incluidas.

Precisiones **1)** Son estipulaciones delimitadoras del riesgo las que tienen por finalidad **delimitar el objeto del contrato**, concretando qué riesgos constituyen dicho objeto, en qué cuantía, durante qué plazo y en qué ámbito temporal, incluyéndose asimismo en esta categoría la cobertura de un riesgo, los límites indemnizatorios y la cuantía asegurada. Por su parte, las **cláusulas limitativas de derechos** deben ser destacadas de un modo especial y estar expresamente aceptadas por escrito por el asegurado (TS 22-4-16, EDJ 44810).
2) A efectos de poder aplicar las cláusulas limitativas, la aseguradora debe demostrar que fueron **pactadas por las partes**, y aceptadas por el asegurado (AP Baleares 8-4-13, EDJ 71829; AP Cádiz 17-7-16, EDJ 196907; AP Barcelona 22-9-16, EDJ 192973).
3) El **capital máximo por siniestro** no es una cláusula limitativa, sino un hecho delimitador del riesgo (AP Madrid 21-5-15, EDJ 114825).

2. Seguro multirriesgo de comunidades

4400 La Ley de contrato de seguro regula las diferentes **modalidades** de seguros -daños, incendio, robo, responsabilidad civil, defensa jurídica, etc.-, con sus propias especificaciones en cada modalidad. Sin embargo, es absolutamente frecuente que las ofertas de las diferentes entidades ofrezcan paquetes en los que se comprendan un amplio abanico de coberturas, englobando varias de esas modalidades, bajo una misma póliza de seguro -también denominadas **pólizas combinadas**-. Su característica esencial es la existencia de una sola póliza -unidad contractual-, donde se combina una pluralidad de seguros frente a riesgos diversos.
Las condiciones particulares suelen contener el **cuadro de coberturas** a modo de resumen sintético del seguro multirriesgo suscrito por el asegurado. En él se indican las coberturas -incendio, daños causados por fenómenos atmosféricos, daños por agua, robo, responsabilidad civil, defensa jurídica, asistencia técnica, etc.-, y dentro de cada riesgo:
- las diferentes **sumas aseguradas** -distinguiendo el contenido y el continente-;
- su **forma de aseguramiento** -a valor total, parcial, etc.-; y
- la existencia de diferentes **franquicias** en cada una de las coberturas.

El **interés asegurado** -principalmente la propiedad de los comuneros sobre los elementos comunes del inmueble- queda protegido frente a una pluralidad de eventos y coberturas, con este sistema multirriesgo o de seguros combinados (AP Valencia 28-6-17, EDJ 205822).

Precisiones La **clasificación** de los diferentes ramos de seguro distingue entre los seguros de vida y los seguros distintos del de vida (L 20/2015 Anexos A y B). No es una clasificación coincidente con la L 50/1980, que distingue entre los seguros de daños y los de personas, ya que existen modalidades de seguro de personas que no coinciden con la clasificación de seguros de vida y, por ende, seguros distintos del seguro de vida, que contiene ramos que en la L 50/1980 incluyen los daños, y seguros de personas, que son diferentes del seguro de vida.
La clasificación de la L 20/2015 corresponde a las directrices impuestas por las directivas comunitarias.

3. Seguro de daños sobre elementos comunitarios

El seguro de daños es aquel por el que se da cobertura al supuesto de cualquier menoscabo que pueda producirse por la destrucción o deterioro de un determinado bien -cosa u objeto- y el consiguiente derecho de indemnización -resarcimiento o reparación- a favor del asegurado (L 50/1980 art.25). 4405

Uno de los elementos esenciales del seguro de daños es que se basa en el **principio de restitución para el asegurado** -se le reintegra en la misma posición que tenía antes del siniestro-, con la interdicción expresa de que el acaecimiento del siniestro no conlleve que el asegurado mejore en su posicionamiento patrimonial; el seguro no puede suponer un enriquecimiento para el asegurado (L 50/1980 art.26).

Ello es así por el **principio indemnizatorio** que rige para este tipo de seguro, porque no se puede llegar a la situación mejor que si el siniestro no se hubiera producido (AP Palencia 8-9-09, EDJ 236333).

Consecuencia de ello es el principio que sienta ese mismo precepto, y es que el **valor del interés asegurado** será el que tenía en el momento inmediatamente anterior al siniestro y, ese y solo ese, será el criterio para determinar el **valor del daño acaecido** -y que será objeto de indemnización-, con independencia de cualquier consideración, y sin perjuicio de los dispuesto en L 50/1980 art.28.

Ese principio de restitución o indemnizatorio define la **función social** del seguro de daños, que no es otra que la reparación del menoscabo, la conservación del patrimonio, nunca el enriquecimiento.

Precisiones 1) Las **pólizas multirriesgo** de las comunidades suelen contener una serie de coberturas que se engloban dentro de esta categoría. Destacan en este aspecto, los daños causados por:
- fenómenos atmosféricos (lluvia, pedrisco, viento y nieve), con exclusión de riesgos extraordinarios;
- actos de vandalismo o malintencionados;
- caída de astronaves, aeronaves o cualquier otro vehículo (inclusive de los correspondientes gastos de extinción, salvamento, desalojo y desescombro); y
- rotura de vidrios y cristales de la comunidad y daños causados por el agua (escapes).

La cobertura de dichos daños alcanza tanto al continente como al contenido -si han estado contratados-, en función de las sumas aseguradas por la comunidad.

2) Son **elementos comunitarios** aquellos que constituyen el interés objeto de cobertura sobre el que el asegurado tiene un interés asegurable, en este caso, los elementos que conforman la comunidad de propietarios.

3) Debe comprobarse la **extensión de la póliza** para que acoja tanto la responsabilidad civil frente a terceros como frente a daños sufridos por los integrantes de una comunidad de propietarios (AP Gipuzkoa 28-9-20, EDJ 260437).

Continente y contenido A la hora de definir el **objeto asegurado** en las pólizas de comunidades -y en las del hogar individual y todas aquellas que comprenda el aseguramiento de un bien inmueble- se distingue entre continente y contenido. 4407

Se produce también esa distinción en la declaración de **sumas aseguradas** -sobre las que se peritará en su caso la equivalencia de valor con el interés asegurado- y que debe figurar en las condiciones particulares.

Debe haber concreto **conocimiento del estado del edificio** por la aseguradora con una mínima inspección para definir el objeto asegurado (AP Alicante 15-10-10, EDJ 285206).

El **continente** es el propio inmueble, el edificio y las zonas comunitarias, y todo lo que forme parte del mismo, y son la propia edificación, incluidos los cimientos, estructuras, paredes, tabiques, y demás y, en definitiva, todo aquello incorporado de forma fija y en origen al inmueble. También lo son las instalaciones comunes, las conducciones, los jardines, revestimientos y demás elementos a los que nos hemos referido con anterioridad, a excepción de los bienes muebles (CC art.333 y 334).

El **contenido** es el mobiliario -muebles y enseres- que pertenece a la comunidad de propietarios y no tiene carácter privativo -de cada comunero- y que se encuentran ubicados en la parte común -zona comunitaria- del edificio asegurado (CC art.335).

Precisiones Puede considerarse que en la definición «los muebles y enseres que, perteneciendo a la comunidad de propietarios y no teniendo carácter privativo, se hallen colocados en las partes comunes del edificio asegurado» se incluyen, por ejemplo, **puertas de acceso a las viviendas** (AP Cádiz 28-5-19, EDJ 660966), con exclusión de puertas interiores o muebles de la vivienda (AP Valencia 28-3-12, EDJ 157023).

4409 **Suma e interés asegurado** La **suma asegurada** es el valor del objeto asegurado manifestado por el asegurado a la entidad aseguradora, salvo que se haya efectuado dicha valoración por el asegurador previa peritación o inspección del riesgo para su tarificación. Es la cantidad fijada en cada una de las partidas de la póliza y que constituye el **límite máximo de indemnización** a pagar por todos los conceptos en caso de siniestro (TS 11-2-02, EDJ 1667).
Normalmente, en las pólizas de comunidades y en lo que se refiere al **continente** -edificación-, la determinación del valor de cada una de las partes privativas o de propiedad separada -vivienda, apartamento o local- se realizará teniendo en cuenta las respectivas cuotas o **coeficientes de participación** que hayan sido establecidos en el título constitutivo de división de propiedad horizontal (TS 3-5-12, EDJ 78196).

Precisiones La suma viene limitada en la mayoría de riesgos por una **franquicia** a cargo del propio asegurado, que puede ser por cuantía determinada, porcentual o una combinación de ambas, así como puede aplicarse a la totalidad de las coberturas de la póliza, o únicamente en garantías concretas, -siendo las más comunes las de daños por agua y responsabilidad civil-.

4410 El **interés asegurado** es el interés -entendido como vínculo jurídico y patrimonial- que el asegurado tiene sobre la cosa u objeto asegurado y su **valor** es el que tenía dicho objeto en el momento inmediatamente anterior al siniestro -ese es el principio indemnizatorio- (L 50/1980 art.26; AP A Coruña 14-6-13, EDJ 127151).
La cantidad que representa la suma asegurada y el interés pueden ser **coincidentes** o no (AP Granada 15-4-16, EDJ 126171).
En las pólizas de seguro pueden incluirse **cláusulas de indexación, actualización o revalorización** de capitales -sumas aseguradas- en concepto de continente -valor del edificio-, a fin de que el paso del tiempo no produzca, por las fluctuaciones de precios en el mercado, una disparidad significativa entre la suma que figura en póliza y el valor real del inmueble -interés asegurado-. Lo importante es realizar adecuaciones temporales, por parte del asegurado, mediante la revisión, y en su caso, ampliación del capital en los conceptos asegurados.
La suma asegurada es el límite máximo que el asegurador pagará en caso de siniestro -sobre el que se tarifica y calcula la prima de riesgo- y el interés asegurado es el valor real de la cosa -que será lo que pagará en caso de siniestro-. Si la suma asegurada es mayor que el valor del interés asegurado habrá un **sobreseguro** -el objeto o cosa estará asegurado por un valor superior al real (nº 4412)-, si es menor habrá **infraseguro** -el asegurado ha pagado menos prima que la que correspondía (nº 4413)-.

Precisiones Cabe la posibilidad de que la actualización sea **a favor de la aseguradora**, por el nuevo coste de la mano de obra y materiales empleados (AP Málaga 15-10-04, EDJ 222387).

4412 **Sobreseguro e infraseguro** El sobreseguro se produce cuando la suma asegurada es superior al interés asegurado -el asegurado ha pagado una **prima de seguro superior** - y, en caso de siniestro, no produce efecto alguno, ya que, en ningún caso el asegurado tendrá derecho a una sobreindemnización, prohibida por L 50/1980 art.26.
Solo en caso de **sobreseguro notable**, se podrá exigir la **reducción** de la suma y de la prima y, consiguientemente, el asegurador deberá restituir el exceso de prima percibida, salvo que haya mala fe del asegurado (L 50/1980 art.31). En este caso el contrato será ineficaz y el asegurador podrá hacer suya la sobreprima percibida.

Precisiones Se prohíbe que el asegurado pueda percibir una **sobreindemnización**, ya que ello provocaría el enriquecimiento injusto del asegurado (AP Madrid 3-11-08, EDJ 278167; AP Barcelona 7-6-11, EDJ 164563).

4413 Por el contrario, en caso de existencia de **infraseguro** -en el momento del siniestro la suma asegurada es inferior al valor del interés- se aplica la regla proporcional, reduciéndose la indemnización en la misma proporción (L 50/1980 art.30). El asegurador pagará la indemnización en la misma proporción que el pago de la prima del asegurado.
La **fórmula** sería:

$$\text{Cuantía de la indemnización} = \frac{\text{Suma asegurada} \times \text{importe daños}}{\text{Valor del interés asegurado}}$$

El infraseguro puede ser **derogado** en cualquier momento, siempre antes del siniestro, por las partes de común acuerdo.

Precisiones Se debe solicitar la **cantidad correcta** por la aplicación de la fórmula derivada del infraseguro (AP Salamanca 19-6-12, EDJ 145648).
En el supuesto de que se produzca un siniestro y la entidad aseguradora aplique la reducción en la indemnización por el infraseguro, es posible que se pueda **reclamar al corredor de seguros** porque no realizó bien su labor de requerir la correcta información sobre los elementos de la comunidad, como, por ejemplo, la extensión y número de plazas de garaje (AP Valencia 20-12-17, EDJ 320604).

No obstante, las partes pueden, en cualquier momento, pactar y fijar en la póliza el valor del interés asegurado -lo cual puede servir para evitar situaciones de infraseguro-. Así, se permite la celebración de una **póliza estimada**, en la que ambas partes aceptan expresamente el valor asignado al interés asegurado -L 50/1980 art.28, que establece el principio de autonomía de la voluntad- (TS 16-12-03, EDJ 186253). **4414**

Ello también enlaza con la posibilidad de que ambas partes convengan que la suma asegurada siempre cubrirá el valor del interés, y, por ende, tampoco se podrá producir infraseguro que limite la indemnización del asegurado (L 50/1980 art.29).

Obviamente, en este último supuesto es necesario, por aplicación del principio indemnizatorio, que la póliza contenga los criterios y procedimiento para adecuar la suma y las primas a las oscilaciones del valor del interés. A esas cláusulas se les denominan **cláusulas de estabilización**.

Esas cláusulas no significan que, en todo momento y en cualquier siniestro concreto, deba coincidir necesariamente la suma y el valor del interés, genuina situación de seguro pleno a lo largo de toda la vida del seguro, sino que se ha previsto en el contrato un mecanismo para procurar una estimación del valor del interés conforme a determinados parámetros razonables y objetivos, adecuándose en la medida de lo posible a la suma fijada.

4. Indemnización y determinación del daño

La determinación del daño se basa en el **valor del interés** en el momento inmediatamente anterior al acaecimiento del siniestro. Ese valor debe constituir la indemnización a satisfacer a cargo del asegurador. **4420**

En las pólizas de seguro pueden incluirse **otros sistemas de valoración del daño** a efectos de la indemnización:
- valor a nuevo;
- valor venal; o
- valor total.

Valor a nuevo Se entiende por valor a nuevo de un determinado bien u objeto, -cuando en el momento de la liquidación del siniestro-, se evalúa la cantidad que se precisa para la adquisición de uno **nuevo igual o de análogas características**, si es que no existiera uno exactamente igual en el mercado. **4422**

Valor venal Para el cálculo del valor venal, se toma como referencia el valor a nuevo y se procede a deducir la **depreciación por uso** de ese objeto (antigüedad), desgaste, estado de conservación o cualquier otro motivo relevante en el mercado. Es un valor de mercado de ese determinado objeto según sus características propias e individualizadas, en el momento temporal en que ocurre el siniestro. **4424**

Frente a este concepto de valor venal o de mercado se menciona en algunas pólizas el **valor de reposición**, que consistiría en la cantidad necesaria para adquirir ese mismo objeto -con su antigüedad y estado de uso y conservación-, u otro similar en el mercado.

Seguro a valor total Es la modalidad de cobertura que exige que la suma asegurada cubra totalmente el valor de los bienes asegurados, ya que, si no llegase a cubrirlo, el propio asegurado sería su asegurador por la diferencia y, como tal, vendrá obligado a soportar una parte proporcional de la pérdida o daño. **4426**

El **seguro a valor parcial** consistiría en asegurar solo una parte alícuota de la suma asegurada total (valor total) declarada. Si acaece el siniestro, los daños se indemnizan por su valor, pero con el límite máximo igual a la parte alícuota asegurada. Del mismo modo, si el valor total declarado no llega a cubrir el valor real de los objetos asegurados, el asegurado será considerado su propio asegurador por la diferencia y tendrá que soportar una parte proporcional del valor parcial estipulado.

El **seguro a primer riesgo** es la modalidad de cobertura consistente en dar por completamente asegurado un determinado bien por la suma declarada, renunciado el asegurador a la regla proporcional del infraseguro si lo hubiera.

La **franquicia** es la cantidad expresamente pactada en las condiciones particulares de la póliza que en caso de siniestro corre a cargo del asegurado y que, en consecuencia, se deduce del importe definitivo de la indemnización. Se aplica una franquicia por siniestro, el cual se entiende como el conjunto de daños y perjuicios o hechos derivados de una misma causa.

Una franquicia por siniestro, no por objeto o cosa dañada.

4427 Ejemplo Coberturas en cuadro de condiciones particulares de póliza multirriesgo de comunidades y edificios.

Riesgo asegurado	Suma asegurada continente	Suma asegurada contenido	Otros capitales	Forma de aseguramiento	Franquicia
INCENDIO Y COMPLEMENTARIOS					
Incendio	6.000.000 euros	50.000 euros		Valor Total	5% del siniestro. Mínimo 1.000 euros y máximo 6.000 euros
Explosión	6.000.000 euros	50.000 euros		Valor Total	
Caída de rayo	6.000.000 euros	50.000 euros		Valor Total	
Gastos de extinción y salvamento				Valor Parcial	
Reposición estética	300.000 euros	20.000 euros	15.000 euros	Primer Riesgo	
FENÓMENOS ATMOSFÉRICOS					5% del siniestro. Mínimo 1.000 euros y máximo 6.000 euros
Lluvia, viento, pedrisco.	6.000.000 euros	50.000 euros		Valor Total	
Inundación	6.000.000 euros	50.000 euros		Valor Total	
Humo	300.000 euros	50.000 euros		Valor Total	
Gastos de extinción y salvamento					
Reposición estética	300.000 euros	20.000 euros	15.000 euros	Valor Parcial Primer Riesgo	
DAÑOS POR AGUA					
Escapes de agua	3.000.000 euros	25.000 euros		Valor Total Primer Riesgo	300 euros
RC por agua	150.000 euros	1.500 euros			x

4429 **Valoración del daño** (L 50/1980 art.18, 20 y 38) Acaecido y comunicado el siniestro por el asegurado (L 50/1980 art.16 y 17), se impone al asegurador la obligación de pagar inmediatamente la indemnización que corresponda según las **reglas** de valoración del daño establecidas en la póliza correspondiente.

La ley impone la obligación de liquidar -iniciativa del asegurador- al término de las peritaciones e investigaciones necesarias. El asegurador tiene la obligación -derecho/deber- de investigar cómo ha sucedido el siniestro y la valoración del mismo, lo que implica el deber de colaboración del asegurado en dichas labores de investigación. En todo caso, deberá liquidar -indemnizar como pago a cuenta- el importe mínimo de lo que pueda deber, según las circunstancias por él conocidas, dentro de los 40 días siguientes a la **declaración del siniestro**.

Es una **obligación de pago** -a cuenta-, por lo que deberá probar que dicha indemnización -total o parcial- se ha puesto a entera disposición del perjudicado (CC art.1176).

Ocurrido el siniestro, es el asegurado el que debe comunicar la **relación de cosas dañadas**, así como probar la preexistencia de los objetos o cosas aseguradas. No obstante, el contenido de la póliza de seguro supone una presunción a su favor en relación a los objetos o cosas aseguradas.

4430 Si el asegurador incurre en **mora** en el cumplimiento de su obligación -tanto la de pagar la indemnización definitiva como el pago a cuenta-, la indemnización de daños y perjuicios, en todo tipo de seguros, se verá incrementada con un **interés penitencial** equivalente al interés legal del dinero incrementado en un 50%. Estos intereses se entenderán incurridos por días, sin necesidad de reclamación judicial. En todo caso, transcurridos 2 años desde el acaecimiento del siniestro, el interés no podrá ser inferior al 20% anual (L 50/1980 art.20).

Incurre en mora el asegurador, una vez transcurridos los 40 días desde la declaración del siniestro (L 50/1980 art.18), sin que este haya procedido a pagar el **importe mínimo** y, en todo caso, a los 3 meses de la producción del siniestro para su **liquidación definitiva** (AP Málaga 1-7-09, EDJ 336249). Todo ello, salvo que la indemnización no fuera posible por causas justificadas o que no le fueran imputables al asegurador (TS 16-11-11, EDJ 269268).

Precisiones El **cálculo de intereses**, transcurridos los 2 primeros años desde la producción del siniestro, se devengará de la misma forma que el interés legal del dinero incrementado en un 50%, siempre que supere el 20%, y si no lo supera, el tipo mínimo del 20% (TS 1-3-07, EDJ 15277; 21-12-16, EDJ 232478).

Peritación (L 50/1980 art.38) Producido el siniestro, el asegurado o tomador deberá comunicar por escrito, en el plazo máximo de 5 días la **relación de objetos** existentes al tiempo del siniestro, la de los salvados, y la estimación de daños. **4431**

No obstante, si las partes no se ponen de acuerdo sobre la valoración de los daños, esta se hará por medio de peritos.

La **designación** de los peritos se hará por las partes. Si el asegurado, una vez requerido, no designa el suyo, se entiende que acepta el de la entidad aseguradora.

Si los peritos llegan a un **acuerdo** se estará al mismo, pero, en caso de disconformidad, se procederá a la **designación** de un tercer perito en la forma prevista en la Ley de jurisdicción voluntaria o en la legislación notarial, ello siempre y cuando no exista conformidad entre las partes para la designación de un tercer perito. En caso de tramitarse **expediente de jurisdicción voluntaria**, la competencia corresponde al juzgado de lo mercantil del lugar del domicilio del asegurado (L 15/2015 art.137); y de efectuarse en la forma prevista en la legislación notarial, la competencia para proceder al nombramiento corresponde al notario al que acudan de mutuo acuerdo el asegurado y la aseguradora y, en defecto de acuerdo, cualquiera entre los que tengan su residencia en el lugar del domicilio o residencia habitual del asegurado o donde se encuentre el objeto de la valoración -o en distrito colindante-, a elección del requirente (L 28-5-1862 art.80).

Sustitución del pago de la indemnización (L 50/1980 art.18) El asegurador puede sustituir el pago de la indemnización por la **reparación o reposición** del objeto siniestrado. **4433**

Para que el asegurador pueda ejercitar dicha facultad -reparar in natura- es necesario que se produzcan dos **presupuestos**:

a) Que el objeto dañado sea reparable o que la prestación consistente en la reposición sea acorde y posible a la naturaleza del seguro.

b) Que el asegurado lo consienta.

5. Coaseguro

(L 50/1980 art.32 y 33)

El coaseguro se produce cuando diversos aseguradores, a través de varios contratos de seguro, aseguran un mismo riesgo y se reparten su **cobertura por cuotas**, previo acuerdo entre ellos y con la anuencia del tomador. Obviamente, en caso de siniestro cada asegurador pagará de acuerdo con la cuota asumida. **4440**

No debe confundirse con el **reaseguro**, que es un seguro suscrito por una entidad aseguradora -reaseguradora- con otra -reasegurada- para cubrirle las pérdidas que pueda sufrir en unas determinadas pólizas (L 50/1980 art.77 s.).

Sin embargo, la **concurrencia de seguros** -denominado también **seguro cumulativo** - se produce cuando dos o más seguros estipulados por el mismo tomador, pero con distintos aseguradores, cubren los efectos de un determinado riesgo que puede producirse sobre idéntico interés, y durante igual período de tiempo. En este caso, el asegurado debe comunicar el eventual siniestro a ambos aseguradores, quienes deberán liquidar el siniestro proporcionalmente a las sumas aseguradas asumidas, sin que el asegurado pueda enriquecerse por dicha dualidad. La indemnización de ambas no podrá superar el importe del daño real. No existe un previo concierto de las entidades aseguradoras concurrentes.

Precisiones **1)** Lo habitual es que los **seguros de hogar de cada uno de los comuneros** del edificio contengan un seguro de daños, incendio, etc., sobre su propio inmueble (continente), cuando, en muchas ocasiones, el inmueble ya está asegurado en la póliza de la comunidad, por lo que se producirá una concurrencia de seguros.

Lo recomendable sería comprobar si la comunidad de propietarios ha suscrito un contrato de seguro sobre la edificación -bien comunitario sometido al régimen de propiedad horizontal-, así como el elenco de garantías cubiertas y, entonces, proceder a suscribir un seguro sobre el bien privativo -piso o local-, haciendo constar los seguros o capitales concurrentes. En el contrato de seguro suscrito con la segunda entidad aseguradora, se recomienda hacer constar los seguros complementarios -capitales complementarios en exceso del comunitario-.

2) En supuestos de **concurrencia de seguros**, en los que, además del seguro suscrito por la comunidad de propietarios, hay un seguro suscrito por cada propietario individual, cubriendo idénticos riesgos e interés asegurado, se considera que existe una auténtica **integración del ámbito subjetivo**, cuando confluyen el riesgo y el interés asegurado.

Sin embargo, puede no haberlo, porque la obligación de pagar de la aseguradora de la comunidad es por responsabilidad civil que surge frente a tercero, debido al actuar u obrar negligente por parte de la comunidad asegurada (AP Valencia 12-5-06, EDJ 297516).

En estos supuestos, la jurisprudencia viene considerando que los **tomadores del seguro comunitario** son tanto la comunidad de propietarios como los comuneros, pudiendo apreciar la existencia de un **mismo tomador** por cuanto que, a pesar de que nominalmente sea la comunidad de propietarios la que contrata, lo hace en beneficio y por sustitución representativa de cada uno de los comuneros, por lo que en realidad, cada uno de estos sería titular del contrato en la parte correspondiente a su **cuota de participación** en el total de la finca (AP Madrid 17-1-07, EDJ 51059; AP Baleares 9-5-16, EDJ 87690).

4442 **Incumplimiento** Si los aseguradores no cumplieran su obligación, el asegurado solo podrá reclamar a cada uno de ellos lo que le corresponda pagar según la cobertura asumida. Si uno de los aseguradores pagara en exceso de dicha proporción -la de sumas aseguradas- podrá **repetir por el exceso** contra la otra/s aseguradora/s.

Si dicha concurrencia lleva a la existencia de un **sobreseguro** se aplicarán las normas reguladoras de dicha institución (nº 4412).

6. Seguro de incendios

4450 Es un tipo o modalidad de seguro de daños. Es aquel contrato de seguro por el que a cambio de una prima de riesgo, el asegurador se obliga a indemnizar -dentro de los límites legales o contractuales- los daños producidos en caso de incendio del objeto asegurado.

4452 **Riesgo cubierto** (L 50/1980 art.45) Se define el riesgo de incendio como la combustión y el abrasamiento con llama, capaz de propagarse, de un objeto que no estaba destinado a ser quemado en el momento de producirse el incendio.

El riesgo cubierto en este tipo de seguro es el **incendio por caso fortuito**, provocado por terceros extraños o por negligencia (L 50/1980 art.48). No está cubierto el incendio causado por dolo o culpa grave del perjudicado.

En la práctica aseguradora -condiciones particulares de seguros multirriesgo que hay en el mercado- los riesgos que se incluyen en el concepto de incendio son los siguientes:

• **Explosión**. Entendida como una súbita y violenta liberación de energía en un ínfimo intervalo temporal, es en sí mismo un concepto diferente al incendio, sin perjuicio de que pueda ser el mecanismo de ignición de la llama y su propagación (incendio en sentido propio).

Las pólizas de seguro suelen incluirlo como objeto de seguro con independencia de que no haya incendio (dentro del capítulo de incendio).

• **Caída de rayo**. El rayo es una inmensa y precipitada descarga de electricidad (carga electrostática natural) sobre un determinado objeto y que se produce en el seno de fenómenos atmosféricos denominados tormentas eléctricas. Suelen ser la causa de incendios. En algunas pólizas, sin embargo, se cubren los daños producidos por la descarga sin que medie incendio en sentido propio.

• **Daños eléctricos**. Entendidos como los daños materiales y directos causados en instalaciones, aparatos y maquinaria eléctrica, que formen parte de las instalaciones fijas y comunes del riesgo asegurado (en pólizas de comunidades), como consecuencia de corrientes anormales, aunque no se derive incendio.

Suelen excluirse en este apartado los daños que sean consecuencia (concurrencia) de falta de mantenimiento o defecto propio, o los daños a instalaciones o maquinarias no fijas y los daños sufridos por pantallas, tubos, válvulas, bombillas y aparatos de alumbrado.

• **Otros daños y perjuicios**, como: gastos de desescombro, extinción, salvamento, inhabitabilidad, pérdida de alquileres por desalojo forzoso, restitución estética, etc.

Precisiones La OM 17-7-1964 ya extendía la cobertura de seguro a la **explosión**, aún **sin la existencia de incendio**, en edificaciones destinadas a vivienda.

4454 **Objeto asegurado** (L 50/1980 art.46 y 49) Se describen los objetos asegurados que pueden ser objeto de cobertura por este tipo de seguro, como los bienes que pueden incluirse en el concepto de **mobiliario**. Se entiende que estarán incluidos, no solo los objetos que vengan establecidos o definidos en la póliza -condiciones particulares-, sino también aquellas **cosas de uso ordinario o común** del asegurado, sus familiares -y convivientes- o sus dependientes.

El asegurador indemnizará todos los daños y pérdidas materiales causados por la **acción directa del fuego**, así como los producidos por las consecuencias inevitables del incendio y en particular:
- los daños que ocasionen las medidas necesarias adoptadas por la autoridad o el asegurado para impedir, cortar o extinguir el incendio, con exclusión de los gastos que ocasione la aplicación de tales medidas, salvo pacto en contrario;
- los gastos que ocasione al asegurado el transporte de los efectos asegurados o cualesquiera otras medidas adoptadas con el fin de salvarlos del incendio;
- los menoscabos que sufran los objetos salvados por las circunstancias descritas en los puntos anteriores;
- el valor de los objetos desaparecidos, siempre que el asegurado acredite su preexistencia y salvo que el asegurador pruebe que fueron robados o hurtados;
- cualesquiera otros que se consignen en la póliza.

Se **excluyen**, salvo pacto expreso de inclusión, los efectos de comercio, los billetes, las piedras preciosas, objetos artísticos, etc.

El seguro de incendios cubre únicamente los objetos asegurados si se encuentran **ubicados en el lugar** descrito en la póliza (principio de ubicación).

En los seguros de comunidades de propietarios merece especial atención el seguro de **incendio de la edificación**, que debe estar individualizada -ubicación: dirección, población- con descripción de sus anexos, y que es objeto de una tarificación -cálculo de prima- específica. Suelen quedar comprendidos los **muebles y enseres** que, perteneciendo a la comunidad y no teniendo carácter privativo, se hallen colocados en las partes comunes del edificio asegurado.

7. Seguro de robo

(L 50/1980 art.50 a 52)

Es el seguro por el que se indemnizan los daños y perjuicios derivados de la **sustracción ilegítima por parte de terceros** de las cosas aseguradas (L 50/1980 art.50). **4460**

La **cobertura** comprende el daño causado por la comisión del delito en cualquiera de sus formas. La **indemnización** comprende el valor del interés del bien asegurado y se extiende, también, a los daños que se deriven de la comisión del delito (p.e. daños a las cerraduras y puertas).

La ley hace **excepción** de los daños que sean causados por negligencia grave del asegurado (p.e. se deja las llaves puestas en la cerradura), del tomador o de las personas que de ellos dependan o convivan. También quedan excluidos los acaecidos fuera del lugar descrito en la póliza, o sucedidos con ocasión de su transporte, a no ser que dichas circunstancias hubieran sido expresamente consentidas por el asegurador.

Además, se excluyen los que se produzcan con ocasión de siniestros derivados de **riesgos extraordinarios** (L 50/1980 art.52).

En las pólizas de comunidades se incluyen normalmente los supuestos de **escalamiento** de diferencias de nivel superiores a un número de metros para penetrar en el riesgo asegurado (edificio o instalaciones), utilización de llaves ilegítimas -se exige denuncia previa de su sustracción-, y se incluyen todos los daños causados por la **tentativa o delito frustrado**. También, aunque no es más que una modalidad de robo -robo con violencia o intimidación-, se define en la técnica aseguradora la **expoliación**, como apropiación ilegítima de terceros contra la voluntad del asegurado, mediando violencia o intimidación.

Precisiones **1)** El robo comprenderá toda sustracción ilegítima por parte de terceros de **cosas aseguradas**, de lo que se deriva que tanto el robo, en cualquiera de sus modalidades típicas, como el hurto son objeto de cobertura, salvo que se especifique que no está cubierto (TS 22-5-03, EDJ 29627; AP A Coruña 1-12-16, EDJ 245010; AP Bizkaia 24-4-20, EDJ 802890).

2) La **exigencia de denuncia** debe ponerse en relación con la culpa grave del asegurado. Se castiga solo la omisión injustificada de dicha denuncia previa, a sabiendas de la pérdida o sustracción, no la mera ausencia de denuncia.

3) El concepto de **escalamiento** no equivale a su significación gramatical de trepar, ascender o subir, ni siquiera entrar por vía no destinada al efecto, sino que implica llegar a las cosas muebles ambicionadas por el agente, por vía insólita o desacostumbrada, distinta al acceso natural y a la que el titular de los bienes utiliza de ordinario (AP Girona 25-1-13, EDJ 40036; TS 22-9-92, EDJ 9038).

8. Seguro de responsabilidad civil

(L 50/1980 art.73)

4470 La responsabilidad civil de la comunidad es la obligación de esta de indemnizar los daños y perjuicios que cause a terceros por su **culpa o negligencia**.

En este sentido, el seguro de responsabilidad civil es aquel por el que la compañía de seguros se obliga, dentro de los límites establecidos en la ley y en el contrato y a cambio de una prima, a cubrir el riesgo derivado de los **daños y perjuicios** que la comunidad de propietarios deba de indemnizar a un tercero, con causa a un hecho previsto en el contrato, de cuyas consecuencias sea civilmente responsable el asegurado. No queda cubierta la responsabilidad por dolo, ni los daños y perjuicios causados intencionadamente por el asegurado.

En este tipo de seguros la ley permite **cláusulas** que delimiten la cobertura de la aseguradora a supuestos en que la **reclamación del perjudicado** tenga lugar dentro de un periodo no inferior a un año desde la terminación de la última prórroga del contrato o de su periodo de duración.

Asimismo, se permiten, como límites del contrato, las cláusulas limitativas en que la cobertura del asegurador se concrete a los supuestos en que la reclamación del perjudicado tenga lugar durante el **periodo de vigencia de la póliza**, pero el nacimiento de la obligación de indemnizar a cargo del asegurado haya podido tener lugar al menos un año antes del comienzo de los efectos del contrato.

Comunicado el siniestro al **asegurador**, este asumirá la dirección jurídica de la reclamación del perjudicado, sin que el **asegurado** pueda perjudicarle. Esta regla solo se excepciona de mediar **pacto en contrato** o cuando quien reclama esté asegurado en la misma compañía, o existe algún otro posible conflicto de intereses, en cuyo caso el asegurado puede optar entre mantener la dirección jurídica del asegurador o confiar su propia defensa a otra persona (L 50/1980 art.74).

La ley impone al asegurado la **obligación de colaborar** con su asegurador.

Precisiones 1) Además de los supuestos legales en que se excepciona al asegurador la **dirección jurídica** de su asegurado, se añade el supuesto en que la compañía incurra en **pasividad** que le sea imputable, pues si con su dejadez o conducta omisiva causa un daño al asegurado, habría de responder frente a él por incumplimiento, comprendiendo tal responsabilidad los gastos de defensa que haya tenido que procurarse el asegurado por sus propios medios (TS 27-10-10, EDJ 241725; AP Alicante 8-7-16, EDJ 198747).

2) Además de la comunidad de propietarios, el **administrador de fincas** también está obligado a suscribir un seguro de responsabilidad civil, directa o colectivamente (L 12/2023 disp.adic.6ª). Ver nº 2137.

4472 **Acción directa** (L 50/1980 art.76) El propio **perjudicado** -que no es parte del contrato de seguro- tiene acción directa contra el asegurador para exigir el cumplimiento de la obligación de indemnizar, acción esta que, en caso de fallecimiento del asegurado, pueden ejercer sus herederos. Si no existiera esta acción directa, el perjudicado solo podría acudir a la comunidad -única asegurada- en reclamación de los daños causados, sin perjuicio de que posteriormente la comunidad fuera resarcida por la aseguradora. Esta institución concede solvencia a la prosperabilidad de la acción instada por el perjudicado.

En todo caso el asegurador tiene **derecho a repetir** contra el asegurado lo que haya satisfecho, siempre y cuando el siniestro de responsabilidad por daños a un tercero hubiera sido provocado por la **conducta dolosa** de este.

Precisiones La comunidad no es una **aseguradora** por lo que no le es aplicable la Ley (L 50/1980 art.44; AP Barcelona 20-9-13, EDJ 214173).

4474 **Tipos de seguro** Las pólizas de comunidad suelen diferenciar diversos tipos de seguros de responsabilidad civil:

a) Responsabilidad civil **por daños por agua**. La cobertura de los daños y perjuicios causados a los elementos privativos y edificios colindantes por escapes de agua de conducciones comunitarias suele limitarse a aquellos daños que tengan su origen en el mal funcionamiento de las conducciones y bajantes que sean estrictamente comunitarios -de la red pública hasta la llave de paso de cada vivienda-, con exclusión de aquellas conducciones genuinamente privativas, es decir, las conducciones de aguas del interior de la vivienda que sirven exclusivamente a esta.

Así, en caso de siniestro cubierto por la póliza, se incluyen en la mayoría de las pólizas los gastos de localización y reparación, desescombro y desalojo.

Precisiones En caso de filtraciones de aguas **ocasionadas por un elemento común** del edificio con generación de daños a un comunero, el seguro de responsabilidad civil deberá responder frente al comunero que será considerado como un tercero (AP Pontevedra 2-6-03, EDJ 161369; AP Huesca 17-9-21, EDJ 747933).

b) Responsabilidad civil **por la propiedad del inmueble**. 4475
c) Responsabilidad civil **patronal**. La que pueda imputarse a la comunidad a causa de reclamaciones de accidentes de trabajo por los asalariados de la misma: portero, guarda, vigilantes, etc. No solo se incluyen los asalariados en sentido propio, sino también el personal de empresas contratadas por el asegurado para trabajar en la comunidad, así como los trabajadores autónomos que desarrollen su trabajo en el centro de trabajo del asegurado. En todo caso se excluyen los copropietarios.

Cobertura Una de las cuestiones a destacar en este tipo de cobertura, es la **limitación temporal** de la misma en la mayoría de las pólizas del mercado. En puridad, el siniestro nace cuando se produce el evento generador de la responsabilidad de la comunidad de propietarios, con independencia de cuándo se produce la reclamación judicial o extrajudicial del perjudicado. 4477
Sin embargo, la mayoría de las pólizas contienen la **cláusula «claim made»**, donde el siniestro no nace en el momento en que se produjo el evento dañoso, sino cuando el asegurado recibe la primera reclamación. La póliza cubrirá entonces todas las reclamaciones que se reciban desde la entrada en vigor de la póliza, con independencia de la fecha de acaecimiento.

Precisiones En caso de que la comunidad haya contratado un seguro que cubra el mismo interés y objeto que el seguro que ha contratado un copropietario, se suele aplicar el **reparto** de las consecuencias económicas del siniestro entre las compañías (AP Barcelona 13-5-2011, EDJ 138575).

Exclusiones Las exclusiones que suelen incorporar las entidades aseguradoras en las pólizas de comunidades, capítulo de responsabilidad civil, deben figurar de forma expresa, conocidas claramente por el asegurado y son: 4479
a) Los daños causados al propio edificio y sus instalaciones, asegurados en el capítulo de daños.
b) Obligaciones contractuales o que sobrepasen la responsabilidad civil por daños a terceros.
c) Daños a bienes de tercero, pero que, por cualquier motivo, se hallen en poder de la comunidad asegurada.
d) Responsabilidad civil por daños causados por el personal contratado por el asegurado.

9. Seguro de reclamación y defensa jurídica

(L 50/1980 art.76.a)

En este tipo de seguros, el asegurador asume los gastos derivados de la defensa jurídica de los **intereses de la comunidad** de propietarios asegurada, según las garantías concretas establecidas en las condiciones particulares de la póliza, a cambio de la correspondiente prima. 4485
Es preciso que se concierte en **contrato independiente** o bien estar incluido en capítulo distinto dentro de una única póliza (AP Cádiz 5-5-05, EDJ 153912). Así, es posible que la defensa se incluya dentro de un seguro de responsabilidad civil, dentro de los límites de la Ley, pero se deben diferenciar y las normas del seguro de responsabilidad civil no le son de aplicación (L 50/1980 art.74 y 76.g).

Precisiones Algunas pólizas suelen ampliar la **condición de asegurado** al administrador o secretario-administrador de la junta, aunque no sea copropietario o a la junta rectora (AP Asturias 6-2-12, EDJ 16909).

Cobertura Así, suelen garantizarse los **gastos, costas y tasas judiciales** derivados de la tramitación de los procedimientos judiciales cubiertos, los honorarios y gastos de **abogado y procurador**, **gastos notariales**, honorarios y gastos de **peritos judiciales** y, por supuesto, la constitución de **fianzas** penales para conseguir la libertad provisional del asegurado. 4487
Suelen incluirse las reclamaciones a propietarios por **impago de cuotas**, gastos y derramas, reclamación de **derechos posesorios** del inmueble, reclamaciones de daños y perjuicios a terceros, defensa en cuestiones administrativas, etc.
Este tipo de garantías normalmente llevan un **límite máximo de indemnización por siniestro y año**, de tal manera que, si la intervención de la comunidad en un litigio supera dicho límite, el exceso irá a su cargo.

Precisiones Las **exclusiones** a la cobertura deben figurar de forma clara y expresa (AP A Coruña 27-7-15, EDJ 149769).

10. Cobertura de riesgos extraordinarios

4495 Una de las funciones esenciales del **Consorcio de Compensación de Seguros**, es la de satisfacer las indemnizaciones derivadas de siniestros extraordinarios a los asegurados que no tengan cubierto el riesgo extraordinario de que se trate, a través de una póliza de seguro contratada con una compañía del mercado -autorizada para ello-, o que, estando contratada esta, la entidad aseguradora hubiera entrado en concurso, siempre y cuando hayan satisfecho el recargo correspondiente.

El **objetivo** del Consorcio es indemnizar las pérdidas por acontecimientos extraordinarios sucedidos en España -siempre sobre riesgos situados en España-, y lo hace en régimen de compensación.

4497 **Riesgos cubiertos** (RD 300/2004 art.1 y 2) Los riesgos cubiertos son los siguientes:

a) **Fenómenos de la naturaleza**: inundaciones extraordinarias, terremotos, maremotos, erupciones volcánicas, tempestad ciclónica atípica y caídas de cuerpos siderales y aerolitos.

Han de ser fenómenos **imprevisibles o inevitables**, como hace referencia el reglamento de seguros de riesgos extraordinarios (RD 300/2004 art.2.1.e; AP Toledo 9-7-13, EDJ 154540).

Por **inundación** debe entenderse, a efectos de cobertura, el anegamiento del terreno producido por:

- lluvias o deshielo;
- aguas procedentes de lagos con salida natural, de rías o ríos, o de cursos naturales de agua en superficie, cuando se desborden de sus cauces normales.

Asimismo, se incluye el **embate de mar** en la costa, aunque no haya anegamiento.

Sin embargo, **no quedan comprendidos** bajo este concepto de inundación:

- la lluvia caída directamente sobre el riesgo asegurado; o
- la lluvia recogida por su cubierta o azotea, su red de desagüe o sus patios; como tampoco,
- la inundación ocasionada por rotura de presas, canales, alcantarillas, colectores y otros cauces subterráneos artificiales, salvo que la rotura se haya producido como consecuencia directa de evento extraordinario cubierto por el Consorcio.

En la **tempestad ciclónica atípica** quedan incluidos, entre otros, los tornados y los vientos extraordinarios (rachas superiores a los 120 Km/h.), de acuerdo con el reglamento del seguro de riesgos extraordinarios (RD 300/2004 art.2).

4498 b) Los **ocasionados violentamente** como consecuencia de terrorismo, rebelión, sedición, motín y tumulto popular.

c) **Hechos o actuaciones de las Fuerzas Armadas** o de las fuerzas y cuerpos de seguridad del Estado en tiempo de paz.

4500 **Derecho a indemnización** Para poder tener derecho a una indemnización del Consorcio por los daños sufridos como consecuencia de los riesgos señalados, deben darse una serie de **condiciones y requisitos**:

1) **Contrato de un seguro de daños, de vida o de accidentes personales.** Si ocurre un siniestro sobre los riesgos mencionados solo habrá cobertura por parte del Consorcio, cuando el objeto o cosa dañada esté cubierto por un contrato de seguro con cualquier entidad aseguradora -seguro privado suscrito por su propietario o persona con interés legítimo-. Si no está asegurado con ninguna compañía no se produce la cobertura del Consorcio, aunque se trate de un riesgo extraordinario (RD 300/2004 art.6). Además, esa póliza debe cubrir alguno de los **ramos** que se mencionan a continuación:

• En los **seguros contra daños**: incendios y eventos naturales, vehículos terrestres, vehículos ferroviarios, otros daños a los bienes -robo, rotura de cristales, daños a maquinaria, equipos electrónicos y ordenadores-, responsabilidad civil en vehículos terrestres automóviles y pérdidas pecuniarias diversas.

• En los **seguros de personas**: vida y accidentes, aunque estas coberturas se contraten de forma complementaria a otro tipo de seguro o en el marco de un plan de pensiones.

Se debe incluir la **cobertura de estos riesgos en las pólizas** de los ramos citados y, en el caso de que no sea expresamente asumida por la compañía de seguros que ha contratado la póliza de seguro, será el Consorcio el que indemnice con las condiciones que se dirán, y siempre que haya ausencia de cobertura por la compañía.

También indemnizará el Consorcio cuando, habiendo cobertura de dichos riesgos de manera concreta y concisa por parte de dicha compañía de seguros, esta hubiera sido declarada en **concurso** o, hallándose en una situación de insolvencia, estuviese sujeta a un procedimiento de **liquidación intervenida** por la Administración (Comisión Liquidadora de Entidades Aseguradoras), o esta hubiera sido asumida por el propio Consorcio de Compensación de Seguros.

2) **Pago de la prima** en la póliza de seguro correspondiente. El asegurado debe estar al corriente de pago de la prima (L 50/1980 art.14 y 15), donde se incluyen los **recargos** correspondientes por esta cobertura del Consorcio. Dicho recargo aparece desglosado en el recibo del pago de la prima. 4501

3) **Período de carencia**. Es necesario que hayan transcurrido 7 días desde la fecha de emisión de la póliza, si fuera posterior, para poder tener derecho a la indemnización del Consorcio (RD 300/2004 art.8).

A no ser que el objeto asegurado no existiera con antelación, es decir, salvo que se demuestre la inexistencia de interés asegurable con antelación a esa fecha. Este periodo de carencia solo es aplicable en los siniestros causados por eventos de la naturaleza, pero no en los siniestros de daños personales.

4) Solo quedan incluidos los **daños directos**, nunca los daños consecuenciales o indirectos -pérdida de oportunidad, lucros cesantes, etc.-, a excepción de la pérdida de beneficios a la que hace referencia expresamente el propio reglamento.

Precisiones **1)** El concepto de daño directo comprende tanto el daño en la cosa, como el que es consecuencia directa de dicho daño. Por tanto, no se limita a la pérdida del objeto, sino que incluye también las **consecuencias económicas directas e inmediatas** de dicha pérdida (AP Valencia 16-7-12, EDJ 243171; AP Barcelona 12-2-09, EDJ 34492).

2) Cuando el daño no se debe al riesgo extraordinario sino al **insuficiente cuidado** de la instalación de la comunidad, no hay derecho a indemnización (AP Zaragoza 15-1-05, EDJ 4490; AP Tarragona 28-7-21, EDJ 739016).

11. Subrogación de la aseguradora y repetición

(L 50/1980 art.43)

Facultad de subrogación La aseguradora, una vez **pagada la indemnización**, podrá reclamar contra el tercero responsable, hasta el límite de la indemnización, todo lo que hubiera pagado, ejercitando los derechos que por razón del siniestro correspondieran al asegurado (TS 21-7-21, EDJ 646199; AP Baleares 21-12-04, EDJ 198254). 4510

La acción subrogatoria es una modalidad de **subrogación legal** (TS 7-5-93, EDJ 4304; 17-10-98, EDJ 21987).

Son **requisitos** de la acción subrogatoria (L 50/1980 art.43 en relación con CC art.1209 y 1210):

- un contrato de seguro;
- la realidad de un siniestro cubierto por dicho contrato;
- el pago efectivo, suficientemente acreditado -por la aseguradora, que tiene interés en el cumplimiento de la obligación-, de la indemnización que corresponda abonar al asegurado, conforme al contrato;
- la responsabilidad directa de un tercero, frente a quien se ejercita la acción subrogatoria o de repetición, lo que a su vez requiere la relación causal entre la actuación del tercero y el siniestro (TS 7-5-93, EDJ 4304; 28-5-99, EDJ 9967).

Esa facultad de subrogación la podrá ejercitar **contra cualquiera**, con la excepción de su asegurado, y este solo responderá de los perjuicios que, con sus actos u omisiones, pueda causar al asegurador en su derecho a subrogarse (TS 3-5-12, EDJ 78196).

Precisiones Tampoco podrá el asegurador ejercitar dicha subrogación contra ninguna de las personas cuyos actos u omisiones den origen a responsabilidad del asegurado, de acuerdo con la Ley, ni contra el causante del siniestro que sea, respecto del asegurado, pariente en línea directa o colateral dentro del tercer grado civil de consanguinidad, padre adoptante o hijo adoptivo que convivan con el asegurado. Salvo que la responsabilidad proviniera de dolo o si la responsabilidad está amparada mediante un contrato de seguro. En este último supuesto, la **subrogación** estará **limitada** en su alcance de acuerdo con los términos de dicho contrato.

Si concurrieran **asegurador y asegurado frente a tercero responsable**, el recobro obtenido se repartirá entre ambos, proporcionalmente a su respectivo interés. 4511

Partimos de una base: la igualdad entre el derecho al resarcimiento del asegurado perjudicado y el derecho en el que se subroga el asegurador. No obstante, puede plantearse el problema de qué es lo que sucede cuando el asegurador ha satisfecho a su asegurado, en virtud del contrato de seguro que les une, una **indemnización que supera el importe del daño** realmente sufrido, por ejemplo, una cantidad superior como consecuencia de que en el contrato existe una cláusula de valor a nuevo.

Si el asegurador reclama al presunto responsable del daño causado a su asegurado, solo podrá circunscribir el *quantum* de su reclamación al importe real del daño, con absoluta independencia de aquello que pactó con aquel en el correspondiente y preceptivo contrato de seguro. El asegurador ha percibido la correspondiente prima por el riesgo realmente cubierto

(L 50/1980 art.1). La prima de una **cláusula de valor a nuevo** en un seguro de daños debe diferir de la de un **seguro de valor real o de reposición**.

Precisiones En la valoración del daño habrá que tener en cuenta la **antigüedad** de los elementos afectados por el uso como manifestación de su valor real -ya que al tercero le son ajenos los pactos contractuales existentes entre perjudicado y su aseguradora-, si bien prevalecerá el principio de indemnidad -o *restitutio in integrum*- cuando la reparación de lo dañado supone la **reposición íntegra de los elementos afectados**, pues el perjudicado no tiene por qué soportar ningún perjuicio derivado de ello (AP Barcelona 6-2-15, EDJ 52679).

4512 **Ejercicio de la acción** La acción del asegurador -subrogatoria- debe revestir la misma naturaleza y **régimen jurídico** que la que ostentaba su propio asegurado, pudiendo oponer el presunto responsable -los demandados en este proceso- las mismas **excepciones** que hubieran opuesto a este. Siempre que se trate de excepciones que deriven de la relación con un carácter objetivo -excepciones *in rem*- y no las puramente personales -*in personam*-.

La acción subrogatoria nace con el **pago**. Si este pago no se acredita de conformidad con las reglas de la carga probatoria que impone la LEC art.217 se produciría la falta de **legitimación** activa *ad causam* y *ad procesum* del asegurador demandante.

La subrogación no se produce de forma automática, sino que depende de la **voluntad del asegurador**, por lo que será preciso indicar de qué forma el asegurador ha de manifestar esa voluntad. Parece que la interpretación más lógica es cuando comunica al tercero responsable que ha pagado la indemnización y que, en virtud de ello reclama, puesto que ha adquirido los derechos de su asegurado.

Precisiones **1)** En el caso de un **elemento privativo de un comunero** en el contenido de su hogar -un grifo de un bidet- que causa una inundación y afecta tanto a otros elementos privativos de otros comuneros como a las propias instalaciones comunitarias, a la hora de examinar cada una de las **partidas indemnizatorias que se reclaman** se debe comprobar, con independencia de la cuantía satisfecha por la entidad aseguradora, cuáles son, en concreto y por su concepto, naturaleza, necesidad y cuantía, las que realmente se basan en los principios de reparación y restitución.
2) La impresión de pantalla del pago realizado en soporte informático -también denominado «**pantallazo**»- no demuestra, por sí solo, el presupuesto del pago (AP Málaga 3-10-16, EDJ 262857).

4514 **Facultad de repetición** Cosa distinta es la facultad de repetición. No hablamos de subrogación, sino que, una vez pagada la indemnización a quien corresponda, la aseguradora tiene el derecho *ex lege* de **reclamar lo pagado**, en todo o en parte, a un tercero, sea o no culpable (TS 21-7-21, EDJ 646199).

Esta facultad tiene como **límite** la indemnización abonada a la asegurada (AP Salamanca 30-12-11, EDJ 327516).

Precisiones **1)** Un ejemplo de este derecho de repetición se da en los casos de que la aseguradora de la comunidad de propietarios paga la totalidad de unos daños en el continente -inmueble- que pertenecen a la comunidad y, posteriormente, comprueba que el piso en cuestión tiene también una póliza privativa que da cobertura a dicho continente. Si lo paga todo, puede repetir por **concurrencia de seguros** contra la compañía que asegura el piso (L 50/1980 art.32; TS 5-7-22, EDJ 634603).
El derecho de repetición se da también en el ámbito del seguro de **automóvil**, en caso de que la compañía paga la indemnización al perjudicado, pero si el conductor circulaba bajo los efectos del alcohol puede repetir lo pagado incluso contra su propio asegurado. Se destierra la teoría de la inasegurabilidad del dolo, de tal forma que la víctima siempre será resarcida y el asegurado nunca se verá favorecido.
2) Se debe probar la concurrencia de los elementos constitutivos de la **acción de responsabilidad extracontractual** para que prospere la acción de repetición frente a la comunidad (TS 29-12-93, EDJ 11943).

CAPÍTULO 9

Complejos inmobiliarios

 4600

Junto a los tradicionales bloques de viviendas han surgido en la planificación urbana los denominados complejos inmobiliarios privados. Estos últimos están constituidos por superficies divididas en parcelas independientes, en las que se construyen viviendas unifamiliares u otros edificios que tienen **servicios o elementos comunes generales** para uso y disfrute de todos. Surgen por las nuevas exigencias de los ciudadanos y fundamentalmente en las zonas de expansión de las grandes urbes. 4602

Estos complejos presentan **similitudes** con la propiedad horizontal. Coexiste una propiedad separada sobre una vivienda o local con la copropiedad o condominio sobre elementos de uso común general por parte de los integrantes del complejo inmobiliario. Estos últimos son necesarios, o al menos complementarios para el uso y disfrute de aquellos. Entre estos se cuentan los viales, las redes de alumbrado y conducción de aguas, desagües, zonas de esparcimiento, zonas deportivas, piscina, etc.

No existe razón alguna para que el **régimen jurídico** de estas realizadas sea distinto al de la propiedad horizontal *mutatis mutandi*. Consideramos que constituye un acierto del legislador plasmar en una norma legal la aplicación de lo dispuesto en la LPH a estas realidades.

La caracterización de esta figura radica en la existencia de **fincas jurídicamente independientes** y no vinculadas entre sí, cuyos propietarios disponen, por razón de la integración de propiedad sobre la finca en el complejo inmobiliario, de **elementos y servicios comunes** que comparten con los propietarios de otras fincas igualmente independientes.

Precisiones 1) En la Carta de Roma (V Congreso Internacional de Derecho Registral de 1982), se caracteriza a los complejos inmobiliarios por la existencia de una **pluralidad de inmuebles conectados entre sí**, a través de elementos o servicios comunes, o de un régimen de limitaciones y deberes entre los mismos, con vocación de pertenecer a una multiplicidad de titulares, para la consecución y mantenimiento de los intereses generales y particulares de los partícipes. Según la doctrina científica, la característica de los conjuntos inmobiliarios a que se refiere la LPH es, pues, la existencia de una pluralidad de fincas ligadas por un punto de conexión, cifrado en la **titularidad compartida**, inherente a los derechos privativos sobre cada una de ellas, de elementos inmobiliarios de utilidad común, viales, instalaciones o servicios. Así cada una de las fincas tan solo tiene como **elementos comunes** en el complejo los inmobiliarios de utilidad común (viales, instalaciones o servicios) no participando en modo alguno en el suelo sobre cuyo vuelo se eleva cada uno de los edificios (TS 13-9-21, EDJ 691977; 27-10-08, EDJ 217194). Será necesario, pues, para que exista comunidad que haya **dos o más titulares**, con una integración material en algo común, pues en otro caso nunca se podría hablar de copropiedad. A tales efectos solo se consideran **conjuntos o urbanizaciones** las construcciones de parcelas unifamiliares o de bloques independientes, así como los **centros comerciales o explotaciones mixtas**, donde lógicamente además de la propiedad individual, existan zonas o servicios comunes, esto es, con destino de vivienda o local de negocio (AP Navarra 12-9-19, EDJ 732632). 4603

2) En nuestro ordenamiento está pacíficamente admitida por nuestros tribunales la validez de las **supracomunidades, comunidades planas o de urbanizaciones**, respecto de las cuales se admite la coexistencia de dos tipos de comunidades entrelazadas para su administración:

- la propia exclusiva de cada edificio ya construido, integrado por una pluralidad de viviendas, y
- la comunidad sobre la propia urbanización.

Lo relevante es que de esta última son **parte integrante** todos y cada uno de los propietarios de elementos incluidos en la misma, susceptibles de aprovechamiento individual, ya se trate de edificios o de cada uno de los pisos o locales que lo compongan por estar dividido en régimen de propiedad horizontal típica, ya, de meras fincas en las que se ha proyectado edificar. Basta con la **coexistencia de diferentes unidades inmobiliarias**, que existan propietarios distintos, y que la propiedad singular y exclusiva sobre cada una de esas unidades lleve aparejada la participación, con arreglo a una cuota, sobre elementos comunes o, al menos, sobre elementos inmobiliarios, viales, instalaciones o servicios generales destinados al mejor uso, disfrute y aprovechamiento de elementos privativos (TS 1-4-09, EDJ 50744; AP Madrid 6-10-23, EDJ 742242).

3) Para que exista **complejo inmobiliario privado** debe existir una pluralidad de fincas ligadas por un punto de conexión cifrado en la titularidad compartida, inherente a los derechos privativos sobre cada una de ellas, de elementos inmobiliarios de utilidad común, viales, instalaciones, o servicios.

Dicha titularidad compartida no necesariamente debe estar constituida sobre la base de una situación de copropiedad, ya que podría sustentarse sobre otro tipo de derechos (AP Madrid 10-6-19, EDJ 724867).

En el complejo inmobiliario se admite la coexistencia de **dos tipos de comunidades** entrelazadas para su administración: la propia y exclusiva de cada edificio ya construido, integrado por una pluralidad de viviendas; y la comunidad sobre la propia urbanización. Lo relevante es que de ésta última son **parte integrante** todos y cada uno de los propietarios de elementos incluidos en la misma, susceptibles de un aprovechamiento individual, ya se trate de edificios o de cada uno de los pisos o locales que lo compongan de estar dividido en régimen de propiedad horizontal típica, ya, como es el caso, de meras fincas en las que se ha proyectado edificar (AP Almería 3-7-19, EDJ 811273).

En el complejo inmobiliario coexisten dos tipos de propiedades: la propia y exclusiva de cada vivienda o parcela, y la de la urbanización o complejo en general, con sus servicios y demás cometidos comunitarios, generándose para su administración una **comunidad de intereses**, tanto en lo relativo al destino y utilización de cada una de las fincas, que debe respetar una integración en el conjunto (TS 27-10-08, EDJ 217194).

No es necesario que se hayan edificado los terrenos, sino que basta con la acreditación de la **coexistencia de unidades inmobiliarias** (con independencia de que unos sean edificios, incluso a su vez divididos en régimen de propiedad horizontal, y otras meros terrenos parcelados y dispuestos para su edificación), que existan propietarios distintos y que la propiedad singular y exclusiva sobre cada uno de esos elementos lleve aparejada la participación, con arreglo a su cuota, sobre elementos comunes, o, al menos, sobre elementos inmobiliarios, viales, instalaciones o servicios, destinados al mejor uso y disfrute, o aprovechamiento de los elementos privativos (TS 6-7-21, EDJ 624000).

4) No obstante su importancia, hasta la reforma de la LPH operada por la L 8/1999, existía una **laguna legal** que intentaban cubrir los organismos competentes mediante el establecimiento de reglas por las que se debían regir este tipo de urbanizaciones privadas, estableciendo con ello un sistema de fuentes legales que les eran aplicables. De esta manera, el Tribunal Supremo estableció su criterio, señalando que estas comunidades inmobiliarias debían regirse por sus propios estatutos -se daba preferencia a la autonomía de la voluntad- y, analógicamente y en su defecto, por las reglas de la Ley de propiedad horizontal (TS 16-6-95, EDJ 2704; 23-9-91, EDJ 8841; DGRN Resol 5-4-02). No obstante, alguna sentencia aislada abogaba por la aplicación de la normativa del Código Civil en materia de comunidades de bienes (AP Barcelona 7-10-91).

Desde la mencionada reforma, la figura aparece **regulada expresamente** en la LPH, previéndose la obligación de adaptar los estatutos de las situaciones anteriores a la nueva regulación en el plazo de un año (TS 13-9-21, EDJ 691977).

4604 **5)** Los **antecedentes** de la actual legislación los encontramos, en primer lugar, en la creación de las **entidades urbanísticas colaboradoras**, y especialmente las de conservación por el reglamento de gestión urbanística (RD 3288/1978).

Una vez aceptada por la jurisprudencia, y por la doctrina, la **aplicación de la LPH** a las nuevas urbanizaciones privadas que se constituían; el legislador reconoció la situación ampliando el supuesto de aquella ley para llenar la laguna legal existente hasta el momento.

Así, aún cuando hasta el momento se venía supliendo dicha laguna mediante la aplicación analógica, se decidió una **modificación de la LPH**. Los primeros borradores de la reforma fueron impulsados por el Ministerio de Vivienda, pero hasta 1991 no hubo un planteamiento formal. Es en este año cuando se finaliza el **anteproyecto de ley de conjuntos inmobiliarios**. Se trataba de un intento legislativo ambicioso, ya que pretendía regular todas las formas de vivienda o de disfrute de pisos y apartamentos que en el momento se conocían, como la propiedad horizontal, pero también los complejos urbanos, la multipropiedad, la comunidad de aprovechamiento por turnos, etc.

Al final, el legislador optó por regular la multipropiedad o aprovechamiento por turnos de inmuebles mediante la L 42/1998 (posteriormente derogada por el RDL 8/2012), y por introducir la regulación de los complejos inmobiliarios en la LPH, mediante la reforma finalmente operada por la L 8/1999.

La realidad diaria en el desarrollo de la propiedad horizontal hizo que surgieran dos fenómenos que no estaban inicialmente previstos en la primitiva ley de propiedad horizontal:

- las **supracomunidades**, también conocidas como urbanizaciones o complejos inmobiliarios; y
- las **subcomunidades**, que se dan cuanto dentro de una comunidad en propiedad horizontal existen unidades privativas con una diferencia de trato en cuanto a determinados gastos (LPH art.2.d).

Los ejemplos típicos de las subcomunidades son:

a) El **edificio único**, que forma una comunidad independiente en su totalidad, pero con dos portales, e incluso servicios distintos, donde suele ser habitual que en los estatutos se establezca que a los gastos de ascensor, portería, escaleras, etcétera, de cada portal solo contribuyan las viviendas que tienen acceso por él, excluyendo así a las viviendas de la otra escalera, bajos y sótanos. Implícitamente se está estableciendo una subcomunidad.

b) Los **sótanos destinados a garajes**, que forma cada planta una finca registral, con una cuota de participación única para toda la planta; pero que debe distribuirse entre los distintos propietarios de cada plaza de garaje (que incluso pueden no ser titulares de viviendas, alguno tener dos plazas, etc.), y que en realidad forman una comunidad romana ordinaria. Subcomunidades que la jurisprudencia venía reconociendo desde antiguo (AP A Coruña 6-7-21, EDJ 670764).

A. Configuración jurídica

El **complejo inmobiliario privado** se define como aquel complejo inmobiliario sujeto al régimen de organización unitaria de la propiedad inmobiliaria, así como a los regímenes especiales de propiedad establecidos por la LPH art.24 (L 8/2013 art.2). 4605
Por otro lado, se considera complejo inmobiliario todo régimen de **organización unitaria de la propiedad inmobiliaria** en el que se distingan elementos privativos, sujetos a una titularidad exclusiva, y elementos comunes, cuya titularidad corresponda, con carácter instrumental y por cuentas porcentuales a quienes en cada momento sean titulares de los elementos privativos (LS/15 art.26 párr último).
Dentro de los complejos inmobiliarios es posible configurar el régimen de modo que alguno de los **elementos comunes** lo sean no de todos los integrantes del complejo, sino únicamente de algunos propietarios de los propietarios, debiendo especificarse así de forma clara en el título constitutivo (TS 2-3-20, EDJ 512871).
En el régimen de los complejos inmobiliarios se puede distinguir entre elementos comunes generales y elementos comunes particulares, corriendo todos los **gastos** de estos últimos de cargo de los departamentos o entidades que tenga atribuido dicho elemento (AP Valencia 30-12-19, EDJ 838032).
También es posible que alguna de las **fincas independientes** que integran el complejo inmobiliario estén, a su vez, sujetas al régimen de propiedad horizontal.
Al igual que sucede con la propiedad horizontal simple, basta con que concurra la situación fáctica para que exista y se aplique el régimen legal previsto para la propiedad horizontal. Por consiguiente, basta con que la **parcela esté integrada en la urbanización** y participe de los elementos comunes de la misma para que venga obligada, entre otros, a contribuir al sostenimiento de lo elementos comunes, sin que sea necesario que se otorgue acto formal de constitución del complejo inmobiliario (AP Madrid 13-7-23, EDJ 682547).
Por consiguiente, basta con los dos **rasgos definitorios** objetivos:
- la existencia de una pluralidad de edificaciones o de una pluralidad de parcelas con destino a viviendas o locales e independientes entre sí (elementos privativos), y
- la existencia de una copropiedad de esos elementos independientes sobre otros elementos inmobiliarios, viales o servicios (elementos comunes).
A estos dos rasgos de carácter material, se añade otro **elemento inmaterial**: la organización de la que se dota al complejo (AP Almería 13-12-22, EDJ 829986).

Precisiones 1) Esta **interrelación de propiedades separadas y elementos comunes** resulta definitoria y característica de los complejos inmobiliarios y ya fue puesta de relieve por la DGRN antes de la configuración legal de la figura: cabe distinguir desde aquellas urbanizaciones en que las diferentes edificaciones se encuentran **adosadas** unas con otras, formando un único conjunto arquitectónico, de aquellas otras en que cada edificio o parcela construida dentro de la urbanización constituye una **unidad física independiente**, existiendo o no elementos comunes, y que están a su vez relacionados con los restantes edificios o parcelas de la misma urbanización, entre los que se puede destacar a título de ejemplo los que la doctrina conoce bajo la denominación de «propiedad horizontal tumbada», y estas distintas modalidades que la realidad ofrece al configurarlas desde el punto de vista jurídico requieren un tratamiento diverso acorde con la finalidad pretendida, y pueden dada la ausencia de normas legales reflejarse a través de una situación de comunidad o bien mediante el establecimiento de limitaciones o servidumbres recíprocas entre las distintas fincas registrales que están comprendidas en la urbanización. 4606
En cuanto al **reflejo en el Registro** de dicha figura, la DGRN recomendaba el empleo de la forma de acceso de la propiedad horizontal:
a. Apertura de un folio general para toda la urbanización en su conjunto en donde se detallan los elementos comunes y reglas generales de toda la urbanización contenidas en el título constitutivo y los estatutos.
b. Apertura de folio separado a cada uno de los edificios o bloques construidos con su régimen de propiedad horizontal y relacionado con el folio general de la urbanización.
c. Apertura de folio separado a cada uno de los pisos o locales que integran cada bloque relacionado con el folio general del propio bloque.
Todo ello sin necesidad de acudir a operación de **división o segregación** alguna de terrenos, y sin mengua a la vez de la claridad que el principio de especialidad exige (DGRN Resol 2-4-80).
2) La configuración resulta fundamental para poder diferenciar cuando nos encontramos ante un complejo inmobiliario sujeto al especial régimen de la propiedad horizontal, o cuando lo que existe es una **afectación *ob rem* de fincas**, que se regulará por las normas establecidas por los propietarios que constituyen dicha afectación (AP Gipuzkoa 3-10-17, EDJ 296926; TS auto 12-2-20, EDJ 509978).
Fundamental de igual modo, para la configuración del régimen resulta la **determinación de los elementos privativos y comunes generales** del complejo, siendo así que, por regla general el uso exclusivo y excluyente de las parcelas o de los terrenos en los que habrán de construirse los

diferentes edificios corresponde a cada uno de sus titulares, así como los derechos de aprovechamiento urbanístico correspondiente a las mismas (derechos de sobre y sub-edificación) (AP Cantabria 20-1-20, EDJ 510505).
Una comunidad de propietarios, y por ende también una **mancomunidad** constituida en un complejo inmobiliario puede adquirir por usucapión aquellos bienes que están llamados a ser elementos comunes de la misma. El que la comunidad carezca de personalidad jurídica propia y distinta de los comuneros que la integran no es motivo que impida el que ésta pueda reclamar la usucapión ganada, ya que la comunidad como tal integra y representa por medio de su presidente a todos los comuneros que la componen. De ser la **carencia de personalidad jurídica** un impedimento para adquirir por usucapión carecería de sentido -CC art.1933-, ya que las comunidades de bienes de toda índole carecen de personalidad jurídica propia, no obstante lo cual dicho precepto establece la posibilidad de que los comuneros adquieran los bienes comunes por medio de usucapión (AP Madrid 28-9-18; 23-7-19, EDJ 673417).
Las **terrazas** y demás elementos constructivos de las diferentes edificaciones en los complejos inmobiliarios tienen carácter privativo, por lo que, si se quieren introducir restricciones generales respecto de las construcciones, sus elementos, o su aspecto exterior será necesario que así se determine en los estatutos o en los reglamentos de régimen interior (TS auto 23-10-19, EDJ 715801; AP Madrid 10-12-19, EDJ 831386).
Los complejos inmobiliarios pueden procurar e instar la realización de **obras en dominio público** (viales cedidos), pero no pueden acordar como obra comunitaria lo que es una obra pública en patrimonio ajeno a la comunidad, competencia municipal (AP Navarra 12-9-19, EDJ 732632).

4607 **Aplicación del régimen de la propiedad horizontal** (LPH art.24.1) Para que pueda resultar aplicable el régimen especial de propiedad horizontal a los complejos inmobiliarios privados, han de reunir los siguientes **requisitos**:
• Estar integrados por **dos o más edificaciones o parcelas** independientes entre sí cuyo destino principal sea la vivienda o locales.
• Participar los titulares de estos inmuebles, o de las viviendas o locales en que se encuentren divididos horizontalmente, con carácter inherente a dicho derecho, en una **copropiedad indivisible** sobre otros elementos viales, instalaciones o servicios.
Es necesario para que exista comunidad que haya **dos o más titulares**, con una integración material en algo común, pues en otro caso nunca se podría hablar de copropiedad. A tales efectos solo se consideran **conjuntos o urbanizaciones** las construcciones de parcelas unifamiliares o de bloques independientes, así como los **centros comerciales** o **explotaciones mixtas**, donde lógicamente además de la propiedad individual, existan zonas o servicios comunes, esto es, con destino de vivienda o local de negocio (TS 29-4-15, EDJ 69363).
Si no se dan dichos presupuestos, por más que los titulares de los complejos inmobiliarios privados decidan acogerse a lo dispuesto en la LPH, no les resultará de aplicación o, al menos, no de forma directa (AP Salamanca 11-2-02, EDJ 10846).

4608 Precisiones **1)** Hasta la reforma operada por L 8/1999, el Tribunal Supremo se había referido, por un lado, a una copropiedad similar a la conocida como propiedad horizontal por la existencia de un derecho de propiedad sobre un conjunto de elementos comunes, de donde se siguió la **aplicación analógica** de la Ley de propiedad horizontal; y por otro a la posible existencia de un régimen de hecho, sin que el título constitutivo sea elemento sustancial para la existencia y funcionamiento de la comunidad, como tampoco lo es la inscripción en el Registro, requisito que igualmente carece de efectos constitutivos, sino simplemente a efectos de publicidad y en cuanto a terceros. A partir de la entrada en vigor de la reforma, la aplicación de la LPH ya no deviene fruto de la analogía, sino del **mandato legal** (TS 9-6-10, EDJ 145105).
2) El régimen de la propiedad es aplicable a las entidades constituidas originalmente como **asociaciones de propietarios**, pero que posteriormente hayan adaptado sus estatutos a la LPH (TS auto 22-1-20, EDJ 505479). Por otro lado, la **recepción de viales** por parte de los ayuntamientos, en modo alguno es óbice para que se predique la inexistencia de complejo inmobiliario, ya que siguen existiendo importantes servicios comunes que siguen manteniéndose en régimen de titularidad compartida, bastando para que exista complejo inmobiliario con que exista una copropiedad o **titularidad compartida** sobre instalaciones o servicios inherentes al derecho de propiedad privativa sobre los respectivos inmuebles que conforman el complejo (AP Gipuzkoa auto 20-11-19, EDJ 823030).
Al margen de la normativa de la LPH puede ser de aplicación otra **normativa específica** en atención a las particularidades del caso, como puede ser la relativa a los complejos de uso turístico, cuando sea el caso, por ejemplo, la L Andalucía 13/2011 (AP Cádiz 19-11-19, EDJ 814365).
3) El régimen de los complejos inmobiliarios contempla la posibilidad de que, dentro de la misma urbanización **coexistan bloques de apartamentos o conjuntos de viviendas** que constituyan sus propias comunidades para atender sus propios servicios comunes, lo que no excluye la obligación de contribuir a la comunidad general de la urbanización, bien directamente, bien a través de las comunidades integradas en la macrocomunidad que constituye la urbanización, para atender infraestructuras de viales y acometida de electricidad, agua, teléfono y otros servicios, así como gastos generales de jardinería, seguridad, etc. (AP Málaga 30-12-20, EDJ 842070).

4) Respecto a la delimitación de lo que son elementos comunes del complejo y privativos de cada casa, uno de los elementos que más polémica suscitan son los muros delimitadores de las parcelas, En este punto, los recientes pronunciamientos apuntan a que, cuando se trata de **muros de contención**, no cabe pretender su naturaleza privativa, ya que los muros con elementos comunes (CC art.396), ya sean de sustentación o de separación y, en particular, cuando constituyen elementos de separación o delimitación de la finca y ello aun cuando se les hubiese asignado un uso privativo (AP Soria 16-10-23, EDJ 742890).

5) La posibilidad de que haya situaciones regidas por las normas de la propiedad horizontal sin que haya habido **título constitutivo** al concurrir una situación de facto idéntica o semejante a las tipificadas en la legislación especial de propiedad horizontal, no solo es predicable de los bloques por pisos, sino también de las urbanizaciones. Si se ha dividido por parcelas una finca y se han formado **viales**, no podría sostenerse que con respecto a dichos viales se ejercite una pretensión de cese de la indivisión, como tampoco lo sería para la división de los terrenos puestos al servicio del conjunto, como son las instalaciones deportivas (TS 7-4-03, EDJ 9753; 28-5-09, EDJ 120194; AP Barcelona 11-7-23, EDJ 684806; AP Córdoba 5-5-23, EDJ 692197).

6) Si bien algunas sentencias del Tribunal Supremo, y algunas resoluciones de la DGRN (ahora DGSJFP) exigieron en su momento, para el **reconocimiento de la subcomunidad**, que la misma se contemplase en el título constitutivo y su existencia hubiera tenido acceso al Registro de la Propiedad, lo cierto es que la reforma operada en la Ley de Propiedad Horizontal por L 8/2013 ha incluido una referencia expresa a estas subcomunidades, siendo aplicable dicha ley a las mismas cuando del título constitutivo derive que varios propietarios disponen, para su **uso y disfrute exclusivo**, de determinados elementos o servicios comunes, con independencia funcional o económica -LPH art.2.d- (AP Las Palmas 23-1-23, EDJ 585394).

Denominación La denominación «complejos inmobiliarios» intenta ser superadora de la visión más reduccionista de expresiones como «**propiedad horizontal tumbada**» o «**urbanizaciones privadas**» que se habían acuñado en la doctrina y la jurisprudencia, pero que eran simplemente indicativas de la necesidad de una regulación análoga a la existente en materia de propiedad horizontal si bien respecto de realidades físicas y constructivas que en la práctica podían tener configuraciones diversas. **4609**

La capacidad expansiva de la expresión «complejos inmobiliarios» para ser aplicada a una **diversidad de posibles configuraciones**, incluso en previsión futura de nuevas fórmulas arquitectónicas y urbanísticas, hace que sea defendible que conceptualmente o de forma terminológica pueda ser utilizada como el género capaz de englobar distintas figuras en las que poder hallar la identidad de razón necesaria para la aplicación analógica o la interpretación extensiva del régimen de la propiedad horizontal. A tal fin resulta especialmente reveladora la declaración que efectúa la LPH art.24.4, al referirse a los complejos inmobiliarios privados que no adopten **ninguna de las formas jurídicas previstas** en LPH art.24.2, lo que supone, aun a riesgo de cierta inseguridad jurídica, una puerta abierta o cajón de sastre a entidades físicas y jurídicas, presentes o futuras, que, en defecto de pacto y en forma de una regulación dispositiva o supletoria, requieran de la aplicación del régimen legal de la propiedad horizontal para la adecuada ordenación de los intereses de los titulares vinculados.

En suma, con esta cláusula de cierre se eleva la figura de los complejos inmobiliarios a la **categoría de género** en el que puede darse cabida y albergar configuraciones muy diversas con un nexo común de vinculación a través de unos elementos comunes sometidos a una inseparable copropiedad indivisible y por ello susceptible de encontrar solución a posibles controversias y régimen de funcionamiento en la regulación de la propiedad horizontal.

Precisiones La DGSJFP, no obstante, **diferencia** entre la propiedad horizontal tumbada y los complejos inmobiliarios. Señala, el citado centro directivo, que la esencia de la propiedad horizontal tumbada es que mantiene la **unidad jurídica y funcional** de la finca, al pertenecer el suelo y el vuelo como elementos comunes, sin que haya división o fraccionamiento jurídico del terreno que pueda calificarse como parcelación, no produciéndose alteración de forma, superficie o linderos. Por su parte, el complejo inmobiliario está formado por **parcelas independientes**, en las que existen edificaciones independientes y que comparten como elementos comunes viales y calles (DGSJFP Resol 20-9-21).

Aplicación directa o supletoria La aplicación a los complejos inmobiliarios privados de lo dispuesto en la LPH puede ser directa o supletoria. Esto último depende de lo que acuerden los titulares del complejo. **4610**

a) La aplicación **directa** puede darse a través de dos sistemas distintos:

• Que el complejo inmobiliario privado se constituya como **una sola comunidad** de propietarios a través de cualquiera de los procedimientos establecidos en la LPH art.5, en cuyo caso, queda sometido íntegramente a todos y cada uno de los preceptos de la LPH.

• Que el complejo inmobiliario privado se constituya en una **agrupación de comunidades**, supuesto que presenta particularidades importantes tanto en su forma de constitución como en la aplicación de la LPH.

b) La aplicación **supletoria** tiene lugar cuando, concurriendo los requisitos legales exigidos por la LPH, los titulares del complejo decidan estructurarse de forma distinta, como puede ser una asociación de interés privado, una comunidad de bienes ordinaria, una cooperativa de viviendas, una entidad urbanística de conservación, o incluso configurarse en torno a derechos reales de servidumbre. En estos supuestos prevalecen los pactos que establezcan entre sí los copropietarios y las disposiciones de la LPH se aplican de forma supletoria.

Precisiones **1)** El Tribunal Supremo ha confirmado la aplicabilidad del régimen de la propiedad horizontal con **carácter supletorio** diciendo que es aplicable como establece la LPH art.24.4, con subordinación a los pactos que establezcan entre sí los propietarios, incluso a los complejos inmobiliarios que no adopten ninguna de las formas jurídicas previstas en la LPH art.24.2, siempre que los propietarios ostenten, con carácter inherente a su derecho privativo, una titularidad compartida sobre otros elementos inmobiliarios, viales, instalaciones o servicios (TS 9-6-10, EDJ 145105).

También el Tribunal Supremo ha declarado el **carácter genérico** de los complejos inmobiliarios, para la aplicación del régimen de la propiedad horizontal, con carácter subsidiario al principio de autonomía de la voluntad, si bien sujeto a los límites administrativos y urbanísticos. En la actualidad, la actividad de las urbanizaciones privadas está regida por la LPH art.24, que denomina a dichas urbanizaciones como complejos inmobiliarios privados. Y es precisamente la defensa de los intereses generales y del régimen de propiedad horizontal, lo que autoriza a los propietarios, al amparo del principio de la **autonomía de la voluntad** (CC art.1255), a configurar un **régimen jurídico adaptado** a esa peculiar naturaleza de las urbanizaciones privadas, limitando las facultades dispositivas de sus integrantes mediante la redacción de unos estatutos en los que se disciplinan los derechos y obligaciones de todos ellos, sin contravención alguna que pudiera afectar al contenido del derecho singular que asiste a cada uno, desde el momento en que van dirigidos a asegurar el mejor disfrute de los comuneros, el equilibrio arquitectónico de la urbanización y a evitar un aumento de la densidad de la población en la misma, impidiendo la división o segregación de las parcelas. Estos estatutos tienen una eficacia configuradora absoluta y producen efectos reales entre las partes (TS 28-5-09, EDJ 112086).

2) Sobre la **aplicación supletoria** de la LPH en los casos indicados resultan de interés las siguientes sentencias: AP Sevilla 19-3-04, EDJ 15132; o AP Granada 7-2-14, EDJ 60956.

B. Calificación de un inmueble como complejo inmobiliario privado

4615

4617 **Requisitos** (LPH art.24.1) La Ley expone una serie de exigencias que, con carácter acumulativo, determinan la calificación como complejo inmobiliario privado de un inmueble. Para que sea **aplicable el régimen de la propiedad horizontal**, los complejos inmobiliarios deben cumplir con los siguientes requisitos:
- existencia de una pluralidad de edificaciones, cuyo destino principal sea el de vivienda o local; y
- existencia de una zona común o elementos comunes.

4619 **Pluralidad de edificaciones** Este es un requisito fundamental para la existencia de un complejo inmobiliario privado, además de ser el **elemento básico** que diferencia a estos complejos respecto de otros supuestos de propiedad horizontal.

Se trata de una **pluralidad objetiva**, es decir fáctica, por lo que se excluye el supuesto del edificio único que cuente también con zonas comunes exteriores subordinadas a las fincas registrales que componen el edificio único. La pluralidad exigida es de edificaciones o parcelas, no de fincas.

Además, se exige que estas «dos o más edificaciones, o parcelas» sean **distintas entre sí**, por lo que no puede existir ningún tipo de relación de subordinación o accesoriedad entre unas y otras.

La necesaria independencia de las edificaciones y parcelas no hace referencia a la **proximidad o lejanía** que pueda existir entre unas y otras, sino a la vinculación funcional de los integrantes de los complejos inmobiliarios privados. De esta manera, es completamente factible que se constituya un complejo inmobiliario respecto de inmuebles que no sean contiguos.

Junto a la pluralidad objetiva es necesaria también una **pluralidad subjetiva**, esto es, una pluralidad de sujetos titulares de los elementos privativos que sean copropietarios de las zonas comunes.

Esta pluralidad no es necesaria que se dé en el momento de **otorgamiento del título constitutivo**, que lo puede otorgar un solo propietario. Pero, en tal caso, la aplicación del régimen previsto en la LPH para el complejo queda latente hasta que exista una pluralidad de propietarios, que surgirá, con la venta de las viviendas y locales.

Precisiones 1) Un supuesto que puede presentar dudas sobre si se trata de un complejo inmobiliario o no es el caso en el que exista un solo edificio con varias alas a las que se accede por **portales y escaleras diferentes**. En todo caso, la existencia de salidas independientes denota cierta independencia en cuanto al sistema de distribución de gastos. Si a lo anterior se une la existencia de fincas registrales diferentes la balanza parece inclinarse hacia su calificación como complejo inmobiliario privado.
También plantean problemas de calificación las **casas adosadas** ubicadas en una misma parcela, cuyos únicos elementos comunes son las rampas de acceso a los garajes y los accesos comunes a estos.
En ambos casos, la DGRN se inclina por considerar que estamos también ante un complejo inmobiliario privado (DGRN 16-6-06).
2) El tenor específico de la LPH art.24 ha de prevalecer frente al genérico que se contiene en la LPH art.2, y, por tanto, a de aplicarse a un supuesto en el que se trata de dos **fincas de recreo**, no edificadas ni destinadas a edificarse, pertenecientes no a una sino a varias comunidades de propietarios ya constituidas (AP Madrid 30-09-16, EDJ 206562).

Destino principal Es preciso que el destino principal de las edificaciones o parcelas sea el de vivienda o locales, por lo que el complejo ha de estar destinado a **uso urbano**, incluyéndose tanto la vivienda habitual como las llamadas «segundas residencias». **4620**
Así, si se trata de parcelas, deben ser **edificables**.
Este requisito deja fuera **otras edificaciones** que podrían integrar un conjunto inmobiliario privado, como pueden ser las zonas deportivas, hospitalarias o de servicios públicos.

Existencia de una zona común o elementos comunes subordinados Es necesario que los titulares de las viviendas o locales, que integran los complejos inmobiliarios privados, participen en una **copropiedad indivisible** sobre otros elementos inmobiliarios, viales, instalaciones o servicios, dato que caracteriza a las situaciones de propiedad horizontal. **4622**
La referencia a una zona común subordinada del complejo inmobiliario, formada normalmente por elementos inmobiliarios que se encuentran al aire libre, aunque también existen zonas comunes cubiertas como por ejemplo un club o social o una guardería, implica necesariamente la existencia de una **relación de accesoriedad** de la zona común respecto de las edificaciones o parcelas.
Esto se traduce en una dependencia funcional al momento de realizar la transmisión de la propiedad privativa. Así, cuando se realice la **enajenación de la propiedad privativa** se estará enajenando forzosamente el derecho a la utilización de la zona común.
Los **elementos comunes** pueden ser por naturaleza o por destino, al igual que ocurre en cualquier edificio en régimen de propiedad horizontal. El uso de estos elementos comunes no tiene por qué quedar restringido a los sujetos del conjunto, lo cual es patente cuando el complejo inmobiliario esté formado exclusivamente por locales de negocio, cuyos elementos comunes están destinados a ser disfrutados por personas ajenas al complejo, como son los clientes de aquellos.
En estas realidades resulta fundamental la **delimitación objetiva** que pueda hacerse en el título constitutivo, por cuanto que suelen concurrir elementos comunes de la total mancomunidad con elementos comunes de los subconjuntos o las subcomunidades que la integran, planteándose numerosos conflictos en relación a la naturaleza, titularidad y disposición de estos elementos cuando no están bien definidos (AP Málaga 4-7-23, EDJ 754654).

Precisiones 1) Los elementos comunes pueden ser cosas y derechos (LPH art.3.1.b), pudiendo existir una comunidad sobre derechos diferentes al dominio, bastando la existencia de **servicios generales**. De modo que, basta para la calificación como complejo inmobiliario con la existencia de un régimen de copropiedad o titularidad compartida sobre instalaciones, o servicios inherentes al derecho de propiedad privativa sobre los respectivos inmuebles que conforman el complejo, aunque no se trate de una copropiedad en sentido propio (AP Madrid 10-06-19, EDJ 724867).
2) La existencia de **elementos comunes** tales como inmuebles, viales, instalaciones o servicios **de titularidad compartida** es requisito indispensable para que pueda existir un complejo inmobiliario privado. El hecho de que varias comunidades se agrupen funcionalmente por el motivo que sea, sin que compartan titularidad alguna de elementos comunes hace que pueda hablarse de mancomunidad, pero no de complejo inmobiliario privado al que se le aplique el régimen de la propiedad horizontal (TS 6-7-21, EDJ 624000).
3) El **carácter obligatorio de la cesión para viales**, y la afectación de estos a calles y plazas, comporta respecto de los mismos, y a salvo supuestos excepcionales, como pudieran ser algunas calles interiores, su titularidad pública, y, por ende, el uso común general, y no el uso privativo, acotado, así como que la cesión obligatoria que impone la ley es circunstancia suficiente para legitimar el libre paso por dichos viales, aunque éstos no hayan sido cedidos por el urbanizador y aceptados por el ayuntamiento (AP Málaga 18-06-19, EDJ 756065). No obstante, en tanto en cuanto no se acredite que dichos **elementos han sido recepcionados por las Administraciones públicas**, ni que

hayan sido obligados a ello por resolución dictada en el órgano contencioso, mantendrán su titularidad privativa (AP Guipuzkoa 3-2-21, EDJ 603251).

4623 **4)** La existencia de una **pared medianera** o el hecho de que ambas fincas compartan una bajante de aguas pluviales no es suficiente para la declaración de complejo inmobiliario, ya que son propios de muchos elementos colindantes. La resolución de los conflictos derivado del **mantenimiento de estos elementos singulares** suele realizarse recurriendo al recurso de una comunidad germánica, sin necesidad de constituir el intrincado sistema de relaciones de los complejos inmobiliarios. Por otro lado, para que pueda prosperar la acción declarativa de que un inmueble forma parte de un complejo inmobiliario, sin que exista un acto de constitución del mismo, será necesario que, junto a la citada pretensión, se contenga una propuesta de **distribución de los porcentajes de participación**, incluyendo el concreto porcentaje que corresponde a dicho elemento (AP Bizkaia 27-03-19, EDJ 594347).

5) Debe atenderse a la configuración del **título constitutivo** para verificar si la naturaleza de un elemento lo es común del complejo, o común de alguna de las comunidades que lo integran (AP Madrid 19-5-21, EDJ 705858).

En este sentido, es habitual que se constituyan **distintas comunidades dentro del complejo** con sus elementos comunes y privativos correspondiente a cada uno de los **bloques**, de tal forma que cada bloque constituirá una comunidad en propiedad horizontal que contará con su propio presidente, secretario y administrador, siendo competentes para la gestión y administración de los elementos comunes internos de los respectivos bloques, limpieza u análogos. A su vez, los tres presidentes de cada bloque que integra cada **fase**, constituirán una **comunidad de ámbito superior**, que abordará los acuerdos en todo lo relativo a los elementos comunes propios de cada fase: piscinas, zonas ajardinadas y recreativas, pasos comunes y similares. Así se desprende de la primera hoja de los estatutos del conjunto inmobiliario.

Por último y según dichos estatutos, las cuatro fases integrarán la **comunidad general del conjunto** y su competencia se extenderá a los elementos inmobiliarios, viales, instalaciones y servicios comunes a todo el conjunto y sus acuerdos no podrán menoscabar en ningún caso las facultades que correspondan a los órganos de gobierno de las comunidades bloque integradas (AP Málaga 31-3-21, EDJ 591801).

6) El **subsuelo y el vuelo** de un edificio o unos edificios en propiedad horizontal tumbada o complejo inmobiliario privado (LPH art.24) es elemento común; está fuera de la propiedad privativa de cada copropietario y está fuera del edificio (CC art.396). El propietario adquiere lo que se halla en su **título de adquisición** -escritura pública- que comprende la vivienda y el jardín, no el subsuelo y el vuelo, de tal forma que cualquier alteración del edificio exige la autorización de la comunidad. Así, el excavar en el jardín o elevar un muro, como elemento común que es modificado -subsuelo y vuelo- precisa de la **autorización** de la junta de propietarios de la comunidad -LPH art.17- (TS 18-10-13, EDJ 206246; AP Granada 6-5-21, EDJ 719724).

7) Ver lo que se expone sobre los **conjuntos inmobiliarios de hecho** en el nº 4633 s.

4625 **Constitución** (LS/15 art.26.6; LPH art.24.2 y 4) La constitución y modificación del complejo inmobiliario debe ser **autorizada por la Administración** competente donde se ubique la finca o fincas sobre las que se constituya tal régimen, siendo requisito indispensable para su inscripción, que al título correspondiente se acompañe autorización administrativa o el testimonio notarial de la misma.

Sin embargo, **no es necesaria la autorización** en los siguientes supuestos:

• Cuando el número y características de los elementos privativos resultantes del complejo inmobiliario sean los que resulten de licencia de obras que autorice la construcción de las edificaciones que integren aquel.

• Cuando la modificación del complejo no provoque un incremento del número de elementos privativos.

En lo que concierne al **modelo organizativo** del complejo inmobiliario, corresponde a los interesados optar por uno u otro, que puede estar contemplado en la LPH art.24.2 o no.

Es irrelevante la adopción de un determinado modelo en cuanto a la **calificación de la situación** como complejo inmobiliario, puesto que, si se cumplen los requisitos expuestos (nº 4617), estaremos ante un complejo inmobiliario, aunque este adopte una forma asociativa atípica.

Por lo tanto, el legislador nos ofrece dos **modelos de constitución** de un complejo inmobiliario privado:

a) Constitución en una **comunidad única** de propietarios, siguiendo los procedimientos establecidos en la LPH art.5, por lo que quedarán sometidos íntegramente a la aplicación de la LPH.

b) Constitución en una **agrupación de comunidades** de propietarios. En este caso, el título que constituye esta comunidad deberá ser otorgado por el propietario único del complejo o por los presidentes de todas las comunidades que constituirán la agrupación.

Además, a los complejos inmobiliarios privados que no adopten **ninguna de las formas jurídicas** señaladas les serán aplicables supletoriamente, respecto de los pactos que establezcan entre sí los copropietarios, las disposiciones de la LPH, con las especialidades que se prevén para la agrupación de comunidades (nº 4664 s.).

Por tanto, la LPH art.24 se aplica **directa o supletoriamente** a los complejos inmobiliarios privados, según hayan adoptado los copropietarios su modelo organizativo en uno de estos tres sentidos:
- constituir una comunidad única en régimen general de propiedad horizontal;
- constituir una agrupación de comunidades en régimen particular de propiedad horizontal; o
- utilizar fórmulas diferentes a la regulada en la LPH, de tal manera que esta solo se aplicará supletoriamente.

Precisiones **1)** Hasta la entrada en vigor de la LPH art.24 la jurisprudencia oscilaba entre dos soluciones distintas a la hora de aplicar la LPH a los complejos inmobiliarios privados: **4627**

• La tendencia minoritaria seguía la doctrina de la **propiedad horizontal tumbada**, según la cual el complejo inmobiliario no es el mismo supuesto que el edifico en régimen de propiedad horizontal, pero puede aplicársele por analogía, ya que las semejanzas entre los dos supuestos son muy grandes.

• La tendencia mayoritaria aplicaba directamente el **régimen de propiedad horizontal** a los complejos inmobiliarios, pues bastaba interpretar ampliamente el concepto de elementos comunes dibujado en el CC art.396, o estimar válido el acuerdo por el que se declaraba que la urbanización se sometería al régimen de la LPH.

2) Así, se denominaba «propiedad horizontal tumbada, acostada o plana» a los complejos inmobiliarios que conforman las **urbanizaciones privadas**, que, si bien anteriormente se hallaban huérfanas de una específica regulación legal -lo que desde la reforma operada en la LPH por la L 8/1999, ya no sucede, encontrándose regidas por la LPH art.24- dicha orfandad normativa no pasaba de ser meramente nominal, pues en numerosas ocasiones se ha proclamado la aplicabilidad de la LPH a estos conjuntos inmobiliarios (TS 7-4-03, EDJ 9753; 19-7-06, EDJ 105564).

3) Hasta la reforma de la LPH por L 8/1999, que incorporó los complejos inmobiliarios privados, el Tribunal Supremo se había referido:
- por un lado, a una copropiedad similar a la conocida como propiedad horizontal por la existencia de un derecho de propiedad sobre un conjunto de elementos comunes, de donde se siguió la **aplicación analógica** de la LPH; y
- por otro, a la posible existencia de un **régimen de facto** sin que el título constitutivo sea elemento sustancial para la existencia y funcionamiento de la comunidad, como tampoco lo es la inscripción en el Registro, requisito que igualmente carece de efectos constitutivos, sino simplemente a efectos de publicidad y en cuanto a terceros.

A partir de la reforma, la aplicación de la norma ya no deviene fruto de la analogía, sino del **mandato legal** (TS 9-6-10, EDJ 145105).

4) La DGSJFP se ha pronunciado sobre las **diferencias** que existen entre los complejos inmobiliarios y la propiedad horizontal tumbada. Señala, el citado centro directivo, que la **esencia de la propiedad horizontal tumbada** es que mantiene la unidad jurídica y funcional de la finca, al pertenecer el suelo y el vuelo como elementos comunes, sin que haya división o fraccionamiento jurídico del terreno que pueda calificarse como parcelación, no produciéndose alteración de forma, superficie o linderos. Por su parte, el **complejo inmobiliario** está formado por parcelas independientes, en las que existen edificaciones independientes y que comparten como elementos comunes viales y calles (DGSJFP Resol 20-9-21).

C. Clases de complejos inmobiliarios

4630

Realizada la verificación de que concurren los requisitos para la existencia de un complejo inmobiliario privado, el **modelo organizativo** de este queda en manos de la voluntad de los interesados. **4631**

Precisiones El análisis del **régimen jurídico aplicable** a las urbanizaciones privadas denominadas «complejos inmobiliarios» viene determinado por la aplicación concordante de LPH art.2.c y 24.1, 2 y 4. En primer lugar se establece que la LPH es de aplicación a los complejos inmobiliarios privados, en los términos establecidos en la misma (LPH art.2.c). Específicamente, se contempla la posibilidad de aplicar supletoriamente respecto de los pactos que establezcan entre sí los copropietarios, las disposiciones de la LPH (LPH art.24.4). En síntesis, se consagra lo que ya se venía postulando por vía de integración jurisprudencial para colmar la carencia de una regulación específica de los aspectos jurídico-privados de las urbanizaciones. No obstante se contempla como fuente supletoria, en defecto de pacto entre los distintos copropietarios que la integran, esto es, en **defecto de los acuerdos o convenios** celebrados y aprobados por los propietarios de las distintas parcelas al amparo del CC art.255, ya sean a través de los estatutos, ya lo sean a través de los reglamentos de régimen interior (AP Toledo 2-12-02).

1. Conjuntos inmobiliarios de hecho

(LPH art.24.4)

4632 No es extraña la existencia de complejos inmobiliarios que no disponen de título constitutivo pero que, sin embargo, funcionan de hecho como una propiedad horizontal. Se señalan diversas **razones** por las que se puede producir esta situación. Así, puede suceder que, en el momento de la constitución de estas supracomunidades, no se disponía de una normativa propia sobre complejos inmobiliarios privados; o bien que simplemente se recurrió a otras figuras jurídicas, dejando de lado la constitución formal como propiedad horizontal.

Así, la situación que conlleva la existencia de esta figura es que los titulares de dicho complejo no tengan interés por crear entre ellos una **estructura jurídica especial** que regule o reglamente las relaciones entre ellos en relación con los elementos inmobiliarios comunes, los viales, o los servicios que hacen que exista el complejo como unidad.

Precisiones **1)** Los complejos inmobiliarios que **no adopten formalmente ninguna de las formas jurídicas** señaladas en LPH art.24.2 les serán aplicables, supletoriamente respecto de los pactos que establezcan los copropietarios, las disposiciones de la LPH. Por consiguiente, al igual que se establece para las propiedades horizontales (LPH art.2), es posible la existencia de un **complejo inmobiliario *de facto***, que no haya sido formalmente constituido. La dificultad en estos casos se encuentra en que la **falta de constitución** va a acompañada de la falta de determinación de las cuotas de participación de cada una de las comunidades integradas, lo que dificulta extraordinariamente su funcionamiento. En estos casos, es relevante el funcionamiento histórico que haya tenido el complejo, como precedente de lo acordado por sus integrantes (TS 13-9-21, EDJ 691977).

2) El hecho de que los tribunales apliquen las normas de la LPH a los complejos inmobiliarios de hecho no debe llevar al equívoco de entender que ello excuse la necesidad de que concurran los presupuestos fácticos de dichos complejos y, en especial, la **titularidad compartida** sobre determinados elementos inmobiliarios de utilidad común, viales, instalaciones, o servicios. El hecho de que varias comunidades se agrupen funcionalmente por el motivo que sea, sin que compartan titularidad alguna de elementos comunes tales como inmuebles, viales, instalaciones o servicios, hace que pueda hablarse de **mancomunidad**, pero no de complejo inmobiliario privado al que se le aplique el régimen de la propiedad horizontal (TS 6-7-21, EDJ 624000).

3) El reconocimiento de las situaciones de hecho ha sido producto de una obviedad, pues cuando se ha constituido una **situación de facto idéntica o semejante** a las tipificadas en la legislación de propiedad horizontal, no puede dejar de aplicarse esa legislación. Ello no es predicable solo de los bloques de pisos, sino también de las **urbanizaciones**. Si se ha dividido en parcelas independientes una finca y se han formado viales, no podría sostenerse que respecto a esos **viales** pudiese ejercitarse una pretensión de cese en la indivisión. Tampoco sería procedente respecto de otros terrenos puestos al servicio del conjunto, por ejemplo, para instalaciones recreativas o deportivas, como ocurre en el presente caso. Los terrenos, en principio segregables del conjunto, pero destinados a **instalaciones de uso común**, constituyen en realidad elementos comunes accidentales o por destino afectados al uso común por voluntad de los propietarios y que en principio pueden quedar desafectados para de esa utilización conjunta, pero siempre conforme a las normas jurídicas aplicables a este régimen de propiedad (AP Madrid 28-6-21, EDJ 687546).

4) Siendo la ley de propiedad horizontal una norma de derecho necesario (CC art.396 último párrafo) debe regir con independencia de la efectiva existencia y eficacia del título constitutivo. Y ello porque la **falta de otorgamiento de título constitutivo** de la propiedad horizontal, o la **falta de inscripción** en el Registro de la Propiedad no permite ignorar la Ley, cuando ciertamente, como en el caso de autos, se tiene que conocer necesariamente por la mera lectura de la escritura de compra e inscripción registral, que existen elementos comunes cuya existencia, no cabe obviar, y la aplicación a complejos inmobiliarios o propiedad tumbada, de forma supletoria y analógica, ante la insuficiencia de las disposiciones de derecho común (CC art.392, de la normativa contenida en la Ley de Propiedad Horizontal, venía siendo admitida jurisprudencialmente, aún antes de establecerse que también será de aplicación a las comunidades que reúnan los requisitos establecidos en el CC art.396 y no hayan otorgado el título constitutivo -LPH art.2- (AP Madrid 30-4-21, EDJ 651651).

5) Uno de los supuestos en los que los tribunales han entendido que concurre la situación de complejo inmobiliario de hecho es el de cuando varias fincas independientes comparten un **aparcamiento subterráneo común**, constituido a base del establecimiento de servidumbres recíprocas, situación a las que consideran de aplicación las normas de la LPH (TS 29-4-15, EDJ 69363; AP Jaén 25-3-21, EDJ 589923).

4633 **Constitución** Ha sido la jurisprudencia la que ha venido estableciendo determinados criterios o requisitos que permiten calificar una situación de conjunto inmobiliario de hecho:

a) De una parte, es necesario que exista una **voluntad constitutiva**, aunque no se haya manifestado formalmente. Esto se debe a que el principio de autonomía de la voluntad rige enteramente en cuanto a la constitución de urbanizaciones privadas.

Esta voluntad puede haberse manifestado a través de diversos **actos jurídicos** realizados por los integrantes del conjunto inmobiliario de hecho, como puede ser la constitución de un libro de actas común entre varios edificios.

El recurso más usado por la jurisprudencia para aplicar la LPH a estas urbanizaciones de hecho es el de la **doctrina de los actos propios**. Así, se dispone que las escrituras de compraventa de las viviendas, en las que se establece de cargo del comprador determinados gastos del conjunto a partir del otorgamiento de la escritura notarial, supone un reconocimiento previo por parte del comprador (AP Granada 22-12-04, EDJ 239566). También se deduce la vigencia de hecho de una urbanización privada si existen acuerdos o convenios urbanísticos con el ayuntamiento, aunque los que firmaron dichos acuerdos o convenios nieguen su existencia (AP Toledo 2-12-02).

b) Por otra parte, otro de los presupuestos básicos para que exista un complejo inmobiliario privado de hecho es que existan **elementos comunes** a todos sus integrantes.

Precisiones **1)** En principio, para que exista comunidad de propietarios, se exige que se haya otorgado el oportuno **título constitutivo** de forma unánime por todos los propietarios (LPH art.5), exigencia que también se aplica a los complejos inmobiliarios (LPH art.24.2.a). **4634**

No obstante, aun **no existiendo título constitutivo**, ello no significa que no pueda existir un conjunto inmobiliario en régimen de comunidad de propietarios sometido a la LPH, pues esta también es de aplicación a las comunidades que reúnan los requisitos establecidos en el CC art.396 y no hayan otorgado el título constitutivo (LPH art.2.b).

Lo esencial para que estemos ante una verdadera comunidad de propietarios es que se den los presupuestos de la misma, que son, básicamente, que en el edificio o en el complejo inmobiliario existan unos **elementos privativos** y unos **elementos o servicios comunes** o, más técnicamente, que cada propietario tenga un derecho de propiedad separado sobre su piso o parcela, que lleva de forma inherente un derecho de copropiedad sobre una serie de elementos o servicios comunes (CC art.396). Para que este régimen especial de propiedad sea aplicable a los complejos inmobiliarios se exige que estén integrados por dos o más edificaciones o parcelas independientes entre sí, y además que los titulares de estos inmuebles participen en una **copropiedad indivisible** sobre otros elementos inmobiliarios, viales, instalaciones o servicios (LPH art.24.1). La existencia de elementos o servicios comunes es el **requisito decisivo** del que no se puede prescindir, ya que es lo que hace que estemos ante una propiedad con peculiaridades sometida a un régimen especial, por la necesidad de poner de acuerdo a un conjunto de propietarios de administrar un acervo común y de sufragar los gastos de su mantenimiento por todos (AP Madrid 27-11-06, EDJ 385810; AP Málaga 25-6-12, EDJ 215889; AP Madrid 23-10-15, EDJ 212205).

2) Cuando se ha constituido una situación *de facto* idéntica o semejante a las tipificadas en la legislación de propiedad horizontal, no puede dejar de aplicarse esa legislación. Ello no es predicable solo de los bloques de pisos, sino también de las **urbanizaciones**. Si se ha dividido en parcelas independientes una finca y se han formado **viales**, no podría sostenerse que respecto a esos viales pudiese ejercitarse una pretensión de cese en la indivisión. Tampoco sería procedente respecto de otros terrenos puestos al servicio del conjunto, por ejemplo, para instalaciones recreativas o deportivas, como ocurre en el presente caso. Los terrenos, en principio segregables del conjunto, pero destinados a **instalaciones de uso común**, constituyen en realidad elementos comunes accidentales o por destino afectados al uso común por voluntad de los propietarios y que en principio pueden quedar desafectados para de esa utilización conjunta, pero siempre conforme a las normas jurídicas aplicables a este régimen de propiedad (TS 21-1-20, EDJ 505278).

3) Uno de los supuestos habituales de complejos inmobiliarios de hecho son los representados por los inmuebles independientes que en las plantas sótanos se encuentran comunicados constituyendo funcionalmente un **único aparcamiento**. Estos supuestos, que en muchas ocasiones se configuraron originalmente a través de la constitución de múltiples servidumbres recíprocas entres las fincas independientes, se organizan de facto muy habitualmente como una comunidad de propietarios, sin que sea óbice para ello el hecho de que los propietarios de una plaza de parking ubicada en una finca, no sean propietarios de parte de las zonas de paso y maniobra ubicada en las otras fincas. Ya se prevé la posibilidad de que no se haya formalizado la **constitución formal** de la comunidad de propietarios (LPH art.24). En estos casos se establece en la misma que la LPH será de aplicación supletoria, respecto de los pactos que se establezcan entre los particulares (TS 29-4-15, EDJ 69363; AP Burgos 11-6-19 EDJ 651906).

4) La **voluntad constante** manifestada mediante el pago de las cuotas, la asistencia a las juntas convocadas y la ausencia de impugnación de los acuerdos, son factores determinantes para estimar la existencia de un complejo inmobiliario de hecho. Solo la unanimidad de la comunidad resultante puede permitir una desvinculación o exclusión de una de las parcelas (AP Cantabria 30-04-19, EDJ 708815).

5) La recepción por el ayuntamiento de los **viales del complejo inmobiliario** no obsta la pervivencia de una propiedad horizontal compleja, aunque sea *de facto*, si perviven elementos, servicios o instalaciones comunes, admitiéndose la propiedad horizontal de hecho en su modalidad de comunidad funcional. Basta, pues, con la existencia de **servicios comunes**, como puede ser el de seguridad, el de conserjería, el de mantenimiento, aunque no se trate de una copropiedad en sentido propio. La **integración** en el complejo inmobiliario se presume respecto de todos aquellos que reciben la comunicación de los acuerdos de contratación de los servicios y pagan las cuotas correspondientes sin protesta (AP Madrid 24-04-19, EDJ 659054).

4635 **Régimen aplicable** (LPH art.24.4) La Ley se remite para la ordenación de estos complejos a las normas de la LPH, con las **especialidades** establecidas en el apartado relativo a las normas de funcionamiento de la junta de propietarios de la agrupación de comunidades -nº 4664- (LPH art.24.3).
Estos complejos inmobiliarios o urbanizaciones privadas, que no se autorregulan de acuerdo con la LPH art.24, podrán crear entidades urbanísticas, más concretamente **entidades urbanísticas de conservación**. Pero este tipo de entidades son entidades de Derecho público independientes del complejo inmobiliario, como organización privada que se pueda establecer o no, entre los propietarios o edificio del complejo inmobiliario. Es decir, tanto si hay título constitutivo del complejo, como si no lo hay, los particulares y la Administración actuante podrán crear la entidad urbanística colaboradora adecuada.

Precisiones **1)** La L 8/2013 persigue objetivo de aplicar el régimen de la propiedad horizontal a las entidades urbanísticas de conservación en los casos en los que así se disponga en sus estatutos (LPH art.2). Ello ha generado dudas sobre si la **reclamaciones de cuotas** relativas a estas entidades pueden llevarse a cabo a través de la jurisdicción civil. Los tribunales han concluido que la remisión a las normas de la propiedad horizontal no pueden entenderse como que la **competente** para el conocimiento sea la jurisdicción civil, ya que lo es la jurisdicción contencioso-administrativa, puesto que la entidad urbanística de conservación tiene la condición de **entidad de derecho público** sujeta a control del ayuntamiento (TS 15-7-14, EDJ 123846; AP Murcia 5-7-22, EDJ 685591; AP Toledo 21-6-23, EDJ 674061).

2) En el caso de que una entidad urbanística de conservación se **disuelva** y los vecinos integrantes de la misma decidan constituirse en **macomunidad de propietarios**, nos encontraremos ante un complejo inmobiliario que quedará sujeto al régimen de propiedad horizontal, atribuyéndose el conocimiento de los conflictos relativos a la reclamación de cuotas derivadas de gastos comunes al orden jurisdiccional civil (AP Málaga 14-6-23, EDJ 693741).

3) El régimen de **adopción de acuerdos** seguirá lo dispuesto en LPH art.10 y 17 (nº 2903 s.). En relación con este tema, los acuerdos que se 5adopten en el complejo deben reflejar o permitir determinar de forma inequívoca los propietarios que **votaron a favor y en contra** del acuerdo, ya que de lo contrario deviene imposible concretar el resultado de la votación tanto en lo referente al criterio de los propietarios, como en lo correspondiente a las cuotas de participación (TS 13-9-21, EDJ 691977).

4) La **competencia** de la comunidad del complejo se extiende a los elementos inmobiliarios, viales, instalaciones y servicios comunes, sin menoscabar las facultades que corresponde de las comunidades de propietarios integradas en el mismo.
La constitución del **servicio de conserjería o vigilancia** se encuentra sujeto a las mayorías de LPH art.17.3, ya que el citado precepto recoge una enumeración abierta que se extiende a todos los servicios comunes que ofrezcan un interés general a los comuneros. En estos casos se computará como favorable el **voto** de aquellos propietarios que ausentes de la junta, debidamente citados, una vez informados del acuerdo adoptado, no manifiesten su discrepancia mediante comunicación a quien ejerza las funciones de secretario en el plazo de 30 días naturales, por cualquier medio que deje constancia de su recepción -LPH art.17.8- (AP Madrid 24-04-19, EDJ 659054).

5) En cuanto a la **legitimación** para defender los intereses de la mancomunidad, señalan los tribunales que a coexistencia de dos tipos de comunidades entrelazadas: la propia y exclusiva de cada edificio con pluralidad de viviendas y la de la urbanización o supracomunidad, cada una con sus propios cometidos comunitarios, pero sometidas, en cuanto a su constitución y funcionamiento, con carácter supletorio, a la Ley de Propiedad Horizontal de 21-7-1960, sin que exista inconveniente legal en admitir que la defensa de los intereses comunitarios que extravasaran los propios de cada edificio fueran asumidas por la **comunidad de la urbanización**, como encargada de gestionar y administrar los elementos comunes generales de la mancomunidad (AP Jaen 24-3-21, EDJ 589319).

6) La **proximidad de funciones** que existe entre las entidades urbanísticas de conservación de ámbito jurídico público y los complejos inmobiliarios de ámbito privado, genera no pocas dudas jurídicas a las que han tenido que dar respuesta nuestros tribunales, como la del **orden jurisdiccional competente** para reclamar las cuotas de gastos cuando se impugnó la constitución de la entidad urbanística de conservación y los propietarios decidieron acogerse al régimen de la propiedad horizontal; o el de si el ayuntamiento puede **oponerse al pago de la contribución** que le corresponde por sus entidades al no estar inscrita la mancomunidad en el Registro de Entidades Urbanísticas Colaboradoras.
La respuesta se encuentra en las **concretas circunstancias concurrentes en cada caso**, siendo que, en ocasiones, se ha estimado que efectivamente se estaba en sede jurídico pública y en otras en el ámbito estrictamente privado, aunque participe la entidad local (AP Málaga 14-6-23, EDJ 693741).

4637 **Contribución a los gastos comunes** Por lo que respecta a las **cuotas de participación** en la propiedad y en los gastos comunes, la jurisprudencia da pinceladas, pero no una posible solución. Se tiende a la condena al pago, ya que, si no, podría producirse un enriquecimiento injustificado del demandado a costa de los demás propietarios, cosa que provocaría una grave distorsión en el funcionamiento de la comunidad.

La jurisprudencia ha señalado que los copropietarios han de contribuir en **proporción a su titularidad** individual, pero, al no haber una división por cuotas, ha de estarse a los pactos establecidos por la junta de propietarios y al propio funcionamiento de la comunidad a lo largo del tiempo.
Así, para **modificar el reparto de gastos** establecido es preciso probar que el sistema es injusto, desproporcionado o que se contribuye en un porcentaje superior al del disfrute de los elementos privativos o comunes. En este sentido, se ha considerado que no cabe modificar el sistema comunitario de cobro de cuotas cuando no se ha impugnado explícitamente ese modo de contribuir durante 10 años (AP Zaragoza 9-10-03, EDJ 136002).

Precisiones **1)** Los integrantes de un complejo inmobiliario tienen también la obligación de contribuir a la constitución de un **fondo de reserva** para atender la conservación y reparación de los elementos, servicios o instalaciones comunes. Se trata de un fondo cuya dotación quedará a disposición de la comunidad (AP Baleares 23-04-19, EDJ 603007).
2) La mancomunidad es soberana para determinar el **sistema de reparto de los gastos comunes**, sin que resulte imperativo el sistema de reparto conforme a cuotas de participación -LPH art.9.1.e- (AP Madrid 12-7-21, EDJ 725259).

2. Comunidad de propietarios única en régimen de propiedad horizontal

(LPH art.24.2.a)

Los propietarios que formen parte de un complejo inmobiliario privado pueden constituir **una sola comunidad**, a través de los procedimientos establecidos en la LPH art.5. Este supuesto es el generalmente utilizado por las urbanizaciones residenciales privadas y se suele denominar **propiedad horizontal tumbada**. **4640**
Una vez que se establezca esta comunidad, le será de aplicación la LPH íntegramente.
Nos encontramos ante titulares del complejo inmobiliario que creen que sus intereses, en relación con los elementos comunes que forman parte del complejo, deben regularse en los mismos términos que si se tratara de un **único edificio**, puesto que no existe una diferencia sustancial entre la situación de hecho del complejo inmobiliario concreto y un edificio normal con sus elementos comunes.
Para que los complejos inmobiliarios opten por esta alternativa será preciso que estén estructurados como una **única finca registral** y, si están compuestos por varias fincas, será preciso que se agrupen, ya que la Ley prevé que se constituyan como una sola comunidad de propietarios, y no como varias comunidades sometidas a reglas de relación.

Constitución (LPH art.24.2.a) Para su constitución puede seguirse cualquiera de los siguientes **procedimientos** (LPH art.5 párr 2º): **4642**
- título constitutivo otorgado por el propietario único del edificio o por acuerdo de todos los propietarios existentes;
- laudo arbitral; o
- resolución judicial.

Para que se entienda establecida una comunidad de propietarios única, es necesario que los interesados así lo determinen en el correspondiente título, mediante **acuerdo unánime** de todos los propietarios. Así, el veto de un propietario impide la adopción de este modelo, a diferencia de lo que sucede en la agrupación de comunidades donde se requiere acuerdo de los presidentes de las comunidades integrantes y no de los propietarios, aunque aquellos deberán ser elegidos por mayoría en las juntas de propietarios de cada comunidad.
El **otorgamiento del título** tiene carácter constitutivo.

Precisiones Sobre la **constitución formal** de la propiedad horizontal, ver nº 252. Si bien son aplicables las reglas examinadas en relación con el contenido del título constitutivo (nº 290 s.), es de destacar la importancia de poner especial cuidado en la **configuración del título** de los complejos inmobiliarios, delimitando el ámbito propio de cada parcela privativa y las posibles comunidades que en ellas puedan existir del ámbito de los servicios y elementos generales de la comunidad. Dicha delimitación resulta fundamental para resolver posteriormente aspectos tales como la **legitimación ad causam** de los procesos en función de su objeto.
En relación a las **cuotas de participación** a asignar a cada uno de los integrantes del complejo, debe tenerse en cuenta que en el caso de que alguna de esas fincas esté a su vez dividida horizontalmente, las entidades contarán con una doble cuota: la del complejo y la de la propiedad horizontal concreta en la que se ubique su entidad. Para la **modificación** de las cuotas de participación será necesario el consentimiento unánime de los propietarios, ya que representan una modificación del título constitutivo (AP Almería 5-11-19, EDJ 811009).
Una vez constituida inicialmente como una única comunidad, nada impide que los propietarios puedan acordar por unanimidad la constitución y funcionamiento independiente de subcomunidades (AP Bizkaia 12-06-19, EDJ 674843).

4644 **Régimen aplicable** (LPH art.24.2.a) Respecto al régimen aplicable, este modelo organizativo queda sometido a las disposiciones de la LPH, que le resultarán íntegramente de aplicación. En lo que concierne a la **organización**, los cargos son los previstos por la LPH (nº 1800), si bien dadas las dimensiones que tienen en ocasiones este tipo de complejos es aconsejable que junto al presidente, vicepresidente, secretario y administrador se creen otros **órganos de apoyo** a estos, o, incluso, subcomunidades dentro del complejo (supuesto expresamente admitido por LPH art.2.d).

4645 Precisiones **1)** La especial complejidad de estos supuestos obliga a prestar especial atención a la **configuración del régimen**, ya que pueden existir elementos que sean comunes de varias fincas, pero no de todo el complejo inmobiliario. En estos casos no será necesaria la existencia de una cláusula estatutaria concreta que exima al resto de propietarios de contribuir a los gastos derivados de esos elementos, ya que resulta lógico que los gastos sean soportados únicamente por quienes son comuneros respecto de dicho elemento (TS 2-3-20, EDJ 512871).

2) Las comunidades de propietarios carecen de personalidad jurídica, no obstante lo cual tienen **capacidad de actuación procesal** (LEC art.6.1 regla 5ª) y deben actuar por medio de su presidente (LEC art.7.5), que es la persona a quien la ley específicamente atribuye la representación de tal entidad sin personalidad. Tales normas son también de aplicación en el caso de **subcomunidades** o comunidades de edificios o partes de ellos integradas en un complejo urbanístico, debiendo reconocerles por tanto capacidad para ser parte y procesal en el ámbito de sus competencias (AP Cantabria 23-11-18, EDJ 651330). En relación con la **legitimación del presidente** para actuar judicialmente en nombre de la comunidad, la necesidad de que obtenga la autorización de la junta con carácter previo al inicio de actuaciones judiciales y la innecesearidad de obtener dicho presupuesto previo cuando de lo que se trata es de defenderse frente a la demanda interpuesta frente a la comunidad (AP Navarra 29-5-23, EDJ 631225).

3) Cuando una comunidad general no ha actuado de facto en momento alguno, sino que lo han hecho de forma separada las diferentes subcomunidades del complejo inmobiliario, se admite la **legitimación activa de la subcomunidad** para la defensa de los elementos comunes, aplicándosele la teoría jurisprudencial de que cada propietario, pese a la representación orgánica de la comunidad que ostenta el presidente, está legitimado para actuar en defensa de sus derechos en los casos de pasividad en incluso de oposición a la comunidad (AP Madrid 16-9-19, EDJ 709554).

4) El régimen de **reparto de los gastos** entre los propietarios, así como el **sistema de reclamación**, incluso a través del procedimiento monitorio especial (LPH art.21) es el mismo que el observado para el régimen general de la propiedad horizontal (AP Málaga 22-10-19, EDJ 818555; AP Cádiz auto 18-9-19, EDJ 754632).

5) El **sistema de distribución de los gastos generales** que, en principio, ha de tener por base la cuota de participación fijada en el título de constitución en régimen de propiedad horizontal, puede ser modificado por medio de los estatutos, siendo que la interpretación de los estatutos puede venir determinada por la aplicación práctica que de los mismos se ha venido efectuando a lo largo del tiempo (AP Bizkaia 26-9-19, EDJ 757225). El régimen de distribución de gastos fijado en los estatutos puede ser **modificado**, pero habrá de serlo mediante la adopción de un acuerdo unánime de todos los propietarios, tal y como se establece en LPH art.17.6 (AP Alicante 20-03-19, EDJ 624019).

4646 **6)** En cuanto al sistema de **responsabilidad** de los propietarios respecto de las deudas contraídas por la comunidad, se sigue el mismo sistema que en la propiedad horizontal, esto es, responden de forma subsidiaria y en el porcentaje correspondiente a su cuota o coeficiente de participación.

Para que esto sea posible se requiere que:

- que **no existan fondos y créditos** a favor de la comunidad, o que los mismos sean insuficientes para cubrir la total deuda (beneficio de excusión a favor de los propietarios); y
- que dicho propietario haya sido **parte en el proceso** correspondiente.

Este segundo requisito puede cumplirse demandando al propietario en la misma demanda presentada contra la comunidad, o interponiendo una posterior demanda declarativa, una vez la comunidad resulta insolvente (AP Valencia 22-03-19, EDJ 568117).

7) Es relevante la sentencia de referencia en relación con el **nombramiento y cese** del administrador de complejo y la posibilidad de incluir cláusulas que permitan la rescisión del cargo en cualquier mes del año (AP Huesca 9-6-21, EDJ 665824).

8) Sobre la posibilidad de incluir en los estatutos **cláusulas que excluyan de la contribución a los gastos comunes** del complejo en tanto no se construya la parcela, ver AP Almería 12-1-21, EDJ 715661.

9) Tras la reforma de la L 8/2013, lo único que se requiere para el reconocimiento de las **subcomunidades** es que el título constitutivo las contemple y hayan accedido al Registro de la Propiedad (AP Las Palmas 30-6-23, EDJ 752054).

10) En régimen de **gastos comunes**, se aplican igualmente las garantías de la preferencia de los créditos y de la afección real de la entidad privativa previstas en LPH art.9 (AP Madrid 13-4-23, EDJ 583355).

3. Agrupación de comunidades

(LPH art.24.2.b y 3)

Esta figura se fundamenta en la existencia de una **pluralidad de comunidades**, con sus correspondientes órganos de gobierno que se unen para crear una agrupación, es decir una supracomunidad, que también dispondrá de sus propios órganos de gestión y gobierno. **4651**
La **finalidad** de estas agrupaciones no es la de sustituir a las comunidades que las integran, sino exclusivamente la de gestionar, administrar y mantener los elementos comunes que las unen. Así, las comunidades integradas mantienen su identidad propia.
En este modelo, **cada edificio** que formará parte de la agrupación de comunidades ha de estar constituido en propiedad horizontal.
No se señala un número mínimo, así que al tratarse de una **pluralidad de comunidades** se entiende que deberá ser más de una.
Al igual que las comunidades ordinarias, esta agrupación de comunidades tampoco tiene **personalidad jurídica**, aunque sí puede actuar en el tráfico jurídico e incluso ante los tribunales. De esta manera, la Ley prevé la posibilidad de que la agrupación actúe judicialmente contra alguna de las comunidades integrantes que se resista a pagar la cuota de participación asignada.

Constitución (LPH art.24.2.b) La agrupación de comunidades se ha de constituir mediante el correspondiente **título constitutivo**, que ha de cumplir con las siguientes exigencias: **4652**

Personas que deben otorgar el título Pueden otorgar el título: **4654**
- el **propietario único** del complejo; o
- los presidentes de todas las **comunidades** integrantes, previamente autorizados por sus respectivas juntas de propietarios.

Lo usual es que lo otorgue el primero. No obstante, si no lo hubiese hecho, o si se trata de complejos anteriores a la reforma legislativa y los propietarios desean adoptar esta fórmula organizativa, deben de ser las comunidades integrantes quienes otorguen el título, a través de sus presidentes.
En el caso de que se constituya mediante propietario único, este deberá de constituir tantas **comunidades** como estime oportuno y agruparlas en la **mancomunidad**, estando legitimado para el otorgamiento del título constitutivo.
No obstante, si existiese **otro propietario**, por minoritario que sea, se necesitará su consentimiento para la constitución de esta forma jurídica, puesto que es necesaria la unanimidad. No basta con que se trate de meros compradores, sino que se ha de haber consumado la transmisión para considerarlos propietarios.

Por otro lado, si el título es **otorgado por las comunidades integrantes** se habrá de acordar en junta de propietarios, compuesta por los presidentes de cada comunidad integrante, por mayoría. Así, el acuerdo de los presidentes debe ser unánime; sin embargo, el acuerdo que habilita al presidente de cada una de las juntas de propietarios, para que concurra a la constitución de la agrupación de comunidades, basta con que sea mayoritario. **4655**
Los **presidentes** son los otorgantes del título constitutivo, por ministerio de la Ley, es decir, las juntas de propietarios de las comunidades no pueden designar a otra persona para que otorgue el título constitutivo, ni siquiera en el caso de que los representantes de las comunidades en la agrupación no vayan a ser los presidentes, sino otras personas designadas ad hoc.
Además, se exige que la **autorización** a los presidentes de las comunidades integradas en la supracomunidad sea previa al otorgamiento del título constitutivo de esta.
En cuanto a la **mayoría necesaria** para lograr el acuerdo de integración de la comunidad en la agrupación, la Ley no habla más que de «acuerdo mayoritario», por lo que se entiende aplicable lo dispuesto sobre la adopción de acuerdos (LPH art.17 redacc RDL 8/2023), en la medida en que se trata de un acuerdo de la junta de propietarios.
Finalmente, el **documento notarial** se otorgará, en concreto, por los respectivos presidentes, en la representación que ostenten. Para esto, todas las comunidades existentes en el complejo han de asentir, de modo que basta con que una se oponga a constituir la agrupación para que esta no pueda existir.

4656 Precisiones 1) La constitución de las mancomunidades o complejos inmobiliarios con anterioridad a la reforma por L 8/1999 no exigía el mismo formalismo que se prevé actualmente en LPH art.24, ni mucho menos exigía otorgamiento de escritura pública ni inscripción registral. Resulta suficiente con la **asistencia de todos los propietarios** de las comunidades llamadas a integrarse, así como la determinación de los elementos comunes de la mancomunidad y la fijación del sistema de distribución a los gastos (AP Madrid 12-7-21, EDJ 725259).
A tal efecto, se requerirá que el **título constitutivo de la nueva comunidad agrupada** sea otorgado por el propietario único del complejo o por los presidentes de todas las comunidades llamadas a integrar aquella, previamente autorizadas por acuerdo mayoritario de sus respectivas juntas de propietarios. El título constitutivo contendrá la descripción del complejo inmobiliario en su conjunto y de los elementos, viales, instalaciones y servicios comunes. Asimismo, fijará la **cuota de participación** de cada una de las comunidades integradas, las cuales responderán conjuntamente de su obligación de contribuir al sostenimiento de los gastos generales de la comunidad agrupada. El título y los estatutos de la comunidad agrupada serán **inscribibles** en el Registro de la Propiedad (TS 6-7-21, EDJ 624000).
2) En alguna ocasión, el **origen de la mancomunidad** se produce por la constitución sobrevenida de subcomunidades independientes que funcionan de forma autónoma para las cuestiones que les afectan y agrupadas en las cuestiones comunes, casos en los que debe aceptarse una cierta flexibilidad (AP Alicante 27-3-23, EDJ 632982).
3) En ocasiones se ha admitido la constitución de una agrupación de comunidades para el establecimiento del servicio general común de **suministro de calefacción y agua caliente sanitaria** (AP Gipuzkoa 1-2-21, EDJ 603315).
4) El **régimen de cargos de gobierno** es el mismo que el general de la propiedad horizontal, aplicándose, igualmente, la obligación de que el presidente reúna la condición de propietario un elemento privativo, so pena de nulidad de pleno derecho del nombramiento en cuestión (AP Málaga 5-6-23, EDJ 693845).

4657 **Contenido** (LPH art.24.2.b) El título constitutivo debe contener la **descripción** del complejo inmobiliario en su conjunto, la de las comunidades que la integran y la de los elementos, viales, instalaciones y servicios comunes que forman parte de esta. Además, se fijará la **cuota de participación** de cada una de las comunidades integradas:
a) La **descripción del complejo inmobiliario** en su totalidad exige, no solo una descripción física sino también la delineación de la vinculación funcional existente entre esas comunidades que manifiestan su deseo de integrarse en una supracomunidad; puesto que en esto último se haya el fundamento de la agrupación.
La descripción de los **elementos, viales, instalaciones y servicios comunes** y de su cotitularidad indivisible, es lo que permite entender la existencia de un determinado complejo inmobiliario.
b) Por lo que respecta a la **cuota de participación**, su fijación en el título constitutivo tiene una importancia fundamental en la configuración de los complejos inmobiliarios privados en cuanto se basa en señalar el porcentaje de participación de cada comunidad en la toma de decisiones y en la contribución a los gastos, sin perjuicio de que pueda determinar también la participación de cada comunidad en los elementos comunes.
No obstante, la mayor finalidad de la cuota es el poder hacer frente a los **gastos comunes** del complejo, esto es, el mantenimiento de los elementos, instalaciones y servicios generales de la agrupación de comunidades. La cuota se integrará en el presupuesto ordinario de las comunidades integrantes que será cubierto por los propietarios en función de la cuota que corresponda a cada uno en su propia comunidad, salvo que los estatutos dispongan otra cosa.
Para la **determinación** de esta cuota deberán tenerse en cuenta los criterios señalados como base en la LPH art.5, como la superficie útil de cada comunidad en relación con el total del inmueble, su emplazamiento interior o exterior, su situación, o el uso que se presuma racionalmente que va a efectuarse de los servicios o elementos comunes.

4659 Normalmente, en este tipo de complejos inmobiliarios privados, se pacta un **reparto igualitario de la titularidad** en cuanto a los elementos o instalaciones comunes, con independencia de la superficie de cada parcela o edificio. De esta manera, se admite claramente la prevalencia del principio de autonomía de la voluntad.
A este respecto, es necesario recordar la importancia que doctrina y jurisprudencia conceden a los **pactos entre las partes**. Según la LPH art.9.5, la contribución a los gastos generales del inmueble estará determinada, bien con arreglo a la cuota de participación fijada en el título constitutivo de la propiedad horizontal, bien en virtud del **convenio expreso** establecido al respecto por los interesados. Este pacto es preferencial a cualquier otro criterio de determinación de la contribución. En esta materia debe respetarse siempre el pacto o norma voluntaria de contribución, puesto que, atendiendo al carácter privado de las relaciones existentes entre los condueños, debe prevalecer el principio de autonomía contractual.

Además, las comunidades agrupadas **responderán conjuntamente** de su obligación de contribuir al sostenimiento de los gastos generales de la comunidad agrupada. Así, cada comunidad está comprometida a pagar lo que proporcionalmente le corresponda, sin que pueda excusarse en que uno de sus comuneros no ha satisfecho sus respectivas aportaciones. Solo se admite una excepción: no debe contribuir al gasto general consistente en satisfacer los gastos especiales la comunidad integrada **disidente de un acuerdo**, que vence en un juicio a la agrupación de comunidades.

c) El **sujeto pasivo de la obligación de contribuir** no es cada uno de los propietarios sino cada una de las comunidades que integran la agrupación de comunidades. Además, al establecer que las comunidades agrupadas han de responder conjuntamente de su obligación de contribuir, parece que se quiere indicar que, ante un **requerimiento de pago** a cada una de las comunidades, solo se le podrá reclamar su cuota parte, sin que pueda existir una responsabilidad solidaria por las cantidades no satisfechas por cada una de las comunidades, y si el acreedor de la agrupación de comunidades ejercita la acción subsidiaria (LPH art.22), solo podrá exigir a cada comunidad su cuota vencida y no satisfecha, pero no la de las demás comunidades. **4660**

También, es preciso señalar que la **asunción parcial** por alguna de las comunidades integradas, de **gastos correspondientes a la agrupación**, no la exonera de la contribución conforme a su cuota de participación en los gastos generales.

Precisiones No se ha permitido la **reducción en la aportación** de los gastos generales, a una comunidad, por el hecho de que habían sido contratados por ella los servicios de limpieza, jardinería y administración (AP Málaga 13-5-98, EDJ 24413).

Régimen aplicable (LPH art.24.3) Respecto al régimen de la supracomunidad constituida, se establece que su situación jurídica, a todos los efectos, será la misma que la de las comunidades de propietarios, y se regirá por las disposiciones de la LPH, si bien sujeta a una serie de **especialidades**: **4664**

- su **composición** por los presidentes de las comunidades integradas en la agrupación;
- la exigencia de la obtención de las **mayorías cualificadas** exigidas en cada caso en cada una de las juntas de propietarios que integran la agrupación;
- la exención de la aplicación de LPH art.9 sobre el **fondo de reserva**; y
- la limitación de la **competencia de los órganos de gobierno** de la comunidad agrupada únicamente a los elementos inmobiliarios, viales, instalaciones y servicios comunes.

No se excluye, sin embargo, el régimen común de **contribución a los gastos generales**, con arreglo a la cuota de participación fijada en el título o lo especialmente establecido. Esos gastos son los necesarios para el adecuado sostenimiento del inmueble, sus servicios, cargas y responsabilidades que no sean susceptibles de individualización (TS 6-7-21, EDJ 624000).

Precisiones Es significativa la sentencia de referencia sobre la aplicación a los complejos inmobiliarios del régimen de prohibición de alteración de elementos comunes, **incumplimiento de estatutos**, así como de la aplicación de las mismas consideraciones expuestas por los tribunales en cuanto a la **doctrina de los actos propios**, y la valoración del hipotético trata desigualitario o abusivo por la comunidad del complejo (AP Murcia 28-6-21, EDJ 670271).

Composición de la junta La junta de propietarios estará compuesta, salvo acuerdo en contrario, por los **presidentes** de las comunidades integradas en la agrupación, los cuales ostentarán la representación del conjunto de los propietarios de cada comunidad. **4665**

Al referirse la Ley a «salvo acuerdo contrario», es evidente que nos encontramos ante una norma dispositiva, puesto que se deja margen a la **autonomía privada**. De esta manera, la comunidad tiene la posibilidad de designar como representante en la junta de la agrupación a otra persona distinta al presidente de la comunidad de propietarios. No obstante, en el caso de que se opte por la **representación voluntaria**, no cabe que sea presidente de la agrupación quien no es propietario de algún elemento privativo en una de las comunidades integradas. Además, cabe recordar, que solo los presidentes podrán ser parte de la junta de propietarios al momento de constituir la agrupación de comunidades.

En el caso de que se establezca una **pluralidad de representantes**, como el presidente y el vicepresidente, esto no ha de provocar que se vea alterado el funcionamiento de la junta, puesto que, para la toma de decisiones, el voto que le corresponde a cada comunidad en función de su cuota no se ve afectado.

En cuanto al **control de los representantes** por las comunidades de propietarios, se aplican las normas generales de la propiedad horizontal, según las cuales se puede remover de su cargo a un designado antes de la expiración del mandato, por acuerdo de la junta de propietarios, convocada en sesión extraordinaria (LPH art.13.7 párr 2º).

Precisiones El **órgano de gobierno** se diseña con la reunión de los presidentes de cada comunidad que se basta para representarla en la mancomunidad salvo que se requiriese una mayoría cualificada, en cuyo caso necesitaría la previa obtención de la mayoría de que se trate en cada una de las juntas de propietarios de las comunidades que integran la agrupación. Tendremos que estar por tanto a la forma en que actuaba la **mancomunidad de propietarios** y las distintas comunidades de propietarios que componen la misma, así como los pactos alcanzados en cuanto a su funcionamiento (AP Málaga 19-7-19, EDJ 757844).

El **régimen de convocatorias** de la junta de la mancomunidad, el contenido de las mismas y citaciones habrá de adaptarse a lo previsto para la propiedad horizontal (AP Madrid 7-11-22, EDJ 757745).

4667 **Adopción de acuerdos** La adopción de acuerdos para los que la Ley requiera **mayorías cualificadas** exigirá, en todo caso, la previa obtención de la mayoría de que se trate en cada una de las juntas de propietarios de las comunidades que integran la agrupación.

Por tanto, todo acuerdo de la agrupación de comunidades que, por su envergadura o importancia, requiera mayoría cualificada tendrá como presupuesto el **previo acuerdo** de las juntas de las comunidades integradas. En caso contrario, la competencia corresponderá exclusivamente a la junta de la agrupación.

De esta manera, la norma establece una especie de control por parte de las comunidades integradas sobre la agrupación, para los supuestos de toma de decisiones decisivas referentes a los elementos comunes que forman parte de esta supracomunidad. El criterio para identificar la **importancia o relevancia** de dichas decisiones radica en la distinción de supuestos establecida en la LPH art.17 (nº 2900 s.).

Este acuerdo de las juntas de propietarios de cada comunidad debe ser **previo** al de la junta de la agrupación, por lo que si una de las comunidades integradas no logra la mayoría exigida para la adopción del acuerdo tampoco se podrá adoptar dicho acuerdo por parte de la junta de la agrupación.

Por consiguiente:

• Para **acuerdos que no exigen mayoría cualificada** la junta de la agrupación de comunidades podrá proceder a su adopción mediante mayoría ordinaria o simple sin requerir el previo acuerdo de las juntas de propietarios de las comunidades integradas.

• En caso contrario, si es exigible una **mayoría cualificada**, será necesario, en principio, un doble acuerdo: el que ha de decidir cada comunidad y el que se decidirá al final por la junta de la agrupación. No obstante, en la práctica la exigencia de acuerdo previo producirá la unanimidad en la segunda votación, realizada por la junta de la agrupación, ya que los representantes de las comunidades, salvo excepciones en que se comporten de forma contraria, votarán afirmativamente.

En este último caso, la **votación en contra** por parte del representante a lo establecido por la junta de su comunidad comportará responsabilidades por su actuación. Sin embargo, su voto no será nulo, aunque al exigirse unanimidad también en el acuerdo de la junta, esa decisión no podrá adoptarse.

4668 Precisiones **1)** En el caso enjuiciado se analiza el régimen de **adopción de acuerdos en un complejo inmobiliario privado**. En concreto se trataba de determinar si la **alteración de un elemento común**, consistente en el cerramiento de terrazas con mamparas, podía hacerse **sin autorización de la junta**, solución por la que se inclina la sala, sobre la base de actuaciones previas idénticas llevadas a cabo en el complejo, la falta de acreditación de perjuicio alguno para el demandante por la obra en cuestión y, finalmente, el carácter flexible que a la hora de aplicar el criterio de la unanimidad vienen estableciendo los tribunales que, en el caso de los complejos inmobiliarios privados, debe ser mayor si cabe en materia de urbanizaciones privadas en las que, por su propia naturaleza, se acentúan los derechos de cada propietario sobre sus espacios o elementos privativos (o de uso privativo), y se relativiza hasta cierto punto, el rigor de las **previsiones de uniformidad**, especialmente cuando se trata de una obra que no afecta a la seguridad y estructura arquitectónica del edificio sino tan solo a la **apariencia o configuración externa** y posterior del conjunto, que es casualmente lo que ocurre con la de *litis* ya que consiste en un cerramiento con paneles traslucidos y estructura desmontable anclada en fachada y muro divisorio, de la terraza o patio privativo posterior de la vivienda unifamiliar de los demandados (AP Vallladolid 14-6-14, EDJ 139644).

2) Si la **mancomunidad gira un recibo** a cada una de las comunidades y este no es abonado, la mancomunidad se dirigirá contra la comunidad correspondiente en reclamación del mismo y por lo tanto podrá ser privado del derecho al voto el presidente de la comunidad de propietarios respectiva si no está al corriente de pago los recibos de la mancomunidad, pudiéndose modular dicha privación en función de los pactos constituidos en cada caso concreto (AP Málaga 19-7-19, EDJ 757844).

3) La validez de los presupuestos de estos complejos, en los casos de que se opte por un **único administrador**, exige que se distinga entre las partidas correspondientes a los gastos generales comunes y los gastos generales particulares de cada comunidad particular (AP Valencia 30-12-19, EDJ 838032).

4) En los complejos inmobiliarios, al igual que sucede en el régimen general de la propiedad horizontal, para que el presidente de la mancomunidad pueda proceder a **ejercitar acciones** en nombre de la misma, será necesario el previo acuerdo de la comunidad de propietarios que autorice expresamente su actuación. El acuerdo habilitante deberá ser siempre anterior a la fecha de interposición de la demanda, no siendo subsanable con posterioridad a dicho momento (AP Madrid 19-12-19, EDJ 842604). No obstante, dicha **autorización puede estar concebida en términos amplios**, pues no es exigible a una comunidad (sea de un complejo, sea de una propiedad horizontal simple, que refleje en el acta el tipo de acción procesal ejercitable, bastando con que se le confiera autorización para reclamar en nombre de los comuneros. Limitar las competencias del presidente, cuando los comuneros le han conferido su representación, introduce una innecesaria distorsión que perjudica los intereses de la comunidad y de cada uno de sus comuneros, siendo de indudable interés para la comunidad que se litigue bajo una misma representación, cuando el presidente tiene un mandato conferido con la necesaria extensión (TS 21-3-19, EDJ 536754; AP Barcelona 8-11-19, EDJ 735203).

5) El presidente de la mancomunidad (complejo inmobiliario) está facultado para el ejercicio de **4669**
acciones relativas a **vicios constructivos** que afecten a elementos pertenecientes a las comunidades que la componen, ya que si la jurisprudencia ha otorgado a las comunidades de propietarios legitimación activa para reclamar por vicios que afecten a elementos privativos de los comuneros, el mismo razonamiento debe seguirse respecto de las mancomunidades (complejos inmobiliarios) en aquellas reclamaciones relativas a vicios que afecten, además de a elementos inmobiliarios comunes a todas, a aquellos otros elementos que pertenecen a cada una de las comunidades que la integran (AP Madrid 2-4-19, EDJ 594513). En relación con la **reclamación** de los vicios constructivos por un complejo inmobiliario y la posible prescripción de la acción, ver AP Madrid 24-9-21, EDJ 749859.

6) La **desafectación** de un elemento común general solo puede efectuarse mediante acuerdo adoptado en junta de la mancomunidad o complejo inmobiliario, no en la de la o las subcomunidades (AP Las Palmas 18-12-19, EDJ 846780).

7) En materia de **obras**, deberán aprobarse por la junta de propietarios de la mancomunidad o complejo inmobiliario cuando la ejecución de las mismas impida el disfrute normal de los elementos comunes, o cuando así se requiera por las reglas previstas en los estatutos o en los reglamentos de régimen interior (AP Madrid 20, 3-12-19, EDJ 831734). En relación con las obras de **supresión de barreras arquitectónicas**, tendrán carácter obligatorio y no requerirán de acuerdo previo de la junta las obras que resulten necesarias para el adecuado mantenimiento y mantenimiento del deber de conservación, así como las que resulten necesarias para garantizar los ajustes razonables en materia de accesibilidad universal (LPH art.10.1). Se consideran como **ajustes razonables** aquellas actuaciones cuyo coste repercutido anualmente no exceda de doce mensualidades de gastos comunes, una vez descontadas las subvenciones y ayudas públicas, o cuando las ayudas públicas a las que se tiene acceso alcancen el 75% del valor de las obras, aunque la parte no cubierta exceda del límite anteriormente indicado. La redacción de la regla prevista en LPH art.10.1 permite afrontar las obras de adaptación de forma progresiva en **sucesivas anualidades**, evitando con ello que se vulnere el límite previsto para los ajustes razonables en la citada norma. Tampoco se vulnerará el límite del ajuste razonable cuando los propietarios interesados asuman la parte del coste que sobrepase el límite previsto. Si la **escritura de constitución** de la propiedad horizontal, sea cual sea la configuración arquitectónica del complejo inmobiliario, ha determinado cuál es la participación de cada propietario en la contribución de los gastos ordinarios de sostenimiento de los inmuebles, tanto del edificio en el que se ubican como del conjunto, solo un acuerdo unánime puede alterar ese reparto, que implica en definitiva una redistribución de los gastos de todos los dueños singulares (AP Huelva 20-11-19, EDJ 809658).

8) Para la validez de los acuerdos alcanzados en el seno de una mancomunidad se sigue el régimen de **dobles mayorías** de propietarios y cuotas previsto para la propiedad horizontal. De manera que debe declararse **nulo** el acuerdo en el que se omite la expresión de las cuotas de participación, impidiendo así determinar si se alcanzó o no la mayoría exigida según la ley. Una cosa es que en determinados casos se permita que, aunque no se constate en el acuerdo concreto, del encabezamiento del **acta con el listado de asistentes** se pueda obtener el dato del cumplimiento de los requisitos legales y otra muy distinta que se desconozca incluso los propietarios que votaron a favor y en contra, con lo que el requerido cómputo de las cuotas correspondiente que representan deviene imposible (TS 13-9-21, EDJ 691977).

9) Cuando se trate de **acuerdos que afecten al total de la mancomunidad**, será necesario que los acuerdos se adopte en junta de la misma, no bastando con el hecho de que se haya aprobado en el seno de alguna o algunas de las juntas de propietarios de las diferentes comunidades que la integran (AP Madrid 23-3-23, EDJ 552288)

10) Resulta aplicable a estas realidades el **régimen de obras** -LPH art.10-, en cuyo caso, no se precisará de acuerdo de junta cuando la actuación en cuestión quede subsumida en alguno de los supuestos previstos en el apartado primero de dicho precepto (AP Granada 21-2-23, EDJ 614121).

4670 **Gastos comunes** Una vez constituida la mancomunidad, la pertenencia o no a la misma y la contribución a los gastos comunes no resulta voluntaria (ni para los propietarios individualmente considerados, ni para la comunidad en general integrada en la mancomunidad) sino que constituye la **principal obligación** de los propietarios -LPH art.9- (AP Madrid 12-7-21, EDJ 725259).

El **sistema de contribución** será el determinado en el título constitutivo o en el acta de constitución del complejo y en su defecto, conforme al porcentaje de participación que corresponda a cada una de las comunidades integrantes de la agrupación, la cual lo distribuirá internamente entre sus integrantes conforme al sistema que tengan establecido en cada una de ellas.

En cuanto al **sistema de reclamación**, al tratarse de una agrupación de comunidades, se admite que pueda ejercitarse una acción de reclamación contra la comunidad morosa, aunque también se reconoce la facultad de exigir el cumplimiento directamente frente al propietario moroso integrado en la misma y que origina el impago.

Precisiones **1)** La **participación en los gastos de las zonas comunes** de todo el complejo vendrá determinado por la cuota, fijada a cada uno de los cuatro solares (y, en su día, edificios). Por tanto, la participación de cada vivienda o elemento independiente en todo el complejo, vendrá determinada indirectamente por la que corresponda dentro del edificio en el que se ubica la participación en los gastos efectivos de mantenimiento de las zonas comunes. Esta se producirá a medida que los respectivos edificios se vayan terminando, de modo que solo se distribuyan entre los elementos que de modo efectivo disfruten de las zonas comunes (AP Almería 13-12-22, EDJ 829986).

2) Sobre la validez y alcance de las **cláusulas de exclusión de gastos** en agrupaciones de comunidades, AP Alicante 3-7-23, EDJ 722506.

3) En el caso de que la distribución de los gastos se haya realizado durante algún tiempo de **forma distinta a la prevista en los estatutos**, no puede considerarse como un acto propio que impida a alguna de las comunidades integrantes de la agrupación manifestar su oposición a que se siga realizando el reparto de forma contraria a la debida, pues no revela la existencia de un acuerdo inequívoco dirigido a modificar la regla estatutaria existente (TS 6-2-14, EDJ 8616; 22-5-08, EDJ 103320; AP Córdoba 5-5-23, EDJ 692197).

4) La mancomunidad se encuentra **legitimada** para reclamar las cuotas comunitarias a través del procedimiento monitorio especial -LPH art.21-, teniendo los acuerdos adoptados por la junta de la mancomunidad carácter ejecutivo, en tanto no se suspenda su eficacia por los tribunales de justicia (AP Málaga 1-12-22, EDJ 883101).

5) La **modificación de los sistemas de reparto** entre las comunidades que integran la mancomunidad exige de la correspondiente modificación estatutaria que precisa de la unanimidad de todas ellas (AP Bizkaia 5-10-22, EDJ 799327).

6) Esta modalidad de complejo inmobiliario gozará, a todos los efectos, de la misma situación jurídica que las comunidades de propietarios y se regirá por las disposiciones de esta ley, si bien sujeta a unas determinadas **especialidades**, que se concretan en:

- la **composición de la junta** será por los presidentes de las comunidades integradas en la agrupación;
- la exigencia de la obtención de las **mayorías cualificadas** exigidas en cada caso, en cada una de las juntas de propietarios que integran la agrupación;
- la **exención** de la aplicación de la LPH art.9 sobre el fondo de reserva; y
- la **limitación de la competencia** de los órganos de gobierno de la comunidad agrupada únicamente a los elementos inmobiliarios, viales, instalaciones y servicios comunes.

No se excluye, sin embargo, el régimen común de contribución a los gastos generales, con arreglo a la cuota de participación fijada en el título o lo especialmente establecido (TS 6-7-21, EDJ 624000). Esos gastos son los **necesarios** para el adecuado sostenimiento del inmueble, sus servicios, cargas y responsabilidades que no sean susceptibles de individualización (AP Madrid 7-7-22, EDJ 689843).

4671 **Dispensa de constituir el fondo de reserva** Salvo acuerdo en contrario de la junta, no es aplicable a la comunidad agrupada lo dispuesto en la LPH art.9 sobre el fondo de reserva (nº 1227). Esta norma podría estar justificada en que las **comunidades que integran la supracomunidad** sí están sujetas al fondo de reserva por lo que un hipotético fondo de reserva de la agrupación estaría integrado por los fondos de cada comunidad, así que solo se duplicaría su cobertura.

Precisiones Los integrantes de un complejo inmobiliario tienen también la obligación de contribuir a la constitución de un fondo de reserva para atender la **conservación y reparación** de los elementos, servicios o instalaciones comunes cuando así lo acuerde la junta. Se trata de un fondo cuya dotación quedará a disposición de la comunidad (AP Baleares 23-4-19, EDJ 603007).

4672 **Órganos de gobierno** La **competencia** de los órganos de gobierno de la comunidad agrupada únicamente se extiende a los elementos inmobiliarios, viales, instalaciones y servicios comunes. Sus acuerdos no pueden menoscabar en ningún caso las facultades que corresponden a los órganos de gobierno de las comunidades de propietarios integradas en la agrupación de comunidades.

Este precepto realiza una doble **limitación** de las competencias:
- la primera de forma positiva al afirmar su extensión a los elementos supracomunitarios; y
- la segunda de forma negativa estableciendo la prohibición de invadir las competencias de los órganos de gobierno de las comunidades integradas.

Además, la norma no hace referencia tan solo a las juntas sino que delimita también el alcance de las facultades del presidente, vicepresidente, secretario, administrador u otros órganos de gobierno de la supracomunidad. Estos órganos de la agrupación solo tendrán competencia sobre los **elementos comunes** a todas las comunidades integrantes, por lo que no es posible su toma de decisiones respecto de elementos exclusivos de una comunidad.

Precisiones Los órganos de gobierno de las comunidades agrupadas están legitimados para reclamar judicialmente los **gastos generales** (AP Ávila 14-7-04, EDJ 158022).

Junta de la agrupación de comunidades La junta de la agrupación de comunidades estará formada por los presidentes de cada comunidad integrada. **4673**

Con **carácter general**, y exceptuando los casos en que la LPH art.24.3 determine una solución diferente, le es aplicable a esta junta lo dispuesto para la junta de la comunidad de propietarios (nº 2500 s.).

Así, la junta de la agrupación tendría la obligación de (LPH art.14):
- Aprobar o reformar los **estatutos** y determinar las **normas de régimen interior**.
- Nombrar y remover a las personas que ejerzan los **cargos** de presidente, vicepresidente, secretario y administrador, y resolver reclamaciones que los representantes de las comunidades formulen contra la actuación de aquellos.
- Aprobar el plan de gastos e ingresos previsibles y las **cuentas** correspondientes.
- Aprobar los **presupuestos** y la ejecución de todas las **obras de reparación** de los elementos comunes del complejo.
- Conocer o decidir en los **demás asuntos** de interés general para la agrupación.

La junta solo tendrá competencias exclusivas en los supuestos que no exijan **mayoría cualificada**, ya que de lo contrario requerirá de la aprobación en cada una de las juntas de propietarios de las comunidades integradas por la misma mayoría (nº 4667). Esta aprobación del acuerdo deberá ser, en todo caso, previa a la toma de decisión por parte de la junta de la agrupación. **4674**

En cuanto a la **convocatoria** de la junta, corresponde realizarla al presidente de la comunidad y, en su defecto, a los promotores de la reunión, con indicación de los asuntos a tratar, el lugar, día y hora en que se celebrará en primera o, en su caso, en segunda convocatoria (LPH art.16).

Ha de tenerse en cuenta que se prevé la **constitución** de la junta, aún sin convocatoria de su presidente, si concurren y manifiestan su conformidad todos los representantes de las comunidades integradas (LPH art.16.3).

El **régimen de legitimación** para impugnar, tanto los acuerdos adoptados en sede de comunidad, como en el ámbito de la agrupación, se ajusta a lo expuesto en el nº 3205.

Precisiones En relación con el alcance de la obligación de **estar al corriente de pago** de los gastos de comunidad, o la previa consignación, ver AP Alicante 25-4-23, EDJ 634263. No obstante, la dificultad estriba en determinar si el **propietario singular**, integrado en una comunidad en régimen de PH, está legitimado *per se* para impugnar un acuerdo de la agrupación, o debe hacerla al hilo de la legitimación para actuar en nombre propio pero en beneficio de la comunidad de la que forma parte.

Presidente Las normas que rigen el cargo de presidente son las generales de la propiedad horizontal (LPH art.13). **4675**

Así, su nombramiento debe efectuarse **entre los integrantes de la junta** de la agrupación y solo respecto de estos puede predicarse el carácter rotatorio del cargo (LPH art.13.2). Por esta razón, para que un propietario acceda al cargo de presidente de la supracomunidad, previamente deberá de haber sido elegido presidente de su comunidad.

Esto puede plantear algún problema respecto a la **duración del cargo** de presidente de la comunidad y de presidente de la supracomunidad, ya que podría no coincidir. De esta manera, podría darse el caso que al presidente de la supracomunidad le caduque el cargo de presidente de su comunidad. La prudencia debería conllevar a la previsión de estas cuestiones en los estatutos, sin embargo, al final será en la práctica, por medio de la jurisprudencia, donde se aclararán estos casos.

Otros órganos de gobierno Respecto a los demás órganos de gobierno, se ha de señalar que es necesario que el **secretario** y el **administrador** tengan una determinada cualificación profesional. **4677**

Además, la norma otorga libertad para la creación de más órganos de gobierno en los estatutos de la supracomunidad.

4. Otras formas asociativas: comunidad atípica

(LPH art.24.4)

4680 A los complejos inmobiliarios privados que no adopten **ninguna de las formas jurídicas** señaladas en el nº 4625 (LPH art.24.2) les serán aplicables, supletoriamente respecto de los pactos que establezcan entre sí los copropietarios, las disposiciones de la LPH, con las mismas especialidades que las señaladas para las agrupaciones de comunidades (nº 4664).

Por lo tanto, cuando los interesados no hayan adoptado ni el régimen de la **comunidad única** ni el de la **agrupación de comunidades**, el complejo se regirá:

- en primer lugar, por los pactos que hayan establecido los copropietarios; y
- supletoriamente, por las disposiciones de la LPH.

Esto será aplicable, por ejemplo, a los llamados «**complejos inmobiliarios mixtos**», que son los constituidos por edificios y parcelas, se hayan construido o no sobre ellos chalés. Estos complejos presentan singularidades que solo pueden recibir el tratamiento jurídico adecuado mediante los oportunos pactos entre los interesados, que confeccionen un régimen jurídico a la medida.

Precisiones 1) Se reconoce la **aplicación supletoria** de la LPH a este tipo de organizaciones en que falta la constitución formal del régimen de propiedad horizontal. En consecuencia, responsabilidad civil en que pueda incurrir dicha comunidad es propia y distinta respecto a la que le incumbe a cada titular de las viviendas en particular, por lo que se determina que estos entes no carecen de personalidad jurídica a los efectos de contratar un seguro de comunidad (TS 3-5-12, EDJ 78196).

2) Se ha reconocido que puede constituirse una **subcomunidad atípica** por los usuarios de una instalación como puede ser la piscina (DGRN Resol 15-3-12).

4682 **Modelos organizativos** Los que se utilizan en la práctica son muy variados, ya que se utilizará uno u otro según el caso y los pactos a los que lleguen los interesados. Según el alcance de estos pactos se dejará mayor o menor espacio a la aplicación supletoria de la LPH.

Entre las formas que, habitualmente, adoptan estos complejos inmobiliarios destacan las figuras que crean una **persona jurídica**, como la asociación de propietarios o la sociedad civil; y los modelos de organización que no tienen personalidad jurídica como las **servidumbres** o la **comunidad de bienes**.

Esta superposición de una **persona jurídica** en el ámbito de los complejos inmobiliarios puede realizarse de dos maneras:

1. Una sería **trasfiriendo la titularidad** de los elementos comunes hacia la persona jurídica, lo que pondría en duda la calificación de la situación como complejo inmobiliario ya que no podría decirse que los titulares de los elementos privativos son, con carácter inherente, cotitulares de los elementos comunes.
2. Otro modo sería constituir una persona jurídica para la realización estricta de la **gestión y uso** de los elementos comunes. Así la titularidad seguiría en manos de los comuneros, de las comunidades y de la agrupación, manteniéndose como un complejo inmobiliario privado.

4683 **Formas de gestión** Entre las que habitualmente adoptan los complejos inmobiliarios que no se constituyan de acuerdo con la LPH art.24.2, existen las siguientes:

- asociación de propietarios (nº 4685);
- sociedad civil (nº 4687);
- sociedad cooperativa (nº 4690).

4685 **Asociación de propietarios** Nada se opone a que, existiendo una pluralidad de miembros con un fin lícito y la posibilidad de organizar unos órganos rectores para su funcionamiento, los interesados titulares de un complejo inmobiliario privado puedan constituirse en asociación, al amparo de la Ley de asociaciones (LO 1/2002).

No obstante, esta figura presenta más inconvenientes que ventajas. Precisamente, es establecido por la jurisprudencia que no cabe imponer a los adquirentes de parcelas, pisos o locales, el **ingreso o permanencia** en la asociación gestora de los elementos comunes.

Precisiones 1) El derecho de asociación reconocido a todos en la Const art.22 comprende no solo el derecho a asociarse, sino también, en su faceta negativa, el **derecho a no asociarse**. Por otra parte, pese a la ambigüedad de algunas de sus cláusulas estatutarias, no hay duda de que, por su forma de constitución e inscripción y por su objeto social, tal y como se define en los estatutos, la asociación de propietarios y vecinos es una entidad asociativa en sentido estricto. Ello significa no solo que el propietario tiene derecho a no pertenecer a la mencionada asociación, sino también que, por tratarse de un derecho fundamental de carácter irrenunciable, cualquier **cláusula obligacional** que lo desconozca en nula y carece de eficacia (CC art.1255); ya que tal derecho fundamental no puede quedar condicionado o impedido por cargas reales o personales de ningún tipo, sin perjuicio, claro está, de las consecuencias que en el ámbito meramente contractual pueda tener la libre decisión personal de integrarse o no en una determinada asociación y la de dejar de pertenecer a ella (TCo 183/1989).

2) También, se revela claramente la **inadecuación de la figura** de la asociación a los complejos inmobiliarios privados en una circular de la Dirección General de Administración Local de 28-6-1965, que aprobó unos estatutos tipos para unidades residenciales de temporada. En esta circular se establecía, por ejemplo, el cese automático como asociado al dejar de ser propietario o fijar cuotas a los no asociados. Se pretendía configurar una asociación *ob rem*, pero la Ley de asociaciones no lo permite.

3) Es cierto que el carácter voluntario de la asociación implica que los propietarios no pueden ser obligados a permanecer como socios o a integrarse en la misma, pero ello no puede utilizarse como excusa para no realizar **aportaciones**. Una cosa es la obligación contractual de darse de alta y de permanecer en la asociación y otra muy distinta la de asumir ciertas cargas económicas en beneficio de unos elementos o servicios comunes del complejo inmobiliario. El **derecho a no pertenecer a la asociación de propietarios** y vecinos no les exime del cumplimiento de las obligaciones contractuales de naturaleza primordial que, en su condición de titulares de un inmueble sito en la urbanización, hayan asumido en beneficio de aquella asociación, siempre que tal cumplimiento no implique la pertenencia o integración en la misma como socios. La consecuencia de todo ello es la proclamación del deber que incumbe a los propietarios, se integren o no en la asociación, de costear los **gastos** necesarios para la administración, gestión y mantenimiento de las cosas, servicios e intereses comunes, no cabiendo desligarse de tal obligación por la voluntad unilateral de un copropietario, sin que deba desconocerse que en las urbanizaciones se dan situaciones de interdependencia que hacen precisa la implantación de servicios comunes, y que todos los vecinos contribuyan económicamente al sostenimiento de los mismos (AP Valencia 29-7-19, EDJ 732940). **4686**

4) El peculiar régimen organizativo de constitución y registro de una **asociación propietarios sobre un conjunto de inmuebles** - no deja de situarnos ante un complejo inmobiliario privado - coloquialmente denominado de propiedad horizontal «tumbada o plana» - que, aunque sea atípico o de hecho esta supletoriamente sujeto a la ley de propiedad horizontal -LPH art.24.4- (AP Córdoba 30-4-21, EDJ 615331).

5) En ocasiones la **explotación del complejo** simultanea el régimen de la propiedad horizontal organizado sobre la base de una junta de propietarios y los correspondientes órganos de gobierno con la existencia de una asociación y club deportivo encargado de la gestión de la explotación de determinados servicios (piscina, pistas deportivas, etc.). En estas **asociaciones o clubes** participan en muchas ocasiones, no solo los propietarios de parcelas, sino también los titulares de derechos reales y personales sobre las mismas. Estas realidades generan cierta complejidad en materia de **delimitación competencial** en relación con los acuerdos a adoptar sobre los elementos en cuestión, así como de legitimación para impugnar los acuerdos correspondientes en uno y otro ámbito (AP Sta. Cruz de Tenerife 28-7-23, EDJ 702927).

Sociedad civil En principio puede parecer ventajosa la aplicación de un modelo societario a los complejos inmobiliarios, ya que ofrece una mayor **flexibilización de la gestión** con la representación del complejo inmobiliario por los órganos sociales. **4687**

No obstante, la configuración de un complejo inmobiliario como una sociedad presenta diversos obstáculos, como puede ser que los titulares de las viviendas o locales que constituyen ese complejo prefieran tener detallada su **titularidad** y su **cuota de participación** en los elementos comunes en una escritura pública; y no tan solo ser titulares de una participación social. Así, aunque la persona jurídica pueda constar en el Registro de la Propiedad, la condición de titular de una participación en la sociedad no puede acceder al Registro.

Por otro lado, el **ánimo de lucro** es un elemento esencial de la sociedad civil (CC art.1665), cuestión que no encaja en los casos de complejos inmobiliarios privados, ya que la finalidad de los interesados en constituir un complejo no será precisamente la obtención de un beneficio.

Cooperativa de viviendas (L 27/1999 art.89.1) Las cooperativas de viviendas pueden tener por **objeto**: **4690**

- procurar edificaciones e instalaciones complementarias para el uso de viviendas y locales de los socios;
- la conservación y administración de las viviendas y locales, elementos, zonas o edificaciones comunes;
- la creación y suministro de servicios complementarios; y
- la rehabilitación de viviendas, locales y edificaciones e instalaciones complementarias.

Al margen de las previstas en la LPH, se podría decir que esta puede ser la **forma más adecuada** para configurar la gestión y organización de los complejos inmobiliarios privados.

Precisiones En relación con la aplicación del régimen tuitivo de la compraventa de viviendas a los supuestos de **compra de apartamentos o habitaciones** en complejos residenciales promovidos a través de la fórmula de sociedad cooperativa, ver AP Jaén 21-7-21, EDJ 734658 y 7-7-21, EDJ 735300.

D. Inscripción registral

(LPH art.24.2.b)

4700 Se establece expresamente que el título y los estatutos de la comunidad agrupada son inscribibles en el Registro de la Propiedad. Para ello, deben constar en **escritura pública** (LH art.3). Junto a la escritura es indispensable, para que se proceda a la inscripción, que se acompañe la **autorización administrativa** concedida o el testimonio notarial de la misma, en los supuestos en los que sea necesaria (LS/15 art.26.2).

Antes de que se produzca la inscripción del título constitutivo y de los estatutos en el Registro de la Propiedad, los adquirentes de derechos sobre la futura agrupación de comunidades y futuros copropietarios de la misma pueden hacer constar en el folio de la finca común sus **derechos de «prehorizontalidad»**, pues, según doctrina de la DGRN, procede la inscripción desde que se produzca acuerdo suficientemente determinado sobre la construcción y sobre el destino de las viviendas o locales, y los inmuebles vendidos pueden constar como términos de referencia de los derechos que sobre la finca pudiera tener el demandante si el juez estima la demanda (nº 217).

Aunque no se prevé expresamente, es obvio que, cuando el complejo inmobiliario se constituya como **una sola comunidad**, su título y estatutos serán igualmente inscribibles en el Registro de la Propiedad (LPH art.24.2.a), pues su régimen jurídico es idéntico al de una comunidad de propietarios ordinaria (nº 4702).

Con el registro se otorga **publicidad** a los complejos inmobiliarios privados, tanto en sus aspectos físicos como jurídicos. Así, se describe con detalle los **elementos** privativos y comunes, la inherencia de unos y otros, y su titularidad; pero también se señala su **modelo organizativo** con sus órganos de gobierno y gestión.

Precisiones La **inscripción de la propiedad horizontal** en el Registro de la Propiedad se trata en los nº 520 s.

4702 **Finca única** En este supuesto, todo el **complejo en su conjunto** tiene la consideración de finca a los efectos de la propiedad registral, expresándose la descripción de:
- cada elemento que constituye las parcelas o los edificios, como por ejemplo su extensión o linderos; y
- los servicios e instalaciones con que cuente el mismo.

También se especificarán los **demás elementos comunes** que formen parte de todo el complejo inmobiliario privado.

Aunque el complejo inmobiliario se encuentre compuesto por **varios edificios**, estos no estarán inscritos como un inmueble independiente, sino que la inscripción se realiza de la totalidad del complejo como una sola comunidad de propietarios en régimen de propiedad horizontal.

Además, en el mismo título se ha de fijar la **cuota de participación** que corresponda a cada uno de los elementos privativos del complejo inmobiliario con relación al total del mismo complejo. A estos **elementos privativos** o susceptibles de aprovechamiento independiente se les asignará un número correlativo, escrito en letra. Se recogerán en la inscripción del complejo, como finca única, todas las demás circunstancias prescritas por la Ley o determinadas en la LPH art.5 y en la LH art.8.4, pudiendo también inscribirse, en **folio separado**, cada elemento susceptible de aprovechamiento independiente (LH art.8.5º).

4705 **Agrupación de comunidades** En el supuesto de agrupación de comunidades es aplicable la doctrina de la **triple hoja registral** (DGRN Resol 2-4-80), conforme a la cual procede:

1. Abrir un folio general para todo el **complejo inmobiliario** privado en su conjunto, en donde se detallen los elementos comunes y las reglas generales de todo el complejo contenidas en el título constitutivo y los estatutos.

2. Abrir después folio separado a cada uno de los **edificios o bloques** construidos con su régimen de propiedad horizontal, y relacionado con el folio general del complejo inmobiliario privado.

3. Abrir folio separado a cada uno de los **pisos o locales** que integran cada bloque, relacionado con el folio general del propio bloque.

No obstante, existen supuestos de complejos inmobiliarios privados en los que no bastará seguir los criterios expuestos para lograr el perfecto reflejo registral de las situaciones de comunidad general y subcomunidades concurrentes en ellos.

Así, en el caso de que el solar del complejo esté formado por **fincas de diferentes propietarios**, se debe entender que pueden agruparse siempre que se determine, de acuerdo con lo que resulte del título, la participación indivisa que a cada uno de ellos corresponda en la finca resultante de la agrupación (RH art.45 párr 3º). Después deberá procederse a la división material, con adjudicación de parcelas concretas a cada copropietario y la declaración de obra nueva del complejo, sin que figuren como fincas registrales las zonas correspondientes a los elementos comunes.

CAPÍTULO 10

Régimen fiscal y contable

SECCIÓN 1

Fiscalidad

A. Tributos aplicables a la propiedad horizontal

Las comunidades de propietarios actúan habitualmente como destinatarios de facturas, obligados así a soportar la repercusión del **IVA**. Son también retenedores del **IRPF** a los empleados y profesionales, así como emisores de las cuotas que resultarán deducibles para algunos de los comuneros. Del mismo modo, son sujetos pasivos del **ICIO** en las obras de rehabilitación de elementos comunes y pueden llegar a ser sujetos pasivos del **IBI**, si llegan a desafectar antiguas zonas comunes. 5103
No son, en cambio, sujetos pasivos ni del **IRPF**, sino que, en caso de obtener ingresos sujetos a este impuesto, son los comuneros quienes deben incluir en sus respectivas declaraciones el porcentaje de rendimiento que corresponda a su coeficiente.
En los apartados siguientes se expone la **incidencia de los principales impuestos** en la actividad habitual de las comunidades de propietarios.

1. Impuesto sobre transmisiones patrimoniales y actos jurídicos documentados

a. Transmisiones patrimoniales onerosas

El impuesto de transmisiones patrimoniales y actos jurídicos documentados (ITP y AJD) es un impuesto de naturaleza indirecta que grava, entre otras operaciones, las transmisiones patrimoniales de carácter oneroso y los actos jurídicos documentados, por actos intervivos, de toda clase de bienes y derechos que integren el patrimonio de las personas físicas y jurídicas. 5104
En su modalidad «Transmisiones patrimoniales onerosas», el ITP se aplica fundamentalmente a las transmisiones y constitución de derechos reales, arrendamientos, etc. sobre inmuebles. Por ejemplo, en las segundas y ulteriores entregas de viviendas quedan sujetas a ITP (LITP art.7.5; LIVA art.20.Uno.22), quedando sujetas y no exentas a IVA las primeras entregas.

Precisiones Sobre la **distinción de las operaciones** sujetas a ITP y AJD (TPO) y las que lo están a IVA y AJD, ver nº 5170 s.

Exenciones (LITP art.45) Entre las exenciones del ITP y AJD se encuentran los siguientes **supuestos**: 5105
- la transmisión de solares y cesión del derecho de superficie para la construcción de edificios en régimen de protección oficial;
- la primera transmisión inter vivos de viviendas de protección oficial, siempre que tengan lugar dentro del plazo de 6 años desde que se produjo la declaración definitiva; y

- las escrituras públicas otorgadas para formalizar actos y contratos referentes a viviendas de protección oficial, incluso la formalización de préstamos hipotecarios para su adquisición, siempre que se hubiera solicitado dicho régimen a la Administración competente.

5106 **Sujeto pasivo** (LITP art.8 y 9) El sujeto pasivo obligado a autoliquidar este impuesto es el **beneficiario** del desplazamiento patrimonial, es decir, la persona que adquiere la titularidad de un bien o un derecho real sobre alguno de los elementos privativos o comunes de un edificio en régimen de propiedad horizontal (DGT CV 11-5-12).

5108 **Base imponible** (LITP art.10 y 46; RITP art.37 s.) La base imponible está constituida por el **valor** del bien transmitido o del derecho que se constituya o ceda. Únicamente son deducibles las **cargas** que disminuyan el valor de los bienes, pero no las deudas, aunque estén garantizadas con prenda o hipoteca.

Se considera valor de los bienes y derechos su **valor de mercado**, definido como el precio más probable por el cual podría venderse, entre partes independientes, un bien libre de cargas. No obstante, si el valor declarado por los interesados, el precio o contraprestación pactada o ambos son superiores al valor de mercado, se toma como base imponible la mayor de esas magnitudes.En el caso concreto de inmuebles, se toma como base imponible el **valor de referencia** a la fecha del devengo, excepto cuando el valor declarado por los interesados, el precio o contraprestación pactada o ambos sean superiores, en cuyo caso ha de prevalecer el mayor de estos valores.

El valor de referencia se calcula todos los años haciendo una media del precio de los inmuebles por zonas de un mismo municipio, aunque esta zona no tiene por qué coincidir con un barrio ni con un distrito. Los datos para calcularlo se extraerán de todas las compraventas de inmuebles hechas ante notario o inscritas en el Registro de la Propiedad correspondiente. El Ministerio de Hacienda y Función Pública publicará **mapas de valores de referencia** con carácter anual. La consulta del valor de referencia debe realizarse en la Sede Electrónica del Catastro.

Tanto para inmuebles rústicos como urbanos se debe aplicar un **factor de minorización** de 0,9.

La Administración puede **comprobar el valor** de los bienes y derechos transmitidos salvo que, en el caso de inmuebles, la base imponible sea su valor de referencia o magnitud superior.

5110 **Tipo de gravamen** (LITP art.11 s.) En cuanto al tipo de gravamen aplicable a las operaciones patrimoniales sobre bienes inmuebles, se trata de una competencia que corresponde a las comunidades autónomas. En defecto de estipulación específica al respecto, se aplicará el establecido en la **norma estatal**, es decir, el 6% de la base imponible.

No obstante, en la mayor parte de **comunidades autónomas** se ha establecido un tipo superior.

Este tipo **se reduce** al 1%, o tipo aprobado por la comunidad autónoma correspondiente, cuando de lo que se trata es de constituir derechos reales de garantía sobre bienes inmuebles.

5111 **Excepción** (LITP art.12) Como excepción no se aplica un tipo de gravamen, sino una escala fijada en la Ley, cuando de lo que se trata es de constituir un **arrendamiento de vivienda**. En estos casos, se concede la posibilidad de utilizar como medio el pago en metálico o a través de la adquisición y empleo de efectos timbrados.

El **sujeto pasivo** en estos casos es el arrendatario, aunque el arrendador es responsable subsidiario del pago.

La **base imponible** para la aplicación de la escala se calcula, por el precio total del arrendamiento, si se conoce su duración exacta. Si se trata de una finca urbana y se fija una duración, pero sujeta a la prórroga forzosa prevista en la Ley, se han de computar al menos 3 años; si no consta la duración total del contrato, se han de computar un mínimo de 6 años, y si transcurrido ese plazo sigue vigente el arrendamiento deberá liquidarse todo lo que exceda del período señalado.

No obstante, se establece la **exención** del impuesto en la suscripción de contratos de arrendamiento de vivienda para uso estable y permanente a los que se refiere la LAU art.2 -arrendamiento sobre edificación habitable cuyo destino primordial sea satisfacer la necesidad permanente de vivienda del arrendatario- (LITP art.45.I.B.26).

5113 **Devengo** (LITP art.49) Una cuestión que ha suscitado una cierta polémica es la del momento del devengo del impuesto. La duda se suscita entre el momento de la **efectiva transmisión** de la titularidad del dominio o derecho real en cuestión o la **formalización** del contrato, con independencia de que luego, si procede, pueda instarse la **devolución** del impuesto (LITP art.57).

Aunque la jurisprudencia se muestra vacilante en este sentido, la **solución** que prima a día de hoy es que el devengo del impuesto se produce con la transmisión efectiva del derecho y no así con la mera formalización del contrato. Producida esta, el obligado tributario debe realizar la autoliquidación, e ingresar el importe correspondiente en el plazo de 30 días hábiles (RITP art.99 s.).

La **autoliquidación** ha de presentarse en ese período en las oficinas que determine la comunidad autónoma a la que corresponda el rendimiento, acompañándose a la misma el original y una copia, si se trata de un contrato formalizado en documento privado; o una copia auténtica y una copia simple si se trata de una escritura pública.

También es posible la presentación telemática de las autoliquidaciones y los documentos que se deben acompañar, opción que las Administraciones públicas tratan de fomentar.

b. Actos jurídicos documentados

Este impuesto grava las **escrituras, actas y testimonios** formalizados en territorio nacional o extranjero, siempre que hayan de surtir efecto en España. En realidad, lo que se grava es solo aquel documento que tenga objeto valuable, **susceptible de inscripción** -no solo anotación- en el Registro de la Propiedad. **5120**

El mismo consiste, por lo general, en la aplicación a la base imponible del **tipo de gravamen** variable en función de la cuantía que básicamente oscila entre el 0,50% y el 1,50% -determinado por las distintas comunidades autónomas-, cuando se trata de primeras copias de escrituras o actas, a lo que se añade un importe fijo de 0,30 euros por pliego o 0,15 por folio, cuando se trata de matrices, copias de escrituras, actas y testimonios notariales.

El **sujeto pasivo** es, en principio, el adquirente del bien o derecho en cuestión, y, en su defecto, las personas que insten los documentos notariales o aquellas en cuyo interés se expidan (LITP art.29).

En el caso de escrituras de constitución de **préstamo con garantía**, se considera adquirente al prestatario (RITP art.68). No obstante, en el caso concreto de los préstamos con **garantía hipotecaria**, sujetos a IVA, el sujeto pasivo es el prestamista.

La **base imponible** viene determinada por el valor declarado en el propio documento, sin perjuicio de que la Administración pueda posteriormente comprobar cuál fue el verdadero o real valor de la transmisión u operación documentada.

En este punto, hay que detenerse a examinar el régimen que siguen diversos tipos de operaciones estrechamente relacionadas con el tema de la propiedad horizontal.

En cuanto a la forma y plazos para la **presentación de la autoliquidación** es aplicable lo señalado anteriormente sobre el ITP (nº 5113).

Precisiones Al no ser una cuestión pacífica, ha sido **anulado** el RITP art.68.2 al considerar que el sujeto pasivo es el acreedor hipotecario al ser este el beneficiario de la financiación (TS 16-10-18, EDJ 595141). No obstante, debido al impacto social y económico de dicho cambio de criterio, el Pleno de esta Sala del Tribunal Supremo volvió a adoptar el **criterio anterior**, en virtud del cual el sujeto pasivo de los préstamos hipotecarios es el prestatario (TS Pleno 27-11-18, EDJ 641978), no siendo acorde con la reforma que finalmente se ha introducido en la LITP.

División horizontal y adjudicación Ha quedado por fin resuelta una de las **cuestiones más controvertidas** del ITP y AJD cual es la tributación de los actos de división horizontal y adjudicación cuando los mismos se formalizan en una misma escritura. **5121**

En los supuestos en los que, en un mismo documento se formaliza la división horizontal y, sin solución de continuidad, se adjudican las entidades registrales resultantes a los comuneros, extinguiéndose la copropiedad sobre estas, la división horizontal es un antecedente inexcusable para salir de la indivisión. En consecuencia, debe tributar únicamente **un acto**, la extinción de comunidad, y no dos, división horizontal y adjudicación, ya que estamos ante un acto de naturaleza compleja (TS 18-10-23, EDJ 714726).

Tanto los Tribunales Superiores de Justicia como el TEAC coincidían en considerar que hay un solo acto sujeto a tributación, frente a la postura de la DGT que pretendía la sujeción de ambos actos al impuesto a pesar de tener tanto la doctrina como la jurisprudencia en contra.

Declaraciones de obra nueva y división horizontal (LITP art.4; RITP art.70.1 y 2) Estas operaciones suelen formalizarse en un **único acto o documento**, pero se trata de **dos actuaciones** independientes, susceptibles de tributación separada. **5122**

Cuando un mismo documento comprenda varias convenciones sujetas al impuesto separadamente, se ha de exigir el derecho señalado a cada una de ellas, salvo en los casos en los que se determine expresamente otra cosa.

No solo son independientes, sino que su **base imponible** es diferente:

- en un caso, el valor de la obra que se declara; y
- en el otro, el valor conjunto del suelo y la obra que queda dividido en diferentes entidades.

5123 En la **obra nueva**, se han suscitado dudas sobre el cómputo del valor de la construcción -si debe incluirse el beneficio empresarial de quien ejecuta la obra, los impuestos pagados por ella-.

Para algunos autores, en el **cómputo del valor de la construcción**, debe tomarse como referencia para integrar las insuficiencias de LITP lo resuelto sobre el valor de las construcciones en el impuesto sobre construcciones instalaciones y obras -ver nº 5223- (Orón Moratal).

Asimismo, diversas **comunidades autónomas** publican tablas de valoración tanto para declaraciones de obra nueva, como obra antigua y divisiones horizontales.

5125 En cuanto a la **división horizontal** de un edificio, es un acto o negocio jurídico propio que afecta únicamente a la configuración de un objeto, el edificio, estructurándolo conforme al especial régimen de la propiedad horizontal: crea **nuevas entidades** por división de la finca (la formada por el solar más la obra).

La distinta naturaleza que presenta hace que deba tributar, a su vez, por AJD, determinándose la **base imponible** en función del valor de la construcción más el valor del terreno sobre el que la misma se asienta.

En cualquier caso, resulta indudable que el valor que se atribuya a la construcción para el cálculo de ambas bases imponibles tiene que ser idéntico (principio de coetaneidad). Resulta igualmente aplicable la referencia a los **precios y tablas** que sobre el particular publican algunas comunidades autónomas.

Precisiones Otro ejemplo de operaciones vinculadas y formalizadas en un único instrumento y que tributan por separado es el representado por las **escrituras de disolución de un condominio ordinario** (comunidad romana) y constitución de la propiedad horizontal, para las que corresponden las mismas advertencias y matizaciones.

5127 **Rectificación de escrituras de división horizontal** En relación con las escrituras de división horizontal, resulta de interés examinar el tema de las rectificaciones que con frecuencia efectúa el promotor o propietario único durante la **fase de prehorizontalidad**, esto es, desde que inicia la construcción hasta que concluye la misma y entrega los pisos.

Uno de los supuestos más habituales, a este respecto, es cuando constituye inicialmente el local del **aparcamiento** como una única entidad y, posteriormente, rectifica para señalar que donde se dijo una sola entidad con un único coeficiente, en realidad se pretendía haber hecho constar las 50 o 100 plazas de aparcamiento, por poner un ejemplo, que integran el mismo.

Al calificar la escritura como subsanación o rectificación de un error se pretende la **no sujeción** de la misma al AJD, si bien los tribunales vienen considerando que cuando nos encontramos ante una modificación sustancial, que no una rectificación, de una división horizontal estamos ante una operación sujeta al impuesto que debe tributar por la base que corresponda (TSJ Asturias 22-2-06, EDJ 27554).

5129 **Unión, agrupación, división, segregación o agregación de elementos privativos** Se trata de un acto valuable e inscribible y, por consiguiente, sujeto al impuesto sobre transmisiones patrimoniales y actos jurídicos documentados.

La **base imponible** está determinada:

- en los tres primeros casos, por el valor real de las fincas unidas, agrupadas o divididas;
- en la segregación, por el valor real de la finca segregada al objeto de constituirse en una finca hipotecaria independiente; y,
- en la agregación de pisos o locales, por el valor real de la porción o parte de finca agregada a otro piso o local.

5131 **Desafectación de elementos comunes y modificaciones estatutarias** La desafectación de un elemento común es el acto por el cual una comunidad de propietarios decide transformar en privativo un elemento inicialmente configurado como elemento común. El ejemplo más habitual ha sido el de la **vivienda de los porteros** o empleados de finca.

Para que ello sea posible, es necesario que nos encontremos ante un **elemento común por destino**, ya que si lo fuera por naturaleza no es susceptible de desafectación.

Además, es necesario el **acuerdo** correspondiente de la junta de propietarios que, al tratarse de una modificación del título constitutivo, estará sujeto al riguroso régimen de unanimidad.

El tercer presupuesto es que se le asigne al elemento una cuota o **coeficiente de participación**, con la consiguiente modificación del resto de coeficientes de la comunidad.

La pregunta que se plantea es si el acto de desafectación está sujeto a AJD y, en caso afirmativo, cuál será la **base imponible** del impuesto. En relación al tema de la **sujeción**, la respuesta ha de ser afirmativa, por cuanto que nos encontramos ante un acto con trascendencia real e inscribible en el Registro de la Propiedad (DGT CV 14-12-06; 28-11-17).

El problema, como en tantos otros casos, estriba en determinar cuál es la base sobre la que aplicar el impuesto, siendo así que la comunidad de propietarios, al desafectar un elemento común y transformarlo en privativo debe dar un valor al elemento en cuestión que será el que sirva de base para la aplicación del impuesto.
Una cuestión adicional es la de si además de tributar por el acto de desafectación, debe tributarse por la **modificación de la división horizontal** al tener que modificar el resto de los coeficientes de participación que se asignan a las entidades integrantes de la división horizontal. Se trata de una duda que tiene enorme importancia, ya que de ser obligatorio tributar por la modificación y de tenerse que tomar como **base imponible** el valor de las entidades que integran la propiedad horizontal, nos encontraríamos con una operación con un coste fiscal muy considerable.
Donde sí existe unanimidad es en entender que las **modificaciones estatutarias** de las comunidades de propietarios en régimen de propiedad horizontal no tienen por objeto cantidad o cosa evaluable. Otra cosa es que, amparándose en una modificación estatutaria, el promotor o propietario único pretenda reservarse o constituir auténticos derechos reales, tales como el derecho de sobreedificar, en cuyo caso se trataría de un acto valuable sujeto al impuesto.

Precisiones La escritura pública de modificación de coeficientes de propiedad horizontal de un edificio, siempre que no se alteren las superficies de los pisos y locales que lo componen, no tiene por objeto **cantidad o cosa valuable**, ya que lo evaluable en la constitución de edificios en régimen de propiedad horizontal es el valor real de coste de obra nueva más el valor real del terreno, y estos no son objeto de cambio o modificación alguna por el otorgamiento de la nueva escritura (DGT CV 25-1-06); igual ocurriría en la variación de las cuotas de participación de todas las propiedades en el edificio, derivada de la ampliación que supuso la **construcción de una nueva vivienda y trasteros** (DGT 29-11-02; CV 23-12-04). 5132
No obstante, ha de advertirse que, aunque se trate de consultas vinculantes, al ser el ITP y AJD un **impuesto transferido a las comunidades autónomas** debe estarse al criterio mantenido por las mismas, siendo así que en algunos casos se viene sosteniendo que las modificaciones de cuotas tributan en función del valor de las entidades cuya cuota o coeficiente se modifique.

Constitución de complejos inmobiliarios Un problema habitual en la práctica es el de determinar cuál es la **base imponible** del impuesto en los casos de constitución de complejos inmobiliarios, cuando los mismos se constituyen existiendo ya las fincas independientes que van a formar parte de los mismos. 5136
Esta práctica se hace cada vez más habitual para configurar el régimen de **polígonos industriales** que pretenden garantizar unas mínimas normas de conservación y decoro en el uso y mantenimiento de las naves industriales y de las instalaciones del polígono y resulta igualmente interesante para la configuración en régimen de propiedad horizontal de **puertos deportivos** o, incluso, **cementerios**, tal y como prevé la normativa catalana.
El problema estriba en que, si a dichos supuestos se les ha de aplicar como base de la operación el **valor real** de todas y cada una de las fincas que van a formar parte del complejo, el coste de la operación hará que los propietarios desistan de su intención de dotarse de un régimen estatutario propio.
Para la DGT, si la mancomunidad (complejo inmobiliario) que se pretende constituir no tiene más finalidad que la administración de elementos y zonas comunes de las distintas comunidades de propietarios, ya existentes, quedando excluida la actividad empresarial y, en consecuencia, la posible tributación por la modalidad operaciones societarias, tampoco se origina tributación en AJD, por no concurrir el requisito de que la escritura tenga por objeto **cantidad o cosa evaluable**, pues al limitarse a ser meras normas o reglas de administración, en nada se modifica el contenido o ámbito de la propiedad de los titulares de los pisos individuales con relación a la situación anterior a la existencia del complejo inmobiliario (DGT CV 5-7-07; 19-11-15).
Lo anterior **no se aplica** cuando la constitución del complejo inmobiliario se realiza partiendo de la situación de un **único inmueble o finca**, procediéndose a otorgar la correspondiente escritura de división horizontal de la que resultan multitud de fincas independientes que, originariamente, no existían como tales, por cuanto que en este caso la base del impuesto será la examinada para las escrituras de división horizontal (nº 5122 y nº 5123).

Precisiones Con motivo de la determinación de la base imponible de una escritura que documenta la constitución de una comunidad de propietarios en régimen de propiedad horizontal por parcelas, se recuerda que la constitución del complejo ha de hacerse en **escritura pública**, en cuyo contenido debe constar la descripción tanto de los solares, con sus elementos comunes, como de las obras de urbanización e instalaciones del conjunto, así como de las parcelas y otros elementos privativos (CCC art.553-57), por lo que la base imponible en las escrituras de constitución del régimen de propiedad horizontal está formada, de un lado, por el valor real del coste de la obra, y de otro, por el valor del terreno (RD 828/1995 art.70.2), es decir, estos valores hacen referencia tanto a los 5137

elementos privativos como a los **elementos comunes**, dado que todos ellos forman parte del nuevo régimen de propiedad horizontal constituido (DG Tributos y Juego Cataluña Consulta núm 283/2010).

2. Impuesto sobre el valor añadido

5145 El impuesto sobre el valor añadido (IVA) es un tributo de naturaleza indirecta que recae, entre otros, sobre las **entregas de bienes y prestaciones de servicios** efectuadas por empresarios y profesionales, en el ámbito espacial del impuesto, a título oneroso, con carácter habitual u ocasional, en el desarrollo de su actividad empresarial o profesional, incluso si se efectúan en favor de los propios socios, asociados o miembros de las entidades que las realicen.

5147 **Hecho imponible** (LIVA art.4) El hecho imponible viene determinado por la **entrega de bienes** y **prestación de servicios**, entendidas en sentido amplio, exigiéndose, en la entrega de bienes, no la transmisión efectiva de la titularidad de los bienes, sino solo la mera puesta a disposición de los mismos. En lo que aquí respecta, este impuesto resulta aplicable a la **compraventa de pisos o locales** de un edificio en propiedad horizontal, incluso en el caso de que se efectúe a través de una reserva de dominio, o se introduzca una condición suspensiva.

No obstante, hay que señalar que, únicamente está sujeta a IVA la **primera entrega** de los mismos, es decir, la realizada directamente por el promotor una vez concluida la construcción o rehabilitación, cuando no ha utilizado esa edificación durante un plazo igual o superior a 2 años por su propietario o por titulares de derechos reales de goce o disfrute o en virtud de contratos de arrendamiento sin opción de compra, salvo que el adquirente sea quien utilizó la edificación durante el referido plazo. El **resto de transmisiones** de pisos o locales están exentas de IVA, lo que implica su tributación por el ITP (nº 5104), sin perjuicio de la posibilidad de renunciar a la exención de IVA, por parte del sujeto pasivo si el adquirente del inmueble es un empresario o profesional con derecho a la deducción total o parcial del IVA soportado.

También tributan por el IVA las transmisiones de bienes que se efectúen como consecuencia del mandato contenido en una norma, o en virtud de una resolución administrativa o judicial -p.e. la **expropiación forzosa**, siempre que el expropiado tuviese los bienes afectos a su actividad económica-.

5148 **Sujeto pasivo** (LIVA art.5 y 84) La LIVA establece que tienen la consideración de sujetos pasivos las **personas físicas o jurídicas** que realicen entregas de bienes o presten servicios personales sujetos al impuesto en el desarrollo de su actividad profesional o empresarial. Luego, si se habla de personas físicas o jurídicas, parece que deberían quedar excluidas las comunidades de propietarios en cuanto tales, ya que carecen de personalidad jurídica.

No obstante, el concepto de sujeto pasivo se amplía expresamente a las herencias yacentes, comunidades de bienes y demás entidades que, careciendo de personalidad jurídica, constituyan una unidad económica o un **patrimonio separado susceptible de imposición**, cuando realicen operaciones sujetas al impuesto. En consecuencia, las comunidades de propietarios son también sujetos pasivos del impuesto.

5150 Indudablemente, no puede considerarse que la comunidad actúe como un empresario o profesional respecto de las cantidades que percibe periódicamente de sus miembros en concepto de contribución a los gastos de **conservación, mantenimiento y reparación** que se van presentando (nº 5270).

Sin embargo, no sucede lo mismo cuando obtiene **rentas adicionales** mediante el arrendamiento o constitución de derechos reales sobre elementos comunes o procomunales. Se trata de operaciones con ánimo de lucro, aunque el mismo se dirija a aliviar el peso de las cargas comunitarias (nº 5273).

En este sentido, son **supuestos** sumamente frecuentes en la actualidad:

- los de alquiler de la vivienda antes destinada a portería, una vez se ha sustituido este servicio por el de conserjería, portero automático, servicio de vigilancia, contratación con una empresa de servicios, etc.;
- los arrendamientos de vallas publicitarias; o
- el derecho que las comunidades de propietarios conceden a las empresas de telefonía, a cambio de contraprestación, para instalar en las azoteas de los edificios diferentes antenas.

No obstante, tratándose de una imposición que grava el consumo, la comunidad tiene obligación de repercutir el importe del IVA sobre aquel para quien se realice la operación gravada, lo que se hará mediante la emisión de una **factura** o documento análogo (LIVA art.88). Esto no quiere decir, sin embargo, que las comunidades de propietarios hayan de repercutir el IVA soportado en las facturas que pasan periódicamente a sus miembros para el sostenimiento de los gastos generales.

Exenciones (LIVA art.20.23º) Están exentas de IVA las segundas y ulteriores entregas de edificaciones, cuando tengan lugar después de terminada su construcción o rehabilitación (LIVA art.20.23º). Están exentas la constitución y transmisión de **derechos reales** de goce y disfrute, así como el **arrendamiento de viviendas** otorgado a favor de quien habitará en ellas y, por consiguiente y a los efectos que nos ocupa, el arrendamiento de pisos integrantes de edificios en régimen de propiedad horizontal, cuando se encuentren destinados exclusivamente a vivienda, incluidos también los referentes a **garaje y anexos** de carácter accesorio, así como del **mobiliario** comprendido dentro de los mismos. 5152

En relación a las segundas y ulteriores entregas cabe la renuncia a la exención (LIVA art 20.Dos). Esta **renuncia** se efectuará solo cuando el adquirente sea, también, un sujeto pasivo que actúa en el ejercicio de sus actividades empresariales o profesionales, teniendo derecho a la deducción total o parcial del IVA soportado por las correspondientes adquisiciones.

Como **excepción**, no están exentos del IVA los arrendamientos de locales de negocio, o de elementos integrantes de los edificios que no se comprendan en los enumerados anteriormente, ni los arrendamientos de apartamentos o viviendas amueblados cuando el arrendador realice servicios complementarios como limpieza, lavado de ropa o análogos.

Devengo (LIVA art.75) En cuanto al momento de devengo, si se trata de **compraventa de pisos o locales a construir o en construcción**, será cuando se concluyan estas y se entreguen y pongan a disposición del adquirente; salvo que la comunidad reciba contraprestaciones anteriores en pago de los mismos, supuesto más habitual en la práctica, en cuyo caso se devenga con el cobro total o parcial de los importes percibidos. 5154

En las compraventas o entregas de **pisos construidos**, aun cuando no se transmita automáticamente la propiedad, el IVA se devenga en el momento en el que se pongan en posesión del adquirente.

Para terminar, en las **operaciones de tracto sucesivo**, como el arrendamiento, el IVA se devenga en el momento en el que venza cada uno de los plazos o períodos establecidos para el pago.

Base imponible y tipo de gravamen (LIVA art.78, 90 y 91) Sin entrar en el desglose de cada uno de los elementos que integran el impuesto, puede señalarse, a modo de orientación, que la base imponible se constituye, por lo general, por el total de la **contraprestación de la operación** sujeta a imposición. 5156

A dicha base se le aplicará el **tipo de gravamen general** del 21% en todas aquellas operaciones gravables para las que no está previsto otro tipo distinto: p.e. arrendamiento de locales de negocio, de plazas de garaje cuando no se transmitan conjuntamente con una vivienda de la que sean anejo, la venta de pisos o locales a construir o en construcción, al alquiler y conservación de los contadores de agua, a la compra de electrodomésticos, muebles de cocina, armarios, con destino a vivienda de nueva construcción.

Se sujetan al **tipo reducido** del 10%, entre otras, las entregas de pisos completos aptos para ser utilizados como viviendas, y las de los garajes y anejos accesorios de los anteriores, siempre que se transmitan conjuntamente con aquellos. También la ejecución de ciertas obras de renovación, reparación y rehabilitación (nº 5158).

Por último, se aplica el **tipo superreducido** de gravamen del 4%, entre otras operaciones, a las entregas de viviendas que realice el promotor, así como los garajes y anexos accesorios a estas, siempre que se realicen de manera conjunta, cuando se trate de viviendas calificadas de protección oficial.

Obras de renovación, reparación y rehabilitación (LIVA art.91.Uno.2.10º y 91.Uno.3) De especial interés en el ámbito de las comunidades de propiedad horizontal es la tributación al **tipo reducido** de ciertas obras: 5158

a) Las ejecuciones de obra de **renovación y reparación** realizadas en edificios o partes de los mismos destinados a viviendas, cuando se cumplan los siguientes requisitos:

• Que el destinatario sea persona física o no empresario o profesional o una comunidad de propietarios.

• Que la construcción o rehabilitación de la vivienda haya concluido al menos 2 años antes del inicio de las obras.

• Que la persona que realice las obras no aporte materiales para su ejecución o, en el caso de que los aporte, su coste no exceda del 40% de la base imponible de la operación.

b) Las ejecuciones de obra, con o sin aportación de materiales, consecuencia de contratos directamente formalizados entre el promotor y el contratista que tengan por objeto la **construcción o rehabilitación** de edificaciones o partes de las mismas destinadas principalmente a viviendas, incluidos los locales, anejos, garajes, instalaciones y servicios complementarios en ellos situados.

Se consideran destinadas principalmente a viviendas las edificaciones en las que, al menos, el 50% de la superficie construida se destine a dicha utilización.

c) Las ejecuciones de obra, con o sin aportación de materiales, consecuencia de contratos directamente formalizados entre las comunidades de propietarios de las edificaciones, o partes de las mismas destinadas principalmente a viviendas, incluidos los locales, anejos, garajes, instalaciones y servicios complementarios en ellos situados, y el contratista, que tengan por objeto la **construcción de garajes** complementarios de dichas edificaciones, siempre que dichas ejecuciones de obra se realicen en terrenos o locales que sean elementos comunes de dichas comunidades y el número de plazas de garaje a adjudicar a cada uno de los propietarios no exceda de dos unidades.

Precisiones El **concepto de rehabilitación** se determina en la propia Ley a efectos de este impuesto (LIVA art.20.22º.B).

5160 **Cuotas soportadas por la comunidad: deducción por el comunero** Una cuestión que se plantea con cierta frecuencia en las comunidades de propietarios es si las cuotas del IVA soportadas directamente por las comunidades de propietarios en régimen de propiedad horizontal por la adquisición de bienes y servicios pueden deducirse por los **propietarios** singulares de los pisos o locales cuando estos sean **empresarios o profesionales sujetos al IVA**.

A tal efecto, la DGT ha señalado que, de forma excepcional y cumpliendo ciertas condiciones, estos pueden **deducir el impuesto que les ha sido repercutido**, siempre que se trate de empresarios o profesionales que cumplan los demás requisitos para efectuar la deducción -LIVA art.92 s.-. Se exige además que la comunidad que aparece como destinataria en la factura no tenga la condición de empresario o profesional, de forma que no pueda deducirse las cuotas que soporta (DGT 19-10-05; CV 24-5-10;21-08-17).

Esta cuestión se trata más extensamente en nº 5270.

5162 **Arrendamiento de local a un tercero** El arrendamiento de un local por la comunidad se considera una prestación sujeta y no exenta, gravable al **tipo general**.

El impuesto en este caso debe **liquidarse y repercutirse** al arrendatario, así como cumplir todas las obligaciones formales consiguientes.

Téngase en cuenta que el **arrendamiento con opción de compra** de edificios o partes de los mismos destinados exclusivamente a viviendas, incluidas las plazas de garaje, con un máximo de dos unidades, y anexos que se arrienden conjuntamente, tributan al tipo reducido del IVA (LIVA art.91.Uno.2.11º), en caso de no estar exento.

En cuanto a **deducción de las cuotas soportadas**, se establecen ciertas limitaciones al derecho a deducir (LIVA art.95): solo se permite la deducción de las cuotas soportadas cuando tengan una afección directa y exclusiva a las operaciones gravadas. Por tanto, en su declaración solo podrá deducirse aquellas que sean exclusivas para el local -puede darse el caso de una acometida eléctrica especial u otros supuestos- (DGT CV 30-4-09).

Ver también lo que se expone en nº 5273 s.

5170 **Compatibilidad entre ITP y AJD e IVA** Como se ha indicado, algunas transmisiones vendrán gravadas por ITP y otras por IVA y aquellas que vienen gravadas por IVA también deberán pagar AJD si son actos valuables e inscribibles. Ello es así porque se exime del AJD a las operaciones que tributan por ITP como transmisiones patrimoniales onerosas o como operaciones societarias o las que tributan por el impuesto sobre sucesiones y donaciones, pero no se establece esta incompatibilidad en el caso del IVA (LITP art.31.2), todo ello con la finalidad de evitar una **doble tributación** y atendiendo siempre a lo dispuesto en LGT art.3.3, que formula los principios de la ordenación y aplicación del sistema tributario: proporcionalidad, eficacia y limitación de costes indirectos.

Los supuestos de compraventa de edificaciones en general pueden suscitar **duda sobre su sujeción** al ITP o al IVA.

5172 Se resumen los distintos **supuestos** en el siguiente cuadro:

Venta por particular no empresario (tanto si el vendedor la compró, como si la heredó)	Sujeta a TPO, no sujeta IVA
Venta por empresario, en construcción, sin terminar	Sujeta y no exenta IVA, tributa también por AJD si se vende en escritura pública
Venta por empresario, terminada, 1ª transmisión	Sujeta y no exenta IVA, tributa también por AJD si se vende en escritura pública

Venta por empresario, terminada, 2ª transmisión	Sujeta y exenta IVA, pero con posibilidad de renuncia a la exención. No estará exenta si el comprador era ya inquilino con opción de compra de empresa de arrendamiento financiero, si es inmediatamente posterior a una rehabilitación o si el destino del inmueble es su inmediata demolición -en este caso, se considera que el objeto real de la compra es el solar-
Venta por empresario para rehabilitación	Sujeta y no exenta IVA, tributa también por AJD si se vende en escritura pública
Venta para demolición y nueva promoción	Sujeta y no exenta IVA, tributa también por AJD si se vende en escritura pública

Hay que tener en cuenta que se considera **primera transmisión** la de aquella edificación: 5173
- que no ha sido nunca utilizada;
- que ha sido utilizada por el propio promotor, pero menos de 2 años;
- que ha sido usada por el propio comprador como arrendatario;
- que se vende por primera vez después de rehabilitarla.

Precisiones Hay que matizar que el **concepto de rehabilitación** aquí usado es el estricto: reparación que afecte a la estructura, fachada o cubiertas o implique un coste superior al 25% del valor del edificio antes de la rehabilitación (LIVA art.20.Uno.22º.B y 91.3.1º; DGT Resol 5-3-97).

Se considera **segunda transmisión** la de aquella edificación: 5174
- que ha sido usada por el promotor más de 2 años; o
- que ha estado arrendada a tercero -no al actual adquirente- más de 2 años.

En cuanto a la **renuncia a la exención**, debe constar comunicada con anterioridad o simultáneamente a la entrega de los bienes (precaución con la escritura pública) y puede dar lugar a la inversión del sujeto pasivo, liquidando e ingresando el importe directamente el adquirente, aunque es supuesto poco probable en el caso de las comunidades de propietarios, por no ser entidades empresariales.
Se condiciona a que ambas partes sean sujetos pasivos de IVA -empresarios, en los términos de LIVA, que son más amplios que en otros impuestos- y no estén sujetos a prorrata.

3. Impuesto sobre la renta de las personas físicas

El impuesto de la renta de las personas físicas (**IRPF**) es un impuesto directo de naturaleza personal. 5180

Titularidad de bienes inmuebles (LIRPF art.6.2 y 85; LCI art.7) Una de las premisas básicas de las que parte la vigente normativa es que la mera titularidad de un bien inmueble deja de ser considerada rendimiento del capital inmobiliario, pasando a considerarse **imputación de rentas**. 5182
Dentro de este ámbito, el mero uso y disfrute de la **vivienda habitual** que pertenece a la titularidad dominical del declarante no genera renta alguna imputable al IRPF.
Así pues, solo tributan por IRPF aquellos inmuebles que no sean vivienda habitual del contribuyente. En el ámbito de la comunidad de propietarios puede ser el caso de un piso o local privativo que sea propiedad de la comunidad de propietarios y que no se encuentre arrendado a un tercero (nº 5192).
En este caso, la **regla general** es que el cálculo de la cantidad imputable por estas rentas se determina aplicando el 2% al valor catastral del inmueble, determinándose en proporción al número de días a disposición de la comunidad en cada período impositivo. Ese **tipo** se reduce al 1,1% si el valor catastral del inmueble ha sido objeto de revisión en el período impositivo o en los 10 anteriores, de conformidad con RDLeg 1/2004. Si el inmueble en cuestión carece de valor catastral, la base se determina al 50% de su valor a efectos del impuesto de patrimonio, aplicándosele como porcentaje el 1,1%.
No es posible deducir ningún **gasto** de la renta imputada.

Retención por rendimientos del trabajo del personal Dentro del contenido del IRPF, hay que destacar que se encuentran sujetos a retención e ingreso a cuenta los rendimientos del trabajo de las personas físicas (RIRPF art.75 s.). La obligación de efectuar las retenciones recae sobre toda aquella persona física o jurídica, o entidad sin personalidad, como las comunidades de propietarios, que abonen rentas sujetas al IRPF (LIRPF art.89.2; RIRPF art.75). Estos sujetos y entidades deben ingresar en el Tesoro las cantidades retenidas o que correspondan a pagos a cuenta por retribuciones en especie, determinados con carácter general en LGT art.35 y 37 y, específicamente, en LIRPF art.99.2. Estas **declaraciones** han 5185 de presentarse en los 20 primeros días de los meses de abril, julio, octubre y enero ante la delegación o administración de la Agencia Estatal de Administración Tributaria del domicilio fiscal del retenedor. Además, durante el mes de enero del año siguiente debe presentarse **resumen anual** de las retenciones e ingresos a cuenta efectuados durante el año.

5186 **Cálculo de la retención** Lo primero que tiene que hacer la comunidad de propietarios que tenga personas empleadas es comprobar si existe **obligación de retener**, para lo que será preciso que el importe anual de los rendimientos del trabajo supere ciertas **cuantías** previstas reglamentariamente (RIRPF art.81 redacc RD 142/2024).

A continuación, debe proceder a **calcular la base** sobre la que efectuar la retención, para lo que se toman en consideración:

- por un lado, la cuantía total de las retribuciones del trabajo a percibir a lo largo del año, tanto dinerarias como en especie; y,
- por otro, las circunstancias personales y familiares del contribuyente.

En relación con este último punto, los trabajadores deben comunicar a la comunidad la **situación personal y familiar** que influye en el cálculo el tipo de retención, que pueden llegar incluso a suponer que se encuentren exentos de retención. Esta **comunicación** se realiza mediante la cumplimentación por el trabajador del modelo 145 de comunicación de datos del perceptor de rentas del trabajo a su pagador (LIRPF art.99.10; RIRPF art.88; AEAT Resol 23-1-12). La falta de esta comunicación de circunstancias personales y familiares, o de su variación, determinará que el cálculo del tipo de retención se efectúe sin tener las mismas en consideración. No es posible la **regularización** por variación de las circunstancias personales o familiares sin comunicación o solicitud expresa del contribuyente (AEAT Resol 25-3-02).

De la cantidad resultante deben descontarse una serie de importes, entre los que se encuentran por ejemplo las **cotizaciones** a la Seguridad Social a cargo del trabajador (RIRPF art.83.3 redacc RD 142/2024).

Si la base calculada conforme a lo señalado resulta positiva, la cuota de la retención se obtendrá aplicando a la misma los porcentajes que se recogen en RIRPF art.85.

5187 El **tipo** aplicable a la retención (expresado con dos decimales) se fija a través de la siguiente fórmula:

$$\frac{\text{cuota de la retención}}{\text{cuantía total de las retribuciones a percibir en el año}} \times 100$$

Al margen de todas las operaciones indicadas, se establece que cuando los **contratos o relaciones laborales sean de duración inferior al año**, el tipo de retención no puede ser inferior al 2% (RIRPF art.86.2 redacc RD 31/2023). Junto a ello cabe señalar que el tipo de retención será el fijo del 15%, cuando las cantidades satisfechas respondan a **retribuciones atrasadas**.

Una vez obtenido el tipo de retención, este se aplica a las diferentes retribuciones que se vayan abonando, dando así cumplimiento a la obligación de retener. A pesar del régimen expuesto, los contribuyentes, es decir, los perceptores de los rendimientos del trabajo, pueden solicitar en cualquier momento a su empleador o pagador que se les aplique un **tipo de retención superior** al resultante, siempre que lo hagan por escrito, y al menos 5 días antes de la realización de las nóminas. En estos casos, el tipo superior se aplicará como mínimo a lo que reste de año, y, salvo que hubiera renuncia a dicho tipo superior, o se solicitase su incremento, a ejercicios venideros (RIRPF art.88.5).

5188 **Retribuciones en especie** (RIRPF disp.adic.2ª) En cuanto a la **valoración y pago a cuenta** de las cantidades satisfechas en especie, se calcula aplicando el tipo de retención a la base formada por el valor de la retribución obtenido conforme a lo dispuesto en LIRPF art.43 y 101, o, a solicitud del pagador, por la valoración que de la misma realice la Administración tributaria.

Precisiones En el caso de las comunidades de propietarios es importante detallar un ejemplo práctico como es la **indumentaria del conserje** de la finca: el coste de dicho vestuario no tiene la consideración de retribución en especie, ya que su destino no es el uso particular del mismo, sino únicamente en horario de trabajo (DGT CV 24-4-18).

5189 **Cuota diferencial** (LIRPF art.79) Los **pagos a cuenta** serán deducidos en la liquidación del impuesto de la cuota líquida total para determinar la cuota diferencial.

5190 **Certificado de retenciones** (LIRPF art.105.1; RIRPF art.108.3 y 4) La comunidad está obligada a facilitar un certificado de las retenciones e ingresos a cuenta antes de que se abra el plazo de declaraciones. Ello no obsta que, además, deba comunicar al empleado las retenciones y pagos a cuenta que se efectúan cada vez que se satisfaga una retribución.

Arrendamiento de elementos integrantes de la propiedad horizontal Con cierta frecuencia una comunidad de propietarios concede en arrendamiento un piso o local del inmueble con carácter común o procomunal, ya sea a terceros ajenos a la comunidad, ya a alguno de sus miembros. **5192**
Menos habitual es el supuesto en el que el arrendatario es la comunidad, contratando con alguno de sus miembros singularmente considerado -p.e alquiler de un local para la celebración de las juntas de propietarios-. Las cantidades que se satisfacen o cobran en estos casos tienen la condición de **rendimientos del capital inmobiliario**, estando sujetas al IRPF (LIRPF art.22 s.).
Las **cantidades que perciba la comunidad** por este concepto, habrán de ser imputadas, una vez descontados los gastos deducibles, a cada uno de sus miembros conforme a la cuota de participación que tengan establecida en el título constitutivo, quienes deberán tributar por ellas en el IRPF. Entre los mencionados **gastos deducibles** se encuentran los de conservación y mantenimiento del elemento, los correspondientes al seguro, etc. (LIRPF art.23 redacc L 12/2023 ; RIRPF art.13 s.).

Por otro lado, cuando la **comunidad es la arrendadora** debe soportar que el arrendatario le retenga el 19% del rendimiento del capital, constituido por el importe de todos los conceptos que se satisfagan al arrendador, excluyendo la cantidad del precio correspondiente a IVA. **5193**
Debe tenerse en cuenta que no están sujetas a retención, entre otras, las rentas de alquileres de viviendas que realicen las empresas para sus **empleados**; ni aquellos supuestos en los que las cantidades satisfechas por el arrendatario a un mismo arrendador no superen los 900 euros anuales (RIRPF art.75.3 g).
El arrendamiento de elementos comunes se expone con mayor detalle en nº 5345 s.

Desafectación y venta de elementos comunes Al margen de las consideraciones efectuadas sobre la desafectación de elementos comunes al examinar el impuesto de transmisiones patrimoniales y actos jurídicos documentados (nº 5131 s.), hemos de significar ahora que la venta, previa desafectación, de un elemento común dará lugar a una **ganancia -o pérdida- patrimonial**, cuyo importe se calculará por cada propietario, que deberá calcular los valores de adquisición y transmisión que proporcionalmente les correspondan, en función de los **coeficientes de participación** en la comunidad, anterior y posterior a la segregación. **5195**
Dicha ganancia debe declararse en su renta particular, en la proporción correspondiente, por cada uno de los propietarios integrantes de la comunidad como **rentas del ahorro**, estando sujetos actualmente a una escala que va del 19 al 28% (LIRPF art.66).
La gran dificultad en estos supuestos estriba en determinar el **precio de adquisición** del elemento común en cuestión, ya que cada propietario cuando compra su piso o elemento privativo, adquiere simultáneamente un coeficiente en elementos comunes, sin que el precio fijado por la compraventa desglose la proporción que corresponde a uno y a otros.
Lo más razonable parece computar qué proporción de metros cuadrados de elementos comunes corresponden a cada propietario, sumar dichos metros a la superficie del piso o local y calcular proporcionalmente la parte del precio de la compraventa que correspondía a dichos elementos comunes, aplicándolo luego a la superficie del elemento desafectado.
La comunidad de propietarios como ente en régimen de atribución de rentas deberá presentar una **declaración informativa** (LGT art.35.3 y 4), notificando también a sus miembros la renta atribuible a cada uno de ellos (DGT CV 18-6-07).
La desafectación y venta de elementos comunes se expone con mayor detalle en nº 5330 s.

Deducción por obras de mejora de la eficiencia energética de viviendas (LIRPF disp.adic.50ª redacc RDL 8/2023) Los propietarios de **edificios predominantemente residenciales** en régimen de propiedad horizontal pueden beneficiarse de las siguientes deducciones desde 5-10-2021 hasta el 31-12-2024. **5200**
• Deducción del 20% de las cantidades satisfechas durante este periodo por obras destinadas a la reducción de la **demanda de calefacción y refrigeración,** siempre que la comunidad alquile la vivienda antes del 31-12-2025. No todas las obras dan pie a aplicarse la deducción, sino únicamente aquellas en las que se obtenga una reducción del 7% de los indicadores de demanda de calefacción y refrigeración del certificado de eficiencia energética de la vivienda. La base máxima anual de esta deducción es de 5.000 euros anuales.
• Deducción del 40% de las cantidades satisfechas durante dicho periodo por obras destinadas a la mejora en el consumo de **energía primaria no renovable**, siempre que la comunidad alquile la vivienda antes del 31-12-2025. Para que las obras dan pie a aplicarse la deducción, es imprescindible:
- una reducción del **consumo de energía** primaria no renovable, referida a la certificación energética, de un 30%, como mínimo; o

- la mejora de la **calificación energética** del edificio para obtener una clase energética A o B, en la misma escala de calificación, respecto del expedido antes del inicio de las mismas.
La deducción debe practicarse en los periodos impositivos 2021, 2022 y 2023, respecto a las cantidades satisfechas en cada uno de ellos, siempre y cuando el certificado se expida antes de que finalicen y, en todo caso, antes de 1-12-2024.
La base máxima anual de esta deducción es de 7.500 euros anuales.
• Deducción del 60% de las cantidades satisfechas durante dicho periodo por obras de **rehabilitación energética**, siempre que la comunidad alquile la vivienda antes del 31-12-2025.
Para que las obras dan pie a aplicarse la deducción es imprescindible que se cumplan los mismos requisitos que en la deducción anterior.
La deducción debe practicarse en los periodos impositivos 2021, 2022 y 2023, respecto a las cantidades satisfechas en cada uno de ellos, siempre y cuando el certificado se expida antes de que finalicen y, en todo caso, antes de 1-12-2024.
La base máxima anual de esta deducción es de 5.000 euros anuales. No obstante, las cantidades satisfechas no deducidas por exceder de la base máxima anual de deducción podrán deducirse, con el mismo límite, en los cuatro ejercicios siguientes, sin que en ningún caso la base acumulada de la deducción pueda exceder de 15.000 euros.
La deducción debe practicarse en los periodos impositivos 2021, 2022, 2023, 2024 y 2025 respecto a las cantidades satisfechas en cada uno de ellos, siempre y cuando el certificado se expida antes de que finalicen y, en todo caso, antes de 1-1-2026.
En todos los casos, es precisa la **acreditación** mediante certificado de eficiencia energética, respecto del expedido antes del inicio de las mismas.

4. Tributos locales

5215 **Impuesto sobre bienes inmuebles** El impuesto sobre bienes inmuebles (IBI) es un impuesto local de naturaleza real, habida cuenta de que grava el valor de los bienes inmuebles, en principio, con independencia de las circunstancias particulares del sujeto pasivo, aunque existen **bonificaciones** hasta el 90% para las familias numerosas y otras temporales para los promotores.
El **sujeto pasivo** de este impuesto en las comunidades de propietarios es cada uno de sus integrantes.
La **base imponible** del impuesto viene determinada por el valor catastral fijado por la Administración para bienes inmuebles. A dicha base se le aplican una serie de **reducciones** previstas en la Ley para la obtención de la denominada base liquidable (LHL art.66 s.).
A la base liquidable se le aplica un **tipo de gravamen** mínimo igual al 0,40%. Este tipo de gravamen puede ser incrementado por los ayuntamientos dentro de ciertos límites (LHL art.72), así el máximo es el 1,10% para urbanas, siendo ampliables en algún otro supuesto como, por ejemplo, en el 0,07% para capitales de comunidades autónomas.
Las ordenanzas fiscales pueden regular **bonificaciones** de hasta el 50% de la cuota íntegra del impuesto a favor de los inmuebles en los que se hayan instalado (LHL art.74.5 y 7):
- sistemas para el **aprovechamiento térmico o eléctrico** de la energía proveniente del sol;
- **puntos de recarga** para vehículos eléctricos.
El **devengo** del impuesto se produce el 1 de enero de cada año y el período impositivo coincide con el año natural.
El IBI se gestiona a partir del padrón anual que elabora la Administración del Estado con los datos que obtiene de los diferentes catastros inmobiliarios. Una vez se recibe este padrón, son los ayuntamientos quienes se encargan de la **gestión tributaria**, procediendo a las correspondientes liquidaciones, así como a la recaudación y devolución, en caso de que sea esta pertinente (LHL art.77).

5216 **Obligación de comunicación** (LHL art.76; LCI art.13 y 14) Junto a lo anteriormente expuesto, los sujetos pasivos del IBI tienen la obligación de comunicar:
a) Las **obras** que se efectúen de nueva construcción, ampliación o demolición total o parcial en el plazo de 2 meses a contar desde el día siguiente a la terminación de las obras.
b) Las **modificaciones de destino** de sus bienes inmuebles que no impliquen la realización de obras en el plazo de 2 meses a contar desde la autorización o licencia administrativa para proceder al mismo.
c) Los **cambios de titularidad**, y los supuestos de segregación, agregación o división de los bienes inmuebles el día siguiente a la fecha en la que se realice la escritura pública o se suscriba el documento que formalice la variación.

La comunicación de estos datos se realiza mediante **declaraciones** de alta, baja, o variación que se presentan ante el Centro de Gestión Catastral y Cooperación Tributaria -modelo de declaración catastral 900D-, y en algunos casos se delega en los ayuntamientos.
El **incumplimiento** de esta obligación constituye una infracción tributaria simple.

Referencia catastral La referencia catastral debe figurar en las escrituras o documentos en que se formalicen **actos o contratos de trascendencia real**, relativos al dominio y demás derechos reales sobre bienes inmuebles, así como en aquellos en los que se ponga de relieve una alteración física, jurídica o económica en los mismos. **5217**
Junto a ello, se establecen **tasas** por la inscripción y por la acreditación catastral. La primera se devenga cuando se solicita la inscripción, debiendo autoliquidarse por el interesado, presentándose ante la Gerencia Territorial del Catastro o la entidad territorial que actúe por delegación. La segunda se devenga cuando se haga entrega del documento acreditativo, correspondiendo su gestión y liquidación a la Dirección General del Catastro, o a las gerencias territoriales que expidan el documento.

Impuesto sobre el incremento del valor de los terrenos de naturaleza urbana **5218**

El impuesto sobre el incremento del valor de los terrenos de naturaleza urbana (IIVTNU), conocido como plusvalía municipal, es un impuesto local, cuyo objeto es hacer partícipe a la comunidad de las plusvalías que experimentan los **terrenos** por causas ajenas a la actuación de su titular (LHL art.104).
Este incremento de valor se pone de manifiesto en el momento en el que se procede a la transmisión de un bien inmueble de naturaleza urbana o a la constitución de derechos reales limitados sobre el mismo. De ahí que estas operaciones se erijan como **hechos imponibles** del tributo.
En cuanto a la determinación del **sujeto pasivo** del mismo, depende de si la operación se realiza a título gratuito u oneroso. Si lo es a título gratuito lo será el adquirente, mientras que si se efectúa a título oneroso es el transmitente.
Se contempla, como **supuesto de no sujeción** para las transmisiones de terrenos, el caso en el que se constate la inexistencia de incremento de valor del terreno entre la fecha de adquisición y la de transmisión. Para acreditar la inexistencia de incremento de valor, el interesado -sujeto pasivo- debe declarar la transmisión y aportar los títulos que documenten la transmisión y la adquisición (LHL art.104.5).
Están **exentas** del impuesto las aportaciones realizadas por los cónyuges a la sociedad de gananciales, así como las transmisiones que se realicen entre ellos o a favor de sus hijos como consecuencia del cumplimiento de sentencias en los casos de nulidad, separación o divorcio. También están exentas las operaciones de constitución de servidumbres (LHL art.105).

Para la determinación de la **base imponible** se prevén dos posibilidades (LHL art.107 redacc RDL 8/2023): **5219**
a) Un **sistema objetivo** en el que la base imponible se calcula multiplicando el valor catastral del terreno en el momento del devengo por el coeficiente que corresponda al periodo de generación -número de años a lo largo de los cuales se ha puesto de manifiesto el incremento de valor- (LHL art.107.4 redacc RDL 8/2023).
A efectos de determinar el valor del terreno en el momento de devengo del impuesto en las transmisiones de terrenos, se prevé la posibilidad de que los ayuntamientos establezcan en la ordenanza fiscal un coeficiente reductor sobre el valor catastral, que pondere su grado de actualización, con el máximo del 15%.
b) Un sistema de e**stimación directa** del incremento de valor. Cuando, a instancia del sujeto pasivo, se constate que el importe del incremento de valor determinado por diferencia entre los valores del terreno en las fechas de transmisión y adquisición es inferior al importe de la base imponible determinada con arreglo al sistema objetivo, se tomará como base imponible el importe de dicho incremento de valor.

Precisiones La jurisprudencia y la doctrina no han sido pacíficas respecto al tratamiento de **transmisiones en las que no existe un incremento de valor**, acreditándose una pérdida patrimonial, considerando en unos casos que el hecho imponible se producía siempre, siendo de aplicación para el cálculo de la base imponible, en todo caso, lo dispuesto en LHL art.107.2, mientras que en otros casos, cada vez con más frecuencia, se entendía que no se producía el hecho imponible del impuesto y este no podía exigirse. El Tribunal Constitucional vino a resolver la cuestión al declarar la inconstitucionalidad y nulidad de ciertos preceptos de la LHL únicamente en la medida en que sometían a tributación situaciones de inexistencia de incrementos de valor (TCo 59/2017).
Posteriormente se declararon inconstitucionales y nulos los preceptos que regulaban el **cálculo de la base imponible** del impuesto -LHL art.107.1 párr 2º, 107.2 a y 107.4- (TCo 182/2021). En consecuencia, se aprobó el RDL 26/2021, que incorporaba como supuesto de no sujeción al impuesto el

de inexistencia de incremento de valor (LHL art.104.5), así como un nuevo sistema de cálculo de la base imponible, que da al contribuyente dos opciones, para que opte por la más beneficiosa (LHL art.107 redacc RDL 8/2023).

La nueva norma no tiene carácter retroactivo por lo que se crea un vacío legal para las **operaciones celebradas entre el 26-10-2021 y el 10-11-2021** (respectivamente, fecha de publicación de la sentencia TCo 182/2021 y de entrada en vigor del RDL 26/2021). La mayor parte de la doctrina considera que en las operaciones efectuadas dentro de ese periodo no hay que liquidar el impuesto. Sí se mantiene, no obstante, la obligación de comunicar al ayuntamiento la transmisión, pero esto, según se deduce de la correspondiente escritura de transmisión, ya lo ha debido hacer el notario. Es conveniente contrastar, en cualquier caso, el acuse de recibo por parte del ayuntamiento. Si esto es así, no hay que hacer nada más; en caso contrario, bastaría con presentar un escrito de comunicación.

5220 A la base resultante se le aplica el **tipo de gravamen** que fijen los ayuntamientos, dentro de unos márgenes -horquilla de máximos y mínimos- fijados legalmente (LHL art.108).

El **devengo** del impuesto se produce, si se trata de actos *inter vivos*, cuando se transmita la propiedad o en la fecha en la que tenga lugar la constitución o la transmisión del derecho gravado; mientras que, si se trata de actos *mortis causa*, en la fecha del fallecimiento del causante.

Los sujetos pasivos del impuesto deben **comunicar al ayuntamiento** la realización del hecho imponible en el plazo de 30 días, si es un acto *inter vivos*, o de 6 meses, prorrogable a un año, si es *mortis causa*. El ayuntamiento procede entonces a liquidar el impuesto, comunicando el resultado y concediendo un plazo para que se proceda al ingreso. Si se opta por implantar un sistema de **autoliquidación**, los sujetos pasivos deben proceder a la misma en los plazos de comunicación antes indicados.

La **falta de comunicación** se considera infracción grave y deriva de ella una sanción porcentual sobre la cuota.

Precisiones Ha de tenerse en cuenta que los notarios autorizantes de las escrituras remiten **copia electrónica** de ellas a las diversas Administraciones tributarias afectadas, por lo que los ayuntamientos y otros organismos obtienen los datos antes de que les sean presentadas las declaraciones por los obligados.

5223 **Impuesto sobre construcciones, instalaciones y obras** (LHL art.100) El impuesto sobre construcciones, instalaciones y obras (ICIO) es un impuesto municipal de carácter indirecto que grava la realización de cualquier construcción, instalación u obra para la que se exija la obtención de la correspondiente **licencia municipal de obra**.

El **sujeto pasivo** es el propietario del inmueble en el que se vayan a efectuar las operaciones indicadas, siempre que este resulte ser el titular dominical de las obras una vez estas se materialicen, en caso contrario, lo será quien resulte propietario de las innovaciones. Tendrán la condición de sujetos pasivos **sustitutos** las personas que soliciten las licencias o realicen las obras, si son distintas a las anteriormente citadas.

La **base imponible** se determina por el coste real de la construcción, instalación u obra (LHL art.102.1).

Precisiones En relación a la **determinación de la base**, se ha señalado que debe tenerse en cuenta única y exclusivamente el coste de ejecución material de la obra. Por consiguiente, deben excluirse del mismo el IVA y demás impuestos análogos propios de regímenes especiales, así como las tasas, precios públicos y demás prestaciones patrimoniales de carácter público local relacionados con dichas construcciones, instalaciones y obras. Tampoco forman parte de la base imponible los honorarios profesionales y el beneficio industrial, el valor de la maquinaria y de las instalaciones. Algunos ayuntamientos tienen publicadas unas **tablas de valores** al efecto que toman como referencia para la determinación de la base del impuesto; no obstante, no pueden aplicarse baremos o tablas de valores fijados por el ayuntamiento con carácter general y objetivo para determinar la liquidación provisional, si el proyecto de obras presentado ha sido visado por un colegio oficial (TSJ Cataluña 4-2-08, EDJ 35532; TSJ C.Valenciana 19-1-15, EDJ 28768).

5224 A dicha base se le aplica el **tipo de gravamen** fijado por el ayuntamiento con un máximo del 4% (LHL art.102.3).

El **devengo** del impuesto se produce en el momento en el que se inician las obras en cuestión, aun cuando no se haya obtenido la correspondiente licencia (LHL art.102.4).

En la práctica, el impuesto **se gestiona** de la siguiente manera (LHL art.103):

• En el momento de procederse a la solicitud de la correspondiente licencia, el ayuntamiento practica una **liquidación provisional** sobre la base del presupuesto presentado, en el caso de que este se encuentre visado por un colegio oficial. De otro modo, la base vendría determinada por la estimación que realicen los técnicos municipales a la vista del proyecto de obras.

• Una vez concluidas las obras, el ayuntamiento realiza la **liquidación definitiva**, atendiendo al coste efectivo o real de las obras, procediendo a continuación a instar al sujeto pasivo a que ingrese, o devolviéndole, según los casos, la diferencia que exista con el resultado de la liquidación provisional.

Precisiones El ayuntamiento no puede establecer **distintos tipos de gravamen** para diferentes tipos de construcciones, instalaciones u obras (DGT CV 23-1-18).

B. Obligaciones formales

5240

La LGT art.17 distingue entre obligaciones materiales y obligaciones formales. Las primeras se refieren básicamente a los **pagos** al Tesoro Público y las segundas son las que se imponen a los obligados, sin carácter pecuniario, relacionadas con las **actuaciones y procedimientos** (LGT art.29). 5242

Se trata de declarar ciertos hechos o actos con trascendencia tributaria, de pedir y utilizar el número de identificación fiscal, de expedir y entregar facturas, certificados de retenciones, presentar autoliquidaciones, etc.

La comunidad de propietarios se encuentra entre estos entes que, sin tener personalidad jurídica, se les considera como **obligados tributarios** (LGT art.35.4). Aunque la Ley no lo mencione, también puede ser sujeto de derechos en la relación tributaria, aunque solo se trate para obtener rectificaciones y devoluciones.

Hay varias **actuaciones con trascendencia fiscal** que se presentan o pueden presentarse en la constitución y funcionamiento cotidiano de las comunidades de propietarios. En unos casos aparecerá como **sujeto pasivo** del acto sometido a tributación, lo que debe ponerse en relación con el tema de la carencia de personalidad jurídica de este tipo de comunidades y en otras aparecerá como **obligado tributario**, normalmente retenedor.

Se pueden hacer consideraciones genéricas sobre la repercusión de las diversas figuras tributarias en la propiedad horizontal, teniendo en consideración no solo a esta como colectivo, sino también desde un punto de vista personal de cada uno de sus miembros.

1. Constitución

Puesto que va a existir en el tráfico jurídico, la comunidad de propietarios debe obtener un **número de identificación fiscal** y comunicar a la Administración tributaria sus obligaciones fiscales. 5245

Actualmente el **modelo 036** es el previsto para estas y muchas otras situaciones, ya que es casi omnicomprensivo. Existe también un **modelo simplificado 037**, que permite algunas altas y variaciones.

De las muchas opciones y casillas que contiene el modelo, algunas son inadecuadas para este tipo de entidad, pero una declaración completa implica cumplimentar muchas de ellas.

En cualquier caso, conviene destacar el hecho de que al constituir las comunidades de propietarios entes que, pese a carecer de personalidad jurídica, son objeto de imposición e imputación tributaria, por constituirse en auténticas unidades económicas susceptibles de actuar como tales en el tráfico jurídico y por ambas razones deben proveerse del correspondiente número de identificación fiscal -modelo 036 o el modelo 037, de declaración simplificada-, mediante **solicitud** ante la delegación de la AEAT del lugar en el que se encuentre ubicada la finca, adjuntando a la misma una copia del acta de constitución de la comunidad de propietarios (RD 1065/2007 art.18 en relación con LGT art.35.4).

Las comunidades de propietarios están obligadas a relacionarse electrónicamente con las Administraciones públicas (LPAC art.14).

Esta relación electrónica comprende tanto las notificaciones como la presentación de documentos y solicitudes a través de registro.

En particular para las **notificaciones tributarias**, esto supone que las comunidades de propietarios deben dotarse del correspondiente certificado digital y configurar su buzón electrónico para poder recibirlas, o bien autorizar a un tercero para que pueda recibir en su nombre las notificaciones que le pudiera enviar la Agencia Tributaria.

En caso de que no proceda de esta forma no podrá acceder a las notificaciones que la Administración le ponga a su disposición en su buzón electrónico, con la consecuencia de que al cabo de 10 días, la Administración considerará que la notificación ha sido válidamente hecha, con todos los efectos legales que de ello se derivan.

Precisiones 1) Las comunidades de propietarios en régimen de propiedad horizontal deben darse de **alta en el censo de obligaciones fiscales**, mediante la presentación del modelo censal (DGT Resol 24-3-98).
2) No hay obligación de comunicar a la Administración el **cambio de comuneros** como consecuencia de un cambio de titularidad de uno o varios de los inmuebles de los que son propietarios los comuneros.

2. Trabajadores

5250 Si la comunidad contrata empleados -conserjes, jardineros, socorristas de piscina, etc.- debe constar como **retenedor** en el mencionado modelo 036, que actualmente se declara en la casilla 700, indicando la fecha de alta, que coincidirá con la de **primera contratación**, en la casilla 720.
En principio, la Agencia Tributaria considerará que a partir de la fecha mencionada recibirá de la comunidad cada trimestre -en los 20 días naturales posteriores a cada trimestre- los ingresos que se han retenido a los empleados, mediante el **modelo 111**.
Por tanto, tras el **cese o despido del empleado**, la comunidad debe comunicar a la Administración Tributaria la baja en su obligación de practicar retenciones.
Corresponde a la comunidad la **iniciativa** de retener al empleado, debiendo reflejarlo en la nómina correspondiente y estando obligada a emitir el **certificado** de retenciones, que debe entregarse al empleado antes de la apertura del plazo de declaración del IRPF (LIRPF art.105.1; RIRPF art.108.3; AEAT Resol 3/2001).

3. Proveedores

5260 **Profesionales** Si la comunidad recibe -o prevé recibir- **facturas** de profesionales sujetas a retención, también debe hacerlo constar, del mismo modo que el expuesto en nº 5250.
En la actual configuración del **modelo 036**, se trataría de consignar el alta en la casilla 701 y la fecha de efecto en la 721.

Precisiones Respecto a las **declaraciones negativas y ausencia de reclamación**, ver nº 5250.

5262 **Arrendadores** Puede darse el caso de que sea la comunidad la que arriende un local propiedad de un tercero para su uso por los comuneros, supuesto en que podría proceder la **retención sobre la renta del alquiler** (DGT 29-3-00).
Hay que recordar que **se exceptúan**, entre otros que no resultan aplicables:
• Cuando se trate de **arrendamiento de vivienda por empresas para sus empleados** (alquiler de vivienda para el conserje).
• Cuando las rentas satisfechas por el arrendatario a un mismo arrendador **no superen los 900 euros anuales** -75 euros mensuales-.
• Cuando el arrendador acredite frente al arrendatario el cumplimiento de la obligación de tributar por alguno de los epígrafes del grupo 861 de la sección primera de las tarifas del **impuesto sobre actividades económicas**, aprobadas por RDLeg 1175/1990 -se refiere a la agrupación 86 «Alquiler de bienes inmuebles», que contiene el 861, «de naturaleza urbana», a su vez dividido en 861.1 «Viviendas» y 861.2 «Locales industriales y otros»- y no resulte cuota cero, o bien, por algún otro epígrafe que faculte para la actividad del arrendamiento o subarrendamiento de inmuebles urbanos, cuando aplicando el valor catastral de los inmuebles destinados al arrendamiento o subarrendamiento las reglas para determinar la cuota establecida en los epígrafes del citado grupo 861, no resulte cuota cero.

4. Comuneros

5270 **Cuotas** Los comuneros, en esta condición, no son propiamente terceros con respecto a la comunidad, sino partícipes, y la comunidad que no ejerce actividades económicas -la mayoría de ellas- no será sujeto pasivo de IVA, ni tampoco podrá repercutir a sus comuneros el que le sea repercutido por sus proveedores de bienes y servicios, sino que actuará como destinatario final y los derramará entre los comuneros, a proporción de su coeficiente.
Por tanto, la obligación será **repartir los gastos** conforme al coeficiente o coeficientes que resulten de sus estatutos -recordemos que hay casos en que el coeficiente de propiedad y el que se aplica a algunos gastos no son coincidentes- sin devengar ni repercutir IVA en ellos.

Este tratamiento resulta adecuado para las **viviendas** de los comuneros, pero resulta inapropiado para los **locales de negocio y despachos**, cuyos titulares son también sujetos pasivos de IVA y para los que las cuotas de la comunidad constituyen un gasto de su actividad profesional o empresarial.
La solución la aporta la regulación de la **adquisición de bienes o servicios en común** por varias personas (LIVA art.97) supuesto en el que se permite la deducción por cada uno. Es posible aplicar este precepto a la comunidad de la propiedad horizontal precisamente porque carece de personalidad jurídica.
Varias consultas a la DGT recogen esta posibilidad, pero exigen que la **factura** que emita el tercero desglose completamente la parte que corresponde a cada uno, con su base y su IVA separado (DGT 19-10-05; CV 24-5-10; CV 13-1-14; 8-9-15).
Evidentemente, cada comunero afectado deberá tener **copia** de esa factura y conservarla en su libro-archivo de facturas recibidas, como requisito para su deducción.

Ejemplo Se acuerda pintar la escalera y tiene un coste de 10.000 euros; los titulares de los bajos, una gestoría y un despacho de abogados, respectivamente, piden que se separe o desglose su factura, para poder deducirse la cuota de IVA repercutida que les corresponde; cada uno de ellos tiene un coeficiente de 4,62%. **5271**
En esquema aproximado de **factura** podría ser:

Esquema de factura que permite la deducción a comuneros con derecho a ella

Comunidad de Propietarios c/...	
NIF...	
Por pintar la escalera de la comunidad, esmalte beige, 1.062 m^2, según presupuesto.	
D. Juan Abogado Fernández	
NIF...	
Coeficiente 4,62% sobre total	462,00
IVA al 21%	97,02
Total	559,02
D. Pedro Gestor Martínez	
NIF...	
Coeficiente 4,62 sobre total	462,00
IVA al 21%	97,02
Total	559,02
Resto comunidad	9.076,00
IVA al 21%	2.023,35
Total	11.099,35
Total bases imponibles y cuotas:	
Base imponible: 10.000 IVA al 21% 2.100	Total a pagar: 12.100

Deben existir tantas **copias** de la factura como comuneros con derecho a deducción, para que cada uno la archive en su libro de facturas recibidas.
Ha de tenerse en cuenta que solo se puede deducir el IVA soportado en la medida en que los bienes y servicios gravados se utilicen en las operaciones sujetas y no exentas, que afecten a la actividad y que así consten en la contabilidad (LIVA art.94 y 95).
Por tanto, si el abogado del ejemplo reside en el departamento, además de utilizarlo como despacho, no podrá deducir toda la cuota de 97,02 euros, sino solo en la proporción que del total departamento use como despacho. En principio, un criterio de proporción sería el de la superficie útil de cada sector (**vivienda** o **despacho**) sobre la total.

Cálculo de proporción de gastos deducibles

Superficie total finca privativa:		170 m^2
Superficie dedicada a despacho:		40 m^2
Servicios comunes (aseo, recibidor, pasillo):		25 m^2
Se toma la superficie de despacho y la mitad de las comunes sobre el total:	$\frac{52,5}{170,0}$	= 30,88%

5273 **Cuotas activas** Aunque no sea el objeto habitual ni el previsto por la Ley, hemos visto que la comunidad puede **alquilar sus locales y servicios a terceros**, actividad que tendrá carácter complementario de la principal, que es la típica como comunidad de propiedad horizontal.
Pero los **rendimientos** que obtenga la comunidad se consideran obtenidos por cada comunero, en proporción a su coeficiente de propiedad -que no siempre coincide con el de gastos- como cualquier entidad en atribución de rentas.

5275 **Otros** Existe también la posibilidad que la comunidad **arriende un departamento u otro bien de su propiedad a un comunero** y son concebibles otras relaciones que obliguen a pagar a un tercero, que puede coincidir con que tenga, además, el carácter de comunero.
En primer lugar, habrá que concluir que existe una **actividad**, que deberá declararse inicialmente a efectos de censo y en cada período por sus rendimientos y obligaciones conexas que se han descrito.
Y el trato entre la comunidad y este comunero sí que debe considerarse como un extraño, ya que es ajeno a su condición de comunero.
Tendrá así **posición activa** -como partícipe de la comunidad, que se beneficiará de parte de estos ingresos, en proporción a su coeficiente- y **posición pasiva**, como perceptor de la cesión o servicios que la comunidad presta.
En tales casos, el administrador de la comunidad deberá emitir anualmente un **certificado** para cada comunero, en que indique el total neto percibido y la proporción (coeficiente) de cada uno sobre la comunidad de bienes en atribución de rentas -identificada también con su NIF- para facilitarle la declaración del IRPF.

5. Otros pagadores

5280 **Arrendatarios** Hay que recordar que, pese a que las propiedades de la comunidad se consideran en realidad bienes comunes, el **NIF** de la comunidad será el empleado en la relación arrendaticia.
El **contrato** deberá suscribirlo el presidente de la comunidad, que es quien ostenta la representación, salvo si existe un apoderamiento para el administrador o un tercero, pero siempre especificando que contrata en nombre de la comunidad, identificada con su NIF.
Los **recibos** indicarán como arrendador a la comunidad -siempre con su NIF- y computarán la **retención** prevista para este concepto (nº 5193).

5282 **Aseguradores** No se prevé ningún tipo de **retención** por este concepto.
Los cobros que se perciban de los aseguradores serán **indemnizaciones por siniestros**, que no implicarán beneficio para la comunidad, sino mera compensación -a veces solo parcial, especialmente si se ha pactado franquicia- de los perjuicios que se habían asegurado.
Cuando se trate de **indemnización de gastos de reparación** en la comunidad, se deberá exhibir la factura a cargo de dicha comunidad, sin perjuicio de los peritajes que se hayan efectuado y las limitaciones de presupuesto fijadas.

5284 **Administración tributaria e IVA** En cuanto a las **obligaciones censales**, de facturación y contables que se establecen para los sujetos pasivos del IVA, nos remitimos a lo dispuesto por LIVA art.164 a 166.
Por último, el impuesto deber ser objeto de **autoliquidación** (modelo 303) por el sujeto pasivo del mismo, para posteriormente presentarse en la entidad colaboradora o delegación de Hacienda del domicilio fiscal correspondiente o en la sede electrónica de la Agencia Tributaria.
El **período de liquidación** coincide con el trimestre natural, presentándose dentro de los 20 primeros días de los meses de abril (primer trimestre), julio (segundo trimestre), octubre (tercer trimestre) y dentro de los 30 primeros días del mes de enero (cuarto trimestre).
Además, tiene que presentarse una **declaración resumen anual** (modelo 390), que se entregará juntamente con la correspondiente al último trimestre del año, salvo que esté excluida de su presentación.
Los **plazos** indicados sirven, a nuestros efectos, tanto para las declaraciones o liquidaciones periódicas, como para las que no tengan dicho carácter (LIVA art.167 s.).

C. Repercusión de cuotas de gastos comunitarios

Viviendas Las viviendas constituyen habitualmente bienes no afectos a actividad económica, por lo que las cuotas comunitarias constituyen **gasto doméstico**, no deducible para ningún impuesto. Ni siquiera el IVA que se devengara en dichas cuotas sería deducible, por ser los comuneros destinatarios finales. 5295
Pero pueden existir **viviendas arrendadas a empresas** para uso de su personal, cuyo arrendamiento devenga IVA. Estos casos se pueden considerar a estos efectos como de locales de negocio, al igual que los departamentos que constructivamente son viviendas, pero se utilizan como despacho profesional o aún como oficina o local de una empresa.

Locales de negocio y viviendas afectas De ordinario, las cuotas que se repercuten a los comuneros no llevan desglosado el IVA, debido a que la comunidad se considera **destinatario final** que repercute a sus comuneros, pero no realiza propiamente entregas o prestaciones de servicios a dichos comuneros, sino que solo reparte los gastos con arreglo a coeficiente. 5297
Las respuestas a consultas a la DGT recogen la posibilidad de **repercutir este IVA a los comuneros** que utilicen el departamento en actividades económicas, o lo arrienden con relación sujeta a IVA (nº 5270).

Cautelas en caso de impago Los impagos, cuando se ha ingresado reglamentariamente la cuota de IVA por el prestador, han comportado siempre una cierta dificultad en la **recuperación de cuotas** (LIVA art.80). 5299
Pero lo habitual será que las cuotas no contengan **IVA separado** (nº 5297).
La **reclamación judicial** destinada al cobro de la deuda puede tener éxito, en cuyo caso el líquido obtenido se destinará a cubrir el gasto o puede que obtenga solo el cobro de una parte, en cuyo caso será el resto de comuneros el que deberá atender la parte no cubierta.
Si se tratara de **cuotas con IVA** -caso, como se ha explicado, no excesivamente habitual- la comunidad podría rectificar la base imponible del IVA y recuperar las cuotas de IVA que han resultado impagadas, lo cual debe hacerse según el procedimiento establecido en la LIVA art.80 y RIVA art.24 redacc RD 1171/2023.
Hay que destacar que si, en el ínterin, el departamento ha cambiado de propietario, como la finca solo responde del año en curso y los tres anteriores, la **diferencia** que se pierda deberá liquidarse a los copropietarios como derrama, incluyendo al nuevo co-propietario, por tratarse de una **deuda común** puesta de manifiesto cuando él ya formaba parte de la comunidad.
En definitiva, el adquirente responde -porque la finca queda afecta- de las deudas del ejercicio corriente y el anterior, pero también, por coeficiente, de las pérdidas generales de la comunidad.

D. Actos de disposición de bienes y derechos

5315

1. Adquisición

Bienes y servicios La comunidad actúa como mera intermediaria en las compras para disfrute de sus comuneros, pero debe cumplir con todos los **requisitos y cautelas**, tanto los que corresponden a un consumidor final, como a un prestador o suministrador. 5317
Así, debe exigir **factura** cuando se den las circunstancias requeridas por el RD 1619/2012 art.2.

Precisiones **1)** En la práctica, casi siempre es posible y recomendable pedir la expedición de factura en lugar del documento sustitutivo **-ticket-**, que tiene la ventaja de describir la operación:
- número y fecha;
- datos completos de expedidor y destinatario, con sus respectivos NIF;
- descripción de la operación, precio unitario, número de unidades y base total;
- tipo aplicable y cuota de IVA resultante;
- importe total.

2) Como ya se ha indicado (nº 5270 s.), para que los **comuneros sujetos del IVA** puedan deducir en su día las cuotas, es necesario que la factura **desglose** la parte de cada uno de ellos.

5320 **Otros inmuebles** (LIVA art.5) En el supuesto de que la transmisión esté sujeta y no exenta de IVA, al destinatario habitualmente le es repercutida la cuota de IVA -salvo casos de inversión del sujeto pasivo-, pero es el vendedor o prestador el sujeto pasivo de este impuesto y son sus circunstancias las que determinarán si la operación viene sujeta a IVA, al que se añadirá el AJD, si ha lugar, o viene sujeta a ITP.

En ambos casos, será la comunidad la que deberá atender la cuota, pero:

• Cuando la venta del inmueble venga **sujeta a IVA**, el vendedor debe emitir factura. En la escritura también se desglosará la base y la cuota de IVA y la escritura, antes de presentarse a inscripción, deberá autoliquidarse en la oficina liquidadora correspondiente al territorio en que se encuentre el inmueble, por AJD.

• Cuando el **vendedor no sea sujeto pasivo del IVA**, la escritura no debe tener aquellos requisitos, pero antes de presentarse a inscripción, debe autoliquidarse igualmente en la oficina liquidadora correspondiente al territorio en que se encuentre el inmueble, por ITP, modalidad transmisiones patrimoniales onerosas según el tipo impositivo establecido por la comunidad autónoma en la que radique el inmueble.

Si la compra determina de forma simultánea o posterior a la compra la **modificación de los coeficientes** de los copropietarios, por modificarse las superficies de los elementos privativos, también deberá tributar por AJD y por el valor de las fincas cuya descripción registral se modifica.

5325 **Bienes privativos para instalaciones de la comunidad** Es una variante del anterior. El **vendedor** será un comunero -o varios- que podría ser sujeto pasivo del IVA y derivar la operación a este régimen si se trataba de un bien afecto a su actividad.

En este caso es seguro que quedan afectados los **coeficientes** de todos los comuneros, al variar la proporciones, por lo que además de la tributación de la compraventa habrá que contar con la de modificación de la de propiedad horizontal.

2. Desafectación y venta

5330 **IVA o ITP** (LIVA art.4; LITP art.7) La desafectación y venta de bienes comunes se grava por **ITP** a cargo del comprador, y, solo en casos puntuales, por IVA y AJD, ya que, siendo el sujeto pasivo del **IVA** el vendedor, solo si este ha venido siendo sujeto pasivo del impuesto y los bienes transmitidos estaban afectos a su actividad económica la operación vendrá gravada por este impuesto.

Sin embargo, el efecto principal de la operación es que se han de variar los **coeficientes** de todos los comuneros, pues ahora existe un nuevo comunero -el adquirente del bien desafectado- y todos los demás deben reducir sus coeficientes en proporción.

La tributación por la cuota variable de la modalidad de **AJD** de la escritura en que se documente la desafectación del elemento común y la reasignación de coeficientes al resto de propietarios, recae sobre **dos convenciones** diferentes:

- la desafectación del elemento común para transformarlo en privativo; y
- la reasignación de coeficientes.

La **desafectación** del elemento común es una operación que se formaliza en un documento notarial, que es valuable y que es inscribible en el registro de la propiedad, por lo que está sujeta y no exenta a la cuota gradual de AJD. En cuanto al **valor** de este documento, que constituye la base imponible del impuesto, es el valor que se le atribuya a la entidad desafectada, sin perjuicio de la comprobación de valor que pudiera efectuar la Administración y del posible valor de referencia publicado en la sede electrónica del Catastro.

La **reasignación de coeficientes** al resto de comuneros, consecuencia necesaria del nacimiento de una nueva entidad a la que se le debe atribuir un coeficiente de copropiedad, es una operación que carece de contenido valuable, ya que no se modifican las superficies del resto, no está sujeta a la cuota gradual del AJD (DGT CV 2-12-15).

5332 **IIVTNU** (LHL art.104) La operación incide en el hecho imponible del impuesto sobre el incremento del valor de los terrenos de naturaleza urbana.

Efectivamente, la comunidad es la titular del suelo urbano sobre el que se asienta el edificio. Cada comunero ostenta un porcentaje de copropiedad -que coincide con el coeficiente que se inscribe y sobre el que se calculan buena parte de los gastos ordinarios y los de inversión u obras- que es el que el ayuntamiento y el Catastro tienen en cuenta al adjudicar el **valor catastral de suelo** de cada departamento, que se utilizan para liquidar el IBI de cada ejercicio y el IIVTNU que se devenga en las transmisiones.

Lógicamente, la **ponencia del Catastro** adjudica un valor al solar y otro al edificio y el apartado de valor de suelo de cada departamento será según el coeficiente inscrito -la suma de los valores de suelo de todos los departamentos deben coincidir con el valor total del suelo-.
Al vender el nuevo departamento, todos están vendiendo una parte de su coeficiente y, por tanto, incurren en el hecho imponible de **transmisión de suelo urbano**.
Cada miembro de la comunidad -recordemos que no tiene personalidad jurídica y todos los actos son de los comuneros- debe presentar **autoliquidación** de la parte de suelo que enajena y tributará de acuerdo con el tiempo transcurrido desde que lo adquirió, en la forma prevista, de forma que las autoliquidaciones no tienen por qué ser similares.
Hay que recordar que este peculiar impuesto tiene en cuenta el **tiempo transcurrido entre la adquisición y la transmisión**, a efectos del cálculo de la base imponible y la cuota a ingresar.

Precisiones La **justificación doctrinal** es que el ayuntamiento ha ido volcando recursos, a lo largo de los años, en bienes y servicios no individualizables, que han mejorado el valor de los solares y de los que el ayuntamiento se reembolsa con este impuesto. Como solo se devenga en las transmisiones, tendría sentido que la cantidad a pagar guarde cierta proporción con el número de años transcurrido.

Ejemplo Una comunidad de un edificio de planta baja más tres pisos, con tres comuneros, cada uno de ellos con coeficiente del 33%, deciden enajenar la planta baja, que era común y la venden en 2022 a un tercero, dejando los coeficientes de todos ellos en un 25%. **5333**
Las ordenanzas fiscales del municipio fijan un tipo aplicable de hasta un 30% sobre la base resultante una vez aplicados los coeficientes.
El comunero A había adquirido el piso en 1977 (periodo de generación máximo de 20 años), el comunero B había heredado el suyo en 2009 (periodo de generación de 13 años) y el comunero C lo compró en 2011 (periodo de generación de 11 años).
El valor catastral de suelo de cada uno era de 24.000 euros (el global de la parcela, de 72.000 euros).
Con la venta, cada uno de los vendedores pierde un 25% de lo que tenía: vende suelo por valor de 6.000 euros y pasa de 24.000 a 18.000 euros.
El adquirente adquiere suelo por 18.000 euros (6.000 de cada uno).
A liquidará 6.000 × (20) × 0,45 × 30/100 = 810 euros.
B liquidará 6.000 × (13) × 0,08 × 30/100 = 144 euros.
C liquidará 6.000 × (11) × 0,08 × 30/100 = 144 euros

IRPF (LIRPF art.35) En los casos de **venta de todo el bien** adquirido en su día, el cálculo de la **ganancia patrimonial** resulta relativamente sencillo: **5335**
- se computa el **precio de compra**, los impuestos y gastos pagados por razón de ella, los costes de las mejoras introducidas -también cabe computar la parte proporcional de las inversiones que haya hecho la comunidad y hayan sido objeto de derrama extraordinaria, siempre en el supuesto de que se traten de efectivas mejoras- y se obtiene el valor de adquisición -en su caso, con las correcciones debidas a la antigüedad de cada pago;
- para el **valor de transmisión** se toma la efectiva cantidad cobrada y se deducen los gastos de la venta que haya satisfecho el sujeto pasivo, incluyendo el impuesto municipal-.

Mayor dificultad supone cuantificar la ganancia o pérdida patrimonial cuando se trata, como en este caso, de una **venta parcial**.
La sencillez del método de cómputo por metros cuadrados aconseja su uso en términos generales, pero puede dar lugar a situaciones injustas o carentes de lógica, pues el coste del metro cuadrado de construcción de un parking no es asimilable al de una vivienda y la expropiación de una esquina del jardín que debía mantenerse libre por aplicación de la normativa urbanística no puede compararse en valor a la parte del solar que está edificada.
Por tanto, lo más apropiado es hacerse un previo **esquema del valor proporcional** de la parte que se ha enajenado en relación a la que se mantiene en titularidad de la comunidad y acogerse a esta proporción. Convendrá conservar estos cálculos, que se efectúan en el momento de la declaración, para utilidad en los casos de comprobación o inspección del IRPF.

3. Expropiación

La expropiación de bienes no deja de ser una forma de transmisión, en este caso forzosa y a favor de un **beneficiario** que será una Administración pública, un concesionario u otra persona física o jurídica en cuyo interés se ha resuelto. **5340**
Por tanto, el **tratamiento fiscal** será el mismo que en las compraventas ordinarias (nº 5104 s.).
Incluso en el caso que el bien expropiado estuviera afecto a una actividad sujeta a IVA, el precio de la expropiación incluirá la cuota correspondiente.

Por tanto, habrá que tener la precaución, al aceptar el justiprecio, de valorar si incluye tal **cuota de IVA**, viniendo obligada la parte expropiada a ingresarla y la percepción neta resulta inferior a la que se ha fijado en el expediente expropiatorio.
También, como en la compraventa de bienes comunes (nº 5335), cada copropietario tendrá que evaluar si ha tenido **pérdidas o ganancias** patrimoniales, en función del precio que pagó en su día por la parte expropiada, usando el método valorativo que resulte el más adecuado si la expropiación es parcial, como será lo habitual.

4. Arrendamientos

5345 La operación, cumplidos los requisitos civiles, no tendría una especial complejidad tributaria, pues la comunidad, provista de NIF, tiene unas propiedades comunes que pueden ser usadas conjuntamente por todos ellos -jardín, piscina- o individualmente por medio de los turnos que se establezcan -sauna, salas para celebraciones-, o cediendo su uso a terceros a cambio de un precio -arrendamiento-.
Para la comunidad, representará un **ingreso**, incluso un ingreso ordinario si existe una habitualidad o un contrato de tracto sucesivo, pero, dado que las comunidades de propietarios no están sujetas al **impuesto sobre sociedades** los mismos se han de atribuir a los comuneros personas físicas, en proporción a su respectiva participación, tributando en su IRPF, en régimen de **atribución de rentas** (LIRPF art.10). sin que quepa, tratándose de vivienda, la **reducción del rendimiento neto** prevista en la LIRPF art.23.2 redacc L 12/2023, para los rendimientos del capital inmobiliario. Si alguno de los comuneros es persona jurídica tendrá que integrar la renta imputada por la comunidad en su impuesto sobre sociedades.
Por tanto, el administrador de la comunidad o quien cumpla estas funciones debe presentar una **declaración informativa**, con detalle de los perceptores finales y extender anualmente, para cada uno, antes del inicio del plazo de declaración del IRPF, un **certificado** en que se hagan constar los ingresos que ha obtenido la comunidad y la participación de cada comunero en ellos de acuerdo con su coeficiente (DGT CV 23-1-08).
Cada comunero, en el apartado de **participaciones en entidades en régimen de atribución de rentas**, debe incluir entre sus ingresos la cantidad resultante, que se computará en la base general del IRPF, como ingreso de capital inmobiliario, aunque sea por medio de la «entidad».

5347 **Comuneros** Una de estas posibilidades que el reglamento puede establecer para los **bienes comunes de uso individual**, para evitar abusos o regular mejor los turnos, es la de arrendamiento por los propios comuneros: el copropietario solicitante paga por el uso del elemento común -por el plazo en que los usa de forma excluyente- y la comunidad -incluido el pagador- percibe estos rendimientos.
Esta cesión de elementos no dedicados a vivienda debe tributar por **IVA**, siendo el sujeto pasivo la comunidad, que lo repercutirá al usuario, el cual le dará el tratamiento fiscal que proceda según si el uso tenía fines profesionales o lúdicos -solo si el uso es profesional podrá deducir la cuota de IVA-.

5349 **Terceros** **a)** El arrendamiento de **vivienda** a un tercero ajeno a la comunidad de propietarios, resulta una variedad bastante habitual, por ejemplo, en el momento en que queda desocupada la vivienda del portero.
El arrendamiento de vivienda está exento de **IVA** (LIVA art.20.1.23º); y los comuneros tributan en el **IRPF**, por atribución de rentas (nº 5345).
b) El arrendamiento para **uso distinto de vivienda** de un piso, local u otro departamento, se produce, por ejemplo, cuando se alquila para despacho profesional.
Este arrendamiento está sujeto y no exento de **IVA**, y en el **IRPF**, su tratamiento resulta idéntico al de vivienda, con la particularidad de que puede estar sujeto a retención por parte del arrendatario (nº 5193).

Precisiones **1)** Aunque la comunidad carece de verdadera **personalidad jurídica**, el contrato de arrendamiento lo puede firmar el presidente de la comunidad, con base en un acuerdo de junta que lo autorice expresamente.
2) En las comunidades se producen situaciones de tolerancia o permisividad, como admitir **«invitados» a la piscina comunitaria**, que, como tales, no tienen trascendencia fiscal. Pero si la comunidad percibe alguna cantidad, hay que considerar que es como contrapartida a una prestación de servicios -la entrega de bienes de la comunidad no parece fácil de concebir- consistente en **ceder el uso** de bienes o instalaciones a terceros.
Habrá que estar a las características de cada contrato, pero habitualmente se tratará de un **rendimiento de capital inmobiliario** en el IRPF -el ejercicio por la comunidad de una actividad económica prestacional parece incongruente-, porque, en todo caso, primará en la relación el valor relativo del inmueble respecto a otras aportaciones que la concedente haya efectuado para concertar el arrendamiento.

5. Rectificación de coeficientes

La rectificación de coeficientes derivada de una auténtica modificación de las superficies de cada comunero tributa por **AJD** y por la totalidad del valor de cada finca que es objeto de inscripción con un nuevo coeficiente (nº 5127). 5365
Pero la mera rectificación de coeficientes para corregir un **error de apreciación** no se halla sujeta, porque no es valuable, en la medida que no se varía el coste de la obra ni el valor del terreno, sino que se subsana un error padecido en la aplicación de los coeficientes, sin variar las superficies de los elementos (DGT CV 6-4-10).

E. Responsabilidad

Pago de indemnización a tercero Es un pago a cambio del cual la comunidad no recibe ningún bien ni servicio. 5380
El supuesto de hecho consiste en haber causado un perjuicio a un tercero o a un comunero.
No es preciso que la autoridad judicial haya ordenado el pago de la indemnización, sino que un **acuerdo de junta** en que se reconozca la responsabilidad y se acuerde el gasto es suficiente.
Será la valoración que los comuneros reunidos en junta hagan del siniestro la que puede derivar en un **arreglo amistoso** de indemnización.
La **causa** de la indemnización puede ser por daños personales o patrimoniales, sin que afecte esta distinción a su tratamiento.

Con seguro La contrapartida del gasto será la cobertura del mismo por la entidad aseguradora, que puede dar lugar a indemnidad de la comunidad si la cobertura es completa. 5381
Lógicamente, la **prima** del seguro sí que será un gasto, pero gasto ordinario de la comunidad.
En caso de **cobertura completa**, el siniestro y la indemnización no tendrán efecto frente a los comuneros y solo un efecto contable ante la comunidad.
En caso de **cobertura incompleta**, sea porque se haya pactado alguna franquicia, por exceder la indemnización de la cobertura del seguro o por otra causa, la parte no cubierta tendrá el efecto como si no existiera seguro por aquella parte.

Sin seguro En caso que la comunidad deba indemnizar sin cobertura de seguro o en la parte no alcanzada por tal cobertura, existirá un daño patrimonial para la comunidad que, por tratarse de una entidad en régimen de atribución, se imputará a cada comunero. 5382
Por tanto, constituirá una pérdida patrimonial para cada comunero, en proporción a su coeficiente, que podrá/deberá incluir en su declaración del **IRPF** del ejercicio en que se declare -bien sea por sentencia, por acuerdo o por la fecha del propio acuerdo de junta que la concedió.
De hecho, si fuera un comunero el **receptor de la indemnización**, serían dos para él las consecuencias fiscales, el cobro y la parte proporcional del pago. Pero hay que tener en cuenta que la indemnización pretende cubrir un daño -en su persona o en su patrimonio-, por lo que el cobro debería ser neutro al ponerlo en relación con el daño sufrido.

Cobro de una indemnización por daños El paradigma de ese tipo de indemnizaciones es el que se ven obligados a pagar los promotores o constructores por los defectos constructivos del edificio o instalaciones comunes. 5384
La **cuantía** de estas reclamaciones suele ser importante y se sustancia en procedimientos judiciales de larga duración -incluso sin apelaciones, la densidad de las pruebas periciales y la obligación de demandar a los técnicos que intervinieron alarga la resolución de estos pleitos- y la **solución** puede ser tanto la realización de unas obras por cuenta del promotor o constructor, como el pago de una indemnización en metálico.
La realización de **obras**, al no tener para la comunidad reflejo contable, suele considerarse no sujeta a tributación, aunque analizando caso por caso, se podrían encontrar enriquecimientos o perjuicios fiscalmente relevantes.
Cuando se percibe indemnización, solo tendrá **relevancia tributaria** en la medida en que el coste real de las obras que se ejecutaron o que se ejecutan más adelante, para restablecer el defecto constructivo, se aparte de la indemnización.
Así, en caso que las obras de reparación que finalmente se efectúan tengan un **coste inferior o superior** al de la indemnización declarada firme o percibida, será a los comuneros a los que debe imputarse -en proporción a su coeficiente- este beneficio o pérdida como ganancia o pérdida patrimonial en el ejercicio en que se ponga de manifiesto dicha alteración patrimonial (DGT CV 26-1-10).
Antes de proceder a declarar dicha alteración, es conveniente conocer en detalle los costes totales y la indemnización percibida o pendiente.

Ha de tenerse en cuenta que, la eventual **insolvencia** del obligado a indemnizar puede determinar una pérdida patrimonial superior a la inicialmente prevista y que se podrá declarar cuando se constate de forma inequívoca tal insolvencia.
Pueden existir **otras causas que generen indemnización** a favor de la comunidad -incluidos los accidentes de tráfico, que afecten a su fachada o incluso a su estructura-, pero su tratamiento fiscal no será diferente del expresado.

5386 **Expropiación que afecte a la comunidad** Si la expropiación se realizara solo sobre **bienes privativos** de un comunero -en el futuro es previsible, si se trata de viviendas desocupadas-, la transmisión no afectará en sí misma a la comunidad, que simplemente constará la subrogación del beneficiario de la expropiación en los derechos y obligaciones del anterior comunero.
La regla de afección del piso o local al pago de las cuotas del ejercicio corriente y de los 3 anteriores (LPH art.9.1.e) no varía en caso de expropiación, pero el procedimiento expropiatorio debería detectar eventuales **deudas afectas** y descontarlas del pago del justiprecio, lo que daría lugar a que sea el beneficiario de la expropiación el obligado a pagar estas cantidades atrasadas.

Precisiones Respecto a la **expropiación de bienes comunes**, ver nº 5340.

SECCIÓN 2

Contabilidad

5390

5392 El **objetivo** de la contabilidad es el de ofrecer información fiable, íntegra, comparable y clara de los hechos económicos que se derivan de las transacciones comerciales que puedan producirse en una entidad mercantil o civil en sus **actividades con terceros**. Dichas actividades pueden ser empresariales, o no.
Ejemplo de entidades que habitualmente no realizan **actividades empresariales**, es decir, sin ánimo de lucro, podemos citar las comunidades de propietarios en general, asociaciones benéficas, gremiales, etc. Sin embargo, estas entidades también realizan **transacciones económicas** que afectan a terceros y, por lo tanto, dichas transacciones deben quedar reflejadas en la contabilidad de forma que puedan cumplir con las obligaciones de carácter estatutario, legal, fiscal, etc.
La contabilidad, por su metodología y claridad, permite facilitar la comprensión de los hechos con transcendencia económica que se hayan producido o pudieran producirse en relación con las actividades que desarrollan. Es también una herramienta que permite analizar la adecuada gestión de las personas que dirigen y administran dichas entidades, y los resultados económicos obtenidos, ayudando en la decisión de las juntas generales de asociados, o comuneros en la aprobación o no de la gestión realizada por los gestores. Al mismo tiempo, facilita la cumplimentación de las obligaciones fiscales y estatutarias.
No existe un mejor método que la **contabilidad de partida doble**, ya que permite el análisis histórico, y la corrección si fuera necesario, de todas las operaciones económicas realizadas en la entidad.
Es muy importante saber cuál va a ser la utilidad que se espera obtener de la contabilidad para, mediante un análisis previo de la información que se desea obtener de la misma, parametrizar el **plan contable** adecuadamente, de forma que las cuentas que nos ofrezca el **cierre del balance**, informen de lo que nos interesa saber que ha ocurrido en la entidad.

Precisiones A modo de ejemplo, en una **comunidad de propietarios** interesará saber cuál es el coste anual del mantenimiento y limpieza de la escalera. Sin embargo, este concepto en una **asociación de tipo benéfico** será irrelevante, siendo en cambio muy importante para esta última, saber lo que se ha gastado en un programa benéfico.

Marco legal La contabilidad en España, en su **aspecto técnico** se rige por: 5394
- el Plan General de Contabilidad (RD 1514/2007); y
- el PGC adaptado a las PYMES (RD 1515/2007), que es una simplificación del primero, por estar dirigido a pequeñas y medianas empresas.

Estas dos normas han sufrido ligeras modificaciones por el RD 1/2021.
Existe por otra parte una normativa aún más simplificadora para las **microempresas**. En este sentido, a la mayoría de comunidades de propietarios les sería de aplicación el PGC PYMES, en la modalidad de microempresas. El desarrollo técnico de esta normativa está encomendado al ICAC (Instituto de Contabilidad y Auditoría de Cuentas).
La contabilidad en su **aspecto jurídico** está regulada en el Código de Comercio y en la Ley de sociedades de capital (RDLeg 1/2010).

A. Contabilidad presupuestaria

Suele utilizarse en la Administración pública, el sistema consistente en la aprobación de un presupuesto detallado en partidas presupuestarias, definidas en función del criterio deseado por las instituciones, de forma que a cada partida se le asigna un número o código. El detalle de **partidas presupuestarias** puede ser tan grande como se precise, y el **gasto** provocado por la ejecución del presupuesto se imputa a la partida correspondiente. Imputar en contabilidad significa situar el importe contabilizado en una determinada cuenta. 5410
Este sistema es laborioso en la fase de realización del presupuesto, dado que implica un análisis de lo que se pretende gastar en cada una de las partidas. Por ejemplo, a nivel del Presupuesto del Estado, sería cuánto se tiene que gastar en pensiones, o en obra pública, o en la policía nacional, etc. Por otra parte, este tipo de contabilidad tiene sus ventajas, dado que, una vez aprobado, el gestor o administrador del presupuesto, solo tiene que dar explicaciones en los casos en que se produzcan **desviaciones**, o gastos excesivos en una determinada partida.
Existe por otra parte el **control de la ejecución** de cada partida, que estaría reservado a los comités de seguimiento, que velarían por el adecuado cumplimiento de la ejecución, tanto a nivel técnico como económico.
Esto, llevado a la aplicación práctica a una comunidad de bienes, sería algo similar, en tanto en cuanto los comuneros o copropietarios del bien común, se suelen reunir una o dos veces al año, para decidir sobre lo que hay que gastar o invertir en el bien común, quienes tras la oportuna junta de copropietarios en la que se suele abordar el detalle de los gastos necesarios en la conservación del bien común, aprueban el presupuesto de gasto corriente para el año próximo, recayendo en la figura del administrador la gestión de ese presupuesto.
El **administrador** de la comunidad asume una responsabilidad derivada del cargo y también en relación con la gestión del presupuesto aprobado, que representará ingresos y gastos que tendrá que gestionar y justificar. Es por ello necesario que la contabilidad sea un reflejo de lo que ha ocurrido y una herramienta de gestión al administrador. Bajo este concepto de gestión de un presupuesto, es importante que la contabilidad refleje las partidas que han sido aprobadas, para ello se hace necesario que las cuentas contables de ingresos y gastos estén en sintonía, por una parte, con el PGC y, por otra, con el presupuesto de la comunidad.

Presupuesto comunitario A modo de ejemplo, se detalla a continuación un **presupuesto estándar** de una comunidad de propietarios de un edificio en propiedad horizontal. 5412

Concepto	Partida presupuestaria	Importe (euros)
Salarios - Portería	20XX-01	18.000
Seguridad Social - Portería	20XX-02	5.040
Otros gastos de personal - ropa, mutua, etc.	20XX-03	250
Subtotal gastos de personal		**23.290**
Mantenimientos y conservación corriente:		
Limpieza	20XX-04	1.200
Ascensores	20XX-05	1.600
Pintura	20XX-06	50
Pequeñas reparaciones	20XX-07	2.500
Jardinería	20XX-08	3.000
Piscina comunitaria	20XX-09	2.000
Subtotal mantenimiento corriente		**10.350**
Reparaciones extraordinarias azotea	**20XX-10**	**18.000**

Concepto	Partida presupuestaria	Importe (euros)
Suministros:		
Electricidad	20XX-11	1.200
Agua: común	20XX-12	250
Agua piscina comunitaria	20XX-13	600
Subtotal suministros		**2.050**
Servicios profesionales independientes:		
Honorarios Administrador	20XX-14	2.100
Otros profesionales, Abogados	20XX-15	
Subtotal servicios profesionales		**2.100**
Primas de seguros	**20XX-16**	**4.000**
Comisiones bancarias	**20XX-17**	**300**
Tributos, impuestos locales, tasas, licencias municipales	**20XX-18**	**900**
TOTAL PRESUPUESTO DE GASTOS		**60.990**
Dotación 10% al Fondo de Reserva (*)		6.099
PRESUPUESTO DE INGRESOS, Aportaciones copropietarios		**65.000**
Saldo previsto Banco XYZJMK, cuenta operativa comunidad		**960,50**
Saldo previsto Banco XYZJMK, cuenta Fondo Reserva de la comunidad		6.099
Total saldo de Banco XYZJMK		**4.010,00**

(*) No se debe confundir la obligatoriedad de dotar un 10% anual del presupuesto ordinario de la comunidad para establecer un **fondo de reserva**, que debe quedar en la cuenta bancaria de la comunidad, a fin de hacer frente a gastos e imprevistos de carácter extraordinario, con provisiones realizadas por la comunidad para hacer frente a **reparaciones extraordinarias**, dado que estas últimas precisaran de su presupuesto específico.

5414 **Plan contable de la comunidad** Si se quiere hacer el seguimiento en la contabilidad de cada partida presupuestaria, hay que abrir una **cuenta contable**, dentro de cada capítulo del PGC por su naturaleza de gasto, de forma que cada asiento generado, por cada uno de los ingresos o gastos, se impute a cada cuenta abierta a tal efecto y en consonancia con lo presupuestado. También sería interesante que a las partidas presupuestarias se les asigne el año correspondiente, dado que es habitual que gastos de un año se paguen al siguiente. Si se mantiene el **identificativo del año** de la partida presupuestaria, se evitan confusiones y el control es fácil.

De esta forma, aplicando lo anterior, podríamos tener una tabla con las **cuentas adaptadas** al Plan General de Contabilidad (PYMES), como el que sigue:

Descripción cuenta contable	Nº cuenta contable	Utilización
Sueldos y salarios PP 20XX-01	640xxx1	Salario mensual del empleado en la portería
Seguridad Social a cargo de la comunidad PP 20XX-02	642xxx1	Pago de la Seg. Social del empleado
Otros gastos sociales PP 20XX-03	649xxx1	Gastos de ropa, o similares
Reparaciones y Conservación PP 20XX-04	622xxx1	Gastos por reparaciones relacionados con la limpieza
Reparaciones y Conservación PP 20XX-05	622xxx2	Gastos ascensores
Reparaciones y Conservación PP 20XX-06	622xxx3	Gastos pintura
Reparaciones y Conservación PP 20XX-07	622xxx4	Gastos pequeñas reparaciones
Reparaciones y Conservación PP 20XX-08	622xxx5	Gastos jardinería
Reparaciones y Conservación PP 20XX-09	622xxx6	Gastos piscina comunitaria
Reparaciones y Conservación PP 20XX-10	622xxx7	Gastos extraordinarios azotea
Suministros electricidad PP 20XX-11	628xxx1	Recibo electricidad
Suministros agua común PP 20XX-12	628xxx2	Recibo agua escalera
Suministros agua piscina PP 20XX-13	628xxx3	Recibo agua piscina comunitaria
Servicios profesionales administrador PP 20XX-14	623xxx1	Gastos administrador
Servicios profesionales abogados PP 20XX-15	623xxx2	Gastos abogados

Descripción cuenta contable	Nº cuenta contable	Utilización
Primas de seguros PP 20XX-16	625xxx1	Seguro partes comunes
Servicios y Comisiones bancarias PP 20XX-17	626xxx1	Gastos bancos
Otros Tributos PP 20XX-18	631xxx1	Gastos por tributos municipales, licencias y tasas
Ingresos por aportaciones socios	118xxx1	Aportaciones de los copropietarios

Una vez definido y aprobado el presupuesto y definidas las cuentas contables en las que se irán imputando los distintos **gastos e ingresos**, solo habrá que contabilizar los mismos por los importes realmente pagados y cobrados y de acuerdo a las cuentas contables previamente definidas, a medida que se vayan produciendo. 5415

El resultado de todo ello a final de cada **cierre de balance**, será que el seguimiento de cada partida presupuestaria vendrá automáticamente informado en el balance de sumas y saldos, pues este documento refleja sistemáticamente el saldo de todas las cuentas del plan contable adoptado por la comunidad.

El resto de las cuentas contables que aquí no se han especificado, se aplicaría las recomendadas por el PGC (PYMES).

B. Cuentas anuales

(PGC PYMES MC aptdo 1º y 4º)

Las cuentas anuales comprenden los siguientes **documentos** que forman una unidad (RDLeg 1/2010 art.254): 5425

- el balance;
- la cuenta de pérdidas y ganancias;
- el estado de cambios en el patrimonio neto;
- el estado de flujos de efectivo; y
- la memoria.

Las comunidades de propietarios que no realizan **actividades empresariales** no están obligadas a llevar contabilidad ajustada a las disposiciones del Código de Comercio. Sin embargo, como todas las actuaciones llevadas a cabo por los responsables de la misma, el presidente de la comunidad, el secretario y el administrador, lo han sido por cuenta de la comunidad, estas actuaciones deben ser cuantificadas y explicadas a los comuneros. Es por ello conveniente seguir los mismos principios y criterios de registro del PGC y aunque la documentación que se presente a los comuneros se puede simplificar, la misma siempre debe facilitar la comprensión de lo ocurrido en el periodo de mandato, así como de la **situación patrimonial** en que se encuentre la comunidad.

Imagen fiel (PGC PYMES MC aptdo 1º) Las cuentas anuales deben ser redactadas con claridad y mostrar la imagen fiel del patrimonio, de la situación financiera y de los resultados de la comunidad. Para que de las cuentas anuales se obtenga esta imagen fiel, la **información** contenida en las cuentas anuales y, por tanto, en la contabilidad debe cumplir los siguientes **requisitos**: 5427

• **Relevante**: útil para la toma de decisiones económicas, es decir, ayuda a evaluar sucesos pasados, presentes o futuros, o bien, a confirmar o corregir evaluaciones realizadas anteriormente. En particular, para cumplir con este requisito, las cuentas anuales deben mostrar adecuadamente los riesgos a los que se enfrenta la comunidad.

• **Fiable**: libre de errores materiales y neutral, es decir, libre de sesgos, de modo que los usuarios puedan confiar en que es la imagen fiel de lo que pretende representar.

• **Íntegra**: contiene, de forma completa, todos los datos que pueden influir en la toma de decisiones, sin ninguna omisión de información significativa. Esta cualidad deriva de la fiabilidad.

• **Comparable**: permite contrastar la situación y rentabilidad de las empresas, e implica un tratamiento similar para las transacciones y demás sucesos económicos que se producen en circunstancias parecidas. La comparabilidad debe extenderse tanto a las cuentas anuales de una empresa en el tiempo como a las de diferentes empresas en el mismo momento y para el mismo período de tiempo.

• **Clara**: sobre la base de un razonable conocimiento de las actividades económicas, la contabilidad y las finanzas empresariales, los usuarios de las cuentas anuales, mediante un examen diligente de la información suministrada, han de poder formarse juicios que les faciliten la toma de decisiones.

5428 Si con la aplicación de las disposiciones legales no se logra mostrar la imagen fiel, deben suministrarse en la **memoria** las **informaciones complementarias** precisas (CCom art.34.3).
Excepcionalmente, si la aplicación de una norma contable fuera incompatible con la imagen fiel, tal disposición no resultará aplicable. En la memoria debe constar este extremo, motivarse suficientemente y explicarse su influencia sobre el patrimonio, la situación financiera y los resultados de la empresa (CCom art.34.4; TS 11-2-02, EDJ 1079).
En cuanto al **registro y valoración** de los elementos integrantes de las diferentes partidas que conforman las cuentas anuales, la misma debe realizarse conforme a los principios y normas de contabilidad generalmente admitidos (CCom art.38).
La estructura y el contenido de los documentos que integran las cuentas anuales han de ajustarse a los **modelos** aprobados reglamentariamente.

5431 **Principios contables** (PGC PYMES MC aptdo 3º) Los principios y normas de contabilidad generalmente aceptados **dimanan** de:
a) El Código de Comercio y la restante legislación mercantil.
b) El Plan General de Contabilidad de Pequeñas y Medianas Empresas (PGC PYMES).
c) El Plan General de Contabilidad y sus adaptaciones sectoriales.
d) Las normas de desarrollo que, en materia contable, establezca en su caso el Instituto de Contabilidad y Auditoría de Cuentas.
e) La restante legislación española que sea específicamente aplicable.

5432 El **PGC PYMES** establece que la contabilidad, el registro y la valoración de los elementos que integran las cuentas anuales y, muy especialmente, el balance y la cuenta de pérdidas y ganancias, deben ser realizados siguiendo los siguientes **principios**:
1. Principio de **empresa en funcionamiento**. Las operaciones contables se valoran para su registro considerando la continuidad de la empresa. Si la empresa no fuese a continuar, se deberán aplicar los criterios de registro y valoración más adecuados para reflejar la imagen fiel de las operaciones tendentes a realizar el activo, cancelar las deudas y, en su caso, repartir el patrimonio neto resultante. En este último caso, se debe suministrar en la memoria toda la información significativa sobre los criterios aplicados.
2. Principio de **devengo**. Las transacciones se deben contabilizar cuando ocurren, con independencia de la fecha de cobro o pago de las mismas.
3. Principio de **uniformidad**. Consiste en el mantenimiento de un criterio uniforme a lo largo del tiempo y entre operaciones de índole similar.
4. Principio de **prudencia**. Consiste en la prudencia en las estimaciones y valoraciones realizadas en condiciones de incertidumbre. No por ello la valoración de los elementos patrimoniales no responderá a la imagen fiel. Ello implica, entre otras cosas, que solo se contabilizarán los beneficios cuando se hayan realizado. Por el contrario, deberán tenerse en cuenta todos los riesgos con origen en el ejercicio o ejercicios anteriores tan pronto como sean conocidos. Incluso si estos riesgos son conocidos entre la fecha de cierre de las cuentas anuales y la fecha en que estas se formulen, se dará oportuna cuenta en la memoria. Los activos deben amortizarse y sus valores corregidos si fuera necesario, tanto si el ejercicio se salda con beneficios como con pérdidas.
5. Principio de **no compensación**. Salvo norma en contrario, no podrán compensarse activos con pasivos, ni ingresos con gastos
6. Principio de **importancia relativa**. Se admitirá la no aplicación estricta de algunos de estos principios cuando la importancia relativa del hecho en cuestión sea escasamente significativa y su impacto no afecte a la imagen fiel de la empresa -en nuestro caso, la comunidad-, prevaleciendo el que mejor conduzca a que las cuentas anuales expresen la imagen fiel del patrimonio, de la situación financiera y de los resultados de la empresa.
Hay que destacar que el principio de prudencia valorativa deja de tener carácter preferente sobre el resto de principios contables.
Por otra parte, los **criterios de registro**, nos dicen que se registrarán en el periodo a que se refieren las cuentas anuales, los ingresos y gastos devengados en este. Y que se establecerá, cuando sea pertinente la correlación entre ambos, que en ningún caso puede llevar a que el registro de activos o pasivos no satisfagan la definición de estos.

1. Balance

(PGC PYMES NECA 5º)

Los **elementos** que componen el balance son los siguientes: 5433

• **Activos**. Bienes, derechos y otros recursos controlados económicamente por la empresa, resultantes de sucesos pasados, de los que se espera que la empresa obtenga beneficios o rendimientos económicos en el futuro.

• **Pasivos**. Obligaciones actuales surgidas como consecuencia de sucesos pasados, para cuya extinción la empresa espera desprenderse de recursos que puedan producir beneficios o rendimientos económicos en el futuro. A estos efectos, se entienden incluidas las provisiones.

• **Patrimonio neto**. Es la diferencia entre los activos y los pasivos de la empresa. Incluye las aportaciones realizadas, ya sea en el momento de su constitución o en otros posteriores, por sus socios o propietarios, que no tengan la consideración de pasivos, así como los resultados acumulados u otras variaciones que le afecten.

Balance de comprobación y ejecución presupuestaria Una vez transcurrido el año, se procede al cierre de balances y la obtención del resultado económico. El balance de comprobación y la cuenta de pérdidas y ganancias, nos ofrecerá la información del activo y pasivo de la comunidad, así como los ingresos y gastos habidos en la misma. 5434

Si hemos aplicado la metodología anterior, es decir, establecer el **plan de cuentas adaptado al presupuesto** de la comunidad, el resultado de lo ejecutado por partidas presupuestarias es fácil de obtener, dado que cada cuenta se corresponderá con una partida presupuestaria, de forma que la comparación de lo realizado con lo presupuestado es sencilla y rápida.

Del **balance de sumas y saldos** se obtendría la siguiente información, la cual a su vez se compararía con el presupuesto:

Concepto	Partida presupuestaria	Importe Presupuesto	Importe Real	Diferencia Ppto-Real
Salarios - Portería	20XX-01	18.000	18.250	-250
Seguridad Social - Portería	20XX-02	5.040	5.300	-260
Otros gastos de personal - ropa, mutua, etc.	20XX-03	250	260	-10
Subtotal gastos de personal		**23.290**	**23.810**	**-520**
Mantenimientos y conservación corriente:				
Limpieza	20XX-04	1.200	985	215
Ascensores	20XX-05	1.600	1.600	0
Pintura	20XX-06	50	0	50
Pequeñas reparaciones	20XX-07	2.500	2.700	-200
Jardinería	20XX-08	3.000	2.950	50
Piscina comunitaria	20XX-09	2.000	1.500	500
Subtotal mantenimiento corriente		**10.350**	**9.735**	**615**
Reparaciones extraordinaria azotea	**20XX-10**	**18.000**	**20.250**	**-2.250**
Suministros:				
Electricidad	20XX-11	1.200	1.157	43
Agua: común	20XX-12	250	450	-200
Agua Piscina comunitaria	20XX-13	600	450	150
Subtotal suministros		**2050**	**2.057**	**-7**
Servicios profesionales independientes:				
Honorarios Administrador	20XX-14	2.100	2.100	0
Otros profesionales, Abogados	20XX-15			
Subtotal servicios profesionales		**2.100**	**2.100**	**0**
Primas de seguros	**20XX-16**	**4.000**	**4.150**	**-150**
Comisiones bancarias	**20XX-17**	**300**	**375**	**-75**
Tributos, impuestos locales, tasas, licencias municipales	**20XX-18**	**900**	**825**	**75**
TOTAL DE GASTOS		**60.990**	**63.302**	**-2.312**
Dotación 10% al Fondo de Reserva (*)		6.099	6.099	
PRESUPUESTO DE INGRESOS, Aportaciones copropietarios		**65.000**	**65.000**	

Concepto	Partida presu-puestaria	Importe Presu-puesto	Importe Real	Diferencia Ppto-Real
Saldo Banco XYZJMK, cuenta operativa de la comunidad		**960,50**	**-1.351,50**	**-2.312,00**
Saldo previsto Banco XYZJMK, cuenta Fondo Reserva de la comunidad		6.099	6.099	
Total saldo de Banco XYZJMK		**4.010,00**	**1.698,00**	**-2.312,00**

(*) Se debe añadir a todo presupuesto ordinario un 10% del mismo, que irá destinado al **fondo de reserva** exigido por la LPH. Este suplemento de aportación que efectúan los comuneros, se ingresa con cada cuota librada por la comunidad, y debe permanecer en la cuenta bancaria de la misma. A estos efectos las comunidades de propietarios, deben disponer de una **cuenta bancaria** propia, desde donde gestionar todos los ingresos y pagos, y donde debe permanecer el fondo de reserva, hasta su utilización para gastos extraordinarios y que no hayan sido presupuestados específicamente.
Así puede verse en el cuadro anterior como el **saldo** del banco a final del ejercicio, que hubiese quedado en negativo, al haberse producido gastos superiores, queda finalmente en positivo por la compensación que se produce al haber aportado los socios un 10% adicional destinado al fondo de reserva. Este fondo se tendrá que reponer en los próximos años, mediante una aportación complementaria.

5435 Este resumen anterior es una parte de la información que se suele presentar en la junta de comuneros, especialmente en propiedad horizontal. Sin embargo, existe más información de la que debe disponerse, y ser presentada a la junta para aprobación, en concreto, el **balance de situación** de la comunidad (nº 5436).

5436 **Balance de situación** El balance de situación muestra la situación patrimonial de la entidad a la que pertenece, en este caso, de la comunidad de propietarios.
La **situación patrimonial** se obtiene por la diferencia que existe entre los bienes y derechos que ostenta la comunidad contra terceros, menos las deudas que esta tiene también contraídas con terceros.
Habida cuenta el tipo de entidad de que se trata -comunidad de propietarios-, normalmente tendremos en el **activo del balance**, los saldos positivos de bancos y los créditos contra terceros -aquí se entienden también como terceros los propios comuneros- por las cuotas pendientes de cobro. En algunas otras comunidades pueden existir activos propios de la comunidad, por haber sido adquiridos por esta, o por haberse construido alguna edificación particular en una zona determinada de la comunidad. En los casos donde se ha producido una adquisición a título oneroso por la comunidad, a pesar de que dicho bien se debe escriturar a nombre de cada comunero en la cuota parte que le corresponda, el activo estará en el balance de la comunidad, puesto que ningún comunero por sí solo podrá disponer de ese elemento común, del que, sin embargo, todos los comuneros pueden disfrutar.
Dentro del **patrimonio neto** de la comunidad de propietarios, figurará el **fondo de reserva**, que obligatoriamente habremos tenido que ir dotando anualmente con un 10% del presupuesto anual de gastos.
La dotación del 10% es anual, y este importe debe irse acumulando en la cuenta de gastos y en la cuenta bancaria de la comunidad.
Por motivos de economía y al no estar obligada por la ley, la comunidad no debe depositar el importe del fondo en una **cuenta bancaria distinta** de la cuenta bancaria operativa, aunque el administrador, presidente y secretario deban velar para que el saldo de la misma sea superior siempre al importe del fondo de reserva.

5437 Ejemplo Un **balance** típico de una comunidad adaptado a la normativa contable, puede ser el que sigue, si tomamos por ejemplo las cifras del ejemplo expuesto anteriormente y suponiendo que no existiese un saldo anterior de banco favorable a la comunidad:

ACTIVO	Importe	PASIVO y NETO PATRIMONIAL	Importe
Activo Corriente		**Patrimonio Neto**	
		Déficit acumulado	-1.663,50
		Fondo de Reserva	6.099
		Total Patrimonio Neto	**4.435,50**
II Deudores comerciales y otras cuentas a cobrar	1.000	**Pasivo Corriente:**	
VI Efectivo y otros activos líquidos	2.123,50	II Deudas a corto plazo	
		IV Acreedores comerciales y otras cuentas a Pagar	1.312
TOTAL ACTIVO	**3.123,50**	**TOTAL PASIVO y NETO PATRIMONIAL**	**3.123,50**

Una interpretación del balance expuesto como ejemplo es la siguiente: la comunidad tiene un crédito contra unos copropietarios que se han retrasado en el pago de sus cuotas por un importe total de 1.000 euros. Dispone de un saldo en bancos por importe de 2.123,50 euros, dentro de los que se incluye el importe que la comunidad ha ido constituyendo mediante las dotaciones legales efectuadas por los comuneros hasta haber alcanzado el importe de 6.099 euros. Por otra parte, se ha producido un déficit de ingresos de 1.663,50 euros, que han mermado el neto patrimonial, que ha quedado compensado por la existencia del fondo de reserva de 6.099 euros, por lo que el patrimonio neto es de 4.435,50 euros. Además adeuda 1.312 euros a distintos acreedores por las obras y servicios que se han realizado en la comunidad y que están pendientes de pago.

Evidentemente, es un ejemplo muy simplificado, aunque el principal objetivo del mismo es mostrar al lector que la adecuada contabilización de los ingresos y gastos de una comunidad de propietarios, siempre conlleva una situación de pérdidas y ganancias al tiempo que su situación patrimonial.

Esta situación del estado patrimonial, además de obligatoria, es importante cuando en la comunidad se han realizado, se están realizando o se realizarán **obras o reformas** importantes, ya que normalmente estas se realizan con **provisiones de fondos anticipados** por los comuneros. Además, las mismas conllevan la asunción por la comunidad de compromisos importantes y se adeudan cantidades importantes a proveedores y acreedores, importes que además suelen cabalgar de un año a otro.

Además, debe tenerse en cuenta que en el transcurso de ese **periodo transitorio** entre la solicitud de fondos, la tramitación de licencias etc., y la ejecución y finalización de las obras o reformas, se pueden producir **cambios de titularidad** de las fincas privativas, implicando todo ello situaciones en las que los comuneros puedan ser deudores y/o acreedores de la comunidad, dependiendo de su situación en la comunidad.

Se puede llegar a plantear en esta hipótesis situaciones en la que un comunero, después de haber aportado un dinero para realizar unas reformas importantes en la comunidad, pero que no se han ejecutado, transmita su vivienda a otra persona. Quedaría pues, el primero eximido de realizar más aportaciones, pero, además, habida cuenta de que la obra no se ha realizado y por lo tanto el comunero saliente no ha disfrutado de la mejora, nacería un hipotético derecho contra la comunidad a que se le reintegrase por parte de esta, el dinero aportado como comunero, en la misma proporción a lo no ejecutado. Esta situación llevaría a que la comunidad sería acreedora contra el nuevo propietario, por el mismo importe en que esta, sería deudora con el antiguo propietario.

Por tanto, informar de la situación patrimonial es importante y, para ello, el balance de situación de la comunidad es la herramienta que mejor nos muestra la posición de la comunidad respecto a los comuneros y respecto a terceros.

Obras en elementos comunes subvencionadas Un supuesto particular y de gran trascendencia lo constituyen las obras en elementos comunes que reciben algún tipo de subvención pública. Una vez abonada la subvención por la Administración local, autonómica o estatal, a favor de la comunidad, pueden darse diversas **situaciones**: **5438**

• No plantea problema el supuesto en que la subvención se reciba **antes del pago** de las obras objeto de la misma.

• Es más problemático el caso -habitual- de que su ingreso se realice **con posterioridad a la finalización y pago** de las obras. En este caso, la comunidad dispone de un saldo de dinero que se puede distribuir entre los comuneros, en la proporción a las aportaciones que cada uno haya realizado previamente, o bien dejar como remanente en las cuentas de la comunidad para afrontar gastos futuros.

Si se decide **distribuir entre los comuneros** la subvención recibida o una parte de ella, aparece en este caso, desde la fecha de aprobación por la junta de tal decisión hasta la fecha de pago a los comuneros, una deuda de la comunidad con los comuneros. Así debe aparecer a efectos contables en el balance que presente el administrador, reconociéndola a cada uno de los copropietarios que en la fecha de aprobación eran cotitulares de la propiedad.

Este apunte contable de **reconocimiento de deuda** es muy importante, puesto que entre el momento de la aprobación de la distribución a los comuneros, y el pago efectivo de la misma, puede transcurrir algún tiempo, pudiéndose dar el caso de que en ese intervalo de tiempo, se transmita la propiedad, apareciendo un nuevo comunero, quién no tendría derechos a esta subvención, puesto que no era titular en el momento en que se aprobó el reintegro de la misma a los comuneros.

Por tanto, en esta situación y para evitar confusiones, conviene que el administrador informe a los comuneros, en la **presentación del estado de cuentas** de la comunidad, sobre la deuda pendiente de pago por la comunidad a cada uno de ellos. De esta forma, se personaliza de manera unívoca a quién se le debe reintegrar el dinero. En cualquier caso, la subvención recibida debe declararse como **ganancia patrimonial** a efectos fiscales por cada comunero. El administrador presentará a la AEAT la declaración de la subvención recibida en el modelo adecuado para la declaración de las entidades sin personalidad jurídica en atribución de rentas.

2. Cuenta de pérdidas y ganancias

(PGC PYMES NECA 6º)

5440 Los **elementos** que componen la cuenta de pérdidas y ganancias son los siguientes:

• **Ingresos**. Incrementos en el patrimonio neto de la empresa durante el ejercicio, ya sea en forma de entradas o aumentos en el valor de los activos, o de disminución de los pasivos, siempre que no tengan su origen en aportaciones, monetarias o no, de los socios o propietarios.

• **Gastos**. Decrementos en el patrimonio neto de la empresa durante el ejercicio, ya sea en forma de salidas o disminuciones en el valor de los activos, o de reconocimiento o aumento del valor de los pasivos, siempre que no tengan su origen en distribuciones, monetarias o no, a los socios o propietarios, en su condición de tales.

Los ingresos y gastos del ejercicio se imputarán a la cuenta de pérdidas y ganancias y formarán parte del resultado, excepto cuando proceda su imputación directa al patrimonio neto, en cuyo caso se presentarán en el estado de cambios en el patrimonio neto, de acuerdo con lo previsto en la segunda parte del PGC PYMES o en una norma que lo desarrolle.

C. Registro o reconocimiento contable

5445 El registro o reconocimiento contable, es un proceso por el que se incorporan en el balance o en la cuenta de pérdidas y ganancias, las transacciones o hechos económicos significativos, siguiendo las **normas de registro**, recogidas en la 2ª Parte del PGC PYMES, que le sean intrínsecamente aplicables según el tipo de transacción o hecho económico de que se trate. En resumen, es la creación y contabilización del asiento contable. El registro contable procederá cuando la transacción o el hecho significativo cumplan con los criterios de probabilidad de obtención o cesión de recursos y el mismo se pueda valorar.

Los **activos** deben reconocerse en el balance, cuando sea probable la obtención a partir de los mismos de beneficios o rendimientos económicos para la empresa en el futuro.

Los **pasivos** deben reconocerse en el balance, cuando sea probable que, a su vencimiento, y para liquidar la obligación, deban entregarse o cederse recursos activos.

El reconocimiento de un **ingreso** tiene lugar cuando este genera un incremento de recursos actuales o futuros de la empresa. En el caso de las comunidades el ingreso más habitual procederá de las cuotas de los comuneros.

El reconocimiento de un **gasto** tiene lugar cuando este genera una disminución actual o futura de los recursos de la empresa.

D. Criterios de valoración

5455

5457 A continuación se definen los términos que se emplearán cuando tengamos que establecer el valor, aplicando los distintos criterios de valoración, para contabilizar una transacción o hecho económico (nº 5459).

Por otra parte, las **normas de registro y valoración**, recogidas en la 2ª Parte del PGC PYMES (RD 1515/2007), explican el método de valoración y contabilización para las distintas transacciones. Destacar que, si no podemos definir un **valor**, no se puede proceder a su **contabilización** (nº 5475).

1. Conceptos de valoración

(PGC PYMES MC aptdo 6º)

5459 **Coste histórico o coste** El coste histórico o coste de un activo es su precio de adquisición o coste de producción.

5460 **Precio de adquisición** El coste histórico o coste se define como el precio de adquisición, incluye lo pagado y el valor razonable de las demás contraprestaciones comprometidas derivadas de la adquisición.

Ejemplo Como ejemplo cabe citar la adquisición de un **terreno rústico con una ermita** en su interior, que se adquiere con el compromiso de rehabilitar la ermita, y con el compromiso adicional de servidumbre, unos días determinados al año, para que pueda ser visitada por los feligreses. El **precio** de adquisición que paga es de 1 millón de euros en efectivo.
En este caso, el **coste histórico** se compondría de la suma de los siguientes elementos:
- Pago en efectivo 1.000.000 de euros.
- Impuesto sobre transmisiones patrimoniales.
- Valor actual del coste previsto de la rehabilitación.
- Valor actual, si se puede calcular, de la servidumbre de unos días al año para visita de los feligreses.

Coste de producción Es el coste de tiene la empresa o comunidad en producir un bien o servicio. Incluye el coste de las materias primas y otras materias consumibles, así como el de los factores de producción directamente imputables al activo. 5461

Ejemplo Coste de producción de una **caseta de jardín** para las herramientas del jardinero de la comunidad. La comunidad compra una caseta prefabricada que hace montar por un tercero. Además, dota de instalación eléctrica a la misma, por un comunero que es electricista.
Suponiendo que:
- se compra la caseta en un supermercado por 800 euros;
- el transporte hasta la comunidad cuesta 60 euros;
- el coste del montador asciende a 200 euros; y
- el electricista comunero compra material eléctrico por valor de 150 euros, y emplea 5 horas de trabajo en finalizar la instalación.

En este caso, el **coste de producción**, dado que interviene un comunero, se computaría como sigue:

• Factura de compra de caseta	800 €
• Factura transportista	60 €
• Factura materiales eléctricos	150 €
• Horas de trabajo comunero 5 h × 35 €	175 € (precio de mercado)
Coste de producción	1.185 €

Valor razonable Es el precio que se recibiría por la **venta de un activo** o se pagaría por la **transferencia o cancelación de un pasivo**, mediante una transacción ordenada entre participantes en el mercado en la fecha de valoración. 5462
El valor razonable se determina sin practicar ninguna deducción por los **costes de transacción** en que pudiera incurrirse por causa de enajenación o disposición por otros medios. No tiene, en ningún caso, el carácter de valor razonable el que sea resultado de una **transacción forzada**, urgente o como consecuencia de una situación de liquidación involuntaria.
El valor razonable se estima para una determinada **fecha** y, puesto que las condiciones de mercado pueden variar con el tiempo, ese valor puede ser inadecuado para otra fecha.
Además, al estimar el valor razonable, la empresa debe tener en cuenta las **condiciones del activo o pasivo** a la fecha de valoración. Las condiciones a tener en cuenta son:
- el estado de conservación y ubicación;
- restricciones sobre el bien: de uso, disfrute, legales, etc.;
- la obtención de futuros frutos económicos por otro participante interesado en la compra del activo o pasivo objeto de valoración.

Todo ello teniendo en cuenta que en el mercado en el que se pueda transaccionar el objeto, exista un volumen importante de operaciones y transacciones entre partes independientes.
Con carácter general, el valor razonable se calcula por referencia a un **valor fiable** de mercado. Para aquellos elementos respecto de los cuales **no exista mercado activo**, el valor razonable se obtendrá, en su caso, mediante la aplicación de modelos y técnicas de valoración, transacciones similares independientes, valor razonable de activos similares y método de descuento de flujos de efectivo futuros y métodos para valorar opciones.
Cuando, en el proceso de valoración, **no puedan aplicarse los métodos anteriores**, se debe proceder a valorar por su coste amortizado, o por el coste de adquisición o coste de producción, minorado en su caso por las partidas correctoras que pudieran corresponderle, haciendo mención de este hecho y las causas que lo motivan en la memoria anual.

Ejemplo Comunidad en la que se llega al acuerdo con el vecino colindante de permutar un trozo de terreno propiedad de este, a cambio de la vivienda de la comunidad destinada a portería. A efectos de valoración hay que conocer el **valor razonable de la vivienda**. Por tanto, hay que proceder a valorar, por perito tasador, la vivienda que se entrega a cambio del terreno. El perito tasador tomará como referencia comparativa, varias operaciones de compraventa de viviendas similares en la zona, y obtendrá un precio por metro cuadrado de construcción, que ajustará en función de la antigüedad de las fincas, a modo de ejemplo cabe suponer que tenemos tres fincas en la misma zona y de antigüedad de construcción similar:

Descripción vivienda	Vivienda 1	Vivienda 2	Vivienda 3	Valores promedio	Valor razonable vivienda portería
Superficie	75	90	115	280	55
Año construcción	1995	1997	2002	1998	1999
Habitaciones	3	4		4	2
Baños	1	1	2		1
Aseo	n/d	1	1		n/d
Terrazas	12	7	24		n/d
Precios venta (excluyendo costes transacción e intermediación) en euros	120.000 €	150.000 €	200.000 €	470.000 €	
Precio por metro cuadrado	1.600 €	1.667 €	1.739 €	1.680 €	1.680 €
Valor de mercado = Valor razonable					92.400 €

Este cuadro es un ejemplo y solo pretende ilustrar cómo se puede obtener un valor razonable, acudiendo a un **mercado vivo** que nos ofrezca ejemplos de operaciones similares o asimilables, donde podremos obtener un precio de mercado y, consecuentemente, un valor razonable.
Este mismo ejemplo puede utilizarse para determinar el **valor razonable de un automóvil**, donde los parámetros serían, kilómetros recorridos, antigüedad, potencia de motor, etc., No obstante el ejemplo ilustrativo, es conveniente acudir a un **experto tasador** que nos pueda emitir certificado sobre el valor obtenido.
Luego, en nuestro ejemplo, podremos utilizar como valor razonable -que además tendrá efectos ante terceros y muy especialmente ante la Hacienda pública-, el importe obtenido de 92.400 euros para la vivienda portería que se permuta por el terreno adyacente a la finca de la comunidad.

5463 **Valor neto realizable** El valor neto realizable (VNR) de un activo es el importe que la empresa puede obtener por su **enajenación en el mercado**, en el curso normal del negocio, deduciendo los costes estimados necesarios para llevarla a cabo.

Ejemplo Supongamos una **máquina cortacésped industrial**. El coste de adquisición fue de 9.000 euros hace 3 años. Ha estado trabajando en el jardín comunitario durante ese tiempo y habría que cambiarla por una más eficiente. Se plantea al presidente de la comunidad cuál puede ser el valor que puede obtener por la máquina vieja, para calcular las necesidades de caja que necesitará la comunidad para reemplazarla por una nueva.
En este caso, se debe prospeccionar el mercado actual de máquinas usadas similares, para poder comparar que **depreciación** aplica el mercado sobre el precio de compra inicial de las mismas. Si de esta prospección del mercado resulta que el descuento aplicado sobre el precio de compra inicial es del 80%, querría ello decir que el VNR del cortacésped de la comunidad sería el 20% de 9.000 euros, resultando un valor de 1.800 euros. A este valor se deducirían los costes de intermediación si los hubiera.
Ahora bien, supongamos que en la misma comunidad existe una **piscina de material de tipo plástico duro**, que costó, hace 3 años, 20.000 euros, debiéndose cambiar por una piscina nueva ¿Cuál sería en este caso el VNR de la piscina? La respuesta parece evidente, seguramente nadie compraría esta piscina. Es más, posiblemente el coste de retirar la piscina averiada será muy superior al VNR de la misma. Por lo tanto, deberemos valorar el VNR de la piscina en cero.

5464 **Valor actual** El valor actual es el importe de los flujos de efectivo a recibir o pagar en el curso normal del negocio, según se trate de un activo o de un pasivo, respectivamente, actualizados a un tipo de descuento adecuado.

El valor actual de los flujos de efectivo a recibir o a pagar, es un concepto financiero, y pretende obtener el valor al momento de cálculo de unos flujos financieros (ingresos o pagos) que se irán produciendo en el futuro. Se utiliza para ello el **método de actualización de flujos monetarios**, descontados a un tipo de interés determinado.

Ejemplo Comunidad que tiene que asumir el coste de las obras de **sustitución de vigas con aluminosis**. El plazo de ejecución de la reparación dura 3 años. Del proyecto técnico se sabe que la comunidad debe pagar 50.000 euros el primer año, y 30.000 euros los tres siguientes, y un pago final el quinto año de 100.000 euros. Se desea conocer el **coste a valor actual** de la reparación. Supondremos como **tipo de descuento adecuado** el 5%
En este ejemplo hay que confeccionar una tabla donde se muestren los **años** y los **pagos** que se han de efectuar:

Concepto	Año 1	Año 2	Año 3	Año 4	Año 5
Pagos a efectuar	50.000	30.000	30.000	30.000	100.000
Tipo de descuento	5,00%	5,00%	5,00%	5,00%	5,00%
Factor de actualización	(1+0,05)^-1	(1+0,05)^-2	(1+0,05)^-3	(1+0,05)^-4	(1+0,05)^-5
Valor actual	47.619,05	27.210,88	25.915,13	24.681,07	78.352,62
Total	203.778,75				

Es decir, el valor actual de las reparaciones previstas en la comunidad al momento de tomar la decisión de aprobarla sería de 203.778,75 euros.

Valor en uso El valor en uso de un activo es el valor actual de los flujos de efectivo futuros **5465**
esperados, a través de su utilización en el curso normal del negocio, actualizados a un tipo de interés de mercado sin riesgo, ajustado por los riesgos específicos del activo que no hayan ajustado las estimaciones de flujos de efectivo futuros.
Es un concepto novedoso en nuestra contabilidad. Lo que se pretende con este concepto es la obtención del valor que se obtiene o se puede obtener de un activo, normalmente será un **activo inmovilizado material**. Aunque es perfectamente aplicable al **activo intangible**, en tanto en cuanto pueda generar beneficios futuros.
Se emplea aquí la combinación de la técnica económica de **previsión de beneficios o pérdidas futuras** con la técnica financiera del valor actual. Este cálculo se utiliza, entre otras aplicaciones, para hacer el **test de deterioro de un activo**, es decir, para comprobar si el valor contable del mismo debe ser ajustado, porque el valor en uso del activo es inferior a su valor contable. En este último caso, si el valor razonable menos los costes de ventas fuese inferior al valor en uso, se establecería la correspondiente provisión por deterioro de valor entre el valor contable y el valor en uso.

Ejemplo Si tenemos una comunidad en la que existe un activo inmovilizado que se explota económicamente por esta, supongamos un **local comunitario que es alquilado a un tercero no comunitario**, y por el que la comunidad percibe ingresos anuales de 300 euros mensuales, revisable anualmente por la inflación, suponemos un 2% anual, y queremos conocer su valor en uso.
El **cálculo** sería como sigue:

Concepto	Año 1	Año 2	Año 3	Año 4	Año 5
Cobros de alquiler	3.600,00	3.672,00	3.745,44	3.820,35	3.896,76
Gastos del local	-300,00	-300,00	-310,00	-310,00	-320,00
Beneficio neto	3.300,00	3.372,00	3.435,44	3.510,35	3.576,76
Probabilidad obtención beneficio	100,00	100,00	95,00	90,00	85,00
Beneficio neto ajustado	3.300,00	3.372,00	3.264,00	3.159,00	3.040,00
Valor neto realizable (1)					80.000,00
Tipo de descuento	5,00%	5,00%	5,00%	5,00%	5,00%
Factor de actualización	(1+0,05)^-1	(1+0,05)^-2	(1+0,05)^-3	(1+0,05)^-4	(1+0,05)^-5
Valor actual	3.142,86	3.058,50	2.799,01	2.598,92	65.064,01
Valor en uso	76.663,30				

El VNR (valor neto realizable) se ha de incluir en el cálculo financiero, puesto que el local sigue teniendo un valor al final del periodo de alquiler, se considera el VNR al valor que la comunidad podría obtener por la venta del local en el último año, actualizándose el mismo conjuntamente con el beneficio ajustado previsto obtener en el último año.

5466 **Costes de venta** Son los costes incrementales directamente atribuibles a la venta de un activo en los que la empresa no habría incurrido de no haber tomado la decisión de vender, excluidos los gastos financieros y los impuestos sobre beneficios. Se **incluyen** los gastos legales necesarios para transferir la propiedad del activo y las comisiones de venta.

Ejemplo La comunidad quiere **vender un local comercial** por no estar en uso para los fines a los que se había destinado por la misma, obteniendo la aprobación por **unanimidad** de los comuneros para esa operación. La venta la gestiona un API que cobrará una comisión del 5% del valor de la venta. El local está en mal estado y para conseguir un comprador se recomienda efectuar unos pequeños arreglos que ascenderán a 8.000 euros, los gastos de notario e impuestos correrán de cuenta de la parte compradora.
Se estima que el local se puede vender por 80.000 euros. En este ejemplo, los costes de venta ascenderán a:

Arreglos local	8.000 €
Comisión intermediación	4.000 €
Total Costes de venta	12.000 €

5467 **Coste amortizado** El coste amortizado de un **instrumento financiero** es el importe al que inicialmente fue valorado un activo financiero o un pasivo financiero, menos los reembolsos de principal efectuados, más o menos, según proceda, la parte imputada en la cuenta de pérdidas y ganancias de los intereses efectivos.

Ejemplo Pongamos el ejemplo más habitual de un instrumento financiero, un **préstamo** cuyo principal es de 10.000 euros, al **tipo de interés** del 5% anual, pagadero trimestralmente, amortizable en 5 años. La operación se formaliza el 1-1-20XX.
Se desea conocer el **coste amortizado** al 30-4-20XX. Hemos supuesto un periodo corto a efecto simplificador, al 30-4-20XX, se habrá pagado el primer trimestre quedando los 19 trimestres restantes pendientes de pago. Por el primer pago se han satisfecho 568,20 euros -incluye 443,20 euros de amortización de principal y 125,00 euros de intereses-. El saldo pendiente a final del 31-3-20XX es de 9.556,80 euros.
Ahora hemos de calcular el coste amortizado al 30-4-20XX, es decir, un mes más tarde. Siguiendo la definición anterior, el coste se calculará de la siguiente forma:

Concepto	Principal	Intereses devengados	Pagos principal	Pagos intereses	Coste amortizado
Saldo inicial 1-1-20XX	-10.000,00	-41,67			-10.041,67
Febrero		-41,66			-10.083,34
Marzo		-41,67	443,20	125,01	-9.556,80
Abril		-39,82			-9.596,62

El signo negativo significa en este cuadro saldo acreedor.
Es decir el coste amortizado será el saldo de lo pendiente de pago, más la parte correspondiente a un mes por los intereses devengados pendientes de pago.

5468 **Costes de transacción** Los costes de transacción atribuibles a un activo o pasivo financiero, son los **costes incrementales** directamente atribuibles a la compra, emisión, enajenación u otra forma de disposición de un activo financiero, o a la emisión o asunción de un pasivo financiero, en los que no se habría incurrido si la empresa no hubiera realizado la transacción. **Se incluyen** los honorarios y las comisiones pagadas a agentes, asesores e intermediarios, tales como las de corretaje, los gastos de intervención de fedatario público y otros, así como los impuestos y otros derechos que recaigan sobre la transacción.

Ejemplo El ejemplo más común serían los **gastos de comisión y formalización** del mismo crédito anterior, supongamos que el banco nos factura la comisión de estudio y apertura de crédito por 400 euros y los gastos de notario ascienden a 150 euros.
Los **costes de transacción** serían la suma de ambos, es decir, 550 euros. Estos costes, dado que se han soportado para la obtención del crédito del cual se disfrutará durante los próximos 5 años, formarán parte del cálculo del interés efectivo, y tendrán que imputarse como gastos financieros anticipados. Los **asientos** serían para este ejemplo;

400 €	567xxx Intereses bancarios anticipados	a	Banco 572xxx	400 €

150 €	569xxx Gastos formalización préstamo anticipados	a	Acreedores por Notario ABC	150 €

Evidentemente, estos **gastos activados** deberán irse abonando con cargo a la cuenta de pasivo cuenta 5270 Intereses a corto plazo de deudas. Piénsese que en dicha cuenta se habrá ido aprovisionando un importe de intereses superior al que se pagará al banco, por la aplicación del tipo de interés efectivo. Recuérdese la definición de **tipo de interés efectivo** que incluye los gastos transaccionales, ello provoca que el tipo efectivo de interés sea superior al tipo de interés que nos cobra el banco, por lo que el cargo por intereses devengados y provisionado en la cuenta 5270, resultará superior al pago que realizaremos al banco. El **asiento** que haremos para ir desactivando los gastos anticipados, a medida que transcurre cada uno de los 5 años, será el siguiente:

110 €	5270xx Intereses a cortos plazo de deudas	a	567xxx Intereses bancarios anticipados	80 €
			569xxx Gastos formalización préstamo anticipados	30 €

Nota: Se contabilizará durante los 5 años de duración del préstamo una quinta parte del coste incurrido, esto es 400 + 150 = 550 euros, dividido por 5 años.
La cuenta 5270xx se ventilará mensualmente, dado que forma parte del interés efectivo al computarse en su cálculo, conjuntamente con el interés nominal del préstamo con cargo a la cuenta de gasto financiero.

Valor contable o en libros El valor contable o en libros es el importe neto por el que un activo o un pasivo se encuentra **registrado en balance,** una vez deducida su amortización acumulada y cualquier corrección valorativa por deterioro. 5469
Es el valor de un bien o derecho, o de un pasivo, que se desprende de la contabilidad.

Ejemplo Supongamos un activo consistente en una **piscina construida por una comunidad** con posterioridad a la segregación de la finca en división horizontal, siendo por ello un bien de la comunidad que debe amortizarse, y cuyo coste fue de 30.750,75 euros. Se aplica la amortización en función de la vida útil prevista de la misma de 15 años. Pasados 7 años de la adquisición se desea conocer el **valor contable** de la piscina. El cálculo a efectuar es el siguiente:

Coste histórico	30.750,75 €
Amortización anual	2.050,05 €
Años amortizados	7 años
Amortización acumulada	-14.350,35 €
Valor contable o en libros	16.400,40 €

Valor residual El valor residual de un activo es el importe que la empresa estima que podría obtener en el momento actual por su venta u otra forma de disposición, una vez deducidos los costes de venta, tomando en consideración que el activo hubiese alcanzado la antigüedad y demás condiciones que se espera que tenga al final de su vida útil. 5470
En definitiva, se trata del **valor a fecha actual** del valor que a futuro tendrá el activo una vez alcanzada la vida útil prevista, y deducidos los costes de venta precisos para su venta.

Ejemplo Por ejemplo tengamos una **máquina de pulir suelos propiedad de la comunidad** y cuya vida útil esperada sea de 10 años. El coste de adquisición ha sido de 15.000 euros. Al final del periodo la máquina se estima tendrá un valor residual de 1.000 euros. Para conseguir vender la máquina se estima que acudirá a un intermediario que se quedará con un 20% de comisión. El **valor residual** de esta máquina, suponiendo un **tipo de descuento** del 5% anual, sería el siguiente:

Valor estimado de venta al final de su vida útil (10 años)	1.000 €
Costes de venta (20% s/ 1.000 €)	-200 €
Importe neto previsto en 10 años	800 €
Coeficiente actualización (1+0,05)^-10	0,61391
Valor residual	491,13 €

Este valor residual tiene diversas aplicaciones, entre ellas, en el cálculo de las amortizaciones, ya que suele deducir la base del valor sobre la que se aplica el coeficiente de amortización del activo, puesto que se supone que al final de su vida útil el bien aún tendrá valor, que será precisamente el definido como valor residual.

2. Normas de registro y valoración

(PGC PYMES Parte 2ª)

5475

5476 Las normas de registro y valoración recogidas en PGC PYMES Parte 2ª, desarrollan los **principios contables y otras disposiciones** contenidas en la parte relativa al marco conceptual de la contabilidad.
Incluyen **criterios y reglas aplicables** a distintas transacciones o hechos económicos, así como también a diversos elementos patrimoniales. Las normas de registro y valoración que se formulan seguidamente son de **aplicación obligatoria**.

a. Inmovilizado material

(PGC PYMES NRV 2ª)

5479 **Valoración inicial** (PGC PYMES NRV 2ª aptdo 1) Los bienes comprendidos en el inmovilizado material se valorarán por su **coste**, ya sea este el precio de adquisición o el coste de producción. Los **impuestos indirectos** que gravan los elementos del inmovilizado material solo se incluirán en el precio de adquisición cuando no sean recuperables directamente de la Hacienda pública.
Asimismo, formará parte del valor del inmovilizado material, la estimación inicial del valor actual de las **obligaciones asumidas** derivadas del desmantelamiento o retiro y otras asociadas al citado activo, tales como los costes de rehabilitación del lugar sobre el que se asienta, siempre que estas obligaciones den lugar al registro de provisiones de acuerdo con lo dispuesto en la norma aplicable a estas.
En los inmovilizados que necesiten un período de tiempo superior a un año para estar en condiciones de uso, se añadirán los gastos financieros devengados hasta la **puesta en funcionamiento** del inmovilizado material.
En las **comunidades de propiedad horizontal**, salvo que se ejerzan actividades empresariales, el IVA sobre cualquier bien o servicio recibido de terceros es un coste, dado que no existe la posibilidad de deducción del mismo al no facturar ni repercutir IVA.
Para el caso de inmovilizado en general se aplica lo mismo.

5480 Ejemplo Instalación de una **piscina en el jardín comunitario**, que no disponía de ella previamente a la segregación en horizontal de la finca, por un importe de 30.750,75 euros, cuyo detalle es el siguiente:

Coste de acondicionamiento del terreno	5.000 € + (IVA 21%) 1050 € = 6050,00 €
Proyecto, planos, dirección de obra	4.000 € + (IVA 21%) 840 € - (IRPF 15%) - 600 € = 4.240,00 €
Piscina de fibra	12.000 € + (IVA 21%) 2.520 € = 14.520,00 €
Instalaciones depuradoras, eléctricas etc.	4.025 € + (IVA 21%) 845,25 = 4.870,25 €
Licencia de obras	470,50 €
Coste total adquisición (IVA incluido)	30.750,75 €

La **contabilización** de este bien comunitario, sería de la siguiente forma, por cada una de las facturas de los suministradores o acreedores:

6.050 €	211Xxx Construcción de piscina	a	Acreedor A 410 xx0	6.050 €

Por la segunda factura, de honorarios de arquitecto:

4.840 €	211xxx Construcción de piscina	a	Acreedor B 410xx1	4.240 €
		a	Hacienda pública acreedora por retenciones practicadas 4751xx	600 €

El importe retenido de 600 euros, se debe ingresar en la Hacienda pública, dentro de los 20 días posteriores a último día de cada trimestre natural del año (20 de abril, 20 de julio, 20 de octubre y 20 de enero).

Por la tercera factura, la piscina de fibra:

14.520 €	211xxx Construcción de piscina	a	Acreedor C 410xx2	14.520 €

Por las instalaciones depuradoras, eléctricas, etc.:

4.870,25 €	211xxx Construcción de piscina	a	Acreedor D 410xx3	4.870,25 €

Por la licencia de obras, normalmente se paga por banco y no hay factura, sino el justificante del pago, el asiento más común sería:

470,50 €	211xxx Construcción de piscina	a	Banco comunidad 5720xxx	470,50 €

Por lo tanto, en la cuenta de mayor 211xxx, se recogerían los siguientes movimientos:

211xxx Construcción de piscina		
	DEBE	HABER
Asiento 1	6.050,00	
Asiento 2	4.840,00	
Asiento 3	14.520,00	
Asiento 4	4.870,25	
Asiento 5	470,50	
Saldo cuenta...	30.750,75	0

El **IVA** para una comunidad de propietarios, suele ser coste, dado que normalmente no se puede recuperar el impuesto pagado en la factura, al no ser aquella un empresario que factura la entrega de bienes o prestación de servicios que realiza a terceros.

Precio de adquisición El precio de adquisición -debe interpretarse como el **coste de adquisición** - incluye, además del importe neto facturado por el vendedor, todos los gastos adicionales y directamente relacionados que se produzcan hasta su puesta en condiciones de funcionamiento, incluida la ubicación en el lugar y cualquier otra condición necesaria para que pueda operar de la forma prevista; entre otros: gastos de explanación y derribo, transporte, derechos arancelarios, seguros, instalación, montaje y otros similares. **5481**

Las **deudas por compra de inmovilizado** se valorarán de acuerdo con lo dispuesto en la norma relativa a pasivos financieros (nº 5540).

Coste de producción El coste de producción de los elementos del inmovilizado material fabricados o construidos por la propia empresa se obtendrá añadiendo al precio de adquisición de las **materias primas y otras materias consumibles** empleados en la fabricación o construcción del bien o bienes, los demás **costes directamente imputables** a dichos bienes. También se añadirá la parte que razonablemente corresponda de los **costes indirectamente imputables** a los bienes de que se trate. **5482**

Permuta Se entiende que un elemento del inmovilizado material se adquiere por permuta cuando se recibe a cambio de la entrega de activos no monetarios o de una combinación de estos con activos monetarios. **5483**

La permuta puede tener el carácter comercial, o no comercial:

a) Una **permuta tiene carácter comercial**, cuando:

• La **configuración** (riesgo, calendario e importe) de los flujos de efectivo del inmovilizado recibido difiere de la configuración de los flujos de efectivo del activo entregado; o

• El **valor actual** de los flujos de efectivo después de impuestos de las actividades de la empresa afectadas por la permuta, se ve modificado como consecuencia de la operación.

Es decir, se cambia un bien con unas características financieras intrínsecas referidas a sus rendimientos económicos presentes o futuros, por otro bien cuyas características intrínsecas son sustancialmente distintas del bien que se recibe a cambio. Existe por lo tanto en esta operación un **acto de comercio**. Podría ponerse como ejemplo la permuta de un terreno por un edificio, en este caso el edificio que se obtiene a cambio del terreno tiene una mayor liquidez, puesto que es presumible que se pueda vender y hacer líquido antes el edificio que el terreno. En este caso el inmovilizado material recibido se contabilizará al **valor razonable del activo entregado** más, en su caso, las contrapartidas monetarias que se hubieran entregado a

cambio, salvo que se tenga una evidencia más clara del **valor razonable del activo recibido** y con el límite de este último.
Las **diferencias de valoración** que pudieran surgir al dar de baja el elemento entregado a cambio se reconocerán en la cuenta de pérdidas y ganancias, puesto que se trata de un acto de comercio.

5484 Ejemplo Comunidad titular de la **vivienda dedicada al servicio comunitario de portería**, que se suprime, quedando la vivienda libre. La finca de la comunidad tiene como vecino colindante un propietario cuya finca se adentra dentro del polígono de la comunidad, creando un terreno irregular. Por parte de la comunidad con acuerdo por unanimidad de todos los comuneros y con el acuerdo del propietario de la finca vecina, se realiza una **permuta** de la vivienda (antigua portería de la comunidad) por un **trozo de terreno del vecino**, de tal suerte que la finca de la comunidad deviene un terreno cuadrado que a su vez le permitirá instalar una piscina y juegos diversos.
Se supone que, previamente, se ha procedido por parte de la comunidad a desafectar la mencionada vivienda de forma que sea transmisible. Esta **desafectación** habrá provocado la incorporación de la vivienda a la comunidad, si suponemos un precio de 40.000 euros (valor catastral), esta desafectación debería haberse contabilizado de la siguiente forma:

40.000 €	211xxx Vivienda antigua portería	a	118xxx Aportación de socios o propietarios	40.000 €

Los comuneros han cedido una parte de su coeficiente en el total de la propiedad, en favor de la nueva entidad. Al ser la nueva entidad propiedad de la comunidad como una entidad definida y delimitada, debemos reflejarlo como tal en el activo de la comunidad, y la cesión de cada participación de cada uno de los socios como una **aportación de propietario**.
El **valor escriturado de la vivienda** entregada en permuta es de 60.000 euros, sin entregarse contrapartida adicional alguna por el terreno, aunque se dispone de una **tasación pericial** que nos certifica que el precio de mercado de la vivienda es de 92.400 euros.
Evidentemente, en la contabilidad de la comunidad se trata del alta de un terreno y la baja de una vivienda. Existe en este caso una **variación del valor intrínseco** de ambos bienes en cuanto a que la configuración e importe de los flujos de efectivo del inmovilizado difiere entre ambos, calificando por ello la permuta como permuta con carácter comercial.
A pesar de que la escritura de permuta indica 60.000 euros, al tener una **mejor evidencia del valor razonable**, por medio de la tasación pericial, deberemos contabilizar el valor razonable. Por lo tanto, la baja de la vivienda y por el alta del terreno permutado se contabilizaría así:

92.400 €	210 Terreno permutado	a	211xxx Vivienda antigua portería permutada	40.000 €
		a	771xxx Beneficios procedentes del inmovilizado material	52.400 €

5485 b) Una **permuta no tiene carácter comercial**, cuando:
• Los bienes permutados **no produzcan alteración en los flujos de efectivo** que genera o pueda generar el bien entregado. Como ejemplo de una permuta no comercial sería el cambio de un pico de terreno, por otro pico de terreno de las mismas características de la finca colindante, pero que permite que después de la permuta, el terreno resultante sea menos irregular.
• En este caso el inmovilizado material recibido se valorará por el **valor contable del bien entregado** más, en su caso, las contrapartidas monetarias que se hubieran entregado a cambio, con el límite, cuando esté disponible, del **valor razonable del inmovilizado recibido**, si este fuera menor.

5486 c) Cuando **no pueda obtenerse una estimación fiable** del valor razonable de los elementos que intervienen en la operación, el inmovilizado material recibido se valorará por el valor contable del bien entregado más, en su caso, las contrapartidas monetarias que se hubieran entregado a cambio, con el límite, cuando esté disponible, del valor razonable del inmovilizado recibido, si este fuera menor.

Ejemplo Supongamos el caso más sencillo, cuál sería la **permuta de un terreno por otro**, sabemos que el valor contable del terreno que entregamos en permuta es de 100.000 euros, dado que no existe amortización, los terrenos no se amortizan, el asiento sería el siguiente:

100.000 €	210xx2 Nuevo terreno permutado	a	Terreno viejo 210xx1	100.000 €

Valoración posterior (PGC PYMES NRV 2ª aptdo 2) Con posterioridad a su reconocimiento inicial, los elementos del inmovilizado material se valorarán por su precio de adquisición o coste de producción menos la amortización acumulada y, en su caso, el importe acumulado de las correcciones valorativas por deterioro reconocidas. 5488

Amortización Las amortizaciones habrán de establecerse de manera sistemática y racional en función de la vida útil de los bienes y de su valor residual, atendiendo a la **depreciación** que normalmente sufran por su funcionamiento, uso y disfrute, sin perjuicio de considerar también la obsolescencia técnica o comercial que pudiera afectarlos. 5489

Siendo la amortización el coste del desgaste previsto de los bienes por su uso, nos hemos de referir a la vida útil y valor residual, sabiendo que la **vida útil** se trata de la vida útil en la comunidad, que dependerá de cada bien y de la tecnología. Por otra parte, el **valor residual** es el que se espera obtener a valor actual cuando finalice su vida útil en la comunidad.

Ejemplo A modo de ejemplo esclarecedor, y aunque no sea un bien frecuente en las comunidades, podemos aplicar el caso de un **automóvil**.

Si consideramos un automóvil cuyo **precio de compra total** es de 25.000 euros, la **vida útil** en la comunidad de 5 años, y un **valor residual** (ya calculado como el valor actual del bien al final de su vida útil) de 4.000 euros, y aplicando un método de amortización lineal, con un coeficiente de amortización del 20% anual, calcular el importe de la amortización anual del mismo.

El ejemplo expuesto implicaría un primer ejercicio de cálculo de la base que se debe amortizar, siendo esta la siguiente:

Coste adquisición	25.000 €
Valor residual	-4.000 €
Base de amortización	21.000 €

Coeficiente anual de amortización: 20%

Cargo anual por amortización anual: 4.200 €

El **asiento de amortización** sería el siguiente:

4.200 €	681xxx Amortización del inmovilizado material	a	2818xxx Amortización Acumulada elementos transporte	4.200 €

Si repetimos este asiento cada uno de los 5 años siguientes, el **saldo de la cuenta Amortización Acumulada**, debería ser de 21.000 euros, la cuenta de mayor mostraría lo siguiente:

2818xxx Amortización Acumulada elementos de transporte		
	Debe	**Haber**
Amortización anual año n		4.200
Amortización anual año n+1		4.200
Amortización anual año n+2		4.200
Amortización anual año n+3		4.200
Amortización anual año n+4		4.200
Saldo cuenta		21.000

Recordemos que el valor de la cuenta de Activo se habrá contabilizado por su coste de adquisición, esto es, 25.000 euros, por lo que la diferencia entre el valor del Activo, 25.000 euros, menos la amortización acumulada de 21.000 euros, resulta 4.000 euros, que es precisamente el valor residual que habíamos previsto por el bien.

Más adelante veremos un ejemplo cuando varía el valor residual previsto y el real al final de la vida útil (nº 5490).

Deterioro del valor Se producirá una **pérdida** por deterioro del valor de un elemento del inmovilizado material cuando su valor contable supere a su importe recuperable, entendido este como el mayor importe entre su valor razonable menos los costes de venta y su valor en uso. Las **correcciones valorativas** por deterioro, se reconocerán como un gasto en la cuenta de pérdidas y ganancias. 5490

Ejemplo Tengamos un activo inmovilizado, por ejemplo el **automóvil** del ejemplo anterior, cuyo valor contable es de 4.000 euros. El **valor en uso** de dicho activo es cero, ya que no generará flujos monetarios positivos en el futuro, y su valor razonable es de 2.000 euros. Se estima que para hacer líquido el valor razonable se deberá pagar una **comisión de venta** del 20%. Tenemos que efectuar el «**test de deterioro** », a efectos de saber si hay que provisionar algún importe por pérdidas.

El ejemplo se resolvería de la siguiente forma:

Valor contable 4.000 euros

Valor mayor entre: .
a) Valor en Uso . 0 €
b) Importe recuperable:
Valor razonable . 2.000 €
Costes de venta: 20% s / 2.000 € . -400€
Importe recuperable del bien . 1.600 €

Por lo tanto, el **deterioro del valor del bien** es la diferencia entre el valor contable y el mayor de los importes obtenidos entre el valor en uso y el importe recuperable:

Valor contable . 4.000 €
Importe recuperable . -1.600 €
Deterioro del bien . 2.400 €

Luego, el **asiento** que refleje este deterioro será el siguiente:

2.400 €	691xxx Pérdidas por deterioro del inmovilizado material	a	2918xxx Deterioro del valor de elementos de transporte	2.400 €

5492 **Baja** Los elementos del inmovilizado material se darán de baja en el momento de su **enajenación o disposición** por otra vía o cuando no se espere obtener beneficios o rendimientos económicos futuros de los mismos.

La diferencia entre el importe que, en su caso, se obtenga de un elemento del inmovilizado material, neto de los costes de venta, y su valor contable, determinará el beneficio o la pérdida surgida al dar de baja dicho elemento, que se imputará a la cuenta **de pérdidas y ganancias** del ejercicio en que esta se produce.

Ejemplo Siguiendo con el ejemplo anterior del automóvil, una vez **vendido el vehículo** el asiento que tendremos que hacer es el siguiente:

Por la **baja del vehículo del activo y pasivo**:

2.400 €	2918xxx Deterioro del valor de elementos de transporte			
21.000 €	2818xxx Amortización Acumulada de elementos de transporte			
1.600 €	671xxx Pérdidas procedentes del inmovilizado material	a	218xxx Elementos de transporte	25.000 €

Por el **ingreso procedente de la venta**:

1.600 €	572xxx Banco comunidad	a	Pérdidas procedentes del inmovilizado material	1.600 €

Nota: Se imputa tanto el producto de la venta, como la pérdida por la baja en la misma cuenta, de forma que se refleje el importe neto de la transacción, en este caso es neutro, aunque normalmente no será así. Si el resultado neto de la operación resultase en una pérdida, se imputaría a la cuenta 671xxx Pérdidas procedentes del inmovilizado material, y si fuese positivo se imputaría a la cuenta 771xxx Beneficios procedentes del inmovilizado material.

b. Normas particulares sobre inmovilizado material

(PGC PYMES NRV 3º)

5495 En particular se aplicarán las normas que a continuación se expresan con respecto a los **bienes** que en cada caso se indican:

a) **Solares sin edificar**. Se incluirán en su **precio de adquisición** los gastos de acondicionamiento, como cierres, movimiento de tierras, obras de saneamiento y drenaje, los de derribo de construcciones, cuando sea necesario para poder efectuar obras de nueva planta, los gastos de inspección y levantamiento de planos, cuando se efectúen con carácter previo a su adquisición, así como, en su caso, la estimación inicial del valor actual de las obligaciones presentes derivadas de los costes de rehabilitación del solar.

Normalmente, los terrenos tienen una **vida ilimitada** y, por tanto, no se amortizan. No obstante, si en el valor inicial se incluyesen costes de rehabilitación, porque se cumpliesen las condiciones establecidas en el apartado 1 de la norma relativa al inmovilizado material -se refiere en este apartado 1 al coste implícito en la operación de compra del solar, en el supuesto caso de que una vez finalizada la explotación, se tenga que proceder a rehabilitar el solar, por temas de contaminación del medio ambiente, o urbanísticos, etc.-, esa porción de coste del terreno se amortizará a lo largo del período en que se obtengan los beneficios o rendimientos económicos por haber incurrido en esos costes.

b) **Construcciones**. Su precio de adquisición o coste de producción estará formado, además de por todas aquellas instalaciones y elementos que tengan carácter de permanencia, por las tasas inherentes a la construcción y los honorarios facultativos de proyecto y dirección de obra. Deberá valorarse por separado el valor del terreno y el de los edificios y otras construcciones. **5496**
c) **Instalaciones técnicas, maquinaria y utillaje**. Su valoración comprenderá todos los gastos de adquisición o de fabricación y construcción hasta su puesta en condiciones de funcionamiento.

d) Los gastos realizados durante el ejercicio con motivo de las **obras y trabajos que la comunidad lleva a cabo para sí misma**, se cargarán en las cuentas de gastos que correspondan. Las cuentas de inmovilizaciones materiales en curso, se cargarán por el importe de dichos gastos, con abono a la partida de ingresos que recoge los trabajos realizados por la empresa para sí misma. **5497**
e) Los **costes de renovación, ampliación o mejora** de los bienes del inmovilizado material serán incorporados al activo como mayor valor del bien en la medida en que supongan un aumento de su capacidad, productividad o alargamiento de su vida útil, debiéndose dar de baja el valor contable de los elementos que se hayan sustituido.
f) En la determinación del importe del inmovilizado material se tendrá en cuenta la incidencia de los **costes relacionados con grandes reparaciones**. En este sentido, el importe equivalente a estos costes se amortizará de forma distinta a la del resto del elemento, durante el período que medie hasta la gran reparación. Si estos costes no estuvieran especificados en la adquisición o construcción, a efectos de su identificación, podrá utilizarse el precio actual de mercado de una reparación similar.
Cuando se realice la gran reparación, su coste se reconocerá en el valor contable del inmovilizado como una sustitución, siempre y cuando se cumplan las condiciones para su reconocimiento. Asimismo, se dará de baja cualquier importe asociado a la reparación que pudiera permanecer en el valor contable del citado inmovilizado.

c. Arrendamientos y otras operaciones de naturaleza similar

(PGC PYMES NRV 7º)

Se entiende por **arrendamiento**, a efectos de esta norma, cualquier acuerdo, con independencia de su instrumentación jurídica, por el que el arrendador cede al arrendatario, a cambio de percibir una suma única de dinero o una serie de pagos o cuotas, el derecho a utilizar un activo durante un periodo de tiempo determinado, con independencia de que el arrendador quede obligado a prestar servicios en relación con la explotación o mantenimiento de dicho activo. **5500**
La **calificación de los contratos** como arrendamientos financieros u operativos (nº 5502 y nº 5510), depende de las circunstancias de cada una de las partes del contrato por lo que podrán ser calificados de forma diferente por el arrendatario y el arrendador.

Arrendamiento financiero (PGC PYMES NRV 7º aptdo 1) Cuando de las condiciones económicas de un acuerdo de arrendamiento, se deduzca que se transfieren al arrendatario sustancialmente todos los **riesgos y beneficios** inherentes a la propiedad del activo objeto del contrato, dicho acuerdo deberá calificarse como arrendamiento financiero, y se registrará según los términos establecidos en los apartados siguientes. **5502**
En un acuerdo de arrendamiento de un activo con **opción de compra**, se presumirá que se transfieren sustancialmente todos los riesgos y beneficios inherentes a la propiedad, cuando no existan dudas razonables de que se va a ejercitar dicha opción. También **se presume**, salvo prueba en contrario, dicha transferencia, aunque no exista opción de compra, entre otros, en los siguientes casos:
a) Contratos de arrendamiento en los que la **propiedad del activo se transfiere**, o de sus condiciones se deduzca que se va a transferir, al arrendatario al finalizar el plazo del arrendamiento.
b) Contratos en los que el **plazo del arrendamiento** coincida o cubra la mayor parte de la vida económica del activo, y siempre que de las condiciones pactadas se desprenda la racionalidad económica del mantenimiento de la cesión de uso.
El plazo del arrendamiento es el período no revocable para el cual el arrendatario ha contratado el arrendamiento del activo, junto con cualquier período adicional en el que este tenga derecho a continuar con el arrendamiento, con o sin pago adicional, siempre que al inicio del arrendamiento se tenga la certeza razonable de que el arrendatario ejercitará tal opción.
c) En aquellos casos en los que, al comienzo del arrendamiento, el valor actual de los **pagos mínimos acordados** por el arrendamiento suponga la práctica totalidad del valor razonable del activo arrendado. En los pagos mínimos acordados se incluye el pago por la opción de

compra cuando no existan dudas razonables sobre su ejercicio y cualquier importe que se haya garantizado, directa o indirectamente, y se excluyen las cuotas de carácter contingente, el coste de los servicios y los impuestos repercutibles por el arrendador.

d) Cuando las especiales **características de los activos** objeto del arrendamiento hacen que su utilidad quede restringida al arrendatario.

e) El arrendatario puede cancelar el contrato de arrendamiento y las **pérdidas** sufridas por el arrendador a causa de tal **cancelación** fueran asumidas por el arrendatario.

f) Los resultados derivados de las **fluctuaciones en el valor razonable del importe residual** recaen sobre el arrendatario.

g) El arrendatario tiene la **posibilidad de prorrogar el arrendamiento** durante un segundo periodo, con unos pagos por arrendamiento que sean sustancialmente inferiores a los habituales del mercado.

5504 **Contabilidad del arrendatario** El arrendatario, en el momento inicial, registrará un **activo** de acuerdo con su naturaleza, según se trate de un elemento del inmovilizado material o del intangible, y un **pasivo** financiero por el mismo importe, que será el valor razonable del activo arrendado calculado al inicio del mismo, sin incluir los impuestos repercutibles por el arrendador. Adicionalmente, los **gastos directos iniciales** inherentes a la operación en los que incurra el arrendatario deberán considerarse como mayor valor del activo.

La **carga financiera total** se distribuirá a lo largo del plazo del arrendamiento y se imputará a la cuenta de pérdidas y ganancias del ejercicio en que se devengue, aplicando el método del tipo de interés efectivo.

Las **cuotas de carácter contingente**, entendidas como los pagos por arrendamiento cuyo importe no es fijo, sino que depende de la evolución futura de una variable, serán gastos del ejercicio en que se incurra en ellas.

El arrendatario aplicará a los activos que tenga que reconocer en el balance como consecuencia del arrendamiento los criterios de **amortización, deterioro y baja** que les correspondan según su naturaleza y a la **baja de los pasivos financieros** lo dispuesto en el apartado 3 de la norma sobre pasivos financieros (nº 5540).

5505 Ejemplo Comunidad que desea **adquirir una máquina cortacéspedes** cuyo coste de adquisición es de 20.000 euros (IVA no incluido). Acuerda con una entidad financiera realizar la compra mediante un contrato de **arrendamiento financiero o leasing**.

Las **cuotas** durante 3 años por el arrendamiento ascienden a 607,04 euros más el 21% de IVA, es decir, 734,52 euros mensuales, durante 36 meses y un pago final en concepto de opción de compra de 607,04 euros más IVA.

En este ejemplo la **posesión** del bien y los **gastos de mantenimiento** del mismo están en manos del arrendatario, además, el contrato prevé para el arrendatario una **opción de compra**. Por tanto, es evidente que el bien desde el punto de vista económico es del arrendatario, siendo uno de los supuestos que establece la normativa en los que se debe contabilizar el bien en el balance del arrendatario.

El bien arrendado es un elemento del **inmovilizado material**, en concreto Maquinaria de jardinería. El **IVA** no lo puede recuperar la comunidad, luego es más coste, y el cálculo de la parte de **intereses**, considerando tipo de interés efectivo, coincide con la parte facturada en las cuotas mensuales por intereses que carga el banco. La **tabla de las cuotas** es la siguiente -normalmente son facilitadas por la entidad financiera-:

Periodo	Capital pendiente	Amortización capital	Intereses	Total cuota	IVA (21%)	Total recibo
N	20.000,00	482,04	125,00	607,04	127,48	734,52
N+1	19.517,96	485,05	121,99	607,04	127,48	734,52
N+2	19.032,92	488,08	118,96	607,04	127,48	734,52
N+3	18.544,84	491,13	115,91	607,04	127,48	734,52
N+4	18.053,71	494,20	112,84	607,04	127,48	734,52
N+5	17.559,51	497,29	109,75	607,04	127,48	734,52
N+34	2.394,37	592,08	14,96	607,04	127,48	734,52
N+35	1.802,30	595,78	11,26	607,04	127,48	734,52
N+36	1.206,53	599,50	7,54	607,04	127,48	734,52
Opción de compra	607,04	599,50	0,00	607,04	127,48	734,52
TOTALES		20.000,00	2.460,32	22.460,48	4.716,76	27.177,24

El **asiento** por la adquisición en régimen de arrendamiento financiero es:

24.200,00 €	213xxx Maquinaria cortacésped jardín	a	524xxx Acreedores por arrendamientos a corto plazo	7.246,25 €
			174Xxx Acreedores por arrendamientos a largo plazo	16.953,75 €

El **valor razonable** suele corresponderse con el valor de compra, que a su vez suele ser el de mercado. El **IVA** al no ser deducible para la comunidad es mayor coste del bien, aunque solo el IVA sobre el principal, ya que el IVA sobre los intereses se contabilizará en el momento que tengamos que efectuar la provisión de los mismos.
La **deuda** se ha desglosado entre la parte a corto plazo, 12 meses y el resto que es a largo plazo.
Como se ha dicho previamente, al **no poder recuperar el IVA**, el coste financiero es superior en un 21%, precisamente el porcentaje de IVA, por lo tanto a los 125 euros del primer mes, se añade el 21% (26,25 euros) de IVA no recuperable por la comunidad, siendo el importe superior al detallado en la tabla en el IVA.

El **asiento mensual de provisión por el coste financiero** es:

151,25 €	6624xxx Intereses de deudas con otras empresas	a	524xxx Acreedores por arrendamientos a corto plazo	151,25 €

Cuando se realiza el pago a la entidad financiera del **recibo mensual** por el importe de cuota amortización capital, más intereses del periodo, más IVA, el asiento a contabilizar es el siguiente:

734,52 €	524xxx Acreedores por arrendamientos a corto plazo	a	572xxx Banco de la comunidad	734,52 €

No obstante lo anterior, y debido a la aplicación de las **peculiaridades de la microempresa**, en la que estarían la mayoría de comunidades, este tipo de contabilización que no deja de ser complicada, puede evitarse en aplicación del RD 1515/2007 art.4, por el que se establece que los arrendatarios en arrendamiento financiero que no tengan por objeto terrenos, solares u otros activos no amortizables, es decir, que sean amortizables, contabilizarán las cuotas devengadas en el ejercicio como gasto directamente a la cuenta de pérdidas y ganancias. Posteriormente, en el caso de ejercer la **opción de compra**, se registrará el activo por el precio de adquisición de dicha opción. En la memoria de las cuentas anuales, o documento equivalente para las comunidades, en el apartado 5. inmovilizado material, intangible e Inversiones deberá indicarse el valor razonable del arrendamiento y su vida útil estimada, las cuotas abonadas, la deuda pendiente de pago y el importe por el que se pudiese ejercer la opción de compra si la hubiera. La información acerca de las cuotas deberá suministrarse diferenciando la parte que corresponda a la recuperación del coste del bien y la carga financiera. A tal efecto, para cada contrato de arrendamiento financiero deberá cumplimentarse la siguiente **información**: **5506**

Año	Cuota de Recuperación del coste	Cuota de la carga financiera	Compromisos pendientes
1			
2			
...			
n			

Y, no obstante esta simplificación del tratamiento contable para los **bienes amortizables**, los criterios de registro y valoración contable relativos a los **bienes no amortizables** como solares, terrenos y similares se aplicará lo indicado en la segunda parte del PGC PYMES. **5507**
Si optamos por la **simplificación** a la que se faculta a la microempresa, el **asiento mensual contable** con cada recibo que cargase el banco sería el siguiente:

734,52 €	6211xxx Arrendamientos financieros y otros	a	572xxx Banco comunidad	734,52 €

Cuando se pague la **opción de compra**, en el caso de PYMES:
Con el último pago se libera el compromiso y finaliza el contrato, desapareciendo cualquier obligación con el arrendador financiero, además, estamos adquiriendo la propiedad del bien, aplicando la normativa microempresa, el tratamiento contable del mismo es el de contabilizar el pago de la opción como el valor del bien por el importe satisfecho. En este caso, también incluiremos el IVA, al no ser deducible, el asiento de contabilización del pago de la opción de compra es:

734,52 €	213xxx Maquinaria cortacéspedes jardín	a	572xxx Banco comunidad	734,52 €

5508 **Contabilidad del arrendador** El arrendador, en el momento inicial, reconocerá un **crédito por el valor actual de los pagos mínimos a recibir** por el arrendamiento más el valor residual del activo aunque no esté garantizado. El arrendador reconocerá el resultado derivado de la operación de arrendamiento según lo dispuesto en el apartado 3 de la norma sobre inmovilizado material (nº 5479), salvo cuando sea el fabricante o distribuidor del bien arrendado, en cuyo caso se considerarán operaciones de tráfico comercial y se aplicarán los criterios contenidos en la norma relativa a ingresos por ventas y prestación de servicios (nº 5570).

La **diferencia** entre el crédito contabilizado en el activo del balance y la cantidad a cobrar, correspondiente a intereses no devengados, se imputará a la cuenta de pérdidas y ganancias del ejercicio en que dichos intereses se devenguen, de acuerdo con el método del tipo de interés efectivo.

Las **correcciones de valor** por deterioro y la **baja** de los créditos registrados como consecuencia del arrendamiento, se tratarán aplicando los criterios del PGC PYMES NRV 8º aptdo 2.1.3 y 4 (nº 5520).

Precisiones Para ejercitar la **actividad de arrendador financiero** es necesario estar inscrito en el Registro especial del Banco de España, por lo que siendo esta una obra destinada a comunidades en propiedad horizontal, este tipo de operaciones no es posible y, por ello, no se expone ningún ejemplo. Para mayor información al respecto, ver nº 3032 s. Memento Contable 2024.

5510 **Arrendamiento operativo** (PGC PYMES NRV 7º aptdo 2) Se trata de un acuerdo mediante el cual el arrendador conviene con el arrendatario el **derecho a usar un activo** durante un período de tiempo determinado, a cambio de percibir un importe único o una serie de pagos o cuotas, sin que se trate de un arrendamiento de carácter financiero.

Los **ingresos y gastos**, correspondientes al arrendador y al arrendatario, derivados de los acuerdos de arrendamiento operativo serán considerados, respectivamente, como ingreso y gasto del ejercicio en el que los mismos se devenguen, imputándose a la cuenta de pérdidas y ganancias.

Cualquier **cobro o pago** que pudiera hacerse al contratar un derecho de arrendamiento calificado como operativo, se tratará como un cobro o pago anticipado por el arrendamiento que se imputará a resultados a lo largo del período de arrendamiento a medida que se cedan o reciban los beneficios económicos del activo arrendado.

Ejemplo La **contabilización de los pagos** de un arrendamiento operativo es idéntica a la que se puede aplicar en la normativa a las microempresas para el arrendamiento financiero o leasing, es decir, cargar el importe del arrendamiento a Pérdidas y Ganancias, por los pagos realizados. Normalmente, el pago se contabilizará en dos **fases**, la primera con la factura o recibo del banco, a efectos de incluir la factura en el libro registro de facturas recibidas, y en la que se imputaría el coste, el asiento sería;

734,52 €	6211xxx Arrendamientos financieros y otros	a	410xxx Acreedor por renting	734,52 €

Y, por el pago de la factura, el asiento sería;

734,52 €	410xxx Acreedor por Renting	a	572xxx Banco comunidad	734,52 €

5512 **Arrendamientos de terrenos y edificios** (PGC PYMES NRV 7º aptdo 4) Los **arrendamientos conjuntos** de terrenos y edificios se clasificarán como operativos o financieros con los mismos criterios que los arrendamientos de otro tipo de activo.

No obstante, como normalmente el terreno tiene una **vida económica** indefinida, en un arrendamiento financiero conjunto, los componentes de terreno y edificio se considerarán de forma separada, clasificándose el correspondiente terreno como un arrendamiento operativo, salvo que se espere que el arrendatario adquiera la propiedad al final del período de arrendamiento.

A estos efectos, los **pagos mínimos** por el arrendamiento se distribuirán entre el terreno y el edificio en proporción a los valores razonables relativos que representan los derechos de arrendamiento de ambos componentes, a menos que tal distribución no sea fiable, en cuyo caso todo el arrendamiento se clasificará como financiero, salvo que resulte evidente que es operativo.

d. Activos financieros

(PGC PYMES NRV 8º)

Un **activo financiero** es cualquier activo que sea: dinero en efectivo, un instrumento de patrimonio de otra empresa, o suponga un derecho contractual a recibir efectivo u otro activo financiero, o a intercambiar activos o pasivos financieros con terceros en condiciones potencialmente favorables. 5520
La presente norma resulta de **aplicación** a los siguientes activos financieros:
- efectivo y otros activos líquidos equivalentes como los depósitos bancarios a la vista;
- créditos por operaciones comerciales: clientes y deudores varios;
- créditos a terceros: tales como los préstamos y créditos financieros concedidos, incluidos los surgidos de la venta de activos no corrientes;
- valores representativos de deuda de otras empresas adquiridos: tales como las obligaciones, bonos y pagarés;
- instrumentos de patrimonio de otras empresas adquiridos: acciones, participaciones en instituciones de inversión colectiva y otros instrumentos de patrimonio;
- derivados con valoración favorable para la empresa: entre ellos, futuros, opciones, permutas financieras y compraventa de moneda extranjera a plazo; y
- otros activos financieros: tales como depósitos en entidades de crédito, anticipos y créditos al personal, fianzas y depósitos constituidos, dividendos a cobrar y desembolsos exigidos sobre instrumentos de patrimonio propio.

Reconocimiento La empresa reconocerá un activo financiero en su **balance** cuando se convierta en una parte obligada del contrato o negocio jurídico conforme a las disposiciones del mismo. 5522

Valoración Los activos financieros, a efectos de su valoración, se clasificarán en alguna de las siguientes **categorías**: 5524
- Activos financieros a coste amortizado (nº 5525).
- Activos financieros mantenidos para negociar (nº 5533).
- Activos financieros a coste (nº 5535).

Activos financieros a coste amortizado En esta categoría se clasificarán, salvo que sea aplicable lo dispuesto en nº 5533: 5525
a) **Créditos por operaciones comerciales**: son aquellos activos financieros (clientes y deudores varios) que se originan en la venta de bienes y la prestación de servicios por operaciones de tráfico de la empresa.
b) **Otros activos financieros a coste amortizado**: son aquellos activos financieros que, no siendo instrumentos de patrimonio ni derivados, no tienen origen comercial y cuyos cobros son de cuantía determinada o determinable. Es decir, comprende a los créditos distintos del tráfico comercial, los valores representativos de deuda adquiridos, cotizados o no, los depósitos en entidades de crédito, anticipos y créditos al personal, las fianzas y depósitos constituidos, los dividendos a cobrar y los desembolsos exigidos sobre instrumentos de patrimonio.

1) **Valoración inicial**. Los activos financieros incluidos en esta categoría se valorarán inicialmente por el **coste**, que equivaldrá al valor razonable de la contraprestación entregada más los costes de transacción que les sean directamente atribuibles; no obstante, estos últimos podrán registrarse en la cuenta de pérdidas y ganancias en el momento de su reconocimiento inicial. 5526
No obstante, los créditos por operaciones comerciales con vencimiento no superior a un año y que no tengan un tipo de interés contractual, así como los anticipos y créditos al personal, las fianzas, los dividendos a cobrar y los desembolsos exigidos sobre instrumentos de patrimonio, cuyo importe se espera recibir en el corto plazo, se podrán valorar por su **valor nominal** cuando el efecto de no actualizar los flujos de efectivo no sea significativo.

Ejemplo **Deudores por prestación de servicios:** 5527
La denominación de activos financieros a coste amortizado, es muy amplia, siendo en general un crédito, o un **derecho derivado de una venta o prestación de servicios**, aunque el abanico de ejemplos es muy amplio. El ejemplo más común es el de la venta de un producto o bien, o la prestación de un servicio, que genera un **derecho de cobro** contra terceros hasta su pago por el cliente. En una comunidad de bienes, puede darse el caso de que una **vivienda inicialmente destinada a portería**, sea destinada posteriormente a ser alquilada a un tercero, para generar unos ingresos complementarios a la comunidad. En este caso, la comunidad deberá, en primer lugar, estar de alta en actividades empresariales, y emitir una factura sin IVA -la operación está exenta al ser destinado a vivienda-, pero que aparecerá en el activo de la comunidad hasta su cobro efectivo.

El **asiento por la emisión del recibo del alquiler** de la vivienda arrendada por importe mensual de 700 euros a terceros, sería;

700 €	4300xxx Cliente A	a	752xxx Ingresos por Arrendamientos	700 €

El **asiento por el abono provisional** que nos hace el banco, si queremos seguir el control de riesgo, dado que puede darse el caso, y de hecho está previsto en la normativa financiera europea, que un recibo previamente pagado por el inquilino, sea devuelto impagado con posterioridad. Por otra parte, por necesidades de control del administrador, es aconsejable utilizar una cuenta de deudor por inquilino, hay que pensar que el administrador emitirá recibos contra los comuneros por las cuotas de gastos comunes, recibos contra terceros por alquileres, etc., y el seguimiento de cobro de cada uno de ellos es fundamental.

700 €	572xxx Banco comunidad	a	4312xxx Efectos comerciales en gestión de cobro	700 €

Si el inquilino paga sin problemas y una vez transcurrido el periodo de devolución permitido, se hace el **contraasiento**, con la fecha en que finaliza el riesgo de devolución, es decir, transcurridos los días de que dispone el inquilino para devolver el recibo girado. Al respecto hay que saber que en la L 16/2009, de servicios de pago, se regula el derecho de los clientes a dar **orden de devolución de adeudos domiciliados**. Se distinguen en la norma dos plazos para dar la orden de devolución, que se aplican en función de si el cargo en cuenta estaba o no previamente autorizado (L 16/2009 art.33 y 34). Si el adeudo estaba **previamente** autorizado, la ley indica que el cliente tendrá derecho a la devolución de la cantidad total correspondiente a las operaciones de pago autorizadas, siempre que se cumplan las siguientes condiciones:
- cuando se dio la autorización, esta no especificaba el importe exacto de la operación de pago; y
- dicho importe supera el que el ordenante podía esperar razonablemente, teniendo en cuenta sus anteriores pautas de gasto, las condiciones de su contrato marco y las circunstancias pertinentes al caso.

A petición de la entidad, el cliente deberá aportar **datos** de hecho referentes a dichas condiciones. Ahora bien, el cliente y la entidad podrán convenir en el contrato marco que el ordenante tenga derecho a devolución de adeudos domiciliados, incluso cuando no se cumplan las condiciones para la devolución contempladas anteriormente.

El **plazo máximo** para dar esta orden de devolución es de ocho semanas, contadas a partir de la fecha de adeudo de los fondos en la cuenta del cliente.

En el plazo de 10 días hábiles desde la recepción de una solicitud de devolución, la entidad deberá **devolver** el importe íntegro de la operación de pago o bien **justificar su denegación**.

Por lo tanto una vez transcurrido el plazo máximo de devolución, sin que el recibo resulte devuelto, se efectuaría el **contraasiento** siguiente;

700 €	4312xxx Efectos comerciales en gestión de cobro	a	4300xxx Cliente A	700 €

Es decir, se utiliza la cuenta efectos comerciales en gestión de cobro como cuenta puente hasta que los recibos son efectivamente pagados sin posibilidad de devolución, para que una vez cobrados en firme los recibos podamos dar de baja la deuda del cliente en la cuenta 4300xxx.

Hay que reconocer que este sistema complica un poco la contabilidad, aunque los sistemas informáticos hoy en día permiten que se pueda automatizar estos movimientos. Normalmente, para una comunidad pequeña no es preciso hilar tan fino, ya que el seguimiento suele ser muy fácil, siendo por lo tanto el asiento más sencillo y habitual el siguiente:

700 €	572xxx Banco comunidad	a	752xxx Ingresos por Arrendamientos	700 €

5528 **Comuneros deudores por aportaciones**:
Aspecto distinto son los recibos girados contra los comuneros por **cuotas corrientes** o cuotas extraordinarias o **derramas** por obras o cualesquiera otros motivos. Se hace necesario el seguimiento de cobro de cada uno de los comuneros. En principio, el grupo del activo no sería el de clientes, puesto que el trasfondo de la operación no es una venta o prestación de servicio a los comuneros, sino que se trata del **reparto de los gastos comunes** entre los copropietarios del bien que comparten (zonas comunes).

Se trataría pues, de un deudor, pero no derivado de ingreso por prestación de servicio, sino que sería de aportaciones por socios o propietarios. Los asientos que deberíamos hacer son los siguientes, para el supuesto de una cuota trimestral de 200 euros;

200 €	440xx1 Deudor Comunero A	a	118xxx Aportación Comuneros por Repercusión Gastos	200 €

El **seguimiento por comunero** es importante puesto que la experiencia demuestra que en todas las comunidades existen impagos, por lo que se hace preciso, en tal caso, abrir la cuenta de

Deudores de Dudoso Cobro por cada comunero que incumpla el pago, el asiento si el comunero A impagase el recibo girado por la comunidad sería el siguiente:

200 €	446xx1 Deudores Dudoso Cobro A	a	440xx1 Deudor Comunero A	200 €

Posteriormente, si la junta de comuneros decidiese interposición de **demanda** y se cobrase el importe debido, dicho cobro se contabilizaría de la siguiente forma:

200 €	572xxx Banco comunidad	a	446xxa Deudor Dudoso Cobro A	200 €

Si el resultado del cobro por el contrario fuese finalmente infructuoso, se procedería a la dotación de la correspondiente **provisión por deterioro del valor**.

Comuneros morosos por derramas extraordinarias 5528.1

Una situación que suele darse frecuentemente en las comunidades es el **impago por parte de algún propietario** de las cuotas giradas para cubrir los gastos u obras de rehabilitación correspondientes a su participación en la comunidad. Llegados a este caso podemos encontrarnos en dos situaciones bastante diferentes:

- una primera situación, más sencilla, en la que se produce una **demora transitoria** en el pago del comunero moroso, que es sufragado por el excedente financiero de la comunidad y que no requiere mayor atención, dado que en un plazo corto de tiempo dicha situación es corregida por el comunero;
- pero también puede existir una segunda situación en la que las cuotas debidas sean muy importantes y la posición del comunero deudor sea claramente de **negación del pago**.

En este segundo caso, aparte de la consiguiente demanda que el administrador tendrá que interponer para el cobro o embargo de la finca, se plantea la cuestión de que la parte dejada de aportar por el comunero o comuneros morosos pueda ser muy importante, obligando al resto de comuneros a efectuar aportaciones dinerarias significativas.

En tal caso, las **derramas extraordinarias** para cubrir la falta de aportación de algunos comuneros morosos y que, indudablemente, acabarán en un proceso judicial, no pueden seguir el criterio normal de aportación de cuotas, dado que, efectivamente y jurídicamente, no lo es, puesto que se trata de una **aportación temporal** para cubrir un agujero financiero creado por los morosos de la comunidad.

Tampoco es una aportación normal, puesto que no se deriva de su cuota en la propiedad, sino de un sobrecargo que ha de asumir el comunero aportante, para cubrir la falta de aportación de otro comunero. Por tanto, y teniendo presente que este tipo de aportaciones, además con la posibilidad de que se transmita la propiedad en el interim de resolución del expediente judicial, son a medio plazo, conviene separarlas en contabilidad como un **anticipo realizado por los comuneros pagadores del déficit**. Esto se explica mejor con un ejemplo.

Supongamos una comunidad en la que se deben efectuar unas **obras de rehabilitación importantes**, y que las cuotas resultantes de la misma a los cuatro comuneros que componen la misma ascienden a 20.000 € cada una. Supongamos también que existe un comunero, que, debido al fallecimiento del propietario, se ha convertido en una herencia yacente, y los herederos estando en litigio no pagan su cuota correspondiente. A pesar de ello la rehabilitación se ha de efectuar y los tres comuneros restantes deciden aportar provisionalmente la cuota del moroso, financiando transitoriamente el déficit, pero con el objetivo de recuperarlo una vez normalizada la situación de la herencia.

En este caso, el administrador debería girar un **recibo especial** -no derrama, sino un anticipo de financiación solicitado a los comuneros- para cubrir los 20.000 € que faltan para realizar las obras. El asiento que se debe hacer para reflejar esta situación en la contabilidad es:

6.666,66 €	440xx1 Deudor Comunero A	a	5135xx1 Otras Deudas con partes vinculadas a Corto Plazo-Comunero A	6.666,66 €
6.666,67 €	440xx2 Deudor Comunero B	a	5135xx2 Otras Deudas con partes vinculadas a Corto Plazo-Comunero B	6.666,67 €
6.666,67 €	440xx3 Deudor Comunero C	a	5135xx3 Otras Deudas con partes vinculadas a Corto Plazo-Comunero C	6.666,67 €

Con este asiento se refleja por una parte el acuerdo de la mayoría de comuneros de anticipar el dinero que no aporta el comunero moroso, y al mismo tiempo la **deuda transitoria** que tiene la comunidad para con los tres comuneros que han anticipado el dinero por cuenta de este.

Es decir, la aportación del dinero que falta por pagar por el cuarto copropietario no debe ser un coste para los otros copropietarios, salvo si finalmente no se recupera de este último. Por tanto, es un **préstamo** que hace cada uno de ellos a la comunidad para que esta pueda llevar a cabo la rehabilitación.

5528.1 (sigue) El asiento que contabiliza el **cobro de los préstamos realizados por los comuneros** es como sigue:

6.666,66 €	5720xx Banco XXX de Comunidad	a	440xx1 Deudor Comunero A	6.666,66 €
6.666,67 €	5720xx Banco XXX de Comunidad	a	440xx2 Deudor Comunero B	6.666,67 €
6.666,67 €	5720xx Banco XXX de Comunidad	a	440xx3 Deudor Comunero C	6.666,67 €

Con ello, el saldo del recibo extraordinario girado por la comunidad para la financiación del impago del moroso queda saldado, produciéndose el ingreso en el banco y reflejándose la **deuda de la comunidad para con los comuneros** en la cuenta de Deudas con Comuneros de forma individualizada.

Es importante remarcar **de forma individualizada**, dado que al ser un préstamo financiero que ha hecho cada comunero de forma individual, dicho importe se le debe respetar de forma individual. Es más, si en algún momento posterior, este mismo comunero, por eventos imprevistos dejase de pagar la cuota corriente, el crédito en la parte correspondiente, iría destinado a enjuagar dichos impagos.

Por otra parte, queda claro que la **obligación de pago del comunero moroso**, no se elimina con esta aportación extraordinaria. Corresponde al administrador de la comunidad reclamar judicialmente la cuota no pagada, embargando si es preciso la propiedad del deudor moroso. Si llegados a este extremo y después de un tiempo, la comunidad recuperase la cuota, más los gastos de letrado, procurador, etc. debe devolver a los comuneros financieros el dinero prestado que se aportó extraordinariamente para poder finalizar la rehabilitación.

Así nos podemos encontrar diversas situaciones. En primer lugar, la **recuperación de todo lo debido por el moroso**. En este caso, la comunidad devolverá a los comuneros financieros los importes aportados.

6.666,66 €	5135xx1 Otras Deudas con partes vinculadas a Corto Plazo-Comunero A	a	5720xx Banco XXX de Comunidad	6.666,66 €
6.666,67 €	5135xx2 Otras Deudas con partes vinculadas a Corto Plazo-Comunero B	a	5720xx Banco XXX de Comunidad	6.666,67 €
6.666,67 €	5135xx3 Otras Deudas con partes vinculadas a Corto Plazo-Comunero C	a	5720xx Banco XXX de Comunidad	6.666,67 €

Quedando el saldo de la cuenta de Deudas con partes vinculadas a cero.

En el caso de que solo sea posible la **recuperación parcial**, por haberse producido una transmisión de la propiedad del deudor, por ejemplo, el importe recuperado se devolverá en proporción a lo aportado y el resto deberá ser considerado como un quebranto que, en este caso, se deberá repartir entre los cuatro comuneros.

Así, si solo se hubiese recuperado el 50% de la deuda en mora, este deberá devolverse a los comuneros financieros y el saldo restante debería mantenerse de tal forma que se iría enjuagando con los recibos que el administrador pasara para cubrir el quebranto final sufrido por la comunidad.

3.333,33 €	5135xx1 Otras Deudas con partes vinculadas a Corto Plazo-Comunero A	a	5720xx Banco XXX de Comunidad	3.333,33 €
3.333,33 €	5135xx2 Otras Deudas con partes vinculadas a Corto Plazo-Comunero B	a	5720xx Banco XXX de Comunidad	3.333,33 €
3.333,34 €	5135xx3 Otras Deudas con partes vinculadas a Corto Plazo-Comunero C	a	5720xx Banco XXX de Comunidad	3.333,34 €

Como el saldo no cobrado es de la mitad, es decir de 10.000€. Se procederá a girar un recibo extraordinario para regularizar la situación, pero que esta vez se distribuirá entre los cuatro copropietarios de la comunidad, por lo tanto, el recibo que se gire a cada uno será de 2.500€ (2.500€ x 4 = 10.000).

El saldo acreedor de las cuentas de Deudas con partes vinculadas quedará reducido a: 3.333,33€ - 2.500€ = 833,33€, cada una de las tres cuentas.

Cuenta/(Concepto)	5135xx1 Otras Deudas con partes vinculadas a Corto Plazo-Comunero A	5135xx1 Otras Deudas con partes vinculadas a Corto Plazo-Comunero B	5135xx1 Otras Deudas con partes vinculadas a Corto Plazo-Comunero C	5135xx1 Otras Deudas con partes vinculadas a Corto Plazo-TOTAL
Saldo inicial	0	0	0	0
Aportación extraordinaria	6.666,66 €	6.666,67 €	6.666,67 €	20.000,00 €
Recuperación mediante proceso judicial (reintegro al comunero financiero)	-3.333,33 €	-3.333,33 €	-3.333,34 €	-10.000,00€
Recibo extraordinario para cubrir quebranto	-2.500,00 €	-2.500,00 €	-2.500,00 €	-7.500,00 €
Devolución de la Comunidad	-833,33 €	-833,34 €	-833,34 €	-2.500,00 €
Saldo de la cuenta	0 ,00€	0 ,00€	0 ,00€	0 ,00€

Y con el ingreso de los 2.500 €, procedentes del nuevo propietario, el administrador deberá pagar ese saldo pendiente a cada uno de los comuneros financieros. De esta manera, todos los comuneros, incluido el nuevo, participan del quebranto sufrido por la parte no recuperada del moroso.

Imposiciones a plazo: 5529
Otra clase de activo financiero que podemos encontrarnos en una comunidad de propietarios podría ser, a modo de ejemplo, el siguiente: Una comunidad que ha aprobado por junta la realización de **obras importantes en los elementos comunes** de la finca y, para ello, aprueba que se proceda a girar recibos en concepto de derrama anticipados, de forma que se disponga del dinero necesario para realizar los **pagos a cuenta**, cuando se contrate la obra.
Siendo el importe recaudado de 30.000 euros, se decide colocar dicho dinero en un **depósito bancario** con un interés anual del 4%, el asiento que se generaría por la imposición del dinero sería:

30.000 €	548xxx Imposiciones a corto plazo	a	572xxx Banco comunidad	30.000 €

El tratamiento de los **intereses devengados** se desarrolla en nº 5530.

2) Valoración posterior: Los activos financieros incluidos en esta categoría se valorarán por su **coste amortizado**. 5530
Los **intereses devengados** se contabilizarán en la cuenta de pérdidas y ganancias, aplicando el método del tipo de interés efectivo.
Las **aportaciones** realizadas como consecuencia de un contrato de cuentas en participación y similares, se valorarán al coste, incrementado o disminuido por el beneficio o la pérdida, respectivamente, que correspondan a la empresa como partícipe no gestor, y menos, en su caso, el importe acumulado de las correcciones valorativas por deterioro.
No obstante lo anterior, los activos con **vencimiento no superior a un año** que, de acuerdo con lo dispuesto en el apartado anterior, se valoren inicialmente por su valor nominal, continuarán valorándose por dicho importe, salvo que se hubieran deteriorado.

Ejemplo Supuesto el tipo de interés anual del 4%, sobre un depósito bancario de 30.000 euros y a efectos del cierre del balance a 31 de diciembre, se debe calcular los **intereses devengados** en el periodo de 3 meses desde la constitución del depósito hasta el cierre del balance.
El **cálculo** de los intereses sería el siguiente:

30.000 euros × 4% / 12 meses × 3 meses = 300 euros

El **asiento** que se tendría que hacer para el cierre del balance sería:

300 €	548xxx1 Banco deudor por Intereses Imposición	a	769xxx Otros Ingresos financieros	300 €

3) Deterioro del valor: Al menos al **cierre del ejercicio**, deberán efectuarse las correcciones valorativas necesarias, siempre que exista evidencia objetiva de que el valor de un activo financiero se ha deteriorado y que puede venir motivado por la insolvencia del deudor. 5531
La pérdida por deterioro del valor de estos activos financieros será la diferencia entre su valor en libros y el valor actual de los flujos de efectivo futuros que se estima van a generar,

descontados al tipo de interés efectivo calculado en el momento de su reconocimiento inicial. Para los **activos financieros a tipo de interés variable**, se empleará el tipo de interés efectivo que corresponda a la fecha de cierre de las cuentas anuales, de acuerdo con las condiciones contractuales.
Las **correcciones valorativas** por deterioro, así como su reversión cuando el importe de dicha pérdida disminuyese por causas relacionadas con un evento posterior, se reconocerán como un gasto o un ingreso, respectivamente, en la cuenta de pérdidas y ganancias. La **reversión** del deterioro tendrá como límite el valor en libros del crédito que estaría reconocido en la fecha de reversión si no se hubiese registrado el deterioro del valor.

5532 Ejemplo Supongamos el caso de un **comunero que ha impagado un recibo** y cuyo importe asciende a 200 euros, y que, después de haberse gestionado el cobro por la vía del **acuerdo**, se decide interponer **demanda**. A fecha del cierre del balance para la junta, el resultado de la demanda es incierto. El administrador deberá proceder a efectuar el **test de deterioro**, comparando el valor contable de la cuenta de Deudores de dudoso cobro con el valor actual estimado de los flujos descontados de efectivo que se estiman generará el activo. En el caso que nos ocupa, se estima que el valor de los 200 euros, se recuperará al cabo de 3 años. Por lo tanto, debemos actualizar dicho efectivo previsto a fecha de hoy. Considerando para el ejemplo que nos ocupa una **tasa de descuento** del 5%, el valor actual de dicho cobro previsto sería:

Concepto	N+1	N+2	N+3
Efectivo previsto cobrar	0	0	200
Tipo descuento	5,00%	5,00%	5,00%
Valor Actual	172,52		

Por lo tanto el **deterioro del valor** es el siguiente:

Valor contable o en libros .... 200,00 €
Valor actual previsto ingresar .... -172,52 €
Provisión deterioro valor .... 27,48 €

El **asiento** a efectuar a efectos del cierre del balance seria el siguiente:

27,48 €	699xxx Pérdidas por deterioro de créditos a corto plazo	a	490xxx Deterioro del Valor de Créditos	27,48 €

5533 **Activos financieros mantenidos para negociar** Se considera que un activo financiero -préstamo o crédito comercial o no, valor representativo de deuda, instrumento de patrimonio o derivado-, se posee para negociar cuando:
a) Se origine o adquiera con el **propósito de venderlo en el corto plazo** (p.e. valores representativos de deuda, que se adquieren para venderlos en el corto plazo).
b) Sea un **instrumento financiero derivado**, siempre que no sea un contrato de garantía financiera, ni haya sido designado como instrumento de cobertura. A estos efectos:
• Un **contrato de garantía financiera** es aquel que exige que el emisor efectúe pagos específicos para reembolsar al tenedor por la pérdida en la que incurre cuando un deudor específico incumpla su obligación de pago de acuerdo con las condiciones, originales o modificadas, de un instrumento de deuda, tal como una fianza o un aval.
• Un **derivado** es **designado como instrumento de cobertura** para cubrir un riesgo específicamente identificado que puede tener impacto en la cuenta de pérdidas y ganancias, como puede ser la cobertura del riesgo de tipo de cambio relacionado con compras y ventas en moneda extranjera o la contratación de una permuta financiera para cubrir el riesgo de tipo de interés.
La empresa no podrá reclasificar un activo financiero incluido inicialmente en esta categoría a otras, salvo cuando proceda calificar a una inversión como inversión en el patrimonio de empresas del grupo, multigrupo o asociadas.
No se podrá reclasificar ningún activo financiero incluido en las restantes categorías previstas en esta norma, a la categoría de mantenidos para negociar.
Se trata, en general, de activos financieros de los que se pretende obtener un **rendimiento a corto plazo**, esperando la situación óptima para su venta. Pueden ser inversiones en letras del tesoro, bonos del estado, acciones con cotización en bolsa.

Ejemplo Supuesta una comunidad de propietarios que ha recogido **fondos para ejecutar una obra** en la propia finca y que hasta el momento de la contratación no necesitará del dinero recaudado, decide **rentabilizar el líquido excedente** temporalmente mediante la inversión en letras del tesoro español por 30.000 euros, inversión sin riesgo con un tipo de interés del 3,25%. Se invierte el 29 de noviembre. La **contabilización en el momento de la compra** sería la siguiente: 5534

30.000 €	541xxx Valores representativos de deuda a corto plazo	a	572xxx Banco comunidad	30.000 €

Por los **intereses devengados pendientes de cobro** al 31 de diciembre (cierre de balance):
El **cálculo** de intereses sería 30.000 euros × 3,25% / 360 días × 31 días (meses de 30 días) = 81,25 euros
Luego, el asiento es:

81,25 €	541xxx Valores representativos de deuda a corto plazo	a	761xxx Ingresos de valores representativos de deuda	81,25 €

Cuando **se cobren los intereses pendientes** -supongamos que el Tesoro pagase la liquidación trimestral con 2 días de demora, y el banco hasta el 5 de enero del año siguiente no abona en la cuenta de la comunidad los intereses, además, los mismos llevan la retención del IRPF, actualmente, el 19%. Por lo tanto, el banco abona:

Rendimiento bruto por intereses	81,25
Retención 19% IRPF	-15,44
Rendimiento neto	65,81

65,81 €	572xxx Banco comunidad	a	541 Valores representativos de deuda a corto plazo	81,25 €
15,44 €	473xxx Hacienda pública, retenciones y pagos a cuenta			

Activos financieros a coste En esta categoría se clasificarán las **inversiones en el patrimonio de empresas**. 5535

e. Pasivos financieros

(PGC PYMES NRV 9ª)

Son instrumentos financieros emitidos, incurridos o asumidos, siempre que, de acuerdo con su realidad económica, supongan para la empresa una **obligación contractual**, directa o indirecta, de entregar efectivo u otro activo financiero, o de intercambiar activos o pasivos financieros con terceros en condiciones potencialmente desfavorables. 5540
La presente norma resulta de **aplicación** entre otros a los siguientes pasivos financieros:
- débitos por operaciones comerciales: proveedores y acreedores varios;
- deudas con entidades de crédito;
- obligaciones y otros valores negociables emitidos: tales como bonos y pagarés;
- derivados con valoración desfavorable para la empresa: entre ellos, futuros, opciones, permutas financieras y compraventa de moneda extranjera a plazo;
- deudas con características especiales; y
- otros pasivos financieros: deudas con terceros, tales como los préstamos y créditos financieros recibidos de personas o empresas que no sean entidades de crédito, incluidos los surgidos en la compra de activos no corrientes, fianzas y depósitos recibidos y desembolsos exigidos por terceros sobre participaciones.

Reconocimiento La empresa reconocerá un pasivo financiero en su **balance**, cuando se convierta en una parte obligada del contrato o negocio jurídico conforme a las disposiciones del mismo. 5542

Valoración Los pasivos financieros, a efectos de su valoración, se clasificarán en alguna de las siguientes **categorías**: 5544
- Pasivos financieros a coste amortizado (nº 5545).
- Pasivos financieros mantenidos para negociar.

Precisiones Se consideran **pasivos financieros mantenidos para negociar**, aquellos instrumentos derivados según lo definido en la norma de activos financieros, siempre que no sea un contrato de garantía financiera ni haya sido designado como instrumento de cobertura, según se ha definido en el apartado de activos financieros (nº 5533).

5545 **Pasivos financieros a coste amortizado** En esta categoría se clasificarán, salvo que sea aplicable lo dispuesto salvo que sea aplicable lo dispuesto para los pasivos financieros mantenidos para negociar (nº 5544):

a) **Débitos por operaciones comerciales** (proveedores y acreedores varios): son aquellos pasivos financieros que se originan en la compra de bienes y servicios por operaciones de tráfico de la empresa.

b) **Débitos por operaciones no comerciales**: son aquellos pasivos financieros que, no siendo instrumentos derivados, no tienen origen comercial.

5546 1) **Valoración inicial**: Los pasivos financieros incluidos en esta categoría se valorarán inicialmente por el **coste**, que equivaldrá al valor razonable de la contraprestación recibida ajustado por los costes de transacción que les sean directamente atribuibles; no obstante, estos últimos, así como las comisiones financieras que se carguen a la empresa cuando se originen las deudas con terceros, podrán registrarse en la cuenta de pérdidas y ganancias en el momento de su reconocimiento inicial.

5547 Ejemplo **Pasivos financieros por deudas con proveedores y acreedores**:

La mayor parte de transacciones económicas en una comunidad de propietarios estarán relacionadas con los proveedores o acreedores de los **suministros y servicios** que se provean a la comunidad, agua, electricidad, servicios de limpieza, etc. El **coste** vendrá, en general, determinado por la factura. En la **contabilización** de estas facturas podemos encontrarnos dos tipos de asiento, dependiendo de si la comunidad recupera o no el IVA.

Si la **comunidad recupera el IVA**, supongamos una factura de suministro eléctrico por importe de 121 euros, que incluye 100 euros de base imponible y 21 euros de IVA, el asiento es:

100 €	628xxx1 Suministro de electricidad	a	400xxx1 Proveedores electricidad	121 €
21 €	472xxx Hacienda pública IVA soportado			

Si la **comunidad no recupera el IVA**, que será lo más habitual, el asiento es:

121 €	628xxx1 Suministro de electricidad	a	400xxx1 Proveedores electricidad	121 €

Una vez imputado el gasto y reconocida la deuda, cuando se produzca el **pago de la factura**, el asiento es el siguiente para ambos casos:

121 €	400xxx1 Proveedores electricidad	a	572xxx Banco comunidad	121 €

Es preciso que se contabilice la factura previamente al pago, puesto que de esta forma, en la mayoría de sistemas informáticos, esta queda registrada en el libro registro de facturas recibidas, libro obligatorio si recuperamos el IVA. Una vez registrada la factura, se procederá a la contabilización del pago por bancos.

5548 **Pasivos financieros por salarios, impuestos y Seguridad Social**:

Otra operación muy corriente en comunidades de propietarios es el pago de salarios, especialmente, al **empleado en la portería** de la comunidad. El **importe** del salario vendrá normalmente definido por el convenio y los datos nos vendrán dados por el asesor laboral.

Supuesta una comunidad que emplea a un portero, con un sueldo bruto mensual de 1.200 euros, se le practica una retención del 5% en concepto de IRPF, y una retención por la contribución del empleado al sistema de la Seguridad Social de 72 euros. Por otra parte, la comunidad paga en concepto de Seguridad Social total 380 euros, importe que se obtiene del TC1, o recibo de liquidación si se utiliza el sistema RED Directo.

La **contabilización** de estos costes y pagos será la siguiente:

Por el **salario del portero**:

1.200 €	640xxx Sueldos portería	a	465xxx Remuneraciones pendientes de pago	1.068 €
			4751xx Hacienda pública acreedora por retenciones practicadas	60 €
			476xxx Organismos de la Seguridad Social acreedores	72 €

Por el pago del salario al empleado:

1068 €	465xxx Remuneraciones pendientes de pago	a	572xxx Banco comunidad	1068 €

A continuación debemos contabilizar el **coste patronal** de la Seguridad Social. Como la comunidad dispone del recibo TC1 o recibo de liquidación que engloba la cuota empresarial y la cuota obrera, y dado que la cuota obrera ya está englobada dentro del coste del salario bruto, la **cuota empresarial** la obtenemos por diferencia entre la cuota total y la **cuota obrera** que se le ha retenido al empleado, esto es; cuota total 380 euros menos 72 euros retenidos al empleado resulta el coste de 308 euros de cuota empresarial que tenemos que contabilizar en el mes de devengo del salario, el asiento es:

308 €	642xxx Seguridad Social a cargo de la comunidad	a	476xxx Organismos de la Seguridad Social acreedores	308 €

Por el **pago de la Seguridad Social**, al mes siguiente del devengo del salario (pensemos que la Seguridad Social se paga al mes siguiente del devengo), se contabilizará:

380 €	476xxx Organismos de la Seguridad Social acreedores	a	572xxx Banco comunidad	380 €

También considerar que el pago de los **impuestos**, salvo grandes empresas, es trimestral, debiéndose pagar dentro de los 20 días siguientes a la finalización del trimestre natural. Por lo tanto, si el salario del ejemplo anterior fuese idéntico cada uno de los meses, podemos considerar que la retención que se le habrá practicado al empleado en un trimestre es de 60 euros × 3 meses = 180 euros, el asiento contabilizando este pago es:

180 €	4751xxx Hacienda pública acreedora	a	572xxx Banco comunidad por retenciones practicadas	180 €

Pasivos financieros por préstamos recibidos: 5549

También podemos encontrar una comunidad que sea deudora de un **préstamo**, solicitado a un banco o entidad financiera, para efectuar unas **obras importantes de rehabilitación de la zona común**, sea por ejemplo la solicitud de una póliza de crédito de 120.000 euros a un plazo de un año renovable hasta 4 años más, el banco aprueba la operación en los siguientes términos: Gastos de estudio 1.500 euros, comisión de apertura 4 por mil, tipo de interés 6% anual pagadero trimestralmente en función del capital dispuesto. Revisión del tipo de interés anualmente en base al Euribor + 4%. La operación se formaliza el 16 de octubre.

La comunidad ha dispuesto durante el periodo comprendido entre el 16 de octubre y el 31 de diciembre de un saldo promedio de 100.000 euros. A fecha de cierre de balance no se ha recibido el cargo del banco por lo que a efectos contables queremos saber el coste y la situación del crédito.

Primero hemos de calcular los **intereses devengados por el uso de capital**, el cálculo sería:

100.000 euros × 6% /360 días × 76 días = 1.266,67 euros

También debemos calcular la **comisión de apertura** 4 por mil de 120.000 euros = 4.800 euros.

La **contabilización** de la obtención del crédito se irá efectuando a medida que se vayan disponiendo importes. Supongamos que hacemos una **primera disposición** de 60.000 euros y una **segunda disposición**, un mes más tarde, de 60.000 euros. El total dispuesto será el máximo disponible, es decir, 120.000 euros, pero como las disposiciones en el tiempo son distintas, el cálculo de la base para los intereses se efectúa sobre la disposición promedio de la póliza, en el ejemplo anterior hemos supuesto que esta disposición promedio era de 100.000 euros.

Contabilizaremos los **gastos de estudio y apertura**:

1.500 €	626xxx Comisiones bancarias	a	572xxx Banco Comunidad	1.500 €

No obstante, si esta comisión estuviera sujeta a **IVA** y este fuera deducible para la comunidad por ejercer actividades empresariales, los asientos serían:

Por la contabilización de la factura:

1.293,10 €	626xxx Comisiones bancarias			
206,90 €	472xxx Hacienda pública IVA soportado	a	410xxxc Banco ABC	1.500 €

Y por el cargo del banco:

1.500 €	410xxxc Acreedores por servicio Banco ABC	a	572xxx Banco comunidad	1.500 €

Contabilizaremos los gastos de **comisión de apertura**, este tipo de gasto se considera más gasto financiero y, por lo tanto, se ha de emplear el grupo de cuentas 66, siendo además un encarecedor importante del tipo de interés efectivo, dado que actúa de forma anticipada. Normalmente, dicho coste de comisión de apertura se deduce del importe del préstamo recibido del banco. El asiento sería:

4.800 €	662xxx Gastos por Intereses de deudas	a	572xxx Banco comunidad	4.800 €

Dado que el tipo de crédito al ser **renovable al año**, implica que puede ser renovado o no, en función de los criterios que se establezcan en la póliza. No obstante, al ser una póliza de tipo abierto en la cual se paga por lo que dispone, y no siendo seguro ni la cantidad ni los días que tendremos la póliza dispuesta, no nos es posible efectuar el **cálculo del interés efectivo**, por lo que lo más prudente es cargar todos los costes en el momento en que se carga por el banco.
Por las **disposiciones** que vamos realizando de la póliza, por cada uno de los movimientos, si pagamos a un proveedor un **pago anticipado** de 60.000 euros, el asiento sería:

60.000 €	400xxx Proveedor ABZ	a	572xxx Banco comunidad	60.000 €

Pero como el dinero no es nuestro, sino que es prestado, tenemos que reconocer el **débito**, y así, simultáneamente, se tendría que realizar el asiento:

60.000 €	572xxx Banco comunidad	a	5201xx Deudas a corto plazo por crédito dispuesto	60.000 €

No obstante los dos asientos anteriores, a efectos prácticos, y si de lo que se trata es de una póliza asociada a una **cuenta corriente de crédito**, los dos asientos anteriormente descritos se pueden simplificar en uno:

60.000 €	400xxx Proveedor ABZ	a	5201xx Deudas a corto plazo por crédito dispuesto	60.000 €

Finalmente, por los **intereses** calculados, y dado que no tenemos el cargo del banco, haremos el asiento siguiente:

1.266,67 €	662xxx Gastos por Intereses de deudas	a	5201xx Deudas a corto plazo por crédito dispuesto	1.266,67 €

El **saldo de la cuenta** de crédito 5201xxx Deudas a corto plazo por crédito dispuesto, al cierre de balances es:

5201xxx Deudas a corto plazo por crédito dispuesto		
	Debe	**Haber**
Primera disposición		60.000,00
Segunda disposición		60.000,00
Intereses devengados		1.266,67
Saldo cuenta		121.266,67

Cuando en enero recibamos el **cargo** del banco por los intereses, y si suponemos que dicho cargo asciende a 1.315,33 euros, en lugar de los 1.266,67 euros previstos y que dicho cargo de intereses se carga en la cuenta bancaria normal de la comunidad, distinta de la cuenta de crédito, el cargo se contabilizaría de la siguiente forma:

1266,67 €	5201xxx Deudas a corto plazo por crédito dispuesto			
48,66 €	662xxx Gastos por Intereses de deudas	a	572 € Banco comunidad	1.315,33 €

Cuando llegue el **vencimiento anual de la póliza**, si no se renueva, o los importes de renovación son distintos, o cualquier otro hecho que implique una variación del importe dispuesto, por el importe de crédito amortizado el asiento sería -suponemos la amortización del total dispuesto-:

120.000 €	5201xxx Deudas a corto plazo por crédito dispuesto	a	572 € Banco comunidad	120.000 €

5551 **2) Valoración posterior**

Los pasivos financieros incluidos en esta categoría se valorarán por su **coste amortizado**.
Los **intereses devengados** se contabilizarán en la cuenta de pérdidas y ganancias, aplicando el método del tipo de interés efectivo.

Las **aportaciones recibidas** como consecuencia de un contrato de cuentas en participación y similares, se valorarán al coste, incrementado o disminuido por el beneficio o la pérdida, respectivamente, que deba atribuirse a los partícipes no gestores.
No obstante lo anterior, los **débitos con vencimiento no superior a un año** que, de acuerdo con lo dispuesto en el apartado anterior, se valoren inicialmente por su valor nominal, continuarán valorándose por dicho importe.

Baja de pasivos financieros La empresa dará de baja un pasivo financiero cuando la obligación se haya extinguido. También dará de baja los pasivos financieros propios que adquiera, aunque sea con la intención de recolocarlos en el futuro. **5553**
La diferencia entre el **valor en libros** del pasivo financiero o de la parte del mismo que se haya dado de baja y la **contraprestación pagada**, incluidos los **costes de transacción** atribuibles y en la que se recogerá asimismo cualquier activo cedido diferente del efectivo o pasivo asumido, se reconocerá en la cuenta de pérdidas y ganancias del ejercicio en que tenga lugar.
En el caso de un **intercambio de instrumentos de deuda** que no tengan condiciones sustancialmente diferentes, el pasivo financiero original no se dará de baja del balance.
El **coste amortizado** del pasivo financiero se determinará aplicando el tipo de interés efectivo, que será aquel que iguale el valor en libros del pasivo financiero en la fecha de modificación con los flujos de efectivo a pagar según las nuevas condiciones.
A estos efectos, las **condiciones de los contratos** se considerarán sustancialmente diferentes cuando el valor actual de los flujos de efectivo del nuevo pasivo financiero, incluyendo las comisiones netas cobradas o pagadas, sea diferente, al menos en un 10% del valor actual de los flujos de efectivo remanentes del pasivo financiero original, actualizados ambos al tipo de interés efectivo de este.

Ejemplo Hemos visto en el ejemplo anterior un asiento por el que se da de baja un activo financiero por el importe del débito que la comunidad tenía contabilizado. No obstante el ejemplo anterior, supongamos que existiese una **cláusula de penalización**, si la comunidad cancelase la póliza antes de una fecha determinada, y que, por los motivos que fuera, se cancela incumpliendo el contrato y devengando una penalización en favor del banco. Supuesto que la penalización fuese del 1% del importe nominal suscrito, esto es, 120.000 euros, qué asiento deberíamos hacer. La penalización asciende a 1.200 euros:

120.000 €	5201xxx Deudas a corto plazo por crédito dispuesto			
1.200 €	662xxx Gastos por Intereses de Deudas	a	572 € Banco comunidad	121.200 €

Reflejaríamos con este asiento el pago del crédito dispuesto y la penalización asumida según el contrato.

f. Impuestos sobre beneficios

(PGC PYMES NRV 15ª)

Los impuestos sobre el beneficio a los que se refiere esta norma son aquellos **impuestos directos**, que se liquidan a partir de un resultado empresarial calculado de acuerdo con las normas fiscales. Al ser la comunidad de propietarios una entidad sin personalidad jurídica propia, los posibles impuestos que debiera pagar la comunidad derivados de una actividad empresarial, son imputables a los comuneros, en este caso tendríamos que aplicar la norma contable aplicable a los **empresarios individuales**, que se explica a continuación. **5560**
En el caso de empresarios individuales no deberá lucir ningún importe en la rúbrica correspondiente al impuesto sobre beneficios. A estos efectos, al final del ejercicio, las retenciones soportadas y los pagos fraccionados del **impuesto sobre la renta de las personas físicas** deberán ser objeto del correspondiente **traspaso** a la cuenta del titular de la empresa, en nuestro caso, a la cuenta de comuneros para que, una vez repartido el beneficio que le correspondiese a cada comunero, estos puedan incluirlo en su declaración de renta particular.

En el caso de las **comunidades que desarrollen actividades empresariales**, como prestar servicios de alquiler de locales o viviendas de la comunidad o cualquier otra actividad de tipo empresarial -por ejemplo, la promoción y venta de viviendas en un terreno común no utilizado, etc.-, la comunidad deberá calcular el **rendimiento empresarial** de acuerdo con las normas del IRPF e impuesto sobre sociedades que le sean aplicables para, posteriormente, poder atribuir a cada comunero, en función de su coeficiente de participación, la parte del beneficio que le corresponda. **5561**

Dicho **beneficio** se obtendrá de la cuenta de pérdidas y ganancias, y se traspasará a la cuenta de cada comunero, dado que será cada persona física quién se tendrá que imputar fiscalmente el rendimiento.

5562 Ejemplo Supongamos un ejemplo de una comunidad de 6 comuneros, que disponía de un terreno comunitario muy amplio, que decide por unanimidad la **promoción y venta de unas viviendas**. Es decir, la comunidad se convierte en promotora, dándose de alta en actividades económicas y procediendo a subcontratar la construcción de dichas viviendas.
En el **primer año de actividad**, se prevé una **pérdida** por los gastos de arranque, imprevistos etc., de 60.000 euros, importe que aportan los comuneros al banco de la comunidad para hacer frente a los pagos. El asiento sería;

60.000	572xxx Banco comunidad	a	118xx1 Comunero 1	10.000 €
			118xx2 Comunero 2	10.000 €
			118xx3 Comunero 3	10.000 €
			118xx4 Comunero 4	10.000 €
			118xx5 Comunero 5	10.000 €
			118xx6 Comunero 6	10.000 €

Supuestas unas **pérdidas** (no relacionadas con los gastos comunes corrientes derivados del bien en común) incurridas por la comunidad en el primer año de explotación de la actividad empresarial de 52.645,33 euros. Se deberá realizar el siguiente asiento:

52.645,33 €	129xxx Resultado del ejercicio «n»	a	121xxx Pérdidas y Ganancias del Ejercicio «n»	52.645,33 €

Nota: Previamente, se habrá obtenido la cuenta de pérdidas y ganancias, estado contable que recoge el resultado del ejercicio, formado por los gastos e ingresos del mismo, excepto cuando proceda su imputación directa al patrimonio neto. Ver nº 1460 s. Memento Contable 2024.
Transcurre el **segundo año** sin que se necesite capital adicional alguno y existen unos gastos que no son capitalizables dentro del coste de la construcción y que, por lo tanto, pasan a la cuenta de pérdidas y ganancias de la comunidad. El importe es de 10.351,20 euros. La comunidad no necesita financiación, puesto que ya ha procedido a obtener de clientes algunas cantidades en concepto de **arras por las viviendas** que se están construyendo, y no se requiere de los comuneros aportación alguna.
El asiento de cierre de traspaso a la cuenta de resultados del ejercicio de las pérdidas y ganancias, sería:

10.351,20 €	129xxx Resultado del ejercicio «n+1»	a	121xxx Pérdidas y Ganancias del Ejercicio «n+1»	10.351,20 €

El **tercer año** se finaliza la obra y se procede a la venta de las viviendas, obteniendo la comunidad después de pagar todos los costes de la promoción un **beneficio** de 312.534,16 euros, contabilizando el cierre del ejercicio como sigue:

312.534,16 €	121xxx Pérdidas y Ganancias del ejercicio «n+2»	a	129xxx Resultado del ejercicio n+2	312.534,16 €

Luego la **situación patrimonial de la comunidad**, en lo referente a la promoción de las viviendas será la siguiente:

118xxx Aportaciones socios		
	Debe	**Haber**
Aportación año n		60.000,00

129xxx Resultados del Ejercicio		
	Debe	**Haber**
Resultado del Ejercicio n	52.645,33	
Resultado del Ejercicio n+1	10.351,20	
Resultado del Ejercicio n+2		312.534,16
Totales	62.996,53	312.534,16
Saldo al Haber		249.537,63

La comunidad tiene un **saldo en banco** de 309.537,63 euros.
La comunidad reunida en junta acuerda por unanimidad el **reintegro a los comuneros** del capital aportado de 10.000 euros cada uno y, además, se procede al **reparto** por sextas partes a cada comunero del resultado acumulado obtenido.

Primero haremos el asiento de **distribución de resultados a remanente**:

249.537,63 €	129xxx Resultados del Ejercicio n+(n+1)+(n+2)	a	120xxx Remanente	249.537,63 €

Por el acuerdo de junta de la distribución a los comuneros del remanente:

249.537,63 €	120xxx Remanente	a	551xx1 Cuenta corriente con comunero 1	41.589,61€
			551xx2 Cuenta corriente con comunero 2	41.589,61€
			551xx3 Cuenta corriente con comunero 3	41.589,61€
			551xx4 Cuenta corriente con comunero 4	41.589,60€
			551xx5 Cuenta corriente con comunero 5	41.589,60€
			551xx6 Cuenta corriente con comunero 6	41.589,60€

Cuando se reintegrase el capital aportado por cada comunero:

10.000 €	118xx1 Comunero 1			
10.000 €	118xx2 Comunero 2			
10.000 €	118xx3 Comunero 3			
10.000 €	118xx4 Comunero 4			
10.000 €	118xx5 Comunero 5			
10.000 €	118xx6 Comunero 6	a	572xxx Banco Comunidad	60.000 €

Cuando se pague el beneficio a cada uno de los comuneros:

41.589,61€	551xx1 Cuenta corriente con comunero 1			
41.589,61€	551xx2 Cuenta corriente con comunero 2			
41.589,61€	551xx3 Cuenta corriente con comunero 3			
41.589,60€	551xx4 Cuenta corriente con comunero 4			
41.589,60€	551xx5 Cuenta corriente con comunero 5			
41.589,60€	551xx6 Cuenta corriente con comunero 6	a	572xxx Banco comunidad	249.537,63 €

Las pérdidas o beneficios obtenidos por la comunidad son imputables a los comuneros en el IRPF en proporción a su cuota en la comunidad, debiendo por lo tanto cada comunero declarar, en su **IRPF personal**, la parte que la comunidad le atribuya de renta.
La comunidad está obligada a declarar el beneficio imputado y pagado a cada comunero, mediante el **modelo 184**, que se realiza anualmente. Y además, precisar, que una vez finalizada la promoción, debe darse de baja en el censo de actividades empresariales, para evitar las obligaciones de seguir presentando las declaraciones de impuestos que dichas actividades conllevan implícitamente.

g. Ingresos por ventas y prestación de servicios

(PGC PYMES NRV 16ª)

Aspectos comunes (PGC PYMES NRV 16ª aptdo 1) Los ingresos procedentes de la venta de bienes y de la prestación de servicios se valorarán por el **valor razonable de la contrapartida**, recibida o por recibir, derivada de los mismos, que, salvo evidencia en contrario, será el precio acordado para dichos bienes o servicios, deducido: el importe de cualquier descuento, rebaja en el precio u otras partidas similares que la empresa pueda conceder, así como los intereses incorporados al nominal de los créditos. No obstante, podrán incluirse los intereses incorporados a los créditos comerciales con vencimiento no superior a un año que no tengan un tipo de interés contractual, cuando el efecto de no actualizar los flujos de efectivo no sea significativo. 5570
Los **impuestos** que gravan las operaciones de venta de bienes y prestación de servicios que la empresa debe repercutir a terceros como el IVA y los impuestos especiales, así como las cantidades recibidas por cuenta de terceros, no formarán parte de los ingresos.

Los **créditos por operaciones comerciales** se valorarán de acuerdo con lo dispuesto en la norma relativa a activos financieros. No se reconocerá ningún ingreso por la **permuta** de bienes o servicios, por operaciones de tráfico, de similar naturaleza y valor.
Cuando existan **dudas relativas al cobro de un importe** previamente reconocido como ingresos por venta o prestación de servicios, la cantidad cuyo cobro se estime como improbable se registrará como un gasto por corrección de valor por deterioro y no como un menor ingreso.

5572 **Ingresos por ventas** (PGC PYMES NRV 16ª aptdo 2) Solo se contabilizarán los ingresos procedentes de la venta de bienes cuando se cumplan todas y cada una de las siguientes **condiciones**:
a) La empresa ha transferido al comprador los **riesgos y beneficios significativos** inherentes a la propiedad de los bienes, con independencia de su transmisión jurídica. Se presumirá que no se ha producido la citada transferencia, cuando el comprador posea el derecho de vender los bienes a la empresa y esta la obligación de recomprarlos, por el precio de venta inicial más la rentabilidad normal que obtendría un prestamista.
b) La empresa no mantiene la **gestión corriente de los bienes vendidos**, en un grado asociado normalmente con su propiedad, ni retiene el control efectivo de los mismos.
c) El **importe de los ingresos** puede valorarse con fiabilidad.
d) Es probable que la empresa reciba los **beneficios o rendimientos económicos derivados** de la transacción.
e) Y, los **costes incurridos o a incurrir** en la transacción pueden ser valorados con fiabilidad.

Ejemplo Normalmente, las comunidades **no realizan ventas**, dado que lo que se factura a los comuneros es la repercusión del gasto sufrido por esta en el mantenimiento del bien común. Sin embargo, en algún caso podría darse la situación de que vendiese algún bien, supongamos que la comunidad ha promovido y vendido unas **viviendas en unos terrenos de su propiedad**. Cuando se produzca la venta de dichas viviendas deberá contabilizarse como un ingreso, tal y como está definido en la norma 16ª del marco conceptual del PGC PYMES.
Es este hipotético caso, como además la comunidad habrá tenido que darse de alta en actividades económicas, el **IVA repercutido** deberá contabilizarlo para su ingreso en Hacienda, si el precio de la vivienda fuese de 120.000 euros más el 10% de IVA, el asiento sería el siguiente:

132.000 €	430xxx Clientes por ventas	a	700xxx Ventas de mercaderías (viviendas)	120.000 €
		a	477xxx Hacienda pública acreedora porcentaje IVA repercutido	12.000 €

5574 **Ingresos por prestación de servicios** (PGC PYMES NRV 16ª aptdo 3) Los ingresos por prestación de servicios se reconocerán cuando el resultado de la transacción pueda ser estimado con fiabilidad, considerando para ello el porcentaje de realización del servicio en la fecha de cierre del ejercicio. En consecuencia, solo se contabilizarán los ingresos procedentes de prestación de servicios cuando se cumplan todas y cada una de las siguientes **condiciones**:
a) El **importe de los ingresos** pueda valorarse con fiabilidad.
b) Es probable que la empresa reciba los **beneficios o rendimientos económicos derivados** de la transacción.
c) El **grado de realización** de la transacción, en la fecha de cierre del ejercicio, puede ser valorado con fiabilidad.
d) Y los **costes ya incurridos** en la prestación, así como los que quedan por incurrir hasta completarla, pueden ser valorados con fiabilidad. La empresa revisará y, si es necesario, modificará las **estimaciones del ingreso** por recibir, a medida que el servicio se va prestando. La necesidad de tales **revisiones** no indica, necesariamente, que el desenlace o resultado de la operación de prestación de servicios no pueda ser estimado con fiabilidad.
Cuando el resultado de una transacción que implique la prestación de servicios no pueda ser estimado de forma fiable, se reconocerán ingresos, solo en la cuantía en que los gastos reconocidos se consideren recuperables.

5575 Precisiones Conviene no confundir la prestación de un servicio con la cuota que paga un comunero en el mantenimiento del bien común. Es decir, la cuota que habitualmente cobra la comunidad de cada comunero es la parte de los **gastos por el mantenimiento del bien común**, y que legalmente le corresponde pagar en función de su coeficiente de propiedad. Estas cuotas no están sujetas a IVA ni a ningún otro impuesto, la comunidad se limita a recaudar de cada comunero su participación en el gasto común. Es más, el concepto está más relacionado con una aportación de socio que con un ingreso por prestación de servicios, conviniendo separar conceptualmente lo que es un ingreso en el banco por aportación de socio, de lo que significa un ingreso en el PGC. Así, nos remitimos a la **definición de ventas e ingresos, grupo 7** de las cuentas del plan contable.

Es decir, a pesar de que las aportaciones que hacen los comuneros al mantenimiento del bien común se ingresan en la cuenta corriente de la comunidad, estas contablemente no pueden considerarse como un ingreso. El concepto es la aportación que hacen los socios (comuneros), para sufragar las pérdidas que sufre la comunidad por tal mantenimiento. Encontramos pues más adecuado que tales ingresos sean reflejados como **aportaciones de propietarios** que como ingresos. De acuerdo con la cuenta nº 118 del PGC parece pues que es mucho más apropiado considerar los ingresos efectuados por los comuneros para compensar los gastos de comunidad como una aportación para compensar las pérdidas que sufre la comunidad, que como un ingreso propio de la comunidad.

Ejemplo En este caso el asiento que se tiene que hacer supuesta una cuota de 90 euros al trimestre, sería: 5576

90 €	440xx1 Deudor Comunero A	a	118xxx Aportación Comuneros por Repercusión Gastos	90 €

Y cuando se cobrase en el banco, el asiento siguiente:

90 €	572xxx Banco comunidad	a	440xx1 Deudor Comunero A	90 €

En efecto, al cierre del ejercicio y una vez aprobados por la junta de comuneros los gastos del año anterior, las aportaciones realizadas por los comuneros se traspasarán a la cuenta de resultados del ejercicio anterior. Supuesta una comunidad cuyos **gastos de mantenimiento del bien común** hayan sido en un ejercicio de 23.500 euros. El asiento que se realizaría, sería:

23.500 €	118xxx Aportación Comuneros por Repercusión Gastos	a	121xxx Resultado negativos de ejercicios anteriores	23.500 €

Con este asiento, la **cuenta 121xxx Resultados negativos de ejercicios anteriores**, quedaría a cero, y si existiese un remanente en la cuenta 118xxx, por haberse aportado por los comuneros un **importe superior a las pérdidas sufridas**, este importe podría quedar en esta cuenta, si así se decidiese por la junta, para compensar gastos futuros.

h. Provisiones y contingencias

(PGC PYMES NRV 17ª)

Reconocimiento (PGC PYMES NRV 17ª aptdo 1) La empresa reconocerá como provisiones los **pasivos** que, cumpliendo la definición y los criterios de registro o reconocimiento contable contenidos en el marco conceptual de la contabilidad, resulten indeterminados respecto a su importe o a la fecha en que se cancelarán. Las provisiones pueden venir determinadas por una disposición legal, contractual o por una obligación implícita o tácita. En la **memoria de las cuentas anuales** se deberá informar sobre las contingencias que tenga la empresa relacionadas con obligaciones distintas a las mencionadas en el párrafo anterior, es decir, que existe una contingencia, pero que a fecha de cierre de balance no se puede valorar, ya que si se pudiese valorar ya estaría reflejada como Provisión en la contabilidad. Se refiere en este caso a, por ejemplo, avales otorgados o contingencias muy remotas, pero que conviene que se informe. 5580

Valoración (PGC PYMES NRV 17ª aptdo 2) De acuerdo con la información disponible en cada momento, las provisiones se valorarán en la **fecha de cierre del ejercicio**, por el valor actual de la mejor estimación posible del importe necesario para cancelar o transferir a un tercero la obligación, registrándose los ajustes que surjan por la actualización de la provisión como un gasto financiero conforme se vayan devengando. 5582

La **compensación a recibir de un tercero** en el momento de liquidar la obligación, no supondrá una minoración del importe de la deuda, sin perjuicio del reconocimiento en el activo de la empresa del correspondiente derecho de cobro, siempre que no existan dudas de que dicho reembolso será percibido. El **importe** por el que se registrará el citado activo no podrá exceder del importe de la obligación registrada contablemente. Solo cuando exista un **vínculo legal o contractual**, por el que se haya exteriorizado parte del riesgo, y en virtud del cual la empresa no esté obligada a responder, se tendrá en cuenta para estimar el importe por el que, en su caso, figurará la provisión.

Este tema es importante por su naturaleza, dado que son compromisos que suelen aparecer por **cuestiones litigiosas o imprevistas** y que, llegado el cierre contable o fiscal, se conocen y se cuantifican en unos importes aproximados. Sea por ejemplo, el despido del empleado que presta sus servicios como portero en la comunidad y que ha interpuesto demanda ante el juzgado de lo social, reclamando unas cantidades importantes en concepto de indemnización.

También podemos suponer que se desprende un trozo de la cornisa del edificio común y causa herida a una persona o daño a un bien.
Podemos encontrarnos una gran variedad de hechos que sean generadores de provisiones, algunas pueden ser **de tipo contingente** como las mencionadas anteriormente, otras pueden ser **derivadas de compromisos adquiridos o que dimanan de leyes** o normas y que deben provisionarse para los pagos que se tengan que hacer en el futuro.

5583 Ejemplo Supongamos un **edificio de viviendas antiguo** que tiene que adaptarse a una **nueva normativa de tensión eléctrica**, y que aparece publicada en el año «n», disponiendo de un plazo hasta el año «n+2», para adaptarse a dicha normativa.
En un **primer estudio**, el coste en el año «n+2» de la adaptación se estima en 90.000 euros. Llegado el cierre contable, se ha presentar a la junta el estado de situación, y el administrador procede a contabilizar este compromiso económico en la contabilidad del año «n».
Con un criterio práctico y dado que la obligación de cumplir la normativa de tensión eléctrica, no ha de estar resuelta hasta el año «n+2», procede al **cálculo de la provisión** que tiene que dotar el año «n».
Primero calculará el valor anual necesario en cada uno de los 3 años en los que se tendrá que dotar la provisión para ejecutar la obra, debiendo obtener al final de los 3 años un presupuesto de 90.000 euros. Utilizará para ello la actualización de los flujos previstos pagar al 5% anual (nº 5464). El importe resultante del cálculo es de 28.548, 77 euros. Lógicamente incorporará en el presupuesto del año «n+1» y «n+2», la misma cantidad para que sea dotada financieramente la provisión.
El asiento que generaría la **dotación del primer año** sería:

28.548,77 €	622xxx Gastos por reparaciones y conservación	a	143xx Provisión por rehabilitación del inmovilizado	28.548,77 €

Con este asiento se refleja en la contabilidad del año «n», el coste que supone la tercera parte de la adecuación de la instalación eléctrica a la normativa, y como el cargo se imputará contra pérdidas y ganancias del ejercicio «n», una vez aprobadas por la junta de comuneros las cuentas, se procederá al giro de la **derrama especial** por este concepto en el primer año.

5584 El **segundo año**, como ya estaremos advertidos del coste y se habrá incluido en el presupuesto del año «n+1», procederemos a contabilizar la dotación bajo el mismo criterio:

28.548,77 €	622xxx Gastos por reparaciones y conservación	a	143xx Provisión por rehabilitación del inmovilizado	28.548,77 €

Además, en el segundo año, deberemos dotar los **intereses** que la provisión ha devengado por el periodo transcurrido entre el año «n» y el año «n+1». Dado que hemos considerado el 5% como tasa de descuento, deberemos calcular: 28.548,77 euros × 5% = 1.427,44 euros, el asiento sería el siguiente:

1.427,44 €	660xxx Gastos financieros por actualización de provisiones	a	143xx Provisión por rehabilitación del inmovilizado	1.427,44 €

Por lo tanto al final del segundo año la **situación de la cuenta de provisión** será:

143xxx Provisión por rehabilitación del inmovilizado		
	Debe	**Haber**
Provisión año «n»		28.548,77 €
Intereses año n+1		1.427,44 €
Provisión año n+1		28.548,77 €
Saldo a final año n+1		58.524,98 €

5585 En el **tercer año**, que es cuando deberemos tener la instalación eléctrica adecuada a normativa, realizaremos la **última dotación**:

28.548,77 €	622xxx Gastos por reparaciones y conservación	a	143xx Provisión por rehabilitación del inmovilizado	28.548,77 €

También dotaremos los **intereses** en el tercer año, que la provisión ha devengado por el periodo transcurrido entre el año «n+1» y el año «n+2», dado que hemos considerado el 5% como tasa de descuento, deberemos calcular; 58.524,98 euros × 5% = 2.926,25 euros. El asiento sería el siguiente;

2.926,25 €	660xxx Gastos financieros por actualización de provisiones	a	143xx Provisión por rehabilitación del inmovilizado	2.926,55 €

Luego el saldo de la cuenta de la Provisión será la siguiente:

143xxx Provisión por rehabilitación del inmovilizado		
	Debe	**Haber**
Provisión año n		28.548,77 €
Intereses año n+1		1.427,44 €
Provisión año n+1		28.548,77 €
Saldo a final año n+1		58.524,98 €
Intereses año n+2		2.926,55 €
Provisión año n+2		28.548,77 €
Saldo a final año n+2		90.000,30 €

Es decir, **a final del año n+3**, se habrá dotado completamente la provisión. En ese mismo año se habrán ejecutado las obras necesarias, por lo que todos los pagos realizados irán imputados contra la cuenta de provisión. 5586

Mencionar que la normativa contable prevé que la parte de esta provisión cuya exigibilidad sea inferior a un año, debe figurar en el pasivo corriente de la comunidad, existe para ello la cuenta 529xxx Provisiones a corto plazo.

Por lo tanto **a finales del año n+1** habrá que traspasar el importe de la cuenta 143xxx a la cuenta 529xxx. Y la **provisión del año n+2** deberá imputarse a esta misma cuenta, es decir, la cuenta 529xxx.

No obstante, para una mejor lectura del ejemplo expuesto, se ha trabajado siempre con la cuenta 143xxx para que se pueda apreciar de forma fácil la evolución de la misma.

Las **facturas pagadas** y que estén relacionadas con esta rehabilitación se contabilizarán de la siguiente forma. Supongamos una factura de material eléctrico que ha pagado directamente la comunidad por importe de 12.538 euros, más IVA (21%), 2.632,98 euros, total de factura: 15.170,98 euros. El asiento para contabilizarla sería:

15.170,98 €	529xxx Provisiones a corto plazo	a	400xxx Acreedores ABZ	15.170,98 €

Hay que recordar que, normalmente, en las comunidades el **IVA no es recuperable** y, por lo tanto, es coste.

Lo mismo haremos con el **resto de facturas** que estén relacionadas con el proyecto en cuestión.

Si al final de la ejecución del mismo, en la cuenta de Provisión, existiese un déficit, este se pasaría a la cuenta 622xxx de Gastos de reparaciones y conservación, el asiento sería;

Importe Déficit en €	622xxx Gastos por reparaciones y conservación	a	529xxx Provisión por rehabilitación del inmovilizado	Importe déficit €

Si por el contrario hubiese un **superávit** se pasaría a la cuenta 7955xx Exceso de provisiones

Importe Superávit en €	529xxx Provisión por rehabilitación del inmovilizado	a	7955xxx Exceso de Provisiones	Importe Superávit en €

Hay que distinguir la dotación obligatoria al **fondo de reserva**, con la provisión que se efectúe para algún determinado tipo de gasto previsible que deba realizar la comunidad. La dotación del fondo de reserva, se debe calcular sobre el monto del presupuesto ordinario, excluyendo de manera implícita el presupuesto que por obras o reparaciones especiales deba acometer la comunidad (LPH art.9 y disp.adic.). Así puede darse el caso de estar dotando el fondo legal de reserva, al mismo tiempo que una provisión para instalar un ascensor, o efectuar reacondicionamientos importantes en la finca

i. Subvenciones, donaciones y legados recibidos

(PGC PYMES NRV 18ª)

Otorgados por terceros distintos a los socios o propietarios (PGC PYMES NRV 18ª aptdo 1) Las subvenciones, donaciones y legados no reintegrables se contabilizarán inicialmente, con carácter general, como **ingresos directamente imputados al patrimonio neto** y se reconocerán en la cuenta de pérdidas y ganancias como ingresos sobre una base sistemática y racional de forma correlacionada con los gastos derivados de la subvención, donación o legado, de acuerdo con los criterios que se detallan en el PGC NRV 18ª aptdo 1.3. Las subvenciones, donaciones y legados que tengan carácter de **reintegrables** se registrarán como pasivos de la empresa hasta que adquieran la condición de **no reintegrables**. 5590

El **proceso de otorgamiento** de una subvención, suele ser un proceso que se realiza en dos o tres **fases**, la primera es la resolución administrativa mediante la cual se otorga la subvención, después se suele recibir el dinero total o parcial de la subvención otorgada, esto depende del tipo de subvención, y existe muchas veces una tercera fase, en la que después de haber acreditado la ejecución de la obra o servicio subvencionados en su totalidad y de haber cumplido con los requisitos exigidos en la concesión de la misma, se cobra el resto de la subvención pendiente.

5591 Ejemplo Supongamos que recibimos la resolución por la que nos otorgan una subvención de 7.000 euros por una inversión de **adaptación del acceso de entrada y ascensores** a la nueva normativa, que hemos realizado y cuyo coste total ha sido de 70.000 euros, el asiento reconociendo el **derecho a recibir la subvención** sería:

7.000 €	4708xx Hacienda pública, deudora por Subvenciones concedidas	a	130xxx Subvenciones oficiales de capital	7.000 €

3 meses más tarde la Hacienda pública (local, autonómica o estatal), nos notifica el **pago del 50%**, mediante el ingreso en nuestro banco, el asiento sería:

3.500 €	Banco comunidad	a	4708xx Hacienda pública, deudora por Subvenciones concedidas	3.500 €

Llegado el **cierre contable de final de año** tenemos que ver el tratamiento que se le ha de dar a la subvención. La inversión de 70.000 euros, en este caso, ha sido una mejora del bien común, y aunque haya sido una inversión para los propietarios no es una inversión para la comunidad por sí misma, dado que no es titular de un ente concreto. La comunidad habrá contabilizado las facturas pagadas contra una cuenta de gastos de reparaciones y conservaciones. Al disponer de la resolución administrativa tendremos que contabilizar el **total del importe concedido**, no solamente el recibido como ingreso el asiento sería:

7.000 €	130xxx Subvenciones oficiales de capital	a	746xxx Subvenciones de capital transferidos a resultado	7.000 €

De esta forma, obtendremos un **balance** donde aparecerá, la deuda que tiene la Hacienda pública con la comunidad por el 50% restante que falta por pagar, y en la cuenta de Pérdidas y Ganancias, aparecerá el importe total gastado en la adaptación de la finca, en el capítulo de Gastos de reparación y conservación y, por otra parte, también aparecerá los 7.000 euros de ingreso por la subvención concedida. Por lo tanto, los comuneros deberán aportar menos dinero a la comunidad en los 7.000 euros recibidos. Posteriormente, cuando se cobre la parte restante, se procederá contablemente como en el primer cobro.
Otro tratamiento tendría en el caso de que fuese una **subvención sobre un activo** que permanece como activo de la comunidad, por ejemplo que se procediese a construir un espacio de juegos infantiles. Como la inversión necesaria para construir ese espacio infantil se contabilizaría como activo de la comunidad, entonces la subvención se debería pasar a resultados como beneficio a medida que se vaya amortizando el activo.

5592 **Valoración** Las subvenciones, donaciones y legados **de carácter monetario** se valorarán por el valor razonable del importe concedido, y las **de carácter no monetario o en especie** se valorarán por el valor razonable del bien recibido, referenciados ambos valores al momento de su reconocimiento.

5593 **Criterios de imputación a resultados** La imputación a resultados de las subvenciones, donaciones y legados que tengan el carácter de no reintegrables se efectuará atendiendo a su **finalidad**.
En este sentido, el criterio de imputación a resultados de una subvención, donación o legado de carácter monetario deberá ser el mismo que el aplicado a otra subvención, donación o legado recibido en especie, cuando se refieran a la adquisición del mismo tipo de activo o a la cancelación del mismo tipo de pasivo.
A efectos de su **imputación en la cuenta de pérdidas y ganancias**, habrá que distinguir entre los distintos tipos de subvenciones, donaciones y legados.
Cuando se concedan **para financiar gastos específicos**, se imputarán como ingresos en el mismo ejercicio en el que se devenguen los gastos que estén financiando.
Cuando se concedan **para adquirir un activo material**, se imputarán como ingresos del ejercicio en proporción a la dotación a la amortización efectuada en ese periodo para los citados elementos o, en su caso, cuando se produzca su enajenación, corrección valorativa por deterioro o baja en balance.
Los importes monetarios que se reciban **sin asignación a una finalidad específica** se imputarán como ingresos del ejercicio en que se reconozcan.
Se considerarán en todo caso de naturaleza irreversible las **correcciones valorativas por deterioro** de los elementos en la parte en que estos hayan sido financiados gratuitamente.

El criterio que recoge esta norma es que la subvención se debe de tratar temporalmente en el mismo **periodo de tiempo** en que se trata el activo que ha sido objeto de la misma. Esto es, si hemos invertido en un bien cuya vida útil es de 10 años, y se amortizará en 10 años, la subvención recibida también debe ser imputada como beneficio que compense el gasto de amortización a lo largo de 10 años.

Ejemplo Supongamos una comunidad que invierte en un **sistema de generación electricidad solar para suministrar a las partes comunes**, jardines, piscina, escalera, etc., y cuyo coste asciende a 30.000 euros. Solicitada una subvención a la comunidad autónoma, esta le otorga 9.000 euros a fondo perdido una vez justifique la inversión y la puesta en marcha. 5594

La comunidad contabilizará por la instalación lo siguiente:

30.000 €	215xxx Otras Instalaciones	a	410xxx Acreedores	30.000 €

Por la resolución de la subvención:

9.000 €	4708xx Hacienda pública, deudora por Subvenciones concedidas	a	130xxx Subvenciones oficiales de capital	9.000 €

Por el cobro de la subvención:

9.000 €	572xxx Banco comunidad	a	4708xx Hacienda pública, deudora por subvenciones concedidas	9.000 €

Al **cierre del ejercicio** por la dotación a la amortización, suponemos 10 años de vida útil, esto implicaría un 10% anual, luego el asiento sería:

3.000 €	681xxx Amortización del inmovilizado material	a	2815xx Amortización Acumulada de otras instalaciones	3.000 €

Reversión parcial del impacto en la cuenta de Pérdidas y Ganancias de la amortización, mediante la imputación a ingresos de la subvención recibida:

900 €	130xxx Subvenciones oficiales de capital	a	746xxx Subvenciones de capital transferidos a resultado	900 €

Si la subvención fuese finalmente cobrada en una proporción sobre el importe total solicitado, se aplicaría el porcentaje resultante sobre el solicitado, no obstante, la mecánica sería la misma.

Otorgados por socios o propietarios (PGC PYMES NRV 18ª aptdo 2) Las subvenciones, donaciones y legados no reintegrables recibidos de socios o propietarios, no constituyen ingresos, debiéndose registrar directamente en los **fondos propios**, independientemente del tipo de subvención, donación o legado de que se trate. 5596

Ejemplo Estas subvenciones, donaciones o legados de socios se contabilizarán en la cuenta de aportaciones de socios y se incluyen en el **patrimonio neto** de la comunidad, el asiento, supuesta una **donación de un socio comunero** (pintor de cierto renombre) de varios cuadros cuyo valor conjunto es de 15.000 euros (neto del impacto fiscal), sería el siguiente:

15.000 €	216xxx Mobiliario	a	118xxx Aportaciones socios	15.000 €

E. Contabilización de los supuestos más habituales

5600

1. Compras de bienes y servicios

5602 El concepto habitual de compra de bienes se asocia con las cuentas englobadas en el **grupo 60 del PGC**, no obstante, en este grupo de cuentas se deben contabilizar aquellos bienes o servicios cuyo **destino** es revenderlos, bien transformarlos en otro producto o incorporarlos al producto finalmente vendido.
Por lo general, en una comunidad en propiedad horizontal no habrá cargos en este grupo de cuenta, salvo que sea algo que se revende, hecho bastante inusual en una comunidad.
Normalmente la compra de bienes o servicios irá imputada a la **naturaleza del gasto** que lo genera, es decir:
• Si es una **compra de una bombilla** para reponer será imputable a la cuenta 622 Reparaciones y conservación.
• Si se trata de un **suministro de electricidad** se imputará a la cuenta 628 Suministros.
Así podemos mencionar más ejemplos, y cada uno de ellos irá contabilizado en la cuenta que el PGC refleja la naturaleza del gasto, a estos efectos ver nº 6350 s. Memento Contable 2024.
En las comunidades el IVA suele ser más coste, puesto que al no desarrollar actividades empresariales, el **IVA soportado** no se puede recuperar.

5603
Ejemplo A continuación se recogen dos ejemplos de asiento generado por una compra de un bien o servicio;
1) Sea una **factura de un electricista** por la reparación de una avería en la escalera de la comunidad por importe de 1.000 euros (más IVA 21%), el asiento sería;

1.210 €	622xxx Reparaciones y conservación	a	410xx Acreedores Electricidad ABX	1.210 €

2) Sea un **recibo de la aseguradora** AXSC por importe de 1.100 euros que cubre las partes comunes y la responsabilidad civil.

1.100 €	625xxx Primas de Seguros	a	5720xxx Banco comunidad	1.100 €

2. Compra de otros inmuebles

5605 Supuesto la compra de un inmueble. El **coste total** es de 1.000.000 euros, los gastos de notario 10.000 euros y el ITP el 8%.
La comunidad, previa **aportación de los comuneros**, adquiere el inmueble, efectuándose el pago desde un banco de la comunidad, y a pesar de que se inscribirá a favor de cada uno de los comuneros, el inmueble se contabilizará en la comunidad por el importe satisfecho, más los gastos de transacción que sean a cargo de la comunidad, el asiento sería el siguiente:
Por el **pago del inmueble**:

1.000.000 €	211xxx Construcciones Inmueble A	a	572xxx Banco comunidad	1.000.000 €

Por el **pago del ITP 8%**:

80.000 €	211xxx Construcciones Inmueble A	a	572xxx Banco comunidad	80.000 €

Por el **pago de los gastos notariales**:

10.000 €	211xxx Construcciones Inmueble A	a	572xxx Banco comunidad	80.000 €

3. Desafectación de bienes comunes

Supongamos una comunidad que es titular de la **vivienda dedicada al servicio comunitario de portería**, y que dicho servicio se suprime, quedando la vivienda libre. Procedemos a desafectar la mencionada vivienda de forma que sea transmisible, ello provocará que la vivienda pasará de ser un elemento común a ser una entidad más en la comunidad, pero cuyos titulares serán los comuneros. Si suponemos un **precio** de 40.000 euros (valor catastral), esta desafectación debería haberse contabilizado de la siguiente forma: 5608

40.000 €	211xxx Vivienda antigua portería	a	118xxx Aportación de socios o propietarios	40.000 €

Los comuneros han cedido una parte de su coeficiente en el total de la propiedad, en favor de la nueva entidad. Al ser la **nueva entidad** propiedad de la comunidad como una entidad definida y delimitada, debe reflejarse como tal en el activo de la comunidad, y la cesión de cada participación de cada uno de los socios como una aportación de propietario.

Venta de la vivienda desafectada Supongamos que la vivienda desafectada como elemento común, se vende por 92.400 euros. Los gastos de notario e ITP son de cuenta del comprador, en cambio el impuesto municipal sobre el incremento del valor de los terrenos es a cargo del vendedor, cuyo coste se desconoce en el momento de la venta: 5611
Por lo tanto, la **baja de la vivienda** y por el **alta del terreno permutado**, el asiento será:

92.400 €	572xx Banco comunidad	a	211xxx Vivienda antigua portería	40.000 €
		a	771xxx Beneficios procedentes del inmovilizado material	52.400 €

Cuando posteriormente venga el **pago del impuesto**, supongamos que asciende a 1.800 euros, el asiento sería:

1.800 €	771xxx Beneficios procedentes del inmovilizado material	a	572xxx Banco comunidad	1.800 €

4. Alquiler de bienes comunes

Supongamos una comunidad que dispone de un **local** y que lo destina a arrendamiento, percibiendo por ello la cantidad de 700 euros mensuales. El arrendatario es una sociedad limitada. La comunidad deberá repercutir el **IVA** del 21%, y al tratarse de un mercantil retener el 19% en concepto de **IRPF**. Luego, el **recibo** que se girará será el siguiente: 5615

Alquiler	700 €
IVA 21%	147 €
IRPF 19%	-133 €
Neto	714 €

La contabilización del **alquiler** en la comunidad será:

714 €	4300xxx Cliente A	a	752xxx Ingresos por Arrendamientos	700 €
133 €	473xxx Hacienda pública deudora por retenciones y pagos a cuenta	a	477xxx Hacienda pública IVA repercutido	147 €

Este asiento es también aplicable por ejemplo al **arrendamiento de fachada** para colocar publicidad, o al arrendamiento de la terraza común para colocación de antenas de telefonía móvil o para cualquier tipo de arrendamiento de zonas comunes.

5. Venta de bienes o prestación de servicios a terceros

Si la comunidad prestase cualquier tipo de servicio a terceros, sería necesario estar de alta en **actividades empresariales**, y sobre esos servicios prestados debe repercutir **IVA**. El ingreso se contabilizará dentro del grupo de Ventas e Ingresos por prestación de servicios. 5620
Supongamos una comunidad que tiene un **pozo** y que decide vender el **excedente de agua** a un tercero, percibiendo por ello un precio de 500 euros mensuales.

La **factura** que se girará será:

Venta de agua .... 500 €
IVA 10% .... 50 €
Total factura .... 550 €

Y el **asiento** será:

550 €	4300xxx Cliente A	a	700xxx Ingresos por Arrendamientos	500 €
			477xxx Hacienda pública IVA repercutido	50 €

En este supuesto, hay que mencionar a modo de recordatorio, que será preciso calcular el beneficio resultante a final de año de estos ingresos, menos los gastos directamente imputables, y distribuirlo entre los comuneros, para que estos puedan declarar este beneficio en su IRPF. A tal efecto la comunidad debe cumplimentar el modelo 184, en el que se declara el rendimiento obtenido por cada comunero.

6. Provisiones en caso de impago

5625 Supongamos el caso de un **comunero que ha impagado un recibo** y cuyo importe asciende a 200 euros, y que después de haberse gestionado el cobro por la vía del acuerdo, se decide interponer **demanda**.

A fecha del **cierre del balance** para la junta, el resultado de la demanda es incierto. El administrador deberá proceder a efectuar el **test de deterioro**, comparando el valor contable de la cuenta de Deudores de dudoso cobro con el valor actual estimado de los flujos descontados de efectivo que se estiman generará el activo. En el caso que nos ocupa se estima que el valor de los 200 euros, se recuperará al cabo de 3 años. Por lo tanto, debe actualizarse dicho efectivo previsto a fecha de hoy. Considerando para el ejemplo que nos ocupa una **tasa de descuento** del 5%, el valor actual de dicho cobro previsto sería:

Concepto	N+1	N+2	N+3
Efectivo previsto cobrar	0	0	200
Tipo descuento	5,00%	5,00%	5,00%
Valor Actual	172,52		

Por lo tanto el **deterioro del valor** es el siguiente:

Valor contable o en libros .... 200,00 €
Valor actual previsto ingresar .... -172,52 €
Provisión deterioro valor .... 27,48 €

El asiento a efectuar a efectos del cierre del balance sería el siguiente:

27,48 €	699xxx Pérdidas por deterioro de créditos a corto plazo	a	490xxx Deterioro del Valor de Créditos	27,48 €

Precisiones Si en este caso concreto se prevé que la comunidad debe pagar los gastos de **interposición de la demanda**, habría que deducir del importe del crédito los costes previstos de los letrados y procuradores como más valor de la pérdida por deterioro.

7. Pago de indemnización a tercero sin seguros o con seguro

5630 Supuesto el caso de una indemnización que tenga que pagar una comunidad de propietarios a terceros derivada de una responsabilidad de la primera, por el **desprendimiento parcial de una cornisa** del edificio, que ha causado daño material a dos automóviles aparcados en la calle. La comunidad tiene un **seguro** que cubre dicha responsabilidad. El seguro se hace responsable y nos confirma que podemos pagar las dos reparaciones que ascienden según sendos presupuestos presentados por los perjudicados a 1.500 euros y 2.200 euros, respectivamente. La comunidad decide de anticipar el pago a los perjudicados. Los asientos correspondientes serían los siguientes:

Por el **pago a los perjudicados**:

3.700 €	440xxx Deudores por Siniestros pendientes de cobro	a	572xxx Banco comunidad	2.200 €
			572xxx Banco comunidad	1.500 €

Por el **cobro de la aseguradora**:

3.700 €	572xxx Banco comunidad	a	440xxx Deudores por Siniestros pendientes de cobro	3.700 €

Si la **póliza no cubriese el siniestro** el coste de la indemnización iría a costa de la comunidad, y el asiento para contabilizar tal daño sería el siguiente:

3.700 €	678xxx Gastos excepcionales	a	572xxx Banco comunidad	2.200 €
			572xxx Banco comunidad	1.500 €

8. Cobro de una indemnización por daños

Supuesto una comunidad en la que se han producido **daños por inundaciones**, y que el **seguro** cubre los mismos, aunque no se sabe con certeza la cuantía. La comunidad empieza a reparar los desperfectos contratando los servicios de terceros, supongamos que contrata servicios de limpieza extraordinarios por los que paga 5.000 euros, asimismo, debe revisar y reparar el cuadro eléctrico del vestíbulo y pintar el mismo, el precio que paga al electricista es de 2.500 euros y a los pintores 4.300 euros. **5635**
Es decir el **coste total** de reparar los daños asciende a:

Limpieza	5. 000 €
Electricidad	2.500 €
Pintura	4.300 €
Total	11.800 €

Dado que la **rehabilitación del espacio común** es urgente se procede a la misma, anticipando la comunidad los gastos por cuenta del seguro, los asientos serían: **5636**
Por la **limpieza**:

5.000 €	440xxx Deudores por Siniestros pendientes de cobro	a	572xx Banco comunidad	5.000 €

Por la **reparación eléctrica**:

2.500 €	440xxx Deudores por Siniestros pendientes de cobro	a	572xx Banco comunidad	2.500 €

Por la **pintura**:

4.300 €	440xxx Deudores por Siniestros pendientes de cobro	a	572xx Banco comunidad	4.300 €

Después de realizados los pagos el saldo de la cuenta 440xx Deudores por Siniestros pendientes de cobro, presentará un saldo deudor de 11.800 euros, que es el **dinero que le debe la aseguradora**. **5637**
Después de 3 meses la aseguradora ha tasado los daños en 11.500 euros, y habiendo sido aceptado por la comunidad procede al pago de dicho importe a favor de la comunidad, el asiento sería:

11.500 €	572xx Banco comunidad	a	440xxx Deudores por Siniestros pendientes de cobro	11.500 €

Luego queda un **diferencial** de 300 euros, que son a cargo de la comunidad y que deben regularizarse en la contabilidad, efectuando el siguiente asiento:

300 €	678xxx Gastos excepcionales	a	440xxx Deudores por Siniestros pendientes de cobro	300 €

9. Cobro de una expropiación que afecte a la comunidad

5640 Es aquel caso en el que una **parte de la zona común es expropiada** por el motivo que sea, paso de una carretera, instalación de equipamiento municipal, etc. Supongamos la expropiación de un trozo de terreno comunitario por el que el ayuntamiento indemniza a la comunidad con 12.000 euros que son ingresados en el banco de la comunidad.
El asiento por el **cobro de la indemnización** sería:

12.000 €	572xxx Banco comunidad	a	778xxx Ingresos excepcionales	12.000 €

Al momento de la junta, si por esta se aprobase el **reparto de este beneficio excepcional** a cada uno de los propietarios en función de su coeficiente de participación, y supuesto que el resultado de los gastos comunes queda compensado con las aportaciones de los socios o comuneros, de forma que el beneficio que resultase en la comunidad fuese exactamente el mismo que el percibido por la expropiación se harían los siguientes asientos:
Por el **reparto del beneficio**:

12.000 €	129xxx Resultado del Ejercicio	a	120xxx Remanente	12.000 €

Por el **acuerdo de distribución a socios**:

12.000 €	120xxx Remanente	a	551xx1 Cuenta corriente comunero 1	
			551xx2 Cuenta corriente comunero 2 en función del coeficiente	
			551xx3 Cuenta corriente comunero 3	
			551xx4 Cuenta corriente comunero 4	

Por el **pago a los comuneros**:

	551xx1 Cuenta corriente comunero 1 en función del coeficiente			
	551xx2 Cuenta corriente comunero 2			
	551xx3 Cuenta corriente comunero 3			
	551xx4 Cuenta corriente comunero 4	a	Banco comunidad	12.000 €

5641 El comunero tendrá, por este cobro, una **atribución de renta**. La comunidad tendrá que haberlo declarado mediante el modelo 184. El importe recibido es un **incremento de patrimonio** que quedará compensado total o parcialmente por la pérdida que significa la disminución del valor de la zona común debida a la disminución de la superficie por la expropiación, y todo ello en la proporción que le corresponda a cada comunero o copropietario.

10. Dotación anual al fondo de reserva

(LPH art.9.1.f)

5645 El administrador de la comunidad, debe añadir en el presupuesto anual un **gasto** del 10% del total de los presupuestados, para constituir un fondo de reserva.
Dado que el 10% irá incluido en el recibo habitual que emite la comunidad, en el que se incluye el importe destinado a los gastos comunes, se hace laborioso el segregar de cada uno el 10% destinado a fondo de reserva, por lo que conviene establecer un método de imputación anual.
El administrador debe, calcular el 10% de todos los importes librados (aunque no estén pagados por el comunero), y efectuar la **dotación anual** a la reserva.

6.099 €	695xx1 Dotación al fondo de reserva, 10% presupuesto anual	a	114xxx Fondo de reserva de la comunidad (LPH art.9.1)	6.099 €

Como la cuenta 695xx1 es una cuenta de gasto, pero que no representa una salida de tesorería del banco o caja de la comunidad, el dinero permanecerá en el banco, hasta el momento en que sea utilizado de acuerdo al que prevé la ley. Normalmente reparaciones o gastos extraordinarios no previstos por la comunidad.
En el caso de que se produjese un caso de estas características, el gasto se pagaría de los fondos de la cuenta bancaria, y se cargaría contra la reserva.

Si suponemos que el gasto asciende a 2.500 euros, el **asiento** sería el siguiente: **5645** (sigue)

2.500,00 €	114xxx Fondo de reserva de la comunidad (LPH art.9.1)	a	Banco XCBZ 5720xxx	2.500,00 €

De esta forma, este gasto extraordinario de 2.500 euros que no estaba previsto, no penaliza el presupuesto del año, y queda liquidado sin necesitar de solicitar derramas especiales a los comuneros.

Precisiones El sentido de este fondo de reserva de la LPH art.9.1 es que pertenezca a la comunidad, y no a los propietarios, obligando a transmitir jurídicamente a la comunidad un dinero, para que esta sea autónoma en casos extraordinarios y pueda por ella misma afrontar gastos inesperados y completamente imprevistos.

Debe volverse a insistir en que este fondo no debe utilizarse para afrontar **reparaciones previsibles** o que se deban realizar, dado que para estos casos ya se suelen establecer los presupuestos extraordinarios de reparación o rehabilitación y que, una vez aprobados por los comuneros, se librarán las correspondientes derramas especiales.

CAPÍTULO 11

Aspectos laborales

La incidencia del Derecho laboral en el normal desarrollo de las comunidades de propietarios en régimen de propiedad horizontal se manifiesta en dos grandes apartados: **5702**
a) La **relación laboral** que se establece entre la comunidad y los empleados que desarrollan sus trabajos en la finca (nº 5705 s.).
b) Los derechos y obligaciones que la comunidad de propietarios tiene en materia de **prevención de riesgos laborales**, tanto en su condición de empleadora (nº 6115 s.), como en su condición de promotora de las obras que puedan ejecutarse en la finca (nº 6204 s.).

SECCIÓN 1

Relación laboral de los empleados de fincas urbanas

El Estatuto de los Trabajadores (en adelante, ET), no realiza mención alguna a los empleados de fincas urbanas. Esta figura tampoco es considerada **relación laboral de carácter especial**, lo que habría permitido regular el contenido de su prestación laboral a través de una norma específica. **5708**
De hecho, la única mención expresa a los empleados de fincas urbanas se encuentra en el RD 1561/1995, sobre jornadas especiales de trabajo, que recoge unos criterios sobre el **tiempo de trabajo y descanso** de los empleados de fincas urbanas «con plena dedicación» (RD 1561/1995 art.3).
Lo que es incuestionable es que la relación de los empleados de fincas urbanas con el propietario -ya sea persona natural o jurídica- de la misma o con la comunidad de propietarios correspondiente, se regula, como toda **relación laboral**, por el ET.
Sin embargo, fuera del articulado general de dicho Estatuto, hay que acudir a los **convenios colectivos** y a los **contratos de trabajo individuales** para definir esta figura y matizar los derechos y deberes de su relación laboral.

Precisiones Es posible que la contratación entre el empleado de fincas urbanas y la comunidad de propietarios sea con un **trabajador autónomo**, con quien se suscribiría un contrato civil de prestación de servicios para realizar los cometidos de conserje o portero. En este supuesto, el trabajador **5709**

debería estar **dado de alta** en el régimen especial de trabajadores autónomos y realizar la cotización correspondiente a dicho régimen.
El problema en este caso es que podría entenderse que dicha relación civil encubre, en realidad, una **relación laboral**, al estar sometido dicho conserje o portero al poder de dirección y organización de la comunidad de propietarios, quien decide y organiza su trabajo, como por ejemplo: el horario a realizar, el contenido concreto de las tareas a desarrollar, el pago regular de una cantidad por el servicio prestado, la necesidad de llevar determinada uniformidad, las normas de acceso y permanencia en la finca, etc. No hay que olvidar que, se **presume la existencia de un contrato de trabajo** entre todo el que presta un servicio por cuenta y dentro del ámbito de organización y dirección de otro y el que lo recibe a cambio de una retribución a aquel (ET art.8.1). Por tanto, en el supuesto de que el conserje o portero presentara una demanda ante el juzgado de lo social correspondiente para que se reconociera que el **contrato civil de prestación de servicios** suscrito con la comunidad de propietarios, es en verdad una relación laboral, habrá que estar al contenido real de la relación que existe entre las partes, y no a lo formalmente pactado entre ellas en dicho contrato de prestación de servicios. En este caso, se declarará que existe una **relación laboral** si concurren los requisitos de dependencia, ajenidad, voluntariedad, retribución y carácter personalísimo.

5710 **Empleados de fincas urbanas** Bajo la nomenclatura «empleados de fincas urbanas» se incluye a los porteros y conserjes que, por **encargo de sus propietarios**, asumen el cuidado, conservación, vigilancia y limpieza de las mismas, así como de los servicios comunales correspondientes a ellas.
En la categoría profesional de **portero con plena dedicación** se incluye a quien tiene casa/habitación en el inmueble en el que presta los servicios incluidos en su contrato de trabajo y los ejecuta en forma de dedicación exclusiva. Su puesto de trabajo consistirá tanto en estar en la conserjería o en el mostrador, como en la realización de las demás actividades propias de su labor.
Se incluye en la categoría de **portero sin plena dedicación** a quien tiene casa/habitación en el inmueble en el que presta los servicios incluidos en su contrato de trabajo con la posibilidad de compatibilizar su contenido con otra actividad retribuida.
En la categoría profesional de **conserje con plena dedicación** se comprende a quien, sin tener casa/habitación en el inmueble en el que preste sus servicios, realice las actividades previstas en su contrato de trabajo. Se entiende que su puesto de trabajo incluye tanto la conserjería como el mostrador así como las demás funciones propias de su labor.
Por el contrario, se entiende por **conserje sin plena dedicación** a quien, sin tener casa/habitación en el inmueble en el que presta servicios en virtud de un contrato de trabajo, puede compatibilizar su contenido con otra actividad retribuida.

5712 También se incluyen bajo la acepción «empleados de fincas urbanas» los siguientes trabajadores:
• **Limpiador**: persona contratada para realizar específicamente funciones de limpieza en la finca.
• **Jardinero**: aquella persona contratada para realizar en la finca, única y exclusivamente, funciones propias del cuidado de jardines.
• **Vigilante de garaje**: persona contratada por la propia finca o por la propiedad del garaje para realizar esta función.
• **Controlador**: aquella persona contratada por la finca para realizar funciones de vigilancia y control en la misma.

5714 **Exclusiones** Los **convenios colectivos** excluyen expresamente de su ámbito de aplicación a quienes realizan trabajos de conservación de las fincas urbanas por encargo de sus propietarios, como fontaneros, calefactores, albañiles, carpinteros, etc.
La relación de estos trabajadores se regula por el **convenio colectivo aplicable a la actividad** de que se trate en cada caso.
Ha de destacarse la supresión de la categoría profesional para potenciar el **grupo profesional**, entendiendo por tal el que agrupa unitariamente las aptitudes profesionales, titulaciones y contenido general de la prestación y podrá incluir distintas tareas, funciones, especialidades profesionales o responsabilidades asignadas al empleado de fincas urbanas. Esta modificación conducirá a una paulatina modalización del contenido funcional inicialmente asignado al empleado por la comunidad de propietarios.
De hecho, se permite que, por **acuerdo** entre el empleado de fincas urbanas y la comunidad de propietarios, se asigne al empleado un grupo profesional y se establezca como contenido de la prestación laboral objeto del contrato de trabajo la realización de todas las funciones correspondientes al grupo profesional asignado o solamente a alguna de ellas (ET art.22).

Precisiones **1)** Se reconoce la existencia de relación laboral entre una comunidad de propietarios y la empleada, con la que se había firmado un contrato de **arrendamiento de servicios**, en virtud del cual esta debía realizar las tareas de limpieza de la escalera una vez en semana o siempre que por circunstancias especiales hubiera de realizarse en mayor número de veces, limpieza diaria del portal y del ascensor, percibiendo como contraprestación el uso y disfrute del piso entrecubiertas del edificio. Los trabajos se realizaban sin sujeción a horario, siendo por cuenta de la trabajadora los productos de limpieza hasta un determinado año, fecha en la que se hace cargo de los mismos la comunidad. Durante la baja por maternidad, la empleada fue sustituida por un familiar suyo. Se declara que en este caso se producen los elementos de poder de organización y dirección de la comunidad, así como todos los demás elementos de una prestación voluntaria de servicios por cuenta ajena (TSJ Madrid 10-2-20, EDJ 526906).

2) Por el contrario, **no se reconoce** la existencia de relación laboral entre el demandante y la comunidad de propietarios al haber quedado probado que realizaba únicamente funciones de encendido y apagado de la calefacción. No ha quedado probada la **dependencia** de la relación, ya que solo atendía la calefacción con total autonomía, lo que no puede incardinarse en la categoría profesional de portero (TSJ Castilla y León 23-12-15, EDJ 268562).

A. Período de prueba y contratación

(ET art.14 y 15; RD 2720/1998; L 35/2010 art.1 y 3)

Se puede establecer **por escrito**, para porteros y conserjes, un período de prueba con una **duración** de entre un mes y 2 meses, dependiendo del convenio colectivo aplicable. En el supuesto de los **contratos temporales de duración determinada** (ET art.15), concertados por tiempo no superior a 6 meses, el período de prueba no puede exceder de un mes, salvo que se disponga otra cosa por convenio colectivo (ET art.14.1). **5720**

Durante el período de prueba, el empleado de fincas urbanas tiene los **derechos y obligaciones** que corresponden a su puesto de trabajo **como si fuera de la plantilla**, si bien cualquiera de las partes puede resolver la relación laboral en cualquier momento.

Transcurrido el período de prueba sin que se haya producido el **desistimiento**, el contrato produce plenos efectos, computándose el tiempo de los servicios prestados en la antigüedad del empleado de fincas urbanas.

Las **situaciones** de incapacidad temporal, nacimiento, adopción, guarda con fines de adopción, acogimiento, riesgo durante el embarazo, riesgo durante la lactancia y violencia de género, que afecten a la persona trabajadora durante el período de prueba, interrumpen el cómputo del mismo siempre que se produzca acuerdo entre ambas partes (ET art.14.3).

Asimismo, durante el período de prueba el portero no tiene derecho al **disfrute de la vivienda gratuita**.

Precisiones La cláusula contractual que contempla una **duración trimestral** del período de prueba es contraria a lo establecido en el convenio colectivo aplicable, por lo que debe ser declarada nula. Este hecho conlleva que la decisión extintiva empresarial se haya producido una vez rebasada la duración máxima del período de prueba, por lo que debe ser declarada despido improcedente (TSJ Madrid 28-1-11, EDJ 42737).

1. Requisitos formales del contrato

(ET art.8)

El contrato de trabajo se puede celebrar **por escrito o de palabra**, si bien, a falta de forma escrita, se presume que existe dicho contrato entre todo el que presta un servicio por cuenta y dentro del ámbito de organización y dirección de otro y el que lo recibe a cambio de una retribución a aquel. La **denominación** que otorgan las partes a la relación existente entre ellas no determina la naturaleza de los contratos. **5725**

El requisito de **forma escrita** es esencial en los contratos de trabajo cuando así lo exige una disposición legal y en determinadas modalidades contractuales, como son los contratos de trabajo en prácticas y para la formación y el aprendizaje, los contratos a tiempo parcial, fijos-discontinuos y de relevo o los contratos de duración determinada. De **no cumplirse este requisito formal**, el contrato se presume celebrado por tiempo indefinido y a jornada completa, salvo prueba en contrario que acredite su naturaleza temporal o el carácter a tiempo parcial de los servicios. Cualquiera de las partes puede exigir durante el transcurso de la relación laboral que el contrato se formalice por escrito.

La comunidad de propietarios debe **comunicar a la oficina pública de empleo** el contenido de los contratos de trabajo que celebre o sus prórrogas, se formalicen o no por escrito, en el plazo de los 10 días siguientes a su concertación.

Cuando la relación laboral sea de **duración superior a 4 semanas**, el empresario debe informar por escrito al trabajador, en los términos y plazos que se establezcan reglamentariamente, sobre los elementos esenciales del contrato y las principales condiciones de ejecución de la prestación laboral, siempre que tales elementos y condiciones no figuren en el contrato de trabajo formalizado por escrito.

En el supuesto de que el empleado de fincas urbanas sea un **trabajador extranjero**, será necesario que, antes de comenzar la efectiva prestación del servicio, disponga del preceptivo permiso de trabajo (LO 4/2000; RD 557/2011).

En total, hay ocho **tipos de permisos**: los destinados a trabajadores asalariados, de la A a la C y los destinados a empleos por cuenta propia, de la D a la E. También existe el permiso F, para trabajadores fronterizos y el permiso permanente y el extraordinario.

5726 Precisiones 1) Se ha declarado la **existencia de relación laboral** pese a la libertad horaria del empleado y la posibilidad de su esporádica sustitución por familiares, al constatarse la existencia de una prestación voluntaria de servicios por cuenta ajena mediante una retribución dentro de la organización y dirección de la comunidad de propietarios. La existencia del contrato de trabajo es indubitada al carecer el empleado de fincas urbanas de organización propia, soportando incluso la comunidad de propietarios los gastos del material de limpieza del empleado (TSJ Andalucía 26-1-11, EDJ 98888).

2) La sujeción del empleado de fincas urbanas a las órdenes de la comunidad de propietarios y la utilización de los medios por ella facilitados, demuestran la concurrencia de las notas de **ajeneidad y dependencia** que definen el contrato de trabajo, lo que permite apreciar la existencia de la presunción señalada en el ET art.8.1 (TSJ C.Valenciana 23-5-12, EDJ 191257). En sentido contrario, se desestima la existencia de relación laboral al desprenderse del relato histórico la existencia de una relación de carácter civil de **arrendamiento de servicios** entre la comunidad de propietarios y el empleado de fincas urbanas (TSJ Málaga 15-3-12, EDJ 362244).

3) La relación entre la empleada de fincas urbanas y la comunidad de propietarios se debe considerar como **contrato de trabajo**, en los términos previstos en el ET art.1.1, sin que aquello obste que la trabajadora expresara que ejercería sus tareas de limpieza en las mismas condiciones que la empresa de limpieza que las llevaba a cabo con anterioridad, pues ella carecía de organización propia (TSJ Granada 26-1-11, EDJ 98888).

4) Se declara la naturaleza laboral de la relación de una limpiadora y la consecuente **improcedencia de su despido**. Se aprecia la simulación relativa, es decir, se utiliza una norma de cobertura para encubrir el contrato de trabajo y evitar así la aplicación de la normativa jurídica laboral, declarándose la nulidad del negocio aparente y manteniéndose la **nulidad del negocio disimulado**, operando así la presunción de laboralidad -ET art.8.1- (TSJ Sta. Cruz de Tenerife 12-10-10, EDJ 275963).

5) Existe **relación laboral y no mercantil** entre las partes, aun cuando la conserje llevara a algún trabajador a la comunidad de propietarios para realizar alguna **suplencia ocasional** y aunque tuviera libertad para organizar su trabajo del modo que considerara más oportuno. La nota de la dependencia no precisa de constantes instrucciones del empleador más allá de la indicación de realizar la limpieza de las instalaciones (TSJ Cataluña 8-3-16, EDJ 52237).

6) No es válido el acuerdo adoptado por la comunidad de propietarios en el que se decide que el hasta entonces conserje siga prestando los mismos servicios para el empleador pero esta vez en calidad de **trabajador autónomo**. Se declara la existencia de relación laboral entre las partes pese al contenido del acuerdo mencionado, al concurrir las notas de **dependencia y ajenidad** en las actividades de mantenimiento y limpieza realizadas por el trabajador (TSJ Cantabria 10-12-15, EDJ 268547).

2. Duración del contrato

5728 De acuerdo con lo expuesto, el contrato de trabajo con el empleado de fincas urbanas puede concertarse por tiempo indefinido o por duración determinada.

5731 **Contrato de trabajo de duración determinada** (ET art.15 redacc RDL 32/2021) El contrato de trabajo se presume concertado por tiempo indefinido, ahora bien, la comunidad de propietarios puede celebrar contrato de trabajo de duración determinada por **circunstancias de la producción** o para la **sustitución** de un empleado de fincas urbanas.

En este tipo de contratos de trabajo temporales debe especificarse con precisión:

- la **causa** de dicha contratación temporal;
- las **circunstancias concretas** que la justifican; y
- su **conexión** con la duración prevista.

Precisiones Ante la **ausencia de causa** en la contratación temporal del empleado de fincas urbanas, se declara el carácter indefinido de la relación laboral, pues la prestación de servicios no responde a un incremento de las tareas por un aumento puntual o de temporada de su actividad, ni a la existencia de trabajos acumulados, ni a un exceso anormal de las necesidades habituales de la misma que no pudiese ser atendido (TSJ Cataluña 7-4-10, EDJ 146202).

Por circunstancias de la producción Se entiende por circunstancia de la producción el incremento ocasional e imprevisible y las oscilaciones que, aun tratándose de la actividad normal de la empresa, generan un **desajuste temporal** entre el empleo estable disponible y el que se requiere. Entre estas oscilaciones se incluyen las que derivan de las **vacaciones** anuales. 5731.1

Cuando el contrato de duración determinada se suscriba por estas **circunstancias de la producción**, su duración no podrá ser superior a 6 meses. Por convenio colectivo de ámbito sectorial se puede ampliar la duración máxima del contrato hasta un año. En caso de que el contrato se hubiera concertado por una duración inferior a la máxima legal o convencionalmente establecida, puede prorrogarse, mediante acuerdo de las partes, por una única vez, sin que la duración total del contrato pueda exceder de dicha duración máxima.

Las comunidades de propietarios pueden formalizar contratos por circunstancias de la producción para atender **situaciones ocasionales**, previsibles y que tengan una duración reducida y delimitada. Solo se podrá utilizar este contrato un máximo de 90 días en el año natural, independientemente de las personas trabajadoras que sean necesarias para atender en cada uno de dichos días las concretas situaciones, que deberán estar debidamente identificadas en el contrato. Estos 90 días no podrán ser utilizados de manera continuada.

Para este tipo de contratos, no podrá identificarse, como **causa** del mismo, la realización de los trabajos en el marco de contratas, subcontratas o concesiones administrativas que constituyan la actividad habitual u ordinaria de la empresa, sin perjuicio de su celebración cuando concurran las circunstancias de la producción en los términos anteriores.

Para la sustitución de un empleado También pueden celebrarse contratos de duración determinada para la sustitución de un empleado de fincas urbanas con derecho a **reserva de puesto de trabajo**, siempre que se especifique en el contrato el nombre de la persona sustituida y la causa de sustitución. En estos casos, la prestación de servicios puede iniciarse antes de que se produzca la ausencia del empleado de fincas urbanas, coincidiendo en el desarrollo de las funciones el tiempo imprescindible para garantizar el correcto desempeño del puesto y, como máximo, durante 15 días. 5731.2

Asimismo, el contrato de sustitución podrá celebrarse para completar la **jornada reducida** por otro empleado de fincas urbanas, cuando dicha reducción se ampare en causas legalmente establecidas o reguladas en el convenio colectivo y se especifique en el contrato el nombre del trabajador sustituido y la causa de la sustitución.

El contrato de sustitución también puede emplearse para la cobertura temporal de un puesto de trabajo **durante el proceso de selección o promoción** para su cobertura definitiva mediante contrato fijo, sin que su duración pueda ser, en este caso, superior a 3 meses, o el plazo inferior recogido en convenio colectivo, ni pueda celebrarse un nuevo contrato con el mismo objeto una vez superada dicha duración máxima.

Adquisición de la condición de trabajadores fijos Los empleados de fincas urbanas contratados incumpliendo lo indicado anteriormente, adquieren la condición de fijos. 5731.3

También adquieren la condición de fijos los empleados de fincas urbanas, temporales, que **no hubieran sido dados de alta** en la Seguridad Social una vez transcurrido un plazo igual al que legalmente se hubiera podido fijar para el periodo de prueba.

Los empleados de fincas urbanas que en un periodo de 24 meses hubieran estado contratadas durante un **plazo superior a 18 meses**, con o sin solución de continuidad, para el mismo o diferente puesto de trabajo con la misma comunidad de propietarios, mediante dos o más contratos por circunstancias de la producción, sea directamente o a través de su puesta a disposición por empresas de trabajo temporal, también adquieren la condición de trabajadores fijos. Esto también será aplicable cuando se produzcan supuestos de **sucesión o subrogación empresarial** conforme a lo dispuesto legal o convencionalmente.

Asimismo, adquiere la condición de fijo el empleado de fincas urbanas que ocupe un puesto de trabajo que haya estado ocupado con o sin solución de continuidad, durante más de 18 meses en un periodo de 24 meses mediante contratos por circunstancias de la producción, incluidos los contratos de puesta a disposición realizados con **empresas de trabajo temporal**.

Derechos del trabajador Los empleados de fincas urbanas con contratos temporales y de duración determinada tienen los mismos derechos que las personas con contratos de duración indefinida, sin perjuicio de las particularidades específicas de cada una de las modalidades contractuales en materia de extinción del contrato. 5731.4

Cuando un determinado derecho o condición de trabajo esté atribuido en las disposiciones legales o reglamentarias y en los convenios colectivos en función de una previa **antigüedad** del empleado de fincas urbanas, esta deberá computarse según los mismos criterios para todos los trabajadores.

En los supuestos en los que el empleado de fincas urbanas, con el que se suscribió inicialmente un contrato de trabajo de duración determinada, adquiriera la condición de trabajador indefinido de acuerdo con lo previsto en los apartados anteriores, la comunidad de propietarios deberá facilitar por escrito a dicho empleado, en los 10 días siguientes al cumplimiento de los plazos indicados, un **documento justificativo sobre su nueva condición** de trabajador fijo de la empresa.
El empleado de fincas urbanas puede solicitar por escrito al servicio público de empleo correspondiente un **certificado de los contratos de duración determinada o temporales** celebrados a los efectos de poder acreditar su condición de trabajador fijo en la comunidad de propietarios. El Servicio Público de Empleo emitirá dicho documento y lo pondrá en conocimiento de la comunidad de propietarios en la que el empleado de fincas urbanas preste sus servicios y de la Inspección de Trabajo y Seguridad Social, si advirtiera que se han sobrepasado los límites máximos temporales establecidos.

5731.5 **Cotización** (RDLeg 8/2015 art.151) Los contratos de **duración determinada inferior a 30 días** tendrán una cotización adicional a cargo de la comunidad de propietarios a la finalización del mismo.
Dicha **cotización adicional** se calcula multiplicando por tres la cuota resultante de aplicar a la base mínima diaria de cotización del grupo 8 del Régimen General de la Seguridad Social para contingencias comunes, el tipo general de cotización a cargo de la comunidad de propietarios para la cobertura de las contingencias comunes.
Esta cotización adicional **no se aplica** a los contratos por sustitución.

5731.6 **Régimen transitorio** (RDL 32/2021 disp.trans.3ª, 4ª y 5ª) Respecto a los contratos de duración determinada **celebrados antes del 31-12-2021**, se establece que:
- los contratos para **obra y servicio determinado** celebrados de acuerdo con lo previsto en el ET art.15.1.a -en su redacción anterior al RDL 32/2021- serán aplicables hasta su duración máxima, en los términos recogidos en los citados preceptos;
- los **contratos eventuales** por circunstancias del mercado, acumulación de tareas o exceso de pedidos y los contratos de interinidad basados en lo previsto en el ET art.15.1.b y c -en su redacción anterior al RDL 32/2021-, se regirán hasta su duración máxima por lo establecido en dicha redacción.

Por su parte, para los contratos de duración determinada **celebrados desde el 31-12-2021 hasta el 30-3-2022**, se establece que los contratos para obra y servicio determinado y los contratos eventuales por circunstancias del mercado, acumulación de tareas o exceso de pedidos, se regirán por la normativa legal o convencional vigente en la fecha en que se han concertado y su duración no podrá ser superior a 6 meses.
En cuanto a los **límites al encadenamiento de contratos**, lo dispuesto en ET art.15.5 será de aplicación a los contratos de trabajo suscritos a partir de su entrada en vigor. En el supuesto de **contratos suscritos con anterioridad**, a los efectos del cómputo del número de contratos, del período y del plazo previsto en ET art.15.5, se tomará en consideración solo el contrato vigente a la entrada en vigor del RDL 32/2021.

5732 **Contratos fijos-discontinuos** (ET art.16) Este tipo de contrato se puede concertar para la realización de **trabajos de naturaleza estacional** o vinculados a actividades productivas de temporada, o para el desarrollo de aquellos que no tengan dicha naturaleza, pero que, siendo de **prestación intermitente**, tengan periodos de ejecución ciertos, determinados o indeterminados.
Asimismo, puede celebrarse un contrato fijo-discontinuo entre una **empresa de trabajo temporal** y un empleado de fincas urbanas contratado para ser cedido (L 14/1994 art.10.3).
Este tipo de contrato debe formalizarse necesariamente por escrito y reflejar los **elementos esenciales de la actividad laboral**, entre otros, la duración del periodo de actividad, la jornada y su distribución horaria, si bien estos últimos pueden figurar con carácter estimado, sin perjuicio de su concreción en el momento del llamamiento.
Los criterios objetivos y formales por los que debe regirse el **llamamiento** de las personas fijas-discontinuas se establecerán mediante convenio colectivo o, en su defecto, acuerdo de empresa. En todo caso, el llamamiento debe realizarse por escrito o por otro medio que permita dejar constancia de la debida notificación a la persona interesada con las indicaciones precisas de las condiciones de su incorporación y con una antelación adecuada. Los empleados de fincas urbanas fijos-discontinuos pueden ejercer las acciones que procedan en caso de **incumplimientos** relacionados con el llamamiento, iniciándose el plazo para ello desde el momento de la falta de este o desde el momento en que lo conociesen.
Estos trabajadores no pueden sufrir **perjuicios** por el ejercicio de los derechos de conciliación, ausencias con derecho a reserva de puesto de trabajo y otras causas justificadas en base a derechos reconocidos en la ley o los convenios colectivos.

Tienen derecho a que su **antigüedad** se calcule teniendo en cuenta toda la duración de la relación laboral y no el tiempo de servicios efectivamente prestados, con la excepción de aquellas condiciones que exijan otro tratamiento en atención a su naturaleza y siempre que responda a criterios de objetividad, proporcionalidad y transparencia.

Contrato de trabajo por tiempo indefinido (ET art.8) El contrato de trabajo indefinido no exige **forma** escrita, por lo que puede concertarse de forma verbal. Sin embargo, se aconseja su celebración por escrito para garantizar los derechos y obligaciones entre las partes de modo claro y sin confusiones. De no haberse celebrado contrato escrito, tanto la comunidad de propietarios como el empleado de fincas urbanas pueden exigir que el contrato se formalice por escrito, incluso durante el transcurso de la relación laboral. **5734**

La comunidad de propietarios debe **comunicar a la oficina pública de empleo**, en el plazo de 10 días siguientes a la celebración del contrato con el empleado de fincas urbanas, el contenido del contrato que celebre o sus prórrogas (ET art.8.3).

3. Régimen sancionador

La inspección de trabajo podrá iniciar procedimiento administrativo sancionador contra las comunidades de propietarios que incumplan las exigencias legales ya señaladas en materia de contratación (nº 5725 s.). **5740**

Constituyen **infracción grave**:

1.- No formalizar **por escrito** el contrato de trabajo cuando este requisito sea exigible o cuando lo haya solicitado el trabajador (RDLeg 5/2000 art.7.1).

2.- La **transgresión de la normativa** sobre modalidades contractuales, contratos de duración determinada y temporales, mediante su utilización en fraude de ley o respecto a personas, finalidades, supuestos y límites temporales distintos de los previstos legal, reglamentariamente o mediante convenio colectivo cuando dichos extremos puedan ser determinados por la negociación colectiva. A estos efectos se considerará una infracción por cada una de las personas trabajadoras afectadas (RDLeg 5/2000 art.7.2).

El **importe de la propuesta de sanción** oscilará entre un mínimo de 751 euros y un máximo de 7.500 euros (RDLeg 5/2000 art.40.1.b), atendiendo a la posible concurrencia de las siguientes **circunstancias agravantes o atenuantes**: la negligencia e intencionalidad del sujeto infractor, fraude o connivencia, incumplimiento de las advertencias previas y requerimientos de la inspección, cifra de negocios de empresa, número de trabajadores o de beneficiarios afectados en su caso, perjuicio causado o cantidad defraudada (RDLeg 5/2000 art.39.2).

B. Suspensión del contrato de trabajo

(ET art.45 a 48 redacc RDL 5/2023)

Por motivos legales (nº 5748) o por voluntad de las partes (nº 5755), el contrato de trabajo celebrado entre la comunidad de propietarios y el empleado de fincas urbanas puede quedar suspendido. Mientras dura dicha suspensión, se **exonera** temporalmente a ambas partes de las **obligaciones recíprocas** de trabajar y de **remunerar el trabajo**, si bien subsiste el vínculo jurídico entre las mismas. **5745**

De este modo, cuando **desaparece la causa** que la motiva, se reanuda la relación laboral entre las partes, ya que el empleado de fincas urbanas tiene reconocido en estos supuestos el **derecho al reingreso** como consecuencia de la reserva de su puesto de trabajo.

Las causas principales de suspensión del contrato de trabajo son:

1. Causas legales

El contrato de trabajo suscrito entre la comunidad de propietarios y el empleado de fincas urbanas se puede suspender: **5748**

- por causas organizativas, económicas, técnicas o de producción; y
- por causa de fuerza mayor.

La suspensión se tramita mediante el **procedimiento** establecido **para el despido colectivo**, aunque sea solo un empleado de fincas urbanas el que está afectado por la suspensión (p.e. el jardinero) con las siguientes particularidades:

5750 **Por causas económicas, técnicas, organizativas o de producción** (ET art.47.1 y 2) La comunidad de propietarios podrá **reducir temporalmente** la jornada de trabajo del empleado de fincas urbanas o suspender su contrato de trabajo por causas económicas, técnicas, organizativas o de producción de carácter temporal.

En el supuesto de la **comunidad de propietarios**, las causas que podrían concurrir con más frecuencia serían las económicas y las organizativas.

Para que la comunidad de propietarios pueda alegar la concurrencia de causas económicas será necesario que, de sus resultados se desprenda una **situación económica negativa**, como la existencia de pérdidas actuales o previstas, o la disminución persistente de su nivel de ingresos ordinarios. Esta disminución será persistente si durante dos trimestres consecutivos el nivel de ingresos ordinarios de cada trimestre es inferior al registrado en el mismo trimestre del año anterior.

Concurrirán causas organizativas cuando haya **cambios en los sistemas y métodos de trabajo** del personal o en el modo de organizar la producción.

5751 **Procedimiento para la suspensión** (ET art.47.3) Se aplica con independencia del número de empleados que tenga la comunidad y **se inicia** siempre con la comunicación a la autoridad laboral competente y la apertura simultánea de un **periodo de consultas** con el empleado de fincas urbanas. Dicho periodo de consultas tendrá una duración no superior a 7 días, por ser esta la duración de dicha consulta en empresas de menos de cincuenta trabajadores.

En este procedimiento, la autoridad laboral solicitará el **informe preceptivo** de la Inspección de Trabajo y Seguridad Social sobre los extremos de la comunicación y sobre el desarrollo del periodo de consultas, que será emitido en el plazo de 15 días desde la notificación a la autoridad laboral de la finalización del periodo de consultas.

Si el **periodo de consultas finaliza con acuerdo**, se presumirá que concurren la causa de suspensión o reducción, y solo podrá ser impugnado ante la jurisdicción social por la existencia de fraude, dolo, coacción o abuso de derecho en su conclusión.

En el período de consultas, las partes deberán **negociar de buena fe** para conseguir un acuerdo. Dicho período podrá ser sustituido por un procedimiento de mediación o arbitraje siempre que exista acuerdo al respecto entre la comunidad de propietarios y el empleado de fincas urbanas.

A la finalización del período de consultas, la comunidad de propietarios notificará al empleado de fincas urbanas y a la autoridad laboral su decisión sobre la reducción de jornada o la suspensión de contratos, que incluirá el período en el que se van a aplicar las medidas señaladas.

5752 **Impugnación de la decisión de la comunidad** (ET art.47.3.4) La decisión de la comunidad de propietarios podrá ser impugnada por la autoridad laboral **a petición** de la entidad gestora de la prestación por desempleo cuando se sospeche que dicha decisión pudiera pretender obtener indebidamente las prestaciones por parte de las personas trabajadoras, por inexistencia de la causa motivadora de la situación legal de desempleo.

El empleado de fincas urbanas podrá **reclamar ante la jurisdicción social** contra la decisión de la comunidad de propietarios.

En el supuesto de que se declare en sentencia que la **medida no estaba justificada**, se ordenará la inmediata reanudación del contrato de trabajo, debiendo la comunidad pagar al empleado por los salarios dejados de percibir hasta la fecha de la reanudación del contrato o abonar las diferencias que resulten respecto del importe recibido en concepto de prestaciones por desempleo durante la suspensión, sin perjuicio del reintegro que deba realizar la comunidad por el importe de dichas prestaciones a la entidad gestora del pago de las mismas y del ingreso de las diferencias de cotización a la Seguridad Social.

La comunidad de propietarios podrá comunicar al empleado, durante la vigencia de la medida de reducción o suspensión, una propuesta de **prórroga** de la medida. La necesidad de esta prórroga se tratará en un período de consultas que, como máximo, durará 5 días, debiendo comunicarse a la autoridad laboral en un plazo de 7 días.

5753 **Por causa de fuerza mayor temporal** (ET art.47.5 y 51.7) La comunidad de propietarios puede **reducir** la jornada de trabajo o **suspender** el contrato del empleado de fincas urbanas, siguiendo el procedimiento señalado en el ET art.51.7. En este caso, la comunidad debe dirigir una **solicitud** a la autoridad laboral, acompañada de los medios de prueba oportunos, realizando de modo simultáneo una comunicación al empleado de fincas urbanas.

La autoridad laboral debe constatar la existencia de fuerza mayor temporal con independencia del número de empleados afectados y solicitará un **informe** a la Inspección de Trabajo y Seguridad Social sobre la concurrencia de fuerza mayor antes de emitir resolución.

En el plazo de 5 días desde la solicitud, se dictará **resolución de la autoridad laboral**, limitándose a constatar la existencia de la fuerza mayor alegada por la comunidad. Dicha resolución

surtirá efectos desde la fecha del hecho causante de la fuerza mayor, hasta la fecha que se precise en dicha resolución, pero si se mantuviera la fuerza mayor cuando finalice el plazo marcado, se deberá solicitar una nueva autorización.
La fuerza mayor temporal estará determinada por **impedimentos o limitaciones** en la actividad normalizada de la empresa que sean consecuencia de decisiones adoptadas por la autoridad pública competente, incluidas aquellas orientadas a la protección de la salud pública.

Particularidades (ET art.47.6) En los expedientes por causa de fuerza mayor temporal, concurrirán las siguientes particularidades: 5754
• La **solicitud de informe** por parte de la autoridad laboral a la Inspección de Trabajo y Seguridad Social no será preceptiva.
• La empresa deberá justificar, en la documentación remitida junto con la solicitud, la existencia de las **concretas limitaciones o del impedimento** a su actividad como consecuencia de la decisión de la autoridad competente.
• La autoridad laboral **autorizará el expediente** si se entienden justificadas las limitaciones o impedimento referidos.
Tanto los expedientes de regulación temporal de empleo por las causas señaladas y los fundamentados en fuerza mayor temporal, se **caracterizan** por:
a) La **reducción de jornada** podrá ser de entre un 10% y un 75% y computarse sobre la base de la jornada diaria, semanal, mensual o anual. Se debe intentar priorizar, dentro de lo posible, las medidas de reducción de jornada frente a las de suspensión de contratos.
b) La empresa junto con la notificación, comunicación o solicitud, según proceda, a la autoridad laboral sobre su decisión de reducir la jornada de trabajo o suspender los contratos de trabajo, debe **comunicar**, a través de los procedimientos automatizados que se establezcan:
1.º El **período** dentro del cual se va a llevar a cabo la aplicación de la suspensión del contrato o la reducción de jornada.
2.º La **identificación del empleado** de fincas urbanas incluido en el expediente de regulación temporal de empleo.
3.º El **tipo de medida** a aplicar respecto del empleado y el porcentaje máximo de reducción de jornada o el número máximo de días de suspensión de contrato a aplicar.
c) La comunidad de propietarios podrá **desafectar y afectar** al empleado de fincas urbanas en función de las alteraciones de las circunstancias señaladas como causa justificativa de las medidas, informando previamente de ello al empleado y comunicando este hecho a entidad gestora de las prestaciones sociales y, a la Tesorería General de la Seguridad Social.
d) Durante la aplicación del expediente no se podrán realizar **horas extraordinarias**, ni externalizarse la actividad que realiza el empleado de fincas urbanas ni celebrarse nuevas contrataciones laborales, salvo que el empleado en suspensión contractual o reducción de jornada no pueda, por formación, capacitación y otras razones objetivas realizar las funciones externalizadas o contratadas.
e) Si la empresa solicita **beneficios** en la cotización correspondientes a los expedientes de regulación temporal de empleo, será necesario que mantenga el empleo de acuerdo con el RDLeg 8/2015 disp.adic.44.10.
f) La **prestación** que recibirá el empleado de fincas urbanas se regirá por lo dispuesto el RDLeg 8/2015 art.267.

2. Mutuo acuerdo de las partes

Para que se suspenda el contrato de trabajo en estos casos se exige que el acuerdo sea **expreso**. 5755
Este acuerdo es el que debe regular el **régimen jurídico de la suspensión**, como la forma y las causas de terminación de la misma, el derecho a la reserva del puesto de trabajo, el cómputo del período de suspensión a efectos de antigüedad y la indemnización por despido.
Todo este régimen previsto en el acuerdo de suspensión debe respetar, en todo caso, los **mínimos de Derecho necesario**.
Salvo pacto en contrario, la suspensión por esta causa **exime** a la comunidad de propietarios de la obligación de mantener al empleado de fincas urbanas en **situación de alta** y **cotizar** por él.

3. Víctimas de violencia de género

(ET art.45.1.n y 48.8)

La empleada de fincas urbanas puede verse obligada a **abandonar temporalmente su puesto de trabajo** por ser víctima de la violencia de género. 5760
Este **período de suspensión** no excederá de 6 meses, salvo que de las acciones de tutela judicial se requiera la continuidad de la suspensión para garantizar la efectividad del derecho de

protección de la víctima. El juez podrá **prorrogar** la suspensión por períodos de 3 meses hasta un máximo de 18 meses. Si la **comunidad de propietarios despide a la empleada** de fincas urbanas por este motivo, el despido será declarado nulo.
Este período de suspensión se considera de **cotización efectiva** a efectos del reconocimiento de las prestaciones de jubilación, incapacidad permanente, muerte y supervivencia, maternidad y desempleo. Asimismo, la empleada de fincas urbanas podrá beneficiarse durante este período de suspensión del derecho a la **prestación de asistencia sanitaria** de la Seguridad Social.
La comunidad de propietarios está obligada a comunicar a la Tesorería General de la Seguridad Social la **fecha de inicio** y la **de finalización** de la suspensión del contrato de trabajo por este motivo, en el plazo de 15 días desde la fecha en la que esta se produjo.

4. Excedencia forzosa

(ET art.46.1 y 37.3.e y f)

5765 Durante la suspensión del contrato de trabajo por causa de una excedencia forzosa, el empleado de fincas urbanas tiene **garantizado la reserva del puesto de trabajo**.
Se declara al empleado en situación de excedencia forzosa en los siguientes casos:

5768 **Ejercicio de cargo público** Cuando al empleado de fincas urbanas lo designan para un cargo público que le **imposibilita la asistencia al trabajo** y la ejecución del contrato, el afectado se encuentra en situación de excedencia forzosa. No se trata de un cargo burocrático de carrera sino un **puesto político temporal** al que se accede por elección o por nombramiento de la autoridad competente.
No existe **límite temporal** para el desempeño de este cargo, ya que su duración viene condicionada a la del puesto que se ejerce.
En este supuesto, el empleado de fincas urbanas tiene **derecho a la reserva del puesto de trabajo** y el período de suspensión se computa a efectos de antigüedad.
La comunidad de propietarios debe **cursar la baja** en la Seguridad Social del empleado de fincas urbanas, por lo que no existe la obligación de cotizar durante esta situación. El empleado se considera en **alta asimilada** mientras dura el desempeño del cargo público.
Cuando **cesa en el cargo**, el empleado debe reincorporarse a su puesto de trabajo en el plazo máximo de 30 días.

5770 **Ejercicio de funciones sindicales** La pueden solicitar los empleados de fincas urbanas que ejerzan funciones sindicales **de ámbito provincial o superior**, mientras dure el ejercicio del cargo de representación.
Los efectos son los ya mencionados al hablar de la **excedencia por cargo público** y el trabajador debe **reincorporarse** en el plazo máximo de 30 días naturales desde el cese en el cargo sindical.

5772 **Cumplimiento de un deber público** La comunidad de propietarios puede situar al empleado de fincas urbanas en situación de excedencia forzosa cuando el cumplimiento de un **deber inexcusable, de carácter público y personal**, le imposibilite la prestación del trabajo en más del 20% de las horas laborales en un período de 3 meses. Una de estas situaciones más frecuentes es el ejercicio de un cargo público por parte del empleado cuando las **ausencias** por este motivo superan el umbral señalado.
Los **efectos de la excedencia** son los mismos que los mencionados en caso de desempeño de un cargo público (nº 5768), debiendo reincorporarse el empleado de fincas urbanas a su puesto de trabajo una vez cese la causa que la motivó.

5774 **Cuidado de familiares e hijos** Si bien es una **excedencia de naturaleza voluntaria**, al ser necesario que la solicite el propio empleado de fincas urbanas, despliega los efectos jurídicos propios de la excedencia forzosa.
El **derecho a disfrutar de esta excedencia** se reconoce con independencia de que el interesado sea hombre o mujer, siendo también indistinta la **naturaleza temporal o indefinida** de la relación laboral que le une con la comunidad de propietarios.
Se distingue la excedencia solicitada para el cuidado de hijos de la dirigida al cuidado de familiares.

Precisiones El **permiso por nacimiento** de hijo, o adopción o acogimiento se trata en el nº 5820.

5776 **Hijos** El empleado de fincas urbanas puede solicitar excedencia para el cuidado de hijos, tanto por **naturaleza** como por **adopción**, o en casos de **acogimiento**.
Su **duración máxima** es de 3 años, a contar desde la fecha del nacimiento del hijo o desde la resolución judicial o administrativa.

Cada **nuevo hijo** inicia un nuevo período de excedencia cuyo disfrute pone fin a la que se viniera disfrutando.
La comunidad de propietarios puede **sustituir al empleado** de fincas urbanas mediante contratos de trabajo de interinidad.
Durante el **primer año de disfrute de esta excedencia**, el empleado de fincas urbanas tiene derecho a la reserva de su puesto de trabajo. El **resto del tiempo** el empleado solo tiene derecho a la reserva de un puesto de trabajo del mismo grupo profesional o categoría equivalente.
El período de duración de esta excedencia se computa a efectos de **antigüedad**.
La comunidad de propietarios debe cursar la **baja** en la Seguridad Social del empleado de fincas urbana, sin que exista obligación de cotizar.
Si la **comunidad de propietarios despide al empleado** durante el disfrute de esta excedencia o cuando este la haya solicitado, dicho despido se considera nulo.

Familiares La excedencia para el cuidado de familiares se puede solicitar para cuidar a familiares del empleado **hasta el segundo grado por consanguinidad o afinidad**, incluido el familiar consanguíneo de la pareja de hecho, que por razón de edad, accidente o enfermedad o discapacidad, no pueda valerse por sí mismo, siempre que dicho familiar no desempeñe actividad retribuida. **5778**
Su **duración** no podrá superar los 2 años, salvo que se establezca una duración mayor por negociación colectiva.
Durante el **primer año de excedencia** el empleado de fincas urbanas tiene derecho a la reserva del puesto de trabajo, transcurrido el cual se convierte en un derecho a la reserva de un puesto de trabajo del mismo grupo profesional o categoría equivalente.
En el supuesto de que el empleado de fincas urbanas forme parte de una **familia numerosa**, con reconocimiento de tal condición, la reserva del puesto de trabajo se podrá ampliar hasta un máximo de 15 meses, si se trata de una familia numerosa de categoría general, y hasta un máximo de 18 si se trata de categoría especial o cuando la persona ejerza este derecho con la misma duración y régimen que el otro progenitor (ET art.46.3 párr.5 redacc RDL 5/2023).
El período de excedencia computa a efectos de **antigüedad**.
La comunidad de propietarios cursa la **baja** en la Seguridad Social, sin que tenga obligación de cotizar por él. Durante la excedencia el empleado de fincas urbanas se encuentra en **situación asimilada al alta** a efectos de las prestaciones de Seguridad Social, excepto la incapacidad temporal y maternidad.

5. Excedencia voluntaria

El empleado de fincas urbanas puede disfrutar de una excedencia voluntaria, por **plazo** no menor a 4 meses y no mayor a 5 años, siempre que tenga al menos una **antigüedad** de un año en la finca y que hayan transcurrido más de 4 años desde el final de una excedencia voluntaria anterior. **5780**
Existe la posibilidad de que el empleado de fincas urbanas que disfruta de esta excedencia por un período de tiempo inferior a los 5 años, pueda pedir, antes de que la misma finalice, una **prórroga o prórrogas sucesivas** en su disfrute siempre que no se sobrepase el límite máximo ya indicado.
La **comunicación de solicitud** de esta excedencia por parte del empleado a la comunidad de propietarios se debe hacer por escrito en el que constará la fecha de inicio de su excedencia y su duración. De la misma manera, el **reconocimiento** de la excedencia por parte del empleado de fincas urbanas debe ser **expreso y de forma escrita**.
Salvo que el convenio colectivo aplicable lo determine, **no** se precisa la **antelación** con la que el empleado de fincas urbanas debe efectuar la **comunicación** a la comunidad de propietarios ni tampoco se especifica el plazo del que dispone dicha comunidad para tomar una decisión al respecto.

Efectos La concesión de esta excedencia, tiene los siguientes efectos: **5782**
a) Exonera de las **obligaciones** de trabajar y remunerar el trabajo.
b) El tiempo que dura esta excedencia no computa a efectos de **antigüedad**.
c) El empleado de fincas urbanas que disfruta de esta excedencia dispone de un **derecho preferente al reingreso** cuando existan vacantes de igual o similar categoría a la suya.

C. Jornada y descansos

(ET art.34, 35 y 37.1 y 2; RD 1561/1995 art.3)

5785 Se entiende por **personal contratado a jornada completa**, el que suscribe un contrato de trabajo con la comunidad de propietarios con jornada laboral de 40 horas semanales de trabajo efectivo en cómputo anual, ya sea en virtud de un contrato indefinido o temporal.

La comunidad de propietarios podrá suscribir con el empleado de fincas urbanas, un **contrato a tiempo parcial** cuando se haya acordado la prestación de servicios durante un número de horas al día, a la semana, al mes o al año, inferior a la jornada de trabajo de un trabajador a tiempo completo comparable (nº 5786). En el supuesto de que en la finca no existiera ningún otro trabajador comparable a los efectos señalados, se debe considerar la jornada a tiempo completo prevista en el convenio colectivo de aplicación o, en su defecto, la jornada máxima legal (ET art.34.1).

El contrato de trabajo a tiempo parcial se podrá concertar entre las partes por **tiempo indefinido** o por **duración determinada** atendiendo a los supuestos legalmente establecidos al efecto, excepto en el contrato para la formación (ET art.12.2).

5786 **Contrato a tiempo parcial** (ET art.12) Este tipo de contratos se deberá formalizar siempre **por escrito**, especificándose el número de horas ordinarias de trabajo al día, a la semana, al mes o al año contratadas, así como el modo de su distribución según lo previsto en convenio colectivo. En caso contrario, se presumirá que el contrato se ha celebrado a jornada completa, salvo prueba en contrario que permita acreditar el carácter parcial de los servicios (ET art.12.4.a).

Los empleados de fincas urbanas que hayan suscrito contratos a tiempo parcial, no podrán realizar **horas extraordinarias**, salvo aquellas que sean necesarias para prevenir o reparar siniestros y otros daños extraordinarios y urgentes (ET art.12.4.c y 35.3).

Estos trabajadores, tienen los mismos **derechos** que los contratados a tiempo completo. Cuando se trate de derechos que deban ser reconocidos a los empleados de fincas urbanas con contratos de trabajo a tiempo parcial, de manera proporcional en función de su tiempo de trabajo, se deberá señalar esta circunstancia de modo explícito en las disposiciones legales y reglamentarias y en los convenios colectivos correspondientes (ET art.12.4.d).

La **conversión** de un contrato de trabajo a tiempo completo de un empleado de fincas urbanas en un contrato a tiempo parcial o viceversa requerirá de la voluntariedad del trabajador afectado en todo caso, sin que sea admisible la imposición de este hecho de forma unilateral o como consecuencia de una modificación sustancial de condiciones de trabajo (ET art.12.4.e).

La **jornada** de los empleados de fincas urbanas con contrato a tiempo parcial se registrará día a día y se totalizará mensualmente, entregando copia al trabajador, junto con el recibo de salarios, del resumen de todas las horas realizadas en cada mes, tanto las ordinarias como las complementarias.

Por su parte, la comunidad de propietarios deberá conservar los **resúmenes mensuales** de los registros de jornada durante un período mínimo de 4 años.

El **incumplimiento** de esta obligación de registro supondrá que se presuma que el contrato está celebrado a jornada completa, salvo prueba en contrario que acredite el carácter parcial de la prestación de servicios (ET art.12.5.h).

5787 **Horas complementarias** Los empleados de fincas urbanas que hayan suscrito contratos de trabajo a tiempo parcial podrán realizar horas complementarias como **adición a las horas ordinarias** pactadas siempre y cuando así lo hubiera acordado expresamente con la comunidad de propietarios. Este pacto para la realización de horas complementarias, que deberá formalizarse en todo caso por escrito, se podrá acordar en el momento de la celebración del contrato a tiempo parcial o con posterioridad al mismo (ET art.12.5.a). Solo será posible formalizar un pacto de horas complementarias en el supuesto de que el empleado de fincas urbanas haya suscrito un contrato a tiempo parcial con una **jornada de trabajo no inferior a 10 horas semanales** en cómputo anual (ET art.12.5.b). En este pacto se deberá especificar el número de horas complementarias que la comunidad de propietarios podrá requerir al empleado de fincas urbanas, si bien, se tendrá en cuenta que el número de horas complementarias pactadas no podrá exceder del 30% de las horas ordinarias de trabajo objeto de contrato.

Los **convenios colectivos** podrán establecer otro porcentaje máximo, sin que este pueda ser, en ningún caso, ser inferior al 30% ni exceder del 60% de las horas ordinarias contratadas (ET art.12.5.c).

El empleado de fincas urbanas deberá conocer el día y la hora de realización de las horas complementarias pactadas con un **preaviso mínimo** de 3 días, salvo que por convenio colectivo se prevea un plazo de preaviso inferior (ET art.12.5.d).

El pacto para la realización de horas complementarias podrá quedar sin efecto por **renuncia del empleado** de fincas urbanas, debiendo preavisarse este hecho con una antelación de 15 días, una vez cumplido un año desde su celebración, por alguna de las siguientes circunstancias:
- para atender alguna de las responsabilidades familiares enunciadas en el ET art.37.5;
- por necesidades formativas; o
- por incompatibilidad con otro contrato a tiempo parcial (ET art.12.5.e).

En el supuesto de que el empleado de fincas urbanas haya suscrito con la comunidad de propietarios un contrato a tiempo parcial de duración indefinida con una jornada de trabajo no inferior a 10 horas semanales en cómputo anual, la comunidad de propietarios podrá ofrecer al trabajador la realización de horas complementarias de **aceptación voluntaria**, cuyo número en ningún caso podrá superar el 15%, ampliables al 30% por convenio colectivo, de las horas ordinarias objeto del contrato.
Si el empleado de fincas urbanas se negara a la realización de dichas horas complementarias, este hecho no constituirá **conducta laboral sancionable** (ET art.12.5.f).
En la realización de las horas complementarias se deberán respetar los **límites en materia de jornada y descansos** previstos en el ET art.34.3 y 4, 36.1 y 37.1 (ET art.12.5.i).
Las horas complementarias que haya realizado el empleado de fincas urbanas se **retribuyen** como ordinarias (ET art.12.5.j).

Calendario laboral (ET art.34.6) Anualmente se elabora por el propietario de la finca, comu- 5788
nidad de propietarios o cooperativa el calendario laboral, debiendo **exponerse un ejemplar** del mismo en un lugar visible del centro de trabajo. Habitualmente en el calendario laboral consta la **jornada anual** distribuida en días laborables, festivos (tanto los locales, como los de las respectivas comunidades autónomas y los estatales) descansos semanales y otros días inhábiles.
Los convenios colectivos de empleados de fincas urbanas exigen que se recoja como parte del contenido del calendario laboral, el **horario correspondiente a cada una de las funciones** de limpieza, conservación o vigilancia que debe realizar el conserje o portero, exigiendo el mutuo acuerdo de las partes para su modificación.

Jornada ordinaria de trabajo (ET art.34) Para los **porteros y conserjes de plena dedica-** 5790
ción la duración máxima de la jornada ordinaria de trabajo es de 40 horas semanales de trabajo efectivo de promedio en cómputo anual.
Se entiende por **tiempo de trabajo** de los empleados de fincas urbanas con plena dedicación, el comprendido entre las horas estipuladas para la apertura y cierre de los portales por las ordenanzas municipales.
Para los **limpiadores, jardineros, vigilantes de garaje** y los **controladores**, el tiempo de trabajo efectivo es el pactado con la propiedad con un máximo de 40 horas semanales, dentro de sus horas de servicio.
El empleado de fincas urbanas tiene derecho a solicitar las **adaptaciones de la duración y distribución de la jornada** de trabajo, incluida la prestación de su trabajo a distancia, para hacer efectivo su derecho a la conciliación de la vida familiar y laboral (ET art.34.8 redacc RDL 5/2023).
En el supuesto de que el empleado tenga **hijos**, tendrá derecho a realizar esta solicitud hasta que los menores cumplan los 12 años.
También tendrán este derecho los empleados que deban cuidar a los hijos mayores de 12 años, al cónyuge o pareja de hecho, a familiares por consanguinidad hasta el segundo grado o a personas dependientes siempre que, en este último caso, convivan en el mismo domicilio, y que por razones de la edad, accidente o enfermedad **no puedan valerse por sí mismos**. El empleado deberá justificar las circunstancias en las que se fundamenta su petición.
En los convenios colectivos se definirá el **procedimiento** a seguir para la concesión de estas adaptaciones, pero, en su ausencia, la comunidad de propietarios, ante la solicitud del empleado de fincas urbanas, abrirá un **proceso de negociación** que, como máximo, durará 15 días, para definir los términos de la adaptación de la jornada. Se presume que se ha concedido si no concurre oposición motivada expresa en dicho plazo por parte de la comunidad.
Una vez que ha finalizado el proceso, la comunidad deberá **comunicar por escrito** al empleado la aceptación de la petición. De no ser así, realizará una **propuesta alternativa** que atienda a las necesidades de conciliación del empleado o bien manifestará la negativa a su ejercicio, debiendo motivarse las razones objetivas por las que se adopta esta decisión (ET art.34.8 redacc RDL 5/2023).
El empleado tiene derecho a **regresar a las condiciones previas** a la adaptación una vez que haya finalizado el período de tiempo previsto o cuando desaparezcan las causas que motivaron su solicitud.

Las **discrepancias** entre la comunidad de propietarios y el empleado en esta materia serán resueltas por la jurisdicción social.

Precisiones Deben tenerse en cuenta en esta materia los respectivos **convenios colectivos** aplicables, como, por ejemplo, el de Cataluña, que establece una jornada de 40 horas (Resol TSF/1629/2016 art.20).

5791 La comunidad de propietarios debe garantizar el **registro diario de la jornada** del empleado de fincas urbanas. Este registro incluirá el horario concreto de inicio y finalización de la jornada de trabajo, sin perjuicio de la flexibilidad horaria que se pueda acordar entre las partes.
La comunidad de propietarios debe conservar estos registros durante 4 años, a disposición de las personas trabajadoras y de la Inspección de Trabajo y Seguridad Social.
Aunque el Estatuto de los Trabajadores solo hace referencia al necesario registro del inicio y fin de la jornada de trabajo, es conveniente que también se registren las **pausas diarias** obligatorias -establecidas legal o convencionalmente- y las voluntarias, para eludir la presunción de que todo el tiempo que media entre el inicio y la finalización de la jornada registrada constituye tiempo de trabajo efectivo.
La norma no establece la modalidad específica para el registro diario de la jornada. Por tanto, es válido cualquier **sistema o medio**, tanto en soporte papel como telemático, que permita cumplir una información fiable y no manipulable posteriormente, ya sea por la comunidad de propietarios o por el empleado. El modelo elegido debe permitir garantizar el rastreo invariable y fidedigno de la jornada diaria una vez registrada.

5792 **Descanso diario entre jornadas** (ET art.34.3) Se cifra, con carácter general en 12 horas como mínimo, y se puede ver **reducido**, para los empleados de fincas urbanas con **plena dedicación**, hasta 10 horas como mínimo de descanso consecutivo entre jornadas, si bien debe **compensarse la diferencia** hasta las 12 horas por períodos de hasta 4 semanas.
También pueden **acumular** por períodos de 4 semanas, el medio día del descanso semanal que se cifra con carácter general para todos los trabajadores en día y medio o incluso **separarlo** del correspondiente día completo para disfrutarlo en otro día de la semana (ET art.37.1).

5794 **Períodos de descanso dentro de la jornada diaria** Los empleados de fincas urbanas con plena dedicación pueden disfrutar cada día de trabajo y dentro de las horas de servicio, de **uno o varios períodos de descanso** en los términos previstos por convenio colectivo o por acuerdo con el titular del inmueble, si bien el tiempo de trabajo efectivo no podrá exceder de la duración máxima de la jornada ordinaria de trabajo establecida con carácter general en el ET art.34.
En concreto, los empleados de fincas **urbanas a jornada completa** disfrutan cada día de trabajo de un período de descanso de una hora para efectuar la comida cuyo horario concreto se fija, de acuerdo con la propiedad, entre las 13:30 y las 15:30 horas.

5796 **Distribución irregular de la jornada** (ET art.34.2) Por **convenio colectivo** o, en su defecto, por **acuerdo** entre la empresa y los representantes de los trabajadores, se podrá establecer la distribución irregular de la jornada a lo largo del año.
En **defecto de pacto**, la comunidad de propietarios podrá distribuir de manera irregular a lo largo del año el 10% de la jornada de trabajo del empleado de fincas urbanas. Esta distribución deberá respetar los **períodos mínimos de descanso** diario y semanal previstos en el Estatuto de los Trabajadores y el empleado de fincas urbanas deberá conocer con un **preaviso mínimo** de 5 días el día y la hora de la prestación de trabajo.
La **compensación** del exceso o defecto de horas, entre la jornada realizada y la duración máxima de la jornada ordinaria de trabajo legal o pactada será exigible al empleado según lo acordado en convenio colectivo. En su defecto, las diferencias derivadas de la distribución irregular de la jornada deberán quedar compensadas en el plazo de 12 meses desde que se produzcan.

5798 **Horas extraordinarias** (ET art.35) Se consideran horas extraordinarias todas aquellas que se realicen **por encima de la duración máxima** de la jornada ordinaria de trabajo (nº 5790).
Se atribuye este carácter a todas las que excedan en su cómputo semanal, en su cómputo anual o en su cómputo diario de la jornada ordinaria (TSJ Sevilla 3-2-09, EDJ 53521).
El tratamiento de las horas extraordinarias no se puede equiparar a las horas de presencia, ya que para calificar una hora como extraordinaria es preciso que sea una **hora de trabajo efectivo** (TSJ Sevilla 18-4-08, EDJ 344661).
Tampoco se consideran horas extraordinarias las **horas de localización** por no realizarse en ellas trabajo efectivo alguno (TSJ Sevilla 20-7-07, EDJ 228389).
El Estatuto de los Trabajadores permite que se opte, vía convenio colectivo o contrato individual, entre **abonar** las horas extraordinarias o **compensarlas** por tiempos equivalentes de descanso retribuido (ET art.35.1).

En el caso de los empleados de fincas urbanas, las normas convencionales han optado por el **abono** y correspondiente **cotización** de las horas extraordinarias.
Salvo que se trate de horas extraordinarias necesarias para prevenir o reparar siniestros y otros daños extraordinarios y urgentes, el **número de horas extraordinarias** no puede superar las 80 al año para los empleados de fincas urbanas que presten servicios a jornada completa ni las que en cada caso correspondan **proporcionalmente** atendiendo a empleados que trabajan una jornada que en cómputo anual es inferior a la general (ET art.35.2).
La realización de horas extraordinarias es **voluntaria**, salvo que se haya pactado su prestación en convenio colectivo o contrato individual de trabajo (ET art.35.4).

Precisiones **1)** No procede el reconocimiento del abono de las horas extraordinarias reclamadas por un portero con plena dedicación que realiza una jornada superior a la establecida en convenio, ya que la ocupación de la vivienda viene determinada por la **condición de disponibilidad plena**, lo que incluye la atención de cualquier incidencia que pueda ocurrir en la finca (TSJ Cataluña 25-7-07, EDJ 196011). **5800**
2) Se reconoce el derecho de los empleados de fincas urbanas demandantes a percibir la cantidad reclamada en concepto de horas extraordinarias al quedar probado que realizaban los **servicios** de recogida de basuras y de limpieza de garaje **fuera de su jornada laboral** (TSJ Madrid 25-5-04, EDJ 110371).
3) Si las partes han suscrito un **contrato de trabajo a tiempo parcial**, los empleados de fincas urbanas podrán realizar horas extraordinarias. El número de horas extraordinarias que podrá realizar el empleado de fincas urbanas será el legalmente previsto en proporción a la jornada pactada. Las horas extraordinarias realizadas en el contrato a tiempo parcial computarán a efectos de bases de cotización a la Seguridad Social y bases reguladoras de las prestaciones. Las horas complementarias se regirán por lo dispuesto en el ET art.12.5, si bien la suma de las horas ordinarias, extraordinarias y complementarias no podrá exceder del límite legal del trabajo a tiempo parcial (ET art.12.4.c).
4) En materia de horas extraordinarias, es el empleado de fincas urbanas el que debe aportar **pruebas** pormenorizadas de las mismas, día a día, hora por hora y esta exigencia rigurosa solo cede ante la demostración por el trabajador del habitual desarrollo u horario uniforme de los que se deduzca directamente el exceso sobre la jornada ordinaria (TSJ C.Valenciana 28-4-10, EDJ 138496).

Descanso semanal (ET art.37.1) Los empleados de fincas urbanas tienen derecho a un descanso semanal de día y medio ininterrumpido, además de los **festivos** que **no sean domingo**, aunque algunos convenios colectivos lo mejoran a 48 horas continuadas de descanso. **5802**
Este descanso de **dos días consecutivos** se disfrutará preferentemente los sábados y domingos.

Precisiones No se reconoce el derecho del empleado de fincas urbanas a percibir la cantidad correspondiente a los **descansos semanales trabajados y no disfrutados**, ya que la retribución mensual incluía la compensación de los descansos no disfrutados y su importe era muy superior al fijado en el convenio colectivo aplicable (TSJ Asturias 11-7-08, EDJ 200852).

D. Vacaciones

(ET art.38)

Las vacaciones anuales **retribuidas**, que no pueden ser objeto de compensación económica (nº 5808), tienen la **duración** pactada en convenio colectivo o contrato individual. **5805**
Son nulos los pactos y las decisiones unilaterales que supongan la **sustitución** de las vacaciones por una cantidad de dinero.
En los convenios colectivos de empleados de fincas urbanas se prevé, con carácter general, una duración de 30 días naturales por cada año efectivo de servicios que serán disfrutados en verano preferentemente, si bien el **período de disfrute** se fijará de común acuerdo entre las partes. En caso de desacuerdo entre las partes, la jurisdicción competente fijará la fecha de su disfrute, siendo su decisión irrecurrible.
Algunos convenios colectivos prevén que, en **caso de desacuerdo**, la comunidad de propietarios pueda determinar la fecha de disfrute de las vacaciones correspondientes a 15 días y el empleado de fincas urbanas pueda precisar la fecha de disfrute de los otros 15 días. Todo ello entre los meses de junio a septiembre.
Las vacaciones **se inician** en día laborable y **se retribuyen** incluyendo el salario base previsto en convenio más los complementos de dicho salario base, **excluyendo** tanto el plus de transporte como los demás pluses extrasalariales.

Precisiones **1)** Los tribunales entienden que las vacaciones deben **disfrutarse** dentro del año al que correspondan. Este derecho **caduca** el 31 de diciembre de cada año, por lo que se prohíbe la acumulación en años sucesivos.

2) Se reconoce el derecho del empleado de fincas urbanas a disfrutar de un **nuevo período de vacaciones** de 15 días atendiendo a que la fecha de disfrute anterior de estos días de vacaciones, se fijó unilateralmente por la comunidad de propietarios (TSJ Málaga 15-11-12, EDJ 364425).

5808 **Imposibilidad de compensación económica** El período anual de vacaciones retribuidas no puede ser objeto de compensación económica salvo que el **trabajador cese durante el año** sin haber disfrutado de ellas, en cuyo caso el empleado de fincas urbanas recibirá el importe de las vacaciones no disfrutadas prorrateado entre las doce mensualidades. En este último supuesto se **abonará** la parte correspondiente a los meses transcurridos y se computará como mes completo las fracciones superiores a 15 días.

En caso de que se realice la compensación económica es necesario que el **alcance temporal** de la misma se reduzca al tiempo perteneciente a la **última anualidad**, ya que no se permite la compensación de vacaciones correspondientes a anualidades precedentes.

Esta compensación económica es **similar a la del salario** y **no indemnizatoria**, por lo que está sujeta a cotización a la Seguridad Social y debe ser incluida en la base de cotización para el desempleo.

5810 **Calendario de vacaciones** El calendario de vacaciones se fija en cada finca garantizando que el empleado conozca la fecha que le corresponda con una **antelación** de, al menos, 2 meses previos al comienzo de su disfrute.

Todo **trabajador con menos de un año de servicio** en la finca disfrutará de la parte proporcional de vacaciones en relación con la fecha de ingreso al 31 de diciembre. En este supuesto no será aplicable la **preferencia de disfrute** de este período de vacaciones en verano, ni tampoco la **comunicación previa** de 2 meses, siendo suficiente que la comunidad de propietarios comunique al empleado la fecha de disfrute con 15 días de antelación.

Cuando el período de vacaciones fijado en el calendario de vacaciones de la comunidad de propietarios coincida en el tiempo con una incapacidad temporal derivada del **embarazo, parto o lactancia** natural o con el período de **suspensión del contrato de trabajo** (ET art.48.4), se tendrá derecho a disfrutar las vacaciones en fecha distinta a la de la incapacidad temporal o a la del disfrute del permiso que le correspondiera, al finalizar el período de suspensión, aunque haya terminado el año natural a que correspondan.

Si el período de vacaciones coincide con una **incapacidad temporal** por contingencias distintas a las señaladas en el párrafo anterior que imposibilita al empleado de fincas urbanas, total o parcialmente, durante el año natural a que correspondan, el empleado podrá disfrutarlas una vez finalice su incapacidad siempre que no hayan transcurrido más de 18 meses a partir del final del año en que se hayan originado (RDL 3/2012 disp.final 1ª.4).

5812 **Sanciones en caso de infracción administrativa** La comunidad de propietarios puede incurrir en una infracción administrativa grave en caso de **transgredir las normas** y los **límites legales** o pactados sobre vacaciones, que podrá ser sancionada, a propuesta de la inspección de trabajo, con una multa cuyo importe oscilará entre un mínimo de 751 euros y un máximo de 7.500 euros.

La comunidad de propietarios no incurre en la infracción señalada cuando exista **discrepancia** con el empleado de fincas urbanas **sobre la fecha de disfrute** de las vacaciones (en este caso la competencia corresponde al órgano judicial competente) sino cuando, bien no se le conceda su derecho a tomar vacaciones total o parcialmente o bien cuando no se comunique la fecha de inicio y duración respetando los plazos de preaviso legal o convencionalmente establecidos al efecto.

5814 **Situaciones asimiladas al trabajo efectivo** La determinación de los días de vacaciones se realiza en base a los días de trabajo efectivo realizados por el empleado de fincas urbanas. Sin embargo, existen determinadas situaciones que se asimilan a todos los efectos dentro del **cómputo** del trabajo efectivo. Cabe destacar las siguientes:

- La **incapacidad temporal** con independencia de la causa que la motive.
- El período de tramitación de un **proceso por despido** cuando se declara finalmente su improcedencia o nulidad.
- Los días de ejercicio de **huelga legal** (no computan los supuestos de huelga ilegal).

5816 **Procedimiento administrativo sancionador** (RDLeg 5/2000 art.7.5) El incumplimiento de las obligaciones señaladas anteriormente en materia de jornada, vacaciones y tiempo de trabajo, podrá dar lugar al inicio de un procedimiento administrativo sancionador contra la comunidad de propietarios afectada. De este modo, constituye **infracción administrativa grave**, la transgresión de las normas y los límites legales o pactados en materia de jornada, trabajo nocturno, horas extraordinarias, horas complementarias, descansos, vacaciones, permisos y, en general, tiempo de trabajo.

El **importe de la propuesta de sanción** es el mismo que el ya indicado en el apartado relativo a las infracciones en materia de contratación (nº 5740).

E. Permisos retribuidos

(ET art.37.3, 4, 5, 6 y 7 redacc RDL 5/2023)

Los convenios colectivos conceden a los empleados de fincas urbanas permisos o licencias para **ausentarse del puesto de trabajo**. En estos casos el trabajador conserva su derecho a percibir la retribución por estos días no trabajados con el correlativo deber del empleador de **ingresar su cotización** correspondiente. 5820

Previo aviso y justificación del hecho Es necesario que el empleado de fincas urbanas que pretenda disfrutar de un permiso retribuido por alguno de los motivos y duraciones que se enuncian en los números siguientes, cumpla con el requisito del previo aviso y justificación del hecho desencadenante. Sin embargo, estas exigencias han sido matizadas, ya que si bien es cierto que es imprescindible que el **empleado avise a la comunidad de propietarios** para que este pueda organizar el trabajo es factible que, atendiendo a cada circunstancia, el aviso pueda hacerse **telefónicamente** o incluso que sea la propia comunidad el que avise al trabajador de un hecho que motive su ausencia al trabajo. 5822

En este mismo sentido se admite una cierta **flexibilidad** en la obligación del empleado de fincas urbanas de **justificar la realidad de la causa** de la licencia o permiso, solicitándose que se aporte tan pronto como sea posible por lo que en todo caso debe existir **proximidad** entre el preaviso y la justificación con la causa que lo motiva.

Matrimonio Se establece un permiso de 15 días naturales (en algunos convenios se conceden 16 días) en caso de matrimonio. 5826

De mutuo acuerdo entre las partes, se pueden **acumular** a las vacaciones.

Nacimiento de hijo (ET art.48.4) El nacimiento, incluido el parto y el cuidado de un menor de 12 meses, suspende el contrato de trabajo de la **madre biológica** durante 16 semanas, de las que es obligatorio disfrutar, al menos las 6 semanas ininterrumpidas, inmediatamente posteriores al parto, a jornada completa. 5828

Asimismo, el nacimiento suspende el contrato de trabajo del **progenitor**, constituyendo un derecho distinto al de la madre biológica, durante 16 semanas, de las que también será obligatorio disfrutar, al menos de las 6 primeras semanas, inmediatamente posteriores al parto, de modo ininterrumpido y a jornada completa.

En aquellos supuestos en los que el neonato deba permanecer **hospitalizado a continuación del parto**, la madre biológica o el otro progenitor podrán solicitar que el periodo de suspensión se compute a partir del alta hospitalaria, excluyendo de este cómputo las 6 semanas posteriores al parto, que son de suspensión obligatoria del contrato de la madre biológica. Si el neonato precisara de hospitalización a continuación del parto, por tiempo superior a 7 días, el período de suspensión se ampliará en tantos días como el nacido esté hospitalizado, con un máximo de 13 semanas adicionales.

En caso de **fallecimiento** del hijo, no se reducirá el periodo de suspensión, salvo que se solicite la reincorporación al puesto de trabajo, una vez hayan finalizado las 6 semanas de descanso obligatorio.

La suspensión del contrato de cada uno de los progenitores por cuidado de menor, una vez **transcurridas las 6 semanas inmediatamente posteriores** al parto, se distribuirá a voluntad de los progenitores, en periodos semanales que se disfrutarán de modo acumulado o interrumpido, dentro del período de tiempo que abarca, desde la finalización de la suspensión obligatoria posterior al parto, hasta que el hijo cumpla 12 meses.

La madre biológica podrá **anticipar la suspensión** de su contrato de trabajo, hasta 4 semanas antes de la fecha previsible del parto.

Estos derechos de suspensión del contrato de trabajo, son individuales, sin que se puedan transferir al otro progenitor.

Los progenitores deberán comunicar a la comunidad de propietarios el disfrute de cada uno de estos períodos, con una antelación mínima de 15 días.

Excepto las 6 semanas inmediatamente posteriores al parto, la suspensión del contrato de trabajo se podrá disfrutar en régimen de **jornada completa o jornada parcial**, previo acuerdo entre la comunidad de propietarios y el trabajador.

Cuando los dos progenitores trabajen para la **misma comunidad de propietarios**, esta podrá limitar su ejercicio simultáneo por razones fundadas y objetivas, debidamente motivadas por escrito.

5829 **Adopción, guarda legal y acogimiento** En estos casos, la suspensión tendrá una **duración** de 16 semanas por cada adoptante, guardador o acogedor. De este período, las **primeras 6 semanas** inmediatamente posteriores a la resolución judicial por la que se constituye la adopción o la decisión administrativa de guarda con fines de adopción o de acogimiento, han de disfrutarse de modo ininterrumpido y a jornada completa.

Las **10 semanas restantes** se podrán disfrutar en períodos semanales, de modo acumulado o interrumpido, dentro de los 12 meses siguientes a la resolución judicial mencionada, debiendo comunicarse a la comunidad de propietarios las fechas de disfrute con una antelación mínima de 15 días. Estas 10 semanas se podrán disfrutar en régimen de jornada completa o a tiempo parcial, previo acuerdo entre la comunidad de propietarios y la persona trabajadora.

En caso de **adopción internacional**, en el que es necesario el desplazamiento previo de los progenitores al país de origen del adoptado, el periodo de suspensión se podrá iniciar hasta con 4 semanas de antelación a la resolución por la que se constituya la adopción.

La suspensión en caso de nacimiento de un hijo, adopción, guarda con fines de adopción o de acogimiento, tendrá una **duración adicional** de 2 semanas, una para cada uno de los progenitores, en caso de discapacidad del hijo. Esta ampliación también se aplica en caso de nacimiento, adopción, guarda con fines de adopción o de acogimiento múltiple por cada hijo distinto del primero.

5830 **Enfermedad, hospitalización, intervención quirúrgica o fallecimiento** (ET art.37.3.b redacc RDL 5/2023) Se conceden 5 días por accidente o enfermedad grave, hospitalización o intervención quirúrgica sin hospitalización que precise **reposo domiciliario** del cónyuge, pareja de hecho o parientes hasta el segundo grado por consanguinidad o afinidad, incluido el familiar consanguíneo de la pareja de hecho, así como de cualquier otra persona distinta de las anteriores, que conviva con el empleado de fincas urbanas en el mismo domicilio y que requiera el cuidado efectivo de aquella.

En el mismo sentido, se conceden 2 días por el **fallecimiento** del cónyuge, pareja de hecho o parientes hasta el segundo grado de consanguinidad o afinidad. En el supuesto de que el empleado de fincas urbanas necesite hacer un **desplazamiento** al efecto, el plazo se ampliará en 2 días más.

5832 **Cumplimiento de un deber inexcusable** El permiso es por el **tiempo indispensable** para el cumplimiento de un deber inexcusable de carácter público, incluido el ejercicio del **sufragio activo**, o de carácter privado. Cuando una norma legal o convencional indique un período determinado de duración y su compensación económica se estará a lo que establezca la misma.

Cuando el cumplimiento de este deber suponga la imposibilidad de la prestación del trabajo debido en **más del 20% de las horas laborables** en período de 3 meses, el empleador puede pasar al trabajador a la situación de excedencia forzosa.

Si por cumplir ese deber o desarrollar un determinado cargo el empleado recibe una **indemnización**, se descontará su importe del salario debido al trabajador.

Se considera como cumplimiento de un **deber inexcusable** de carácter público y personal, la realización de las **funciones de jurado**. En este caso el trabajador que haya sido designado como miembro de un jurado, recibirá una retribución diaria por este hecho, así como una indemnización por gastos de viaje, alojamiento y manutención. Esta percepción se descontará del salario que le paga el propietario o la comunidad de propietarios.

5834 **Cuestiones relacionadas con el parto** Se establecen los siguientes permisos:

• Por el tiempo indispensable para la realización de **exámenes prenatales** y técnicas de **preparación al parto** que deban realizarse dentro de la jornada de trabajo. En los casos de **adopción, guarda con fines de adopción o acogimiento**, para la asistencia a las sesiones de información y preparación y para la realización de los informes psicológicos y sociales preceptivos, previos a la declaración de idoneidad, siempre que deban tener lugar dentro de la jornada de trabajo.

• Por **lactancia**, tanto natural como artificial, de un hijo menor de 9 meses los empleados de fincas urbanas tienen derecho a una hora de ausencia del trabajo que pueden dividir en dos fracciones. La duración del permiso se incrementará proporcionalmente en los casos de parto, adopción o acogimiento múltiples. Se permite al empleado de fincas urbanas **optar** entre disfrutar de este permiso o reducir su jornada diaria en media hora con la misma finalidad o acumularlo en jornadas completas en los términos previstos en la negociación colectiva o en el acuerdo a que llegue con la comunidad de propietarios respetando lo establecido en la negociación.

Este permiso constituye un derecho individual de los empleados de fincas urbanas, hombres o mujeres, pero si dos personas trabajadoras de la misma comunidad de propietarios ejercen

este derecho, la comunidad podrá limitar su **ejercicio simultáneo**, por razones justificadas que ha de comunicar por escrito (RDL 3/2012 disp.final 1ª.1).
En el supuesto de que ambos progenitores o adoptantes, guardadores o acogedores, ejerzan este derecho con la misma duración y régimen, el período de disfrute se podrá extender hasta que el lactante haya cumplido los 12 meses, reduciéndose proporcionalmente el salario a partir de que el hijo haya cumplido los 9 meses.
• En caso de **nacimiento de hijos prematuros** o que deban **permanecer hospitalizados** después del parto, la madre o el padre tienen derecho a ausentarse del trabajo durante una hora. También tendrán derecho a reducir su jornada de trabajo hasta un máximo de 2 horas, con la disminución proporcional del salario.

Cuidado directo de menor, persona con discapacidad o familiar que no se valga por sí mismo 5836
El empleado que por razón de guarda legal tenga a su cuidado directo algún menor de 8 años o una persona con discapacidad física, psíquica o sensorial, que no desempeñe una actividad retribuida, tiene derecho a una **reducción de la jornada** de trabajo diaria, con la disminución proporcional del salario entre, al menos, un octavo y un máximo de la mitad de la duración de aquella (ET art.37.6 redacc RDL 5/2023).
Puede disfrutar del mismo derecho el empleado que deba encargarse del cuidado directo de un familiar, hasta el **segundo grado por consanguinidad o afinidad**, que por razón de edad, accidente o enfermedad no pueda valerse por sí mismo y que no desempeñe actividad retribuida.
También tendrán derecho a una **reducción de la jornada de trabajo**, con la disminución proporcional del salario, de al menos, la mitad de la duración de aquella, el progenitor, el guardador con fines de adopción o el acogedor permanente, para el cuidado durante la hospitalización y tratamiento continuo del menor a su cargo afectado por cáncer o cualquier otra enfermedad grave que suponga un ingreso hospitalario de larga duración y que precise de un cuidado directo y permanente, debidamente acreditado por un informe del servicio público de salud hasta que el hijo, o la persona objeto de acogimiento permanente o de guarda con fines de adopción, cumpla los 23 años.
De este modo, si se mantiene la **necesidad de cuidado directo y permanente**, no se extinguirá la reducción de la jornada por el hecho de que el hijo o el menor sujeto a acogimiento permanente o a guarda con fines de adopción cumpla los 18 años.
Cumplidos los 18 años, se podrá **reconocer el derecho a la reducción de la jornada** hasta que el causante cumpla 23 años, siempre que la enfermedad grave de la que se trate haya sido diagnosticada antes de alcanzar la mayoría de edad, y siempre que al realizar la solicitud se acrediten los requisitos ya indicados, a excepción de la edad.
Si antes de que la persona dependiente cumpla los 23 años, se acreditara que tiene reconocido un **grado de discapacidad** igual o superior al 65%, se mantendrá el derecho a esta reducción hasta que la persona cumpla los 26 años.

La **reducción de jornada** es un derecho individual del empleado de fincas urbanas, ya sea hombre o mujer. Sin embargo, si **dos o más empleados** que prestan servicios para el mismo propietario o comunidad de propietarios, generasen este derecho por el mismo sujeto causante, el empleador podrá limitar su ejercicio simultáneo por razones justificadas de funcionamiento de la actividad. En este caso, deberá ofrecerse un **plan alternativo** para garantizar el ejercicio del derecho de conciliación. 5838
La **concreción horaria** y la determinación del **período de disfrute** de la reducción de la jornada corresponden al empleado de fincas urbanas, dentro de su jornada ordinaria.
Los convenios colectivos pueden establecer, no obstante, **criterios** para la concreción del horario de la reducción de jornada, en atención a los derechos de conciliación de la vida personal, familiar y laboral del trabajador y las necesidades productivas y organizativas de las comunidades de propietarios.
El empleado de fincas urbanas, salvo fuerza mayor, debe **preavisar** al empleador con quince días de antelación la fecha en que se reincorporará a su jornada ordinaria. El convenio colectivo aplicable también podrá determinar otro plazo de preaviso en estos supuestos, precisando la fecha en que se iniciará y finalizará el permiso de lactancia o la reducción de jornada.
Las **discrepancias** que puedan surgir al respecto entre la comunidad de propietarios y el empleado de fincas urbanas se resolverán por la jurisdicción social (RDL 3/2012 disp.final 1ª.3).

Precisiones Con efectos desde **1-1-2022**, el derecho a reducción de la jornada de trabajo diaria de los progenitores, adoptantes, guardadores con fines de adopción o acogedores permanentes para el cuidado, durante la hospitalización y tratamiento continuado por cualquier otra **enfermedad grave** se extiende hasta que el hijo o persona que hubiere sido objeto de acogimiento permanente o de guarda con fines de adopción cumpla los **23 años** -anteriormente 18 años- si se mantiene la necesidad de cuidado directo, continuo y permanente.

En los supuestos de **separación o divorcio** el derecho será reconocido al progenitor, guardador o acogedor con quien conviva la persona enferma.
Cuando la persona enferma contraiga **matrimonio** o constituya una pareja de hecho, tendrá derecho a la prestación quien sea su cónyuge o pareja de hecho, siempre que acredite las condiciones para ser beneficiario (ET art.37.6).

5840 **Trabajadora víctima de violencia de género** La trabajadora víctima de la violencia de género tiene derecho a la **reducción de la jornada de trabajo** con una disminución proporcional del salario o a la reordenación del tiempo de trabajo adaptando su horario.
Este derecho se concreta según lo previsto para estos efectos en los convenios colectivos o en los acuerdos entre las partes. A **falta de previsión convencional o acuerdo** al respecto, la concreción de estos derechos corresponde a la trabajadora.

5842 **Estudios para la obtención de un título académico o profesional** (RDL 3/2012 disp.final 1ª.4)
Si el empleado de fincas urbanas cursa estudios para la obtención de un título académico o profesional, tiene derecho a disfrutar de los permisos necesarios para **concurrir a exámenes**, así como a una preferencia a **elegir turno de trabajo**, si este fuera el régimen instaurado por la comunidad de propietarios.
Asimismo, tiene derecho a la **adaptación de la jornada ordinaria** de trabajo para asistir a cursos de formación profesional o a la concesión del permiso de formación o perfeccionamiento profesional con reserva del puesto de trabajo.
El empleado de fincas urbanas puede acceder a la formación necesaria para su adaptación a las **modificaciones operadas en su puesto de trabajo**. Dicha formación correrá a cargo de la comunidad de propietarios, sin perjuicio de la posibilidad de obtener a tal efecto los créditos destinados a la formación. El tiempo destinado a la formación se considera tiempo de trabajo efectivo a todos los efectos.
Los términos para el ejercicio de estos derechos se han de pactar en la negociación colectiva.
Los empleados de fincas urbanas con al menos un año de antigüedad en la comunidad de propietarios tienen derecho a un **permiso retribuido** de 20 horas anuales de formación vinculada al puesto de trabajo acumulables por un período de hasta 3 años. La concreción del disfrute del permiso se fijará de mutuo acuerdo entre el empleado de fincas urbanas y la comunidad de propietarios.

5844 **Asistencia a consulta médica** Este permiso se regula en los **convenios colectivos** de empleados de fincas urbanas.
Por ejemplo, en el de **Madrid**, se establece que el personal tendrá derecho a 8 horas retribuidas al año para asistir a consultas médicas, debiendo avisar con la mayor antelación posible y debiendo presentar la **justificación** oportuna. En estos casos, es esencial que los empleados de fincas urbanas intenten adaptar, dentro de lo posible, las horas de visitas médicas a sus tiempos de descanso (CCol Madrid art.22.b).
También se reconoce una bolsa de 10 horas retribuidas al año para **acompañar a familiares** hasta segundo grado de consanguinidad o afinidad a las consultas médicas necesarias, previo aviso y justificación (CCol Madrid art.22.c).

5846 **Otras causas** Reguladas legalmente, y con la misma entidad que el resto, se enumeran las siguientes:
- Un día por **traslado del domicilio habitual**.
- Un día de permiso en el caso de la **boda** del hijo/a.

F. Parejas de hecho

5850 En las normas convencionales de empleados de fincas urbanas se prevé una **equiparación** en el tratamiento de las parejas de derecho y las parejas de hecho.
Se considera pareja de hecho la que esté **conviviendo de hecho**, se **empadrone** en el mismo domicilio y se **inscriba** como pareja en el registro público oficial correspondiente, con un año de antelación a la solicitud del permiso de que se trate.
El propietario o la comunidad de propietarios pueden solicitar un **certificado** del registro correspondiente y un certificado de convivencia.
Se incluyen medidas en el ámbito laboral aplicables a las parejas de hecho, como los permisos retribuidos (nº 5820 s.), el refuerzo a la conciliación (nº 5790 y nº 5838) y la adaptación de jornada (nº 5785 s.).

Precisiones Se ha desestimado el recurso de casación para la unificación de la doctrina formulado por un miembro de una pareja de hecho contra la sentencia que le denegó el reconocimiento de una **pensión de viudedad** por no haberse constituido formalmente en pareja de hecho con el fallecido al menos 2 años antes del fallecimiento. En este caso existía inscripción en el registro correspondiente ni otorgamiento de escritura pública, lo que impide dispensar al afectado, no del cumplimiento del requisito de la formalización, sino del requisito adicional de que esa formalización se produzca con antelación de 2 años (TS 22-12-11, EDJ 340670).

G. Retribuciones

(ET art.26 a 31)

El propietario o la comunidad de propietarios, en su condición de empresario del empleado de fincas urbanas tiene la obligación de pagarle el **salario** el último día de cada mes mediante transferencia bancaria o por cualquier otra **modalidad de pago** similar como moneda de curso legal o talón. En estos últimos casos, se concederá al empleado un **tiempo mínimo necesario** dentro de su jornada laboral para percibir su salario. **5855**
Para que el empleado de fincas urbanas pueda instar la **extinción del contrato de trabajo** (ET art.50.1.b), basado en la falta de pago o retrasos continuados en el abono del salario pactado es necesario que concurra el requisito de gravedad en el incumplimiento de la comunidad de propietarios. Para ello es necesario que el impago de los salarios no sea un mero retraso esporádico sino un comportamiento continuado y persistente del deber de abonar los salarios debidos (TSJ Cataluña 8-7-11, EDJ 276834).
La comunidad de propietarios debe entregar al empleado de fincas urbanas un **recibo oficial de pago** de salarios en el que consten todos los conceptos en los que se distribuye su salario y los descuentos preceptivos.
La **retribución mensual** incluirá el salario base previsto en el convenio colectivo (nº 5862) así como los complementos salariales (nº 5864 s.). El salario mínimo interprofesional, en su cuantía, tanto anual como mensual, es **inembargable**.
La comunidad de propietarios está obligada a conceder al empleado de fincas urbanas que lo solicite un **anticipo mensual** del 100% del salario devengado en el momento de la petición.
La retribución salarial puede hacerse:
- en dinero (nº 5860 s.); o
- en especie (nº 5875).

Precisiones Se ha considerado que el incumplimiento empresarial no es lo suficientemente grave como para justificar la extinción del contrato de trabajo, en el supuesto de un retraso en el pago del **complemento del subsidio de incapacidad temporal** previsto en el convenio colectivo (TSJ Cataluña 8-7-11, EDJ 276834).

a. Retribución salarial en dinero

La **retribución dineraria** comprende los siguientes conceptos: **5860**
- salario base (nº 5862);
- complementos salariales (nº 5864 s.); y
- gratificaciones extraordinarias (nº 5872).

Salario base mensual Es de una determinada cuantía para los **porteros y conserjes de plena dedicación** y se verá reducido para los porteros y conserjes que no tengan plena dedicación en proporción a la jornada que efectivamente realicen. **5862**
En los **edificios** que cuenten con **más de 10 viviendas, locales comerciales u oficinas** se incrementará el salario base inicial de los empleados de fincas urbanas en atención a la siguiente **escala**:
• El 15% hasta 20 viviendas; el 20% de 21 a 40; el 25% de 41 a 70, y el 26% de 71 en adelante.
• Si el cuidado de la **calefacción central** o del **agua central** se encomienda al empleado de fincas urbanas, se incrementará su salario base en un 15%.
• Los empleados que se encarguen de cuidar las **centralitas telefónicas** que existen en la finca, verán incrementado su salario base en un 10% si están a su cargo exclusivo, siempre y cuando no tenga más de 40 extensiones. En caso contrario se irá incrementando en un 5% por cada 10 extensiones más.
• Si el empleado tiene encomendado el servicio del **ascensor**, el incremento será del 10% por el primer ascensor o montacargas, debiendo adicionar a esta cantidad el 5% por cada uno de los demás con un tope del 50%.
• Por el cuidado de cada **motor** el empleado de fincas urbanas percibirá un 5% con un tope máximo del 50%.
• Cada **escalera de uso común** de los vecinos de cuyo cuidado y limpieza se encargue el empleado, supondrá un incremento del 10% por la primera escalera y del 5% por cada una de las restantes.

• Durante el tiempo que el empleado de fincas urbanas se encargue del cuidado del **aire acondicionado**, recibirá un incremento del 15%.

5864 **Complementos salariales** Entre ellos se incluyen los siguientes:

5865 **Plus de nocturnidad** Todas las categorías profesionales tienen reconocido el plus de nocturnidad que consiste en un **incremento** del 6% del salario base, cuando realicen todo o como mínimo el 35% de su jornada mensual de trabajo entre las 22 horas a las 6 horas.

5866 **Complemento del puesto de trabajo** Los empleados de fincas urbanas pueden percibir además un complemento del puesto de trabajo cuando realicen **trabajos especiales** como la retirada de las bolsas de la basura de las viviendas y locales particulares, la limpieza y cuidado de un garaje particular de la finca o de los jardines anejos a la misma.
El **importe** de este complemento se pactará con la propiedad del inmueble atendiendo a la clase y extensión de los servicios.

Precisiones 1) El complemento abonado al conserje por el **servicio de retirada de basuras** en la puerta de los pisos es de carácter voluntario y no consolidable por lo que la comunidad de propietarios podrá acordar en junta de vecinos la supresión de dicho servicio, siendo improcedente la reclamación del importe correspondiente al servicio suprimido por parte del empleado (TSJ Madrid 19-10-99, EDJ 87295).
2) Deben realizarse **fuera del horario laboral** todos los servicios extraordinarios no pactados entre la propiedad y el empleado de fincas urbanas.
3) Los complementos salariales percibidos por un conserje en concepto de **limpieza y de atención telefónica**, tienen naturaleza salarial (TSJ Aragón 30-9-16, EDJ 190).

5867 **Complemento de antigüedad** Tiene naturaleza personal, ya que la causa que justifica su percepción es la **permanencia** del trabajador en la finca. Se **computa** por quinquenios de acuerdo con el sistema previsto en cada convenio colectivo, con un máximo de ocho quinquenios.
Con carácter general el **módulo para el cómputo del complemento** de antigüedad es el último salario base devengado por el empleado de fincas urbanas, adicionando los incrementos y complementos salariales.
La **fecha inicial del cómputo** del complemento de antigüedad es la del ingreso del empleado en la finca. El importe de cada quinquenio comenzará a devengarse a partir del primer día del mes en que este se cumpla.

5868 **Plus de transporte** Los empleados de fincas urbanas, excepto los porteros que residen en el edificio en el que prestan servicios, pueden percibir la cantidad mensual que se establezca en los **convenios colectivos** en concepto de plus de transporte. Este se abonará únicamente 11 meses al año, ya que no se paga en el mes correspondiente a las vacaciones.
Esta cantidad extrasalarial compensa al empleado por los gastos que le genera el **desplazamiento habitual** desde su domicilio al lugar de trabajo.
Estos importes no están excluidos de la **base de cotización** (RDLeg 8/2015 art.147).

5869 **Uniforme del portero o conserje** La propiedad o la comunidad de propietarios podrá decidir si desea que el portero o el conserje vaya uniformado. En caso afirmativo, el **coste** del uniforme será a cargo del empleador, quién además estará obligado a realizar **dos entregas anuales** de ropa al portero o conserje adecuada al servicio a efectuar, tales como buzo, mono o prenda similar. Por su parte, el empleado está **obligado a utilizar la ropa** que se le proporcione.
En caso de que la propiedad **no facilite ropa de trabajo** al empleado, le satisfará mensualmente la cantidad que en cada caso se determine en el convenio colectivo aplicable.
Las cantidades abonadas al trabajador por estos conceptos están incluidas en la **base de cotización** (RDLeg 8/2015).

5870 **Herramientas y útiles de limpieza** La propiedad debe entregar al empleado de fincas urbanas las herramientas y los útiles de limpieza necesarios para el **cuidado y conservación** de los edificios.
Las cantidades extrasalariales que se abonan al empleado por desgaste de útiles o herramientas están incluidas en la **base de cotización** (RDLeg 8/2015 art.147).

5872 **Gratificaciones extraordinarias** Los empleados de fincas urbanas tienen derecho a percibir **dos** gratificaciones extraordinarias **al año**.
El **importe** de cada una de ellas se corresponde a la mensualidad del salario realmente percibido en el mes anterior a su vencimiento y se **abona** en los días laborales inmediatamente anteriores al 15 de junio (paga extraordinaria de verano) y 15 de diciembre (paga extraordinaria de Navidad).

Para generar el derecho a percibir cada una de estas gratificaciones extraordinarias anuales, se atenderá a los **días trabajados dentro de los siguientes períodos**:
- gratificación de junio: del día 1 de julio al 30 de junio del año siguiente; y
- gratificación de diciembre: del 1 de enero al 31 de diciembre.

De este modo, el **empleado que ingrese o cese dentro del año** percibirá estas gratificaciones en proporción al tiempo trabajado, entendiéndose las fracciones superiores a 15 días como mes completo.

b. Retribución salarial en especie

(ET art.26; L 35/2010 disp.adic.23ª)

Existe la posibilidad de que los empleados de fincas urbanas obtengan otros complementos como la **ocupación obligatoria de una vivienda en la finca por razones de seguridad y disponibilidad**. Este uso de la vivienda por parte del portero se considera retribución en especie. El salario en especie no podrá superar el 30% de las percepciones salariales del empleado, ni dar lugar a la minoración de la cuantía íntegra en dinero del salario mínimo interprofesional. 5875
En estos supuestos, serán a cargo del portero las **pequeñas reparaciones** que exija el desgaste por el uso ordinario de la vivienda.

Precisiones Procede el cómputo de la vivienda cedida al empleado de fincas urbanas como **salario en especie**, ya que desde el mismo momento de inicio de su relación laboral se le atribuyó el uso gratuito de la ubicada en el mismo inmueble donde radicaban los apartamentos cuyo arrendamiento constituía el objeto de explotación de la empleadora, y en el que prestaba servicios como portero, con los servicios accesorios de mobiliario, luz y calefacción, con independencia del hecho de que tuviera o debiera ser su vivienda habitual, o que el trabajador acabara o no viviendo en la misma (TSJ Granada 11-10-11, EDJ 289001).

Suministros gratuitos de agua y luz Los porteros, en el mismo concepto de complemento en especie, disfrutarán en sus viviendas de los suministros gratuitos de agua y luz, dentro de los **límites de kilowatios y litros de agua** que se determinen en cada convenio colectivo. El **exceso** respecto de estos límites correrá por cuenta del portero que los exceda. En este apartado no pueden incluirse ni el agua ni la luz que son utilizados para iluminar **zonas de paso común** y para efectuar la limpieza de los mismos, por lo que deberán existir **contadores separados**. También tienen derecho a percibir, por la utilización de **teléfono propio**, en interés de la comunidad, la cantidad que para estos supuestos se prevea en el convenio colectivo aplicable. 5878

c. Retribuciones extrasalariales

Además de las retribuciones salariales (nº 5860 s.), el empleado de fincas urbanas tiene derecho a percibir determinadas retribuciones extrasalariales prevista en los **convenios colectivos**. En concreto, no tienen la consideración de salario las cantidades que recibe el empleado en concepto de **indemnizaciones** o **suplidos** por los gastos realizados como consecuencia de la actividad laboral que desarrolla. 5885

Gastos de locomoción y dietas de viaje Si el **convenio colectivo** lo prevé, el empleado de fincas urbanas puede percibir ciertas cantidades en concepto de gastos de locomoción y dietas de viaje. 5894
Estas cantidades no estarán incluidas en la **base de cotización**, siempre y cuando comprendan las asignaciones para gastos de locomoción del empleado de fincas urbanas que se desplace fuera de su centro habitual para realizar su trabajo en un lugar distinto, siempre y cuando utilice medios de transporte público y el importe de dichos gastos esté justificado mediante factura o documento equivalente (RDLeg 8/2015 art.147.2.a).
También estarán **excluidas** de la base de cotización las asignaciones para gastos de locomoción del empleado de fincas urbanas que se desplace fuera de su centro habitual para realizar su trabajo en un lugar distinto, no recogidos en el apartado anterior, así como para gastos normales de manutención y estancia que se generen en un municipio distinto del lugar del trabajo habitual del empleado y del que constituya su residencia, en la cuantía y con el alcance que determine la normativa estatal reguladora del Impuesto sobre la Renta de las Personas Físicas (RDLeg 8/2015 art.147.2.b).

Precisiones Se declara que la facultad que reconoce el convenio de **sustituir el abono de la dieta** al trabajador por el pago directo del importe de la comida por la empresa, no puede suponer una reducción de la cuantía de la dieta, al tratarse de un gasto mínimo e indisponible (TSJ Andalucía 12-2-15, EDJ 42718).

5896 **Indemnizaciones compensatorias** Tampoco tendrán carácter salarial las indemnizaciones por **fallecimiento** y las relativas a **traslados, suspensiones y despidos** del empleado de fincas urbanas.
Estas cantidades estarán **exentas de cotización** hasta la cuantía máxima prevista en norma sectorial o convenio colectivo aplicable.
Las indemnizaciones por **despido** o **cese** del empleado de finas urbanas estarán exentas en la cuantía establecida en el ET, en su normativa de desarrollo o, en la normativa reguladora de la ejecución de sentencias, sin que pueda tener esta consideración la establecida en virtud de convenio, pacto o contrato.
Cuando se extinga el contrato de trabajo con anterioridad al **acto de conciliación**, estarán exentas las indemnizaciones por despido que no excedan de la que hubiera correspondido en el caso de que este hubiera sido declarado improcedente, y no se trate de extinciones de mutuo acuerdo en el marco de planes o sistemas colectivos de bajas incentivadas.
En el supuesto de tratarse de un despido o cese debido a **causas económicas, técnicas, organizativas, de producción o fuerza mayor** (ET art.52.c), quedará exenta la parte de indemnización percibida que no supere los límites establecidos con carácter obligatorio en el ET para el despido improcedente (RDLeg 8/2015 art.147.2.c).
El **incumplimiento de las obligaciones** en materia de salarios por parte de la comunidad de propietarios, podrá dar lugar al inicio de un procedimiento administrativo sancionador contra la misma.
Son constitutivas de **infracción administrativa grave**:
1.- No consignar en el **recibo de salarios** las cantidades realmente abonadas al trabajador (RDLeg 5/2000 art.7.3).
2.- El incumplimiento de las obligaciones establecidas en materia de **tramitación de los recibos de finiquito** (RDLeg 5/2000 art.7.4).
El **importe de la propuesta de sanción** es el expuesto en el nº 5740.
Por su parte, en el supuesto de que la comunidad de propietarios incurra en **impago** o en **retrasos reiterados** en el pago del salario debido al empleado de fincas urbanas, podrá ser sujeto de un procedimiento administrativo sancionador a propuesta de la inspección de trabajo, siendo este hecho susceptible de infracción administrativa muy grave (RDLeg 5/2000 art.8.1). En este caso, el **importe de la propuesta de sanción** oscilará entre un mínimo de 7501 euros y un máximo de 225.018 euros, atendiendo a la posible aplicación de las **circunstancias agravantes** ya señaladas en el nº 5740.

H. Modificaciones sustanciales de condiciones de trabajo

(ET art.41)

5897 La comunidad de propietarios puede acordar modificaciones sustanciales de las condiciones de trabajo cuando existan probadas **razones económicas, técnicas, organizativas o de producción**, entendiendo por tales las que estén relacionadas con la competitividad, productividad u organización técnica o del trabajo en dicha comunidad.
Se consideran modificaciones sustanciales de las condiciones de trabajo las que afectan, entre otras, a las siguientes **materias**:
• Jornada de trabajo.
• Horario y distribución del tiempo de trabajo.
• Régimen de trabajo a turnos.
• Sistema de remuneración y cuantía salarial.
• Sistema de trabajo y rendimiento.
• Funciones, cuando excedan de los límites de la movilidad funcional (ET art.39: nº 5965).
Las modificaciones sustanciales de las condiciones de trabajo pueden afectar a las condiciones reconocidas al empleado de fincas urbanas en el **contrato de trabajo** o a las reconocidas en **acuerdos o pactos colectivos** o a las disfrutadas por este en virtud de una decisión unilateral de la comunidad de propietarios de efectos colectivos.

5898 La inmensa mayoría de modificaciones sustanciales que se pueden realizar en las comunidades de propietarios tienen la consideración de **modificaciones de carácter individual**, que son aquellas que, en el período de 90 días, afectan a un número de trabajadores determinado, en función del total de empleados.
La decisión de modificación sustancial de condiciones de trabajo de carácter individual debe ser **notificada por la comunidad de propietarios** al empleado de fincas urbanas afectado y a sus representantes legales (si los hubiera, aunque lo más generalizado en el sector es que no sea así) con una antelación mínima de 15 días a la fecha de su efectividad.

Si la modificación sustancial afecta a la jornada de trabajo, o al horario y distribución del tiempo de trabajo o al régimen de trabajo a turnos o al sistema de remuneración y cuantía salarial o a las funciones, en caso de que el empleado de fincas urbanas se considere perjudicado por la modificación sustancial, tiene **derecho a rescindir su contrato** y percibir una indemnización de 20 días de salario por año de servicio, prorrateándose por meses los periodos inferiores a un año y con un máximo de 9 meses.
Por el contrario, si el empleado de fincas urbanas no hubiera optado por la rescisión de su contrato y no estuviera conforme con la decisión de la comunidad de propietarios, puede **impugnarla ante la jurisdicción social**. Todo ello sin perjuicio de la ejecutividad de la modificación en el plazo de efectividad de la medida adoptada por la comunidad. La sentencia declarará justificada o injustificada dicha modificación y, en este último caso, reconocerá el derecho del empleado de fincas urbanas a ser repuesto en sus anteriores condiciones.
La **modificación** de las condiciones sustanciales de trabajo **impuesta unilateralmente** por la comunidad de propietarios, será constitutiva de una infracción administrativa grave (RDLeg 5/2000 art.7.6).
El **importe de la sanción** será el mismo que el señalado respecto de las infracciones en materia de contratación (nº 5740).

Precisiones 1) Es difícil que las modificaciones sustanciales realizadas por la comunidad de propietarios tengan la **consideración de colectivas**, ya que para ello deberían afectar, en un período de 90 días, al menos, a: **5900**
- 10 empleados, en comunidades de propietarios que ocupen a menos de cien empleados;
- el 10% del número de empleados, en las comunidades que ocupen entre 100 y 300 empleados;
- 30 trabajadores, en las comunidades que ocupen más de 300 empleados de fincas urbanas.

2) La modificación de las condiciones de trabajo establecidas en los convenios colectivos regulados en el Título III del Estatuto de los Trabajadores deberá realizarse según lo establecido en el ET art.82.3.
3) Se desestima el recurso de suplicación de un portero de finca urbana contra la sentencia que rechazó su demanda sobre **modificación sustancial de las condiciones de trabajo** consistentes en la supresión de complemento de cuidado de jardín. Se declara que conforme al convenio colectivo aplicable, las funciones del conserje-portero, son entre otras, la limpieza de las dependencias de acceso a elementos comunes y otros trabajos especiales que puedan encargársele, entre ellos, la controvertida limpieza del jardín, no formando parte esta de las funciones principales de la categoría, que se mantiene y, estando justificada la medida adoptada por la **externalización del servicio**, dentro del *ius variandi* ordinaria del empleador, sin que en ningún caso este hecho conlleve una modificación sustancial (TSJ Burgos 13-5-10, EDJ 114047).

I. Suplencias

Es habitual establecer en las normas convencionales que, durante los días en los que el empleado de fincas urbanas disfrute de sus vacaciones, licencias, permisos, festivos, descanso semanal, etc., la propiedad puede designar un suplente que debe ser una **persona mayor de 18 años**. Esta designación puede recaer sobre una persona propuesta por el portero. **5905**
La propiedad también puede optar por **prescindir del servicio de portería** durante los períodos de descanso del empleado de fincas urbanas.
En el supuesto de que el empleador haya optado por designar un suplente, debe formalizar con él un **contrato de sustitución por escrito**, siendo a cargo de la propiedad el pago del salario y de la Seguridad Social del empleado suplente.

J. Empresas de trabajo temporal

(L 14/1994 art.1; RD 4/1995)

Las comunidades de propietarios pueden recurrir a las empresas de trabajo temporal cuando precisen los **servicios** de un empleado de fincas urbanas (conserje, portero, jardinero, limpiador, vigilante de garaje o controlador) **con carácter temporal**. **5910**
Las empresas de trabajo temporal (en adelante, ETT) son aquellas cuya actividad consiste en poner **a disposición de las empresas usuarias** (en este caso la comunidad de propietarios), con carácter temporal, a **trabajadores contratados** por dicha ETT.
Las ETT pueden actuar también como **agencias de colocación**, siempre y cuando presenten una declaración responsable mediante la cual se manifieste que cumple con los requisitos establecidos en la L 56/2003, de empleo, y su normativa de desarrollo.
La ETT y la comunidad de propietarios, en calidad de empresa usuaria, deben suscribir un **contrato de puesta a disposición** que tiene por objeto la cesión del empleado de fincas urbanas a dicha comunidad, a cuyo poder de dirección queda sometido aquel.

A su vez, el contrato de trabajo celebrado entre la ETT y el empleado de fincas urbanas podrá concertarse por **tiempo indefinido** o por **duración determinada**, coincidente con la del contrato de puesta a disposición (L 14/1994 art.10.1). Estos contratos se deben formalizar por escrito, atendiendo a lo establecido para cada modalidad contractual. Además, la ETT debe comunicar su contenido a la oficina de empleo, en el plazo de los 10 días siguientes a su celebración, en los términos que se determinen reglamentariamente.

Las ETT podrán celebrar contratos de **trabajo en prácticas** y contratos **para la formación y el aprendizaje** con los empleados de fincas urbanas para ser puestos a disposición de las comunidades de propietarios de acuerdo con lo previsto en la normativa reguladora de dichos contratos (L 14/1994 art.10.2).

5912 **Supuestos en los que la comunidad puede recurrir a una ETT** Pueden celebrarse contratos de puesta a disposición entre una empresa de trabajo temporal y una comunidad de propietarios en los mismos supuestos en que la empresa usuaria podría celebrar un **contrato de duración determinada** (ET art.15).

También se podrán celebrar contratos de puesta a disposición entre una comunidad de propietarios (usuaria) y una ETT en los mismos supuestos en que la comunidad podría celebrar un **contrato formativo** (ET art.11).

5914 **Deber de información** Con **carácter previo** a la celebración del contrato, la comunidad de propietarios debe informar a la ETT sobre los aspectos siguientes:

a) Las características propias del trabajo y las tareas a desarrollar.

b) Los riesgos profesionales. Solo es posible suscribir un contrato de puesta a disposición para cubrir un puesto de trabajo respecto del que se ha realizado previamente la preceptiva evaluación de riesgos laborales.

c) Las aptitudes, las capacidades y las cualificaciones profesionales requeridas.

5916 **Contenido mínimo del contrato de puesta a disposición** Este contrato de puesta a disposición se debe formalizar **por escrito** y **por duplicado**, con el siguiente contenido mínimo:

a) Datos identificativos de la ETT, con su número de autorización, vigencia temporal, NIF y código de cuenta de cotización a la Seguridad Social.

b) Datos identificativos de la comunidad de propietarios, incluido su código de cuenta de cotización a la Seguridad Social.

c) Expresión concreta de la causa que lo justifica.

d) Contenido de la prestación laboral y cualificación requerida.

e) Riesgos profesionales del puesto de trabajo a cubrir.

f) Duración estimada del contrato de puesta a disposición.

g) Lugar y horario de trabajo.

h) Precio convenido.

La ETT debe suministrar a la comunidad de propietarios una **copia del contrato de trabajo** o de la **orden de servicio**, así como la documentación que acredite haber cumplido las obligaciones salariales y de Seguridad Social con el empleado de fincas urbanas.

5918 **Duración del contrato** El contrato de puesta a disposición tiene la duración prevista para la **modalidad del contrato de trabajo suscrito** con el empleado de fincas urbanas.

Si a la **finalización** de este último, el empleado continúa prestando servicios para la comunidad de propietarios, se le considerará vinculado a la misma por un contrato indefinido.

Es **nula** la cláusula del contrato de puesta a disposición que prohíba la contratación del empleado por la comunidad de propietarios a la finalización del contrato de puesta a disposición.

En cuanto a la duración del contrato de trabajo celebrado entre la ETT y el empleado de fincas urbanas, se podrá concertar **por tiempo indefinido** o **por duración determinada** que coincida con la del contrato de puesta a disposición.

5920 **Contrato indefinido con la ETT** En caso de que el empleado de fincas urbanas tenga contrato indefinido con la ETT, se le debe entregar, cada vez que preste servicios en una comunidad de propietarios, la **orden de servicio** en la que se indicará:

- identificación de la comunidad en la que ha de prestar servicios;
- causa del contrato de puesta a disposición;
- contenido de la prestación laboral;
- riesgos profesionales del puesto de trabajo a desempeñar;
- lugar y horario de trabajo.

Derechos del empleado El empleado de fincas urbanas contratado por la ETT para ser cedido a la comunidad de propietarios tiene los siguientes derechos: 5922

1. Debe disfrutar de las **condiciones esenciales de trabajo** y de **empleo** que le corresponderían de haber sido contratado directamente por la comunidad de propietarios, incluidas la remuneración, la jornada, las horas extraordinarias, los períodos de descanso, el trabajo nocturno, las vacaciones y los días festivos.

La **remuneración** del empleado de fincas urbanas incluirá todas las retribuciones económicas, tanto fijas como variables, establecidas en el convenio colectivo aplicable para el puesto de trabajo a desempeñar. En su cálculo se incluirá la parte proporcional correspondiente al descanso semanal, las pagas extraordinarias, los festivos y las vacaciones.

Para garantizar el cumplimiento de todos estos extremos, la comunidad de propietarios es la **responsable de cuantificar las percepciones finales** del empleado de fincas urbanas y de consignar las retribuciones en el contrato de puesta a disposición de dicho empleado.

2. Cuando el contrato se haya concertado por tiempo determinado, recibirá de la ETT una **indemnización económica a la finalización del contrato** de puesta a disposición equivalente a la parte proporcional de la cantidad que resultaría de abonar 12 días de salario por cada año de servicio.

3. Tiene derecho al mismo nivel de **protección en materia de seguridad y salud** que los demás trabajadores de la comunidad de propietarios en la que presta servicios.

Es nula toda cláusula del contrato de trabajo que obligue al trabajador a pagar a la ETT cualquier cantidad a título de **gasto de selección, formación o contratación**.

Obligaciones de la ETT La ETT tiene que cumplir una serie de obligaciones con los empleados de fincas urbanas que son cedidos a las comunidades de propietarios: 5924

a) Debe cumplir con las obligaciones **salariales y de la Seguridad Social**.

b) Debe asegurarse de que el empleado de fincas urbanas, antes de su puesta a disposición a la comunidad de propietarios, posee la **formación teórica y práctica** necesaria para el puesto de trabajo en materia de prevención de riesgos laborales, teniendo en cuenta su cualificación, experiencia profesional y los riesgos a los que vaya a estar expuesto.

c) Los empleados de fincas urbanas puestos a disposición de la comunidad de propietarios, tienen derecho a la **vigilancia periódica de su salud** a cargo de la ETT, atendiendo a las características del puesto de trabajo que van a desempeñar, los resultados de la **evaluación de riesgos** realizada por la comunidad así como a la **información complementaria** que sea requerida por el médico responsable.

De este modo, la ETT debe acreditar documentalmente a la comunidad de propietarios que el empleado de fincas urbanas que pone a su disposición posee la **formación específica** necesaria y tiene un **estado de salud** compatible con el puesto de trabajo a desempeñar.

Una vez se han cumplido con todas las obligaciones expuestas, el empleado de fincas urbanas es cedido por la ETT a la comunidad de propietarios.

Con carácter previo al inicio de la prestación de servicios, la comunidad de propietarios, en calidad de empresa usuaria, debe informar al trabajador sobre los riesgos derivados de su puesto de trabajo, así como de las **medidas de protección y prevención** aplicables.

A partir de ese momento, el empleado queda sometido a las **facultades de dirección y control** que serán ejercidas por dicha comunidad durante el tiempo de prestación de servicios en su ámbito.

Si la comunidad de propietarios considera que el empleado de fincas urbanas ha incurrido en un **incumplimiento contractual**, lo pondrá inmediatamente en conocimiento de la ETT para que esta empresa ejerza su facultad disciplinaria e inicie, de ser necesario, el correspondiente procedimiento disciplinario contra el empleado.

La comunidad de propietarios debe garantizar al empleado de fincas urbanas unas adecuadas **condiciones de ejecución del contrato** de trabajo en todo lo relacionado con la protección de su seguridad y salud.

Cuestiones salariales y de la Seguridad Social (L 14/1994 art.12 y 16) En materia salarial y de la seguridad social, la ETT es la obligada a cumplir con dichas obligaciones respecto del empleado de fincas urbanas. Sin embargo, la comunidad de propietarios responde **subsidiariamente** en caso de impago de la ETT, tanto de las obligaciones salariales y de la seguridad social como del pago de la indemnización económica derivada de la extinción del contrato de trabajo del empleado de fincas urbanas. Esta **responsabilidad** será **solidaria** si el contrato de trabajo con el empleado se hubiera realizado incumpliendo lo establecido en la L 14/1994 art.6 y 8, relativos a los supuestos de **utilización de estos contratos** y las **exclusiones de su uso**, respectivamente. 5930

La comunidad de propietarios será la responsable del **recargo de prestaciones** en materia de seguridad social, en caso de que el empleado de fincas urbanas haya sufrido un accidente de trabajo o una enfermedad profesional en el edificio durante la vigencia del contrato de puesta a disposición y tenga su causa en una falta de medidas en materia de prevención de riesgos laborales (L 14/1994 art.16; RDLeg 8/2015 art.164).

5932 **Infracciones** (RDLeg 5/2000 art.19) Las infracciones en las que puede incurrir la comunidad de propietarios si incumple con las obligaciones que se han enunciado en este apartado son las siguientes:

5934 **Leves** Se enumeran las siguientes:

a) No **cumplimentar el contrato** de puesta a disposición firmado con la ETT en los términos previstos por la normativa aplicable.

b) No facilitar los datos relativos a la **retribución total** establecida en el convenio colectivo aplicable para el puesto de trabajo de que se trate a efectos de su consignación en el contrato de puesta a disposición.

Las infracciones leves pueden ser **sancionadas**, a propuesta de la inspección de trabajo, con una multa que podrá oscilar entre un mínimo de 70 euros y un máximo de 750 euros.

5936 **Graves** Tienen tal consideración:

a) **No** facilitar **por escrito** el contrato de puesta a disposición celebrado con la ETT.

b) Formalizar contratos de puesta a disposición para **supuestos distintos de los previstos** en L 14/1994 art.6.2. En estos supuestos, se considerará una infracción por cada persona trabajadora afectada.

c) Las **acciones u omisiones** que impidan al empleado de fincas urbanas que le ha sido cedido por una ETT, la realización de los derechos que le corresponden.

d) Formalizar contratos de puesta a disposición con una ETT para cubrir un puesto de trabajo que en los 12 meses anteriores ha sido amortizado por **despido improcedente, colectivo o por causas objetivas** o para la cobertura de puestos que en los 18 meses anteriores hubieran estado ya cubiertos por más de 12 meses de forma continua o discontinua por empleados puestos a disposición por ETT. En este supuesto se cometería una infracción por cada empleado de fincas urbanas afectado.

e) Permitir que el empleado de fincas urbanas inicie su prestación de servicios sin tener constancia documental de que ha recibido **información documental** de los **riesgos y medidas preventivas**, que posee la formación específica necesaria y tiene un estado de salud compatible con el puesto de trabajo a desempeñar.

f) Permitir el inicio de la prestación de servicios de los trabajadores puestos a disposición sin tener constancia documental de que han recibido las informaciones relativas a los **riesgos y medidas preventivas**, poseen la formación específica necesaria y cuentan con un estado de salud compatible con el puesto de trabajo a desempeñar.

g) Formalizar contratos de puesta a disposición para la cobertura de puestos de trabajo respecto de los que no se haya realizado previamente la preceptiva **evaluación de riesgos**.

En estos casos, la comunidad de propietarios podrá ser sancionada con **multas** por un importe que podrá oscilar entre un mínimo de 751 euros y un máximo de 7.500 euros.

5938 **Muy graves** Se enumeran las siguientes:

a) Los **actos** de la comunidad de propietarios **lesivos del derecho de huelga**, consistentes en la sustitución de empleados de fincas urbanas en huelga por otros puestos a disposición por una ETT.

b) Formalizar contratos de puesta a disposición para realizar actividades y trabajos que por su **especial peligrosidad para la seguridad o salud** se determinen reglamentariamente, incurriendo en una infracción por cada empleado afectado por esta situación.

La comunidad de propietarios puede ser sancionada con una **multa** por importe mínimo de 7.501 euros y máximo de 225.018 euros.

K. Bajas por incapacidad temporal

5940 En los convenios colectivos se establece de forma habitual que, en caso de que el empleado se encuentre en situación de **baja médica** por incapacidad temporal derivada de **accidente de trabajo**, la propiedad complementará las prestaciones de la Seguridad Social hasta alcanzar el 100% de las percepciones salariales que hubiera percibido el empleado en régimen de jornada habitual, desde el primer día de la baja hasta un máximo de 3 meses.

5942 **Accidente de trabajo** (RDLeg 8/2015 art.156) Se entiende por accidente de trabajo toda **lesión corporal** que el empleado sufra con ocasión o por **consecuencia de su trabajo** en la finca para la que presta servicios.

Asimismo, también se considera accidente de trabajo:
a) Los que sufra el empleado al **ir o volver del lugar de trabajo** (conocidos como accidentes de trabajo *in itinere*).
b) Los que sufra el empleado por la ejecución de tareas que, aun siendo distintas de las de su categoría profesional, ejecute el trabajador por orden de la propiedad o espontáneamente **en interés del buen funcionamiento de la finca**.
c) Las **enfermedades** que contraiga el empleado por la realización de su trabajo, siempre que pruebe que la enfermedad tuvo su causa exclusiva en la ejecución del mismo.
d) Las enfermedades o defectos **padecidos con anterioridad** por el empleado que se agraven como consecuencia de la lesión constitutiva del accidente.
e) Las consecuencias del accidente que resulten modificadas en su naturaleza, duración, gravedad o terminación por **enfermedades intercurrentes**, que sean complicaciones derivadas del proceso patológico determinado por el accidente mismo o tengan su origen en afecciones adquiridas en el nuevo medio en que se haya situado al paciente para su curación.
Salvo prueba en contrario, se presume que son **constitutivas de accidente de trabajo** todas las lesiones que sufra el trabajador durante el tiempo y lugar de trabajo, salvo las que sean debidas a **dolo o imprudencia temeraria del empleado** accidentado o las que sean debidas a **fuerza mayor** extraña al trabajo.
No impiden la calificación de un accidente como de trabajo:
• La **imprudencia profesional** que sea consecuencia del ejercicio habitual de un trabajo y se derive de la confianza que este inspira.
• La concurrencia de **culpabilidad civil o criminal** del empresario, o de un compañero de trabajo del accidentado o de un tercero, salvo que no guarde relación alguna con el trabajo.

Precisiones **1)** Los **elementos integrantes** del concepto de accidente de trabajo, son (TSJ Madrid 12-7-19, EDJ 675892): **5943**
• **Lesión corporal**. El accidente es un daño físico o psíquico, sufrido por el cuerpo del accidentado. Por eso, pese a que el término lesión sugiere la idea de traumatismo, acción o irrupción súbita y violenta de un agente exterior, como, por ejemplo, la herida producida por un golpe, quemadura, corte o caída, también es accidente la lesión psicosomática y la enfermedad producida por el deterioro lento y progresivo.
• **Trabajo por cuenta ajena**, aunque en la actualidad ha quedado superado el concepto primigenio legal, extendiéndose la protección por accidente laboral a los trabajadores por cuenta propia.
• **Conexión** de la lesión con el trabajo. Para que el accidente sea laboral no es necesario que este se produzca exclusivamente en el centro de trabajo. Basta con que el nexo casual, concurra sin precisar su significación, mayor o menor, próxima o remota, concausal o coadyuvante, debiendo otorgarse dicha calificación cuando no aparezca acreditada la ruptura de la relación de causalidad entre actividad profesional y padecimiento, excepto cuando resalten hechos que rompan con total evidencia aquella relación.
2) Se reconoce a un empleado de fincas urbanas una indemnización a tanto alzado, a consecuencia de **lesiones permanentes no invalidantes** derivadas de accidente de trabajo y encuadrables en el baremo 71, por rigideces articulares así como otra indemnización a tanto alzado, a consecuencia de lesiones permanentes no invalidantes derivadas de accidente laboral y encuadrables en el baremo 110, por cicatrices (TSJ Cantabria 19-5-10, EDJ 210632).
3) Ante el accidente de trabajo del conserje que le produjo una **fractura distal del radio derecho**, padeciendo una limitación en la muñeca derecha menor del 50%, se declara que, con esta limitación, puede realizar las actividades propias de su categoría profesional, al no constar que haya sufrido una disminución del 33% de su rendimiento (TSJ Cataluña 6-10-15, EDJ 213696).

Enfermedad común o maternidad (RDLeg 8/2015 art.157) El mismo complemento de prestaciones de la Seguridad Social se aplicará a los empleados cuya baja por incapacidad temporal sea derivada de enfermedad común o maternidad siempre y cuando requieran **hospitalización** y/o **intervención quirúrgica**, recibiendo el citado complemento por el tiempo en que se prolongue tal situación de hospitalización, con el límite de 3 meses. **5945**
Se considera **enfermedad profesional** la contraída a consecuencia del trabajo ejecutado por cuenta ajena en las actividades que se especifiquen en el cuadro que se apruebe por las disposiciones de aplicación y desarrollo de la Ley general de Seguridad Social, y que esté provocada por la acción de los elementos o sustancias que en dicho cuadro se indiquen para cada enfermedad profesional.

Abono en otros supuestos de incapacidad temporal En los demás supuestos de incapacidad temporal, algunos convenios colectivos prevén el abono de acuerdo con los siguientes **porcentajes**: **5948**
• Del día 1 al día 3 y por una sola vez al año: el 50% de la base de cotización por contingencias generales a la Seguridad Social.

• Del día 4 al 20, el 80% de la base de cotización por contingencias generales a la Seguridad Social.
• Del día 21 al 60 el 100% de la base de cotización por contingencias generales a la Seguridad Social.
• Del día 61 en adelante, se estará a lo dispuesto en la normativa general de la Seguridad Social.

El portero de fincas urbanas con y sin plena dedicación, disfrutará de la **vivienda**, en tanto dure la situación de **incapacidad derivada de enfermedad común o accidente de trabajo**. Si el empleado agota el período máximo de incapacidad temporal y es declarado en situación de **invalidez permanente**, causará baja para la propiedad y a partir de esta fecha dispondrá de 30 días naturales para dejar la vivienda libre y expedita, a disposición de la propiedad.

5949 **Recargo de prestaciones** (RDLeg 8/2015 art.164) Este recargo de prestaciones corre a cargo de la comunidad de propietarios en calidad de empresario y oscilará entre un 30 y un 50% del importe de la prestación en función de la **gravedad de la falta cometida** por la comunidad de propietarios y no a la gravedad del daño sufrido por el empleado de fincas urbanas.

Se reconoce el **recargo al empleado de fincas urbanas** cuando el accidente de trabajo o la enfermedad profesional se ha producido en máquinas, artefactos, instalaciones, centros o lugares de trabajo que carezcan de los dispositivos de precaución reglamentarios, los tenga inutilizados o en malas condiciones, o no se hayan respetado las medidas generales o particulares de salud laboral en el trabajo o las elementales de salubridad, o las de adecuación personal a cada trabajo, en función de las características, edad, sexo, y demás condiciones de cada trabajador.

Por tanto, se exige una **relación de causalidad** entre la infracción cometida por la comunidad de propietarios y el daño sufrido por el empleado de fincas urbanas. De este modo, no responderá del pago del recargo la comunidad de propietarios que cumpla diligentemente con sus obligaciones en materia de prevención de riesgos laborales.

Si la causa del accidente de trabajo o de la enfermedad profesional fuera la **imprudencia temeraria** del empleado de fincas urbanas, no se reconocerá el derecho a percibir el recargo de prestaciones.

Asimismo, en caso de que se aprecie **concurrencia de culpas**, es decir cuando confluyen la imprudencia del empleado de fincas urbanas y el incumplimiento de la comunidad de propietarios, se apreciará el recargo mínimo (30%).

5950 Precisiones **1)** Se revoca a una comunidad de propietarios la condena al abono de un recargo del 50% en las prestaciones de Seguridad Social derivadas del accidente de trabajo sufrido por un empleado de fincas urbanas, ya que, aun cuando la comunidad de propietarios no realizó la **evaluación de riesgos**, falta el necesario **nexo causal** entre el resultado lesivo y la infracción cometida. Se declara que el accidente se produjo por un **caso fortuito** no imputable a la comunidad. El hecho de que exista responsabilidad administrativa no implica que la haya también en materia prestacional (TSJ C.Valenciana 10-5-12, EDJ 158676).

2) No se reconoce recargo de prestaciones de Seguridad Social derivada de accidente laboral a favor de un empleado de fincas urbanas que, sin que mediara ninguna orden de la comunidad de propietarios o de alguno de sus vecinos, desarrolló en relación al ascensor una actividad que excedió de las que la normativa le otorga en su condición de persona encargada del servicio ordinario del aparato elevador, que se limita principalmente a observar su correcto funcionamiento, avisar a la empresa de mantenimiento en caso de avería y rescatar a personas que pudieran haber quedado encerradas en la cabina. En este caso, el **trabajador actuó por propia iniciativa** y de **forma temeraria**, por un posible exceso de celo profesional, buscando solución a una avería cuya ejecución no le correspondía e incumpliendo su obligación de avisar a la empresa conservadora (TSJ País Vasco 3-11-09, EDJ 373599).

5951 La posibilidad de que el empleado de fincas urbanas pueda **reclamar el pago** del recargo de prestaciones prescribe a los 5 años desde la última prestación que haya sido reconocida al mismo.

Su percepción es **compatible** con la responsabilidad civil, penal y administrativa de la comunidad de propietarios por imprudencia temeraria en la omisión de medidas de prevención de riesgos laborales y de la indemnización por daños morales.

La **responsabilidad del pago** del recargo recae directamente sobre la comunidad de propietarios que haya infringido la normativa de prevención de riesgos laborales respecto de su empleado de fincas urbanas, sin que se admita ningún tipo de **seguro** al respecto, y siendo nulo de pleno derecho cualquier **pacto** que se realice para cubrirla, compensarla o transmitirla.

La competencia para decidir la procedencia y el porcentaje del recargo de prestaciones es de las direcciones provinciales del Instituto Nacional de la Seguridad Social, en base a un **procedimiento administrativo** que se insta por la Inspección de Trabajo, a través de un **informe**

propuesto en el que el inspector señala los hechos constatados, las disposiciones infringidas y las causas que motivan el recargo en el porcentaje que se especifique en dicho informe.
Contra la resolución de estas direcciones provinciales del INSS se podrá interponer **recurso** ante la jurisdicción social.
El importe declarado en las resoluciones firmes en vía administrativa de imposición de recargos sobre las **prestaciones debidas a contingencias profesionales** por falta de medidas de seguridad y salud en el trabajo son recaudadas por la Tesorería General de la Seguridad Social. Todo ello, sin perjuicio de las **devoluciones** que puedan corresponder si se reducen o anulan en vía judicial los derechos reconocidos en estas resoluciones administrativas.
El **plazo de ingreso** de estos recargos se inicia al día siguiente de la notificación correspondiente y finaliza el último día hábil del mes siguiente al de su notificación.

L. Uniforme

La comunidad de propietarios debe decidir si uniforma o no al empleado de fincas urbanas. En caso afirmativo, el **coste** de dicho uniforme es a cargo de la comunidad. **5952**
Es frecuente que las normas convencionales establezcan las **características y composición** de dicho uniforme, distinguiendo un uniforme de verano y otro de invierno.

M. Obligaciones de los empleados de fincas urbanas

Las obligaciones de los empleados de fincas urbanas pueden deducirse de lo que establecen los convenios colectivos al respecto. Así, en general, se establece la obligación genérica del desempeño de las funciones propias de su cargo con **celo** y **fidelidad**. **5955**
Las **instrucciones vinculadas con el edificio** serán dadas por el propietario del inmueble o sus representantes legales, presidente de la comunidad o cooperativa o administrador de fincas.
Las obligaciones que les corresponden son las siguientes:
1. Limpieza, conservación y **cuidado** del portal, portería, pasillos, patios, sótanos, dependencias de uso común, escaleras (incluidas las de incendio) una vez por semana o en casos de emergencia, excepto la entrada o vestíbulo que será diaria, así como los de los aparatos eléctricos o de otros destinos que en ella se encuentren instalados, sin que se les exijan las actuaciones propias del personal especializado en el tipo de aparato o elemento que requiera atención.
Cuando existan **locales comerciales en los bajos** de la finca, no será obligación del empleado su limpieza, ni tampoco la que se derive del paso de animales domésticos por los elementos comunes de la misma.
Los **trabajos de limpieza** se realizarán preferentemente en las primeras horas del día.
2. Debe **vigilar** las dependencias de la finca y de las personas que entran en el inmueble.
3. Cuidará de las **viviendas desalquiladas** y acompañará a las personas que deseen verlas, previa autorización por escrito del propietario, presidente de la comunidad o representante de la propiedad.
4. Atenderá amablemente a las personas que soliciten **noticias** de los ocupantes de las viviendas y otras dependencias de la finca.

5. Procederá a la **apertura y cierre del portal** con puntualidad y al encendido y apagado de las luces de los elementos comunes. Se hará cargo de la **correspondencia** o **avisos urgentes** que reciba para los ocupantes del inmueble y para la propiedad o administración de la finca, haciéndolo llegar a manos del destinatario con la mayor diligencia y prontitud. La correspondencia ordinaria la introducirá en los buzones de correo que cada propietario o inquilino tenga asignado. En caso de que no existiesen buzones de correo deberá hacerla llegar a manos de los ocupantes del inmueble, propietarios o administradores o administración de la finca con la mayor diligencia y prontitud. **5958**
6. Debe comunicar a la propiedad cualquier **molestia** que los inquilinos puedan realizar para los demás, así como las situaciones de **subarrendamientos** u **ocupaciones clandestinas** y cualquier obra que se ejecute en las viviendas o locales de los que tenga conocimiento.
El empleado de fincas urbanas **no** deberá **retirar los escombros** procedentes de las obras mencionadas en el párrafo anterior.

7. Se ocupará de los servicios de **calefacción** y **agua caliente central**, de la **centralita telefónica**, de los **ascensores** y montacargas que existan en la finca, así como de los **motores** que se utilicen para los servicios comunes, siempre y cuando la propiedad no hubiera descentralizado con terceros cualquiera de estas actividades. **5960**

8. Pondrá en conocimiento inmediato de la propiedad o administración y de la casa conservadora todas las **averías** que observe en el funcionamiento de los aparatos utilizados en la finca, suspendiendo el servicio afectado cuando sea preciso, bajo su responsabilidad.
9. Se encargará de cuidar de los **cuartos de contadores y motores**, de las entradas de energías eléctricas, así como de la **conducción general de agua, bajantes y sumideros** receptores de aguas pluviales en terrazas, azoteas, patios, etc. Todo ello siempre que el acceso a dichas zonas sea por servicios comunales y que no entrañen peligrosidad.
10. En caso de **nevada**, actuará según lo establecido en las ordenanzas municipales de la localidad.

5962 11. Deberá trasladar los **cubos colectivos de basura** del inmueble hasta el lugar destinado por las ordenanzas municipales para su retirada por sus servicios. Será objeto de pacto individual o colectivo la recogida de cubos, bolsas o recipientes de cada piso. De hecho, la retribución pactada con cada vecino para trasladar las bolsas de basura de los pisos a los cubos colectivos no forma parte del salario que debe pagar la comunidad de propietarios (TSJ Madrid 19-1-99, Rec 5438/98).
Por motivos de higiene y salubridad no se depositarán basuras de ningún tipo en los rellanos de las escaleras, debiéndose determinar un lugar adecuado para dicho depósito.
12. El empleado de fincas urbanas solo deberá **recoger los certificados o documentos** que lleguen o nombre de los ocupantes de las viviendas cuando estos le hayan autorizado por escrito para ello.
13. Los trabajadores contratados específicamente como **personal de limpieza**, tendrán las obligaciones propias de su cargo que le sean encomendadas por la comunidad de propietarios o su representante legal, ya sea el presidente de la finca o el administrador.

5964 14. Los empleados contratados específicamente como **jardineros** por la comunidad de propietarios, tendrán como funciones específicas la limpieza, el riego, sembrado, poda y todos los trabajos que sean necesarios para garantizar el buen mantenimiento de los jardines de la finca.
15. Las obligaciones específicas del personal contratado como **vigilante de garaje** son, la vigilancia y limpieza del garaje así como de los elementos que lo integran, estando encargado de percibir los cobros de los recibos de alquiler o cuotas de la comunidad y de entregar con carácter inmediato los fondos recaudados del modo convenido con la comunidad de propietarios. Serán por cuenta de la propiedad los gastos de toda clase que dichos encargos puedan originar al vigilante de garaje.
16. Los trabajadores contratados en calidad de **controladores** por la comunidad de propietarios tendrán como obligaciones específicas, la supervisión de los elementos que tenga encomendados y el mantenimiento de la normalidad en la finca. Los controladores no realizarán las funciones correspondientes al personal de seguridad privada ni tampoco funciones complementarias a las demás categorías profesionales ya señaladas con anterioridad, salvo que se pacte expresamente la realización de dichas funciones con la comunidad de propietarios acompañado del porcentaje de incremento salarial que para cada caso está previsto en el convenio colectivo autonómico aplicable.
La comunidad de propietarios deberá proveer a los empleados de fincas urbanas de las **herramientas** y **útiles** que precise para la ejecución de los trabajos contratados.

5965 **Movilidad funcional** (ET art.39) Se permite la movilidad funcional, que se debe efectuar conforme a las **titulaciones académicas o profesionales** necesarias para ejercer la prestación laboral y con respeto a la dignidad del empleado de fincas urbanas.
En caso de que la movilidad funcional consista en la encomienda de **funciones no correspondientes al grupo profesional**, ya sean superiores o inferiores, es necesario que existan razones técnicas u organizativas que la justifiquen y solo podrán admitirse por el tiempo imprescindible para su atención.
El empleado de fincas urbanas tiene derecho a la **retribución** correspondiente a las funciones que efectivamente realice, salvo en los casos de encomienda de funciones inferiores, en los que mantendrá la retribución de origen.
La comunidad de propietarios no podrá invocar como causa de despido objetivo del empleado de fincas urbanas su **ineptitud sobrevenida** o su **falta de adaptación** en los casos de realización de funciones distintas de las habituales como consecuencia de la movilidad funcional.
El cambio de funciones distintas de las pactadas no incluido en los casos anteriormente señalados, requiere el acuerdo de las partes o, en su defecto, el sometimiento a las reglas previstas para las **modificaciones sustanciales de condiciones de trabajo** o a las que se hubieran establecido en los convenios colectivos con dicha finalidad.

N. Extinción del contrato de trabajo

(ET art.49 a 54; L 35/2010 art.1.5 y 1.7)

El contrato de trabajo celebrado entre la comunidad de propietarios y el empleado de fincas urbanas se extingue en los siguientes **supuestos**: 5970
- mutuo acuerdo entre las partes;
- por expiración del tiempo convenido para realizar la obra o servicio contratado (nº 5975);
- por fuerza mayor que imposibilite definitivamente la prestación del trabajo (nº 5980);
- por voluntad del trabajador (nº 5990);
- por muerte, gran invalidez o invalidez permanente total o absoluta;
- por jubilación del trabajador, debiendo mediar un preaviso por escrito de 30 días naturales;
- por causas objetivas (nº 5995);
- por despido disciplinario (nº 6020).

1. Expiración del tiempo convenido para realizar la obra o servicio contratado

Excepto en los casos de **contrato de duración determinada por causa de sustitución** y **formativos**, el empleado de fincas urbanas tiene derecho a recibir una **indemnización**, a la finalización del contrato, de cuantía equivalente a la parte proporcional de la cantidad que resultaría de abonar 12 días de salario por cada año de servicio, o el importe establecido en la normativa específica aplicable. 5975

Cuando las partes conciertan **contratos de duración determinada**, que tengan establecido un plazo máximo de duración, incluidos los contratos formativos, que se hubieran concertado por un tiempo inferior al máximo legalmente establecido al efecto, se entenderán **prorrogados tácitamente** hasta dicho plazo máximo cuando no medie denuncia o prórroga expresa y el empleado continúe prestando servicios en la finca. Asimismo, una vez finalizada esta duración máxima, se considerará prorrogado tácitamente el contrato por tiempo indefinido, salvo que se demuestre la naturaleza temporal de la prestación.

Si la **duración del contrato** de trabajo temporal es **superior a un año**, la parte del contrato que comunique la denuncia deberá notificar a la otra su terminación con una antelación mínima de 15 días.

Precisiones Acreditada la realidad de la obra para la que fue contratada la empleada de fincas urbanas y probada la finalización de la misma por fin de la contrata, no ha existido despido sino válida **extinción del contrato temporal** que vinculaba a las partes (TSJ Málaga 18-11-09, EDJ 429358).

2. Extinción por fuerza mayor

Se extingue el contrato por fuerza mayor que imposibilite definitivamente la prestación del trabajo. En este caso deben concurrir los dos **requisitos** siguientes: 5980

a) Debe existir un caso de fuerza mayor, entendiendo por tal, todo **acontecimiento de carácter extraordinario** que resulta imposible de prever o que siendo previsible es inevitable.

Algunos de estos supuestos son: incendio, inundación, terremoto, explosión, guerra, tumulto o sedición.

b) La existencia de un supuesto de fuerza mayor debe **imposibilitar definitivamente la prestación** básica del trabajador.

Procedimiento de expediente de regulación de empleo (ET art.51.7) Cuando concurren ambos requisitos, y para que pueda procederse a la extinción del contrato de trabajo del empleado de fincas urbanas, es **obligatorio** que la comunidad de propietarios siga el procedimiento previsto para los expedientes de regulación de empleo. 5982

Debe seguirse todo el trámite previsto para estos expedientes, aunque se trate de **un único empleado** de finca urbana afectado.

El expediente de regulación de empleo por fuerza mayor se inicia mediante **solicitud de la comunidad de propietarios** a la autoridad laboral, acompañada de los medios de prueba que considere necesarios. Simultáneamente se efectuará **comunicación** de este procedimiento a cada uno de los empleados de fincas urbanas afectados.

No se exige **periodo previo de consultas** entre la comunidad de propietarios y los empleados, sin perjuicio de que ambas partes puedan tener conversaciones sobre este procedimiento.

Recibida la solicitud, la autoridad laboral realizará las **actuaciones** y solicitará los **informes** que considere necesarios.

La autoridad laboral dictará **resolución** en el plazo de 5 días a contar desde la fecha de entrada de la solicitud. Dicha resolución tiene **efectos retroactivos**, ya que surte efectos desde la fecha del hecho causante de la fuerza mayor. La autoridad laboral que constate la fuerza mayor podrá acordar que todo o parte de la indemnización que corresponda a los empleados de fincas urbanas afectados por la extinción de sus contratos sea satisfecha por el **Fondo de Garantía Salarial**, sin perjuicio del derecho de este a resarcirse de la comunidad de propietarios.

5984 **Indemnización** En caso de que se produzca una extinción del contrato de trabajo por fuerza mayor, el empleado de fincas urbanas tendrá derecho a percibir:
- bien la **indemnización legal para el despido colectivo**, prevista en 20 días de salario por año de servicio prorrateándose por meses los períodos de tiempo inferiores a un año, con un máximo de doce mensualidades; o bien
- la **indemnización acordada** de ser esta superior.

3. Extinción del contrato por voluntad del trabajador

5990 La extinción del contrato por voluntad del trabajador puede consistir en una renuncia unilateral del propio trabajador o estar fundamentada en un incumplimiento contractual del empresario.

5991 **Renuncia del trabajador** (ET art.49.1.d) El empleado de fincas urbanas que desee cesar en su servicio debe **comunicar su decisión por escrito** al empleador. Los convenios colectivos imponen un plazo de preaviso de un mes en el caso de los **porteros** y de 15 días en el de los **conserjes**. En este supuesto ninguno de ellos podrá abandonar su puesto de trabajo hasta la finalización del plazo de preaviso.
Si el trabajador **incumple la obligación** de preavisar con la antelación debida, la comunidad de propietarios descontará de la liquidación cada día no preavisado.

5992 **Incumplimiento previo del empresario** (ET art.50) El empleado de fincas urbanas puede solicitar la extinción del contrato de trabajo en los siguientes **supuestos**:
a) Cuando la comunidad de propietarios ha realizado una **modificación sustancial** en las condiciones de trabajo del empleado sin respetar lo previsto en el ET art.41 y que redunden en menoscabo de la dignidad del trabajador.
b) En caso de **falta de pago o retrasos continuados** en el abono del salario pactado. Para que se pueda producir la extinción contractual por retraso en el abono de salarios, la jurisprudencia exige que se trate de un incumplimiento grave, continuado y persistente (TS 25-1-99, EDJ 354; 10-6-09, EDJ 151102). El requisito de la gravedad del comportamiento es lo que modela en cada caso la concurrencia del incumplimiento empresarial. De esta manera, concurre tal gravedad cuando el impago de los salarios no es un mero retraso esporádico, sino un comportamiento persistente (TS 25-1-99, EDJ 354; 26-6-08, EDJ 166842).
c) Cualquier otro **incumplimiento grave** de sus obligaciones por parte de la comunidad de propietarios, salvo los casos de fuerza mayor, así como la negativa de la comunidad a reintegrar al empleado en sus anteriores condiciones de trabajo en los casos previstos en el ET art.40 y 41, cuando una sentencia judicial haya declarado los mismos injustificados.
En estos casos, el empleado de fincas urbanas tiene derecho a las **indemnizaciones** previstas para el despido improcedente (nº 6078).

Precisiones **1)** La doctrina jurisprudencial sobre la extinción del contrato motivada por falta de pago del salario se puede resumir en los siguientes puntos (TS 25-9-95, EDJ 4913):
- No es exigible la **culpabilidad** en el incumplimiento del empresario.
- Se exige exclusivamente el requisito de **gravedad** en el incumplimiento empresarial.
- Este criterio objetivo de valoración del retraso continuado, reiterado o persistente en el pago de la retribución no es de apreciar cuando el retraso no supera los **3 meses**.

2) Se ha reconocido el derecho a la extinción del contrato de trabajo del empleado de fincas urbanas, en un caso en que los incumplimientos empresariales consisten en cuatro **retrasos en el pago del salario** durante un período de 9 meses, siendo la mayoría de ellos de entre 2 y 3 meses, lo que constituye un incumplimiento suficientemente grave para amparar dicha extinción (TSJ Canarias 18-10-19, EDJ 857447).

4. Extinción por causas objetivas

(ET art.52)

5995 En este apartado cabe distinguir diversos **supuestos**:
- ineptitud del empleado de fincas urbanas;
- falta de adaptación del empleado de fincas urbanas a las modificaciones técnicas;
- cuando concurra alguna de las causas previstas en el ET art.51.1 y la extinción afecte a un número inferior al establecido en el mismo;
- extinción del contrato por decisión de la comunidad.

Ineptitud del empleado de fincas urbanas La ineptitud puede ser tanto **física** como **psíquica**, **conocida** o **sobrevenida** con posterioridad a su colocación efectiva en la comunidad de propietarios. El **origen** de esta ineptitud no puede ser voluntaria por parte del empleado de fincas urbanas, ya que en caso contrario, lo que procedería sería la extinción del contrato por motivos disciplinarios. 5998

Dicha ineptitud debe referirse al **conjunto del trabajo** que se le asigna por la comunidad de propietarios y no solo a algunos aspectos de la misma. Constituye por tanto la **imposibilidad de realizar las funciones básicas** del puesto de trabajo del empleado de fincas urbanas, sin que sea necesaria la declaración previa de grado alguno de incapacidad permanente del afectado para su reconocimiento.

La ineptitud existente **con anterioridad al cumplimiento de un período de prueba** no podrá alegarse con posterioridad a dicho cumplimiento.

La **carga de la prueba** de la ineptitud corresponde a la comunidad de propietarios.

Precisiones **1)** Se ha considerado que el empleado **puede seguir trabajando** para la comunidad de propietarios en un caso de secuelas médicas procedentes de fractura humeral, que no le incapacitan de forma permanente para las tareas fundamentales de dicha profesión, que solo de forma puntual exige la realización de ciertos esfuerzos físicos que podría llevar a cabo con la extremidad superior no afectada (TSJ Cataluña 17-1-20, EDJ 519813). Igualmente en el caso de lesiones consistentes en un cuadro de macroadenoma hipofisiario, acromegalia, escoliosis y discopatía dorsolumbar con radiculopatía L5 crónica, que no imposibilitan al demandante para desarrollar sus funciones (TSJ Málaga 2-10-19, EDJ 784062); así como en el caso de otras lesiones que no le impiden la ejecución de las principales tareas de su profesión: apertura y cierre del portal, vigilar a las personas que acceden o salen del edificio, encender y apagar luces y calefacción, limpieza general del edificio, sacar los contenedores de basura, etc. (TSJ Asturias 5-11-19, EDJ 7924279).

2) En cambio, se ha considerado que **no está capacitado para su profesión habitual** el empleado que padece limitaciones psíquicas grado II, debidas a un trastorno bipolar, ya que dicha enfermedad conlleva una gran dificultad para las relaciones interpersonales (TSJ Extremadura 26-11-19, EDJ 826863).

Tampoco en un caso de dolencias físicas y psíquicas, constitutivas de invalidez permanente total para la profesión habitual, aunque no merezcan el reconocimiento de incapacidad permanente absoluta (TSJ Asturias 12-11-19, EDJ 790463).

Falta de adaptación del empleado de fincas urbanas a las modificaciones técnicas (ET art.52.b) Es causa de extinción del contrato la falta de adaptación del empleado de fincas urbanas a las modificaciones técnicas realizadas en su puesto de trabajo, cuando estos **cambios** sean **razonables**. 6000

Previamente, la comunidad de propietarios debe ofrecer al empleado de fincas urbanas un **curso** dirigido a facilitar la adaptación a las modalidades operadas. Durante este curso, se abonará al empleado de fincas urbanas el equivalente al **salario** medio que viniera percibiendo.

La **extinción** no puede ser acordada por la comunidad de propietarios hasta que hayan transcurrido como mínimo, 2 meses desde que se introdujo la modificación o desde que finalizó la formación dirigida a la adaptación.

Necesidad de amortizar el puesto de trabajo Se extingue el contrato por **necesidad objetivamente acreditada** de amortizar el puesto de trabajo por causas económicas, técnicas, organizativas o de la producción. Para acreditar la existencia de causas técnicas, organizativas o de la producción, no es necesario que la comunidad de propietarios se encuentre en una situación económica negativa. 6002

Causas económicas Si las causas aducidas son económicas, la comunidad de propietarios acreditará la decisión extintiva, con el fin de contribuir a superar una situación económica negativa por la existencia de un **desequilibrio entre los ingresos y gastos**. 6004

Precisiones **1)** Se reconoce la existencia de despido procedente por causas objetivas, basadas en **razones económicas y organizativas**, para superar las dificultades de una comunidad de propietarios integrada en buena parte por jubilados que deben hacer frente a obras de recubrimiento de fachadas y ascensores, por lo que la instalación del portero automático y la contratación de una empresa de limpieza implica un importante **ahorro de costes** respecto de los generados con el sueldo del conserje (TSJ Madrid 17-4-09, EDJ 95825).

2) Si se produce la extinción del contrato de trabajo por la necesidad objetiva de amortizar el puesto de trabajo de conserje para **reducir gastos**, con la consiguiente externalización del servicio de limpieza y mantenimiento de las instalaciones de la comunidad, es imprescindible que la empleadora aporte documentos que prueben su **falta de liquidez** para no poner a disposición del conserje la indemnización correspondiente por el despido objetivo de forma simultánea a la comunicación escrita (TSJ Cantabria 1-12-16, EDJ 23053).

3) Se declara la improcedencia del despido de un conserje por decisión unánime de la comunidad de propietarios, por razones económicas y organizativas, aportando la suma de los recibos impagados por algunos propietarios para justificar la **grave situación económica de los vecinos**. Se declara la falta de causa del despido ya que la mera decisión de la comunidad no se puede entender como tal. El **impago de los recibos de la comunidad** no se puede aportar como razón económica del despido ya que no se trata de algo ajeno al empleador sino que es una causa creada por él, lo que conlleva que deje de tener el carácter de causa objetiva (TSJ Andalucía 21-4-16, EDJ 113331).

6006 **Concurrencia de causas técnicas, organizativas o de producción** Si la extinción se fundamenta en la concurrencia de causas técnicas, organizativas o de producción, la comunidad de propietarios deberá acreditar la necesidad de la extinción para **superar las dificultades que impidan el buen funcionamiento** de la comunidad de propietarios.

Las **causas técnicas** son las que producen una alteración en el proceso productivo debido a la introducción de nuevos métodos que conllevan reestructuración de los servicios por envejecimiento o inutilidad total o parcial de los mismos.

Las **causas organizativas** se centran en decisiones adoptadas por la comunidad de propietarios de reajuste de la organización productiva.

Las **causas de producción** hacen referencia a las dificultades que el entorno ocasiona a la capacidad productiva de la organización de la comunidad de propietarios y que ocasionan la transformación o reducción de la producción.

Precisiones No se declara la existencia de **despido nulo** en un supuesto de extinción del contrato de trabajo de un portero aprobado en junta de propietarios por causas objetivas, en concreto económicas y organizativas, al entender el tribunal que estaba **plenamente acreditada la causa** consignada en la carta de despido (TSJ Valladolid 27-1-04, EDJ 9117).

6010 **Extinción del contrato por decisión de la comunidad** (ET art.53) Cuando la comunidad de propietarios quiere extinguir el contrato de trabajo con el empleado de fincas urbanas, ha de cumplir los siguientes requisitos:

a) La **comunicación escrita** al empleado de fincas urbanas expresando la causa, sin que baste su alegación formal, ya que se necesario concretar los hechos en los que se basa la decisión extintiva.

De este modo, si se amortiza el puesto de trabajo del empleado de fincas urbanas por causas económicas, no basta con alegar la existencia de esta causa como motivo de extinción, si no que el empleado deberá conocer la situación de la comunidad de propietarios con los ejercicios en los que se produce una **situación económica negativa** y la **necesidad de amortizar su puesto de trabajo**.

Precisiones Se declara la improcedencia del despido de una conserje que prestaba servicios para una comunidad de propietarios durante una hora al día, sin que la trabajadora estuviera dada de alta en el Régimen General de la Seguridad Social, por **falta de forma en la comunicación** de la decisión extintiva. La comunidad no puede aducir la existencia de una **relación mercantil** entre las partes, al quedar probada la relación laboral entre ellas (TSJ Madrid 10-6-16, EDJ 131439).

6012 **b)** Poner a disposición del empleado de fincas urbanas, simultáneamente a la entrega de la comunicación escrita, la **indemnización de 20 días por año de servicio**, prorrateándose por meses los períodos de tiempo inferiores a un año con un máximo de doce mensualidades.

Si la **decisión extintiva** se basa en la necesidad objetivamente acreditada de amortizar el puesto de trabajo **por razones económicas**, que le impide poner a disposición del empleado de fincas urbanas la indemnización señalada, la comunidad de propietarios podrá dejar de hacerlo, siempre y cuando haga constar esta circunstancia en la comunicación escrita. Todo ello sin perjuicio del derecho del empleado de fincas urbanas de **exigir el abono** de dicha indemnización cuando tenga la efectividad de la decisión extintiva.

Para que la situación económica negativa de la comunidad de propietarios le permita no poner a disposición del empleado de fincas urbanas, con carácter simultáneo a la entrega de la comunicación escrita, la indemnización correspondiente, la comunidad de propietarios deberá aportar los **documentos probatorios** que acrediten este hecho.

Cuando la comunidad de propietarios no acredite la **concurrencia de la causa de la decisión extintiva** o se incumplan los requisitos formales del procedimiento de extinción de la relación laboral con el empleado de fincas urbanas, se declarará improcedente dicha decisión extintiva.

Si la extinción de la relación laboral con el empleado tuviera como móvil algunas de las **causas de discriminación** prohibidas en la Constitución o en la Ley o se hubiera producido con violación de derechos fundamentales y libertades públicas de dicho empleado, se declarará la **nulidad** de la decisión extintiva.

c) La comunidad de propietarios debe conceder al empleado de fincas urbanas un **plazo de preaviso** de 15 días, computado desde la entrega de la comunicación hasta la extinción del contrato de trabajo. Durante este período de preaviso, el empleado de fincas urbanas o su representante legal si se trata de un disminuido, tendrá derecho a una **licencia** de 6 horas semanales para buscar un nuevo empleo. 6016

La **no concesión del preaviso** o el **error excusable en el cálculo de la indemnización** no conlleva la declaración de la improcedencia de la decisión extintiva, sin perjuicio de la obligación de la comunidad de propietarios de abonar al empleado de fincas urbanas los salarios correspondientes a dicho período o al pago de la indemnización en la cuantía correcta.

El empleado de fincas urbanas puede recurrir contra la decisión extintiva. El plazo para interponer la **demanda de despido** es de 20 días hábiles. 6017

La decisión extintiva puede ser declarada **procedente, improcedente o nula**. La calificación por la autoridad judicial de dicha nulidad, procedencia o improcedencia produce los mismos efectos que los que corresponden para el despido disciplinario, con las siguientes consideraciones:

• En caso de **procedencia**, el empleado de fincas urbanas tiene derecho a la indemnización de 20 días por año de servicio, prorrateándose por meses los periodos de tiempo inferiores a un año y con un máximo de doce mensualidades, consolidándola de haberla recibido, y se entenderá en situación de desempleo por causa a él no imputable.

• Si la extinción se declara **improcedente** y la comunidad de propietarios procede a la readmisión, el empleado de fincas urbanas ha de reintegrarle la indemnización percibida. En caso de sustitución de la readmisión por compensación económica, se deducirá de esta el importe de dicha indemnización.

En los contratos de trabajo de carácter indefinido celebrados entre la comunidad de propietarios y el empleado de fincas urbanas se prevé que una parte de la indemnización que le corresponde percibir al empleado le sea resarcida a la comunidad por el **Fondo de Garantía Salarial**. En todos los casos con el límite máximo de una anualidad, sin que el salario diario, base del cálculo, pueda exceder del doble del salario mínimo interprofesional, incluyendo la parte proporcional de las pagas extraordinarias.

El **importe de la indemnización**, a efectos del abono por el Fondo de Garantía Salarial para los supuestos de despido o extinción de los contratos conforme al ET art.50, se calculará sobre la base de 30 días por año de servicio, con el límite ya señalado anteriormente.

El Fondo de Garantía Salarial responderá siempre que la **causa de la extinción** sea alguna de las relativas al despido colectivo y por fuerza mayor (ET art.51) o de las previstas para la extinción del contrato por causas objetivas (ET art.52), las contempladas en la legislación concursal, así como las indemnizaciones por extinción de contratos temporales o de duración determinada en los casos que legalmente correspondan.

El derecho a solicitar del Fondo de Garantía Salarial el pago de las prestaciones señaladas prescribe al año de la fecha del acto de conciliación, sentencia, auto o resolución de la autoridad laboral en que se reconozca la deuda por salarios o se fijen las indemnizaciones.

Del ámbito de protección del Fondo de Garantía Salarial **se excluyen**:

- las indemnizaciones reconocidas en conciliación administrativa, salvo las derivadas del expediente de regulación de empleo, ya que lo acordado en la misma solo tiene fuerza ejecutiva entre las partes intervinientes;
- los pluses de distancia, transporte, vestuario, quebranto de moneda, desgaste de útiles y herramientas, dietas, complementos de incapacidad temporal y cualquier otro de naturaleza indemnizatoria.

Precisiones Se declara despido improcedente de un empleado de fincas urbanas con contrato de trabajo fijo-discontinuo, basado en el **no llamamiento**. El trabajador, dedicado a las tareas de carácter permanente de limpieza y mantenimiento de urbanización, fue contratado en los inicios de las primaveras anteriores por el incremento de personas, hasta finales del otoño, no tratándose de que el volumen de actividad hubiera aumentado, desbordando la capacidad de la plantilla ordinaria, sino de un **trabajo intermitente o cíclico** y homogéneo característico del trabajo fijo-discontinuo, por lo que el no llamamiento, sin justificar, constituye un despido improcedente (TSJ Sevilla 15-2-11, EDJ 14769). 6018

5. Despido disciplinario

(ET art.54)

Se entiende por tal, aquella sanción impuesta por la comunidad de propietarios en base a **causas disciplinarias**, basadas en un incumplimiento **grave y culpable** del empleado de fincas urbanas. 6020

Todas las **causas** relacionadas a continuación (nº 6022 s.), que permiten a las comunidades de propietarios realizar despidos disciplinarios sobre los empleados de fincas urbanas se regulan legalmente. Sin embargo, los empleados también pueden ser sancionados por los incumplimientos laborales en los que puedan incurrir en base a la graduación de faltas y sanciones que consten en los **convenios colectivos** de aplicación (nº 6094 s.).

Precisiones Se reconoce que la comunicación de despido entregada por el presidente y la administradora de la comunidad al conserje, lo ha sido por quienes poseen la **capacidad de despedir** (TSJ Cataluña 9-6-15, EDJ 131567).

a. Causas de despido

6021 Se consideran incumplimientos contractuales:

6022 **Faltas repetidas e injustificadas de asistencia o puntualidad al trabajo** Esta causa de despido se debe analizar en cada caso relacionándola con los efectos que origina.
Existe una **falta justificada** de asistencia o puntualidad al trabajo cuando el hecho que lo motiva no depende de la voluntad del empleado de fincas urbanas.
Los convenios colectivos de empleados de fincas urbanas no fijan un **número de inasistencias** o de **impuntualidades** necesarios para adoptar la decisión de despido, por lo que habrá que remitirse en cada caso a las normas sectoriales.
Corresponde a la comunidad de propietarios **acreditar las ausencias o impuntualidades** del empleado de fincas urbanas, quien de negarlas, deberá acreditar bien que estas no tuvieron lugar o bien que estaban justificadas.

Precisiones **1)** Por el hecho de que el empleado cometa inasistencias o impuntualidades al trabajo, la comunidad de propietarios no podrá concluir sin más que se ha producido un **abandono del trabajo**, ya que esta situación exige una voluntad del empleado clara e inequívoca en este sentido. Se declara improcedente el despido de un empleado de fincas urbanas por faltas repetidas e injustificadas de asistencia al entender que se efectúa una imputación genérica en la carta de despido, al **no especificarse los días** en los que se produjeron dichas faltas de asistencia, siendo esencial este requisito para una defensa adecuada del empleado (TSJ País Vasco 9-4-02, EDJ 130298).
2) Se considera procedente el despido de un conserje que faltó al trabajo un día injustificadamente, que llegó con **retrasos considerables** varios días y que fue sorprendido **durmiendo** en varias ocasiones (TSJ Cataluña 9-2-04, EDJ 9440).
3) Se declara improcedente el despido de un conserje al no considerar el tribunal suficientemente probadas las **ofensas verbales** a un miembro de la junta de gobierno, ni que el trabajador se quedara dormido en su puesto de trabajo, ni la **indisciplina y desobediencia** en el trabajo, así como tampoco las faltas repetidas e injustificadas de puntualidad del trabajador (TSJ Madrid 11-4-16, EDJ 69316).
4) Se confirma el despido de un portero al que la comunidad de propietarios comunicó una falta muy grave -según el art.58.3.c del Convenio laboral de empleados de fincas urbanas-, al **ausentarse sin justificación alguna** de su puesto de trabajo con el consiguiente abandono de la vigilancia del edificio. También se indica que varios vecinos le habían visto en estado de embriaguez, desatendiendo sus obligaciones laborales (TSJ Madrid 20-1-20, EDJ 532332).

6024 **Indisciplina o desobediencia en el trabajo** La indisciplina no consiste en un mero acto de rebeldía del empleado de fincas urbanas sino en un acto de **incumplimiento voluntario, consciente y querido** del contenido de su contrato de trabajo frente a una orden legítima, clara y concreta dada por los propietarios o sus representantes legales, incluidos los administradores, de las funciones para las que fue contratado.
Solo es jurídicamente admisible la **negativa del empleado** de fincas urbanas cuando la orden impartida por los propietarios o el administrador atenta contra la dignidad del empleado o es claramente arbitraria o exista un riesgo grave e inminente de cumplirla.

Precisiones **1)** Se exige que la indisciplina o la desobediencia sea **grave, trascendente e injustificada** con una **resistencia terminante y reiterada** al cumplimiento de la orden impartida por los propietarios. Se declara procedente el despido de un portero que ha faltado injustificadamente a su puesto de trabajo los **días coincidentes con sábado** (TSJ Murcia 14-2-00, EDJ 1904).
2) Se declara improcedente el despido de un empleado de fincas urbanas al considerarse probadas cinco de las siete imputaciones contenidas en la carta de despido, referidas todas ellas a supuestas **deficiencias** observadas por la comunidad de propietarios en la prestación de servicios. Se considera que la labor desempeñada por el empleado es mucho más eficiente de lo que la comunidad ha querido hacer valer, tratándose del despido de un **trabajador completamente eficiente** y que ha cumplido fielmente con sus obligaciones en todo momento (TSJ Castilla-La Mancha 14-12-10, EDJ 309267).

3) Se declara la improcedencia del despido disciplinario del conserje porque en la carta notificada al trabajador no se consigna con un **mínimo detalle los incumplimientos** imputados, limitándose a transcribir el acuerdo de la junta de propietarios con imputaciones genéricas (TSJ Granada 17-3-10, EDJ 338761).
4) Es procedente el despido de un conserje por la **reiteración grave en incumplimientos** por los que ya había sido sancionado en varias ocasiones, consistentes en la falta de aseo de la escalera, incumplimiento del horario laboral y abandono reiterado del lugar de trabajo (TSJ Cataluña 17-9-15, EDJ 213572).

Ofensas verbales o físicas a los propietarios o a los familiares que convivan con ellos Las agresiones físicas son consideradas siempre graves en el ámbito laboral pero las ofensas verbales se valoran **en función del contexto** en el que se han producido. 6026
Así, dichas ofensas no se considerarán graves si se dicen en un **momento de ofuscación aislado y espontáneo**.
Tampoco se consideran causa de despido si media **provocación** por parte de los propietarios de la finca.

Precisiones **1)** No se considera una conducta de gravedad suficiente para justificar el despido del empleado de fincas urbanas el enfrentamiento de este con un superior por **disconformidades en determinados aspectos laborales** de su relación (TSJ Asturias 26-12-03, EDJ 209507).
2) Se declara procedente el despido de un conserje por **ofensas verbales o físicas** e incumplimiento grave y culpable de sus funciones al quedar probado que amenazó e insultó al vicepresidente de la comunidad, dejó de ingresar cuotas abonadas por los vecinos en la cuenta que tenía la comunidad y efectuó gastos que no se corresponden con las facturas que presentó, siendo irrelevante que el empleado de fincas urbanas estuviera en situación de incapacidad temporal en el momento del despido, al acreditarse los incumplimientos señalados (TSJ Madrid 12-12-06, EDJ 394825).
3) Existe despido disciplinario por la concurrencia de los requisitos de **gravedad y culpabilidad** por las ofensas verbales y físicas que provienen de la mujer del empleado de fincas urbanas contra una vecina de la comunidad, sin que medie provocación al respecto ya que queda acreditado que el empleado no solo no evitó el comportamiento de su esposa, sino que lo alentó (TSJ Madrid 20-4-04, EDJ 109428).
4) Se declara procedente el despido disciplinario a un portero por las **ofensas** a uno de los copropietarios. Si bien es cierto que los incumplimientos imputados en la carta de despido son solo constitutivos de falta grave, la Sala entiende que es necesario añadir a los mismos aquellos **otros incumplimientos** ya sancionados en fechas anteriores, y de los que al menos uno de ellos fue constitutivo de falta grave, por lo que se ha de apreciar **reincidencia** en la comisión de faltas graves prevista en el art.58.3.b) del Convenio colectivo de empleados de fincas urbanas de la Comunidad de Madrid para considerar como muy grave la nueva falta imputada y acreditada, que de este modo es merecedora de la sanción máxima de despido (TSJ Madrid 21-5-12, EDJ 130062).
5) Se declara procedente el despido disciplinario de un conserje que irrumpió en una clínica dental ubicada en uno de los pisos de la finca profiriendo grandes voces y con **manifestaciones groseras y ofensivas**, al haber dejado los usuarios de la clínica mal cerrado el ascensor. Aunque este comportamiento viniera precedido de quejas de los vecinos de la comunidad, su comportamiento resulta inaceptable, lo que convierte en plenamente ajustada a derecho la decisión extintiva adoptada por la empleadora (TSJ Asturias 18-12-15, EDJ 263708).
6) Se ha considerado improcedente el despido del portero por dirigirse a uno de los vecinos de **manera vejatoria y ofensiva**, sin que mediara provocación previa. Se entiende que estos hechos constituyen una falta grave que no puede justificar por sí sola el despido del empleado. La comunidad de propietarios alegó que existía **reincidencia** ya que, además de los incumplimientos reflejados en la carta de despido, se habían producido otros incumplimientos ya sancionados previamente, siendo al menos uno de ellos constitutivo de falta grave. Sin embargo, en este caso, no se pudo acreditar la certeza y realidad de las imputaciones contenidas en la carta de despido (TS auto 4-2-20, EDJ 511637).
7) Se declara procedente el despido disciplinario de la conserje, atendiendo a las **ofensas verbales** y a la **agresión física** que realizó, al presentar estos actos la gravedad suficiente para justificar el despido (TSJ Madrid 31-5-21, EDJ 650922).

Transgresión de la buena fe contractual y abuso de confianza en el desempeño del trabajo En este caso se exige que el empleado de fincas urbanas sea consciente de que con su conducta vulnera el **deber de fidelidad**. 6028

Precisiones **1)** El **retraso** en la puesta a disposición de la comunidad de propietarios de las **cantidades cobradas** por el empleado de fincas urbanas a los inquilinos, no supone apropiación indebida de las mismas, sino un mero retraso en su entrega que no justifica en modo alguno su despido, declarándose la improcedencia del mismo (TSJ Asturias 31-10-02, EDJ 61354).
2) Se declara procedente el despido de una empleada de fincas urbanas al considerar que ha quedado probada la **reiterada y grave trasgresión de la buena fe contractual** y diligencia debida en sus funciones (TSJ Cataluña 18-1-08, EDJ 14067).
3) Se considera trasgresión de la buena fe contractual que justifica un despido disciplinario, la actitud de un vigilante nocturno de finca urbana que es **sorprendido durmiendo en varias ocasiones** al

constituir un incumplimiento reiterado y manifiesto del único cometido para el que había sido contratado, vigilar la finca (TSJ Valladolid 11-1-05, EDJ 1187).
4) Se declara procedente el despido de un empleado que desatendió las continuas advertencias del administrador de la comunidad de propietarios en la que prestaba servicios, para que no dejara aparcada de forma permanente y fuera de sus turnos, una **moto de su propiedad** cuando no estuviera prestando servicios (TSJ Madrid 13-1-20, EDJ 516759).
5) Para el Tribunal Supremo, la transgresión de la buena fe contractual constituye una actuación contraria a los especiales deberes de conducta que deben presidir la ejecución de la prestación de trabajo y la relación entre las partes. No es necesario que se produzca una violación de todos los deberes de conducta del ET art.5; también se transgrede la buena fe contractual mediante **acciones simplemente culposas o negligentes** cuando esa negligencia sea grave e inexcusable y aunque no se produzca un resultado económico lesivo para la empresa (TSJ Málaga 13-2-19, EDJ 546618).

6030 **Disminución continuada y voluntaria en el rendimiento del trabajo normal o pactado** Para que esta causa de despido pueda ser apreciada se debe realizar una **comparación del rendimiento** del propio empleado de fincas urbanas en otros momentos de su prestación de servicios.
De esta manera, se entiende que existe disminución del rendimiento cuando **no se cumplen los objetivos** previstos en el contrato como **mínimos**, siempre y cuando estos no sean abusivos. Asimismo, será necesario que la comunidad de propietarios aporte **datos fiables** que acrediten que el rendimiento que se exige al empleado de fincas urbanas es el normal, esto es, alcanzable por cualquier otro trabajador de su misma categoría capaz en rendimiento ordinario.

Precisiones **1)** Si la disminución del rendimiento tiene su origen en una **enfermedad del empleado** de fincas urbanas, no será admisible esta causa de despido al no tratarse de una disminución voluntaria. Se declara improcedente el despido de un empleado de fincas urbanas por disminución en el rendimiento del trabajo, al no haberse acreditado la permanencia y voluntariedad de dicha disminución (TSJ Málaga 26-6-98, EDJ 20653).
2) El despido no es discriminatorio, al no haberse acreditado que sea contrario a la Dir 2000/78, según la cual, un empleador no puede poner fin a un contrato de trabajo si el trabajador afectado tiene una **falta de capacidad** por la que ha estado de baja por enfermedad durante 120 días en los últimos 12 meses, siempre que dicha baja sea consecuencia de su discapacidad. En este caso, el empleado de fincas urbanas tuvo una baja corta por lumbalgia, sin discapacidad reconocida, habiendo quedado probado que su despido se debió a las **quejas de los vecinos** por su bajo rendimiento (TS auto 5-7-23, EDJ 632557).

6032 **Embriaguez habitual o toxicomanía** Se prevé como causa de despido la embriaguez habitual o toxicomanía si repercuten negativamente en el trabajo.
Esta causa de despido es aplicable cuando el empleado de fincas urbanas causa problemas y se presenta en la finca en **condiciones de no poder trabajar** o cuando es conocido su consumo.

Precisiones Se declara procedente el despido de un portero que se quedó con el **dinero entregado por uno de los vecinos** por el concepto de cuotas de comunidad, al no haber quedado probada la existencia de la pretendida demencia etílica esgrimida por el trabajador (TSJ Madrid 8-6-15, EDJ 116371).

6034 **Acoso** El acoso también se considera incumplimiento contractual del trabajador, que justifica el despido disciplinario.
Comprende el acoso por razón de **origen racial** o étnico, religión o convicciones, **discapacidad, edad** u orientación sexual y el acoso **sexual** o por razón de sexo.
En el caso de los empleados de fincas urbanas, el acoso se tiene que ejercer contra los propietarios del edificio u otros empleados que puedan prestar servicios en la finca.

Precisiones **1)** No se ha constatado la existencia de **acoso laboral por parte del presidente** de la comunidad de propietarios a la empleada de fincas urbanas. En este caso, el presidente remitió tres cartas de amonestación a la empleada, en las que indicaba que se había producido una disminución en el rendimiento de la trabajadora y una última carta de sanción de 7 días de empleo y sueldo que no llegó a tener efecto. Le envió una nueva amonestación por disminución de rendimiento y planteó contratar a una empresa de limpieza en sustitución de la empleada, sin que este hecho fuera admitido por la comunidad. Por su parte, el presidente interpuso una denuncia penal contra la empleada alegando que esta y su esposo le perseguían. El Tribunal concluye que no se aprecia acoso sino un conflicto personal entre las partes (TSJ Cataluña 10-2-20, EDJ 539539).
2) Se aprecia vulneración del derecho a la consideración debida a la **dignidad** y **acoso moral** de un empleado de fincas urbanas por parte de una comunidad de propietarios, al quedar probada la actitud de diversos miembros de la comunidad, en un primer momento, y de toda la comunidad después, encaminada a conseguir la supresión del servicio de portería mediante la descalificación y desacreditación profesional del trabajador (TSJ Aragón 19-7-10, EDJ 200480).

b. Forma del despido

(ET art.55 y 56)

El despido es un **acto voluntario de la comunidad de propietarios** que debe ser notificado al empleado de fincas urbanas mediante la carta de despido (nº 6062). **6060**
Cuando el despido se realiza **sin observar las formas necesarias**, la comunidad de propietarios podrá realizar un nuevo despido que surtirá efectos desde su fecha, siempre y cuando se lleve a cabo dentro del plazo de 20 días contados desde el día siguiente al del primer despido. En este caso la comunidad deberá poner a disposición del empleado de fincas urbanas los salarios devengados en los días intermedios y deberá mantenerlo en situación de alta en la Seguridad Social durante este período.

Carta de despido En la carta de despido deben figurar: **6062**
- los hechos que lo motivan;
- los días en que se cometieron (salvo que se trate de una conducta continuada o de tanta gravedad que lo hagan innecesario); y
- la fecha en la que el despido tendrá efecto.

Con esta carta, la comunidad de propietarios comunica al empleado de fincas urbanas los **hechos que motivan su despido** para que, si lo cree conveniente, pueda impugnarlos.
Dicho escrito permite también determinar el **día** a partir del cual **comienza a computarse el plazo** del que dispone el empleado de fincas urbanas despedido para reclamar de no estar conforme con su contenido.
Asimismo, la carta de despido sirve para acreditar la **situación legal de desempleo**.
En caso de que el **empleado** de fincas urbanas **se niegue a recibir la carta de despido** o bien cuando se notifica el despido en el domicilio del empleado que le consta a la comunidad, habiendo cambiado de domicilio el trabajador sin ponerlo en conocimiento de los propietarios, la comunidad de propietarios quedará exenta de responsabilidad, entendiéndose cumplidos todos los requisitos.

Precisiones Se declara la procedencia del despido aun cuando en la **carta** en la que el mismo se le comunica al conserje no se concreten las fechas de todos los hechos que se le imputan, dado que en la misma se evidencia que nos encontramos ante un comportamiento continuado e inadecuado del trabajador (TSJ Asturias 23-2-16, EDJ 18126).

Liquidación Una vez extinguido el contrato de trabajo, la comunidad de propietarios deberá poner a disposición del empleado de fincas urbanas la denominada liquidación o **cálculo de los salarios pendientes** así como la **parte proporcional** de las pagas extraordinarias y de las vacaciones no disfrutadas. **6064**
Las cantidades abonadas al empleado de fincas urbanas en concepto de **vacaciones anuales devengadas y no disfrutadas**, que se retribuyen al final de la relación laboral, serán objeto de liquidación y cotización complementaria a la del mes de la extinción del contrato.

Certificado de empresa También debe entregarse al empleado el certificado de empresa, que consiste en un **documento acreditativo de la relación laboral** que ha existido entre las partes. **6066**

Baja en la Seguridad Social del empleado La comunidad de propietarios comunicará la baja en la Seguridad Social del empleado de fincas urbanas, dentro del **plazo** de 6 días naturales desde que se produjo el cese de la prestación, en la oficina de la **Tesorería General de la Seguridad Social** en la que se cursó en su día el alta del trabajador. Asimismo, comunicará la baja del empleado en la **mutua** de accidentes de trabajo y enfermedad profesional. **6068**

c. Impugnación del despido

El **plazo** del que dispone el empleado de fincas urbanas para **reclamar contra el despido** es de 20 días hábiles, siguientes a aquel en que se produjo la decisión extintiva. **6070**
En este caso, los **efectos** del despido se mantienen invariables hasta que recaiga **sentencia** en la que se podrá resolver que la decisión extintiva es:

Despido procedente Procede esta declaración cuando la comunidad de propietarios ha acreditado los **incumplimientos de las obligaciones laborales** por parte del empleado de fincas urbanas. Esta declaración de procedencia se podrá dictar en primera instancia o en vía de recurso. **6072**

El despido procedente convalida la extinción del contrato decidida por la comunidad de propietarios, por lo que el empleado **no** tendrá derecho a **indemnización ni** a **salarios de tramitación**. La resolución judicial definitiva acredita la situación legal de desempleo.

6074 **Despido improcedente** Esta declaración se podrá dictar en primera instancia o en vía de recurso.
Procede la declaración de improcedencia cuando **no se acreditan los incumplimientos** alegados por la comunidad de propietarios en la carta de despido o cuando se han cumplido con las formalidades requeridas. En este último caso y para evitar la declaración de improcedencia por motivos formales, se podrá **subsanar el error** con un nuevo despido si no hubieran transcurrido 20 días desde el primer despido improcedente.

6076 **Efectos de la declaración de improcedencia** (ET art.56) Se condena a la comunidad de propietarios a una doble alternativa:
- indemnizar al empleado de fincas urbanas (nº 6078); o
- readmitirlo en su puesto de trabajo (nº 6082).

La comunidad de propietarios podrá optar, en el **plazo** de 5 días desde la notificación de la sentencia y sin esperar su firmeza por:

6078 a) **Indemnizar al empleado de fincas urbanas**. El importe será equivalente a 33 días de salario por año de servicio, prorrateándose por meses los períodos inferiores a un año, hasta un máximo de 24 mensualidades. El abono de la indemnización determinará la extinción del contrato de trabajo, que se entenderá producida en la fecha del cese efectivo en el trabajo. En estos casos, las **fracciones de mes**, con independencia del número de días, se consideran como un mes completo.
El **salario** que se ha de tener en cuenta para la base de este cálculo es el de la fecha del despido, salvo que por convenio colectivo se prevea una condición más favorable. El **período de tiempo** que sirve para el cómputo es de los servicios prestados desde la fecha de ingreso del empleado de fincas urbanas hasta la del despido.
La comunidad de propietarios deberá instar el **alta en la Seguridad Social** y cotizar por el período correspondiente a los **salarios de tramitación**, que abarcan desde la fecha de efectividad del despido del empleado hasta la fecha de la sentencia en la que se declara la improcedencia de la decisión extintiva. Este período se considera de ocupación cotizada a todos los efectos y deberán ser objeto de una **liquidación complementaria**, a cuyo fin se toman las bases, tipos, topes y condiciones de los meses a los que correspondan los salarios abonados. Estas liquidaciones se deben confeccionar con **detalle separado** de cada uno de los meses transcurridos.
El **importe de la indemnización**, en la cuantía establecida legalmente, está exento de IRPF. Tampoco se computa a efectos del posible derecho del empleado a percibir el **subsidio de desempleo**.

6080 La indemnización por despido improcedente de los contratos formalizados con **anterioridad al 12-2-2012** (entrada en vigor del RDL 3/2012) se calculará a razón de 45 días de salario por año de servicio por el tiempo de prestación de servicios anterior a dicha fecha y a razón de 33 días de salario por año de servicio por el tiempo de prestación de servicios posterior. El importe indemnizatorio resultante no puede ser superior a 720 días de salario, salvo que el cálculo de la indemnización por el período anterior a la entrada en vigor del RDL 3/2012 resultase un número de días superior, en cuyo caso se aplicará este como importe indemnizatorio máximo, sin que dicho importe pueda ser superior a 42 mensualidades en ningún supuesto (RDL 3/2012 disp.trans.5ª).

6082 b) **Readmitir al empleado de fincas urbanas**. La comunidad de propietarios, en el plazo de los 10 días siguientes a la notificación de la sentencia, comunicará **por escrito al empleado** la **fecha de su reincorporación**, que deberá producirse en un plazo no inferior a los 3 días siguientes a la recepción del escrito.
La comunidad de propietarios abonará al empleado de fincas urbanas los **salarios de tramitación** que equivaldrán a una cantidad igual a la suma de los salarios dejados de percibir desde la fecha de despido hasta la notificación de la sentencia que declarase la improcedencia o hasta que hubiera encontrado otro empleo, si tal colocación fuera anterior a dicha sentencia y se probase por la comunidad de propietarios lo percibido, para su descuento de los salarios de tramitación, e instará el **alta en la Seguridad Social** del empleado desde la fecha del despido.
La readmisión se puede llevar a cabo:
- de **forma regular**, al reponer al empleado de fincas urbanas en su puesto de trabajo, respetando todas las condiciones incluido el abono de los salarios de tramitación; o

- de **forma irregular**, al reponer al empleado en distintas circunstancias a las que tenía antes del despido en materia de jornada, salario, contenido funcional, etc.

En este último caso, el empleado de fincas urbanas podrá interponer el **incidente de no readmisión** ante el Juzgado de lo Social. 6084
El empleado solicita por medio de este incidente la ejecución del fallo con una readmisión regular.
Los **plazos para efectuar esta reclamación**, son los siguientes:
- 20 días siguientes a la fecha que la comunidad de propietarios hubiera señalado para la readmisión, cuando esta no se haya efectuado;
- 20 días siguientes a que expire el plazo de los 10 días fijados para que la comunidad de propietarios comunique al empleado de fincas urbanas la fecha de su reincorporación, sin que se hubiera señalado fecha de reanudación de la relación laboral;
- 20 días siguientes a la fecha en que la readmisión se produzca cuando la misma se considere irregular.
No obstante, para solicitar la **ejecución del fallo** se establece un plazo máximo de 3 meses desde la firmeza de la sentencia.

Despido nulo (ET art.53) Si la decisión extintiva de la comunidad de propietarios ha tenido como móvil alguna de las causas de **discriminación** prohibidas en la Constitución o en la ley o bien se hubiera producido una **violación de derechos fundamentales** y libertades públicas del trabajador, la decisión extintiva será nula. 6086
En este caso, la comunidad de propietarios debe **restablecer la relación laboral** con el empleado de fincas urbanas.
Concretamente, es nula la decisión extintiva en los siguientes **supuestos**:
a) Cuando ha sido adoptada durante los periodos de **suspensión del contrato de trabajo** por nacimiento, adopción, guarda con fines de adopción, acogimiento, riesgo durante el embarazo o riesgo durante la lactancia natural (ET art.45.1.d y e), disfrute del permiso parental -nº 5790- (ET art.48 bis redacc RDL 5/2023) o por enfermedades causadas por embarazo, parto o lactancia natural, o la notificada en una fecha tal que el plazo de preaviso concedido finalice dentro de dichos periodos.
b) La de las empleadas de fincas urbanas embarazadas, desde la fecha de **inicio del embarazo** hasta el comienzo del periodo de suspensión a que se refiere el apartado anterior; en el caso de los empleados de fincas urbanas que hayan solicitado uno de los **permisos** a los que se refiere el ET art.37.4, 5 y 6, o estén disfrutando de ellos, o hayan solicitado o estén disfrutando la **excedencia** prevista en el ET art.46.3 o hayan solicitado o estén disfrutando de las **adaptaciones de jornada** reguladas en el ET art.34.8 redacc RDL 5/2023; y en el caso de trabajadoras **víctimas de violencia de género** por el ejercicio de su derecho a la tutela judicial efectiva o de los derechos reconocidos en esta ley para hacer efectiva su protección o su derecho a la asistencia social integral.
c) La de los empleados de fincas urbanas después de haberse reintegrado al trabajo al finalizar los periodos de **suspensión del contrato** por nacimiento, adopción, guarda con fines de adopción o acogimiento (ET art.45.1.d), siempre que no hubieran transcurrido más de 12 meses desde la fecha del nacimiento, la adopción, la guarda con fines de adopción o el acogimiento.
Todo lo indicado es de aplicación, salvo que, en esos casos, se declare la **procedencia de la decisión extintiva** por motivos no relacionados con el embarazo o con el ejercicio del derecho a los permisos y excedencias mencionados. Para que la decisión extintiva se declare procedente, debe acreditarse suficientemente que la causa objetiva que sustenta el despido requiere concretamente la extinción del contrato del empleado de fincas urbanas.
En los **demás supuestos**, la decisión extintiva se considera procedente cuando se acredite la concurrencia de la causa en que se fundamentó la decisión extintiva y se hubieran seguido los requisitos establecidos en el ET art.53.1. En otro caso, se considera improcedente.

La declaración de despido nulo tiene como consecuencia la condena a la comunidad de propietarios a la **inmediata readmisión del empleado** de fincas urbanas, sin que sea admisible la sustitución de esta medida por la indemnización del empleado, aún en el supuesto de que este diera su consentimiento. 6088
También se procederá al **abono de los salarios de tramitación** en los términos señalados anteriormente (nº 6082).

Precisiones **1)** Se declara nulo por discriminatorio el despido de un empleado de fincas urbanas al quedar probado que se extinguió su contrato de trabajo por haber cumplido los **65 años de edad** (TSJ Madrid 13-7-04, EDJ 143231).

2) Se declara que no es nulo, sino improcedente, el despido de una empleada, al no apreciarse vulneración del derecho a la tutela judicial efectiva. La causa alegada para tal vulneración es que el despido de la empleada por parte de la comunidad se efectuó como una **represalia a la reclamación judicial** de la trabajadora impugnando la decisión empresarial de reducir la jornada semanal, pero no hay hechos concretos que indiquen que la noticia de la demanda llegase a la comunidad antes de recibir la citación al juicio oral de impugnación de modificación sustancial de condiciones de trabajo (TSJ Castilla-La Mancha 11-12-19, EDJ 834986).
3) El despido de una empleada de fincas urbanas, que tenía una **reducción de jornada** del 50% por cuidado de hijo menor, es declarado nulo, en base a lo dispuesto en ET art.55.5 y LRJS art.108.2 (JS Valladolid núm 1, 28-4-21, EDJ 652822).

6. Supresión del servicio de portería

6090 En los convenios colectivos se suele establecer que, en caso de que la propiedad decida suprimir el servicio de portería o **amortice el puesto de trabajo** del portero por **causas objetivas**, el empleado puede optar entre:
- cobrar la indemnización que legalmente le corresponda; o
- disfrutar gratuitamente de la vivienda por período de 2 a 4 años como máximo.

Precisiones Se declara la **obligación de desalojo de la vivienda** como consecuencia de la extinción del contrato de trabajo por jubilación forzosa del empleado de fincas urbanas, ya que el contrato de arrendamiento celebrado entre las partes señalaba que la fecha de su finalización coincidiría con la de extinción de la relación laboral (TSJ Madrid 21-11-00, EDJ 120530).

6092 **Extinción del contrato de trabajo del portero** Cuando el portero extinga su contrato de trabajo dispondrá de un plazo de 30 días naturales -algunos convenios colectivos fijan un plazo de 60 días- para **desalojar la vivienda**, debiendo dejarla limpia y en buen estado.

Precisiones **1) No** se reconoce procedente el pago de una **indemnización de daños y perjuicios** al portero por la supresión de su vivienda debido a la remodelación del edificio, al haber percibido el afectado la indemnización establecida por su despido improcedente por importe superior al previsto en caso de supresión del servicio de portería (TSJ Cataluña 13-10-00, EDJ 43059).
2) Se declara procedente el desahucio de la vivienda del empleado de fincas urbanas cuyo contrato con la comunidad de propietarios se extingue al ser declarado en situación de **incapacidad permanente absoluta**, ya que el disfrute de la vivienda tiene origen en la relación laboral existente entre las partes (TSJ Murcia 16-2-93, Rec 288/92).

Ñ. Infracciones y sanciones

a. Infracciones

6094 Los convenios colectivos destacan las siguientes **faltas** o infracciones de los empleados de fincas urbanas:
Cuando se constate que el empleado de fincas urbanas comete **acciones u omisiones** durante el ejercicio de su puesto de trabajo que sean constitutivas de falta, el propietario del inmueble, presidente de la comunidad de propietarios, cooperativa o administrador, podrá sancionar a dicho empleado por los motivos y siguiendo el procedimiento que a continuación se detalla (nº 6099).
Las faltas se **clasifican** en:
- leves (nº 6095);
- graves (nº 6096);
- muy graves (nº 6097).

Las faltas leves **prescriben** a los 10 días, las graves a los 20 días y las muy graves a los 60 días, contados todos ellos bien desde la fecha de comisión del hecho o bien desde la fecha en que se haya tenido conocimiento del mismo.

6095 **Faltas leves** Constituyen faltas leves las que produzcan **perturbación ligera** en los servicios a cargo del trabajador y las **quejas** reiteradas de los vecinos ocupantes de la casa, titulares del contrato de arrendamiento, copropietarios, etc., ya sea de vivienda o local de negocio.

6096 **Faltas graves** Se consideran tales:
- La falta de **aseo** personal y en las dependencias a su cargo.
- La **desobediencia**, indisciplina o negligencia inexcusable en el trabajo.

• La falta de **respeto** de palabra u obra al propietario, presidente de la comunidad o cooperativa, administrador, inquilinos, copropietarios del edificio y personal de las familias que con ellos convivan.
• La ruptura de la **reserva** obligada en relación al buen nombre de la finca y de sus habitantes.
• La **reiteración** de faltas leves.

Faltas muy graves Se enumeran las siguientes: 6097
• El **abandono** notorio de la vigilancia del edificio, elementos comunes y demás dependencias a su cargo.
• La **reincidencia** en la comisión de faltas graves.
• Los **malos tratos** de palabra u obra al propietario, presidente de la comunidad o cooperativa, administrador o habitantes del edificio o sus familiares que con ellos convivan, así como a sus empleados.
• El **fraude, robo o hurto**, o la retención indebida de los objetos entregados a su custodia.
• Cualquier **otra falta grave** contra la moral, la propiedad o las personas.
• **Quejas** reiteradas por escrito de la mitad más uno de los vecinos ocupantes de la casa, copropietarios, titulares del contrato de arrendamiento, ya sea vivienda o de local de negocio.

b. Sanciones

Por las faltas cometidas por el empleado, corresponde la imposición de las siguientes sanciones: 6098
• Por faltas **leves**: Amonestación verbal o escrita.
• Por faltas **graves**: Suspensión de empleo y sueldo de 7 a 15 días.
• Por faltas **muy graves**: Suspensión de empleo y sueldo de 30 a 60 días y despido (si bien algunos convenios prevén una suspensión de empleo y sueldo de 1 día en este caso).
Durante el período que duran estas suspensiones, la comunidad de propietarios no debe mantener en **situación de alta en la Seguridad Social** al empleado de fincas urbanas ni está obligada a cotizar por él.
El empleado que teniendo suspendido su contrato de trabajo por razones disciplinarias, causa **baja médica por accidente o enfermedad**, o **por maternidad**, se considerará en situación asimilada al alta a los efectos de percibir las prestaciones económicas para dichas contingencias, sin perjuicio de la posibilidad de la comunidad de propietarios de mantener en suspenso la aplicación de la sanción mientras el empleado de fincas urbanas esté percibiendo las mencionadas prestaciones.

> Precisiones Se declara sin efecto la **suspensión de empleo y sueldo** de 15 días impuesta por una comunidad de propietarios a un conserje que inutilizó una cámara de seguridad que se había colocado en la garita. Esto es así porque aunque la **garita** tiene la consideración de lugar de trabajo, la comunidad no informó previamente al trabajador de su instalación ni del uso de la misma (TSJ Madrid 15-2-16, EDJ 39404).

c. Procedimiento sancionador

El empleado de fincas urbanas tiene derecho a **recurrir** ante el juzgado de lo social competente las **sanciones** impuestas por la comisión de faltas graves o muy graves. 6099
Si el empleado recurre ante el juzgado de lo social la sanción impuesta por la propiedad consistente en la **suspensión de empleo y sueldo**, no se cumplirá la misma hasta que dicte sentencia al respecto.
Cuando los hechos cometidos por el empleado, por acción u omisión, hayan causado **daños o perjuicios patrimoniales**, la sanción que en su caso le imponga la propiedad no impedirá el ejercicio de las acciones pertinentes por quien resulte perjudicado.
En el supuesto de que los hechos sancionados puedan constituir **delitos perseguibles de oficio**, la propiedad deberá cumplir la obligación general de formular la correspondiente denuncia ante la autoridad competente.

O. Jubilación

(RDLeg 8/2015 art.204 s.)

La jubilación a los 65 años de edad será **voluntaria** para el trabajador. 6100
Los convenios colectivos suelen prever la jubilación **obligatoria** de los empleados de fincas urbanas a los 70 años de edad, siempre y cuando el trabajador afectado tenga acreditada la **carencia mínima** necesaria para acceder a dicha prestación.

P. Premios

6105 Algunos convenios colectivos prevén un sistema de recompensas especiales para que la comunidad de propietarios pueda premiar los **trabajos de carácter extraordinario** realizados con celo y profesionalidad fuera de lo común por el empleado de fincas urbanas.
Estos premios pueden consistir:
- tanto en la fijación de unas **mejoras retributivas** para el empleado, como
- en la ampliación del período de **vacaciones**, realizar **viajes** o costearle **estudios**.
La concesión del premio al empleado de fincas urbanas constará en su **expediente personal**.

SECCIÓN 2

Prevención de riesgos laborales

(L 31/1995; RD 39/1997; RD 486/1997)

6110

A. Obligaciones de la comunidad de propietarios

6115 En materia de **prevención de riesgos laborales**, el trabajo de los empleados de fincas urbanas se rige esencialmente por lo dispuesto en la L 31/1995, de prevención de riesgos laborales, y por el RD 486/1997, por el que se establecen las disposiciones mínimas de seguridad y salud en los lugares de trabajo.
En su condición de empleador, la comunidad de propietarios tiene que **organizar su actividad preventiva**, entendiendo como tal, la provisión de los medios humanos y materiales necesarios para realizar las actividades que integran las cuatro disciplinas preventivas: seguridad en el trabajo, higiene industrial, ergonomía y psicosociología y vigilancia de la salud (L 31/1995 art.30 y 31; RD 39/1997 art.10 s.). Esta organización se puede llevar a cabo a través de diversas modalidades (nº 6118).
Por otro lado, la comunidad de propietarios debe garantizar que el empleado de fincas urbanas desarrolle su trabajo en unas **condiciones adecuadas de seguridad y salud** (nº 6145).

1. Modalidades de organización de la actividad preventiva

6118 La comunidad de propietarios puede optar entre cuatro modalidades **legalmente previstas** para organizar su actividad preventiva, eligiendo entre:

6120 **Asunción de dicha actividad por parte de la propia comunidad** (RD 39/1997 art.11) En este supuesto la comunidad podrá desarrollar personalmente la actividad preventiva, a **excepción de la disciplina de vigilancia de la salud**, siempre y cuando tenga hasta 10 trabajadores asalariados -contando tanto con el empleado de fincas urbanas como un posible jardinero, telefonista, demás personal de mantenimiento o que realice cualquier otro servicio y que esté contratado directamente por la comunidad de propietarios como empleadora- o bien hasta 25 trabajadores, siempre y cuando disponga de un único centro de trabajo.
Para que esta modalidad organizativa sea posible, se exige además que las **actividades** desarrolladas en los locales o edificios en los que presta servicios el empleado de fincas urbanas **no estén incluidas** en el RD 39/1997 Anexo I, por el que se aprueba el Reglamento de los Servicios de Prevención en el que se relacionan **trabajos especialmente peligrosos**, como con riesgo de exposición a radiaciones ionizantes, agentes tóxicos (especialmente cancerígenos), productos químicos de alto riesgo, agentes biológicos, actividades de fabricación, manipulación y utilización de explosivos, minería a cielo abierto y de interior, inmersión bajo el agua, obras de construcción, excavación, movimientos de tierra y túneles, con riesgo de caída de altura o sepultamiento, industria siderúrgica y construcción naval, producción de gases comprimidos, licuados o disueltos, riesgo eléctrico de alta tensión o trabajos que produzcan concentraciones elevadas de polvo silíceo.

6122 **Capacidad** La comunidad que opte por esta modalidad organizativa deberá cumplir con el requisito de tener la capacidad correspondiente a las funciones preventivas que va a desarrollar. Para ello deberá contar con **formación en prevención de riesgos laborales**, bien de nivel

básico, bien de nivel intermedio o bien de nivel superior. De este modo, solo podrá realizar las actividades preventivas permitidas por la normativa aplicable en función del **nivel de formación** adquirido por la comunidad.
En concreto, el Reglamento de Servicios de Prevención, relaciona las actividades preventivas que se pueden desarrollar por parte de los que han superado el **nivel básico** de prevención de riesgos laborales, las del **nivel intermedio** y las correspondientes al **nivel superior** (RD 39/1997 art.35, 36 y 37, respectivamente).
Si la comunidad opta por esta modalidad organizativa deberá cubrir tanto la **disciplina de vigilancia de la salud** como **otras posibles actividades** no asumidas personalmente, mediante el recurso a alguna de las demás modalidades que se analizan en el nº 6126 s.

Designación de uno o varios trabajadores para el desarrollo de la actividad (RD 39/1997 art.12) En este caso el trabajador o trabajadores elegidos por la comunidad deberán tener la **capacidad** correspondiente a las funciones a desarrollar por medio de la formación en prevención de riesgos laborales en los términos ya señalados en el nº 6122. **6126**
Las actividades preventivas no asumidas por el trabajador designado deberán ser desarrolladas por medio de **uno o más servicios de prevención propios o ajenos**.
La comunidad garantizará que el **número de trabajadores designados** y los medios de los que disponen para el desarrollo de sus funciones sean los necesarios para realizar esta actividad con la calidad adecuada.
No se ha establecido legalmente la obligación de que el trabajador designado deba dedicarse en exclusiva a la realización de las actividades preventivas asumidas en función a su formación en prevención de riesgos laborales, por lo que podrá **compatibilizar los cometidos propios** de esta designación **con las funciones propias** de la categoría profesional prevista en su contrato de trabajo.

Constitución de un servicio de prevención propio (RD 39/1997 art.14) Esta modalidad organizativa no se utiliza en las comunidades de propietarios al suponer la obligación de **contratar y disponer directamente de los medios humanos y materiales** necesarios para desarrollar las actividades preventivas que corresponden a las disciplinas de prevención de riesgos laborales asumidas. **6128**
La ley, al ser consciente del **elevado coste** de la implantación de esta modalidad de organización de la actividad preventiva -contratación directa de los técnicos en prevención de riesgos laborales con los aparatos adecuados para la realización de las actividades preventivas correspondientes a las disciplinas asumidas- solo exige la obligación de constituir un servicio de prevención propio en caso de que se trate de **empresas con más de 500 trabajadores** o con una plantilla de **entre 250 y 500 trabajadores** en los que se desarrolle alguna de las **actividades peligrosas** incluidas en el del RD 39/1997 Anexo I, ya relacionado anteriormente.
Evidentemente, se trata de una **Ley de mínimos** por lo que es factible que aun cuando las empresas no alcanzan el tamaño señalado o no tienen actividades peligrosas, opten por organizar su actividad preventiva bajo esta modalidad pero esta posibilidad es excesiva para las comunidades de propietarios atendiendo a la realidad de sus necesidades preventivas.
En el caso de los servicios de prevención propios sí está prevista legalmente la **dedicación exclusiva** por parte de sus integrantes a la actividad preventiva de la empresa -dado que, tal y como ya se ha indicado, solo se exige esta modalidad organizativa en empresas con actividades peligrosas o con un gran volumen de plantilla-.
El servicio de prevención propio deberá contar como mínimo con **dos de las cuatro disciplinas** preventivas.

Contratación de un servicio de prevención ajeno (RD 39/1997 art.16) Esta es la modalidad organizativa más utilizada por las comunidades de propietarios. **6130**
Los servicios de prevención ajenos son **empresas acreditadas por la autoridad laboral** y en caso de la disciplina de la vigilancia de la salud, con la autorización de la autoridad sanitaria, que disponen de los medios humanos y materiales para **asesorar y asistir a sus empresas clientes** (entre ellas las comunidades de propietarios) y a los trabajadores que las integran en las actividades preventivas, a fin de garantizar la adecuada protección de la seguridad y salud de los trabajadores.

Contenido del contrato de prestación de servicios Cuando la comunidad de propietarios opte por organizar su actividad preventiva recurriendo a uno o varios servicios de prevención ajenos, deberá concertar **por escrito** un contrato de prestación con dicha entidad, en el que como **mínimo** se indicará: **6132**
a) Identificación de la entidad especializada que actúa como servicio de prevención ajeno a la empresa.

b) Identificación de la comunidad de propietarios destinataria de la actividad, así como el centro o centros de trabajo a los que dicha actividad se contrae.
c) Delimitación de los aspectos de la actividad preventiva a desarrollar en la comunidad de propietarios, especificando las actuaciones concretas y los medios para llevarlas a cabo.
d) Actividad de la vigilancia de la salud de los trabajadores.
e) Duración del concierto.
f) Condiciones económicas del concierto.

6134 **Funciones de asesoramiento y apoyo** Los servicios de prevención deben estar en condiciones de proporcionar a la comunidad de propietarios el asesoramiento y apoyo que precise en función del **riesgo** existente en la misma en los siguientes aspectos:
a) Diseño, aplicación y coordinación de los planes y programas de actuación preventiva.
b) La evaluación de los factores de riesgo que puedan afectar a la seguridad y salud del conserje o portero.
c) La determinación de las prioridades en la adopción de las medidas preventivas adecuadas y la vigilancia de su eficacia.
d) La información y formación al empleado de fincas urbanas.
e) La prestación de los primeros auxilios y planes de emergencia.
f) La vigilancia de la salud del portero o conserje en relación con los riesgos derivados del trabajo.

6136 **Contratación de entidades especializadas** La ley permite por tanto la **contratación íntegra** de la actividad preventiva con un servicio de prevención ajeno si bien este hecho en modo alguno supone que la **propiedad** esté **exenta de responsabilidad** por la no realización de las actividades preventivas o por su falta de calidad. En estos casos, la norma permite el recurso a entidades especializadas pero esta circunstancia no supone una tolerancia al abandono o dejadez en obligaciones que por imperativo legal son de responsabilidad empresarial.
De este modo, es importante recordar que la **función del servicio de prevención ajeno** es asesorar y asistir a la comunidad de propietarios por un lado y al empleado de fincas urbanas y demás trabajadores (jardinero, personal de mantenimiento, telefonista, etc.) por otro, pero **nunca la de suplir a la comunidad como empresario** en su poder de dirección, por lo que solo esta última podrá decidir el ritmo de implantación de las actividades preventivas y el grado de cumplimiento de las mismas.

6138 **Responsabilidad** La innegable **responsabilidad de la comunidad** en los casos señalados no supone en modo alguno que el servicio de prevención ajeno esté exento de responsabilidad por no realizar las actividades preventivas dentro del **límite temporal de contrato** de prestación de servicios con la propiedad o por la falta de calidad de lo realizado.

Ejemplo Si una comunidad de vecinos contrata con un servicio de prevención ajeno la realización de la **evaluación de riesgos del puesto de trabajo del portero o conserje**, entre otras actividades preventivas, y bien el servicio de prevención no cumple con la realización de esta actividad dentro del **límite de duración de contrato de concierto** o bien el contenido de esta evaluación es totalmente genérico de modo que no cumple con los requisitos mínimos previstos en el de la L 31/1995 art.16, la **responsabilidad administrativa** se dirigirá tanto hacia la comunidad como hacia el servicio de prevención ajeno.

6140 **Sanciones por incumplimiento** De este modo, la Inspección de Trabajo y Seguridad Social propondrá la imposición de una **multa contra la comunidad de propietarios** por infracción a lo establecido en el de la L 31/1995 art.16, tipificándose dicha infracción como grave (RDLeg 5/2000 art.12.1.b). El **importe** de la sanción oscilará entre un mínimo de 2.451 euros a un máximo de 49.180 euros, todo ello dependiendo de que el inspector actuante aprecie en el acta de infracción **circunstancias agravantes** que eleven el importe de la multa, en los términos previstos en el RDLeg 5/2000 art.39.3.
Por su parte, la Inspección de Trabajo y Seguridad Social también propondrá un **acta de infracción contra el servicio de prevención ajeno** al entender que la no realización de la evaluación de riesgos contratada por la comunidad de propietarios o la falta de calidad de la misma, supone una infracción a la obligación de asesoramiento y asistencia que le impone a estas entidades la L 31/1995 art.31.2. La **infracción** está legalmente **tipificada como grave** (RDLeg 5/2000 art.12.22), por lo que la Inspección propondrá contra el servicio de prevención ajeno una **sanción** cuyo importe oscilará también entre los 2.451 euros y los 49.180 euros, atendiendo a las circunstancias agravantes ya descritas en el párrafo anterior.
Todo ello sin perjuicio de que la comunidad de propietarios exija **responsabilidad civil** al servicio de prevención ajeno, solicitando el pago de una indemnización por los daños y perjuicios ocasionados por el incumplimiento de su contrato de concierto de la actividad preventiva,

basado en la no realización del contenido de dicho contrato o en la falta de calidad de lo realizado.
La comunidad de propietarios que haya suscrito un contrato de trabajo con un empleado de fincas urbanas y que incumpla la obligación de tener **organizada su actividad preventiva** bajo alguna de las cuatro modalidades anteriormente señaladas, podrá incurrir en una infracción administrativa grave (RDLeg 5/2000 art.12.15.a).

2. Garantías del cumplimiento del trabajo en condiciones adecuadas de seguridad y salud

Para garantizar que el empleado de fincas urbanas desarrolle su trabajo en unas condiciones adecuadas de seguridad y salud, la comunidad de propietarios está obligada a elaborar e implantar los siguientes **documentos**: 6145
- evaluación de riesgos (nº 6148);
- planificación de la actividad preventiva (nº 6160);
- información, consulta y participación en prevención de riesgos laborales (nº 6162);
- formación en prevención de riesgos laborales (nº 6165);
- vigilancia de la salud (nº 6168);
- medidas de emergencia (nº 6182);
- relación de accidentes de trabajo y enfermedades profesionales que hayan causado al empleado una incapacidad laboral superior a un día de trabajo (nº 6184);
- relación de equipos de protección personal facilitados al empleado de fincas urbanas, de ser necesario su uso (nº 6196);
- equipos de trabajo (nº 6198);
- protección de trabajadores especialmente sensibles a determinados riesgos (nº 6199).

a. Evaluación de riesgos

(L 31/1995 art.16)

Es el documento dirigido a estimar la magnitud de aquellos **riesgos que no han podido evitarse**, obteniendo de este modo la información necesaria para que la comunidad de propietarios esté en condiciones de decidir la necesidad de adoptar las **medidas preventivas** tendentes a eliminar o a minorar el riesgo identificado. 6148
La evaluación inicial de los riesgos que no hayan podido evitarse se extenderá a **cada uno de los puestos de trabajo** de los trabajadores que prestan servicios para la comunidad de propietarios como empresario, teniendo en cuenta tanto las **condiciones de trabajo realmente existentes** (p.e. que el empleado de fincas urbanas realice su vigilancia en un habitáculo sin calefacción ni refrigeración de aire, sin silla ergonómica, con inexistencia de luz natural e insuficiencia de luz artificial, etc.) como la posibilidad de que el **empleado** de fincas urbanas sea **especialmente sensible** por sus características personales o estado biológico conocido a alguna de dichas condiciones (p.e. ser alérgico al polvo cuando debe garantizar la limpieza de la escalera o se realizan obras que generan gran cantidad de polvo en alguna de las viviendas, etc.).

Nueva evaluación de los puestos de trabajo (RD 39/1997 art.6) A partir de esta evaluación inicial, se deben volver a evaluar los puestos de trabajo ya señalados en el nº 6148, cuando se vean afectados por alguna de estas circunstancias: 6150
a) La elección de equipos de trabajo, introducción de **nuevas tecnologías** o la modificación en el **acondicionamiento de los lugares** de trabajo.
b) El **cambio** en las **condiciones de trabajo**.
c) La incorporación de un **trabajador** cuyas **características personales** o estado biológico conocido lo hagan **especialmente sensible** a las condiciones del puesto (p.e. cuando se cambia al empleado de fincas urbanas o se produce una suplencia por enfermedad del titular del puesto o por vacaciones).
d) Cuando se detecta un **daño en la salud del empleado** de fincas urbanas **por un accidente** (como una caída por las escaleras de comunicación entre plantas con peldaños en mal estado o resbaladizos o con una huella o contrahuella de tamaño inadecuado) o que se hayan detectado a través de los controles periódicos del empleado, incluidos los relativos a la vigilancia de la salud. En este supuesto la evaluación de riesgos podría llegar a concluir que las actividades de prevención son inadecuadas o insuficientes.

6152 **Valoración mínima del puesto de trabajo** (RD 486/1997 anexo I) En toda evaluación de riesgos del puesto de trabajo de empleado de fincas urbanas, se deben valorar como mínimo los siguientes aspectos:

1. Se valorará **la seguridad estructural del edificio y de los locales** existentes, al objeto de garantizar que cumplen con las condiciones de solidez y resistencia adecuadas, atendiendo a sus condiciones de uso. En este punto se incluyen todos los elementos y zonas que el empleado pueda utilizar con motivo de su trabajo, incluidas las escaleras, escalas y plataformas de trabajo.

En las **fincas antiguas** es frecuente que existan puntos, especialmente en las cubiertas y azoteas, que carecen de estas características mínimas de seguridad y resistencia. Pese a esta situación, la comunidad de propietarios suele permitir que el empleado acceda a estas zonas para realizar trabajos de limpieza o mantenimiento de conducciones de agua y demás zonas comunes. Si el empleado sufre un accidente por caída desde altura al ceder la estructura en la que está subido por motivo de su trabajo, la comunidad de propietarios será responsable por esta falta de medidas de seguridad y salud.

2. Los **suelos del edificio y locales** deberán ser fijos, estables y no resbaladizos y estar libres de irregularidades y pendientes peligrosas. De este modo, todas las aberturas o desniveles que supongan un riesgo de caída se protegerán con barandillas u otros sistemas de protección de seguridad.

3. Los **tabiques transparentes** (especialmente los acristalados) deberán estar claramente señalizados y fabricados con materiales seguros.

El empleado de fincas urbanas debe poder realizar de manera segura las operaciones de abertura, cierre, ajuste o fijación de las ventanas y dispositivos de ventilación. Cuando estos elementos estén abiertos, no podrán constituir un riesgo para el empleado.

4. Las **vías de circulación de los edificios y locales**, tanto las situadas en el exterior de los mismos como en su interior, incluidas las puertas, pasillos, escaleras, escalas fijas y rampas deberán poder utilizarse de forma fácil y según su uso previsto.

5. Las **puertas transparentes** deberán tener una señalización a la altura de la vista.

Las **puertas y portones de vaivén** deberán ser transparentes o tener partes transparentes que permitan la visibilidad de la zona a la que se accede.

Las **puertas correderas** deberán estar dotadas de un sistema de seguridad que les impida salirse de los carriles. Las que abren hacia arriba dispondrán de un sistema que impida su caída.

Las **puertas y portones mecánicos** tendrán dispositivos de parada de emergencia fácilmente identificables y accesibles.

Las **puertas de acceso a las escaleras** no podrán abrir directamente sobre los escalones sino sobre descansillos cuyo ancho será como mínimo igual al de aquellos.

6154 **6.** En la medida de lo posible, se debe garantizar que las **condiciones ambientales del edificio o local** no constituyan una fuente de incomodidad o molestia para el empleado de fincas urbanas. Para ello, deben evitarse las temperaturas y humedades extremas, los cambios bruscos de temperatura, las corrientes de aire molestas, los olores desagradables y en particular, la radiación solar a través de ventanas, luces o tabiques acristalados.

7. La **iluminación** de cada zona de trabajo se adaptará a las características de la actividad que se desarrolle en ellas atendiendo a las exigencias visuales de la tarea a ejecutar y a los riesgos para la seguridad y salud, asociados a las condiciones de visibilidad, del empleado de fincas urbanas y demás trabajadores.

Siempre que sea posible la iluminación de las zonas de trabajo será **natural**, debiendo complementarse con una **iluminación artificial** cuando la primera, por sí sola, no garantice las condiciones de visibilidad adecuadas. En estos supuestos se utilizará preferentemente la iluminación artificial general, que se complementará a su vez con una localizada cuando en zonas concretas se requieran niveles de iluminación elevados.

Las zonas de trabajo en los que un **fallo del alumbrado normal** suponga un riesgo para la seguridad de los trabajadores dispondrán de un alumbrado de emergencia de evacuación y de seguridad.

Los sistemas de iluminación utilizados no deben suponer riesgo eléctrico, de incendio o explosión (RD 486/1997 anexo III y IV).

6156 **Procedimiento sancionador** Las comunidades de propietarios deben garantizar que el centro de trabajo en el que presta servicios el empleado de fincas urbanas reúna las **condiciones mínimas de seguridad y salud** que se recogen en su evaluación de riesgos, ya que, en caso contrario, podrá incurrir en una infracción administrativa grave, sancionable con un **importe** que oscilará entre un mínimo de 2.451 euros y un máximo de 49.180 euros (RDLeg 5/2000 art.40.2.b).

Constituyen **infracción administrativa grave** las acciones y omisiones de las comunidades de propietarios que supongan incumplimiento de la normativa de prevención de riesgos laborales, siempre que dicho incumplimiento cree un riesgo grave para la integridad física o la salud del empleado de fincas urbanas afectado, en materia de:
1.- Diseño, elección, instalación, disposición, utilización y mantenimiento de los lugares de trabajo, herramientas, maquinaria y equipos (RDLeg 5/2000 art.12.16.a).
2.- Medidas de protección colectiva o individual (RDLeg 5/2000 art.12.16.f).
3.- Servicios o medidas de higiene personal (RDLeg 5/2000 art.12.16.h).

Propuesta de sanción (RDLeg 5/2000 art.39.3.b a h) La aplicación de la **propuesta de sanción** contra la comunidad de propietarios en el nivel mínimo o en el nivel máximo dependerá de la concurrencia, en cada supuesto concreto, de alguna o varias de las circunstancias agravantes, entre las que destacan: **6157**
1.- El carácter permanente o transitorio de los **riesgos** inherentes a la actividad que debe realizar el empleado de fincas urbanas.
2.- La **gravedad de los daños** producidos o que hubieran podido producirse por la ausencia o deficiencia de las medidas preventivas necesarias.
3.- El **número de trabajadores** afectados.
4.- Las **medidas de protección** individual o colectiva adoptadas por la comunidad de propietarios y las instrucciones impartidas por este en orden a la prevención de los riesgos.
5.- El incumplimiento de las **advertencias o requerimientos** previos realizados por la inspección de trabajo.
6.- La inobservancia de las propuestas realizadas por el **servicio de prevención** de la comunidad de propietarios en materia de prevención de riesgos laborales.
7.- La conducta general seguida por la comunidad de propietarios en orden a la estricta observancia de las normas en materia de **prevención de riesgos laborales**.

b. Planificación de la actividad preventiva

(L 31/1995 art.16)

Este documento incluirá los **medios humanos y materiales** necesarios, así como la asignación de los **recursos económicos** precisos para la realización de los objetivos propuestos. **6160**
En esta planificación, la comunidad de propietarios señalará el **límite temporal** determinado para ejecutar las diferentes medidas preventivas necesarias, fijando su **prioridad** en función de la magnitud de los riesgos, así como su seguimiento y control periódico.
Estos datos no pueden constar de un modo global en la planificación, ya que se exige que cada medida preventiva a adoptar por la comunidad incluya una **fecha cierta de implantación** y su **partida presupuestaria específica**.
La comunidad de propietarios incurrirá en una **infracción administrativa grave** si incumple la obligación de efectuar la planificación de la actividad preventiva que derive como necesaria de la evaluación de riesgos, o no realizar el seguimiento de la misma (RDLeg 5/2000 art.12.6).
El **importe** de la infracción administrativa podrá oscilar entre un mínimo de 2.451 euros y un máximo de 49.180 euros.

c. Información, consulta y participación en prevención de riesgos laborales

(L 31/1995 art.18)

La comunidad de propietarios debe garantizar que el empleado de fincas urbanas reciba información sobre los siguientes aspectos: **6162**
a) Los riesgos para la seguridad y salud del empleado.
b) Las medidas y actividades de protección y prevención aplicables a los riesgos identificados y evaluados.
c) Las medidas de emergencia a adoptar.
Asimismo, la comunidad de propietarios debe **consultar con el empleado** de fincas urbanas y permitir su **participación** en todas las cuestiones que afecten a la seguridad y salud en el trabajo.
El empleado tendrá derecho a **proponer a la comunidad** de vecinos las **medidas** que a su juicio están dirigidas a mejorar los niveles de protección de la seguridad y salud en su puesto de trabajo.
El **incumplimiento** de los derechos de información, consulta y participación de los empleados de fincas urbanas reconocidos en la normativa sobre prevención de riesgos laborales, constituye infracción administrativa grave (RDLeg 5/2000 art.12.11), que podrá ser sancionada con una **propuesta de sanción** por importe mínimo de 2.451 euros y máximo de 49.180 euros.

d. Formación en prevención de riesgos laborales

(L 31/1995 art.19)

6165 La comunidad de propietarios garantizará que el empleado de fincas urbanas reciba una **formación teórica y práctica, suficiente y adecuada**, en materia preventiva, tanto desde su contratación, con independencia de la modalidad o duración de su contrato de trabajo, como cuando se produzcan cambios en el contenido de la prestación de servicios o se introduzcan **nuevas tecnologías** o **cambios en los equipos de trabajo**.

Esta formación se deberá centrar específicamente en las funciones del empleado de fincas urbanas, adaptándose a la **evolución de los riesgos**, a la aparición de otros nuevos y repetirse periódicamente de ser necesario. Por ello el **manual de formación del empleado** deberá centrarse en la evaluación de riesgos previamente realizada por la comunidad de propietarios, apartándose de manuales formativos de contenidos genéricos y sectoriales.

De este modo y con independencia de que el formador realice alguna mención a los riesgos a los que habitualmente está expuesto un empleado de fincas urbanas, lo que exige la normativa aplicable es la formación del empleado a los **riesgos reales de su puesto**, centrándose en las características de cada escalera, dimensiones, ubicación de los elementos comunes, condiciones de los aparatos e instalaciones de cuyo mantenimiento y vigilancia se encarga, productos irritantes que debe manipular por motivo del contenido de sus funciones, equipos de protección personal a emplear como mascarillas o guantes, procedimiento para instrumentar los avisos de fallos en el funcionamiento de los aparatos e instalaciones del edificio, etc.

Esta formación debe **impartirse dentro de la jornada de trabajo** y de no ser posible en otras horas, pero con el descuento de la duración de estas formaciones en la jornada de trabajo del empleado de fincas urbanas. El **coste** de estas formaciones nunca podrá recaer sobre el empleado.

El **incumplimiento** de las obligaciones en materia de formación e información suficiente y adecuada a los empleados de fincas urbanas acerca de los riesgos del puesto de trabajo susceptibles de provocar daños para la seguridad y salud y sobre las medidas preventivas aplicables, será constitutiva de infracción administrativa grave (RDLeg 5/2000 art.12.8), sancionable por un **importe** mínimo de 2.451 euros y máximo de 49.180 euros.

e. Vigilancia de la salud

(L 31/1995 art.22)

6168 La comunidad de propietarios garantizará al empleado de fincas urbanas su derecho a la vigilancia periódica de su estado de salud en función de los **riesgos inherentes al trabajo**.

En este sentido, los médicos especialistas en medicina del trabajo que integran los servicios de prevención con los que se la comunidad ha contratado la realización del reconocimiento médico del empleado, determinarán el **protocolo médico específico** adecuado a cada trabajador en función de los riesgos reales de su puesto de trabajo previstos en la evaluación de riesgos de dicha comunidad.

La finalidad del **reconocimiento médico** es determinar si el empleado es o no apto para la realización de las funciones que integran su categoría profesional.

De este modo, los **resultados** de la vigilancia de la salud se los comunicará el servicio de prevención al empleado de fincas urbanas y nunca a la comunidad de propietarios, ya que esto quebrantaría el derecho a la intimidad y dignidad del empleado. El **acceso a la información médica** de carácter personal se limitará al médico y a las autoridades sanitarias que realicen la vigilancia de la salud del empleado. Para que esta información pueda facilitarse a la comunidad o a otras personas (incluida la propia Inspección de Trabajo que tiene la condición de autoridad pública pero no sanitaria) será preciso el consentimiento expreso del empleado.

Tanto la comunidad de propietarios como las demás personas u órganos con responsabilidad en materia de prevención serán **informados de las conclusiones** que se deriven del reconocimiento médico efectuado. Por todo ello, la comunidad sí que tendrá acceso al documento en el que consta si su empleado es «**apto**», «**no apto**» o «**apto condicionado**». En este último supuesto se deberá especificar los términos de su aptitud profesional condicionada, podrá consistir en la prohibición de realizar determinadas actividades (como manipular manualmente cargas de un cierto peso o volumen o la prohibición de exponerse a determinados productos) o la necesidad de introducir o mejorar las medidas de prevención y protección para conseguir un desarrollo óptimo de las funciones del empleado.

También será necesario que el médico especialista en medicina del trabajo señale la **fecha de realización de siguiente examen de salud** a efectos de poder valorar si con la adopción de las medidas preventivas propuestas, el empleado de fincas urbanas obtiene la calificación médica de apto (eliminando su condicionamiento gracias a la implantación de dichas mejoras) si por el contrario deviene en un no apto o si se mantiene en su valoración inicial de apto condicionado.

Reconocimiento médico con resultado de «no apto» En el caso de que la conclusión del reconocimiento médico sea «no apto», la comunidad no puede permitir que el portero o conserje continúe realizando un trabajo para el que médicamente no es apto, por lo que de demostrarse que carece de posibilidades para **recolocar al empleado en otro puesto de trabajo** (p.e. que se trate de una comunidad de propietarios grande con otros trabajadores y servicios tales como recepción independiente o telefonista o jardinería, existiendo posibilidad de reubicación de modo que en ese otro puesto sus características personales sean compatibles con los requerimientos de la actividad) deberá **despedir al empleado** de fincas urbanas. **6170**
La comunidad de propietarios procederá a despedir al empleado por **causa objetiva** basada en la **ineptitud del trabajador** (ET art.52.a) conocida o sobrevenida con posterioridad a su colocación efectiva en la empresa.
La **ineptitud existente con anterioridad** al cumplimiento de un período de prueba no podrá alegarse con posterioridad a dicho cumplimiento.

Precisiones 1) Se declara **procedente el despido** del empleado de fincas urbanas que padece una lumbociatalgia crónica y camina con dos bastones que le inhabilita para realizar las tareas propias de su profesión (TSJ Aragón 31-3-03, EDJ 273521).
2) Sin embargo, se declara **improcedente el despido** de un empleado de fincas urbanas que padece una cardiopatía isquémica asintomática, doble pontaje coronario y lesiones en las manos de diferente consideración, por entender que estas lesiones no le inhabilitan para realizar las tareas propias de su categoría profesional (TSJ Cantabria 3-9-01, EDJ 107497).

Ineptitud sobrevenida La comunidad de propietarios debe observar unos requisitos formales para proceder a extinguir el contrato de trabajo del empleado en caso de ineptitud sobrevenida: **6172**
a) **Comunicación escrita** al empleado expresando la causa.
La comunicación extintiva que la comunidad de propietarios dirija al empleado de fincas urbanas se limitará a indicar como **causa de extinción** la no aptitud obtenida en la conclusión del examen de salud, ya que la comunidad no podrá conocer legalmente los defectos físicos o psíquicos que se apreciaron en el reconocimiento médico y que motivaron su calificación de no apto. El empleado no podrá alegar que esta actuación atenta contra su derecho a una defensa digna ya que él sí que tendrá **acceso al resultado médico** en el que se detalla el origen de su ineptitud y a la vez tendrá la garantía de que la comunidad no vulneró su **derecho a la intimidad y a la dignidad** al no haber tenido acceso bajo ningún concepto a su expediente médico personal.

b) Poner a disposición del empleado, simultáneamente a la entrega de la comunicación escrita, la **indemnización** de 20 días de salario por año de servicio, prorrateándose por meses los períodos de tiempo inferiores a un año y con un máximo de doce mensualidades. **6174**
Se declarará **improcedente la decisión extintiva**, cuando la comunidad de propietarios no acredite la causa en la que esta se fundamentó o cuando no se hubieran cumplido los requisitos formales del procedimiento de extinción.

c) Concesión de un **plazo de preaviso** de 15 días computado desde la entrega de la comunicación personal al empleado hasta la extinción del contrato de trabajo. Durante este período de preaviso, el empleado o su representante legal si se trata de una persona con discapacidad, tendrá derecho a una **licencia** de 6 horas semanales **para buscar un nuevo empleo**. Todo ello sin pérdida de la retribución. **6176**
Si la comunidad de propietarios **no concede el preaviso** señalado al empleado de fincas urbanas o incurre en un **error excusable** en el cálculo de la indemnización, no se declarará improcedente la decisión extintiva, sin perjuicio del deber de la comunidad de abonar los salarios correspondientes a dicho período o al pago de la indemnización en la cuantía correcta al empleado.
La **competencia** para determinar si el «no apto» del reconocimiento médico del empleado de fincas urbanas constituye una ineptitud que motiva su despido por causas objetivas, es del juzgado de lo social.

Excepciones a la voluntariedad del reconocimiento médico El reconocimiento médico del empleado de fincas urbanas solo se realizará cuando este preste su **consentimiento.** **6180**
Del carácter voluntario de la vigilancia de la salud solo se exceptuarán los siguientes casos:
a) Cuando así esté establecido en una **disposición legal**. Para este colectivo, ni la Ley ni los convenios colectivos prevén la obligatoriedad de realizar el examen de salud, por lo que si el

empleado no quiere someterse a él deberá **renunciar por escrito** al mismo. Dicha renuncia no se podrá hacer extensiva a otros reconocimientos médicos periódicos futuros, por lo que la comunidad de propietarios deberá ofertarle los siguientes exámenes de salud que correspondan en función del protocolo médico aplicable.
b) Si la realización del reconocimiento es **imprescindible para evaluar los efectos de las condiciones de trabajo** sobre la salud del empleado de fincas urbanas.
c) Para verificar si **el estado de salud del empleado** puede **constituir un peligro** para el mismo, para los demás trabajadores que pueda haber o para otras personas relacionadas con la comunidad de propietarios.
Constituye **infracción administrativa grave** (RDLeg 5/2000 art.12.2):
- no realizar los **reconocimientos médicos** y **pruebas de vigilancia periódica** del estado de salud de los trabajadores que procedan conforme a la normativa sobre prevención de riesgos laborales; o
- no comunicar su **resultado** al empleado de fincas urbanas afectado.
El **importe** de la propuesta de sanción oscilará entre un mínimo de 2.451 euros y un máximo de 49.180 euros.

f. Medidas de emergencia

(L 31/1995 art.20)

6182 La comunidad de propietarios, atendiendo al **tamaño del edificio**, así como a la posible **presencia de personas ajenas** al mismo (como mensajeros, clientes de los locales o de los negocios existentes en las viviendas del edificio, tales como administradores de fincas, gestorías, ingenierías, consultorías, etc.) deberá analizar las posibles situaciones de emergencia y adoptar las medidas necesarias en materia de **primeros auxilios**, lucha contra **incendios** y **evacuación** de los trabajadores.
La comunidad de propietarios elaborará el **plan de emergencias** en el que constará el recorrido de evacuación del edificio, la ubicación de las señales de emergencia, así como los extintores o las mangueras de agua, el teléfono de los bomberos y los equipos de emergencias.
Si la comunidad de propietarios no adopta las medidas señaladas anteriormente en materia de **primeros auxilios**, lucha contra **incendios** y **evacuación** de los trabajadores, incurrirá en una infracción administrativa grave, sancionable con una sanción por **importe** de entre 2.451 y 49.180 euros (RDLeg 5/2000 art.12.10).

g. Relación de accidentes de trabajo y enfermedades profesionales

6184 Es obligado hacer constar la relación de accidentes de trabajo y enfermedades profesionales que hayan causado al empleado una incapacidad laboral superior a un día de trabajo (nº 5940 s.).
Siempre que se produzca un **daño para la salud del empleado** de fincas urbanas, la comunidad de propietarios elaborará un **informe de investigación interna** en el que se analice si la causa del mismo ha sido una posible falta o deficiencia en las medidas de seguridad y salud implantadas en su puesto de trabajo y en el que se proponga, de ser necesario, la adopción de aquellas **correcciones** que sean adecuadas al objeto de garantizar que el empleado no vuelva a sufrir otro daño por la misma causa.
La comunidad de propietarios podrá incurrir en una **infracción administrativa grave** si no da cuenta en tiempo y forma a la autoridad laboral, conforme a las disposiciones vigentes, de los accidentes de trabajo ocurridos y de las enfermedades profesionales declaradas cuando tengan la calificación de graves, muy graves o mortales, o no llevar a cabo una investigación en caso de producirse daños a la salud de los empleados de fincas urbanas o tener indicios de que las medidas son insuficientes (RDLeg 5/2000 art.12.3).
El **importe de la sanción** oscilará entre un mínimo de 2.451 euros y un máximo de 49.180 euros.
En el supuesto de que la **falta de comunicación** a la autoridad laboral, se refiera a un accidente de trabajo o a una enfermedad profesional que tenga la calificación de leve, el incumplimiento de esta obligación por la comunidad de propietarios, supondrá que esta incurra en una **infracción administrativa leve**, sancionable entre un mínimo de 45 euros y un máximo de 2.450 euros.
Todas las prestaciones que se le reconozcan al empleado de fincas urbanas que tengan su causa en un accidente de trabajo o en una enfermedad profesional, se podrán incrementar en caso de que su causa sea la **infracción de las normas de prevención de riesgos laborales** por parte de la comunidad de propietarios.

h. Relación de equipos de protección personal

(L 31/1995 art.17.2)

Se entiende por equipo de protección personal o individual todo aquel que el empleado debe llevar o **sujetar para que le proteja** de uno o varios riesgos que pueden comprometer su seguridad o salud, así como todo **complemento** o **accesorio** destinado a tal fin. 6196

La comunidad de propietarios deberá facilitar al empleado los equipos de protección individual adecuados para el desempeño de su trabajo y velar por su **uso efectivo** (p.e. mascarillas contra el polvo, guantes, ropa impermeable de ser preciso, etc.).

Estos equipos de protección personal deben utilizarse cuando los riesgos a los que el empleado está expuesto no puedan evitarse o limitarse suficientemente por **medios técnicos de protección colectiva** o mediante medidas, métodos o procedimientos de organización del trabajo.

Si la comunidad de vecinos decide que el **portero o conserje use uniforme**, este atuendo en modo alguno tendrá la consideración de equipo de protección personal, ya que no protege al empleado contra ningún riesgo al que pueda estar expuesto. El uniforme se considera simplemente ropa de trabajo.

Precisiones En esta materia, debe tenerse en cuenta el RD 773/1997, sobre disposiciones mínimas de **seguridad y salud** relativas a la utilización por los trabajadores de los equipos de protección individual.

i. Equipos de trabajo

(L 31/1995 art.17.1)

La comunidad de propietarios garantizará que los equipos de trabajo que pone a disposición del empleado de fincas urbanas sean **adecuados** para el trabajo que deben realizar y que estén **debidamente adaptados** a tal efecto, garantizando su seguridad y salud en su uso. 6198

Cuando la utilización de un equipo de trabajo pueda presentar un **riesgo específico** para la seguridad y salud del empleado de fincas urbanas (p.e. motores), la comunidad de propietarios garantizará que los trabajos de reparación, transformación, mantenimiento o conservación sean efectuados por **trabajadores** que están **específicamente capacitados** para ello.

En esta materia, debe tenerse en cuenta el RD 1215/1997, por el que se establecen las **disposiciones mínimas de seguridad y salud** para la utilización por los trabajadores de los equipos de trabajo.

Precisiones No se aprecia falta de medidas de seguridad por parte de la comunidad de propietarios por la **caída del conserje desde una escalera** manual, cuya altura máxima era de un metro. El Tribunal entiende que la comunidad ha acreditado el cumplimiento de todas las medias de seguridad exigibles, por lo que no se puede concluir que la misma haya infringido el deber de seguridad que incumbe al empresario. El hecho de la caída del empleado ha podido ser debido a muchos factores cuya acreditación no ha tenido lugar, al no existir testigos (TSJ Murcia 11-7-18, EDJ 565185).

j. Protección de trabajadores especialmente sensibles a determinados riesgos

(L 31/1995 art.25)

La comunidad de propietarios garantizará de manera específica la protección de los empleados de fincas urbanas que, por sus **propias características personales** o estado biológico conocido, incluidos aquellos que tengan reconocida la **situación de discapacidad** física, psíquica o sensorial, sean especialmente sensibles a los riesgos derivados del trabajo. 6199

Para conseguir esta finalidad, deberá tener en cuenta estos aspectos en las **evaluaciones de los riesgos** y, en base a ellas, adoptará las medidas preventivas y de protección necesarias.

Los empleados de fincas urbanas no podrán ser empleados en aquellos puestos de trabajo en los que, a causa de sus características personales, estado biológico o por su discapacidad física, psíquica o sensorial debidamente reconocida, puedan ellos, los demás trabajadores u otras personas relacionadas con la empresa ponerse en **situación de peligro** o, en general, cuando se encuentren manifiestamente en estados o situaciones transitorias que no respondan a las **exigencias psicofísicas** de los respectivos puestos de trabajo.

La comunidad de propietarios que incumpla con lo dispuesto en este apartado, podrá incurrir en una **infracción administrativa grave**, consistente en adscribir a empleados de fincas urbanas a puestos de trabajo cuyas condiciones fueran incompatibles con sus características personales o que se encuentren manifiestamente en estados o situaciones transitorias que no respondan a las exigencias psicofísicas de los respectivos puestos de trabajo, así como la dedicación de aquellos a la realización de tareas sin tomar en consideración sus capacidades profesionales en materia de seguridad y salud en el trabajo, salvo que se trate de infracción

muy grave (RDLeg 5/2000 art.12.7). La **propuesta de sanción** a la comunidad de propietarios oscilará entre un mínimo de 2.451 euros y un máximo de 49.180 euros.
Por su parte, la comunidad de propietarios podrá incurrir en una **infracción administrativa muy grave**, en el supuesto de que esta adscriba al empleado de fincas urbanas a puestos de trabajo cuyas condiciones fueran incompatibles con sus características personales conocidas, o que se encuentre manifiestamente en estados o situaciones transitorias que no respondan a las exigencias psicofísicas de los respectivos puestos de trabajo, así como la dedicación de aquel a la realización de tareas sin tomar en consideración sus capacidades profesionales en materia de seguridad y salud en el trabajo, cuando de ello se derive un **riesgo grave e inminente** para la seguridad y salud del empleado de fincas urbanas (RDLeg 5/2000 art.13.4). En este caso, la inspección de trabajo podrá proponer una **sanción** a la comunidad de propietarios por un importe que oscilará entre un mínimo de 49.181 euros y un máximo de 983.736 euros (RDLeg 5/2000 art.40.2.c).

B. Obligaciones del empleado de fincas urbanas

(L 31/1995 art.29)

6200 El empleado de fincas urbanas, de acuerdo con su **formación** en prevención de riesgos laborales, y siguiendo las **instrucciones** de la comunidad de propietarios, tendrá las siguientes obligaciones en el desarrollo de su trabajo:
1. Usar las **máquinas, aparatos, herramientas** y cualquier otro medio con el que desarrolle su actividad de acuerdo con su naturaleza y sus riesgos previsibles.
2. Utilizar adecuadamente los **equipos de protección individual** proporcionados por la comunidad de propietarios, siguiendo sus instrucciones al respecto.
3. No poner fuera de funcionamiento y usar correctamente los **dispositivos de seguridad** existentes en la finca o que se instalen en los medios relacionados con su actividad.
4. Informar inmediatamente a la comunidad de propietarios y a la organización de la actividad preventiva de la misma (que recordemos suele consistir en un servicio de prevención ajeno) acerca de cualquier **situación que** a su juicio **entrañe un riesgo para la seguridad y salud** del empleado o demás trabajadores que presten servicios para la comunidad (como jardinero, telefonista, personal de mantenimiento, etc.).
5. Cooperar con la comunidad de propietarios para que esta pueda garantizar unas **condiciones de trabajo seguras** y que no entrañen riesgo alguno para la seguridad y salud del empleado y demás trabajadores que presten servicios por cuenta de ella.
Si el empleado de fincas urbanas incumple las obligaciones en materia de prevención de riesgos laborales relacionadas, se considerará **incumplimiento laboral**. En este supuesto, la comunidad de propietarios podrá ejercer su poder disciplinario e iniciar el **procedimiento sancionador** contra el empleado de acuerdo con la relación de faltas y sanciones.

C. Obras de construcción, reforma y rehabilitación

6204

1. Actuación de la comunidad de propietarios como promotora

(RD 1627/1997; L 32/2006)

6205 Es habitual que las comunidades de propietarios tengan que ejecutar obras en la finca para realizar su **mantenimiento** o **rehabilitación**. En este apartado también están incluidos en su tratamiento los propietarios de cada una de las viviendas en las que ejecutan esos mismos trabajos.
Es imprescindible distinguir entre dos posibles situaciones antes de abordar el contenido de este apartado:
- los casos en los que la comunidad de propietarios o el propietario realizan **obras en el edificio o vivienda en la que habitan**; y
- los casos en los que la comunidad de propietarios o el propietario ejecutan obras en una parte del edificio o vivienda de su propiedad pero en la que **no habitan y pretenden vender o alquilar**.

Esta distinción es esencial ya que la normativa aplicable prevé que, cuando la comunidad de propietarios o el propietario particular realizan obras respecto del edificio o vivienda en el que habitan, no tendrán la **consideración de contratistas** respecto de los trabajadores autónomos que contraten para tal fin. Sin embargo, en el supuesto en el que **contraten a trabajadores autónomos** para la ejecución de obras en un edificio o parte de él o en una vivienda en la que no habitan, sí tendrán la consideración de contratistas respecto de los trabajadores autónomos que contraten.

La ley, por tanto, aligera notablemente la **responsabilidad de los propietarios o comunidades** que ejecutan obras en sus viviendas, al entender que no tendrán que asumir responsabilidad alguna por la falta o deficiencia de las condiciones materiales de ejecución en materia de seguridad y salud.

Sin embargo, esta especial consideración para el que realiza obras allí donde habita en modo alguno puede entenderse como una ausencia absoluta de responsabilidad en materia de prevención de riesgos laborales, ya que tanto la comunidad de propietarios como el propietario individual tendrán la **consideración de promotores** de la obra, por lo que responderán por la no realización o por la ejecución deficiente de las obligaciones que por este hecho les corresponden.

Se entiende por promotor a cualquier persona física o jurídica por cuenta de la cual se realiza una obra, incluido por tanto a la comunidad de propietarios y al propietario individual.

Todo promotor tiene la obligación de solicitar y obtener en el ayuntamiento correspondiente la **licencia de obras** y demás **permisos preceptivos**, debiendo además redactar el proyecto de obra.

a. Documentación y obligaciones del promotor

(RD 1627/1997 art.2)

La documentación en prevención de riesgos laborales y las obligaciones que le corresponden a la **comunidad de propietarios** o al **propietario individual** en su condición de promotores, son: **6208**

1. Debe designar al **proyectista**: es el autor o autores de todo o parte del proyecto de obra.
2. Designación de la **dirección facultativa**: el técnico o los técnicos competentes que se encargan de la dirección y del control de la ejecución de la obra por encargo del promotor.
3. Designación de los **coordinadores en materia de seguridad y salud**: cuando en la elaboración del proyecto de obra intervengan varios proyectistas, la comunidad o propietario promotores designarán un coordinador en materia de seguridad y salud durante la elaboración del proyecto de obra.

b. Obligaciones del coordinador de seguridad y salud

(RD 1627/1997 art.3)

Si en la ejecución de la obra intervienen **más de una empresa**, o una **empresa y trabajadores autónomos** o **diversos trabajadores autónomos**, la comunidad o el propietario promotores, designarán un coordinador en materia de seguridad y salud durante la ejecución de la obra, antes del inicio de los trabajos o tan pronto constate esta circunstancia. **6210**

Podrán ser **designados** coordinadores de seguridad y salud en las obras de construcción los arquitectos, arquitectos técnicos, ingenieros o ingenieros técnicos, de acuerdo con sus competencias y especialidades.

La designación de los coordinadores no exime a la comunidad de propietarios, en calidad de promotora, de sus **responsabilidades**. Esto significa que en caso de que el coordinador de seguridad y salud no cumpla con sus funciones con la calidad debida, con independencia de las acciones judiciales que la comunidad de propietarios pueda emprender contra el coordinador, exigiéndole una indemnización por daños y perjuicios al realizar su cometido sin la diligencia debida, la comunidad de propietarios tendrá que hacer frente a su vez a una posible sanción administrativa, a propuesta de la Inspección de Trabajo, por este hecho.

Por este motivo es importante que la comunidad de propietarios conozca las obligaciones de los coordinadores de seguridad y salud, para poder exigirles una **actuación diligente** y para evitar incurrir en una **infracción administrativa grave**, consistente en no cumplir los coordinadores de seguridad y salud con las obligaciones legalmente exigidas al efecto, como consecuencia de su **falta de presencia, dedicación o actividad en la obra** (RDLeg 5/2000 art.12.24.a y b). En estos casos, la comunidad de propietarios se expone a una **sanción** cuyo importe oscilará entre un mínimo de 2.046 euros y un máximo de 40.985 euros (RDLeg 5/2000 art.40.2.b).

Además de organizar la **coordinación de actividades preventivas** en la obra en los términos previstos en la L 31/1995 art.24; y de coordinar las **acciones de control** de la aplicación correcta de los métodos de trabajo, se desarrollan, con mayor amplitud, las siguientes obligaciones:

6212 **Coordinación de decisiones organizativas y técnicas** (RD 1627/1997 art.9) Durante la ejecución de la obra, el coordinador de seguridad y salud debe coordinar la aplicación de los **principios generales de prevención** al tomar las decisiones organizativas y técnicas necesarias para planificar los trabajos que se desarrollen simultánea o sucesivamente y para estimar la **duración** requerida en la ejecución de las distintas fases de trabajo.

El coordinador de seguridad y salud en la fase de ejecución de la obra coordinará las **actividades de la obra** para garantizar que los contratistas, subcontratistas y trabajadores autónomos apliquen de modo coherente los principios de la acción preventiva.

6213 **Principios de la acción preventiva** Se aplican, en particular, a las siguientes tareas:
- la conservación de la obra en buen estado de **orden y limpieza**;
- la determinación del **emplazamiento** de los puestos de trabajo, teniendo en cuenta todas las vías de circulación;
- la **manipulación** de los materiales necesarios para ejecutar la obra;
- el **control previo y periódico** de las instalaciones y servicios, así como el mantenimiento de los mismos para corregir todos los defectos que puedan afectar a la seguridad y salud de los trabajadores;
- la **ubicación** y **acondicionamiento** de las zonas previstas para el almacenamiento y depósito de los materiales, especialmente si son sustancias peligrosas;
- la recogida de los **materiales peligrosos** utilizados;
- el almacenamiento y eliminación de **escombros y residuos**;
- la determinación del **tiempo efectivo** a dedicar en las distintas fases de la obra en función a la evolución de la misma;
- la **cooperación** entre contratistas, subcontratistas y trabajadores autónomos; y
- las **incompatibilidades** e interacciones con cualquier otro tipo de trabajo que se realice en la obra o cerca del lugar de la obra.

6214 **Aprobación del plan de seguridad y salud** (RD 1627/1997 art.7) El coordinador de seguridad y salud debe aprobar el plan de seguridad y salud elaborado por el contratista así como todas las **modificaciones** que se hayan aportado al mismo, antes del inicio de los trabajos recogidos en cada uno de estos documentos.

El plan de seguridad y salud es un **documento** que cada contratista (los subcontratistas no han de elaborarlo) tiene la obligación de redactar y que supone una **aplicación del estudio** de seguridad y salud de la obra elaborado por el promotor (que en este caso es la comunidad de propietarios).

En el plan de seguridad y salud se deben **analizar, desarrollar y completar las previsiones** incluidas en el estudio o estudio básico de seguridad y salud. Si el contratista, una vez analizado el estudio de seguridad y salud redactado por la comunidad de propietarios en calidad de promotora, considera necesario incluir **medidas alternativas de prevención**, podrá incorporarlas previa justificación técnica, que en ningún caso podrán suponer una disminución en los niveles de protección previstos en el estudio o estudio básico.

En ningún caso se podrá **iniciar ningún trabajo en la obra** sin que previamente se haya comprobado que el mismo está descrito en el plan de seguridad y salud y que además este documento está aprobado por el coordinador de seguridad y salud. Cuando se trate de una **obra** en la que **no es necesaria la designación de un coordinador** de seguridad y salud en la fase de ejecución de la obra, estas funciones las deberá asumir la dirección facultativa.

El contratista podrá **modificar el plan** de seguridad y salud ya aprobado en función del proceso de ejecución de la obra, de la evolución de los trabajos y las posibles incidencias que puedan surgir en el desarrollo de la obra.

Cada modificación deberá estar **aprobada** por el coordinador de seguridad y salud antes del inicio de los trabajos afectados.

El plan de seguridad y salud estará en la obra a **disposición permanente** de la dirección facultativa.

Si la comunidad de propietarios, en calidad de promotora, permite que se **inicien los trabajos** por parte de un contratista **sin que** con carácter previo el **coordinador de seguridad o salud**, haya **aprobado el plan de seguridad y salud** o su ampliación o anexo correspondiente, dicha comunidad incurrirá en una **infracción administrativa** tipificada como grave en el RDLeg 5/2000 art.12.24.d, ya que este hecho supone un incumplimiento de una de las obligaciones que expresamente se atribuyen al coordinador de seguridad y salud en la fase de ejecución de la obra, en el RD 1627/1997 art.9.2.c. La **inspección de trabajo** podrá proponer una multa a la comunidad de importe entre 2.451 y 49.180 euros.

Adopción de medidas para que solo las personas autorizadas puedan acceder a la obra (RD 1627/1997 art.9.f) Esta obligación exige la determinación de la persona o personas encargadas en todo momento de **controlar** que solo los trabajadores que prestan servicios en la obra y de los que se ha comprobado que cumplen con las obligaciones de estar **dados de alta** por cuenta de la empresa respectiva, y la obtención de la **autorización administrativas** para trabajar en España, en el supuesto de ser extranjeros, con sus formaciones en prevención de riesgos laborales correspondiente en ambos casos, acceden a la misma. 6215

El coordinador de seguridad y salud en la fase de ejecución de la obra, o bien de no ser necesaria su designación, la dirección facultativa deberán permitir también el **acceso** a la misma **a la Inspección de Trabajo** y a las **personas u órganos con responsabilidades** en materia de prevención en las empresas que intervienen en la obra, así como a los **representantes de los trabajadores** y a los **técnicos** de los órganos **especializados** en materia de seguridad y salud en el trabajo de las Administraciones públicas competentes.

Libro de incidencias (RD 1627/1997 art.13) En cada obra debe existir un libro de incidencias que será facilitado, en el caso de obras promovidas por las comunidades de propietarios, por el **colegio profesional** al que pertenezca el técnico que haya aprobado el plan de seguridad y salud. La **función** de este libro es reflejar el control y seguimiento del plan de seguridad y salud. 6216

El libro debe **mantenerse siempre en la obra** y estará **en poder del coordinador** en materia de seguridad y salud durante la ejecución de la obra, o cuando no sea necesaria su designación, de la dirección facultativa. Esta circunstancia en ningún caso significa que solo el coordinador pueda escribir en el libro de incidencias, ya que a él tienen **acceso** la dirección facultativa, los contratistas, subcontratistas, trabajadores autónomos y las personas u órganos con responsabilidades en materia de prevención en las empresas que intervenían en la obra, los representantes de los trabajadores y los técnicos de los órganos especializados en materia de seguridad y salud de las Administraciones públicas competentes. Todos ellos pueden hacer **anotaciones** en el libro de incidencias.

El libro de incidencias **no es propiedad del coordinador** de seguridad y salud en la fase de ejecución ya que corresponde a la obra, con independencia de la persona o personas a las que la normativa aplicable le asigna **funciones de custodia** al objeto de poder ser localizado con rapidez cuando sea necesario anotar en él. Por este hecho, si la comunidad de propietarios en calidad de promotora decide **cambiar de coordinador** de seguridad y salud, este nunca podrá llevarse consigo el libro de incidencias, al tratarse de un documento que pertenece a la obra con el fin de acreditar el seguimiento y control del plan de seguridad y salud.

Este seguimiento se acredita por el deber que tiene el coordinador de seguridad y salud en la fase de ejecución de la obra, y de no ser necesaria su designación la dirección facultativa, de **anotar** en el libro de incidencias los **incumplimientos de las medidas de seguridad y salud** por parte del o los contratistas existentes en la obra, debiendo advertir además de este hecho a los afectados.

Paralización de la obra ante existencia de riesgo grave e inminente (RD 1627/1997 art.14) Asimismo, el coordinador o la dirección facultativa de no ser necesaria la designación de este, deberá paralizar los **tajos** o la **totalidad de la obra** cuando aprecie la existencia de un riesgo grave e inminente para la seguridad y salud de los trabajadores. Quien realice la paralización deberá comunicar este hecho a la Inspección de Trabajo, a los contratistas y subcontratistas afectados, así como a los representantes de los trabajadores de estos. 6218

De este modo, se efectuará **comunicación a la Inspección de Trabajo** de las anotaciones realizadas en el libro de incidencias, en las 24 horas siguientes, cuando:

- se incumplan las advertencias u observaciones previamente anotadas en el libro;
- se paralice todo o parte de la ejecución de la obra por apreciarse la presencia de riesgo grave e inminente para la seguridad y salud de los trabajadores.

Los trabajos en la obra de construcción también podrán ser **paralizados** por un inspector de Trabajo y Seguridad Social cuando este compruebe que la inobservancia de la normativa sobre prevención de riesgos laborales implique, a su juicio, un **riesgo grave e inminente** para la seguridad y salud de los trabajadores.

El inspector de Trabajo y Seguridad Social dará traslado de su decisión inmediata a la autoridad laboral. La empresa constructora, sin perjuicio del **cumplimiento inmediato** de tal decisión, podrá impugnarla ante la autoridad laboral en el plazo de 3 días hábiles, debiéndose resolverse tal impugnación en el plazo máximo de 24 horas. Tal **resolución**, será ejecutiva, sin perjuicio de los recursos que procedan.

La paralización de los trabajos se **levanta** por la Inspección de Trabajo y Seguridad Social que la hubiera decretado, o el empresario, tan pronto se subsanen las causas que la motivaron, debiendo, en este último caso, comunicarlo inmediatamente a la Inspección de Trabajo y Seguridad Social (L 31/1995 art.44).

6220 **Personación en la obra en fase de construcción** La normativa por la que se establecen las disposiciones mínimas de seguridad y salud en las obras de construcción (RD 1627/1997), que es la que define las obligaciones de los coordinadores de seguridad y salud en la fase de construcción, no precisa la **frecuencia** con la que estos deben personarse en la obra de la comunidad de propietarios. Esta circunstancia ha supuesto que, en ocasiones, los coordinadores visiten la obra **una** o como mucho **dos mañanas cada semana** para velar por el cumplimiento de sus obligaciones, asumiendo que los **cambios** que se produzcan en la obra una vez que ellos han finalizado su visita y han dado las instrucciones que a su juicio eran necesarias para garantizar el contenido de sus funciones, escapan de su responsabilidad.
Sin embargo, esta conclusión es errónea. El hecho de que el RD 1627/1997 **no** haya concretado la frecuencia con la que los coordinadores de seguridad y salud durante la fase de ejecución deben visitar la obra no obedece a un error, ni supone una **permisividad** para que cada coordinador delimite subjetivamente su presencia en función de su disponibilidad personal.
Las **obligaciones** de los coordinadores son **constantes** y lo que se exige precisamente es que adopte las medidas para garantizar la coordinación en obra en todo momento.
Este **nivel máximo de exigencia** se refleja en la responsabilidad administrativa grave en la que pueden incurrir las comunidades de propietarios como promotores en el supuesto de que no se haya designado coordinador, siendo este nombramiento necesario, o en el caso de que habiéndose designado, este no cumpla las funciones ya mencionadas con la diligencia debida por su falta de presencia, dedicación o actividad en la obra (RDLeg 5/2000 art.12.24 aptdo.a, d y e).

c. Obligación de elaborar el estudio de seguridad o salud

6222 Para obtener el **visado del proyecto de obra** por parte del colegio profesional correspondiente y para que se expida la **licencia municipal** y demás autorizaciones por parte de las Administraciones públicas será obligatorio incluir en el mismo el estudio de seguridad o salud o el estudio básico (nº 6228), según corresponda.

6223 **Obligatoriedad del estudio de seguridad o salud** (RD 1627/1997 art.4) La comunidad de propietarios o el propietario promotores estarán obligados a que en la **fase de redacción del proyecto** se elabore un estudio de seguridad y salud en los proyectos de obras en que se den alguno de los supuestos que se detallan a continuación (es decir, no son requisitos acumulables, sino que basta con que **concurra uno de ellos** para que exista obligación de elaborar el estudio de seguridad y salud):
a) Que el **presupuesto de ejecución** por contrata sea igual o superior a 450.759,08 euros.
b) Que la **duración** estimada de la obra sea superior a 30 días laborables, siempre que se emplee en algún momento a más de 20 trabajadores simultáneamente.
c) Que el **volumen de la mano de obra estimada**, entendiendo por tal la suma de los días de trabajo del total de los trabajadores en la obra, sea superior a 500.
El estudio de seguridad y salud lo elaborará un **técnico competente** designado por la comunidad o el propietario promotores.
En los supuestos en los que deba existir un **coordinador en materia de seguridad y salud** durante la elaboración del proyecto de obra, será este el encargado de elaborar o hacer que se elabore dicho estudio, bajo su responsabilidad.

6224 **Documentos que conforman el estudio de seguridad o salud** (RD 1627/1997 art.5) Los documentos que deben constar en el estudio de seguridad y salud son los siguientes:
a) **Memoria** descriptiva de los procedimientos, equipos técnicos y medios auxiliares que se prevea que se van a utilizar, identificación de los riesgos laborales que se puedan evitar con las medidas técnicas necesarias para ello, relación de los riesgos laborales que no puedan evitarse, señalando las medidas de prevención y protección técnica que deben implantarse para controlar y reducir dichos riesgos, valorando su eficacia.
También se incluirá la **descripción de los servicios sanitarios y comunes** necesarios en función del número de trabajadores que vayan a utilizarlos.
Es esencial que en la memoria consten las **condiciones del entorno de la obra**, así como la tipología y características de los **materiales** que hayan de utilizarse, determinando el proceso constructivo y el orden de ejecución de los trabajos (este apartado es muy importante ya que se ha detectado que muchos accidentes de trabajo que se producen en las obras tienen como causa un fallo en el orden de ejecución de trabajos).

b) **Pliego de condiciones particulares** en el que se tendrá en cuenta tanto las normas legales y reglamentarias que sean aplicables a las especificaciones técnicas propias de la obra y las prescripciones que se habrán de cumplir en relación con las características, utilización y conservación de las máquinas, útiles, herramientas, sistemas y equipos preventivos.
c) **Planos** en los que consten los **gráficos y esquemas** necesarios para la concreción y comprensión de las medidas preventivas que se indican en la memoria, señalando las especificaciones técnicas necesarias.
d) **Mediciones de los elementos de seguridad y salud** en el trabajo que se hayan concretado o proyectado.
e) **Presupuesto** en el que se cuantifique el total de gastos previstos para la ejecución del estudio de seguridad y salud. En dicho cálculo se incluirá, tanto la suma total como la valoración unitaria de cada elemento, señalando el cuadro de precios sobre el que se realiza su cuantificación. Solo se admitirán partidas alzadas en caso de elementos u operaciones de difícil previsión.

Otras cuestiones sobre el estudio de seguridad o salud Las **valoraciones** recogidas **en el presupuesto** del estudio de seguridad y salud se podrán modificar o sustituir por otras alternativas propuestas por el contratista en el plan de seguridad y salud, previa justificación técnica y siempre que ello no suponga disminución del importe total, ni de los niveles de protección contenidos en el estudio. **6226**
El estudio de seguridad y salud formará **parte del proyecto de ejecución de obra** o, en todo caso, del proyecto de obra, siendo coherente con su contenido y recogerá las medidas preventivas necesarias en función de los riesgos que conlleve la ejecución de la obra.
Todas las **actividades** que se ejecuten en la obra deberán estar previstas en el estudio de seguridad y salud, siendo necesario que cada una de ellas esté **localizada e identificada** incluyendo sus respectivas medidas específicas de seguridad.
Asimismo en el estudio se recogerá la **información** necesaria para efectuar en su momento, con las condiciones de seguridad y salud adecuadas, los trabajos posteriores que sean previsibles.

Estudio básico de seguridad y salud (RD 1627/1997 art.6) En aquellas obras con proyecto de obra en las que **no** sea **necesario** elaborar el **estudio de seguridad y salud** por no concurrir ninguno de los requisitos ya expuestos en el nº 6223, se redactará un estudio básico de seguridad y salud. **6228**
Este documento será elaborado por un **técnico competente** designado por el promotor, si bien cuando sea necesario que exista un coordinador de seguridad y salud durante la elaboración del proyecto de obra, le corresponde a este elaborar o hacer que se elabore dicho estudio, bajo su responsabilidad.
En el estudio básico se **incluyen** como mínimo los **siguientes extremos**: las normas de seguridad y salud aplicables a la obra, identificando los riesgos laborales que puedan evitarse y especificando las medidas técnicas necesarias para ello, así como la relación de los riesgos laborales que no puedan eliminarse con las medidas preventivas y de protección técnica adecuadas para controlar y reducir sus efectos, valorando su eficacia.
Al igual que en el estudio de seguridad y salud, se incluirá **cualquier otro tipo de actividad** que se realice en la obra así como las **previsiones e informaciones** adecuadas para efectuar en su día, los previsibles trabajos posteriores, en las adecuadas condiciones de seguridad y salud.

Incumplimiento de elaboración del estudio (RDLeg 5/2000 art.12.24.b) En caso de que la comunidad de propietarios incumpla con la obligación de elaborar el estudio de **seguridad y salud** o **estudio básico**, incurrirá en una infracción administrativa grave. **6229**
En concreto, constituye **infracción** no solo el hecho de no cumplir con la obligación de que se elabore el estudio de seguridad y salud o estudio básico, con el alcance y contenido establecidos en la normativa de prevención de riesgos laborales, sino también proceder a la elaboración de dicho **documento con deficiencias o carencias** significativas y graves en relación con la seguridad y la salud en la obra.

Procedimiento sancionador En la actualidad, es más frecuente que se inicien procedimientos sancionadores contra las comunidades de propietarios por los **contenidos genéricos y deficientes** de estos documentos que por su carencia. **6230**
Esto es así por la creencia errónea de que el estudio de seguridad y salud o el estudio básico, al tratarse de un documento que se redacta en la **fase de proyecto de obra**, puede tener un contenido genérico. Sin embargo, el estudio de seguridad y salud o estudio básico debe tener un **contenido sumamente concreto** al incluir las medidas específicas de seguridad aplicables a cualquier tipo de actividad que se ejecute en la obra, debiendo estar localizadas e identificadas las zonas en las que se presten trabajos.

De esta manera, se iniciará procedimiento sancionador tanto por la carencia de estos documentos como por los casos en los que se han elaborado pero con un **contenido** que **no responde al mínimo legalmente establecido** al efecto.
Al tratarse de una **infracción administrativa grave**, se iniciará procedimiento sancionador contra la comunidad de propietarios a través de un **acta de infracción** extendida por la inspección de trabajo, en la que se propondrá una **multa** cuyo importe podrá oscilar entre un mínimo de 2.451 euros y un máximo de 49.180 euros.

d. Obligación de diligenciar un libro de visitas

6234 La comunidad de propietarios debe diligenciar un libro de visitas para que puedan **anotar** en él tanto los **inspectores** de trabajo como los **subinspectores** de empleo y seguridad social y/o los **técnicos habilitados** en materia de seguridad y salud que visiten la obra.
Esta obligación le corresponde a la comunidad en calidad de promotora y es por tanto **independiente** de que esta **tenga o no la condición de empresaria**.

2. Obligaciones de la comunidad como copropietaria de un piso de la finca

6236 En el supuesto de que la comunidad de propietarios sea copropietaria de un piso de la finca, por ejemplo del antiguo piso del portero que ya no se utiliza para ese destino al haberse acordado en junta de propietarios prescindir del servicio de portería a favor del puesto de conserje, y se han de realizar **obras** en el mismo **para proceder a su venta o alquiler**, si dicha comunidad de propietarios **contrata directamente a trabajadores autónomos** para su ejecución, sí tendrá la consideración respecto de estos de contratista, ya que en esta ocasión no se trata de la ejecución de obras de la vivienda en la que se habita.

6238 **Obligaciones documentales propias de la condición de contratista** (RD 1627/1997 art.19)
Esta circunstancia supone que, además de todas las obligaciones documentales que se han relacionado en los nº 6208 s., y que correspondían exclusivamente a la calidad de **promotora de la comunidad de propietarios**, hayan de adicionarse las propias de la condición de contratista respecto de los **trabajadores autónomos** que ejecutan directamente la obra total o parcialmente por encargo de dicha comunidad. Dichas obligaciones son:
a) Efectuar la **comunicación de apertura del centro de trabajo** en el que se ejecuta la obra a la autoridad laboral.
b) Elaborar el **plan de seguridad y salud** en el trabajo, en el que en aplicación del estudio de seguridad o salud o estudio básico, se analicen, estudien, desarrollen y complementen sus previsiones de seguridad y salud tajo a tajo.

6239 **Plan de seguridad y salud** (RD 1627/1997 art.7) De ser necesario, se incluirán en el plan las **propuestas de medidas alternativas** de prevención que el contratista proponga con la justificación técnica correspondiente, siempre y cuando dichas propuestas no impliquen una disminución de los niveles de protección previstos en el estudio o estudio básico. Estas propuestas incluirán su correspondiente **valoración económica** que no podrán suponer una disminución en el importe total del plan de seguridad y salud al que pretenden adicionarse.
El plan de seguridad y salud deberá ser **aprobado, antes del inicio de la obra**, por el coordinador en materia de seguridad y salud durante la ejecución de la obra o por la dirección facultativa de no ser necesaria la designación de aquel. Por tanto la **obligación del visado del documento** únicamente existe para el estudio de seguridad o salud o estudio básico, no siendo un requisito legalmente exigible para el plan de seguridad y salud.
El contratista está facultado para **modificar el plan** de seguridad y salud en función del proceso de ejecución de la obra, de la evolución de los trabajos y de las posibles incidencias que puedan surgir a lo largo de la obra, siempre y cuando cada una de estas modificaciones cuente con la aprobación previa al inicio de los trabajos recogidos en ellas, del coordinador de seguridad y salud en la fase de ejecución o de la dirección facultativa cuando no fuera necesaria la designación de aquel.
Si la comunidad de propietarios **incumple** con la **obligación de redactar el plan de seguridad y salud** o este tienen un contenido genérico que no se adecua a la realidad de los riesgos existentes en la obra, incurrirá en una infracción administrativa grave (RDLeg 5/2000 art.12.23.a) que podrá ser sancionada con una **multa** cuyo importe oscilará entre un mínimo de 2.451 euros y un máximo de 49.180 euros.

3. Obligaciones de la comunidad ante obras menores

Hasta aquí se han analizado las obras promovidas por las comunidades de propietarios en las que para obtener la preceptiva licencia de obras por parte del ayuntamiento correspondiente se exigía la **redacción de un proyecto de obra** (nº 6205 s.). Sin embargo, en caso de que se trate de obras menores en las que para la **obtención de los permisos y licencia** de obra no es necesaria la redacción del proyecto de obra, no se exigiría el cumplimiento de las obligaciones enunciadas con anterioridad. 6240

En estos casos, la empresa a la que la comunidad de propietarios encomiende la ejecución de trabajos, deberá **redactar su evaluación de riesgos** en la que se identifiquen los riesgos que no hayan podido evitarse, precisando las **medidas de prevención** y protección aplicables para eliminar o reducir su presencia.

En caso de que en la obra promovida por la comunidad de propietarios **intervengan dos o más empresas** estas deberán cooperar en la aplicación de la normativa sobre prevención de riesgos laborales, estableciendo los medios de coordinación que sean necesarios para la protección y prevención de riesgos laborales. Sin embargo, en estos casos, al tratase de obras menores sin proyecto de obra, **no** será **obligatoria** la **designación de coordinadores** de seguridad y salud.

Ahora bien, tanto en las obras promovidas por la comunidad de propietarios con proyecto de obra como en las obras menores en las que no se exige este requisito para la obtención de los permisos y licencias, se deberán cumplir las **disposiciones mínimas de seguridad y salud** recogidas en el del RD 1627/1997 Anexo IV, por el que se establecen las disposiciones mínimas de seguridad y salud en las obras de construcción.

4. Realización de obras con riesgo de exposición al amianto

Cuando las comunidades de propietarios vayan a promover obras en el edificio deben tener en cuenta que muchas de las **fincas antiguas** pueden tener bajantes de **tuberías recubiertas con fibrocemento** o bien cubiertas de este material (RD 396/2006). 6242

El **amianto** es un mineral natural (silicato fibroso) cuyas **propiedades** más características son: resistencia al calor (fuego), resistencia a la abrasión, resistencia a agentes químicos, aislante térmico y acústico, baja conductividad eléctrica y bajo coste. Se ha utilizado especialmente desde los años 60 en múltiples usos en la construcción, como: protección ignífuga, paneles acústicos, calorifugados, baldosas y suelos, placas de falso techo, fibrocemento, pinturas, asfaltos y masillas. Sin embargo se detectó que el polvo de asbesto, formado por pequeñas partículas, puede ocasionar graves daños pulmonares (asbestosis).

El **peligro** que entrañan estos materiales de construcción que contienen amianto depende de su friabilidad, es decir, de su facilidad para liberar fibras de amianto en el aire.

Está absolutamente demostrada la relación directa entre **inhalación de amianto** y el desarrollo de enfermedades como la asbestosis, el mesotelioma pleural y el cáncer de pulmón, al tratarse de un agente carcinógeno de grupo 1.

Por este motivo y pese a sus excelentes propiedades para el sector industrial y constructivo de este material, está **totalmente prohibido** su uso, producción y comercialización en España desde diciembre del año 2001. Aún con esta prohibición total del amianto, en la actualidad existe riesgo de exposición a esta sustancia en todos los **trabajos de demolición** de construcciones, **retirada de amianto** de edificios e instalaciones, **gestión de residuos**, desguace y mantenimiento y reparación de edificios construidos cuando todavía se permitía la fabricación, comercialización y uso del amianto.

En la actualidad no pueden precisarse los edificios en España en los que se utilizó en su día el amianto ya que no se dispone de documentación relativa a su ubicación concreta, por lo que solo un **análisis de laboratorio** de los materiales sospechosos de contener amianto permitiría confirmar la presencia de este contaminante.

La primera inquietud que surgió con el conocimiento de la elevada peligrosidad de este material era determinar tanto el **método para evaluar la exposición al contaminante** en trabajos de reparación y mantenimiento como para precisar la **exposición pasiva** de los propietarios y usuarios de estos edificios. Sin embargo no ha contribuido a concretar estos extremos el largo período de latencia que existe entre la exposición a fibras de amianto y las manifestaciones patológicas de la enfermedad (entre 15 a 40 años).

Obligatoriedad de ubicación exacta del amianto en el estudio de seguridad y salud Por todos estos motivos, cuando una comunidad de propietarios se dispone a ejecutar una obra, es obligatorio que en el estudio de seguridad y salud o en el estudio básico se **identifique la existencia de amianto**, con su ubicación exacta (bajantes y cubierta, un tejadillo, etc.). No 6244

hay que olvidar que este documento se elabora por un **técnico competente** designado por la comunidad de propietarios en calidad de promotora, por lo que dicho técnico estará **cualificado para identificar su presencia**.
En el estudio o estudio básico de seguridad y salud en el que se especifiquen las zonas en las que existe amianto se indicará la necesidad de que sea una **empresa inscrita en el Registro de Empresas con Riesgo de Amianto** (RERA) la que realice el trabajo de retirada de dicho material, todo ello de acuerdo con el procedimiento previsto en el RD 396/2006, por el que se establecen las disposiciones mínimas de seguridad y salud aplicables a los trabajos con riesgo de exposición al amianto.

6246 **Responsabilidad administrativa** Este proceso es muy importante, porque se han detectado bastantes casos en los que las comunidades de propietarios no han identificado en su estudio de seguridad y salud o estudio básico la presencia de amianto en su edificio. Esta **falta de identificación** ha supuesto que hayan contratado a empresas no inscritas en el RERA para su retirada con el consiguiente riesgo grave o muy grave para la seguridad y salud de los trabajadores expuestos a inhalar fibras de amianto. Cuando esta situación se detecta por parte de la Administración y con independencia de la responsabilidad administrativa en la que puede incurrir la empresa contratista que directamente tiene a sus operarios ejecutando trabajos con riesgo de exposición a fibras de amianto, se iniciará **procedimiento sancionador** contra la comunidad de propietarios como promotora, ya que si en el estudio de seguridad o salud o estudio básico se hubiera identificado la presencia de amianto se habría contratado a una **empresa inscrita en el RERA** y se hubieran podido respetar las medidas mínimas de seguridad y salud establecidas al efecto para evitar riesgo alguno para los trabajadores expuestos.
En este caso, la comunidad de propietarios incurre en una **infracción administrativa** calificada preceptivamente como **grave** (RDLeg 5/2000 art.12.24.b) al tratarse de un estudio de seguridad y salud o estudio básico que presenta deficiencias o carencias significativas y graves en relación con la seguridad y la salud en la obra.

6248 **Roturas en las bajantes o cubiertas** No es obligatorio que las comunidades de propietarios tengan que sustituir las bajantes recubiertas de fibrocemento ni las cubiertas de este material. Todo ello a menos que se aprecien roturas en dichos elementos que permitan la **dispersión de fibras** de amianto en el ambiente o se determine que ha finalizado la vida útil de los mismos.

6249 **Demolición o sustitución de materiales con contenido de amianto** Cuando se debe realizar una demolición o sustitución de materiales con contenido de amianto, la comunidad de propietarios, además de **identificar esta circunstancia documentalmente** en el estudio de seguridad y salud o estudio básico, contratará a una empresa inscrita en el RERA.

6250 **Plan de trabajo** Esta empresa está obligada a elaborar y a presentar el denominado plan de trabajo ante la autoridad laboral. En este **documento** se recogerán, como mínimo, los siguientes **datos**:
a) La **inscripción en el RERA** de la empresa que pretende retirar el amianto del edificio.
b) **Ubicación de la obra** promovida por la comunidad de propietarios.
c) **Descripción del trabajo a realizar**: demolición, retirada, mantenimiento o reparación, trabajos con residuos, etc.
d) Tipo de **material afectado por el trabajo**, señalando si es friable (amianto proyectado, paneles aislantes, calorifugado, etc.) o no friable (fibrocemento, amianto-vinilo, etc.). Se debe precisar la forma de presentación de este material en la obra, así como las cantidades que se manipularán de amianto o de materiales que lo contengan.
e) **Fecha** de inicio y duración prevista de estos trabajos.

6251 f) **Relación nominal de los trabajadores** implicados directamente en el trabajo, con sus categorías profesionales, oficios, formación y experiencia de dichos trabajadores.
Se incluirá la **formación** otorgada a los trabajadores en actividades con riesgo de exposición a fibras de amianto y el **apto médico** de cada uno de ellos en el que conste que se les ha aplicado el protocolo médico para este tipo de actividades con una periodicidad mínima anual.
g) El método a seguir para realizar la **evaluación y control del ambiente** de trabajo.
h) Las **medidas técnicas de prevención** encaminadas a limitar la generación y dispersión de fibras de amianto en el ambiente durante la ejecución de los trabajos.
i) Las **medidas organizativas** adecuadas para que el número de trabajadores expuestos sea el menor posible, sin que pueda excederse en todo caso de 4 horas diarias de trabajo ni puedan realizar horas extraordinarias, siendo además necesario que los lugares del edifico en los que se realice esta actividad estén claramente delimitados y señalizados y que no se permita el

acceso a otras personas que no sean los operarios que deban estar en la zona por razón de su trabajo.
j) Los **equipos de protección personal** utilizados para la protección de los trabajadores, especificando las características y el número de unidades de descontaminación y el tipo y modo de uso de los equipos de protección individual.
k) Las medidas a adoptar para **evitar la exposición de otras personas** que se encuentren en el lugar donde se efectúe el trabajo y en su proximidad.
l) La **información** a los trabajadores sobre los riesgos a los que están expuestos y las precauciones a tomar.
m) Las medidas para la **eliminación de los residuos** indicando la empresa gestora y el vertedero.
n) **Recurso preventivo** de la empresa.
Este plan de trabajo específico se podrá **sustituir por un plan genérico**, aplicable por parte de la empresa inscrita en el RERA, a operaciones de corta duración (que nunca exceda de una jornada de trabajo) con presentación irregular o no programables con antelación, especialmente en caso de mantenimiento y reparación, o de superficie máxima de 100 m^2.
Una vez que la autoridad laboral dicte **resolución administrativa** aprobando el preceptivo plan de trabajo de amianto se podrán iniciar, por parte de la empresa inscrita en el RERA, los trabajos descritos en dicho documento cumpliendo con las medidas de seguridad y salud previstas en él.

5. Subcontratación en el sector de la construcción

(L 32/2006)

La Ley de Subcontratación se aprueba con la **finalidad** de evitar la mera intermediación en las obras de construcción y mejorar las garantías existentes en este sector. Por ello, se limitan a tres los **niveles de subcontratación** con carácter general y se establecen determinadas condiciones para que las subcontrataciones que se efectúen **a partir del tercer nivel** respondan a causas objetivas. Asimismo, se exigen unos **requisitos de solvencia** a las empresas que intervienen en este sector y se introducen unos **sistemas documentales** para incrementar la transparencia en las obras de construcción. **6255**
Las comunidades de propietarios en calidad de promotoras se ven afectadas por las obligaciones introducidas en esta Ley que es aplicable a **todo tipo de obras de construcción** (ya sean públicas, privadas, con proyecto de obra o sin él).

a. Registro de Empresas Acreditadas

(L 32/2006 art.6)

Se crea el Registro de Empresas Acreditadas (en adelante, REA) como elemento de **control del sector**, a efectos de impedir que aquellas sociedades que no tienen trabajadores por cuenta ajena puedan **subcontratar a otras empresas o autónomos** en las obras. De esta forma, las empresas que pretendan ser contratadas o subcontratadas en obras de construcción deberán estar **inscritas** en dicho registro. Los promotores, incluidas las comunidades de propietarios, no tienen por tanto la obligación de estar inscritos en el REA, salvo que tuvieran la **doble condición de promotor-contratista** o promotor-subcontratista. **6257**
Este Registro, de **naturaleza administrativa** y **carácter público** depende de la autoridad laboral correspondiente al territorio de la comunidad autónoma en la que radica el domicilio social de la empresa. Esta **inscripción** es **única** y tiene validez para todo el territorio nacional.
Cada contratista y subcontratista deberá solicitar a la autoridad laboral competente la **certificación de inscripción** en el REA de las empresas a las que pretendan subcontratar, dentro del mes anterior al inicio de la ejecución del contrato y tendrá efectos con independencia de la situación registral posterior de la empresa a la que se pretende subcontratar.

b. Régimen de subcontratación

(L 32/2006 art.5)

El régimen de subcontratación previsto en la Ley es el siguiente: **6258**
La comunidad de propietarios como promotora podrá contratar con cuantos contratistas estime oportuno, ya sean **personas físicas o jurídicas**, y con **trabajadores autónomos**. Ahora bien, en este último supuesto habrá de tener presente que el autónomo no podrá subcontratar los trabajos a él encomendados, ni a otras empresas subcontratistas ni a otros trabajadores autónomos.

El contratista podrá contratar con las **empresas subcontratistas o trabajadores autónomos** la ejecución de los trabajos que le encargue la comunidad de propietarios como promotora.
Los **subcontratistas primero y segundo** podrán subcontratar la ejecución de los trabajos que tengan contratados cuando reúnan los requisitos exigidos para ello.
El **tercer subcontratista** no podrá subcontratar ni con otras empresas ni con otros trabajadores autónomos.
Está prevista la posibilidad excepcional de extender la subcontratación a un **cuarto nivel adicional**, cuando en casos fortuitos debidamente justificados, por exigencias de especialización de los trabajos, complicaciones técnicas de la producción o circunstancias de fuerza mayor, así fuera necesario a juicio de la dirección facultativa. En este caso, la **dirección facultativa** designada por la comunidad de propietarios en calidad de promotora hará constar su **aprobación previa** y la **causa motivadora** de la misma en el libro de subcontratación correspondiente a la contrata afectada por esta subcontratación adicional del cuarto nivel.
De este modo se limita la **contratación vertical** en las obras de construcción a tres niveles con carácter general y a un cuarto nivel con carácter excepcional.

6260 **Requisitos exigidos para la subcontratación** Cada vez que un contratista realice una subcontratación deberá cumplir con una serie de requisitos:
1. Debe **comunicar** la subcontratación **al coordinador de seguridad y salud** designado por la comunidad de propietarios para que este disponga de toda la información adecuada y la transmita a las demás empresas contratistas de la obra, en caso de que las hubiera, para que entre ellas puedan adoptarse las medidas de coordinación preceptivas.
2. Comunicará a los **representantes de los trabajadores** de las distintas empresas incluidas en el ámbito de ejecución de su contrato, la subcontratación realizada.
3. Cuando la dirección facultativa apruebe la **ampliación excepcional de la subcontratación a un cuarto nivel**, el contratista lo pondrá en conocimiento de la autoridad laboral mediante la remisión, en el plazo de los 5 días hábiles siguientes a la aprobación por la dirección facultativa, de un informe de esta en el que se indiquen las circunstancias de su necesidad y de una copia de la anotación efectuada en el libro de subcontratación.

6261 **Ampliación excepcional de la subcontratación a un cuarto nivel** (L 32/2006 art.5.3) Cuando la dirección facultativa designada por la comunidad de propietarios en calidad de promotora, realice una ampliación excepcional al cuarto nivel de subcontratación, la comunidad de propietarios deberá estar preparada para que la Inspección de Trabajo investigue si realmente dicha **ampliación** estaba **justificada**, ya que al existir la obligación de **comunicar a la autoridad laboral la subcontratación** de un cuarto nivel, es segura la **inspección de control** en estos casos.

6262 **Infracción administrativa grave o muy grave** (RDLeg 5/2000 art.12.29 y 13 aptdo.17) Esta ampliación a un cuarto nivel debe estar **plenamente fundamentada** ya que, en caso contrario, la comunidad de propietarios se expone a incurrir en una infracción administrativa grave, **sancionable** a propuesta de la inspección de trabajo, consistente en que la promotora (en este caso la comunidad) permita, a través de la actuación de la dirección facultativa, la **ampliación excepcional de la cadena de subcontratación** cuando manifiestamente no concurran las causas motivadoras de la misma.
Esta infracción está legal y preceptivamente tipificada como **muy grave** cuando se trate de trabajos con riesgos especiales conforme a lo previsto en la regulación reglamentaria de obras de construcción.
La **cuantía de la sanción por infracción muy grave** que se puede proponer a la comunidad de propietarios en calidad de promotora en este último caso oscilaría entre un mínimo de 49.181 euros y un máximo de 983.736 euros.
Por este motivo y para evitar la propuesta de sanción mencionada, se deberá recurrir a la **contratación horizontal** (nº 6263) y no a la vertical con ampliación excepcional, salvo en casos claros en los que concurran los requisitos que así lo permiten.

6263 **Contrataciones horizontales** En el ámbito de las obras promovidas por las comunidades de propietarios es frecuente que existan varias contrataciones horizontales, es decir, **empresas o trabajadores autónomos** a los que la propiedad **les encomienda directamente la ejecución** de las diferentes partes de la obra. En estos casos, al tratarse de contrataciones horizontales **no hay limitación** en número de contratistas. La única consideración a tener en cuenta es que la parte de obra encargada a un trabajador autónomo por parte de la comunidad de propietarios, **no** podrá ser **subcontratada** por este a ninguna otra empresa o a otros trabajadores autónomos.

Requisitos mínimos obligatorios de la empresa contratista o subcontratista 6264
La Ley de Subcontratación tiene como uno de sus fines, evitar la mera intermediación en el sector de la construcción. Para lograrlo ha fijado unos requisitos mínimos obligatorios que toda empresa que desee tener la condición de contratista o subcontratista en las obras de construcción, incluidas por tanto las **promovidas por las comunidades de propietarios**, deben cumplir.

De esta manera, los contratistas y subcontratistas deberán, además de estar **inscritas** en el REA:

a. Poseer una **organización productiva propia**, contar con los medios materiales y personales necesarios, y utilizarlos para el desarrollo de la actividad contratada. Los trabajadores deben tener la formación necesaria en prevención de riesgos laborales y la contratista o subcontratista deberá contar con una organización preventiva adecuada.

b. Asumir los **riesgos, obligaciones y responsabilidades** propias del desarrollo de la actividad empresarial.

c. Ejercer directamente las **facultades de organización y dirección** sobre el trabajo desarrollado por sus trabajadores en la obra y, en el caso de los trabajadores autónomos, ejecutar el trabajo con autonomía y responsabilidad propia y fuera del ámbito de organización y dirección de la empresa que le haya contratado.

Organización productiva consistente en la aportación de mano de obra La Ley de subcontratación impone un requisito adicional, hasta ahora no exigido en nuestro Derecho, al **subcontratista que pretenda subcontratar** parte de los trabajos encargados en la obra, con otras empresas o trabajadores autónomos: 6265

Aunque cumplan con los requisitos mencionados anteriormente para ser subcontratista (nº 6264), no pueden subcontratar los subcontratistas, cuya organización productiva puesta en uso en la obra consista fundamentalmente en la aportación de mano de obra, entendiéndose por tal la que para la realización de la actividad contratada no utiliza más **equipos de trabajo propios** que las **herramientas manuales**, incluidas las motorizadas portátiles, aunque cuenten con el **apoyo de otros equipos de trabajo** distintos de los señalados, siempre que estos pertenezcan a otras empresas, contratistas o subcontratistas, de la obra.

Este requisito por tanto no será aplicable ni al contratista, ni al **subcontratista que no subcontrate con otro tercero** la ejecución de parte de los trabajos adjudicados.

Libro de subcontratación (L 32/2006 art.8) La empresa contratista a la que la comunidad de propietarios le encomiende todo o parte de los trabajos de ejecución en el edificio, deberá adquirir y habilitar un libro de subcontratación con **carácter previo a la contratación** de un subcontratista o un trabajador autónomo. Evidentemente, si el contratista no realiza ninguna subcontratación de los trabajos adjudicados por la comunidad de propietarios, no deberá habilitar el libro de subcontratación. Los **subcontratistas** no tendrán que diligenciar el libro de subcontratación, aunque subcontraten a otras empresas subcontratistas o a trabajadores autónomos. 6266

Este libro de subcontratación debe ser **habilitado por la autoridad laboral** del territorio en el que se ejecute la obra.

El contratista hará constar en el libro de subcontratación, por **orden cronológico** desde el inicio de los trabajos, y con anterioridad al comienzo de estos, de cada una de las subcontrataciones realizadas en la obra con empresas subcontratistas y trabajadores autónomos.

El libro de subcontratación debe **permanecer en la obra hasta la finalización** íntegra del encargo realizado por la comunidad de propietarios y se conservará durante 5 años a contar desde la finalización de los trabajos encomendados.

Anotaciones en el libro de subcontratación En dicho libro, que deberá permanecer en todo momento en la obra, se deberán reflejar, por **orden cronológico** desde el comienzo de los trabajos: 6268

- todas y cada una de las **subcontrataciones** realizadas en una determinada obra con empresas subcontratistas y trabajadores autónomos;
- su **nivel** de subcontratación y empresa comitente;
- el **objeto** de su contrato;
- la **identificación** de la persona que ejerce las facultades de organización y dirección de cada subcontratista y, en su caso, de los representantes legales de los trabajadores de la misma;
- las respectivas **fechas** de entrega de la parte del plan de seguridad y salud que afecte a cada empresa subcontratista y trabajador autónomo, así como las **instrucciones** elaboradas por el coordinador de seguridad y salud para marcar la dinámica y desarrollo del procedimiento de coordinación establecido, y
- las anotaciones efectuadas por la dirección facultativa sobre su aprobación de cada **subcontratación excepcional**.

Debe anotarse también la **persona responsable de la coordinación** de seguridad y salud en la fase de ejecución de la obra así como los cambios que se produjeran en su designación.

6. Comunidad de propietarios y trabajadores autónomos

(L 20/2007; RD 197/2009)

6270 La comunidad de propietarios puede celebrar **contratos civiles o mercantiles** con trabajadores autónomos para que realicen distintos trabajos como empleados de fincas urbanas: porteros, conserjes, jardinero, vigilante de garaje, limpiador o controlador.

Se entiende por **trabajador autónomo** a toda persona física que realiza de forma habitual, personal, directa, por cuenta propia y fuera del ámbito de organización y dirección de otra persona, una actividad económica o profesional a título lucrativo, den o no ocupación a trabajadores por cuenta ajena.

Son trabajadores autónomos **económicamente dependientes** los que realizan una actividad económica o profesional (en este caso los empleados de fincas urbanas) a título lucrativo y de forma habitual, personal, directa y predominante para una persona física o jurídica, denominada cliente (la comunidad de propietarios) del que dependen económicamente por percibir de él, al menos, el 75% de sus ingresos por rendimientos de trabajo y de actividades económicas o profesionales.

A estos efectos, se entiende como **ingresos percibidos** por el empleado de fincas urbanas que sea trabajador autónomo los rendimientos íntegros, tanto dinerarios como en especie, que recibe por razón de la actividad profesional que desarrolla.

Para el **cálculo del 75% de referencia**, los ingresos del empleado de fincas urbanas se pondrán en comparación exclusivamente con los ingresos totales percibidos por el autónomo por rendimientos de actividades económicas o profesionales en actividades realizadas para otros clientes, así como los rendimientos que pudiera tener como trabajador por cuenta ajena por haber suscrito un contrato de trabajo ya sea con la propia comunidad de propietarios o bien con otros empresarios.

En este **cálculo se excluyen** los ingresos que proceden de los rendimientos de capital o plusvalías que reciba el empleado de fincas urbanas en calidad de trabajador autónomo derivados de la gestión de su propio patrimonio personal, así como los ingresos procedentes de la transmisión de elementos afectos a actividades económicas.

Precisiones Se declara que la relación existente entre la comunidad de propietarios y el conserje, que se formalizó como un contrato de prestación de servicios con un trabajador autónomo, es realmente una **relación laboral**, al quedar probado que el conserje percibía una retribución fija, que no contaba con una estructura material propia -herramientas, utensilios de limpieza, etc.- con la que realizar los trabajos contratados, y declararse que, para realizar las tareas propias de un conserje, no es necesario recibir órdenes e instrucciones diarias (TSJ Madrid social 13-4-21, EDJ 614258).

6271 **Trabajadores autónomos económicamente dependientes** La comunidad de propietarios debe tener claro que para que un trabajador autónomo tenga la consideración de económicamente dependiente, deberá reunir simultáneamente las siguientes **condiciones**:

a. No tener a su cargo **trabajadores por cuenta ajena** (ya que en este caso nos encontramos ante un empresario persona física) ni contratar o subcontratar parte o toda la actividad con terceros, tanto respecto de la actividad de empleado de fincas urbanas contratada con la comunidad de propietarios del que depende económicamente como de las actividades que pudiera contratar con otros clientes.

b. No ejecutar su **actividad de manera indiferenciada** con los demás empleados de fincas urbanas que presten servicios bajo cualquier modalidad de contratación laboral por cuenta de la comunidad de propietarios. En caso contrario, y dado que no existiría diferencia alguna entre el autónomo y los demás trabajadores por cuenta ajena que trabajan en el edificio, el empleado de fincas urbanas sería un trabajador asalariado, aunque en el contrato civil o mercantil suscrito entre las partes utilizaran la expresión «trabajador autónomo».

c. Disponer de **infraestructura productiva y material propios**, necesarios para el ejercicio de la actividad e independientes de los de la comunidad de propietarios como cliente, cuando en dicha actividad sean relevantes económicamente.

d. Desarrollar su actividad con **criterios organizativos propios**, sin perjuicio de las indicaciones técnicas que pudiese recibir de la comunidad de propietarios.

e. Percibir una **contraprestación económica** en función del resultado de su actividad, de acuerdo con lo pactado con la comunidad de propietarios, asumiendo el riesgo y ventura de aquella.

Aunque el trabajador autónomo dependa al menos en un 75% de la comunidad de propietarios, nunca tendrá la consideración de económicamente dependiente si se trata de un **profesional** que es **titular de un establecimiento o local comercial e industrial** (p.e. si una comunidad de propietarios celebra un contrato mercantil con un autónomo para realizar trabajos de jardinería y este a su vez es propietario de una floristería o jardinería abierta al público) y los profesionales que ejerzan su profesión conjuntamente con otros en régimen societario o bajo cualquier otra forma jurídica admitida en derecho.

Formalización del contrato El contrato para la realización de la actividad profesional del empleado de fincas urbanas, en calidad de trabajador autónomo económicamente dependiente, celebrado entre este y la comunidad de propietarios deberá formalizarse **siempre por escrito** y deberá ser **registrado** en la oficina pública correspondiente (nº 6278). Dicho registro no tendrá carácter público. **6272**

La **forma escrita** es **esencial** ya que de no figurar por escrito ningún contrato civil o mercantil entre ambas partes y atendiendo a las condiciones de ejecución del servicio contratado, se podría entender que realmente nos encontramos ante un empleado de fincas urbanas que es un trabajador asalariado y no ante un trabajador autónomo.

Esto es así, porque la única presunción que existe en nuestro derecho es la de **laboralidad**, al señalarse que se presume existente el contrato de trabajo entre el que presta un servicio por cuenta y dentro del ámbito de organización y dirección de otro y el que lo recibe a cambio de una retribución a aquel.

El empleado de fincas urbanas que sea trabajador autónomo deberá **hacer constar expresamente** en el contrato **su condición de dependiente económicamente** respecto de la comunidad de propietarios que le contrate, así como las variaciones que se produjeran al respecto. La condición de dependiente solo se podrá ostentar respecto de un **único cliente**.

Contenido mínimo de las condiciones de ejecución del contrato Cuando la comunidad de propietarios celebra un **contrato privado** con un empleado de fincas urbanas que tiene la condición de trabajador autónomo, son las partes las que articulan las condiciones de ejecución de su actividad en dicho documento con plena libertad. Sin embargo, cuando el empleado de fincas urbanas tiene la condición de **trabajador autónomo económicamente dependiente**, el Estatuto del Trabajo Autónomo delimita un contenido mínimo e indisponible por las partes que debe constar de modo inexcusable en su clausulado. **6273**

Antes de hacer referencia a este contenido mínimo y preceptivo que debe constar en estos contratos (nº 6274), es importante matizar que la **competencia** para conocer las discrepancias que puedan surgir entre la comunidad de propietarios y el empleado de fincas urbanas que sea trabajador autónomo económicamente dependiente corresponde a la jurisdicción social, mientras que si el empleado tuviera la condición de trabajador autónomo las controversias sobre el contenido del contrato privado celebrado entre las partes sería de la jurisdicción civil.

Asimismo, las comunidades de propietarios deben tener en cuenta que la relación con los empleados de fincas urbanas que sean trabajadores autónomos económicamente dependiente, también se regula con los derechos mínimos que les reconocen los **acuerdos de interés profesional**.

Estos acuerdos equivalen a los **convenios colectivos** que se pactan entre los empresarios y los representantes de los trabajadores por cuenta ajena. De este modo, los **acuerdos de interés profesional** se conciertan entre las asociaciones o sindicatos que representen a los trabajadores autónomos económicamente dependientes y los empresarios (en este caso, las comunidades de propietarios) para los que ejecuten su actividad. En dichos acuerdos, que deberán concertarse por escrito, ambas partes podrán establecer las condiciones de modo, tiempo y lugar de ejecución de dicha actividad, así como otras condiciones generales de contratación.

Serán **nulas** y **sin efectos** las cláusulas de los acuerdos de interés profesional contrarias a disposiciones legales de derecho necesario.

Los **acuerdos de interés profesional** se aplicarán a las partes firmantes y, en su caso, a los afiliados a las asociaciones de autónomos o sindicatos firmantes que hayan prestado expresamente su consentimiento para ello.

La comunidad de propietarios no podrá encargar a un trabajador autónomo tareas correspondientes a un empleado de fincas urbanas (p.e. trabajos de jardinero), si se trata de un **menor de 16 años**, ni si quiera cuando se trate de un familiar de alguno de los propietarios.

La comunidad de propietarios deberá respetar los siguientes **derechos mínimos** que le corresponden al trabajador económicamente dependiente al que ha contratado en calidad de empleado de fincas urbanas: **6274**

El trabajador autónomo económicamente dependiente tendrá derecho a una **interrupción de su actividad anual** de 18 días hábiles, sin perjuicio de que dicho régimen pueda ser mejorado mediante contrato entre las partes o mediante acuerdos de interés profesional. Este derecho no puede interpretarse como que la comunidad de propietarios tiene que pagar estos días de interrupción del empleado de fincas urbanas. Esto no es así, porque no nos encontramos con un trabajador asalariado que disfruta de sus vacaciones anuales pagadas, sino con la garantía de que el empleado podrá disfrutar de unos días de interrupción de su actividad, sin que la comunidad de propietarios pueda rescindir su contrato privado por motivo del ejercicio de este derecho.

Por medio de contrato individual o acuerdo de interés profesional se determinará el **régimen de descanso semanal** y el correspondiente a los festivos, la **duración máxima de la jornada** de actividad y, en el caso de que la misma se compute por mes o año, su distribución semanal.

La **realización de actividad por tiempo superior al pactado** contractualmente será voluntaria en todo caso, no pudiendo exceder del incremento máximo establecido mediante acuerdo de interés profesional. En ausencia de acuerdo de interés profesional, el incremento no podrá exceder del 30% del tiempo ordinario de actividad individualmente acordado. En este apartado la diferencia con los empleados de fincas urbanas con contrato de trabajo es patente ya que el ET sí permite que la prestación de horas extraordinarias, con el límite legalmente establecidos al efecto, sea obligatoria.

El **horario de actividad** procurará adaptarse a los efectos de poder conciliar la vida personal, familiar y profesional del trabajador autónomo económicamente dependiente.

Si la empleada de fincas urbanas es una trabajadora autónoma económicamente dependiente que sea **víctima de la violencia de género** tendrá derecho a la adaptación del horario de actividad con el objeto de hacer efectiva su protección o su derecho a la asistencia social integral.

En el supuesto de un **trabajador autónomo que contrata con varios clientes** sus servicios como empleado de fincas urbanas, si se produce alguna **circunstancia sobrevenida** por el que reúne los requisitos para tener la condición de económicamente dependiente respecto de la comunidad de propietarios, se respetará íntegramente el contrato firmado entre ambas partes hasta la extinción del mismo, salvo que estas acordasen modificarlo para actualizarlo a las nuevas condiciones que corresponden a un trabajador autónomo económicamente dependiente.

Si en el contrato celebrado entre la comunidad de propietarios y el empleado de fincas urbanas como trabajador autónomo económicamente dependiente, **no** se hubiera fijado una **duración**, se presumirá, salvo prueba en contrario, que el contrato ha sido pactado por tiempo indefinido.

6275 **Procedimiento** El procedimiento legalmente establecido para reconocer al empleado de fincas urbanas que sea un trabajador autónomo, la condición de económicamente dependiente, es el siguiente:

El empleado de fincas urbanas que es económicamente dependiente debe **comunicar a la comunidad** de propietarios **dicha condición**. Esta comunicación es esencial ya que su carencia motiva que no se aplique el régimen jurídico de trabajador autónomo económicamente dependiente, aunque el empleado de fincas urbanas dependa de la comunidad de propietarios en el 75% de sus ingresos en adelante.

Efectuada esta comunicación, la comunidad de propietarios podrá requerir al empleado de fincas urbanas que sea trabajador autónomo económicamente dependiente la **acreditación de la dependencia económica** tanto desde el mismo momento de la firma del contrato entre las partes, como en cualquier momento ulterior, siempre y cuando hayan transcurrido como mínimo 6 meses desde la última verificación.

Entre la documentación que la comunidad de propietarios puede solicitar al empleado de fincas urbanas a los efectos de que este acredite su dependencia económica respecto de la primera, se encuentra la **declaración** del Impuesto de la Renta de las Personas Físicas y, en su defecto, el **certificado de rendimientos** emitido por la Agencia Estatal de Administración Tributaria.

6276 **Declaración expresa de la comunidad y el empleado de fincas** La comunidad de propietarios y el empleado de fincas urbanas que sea trabajador autónomo económicamente dependiente, deberán declarar expresamente que:

a) La **actividad del empleado** de fincas urbanas en calidad de trabajador autónomo económicamente dependiente no se realizará de modo indiferenciado con los demás empleados que puedan prestar servicios por cuenta de la comunidad de propietarios bajo cualquier modalidad de contratación laboral.

b) El empleado de fincas urbanas, en calidad de trabajador autónomo económicamente dependiente, utilizará **criterios organizativos propios**, sin perjuicio de las indicaciones técnicas que pueda recibir de la comunidad de propietarios para la realización de la actividad.

c) El **riesgo y ventura de la actividad** será por cuenta del empleado de fincas urbanas que sea trabajador autónomo económicamente dependiente, quien recibirá la contraprestación de la comunidad de propietarios en función del resultado de la actividad.

Asimismo, el empleado de fincas urbanas que sea trabajador autónomo económicamente dependiente, deberá declarar: **6277**
a) Que los **ingresos** derivados de las condiciones pactadas en el contrato representen al menos el 75% de sus ingresos por rendimientos del trabajo y de actividades económicas o profesionales.
b) Que no tiene ningún **trabajador asalariado a su cargo**.
c) Que no va a **contratar o subcontratar** con un tercero la integridad o parte de lo encargado por la comunidad de propietarios u otras actividades que le hayan encomendado otros clientes.
d) Que cuenta con los **equipos y materiales necesarios** para realizar la actividad a la que se comprometió con la comunidad de propietarios, cuando en la actividad a realizar sean relevantes económicamente.
e) Que comunicará por escrito a la comunidad de propietarios las **variaciones** que puedan existir respecto de la condición de económicamente dependiente de la comunidad de propietarios.
f) Que no es **titular de ningún local o establecimiento**, oficina o despacho abierto al público.
g) Que no ejerce su actividad en **régimen societario** o bajo cualquier otra fórmula societaria, con otro profesional.

Registro del contrato El empleado de fincas urbanas que tenga la condición de trabajador autónomo económicamente dependiente, deberá registrar el contrato en el **plazo** de 10 días hábiles siguientes a su firma y tendrá que **comunicar** a la comunidad de propietarios dicho registro en el plazo de 5 días hábiles siguientes al mismo. **6278**
Si transcurren 15 días hábiles desde la firma del contrato, sin que el empleado de fincas urbanas comunique el registro del mismo a la comunidad de propietarios, deberá ser esta la que registre el contrato en el **Servicio Público de Empleo Estatal** en los 10 días hábiles siguientes.
También se deberán comunicar las **modificaciones** y las **terminaciones de los contratos** al Servicio Público de Empleo Estatal dentro de los plazos ya indicados al hacer referencia a la obligación de registro.

Datos a hacer constar en el Registro En el contrato escrito celebrado entre las partes, constarán los siguientes datos: **6279**
a) **Identificación** de la comunidad de propietarios y del empleado de fincas urbanas que sea trabajador autónomo.
b) Determinación de los elementos que configuran la **condición de económicamente dependiente** del empleado de fincas urbanas respecto de la comunidad de propietarios.
c) El **objeto** y **causa del contrato**, siendo imprescindible que se precise el contenido de la prestación del empleado de fincas urbanas que sea trabajador autónomo económicamente dependiente, quien asumirá el riesgo y ventura de la actividad. Se fijará la contraprestación económica asumida por la comunidad de propietarios en función del resultado, en la que se incluirá la periodicidad y el modo de las prestaciones.
d) Se determinará la **duración máxima de la jornada de la actividad**, incluyendo su distribución semanal y si esta se computa por mes o por año, así como el régimen de la interrupción anual de la actividad, del descanso semanal y de los festivos.
Si se trata de una empleada de fincas urbanas que haya sido **víctima de la violencia de género** se deberá indicar la distribución semanal y la adaptación del horario de actividad para hacer efectiva su protección o su derecho a la protección social integral.
e) Es necesario que se especifique el **acuerdo de interés profesional** que sea aplicable, siempre y cuando el empleado de fincas urbanas que sea trabajador autónomo económicamente dependiente haya dado expresamente su consentimiento para estar afectado por el contenido del mencionado acuerdo.

Otras cláusulas Asimismo, las partes podrán incluir en el contrato cualquier otra cláusula que consideren oportuna, como: **6280**
1. La **fecha** de comienzo y **duración** de la vigencia del contrato y de las prestaciones.
2. La **duración del preaviso** con la que la comunidad de propietarios o el empleado de fincas urbanas han de comunicar a la otra parte su desistimiento o su voluntad de extinguir su contrato.
3. La **cuantía de la indemnización** a la que las partes tendrán derecho por extinción del contrato, a menos que su importe se determine en el acuerdo de interés profesional que sea aplicable.

4. La forma en la que las partes mejorarán la **efectividad de la prevención de riesgos laborales**.
5. Las condiciones aplicables en el supuesto de que el empleado de fincas urbanas que sea **trabajador autónomo económicamente dependiente** dejase de cumplir el requisito de dependencia económica respecto de la comunidad de propietarios.

6281 **Afiliación a la Seguridad Social** El empleado de fincas urbanas en calidad de trabajador autónomo económicamente dependiente, tiene la obligación de afiliarse al sistema de la Seguridad Social. Esta afiliación será **única para su vida profesional**, sin perjuicio de las **altas y bajas** en los distintos regímenes que integran el sistema de Seguridad Social, así como de las demás variaciones que puedan producirse con posterioridad a la afiliación.
La **obligación de cotizar** al régimen especial de Seguridad Social de los trabajadores por cuenta propia o autónomos le corresponde al empleado de fincas urbanas que sea trabajador autónomo económicamente dependiente.
La Ley de Presupuestos Generales del Estado establece **bases de cotización** diferenciadas para los trabajadores autónomos económicamente dependientes.

6282 **Acción protectora del régimen especial de Seguridad Social** La acción protectora del régimen especial de Seguridad Social de los trabajadores por cuenta propia o autónomos, incluye:
La **asistencia sanitaria** en los casos de maternidad, enfermedad común o profesional y accidentes, sean o no de trabajo.
Las **prestaciones económicas** en las situaciones de incapacidad temporal, riesgo durante el embarazo, maternidad, paternidad, riesgo durante la lactancia, incapacidad permanente, jubilación, muerte y supervivencia y familiares por hijo a cargo.
Los empleados de fincas urbanas que sean trabajadores autónomos económicamente dependientes deberán incorporar obligatoriamente la **cobertura de la incapacidad temporal** y de los **accidentes de trabajo y enfermedades profesionales** de la Seguridad Social.
Se entiende por **accidente de trabajo** toda lesión corporal del trabajador autónomo económicamente dependiente que sufra con ocasión o por consecuencia de la actividad profesional, considerándose también accidente de trabajo el que sufra el trabajador al ir o volver del lugar de la prestación de la actividad, o por causa o consecuencia de la misma. Salvo prueba en contrario, se presumirá que el accidente no tiene relación con el trabajo cuando haya ocurrido fuera del desarrollo de la actividad profesional de que se trate.
En este apartado existe una **diferencia** esencial entre los empleados de fincas urbanas que son **trabajadores autónomos** de los que son **autónomos económicamente dependientes**, ya que solo a estos últimos se les reconoce la posibilidad de sufrir accidentes de trabajo en los términos señalados en el párrafo anterior.

6283 **Cuestiones en materia de prevención de riesgos laborales** En materia de prevención de riesgos laborales no se impone la obligación de que los empleados de fincas urbanas que son trabajadores autónomos, ya sean económicamente dependientes o no, organicen su **actividad preventiva** recurriendo a un servicio de prevención ajeno o mediante cualquiera de las otras modalidades establecidas legalmente al efecto (nº 6118 s.).
Asimismo, tampoco se les exige que realicen **cursos de formación** en materia de prevención de riesgos laborales ni que se sometan a un **reconocimiento médico** específico para determinar su aptitud profesional. De hecho, no existe tipificación de infracciones administrativas por ninguno de estos motivos en contra de los trabajadores autónomos.
Las **obligaciones** enunciadas solo se imponen para el empresario, incluidas las comunidades de propietarios cuando tengan esta condición, respecto de sus trabajadores por cuenta ajena en la L 31/1995 art.30 y 31, 19 y 22.
Sin embargo, el empleado de fincas urbanas que sea **trabajador autónomo, económicamente dependiente o no**, sí estará obligado a cumplir con las obligaciones en prevención de riesgos laborales señaladas, cuando se haya comprometido al cumplimiento de todas o de alguna de ellas en el contrato privado que celebre con la comunidad de propietarios.
El Estatuto del trabajo autónomo, en materia de prevención de riesgos laborales, impone a las Administraciones públicas la obligación de realizar a favor de los trabajadores autónomos, incluidos los empleados de fincas urbanas que tengan esta condición, **actividades de promoción de la prevención, asesoramiento técnico, vigilancia y control** del cumplimiento por parte de estos de la normativa de prevención de riesgos laborales.
Dentro de estas actividades de promoción, las Administraciones públicas competentes promoverán una **formación en prevención** específica y adaptada a las peculiaridades de los empleados de fincas urbanas que sean trabajadores autónomos.

Los empleados de fincas urbanas que sean trabajadores autónomos, económicamente dependientes o no, deberán cumplir con los **deberes de cooperación, información e instrucción** (L 31/1995 art.24 aptdo.1 y 2), cuando en el edificio en que trabaja, desarrollen actividades otros empleados de fincas urbanas que también sean trabajadores autónomos y trabajadores de otra u otras empresas.

Interrupción de la actividad profesional El empleado de fincas urbanas que sea trabajador autónomo económicamente dependiente, tiene derecho a interrumpir su actividad por alguna de las siguientes **causas**: 6285

a. Mutuo acuerdo de las partes.

b. La necesidad de atender responsabilidades familiares urgentes, sobrevenidas e imprevisibles del empleado de fincas urbanas.

c. El riesgo grave e inminente para la vida o salud del trabajador autónomo económicamente dependiente.

d. Incapacidad temporal, maternidad o paternidad.

e. La situación de violencia de género, para que la empleada de fincas urbanas que sea trabajadora autónoma económicamente dependiente haga efectiva su protección o su derecho a la asistencia social integral.

f. Fuerza mayor.

Se pueden fijar **otras causas de interrupción** de la actividad profesional por medio de contrato o acuerdo de interés profesional.

El Estatuto de Trabajo Autónomo no prevé la **duración** de ninguna de las causas que se acaban de señalar por entender que el primero que está interesado en volver al trabajo y cumplir con el contenido del contrato firmado con la comunidad de propietarios, es el empleado de fincas urbanas. Ninguna de las causas de interrupción de la actividad enunciadas, **excepto** la relativa a la **fuerza mayor**, podrá fundamentar la extinción contractual por voluntad de la comunidad de propietarios. En caso contrario, se consideraría dicha extinción como una falta de justificación.

Cuando la interrupción del contrato se fundamente en la **incapacidad temporal, maternidad o paternidad** o en un supuesto de **fuerza mayor**, y dicha interrupción ocasione un perjuicio importante a la comunidad de propietarios que paralice o perturbe el normal desarrollo de su actividad, podrá considerarse justificada la extinción del contrato.

Extinción de la relación contractual Cuando el empleado de fincas urbanas es un trabajador autónomo económicamente dependiente, la relación contractual existente con la comunidad de propietarios, se extinguirá por alguna de las **causas** siguientes: 6288

1. Mutuo acuerdo de las partes.

2. Causas válidamente consignadas en el contrato, salvo que las mismas constituyan abuso de derecho manifiesto.

3. Muerte y jubilación o invalidez incompatibles con la actividad profesional, conforme a la correspondiente legislación de Seguridad Social.

4. Desistimiento del trabajador autónomo económicamente dependiente, debiendo en tal caso mediar el preaviso estipulado o conforme a los usos y costumbres.

5. Voluntad del trabajador autónomo económicamente dependiente, fundada en un incumplimiento contractual grave de la comunidad de propietarios.

6. Voluntad de la comunidad de propietarios por causa justificada, debiendo mediar el preaviso estipulado o conforme a los usos y costumbres.

7. Por decisión de la trabajadora autónoma económicamente dependiente que se vea obligada a extinguir la relación contractual como consecuencia de ser víctima de violencia de género.

8. Cualquier otra causa legalmente establecida.

Si la **resolución** contractual se produce **por la voluntad de una de las partes** fundada en un incumplimiento contractual de la otra, quien resuelva el contrato tendrá derecho a percibir la correspondiente indemnización por los daños y perjuicios ocasionados.

Cuando la resolución del contrato se produzca por **voluntad de la comunidad de propietarios sin causa justificada**, el empleado de fincas urbanas que sea trabajador autónomo económicamente dependiente tendrá derecho a percibir la indemnización a la que se hacía referencia en el párrafo anterior.

Si la resolución se produce por **desistimiento** del empleado de fincas urbanas que sea trabajador autónomo económicamente dependiente, la comunidad de propietarios podrá ser indemnizada cuando dicho desistimiento le ocasione un perjuicio importante que paralice o perturbe el normal desarrollo de su actividad.

6290 **Indemnización** Cuando la parte que tenga derecho a la indemnización sea el empleado de fincas urbanas trabajador autónomo económicamente dependiente, la **cuantía de la indemnización** será la fijada en el contrato individual o en el acuerdo de interés profesional que resulte de aplicación.

En **defecto de regulación sobre la cuantía** de esta indemnización, para su **cálculo** se atenderá entre otros factores, al tiempo restante previsto de duración del contrato, la gravedad del incumplimiento de la comunidad de propietarios, las inversiones y gastos anticipados por el empleado de fincas urbanas que sea trabajador autónomo económicamente dependiente vinculados a la ejecución de la actividad profesional contratada y el plazo de preaviso otorgado por la comunidad de propietarios sobre la fecha de extinción del contrato.

CAPÍTULO 12

Protección de datos

El régimen de propiedad horizontal tiene suficientes particularidades como para merecer un **estudio específico** en relación con la afectación de la normativa de protección de datos, máximo teniendo en cuenta que afecta a una gran mayoría de ciudadanos. **6702**

Actualmente, la **normativa** que principalmente regula en España la protección de datos es:

• Reglamento General de Protección de Datos (Rgto (UE) 679/2016 -en adelante, RGPD-).

• Ley Orgánica de Protección de datos y Garantía de Derechos Digitales (LO 3/2018 -en adelante, LOPD-).

• Ley de Servicios de la Sociedad de la Información y Comercio Electrónico (L 34/2002) con relación a las comunicaciones electrónicas y páginas web.

Ni el RGPD ni la LOPD hacen mención expresa ni a la propiedad horizontal ni a la administración de fincas. Esto no significa que dichas normativas no sean de **plena aplicación** en el ámbito de la propiedad horizontal, sino que deben aplicarse de un modo general como a cualquier otro ámbito o sector.

Por esa razón la propia Agencia Española de Protección de Datos (AEPD) ha publicado una **guía** para orientar a las Administraciones de fincas en la aplicación y cumplimiento de la normativa de protección de datos (https://www.aepd.es).

A. Conceptos básicos

El Reglamento incluye un total de veintiséis definiciones (nº 245 Memento Protección de Datos 2022-2023) entre las que destacan, a los efectos que nos ocupan: **6705**

Datos personales Significa cualquier información relacionada con una **persona física** que la identifique o la haga identificable. **6708**

Los datos personales en materia de propiedad horizontal se referirán normalmente a los datos personales de los **propietarios** de la comunidad de propietarios, esto es: el nombre, apellidos, DNI, número de piso, local y/o número de plaza de parking y coeficiente de participación, dirección, cuenta corriente, teléfono, dirección de e mail, whatsapp, etc.

También tendrán la consideración de datos personales los datos de los **trabajadores** que pueda tener la comunidad de propietarios, como conserjes, vigilantes y personal de mantenimiento en su caso: nombre, apellidos, dirección, teléfono, contrato de trabajo y nóminas, etc.

En el caso de las **administraciones de fincas**, los datos de sus trabajadores: nombre, apellidos, dirección, teléfono, contrato de trabajo y nóminas, registro de jornada, etc.

Igualmente, los datos de los **proveedores** de la comunidad de propietarios o de la administración de fincas: nombre, apellidos, dirección, teléfono, etc. También se considerarán datos personales, las **imágenes captadas por las cámaras de videovigilancia** en caso de que se hayan instalado y en general cualquier otro dato que identifique o haga identificable a un tercero.

6710 **Tratamiento de datos** Es cualquier **acción** que se realice con los datos personales, desde su recogida hasta su borrado.
Es tratamiento de datos la recogida, el registro, la organización, la estructuración, la conservación, la modificación, la cesión a terceros, la consulta, la utilización, la difusión, la grabación de imágenes, y cualquier otra forma de acceso, cotejo o interconexión, limitación, supresión, bloqueo o destrucción. Habrá tratamiento tanto si estas acciones se realizan de **manera manual como de manera automatizada** a través de herramientas informáticas.

6712 **Responsable del tratamiento** Es quien lleva a cabo el tratamiento de los datos personales en nombre propio y, por tanto, tiene el poder y la responsabilidad de **gestionar y custodiar** los datos personales que necesita para el desarrollo de sus actividades.
El responsable del tratamiento es la **comunidad de propietarios** respecto de los datos de los propietarios que la componen, de los datos de sus trabajadores, de los de sus proveedores y de las imágenes captadas por las cámaras de videovigilancia instaladas.
La **administración de fincas** es responsable de tratamiento de los datos de sus propios clientes, trabajadores, proveedores, etc.

6714 **Encargado de tratamiento** Son aquellos **proveedores** a los que la comunidad de propietarios facilita el acceso a los datos personales que son de su responsabilidad para que le puedan prestar servicios que no pueda llevar a cabo por sí mismos.
La administración de fincas, cuando dicho cargo no sea ejercido por un propietario, sino por **personas físicas** con cualificación profesional suficiente y legalmente reconocida para ejercer dichas funciones o **corporaciones y otras personas jurídicas** en los términos establecidos en el ordenamiento jurídico (LPH art.13), actuará como encargado del tratamiento para el mantenimiento de la relación de los diversos propietarios con la comunidad de propietarios. Es preciso que esta disponga de determinados **datos de los propietarios**, indispensables para que aquella pueda llevar a cabo sus funciones (TS 25-3-14, EDJ 42888; AEPD Inf 97/2017).
La **administración de fincas** es, por tanto, un encargado de tratamiento respecto de los datos que gestiona de la comunidad de propietarios. Aunque suele ser el encargado de tratamiento más importante de la comunidad de propietarios, no significa que tenga que ser el único, ya que puede tener **otros** como, por ejemplo, la empresa que gestiona las cámaras de videovigilancia, o la empresa que gestiona los riesgos laborales de los trabajadores de la comunidad de propietarios, la asesoría laboral en caso de que subcontrate este servicio para la gestión de las nóminas de los trabajadores que haya contratado así como otras empresas que presten servicios a la comunidad para los que necesite tratar los datos personales de los propietarios o arrendatarios de los pisos.
Por su parte, la administración de fincas también podrá tener, en cuanto **responsable de tratamiento**, sus propios encargados de tratamiento.

6716 **Agencia Española de Protección de Datos (AEPD)** En España, la **autoridad de control** con competencias para investigar el cumplimiento de la normativa de protección de datos y, en su caso, sancionar a las comunidades de propietarios y a las administraciones de fincas es la Agencia Española de Protección de Datos (https://www.aepd.es).
En España existen, además, **dos agencias** más de control, la Agencia Catalana de Protección de Datos, la Agencia Vasca de Protección de Datos y el Consejo de Transparencia y Protección de Datos de Andalucía, cuyo **ámbito de actuación** se circunscribe a sus respectivos territorios y en lo que respecta a administraciones o entidades públicas, por lo que, en principio, no son los órganos competentes en relación con las comunidades de propietarios o a las administraciones de fincas.

B. Comunidad de propietarios

6725 Teniendo en cuenta que la comunidad de propietarios se constituye en un **ente con personalidad jurídica propia**, al margen de cada uno de los propietarios que la componen, y que como tal ente es quien determina los fines y medios del tratamiento de los datos personales (RGPD art.4.7), se entiende que, en términos de protección de datos, se constituye como el responsable del tratamiento de los datos personales que trata para su funcionamiento y el cumplimiento de sus compromisos y obligaciones.

6728 **Como responsable del tratamiento de datos personales** La comunidad de propietarios es, por tanto, quien **controla**, determina las **medidas de seguridad** y el cumplimiento de la normativa de protección de datos y, en consecuencia, asume la responsabilidad de los tratamientos que realice en nombre propio.

La comunidad de propietarios es responsable del tratamiento de los **datos personales de los propietarios** que la componen, así como de los datos de los **proveedores o trabajadores** que pueda contratar en nombre propio. Igualmente será responsable de las imágenes captadas por las **cámaras de videovigilancia** que pueda haber instalado en la finca y cuantos otros datos personales traten en nombre propio.
La comunidad de propietarios determinará las **medidas técnicas y organizativas** apropiadas que deben aplicar a fin de garantizar y acreditar que el tratamiento es conforme con el RGPD y la LOPD (LOPD art.28.1). Esto no significa que lo tenga que hacer por sí misma, podrá contratar el correspondiente asesoramiento en materia de protección de datos para asegurar el cumplimiento de esta normativa, aunque conservará la responsabilidad última.
En caso de que una finca constituida en comunidad de propietarios tenga además un **garaje** y este se constituya en una comunidad de propietarios independiente, hay que tener en cuenta que la comunidad de propietarios del garaje será un responsable de tratamiento independiente y que, por tanto, tendrá que cumplir, por sí misma y con independencia, con las obligaciones que impone la normativa de protección de datos a todos los responsables de tratamiento.

Obligaciones principales de la comunidad de propietarios en materia de protección de datos 6730 Se enumeran las siguientes:
a) Cumplimiento del **deber de secreto o confidencialidad** respecto de los datos personales que trata (nº 6810).
b) Firmar un **contrato de encargo de tratamiento** con su administración de fincas que legitime a esta a acceder a los datos personales de su responsabilidad, con el compromiso de tratar dichos datos únicamente para ejercer sus funciones de administración de la finca con la confidencialidad y seguridad adecuadas (nº 6740). La administración de fincas podrá colaborar y asesorar a la comunidad de propietarios para el cumplimiento de sus obligaciones en materia de protección de datos.
c) Firmar contratos de encargo de tratamiento con otros **proveedores** que puedan tener acceso a datos (nº 6754).
d) Elaborar y conservar actualizado un **registro de actividades de tratamiento** de datos personales (nº 6825).
e) Cumplimiento del **deber de información** en la recogida de datos personales (nº 6790).
f) Cumplimiento de la obligación de garantizar la **calidad de los datos personales** que trata, asegurando que sean adecuados y veraces y que por tanto deben se mantengan deben estar actualizados y correctos en el tiempo (nº 6805).
g) Cumplimiento de la **obligación de conservación** de los datos personales únicamente durante los plazos en que conserve legitimación (nº 6978).
h) Tomar las **medidas de seguridad** necesarias para garantizar el cumplimiento de las obligaciones previstas en la normativa de protección de datos personales.
i) Notificar a la AEPD las violaciones o **brechas de seguridad** en caso de padecerlas, así como a los afectados, en su caso (nº 7078).
j) Informar a sus empleados sobre el tratamiento de sus datos personales, así como de sus **derechos y obligaciones** en materia de protección de datos.
k) Firmar **contratos de confidencialidad** con aquellos proveedores que accedan físicamente a la comunidad y que no tengan la condición de encargados de tratamiento o a cualquiera de sus pisos, garajes o zonas comunes para llevar a cabo sus servicios (nº 6754).

Tratamiento de datos de los trabajadores contratados por la comunidad de propietarios 6732 (RGPD art.6.1.b) La comunidad de propietarios puede tratar los datos personales de los trabajadores que contrate legitimada por la existencia de la **relación contractual laboral** entre estos y la propia comunidad de propietarios.
Igualmente, tiene la obligación de cumplir su **deber de información** en relación con el tratamiento de sus datos personales, así como el deber de comunicarle las **medidas de seguridad** que deba tener en cuenta en el desempeño de su puesto de trabajo.
Los administradores de fincas también tienen la obligación de llevar a cabo un registro de actividades indicando los tratamientos llevados a cabo en las comunidades de vecinos, así como disponer del **protocolo** idóneo para la respuesta al ejercicio de los derechos de los ciudadanos.

Precisiones 1) En el nº 9210 se adjunta **modelo de documento informativo y compromiso de confidencialidad** para conserjes, porteros o conserjes.
2) Se presenta modelo de **política de seguridad y protección de datos** para empleados de la comunidad de propietarios (porteros, conserjes o vigilantes) en el nº 9215, al cual nos remitimos.

C. Administración de fincas

6735 Los administradores de fincas pueden actuar:
- como encargados de tratamiento de datos (nº 6738); o
- como responsables de tratamiento de datos (nº 6750).

1. Como encargado de tratamiento de datos personales

(RGPD art.4.8)

6738 El administrador de fincas que **actúe por cuenta de la comunidad de propietarios** ocupará la posición de encargado de tratamiento en tanto en cuanto trata, por cuenta de aquella, los datos personales que son de su responsabilidad.

El encargado de tratamiento es un **proveedor con acceso a datos** que actúa según las instrucciones del responsable de tratamiento, en este caso la comunidad de propietarios, lo que implica que la comunidad de propietarios podrá tener además **otros encargados de tratamiento**, como podría ser, en su caso, la gestoría que prepare las nóminas de los conserjes u otros trabajadores que pudiera tener contratados, o la empresa que gestiona las cámaras de videovigilancia, por ejemplo.

La comunidad de propietarios se deberá asegurar de que la administración de fincas que elija, así como cualquier otro encargado de tratamiento que pudiera contratar, ofrezcan las suficientes **garantías de cumplimiento** de la normativa de protección de datos incluyendo su capacidad de tomar las **medidas de seguridad técnicas y organizativas** necesarias (RGPD considerando 81 y art.28.1) para que, en definitiva, garantice la protección de los datos de los interesados a los que les facilite el acceso para la prestación de sus servicios.

6740 **Contrato de encargo de tratamiento** Lo que determina esta condición de encargado de tratamiento de la administración de fincas es la existencia de un contrato de encargo de tratamiento **anexo, o independiente del contrato de prestación de servicios** firmado con la comunidad de propietarios, en el que necesariamente se establezca el objeto, la duración, la naturaleza y la finalidad de los tratamientos, el tipo de datos personales que se tratarán, las categorías de interesados, las obligaciones y derechos del responsable, así como las obligaciones y derechos del encargado de tratamiento. Por tanto, es necesario que esta relación se vincule en un **documento escrito** para que se pueda acreditar su existencia y contenido (RGPD art.28.3).

Precisiones En el nº 9180 se adjunta un **modelo** de contrato de encargo de tratamiento entre la comunidad de propietarios y la administración de fincas.

6742 **Estipulaciones** Dicho contrato o acto jurídico estipulará, en particular, que la administración de fincas como encargado de tratamiento:

a) Tratará los **datos personales** que sean responsabilidad de la comunidad de propietarios, únicamente siguiendo las instrucciones dadas por esta (RGPD art.29) y con el objetivo de cumplir con sus atribuciones como administrador de fincas.

b) La administración de fincas no utilizará los datos personales responsabilidad de la comunidad de propietarios con **otras finalidades** no previstas contractualmente, ni las comunicará a terceros sin autorización expresa de la comunidad de propietarios. En este sentido, deberá constar en el contrato de encargo de tratamiento la autorización para que la administración de fincas pueda **subcontratar** a aquellas empresas o terceros para realizar alguno de sus cometidos siempre que ello implique que deba comunicarles datos personales que sean de responsabilidad de la comunidad de propietarios (RGPD art.28.2). En estos casos, la administración de fincas impondrá a este otro encargado subcontratado, en un contrato las **mismas obligaciones** de protección de datos que las estipuladas en el contrato entre la comunidad de propietarios y la administración de fincas (RGPD art.28.4).

c) Garantizará que las personas autorizadas para tratar datos personales se hayan comprometido a respetar la **confidencialidad** o estén sujetas a una obligación de confidencialidad por motivo de su puesto de trabajo o profesión; Esto significa que, por ejemplo, la administración de fincas deberá obtener un compromiso de confidencialidad por parte de sus trabajadores, así como su deber de secreto en relación con los datos personales de los comuneros que conozcan por razón de su trabajo (RGPD art.28.3 b).

d) Tomará todas las **medidas técnicas y organizativas** necesarias para asegurar la privacidad de los datos personales a los que tenga acceso.

e) Asistirá y asesorará a la comunidad de propietarios en el cumplimiento de sus obligaciones en materia de protección de datos, incluida la de **responder a las solicitudes** de ejercicio de los derechos de los interesados.

Devolución de ficheros y documentación Al término de la relación entre el administrador de fincas y la comunidad de propietarios, aquel devolverá todos los ficheros y documentación en los que consten datos de carácter personal (ficheros de propietarios, libros de actas, etc.). No obstante, el administrador podrá **conservar**, tomando las medidas técnicas necesarias para que queden debidamente **bloqueados**, los datos personales a los que haya tenido conocimiento por su relación con la comunidad de propietarios (LOPD art.32) durante el tiempo necesario para la prescripción de posibles responsabilidades. 6744

Obligaciones principales de la administración de fincas cuando actúe como encargado de tratamiento La administración de fincas, en su rol de encargado de tratamiento, tiene como principales obligaciones las siguientes: 6746

a) Firmar el **contrato de encargado de tratamiento** con la comunidad de propietarios para legitimar el tratamiento de los datos personales que son responsabilidad de esta.

b) Tratar los **datos personales** de la comunidad de propietarios siguiendo las instrucciones recogidas en el contrato de encargo de tratamiento.

c) Tratar los datos personales de la comunidad de propietarios exclusivamente para **realizar su cometido y para los fines autorizados** por la comunidad de propietarios.

d) Cumplimiento del deber de **secreto profesional** como administrador de fincas y el deber de confidencialidad requerido por la normativa de protección de datos (nº 6810).

e) Tomar las **medidas de seguridad** previstas en el contrato de encargado de tratamiento.

f) Elaborar y conservar actualizado un **registro de actividades de tratamiento** (nº 6825) como encargado de tratamiento de cada comunidad de propietarios para la que actúe.

g) Garantizar el cumplimiento del principio de **calidad de los datos** de la comunidad de propietarios (nº 6805).

h) **Asistir a la comunidad de propietarios** en materia de protección de datos.

2. Como responsable de tratamiento de datos personales

La administración de fincas actuará como responsable de tratamiento de los datos que no trate como encargado de tratamiento de las comunidades de propietarios, es decir de todos aquellos **datos que trate en nombre propio** y sobre los cuales determine los fines y medios del tratamiento. Por tanto, actuará de responsable de tratamiento de los datos de su **propio personal**, de las **comunidades de propietarios** que gestionan y los datos de sus empleados o proveedores y otros que pudiera tratar. 6750

Cuando la administración de fincas actúe como responsable de tratamiento deberá cumplir con todas las obligaciones que establece la normativa de protección de datos para estos sujetos (nº 6751).

Obligaciones principales de la administración de fincas cuando actúe como responsable de tratamiento Se enumeran las siguientes: 6751

a) Llevar a cabo un **análisis de riesgos** (nº 6840) para valorar qué medidas técnicas y organizativas es necesario que tome para garantizar el cumplimiento de las obligaciones previstas en la normativa de protección de datos personales.

b) Firmar **contratos de encargo de tratamiento** (nº 6740) con aquellos proveedores que puedan tener acceso a datos de su responsabilidad.

c) Elaborar y conservar actualizado un **registro** de sus propias actividades de tratamiento (nº 6825).

d) Cumplimiento del **deber de información** en la recogida de datos personales (nº 6790).

e) Cumplimiento del **deber de secreto** o confidencialidad respecto de los datos personales que trata (nº 6810).

f) Cumplimiento de la obligación de garantizar la **calidad de los datos** personales que trata (nº 6805), asegurando que sean adecuados y veraces y que por tanto deben se mantengan deben estar actualizados y correctos en el tiempo.

g) Cumplimiento de la obligación de **conservación de los datos personales** (nº 6978) únicamente durante los plazos en que se mantenga vigente la legitimación para su tratamiento.

Tratamiento de datos de los trabajadores de la administración de fincas Los administradores de fincas realizan múltiples tratamientos de datos de carácter personal cuando actúan por cuenta de las comunidades de propietarios. 6752

Desde la perspectiva de la normativa de protección de datos de carácter personal, están **legitimados** para tratar y disponer de los datos de los copropietarios que resulten necesarios para la gestión ordinaria de los asuntos de la comunidad, ya que actúan en relación con las comunidades a las que prestan servicios como encargados de tratamiento.

Precisiones 1) El **modelo** de documento informativo y **compromiso de confidencialidad** para trabajadores de la administración de fincas es objeto de desarrollo en el nº 9220.
2) Se adjunta **modelo política de seguridad y protección de datos** para entregar a trabajadores de la administración de fincas en el nº 9225, al cual nos remitimos.

6753 **Obligaciones en materia de cookies para páginas web de administración de fincas** En caso de que la administración de fincas utilice cookies en su página web, debe tener en cuenta que el **usuario de la web** tiene la potestad de aceptar o no y, de una manera sencilla, las cookies que no son imprescindibles para el funcionamiento de la web. Por tanto, cuando un usuario/a entra por primera vez y, como paso previo al acceso al contenido de la web, debe aparecerle un **mensaje tipo** *banner* donde se le dé la posibilidad de aceptar, o no, las cookies no estrictamente funcionales o técnicas que tiene la web, es decir las cookies analíticas, de marketing o publicitarias.
La web debe contar con un *plugin* para permitir al usuario **aceptar** las cookies de la web que no sean estrictamente necesarias.

Precisiones Ver **guía de cookies 2023**, publicado por la AEPD (https://www.aepd.es).

3. Otros proveedores de la comunidad de propietarios

6754 Aquellos proveedores que deban **acceder a las zonas comunes o incluso a las privativas** de cualquier propietario para realizar cualquier trabajo de reparación o mantenimiento, deberán someterse a un **contrato de confidencialidad** respecto a los datos personales que pueda o deba conocer necesaria o accidentalmente para la ejecución del servicio contratado. Es el caso, por ejemplo, de empresas de construcción, reparación, limpieza o mantenimiento de cualquier otra naturaleza.
En determinadas ocasiones podría no estar claro si un proveedor de la comunidad de propietarios es un **encargado de tratamiento** o no. Los proveedores que realizan **lectura de contadores**, por ejemplo, podrían ser encargados de tratamiento en determinadas circunstancias, dependiendo de si el tratamiento de datos personales es la clave del servicio o no. Cuando dicho tratamiento de datos sea la **clave del servicio** sí que estaremos ante un encargo de tratamiento y, por tanto, se deberá firmar un contrato de encargo de tratamiento, en caso contrario será un proveedor con acceso al edificio que deberá, en su caso, firmar un contrato de confidencialidad (CEPD Inf 7/2020).

Precisiones 1) En el nº 9205 se adjunta un **modelo** de contrato entre la comunidad de propietarios y proveedor de servicios con acceso físico a zonas comunes de la comunidad o privativas de algún propietario, pero sin tratamiento de datos.
Este tipo de contrato es necesario para comprometer a este tipo de proveedores para que actúen respetando los **principios de confidencialidad y protección de datos**.
2) Ver **modelo** contrato de encargo de tratamiento de datos para proveedores distintos a la Administración de fincas en el nº 9180 apartado B.

D. Principios sobre protección de datos

(RGPD art.5)

6755 En lo relativo al tratamiento de datos personales dentro del ámbito de la propiedad horizontal, se deben aplicar los **principios generales** de protección de datos (nº 500 s. Memento Protección de Datos 2022-2023), es decir:
- que el tratamiento se haga de manera **lícita, leal y transparente**;
- que los datos sean recogidos con **fines determinados, explícitos y legítimos**;
- que los datos tratados sean los **adecuados, pertinentes y limitados** a lo necesario en relación con los fines para los que son tratados;
- que se mantengan **exactos** y únicamente durante el tiempo que sean necesarios, garantizando su integridad y seguridad.

Hay que resaltar también, en lo que a principios se refiere:
- la exactitud de los datos tratados;
- el deber de confidencialidad en relación con los mismos;
- el tratamiento basado en el consentimiento o por obligación legal; y
- lo relativo al tratamiento de las categorías especiales de datos, en su caso (LOPD art.4 a 9).

1. Responsabilidad proactiva

El principio de responsabilidad proactiva se constituye como la base del cumplimiento de la normativa de protección de datos por la cual tanto los responsables de tratamiento como los encargados deben **diseñar sus propias medidas** adaptadas a la realidad de los tratamientos de datos personales que realicen y los riesgos que estos generen. 6760
Las comunidades de propietarios y las administraciones de fincas no solo están obligados al **cumplimiento de los principios** legalmente previstos en materia de protección de datos, sino que además deben ser capaces de poder demostrar dicho cumplimiento. Por tanto, a la hora de decidir qué medidas se van a tomar, debe tenerse en cuenta que el cumplimiento de los principios previstos en la normativa de protección de datos personales tendrá que ser no solo **eficaz sino demostrable** (RGPD art.5.2 y considerando 74).
Dentro de estas medidas de proactividad destacan la protección de datos **desde el diseño** (nº 6770), o sea las medidas que debe tomar la comunidad de propietarios o la administración de fincas para cumplir con los principios de protección de datos desde antes de iniciar cualquier tratamiento (RGPD art.25.1) o la protección de datos **por defecto** (nº 6775), es decir limitando los tratamientos a aquellos que sean estrictamente necesarios, en relación únicamente a aquellos datos personales necesarios para el fin legítimo perseguido por el tratamiento, durante el mínimo tiempo necesario y únicamente por las personas que necesariamente deban intervenir en el tratamiento (RGPD art.25.2).

Otras medidas en cumplimiento de la proactividad Además, las comunidades de propietarios o las administraciones de fincas podrán tomar otras medidas en cumplimiento de la proactividad exigida por la normativa. Entre ellas: 6764
- la elaboración y aplicación de una **política de protección de datos**;
- la **designación** de un delegado de protección de datos pese a no encontrarse obligado por el RGPD ni la LOPD; y,
- en general, todas aquellas medidas que traten de **garantizar la seguridad de los datos** tratados y en definitiva el cumplimiento de la normativa de protección de datos personales.

También se considerará como cumplimiento de la responsabilidad proactiva la **colaboración con la AEPD** en caso de cometer infracciones de la normativa de protección de datos.

a. Protección de datos desde el diseño

Tanto las comunidades de propietarios como las administraciones de fincas, cuando actúen como responsables de tratamiento, están obligadas a adoptar **políticas internas** y aplicar **medidas técnicas y organizativas** desde el diseño para poder demostrar el cumplimiento de la normativa de protección de datos (RGPD considerando 78). 6770
La protección de datos desde el diseño obliga a que las comunidades de propietarios y las administraciones de fincas, cuando actúen como responsables de tratamiento, prevean y preparen las medidas técnicas y organizativas que sea necesaria aplicar para **garantizar la seguridad de cualquier tratamiento** de datos personales que vayan a realizar antes de que se produzcan dichos tratamientos.
Para diseñar estas medidas técnicas y organizativas, la comunidad de propietarios y las administraciones de fincas deberán tener en cuenta, el estado de la técnica, el coste de la aplicación de las medidas, la naturaleza, el ámbito y el contexto y fines del tratamiento, así como la probabilidad y gravedad de los riesgos que puedan entrañar dichos tratamientos para los derechos y libertades de las personas afectadas (RGPD art.25). Por tanto, deberán ser medidas dimensionadas a la realidad de la comunidad de propietarios o de la administración de fincas en cuanto a su **coste técnico y económico** de aplicación, debiendo ser proporcionadas a la probabilidad y gravedad del riesgo que se pretenda evitar. Precisamente esa protección de datos desde el diseño obliga a que cada comunidad de propietarios o cada administración de fincas diseñe, en virtud del principio de responsabilidad proactiva, las medidas que estime convenientes para garantizar el cumplimiento de las exigencias de la normativa de protección de datos según su realidad y según el **tipo y modo de tratamientos** de datos que vayan a realizar.

Medidas concretas (RGPD art.25.1) El Reglamento propone que el responsable de tratamiento tenga en consideración, en especial, algunas medidas concretas. 6772
a) La primera de ellas es la **seudonimización de los datos personales** para determinados tratamientos. La seudonimización es un proceso por el cual la información personal deja de poder identificar a una persona concreta si no se utiliza una información adicional. Es decir, se trata de cambiar los datos identificativos de una persona por un seudónimo, clave, código, etc., para que el tratamiento sea más seguro. Únicamente mediante esa **información adicional**

podrá revertirse la medida para poder volver a relacionarse la información personal con el individuo al que pertenece.
b) La otra medida propuesta por el RGPD y que deberán tener en cuenta las comunidades de propietarios y la administración de fincas es la **minimización de los datos**. La minimización de los datos supone que deben realizarse los tratamientos estrictamente necesarios y que a su vez afecten únicamente a los datos personales que sean adecuados, pertinentes y limitados para llevar a cabo dichos tratamientos (RGPD art.5.1.c).

b. Protección de datos por defecto

6775 Tanto las comunidades de propietarios como las administraciones de fincas, cuando actúen como responsables de tratamiento, están obligadas a aplicar **medidas técnicas y organizativas** para garantizar que, por defecto, solo sean objeto de tratamiento única y exclusivamente los datos personales que sean necesarios para cada tratamiento que lleven a cabo (RGPD art.25.2) estando, por tanto, vinculado este principio al cumplimiento del principio de minimización de los datos (RGPD art.5.1.c). Esto supone que las comunidades de propietarios y las administraciones de fincas deben tener en cuenta este principio como criterio a la hora de decidir qué medidas deben adoptar, optando por aquellas que garanticen que se tratará únicamente los datos personales que sean necesarios, durante el **tiempo imprescindible** y por el **mínimo de personas** posible.

2. Licitud del tratamiento de los datos

6780 Cualquier tratamiento de datos personales que realice la comunidad de propietarios deberá realizarse de forma lícita y leal (RGPD considerando 39). Para que el tratamiento sea lícito, los datos personales deben ser tratados con el **consentimiento** del interesado o sobre alguna otra base legítima establecida conforme a derecho, ya sea en el RGPD, la LOPD, o por la necesidad de cumplir la normativa de propiedad horizontal u otra obligación legal aplicable al responsable del tratamiento (RGPD considerando 40).

6782 **Legitimación para el tratamiento de datos personales** El tratamiento de datos que realiza la comunidad de propietarios respecto a los datos de los propietarios que la integran es **lícito** en cuanto se realice para dar cumplimiento a las disposiciones de la normativa que regula la propiedad horizontal (RGPD art.6.1.c; LOPD art.8.1). Es decir, la propia obligación que tiene la comunidad de propietarios de cumplir la normativa de propiedad horizontal le legitima para el tratamiento de datos personales de sus propietarios. Por tanto, no es necesario contar con el **consentimiento** de los propietarios para que la comunidad de propietarios trate sus datos personales. No obstante, esta legitimación no es absoluta porque el tratamiento de datos debe realizarse dentro de los **límites** que marca el RGPD y la LOPD y únicamente para cumplir los fines establecidos en la citada normativa de propiedad horizontal. En cambio, el tratamiento de los **datos personales de los propietarios** más allá de lo establecido en la normativa de propiedad horizontal, o en otros supuestos de obligación legal, requerirá del consentimiento expreso del interesado para ser lícito (RGPD art.6.1.a). Este consentimiento deberá cumplir, además, todos los requerimientos previstos en la normativa de protección de datos, es decir debe ser una **manifestación de voluntad** libre, específica, informada e inequívoca (LOPD art.6.1).

6784 **Contrato de encargo de tratamiento** El tratamiento de datos de los propietarios y otros datos personales responsabilidad de la comunidad de propietarios que realice la administración de fincas será **lícito** en virtud del contrato de encargo de tratamiento que regule su relación con la comunidad de propietarios.
Estos tratamientos serán **legítimos** en tanto en cuanto se limiten al cumplimiento de lo contemplado en el contrato entre la comunidad y la administración de fincas. Por tanto, **no es necesario el consentimiento de los propietarios** para que la administración de fincas trate sus datos personales dentro del ejercicio de sus funciones y siempre que estas funciones se encuentren dentro de las previstas por la normativa de propiedad horizontal. No obstante, para que la administración de fincas, o cualquier otro proveedor de la comunidad de propietarios, realice legítimamente tratamientos de datos de carácter personal en el ejercicio de sus funciones, pero que estén **fuera de lo contemplado en la normativa** que regula la propiedad horizontal, deberá contar con el consentimiento especifico informado e inequívoco de los afectados.

Datos adecuados, pertinentes y limitados (RGPD art.5) El tratamiento de los datos de los propietarios será legítimo siempre que dichos datos sean adecuados, pertinentes y limitados a lo necesario para **cumplir con las necesidades de la comunidad** de propietarios o de las del administrador de fincas en el desarrollo de su encargo. Por tanto, lo normal es que estos se limiten, principalmente, a los nombres de los propietarios, DNI u otros documentos de identificación en caso de extranjeros, números de teléfono, direcciones, correos electrónicos, cuentas bancarias, coeficiente de participación en la comunidad, aunque nada impide que se dispongan de **otros** siempre y cuando sean en calidad de propietarios y no resulten excesivos para la actividad habitual de las comunidades. 6786

3. Deber de información

El deber de información que tienen todos los responsables de tratamiento supone que se debe poner **a disposición de los interesados** cierta información relativa al tratamiento de sus datos en el momento en que se soliciten y, por tanto, con carácter previo a su a recogida o registro, si es que los datos se obtienen directamente del interesado. 6790

En el caso de que los **datos no se obtengan del propio interesado**, porque se han obtenido de otra manera legítima, o de fuentes de acceso público, el responsable de tratamiento también deberá facilitar la información correspondiente a los interesados en un plazo razonable, esto es, antes de un mes desde que se obtuvieron los datos personales, antes o en la primera comunicación con el interesado, o antes de que los datos, en su caso, se hayan comunicado a otros destinatarios.

La comunidad de propietarios o la administración de fincas en su nombre, deberá cumplir con el deber de información que el RGPD impone a los responsables de tratamiento en el momento de recabar datos personales de un propietario, o de cualquier otra persona. Dicha información se debe **facilitar al propietario o al interesado** en el momento en que se le solicitan sus datos personales (RGPD art 13.1; LOPD art.11.1).

Contenido La información que debe facilitarse como mínimo, es la siguiente: 6792

a) Datos de identificación de la comunidad de propietarios responsable, o de la Administración de fincas cuando actúe como responsable de tratamiento.

b) Finalidad del tratamiento de los datos personales.

c) La base legal que legitima el tratamiento de sus datos personales (p.e. cumplimiento de la normativa de propiedad horizontal, en su caso, el interés legítimo de la comunidad de propietarios (RGPD art.6.1.f), etc.

d) Destinatarios de sus datos, o sea a quien van a comunicarse sus datos (p.e. nombre de la administración de fincas).

e) Durante qué plazo van a conservarse sus datos personales.

f) Cuales son sus derechos en relación a sus datos personales y donde dirigirse para ejercerlos.

g) Fuente en la que se obtuvieron los datos, en caso de no haberse obtenido directamente del interesado.

Toda esta información deberá facilitarse al interesado de **manera sencilla, concisa, transparente, inteligible**, utilizando un lenguaje claro y sencillo (RGPD art.12.1) pero sin que ello suponga ningún menoscabo de los principios de licitud, lealtad y transparencia (RGPD art.5.1.a).

Presentación de la información por capas Para hacer compatible la cantidad de información que exige facilitar el RGPD y la LOPD, con la concisión y comprensión en la forma de presentarla, así como con los citados principios de licitud, lealtad y transparencia que exige el mismo RGPD, la AEPD recomienda adoptar un modelo de información por capas o niveles que consiste en presentar en el **mismo momento y medio** en que se recogen u ofrecen los datos personales la **información esencial** y de manera resumida exigida por el RGPD y remitir a un segundo nivel o capa, que puede ser **en otro medio** (una política de privacidad ampliada disponible en documento anexo, o en una web, o en otro medio que se pueda solicitar a través de un correo electrónico, por ejemplo) todo el **detalle y extensión** de la información que se ha de facilitar al interesado. 6794

En la **primera capa** o nivel de información debe, por tanto, facilitarse en forma de clausula informativa insertada en la documentación donde se recogen o incluyen datos personales la información básica relativa al tratamiento de datos personales de la comunidad de propietarios o de la administración de fincas cuando esta actúe como responsable de tratamiento.

En la **segunda capa** o nivel ha de presentarse la misma información que se ha ofrecido en la primera capa, pero desarrollada de manera detallada y ampliada e incluyendo también el resto de información adicional que requiere el RGPD y que no estaba presente en la primera capa.

Precisiones La AEPD publicó una **guía** para la interpretación del deber de informar de los responsables de tratamiento, facilitando unos **modelos** prácticos.
https://www.aepd.es/sites/default/files/2019-09/guia-modelo-clausula-informativa.pdf

6796 **Información a incluir en la cláusula informativa como primera capa** Se debe facilitar la siguiente información de manera escueta y resumida:

a) **Nombre** del responsable de tratamiento de los datos personales.
b) Finalidad o **finalidades** del tratamiento.
c) **Base legal** que legitima los tratamientos que se realicen.
d) **Destinatarios** de los datos. Indicar brevemente a quien se van a comunicar los datos personales de los interesados.
e) **Derechos**. Hacer una referencia a la posibilidad de los interesados de ejercer sus derechos.
f) Informar de la existencia de un **delegado de protección de datos**, en caso de haber sido designado.

Precisiones **1)** Esta cláusula informativa debería incorporarse en toda aquella documentación de la comunidad de propietarios o de la administración de fincas, cuando actúe como **responsable de tratamiento**, que recoja o contenga datos personales.
Un ejemplo son las **convocatorias** y las **actas de junta de propietarios**. En ellas al incluirse los datos personales de los propietarios es necesario incluir esta cláusula informativa en el que se incluyan los datos relacionados anteriormente.
2) En el nº 9185 se presenta un modelo de clausula informativa (en primera capa) de protección de datos de una comunidad de propietarios.

6798 **Información a presentar en la cláusula informativa de segundo nivel o capa** Esta información debido a su extensión y detalle no debe incluirse en una cláusula informativa básica, sino que debe ponerse a disposición de los interesados de manera auxiliar en forma de política de privacidad.

Esta política de privacidad debe incluir todos los requerimientos informativos previstos en el RGPD y LOPD y que son los siguientes:

a) **Identificación del responsable de tratamiento**. Deben incluirse los datos detallados de identificación de la comunidad de propietarios o de la administración de fincas, así como del delegado de protección de datos en caso de haberse nombrado uno.
b) **Finalidad** del tratamiento de los datos. Describir con qué finalidad o finalidades se van a realizar cada uno de los tratamientos de datos personales.
c) **Base legal** que legitima el tratamiento de los datos. Describir en cuál de los criterios descritos en el RGPD (RGPD art.6) se fundamenta el tratamiento de los datos personales para su licitud que principalmente será el consentimiento expreso del interesado, la existencia de una relación contractual entre el afectado y la comunidad de propietarios o la administración de fincas, el cumplimiento de una obligación legal, como son las obligaciones previstas en la normativa de propiedad horizontal, el interés legítimo de la comunidad de propietarios o de la administración de fincas, etc.
d) **Plazo de conservación** de los datos. Detallar, cuando sea posible, los plazos de conservación de los datos personales tratados.
e) Categorías de **destinatarios** de los datos. Enumerar los terceros con los que se compartirán los datos del afectado y porqué motivo. Deben indicarse también los datos de los encargados de tratamiento como es el caso de la administración de fincas para las comunidades de propietarios.
f) **Derechos de los interesados**. Descripción de cuáles son los derechos que pueden ejercer los interesados frente a la comunidad de propietarios o la administración de fincas y dónde se pueden dirigir para ejercerlos. Se debe informar, además, a los interesados de la posibilidad de reclamar sus derechos ante la AEPD en caso de que sientan que la comunidad de propietarios o la administración de fincas los ha vulnerado.
g) **Procedencia** de los datos. Este apartado sobre la procedencia de los datos únicamente habrá de incluirse en el supuesto de que los datos personales no se hayan obtenidos del interesado, por proceder de alguna cesión legítima, o de fuentes de acceso público.
h) **Delegado de protección de datos**. Este apartado deberá incluirse en caso de que se haya designado un delegado de protección de datos. Habrá de indicarse cuáles son sus funciones y el medio para poder contactar con él.
i) **Información adicional**. En este apartado deberá incluirse, en su caso información adicional que se considere relevante en relación a la protección de datos.

Precisiones En el nº 9190 se presenta un **modelo de política de privacidad** (en segunda capa) de protección de datos de una comunidad de propietarios.

4. Calidad de los datos

El principio de calidad de los datos es otro de los principios que, en el tratamiento de datos personales, se aplica a la comunidad de propietarios o la administración de fincas como responsables de tratamiento. Significa que deben asegurarse de que los datos personales de los propietarios, o de cualquier otro dato personal que traten sean **adecuados y veraces**, y por tanto deben ser correctos y estar actualizados, deben haber sido obtenidos de manera lícita y legítimamente, y deben ser **tratados de un modo proporcional** y únicamente para la finalidad para la que fueron recabado (RGPD art.5 y 6; LOPD art.4.1). **6805**
No obstante, en lo referente a asegurar la calidad de los datos, la **responsabilidad** de la comunidad de propietarios o de la administración de fincas no es ilimitada, siempre que haya tomado las medidas razonables para que sigan vigentes con respecto a los fines para los que se tratan, y los **datos inexactos** hubiesen sido obtenidos directamente del interesado o los haya recibido de, por ejemplo, otra administración de fincas fruto del ejercicio del derecho a la portabilidad reconocido en el RGPD art.20 (LOPD art.4.2).

5. Confidencialidad

Tanto las comunidades de propietarios como las administraciones de fincas están sometidas al deber de confidencialidad en el tratamiento de datos de carácter personal que realicen. **6810**
Esto significa que **no pueden revelar ni dar a conocer** datos o información personal a terceros no autorizados (RGPD art.5.1.f; LOPD art.5.1) y que únicamente podrán acceder y tratar esos datos las personas debidamente autorizadas, las cuales también quedarán sometidas a dicho **deber de secreto** y confidencialidad. Esta obligación alcanza, por tanto, a los trabajadores de la administración de fincas y también a los presidentes, secretarios y otras personas autorizadas por las comunidades de propietarios.
En relación con los **administradores de fincas** este deber de confidencialidad será complementario al deber de secreto profesional inherente a su cargo (LOPD art.5.2), deber que mantendrán aun después de haber terminado sus relaciones con la comunidad de propietarios (LOPD art.5.3).
En todos los casos, tanto la comunidad de propietarios, como la administración de fincas, deberán **informar a todas las personas** que tratan los datos en su nombre, de la confidencialidad de los datos personales a los que tienen acceso en el ejercicio de sus funciones y de su obligación de guardar secreto sobre los mismos, así como sus demás obligaciones y las consecuencias de incumplirlas.

E. Delegado de protección de datos

Es un **profesional** con conocimientos y experiencia probada en materia de asesoramiento en protección de datos que debe ser designado obligatoriamente por los responsables o encargados de tratamiento de datos en determinadas circunstancias. **6815**
Las **comunidades de propietarios** no tienen obligación de designar un delegado de protección de datos ya que no se encuentran entre los sujetos obligados (RGPD art.37; LOPD art.34).
Tampoco las **administraciones de fincas** en principio tienen la obligación de designar uno por el hecho de serlo. Únicamente, en caso de cumplir algún otro supuesto de los recogidos en los citados artículos estarían obligados.
No obstante, tanto las comunidades de propietarios como las administraciones de fincas tienen la posibilidad de **designar voluntariamente** un delegado de protección de datos (LOPD art.34.2). Esta es una medida que se interpretará por la autoridad de control como una medida de cumplimiento del principio de responsabilidad proactiva y compromiso con el cumplimiento de la normativa de protección de datos personales.
En cambio, sí que están expresamente obligados a designar un delegado de protección de datos los **colegios de administradores de fincas** (LOPD art.34.1.a).
En caso de designarse un delegado de protección de datos, será obligatorio **comunicarlo** a la Agencia Española de Protección de Datos para su registro y publicación en el plazo de 10 días (LOPD art.34.3) así como cumplir con los demás requerimientos previstos en el RGPD art.37 a 39 y en la LOPD art.35 a 37.

6816 **Funciones del delegado de protección de datos** (RGPD art.39)Las funciones que debe cumplir el delegado de protección de datos son las siguientes:
a) Informar y asesorar al responsable o al encargado del tratamiento y a los empleados que se ocupen del tratamiento de las **obligaciones** que les incumben en virtud del RGPD y de otras disposiciones de protección de datos de la Unión o de los Estados miembros.
b) Supervisar el **cumplimiento** de lo dispuesto en el presente Reglamento, de otras disposiciones de protección de datos de la Unión o de los Estados miembros y de las políticas del responsable o del encargado del tratamiento en materia de protección de datos personales.
Estas funciones genéricas del delegado de protección de datos se pueden concretar en tareas de **asesoramiento y supervisión** en, entre otras, las siguientes áreas:
• Cumplimiento de **principios** relativos al tratamiento, como los de limitación de finalidad, minimización o exactitud de los datos.
• Identificación de las **bases jurídicas de los tratamientos**.
• Valoración de **compatibilidad** de finalidades distintas de las que originaron la recogida inicial de los datos.
• Existencia de **normativa sectorial** que pueda determinar condiciones de tratamiento específicas distintas de las establecidas por la normativa general de protección de datos.
• Diseño e implantación de **medidas de información** a los afectados por los tratamientos de datos.
• Establecimiento de mecanismos de **recepción y gestión de las solicitudes** de ejercicio de derechos por parte de los interesados.
• Valoración de las **solicitudes de ejercicio de derechos** por parte de los interesados.
• Contratación de **encargados de tratamiento**, incluido el contenido de los contratos o actos jurídicos que regulen la relación responsable-encargado.
• Identificación de los **instrumentos de transferencia internacional** de datos adecuados a las necesidades y características de la organización y de las razones que justifiquen la transferencia.
• Diseño e implantación de **políticas de protección de datos**.
• **Auditoría** de protección de datos.
• Establecimiento y gestión de los **registros de actividades de tratamiento**.
• **Análisis de riesgo** de los tratamientos realizados.
• Implantación de las medidas de protección de datos desde el diseño y protección de datos por defecto adecuadas a los riesgos y naturaleza de los tratamientos
• Implantación de las medidas de seguridad adecuadas a los riesgos y naturaleza de los tratamientos
• Establecimiento de procedimientos de gestión de violaciones de seguridad de los datos, incluida la evaluación del riesgo para los derechos y libertades de los afectados y los procedimientos de notificación a las autoridades de supervisión y a los afectados
• Determinación de la necesidad de realización de evaluaciones de impacto sobre la protección de datos
• Realización de evaluaciones de impacto sobre la protección de datos
• Relaciones con las autoridades de supervisión
• Implantación de programas de formación y sensibilización del personal en materia de protección de datos.

F. Registro de ficheros en la Agencia Española de Protección de Datos

6820 Desde la entrada en vigor del RGPD (25-5-2018), **desapareció la obligación** de registrar los ficheros que incluyan datos personales en la Agencia Española de Protección de Datos (RGPD considerando 89). Por tanto, ni las comunidades de propietarios ni las administraciones de fincas deben realizar este trámite. Tampoco deberán realizar ninguna acción adicional para **dar de baja los registros** ni ninguna acción similar.
No obstante, aun habiendo **desaparecido la obligación** de hacer el registro de ficheros en la Agencia Española de Protección de Datos, sí es necesario que todos los responsables de tratamiento, así como también los encargados de tratamiento realicen, **a nivel interno**, un registro de tratamiento de datos personales (AN 25-6-21, EDJ 667443).

Precisiones Aunque se podría interpretar -a tenor del RGPD art.30.5 y de la LOPD art.31.1- que para las organizaciones que empleen a **menos de 250 trabajadores** no sería obligatorio llevar este registro salvo que alguno de los tratamientos que se realice pueda entrañar un riesgo para los derechos y libertades de los interesados, o incluya categorías especiales de datos personales (RGPD art.9.1) que ni las comunidades de propietarios ni las administraciones de fincas estarían obligadas, en la práctica sí que es necesario que todos los responsables y encargados de tratamiento lleven un registro de tratamiento de datos personales como prueba de conformidad con el (RGPD considerando 82). Se trata de cumplir el **principio de responsabilidad proactiva** (nº 6760) que impone el mismo RGPD a todos los responsables y encargados de tratamiento. Por tanto, es aplicable a las comunidades de propietarios como responsables de tratamiento y a las administraciones de Fincas como responsables y como encargados de tratamiento según proceda.

G. Registro de actividades de tratamiento de datos

La finalidad de que, tanto comunidades de propietarios como administradores de fincas lleven un registro de las actividades que realizan y comportan tratamiento de datos personales, es poder demostrar que se han **identificado todos los tratamientos**, se ha comprobado su legitimidad y, en general, su conformidad con la normativa de protección de datos personales. **6825**
Este registro ha de realizarse **por escrito** y debe contener la información prevista en el nº 6828 s. (RGPD art.30).

1. En las comunidades de propietarios

(RGPD art.30.1)

En el caso de las comunidades de propietarios, como responsables de tratamiento, el contenido del registro debe incluir: **6828**
a) El **nombre y los datos de contacto** de la comunidad de propietarios y del delegado de protección de datos, si se hubiera nombrado.
Por tanto, hay que identificar a la comunidad de propietarios, con su nombre fiscal, dirección, CIF, teléfono o e mail de contacto (puede ser el de la administración de fincas, en su caso) así como los datos de contacto del delegado de protección de datos si se hubiera designado.
b) Los **fines** del tratamiento.
Se debe describir para qué finalidades se tratan los datos personales de los afectados. Por ejemplo, la finalidad del tratamiento de los datos de los propietarios es la gestión de la comunidad de propietarios.
c) **Legitimación del tratamiento**. Debe exponerse cuál es la base legal que legitima el tratamiento de los datos personales. Por ejemplo, la base legal que legitima el tratamiento de los datos de los propietarios es el cumplimiento de la normativa de propiedad horizontal. La **base legal** que legitima el tratamiento de las imágenes captadas por las cámaras de videovigilancia instaladas en una comunidad de propietarios es el interés legítimo de la comunidad por razones de seguridad y control de accesos al edificio o a sus zonas comunes.

d) Descripción de las **categorías de interesados y de las categorías de datos personales**. Las categorías de interesados son aquellos de quien se traten los datos personales, por ejemplo, datos de los propietarios, datos de proveedores o del personal contratado por la comunidad, etc. **6830**
Las categorías de los datos personales que se tratan serían el tipo de datos que se tratan de **cada afectado**. Por ejemplo, nombre, apellidos, DNI, cuentas corrientes de los propietarios, etc.
e) Descripción de las **categorías de destinatarios** a quienes se comunicaron o comunicarán los datos personales. Se refiere a describir a quién se facilitarán los datos personales responsabilidad de la comunidad de propietarios. Por ejemplo, a la administración de fincas y a otros encargados de tratamiento, etc.
f) Señalar si se producen **transferencias de datos personales** a un país fuera de la Unión Europea o a una organización internacional,
No parece que sea el caso de una comunidad de propietarios. Pero podría darse el supuesto de que, por ejemplo, alguno de los propietarios viviera fuera de la Unión Europea y se le enviaran por correo electrónico las actas a su país de residencia.
g) Cuando sea posible, los plazos previstos para la **supresión** de las diferentes categorías de datos.
El RGPD **limita en el tiempo el tratamiento** de los datos, incluido su archivo, por lo que debería añadirse el plazo de borrado de los datos personales (nº 6978 s.).
h) Cuando sea posible, una descripción general de las **medidas técnicas y organizativas de seguridad**. Se trata de describir brevemente qué medidas técnicas u organizativas se han tomado para evitar o minimizar los riesgos de vulneración de la normativa de protección de datos tal como se refiere el RGPD art.32.1 (nº 6855).

Precisiones En el nº 9195 se detalla un **modelo de registro** de actividades de tratamiento de una comunidad de propietarios, que recoge la actividad de tratamiento de **datos de los propietarios o comuneros**, de los **trabajadores**, (en caso de tener personal laboralmente contratado, conserjes, jardineros, personal de vigilancia, personal de limpieza, mantenimiento, etc.), y de los datos obtenidos a través de **videovigilancia** (en caso de haber instalado cámaras de videovigilancia en la finca).

2. En las administraciones de fincas

6835 Las administraciones de fincas deberán llevar un **doble registro** de tratamiento de datos:
- uno como responsables de tratamiento respecto de los **datos que traten en nombre propio** y que tendría una estructura como la que hemos visto en el nº 6828 s., pero adaptada a los tratamientos que haga en nombre propio; y
- otro registro como **encargados de tratamiento**. Es decir, también deberán llevar un registro de todas las categorías de actividades de tratamiento de datos personales efectuadas por cuenta de las comunidades de propietarios para las que trabajen donde se debe incluir (RGPD art.30.2):
a) El **nombre y los datos de contacto** de cada comunidad de propietarios por la que ha sido contratada y, en su caso, los datos de contacto del delegado de protección de datos, en caso de haberlo designado.
b) Las **categorías de tratamientos** efectuados por cuenta de cada comunidad de propietarios. Son aquellos tratamientos que se realizan en nombre de la comunidad de propietarios. Por ejemplo, registro de los datos de los propietarios, redacción de actas de juntas, libros de actas, etc.
Las **categorías de los datos personales** que se tratan serían el tipo de datos que se tratan de cada afectado. Por ejemplo, nombre, apellidos, DNI, cuentas corrientes de los propietarios, coeficientes de participación, etc.
c) En su caso, las **transferencias de datos personales** a un tercer país u organización internacional, incluida la identificación de dicho tercer país u organización internacional.
No parece que sea un caso frecuente, pero podría darse el caso de que, por ejemplo, alguno de los **propietarios viviera fuera de la Unión Europea** y se le enviaran por correo electrónico las actas a su país de residencia. También en el caso de que los datos del servidor se alojaran en un hosting situado fuera de la Unión Europea.
d) Cuando sea posible, una descripción general de las **medidas técnicas y organizativas** de seguridad.
Se trata de describir brevemente qué medidas técnicas u organizativas se han tomado para **evitar o minimizar los riesgos** de vulneración de la normativa de protección de datos tal como se refiere el nº 6855.

Precisiones En el nº 9195 se adjunta un **modelo** de registro de actividades de tratamiento de un administrador de fincas como encargado de tratamiento.

H. Análisis de riesgos

6840 El RGPD ha cambiado, respecto a la normativa anterior, el enfoque en la forma de abordar la protección de los datos personales. Este enfoque viene determinado por el riesgo que, para los derechos y libertades de las personas, tiene el tratamiento de datos por parte de los responsables y encargados de tratamiento. Por tanto, es necesario conocer y evaluar qué **riesgos en sus derechos y libertades** pueden sufrir las personas cuyos datos se traten para determinar qué tipo de medidas se toman, y cómo se modulan, por parte del responsable o encargado de tratamiento, teniendo en cuenta el **estado de la técnica y el coste de su aplicación**, especialmente a su destrucción, pérdida o alteración accidental o ilícita, así como la comunicación o acceso no autorizados a dichos datos (RGPD considerando 3).
En consecuencia, tanto la comunidad de propietarios como la administración de fincas deberán **identificar los riesgos** que supongan los tratamientos que realicen y aplicar las medidas técnicas y organizativas apropiadas para evitar o **minimizar** dichos riesgos y asegurar que dichos tratamientos afecten únicamente a los datos personales que sean necesarios para los fines que se persigan (RGPD art.25.1 y 25.2).

Precisiones No obstante, la AEPD, señala que, dado el **escaso riesgo** que puede suponer los tratamientos habituales que realizan las comunidades de propietarios en su gestión de los datos personales de sus propietarios, trabajadores o de las imágenes captadas por las cámaras de videovigilancia, en principio no será necesario realizar un análisis de riesgos como tal, sin perjuicio de que, en cualquier caso, se deben adoptar las correspondientes **medidas técnicas y organizativas** de seguridad para garantizar la privacidad de los datos personales que son responsabilidad de la comunidad de propietarios, según los tratamientos que se lleven a cabo.

I. Evaluación de impacto

La evaluación de impacto en materia de protección de datos es un proceso por el cual se analiza de manera sistemática el riesgo que para la privacidad de los datos personales y el cumplimiento de la normativa de protección de datos pueda tener un determinado tratamiento de datos, y que permite **prever problemas y anticipar soluciones**. 6845
Solo existe la **obligación** de realizar una evaluación de impacto cuando sea probable que el tratamiento concreto entrañe un alto riesgo para los derechos y libertades de los interesados (RGPD art.35.1 y considerandos 89 y 90).

Obligación de evaluación de impacto (RGPD art.35.3) En concreto será obligatorio llevar a cabo una evaluación de impacto si se produce: 6846
a) Una evaluación sistemática y exhaustiva de aspectos personales de personas físicas que se base en un tratamiento automatizado, como la **elaboración de perfiles**, y sobre cuya base se tomen decisiones que produzcan efectos jurídicos para las personas físicas o que les afecten significativamente de modo similar.
b) El tratamiento a gran escala de las **categorías especiales de datos** referidas al origen étnico o racial, las opiniones políticas, las convicciones religiosas o filosóficas, datos relativos a la salud o datos relativos a la vida o la orientación sexual de una persona física o de los datos personales relativos a condenas e infracciones penales (RGPD art.9.1).
c) Observación sistemática a gran escala de una **zona de acceso público**.

En la comunidad de propietarios Parece difícil que pueda producirse un tratamiento que entre en alguno de estos supuestos o que suponga un alto riesgo para los derechos y libertades de los interesados o en el ámbito de una comunidad de propietarios, no obstante, hay que tener en cuenta que en caso de que exista la **sospecha** de que la comunidad de propietarios va a realizar algún tratamiento que encaje dentro de estos supuestos, la comunidad de propietarios debería proceder, contando con el **asesoramiento** necesario, a llevar a cabo dicha evaluación de impacto en cumplimiento del principio de responsabilidad proactiva al que está obligado cualquier responsable de tratamiento. 6848

En la administración de fincas La administración de fincas sí que es susceptible, con mayor facilidad que la comunidad de propietarios, de incurrir en alguno de los supuestos de obligatoriedad de llevar a cabo una evaluación de impacto (nº 6845 s.). En estos casos, debido a la complejidad que supone llevar a cabo una evaluación de impacto deberá contar con el **asesoramiento** necesario, o en su caso, con la participación del delegado de protección de datos si hubiera nombrado uno (RGPD art.35.2). 6850

J. Medidas de seguridad a adoptar por los responsables de tratamiento

La normativa de protección de datos personales exige a las comunidades de propietarios y a las administraciones de fincas, en tanto actúen como responsables de tratamiento, que tomen las medidas que sean necesarias para garantizar la **privacidad y seguridad** de los datos personales que tratan. 6855
Las comunidades de propietarios y las administraciones de fincas aplicarán, a nivel general, las **medidas técnicas y organizativas** que sean apropiadas para garantizar que el tratamiento de datos personales que llevan a cabo sea de conformidad con el RGPD y la LOPD. Por tanto, esas medidas dependerán de las **circunstancias de cada comunidad** de propietarios o de las administraciones de fincas por lo que cada una deberá establecer las que considere necesarias y pertinentes de acuerdo con su realidad.
En cuanto a las medidas técnicas y organizativas de seguridad, el RGPD establece que deberán ser las apropiadas para garantizar un **nivel de seguridad adecuado** al riesgo, teniendo en cuenta el estado de la técnica y costes de aplicación, la naturaleza, alcance, contexto y fines del tratamiento y los riesgos para los derechos y libertades de las personas (RGPD art.32).
Aunque de acuerdo con el reglamento de cada comunidad de propietarios, cada administración de fincas deberá aplicar las medidas que considere **se ajusten a sus propios tratamientos**, el propio RGPD propone algunas medidas de seguridad que pueden ser aplicadas, como:
- la **seudonimización** y el **cifrado de datos personales**, y aquellas que permitan garantizar la confidencialidad, integridad, disponibilidad y resiliencia permanentes de los sistemas y servicios de tratamiento;

- la capacidad de **restaurar la disponibilidad y el acceso a los datos personales** de forma rápida en caso de incidente físico o técnico o un proceso de verificación, evaluación y valoración regulares de la eficacia de las medidas técnicas y organizativas para garantizar la seguridad del tratamiento (RGPD art.32.1).

Igualmente, tanto la comunidad de propietarios como la administración de fincas deberán tomar las medidas necesarias para garantizar que cualquier persona que actúe bajo su autoridad y tenga acceso a datos personales solo pueda tratar dichos datos siguiendo las **instrucciones** que se hayan establecido (RGPD art.32.4).

1. Por la comunidad de propietarios

6858 Como primera medida, sería recomendable que la comunidad de propietarios contratara directamente, o a través de la administración de fincas, a un **profesional o empresa especializada** en materia de protección de datos para así contar con el necesario y adecuado asesoramiento que le garantice el completo cumplimiento de la normativa de protección de datos personales. Este profesional o empresa especializada será quien a la vista del funcionamiento de la comunidad de propietarios podrá evaluar los riesgos y proponer las medidas de seguridad adecuadas. Dado que en la práctica los datos personales que son responsabilidad de la comunidad de propietarios suelen ser **custodiados por la administración de fincas** contratada, las medidas que se decida adoptar, en la práctica, estarán pensadas para ser aplicadas por la propia administración de fincas. También podrá ser la propia administración de fincas, si acredita conocimientos para ello, y como parte de su cometido de asesoramiento, quien pueda orientar y sugerir qué medidas de seguridad se tomen para garantizar la seguridad de los datos personales de la comunidad de propietarios.

6860 **Medidas pasivas** No obstante, la propia comunidad de propietarios puede tomar algunas medidas en el entorno de la propia finca. Puede tratarse de medidas pasivas como por ejemplo no poner el nombre de los propietarios o arrendatarios en los **buzones**, salvo que se acuerde otra cosa en junta o algún propietario manifieste su voluntad de identificar personalmente su buzón. Hay que asegurar que, en caso de haber **cámaras de videovigilancia** instaladas, el disco grabador no esté accesible a personas no autorizadas, que las cámaras solo graben zonas comunes y en ningún caso zonas privativas ni otras zonas que, aunque sean comunes podrían violar la intimidad de las personas, como lavabos, vestuarios, etc., ni tampoco la vía pública, a excepción de la mínima zona necesaria para grabar los accesos a la finca.

Otra medida de seguridad podría ser tomar medidas para que, en lo posible, la **correspondencia** no quede acumulada y desatendida en la portería y que por tanto quede a la vista de todos los vecinos. En caso de haber contratado un **conserje o portero**, habrá que asegurarse de que haya firmado el correspondiente compromiso de confidencialidad (ver modelo nº 9210) debido a que puede tener acceso a gran cantidad de datos personales de los propietarios.

6862 **Garantías de cumplimiento** Debido a que la administración de fincas, en el ejercicio de sus funciones, tratará una gran cantidad de datos personales de la comunidad de propietarios, la medida de seguridad más importante que debe tomar esta es garantizar que la administración de fincas que contrate ofrezca las debidas **garantías para el cumplimiento de la normativa** de protección de datos personales tanto en lo que es su gestión como encargado de tratamiento, como en las propias labores de custodia y demás obligaciones que, en materia de protección de datos, incumben a la comunidad de propietarios.

En este sentido, no hay que olvidar que, aunque la **obligación** de velar por el cumplimiento de la normativa de protección de datos corresponde a la **comunidad de propietarios** y por tanto deberá ser quien, como responsable de tratamiento, establezca qué medidas de seguridad deberán adoptarse, la administración de fincas en su función de asesoramiento y a la vez como encargado del tratamiento de la comunidad de propietarios, deberá **colaborar y asesorar** en su caso a esta para facilitar su implantación y cumplimiento.

Como en la práctica lo que sucede habitualmente es que la información de la comunidad de propietarios, incluida la que contiene datos personales se encuentra custodiada en las oficinas y en los sistemas de la administración de fincas, tendrá que ser esta la encargada de **implementar las medidas de seguridad técnicas y organizativas** necesarias para garantizar la necesaria privacidad en la custodia y tratamiento de dicha información.

Esas medidas de seguridad deben documentarse en el **contrato de encargo** del tratamiento que debe firmarse entre la comunidad de propietarios y el encargado de tratamiento.

2. Por las administraciones de fincas

Aunque las medidas de seguridad se tomarán en función de los riesgos y de la propia realidad de cada comunidad de propietarios, sí que hay algunas medidas que podríamos considerar **estándar** que pueden ser válidas para cualquier administración de fincas como encargado de tratamiento de la comunidad de propietarios. **6865**
Según establece el RGPD se pueden aplicar dos grandes tipos de medidas de seguridad, las técnicas y las organizativas.

Medidas organizativas En cuanto a estas, la primera y más importante pasa por la sensibilización y **formación del personal** de la administración de fincas en materia de protección de datos, que al fin y al cabo será quien estará en contacto con los datos personales de la comunidad de propietarios. No hay seguridad sin conocimiento ni concienciación por parte del personal. **6868**
Otras medidas a nivel organizativo pasan por la **elaboración de políticas y protocolos** que se integren en los procesos de trabajo que permitan garantizar la seguridad de los datos tratados, y en definitiva el cumplimiento de la normativa de protección de datos. Entre otros:
1) Política de seguridad en el uso de equipos informáticos y comunicaciones. En cuanto a las bases de datos de los propietarios deberán gestionarse por personal autorizado y que haya firmado el correspondiente documento de compromiso de confidencialidad (ver modelo nº 9210).
2) Protocolos de archivo de documentación en papel (libros de actas, etc.).
3) Protocolos de destrucción de documentación confidencial (uso de destructoras, contenedores de tipo buzón, etc.).
4) Protocolo de mesas limpias.
5) Contratos de confidencialidad con proveedores con acceso a datos.
6) Redacción de cláusulas informativas.
7) Protocolos de actuación ante brechas de seguridad, incluida las posibles comunicaciones a la AEPD y a los afectados.
8) Protocolos de seguridad para la salida de documentación confidencial de la oficina.
9) Protocolo de archivo físico de la documentación que contenga datos personales.
10) Plan de auditorías periódico para la revisión de la eficacia de las medidas adoptadas.
11) Protocolo de actuación y respuesta ante el ejercicio de derechos.

Medidas de seguridad técnicas Se refieren en gran medida a las medidas de seguridad **informáticas** adoptadas para garantizar la confidencialidad y seguridad de los datos que tratan. **6870**
Algunas de estas medias son:
1) Definición de los niveles de acceso a los equipos y ficheros informáticos, estableciendo limitaciones según los privilegios que tenga cada trabajador de la administración de fincas.
2) Instalación de antivirus con protocolos de actualización periódica.
3) Instalación de firewall o cortafuegos para proteger la red informática.
4) Protección del correo electrónico con anti-phising.
5) Cifrado del disco duro.
6) Cifrado de dispositivos USB que salgan de las oficinas.
7) Copias de seguridad automáticas. Local y Hosting.
8) Sistema de wifi independiente para terceros ajenos a la administración de fincas a los que sede acceso a internet desde las instalaciones de la administración de fincas.
9) Gestión centralizada y actualización periódica de contraseñas de acceso a los equipos informáticos.

K. Videovigilancia

Las **imágenes** captadas por las cámaras de videovigilancia tienen la consideración de datos personales y, por tanto, su tratamiento está sometido a los dictámenes de la normativa de protección de datos. El RGPD no se refiere expresamente al tratamiento de datos mediante sistemas de videovigilancia, en cambio sí lo hace la LOPD que, aunque no hace referencia específica al tratamiento de la videovigilancia en el ámbito de la propiedad horizontal, sí se refiere al **tratamiento** que, en general, pueda realizar cualquier persona (LOPD art.22). **6875**
Como para cualquier otra actuación en una comunidad de propietarios, la decisión de la **instalación de cámaras** de videovigilancia requerirá de los acuerdos previstos en la normativa de propiedad horizontal.

Por tanto, para la instalación de cámaras de videovigilancia **en zonas comunes** de una comunidad de propietarios deberemos tener en cuenta lo establecido en el RGPD en cuanto a tratamiento general de datos personales, la LOPD en relación con la videovigilancia, y lo establecido en la normativa de propiedad horizontal en relación con la necesidad de acuerdo para la instalación de dichos sistemas en zonas comunes.

La instalación de cámaras de videovigilancia **en zonas privadas** como jardines o terrazas particulares o privativos, o en el interior de domicilios, no está dentro del ámbito de aplicación la normativa de protección de datos porque el tratamiento de datos (imágenes) está comprendido dentro del ámbito privado y doméstico del propietario (LOPD art.22.5; RGPD art.2.2.c), ni tampoco requerirá del acuerdo de la comunidad de propietarios, siempre que no se instalen sobre elementos comunes. Ahora bien, cuando las cámaras de videovigilancia, aunque **graben espacios exclusivamente privativos, se instalen sobre elementos comunes**, por ejemplo, en una columna o pared de un garaje para grabar única y exclusivamente la plaza de garaje del propietario, la comunidad deberá autorizarlo (LPH art.7, 9.1.g). Además, habrá que tener en cuenta que si por la orientación de la cámara, esta pudiera grabar, aunque sea de forma mínima o accidental, zonas comunes, su instalación requerirá el acuerdo de la junta (AEPD núm PS/11418/2021).

6878 **Legitimación** Para la instalación de cámaras en zonas comunes será necesario el **acuerdo de la junta de propietarios**, que si lo consideramos como un servicio común de requeriría el voto favorable de tres quintos de los propietarios que a su vez representen tres quintas partes de las cuotas (LPH art.17.3).

Este acuerdo deberá quedar reflejado en la correspondiente **acta de junta**. Este acuerdo de junta es la base legal que legitima el tratamiento de las imágenes captadas por las cámaras, es decir su grabación y conservación durante 30 días.

La propia AEPD ha interpretado, como base que legitima la instalación de un sistema de videovigilancia por parte de una comunidad de propietarios, su propio **interés legítimo o de terceros** por razones de seguridad.

Precisiones **1)** En la página de la agencia están publicados los siguientes documentos:
https://www.aepd.es/sites/default/files/2019-09/informe-juridico-rgpd-camaras-plaza-garaje.pdf
https://www.aepd.es/documento/fichas-videovigilancia-3-camaras-garaje.pdf
https://www.aepd.es/documento/fichas-videovigilancia-2-camaras-vivienda.pdf
https://www.aepd.es/documento/fichas-videovigilancia-4-camaras-comunidades.pdf
2) En relación con esta cuestión, son de destacar: TJUE 11-12-19 núm C-708/18; AN 19-12-18, EDJ 718513 y AP Madrid 5-5-23, EDJ 622708.

6880 **Limitaciones o condicionantes en la instalación** Por otra parte, hay que tener en cuenta ciertas limitaciones o condicionantes a la hora de instalar un sistema de videovigilancia en una comunidad de propietarios, ya que, aunque exista un **acuerdo de junta**, la normativa de protección de datos establece límites y algunos requerimientos para que la videovigilancia sea lícita.

a) En primer lugar, se deberá respetar el **principio de proporcionalidad** previsto (RGPD art.5) de manera que las imágenes que se graben a través de las cámaras solo podrán ser utilizados para cumplir con la finalidad de velar por la seguridad del edificio e instalaciones de la comunidad de propietarios y por tanto no podrán ser utilizadas para ningún otro fin salvo consentimiento expreso del afectado.

b) Tampoco parece legítimo instalar un **número excesivo de cámaras**, sino que se deben instalar las necesarias para lograr el objetivo perseguido. En este sentido se recomienda que, en el acuerdo de junta, y para evitar conflictos y malas interpretaciones, se describa las principales características del sistema de videovigilancia como es el número de cámaras, el lugar donde instalarlas, etc. (AP A Coruña 25-3-09, EDJ 114343).

c) Igualmente, en caso de instalar **cámaras en la entrada de un edificio**, se deberá garantizar que no graben imágenes de la vía pública, a excepción de una franja mínima de los accesos al inmueble. Tampoco podrán captarse imágenes de fincas, terrenos o viviendas colindantes o de cualquier otro espacio no perteneciente a la propia comunidad. Si se utilizan **cámaras orientables y/o con zoom**, será necesaria la instalación de máscaras de privacidad para evitar captar imágenes de la vía pública, terrenos y viviendas de terceros.

d) Hay que tener en cuenta que en caso de que se acuerde la instalación de un sistema de videovigilancia en la comunidad de propietarios, esto constituirá una **actividad de tratamiento de datos** que se deberá incluir en el registro de actividades de tratamiento que como responsable debe crear y mantener la comunidad de propietarios.

6884 **Deber de información** Como en cualquier sistema de videovigilancia que se instale, la comunidad de propietarios deberá cumplir con el deber de información (RGPD art.12 y 13). Este deber se cumplirá colocando los **preceptivos carteles informativos** que indiquen

claramente que se trata de una zona videovigilada, indicándose los datos de identificación de la comunidad de propietarios como responsable y la dirección física o electrónica donde dirigirse para ejercer los derechos previstos en el RGPD (principalmente derechos de acceso, supresión o limitación del tratamiento) así como la restante información sobre privacidad que exige la normativa de protección de datos (LOPD art.22.4).
La **información adicional** puede estar disponible por ejemplo en la portería del edificio, en un tablón de anuncios, a través de un enlace de internet o en las oficinas del administrador de fincas.
La Agencia Española de Protección de Datos ha publicado un **modelo de cartel informativo** recomendado.

Acceso a las imágenes La comunidad deberá tener previsto en qué casos y qué personas podrán tener acceso a las imágenes que graben las cámaras de videovigilancia. 6886
Las **personas autorizadas** podrán ser el presidente, el secretario o el conserje si así se ha previsto, o también la administración de fincas si así se ha autorizado.
La comunidad de propietarios deberá dotar el sistema con las necesarias medidas de seguridad, instalando el **disco duro grabador** en lugar seguro y fuera del alcance de personas no autorizadas.
En ningún caso resultarán accesibles a los vecinos mediante **canal de televisión comunitario**.

6890 **Videovigilancia en garajes** Si la comunidad de propietarios acuerda en junta la instalación de cámaras de videovigilancia en el garaje, deberá estarse a las mismas reglas que para el resto de las cámaras que se acuerde instalar en **otras zonas comunes**. Por este motivo, debe darse cumplimiento al derecho de información colocando un **cartel informativo en lugar visible** en los términos descritos en la LOPD art.22.4.

Precisiones Ver https://www.aepd.es/informe-juridico-rgpd-en-garajes.pdf
Ver https://www.aepd.es/documento/fichas-videovigilancia-3-camaras-garaje.pdf

6892 **Colocación de cámara por propietario individual** En caso de que sea un propietario el que individualmente quiera instalar una cámara de videovigilancia en su plaza deberá contar con la **autorización** de la comunidad porque, aunque la cámara enfoque únicamente al interior de su plaza, la cámara se deberá instalar en una pared o columna que es zona común.
En cuanto al tratamiento de las **imágenes del interior de su plaza de garaje** no está regulado por la normativa de protección de datos si el tratamiento es puramente doméstico y privado. Pero si el **área de grabación** sobrepasa los límites de su plaza y alcanza otra plaza que no es propia o una parte comunitaria, deberá contar con la autorización de la comunidad y se verá sometido a las mismas obligaciones que la normativa de protección de datos impone a la videovigilancia en general.

Precisiones Ver https://www.aepd.es/sites/informe-juridico-rgpd-camaras-plaza-garaje.pdf

6894 **Contratación de una empresa de videovigilancia** En caso de que la comunidad de propietarios contrate a una empresa para que gestione, además de la conservación de las cámaras, el acceso o no a las imágenes, su conservación y borrado en su nombre, esta empresa tendrá la consideración de **encargado de tratamiento** y por tanto deberá suscribir el correspondiente **contrato de confidencialidad** tal como está regulado en el RGPD.
No obstante lo anterior, en estos casos, la comunidad de propietarios no pierde su condición de responsable del tratamiento de las imágenes y por tanto responde de su tratamiento.

Precisiones **1)** La **Agencia Española de Protección de Datos** ofrece información muy completa sobre la repercusión de la videovigilancia en relación con la protección de datos. Ver Tratamiento general de la videovigilancia respecto a la protección de datos: https://www.aepd.es/guia-videovigilancia.pdf.
2) Condiciones que legitiman la instalación de videocámaras en supuestos de investigación de alguna **actuación ilícita de un vecino**: https://www.aepd.es/es/documento/e-06460-2016.pdf.
3) Ver sentencia AP A Coruña 25-3-09, EDJ 114343, sobre legitimidad de instalación de cámaras para probar **actividades ilegales**.

6896 **Borrado de imágenes** Las imágenes, salvo que sean bloqueadas a requerimiento de las autoridades deberán ser borradas, como máximo, en el **plazo** de un mes desde su grabación (LOPD art.22.3).
Normalmente los sistemas que instalan las empresas especializadas cuentan con un **sistema automático** de borrado dentro de estos límites, pero la comunidad de propietarios deberá asegurarse de que sea así.
Si el **acceso se realiza con conexión a internet**, se restringirá con un código de usuario y una contraseña (o cualquier otro medio que garantice la identificación y autenticación unívoca), que solo serán conocidos por las personas autorizadas a acceder a dichas imágenes. Una vez instalado el sistema, se recomienda el **cambio regular de la contraseña**, evitando las fácilmente deducibles.

6898 **Cesión de imágenes a las autoridades. Uso de las imágenes como prueba** En caso de que se quieran utilizar las imágenes grabadas para tratar de identificar a un sospechoso o para denunciar delitos o infracciones se podrán utilizar como prueba y podrán ser **guardadas** durante más de 30 días para ser entregadas a la policía o a los juzgados y tribunales que las requieran. Por tanto, la cesión de esas imágenes a la policía o a la autoridad judicial será **lícita** en estos casos y la base que lo legitimará será el propio requerimiento de dichas autoridades limitándose en estos casos el derecho de los afectados al **borrado de imágenes** (AN cont-adm 5-2-19, EDJ 555030).

6900 **Cámaras disuasorias** La instalación o existencia de **cámaras que no funcionen** y que tengan una finalidad disuasoria también obligan al cumplimiento de la normativa de protección de datos (TS 7-11-19, EDJ 724119).

6902 **Jardines y piscinas comunitarias** Como en cualquier otra zona común, existe la posibilidad de instalar cámaras de videovigilancia siempre que así se haya **acordado por la comunidad de propietarios** en los términos previstos en la normativa de propiedad horizontal.

También se pueden instalar en piscinas con fines de seguridad de las personas. No está permitido instalar cámaras de videovigilancia en **vestuarios o aseos**, aunque sean considerados comunitarios.

Circuitos cerrados de televisión En caso de que en una comunidad de propietarios se acuerde la instalación de un circuito cerrado de televisión, que no registre o grabe imágenes, sino que simplemente **reproduzca imágenes en tiempo real**, por ejemplo, para que un portero o conserje pueda vigilar distintos puntos del edificio, la AEPD ha interpretado que se trata también de tratamiento de datos y por tanto será de aplicación las mismas obligaciones que establece el RGPD y la LOPD a la videovigilancia. 6904

Precisiones Ver https://www.aepd.es/sites/default/files/2019-09/informe-juridico-rgpd-videovigilancia-tiempo-real.pdf

Videoporteros En caso de que la comunidad de propietarios instale un sistema de videoportero, si el funcionamiento se limita a la **reproducción de la imagen de la persona** que llamó al timbre simplemente para verificar su identidad, así como facilitar su acceso, no será de aplicación la normativa sobre protección de datos. 6906
Si por el contrario **se registran las imágenes**, habrá que disponer un cartel informativo donde se informe de que se graba la imagen por razones de seguridad, la identificación de la comunidad de propietarios y un email de contacto para ejercer derechos.

L. Comunidades y tratamiento de documentación de las comunidades de propietarios. Plazos de conservación

Las comunidades de propietarios, en su funcionamiento ordinario, realizan continuos tratamientos de datos personales en la elaboración de sus comunicaciones a los propietarios o a terceros, así como en el resto de documentación que genera, al incluir con mucha frecuencia **datos personales**, principalmente de los propietarios, por lo que el tratamiento de dicha documentación debe cumplir con los principios exigidos por la normativa de protección de datos para cualquier tratamiento. 6910
También incide la normativa de protección de datos en los plazos de conservación de la documentación que genera la comunidad de propietarios, que no pueden ser ilimitados, al tener que cumplirse el principio de **limitación del plazo** de conservación.
Los datos personales deber ser mantenidos de forma que se permita la identificación de los interesados durante no más tiempo del necesario para los fines del tratamiento de los datos personales (RGPD art.5.1.e).

1. Comunicación de convocatorias de juntas y actas

La Ley de propiedad horizontal obliga a la comunidad de propietarios a comunicar a todos los propietarios las convocatorias de juntas, así como las **actas** que se redacten tras las mismas. Por tanto, la comunicación de los datos personales de todos los propietarios a cada uno de ellos, en el marco de las convocatorias de junta o la comunicación de las actas de estas, no necesitará el **consentimiento expreso** de los mismos porque está amparado en el cumplimiento de la normativa de propiedad horizontal (LPH art.16 y 19.2; RGPD art 6.1.c). 6912
También será legítima la **cesión de los datos** de todos los propietarios para la convocatoria a junta extraordinaria incluso en los casos en que, tal como prevé la normativa de propiedad horizontal, la convocatoria se realice únicamente por el 25% de los propietarios debido a que es lícito el tratamiento de datos personales para la satisfacción de intereses legítimos perseguidos por la comunidad de propietarios o por un tercero (RGPD art.6.1.f).
La comunidad de propietarios, normalmente actuando a través de la **administración de fincas**, no estará legitimada para enviar individualmente a todos los propietarios otro tipo de documentación, en el que se incluyan datos personales, más allá de las previstas expresamente en la normativa de propiedad horizontal, que son principalmente las convocatorias de junta y sus correspondientes actas. Todo lo que **exceda de esas comunicaciones** y que incluya datos personales, requerirá del consentimiento de los interesados, el cual podría recogerse, en su caso, a través de acuerdos de junta que cuenten con las mayorías necesarias.

Comunicaciones por whatsapp Las comunicaciones que la comunidad de propietarios o la administración de fincas realice a través de **grupos de whatsapp** deberán cumplir con las obligaciones de la normativa de protección de datos principalmente en lo referido a la obligación de cumplir con el **deber de confidencialidad** (RGPD art.5.1 f). En este sentido, se debe 6913

contar con el consentimiento de cada integrante del grupo para integrale en el grupo de whatsapp.
En cualquier caso, debe tenerse cautela y respetar los principios de confidencialidad y no comunicación de **datos a terceros** en relación con la información compartida por este medio para no incurrir en ninguna infracción de la normativa de protección de datos (AEPD núm PS/00392/2021).

2. Comunicaciones a través del tablón de anuncios

6915 Como norma general, hay que considerar que en el tablón de avisos que pueda tener instalado una comunidad **no pueden publicarse datos personales**, incluidas fotografías, de ninguno de los propietarios, debido a que es un lugar que suele ser de acceso no solo para los demás copropietarios sino para otras personas que accedan a la finca, como familiares o allegados de los propietarios, operarios, etc., salvo que el interesado haya prestado su **consentimiento expreso**. Por tanto, tampoco se puede considerar legítimo, en términos generales, la publicación en el tablón de anuncios de los propietarios que mantengan **deudas** con la comunidad ni siquiera cuando sea a través de la publicación de la convocatoria de una junta (AN 27-9-19, Rec 652/18).

6918 **Propietario que no vive en la finca** Para que puedan publicarse de manera legítima estas comunicaciones en el tablón de anuncios de la comunidad de propietarios deberán concurrir determinadas circunstancias que impidan la comunicación por las vías previstas de manera ordinaria por la LPH, es el caso de que el propietario no viva en la finca y la **notificación fuese imposible** practicarla.
Si no se dan estas circunstancias esta práctica podrá constituir una **infracción** del RGPD art.5.1.f de las consideradas como muy graves (LOPD art.72.1.a). En estos casos deberán, además, acreditarse los **intentos de notificación** (AEPD núm PS/00168/2019; núm PS/00180/2019 -sanción por publicación deuda en tablón de anuncios comunidad- y núm PS/00256/2021).
En este sentido hay que recordar que es obligación de los propietarios que no vivan en la finca, comunicar a la comunidad, a través de su secretario, un **domicilio en España** para recibir las notificaciones o comunicaciones de la comunidad que correspondan (LPH art.9.h.1).
Si el propietario incumpliera con esa obligación, se tendrá por **domicilio válido** para entregar las comunicaciones o notificaciones que correspondan el piso o local que le pertenezca en la comunidad de propietarios y si tampoco fuera posible entregar ahí la comunicación, se entenderá realizada mediante la colocación de la comunicación correspondiente en el **tablón de anuncios** de la comunidad (LPH art.9.h.2). Por tanto, en estos casos sí será legítima, porque así se prevé en la ley, la publicación en el tablón de anuncios de la comunicación dirigida al propietario no localizable, sin ser preciso su consentimiento expreso para ello, pero haciendo constar los **motivos** de dicha publicación.

Precisiones **1)** En este sentido, nunca puede existir una **intromisión ilegítima** cuando la convocatoria a junta de propietarios se ajusta exactamente al cumplimiento de la Ley (AP Ávila 3-3-17, EDJ 59629; TS 8-11-17, EDJ 232873).
2) Ver también **procedimiento sancionador** de la AEPD núm PS/00084/2019 (sanción por publicación deuda en tablón de anuncios comunidad).

6925 **Tratamiento de los datos de los propietarios morosos** La normativa de propiedad horizontal establece que la convocatoria contendrá una relación de los propietarios que no estén al **corriente en el pago de las deudas** vencidas a la comunidad (LPH art.16.2), lo cual constituye la base legal que legitima que se comuniquen al resto de propietarios los datos de identidad de los deudores así como del importe de su deuda, sin que sea necesario el **consentimiento** de los mismos. No es preceptivo, tampoco, que la comunidad de propietarios directamente, o a través de la Administración de fincas, informe al propietario de que va a ser incluido en la relación de morosos que contiene la convocatoria de junta, pues esta obligación no se encuentra incluida en el de la LPH art.16.2 (AN cont-adm 16-5-15).
Ni las comunidades de propietarios ni la administración de fincas pueden enviar, en caso de haber varios **propietarios que no estén al corriente de pagos**, comunicaciones individualizadas a los propietarios morosos en las que aparezca el listado de los nombres de otros propietarios que tampoco estén al corriente de pago, salvo que así lo hayan consentido. Estas comunicaciones deben ser hechas de **manera individual**, dirigidas a cada propietario deudor respecto de su situación particular de pagos, sin citar a otros propietarios que pudieran estar, en su caso, en la misma o similar situación.

Precisiones 1) A efectos de los casos citados, la AEPD considera que se debe aplicar las mismas limitaciones en esas comunicaciones aunque en ellas no se haga referencia más que al **piso o local concreto** sin identificar el nombre de su propietario, porque en la práctica, identificar un piso o local sirve o puede servir para identificar al propietario entre sus demás vecinos, y, por tanto, se debe considerar como un dato personal.
2) Tampoco supone ninguna vulneración de la normativa de protección de datos ni atenta contra el derecho al honor de las personas la exposición de la situación de morosidad o de las deudas concretas de un propietario durante la **celebración de una junta** o reunión de propietarios (TS 21-3-14).

3. Acceso y obtención de copias de la documentación de la comunidad de propietarios por parte de los propietarios

En caso de que un propietario solicite a la administración de fincas copia de la documentación de la comunidad de propietarios que incluya datos personales, como son los datos de los **propietarios, antiguos propietarios, trabajadores o incluso proveedores** hay que tener en cuenta que dicha comunicación constituye una cesión de datos personales y que, por tanto, debe tenerse en cuenta las limitaciones que impone la normativa de protección de datos personales. Esta comunicación es legítima siempre que se limite a las comunicaciones previstas por la normativa de propiedad horizontal (LPH art.16 y 19) o más allá de eso, a la información necesaria para poder controlar la **gestión de la comunidad de propietarios**. Por tanto, el derecho de los propietarios al acceso a esta información no es ilimitado, sino que solo tendrán legitimación para acceder a aquellos datos que resulten **adecuados, pertinentes y no excesivos** para la finalidad concreta y legítima para la que los solicita y que debe estar relacionada con la gestión y control de la Comunidad de propietario (RD 1720/2007 art.8.4). 6955

Por tanto y como ejemplo, los **propietarios no podrán acceder** a las nóminas del conserje, o a conocer su dirección particular, como tampoco podrían acceder a los números de cuenta o el domicilio de otros propietarios, ni siquiera a su número de teléfono o dirección de correo electrónico, puesto que excede de lo estrictamente necesario para la gestión y control de la comunidad de propietarios. Por el contrario, **sí podrán acceder** al coste salarial de los empleados de la comunidad, a los gastos de esta, al importe de facturas pagadas, contratos, imágenes captadas por las cámaras de seguridad cuando sea necesario en el marco de una investigación que le afecte, etc. En otros casos los representantes de la comunidad de propietarios o la administración de fincas deberá solicitar autorización al afectado para facilitar su teléfono o correo electrónico a otro propietario o tercero. Tampoco podrán acceder a las imágenes de las cámaras de videovigilancia propietarios no autorizados, salvo que exista justa causa.

Por tanto, el acceso a todos esos datos personales exige que se cumpla el principio de **minimización en el tratamiento de los datos** (RGPD art.5.1.c) y que por tanto sean adecuados, pertinentes y limitados a lo estrictamente necesario en relación con los fines para los que son tratados es decir limitado a lo necesario para la gestión de la comunidad de propietarios.

De esta manera, será la administración de fincas, en caso de ser quien custodia esa documentación quien tendrá que valorar la **necesidad o proporcionalidad de la información** solicitada por el propietario respecto a la finalidad que persiga y tomar las medidas que sean necesarias para evitar que esa comunicación sea excesiva. En definitiva, los datos que no resulten estrictamente necesarios para la gestión o el control de la comunidad de propietarios no se podrán facilitar a los propietarios, aunque los soliciten expresamente (TCo 186/2000; AP Valencia 6-3-19, EDJ 552854).

4. Comunicación de datos a las entidades financieras

Ni las comunidades de propietarios, ni tampoco sus representantes, ni la administración de fincas, están legitimadas para facilitar al banco o entidad bancaria una **copia de los libros de actas** ni siquiera con el objetivo de formalizar la apertura de una cuenta corriente o para el cambio anual de firmas de los cargos de la comunidad de propietarios. El libro de actas puede contener abundantes datos personales que son irrelevantes para la finalidad perseguida, es decir, para la apertura y gestión de la cuenta bancaria. Por tanto, facilitar una copia del libro de actas vulneraría el principio de proporcionalidad que exige la normativa de protección de datos (RGPD art.5) y sería una **comunicación de datos ilícita**. 6960

En cambio, sí es legítimo entregar a la entidad financiera una **certificación** expedida por la administración de fincas con la información imprescindible que incluya los datos personales de aquellos cargos de la comunidad a los que se les haya otorgado la **facultad de firma**, independiente o conjunta, para las operaciones referidas a la cuenta corriente de la comunidad

Precisiones Cabe entender que la **solicitud del libro de actas**, que contiene datos de carácter personal de los demás propietarios de la finca, incluso de terceras personas, para la finalidad concreta perseguida, es innecesaria ya que la certificación aludida puede cumplir con similar eficacia dicha finalidad y ser idónea, y no supera el juicio de proporcionalidad en sentido estricto, en el sentido de que resulta desequilibrada, por derivarse de ella más **desventajas para el interés general** o respecto de otros derechos en conflicto, como sería el derecho fundamental a la protección de datos de las personas que se citen en las actas de la Junta, que beneficios (AEPD Inf 0303/2009).

5. Datos de propietarios fallecidos

6965 En caso de fallecimiento de un propietario, sus **herederos legales** tendrán derecho a acceder a toda la información personal del fallecido que obre en poder de la administración de fincas la cual estará, por tanto, obligada a facilitarla (LOPD art.3.1). Este derecho no es ilimitado porque el propietario fallecido podría haber dejado establecido una **limitación de acceso** para uno o varios herederos, aunque con la salvedad de que esta limitación que pudiera haber sido establecida por el fallecido en ningún caso afectará al derecho de los herederos a conocer los datos patrimoniales del fallecido. En relación con la información o documentación que contenga datos personales de otros propietarios o terceros, el heredero estará sometido a las mismas **restricciones** y condicionantes que impone la normativa de propiedad horizontal para cualquier otro propietario o tercero.

6. Datos personales de arrendatarios

6970 Los arrendatarios no forman parte de la comunidad de propietarios, por lo que sus datos no estarán a disposición de esta. Tampoco estarán a disposición de la administración de fincas salvo que haya sido designada por los correspondientes propietarios como **encargados de gestionar el alquiler y el cobro de rentas**. En estos casos la administración de fincas actuará como responsable de tratamiento de los datos de los arrendatarios, y, no como encargado, siendo el obligado a cumplir todas las obligaciones que la ley exige a los responsables de tratamiento.

En caso de que un propietario o la propia comunidad de propietarios quiera o necesite conocer datos personales, como nombre, teléfono, etc. de un arrendatario que viva en la comunidad de propietarios deberá dirigirse a la administración de fincas para que esta contacte con el inquilino, si tiene el encargo de gestionar del piso o local, o en caso contrario se dirija al propietario y sea este quien contacte con el inquilino. En cualquier caso, para facilitar los datos de un inquilino a otro propietario o a la administración de fincas se deberá contar con el **consentimiento** de aquel.

7. Buzones

6975 La **identificación** de los buzones con el nombre de los propietarios deberá someterse a acuerdo de junta. Aunque así se acuerde, cualquier propietario podrá negar su **consentimiento** para identificar el buzón con su nombre. En estos casos, podrá optar por que se coloque en el buzón únicamente la identificación del número de piso o local.

En caso de que un **piso o local esté arrendado**, la decisión de identificar con su nombre será del propio inquilino. La comunidad de propietarios en todo caso necesitará contar con el consentimiento del inquilino para instalar una placa o elemento que identifique el buzón con sus datos personales.

8. Entrega de paquetes dirigidos a propietarios, inquilinos u otros habitantes de la finca

6976 Como norma general, los porteros o conserjes de las comunidades de propietarios **no deben** recoger paquetes en dirigidos a personas que habiten en la comunidad, salvo que tengan autorización expresa del interesado.

Teniendo en cuenta que estos paquetes suelen llevar una **etiqueta identificativa** con los datos del destinatario, así como, en su caso, información sobre el producto que va en el paquete, se puede producir una violación del principio de integridad y deconfidencialidad (RGPD art.5.1.f y 32).

Si bien en la práctica la **sanción**, que podría considerarse de las tipificadas como muy graves, recaería en quien entregue el paquete al conserje o portero, y no a este ni a la comunidad de propietarios, es recomendable evitar estas prácticas.

Precisiones Ver https://www.aepd.es/documento/ps-00280-2022.pdf

9. Plazos de conservación de ficheros y documentos de la comunidad que incluyan datos personales

6978 Ni el RGPD ni la LOPD establecen plazos máximos expresos para la conservación de datos personales de los propietarios u otros datos que se traten en el ámbito de la propiedad horizontal. No obstante, debemos tener en cuenta que sí establece el RGPD una **limitación temporal**, a nivel general, en el tratamiento de los datos (incluida su conservación) (RGPD art.5).

El límite temporal general viene determinado por el **tiempo de utilidad o por el cumplimiento de los plazos** previstos en las leyes aplicables para dicha conservación. Hay que tener en cuenta que ciertos documentos relativos a la gestión de la comunidad de propietarios, y que incluyen datos personales, deben ser conservados durante un periodo de tiempo establecido por Ley. El cumplimiento de estos plazos legales es lo que legitimará su conservación.

Por tanto, el plazo de conservación de la documentación de la comunidad de propietarios dependerá, a efectos del cumplimiento de la normativa de protección de datos, del **tipo de documento** de que se trate. Nos referimos en cualquier caso a documentación que incluya datos personales.

En términos generales, las convocatorias de juntas, comunicaciones, apoderamientos y todos los **documentos relacionados con las juntas** de propietarios se deben conservar durante 5 años. Esta responsabilidad recae en el secretario (LPH art.19.4).

Por tanto, y a efectos del cumplimiento de la normativa de protección de datos, la **legitimidad** para conservar dichos documentos y los datos personales incluidos en los mismos es de 5 años.

6980 **Actas de las juntas de propietarios** Cuando la LPH se refiere a todos los documentos relacionados con las juntas de propietarios (LPH art.19.4), se refiere también a las actas de la junta de propietarios, por lo que su **plazo de conservación** sería el mismo plazo general de conservación de 5 años.

Este plazo de conservación no puede aplicarse a los **libros de actas** constituidos por la recopilación de todas las actas de juntas de la comunidad. En la LPH no se encuentra un plazo máximo de conservación de los libros de actas. Por tanto, en cuanto esas actas se integran en el libro de actas correspondiente dejan de ser documentos independientes y el plazo de conservación de 5 años ya no aplica. Los libros de actas tienen **validez permanente** y por ello han de conservarse indefinidamente. Lo mismo hay que hacer con la **documentación notarial**, como escrituras o estatutos de la comunidad de propietarios o sentencias.

Precisiones En el caso de **Cataluña**, que dispone de normativa específica en materia de propiedad horizontal, se establece que deben conservarse durante 30 años mientras exista el régimen de propiedad horizontal o durante 5 años desde el momento en que se haya extinguido (CCC art.553-28).

6982 **Obligaciones contractuales** En relación con los documentos relativos a obligaciones contractuales, como pueden ser los **contratos** firmados por la comunidad de propietarios y la administración de fincas, el **plazo** de conservación establecido legalmente es de 15 años tal como establece el Código Civil como plazo general de prescripción de responsabilidades contractuales (CC art.1964). Por tanto, a efectos del cumplimiento de la normativa de protección de datos, este será el plazo durante el que la comunidad de propietarios, o la administración de fincas cuando actúe como responsable de tratamiento, está legitimada a **conservar** los datos personales incluidos en dicha documentación.

6984 **Facturas** En cuanto a facturas que incorporen datos personales de propietarios, proveedores o terceros, deberemos ceñirnos a los plazos previstos en la Ley General Tributaria. Esta señala que los documentos referentes a **impuestos y declaraciones** tienen un plazo de prescripción de 4 años. Por tanto, durante este plazo, será legítimo que las comunidades de propietarios, o la administración de fincas cuando actúe como responsable de tratamiento, conserven las facturas que incluyan datos personales, siendo así su tratamiento lícito.

6986 **Afiliación, altas y bajas del personal** En lo referente a los documentos de afiliación, altas y bajas del personal que pueda contratar la comunidad de propietarios o la administración de fincas, el **plazo de conservación** establecido legalmente es de 4 años. Por tanto, el plazo durante el cual tendrán legitimidad para conservar dicha documentación es de 4 años.

Durante el mismo plazo deben conservarse los recibos que justifiquen el **pago de las nóminas** y los respectivos **boletines de cotización** a la Seguridad Social del personal contratado por la comunidad de propietarios o por la Administración de fincas (RDLeg 5/2000 art.21 y art.4.2).

6988 **Plazos de conservación de documentación de prevención de riesgos laborales** Igualmente, hay que tener en cuenta que el plazo de prescripción de las infracciones previstas en materia de **prevención de riesgos laborales** es de 5 años (RDLeg 5/2000 art.4.3), por lo que sería legítimo, a efectos del cumplimiento de la normativa de protección de datos, guardar durante ese periodo la documentación que en su caso tenga la comunidad de propietarios, o la administración de fincas respecto de sus propios trabajadores, en materia de prevención de riesgos laborales.

6989 **Plazos de conservación de las imágenes** En cuanto a los plazos de conservación de las imágenes captadas por las **cámaras de videovigilancia**, se aplicará a las comunidades de propietarios la misma norma general aplicable a cualquier otro responsable de tratamiento. Esta norma es que el plazo de conservación y tratamiento legítimo de dichas imágenes es de un mes desde su captación (LOPD art.22.3). Por tanto, **transcurrido ese plazo** el responsable deberá asegurarse de que dichas imágenes quedan borradas y no se guarda copia. Excepcionalmente se podrá **ampliar estos plazos** a requerimiento de la policía o la autoridad judicial en el marco de la investigación de posibles infracciones penales o administrativas.

6990 **Plazos de conservación de los registros de jornada** Tanto las comunidades de propietarios como las administraciones de fincas, deben llevar el **registro de horario** de sus empleados, independientemente de la jornada que estos tengan.
Asimismo, están obligados a guardar el registro de horario de los empleados durante 4 años. Dicho registro deberá estar **disponible** para los empleados.
La comunidad de propietarios podrá delegar en la Administración de fincas o en una gestoría la gestión y control de este registro, mediando el previo **contrato de encargo** de tratamiento de datos.

M. Derechos

7000 La normativa de protección de datos personales prevé que los titulares de datos personales pueden ejercer una serie de derechos ante quien esté haciendo un **tratamiento** de estos. Por tanto, los titulares de datos personales tratados por una comunidad de propietarios o por parte de una administración de fincas podrán ejercer frente al tratamiento que realicen estos, los siguientes derechos:

- Acceso a sus datos (nº 7002).
- Rectificación de los datos si son inexactos (nº 7004).
- Limitación del tratamiento (nº 7006).
- Oposición al tratamiento (nº 7008).
- Supresión de sus datos (nº 7010).
- Portabilidad de sus datos (nº 7012).

Estos derechos se **ejercen** frente a la comunidad de propietarios, que es el responsable del tratamiento de los derechos, sin perjuicio de que se puedan instrumentalizar a través de la administración de fincas, como encargado de tratamiento.

7002 **Derecho de acceso** (RGPD art.15; LOPD art.13) Los propietarios y demás titulares de datos personales tienen derecho a obtener de la comunidad de propietarios directamente o a través de la administración de fincas **confirmación** de si están tratando datos personales de su incumbencia y en caso afirmativo conocer qué datos son, qué tratamientos se están efectuando y para qué finalidades.
En lo referido al acceso de los **herederos a los datos del fallecido**, ver LOPD art.3.1 y 3.2.

Precisiones El tratamiento de este derecho está ampliamente detallado en el nº 1225 s. Memento Protección de Datos 2022-2023.

7004 **Derecho de rectificación** (RGPD art.16; LOPD art.14) Los propietarios y demás titulares de datos personales igualmente tendrán derecho a que la comunidad de propietarios rectifique sus datos personales que sean **inexactos o incompletos**.
En los en cuanto a la rectificación de **datos de fallecidos**, es de aplicación lo establecido en LOPD art.3.1 y 3.2.

Precisiones El tratamiento de este derecho está ampliamente detallado en el nº 1270 s. Memento Protección de Datos 2022-2023.

Derecho a la limitación del tratamiento (RGPD art.18; LOPD art.16) Los propietarios y demás titulares de datos personales tienen derecho a obtener de la comunidad de propietarios la **suspensión** del tratamiento de sus datos personales, cuando se haya impugnado su exactitud o se haya opuesto a su tratamiento. También puede solicitar su limitación de uso en determinadas circunstancias. 7006

Precisiones El tratamiento de este derecho está ampliamente detallado en el nº 1330 s. Memento Protección de Datos 2022-2023.

Derecho de oposición (RGPD art.21; LOPD art.18) Los propietarios y demás titulares de datos personales tienen derecho a oponerse al tratamiento de datos por parte de la comunidad de propietarios o, en su caso de la administración de fincas, cuando estos se hayan tratado en base al interés legítimo de esta o aquella (LOPD art.6.1.f) por la concurrencia de un **motivo legítimo y fundado** referido a su concreta situación personal que lo justifique, y siempre que una Ley no disponga lo contrario. 7008

Precisiones El tratamiento de este derecho está ampliamente detallado en el nº 1400 s. Memento Protección de Datos 2022-2023.

Derecho de supresión (RGPD art.17; LOPD art.15) Los propietarios y demás titulares de datos personales tienen derecho a solicitar a la comunidad de propietarios la supresión de sus datos personales cuando ya no sean necesarios para los fines para los que se recogieron. En este sentido hay que tener en cuenta que la comunidad de propietarios está obligada a conservar su documentación durante una serie de plazos establecidos en la Ley, lo que podrá limitar el alcance de este derecho. 7010

La supresión de **datos de los fallecidos** se regula en la LOPD art.3.1 y 3.2.

Derecho de portabilidad (RGPD art.20; LOPD art.17) Los propietarios y demás titulares de datos personales tienen derecho, en determinadas circunstancias y condiciones, a recibir de la comunidad de propietarios sus datos personales y a **transmitirlos, o a que se transmitan**, por ejemplo, a otra comunidad de propietarios, todo ello sin perjuicio del cumplimiento de las obligaciones en cuanto a conservación de datos que se imponen por Ley a la comunidad de propietarios o a la administración de fincas. 7012

Precisiones El tratamiento de este derecho está ampliamente detallado en el nº 1360 s. Memento Protección de Datos 2022-2023.

Plazo para responder al ejercicio de derechos (RGPD art.12.2 y 12.3) La comunidad de propietarios, o, en su caso, la Administración de fincas, deberá responder en el plazo de un mes a partir de la recepción de la solicitud. 7014

Dicho plazo podrá **prorrogarse** otros 2 meses en caso de que el asunto tenga cierta complejidad.

N. Responsabilidad y sanciones

(RGPD art.57 y 58; LOPD art.47)

En España la **autoridad** con competencias para investigar el cumplimiento de la normativa de protección de datos y, en su caso, sancionar a las comunidades de propietarios y a las Administraciones de fincas es la Agencia Española de Protección de Datos. 7020

Las comunidades de propietarios y la administración de fincas podrán ser consideradas **responsables de cometer infracciones** contra la normativa de protección de datos y por tanto ser castigadas con la imposición de sanciones por parte de la Agencia Española de Protección de Datos (LOPD art.70).

Graduación de infracciones y sanciones (RGPD art.83.2.a) La graduación de las infracciones y por tanto de las sanciones que aplicará la AEPD dependerá de la **naturaleza, gravedad y duración** de la infracción, así como del número de afectados por dicha infracción y los daños y perjuicios que les hayan causado. 7022

El hecho de no cumplir con alguna de las obligaciones que impone tanto el RGPD como la LOPD es motivo, por sí mismo, de infracción y por tanto susceptible de ser sancionado sin necesidad que exista **negligencia o dolo**. No obstante, la existencia de negligencia o dolo será tomado en cuenta por la AEPD para graduar la sanción (RGPD art 83.2.b).

El **grado de responsabilidad** de la comunidad de propietarios o de la administración de fincas se evaluará en función de las medidas técnicas y organizativas que se hayan aplicado en base a los riesgos que se hayan detectado (RGPD art.25 y 32).

En caso de que la comunidad de propietarios o la administración de fincas detecte que se ha producido una infracción, estas tienen una **doble obligación**:

a) Tratar de **corregir la situación** mitigando, en todo lo posible, los daños y perjuicios producidos al afectado (RGPD art.83.2.c).

b) Notificar a la AEPD esta infracción para minimizar la sanción que, en su caso, le corresponda (RGPD art.83.2.h).

Estas dos obligaciones forman parte del principio de **responsabilidad proactiva** (nº 6760) que exige la normativa de protección de datos tanto a comunidades de propietarios como a administración de fincas (RGPD art.5.2 y 24).

La AEPD tendrá en cuenta, además, **otros criterios** de graduación en la imposición de sanciones, entre otros el carácter continuado de la infracción o los beneficios obtenidos como consecuencia de la comisión de la infracción (LOPD art.76).

1. Infracciones muy graves

(LOPD art.72)

7025 Son consideradas infracciones muy graves principalmente las relativas al incumplimiento de los **principios y garantías básicas** en materia de protección de datos que debe cumplir cualquier comunidad de propietarios o administración de fincas.

Estos son los principios relativos a:

- que el tratamiento de los datos personales sea lícito, leal, transparente;
- se limiten a la finalidad para la que han sido recogidos;
- se conserven durante el tiempo legalmente permitido; y
- se conserven con las garantías de seguridad necesaria.

a) En este sentido, uno de los riesgos de infracción de la normativa de protección de datos más habituales con los que se enfrenta una comunidad de propietarios viene dado por la **vulneración del deber de confidencialidad** respecto a los datos de los propietarios (RGPD art.5.1.f; LOPD art.5.1).

b) Facilitar datos personales de un propietario a otro u otros propietarios, o a terceros, fuera de los casos previstos en la normativa de propiedad horizontal sin contar con el consentimiento expreso del afectado supone vulnerar el principio de **licitud del tratamiento** al no concurrir ni el consentimiento del interesado ni haber una disposición legal que legitime esa cesión o comunicación de datos (RGPD art.6.1.a y c).

c) En caso de que sea necesario el **consentimiento expreso** de un propietario o de un tercero cuyos datos trate la comunidad de propietarios, este consentimiento debe concurrir cumpliendo las condiciones mínimas previstas en la normativa de protección de datos, es decir que sea un consentimiento informado y preferentemente por escrito (RGPD art.7) y producto de una manifestación de voluntad libre, específica, informada e inequívoca (LOPD art.6.1).

d) En el caso de la **administración de fincas**, como encargado de tratamiento, la infracción del deber de confidencialidad (LOPD art.5.1) complementario al deber de **secreto profesional** inherente a su cargo (LOPD art.5.2) puede ser considerado como una infracción muy grave.

e) La no atención, el impedimento o la obstaculización de los **derechos reconocidos a los titulares** de los datos personales, esto es los derechos de información, acceso, rectificación, limitación del tratamiento, supresión, oposición (RGPD art.12 a 22; y LOPD art.13 a 18) puede ser considerada también como una infracción muy grave. En este sentido hay que tener en cuenta que muy probablemente la respuesta al ejercicio de derechos formará parte del cometido que la comunidad de propietarios ha incluido, en el contrato de encargado de tratamiento, como obligación para la administración de fincas.

f) Otras infracciones que serán consideradas como muy graves serán las relativas al tratamiento de las **categorías especiales de datos** RGPD art.9 (p.e. datos que revelen origen étnico, condición sexual o ideología) sin que concurran las condiciones previstas en dicho artículo.

g) Igualmente, el incumplimiento de la obligación de **bloqueo de los datos** en los casos en que la ley lo establece cuando proceda a su rectificación o supresión (LOPD art.32) podrá ser considerado como una infracción muy grave.

7026 Precisiones La AEPD resuelve la reclamación interpuesta por los propietarios de una comunidad tras la exposición pública en los ascensores del **acta de la última asamblea** de la comunidad, donde se identificaba a los asistentes y representados, a los vecinos implicados en los temas tratados en la reunión, y a los afectados por un procedimiento de denuncia que se iba a iniciar, todos ellos con nombre y apellidos, planta y puerta.

Acuerda sancionar a la comunidad, pues la iniciación de acciones legales contra algunos vecinos no justifica la publicación del acta con estos datos personales. Si lo que se pretende es comunicar de forma fehaciente el acuerdo adoptado en la junta, la comunidad debe utilizar un medio como **burofax o carta certificada**, que garantice la protección de datos personales de los afectados.

Se han vulnerado los principios de **integridad y confidencialidad de los datos personales**, así como la responsabilidad proactiva del responsable del tratamiento de demostrar su cumplimiento (RGPD art.5.1.f).
Se trata de una **infracción muy grave** (LOPD art.72.1.a), sancionable con multa de hasta 20 millones de euros (RGPD art.83.5), que, no obstante, procede graduar con los siguientes criterios (RGPD art.83.2):
- es una acción negligente no intencional, pero significativa -RGPD art.83.2.b-; y
- se encuentran afectados identificadores personales básicos -RGPD art.83.2.g- (AEPD Resol 9-3-21).

Sanciones en caso de infracciones muy graves (LOPD art.72.1) Las sanciones que prevé el RGPD para estos supuestos considerados como infracción muy grave son las máximas, pudiendo alcanzar los 20.000.000 euros como máximo o, tratándose de una **administración de fincas**, si es empresa, de una cuantía equivalente al 4% como máximo del volumen de negocio total anual global del ejercicio financiero anterior, optándose por la de mayor cuantía (RGPD art.83.5). **7030**
Las sanciones están concebidas como **medidas disuasorias y correctivas** por lo que, en cualquier caso, el importe de estas será graduado por la AEPD en función de la naturaleza, gravedad y duración y demás criterios vistos en el nº 7020 s. (RGPD art.83; LOPD art.76) para evitar que sean desproporcionadas y resulten una carga inasumible para la comunidad de propietarios o la administración de fincas (RGPD considerando 148).

Plazo de prescripción de las infracciones muy graves (LOPD art.72.1) Las infracciones muy graves prescriben en el plazo de 3 años. **7032**

2. Infracciones graves

(LOPD art.73)

Las infracciones tienen la consideración de graves cuando supongan una **vulneración sustancial** de determinadas obligaciones previstas en la normativa de protección de datos. **7035**
Las comunidades de propietarios o la administración de fincas pueden incurrir en estas infracciones en los siguientes supuestos:
a) La falta de adopción de las **medidas técnicas y organizativas** que sean necesarias para el debido cumplimiento del principio de tratamiento **desde el diseño** por parte de la comunidad de propietarios (nº 6770), esto es que dichas medidas no solo sean efectivas cuando se lleve a cabo el tratamiento de los datos, sino que también estén previstas previamente (RGPD art.25.1 y considerando 78). Por tanto, si la comunidad de propietarios no cumple este principio, no podrá demostrar el cumplimiento del principio de **responsabilidad proactiva** que exige el RGPD, esto es la capacidad de diseñar y tomar las medidas necesarias para cumplir y poder demostrar el cumplimiento de la normativa de protección de datos lo cual podrá ser considerado como una infracción grave.
b) La falta de adopción de las medidas técnicas y organizativas que sean necesarias para el debido cumplimiento del principio de tratamiento **por defecto**, esto es, que la comunidad de propietarios y la administración de fincas como encargado de tratamiento, únicamente tratará aquellos datos personales relativos a **propietarios, trabajadores o terceros** que sean necesarios para cumplir los cometidos de la comunidad de propietarios y el cumplimiento de la normativa de propiedad horizontal y demás que le apliquen, durante el tiempo que así sea requerido y por las personas estrictamente autorizadas (RGPD art.25.2).

c) Igualmente supondrá una infracción grave el hecho de que la comunidad de propietarios no sea capaz de adoptar las medidas de seguridad necesarias y apropiadas para **garantizar la seguridad de los datos** tratados en virtud de los riesgos encontrados. **7038**
d) También supondrá una infracción grave la **falta de diligencia** en el cumplimiento de las **medidas de seguridad técnicas y organizativas** que haya adoptado la comunidad de propietarios para garantizar el cumplimiento de la normativa de protección de datos personales.
e) El tratamiento de los datos personales responsabilidad de la comunidad de propietarios por parte de la administración de fincas, u otro encargado de tratamiento, sin haber firmado el preceptivo **contrato de encargo de tratamiento** con las características exigidas por el RGPD art.28.3 (nº 6740), supone una infracción grave de la normativa de protección de datos personales.

f) También supone una infracción grave contratar a una administración de fincas que no ofrezca **garantías suficientes** para cumplir con las medidas de seguridad que se requieran o que no presente garantías del cumplimiento de la normativa de protección de datos en sus actuaciones. **7040**

g) Igualmente supondría una infracción grave de la normativa de protección de datos personales la contratación por parte de la administración de fincas, o de otro encargado de tratamiento de la comunidad de propietarios, de otros encargados de tratamiento **sin la autorización previa y expresa** de esta.
h) La **falta de un registro** de actividades de tratamiento de datos (RGPD art.30) constituye también una infracción grave.
i) La **falta de colaboración o atención** a los requerimientos o solicitudes que pueda hacer la AEPD a la comunidad de propietarios o a la Administración de fincas (RGPD art.30.4; LOPD art.72) será considerada también como una infracción grave de la normativa.
j) En cuanto a las **violaciones o brechas de seguridad**, supondrán infracciones graves los casos en que la administración de fincas, en su calidad de encargado de tratamiento de la comunidad de propietarios, no comunique a esta la existencia de una violación o brecha de seguridad que afecte a la privacidad o integridad de los datos que son de su responsabilidad, o aquellos casos en que la comunidad de propietarios, una vez conocida dicha brecha, incumpla su deber de notificación a la AEPD (RGPD art.33), o cuando la comunidad de propietarios incumpla su deber de comunicación al afectado por esta brecha de seguridad (RGPD art.34) en caso de así habérselo requerido la AEPD.

7042 **Sanciones en caso de infracciones graves** En caso de que la comunidad de propietarios o la administración de fincas cometan este tipo de infracciones graves podrán ser sancionadas con **multas** de especial consideración.
Las sanciones que prevé el RGPD para estos supuestos considerados como infracciones graves (LOPD art.73.1) pueden alcanzar los 10.000.000 euros como máximo o, tratándose de una **administración de fincas**, si es empresa, de una cuantía equivalente al 2% como máximo del volumen de negocio total anual global del ejercicio financiero anterior, optándose por la de mayor cuantía (RGPD art.83.4).
Las sanciones están concebidas como **medidas disuasorias y correctivas** por lo que, en cualquier caso, el importe de estas será graduado por la AEPD en función de la naturaleza, gravedad y duración y demás criterios expuestos en el nº 7020 s. (RGPD art.83 y LOPD art.76) para evitar que sean desproporcionadas y resulten una carga inasumible para la comunidad de propietarios o la administración de fincas (RGPD considerando 148).

7044 **Plazo de prescripción de las infracciones graves** (LOPD art.73.1) Las infracciones graves prescriben en el plazo de 2 años.

3. Infracciones leves

(LOPD art.74)

7050 Son aquellas infracciones que se pueden producir en caso de que la comunidad de propietarios o la administración de fincas realicen un **incumplimiento formal** de determinadas obligaciones. Las principales infracciones que pueden cometer son las siguientes:
a) El incumplimiento del principio de **transparencia de la información** o el **derecho de información** del afectado por no facilitar toda la información exigida por el RGPD art.13 y 14.
b) Exigir el **pago** de cualquier importe para facilitar al afectado la información exigida por los del RGPD art.13 y 14 o por atender las solicitudes de ejercicio de sus derechos, salvo cuando así sea legítimo (RGPD art.12.5).
c) No atender las solicitudes de ejercicio de los **derechos de acceso o rectificación** salvo que esta falta de atención pueda ser considerada como una obstaculización o un impedimento reiterado, en cuyo caso la infracción sería considerada como muy grave (LOPD art.72.1.k).
d) El incumplimiento de la obligación de notificación a los destinatarios de los datos personales cuando se ha producido una **rectificación o supresión** de datos personales del titular de dichos datos, así como su limitación de tratamiento (RGPD art.19).

7052 e) El incumplimiento por parte de la comunidad de propietarios o de la administración de fincas de la obligación de suprimir los **datos referidos a una persona fallecida** cuando así fuera exigido por sus allegados o herederos (LOPD art.3).
f) La falta del cumplimiento de la obligación por parte de la administración de fincas de informar a la comunidad de propietarios acerca de la posible **infracción por una instrucción** recibida de este que vulnere la normativa de protección de datos.
g) El incumplimiento por parte de la administración de fincas de las obligaciones e instrucciones impuestas en el **contrato de encargo de tratamiento** u otras instrucciones dadas por la comunidad de propietarios salvo que esté legalmente obligado a ello, o en los supuestos en que fuese necesario para evitar la infracción de la legislación en materia de protección de datos y se hubiese advertido de ello a la comunidad de propietarios.

h) Disponer de un **registro de actividades de tratamiento** que no incorpore toda la información exigida por el RGPD art.30 (nº 6828). 7054
i) En cuanto a las **violaciones o incidencias de seguridad**, la notificación a la AEPD de que esta se ha producido, cuando se haga de manera incompleta, tardía o defectuosa (RGPD art.33). Igualmente, el incumplimiento de la obligación de **documentar cualquier violación** o incidencias de seguridad (RGPD art.33.5).
j) El incumplimiento del deber de comunicación al afectado, por parte de la comunidad de propietarios o en su caso la administración de fincas, de que se ha producido una violación o brecha de seguridad y que esta puede suponer un **alto riesgo** para sus derechos y libertades (RGPD art.34). En caso de que la AEPD hubiera exigido esta comunicación y, la comunidad de propietarios o la administración de fincas no la hubieran hecho, la infracción se considerará muy grave (LOPD art.73 s.).

Sanciones en caso de infracciones leves (RGPD art.83.2) En caso de que la comunidad de propietarios o la administración de fincas cometan infracciones leves, la AEPD impondrá las sanciones en función de las circunstancias de cada caso concreto, teniendo en cuenta, entre otras, los siguientes **criterios**: 7056
a) La **naturaleza, gravedad y duración** de la infracción, teniendo en cuenta la naturaleza, alcance o propósito de la operación de tratamiento de que se trate, así como el número de interesados afectados y el nivel de los daños y perjuicios que hayan sufrido.
b) La **intencionalidad o negligencia** en la infracción.
c) Cualquier medida tomada por la comunidad de propietarios o la administración de fincas para paliar los **daños y perjuicios** sufridos por los interesados.
d) El grado de responsabilidad de la comunidad de propietarios o la administración de fincas, habida cuenta de las **medidas técnicas u organizativas** que hayan aplicado.
e) Toda **infracción anterior** cometida por la comunidad de propietarios o la administración de fincas.
f) El **grado de cooperación** con la autoridad de control con el fin de poner remedio a la infracción y mitigar los posibles efectos adversos de la infracción.
g) El **tipo de datos** afectados por la infracción.
h) La forma en que la AEPD tuvo **conocimiento de la infracción**, en particular si la comunidad de propietarios o la administración de fincas notificó la infracción y, en tal caso, en qué medida.
i) El **cumplimiento de las medidas** que haya podido imponer la AEPD a la comunidad de propietarios o a la administración de fincas, con carácter previo.
j) Cualquier otro **factor agravante o atenuante** aplicable a las circunstancias del caso.

Plazo de prescripción de las infracciones leves (LOPD art.74.1) Las infracciones leves prescriben en el plazo de 1 año. 7058

Ñ. Violaciones de seguridad de los datos personales

En caso de que se produzca una violación o **brecha** en esas medidas de seguridad que ocasione la destrucción, pérdida o alteración accidental o ilícita de datos personales transmitidos, conservados o tratados de otra forma, o la comunicación o acceso no autorizados a dichos datos, se producirá una violación de seguridad de los datos personales (RGPD art.4.12). 7075
La violación de seguridad es un **hecho inesperado** que afecta a los datos personales que trata la comunidad de propietarios o la administración de fincas y supone un riesgo para los derechos y libertades de los afectados, por lo que pueden comprometer el cumplimiento de la normativa de protección de datos.
Las **comunidades de propietarios** directamente o a través de la administración de fincas si así se lo ha encargado deben tener previstos procesos o protocolos para detectar y actuar frente a las violaciones de seguridad que puedan ocurrir y así poder subsanarlas.
La **administración de fincas** como encargado de tratamiento de la comunidad de propietarios tiene el deber de notificarle las violaciones de seguridad que haya sufrido o podido conocer y que afecten a la seguridad de los datos que son responsabilidad de la comunidad (RGPD art.33.2).

Notificación de la brecha de seguridad Cuando se tenga conocimiento de que se ha producido una violación de seguridad que constituya un **riesgo para los derechos y libertades** de las personas, la comunidad de propietarios lo notificará a la AEPD sin dilación indebida y, de ser posible, a más tardar 72 horas después de que haya tenido constancia de ella (RGPD art.33.1). 7078

La **obligación de notificar** que ha sucedido una violación de seguridad es de la comunidad de propietarios, no de la administración de fincas, no obstante, podrá ser esta la que gestione la comunicación si ha sido ha sido encargado por la comunidad de propietarios.
La **administración de fincas** sí que notificará en nombre propio a la AEPD aquellas violaciones de seguridad que afecten a los datos personales que gestione como responsable de tratamiento.
Hay que tener en cuenta que estas comunicaciones a la AEPD son **obligatorias** únicamente cuando supongan un riesgo para los derechos y libertades de las personas afectadas. En caso contrario no son necesarias.
Esta comunicación deberá hacerse **sin dilación indebida**, es decir en cuanto tenga conocimiento y a más tardar en el plazo de 72 horas desde que se produjo dicho conocimiento.
La comunicación podrá hacerse a través del **enlace** previsto en la sede electrónica de la web de la AEPD «Notificación brechas de seguridad» (https://sedeagpd.gob.es).

7080 **Contenido de la notificación** En la comunicación de la violación o brecha de seguridad deberá explicarse:
- lo sucedido;
- el momento en que se ha tenido conocimiento del hecho;
- los efectos que ha producido;
- el número de personas que se cree han sido afectadas y si se les ha notificado, así como
- las medidas correctivas que se hubieran tomado.

Podrá adjuntarse aquella **documentación** que se estime conveniente.

7082 **Alto riesgo para los derechos y libertades del afectado** En caso de que la violación de seguridad suponga un alto riesgo para los derechos y libertades del afectado, además de la comunicación a la AEPD, deberá hacerse una **comunicación al afectado** para advertirle de lo sucedido.
La existencia de alto riesgo debe entenderse que se da cuando puede dar lugar a **daños y perjuicios físicos, materiales o inmateriales** como por ejemplo la usurpación de identidad, la discriminación, daño para la reputación, etc. Esta comunicación al afectado debe llevarse a cabo sin dilación indebida para que pueda tomar las medidas oportunas en orden a minimizar los daños.

7084 **Registro de las brechas de seguridad** Es obligación de la comunidad de propietarios como responsable de tratamiento llevar un registro de las violaciones o brechas de seguridad que sucedan, así como su descripción, efectos y medidas adoptadas.
Podrá encargarse a la **administración de fincas** que cree y mantenga ese registro.
La administración de fincas deberá crear y mantener su propio registro en lo referido a las violaciones de seguridad que afecten a los datos personales que trate como responsable de tratamiento de datos.
El **incumplimiento** de cualquiera de estas obligaciones puede suponer una infracción de la normativa de protección de datos que podrá ser sancionada por la AEPD.

CAPÍTULO 13

Régimen de la propiedad horizontal en Cataluña

La propiedad horizontal se rige en Cataluña por lo dispuesto en el Libro V del Código Civil Catalán (L Cataluña 5/2006), que dedica el Capítulo III del Título V a esta figura (CCC art.553-1 a 553-59). Dicha norma fue objeto de una profunda reforma por la L Cataluña 5/2015, que entró en vigor el día 20-6-2015. 7402

Recientemente, para incorporar la regulación de las instalaciones para la mejora de la **eficiencia energética e hídrica**, así como los **sistemas de energías renovables** en los inmuebles sujetos al especial régimen de la propiedad horizontal, el CCC libro V ha sufrido sucesivas reformas. La primera por DL Cataluña 28/2021 y la segunda por L Cataluña 3/2023 art.94.

El **objetivo** último de estas reformas es adaptar todo el parque inmobiliario residencial de Cataluña a un consumo energético más sostenible mediante el favorecimiento de la instalación de equipos que mejoren la eficiencia energética o la instalación de sistemas de energías renovables. Todo ello aprovechando la existencia de **ayudas** previstas en los fondos europeos para la rehabilitación de viviendas. Se favorece e impulsa también la participación de la comunidad en la generación de energías renovables, de forma singular o compartida con otras comunidades de propietarios, o mediante la integración en **comunidades energéticas locales**.

La última reforma introduce una serie de medidas en CCC art.553-40 de cara a habilitar a las comunidades de propietarios catalanas de mecanismos con los que reaccionar ante las situaciones de **ocupaciones inconsentidas de entidades privativas** en las que los moradores alteran la normal convivencia en la comunidad o dañan o hacen peligrar el inmueble (L Cataluña 1/2023 art.2). Estos mecanismos pasan por:

- demandar el auxilio de los tribunales de justicia que, en el caso de que así lo estimen y les sea solicitado, pueden acordar cautelarmente la **cesación inmediata de la actividad**; o
- **denunciar** la situación ante el ayuntamiento correspondiente, para que este inicie el procedimiento previsto en L 18/2007 art.44 bis.

A partir del 1-7-2006 (fecha de entrada en vigor de la L Cataluña 5/2006), dejó de ser aplicable la Ley de Propiedad Horizontal en todos y cada uno de los edificios constituidos en régimen de propiedad horizontal, así como en los conjuntos inmobiliarios sitos en Cataluña, con independencia de la fecha de su constitución. A estos inmuebles se les aplica exclusivamente la normativa especial catalana.

El CCC es de aplicación preferente a las **normas comunitarias o los estatutos**, incluso inscritos, de los edificios o conjuntos inmobiliarios constituidos en propiedad horizontal con anterioridad a la entrada en vigor de la norma (L Cataluña 5/2006 disp.trans.6ª.1).

Si bien la norma catalana se aplica de forma automática, cabe la posibilidad de que los estatutos y si procede el título de constitución, sean adaptados al **nuevo marco legal** catalán si así lo solicitan 1/10 parte de los propietarios. Para la adopción del acuerdo es suficiente con la mayoría de cuotas en primera convocatoria y la mayoría de cuotas presentes en segunda convocatoria. Si no se alcanza la mayoría necesaria para la adopción del acuerdo, cualquier propietario puede solicitar a la **autoridad judicial** que obligue a la comunidad a efectuar la adaptación. En este caso las costas judiciales se deben imponer a la comunidad, lo cual supone una injerencia en materia de orden procesal, ya que la imposición de costas aparece regulada en la ley de enjuiciamiento civil de carácter estatal.

7403 Precisiones 1) El Libro V del CCC constituye el **ordenamiento civil regular** de las comunidades de propietarios de los inmuebles ubicados en Cataluña, sin que sea de aplicación, ni tan siquiera supletoria, la LPH. Ello sin perjuicio del valor interpretativo que esta última pueda tener, dado su carácter de antecedente (AP Barcelona 19-9-19, EDJ 700158).
2) La aplicación del Libro V del CCC a las propiedades horizontales catalanas se estableció con una **eficacia retroactiva** máxima, lo que implica que la nueva norma se aplica, a todos los efectos, de dichas situaciones a partir de su entrada en vigor, con preferencia, incluso, a las normas de comunidad o a los estatutos que las regían, aunque estuviesen inscritos y todo ello sin que sea necesario que exista un acto de adaptación (AP Girona 19-7-23, EDJ 672753).
3) Se ha observado una **incongruencia** en la aplicación de la L Cataluña 5/2006 disp.trans.6ª, tras la reforma operada por L 5/2105, ya que la primera norma contemplaba una **diferente mayoría** para la adaptación de los estatutos si la junta se celebraba en primera o segunda convocatoria, siendo así que la L Cataluña 5/2015 suprime en las comunidades de propietarios catalanas el **sistema de dobles convocatorias**, sin que se haya modificado la L Cataluña 5/2006 disp.trans.6ª del texto original de la norma. Por dicha razón, entendemos que, por razones de prudencia, habrá de obtenerse para la citada adaptación el voto favorable de los propietarios que representen la mayoría de las cuotas de participación existentes en el inmueble.
4) En virtud del principio de completud y territorialidad del Derecho Civil Catalán (CCC art.111-1 y 111-3 y 4) se **descarta la aplicación**, ni siquiera con carácter supletorio, de la LPH a las comunidades de propietarios que se encuentren situadas en Cataluña (AP Tarragona 5-7-23, EDJ 667145).
5) Para un **estudio detallado** del Derecho Civil catalán se recomienda la consulta del Memento Civil Cataluña.

7404 **Diferencias entre normativa catalana y la estatal** Entre las principales, se pueden destacar son las siguientes:
a) El carácter **formal** con el que se configura el régimen jurídico de la propiedad horizontal en Cataluña, de manera que, solo existirá el régimen de propiedad horizontal desde el momento en el que se proceda al otorgamiento del título constitutivo que debe constar en escritura pública (CCC art.553-7.1 y 553-9.1).
El régimen aplicable a las **situaciones de hecho** que reúnen los requisitos propios de la propiedad horizontal y que no se hayan configurado conforme a lo que dispone el Capítulo III del Libro V del CCC se rigen por los pactos establecidos entre los copropietarios, por las normas de la comunidad ordinaria y, si procede, por las disposiciones de dicho Capítulo III que sean adecuadas a las circunstancias del caso. (CCC art.551-2.2). Ello implica reconocer a los tribunales la facultad de aplicar a estas situaciones no constituidas formalmente las normas de la propiedad horizontal que estimen procedentes en función de las circunstancias de cada caso.
b) El carácter **dispositivo** con el que se configura la propiedad horizontal catalana, consagrado, entre otros, en el CCC art.553-9.3, cuando señala que en lo no previsto en el título de constitución se aplicarán las normas del presente Capítulo.
En relación al carácter dispositivo de las normas relativas a la propiedad horizontal, hay que tener en cuenta que el CCC parte de los principios básicos de **libertad civil**, dejando un amplio campo de actuación a la autonomía de la voluntad en la constitución y configuración de los derechos reales limitados y la situación de la comunidad. De esta forma la regulación legal casi siempre es **subsidiaria** al pacto entre particulares (TSJ Cataluña 4-4-13, EDJ 110373).
No obstante, en todo aquello que el otorgante u otorgantes del título no hayan previsto se aplican las normas recogidas en el CCC (CCC art.553-9).
Esto debe interpretarse en consonancia con el CCC art.551-2.2, según el cual el título constitutivo se ha de adecuar a las disposiciones del Capítulo III y a los límites generales de la **autonomía de la voluntad**. (CC art.1255). Consecuentemente, si bien el marco de libertad de actuación es más amplio en Cataluña que en la Ley de propiedad horizontal estatal, no por ello se pueden establecer pactos o cláusulas contrarias a lo establecido en el Capítulo III, y, en caso de discrepancia entre lo regulado en los estatutos y lo establecido en la ley, se debe analizar caso por caso (AP Barcelona 27-12-13, EDJ 288344).

SECCIÓN 1

Configuración de la comunidad

El Código Civil Catalán se refiere a la propiedad horizontal como aquella que confiere a los propietarios el derecho de dominio en exclusiva sobre los **elementos privativos** y en comunidad con los demás sobre los **elementos comunes** (CCC art.553-1.1). 7407
Parte de una situación de comunidad en la que existen uno o más propietarios presentes o futuros. La comunidad bajo el régimen de propiedad horizontal es una más de las **distintas situaciones de comunidad** posibles, entre las que se encuentra también la comunidad ordinaria indivisa, la comunidad por turnos y la medianería (CCC art.551-2). No obstante, la propiedad horizontal se concibe como un régimen especial de dominio que puede existir sin que concurra una concreta situación de comunidad de propietarios. De ahí que el CCC no requiera para su nacimiento el presupuesto de existencia de una comunidad de propietarios.
El significado de la regulación de la propiedad horizontal se alcanza en situación de pluralidad de propietarios. En atención a lo expuesto, se contemplan como **presupuestos** de la propiedad horizontal, además del otorgamiento del título constitutivo, los siguientes (CCC art.553-1.2):
- la existencia presente o futura de uno o más titulares de la propiedad de un inmueble integrado por elementos privativos y comunes;
- la determinación de la cuota de participación en los elementos comunes que corresponde a cada elemento privativo; y
- la configuración de una organización para el ejercicio de los derechos y el cumplimiento de los deberes por parte de los propietarios.

Precisiones Tras la reforma del CCC operada por la L Cataluña 5/2015 se considera que la propiedad horizontal es un **régimen especial de dominio** y que, por consiguiente, puede existir y ser de aplicación desde el momento en el que existe un único propietario. Es ese régimen especial el que justifica que una vez otorgado el título -escritura de división horizontal-, el titular pase de tener un solo objeto de tráfico jurídico a tener una multiplicidad de entidades que tienen asignada una cuota de participación en el total edificio y cuya transmisión lleva siempre aparejada la de la titularidad que le corresponde en los elementos comunes, determinada por la cuota.
A partir de ese momento, se hace gravitar toda la regulación de la propiedad horizontal, no tanto sobre la noción de edificio como anteriormente, sino sobre el **concepto de inmueble**, incluyendo diferentes consideraciones sobre el hecho de que los **cerramientos** del inmueble son elementos comunes por naturaleza, con el objeto de favorecer la perfecta individualidad del inmueble en su conjunto y de cada uno de los elementos privativos que lo integran (TSJ Cataluña 25-2-21, EDJ 681370).
La **constitución** de la propiedad horizontal suele efectuarse a través de un acto voluntario, normalmente, la declaración efectuada por el propietario único del inmueble, antes de iniciar el proceso de venta de los pisos o locales. La ley contempla también la división horizontal como una de las posibles formas de llevar a cabo la **división de la cosa común** -CCC art.552- 11.2- (AP Barcelona, 17-10-23, EDJ 735757). En este caso, los **costes** de la división habrían de repartirse proporcionalmente a las cuotas o coeficientes de los comuneros (AP Barcelona 12-7-23, EDJ 671454). También se contempla la división horizontal y la adjudicación de algún elemento privativo como forma de compensación al propietario invadido en el caso de **accesión inmobiliaria** -CCC art.542-9- (AP Barcelona 16-10-23, EDJ 737590).

A. Objeto

(CCC art.553-2)

Requisito esencial para que un edificio pueda ser constituido en régimen de propiedad horizontal es la coexistencia de los llamados **elementos privativos**, que pueden ser viviendas, locales o cualquier otro espacio susceptible de aprovechamiento independiente (independencia funcional), con los **elementos comunes**, sin los cuales sería inviable el uso de los elementos privativos. 7410
El ámbito objetivo natural de la propiedad horizontal, en el cual tuvo su nacimiento histórico, es el referido a las edificaciones. No obstante, Cataluña opta por reconocer su aplicabilidad a todas

aquellas otras situaciones en las que pueda darse esa concurrencia de elementos privativos y comunes, tales como cementerios, mercados, o puertos deportivos. Además, por supuesto, de los complejos inmobiliarios que puedan sujetarse a los especiales regímenes de la propiedad horizontal compleja (nº 7950 s.) o a la propiedad horizontal por parcelas (nº 8015).
Por consiguiente, pueden ser objeto de la propiedad horizontal:
- los **edificios** y los **complejos inmobiliarios**;
- los **puertos** deportivos, en relación con los amarres;
- los **mercados**, en relación con las paradas; y
- los **cementerios** en relación con las sepulturas.

Se indica expresamente que se trata de una enumeración abierta.
En relación a los puertos deportivos, mercados y cementerios, su constitución en régimen de propiedad horizontal debe respetar en todo momento la normativa administrativa que le sea de aplicación.

Precisiones El hecho de que se trate de una **enumeración ejemplificativa** no exhaustiva permite comprender otros supuestos, como el recogido por la Ley de Propiedad Horizontal relativo a las entidades urbanísticas de conservación cuando así lo dispongan sus estatutos (LPH art.2.e).

7412 **Requisitos de las construcciones** El acto de constitución de la propiedad horizontal, ya se trate de un edificio o un complejo inmobiliario, se encuentra sujeto a **licencia urbanística** (DLeg Cataluña 1/2010 art.187.1.k). Como también está sujeto a licencia urbanística la construcción de edificios de nueva planta que requieran de proyecto arquitectónico (DLeg Cataluña 1/2010 art.187.1.c), se entiende que en la misma licencia de obras se encuentra comprendida la de división horizontal, siempre que en la misma se determine de forma concreta el número de departamentos individuales susceptibles de aprovechamiento independiente. En el caso de constitución de propiedad horizontal, simple o compleja, sobre una edificación ya existente y sin licencia de obras, es necesaria la obtención de una licencia urbanística especial (DLeg Cataluña 1/2010 art.187.1.k).
Las modificaciones sucesivas en la propiedad horizontal que impliquen un **aumento** del número de elementos privativos previsto en la licencia original, quedará igualmente sujeto a la obtención de una nueva licencia (DLeg Cataluña 1/2010 art.187.2.r).

Precisiones Tras la reforma introducida en el DLeg Cataluña 1/2010 por la L Cataluña 16/2015, se precisa licencia urbanística para los actos de constitución del régimen de la propiedad horizontal, mientras que las operaciones jurídicas que incrementen el número de elementos susceptibles de aprovechamiento independiente quedarán sujetos a comunicación previa (DLeg Cataluña 1/2010 art.187 ter.f). Esta comunicación previa sustituye a la licencia urbanística y debe ser realizada a la administración municipal con anterioridad a la ejecución material de las obras. La comunicación deberá contemplar el plazo máximo para el inicio y finalización de las obras. La administración municipal está legitimada para verificar los datos que obran en la comunicación realizada, así como para controlar el cumplimiento de la legalidad vigente (D Cataluña 64/2014 art.72 s.).
La necesidad de licencia se ha convertido en una cuestión polémica para edificaciones antiguas. La Dirección General de Derecho y Entidades Jurídicas ha dictado diversas resoluciones en el sentido de entender que no es necesario aportar la **licencia actualmente exigida** por la normativa urbanística, si en el momento de construirse el edificio la ley entonces vigente no la exigía (DGDEJ Resol 24-2-12).
Tampoco es necesaria una **licencia especial** para la división de un inmueble en distintas entidades independientes cuando existe una licencia de obras en las que consta el número de viviendas y la división horizontal se ajusta al proyecto para el cual se concedió la licencia de obras (DGDEJ Resol 10-2-10).
Los edificios en régimen de propiedad horizontal se inscribirán en el **Registro de la Propiedad** cuando la construcción esté concluida o al menos iniciada (LH art.8.4). Se entiende por obra iniciada la aprobación del proyecto de obra y la obtención de la oportuna licencia que, como se acaba de exponer, constituye requisito para que una construcción pueda ser constituida en régimen de propiedad horizontal.
En todo caso, para que pueda procederse a la inscripción del régimen de propiedad horizontal deberá previamente estar inscrita en el Registro de la Propiedad la declaración de la obra que podrá recogerse en la misma escritura que el título constitutivo o en una escritura previa (CCC art.553-9.4).

7414 **Elementos privativos y comunes** (CCC art.553-33, 553-40 y 553-41 a 553-45) Pueden configurarse como **elementos privativos** las viviendas, locales y espacios físicos que puedan ser objeto de propiedad separada y que tengan independencia funcional. Dicha independencia funcional viene dada por el hecho de que el elemento en cuestión disponga de un acceso propio a la vía pública, bien de forma directa, bien a través de un elemento común (CCC art.553-33). Ver nº 7750 s.
Son tanto los configurados como tales, como sus **anexos**, que son aquellos espacios físicos, normalmente plazas de aparcamiento y trasteros, vinculados de forma inseparable a un elemento privativo, a los que no se asigna una cuota especial, ya que se encuentra comprendida

dentro de la cuota asignada al elemento privativo principal del que son elemento accesorio (CCC art.553-35). Ver nº 7830 s.

Junto a los anteriores, existe en Cataluña una tercera clase de elemento privativo, que es el denominado **elemento privativo de beneficio común**, que no es más que aquel elemento privativo que reúne todas las características exigidas en la Ley para configurarse como tal, pero que tiene la particularidad de que su titularidad se encuentra vinculada *ob rem* a la titularidad del resto de elementos privativos del inmueble, de forma proporcional a sus cuotas (CCC art.553-34).

Dicho de otro modo, los propietarios de estos elementos serán las personas que en cada momento ostenten la propiedad de los restantes elementos privativos que configuran la propiedad horizontal. El ejemplo más habitual es el de la vivienda del portero que, por decisión de la junta de propietarios, se desafecta y configura como un nuevo elemento privativo, asignándole el carácter de elemento privativo de beneficio común. Sobre estos elementos, ver nº 7845 s.

Los **elementos comunes**, en cambio, son aquel conjunto de bienes, pertenencias y servicios que, bien por naturaleza, bien por destino expreso de los copropietarios que integran la comunidad o bien de forma residual, son necesarios para el adecuado uso y disfrute del domicilio en general.

El CCC -al igual que el CC art.396- recoge un elenco no exhaustivo de elementos comunes habituales en los inmuebles sujetos a propiedad horizontal; como son: el solar, los jardines, las piscinas, estructuras, fachadas, cubiertas, vestíbulos, escaleras, ascensores, antenas y, en general, las instalaciones y servicios situados fuera de los elementos privativos que se destinan al uso comunitario o a facilitar el uso y goce de los elementos privativos (CCC art.553-41). Los elementos comunes se tratan más detalladamente en los nº 7870 s.

Prevalece el argumento de que no hay inconveniente en **declarar como elementos comunes** espacios como terrazas, subsuelo, buhardillas, patios, vivienda del portero, habitáculo en el portal que ocupa un margen y la parte inferior del arranque de la escalera, si no constan en el título constitutivo de la propiedad horizontal como privativos o anejos a una propiedad privativa concreta (AP Barcelona 28-7-09, EDJ 219685).

No es posible la **usucapión** por parte de los copropietarios de un elemento común por naturaleza y esencial para la utilización del edificio que redunda en beneficio de todos los copropietarios, como es el hueco del ascensor, aún a pesar de que hayan transcurrido más de 30 años desde que algunos copropietarios realizaron las obras de ampliación de las cocinas ocupando dicho hueco (TSJ Cataluña 20-1-11, EDJ 29417).

Precisiones Al margen de los elementos mencionados, también tienen la consideración de **privativos** los elementos, instalaciones y servicios que se ubiquen dentro del elemento privativo (CCC 553-38 y 553-41 en sentido contrario).

Aunque los tribunales en ocasiones acogen la teoría de que todos los elementos no recogidos específicamente en el título constitutivo como privativos ha de considerarse que tienen la consideración de elementos comunes, ello no es necesariamente así en todo caso. Si la realidad demuestra que el **elemento fue concebido y tratado como privativo**, a pesar de la configuración que aparece en el título, se declara la condición de elementos privativos y, consiguientemente, la obligación de la comunidad de propietarios de adaptar el título constitutivo en dicho sentido (TSJ Cataluña 25-2-21, EDJ 681370).

Requisitos de los inmuebles Constituyen presupuestos necesarios para la existencia de la propiedad horizontal los siguientes: **7415**

1. El **título constitutivo** de otorgamiento del régimen en escritura pública, normalmente de división horizontal. Este título ha de reunir los requisitos previstos en el CCC art.553-9 y, en especial, debe determinar la cuota de participación que a cada elemento privativo se le asigna respecto de la titularidad de los elementos comunes.

2. La existencia, presente o futura, de **más de un titular** de la propiedad de un inmueble unitario en el que coexisten elementos privativos y comunes. No es necesario, por tanto, que al tiempo de otorgar el título constitutivo del régimen en propiedad horizontal de una finca exista más de un propietario, constituyendo práctica habitual que sea el propio promotor el que de forma unilateral otorgue el título constitutivo.

El presupuesto de unidad de inmueble quiebra en los casos de propiedades horizontales por parcelas, donde cada parcela constituye un inmueble diferente, sin perjuicio de la vinculación que se establece entre ellas por la pertenencia a una misma propiedad horizontal.

3. La existencia de una **organización** a través de la que se regula el ejercicio de los derechos y obligaciones de los copropietarios integrantes de la propiedad horizontal.

4. La exclusión de la **acción de división** de cosa común y de los **derechos de adquisición preferente** de carácter legal entre diferentes apartamentos.

La norma precisa, respecto de los derechos de adquisición preferente, que quedan excluidos los de carácter legal. Algunos autores (Contijoch Pratdesaba, Campo Villegas) contemplan la posibilidad de que pueda regularse el ejercicio del derecho de **tanteo y retracto** en el supuesto de que se lleve a cabo la transmisión inter vivos de un elemento que forma parte de la comunidad, bien sea mediante su regulación en el título constitutivo o en los estatutos.

Precisiones Con respecto al CC art.396 sí se ha entendido que, si bien dicho precepto elimina el **tanteo y retracto** legal, admite, sin embargo, que estos derechos puedan ser creados por algún título. Esta interpretación podría extenderse al CCC art.553-1.4 toda vez que la exclusión legal se refiere únicamente a los derechos de adquisición preferente de carácter legal (Campo Villegas).

En este sentido, se puede establecer un derecho de adquisición preferente a favor de cada titular en el caso de una **disolución de comunidad**, con adjudicación de los departamentos resultantes, respecto de la entidad adjudicada al otro titular, de forma que el derecho de adquisición preferente que se constituyó con carácter real afecta a cualquiera que sea el propietario de la entidad en cuestión (AP Barcelona 1-12-10, EDJ 336021).

La reforma de la L Cataluña 5/2015 incidía en esta línea, por cuanto que excluyó los derechos de adquisición preferente de carácter legal, no así a los que pudieran pactarse con carácter voluntario (CCC art.553-1.4).

B. Cuota de participación

(CCC art.553-3)

7420 La cuota de participación es un elemento esencial en el régimen de propiedad horizontal, determina la participación que cada uno de los **elementos privativos** que la integran tiene asignada sobre los elementos comunes que existen en el inmueble.

Asimismo, dicha cuota determina la participación de cada uno de los comuneros en las **cargas y beneficios** que puede tener la comunidad, así como los derechos de los propietarios sobre el **solar** en el supuesto de extinción de la propiedad horizontal por destrucción de la cosa, o los derechos sobre el inmueble en cualquier otro caso de extinción.

Por último, la cuota de participación determina la proporción en la que cada elemento privativo debe contribuir a los **gastos generales**, ordinarios y extraordinarios, salvo pacto en contrario en los estatutos o en virtud de acuerdo válido y eficaz adoptado por la junta de propietarios.

Existe por tanto una diferencia entre las cuotas de participación, que son el porcentaje que a cada entidad privativa se le asigna sobre la titularidad de los elementos comunes y las cuotas de gastos que, aunque en muchos casos es coincidente, puede, perfectamente, pactarse otra cosa.

7422 **Fijación** (CCC art.553-3.2) Para fijar la cuota se han de tener en cuenta los siguientes **parámetros**:

- la proporcionalidad a la superficie del elemento privativo en cuestión;
- el uso y destino del elemento privativo;
- el resto de datos físicos y jurídicos de los bienes que integran la comunidad.

La cuota de participación se debe fijar por la asignación de un porcentaje sobre el total del inmueble en **centésimas**.

La forma más habitual de fijación de la cuota de participación es la realizada por el **propietario único**, el promotor, que redacta y otorga la escritura de división horizontal, asignando el coeficiente de cada piso o local. Igualmente pueden fijarse dichas cuotas por **acuerdo unánime** de todos los propietarios, por **laudo arbitral**, con independencia de la posibilidad de interposición del correspondiente juicio ordinario, en caso de desacuerdo.

7424 **Autoridad judicial** En aquellos supuestos en que los propietarios no puedan ponerse de acuerdo al objeto de fijar las cuotas de participación o no decidan sujetar la cuestión a arbitraje, es necesario acudir a la autoridad judicial.

Deben distinguirse dos supuestos:

1. **Determinación de la cuota** por parte de la autoridad judicial. Son aquellos casos en los que se solicita de la autoridad judicial la **constitución** en régimen de propiedad horizontal de un inmueble, con la consiguiente necesidad de definir los elementos privativos, los elementos comunes y la cuota de participación en la comunidad de los primeros. A modo de ejemplo, podemos citar entre dichos supuestos el procedimiento judicial en ejercicio de la acción de división de cosa común sobre un edificio en régimen de propiedad vertical, el cual debe ser adjudicado entre los diferentes comuneros, siendo una de las opciones posibles la constitución de un régimen de propiedad horizontal (CCC art.552-11.2). Para ello debe configurarse la propiedad horizontal mediante el otorgamiento del título constitutivo, adjudicándose los elementos privativos resultantes de forma proporcional a los derechos que en la comunidad correspondiesen a cada comunero y compensando en metálico los excesos.

2. **Modificación de la cuota** ya fijada por la autoridad judicial. En este supuesto tienen cabida aquellos casos en que, habiéndose determinado la cuota previamente la misma deba ser modificada sin que se consiga el acuerdo unánime de los propietarios en tal sentido.
Cabe la posibilidad de que la autoridad judicial modifique las cuotas asignadas a determinados elementos privativos, siempre y cuando concurran razones que justifiquen tal modificación (TS 18-6-70, EDJ 419; AP Barcelona 3-1-96, EDJ 4277; 18-11-02, EDJ 80177).
La modificación de la cuota de participación podría venir justificada en la necesidad de corregir **errores materiales, abusos o injusticias** cometidas por el propio constructor en el momento del otorgamiento del título constitutivo, por atender a criterios distintos a los de la superficie útil de cada piso o local en relación con el total del inmueble, su emplazamiento interior o exterior, su situación y el uso que se presuma racionalmente que va a efectuarse de los servicios o elementos comunes.

Precisiones La reforma de la L Cataluña 5/2015, en relación a la cuota de participación, aclaró las confusiones en relación a las **mayorías** necesarias para la aprobación de las cuotas especiales de gastos. Se mantiene la unanimidad para la modificación de lo que son estrictamente las cuotas de participación y se opta por la mayoría cualificada de las 4/5 partes de propietarios y cuotas para los acuerdos de modificación de las cuotas de gastos (CCC art.553-3 y 553-26.2.e).
Además, se contempla expresamente la posibilidad de acudir al arbitraje o a otros medios de solución extrajudicial de conflictos -mediación- a lo hora de determinar las cuotas de participación (CCC art.553-3.3). Ello al margen de la posibilidad de obtener el acuerdo en junta o acudir al auxilio judicial.

Distribución de gastos generales (CCC art.553-3) La cuota de participación establece, salvo pacto en contrario, la proporción en la que se participa de los gastos y el reparto de los ingresos que se obtengan en la comunidad. No obstante, se plantea si, necesariamente, deben distribuirse todos los gastos comunes con arreglo a la cuota de participación. **7425**
El CCC prevé expresamente que, además de la cuota de participación, pueden fijarse **cuotas especiales** para el reparto o distribución de gastos determinados. Así, un mismo departamento puede tener asignada una cuota general y una especial para contribuir al pago de gastos concretos. Los supuestos que pueden darse son diversos. En este caso, cuando el gasto a acometer **afecta solo a algunos elementos privativos**, debe ser soportado por estos elementos privativos afectados, quienes tienen una cuota de participación para hacer frente a esa concreta partida, distinta de la cuota de participación.
Debe establecerse una clara distinción entre los gastos que resultan inequívocamente imputables a uno o varios propietarios, que ha de referirse a servicios o elementos concretos y específicos, de aquellos otros **gastos que lo son de los elementos comunes** y en los que deben contribuir todos, salvo disposición estatutaria o acuerdo de la junta en otro sentido, teniendo en cuenta que la falta de uso y disfrute de elementos comunes concretos no exime de la obligación de soportar los gastos que se deriven de su mantenimiento (CCC art.553-45; TSJ Cataluña 4-4-13, EDJ 110373).

Precisiones **1)** En alusión tanto a la normativa estatal como al CCC art.553-3, se ha considerado que las normas generales permiten que se establezcan **otros sistemas de pago** distintos al de la sujeción al coeficiente (AP Barcelona 26-9-08, EDJ 363444; 30-7-07, EDJ 190102).
2) Se ha reconocido la distinción entre **cuota de propiedad** o coeficiente y **cuota de participación** en los gastos comunes. Para la determinación y modificación de las cuotas de participación se exige unanimidad, no exigiéndose sin embargo unanimidad para modificar la forma de contribución a los gastos comunes. Así, cuando se ha consolidado el pago de los gastos por partes iguales (por acuerdo o por costumbre), para su modificación no se precisa unanimidad, aunque sí sería necesaria dicha unanimidad para modificar la cuota de participación (AP Barcelona 28-4-11, EDJ 164445).
3) Cuando una comunidad de propietarios haya venido repartiendo los gastos de forma continuada en el tiempo siguiendo un criterio diferente al previsto en los estatutos, o, en defecto de previsión estatutaria, al que resultaría de la aplicación de las cuotas de participación bastará con que la junta de propietarios adopte un acuerdo por las simples mayorías del CCC art.553-25 para retornar al sistema previsto en los estatutos o, en su defecto, a la distribución conforme a cuotas (TSJ Cataluña 7-11-16, EDJ 240396).

Supuesto de exoneración Otro de los supuestos habituales es aquel en el que, en el **título constitutivo**, se exonera a determinados departamentos (habitualmente locales) de la contribución a gastos concretos (p.e. el derivado de ascensor), por cuando no tienen acceso ni disfrutan de los elementos o servicios que generan tales gastos (CCC art.553-11.2). **7427**

Precisiones Sobre la validez y alcance de este tipo de cláusulas o pactos estatutarios la jurisprudencia sigue una línea de interpretación restringida, como en el caso de una exclusión de la contribución a los gastos de un servicio de **ascensor**, previa a la incorporación del mismo a la comunidad, que no libera al propietario beneficiario de la cláusula de su obligación de contribuir a los gastos de la instalación del mismo (TSJ Cataluña 31-10-13, EDJ 263945).

Además de la cuota general y la cuota especial nos podemos encontrar en las **propiedades horizontales complejas** con la existencia de una subcomunidades dentro de la comunidad general. Así un mismo elemento privativo tiene asignada una cuota de participación en la comunidad general y una segunda cuota de participación en la subcomunidad. A diferencia de la cuota especial, que tiene una finalidad concreta, esta es una «subcuota», en tanto que no se fija para regular la contribución en un gasto concreto, sino que su función es la de servir para determinar la participación de cada uno de los comuneros integrantes de la subcomunidad en las cargas y beneficios que pueda tener esa subcomunidad.

7430 **Modificación de las cuotas de participación** (CCC art.553-3.3) Las cuotas se determinan y modifican por **acuerdo unánime** de los propietarios y, en el supuesto de que este no sea posible, por la autoridad judicial, siempre y cuando no exista una regulación distinta en la ley o en los estatutos de la propia comunidad (CCC art.553-3.3 y 553-26.1.a).

La unanimidad tiene el componente añadido de que habrá de contar con el **consentimiento expreso** de todos y cada uno de los propietarios afectados, sin que sea aplicable el consentimiento presunto del CCC art.553-26.3 (CCC art.553-25.4).

No obstante, siguen existiendo en el CCC excepciones de las que se deduce que puede haber casos de modificación de cuotas que no pasen por la obtención del acuerdo unánime de los propietarios. Estas **excepciones** son:

a) La previsión de que no es necesario el consentimiento de la junta de propietarios para modificar el título constitutivo si la **sobreelevación o subedificación** se ha pactado ya al constituir el régimen (CCC art.553-10.2).

b) Los casos de **agrupación, agregación, segregación, división y desvinculación** expresamente autorizados en los estatutos en los que se establece que solo es preciso el consentimiento del propietarios o propietarios afectados. Las cuotas de participación de cada uno de los elementos resultantes se fijarían por la suma o distribución de las cuotas de los elementos privativos afectados (CCC art.553-11.2.a).

c) La comunidad puede acordar en junta el **incremento en la participación** de los gastos comunes que corresponde a un elemento privativo, en caso de uso de los elementos comunes de forma desproporcionada, como consecuencia del ejercicio de actividades empresariales o profesionales en el piso o local. En este supuesto se requiere la mayoría de cuatro quintas partes de propietarios y de cuotas (CCC art.553-45.4).

d) Por último, en el supuesto de **desafectación de elemento común**, que necesariamente lleva consigo el incremento de los elementos privativos y con ello la variación de las cuotas de participación del resto y que se incluye como supuesto sujeto a mayoría cualificada de las 4/5 partes de propietarios y cuotas, lo que supone reconocer la posibilidad de que se alteren las cuotas sin la unanimidad de los propietarios (CCC art.553-26.c).

Frente al rigor exigido para la modificación de las cuotas de participación, el establecimiento y modificación de **cuotas especiales** de gastos queda sujeto a la mayoría cualificada de las 4/5 partes de propietarios y cuotas (CCC art.553-26.2.e).

Precisiones La jurisprudencia mayoritaria entiende que la modificación de cuotas de participación, en cuanto proporción asignada a cada elemento privativo en el dominio de los elementos comunes, requiere del consenso unánime de los propietarios (CCC art.553-3.4); mientras que el establecimiento de **cuotas especiales de gastos** constituye materia propia de los estatutos y queda sujeta a la mayoría de cuatro quintas partes de propietarios y cuotas (AP Barcelona 11-5-11, EDJ 352486)

C. Créditos y deudas de la comunidad

(CCC art.553-4)

7435 Las comunidades de propietarios en régimen de propiedad horizontal en Cataluña carecen de **personalidad jurídica** propia distinta de la de las personas que las componen. No obstante, la Ley les reconoce la posibilidad de actuar en juicio y fuera de él a través de la figura del presidente. Además, el legislador prevé todo un **sistema de responsabilidad** que garantiza a los terceros que interactúen con la comunidad el cobro de sus créditos.

Dicho sistema de responsabilidad se construye sobre la base de tres preceptos fundamentales, que son:

• El carácter mancomunado del que disfrutan los créditos y deudas de los que sea titular la comunidad de acuerdo con la cuota de participación que corresponda a cada propietario (CCC art.553-4).

• La afección real de los elementos privativos (CCC art.553-5).

• Respecto de las deudas que puede contraer la comunidad, la comunidad responde de forma directa y principal con sus fondos y créditos y con los elementos privativos de beneficio común. Subsidiariamente, responden los propietarios de los elementos privativos en proporción a su cuota de participación. (CCC art.553-46.1).

Créditos privilegiados (CCC art.553-4.3) Los créditos de la comunidad contra los propietarios por los gastos comunes, ordinarios y extraordinarios y para el fondo de reserva, correspondientes a la parte vencida del año en curso y a los 4 años inmediatamente anteriores, computados desde el 1 de enero al 31 de diciembre, tienen preferencia de cobro sobre los elementos privativos, con la prelación que determine la Ley. 7436

De esta forma se reconoce la aplicación del privilegio, pero con **remisión a la norma estatal** para la determinación de la posición que ocupan en el orden de prelación de créditos privilegiados.

En ese sentido, se debe recordar que la LPH ubica el crédito de las comunidades por delante de los citados en el CC art.1923.3, 4 y 5 y sin perjuicio de la preferencia establecida a favor de los créditos salariales en el Estatuto de los Trabajadores.

El momento determinante para el **inicio del cómputo** de las cuotas amparadas por el crédito privilegiado, es el de la interposición de la demanda de reclamación en el juicio declarativo, ya que es el momento en el que la comunidad de propietarios agota todas las posibilidades legales a su alcance para obtener la satisfacción de su crédito (TSJ Cataluña 21-2-13, EDJ 55288; AP Barcelona 26-6-12, EDJ 354162; AP Girona 4-12-19, EDJ 750318).

Precisiones Con esta disposición, introducida por la L Cataluña 5/2015, se resuelve uno de los principales interrogantes que se cernían sobre los créditos a favor de las comunidades catalanas: la aplicación a los mismos del carácter privilegiado que a este tipo de créditos se reconoce en LPH art.9.1.e.

Con **anterioridad a la reforma**, la doctrina estaba dividida:

- Por un lado los partidarios de su **no aplicación** en Cataluña, que afirmaban que la normativa catalana tiene vocación de autosuficiencia, sin que se deban aplicar supletoriamente los preceptos de la LPH. Además, el privilegio de los créditos tiene carácter excepcional, debiendo venir reconocido expresamente en la Ley, habiéndose regulado la afección real, sin que nada haya indicados sobre el carácter privilegiado de los créditos (CCC art.553-5).
- Por el contrario, los partidarios de la **aplicación** del privilegio sostenían que no existía ni voluntad ni razón que justificase hacer a las comunidades de Cataluña de peor condición que las del resto del Estado para cobrar sus créditos. Algunos autores, incluso, sostenían que el privilegio no es una cualidad del crédito ni un derecho real, sino una cualidad de eficacia de contenido procesal, pues en el procedimiento de ejecución -singular o colectivo- donde se materializa la prerrogativa, que exigida una determinada conducta del órgano judicial que ha de proceder al reparto del dinero obtenido para satisfacer los créditos de un mismo deudor.

El TSJ Cataluña se decantó, finalmente, por la **extensión del privilegio** en Cataluña, señalando que bien por razones competenciales, bien por razones de sistemática jurídica, el legislador catalán no quiso incluir en la regulación de la propiedad horizontal el privilegio crediticio -como tampoco hizo con el hipotecario- manteniendo, en consecuencia, la regulación del Código Civil en sede de obligaciones -CC art.1923- (TSJ Cataluña 21-2-13, EDJ 55288).

Elementos privativos de titularidad compartida Para embargar los fondos, créditos y elementos privativos de **beneficio común**, basta con demandar a la comunidad de propietarios. En cambio, para poder embargar elementos privativos en aplicación de la **responsabilidad subsidiaria** legalmente establecida, es necesario haber demandado personalmente a todos los propietarios (CCC art.553-46.2). 7437

Precisiones En los supuestos en los que el elemento privativo sea de titularidad de más de un propietario, surge la duda de si se aplica la **presunción de mancomunidad** del CC art.1137 y 1138, o se aplica el criterio de solidaridad entre los comuneros. Son varias las sentencias que se inclinan por el criterio de la solidaridad tácita, siguiendo los pronunciamientos del Tribunal Supremo, que consideran que cuando se aprecia una comunidad jurídica de objetivos, manifestada en una interna conexión entre ellos debe darse la solidaridad.

Así ocurre en las comunidades de propietarios, por la correlación directa e indivisible que se produce entre cada elemento privativo, la cuota de participación y la distribución proporcional de los gastos comunes; o el reconocimiento de un único derecho de voz y voto en las juntas aún en los casos de comunidad de propietarios sobre un elemento privativo concreto.

Como argumento adicional, a favor de la **solidaridad**, se señala que cuando el CCC art.553-4 fija la responsabilidad mancomunada de cada propietario respecto de las deudas de la comunidad, guarda absoluto silencio respecto a la responsabilidad que existe entre los comuneros en el caso de que un elemento privativo se encuentre en situación de comunidad de bienes (AP Barcelona 9-4-13, EDJ 83908).

Parece que el régimen de mancomunidad se aplicará en las relaciones entre los titulares de ese bien y los titulares del resto de bienes privativos, no así en las relaciones existentes entre los titulares del bien privativo frente a la comunidad, quienes responden de forma solidaria frente a dicha comunidad, sin perjuicio de las relaciones internas que pudieren existir (AP Navarra Secc 1ª 27-5-03).

El régimen de responsabilidad ha planteado la duda de si resulta factible dirigirse directamente contra uno o varios propietarios por la parte de deuda que les corresponde en función de su cuota de participación. A este respecto, señala el TSJ Cataluña que el propietario no es un ente ajeno a la

comunidad, pero ello no significa que el acreedor pueda prescindir de toda la estructura que la Ley ha previsto para el desenvolvimiento de la vida jurídica de esta clase de comunidades.
Se trata de que para que los propietarios **respondan de las deudas** de la comunidad la ley exige una serie de requisitos, cuales son:
- que conste la existencia de un crédito contra la comunidad, lo que hace preciso demandar a esta cuando su propia existencia es objeto de controversia, siendo los bienes de esta (fondo de reserva, créditos y elementos privativos de beneficio común) los primeros contra los que debe procederse (responsabilidad subsidiaria);
- puede demandarse también a los propietarios singulares, pero bien de forma conjunta con la comunidad, bien posteriormente y siempre y cuando se les haya efectuado requerimiento de pago (TSJ Cataluña 15-10-12, EDJ 275444; 24-2-14, EDJ 50495).

D. Afección real

(CCC art.553-5)

7440 La **protección del crédito** de las comunidades de propietarios se complementa, además de con el privilegio que se les confiere, con la constitución de una afección real sobre el elemento privativo para el caso de transmisión a terceros y con el establecimiento de un procedimiento sumario para la consecución del cobro.
En virtud de esta afección real, el nuevo propietario es responsable, hasta el valor del elemento privativo, de las deudas comunitarias de su predecesor correspondientes al año en curso en el que se produzca la transmisión y los 4 años naturales inmediatamente anteriores, contados del 1 de enero al 31 de diciembre. Nos encontramos, por tanto, con un supuesto de **responsable no deudor**, ya que el único deudor es el titular anterior, que era el obligado al pago en el momento del devengo. No obstante, el nuevo titular puede verse expuesto y habrá de responder con el valor del elemento privativo de las deudas comunitarias dentro del límite temporal indicado.
El hecho de que el nuevo titular no sea deudor origina que, si por cualquier razón hubiera de hacer frente a una obligación de su predecesor, surja, automáticamente, una **acción de reembolso o repetición** contra aquel, así como una acción de responsabilidad extracontractual contra el secretario y, en su caso, el presidente por la defectuosa emisión del certificado de deudas que deberá aportarse obligatoriamente en el momento de operarse la transmisión onerosa de un elemento privativo.
La entrada en vigor de la L Cataluña 5/2015 supuso que las comunidades catalanas gozasen de una mayor protección que las del resto del Estado, al extenderse la afección real un año más.

Precisiones **1)** La responsabilidad del nuevo titular no se funda en una hipotética sucesión universal de este en la posición de su causante, sino en la **responsabilidad** *ob rem* -derivada de LPH art.9.1 y, en términos similares, del CCC art.553-5.1-, con independencia de que el nuevo titular pueda ejercitar la acción de reembolso contra el titular transmitente (AP Barcelona 19-4-07, EDJ 106782).
2) Se diferencia entre **deudor** y **responsable de la deuda**, siendo el nuevo adquirente responsable y no deudor. Ahora bien, aunque en el supuesto concreto haya sido indebidamente demandado como deudor el nuevo titular, ello no es obstáculo para que pueda ser condenado como responsable y hasta el límite legal. Esa responsabilidad no es secundaria y, por tanto, no es necesario que el deudor -transmitente- resulte insolvente o que se dirija primero la demanda contra este para que se pueda exigir aquella responsabilidad al adquirente (AP Zaragoza 15-2-05, EDJ 29708).
3) Se considera aplicable a Cataluña lo dispuesto en LPH art.9 como **Derecho supletorio**, en tanto que los principios generales que inspiran la regulación de la propiedad horizontal catalana son los mismos que los que informan la regulación especial estatal contenida en la Ley de Propiedad Horizontal y, en consecuencia, se declara la **preferencia de la afectación real** de la finca por créditos a favor de la comunidad derivadas de la obligación de contribuir al sostenimiento de los gastos generales correspondientes a las cuotas imputables a la parte vencida de la anualidad en curso y al año natural inmediatamente anterior (ahora ampliado a 4 años), frente al derecho de hipoteca inscrito a favor de la entidad prestamista (AP Girona 15-4-11, EDJ 139572).

7442 **Mecanismos de control de las deudas existentes** (CCC art.553-5.2) En la **transmisión** de los elementos privativos se establece una doble exigencia:
• De un lado, la **declaración** por parte de los transmitentes de que están al corriente en los pagos que les corresponden. En el supuesto de que no lo estuviera deben consignar aquellos pagos que tienen pendientes.
• De otro lado, deben aportar un **certificado** en que se haga constar el estado de deudas con la comunidad. En el certificado debe constar:
- la acreditación de estar al corriente de pago o, en su caso, la deuda pendiente en el momento de la transmisión;

- los gastos comunes, ordinarios y extraordinarios, y las aportaciones al fondo de reserva aprobados pero pendientes de vencimiento.

El certificado debe ser expedido por el secretario de la comunidad, con el visto bueno del presidente, salvo que el secretario sea un administrador -es decir, cuando la administración de la comunidad la lleva un profesional que ejerce la secretaría-.

El certificado es obligatorio en **todos los supuestos de transmisión**, no solo en las realizadas a título oneroso.

No obstante, cabe la **renuncia de los adquirentes**, tanto a la manifestación como a la aportación del certificado de deudas, en cuyo caso, y de existir estas, el bien adquirido queda de igual manera afecto al pago de las deudas comunitarias que se refieran a la parte vencida del año en que se transmiten y los 4 años inmediatamente anteriores. Es decir, la renuncia a la información y su acreditación a través de un certificado no conlleva una extensión de la afección real, ni una asunción de la deuda que pudiera existir.

Precisiones Con **anterioridad a la reforma** introducida por la L Cataluña 5/2015, el certificado de gastos solo era exigido en las transmisiones onerosas. Ahora, en cambio, con buen criterio, se ha ampliado el requisito a todo tipo de transmisiones, con lo que los adquirentes a título gratuito también habrán de ser informados del estado de deudas del elemento adquirido con la aportación del correspondiente certificado.

Error en el certificado relativo al estado de deudas En el supuesto de que en el certificado de deudas se declare, por error, que el titular transmitente está al corriente de pago de los gastos generales y no sea ello así o exista alguna inexactitud entre lo declarado y la realidad, entendemos que el elemento privativo **seguirá estando afecto** al pago de las deudas existentes (en los términos establecidos en el CCC art.553-5), sin perjuicio de la **responsabilidad** que le pueda ser exigible a quien haya incurrido en el error, a quien se le podrán reclamar los daños y perjuicios que dicho error provoque. **7445**

Precisiones La certificación del estado de deudas en el supuesto de que esta sea incorrecta **carece de trascendencia liberatoria** respecto del nuevo adquirente, debiendo responder en todo caso el adquirente del piso o local de la parte vencida de la deuda del anterior propietario imputable a la anualidad en que tenga lugar la transmisión y de la anualidad anterior, sin perjuicio de las responsabilidades que puedan exigirse al presidente y/o secretario de la comunidad por emitir una certificación errónea, así como de las acciones que puedan ejercitarse frente al anterior titular (AP Barcelona 13-1-12, EDJ 24448).

Falta de aportación del certificado de deudas La falta de aportación del certificado de deudas conlleva que los notarios no puedan proceder al otorgamiento de las escrituras públicas correspondientes, salvo renuncia expresa de los adquirentes. **7447**

E. Fondo de reserva

(CCC art.553-6)

La comunidad debe constituir el llamado fondo de reserva, cuyo **límite inferior** se fija en un 5% de los gastos comunes (se entiende, todos) presupuestados. **7450**

El fondo de reserva se establece en Cataluña con **carácter cumulativo** -novedad introducida por la L Cataluña 5/2015-, por lo que cada año el fondo debe de ser alimentado con un mínimo del 5% del presupuesto anual, con independencia del uso que se haya hecho del fondo durante el ejercicio anterior.

Ello permite dotar a las comunidades de mayores recursos con los que hacer frente a imprevistos y obras de mayor envergadura, paliando los efectos de derramas extraordinarias.

Su finalidad es atender **gastos imprevistos** de reparación urgente o, cuando así lo autorice la junta de propietarios, para hacer frente a obras extraordinarias de conservación, reparación, rehabilitación, instalación de servicios comunes y seguridad, y también para la ejecución de obras que sean exigibles de acuerdo con las normativas especiales.

Las **características** del fondo de reserva son las siguientes:

• La **titularidad** del fondo corresponde a todos los propietarios, si bien está afecto a la comunidad, sin que ningún propietario tenga derecho a reclamar su restitución en el momento de enajenación de su elemento privativo.

• Debe ser objeto de una contabilidad especial y depositarse en una **cuenta bancaria** a nombre de la comunidad de propietarios.

• Para la **disposición del fondo** los administradores deben obtener previamente la autorización del presidente si el destino es hacer frente a gastos imprevistos de carácter urgente, mientras que requiere de la previa autorización de la junta si de lo que se trata es de destinar el fondo a obras extraordinarias de conservación, reparación, rehabilitación, instalación de

servicios comunes y seguridad, y también para la ejecución de obras que sean exigibles de acuerdo con las normativas especiales.
En el supuesto de **enajenación del elemento privativo**, la aportación al fondo de reserva realizada por el vendedor no le será restituida al mismo, quedando, pues, en beneficio del comprador. Por dicha circunstancia, comprador y vendedor en el ámbito de la libertad contractual, podrán adoptar los acuerdos que estimen oportunos en relación a dichos importes, repercutiéndolos en el precio, o restituyéndolos de forma separada al mismo.

SECCIÓN 2

Constitución y extinción de la comunidad

7460

A. Título constitutivo

7465 Para que un edificio quede sometido al régimen de propiedad horizontal es necesario el otorgamiento del título constitutivo, el cual debe constar en **escritura pública**. Normalmente el instrumento notarial para la constitución de la propiedad horizontal es la denominada escritura de división horizontal. Sin otorgamiento del título constitutivo un edificio no puede configurarse en régimen de propiedad horizontal en Cataluña.
Puede otorgarse el título de constitución aunque el edificio **no esté acabado** (CCC art.553-7). No obstante, puede ser que las obligaciones y derechos regulados en dicho título constitutivo no puedan desplegar, desde su otorgamiento, todos sus efectos prácticos, sino solo algunos. Un claro ejemplo sería aquel en que el promotor otorga el título constitutivo sin que se haya procedido todavía a la venta de los departamentos resultantes a terceras personas.

Precisiones 1) En el **ámbito registral** se dispone que los edificios en régimen de propiedad por pisos se inscribirán cuando la construcción esté concluida o, al menos, iniciada y se entenderá por obra iniciada la aprobación del proyecto de obra y la obtención de la oportuna licencia (LH art.8.4). Según ello, la expresión «no esté acabada» debe interpretarse en sentido amplio, incluyendo aquellas edificaciones que, no estando ni siquiera iniciadas, hayan obtenido la **aprobación del proyecto de obra** y la oportuna licencia administrativa.
2) Con la finalidad de solucionar el problema de las mal denominadas «**propiedades horizontales de hecho**», se establece que las situaciones de comunidad que reúnan los requisitos de la propiedad horizontal y que no se hayan configurado conforme a lo que se dispone en el Capítulo III, se rigen por los pactos establecidos entre los copropietarios, por las normas de la comunidad ordinaria y, si procede, por las disposiciones del Capítulo III -que regula la propiedad horizontal- que resulten conformes con las circunstancias del caso (CCC art.551-2.2).
3) En aquellas situaciones de propiedades privativas concurrentes sobre pisos o locales del mismo edificio en que **no se ha otorgado el título constitutivo** porque existe alguna causa que lo impide, a falta de pacto entre los copropietarios del inmueble en cuestión, deben ser aplicadas por analogía las normas relativas a la propiedad horizontal; no tiene sentido la aplicación de la normativa correspondiente a la comunidad ordinaria, puesto que no se trata de una comunidad por cuotas (Alejandro Fuentes-Lojo).

7467 **Legitimación** (CCC art.553-8) Solo están legitimados para la constitución de la propiedad horizontal quienes ostenten la condición de **propietarios** del inmueble. Es habitual que dicha circunstancia concurra en una única persona, el **promotor inmobiliario**.
Si fuesen **varios** los titulares del dominio, deben concurrir todos ellos al otorgamiento del título, si bien puede ocurrir que la constitución venga impuesta por un juez como resultado del ejercicio de la acción de división de la cosa común (CCC art.552-11.2). Como excepción a esta regla, en el caso de comunidad de inmuebles en construcción o rehabilitación, el vendedor se encuentra legitimado para otorgar la escritura de obra nueva y la división horizontal siempre que en ella se haga constar la descripción individualizada del elemento vendido, tal y como aparece en la escritura de compraventa (CCC art.621-53.4.2).
Se considera **propietario** a aquel adquirente al que se le ha hecho entrega del bien (CCC art.531-1), pues para transmitir y adquirir bienes es necesario, además del título de adquisición, la tradición o entrega. Las clases de entrega están reguladas en el CCC art.531-4.

Se prevé la posibilidad de que el título constitutivo se otorgue con **carácter previo** a que el promotor inicie la venta de los elementos privativos a través de documento privado o bien con posterioridad.

Una vez que el promotor del inmueble ha **iniciado la venta** de los elementos privativos, en documento privado sin haber otorgado el título de constitución, pero transmitiendo el dominio de una cuota del total inmueble -supuesto sumamente infrecuente-, existe una situación de comunidad especial en la que se excluyen la acción de división y los derechos de adquisición preferente (CCC art.552-11.2) y en la que el promotor -aunque tenga las cuatro quintas partes de las cuotas- no puede hacer uso de la facultad de exigir la adjudicación de la totalidad del bien común pagando su parte a los demás cotitulares (prevista en CCC art.552-11.4).

En este caso, cualquier adquirente puede exigir la **formalización inmediata** del título, de acuerdo con el proyecto arquitectónico que ha obtenido la licencia de obras. Esta prerrogativa se une a las previstas en favor de los consumidores y usuarios de vivienda (L Cataluña 18/2007 art.45 s.).

En caso de **compraventa de pisos en construcción** o «sobre plano», con carácter meramente consensual, se establece la obligación del promotor de incluir en la escritura pública de transmisión una reseña del título constitutivo de la propiedad horizontal, así como de incorporar las normas de la comunidad.

A diferencia de lo que ocurría antes de la reforma de la L Cataluña 5/2015, la inclusión de esta información no se interpreta, sin más, como una **ratificación de los adquirentes**, por lo que quedarán a disposición del adquirente las acciones que procedan para pretender la nulidad de las cláusulas o modificaciones introducidas, o para reclamar los daños y perjuicios que considere si estima que se ha producido un incumplimiento contractual.

Precisiones **1)** Los **compradores de pisos en construcción**, por lo general, no son propietarios durante la fase de construcción, pues aunque tienen título de adquisición, aun no se ha producido la entrega del inmueble. Únicamente cuando concluye la obra y se les entregan las viviendas o locales, adquieren la propiedad de los mismos. Ello implica que durante toda la fase constructiva su relación con el promotor es meramente contractual, estando expuestos a los riesgos que puede representar una situación de crisis económica del mismo.

De ahí que resulte tan importante el papel que desempeña durante esta fase, como garantía de los compradores, la constitución de los seguros o avales obligatorios en garantía de la devolución de las cantidades percibidas a cuenta de la venta de viviendas en construcción (L 38/1999 disp.adic.1ª).

2) El propietario que **compromete la transmisión de uno o varios elementos privativos** en documento privado está legitimado para, en el período de tiempo comprendido entre la suscripción del contrato en documento privado y el otorgamiento de la escritura pública de transmisión, constituir el régimen de la propiedad horizontal, mediante la formalización de la escritura de división horizontal, y, en su caso, modificación de la misma.

Requisitos para el otorgamiento (CCC art.553-9; LS/15 art.28) Un requisito previo al otorgamiento del título constitutivo es que, bien sea en la misma escritura de constitución bien en otra previa a la misma, se haya procedido a la **declaración de obra nueva** del edificio, de conformidad con lo establecido en la legislación hipotecaria y la norma aplicable sobre habitabilidad y edificación. **7469**

Para la declaración de obra nueva es necesario que se aporte al notario la **licencia** o autorización administrativa que requiera la obra, así como un certificado emitido por un técnico competente que acredite que la obra descrita se ajusta a la que aparece en el proyecto para el cual se obtuvo la licencia.

En el caso de que la obra nueva se encuentre terminada, debe certificarse, además, por el técnico competente que la obra ejecutada se ajusta al **proyecto arquitectónico** para el cual se obtuvo licencia, así como acreditar que se cumplen todos los requisitos impuestos por la legislación reguladora de la edificación para la entrega de esta a sus usuarios y el otorgamiento de las autorizaciones -cédulas de habitabilidad o licencias de primera ocupación- necesarias para garantizar que el edificio reúne las condiciones necesarias para su destino al uso previsto, los requisitos de eficiencia energética.

Para practicar las correspondientes inscripciones de las escrituras de declaración de obra nueva, los **registradores** deben exigir el cumplimiento de los requisitos señalados.

La normativa urbanística de Cataluña establece que están sujetas a **previa licencia urbanística**, entre otras operaciones, la constitución de un régimen de propiedad horizontal, de un complejo inmobiliario privado; y sujetas al régimen de **comunicación previa**, la realización de las operaciones jurídicas que comporten un incremento del número de viviendas o establecimientos y aquellos supuestos en que se constituyan más elementos susceptibles de aprovechamiento independiente de los que se hubieran hecho constar en la declaración de obra nueva realizada con anterioridad (DLeg Cataluña 1/2010 art.187.1.k y 187 bis.f; D Cataluña 305/2006 art.238).

En cuanto a los **documentos** exigibles para la solicitud de la licencia urbanística en estos casos, junto con el proyecto se tiene que acompañar, entre otros, la proforma de la escritura pública de división horizontal simple o compleja (D Cataluña 305/2006 art.239.1).

7472 **Contenido** (CCC art.553-9) Debemos distinguir entre un contenido obligatorio y un contenido potestativo del título constitutivo.

En el título **obligatoriamente** tiene que constar:

• La **descripción del inmueble** en su conjunto, indicando si está acabado o no y la relación de los elementos, instalaciones y servicios comunes que tiene.

• La descripción de los **elementos privativos** con su número de orden interno en el edificio, la cuota general de participación y, si es el caso, las especiales que les corresponden (nº 7420 s.), así como la superficie útil, los límites, la planta donde está ubicado, la destinación y los anexos.

• Un plano descriptivo del inmueble.

Puede incluir **de forma facultativa**, sin que ello constituya requisito esencial:

a. Las **normas estatutarias** (nº 7500 s.).

b. Las **reservas** establecidas a favor del promotor. Habitualmente dichas reservas se refieren a los derechos de sobreelevación, subedificación y edificación. La reserva del promotor del **derecho de vuelo** debe constar en cláusula separada (CCC art.567-3.2) y debe cumplir todos aquellos requisitos que se exigen para su constitución (CCC art.567-2). Ver nº 7480. En todo caso, no se admite la reserva del promotor para **modificar unilateralmente** el título constitutivo.

c. La previsión de la futura formación de **subcomunidades** (nº 7955 s.).

Precisiones **1)** Respecto a las **reservas**, algunos tribunales han tratado de precisar el significado de esta limitación, señalando que serán válidas las cláusulas estatutarias y reservas que se encuentren establecidas para todo aquel que resulte propietario de las entidades que se refieren, de forma que no se conciban como un privilegio exclusivamente del promotor, sino como una prerrogativa unida a las propias entidades y la titularidad sobre las mismas. Por el contrario, dicha postura da a entender que serían nulas las prerrogativas que se encuentren establecidas exclusivamente a favor del promotor y con independencia a la titularidad de las entidades privativas configuradas en el título constitutivo a modo de reserva, al permitirle decidir unilateralmente en el futuro sobre asuntos de competencia de la junta de propietarios (AP Barcelona 20-5-11, EDJ 138142).

2) En aplicación de la LPH, se ha enjuiciado el supuesto en que el promotor se reserva el derecho a atribuir el uso del **espacio situado bajo la cubierta** a los titulares de las entidades de la planta ático, sin que dicha reserva se hubiera llevado a cabo en el título constitutivo, sino mediante la inclusión de una **cláusula en los distintos contratos de compraventa** a suscribir con los terceros adquirentes, quienes dan su consentimiento a dicha cesión; concurriendo en el supuesto, además, que dicha cesión es ratificada en la primera junta que se celebra por la unanimidad de los propietarios. En este caso se entiende que la ausencia de mención de la reserva del espacio en el título constitutivo fue reparada por la decisión unánime de todos los propietarios (AP Girona 9-6-05, EDJ 111539).

7480 **Reserva del derecho de sobreelevación, subedificación y edificación** (CCC art.553-13, 567-1 a 567-6) La constitución o la reserva expresa del derecho a sobreelevar, subedificar o edificar en el mismo solar del edificio a favor de los promotores o de terceras personas es válida si la establece el **título de constitución**.

Este es un **derecho real** sobre un edificio o un solar edificable que atribuye a alguien la facultad de construir una o más plantas sobre el inmueble gravado y hacer suya la propiedad de las nuevas construcciones.

Para su validez, la reserva debe establecerse en el título de constitución del régimen, en **cláusula separada**. Esta es una de las opciones válidas que se le ofrecen a todos aquellos promotores que vayan a desarrollar la construcción en varias fases diferidas en el tiempo, reservándose la facultad de construir encima del terreno sobre el que irán las futuras fases de la promoción.

7482 **Contenido** (CCC art.567-2) La cláusula en la que conste este derecho debe tener el siguiente contenido **obligatorio**:

• Determinación del **número máximo de plantas**, edificios, si es el caso, y elementos privativos que pueden construirse, todo ello de acuerdo con la normativa urbanística y de la propiedad horizontal vigentes en el momento en que se constituye el derecho.

• Los criterios en virtud de los cuales se determinarán las **cuotas de participación** que corresponden a los elementos privativos que resulten en las plantas o edificios nuevos y las que correspondan a los situados en plantas o edificios preexistentes.

• El **plazo de ejercicio** que, sumadas las prórrogas, no puede ser superior a 30 años.

• La forma de **valoración** de este derecho.

Con carácter **potestativo**, puede hacerse constar:

a. Las **normas de comunidad o de propiedad horizontal** por las que se regirá el edificio una vez se haya ejercitado el derecho.

b. La **limitación de la disponibilidad** del derecho.
c. La facultad de los titulares de establecer o **modificar el régimen** de propiedad horizontal, de modificar la descripción del edificio preexistente y de fijar o redistribuir las cuotas de participación sin el consentimiento de los concedentes.

Ejercicio (CCC art.567-5) Los titulares del derecho pueden **edificar a su cargo**, de conformidad con lo establecido en el título de constitución, el proyecto y las licencias administrativas necesarias. **7484**
Los titulares del derecho de vuelo deben dotar el conjunto del edificio de la **seguridad** y los elementos exigibles por la normativa de la edificación y, si procede, de la vivienda.
La construcción debe hacerse causando las mínimas molestias al **resto de propietarios** y, en el supuesto de que les sea causado algún tipo de perjuicio, deben ser indemnizados.
El titular del derecho puede otorgar, a su cargo, la **declaración o ampliación de obra nueva** modificando la descripción del edificio preexistente y, si se ha pactado en el título de constitución, puede establecer incluso el régimen de propiedad horizontal.
Aquellos **titulares preexistentes** sobre los que se ha constituido el derecho de vuelo mantienen la propiedad de los elementos privativos situados en las plantas o edificios que ya existían al constituirse el derecho.

Extinción (CCC art.567-6) Son causas de extinción de este derecho: **7485**
a) Las **causas generales** de extinción de los derechos reales.
b) La falta de finalización de las obras en el **plazo fijado**. No obstante si, al vencer el plazo, la edificación se ha iniciado, el derecho se entiende prorrogado por el tiempo que la licencia de obras prevé para la finalización, siempre y cuando la escritura de declaración o de ampliación de obra nueva se haya presentado en el Registro de la Propiedad dentro del plazo.
c) La **modificación de la normativa urbanística** que conlleve la imposibilidad de edificar las plantas o edificios convenidos. En el supuesto de que sea un impedimento parcial, el derecho se mantiene dentro de los límites posibles, y su titular puede modificar las construcciones previstas sin necesidad de consentimiento de los propietarios del inmueble siempre y cuando cumpla con el nuevo planeamiento urbanístico y así lo acredite.
d) Cuando, como consecuencia del **planeamiento urbanístico**, el solar sobre el que recae el derecho de vuelo sea subrogado por un solar edificable, se mantiene el derecho en una parte proporcional a la que tenían en la finca en la cual este solar subsiste.

Inscripción en el Registro de la Propiedad (CCC art.553-7 y 553-9.5) Con el otorgamiento **7490**

del título constitutivo, un edificio ya queda sometido al régimen de comunidad, por lo que dicho otorgamiento tiene efectos constitutivos. No obstante, se establece la **obligatoriedad** de inscribir el título en el Registro de la Propiedad.
La inscripción del título determina su **oponibilidad frente a terceros**, en tanto que gozará de los efectos de la publicidad registral y adquirirá eficacia erga omnes, pero en ningún caso tendrá efectos constitutivos sino meramente declarativos.
El CCC remite en este punto a la legislación hipotecaria, que es la que establece la forma en que se llevará a cabo la inscripción (LH art.8.4):
• Se inscribirá, como **una sola finca** con un mismo número los edificios en régimen de propiedad por pisos cuya construcción esté concluida o, por lo menos, comenzada; y
• Se describirá, además del inmueble en su conjunto, los distintos **pisos y locales** susceptibles de aprovechamiento independiente, asignando a estos un número correlativo escrito en letra y la cuota de participación que a cada uno corresponde en relación con el inmueble.
• En la inscripción del solar o del edificio en conjunto se harán constar los **pisos meramente proyectados**.
• Deben incluirse, además, las reglas contenidas en el título y en los **estatutos** que configuren el contenido de este tipo de propiedad
• Los **departamentos resultantes** se inscribirán como una sola finca y bajo un mismo número, siempre que conste previamente en la inscripción del inmueble la constitución de dicho régimen.
Deben tenerse en cuenta además las normas sobre inscripción en el Registro de la Propiedad de los **actos de naturaleza urbanística**. En concreto, se prevén dos reglas adicionales (RD 1093/1997 art.53):
a) No pueden constituirse como elementos privativos más de los que se hayan hecho constar en la **declaración de obra nueva**, a menos que se acredite, mediante nueva licencia, que se permite un mayor número. Ello no es aplicable a las superficies destinadas a **locales comerciales o garajes**, salvo que del texto de la licencia se deduzca que el número de estos constituye elemento esencial para su concesión.
b) Cuando el objeto de la transmisión sea una **participación indivisa de una finca destinada a garaje**, a la que se asigne el uso y disfrute exclusivo de una zona determinada, debe incluirse

en el título la descripción pormenorizada de la misma, con fijación de su número de orden, linderos, dimensiones perimetrales y superficie útil, así como la descripción correspondiente a los elementos comunes.

Precisiones La **conexión entre la propiedad horizontal y el registro de la propiedad** se evidencia de la lectura conjunta de CCC art.553-7.2 y 553-9.4 y LH art.8.4 y 8.5. En paralelo, la ley hipotecaria dispone que la **rectificación** del registro de la propiedad puede ser solicitada por el titular del dominio que no conste inscrito en el registro de la propiedad y, en los casos en los que la inexactitud del registro proviene de la falta de acceso al Registro de alguna relación jurídica inmobiliaria, la concordancia del registro con la realidad se podrá llevar a cabo, entre otras vías, por medio de la correspondiente resolución judicial -LH art.40- (TSJ Cataluña 25-2-21, EDJ 681370).

7492 **Modificación del título constitutivo** (CCC art.553-10 y 553-26.2.a) Como norma general, para la modificación del título constitutivo se requiere el consentimiento de la **junta de propietarios** y que la escritura reúna los mismos requisitos que deben cumplirse para el otorgamiento del título de constitución (nº 7465).

Para la adopción del acuerdo se requiere, en principio, la **mayoría cualificada** de cuatro quintas partes de los propietarios, que representen a su vez las cuatro quintas partes de las cuotas de participación, salvo que el título establezca cosa distinta.

Como **excepciones** a la regla general, se establecen las siguientes:

a) Se requiere **unanimidad** para:

- la modificación de las cuotas de participación (CCC art.553-3 y 553-26.1.a);
- la desvinculación de anexos (CCC art.553-26.1.b);
- la vinculación del uso exclusivo de patios, jardines, terrazas, cubiertas del inmueble u otros elementos comunes a uno o varios elementos privativos (CCC art.553-26.1.c);
- la cesión gratuita del uso de elementos comunes de uso común (CCC art.553-26.1.d);
- la constitución de derechos de sobreelevación, subedificación o edificación (CCC art.553-26.1.e);
- la extinción del régimen de propiedad horizontal simple o compleja (CCC art.553-26.1.f);
- la sumisión a arbitraje de cualquier cuestión relativa al régimen de la propiedad horizontal (CCC art.553-26.1.g).

7494 **b)** El consentimiento de la junta de propietarios **no es necesario** cuando la modificación del título constitutivo sea motivada por los siguientes hechos:

• La **sobreelevación o subedificación** de plantas nuevas, siempre y cuando se haya pactado así al constituir el régimen o el derecho. Esta reserva es válida cuando se establezca en el título constitutivo, en cláusula separada (CCC art.553-13). Ver nº 7480.

En ese caso, los titulares del derecho reservado pueden edificar a su costa, hacen suyos los **elementos privativos resultantes** del ejercicio de dicho derecho y pueden otorgar las sucesivas declaraciones de obra nueva. Ello conlleva la **redistribución de las cuotas** de participación, también sin necesidad de consentimiento de la junta.

Sobre los requisitos constitutivos, transmisibilidad y extinción del derecho de vuelo y de subedificación ver nº 7480 s.

• Las **agrupaciones, agregaciones, segregaciones y divisiones** de los elementos privativos o las desvinculaciones de anexos, si se estableció así en los estatutos. Cabe la posibilidad de que en los estatutos se faculte a los propietarios para que puedan llevar a cabo este tipo de actuaciones, en cuyo caso podrán modificar el título constitutivo redistribuyendo la cuota inicial entre las entidades resultantes sin que se vea modificada la cuota de los restantes elementos privativos.

• El **cambio de destino** de los elementos privativos, si no queda prohibido de forma expresa en los estatutos. El titular del elemento privativo puede dar al mismo el destino que tenga por conveniente, salvo que haya una prohibición expresa en los estatutos. En todo caso, no puede contravenir la normativa urbanística, los usos del sector, ni comprometer la seguridad del edificio.

La **formalización de las operaciones de modificación**, incluso la de la suma o redistribución de las cuotas afectadas, corresponde a los titulares de los derechos o propietarios de elementos privativos implicados, incluso si implican una nueva descripción del edificio.

Precisiones **1)** No habiéndose previsto o prohibido ni en el título constitutivo, ni en ningún otro acuerdo adoptado por unanimidad por la comunidad, usos concretos para un inmueble determinado, la **mera descripción del inmueble** no supone una limitación del uso o de las facultades dominicales (TSJ Cataluña 3-6-11, EDJ 188716).

2) En el CCC la modificación del título constitutivo precisa, como norma general, el **consentimiento de la junta** de propietarios y, en concreto, el voto favorable de las cuatro quintas partes de propietarios y cuotas. Es cierto que se prevé que no es necesario obtener el consentimiento de la junta cuando la modificación del título esté motivada por unos hechos determinados (CCC art.553-10), pero ello se dará siempre que los **estatutos** así lo establezcan. A falta de determinación estatutaria

las actuaciones mencionadas en el citado precepto requieren del consentimiento de la junta. En defecto de acuerdo, solo quedaría la posibilidad de que se sustituya el mismo por la **autoridad judicial** en los casos en los que se demuestre que se ha producido un acto abusivo y un ejercicio antisocial del derecho. Pero para ello es necesario que se pongan de manifiesto circunstancias objetivas -anormalidad en el ejercicio- o subjetivas -voluntad de perjudicar o ausencia de un interés legítimo- (AP Barcelona 10-11-09, EDJ 322167).
3) La reforma de la L Cataluña 5/2015 aclaró las dudas surgidas en relación al anterior CCC art.553-10, indicando que la modificación del título constitutivo exige **acuerdo de la junta**, con las mayorías previstas en CCC art.553-25 o 553-26, según sea el caso, y además se requiere que en la **escritura pública** se observen los requisitos del CCC art.553-9 que sean aplicables conforme a la modificación de que se trate.
4) Sobre la posibilidad de que se proceda a modificar el título constitutivo por medio de **resolución judicial** para ajustar el mismo a la realidad material y la legitimación de un propietario para requerir dicha modificación, ver TSJ Cataluña 25-2-21, EDJ 681370.

B. Estatutos

(CCC art.553-11)

Los estatutos pueden definirse como un conjunto de normas de **carácter dispositivo** que complementan y desarrollan el título constitutivo del régimen de la propiedad horizontal y las normas imperativas reguladoras de la misma, cuyo objeto es regular el funcionamiento de la comunidad. **7500**
Son reglas plasmadas **por escrito y con fuerza de ley** entre los miembros de la comunidad de propietarios, dictadas para completar o desarrollar la ordenación legal, pudiendo contener normas sobre el destino, uso y aprovechamiento de bienes privativos y comunes; limitaciones de uso y demás cargas de los elementos privativos; ejercicio de los derechos y cumplimiento de las obligaciones o la aplicación de gastos e ingresos y la distribución de cargas y beneficios (TSJ Cataluña 13-9-18, EDJ 588930).

Otorgamiento e inscripción (CCC art.553-26.2.a) Deben ser **otorgados** por el propietario único del edificio o, en el supuesto de existir más de uno: **7501**
- por acuerdo unánime de todos los propietarios, si su otorgamiento coincide con la constitución del régimen; o
- por acuerdo favorable de las cuatro quintas partes de los propietarios, siempre y cuando representen las cuatro quintas partes de las cuotas de participación, si el otorgamiento o modificación de los estatutos se afronta una vez constituida ya la propiedad horizontal.

Para llevar a cabo su inscripción deben constar en **escritura pública**.
Tras su **inscripción** en el Registro de la Propiedad, tienen eficacia frente a terceros.
Las normas de los estatutos que **no estén inscritas** en el Registro de la Propiedad no perjudican a los terceros de buena fe. Luego, los estatutos no inscritos son oponibles a los terceros que lo sean de mala fe, esto es, a los terceros que se demuestre que conocían de la existencia de la norma particular con carácter previo a su adquisición, a pesar de no estar inscrita y que son inoponibles a cualquier tercero de buena fe, ya fuere su adquisición a título gratuito u oneroso.

Precisiones La exigencia de **inscripción** solo se dispone a efectos de terceros, es decir, de quienes hubieran adquirido con posterioridad un derecho real sobre alguno de los bienes privativos del inmueble y aleguen ignorar su contenido, o respecto de quienes por algún motivo hayan contratado con la comunidad ignorando la vigencia de la expresada norma que, lógicamente, no podría perjudicarles. Ahora bien, la ignorancia del mencionado estatuto no concurre en el caso en que ningún comunero alegue ignorar su contenido (AP Barcelona 11-7-16, EDJ 163473).

Contenido (CCC art.553-11) Sin que la enumeración que ofrece el precepto pueda entenderse como una lista tasada, los estatutos pueden contener reglas que regulen las siguientes cuestiones: **7502**
- El **destino, uso y aprovechamiento** de los bienes privativos y los comunes.
- Las **limitaciones de uso** y cualesquiera cargas de los elementos privativos.
- El ejercicio de los **derechos** y el cumplimiento de las **obligaciones**.
- La aplicación de **gastos e ingresos** y la distribución de **cargas y beneficios**. Son un ejemplo aquellas cláusulas estatutarias que eximen a los locales de contribuir a los gastos de ascensor, vestíbulo o escalera por la no utilización de los mismos.
- Los **órganos de gobierno** complementarios y la determinación de la forma de gestión y administración.

Precisiones No existe límite en orden a la incorporación de reglas en los estatutos, más allá de que tengan **relación con el inmueble**, sea con sus elementos privativos o comunes o sus instalaciones y servicios. Asimismo, operan como límite la **buena fe** y la prohibición del abuso de derecho -CCC art.111-7; CC art.7 y 1255- (AP Barcelona 30-9-19, EDJ 703046).

7504 Concretamente, se declaran válidas ciertas **cláusulas estatutarias**, que suelen ser las más habituales en la práctica. Sin embargo, la declaración de su validez no impide la existencia de controversias sobre su interpretación:

a) Las que permiten las operaciones de **segregación agrupación, agregación y división** de los elementos privativos y las de desvinculación de anexos con creación de nuevas entidades sin consentimiento de la junta de propietarios.

b) Las que **exoneran** a determinados elementos privativos de la obligación de hacer frente a los **gastos de conservación y mantenimiento** del portal, escalera, ascensores, jardines, etc. No obstante, debe advertirse que las cláusulas de exoneración se consideran siempre excepcionales, razón por la cual son objeto de interpretación restringida.

c) Las que establecen a favor de un elemento privativo concreto la **utilización exclusiva** e incluso el cierre de una parte del solar, o de las cubiertas o de cualquier otro elemento común, ya sea integra o parcialmente.

d) Las que permiten la colocación de **carteles publicitarios** en la parte de la fachada de los locales situados en los bajos.

e) Las que limitan las **actividades** que pueden llevarse a cabo en los elementos privativos.

7505 Precisiones **1)** En la autorización contenida en los estatutos para **segregar los locales comerciales** se encuentra implícita la facultad de dotarlos de **acceso**, aunque pudiese verse alterada la fachada del inmueble (TSJ Cataluña 26-3-15, EDJ 110105).

2) La mera inclusión de las facultades de **unir, dividir, segregar o agregar**, sin mayor precisión, debe entenderse limitada elementos comprendidos en una misma propiedad horizontal. No obstante, no existe problema alguno para que dicha cláusula estatutaria pueda redactarse ampliando su objeto a las operaciones de **comunicaciones con entidades de inmuebles colindantes**, en la hipótesis de que dicha comunicación no comporte una alteración sustancial de las respectivas comunidades, limitándose a la comunicación que no comporte la anexión de un elemento privativo nuevo a ninguna de las dos comunidades afectadas y, consiguiente, sin alteración de cuotas (TSJ Cataluña 3-12-20, EDJ 842003).

3) Son muchos los ejemplos de **interpretación restringida** de las reseñadas cláusulas. Por ejemplo, se ha considerado que en el caso de que se instale *ex novo* un **ascensor** y hubiera prevista una cláusula estatuaria de exención a los locales de este servicio, la interpretación que debe hacerse de la misma no permite eximirles de contribuir al coste de instalación, ya que el servicio beneficia a todos (TSJ Cataluña 31-10-13, EDJ 263945).

4) El acuerdo que **limite las actividades** que pueden realizarse en los elementos privativos es válido e inscribible en el Registro de la Propiedad. Cuestión distinta es que el cambio de destino sea oponible con **efectos retroactivos** a terceros que adquirieron los pisos o locales sin que constase inscrita la limitación en el Registro, al impedirlo el CCC art.553-11.3 y por vulnerar el principio de seguridad jurídica. Ello sin perjuicio, lógicamente, de que el acuerdo, una vez inscrito, sea eficaz y oponible a los futuros terceros adquirentes o, aun, que pueda serlo en el momento en que se produzca el cese de la actividad posteriormente prohibida (TSJ Cataluña 19-5-16, EDJ 75412).

5) Se ha entendido que el titular de un local puede realizar obras que afectan a elementos estructurales por cuanto los estatutos de la comunidad daban una gran libertad a los titulares de los locales para hacer **obras sin permiso de la comunidad**, siempre que las mismas no afecten a la solidez del edificio (AP Barcelona 27-12-05, EDJ 280418).

6) El derecho de los locales a publicitar su actividad con **carteles en la fachada** no les puede ser negado, pero solo en lo que respecta a la parte de fachada necesaria (AP Barcelona 20-7-11, EDJ 189647).

7) Los **horarios de apertura y cierre** de un centro comercial no constituyen restricciones en el uso de los elementos privativos que requieran de su establecimiento en el título constitutivo o en los estatutos (TSJ Cataluña 23-5-11, EDJ 153609).

C. Reglamento de régimen interior

(CCC art.553-12)

7510 Son aquellas normas relativas a la convivencia, a las relaciones de vecindad y a la utilización de los elementos de uso común y de las instalaciones.

Están **subordinadas a los estatutos**, en tanto que no pueden oponerse a ellos.

7512 **Distinción con los estatutos** La distinción entre las normas contenidas en los estatutos y las contenidas en el reglamento de régimen interior radica:

- En la **materia** que es objeto de regulación por cada una de ellas.

• En los requisitos que deben concurrir para proceder a su **modificación**: mientras la modificación de los estatutos supone la modificación del título constitutivo y, por tanto, se necesitan las cuatro quintas partes de los propietarios que representan, a su vez, las cuatro quintas partes de las cuotas, en el reglamento del régimen interior la adopción o modificación se puede llevar a cabo por la mayoría de propietarios que representen la mayoría de las cuotas, en primera convocatoria, o por la mayoría de cuotas de los presentes y representados, en segunda convocatoria.
• El reglamento de régimen interior no se exige que conste en **escritura pública**.
• No se inscribe en el **Registro de la Propiedad**, por lo que no puede vincular a terceros desconocedores de las normas contenidas en dicho reglamento.

Precisiones Estatutos y reglamentos de régimen interior tienen, en su origen, **carácter convencional** y una vez acordados se convierten en normas que no pueden ser modificadas, sino por acuerdo de los propietarios. Los estatutos tienen su límite en la Ley imperativa y el reglamento en los estatutos, diferenciándose fundamentalmente en el régimen de mayorías necesarias para su adopción y para su modificación (AP Barcelona 23-6-16, EDJ 149654).

Contenido El reglamento de régimen interior puede contener normas relativas a la convivencia, a las relaciones de vecindad y a la utilización de los elementos de uso común y de las instalaciones. **7514**
Entre otras, y a título de **ejemplo**, pueden contener las siguientes:
- las que se refieran al tendido de ropa en los balcones;
- las que prohíban bajar escombro en los ascensores en caso de realización de obras de reforma;
- las que se refieran a animales domésticos;
- las que prohíban aparcar bicicletas o cochecitos de niños en el portal;
- las que regulen la bajada de basuras;
- las que regulen el tipo y color de los toldos.

Precisiones El reglamento de régimen interior constituye un documento para fijar unas normas de mero **funcionamiento** de los servicios y elementos comunes, cuya rectificación o reforma es posible verificarla por cada junta de la comunidad, mediante su determinación en el orden del día, para concretar o modificar los sistemas de prestación de los mismos y los comportamientos exigidos a los propietarios (AP Barcelona 23-6-16, EDJ 149654).

D. Extinción del régimen

(CCC art.553-14)

El régimen de propiedad horizontal se extingue: **7520**
• Voluntariamente por acuerdo unánime de **conversión en otro tipo de comunidad**.
• De forma forzosa en los supuestos de **destrucción del edificio**, declaración de **ruina y expropiación forzosa**.

Conversión en otro tipo de comunidad (CCC art.553-14.1) El acuerdo debe adoptarse por **todos los propietarios** de los elementos privativos, que deben manifestar de forma expresa su consentimiento (CCC art.553-25.4). **7521**
En el supuesto de que los titulares de los elementos privativos -se entiende, todos los que integran el edificio- no puedan dar el consentimiento o no quieran darlo, sin una causa justificada, dicho consentimiento debe ser suplido por el de la **autoridad judicial**.
Además del consentimiento unánime de los propietarios, se requiere del consentimiento de los **titulares de derechos reales limitados** sobre los elementos privativos y comunes afectados. A este respecto se establece un supuesto de consentimiento tácito, para el caso de que no manifiesten su oposición al acuerdo de extinción en el término de un mes a contar desde la fecha en la que se les haya notificado.

Declaración de ruina (DLeg Cataluña 1/2010 art.197 s.) El ayuntamiento debe declarar el estado ruinoso de una construcción o de parte de una construcción en los **supuestos** siguientes: **7522**
a) Si los daños comportan la necesidad de una verdadera **reconstrucción** del edificio porque no son reparables técnicamente por los medios normales.
b) Si el **coste de las obras de reparación** necesarias para cumplir las condiciones mínimas de habitabilidad es superior al 50% del coste de una construcción de nueva planta de características similares a la existente, en cuanto a la dimensión y el uso.
c) Si es preciso ejecutar **obras imprescindibles** para la estabilidad de la edificación y la seguridad de las personas, no autorizables en virtud del ordenamiento urbanístico en vigor.
La **tramitación del procedimiento** se lleva a cabo de oficio por el ayuntamiento o mediante la presentación de una instancia por cualquier persona interesada.

Será el ayuntamiento el que, tras la **audiencia de los propietarios** y de las personas residentes, declarará el estado de ruina, salvo que una situación de peligro inminente lo impidiese.
No obstante, por razones de urgencia y peligro en la demora de una declaración de ruina legal de un edificio, el ayuntamiento o el alcalde, bajo su responsabilidad, por motivos de seguridad, debe disponer las **medidas necesarias** respecto a la habitabilidad del inmueble y el desalojo de las personas ocupantes, y también respecto al apuntalamiento o el derribo total o parcial del inmueble.

7524 **Obligación de rehabilitar o reconstruir** (CCC art.553-14.2) En el título constitutivo puede estipularse que, en los supuestos de destrucción y de declaración de ruina, el régimen no se extingue y es preciso rehabilitar o reconstruir el edificio a cargo de los propietarios, que deben contribuir a los gastos de acuerdo con su cuota de participación.

Precisiones En relación a las obras de **rehabilitación, regeneración y renovación urbana**, además de las prescripciones del DLeg Cataluña 1/2010, debe tenerse en consideración la importantísima reforma introducida por la L 8/2013, integrada y refundida en la LS/15, parte de la cual ha sido objeto de estudio en el bloque correspondiente al régimen de obras en la propiedad horizontal (nº 1300 s.).

SECCIÓN 3

Órganos de gobierno

7540

7542 Los **órganos de gobierno** de la propiedad horizontal son (CCC art.553-15.1):
• La presidencia.
• La secretaría.
• La administración.
• La junta de propietarios.
• Aquellos otros que prevean los estatutos. Dentro de este apartado nos encontramos con la posibilidad de nombrar un vicepresidente o bien de formar comisiones integradas por un determinado número de propietarios y con una finalidad concreta.
Cuando el **número de propietarios sea inferior a tres**, el régimen de funcionamiento de la organización de la comunidad será el que se establece para la comunidad ordinaria -CCC art.552-7- (disposición similar a LPH art.13.8: nº 1809).

Precisiones Con la reforma de la L Cataluña 5/2015 se omitió la mención de la **administración** entre los cargos de la comunidad. No obstante, debe entenderse que dicha omisión obedece exclusivamente a un error material, por cuanto que posteriormente se mantiene la regulación detallada del cargo (nº 7575 s.). Asimismo, la L Cataluña 5/2015 contempla entre sus novedades la precisión de las facultades que ostenta el **vicepresidente**, en los casos en los que se proceda a su nombramiento (nº 7565).

A. Normas comunes

7545 **Caracteres generales** (CCC art.553-15) Los órganos de gobierno de la propiedad horizontal tienen las siguientes características:
a. **Unipersonalidad** de la presidencia, secretaría y administración, cargos que, en el supuesto de que lo establezcan los estatutos o lo acuerde la junta, pueden recaer en una misma persona.
b. **Obligatoriedad**. El desempeño del cargo es obligatorio para la persona designada. No obstante, la junta de propietarios puede considerar la alegación de motivos de excusa debidamente fundamentados. En cualquier caso, las personas que ejerzan los cargos comunitarios tienen derecho a resarcirse de los gastos que ocasione su ejercicio.
c. **Gratuidad**. El desempeño de los cargos es gratuito cuando su desempeño se asigne a **integrantes de la comunidad**, esto es, las personas designadas no tendrán derecho a remuneración alguna por su actividad, salvo que se acuerde otra cosa por la junta de propietarios. Cosa

distinta es que las personas designadas tengan derecho a ser resarcidos de todos y cada uno de los gastos en los que incurran por razón del ejercicio de su cargo.
Sin embargo, cuando se designe para cargos comunitarios a **personas ajenas a la comunidad**, puede acordarse su remuneración. Así ocurre, por ejemplo, cuando la secretaría y la administración recaigan en una única **persona externa** a la comunidad, caso en el que el designado ha de cumplir con las condiciones profesionales legalmente exigibles.

Precisiones La **dispensa** para el ejercicio del cargo se llevará a cabo cuando existan circunstancias excepcionales y debe ceñirse a aquellos supuestos en que el nombramiento comprometa o dificulte seriamente el correcto funcionamiento de la comunidad en todos sus ámbitos de actuación (AP Barcelona 22-7-05, EDJ 318676).

Duración del mandato (CCC art.553-15.4) La duración será de un año. Transcurrido dicho plazo sin que se haya procedido a la nueva elección, ya sea por reelección de las mismas personas, ya sea por elección de personas distintas, se entenderá el nombramiento **prorrogado** hasta que no se celebre la junta ordinaria siguiente al vencimiento del plazo para el que fueron designados. Se evitan así las situaciones de caducidad de cargos y de posibles nulidades de juntas convocadas por presidentes cuyos nombramientos se hubieran extinguido por el paso del tiempo. **7546**
Las personas designadas para los diferentes cargos podrán ser reelegidas sucesivamente y de forma indefinida.
En el supuesto de que quien ejerce las funciones de secretario y administrador de forma remunerada haya sido **designado por el promotor** del edificio, el cargo lo ejerce hasta la primera reunión de la junta de propietarios (CCC art.553-15.3), la cual podrá ser convocada por aquellos propietarios que representen la cuarta parte del total del edificio, o que representen el 25% de las cuotas de participación (CCC art.553-20.2).

Nombramiento (CCC art.553-15.3 y 5) Los cargos deben ser designados por la **junta de propietarios**, ante la cual responden de sus actuaciones. También puede designarlos el **promotor del inmueble**, en cuyo caso ejercen hasta la primera reunión de la junta de propietarios. **7547**
A falta de la existencia de candidatos, la designación se lleva a cabo por **turno rotatorio** o por sorteo entre las personas que no han ejercido todavía el cargo. Solo rige este sistema en el supuesto de que no se presente ningún candidato.
Cuando existan **varios candidatos**, incluso en el caso de que alguno de ellos haya ostentado ya algún cargo y se presente para su reelección, todos ellos estarán en posición de igualdad, siendo la junta la que deba proceder al nombramiento de uno de ellos.
Se nombrarán por **acuerdo** adoptado en junta de propietarios y, dado que no se fija una mayoría concreta, debe adoptarse por mayoría simple de los propietarios que participen en la votación, siempre que representen a la vez la mayoría simple del total de sus cuotas de participación (CCC art.553-25.2.f).

Remoción (CCC art.553-25.2.f) En virtud de acuerdo de la junta de propietarios, los cargos de gobierno pueden ser removidos antes de la expiración de su mandato. No es necesaria la concurrencia de una **causa justificada** para que se proceda a la remoción. Ello, no obstante, si la destitución se produce respecto de un profesional contratado para el desempeño del cargo, la ausencia de justificación podrá originar la obligación de la comunidad de compensar los daños y perjuicios causados, por constituir un supuesto de incumplimiento contractual. **7549**
La remoción puede ser llevada a cabo en **cualquier junta de propietarios**, ordinaria o extraordinaria, siendo preciso que se incluya expresamente como punto del orden del día de la convocatoria.
Dado que no se fija una mayoría específica, el **acuerdo** debe adoptarse por mayoría simple de los propietarios que participen en la votación, siempre que representen a la vez la mayoría simple del total de sus cuotas de participación

Precisiones La exigencia de inclusión de la propuesta de remoción entre los puntos del orden del día fue introducida por la L Cataluña 5/2015, ya que previamente se permitía la remoción y nombramiento de los cargos de gobierno aun cuando esta cuestión no estuviese expresamente prevista. De esta forma se suprimió la posibilidad de aprovechar la oportunidad de la **inasistencia a la junta** de determinados propietarios para cesar a los cargos vigentes de forma sorpresiva. La experiencia de esta medida originó situaciones de inseguridad en las comunidades de propietarios, que se revelaron como perjudiciales para la normal convivencia y para el mejor gobierno de este especial régimen de gobierno.

B. Presidente

(CCC art.553-16)

7550

7552 **Nombramiento** (CCC art.553-15.1) El presidente debe ser designado de **entre los propietarios** de los elementos privativos. En ningún caso puede ser designado presidente una persona que no tenga la condición de propietario.
En el supuesto de que la junta nombrase a un **no propietario**, dicho acuerdo sería impugnable por ser contrario a la Ley (CCC art.553-31.1.a).
El nombramiento corresponde a la junta de propietarios (nº 7547).
Si el propietario del elemento privativo es una **persona jurídica**, quien ejercerá las funciones de presidente será la persona física que ostente la representación de la sociedad titular del inmueble.

7554 **Renuncia al cargo** Si bien se establece como una de las características de los órganos de gobierno su obligatoriedad, debe entenderse que, en aquellos supuestos en que concurra una **causa justificada**, puede el nombrado presidente presentar ante la junta su renuncia al cargo, que debe aceptarla, mediante la adopción del acuerdo correspondiente.

Precisiones En aplicación de la LPH, la obligatoriedad de asumir los cargos debe ser dispensada en el supuesto de concurran **circunstancias excepcionales** que no se ciñan a la pura conveniencia de los interesados y, sobre todo, que impidan el ejercicio de dicho cargo y comprometan la buena marcha y funcionamiento de la comunidad (AP Barcelona 22-7-05, EDJ 318676).

7555 **Funciones** (CCC art.553-16.1) Son funciones del presidente las siguientes:
a) Convocar y presidir las **reuniones de la junta** de propietarios. El presidente puede convocar una junta de propietarios cuando lo considere conveniente. En todo caso es obligatoria la convocatoria de una al año para aprobar las cuentas y el presupuesto, denominada ordinaria. Asimismo, está obligado a convocar siempre que lo soliciten una cuarta parte del total de propietarios que integran la comunidad, o lo pidan los propietarios que representen una cuarta parte de las cuotas (CCC art.553-20).
b) La **representación de la comunidad** judicial y extrajudicialmente.
c) La **elevación a público** de los acuerdos de la junta de propietarios, si procede. Al objeto de elevar a públicos los acuerdos, el presidente debe:
- acreditar ante el notario su condición de tal a través del libro de actas en el que se contenga su nombramiento; y
- aportar una certificación de junta emitida por el secretario con el visto bueno del presidente.
d) Velar por el **cumplimiento de los deberes** de los propietarios y de los titulares de la secretaría y administración. Bajo esta función se le impone al presidente el deber de controlar los cargos de la comunidad, así como el comportamiento de los propietarios. En el supuesto de que el presidente sea conocedor de cualquier incidencia debe ponerlo, a través de la convocatoria de una junta, en conocimiento del resto de propietarios para que en el seno de la misma se adopten los acuerdos encaminados a paliar cualquier tipo de disfunción.

Precisiones La L Cataluña 5/2015 introdujo modificaciones de matiz en la determinación de las competencias del presidente, suprimiendo la mención a la obligación de velar por la buena **conservación y funcionamiento** de los elementos y servicios comunes, que es propia, no del presidente, sino del administrador. Las obligaciones del presidente, a este respecto, se circunscriben a velar por el buen funcionamiento de la comunidad y por el cumplimiento de los deberes por parte del secretario y el administrador. Se superan de esta manera las dudas sobre la responsabilidad que podían tener los presidentes frente al deficiente funcionamiento de servicios comunes, o al deficiente estado de elementos comunes.

7557 **Representación de la comunidad** El ejercicio de acciones judiciales de la comunidad a través de la persona del presidente requiere el correspondiente **acuerdo de los propietarios** quienes, reunidos en junta de propietarios, deben adoptar el acuerdo por el que autoricen al presidente para ejercitar acciones en nombre de la comunidad.
La autorización de la junta puede estar concebida en **términos amplios**. No es exigible que se refleje en el acta el tipo de acción procesal ejercitable, bastando con que se le confiera autorización para reclamar en nombre de los comuneros (TS 21-3-19, EDJ 536754; AP Barcelona 8-11-19, EDJ 735203).
Corresponde al presidente la **ejecución** de lo que la junta de propietarios decide.

Precisiones 1) Es precisa la autorización expresa de la comunidad para que el presidente pueda **litigar en su nombre**. Se distingue entre la falta de legitimación activa de la comunidad y la falta de poder del presidente para representar a la misma, entendiendo que la comunidad puede ostentar la legitimación para ejercitar la acción, atendidas obviamente las concretas circunstancias del supuesto en cuestión y, sin embargo, no estar el presidente dotado del suficiente poder para ejercitar tales acciones de que es titular la comunidad (TS 11-12-00, EDJ 44148; 20-10-04; AP Barcelona 27-6-05, EDJ 104465).
Esta exigencia se pone de manifiesto en numerosas sentencias (AP Tarragona 15-3-11, EDJ 193634). Por ejemplo, es precisa la autorización de la junta para accionar contra los **propietarios que han cerrado sus terrazas**, incorporando tales espacios libres a sus locales de negocio (TSJ Cataluña 7-11-11, EDJ 315517).
La **ausencia de autorización de la junta de propietarios** para el ejercicio de acciones judiciales es un defecto en la representación del mismo para actuar en representación de la comunidad. No obstante, se trata de un defecto subsanable, siendo así que su actuación puede ser ratificada por un acuerdo posterior (TSJ Cataluña 17-1-19, EDJ 507620).
2) La **limitación de las competencias** del presidente, cuando los comuneros le han conferido su representación, introduce una innecesaria distorsión que perjudica los intereses de la comunidad y de cada uno de sus comuneros, siendo de indudable interés para la comunidad que se litigue bajo una misma representación, cuando el presidente tiene un mandato conferido con la necesaria extensión (TS 21-3-19, EDJ 536754; AP Barcelona 8-11-19, EDJ 735203).
3) No es preciso el mandato expreso de la junta de propietarios a fin y efecto de que el presidente pueda, en nombre de la comunidad, **contestar la demanda** interpuesta contra la misma, puesto que al presidente le corresponde la representación orgánica de la comunidad y está investido, por Ley, de un mandato suficiente para defender en juicio, y fuera de él, los intereses de la comunidad (AP Barcelona 25-1-12, EDJ 19795).
4) El presidente también puede ejercer la **representación de los titulares de los distintos elementos privativos**, siempre y cuando haya sido autorizado en tal sentido. Es reiterada doctrina la de que las facultades representativas del presidente de la comunidad de propietarios se extiendan a la defensa de los intereses afectantes a los elementos privativos del inmueble cuando los propietarios le autoricen, pues solo así se evitan procesos con innumerables personas, a todas las cuales puede representar el presidente (AP Tarragona 31-7-09, EDJ 257396).

Cabe plantearse al respecto diversas cuestiones: **7559**

• ¿Es un requisito subsanable la **falta de poder** del presidente? Entendemos que sí, siempre y cuando el acuerdo en junta se haya adoptado con carácter previo al ejercicio de acciones. Su subsanación se llevará a cabo mediante la presentación en el procedimiento del libro de actas de la comunidad de propietarios en la que conste el acuerdo de la junta de propietarios autorizando al presidente para interponer la demanda inicial.
• ¿Son válidos **frente a terceros** los actos llevados a cabo por el presidente cuyo acuerdo de nombramiento ha sido objeto de **impugnación**? En este sentido se ha entendido que el tercero es ajeno a las relaciones internas entre los propietarios, sin que puedan afectarle los defectos de representación que pudieran existir. Además debe tenerse en cuenta que la impugnación del acuerdo no suspende su ejecución (CCC art.553-32.3), salvo que el juez así lo disponga. En consecuencia, serían válidos los actos llevados a cabo por un tercero con aquel que actúa como presidente de la comunidad, aún a pesar de que el acuerdo de nombramiento esté impugnado. En el supuesto de que el juez hubiera acordado como medida cautelar la suspensión del acuerdo de nombramiento adoptado en junta, habría que comprobar si en el momento en que el presidente actuó en nombre de la comunidad dicho acuerdo estaba ya suspendido (AP Sta. Cruz de Tenerife 27-6-05, EDJ 44148).

Precisiones Uno de los temas que mayor polémica suscita en relación a la figura del presidente es el del **alcance de su legitimación**. En este sentido y respecto a la legislación estatal, después de numerosas resoluciones judiciales que mantenían criterios diversos al respecto, el Tribunal Supremo ha establecido como doctrina jurisprudencial la necesidad de que exista un acuerdo previo de la junta de propietarios que autorice expresamente al presidente de la comunidad para **ejercitar acciones judiciales** en defensa de esta. La justificación se encuentra en el hecho de que, aunque el presidente asuma la representación orgánica de la comunidad, se atribuye a la junta de propietarios la facultad de conocer y decidir sobre los asuntos de interés general para la comunidad, acordando las medidas necesarias o convenientes para el mejor servicio de la misma -LPH art.13.5-, dentro de las cuales se encuentra comprendida la decisión de actuar en juicio en defensa de los intereses de la comunidad (TS 10-10-11, EDJ 253605). Esta posición ha sido acogida en Cataluña en diferentes sentencias de las audiencias provinciales (p.e. AP Tarragona 15-3-11, EDJ 193634).
Por otro lado, los tribunales sí se han mostrado más flexibles a la hora de reconocer legitimación al presidente para **reclamar la reparación de daños** producidos en el edificio, tanto relativos a los elementos comunes como privativos, cuando los propietarios del edificio así se lo autoricen, facilitando con ello las reclamaciones en los supuestos de vicios o defectos constructivos, cuya repercusión se ocasiona tanto sobre elementos e instalaciones comunes, como sobre elementos privativos (TS 23-4-13, EDJ 55863; 18-7-07, EDJ 100758).

7562 **Responsabilidad** A fin de determinar la responsabilidad del presidente, hay que tener en cuenta:
- si ha actuado **legitimado por la junta** de propietarios y se ha extralimitado;
- si ha actuado **al margen de la junta** de propietarios, no existiendo acuerdo que legitime tal actuación.

En ambos casos entendemos que resultan de aplicación las **normas del mandato** para determinar la responsabilidad del presidente (AP Barcelona 6-2-04, EDJ 8701).

C. Vicepresidente

(CCC art.553-16.2 y 553-23.2)

7565 La figura del vicepresidente tiene **carácter facultativo**. Su existencia debe fijarse en los estatutos.

Sus **funciones** serían:
- presidir las juntas, en caso de inasistencia del presidente;
- la sustitución de la figura del presidente cuando concurran causas razonadas (p.e. muerte, imposibilidad, ausencia o incapacidad); y
- aquellas otras que se fijen en los estatutos o que la presidencia le haya delegado expresamente.

El vicepresidente es la persona que ejerce las funciones de presidente en caso de **muerte, imposibilidad, ausencia e incapacidad** del titular de la presidencia, así como aquellas otras funciones que el presidente le delegue expresamente.

Por lógica, y dado que para ser presidente se exige la **condición de propietario** de todo o parte de algún elemento privativo, idéntico requisito le será exigible a la persona designada para la vicepresidencia.

Precisiones Tras la reforma operada por la L Cataluña 5/2015 se dedica una mayor atención a la figura del vicepresidente. Además de la función meramente sustitutiva, se prevé la posibilidad de que el presidente pueda delegar en él alguna o algunas funciones. En este escenario, la problemática vendrá a la hora de interpretar la actuación del vicepresidente, ejercida al amparo de una supuesta **inactividad del presidente** y fundamentalmente a la hora de convocar juntas de propietarios. Son los tribunales, en última instancia, quienes han de valorar las circunstancias del caso y entender si ha existido o no inactividad por parte del titular de la presidencia, como presupuesto habilitador de la actuación del vicepresidente.

D. Secretaría

(CCC art.553-17)

7570 **Nombramiento** (CCC art.553-17) El nombramiento del secretario corresponde a la junta de propietarios.

Puede recaer en una misma persona la condición de **administrador y secretario**, en cuyo caso se prevé que pueda tratarse de una persona externa a la comunidad que reúna la condición profesional legalmente exigible (CCC art.553-15.2).

En el supuesto que ambos cargos no recaigan en una misma persona, aún no contemplándolo la norma de forma expresa, parece que debería recaer en un **propietario**.

7572 **Funciones** (CCC art.553-17) Corresponde al secretario:
- Extender las **actas** de las reuniones.
- Realizar las **notificaciones**. Es quien se encarga de realizar las notificaciones de la convocatoria de la junta y quien debe firmar el anuncio de la convocatoria (CCC art.553-21.1).
- Expedir los **certificados**.
- Custodiar la **documentación** de la comunidad, especialmente las convocatorias, comunicaciones, poderes y demás documentos relevantes de las reuniones, durante 5 años, a excepción del libro de actas, que debe conservar durante 30 años, mientras exista el inmueble y se mantenga el régimen de la propiedad horizontal, ya que una vez extinguido el régimen la obligación de custodia del libro se limita a 5 años a contar desde la extinción (CCC art.553-28.2).

Una de las manifestaciones de mayor relevancia práctica respecto de la obligación de expedir certificados, es la consistente en **certificar el estado de deudas** con la comunidad que tiene un elemento privativo en el momento que va a ser transmitido a un tercero, en el que debe hacer constar los gastos ordinarios aprobados pero pendientes de repartir (nº 7442).

Es importante que los secretarios presten especial atención a estos certificados, ya que en caso de negligencia incurren en **responsabilidad** y, consiguientemente, pueden verse expuestos a reclamaciones de daños y perjuicios por los propietarios perjudicados.

Debe tenerse en cuenta que, en Cataluña, si el secretario es un profesional ajeno a la comunidad, caso que se dará en los supuestos de que la secretaría sea asumida por el administrador profesional, el certificado no es necesario que sea **visado por el presidente**.

E. Administración

(CCC art.553-18)

Nombramiento (CCC art.553-15.2 y 553-18.1) El nombramiento del administrador corresponde a la junta de propietarios. 7577

Este cargo puede desempeñarse por uno de los propietarios o por una **persona externa** a la comunidad, en cuyo caso debe tratarse de un profesional que cumpla las condiciones profesionales legalmente exigibles. En ese supuesto, las funciones de administración incluyen también las de secretaría.

Requisitos para ejercer el cargo (L Cataluña 18/2007 art.54) Los **administradores de fincas** son personas físicas que se dedican de forma habitual y retribuida a prestar servicios de administración y de asesoramiento a los titulares de los bienes inmuebles y a las comunidades de propietarios de las viviendas. 7579

Para el ejercicio del cargo de administrador de fincas se exigen los siguientes **requisitos**:

- capacitación profesional requerida;
- cumplimiento de las condiciones legales y reglamentarias que les sean exigibles;
- pertenencia al correspondiente colegio profesional;
- necesidad de suscribir un seguro de responsabilidad civil.

Funciones (CCC art.553-18.1) Se describen una serie de funciones del administrador que no constituyen, en ningún caso, una lista cerrada: 7580

• Adoptar las medidas convenientes y realizar los actos necesarios para la **conservación** de los bienes y el **funcionamiento** correcto de los servicios de la comunidad.

• Velar por que los propietarios cumplan sus **obligaciones** y hacerles las advertencias pertinentes al respecto.

• Preparar las **cuentas anuales** del ejercicio precedente y el **presupuesto** para el ejercicio siguiente.

• Ejecutar los **acuerdos de la junta** y efectuar los **cobros y pagos** que correspondan.

• Decidir la ejecución de las **obras** de conservación y reparación de carácter urgente, de lo que debe dar cuenta de forma inmediata a la presidencia.

• Pagar, con autorización de la presidencia, los **gastos de carácter urgente** que pueden correr a cargo del fondo de reserva.

• Las demás funciones que legalmente le sean **delegadas por la junta** de propietarios o atribuidas por la Ley.

Responsabilidad (CCC art.553-18.2) El administrador responde de su actuación ante la junta de propietarios. 7582

Para determinar la concreta responsabilidad del administrador, es preciso primero analizar la **relación jurídica entre el administrador y la comunidad**, por cuanto las funciones del administrador se encuadran, de un lado, dentro del mandato y, de otro, del contrato de arrendamiento de servicios.

La jurisprudencia establece que se trata de un mandato sui generis, un **contrato mixto** de arrendamiento de servicios y de mandato, estimando que se trata de un contrato intuitu personae en el que prima la confianza que inspira las cualidades de la persona que se contrata.

Aún admitiendo que al contrato le sea aplicable la normativa del mandato (CC art.1709 s.), nos encontramos ante un contrato sinalagmático, con prestaciones recíprocas y con un plazo de duración preestablecido. Se trataría, por tanto, de un **mandato retribuido** al que, en el que, a pesar de haber establecido un plazo de duración -en interés común de ambas partes contratantes-, subsiste la **facultad de revocación**; pero si la revocación se impone antes de la expiración del plazo, sin haberse demostrado justa causa, entonces el comitente debe indemnizar al mandatario los daños y perjuicios que con la extemporánea revocación le ocasione (TS 3-3-98, EDJ 1123).

Precisiones Se aplican las reglas del mandato y se declara la **responsabilidad del administrador** de la comunidad al no haber presentado dentro del plazo establecido la documentación requerida para la obtención de una subvención (AP Barcelona 26-10-11, EDJ 276854).

F. Junta de propietarios

(CCC art.553-19 y 553-20)

7600

7602 Constituye el órgano supremo de la comunidad. Es la asamblea de propietarios a través de la cual se toman las decisiones que afectan a la vida y funcionamiento de la comunidad. Es, por tanto, el órgano que verdaderamente tiene **poder de decisión**, siendo, esencialmente, el presidente y el administrador los ejecutores de los acuerdos adoptados en el seno de la misma.
Los **miembros** de la junta son todos los propietarios de la comunidad. Los no propietarios (p.e. arrendatarios) únicamente pueden intervenir en la junta en aquellos supuestos en que estén apoderados para tal fin por un propietario.

1. Funciones

(CCC art.553-19)

7604 Sus funciones son tan amplias que se hace referencia a ellas excluyendo de las mismas únicamente aquellas que hayan sido expresamente atribuidas a otros órganos. Así, se establece que la junta de propietarios tiene aquellas competencias no atribuidas expresamente a otros órganos y, como mínimo, las siguientes:
a) El **nombramiento y remoción** de las personas que deben ocupar u ocupan los cargos de la comunidad. Corresponde a la junta de propietarios el nombramiento de cada uno de los órganos de gobierno de la comunidad.
b) La **modificación del título constitutivo**. Uno de los requisitos para llevar a cabo la modificación del título constitutivo es el consentimiento de la junta de propietarios manifestado por el voto favorable de las cuatro quintas partes de los propietarios, que deben representar, a su vez, las cuatro quintas partes de las cuotas de participación, a excepción de que el título establezca cosa distinta. Hay, sin embargo, algunos supuestos en los que, aun tratándose de una modificación del título constitutivo, no es necesario el consentimiento previo de la junta (p.e. CCC art.553-10, 553-25.2).
c) La aprobación de los **estatutos** y del **reglamento de régimen interior** y su reforma. Debemos distinguir entre:
• **Aprobación** de los estatutos. Se requiere la unanimidad de los propietarios.
• **Modificación** de los estatutos. Requiere, salvo que el título establezca cosa distinta, el voto favorable de las cuatro quintas partes de los propietarios que deben representar las cuatro quintas partes de las cuotas de participación
• Aprobación y modificación del **reglamento de régimen interior**. Es suficiente el voto favorable de la mayoría de propietarios que deben representar la mayoría de las cuotas de participación, en primera convocatoria, o la mayoría de las cuotas de los presentes y representados, en segunda convocatoria.

7605 **d)** La aprobación de los **presupuestos** y de las **cuentas anuales**. Se requiere la simple mayoría de partícipes en la votación, siempre que representen, a la vez, la mayoría de las cuotas de participación intervinientes en la votación.
Las cuentas anuales deben ser puestas a disposición de los propietarios con anterioridad a la celebración de la junta, al objeto de que puedan ser examinadas.
e) La aprobación de la realización de **reparaciones de carácter ordinario** no presupuestadas y de las de carácter extraordinario y de mejora, de su importe y de la imposición de derramas para su financiación. Debemos distinguir dos fases:
1. La aprobación de la **realización** de las obras.
2. La aprobación del **presupuesto** correspondiente a la ejecución de las mismas.
En ambos casos deben los propietarios reunidos en junta manifestar su consentimiento y aprobar las mismas; de lo contrario, en caso de que sea contratada su ejecución por el

presidente, actuando en nombre de la comunidad, podría darse supuesto de extralimitación en las funciones del presidente.

f) El establecimiento o modificación de los criterios generales para fijar las **cuotas de participación**. Toda vez que vienen establecidas en el título de constitución, nos remitimos a lo ya expuesto para su modificación (nº 7430).

g) La **extinción voluntaria** del régimen de propiedad horizontal. Requiere el acuerdo unánime de todos los propietarios, manifestado de forma expresa por cada uno de ellos (CCC art.553-14, 553-25.4 y 553-26.1.f).

2. Reuniones

(CCC art.553-20.1)

7609

La junta debe reunirse obligatoriamente con **carácter anual** -una vez al año-. El objetivo de esa reunión es aprobar las cuentas, el presupuesto y elegir a las personas que han de ejercer los cargos de la comunidad, sin perjuicio de que en la misma puedan tratarse otras cuestiones que hayan sido objeto del orden del día. Esta junta será la denominada ordinaria. 7610

Al margen de esta junta ordinaria, la comunidad puede reunirse con **carácter extraordinario** tantas veces como estime oportuno el presidente o cuando así se lo soliciten los propietarios que representen la cuarta parte del total existente en la finca, o los propietarios que representen el 25% de las cuotas de participación.

Legitimación para solicitar la celebración de la junta y para convocarla (CCC art.553-20.2) Al margen del **presidente**, que es la persona que normalmente se encarga de convocar las juntas, en Cataluña se reconoce de posibilidad de que la junta se reúna a instancia de los propietarios, para lo cual se exige que lo pidan una **cuarta parte de los propietarios**, o un número de estos tal que representen el **25% de las cuotas** de participación. En ese caso, en la instancia que han de dirigir al presidente de la comunidad, deben indicar los puntos que han de incluirse en el orden del día. 7611

La **convocatoria**, tanto de las juntas ordinarias como de las extraordinarias, debe hacerla el presidente. No obstante, se prevé que este no lo haga por inactividad o negativa, en cuyo caso se habilita al vicepresidente y a los promotores de la reunión para que procedan a cumplimentar dicha convocatoria.

El CCC no contempla aquellos supuestos en los que, siendo de **reciente constitución** el régimen de propiedad horizontal, no se ha procedido al nombramiento de los órganos de gobierno. Debe entenderse que la junta puede ser convocada directamente por los propietarios, por una cuarta de los propietarios o un número de estos que representen el 25% de las cuotas de participación, asimilándose el supuesto a aquel en que, existiendo órganos de gobierno nombrados, estos adopten una actitud de pasividad o negativa.

Precisiones Hasta la aprobación de la L Cataluña 5/2015, la normativa catalana era más rigurosa que la estatal respecto a la solicitud de convocatoria por los propietarios, ya que exigía que se diesen los dos presupuestos: cuarta parte de propietarios solicitantes y que además representasen el 25% de las cuotas de participación; mientras que la normativa estatal exige que se dé **una u otra condición** (LPH art.16.1). La L Cataluña 5/2015 asimila el régimen catalán al existente en el resto del Estado y, por consiguiente, en la actualidad es suficiente con que los propietarios que soliciten la celebración de la junta cumplan con uno de los dos presupuestos.

Reuniones especiales (CCC art.553-20.3) En los estatutos se puede regular la convocatoria de reuniones especiales para tratar cuestiones que afecten a unos **propietarios determinados** o a las **subcomunidades**. 7612

Es el caso, por ejemplo, de un edificio que cuente con varias escaleras, en cuyo caso cabe la posibilidad de que se prevean reuniones por escaleras. Muy frecuente, también, es el caso de las comunidades en las que se constituye una subcomunidad del aparcamiento o garaje para tratar de los aspectos que le afectan de forma exclusiva.

En estos casos la subcomunidad puede reunirse tantas veces como lo estime necesario, estableciendo una **organización interna propia**, con sus cargos de gobierno, respetando siempre la normativa de la comunidad general.

7614 **Convocatoria** (CCC art.553-21) La norma general es la necesidad de convocatoria previa a la celebración de la junta de propietarios.

Se **dispensa este requisito** cuando concurran a la misma todos los propietarios y acuerden por unanimidad la celebración de la reunión y su orden del día, que debe aprobarse antes de iniciarla, a fin de que los acuerdos que se tomen no devengan nulos por considerarse que no versan sobre asuntos previstos en el orden del día (CCC art.553-20.4).

7615 **Tiempo, lugar y forma** (CCC art.553-21.2 y 3) Como norma general, las convocatorias, citaciones y notificaciones deben enviarse con una **antelación mínima** de 8 días naturales a la fecha prevista para su celebración, permitiéndose expresamente que los estatutos de la comunidad puedan estipular otra cosa.

La excepción a dicha regla la constituye el supuesto de las juntas extraordinarias para tratar **asuntos urgentes**, casos en los que solo se exige que los propietarios hayan podido tener conocimiento de las convocatorias, citaciones y notificaciones antes de la fecha, sin establecer un plazo mínimo de días.

El lugar al que debe dirigirse la convocatoria es el **domicilio designado** por cada propietario, el cual lo debe comunicar a quien ejerza las funciones de secretario de la comunidad. En defecto de esa designación, las notificaciones se deben llevar a cabo en el propio elemento privativo.

Precisiones **1)** Se ha entendido no cumplido el requisito de la notificación en el supuesto en que, tratándose de una junta de propietarios extraordinaria de **carácter urgente**, se notifica a los propietarios la convocatoria a través de correo certificado con acuse de recibo y, habiéndoles dejado el funcionario de correos el aviso por no encontrarles un día antes de la celebración de la junta, estos recogen la convocatoria un día después del señalado para la celebración, mediando entre el aviso y la recogida 2 días naturales (AP Lleida 20-1-10, EDJ 28533).

2) La obligación de señalar el **domicilio a efectos de notificaciones** es a cargo de los propietarios, ya que estos no pueden trasladar su descuido o negligencia en la gestión de sus intereses a la comunidad, exigiéndole un nivel de diligencia y cuidado en la notificación que no han seguido ellos mismos, es decir, no pueden exigir a la comunidad la realización de actos de comunicación personales, efectuando toda serie de pesquisas, cuando ellos mismos han observado una actitud pasiva y despreocupada, por la que ni tan siquiera han indicado a la comunidad el lugar en que puede ser encontrado para recibir sus comunicaciones (AP Lleida 13-9-16, EDJ 193611).

3) No es **anulable** el acuerdo adoptado, cuando la comunidad consigue demostrar que la convocatoria fue colgada en el tablón de anuncios y depositada en el buzón de los propietarios existente en el edificio, no existiendo designa de domicilio diferente a efectos de notificaciones por el propietario impugnante (AP Barcelona 29-6-20, EDJ 617038).

4) Sobre la posibilidad de que las juntas puedan celebrarse por **videoconferencia u otros medios telemáticos** de comunicación, aún cuando no esté previsto en los estatutos ni haya sido previamente acordado por la junta de propietarios, así como la posibilidad de la **adopción de acuerdos en juntas no presenciales**, los tribunales catalanes han indicado que el hecho de que la junta no sea presencial no implica que no pueda debatirse o discutirse un determinado acuerdo, expresándose las coincidencias o discrepancias con el mismo. Por otro lado, la ley no limita los temas respecto de los cuales se podían adoptar los acuerdos sin junta presencial (AP Barcelona 23-6-23, EDJ 657959).

7617 Los **medios de notificación** pueden ser varios. Se contempla la posibilidad de que la convocatoria se pueda notificar por correo postal, por correo electrónico o por cualquier otro medio telemático de comunicación, siempre que se garantice la autenticidad de la comunicación y de su contenido y quede constancia de la remisión y recepción íntegros y del momento en el que se ha producido.

En todo caso, el sistema que se adopte no debe causar **indefensión** a ninguno de los propietarios por no llegar a su conocimiento la convocatoria de la celebración de la junta en cuestión.

Se entiende que no se le ha causado indefensión, en cuanto a la notificación de la convocatoria se refiere, a aquel propietario que asista a la junta, convalidando con su asistencia cualquier defecto existente en el sistema de notificación de la convocatoria.

En el supuesto de **impugnación de un acuerdo** por falta de notificación de la convocatoria, incumbe a la comunidad de propietarios acreditar que dicha notificación se llevó a cabo y que los destinatarios tuvieron conocimiento de la convocatoria.

Precisiones **1)** Una de las principales novedades que introduce la L Cataluña 5/2015 sobre este particular es la inclusión de las **nuevas tecnologías** como mecanismos de citación y notificación por parte de la comunidad. Se da así entrada a mecanismos o medios de comunicación tan frecuentes en nuestros días como el correo electrónico o, incluso, el whatsapp, si así se acuerda, en los que se puede incorporar la acreditación de la recepción de los mismos por su destinatario, a la vez que se ahorran considerables costes en la gestión y tramitación de las notificaciones. Efectivamente, la

validez de la notificación efectuada mediante su **publicación en el tablón de anuncios** nada más es efectiva cuando no se haya podido hacer la notificación personal (AP Girona 16-9-20, EDJ 689579).
2) Los tribunales, en aplicación de la LPH, no exigen un medio de comunicación determinado para que se considere cumplido el requisito de la notificación de la convocatoria, ni que el mismo sea fehaciente. Se admite cómo valido el **sistema que habitualmente adopte la comunidad** con los propietarios, sin que estos últimos formulen ninguna oposición al mismo (TS 13-3-97; 10-7-03; 22-3-06).

En todo caso, la convocatoria debe publicarse, además y con el mismo plazo de antelación, en el **tablón de anuncios** de la comunidad o en el lugar habilitado al efecto. El anuncio produce el efecto de notificación efectiva para el caso de que, intentada la personal, la misma llegue a consumarse por causa no imputable a la comunidad. **7619**
Esta forma de notificación no suple los dos anteriores, es decir:
- siempre debe dirigirse la convocatoria al **domicilio designado** por el titular del elemento privativo, se halle en la localidad en que se halle;
- en segundo lugar y, en defecto del primero, en el **elemento privativo**; y
- siempre en el **tablón de anuncios** de la comunidad o lugar visible habilitado al efecto.

Con ello se pretende subsanar cualquier defecto que pudiera existir en el sistema de notificación de la convocatoria.
Para la **efectividad de la convocatoria** es suficiente con que se haya efectuado en tiempo y forma, de lo que se deriva que la comunidad no tiene que acreditar la recepción de la convocatoria por cada uno de los miembros si acredita que la convocatoria en el tablón se ha efectuado en debida forma, y que la remisión, en su caso, también. La norma exige que la convocatoria se haga con una antelación de 8 días naturales, refiriéndose al envío y no a la recepción (TS 22-3-06, EDJ 29181; 19-9-07; AP Barcelona 25-2-08, EDJ 169361; AP Tarragona 10-6-08, EDJ 372028).

Precisiones **1)** No se entiende cumplida la notificación únicamente a través de la publicación en el **tablón de anuncios** de la comunidad, por cuanto para que esta forma de comunicación sea eficaz debe intentarse primero la comunicación personal (AP Lleida 20-1-10, EDJ 28533; AP Barcelona 25-2-08, EDJ 169361).
2) La L Cataluña 5/2015 aclara algunos extremos relativos a la convocatoria en el tablón de anuncios. En primer lugar, mantiene la obligación de convocar mediante remisión de la convocatoria, más publicación en lugar visible habilitado al efecto. No obstante, suprime el **plazo de 3 días** establecido para la validez, entendiéndose que la publicación debe efectuarse desde 8 días antes de la reunión y mantenerse hasta la celebración, en cuyo caso servirá para considerar como efectuada la citación efectiva de aquellos propietarios a los que, por cualquier razón que no sea imputable a la comunidad o a sus cargos, no hubiese llegado la citación remitida a conocimiento de algún propietario.
3) Los **defectos en la convocatoria** que dieron lugar a la declaración de nulidad de un acuerdo, no impiden que pueda convocarse una nueva junta en la que se respete rigurosamente el sistema de notificación previsto en la ley y que en la junta se adopte, por la mayoría correspondiente, un acuerdo idéntico al declarado en su día nulo por defecto de forma, ya que en estos supuestos no se da la cosa juzgada material (TSJ Cataluña 13-10-20, EDJ 704308).

Contenido (CCC art.553-21.4) La convocatoria debe contener: **7622**
- La **fecha** de la reunión: el día, lugar y hora de la reunión.
- La **firma** del secretario, con el visto bueno del presidente.
- El **orden del día** (nº 7624).
- La advertencia de que los votos de los **propietarios que no asisten** a la reunión se computan en el mismo sentido del acuerdo que adopte la mayoría, sin perjuicio de su derecho de oposición.
- La relación de todos aquellos propietarios que tienen **deudas pendientes** con la comunidad, advirtiéndoles que tienen voz pero que se les priva del derecho de voto. No obstante, tienen derecho a votar cuando hayan impugnado el acuerdo que origine su deuda y hayan consignado, judicial o notarialmente, la deuda pendiente.

Precisiones **1)** La L Cataluña 5/2015 incluyó importantes modificaciones en el contenido de las convocatorias. La más relevante es la de suprimir la referencia a la **primera o segunda convocatoria**, ya que eliminó la segunda convocatoria, previendo una única convocatoria en la que, como ocurría anteriormente con la segunda convocatoria, no se requiere un cuórum de asistencia para que se pueda proceder a su celebración y adoptar los acuerdos por el régimen general de mayoría de propietarios y cuotas presentes en la reunión. **7623**
Carecía de sentido mantener el sistema de doble convocatoria, cuando las comunidades en el 99% de los casos prescindían de la primera convocatoria por las dificultades que entrañaba para la adopción de los acuerdos de gobierno ordinario.
Por otro lado, se suprime toda limitación en relación al **lugar en el que tiene que celebrarse** la junta, pudiéndose celebrar fuera de la comarca en la que se halla el inmueble.

2) Sobre el alcance de la obligación de recoger en la convocatoria el listado de los **propietarios con deudas pendientes**, se entiende que se trata de una exigencia de carácter no imperativo y su omisión solo determina la nulidad del acuerdo, cuando la misma haya ocasionado indefensión a alguno de los propietarios. Es una norma que no puede entenderse en su estricta formalidad, sino como un aspecto material, por lo que debe de erradicarse la sanción de la nulidad por un mero error formal sin trascendencia material y limitar dicha sanción a los estrictos supuestos donde se pruebe la producción de alguna indefensión (TSJ Cataluña 9-1-13, EDJ 39051).
3) Otro de los aspectos que han suscitado una cierta controversia práctica es si es necesario esperar a la **aprobación de las cuentas** para que pueda considerarse a un propietario moroso. Desde el mismo momento en el que la junta de propietarios acuerda la obligación de contribuir a determinados gastos, puede considerarse moroso a quien incumpla el pago acordado, aunque no estén todavía aprobadas las cuentas anuales (TSJ Cataluña 29-11-12, EDJ 321799).
4) Se entiende que no se debió **privar del derecho de voto** a unos copropietarios que habían consignado notarialmente las cantidades que según la comunidad adeudaban, habían impugnado los estados de cuentas y no podían impugnar el estado de cuentas que se iba a adoptar (AP Barcelona 12-12-11).

7624 **Orden del día** (CCC art.553-21.4 y 553-25.1) La convocatoria de la reunión de la junta de propietarios debe expresar de forma clara y detallada el orden del día, es decir la relación de asuntos que se van a tratar en la junta.
Si la reunión se convoca a solicitud de **propietarios promotores**, deben constar los puntos que proponen. Además, el orden del día debe comprender aquellos otros asuntos que los propietarios hubiesen solicitado por escrito a la presidencia antes de realizarse la convocatoria.
No se pueden tomar **acuerdos que no estén en el orden del día**, puesto que se podría burlar la voluntad de determinados propietarios y conseguir en la junta convocada la adopción de acuerdos diferentes de los señalados en el orden del día.
Son igualmente nulos los acuerdos que se adopten bajo la rúbrica de **ruegos y preguntas**.
No obstante, no es necesario que en el orden del día figure **de forma desglosada** cada uno de los asuntos a tratar. Así, se ha entendido, por ejemplo, que incluir en el orden del día la cuestión relativa a la aprobación de un presupuesto conforme al proyecto encargado lleva implícita la aprobación de la realización de las obras, por lo que no era necesario su posterior autorización (TS 18-3-10, EDJ 21690).

Precisiones **1)** La L Cataluña 5/2015 eliminó la posibilidad de que en las comunidades de propietarios catalanas puedan adoptarse **acuerdos no incluidos** en el orden del día, ni siquiera los referentes a la destitución del presidente, administrador y secretario, o a la decisión de emprender acciones judiciales contra los mismos (CCC art.553-25.1 derog L Cataluña 5/2015).
Por otro lado, incorporó como novedad que el presidente está obligado a incluir en el orden del día de la convocatoria aquellos puntos que le hayan sido propuestos por escrito por cualquier propietario antes de realizar dicha convocatoria (en línea con lo previsto en LPH art.16.2).
2) No se puede impedir a los distintos propietarios el puntual **conocimiento de los temas a tratar** para que puedan con carácter previo decidir su posición y asistencia (TS 26-6-95, EDJ 3616; 10-11-04, EDJ 174116; 28-6-07, EDJ 80171). La finalidad del orden del día es que los propietarios puedan conocer, antes de acudir a la junta, los asuntos que van a tratarse en la misma y decidir, de ese modo, si asisten o no para manifestar su voto. Por ello, el rigor exigible debe limitarse a que la redacción del extremo del orden del día de la convocatoria permita a los propietarios alcanzar dicho conocimiento, aunque sea de una manera general, sin que sea preciso entrar en mayores detalles (AP Barcelona 19-9-19, EDJ 700158).
3) Los puntos del orden del día deben estar expresados con **nitidez**, dando así satisfacción a las exigencias de publicidad y transparencia que se encuentra en la esencia o finalidad de la norma (TSJ Cataluña 7-6-18, EDJ 560081).
4) La redacción del orden del día no exige un rigor formal desmedido que obligue en la convocatoria a recoger de manera exhaustiva y con detalle sumo **todos y cada uno de los aspectos** que puede presentar el asunto que se va a tratar (AP Barcelona 11-7-16, EDJ 165939).
5) No existe limitación legal para llevar a la junta y, por tanto, tratar **cuantas veces se solicite**, el tema de la instalación de un ascensor (AP Barcelona 24-5-11, EDJ 138586).

7625 **Documentación adjunta** (CCC art.553-21.5) Se debe **adjuntar a la convocatoria** toda aquella documentación que verse sobre los temas a tratar en la junta. Dicha documentación puede:
- enviarse a los propietarios; o
- dejarse depositada en el despacho del administrador a disposición de estos desde el momento en que se realiza la convocatoria, extremo este que se debe hacerse constar en la propia convocatoria.

Precisiones No se establece la obligación de hacer una exhaustiva y detallada exposición de los temas a tratar, ni la necesidad de incorporar documentos ni explicaciones sobre cada asunto, por cuanto no se contempla a favor del propietario un **derecho de información** equiparable al que rige en el ámbito de las sociedades mercantiles (AP Lleida 5-3-09, EDJ 195016).

Asistencia a la junta (CCC art.553-22) Pueden asistir a las juntas los **propietarios**, personalmente o representados. 7627

Se reconoce la posibilidad, para aquellas comunidades que cuenten con medios para ello, de que por previsión estatutaria o por acuerdo de la propia junta de propietarios, se pueda asistir a través de videoconferencia o de otros **medios telemáticos de comunicación** sincrónica similares.

Precisiones La utilización del sistema de **videoconferencia** para la celebración de las juntas ha sido el recomendado para la celebración de juntas de propietarios en Cataluña durante la declaración del **estado de alarma** con motivo del COVID-19 e incluso con posterioridad a la misma, se viene reconociendo expresamente la posibilidad de recurrir a ello hasta el 31-12-2022, incluso aunque no esté previsto en los estatutos (DL Cataluña 10/2020 art.4).

Representación (CCC art.553-22.1) La representación puede ser de tres tipos: 7629

1. **Legal**. Se da en aquellos casos en que por ejemplo el titular del bien privativo sea un incapaz, ostentando su representación la persona que haya sido nombrado tutor, o bien el titular sea un menor de edad en cuyo caso ostentará su representación aquel que sea titular de la patria potestad, etc.
2. **Orgánica**. Tiene lugar en aquellos supuestos en que el titular del elemento privativo sea una persona jurídica por lo que quien ostente la representación de la misma será quien podrá asistir a las juntas y en el supuesto de que el representante sea a su vez una persona jurídica la persona física designada por esta.
3. **Voluntaria**. Son aquellos supuestos en los que pudiendo asistir un propietario apodera a otra persona para que actúe en su nombre y representación.

Se ha planteado si es necesario que las representaciones se acrediten a través de un **poder** otorgado ante notario. Solo se exige que la acreditación se lleve a cabo **por escrito**, pero ha de estarse al caso concreto. Así:

- cuando actúe el tutor en nombre del incapaz, tiene que acreditar la condición de tal a través de la sentencia judicial en el que resulte nombrado tutor;
- en el supuesto del administrador de una sociedad mercantil, la representación se acredita a través de la correspondiente escritura pública de nombramiento de cargos, la cual entendemos que es suficiente, sin que deba acreditarse su inscripción en el Registro Mercantil.

En lo que respecta a la **representación voluntaria**, es suficiente un escrito en virtud del cual el propietario otorgue su representación a otra persona que no necesariamente debe ser otro propietario de la misma comunidad, sino que puede ser una tercera persona identificando la fecha y su firma.

El **poder** puede ser:

a) **General**, que abarque todas las juntas que se celebren. A su vez puede ser otorgado:
- en términos generales, en cuyo caso autoriza al apoderado a participar en todas las cuestiones de administración;
- con carácter específico, para acuerdos relativos a actos de disposición para los que la Ley exige autorización expresa, así como cuando se refieran a la adopción de acuerdos sobre obras extraordinarias o de mejora.

b) **Especial**, cuando se refiera a una junta concreta.

Supuestos especiales (CCC art.553-22.2) Debemos destacar dos situaciones que presentan algunas particularidades: 7632

- Aquellos casos en los que sobre el elemento privativo existe una **comunidad ordinaria** de propietarios. En ese supuesto se debe nombrar un solo cotitular para asistir a la junta de propietarios. Si existe conflicto entre los comuneros a la hora de designar el cotitular que, en representación de los demás, deba asistir a la junta, se debe estar a lo dispuesto en el CCC art.552.7 referido a la administración y régimen de acuerdos en la comunidad ordinaria indivisa.
- Derecho de asistencia a la junta en los supuestos de **usufructo** constituido sobre un elemento privativo. El derecho de asistencia corresponde al nudo propietario. Ahora bien, en el supuesto concreto del **usufructuario**, se entiende que este representa al nudo propietario, salvo que conste su manifestación en contra. No obstante, en el supuesto de que se trate de acuerdos sobre el título constitutivo, los estatutos o la aprobación de obras extraordinarias o de mejora, la delegación debe ser expresa

Constitución de la junta (CCC art.553-23) La junta de propietarios queda **válidamente constituida** cualquiera que sea el número propietarios que concurren a la misma y las cuotas de participación que representen. 7634

Si **no asiste el presidente** ni el vicepresidente, los propietarios asistentes a la junta deben se designar uno de ellos para que desempeñe las funciones de presidente en esa concreta reunión.

Del mismo modo, si **no asiste el secretario**, se debe nombrar a uno que desempeñe las funciones para esa concreta reunión.

Precisiones La L Cataluña 5/2015 suprimió el **cuórum mínimo** de asistencia a la junta.

7635 **Derecho de voto** (CCC art.553-24) Tienen derecho a votar:
a. Los propietarios que **no tengan deudas pendientes** con la comunidad. Debe entenderse referido a todas aquellas deudas vencidas con anterioridad a la celebración de la junta.
b. Los propietarios que tengan **deudas pendientes**, siempre y cuando:
• hayan impugnado judicialmente las cuentas; o
• hayan consignado el importe judicial o notarialmente.
Dichos requisitos deben acreditarse en el momento de la celebración de la junta, por lo que el propietario moroso tiene de plazo hasta el inicio de la celebración de la junta para pagar o impugnar las cuentas y consignar el importe debido.

Precisiones La L Cataluña 5/2015 incluyó toda una serie de precisiones con la finalidad de resolver las dudas interpretativas que planteaba la normativa anterior. Por un lado, se concreta el **momento** exacto en el que los propietarios deben encontrarse al corriente de pago: el momento en el que se reúne o celebra la junta de propietarios. En segundo lugar, se precisa que basta con que el **propietario supuestamente moroso** haya consignado judicial o notarialmente o que acredite haber impugnado las cuentas para que no pueda ser privado del derecho de voto. En la normativa anterior se requería la concurrencia de ambos presupuestos: consignación e impugnación.

7637 **Formas de ejercicio** (CCC art.553-24.2 y 3) El derecho de voto se puede ejercer de las siguientes **formas**: personalmente, por representación o por delegación.
Es preciso distinguir claramente la representación y la delegación:
a) Se entiende que el **representante** puede, en virtud de su representación, asistir a las juntas, intervenir en las mismas en nombre de su representado y ejercer el derecho de voto. No es necesario que el poder en virtud del cual actúe un representante voluntario contenga una referencia a la junta concreta, sino que basta con que se le faculte con carácter general para asistir y votar en las juntas de propietarios que se celebren relativas al inmueble en cuestión (AP Barcelona 25-9-08, EDJ 266199). No es necesario que el representante tenga la condición de propietario del inmueble.

7639 **b)** La **delegación**, que puede llevarse a cabo en el presidente o en otro propietario, se ha de efectuar por medio de un escrito que designe nominativamente a la persona delegada.
Los escritos de delegación deben referirse a una **reunión concreta** de la junta de propietarios y deben ser hechas y recibidas **antes del inicio de la junta** de propietarios, lo que impide la utilización de la figura de la delegación del voto una vez ya se ha iniciado la junta.
Todas aquellas intervenciones que realice el **propietario delegado** las hará en su propio nombre, pues la delegación de voto se ciñe única y exclusivamente al voto, no a la asistencia e intervención, por lo que a la hora de votar lo hará en nombre propio y en nombre del propietario que le haya delegado el voto, siguiendo las indicaciones que este le haya dado o, si no se las ha dado, según su propio criterio.
En la delegación, el delegante puede hacer constar el **sentido del voto** en relación con los puntos que componen el orden del día.

Precisiones **1)** Ha de analizarse la **delegación** como mecanismo para la emisión y cómputo del voto de los acuerdos en cuestión y no tanto desde el punto de vista de la asistencia. De hecho, la gran utilidad de la delegación no es el hecho de que se conceda una autorización expresa a otra persona para que asista por nosotros a la junta, algo que no es más que un supuesto de representación voluntaria, sino el hecho de que posibilita la **delegación del voto** respecto de alguno o algunos de los asuntos a tratar en la reunión, sin que necesariamente haya de nombrarse una persona que le represente en la junta y que le vincule con su actuación, más allá de la decisión delegada.
Del mismo modo, la delegación podía ser útil como mecanismo para nombrar un *nutius* o persona que ha de emitir el voto por nosotros, pero no en el sentido que tenga a bien el designado, sino en el **sentido en que se le haya designado** por el delegante.
2) De forma provisional, durante la vigencia del **estado de alarma** decretado a causa de la pandemia del COVID-19, se contempló la posibilidad de que pudieran adoptarse **acuerdos sin reunión**, a instancia del presidente de la comunidad, mediante la obtención del voto de los propietarios a través de correspondencia postal, comunicación telemática o cualquier otro medio, siempre que quedasen garantizados los derechos de información y de voto, que quedara constancia de la recepción del voto y que se garantice su autenticidad. Este sistema de celebración de reuniones fue admitido expresamente hasta el 31-12-2022 (DL Cataluña 10/2020 art.4), no siendo aplicable con posterioridad a aquella fecha. La fecha de los acuerdos adoptados a través del indicado sistema es la que corresponda con la de la recepción del último de los votos válidamente emitidos (CCC art.312-7).

3. Acuerdos

(CCC art.553-25 redacc L Cataluña 3/2023)

Asuntos sobre los que se pueden adoptar acuerdos (CCC art.553-25.1) La junta de propietarios únicamente puede adoptar acuerdos sobre aquellos asuntos que consten en el **orden del día** (nº 7624). **7646**
Los tribunales, en ocasiones, han interpretado de **forma flexible** esta cuestión, en tanto que no se exige que en el orden del día figure de forma detallada cada una de las particularidades del asunto a tratar.
No es admisible, con carácter general, la adopción de acuerdos que no estén en el orden del día, ni tan siquiera bajo el **epígrafe de ruegos y preguntas**, por considerarse sorpresivo para la buena fe de los propietarios (TS 26-6-95, EDJ 3616; 10-11-04; 16-12-87, EDJ 9370; 26-6-95, EDJ 3616).

Precisiones **1)** La L Cataluña 5/2015 suprimió la excepción que permitía la **remoción de cargos** aun cuando este asunto no estuviese incluido en el orden del día (nº 7549). De esta manera, se exige que cualquier cuestión decidida en la junta haya de estar relacionada con los extremos del orden del día objeto de convocatoria. Se trata, de esta manera, de evitar que pueda aprovecharse la coyuntura de una junta a la que, por los temas a tratar, no hayan asistido muchos propietarios, para remover los cargos designados en la junta ordinaria.
2) Incluir en el orden del día la cuestión relativa a la **aprobación de un presupuesto** conforme al proyecto encargado lleva implícita la aprobación de la realización de las obras, por lo que no es necesaria su posterior autorización (TS 18-3-10, EDJ 21690).

Régimen de adopción de acuerdos (CCC art.553-25 y 553-26 redacc L Cataluña 3/2023) La regulación de la materia distingue: **7647**
- por un lado, los **acuerdos de formación única**, esto es, los acuerdos que se adoptan en el seno de la junta de propietarios y en cuya formación solo participan los propietarios asistentes a la reunión, ya lo sean de forma personal o mediante representante; y
- por otro lado, los **acuerdos de formación sucesiva**, en cuya adopción participan no solo los asistentes a la junta, sino también los ausentes.

Precisiones La L Cataluña 5/2015 introdujo importantes **novedades** en el régimen de adopción de acuerdos. La más importante es la de sistematizar todo el régimen de adopción de acuerdos en torno a dos preceptos (CCC art.553-25 y 553-26), eliminando las múltiples menciones que a la unanimidad se hacía en diversos preceptos de la normativa anterior (CCC art.553-3, 553-14, 553-34, 553-42.2, 553-43), o la mención a acuerdos distintos a los dispuestos en el CCC art.553-25 (como se hacía en el CCC art.553-45.4 o 553-59). Se resuelve, así, la duda de si, cuando se habla de **unanimidad** puede la misma adoptarse en junta de propietarios, computando a favor del acuerdo el voto de los propietarios ausentes que no se opongan a la decisión adoptada, o se trataba, como entendía algún sector doctrinal, de actos de dominio que excedían de la noción de acto colectivo y que requerían, por consiguiente, del consentimiento expreso de todos y cada uno de los propietarios.

Acuerdos de formación única (CCC art.553-25 redacc L Cataluña 3/2023) Estos acuerdos son los relativos a: **7648**
• La ejecución de obras o el establecimiento de servicios que tienen por finalidad suprimir **barreras arquitectónicas** o la instalación de **ascensores**, aunque comporten la modificación del título o los estatutos, afecten a la estructura o la configuración exterior del edificio.
• Las innovaciones exigibles para **la habitabilidad, accesibilidad y seguridad** del inmueble o la **eficiencia energética e hídrica**, según su naturaleza y las características, aunque comporte la modificación del título o los estatutos.
• La ejecución de obras para la instalación de infraestructuras comunes o equipos con la finalidad de mejorar la movilidad de los usuarios, para conectar los servicios de **telecomunicaciones de banda ancha** o para **individualizar los consumos** de agua, gas o electricidad, o para la instalación general de puntos de recarga de vehículos eléctricos, aunque comporte la modificación del título o los estatutos.
• Las normas del **reglamento de régimen interior**.
• La sumisión a **mediación** de cualquier cuestión propia del régimen de propiedad horizontal.

Precisiones **1)** Las normas establecidas en el CCC para favorecer la **instalación de los ascensores** tienen carácter imperativo, razón por la cual no está en manos de los redactores del título constitutivo el establecimiento de disposiciones que minoren o dificulten los derechos de los comuneros a obtener la supresión de barreras arquitectónicas o instalaciones de ascensor. De ahí que, igualmente, deba efectuarse una interpretación restringida de las cláusulas de exoneración de gastos para la contribución a este tipo de instalaciones (AP Barcelona 25-5-21, EDJ 637216).
2) A la instalación *ex novo* del servicio de ascensor debe equipararse la **sustitución del ascensor**, bajándolo a cota cero para mejorar la accesibilidad en el edificio de las personas mayores o con cierta dificultad de deambulación por problemas físicos (AP Barcelona 25-3-21, EDJ 569956).

7649 • La ejecución de obras para instalar infraestructuras comunes o equipos para mejorar la **eficiencia energética o hídrica**, así como para instalar sistemas de **energías renovables** de uso común en elementos comunes, incluyendo la instalación de elementos auxiliares de dicha instalación, aunque comporte modificación del título o los estatutos o afecte a la estructura o configuración exterior del edificio.
• La ejecución de obras para instalar infraestructuras o equipos para mejorar la eficiencia energética o hídrica, así como para instalar sistemas de energías renovables de utilidad particular en elementos comunes, a solicitud de los propietarios interesados, aunque afecten a la **estructura o configuración exterior**.
• La participación en la generación de **energías renovables compartidas con otras comunidades de propietarios**, así como la participación o **integración en comunidades energéticas locales o ciudadanas de energía**, aunque comporte modificación del título o de los estatutos.
• Los contratos de financiación para hacer frente a los gastos derivados de la ejecución de las obras de las instalaciones indicadas en los apartados anteriores.

Precisiones **1)** La ejecución de obras para instalar infraestructuras o equipos para mejorar la eficiencia energética o hídrica, así como para instalar sistemas de energías renovables se trata de una novedad introducida por DL Cataluña 28/2021 y modificada por la L Cataluña 3/2023, que busca favorecer la instalación de **placas solares fotovoltaicas para autoconsumo** en los edificios en régimen de propiedad horizontal.
Se trata de que las comunidades produzcan **electricidad propia**, reduciendo así las emisiones de dióxido de carbono y con ello favorecer la reducción de la contaminación medioambiental.A diferencia de la normativa estatal, la norma catalana huye del establecimiento de criterios inferiores a la **mayoría simple** para el establecimiento de infraestructuras de aprovechamiento particular por entender que los mismos originan un aumento de la conflictividad y de la morosidad en las comunidades de propietarios.
2) Los acuerdos que autoricen un **sistema de utilidad particular** llevan aparejado el hecho de que, si la instalación lo permite, se de acceso a la misma a otros propietarios siempre que **abonen** el importe que les hubiera correspondido cuando se hizo la instalación, debidamente actualizado, así como el coste de la adaptación necesaria para que se realice el acceso pretendido a la instalación. Para ejercitar esta facultad que se concede al resto de propietarios, bastará con que lo **pongan en conocimiento** del presidente o administrador de la comunidad, quien, a su vez, deberá trasladarlo al propietario beneficiario de la instalación.

7650 • Cualesquiera **otros acuerdos** que no tengan fijada una mayoría diferente para su adopción.
Deben entenderse sujetos al **régimen general de formación única** por simple mayoría de propietarios y cuotas partícipes en la votación todos aquellos acuerdos que hayan de adaptarse sobre cuestiones que no tengan previsto en el CCC una mayoría diferente para su adopción (CCC art.553-25.2.j). Esto es, todos aquellos acuerdos que no encajen en alguno de los supuestos previstos en CCC art.553-26, habrán de quedar sometidos al régimen general del CCC art. 553-25.
Los acuerdos de formación única se someten a la simple **mayoría de los propietarios** que han participado en cada votación y que representen la **mayoría de las cuotas** de participación de los votantes. Esta mayoría debe ser entendida como que los votos y cuotas a favor de la decisión superen a los votos y cuotas manifestados en contra.
Aunque en los acuerdos de formación única solo participan los propietarios asistentes a la junta, los **propietarios que no han participado en la votación** pueden oponerse al acuerdo por medio de escrito enviado al secretario de la comunidad en el plazo de un mes a contar desde que se les notifica el acuerdo. De no hacerlo, se considerará que estos propietarios se adhieren al acuerdo, lo que tendrá incidencia en:
- su **legitimación** para impugnar el mismo, ya que solo podrán hacerlo quienes no se hayan adherido al acuerdo; y
- la **distribución de los gastos**, si se trata de una obra o mejora no necesaria cuyo coste supera el 25% del presupuesto ordinario, caso en el que quien no se haya opuesto no podrá exigir ser exonerado de dicho gasto.

Precisiones 1) Tras la reforma operada por la L Cataluña 5/2015, en los acuerdos de formación única se vuelve al **sistema de doble mayoría** de propietarios y cuotas que suprimió la L Cataluña 5/2006 para los acuerdos adoptados en segunda convocatoria y que quedaban sujetos a la simple mayoría de intereses.
2) Es importante tener en cuenta que, por muy necesaria que pueda considerarse una obra y, salvo que por **razones de urgencia**, pueda el administrador adoptar medidas extraordinarias para luego trasladar la cuestión a la junta, es necesario que se **adopte el acuerdo** por la mayoría de propietarios y cuotas partícipes en la votación y, en caso contrario, impugnar el acuerdo por gravemente perjudicial. Lo que no podrán hacer los interesados es llevar a cabo las obras sobre el elemento común por su cuenta y riesgo (AP Barcelona 20-6-23, EDJ 654963).

Acuerdos de formación sucesiva (CCC art.553-26 redacc L Cataluña 3/2023) La particularidad de estos acuerdos es que en su formación participan **todos los propietarios**, tanto los partícipes en la junta como los ausentes, con la única excepción de aquellos propietarios que no estén al corriente de pago de los gastos de comunidad, los cuales serán privados del derecho de voto. **7652**
A su vez, se distingue entre los acuerdos sujetos a la **unanimidad** de los propietarios y aquellos otros que quedan sujetos a la **mayoría cualificada** de las cuatro quintas partes de propietarios y cuotas del total edificio (80% de propietarios y 80% de las cuotas).
El primer paso para la adopción de estos acuerdos es que se adopte una **decisión en el seno de la junta** convocada. Esa decisión debe adoptarse por la unanimidad de los partícipes en la votación en junta, si se trata de acuerdos sujetos al régimen de unanimidad, o por la simple mayoría de propietarios y cuotas partícipes, sin el acuerdo es de los sujetos a la mayoría especial de 4/5 partes de propietarios y cuotas.
Si se adopta la decisión de la junta, esta se debe comunicar a los **propietarios ausentes**, quienes se entenderá que votan a favor de la misma si no manifiestan su oposición mediante escrito remitido al secretario, en el plazo de un mes, a contar desde que les sea notificada la decisión, algo que les habrá sido advertido en la convocatoria (nº 7622).
Una vez notificado a todos los propietarios y obtenido el **resultado final de la votación**, el secretario debe extender un **anexo al acta** de la junta, en el que se hará constar el resultado de la votación y, consiguientemente, se reseñará, en su caso, el acuerdo adoptado. Este anexo se debe notificar a todos los propietarios y a partir de este momento se inicia el cómputo de los plazos de impugnación.

Los **acuerdos sujetos a unanimidad** son los relativos a: **7653**
• La modificación de las cuotas de participación.
• La desvinculación de anexos.
• La vinculación del uso exclusivo de elementos comunes a uno o varios elementos privativos.
• La cesión gratuita del uso de elementos comunes que tienen un uso común.
• La constitución de un derecho de sobreelevación, subedificación y edificación sobre el inmueble.
• La extinción del régimen de propiedad horizontal simple y compleja y su conversión en un tipo de comunidad diferente.
• La integración en una propiedad horizontal compleja.
• La sumisión a arbitraje de cualquier cuestión relativa al régimen de propiedad horizontal, salvo disposición estatutaria en contrario.

Los **acuerdos sujetos a las cuatro quintas partes** de los propietarios, siempre que representen las cuatro quintas partes de las cuotas de participación son los relativos a: **7654**
• La **modificación del título constitutivo** y de los estatutos, salvo disposición legal en contrario.
• Las innovaciones físicas en el inmueble, que afecten a la **estructura o configuración exterior** y la construcción de piscinas e instalaciones recreativas.
• La **desafectación** de elementos comunes.
• La constitución, enajenación, gravamen o división de **elementos privativos de beneficio común**.
• El establecimiento de **cuotas especiales** de gastos y el incremento de la participación en los gastos comunes de los elementos privativos por uso desproporcionado de los elementos y servicios comunes
• La extinción voluntaria del régimen de **propiedad horizontal por parcelas**.
• La cesión onerosa del **uso y arrendamiento de elementos comunes** que tienen un uso común por un plazo superior a 15 años.
• Los **contratos de financiación** que tengan un plazo de amortización superior a 15 años (CCC art.553-26.2.h). La **limitación temporal** establecida tanto para la cesión onerosa de elementos comunes, como para el plazo de amortización de los préstamos suscritos por la comunidad hace que, de ser inferior el plazo establecido para la cesión o para la amortización el régimen

de aprobación del acuerdo no es el de las mayorías reforzadas del CCC art.553-26, sino el régimen general de simples mayorías y sistema de formación única del CCC art.553-25.
Al margen del esquema propuesto, debe resaltarse que ciertos acuerdos requieren del **consentimiento expreso de los propietarios directamente afectados**, sin que respecto de los mismos sirva el consentimiento tácito del silencio (nº 7664).

Precisiones **1)** En Cataluña, a diferencia del régimen regulador de la LPH, la **modificación de los estatutos** no requiere del acuerdo unánime de los miembros de la comunidad sino solo de las cuatro quintas partes, incluidas las limitaciones en el uso de los elementos privativos (CCC art.553-26.2 en relación con CCC art.553-11). Además, en estos casos no es necesario contar con el consentimiento expreso de todos y cada uno de los propietarios afectados (TSJ Cataluña 19-5-16, EDJ 75412).
2) La modificación de los estatutos por el régimen de **mayorías cualificadas y no por la unanimidad** puede llevarse a cabo tanto si de lo que se trata es de incluir una cláusula en los mismos que permita a uno o varios propietarios abrir huecos en un elemento común, como si de lo que se trata es de suprimir dicha facultad que se encontraba reconocida en los estatutos originalmente otorgados (TSJ Cataluña 3-12-20, EDJ 842003).
3) Algunos autores han planteado sus dudas sobre si, el régimen de **mayoría cualificada**, se extiende también a las prohibiciones de actividades en los elementos privativos y comunes del edificio, al afectar a la esencia del derecho y entender por ello que se precisa del **consentimiento expreso** del mismo y, consiguientemente de la unanimidad. Sin embargo, la DGDEJ (Direcció General de Dret i d'Entitats Jurídiques) ha concluido de forma reiterada que basta la mayoría cualificada para aprobar nuevas **restricciones de actividades**, si bien, la necesidad de tratar equitativamente el derecho de la comunidad a regular la convivencia y el de los propietarios a ejercer todas las facultades del derecho de la propiedad, determina que los **propietarios disidentes** con la aprobación de la nueva restricción puedan seguir usando su elemento privativo de acuerdo con lo que establecían los estatutos al adquirir su derecho, pero, una vez transmitan el citado elemento, el tercer adquirente, que haya conocido de la existencia de la limitación por su publicación en el registro de la propiedad, tendrá vedado el desarrollo de la misma (DGDEJ Resol 9-11-21; 26-10-16; 15-10-15; 14-7-15).

7655 **Supresión de barreras arquitectónicas** (CCC art.553-25.5 -redacc L Cataluña 3/2023- y 553-30.3) Es suficiente el voto favorable de la **mayoría de los propietarios**, que represente la **mayoría de las cuotas** de participación de los intervinientes en la votación para adoptar los acuerdos que se refieren a:
- la ejecución de **obras** o el establecimiento de **servicios** que tienen la finalidad de suprimir barreras arquitectónicas o la instalación de ascensores;
- las innovaciones exigibles para la **viabilidad o seguridad** del inmueble, según su naturaleza y sus características.

Rigen estas mayorías aunque se altere la estructura o fábrica del edificio, afecte a la configuración exterior, o implique una modificación del título constitutivo o de los estatutos.
Estas actuaciones tienen el carácter de **exigibles** y puede requerirse su ejecución a los tribunales de justicia, en el caso de que no las apruebe la junta, cuando en el edificio convivan o trabajen propietarios o titulares de derechos posesorios sobre los elementos comunes que sufran alguna discapacidad o que sean mayores de 70 años. La única limitación que se prevé en este último caso es que las obras sean razonables y proporcionadas para conseguir la accesibilidad y transitabilidad del inmueble, en atención a la discapacidad de que se trate.
Se deja, por consiguiente, la decisión final al **criterio de los jueces y tribunales**, que son los que deben evaluar los criterios de razonabilidad y proporcionalidad.
Los **propietarios de locales de negocio** en un inmueble tienen también el derecho a solicitar en vía judicial suprimir las barreras arquitectónicas que les impiden circular con facilidad. La legislación catalana no distingue entre propietarios de vivienda o locales de negocio (TSJ Cataluña 15-12-11, EDJ 329447).
Por último, y en lo relativo a la **contribución a los gastos**, se contempla una doble opción:
a) En el caso de que las obras de supresión sean **acordadas por la junta** de propietarios, con los criterios mayoritarios antes indicados, vendrán obligados a contribuir todos y cada uno de los propietarios.
b) En el caso de que las obras vengan **impuestas por la autoridad judicial** en atención a los criterios de razonabilidad y proporcionalidad, es la autoridad judicial la que debe determinar el importe a satisfacer en atención a los gastos ordinarios comunes de la comunidad de propietarios.
Luego, como instrumento para favorecer la ejecución de este tipo de obras y buscar un equilibrio entre los intereses de todos los propietarios, los jueces pueden acordar que parte del importe de las mismas sea soportado por la comunidad y otra parte por quien insta la alteración.

7656 Precisiones **1)** En relación a la interpretación que debe hacerse de las actuaciones dirigidas a la supresión de barreras arquitectónicas, el TSJ Cataluña ha acogido la misma línea del Tribunal Supremo de considerar la edad como un factor relevante en la reducción de la movilidad y, en consecuencia, para reconocer la legitimación de las **personas de avanzada edad**, incluso sin especiales dolencias físicas, para solicitar el amparo judicial para la supresión de barreras arquitectónicas. El paso del tiempo produce por sí mismo menguas físicas que dificultan el acceso a los pisos altos por las escaleras, más si, como es usual, se tienen que transportar bultos o paquetes, afectando esta dificultad al disfrute de la vivienda en condiciones de igualdad respecto de quien no sufre tales deterioros (TSJ Cataluña 6-5-13, EDJ 124936; 11-6-12, EDJ 212029).

2) El CCC no exige ni certificación de la **condición de persona con discapacidad** ni que la discapacidad se acredite por la Administración competente (AP Barcelona 23-6-16, EDJ 192070).

3) El tribunal, acreditada la negativa de la comunidad a hacer las obras demandadas, ha de hacer un **juicio ponderado** sobre las necesidades del vecino con discapacidad y las **posibilidades de realización y asunción de las obras** por el resto, partiendo del hecho de que, en abstracto, los derechos de los primeros resultan más relevantes que los de los segundos. En dicho juicio de valor se ha de considerar, de un lado, la clase y tipo de discapacidad o la edad del peticionario y el número de estos si fueran varios, los derechos que podrían verse afectados por la instalación, el coste total de las obras, la capacidad económica de la comunidad y sus miembros y las ayudas oficiales con que podría contar la comunidad para sufragar las obras, entre otros factores (TSJ Cataluña 11-6-12, EDJ 212029).

4) La obra podrá resultar exigible incluso cuando su ejecución obligue a **ocupar parte de un espacio privativo**, siempre que el gravamen no implique una pérdida de funcionalidad o económica del mismo (TSJ Cataluña 22-12-16, EDJ 254291).

Las **condiciones** que deben darse para que se produzca dicha afectación son:
- que la misma sea **indispensable** y, por tanto, que no exista otra forma de implementar la mejora;
- que el acuerdo se haya adoptado con la **mayoría** prevista en el CCC art.553-25, y
- que el **elemento afectado**, siendo privativo, no constituya vivienda en sentido estricto, ni suponga una pérdida, económica o de funcionalidad, intolerable para su propietario ponderadas las circunstancias del caso.

No obstante, en relación con el carácter indispensable, no requiere que la solución pretendida sea la única técnicamente viable, sino que será preciso valorar razonadamente, además de la **viabilidad técnica** de las diversas soluciones y su coste económico, todos los perjuicios transitorios y permanentes que para la comunidad, para todos y cada uno de los propietarios que la integran, y para el propietario directamente afectado pueda comportar las servidumbres derivadas de la constitución del ascensor (TSJ Cataluña 22-6-21, EDJ 711491).

5) La instalación de un ascensor no tiene la consideración de **obra suntuaria innecesaria**, siendo lícitos los acuerdos comunitarios que aprueban la misma incluso cuando su ejecución afecte de manera no esencial a un elemento privativo que no constituya una vivienda estricta (AP Barcelona 10-7-20, EDJ 623231).

No obtención de autorización de la junta En el caso de que los interesados no obtengan la autorización de la junta para llevar a cabo las actuaciones propuestas de supresión de barreras, se les presentan dos alternativas: **7657**

a) Acudir a los **tribunales de justicia** (al amparo de la facultad expresamente reconocida en el CCC art.553-25.5), siendo así que verán admitida su pretensión siempre y cuando la actuación o instalación de supresión de barreras sea razonable y proporcionada.

1) Si la junta no aprueba la ejecución de las obras de supresión de barreras arquitectónicas y se opta por su exigencia judicial, debe procederse a **demandar a la comunidad de propietarios** y no simplemente a los propietarios disidentes, ya que es la comunidad la que representa a todos los propietarios, sin que la Ley prevea que se pueda pedir al juez que obligue a los propietarios disidentes. La **legitimación pasiva** *ad causam* en estos casos corresponde a la comunidad de propietarios y no a los propietarios disidentes (AP Barcelona 7-10-15, EDJ 290644).

En el caso de que se **condene a la comunidad a la ejecución de las obras**, la decisión de la forma concreta en que han de llevarse a cabo se ha de adoptar en una junta de propietarios convocada al efecto y ha de ser el juez competente funcionalmente para la ejecución quien valore si se ha cumplido efectivamente el título ejecutivo -sentencia firme-, teniendo en cuenta los parámetros indicados de proporcionalidad y razonabilidad (TSJ Cataluña 6-5-13, EDJ 124936; 21-2-19, EDJ 535154).

2) Un supuesto claro es el de la **instalación de un ascensor**, en el que un copropietario con discapacidad puede acudir a la autoridad judicial en el supuesto de que no se alcance por mayoría simple el acuerdo consistente en su instalación. En ese sentido, se ha declarado que el ascensor es una **instalación esencial** de presente y futuro para favorecer la movilidad de las personas que residen en los inmuebles y que redunda en su beneficio, sin excepción. Se trata de una instalación que resulta obligada en prácticamente todos los edificios de nueva construcción (TSJ Cataluña 21-2-19, EDJ 535154).

En relación con este supuesto, los tribunales catalanes reconocen la **legitimación** para exigir su instalación, tanto a los propietarios con discapacidad o que conviven con personas con discapacidades o mayores de 70 años, como a las propias personas con discapacidades o mayores de 70 años si no fueran el propietario, aunque la obra la tenga que sufragar la comunidad. No obstante, para adoptar la decisión sobre la **imposición de la construcción** del servicio de ascensor debe hacerse un juicio equitativo en función de las circunstancias de cada caso concreto, siendo necesario que exista un equilibrio entre los derechos de unos y otros propietarios para que no se provoque el efecto contrario al querido por la ley (integración de las personas con discapacidad). En este juicio de ponderación se parte, inicialmente, de la base de que, en principio, los intereses de las **personas con discapacidad o mayores de 70 años** resulta más relevante que el de los restantes propietarios en atención al valor superior que el principio de igualdad tiene sobre los derechos dominicales que se reconocen en la propiedad horizontal (TSJ Cataluña 21-2-19, EDJ 535154; AP Barcelona 11, 11-2-21 EDJ 510913).

7658 **b) Procedimiento de accesibilidad** (L Cataluña 13/2014 art.60). Junto a la opción de la vía judicial (nº 7657), los interesados pueden acudir a este procedimiento administrativo. Se trata de un recurso construido sobre la base de la **obligación impuesta a los poderes públicos** de adoptar las medidas pertinentes para asegurar la accesibilidad universal, en igualdad de condiciones con las demás personas, favoreciendo, así, el derecho de las personas con discapacidad a vivir de forma independiente (RDLeg 1/2013 art.22).

El procedimiento administrativo se **inicia** en virtud de denuncia que ha de presentarse, bien telemáticamente bien presencialmente, ante el departamento de derechos sociales de la Generalitat de Cataluña.

La **legitimación** para interponerla la tienen todas aquellas personas físicas o jurídicas que deseen denunciar el incumplimiento existente en materia de accesibilidad y que se dará cuando el propietario o el titular de un derecho posesorio sobre la vivienda, o las personas con las que estos convivan, tengan alguna discapacidad y no obtengan la autorización de la comunidad de propietarios para ejecutar las obras de accesibilidad.

La denuncia deberá acompañarse de toda una serie de **documentación**, entre la que cabría destacar la copia del acta en la que se rechazó la ejecución de las obras o instalación correspondiente, fotografías y planos de la finca, documentación técnica de la instalación, si existe, así como presupuesto de ejecución, si se dispone del mismo. Además, habrá de acreditarse, bien por aportación de la correspondiente certificación administrativa de reconocimiento de discapacidad, bien mediante la aportación de informe pericial, el **grado de discapacidad**, así como las necesidades de la persona con discapacidad. Por último, y puesto que los servicios administrativos han de valorar su decisión sobre la base del principio de proporcionalidad, resulta conveniente aportar documentación sobre el **presupuesto anual** de la comunidad y los medios económicos con que cuenta la misma.

Para **poder utilizar esta vía** es imprescindible que, previamente, se haya intentado de forma infructuosa la adopción del acuerdo correspondiente en junta de propietarios.

En el caso de que la **administración acuerde la realización de la obra** o instalación solicitada, la comunidad de propietarios deberá cumplir con la orden correspondiente, previéndose toda una serie de **sanciones administrativas** para el caso de incumplimiento, las cuales se graduarán entre graves y muy graves, pudiendo suponer las primeras la aplicación de una sanción pecuniaria comprendida entre 6.001 y 30.000 euros, y, las segundas, entre 30.001 y 300.000 euros (L Cataluña 13/2014 art.68). Los propietarios que se opongan de forma injustificada a la ejecución de las obras o las demoren habrán de responder individualmente de las sanciones administrativas que se impongan (CCC art.553-30.4).

7659 **Medidas de apoyo para la supresión de barreras** (L Cataluña 13/2014 art.59) Junto al procedimiento de accesibilidad expuesto en el nº 7658 se contemplan toda una serie de medidas de apoyo o fomento para la supresión de barreras, que pueden sintetizarse en:

a) Los **elementos necesarios para la instalación** no serán computables a efectos de ocupación del suelo (edificabilidad), ni de distancias mínimas con elementos próximos.

b) Las comunidades de propietarios podrán exigir la **constitución de servidumbres** sobre elementos privativos que no sean vivienda indispensables para la ejecución de la obra de supresión de barreras, con el deber de la comunidad de propietarios de indemnizar al propietario perjudicado.

c) Las Administraciones públicas podrán **expropiar**, previo acuerdo de la junta de propietarios, y a instancia de la misma, los elementos privativos cuando sea imprescindible para garantizar la accesibilidad a las viviendas desde la vía pública. La comunidad de propietarios será la beneficiaria de la expropiación y la obligada a indemnizar al propietario afectado y a soportar el coste de las obras.

7661 **Consentimiento del propietario afectado** (CCC art.553-25.4) Requieren el consentimiento expreso de los propietarios afectados los acuerdos que:

- modifiquen la **cuota de participación**;
- priven a cualquier propietario de las facultades de **uso y disfrute de elementos comunes**;
- determinen la **extinción del régimen** de la propiedad horizontal simple o compleja.

Precisiones 1) La L Cataluña 5/2015 modificó los casos que precisan del consentimiento expreso. En concreto, se sustituyó la expresión «disminuyan las facultades de uso y disfrute» por la de «priven a cualquier propietario sus facultades de uso y disfrute de elementos comunes». De esta forma, ya no basta la mera disminución de facultades, sino que se requiere que exista una **privación total** en las mismas para que sea preciso el consentimiento expreso de dicho propietario. La privación debe entenderse como una total falta de disfrute, de forma directa o indirecta.
Además, la norma extiende la necesidad del consentimiento expreso a los supuestos de modificación de la cuota de participación y a los que determinen la extinción de la propiedad horizontal simple o compleja.
2) En los casos es los que se apruebe una modificación estatutaria para **prohibir el desarrollo de determinadas actividades** no es necesario contar con el consentimiento expreso de todos y cada uno de los propietarios, sino que basta con alcanzar las mayorías cualificadas del CCC art.553-26.2, a través del sistema de formación sucesiva de acuerdos previsto en la Ley (TSJ Cataluña 19-5-16, EDJ 75412).
3) Tampoco es necesario el consentimiento expreso, ni siquiera la unanimidad obtenida conforme al CCC art.553-26.1, cuando se trate del **arrendamiento de elementos comunes**, ya que en dichos casos no se trata de la vinculación de un espacio común al uso de un determinado elemento privativo de forma exclusiva y permanente, sino de arrendarlo por un plazo cierto y a cambio de un precio. La idea central del CCC art.553-25.4 es la de evitar que se prive a un propietario del uso de elementos comunes de manera específica e individualizada, no que la comunidad decida la conveniencia de adoptar una decisión general por las razones que considere oportunas (AP Girona 12-7-16, EDJ 193492).

Cómputo de votos Para el cálculo de las mayorías requeridas por la Ley se computan: **7662**
a) Los votos de los **propietarios presentes**, de los **representados** (emitidos por los representantes) y de los que han **delegado su voto**.
No se computan los votos de los **propietarios morosos**, que no tienen derecho a votar, salvo cuando hayan impugnado judicialmente las cuentas o hayan consignado el importe judicial o notarialmente, acreditando dichos requisitos en el momento de la celebración de la junta.
El voto de los **elementos privativos de beneficio común** se computa en el mismo sentido que el de la mayoría alcanzada (CCC art.553-24.3).

Precisiones 1) En aquellos supuestos en los que el propietario moroso **no figure en la lista de morosos** en la convocatoria de la junta este no podrá ser privado del derecho de voto y, por tanto, su voto deberá ser tenido en cuenta. En el supuesto de que, no figurando en la lista, se le prive del derecho de voto, podrá impugnar los acuerdos. Se trata, en definitiva, de que el propietario moroso pueda advertir con antelación su situación de morosidad y obrar en consecuencia a fin de que no se le pueda privar del derecho de voto (AP Lleida 8-10-09, EDJ 280325).
La **omisión en la convocatoria de la lista de propietarios morosos** con la advertencia de que serán privados de voto si no están al día en el momento de celebración de la junta es una infracción del CCC art.553-21, pero no determina inexcusablemente la invalidez de la junta y de los acuerdos que puedan adoptarse en la misma, salvo que se demuestre que dicha omisión es determinante y ha causado una auténtica indefensión al propietario impugnante (TSJ Cataluña 7-6-18, EDJ 560087).
2) ¿Cómo inciden los **propietarios morosos presentes** en aquellos supuestos en que sea suficiente para la adopción del acuerdo en segunda convocatoria la mayoría de las cuotas de los presentes y representados? Para el cálculo de las mayorías no se computan los votos de los propietarios morosos. Tampoco debe tenerse en cuenta para fijar la mayoría de las cuotas aún a pesar de que esté presente.
3) Una cuestión práctica que ha presentado dudas en el funcionamiento de las comunidades en propiedad horizontal catalanas es la del sentido que ha de darse al voto que corresponda a los **elementos privativos de beneficio común**: ¿debe aplicarse dicho voto en el mismo sentido que vote la mayoría?, ¿es el presidente, como representante de la comunidad, el que decide el sentido del voto?, ¿debe excluirse la cuota y el voto de la votación? La L Cataluña 5/2015 resolvió estas dudas inclinándose por la primera de las soluciones apuntadas.

b) Los votos que corresponden a los **propietarios ausentes**, esto es, aquellos que, habiendo sido convocados correctamente, no asisten a la reunión, si posteriormente no se oponen al acuerdo. Dicha oposición debe llevarse a cabo en el plazo de un mes contado desde el momento en que les sea notificado el acuerdo mediante la comunicación del acta en el que se recoja el mismo (CCC art.553-27 y 553-21). La forma en que debe llevarse a cabo es por escrito y debe remitirse a quien ejerza las funciones de secretario por un medio fehaciente. **7663**
Debe cumplirse el requisito de la **correcta notificación**, remitiéndonos en este punto a lo ya expuesto en torno a la notificación de la convocatoria (nº 7615), puesto que en el supuesto de que no haya sido correctamente notificada la convocatoria y, por tanto, el propietario no haya tenido conocimiento de la celebración de la junta, podrá impugnar los acuerdos adoptados en la misma.
El voto de los ausentes tiene especial importancia en los supuestos en que se exijan **mayorías cualificadas** (cuatro quintas partes de propietarios y cuotas), pero no en aquellos supuestos

relativos a los acuerdos de formación única en que la norma dice que nada más se computarán los votos de los presentes y representados (CCC art.553-25.2 y 6).
En tales casos, pueden darse los siguientes supuestos:
• Que **no se consiga la mayoría cualificada** hasta que se sume a la mayoría el voto favorable (por silencio) de los propietarios ausentes.
• Que, habiéndose alcanzado en el momento de la reunión la mayoría cualificada respecto de los partícipes en la votación, esta **se pierda por el voto desfavorable** del propietario ausente manifestado de forma fehaciente, remitido por escrito al secretario (AP Barcelona 5-3-10, EDJ 73182).
El propietario ausente que **no se haya opuesto al acuerdo** dentro del plazo establecido no puede posteriormente impugnar dicho acuerdo. La oposición constituye un requisito previo para que el propietario ausente pueda impugnar el acuerdo si este no es contrario a las leyes.

Precisiones La normativa catalana, al igual que ocurre con la LPH, no aclaraba cuál era la **mayoría que debía alcanzarse** en la votación realizada en junta para que pudiese procederse a notificar a los ausentes y computar los votos de estos últimos como favorables a la decisión adoptada. Para un sector doctrinal, la mayoría que había de alcanzarse en la junta respecto de los partícipes en la votación era la misma que se requería para la formación del acuerdo con referencia a toda la comunidad, esto es, si se exige la mayoría cualificada de las cuatro quintas partes de propietarios y cuotas del edificio, la decisión de la votación en junta debía alcanzar las cuatro quintas partes de los votantes, siempre que representase las cuatro quintas partes de sus cuotas. Para otro sector, bastaba con una mera mayoría de propietarios y cuotas votantes, para que pudiese trasladarse a los ausentes, a expensas del resultado final de la votación con la aplicación de la regla del consentimiento tácito.
El TSJ Cataluña se inclinaba por considerar la segunda de las posiciones indicadas, considerando que el **voto favorable de los ausentes** debía sumarse al acuerdo mayoritario de la junta, bien sea en sentido positivo o negativo del punto sometido a votación, sin que dichos votos favorables por silencio pudiesen añadirse a una postura minoritaria (TSJ Cataluña 26-7-12, EDJ 216495).
La L Cataluña 5/2015 aclaró también este extremo. La norma contempla dos tipos de **acuerdos de formación sucesiva**, es decir, con participación de los ausentes: los que precisan la unanimidad y los que precisan la mayoría cualificada de las cuatro quintas partes de propietarios y cuotas.
• Respecto de los primeros exige que el acuerdo se adopte en la junta con la unanimidad de los partícipes, dado que, por lógica, si ya no se consigue la unanimidad en la junta, resulta inviable la consecución del acuerdo.
• En cambio, en los casos en los que se trate de acuerdos sujetos a la mayoría cualificada, basta con que en la junta voten a favor del acuerdo la mayoría de los partícipes en la votación, siempre que representen la mayoría de sus cuotas de participación.
En caso de que se alcance dicha mayoría simple, se notificará a los ausentes, cuyos votos, en caso de silencio, se aplicarán a favor de la decisión adoptada en la junta (CCC art.553-26.3).

7664 **Efectos de la abstención sobre la adopción de acuerdos** (CCC art.553-24.3) El voto de quienes se abstienen se computa a favor de la **decisión que adopte la mayoría** de propietarios y cuotas partícipes en la votación. De esta manera, quien pudiendo votar, decide no emitir su voto, lo es porque acata la decisión que adopte la mayoría y en tal sentido deberá computarse su voto.

Precisiones Debe entenderse que los votos de los propietarios presentes que se abstienen deben computarse como **favorables** ya que, teniendo la oportunidad de hacerlo, no votan en contra el acuerdo (AP Barcelona 25-1-05, EDJ 5458).

7665 **Ejecutividad de los acuerdos** (CCC art.553-29) Los acuerdos válidamente adoptados por la junta son ejecutivos inmediatamente después de su adopción y no hay que esperar a la notificación del acta (como ocurría con anterioridad a la L Cataluña 5/2015).
No obstante, ha de tenerse en cuenta que, si bien inicialmente pueden no haberse alcanzado las mayorías exigibles, sí que se pueden alcanzar después mediante el cómputo de los votos de los **propietarios ausentes** que no se han opuesto al acuerdo (nº 7663).
De esta manera, si se trata de acuerdos de **formación simultánea**, serán ejecutivos desde la celebración de la votación; mientras que si lo son de **formación sucesiva** habrá de esperar al cálculo de los votos de los ausentes y, una vez alcanzada la mayoría necesaria, cobrarán automáticamente carácter ejecutivo. Se superan, así, los problemas que genera el hecho de vincular la ejecutividad a la notificación a todos y cada uno de los propietarios.
Por otro lado, los estatutos de la comunidad de propietarios pueden fijar la ejecución de los acuerdos en un **momento diferente a su adopción**, como puede ser el de su notificación o el del transcurso del plazo de impugnación o cualquier otro que pueda considerarse adecuado en función a la autonomía de la voluntad de los particulares.
El hecho de que el acuerdo sea ejecutivo no significa que tenga aparejada ejecución en términos procesales (LEC art.517), sino que debe acudirse al correspondiente **procedimiento declarativo** en solicitud de su cumplimiento y la sentencia que recaiga en aquel procedimiento será el título ejecutivo sobre el que podamos despachar ejecución.

Precisiones En el ámbito de las comunidades de propietarios sometidas al régimen de propiedad horizontal, los acuerdos adoptados válidamente por la junta de propietarios son ejecutivos desde el momento en que se adoptan, y son **obligatorios y vinculan** a todos los propietarios, incluso a los disidentes (CCC art.553-30.1). Por dicha razón, quien quiera **oponerse a la ejecución** del acuerdo, deberá, no solo impugnarlo, sino requerir judicialmente la medida cautelar de suspensión del mismo (AP Barcelona 26-7-23, EDJ 704527).

Vinculación de los acuerdos y obligatoriedad (CCC art.553-30) La **regla general** es que los acuerdos obligan y vinculan a todos los propietarios, incluso a los disidentes. Se incluyen en este principio general aquellos acuerdos: 7667

• Sobre la **supresión de barreras arquitectónicas**.
• Sobre la instalación de **ascensores**.
• Que sean necesarios para garantizar la **accesibilidad, habitabilidad, uso y conservación** adecuados y la seguridad del edificio.
• Sobre **obras de instalación de infraestructuras** o equipos comunes con la finalidad de mejorar la eficiencia energética o hídrica, así como la instalación de sistemas de energías renovables de uso común en elementos comunes.

Precisiones **1)** Considerándose la **instalación de un ascensor** como obra necesaria y no de mejora, no es aplicable el derecho de exclusión en los gastos de los disidentes (AP Barcelona 18-4-08, EDJ 353107).
2) No se considera ilegítimo un **cambio de opinión** de los comuneros respecto de la instalación de un ascensor, cuando el acuerdo inicial se adoptó sin contar con proyecto ni presupuesto, por lo que fue votado sin efectivo conocimiento de los propietarios del coste que les iba a suponer (AP Barcelona 24-5-11, EDJ 138586).

Excepciones a la regla general Lo constituyen aquellos acuerdos relativos a nuevas instalaciones o servicios comunes, siempre y cuando el valor total del gasto sea **superior a la cuarta parte del presupuesto** anual de la comunidad, los cuales no obligan ni vinculan a los propietarios disidentes. 7669

Se entiende por **disidente** a aquel propietario que, habiendo asistido a la junta bien personalmente, bien a través de representante o bien habiendo delegado el voto, vota en contra de la adopción del acuerdo y aquel que, no habiendo asistido a la junta, muestra su oposición en el término de un mes a contar desde que se le ha notificado el acuerdo.

Por **valor total del gasto** debe entenderse la suma de todas aquellas partidas que deban abonarse como consecuencia de la ejecución del acuerdo consistente en llevar a cabo la nueva instalación o servicio común. Esta cantidad debe ser puesta en relación con el presupuesto anual, el cual se referirá al del año en curso, excluyendo las derramas que hayan podido ser acordadas por la asunción de gastos extraordinarios.

Precisiones Con relación a los acuerdos relativos a la **supresión de barreras arquitectónicas**, instalación de ascensores y los que sean precisos para garantizar la accesibilidad, habitabilidad, uso y conservación adecuados y la seguridad del edificio no resulta de aplicación esta excepción, esto es, que aún a pesar de que el valor total del gasto sea superior a la cuarta parte del presupuesto anual de la comunidad obligan y vinculan también a los propietarios disidentes (AP Barcelona 22-12-08, EDJ 353107).

Ahora bien, aquellos propietarios disidentes que no pueden tener el uso o goce de la mejora, pueden pasar a gozar de la misma siempre y cuando **abonen el importe** de los gastos de ejecución y de mantenimiento, con la actualización que corresponda, aplicando el índice general de precios al consumo. 7670

No obstante, cuando no sea posible privar al disidente del uso de la mejora, este no está obligado a contribuir a los gastos de su instalación o mantenimiento.

Precisiones **1)** La L Cataluña 5/2015 mantiene el criterio de que los acuerdos vinculan, desde su adopción, a todos y cada uno de los propietarios. Se introduce un único matiz en relación a la obligación de contribuir al **sostenimiento del gasto** que la ejecución del acuerdo pueda ocasionar, de modo que, en los casos en que se trate de nuevas instalaciones o mejoras no exigibles de acuerdo con la Ley, cuando el valor de las mismas sea superior a la cuarta parte del presupuesto anual vigente, los propietarios disidentes no están obligados a contribuir al gasto, aunque no pueda privárseles del aprovechamiento de la mejora.
La excepción es solo para los **propietarios disidentes**, no para los que se abstienen de la votación, ni para los propietarios ausentes que no manifiesten su discrepancia con el acuerdo dentro del plazo del mes siguiente a la notificación.
El matiz expuesto no es nunca aplicable a las obras o innovaciones dirigidas a **suprimir barreras arquitectónicas** que vengan aprobadas por la junta, mientras que en las que se impongan por los tribunales, serán estos los que determinen en función de la racionalidad y proporcionalidad el sistema de reparto del gasto.

Una segunda excepción es la relativa a la **instalación de infraestructuras y equipos comunes** con la finalidad de mejorar la eficiencia energética o hídrica, o la instalación de sistemas de energías renovables de uso común en elementos comunes, en cuyo caso los propietarios disidentes estarán obligados a contribuir si el valor del gasto acordado no excede del importe equivalente a las tres cuartas partes (75%) del presupuesto anual vigente en el momento de aprobación de la instalación, una vez descontadas las subvenciones o ayudas públicas que puedan corresponder por este concepto (CCC art.553-30.4).

2) Cuando se trate de un acuerdo relativo a la **supresión de barreras arquitectónicas** o a la instalación de ascensor (sea para suprimir o no barreras arquitectónicas), en principio no habrá problema. Ahora bien, el problema radicará surge a la hora de establecer cuándo un gasto relativo a nuevas instalaciones o servicios comunes es necesario para garantizar la **accesibilidad, habitabilidad, uso, conservación y seguridad** del edificio -en cuyo caso vinculará también a los propietarios disidentes- y cuando no y, por tanto, puede ser calificado de suntuario.

Debemos, pues, estar al caso concreto. Así, por ejemplo, se ha determinado que la sustitución del suministro común de **abastecimiento de agua** por suministros individualizados es una innovación de carácter necesario, por cuanto estamos ante un servicio cuya prestación normal, ordinaria y habitualmente se efectúa de modo individualizado por viviendas (AP Sevilla 29-5-06, EDJ 362735). Una **papelera** o un **tablón de anuncios** también han de considerarse gastos requeridos para la adecuada conservación y habitabilidad del inmueble, según su naturaleza y características (AP Araba 20-5-04, EDJ 147965).

4. Acta

(CCC art.553-27)

7675

7677 El acta debe realizarse en el **plazo** de 5 días, a contar del día siguiente a la reunión. Debe autorizarse con las **firmas** del secretario y del presidente (CCC art.553-27.1).

7679 **Persona obligada a redactarla** (CCC art.553-27.1) El **secretario** es la persona que, después de tratados todos y cada uno de los puntos incluidos en el orden del día, tiene la obligación de redactar el acta y transcribirla en el libro de actas.

El secretario debe transcribir en el acta las decisiones adoptadas, sin que su redacción tenga que ser previamente acordada dentro de la propia junta; para lo cual se le concede el **plazo** de 5 días. Además, el **presidente** ha de controlar el cumplimiento correcto de su obligación por parte del secretario, mediante el necesario visto bueno que ha de dar a la redacción del acta.

Precisiones La L Cataluña 5/2015 eliminó la exigencia de que la redacción de los acuerdos y su lectura se produzca **en la misma junta**, algo que se ha visto reiteradamente incumplido en el funcionamiento cotidiano de las comunidades de propietarios.

7680 **Notificación** (CCC art.553-27.4) Debe notificarse a todos los propietarios en el **plazo** de 10 días a contar desde el día siguiente a la reunión de la junta de propietarios, de la misma forma en que se ha notificado la convocatoria y en el mismo domicilio.

Se puede notificar **por cualquier medio** a través del cual pueda acreditarse que se ha llevado a cabo su notificación. Resulta de extrema importancia la notificación, por cuanto que a partir de ese momento los acuerdos podrán ser impugnados.

La notificación debe realizarse en la dirección comunicada por cada propietario a la secretaría o, en su defecto, en el elemento privativo. El envío puede realizarse por **correo postal o electrónico** o por otros medios de comunicación, con las mismas garantías requeridas para la convocatoria (nº 7614).

En todo caso, como se establece que deben adoptarse los mismos sistemas de notificación que en el caso de la convocatoria, además la notificación al propietario, debe publicarse en el **tablón de anuncios** de la comunidad de propietarios.

Precisiones La notificación del acta está sujeta a una **cuádruple exigencia** (AP Barcelona 29-4-11, EDJ 164621):
- tienen que ser notificados todos los propietarios;
- dentro de los 10 días siguientes a la celebración de la junta;
- en el domicilio designado por el propietario y subsidiariamente en el elemento privativo del cual es titular el propietario en cuestión (además del anuncio en el tablón); y
- tiene que emplearse el mismo medio de transmisión (fehaciente o no) que el utilizado para la convocatoria.

Contenido (CCC art.553-27.2 y 5) El acta de la junta debe contener: **7682**
- la **fecha y lugar** de celebración;
- si la junta a la que se refiere tenía el carácter de **ordinaria o extraordinaria**;
- el nombre de la persona que ha hecho la **convocatoria**;
- el **orden del día**;
- la indicación de la persona que la ha **presidido** y de la que ha actuado como **secretario**;
- la relación de personas **asistentes**, con indicación de si lo han hecho personalmente o por representación, y, en su caso, las que han delegado el voto;
- los **acuerdos** adoptados, los participantes en cada votación y sus cuotas respectivas, la indicación del resultado de las votaciones con los propietarios que han votado a favor, los que han votado en contra y los que se abstienen.
- Los acuerdos susceptibles de **formación sucesiva**.

Debe tenerse en cuenta que, en el caso de **acuerdos de formación sucesiva**, el secretario, una vez transcurrido el plazo de un mes desde la notificación del acuerdo a los propietarios ausentes, debe redactar un **anexo al acta** en el que se indique la decisión finalmente alcanzada en relación a dichos acuerdos, una vez se hayan computado los votos de los propietarios ausentes, haciendo constar el resultado final de la votación. Este anexo ha de remitirse a los propietarios de la misma forma en la que se notifica el acta. La notificación del acuerdo marca el inicio del cómputo del plazo para la impugnación judicial de los acuerdos alcanzados.

Precisiones La L Cataluña 5/2015 modificó en cuestiones de detalle el contenido propio del acta de las juntas. Se suprimió la mención a si la junta se ha celebrado en **primera o segunda convocatoria**, ya que, como se ha comentado anteriormente, se suprimió el sistema de doble convocatoria. Se incluyó la redacción de las decisiones que hayan de precisar del cómputo del voto de los propietarios ausentes para la formación del acuerdo.

En relación con la **redacción del acta**, ha de estarse a lo expresamente establecido en la ley, y en caso de omisión de las formalidades exigidas, deben valorarse las formalidades omitidas en relación con el acuerdo de que se trate a efectos de su incidencia en la validez del mismo y siempre sobre la base de que la posible nulidad del acta no conlleva automáticamente la nulidad de los acuerdos adoptados por la junta de propietarios, al ser el acta un simple medio de prueba de los acuerdos alcanzados (AP Tarragona 26-11-20, EDJ 756164).

Forma (CCC art.553-27.2 y 3) El acta debe redactarse, como mínimo, en **catalán** -o en aranés en el Valle de Arán-. **7684**

En principio, no se exige que deba celebrarse **ante notario**. Ahora bien, se prevé esta posibilidad: que se celebre ante notario y que sea este quien extienda el acta de la reunión cuando:
- sea iniciativa del presidente;
- lo soliciten, al menos con 5 días de antelación, una cuarta parte de los propietarios o menos si representan la cuarta parte o más de las cuotas.

En el supuesto en que se requiera a un notario, el acta:
• no necesita aprobación; y
• se hará una referencia clara a la fecha de la celebración de la reunión y al nombre y residencia del notario que asistió a dicha junta.

Precisiones La L Cataluña 5/2015 mantiene la posibilidad de que el presidente requiera la **intervención de un notario**, ya sea a instancia propia o a solicitud de los propietarios que representen la cuarta parte del total o la cuarta parte de las cuotas de participación, siempre que estos últimos lo requieran con, al menos, 5 días de antelación a la fecha de celebración de la junta. La precisión normativa debe entenderse como obligatoria para el presidente. Diferente es que el requerimiento no pueda cumplimentarse por indisposición de los fedatarios públicos para asistir a la junta por las circunstancias que fueren.

Validez del acta que adolece de defectos La **ausencia de los requisitos** que establece el CCC determina que el acta carezca de validez y que los acuerdos adoptados no tengan carácter ejecutivo. **7685**

Ahora bien, en algunos casos, la ausencia de dichos requisitos puede ser **subsanada** con carácter posterior, dependiendo del defecto de que se trate. Así, por ejemplo, en el supuesto de que el acta no haya sido firmada por el presidente, este será un defecto plenamente subsanable.

Se han establecido como **defectos de carácter insubsanable** que no se indique en ningún momento:
- quienes asisten a la junta;
- qué propiedades representan;
- quienes ni cuántos lo hacen por sí, y quienes y cuántos representados;
- los coeficientes correspondientes;
- los propietarios que votan a favor o en contra, o los que se abstienen en cada uno de los acuerdos adoptados.

La nulidad del acta no conlleva la **nulidad de los acuerdos** recogidos en la misma, en tanto que el acta es el instrumento a través del cual se documentan los acuerdos adoptados en el seno de la junta de propietarios. El acta es un reflejo de los acuerdos adoptados. No tiene, en ningún caso, carácter constitutivo de los acuerdos contenidos en la misma (TS 2-3-92, EDJ 1985). Es solo la expresión formal de los acuerdos adoptados en las misma y su medio de prueba, pero cabría la posibilidad de **probar la existencia de los acuerdos** alcanzados en la junta a través de otros medios (AP Málaga 4-2-08, EDJ 125950).

Precisiones **1)** La L Cataluña 5/2015 eliminó cualquier atisbo de duda en relación a que una defectuosa redacción del acta pueda afectar a la **ejecutividad de los acuerdos**, por cuanto que los acuerdos son ejecutivos no desde su redacción o notificación, sino desde su formación, con el contenido con el que fueron adoptados.

2) Aunque no se cumplan las formalidades exigidas por la ley en la redacción del acta, no puede olvidarse que no todos los **defectos formales** llevan acarreado el vicio de nulidad, sino que la omisión de las formalidades ha de examinarse en relación con la naturaleza y circunstancias del acuerdo de que se trate, para verificar la trascendencia que su falta haya podido tener en la validez del mismo, porque no se está alegando que no se adoptase con las mayorías que exige la ley, sino sólo que no se documentó adecuadamente. Además, la **posible nulidad del acta** no acarrearía, sin más, la de los acuerdos en la junta adoptados, pues el acta es únicamente un medio de prueba de los datos recogidos en ella y de los acuerdos adoptados, según el contenido recogido en el artículo referido, careciendo de eficacia constitutiva respecto de ellos. El CCC no prevé ninguna **sanción** ni consecuencia en caso de incumplimiento de las formalidades, y no puede suponer, por sí mismo, la nulidad de los acuerdos adoptados (AP Tarragona 14-9-23, EDJ 713911).

7690 **Libro de actas** (CCC art.553-28) Los acuerdos adoptados en la junta de propietarios deben transcribirse en un libro de actas que debe ser objeto de **legalización** por el registrador de la propiedad.

El **idioma** utilizado debe ser, al menos, el catalán o, tratándose de edificios situados en el Valle de Aran, el aranés.

Corresponde al secretario el **deber de custodiar** los libros de actas de la junta de propietarios, los cuales deben ser conservados durante el plazo de 30 años, mientras exista el inmueble a que se refieren, o durante 5 años desde el momento en que se haya extinguido.

Precisiones La L Cataluña 5/2015 eliminó la mención al **distrito registral** que corresponda, por no ser materia propia de un Código. Además, aclara el alcance temporal de la obligación de conservación del libro de actas que se impone a las personas que ostenten el cargo de secretarios de la comunidad, precisando el mismo en el plazo de 30 años, mientras exista el régimen de propiedad horizontal, y de 5 años desde el momento en el que se extinga el mismo por cualquier motivo.

5. Impugnación de acuerdos

(CCC art.553-31)

7695

7697 **Acuerdos impugnables** (CCC art.553-31.1) Son impugnables los acuerdos comunitarios por alguno de los siguientes **motivos**:

- por ser contrarios a las leyes;
- por ser contrarios al título de constitución;
- por ser contrarios a los estatutos;
- cuando, dadas las circunstancias, implican un abuso de derecho;
- por ser contrarios a los intereses de la comunidad;
- por ser gravemente perjudiciales para un propietario.

7699 **Acuerdos contrarios a las leyes** Dentro de este grupo se consideran impugnables todos aquellos acuerdos que se hayan adoptado contraviniendo la **normativa reguladora de la propiedad horizontal** y aquella otra que, sin regular específicamente el régimen de propiedad horizontal, sea aplicable al mismo.

Se incluyen, también, aquellos acuerdos que sean contrarios a **normas imperativas, prohibitivas**, o al **orden público y moral**, si bien hay que hacer una serie de precisiones en el régimen de impugnación según se trate del primer grupo o del segundo.

Precisiones Cuando el acuerdo declarado nulo por ser contrario a la ley lo sea por el **incumplimiento de presupuestos formales** en su adopción, no impiden que la comunidad pueda volver a celebrar una junta en la que se respeten o cumplan los presupuestos formales previstos en la ley y previamente vulnerados, adoptando idéntico acuerdo al declarado nulo anteriormente (TSJ Cataluña 13-10-20, EDJ 704308).

Acuerdos contrarios al título constitutivo o los estatutos Pueden ser impugnados aquellos acuerdos que hayan sido adoptados contraviniendo lo dispuesto en el título constitutivo. Ahora bien, toda vez que es posible la **modificación del título de constitución**, cabe la posibilidad de que en una misma junta de propietarios se modifique dicho título -siempre y cuando se obtenga el voto favorable de las cuatro quintas partes de los propietarios que representen las cuatro quintas partes de las cuotas de participación, salvo que el propio título constitutivo o la Ley dispongan cosa distinta- y, después de adoptado dicho acuerdo y partiendo de la base de la modificación realizada, se adopte el otro acuerdo, el cual ya no sea contrario al título modificado. **7700**

Obviamente el problema que puede suscitarse es el relativo a la **impugnación** de los acuerdos. En el supuesto de que algún propietario impugne el acuerdo consistente en la modificación del título, necesariamente debería impugnar el segundo acuerdo que se ha adoptado al amparo de dicha modificación, puesto que, de acordarse la **nulidad del primero**, también devendría nulo el segundo por ser contrario al título de constitución.

¿Se entenderá **modificado de forma tácita** el título constitutivo o los estatutos si, no manifestándose de forma expresa, se adopta un acuerdo por el mismo sistema de mayorías que el requerido para su modificación que contravenga el título constitutivo o los estatutos? Debe entenderse que no cabe la modificación tácita del título constitutivo mediante la adopción de un acuerdo por el mismo sistema de mayorías que, para que no fuese nulo, implicase la modificación de aquel. En todo caso, en el orden del día que se contiene en la convocatoria debe dejarse expresa constancia en los asuntos a tratar del relativo a la modificación del título constitutivo o de los estatutos.

Precisiones En relación a este tipo de acuerdos es muy común el supuesto de **acuerdo de distribución de gastos** contrario a los estatutos, pero que responde a una distribución que se ha seguido de forma pacífica durante mucho tiempo. En relación a estos casos, se ha reseñado que la modificación de un criterio de distribución de la cuota utilizado en diversos ejercicios sin haber existido una modificación del título o estatutos para ello, de forma arbitraria, caprichosa o por la simple comodidad o inercia, constituye una **práctica simplemente tolerada** que puede modificarse por el simple acuerdo de la mayoría de propietarios y cuotas (TS 7-3-13, EDJ 50355; 26-2-13, EDJ 42022).

Acuerdos adoptados con manifiesto abuso de derecho Hay que estar al **supuesto concreto** para analizar si en la adopción del acuerdo se ha actuado con un manifiesto abuso de derecho. Es de aplicación la teoría del abuso de derecho o ejercicio antisocial del mismo ampliamente desarrollada por la jurisprudencia (TS 13-2-05; 11-4-95; 20-7-96), cuando concurran los siguientes **requisitos**: **7704**

a) El uso de un **derecho objetivo y externamente legal** (acción u omisión, es decir, conducta humana positiva o negativa).

b) El **daño** a un interés no protegido por una específica norma o prerrogativa jurídica (daño a tercero que no está obligado a sufrir o tolerar), daño como presupuesto de la obligación de reparar.

c) La **inmoralidad o antisocialidad** de ese daño, manifestada en un aspecto subjetivo u objetivo, cuando sobrepasa manifiestamente los límites normales del ejercicio del derecho: extralimitación en el ejercicio del derecho, es decir circunstancias objetivas -anormalidad en el ejercicio o contrario a la convivencia- y subjetivas -voluntad de perjudicar o ausencia de interés legítimo, sin provecho para el agente, ausencia de finalidad seria y legítima, en definitiva, cuando el derecho se actúa con la intención de perjudicar o sencillamente sin un fin serio o legítimo-. La jurisprudencia ha venido profundizando en el aspecto subjetivo, entendiendo que hay que analizar las causas o motivos por los que el agente actúa como lo hace.

No se apreciará el abuso del derecho cuando el agente actúa sin traspasar los límites de la **equidad y buena fe**.

En definitiva, habrá que estar a si quien actúa en ejercicio de un derecho lo hace contrariando las más elementales **normas de convivencia**, ejercitando el derecho de manera desproporcionada y con un claro abuso frente a la otra parte.

Precisiones **1)** La doctrina del abuso de derecho en materia de propiedad horizontal, se basa en la existencia de unos **límites** de orden moral, teleológico y social que condicionan el ejercicio de los derechos reconocidos en las leyes, pero también en los títulos de constitución y en los estatutos y exige, para poder ser apreciado, que se de una **actuación aparentemente correcta de la comunidad** -o de unos copropietarios que actúen en su interés- que represente, en realidad, una **7705** extralimitación a la que la ley no concede protección alguna, apta para provocar **efectos negativos** (p.e. daños y perjuicios), en cuya base fáctica resulten patentes tanto la circunstancia subjetiva de la ausencia de una finalidad seria y legitima -voluntad de perjudicar o ausencia de interés legítimo-, como la objetiva de exceso en el ejercicio del derecho (TSJ Cataluña 25-4-13, EDJ 116310; AP Barcelona 29-9-23, EDJ 734138).

2) Todo acto u omisión que, por la intención de su autor, por su objeto o por las circunstancias en que se realice, sobrepase manifiestamente los **límites normales de ejercicio de un derecho**, con perjuicio para un tercero, da lugar a la adopción de las medidas judiciales o administrativas correspondientes para impedir la persistencia del abuso (TSJ Cataluña 14-9-15, EDJ 181286; 25-4-13, EDJ 116310; AP Barcelona 27-6-19, EDJ 646113).

No puede apreciarse la existencia de abuso de derecho por la adopción de un acuerdo dirigido a la **reposición de un elemento común** -la terraza- al estado anterior a la alteración introducida por un propietario sin autorización expresa, aun cuando dicha alteración no disminuya la solidez del edificio o altere la composición o el estado exterior del conjunto. La doctrina del abuso de derecho es de índole excepcional y de alcance singularmente restrictivo, siendo preciso en todo caso que resulte manifiesto por las circunstancias que lo determinan, es decir, las subjetivas de intención de perjudicar o falta de una intención seria y legítima y las objetivas de anormalidad o exceso en el ejercicio del derecho (AP Barcelona 11-4-19, EDJ 569249).

3) Para poder calificar la actuación de la comunidad en el acuerdo adoptado como abusiva es necesario que se haya utilizado la norma por parte de la comunidad con **mala fe** civil en el sentido de solo patentizarse el perjuicio para un propietario, sin beneficio para la comunidad. En definitiva, una actuación no fundada en una justa causa y realizada con una finalidad ilegítima no susceptible de amparo (AP Barcelona 9-12-20, EDJ 770212).

4) Resulta plenamente legítimo, y en ningún modo excesivo o anormal, el interés de la comunidad de propietarios en que **no se alteren los elementos comunes** en beneficio exclusivo de uno de los comuneros, haciendo uso del derecho que le concede la normativa de la propiedad horizontal para impedirlo y ello incluso aunque las obras o actuaciones en cuestión no conlleven peligro estructural alguno (AP Barcelona 13-7-23, EDJ 671216).

7706 Aplicando esta teoría en el campo de la adopción de los acuerdos comunitarios, nos encontramos con **supuestos diversos** en los que los tribunales han declarado la nulidad del acuerdo adoptado en junta de propietarios con el sistema de mayorías legalmente exigible para la adopción de aquel acuerdo. A título de ejemplo, cabe citar los siguientes casos:

• Los propietarios de una comunidad reunidos en junta acuerdan denegar el **uso de la puerta de emergencia** al titular dominical de la planta sótano, quien pretende destinar el local a garaje de vehículos. Se considera abusiva y contraria a derecho la negativa de la comunidad, puesto que la apertura de la puerta no causa perjuicio de tipo alguno e implica un desconocimiento del carácter de entidad registral independiente y de su trascendencia práctica. El acuerdo en sentido negativo no encuentra apoyo en ningún interés razonable y legítimo y sí produce, en cambio un perjuicio para el titular del local del aparcamiento, quien no puede llevar a cabo la explotación pretendida en el local puesto que si bien cumple con todos los requisitos que la normativa municipal le exige no dispone de la salida de emergencia preceptiva. Puesto que la comunidad de propietarios le impide el uso de la escalera al mantener indebidamente cerrada con llave la puerta que separa la escalera de emergencia del pasillo por el que se accede al vestíbulo del edificio (AP Barcelona 16-9-08, EDJ 362715).

• Se declara nulo el acuerdo adoptado en junta mediante el cual prohíbe al titular del local que se destina a restaurante a la **instalación de un sistema de extracción de humos** que discurre por los patios (elemento común). Se manifiesta que resulta procedente que el propietario pueda efectuar las modificaciones necesarias para el adecuado uso de su local, siempre y cuando no ponga en riesgo la seguridad del edificio, aunque se actúe sobre elementos comunes y se sitúe dentro de los límites razonables del ejercicio de un derecho. Se declara nulo el acuerdo sobre la base, además, de la contravención de sus propios actos, es decir, habiendo autorizado la instalación del sistema de extracción de humos mediante acuerdo adoptado en una junta anterior, después lo deniega (AP Barcelona 20-5-08, EDJ 98379).

7707 • No acogiendo la teoría del abuso del derecho, no se acuerda la nulidad de un acuerdo por el que la comunidad demandada denegaba a la comunidad actora la construcción de un **acceso a la zona de la piscina** que, en su caso, debía soportar la comunidad demandada (AP Barcelona 15-4-09, EDJ 201890).

• El paso de **conducciones de extracción de humos** de propiedad y uso exclusivo por el patio común tiene que incluirse en el concepto de servidumbre que requiere autorización comunitaria, rechazando que la oposición comunitaria constituya un abuso de derecho (TSJ Cataluña 31-3-08, EDJ 185025).

• Se considera que no se puede entender que exista abuso de derecho cuando a la comunidad le ampara la normativa que rige la propiedad horizontal se opone a que se instale en el patio comunitario una **conducción de extracción de humos** de uso privativo del local comercial que

le permita a este ejercitar una actividad para la cual no estaba inicialmente acondicionado y que se puede calificar como molesta e incómoda para el resto de vecinos (TSJ Cataluña 5-2-09, EDJ 32109).
• Otros supuestos en los que se aplica la teoría del abuso del derecho son aquellos en virtud de los cuales se ha **tolerado por la comunidad** durante un espacio de tiempo considerable una serie de obras y se decide en junta destruir una obra que ha sido aceptada por todos. Así la jurisprudencia se manifiesta en el sentido de que la comunidad que pretende obligar la demolición de dichas obras actúa con manifiesto abuso de derecho.

Acuerdos contrarios a los intereses de la comunidad Nos encontramos aquí con aquellos supuestos en los que se adoptan acuerdos en los que prima el **interés de un tercero**, sea propietario o no -p.e. puede tratarse de la comunidad del edificio lindante o de una subcomunidad-, en perjuicio de los intereses de la propia comunidad. 7709

Acuerdos gravemente perjudiciales para un propietario Son diversos los supuestos que pueden tener cabida dentro de este epígrafe. El supuesto más habitual es el del acuerdo que obliga a contribuir a los locales de la planta baja a los **gastos de escalera y ascensor**. 7710
Otro supuesto puede ser el que se refiera, por ejemplo, a la **instalación de un ascensor** mediante el cual se prive a un propietario del uso de parte del elemento privativo. Aún a pesar de que el propietario afectado deba consentir expresamente (CCC art.553-25.4), cabría impugnar el acuerdo en cuestión por ser contrario a la Ley y, a su vez, a los intereses del propietario afectado (AP Barcelona 26-3-09, EDJ 201863).
Otro ejemplo encuadrable en este supuesto sería aquel en el que el propietario próximo a la cubierta del edificio impugna el acuerdo adoptado por la comunidad consistente en la **instalación de una antena de telefonía móvil**, por cuanto le pueda reportar algún peligro a la salud: los beneficios que pueda producir la instalación de una antena de telefonía móvil a la comunidad no justifican la adopción de una medida tan gravosa para uno de los propietarios (AP Barcelona Secc 16ª 6-2-01).

Precisiones Se ha desestimado la impugnación realizada por el propietario afectado del acuerdo relativo a la instalación del **ascensor en el patio de luces** -que el demandante venía usando de forma exclusiva como lavadero durante más de 30 años-, ya que los acuerdos sobre instalación de ascensores constituyen una excepción a la regla general, en el sentido de que vinculan a todos los propietarios afectados, incluidos los disidentes, y no requieren que sean consentidos por el propietario cuyas facultades se vean disminuidas (AP Barcelona 25-1-11, EDJ 33820).

Legitimación (CCC art.553-31.2 y 3) Están legitimados para impugnar los acuerdos de la junta los propietarios que han votado en contra, los ausentes que se han opuesto al acuerdo y los que han sido privados ilegítimamente del derecho de voto. 7712

Propietarios que han votado en contra Es claro que se refiere a aquellos propietarios que, **habiendo asistido a la junta**, bien sea personalmente, bien representados, o bien habiendo delegado el voto, han mostrado de una forma expresa su oposición a la toma del acuerdo. 7714
¿Cómo acredita el propietario disidente que en la junta ha votado en contra del acuerdo objeto de impugnación? La forma más fiable a través de la cual puede **acreditar su oposición** a la toma del acuerdo es el acta de la junta de propietarios en la que, si así lo solicita, debe constar la indicación de los propietarios que han votado a favor y la de los que han votado en contra (CCC art.553-27.3).

Precisiones Se ha negado la legitimación para impugnar un acuerdo comunitario al propietario que estando presente en la junta **no voto en contra** al mismo (AP Barcelona Secc 16ª 26-9-09).

Ausentes que no se han opuesto al acuerdo El propietario que no asistió a la junta, a fin de poder impugnar con posterioridad los acuerdos adoptados en el seno de la misma debe manifestar, mediante **escrito dirigido al secretario** en forma fehaciente, su oposición en el término de un mes desde que les fue notificado el acuerdo (CCC art.553-25.6 y 553-26.3). 7715
En el supuesto de que el propietario **no se oponga**, en los términos y forma previstos, al acuerdo adoptado, su voto será considerado como favorable, por lo que si el no cumple con el requisito previo de manifestar su oposición perderá el derecho a impugnar el acuerdo.

Propietarios privados ilegítimamente del derecho de voto Dentro de este grupo nos encontramos principalmente con dos supuestos: 7717
a. Propietario **moroso**. Se establece la privación del voto a aquellos propietarios que no estén al corriente en las deudas con la comunidad (CCC art.553-24). Ahora bien, pueden impugnar los acuerdos adoptados en la junta de que se trate aquellos propietarios que, siendo morosos, hayan **impugnado judicialmente las cuentas** o consignado el importe judicial o notarialmente.
La razón es sencilla: la falta de legitimación para impugnar acuerdos del propietario moroso radica en su previa privación del derecho de voto por lo que, si cumple con lo dispuesto en el

CCC art.553-24, no puede serle privado tal derecho, y en consecuencia puede votar en contra del acuerdo y, posteriormente, impugnarlo.

Puede impugnar los acuerdos el propietario moroso que **no figuraba como tal** en la convocatoria de la junta y fue privado de su derecho de voto, pues se trataría de una privación ilegítima del derecho de voto ya que se le ha negado, mediante la falta de información, al propietario moroso la posibilidad de abonar la deuda pendiente o impugnar, si está en plazo, el acuerdo motivador de su morosidad y consignar el importe de la deuda.

b. Existencia de **defectos en el sistema de representación**. Podría privarse el derecho de voto de forma ilegítima en caso de que no se respeten las normas previstas para los distintos sistemas de representación y delegación del voto (CCC art.553-24.2).

7719 **Supuestos especiales** Al margen de los supuestos que regula Ley, los tribunales han venido reconociendo legitimación activa para impugnar los acuerdos comunitarios a **personas distintas** a las relacionadas en el CCC art.553-31.2.

Así, refiriéndose a la LPH, se reconoce legitimación al **arrendatario** para impugnar un acuerdo. Se manifiesta que cuando por el tipo de norma vulnerada se vean afectados directamente terceros no propietarios, pero especialmente vinculados con la comunidad podría extenderse la legitimación a los mismos (TS 16-2-87, EDJ 1244; AP Madrid 22-12-09, EDJ 369463).

7720 **Necesidad de estar al corriente del pago de las deudas con la comunidad** (CCC art.553-31.3) A los criterios de legitimación se añade un presupuesto adicional cual es que los **propietarios impugnantes** deben encontrarse al corriente de pago de las deudas vencidas con la comunidad o, al menos, consignar su importe en el momento de adopción del acuerdo.

La **consignación** debe ser real y debidamente acreditada ante el tribunal.

Se trata de un **requisito de procedibilidad**, apreciable de oficio por parte del tribunal antes del examen del fondo del asunto (AP Barcelona 2-11-18, EDJ 621601; 31-1-19, EDJ 505544; 5-7-19, EDJ 648679).

Precisiones **1)** El legislador catalán **excluye del derecho de impugnación** a los propietarios morosos, a quienes se niega el derecho de voto en la junta. Lo cual ha supuesto un avance en la lucha contra la morosidad en las comunidades de propietarios, en respuesta a lo que se considera por el propio legislador como una de las principales demandas de la sociedad en relación con este tipo de colectivos (AP Barcelona 18-10-23, EDJ 738560).

2) El propietario con el que la comunidad de propietarios mantiene una deuda superior a lo que aquel adeuda a esta en concepto de cuotas comunitarias no puede ser privado del derecho de voto en las juntas, ya que al ser las **deudas compensables** no puede tener la consideración de **moroso** (AP Tarragona 26-11-20, EDJ 756164).

3) Sobre la imposibilidad de **impugnar unos acuerdos** sin estar al corriente de pago de los gastos de comunidad, ver AP Barcelona 28-1-20, EDJ 510227.

4) Aunque es cierto que el CCC art.553-31.3 condiciona la **legitimación** para la impugnación de acuerdos, el hecho de que el propietario esté al corriente de pago de las deudas vencidas en el momento de la adopción del acuerdo, debe entenderse en el sentido de que, si la comunidad de propietarios le reconoció al propietario legitimación para participar en la votación, no privándole del derecho de voto, sería incoherente que pretenda después desconocer a ese mismo propietario la legitimación para impugnar el acuerdo, contraviniendo así la doctrina de los actos propios -CCC art.111-8- (AP Barcelona 5-10-23, EDJ 736993; 29-9-23 EDJ 734138).

7722 **Plazos de impugnación** (CCC art.553-31.2) Los plazos de impugnación de acuerdos quedan sujetos a las siguientes reglas:

• **Un año** cuando la causa de impugnación sea la ilicitud, la contravención del título o los estatutos o los acuerdos impliquen un abuso de derecho.

• **3 meses** cuando la causa de impugnación sea el resultar contrarios a los intereses de la comunidad o ser gravemente perjudiciales para uno de los propietarios.

Precisiones La L Cataluña 5/2015 solventa las múltiples dudas interpretativas que había originado el anterior CCC art.553-31. Por un lado, resuelve definitivamente el plazo de impugnación de los **acuerdos contrarios a la Ley**, que se somete al plazo de un año a contar desde la notificación del acuerdo. Además, se amplía a 3 meses el plazo para la impugnación de los **acuerdos contrarios a los intereses de la comunidad** o gravemente perjudiciales para un propietario concreto.

7725 **Cómputo de los plazos** Los plazos de impugnación se cuentan **desde la notificación** escrita del acuerdo. No se distingue a este respecto entre propietarios presentes y ausentes.

Aunque los **propietarios presentes** toman conocimiento del acuerdo el mismo día de la celebración de la junta de propietarios, se exige la notificación por escrito de la adopción del acuerdo. Con ello se permite a todos los propietarios tener pleno conocimiento de los términos en los que se adoptó el acuerdo.

Sobre la **notificación** del acta ver nº 7680.

Precisiones La normativa catalana, a diferencia de la estatal, sitúa el día de inicio del cómputo del plazo en aquel en el que se produzca la **notificación del acuerdo**, ya se refiera a propietarios que asistieron y participaron en la junta, ya se trate de propietarios ausentes. Es un sistema más garantista, que da las mismas posibilidades a quien haya estado presente en la junta y a quien no (TSJ Cataluña 24-10-16, EDJ 212901; 31-1-13, EDJ 43098; AP Barcelona 19-9-19, EDJ 700158).

Partiendo de la base de que los plazos de impugnación de los acuerdos comunitarios son **plazos sustantivos**, entendemos que no resulta de aplicación lo dispuesto en LEC art.135, es decir, que el ejercicio de la acción de impugnación del acuerdo mediante la presentación de la correspondiente demanda judicial debe llevarse a cabo dentro del plazo de un año o 3 meses, computados de fecha a fecha, sin excluirse los días inhábiles y sin que quepa prorrogar el plazo al siguiente día hábil, puesto que de lo contrario supondría confundir el plazo procesal con el sustantivo. **7726**

Precisiones **1)** En un supuesto en el que, remitiéndose el acta a través de correo certificado al domicilio del propietario, se deja un aviso de recibo en el domicilio de este y finalmente es devuelto, el día inicial para el cómputo del plazo legal será el día en que se dejó el **aviso de correos** en el domicilio. De ello se deduce que el plazo empieza a contar desde el momento en que la comunidad ha intentado la notificación, no desde el momento que el propietario recepciona el acta (AP Barcelona 9-12-08, EDJ 341910).
2) La comunidad cumple con su obligación si notifica el acta en el **domicilio** que tiene el propietario en la propia comunidad y, si no se encuentra en aquel, en el **tablón de anuncios** de la comunidad. En todo caso, si el propietario alega que ha notificado a la comunidad un domicilio distinto para que se lleven a cabo las notificaciones, es a él a quien le corresponde la carga de la prueba (AP Lleida 8-10-09, EDJ 280325).

Prescripción o caducidad Aunque la norma no se refiera expresamente a si nos encontramos ante un plazo de prescripción o caducidad, entendemos que, al igual que en la LPH, los plazos son de caducidad, lo que implica que se trata de plazos rígidos que **no admiten interrupción**. **7727**
No obstante, pese a que no se trata de un plazo procesal sino sustantivo, si el día de vencimiento del plazo fuese un **día festivo o inhábil**, se ha entendido que la demanda puede presentarse hasta las 15 horas del día hábil siguiente al vencimiento, con el fin de que los justiciados no queden en situación de indefensión (TSJ Cataluña 2-12-13, EDJ 285133).

Precisiones **1)** Se trata de plazos que no son de prescripción, sino de **caducidad**, siendo, por consiguiente, apreciables de oficio y se fundan en la presunción de abandono del titular del derecho o de la facultad y en la necesidad de dar seguridad al tráfico jurídico, operando *ex lege*. Por otro lado, se trata de un plazo legal de **naturaleza civil** y no procesal, por lo que no se descuentan los días inhábiles (AP Barcelona 19-9-19, EDJ 700158).
2) Cuando los efectos de la caducidad solo puedan interrumpirse mediante la **interposición de una demanda** por el titular de un derecho ante el órgano jurisdiccional, cualquier otra solución supondría hurtar a los interesados parte del plazo legalmente establecido para realizar un determinado acto con eficacia jurídica, al obligarles a presentarlo antes de las 24 horas del último día, ya que el día final del cómputo ha de transcurrir por entero -sin que en este punto existan diferencias entre plazos señalados por días o por meses- (TSJ Cataluña 2-12-13, EDJ 285133; TS 29-4-09, EDJ 72815; 28-7-10, EDJ 185003; 11-7-11, EDJ 146923).

Procedimiento para la impugnación (LEC art.249.8º redacc RDL 6/2023) El ejercicio de la acción de impugnación de acuerdos comunitarios se debe por las reglas del **juicio verbal** o por el procedimiento especial que corresponda (LEC art.399 a 436 redacc RDL 6/2023). **7729**
La materia se trata en detalle en el capítulo dedicado a los **aspectos procesales** (nº 3200 s.).

Convalidación de acuerdos impugnables El Tribunal Supremo ha venido diferenciando, aunque en ocasiones con cierta fluctuación, entre un orden de acuerdos cuya ilegalidad es susceptible de sanación por efecto de la **caducidad de la acción** de impugnación y otros cuya ilegalidad conlleva la nulidad radical o absoluta, sin posibilidad alguna de subsanación por el transcurso del plazo de caducidad (TS 26-6-93, EDJ 6303; 2-11-04): **7730**

- Dentro del primer grupo se suelen situar aquellos acuerdos cuya ilegalidad radica en una infracción de alguno de los **preceptos reguladores de la propiedad horizontal** o de los **estatutos** de la comunidad.
- Dentro del segundo se engloban aquellos acuerdos que infrinjan **cualquier otra Ley** imperativa o prohibitiva, aquellos que sean **contrarios a la moral o al orden público** o que, por implicar un **fraude de Ley**, puedan conceptuarse como nulos de pleno derecho y, por tanto, insubsanables por el transcurso del tiempo.

Por lo que se refiere a los acuerdos **contrarios a la normativa** de la propiedad horizontal, al tratarse, por lo general, de acuerdos sujetos a un plazo perentorio de impugnación, el mero transcurso de dicho plazo sin que se haya procedido a la impugnación comporta la convalidación del acuerdo y que el mismo devenga inatacable. Entendemos, como ya se ha expuesto, que en este caso nos referimos a los acuerdos que entrañen infracción de algún precepto regulador de la propiedad horizontal o de los estatutos y en ningún caso los que adolecen de nulidad radical que no son convalidables.

7732 Precisiones **1)** El plazo de caducidad y la convalidación de acuerdos no impugnados por caducidad de la acción impugnatoria es admitida siempre que los acuerdos afecten estrictamente al **régimen de la propiedad horizontal** o a los **estatutos** privativos de la misma, no cuando se trata de supuesto de nulidad radical o insubsanable sin posibilidad alguna de convalidación por el transcurso del plazo de caducidad. Nos encontraríamos en este último supuesto con los acuerdos que contraviniendo normas de carácter imperativo, prohibitivo, el orden público o la moral, no tiene según se ha expuesto plazo de impugnación por adolecer de nulidad absoluta (AP Barcelona 30-7-07, EDJ 190102; con cita de: TS 14-2-86, EDJ 1261; 19-7-94, EDJ 6085).

2) En suma, la jurisprudencia permite, por tanto, la convalidación de acuerdos de la junta de propietarios no impugnados cuando ha caducado la acción impugnatoria en aquellos supuestos en que los acuerdos afecten estrictamente al régimen propiedad horizontal, como puede ser, por ejemplo, que el acuerdo se haya **adoptado sin el cuórum legalmente establecido**, o a los estatutos. Incluso en aquellos supuestos que, requiriéndose la unanimidad, los propietarios no asistentes a la reunión no impugnan el acuerdo posteriormente, hecho este que tiene plena cabida en el régimen regulado en el CCC, toda vez que el voto del propietario ausente que no se opone al acuerdo adoptado dentro del plazo de un mes a contar desde la notificación se computa como favorable. Debe añadirse, siempre y cuando el acuerdo contrario a las normas reguladoras de la propiedad horizontal no contravenga, además, normas de carácter imperativo o prohibitivo y cuya nulidad de pleno de derecho no esté regulada expresamente en un precepto.

7734 **Suspensión de acuerdos impugnados** (CCC art.553-32) La impugnación del acuerdo no suspende la ejecutabilidad del acuerdo, por lo que, mientras dure el procedimiento judicial a través del cual se solicita la nulidad del acuerdo en cuestión, el mismo es **ejecutivo**, salvo que la autoridad judicial adopte la medida cautelar consistente en suspender el acuerdo impugnado (nº 7735).

La suspensión, como medida cautelar, debe ser **solicitada por el propietario** que impugne el acuerdo en cuestión.

7735 **Procedimiento para la solicitud de medidas cautelares** (LEC art.721 s.) La medida cautelar puede ser solicitada **junto con el escrito de demanda** en el que se ejercite la acción de impugnación o con carácter previo a la interposición de la misma o incluso con carácter posterior, siempre y cuando se justifique que existen circunstancias que así lo aconsejan.

En el supuesto de que se solicite **con carácter previo** deben acreditarse las razones de urgencia o necesidad. En este supuesto las medidas quedan sin efecto si la demanda no se interpone en el plazo de 20 días siguientes a su concesión.

En cualquiera de los supuestos debe justificarse la concurrencia de los **requisitos** legalmente exigidos para que se lleve a cabo su adopción.

Son **requisitos** para obtener la suspensión cautelar:

- que el acuerdo sea **manifiestamente ilegal** (apariencia de buen derecho);
- que la no suspensión del mismo pueda comportar un **perjuicio** para la comunidad o para el impugnante cuya reparación comporte un coste económico desproporcionado (*periculum in mora*).

Es necesaria la **instancia de parte** para solicitar del tribunal la adopción de las medidas cautelares que se consideren necesarias para asegurar la efectividad de la tutela judicial que pudiera otorgarse en la sentencia estimatoria.

Por consiguiente, no podrán ser **acordadas de oficio** por el tribunal, salvo lo que se disponga para los procesos especiales, o cuando el tribunal acuerde la suspensión del proceso en que se ejercita la acción individual de un consumidor dirigida a obtener que se declare el carácter abusivo de una cláusula contractual, en cuyo caso, podrá acordarlas de oficio sin necesidad de prestar caución (LEC art.721.2.3 redacc RDL 6/2023).

7737 El instante de la medida debe ofrecer **fianza** en el momento de la solicitud, así como proponer prueba, por cuanto le precluirá con la solicitud de las medidas.

Como regla general, el tribunal proveerá a la petición de medidas cautelares previa **audiencia del demandado**.

No obstante, cuando el solicitante así lo pida y acredite que concurren **razones de urgencia** o que la audiencia previa puede comprometer el buen fin de la medida cautelar, el tribunal puede acordarla sin más trámites mediante auto, en el que debe razonar por separado sobre la concurrencia de los requisitos de la medida cautelar y las razones que han aconsejado acordarla sin oír al demandado.

Sin perjuicio de que la medida sea adoptada inaudita parte, en todo caso, se señalará una **vista** en la que el demandado podrá oponerse a la adopción de dicha medida.
Tras la celebración de la comparecencia, el juez dictará **auto** por el que estime o no la medida cautelar, siendo dicho auto susceptible de recurso de apelación.

SECCIÓN 4

Elementos privativos

(CCC art.553-33 s.)

7750

Se consideran elementos privativos de un edificio aquellos espacios físicos de **propiedad separada e independencia funcional**, con acceso a la vía pública, ya sea mediante acceso directo o a través de un elemento de uso común. 7752

A. Clases y caracteres

Como principales elementos privativos se mencionan los **pisos y locales** (CCC art.553-33), pero también pueden considerarse como tales otros espacios físicos, como las **plazas de aparcamiento** y los **trasteros**. 7755

Precisiones Por **piso** se entiende todo espacio destinado a vivienda. Se entiende por **vivienda** toda edificación destinada a que residan en ella personas físicas o bien que sea utilizada para dicho fin, debiendo cumplir las condiciones de habitabilidad exigidas por el D Cataluña 55/2009 (L Cataluña 28/2007 art.3).
Por **local** cabe entender aquellos espacios cuyo destino sea distinto al de vivienda, comprendiéndose así no solo los usos destinados a actividades comerciales o de negocio, sino también otros espacios tales como **trasteros o aparcamientos** que se hallen configurados de forma independiente en el título constitutivo.

La consideración de elemento privativo ha de llevar aparejada de forma necesaria, lo que la ley denomina **independencia funcional**, lo cual significa que ha de tener acceso a la vía pública, ya sea de forma directa o mediante un elemento común. Por tal elemento común podrá entenderse tanto el portal, cómo un pasillo o una simple escalera por la que se acceda a la vía pública. 7757

B. Uso y disfrute

(CCC art.553-36)

7760

Los propietarios pueden ejecutar **obras de conservación y reforma** en el interior de sus elementos privativos. Dicha facultad de actuación no es más que el resultado de la aplicación del derecho de propiedad (Const art.33; CCC art.541-1 y 541-2). 7762
Por tanto, los titulares de los elementos privativos pueden **configurar, reordenar y distribuir** los espacios y elementos arquitectónicos de su inmueble de la forma que estimen por conveniente, así como las instalaciones o servicios comprendidos en el mismo. En ese sentido, el propietario goza de amplias facultades de uso, disfrute y disposición del elemento

de su propiedad, pero dichas atribuciones no son ilimitadas sino que deberán ejercerse respetando los derechos de terceros y de conformidad con los límites establecidos estatutariamente y por el propio texto legal.

7764 **Límites de actuación** (CCC art.553-36.1) La amplia libertad de actuación que se concede al propietario para acometer obras en el ámbito espacial de su elemento privativo, viene limitada por imperativo legal, estableciéndose una serie de límites que la propia norma enumera:

- Que no perjudique a **otro propietario o a la comunidad**.
- Que no disminuya la **solidez** del edificio.
- Que no altere la **composición o estado exterior** del conjunto.

La **prohibición de perjudicar** a otro propietario o a la comunidad parece de aplicación evidente, pues no sería admisible que la norma pudiera tolerar que el ejercicio de un derecho pudiera ocasionar daños o perjuicios a otros propietarios o a la propia comunidad. En este punto, son muchos los supuestos que se pueden suscitar en la práctica: un claro ejemplo sería aquel propietario que pretende **suprimir la pared de una habitación**, pero que, al tratarse de una pared maestra con funciones estructurales, su derribo podría causar grietas en el edificio; otro ejemplo sería aquel en el que propietario de una **plaza de aparcamiento** pretende cerrarla y su cerramiento incide en la maniobrabilidad del vehículo contiguo a su plaza de aparcamiento, y así podríamos encontrar otros muchos supuestos.
Otro de los límites legalmente establecidos es el referente a la prohibición de **obras o alteraciones en los elementos comunes** del edificio, a excepción de que las mencionadas obras hayan sido autorizadas por la comunidad o por los propios estatutos rectores de aquella. Dicha limitación tiene su fundamento en la propia naturaleza del régimen de copropiedad, que impide a cada uno de los comuneros la alteración o disposición de la cosa sin el previo consentimiento del resto de propietarios que conforman la comunidad.

Precisiones **1)** El CCC art.553-36 no ampara las innovaciones arquitectónicas introducidas por un propietario en **elementos comunes** sin haberse obtenido la autorización mediante acuerdo adoptado conforme a la mayoría prevista en CCC art.553-25 y 553-26, según sea el caso, y ello aunque aquellas alteraciones no afecten a la solidez ni a la accesibilidad del inmueble, ni alteren la configuración o el aspecto exterior del conjunto (AP Barcelona 26-9-19, EDJ 702574).
2) Entre las alteraciones de elementos comunes no amparadas en el CCC art.553-36 se encuentra la **apertura de huecos en paredes medianeras** entre edificios, cuya configuración es la de elementos comunes por naturaleza (TSJ Cataluña 3-12-20, EDJ 842003).
3) Sobre el alcance de lo que puede considerarse **alteración de la configuración general**, la composición o el aspecto exterior del edificio, es irrelevante que la misma afecte a la fachada principal o a la fachada interior o trasera (TSJ Cataluña 21-5-20, EDJ 649584).
4) El **plazo de prescripción** de la acción en los casos de alteraciones inconsentidas de elementos comunes, es el general de 10 años (TSJ Cataluña 16-6-16, EDJ 124694).

7765 En segundo lugar, se exige que las obras no disminuyan la **solidez del edificio**, teniendo como objetivo fundamental el preservar la seguridad y estabilidad del edificio, impidiendo con ello que la actuación sobre un elemento privativo pueda ser perjudicial para la resistencia mecánica del inmueble.
Al hilo de lo anterior, cabe decir que el propietario que pretenda ejecutar las obras deberá responsabilizarse de obtener la preceptiva **licencia de obras** que será otorgada por el ayuntamiento del municipio de que se trate, así como de la confección del correspondiente proyecto arquitectónico elaborado por técnico competente, a objeto de garantizar que las obras pretendidas no afectan a la estabilidad ni seguridad del edificio.
No obstante, determinadas obras no requerirán la elaboración de proyecto arquitectónico, siendo necesaria la mera **comunicación al ayuntamiento** para que proceda a su autorización, siendo los casos más habituales el de las obras que no modifican la distribución, estructuras ni fachada de una vivienda, o interiores de vestíbulo de una comunidad. En todo caso, lo recomendable es consultar la ordenanza municipal del ayuntamiento en donde se halle radicado el inmueble.

Precisiones La solicitud de licencia es de suma relevancia en la práctica, pues no en pocas ocasiones se procede a la ejecución de obras **sin la obtención de la autorización administrativa** pertinente, lo que puede ocasionar que en el eventual supuesto de producción de daños en el edificio deba de responder el propietario negligente. Dicha **responsabilidad** no solo alcanzara al deber de satisfacción y reposición de los daños y perjuicios causados, sino que además deberá hacer frente a las multas y sanciones que se puedan imponer por los organismos competentes por la ejecución de obras sin licencia. La **sanción administrativa** puede producirse aún el caso de que las obras realizadas sean susceptibles de legalización, pues el hecho sancionador trae su causa en la omisión del deber de solicitar la licencia, ello con independencia de la causación del daño.

Por último, se señala por la norma que las obras no pueden alterar la **configuración o estado exterior del edificio**, afirmación que resulta del todo coherente teniendo en cuenta el régimen de copropiedad que regula la propiedad horizontal, siendo por tanto la comunidad el único órgano soberano que puede decidir sobre cuestiones que afecten a los elementos comunes del inmueble, entre los que se encuentran, sin lugar a dudas, la configuración y estado exterior del edificio. En este caso, no estamos ya en alteraciones que puedan afectar a la seguridad del edificio, sino en actuaciones que afectan a la **configuración estética** del inmueble, tales como, por ejemplo, colocación de aparatos de aire acondicionado, letreros, cerramientos de terrazas, instalación de persianas de distinto color en la fachada, etc., actuaciones todas estas que deberán recabar el consentimiento de la junta de propietarios. 7767

Precisiones **1)** Aún con todo, lo cierto es que dicho rigor ha sido **flexibilizado** por el Tribunal Supremo, que ha reconocido la posibilidad a los propietarios de locales de negocio el colocar carteles, aún con oposición de la comunidad, siempre y cuando no se perjudique a otros propietarios, no se altere el aspecto arquitectónico del edificio y no excedan de los parámetros del local (TS 6-4-06, EDJ 48765).

En **sentido contrario** se han pronunciado los tribunales, cuando las obras puedan afectar a elementos estructurales o que modifiquen el aspecto exterior del edificio o puedan resultar molestas para el resto de propietarios. En muchas ocasiones se han suscitado controversias referentes a la intención de realizar obras destinadas a la obtención de una **salida de humos** de un local, entendiéndose que tales obras requerirán el consentimiento unánime de la junta de propietarios (TSJ Cataluña 5-2-09, EDJ 32109; AP Barcelona 29-9-23, EDJ 734138).

2) Los tribunales vienen insistiendo en que la colocación de **pérgolas o cerramientos**, aún en el caso de que las mismas se realicen por los titulares del uso exclusivo del elemento común, constituyen una alteración del mismo que comporta una evidente alteración de la configuración exterior del edificio, por lo que precisan siempre de la previa autorización de la comunidad de propietarios (AP Barcelona 13-7-23, EDJ 671216).

Deber de comunicación de las obras (CCC art.553-36.3) El legislador establece el deber de los propietarios de comunicar al **presidente** de la comunidad o, en su caso, al administrador de aquella, la ejecución de las obras que pretendan acometer en sus elementos privativos. Por tanto, aún cuando el propietario goza de un amplio **margen de actuación** para llevar a cabo las obras que considere oportunas en el inmueble de su propiedad, debe igualmente comunicar e informar sobre las actuaciones que pretenda efectuar en su piso o local. Con ello se pretende velar por los intereses colectivos del resto de propietarios que integran la comunidad, así como controlar el cumplimiento de las limitaciones que todo propietario tiene en relación a las obras que pretenda ejecutar. 7769

Aunque la norma establece una obligación general del deber de comunicar las obras, parece razonable pensar que las **obras de escasa entidad** no requieren dicho deber de información, como, por ejemplo, podría ser el cambio de pavimento del piso o local, sustituyendo baldosas por parquet. En todo caso, el incumplimiento del deber de información no afectaría a la legalidad de las obras, siempre y cuando, las mismas hubieren contado con la preceptiva licencia o autorización administrativa, y las mismas hubieren respetado las limitaciones contempladas en la ley.

Precisiones La norma establece la simple obligación de informar, lo cual no quiere decir que se esté solicitando autorización a la comunidad de propietarios, ya que es suficiente con la mera comunicación. Cosa distinta será que de dicha comunicación se infieran actuaciones que **afectan de forma perjudicial** a los intereses de otros propietarios o de la propia comunidad, en cuyo caso los afectados, por sí mismos o a través de la comunidad, podrían ejercitar las acciones legales correspondientes para la prohibición o en su caso cesación de las obras.

Autorización de las obras por la junta de propietarios (CCC art.553-25 y 553-26) En aquellos supuestos en los que se pretenda ejecutar obras sobre elementos privativos, pero de cuya ejecución pueda subvenir **alteraciones en los elementos comunes** del edificio, se requerirá la aprobación expresa de la junta de propietarios de conformidad con las siguientes mayorías: 7770

- El voto favorable de los propietarios que representen las **cuatro quintas partes** de las cuotas de participación para aquellas obras que afecten a la estructura o configuración exterior del edificio.
- El voto favorable de la **mayoría simple** de los partícipes en la votación siempre que representen la mayoría de sus cuotas de participación, en el resto de casos.

Precisiones **1)** La **configuración exterior del edificio comunitario** es la que resulta de la apariencia externa original de todos los elementos comunes, tal y como pueda ser percibida desde una perspectiva integral, que incluye, no solo la de un observador situado al nivel de las calles que los circunden, sino también la de cualquier otro en cualquier otra posición, ya se ubique fuera de él, apreciable entonces desde cualquier otra perspectiva o ya se encuentre dentro y, por tanto, aunque no sea percibida externamente; y ya se deba a la supresión o a la alteración de cualquier manera de alguno de los elementos comunes originales o ya se deba a la incorporación de elementos diferentes a los primitivos, sin que sea necesario que se derive de dichas acciones el desmerecimiento del edificio, sin perjuicio de que sea valorado también cuando concurra (TSJ Cataluña 30-1-23, EDJ 529217).

2) El CCC art.553-25.3 exige una **mayoría cualificada** para adoptar acuerdos que comporten la alteración de la estructura de la finca y de su configuración exterior, mientras que el CCC art.553-36 no solo prohíbe a los propietarios de un elemento privativo hacer obras que disminuyan la solidez del edificio o alteren la composición o el aspecto exterior del conjunto, sino que impide hacerlas, cuando comporten la **alteración de los elementos comunes**, sin la aprobación del correspondiente acuerdo comunitario, permitiendo el CCC art.553-36.3 que la comunidad exija la **reposición al estado originario** de los elementos comunes alterados sin su consentimiento (AP Barcelona 10-5-16, EDJ 143052).

3) La autorización de la comunidad puede derivarse no solo de un acuerdo adoptado en junta, sino también de **actos expresos** que acrediten inequívocamente la misma, como en el caso de que, durante la ejecución de los trabajos, la comunidad diera la orden a la empresa constructora para que realizara un zócalo, con la única finalidad de que la instalación del propietario no afectara en modo alguno a la comunidad (AP Barcelona 27-6-17, EDJ 225666).

4) Cuando de lo que se trate es de instalar instalaciones o equipos de aprovechamiento privativo de uno o varios propietarios destinados a la obtención de una **mejora de la eficiencia energética o hídrica** o para la instalación de servicios de energías renovables que hayan de ocupar elementos comunes, bastará con la obtención de las simples mayorías de propietarios y cuotas partícipes en la votación que se establecen en el CCC art.553-25.

7772 **Acciones contra la alteración de los elementos comunes** (CCC art.553-36.4) Cuando se hayan producido alteraciones en los elementos comunes del edificio, **sin el consentimiento** de la junta de propietarios, la comunidad puede exigir la reposición al estado originario en el que se halle el elemento alterado.

Evidentemente, los **gastos** de dicha reposición deberían ir a cargo del propietario infractor.

En el caso de que la reposición al estado original no fuese posible, y a pesar de que la norma guarde silencio, parece conforme a derecho que la comunidad pudiera reclamar **daños y perjuicios** al propietario causante de la alteración.

Precisiones **1)** En el caso de quien desee actuar frente a la alteración de un elemento común sea un propietario en nombre propio, pero **en beneficio de la comunidad**, debe tenerse en cuenta que, cuando se dé la singularidad de que existe un acuerdo de la junta decidiendo no ejercitar acciones legales, será necesario que se proceda a impugnar el acuerdo adoptado, de forma previa o simultánea al ejercicio de la acción (TSJ Cataluña 8-7-19, EDJ 684396).

2) Cuando se actúa frente a la alteración de elementos comunes, la pretensión ejercitada no es la derivada de los **daños a terceros** por una acción u omisión por culpa o negligencia, esto es, la responsabilidad extracontractual (CC art.1902), sino que nace de las obligaciones que se imponen a los distintos propietarios en el régimen de comunidad de la propiedad horizontal en relación con el **uso, goce y disposición de los elementos comunes** (CCC art.553-36.3), acción a la que resulta aplicable por carecer de **plazo específico**, el de 10 años, en base a que las pretensiones de cualquier clase prescriben a los 10 años, a menos que alguien haya adquirido antes el derecho por usucapión o que el presente Código o las leyes especiales dispongan otra cosa -CCC art.121-20- (TSJ Cataluña 16-6-16, EDJ 124694).

3) En cuanto a la **legitimación activa** para interponer la acción corresponde a la comunidad de propietarios, la cual habrá de adoptar el acuerdo correspondiente conforme al régimen general de mayorías y cuotas (CCC art.553-25). No obstante, los tribunales reconocen también la legitimación del **propietario individual** para exigir la reposición del elemento alterado, siempre que lo haga en beneficio de la comunidad, y la comunidad haya optado por mantenerse pasiva (TSJ Cataluña 21-11-19, EDJ 845295; AP Barcelona 18-7-23, EDJ 672186). Diferente es el caso en el que la comunidad sí que adopta el acuerdo de no interponer acciones judiciales, en cuyo caso sí podría entenderse que el propietario carece de legitimación para ejercitar las acciones en beneficio de la comunidad (TSJ Cataluña 8-7-19, EDJ 684396). Además, la legitimación del propietario deberá partir siempre del presupuesto de que quede acreditado que la pretensión deducida haya de redundar en **beneficio de la comunidad** (AP Barcelona 21-7-23, EDJ 713075).

El **plazo de prescripción** que tiene la comunidad para adoptar el acuerdo de exigir la reposición del elemento común alterado sin consentimiento de la junta a su estado anterior es de 10 años (CCC art.121-20), sin perjuicio de tener presente la aplicación en algunos casos del consentimiento presunto a los 4 años -CCC art.553-36.4- (TSJ Cataluña 7-3-19, EDJ 636517).

4) El **plazo** de 4 años (CCC art.553-36) no es un plazo de caducidad de la acción de reposición del elemento común alterado a su estado anterior, sino una presunción de que la comunidad consiente las obras en determinados casos, cuando no ha solicitado anteriormente dicha reposición (AP Barcelona 21-7-23, EDJ 671816).

Consentimiento tácito de la comunidad (CCC art.553-36.4) Se establece por disposición legal el consentimiento tácito -no expreso- de la comunidad para aquellas obras que, aun habiendo alterado elementos comunes del edificio, son **notorias y evidentes** sin que la comunidad haya mostrado oposición en el **plazo** de caducidad de 4 años desde que finalizó su ejecución. 7774

Dicho consentimiento tácito traerá como consecuencia que la comunidad **no podrá exigir la reposición** de la alteración a su estado originario.

Por tanto, para que se produzca el consentimiento tácito, es necesario que se cumplan una serie de **requisitos**:

a) Que las obras ejecutadas no comporten una **disminución de la solidez** del edificio. En este punto se pretende salvaguardar la seguridad y estabilidad del edificio frente a cualquier actuación que pudiera comprometer la resistencia o estructura del edificio. Es lógico que no pueda operar el consentimiento tácito en aquellas obras que pudieran poner en peligro la seguridad de las personas que habitan el inmueble.

b) Que las obras no comporten la **ocupación de elementos comunes** del edificio. Entendemos igualmente lógica dicha previsión, por cuanto la ocupación de un elemento común por parte de un propietario de un elemento privativo requiere el consentimiento unánime de la junta de propietarios. Por tanto, la comunidad podrá exigir en cualquier momento la reposición al estado original, con la única excepción de que el propietario hubiera usucapido (CCC art.531-23 a 531-29) contra la comunidad.

c) Que la existencia de las obras sea **notoria**. El término «notoria» debe entenderse como una manifestación pública, evidente y visible de la obra.

d) Que hayan transcurrido **4 años** desde la finalización de la obra sin oposición de la comunidad. El precepto habla de oposición de la comunidad, por lo que en principio ha de ser la junta de propietarios la que, a través de su órgano rector, manifieste su disconformidad a la obra ejecutada, sin que parezca aceptable que baste con la mera oposición a título individual de uno de los propietarios.

Precisiones **1)** Sin **notoriedad** no puede considerarse producido el consentimiento táctico. El Código Civil Catalán solo entiende dado el consentimiento por parte de la comunidad si las obras son notorias y la comunidad no ha mostrado oposición en el plazo previsto en la Ley, y siempre que no disminuyan la solidez del edificio ni comporten la ocupación de elementos comunes (AP Barcelona 9-5-16, EDJ 123990).

2) No se aplica el consentimiento tácito cuando la actuación implique la **ocupación de un elemento común** para incorporarlo a la propiedad privativa, porque dicha actuación implica una alteración del título constitutivo, siendo precisa la **desafectación previa** del elemento común en cuestión con el consentimiento unánime de los propietarios (CCC art.553-26.1). Por tanto, la comunidad, en estos casos, siempre podrá pedir la restitución del espacio ocupado (AP Tarragona 27-5-16, EDJ 151653).

3) En caso de **alteración de los elementos comunes**, la regla general es la facultad de la comunidad de exigir la reposición de los elementos comunes a su estado anterior. Esta regla prevé una excepción basada en la existencia de un consentimiento tácito derivado del no ejercicio de acciones en el plazo de 4 años, pero restringiéndose la aplicación de la excepción a un **ámbito muy restringido**, de forma que dicha excepción no opera cuando la alteración comporta la ocupación de todo o parte del elemento común. Esta previsión evidencia el propósito del legislador de excluir del ámbito de la norma de excepción las cuestiones de orden posesorio, derivadas de **eventuales ocupaciones indebidas** de espacios comunes (TSJ Cataluña 11-7-19, EDJ 682642).

4) Aquel que invoque el transcurso de los 4 años para la concurrencia del consentimiento tácito es quien tiene la **obligación de acreditar** cuándo se finalizaron los trabajos (AP Barcelona 11-4-19, EDJ 569249).

5) Del hecho de que la comunidad no adopte el acuerdo de perseguir la obra no puede inferirse, sin más, la existencia de un consentimiento tácito por parte de la comunidad, ya que el mismo solo se dará cuando existan **actos inequívocos** de la comunidad en tal sentido, lo que no ocurre cuando la comunidad no adopta decisión alguna al respecto, sin que se den los presupuestos previstos para el consentimiento presunto -CCC art.553-36.4- (TSJ Cataluña 21-11-19, EDJ 845295; 5-6-14, EDJ 122328).

6) Ha de estarse a los **hechos concretos** concurrentes en cada supuesto de hecho para decidir si el silencio mantenido por la comunidad puede ser apreciado como consentimiento tácito o manifestación de una determinada voluntad. Por ello, habrán de valorarse las **relaciones preexistentes** entre las partes, la conducta o comportamiento de estas y las circunstancias que preceden y acompañan al silencio susceptible de ser interpretado como asentimiento (AP Barcelona 13-7-23, EDJ 671216).

Régimen especial: instalación de puntos de recarga individual de vehículos eléctricos (CCC art.553-36.3) A partir de la reforma operada por la L Cataluña 5/2015 se establece que no resulta necesario obtener la **aprobación de la junta** de propietarios para la instalación de puntos de recarga individuales de vehículos eléctricos, pero deben seguirse una serie de pasos: 7776

a) El propietario ha de elaborar un **proyecto técnico** que debe enviar a la comunidad de propietarios, en la persona de su presidente o administrador, con al menos 30 días de antelación a la fecha prevista para el inicio de la obra.

b) Dentro del plazo de 30 días, la comunidad puede hacer una **propuesta alternativa razonable** y más adecuada a los intereses generales.
c) Si la alternativa comunicada por la comunidad **no la ejecuta** esta dentro de los 2 meses siguientes a su propuesta, el propietario queda legitimado para llevar a cabo la solución inicialmente proyectada, que comunicó en un primer momento.
d) Una vez ejecutada la obra, el propietario debe remitir a la comunidad **copia de la certificación técnica** de la instalación.

C. Limitaciones de uso

(CCC art.553-40)

7780 **Actividades prohibidas en los elementos privativos** (CCC art.553-40.1) El legislador prohíbe expresamente al **propietario y ocupante** del piso o local, la realización de ciertas actividades contrarias a la convivencia normal en la comunidad, que dañen o hagan peligrar el edificio o contrarias a los estatutos o a la normativa urbanística y de usos del sector donde se halla el edificio.
Por ocupante debe entenderse cualquier persona que utilice y posea el elemento privativo, ya sea como propietario, o como arrendatario, o cualquier otro título que implique la posesión, incluidos los familiares o personas alojadas en el inmueble. La referencia a los **ocupantes** comprende, tanto los que lo sean con el consentimiento del propietario, como aquellos otros en los que se ocupa la entidad privativa sin título habilitante alguno (situaciones comúnmente referidas como de «ocupación»).
Debe partirse de la regla general de que cualquier propietario puede **cambiar el uso o destino** de su elemento privativo sin necesidad de requerir acuerdo alguno de la junta, salvo que tenga que hacer obras de adaptación que afecten a elementos comunes.
Esa regla se exceptúa en los casos en los que exista una **prohibición estatutaria** expresa para el desarrollo de determinadas actividades, o cuando la actividad en sí resulte o pueda calificarse como de contraria a la normal convivencia, o contravenga la Ley.

Precisiones La L Cataluña 5/2015 suprimió la **dualidad de preceptos** de la normativa anterior sobre las actividades prohibidas en las comunidades en régimen de propiedad horizontal (que se recogía en CCC art.553-40 y 553-47). Ello podría resultar irrelevante si no fuera por el hecho de que el espíritu de uno y otro precepto era completamente diferente. Mientras que por un lado se prohibían las actividades que resultaban **contrarias a la normal convivencia**, así como a los estatutos y demás normativa administrativa (CCC art.553-40), por otro se prohibían las **actividades prohibidas en los estatutos**, dañosas para la finca o que contraviniesen las disposiciones generales sobre actividades molestas, insalubres, nocivas o peligrosas (CCC art.553-47).
La diferencia, que podía no apreciarse en un primer momento, era que en la primera de las normas se le dejaba al **juez** que pudiese determinar a su sano arbitrio si la actividad desarrollada era contraria a una normal convivencia; mientras que la segunda la obligaba a constatar si existía una **prohibición estatutaria expresa** o alguna normativa general que se hubiese vulnerado.
La L Cataluña 5/2015 suprimió esta diversidad de regímenes y optó por recoger en un único artículo (CCC art.553-40), las **restricciones y prohibiciones en el uso** de los elementos privativos y comunes. La solución adoptada coincide con la primera de las expuestas, esto es, con la que deja al juez una cierta **discrecionalidad** para evaluar, conforme a su sano arbitrio, si la actividad desarrollada vulnera o no lo que serían las reglas de una normal convivencia.

7782 **Actividades contrarias a la convivencia normal en la comunidad o que dañen o hagan peligrar el edificio** En este caso, la previsión de la norma es algo genérica, pero debemos entender que se está refiriendo a aquellas actividades molestas, insalubres, dañosas, nocivas y peligrosas.
En cuanto a las **actividades molestas**, lo son tanto aquellas que ocasionan inmisiones intolerables, como todas aquellas otras actividades que, por su trascendencia, puedan exceder de lo socialmente admisible, entendiendo esto como un mínimo respeto a la convivencia de los ocupantes del inmueble. En consecuencia, las actividades que desarrollen los propietarios en sus elementos privativos lo han de ser dentro de los límites de la **normalidad de uso y tolerancia** del resto de los vecinos, consideradas las condiciones del lugar, la naturaleza de los inmuebles y de acuerdo con las normas de la buena fe (TSJ Cataluña 20-2-12, EDJ 63769; 28-4-14, EDJ 92792; 19-5-16, EDJ 75412).

Precisiones **1)** Entre las **actividades molestas** pueden encontrarse supuestos típicos como aquellos locales en donde se desarrollen actividades tales como bares de copas, o restaurantes que no cumplen con la normativa exigida. En el caso de **viviendas**, se ha entendido como actividad molesta la música y ruidos a altas horas de la madrugada y, en general, aquellas acciones que alteren la normal convivencia (AP Barcelona 22-3-18, EDJ 40117; 17-5-19, EDJ 594958; TS 18-5-94; AP Albacete 2-2-96; AP Salamanca 16-10-97, EDJ 7184; AP A Coruña 9-7-98, EDJ 19961).

2) Entendido en el sentido de **alterar la normal convivencia**, se incluye el uso que se hace por parte de los ocupantes que acceden a las entidades privativas sin título habilitante y que en el uso cotidiano de las mismas intimidan, amenazan, insultan o cohíben al resto de los propietarios y vecinos (L 1/2023 art.5.2.g).

En cuanto a actividades **insalubres o nocivas**, podría darse el caso en la tenencia de ciertos animales, o restaurantes que no cumplan con la normativa exigida y como consecuencia de ello se deriven inmisiones tales como olores o gases y vapores que puedan penetrar en el inmueble. A título de ejemplo, se ha considerado insalubre y molesta la actividad desarrollada por un restaurante debido a la excesiva emisión de humos producida en la preparación de las comidas (TS 28-9-93, EDJ 8381) o la emanación de vapores de una perfumería (TS 16-7-93, EDJ 7224). **7783**
Por actividades **peligrosas**, podríamos referir el almacenaje en un piso o local de sustancias peligrosas, o realizar actividades químicas o de laboratorio que implicaran algún riesgo para la salud o seguridad de los vecinos.
De cualquier modo, en todos estos supuestos habrá que analizar cada caso concreto de forma individual y valorar las circunstancias que concurren en cada uno de ellos.

Actividades contrarias a los estatutos o a la normativa administrativa La norma prohíbe que se realicen aquellas actividades que los estatutos o la normativa urbanística, o los usos del sector donde se halle el edificio, prohíban de forma expresa. **7784**
Por tanto, la prohibición de determinadas actividades debe ser contemplada en los estatutos o en la normativa que lo regule, de lo que se concluye que el titular del elemento privativo podrá destinar el uso de su vivienda o local a la actividad que considere por conveniente, siempre y cuando, **no aparezca expresamente prohibida** en los estatutos o en la normativa administrativa aplicable.
Así, el propietario de una vivienda podría destinar aquella a una **actividad profesional** (p.e. a una notaría, a oficinas, etc.) siempre que no existiera cláusula estatutaria que lo prohibiese o normativa administrativa que contemplara su prohibición.
La posibilidad de **cambio de destino** del elemento privativo no solo se refiere a las actividades, sino también a la transformación del local a vivienda o a la inversa.
Las prohibiciones estatutarias que puedan adoptarse de forma sobrevenida no son oponibles con **efectos retroactivos** a aquellos propietarios que hayan adquirido sus pisos o locales sin que constase la limitación inscrita en el Registro de la Propiedad y no hayan consentido, con su aprobación en la junta, que se limitase el uso de su elemento privativo (TSJ Cataluña 13-9-18, EDJ 588930).
Por consiguiente, los **disidentes** con el acuerdo no pueden verse perjudicados por el mismo (AP Barcelona 22-5-19, EDJ 598311). En cambio, sí que es **vinculante** para todos aquellos que hayan votado a favor, así como para los terceros adquirentes de pisos o locales sin excepción, cuando la modificación se haya inscrito en el Registro de la Propiedad (TSJ Cataluña 24-1-19, EDJ 511004).

Precisiones **1)** Un aspecto importante a la hora de interpretar las **prohibiciones** recogidas en el título constitutivo o en los estatutos es el referida al valor que cabe darse a las menciones que se recojan al describir cada elemento privativo en la escritura de división horizontal. A este respecto, tanto el Tribunal Supremo como el TSJ Cataluña se han mostrado partidarios de realizar siempre una **interpretación restringida** de las prohibiciones. **7785**
El Tribunal Supremo ha destacado que la **mera descripción del inmueble** no supone una limitación del uso o de las facultades dominicales. Para que las prohibiciones o limitaciones resulten eficaces, resulta imprescindible que una cláusula o regla precisa así lo establezca. Los copropietarios no pueden verse privados de la utilización de su **derecho a la propiedad** como consideren más adecuado, a no ser que este uso no esté legalmente prohibido o que el **cambio de destino** aparezca expresamente limitado por el régimen de dicha propiedad horizontal, su título constitutivo o su regulación estatutaria (TS 23-2-06, EDJ 11922; 20-9-07, EDJ 152401; 20-10-08, EDJ 190089).
Todos estos argumentos han sido acogidos por el TSJ Cataluña que, además, recuerda que no es preciso el **consentimiento** de la junta de propietarios para la modificación del título de constitución, en el caso de **alteraciones del destino de los elementos privativos**, salvo que los estatutos las prohíban (CCC art.553-10.1.c). Esta doctrina es, por otro lado, acorde con los principios que inspiran el ordenamiento civil de Cataluña entre los que se establece el **principio de libertad civil** -CCC art.111.6- (TSJ Cataluña 3-6-11, EDJ 100716).
2) La actividad consistente en la existencia de **viviendas de uso turístico** no puede conceptuarse como una actividad ilícita, ya que se encuentra admitida por la ley. De esta manera, salvo previsión estatutaria que la prohíba, no puede considerarse que en abstracto se trate de una actividad dañosa o peligrosa para la finca, ni que suponga una actividad contraria a la convivencia normal en la comunidad, sino que es necesario que el **uso que haga su titular sea anormal o antisocial**, como consecuencia de una serie de conductas o actuaciones que merezcan la consideración de incívicas; análisis que deberá efectuarse caso por caso (TSJ Cataluña 19-5-16, EDJ 75412).

3) En cuanto a los **límites** que pueden encontrar estas prohibiciones convencionales, debe estarse a la obligación de observar las exigencias de la buena fe en el ejercicio de los derechos -CCC art.111-7; CC art.7 y 1255-, de manera que lo que convierte a una prohibición en ilegal es su adopción en manifiesto abuso de derecho (AP Barcelona 30-9-19, EDJ 703046).

4) Sobre la **eficacia temporal de las restricciones o prohibiciones de actividad** aprobadas de forma sobrevenida en los estatutos, el TSJ Cataluña tiene declarado que el acuerdo es válido e inscribible en el Registro de la Propiedad, si bien no podrá ser oponible con efectos retroactivos a los terceros que adquirieron sus pisos o locales in que constase inscrita la restricción o prohibición acordada, ya que otra solución supone vulnerar el principio de seguridad jurídica. En cualquier caso, el acuerdo adoptado sí será **eficaz y oponible** a los futuros adquirentes. La misma regla se aplica a aquel propietario que ya hubiera obtenido la licencia de actividad, aunque todavía no hubiera iniciado la misma (TSJ Cataluña 27-7-20, EDJ 647973; 13-9-18 EDJ 588930). En cualquier caso, sí que perjudicará al tercer adquirente que lo haga **con posterioridad a la aprobación de la modificación estatutaria**, aunque antes de la adquisición estuviese tramitando o hubiera obtenido la licencia (TSJ Cataluña 24-1-19, EDJ 511004).

Los tribunales han ordenado el **cese** de aquellas actividades o actuaciones que implican o producen una inmisión sonora perjudicial para otros propietarios que vulnera el máximo permitido, como puede resultar de la instalación de aparatos de aire acondicionado en determinadas condiciones (AP Badajoz 26-11-20, EDJ 777105).

5) La **prohibición del perjuicio a terceros** de las limitaciones estatutarias no inscritas en el Registro de la Propiedad abarca, tanto la protección del adquirente de buena fe que compra sin conocer que existían dichas restricciones, como el hecho de que las limitaciones de uso adoptadas en la comunidad de forma sobrevenida no puedan aplicarse al propietario disidente con las mismas que adquirió sin que existiesen las mismas. De igual modo, el citado **propietario disidente** no puede evitar que las nuevas restricciones o limitaciones se inscriban en el Registro de la Propiedad y vinculen a los futuros adquirentes (AP Barcelona 13-7-23, EDJ 671430).

7786 **Acción de cesación** (CCC art.553-40.2) Se contempla la denominada acción de cesación como un **mecanismo de protección** de la comunidad frente a aquellas actividades prohibidas en los elementos privativos reflejadas en el nº 7780.

La referida acción de cesación aparece configurada como una acción legal específica que podrá ser interpuesta por la comunidad ante los tribunales de justicia, teniendo por **finalidad** obtener una sentencia judicial que condene al demandado a cesar en la realización de la actividad prohibida.

7787 **Requisitos previos a la interposición de la acción** Con carácter previo al ejercicio de la acción judicial de cesación, la norma establece una serie de requisitos, cuales son:

a) El **presidente** de la comunidad, por iniciativa propia o a requerimiento de una cuarta parte del total de los propietarios que integran la comunidad, deberá requerir por conducto fehaciente al sujeto causante de la actividad ilegal, solicitándole el cese del acto o actividad prohibida. La comunicación o intimación ha de ser efectuada fehacientemente, lo que quiere decir que deberá ser realizada por cualquier medio que acredite el contenido del requerimiento y la posibilidad de recepción del destinatario (burofax, conducto notarial, acta de conciliación).

Como quiera que se trata de una comunicación que persigue el cese del acto o actividad prohibida, será recomendable que en el requerimiento se refleje la actividad infractora que se está realizando y los motivos por los que se solicita su cese, los cuales habrán de tener encaje en las actividades prohibidas por la norma.

b) Por tanto, el **requerimiento previo** extrajudicial aparece descrito como un requisito de obligado cumplimiento como paso previo a la interposición de la acción judicial. Evidentemente, si el infractor atiende el requerimiento interpuesto por la comunidad no cabría ya la acción judicial de cesación.

7789 **c)** El requerimiento puede ser efectuado a **iniciativa propia** del presidente o bien **por petición** de una cuarta parte de los propietarios que conforman la comunidad.

d) La comunicación o requerimiento debe ser **dirigida contra el sujeto causante** de la infracción, ya sea el propietario, o cualquier otro sujeto que lo ocupe (p.e. arrendatario, usufructuario, etc.) o incluso ocupante sin título. De cualquier modo, aunque la norma tan solo exige que el requerimiento se dirija contra el causante del acto prohibido, es aconsejable que también sea dirigido contra el propietario del elemento privativo debido a que este también podría ser eventualmente demandado en el caso de que persista el ejercicio del acto prohibido.

e) En el supuesto de que el sujeto causante de la actividad prohibida **no atienda el requerimiento** cursado por el presidente, la comunidad podrá interponer la correspondiente demanda judicial ejercitando la acción de cesación, la cual se tramitará por las reglas del juicio verbal o por el procedimiento especial que corresponda (LEC art.249.8 redacc RDL 6/2023).

f) La **decisión de interponer la demanda** debe adoptarse en junta de propietarios, a través de un acuerdo aprobado por la mayoría de propietarios que participe en la votación, siempre que represente la mayoría de las cuotas de participación también partícipes en la votación (CCC art.553-25).

Precisiones La comunidad debe cumplir con los **presupuestos legales** previstos para el ejercicio de la acción, ya que, de lo contrario, supone una conducta no amparable en derecho (AP Tarragona 9-7-20, EDJ 631554).

Sujetos contra los que se debe dirigir la demanda De la lectura de la norma se infiere que la demanda debe dirigirse contra el **propietario** del elemento privativo y, si fuera el caso, contra los **ocupantes** del referido elemento. **7790**
Cuando el legislador se refiere a ocupante, no está pensando en las personas o familiares que convivan con el propietario, sino a **terceros que utilicen el inmueble** ya sea por título legal (p.e. arrendamiento) o por el mero consentimiento de aquel, o incluso sin título habilitante del propietario, en cuyo caso, la demanda podrá dirigirse contra los ignorados ocupantes de la entidad privativa.

Documentos que han de acompañar la demanda A la demanda debe acompañarse obligatoriamente los siguientes documentos: **7792**
• El **requerimiento extrajudicial** de cesación.
• La **certificación del acuerdo de la junta** de propietarios, que debe ser suscrita por el secretario de la comunidad. Dicha certificación debe comprender el acuerdo de la junta de propietarios para la interposición de la demanda judicial y es recomendable que incluya también la habilitación al presidente para la designa de abogado y procurador a tal efecto.
Este acuerdo se regirá por el régimen de mayorías que establece el CCC art.553-25.2.

Acciones deducidas en la demanda (CCC art.553-40.2 y 3) La demanda judicial puede contener diferentes peticiones deducidas a través de las acciones correspondientes, cuales son: **7794**
a) **Medidas cautelares**. Se contempla expresamente la posibilidad de adopción de medidas cautelares por parte de la autoridad judicial. Específicamente se indica que «la autoridad judicial debe adoptar las medidas cautelares que considere convenientes incluida, en su caso, la de cese automático de la actividad», pero si bien parece deducirse que el juez debe adoptar la medida cautelar por iniciativa propia, ello no es así, pues el proceso civil se rige por el principio rogatorio de las partes, sin que sea admisible que el **juez actúe de oficio** en la adopción de la medida cautelar, sin perjuicio de lo que se disponga para los procesos especiales o para el supuesto de que el tribunal acordase la **suspensión del proceso** en que se ejercita la acción individual de un consumidor dirigida a obtener que se declare el carácter abusivo de una cláusula contractual, en cuyo caso, podrá acordar de oficio, sin necesidad de prestar caución, las medidas cautelares que considere necesarias para asegurar la eficacia de un eventual pronunciamiento estimatorio. Tampoco podrá acordar medidas más gravosas que las solicitadas (LEC art.721.2.3 redacc RDL 6/2023).
Obviamente, nos encontramos ante un defecto del legislador a la hora de redactar el precepto, pues la medida cautelar tan solo se podrá adoptar **a instancia del demandante**, y siempre y cuando se den los requisitos establecidos en LEC art.728.
Las medidas cautelares a solicitar dependerán de la situación que se dé en cada caso concreto, pudiéndose solicitar la **paralización o cese temporal** de la actividad prohibida hasta que se obtenga la sentencia definitiva o **cualquier otra medida** que sirva para mitigar el daño o perjuicio que el acto ilegal esté causando en el seno de la comunidad. A efectos de valorar la adopción o no de la medida cautelar, el juez debe valorar las circunstancias concretas del caso, así como la urgencia y gravedad de los actos prohibidos.
b) La **acción principal** que se deducirá en la demanda será la de solicitar la condena a cesar en la actividad prohibida que se esté llevando a cabo por el sujeto responsable de la misma.

c) Acumuladamente, también se podrá solicitar la **privación de uso y goce** del elemento privativo por un periodo de tiempo que no podrá exceder de 2 años. **7795**
En la práctica y a la hora de ejecutar la sentencia, podrían sucederse diversos problemas en su ejecución, pues podría darse el caso de que el sujeto infractor incumpliera la condena de abandonar temporalmente el elemento privativo. En este caso, entendemos que se podría acudir por vía judicial al **lanzamiento** del sujeto desobediente por los medios admitidos en derecho (incluso acudiendo al auxilio de las fuerzas y cuerpos de seguridad del estado), sin perjuicio de las responsabilidades penales que en su caso se pudieren generar en el caso de que se incumplirá la obligación de hacer que pesa sobre el propietario u ocupante de no usar el elemento privativo. La Ley establece 2 años como **límite máximo** de la privación de uso, lo cual quiere decir que se podrá establecer privaciones de uso inferiores a dos años, todo lo cual dependerá de la gravedad y circunstancias concretas del asunto enjuiciado.
d) La norma igualmente contempla la posibilidad de solicitar la **resolución del contrato de arrendamiento** o de cualquier otro negocio jurídico que legitime al ocupante a usar y disfrutar

del elemento privativo en cuestión. Por tanto, la comunidad quedará facultada para solicitar la extinción del negocio jurídico en virtud del cual el ocupante usa el elemento privativo, pudiéndose igualmente ejecutar la sentencia a través del lanzamiento judicial, si ello fuera necesario.

e) La comunidad podrá solicitar adicionalmente una **indemnización** por los daños y perjuicios que se le hayan causado, comprendiéndose tanto los daños materiales como los morales. Como en cualquier supuesto de petición resarcitoria los daños y perjuicios causados deberán ser debidamente acreditados, siendo necesario demostrar la relación de causalidad entre la actividad realizada y el daño producido.

7796 **Expediente administrativo** (CCC art.553-40.2 redacc L 18/2023 art.44 bis) Se modifica esta materia al objeto de establecer mecanismos o medidas que den respuesta a la problemática que generan los casos en los que se produce la **ocupación sin título habilitante** de elementos privativos y los ocupantes desarrollan un uso que **altera el orden público** o la normal convivencia, o pone en peligro la seguridad del inmueble, sin que el propietario ejerza las acciones pertinentes para la desocupación, permaneciendo inactivo ante la misma.

Se introduce al efecto un expediente administrativo especial, sobre la base de la obligación que tienen todos los propietarios que tengan la condición de **grandes tenedores**, de ejercer las acciones necesarias para el desalojo de su entidad privativa ocupada sin título por terceros cuando dicha ocupación altera la convivencia o el orden público, o compromete la seguridad o integridad del edificio.

En el caso de que el **propietario no cumpla con su obligación**, el ayuntamiento correspondiente, sea a iniciativa propia o a instancia de la junta de propietarios del edificio en el que se encuentra ubicada la entidad en cuestión, podrá instar al propietario o propietaria en cuestión para que dé cumplimiento a su obligación. A tal efecto, remitirá un **requerimiento** al propietario en el que:

- se solicitará de este que, en el plazo de 5 días hábiles, acredite, en su caso, la existencia de título habilitante para la ocupación; y,
- se le requerirá para que, en el plazo de un mes, acredite, en su caso, el ejercicio de la correspondiente acción de desahucio.

Transcurrido el plazo del mes concedido, **sin que el propietario acredite el desalojo** de la entidad o, cuanto menos, la interposición de la correspondiente demanda de desahucio, el ayuntamiento correspondiente, a través de su alcalde, quedará legitimado por sustitución para iniciar el procedimiento de desahucio y hacer efectivo el desalojo del inmueble ocupado. En el caso de que así lo haga, el ayuntamiento tendrá derecho a que el propietario le **reintegre** en su totalidad los costes derivados del procedimiento. Todo ello, al margen de la imposición de las **sanciones** que correspondan por el incumplimiento de la obligación legal conforme a lo previsto en la L Cataluña 18/2007.

La **multa administrativa** se graduará conforme a los criterios y cuantías fijadas en L Cataluña 18/2007 art.117 y 118, teniendo la consideración de infracción grave graduable entre 9.001 y 90.000 euros. Además, en los casos en los que el propietario **incumple el requerimiento** del ayuntamiento de ejercitar las acciones pertinentes como causa que justifica la adquisición forzosa y temporal por parte de la entidad local actuante del uso de la vivienda en cuestión por un plazo máximo de 7 años, deberá destinarla necesariamente al régimen de alquiler social. En este caso, las **rentas** que se perciban se aplicarán a resarcirse de las sanciones impuestas, de la deuda que origine el ejercicio de las acciones judiciales, y, en su caso, los gastos derivados de adecuar la vivienda a la normativa sobre habitabilidad.

D. Disposición

(CCC art.553-37)

7800 **Alcance del derecho** (CCC art.553-37.1) Al propietario de la vivienda o local se le otorgan las facultades más amplias posibles para poder realizar actos de disposición, tales como **modificar, enajenar y gravar** el bien del cual es titular, con las únicas limitaciones que se derivan del régimen de propiedad horizontal.

El alcance o **extensión** del derecho de disposición sobre los elementos privativos, no es más que la consagración y desarrollo de lo establecido en Const art.33 y CCC art.541-1 y 541-2.

Asimismo, la norma reconoce el derecho de los propietarios a constituir **servidumbres** en beneficio de otros propietarios del inmueble. El marco regulador de las servidumbres se contiene en CCC art.566-1 a 566-13. De ello se deduce que las servidumbres que pudieran afectar a elementos comunes del inmueble requerirán el consentimiento de la junta de propietarios.

Finalmente, se establece que, en caso de **destrucción o derribo del edificio**, se produce de forma automática la extinción de la servidumbre, algo por otra parte es lógico, en tanto en cuanto se produciría la extinción de los elementos privativos configurados en régimen de propiedad horizontal.

Precisiones **1)** Las facultades de uso y disposición de un elemento privativo por parte del titular del mismo, están limitadas por la concurrencia de los **derechos de igual clase** de los demás propietarios. Por ejemplo, se reputan contrarias a derecho las obras realizadas por el propietario de una **plaza de aparcamiento**, quien procede a levantar una pared de cierre en las líneas divisorias de su plaza de aparcamiento, por afectar ello a elementos comunes, que requerían de expresa autorización en el título constitutivo o autorización de la junta (TSJ Cataluña auto 16-2-12, EDJ 51917).
2) El propietario único de una finca que segrega una parte o bien el titular único de dos fincas, puede establecer las **servidumbres** que estime por conveniente entre ellas y publicitarlas en el Registro de la Propiedad, con lo cual su oponibilidad a terceros no ofrecerá dudas. La utilidad de la figura cobra especial significación en el campo de las **urbanizaciones** y de la propiedad horizontal, pues permite al promotor establecer ya las limitaciones que han de tener las distintas fincas para la mayor utilidad del complejo. Pero, además, aún sin publicidad registral, el propietario puede establecer un **signo aparente entre dos fincas** y vincular a los terceros que las adquieran cuando se den los requisitos previstos en la ley (AP Girona 10-5-16, EDJ 144466).

Responsabilidad del propietario en caso de arrendamiento o cesión de la vivienda o local (CCC art.553-37.2) El propietario es **responsable** de todas las obligaciones derivadas del régimen de propiedad horizontal, ya sea frente a la propia comunidad o ante terceros, aún en el caso de que la vivienda o local se halle en régimen de arrendamiento o cualquier otro negocio jurídico que implique la cesión de uso. 7802

Por tanto, el propietario deberá cumplir con las **obligaciones** que le son exigibles en el marco de la propiedad horizontal sin que pueda escudarse en el hecho de que no ocupa el inmueble. Por ejemplo, el propietario tiene el deber de conservación de los servicios e instalaciones que se encuentren ubicados en su vivienda o local (CCC art.553-38), sin que pueda desentenderse de esta obligación por el mero hecho de que exista un alquiler sobre el inmueble.

En este punto, si como consecuencia de la mala conservación y deber de cuidado de las instalaciones por parte del arrendatario, se produjeran **daños en el inmueble de otro propietario** o en elementos comunes de la finca, quien debería responder frente a la comunidad y frente al copropietario damnificado sería el propietario de la vivienda arrendada, ello sin perjuicio de las acciones legales que pudieran posteriormente asistir al arrendador frente al arrendatario.

Precisiones **1)** Un supuesto muy especial de posible responsabilidad es el relativo a los **incendios** originados en la vivienda arrendada. Los tribunales entienden que la responsabilidad prevista para la propiedad horizontal en el CCC art.37 no se extiende a estos supuestos. En concreto, señala la AP Barcelona que, evidentemente los propietarios de elementos privativos han de mantenerlos en buen estado y lo mismo los arrendadores respecto a la cosa arrendada. Pero de ahí no se sigue, la responsabilidad de la propiedad por incendios ocurridos en el inmueble que posee y controla otro. No es preciso demostrar la **negligencia del poseedor** para eludir la responsabilidad del propietario, precisamente porque los fuegos no comienzan sin más ni más, sino por una causa que, de acuerdo con principios de normalidad, es imputable a quien posee la cosa que se incendia. Por eso no es exigible que se pruebe la negligencia de quien posee, sino que la misma se presume. Como lo normal es eso, que sea el poseedor quien tiene en su mano **evitar el peligro** de incendios, para excluir el principio de la responsabilidad exclusiva del poseedor hay que demostrar que incidió algún factor ajeno a él, como la **deficiente conservación del inmueble** por parte del propietario (AP Barcelona 1-6-17, EDJ 225702; AP Lleida 13-8-20, EDJ 679388).
2) La responsabilidad del propietario por los daños ocasionados desde su elemento privativo se extiende incluso a los casos en los que se haya llevado a cabo una **ocupación ilegal del inmueble**, cuando el propietario no pruebe que ha actuado con la diligencia debida a la hora de evitar dicha ocupación indebida (AP Tarragona 5-10-23, EDJ 734026).
De hecho, la obligación de los propietarios frente a las ocupaciones ilegales de sus elementos privativos se ha visto reforzada en Cataluña tras la modificación de L Cataluña 18/2007, operada por la L Cataluña 1/2023, en la que la infracción de la misma se configura en determinados casos como un **incumplimiento de la función social de la propiedad**, pudiendo llegar, incluso, a la expropiación temporal del inmueble para su destino al arrendamiento social.

Deber de notificación del cambio de titularidad (CCC art.553-37.3) Se establece la obligación del transmitente de comunicar a la comunidad el cambio en la titularidad del elemento, ya que de lo contrario seguirá respondiendo frente a la comunidad, **solidariamente** con el nuevo propietario, de las deudas del citado elemento privativo. 7804

De esta forma, la comunidad seguiría pudiendo dirigirse al titular anterior, quien debe responder de toda aquella deuda surgida antes de la puesta en conocimiento de la comunidad de la transmisión operada. Ello sin perjuicio de la **acción de repetición** que el transmitente pueda tener frente al adquirente.

E. Conservación y mantenimiento

(CCC art.553-38)

7810

7812 **Deber de conservación del elemento privativo y sus instalaciones** (CCC art.553-38)
El propietario tiene la obligación de conservar y mantener en buen estado los servicios e instalaciones que se encuentren **incluidos en su piso o local**.
Por **instalaciones y servicios** podemos entender las tuberías, los bajantes, y las conducciones de servicios generales.
Pero no solo debe mantener y conservar los servicios e instalaciones radicados en el inmueble, sino que la norma, de forma genérica, establece la obligación del propietario de **conservar el elemento privativo** del que es titular. Con ello lo que pretende el legislador es evitar que un mal cuidado del inmueble pueda perjudicar al resto de propietarios. Piénsese, por ejemplo, en la aparición de grietas en paredes, o en roturas en las tuberías, o incluso cuando la vivienda no se encuentra en condiciones de salubridad (AP Barcelona 30-6-04, EDJ 78984). Por tanto, el alcance del deber de conservación tiene como objetivo primordial el **evitar daños** a la comunidad o al resto de propietarios, sin que pueda ir más allá de este ámbito de actuación, pues lo contrario supondría una injerencia en el derecho de propiedad.
La **reparación** de los servicios o instalaciones que sean considerados comunes deberá ser asumida por la comunidad.

7815 Precisiones En el régimen de la propiedad horizontal, los deberes legales de diligencia, vigilancia, cuidado, conservación, y control sobre los elementos privativos, en evitación de daños y molestias a los demás propietarios y a la comunidad, y en aras a preservar las relaciones de vecindad, presentan una intensidad tal que, al traducirse en una **diligencia superior a la común del buen padre de familia**, comporta en la práctica una presunción de culpabilidad, con los consustanciales elementos de previsibilidad y evitabilidad, y el consiguiente **desplazamiento hacia el propietario o poseedor** en cuya vivienda o local se originó el siniestro de la carga de acreditar que el mismo tuvo un origen externo y ajeno a su ámbito de control, siempre atendidas las peculiaridades del caso, y teniendo a la vista el criterio de facilidad o disponibilidad probatoria. Ello se acomoda al **sistema de responsabilidad** (CC art.1905 a 1910), y, de forma más precisa, a los de **responsabilidad objetivada** (CC art.1907 y 1910), ya por virtud del riesgo creado, ya por razón de la titularidad del agente y la esfera de vigilancia o control que desarrolla, en cuyo ámbito se produce el evento dañoso, y que han sido objeto de una interpretación jurisprudencial expansiva, en consonancia con el régimen garantista que tiende a salvaguardar las **pacíficas relaciones de vecindad**, dentro del equilibrio de derechos y deberes que pesan sobre los propietarios de los diferentes pisos y locales de los edificios sometidos al régimen de propiedad horizontal (AP Lleida 2-6-16, EDJ 150997).

7817 **Obligación de la comunidad de efectuar obras de conservación del edificio y servicios** (CCC art.553-44) Se establece de forma imperativa la obligación de la comunidad de realizar aquellas obras de conservación integral del edificio y sus servicios, de modo que se garanticen las condiciones:
• **Estructurales**: aquellas que afectan a la resistencia mecánica del edificio.
• De **habitabilidad**: son las que afectan al normal uso del inmueble, piénsese por ejemplo en problemas de impermeabilización, o insonorización.
• De **accesibilidad**: las que permiten el normal acceso a los elementos comunes que configuran el inmueble.
• De **estanqueidad**: se refiere a la ausencia de filtraciones, goteras, etc.
• De **seguridad**: que no se deriven situaciones que pueden poner en peligro la seguridad de las personas.
Todas estas reparaciones, que son obligatorias para la comunidad, pueden ser ocasionadas por el deterioro del inmueble debido a su **antigüedad**, o pueden ser causadas por **hechos imprevistos o por daños de terceros**, propietarios o no, sin perjuicio de las acciones de repetición que puedan asistir a la comunidad.

F. Limitaciones y servidumbres legales

(CCC art.553-39)

7820 **Obligación de consentir la ejecución de obras en los elementos privativos** (CCC art.553-39.1) El propietario del elemento privativo está obligado a soportar las limitaciones o molestias en su vivienda o local que sean **imprescindibles** para efectuar las obras de conservación y mantenimiento que puedan afectar a los elementos comunes del edificio o a otros elementos privativos, siempre y cuando se den las siguientes circunstancias:

a. Que se trate de obras de **conservación y mantenimiento**, excluyendo por tanto las obras de mejora.

b. Que no exista ninguna **otra forma** de ejecutar la obra o, si existe otro modo, que este sea excesivamente caro o gravoso.

c. Que las **molestias** e incomodidades que el propietario deba soportar sean las imprescindibles y mínimas para ejecutar la obra.

En el supuesto que el propietario afectado se niegue a consentir el acceso a su elemento privativo para la ejecución de las obras, la comunidad estaría legitimada para ejercitar las **acciones legales** necesarias para obtener un pronunciamiento judicial que obligará al propietario rebelde.

Ejemplo Un ejemplo podría ser la **reparación de la cubierta** del edificio, en cuyo caso el propietario del ático podría verse obligado a consentir que los industriales contratados accedieran a la cubierta a través de su terraza.

Servidumbres sobre elementos privativos diferentes a la vivienda (CCC art.553-39.2) La comunidad de propietarios puede exigir la constitución de servidumbres permanentes a su favor sobre los elementos de uso privativo, siempre y cuando se den las siguientes **condiciones**: 7822

• Que se trate de un elemento privativo distinto a la vivienda, pudiendo recaer sobre **anexos** o sobre **elementos de uso privativo**. En este caso, la norma pretende evitar que el propietario se pudiera ver afectado de forma permanente por la constitución de una servidumbre que afectara a su vivienda. Parece lógico que la vivienda goce de un alto grado de protección al ser la morada familiar y por ende uno de los espacios que mayor grado de protección ha de merecer.

• Que sean necesarias para la ejecución de **acuerdos de mejora** adoptados por la junta de propietarios. Las obras a las que se refiere la norma son aquellas que permiten obtener una auténtica mejora o beneficio para el conjunto de los propietarios, quedando descartadas las obras de mera ornamentación o suntuosas. Ello es así, por cuanto no parecería lógico que el legislador permitiera una limitación del derecho de propiedad inherente a la constitución de cualquier servidumbre, para aquellos supuestos que no merecieran la categoría de una verdadera mejora en sentido funcional.

• Que sean **imprescindibles** para acceder a elementos comunes que no tengan ningún otro acceso. En este caso, la norma está pensando en aquellos supuestos en que para acceder al elemento común es necesario la constitución de una servidumbre de modo permanente.

Los **requisitos** establecidos por la jurisprudencia para constituir toda servidumbre -incluida la de ascensor-, con base en el CCC art.553-39, son los siguientes (TSJ Cataluña 20-2-12, EDJ 54348; 25-3-13, EDJ 77612; 19-11-18, EDJ 677162; AP Barcelona 20-5-16, EDJ 129179; 10-5-16, EDJ 14305): 7823

• Que la **instalación del servicio**, que ha de suponer una mejora, haya sido acordada por la junta con el cuórum debido. En este caso es suficiente la prevista en el CCC art.553-25.5.a, aunque comporte la **modificación de elementos comunes**.

• Que no exista otra forma de implementar la mejora, de forma que la **afectación sea** «indispensable», para lo cual habrá que atender a los dictámenes técnicos que al efecto se emitan.

• Que la servidumbre no suponga una **privación total** del elemento de uso privativo o de su funcionalidad.

• Que no afecte a la **vivienda** «en sentido estricto».

• Que se abone la **indemnización** que corresponda (CCC art.553-39.4), que comprenda los daños y perjuicios causados al propietario afectado.

Precisiones **1)** El Tribunal Superior de Justicia de Cataluña realiza un estudio pormenorizado del alcance de la reforma introducida en el CCC art.553-39.2 tras la aprobación de la L5/2015, llegando a la conclusión de que no cabe entender que la misma represente un **cambio apreciable** en cuanto a los elementos que puedan verse afectados por la servidumbre de ascensor. Por otro lado, la cualidad de indispensable de la servidumbre de ascensor no requiere necesariamente que la **afectación del elemento privativo** pretendida por la comunidad deba ser la única solución técnicamente viable, sino que exige la adecuada ponderación de las circunstancias del caso, valorando la viabilidad técnica de las diversas soluciones propuestas y su coste económico, así como todos los perjuicios transitorios y permanentes para la comunidad y para los propietarios singularmente considerados, incluido el propietario directamente afectado (TSJ Cataluña 22-6-21, EDJ 711491).

2) La **instalación de un ascensor** en una finca que disponga de dicho servicio permite la constitución de una servidumbre con la indemnización oportuna de los daños y perjuicios, incluso en el caso de que implique la ocupación de parte de un elemento privativo anexo o accesorio a una vivienda que estuviese determinado como tal en el título constitutivo, siempre que el **gravamen** no suponga una pérdida intolerable de funcionalidad o económica, ponderadas racionalmente las circunstancias del caso y los intereses en juego (TSJ Cataluña 28-3-13, EDJ 77612).

3) Para determinar cuándo debe considerarse **indispensable** la constitución de un servidumbre de ascensor sobre un elemento privativo que no constituya vivienda en sentido estricto será preciso valorar razonadamente, además de la **viabilidad técnica** de las diversas soluciones propuestas y de sus respectivos costes económicos, todos los **perjuicios transitorios y permanentes** que para la comunidad, para todos y cada uno de los propietarios que la integren y para el propietario directamente afectado por la servidumbre pueda comportar la constitución de esta, especialmente los que puedan incidir negativamente en la **supresión efectiva de las barreras arquitectónicas** existentes en la finca de que se trate, de manera que, solo cuando la valoración conjunta de todos los factores apunte de manera clara hacia la necesidad de constituir la servidumbre de ascensor, deberá darse lugar a ella (TSJ Cataluña 22-12-16, EDJ 254291).

7824 **Servidumbres a favor de titulares de elementos privativos** (CCC art.553-39.3) En este caso, se reconoce la facultad del titular de un elemento privativo de exigir la constitución de una servidumbre, temporal o permanente, que sea necesaria para efectuar **obras de conservación** de su elemento privativo o para acceder a las **redes generales de suministro** de servicios.

La servidumbre podrá ser constituida sobre **otros elementos privativos**, o sobre **elementos comunes de uso privativo**, siendo requisito esencial el hecho de que sea imprescindible para acometer las obras de conservación y suministro en la vivienda o local del titular beneficiario del derecho de servidumbre.

Precisiones **1)** Cuando un propietario de un local requiere la **autorización para la instalación de una salida de humos**, debe distinguirse entre los casos en los que se requiere para el cambio de uso del local o para adecuar la salida de humos al cumplimiento de la normativa aplicable al uso que se viene haciendo del local. De esta manera, cuando no se trata de nuevas instalaciones para posibilitar nuevos usos, sino de mantener el uso que venía realizándose, se considera abusiva la oposición de la comunidad a la instalación solicitada (TSJ Cataluña 14-9-15, EDJ 181286; 5-2-09, EDJ 32109; 31-3-08, EDJ 185025).

2) Las servidumbres a las que hace referencia el CCC art.553-39.3 son las de **suministro**, esto es las de agua, gas, electricidad o señal electromagnética. No comprende las de **evacuación de humos y olores**. En cualquier caso, y de entenderse por analogía asimilables a las de desagüe, habrían de practicarse por el punto absolutamente necesario e imprescindible, así como el **menos perjudicial para los predios sirvientes**, esto es, el resto de departamentos y elementos comunes, no pudiendo impedir el uso de los mismos por parte de todos (AP Barcelona 17-10-16, EDJ 258258).

7825 **Resarcimiento económico al titular del elemento privativo** (CCC art.553-39.4) El **propietario** que soporte la constitución de una servidumbre sobre su piso o local, debe ser resarcido o indemnizado por el titular beneficiario de aquella, ya sea por el propietario individual o la propia comunidad.

La **valoración** del resarcimiento dependerá del grado de molestia o privación de uso que padezca el afectado (duración del gravamen, limitación o pérdida de espacio, etc.), para lo cual será recomendable efectuar la correspondiente pericial por técnico competente en la materia.

G. Anexos

(CCC art.553-35)

7830 Se trata de un espacio físico de **titularidad privativa** ubicado en el edificio pero en lugar distinto al del elemento privativo del cual forma parte integrante. En otras palabras, un anexo no es más que una parte de la vivienda o local pero físicamente separada.

Si bien son elementos que se hallan situados en lugares distintos, jurídicamente forman parte inseparable con el elemento privativo y es por ello que el anexo no tiene asignada cuota o coeficiente propio. El CCC los define como espacios físicos o derechos vinculados de manera inseparable a un elemento privativo, que no tienen cuota especial. En realidad, los anexos se configuran como elementos accesorios del elemento privativo al que van unidos; de ahí que los mismos queden comprendidos dentro de la cuota asignada al elemento privativo en cuestión y que su descripción se realice en el folio registral abierto al reseñado elemento privativo.

7832 **Clases** El legislador se refiere a aquellos anexos más habituales en la práctica, como son los **trasteros, plazas de aparcamiento** y **boxes**, pero ello no excluye otros espacios de aprovechamiento independiente tales como terrazas, patios, jardines, etc., ejemplos estos que también encontramos con cierta frecuencia.

Desvinculación A pesar de que son **elementos inseparables**, lo cierto es que el propio CCC art.553-11.2.a) permite la desvinculación de los anexos y creación de una nueva entidad independiente, posibilidad esta que puede ser prevista de forma expresa en los **estatutos** de la comunidad. 7834

Asimismo, nada impide la desvinculación del anexo si existe **acuerdo de la comunidad** requiriéndose un cuórum de la unanimidad de los propietarios para proceder a ello (CCC art.553-26.1 b), debiéndose asignar al nuevo elemento la cuota proporcional correspondiente. De ello se deduce que el titular del anexo no puede desvincular por sí solo el elemento, siendo precisa la **autorización de la junta**, a excepción de lo que establezca el título constitutivo.

Cesión aislada del uso (CCC art.553-35) Se contempla la posibilidad de que, en cualquier caso, el uso de los anexos puede cederse de forma separada al uso del elemento privativo, salvo que exista una **limitación expresa en los estatutos**; limitación que, en cualquier caso, no habrá de afectar a las personas que convivan en el elemento privativo con el titular del derecho de uso sobre el elemento privativo en cuestión. 7835

H. Elementos privativos de beneficio común

(CCC art.553-34)

7845

Los elementos privativos de beneficio común son aquellos elementos de carácter privativo pero cuya **propiedad** corresponde, en régimen de comunidad, al resto de los propietarios que conforman la propiedad horizontal del edificio. 7847

La peculiaridad que tiene la comunidad existente sobre estos elementos es que tiene **carácter inseparable** respecto de la titularidad del resto de elementos privativos de la finca, de manera que la **cuota** que corresponde a cada propietario en el citado elemento va siempre unida a la titularidad de su elemento privativo en cuestión, estableciéndose una especie de **vinculación** ***ob rem*** entre ambos derechos -propiedad del elemento privativo y cuota o coeficiente sobre el elemento de beneficio común-.

Estos elementos vienen a coincidir con los denominados **elementos procomunales** en relación a la LPH.

Cuando se **desafecte un elemento privativo** por acuerdo de la junta de propietario, sin que se establezca otra cosa, se entenderá que estamos ante un elemento privativo de beneficio común (CCC art.553-34.2). Luego, si la junta lo que quiere es constituir una **comunidad ordinaria** y no un elemento privativo de beneficio común -vinculación a la titularidad de los pisos-, habrá de acordarla así expresamente.

El **voto** de los elementos privativos de beneficio común se computará en el mismo sentido que la mayoría alcanzada en la votación (CCC art.553-24.3). Todo el **régimen de administración y disposición** del citado elemento se rige por las normas propias del régimen de propiedad horizontal, esto es, adopción del acuerdo en junta de propietarios y por las mayorías que procedan en función de lo dispuesto en el CCC art.553-25 y 553-26.

Destino (CCC art.553-34.1) La finalidad de este tipo de elementos es la de prestar una **utilidad o servicio común** en beneficio del resto de propietarios. 7849

En la práctica podemos encontrar diversos **ejemplos** de este tipo de elementos, como pueden ser locales destinados a club social o fines recreativos, pistas de tenis, piscinas, gimnasios, garajes, etc.

No obstante, el supuesto más habitual es el de la **vivienda del portero** que originariamente no aparecía descrita en el título constitutivo, pero que con el tiempo y dado que el servicio de portería ha venido siendo sustituido por el de **conserjería** o por el de otro tipo de empleados, se ha procedido a su desafectación y conversión en otro elemento privativo, a través del cual se obtienen una serie de recursos o rentas que se utilizan para subvenir a los gastos de la comunidad en beneficio de todos.

Se trata, pues, de elementos que, o bien están destinados a la venta a terceros para la obtención de recursos para la comunidad, o bien, lo que es más habitual, se destinan la obtención de un **aprovechamiento económico derivado de la cesión del uso a terceros**.

7850 **Creación** Existen dos modos de creación de este tipo elementos:

a) Pueden ser configurados en el propio **título constitutivo** regulador del régimen de propiedad horizontal. En este caso, el título deberá reflejar la titularidad, superficie, lindes, situación, la cuota de participación, y el destino (LH art.8 y 9; CCC art.553-9).

b) Por **acuerdo de la junta de propietarios**. En este caso puede ocurrir que la comunidad de propietarios decida adquirir un elemento privativo del edificio que ya tiene asignada una cuota de participación y configurarlo como elemento privativo de beneficio común, caso en el que se requerirá del voto favorable de las cuatro quintas partes de propietarios con derecho de voto, que, a su vez, representen las cuatro quintas partes de las cuotas de participación (CCC art.553-26.2.d).

También puede ocurrir y ha sido lo más habitual en la práctica, que la comunidad decida **desafectar un elemento común para convertirlo en privativo**, como puede ser la antigua vivienda del portero, en cuyo caso, tanto la desafectación del elemento como la constitución del elemento privativo de beneficio común quedarán sujetas a las mayorías cualificadas indicadas de las cuatro quintas partes de propietarios y cuotas (CCC art.553-26.c y d).

Precisiones Desde algún sector doctrinal se apunta la existencia de una **contradicción** en la regulación tras la reforma de la L Cataluña 5/2015, por cuanto que:

- por un lado, se exige el **consentimiento expreso unánime** de todos los propietarios para la modificación de las cuotas de participación (CCC art.553-25.4);
- mientras que, por otro, se prevé para la **desafectación de un elemento común** las cuatro quintas partes de propietarios y cuotas y además a través del procedimiento de adopción de acuerdos de formación sucesiva (CCC art.553-26.2).

Siendo ello así, y si tenemos en cuenta que toda desafectación de elemento común implica necesariamente la **modificación de las cuotas restantes**, ya que al convertir en privativo un elemento común habrá de asignársele una cuota, el criterio que habrán de seguir los tribunales puede ser, o bien el riguroso del CCC art.553-25.4 o el más flexible y específico del CCC art.553-26.2.c.

7852 **Titularidad** (CCC art.553-34.1) Se asigna la propiedad de este elemento al **resto de propietarios** de los pisos o locales que integran la comunidad, debiéndose entender, por la propia remisión legal, que su **cuota** de propiedad en el elemento privativo de beneficio común es proporcional al coeficiente que tiene asignado en su elemento privativo.

Por tanto, cuando el titular de un elemento privativo procede a la **venta de su piso o local**, dicha transmisión lleva aparejada igualmente y de forma automática la transmisión de la cuota del elemento de beneficio común. La norma impide que se transmita de forma separada la cuota sobre este elemento, ya que está forma **parte inseparable** de la propiedad del elemento privativo.

Lo anterior impide, por su propia naturaleza y destino, que el comunero pueda ejercitar una **acción de división** de la cosa común (CCC art.552-9 a 552-12), ni caben acciones de **tanteo y retracto**, lo cual resulta lógico.

Precisiones La normativa anterior a la L Cataluña 5/2015 planteaba la duda de qué pasaba si el elemento privativo (p.e. la **vivienda del portero**) se desafectaba y no se hacía indicación alguna sobre la atribución del carácter de elemento privativo de beneficio común. Esto tenía especial relevancia cuando, pasados unos años, se habían transmitido varios pisos o locales y se quería **realizar algún tipo de negocio** con esa vivienda desafectada. Inmediatamente surgía la duda de si los titulares eran los propietarios que lo fueron en el momento de la desafectación o si eran los propietarios que ostentaban la condición de titulares de los pisos o locales en el momento que se quería disponer del elemento privativo de beneficio común en cuestión.

Bajo la normativa anterior parece que la solución habría de ser la primera, esto es, si no se establecía la vinculación *ob rem* al realizar el acto de desafectación, la situación sería de **comunidad ordinaria**, sin que pudiese entenderse que cuando los propietarios vendieron los elementos privativos estuvieran transmitiendo más de lo que se expresó en el contrato o escritura que dio origen a dicha transmisión.

Por el contrario, en la L Cataluña 5/2015 se opta por entender que la **vinculación ob rem** se genera por la mera desafectación, salvo que en el acuerdo de junta se establezca otra cosa (CCC art.553-34.2).

7854 **Cargas y gravámenes** (CCC art.553-46.2) En relación a los gravámenes que puedan establecerse a favor de la comunidad a resultas de deudas asumidas por la comunidad, para **embargar los elementos privativos de beneficio común** será suficiente con demandar a la persona del presidente, como representante de la comunidad en juicio y fuera de él.

En relación a las **deudas particulares de los propietarios**, es evidente que, aunque la hipoteca del piso o local no se extienda a la cuota sobre el elemento de beneficio común, lo cierto es

que la **inseparabilidad de ambos derechos**, propiedad del elemento privativo y cuota sobre el elemento privativo de beneficio común, hará que, cuando se transmita el primero, aunque sea en pública subasta, se produzca la **simultánea transmisión de la cuota** sobre el elemento privativo de beneficio común.
De alguna manera, es algo similar a lo **que** ocurre en relación a la **hipoteca del elemento privativo** respecto del coeficiente de participación que a dicho elemento le corresponde sobre los elementos comunes. En cualquier caso, el carácter inseparable de la cuota sobre el elemento privativo de beneficio común hace que no se pueda embargar la misma de forma separada al elemento privativo al que va vinculada.

Cuota de participación en la toma de decisiones (CCC art.553-24.3) En su condición de elemento privativo, tiene asignada una cuota de participación en el **funcionamiento ordinario** de la comunidad. 7855
En lo que respecta a la asignación de la cuota de participación en la toma de decisiones o acuerdos que afectan a la comunidad, el voto de estos elementos se suma siempre a favor de la decisión que adopten la **mayoría de partícipes en la votación** siempre que representen la mayor parte de las cuotas de dichos partícipes.

Administración Se produce una remisión a las **normas generales** que regulan la administración de la propiedad horizontal, debiéndose adoptar los acuerdos y decisiones que afecten a la **ordinaria administración del elemento**, en el seno de la junta de propietarios y de conformidad con lo previsto en los CCC art.553-25 y 26. 7857

Enajenación, gravamen y división (CCC art.553-34.3 y 553-26.2.d) La transmisión o enajenación, así como el gravamen y la división del elemento privativo de beneficio común se somete a la **decisión** de las cuatro quintas partes de los propietarios y cuotas de participación. 7859

Precisiones De esta forma, se flexibiliza el régimen anterior, que requería la **unanimidad**, permitiendo que ello que puedan salir al mercado muchas viviendas (antiguas viviendas de porteros) que se encontraban bloqueadas por la dificultad que encerraba alcanzar el consenso unánime.

SECCIÓN 5

Elementos comunes

(CCC art.553-41)

7870

Son elementos comunes los necesarios para el **adecuado uso y disfrute** del edificio en general y de cada elemento privativo en particular. 7872
Se enumeran como tales: el solar, jardines, piscinas, estructuras, fachadas, cubiertas, vestíbulos, escaleras, ascensores, antenas y, en general, las **instalaciones y servicios** situados fuera de los elementos privativos que se destinan al uso comunitario o a facilitar el uso y goce de los elementos privativos.
Esta relación de elementos comunes constituye una **presunción legal** de la naturaleza común de dichos elementos. Si bien ello es así, nada impide que alguno de los elementos relacionados en el precepto pueda tener la **consideración de elemento privativo**, si así hubiera sido reflejado en el título constitutivo -p.e. un jardín o una piscina puede aparecer configurado como elemento privativo-.
Al hilo de lo anterior, ha de tenerse en cuenta que es el propio **título constitutivo** el que establece el régimen jurídico de los elementos que conforman la comunidad y que, salvo que se deduzca y demuestre otra cosa, todo lo no descrito como privativo en el título constitutivo habrá de merecer la consideración de elemento común.
Las acciones contra la **alteración de los elementos comunes** se exponen en el nº 7772.

7873 Precisiones 1) La enumeración expresada no es *numerus clausus*, por lo que es perfectamente posible la existencia de **otros elementos comunes**.

2) Se ha suscitado la controversia relativa a la naturaleza común o privativa de una **pared separadora** de dos fincas colindantes, al tratar de derribar la mencionada pared quien ostentaba la condición de propietario de una de ellas, y a la vez el título de arrendatario de la colindante, pretendiendo la unión de ambas fincas mediante el mencionado derribo. A este respecto, se considera que el carácter naturalmente común de la pared en la que se ha abierto el hueco deriva de su condición de pared separadora de fincas colindantes, es decir, de elemento esencial del edificio. En última instancia, la consecuencia de su condición de elemento común es la de que su utilización ha de adecuarse a lo prescrito en los estatutos y a lo que resulte normal y adecuado según su naturaleza (CCC art.553-42), lo que tratándose de un **muro de cierre de la finca vecina**, no puede significar otra cosa que la necesidad de mantenerlo cegado (AP Barcelona 25-5-11).

A. Clases

7875 La jurisprudencia y la doctrina han distinguido y clasificado los elementos comunes entre aquellos que lo son por naturaleza y aquellos otros que lo son por destino (TS 10-2-92, EDJ 1158).

7876 **Elementos comunes por naturaleza** Son los elementos, instalaciones y servicios que resultan **imprescindibles** para el disfrute conjunto del edificio, sin que puedan ser, en ningún caso, desafectados y configurados como elementos privativos o independientes, debiendo estar siempre al servicio de la comunidad -p.e. los elementos estructurales del edificio, las paredes maestras, fachadas, muros, cimientos, fosos, ascensores, etc.-.

Precisiones Es indudable que la **cubierta de un edificio** es siempre elemento común del mismo por naturaleza (CCC art.553-41). Solamente en el título o por acuerdo unánime de la junta de propietarios puede vincularse a uno o varios elementos privativos el uso exclusivo de dicha cubierta, sin que esta vinculación haga que pierda la naturaleza de elemento común (CCC art.553-43).

Por su propia configuración y funcionalidad, debe descartarse por completo la posibilidad de **usucapión** de elementos comunes por naturaleza (AP Barcelona 13-6-19, EDJ 632960).

7877 **Elementos comunes por destino** Son aquellos que podrían haberse configurado en el título constitutivo como elemento privativo, pero que aparecen configurados **al servicio de la comunidad** -p.e. garajes, jardines, local destinado a la celebración de la junta de propietarios, etc.-.

Estos elementos sí pueden ser objeto de **desafectación** (CCC art.553-26.2.c), transformándose en elementos privativos y asignándoseles la correspondiente cuota de participación.

7879 **Consideración residual de elementos comunes** La jurisprudencia ha venido considerando que tienen la condición de elementos comunes: todos aquellos **elementos, instalaciones o servicios** que no aparezcan configurados en el título constitutivo como elementos privativos (TS 20-12-96, EDJ 9115; 23-2-93, EDJ 1729).

En cualquier caso, está presunción admite **prueba en contrario**, si se demuestra que el elemento en cuestión ha venido funcionando como un elemento privativo, a pesar de su no configuración como tal en el título constitutivo (TS 27-6-03).

Precisiones Todos los **servicios y elementos de naturaleza común** con que cuente un edificio, y que no aparezcan de forma expresa designados como privativos en el título, ni hayan sido desafectados por eficaz acuerdo posterior de la junta de copropietarios, han de ser calificados como comunes (TS 11-2-09, EDJ 16804; AP Barcelona 1-12-09, EDJ 345153).

B. Aprovechamiento

(CCC art.553-42)

7890 **Uso y disfrute de los elementos comunes** (CCC art.553-42) El uso y disfrute de los elementos comunes corresponde a todos los propietarios de los elementos privativos, que deben usarlos de conformidad con los siguientes **parámetros de uso**:

a) El uso y disfrute de los elementos comunes debe adecuarse al **destino** previsto en los estatutos de la comunidad o al que resulte normal y adecuado a su naturaleza.

b) El uso y disfrute de los elementos en ningún caso debe perjudicar el **interés de la comunidad**.

Es evidente que los **propietarios** pueden usar y disfrutar de los elementos comunes, pero también lo pueden hacer **otros sujetos** que ocupen un elemento privativo, tales como las personas dependientes de los propietarios, los arrendatarios, usufructuarios o cualquier otra persona con título legítimo.

Del uso de los elementos comunes pueden derivar **conflictos** en el seno de la comunidad, siendo los ejemplos más típicos los relativos a la instalación de aires acondicionados en fachadas (nº 7892) o la colocación de rótulos comerciales (nº 7894).
Una particularidad importante es la que si la comunidad de propietarios acuerda la instalación de infraestructuras o equipos para la mejora de la **eficiencia energética o hídrica** o la instalación de sistemas de **energías renovables generales** en elementos comunes en los que anteriormente se encontraban ubicadas instalaciones o equipos de aprovechamiento particular de uno o varios propietarios, habrá de compensar a dichos propietarios por los daños que le ocasione dicha medida, representado por el coste de la instalación privativa a suprimir, entendemos que aplicando la **amortización** correspondiente habida de la misma durante los años que estuvo en uso (CCC art.553-42.2).

Precisiones 1) Las **prohibiciones o restricciones** del uso o disfrute de elementos comunes han de constar expresamente en los estatutos -CCC art.553-11.2 en relación con CCC art.553-41, 553-42 y 553-43- (TSJ Cataluña 16-7-20, EDJ 699444). 7891
2) Todos los propietarios están obligados a conservar y mantener adecuadamente los elementos comunes contribuyendo a los gastos generados para ello. En tal sentido, las **deficiencias** que puedan observarse en las inspecciones técnicas del edificio obligatorias por ley tendrán la consideración de obras de conservación y mantenimiento, de carácter necesario y de obligado cumplimiento (AP Barcelona 11-12-20, EDJ 762526).
3) Es necesaria una mayoría cualificada para adoptar acuerdos que comporten la **alteración de la estructura de la finca y de su configuración exterior** (CCC art.553-25.3).
4) Se prohíbe a los propietarios de un elemento privativo hacer obras que disminuyan la solidez del edificio o alteren la composición o el aspecto exterior del conjunto. Tales obras no pueden realizarse, cuando comporten la alteración de los elementos comunes, sin la aprobación del correspondiente acuerdo comunitario (CCC art.553-36), pudiendo la comunidad exigir la **reposición al estado originario** de los elementos comunes alterados sin su consentimiento (AP Barcelona 9-5-16, EDJ 123990).

Instalación de aparatos de aire acondicionado En todos los casos, se rechaza la instalación de los aires acondicionados en las **fachadas** de los edificios. 7892
Si se pretende instalar el aparato en la **cubierta o patios interiores** es necesario el acuerdo de la comunidad.

Precisiones Debe procurarse que la instalación provoque las menores **molestias** posibles al resto de vecinos. Los tribunales se han pronunciado de forma divergente, encontrando resoluciones tanto a favor de la instalación (AP Barcelona 16-1-07, EDJ 106993), como en sentido contrario (AP Barcelona 1-3-06, EDJ 255020).

Colocación de rótulos comerciales Se puede colocar el rótulo en la **fachada**, salvo cuando esté expresamente prohibido en el título constitutivo. 7894

Precisiones 1) Parece lógico que, si la comunidad ha permitido la presencia de un local de negocio o se ha contemplado la existencia de locales en sus estatutos, se habrá de permitir igualmente que se coloque un rótulo comercial en la fachada, siempre y cuando no suponga una **alteración significativa** de la configuración exterior del edificio (AP Málaga 5-5-06, EDJ 351800).
2) El rotulo comercial ha de ser destinado a la explotación del negocio, sin que sea admisible publicitar **signos distintivos ajenos al establecimiento** (AP Málaga 23-12-02, EDJ 81822).

Colocación de antenas de radioaficionados Un tema desconocido para muchos particulares, es que la colocación de antenas de radioaficionado en los edificios sujetos al régimen de propiedad horizontal no precisa de **consentimiento** alguno por parte de la comunidad, sino que le basta con la obtención de una autorización administrativa. 7895
Si la comunidad desea manifestar algún particular en relación a la instalación, debe hacerlo en el trámite oportuno del **expediente administrativo** de concesión de la autorización o licencia. De hecho, se contempla la obligación de que, presentada la solicitud, se le dé traslado al presidente de la comunidad para que esta pueda realizar las **alegaciones** oportunas dentro del plazo de 2 meses (TSJ Cataluña 17-1-13, EDJ 52842).

Atribución de uso exclusivo (CCC art.553-4) 7896

Se contempla la posibilidad de que el uso de determinados elementos comunes -p.e. patios, jardines, terrazas, cubiertas de edificio, etc.- sea atribuido en exclusiva a favor de uno o varios elementos privativos.
La atribución de uso exclusivo puede efectuarse:
a. En el propio **título de constitución**, donde quede reflejada la atribución de uso exclusivo del elemento común a favor del elemento privativo en cuestión.
b. Por **acuerdo unánime** de la junta de propietarios (CCC art.553-26.1.c).
Esta vinculación no les hace perder la **naturaleza** de elemento común.

A pesar del uso exclusivo del elemento común, su titular no puede **disponer, modificar o alterar** aquel sin el consentimiento de la comunidad, pues el uso exclusivo no le hace perder su naturaleza común.

No obstante y con carácter extraordinario, la normativa catalana prevé la posibilidad de que el titular del uso exclusivo de un elemento común pueda ejecutar en el mismo, sin consentimiento previo de la junta, obras de **mejora para la eficiencia energética o hídrica** o para la instalación de **sistemas de energías renovables**. En cuyo caso, será el propietario en cuestión quien se haga cargo de todos los **costes** que se deriven tanto de la ejecución de la instalación, como de su posterior mantenimiento.

El **procedimiento** que ha de seguir el propietario que desee ejercitar esta facultad es que con 30 días de antelación al inicio previsto de las obras habrá de remitir el proyecto técnico correspondiente al presidente o al administrador de la finca. Durante los 30 días siguientes a la recepción del proyecto, la comunidad de propietarios podrá proponer una **alternativa** que considere más adecuada a los intereses generales, siempre que la misma resulte razonable y proporcionada y que no represente para el promotor de la medida un incremento sustancial del coste. En caso de que la comunidad no realice propuesta alternativa, el propietario quedará legitimado para llevar a cabo la instalación propuesta. Por el contrario, si la comunidad presenta alternativa, dependerá si la misma está destinada al aprovechamiento general, en cuyo caso, entendemos que el gasto de instalación y mantenimiento deberá soportarse por la comunidad de propietarios y, si la alternativa es meramente una modificación de la instalación particular propuesta, manteniendo el carácter privativo, deberá ejecutarse y mantenerse por el propietario en cuestión (CCC art.553-43.3).

Precisiones El CCC art.553-43.1 no permite que la vinculación del uso exclusivo de un elemento común a uno o varios elementos privativos se pueda fundar en el **consentimiento tácito** de la comunidad deducido de la prolongada pasividad de esta (TSJ Cataluña 11-7-19, EDJ 682642). En contra de dicha doctrina, existían diversos pronunciamientos judiciales anteriores que entendían que sí se podía considerar otorgada la atribución de uso exclusivo por consentimiento tácito o por la propia configuración física del elemento común, cuando solo es accesible a través de un elemento privativo (AP Barcelona 1-12-09, EDJ 345153).

La atribución del uso exclusivo debe proceder del título o del acuerdo unánime de la junta, nunca podrá modificarse la naturaleza de un elemento común ni el régimen de su uso con una simple escritura de compraventa otorgada por uno de los comuneros con un tercero (AP Barcelona 13-6-19, EDJ 632960).

Al margen de las actuaciones propias de conservación y mantenimiento del elemento común atribuido en uso exclusivo, el propietario beneficiario del mismo ha de ser consciente de que su actuación debe limitarse o restringirse al **uso y disfrute del elemento conforme al destino** que resulte del título constitutivo o se su naturaleza, sin perjudicar el interés de la comunidad y sin que puedan alterarse los elementos comunes in la autorización de la junta de propietarios (TSJ Cataluña 7-3-19, EDJ 636517).

7897 **Conservación y mantenimiento** (CCC art.553-43) Los titulares de los elementos privativos que usen y disfruten de forma exclusiva de elementos comunes deben asumir los **gastos** de conservación y mantenimiento, y tienen la obligación de mantenerlos y conservarlos adecuadamente y en buen estado.

Las **reparaciones ordinarias** derivadas del deterioro como consecuencia del uso deben ser asumidas por aquellos titulares que disfrutan y usan el elemento común.

Por el contrario, las **reparaciones extraordinarias** derivadas de defectos estructurales o vicios constructivos serán asumidas por la comunidad. Es decir, aquellos gastos que sea necesario acometer para la reparación de los elementos comunes, que traigan su causa en situaciones imprevistas, no derivadas del normal uso, deben ser sufragados por todos los propietarios del edificio.

7898 Precisiones **1)** Uno de los temas prácticos más polémicos en relación a la conservación de los elementos de uso exclusivo es el de quién tiene que hacerse cargo de los gastos de la **impermeabilización de la terraza**. Los tribunales entienden que los **titulares del derecho** de uso exclusivo tienen la obligación de conservar adecuadamente y mantener en buen estado el elemento en cuestión, asumiendo los gastos ordinarios de conservación y mantenimiento. Ello supone sanearlos, no dañarlos, procurar que los desagües no sufran obturaciones por acumulación de suciedad.

Por el contrario, la **comunidad de propietarios** habrá de soportar el coste de los gastos estructurales, de refacción y los demás gastos extraordinarios. Ante esta disyuntiva, la opinión más generalizada es que el cambio de la tela asfáltica, previo levantamiento del pavimento y ulterior reposición del mismo, no encaja en la categoría de simple mantenimiento y conservación al tratarse de reparación o refacción de un elemento interno protector de la estructura y por consiguiente, salvo negligencia o daño derivado del mal uso, habrá de ser soportado por toda la comunidad (AP Barcelona 9-12-20, EDJ 767144; 27-12-12, EDJ 328378; 21-10-11, EDJ 267443).

En el mismo sentido, la reparación debe correr a cargo de la comunidad cuando quede acreditado que los problemas vienen dados por la propia **configuración de la terraza**, ya sea por su extensión y diseño de juntas de dilatación o por la mala configuración, diseño o ejecución de las pendientes (AP Barcelona 25-4-19, EDJ 568104).
2) Los gastos ordinarios de mantenimiento y desgaste de los bienes que son o forman parte de los elementos comunes de uso privativo son a cargo de los titulares de estos, mientras que si los gastos son o resultan ser derivados de defectos estructurales o de vicios ruinógenos corren a cargo de la comunidad de propietarios Las **deficiencias en la tela asfáltica** deben de considerarse e incluirse dentro de las obligaciones que ha de asumir la comunidad de propietarios, ya que se trata de un elemento estructural, no así el **mantenimiento y reparación del pavimento o solado de la terraza** que corresponde al titular del elemento común de uso privativo (AP Barcelona 13-9-16, EDJ 263972).

C. Desafectación

La desafectación de un **elemento común** es un acto jurídico que afecta a la configuración del inmueble, en virtud del cual un elemento común, por decisión de la junta de propietarios adoptada por las cuatro quintas partes de propietarios y cuotas (CCC art.553-25.2.c), deja de tener la calificación de elemento común, pasando a ser configurado como un elemento privativo. Dicho **elemento privativo**, a su vez, puede configurarse como: 7900
- un elemento en situación de comunidad de bienes ordinaria;
- un elemento de beneficio común;
- afectarse como anexo a un elemento privativo; o
- cederse como elemento privativo normal a otro copropietario o a un tercero.

Modalidades Dejando al margen los actos de enajenación que puedan realizarse con posterioridad al acto específico de desafectación, la realidad es que son dos las situaciones jurídicas que pueden darse a resultas de la aprobación de la junta de desafectar un elemento común, a saber: 7902
1. Transformación del elemento común en **elemento privativo de beneficio común**. Este tipo de desafectación comporta que el elemento común pasa a ser un elemento privativo, aunque sea en beneficio de la comunidad, lo que conlleva la asignación de una **cuota de participación** en el edificio. Lógicamente, dicha asignación de cuota hará que se produzca una reordenación del resto de cuotas existentes, en este caso, una reducción proporcional de las demás, al existir un nuevo elemento privativo en el seno de la comunidad. Igualmente, la creación del nuevo elemento privativo conlleva la modificación del título constitutivo.
Como quiera que el nuevo elemento resultante de la desafectación quedará configurado como un elemento privativo, el mismo será susceptible de **venta o gravamen** por parte de la comunidad.
2. Transformación del elemento común en un **elemento privativo en régimen de comunidad ordinaria de bienes** formada por todos y cada uno de los propietarios de entidades privativas existentes en el momento de la desafectación en proporción a la cuota de participación que tenga asignada cada uno de ellos.

Precisiones De conformidad con la **normativa anterior** a la L Cataluña 5/2015, la mera desafectación sin un acto concreto o específico de vinculación *ob rem* a la titularidad del resto de elementos privativos daba origen a una situación de **comunidad ordinaria**. Esa situación cambió con la reforma operada por la mencionada Ley, por cuanto que se opta por considerar que, salvo que la junta establezca otra cosa al aprobar la desafectación o con posterioridad, ha de entenderse que la desafectación dará lugar a la creación de un **elemento privativo de beneficio común** (nº 7847).

Requisitos Para proceder a la desafectación del elemento común será necesario el **acuerdo** de la junta de propietarios de las cuatro quintas partes de los propietarios y cuotas de participación, para lo cual se requerirá el voto favorable de la mayoría de los partícipes en la votación celebrada en la junta. 7904
En el supuesto de que se obtenga dicha mayoría, se computan también como favorables los votos de los **propietarios ausentes**, esto es, aquellos debidamente convocados que no hayan asistido a la junta, a excepción de que se opongan al acuerdo en el plazo de un mes desde la notificación del acuerdo (CCC art.553-26.3). Con los votos de unos y otros se hará el **recuento definitivo** y se determinará si se han alcanzado o no las mayorías cualificadas previstas en CCC art.553-26.2.c).
En todo caso, los elementos comunes que **pueden ser objeto de desafectación** son aquellos que, no siéndolo por naturaleza o esenciales, como el suelo, las cimentaciones, los muros, las escaleras, etc., lo sean solo por destino o accesorios, como los patios interiores, las terrazas a nivel, o las cubiertas de parte del edificio (TS 31-1-85, EDJ 7128; 15-3-85, EDJ 7235; 27-2-87, EDJ 1610; 5-6-89, EDJ 5664; 18-7-89, EDJ 7420; AP Barcelona 22-6-09, EDJ 219473).

D. Mantenimiento

(CCC art.553-44)

7910 Corresponden a la comunidad los gastos de **conservación y reparación** de los elementos comunes, así como de las instalaciones y servicios que conforman el edificio de manera que este cumpla en todo momento las condiciones estructurales de habitabilidad, accesibilidad, seguridad y eficiencia energética o hídrica exigibles según la normativa vigente.

Dado que el deber de conservación y mantenimiento de los elementos comunes e instalaciones es una **obligación** derivada de la Ley que pesa sobre la comunidad, cualquier propietario está legitimado y tiene la **facultad para exigir** a la comunidad que cumpla con el deber que le impone la Ley.

En coherencia con lo anterior, los propietarios deben asumir las obras de conservación y reparación que sean necesarias, no solo desde el punto de vista económico, sino también desde la **obligación de consentir** las obras que sea preciso ejecutar.

Precisiones Dado su **carácter obligatorio** para la comunidad, las obras o actuaciones de conservación o mantenimiento deben ejecutarse de forma necesaria y soportarse por todos y cada uno de los integrantes de la comunidad en proporción a su cuota o de la forma que acuerde la junta de propietarios.

Los **propietarios que se opongan o demoren sin causa justificada** la ejecución de obras o actuaciones necesarias y exigidas por la autoridad competente responderán individualmente de las sanciones que puedan corresponder en vía administrativa (CCC art.553-30.4).

Un régimen especial es el que se establece para las instalaciones de infraestructuras o equipos de aprovechamiento particular para la **eficiencia energética o hídrica** o los sistemas particulares de implantación de **energías renovables** situados en elementos comunes de uso general o en elementos comunes de uso exclusivo, en cuyo caso serán los propietarios que se beneficien de la citada instalación o equipos los que habrán de soportar tanto su instalación, como su mantenimiento y conservación (CCC art.553-44.2).

7912 **Propietarios disidentes o disconformes con las obras** (CCC art.553-30 2 y 3) Son propietarios disidentes:

- aquellos que han asistido a la junta de propietarios y han mostrado su **disconformidad con el acuerdo** adoptado, procediendo a votar en contra; o

- aquellos que no han asistido a la junta -ausentes-, pero que han mostrado su **oposición al acuerdo** adoptado, dentro del plazo de un mes desde que hubieran sido notificados, mediante escrito dirigido al secretario de la comunidad por cualquier medio fehaciente (CCC art.553-25.6 y 553-26.3).

7914 **Exoneración de contribución** Son varios los **presupuestos** que deben darse para que un propietario disidente quede exonerado de la contribución a los gastos derivados de una **nueva instalación o servicio** (CCC art.553-30.2 y 3):

a) Que su **coste total de ejecución** sea superior a la cuarta parte (25%) del presupuesto anual de la comunidad.

b) Que no se trate de instalaciones o servicios dirigidos a la supresión de **barreras arquitectónicas**, la instalación de **ascensores**, o resulten precisas para garantizar la **accesibilidad y habitabilidad** del edificio.

c) Que se trate de nuevas instalaciones o servicios comunes que **no vengan exigidos por Ley**.

Fuera de los supuestos anteriores, la única forma que tienen los propietarios de quedar exonerados de la contribución a un gasto es que exista un **acuerdo** de la junta de propietarios en tal sentido, lo que requiere del voto favorable de las cuatro quintas partes de los propietarios y cuotas de participación (CCC art.553-26.2.e).

En caso de darse los presupuestos indicados y que el propietario disidente no pueda ser obligado a contribuir al gasto, ello se aplica aun cuando **no sea posible el uso, disfrute o aprovechamiento** de la ventaja.

En el caso de que sea factible la **privación de aprovechamiento**, el disidente puede decidir en cualquier tiempo disfrutar de la mejora, previa satisfacción del importe de los gastos que le hubieran correspondido en la ejecución y mantenimiento debidamente actualizados conforme al IPC.

7915 **Obligación de sufragar determinadas mejoras** (CCC art.553-30.3) Se contempla la obligación de todos los propietarios de contribuir económicamente a los gastos que comporten la **supresión de barreras arquitectónicas** y el establecimiento del **servicio del ascensor**, de acuerdo con la normativa de la vivienda, y de los servicios imprescindibles para garantizar la **accesibilidad y habitabilidad** del edificio.

Precisiones 1) Todos los propietarios, hayan votado o no, a favor o en contra, está **obligados a aceptar** la decisión de la junta y a **contribuir económicamente** con arreglo a la cuota de participación que le corresponda (AP Barcelona 22-12-08, EDJ 353107).
2) Los tribunales han destacado que se trata de una obligación de carácter *propter rem*, de la que no pueden liberarse los propietarios al albur de una supuesta **falta de utilidad para el negocio propio** con acceso directo desde la vía pública (CCC art.553-45-2), ni, consiguientemente, alegando una supuesta **falta de uso**, ya que está comprobado que, con independencia del uso, todos y cada uno de los elementos privativos ven incrementado su valor si el inmueble cuenta con servicio de ascensor (AP Barcelona 30-1-12, EDJ 26169).
3) En el caso de existir **cláusulas estatutarias de exoneración** a determinados propietarios de la contribución a los gastos de ascensor, y que haya de instalarse el ascensor *ex novo*, la interpretación que debe hacerse de la cláusula no permite extender la exoneración al coste de instalación, ya que se trata de un servicio que beneficia a todos los propietarios (TSJ Cataluña 31-10-13, EDJ 263945).

E. Gastos comunes

(CCC art.553-45)

Todos los propietarios están obligados a satisfacer los gastos comunes en proporción a su **cuota de participación** y de acuerdo con las **especialidades** que se hayan podido fijar en el título constitutivo, en los estatutos o conforme lo que acuerde la junta de propietarios por la mayoría cualificada de las cuatro quintas partes de propietarios y cuotas de participación. 7920
Para la adopción de un acuerdo que consiste en el **reparto de los gastos** entre los copropietarios de modo distinto al previsto en el título constitutivo, basta la mayoría reforzada (CCC art.553.25.2), y no es necesaria la unanimidad, a diferencia de lo exigido en el ámbito de aplicación del derecho español, que requiere la unanimidad para la validez de los acuerdos que impliquen la aprobación o modificación de las reglas contenidas en el título constitutivo de la propiedad horizontal o en las estatutos de la comunidad, razón por la cual, el acuerdo es nulo si no es adoptado por unanimidad de los copropietarios (AP Barcelona 30-12-20, EDJ 777153).
No se define específicamente qué se ha de entender por **gastos comunes**, por lo que puede ser válida la definición que da la LPH, que entiende por tales los gastos generales para el adecuado sostenimiento del inmueble, sus servicios, cargas y responsabilidades que no sean susceptibles de individualización (LPH art.9).
La redacción de la norma deriva del interés preferente del legislador en la regulación de la propiedad horizontal basada en un **tratamiento equitativo o igualitario** de las diferentes entidades que lo componen, de forma proporcional o correspondiente a la cuota que, por razones de superficie, rentabilidad y otras circunstancias físicas y jurídicas se haya atribuido a cada una de ellas en el título constitutivo (TSJ Cataluña 4-4-13, EDJ 110373).
Se establece claramente que la **falta de utilización de los elementos comunes** por parte de cualquier elemento privativo, no le exime de su obligación de contribución al sostenimiento de los gastos que se derivan de su conservación y mantenimiento, a salvo de la previsión estatutaria en sentido contrario. En este punto, queda zanjado el debate que en ocasiones se suscitaba por parte de aquellos propietarios que se negaban a contribuir a los gastos comunes argumentando que no utilizaban determinados elementos -p.e. locales bajos que se negaban a sufragar gastos de ascensor, o portería, etc.- (AP Barcelona 30-1-12, EDJ 26169).
El legislador huye, así, de **tratos distintos o desigualitarios** en el pago de los gastos que ocasione el mantenimiento de los elementos y servicios comunes, salvo que una disposición estatutaria, que además debe referirse a elementos o servicios específicos, establezca lo contrario (TSJ Cataluña 4-4-13, EDJ 110373).

Precisiones 1) La comunidad de propietarios puede acordar en junta aplicar un **recargo a los propietarios que se demoren** en el pago de los gastos comunes, sin que el mismo constituya una modificación del título constitutivo, pues ni se modifica el coeficiente de participación, ni se modifica el importe de las cuotas y el sistema de distribución de gastos. Se trata de un mecanismo útil para que los propietarios cumplan en plazo con su obligación y que concreta la previsión contenida en el CCC art.553-4, que configura la mora automática. La adopción de este acuerdo queda sujeto al régimen general de mayorías -CCC art.553-25- (AP Barcelona 21-6-19, EDJ 635236). 7921
2) En los casos en los que la comunidad litigue contra algún comunero, no pueden conceptuarse como gastos generales los **gastos de defensa satisfechos por la comunidad** -abogado, procurador, etc.-, cuando estos se pretendan repercutir al comunero litigante, pues a cada parte litigante le corresponde pagar sus propios gastos y si la demandada es la comunidad de propietarios, obviamente, ha de excluirse a la demandante del abono de los mismos, pues se daría el contrasentido que, al imputar tales gastos de la comunidad a todos los copropietarios, el comunero disidente los abonaría por duplicado. En tales casos, la repercusión de los gastos judiciales solo es posible cuando se producen en **litigios con terceros**, esto es, con personas que no forman parte de

la concreta comunidad de propietarios, pero no en pleitos entre esta y alguno o algunos de sus miembros (TSJ Cataluña 28-9-11, EDJ 259116). Por consiguiente, es aplicable en Cataluña la jurisprudencia del Tribunal Supremo que sostiene que no son exigibles al **propietario disidente que litiga contra la comunidad** de propietarios, impugnando los acuerdos de la junta, o que se defiende frente a cualquier reclamación de aquella, los gastos de defensa -abogado, procurador, etc.- satisfechos para ello por la propia comunidad que, en ningún caso, pueden considerarse «gastos generales» mientras dure el proceso y al margen de la decisión judicial que en cada caso se adopte respecto a su imputación (TSJ Cataluña 8-11-12, EDJ 321380).

3) En cuanto a la **temporalidad en el pago** de los gastos generales de la comunidad, es perfectamente lícito que se cobren por meses o trimestres anticipados y no vencidos, ya que las comunidades necesitan disponer de recursos económicos para hacer frente a los gastos que se van generando, sin perjuicio de la aprobación de las cuentas cuando el ejercicio venza. De hecho, gran parte de las reformas legales introducidas en la materia de la propiedad horizontal han ido dirigidas a reforzar la economía de estos colectivos, evitando la morosidad de sus partícipes (TSJ Cataluña 13-10-20, EDJ 704308).

4) Son válidos los acuerdos que se adopten en el seno de la comunidad de propietarios aplicando un **recargo** sobre las cuotas insatisfechas (TSJ Cataluña 7-6-18, EDJ 560087).

5) Aunque la ley permita el establecimiento de **cuotas especiales** para la contribución de determinados gastos, mientras que no se adopte dicho acuerdo con la mayoría correspondiente (mayoría cualificada de las cuatro quintas partes de propietarios y cuotas), será de aplicación el sistema de reparto conforme a la cuota de participación correspondiente (AP Barcelona 19-7-21, EDJ 733727).

6) El mismo sistema seguido para la distribución del gasto, es lógico que sea el que se aplique para el **reparto de la subvención** que pueda obtenerse con posterioridad (AP Barcelona 5-10-23, EDJ 736993).

7922 **Obligado al pago** El obligado al pago de los gastos comunes será quien ostente la **condición de propietario** del elemento en el momento del **vencimiento de la obligación** (AP Barcelona 30-1-14, EDJ 10356), que no necesariamente ha de coincidir con el momento de **aprobación del gasto**. Por dicha circunstancia, en el caso de transmisión de algún elemento privativo, la norma catalana exige que, en el certificado a emitir por el secretario de la comunidad, con el visto bueno del presidente, salvo que el secretario sea un administrador profesional, se haga constar los gastos ordinarios y extraordinarios aprobados pendientes de repartir (CCC art.553-5.2).

Para un mejor control de la persona obligada en cada caso al pago de los gastos comunes se establece la obligación de todo transmitente de elemento privativo de comunicar a la secretaría de la comunidad el **cambio en la titularidad** (CCC art.553-37). Se hace responsable al transmitente de las deudas que se devenguen con posterioridad a la transmisión en tanto en cuanto no comunique la misma al secretario de la comunidad de propietarios.

Precisiones Algunas resoluciones judiciales han aplicado la **responsabilidad solidaria** derivada de la LPH art.9.1.i), por aplicación supletoria de dicha Ley, respecto de lo previsto en el CCC, al no resultar contraria a los principios que informan el Derecho civil catalán (AP Barcelona 28-11-13, EDJ 252351).

7923 Una cuestión controvertida es la del carácter de la obligación que tienen los propietarios de elementos privativos cuando sobre alguno de los mismos existe una situación de **comunidad de bienes**. Los tribunales parecen haberse decantado por la consideración de estas obligaciones como de carácter solidario, ya que existe identidad de la causa común obligacional y la unidad de la prestación hace a la misma indivisible, sin posibilidad de fraccionar el crédito o la deuda (AP Tarragona 24-7-12, EDJ 273153; AP Barcelona 9-10-07, EDJ 244806).

Otros argumentos expuestos a favor de la **solidaridad** en este tipo de obligaciones se encuentran en la comunidad jurídica de objetivos entre los obligados, manifestada en la interna conexión que existe entre ellos. Esa comunidad de objetivos en la propiedad horizontal se manifiesta por la directa correlación que se establece entre el elemento privativo, la cuota de participación y la distribución proporcional de los gastos comunes; lo que trae como consecuencia inexcusable que la **voz** y el **voto** de aquel elemento privativo en el seno de la comunidad haya de ser único, aun cuando internamente se encuentre sujeto a una comunidad ordinaria de propietarios (AP Barcelona 9-4-13, EDJ 83908).

Precisiones En lo que se refiere a los **gastos tributarios** -impuesto sobre bienes inmuebles, tasas y contribuciones especiales-, ha de atenderse al RDLeg 2/2004, que define perfectamente el sujeto pasivo del tributo. El impuesto sobre bienes inmuebles es un impuesto directo de carácter real cuyos sujetos pasivos son los que ostentan la titularidad.

La atribución específica de los gastos en situaciones como las **crisis matrimoniales** -p.e. CCC art.233-23.2- afecta exclusivamente a las relaciones internas entre las partes, dejando incólumes las garantías frente a terceros. El deudor frente a la comunidad o frente a la Administración tributaria lo será quien ostente la condición de propietario, sin perjuicio de lo que pueda acontecer en las relaciones internas de este (TSJ Cataluña 31-5-16, EDJ 95956; AP Barcelona 14-10-16, EDJ 260745; 19-9-16, EDJ 189061).

Propietarios disidentes (CCC art. 553-30) En relación con la determinación de los obligados al pago de los gastos comunes se contemplan algunos supuestos en los que los propietarios disidentes con los acuerdos adoptados sobre la ejecución de obras para la incorporación de nuevas instalaciones o servicios comunes que no sean exigibles por ley quedan **exonerados** de contribuir a los gastos que originan los mismos. 7924

Dichos supuestos vienen representados por el hecho de que el **coste de la instalación** sea superior a la cuarta parte del presupuesto vigente (25%) con carácter general y superior a las tres cuartas partes del presupuesto (75%) del presupuesto vigente si de lo que se trata es de infraestructuras o equipos comunes para la mejora de la **eficiencia energética** o hídrica del edificio o la incorporación de sistemas comunes de **energías renovables**.

En ambos casos, el valor será **computado** una vez descontadas las subvenciones o ayudas públicas a las que se pueda acceder para la incorporación de las infraestructuras, equipos o sistemas en cuestión.

Exoneración de pago (CCC art.553-45.2) Como **principio general**, todos los propietarios deben contribuir a los gastos comunes del inmueble, con la única **excepción** de que determinados elementos privativos hayan sido exonerados del pago por expresa disposición estatutaria o acuerdo especial de junta. Dicha exclusión de pago tan solo puede referirse a servicios o elementos que aparezcan reflejados **de forma concreta y específica** en el texto estatutario o en el acuerdo de junta en cuestión. 7925

Dicha exención de pago debe ponerse en relación con CCC art.553-11.2.b, que refiere la posibilidad de que determinados elementos privativos queden exonerados de la obligación de satisfacer los gastos de conservación y mantenimiento del portal, escalera, jardines, zonas de recreo y demás espacios similares (nº 7427).

Precisiones **1)** Las cláusulas estatutarias de exclusión de gastos deben ser objeto de **interpretación restrictiva**. Así, cuando se excluya a determinados propietarios de contribuir a los gastos de mantenimiento y conservación de un elemento, ello no puede extenderse a las reparaciones estructurales, ni a las obras de supresión de barreras, ni a las de instalación del ascensor, si fuera el caso, ni a los gastos que sean precisos para garantizar la accesibilidad y habitabilidad (AP Barcelona 3-5-17, EDJ 144734).

2) En cuanto a los gastos derivados del **servicio de portería**, debe tenerse en cuenta que este servicio es susceptible de ser utilizado por todos los vecinos, incluidos los de los locales, aun cuando tengan entrada independiente desde la calle, pues entre las funciones del portero se encuentran las de vigilancia, limpieza y cuidado de los elementos comunes, entre los que se encuentra el anteportal donde se sitúa la entrada de los locales, además de todas aquellas a que se refiere la normativa sobre empleados de fincas urbanas y que aprovechan también todos los vecinos. Por tal razón, la **exclusión de su pago** exige la necesidad de un acuerdo claro, expreso y terminante aprobado por unanimidad en junta de propietarios o bien que, previamente, conste en los estatutos (AP Barcelona 4-12-98, EDJ 38336).

Cuotas especiales sobre determinados gastos (CCC art.553-45.3) También se establece la posibilidad de que los estatutos contemplen cuotas especiales de participación para determinados gastos, como pueden ser los que incluyen **escaleras diferentes, piscinas y zonas ajardinadas**, debiéndose contribuir al pago de los mismos de conformidad con la cuota específica asignada. 7927

La cuota especial debe estar fijada en los **estatutos**, o bien por **acuerdo unánime** de los propietarios o, en su defecto, por la autoridad judicial (CCC art.553-3.4).

La norma cita los siguientes ejemplos:

- **Escaleras diferentes**: se refiere a aquellos supuestos en los que puedan existir escaleras funcionalmente independientes entre sí, aunque ubicadas en el mismo edificio, las cuales pueden tener sus propios servicios e instalaciones que solo afectan a esa parte del edificio.
- **Piscinas y zonas ajardinadas**: zonas de recreo cuyo uso puede ser excluido a los propietarios de locales comerciales o propietarios que solo lo son de plazas de aparcamiento.

Precisiones Una cosa es la cuota o coeficiente de participación que cada entidad privativa tiene en los elementos comunes de la propiedad horizontal y otra, muy distinta, el **coeficiente particular** que para la contribución a determinados gastos se contempla en algunos estatutos de comunidades de propietarios o se acuerda aplicar mediante el correspondiente acuerdo de la junta. Para la **aprobación o modificación** del primero se exige la unanimidad de los propietarios, mientras que para el segundo basta la mayoría cualificada de las cuatro quintas partes de propietarios y cuotas del edificio (AP Lleida 14-10-21, EDJ 767532).

Incremento en la participación por uso desproporcionado (CCC art.553-45.4) Como supuesto excepcional a la regla general -que los gastos comunes sean soportados de forma proporcional a la cuota general o especial asignada- el legislador catalán establece la posibilidad de que un determinado elemento privativo deba soportar un incremento en su contribución a 7929 los elementos comunes superior a la que le correspondería por su cuota, siempre y cuando se den los siguientes **requisitos**:

a. Un **uso desproporcionado** de los elementos comunes como consecuencia del ejercicio de **actividades empresariales** en el piso o local. Se está pensando en aquellas actividades empresariales o profesionales de las que se pueda derivar un elevado uso de los elementos comunes -p.e. consulta de un dentista situada en la planta tercera de un edificio, conllevando con ello un importante uso del ascensor lo que significa mayores reparaciones o gastos de mantenimiento, etc.-. El legislador no especifica qué debe entenderse por uso desproporcionado de los elementos comunes, por lo que cada caso debe analizarse de forma específica a la espera del pronunciamiento jurisprudencial.

b. Asimismo, se señala expresamente que el uso desproporcionado del elemento común debe ser **probado**, hecho este que no dejar de ser una obviedad, pues cualquier acción que pretenda imponer un deber, obligación o carga sobre el sujeto pasivo contra el que se reclama debe contar con el oportuno soporte probatorio en base al cual se fundamenta la pretensión.

Se establece como **límite máximo** del incremento que no sea superior al doble de lo que le correspondería por la cuota asignada. Dicho límite se refleja en el precepto con carácter imperativo, por lo que cualquier incremento superior sería ilegal y contrario a la norma.

7930 Para la **adopción del acuerdo** por el que se establezca el incremento en la contribución a los gastos comunes, superior a la cuota de participación del elemento privativo en cuestión, se prevén dos posibilidades:

1) Que la posibilidad de incremento esté prevista en los **estatutos**, en cuyo caso basta para la adopción del acuerdo la mayoría simple (CCC art.553-25).

2) Que sea **aprobada por la junta** de propietarios por mayoría de cuatro quintas partes de propietarios y cuotas (CCC art.553-26.2.e).

El incremento que se prevé en la norma no supone, en ningún caso, un aumento o modificación de la **cuota de participación**, sino una mayor **contribución económica** de la que le corresponde por su cuota, es decir, se le repercute un importe superior al que debería de pagar por su cuota.

Igualmente, en caso de **cese de la utilización desproporcionada** de los elementos comunes, debería suprimirse el incremento acordado, dado que su finalidad es compensar ese mayor uso de los elementos comunes. Finalizado el uso desproporcionado de los elementos en cuestión, no tiene sentido que el piso o local afectado satisfaga un importe superior al que por cuota le corresponde, ya que de lo contrario supondría un **enriquecimiento injusto** de la comunidad. En este caso, el propietario afectado debe someter a la junta de propietarios la supresión del incremento acordado en su día, siempre y cuando demuestre que ha cesado el uso excesivo o desproporcionado de los elementos comunes.

Precisiones Las exigencias para que la comunidad pueda aplicar el CCC art.553-45.4 son: que se desarrolle en un elemento privativo una **actividad empresarial o profesional**; que exista un **uso y disfrute excesivo y desproporcionado** de los elementos comunes, y que así conste en el **título o se acuerde** en junta por la mayoría cualificada de las cuatro quintas partes de propietarios y cuotas de participación (TSJ Cataluña 4-4-13, EDJ 110373).

7932 **Reclamación de los gastos generales** (CCC art.553-47) Una de las cuestiones prácticas que mayor polémica suscitó durante los primeros años de vigencia del Libro V del CCC fue la de si era posible en Cataluña reclamar las cantidades debidas por gastos generales de las comunidades de propietarios en régimen de propiedad horizontal a través del **procedimiento especial** previsto en LPH art.21. Dicho procedimiento tenía entre sus **ventajas** que si el demandado se oponía a la demanda, la comunidad podía solicitar y el juez venía obligado a acordar, sin necesidad de acreditar los requisitos previstos para la adopción de medidas cautelares -*fumus boni iuris* o apariencia de buen derecho y *periculum in mora* o conveniencia para asegurar la efectividad de la tutela judicial que pudiera otorgarse (LEC art.728)-, el **embargo preventivo** del elemento privativo del demandado.

En un primer momento, algunos tribunales se inclinaron por **descartar la aplicación** de dicho procedimiento especial en Cataluña, dada la vocación de autosuficiencia del CCC, y que la LPH en ningún caso puede ser supletoria si se oponen sus principios a los codificados por el Derecho catalán. Al no regular el CCC dicho privilegio de forma específica y tan abierta como lo hizo la LPH, debe entenderse que el CCC se acoge al sistema general de la LEC -LEC art.812.2.2- (AP Barcelona auto 12-12-07, EDJ 329983).

La extraordinaria polémica que suscitó el privar a los comunidades de propietarios catalanes del procedimiento especial del que gozan el resto de comunidades autónomas, originó un **cambio de postura** en los tribunales, en atención al cual: aunque el CCC no contiene una norma similar, en cuanto al procedimiento, el CCC art.551-1.4 remite a lo que disponga la legislación procesal; concepto amplio en el que cabe incluir no solo LEC art.812 s., sino LPH art.21,

máxime teniendo en cuenta que su actual redacción deriva de lo dispuesto en LEC disp.final 1ª.2. Este ha sido el parecer generalizado de los tribunales catalanes desde entonces (AP Tarragona Acuerdo Junta de Magistrados 30-4-09; AP Barcelona 18-4-13, EDJ 83693).
La reforma operada por L Cataluña 5/2015 resolvió definitivamente la cuestión, acordando la **aplicación del procedimiento especial** previsto para las comunidades de propietarios a la reclamación de las deudas por gastos generales ordinarios o extraordinarios o por contribuciones al fondo de reserva que puedan originarse en las propiedades horizontales catalanas (CCC art.553-47).
Para instar el monitorio especial de LPH art.21, basta con la aportación de un **certificado de impago**, emitido por quien ejerza las funciones de secretario con el visto bueno del presidente de la comunidad, en el que se determine la existencia de la deuda y su importe, con la manifestación añadida de que la misma se corresponde con lo que resulta de las cuentas aprobadas por la junta de propietarios. Dicho certificado debe acompañarse del requerimiento extrajudicial de pago al deudor.

Precisiones **1)** Las acciones para reclamar el importe correspondiente a los gastos comunes sean ordinarios o extraordinarios, así como la contribución al fondo de reserva está sujeta al **plazo de prescripción** de 10 años, como así decidieron los presidentes de secciones civiles de la Audiencia Provincial de Barcelona en reunión celebrada el 15-11-19 y lo corroboran diferentes resoluciones judiciales (AP Barcelona 14-10-21, EDJ 767429).
2) La **interposición del procedimiento monitorio** puede llevarse a cabo desde la aprobación del acuerdo de liquidación del gasto, aunque no conste la notificación del acta al demandado, ya que los acuerdos son ejecutivos desde su adopción, salvo que se solicite a adopte su suspensión por el juez a través de la correspondiente medida cautelar (AP Barcelona 29-9-23, EDJ 718665).
Sin perjuicio de la opción de acudir al procedimiento monitorio especial regulado para la materia, es de recordar que todos los procedimientos en materia de propiedad horizontal se tramitan por los cauces procesales del **juicio ordinario**, salvo las que versen exclusivamente sobre reclamaciones de cantidad, las cuales se seguirán por el procedimiento que resulte en función de la cuantía (LEC art.249.8). Ello representa que, cuando se reclame una cantidad igual o inferior a 3.000 euros, la sentencia que se dicte no será susceptible de apelación (AP Barcelona 17-7-23, EDJ 671240).

F. Responsabilidad de la comunidad

(CCC art.553-46)

La comunidad de propietarios, como entidad colectiva, puede operar y contratar en el tráfico y, **7935**
por ende, contraer **derechos y obligaciones con terceros** -p.e. contratación de obras para ampliación de instalaciones, obras de reparación, etc.-.
Por consiguiente, determinada la posibilidad de que la comunidad pueda ser **deudora** frente a eventuales acreedores, se establece que la misma responderá con sus fondos y créditos y con los elementos privativos de beneficio común.
Ello significa, que **son susceptibles de embargo**:
• Las **cantidades económicas** que la comunidad pueda tener en cuentas corrientes o cualesquiera depósitos bancarios, e incluso las propias cuotas de gastos, ordinarios u extraordinarios, que los propietarios están obligados a abonar a la comunidad a resultas de los acuerdos comunitarios adoptados.
• Los **elementos privativos de beneficio común** -si es que existen en la comunidad-, que son fincas registralmente independientes que pertenecen a la totalidad de los propietarios, pero asignadas a un destino en beneficio de la comunidad (nº 7845).
• Por último, y dado que las comunidades de propietarios carecen de personalidad jurídica, los acreedores pueden dirigirse contra los propietarios, e incluso solicitar el embargo de sus **elementos privativos**, en cumplimiento de las deudas comunitarias (nº 7938).
El problema se encuentra en como congeniar este amplio campo de responsabilidad con el derecho de los propietarios a la tutela judicial efectiva y con el régimen de la propiedad horizontal que reconoce al presidente legitimación para demandar y ser demandado en nombre de la comunidad.
El legislador catalán encuentra el equilibrio entre los diversos intereses en juego estableciendo una serie de **reglas**. La primera de ellas es que basta con demandar a la comunidad, en la persona de su presidente, para poder embargar los derechos y créditos de la comunidad, los saldos en cuentas corrientes e incluso las cantidades que haya en el fondo de reserva y los elementos privativos de beneficio común. No obstante, cuando lo que se pretenda sea embargar elementos privativos de cualquier otro orden, será necesario haber requerido de pago a los propietarios o propietarios afectados singularmente, así como demandarles individualmente a cada uno de ellos (CCC art.553-46).
No aclara la norma catalana si la responsabilidad de los propietarios, singularmente considerados, es subsidiaria respecto de la establecida en CCC art.553-46.1, esto es, si solo pueden

los acreedores dirigirse contra los bienes privativos en el caso de que no haya fondos y créditos a nombre de la comunidad, ni elementos de beneficio común.

7936 Precisiones **1)** La reforma operada por la L Cataluña 5/2015 aclara las dudas que planteaba el anterior CCC art.553-46, estableciendo una **responsabilidad principal** respecto de los fondos, créditos y elementos privativos de beneficio común, como patrimonio directamente afecto a la comunidad, y una **responsabilidad subsidiaria** de los propietarios privativos, en el caso de que con aquellos no pudiera cubrirse el total importe de la deuda.

2) En cuanto a la **responsabilidad singular de los propietarios**, debe recordarse que el titular de un elemento es responsable de los daños procedentes de su mal estado, estableciéndose una responsabilidad cuasi objetiva (AP Barcelona 10-5-16, EDJ 129063). Los propietarios, en caso de **arrendamiento** o de cualquier otra transmisión del disfrute del elemento privativo, son responsables ante la comunidad y terceras personas de las obligaciones derivadas del régimen de propiedad horizontal (CCC art.553-37.2). Además, los propietarios que, sin causa justificada, se opongan a las actuaciones u obras necesarias y exigidas por la autoridad competente o las demoren responden individualmente de las sanciones que se impongan en vía administrativa (CCC art.553-30.4).

3) En caso de **concurrencia de culpas** entre la obligación de conservación del elemento privativo del propietario singular y del elemento común por parte de la comunidad, los tribunales sancionan la responsabilidad solidaria entre el propietario común y la comunidad de propietarios frente al tercero dañado (AP Barcelona 30-5-16, EDJ 140765).

4) En relación con **caídas en edificios** en régimen de propiedad horizontal o acaecidas en **establecimientos comerciales, de hostelería o de ocio**, muchas sentencias han declarado la existencia de responsabilidad de la comunidad de propietarios o de los titulares del negocio cuando es posible identificar un criterio de responsabilidad en el titular del mismo, por **omisión de medidas de vigilancia**, mantenimiento, señalización, cuidado o precaución que debían considerarse exigibles. Por el contrario, no puede apreciarse responsabilidad en los casos en los cuales la caída se debe a la **distracción del perjudicado** o se explica en el marco de los riesgos generales de la vida por tratarse de un obstáculo que se encuentra dentro de la normalidad o tiene carácter previsible para la víctima (AP Barcelona 2-10-23, EDJ 735330; AP Tarragona 27-7-23, EDJ 684309; AP Barcelona 6-7-23, EDJ 667404; 5-7-23, EDJ 664916).

5) El arrendatario no es responsable frente a su arrendador y por consiguiente, no está obligado a reparar los **daños** que puedan ocasionarse en el elemento privativo arrendado que tengan su origen en la reparación de la fachada o elementos comunes de la finca. Se trata de supuestos que entran dentro del ámbito del **deber de conservación de los elementos comunes** que corresponden a la comunidad de propietarios, razón por la que debe ser ésta la obligada a soportar tal reparación (AP Barcelona 21-9-23, EDJ 714231).

7938 **Embargo de elementos privativos** (CCC art.553-46.2) Se prevé la posibilidad de que los elementos privativos respondan frente a las **deudas contraídas por la comunidad**. Solo podrán embargarse los elementos privativos por deudas comunitarias si, previamente, se ha requerido de pago a todos los propietarios del inmueble y se los demanda personalmente.

Entendemos que con el **requerimiento previo** que debe efectuarse a los propietarios de los elementos privativos que conforman el edificio, se pretende asegurar que, antes de proceder a la eventual afección del elemento privativo en cuestión con causa en una deuda comunitaria, los propietarios hayan tenido la oportunidad de liberarse de la deuda con carácter previo a la demanda.

La **responsabilidad de cada propietario** es mancomunada (CCC art.553-4), por lo que tan solo deben responder por la cantidad correspondiente a su cuota de participación en el edificio, quedando liberado el propietario de una eventual demanda judicial en el caso de que abone la parte proporcional de la deuda conforme a su cuota de participación.

Igualmente, entendemos que las **relaciones internas** que puedan existir en el seno de la comunidad no serían oponibles frente a terceros, por lo que el mero hecho de estar al corriente de pago en las cuotas comunitarias, no impediría el embargo de los elementos privativos por parte del reclamante que no ha visto satisfecho su derecho de crédito.

También se exige para proceder al embargo de los elementos privativos que sean **demandados personalmente** los titulares de aquellos, lo cual es del todo exigible registralmente si se pretende el embargo del piso o local. Aquellos propietarios que hayan satisfecho su parte proporcional de la deuda exigida no deberán ser demandados en el procedimiento judicial, pudiendo alegar falta de legitimación pasiva, por haber abonado previamente su parte de la deuda.

7939 Precisiones Los tribunales destacan el hecho de que, aunque las comunidades de propietarios en régimen de propiedad horizontal se configuran como entes sin personalidad, ello no permite dirigirse directamente contra los propietarios prescindiendo de toda la estructura comunitaria. En realidad, no se trata de que los propietarios, singularmente considerados, no deban responder de las deudas comunitarias, sino que para hacerlo la Ley exige una serie de **requisitos de procedibilidad** (TSJ Cataluña 24-2-14, EDJ 50495):

a) Tiene que constar la existencia de un **crédito contra la comunidad**, lo que hace necesario demandar a esta cuando su propia existencia es objeto de controversia, siendo los bienes propios

de la comunidad -fondo de reserva, créditos y elementos privativos de beneficio común- los primeros contra los que debe procederse.
b) Puede dirigirse la **acción contra diferentes copropietarios**, pero para ello deben ser demandados bien conjuntamente con la comunidad, bien posteriormente y, además, haber sido requeridos de pago previamente.

SECCIÓN 6

Propiedad horizontal compleja

La norma catalana prevé y regula la denominada propiedad horizontal compleja, en la que se comprenden todas aquellas propiedades horizontales en las que coexisten una **comunidad general** con una o varias **subcomunidades** separadas que se organizan y actúan de forma independiente en relación a sus temas particulares. 7952
Se da esa denominación legislativa a aquellos casos en los que exista un complejo inmobiliario formado por una **pluralidad de edificios** independientes y separados entre ellos o bien un edificio integrado por **diferentes escaleras**, que compartan zonas ajardinadas y de recreo, piscinas u otros tipos de elementos comunes similares (CCC art.553-48.1).

Precisiones **1)** Se pretende, con esta regulación, adaptar la Ley a la **complejidad arquitectónica** que alcanzan hoy en día los **inmuebles urbanos**, posibilitando la constitución de subcomunidades, dentro de una comunidad general, para el mejor funcionamiento de estos colectivos. De este modo además de la propiedad horizontal simple de un **único edificio unitario** compuesto de entidades privativas y elementos comunes (CCC art.553-1 y 553-33 s.), en el que el suelo y el vuelo dan cobertura a todos los elementos privativos, se regulan otras **realidades más complejas** como la de los terrenos en los que se sitúan varios edificios, siendo la zona no ocupada por la edificación elemento común destinado a pasos o aparcamiento o al ocio y esparcimiento de los propietarios; la de un solo edificio con estructura común que se sitúa en una sola parcela con portales independientes, con planta de garaje común a todos los portales; parcelas privativas sobre las que existe un chalet único o un edificio en régimen propiedad horizontal, cada una de las cuales tiene como anejo la copropiedad de otras parcelas destinadas a jardines, parques o piscina, etc. (TSJ Cataluña 21-3-16, EDJ 57059).
2) No contemplan una regla específica para la adaptación de las **propiedades horizontales complejas preexistentes**. Por dicha circunstancia, deben entenderse comprendidas dentro del régimen transitorio dispuesto en la L Cataluña 5/2006 (L Cataluña 5/2006 disp.trans.6ª). Ello significa que les serán automática e íntegramente aplicables las normas de CCC art.553 s. desde la entrada en vigor de las mismas (1-7-2006).
No se requiere de acto alguno de **adaptación**, no obstante lo cual, si lo pide la décima parte de los propietarios, la junta de propietarios deberá adaptar los estatutos y, en su caso, el resto del título constitutivo a las prescripciones del CCC. Para la **adopción del acuerdo** correspondiente bastará con obtener el voto favorable de la mayoría de cuotas de participación, si la decisión se adopta en primera convocatoria, o la mayoría de cuotas presentes o representadas, si se adopta en segunda convocatoria. Incluso, en el caso de que la comunidad rechace la adaptación solicitada, el propietario o propietarios interesados podrán acudir al auxilio judicial para obtener la adaptación, en cuyo caso podrán imponerse las costas a la comunidad (AP Barcelona 27-12-12, EDJ 317971).

A. Configuración

(CCC art.553-48)

Modalidades (CCC art.553-48.1) Se prevén tres tipos de categorías o modalidades de la llamada propiedad horizontal compleja: 7955
a) Edificios en los que **determinados elementos privativos** son configurados a través de subcomunidades, como, por ejemplo, las plantas sótano con destino a plazas de aparcamiento o trasteros. Este tipo de subcomunidades pueden estar integradas en un edificio o en varios conectados entre sí, gozando de independencia funcional y económica.
Nos encontraríamos ante una comunidad general (la que conforma el edificio o edificios) y la otra especial integrada por los titulares de las plazas de aparcamiento que funcionaría a través de su **propia junta y administrador**, permitiendo con ello un funcionamiento y toma de

decisiones específico para los asuntos que afectan al aparcamiento, siendo independiente, en su funcionamiento y organización, de la comunidad general. En todo caso, este tipo de subcomunidades son tratadas de forma particular y específica (CCC art.553-52).

b) Edificios divididos en propiedad horizontal pero compuestos por distintos **bloques, escaleras o portales separados**, pudiéndose organizar de forma independiente por medio de subcomunidades que, a su vez, se integran en una comunidad general.

En este caso, también tendrán **independencia funcional y económica** cada bloque, escalera o portal que integre la subcomunidad, pudiendo funcionar con su específica junta de propietarios de cada bloque, escalera o portal y adoptando decisiones de forma independiente de la comunidad general, siempre y cuando, dichos acuerdos afecten de forma exclusiva a los elementos y servicios comunes integrantes de la subcomunidad.

c) Una **pluralidad de edificios** independientes y separados que se encuentran conectados entre sí, por el hecho de compartir zonas ajardinadas y de recreo, piscinas u otros elementos comunes similares. Se trata de edificios independientes entre sí, pero que comparten zonas y servicios comunes que pueden ser usados y disfrutados por todos los propietarios y ocupantes de los elementos privativos de los edificios.

Los **ejemplos** más usuales, tal y como enumera la norma, son las zonas ajardinadas, de recreo, piscinas, así como cualquier otro tipo de elemento o servicio de uso común. Aunque el legislador no lo dice explícitamente, nada impide la existencia de una propiedad horizontal compleja compuesta por edificaciones destinadas a uso industrial o comercial.

7956 Precisiones **1)** La normativa catalana introduce la posibilidad de que exista propiedad horizontal compleja sobre **comunidades funcionales**, esto es, edificaciones jurídicamente independientes que, no obstante, comparten un mismo aparcamiento comunicado o conectado entre sí, que goza de independencia funcional y económica. Lo importante de ello es que permite configurar la **subcomunidad** sin necesidad de realizar un acto de agrupación jurídica de las edificaciones, lo que tendría un elevadísimo coste fiscal. El problema bajo la normativa anterior estribaba en determinar si la constitución de la subcomunidad tenía carácter voluntario u obligatorio. El CCC solventa la cuestión en el sentido de configurar la constitución de estas subcomunidades como meramente facultativa. La duda, a la vista del carácter meramente funcional de la figura, será determinar quiénes habrán de adoptar el **acuerdo de configuración** de esta subcomunidad especial. Entendemos que, dado que no se afecta al régimen independiente de cada una de las comunidades formadas por los edificios, y se configura como un sistema de organización exclusiva del aparcamiento, la decisión corresponde a los propietarios del aparcamiento.

2) Junto a la mancomunidad o comunidad matriz, cada edificio independiente o cada escalera o portal constituyen una subcomunidad y se rigen por las normas de la propiedad horizontal simple. Asimismo, puede darse el caso de que se constituya como **subcomunidad de varios edificios** un aparcamiento ubicado en los bajos de todos ellos, que forma una unidad con independencia económica y funcional, aunque su proyección vertical haga que forme parte de los diferentes edificios (AP Barcelona 4-2-20, EDJ 510809). Ver nº 8005.

7957 **Funcionamiento de las subcomunidades** (CCC art.553-48.2) Cada escalera, portal o edificio, en el régimen de propiedad horizontal compleja, constituye una subcomunidad que se rige por las normas de la propiedad horizontal.

La subcomunidad implica un funcionamiento independiente que cuenta con una **organización propia**, pudiendo contar con una normativa específica que afecte a la gestión, administración y conservación de los servicios y elementos comunes propios de la subcomunidad.

Esa organización independiente llevará aparejada la existencia de sus propios **cargos de gobierno y representación**, que podrán tomar decisiones en el ámbito de los elementos comunes integrantes de la subcomunidad, no así de la comunidad general, ya que respecto a tales elementos se decidirá en el seno de la mentada comunidad.

En el caso de las **subcomunidades de plazas de aparcamiento**, los elementos comunes que comparten con la comunidad general son generalmente, los muros, fachadas, cubiertas, canalizaciones, etc.

En los supuestos de **portales independientes** suelen ser elementos comunes compartidos con la comunidad general los jardines, los bajos de las edificaciones, etc.

Por último, en los casos de **pluralidad de edificios** independientes los elementos comunes son la piscina, zonas de recreo, pistas deportivas, jardines etc.

Precisiones En los asuntos correspondientes a cada subcomunidad, debe **excluirse de la participación**.

7959 **Subcomunidades de carácter funcional o económico** (CCC art.553-48.3) Se contempla la posibilidad de constituir subcomunidades en aquellos supuestos en los que exista una o varias naves destinadas a **plazas de aparcamiento** o a **trasteros**, y otros elementos privativos de uno o más edificios conectados entre ellos que dispongan de unidad e independencia funcional o económica.

Se trataría de **edificios independientes** en donde las plantas bajas o sótanos destinados a plazas de aparcamiento o trasteros, se encuentran comunicadas entre sí. En este caso, resultaría suficiente constituir una subcomunidad de funcionamiento sin tener que constituir diferentes servidumbres recíprocas.
En estos supuestos, no nos encontramos ante una subcomunidad que se integra en una comunidad general, sino que la subcomunidad queda integrada en **dos comunidades generales**, lo que implicará la existencia de tres organizaciones con funcionamiento independiente.

Cuotas de participación (CCC art.553-49) Se establece una **doble cuota** de participación a los elementos privativos: 7960
- Una cuota de participación particular para la **subcomunidad**.
- Una cuota de participación general para la **comunidad general**.

Por tanto, el propietario del elemento privativo contribuirá, conforme a su cuota de participación, al sostenimiento de los **gastos y cargas** de los elementos y servicios comunes que conforman la comunidad general, así como a los que se deriven de la subcomunidad.
La comunidad general integrada por subcomunidades funciona, por un lado, celebrándose **juntas de comunidad** ordinaria y, por otro, mediante la celebración de juntas independientes de subcomunidades.

> Precisiones La determinación de las cuotas de participación puede realizarse: asignando dos cuotas específicas a cada elemento privativo, una la de la comunidad general y otra la de la subcomunidad o asignando una cuota a cada elemento privativo en la comunidad general y otra cuota conjunta a la subcomunidad, que se repartirá íntegramente entre los propietarios que la integran, de manera proporcional a sus cuotas generales.

B. Constitución

(CCC art.553-50)

La propiedad horizontal compleja puede constituirse inicialmente en una sola comunidad con subcomunidades (nº 7972), o bien por asociación de varias comunidades preexistentes (nº 7974). 7970
El CCC art.550.50.1 no es del todo preciso, ya que mezcla la **situación previa** desde la que puede afrontarse la constitución de una propiedad horizontal, con el **resultado o forma de organización** que puede adoptar la propiedad horizontal compleja una vez constituida.
a) Desde el primero de los aspectos, puede darse la situación de que la constitución de la propiedad horizontal se afronte por el **promotor o propietarios** únicos del edificio en el momento de hacer la división horizontal, caso en el que solo será necesario el consentimiento del mismo o de la unanimidad de los propietarios, según sea el caso.
b) La segunda opción es que se plantee la constitución de subcomunidades en el seno de una **propiedad horizontal ya constituida** y en funcionamiento, caso en el que será necesario el correspondiente acuerdo de la junta.
c) El tercer supuesto es que la propiedad horizontal compleja se quiera constituir entre **dos comunidades** en propiedad horizontal, ya constituidas, en cuyo caso será necesario el consentimiento adoptado en junta de cada de una de ellas.
d) El cuarto caso es el representado por la constitución de una **propiedad horizontal funcional**, en el que parece que será suficiente con el consentimiento de los propietarios de los garajes comunicados, por cuanto que en nada altera el régimen de funcionamiento de las comunidades de propietarios generales.
En lo referente al **funcionamiento**, la propiedad horizontal compleja puede organizarse como una comunidad con subcomunidades, lo que significa que existirán reuniones de la comunidad general a la que asistirán todos los propietarios y reuniones de la subcomunidad, a las que asistirán solamente los integrantes de estas. Pero, también pueden constituirse como una agrupación o asociación de comunidades, en las que habrá juntas diferenciadas para tratar los temas de cada comunidad (subcomunidad), así como una reunión de presidentes de cada una de ellas para tratar los temas que afectan a la totalidad (comunidad general).

Constitución inicial Se prevé la posibilidad de que inicialmente, en el propio **título constitutivo**, se configure una sola comunidad con subcomunidades. En este caso lo recomendable es que al describir cada una de las entidades privativas (CCC art.553-9.1.b) se proceda a incluir la referencia, además a la cuota de participación general que le corresponde en la totalidad propiedad horizontal, la cuota de participación que le corresponde en la subcomunidad. El título debe recoger, igualmente, las reglas de funcionamiento de la subcomunidad, siendo de aplicación en lo no previsto las normas del CCC art.553-1 a 553-47 (CCC art.553-48.2). 7972

En el título constitutivo **deben constar**, igualmente, los elementos, instalaciones y servicios que forman para de la subcomunidad (viales, zonas ajardinadas y de recreo, servicios comunes, etc.). En el título constitutivo se indicará si la propiedad horizontal compleja se organizará como una comunidad general y diferentes subcomunidades separadas, o como una agrupación de comunidades, con reuniones de las subcomunidades y consejo de presidentes formado por los presidentes de cada subcomunidad que actúe de forma colegiada para las cuestiones relativas a la administración ordinaria de las cosas comunes.

El título constitutivo puede limitarse a prever la futura constitución de las subcomunidades, dejando establecidas las reglas aplicables en caso de que los propietarios así lo decidan mediante el correspondiente acuerdo de la junta de propietarios (CCC art.553-9.2.c).

Lo normal es que las subcomunidades se constituyan en la **misma escritura** en la que se configura el título constitutivo de la propiedad horizontal (escritura pública de división horizontal). No obstante, ningún obstáculo existe a que se recojan en escritura pública separada (escritura de modificación de división horizontal), lo que ocurrirá siempre que se configuren las subcomunidades de forma sobrevenida. En cualquier caso, la configuración de la propiedad horizontal compleja deberá ser inscrita en el Registro de la Propiedad.

7973 Precisiones 1) Aunque el CCC se muestra abiertamente contrario a la existencia de las **comunidades de hecho**, la falta de constitución formal no es oponible a las comunidades preexistentes al mismo, las cuales surgieron bajo la vigencia de la LPH art.2.b, que disponía que cualquier comunidad que reuniese los **requisitos** establecidos en el CC art.396 quedaba sometida a sus normas aún cuando no se hubiese otorgado el título constitutivo de la propiedad horizontal. En estos casos lo recomendable es que se inste por parte de la Junta de propietarios la adaptación a la normativa del CCC, con arreglo a lo dispuesto en la disposición transitoria sexta de la L Cataluña 5/2006 dips.trans.6ª (AP Barcelona 11-5-16, EDJ 150905).

2) Aun cuando en el titulo constitutivo no se configurase expresamente a la comunidad demandada como compleja, la misma viene existiendo de facto desde hace años y la recurrente participando en ella con total normalidad por lo que, de conformidad con la doctrina de los actos propios (CCC art.111-8), habiendo reconocido con anterioridad su existencia, no puede ahora válidamente renegar de ella (AP Barcelona 20-12-16, EDJ 271259).

3) La **ausencia de constitución formal** en el caso de una comunidad de propietarios en régimen de propiedad horizontal compleja no comporta necesariamente la inexistencia de las subcomunidades *de facto* que deban integrarla -cuando las características del edificio lo justifiquen-. No obstante, tratándose de una comunidad de propietarios que sí se hubiera constituido formalmente en régimen de propiedad horizontal simple sobre un edificio que, sin embargo, dispusiese de la **configuración propia de un inmueble o conjunto inmobiliario** susceptible de funcionar como una propiedad horizontal compleja (CCC art.553-48) la modificación de régimen -de simple a compleja- junto con la asignación de las cuotas particulares que correspondan a los diferentes elementos privativos de las diversas subcomunidades y de la cuota general correspondiente al conjunto inmobiliario (CCC art.553-49), dejando a salvo las complejas y frágiles situaciones *de facto* regidas por una verdadera **unanimidad y conformidad** de todos los propietarios afectados, mantenida en el tiempo para todos y cada uno de los acuerdos que se adopten por ellos, susceptible de ser quebrada por la **oposición sobrevenida** de un propietario que pretenda acogerse al título de constitución inscrito, exigirá el cumplimiento de los requisitos previstos en el Código Civil Catalán y demás concordantes y la adopción de los acuerdos adoptados conforme a lo previsto en CCC art.553-26.1.f. Como quiera que en el supuesto del presente recurso, la adopción de los acuerdos impugnados se llevó a cabo **incumpliendo** las normas descritas -CCC art.553-3, 553-25.4 y 553-26.1.a- o, en su caso, en el CCC art. 553-26.2.e) o en CCC art.553-45.4 y en ellos se aplica una **cuota de participación** distinta y más gravosa que la que está prevista para la demandante en el título de constitución originario, deben ser anulados (TSJ Cataluña 31-7-23, EDJ 723741).

7974 **Constitución sobrevenida** La propiedad horizontal compleja puede también constituirse de forma sobrevenida. Ello ocurrirá bien porque dentro de una comunidad general se decida crear una o varias subcomunidades (aparcamiento, escaleras, portales, etc.) para mejorar el funcionamiento de la propiedad horizontal; bien cuando dos comunidades independientes preexistentes decidan agruparse para compartir el uso de instalaciones, servicios, zonas de recreo, etc.

7975 **Acuerdo de constitución** En el supuesto de que se asocien varias comunidades preexistentes, podrán otorgar el **título de constitución** de propiedad horizontal compleja a través de los presidentes de las respectivas comunidades debidamente autorizados por la junta de propietarios, o en el caso de edificios con un único propietario mediante el consentimiento de aquellos.

Para que se pueda configurar la propiedad horizontal compleja es necesaria la unanimidad de los propietarios, adoptada por el sistema de formación sucesiva previsto en el CCC art.553-26.3, para la aprobación de la integración en una propiedad horizontal compleja (CCC art.553-26.1.g).

Forma de constitución La norma exige de forma imperativa que la propiedad horizontal compleja, ya sea inicial o sobrevenida, sea constituida mediante **escritura pública** otorgada ante notario, la cual deberá ser, asimismo, inscrita en el Registro de la Propiedad. 7977

Contenido del título de constitución El título de constitución debe reflejar de forma preceptiva los siguientes datos: 7979

a) La **descripción del complejo** inmobiliario en su conjunto.

b) La determinación de los **elementos comunes**, instalaciones y servicios propios de la subcomunidad, enumerando la norma a título enunciativo los viales, zonas ajardinadas y de recreo. Evidentemente, dicha enumeración no constituye un numerus clausus, pudiendo existir otros elementos tales como piscinas, gimnasios, salas comunes, etc.

c) La **cuota de participación** que corresponde a cada comunidad. Para la asignación de la mencionada cuota deben tenerse en cuenta las superficies construidas de los edificios, así como el uso y destino de los elementos privativos que la conforman (CCC art.553-3.2).

Asimismo, aunque la norma no lo diga expresamente, será recomendable que conste:

• Los **estatutos** específicos de la subcomunidad.

• La relación de las **subentidades privativas** que se integran en la subcomunidad, las cuales deberán ser convenientemente descritas (superficie, asignación de cuota que le corresponde en la subcomunidad, etc.).

Reparto de gastos Para el reparto de los gastos de conservación, mantenimiento y reparación de los elementos comunes que usan y disfrutan las subcomunidades que integran el complejo inmobiliario, se establece que serán asumidos **proporcionalmente** por las subcomunidades de conformidad con la cuota que tengan asignada. 7980

Es decir, el importe resultante de los gastos será repercutido a las **subcomunidades** como entidades independientes. Posteriormente, cada subcomunidad repercutirá los gastos a **cada propietario** de los elementos privativos integrante de la subcomunidad de acuerdo con su cuota interna de participación.

Precisiones **1)** El concepto de **gastos de conservación, mantenimiento y reparación** resulta amplio y comprende tanto los ordinarios, que se presentan como fijos o no fijos, pero periódicos, como también los extraordinarios, ocasionados por algún acontecimiento imprevisto que determina su procedencia. Dentro de los gastos extraordinarios han de comprenderse las reparaciones puntuales de conservación del edificio, incluidas las reposiciones o las sustituciones de parte de sus elementos, así como las obras de rehabilitación. Estas últimas pueden afectar, o no, a la estructura y funcionalidad del inmueble, lo que dependerá del tipo de obra a acometer (TSJ Cataluña 2-2-12, EDJ 54350).

2) El **régimen de distribución** de gastos entre subcomunidades es el mismo que han seguido los tribunales en los casos de diferentes comunidades que comparten instalaciones o servicios, como por ejemplo albañales. En estos casos y a falta de cuotas de participación, entienden que ambas comunidades poseen un análogo derecho respecto del elemento común y, conforme a ello, vendrán obligadas a sufragar por mitad tanto los gastos de conservación o sustitución, como los de mantenimiento de dicho elemento común (AP Barcelona 20-12-12, EDJ 317847).

3) Respecto de lo que son gastos de la **mancomunidad** y lo que son gastos **de cada subcomunidad**, más allá de la confusión que puedan generar muchos títulos constitutivos, se estará a lo que es la naturaleza del elemento del que se deriva el gasto, la determinación de quiénes han sido los usuarios del mismo y, especialmente, el sistema que se ha seguido históricamente para el mantenimiento del elemento (AP Barcelona 28-9-23, EDJ 734858).

C. Regulación y acuerdos

(CCC art.553-51)

Funcionamiento independiente (CCC art.553-51.1) Se permite el funcionamiento independiente y autónomo de una **subcomunidad**, siempre y cuando ello sea posible de acuerdo con el título constitutivo o por la existencia de **elementos comunes exclusivos** de la comunidad en cuestión y, en definitiva, por la propia realidad física del conjunto inmobiliario. 7985

Dicho funcionamiento autónomo implica que la subcomunidad pueda funcionar a través de sus propios **órganos de gobierno y gestión**, adoptando aquellos acuerdos que afecten a los elementos y servicios comunes de la subcomunidad. Evidentemente, los órganos de gobierno de la subcomunidad no podrán tomar decisiones, de forma independiente, que puedan afectar a los elementos y servicios comunes de la comunidad general o de otras subcomunidades distintas a la que dirigen.

Una manifestación de la **independencia** de la subcomunidad la encuentra en su aptitud para ser demandante y demandada en juicio de forma independiente a la comunidad general. Ello obligará a los **terceros** que se relacionen con la propiedad horizontal complejas a poner

especial atención a si se trata de una cuestión relativa a la comunidad general o las subcomunidades, ya que ello será clave para la determinación de la legitimación *ad causam* (AP Barcelona 18-7-12, EDJ 177178).
Cuando se trata de demandar una actuación que afecta tanto a la **comunidad general** como a las subcomunidades, no se puede demandar solo a la subcomunidad si lo que se solicita es la reparación de unos defectos, ya que, obviamente la reparación no se puede acometer por cuotas. En el caso de que lo que se solicite sea solo una indemnización y se desee demandar solo a la subcomunidad, debe concretarse la pretensión a los límites de la cuota que tiene atribuida la subcomunidad (AP Barcelona 3-9-12, EDJ 272152).

7986 Precisiones Al configurar el régimen de las subcomunidades resulta fundamental delimitar su ámbito de actuación, por cuanto que, en caso de duda, habrá de considerarse que la **competencia** corresponde a la comunidad general. Ello resulta determinante para evitar problemas futuros en el seno del funcionamiento del conjunto y, además, para la resolución de cuestiones procesales, tales como la legitimación *ad causam* (AP Barcelona 25-1-12, EDJ 18393).

7987 **Funcionamiento colegiado** (CCC art.553-51.2) Dentro de las diversas realidades complejas que se pueden presentar en el ámbito de los conjuntos inmobiliarios, se prevé la posibilidad de que sean gestionados y administrados a través de un **consejo de presidentes** de escalera o edificio que deben actuar de forma colegiada, siempre que los estatutos lo permitan o sea aconsejable por las circunstancias de la realidad del complejo o por el número de elementos privativos existentes.
Este tipo de gestión colegiada sobre los elementos y servicios comunes del conjunto de edificios se hace recomendable en aquellos complejos inmobiliarios con **diversos bloques o escaleras** o que estén compuestos por un importante número de elementos privativos.
La gestión colegiada supondría la creación de un consejo de presidentes de escalera o de edificios, cuyas **competencias y funciones** vendrían determinadas en los estatutos o, en defecto de previsión estatutaria, por las normas que regulen el funcionamiento y competencias de la junta de propietarios.

7988 En un principio, los **actos de mera gestión ordinaria** podrán ser acordados por los presidentes de cada una de las subcomunidades, pues sobre los mismos recae el mandato de representación que le ha sido otorgado por la junta de propietarios de cada una de las subcomunidades integrantes del complejo inmobiliario.
Cosa distinta serán aquellas **actuaciones de carácter extraordinario**, en cuyo caso será necesario que los presidentes del consejo convoquen a las juntas de propietarios de cada una de las subcomunidades a las que representan, a fin de adoptar el correspondiente acuerdo en el seno de aquellas. El resultado del acuerdo adoptado en las respectivas juntas de propietarios será trasladado a cada uno de los presidentes del consejo en forma de voto favorable o desfavorable según el caso.
Para la adopción de los **acuerdos** en el seno del órgano colegiado, se computarán los votos de cada a uno de los presidentes de conformidad con la cuota de participación que tengan asignadas las diversas subcomunidades. Asimismo, el **cuórum y mayorías** necesarias para la toma de decisiones se rigen por las normas reguladoras que se contienen en el título constitutivo de la propiedad horizontal compleja y, en su defecto, por las normas que regulan el funcionamiento y acuerdos de las comunidades de propietarios, en cuanto sean aplicables a su especial naturaleza. Es decir, el consejo de presidentes se deberá regir por las normas de la junta de propietarios adaptadas a la naturaleza del caso.
Para la **representación en juicio** de la comunidad de propietarios gobernada por un consejo de presidentes, será conveniente igualmente que el propio consejo sea presidido por cualquiera de los presidentes de las subcomunidades que lo integran, cuya elección debería realizarse en el seno del propio órgano colegiado.

7989 Precisiones **1)** Los tribunales han venido reconociendo **facultades** al consejo del presidente más allá de los actos de administración ordinaria de los elementos comunes, cuando cuentan con la autorización expresa de los miembros de sus subcomunidades (AP Barcelona 2-11-1, EDJ 375478).
2) La escasa normativa legal y la mención a la posible constitución de un órgano colegiado para la gestión ordinaria genera la duda de si a estas propiedades horizontales complejas se les aplica, igualmente, el régimen orgánico del CCC art.553-15 a 553-32 y especialmente el sistema de **cargos unipersonales**. La respuesta a la cuestión es que tanto las subcomunidades, como las comunidades deberán tener sus cargos propios de gobierno (presidente, administrador, secretario y, en su caso, vicepresidente). Lo que hace la norma es que, para facilitar la toma de decisiones en colectivos muy numerosos, se pueda optar por no celebrar juntas multitudinarias, sino sustituirlas por un órgano adicional, como es el consejo de presidentes; órgano que en algunos casos podrá adoptar decisiones a su sano arbitrio y en otros habrá de recabar previamente la opinión de la subcomunidad a la que representan.

Impugnación de acuerdos La eventual impugnación de los acuerdos adoptados por el consejo de presidentes, recae sobre **cualquiera de los presidentes** que representan a las subcomunidades. Ello es así, por cuanto es el presidente de la subcomunidad quien ostenta el mandato representativo de los propietarios de aquella. **7990**

Parece recomendable que, con carácter previo a la impugnación del acuerdo del consejo, el presidente de la subcomunidad impugnante proceda a convocar a la **junta de propietarios** para obtener el acuerdo que le faculte para proceder a la impugnación de la decisión del consejo.

Entendemos que la **autorización de la junta** de propietarios es necesaria por cuanto la acción judicial de impugnación llevará aparejada una serie de gastos derivados de la intervención profesional de abogado y procurador, cuyas partidas económicas requerirán de la aprobación previa por parte de la junta de propietarios.

Con independencia de lo anterior, nada impide que **cualquiera de los propietarios** de los elementos privativos que integran las subcomunidades puedan impugnar los acuerdos del consejo de acuerdo con lo establecido para la impugnación de acuerdos de la junta de propietarios (CCC art.553-31: nº 7995).

Precisiones Pese a la simple remisión que el CCC art.553-48.2 hace a las normas de la sección primera y, por ello, al CCC art.553-31 relativo a la impugnación de los acuerdos comunitarios, son muchas las **cuestiones prácticas** que se suscitan. Por ejemplo, no queda resuelto si los propietarios integrantes de las subcomunidades están **individualmente legitimados** para impugnar por cualquier causa los acuerdos adoptados por el consejo de presidentes, aunque el presidente de la comunidad hubiese votado a favor del acuerdo; o debe entenderse que carece de legitimación por haber votado a favor del acuerdo a través de su representante. Ello salvo que la impugnación se base en que el acuerdo es contrario a la Ley. La segunda duda es si cuando se impugna una decisión del consejo de presidentes, previamente autorizada por la propia comunidad (subcomunidad) debe impugnarse al mismo tiempo el **acuerdo de habilitación** adoptado en el seno de la subcomunidad y el acuerdo general adoptado por el consejo de presidentes (solución, esta última, que parece la más recomendable, pero que obliga a dirigir la demanda contra la comunidad general y contra la subcomunidad).

D. Garajes y trasteros

(CCC art.553-52)

Funcionamiento independiente (CCC art.553-52.1) Salvo previsión estatutaria en contrario, la comunidad de garaje o trastero puede funcionar respecto de la **comunidad general** de manera autónoma e independiente en cuanto a los asuntos de su interés exclusivo, siempre y cuando se de alguno de los siguientes **supuestos**: **7995**

- Que el garaje se haya configurado en el régimen de propiedad horizontal como una **única entidad privativa** en situación de comunidad de bienes, pero la distribución del uso del mismo entre los distintos comuneros venga establecida a través de la asignación de derechos de uso exclusivo sobre las diferentes plazas de aparcamiento y trasteros. En este caso, al garaje se le asigna una única cuota de participación, repartiéndose los gastos que se generen en la comunidad internamente de acuerdo con el coeficiente que en el total garaje tenga asignado cada comunero. La particularidad de esta comunidad es que se suprimen la acción de división y los derechos de adquisición preferente, compartiendo todos los usuarios del garaje la utilización de las rampas de acceso y salida, escaleras y zonas de maniobras.
- Que las diversas plazas de aparcamiento o los trasteros se constituyan como **elementos privativos** separados o independientes en el régimen de la propiedad horizontal. En estos casos, cada una de estas plazas vendrá descrita en el título constitutivo de la propiedad horizontal como una entidad privativa separada, con el número correlativo que le corresponda, con la descripción de su superficie y linderos y con la atribución de la cuota de participación en la propiedad horizontal que corresponda.

Entidad privativa en régimen de comunidad ordinaria En este caso, el espacio destinado a **plazas de aparcamiento y trasteros** se halla configurado en el título constitutivo de la propiedad horizontal como un único elemento privativo del edificio al que pertenece, describiéndose el total local aparcamiento con su superficie y linderos y asignándole la correspondiente cuota de participación (CCC art.553-9.1.b). **7997**

Internamente, la propiedad del local aparcamiento se configura como una comunidad de bienes integrada por una **pluralidad de propietarios** que son titulares de una cuota indivisa sobre la finca o espacio al que se destinan las plazas de aparcamiento o trasteros. Es decir, en este caso los comuneros no son propietarios individuales o privativos de cada una de las plazas de aparcamiento que usan y disfrutan, sino que son copropietarios, conforme a su cuota indivisa, de la totalidad de la finca en donde se ubican las plazas de aparcamiento y trastero.

La particularidad de esta comunidad es que los comuneros acuerdan distribuir el uso y disfrute de la cosa común mediante la asignación de una serie de derechos de uso exclusivo de parte del espacio del aparcamiento -plazas y trasteros-. De esta forma, se le atribuye a cada comunero, como derecho inherente a la cuota o proporción que le corresponde en el elemento, la **facultad de usar y disfrutar** de forma exclusiva y excluyente de una o varias plazas de aparcamiento o trasteros. Junto a la atribución de los derechos de uso exclusivo, se acuerda el disfrute conjunto del espacio correspondiente a las rampas de acceso y salida, escaleras y zonas de maniobras.

Aún encontrándonos en sede de una comunidad ordinaria (CCC art.552-1 a 552-12), esta situación goza de ciertas particularidades que la asemejan al régimen de propiedad horizontal, al otorgar a cada uno de los condóminos el uso exclusivo de ciertos espacios del inmueble, en este caso las plazas de aparcamiento y trasteros, así como el uso compartido de las rampas de acceso y salida, escaleras y zonas de maniobra.

A pesar de que su naturaleza jurídica es la de una comunidad ordinaria, se prohíbe de forma expresa que los condóminos puedan ejercitar la **acción de división** de la cosa común, y de igual modo se ha eliminado la posibilidad de que puedan ejercitar **derechos de adquisición preferente** tales como el tanteo y retracto.

7999 En cuanto a su **régimen de organización y administración**, sucede que en principio, salvo que se hubiera previsto por los copropietarios un régimen de funcionamiento interno, la naturaleza de este tipo de comunidades haría aplicables las normas previstas en los preceptos que regulan la comunidad ordinaria. En consecuencia:

• El comunero debe hacer **uso del objeto** de la comunidad, en este caso de la plaza de aparcamiento o trastero, de acuerdo con su finalidad social y económica y de modo que no perjudique los intereses de la comunidad ni el de los demás cotitulares (CCC art.552-6).

Ello no ofrece problemas en el seno de este tipo de comunidades, pues es evidente que el copropietario que tiene asignada una determinada **plaza de aparcamiento o trastero** debe usarla específicamente para tales fines, sin poderla destinar a usos distintos. De igual modo, debe usar de forma adecuada las **rampas de acceso y salida, escaleras**, etc., sin que pueda perjudicar en su uso al resto de copropietarios (p.e. no podrá aparcar fuera de la plaza de aparcamiento asignada).

• Asimismo, nada impide que el comunero pueda **alquilar o ceder su plaza** de aparcamiento o trastero por cualquier título, al poder gozar del derecho de uso exclusivo del espacio delimitado por la plaza y no existir, en principio y salvo acuerdo expreso en contrario de los comuneros, impedimento alguno para la cesión del mismo a terceros. Ello al margen de la libre disposición que tiene sobre la cuota indivisa que le corresponde sobre el solar al haberse suprimido los derechos de adquisición preferente del resto de comuneros (CCC art.553-52.1.a).

8000 • Cosa distinta es el régimen establecido para la **administración y funcionamiento interno** de la comunidad ordinaria que se establece sobre el aparcamiento. Salvo previsión estatutaria en contra, funciona como una subcomunidad en un régimen de propiedad horizontal compleja, en cuanto a los asuntos que sean de su interés (CCC art.553-52.1). Ello implica que, en principio, estas comunidades de aparcamiento se rigen por las normas de funcionamiento de la propiedad horizontal, con la designación de cargos de gobierno propios y la toma de decisiones a través de un órgano colegiado, cual es la junta de propietarios. En este sentido se les aplicarán las normas del CCC art.553-1 a 553-32 (CCC art.553-48.2).

No obstante, resulta aconsejable que los comuneros, titulares del aparcamiento, establezcan, al hilo del principio de la autonomía de la voluntad, **normas específicas de uso interno** del aparcamiento y trasteros, reglamentando asimismo la gestión y administración de la comunidad (CCC art.551-2).

• En todo caso, tan solo uno de los copropietarios integrantes de la comunidad ordinaria puede ejercer la **representación** de la comunidad en las juntas de propietarios que se celebren en el edificio al que pertenece el elemento privativo configurado como tal comunidad (CCC art.553-22).

Precisiones La configuración jurídica de la figura de los garajes o plazas de aparcamiento, en un edificio constituido en régimen de propiedad horizontal, como también sucede con los trasteros, puede revestir varias **modalidades**: como anexos, como elementos comunes o como elementos privativos.

Existe una subcomunidad o comunidad asociada -propiedad horizontal compleja-, cuando los trasteros o plazas de aparcamiento se configuran como **elementos privativos**, ya sea de cada uno de ellos o el local destinado a su uso. Desde esta doble opción, la doctrina considera que puede ser un elemento privativo la totalidad de local donde se encuentren los aparcamientos. En este supuesto, la adquisición de una cuota indivisa del referido local atribuye el uso exclusivo de las plazas de aparcamiento y de trasteros, así como la utilización de las rampas de acceso y salida, las escaleras y zona de maniobra (AP Barcelona 4-2-20, EDJ 510809).

El principio democrático en materia de administración de bienes comunes determina que la mayoría de los cotitulares sea la que adopte los **acuerdos de administración**. Entre dichos acuerdos puede encontrarse el de fijar el sistema de uso de las plazas de garaje cuando las mismas no tengan el mismo tamaño, o cuando no resulten suficientes para el uso simultáneo del aparcamiento por parte de todos los comuneros; acuerdos que en modo alguno podrán considerarse abusivos, salvo que se acredite la intención de perjudicar o la falta de interés serio y legítimo que cause un perjuicio injustificado (AP Barcelona 5-7-17, EDJ 217115).

Configuración como elementos privativos La normativa catalana prevé, también, que, salvo disposición estatutaria en contrario, funcionarán con independencia a la comunidad general los aparcamientos situados en edificios sujetos al régimen de propiedad horizontal, que se encuentren integrados por plazas de aparcamiento y trasteros cuando los mismos se hallen configurados en el título constitutivo como específicos elementos privativos **separados de la propiedad horizontal**. Consecuentemente, deberá asignarse a cada plaza o trastero, como elemento privativo, un número de orden y, en su caso, una letra de identificación concreta (p.e. entidad número uno: plaza de aparcamiento núm 1 o trastero A), así como la cuota de participación que le corresponde en el total inmueble o conjunto inmobiliario (CCC art.553-49). **8002**

La particularidad en estos casos viene dada porque existen una serie de elementos que se configuran como comunes pero de uso restringido del aparcamiento. Son **elementos comunes del aparcamiento**, las rampas, escaleras y zonas de acceso, maniobra y salida de los vehículos, lo cual evita que los propietarios del edificio tengan que contribuir a los gastos de mantenimiento de dichos elementos, al ser considerados específicamente por la norma como elementos comunes de la comunidad del garaje.

El **funcionamiento y administración** de la comunidad o, en su caso, de la subcomunidad del garaje o trastero, aún estando integrada en la comunidad general, funcionará de forma autónoma e independiente en su gestión y administración. El funcionamiento de la comunidad será el previsto en los estatutos, y en su defecto le serán de aplicación las normas reguladoras de la propiedad horizontal, lo cual conllevará la existencia de su propios órganos de gobierno, celebraciones de juntas de propietarios propias e independientes de la comunidad general, adopción de los acuerdos referentes a los asuntos de su exclusivo interés, etc.

El problema en estos casos es que al haberse configurado como elementos privativos del total inmueble, solo tendrán asignada, como regla general, una cuota de participación en el título constitutivo; lo que obliga a determinar cuál será la cuota o coeficiente que a cada uno de esos elementos les corresponderá en la subcomunidad del aparcamiento, algo que podrá determinarse de forma proporcional a las cuotas asignadas en el conjunto, pero que, en caso de discrepancia, habrá ser determinado por la autoridad judicial.

Funcionamiento no independiente (CCC art.553-52.2) Se prevén supuestos en los que no se puede considerar la existencia de subcomunidad de garajes y trasteros, o lo que es lo mismo, en los que las decisiones sobre el funcionamiento del aparcamiento no pueden adoptarse al margen de la comunidad general: **8004**

a) Cuando las plazas de aparcamiento o trasteros sean configurados como **anexos de los elementos privativos** de la comunidad, en cuyo caso le será de aplicación lo prevenido en el CCC art.553-35 (nº 7830 s.).

En este caso, no dispondrán de cuota especial y serán espacios vinculados de forma inseparable a un elemento privativo, ya sea vivienda o local. En cualquier caso, podrán ser cedidos a terceros, salvo limitación estatutaria que en todo caso no podrá afectar a las personas que convivan con los titulares del elemento privativo principal.

b) En el supuesto de que el espacio destinado a garaje o trastero sea configurado como un **elemento común** del total inmueble o conjunto inmobiliario en la división horizontal. En este caso, cabe la posibilidad de que el título constitutivo haya previsto su configuración como un elemento común, o bien se haya acordado con posterioridad; lo que en cualquier caso impedirá su funcionamiento como subcomunidad especial, al tratarse de un elemento común del edificio que podrán usar y disfrutar en su integridad la totalidad de los propietarios de los elementos privativos que integran el inmueble, debiendo adoptarse las decisiones referentes al mismo en el seno de la junto general de propietarios.

En este supuesto, se prohíbe expresamente por la norma la **cesión a terceros** de las plazas de aparcamiento o trasteros con independencia del uso del elemento privativo respectivo.

Subcomunidad especial (CCC art.553-52.3) Puede constituirse de forma voluntaria una subcomunidad especial para el **local destinado a garaje o trastero** si varios edificios en régimen de propiedad horizontal comparten su uso. En dicho supuesto, el espacio o local que constituye la subcomunidad será **parte de cada propiedad horizontal** en la proyección vertical correspondiente. **8005**

Asimismo, y salvo que los estatutos dispongan otra cosa, los propietarios de las plazas de aparcamiento tendrán derecho a utilizar las **zonas de acceso, distribución, maniobra y salida de vehículos** situadas en el local, con independencia del edificio concreto en cuya vertical o fachada estén situados. Es decir, no importa si la zona de acceso o salida se encuentra en uno u otro edificio, ya que podrán ser utilizadas en cualquier caso por los propietarios de las plazas de aparcamiento.

Como quiera que la subcomunidad dispondrá de un **funcionamiento y gestión independiente** de las comunidades principales de los edificios, cada una de las plazas de aparcamiento deberá llevar asignada una **cuota de participación** para el sostenimiento y contribución a los gastos de las zonas comunes.

Precisiones **1)** La regulación de esta subcomunidad participa de las siguientes **notas características** (AP Barcelona 4-2-20, EDJ 510809):

• El **local** que contiene las plazas de aparcamiento, aparte de conceptuarse como una subcomunidad, es parte de cada propiedad horizontal en la proyección vertical que corresponde.

• Los titulares de las plazas ostentan el **derecho a utilizar** todas las zonas de acceso, distribución de maniobra y salida de vehículos, situados en el local, con independencia del edificio concreto en la vertical de la fachada de la que estén situadas, a no ser que exista una previsión estatutaria diversa.

La regla general es la de que la subcomunidad de aparcamiento se integra en cada una de las comunidades que componen los edificios sobre cuya proyección se encuentra construido. No obstante, puede configurarse como **separada de las subcomunidades** de las viviendas y locales que existen por encima del nivel suelo, en cuyo caso no vendrá obligada a contribuir a los gastos derivados exclusivamente de los elementos comunes del resto de subcomunidades (AP Barcelona 28-3-19, EDJ 547234).

2) La constitución de estas comunidades funcionales genera muchas dudas, por cuanto que se trata de una **agrupación impropia o funcional** en cuya constitución habrían de participar todos los propietarios de plazas de aparcamiento, aunque se duda si deberán hacerlo, también, todos los propietarios de ambas comunidades, o, al menos, los presidentes de las mismas previa aprobación o autorización de sus respectivas comunidades. Del mismo modo, existen muchas cuestiones de diversa índole, algunas de ellas **procesales**, cuya resolución corresponderá a los tribunales, como puede ser la legitimación que pueda tener el miembro de una plaza de aparcamiento en esta comunidad funcional, para impugnar por gravemente perjudiciales los acuerdos adoptados en la comunidad de propietarios en la que no se encuentra ubicada su plaza de aparcamiento, pero que le afecta por cuanto que se repercute sobre la total subcomunidad especial.

SECCIÓN 7

Propiedad horizontal por parcelas

(CCC art.553-53 a 553-59)

8015

8017 Este tipo de complejos inmobiliarios se corresponden con lo que tradicionalmente se ha denominado, de forma defectuosa, como **urbanizaciones privadas**. Se trata de una pluralidad de parcelas jurídicamente independientes y autónomas, compuestas de chalets, casas apareadas, bungalows, otros edificios o meros solares que, no obstante, tienen la particularidad de que comparten determinados servicios o elementos comunes, cuyo uso y disfrute corresponde a todos los propietarios de parcelas.

8018 **Distinción con la propiedad horizontal compleja** A la vista de la normativa catalana, en algunas situaciones resulta difícil determinar dónde se encuentra la **línea de separación** entre la propiedad horizontal compleja y la propiedad horizontal por parcelas.

Para ello es importante tratar de averiguar si la configuración de la propiedad horizontal por parcelas se construye sobre el concepto de **actuación urbanística**, como se apunta en algunos preceptos, o se construye sobre cualquier realidad en la que parcelas independientes comparten el **uso y disfrute de una serie de elementos o servicios comunes** (zonas ajardinadas, pistas polideportivas, piscinas, etc.).

Algunos autores, incluso, mantienen que la propiedad horizontal por parcelas no es más que uno de los ejemplos de propiedad horizontal compleja, esto es, que se trata de una de las **modalidades** que puede adoptar el tipo general que es la propiedad horizontal compleja.

En nuestra opinión, la propiedad horizontal por parcelas está construida sobre la base de lo que en su día fueron la **propiedad horizontal tumbada** o **urbanizaciones privadas** y, por consiguiente, responden al esquema de complejo inmobiliario formado por una pluralidad de parcelas que comparten una serie de instalaciones, elementos o servicios comunes. Sin embargo, la propiedad horizontal compleja está pensada para constitución de **subcomunidades dentro de una comunidad general**, normalmente afectante a una única original finca registral, pero que, a lo sumo, como en la propiedad horizontal funcional de los garajes, puede afectar a dos parcelas diferentes.

Siguiendo esta línea, el caso en el que dos **edificios contiguos, jurídicamente independientes**, compartan elementos o instalaciones tales como albañales, debe situarse en el ámbito de la propiedad horizontal compleja, aunque se trate de parcelas diferentes, y lo mismo ocurre si lo que comparten es alguna **zona de paso o acceso**. En cambio, si nos encontramos ante **multitud de parcelas que comparten algún elemento común**, aunque no procedan de una actuación urbanística, sino que se han desarrollado de modo «salvaje», al hilo de múltiples y sucesivas segregaciones, entendemos que se trata de un ámbito propio de la propiedad horizontal por parcelas.

La L Cataluña 5/2015 no resolvió de forma clara la cuestión expuesta, aunque parece poner especial énfasis sobre la idea de una **actuación urbanística**, pues permite que el régimen de la propiedad horizontal por parcelas se establezca sobre un conjunto de fincas independientes que tienen la consideración de solares, edificados o no, que forman parte de una actuación urbanística y participan con carácter inseparable de unos elementos de titularidad común.

Precisiones Las situaciones que, según los casos, reciben **denominaciones diversas**, como las de «casas superpuestas», «casas a caballo», «casas empotradas», o la más técnica de «engalabernos», pueden configurarse jurídicamente por distintas vías, atendiendo a las diferentes circunstancias del caso concreto. Aunque, en principio, el régimen de propiedad horizontal sobre todo el conjunto -**propiedad horizontal por parcelas** - puede ser el más adecuado, por ser el aplicable directamente cuando concurran los presupuestos del mismo o por su aplicación analógica a los complejos inmobiliarios privados, no pueden descartarse **otras soluciones distintas**, como la medianería horizontal o la comunidad *sui generis* sobre cada una de las casas colindantes (AP Tarragona 20-6-19, EDJ 655416; con cita de TS 28-4-72, EDJ 85; 28-12-01, EDJ 50601; 14-4-05, EDJ 46963; DGRN Resol 20-7-98).

Requisitos (CCC art.553-56) Los presupuestos que deben concurrir en este tipo de complejos para que les sea de aplicación el régimen especial de propiedad horizontal por parcelas son: **8019**

a) Que exista un conjunto de **fincas vecinas físicamente** independientes que tengan la consideración de solares, edificados o no. Se trata de fincas situadas en el mismo ámbito espacial (vecinas) e independientes por el hecho de estar suficientemente delimitadas las unas de las otras y ser jurídica y funcionalmente independientes, al disponer de salida propia a un elemento común o vía pública. Han de tener la consideración de solar, entendido este como aquel terreno clasificado como suelo urbano que sea apto para la edificación.

b) Que formen parte de una **actuación urbanística**. Se trata pues de un grupo de inmuebles que se hallan integrados en diversas parcelas o solares edificados o no, que se integran en régimen comunitario para lograr optimizar sus intereses colectivos y que forman parte de un mismo ámbito urbanístico, normalmente delimitado por la actuación urbanística urbanizadora.

c) Que las fincas participen, de forma inseparable, de unos **elementos de titularidad común**. Los propietarios de los inmuebles son asimismo copropietarios, mediante cuota indivisible e inseparable de la titularidad de su parcela, de los elementos comunes dependientes funcionalmente de los elementos privativos a los que sirven, tales como viales, jardines, piscinas, instalaciones, zonas de recreo, etc.

d) El presupuesto contemplado en el apartado c) anterior podrá ser sustituido por el establecimiento de una serie de **limitaciones de uso** que afecten a todas las parcelas. En este caso, las parcelas se encuentran afectadas por limitaciones de uso y disfrute a favor de todas o de algunas de las demás fincas que integran el conjunto inmobiliario, constituyéndose a modo de obligación *propter rem* que legitima la constitución de la propiedad horizontal por parcelas.

Precisiones **1)** A estos complejos inmobiliarios configurados bajo el régimen de propiedad horizontal por parcelas, les son de aplicación las normas establecidas en el CCC art.553-53 a 553-59 y, **supletoriamente**, el resto de normas previstas para la propiedad horizontal en el CCC art.553-1 a 553-53, que sean acordes a con su naturaleza y normativa urbanística aplicable.

2) En el caso de las urbanizaciones por parcelas, se extienden los principios de la propiedad horizontal, debidamente adaptados, al conjunto de fincas vecinas físicamente independientes que tienen la consideración de **solares**, edificados o no, formen parte de una urbanización y participen con carácter inseparable de unos elementos de titularidad común (CCC art.553-53), entre los que se incluyen otras **fincas o servicios colectivos**, así como de limitaciones sobre su goce a favor de todas o de algunas de las demás fincas del conjunto (TSJ Cataluña 21-3-16, EDJ 57059).
3) La normativa catalana aplica este especial régimen de dominio -propiedad horizontal- no solo a los edificios divididos en pisos o locales, sino también a todos aquellos supuestos en los que coexistan en suelo, vuelo o subsuelo, edificaciones o usos privativos con **edificaciones o usos de dominio público** -CCC art.553-2.2- y que, pese al carácter constitutivo o formal con el que se configura la propiedad horizontal en Cataluña, el CCC establece que aquellas situaciones de hecho que reúnan todos los presupuestos de la propiedad horizontal, salvo el otorgamiento del título, se regirán por los pactos establecidos por los propietarios, por las normas de la comunidad ordinaria y, si procede, por las normas de la propiedad horizontal que sean adecuadas a las circunstancias del caso -CCC art.551-2-, lo que resulta extensivo a las situaciones de propiedades horizontales por parcelas de hecho (TSJ Cataluña auto 25-3-19, EDJ 571629).
4) En relación con las **situaciones de hecho de propiedades horizontales por parcelas**, los tribunales vienen reconociéndole la aplicación del régimen de la propiedad horizontal, ya que no tendría sentido que, existiendo las parcelas con titulares diferenciados y los viales y terrenos destinados al conjunto, se permitiese a cualquiera de los propietarios solicitar el cese de la situación de indivisión (AP Barcelona 11-7-23, EDJ 684806).

8020 **Fincas de titularidad privativa** (CCC art.553-54) Cada una de las **parcelas** o fincas integrantes de la propiedad horizontal por parcelas pertenece en exclusiva a sus titulares en el régimen de propiedad que les resulte de aplicación.
Ello significa que los titulares de los elementos privativos tienen las máximas **facultades de uso y disposición** sobre dichos elementos, en cuanto a propietarios de los mismos que son. Tan solo tendrán las **limitaciones de uso** que puedan venir impuestas por la ley o en su caso por los estatutos de la propiedad horizontal por parcelas.
De esta forma, la injerencia de la comunidad general sobre la disposición del inmueble ubicado en la parcela de propiedad privativa es sensiblemente menor que el que se da en una propiedad horizontal simple respecto de las **alteraciones en el elemento privativo**, ya que el o los propietarios del edificio sito en una propiedad horizontal por parcelas pueden alterar el mismo, aunque se modifique la estructura y la configuración exterior del mismo, sin que, salvo previsión estatutaria en contra, la comunidad formada por la propiedad horizontal por parcelas pueda oponerse a ello.
Partiendo de la premisa general de que cualquier modalidad de propiedad horizontal implica que el elemento privativo tenga asignada una **cuota de participación** sobre los elementos comunes del complejo o edificio, cabe decir que los actos de enajenación, gravamen y embargo que puedan recaer sobre las fincas de titularidad privativa se extienden de forma inseparable a la cuota de participación que le corresponda sobre los elementos comunes. Por consiguiente, la **venta de un elemento privativo** lleva aparejada la transmisión inherente de su cuota de participación sobre los elementos comunes, sin que sea divisible una de la otra, lo cual sucede igualmente en los casos de embargo o cualquier otro tipo de gravamen que les pueda afectar.
Los **gastos comunes** deben ser satisfechos de conformidad a la cuota de participación asignada al elemento privativo en cuestión. La falta de uso de los elementos comunes no eximirá de la obligación de pago a los propietarios, con la única salvedad de que en el estatuto se haya previsto algún tipo de exención de contribución que deberá establecerse de forma concreta y especifica.
Al hilo de lo anterior, el **adquirente de una finca** vendrá obligado a satisfacer los gastos comunes que no hubiera satisfecho el transmitente, obligación esta que alcanza a la parte vencida del año en que se transmite y del año natural inmediatamente anterior (CCC art.553-5), sin perjuicio de la responsabilidad que posteriormente le fuere exigible al vendedor. Consiguientemente, se aplica en relación a los gastos generales derivados de los elementos comunes el régimen general, incluida la **afección real** en caso de transmisión. Del mismo modo, será aplicable la obligación de aportar un **certificado de la comunidad** que refleje el estado de deudas del elemento privativo cada vez que se proceda a su transmisión onerosa (CCC art.553-4.2).

Precisiones La normativa catalana no ha contemplado la situación de que alguno o algunos de los elementos privativos pueda perder los caracteres exigidos en la ley para ello de forma sobrevenida. Algo que es perfectamente posible al hilo de una **modificación del planeamiento** que, por ejemplo, convierta en zona verde pública una serie de parcelas que anteriormente eran patrimonio privativo del ayuntamiento. Estas situaciones obligan a una **automática reordenación de las cuotas de participación** sobre los elementos comunes, que, en caso de no acordarse en junta de propietarios, habrá de acordarse judicialmente.

Inexistencia de derechos de adquisición preferente (CCC art.553-54.3) De modo similar a como sucede con el resto de modalidades de propiedad horizontal prevista en la norma catalana, se suprimen cualesquiera derechos de adquisición preferente (**tanteo y retracto**) en los casos de transmisión de elementos privativos. **8022**
La transmisión o venta de una finca privativa no otorga ningún derecho de adquisición preferente de naturaleza legal, lo cual no impide que pueda ser **convenido por los particulares** en el ámbito de la libertad de pactos derivada del principio de autonomía de la voluntad, un derecho de adquisición preferente de naturaleza meramente convencional.

Elementos de titularidad común (CCC art.553-55) La norma efectúa una enumeración de los elementos comunes más usuales, sin que pueda ser considerada dicha relación como una lista cerrada. Se trata de los **elementos inmobiliarios** y los **servicios e instalaciones** que se destinan al goce y uso común que menciona el título de constitución, entre los que se incluyen las zonas ajardinadas y de recreo, las instalaciones deportivas, los locales sociales, los servicios de vigilancia y, si procede, otros elementos similares. **8024**
En todo caso, lo destacable es que el elemento común debe aparecer **identificado en el título constitutivo**, de tal manera que se identifique con precisión qué es elemento común y qué es elemento privativo.
La enumeración del legislador **no** reviste **carácter imperativo**, pues pueden existir, por ejemplo, zonas ajardinadas, locales sociales, o piscinas que sean configuradas como elementos privativos, por cuanto que lo fundamental será la calificación que haya sido otorgada en el título de constitución.

Precisiones **1)** El **subsuelo del jardín de la parcela propiedad exclusiva** o privativa de los demandantes no se halla en ninguno de los supuestos previstos en el CCC art.553.55 ni se le atribuye carácter de elemento común en el título constitutivo, por lo que, consideramos debe prevalecer el CC art.350, en virtud del cual el **dueño de una superficie** lo es también de lo que está debajo de ella, por lo que tiene carácter privativo (AP Barcelona 25-10-16, EDJ 264692).
2) Las **zonas ajardinadas exteriores** suelen configurarse como elementos comunes de la propiedad horizontal por parcelas (CCC art.553-55-1), siendo obligación de la comunidad de propietarios general la de conservar los elementos comunes, así como mantener el correcto funcionamiento de las instalaciones y servicios (CCC art.553-44). Por dicha razón, la comunidad habrá de responder de los daños que se generen por el estado de los elementos comunes en cuestión, como pueden ser los generados por las raíces de los árboles plantados en la zona comunitaria (AP Girona 22-9-23, EDJ 712948).

Inseparabilidad de los elementos comunes Los elementos comunes son inseparables de las fincas privativas, cuya vinculación proviene de la **cuota de participación** que a cada finca le corresponde con respecto al conjunto de los elementos y servicios comunes. **8025**
La **vinculación** deriva de la propia finalidad de los servicios y elementos comunes, cuyo destino es el de servir, precisamente, al resto de los elementos privativos. Ello supone, igualmente, que ningún propietario podrá liberarse de sus **obligaciones** respecto de la propiedad horizontal por parcelas renunciando a la titularidad que le corresponde en los elementos comunes, ya que la misma es indisponible de forma separada a la titularidad que se tiene sobre el elemento privativo. Tampoco podrá liberarse bajo el pretexto de un **no uso del elemento o servicio común**.

Restricción (CCC art.553-56) Se califica como **elementos comunes** a las restricciones al ejercicio de las facultades dominicales sobre fincas privativas impuestas por el título de constitución o los estatutos, el planeamiento urbanístico o las leyes. **8027**
Las restricciones reflejadas en el título constitutivo referentes al **ejercicio de las facultades dominicales** sobre los elementos privativos pueden ser muy variadas, como, por ejemplo: mantener la uniformidad de las fachadas, pintura exterior, prohibición de tender la ropa en los balcones, prohibición de toldos o efectuar barbacoas, etc.
Entre las restricciones **derivadas de la normativa urbanística** se puede citar la prohibición de no superar determinadas alturas en eventuales edificaciones, o no construir en determinados espacios, etc.

Precisiones La L Cataluña 5/2015 armonizó la **terminología** utilizada en el Código y sustituye la expresión «limitaciones» por la de «restricciones».

Título de constitución (CCC art.553-57) Como en el caso de la propiedad horizontal compleja (nº 7950 s.), el régimen de la propiedad horizontal por parcelas puede ser de creación originaria o sobrevenida. **8029**

8030 **Creación originaria** En la práctica es habitual que el título constitutivo de la comunidad sea otorgado por los **promotores del complejo inmobiliario** coincidiendo con la adjudicación de las parcelas resultantes del proyecto de reparcelación. Es decir, producida la división del terreno en parcelas, será el momento para otorgar el título constitutivo por el que se configura la comunidad.

El **título de constitución** debe ser otorgado mediante escritura pública.

La regulación vigente utiliza el término «relación», que conlleva una mera indicación de los **datos esenciales**, tanto del conjunto con el número de solares, como de la licencia y actuación urbanística. Además, habrán de relacionarse las obras de urbanizaciones, instalaciones y el sistema previsto para su conservación. Junto a lo anterior, habrán de:

- describirse cada una de las parcelas (solares) con su **superficie, linderos y cuota de participación**;
- determinarse las reglas generales y específicas de **destino de las fincas**, indicando si son divisibles;
- recoger los **estatutos**, si así se acuerda;
- relacionar los **terrenos de dominio público** comprendidos dentro del ámbito de actuación, e
- incorporar un **plano descriptivo** del conjunto.

Las **determinaciones urbanísticas** que se contengan en el título tendrán efectos meramente informativos.

8034 **Creación sobrevenida** También cabe la posibilidad de que el otorgamiento del título constitutivo de la comunidad traiga su causa en el **acuerdo** de todos o de una parte de los propietarios de las parcelas, edificadas o no, situadas en una unidad urbanística consolidada y que ya figuren inscritas en el Registro de la Propiedad como fincas independientes.

En este caso, al constar ya registradas las fincas en cuestión, no será necesario efectuar una descripción detallada de aquellas, bastando su **identificación** a través de su numeración registral, indicando asimismo su referencia catastral, el número de identificación que tiene asignado en la urbanización y los nombres de los propietarios.

Evidentemente, y como quiera que se trata de la constitución de un régimen de comunidad en régimen propiedad horizontal, será necesaria la asignación correspondiente de las **cuotas de participación** a cada una de las parcelas o inmuebles que integran la comunidad constituida, las cuales requerirán el acuerdo unánime de los propietarios (CCC art.553-3).

El **resto de requisitos** relativos al contenido del título de constitución que refiere la norma, le será de igual aplicación a esta modalidad sobrevenida.

Precisiones Aunque las propiedades horizontales por parcelas no se configuren formalmente, siempre que existan elementos o **servicios de goce común a todos los propietarios**, existirá una situación de comunidad de servicio de hecho que implica la obligación de todos de contribuir al mantenimiento de dichos elementos y servicios de goce común (AP Barcelona 12-5-10, EDJ 151156).

8035 **Constancia registral** (CCC art.553-58) Se prevé para este supuesto un sistema de **folio registral triple**:

1. Inscripción y apertura de folio registral especial e independiente para el complejo general o **urbanización**.

2. Otro folio especial e independiente para **cada una de las fincas** privativas integrantes del mismo. En el supuesto de que sobre la finca se edifique un inmueble en régimen de propiedad horizontal, se abrirá folio separado para cada uno de los pisos o locales que integran el inmueble.

3. Incluso prevé la apertura de folio especial e independiente para las fincas destinadas al uso y disfrute de los **servicios comunes**.

Al constituirse la propiedad horizontal por parcelas deberá inscribirse en el **folio de la finca** sobre la que se asienta el complejo inmobiliario, debiéndose efectuar las operaciones registrales necesarias para formar **una sola finca**.

Si las fincas pertenecen a **varios propietarios**, podrá establecerse una comunidad ordinaria indivisa sobre la finca agrupada que puede mantenerse en las fincas privativas, o bien proceder a su disolución mediante la adjudicación de las fincas privativas resultantes a cada uno de los propietarios de conformidad con su cuota indivisa. En este último caso, se entenderá que nunca ha existido situación de comunidad, por mención expresa del legislador.

Asimismo, se prevé que la inscripción del régimen de urbanización deberá efectuarse **a favor de las personas constituyentes**, es decir a favor de los titulares de las fincas sobre la que recae el régimen comunitario, debiéndose contener los **datos** exigidos por la legislación hipotecaria y en especial los del título de constitución (nº 8029).

Finalmente, deberá hacerse referencia al archivo del **plano descriptivo** del conjunto, y efectuarse las notas marginales correspondientes a las inscripciones de las fincas privativas.

Precisiones Se contempla la realización de una **agrupación instrumental de las parcelas** al objeto de constituir la propiedad horizontal por parcelas, ya que en otro caso y de considerar que la agrupación no lo era instrumental, sino jurídica, el coste fiscal de la operación haría inviable cualquier configuración en este tipo especial de propiedad horizontal a los complejos inmobiliarios que quisieran hacerlo (CCC art.553-58.2).

Inscripción de las fincas privativas (CCC art.553-58.4) La inscripción registral de las fincas privativas, además de los datos exigidos por la legislación hipotecaria, debe contener los siguientes: **8039**
a) El **número de parcela** que les corresponde, la situación, superficie, límites y, si procede anexos.
b) La cuota o **cuotas de participación**.
c) El **régimen especial** o las limitaciones que pueden afectarlas de forma determinada.
d) La referencia a la **inscripción general**.
Como ya hemos indicado anteriormente, cada inscripción abrirá folio e historial registral independiente.

Inscripción de las fincas destinadas a uso y disfrute o a servicios comunes (CCC art.553-58.5) **8040**
Las parcelas cuyo destino sea el uso y disfrute de elementos o servicios comunes se inscribirán a favor de los **titulares presentes y futuros** de las diversas fincas privativas, sin mencionarlos de forma explícita ni hacer constar las cuotas que le corresponden.
Por tanto, se deduce del tenor de la norma que la inscripción a favor de los propietarios se efectuará **en abstracto** sin identificar de forma específica los diversos titulares de los elementos privativos.

Inscripción en forma sobrevenida (CCC art.553-58.6) Para el caso de establecimiento de la propiedad horizontal por parcelas en forma sobrevenida (nº 8034) se inscribirá mediante apertura de **folio separado e independiente** para la urbanización en conjunto, en el que se deberán hacer constar las circunstancias señaladas anteriormente. **8042**
Asimismo, como en la modalidad de constitución sobrevenida ya se hallan inscritos registralmente los inmuebles, se deberá proceder a efectuar una referencia por **nota marginal** a cada una de las fincas que pasan a ser elementos privativos de la comunidad que se constituye.
De igual modo, deberá hacerse constar la **cuota de participación** que le corresponde a cada uno de ellos en el seno de la comunidad.

Extinción voluntaria (CCC art.553-59) La propiedad horizontal por parcelas se puede extinguir de forma voluntaria por el **acuerdo** de las cuatro quintas partes de los propietarios, siempre que representen las cuatro quintas partes de las cuotas de participación. **8044**

Liquidación (CCC art.553-59.2) En el supuesto de que se acuerde la disolución de la urbanización constituida en régimen de propiedad horizontal por parcelas, se abrirá la fase de liquidación, debiendo la **junta de propietarios** mantener sus funciones a fin de llevar a cabo la liquidación de las obligaciones que puedan existir frente a terceros o incluso hacia los propietarios. **8045**
Al hilo de lo anterior, la junta de propietarios deberá satisfacer las **deudas** que la comunidad pueda ostentar frente a terceros, así como percibir las cuotas atrasadas y demás créditos que puedan existir a favor de la urbanización. Una vez efectuadas todas las operaciones de liquidación el órgano gestor deberá dar cuenta de sus resultados a todos los propietarios.
Por lo que concierne a las **parcelas de uso común**, como quiera que la disolución de la división horizontal produce la desafectación del inmueble, pasando a ser un elemento privativo, la junta de propietarios deberá decidir si queda adjudicada a los propietarios en régimen de comunidad ordinaria (CCC art.552-1 s.) conforme a sus cuotas de participación, o bien proceden a su enajenación o venta.
En caso de que se acuerde la venta de la parcela de uso común, se debería proceder con carácter previo a la inscripción del acuerdo de disolución de la comunidad en régimen de división horizontal, y con ello obtener la desafectación del inmueble de uso común.
En cualquier caso, si no existiera acuerdo para proceder a la venta de la parcela o inmueble de uso común, cualquiera de los copropietarios del inmueble puede instar la **acción de división** de la cosa común (CCC art.552-9 a 552-12). Dicha acción será posible al haber quedado extinguida la división horizontal, pasando el inmueble a integrarse en una comunidad de carácter ordinario.

Propiedades horizontales por parcelas preexistentes (L Cataluña 5/2006 disp.trans.7ª) **8047**
Se regula, con carácter transitorio, el derecho aplicable y **legalización** de las parcelas existentes con anterioridad al 1-7-2006 (fecha de entrada en vigor de la mencionada Ley).
Se establece que las propiedades horizontales por parcelas existentes con anterioridad a dicha fecha, deben constituirse de acuerdo con las normas del título quinto del Código Civil Catalán. Por tanto, aquellas mal llamadas «urbanizaciones privadas» o «propiedades

horizontales tumbadas» que **cumplen con los requisitos** expuestos (CCC art.553-53: nº 8019) deben constituirse de forma imperativa bajo el régimen de propiedad horizontal por parcelas. De cualquier modo, el hecho de que no se proceda al otorgamiento del título constitutivo no impide que a este tipo de complejos les sea de aplicación la normativa prevista en el Código Civil Catalán.

Precisiones Se amplía la **moratoria** concedida a las propiedades horizontales por parcelas preexistentes para que otorguen el **título constitutivo** voluntariamente. El **plazo** que se establece es el de 4 años a contar desde la entrada en vigor de la reforma, es decir, hasta el 20-6-2019. Una vez transcurrido dicho plazo cualquier propietario podrá exigir judicialmente el otorgamiento del título (L Cataluña 5/2015 disp.trans.).

8049 **Solicitud judicial de constitución** (L Cataluña 5/2006 disp.trans.7ª.1) Se prevé la posibilidad de que **cualquier propietario** integrante de la urbanización pueda solicitar judicialmente el otorgamiento del título de constitución.

Para instar ante los tribunales de justicia la mentada constitución, será necesario el **transcurso de 5 años** desde la entrada en vigor de la ley, con lo cual se otorga previamente un plazo voluntario a los titulares de los elementos que conforman la urbanización.

Transcurrido el plazo voluntario de 5 años cualquier propietario podrá instar la constitución forzosa.

8050 **Constitución** (L Cataluña 5/2006 disp.trans.7ª.2 a 5) Para el otorgamiento del título constitutivo otorgado de forma voluntaria por los propietarios del complejo, será necesario el cumplimiento de los siguientes **requisitos**:

a) El **voto favorable** de los propietarios que representen a dos terceras partes del total de parcelas existentes. En ese punto, es de destacar que la mayoría requerida no es por cuota de participación sino por número de parcelas, entre otras cosas debido a que, al no existir régimen de división horizontal, tampoco existirán cuotas asignadas a las parcelas. Partiendo de lo anterior, es decir, de la necesidad de acuerdo, parece que el legislador está pensando en complejos inmobiliarios que ya funcionan como una comunidad, y por tanto celebran juntas de propietarios.

b) Será necesario aportar la **licencia** del ayuntamiento del término municipal en donde se encuentre situada la urbanización, o bien acreditar que se ha solicitado con más de tres meses de antelación respecto al otorgamiento de la escritura pública por la que se otorga el título de constitución.

8052 **c)** La **descripción de las parcelas** preexistentes pueden hacerse simplemente haciendo referencia a la descripción que consta en el Registro de la Propiedad, indicando el número que les corresponde en la urbanización, los datos registrales de cada una y, si procede, la referencia catastral, y en su caso los elementos privativos destinados al aprovechamiento exclusivo de determinados propietarios.

d) De igual modo, por lo que concierne a los **elementos comunes** de la urbanización, se deberán especificar los viales, espacios y zonas verdes, así como las obras de infraestructura común que pueda tener la propiedad horizontal por parcelas, sin que sea imprescindible ni obligatorio el que conste la superficie, ni la longitud de las calles, viales y zonas verdes.

e) Se debe incorporar, asimismo, el **plano actualizado** de las fincas que integran la propiedad horizontal por parcelas y de las fincas ocupadas por los elementos comunes.

f) En el caso de que los viales hayan pasado a **dominio público**, se podrá constituir el régimen de comunidad por parcelas, aún cuando un número no superior al 20% de los propietarios no se integren en la misma.

8054 **Inscripción de la división horizontal por parcelas** (L Cataluña 5/2006 disp.trans.7ª.6) Para proceder a la inscripción en el Registro de la Propiedad del nuevo título constitutivo, o bien para inscribir la adaptación del que pudiera existir previamente, debe abrirse un **folio separado e independiente** para la urbanización en conjunto con nota marginal de cada una de las inscripciones privativas previas, haciendo constar la cuota que les corresponde.

8055 **Asociaciones de propietarios** (L Cataluña 5/2006 disp.trans.7ª.7 a 9) Las asociaciones de propietarios legalmente constituidas tienen la **consideración de propietarios** si los bienes que gestionan son de su propiedad y sus bienes tienen la calificación que resulta de la titularidad y el destino establecidos por el título.

Los **órganos de gobierno** de estas asociaciones están legitimados para promover y gestionar el proceso de constitución de la propiedad horizontal por parcelas.

Si la asociación **no está legalmente constituida** o los bienes no pertenecen a la asociación (en caso de estar constituida), se entenderá que los bienes corresponden en su dominio y propiedad a los miembros que la integran, de conformidad con la normativa civil correspondiente.

El otorgamiento del título constitutivo no permite ni comporta, en ningún caso, la regularización de **situaciones urbanísticas irregulares**, ni tampoco la extinción de las asociaciones de propietarios preexistentes. **8055** (sigue)

Precisiones Se reconoce así una **realidad social** que venía sucediendo en el marco de determinados complejos inmobiliarios y urbanizaciones privadas que se constituían en asociaciones en defensa de los intereses comunes, lo cual no estaba exento de problemas, pues la integración en las precitadas asociaciones reviste carácter voluntario, lo cual en la práctica podía suponer importantes problemas a la hora de sufragar los gastos derivados de los elementos y servicios comunes. Con la vigente normativa catalana se concede a los **órganos de gobierno** de estas asociaciones la facultad de promover la constitución de la propiedad horizontal por parcelas, para con ello constituirse en una verdadera comunidad de propietarios en régimen de división horizontal.

Anexos

9000

A. Formularios notariales

1. Escritura de constitución de edificio en régimen de propiedad horizontal

9010 Número.....

ESCRITURA DE CONSTITUCIÓN DE EDIFICIO EN RÉGIMEN DE PROPIEDAD HORIZONTAL.

En....., mi residencia, a.....

Ante mí,....., Notario de esta ciudad, y del Ilustre Colegio de......

COMPARECEN

DON....., mayor de edad, de estado civil....., vecino de....., código postal....., con domicilio en calle.....,.....; con DNI/NIF número......
DON....., mayor de edad, de estado civil....., vecino de....., código postal....., con domicilio en calle.....,.....; con DNI/NIF número......
DON....., mayor de edad, de estado civil....., vecino de....., código postal....., con domicilio en calle.....,.....; con DNI/NIF número......
DON....., mayor de edad, de estado civil....., vecino de....., código postal....., con domicilio en calle.....,.....; con DNI/NIF número......
Me aseguro de su identidad por la documentación reseñada.

INTERVIENEN

En su propio nombre.
De conformidad con el art.98.1 de la Ley 24/2001 de 27 de Diciembre de Medidas Fiscales, Administrativas y de Orden Social, yo, el notario, hago constar que tienen, a mi juicio, bajo mi fe y responsabilidad, en el concepto en que intervienen, capacidad legal y facultades suficientes para otorgar la presente **ESCRITURA DE CONSTITUCIÓN DE EDIFICIO EN RÉGIMEN DE PROPIEDAD HORIZONTAL**, y a tal efecto

EXPONEN

I.- Los Sres. comparecientes son dueños de la siguiente finca, por el título que luego se expone:

Urbana: Edificio destinado a locales y viviendas plurifamiliares, sito en el número..... de la calle....., en la ciudad de....., llamado «.....».
Extensión: Está construido sobre un solar de..... metros cuadrados, de los cuales la edificación ocupa..... metros cuadrados, estando el resto del solar descubierto y destinados a patios.
Linderos: Izquierda entrando,.....; Derecha,.....; Fondo,......
REFERENCIA CATASTRAL.- Yo, Notario, he solicitado de los señores comparecientes la referencia catastral de la finca objeto de la presente escritura.
Conforme a las posibilidades previstas en el RDLeg 1/2004, de Catastro Inmobiliario, la referencia catastral de la finca ha sido acreditada en virtud de exhibición del recibo justificativo del pago del Impuesto sobre Bienes Inmuebles o mediante certificación catastral obtenida de la Oficina Virtual del Catastro, siendo esta la número.....
Incorporo a la presente escritura certificación catastral gráfica y descriptiva del inmueble.
GEORREFERENCIACIÓN.- A los efectos de dar cumplimiento a la Ley 13/2015 hace constar que la descrita finca tiene los datos de georreferenciación que resultan del documento anexo a la certificación catastral que se protocoliza con esta matriz.
TÍTULO.- Les pertenece esta finca a los Sres. comparecientes por título de.....herencia, compraventa, permuta... según consta en escritura autorizada por el notario de....., el día......
INSCRIPCIÓN: La finca figura inscrita en el Registro de la Propiedad de..... número....., al Tomo....., Libro....., Folio....., finca registral número......
CARGAS Y SITUACIÓN POSESORIA: La finca está libre de cargas y gravámenes, a excepción de:.....
Así resulta de nota simple informativa expedida por el Registro de la Propiedad número..... de....., que yo, Notario, incorporo a esta matriz formando parte integrante de la misma.
No obstante, yo, el Notario, advierto expresamente a los comparecientes de que la situación registral existente con anterioridad a que se practique el asiento de presentación en el Libro Diario del Registro prevalece sobre la información referida en el apartado de cargas de esta escritura.
VALOR.- Se valora la finca descrita, a los exclusivos efectos fiscales, en la cantidad de...

II.- Modificación de la descripción conjunta del edificio.

Previamente a la División Horizontal del edificio, todos los comparecientes, según intervienen, rectifican la descripción de la planta..... del edificio hecha constar en la escritura mencionada en el apartado anterior, para hacer constar la existencia de.....una zona edificada destinada a lucernario de la escalera vecinal del edificio, y por otra parte para corregir el error de haber hecho constar la existencia de terrazas de uso exclusivo y excluyente, de las entidades doce y trece, cuando en realidad dichas terrazas de uso privativo no existen, siendo el espacio no edificado de dicha planta, destinado a zona común de cubierta del edificio. **9010** (sigue)

Conforme a lo anterior, se rectifica la descripción en conjunto de la planta....., sustituyendo a la anterior, y quedando descrita como sigue:

«La planta....., consta de dos viviendas con diversas habitaciones cada una, y zona edificada destinada a lucernario de la escalera vecinal del edificio, y tiene una superficie construida de sesenta y ocho metros, con once decímetros cuadrados (68,11 m).»

III.- División horizontal.

Una vez modificada la descripción del edificio en su conjunto, los comparecientes, en su nombre y en el de sus representados, han decidido proceder a dividir la finca antes descrita adjudicándose cada uno de los copropietarios, en pago de sus respectivos derechos, diversas entidades, susceptibles de aprovechamiento independiente, siendo necesario para ello como antecedente inexcusable, la previa división del inmueble en régimen de Propiedad Horizontal, a tenor de lo previsto en el artículo 8º, párrafos 3 al 5 de la vigente Ley Hipotecaria (en Cataluña se puede añadir la referencia al artículo 553-9 del Libro Quinto del Código Civil de Cataluña, y todo ello en un solo acto jurídico, sin solución de continuidad.

Por todo lo anterior, como acto previo, proceden a describir las diferentes entidades que, como susceptibles de aprovechamiento independiente, pasarán a constituir fincas nuevas e independientes en régimen de Propiedad Horizontal, cuya inscripción solicitan con la siguiente descripción:

ENTIDAD NÚMERO UNO. LOCAL UNO, EN PLANTA BAJA, de la casa de esta ciudad señalada con el número..... de la calle..... del distrito de...... OCUPA..... de superficie construida.

LINDA, por su frente, por donde tiene su entrada desde el vestíbulo y caja de escalera de vecinos, en parte con vestíbulo general de acceso, con escalera general, con entidad número dos (local segundo) y con entidad número tres (local tercero); por la derecha entrando, con la calle.....; por la izquierda entrando, con la finca número..... de la calle.....; y fondo con la finca número..... de la calle......

Tiene asignada una cuota de participación en los elementos y servicios comunes del ONCE CON CINCUENTA Y SIETE POR CIENTO (11,57%).

ENTIDAD NÚMERO DOS. LOCAL NÚMERO DOS EN PLANTA BAJA, de la casa de esta ciudad señalada con el número..... de la calle.....del distrito de...... OCUPA..... de superficie construida. Se compone de varias dependencias y servicios.

LINDA, por su frente, por donde tiene su entrada desde el vestíbulo de la caja de escalera de vecinos, parte con vestíbulo general de acceso, parte con escalera general, parte con entidad número uno (local primero) y con entidad número tres (local tercero); por la izquierda entrando, con la calle.....; por la derecha, entrando con la finca número..... de la calle.....; y fondo con la finca número..... de la calle......

Tiene asignada una cuota de participación en los elementos y servicios comunes del ONCE CON CINCUENTA Y TRES POR CIENTO (11,53%).

(.....)

ENTIDAD NÚMERO CUATRO. VIVIENDA PUERTA PRIMERA DE LA PLANTA PRINCIPAL, que es la primera planta sobre la baja de la casa de esta ciudad señalada con el número..... de la calle..... del distrito de...... OCUPA..... de superficie construida. Se compone de varias dependencias y servicios.

LINDA, por su frente, por donde tiene su entrada, parte con el rellano y caja de escalera de vecinos de la finca, parte con patio central de luces, y parte con la entidad número cinco (piso principal segunda). Por la derecha entrando, parte en proyección con la calle..... y parte con la caja de escalera de vecinos de la finca. Por la izquierda, con la caja de escalera de vecinos de la finca, parte con patio de luces, parte en proyección, con el patio posterior de la finca y parte con la finca número..... de la calle. Por el fondo, parte con la finca número..... de la calle..... de la calle....., y parte con patio de luces.

Tiene asignada una cuota de participación en los elementos y servicios comunes del NUEVE CON CERO OCHO POR CIENTO (9,08%).

IV.- Documentos complementarios acreditativos de cumplimiento de normativa urbanística.

Los comparecientes me exhiben los siguientes documentos, cuya copia exacta incorporo a esta matriz:

1. Licencia municipal de autorización de la modificación de la descripción del edificio, otorgada con fecha....., que se une a esta escritura.

9010 (sigue) 2. Licencia municipal de autorización de la división horizontal del edificio, en las entidades descritas en esta escritura.
(en ocasiones, las licencias 1. y 2. pueden ser una única).
3. (Opcional): Certificado expedido por el Arquitecto, Sr......, acreditativo de la descripción de los diferentes elementos independientes resultantes de la división horizontal.

V.- Y, expuesto todo lo anterior, los Sres. comparecientes, tal como intervienen,

OTORGAN

PRIMERO.- Modificación de la descripción conjunta del edificio.

Todos los comparecientes, según intervienen, rectifican la descripción de la planta cuarta del edificio hecha constar en la escritura de ampliación de obra por antigüedad, autorizada por mí, el día....., y con número..... de protocolo, en los términos que resultan del expositivo II de la presente escritura.

SEGUNDO.- División Horizontal, previa a la división de cosa común.

Todos los comparecientes, según intervienen, declaran la División Horizontal del edificio, necesaria para la posterior división de cosa común, tal como queda descrita en el expositivo III de la presente escritura.
VALOR TOTAL DE LA DIVISIÓN HORIZONTAL REALIZADA:
......

TERCERO.- División de cosa común y Adjudicaciones.

Y acto seguido, todos los comparecientes acuerdan la DIVISIÓN DE COSA COMÚN de la finca..... mencionada, del Registro de la Propiedad número.....de....., casa número..... de la calle....., de esta ciudad; y se adjudican los departamentos resultantes, de la siguiente manera:
- A don.....:
Departamento número 1.
Valor:
Departamento número 2.
Valor:
departamento número 3.
Valor:
- A don.....:
departamento número 4.
Valor:
departamento número 5.
Valor:

CUARTO: (Opcional) Estatutos de la propiedad horizontal.- La propiedad horizontal establecida se regirá por las normas legales, y además por las siguientes reglas:
1. Modificación de los locales (y/o viviendas).- El propietario del local o locales de negocio (y/o viviendas) podrá, sin necesitar el consentimiento de la junta, realizar en ellos operaciones de segregación, división, agregación o agrupación, incluso con locales de otros edificios, dividiendo o agrupando, en su caso, entre los nuevos locales resultantes, las cuotas de los de procedencia.
2. Gastos.- Los locales de negocio quedarán excluidos de los gastos de limpieza, reparación o entretenimiento de escaleras, porterías, ascensores y antenas colectivas.
3. Utilización de la fachada.- Los propietarios de los locales de planta baja podrán instalar, en la fachada del respectivo local, rótulos o anuncios relativos a su negocio.
4. Patios.- La utilización de los patios quedará reservada a los pisos que tienen acceso a ellos; pero éstos deberán tolerar el derecho de los pisos superiores a vistas y luces y a tendido de ropas.

QUINTO.- Así lo dicen y otorgan los comparecientes, tras realizarle las advertencias de tipo legal, las de carácter fiscal y registral. Advierto también sobre la incorporación de datos a los ficheros automatizados regulados en la Orden del Ministerio de Justicia 484/2003, de 19 de febrero.
Permito a los señores comparecientes la lectura de esta escritura, porque así lo solicitan después de advertido de la opción del artículo 193 del Reglamento Notarial. Enterados, según dicen, por la lectura que han practicado y por mis explicaciones verbales, los señores comparecientes hacen constar libremente su consentimiento al contenido de la escritura, y la firma conmigo.
Autorización.- Yo, el Notario, compruebo que este otorgamiento se adecua a la legalidad y a la voluntad debidamente informada y expresada ante mí; y del contenido de esta escritura, extendido en..... folios de papel timbrado notarial de serie....., números....., doy fe.

2. Escritura de constitución de urbanización

Número..... 9015

ESCRITURA DE CONSTITUCIÓN DE RÉGIMEN DE URBANIZACIÓN.

En....., mi residencia, a.....

Ante mí,....., Notario de esta ciudad, y del Ilustre Colegio de......

COMPARECEN

DON....., mayor de edad, de estado civil....., vecino de....., código postal....., con domicilio en calle.....,.....; con DNI/NIF número......
DON....., mayor de edad, de estado civil....., vecino de....., código postal....., con domicilio en calle.....,.....; con DNI/NIF número......
DON....., mayor de edad, de estado civil....., vecino de....., código postal....., con domicilio en calle.....,.....; con DNI/NIF número......
DON....., mayor de edad, de estado civil....., vecino de....., código postal....., con domicilio en calle.....,.....; con DNI/NIF número......
Me aseguro de su identidad por la documentación reseñada.

INTERVIENEN

En su propio nombre.
De conformidad con el art.98.1 de la Ley 24/2001 de 27 de Diciembre de Medidas Fiscales, Administrativas y de Orden Social, yo, el notario, hago constar que tienen, a mi juicio, bajo mi fe y responsabilidad, en el concepto en que intervienen, capacidad legal y facultades suficientes para otorgar la presente **ESCRITURA DE CONSTITUCIÓN DE RÉGIMEN DE URBANIZACIÓN**, y a tal efecto

EXPONEN

I.- Los Sres. comparecientes son dueños de la siguiente finca, por el título que luego se expone:

TERRENO urbanizable, sito en el lugar conocido como «.....» en el término municipal de......
Extensión: Tiene una superficie de..... metros cuadrados.
Linderos: al Norte, con tierras de.....; Sur, con.....; al Este con tierras de....., y al Oeste, con......
Constituye catastralmente las parcelas números..... y..... del polígono......
REFERENCIA CATASTRAL.- Yo, Notario, he solicitado de los señores comparecientes la referencia catastral de la finca objeto de la presente escritura.
Conforme a las posibilidades previstas en el RDLeg 1/2004, de Catastro Inmobiliario, la referencia catastral de la finca ha sido acreditada en virtud de exhibición del recibo justificativo del pago del Impuesto sobre Bienes Inmuebles o mediante certificación catastral obtenida de la Oficina Virtual del Catastro, siendo esta/s la/s número/s.....
Incorporo a la presente escritura certificación catastral gráfica y descriptiva del terreno objeto de esta escritura.
GEORREFERENCIACIÓN.- A los efectos de dar cumplimiento a la Ley 13/2015 hace constar que la descrita finca tiene los datos de georreferenciación que resultan del documento anexo a la certificación catastral que se protocoliza con esta matriz.
TÍTULO.- Les pertenece esta finca a los Sres. comparecientes por título de..... herencia, compraventa, permuta... según consta en escritura autorizada por el notario de....., el día......
INSCRIPCIÓN: La finca figura inscrita en el Registro de la Propiedad de..... número....., al Tomo....., Libro....., Folio....., finca registral número......
CARGAS Y SITUACIÓN POSESORIA: La finca está libre de cargas y gravámenes, a excepción de:.....
Así resulta de nota simple informativa expedida por el Registro de la Propiedad número..... de....., que yo, Notario, incorporo a esta matriz formando parte integrante de la misma.
No obstante, yo, el Notario, advierto expresamente a los comparecientes de que la situación registral existente con anterioridad a que se practique el asiento de presentación en el Libro Diario del Registro prevalece sobre la información referida en el apartado de cargas de esta escritura.

II.- Constitución del régimen de urbanización.

Los Sres. comparecientes pretenden llevar a cabo una Urbanización sobre el terreno indicado, y a tal efecto y la dividen en la siguiente forma:

PRIMERO.- Elementos independientes de la urbanización:

Número uno. Parcela A. Porción de terreno sita en el sitio conocido como «.....», en el término municipal de...... Tiene una superficie de..... metros y..... decímetros cuadrados.

9015 (sigue) Linderos: Izquierda entrando,.....; Derecha,.....; Fondo,......
Cuota:..... enteros y..... centésimas por ciento.
Número dos. Parcela B. Porción de terreno sita en el sitio conocido como «.....», en el término municipal de...... Tiene una superficie de..... metros y..... decímetros cuadrados.
Linderos: Izquierda entrando,.....; Derecha,.....; Fondo,......
Cuota:..... enteros y..... centésimas por ciento.
Número tres. Parcela C. Porción de terreno sita en el sitio conocido como «.....», en el término municipal de...... Tiene una superficie de..... metros y..... decímetros cuadrados.
Linderos: Izquierda entrando,.....; Derecha,.....; Fondo,......
Cuota:..... enteros y..... centésimas por ciento.
(más parcelas, si existen)

SEGUNDO.- Elementos comunes de la urbanización.- Serán elementos comunes, además de los generales de la ley, los caminos de acceso a cada parcela y la zona integrada en la siguiente parcela:
Parcela común destinada a.....
Tiene una superficie de..... metros y..... decímetros cuadrados, y linda al Frente,.....; por la izquierda entrando, con.....; por la derecha, con.....; y por el fondo con......

TERCERO.- Estatutos de la urbanización.- La propiedad del inmueble se regirá por las normas legales, y además por las siguientes reglas en calidad de Normas Estatutarias de la Urbanización establecida:
Administración.
Acceso a la urbanización.
Contribución a gastos comunes.
Actividades permitidas en las parcelas.
Actividades prohibidas en las parcelas y en las zonas o espacios comunes.
Acometidas y conexiones a redes generales de suministros.
(cualquier otra norma que pueda resultar de interés para el mejor disfrute y aprovechamiento de la Urbanización).
Los asuntos de interés general de la urbanización serán competencia de una junta de presidentes de las distintas comunidades, los que, a su vez, se atendrán en la adopción de acuerdos, a las facultades que les hayan sido conferidas en las juntas de sus respectivas comunidades.

(Opcional)

III.- Declaración de obra nueva sobre la parcela A.- Los Sres. comparecientes declaran que sobre la parcela A anteriormente formada ha construido un edificio señalado como «.....», el cual ocupa una superficie del solar de..... metros cuadrados, estando el resto descubierto y destinado a zonas comunes verdes y de ocio. Linda este terreno, a la izquierda entrando,....., derecha,....., fondo....., y frente......
A efectos fiscales se asigna a la obra un valor de..... euros.

(Opcional)

IV.- Constitución del régimen de propiedad horizontal sobre la parcela A.- Los Sres. comparecientes establecen para esta parcela el régimen de propiedad horizontal y la dividen en los siguientes elementos independientes:
ENTIDAD NÚMERO UNO. LOCAL UNO, EN PLANTA BAJA, de la casa sita sobre la parcela A, en la Urbanización «.....», en el término municipal de......
OCUPA..... de superficie construida.
LINDA, por su frente, por donde tiene su entrada desde el vestíbulo y caja de escalera de vecinos, en parte con vestíbulo general de acceso, con escalera general, con entidad número dos (local segundo) y con entidad número tres (local tercero); por la derecha entrando, con la calle.....; por la izquierda entrando, con la finca número..... de la calle.....; y fondo con la finca número..... de la calle......
Le corresponde un coeficiente de copropiedad del..... (.....%).
ENTIDAD NÚMERO DOS. LOCAL NÚMERO DOS EN PLANTA BAJA, de la casa sita sobre la parcela A, en la Urbanización «.....», en el término municipal de......
OCUPA..... de superficie construida. Se compone de varias dependencias y servicios.
LINDA, por su frente, por donde tiene su entrada desde el vestíbulo de la caja de escalera de vecinos, parte con vestíbulo general de acceso, parte con escalera general, parte con entidad número uno (local primero) y con entidad número tres (local tercero); por la izquierda entrando, con la calle.....; por la derecha, entrando con la finca número..... de la calle.....; y fondo con la finca número..... de la calle......
Le corresponde un coeficiente de copropiedad del..... (.....%).
(...)

ENTIDAD NÚMERO CUATRO. VIVIENDA PUERTA PRIMERA DE LA PLANTA PRINCIPAL, de la casa sita sobre la parcela A, en la Urbanización «.....», en el término municipal de...... **9015** (sigue)
OCUPA..... de superficie construida. Se compone de varias dependencias y servicios.
LINDA, por su frente, por donde tiene su entrada, parte con el rellano y caja de escalera de vecinos de la finca, parte con patio central de luces, y parte con la entidad número cinco (piso principal segunda). Por la derecha entrando, parte en proyección con la calle..... y parte con la caja de escalera de vecinos de la finca. Por la izquierda, con la caja de escalera de vecinos de la finca, parte con patio de luces, parte en proyección, con el patio posterior de la finca y parte con la finca número..... de la calle...... Por el fondo, parte con la finca número..... de la calle..... de la calle....., y parte con patio de luces.
Le corresponde un coeficiente de copropiedad del..... (.....%).

V.- Estatutos de las propiedades horizontales.- Cada una de las propiedades horizontales constituidas se regirá por las normas legales, y además por las siguientes reglas:
(incluir contenido)

VI.- Documentos acreditativos de cumplimiento de normativa urbanística.

Los comparecientes me exhiben los siguientes documentos, cuya copia exacta incorporo a esta matriz:
1. Licencias municipales de edificación de las obras declaradas.
2. Certificaciones de finalización de las obras conforme a los proyectos aprobados, expedidas por....., cuyas firmas considero legítima y cuya titulación profesional me consta por exhibición del carnet de colegiado en el Colegio de......
3. Certificados expedidos por la entidad aseguradora, acreditativos de la constitución y vigencia de los contratos de seguros de daños obligatorios de la Ley 38/1999, de 5 de noviembre, de Ordenación de la Edificación, sobre las edificaciones descritas.
4. Me exhibe el Libro del Edificio de las construcciones existentes sobre la parcela A indicada en el expositivo III, el cual será objeto de depósito ante el Registro de la Propiedad competente, para su puesta a disposición de todos los adquirentes de elementos independientes integrantes de la misma.

VII.- Y expuesto todo lo anterior, los Sres. comparecientes, tal como intervienen,

OTORGAN

PRIMERO.- Constitución del Régimen de Urbanización.

Todos los comparecientes, según intervienen, por el presente acto constituyen un régimen de Urbanización sobre el terreno descrito en el expositivo I de esta escritura, con los elementos independientes, comunes y Estatutos que resultan del expositivo II de esta escritura.

SEGUNDO.- Declaración de obra y División Horizontal.

Complementariamente a lo anterior, todos los comparecientes declaran la obra sobre la parcela independiente A, y proceden a su División Horizontal, conforme resulta de los expositivos III, IV, y V de la presente escritura.
VALOR TOTAL DE LA URBANIZACIÓN DECLARADA:
VALOR DE LA OBRA NUEVA DECLARADA (EXPOSITIVO III):
VALOR DE LA DIVISIÓN HORIZONTAL (EXPOSITIVO IV):

TERCERO: Así lo dicen y otorgan los comparecientes, tras realizarle las advertencias de tipo legal, las de carácter fiscal y registral. Advierto también sobre la incorporación de datos a los ficheros automatizados regulados en la Orden del Ministerio de Justicia 484/2003, de 19 de febrero.
Permito a los señores comparecientes la lectura de esta escritura, porque así lo solicitan después de advertido de la opción del artículo 193 del Reglamento Notarial. Enterados, según dicen, por la lectura que han practicado y por mis explicaciones verbales, los señores comparecientes hacen constar libremente su consentimiento al contenido de la escritura, y la firma conmigo.
Autorización.- Yo, el Notario, compruebo que este otorgamiento se adecua a la legalidad y a la voluntad debidamente informada y expresada ante mí; y del contenido de esta escritura, extendido en..... folios de papel timbrado notarial de serie....., números....., doy fe.

3. Escritura de desafección y venta de elemento común

9020 **ESCRITURA DE DESAFECCIÓN DE ELEMENTO COMÚN, COMPRAVENTA Y AGREGACIÓN DE FINCAS**

NÚMERO.....

En BARCELONA, mi residencia, a.....
Ante mí,....., Notario de esta Capital y del Ilustre Colegio de Cataluña.

COMPARECEN

DON..... (1), mayor de edad, (estado civil), vecino (domicilio); con DNI/NIF número.....
DON..... (2), mayor de edad, (estado civil), vecino (domicilio); con DNI/NIF número.....
Me aseguro de su identidad por la documentación reseñada; resultando sus circunstancias personales de las manifestaciones realizadas por el compareciente.

INTERVIENE

(1) En representación, como **Presidente de la COMUNIDAD DE PROPIETARIOS** del edificio sito en (domicilio del edificio en régimen de propiedad horizontal).
Con C.I.F.: H-......
Ostenta dicha representación en virtud del acuerdo adoptado por la Junta de Propietarios de la Comunidad en su reunión de fecha (día) de (mes) de (año). Y está especialmente facultado para este acto en virtud del acuerdo adoptado por unanimidad en la reunión de la Junta de Propietarios de fecha (día) de (mes) de (año), según acredita con las Actas de dichas reuniones que me exhibe y devuelvo.
Me asegura la vigencia de su cargo, facultades representativas y la persistencia de la capacidad jurídica de la Comunidad de Propietarios que representa.
(2) En su propio nombre y derecho.
De conformidad con el art.98.1 de la Ley 24/2001 de 27 de Diciembre de Medidas Fiscales, Administrativas y de Orden Social, yo, el notario, hago constar que tiene, a mi juicio, bajo mi fe y responsabilidad, en el concepto en que interviene, capacidad legal y facultades suficientes para otorgar la presente **ESCRITURA DE DESAFECCIÓN DE ELEMENTO COMÚN, COMPRAVENTA Y AGREGACIÓN DE FINCAS**, y al efecto:

EXPONEN

I.- Espacio objeto de compraventa.

La Comunidad de Propietarios del edificio es propietaria de lo siguiente:

DESCRIPCIÓN DEL ELEMENTO COMÚN.
Tiene la condición de elemento común del edificio.
INSCRIPCIÓN: El espacio descrito no constituye finca registral independiente, formando parte de los elementos comunes del edificio que consta inscrito en el Registro de la Propiedad de (datos registrales).
CARGAS Y GRAVAMENES: No constan cargas y gravámenes propias del espacio descrito; no obstante, al formar parte de los elementos comunes del edificio en cuestión, puede estar gravado en la proporción que le corresponda por las cargas y gravámenes que constan en cada una de las fincas independientes que forman el edificio.
El adquirente se manifiesta satisfecho, en cuanto al estado de cargas de la finca, con la información de las afirmaciones del transmitente, y de lo pactado entre ellos; exonerándome a mí, Notario, de la obtención de nota simple informativa, al no ser posible su obtención al no constar dicho espacio como finca independiente en el Registro de la Propiedad.
No obstante, yo, el Notario, advierto expresamente a los comparecientes de que la situación registral existente con anterioridad a que se practique el asiento de presentación en el Libro Diario del Registro prevalece sobre la información referida en el apartado de cargas de esta escritura.
Los señores comparecientes manifiestan expresamente conocer el estado de cargas relacionado, mostrándose conforme con el mismo y consintiendo expresamente en el otorgamiento de la presente escritura.

II.- La Comunidad de Propietarios de la finca sita (domicilio), en su reunión de (fecha), adoptó, por haberlo acordado así los propietarios asistentes a la Junta por unanimidad, y según manifiesta el Sr. Presidente, no haber oposición del resto de propietarios no asistentes, entre otros, los siguientes acuerdos:
- Desafectar el espacio referido en el expositivo I, sito en la del edificio, que actualmente es elemento común del edificio y convertirlo en elemento privativo.

- Vender al señor..... (2), el espacio descrito en el expositivo I anterior. 9020 (sigue)
- Autorizar al Sr...... (2), que pueda realizar las obras necesarias para rehabilitar y agregar el espacio adquirido a la finca de su propiedad sita en la planta quinta, colindante al mismo.
- Como consecuencia de la adquisición y agregación del espacio desafectado, por parte del Sr...... (2), a su departamento privativo, se acordó no variar el coeficiente de copropiedad asignado inicialmente a cada una de las fincas que forman el edificio de la calle......
Todo ello se acredita con certificación expedida por el Secretario-Administrador de dicha Comunidad, don....., con el visto bueno del Presidente, Don....., cuyas firmas considero legítimas por su cotejo con otras indubitadas.
Dejo unida a la presente escritura, dicha certificación expedida en un folio de papel común.

III.- Expuesto cuanto antecede, los comparecientes,

OTORGAN

PRIMERO.- DESAFECCIÓN ELEMENTO COMÚN.

DON (1), tal como interviene, eleva a público el acuerdo adoptado por la Junta de la Comunidad de Propietarios, relativo a la desafección como elemento común del espacio descrito en el expositivo I, siendo su descripción, como elemento privativo la siguiente:
DESCRIPCIÓN: ubicación, metros y lindes.

SEGUNDO.- COMPRAVENTA.

DON (1), en la representación que actúa, VENDE a DON (2) que ADQUIERE y COMPRA para sí, la finca anteriormente descrita libre de cargas y gravámenes.
Se hace constar que en Cataluña, si como consecuencia de la desafectación se constituye un elemento privativo de beneficio común, de los regulados en el art.553-34 CCCat, para la venta será suficiente con la obtención del acuerdo adoptado por la 4/5 partes de propietarios y cuotas conforme al procedimiento de formación sucesiva previsto en el art.553-26.2 CCCat.
PRECIO Y MEDIOS DE PAGO.
El precio de compraventa es de EUROS.
Medios de pago.
- FORMA DE PAGO según los requisitos del art.177 del Reglamento Notarial.

TERCERO.- AGREGACIÓN.

Tras la adquisición de la finca objeto de compraventa, el Sr. (2) AGREGA la finca objeto de compraventa a la finca registral (.....) de la cual es titular y siendo ambas colindantes.
Descripción de la finca resultante:
URBANA:
COEFICIENTE:
REGISTRO:

CUARTO.- DOCUMENTACIÓN COMPLEMENTARIA.

1.- Se aporta certificación expedida por Arquitecto Técnico, don....., cuya firma considero legítima por su cotejo con otra indubitada, en la cual consta la descripción del elemento desafectado así como la finca resultante tras la agregación. Dejo unida a la presente escritura dicha certificación.
2.- Acuerdo de la comunidad, aprobatorio de todas las operaciones de la presente escritura, conforme a lo establecido en el expositivo II de esta escritura.
3.- (Según cada normativa autonómica, puede ser necesaria o no licencia administrativa.-

QUINTO.- Así lo dicen y otorgan los comparecientes, tras realizarle las advertencias de tipo legal, las de carácter fiscal y registral. Advierto también sobre la incorporación de datos a los ficheros automatizados regulados en la Orden del Ministerio de Justicia 484/2003, de 19 de febrero.
Permito a los señores comparecientes la lectura de esta escritura, porque así lo solicitan después de advertido de la opción del art.193 del Reglamento Notarial. Enterados, según dicen, por la lectura que han practicado y por mis explicaciones verbales, los señores comparecientes hacen constar libremente su consentimiento al contenido de la escritura, y la firma conmigo.
Autorización.- Yo, el Notario, compruebo que este otorgamiento se adecua a la legalidad y a la voluntad debidamente informada y expresada ante mí; y del contenido de esta escritura, extendido en..... folios de papel timbrado notarial de serie....., números....., doy fe.

4. Escritura de segregación de elementos privativos

9025 **ESCRITURA DE SEGREGACIÓN DE FINCAS INDEPENDIENTES EN RÉGIMEN DE PROPIEDAD HORIZONTAL**

NÚMERO

En BARCELONA, mi residencia, a

Ante mí,....., Notario de esta Capital y del Ilustre Colegio de Cataluña.

COMPARECE

DON.....(1), mayor de edad, (estado civil), vecino (domicilio); con DNI/NIF número......

Me aseguro de su identidad por la documentación reseñada; resultando sus circunstancias personales de las manifestaciones realizadas por el compareciente.

INTERVIENE

En su propio nombre y derecho.

Tiene a mi juicio capacidad legal y legitimación necesaria para otorgar la presente **ESCRITURA DE SEGREGACIÓN DE FINCAS INDEPENDIENTES EN RÉGIMEN DE PROPIEDAD HORIZONTAL**, y al efecto:

EXPONE

I.- Que Don, es propietario por el título que se dirá de la siguiente finca:

A) DESCRIPCIÓN

COEFICIENTE

REGISTRO

TÍTULO

REFERENCIA CATASTRAL.- Conforme a lo previsto en los artículos 38 y 40 del RDLeg 1/2004, que aprueba el Texto Refundido de la Ley del Catastro Inmobiliario, he solicitado de los señores comparecientes la referencia catastral de las fincas objeto de la presente escritura.

A estos efectos, y conforme a las posibilidades previstas en el artículo 41 del mismo texto refundido, me la acreditan mediante la exhibición del último recibo correspondiente al Impuesto de Bienes Inmuebles, de los cuales fotocopia por mi cotejada protocolizo con esta matriz.

GEORREFERENCIACIÓN.- A los efectos de dar cumplimiento a la Ley 13/2015 hace constar que la descrita finca tiene los datos de georreferenciación que resultan del documento anexo a la certificación catastral que se protocoliza con esta matriz.

RÉGIMEN DE LA COMUNIDAD.- Que dicha vivienda forma parte integrante de la comunidad constituida sobre el edificio sito en (*identificación del edificio*) y que se rige por la Ley de 21 de Julio de 1.960 sobre Propiedad Horizontal, y demás disposiciones posteriores, y por las normas de régimen interno establecidas por la comunidad de propietarias.

II.- Expuesto cuanto antecede, el compareciente,

OTORGA

PRIMERO.- SEGREGACIÓN.

DON (1) segrega una parte de dicha finca creando otra entidad en régimen de propiedad horizontal, quedando ambas fincas con la siguiente descripción:

FINCA MATRIZ:

A) URBANA: DESCRIPCIÓN FINCA

COEFICIENTE:

FINCA SEGREGADA:

B) URBANA: DESCRIPCIÓN FINCA

COEFICIENTE:

VALOR DE LA FINCA SEGREGADA:

SEGUNDO.- DOCUMENTACIÓN COMPLEMENTARIA.

1.- Licencia municipal: Para llevar a cabo dicha división, el compareciente me acredita la obtención de la Licencia preceptiva de división concedida por el Ayuntamiento de, de (fecha), que incorporo a la presente matriz.

2.- Acuerdo comunitario (dependerá de cada comunidad, según el contenido de los Estatutos de la comunidad). Manifiesta el compareciente que no es preceptivo acuerdo de la comunidad de propietarios de la finca, ya que dicha segregación o subdivisión no implica ninguna modificación en el coeficiente de participación respecto del total edificio, de conformidad con el artículo PRIMERO de las normas de comunidad que se encuentran recogidas en la escritura de (fecha), autorizada por el Notario de, Don, con el número de protocolo, según acredita con copia auténtica de dicha escritura que me exhibe. **9025** (sigue)

TERCERO.- GASTOS E IMPUESTOS.

CUARTO.- Otras declaraciones (Opcional).

QUINTO.- Así lo dicen y otorgan los comparecientes, tras realizarle las advertencias de tipo legal, las de carácter fiscal y registral. Advierto también sobre la incorporación de datos a los ficheros automatizados regulados en la Orden del Ministerio de Justicia 484/2003, de 19 de febrero.
Permito a los señores comparecientes la lectura de esta escritura, porque así lo solicitan después de advertido de la opción del artículo 193 del Reglamento Notarial. Enterados, según dicen, por la lectura que han practicado y por mis explicaciones verbales, los señores comparecientes hacen constar libremente su consentimiento al contenido de la escritura, y la firma conmigo.

Autorización.- Yo, el Notario, compruebo que este otorgamiento se adecua a la legalidad y a la voluntad debidamente informada y expresada ante mí; y del contenido de esta escritura, extendido en..... folios de papel timbrado notarial de serie....., números....., doy fe.

B. Normativa interna reguladora de la comunidad

1. Estatutos

9040 **ESTATUTOS DE LA COMUNIDAD DE PROPIETARIOS DEL EDIFICIO SITO EN....., CALLE...... NÚMERO.....**

El presente estatuto recoge las normas de funcionamiento y gobierno de la comunidad de propietarios indicada en el encabezamiento y en todo lo no dispuesto en los mismos será de aplicación la normativa legal vigente en cada momento.

TÍTULO I

CONFIGURACIÓN OBJETIVA DE LA PROPIEDAD

ARTÍCULO 1.- Cada propietario tendrá la titularidad privativa de:
a) la superficie ubicada dentro de su entidad privativa
b) los anejos vinculados a su entidad privativa en el título constitutivo de la comunidad
c) todas las instalaciones o servicios ubicados en el interior de la entidad privativa o de su anejo que sirvan exclusivamente a la entidad privativa o anejo en cuestión.

ARTÍCULO 2.- Toda entidad privativa tendrá asignada una cuota de participación, que vendrá expresada en centésimas y que representará el valor proporcional de la misma en la total comunidad y, consiguientemente, la parte proporcional que se asigna a cada propietario en la titularidad de los elementos comunes del edificio.

ARTÍCULO 3.- La cuota de participación determinará la proporción que corresponde a cada propietario en el reparto las cargas y beneficios de la comunidad.

ARTÍCULO 4.- Cada propietario podrá realizar obras en el interior de su entidad privativa, siempre y cuando no se alteren elementos estructurales, tales como forjados, muros o paredes maestras, debiendo comunicar al presidente la naturaleza y alcance de las obras con al menos siete días naturales de antelación al inicio de las mismas. Además, deberán recabar los permisos o autorizaciones administrativos de obras que procedan. Las obras ejecutadas en modo alguno podrán comprometer la seguridad del edificio, ni afectar a su configuración o estado exteriores. Quedando expresamente prohibida la ejecución de obras de cerramiento de terrazas sin el previo consentimiento expreso de la junta de propietarios.

ARTÍCULO 5.- Son elementos comunes el suelo, los cimientos, los muros o paredes maestras, las paredes medianeras y divisorias, la estructura del edificio, las cubiertas, las acometidas e instalaciones generales de agua, gas y electricidad, las antenas comunitarias, las escaleras, los patios y ascensores, el cuarto de contadores, y en general, todo cuanto exista o se instale en el inmueble para uso de todos sus ocupantes.

ARTÍCULO 6.- Todo propietario deberá ser diligente en el uso de los elementos comunes, debiendo ajustarse siempre al destino propio del mismo y debiendo responder de las personas que tenga a su cargo y de los ocupantes de su entidad privativa. Cualquier propietario que tenga conocimiento de alguna avería en los elementos comunes deberá ponerlo de inmediato en conocimiento del administrador o del presidente de la finca.

ARTÍCULO 7.- Queda terminantemente prohibido a los propietarios y cualesquiera otros ocupantes o usuarios de las entidades privativas alterar los elementos comunes, con independencia de cuál sea el alcance de la actuación, sin contar con la previa autorización o consentimiento de la junta de propietarios.

ARTÍCULO 8.- La prohibición de alterar los elementos comunes se extiende, también, a los propietarios que tengan atribuido el uso exclusivo de elementos comunes, lo cuales deberá limitarse a utilizarlos para cualquier actividad que no altere la forma o sustancia del elemento, quedando prohibida la ejecución de cualquier obra de fábrica, así como realizar cualquier obra de cubrimiento del elemento en cuestión, sea total sea parcialmente, ni siquiera cuando se utilicen estructuras o elementos desmontables.
Los titulares de la atribución del derecho de uso exclusivo de elementos comunes deberán correr con los gastos de conservación y mantenimiento ordinario de los mismos y deberán permitir al resto de propietarios, sin derecho a indemnización o compensación alguna, el acceso al mismo cuando venga exigido por la reparación de algún servicio o instalación privativa o común, que discurra por el citado elemento o que haya de subsanarse a través del mismo.

9040 (sigue)

TÍTULO II

RÉGIMEN DE OBLIGACIONES DE LOS PROPIETARIOS

ARTÍCULO 9.- Es obligación de cada propietario mantener su vivienda en correcto estado de conservación y limpieza, evitando causar daños a tercero y deberá responder frente al resto de propietarios y terceros por los daños y perjuicios que su negligencia en el cumplimiento de la citada obligación les pudiera ocasionar.

ARTÍCULO 10.- Todos los propietarios están obligados a permitir el acceso a sus entidades privativas, tanto para acometer las reparaciones de la comunidad que hayan de ejecutarse desde el interior de las mismas, como para comprobar la efectiva ejecución o no de alteraciones estructurales en el interior de las mismas. Para hacer efectiva esta obligación, bastará que así lo requiera el presidente o el administrador de la comunidad.

ARTÍCULO 11.- Todo propietario está obligado a soportar el coste de las reparaciones que hayan de efectuarse en instalaciones y elementos comunes, por daños imputables su descuido o al de las personas que tenga a su cargo o de los ocupantes de su entidad privativa.

ARTÍCULO 12.- Queda terminantemente prohibido la instalación en las entidades privativas de bares, pubs, restaurantes, discotecas, clínicas, centros de enseñanza, Hoteles, hostales, residencia de estudiantes o de ancianos.

ARTÍCULO 13.- Los propietarios u ocupantes por cualquier título de las entidades privativas tendrán prohibida, sin la previa autorización de la junta, la instalación de máquina o motores industriales, así como la acumulación de materiales peligrosos (tóxicos, explosivos, etc.). El propietario que incumpla esta obligación deberá responder tanto de los daños que se ocasionen como del incremento de la póliza del seguro que se derive de su comportamiento.

ARTÍCULO 14.- Las entidades privativas sitas en las plantas altas sólo podrán destinarse a vivienda o la instalación de despachos profesionales.

ARTÍCULO 15.- Será necesario siempre que antes del inicio de cualquier actividad se cuente con los permisos administrativos correspondientes, debiendo responder el propietario en cuestiones de cualesquiera multas que se impongan por la administración con total indemnidad para la comunidad de propietarios.

ARTÍCULO 16.- Está terminantemente prohibido la tenencia de perros y gatos en el edificio.

ARTÍCULO 17.- Los titulares de los locales comerciales situados en la planta baja podrán, en cualquier tiempo, proceder a la unión, división, segregación o agregación de los mismos sin necesidad de contar con la autorización de la Junta, destruyendo o instalando tabiques de separación. Los propietarios de los mismos distribuirán su cuota de participación entre los locales resultantes, sin que en modo alguno puedan verse alteradas las cuotas de los restantes pisos o locales. A los efectos de poder ejercitar esta cláusula se concede a los titulares de los locales la facultad de abrir las puertas exteriores que sean estrictamente necesarias para dotar de independencia a los locales resultantes y que respeten la armonía arquitectónica del edificio.

ARTÍCULO 18.- El titular o titulares del DEPARTAMENTO NÚMERO UNO, local número uno, podrá segregar, constituyendo en finca independiente, la porción de terreno que se describe en el plano que se adjunta de..... metros cuadrados de superficie. En el caso que se ejecute esta facultad, los coeficientes y superficies de las entidades restantes se ajustaran a lo dispuesto en la tabla que se adjunta (se adjuntaría una tabla con los datos de las entidades una vez realizada la segregación), quedando facultado expresamente el titular del citado DEPARTAMENTO NÚMERO UNO, para otorgar por sí la escritura de modificación de la división horizontal siempre respetando las superficies y cuotas que se establecen en la tabla que se adjunta y sin que sea necesario nuevo acuerdo de la junta de propietarios, igualmente queda facultado para comparecer ante Notario suscribir la correspondiente escritura y realizar los trámites necesarios hasta la completa inscripción en el Registro de la Propiedad, incluidas las subsanaciones o rectificaciones que procedan.

ARTÍCULO 19.- Los propietarios de las entidades privativas podrán disponer de las mismas libremente, sin más limitaciones que las derivadas de los presentes estatutos y comprometiéndose a incorporar una copia de los mismos en cualesquiera negocios de transmisión que celebren, así como comprometiéndose a participar a cualesquiera ocupantes de la entidad privativa de la existencia de la presente normativa y obteniendo de ellos el compromiso de cumplimiento de las normas de la comunidad.

9040 (sigue)

ARTÍCULO 20.- Para la colocación de toldos, persianas, y otros elementos de ornato exterior, así como para variar la pintura y aspecto externo de las terrazas de las viviendas y locales, será preciso contar con el consentimiento de la comunidad.

ARTÍCULO 21.- Cada propietario está obligado a contribuir a los gastos generales en proporción a su cuota de participación, salvo que exista manifestación alguna en contrario en los presentes estatutos. Las cuotas ordinarias de gastos comunitarios acordadas al aprobar el presupuesto anual serán abonadas trimestralmente mediante domiciliación bancaria en la cuenta que cada propietario está obligado a notificar al administrador de la comunidad. El pago se efectuará dentro de los diez primeros días del mes correspondiente. La cuota no abonada dentro de dicho plazo devengará automáticamente un interés igual al interés legal del dinero incrementado en dos puntos, ello además de tener que soportar el propietario afectado los gastos propios de la devolución del recibo

ARTÍCULO 22.- Los gastos generales que no sean susceptibles de individualización se repartirán entre los propietarios en proporción a sus cuotas de participación, con las siguientes excepciones:
a) Los gastos derivados del servicio administración serán distribuidos por partes iguales entre todos los propietarios.
b) Los propietarios de los locales sitos en la planta baja no contribuirán a los gastos ordinarios y extraordinarios derivados del ascensor de la finca.

ARTÍCULO 23.- Todo aquel propietario o grupo de propietarios que tenga reconocido el uso exclusivo sobre un elemento común deberá correr con los gastos de conservación y mantenimiento que se deriven de su uso, siendo la comunidad la que soportará el coste de las reparaciones que haya que efectuar por deterioros extraordinarios que no se deriven del uso.

TÍTULO III

ÓRGANOS DE REPRESENTACIÓN Y ADMINISTRACIÓN DE LA COMUNIDAD

ARTÍCULO 24.- El órgano supremo de la comunidad es la junta, la cual estará integrada todos y cada uno de los propietarios de la Comunidad.
Los acuerdos de la Junta, dentro de sus atribuciones obligan a todos los titulares, debidamente citados, aunque no asistan, con arreglo a lo dispuesto en la Ley.
Corresponde a la Junta, especialmente:
a) Nombrar y remover a las personas que hayan de ocupar los cargos de Presidente, Vicepresidente, Administrador y Secretario de la Comunidad, y resolver las reclamaciones que los titulares de los pisos o locales formulen contra la actuación de aquéllos.
b) Aprobar el Plan de gastos e ingresos previsibles y las cuentas correspondientes.
c) Aprobar los presupuestos y la ejecución de todas las obras de reparación de la finca, sean ordinarias o extraordinarias, y ser informada de las medidas urgentes adoptadas por el Administrador de conformidad con lo dispuesto en el art.20 c) LPH.
d) Aprobar y reformar los Estatutos y determinar las normas de régimen interior.
e) Conocer y decidir en los demás asuntos de interés general para la Comunidad, acordando las medidas necesarias o convenientes para su mejor servicio.

ARTÍCULO 25.- La asistencia a la junta de propietarios será personal o por representación legal o voluntaria, bastando para acreditar ésta, un escrito firmado por el propietario que deberá entregarse al presidente con carácter previo al inicio de cada reunión.
Si algún piso pertenece proindiviso a diferentes propietarios, éstos nombrarán un único representante para asistir y votar en las juntas. En caso de discrepancia entre los comuneros sobre la persona que haya de representarles, se les tendrá por no asistentes a la reunión
Si se hubiera constituido algún derecho de usufructo sobre alguna entidad privativa, el derecho de asistencia y votación corresponderá al nudo propietario, que se entenderá representado por el usufructuario, salvo manifestación en contrario del nudo propietario que deberá comunicarse por escrito al presidente o secretario de la comunidad antes del inicio de la reunión. La delegación en el usufructuario deberá ser expresa cuando se trate de aprobar obras extraordinarias o de mejora o se trate de acuerdos que impliquen un acto de disposición sobre los elementos comunes.

ARTÍCULO 26.- Los propietarios que en el momento de iniciarse la junta no se encuentren al corriente de pago de todas y cada una de las deudas vencidas con la comunidad, sean éstas anteriores o posteriores a la convocatoria, y no hayan impugnado judicialmente las sumas adeudadas o procedido a su consignación judicial o notarial, podrán participar en las deliberaciones de la junta, pero no tendrán derecho de voto. El acta de la Junta reflejará en dichos casos los propietarios privados de voto, cuya persona y cuota no será computada a la hora de alcanzar las mayorías previstas en la Ley.

ARTÍCULO 27.- La junta deberá reunirse en la sesión ordinaria por lo menos una vez al año, para la aprobación de las cuentas del ejercicio anterior y del presupuesto para el ejercicio entrante. Esta Junta ordinaria se celebrará, salvo causa justificada, dentro de los tres primeros meses de cada año natural. Una vez transcurridos dos meses desde el 31 de marzo de cada año sin que el Presidente haya convocado la junta ordinaria sin causa, los propietarios que representen la cuarta parte de los existentes o la cuarta parte de las cuotas de participación podrán proceder a la convocatoria de una junta extraordinaria con el objeto de exigir la rendición de cuentas a los órganos rectores de la comunidad. Si no fuera posible alcanzar dichas mayorías, cualquier propietario podrá acudir a los tribunales de justicia para exigir la convocatoria judicial de la junta general ordinaria. **9040** (sigue)

ARTÍCULO 28.- La junta se reunirá también en cuantas ocasiones lo considere el Presidente o lo pidan la cuarta parte de los titulares de la comunidad de propietarios, o los que sumen la cuarta parte de las cuotas de participación. Sin perjuicio de lo dispuesto anteriormente, la junta quedará válidamente constituida, sin necesidad de convocatoria, cuando se encuentren reunidos todos los titulares y decidan unánimemente celebrarla.

ARTÍCULO 29.- El Presidente será nombrado por la Junta, siguiendo un estricto sistema rotatorio que va en sentido ascendente de plantas: primero el propietario del local número 1 de la planta baja, luego el del local número 2 y después los titulares de las plantas altas, yendo en orden respecto de cada una de ellas de letras de número 1 a 3.

ARTÍCULO 30.- Todo propietario está obligado a desempeñar el cargo de Presidente cuando sea su turno. No obstante, cuando por circunstancias extraordinarias la Junta, por mayoría, estimen conveniente el relevo por circunstancias profesionales, o personales se saltará un turno a la hora de designar a quien haya de ejercer el cargo de Presidente.

ARTÍCULO 31.- El Presidente ostentará la representación legal de la Comunidad de propietarios en juicio y fuera de él, para los supuestos de imposibilidad en el desempeño del cargo de la persona designada por ausencia, vacante, enfermedad y cualesquiera otras razones, le sustituirá el Vicepresidente que será nombrado por períodos iguales a un año, renovables tácitamente. Ambos cargos serán desempeñados gratuitamente, no dando derecho a la percepción de remuneración alguna.

ARTÍCULO 32.- El Presidente saliente estará obligado a desempeñar su cargo, hasta que lo asuma el Presidente entrante.

ARTÍCULO 33.- Siguiendo el mismo sistema rotatorio que se establece para la designación de Presidente, corresponderá desempeñar el cargo de Secretario al propietario al que habrá de corresponder el turno de Presidente en la siguiente anualidad. El Secretario saliente estará obligado a facilitar los documentos de la Comunidad a su sustituto en el plazo máximo de un mes desde que se produzca el cambio.

ARTÍCULO 34.- El Administrador será nombrado por la Junta, pudiendo designarse a un profesional colegiado o a cualquiera de los propietarios del inmueble. En el caso de no existir designación específica desempeñará el cargo la persona nombrada como Presidente. El desempeño del cargo podrá tener carácter remunerado o no remunerado en función de lo que decida por mayoría la Junta de propietarios.

ARTÍCULO 35.- Todos los cargos de la Comunidad serán designados por el plazo de un año. No obstante, se podrá proceder a su remoción en cualquier momento por la Junta de propietarios en reunión extraordinaria.

TÍTULO IV

NORMAS RELATIVAS AL EDIFICIO EN SU CONJUNTO SEGUROS Y RESPONSABILIDAD

ARTÍCULO 36.- La responsabilidad civil que pueda derivarse de la Comunidad, frente a propietarios o frente a extraños, se repartirá entre los partícipes de la misma de acuerdo con las cuotas de participación. No obstante, si la responsabilidad resulta imputable a alguno o algunos propietarios concretos, serán éstos los obligados a soportarla.

ARTÍCULO 37.- Cada propietario de entidad privativa deberá tener suscrito un seguro del hogar que incluya la responsabilidad civil por los daños materiales o personales que se puedan ocasionar a otros vecinos del inmueble o a terceros. La comunidad deberá también tener suscrito un seguro general sobre el edificio.

9040 (sigue) **ARTÍCULO 38.-** Si el edificio perece total o parcialmente, entendiéndose por tal cuando el coste de reconstrucción no cubierto por un seguro excede del valor del 50% de la finca en el momento de producirse el siniestro, quedará extinguida la Propiedad Horizontal, procediéndose a la venta del solar y lo que quedare del edificio y repartiéndose su precio con arreglo a las cuotas de participación.

No obstante, los propietarios por acuerdo unánime podrán decidir que no se extinga la Propiedad Horizontal y se proceda a la reconstrucción del edificio.

En el caso de que se destruya parcialmente el edificio, pero el coste de reconstrucción no cubierto por un seguro no exceda del 50% del valor de la finca, no se extinguirá el régimen de la Propiedad Horizontal. Sin embargo, si alguno de los propietarios no estuviese de acuerdo con la reconstrucción deberá ceder sus derechos a los demás, mediante el precio fijado por dos peritos, nombrados uno de cada parte y en caso de discordia por un tercero, designado por la Cámara Oficial de la Propiedad Urbana.

ARTÍCULO 39.- Las disposiciones de estos Estatutos y del Título Constitutivo de la Propiedad Horizontal serán obligatorias para todos los titulares presentes y futuros de propiedades en el inmueble, y para esto habrán de inscribirse en el Registro de la Propiedad, comprometiéndose además los propietarios a comunicarlos a sus adquirentes en los diferentes actos de transmisión que realicen.

ARTÍCULO 40.- Los titulares actuales por sí y por sus sucesores, se someten expresamente a la jurisdicción de los Juzgados y Tribunales de la ciudad de Manresa, en la que se encuentra ubicada la finca.

2. Reglamento de régimen interior

REGLAMENTO DE RÉGIMEN INTERIOR del edificio de la calle..... de la ciudad de..... 9045

NORMAS DE CONVIVENCIA

Es deber de todos los propietarios y ocupantes del edificio, acatar y respetar las Normas del Reglamento de Régimen interior que a continuación se establecen y acuerda, asumiendo los infractores las responsabilidades a que diesen lugar y las preceptivas reclamaciones que se pudiesen derivar tanto del tipo administrativo, civil o penal.

1.- Portales, escaleras, entrada al edificio, salidas de emergencia y zona ajardinada

1.1.- En ellos no se tirará papeles, desperdicios ni otros objetos, cuidando de no producir manchas, rayas ni deterioro alguno. No se aparcarán vehículos, bicicletas, carritos, no ocuparán con muebles u objetos no autorizados, los lugares de zona común.
1.2.- Cuando se realicen obras en algún piso, se procurará que la entrada de materiales y recogida de escombros se efectúe antes de las horas de limpieza. El responsable de la obra, estará obligado a limpiar lo que ensucie, independientemente de la hora en que se produzca
1.3.- Los portales deberán estar cerrados permanentemente.
1.4.- No está permitido hacer picnic.
1.5.- Las salidas de emergencia sólo se utilizarán para tal fin, pudiéndose exigir a los vecinos que hagan otro uso de ellas, las responsabilidades oportunas en caso de robo u otros daños causados por personas ajenas a la comunidad, que hayan accedido por dichas salidas.

2.- Ascensores

2.1.- Queda prohibido su uso a menores de 12 años que no vayan acompañados por un adulto.
2.2.- Se cumplirán escrupulosamente las normas de la casa instaladora en lo referente al uso y cuidado de los mismos.

3.- Pisos

3.1.- No se permitirá en ellos otro uso que el de la normal habitación del mismo.
3.2.- No se modificarán unilateralmente los elementos comunes del conjunto y en especial las fachadas interiores o exteriores. La colocación de consolas de aire acondicionado, toldos, celosías, persianas, dobles ventana, antenas, etc..., serán reguladas por las decisiones que al respecto se tomen por la Junta de Propietarios o comisión delegada al efecto. Al propietario que modifique unilateralmente cualquier fachada, se le podrá exigir que deshaga dichas modificaciones restableciendo la fachada tal como estaba originariamente.
3.3.- No se podrán colocar anuncios publicitarios en las zonas comunes sin el expreso consentimiento de la Comunidad.

4.- Molestias a los vecinos

4.1.- Los copropietarios deberán cuidar que no se altere la tranquilidad del edificio con voces o cantares, volúmenes elevados de aparatos de música y televisión, y en definitiva, todos aquellos ruidos que puedan resultar molestos. Las máquinas motorizadas, televisión, aparatos de música, etc., deberán regularse de forma que no trascienda el ámbito de la propia vivienda en que se utilicen.
4.2.- A partir de las 11 de la noche, no podrán realizarse actividades que causen ruidos de cualquier clase, que puedan perturbar el descanso de los vecinos.
4.3.- No se permitirá el uso de bicicletas, patines, pelotas ni realizar juegos o actividades que puedan causar daños materiales o entrañe algún peligro a los demás propietarios, pudiendo exigirse por el Presidente al infractor o responsable, el abono de los desperfectos materiales producidos.

5.- Cuidado con los bienes comunes

5.1.- Considerando el elevado coste de mantenimiento y servicios de la comunidad, se cuidará de los elementos comunes, evitando actos que pudieran suponer daños a las personas o a las cosas, recomendando especialmente a los padres la vigilancia sobre sus hijos en el cumplimiento de las normas, pudiendo exigirse por el Presidente al infractor o responsable, que reponga o abone los desperfectos.

9045 (sigue) 5.2.- Se exigirá en cualquier caso, la reparación de aquellos elementos comunes (cuadros de mandos de luz, antenas de televisión, ascensores, etc.) que hayan sido dañados por manipulación no autorizada.
5.3.- Por motivos de seguridad y para evitar situaciones de riesgo permanente, quedará prohibido a los niños con edades inferiores a 12 años, utilizar la zona situada en el recinto de la piscina, quedando destinada para juegos, la zona que a tal fin hay dispuesta.

6.- Animales domésticos, silvestres y exóticos

6.1.- Los propietarios de animales domésticos pondrán especial cuidado en que su presencia no moleste a la vecindad, no estando permitido que anden sueltos por las zonas comunes.
6.2.- Se recuerda a los dueños que están obligados a declarar la posesión de los mismos en las oficinas municipales. El animal deberá llevar, necesariamente, su identificación censal de forma permanente.
6.3.- Deberán ser conducidos con cadena o correa, irán provistos de bozal, en el caso de perros, cuando el temperamento del animal así lo aconseje, bajo la responsabilidad del dueño.
6.4.- La utilización de los ascensores con animales de compañía se podrá hacer siempre que no coincida con la utilización del mismo por otras personas.
6.5.- Se prohíbe la permanencia continuada de los perros en las terrazas, debiendo pasar la noche en el interior de la vivienda. Los propietarios podrán ser denunciados si el perro ladra por la noche.
6.6.- Los dueños son los únicos responsables no sólo de los daños, que correrán a su cargo, sino también que la suciedad que depositen en cualquier parte de la comunidad y de su limpieza.
6.7.- Asimismo, los dueños de animales domésticos tendrán a disposición de los representantes de la comunidad, si así lo requieren, el oportuno justificante de vacunación y alta en las oficinas municipales.
6.8.- La estancia de animales silvestres y exóticos en viviendas queda condicionada a no atentar contra la higiene y la salud pública y a que no causen riesgos o molestias a la vecindad.

7.- Basuras

7.1.- Las basuras y desperdicios deberán depositarse en bolsas de plástico y herméticas.
7.2.- Se depositarán en el interior de los contenedores.

8.- Garajes y trasteros

8.1.- Las plazas de garaje, así como cualquier otra zona común, no podrán ser cerradas en ningún caso, permaneciendo diáfanas.
8.2.- No se podrá ocupar más espacio para el aparcamiento que el que pueda ser acreditado en la escritura y que está perfectamente delimitado mediante las líneas pintadas sobre el pavimento.
8.3.- Queda prohibido realizar en todo el recinto del garaje, cualquier manipulación, mayor (reparaciones) del vehículo, así como el lavado de los mismos.
8.4.- Es obligado circular con las luces de cruce y a velocidad inferior a 20 Km/h.
8.5.- Se evitará mantener en marcha el motor de forma innecesaria, a fin de no contaminar el recinto.
8.6.- Queda prohibido utilizar el garaje como lugar de recreo y que se juegue con patines, pelotas o bicicletas.
8.7.- Se esperará, tras salir o entrar con el vehículo, a que se cierre completamente la puerta del garaje, asimismo se recomienda esperar a que esté totalmente abierta la puerta para entrar o salir. En el caso de que aprovechando la apertura de la puerta, se observase la entrada de personas sospechosas detrás de su vehículo, bajo ningún concepto baje del mismo. Cierre las puertas de éste y vuelva a abrir la puerta del garaje para salir marcha atrás, ya advierta esta situación al conserje.
8.8.- Queda prohibida la entrada y salida de peatones por las puertas del garaje.
8.9.- No se permite depositar en las plazas de garaje, bultos u objetos que no sean el propio vehículo, moto o bicicleta.
8.10.- No se permite tener en las plazas de garaje, ni en los trasteros, productos tóxicos o inflamables.
8.11.- El uso de los trasteros se hará de acuerdo a su finalidad, es decir, al almacenamiento de enseres, herramientas y otros trastos. Queda prohibida la utilización de la energía eléctrica de los trasteros para otras funciones distintas a las citadas.

9.- Tendederos

9.1.- El uso de los tendederos se hará de acuerdo a su finalidad, procurando no ocasionar daños ni perjuicios a los demás propietarios. 9045 (sigue)
9.2.- No se permite tender ropa ni colgar objetos en el exterior de las viviendas.

10.- Piscina

10.1.- Los vecinos deberán permanecer en el recinto de la piscina con el calzado adecuado. No se permite cambiarse de ropa en el jardín.
10.2.- Es obligatorio el uso de las duchas antes de cada baño debiendo respetarse las normas de comportamiento social e higiene de uso normal.
10.3.- No se permite introducir en el interior de la piscina, dentro del agua, colchonetas y balones o cualquier otro objeto, salvo flotadores para la seguridad de los niños.
10.4.- Se prohíbe consumir alimentos en el recinto de la piscina y la utilización de envases de vidrio.
10.5.- Los papeles, colillas y demás residuos, deberán depositarse en las papeleras.
10.6.- No se permitirá el baño a quienes sufran heridas o enfermedades contagiosas que pudieran entrañar peligro para los demás.
10.7.- Se recuerda que las personas que permanezcan en el interior del recinto de la piscina fuera de la temporada, o del horario establecido, asumirán las responsabilidades a que diesen lugar y a las preceptivas reclamaciones que se pudiesen originar de tipo administrativo, civil o penal. La Comunidad, como propietaria de las instalaciones, no responderá, en ningún caso, de los daños y perjuicios que puedan sobrevenir a los usuarios por la utilización de forma inadecuada de las instalaciones.
10.8.- La temporada de piscina se fijará desde el 1 de junio al 30 de octubre, en horario ininterrumpido de 10 de la mañana a 9 de la noche.
10.9.- Por cada piso solamente se podrá invitar a un máximo de 2 personas, que estarán acompañadas en todo momento por el residente que hace la invitación, quién será responsable de su conducta.
10.10.- Para pasar por los portales y subir a los ascensores no se podrá ir mojado o descalzo.
10.11.- No está permitida la entrada de animales.

C. Celebración de las juntas

1. Convocatoria de una junta ordinaria de comunidad

9060 De conformidad con lo previsto en el art.16 de la Ley de Propiedad Horizontal (1), en mi condición de Presidente/a de la Comunidad de Propietarios, procedo a convocar la próxima Junta General Ordinaria, cuya celebración tendrá lugar en los locales sociales de la comunidad sitos en la planta baja del edificio, el día..... de..... de..... a las..... horas en primera convocatoria y, ese mismo día a las..... horas en segunda convocatoria. Todo ello para tratar los siguientes puntos del:

ORDEN DEL DÍA

1.- Lectura del acta de la Junta General celebrada el día......
2.- Presentación de las cuentas anuales y, en su caso, aprobación de las mismas por la Junta de Propietarios.
3.- Aprobación del presupuesto correspondiente para el ejercicio entrante.
4.- Nombramiento de cargos.
5.- Ruegos y preguntas.

Se informa a todos los propietarios que toda la información correspondiente a los temas a tratar en la Junta convocada se encuentra a su disposición en el domicilio profesional de Administrador-Secretario de la Comunidad, el señor....., sita en la calle...... Se ruega a todo aquel que desee consultar la información que concierte cita previa en el teléfono......
Igualmente, se informa a los propietarios que no se encuentran al corriente de pago de los gastos comunitarios (sean cuotas ordinarias o derramas extraordinarias) que, si no proceden a abonar las mismas antes de la celebración de la próxima Junta convocada, podrán participar en la misma, pero no dispondrán de derecho de voto. A continuación, se indica la relación de propietarios morosos a día de hoy.
D......, propietario de la entidad....., adeuda la cantidad de..... euros
D......, propietario de la entidad....., adeuda la cantidad de..... euros
D......, propietario de la entidad....., adeuda la cantidad de..... euros
.....
A la vista del interés general de los temas a tratar, ruego a todos los propietarios que asistan personalmente a la reunión y que, en el caso de no serles posible, que deleguen su representación en la persona de su confianza que tengan por conveniente. A los efectos de facilitar el trámite de la delegación, junto a esta convocatoria se facilita un modelo de delegación que deberá ser convenientemente cumplimentado y firmado por el propietario delegante, entregándose al Presidente/a con anterioridad a la celebración de la Junta.

En....., a..... de..... de.....

Fdo.:
Presidente/a

DELEGACIÓN DE VOTO

D......, con DNI número....., propietario de la entidad..... y de la plaza de aparcamiento número..... delego el derecho a asistir, participar y votar en la Junta General Ordinaria convocada para el día..... de..... de..... en D./Doña..... con DNI......

En....., a..... de..... de.....

Fdo:.....
Propietario

-----
(1) En el caso de que la convocatoria se efectúe por una comunidad de propietarios situada en la comunidad de Cataluña, deberá sustituirse la mención legal por la referencia al art.553-21 del Código civil de Cataluña.

VARIANTE EN LA CONVOCATORIA CUANDO LA MISMA LA EFECTÚAN LOS PROPIETARIOS QUE REPRESENTAN LA CUARTA PARTE DE LOS EXISTENTES EN EL EDIFICIO O EL 25% DE LAS CUOTAS DE PARTICIPACIÓN

9060 (sigue)

A través de la presente, D./Doña....., propietario/a de la entidad....., con cuota de participación.....%, D./Doña....., propietario/a de la entidad....., con cuota de participación.....%, D./Doña....., propietario/a de la entidad....., con cuota de participación.....%, (.....), con la legitimación que nos reconoce el art.16 LPH, al reunir más del 25% de las cuotas de participación (o más de la cuarta parte del total del propietarios, según sea el caso), procedemos a convocar Junta extraordinaria de propietarios cuya celebración tendrá lugar en los locales sociales de la comunidad sitos en la planta baja del edificio, el día..... de..... de..... a las..... horas en primera convocatoria y, ese mismo día a las..... horas en segunda convocatoria. Todo ello para tratar los siguientes puntos del:

ORDEN DEL DÍA

1.- Lectura del acta de la Junta General celebrada el día......
2.- Planteamiento del problema existente en los áticos derivados de las filtraciones producidas por la cubierta del edificio y adopción de acuerdos sobre el particular.
3.- Remoción de los cargos de gobierno ante la desidia demostrada en la gestión de la comunidad.
4.- Ruegos y preguntas.

A la vista del interés general de los temas a tratar, ruego a todos los propietarios que asistan personalmente a la reunión y que, en el caso de no serles posible, que deleguen su representación en la persona de su confianza que tengan por conveniente. A los efectos de facilitar el trámite de la delegación, junto a esta convocatoria se facilita un modelo de delegación que deberá ser convenientemente cumplimentado y firmado por el propietario delegante, entregándose al Presidente/a con anterioridad a la celebración de la Junta.

En....., a..... de..... de.....

Fdo.:

LOS PROPIETARIOS CONVOCANTES

DELEGACIÓN DE VOTO

D......, con DNI número....., propietario de la entidad..... y de la plaza de aparcamiento número..... delego el derecho a asistir, participar y votar en la Junta General Ordinaria convocada para el día..... de..... de..... en D./Doña..... con DNI......

En....., a..... de..... de.....

Fdo:.....
Propietario

NOTA IMPORTANTE: Esta convocatoria deberá ser remitida al Presidente para que sea él quien efectúe la misma a petición de los indicados propietarios, añadiendo la lista de propietarios morosos y la advertencia de que serán privados del derecho de voto si no están al corriente de pago y, en el caso de que no lo haga en un plazo prudencial, que puede fijarse incluso en el escrito que se remita al Presidente, podrá ser remitida directamente por los promotores de la reunión.

9060 (sigue)

DILIGENCIA A AÑADIR EN LA CONVOCATORIA QUE SE EFECTÚA POR NOTIFICACIÓN EN EL TABLÓN DE ANUNCIOS (1)

(INCORPORAR ESTA DILIGENCIA AL FINAL DE LA CONVOCATORIA REMITIDA A LOS PROPIETARIOS)

DILIGENCIA.- Procedemos a publicar la presente convocatorias en el tablón de anuncios de la comunidad (o en el lugar de uso general habilitado al efecto por la misma), por haber resultado infructuosas las citaciones personales remitidas a los domicilios de los siguientes propietarios.

D./Doña....., propietario/a de la entidad......
D./Doña....., propietario/a de la entidad.....
D./Doña....., propietario/a de la entidad.....
(.....)

Se advierte a los interesados que esta publicación producirá plenos efectos como citación de los mismos una vez transcurridos tres días naturales desde el día de hoy,..... de..... de......

Firma del Secretario V° B° Presidente de la Comunidad

-----

(1) La publicación en el tablón de anuncios de la comunidad es obligatoria en todo caso en las comunidades de propietarios de Cataluña (CCC art.553-21.2), mientras que es un mecanismo subsidiario de citación y, por consiguiente, meramente voluntario (su inexistencia no vicia en modo alguno la validez de la Junta) en las comunidades sujetas a la LPH estatal (LPH art.9.1.h).

VARIANTE A AÑADIR EN LOS CASOS EN LOS QUE SE ADOPTEN ACUERDOS SUJETOS A LO DISPUESTO EN EL ART. 17.8 DE LA LPH (1) 9060 (sigue)

(AÑADIR ENTRE LAS ADVERTENCIAS QUE SE EXPONEN DESPUÉS DEL ORDEN DEL DÍA DE LA CONVOCATORIA)

Se advierte a los propietarios que en relación a los acuerdos que se adopten sobre el punto del orden del día señalado como número..... (indicar el acuerdo que queda comprendido dentro de los supuestos del art.17.8 de la LPH), que todos aquellos que no asistan a la reunión y que no deleguen su voto en otra persona, se entenderá que votan a favor de la decisión que adopten los presentes, sin perjuicio del derecho que les reconoce la Ley a oponerse a los mismos, mediante escrito remitido al secretario de la comunidad, en el plazo máximo de 30 días naturales a contar desde que les sea comunicado el acuerdo.

-----

(1) En las comunidades de propietarios de Cataluña esta advertencia deberá incorporarse a todas las convocatorias de Junta de Propietarios y en relación a todos los acuerdos que se adopten, tal y como establece el CCC art.553-25 redacc L Cataluña 3/2023.

2. Acta de junta de propietarios

9065 **ACTA DE LA JUNTA EXTRAORDINARIA DE LA COMUNIDAD DE PROPIETARIOS DEL EDIFICIO SITO EN....., CALLE....., NÚMERO.....**

En....., siendo las..... horas y..... minutos del día..... de..... de....., y previa la correspondiente convocatoria remitida a todos los propietarios de la comunidad remitida por el Presidente de conformidad con lo dispuesto en el art.16 de la LPH (1), queda constituida la Junta de propietarios, en segunda convocatoria, para la celebración de una Junta General de carácter extraordinario en los locales de la Comunidad.

Preside la reunión quien es Presidente/a de la Comunidad, D/dña....., actuando como Secretario, quien lo es también de la Comunidad, D/doña......

Asisten a la reunión, personalmente o por representación, los siguientes propietarios.
D./doña....., propietario/a de la entidad....., con cuota de participación.....%,
D./doña....., propietario/a de la entidad....., con cuota de participación.....%,
D./doña....., propietario/a de la entidad....., con cuota de participación.....%, representado por D/doña.....
(.....)
En consecuencia, asisten a la reunión un total de..... propietarios que representan el.....% de las cuotas de participación.

A continuación, toma la palabra del Presidente, declarando iniciada la reunión para tratar los siguientes extremos del orden del día.

El ORDEN DEL DÍA previsto se desarrolló de la siguiente forma:
1.- Lectura del acta de la Junta General celebrada el día......
2.- Presentación de las cuentas anuales y, en su caso, aprobación de las mismas por la Junta de Propietarios.
3.- Aprobación del presupuesto correspondiente para el ejercicio entrante.
4.- Nombramiento de cargos.
5.- Ruegos y preguntas.
Después de debatidos y sometidos a votación los diferentes puntos del orden del día se adoptaron los siguientes acuerdos.
1.- En relación al acta de la sesión anterior, se procede a comentar todos los presentes que se ha procedido a rectificar un error observado por el propietario D./doña....., dándose lectura al texto definitivo y no existiendo discrepancia alguna de los presentes en relación al mismo.
2.- Se presentan las cuentas del ejercicio, realizándose diferentes turnos de preguntas entre los asistentes que son respondidas por el administrador. Después de la aclaración de estos extremos, los presentes proceden a votar las cuentas con el siguiente resultado de la votación.

VOTOS A FAVOR
D./doña....., propietario/a de la entidad....., con cuota de participación.....%,
D./doña....., propietario/a de la entidad....., con cuota de participación.....%,
D./doña....., propietario/a de la entidad....., con cuota de participación.....%,
(.....)

VOTOS EN CONTRA
D./doña....., propietario/a de la entidad....., con cuota de participación.....%,
D./doña....., propietario/a de la entidad....., con cuota de participación.....%,
(.....)

ABSTENCIONES
D./doña....., propietario/a de la entidad....., con cuota de participación.....%,
D./doña....., propietario/a de la entidad....., con cuota de participación.....%,
(.....)
Como consecuencia del resultado de la votación y reuniéndose la mayoría de los propietarios y cuotas presentes en la reunión, quedan aprobadas las cuentas del ejercicio......
3.- En relación con el presupuesto se acuerda mantener el mismo, si bien se acuerda, por los presentes, mantener las cuotas ordinarias de gastos de la anualidad vencida por ser suficientes para cubrir el presupuesto y permitir constituir un pequeño fondo añadido de la comunidad para hacer frente a los imprevistos y reparaciones extraordinarias urgentes que se puedan presentar. Dicho acuerdo se adopta, igualmente, por la unanimidad de los presentes.

4.- Se acuerda por unanimidad designar como Presidente de la comunidad a D./doña....., propietario de la entidad..... y renovar como Administrador/Secretario a D./doña....., administrador/a de fincas colegiada. Ambos cargos tendrán la duración de un año y se mantendrán en el mismo hasta que se designe a las personas que hayan de sustituirles.
5.- Abierto el turno de ruegos y preguntas, toma la palabra D./doña..... y expone..... (.....) (2).
No habiendo mas temas que tratar, siendo las..... horas del día..... de..... de....., se cierra la sesión, elaborándose el presente acta por parte del Secretario con el visto bueno del Sr. Presidente.

EL SECRETARIO   Vº Bº EL PRESIDENTE

-----

(1) Para las comunidades de propietarios de Cataluña el CCC art.553-21.
(2) En este apartado podrán exponerse problemas para su estudio en próximas Juntas, pero no pueden adoptarse acuerdos.

9065 (sigue)

VARIANTE EN LA REDACCIÓN DEL ACTA CUANDO EN LA JUNTA SE ADOPTAN ACUERDOS SUJETOS AL SISTEMA PREVISTO EN EL ART. 17.8 DE LA LPH (PARTICIPACIÓN DE LOS AUSENTES)

NOTA: En el contenido del acta de la Junta se reflejarán el resultado de la votación, que, en cualquier caso, deberá representar que exista mayoría de propietarios y cuotas presentes. A continuación del reflejo en el acta de los propietarios que han votado a favor, en contra y de los que se han abstenido, se añade un texto similar al que sigue:
Siendo un acuerdo para cuya adopción definitiva debe tenerse en cuenta la votación de los propietarios ausentes, se faculta al Presidente para que, pasados los 30 días naturales desde el envió del acta a los diferentes propietarios que no han asistido a la reunión, refleje mediante diligencia el resultado definitivo de la votación, incorporando el mismo al acta de la Junta mediante la correspondiente diligencia y dando traslado del mismo a todos los propietarios, Quedando pospuesto, por consiguiente, la determinación de la existencia o no del acuerdo.

DILIGENCIA COMPLEMENTARIA DEL ACTA DE JUNTA CELEBRADA EL DÍA..... 9065 (sigue)

(se elaborará una vez transcurridos 30 días naturales desde la notificación del acta al último de los propietarios ausentes)

DILIGENCIA.- Que se elabora para complementar el acta de la Junta General Extraordinaria celebrada el pasado día..... de..... de....., con el objeto de dejar constancia del resultado final de la votación del acuerdo relativo al punto..... del orden del día, bajo el texto...... Una vez transcurridos 30 días naturales desde la comunicación del acta de la Junta a todos los propietarios, sin que ninguno de los ausentes haya manifestado oposición o queja alguna al respecto, se entiende que todos los ausentes votan a favor del acuerdo adoptado, siendo el resultado final de la votación al que sigue:

VOTOS A FAVOR
D./doña....., propietario/a de la entidad....., con cuota de participación.....%,
D./doña....., propietario/a de la entidad....., con cuota de participación.....%,
D./doña....., propietario/a de la entidad....., con cuota de participación.....%,
(.....)

VOTOS EN CONTRA
D./doña....., propietario/a de la entidad....., con cuota de participación.....%,
D./doña....., propietario/a de la entidad....., con cuota de participación.....%,
(.....)

ABSTENCIONES
D./doña....., propietario/a de la entidad....., con cuota de participación.....%,
D./doña....., propietario/a de la entidad....., con cuota de participación.....%,
(.....)

Como consecuencia del resultado de la votación y reuniéndose la mayoría de 3/5 partes de propietarios y cuotas de participación de la comunidad, se acuerda.....

Y así lo certifica el Secretario de la Comunidad con el Vº Bº del Presidente, en....., a..... de..... de.....

EL SECRETARIO EL PRESIDENTE

3. Acta de junta de propietarios (Cataluña)

9070 **JUNTA ORDINÀRIA DE LA COMUNITAT DE PROPIETARIS DEL CARRER... DE BARCELONA**

A la ciutat de Barcelona,..... de..... de....., a les 18 hores es reuneix la Comunitat de Propietaris de la finca del número..... del carrer..... de Barcelona, a la sala.....del Hotel....., per a celebrar la seva Junta ordinària, prèviament convocada sota el següent Orde del Dia:

ORDRE DEL DÍA

1. - Ratificació de l"Acta de la Junta Anterior.
2. - Presentació i aprovació de comptes corresponent a l"exercici......
3. - Aprovació, si escau, del pressupost Comunitari corresponent a l"exercici..... i explicació de les despeses efectuades durant el primer trimestre.....
4.- Requeriment de l"Ajuntament per la reparació de tota la cornisa afrontant amb el carrer..... Aprovació de nou pressupost.
5.- Pressupost i aprovació, en el seu cas, de derrama extraordinària, amb caràcter de urgència, a fi de legalitzar l"ascensor segons (ECA) i prevenció de sancions administratives.
6.- Persones encarregades d"exercir els càrrecs de govern de la Comunitat per l"exercici.... Nomenament
7.- Obres realitzades en el pis àtic de la finca.
8.- Informe del estat dels baixants de la finca
9.- Precs i preguntes

Assisteixen a la reunió els següents copropietaris
5è 2a Sr......(coef.....%)
5è 3a Sr.......(coef.....%)
3er 1a Sra......(coef.....%)
3er 2a Sra..... (coef.....%)
4º 1ª Sra.....(coef.....%)
6 º Sr..... - representat per el Sr...... (coef.....%)
LOCAL Nº 3...... representat per el Sr.....(coef.....%)
2n 2a Sra..... (coef.....%)

A continuació la Secretaria- Administradora passa a examinar els diferents punts que componen l"Ordre del Dia, el qual era prèviament conegut pels Copropietaris.

1. - Ratificació de l"Acta de la Junta Anterior.

Es ratifica l"acta anterior

2. - Presentació del balanç i aprovació de comptes corresponent a l"exercici 20...

La Sra. Secretaria-Administradora exposa als presents les despeses ordinàries comunitàries de l" exercici 20... i les partides que composen la liquidació, tot realitzant els corresponents aclariments, en especial s"expliquen les despeses d"advocat i procurador, les quals no poden afectar al contrari encara que sigui membre de la comunitat, al igual que s"informa de la rebaixa aconseguida en el pressupost de la instal lació de la comesa de gas comunitari.
El moviment econòmic de l exercici..... ha estat el següent:
Despeses ateses:.....€
Cobraments copropietaris:.....€
Saldo 20.....-20..... (rebut per.....).....€
Ajust.....€
TOTAL.....€
En relació al repartiment de les despeses del ascensor, la.....manifesta la seva disconformitat amb excloure"n..... l ja que manifesta que la sentencia del procediment que els propietaris del..... l van interposar contra la comunitat l"excloïa de les despeses de la escala, però no del ascensor; per això, considera que ha de contribuir amb les despeses del ascensor hagudes en el exercici 20....., al igual que no se li pot abonar la suma de..... que se li va imputar durant els exercicis..... per aquest concepte.
Per tant, es posposa la liquidació corresponent al exercici 20..... a fi d"aclarir aquest punt, fent les consultes adients, de les que serà degudament informada la Sra...... i posteriorment la resta de la comunitat.
En relació al deute pendent d"alguns copropietaris es decideix donar de termini per al seu pagament fins el proper 1 de juny; en cas contrari es convocarà junta extraordinària a fi d"autoritzar al president per la seva reclamació judicial.

3.- Aprovació del pressupost Comunitari corresponent a l"exercici 20.... Explicació de les despeses efectuades durant el primer trimestre 20.... 9070 (sigue)

Queda posposada l"aprovació del nou pressupost per l"exercici 20....., a la espera de l"aclariment de si..... ha de contribuir a les despeses de l"ascensor
En relació a les despeses efectuades per la Comunitat durant aquest primer trimestre del exercici 20....., la Sra. Administradora explica als presents que, a causa de les obres de la coberta, es va haver de demanar llicencia de obres menors, la qual va ésser atorgada el passat mes de febrer, tot possibilitant que es poguessin reparar les dues xemeneies i part del remolinat de la coberta de la façana de la planta sisena, en relació a la cornisa de moment no s"ha pogut reparar degut al augment de les obres a efectuar i el cost de les mateixes, havent-se col•locat una malla protectora per evitar nous despreniments.

4.- Requeriment de l"Ajuntament per la reparació de tota la cornisa afrontant al carrer..... Aprovació nou pressupost

La Secretaria - Administradora i el Sr..... expliquen als presents que l"Ajuntament i l"arquitecte han obligat a que es repari tota la cornisa de la façana envers el carrer.....; això ha obligat a demanar una ampliació del pressupost aprovat, ja que la superfície a reparar passaria de uns..... metros lineals a...... metros lineals, suposant un augment del pressupost inicialment aprovat de..... € a..... €; s"explica que el cost d"aquesta obra es degut, en primer lloc, a les mesures de protecció que s"han de prendre, les quals inclouen fins i tot una petita bastida per protegir als vianants. S"explica igualment que el terrat de la finca es troba en un estat lamentable i que s"haurà de reparar pròximament
Queda aprovat per unanimitat el nou pressupost de la empresa..... Per al pagament de les despeses de les obres, la Sra. Secretaria-Administradora lliurarà notificació a tots els propietaris on s" informarà de les despeses hagudes per les obres (arquitecte, taxes municipals, malla protectora i obres coberta) amb el corresponent repartiment entre tot els propietaris envers coeficient general.

5.- Pressupost i aprovació en el seu cas, de derrama extraordinària, amb caràcter de urgència, a fi de legalitzar l"ascensor segons (ECA) i previsió de sancions administratives.

En relació als ascensors de la finca s"explica als presents que la empresa.....va informar la Comunitat que el Departament d"Indústria es disposava a sancionar a aquesta, per no haver realitzat els treballs de modernització segons Acta de ECA de fa 2 anys; per això, la Sra. Presidenta es va veure obligada a signar el contracte de modernització dels ascensors.
Una vegada aclarit si el..... ha de contribuir amb aquestes despeses s"enviarà un escrit als corresponents propietaris indicant la part corresponent a cada entitat per el seu pagament immediat.

6.- Persones encarregades de exercir els càrrecs de govern de la Comunitat per l"exercici 20... Nomenament

La Sra. Presidenta i el seu marit manifesten que, tal com es va informar a la Junta anterior, la Sra...... dimiteix del càrrec de Presidenta de la Comunitat per la lamentable situació judicial viscuda el passat any. El Sr.....manifesta que independentment que la seva Sra. no continuï com a presidenta, ell continuarà ajudant a la Comunitat en la mesura que pugui i pregunta als presents si estan conformes amb les gestions realitzades; la majoria dels presents manifesten la seva total conformitat sense que cap dels presents manifesti la seva opinió contraria.
En relació a la Junta de govern per el exercici 20....., el Sr......propietari del pis 5º 2ª es presenta per el càrrec de President amb el vot favorable de la majoria dels presents a excepció de la Sra...... Continua la Sra......en el seu càrrec de Secretaria-Administradora.

7.- Obres realitzades en el pis àtic de la finca.

En relació a aquest punt la Secretaria - Administradora informa als presents que ha rebut diverses queixes dels veïns per les obres que el propietari del pis àtic ha realitzat al terrat que te en us exclusiu (no propietat) sense el consentiment de la comunitat i consistents en l"obertura d"una segona porta d"accés a la terrassa, la col•locació de unes fustes en el pati de llums i de una dutxa recolzada en el pati de llums, al igual que de la realització de regates per posar llums, tant per la façana del pis àtic, com per al mur de la sisena planta (encara que aquestes regates ja hagin estat tapades per part del propietari de l"àtic.
El Sr...... en representació del Sr...... manifesta que sempre es va parlar de portes i la comunitat les va autoritzar en l"anterior Junta i que les obres realitzades no afecten a la estructura, manifestant igualment la voluntat del Sr...... de que hi hagi una bona convivència entre tots els

9070 (sigue) veïns. La resta dels propietaris responen que en la anterior junta es va parlar d"una sola sortida al terrat i no de dos; la Sra. Administradora explica que potser el malentès rau en que el Sr...... va fer en un principi una obertura amb dues portes de vidres corredisses. Finalment els presents manifesten la seva bona voluntat i autoritzen les dues portes, apercebent-li que no s"autoritzarà cap altre obra per la que no s"hagi demanat prèviament la autorització de al comunitat. El Sr...... s"haurà d"encarregar de revocar el tros de façana del seu pis a on va fer les regates i va obrir les dues portes.
En relació a les fustes col•locades al pati de llums, la Sra. Administradora explica als presents que el Sr...... li va comentar que eren per posar plantes. Els presents manifesten que el pati de llum és per a que els pisos interiors tinguin llum i que no es pot col•locar res que disminueixi la llum dels altres, per això li requereixen al propietari de l"àtic, per tal que retiri tant les..... com la......

8.- Informe del estat dels baixants de la finca

La Sra. Presidenta informa als presents que els baixants de la finca es troben en un estat lamentable, agreujat pel fet de les nombroses connexions (que dificulten la seva accessibilitat), per això s"haurien de substituir els baixants en mal estat, tots d"una sola vegada, procedint a la neteja i reparació del pati. Els presents aproven deixar per més endavant aquestes obres, a la vista de les importants despeses que té actualment la finca.

9.- Precs i preguntes

Els presents manifesten que en general estan contents amb el porter de la finca, a excepció de la neteja, la qual deixa molt que desitjar; es comunicarà aquest fet al Sr......a fi de que s"esforci una mica mes.
En relació a les plaques que falten sobre algunes portes, es mirarà si algunes lletres de les entitats que no es fan servir es poden aprofitar; en cas contrari i per raó del seu baix cost, es decideix canviar-les totes, a fi de mantenir una uniformitat estètica a la finca.
En relació a la demanda del pis àtic de tenir una bústia, es decideix cedir la bústia de devolucions de correspondència al pis àtic, la comunitat farà servir la bústia que té per als sobres grans per les devolucions. Igualment s"encarregarà i abonarà la placa de la bústia del pis àtic.
A la vista que l"antena comunitària no està adaptada al TDT, s"autoritza l"administradora de la Comunitat a fi de que demani pressupostos per la seva adaptació y modernització.
Els presents manifesten la seva disconformitat amb el ús que es dóna al pis....., ja que es considera que no es tracta de apartament turístic sinó, de pensió, amb els corresponents danys e inseguretat que causen a la finca; la Sra.....comunica als presents que un diumenge es va trobar la porta del vestíbul totalment oberta.
I sense més temes a tractar, a les..... hores, es dona per finalitzada la sessió de la que la Sra. Secretaria redactarà la corresponent Acta, amb el Vist-i-plau del President, per a la seva posterior remissió a la resta dels copropietaris.

Signat.

La Presidenta
La Secretaria-Administradora

4. Carta al secretario manifestando la discrepancia con un acuerdo adoptado

D./Dña....... 9075
Calle.....
Ciudad..... (CP.....)
Asunto: Oposición a acuerdo adoptado en Junta de Propietarios del edificio de la calle....., número..... de la ciudad de......

En....., a..... de..... de.....

Muy Sr. Mío/a:

Me dirijo a usted en su calidad de Secretario de la Comunidad y lo hago para manifestarle que, habiendo recibido el día..... de..... de..... copia del acta de la Junta General Extraordinaria de Propietarios celebrada el pasado día..... de..... de....., debo mostrarle mi más absoluta oposición a la decisión adoptada en relación al..... punto del orden del día (se pueden exponer las razones si se quiere, aunque no resulta necesario). Del mismo modo, quiere que quede constancia de mi protesta a los efectos de poder ejercitar las acciones que correspondan en derecho, para el caso de que definitivamente se adopte el acuerdo correspondiente.
Le ruego se sirva admitir el presente escrito e incorporar mi oposición en la diligencia correspondiente al acta de la Junta, haciendo expresa reserva del derecho a impugnar el acuerdo si así se adoptara.
Sin otro particular, aprovecho la ocasión para remitirle un cordial saludo.

Atentamente,

Fdo.:.....

El propietario/a.

ACUSE DE RECIBO

Recibido el día..... de..... de.....

Fdo: El Secretario

D. Certificados, cartas y escritos más habituales

1. Certificado de la comunidad sobre el estado de deudas de una entidad privativa

9090 D./doña..... administrador/a colegiad/o en el Colegio Territorial de Administradores de fincas de.....; en mi condición de Secretario/a-Administrador/a de la Comunidad de Propietarios del Edificio sito en....., calle....., número......

CERTIFICO,

Que el propietario de la entidad..... y de la plaza de aparcamiento número..... del referido edificio, se encuentra al corriente de pago de todas y cada una de las cuotas y derramas comunitarias vencidas hasta la fecha. Todo ello según los datos de la comunidad que obran en mi poder

Se advierte que el presente certificado no cubre otras deudas por gastos y/o responsabilidades que pudieran afectar a las indicadas entidades, cuyo vencimiento se haya producido con posterioridad a la fecha de emisión del mismo.

Y para que así conste y a los efectos oportunos, en particular, a los efectos de lo dispuesto en el art.9.1 e) de la vigente LPH, emito el presente certificado en..... a..... de..... de......

Fdo: El Secretario/Administrador Vº Bº El Presidente

NOTA: Para las comunidades de Cataluña debe incorporarse también al certificado una mención a las actuaciones que estén ya aprobadas, pero pendientes de próximo vencimiento (CCC art.553-5.2).

Ejemplo:

Se advierte en el presente certificado que se aprobó en Junta General Extraordinaria de propietarios de fecha..... de..... de....., la rehabilitación de la fachada, estando pendientes de vencimiento a fecha de hoy, respecto de las entidades objeto del presente certificado, cuatro cuotas o recibos comunitarios por importe de..... €, cada una de ellas y con vencimiento los días..... de....., (.....).

2. Certificado de retenciones en los arrendamientos a personas físicas que pueda realizar la comunidad

D./doña..... administrador/a colegiad/o en el Colegio Territorial de Administradores de fincas de.....; en mi condición de Secretario/a-Administrador/a de la Comunidad de Propietarios del Edificio sito en....., calle....., número...... 9095

CERTIFICO,

Que la Comunidad de propietarios anteriormente reseñada ha retenido en concepto de IRPF durante el ejercicio 20... a D./doña....., en tanto que arrendataria del local comercial propiedad de la comunidad sito en la planta baja, la cantidad.....€; siendo la base imponible la cantidad de.....€, correspondiente de los alquileres comprendidos entre los meses de Enero a Diciembre del citado año. Habiéndose aplicado el porcentaje de retención legalmente establecido del 19%.

Y para que así conste y a los efectos oportunos, emito el presente certificado en..... a..... de..... de......

Fdo: El Secretario/Administrador

3. Instancia para diligenciar un libro de actas en el Registro de la Propiedad

9100 ILMO. SR. REGISTRADOR DE LA PROPIEDAD

DON....., mayor de edad, con domicilio a estos efectos en.....; número..... de....., con N.I.F......, en su calidad de **Presidente de la Comunidad de Propietarios del edificio sito en**....., **número**....., inscrita en el Registro de la Propiedad número..... de....., al tomo....., libro..... de....., folio....., finca número....., según resulta del acuerdo adoptado en Junta de Propietarios constitutiva celebrada en segunda convocatoria el pasado día..... de..... de....., tal y como se reseña en el acuerdo que acompaño a la presente instancia.

EXPONE

Que, previa presentación del libro correspondiente, SOLICITA, al amparo de lo dispuesto en el art.415 del Reglamento Hipotecario, **se proceda a diligenciar el libro de actas correspondiente a la Comunidad de Propietarios del edificio sito en**...... **Número**...... constituida conforme a lo previsto en la escritura de división horizontal de fecha..... de..... de....., autorizada por el Notario de....., don/doña......

Y expuesto cuanto antecede,

SUPLICO AV.I. Que tenga por presentada esta instancia, y de acuerdo con lo solicitado, proceda a realizar los oportunos diligenciamientos.

En..... a..... de..... del año......

Fdo......

AL ILMO. SR. REGISTRADOR DE LA PROPIEDAD DEL REGISTRO Nº..... DE.....

4. Comunicación del cambio de titularidad de una entidad privativa

D./Dña....... 9105
Calle.....
Ciudad..... (CP.....)
Asunto: Cambio de titularidad de la entidad..... sita en el edificio de la calle....., número..... de......

En....., a..... de..... de.....

Muy Sr. Mío/a:

Me dirijo a usted en su calidad de Secretario/Administrador de la Comunidad y lo hago para manifestarle que el pasado día..... de..... de....., procedía a transmitir a D./doña...... con DNI.....,las entidades..... y..... que hasta entonces eran de mi propiedad sitas en el edificio de la calle....., número..... de...... Todo ello mediante escritura pública de compraventa otorgada ante el notario de....., D./doña.......
Por todo ello, y habiéndole hecho partícipe de la modificación en la titularidad de las fincas indicadas, ruego proceda a dejar de pasar al cobro por mi cuenta corriente los recibos de la comunidad.
Aprovecho para mostrarle mi agradecimiento por los servicios prestados.

Atentamente,

Fdo.:.....

El propietario/a.

ACUSE DE RECIBO
Recibido el día..... de..... de.....

Fdo: El Secretario

5. Comunicación del domicilio a efectos de notificaciones y requerimientos

9110 D./Dña.......
Calle.....
Ciudad..... (CP.....)
Asunto: Escrito de comunicación de domicilio a efectos de notificaciones y requerimientos y de domiciliación bancaria de los pagos.

En....., a..... de..... de.....

Muy Sr. Mío/a:

Me dirijo a usted en su calidad de Secretario/Administrador de la Comunidad y lo hago con el objeto de comunicarle que, como propietario de la entidad..... y de la plaza de aparcamiento número....., situadas en el edificio de la calle....., número....., es mi intención que todos los requerimientos y notificaciones que me sean remitidas en relación con la comunidad se dirijan al domicilio (en España) que a continuación señalo:

Población:.....
Dirección: calle....., número....., piso....., letra.....
Código Postal:.....

Del mismo modo, facilito mi dirección de correo electrónico y un número de fax para que puedan remitirme los escritos también a través de cualquier de ambos sistemas.
Mail:.....
Fax:

Por último, le indico que todos los recibos y derramas que correspondan a mis entidades sean pasados al cobro en la cuenta corriente número....., que tengo abierta en la entidad bancaria......
Si necesita cualquier aclaración sobre el particular, ruego se ponga en contacto conmigo en el número de teléfono.
Sin otro particular, aprovecho para enviarle un cordial saludo.

Fdo.:.....

El propietario/a.

ACUSE DE RECIBO

Recibido el día..... de..... de.....

Fdo: El Secretario

6. Requerimiento de cese en el ejercicio de actividades prohibidas a un propietario

A la att. de D./Doña..... 9115
Calle....., número.....
Ciudad....., (CP.....)

En....., a..... de..... de.....

Muy señor mío:

Me dirijo a usted en mi condición de Presidente/Administrador de la Comunidad de propietarios del edificio sito en....., calle....., número....., con el objeto de requerirle formalmente que cese en el ejercicio de la actividad de..... que viene desarrollando en el local de su propiedad sito en el citado edificio, recordándole que el art...... de los estatutos de la comunidad, debidamente inscritos en el Registro de la Propiedad, establece que queda terminantemente prohibido el desarrollo de la actividad de..... en los pisos o locales del edificio. Por dicha razón y con independencia de que cuente usted con los correspondientes permisos municipales para el desarrollo de la actividad, debo recordarle que se encuentra igualmente obligado a dar cumplimiento a los estatutos de la comunidad, razón por la cual debe cesar con carácter inmediato en su ejercicio.
Del mismo modo, le informo que de no dar oportuno cumplimiento al requerimiento que se le efectúa en virtud del presente escrito, someteré a la consideración de la Junta de Propietarios el ejercicio inmediato de las correspondientes acciones judiciales (acción de cesación), en solicitud del cese de la actividad, de la indemnización de los daños y perjuicios que se hayan causado y, si así se estimare oportuno, el cese de la privación del uso local durante el plazo previsto en la Ley.
En la esperanza de que la situación pueda resolverse de manera amistosa, ruego de cumplimiento al requerimiento efectuado.

Atentamente

Fdo.:.....

El Presidente/Administrador

ACUSE DE RECIBO

Recibido el día..... de..... de.....

Fdo: El Propietario

7. Comunciación de la ejecución de obras de supresión de barreras arquitectónicas

9120 D./Dña.......
Calle.....
Ciudad..... (CP.....)
Asunto: Escrito comunicando la voluntad de ejecutar de obras de supresión de barreras arquitectónicas al amparo de la Ley 15/1995, de 30 de mayo.

En....., a..... de..... de.....

Muy Sr. Mío/a:

Me dirijo a usted en su calidad de Presidente de la Comunidad de propietarios del edificio sito en la calle....., número..... de esta ciudad y lo hago como propietario de la entidad..... integrada en la misma.
El objeto de la presente es el de poner en su conocimiento y en el de toda la comunidad, mi interés e intención de ejecutar de obras de supresión de barreras arquitectónicas en el acceso de la finca, con el objeto de facilitar el acceso a la misma de mis padres que, como bien saben, viven conmigo en la finca y tienen más de 80 años de edad. El alcance de las obras a ejecutar se encuentra detalladamente explicado en el informe técnico elaborado por el arquitecto, señor/a don/doña....., que acompaño con el presente escrito. De la lectura del citado informe comprobará que las actuaciones no afectan a la estructura o fábrica del edificio ni menoscaban, en modo alguno, los materiales empleados en la construcción, respetando las características arquitectónicas del edificio. Por dicha razón, ruego su mayor comprensión, así como que traslade el informe al resto de integrantes de la comunidad.
Le indico, por último, que tal y como establece la Ley 15/1995, de 30 de mayo de límites al dominio sobre inmuebles para eliminar barreras arquitectónicas a las personas con discapacidad, si en el plazo de 60 días a contar desde la presente no recibo contestación alguna por parte de la comunidad, entenderé automáticamente autorizada las obras y procederé de inmediato a ordenar la ejecución de las mismas
Si necesita cualquier aclaración sobre el particular, ruego se ponga en contacto conmigo en la propia comunidad o con el arquitecto/a indicado en el número de teléfono.
Sin otro particular, aprovecho para enviarle un cordial saludo.

Fdo.:.....

El propietario/a.

ACUSE DE RECIBO

Recibido el día..... de..... de.....

Fdo: El Presidente

E. Formularios procesales

1. Demanda de impugnación de acuerdos de la junta de propietarios

AL JUZGADO DE 1ª INSTANCIA 9140

..... Procurador/a de los Tribunales de..... (1) y de D/Dª....., cuya representación acredito mediante copia de escritura de poder general para pleitos que se adjunta como DOC. 1, y cuya defensa será dirigida por el letrado de....., con número de colegiado....., dirección profesional en....., teléfono....., fax..... y correo electrónico....., ante el Juzgado comparezco y, DIGO:
Que por medio del presente escrito, en la representación que ostento, formulo:
a) DEMANDA de juicio ordinario de IMPUGNACIÓN DE ACUERDOS contra la Comunidad de Propietarios del número..... de la calle..... de....., con el objeto de que se declare la nulidad del acuerdo la Junta de Propietarios de fecha.
b) Adopción de MEDIDAS CAUTELARES que consistentes en la suspensión de la ejecución del acuerdo.
c) Que mi mandante es el Presidente de la Comunidad de Propietarios indica anteriormente, en virtud de acuerdo de la Junta de....., cuya Certificación aportamos como DOC. 2
Baso mi solicitud en los siguientes:

HECHOS

PRIMERO.- Mi representado es propietario de la vivienda sita en la planta..... letra..... del edificio número..... de la calle..... del Municipio..... de..... Como DOC. 3 adjuntamos nota simple del Registro de la Propiedad núm. de....., donde consta dicha titularidad.
SEGUNDO.- Con fecha tuvo lugar Junta de Propietarios..... (2) del citado inmueble. A dicha Junta fue convocado mi mandante mediante..... (3), asistiendo a la misma..... (4). Como DOC. 4 adjuntamos el Acta de dicha Junta que fue notificada a mi representado con fecha.....
TERCERO.- El orden del día de la citada Junta de Propietarios era el que a continuación se expone:.....
1.....
2.....
3.....
.....
Al margen de dicho orden del día se trataron los siguientes asuntos:
1.....
2.....
3.....
CUARTO.- En dicha Junta se adoptó, entre otros el siguiente acuerdo:
..... (5)
Dicho acuerdo fue adoptado por..... (6), cuando de conformidad con lo dispuesto en el art.17 de la LPH dicho acuerdo requiere para su adopción..... (7)
QUINTO.- Mi representado, como antes indicado se encontraba presente en la Junta, y, como consta en el Acta de la Junta que aportamos como DOC. 5, votó en contra del acuerdo en cuestión..... (8)
SEXTO.- El acuerdo objeto de impugnación, al margen de haberse adoptado sin la mayoría necesaria para ello, motivo que por sí solo justificaría la estimación de la presente demanda, es claramente lesivo para los intereses de mi representado por cuanto ahora se expone.....

FUNDAMENTOS DE DERECHO

PROCESALES

I

CAPACIDAD

De conformidad con lo dispuesto en los art.6.1.1º y 7.1 de la LEC, mi representado tiene capacidad suficiente para comparecer en juicio,

II

REPRESENTACIÓN Y ASISTENCIA LETRADA

De conformidad con lo dispuesto en los art.23.1 y 31 de la LEC, mi representado comparece en juicio representado por procurador y asistido de letrado.

9140 (sigue)

III

JURISDICCIÓN

Resultan competentes para el conocimiento de la presente demanda el Juzgado al que me dirijo, al ser las pretensiones que se deducen en la presente demanda de carácter civil.

IV

COMPETENCIA

Resulta competente el Juzgado al que me dirijo, de conformidad con lo dispuesto en el art.52.8 de la LEC, que establece que en los juicios donde se ventilen cuestiones relativas a la propiedad horizontal será competente el tribunal del lugar en que esté sita la finca.

V

CLASE DE JUICIO

De conformidad con lo dispuesto en el art.249.8 de la LEC el procedimiento a seguir será el ordinario, al señalar este último que, con independencia de su cuantía, se tramitarán por las reglas del juicio ordinario, las acciones que otorga a las Juntas de Propietarios y a éstos, la Ley de Propiedad Horizontal, siempre que no versen exclusivamente sobre reclamaciones de cantidad, en cuyo caso se tramitarán por las reglas del juicio verbal o por el procedimiento especial que corresponda.

FONDO DEL ASUNTO

I

LEGITIMACION AD CAUSAM

I.1.- Activa. Mi representado está legitimado para impugnar el acuerdo objeto del presente procedimiento en función de lo dispuesto por el art.18.2 de la LPH, que legitima para la impugnación de acuerdos a los propietarios que..... (9). Mi representado se haya (, o privación indebida del derecho de voto). Asimismo, mi mandante se haya al corriente de pago de pagos con respecto a la comunidad, no adeudando cantidad alguna a la misma por ningún concepto (10).

I.2.- Pasiva. La demandada se ejercita frente a la comunidad de propietarios que adoptó el acuerdo impugnado a través de la figura de su presidente como representante legal de la misma, tal y como dispone el art.13.3 de la LPH.

II

DE LA NULIDAD DEL ACUERDO

II.1.- El acuerdo impugnado es nulo al haberse adoptado por mayoría de....., cuando el art.17 de la LPH exige mayoría de..... para la adopción de un acuerdo de dicha índole.

Asimismo, dicho acuerdo es nulo de conformidad con lo dispuesto en el art.18.1 de la LPH, que admite la impugnación de los acuerdos de la Junta..... (11)

II.2.- Cuanto se ha expuesto resulta avalado por la Jurisprudencia sobre la materia. En concreto se pueden citar las siguientes Sentencias..... (12)

II.3.- La acción se ejercita dentro del plazo de....., previsto en el art.18.3 de la LPH, al tratarse de un acuerdo..... (13) (indicar el plazo, para impugnar y el porqué se está aún en plazo).

III

COSTAS

De conformidad con lo dispuesto en el art.394.1 de la LEC, si tal y como esperamos la presente demanda es estima deben imponerse las costas del presente procedimiento a la parte demandada.

Por todo lo expuesto,

AL JUZGADO SUPLICO, que tenga por presentada esta DEMANDA, junto con los documentos que se acompañan, se sirva en admitirla tenerme por parte en la representación que ostento, por personado y parte en la representación que ostento y por formulada demanda contra DON..... en su condición de presidente de la COMUNIDAD DE PROPIETARIOS....., a fin de que, previos los trámites legales, dicte sentencia en virtud de la cual e declare la nulidad del acuerdo impugnado, dejándolo sin efecto e imponiéndose las costas del presente proceso a dicha Comunidad.

OTROSI DIGO PRIMERO.- Que al amparo de los dispuesto en los art.721 y ss. de la LEC y 18.4 de la LPH solicitó la adopción de MEDIDAS CAUTELARES, con el objeto de asegurar la efectividad la tutela judicial que pudiera otorgarse en la sentencia estimatoria que se dictare. Baso mi petición en los siguientes: 9140 (sigue)

HECHOS

PRIMERO Y ÚNICO.- La Comunidad de Propietarios con fecha....., adoptó el acuerdo de....., que es nulo....., por los hechos y fundamentos de derecho que se han expuesto en la demanda a la que me remito sobre este punto.

FUNDAMENTOS DE DERECHO

I

COMPETENCIA

De conformidad con lo dispuesto en el art.723.1 de la LEC es competente para conocer de las medidas cautelares solicitadas el juzgado al que me dirijo por ser éste al que corresponde el conocimiento del asunto principal en primera instancia

II

MEDIDA CAUTELAR QUE SE SOLICITA

Se solicita la suspensión de la ejecución del acuerdo impugnado mientras que dure el presente procedimiento, al amparo de lo dispuesto en el art.727.11 de la LEC y 18.4 de la LPH.

III

LEGITIMACIÓN

Conforme a lo establecido en el art.721.1 de la LEC está legitimado activamente mi representado dada su condición de actor en el presente pleito y la Comunidad demandada a través de su presidente en tal condición.

IV

FONDO DEL ASUNTO

De conformidad con lo dispuesto en el artículo 728 de la LEC para que pueda adoptarse la medida cautelar solicitada es imprescindible que concurran los siguientes requisitos:
1. Peligro por la mora procesal («Periculum in mora»). El art.728.1 de la LEC exige para que se puedan acordar medidas cautelares que quien las solicite justifique que, de no adoptarse, podrían producirse durante la pendencia del proceso, situaciones que impidieran o dificultaran la efectividad de la tutela que pudiera otorgarse en una eventual sentencia estimatoria. En nuestro caso, la situación..... (14)
2. Apariencia de buen derecho («fumus boni iuris»). Tal y como hemos expuesto en el relato de los hechos y se acredita con los documentos que acompañan a la presente demanda y solicitud de medidas cautelares, el derecho de mi representado a solicitar y obtener la nulidad del acuerdo que se impugna resulta incuestionable.....
3. Que se preste caución suficiente. Creemos firmemente que la adopción de la medida cautelar solicitada, lejos de suponer perjuicio alguno en el patrimonio de la Comunidad, la beneficia....., en todo caso por así exigirlo la LEC ofrecemos caución en la forma de aval a primer requerimiento en la cuantía de 3000 euros (15) o en aquella otra que prudencialmente estime conveniente el Juzgador.
4. Que esta parte propone como medios de prueba de la presente solicitud de medidas cautelares:
- Interrogatorio del Presidente de la Comunidad.
- Documental aportada con el escrito de demanda.
-..... (16)
Por todo lo expuesto

AL JUZGADO SUPLICO que tenga por presentado este escrito con sus copias, los admita, tenga por formulada la presente solicitud de MEDIDAS CAUTELARES, y tras los trámites previstos en los art.723 y ss. de la LEC, dicte resolución por la cual:
1. Se acuerde la suspensión de la ejecución del acuerdo impugnado
2. Se condene a las demandadas al pago de las costas de estas medidas cautelares en caso de oponerse a su adopción.

9140 (sigue) OTROSI DIGO SEGUNDO que, siendo general para pleitos el poder que se acompaña y necesitándolo para otros usos.

AL JUZGADO SUPLICO que tenga a bien acordar su desglose y devolución a la suscrita dejando de los mismos testimonio suficiente en Autos.

En....., a..... de..... de.....

Firma del Letrado/a	Firma del Procurador/a
.....	.....
Nº Colegiado	Nº Colegiado
.....	.....

V

LPH art.17 y 18.

-----

(1) Indicar ciudad donde se presenta la demanda.
(2) Indicar si la Junta tuvo lugar en primera o segunda convocatoria y si la Junta fue ordinaria o extraordinaria.
(3) Indicar la forma en que el demandante fue convocado (correo certificado, inserción en el buzón de la convocatoria, simple colocación en el tablón de anuncios de la convocatoria...) Junta a la que mi representado fue convocado en la forma prevista en la LPH. Caso de que no fuera convocado o si la convocatoria no se ajustó a lo que previene la LPH debe especificarse, pues dicha falta o defecto puede constituir la propia causa de la impugnación o servir de apoyo a ésta.
(4) Indicar si asistió de forma personal o representado, o, en su caso, si no asistió y las razones de su falta de asistencia.
(5) Indicar el acuerdo adoptado que es objeto de impugnación.
(6) Indicar el tipo de mayoría por el que se adoptó el acuerdo (un tercio, mayoría, mayoría de tres quintos, unanimidad).
(7) Indicar tipo de mayoría requerida para la adopción del acuerdo.
(8) En el caso de que el demandante no se encontrara presente indicar esa circunstancia, así como la fecha en que le fue notificada el Acta de la Junta, pues, en tal caso, es a partir de dicha notificación cuando comienza a correr el plazo de tres meses o, en su caso, de un año que se prevé por la LPH para que los propietarios disidentes puedan impugnar el acuerdo adoptado.
(9) Indicar la legitimación para impugnar el acuerdo: haber salvado el voto en la junta, ausencia, falta de notificación, privación indebida de derecho a voto.
(10) En el caso de que tuviese deudas y haya procedido a la consignación habrá que indicarlo igualmente aportando el justificante de esta última. Igualmente habrá que indicar, que, en su caso, se trata de acuerdos relativos al establecimiento o alteración de las cuotas de participación a que se refiere el art.9 de la LPH.
(11) Indicar la causa de la impugnación del acuerdo: contrario a la ley o a los estatutos de la comunidad, gravemente lesivo para los intereses de la comunidad en beneficio de uno o varios de los propietarios, grave perjuicio para algún propietario que no tenga la obligación jurídica de soportarlo o que se haya adoptado con abuso de derecho.
(12) Indicar las sentencias que sirvan de apoyo a las pretensiones del demandante al resolver la cuestión objeto de debate en la línea que se pretende en la demanda.
(13) Indicar el plazo (un año o tres meses) dentro del que se ejercita la acción y por qué la acción está sometido al plazo en cuestión que se indica.
(14) Justificar por qué concurre dicho peligro por mora procesal.
(15) 3.000 euros es la cifra que habitualmente se ofrece.
(16) Se deben enumerar los medios de prueba de los que se va a valer el demandante en las medidas cautelares.

2. Proceso monitorio

AL JUZGADO DE 1ª INSTANCIA 9145

D./Dª....., mayor de edad, con DNI, número....., vecino/a de....., con domicilio en la calle..... del Municipio de....., ante el juzgado comparezco y, como mejor proceda en derecho, DIGO:
Que en mi condición de Presidente de la Comunidad de Propietarios del edificio número..... de la calle....., del Municipio de..... formulo escrito inicial de juicio monitorio por impago de gastos generales..... (1) de la Comunidad de Propietarios indicada. Ello al amparo de lo dispuesto en el art.21 de la LPH y 812 y ss. de la LEC. Esta reclamación se dirige contra D./Dª....., mayor de edad con domicilio en la calle..... número..... (2) siendo el objeto de la misma que se emita orden de pago por la cantidad de..... euros que aquél adeuda a la comunidad a la que represento.
Que en cumplimiento de lo dispuesto en el art.21 de la LPH y 812 y ss. de la LEC se aporta la siguiente DOCUMENTACIÓN.

1. Certificación del Secretario de la Comunidad del acuerdo de la Junta aprobando la liquidación de la deuda que con la comunidad de propietarios mantiene el demandado.
2. Justificante de los gastos derivados del requerimiento previo a la presentación de este escrito.

Por lo que,

AL JUZGADO SUPLICO.- Que tenga por presentado este escrito, se sirva en admitirlo junto con los documentos que le acompañan, y tras los trámites oportunos emita orden de pago contra D/Dª....., por la cantidad de..... euros, con expreso apercibimiento de que, de no pagar o no comparecer alegando razones de la negativa al pago, se despachará ejecución por el importe de dicha suma, así como los intereses devengados y las costas que se originen en este procedimiento.

OTROSI DIGO PRIMERO.- Que al amparo de lo dispuesto en el art.21.4 de la LPH se solicita que, en el supuesto de oposición, el Juez acuerde el embargo preventivo de bienes suficientes para hacer frente a la deuda sin necesidad de que el acreedor preste fianza.

AL JUZGADO SUPLICO.- Que tenga por hecha la anterior manifestación, y, conforme se solicita, acuerde el embargo preventivo o que en su defecto el deudor preste aval bancario por la cuantía por la que se decrete el embargo preventivo.

En....., a..... de..... de.....

Firma del Presidente de la Comunidad de Propietarios:
.....

-----
(1) O en su caso incumplimiento de las aportaciones establecidas al fondo de reserva.
(2) La petición debe dirigirse contra el propietario o propietarios morosos, pero si ha existido transmisión dominical de la vivienda y no se ha notificado la misma conforme dispone la letra i) del número 1 del art.9 de la LPH aquél debe ser demandado conjuntamente con el titular actual, en cualquier caso, deberá ser demandado el titular registral.

3. Demanda de cesación de actividades prohibidas, dañosas, molestas, insalubres, nocivas, peligrosas o ilícitas

9150 AL JUZGADO DE 1ª INSTANCIA

..... Procurador/a de los Tribunales de..... (1) y de D/Dª....., cuya representación acredito mediante copia de escritura de poder general para pleitos que se adjunta como DOC. 1, y cuya defensa será dirigida por el letrado de....., con número de colegiado....., dirección profesional en....., teléfono....., fax..... y correo electrónico....., ante el Juzgado comparezco y, DIGO:

a) Que por medio del presente escrito, en la representación que ostento, formulo DEMANDA de juicio de ordinario contra D./Dª....., mayor de edad con domicilio en la calle..... número..... (2), en solicitud de CESACIÓN DE..... (3).

b) Adopción de MEDIDAS CAUTELARES que consistentes en la suspensión de la ejecución del acuerdo.

c) Que mi mandante es el Presidente de la Comunidad de Propietarios indica anteriormente, en virtud de acuerdo de la Junta de....., cuya Certificación aportamos como DOC. 2.

HECHOS

PRIMERO.- El demandado, D./Dª..... es titular del piso sito en la planta..... letra..... del edificio..... número..... de la calle..... del Municipio de..... Como DOC. 3 adjuntamos nota simple del Registro de la Propiedad número..... de la localidad de..... que acredita esta circunstancia.

SEGUNDO.- El demandado viene desarrollando en su vivienda las siguientes actividades..... Las actividades indicadas resultan prohibidas por resultar contrarias a..... (4). La situación persiste desde el pasado mes de..... del año.....

TERCERO.- En virtud de Junta extraordinaria celebrada el día..... se acordó requerir al demandado para que cesase en la actividad que venía desarrollando, otorgándose a tales efectos un plazo de..... días. Para el caso en el que el requerimiento no consiguiese los efectos pretendidos se acordó ejercitar las acciones judiciales encaminadas a ello. Dicho acuerdo se adoptó por mayoría del total de los propietarios que representaban a su vez mayoría de cuotas (LPH art.17.7). Como DOC. 4 Se adjunta copia del acta de la Junta de Propietarios donde se adoptó el acuerdo en cuestión.

CUARTO.- De conformidad con lo acordado en la Junta, el pasado día le fue remitido al demandado el requerimiento previo al que se refiere el art.7.2 párr. 2º de la LPH, habiendo resultado infructuoso. Como DOC. 5 se adjunta el requerimiento fehaciente efectuado al demandado.

FUNDAMENTOS DE DERECHO

PROCESALES

I

CAPACIDAD

De conformidad con lo dispuesto en los art.6.1.1º y 7.1 de la LEC, mi representado tiene capacidad suficiente para comparecer en juicio,

II

REPRESENTACIÓN Y ASISTENCIA LETRADA

De conformidad con lo dispuesto en los art.23.1 y 31 de la LEC, mi representado comparece en juicio representado por procurador y asistido de letrado.

III

JURISDICCIÓN

Resultan competentes para el conocimiento de la presente demanda el Juzgado al que me dirijo, al ser las pretensiones que se deducen en la presente demanda de carácter civil.

9150 (sigue)

IV

COMPETENCIA

Resulta competente el Juzgado al que me dirijo, de conformidad con lo dispuesto en el art.52.8 de la LEC, que establece que en los juicios donde se ventilen cuestiones relativas a la propiedad horizontal será competente el tribunal del lugar en que esté sita la finca.

V

CLASE DE JUICIO

De conformidad con lo dispuesto en el art.249.8 de la LEC el procedimiento a seguir será el ordinario, al señalar este último que, con independencia de su cuantía, se tramitarán por las reglas del juicio ordinario, las acciones que otorga a las Juntas de Propietarios y a éstos, la Ley de Propiedad Horizontal, siempre que no versen exclusivamente sobre reclamaciones de cantidad, en cuyo caso se tramitarán por las reglas del juicio verbal o por el procedimiento especial que corresponda.

II

FONDO

I

LEGITIMACIÓN AD CAUSAN

I.1. Activa.- Mi mandante, en su condición de Presidente de la Comunidad de Propietarios está legitimado para entablar esta acción de conformidad con lo dispuesto en el art.7.2 párr. 3º de la LPH, que legitima al Presidente de la Comunidad de Propietarios para que, previa autorización de la Junta, entable acción de cesación contra quien realice actividades prohibidas en los Estatutos o que resulten dañosas para la finca o que contravengan las disposiciones generales sobre actividades molestas, insalubres, nocivas peligrosas o ilícitas.
I.2. Pasiva.- De conformidad con lo dispuesto en el artículo 7.2 párr. 3º de la LPH la demanda se interpone frente al propietario (o en su caso ocupante) de la vivienda donde se está produciendo la citada actividad.

II

LA ACCIÓN DE CESACIÓN

II.1.- La LPH en su art.7.2 prohíbe que el propietario u ocupante realice actividades que resulten prohibidas en el estatuto, dañosas para la finca, contravengan las disposiciones generales sobre actividades molestas, insalubres, nocivas, peligrosas o ilícitas. Como se ha expuesto en los hechos la actividad que viene desarrollando el demandado en su vivienda desde el mes de....., resulta contraria a.....
II.2.- Cuanto se ha expuesto resulta avalado por la Jurisprudencia sobre la materia. En concreto se pueden citar las siguientes Sentencias..... (5)

III

COSTAS

De conformidad con lo dispuesto en el art.394.1 de la LEC, si tal y como esperamos la presente demanda es estima deben imponerse las costas del presente procedimiento a la parte demandada.
Por lo que,
AL JUZGADO SUPLICO que tenga por presentada esta DEMANDA, con sus documentos y copias, se sirva admitirla y tras los trámites oportunos dicte sentencia en virtud de la cual se declare: (1) Que la actividad desarrollada resulta (prohibida en los Estatutos, dañosas para la finca o que contraviene las disposiciones generales sobre actividades molestas, insalubres, nocivas peligrosas o ilícitas; (2) Se requiera al demandado para que cese de manera inmediata en dicha actividad bajo apercibimiento de delito de desobediencia e imponiéndose las costas del presente proceso a la parte demandada (6).

9150 (sigue) OTROSI DIGO PRIMERO.-Que al amparo de los dispuesto en los art.721 y ss. de la LEC y 7.2 de la LPH solicitó la adopción de MEDIDAS CAUTELARES, con el objeto de asegurar la efectividad la tutela judicial que pudiera otorgarse en la sentencia estimatoria que se dictare. Baso mi petición en los siguientes:

HECHOS

PRIMERO.- Como hemos expuesto en los hechos de la demanda a los que nos remitimos para no resultar reiterativos, la Comunidad demandada adoptó el acuerdo de interponer acción de cesación..... El demandado carácter previo a la interposición de esta demanda fue requerido fehacientemente para que cesase en su conducta, requerimiento que no produjo su objetivo.
TERCERO.- La conducta del infractor es gravemente perjudicial para los intereses de la Comunidad toda vez que supone.....

FUNDAMENTOS DE DERECHO

I

COMPETENCIA

De conformidad con lo dispuesto en el art.723.1 de la LEC es competente para conocer de las medidas cautelares solicitadas el juzgado al que me dirijo por ser éste al que corresponde el conocimiento del asunto principal en primera instancia

II

MEDIDA CAUTELAR QUE SE SOLICITA

Se solicita la cesación de la actividad infractora, al amparo de lo dispuesto en el art.727.11 de la LEC y 7.2 de la LPH.

III

LEGITIMACIÓN

Conforme a lo establecido en el art.721.1 de la LEC está legitimado activamente mi representado dada su condición de actor en el presente pleito y el demandado en tal condición.

IV

FONDO DEL ASUNTO

De conformidad con lo dispuesto en el art.728 de la LEC para que pueda adoptarse la medida cautelar solicitada es imprescindible que concurran los siguientes requisitos:
1. Peligro por la mora procesal («Periculum in mora»). El art.728.1 de la LEC exige para que se puedan acordar medidas cautelares que quien las solicite justifique que, de no adoptarse, podrían producirse durante la pendencia del proceso, situaciones que impidieran o dificultaran la efectividad de la tutela que pudiera otorgarse en una eventual sentencia estimatoria. En nuestro caso, la situación..... (7)
2. Apariencia de buen derecho («fumus boni iuris»). Tal y como hemos expuesto en el relato de los hechos y se acredita con los documentos que acompañan a la presente demanda y solicitud de medidas cautelares, el derecho de mi representado a solicitar y obtener la cesación de la actividad resulta incuestionable.....
3. Que se preste caución suficiente. Creemos firmemente que la adopción de la medida cautelar solicitada, lejos de suponer perjuicio alguno en el patrimonio de la Comunidad, la beneficia....., en todo caso por así exigirlo la LEC ofrecemos caución en la forma de aval a primer requerimiento en la cuantía de 3.000 euros (8) o en aquella otra que prudencialmente estime conveniente el Juzgador.
4. Que esta parte propone como medios de prueba de la presente solicitud de medidas cautelares:
- Interrogatorio del Presidente de la Comunidad.
- Documental aportada con el escrito de demanda.
-..... (9)
Por todo lo expuesto
AL JUZGADO SUPLICO que tenga por presentado este escrito con sus copias, los admita, tenga por formulada la presente solicitud de MEDIDAS CAUTELARES, y tras los trámites previstos en los art.723 y ss. de la LEC, dicte resolución por la cual:
1. Se acuerde la cesación inmediata de la actividad desarrollada por el demandado.

2. Se condene al demandado al pago de las costas de estas medidas cautelares en caso de oponerse a su adopción. 9150 (sigue)
OTROSI DIGO SEGUNDO que, siendo general para pleitos el poder que se acompaña y necesitándolo para otros usos.
AL JUZGADO SUPLICO que tenga a bien acordar su desglose y devolución a la suscrita dejando de los mismos testimonio suficiente en Autos.

En....., a..... de..... de.....

Firma del Letrado/a Firma del Procurador/a

....

Nº Colegiado Nº Colegiado

....

Nº Colegiado Nº Colegiado

V

LPH, art.7 y 17 y LECiv/2000 1), art.721 y ss.

-----

(1) Indicar ciudad donde se presenta la demanda.
(2) La demanda debe dirigirse contra el propietario u ocupante de la vivienda donde se desarrolla la actividad que se denuncia.
(3) Indicar que la demanda se presenta en solicitud de cesación de actividades prohibidas en el estatuto, que resulten dañosas para la finca o que contravengan las disposiciones generales sobre actividades molestas, insalubres, nocivas, peligrosas o ilícitas) sobre la base de los hechos y fundamentos que se expondrán a continuación.
(4) Indicar el porqué de la ilicitud de la actividad (prohibidas en el estatuto, dañosas para la finca, contravienen las disposiciones generales sobre actividades molestas, insalubres, nocivas, peligrosas o ilícitas)
(5) Indicar las sentencias que sirvan de apoyo a las pretensiones del demandante al resolver la cuestión objeto de debate en la línea que se pretende en la demanda.
(6) En casos extremos se puede solicitar la prohibición del uso de la vivienda hasta por tres años, así como una indemnización por los daños y perjuicios causados (LPH art.7.2)
(7) Justificar por qué concurre dicho peligro por mora procesal.
(8) 3.000 euros es la cifra que habitualmente se ofrece.
(9) Se deben enumerar los medios de prueba de los que se va a valer el demandante en las medidas cautelares.

4. Demanda de equidad

9155 AL JUZGADO DE 1ª INSTANCIA AL QUE POR TURNO CORRESPONDA

D/Dª..... con DNI número..... vecino/a de....., con domicilio en la calle..... del Municipio de....., ante este Juzgado comparezco y como mejor en derecho proceda, DIGO:

Que soy propietario de la vivienda situada en la planta..... letra..... del edificio número..... de la calle..... del Municipio de..... Como DOC. adjunto nota simple del Registro de la Propiedad número..... de la localidad de..... donde consta dicha titularidad.

Que con fecha......, fue convocada Junta extraordinaria de la Comunidad de Propietarios del edificio número..... de la calle..... del Municipio de..... En dicha Junta no se logró alcanzar ni en primera ni en segunda convocatoria, la mayoría exigida por el art.17.7 de la LPH para adoptar el acuerdo de índole administrativo relativo a..... Como DOC. 1 adjuntamos Certificación del Acta de la citada junta firmada por el secretario y el presidente.

Que los siguientes propietarios fueron los que se opusieron al acuerdo.
D..... domicilio en..... (1)
.....
Con base en todo lo expuesto y al amparo de lo dispuesto en el art.17.7 parr. 2º de la LPH.

AL JUZGADO SUPLICO que tenga por presentada esta solicitud, con los documentos que la acompañan, y, previa comparecencia de los propietarios que se opusieron a las adopción del acuerdo, resuelva en equidad, la efectividad del acuerdo relativo a....., y condene en costas a los que se opusieron a la presente solicitud.

En....., a..... de..... de.....

Firma del solicitante

-----
(1) Es necesario indicar los datos de los propietarios para que puedan ser citados por el tribunal.

F. Modelos de contratos de la Comunidad de Propietarios

1. Contrato de Administrador de Fincas

De una parte, la Comunidad de Propietarios (en adelante, LA COMUNIDAD) ....representada en este acto por su Presidente/a D./Dña:........... nombrado en Junta General de la comunidad celebrada el día......de ....de ......, con DNI nº........vigente y con domicilio en.......... De otra parte, Don/ña:............(en adelante, EL ADMINISTRADOR), Administrador de Fincas Colegiado nº........ con DNI nº........ y con domicilio en.......... 9160

El primero, como Presidente de la Comunidad de Propietarios de la finca núm. de la Calle.............., (en adelante, LA COMUNIDAD). El segundo en su propio nombre y derecho (en su caso en representación de la entidad........), en virtud de escritura notarial autorizada por el Notario de......., D............., el día..... de.....de....., bajo el núm. de su protocolo; y puestos de común acuerdo convienen:

1.- LA COMUNIDAD arriba mencionada contrata a D........................(o, en su caso, a la entidad mercantil o civil...........), como Administrador/a de la finca, aceptando el cargo, con efectos desde el día de la fecha.

2.- El presente nombramiento será ratificado, de no haberse realizado con anterioridad, en la primera Junta General que celebre LA COMUNIDAD con constancia en el Libro de Actas de la misma.

3.- Los servicios de administración objeto del presente contrato serán los ofertados en el presupuesto previamente presentado y entre otros los siguientes:

a) Gestión de cobro de los recibos de provisión de fondos mensuales tanto de los presupuestos ordinarios como extraordinarios.

b) Control y pago de todas las obligaciones económicas de LA COMUNIDAD de carácter periódico y regular, así como otras de carácter excepcional que encomiende al administrador, al objeto de mantener un correcto funcionamiento de todos y cada uno de los servicios del inmueble todo ello sin perjuicio de lo establecido en la Ley de Servicios de Pago. Se excluye de este servicio, expresamente, el pago de cualquier obligación económica particular de los copropietarios de la finca. El Administrador no está obligado a satisfacer ningún gasto fijo o individualizado, previsto o imprevisible, si por cualquier circunstancia la Comunidad no dispone de saldo suficiente.

c) Confección de una liquidación anual de cuentas, con detalle de los cobros y pagos efectuados, con sus correspondientes justificantes, detalle de los gastos por grupos y debidamente distribuidas por coeficientes con sus correspondientes saldos por copropietarios al final del ejercicio conforme al sistema de reparto de gastos establecido. Confección del presupuesto anual de gastos y su distribución.

d) Convocatoria a Juntas Generales, Ordinarias y Extraordinarias y asistencia a la Junta General tanto ordinaria como extraordinaria por un Administrador de Fincas Colegiado y levantar acta de los acuerdos que se tomen para su posterior transcripción al Libro de Actas de la comunidad así como la distribución de dichas actas a todos los copropietarios de la finca.

e) Se encargará de la conservación y mantenimiento del inmueble disponiendo las reparaciones y medidas de carácter urgente debiendo informar de forma inmediata al presidente o, en su caso, a los propietarios. Cuando el cliente sea tomador de cualquier contrato de seguro, se encargará de la coordinación de la gestión de los siniestros pudiendo delegar esta función en un profesional de la mediación de seguros.

4.- Tendrá el control de los extractos bancarios y firma conjunta con el Presidente y Vicepresidente en la cuenta de la comunidad y se le facultará para gestionar y firmar los convenios que se encuentren suscritos por el Colegio con entidades bancarias con el fin de reducir costes bancarios.

5.- Atenderá todos los pagos y obligaciones de la finca con el saldo disponible en cada momento, quedando eximido de cualquier responsabilidad que pudiera derivarse por desatender alguna obligación por falta de fondos en la cuenta de la comunidad debiendo informar al presidente o a la junta de gobierno de la falta de fondos para atender tanto los gastos ordinarios como extraordinarios.

6.- El plazo de vigencia del presente contrato se establece por un año, renovable tácitamente por años sucesivos que coincidirá con la celebración de la junta general de propietarios ordinaria en la que se renueven los cargos con independencia de la fecha del contrato. En el supuesto de resolución contractual de este contrato, con anterioridad a la fecha de su vencimiento, o de cualquiera de sus prórrogas, LA COMUNIDAD se compromete y obliga a abonar en concepto de indemnización, una suma igual a los honorarios dejados de percibir de la anualidad presente desde la última renovación.

9160 (sigue) 7.- Los Honorarios de Administración se fijan en............euros y su devengo será.................. Dichos honorarios serán revisables anualmente coincidiendo con la fecha de renovación de la junta general ordinaria y de acuerdo con la variación que experimente el Índice de Precios al Consumo y con efectos desde el comienzo del ejercicio económico. No están incluidos en los honorarios ordinarios de administración, y en consecuencia, serán objeto de facturación separada e independiente, los siguientes servicios:
- Tramitación de subvenciones y ayudas municipales, autonómicas y estatales.
- Certificados de corriente de pago y de repercusiones de IVA.
- Cualquier otro certificado que se solicite.
- Alquileres de elementos comunes (porterías, terrazas... etc.), así como la presentación del modelo 184 u otro que posteriormente pueda sustituirle y las declaraciones de IVA así como tramitación y presentación del modelo 347.
- Solicitud y tramitación de licencias.
- Asistencias a juntas generales extraordinarias así como las ordinarias que continúen después de las 21.30 horas, así como las que se celebren en sábados, domingos y festivos.
- Asistencias a las reuniones de las Juntas de Gobierno.
- Tramitación del duplicado de las facturas a los únicos efectos del IVA.
- Suplidos: correos, fotocopias, material de oficina...
- Asistencia a juicios y preparación de expedientes judiciales o administrativos.
- Tramitación y gestión para el cambio de cuentas bancarias de la comunidad.
- Cualquier gestión solicitada individualmente por un propietario será objeto de facturación separada a este propietario.
- Cualquier otra gestión u obligación de toda índole derivada de una nueva regulación y que fuera posterior a la fecha del presente contrato.

8.- De conformidad con la Ley Orgánica 3/2018, de 5 de diciembre, de Protección de Datos Personales y garantía de los derechos digitales, se compromete a no ceder y comerciar con los datos personas de los propietarios, los cuales tendrán derecho de solicitar que sus datos puedan ser modificados y eliminados.

9.- Ambas partes se someten, con expresa renuncia a su fuero y jurisdicción, a los Juzgados y Tribunales de......, para todo lo concerniente a la interpretación y litigio del presente Contrato.

Y en prueba de conformidad, firman el presente documento en el lugar y fecha reseñados.

2. Contrato de prestación de servicios a la comunidad

De una parte, D./Dña. ...., mayor de edad, con domicilio en ... ..., calle/plaza/avda. ...., y con Documento Nacional de Identidad 9165

Y de otra, D./Dña. ...., mayor de edad, con domicilio en ...., calle/plaza/avda. ...., y con Documento Nacional de Identidad ....

El primero, en nombre y representación de la Comunidad de Propietarios ...., sita en ...., con C.I.F. ...., en su condición de presidente de la misma en virtud de nombramiento por acuerdo de Junta general de fecha ... ..., en adelante, COMUNIDAD.

Y el segundo en nombre y representación de la mercantil ...., con domicilio social sito en ... ..., y provista de C.I.F. ...., en adelante, EMPRESA.

Ambas partes, en la condición en la que intervienen, se reconocen capacidad necesaria y suficiente para el otorgamiento del presente CONTRATO DE PRESTACIÓN DE SERVICIOS y, a tal efecto, exponen:

I.- Que en la Comunidad de Propietarios ...., sita en ...., se integran .... viviendas, ... plazas de garaje, así como diversas instalaciones deportivas y jardines.

II.- Que estando interesada la Comunidad en contratar los servicios de la EMPRESA, a fin de que esta se ocupe del mantenimiento de las zonas comunes a las citadas viviendas, plazas de garaje, jardinería, zonas deportivas y de la piscina, ambas partes lo llevan a efecto y formalizan, mediante el presente CONTRATO DE PRESTACIÓN DE SERVICIOS, y conforme a las siguientes, estipulaciones:

1.- Constituye el objeto del presente contrato la prestación por la EMPRESA a la COMUNIDAD, de los servicios de mantenimiento de las zonas comunes a las viviendas, plazas de garaje y zonas deportivas, a excepción de la piscina, que se integran en la COMUNIDAD, y ello según la relación exhaustiva de dichos servicios que a continuación se expresan:

SERVICIO DE CONSERJERÍA: Que consistirá en servicio de vigilancia del acceso a la finca y a las plazas de garaje desde el puesto de control habilitado por la comunidad al efecto.

Dicho servicio se prestará por *(número de personas)* .... trabajadores, en un horario de 24 horas diarias, de lunes a domingo.

SERVICIO DE LIMPIEZA: Que consistirá en:

a) Limpieza diaria de portales, zonas comunes, y cubos de basura.

b) Limpieza semanal de cuartos trasteros, accesos a garaje y WC del mismo.

c) Limpieza quincenal de garaje, consistente en barrido, limpieza de papeleras, extintores y puertas de rampa.

d) Limpieza semestral de todo el pavimento del garaje, con compresores de limpieza y abrillantado de mármol de portales.

SERVICIO DE JARDINERÍA: Que consistirá en el mantenimiento de zonas comunes, césped, jardineras y abonado. Incluye reposición de plantas en jardineras frente a portales; no incluye fumigación.

SERVICIO DE PISCINA: Que consistirá en:

a) Limpieza del recinto de la piscina, así como del vaso de la misma y control de la calidad del agua.

b) Servicio de socorrista en el horario establecido *(establecer horario)* ......

c) Servicio de control de acceso al recinto de la piscina, tanto de propietarios como de invitados.

d) Apertura y cierre del recinto de la piscina.

En todos los servicios indicados se incluyen en el presupuesto los productos, útiles de limpieza y maquinaria necesarios para la prestación de los mismos.

2.- El plazo de duración del presente contrato se extenderá desde el día ...., de .... de ......, hasta el día .... de .... de ......, prorrogándose tácitamente por anualidades sucesivas, si ninguna de las partes lo denuncia con un mes de antelación a la finalización de cada anualidad de vigencia.

Sin perjuicio de lo establecido en el párrafo anterior, las partes pactan un período de prueba de .... meses, durante el cual ambas partes podrán resolver el presente contrato unilateralmente.

3.- El precio que se pacta por la prestación de los servicios contratados, asciende a la cantidad de .... € anuales, a los que habrá que aplicar los impuestos correspondientes (IVA y retención de IRPF), pagaderos por mensualidades anticipadas de .... € mensuales dentro de los cinco primeros días de cada mes *(mediante ingreso en cuenta / mediante transferencia bancaria / en efectivo / a través de talón / etc.)* ... .

En caso de tácita reconducción del presente contrato, se pacta que el precio estipulado se incrementará o disminuirá de acuerdo con la variación que experimente el Índice de Precios al Consumo que fije para el conjunto nacional el Instituto Nacional de Estadística u organismo que lo sustituya.

9165 (sigue) 4.- La EMPRESA, que manifiesta estar al día de la fecha al corriente de sus obligaciones fiscales, con la Seguridad Social y con sus propios trabajadores, asume la responsabilidad plena para el pago de cuantas obligaciones se deriven de las relaciones de trabajo que tenga establecidas con el personal que desempeñe los servicios contratados, obligándose, en todo caso, a proporcionar mensualmente a la COMUNIDAD justificación documental de haber satisfecho tanto las nóminas de los trabajadores como el pago de los Seguros Sociales (TC1 y TC2), así como de los ingresos a cuenta de las retenciones practicadas a los trabajadores.

5.- En lo no pactado expresamente en este contrato las partes se someten a las reglas generales de las obligaciones y contratos contenidas en el Código Civil vigente.

6.- Para cualquier cuestión relacionada con la interpretación y el cumplimiento del presente contrato, ambas partes, acuerdan someterse expresamente a los Juzgados y Tribunales competentes en virtud de la Ley de Enjuiciamiento Civil vigente.

En cuyos términos los reunidos dejan redactado el presente CONTRATO DE PRESTACIÓN DE SERVICIOS, en el contenido del cual se afirman y ratifican, firmándolo por duplicado y a un solo efecto, en .... folios a una sola cara, en el lugar y fecha arriba indicados.

G. Formularios de protección de datos

1. Contrato de encargo de tratamiento entre la comunidad de propietarios y la administración de fincas

Es obligatorio que el tratamiento de datos que realice la administración de fincas para la comunidad de propietarios se articule a través de un contrato. 9180

A. CONTRATO DE ACCESO A DATOS POR CUENTA DE TERCEROS

En (localidad), (fecha)

REUNIDOS

DE UNA PARTE:

D/Doña (*nombre representante*), en nombre y representación de ***NOMBRE DE LA COMUNIDAD DE PROPIETARIOS*** en virtud de su cargo de Presidente de la misma, con dirección en (*dirección completa de la comunidad de propietarios*) y con CIF: (*nº CIF*) (como responsable de tratamiento)

DE OTRA PARTE:

D./Dña. (*nombre representante*), en nombre y representación de ***NOMBRE ADMINISTRACIÓN DE FINCAS*** con domicilio social/profesional en (dirección completa de la administración de fincas), con Número de administrador de fincas nº y CIF: (nº CIF), (como encargado del tratamiento)

Ambas partes se reconocen mutuamente la capacidad legal suficiente para suscribir este contrato de encargo de tratamiento de datos personales y para quedar obligadas en la representación en que respectivamente actúan, en los términos convenidos en él. A tal fin,

EXPONEN

I. Que el Responsable del Tratamiento es una comunidad de propietarios.

II. Que el Encargado del Tratamiento se dedica, entre otras actividades propias de su objeto social/profesión, a la administración de fincas.

III. Que entre ambas partes existe una relación contractual por la cual la administración de fincas presta sus servicios a favor de la comunidad de propietarios que implica un tratamiento de datos personales titularidad de esta última. En concreto se han contratado los servicios de administración de la finca de la comunidad de propietarios de (*Nombre de la comunidad de propietarios*)

IV. Que, al objeto de dar cumplimiento a lo dispuesto en el art.28 del Reglamento General de Protección de Datos de la Unión Europea (RGPD) y la vigente Ley Orgánica de protección de datos y garantía de derechos digitales (LOPD), ambas partes están interesadas en suscribir un contrato de encargo de tratamiento de datos personales, el cual formalizan de común acuerdo, sobre la base de las siguientes

ESTIPULACIONES

PRIMERA.- Objeto del encargo del tratamiento

Mediante las presentes cláusulas se habilita a la administración de fincas a tratar por cuenta de la comunidad de propietarios los datos de carácter personal necesarios para prestar el servicio contratado.

Para llevar a cabo cualquier otra actividad que tenga por objeto el tratamiento o utilización de los citados datos personales, y que exceda de lo previsto anteriormente, será necesario el consentimiento previo y por escrito de la comunidad de propietarios.

SEGUNDA.- Finalidad del tratamiento

Los datos personales serán tratados, únicamente, para llevar a cabo la prestación de los servicios contratados que están descritos en el *contrato de prestación de servicios*. Si la administración de fincas considerase necesario llevar a cabo un tratamiento de los datos con una finalidad distinta deberá solicitar previamente la autorización por escrito de la comunidad de propietarios.

TERCERA.- Tipología de datos tratados y categorías de interesados

Datos personales de propietarios: Nombre, apellidos, DNI, coeficiente de participación, teléfono, número de cuenta corriente, dirección, identificación de vehículos, etc. (detallar los datos personales que se recojan de los propietarios)

Datos de inquilinos, en su caso.

Datos personales de proveedores: Nombre, apellidos, NIF, dirección, teléfonos etc. (detallar los datos personales que se recojan de los proveedores de la comunidad de propietarios)

Trabajadores: (en caso de que la comunidad de propietarios tenga algún trabajador contratado): Nombre, apellidos, DNI, datos de Seguridad Social, dirección, etc.

Videovigilancia: (en caso de haber videocámaras instaladas en la comunidad de propietarios) Imágenes de las cámaras de videovigilancia

(añadir otros, en su caso)

9180 (sigue) **CUARTA.- Obligaciones de la administración de fincas como encargado de tratamiento**

La administración de fincas se compromete a prestar los servicios solicitados siguiendo las instrucciones que en cada momento indique la comunidad de propietarios y que se detallan a continuación, así como lo dispuesto en la normativa legal aplicable. En concreto se obliga a:

a) Tratar los datos personales, únicamente, para llevar a cabo la prestación de los Servicios contratados, ajustándose a las instrucciones que, en cada momento, le indique, por escrito, la comunidad de propietarios.

b) Mantener el deber de secreto respecto a los datos de carácter personal a los que tenga acceso, incluso después de finalizada la relación contractual, así como a garantizar que las personas a su cargo se hayan comprometido por escrito a mantener la confidencialidad de los datos personales tratados y a cumplir las medidas de seguridad correspondientes.

c) Garantizar, teniendo en cuenta el estado de la técnica, los costes de aplicación, y la naturaleza, el alcance, el contexto y los fines del tratamiento, así como riesgos de probabilidad y gravedad variables para los derechos y libertades de las personas físicas, que aplicará medidas técnicas y organizativas apropiadas para garantizar un nivel de seguridad adecuado al riesgo que, en su caso, incluya entre otros:

• la seudonimización y el cifrado de datos personales;
• la capacidad de garantizar la confidencialidad, integridad, disponibilidad y resiliencia permanentes de los sistemas y servicios de tratamiento (sistema eficaz de copias de seguridad);
• la capacidad de restaurar la disponibilidad y el acceso a los datos personales de forma rápida en caso de incidente físico o técnico;
• un proceso de verificación, evaluación y valoración regulares de la eficacia de las medidas técnicas y organizativas para garantizar la seguridad del tratamiento.
• Disponer de un procedimiento de destrucción segura de información que:
- Haga uso de las medidas físicas y lógicas necesarias para garantizar la irrecuperabilidad de la documentación destruida.
- Impida que se desechen documentos o soportes electrónicos que contengan datos personales sin garantizar su destrucción.
• Uso de medidas de seguridad informáticas, como Firewall, antivirus, etc.
• Disponer de un sistema de claves de acceso personales e intransferibles para cada trabajador de la administración de fincas, que sean seguras y secretas y que se prevea su renovación cada 6 meses como máximo.
• Disponer de un plan de continuidad de negocio para el caso de que se produzca un desastre.
• Disponer de otro tipo de medidas organizativas en la administración de fincas, como una política de mesas limpias, existencia de archivos, despachos o cajones de acceso restringido donde custodiar la documentación que contenga datos personales o información confidencial.

Al evaluar la adecuación del nivel de seguridad tendrá particularmente en cuenta los riesgos que presente el tratamiento de datos, en particular como consecuencia de la destrucción, pérdida o alteración accidental o ilícita de datos personales transmitidos, conservados o tratados de otra forma, o la comunicación o acceso no autorizados a dichos datos.

d) Guardar bajo su control y custodia los datos personales a los que acceda con motivo de la prestación del Servicio y no divulgarlos, transferirlos, o de cualquier otra forma comunicarlos, ni siquiera para su conservación a otras personas ajenas al mismo y a la prestación del servicio contratado.

e) Notificar, sin dilación indebida, a la comunidad de propietarios las violaciones o brechas de la seguridad de los datos personales de las que tenga conocimiento, juntamente con toda la información relevante para la documentación y comunicación de la incidencia.

■ Descripción de la naturaleza de la violación de la seguridad de los datos personales, inclusive, cuando sea posible, las categorías y el número aproximado de interesados afectados, y las categorías y el número aproximado de registros de datos personales afectados.

■ El nombre y los datos de contacto del delegado de protección de datos o de otro punto de contacto en el que pueda obtenerse más información.

■ Descripción de las posibles consecuencias de la violación de la seguridad de los datos personales.

■ Descripción de las medidas adoptadas o propuestas para poner remedio a la violación de la seguridad de los datos personales, incluyendo, si procede, las medidas adoptadas para mitigar los posibles efectos negativos.

Si no es posible facilitar la información simultáneamente, y en la medida en que no lo sea, la información se facilitará de manera gradual sin dilación indebida. Dar apoyo a la comunidad de propietarios en la notificación a la Agencia Española de Protección de Datos, y en su caso, a los interesados de las violaciones de seguridad que se produzcan.

f) Dar apoyo a la comunidad de propietarios en la realización de las evaluaciones de impacto en materia de protección de datos que hubiera que realizar y en la consulta previa a la Agencia Española de Protección de Datos, cuando proceda.

g) Asistir a la comunidad de propietarios para que este pueda cumplir con la obligación de dar respuesta a las solicitudes de ejercicio de derechos. Cuando las personas afectadas ejerzan los derechos de acceso, rectificación, supresión y oposición, limitación del tratamiento, portabilidad de datos y a no ser objeto de decisiones individualizadas automatizadas, ante la administración de fincas, este debe comunicarlo a la comunidad de propietarios a través de su presidente. La comunicación debe hacerse de forma inmediata y en ningún caso más allá del día laborable siguiente al de la recepción de la solicitud, juntamente, en su caso, con otras informaciones que puedan ser relevantes para resolver la solicitud. 9180 (sigue)

h) Llevar, por escrito, un registro de todas las categorías de actividades de tratamiento efectuadas por cuenta de la comunidad de propietarios con el contenido exigible por la normativa aplicable.

i) Cooperar con la Agencia Española de Protección de Datos u otra Autoridad de Control, a solicitud de esta, en el cumplimiento de sus atribuciones.

j) Poner a disposición de la comunidad de propietarios toda la información necesaria para demostrar el cumplimiento de las obligaciones establecidas en este contrato y para permitir y contribuir a la realización de auditorías, incluidas las inspecciones, por parte de la comunidad de propietarios o un tercero autorizado por él. La falta de acreditación de que la administración de fincas esté cumpliendo correctamente las obligaciones asumidas en este contrato, será causa de resolución de este.

k) Informar inmediatamente a la comunidad de propietarios si, en su opinión, una instrucción infringe la normativa aplicable en materia de protección de datos personales.

l) La administración de fincas se compromete a comunicar y hacer cumplir a sus trabajadores las obligaciones establecidas en el presente contrato, incluidas las obligaciones de secreto y de cumplimiento de las medidas de seguridad aplicables al tratamiento.

QUINTA.- Obligaciones de la comunidad de propietarios

a) Entregar a la administración de fincas los datos a los que se refiere la cláusula 3 de este documento.

b) Realizar las consultas previas a la AEPD que corresponda.

c) Velar, de forma previa y durante todo el tratamiento, por el cumplimiento de la normativa de protección de datos por parte de la administración de fincas

d) Supervisar el tratamiento llevado a cabo por el encargado de tratamiento, incluida la realización de inspecciones y auditorías si así lo estimara necesario.

SEXTA.- Subcontratación

La administración de fincas no podrá subcontratar a otro encargado del tratamiento (en adelante, el «Subcontratista») sin la previa autorización expresa y por escrito de la comunidad de propietarios.

No obstante lo anterior, en virtud del presente contrato, la comunidad de propietarios autoriza a la administración de fincas para que contrate, tanto en su propio nombre como en nombre y por cuenta de la comunidad de propietarios, si así fuera el caso, a los asesores laborales, contables y tributarios, mercantiles, de protección de datos, de prevención de riesgos laborales, jurídicos o económicos, para que presten el asesoramiento necesario en las funciones que le han sido encomendadas, así como a empresas o profesionales de informática encargados de la instalación o mantenimiento de los sistemas informáticos, hosting etc, mediante los cuales se traten los datos de la comunidad de propietarios.

En estos casos, los datos identificativos (denominación social completa y NIF) del Subcontratista y los servicios subcontratados deberán ser comunicados a la comunidad de propietarios a través de su Presidente o por otro medio válido. La administración de fincas informará del mismo modo a la comunidad de propietarios de cualquier cambio previsto en la incorporación o sustitución de los Subcontratistas, dándole así la oportunidad de oponerse a dichos cambios.

En caso de hacer uso de la facultad reconocida en el párrafo anterior, la administración de fincas queda obligada a trasladar y comunicar al Subcontratista el conjunto de las obligaciones que para la administración de fincas se derivan del presente contrato y, en particular, la prestación de garantías suficientes de que aplicará medidas técnicas y organizativas apropiadas, de manera que el tratamiento sea conforme con la normativa de protección de datos.

En cualquier caso, queda autorizado el acceso a los datos que realicen las personas físicas que presten sus servicios para la administración de fincas actuando dentro del marco organizativo de esta en virtud de una relación laboral o mercantil.

En el supuesto de que el Subcontratista prestase sus servicios desde países que no disponen de normativa de protección de datos equivalente a la europea (Terceros Países), la administración de fincas se compromete a:

• Informar a la comunidad de propietarios de dicha circunstancia, y, si procede, colaborar con el mismo en la tramitación de la correspondiente autorización previa a la transferencia internacional de datos con destino al Tercer País que corresponda.

9180 (sigue) • Establecer cuantas salvaguardas sean exigidas por la normativa europea de protección de datos de carácter personal respecto a transferencias internacionales de datos con destino a Terceros Países, y en particular a suscribir con los importadores de datos en Terceros Países acuerdos basados en las Cláusulas Modelo aprobadas al efecto por las autoridades de la Unión Europea.

SÉPTIMA.- Responsabilidades y Garantías

Si la administración de fincas o cualquiera de sus Subcontratistas infringe el presente contrato o alguna normativa al determinar los fines y medios del tratamiento, será considerado responsable de dicho tratamiento, asumiendo todas las responsabilidades directas e indirectas que pudieran derivarse para la comunidad de propietarios derivado de dicho incumplimiento por su parte o por parte de sus Subcontratista.

Así mismo, ambas partes convienen que el incumplimiento de estas obligaciones tiene la condición de causa de resolución del contrato, por lo que su incumplimiento por la administración de fincas, las personas a su cargo o las que intervengan en la prestación de los servicios en nombre o a instancia de este, facultará a la comunidad de propietarios para resolver el mismo y dará lugar a la correspondiente indemnización de daños y perjuicios por incumplimiento de las obligaciones contractuales.

OCTAVA.- Duración del contrato

El presente acuerdo entrará en vigor desde la fecha de su firma y estará vigente hasta la fecha de terminación de la prestación de servicios por parte de la administración de fincas.

NOVENA.- Consecuencias de la terminación del contrato

En caso de terminación del presente contrato por cualesquiera causas, subsistirán todas las cláusulas de confidencialidad y no revelación a las que hace referencia el mismo.

Una vez cumplida la prestación contractual, la administración de fincas procederá a suprimir o devolver a la comunidad de propietarios, a elección de este último, todos los datos personales a los que haya tenido acceso para prestar el Servicio. Asimismo, el administrador de fincas se obliga a suprimir las copias existentes, a menos que exista una norma jurídica que exija la conservación de los datos personales. No obstante, la administración de fincas podrá conservar los datos, debidamente bloqueados, en tanto pudieran derivarse responsabilidades de su relación con la comunidad de propietarios.

En los supuestos en los que la relación comercial sea continuada, la administración de fincas conservará los datos personales que sean precisos para la ejecución del contrato, de forma indefinida, durante el plazo que se mantenga la relación contractual.

DÉCIMA.- Jurisdicción aplicable

El presente Contrato se regirá e interpretará de acuerdo con el RGPD, así como las leyes españolas y, en especial, de acuerdo con la normativa vigente en cada momento en materia de protección de datos de carácter personal.

Las partes intervinientes tratarán de resolver de forma amistosa cualquier duda, discrepancia o divergencia que pudiera suscitarse en torno al cumplimiento o interpretación del Contrato.

De no alcanzar dicho acuerdo, las partes aceptan someterse a la jurisdicción de los Juzgados y Tribunales de la ciudad de (*Ciudad o partido judicial donde esté la comunidad de propietarios*), con renuncia expresa de cualquier otro fuero o jurisdicción que les pudiese corresponder.

Ambas partes leen, por sí, la totalidad del presente documento y, en prueba de su conformidad con todos y cada uno de los extremos consignados en el mismo, lo firman, por duplicado y a un solo efecto, en el lugar y la fecha de su encabezamiento.

RESPONSABLE DEL TRATAMIENTO	ENCARGADO DEL TRATAMIENTO
Fdo. Representante	Administración de fincas
Fdo. Presidente	Fdo. Representante

B. CONTRATO DE ACCESO A DATOS DE LA COMUNIDAD DE PROPIETARIOS POR CUENTA DE PROVEEDORES **9180** (sigue)

Ciudad, fecha

REUNIDOS

DE UNA PARTE:

D/Dña. (nombre representante) en nombre y representación de NOMBRE DE LA COMUNIDAD en virtud de su cargo de presidente de la misma con dirección en (dirección completa de la Comunidad de propietarios) y con CIF (nº CIF) (en adelante, el RESPONSABLE DEL TRATAMIENTO)

DE OTRA PARTE:

D/Dña en nombre y representación de NOMBRE PROVEEDOR con CIF (nº CIF) y domicilio en (Dirección completa) (en adelante, el ENCARGADO DEL TRATAMIENTO)

Ambas partes se reconocen mutuamente la capacidad legal suficiente para suscribir este contrato de encargo de tratamiento de datos personales y para quedar obligadas en la representación en que respectivamente actúan, en los términos convenidos en él. A tal fin,

EXPONEN

I. Que el responsable del tratamiento es una Comunidad de propietarios

II. Que el encargado del tratamiento se dedica, entre otras actividades a (descripción breve de la actividad que realiza)

III. Que entre ambas partes existe una relación contractual por la cual el encargado de tratamiento presta sus servicios a favor del responsable del tratamiento que implica un tratamiento de datos personales titularidad de este último. En concreto se han contratado servicios de (descripción del servicio contratado).

IV. Que, al objeto de dar cumplimiento a lo dispuesto en el art.28 del Reglamento General de Protección de Datos de la Unión Europea (RGPD) y la vigente Ley Orgánica de protección de datos y garantía de derechos digitales (LOPDGDD), ambas partes están interesadas en suscribir un contrato de encargo de tratamiento de datos personales, el cual formalizan de común acuerdo, sobre la base de las siguientes

ESTIPULACIONES

PRIMERA.- Objeto del encargo del tratamiento

Mediante las presentes cláusulas se habilita al Encargado del Tratamiento a tratar por cuenta del responsable del Tratamiento los datos de carácter personal necesarios para prestar el servicio contratado.

Para llevar a cabo cualquier otra actividad que tenga por objeto el tratamiento o utilización de los citados datos personales, y que exceda de lo previsto anteriormente, será necesario el consentimiento previo y por escrito del responsable del tratamiento.

SEGUNDA.- Finalidad del tratamiento

Los datos personales serán tratados, únicamente, para llevar a cabo la prestación de los Servicios contratados. Si el Encargado del Tratamiento considerase necesario llevar a cabo un tratamiento de los datos con una finalidad distinta deberá solicitar previamente la autorización por escrito del responsable del tratamiento.

TERCERA.- Tipología de datos tratados y categorías de interesados

Datos personales de propietarios,personas, arrendatarios, así como, en su caso, demás personas que vivan en la Comunidad de propietarios, o empleados de la Comunidad de propietarios.

CUARTA.- Obligaciones del encargado del tratamiento

El Encargado del Tratamiento, se compromete a prestar los servicios solicitados siguiendo las instrucciones que en cada momento indique el responsable del Tratamiento y que se detallan a continuación, así como lo dispuesto en la normativa legal aplicable. En concreto se obliga a:

a) Tratar los datos personales, únicamente, para llevar a cabo la prestación de los Servicios contratados, ajustándose a las instrucciones que, en cada momento, le indique, por escrito, el Responsable del Tratamiento(salvo que exista una normativa que obligue a tratamientos complementarios, inclusive transferencias a un tercer país; en tal caso, el Encargado informará al Responsable de esa exigencia legal previa al tratamiento, salvo que tal normativa lo prohíba por razones importantes de interés público).

b) Mantener el deber de secreto respecto a los datos de carácter personal a los que tenga acceso, incluso después de finalizada la relación contractual, así como a garantizar que las personas a su cargo se hayan comprometido por escrito a mantener la confidencialidad de los datos personales tratados y a cumplir las medidas de seguridad correspondientes.

c) Garantizar, teniendo en cuenta el estado de la técnica, los costes de aplicación, y la naturaleza, el alcance, el contexto y los fines del tratamiento, así como riesgos de probabilidad y gravedad variables para los derechos y libertades de las personas físicas, que aplicará medidas

9180 (sigue) técnicas y organizativas apropiadas para garantizar un nivel de seguridad adecuado al riesgo, que en su caso incluya, entre otros:

• la seudonimización y el cifrado de datos personales;

• la capacidad de garantizar la confidencialidad, integridad, disponibilidad y resiliencia permanentes de los sistemas y servicios de tratamiento;

• la capacidad de restaurar la disponibilidad y el acceso a los datos personales de forma rápida en caso de incidente físico o técnico;

• un proceso de verificación, evaluación y valoración regulares de la eficacia de las medidas técnicas y organizativas para garantizar la seguridad del tratamiento.

Al evaluar la adecuación del nivel de seguridad tendrá particularmente en cuenta los riesgos que presente el tratamiento de datos, en particular como consecuencia de la destrucción, pérdida o alteración accidental o ilícita de datos personales transmitidos, conservados o tratados de otra forma, o la comunicación o acceso no autorizados a dichos datos.

d) Guardar bajo su control y custodia los datos personales a los que acceda con motivo de la prestación del Servicio y no divulgarlos, transferirlos, o de cualquier otra forma comunicarlos, ni siquiera para su conservación a otras personas ajenas al mismo y a la prestación del Servicio objeto del presente contrato.

e) Notificar, sin dilación indebida, al responsable del Tratamiento las violaciones, quiebras o brechas de la seguridad de los datos personales de las que tenga conocimiento, juntamente con toda la información relevante para la documentación y comunicación de la incidencia.

Si se dispone de ella se facilitará, como mínimo, la información siguiente:

- Descripción de la naturaleza de la violación de la seguridad de los datos personales, inclusive, cuando sea posible, las categorías y el número aproximado de interesados afectados, y las categorías y el número aproximado de registros de datos personales afectados.
- Descripción de las medidas adoptadas o propuestas para poner remedio a la violación de la seguridad de los datos personales, incluyendo, si procede, las medidas adoptadas para mitigar los posibles efectos negativos.
- Descripción de las posibles consecuencias de la violación de la seguridad de los datos personales.
- El nombre y los datos de contacto del delegado de protección de datos o de otro punto de contacto en el que pueda obtenerse más información.

Si no es posible facilitar la información simultáneamente, y en la medida en que no lo sea, la información se facilitará de manera gradual sin dilación indebida. Dar apoyo al responsable del Tratamiento en la notificación a la Agencia Española de Protección de Datos u otra Autoridad de Control competente, y en su caso, a los interesados de las violaciones de seguridad que se produzcan.

f) Dar apoyo, cuando sea necesario, al responsable del Tratamiento en la realización de evaluaciones de impacto de privacidad y en la consulta previa a la Agencia Española de Protección de Datos, cuando proceda.

g) Asistir al responsable del Tratamiento para que éste pueda cumplir con la obligación de dar respuesta a las solicitudes de ejercicio de derechos. Cuando las personas afectadas ejerzan los derechos de acceso, rectificación, supresión y oposición, limitación del tratamiento, portabilidad de datos y a no ser objeto de decisiones individualizadas automatizadas, ante el Encargado del Tratamiento, éste debe comunicarlo por correo electrónico al responsable del Tratamiento. La comunicación debe hacerse de forma inmediata y en ningún caso más allá del día laborable siguiente al de la recepción de la solicitud, juntamente, en su caso, con otras informaciones que puedan ser relevantes para resolver la solicitud.

h) Llevar, por escrito, un registro de todas las categorías de actividades de tratamiento efectuadas por cuenta del responsable del Tratamiento con el contenido exigible por la normativa aplicable.

i) Cooperar con la Agencia Española de Protección de Datos u otra Autoridad de Control, a solicitud de ésta, en el cumplimiento de sus atribuciones.

j) Poner a disposición del responsable del Tratamiento toda la información necesaria para demostrar el cumplimiento de las obligaciones establecidas en este contrato y para permitir y contribuir a la realización de auditorías, incluidas las inspecciones, por parte del responsable del Tratamiento o un tercero autorizado por él. La falta de acreditación de que el Encargado del Tratamiento esté cumpliendo correctamente las obligaciones asumidas en este contrato, será causa de resolución de este.

k) Informar inmediatamente al responsable del Tratamiento si, en su opinión, una instrucción infringe la normativa aplicable en materia de protección de datos personales.

El Encargado del Tratamiento se compromete a comunicar y hacer cumplir a sus trabajadores las obligaciones establecidas en el presente contrato, incluidas las obligaciones de secreto y de cumplimiento de las medidas de seguridad aplicables al tratamiento.

QUINTA.- Obligaciones del responsable del tratamiento 9180 (sigue)
a) Entregar al encargado los datos a los que se refiere la cláusula 3 de este documento.
c) Realizar las consultas previas que corresponda.
d) Velar, de forma previa y durante todo el tratamiento, por el cumplimiento de la normativa de protección de datos por parte del encargado.
e) Supervisar el tratamiento, incluida la realización de inspecciones y auditorías.

SEXTA.- Subcontratación

El Encargado del Tratamiento no podrá subcontratar a otro Encargado del Tratamiento (en adelante, el «Subcontratista») sin la previa autorización expresa y por escrito del responsable del Tratamiento. Los datos identificativos (denominación social completa y NIF) del Subcontratista y los servicios subcontratados deberán ser comunicados al responsable del Tratamiento, antes de la prestación del servicio, con una antelación mínima de un (1) mes. El Encargado del Tratamiento informará del mismo modo al responsable del Tratamiento de cualquier cambio previsto en la incorporación o sustitución de los Subcontratistas, dando así al responsable la oportunidad de oponerse a dichos cambios.
En caso de hacer uso de la facultad reconocida en el párrafo anterior, el Encargado del Tratamiento queda obligado a trasladar y comunicar al Subcontratista el conjunto de las obligaciones que para el Encargado del Tratamiento se derivan del presente contrato y, en particular, la prestación de garantías suficientes de que aplicará medidas técnicas y organizativas apropiadas, de manera que el tratamiento sea conforme con la normativa aplicable.
En cualquier caso, queda autorizado el acceso a los datos que realicen las personas físicas que presten sus servicios al Encargado del Tratamiento actuando dentro del marco organizativo de éste en virtud de una relación mercantil y no laboral. Asimismo, queda autorizado el acceso a los datos a las empresas y profesionales que el Encargado del Tratamiento tenga contratados en su ámbito organizativo interno para que le presten servicios generales o de mantenimiento (servicios informáticos, asesoramiento, auditorías, etc.), siempre que dichas tareas no hayan sido concertadas por el Encargado del Tratamiento con la finalidad de subcontratar con un tercero todo o parte de los Servicios que presta al responsable del Tratamiento.
En el supuesto de que el Subcontratista prestase sus servicios desde países que no disponen de normativa de protección de datos equivalente a la europea («Terceros Países»), el Encargado del Tratamiento se compromete a:

• Informar al responsable del Tratamiento de dicha circunstancia, y, si procede, colaborar con el mismo en la tramitación de la correspondiente autorización previa a la transferencia internacional de datos con destino al Tercer País que corresponda.
• Establecer cuantas salvaguardas sean exigidas por la normativa europea de protección de datos de carácter personal respecto a transferencias internacionales de datos con destino a Terceros Países, y en particular a suscribir con los importadores de datos en Terceros Países acuerdos basados en las Cláusulas Modelo aprobadas al efecto por las autoridades de la Unión Europea.

SÉPTIMA.- Responsabilidades y Garantías

Si el Encargado del Tratamiento o cualquiera de sus Subcontratistas infringe el presente contrato o alguna normativa al determinar los fines y medios del tratamiento, será considerado responsable de dicho tratamiento, asumiendo todas las responsabilidades directas e indirectas que pudieran derivarse para el responsable del Tratamiento derivado de dicho incumplimiento por su parte o por parte de sus Subcontratista.
Así mismo, ambas partes convienen que el incumplimiento de estas obligaciones tiene la condición de causa de resolución del contrato, por lo que su incumplimiento por el Encargado del Tratamiento, las personas a su cargo o las que intervengan en la prestación de los servicios en nombre o a instancia del mismo, facultará al Responsable del Tratamiento para resolver el mismo y dará lugar a la correspondiente indemnización de daños y perjuicios por incumplimiento de las obligaciones contractuales.
En testimonio de lo cual formalizan el presente contrato, por duplicado, en el lugar y fecha indicados en el encabezamiento.

OCTAVA.- Duración del contrato

El presente acuerdo entrará en vigor desde la fecha de su firma y estará vigente hasta la fecha de terminación de la prestación de servicios por parte del Encargado del Tratamiento.

NOVENA.- Consecuencias de la terminación del contrato

En caso de terminación del presente contrato por cualesquiera causas, subsistirán todas las cláusulas de confidencialidad y no revelación a las que hace referencia el mismo.
Una vez cumplida la prestación contractual, El Encargado del Tratamiento procederá a suprimir o devolver al responsable del Tratamiento, a elección de este último, todos los datos personales a los que haya tenido acceso para prestar el Servicio. Asimismo, el Encargado del Tratamiento se obliga a suprimir las copias existentes, a menos que exista una norma jurídica

9180 (sigue) que exija la conservación de los datos personales. No obstante, el Encargado del Tratamiento podrá conservar los datos, debidamente bloqueados, en tanto pudieran derivarse responsabilidades de su relación con el responsable del Tratamiento.

En los supuestos en los que la relación comercial sea continuada, el Encargado del Tratamiento conservará los datos personales que sean precisos para la ejecución del contrato, de forma indefinida, durante el plazo que se mantenga la relación contractual.

DÉCIMA.- Jurisdicción aplicable

El presente Contrato se regirá e interpretará de acuerdo con el Rgto (UE) 679/2016 así como las leyes españolas y, en especial, de acuerdo con la normativa vigente en cada momento en materia de protección de datos de carácter personal.

Las partes intervinientes tratarán de resolver de forma amistosa cualquier duda, discrepancia o divergencia que pudiera suscitarse en torno al cumplimiento o interpretación del Contrato.

De no alcanzar dicho acuerdo, las partes aceptan someterse a la jurisdicción de los Juzgados y Tribunales de la ciudad de Barcelona, con renuncia expresa de cualquier otro fuero o jurisdicción que les pudiese corresponder.

Ambas partes leen, por sí, la totalidad del presente documento y, en prueba de su conformidad con todos y cada uno de los extremos consignados en el mismo, lo firman, por duplicado y a un sólo efecto, en el lugar y la fecha de su encabezamiento.

RESPONSABLE DEL TRATAMIENTO	ENCARGADO DEL TRATAMIENTO
Fdo. Representante C. Propietarios	Fdo. Proveedor
Fdo. Presidente	Fdo. Representante

2. Cláusula informativa de protección de datos de una comunidad de propietarios

Responsable del tratamiento: *Comunidad de propietarios xxxxx* 9185
Finalidad del tratamiento: *Administración y gestión de la Comunidad de propietarios.*
Legitimación: *Cumplimiento de las obligaciones legales y contractuales o consentimiento del interesado, en su caso.*
Destinatarios de los datos: *Sus datos serán comunicados a la Administración de fincas para la prestación de sus servicios u otras personas autorizadas. No serán comunicados a terceros no autorizados.*
Derechos: *Puede ejercer sus derechos referidos a la protección de datos dirigiéndose al correo electrónico xxxx@xxxxxx (e mail habilitado por la Comunidad de propietarios o la administración de fincas)*
Reclamación AEPD: Puede presentar una reclamación frente a la AEPD www.aepd.es en caso de que estime que se han vulnerado sus derechos.

3. Política de privacidad de una comunidad de propietarios

9190 POLÍTICA DE PRIVACIDAD COMUNIDAD DE PROPIETARIOS DE *XXXXXXXX (nombre de la Comunidad de propietarios)*

1.- ¿QUIÉN ES EL RESPONSABLE DE TRATAMIENTO DE SUS DATOS?

El Responsable del tratamiento de sus datos personales es la **COMUNIDAD DE PROPIETARIOS** *XXXXXX (nombre de la Comunidad de propietarios)* con domicilio sito en XXXXXXXX *(CP) CIUDAD*, con CIF XXXXXX. (en adelante la Comunidad)

xxxxxxx@xxxxxx *(e mail de contacto si lo hay o en su defecto el que se habilite de la administración de fincas)*

(En caso de haberse designado)

Contacto del Delegado de protección de datos *(dirección de correo de contacto)*

2.- ¿QUÉ TIPO DE DATOS PERSONALES TRATAMOS Y CON QUÉ FINALIDAD?

Tipos de datos personales que tratamos

En la Comunidad tratamos los datos personales de los propietarios, principalmente sus datos identificativos, nombre, apellidos, NIF, número de teléfono y correo electrónico, en su caso, identificación de su dirección y piso, número de cuenta bancaria, así como el coeficiente de participación en la Comunidad de Propietarios. Igualmente trataremos datos relacionados con su participación en las Juntas, estado de cuentas y otros datos que pudieran ser necesarios.

Igualmente podrán tratarse datos personales de los proveedores que trabajen para la Comunidad de Propietarios, así como, en su caso, datos de los empleados de la Comunidad de Propietarios.

Finalidad del Tratamiento de datos

Los datos personales los tratará la Comunidad de Propietarios para llevar a cabo la administración y gestión de nuestra Comunidad, mantenerle informado de la convocatoria de Juntas, así como enviarle las Actas correspondientes, gestionar los recibos de las cuotas comunitarias y cumplir con las obligaciones legales que incumban a la Comunidad de Propietarios. Trataremos los datos personales de nuestros proveedores con el fin de gestionar nuestra relación comercial con ellos. En caso de que la Comunidad contrate personal, tratará sus datos personales para gestionar la relación laboral que se establezca y cumplir con las obligaciones laborales que correspondan. Si la Comunidad de propietarios ha instalado cámaras de videovigilancia, el tratamiento de las imágenes registradas tendrá como objetivo la vigilancia de zonas comunes de la finca.

3.- ¿CUÁL ES LA BASE LEGAL QUE LEGITIMA EL TRATAMIENTO DE LOS DATOS?

La base legal que legitima el tratamiento de los datos personales de los propietarios es el cumplimiento de la normativa de propiedad horizontal, así como la relación contractual entre la Comunidad de Propietarios y cada uno de los propietarios. La base legal que legitima el tratamiento de los datos personales de nuestros proveedores es el cumplimiento de la relación contractual que nos une a ellos. La base legal que legitima el tratamiento de los datos personales de nuestros trabajadores es el cumplimiento de la relación laboral que nos une y las obligaciones legales que correspondan. La base legal que legitima el tratamiento de las imágenes que captemos, en caso de haber instalado cámaras de videovigilancia en zonas comunes de la Comunidad de propietarios es nuestro interés legítimo fundamentado en razones de seguridad de la finca.

4.- PLAZO DE CONSERVACIÓN **¿Cuánto tiempo conservaremos sus datos?**

Los datos personales de los propietarios que conforman nuestra Comunidad de propietarios se conservarán durante el tiempo en que se mantenga su condición de propietario y, posteriormente, mientras sea necesario para el cumplimiento de las obligaciones previstas en la normativa de propiedad horizontal. Los datos de nuestros proveedores se tratarán mientras dure nuestra relación comercial, posteriormente se conservarán, debidamente bloqueados, durante el tiempo de conservación que establezca la ley para la prescripción de posibles responsabilidades. Los datos personales de nuestros trabajadores se conservarán mientras dure su relación laboral con la Comunidad y posteriormente durante los plazos previstos legalmente. Los datos del registro de jornada de nuestros trabajadores se conservarán durante 4 años. Las imágenes grabadas por nuestras cámaras de videovigilancia serán conservadas durante un máximo de 30 días salvo que deban conservarse, debidamente bloqueadas, a requerimiento de las autoridades competentes en caso de investigación de algún acto ilícito.

Una vez los datos hayan cumplido las necesidades para los que fueron recogidos los borraremos definitivamente.

5.- ¿A QUÉ DESTINATARIOS SE COMUNICARÁN SUS DATOS? 9190 (sigue)

Los datos personales que tratemos serán tratados por las personas representantes que hayan sido debidamente elegidas y autorizadas para representar a la Comunidad de propietarios, y, si fuera necesario o práctico, para cumplir con los fines indicados anteriormente, podrán ser tratados, en determinados casos, por terceros.

Las categorías de destinatarios a quienes pueden comunicarse sus datos personales son los siguientes:

a) Terceros nombrados encargados del tratamiento, como la Administración de fincas, consultores y asesores y otras empresas que, para prestar servicios a la Comunidad, deban tratar datos personales de los propietarios, del personal, o de los profesionales contratados.

b) Empresa que gestione la seguridad o las cámaras de videovigilancia, en su caso.

c) Otros proveedores a los que, en su caso, deban cederse sus datos personales para la gestión o prestación de servicios a la Comunidad.

En cualquier caso, todos ellos habrán firmado, con carácter previo, el correspondiente compromiso de confidencialidad conforme a la vigente normativa de protección de datos personales o estarán sometidos al deber de secreto profesional exigido por la normativa sectorial que les afecte.

6.- ¿CUÁLES SON SUS DERECHOS CUANDO NOS FACILITA SUS DATOS?

Si desea ejercer los derechos que la normativa de protección de datos le otorga, por favor, envíenos un e mail a la siguiente dirección xxxxx@xxxxxx (*en caso de tener habilitado un correo electrónico propio o de la Administración de fincas*) o por escrito a (*indicar dirección*) exponiendo el derecho que quiere ejercitar y adjuntando copia de su documento nacional de identidad o pasaporte.

Los Derechos que la normativa vigente reconoce y que, en su caso, puede ejercer son:

Derecho de acceso a los datos:

Tiene derecho a que la Comunidad de Propietarios le comunique si se están tratando o no sus datos personales, y en caso de que se confirme el tratamiento, posibilitará su acceso facilitándole la siguiente información:

- Los fines del tratamiento.
- Las categorías de datos de que se trate.
- El plazo o criterios de conservación de los datos.

Derecho de rectificación de los datos:

Tendrá derecho a que la Comunidad de Propietarios rectifique sus datos cuando resulten inexactos o incompletos mediante una declaración rectificativa adicional.

Derecho de supresión de los datos:

El interesado tendrá derecho a que la Comunidad de Propietarios suprima sus datos, cuando:

- El tratamiento sea ilícito.
- El interesado haya retirado su consentimiento.
- Ya no sean necesarios en relación con los fines para los que fueron recogidos o tratados.
- El interesado haya ejercido el derecho de oposición y no prevalezcan otros motivos legítimos para el tratamiento.
- Los datos deban suprimirse para cumplir una obligación jurídica de la Comunidad de Propietarios.

El interesado no tendrá derecho a que la Comunidad de Propietarios suprima sus datos cuando el tratamiento sea necesario:

- Para ejercer el derecho a la libertad de expresión e información.
- Para cumplir una obligación jurídica de la Comunidad de Propietarios.
- Para la formulación, ejercicio o defensa de reclamaciones.
- Por interés público fundamentado en la legislación vigente por razones de salud pública o para fines de investigación histórica, estadística o científica.

Derecho de portabilidad de los datos:

Tiene derecho a que la Comunidad de Propietarios transmita sus datos a otro responsable del tratamiento o al mismo interesado, mediante un formato estructurado de uso habitual y lectura mecánica, cuando el tratamiento se efectúe por medios automatizados y se base en:

- El consentimiento del interesado para fines específicos.
- La ejecución de un contrato o precontrato con el interesado.

El derecho a la portabilidad de datos no se aplicará cuando:

- Sea técnicamente imposible la transmisión.
- Pueda afectar negativamente a los derechos y libertades de terceros.
- El tratamiento tenga una misión de interés público fundamentado en la legislación vigente.

Derecho de limitación del tratamiento:

El interesado tendrá derecho a oponerse al tratamiento de sus datos realizado por la Comunidad de Propietarios por motivos relacionados con su situación particular, cuando el tratamiento se base en:

- Mercadotecnia directa.

9190 (sigue) - Elaboración de perfiles.
- Interés legítimo del responsable o terceros, siempre que no prevalezcan los intereses o los derechos y libertades del interesado, especialmente si es un niño.
- Investigación histórica, estadística o científica, salvo que el tratamiento sea necesario por motivos de interés público.

Aunque el interesado se oponga al tratamiento de sus datos, la Comunidad de Propietarios podrá seguir tratándolos siempre y cuando su interés legítimo impere sobre los intereses o los derechos y libertades del interesado en un procedimiento judicial que lo justifique.

La Comunidad de Propietarios deberá informar al interesado del derecho a oponerse al tratamiento de sus datos de manera explícita, clara y separada de cualquier otra información, en el momento de la primera comunicación.

Derecho de oposición:

Es el derecho a que no se lleve a cabo el tratamiento de éstos o se cese en el mismo cuando no sea necesario su consentimiento para el tratamiento, por la concurrencia de un motivo legítimo y fundado, referido a su concreta situación personal, que lo justifique, y siempre que una Ley no disponga lo contrario.

Derecho a no ser objeto de una elaboración de perfiles:

El interesado tendrá derecho a no ser objeto de una elaboración de perfiles cuya finalidad sea adoptar decisiones individuales basadas en un tratamiento automatizado de datos y destinadas a evaluar, analizar o predecir los siguientes aspectos personales:
- Rendimiento profesional.
- Situación económica.
- Salud.
- Preferencias o intereses personales.
- Fiabilidad.
- Comportamiento.
- Ubicación o movimientos de la persona.

Cuando la elaboración de perfiles se base únicamente en un tratamiento automatizado:
- El interesado tendrá derecho a estar informado si la decisión que pueda ser tomada pueda producirle efectos jurídicos que le afecten significativamente.
- El interesado tendrá derecho a obtener la intervención humana por parte de la Comunidad de Propietarios, a expresar su punto de vista y a impugnar la decisión, si el tratamiento ha sido autorizado mediante:
- El consentimiento explícito del interesado.
- Un contrato entre la Comunidad de Propietarios y el interesado.

No se aplicará al derecho a no ser objeto de una elaboración de perfiles cuando la decisión que pueda ser tomada a consecuencia de esta esté autorizada mediante:
- El consentimiento explícito del interesado.
- Un contrato entre la Comunidad de Propietarios y el interesado.
- Un tratamiento fundamentado en la legislación vigente.

7.- ¿DÓNDE DIRIGIRSE EN CASO DE VULNERACIÓN DE SUS DERECHOS?

En caso de que considere que se ha vulnerado la normativa de protección de datos en lo referente al tratamiento de sus datos personales, o estime que no se han atendido los derechos que haya podido ejercitar ante la Comunidad de propietarios puede presentar una denuncia ante la Agencia Española de protección de datos (www.aepd.es) exponiendo los motivos de su reclamación.

4. Registro de actividades de tratamiento de una comunidad de propietarios

1. Actividad de tratamiento de datos. Datos de los propietarios o comuneros. 9195

Responsable de tratamiento	*Nombre fiscal y datos de contacto de la comunidad y del Delegado de Protección de datos si lo hubiera.*
Finalidad del tratamiento	Gestión de la comunidad de propietarios, cumplimiento de obligaciones, etc.
Legitimación del tratamiento	Cumplimiento de las obligaciones impuestas por la normativa de propiedad horizontal y otras leyes.
Categorías de datos personales	Nombre, apellidos, dirección, NIF, número de cuenta corriente, correo electrónico, teléfono, etc.
Categorías de tratamientos	Recogida de datos, registro, uso.
Categorías de afectados	Propietarios que formen parte de la comunidad.
Duración del tratamiento	Mientras dure la condición de propietario. Durante el tiempo establecido legalmente para conservar los datos del propietario en actas, cuentas etc.
Destinatarios de los datos	Administrador de fincas, otros propietarios en los casos previstos legalmente, bancos, etc.
Transferencias de datos fuera del EEE	No previstas. *(en caso de que sí se hagan a países fuera del EEE explicar a qué país y en qué circunstancias).*
Medidas de seguridad aplicadas	Explicar brevemente.

2. Actividad de tratamiento de datos. Trabajadores.

Responsable de tratamiento	*Nombre fiscal y datos de contacto de la comunidad y del Delegado de Protección de datos si lo hubiera.*
Finalidad del tratamiento	Gestión del personal contratado por la comunidad de propietarios, cumplimiento de obligaciones laborales y contractuales, etc.
Legitimación del tratamiento	Relación contractual con el trabajador.
Categorías de datos personales	Nombre, apellidos, NIF, dirección, número de cuenta corriente, datos de afiliación a la Seguridad social, teléfono de contacto, etc. Registro de jornada. Imágenes en caso de existencia de sistema de videovigilancia.
Categorías de afectados	Personal contratado por la comunidad de propietarios.
Categorías de tratamientos	Recogida de datos, registro, uso, borrado.
Duración del tratamiento	Mientras dure la relación laboral. Una vez finalizada la relación laboral, plazos de conservación de datos del trabajador previstos en la ley (4 años). Imágenes cámaras de videovigilancia, 30 días.
Destinatarios de los datos	Gestoría, seguridad social, bancos, etc.
Transferencias de datos fuera del EEE	No previstas. (en caso de que sí se hagan a países fuera del EEE explicar a qué país y en qué circunstancias).
Medidas de seguridad aplicadas	*Explicar brevemente.*

9195 (sigue)

3. Actividad de tratamiento de datos. Videovigilancia.
(en caso de haber instalado cámaras de videovigilancia en la finca)

Responsable de tratamiento	*Nombre fiscal y datos de contacto de la comunidad y del Delegado de Protección de datos si lo hubiera.*
Finalidad del tratamiento	Vigilancia del edificio por razones de seguridad. Prueba en caso de investigaciones o procesos sancionadores.
Legitimación del tratamiento	Interés legítimo de la comunidad por motivos de seguridad.
Categorías de datos personales	Imágenes.
Categorías de afectados	Propietarios, trabajadores, visitantes, etc.
Duración del tratamiento	30 días, salvo, en su caso, comunicación a policía, Juzgados o tribunales.
Categorías de tratamientos	Registro de imágenes, grabación, uso.
Destinatarios de los datos	Fuerzas y Cuerpos de Seguridad del Estado. Juzgados o tribunales, en su caso.
Transferencias de datos fuera del EEE	No previstas.

4. Actividad de tratamiento de datos. Registro de jornada
(en caso de tener personal laboralmente contratado, conserjes, jardineros, personal de vigilancia, personal de limpieza, mantenimiento etc.)

Responsable de tratamiento	*Nombre fiscal y datos de contacto de la Comunidad y del Delegado de Protección de datos si lo hubiera.*
Finalidad del tratamiento	Gestión de la jornada de trabajo de los empleados.
Legitimación del tratamiento	Cumplimiento obligación legal.
Categorías de datos personales	Nombre, apellidos, huella dactilar en su caso, y datos de cumplimiento de jornada de trabajo.
Categorías de afectados	Personal contratado por la Comunidad de propietarios.
Categorías de tratamientos	Recogida de datos, registro, uso.
Duración del tratamiento	Mientras dure la relación laboral. Conservación de este registro previstos en la ley (4 años).
Destinatarios de los datos	Gestoría, Autoridad laboral, en su caso.
Transferencias de datos fuera del EEE	No previstas. (en caso de que sí se hagan a países fuera del EEE, explicar a qué país y en qué circunstancias).
Medidas de seguridad aplicadas	*Explicar brevemente.*

5. Registro de actividades de tratamiento de un administrador de fincas como encargado de tratamiento

Por cada comunidad de propietarios por cuenta de la cual actúe: **9200**

Responsable de tratamiento	*Nombre fiscal y datos de contacto de la comunidad de propietarios por la que actúe y de su Delegado de Protección de datos si lo hubiera.*
Categorías de tratamiento	Registro datos de los propietarios, Conservación, actas de juntas, gestión de giros bancarios, etc..
Transferencias de datos fuera del EEE	No previstas. *(en caso de que sí se hagan a países fuera del EEE explicar a qué país y en qué circunstancias)*
Medidas de seguridad aplicadas	Explicar brevemente.

6. Contrato de confidencialidad entre la comunidad de propietarios y proveedor de servicios

9205 Este tipo de contrato es necesario para comprometer a los proveedores que, con acceso físico a zonas comunes de la comunidad o privativas de algún propietario, pero sin tratamiento de datos, han de actuar respetando los principios de confidencialidad y protección de datos.

En [*localidad*], [*fecha*]

REUNIDOS

DE UNA PARTE:

D/Doña [*nombre presidente*], en nombre y representación de **NOMBRE DE LA COMUNIDAD DE PROPIETARIOS** en virtud de su cargo de Presidente de ésta, con dirección en [*dirección completa de la comunidad de propietarios*] y con CIF: [*nº CIF.*] [en adelante la comunidad de propietarios]

DE OTRA PARTE:

D./Dña. [*nombre representante*], en nombre y representación de **[nombre proveedor]** con domicilio social/profesional en [*dirección completa del proveedor*], con CIF: [*nº CIF*], [en adelante el Prestador del servicio]

Ambas partes se reconocen mutuamente la capacidad legal suficiente para suscribir este contrato de encargo de tratamiento de datos personales y para quedar obligadas en la representación en que respectivamente actúan, en los términos convenidos en él. A tal fin,

EXPONEN

Ambas partes se reconocen mutuamente la capacidad legal suficiente para suscribir este contrato de confidencialidad y para quedar obligadas en la representación en que respectivamente actúan, en los términos convenidos en él. A tal fin, La comunidad de propietarios y el prestador de servicio declaran que mantienen una relación comercial por la que el prestador de servicios realiza para la comunidad de propietarios, servicios de [*describir brevemente el servicio que presta*].

Para la prestación de dichos servicios es necesario que el prestador de servicios acceda a los espacios comunes de la comunidad de propietarios o, en su caso, a alguno de los pisos o locales de alguno de los propietarios, pero en ningún caso, para realizar ningún tratamiento de datos de carácter personal. No obstante, podrá tener acceso a aquellos que ocasionalmente sean necesarios para la prestación del servicio contratado.

En caso de trate datos personales de los propietarios u otros que sean responsabilidad de la comunidad de propietarios de manera indebida, sin autorización, o los comunique a terceros sin autorización expresa, responderá ante la Agencia Española de Protección de Datos, de las infracciones en que hubiera incurrido.

La comunidad de propietarios	El Prestador del servicio
Fdo. El presidente	Fdo.

7. Documento informativo y compromiso de confidencialidad para vigilantes, porteros o conserjes

Información sobre Protección de Datos 9210

Nombre *Comunidad de propietarios* (en adelante la Comunidad), es el responsable del tratamiento de tus datos personales y, en cumplimiento de la vigente normativa de Protección de datos personales, le informa de que:

1. Hemos implantado las medidas de seguridad técnica y organizativa necesaria para garantizar la seguridad de los datos de carácter personal que almacenamos, de acuerdo con lo dispuesto en la Ley Orgánica de Protección de Datos y Garantía de Derechos Digitales, y el Reglamento General de Protección de Datos de la Unión Europea.

2. La finalidad de la recogida y tratamiento de sus datos personales es la necesaria gestión de los recursos humanos de la Comunidad, el cumplimiento de la normativa laboral, fiscal y la gestión de pago de nóminas, motivos por los cuales quedará legitimado su tratamiento. Sus datos personales se conservarán durante el tiempo que dure la relación laboral, una vez extinguida ésta se seguirá conservando el tiempo necesario para cubrir los plazos de prescripción de responsabilidades legalmente establecidas, así como para facilitar la resolución de posibles conflictos, mantener la seguridad y prevenir el fraude y abusos.

3. La base legal que legitima el tratamiento de sus datos personales es la ejecución de la relación contractual laboral que se establece con la Comunidad.

4. Sus datos personales serán custodiados por *Nombre Comunidad*, y no serán cedidos a terceros salvo a la Administración de fincas o a aquellos proveedores o colaboradores que, en su caso, debieran intervenir para el normal funcionamiento de la Comunidad y el cumplimiento de sus obligaciones. En cualquier caso, estos terceros estarán sometidos al correspondiente compromiso de confidencialidad, deber de secreto profesional y, cuando corresponda, habrán firmado el correspondiente contrato de encargado de tratamiento. También podrán ser compartidos con terceros para el cumplimiento de sus obligaciones legales.

5. *Nombre Comunidad* podrá registrar, en cumplimiento de las obligaciones laborales vigentes, datos sobre el cumplimiento de tu jornada laboral mediante sistemas de fichaje manuales o electrónicos. Los datos registrados sólo se utilizarán para los fines descritos, así como en el ámbito de las facultades disciplinarias de la Comunidad derivadas de la puntualidad y asistencia al trabajo. Podrán ser cedidos a la Autoridad laboral en caso de que así fuera requerido. Estos datos se conservarán durante 4 años y estarán siempre a su disposición.

6. En caso de que la Comunidad tenga instaladas cámaras de videovigilancia, le informamos que su imagen podrá quedar registrada durante su jornada laboral. Estas imágenes se conservarán durante un máximo de 30 días, posteriormente serán borradas salvo que deban conservarse más tiempo por mandato policial o judicial. Las imágenes podrán ser utilizadas, además, como prueba en procedimientos sancionadores o judiciales.

7. Puede consultar la política de privacidad de *Nombre Comunidad* y ejercitar sus derechos de Acceso, Rectificación y demás previstos en la normativa vigente dirigiéndose a (*e mail de la Comunidad o de la administración de fincas habilitado al efecto*)

Finalmente, informamos que su incorporación al puesto de trabajo implica la aceptación y cumplimiento de la política de protección de datos implantada en *Nombre Comunidad* y que se adjunta como *ANEXO I* al presente documento.

En consecuencia, el empleado/a MANIFIESTA que:

Estoy informado del contenido del presente documento y en consecuencia AUTORIZO EXPRESAMENTE EL TRATAMIENTO de mis datos, conforme las finalidades indicadas.

Firma empleado/a

8. Política de seguridad y protección de datos para empleados de la comunidad de propietarios (porteros, conserjes o vigilantes)

9215 Con el objeto de dar debido cumplimiento a lo establecido en Ley Orgánica de Protección de Datos de Carácter Personal y Garantía de Derechos Digitales, así como en el Reglamento General de Protección de Datos de la Unión Europea, el empleado/a declara que es consciente de su obligación de secreto profesional respecto a toda información confidencial o reservada, incluidos los datos de carácter personal que trate y al deber de custodiarlos de manera segura. Estas obligaciones subsistirán aun después de finalizar sus relaciones laborales con *Nombre Comunidad* (la Comunidad).

La Comunidad pone además en su conocimiento las siguientes obligaciones sobre seguridad y confidencialidad de la información:

El empleado/a, actuará de acuerdo con las instrucciones recibidas de la Comunidad de propietarios y lo establecido en esta política de seguridad.

A. Confidencialidad de la información

1. A efectos de esta Política, se entenderá como información confidencial cualquier documentación o información que incluya datos personales de los propietarios o sus familiares, arrendatarios y otros ocupantes de cualquier piso o local de la Comunidad. Tendrán también esta consideración la correspondencia, las imágenes que graben las cámaras de videovigilancia u otros dispositivos, matrículas de vehículos, números de teléfono, paquetes entregados y cuanta información se refiera a los habitantes de la Comunidad. También tendrán la consideración de confidencial los datos personales de otros empleados/as y proveedores de la Comunidad.

2. Queda prohibido enviar o facilitar a terceros información confidencial, mediante soportes materiales, o a través de cualquier medio de comunicación, incluyendo la simple visualización o acceso, sin la debida autorización del interesado o, del presidente de la Comunidad, en su caso.

3. El empleado/a deberá guardar, por tiempo indefinido, la máxima reserva y no divulgar ni utilizar directamente ni a través de terceras personas o empresas, la información confidencial y demás información a la que tengan acceso durante su relación laboral con la Comunidad tanto en soporte material como electrónico. Esta obligación continuará vigente tras la extinción del contrato laboral, tratándose de una obligación indefinida.

4. El empleado/a deberá ser cuidadoso en cuanto a no dejar descuidada documentación que contenga información confidencial incluso cuando estén en su puesto de trabajo para evitar que puedan ser vistos por terceros no autorizados. En ese sentido, deberá evitar que la correspondencia quede fuera de los buzones o en lugar visible o sin vigilancia.

5. Ningún empleado/a deberá poseer, para usos no propios de su responsabilidad, información confidencial de la Comunidad o de sus propietarios, arrendatarios o usuarios del edificio.

6. En el caso de que, por motivos directamente relacionados con el puesto de trabajo, el empleado entre en posesión de información confidencial bajo cualquier tipo de soporte, deberá entenderse que dicha posesión es estrictamente temporal, con obligación de secreto y sin que ello le irrogue derecho alguno de posesión, o titularidad o copia cobre la referida información. Asimismo, el empleado/a deberá devolver dicha información a la Comunidad o a su titular, inmediatamente después de la finalización de las tareas que han originado el uso temporal de los mismos y, en cualquier caso, a la finalización de la relación laboral.

7. Queda terminantemente prohibido, sin la debida autorización, grabar información confidencial, imágenes, etc. de la Comunidad o cualquiera de sus propietarios, arrendatarios o usuarios del edificio, especialmente para su difusión por redes sociales u otros medios.

B. Otras obligaciones: Actividades prohibidas

El personal de la Comunidad se compromete a utilizar información confidencial de la Comunidad o de sus miembros o usuarios sin incurrir en actividades que puedan ser consideradas ilícitas o ilegales, que infrinjan los derechos de los afectados o de terceros, o que puedan atentar contra las normas de etiqueta.

Queda expresamente prohibido:

- Destruir, alterar, inutilizar o de cualquier otra manera, documentos de la Comunidad o de sus propietarios, arrendatarios o usuarios del edificio.
- Facilitar información de los propietarios u otros residentes o inquilinos a terceros sin la debida autorización del interesado.
- Abrir la correspondencia de cualquier propietario residentes o inquilinos.
- Entregar correspondencia o cualquier información personal de un propietario a otro, sin el debido consentimiento del afectado.
- Recoger paquetes dirigidos a nombre de cualquier propietario o vecino sin haber obtenido, previamente, su consentimiento expreso.

- Publicar o colgar en el tablón de anuncios de la Comunidad cualquier información que contenga datos personales sin la autorización del interesado o, en su caso, del presidente de la Comunidad. 9215 (sigue)

C. Control de acceso físico

El empleado/a que disponga de copia de las llaves o mandos de acceso al edificio, al garaje, o a alguna de sus dependencias, que conozca la contraseña de la alarma si la hubiere, o de acceso al lugar donde se aloje el disco grabador de imágenes, se le recuerda que, salvo autorización de la Comunidad, queda prohibido:

- Compartir la contraseña de la alarma o las llaves con otras personas no autorizadas
- Realizar segundas copias de llaves o mandos.

Una vez finalizada la relación con la Comunidad el empleado devolverá las llaves de acceso al edificio u otras que estén a su disposición.

D. Obligaciones en caso de producirse una Incidencia

Se entiende por incidencia cualquier anomalía que afecte o pueda afectar a la seguridad de los datos, por ejemplo, la pérdida de datos, robo de correspondencia, la detección de accesos no autorizados, robo de imágenes de las cámaras de seguridad, etc.

El empleado/a está obligado a comunicar cualquier incidencia de la que tenga conocimiento, de manera inmediata al presidente de la Comunidad o, en su caso, a la Administración de fincas.

E. Política de privacidad de la comunidad de propietarios

Nombre Comunidad tiene a su disposición una Política de Protección de Datos, que contiene información general sobre protección de datos y cómo se aborda desde la Comunidad.

F. Consecuencias derivadas del incumplimiento

La inobservancia del deber de secreto profesional y confidencialidad, así como la infracción de las obligaciones establecidas en el presente documento o de las medidas de seguridad implantadas por la Comunidad, será considerada como una falta disciplinaria muy grave, pudiendo conllevar incluso el despido o rescisión de contrato marco de colaboración, sin perjuicio de la responsabilidad civil que pueda derivarse por los daños y perjuicios que pueda causar a la Comunidad, a los afectados o a terceros, de los cuales el empleado responderá personalmente.

9. Documento informativo y compromiso de confidencialidad para trabajadores de la administración de fincas

9220 **Información sobre Protección de Datos**

Nombre de la Administración de fincas (en adelante La Administración de fincas) es el responsable del tratamiento de tus datos personales y en cumplimiento de la vigente normativa de Protección de datos personales, te informa de que:

1. Hemos implantado las medidas de seguridad técnica y organizativa necesaria para garantizar la seguridad de los datos de carácter personal que almacenamos, de acuerdo con lo dispuesto en la Ley Orgánica de Protección de Datos y Garantía de Derechos Digitales y el Reglamento General de Protección de Datos de la Unión Europea.

2. La finalidad de la recogida y tratamiento de tus datos personales es la necesaria gestión de los recursos humanos de la Administración de fincas, el cumplimiento de la normativa laboral, fiscal y la gestión de pago de nóminas, motivos por los cuales quedará legitimado su tratamiento. Tus datos personales se conservarán durante el tiempo que dure la relación laboral, una vez extinguida ésta se seguirá conservando el tiempo necesario para cubrir los plazos de prescripción de responsabilidades legalmente establecidos, así como para facilitar la resolución de posibles conflictos, mantener la seguridad y prevenir el fraude y abusos.

3. La base legal que legitima el tratamiento de tus datos personales es la ejecución de la relación contractual laboral que se establece con la Administración de fincas.

4. Tus datos personales se incorporarán a la base de datos de la Administración de fincas, y no serán cedidos a terceros salvo a aquellos proveedores o colaboradores que, en su caso, debieran intervenir para el normal funcionamiento de la Administración de fincas y el cumplimiento de sus obligaciones. En cualquier caso, estos terceros estarán sometidos al correspondiente compromiso de confidencialidad, deber de secreto profesional y, cuando corresponda, habrán firmado el correspondiente contrato de encargado de tratamiento. También podrán ser compartidos con terceros para el cumplimiento de sus obligaciones legales.

5. *Nombre de la Administración de fincas* podrá registrar, en cumplimiento de las obligaciones laborales vigentes, datos sobre el cumplimiento de tu jornada laboral mediante sistemas de fichaje manuales o electrónicos. Los datos registrados sólo se utilizarán para los fines descritos, así como en el ámbito de las facultades disciplinarias de la Administración de fincas derivadas de la puntualidad y asistencia al trabajo. Podrán ser cedidos a la Autoridad laboral en caso de que así fuera requerido. Estos datos se conservarán durante 4 años y estarán siempre a tu disposición.

6. En caso de que la Administración de fincas tenga instaladas cámaras de videovigilancia, te informamos que tu imagen podrá quedar registrada durante tu jornada laboral. Estas imágenes se conservarán durante un máximo de 30 días, posteriormente serán borradas salvo que deban conservarse más tiempo por mandato policial o judicial. Las imágenes podrán ser utilizadas, además, como prueba en procedimientos sancionadores o judiciales.

7. Te informamos que la Administración de fincas velará por el cumplimiento del derecho que todos sus empleados/as tienen a la desconexión digital fuera del su horario de trabajo. El uso de sistemas de información de la Compañía (teléfono, correo electrónico, Whatsapp, etc.) fuera del horario de trabajo o durante un periodo vacacional o de baja, es totalmente voluntario y, por tanto, el empleado/a no tiene ninguna obligación de atenderlos. En caso de que el empleado/a/a, hiciera uso de estos medios de información fuera del horario de trabajo, o en periodos de baja o vacaciones, asume que lo hace de manera totalmente voluntaria.

Todo ello sin perjuicio de que, de manera excepcional y atendiendo al cargo que ocupe el empleado/a y la responsabilidad que por el mismo tenga atribuida, se requiera su disponibilidad fuera del horario de trabajo para casos excepcionales y de urgente necesidad.

8. Puedes consultar la política de privacidad de *Nombre de la Administración de fincas* y ejercitar tus derechos de Acceso, Rectificación y demás previstos en la normativa vigente dirigiéndote a (*p.e. e mail de la Administración de fincas al efecto)*

Finalmente, te informamos que tu incorporación en *Nombre de la Administración de fincas* implica la aceptación y cumplimiento de la política de protección de datos implantada en *Nombre de la Administración de fincas* y que se adjunta como *ANEXO I* al presente documento.

En consecuencia, el empleado/a MANIFIESTA que:

Estoy informado/a del contenido del presente documento y en consecuencia AUTORIZO EXPRESAMENTE EL TRATAMIENTO de mis datos, conforme las finalidades indicadas.

Firmado

10. Política de seguridad y protección de datos para entregar a trabajadores de la administración de fincas

POLÍTICA DE SEGURIDAD Y PROTECCIÓN DE DATOS 9225

Con el objeto de dar debido cumplimiento a lo establecido en Ley Orgánica de Protección de Datos de carácter personal y Garantía de derechos digitales, así como en el Reglamento General de Protección de Datos de la UE, el empleado/a declara que es consciente de su obligación de secreto profesional respecto a toda información confidencial, incluidos los datos de carácter personal que trate y al deber de custodiarlos de manera segura. Estas obligaciones subsistirán aun después de finalizar sus relaciones laborales con *Nombre de la Administración de fincas* (la Administración de fincas).

La Administración de fincas pone además en tu conocimiento las siguientes obligaciones sobre seguridad y confidencialidad de la información:

El empleado/a, actuará de acuerdo con lo establecido en esta Política y con el resto de las instrucciones que pueda recibir de la Dirección de la Administración de fincas.

A. Medidas de seguridad

El empleado/a deberá:

• Seguir las instrucciones de la Administración de fincas en relación con el uso de los sistemas de información, medidas de seguridad de la información y tratamiento de los datos.

• Solicitar autorización cuando necesite utilizar los recursos de la Administración de fincas, tales como equipos informáticos, dispositivos móviles o portátiles, sistemas de información, correo electrónico corporativo, conexión a Internet, etc. distintos a los que le hayan sido proporcionados para el desempeño de su puesto de trabajo.

• Solicitar autorización para cualquier operación conforme a lo establecido en este documento, inclusive en lo relativo a la reconfiguración de los sistemas o dispositivos, la instalación de APPS en dispositivos de la Administración de fincas, la instalación de cuentas corporativas o de e-mail, la utilización de unidades de almacenamiento como pendrives o discos duros extraíbles, la salida de documentos y dispositivos fuera de los establecimientos de la Administración de fincas, la utilización de servicios de almacenamiento en Internet y la utilización de dispositivos personales para tratar datos personales o información confidencial de la Administración de fincas.

• Atender a los requerimientos de información por parte de la Administración de fincas, facilitándole a la mayor brevedad posible cuanta información hubiera solicitado, relativa al tratamiento de los datos personales y el uso de los sistemas.

• Informar a Dirección, con carácter previo, sobre cambios organizativos o técnicos que puedan tener alguna consecuencia o suponer un riesgo para las personas cuyos datos sean objeto de tratamiento.

• Informar sobre nuevos prestadores de servicios que se vayan a contratar y que vayan a acceder a los datos, o que puedan almacenarlos o que tengan un acceso físico al lugar donde están los datos.

• Informar sobre la recepción de solicitudes de ejercicio de derechos de acceso, rectificación, supresión, oposición, portabilidad y limitación del tratamiento que pudieran hacer terceros contra la Administración de fincas o cualquiera de las Comunidades de Propietarios que gestionan.

• Informar a Dirección sobre la necesidad de realizar una transferencia internacional de datos fuera del Espacio Económico Europeo antes de realizarla.

B. Confidencialidad de la información

A efectos de esta Política, se entenderá como información confidencial cualquier documentación o información que incluya datos personales, incluidas imágenes, documentos, metodologías, claves, análisis y demás información a la que tengas acceso durante tu relación laboral con la Administración de Fincas tanto en soporte material como electrónicos o que pueda entenderse como información confidencial o reservada o cumpla los requerimientos para considerarse secreto empresarial por no ser información pública. Se considerará especialmente confidencial cualquier dato referido a los clientes y en general de todas las Comunidades de propietarios clientes y sus propietarios. En concreto:

1. Queda prohibido enviar información confidencial al exterior, mediante soportes materiales, o a través de cualquier medio de comunicación, especialmente redes sociales, incluyendo la simple visualización o acceso, sin la debida autorización.

2. Queda expresamente prohibido facilitar información confidencial relativa a los propietarios, inquilinos o habitantes de una Comunidad o en general cualquier cliente o terceros a los que tenga acceso sin la correspondiente autorización.

9225 (sigue) **3.** Los empleados/as deberán guardar, por tiempo indefinido, la máxima reserva y no divulgar ni utilizar directamente ni a través de terceras personas o empresas, la información confidencial y demás información a la que tengan acceso durante su relación laboral con la Administración de fincas tanto en soporte material como electrónico. Esta obligación continuará vigente tras la extinción del contrato laboral, tratándose de una obligación indefinida.

4. Los empleados/as deberán ser cuidadosos en cuanto a no dejar descuidada documentación que contenga información confidencial incluso cuando estén en su puesto de trabajo para evitar que puedan ser vistos por terceros no autorizados.

5. Ningún empleado/a deberá poseer, para usos no propios de su responsabilidad, información confidencial de la Administración de fincas.

6. En el caso de que, por motivos directamente relacionados con el puesto de trabajo, el empleado/a entre en posesión de información confidencial bajo cualquier tipo de soporte, deberá entenderse que dicha posesión es estrictamente temporal, con obligación de secreto y sin que ello le irrogue derecho alguno de posesión, o titularidad o copia cobre la referida información. Asimismo, el empleado/a deberá devolver dicha información a la Administración de fincas, inmediatamente después de la finalización de las tareas que han originado el uso temporal de los mismos y, en cualquier caso, a la finalización de la relación laboral.

7. Queda terminantemente prohibido, sin la debida autorización, grabar información confidencial de la Administración de fincas o introducir cualquier información en el sistema mediante dispositivos periféricos como pendrives o discos duros. Para desechar o destruir documentación confidencial o que contenga datos personales deberán seguirse las pautas establecidas, al efecto, por la Administración de fincas.

C. Números de identificación y claves de acceso a los sistemas informáticos

1. Los identificadores de empleado/a y claves de acceso son, en principio, personales e intransferibles, debiendo mantenerse en secreto por cada empleado/a.

2. Queda prohibido comunicar a otra persona física o jurídica, el identificador de empleado y la clave de acceso.

3. En caso de que, por necesidades operativas, la Administración de fincas permita a un empleado el conocimiento del identificador y clave de acceso de un compañero, las obligaciones descritas en los dos puntos anteriores se extenderán también a dicho identificador y clave de acceso.

4. Si se incumpliere alguna de las restricciones previstas anteriormente por parte de un empleado/a, el empleado/a responsable de dicho incumplimiento será el único responsable de los actos realizados por la persona física o jurídica no autorizada que haya utilizado los mismos.

5. En el supuesto de que un empleado/a sospeche de que otra persona, sin autorización, conoce su identificador o clave de acceso, deberá ponerlo, de manera inmediata, en conocimiento de la Dirección para que le sean asignados unos nuevos.

6. Cada empleado/a deberá garantizar la confidencialidad de sus contraseñas (no mantener un registro en papel, utilizar contraseñas de calidad de mínimo 6 dígitos alfanuméricos, etc) y cerrar su sesión de empleado cuando abandone su puesto de trabajo.

D. Normas sobre el uso del correo electrónico y el sistema informático de la Administración de fincas

1. El sistema informático, la red corporativa y los terminales utilizados por cada empleado/a son propiedad de la Administración de fincas.

2. El correo electrónico de la Administración de fincas sólo podrá ser utilizado para el envío y recepción de mensajes y/o información directamente relacionada con el desempeño de las funciones del empleado/a, salvo que la Administración de fincas autorice otro uso.

3. Queda terminantemente prohibido la recepción, envío o reenvío de correos electrónicos con contenidos obscenos, inmorales u ofensivos, así como lúdicos o de ocio, y, en general, carentes de utilidad para los objetivos de la Administración de fincas.

4. Queda terminantemente prohibido enviar mensajes de correo electrónico de forma masiva o con fines comerciales o publicitarios sin el consentimiento del destinatario (Spam).

5. Queda terminantemente prohibido enviar o reenviar mensajes en cadena o de tipo piramidal.

6. Ningún mensaje de correo electrónico enviado por o recibido desde los terminales de la Administración de fincas será considerado como privado. La Administración de fincas se reserva el derecho de monitorizar los correos electrónicos de los empleados/as, cuando así sea necesario por razones operativas o bien cuando sospeche que se están produciendo actuaciones ilícitas del empleado/a.

7. Cualquier fichero introducido en la red corporativa o en el terminal del empleado a través de mensajes de correo electrónico que provengan de redes externas deberá cumplir los requisitos establecidos en estas normas y, en especial, las referidas a propiedad intelectual e industrial.

8. Queda terminantemente prohibido intentar leer, borrar, copiar o modificar los mensajes de correo electrónico o archivos de otros empleados/as, si no se dispone de la autorización necesaria. **9225** (sigue)

E. Normas sobre el acceso a Internet

1. El uso del sistema informático de la Administración de fincas para acceder a Internet se hará de una forma responsable y respetuosa con las obligaciones del puesto de trabajo.

2. El uso particular de redes sociales durante la jornada laboral, deberá hacerse de forma responsable de tal forma que afecte lo menos posible al rendimiento en el puesto de trabajo.

3. La Administración de fincas se reserva el derecho de monitorizar y comprobar, de forma aleatoria y sin previo aviso, cualquier sesión de acceso a Internet iniciada por un empleado de la red corporativa, cuando así sea necesario por razones operativas o bien cuando sospeche que se están produciendo actuaciones ilícitas del empleado/a.

F. Otras obligaciones: Actividades prohibidas

El personal de la Administración de fincas se compromete a utilizar el sistema informático sin incurrir en actividades que puedan ser consideradas ilícitas o ilegales, que infrinjan los derechos de la Administración de fincas o de terceros, o que puedan atentar contra las normas de etiqueta.

Queda expresamente prohibido:

- Destruir, alterar, inutilizar o de cualquier otra manera, dañar los datos, programas o documentos electrónicos de la Administración de fincas o de terceros responsabilidad de esta.
- Obstaculizar el acceso de otros empleados/as a la red mediante el consumo masivo de los recursos informáticos y telemáticos de la Administración de fincas, así como realizar acciones que dañen, interrumpan o generen errores en dichos sistemas.
- Utilizar el sistema para intentar acceder a áreas restringidas de los sistemas informáticos de la Administración de fincas o de terceros.
- Intentar aumentar el nivel de privilegios de un empleado/a en el sistema.
- Introducir, descargar de Internet, reproducir, utilizar o distribuir programas informáticos no autorizados expresamente por la Administración de fincas.
- Borrar cualquiera de los programas instalados legalmente.
- Utilizar los recursos telemáticos de la Administración de fincas para actividades que no se hallen directamente relacionadas con su puesto de trabajo.
- Introducir contenidos obscenos, inmorales u ofensivos y, en general, carentes de utilidad para los objetivos de la Administración de fincas o en la red corporativa de la Administración de fincas.
- Hacer un uso indebido de la documentación física de las Comunidades de propiedades gestionadas por la Administración de fincas.
- Enviar documentación que incluya datos personales a destinatarios situados fuera de la UE, sin autorización expresa de la Administración de fincas.

G. Obligaciones en caso de producirse una incidencia

Se entiende por incidencia cualquier anomalía que afecte o pueda afectar a la seguridad de los datos, por ejemplo, la entrada de virus, la pérdida de datos, fallos de seguridad, contraseñas comprometidas, hacking, phishing, etc.

El personal de la Administración de fincas está obligado a comunicar cualquier incidencia que se produzca en los sistemas de información, o en la documentación en papel, a que tengan acceso de manera inmediata desde el momento en que tenga conocimiento de que se ha producido dicha incidencia.

H. Control de acceso físico

El emplead/a que disponga de copia de las llaves de acceso a la Administración de fincas, o a alguna de sus dependencias, que conozca la contraseña de la alarma si la hubiere, se le recuerda que, salvo autorización de la Administración de fincas, queda prohibido:

- Compartir la contraseña de la alarma o las llaves con otras personas.
- Realizar segundas copias de llaves.

Una vez finalizada la relación con la Administración de fincas el empleado devolverá las llaves de acceso a su oficina o armarios.

I. Consecuencias derivadas del incumplimiento

La inobservancia del deber de secreto profesional y confidencialidad, así como la infracción de las obligaciones establecidas en el presente documento o de las medidas de seguridad implantadas por la Administración de fincas, podría llegar a ser considerada como una falta disciplinaria muy grave, pudiendo conllevar incluso el despido o rescisión de contrato marco de colaboración, sin perjuicio de la responsabilidad civil que pueda derivarse por los daños y perjuicios que pueda causar a la Administración de fincas, a los afectados o a terceros, de los cuales el empleado responderá personalmente.

Tabla Alfabética

Los números reenvían a los párrafos del texto. La mención «s.» significa que el estudio de la cuestión se prolonga en el o los números siguientes.
Para orientar las búsquedas, las referencias se acompañan, cuando es preciso, de una mención explícita o de una abreviatura.

A

B

D

E

F

G

H

I

J

L

M

P

Q

R

T

U

V

W

Z

Notas

Notas

Notas

Notas

Notas

LEFEBVRE

Notas

Este libro se acabó de imprimir en España,
en Febrero de 2024